Un second tome de cette *Bibliographie biblique* paraîtra dans quelque trois ou quatre ans. *Il poursuivra* le présent dépouillement (revues et ouvrages catholiques). Surtout, *laissant toute limite confessionnelle* dans le choix des revues ou des ouvrages, *il élargira considérablement la base de l'enquête.* Par exemple, des revues telles que celles-ci seront dépouillées à partir de 1930 : *Biblical Archaeologist, Interpretation, Journal of Biblical Literature, Novum Testamentum, New Testament Studies, Studia Theologica, Theologische Rundschau, Vetus Testamentum, Zeitschrift für die alttestamentliche Wissenschaft, Zeitschrift für die neutestamentliche Wissenschaft.*

A second volume of this *Biblical Bibliography* will appear in three or four years. Il will *continue* listing Catholic reviews and books as does the present volume; *but in addition, passing beyond all confessional limits, it will cover a considerably wider range of reviews and of books.* For example, the following reviews will be catalogued beginning from 1930 : *Biblical Archaeologist, Interpretation, Journal of Biblical Literature, Novum Testamentum, New Testament Studies, Studia Theologica, Theologische Rundschau, Vetus Testamentum, Zeitschrift für die alttestamentliche Wissenschaft, Zeitschrift für die neutestamentliche Wissenschaft.*

Ein zweiter Band dieser *Biblische Bibliographie* wird in ungefähr drei oder vier Jahren erscheinen. Er wird die vorliegende Sichtung der katholischen Zeitschriften und Buchwerke weiterführen. *Zudem wird in der Bücher- und Zeitschriftenauswahl jede konfessionelle Schranke fallen und die Erhebungsbasis bedeutend erweitert.* So werden dann — beispielshalber — mit anderen namentlich folgende Zeitschriften seit dem Jahrgang 1930 geschichtet: *Biblical Archaeologist, Interpretation, Journal of Biblical Literature, Novum Testamentum, New Testament Studies, Studia Theologica, Theologische Rundschau, Vetus Testamentum, Zeitschrift für die alttestamentliche Wissenschaft, Zeitschrift für die neutestamentliche Wissenschaft.*

Un secondo volume di questa *Bibliografia Biblica* apparirà tra tre o quattro anni. Esso continuerà l'esame di libri e riviste cattoliche, come fa il presente volume. *In più, andando oltre ogni barriera confessionale nella scelta delle pubblicazioni, esso allargherà di molto il campo di ricerca.* A titolo di esempio diamo qui il nome di alcune riviste che saranno esaminate a partire dal 1930 : *Biblical Archaeologist, Interpretation, Journal of Biblical Literature, Novum Testamentum, New Testament Studies, Studia Theologica, Theologische Rundschau, Vetus Testamentum, Zeitschrift für die alttestamentliche Wissenschaft, Zeitschrift für die neutestamentliche Wissenschaft.*

Un segundo tomo de esta *Bibliografía bíblica* aparecerá de aquí a unos 3 o 4 años. El continuará el presente recuento (revistas y obras católicas). *Sobre todo, dejando todo límite confesional en la elección de las revistas y de las obras, el ampliará considerablemente la base de la investigación.* Por ejemplo, revistas tales como éstas serán puestas en recuento a partir de 1930 : *Biblical Archaeoligist, Interpretation, Journal of Biblical Literature, Novum Testamentum, New Testament Studies, Studia Theologica, Theologische Rundschau, Vetus Testamentum, Zeitschrift für die alttestamentliche Wissenschaft, Zeitschrift für die neutestamentliche Wissenschaft.*

PAUL-ÉMILE LANGEVIN, S.J.

Bibliographie biblique — Biblical Bibliography
Biblische Bibliographie — Bibliografia biblica
Bibliografía bíblica
1930–1970

Paul-Émile Langevin, S.J.

Professeur à l'Université Laval

BIBLIOGRAPHIE BIBLIQUE

BIBLICAL BIBLIOGRAPHY

BIBLISCHE BIBLIOGRAPHIE

BIBLIOGRAFIA BIBLICA

BIBLIOGRAFÍA BÍBLICA

1930-1970

LES PRESSES DE L'UNIVERSITÉ LAVAL
QUÉBEC
1972

Cet ouvrage s'adresse à tous ceux qui poursuivent sur la Bible des études de caractère exégétique, théologique, spirituel ou pastoral, au niveau de la recherche proprement dite ou de la vulgarisation.

CONTENU

Les références classées dans cette bibliographie proviennent en premier lieu de 70 *revues* catholiques publiées entre les années 1930 et 1970 inclusivement, rédigées dans les langues française, anglaise, allemande, italienne, espagnole et portugaise. Ces revues ont été dépouillées de façon systématique et exhaustive. Les références proviennent encore d'un certain nombre d'*ouvrages* catholiques publiés au cours des années 1930-1970 également, surtout dans les langues française, allemande et anglaise. Ils ont été soit cités une seule fois, soit dépouillés chapitre par chapitre et, dès lors, inscrits sous plusieurs rubriques. Le choix de ces ouvrages aurait pu être différent du nôtre; nous espérons cependant rendre quelque service par le présent choix.

Nous aurions voulu donner encore plus d'ampleur à cette bibliographie, en dépouillant un plus grand nombre de revues et d'ouvrages, en débordant en particulier le secteur de la production catholique. L'entreprise aurait toutefois demandé tellement de temps et de ressources de tous ordres qu'il eût été difficile de la mener à bien. Aussi avons-nous choisi d'explorer le mieux possible un secteur nettement délimité, espérant ainsi rendre service à bon nombre de chercheurs, pasteurs, professeurs, étudiants ou simples lecteurs de l'Écriture qui seraient soucieux d'approfondir leurs connaissances scripturaires.

RUBRIQUES

Les références sont réparties en cinq sections, sous plus d'un millier de rubriques le plus précises possible. La première section de l'ouvrage, intitulée *Introduction à la Bible,* touche maintes questions qui ont trait à l'ensemble de l'Écriture. La deuxième section porte sur l'*Ancien Testament.* Elle passe en revue, après certains problèmes généraux, tous les livres de l'Ancien Testament. Commentaires, analyses de textes particuliers, études portant sur la théologie ou divers autres aspects de chaque livre y sont présentés. Une troisième section présente de la même façon le *Nouveau Testament.* Nous avons cru bon de consacrer une section spéciale, la quatrième de l'ouvrage, à la personne du *Christ.* Enfin, la cinquième et dernière section de cette bibliographie présente de nombreux *thèmes bibliques.*

Pour permettre au lecteur de consulter le plus rapidement possible notre bibliographie et d'exploiter avec le plus grand profit les articles et ouvrages cités, nous n'avons pas hésité à multiplier les rubriques et à répéter sous différentes rubriques une même référence.

TABLES

L'ouvrage comprend plusieurs tables. En plus de la liste des sigles utilisés, des revues et ouvrages dépouillés (non la liste des ouvrages mentionnés une seule fois), nous donnons la table des auteurs cités, ainsi que celle des rubriques utilisées. Cette dernière table a été traduite dans les langues française, anglaise, allemande, italienne et espagnole.

Nous ne pouvons terminer cette présentation de notre ouvrage sans remercier la Faculté de Théologie de la Compagnie de Jésus (Montréal) dont la précieuse bibliothèque a rendu possible la confection de la présente bibliographie. Nous remercions également nos confrères et les étudiants qui nous ont apporté une aide si efficace, au début de nos recherches surtout, en dépouillant une large partie des revues dont fait état cette bibliographie.

N.B. Sous chaque rubrique, nous classifions les études selon l'ordre chronologique de publication. À l'intérieur d'une même année, nous suivons l'ordre alphabétique des noms d'auteurs. Nous indiquons toujours l'édition originale des volumes, excepté en quelques cas où elle nous fut inaccessible.

INTRODUCTION

This work is addressed to all who are pursuing biblical studies in the exegetical, theological, spiritual or pastoral field, whether on the level of scholarly research or on the level of the popularisation of the results of this research.

CONTENTS

The references found in this bibliography are taken first of all from 70 catholic *periodicals* published between 1930 and 1970 inclusively, in French, English, German, Italian, Spanish and Portuguese. These periodicals were systematically and exhaustively examined. Other references are taken from a certain number of catholic *works* published likewise during the years 1930 to 1970, particularly in French, English and German. They have been either mentioned once or reviewed chapter by chapter and as a result listed under several headings. The selection of these works could have been different; we hope, however, that our choice will be so some small service.

We would have liked to compose an even more important bibliography by consulting more periodicals and books, especially outside the field of catholic scholarship. But the undertaking would have required so much time and resources of every kind, that it would have been difficult to bring it to a happy conclusion. Therefore we have chosen to explore as well as possible a clearly defined sector, thus hoping to render service to a large number of researchers, pastors, teachers, students or those simply interested in reading the Scriptures and anxious to deepen their knowledge of them.

HEADINGS

The references are divided into five sections and gathered together under more than a thousand precise headings. The first section of the work, entitled *Introduction to the Bible,* touches many questions which concern the Scriptures as a whole. The second section covers the *Old Testament.* After certain general questions, it reviews all of the books of the Old Testament. In it are found commentaries, analyses of particular texts, studies which are important for Theology, or diverse other aspects of each book of the Old Testament. In like manner a third section presents the *New Testament.* We thought it would be good to devote a special section, the fourth, to the person of *Christ.* The fifth and last section of the bibliography presents numerous *Biblical Themes.*

In order to allow the reader to consult as rapidly as possible our bibliography and to use with the greatest profit the articles and works listed therein, we did not hesitate to multiply the headings and to repeat the same reference under different headings.

TABLES

There are several tables included in this work. In addition to the list of abbreviations used, the list of periodicals and works reviewed (not the list of works mentioned only once), there is a table of authors cited, as well as a table of the headings employed. This last table has been translated into French, English, German, Italian and Spanish.

We cannot conclude the presentation of our work without thanking the Theology Faculty of the Society of Jesus (Montreal) whose rich library made possible this bibliography. We likewise thank our colleagues and students who, especially at the beginning of our research, contributed invaluable help by studying a large number of periodicals found in this bibliography.

Note. Under each heading, the works are classified according to their chronological order of publication. Within a given year, the authors are listed in alphabetical order. We always indicate the first edition of the books, except in a few instances where we could not reach it.

EINLEITUNG

Dieses Werk richtet sich an alle, die auf der Ebene der eigentlichen Forschung oder der allgemeinen Verbreitung Studien über die Bibel betreiben, seien diese exegetischer, theologischer, geistlicher oder pastoraler Art.

INHALT

Die in dieser Bibliographie aufgeführten Hinweise stammen zunächst aus 70 katholischen *Zeitschriften,* die in den Jahren 1930 bis 1970 einschlussweise veröffentlich wurden und in französischer, englischer, deutscher, italienischer, spanischer und portugiesischer Sprache abgefasst sind. Diese Zeitschriften wurden in systematischer und vollständiger Weise durchgearbeitet. Die Hinweise sind dann auch einer Anzahl von katholischen *Werken* entnommen, die gleicherweise im Laufe der Jahre 1930 bis 1970 hauptsächlich in französischer, deutscher und englischer Sprache veröffentlicht wurden. Sie wurden entweder einmal zitiert oder Kapitel für Kapitel durchgegangen und dann unter mehreren Rubriken angeführt. Die Auswahl dieser Werke hätte sich von der unseren unterscheiden können; wir hoffen jedoch, dass die vorliegende Auswahl sich als nützlich erweisen möge.

Durch die Durchsicht einer grösseren Anzahl von Zeitschriften und Werken und durch die Erfassung insbesondere des Gebietes des katholischen Schaffens wollten wir dieser Bibliographie eine noch grössere Breite verleihen. Das Unternehmen hätte jedoch dermassen Zeit und Mittel aller Art beansprucht, dass es schwierig gewesen wäre, es zu einem guten Ende zu führen. Wir haben uns auch entschieden, ein klar begrenztes Gebiet in best möglicher Weise zu untersuchen, in der Hoffnung damit einer Anzahl von Forschern, Pastoren, Professoren, Studenten oder schlichten Lesern der Schrift, die sich um eine Vertiefung ihrer Schriftkenntnisse bemühen, einen Dienst zu erweisen.

RUBRIKEN

Die Hinweise sind in fünf Abschnitte unter mehr als tausend möglichst genauen Rubriken eingeteilt. Der erste Abschnitt des Werkes mit den Titel *Einleitung in die Bibel* berührt manche Fragen, die auf das Ganze der Schrift Bezug haben. Der zweite Abschnitt beschäftigt sich mit dem *Alten Testament.* Nach der Behandlung einiger Hauptprobleme betrachtet er alle Bücher des Alten Testaments. Dort sind Kommentare, einzelne Textanalysen und Studien, die auf die Theologie oder verschiedene Aspekte des jeweiligen Buches Bezug nehmen, vorgelegt. Ein dritter Abschnitt legt in derselben Weise das *Neue Testament* vor. Wir hielten es für gut, einen besonderen Abschnitt, den vierten unseres Werkes, der Person *Christi* zu widmen. Schliesslich führt der fünfte und letzte Abschnitt dieser Bibliographie zahlreiche *biblische Themen* an.

Um dem Leser eine möglichst schnelle Konsultation unserer Bibliographie zu gestatten, und um die zitierten Artikel und Werke mit grösstem Gewinn auszunutzen, hatten wir keine Bedenken, die Rubriken zu vermehren und den gleichen Hinweis unter verschiedenen Rubriken zu wiederholen.

VERZEICHNISSE

Das Werk enthält mehrere Verzeichnisse. Neben der Liste der benützten Abkürzungen, der durchgesehenen Zeitschriften und Werke (die nur einmal erwähnten Werke werden jedoch nicht angeführt), geben wir das Verzeichnis der zitierten Autoren und das der verwendeten Rubriken. Dieses letzte Verzeichnis wurde in die französische, englische, deutsche, italienische und spanische Sprache übersetzt. Wir können diese Einführung in unser Werk nicht beenden, ohne der Theologischen Fakultät der Gesellschaft Jesu (Montréal), deren wertvolle Bibliothek die Aufstellung der vorliegenden Bibliographie ermöglichte, zu danken. Wir danken gleicherweise unseren Mitbrüdern und den Studenten, die uns vor allem am Anfang unserer Forschungen so wirksam durch die Durchsicht eines grossen Teiles der Zeitschriften, die in dieser Bibliographie angeführt sind, geholfen haben.

Anm. Unter jeder Rubrik teilen wir die Abhandlungen nach der Zeitfolge der Veröffentlichung ein. Innerhalb desselben Jahres folgen wir der alphabetischen Reihenfolge der Autorennamen. Wir geben immer die original Ausgabe der Bücher an, mit Ausnahme von einigen Fällen, wo die Originalausgabe uns nicht zugänglich war.

INTRODUZIONE

La presente opera si rivolge a tutti coloro che seguono sulla Bibbia degli studi a indirizzo esegetico, teologico, spirituale o pastorale, sia al livello della ricerca scientifica propriamente detta, sia a quello della semplice divulgazione.

CONTENUTO

Le citazioni di questa bibliografia sono tratte innanzi tutto da 70 *riviste* cattoliche pubblicate tra gli anni 1930 e 1970 (compreso), redatte in francese, inglese, tedesco, italiano, spagnolo e portoghese. Queste riviste sono state esaminate sistematicamente e attentamente. Le citazioni vengono inoltra da un certo numero di *libri* cattolici, pubblicati tra gli anni 1930 e 1970, la maggior parte in francese, tedesco e inglese. Essi sono stati citati sia una volta sola, sia catalogati capitolo per capitolo e perció inscritti in piú rubriche. La scelta di queste opere avrebbe potuto essere differente dalla nostra; tuttavia noi speriamo poter rendere qualche servizio attraverso la nostra scelta.

Noi avremmo desiderato poter amplificare la presente bibliografia, esaminando un maggior numero di riviste e di libri, allargando cosí il settore della produzione cattolica. Peró, in questo caso l'impresa avrebbe richiesto piú tempo e un piú grande numero di fonti cui attingere, in maniera che sarebbe stato difficile condurla a termine. Cosí noi abbiamo pensato di esaminare il meglio possibile un settore ben preciso, sperando cosí di renderci utile a un buon numero di uomini di ricerca, sacerdoti, professori, studenti o semplici lettori delle Sacre Scritture, disiderosi d'approfondire le loro conoscenze scritturistiche.

RUBRICHE

Le citazioni sono divise in cinque sezioni in numero di piú di mille rubriche, seguendo la piú scrupolosa attenzione. La prima parte dell'opera intitolata *Introduzione alla Bibbia,* esamina differenti problemi che interessano l'insieme delle Sacre Scritture. La seconda parte considera il *Vecchio Testamento.* Ella passa in rassegna dopo lo studio di alcuni problemi d'ordine generale, tutti i libri del Vecchio Testamento. Commenti, esegesi dei diversi tomi et studi che portano sulla teologia o su altri aspetti di ogni singolo libro, sono considerati. Una terza parte considera in maniera analoga il *Nuovo Testamento.* Noi abbiamo pensato opportuno di consacrare una parte speciale (la quarta dell'opera) alla persona di *Gesú Cristo.* Infine la quinta parte della bibliografia presenta differenti *temi biblici.*

Per permettere al lettore di consultare il piú rapidamente possibile la nostra bibliografia e di utilizzare con piú grande profitto gli articoli e le opere citate, noi non abbiamo esitato a moltiplicare le rubriche e a ripetere una stessa citazione in differenti rubriche.

INDICI

L'opera contiene piú indici. Inoltre vi é l'elenco delle sigle utilizzate delle riviste e dei libri esaminati (eccezion fatta delle opere menzionate una volta sola). Inoltre vi é l'indice degli autori citati e quello delle rubriche utilizzate. Quest'ultimo indice é stato tradotto in francese, inglese, tedesco, italiano e spagnolo.

Noi non possiamo terminare l'introduzione alla nostra opera senza ringraziare la Facoltá di Teologia della Compagnia di Gesú di Montréal, la cui preziosa biblioteca ha reso possibile la redazione di detta bibliografia. Noi ringraziamo ugualmente i nostri confratelli e gli studenti che ci hanno portato un valido aiuto, specialmente all'inizio delle nostre ricerche esaminando una parte considerevole delle riviste contenute nella presente bibliografia.

Nota. In ogni rubrica noi classifichiamo gli studi e le ricerche seguendo l'ordine cronologico di pubblicazione. Nel corso di uno stesso anno noi seguiamo l'ordine alfabetico degli autori. Citiamo sempre l'edizione originale dei volumi, ecetto in qualche caso in cui essa ci fu inaccessibile.

Esta obra se dirige a todos aquellos que hacen estudios de caracter exegético, teológico espiritual o pastoral sobre la Biblia, a nivel de investigación propiamente dicho o de vulgarización.

CONTENIDO

Las referencias proporcionadas en esta bibliografía provienen en primer lugar de 70 *revistas* católicas publicadas entre los años 1930 y 1970 inclusive. El recuento hecho de estas revistas ha sido sistemático y exhaustivo. Las referencias pro vienen además de un cierto número de *obras* católicas publicadas igualmente en el curso de los años 1930-1970, sobretodo en francés, alemán e inglés. Estas obras han sido o citadas una sola vez o se ha hecho un recuento de ellas capítulo por capítulo inscribiéndolas entonces bajo varias rúbricas. La selección de estas obras pudiera haber sido otra que la nuestra; esperamos, sin embargo, prestar un cierto servicio con las que hemos escogido.

Hubiéramos deseado dar todavía más amplitud a esta bibliografía, haciendo el recuento de un mayor número de revistas y de obras, agotando en particular el sector de la producción católica. La empresa hubiera demandado, no obstante, una cantidad de tiempo tal y de recursos de todo orden que hubiera sido extremamente difícil realizarla. Por eso, hemos decidido explorar lo mejor posible un sector netamente delimitado, esperando asi prestar servicio a un buen número de investigadores, pastores, profesores, estudiantes o simples lectores de la Escritura que estén interesados en profundizar sus conocimientos escriturísticos.

RUBRICAS

Las referencias han sido repartidas en cinco secciones, bajo más de un millar de rúbricas, lo más precisamente posible. La primera sección de la obra, titulada *Introducción a la Biblia,* toca muchas cuestiones que se refieren al conjunto de la Escritura. La segunda sección trata sobre el *Antiguo Testamento.* Esta pasa revista, despues de ciertos problemas generales, a todos los libros del Antiguo Testamento. En ella se encuentran comentarios, análisis de textos particulares, estudios sobre la teología y otros diversos aspectos de cada libro. Una tercera sección presenta de la misma forma el *Nuevo Testamento.* Hemos juzgado apropiado consagrar una sección especial, la cuarta de la obra, a la persona de *Cristo.* En fin, la quinta y última sección de esta bibliografía presenta numerosos *temas bíblicos.*

Para permitir al lector consultar lo más rapidamente posible nuestra bibliografía y explotar con el mayor provecho los artículos y las obras citadas, no hemos vacilado en multiplicar las rúbricas y en repetir una misma referencia bajo diferentes rúbricas.

TABLAS

La obra incluye varias tablas. Además de la lista de las siglas utilizadas, de las revistas y obras cuyo recuento se ha hecho (no se incluye la lista de las obras mencionadas una sola vez), damos la tabla de los autores citados, como tambien la de las rúbricas utilizadas. Esta última tabla ha sido traducida al francés, inglés, alemán, italiano y español.

No podemos terminar esta presentación de nuestra obra sin dar las gracias a la Facultad de Teología de la Compañía de Jesús (Montréal) cuya preciosa biblioteca ha hecho posible la confección de la presente bibliografía. Le damos las gracias igualmente a nuestros compañeros y a los estudiantes que nos han aportado una ayuda enormemente eficaz, sobretodo al principio de nuestro trabajo, haciendo el recuento de una gran parte de las revistas mencionadas por esta bibliografía.

Nota. Bajo cada rúbrica, los estudios están clasificados según el orden cronologico de publicación. Al interios de un mismo año, seguimos el orden alfabético de los nombres de autores. Siempre indicamos la edición original de los volumenes, exceptuando el caso en que dicha edición sea inaccesible.

REVUES DÉPOUILLÉES — PERIODICALS REVIEWED
DURCHGESEHENE ZEITSCHRIFTEN
RIVISTE ESAMINATI
REVISTAS CUYO RECUENTO SE HA HECHO

American Ecclesiastical Review (Washington) (AmER)
Ami du Clergé (L') (Langres) (AmiCl)
Angelicum (Roma) (Ang)
Année Théologique (L') (Paris) (AT)
Antonianum (Roma) (Ant)
Assemblées du Seigneur (Bruges) (AS)
Bibbia e Oriente (Milano) (BibOr)
Bibel und Liturgie (Klosterneuburg bei Wien) (BiLit)
Bible et Vie Chrétienne (Paris) (BVC)
Biblica (Roma) (Bibl)
Biblische Zeitschrift (Freiburg i. B., Paderborn) (BZ)
Bulletin de Littérature Ecclésiastique (Toulouse) (BLE)
Cahiers Évangiles (Paris) (CE)
Catholica (Münster i.W.) (Les tomes 1-8 n'ont pu être dépouillés.) (Catho)
Catholic Biblical Quarterly (Washington) (CBQ)
Christus (Paris) (CHR)
Civilta Cattòlica (Roma) (CC)
Concilium (Tours, Paris, Rome) (Conci)
Divinitas (Roma) (Div)
Ecclesiastica Xaveriana (Bogotá) (EXav)
Église et Théologie (Ottawa) (ET)
Ephemerides Theologicae Lovanienses (Louvain, Bruges) (ETL)
Estudios Bíblicos (Madrid) (EstB)
Estudios Eclesiasticos (Madrid) (EstE)
Estudios Franciscanos (Barcelona) (EstF)
Études (Paris) (Et)
Freiburger Zeitschrift für Philosophie und Theologie (Freiburg, Schweiz) (FreibZ)
Geist und Leben (Würzburg) (GeistL)
Gregorianum (Roma) (Greg)
Heythrop Journal (Oxford) (HeyJ)
Irénikon (Chevetogne) (Ir)
Irish Theological Quarterly (Maynooth) (IrThQ)
Laval Théologique et Philosophique (Québec) (LTP)
Lumen Vitae (Bruxelles) (LVit)
Lumière et Vie (Saint-Albert-Leysse, Savoie) (LV)
Maison-Dieu (Paris) (MD)
Manresa (Madrid) (Manr)
Mélanges de Science Religieuse (Lille) (MSR)
Münchener Theologische Zeitschrift (München) (MüTZ)
Nouvelle Revue Théologique (Louvain, Tournai) (NRT)
Pastor Bonus (Trier) (PB)

Razon y Fe (Madrid) (RazFe)
Recherches de Science Religieuse (Paris) (RSR)
Revista Española de Teología (Madrid) (RET)
Revue Bénédictine (Maredsous) (RBen)
Revue Biblique (Paris) (RB)
Revue d'Ascétique et de Mystique (Toulouse) (RAM)
Revue de l'Université d'Ottawa (Ottawa) (RUO)
Revue des Études Augustiniennes (Paris) (REA)
Revue des Sciences Philosophiques et Théologiques (Paris) (RSPT)
Revue des Sciences Religieuses (Strasbourg) (RevSR)
Revue d'Histoire Ecclésiastique de Louvain (Louvain) (RHE)
Revue Théologique de Louvain (Louvain) (RTL)
Revue Thomiste (Paris) (RT)
Rivista Biblica Italiana (Brescia) (RivB)
Salesianum (Roma) (Sal)
Salmanticensis (Salamanca) (Salm)
Scholastik (Freiburg i. B., Basel, Wien) (Schol)
Science et Esprit (Montréal) (SE)
Sciences Ecclésiastiques (Montréal) (SE)
Scripture (Edinburg) (SCR)
Scripture Bulletin (London) (cf. Scripture) (SB)
Scuola Cattolica (La) (Milano) (ScuolC)
Stimmen der Zeit (Freiburg i. B.) (StiZ)
Studia Montis Regii (Montréal) (SMR)
Theological Studies (Woodstock) (TS)
Theologie und Glaube (Paderborn) (TGl)
Theologie und Philosophie (Freiburg i. B., Basel, Wien) (ThPh)
Theologische Quartalschrift (Tübingen, Stuttgart) (TQ)
Theology Digest (Saint Louis, Missouri) (TDig)
Theologische Revue (Münster) (TR)
Trierer Theologische Zeitschrift (Trier) (TrierTZ)
Verbum Domini (Roma) (VD)
Vie Intellectuelle (La) (Paris) (VI)
Vie Spirituelle (La) (Paris) (VS)
Vie Spirituelle, Supplément (Paris) (VSS)
Way (The) (London) (Way)
Worship (Collegeville, Minnesota) (Wor)
Zeitschrift für Katholische Theologie (Innsbrück) (ZKT)

OUVRAGES DÉPOUILLÉS — WORKS REVIEWED
DURCHGESEHENE WERKE
LIBRI ESAMINATI
OBRAS CUYO RECUENTO SE HA HECHO

1   En collaboration, *À la rencontre de Dieu.* Mémorial Albert Gelin (Le Puy, Mappus, 1961), 448 pp.

2   En collaboration, *Aux grands carrefours de la révélation et de l'exégèse de l'Ancien Testament* (Bruges, Desclée de Brouwer, 1967), 196 pp.

3   En collaboration, *Aux origines de l'Église* (Bruges, Desclée de Brouwer, 1965), 206 pp.

4   En collaboration, *Biblia comentada,* traduite et commentée par des professeurs de Salamanque (Madrid, Biblioteca de Autores Cristianos, 1960-1964), 5 vv., 1060, 1096, 1336, 1308, 1332 pp.

5   En collaboration, *Commento alla Costituzione dogmatica sulla divina Rivelazione* (Milano, Massimo, 1966), 282 pp.

6   En collaboration, *De Jésus aux Évangiles.* Tradition et rédaction dans les évangiles synoptiques (Gembloux, Duculot; Paris, Lethielleux, 1967), 274 pp.

7   En collaboration, *Dictionnaire de spiritualité* (DS). Ascétique et mystique. Doctrine et histoire, publié sous la direction de M. VILLER, assisté de F. CAVALLERA et J. De GUIBERT — Continué sous la direction de A. RAYEZ et C. BAUMGARTNER, assistés de M. OLPHE-GAILLARD. (Le septième et dernier tome paru se termine au mot « Indulgences ».)

8   En collaboration, *El sacerdocio de Cristo y los diversos grados de su participación en la Iglesia.* XXVI semana española de teología. Coloquio teológico internacional (Madrid, 19-25 sept. 1966) (Madrid, Librería Científica Medinaceli, 1969), 604 pp.

9   En collaboration, *Études de critique et d'histoire religieuses.* Mélanges L. Vaganay (Lyon, Facultés catholiques, 1948), 139 pp.

10   En collaboration, *Études sur le sacrement de l'Ordre* (Paris, Cerf, 1957), 537 pp.

11   En collaboration, *Evangelienforschung.* Ausgewählte Aufsätze deutscher Exegeten (Herausgeber J.B. BAUER) (Graz, Styria, 1968), 318 pp.

12   En collaboration, *Exégèse et Théologie.* Les Saintes Écritures et leur interprétation théologique (éd. G. THILS et R.E. BROWN (Gembloux, Duculot; Paris, Lethielleux, 1968), 328 pp.

13   En collaboration, *Exegese und Dogmatik* (Hrsg. H. VORGRIMLER) (Mainz, Grünewald, 1962), 214 pp.

14   En collaboration, *Il Messianismo.* Atti della XVIII settimana biblica (Brescia, Paideia, 1966), 430 pp.

15   En collaboration, *La formation des Évangiles.* Problème synoptique et Formgeschichte (Bruges, Desclée de Brouwer, 1957), 222 pp.

16   En collaboration, *L'Ancien Testament et les chrétiens,* coll. Rencontres, n° 36 (Paris, Cerf, 1951), 240 pp.

17   En collaboration, *L'Ancien Testament et l'Orient.* Études présentées aux VIes Journées bibliques de Louvain (11-13 septembre 1954) (Louvain, Publications Universitaires, Instituut voor Oriëntalisme, 1957), 234 pp.

18   En collaboration, *La parole de Dieu en Jésus-Christ²* (Casterman, Tournai, 1964), 318 pp.

19   En collaboration, *La Sacra Bibbia* (GAROFALO, S., RINALDI, G., edit.), Volgata latina e traduzione italiana dai testi originali illustrate con note critiche e commentate (Torino, Roma, Marietti, 1949-1967).

20   En collaboration, *La Sagrada Escritura. Nuevo Testamento,* I. Evangelios; II. Hechos de los Apostolos y Cartas de San Pablo; III. Carta a los Hebreos. Epistolas catolicas. Apocalipsis. Indices. Texto y comentario por Profesores de la Compañia de Jesús (Madrid, Biblioteca de Autores Cristianos, 1961-1962), 3 vv., 1124, 1132, 896 pp.

21   En collaboration, *La Sainte Bible,* traduite en français sous la direction de l'École Biblique de Jérusalem (BJ). Édition en 43 volumes séparés (Paris, Cerf, 1948-1954). (Nous citerons surtout la 2ᵉ édition, dont la plupart des volumes sont parus en 1962.)

22   En collaboration, *La Sainte Bible,* publiée sous la direction de L. PIROT et A. CLAMER (Paris, Letouzey et Ané, 1951 ss).

23   En collaboration, *La secte de Qumrân et les origines du christianisme* (Bruges, Desclée de Brouwer, 1959), 248 pp.

24   En collaboration, *L'attente du Messie* (Bruges, Desclée de Brouwer, 1954), 192 pp.

25   En collaboration, *La venue du Messie.* Messianisme et eschatologie (Bruges, Desclée de Brouwer, 1962), 264 pp.

26   En collaboration, *Le Jour du Seigneur* (Paris, Laffont, 1948), 381 pp.

27   En collaboration, *Le mystère de la mort et sa célébration* (Paris, Cerf, 1956), 473 pp.

28   En collaboration, *Le psautier.* Ses origines. Ses problèmes littéraires. Son influence (Louvain, Publications universitaires; Institut Orientaliste, 1962), 456 pp.

29   En collaboration, *L'évangile de Jean.* Études et problèmes (Bruges, Desclée de Brouwer, 1958), 258 pp.

30   En collaboration, *Lex tua Veritas.* Festschrift für H. Junker zur Vollendung des siebzigsten Lebensjahres (Hrsg. H. GROSS, F. MUSSNER) (Trier, Paulinus-Verlag, 1961), 322 pp.

31   En collaboration, *L'homme devant Dieu.* Mélanges H. de Lubac (Paris, Aubier, 1963), I, Exégèse et patristique, 384 pp.

32   En collaboration, *Littérature et théologie pauliniennes* (Bruges, Desclée de Brouwer, 1960), 240 pp.

33   En collaboration, *Los Géneros literarios de la Sagrada Escritura* (Barcelona, J. Flors, 1957), 310 pp.

34   En collaboration, *Mélanges bibliques* en hommage au R.P. Béda Rigaux (Gembloux, Duculot, 1970), 620 pp.

35   En collaboration, *Mélanges bibliques rédigés en l'honneur de André Robert* (Paris, Bloud et Gay, 1957), 580 pp.

36   En collaboration, *Mélanges Jules Lebreton,* 2 vv., dans *Recherches de Science Religieuse* 39 (1951) 480 pp.; 40 (1952) 480 pp.

37   En collaboration, *Mélanges E. Podechard.* Études de sciences religieuses (Lyon, Facultés catholiques, 1945), 284 pp.

38   En collaboration, *Mémorial du cinquantenaire* (1914-1964) (École des langues orientales anciennes de l'Institut Catholique de Paris) (Paris, Bloud et Gay, 1964), 248 pp.

39   En collaboration, *Mémorial J. Chaine* (Lyon, Facultés catholiques, 1950), 408 pp.

40   En collaboration, *Mémorial Lagrange* (Paris, Gabalda, 1940), 384 pp.

41   En collaboration, *Miscellanea biblica B. Ubach* (Montserrat, 1953), 480 pp.

42   En collaboration, *Miscellanea dogmatica in honorem eximii domini J. Bittremieux* (Gembloux, Duculot, 1948), 235 pp.

43   En collaboration, *Moïse, l'homme de l'Alliance* (Paris, Tournai, Desclée et Cie, 1955), 408 pp.

44   En collaboration, *Neutestamentliche Aufsätze*. Festschrift für prof. Josef Schmid zum 70. Geburtstag (Hg. J. BLINZLER, O. KUSS, F. MUSSNER) (Regensburg, Pustet, 1963), 342 pp.

45   En collaboration, *Où en sont les études bibliques*? Les grands problèmes actuels de l'exégèse (éd. J.-J. WEBER, J. SCHMITT) (Paris, Centurion, 1968), 240 pp.

46   En collaboration, *Parole de Dieu et liturgie* (Paris, Cerf, 1958), 390 pp.

47   En collaboration, *Questioni bibliche alla luce dell'enciclica « Divino afflante Spiritu »*. Conference tenute durante le settimane bibliche 1947 e 1948 nel Pontificio Istituto Biblico (Roma, Pontificum Institutum Biblicum, 1949-1950), 2 vv., 204, 72 pp.

48   En collaboration, *Sacra Pagina*. Miscellanea biblica congressus internationalis catholici de re biblica (Paris, Gabalda; Gembloux, Duculot, 1959), 2 vv., 580, 488 pp.

49   En collaboration, *San Giovanni*. Atti della XVII Settimana Biblica (Brescia, Paideia, 1964), 368 pp.

50   En collaboration, *Studiorum Paulinorum Congressus 1961* (Romae, Pontif. Istituto Biblico, 1963), 2 vv., 540, 628 pp.

51   En collaboration, *Supplément au Dictionnaire de la Bible* (SDB), commencé par L. PIROT et A. ROBERT, continué sous la direction de H. CAZELLES et A. FEUILLET. Ouvrage rendu à l'article « Prophétisme » (45 fascicules parus) (Paris, Letouzey et Ané, 1928-1970).

52   En collaboration, *Synoptische Studien*. A. Wikenhauser zum siebzigsten Geburtstag dargebracht von Freunden, Kollegen und Schülern (München, Zink, 1953), 294 pp.

53   ALLO, E.-B., *Paul apôtre de Jésus-Christ* (Paris, Cerf, 1942), 189 pp.

54   AMIOT, F., *Évangile, vie et message du Christ,* traduction et notes (Paris, Fayard, 1949), 494 pp.

55   AMIOT, F., *Les idées maîtresses de saint Paul* (Paris, Cerf, 1959), 272 pp.

56   AUDET, J.-P., *Mariage et célibat dans le service pastoral de l'Église*. Histoire et orientations (Paris, Orante, 1967), 164 pp.

57   BARBOTIN, E., *Humanité de Dieu*. Approche anthropologique du mystère chrétien (Paris, Aubier, 1970), 352 pp.

58   BARSOTTI, D., *La parole de Dieu dans le mystère chrétien*. Trad. de l'italien par A.-M. Roguet (Paris, Cerf, 1954), 368 pp.

59   BARSOTTI, D., *Vie mystique et mystère liturgique*. Trad. de l'italien par M.-F. Moos et J. C. Renard (Paris, Cerf, 1954), 482 pp.

60   BARTHÉLEMY, D., *Dieu et son image* (Paris, Cerf, 1963), 256 pp.

61   BAUM, G., *The Jews and the Gospel*. A Re-examination of the New Testament (London, Bloomsbury, 1961), 290 pp.

62   BEAUCAMP, É., *Sous la main de Dieu*. I : Le prophétisme et l'élection d'Israël, II : La sagesse et le destin des élus (Paris, Fleurus, 1956-57), 288, 292 pp.

63   BEAUCAMP, É., *La Bible et le sens religieux de l'univers* (Paris, Cerf, 1959), 224 pp.

64   BEAUCAMP, É., DE RELLES, J.-P., *Israël attend son Dieu*. Des Psaumes aux voeux du Pater (Bruges, Desclée de Brouwer, 1967), 352 pp.

65   BECKER, J., *Israel deutet seine Psalmen*. Urform und Neuinterpretation in den Psalmen (Stuttgart, Katholisches Bibelwerk, 1966), 98 pp.

66   BÈGUERIE, P., LECLERCQ, J., STEINMANN, J., *Études sur les prophètes d'Israël* (Paris, Cerf, 1954), 180 pp.

67   BEHLER, G.-M., *Les confessions de Jérémie* (Tournai, Casterman, 1959), 110 pp.

68   BEHLER, G.-M., *Les paroles d'adieu du Seigneur* (Paris, Cerf, 1960), 284 pp.

69   BENOIT, P., *Exégèse et théologie* (Paris, Cerf, 1961-1968), 3 vv., 418, 456, 448 pp.

70   BENOIT, P., *Passion et résurrection du Seigneur* (Paris, Cerf, 1966), 392 pp.

71   BESNARD, A.-M., *Le mystère du nom* (Paris, Cerf, 1962), 200 pp.

72   BEUMER, J., *Die katholische Inspirationslehre zwischen Vatikanum I und II* (Stuttgart, Katholisches Bibelwerk, 1966), 108 pp.

73   BLANK, J., *Krisis.* Untersuchungen zur johanneischen Christologie und Eschatologie (Freiburg i. B., Lambertus Verlag, 1964), 372 pp.

74   BLANK, J., *Schriftauslegung in Theorie und Praxis* (München, Kösel, 1969), 262 pp.

75   BLATTER, T., *Macht und Herrschaft Gottes.* Eine bibeltheologische Studie (Freiburg, Universitätsverlag, 1962), 150 pp.

76   BLINZLER, J., *Johannes und die Synoptiker.* Ein Forschungsbericht (Stuttgart, Katholisches Bibelwerk, 1965), 94 pp.

77   BLINZLER, J., *Die Brüder und Schwestern Jesu* (Stuttgart, Katholisches Bibelwerk, 1967), 160 pp.

78   BOISMARD, M.-É., *Le prologue de saint Jean* (Paris, Cerf, 1953), 185 pp.

79   BOISMARD, M.-É., *Du baptême à Cana* (Paris, Cerf, 1956), 168 pp.

80   BOISMARD, M.-É., *Quatre hymnes baptismales dans la première épître de Pierre* (Paris, Cerf, 1961), 184 pp.

81   BONNARD, P.-É., *Le psautier selon Jérémie* (Paris, Cerf, 1960), 284 pp.

82   BONNARD, P.-É., *La sagesse en personne annoncée et venue : Jésus-Christ* (Paris, Cerf, 1966), 168 pp.

83   BONSIRVEN, J., *Les enseignements de Jésus-Christ* (Paris, Beauchesne, 1946), 510 pp.

84   BONSIRVEN, J., *L'évangile de Paul* (Paris, Aubier, 1948), 366 pp.

85   BONSIRVEN, J., *Théologie du Nouveau Testament* (Paris, Aubier, 1951), 12-470 pp.

86   BONSIRVEN, J., *Le règne de Dieu* (Paris, Aubier, 1957), 232 pp.

87   BOUYER, L., *Le mystère pascal* (Paris, Cerf, 1945), 472 pp.

88   BOUYER, L., *La Bible et l'Évangile².* Le sens de l'Écriture : du Dieu qui parle au Dieu fait homme (Paris, Cerf, 1953), 277 pp.

89   BOUYER, L., *Le quatrième évangile* (Tournai, Paris, Casterman, 1955), 240 pp.

90   BOVER, J. M., *Three Studies from S. Paul* (London, Burns Oates, 1931), 114 pp.

91   BRAUN, F.-M., *La mère des fidèles.* Essai de théologie johannique (Tournai, Paris, Casterman, 1952), 207 pp.

92   BRILLET, G., *Amos et Osée* (Paris, Cerf, 1944), 107 pp.

93   BROWN, R. E., *New Testament Essays* (Milwaukee, Bruce, 1965), 16-280 pp.

94   BROX, N., *Paulus und seine Verkündigung* (München, Kösel, 1966), 140 pp.

95   BRUNOT, A., *Le génie littéraire de saint Paul* (Paris, Cerf, 1955), 252 pp.

96   BURROWS, E., *The Gospel of the Infancy and other biblical Essays* (London, Burns Oates, 1940), 142 pp.

97   CAMBIER, J., *L'évangile de Dieu selon l'épître aux Romains.* Exégèse et théologie biblique. Tome I, L'évangile de la justice et de la grâce (Bruges, Desclée de Brouwer, 1967), 448 pp.

98   CANTINAT, J., *Les épîtres de saint Paul expliquées* (Paris, Gabalda, 1960), 234 pp.

99   CERFAUX, L., *Une lecture de l'épître aux Romains* (Tournai, Paris, Casterman, 1947), 139 pp.

100   CERFAUX, L., *Recueil Lucien Cerfaux.* Études d'exégèse et d'histoire religieuse de Monseigneur Cerfaux, réunies à l'occasion de son soixante-dixième anniversaire (Gembloux, Duculot, 1954-1962), 3 vv., 504, 558, 460 pp.

101   CERFAUX, L., *Le Christ dans la théologie de saint Paul²* (Paris, Cerf, 1954), 435 pp.

102   CERFAUX, L., CAMBIER, J., *L'Apocalypse de saint Jean lue aux chrétiens* (Paris, Cerf, 1955), 240 pp.

103   CERFAUX, L., *Le chrétien dans la théologie paulinienne* (Paris, Cerf, 1962), 544 pp.

104   CERFAUX, L., *La théologie de l'Église suivant saint Paul³* (Paris, Cerf, 1965), 432 pp.

105   CERFAUX, L., *L'itinéraire spirituel de saint Paul* (Paris, Cerf, 1966), 212 pp.

106   CHAINE, J., *Introduction à la lecture des prophètes* (Paris, Gabalda, 1946), 273 pp.

107   CHAINE, J., *Le livre de la Genèse* (Paris, Cerf, 1951), 528 pp.

108   CHARLIER, C., *La lecture chrétienne de la Bible⁴* (Éd. de Maredsous, 1951), 375 pp.

109   CHARPENTIER, É., *Ce testament toujours nouveau* (Paris, Fayard, 1967), 216 pp.

110   CHARUE, A., *L'incrédulité des Juifs dans le Nouveau Testament* (Gembloux, Duculot, 1929), 370 pp.

111   CHEMINANT, L., *Le royaume d'Israël* (Paris, Cerf, 1945), 126 pp.

112   CONGAR, M.-J., *Le mystère du Temple* (Paris, Cerf, 1958), 346 pp.

113   DANIÉLOU, J., *Le mystère de l'Avent* (Paris, Seuil, 1948), 207 pp.

114   DANIÉLOU, J., *Sacramentum futuri*. Études sur les origines de la typologie biblique (Paris, Beauchesne, 1950), 265 pp.

115   DANIÉLOU, J., *Bible et liturgie* (Paris, Cerf, 1951), 479 pp.

116   DANIÉLOU, J., *Les saints païens de l'Ancien Testament* (Paris, Seuil, 1956), 173 pp.

117   DANIÉLOU, J., *Études d'exégèse judéo-chrétienne* (Les Testimonia) (Paris, Beauchesne, 1966), 188 pp.

118   DANIÉLOU, J., *Les évangiles de l'enfance* (Paris, Seuil, 1967), 144 pp.

119   DE FRAINE, J., *L'aspect religieux de la royauté israélite*. L'institution monarchique dans l'A. T. et dans les textes mésopotamiens (Rome, Institut Biblique Pontifical, 1954), 428 pp.

120   DE FRAINE, J., *Adam et son lignage*. Études sur la notion de « personnalité corporative » dans la Bible (Bruges, Desclée de Brouwer, 1959), 320 pp.

121   DEISS, L., *Marie, fille de Sion* (Bruges, Desclée de Brouwer, 1959), 292 pp.

122   DE LANGHE, R., *Les textes de Ras Shamra-Ugarit et leurs rapports avec le milieu biblique de l'A. T.* (Gembloux, Duculot; Paris, Desclée de Brouwer, 1945), 2 vv., 394, 548 pp.

123   DELCOR, M., *Les manuscrits de la Mer Morte*. Essai sur le Midrash d'Habacuc (Paris, Cerf, 1951), 84 pp.

124   DE LUBAC, H., *Histoire et Esprit*. L'intelligence de l'Écriture d'après Origène (Paris, Aubier, 1950), 456 pp.

125   DE LUBAC, H., *L'Écriture dans la tradition* (Paris, Aubier, 1966), 304 pp.

126   DE LUBAC, H., *Exégèse médiévale*. Les quatre sens de l'Écriture (Paris, Aubier, 1959-1964), 4 vv., 368, 712, 564, 560 pp.

127   DE MONTCHEUIL, Y., *Le royaume et ses exigences* (Paris, Éd. de l'Épi, 1957), 125 pp.

128   DESCAMPS, A., *Les justes et la justice dans les évangiles et le christianisme primitif hormis la doctrine proprement paulinienne* (Louvain, Publications Universitaires; Gembloux, Duculot, 1950), 340 pp.

129   DE VAUX, R., *Les institutions de l'Ancien Testament* (Paris, Cerf, 1958-1960), 2 vv., 350, 544 pp.

130   DE VAUX, R., *Les sacrifices de l'Ancien Testament* (Paris, Gabalda, 1964), 112 pp.

131   DE VAUX, R., *Bible et Orient* (Paris, Cerf, 1967), 556 pp.

132   DEWAILLY, L.-M., *Jésus-Christ, Parole de Dieu* (Paris, Cerf, 1945), 144 pp.

133   DEWAILLY, L.-M., *La jeune Église de Thessalonique* (Paris, Cerf, 1963), 160 pp.

134   DEXINGER, F., *Sturz der Göttersöhne oder Engel vor der Sintflut ?* Versuch eines
       Neuverständnisses von Genesis 6, 2-4, unter Berücksichtigung der religionsver-
       gleichenden und exegesegeschichtlichen Methode (Wien, Herder, 1966), 140 pp.

135   DIDIER, G., *Désintéressement du chrétien.* La rétribution dans la morale de saint Paul
       (Paris, Aubier, 1955), 256 pp.

136   DRIJVERS, P., *Les Psaumes.* Genres littéraires et thèmes doctrinaux. Traduit du
       néerlandais (Paris, Cerf, 1958), 228 pp.

137   DUBARLE, A.-M., *Les Sages d'Israël* (Paris, Cerf, 1946), 278 pp.

138   DUBARLE, A.-M., *Le péché originel dans l'Écriture* (Paris, Cerf, 1958), 204 pp.

139   DUBARLE, A.-M., *Amour et fécondité dans la Bible* (Toulouse, Privat, 1967), 104 pp.

140   DUESBERG, H., *Les valeurs chrétiennes de l'Ancien Testament*[2] (Éd. de Maredsous,
       1951), 162 pp.

141   DUESBERG, H., *Jésus prophète et docteur de la loi* (Tournai, Paris, Casterman, 1955),
       197 pp.

142   DUPONT, J., *Gnosis.* La connaissance religieuse dans les épîtres de saint Paul (Louvain,
       Nauwelaerts; Paris, Gabalda, 1949), 604 pp.

143   DUPONT, J., *Essais sur la christologie de saint Jean.* Le Christ, Parole, Lumière et Vie.
       La gloire du Christ (Bruges, Abbaye de Saint-André, 1951), 319 pp.

144   DUPONT, J., ΣΥΝ ΧΡΙΣΤΩΙ. *L'union avec le Christ suivant saint Paul.* Première
       partie : « Avec le Christ » dans la vie future (Bruges, Abbaye de Saint-André, 1952),
       221 pp.

145   DUPONT, J., *Les béatitudes.* Le problème littéraire. Le message doctrinal (Bruges,
       Abbaye de Saint-André; Louvain, Nauwelaerts, 1954), 327 pp.

146   DUPONT, J., *Les béatitudes*[2] (Bruges, Abbaye de Saint-André; Louvain, Nauwelaerts,
       1958), I, 388 pp.

147   DUPONT, J., *Mariage et divorce dans l'Évangile.* Matthieu 19, 3-12 et parallèles (Bruges,
       Abbaye de Saint-André, Desclée de Brouwer, 1959), 240 pp.

148   DUPONT, J., *Le discours de Milet.* Testament pastoral de saint Paul (Ac 20, 18-36)
       (Paris, Cerf, 1962), 412 pp.

149   DUPONT, J., *Études sur les Actes des apôtres* (Paris, Cerf, 1967), 576 pp.

150   DUPONT, J., *Les tentations de Jésus au désert* (Bruges, Desclée de Brouwer, 1968),
       152 pp.

151   FEUILLET, A., *Le Cantique des cantiques.* Étude de théologie biblique et réflexions sur
       une méthode d'exégèse (Paris, Cerf, 1953), 260 pp.

152   FEUILLET, A., *Études johanniques* (Bruges, Desclée de Brouwer, 1962), 318 pp.

153   FEUILLET, A., *Le Christ, sagesse de Dieu, d'après les épîtres pauliniennes* (EB) (Paris,
       Gabalda, 1966), 464 pp.

154   FITZMYER, J. A., *Die Wahrheit der Evangelien.* Die « Instructio de historica
       Evangeliorum veritate » der Päpstlichen Bibelkommission vom 21. April 1964 :
       Einführung, Kommentar, Text, Übersetzung und Bibliographie (Stuttgart, Katholisches
       Bibelwerk, 1965), 56 pp.

155   FLICK, M., ALSZEGHY, Z., *Fondamenti di una antropologia teologica* (Roma,
       Libreria Editrice Fiorentina, 1970), 446 pp.

156   FÜGLISTER, N., *Die Heilsbedeutung des Pascha* (München, Kösel, 1963), 312 pp.

157   GAECHTER, P., *Petrus und seine Zeit.* Neutestamentliche Studien (Innsbruck, Tyrolia,
       1958), 462 pp.

158   GAECHTER, P., *Die literarische Kunst im Matthäus-Evangelium* (Stuttgart, Katholisches Bibelwerk, 1965), 82 pp.

159   GELIN, A., *Les idées maîtresses de l'Ancien Testament²* (Paris, Cerf, 1950), 88 pp.

160   GIBLIN, C. H., *The Threat to Faith*. An exegetical and theological Re-Examination of 2 Thessalonians 2 (Rome, Pont. Biblical Institute, 1967), 326 pp.

161   GILS, F., *Jésus prophète, d'après les évangiles synoptiques* (Louvain, Publications Universitaires, Instituut voor Oriëntalisme, 1957), 196 pp.

162   GNILKA, J., *Die Verstockung Israels*. Isaias 6, 9-10 in der Theologie der Synoptiker (München, Kösel, 1961), 232 pp.

163   GOODIER, A., *The Passion and Death of Our Lord Jesus-Christ* (New York, Kennedy and Sons, 1944), 425 pp.

164   GRELOT, P., *Sens chrétien de l'Ancien Testament* (Tournai, Desclée et Cie, 1962), 542 pp.

165   GRELOT, P., *Le couple humain dans l'Écriture* (Paris, Cerf, 1962), 112 pp.

166   GRELOT, P., *La Bible, parole de Dieu*. Introduction théologique à l'étude de l'Écriture Sainte (Paris, Tournai, Desclée et Cie, 1965), 420 pp.

167   GRELOT, P., *Bible et théologie* (Paris, Desclée et Cie, 1965), 208 pp.

168   GROSS, H., *Die Idee des ewigen und allgemeinen Weltfriedens im Alten Orient und im Alten Testament* (Trier, Paulinus Verlag, 1956), 186 pp.

169   GUILLET, J., *Thèmes bibliques* (Paris, Aubier, 1954), 284 pp.

170   GUILLET, J., *Jésus-Christ hier et aujourd'hui* (Paris, Desclée de Brouwer, 1963), 268 pp.

171   HAAG, H., *Biblische Schöpfungslehre und kirchliche Erbsündenlehre* (Stuttgart, Katholisches Bibelwerk, 1966), 76 pp.

172   HARVEY, J., *Le plaidoyer prophétique contre Israël après la rupture de l'alliance*. Étude d'une formule littéraire de l'A. T. (Bruges, Paris, Desclée de Brouwer; Montréal, Bellarmin, 1967), 188 pp.

173   HASPECKER, J., *Gottesfurcht bei Jesus Sirach*. Ihre religiöse Struktur und ihre literarische und doktrinäre Bedeutung (Rom, Päpstliches Bibelinstitut, 1967), 356 pp.

174   HAULOTTE, E., *Symbolique du vêtement selon la Bible* (Paris, Aubier, 1966), 352 pp.

175   HEINISCH, P., *Theology of the Old Testament*. English ed. by W. HEIDT (Collegeville, The Liturgical Press, 1950), 386 pp.

176   HEISING, A., *Die Botschaft der Brotvermehrung*. Zur Geschichte und Bedeutung eines Christusbekenntnisses im Neuen Testament (Stuttgart, Katholisches Bibelwerk, 1966), 84 pp.

177   HERMANN, I., *Kyrios und Pneuma*. Studien zur Christologie der paulinischen Hauptbriefe (München, Kösel, 1961), 156 pp.

178   HÖLLER, J., *Die Verklärung Jesu*. Eine Auslegung der neutestamentlichen Berichte (Freiburg i.B., Herder, 1937), 236 pp.

179   HUBY, J., *Mystiques paulinienne et johannique* (Paris, Desclée, 1946), 305 pp.

180   HUBY, J., LÉON-DUFOUR, X., *L'Évangile et les évangiles* (VS) (Paris, Beauchesne, 1954), 8-304 pp.

181   KEHL, N., *Der Christushymnus Kol 1, 12-20* (Stuttgart, Katholisches Bibelwerk, 1967), 180 pp.

182   KISFER, O., *Diè Hirtenrede*. Analyse und Deutung von Joh 10, 1-18 (Stuttgart, Katholisches Bibelwerk, 1967), 92 pp.

183   KREMER, J., *Das älteste Zeugnis von der Auferstehung Christi*. Eine bibeltheologische
       Studie zur Aussage und Bedeutung von 1 Kor 15, 1-11 (Stuttgart, Katholisches
       Bibelwerk, 1966), 156 pp.

184   KUSS, O., *Auslegung und Verkündigung* (Regensburg, Pustet, 1963, 1967), 2 vol.
       386-352 pp.

185   LAGRANGE, M.-J., *La morale de l'Évangile* (Paris, Grasset, 1931), 250 pp.

186   LAMARCHE, P., *Christ vivant*. Essai sur la christologie du N. T. (Paris, Cerf, 1966),
       184 pp.

187   LAMBRECHT, J., *Die Redaktion der Markus-Apokalypse* (Rom, Päpstliches
       Bibelinstitut, 1967), 322 pp.

188   LAMMERS, K., *Hören, Sehen und Glauben im Neuen Testament* (Stuttgart,
       Katholisches Bibelwerk, 1966), 114 pp.

189   LANGEVIN, P.-É., *Jésus Seigneur et l'eschatologie*. Exégèse de textes prépauliniens
       (Bruges, Paris, Desclée de Brouwer, 1967), 392 pp.

190   LARCHER, C., *L'actualité chrétienne de l'Ancien Testament d'après le Nouveau
       Testament* (Paris, Cerf, 1962), 536 pp.

191   LARCHER, G., *Études sur le livre de la Sagesse* (Paris, Gabalda, 1969), 444 pp.

192   LATOURELLE, R., *Théologie de la Révélation*[3] (Bruges, Paris, Desclée de Brouwer,
       1969), 570 pp.

193   LAURENTIN, R., *Structure et théologie de Luc I-II* (EB) (Paris, Gabalda, 1957),
       232 pp.

194   LEBRETON, J., *La vie et l'enseignement de Jésus-Christ Notre Seigneur*[16] (Paris,
       Beauchesne, 1947), 2vv., 470, 526 pp.

195   LEBRETON, J., *Lumen Christi*. La doctrine spirituelle du Nouveau Testament (Paris,
       Beauchesne, 1947), 386 pp.

196   LEBRETON, J., *Lumen Christi* (VS) (Paris, Beauchesne, 1947), 386 pp.

197   LEBRETON, J., *Tu solus Sanctus* (VS) (Paris, Beauchesne, 1948), 269 pp.

198   LE DÉAUT, R., *La nuit pascale*. Essai sur la signification de la Pâque juive à partir du
       Targum d'Exode XII, 42 (Rome, Inst. Biblique Pontifical, 1963), 424 pp.

199   LÉGASSE, S., *L'appel du riche*. Contribution à l'étude des fondements scripturaires de
       l'état religieux. Coll. « Verbum Salutis », coll. annexe, I (Paris, Beauchesne, 1966),
       296 pp.

200   LEGRAND, L., *La virginité dans la Bible* (Paris, Cerf, 1964), 164 pp.

201   LEMARIÉ, J., *La manifestation du Seigneur* (Paris, Cerf, 1957), 537 pp.

202   LEMONNYER, L., CERFAUX, L., *Théologie du Nouveau Testament* (Paris, Bloud et
       Gay, 1963), 228 pp.

203   LÉON-DUFOUR, X., *Les évangiles et l'histoire de Jésus* (Paris, Seuil, 1963), 528 pp.

204   LÉON-DUFOUR, X., *Études d'évangile* (Paris, Seuil, 1965), 398 pp.

205   LEVIE, J., *La Bible, parole humaine et message de Dieu* (Paris, Louvain, Desclée de
       Brouwer, 1958), 348 pp.

206   L'HOUR, J., *La morale de l'Alliance* (Paris, Gabalda, 1966), 128 pp.

207   LIGIER, L., *Péché d'Adam et péché du monde* (Paris, Aubier, 1960-1961), I. Ancien
       Testament; II. Nouveau Testament; 2 vv., 322, 488 pp.

208   LIPINSKI, E., *Essais sur la révélation et la Bible* (Paris, Cerf, 1970), 148 pp.

209   LOERSCH, S., *Das Deuteronomium und seine Deutungen*. Ein forschungs-
       geschichtlicher Überblick (Stuttgart, Katholisches Bibelwerk, 1967), 116 pp.

210   LOHFINK, G., *Paulus vor Damaskus*. Arbeitsweisen der neueren Bibelwissenschaft
       dargestellt an den Texten Apg 9, 1-19; 22, 3-21; 26, 9-18 (Stuttgart, Katholisches
       Bibelwerk, 1965), 101 pp.

211   LOHFINK, N., *Die Landverheissung als Eid.* Eine Studie zu Gn 15 (Stuttgart, Katholisches Bibelwerk, 1967), 136 pp.

212   LOHFINK, N., *Bibelauslegung im Wandel.* Ein Exeget ortet seine Wissenschaft (Frankfurt, Knecht, 1967), 242 pp.

213   LYONNET, S., SABOURIN, L., *Sin, Redemption, and Sacrifice.* A Biblical and Patristic Study (Rome, Bibl. Institute Press, 1970), 352 pp.

214   MAERTENS, T., *C'est fête en l'honneur de Yahvé* (Bruges, Desclée de Brouwer, 1961), 224 pp.

215   MARLÉ, R., *Bultmann et l'interprétation du Nouveau Testament* (Paris, Aubier, 1956), 208 pp.

216   McCARTHY, D. J., *Der Gottesbund im Alten Testament.* Ein Bericht über die Forschung der letzten Jahre (Stuttgart, Katholisches Bibelwerk, 1966), 96 pp.

217   McKENZIE, J. L., *The Two-Edged Sword.* An Interpretation of the Old Testament (Milwaukee, Bruce, 1956), 320 pp.

218   McKENZIE, J. L., *The Power and the Wisdom* (Milwaukee, Bruce, 1965), 304 pp.

219   McNAMARA, M., *The New Testament and the Palestinian Targum to the Pentateuch* (Rome, Pontifical Biblical Institute, 1966), 288 pp.

220   MINETTE DE TILLESSE, G., *Le secret messianique dans l'évangile de Marc* (Paris, Cerf, 1968), 576 pp.

221   MONTAGUE, G. T., *Growth in Christ.* A Study in Saint Paul's Theology of Progress (Kirkwood, Maryhurst Press; Fribourg, Regina Mundi, 1961), 288 pp.

222   MURPHY-O'CONNOR, J., *La prédication selon saint Paul* (Paris, Gabalda, 1966), 184 pp.

223   MUSSNER, F., ZΩH. *Die Anschauung vom « Leben » im vierten Evangelium* (München, Zink, 1952), 190 pp.

224   MUSSNER, F., *Die Johanneische Sehweise und die Frage nach dem historischen Jesus* (Herder, Freiburg, Basel, Wien, 1965), 96 pp.

225   NIEDER, L., *Die Motive der religiös-sittlichen Paränese in den paulinischen Gemeindebriefen* (München, Zink, 1956), 152 pp.

226   ORTKEMPER, F.-J., *Das Kreuz in der Verkündigung des Apostels Paulus.* Dargestelt an den Texten der paulinischen Hauptbriefe (Stuttgart, Katholisches Bibelwerk, 1967), 112 pp.

227   OTT, W., *Gebet und Heil.* Die Bedeutung der Gebetsparänese in der lukanischen Theologie (München, Kösel, 1965), 162 pp.

228   PARSCH, P., *Apprenons à lire la Bible* (Paris, Desclée, 1956), 184 pp.

229   PAUL-MARIE DE LA CROIX, P., *L'Ancien Testament source de vie spirituelle*[3] (Paris, Desclée, 1952), 930 pp.

230   PESCH, R., *Die Vision des Stephanus.* Apg 7, 55-56 im Rahmen der Apostelgeschichte (Stuttgart, Katholisches Bibelwerk, s.d.), 74 pp.

231   PESCH, W., *Matthäus der Seelsorger* (Stuttgart, Katholisches Bibelwerk, 1966), 80 pp.

232   PETERSON, E., *Le mystère des Juifs et des Gentils dans l'Église,* suivi d'un essai sur l'Apocalypse (Paris, Desclée, sans date), 18-103 pp.

233   PETRI, H., *Exegese und Dogmatik* (München, Paderborn, Wien, Schöningh, 1966), 255 pp.

234   PRAT, F., *La théologie de saint Paul*[38] (Paris, Beauchesne, 1949), 2 vv., 608, 612 pp.

235   RAHNER, K., *Zur Theologie des Todes* (Freiburg, Herder, 1958), 108 pp.

236   RENAUD, B., *Je suis un Dieu jaloux.* Étude d'un thème biblique (Paris, Cerf, 1963), 160 pp.

237   REY, B., *Créés dans le Christ Jésus.* La création nouvelle selon saint Paul (Paris, Cerf, 1966), 264 pp.

238   RIGAUX, B., *L'antéchrist et l'opposition au royaume messianique dans l'Ancien et le Nouveau Testament* (Gembloux, Duculot; Paris, Gabalda, 1932), 428 pp.

239   ROBERT, A., TRICOT, A., *Initiation biblique*[3] (Paris, Desclée, 1954), 834 pp.

240   ROBERT, A., FEUILLET, A., *Introduction à la Bible* (Paris, Tournai, Desclée et Cie, 1957-1959), 2 vv., 28-880, 940 pp.

241   ROGUET, A.-M., *Le miel du rocher ou la douceur des psaumes* (Paris, Cerf, 1967), 236 pp.

242   ROMANIUK, K., *L'amour du Père et du Fils dans la sotériologie de saint Paul* (Rome, Institut Biblique Pontifical, 1961), 336 pp.

243   SABOURIN, L., *Rédemption sacrificielle.* Une enquête exégétique (Bruges, Desclée de Brouwer, 1961), 494 pp.

244   SABOURIN, L., *Les noms et les titres de Jésus.* Thèmes de théologie biblique (Bruges, Paris, 1963), 328 pp.

245   SCHARBERT, J., *Heilsmittler im alten Testament und im alten Orient* (Freiburg, Basel, Wien, Herder, 1964), 348 pp.

246   SCHILLING, O., *Geist und Materie in biblischer Sicht.* Ein exegetischer Beitrag zur Diskussion um Teilhard de Chardin (Stuttgart, Katholisches Bibelwerk, 1967), 76 pp.

247   SCHLIER, H., *Die Zeit der Kirche* (Freiburg, Herder, 1956), 314 pp.

248   SCHMID, R., *Das Bundesopfer in Israel.* Wesen, Ursprung und Bedeutung der alttestamentlichen Schelamin (München, Kösel, 1964), 140 pp.

249   SCHMITT, J., *Jésus ressuscité dans la prédication apostolique.* Étude de théologie biblique (Paris, Gabalda, 1949), 248 pp.

250   SCHNACKENBURG, R., *Das Heilsgeschehen bei der Taufe nach dem Apostel Paulus* (München, Zink, 1950), 226 pp.

251   SCHREINER, J., *Sion-Jerusalem Jahwes Königssitz.* Theologie der Heiligen Stadt im Alten Testament (München, Kösel, 1963), 311 pp.

252   SCHULZ, A., *Nachfolgen und Nachahmen.* Studien über das Verhältnis der neutestamentlichen Jüngerschaft zur urchristlichen Vorbildethik (München, Kösel, 1962), 352 pp.

253   SCHÜRMANN, H., *Jesu Abschiedsrede* (Lk 22, 21-38), III (Münster i. W., Aschendorff, 1957), 164 pp.

254   SEIDENSTICKER, P., *Lebendiges Opfer* (Röm 12,1) (Münster, Aschendorff, 1954), 347 pp.

255   SEIDENSTICKER, P., *Paulus, der verfolgte Apostel Jesu Christi* (Stuttgart, Katholisches Bibelwerk, 1965), 130 pp.

256   SEIDENSTICKER, P., *Die Auferstehung Jesu in der Botschaft der Evangelisten.* Eine Traditionsgeschichtlicher Versuch zum Problem der Sicherung der Osterbotschaft in der apostolischen Zeit (Stuttgart, Katholisches Bibelwerk, 1967), 160 pp.

257   SEIDENSTICKER, P., *Zeitgenössische Texte zur Osterbotschaft der Evangelien* (Stuttgart, Katholisches Bibelwerk, 1967), 76 pp.

258   SEMMELROTH, O., ZERWICK, M., *Vatikanum 11 über das Wort Gottes.* Die Konstitution « Dei Verbum ». Einführung und Kommentar. Text und Übersetzung (Stuttgart, Katholisches Bibelwerk, 1966), 96 pp.

259   SPICQ, C., *Spiritualité sacerdotale d'après saint Paul* (Paris, Cerf, 1949), 202 pp.

260   SPICQ, C., *L'épître aux Hébreux* (Paris, Gabalda, 1952-1953), 2 vv., 448, 460 pp.

261 SPICQ, C., *Agapè*. Prolégomènes à une étude de théologie néo-testamentaire (Louvain, Nauwelaerts; Leiden, Brill, 1955), 228 pp.

262 SPICQ, C., *Vie morale et Trinité sainte selon saint Paul* (Paris, Cerf, 1957), 96 pp.

263 SPICQ, C., *Dieu et l'homme selon le Nouveau Testament* (Paris, Cerf, 1961), 240 pp.

264 SPICQ, C., *Théologie morale du Nouveau Testament* (EB) (Paris, Gabalda, 1965), 901 pp.

265 SPICQ, C., *Les épîtres pastorales* (Paris, Gabalda, 1969), 2 vv., 848 pp.

266 STEINMANN, J., *David, roi d'Israël* (Paris, Cerf, 1947), 188 pp.

267 STEINMANN, J., *Le prophète Isaïe*. Sa vie, son oeuvre et son temps (Paris, Cerf, 1950), 382 pp.

268 STEINMANN, J., *Le prophète Jérémie*. Sa vie, son oeuvre et son temps (Paris, Cerf, 1952), 332 pp.

269 STEINMANN, J., *Le prophète Ézéchiel et les débuts de l'exil* (Paris, Cerf, 1953), 328 pp.

270 STEINMANN, J., *Saint Jean-Baptiste et la spiritualité du désert* (Paris, Seuil, 1955), 192 pp.

271 STEINMANN, J., *Le prophétisme biblique des origines à Osée* (Paris, Cerf, 1959), 260 pp.

272 STEINMANN, J., *Le livre de la consolation d'Israël et les prophètes du retour de l'exil* (Paris, Cerf, 1960), 316 pp.

273 THIBAUT, R., *Le sens de l'Homme-Dieu* (Paris, Desclée; Bruxelles, Éd. Universelle, 1946), 169 pp.

274 THÜSING, W., *Per Christum in Deum*. Studien zum Verhältnis von Christozentrik und Theozentrik in den paulinischen Hauptbriefen (Münster, Aschendorff, 1965), 278 pp.

275 TRESMONTANT, C., *Essai sur la pensée hébraïque* (Paris, Cerf, 1953), 171 pp.

276 TRILLING, W., *Fragen zur Geschichtlichkeit Jesu* (Düsseldorf, Patmos, 1966), 184 pp.

277 TRILLING, W., *Vielfalt und Einheit im Neuen Testament* (Köln, Benziger, 1968), 160 pp.

278 TRILLING, W., *Christusverkündigung in den synoptischen Evangelien*. Beispiele gattungsmgemässer Auslegung (München, Kösel, 1969), 246 pp.

279 VACCARI, A., *Scritti di erudizione e di filologia* (Roma, Ed. di Storia e Letteratura, 1952), 2 vv., 396-520 pp.

280 VAN GOUDOEVER, J., *Biblical Calendars* (Leiden, Brill, 1961), 13-296 pp.

281 VANHOYE, A., *La structure littéraire de l'épître aux Hébreux* (Paris, Bruges, Desclée de Brouwer, 1963), 388 pp.

282 VAN IMSCHOOT, P., *Théologie de l'Ancien Testament* (Tournai, Desclée, 1954, 1956), 2 vv., 273, 343 pp.

283 VINCENT, A., *Le judaïsme* (Paris, Bloud et Gay, 1932), 234 pp.

284 VOSS, G., *Die Christologie der lukanischen Schriften in Grundzügen* (Paris, Bruges, Desclée de Brouwer, 1965), 220 pp.

285 WAMBACQ, B. N., *Instituta Biblica*. I. De Antiquitatibus sacris (Romae, Officium Libri Catholici, 1965), 384 pp.

286 WIEDERKEHR, D., *Die Theologie der Berufung in den Paulusbriefen* (Freiburg, Universitätsverlag, 1963), 292 pp.

ABRÉVIATIONS UTILISÉES — LIST OF ABBREVIATIONS
ABKÜRZUNGSVERZEICHNIS
ELENCO DELLE SIGLE UTILIZZATE
LISTA DE LOS SIGLOS UTILIZADOS

I. Livres bibliques. Books of the Bible. Biblische Bücher. Biblici libri. Bíblicos libros.

Ab	Abdias. Obadiah. Abdias. Abdia. Abdias.
Ac	Actes des Apôtres. Acts of the Apostles. Die Apostelgeschichte. Gli Atti degli Apostoli. Hechos de los Apostoles.
Ag	Aggée. Haggai. Aggäus. Aggeo. Ageo.
Am	Amos.
Ap	Apocalypse. Die Johannis Offenbarung. Apocalisse. Apocalipsis.
Ba	Baruch. Baruc.
1 Ch	1er livre des Chroniques. 1 Chronicles. 1 Chronik. 1 Cronache. 1 Cronicas.
2 Ch	2e livre des Chroniques. 2 Chronicles. 2 Chronik. 2 Cronache. 2 Cronicas.
1 Co	1re épître aux Corinthiens. 1 Corinthians. 1 Korintherbrief. 1 Corinti. 1 Corintios.
2 Co	2e épître aux Corinthiens. 2 Corinthians. 2 Korintherbrief. 2 Corinti. 2 Corintios.
Col	Épître aux Colossiens. Colossians. Der Kolosserbrief. Colossesi. Colosenses.
Ct	Cantique des Cantiques. Cantical of Canticals. Hoheslied. Cantico dei Cantici. Cantar de los Cantares.
Dn	Daniel. Daniele. Daniel.
Dt	Deutéronome. Deuteronomy. Deuteronomium. Deuteronomio.
Ep	Épître aux Éphésiens. Ephesians. Der Epheserbrief. Efesini. Efesios.
Esd	Esdras. Ezra. Esdras. Esdra. Esdras.
Est	Esther. Ester.
Ex	Exode. Exodus. Esodo. Exodo.
Ga	Épître aux Galates. Galatians. Der Galaterbrief. Galati. Galatas.
Gn	Genèse. Genesis. Genesi. Genesis.
Ha	Habaquq. Habakkuk. Habakuk. Habaquq. Habacuc.
He	Épître aux Hébreux. Hebrews. Der Hebräerbrief. Ebrei. Hebreos.
Is	Isaïe. Isaiah. Isaias. Isaia. Isaias.
Jb	Job. Giobbe. Job.
Jc	Épître de Jacques. James. Der Jakobusbrief. Giacomo. Santiago.
Jdt	Judith. Giuditta. Judit.
Jg	Livre des Juges. Judges. Richter. Giudici. Jueces.
Jl	Joël. Joel. Giole. Joel.
Jn	Évangile selon saint Jean. John. Johannes. Giovanni. Juan.
1 Jn	1re épître de saint Jean. 1 John. 1 Johannesbrief. 1 Giovanni. 1 Juan.
2 Jn	2e épître de saint Jean. 2 John. 2 Johannesbrief. 2 Giovanni. 2 Juan.
3 Jn	3e épître de saint Jean. 3 John. 3 Johannesbrief. 3 Giovanni. 3 Juan.
Jon	Jonas. Jonah. Jonas. Giona. Jonas.
Jos	Livre de Josué. Joshua. Josue. Giosue. Josue.
Jr	Jérémie. Jeremiah. Jeremias. Geremia. Jeremias.

Jude	Épître de Jude. Jude. Der Judasbrief. Giuda. Judas.
Lc	Évangile selon saint Luc. Luke. Lukas. Luca. Lucas.
Lm	Lamentations. Klagelieder. Lamentazioni. Lamentaciones.
Lv	Lévitique. Leviticus. Levitikus. Levitico. Levítico.
1 M	1er livre des Maccabées. 1 Maccabees. 1 Makkabäer. 1 Maccabei. 1 Macabeos.
2 M	2e livre des Maccabées. 2 Maccabees. 2 Makkabäer. 2 Maccabei. 2 Macabeos.
Mc	Évangile selon saint Marc. Mark. Markus. Marco. Marcos.
Mi	Michée. Micah. Michäas. Michea. Miqueas.
Ml	Malachie. Malachi. Malachias. Malachia. Malaquias.
Mt	Évangile selon saint Matthieu. Matthew. Mathäus. Matteo. Mateo.
Nh	Nahum.
Nb	Nombres. Numbers. Numeri. Números.
Ne	Néhémie. Nehemiah. Nehemias. Neemia. Nehemias.
Os	Osée. Hosea. Osee. Osea. Oseas.
1 P	1re épître de saint Pierre. 1 Peter. 1 Petrusbrief. 1 Pietro. 1 Pedro.
2 P	2e épître de saint Pierre. 2 Peter. 2 Petrusbrief. 2 Pietro. 2 Pedro.
Ph	Épître aux Philippiens. Philippians. Der Philipperbrief. Filippesi. Filipenses.
Phm	Épître à Philémon. Philemon. Der Philemonbrief. Filemone. Filemon.
Pr	Proverbes. Proverbs. Sprüche. Proverbi. Proverbios.
Ps	Psaumes. Psalms. Psalmen. Salmi. Salmos.
Qo	Ecclésiaste (Qohélet). Ecclesiastes (Qohelet).
1 R	1er livre des Rois. 1 Kings. 1 Könige. 1 Re. 1 Reyes.
2 R	2e livre des Rois. 2 Kings. 2 Könige. 2 Re. 2 Reyes.
Rm	Épître aux Romains. Romans. Der Römerbrief. Romani. Romanos.
Rt	Ruth. Rut.
1 S	1er livre de Samuel. 1 Samuel.
2 S	2e livre de Samuel. 2 Samuel.
Sg	Sagesse. Book of Wisdom. Weisheit. Sapienza. Sabiduria.
Si	Ecclésiastique (Siracide). Ecclesiasticus. Sirach. Siracide. Ben Sira.
So	Sophonie. Zephaniah. Sophonias. Sofonia. Sofonias.
Tb	Tobie. Tobit. Tobias. Tobia. Tobit.
1 Th	1re épître aux Thessaloniciens. 1 Thessalonians. 1 Thessalonicherbrief. 1 Tessalonicesi. 1 Tesalonicenses.
2 Th	2e épître aux Thessaloniciens. 2 Thessalonians. 2 Thessalonicherbrief. 2 Tessalonicesi. 2 Tesalonicenses.
1 Tm	1re épître à Timothée. 1 Timothy. 1 Timotheusbrief. 1 Timoteo.
2 Tm	2e épître à Timothée. 2 Timothy. 2 Timotheusbrief. 2 Timoteo.
Tt	Épître à Tite. Titus. Der Titusbrief. Tito.
Za	Zacharie. Zechariah. Zacharias. Zaccaria. Zacarias.

II. Revues et ouvrages. Periodicals and Books. Zeitschriften und Werke. Riviste e opere. Reviste y obre.

AmER	*American Ecclesiastical Review* (Washington)
AmiCl	*L'Ami du Clergé* (Langres)
Ang	*Angelicum* (Roma)
Ant	*Antonianum* (Roma)

AS	*Assemblées du Seigneur* (Bruges)
AT	*L'Année Théologique* (Paris)
Bibl	*Biblica* (Roma)
BibOr	*Bibbia e Oriente* (Milano)
BiLeb	*Bibel und Leben* (Düsseldorf)
BiLit	*Bibel und Liturgie* (Klosterneuburg bei Wien)
BJ	*La Sainte Bible,* traduite en français sous la direction de l'École Biblique de Jérusalem (Paris)
BLE	*Bulletin de Littérature Ecclésiastique* (Toulouse)
BVC	*Bible et Vie Chrétienne* (Paris)
BZ	*Biblische Zeitschrift* (Freiburg i. B., Paderborn)
Catho	*Catholica* (Münster i. W.)
CBQ	*Catholic Biblical Quarterly* (Washington)
CC	*Civilta Cattòlica* (Roma)
CE	*Cahiers Évangiles* (Paris)
CHR	*Christus* (Paris)
Conci	*Concilium* (Tours, Paris, Rome)
Div	*Divinitas* (Roma)
DS	*Dictionnaire de Spiritualité* (Paris)
(EB)	Coll. *Études Bibliques* (Paris)
EstB	*Estudios Bíblicos* (Madrid)
EstE	*Estudios Eclesiasticos* (Madrid)
EstF	*Estudios Franciscanos* (Barcelona)
Et	*Études* (Paris)
ET	*Église et Théologie* (Ottawa)
ETL	*Ephemerides Theologicae Lovanienses* (Louvain, Bruges)
EXav	*Ecclesiastica Xaveriana* (Bogotá)
FreibZ	*Freiburger Zeitschrift für Philosophie und Theologie* (Freiburg, Schweiz)
GeistL	*Geist und Leben* (Würzburg)
Greg	*Gregorianum* (Roma)
HeyJ	*Heythrop Journal* (Oxford)
Ir	*Irénikon* (Chevetogne)
IrThQ	*Irish Theological Quarterly* (Maynooth)
LTP	*Laval Théologique et Philosophique* (Québec)
LV	*Lumière et Vie* (Saint-Albert-Leysse, Savoie)
LVit	*Lumen Vitae* (Bruxelles)
Manr	*Manresa* (Madrid)
MD	*Maison-Dieu* (Paris)
MSR	*Mélanges de Science Religieuse* (Lille)
MüTZ	*Münchener Theologische Zeitschrift* (München)
NRT	*Nouvelle Revue Théologique* (Louvain, Tournai)
PB	*Pastor Bonus* (Trier)
PPB	*Pas à pas avec la Bible* (Bruges)
RAM	*Revue d'Ascétique et de Mystique* (Toulouse)
RazFe	*Razon y Fe* (Madrid)
RB	*Revue Biblique* (Paris)
RBen	*Revue Bénédictine* (Maredsous)
REA	*Revue des Études Augustiniennes* (Paris)
RET	*Revista Española de Teología* (Madrid)

RevSR	*Revue des Sciences Religieuses* (Strasbourg)
RHE	*Revue d'Histoire Ecclésiastique de Louvain* (Louvain)
RivB	*Rivista Biblica Italiana* (Brescia)
RSPT	*Revue des Sciences Philosophiques et Théologiques* (Paris)
RSR	*Recherches de Science Religieuse* (Paris)
RT	*Revue Thomiste* (Paris)
RTL	*Revue Théologique de Louvain* (Louvain)
RUO	*Revue de l'Université d'Ottawa* (Ottawa)
Sal	*Salesianum* (Roma)
Salm	*Salmanticensis* (Salamanca)
SB	*Scripture Bulletin* (London) (Cf. *Scripture*)
Schol	*Scholastik* (Freiburg i. B., Basel, Wien)
SCR	*Scripture* (Edinburg)
ScuolC	*La Scuola Cattolica* (Milano)
SDB	*Supplément au Dictionnaire de la Bible* (Paris)
SE	*Sciences Ecclésiastiques,* devenu *Science et Esprit* (Montréal)
SMR	*Studia Montis Regii* (Montréal)
StiZ	*Stimmen der Zeit* (Freiburg i. B.)
TDig	*Theology Digest* (Saint Louis, Missouri)
TGl	*Theologie und Glaube* (Paderborn)
ThPh	*Theologie und Philosophie* (Freiburg i. B., Basel, Wien)
TQ	*Theologische Quartalschrift* (Tübingen, Stuttgart)
TR	*Theologische Revue* (Münster)
TrierTZ	*Trierer Theologische Zeitschrift* (Trier)
TS	*Theological Studies* (Woodstock)
VD	*Verbum Domini* (Roma)
VI	*La Vie Intellectuelle* (Paris)
VS	*La Vie Spirituelle* (Paris)
(VS)	Coll. *Verbum Salutis* (Paris)
VSS	*La Vie Spirituelle, Supplément* (Paris)
Way	*The Way* (London)
Wor	*Worship* (Collegeville, Minnesota)
ZKT	*Zeitschrift für Katholische Theologie* (Innsbrück)

RÉFÉRENCES
REFERENCES
HINWEISE
CITAZIONI
REFERENCIAS

PREMIÈRE PARTIE. PART ONE. ERSTER TEIL. PARTE PRIMA.
PREMERA PARTE.

INTRODUCTION À LA BIBLE.
INTRODUCTION TO THE BIBLE.
EINFÜHRUNG IN DIE HEILIGE SCHRIFT.
INTRODUZIONE ALLA BIBBIA.
INTRODUCCIÓN A LA BIBLIA.

BIBLIOGRAPHIE. BIBLIOGRAPHY. BIBLIOGRAPHIE. BIBLIOGRAFIA. BIBLIOGRAFÍA.

1   Voir Bibl, section « Elenchus Bibliographicus Biblicus » (NOBER, P.).
2   Voir ETL, section « Elenchus Bibliographicus ».
3   Voir RB, sections « Recensions » et « Bulletin ».
4   Voir RSPT, section « Bulletin de théologie biblique ».
5   Voir RSR, section « Bulletin d'exégèse du Nouveau (et de l'Ancien) Testament ».
6   Voir RT, section « Bulletin : Écriture Sainte ».
7   XXX, *Internationale Zeitschriftenschau für Bibelwissenschaft und Grenzgebiete* (hrg. F. Stier, E. Beck und andere) (Düsseldorf, Patmos).
8   XXX, *New Testament Abstracts,* a Record of Current Periodical Literature, issued by the Jesuits of Weston College, Weston, Mass., U.S.A., Volume I, 1956.
9   XXX, *Quarterly Check-List of Biblical Studies,* published by American Bibliographic Service (Darien, Connecticut, U.S.A.).
10   GLANZMAN, G. S., FITZMYER, J. A., *An Introductory Bibliography for the Study of Scripture* (Westminster, Maryland, The Newman Press, 1961), 136 pp.
11   GRAYSTONE, G., « Catholic English Bibliography of General Questions on the Scriptures », SCR 6 (1954) 84-94.
12   ROWLEY, H. H., *Eleven Years of Bible Bibliography* (Indians Hill, Colorado, The Falcon's Wing Press, 1957), 806 pp.

INTRODUCTIONS GÉNÉRALES. GENERAL INTRODUCTIONS. ALLGEMEINE EINFÜHRUNGEN. INTRODUZIONI GENERALI. INTRODUCCIONES GENERALES.

Volumes. Books. Bücher. Volumi. Volúmenes.

13   CHEMINANT, L., *Précis d'introduction à la lecture et à l'étude des Saintes Écritures²* (Paris, Blot, 1940), 2 vv., 479, 342 pp.

14   DHORME, É., *La poésie biblique*. Introduction à la poésie biblique et trente chants de circonstance (Paris, Grasset, 1931), 212 pp.

15   LECONTE, R., *Perspectives bibliques* (Paris, Casterman, 1946), 121 pp.

16   PERRELLA, C. M., *Introduzione generale alla Sacra Bìbbia* (La Sacra Bibbia) (Torino, Roma, 1949), 53-345 pp.

17   SCHILDENBERGER, J., *Vom Geheimnis des Gotteswortes*. Einführung in das Verständnis der heiligen Schrift (Heidelberg, Kerle, 1950), 16-531 pp.

18   HÖPFL, H., *Introductio generalis in Sacram Scripturam* (Roma, Arnodo, 1950), 607 pp.

19   PETERS, N., DECARREAUX, J., *Notre Bible, source de vie. Introduction à la lecture de la Bible* (Bruges, Beyaert, 1950), 280 pp.

20   RIQUET, M., *La parole de Dieu, réalité d'aujourd'hui*. Conférences de Notre-Dame de Paris (Paris, Spes, 1951), 6 fasc. de 24 pp.

21   XXX, *Institutiones Biblicae scholis accommodatae* (en collab.), I. De S. Scriptura in universum[6] (Roma, Pontificum Istitutum Biblicum, 1951), 10-584 pp.

22   PRADO, J., *Praelectionum Biblicarum Compendium[7]*, I : Propaedeutica (Marietti, Torino, 1953), 272 pp.

23   ROBERT, A., TRICOT, A., *Initiation biblique[3]* (Paris, Tournai, Desclée, 1954), 1082 pp.

24   STEINMUELLER, J. E., SULLIVAN, K., *Catholic Biblical Encyclopedia, Old and New Testament* (New York, J. F. Wagner, 1956), 2 vv., 1166, 680 pp.

25   ROBERT, A., FEUILLET, A., et collaborateurs, *Introduction à la Bible*, I : Introduction générale et Ancien Testament; II : Le Nouveau Testament (Paris, Desclée et Cie, 1957, 1959[2]), 880, 940 pp.

26   LEVIE, J., *La Bible, parole humaine et message de Dieu*, 348 pp.

27   AUZOU, G., *La parole de Dieu*. Approches du mystère des Saintes Écritures (Paris, L'Orante, 1956), 255 pp.

28   PARSCH, P., *Apprenons à lire la Bible* (Paris, Desclée et Cie, 1956), 184 pp.

29   AUZOU, G., *La parole de Dieu[2]*. Approches du mystère des saintes Écritures (Paris, L'Orante, 1960), 446 pp.

30   MORALDI, L., LYONNET, S., *Introduzione generale I.* (PERRELLA, C. M., VAGAGGINI, L.) (Torino, Marietti, 1960), 234 pp., 24 planches.

31   GRELOT, P., *Introduction aux livres saints[2]* (Paris, Belin, 1963), 384 pp., 12 cartes.

32   GRELOT, P., *La Bible, parole de Dieu*. Introduction théologique à l'étude de l'Écriture sainte, 420 pp.

33   MARTIN SANCHEZ, B., *Introducción general a la Sagrada Escritura[3]* (Madrid, Apostolado de la Prensa, 1966), 196 pp.

34   MONTAGNINI, F., *La Bibbia, oggi* (Brescia, La Scuola, 1966), 292 pp.

35   DE TUYA, M., SALGUERO, J., *Introducción a la Biblia* (Madrid, La Editorial Catolica, 1967), 618 pp.

Articles. Artikel. Artìcoli. Artículos.

36   CHEMINANT, L., « Pour mieux lire l'Écriture Sainte », VS 29 (1931) 148-160.

37   DE LUBAC, H., « Pour le Christ et la Bible », VS 66 (1942) 542-550.

38   CARROUGES, M., « Le poète et la Bible », VI N° 2 (1945) 140-145.

39   CHIFFLOT, T.-G., « Les questions bibliques et la vie présente de l'Église », VI N° 2 (1945) 24-35.

40   LATTEY, C., « Two Points of Biblical Introduction », CBQ 7 (1945) 201-205. *La Bible* (albums liturgiques « Fêtes et Saisons », N° 30) (Paris, Cerf, 1948), 24 pp.

41   XXX, « La clé de l'histoire sainte » (albums liturgiques « Fêtes et Saisons ») (Paris, Cerf, 1951), 24 pp.

42   CHARLIER, C., *La lecture chrétienne de la Bible⁴* (Éd. de Maredsous, 1951), « Les langues de la Bible », 40-47; « La valeur littéraire de la Bible », 339-344.

43   GELIN, A., « Bible et science », AmiCl 61 (1951) 289-296.

44   BEAUCAMP, É., « Poésie et sens de la nature dans la Bible », BVC N° 11 (1955) 25-31.

45   MOELLER, C., « La Bible et l'homme moderne », LVit 10 (1955) 63-76.

46   DUMONT, C., « Lectio divina : La lecture de la Parole de Dieu d'après saint Cyprien », BVC N° 22 (1958) 23-33.

47   MARLÉ, R., « Le chrétien d'aujourd'hui devant la Bible », Et 321 (1964) 627-639.

48   MARLÉ, R., « La Bible dans la division des chrétiens », Et 324 (1966) 630-640.

49   KUSS, O., *Auslegung und Verkündigung,* « Grundsätzliches zu Schriftlesung und Bibelstunde », II, 32-50.

ARCHÉOLOGIE. ARCHEOLOGY. ARCHÄOLOGIE. ARCHEOLOGIA. ARQUEOLOGÍA.

Chroniques. Reports. Berichte. Cronache. Crónicas.

Voir la « Chronique archéologique » de la *Revue Biblique* (par exemple, 65 (1958) 249-267, 400-423; 67 (1960) 226-260, 368-404, 552-586; 74 (1967) 60-96, 218-261).

Voir les chroniques « Ricerche in Oriente » et « Ricerche in Palestina », dans la revue *Bibbia e Oriente.*

Études générales. General Studies. Allgemeine Abhandlungen. Studi generali. Estudios generales.

50   FERNANDEZ, A., « La Arqueologia y el Exodo », EstE 14 (1935) 113-116.

51   HENNEQUIN, L., « Feuilles et champs de feuilles en Palestine et en Phénicie », SDB III, col. 318-524.

52   KÖPPEL, R., « Neue Hilfsmittel zum Studium der Chronologie der palästinischen Keramik », Bibl 20 (1939) 51-63.

53   BARROIS, A., *Manuel d'archéologie biblique* (Paris, Picard, 1939, 1953), 2 vv., 520, 520 pp.

54   BEA, A., « Archäologische Beiträge zur israelitisch-jüdischen Geschichte », Bibl 21 (1940) 429-445.

55   BEA, A., « Ghassulkultur und Bandkeramik », Bibl 22 (1941) 433-438.

56   BEA, A., « La Palestina preisraelitica : Storia, popoli, cultura », Bibl 24 (1943) 231-260.

57   VINCENT, L.-H., « L'archéologie et la Bible », dans *Mélanges E. Podechard* (en collab.), 265-282.

58   MOSCATI, S., *Storia e civiltà dei Semiti* (Bari, Laterza, 1949), 14-245 pp.

59   SCHILLING, O., « Was heisst : « Die Bibel hat doch Recht » ? Ertrag und Tragweite der Archäologie für die Bibel », ZKT 46 (1956) 321-335.

60   MOSCATI, S., *Le antiche civiltà semitiche* (Bari, Laterza, 1958), 378 pp.

61   LEVIE, J., *La Bible, parole humaine et message de Dieu* (histoire de l'archéologie biblique), 9-24, 89-133.

62   SCHILLING, O., « The Bible and Archeology », TDig 6 (1958) 33-38.

63   DE VAUX, R., « Les manuscrits de Qumrân et l'archéologie », RB 66 (1959) 87-110, ou dans *Bible et Orient,* 333-358.

64   KOPP, C., *Die heiligen Stätten der Evangelien* (Regensburg, Pustet, 1959), 493 pp.

65   LEAL, J., « El autógrafo del IV Evangelio y la arqueologia », EstE 34 (1960) 895-905.

66   BONNARD, P.-É., « Poterie palestinienne », SDB VII, col. 136-240.

67   LUCIANI, F., « La ceramica nella Palestina antica », BibOr 3 (1961) 186-189.

68   ROLLA, A., « I contributi dell'Archeologia Orientale allo studio della Bibbia », RivB 9 (1961) 73-83.

69   RINALDI, G., « La preparazione dell'argente e il fuoco purificatore », BibOr 5 (1963) 53-59.

70   ROLLA, A., « Notiziario archeologico palestinese », RivB 11 (1963) 55-91.

71   RIDOUARD, A., « Notre lecture de la Bible et l'archéologie », BVC N° 60 (1964) 38-45.

72   BARTINA, S., « Ugarit y la Biblia », EstE 42 (1967) 399-415.

73   BONNARD, P.-É., « Poterie palestinienne », SDB VIII, col. 136-240.

74   HUOT, J.-L., « Typologie et chronologie relative de la céramique du Bronze Ancien à Tell el-fâr'ah », RB 74 (1967) 517-554.

75   PERROT, J., « Préhistoire palestinienne », SDB VIII, col. 286-446.

Sites*. Ortsbeschreibungen*. Siti*. Lugares*.

76   PERROT, J., « Chronique archéologique. Abou Gosh », RB 76 (1969) 421-423.

77   RINALDI, G., « Acco – Tolemaide – S. Giovanni d'Acri », BibOr 5 (1963) 216-220.

78   FORTUNA, M., « Necropoli ellenistico-romana ad Acco », BibOr 6 (1964) 263-266.

79   GRINTZ, J. M., « 'Ai which is beside Beth-Aven'. A Re-examination of the Identity of 'Ai », Bibl 42 (1961) 201-216.

80   SCHOONOVER, K., « Chronique archéologique. Et-Tell (Aï) », RB 76 (1969) 423-426.

81   OLAVARRI, E., « Sondages à 'Aro'er sur l'Arnon », RB 72 (1965) 77-94.

82   OLAVARRI, E., « Fouilles à 'Arô'er sur l'Arnon. Les niveaux du bronze intermédiaire », RB 76 (1969) 230-259.

83   TSAFERIS, V., « Chronique archéologique. Arraba », RB 76 (1969) 409-410.

84   FORTUNA, M., « Scavi ad Ashdod », BibOr 8 (1966) 80-85.

85   KÖPPEL, R., « Die neuentdeckten Neandertalmenschen von 'Atlît », Bibl 13 (1932) 358-362.

86   PIROT, L., « Baalbek », SDB I, col. 685-713.

87   HAAG, H., « Erwägungen über Beer-Seba », dans *Sacra Pagina* (en collab.), I, 335-345.

88   CHARBEL, A., « Beit-Jimäl tra le città bibliche della Shefela (Gios 15,33-36) », Sal 31 (1969) 485-496.

89   CHARBEL, A., « Beit-Jimäl identificata con Caphar-Gamala negli studi di St. H. Stephan », Sal 31 (1969) 667-676.

90   LUCIANI, F., « Betania all'Oliveto », BibOr 1 (1959) 170-171.

91   VESTRI, L., « Pietre di altare sull'alto luogo de Betel », BibOr 4 (1962) 53-56.

92   TESTA, E., « Betlemme e la grotta della natività », BibOr 1 (1959) 78-81.

93   ADINOLFI, M., « Scavi a Betlemme », RivB 13 (1965) 309-314.

94   PERRELLA, C. M., « Il problema di Betsaida », ScuolC 62 (1934) 656-668.

95   PRONOBIS, C., « Bethesda zur Zeit Jesu », TQ 114 (1933) 181-207.

96   NORTH, R., « Realizzationi intorno a Bet-Scean », BibOr 3 (1961) 22.

---

* Classés selon l'ordre alphabétique. Alphabetically classified. Nach alphabetischen Klasse ablegten. Classificati secondo l'ordine alfabètico. Clasificados en orden alfabético.

97   CHARBEL, A., « De Caphargamala seu villa Gamalielis in vicolo Beit-Jimäl posita », VD 47 (1969) 163-169.

98   SPIJKERMAN, A., Un tesoro di monete e la dotazione della sinagoga di Cafarnao », BibOr 2 (1960) 90-92.

99   CORBO, V., « Chronique archéologique. Capharnaüm », RB 76 (1969) 557-563.

100   CORBO, V., « La casa di san Pietro ritrovata a Cafarnao », BibOr 11 (1969) 87-94.

101   RINALDI, G., « Cesarea di Palestina », BibOr 4 (1962) 100-103.

102   LIFSHITZ, B., « Timbres amphoriques trouvés à Césarée de Palestine », RB 70 (1963) 556-558.

103   LUCIANI, F., « Dor », BibOr 6 (1964) 207-218.

104   DE VAUX, R., « Les fouilles de Tell El-Far'ah », RB 68 (1961) 557-592; 69 (1962) 212-253.

105   WRIGHT, G. R. H., « The Archaeological Remains at El Mird in the Wilderness of Judaea », Bibl 42 (1961) 1-21.

106   ECHEGARAY, J. G., « Nouvelles fouilles à El Khiam », RB 70 (1963) 94-119.

107   SEMKOWSKI, L., « Tell En-Nasbeh », Bibl 13 (1932) 363-365.

108   DEVER, W. G., « Chronique archéologique. Gezer », RB 76 (1969) 563-567.

109   DE CONTENSON, H., « Remarques sur le chalcolothique récent de Tell esh Shuna », RB 68 (1961) 546-556.

110   DE VAUX, R., « Fouilles de Feshkha », RB 66 (1959) 225-255.

111   KÖPPEL, R., « Die naturwissenschaftlichen Ergebnisse der dritten Grabung am Tell Ghassûl », Bibl 12 (1931) 157-161.

112   UNGER, E., « Das Freskogemälde von Hügel 3 im Tell Ghassul », Bibl 13 (1932) 284-292.

113   KÖPPEL, R., « Uferstudien am Toten Meer, Naturwissenschaftliches zur Lage der Pentapolis und zur Deutung von Tell Ghassul », Bibl 13 (1932) 6-27.

114   KÖPPEL, R., « Teletat Ghassul im Jordantal. Vorläufiger Bericht über die Grabung im Winter 1933/34 », Bibl 16 (1935) 241-256.

115   KÖPPEL, R., « Die 7. Grabung in Ghassul », Bibl 17 (1936) 393-406.

116   KÖPPEL, R., « Ma'adi und Ghassul », Bibl 18 (1937) 443-449.

117   KÖPPEL, R., « Die achte Grabung in Ghassul (3. Jan.-1. März 1938) », Bibl 19 (1938) 260-266.

118   NORTH, R., « Ghassulian in Palestine Chronological Nomenclature », Bibl 40 (1959) 541-555.

119   NORTH, R., *Ghassul 1960.* Excavation Report (Rome, Pont. Biblical Institute, 1961), XIII-88 pp.

120   NORTH, R., « Scavi palestinesi sotto bandiera pontificia (Telejlat Ghassul) », BibOr 3 (1961) 86-89.

121   ROLLA, A., « Gli scavi di Hazor e la Bibbia », RivB 7 (1959) 364-368.

122   YADIN, Y., « Chronique archéologique. Hasor », RB 76 (1969) 550-557.

123   PARR, P. J., « Chronique archéologique. Exploration archéologique du Hedjaz et de Madian », RB 76 (1969) 390-393.

124   CORBO, V., « Gli scavi dell'Herodium », BibOr 6 (1964) 38-43.

125   HORN, S. H., « Chronique archéologique. Heshbon (Jordanie) », RB 76 (1969) 395-398.

126   ROLLA, A., « Le mura di Gerico e gli scavi archeologici del 1952-1953 », RivB 2 (1954) 173-178.

127   SCHEDL, C., « Stand der Ausgrabungen in Jericho », BiLit 22 (1954-55) 172-176.

128   FISCHER, J., « Die Mauern und Tore des biblischen Jerusalem », TQ 113 (1932) 221-288; 114 (1933) 73-85.

129   McCLELLAN, W. H., « Ecclesiastical Library Table. Recent Excavation at Jerusalem », AmER 89 (1933) 87-96.

130   XXX, « Le site du prétoire » (Jérusalem), AmiCl 52 (1935) 166-168.

131   ABEL, F.-M., « Le « Tombeau des Rois » à Jérusalem », dans *Miscellanea Biblica B. Ubach* (en collab.), 439-448.

132   VINCENT, L.-H., STÈVE, A.-M., *Jérusalem de l'Ancien Testament.* Recherches d'archéologie et d'histoire (Paris, Gabalda, 1954, 1956), 1re partie : archéologie de la ville, 372 pp.; 2e partie : archéologie du temple, et 3e partie : évolution historique de la ville, 812 pp.; 149 planches.

133   VINCENT, L.-H., « Site primitif de Jérusalem et son évolution initiale », RB 65 (1958) 161-180.

134   BAGATTI, B., « Il lento disseppellimento della piscina probatica a Gerusalemme », BibOr 1 (1959) 12-14.

135   MILLAS, J. M., « Orıgenes de la localización de la tumba de David en el Santo Cenáculo », EstE 34 (1960) 595-602.

136   BAGATTI, B., « Il « tempio di Gerusalemme » dal II all'VIII secolo », Bibl 43 (1962) 1-21.

137   LUCIANI, F., « Le tombe di Siloe », BibOr 10 (1968) 135-140.

138   LOFFREDA, S., « Recenti scoperte archeologiche a Gerusalemme (Ophel) », RivB 16 (1968) 527-538.

139   DUPREZ, A., « Probatique (piscine) », SDB VIII (1969), col. 606-621.

140   LOFFREDA, S., « Recenti scoperte archeologiche a Gerusalemme », RivB 17 (1969) 175-192.

141   OUELLETTE, J., « Le vestibule du Temple de Salomon était-il un Bit Hilâni ? » RB 76 (1969) 365-378.

142   TSAFERIS, V., « Chronique archéologique. Jérusalem », RB 76 (1969) 568-569.

143   VANEL, A., « Prétoire », SDB VIII (1969), col. 513-554.

144   COUROYER, B., « Menues trouvailles à Jérusalem », RB 77 (1970) 248-252.

145   LUCIANI, F., « Scoperte nel deserto di Giuda », BibOr 9 (1967) 89-95.

146   MILIK, J. T., « The Monastery of Kastellion (arm. *Marda Mird*) », Bibl 42 (1961) 21-27.

147   DEVER, W. G., « Chronique archéologique. Khalit-el-Fûl », RB 76 (1969) 572-576.

148   PRIGNAUD, J., « Une installation monastique byzantine au Khan Saliba », RB 70 (1963) 243-254.

149   LARUE, G. A., « Chronique archéologique. Khirbet Mazar Mazra'a (Horvat Tafat) », RB 76 (1969) 416-417.

150   DOTHAN, M., « Chronique archéologique. Lac Sirbonis », RB 76 (1969) 579-580.

151   AHARONI, Y., « Chronique archéologique. Lakish », RB 76 (1969) 576-578.

152   CHIESA, B., « « Altare solare » e culto jahvistico a Lachish », BibOr 12 (1970) 273-274.

153   LUX, U., « Chronique archéologique. Madaba », RB 76 (1969) 398-402.

154   AZEVEDO, N., « Scavi a Malta 1963 », BibOr 6 (1964) 135-140.

155   MADER, A. E., « Mambre, eine Stätte der biblischen Uroffenbarung im Lichte der neuesten Ausgrabungen », Bibl 15,2 (1934) 37-56.

156   JEAN, C.-F., « Mari (résultats des six premières campagnes de fouilles, 1933-1939) », SDB V, col. 883-905.

157 JEAN, C.-F., « Six campagnes de fouilles à Mari », NRT 74 (1952) 493-517, 607-633.

158 STÈVE, A.-M., « Megiddo », SDB V, col. 1083-1101.

159 MILIK, J. T., « Le giarre dei manoscritti della grotta del Mar Morto e dell'Egitto Tolomaico », Bibl 31 (1950) 504-508.

160 VINCENT, L.-H., « Un sanctuaire dans la région de Jéricho. La synagogue de Na' Arah », RB 68 (1961) 161-177.

161 WRESCHNER, E., PRAUSNITZ, M. W., « Chronique archéologique. Naveh Yam », RB 76 (1969) 415-416.

162 RUTTEN, M., CAVAIGNAC, E., LARGEMENT, R., « Ninive », SDB VI, col. 480-506.

163 TESTA, E., « Nazaret al tempo di Cristo e la casa della Madonna », BibOr 1 (1959) 41-44.

164 BAGATTI, B., « Nazareth », SDB VI, col. 318-333.

165 CONTI, M., « Nuove scoperte a Nazaret », BibOr 4 (1962) 17-19.

166 SALLER, S. J., « Recent Work at the Shrine of the Annunciation at Nazareth », CBQ 25 (1963) 348-353.

167 BAGATTI, B., « I parenti del Signore a Nazaret », BibOr 7 (1965) 259-264.

168 TESTA, E., « L'apporto delle iscrizioni nazaretane », RivB 16 (1968) 167-186.

169 CHRISTIDES, V., « L'énigme d'Ophir », RB 77 (1970) 240-247.

170 KÖPPEL, R., « Der Tell 'Oreme und die Genesarethebene », Bibl 13 (1932) 298-308.

171 STARCKY, J., « Pétra et la Nabatène », SDB VII, col. 886-1017.

172 STARCKY, J., « Palmyre », SDB VI, col. 1066-1103.

173 FENASSE, J.-M., « Pella », SDB VII, col. 605-626.

174 McCLELLAN, W. H., « Recent Bible Study. A possible Trace of the Pentapolis », AmER 84 (1931) 410-424.

175 WRIGHT, G. R. H., « Structure et date de l'arc monumental de Pétra », RB 73 (1966) 404-419.

176 PARR, P. J., « Le Conway High Place à Pétra. Une nouvelle interprétation », RB 69 (1962) 64-79.

177 PARR, P. J., « La date du barrage du Sîq à Pétra », RB 74 (1967) 45-49.

178 PARR, P. J., « Chronique archéologique. Pétra (Jordanie) », RB 76 (1969) 393-394.

179 BAGATTI, B., « Phasga (ou Mont Nébo) », SDB VII, col. 1115-1141.

180 DUNAND, M., « Phénicie », SDB VII, col. 1141-1204.

181 RUYSSCHAERT, J., « Trois campagnes de fouilles au Vatican et la tombe de Pierre », dans Sacra Pagina (en collab.), II, 86-97.

182 CARCOPINO, J., « Pierre (fouilles de saint) », SDB VII, col. 1375-1415.

183 BELTRITTI, G., « Samaria nella luce degli ultimi scavi (1931) », ScuolC 3 (1932) 289-296.

184 ZAYADINE, F., « Une tombe du Fer II à Samarie-Sébaste », RB 75 (1968) 562-585.

185 HENNESSY, B., « Chronique archéologique. Samarie-Sebaste », RB 76 (1969) 417-419.

186 CODY, A., « A New Inscription from Tell al-Rimah and King Jehoash of Israel », CBQ 32 (1970) 325-340.

187 HUESMAN, J., « A Report on Tell es-Sa'idîyeh », CBQ 26 (1964) 242-243.

188 HANSEN, D., « L'antica Sardi cristiana », BibOr 4 (1962) 169-174.

189 ELGAVISH, Y., « Chronique archéologique. Shiqmona », RB 76 (1969) 412-413.

190 KÖPPEL, R., « Auf der Suche nach Sodoma und Gomorrha », StiZ 122 (1932) 187-194.

191 MADER, A. E., « Die Augsgrabungen auf dem Beutschen Besitz Tabgha am See Genezareth », Bibl 13 (1932) 293-297.

192   BOLING, R. G., « Chronique archéologique. Tananir (Mont Garizim) », RB 76 (1969) 419-421.

193   GARBINI, G., « Tarsis », BibOr 7 (1965) 13-20.

194   BENNETT, C.-M., « Chronique archéologique. Tawilân (Jordanie) », RB 76 (1969) 386-390.

195   TSAFERIS, V., EDELSTEIN, G., « Chronique archéologique. Tel 'Aitun », RB 76 (1969) 578-579.

196   WEINBERG, S., « Chronique archéologique. Tel Anafa », RB 76 (1969) 404-409.

197   DOTHAN, M., « Chronique archéologique. Tel Ashdod », RB 76 (1969) 569-572.

198   BIRAN, A., « Chronique archéologique. Tel Dan », RB 76 (1969) 402-404.

199   BEA, A., « Effossiones 1939 in Tell el-'Oreme factae », Bibl 20 (1939) 306-308.

200   BROSHI, M., « Chronique archéologique. Tel Megadim », RB 76 (1969) 413-414.

201   LAPP, P. W., « Chronique archéologique. Tell Ta'annak », RB 76 (1969) 580-586.

202   DE VAUX, R., « Téman, ville ou région d'Edom ? » RB 76 (1969) 379-385.

203   ROSSANO, P., « Note archeologiche sulla antica Tessalonica », RivB 6 (1958) 242-247.

204   SCHEDL, C., « Tirzah, die alte Hauptstadt Israels », BiLit 24 (1956-57) 168-172.

205   BENNETT, C.-M., « Fouilles d'Umm El-Biyaea », RB 73 (1966) 272-403.

206   KAPLAN, J., « Chronique archéologique. Yavneh-Yam », RB 76 (1969) 567-568.

Divers. Miscellaneous. Verschiedenes. Diversi. Diversos.

207   DE VAUX, R., « Notes d'histoire et de topographie transjordaniennes », *Vivre et Penser* 1 (1941) 16-47 (= RB 50), ou dans *Bible et Orient,* 115-149.

208   VATTIONI, F., « Vetera et Nova : 1) L'ostiario nel mondo fenicio; 2) Documenti egiziani dell'epoca persiana; 3) Isaia 7, 6 e le tavolette di Nimrud; 4) Scavi a Gerico », RivB 6 (1958) 266-273.

209   VINCENT, L.-H., « Puits de Jacob ou de la samaritaine », RB 65 (1958) 547-567.

210   DE VAUX, R., « Une hachette essénienne ? » *Vetus Testamentum* (Leiden, Brill) 9 (1959) 399-407, ou dans *Bible et Orient,* 359-367.

211   FENASSE, J.-M., « Palais », SDB VI, col. 976-1021.

212   SENÈS, H., « Heptapegon – Tabula – Tabgha », EstE 34 (1960) 873-881.

213   COUTURIER, G., « Les recherches archéologiques de Miss Kenyon en Palestine », SE 13 (1961) 239-247.

214   MOTTE, R., art. « Porte », SDB VIII, col. 126-136.

215   VAN DEN BRANDEN, A., « I brucia-incenso Jakin e Bo'az », BibOr 4 (1962) 47-52.

216   FESTUGIÈRE, A.-J., « La Vie de Sabas et les tours de Syrie-Palestine », RB 70 (1963) 82-93.

217   ROCCO, B., « Le iscrizioni fenicie della grotta Regina e la Bibbia », RivB 17 (1969) 421-426.

218   DELEKAT, L., « Ein Bittschriftentwurf eines Sabbatschänders (*KAI* 200) », Bibl 51 (1970) 453-470.

219   NORTH, R., « Zechariah's Seven-Spout Lampstand (Tabula extra seriem) », Bibl 51 (1970) 183-206.

220   VESTRI, L., « Altare di Geroboamo », BibOr 7 (1965) 27-31.

221   TESTA, E., « Il 'sigillo di Jahve' », BibOr 9 (1967) 39-42.

222   MURTAGH, J., « The Stela of Merneptah », SCR 20 (1968) 21-23.

223   TESTA, E., « Ancora sulla laminella giudeo-cristiana », Bibl 49 (1968) 249-253.

224   VAN DEN BRANDEN, A., « Elenco delle spese del tempio di Cition », BibOr 8 (1966) 245-262.

CANON. KANON. CANONE. CANON.

225 HÖPFL, H., « Canonicité », SDB I, col. 1022-1045.

226 ZARB, S., « Canonicitas Sacrorum Librorum », Ang 8 (1931) 376-423.

227 STENZEL, M., « Der Bibelkanon des Rufin von Aquileja », Bibl 23 (1942) 43-61.

228 XXX, « Peut-on, par l'Écriture, prouver que la Révélation publique a été close, non à l'Ascension, mais à la mort du dernier Apôtre ? » AmiCl 57 (1946-47) 337-340.

229 VACCARI, A., « Per il canone biblico, verifica delle fonti », RivB 1 (1953) 167-172.

230 PENNA, A., « Il « De consensu evangelistarum » ed i « canoni Eusebiani » », Bibl 36 (1955) 1-19.

231 AUZOU, G., *La Tradition biblique.* Histoire des écrits sacrés du Peuple de Dieu (Paris, L'Orante, 1957), 464 pp.

232 DU BUIT, F. J., GOURBILLON, J. G., « Les livres de la Bible : leurs sources et leur apparition », CE N° 36 (1959) 7-77; N° 37 (1960) 5-95.

233 GRELOT, P., « Sur l'inspiration et la canonicité de la Septante », SE 16 (1964) 387-418.

234 GUTWENGER, E., « Schrift und Schriftkanon », ZKT 86 (1964) 418-429.

235 O'ROURKE, J. J., « The Problem of the Canon of Sacred Scripture », IrThQ 31 (1964) 160-164.

236 GRELOT, P., *La Bible, parole de Dieu,* « Le canon des livres saints : I. Histoire du problème; II. Questions relatives au canon des livres saints : I. Le discernement de la canonicité; II. Extension de la canonicité », 135-178.

237 GRELOT, P., *Bible et théologie,* « Le canon des livres saints », 124-141.

238 PESCH, R., *Neuere Exegese. Verlust oder Gewinn?* (Freiburg i. B., Herder, 1968), « Zur Entstehung des Neuen Testamentes », 79-111.

239 MURRAY, R., « How did the Church determine the Canon of Scripture ? » HeyJ 11 (1970) 115-126.

CATHÉCHÈSE ET BIBLE. CATECHETICS AND BIBLE.
KATECHESE UND HEILIGE SCHRIFT. CATECHÊSI E BIBBIA.
CATEQUESIS Y BIBLIA.

L'enfant et la Bible. The Child and the Bible. Das Kind und die Heilige Schrift.
Il fanciullo e la Bibbia. El niño y la Biblia.

240 DANIÉLOU, M., « Un chapitre du livre de dogme », LVit 1 (1946) 44-52.

241 TALLOIS, J., « En parcourant la Bible, ou Une école centrée sur les textes bibliques », LVit 2 (1947) 310-324.

242 CODDINGTON, D., « Teaching Psalms to Children », Wor 23 (1948-49) 403-408.

243 MARGARET MARY, Sr., « The Psalter in Sixth Grade », Wor 26 (1951-52) 84-90.

244 XXX, *Journées nationales d'études* (en collab.). Union des Religieuses enseignantes, Paris, 12-15 juillet 1953 (Paris, Secrétariat national de l'Union des Religieuses enseignantes, 1953), 275 pp.

245 BABIN, P., MATAGRIN, M., « Essai de présentation du message biblique à des pré-adolescents », BVC N° 3 (1953) 102-104.

246 FARGUES, M., « Nos enfants et le sens de Dieu », *L'Anneau d'Or* N° 54 (1953) 516-522.

247 LUBIENSKA DE LENVAL, H., « Bible et Eucharistie : Leçons de vie à des enfants », BVC N° 6 (1954) 92-96.

248 LUBIENSKA DE LENVAL, H., « L'enfant et la Bible », CE N° 14 (1954) 55-61.

249   MORIZET, F., « La Bible intéresse-t-elle mes enfants ? » BVC N° 7 (1954) 109-112.

250   MAERTENS, T., « Le Souffle et l'Esprit de Dieu. L'enfant et la Bible », CE N° 14
       (1954) 55-61.

251   DHEILLY, J., « La foi des adolescents nourris par l'étude de la Bible », LVit 9 (1954)
       291-304.

252   DELCUVE, G., « Croissance de la foi et étude doctrinale. Essai de présentation du
       mystère de la sainte Trinité à de jeunes adolescents », LVit 9 (1954) 33-346.

253   BLANCHARD, P., « Enseignement religieux et initiation biblique : une expérience
       pédagogique », BVC N° 11 (1955) 96-100.

254   COLOMB, J., « Comment utiliser la Bible pour former le sens religieux des en-
       fants », LVit 10 (1955) 137-149.

255   DINGEON, J.-M., WAELKENS, R., POELMAN, R., « Un exemple : le récit de la
       Passion présenté dans la perspective de l'histoire du salut », LVit 10 (1955) 150-166.

256   NUTTING, W. D., « Scripture in College », Wor 30 (1955-56) 500-506.

257   ZELER, M., « Essai de pré-catéchisme biblique », BVC N° 15 (1956) 102-103.

258   LUBIENSKA DE LENVAL, H., « L'impatience de voir Dieu », BVC N° 17 (1957)
       100-104.

259   BANCHET, Y., « Expérience de catéchisme biblique pour des enfants de sept à huit
       ans », BVC N° 22 (1958) 89-93.

260   MICHAUX, A., « Initiation biblique d'enfants à la messe », BVC N° 21 (1958) 84-88.

Divers. Miscellaneous. Verschiedenes. Diversi. Diversos.

261   ALLGEIER, A., « Grundätzliches zu einer Psalmenerklärung für das Leben », TR 35
       (1936) 1-8.

262   HENRY, A.-M., « Une éducation par la Bible », VS 75 (1946) 584-587.

263   FARGUES, M., « L'Évangile sera dans le catéchisme », LVit 3 (1948) 393-399.

264   DANIÉLOU, J., « L'histoire du salut dans la catéchèse », MD N° 30 (1952) 19-35.

265   ABELÉ, E., « Une expérience de catéchèse », BVC N° 8 (1954) 99-102.

266   DEMANN, P., « Bible et catéchèse : À propos d'une enquête », BVC N° 5 (1954)
       104-109.

267   LUBIENSKA DE LENVAL, H., « Bible et Eucharistie : Leçons de vie à des en-
       fants », BVC N° 6 (1954) 92-95.

268   TRÉMEL, Y.-B., « La catéchèse chrétienne et le peuple de la Bible », LV N° 13 (1954)
       122-130.

269   CHARLIER, C., « Bible et catéchèse », BVC N° 12 (1955) 7-18.

270   FRANSEN, I., « Vers une catéchèse biblique », BVC N° 10 (1955) 97-103.

271   FRANSEN, I., « Catéchisme ou catéchèse », BVC N° 12 (1955) 105-112.

272   SAUVAGEOT, P., *Catéchèse biblique et liturgique* (Bruges, Abbaye de Saint-André,
       1955), coll. « Paroisse et liturgie », N° 11, 136 pp.

273   LUBIENSKA DE LENVAL, H., « Le pouvoir éducateur de la Bible », BVC N° 9
       (1955) 91-93.

274   VAN CASTER, M., « La catéchèse de l'Eucharistie à partir de la Cène », LVit 10 (1955)
       583-600.

275   BEA, A., « The Pastoral Value of the Word of God », Wor 30 (1955-56) 632-648.

276   BRAUN, F.-M., « L'évangile de saint Jean et l'ancienne catéchèse romaine, le
       témoignage des catacombes », RT 56 (1956) 643-648.

277   DOSSIN, A., « Schèmes pour une catéchèse biblique et liturgique : Introduction
       générale. Un exemple », LVit 11 (1956) 359-370.

278   TILMANN, K., « La Bible, source du catéchisme », LVit 11 (1956) 651-664.

279   FRANSEN, I., « Livres récents d'éducation biblique », BVC N° 18 (1957) 103-109.

280   GODEFROID, J., *Catéchèse biblique et liturgique des sacrements* (Bruges, Abbaye de Saint-André, 1957), coll. « Paroisse et liturgie », N° 24, 72 pp.

281   BASSEVILLE, R., « Initiation à la Bible dans l'enseignement secondaire », BVC N° 23 (1958) 87-95.

282   COUDREAU, F., « La Bible et la Liturgie dans la catéchèse », dans *Parole de Dieu et Liturgie* (en collab.), 181-214.

283   MARIE CHRISTILLA, Sr., « Veillées bibliques : le Carême, la Pâque eucharistique », LVit 13 (1958) 37-62.

284   MARIE CHRISTILLA, Sr., « Veillées bibliques. La Vierge Marie en son pèlerinage », LVit 13 (1958) 293-313.

285   FERRIÈRE, C., « Tu diras à tes enfants. Le Carême », BVC N° 25 (1959) 69-75.

286   FRANSEN, I., « Pour une catéchèse biblique et liturgique », BVC N° 28 (1959) 74-82.

287   MITTELSTEDT, F., « Die Bibel in der Schule », BiLit 27 (1959-60) 125-135.

288   DESCAMPS, A., « Bible et pastorale », AS N° 1 (1962) 7-14.

289   McCOOL, F., « Il predicatore e la testimonianza storica dei Vangeli », RivB 10 (1962) 354-383.

290   WOSTRY, F., « Dreimal Schriftlesung », BiLit 36 (1962-63) 176-179.

291   MAAS-EWERD, T., « Seelsorgliche Bemühungen um die Schriftlesung in den Familien », BiLit 36 (1962-63) 390-399.

292   APECECHEA PERURENA, J., *Fundamentos biblicos de la acción pastoral.* I. Antiguo Testamento (Barcelona, J. Flors, 1963), 148 pp.

293   WURZ, H., « Das Sechstagewerk mit Applikation für die Katechese », BiLit 37 (1963-64) 13-20.

294   GROM, B., « La catéchèse de l'Ancien Testament. Bases herméneutiques et théologiques d'une recherche didactique », LVit 33 (1968) 129-150.

295   MAILLOT, A., « Histoire du salut et catéchèse », BVC N° 83 (1968) 64-80.

296   THOME, A., « Die Bibelkatechese im Lichte der Konzilskonstitution über die göttliche Offenbarung », TrierTZ 77 (1968) 69-85.

297   FERRIÈRE, C., « Catéchèse et langage biblique », BVC N° 60 (1964) 46-52.

298   MAYER, J. E., « *Divino afflante spiritu* und die Seelsorge », BiLit 38 (1964-65) 24-27.

299   HÖSLINGER, N., « Kann die Jugend von heute einen Zugang zur H1. Schrift finden ? » BiLit 38 (1964-65) 28-32.

300   WATTE, P., « Pour une présentation catéchétique de la résurrection du Christ, au niveau adulte », LVit 21 (1966) 305-311.

301   LOMBAERTS, H., JEZIERSKI, C., « Pour une présentation catéchétique de la résurrection du Christ, au niveau de l'adolescence », LVit 21 (1966) 312-320.

302   VAN CASTER, M., « La catéchèse du péché originel », LVit 21 (1966) 705-725.

303   AYEL, V., « Peut-on parler du ciel aux hommes d'aujourd'hui ? » AS (n.s.) N° 28 (1969) 68-81.

304   CROCE, Q., « Exegese und Katechese », ZKT 91 (1969) 430-459.

305   CULLY, I., « Les problèmes de l'enseignement biblique à travers la littérature catéchétique américaine », Conci N° 53 (1970) 125-136.

306   LANGER, W., « Les problèmes de l'enseignement biblique dans la catéchétique de langue allemande », Conci N° 53 (1970) 113-124.

COMMENTAIRES GÉNÉRAUX DE LA BIBLE.
GENERAL COMMENTARIES ON THE BIBLE.
ALLGEMEINE SCHRIFTKOMMENTARE.
COMMENTI GENERALI DELLA BIBBIA.
COMENTARIOS GENERALES DE LA BIBLIA.

307   Coll. *Les Études Bibliques* (Paris, Gabalda).

308   Coll. *Verbum Salutis* (Paris, Beauchesne).

309   *La Sainte Bible,* texte latin et traduction française d'après les textes originaux avec un commentaire exégétique et théologique, sous la direction de L. PIROT et A. CLAMER (Paris, Letouzey). En cours de parution.

310   *La Sainte Bible* traduite en francais sous la direction de l'École Biblique de Jérusalem, en 43 fascicules (Paris, Cerf, 1948-1954). Introduction, traduction, notes.

311   *La Sacra Bibbia* (GAROFALO, S., RINALDI, G., édit.). Volgata latina e traduzione italiana dai testi originali illustrate con note critiche e commentate (Torino, Roma, Marietti, 1949-1967).

312   ORCHARD, B., SUTCLIFFE, E. F., FULLER, R. C., RUSSELL, R., *A Catholic Commentary on Holy Scripture* (London, Edinburgh, Thomas Nelson and Sons Ltd, 1953), 1312 pp.

313   KNOX, R. A., *A New Testament Commentary for English Readers* (London, Burn Oates and Washbourne Ltd, 1953-1954), I. The Gospels, 15-276 pp.; II. The Acts of Apostles. St. Paul's Letters to the Churches, 9-322 pp.

314   *Regensburger Neues Testament* (WIKENHAUSER, A., KUSS, O., Hg.) (Regensburg, Pustet, 3e ou 4e éd., 1958-1961).

315   *Biblia comentada,* traduite et commentée par des professeurs de Salamanque (Madrid, Biblioteca de Autores Cristianos, 1960-1964), 5 vv., 1060, 1096, 1336, 1308, 1332 pp.

316   *La Sagrada Escritura. Nuevo Testamento.* Texto y commentario por Profesores de la Compania de Jesus (Madrid, Biblioteca de Autores Cristianos, 1961-1962), 3 vv., 1124, 1132, 896 pp.

CRITIQUE TEXTUELLE. TEXTUAL CRITICISM. TEXTKRITIK.
CRITICA TESTUALE. CRÍTICA TEXTUAL.

317   PRIERO, G., « Su recenti scoperte di manoscritti biblici », ScuolC 64 (1936) 640-653.

318   LANDGRAF, A., « Die Schriftzitate in der Scholastik um die Wende des 12. zum 13. Jahrhundert », Bibl 18 (1937) 74-94.

319   MERCATI, G., « Di alcune testimonianze antiche sulle cure bibliche di S. Luciano », Bibl 24 (1943) 1-17.

320   ALLGEIER, A., « Exegetische Beiträge zur Geschichte des Griechischen vor dem Humanismus », Bibl 24 (1943) 261-288.

321   AYUSO MARAZUELA, T., « ¿ Texto arrecensional, recensional o prerecensional ? », EstB 6 (1947) 35-90.

322   MIQUEL ROSELI, F. J., « Manuscritos biblicos y liturgicos de la Biblioteca Universitaria de Barcelona », EstB 7 (1948) 257-292, 407-440; 8 (1949) 5-46.

323   AYUSO MARAZUELA, T., « Una importante colección de notas marginales de la *Vetus Latina Hispana* », EstB 9 (1950) 329-376.

324   BOISMARD, M.-É., « Lectio brevior, potior », RB 58 (1951) 161-163.

325   DEVREESSE, R., *Introduction à l'étude des manuscrits grecs* (Paris, Klincksieck, 1954), 348 pp.

326 ENCISO, J., « La serie « Ubi » en los Sumarios de los codices biblicos españoles », EstB 13 (1954) 91-95.

327 DIEZ MACHO, A., « Importante hallazgo bíblico », EstB 13 (1954) 207-210.

328 DIEZ MACHO, A., « Tres nuevos manuscritos bíblicos « Palestinianos » », EstB 13 (1954) 247-266.

329 RUSSO, F., « I manoscritti del gruppo Ferrar », RivB 4 (1956) 253-269.

330 ROBERT, A., FEUILLET, A., *Initiation à la Bible,* I, 104-121 (sur les deux Testaments).

331 DIEZ MACHO, A., « Nuevos manuscritos bíblicos babilónicos », EstB 16 (1957) 235-277.

332 DIEZ MACHO, A., « Un specimen de Ms. Biblico Babilonico en Papel » (ms. 597, Box E, Carpeta P, f.l, del Seminario Teologico Judico de Nueva York), Bibl 40 (1959) 171-176.

333 SCHILDENBERGER, J., « Parallelstellen als Ursache von Textveränderungen », Bibl 40 (1959) 188-198.

334 GIL ULECIA, A., « Un intéressant lectionnaire latin gothique inconnu. Une contribution à l'étude du texte biblique », dans *Sacra Pagina* (en collab.), I, 208-215.

335 BOTTE, B., « Papyrus bibliques », SDB VI, col. 1109-1120.

336 KOENEN, L., DOUTRELEAU, L., « Inventaire des papyrus de Toura », RSR 40 (1967) 547-564.

337 ZAMORA, H., « La Biblia de Guadalupe. Un interessante códice desconocido », EstB 26 (1967) 39-68, 121-142.

DICTIONNAIRES, ATLAS. DICTIONARIES, ATLASES. LEXIKA, ATLANTEN. DIZIONARI, ATLANTI. DICCIONARIOS, ATLAS.

338 GROLLENBERG, L. H., *Atlas de la Bible* (trad. R. Beaupère) (Paris, Bruxelles, Elsevier, 1955), 160 pp.

339 LELONG, M.-H., *Terre Sainte* (Paris, Bruxelles, Elsevier, 1955), 196 pp.

340 LEOPOLD, E. L., *Lexicon hebraicum et chaldaicum in libros Veteris Testamenti* (reimpressio) (Roma, Orbis Catholicus, 1956), 7-453 pp.

341 *Dictionnaire encyclopédique de la Bible* (traduit du néerlandais) (Turnhout, Paris, Brepols, 1960), 1966 colonnes.

342 LEMAIRE, P., BALDI, D., *Atlas biblique.* Histoire et géographie de la Bible (Paris, Louvain, Éd. du Mont César, 1960), 346 pp.

343 VINCENT, A., *Lexique biblique* (Tournai, Casterman, Éd. Maredsous, 1961), 474 pp.

344 DHEILLY, J., *Dictionnaire biblique* (Tournai, Desclée et Cie, 1964), 1283 pp.

345 McKENZIE, J. L., *Dictionary of the Bible* (Milwaukee, Bruce, 1965), 956 pp., 15 planches.

346 BAUER, J. B. (édit.), *Bibeltheologisches Wörterbuch*[3] (Graz, Wien, Köln, Styria, 1967), 1598 pp.

347 McKENZIE, J. L., *Dictionary of the Bible* (Milwaukee, Bruce, 1967), XVIII-954 pp.

348 GRABNER-HAIDER, A., (Herausgeber), *Praktisches Bibellexikon.* Unter Mitarbeit katholischer und evangelischer Theologen (Freiburg i. B., Herder, 1969), 1275-6* SS, 8 Karte.

349 En collaboration, *Vocabulaire de théologie biblique*[2], publié sous la direction de X. LÉON-DUFOUR, J. DUPLACY, A. GEORGE, P. GRELOT, J. GUILLET, M.-F. LACAN (Paris, Cerf, 1970), 1394 col.

350   JEANNE D'ARC, Sr, BARDY, M., ODELAIN, O., SANDEVOIR, P., SÉGUINEAU,
       R., *Concordance de la Bible. Nouveau Testament* (Bruges, Cerf, Desclée de Brouwer,
       1970), 678 pp.

351   KEEL, O., « Biblish-historisches Handwörterbuch und Bibel-Lexikon » (von Bo
       REICKE u. L. ROST, H. HAAG), FreibZ 17 (1970) 206-221.

ÉPIGRAPHIE. EPIGRAPHY. INSCHRIFTENKUNDE. EPIGRAFIA. EPIGRAFÍA.

352   BOSON, G., « L'origine dell'Alfabeto e la Bibbia alla luce delle recenti scoperte
       epigrafiche », ScuolC 3 (1932) 113-137.

353   XXX, « Les lettres de Lachisch », AmiCl 55 (1938) 737-744.

354   DE VAUX, R., « Les ostraka de Lachis », RB 48 (1939) 181-206, ou dans *Bible et
       Orient*, 457-484.

355   SCHAUMBERGER, J., « Ein neues Keilschriftfragment über den angeblichen Stern
       der Weisen », Bibl 24 (1943) 162-169.

356   DE LANGHE, R., *Les textes de Ras Shamra-Ugarit et leurs rapports avec le milieu
       biblique de l'AT,* « Le tell de Ras Shamra. Fouilles et histoire », I, 7-85.

357   MOSCATI, S., *L'epigrafia ebraica antica, 1935-1950* (Rome, Pont. Istituto Biblico,
       1951), 19-123 pp., 34 planches.

358   YEIVIN, S., « Note sur une pointe de flèche inscrite provenant de la Beqaa (Li-
       ban) », RB 65 (1958) 585-588.

359   MILIK, J. T., « Note sur une pointe de flèche inscrite provenant de la Beqaa (Li-
       ban) », RB 65 (1958) 588-589.

360   VOGT, E., « Novae inscriptiones Nabonidi », Bibl 40 (1959) 88-102.

361   MILIK, J. T., « Notes d'épigraphie et de topographie palestiniennes », RB 66 (1959)
       550-575; 67 (1960) 354-367, 550-591.

362   SCHMITT, J., « Nazareth (inscription de) », SDB VI, col. 333-363.

363   VAN DE WALLE, B., « Inscriptions et autres textes concernant l'histoire bibli-
       que », SDB IV, col. 384-482.

364   FÉVRIER, J. G., « Ostraca, sceaux et cachets », SDB VI, col. 948-964.

365   LIFSHITZ, B., « Fonctions et titres honorifiques dans les communautés juives, notes
       d'épigraphie palestinienne », RB 67 (1960) 58-64.

366   LIFSHITZ, B., « Inscriptions grecques de Césarée en Palestine (Caesarea Palaesti-
       nae) », RB 68 (1961) 115-126.

367   TEIXIDOR, J., « Épitaphes hiérosolymitaines en syriaque estranghelo », RB 68 (1961)
       541-545.

368   LIFSHITZ, B., « Sur le culte dynastique des Séleucides », RB 70 (1963) 75-81.

369   LIFSHITZ, B., « Notes d'épigraphie grecque », RB 70 (1963) 255-265.

370   BAILLET, M., « Deux inscriptions samaritaines de la région de Naplouse », RB 71
       (1964) 57-72.

371   COUROYER, B., « Inscription coufique de Beit Gibrin », RB 71 (1964) 73-79.

372   PRIGNAUD, J., « Un sceau hébreu de Jérusalem et un Ketib du livre d'Esdras », RB
       71 (1964) 372-383.

373   LIFSHITZ, B., « La nécropole juive de Césarée », RB 71 (1964) 384-387.

374   GRAYSON, A., « Cronache neo-babilonesi », BibOr 6 (1964) 191-206.

375   VAN DEN BRANDEN, A., « L'iscrizione fenicia di Ma'sub », BibOr 7 (1965) 69-76.

376   STARCKY, J., « Nouvelle épitaphe nabatéenne », RB 72 (1965) 95-97.

377   LIFSHITZ, B., « Inscriptions de Césarée en Palestine », RB 72 (1965) 98-107.

378   LIFSHITZ, B., « L'hellénisation des Juifs de Palestine » (à propos des inscriptions de Besara (Beth-Shearim), RB 72 (1965) 520-538.

379   ROCCO, B., « L'ostrakon Canfora », RivB 14 (1966) 201-208.

380   STARCKY, J., STRUGNELL, J., « Petra : deux nouvelles inscriptions nabatéennes », RB 73 (1966) 236-247.

381   LIFSHITZ, B., « Notes d'épigraphie palestinienne », RB 73 (1966) 248-257.

382   LIFSHITZ, B., « Inscriptions de Césarée », RB 74 (1967) 50-59.

383   TOURNAY, R., « Un cylindre babylonien découvert en Transjordanie », RB 74 (1967) 248-254.

384   STRUGNELL, J., « Quelques inscriptions samaritaines », RB 74 (1967) 555-580.

385   LUCIANI, F., « Antichi graffiti nel Negev », BibOr 9 (1967) 115-116.

386   ROCCO, B., « L'iscrizione punica di Mozia », BibOr 9 (1967) 209-211.

387   TESTA, E., « Un ostrakon sull'elogio funebre », RivB 16 (1968) 539-546.

388   LIFSHITZ, B., « Notes d'épigraphie grecque », RB 76 (1969) 92-98; 77 (1970) 76-83.

389   MORAN, W. L., « New Evidence from Mari on the History of Prophecy », Bibl 50 (1969) 15-56.

390   VAN DEN BRANDEN, A., « Il testo fenicio sul medaglione di Cartagine », BibOr 11 (1969) 197-204.

391   VATTIONI, F., « I sigilli ebraici », Bibl 50 (1969) 357-388.

392   ANDERSON, R. T., « Le Pentateuque samaritain CW 2473 », RB 77 (1970) 68-77, 550-560.

393   PRIGNAUX, M. D., « Notes d'épigraphie hébraïque (Ophel) », RB 77 (1970) 50-67.

394   VAN DEN BRANDEN, A., « L'escrizione greco-fenicia sui dischi di piombo di Cartagine », BibOr 12 (1970) 123-128.

395   VAN DEN BRANDEN, A., « La lettera fenicia di Saqqâra », BibOr 12 (1970) 212-220.

EXÉGÈSE (HISTOIRE DE L'). EXEGESIS (HISTORY OF).
EXEGESE (GESCHICHTE DER). ESEGESI (STORIA DELL').
EXÉGESIS (HISTORIA DE LA).

Exégèse juive. Jewish Exegesis. Jüdische Exegese. Esegesi giudaica. Exégesis judía.

396   BONSIRVEN, J., *Exégèse rabbinique, exégèse paulinienne* (Paris, Beauchesne, 1939), 405 pp.

397   BONSIRVEN, J., « Interprétation (histoire de l'). Exégèse juive », SDB IV, col. 561-569.

398   GELIN, A., « Comment le peuple d'Israël lisait la Bible », dans *Rencontres* N° 36 (Paris, Cerf, 1951), 17-43.

399   BONSIRVEN, J., « Interpretatio Aggadica (Heinemann) », VD 30 (1952) 349-352.

400   AUVRAY, P., « Écriture et Tradition dans la Communauté d'Israël », BVC N° 12 (1955-56) 19-34.

401   BLOCH, R., « Midrash », SDB V, col. 1263-2181.

402   GNILKA, J., « « Bräutigam ». Altjüdisches Messiasprädikat ? » TrierTZ 69 (1960) 298-301.

403   MILIK, J. T., « Saint-Thomas de Phordêsa et Gen 14, 17 (dans les targums) », Bibl 42 (1961) 77-84.

404   GRELOT, P., « Sagesse 10, 21 et le Targum de l'Exode », Bibl 42 (1961) 49-60.

405   LE DÉAUT, R., « Goûter le calice de la mort (Neofiti, f. 424s) », Bibl 43 (1962) 82-86.

406   GRELOT, P., « L'exégèse messianique d'Is. 63,1-6 », RB 70 (1963) 371-380.

407   BUCHANAN, G. W., « Midrashim pré-tannaïtes, à propos de Prov. 1-9 », RB 72 (1965) 227-239.

408   WRIGHT, A. G., « The Literary Genre Midrash », CBQ 28 (1966) 105-138, 417-457.

409   GRELOT, P., « Un tosephta targoumique sur Zacharie 2, 14-15 », RB 73 (1966) 197-211.

410   DANIÉLOU, J., *Études d'exégèse judéo-chrétienne* (Les Testimonia) (Paris, Beauchesne, 1966), 188 pp.

411   FORD, J. M., « You are « Abraham » and upon this rock » , TDig 15 (1967) 134-137.

412   PERROT, C., « Les récits d'enfance dans la Haggada », RSR 55 (1967) 481-518.

Exégèse apostolique. Apostolic Exegesis. Apostolische Exegese. Esegesi apostolica. Exégesis apostólica.

413   BONSIRVEN, J., *Exégèse rabbinique, exégèse paulinienne* (Paris, Beauchesne, 1939), 405 pp.

414   BURGHARDT, W. J., « On Early Christian Exegesis », TS 11 (1950) 78-116.

415   CERFAUX, L., « Simples réflexions à propos de l'exégèse apostolique », ETL 25 (1949) 565-576, ou dans *Recueil Lucien Cerfaux*, II, 189-203.

416   BARDY, G., « La lecture de la Bible aux premiers siècles chrétiens », BVC N° 2 (1953) 25-39.

417   BARDY, G., « La diffusion de la Bible aux premiers siècles », BVC N° 6 (1954) 40-54.

418   BRAUN, F.-M., « La Bible dans la vie de l'Église, à la lumière du Nouveau Testament », BVC N° 12 (1955-1956) 35-40.

419   MIGUENS, M., « Appunti sull'esegesi dell'epoca apostolica », BibOr 3 (1961) 201-206.

Exégèse patristique. Patristic Exegesis. Patristische Exegese. Esegesi patristica. Exégesis patrística.

420   BARDY, G., « La littérature patristique des « Quaestiones et responsiones » sur l'Écriture sainte. Les « Quaestiones et Responsiones ad orthodoxos » », RB 42 (1933) 211-229.

421   DEVREESSE, R., « L'édition du commentaire d'Eusèbe de Césarée sur Isaïe », RB 42 (1933) 540-555.

422   BARDY, G., « Commentaires patristiques de la Bible », SDB II, col. 73-103.

423   VACCARI, A., « La « teoria » esegetica antiochena », Bibl 15 (1934) 94-101.

424   DEVREESSE, R., « Anciens commentateurs grecs de l'Octateuque », RB 44 (1935) 166-191; 45 (1936) 201-220, 364-384.

425   CADIOU, R., « La bibliothèque de Césarée et la formation des chaînes », RSR 16 (1926) 474-483.

426   MONDÉSERT, C., « Symbolisme chez Clément d'Alexandrie », RSR 26 (1936) 158-180.

427   RICHARD, M., « Les fragments exégétiques de Théophile d'Alexandrie et de Théophile d'Antioche », RB 47 (1938) 387-397.

428   BARDY, G., « Aux origines de l'école d'Alexandrie », RSR 27 (1937) 65-90.

429   ABEL, F.-M., « Parallélisme exégétique entre S. Jérôme et S. Cyrille d'Alexandrie », *Vivre et Penser* (=RB) 1 (1941) 94-119, 212-230.

430   VACCARI, A., « Lo studio della Bibbia all' eta' del Patri e ai nostri giorni », CC 4 (1941) 321-334; 1 (1942) 340-353; 4 (1942) 98-103.

431   BARDY, G., « Pour l'histoire de l'école d'Alexandrie », *Vivre et penser* (=RB) 2 (1942) 80-109.

432   BUZY, D., « Un problème d'herméneutique sacrée », AT 3 (1944) 385-408.

433   PONTET, M., *L'exégèse de saint Augustin prédicateur* (Paris, Aubier, 1945), 636 pp.

434   CAMELOT, T., « Clément d'Alexandrie et l'Écriture », RB 53 (1946) 242-248.

435   DANIÉLOU, J., « Traversée de la Mer Rouge et baptême aux premiers siècles », RSR 33 (1946) 402-430.

436   DEVREESSE, R., « La méthode exégétique de Théodore de Mopsueste », RB 53 (1946) 207-241.

437   DANIÉLOU, J., « La typologie d'Isaac dans le christianisme primitif », Bibl 28 (1947) 363-393.

438   GUILLET, J., « Les exégèses d'Alexandrie et d'Antioche, conflit ou malentendu », RSR 34 (1947) 257-302.

439   DANIÉLOU, J., « L'unité des deux testaments dans l'oeuvre d'Origène », RSR 22 (1948) 27-56.

440   JOUASSARD, G., « Les Pères devant la Bible », dans *Études de critique et d'histoire religieuses*. Mélanges L. Vaganay (en collab.), 25-33.

441   BARDY, G., « Interprétation (histoire de l'). II. Exégèse patristique », SDB IV, col. 569-591.

442   CHARLIER, C., « Exégèse patristique et exégèse scientifique », dans *Esprit et Vie* (Maredsous, 1949), 52-69.

443   ROUSSEAU, O., « Théologie patristique et théologie moderne », VS 80 (1949) 70-87.

444   MUÑOZ IGLESIAS, S., « La interpretación de pasajes históricos biblicos y la exégesis patrística », EstB 8 (1949) 213-237.

445   TURRADO, L., « Valoración del testimonio patrístico al atribuir un libro sagrado a determinado hagíografo », EstB 8 (1949) 287-308.

446   PUZO, F., « Utilización de la autoridad patrística en la determinación de los géneros literarios », EstB 8 (1949) 407-439.

447   DANIÉLOU, J., *Sacramentum Futuri,* 265 pp.

448   LYONNET, S., « S. Cyrille d'Alexandrie et 2 Cor. 3, 17 », Bibl 32 (1951) 25-31.

449   KERRIGAN, A., *St. Cyril of Alexandria interpreter of the Old Testament* (Roma, Pontificio Istituto Biblica, 1952), 489 pp.

450   CAMELOT, T., « L'exégèse de l'Ancien Testament par les Pères », dans *Rencontres,* N° 36 (Paris, Cerf, 1951), 149-167.

451   WOOLCOMBE, K. J., « Le sens de « type » chez les Pères », VSS 5 (1951) 84-100.

452   ALVAREZ SEISDEDOS, F., « La teoría antioqueña », EstB 11 (1952) 31-67.

453   VACCARI, A., *Scritti di erudizione e di filologia,* « La « teoria » esegetica della scuola d'Antiochia », I, 101-142; « Due note di S. Girolamo al salmo 102 (101),7 », II, 81-82; « Recupero d'un lavoro critico di S. Girolamo (Proverbi, Ecclesiaste, Cantico di Cantici) », II, 83-146; « I fattori dell'esegesi geronimiana », II, 147-170.

454   ALTANER, B., « Augustinus une die biblischen Onomastica », MüTZ 4 (1953) 34-36.

455   LAMBERT, G., « Saint Cyrille d'Alexandrie et l'Ancien Testament », NRT 75 (1953) 520-523.

456   TERNANT, P., « La *theôria* d'Antioche dans le cadre des sens de l'Écriture », Bibl 34 (1953) 135-158, 354-383, 456-486.

457   BARSOTTI, D., *La Parole de Dieu dans le mystère chrétien,* « La Parole de Dieu et l'exégèse des Pères », 268-274.

458   GRILL, S., « Leitsätze der Kirchenväter für die Erklärung des Alten Testamentes », BiLit 23 (1955-56) 43-47, 110-112, 252-259; 24 (1956-57) 26-30, 83-85.

459   AUZOU, G., *La parole de Dieu* (Paris, L'Orante, 1956), « L'intelligence des Écritures à l'époque patristique », 100-105.

460   BAUER, J., « Authentische Schrifterklärung durch die Kirchenväter », BiLit 24 (1956-57) 23-26.

461   DUMONT, C., « La lecture de la Parole de Dieu d'après saint Cyprien », BVC N° 22 (1958) 23-33.

462   NEMESHEGYI, P., « Le Dieu d'Origène et le Dieu de l'Ancien Testament », NRT 80 (1958) 495-509.

463   BAUER, J. B., « Exégèse patristique, créatrice des symboles », dans *Sacra Pagina* (en collab.), I, 180-186.

464   JANSSENS, Y., « L'épisode de la Samaritaine chez Héracléon », dans *Sacra Pagina* (en collab.), II, 77-85.

465   DANIÉLOU, J., « Origène », SDB VI, col. 884-908.

466   RIES, J., « La Bible chez saint Augustin et chez les manichéens », REA 7 (1961) 231-243; 9 (1963) 201-215; 10 (1964) 309-329.

467   LA BONNARDIÈRE, A.-M., « Quelques remarques sur les citations scripturaires du *De gratia et libero arbitrio* », REA 9 (1963) 77-85.

468   CROUZEL, H., « Comment comprendre l'exégèse des pères ? » AS N° 15 (1965) 71-87.

469   FÉLIERS, J. H., « L'utilisation de la Bible dans l'oeuvre d'Evodius », REA 12 (1966) 41-64.

470   MONDÉSERT, C., MÉNARD, J.-E., ARNALDEZ, R., FEUILLET, A., « Philon d'Alexandrie ou Philon le Juif », SDB VII, col. 1288-1351.

471   MOINGT, J., « De l'Écriture au dogme », CHR N° 14 (1967) 53-65.

472   QUACQUARELLI, A., « La Genesi nella lettura dei Padri anteniceni », RivB 15 (1967) 471-496.

473   FARKASFALVY, D., « Theology of Scripture in St. Irenaeus », RB 78 (1968) 319-332.

474   PERETTO, L., « De citationibus ex Rom 1-8 in « Adversus Haereses » sancti Irenaei », VD 46 (1968) 105-108.

475   DUPLACY, J., « Pour un inventaire général des citations patristiques de la Bible grecque », Greg 51 (1970) 561-565.

476   DUPLACY, J., « Appel pour un relevé général des citations patristiques de la Bible grecque », NRT 92 (1970) 654.

477   VAN PARYS, M., « Exégèse et théologie trinitaire (Prov. 8,22 chez les Pères cappadociens) », Ir 43 (1970) 362-379.

Exégèse médiévale. Medieval Exegesis. Mittelalterliche Exegese. Esegesi medioevale.
Exégesis medieval.

478   VACCARI, A., « S. Alberto Magno e l'esegesi medievale », Bibl 13 (1932) 257-272, 369-384.

479   VACCARI, A., « La lettura della bibbia alla vigilia della Riforma Protestante », CC 3 (1933) 312-325, 429-440.

480   SPICQ, C., « Interprétation (histoire de l'). III. Exégèse médiévale », SDB IV, col. 591-627.

481   ROST, H., « Die Bibel im Mittelalter », StiZ 136 (1939) 162-174.

482   LENHART, J. M., « The Bible as the Meditation Book of Medieval Laity », AmER 101 (1939) 193-220.

483   SPICQ, C., *Esquisse d'une histoire de l'exégèse latine au Moyen Âge* (Paris, Vrin, 1944), 401 pp.

484   GAROFALO, S., « Gli Umanisti italiani del secolo xv e la Bibbia », Bibl 27 (1946) 338-375.

485   VOSTÉ, J.-M., « Exegesis Novi Testamenti et Sancti Thomae Summa theologica », Ang 24 (1947) 3-19.

486   VOSTÉ, J.-M., « Medieval Exegesis », CBQ 10 (1948) 229-246.

487   DELHAYE, P., « Le sens littéral et le sens allégorique du *Microcosmus* de Geoffroy de Saint-Victor », *Recherches de Théologie ancienne et médiévale* 14 (1949) 155-160.

488   JUGIE, M., « Exégèse médiévale : en Orient », SDB IV, col. 591-608.

489   SPICQ, C., « Exégèse médiévale : en Occident », SDB IV, col. 608-627.

490   LECLERCQ, J., « L'exégèse médiévale de l'A. T. », dans *Rencontres* N° 36 (Paris, Cerf, 1951), 168-186.

491   VACCARI, A., *Scritti di erudizione e di filologia*, « La Bibbia nell'ambiente di s. Benedetto », I, 257-281; « Il genuino commento ai Salmi di Remigio di Auxerre », I, 283-329; « S. Alberto Magno e l'esegesi medievale », II, 317-346; « S. Tommaso e Lutero nella storia dell'esegesi », II, 347-366.

492   BAUER, J., « Thomas von Aquin und die Bibel », BiLit 20 (1952-53) 16-18.

493   XXX, « Hieronymus Savonarola und die Bibel », BiLit 20 (1952-53) 43-47, 79-82.

494   DUMONTIER, P., *Saint Bernard et la Bible* (Tournai, Desclée, 1953), « L'interprétation Bernardine des Écritures : sa nature », 83-106.

495   AUZOU, G., *La parole de Dieu,* « L'intelligence des Écritures au Moyen Âge » (Paris, L'Orante, 1956), 106-111.

496   GUILLET, J., « Bible et vie spirituelle au Moyen Âge », CHR N° 7 (1960) 427-432.

497   McNALLY, R. E., « Medieval Exegesis », TS 22 (1961) 445-454.

498   JAVELET, R., « Au xiie siècle, l'Écriture Sainte servante de la mystique ? » RevSR 37 (1963) 345-369.

499   FESCH, O., « Thomas von Aquin im Lichte evangelischer Fragen », Catho 20 (1966) 54-78.

Exégèse moderne. Modern Exegesis. Moderne Exegese. Esegesi moderna. Exégesis moderna.

500   BRAUN, F.-M., « Une nouvelle école d'exégèse », VI N° 12 (1931) 180-199.

501   VOSTÉ, J.-M., « De recentioribus formis exegeseos evangelicae », Ang 10 (1933) 397-403.

502   VOSTÉ, J.-M., « Cardinalis Caietanus Sacrae Scripturae interpres », Ang 11 (1934) 446-513.

503   VOSTÉ, J.-M., « Cardinalis Caietanus in V. T., praecipue in Hexaemeron », Ang 12 (1935) 305-332.

504   VACCARI, A., « Esegeti d'Altri tempi. Correzioni ed aggiunte », Bibl 18 (1937) 450-457.

505   XXX, « La critique indépendante et l'A. T. », AmiCl 55 (1938) 531-536.

506   BARTON, J. M. T., « Recent Catholic Exegesis in English-Speaking Lands », dans *Mémorial Lagrange* (en collab.), 239-244.

507   LARRAÑAGA, V., « La crísis bíblica en el Instituto Católico de París », EstB 3 (1944) 173-188, 383-396.

508   ROBERT, A., « Les problèmes de l'Ancien Testament et les orientations de l'exégèse contemporaine », VI N° 2 (1946) 14-27.

509   COPPENS, J., « Tendances récentes en exégèse. L'allégorisme au xxe siècle », ETL 23 (1947) 182-184, 185-188.

510   ROBERT, A., VAGANAY, L., « Exégèse moderne et contemporaine », SDB IV, col. 627-646.

511   BEA, A., « Il progresso nell'interpretazione della S. Scrittura », Greg 33 (1952) 85-105.

512   VACCARI, A., *Scritti di erudizione e di filologia*. « La lettura della Bibbia alla vigilia della riforma protestante », II, 367-390; « Une geremiade su La Bibbia e la riforma », II, 391-400; « Sprazzi di luce su esegeti in penombra », II, 401-419; « Esegeti ed esegeti al Concilio di Trento », II, 421-438; « Chi fu Gobelino Laridio, ottimo editore della Volgata nel cinquecento », II, 439-447; « Il più grande ebraista dell'Italia cristiania : Gian Bernardo De Rossi », II, 449-469.

513   DE VAUX, R., « Réflexions sur l'état actuel de la critique du Pentateuque », dans *Congress Volume, Copenhagen* (Supplements to *Vetus Testamentum,* vol. I) (Leiden, Brill, 1953), 182-198, ou dans *Bible et Orient,* 41-57.

514   BEA, A., « Der heutige Stand der Bibelwissenschaft », StiZ 153 (1953-1954) 91-104.

515   AUZOU, G., *La parole de Dieu* (Paris, L'Orante, 1956), « L'intelligence des Écritures » (de la Renaissance au temps présent), 112-128.

516   SCHNACKENBURG, R., « Der Weg der katholischen Exegese », BZ 2 (1958) 161-176.

517   LEVIE, J., *La Bible, parole humaine et message de Dieu* (histoire de l'exégèse catholique), 46-70, 144-156, 157-218.

518   PHILBIN, R. G., « Some Modern Protestant Attitudes towards Hermeneutics », CBQ 21 (1959) 115-135.

519   BEA, A., « Religionwissenschaftliche oder theologische Exegese ? » Bibl 40 (1959) 322-341.

520   MALEVEZ, L., « Nouveau Testament et théologie fonctionnelle », RSR 48 (1960) 258-290.

521   ALONSO SCHÖKEL, L., « Bulletin d'Écriture Sainte (où va l'exégèse catholique ?) », AmiCl 71 (1961) 17-22.

522   WARNACH, V., « Was ist eine exegetische Aussage ? » Catho 16 (1962) 103-130.

523   FENZ, A. K., « Die historische Kritik und die Auslegung einzelner Bücher und Stellen des Alten Testaments », BiLit 37 (1963-64) 369-376.

524   ALONSO SCHÖKEL, L., « L'herméneutique à la lumière du langage et de la littérature », BVC N° 60 (1964) 21-37.

525   BROWN, R. E., *New Testament Essays,* « Examples of modern biblical Research into the Gospels », 51-271.

526   MARRANZINI, A., « Riflessi in teologia dell'esegesi moderna », RivB 14 (1966) 433-454.

527   LOHFINK, N., *Bibelauslegung im Wandel,* « Bibel und Bibelwissenschaft nach dem Konzil », 13-28; « Erkenntnisfindung und Erkenntnisfortschritt in der Theologie », 29-49; « Zur historish-kritischen Methode », 50-75.

528   SCHNACKENBURG, R., « Konkrete Fragen an den Dogmatiker aus der heutigen exegetischen Diskussion », Catho 21 (1967) 12-27.

529   GRELOT, P., « Que penser de l'interprétation existentiale ? » ETL 43 (1967) 420-443.

530   CAHILL, J., « Death of God Theology as Biblical Hermeneutic », ETL 43 (1967) 444-459.

531   LOHFINK, N., « L'exégèse, la critique et la Foi », CHR N° 14 (1967) 184-202.

532   NORTH, R., « Historiographia exegeseos americanae », VD 46 (1968) 88-98.

533   PRÀGER, M., « Was lehr die Kirche über die neue Exegese ? » BiLit 41 (1968) 282-290.

Exégèse protestante. Protestant Exegesis. Protestantische Exegese. Esegesi protestante.
Exégesis protestante.

534 SCHNACKENBURG, R., « Von der Formgeschichte zur Entmythologisierung des Neuen Testaments. Zur Theologie Rudolf Bultmann », MüTZ 2 (1951) 345-360.

535 ADAM, K., « Das Problem der Entmythologiesierung und die Auferstehung des Christus », TQ 132 (1952) 385-411.

536 HAMER, J., « Zur Entmythologiesierung Bultmanns. Kritische Bemerkungen », Catho 9 (1953) 138-146.

537 MARLÉ, R., « R. Bultmann et la « démythisation » du message néo-testamentaire », RSR 41 (1953) 612-632.

538 MUSSNER, F., « Bultmanns Programm einer « Entmytologiesierung » des Neuen Testaments », TrierTZ 62 (1953) 1-18.

539 BERNHART, J., *Bibel und Mythos* (München, Kösel, 1954), 69 pp.

540 MARLÉ, R., « La « Théologie du Nouveau Testament » de Rudolf Bultmann », RSR 42 (1954) 434-468.

541 MALEVEZ, L., *Le message chrétien et le mythe, la théologie de Rudolf Bultmann* (Bruges, Desclée de Brouwer, 1954), 167 pp.

542 FRIES, H., « Das Anliegen Bultmanns im Lichte der katholischen Theologie », Catho 10 (1954) 1-14.

543 BRINKMANN, B., « Für und Gegen die Entmythologiesierung der neutestamentlichen Botschaft », Schol 30 (1955) 513-534.

544 MARLÉ, R., *Bultmann et l'interprétation du Nouveau Testament* (Paris, Aubier, 1956), 208 pp. (Biblio., 189-195).

545 PHILBIN, R. G., « Some modern Protestant Attitudes towards Hermeneutics », CBQ 21 (1959) 115-125.

546 HOSSFELD, P., « Der weltanschauliche Gehalt hinter der Exegese Bultmanns », MüTZ 13 (1962) 300-304.

547 O'ROURKE, J. J., « Modern Protestant Ideas Concerning the Bible », AmER 146 (1962) 113-120.

548 McPOLIN, J., « Bultmanni theoria litteraria et Jo 6, 51c-58c », VD 44 (1966) 243-258.

549 LEVIE, J., *La Bible, parole humaine et message de Dieu* (histoire de l'exégèse protestante), 25-45, 134-144.

550 GEISELMANN, J. R., *Jesus der Christus, I. Die Frage nach dem historischen Jesus,* « Die Frage nach dem historischen Jesus in der reformatorischen Theologie », 61-131.

551 AMBROSANIO, A., « Il messianismo di Gesù nella teologia protestante contemporanea », dans *Il messianismo* (en collab.), 307-329.

552 SCHMIDT, S., « De Protestantium exegesi *pneumatica* », VD 25 (1947) 12-22, 65-73.

FORMATION RELIGIEUSE ET BIBLE. RELIGIOUS FORMATION AND BIBLE.
RELIGIÖSE ERZIEHUNG UND HEILIGE SCHRIFT.
FORMAZIONE RELIGIOSA E BIBBIA. FORMACIÓN RELIGIOSA Y BIBLIA.

Vie spirituelle et Bible. Spiritual Life and Bible. Geistliches Leben und Heilige Schrift.
Vita spirituale e Bibbia. Vida espiritual y Biblia.

553 VILLAIN, M., « La Bible et l'union des chrétiens », VSS 62 (1940) 106-122.

554 CLOSEN, G., « De Sacra Scriptura et vita orationis Christianorum », VD 22 (1942) 103-116.

555 LOUVEL, F., « L'Écriture Sainte, source de vie spirituelle », VS 71 (1944) 304-332.

556   BRILLET, G., « Bible et lecture spirituelle », VS 73 (1945) 488-501.
557   DANIÉLOU, J., « Texte : la Bible dans la vie », MD N° 3 (1945) 138-149.
558   RIQUET, M., *Parole de vie. Retraite pascale de Notre-Dame de Paris* (Paris, Spes, 1951), 72 pp.
559   DE SAINTE-MARIE, F., « Sainte Thérèse de l'Enfant-Jésus et la Sainte Écriture », CE N° 2 (1952) 41-56.
560   AHERN, B., « The Use of Scripture in the Spiritual Theology of St. John of the Cross », CBQ 14 (1952) 6-17.
561   GUTZWILLER, R., « Zur religiösen Auswertung der Bibel », GeistL 25 (1952) 191-197.
562   BOUYER, L., « Parole divine et Église », BVC N° 1 (1953) 7-20.
563   CHARLIER, C., « La lecture de la Bible est-elle nécessaire ? » BVC N° 6 (1954) 7-16.
564   D'IZARNY, R., « La méditation d'Évangile à la découverte du Christ », VS 94 (1956) 262-267.
565   DAVIS, C., « The Living Word », Wor 32 (1958) 518-531.
566   LEFÈVRE, A., DANIÉLOU, J. et autres, « Écriture sainte et spiritualité », DS IV, col. 128-278.
567   LECLERCQ, J., « Meditation as a biblical Reading », Wor 33 (1959) 562-569.
568   CONNOLLY, J. M., « Devotions from the Bible », Wor 34 (1960) 214-218.
569   DE CERTEAU, M., « Exégèse, théologie et spiritualité », RAM 36 (1960) 357-371.
570   LAWRENCE, E., « Meditating scripture », Wor 36 (1962) 500-514.
571   BRAVO, L. E., « Biblia y vida espiritual », RET 24 (1964) 315-324.
572   SCHEIFLER, J. R., « « La Palabra de Dios » y la vida espiritual », Manr 38 (1966) 203-222.
573   BELLET, M., « Résistances à l'Écriture », CHR N° 14 (1967) 8-23.
574   OTTO, K., « Die Schrift und die Einheit der Christen », MüTZ 18 (1967) 292-307.

Divers. Miscellaneous. Verschiedenes. Diversi. Diversos.

575   VARGHA, T., « De usu practico S. Scripturae in genere », VD 14 (1934) 221-224.
576   BRILLET, G., « La Bible et l'enseignement des clercs », VI N° 4 (1945) 6-21.
577   LECLERCQ, J., « La lecture divine », MD N° 5 (1946) 21-33.
578   LOUVEL, F., « La Bible dans la formation religieuse », *L'Anneau d'Or* N° 23 327-332.
579   PARSCH, P., « Die Methode der Bibelstunde », BiLit 18 (1951) 257-261, 289-293, 324-330, 353-358.
580   XXX, *La Bible et le prêtre* (Louvain, Nauwelaerts, 1951), 383 pp. Coll. « Études de Pastorale », N° 5.
581   DEVILLE, R., « Assidua lectio S. Scripturae... juxta Maldonatum », VD 29 (1951) 107-111.
582   PARSCH, P., « Die Methode der Bibelstunde », BiLit 19 (1951-52) 13-16, 33-37, 68-70, 102-104.
583   LUBIENSKA DE LENVAL, H., « Bible et pédagogie religieuse », BVC N° 3 (1953) 94-101.
584   XXX, « Regards sur la pédagogie divine dans la Bible », AmiCl 64 (1954) 177-181.
585   LELUBRE, F., « La Bible dans la formation religieuse en milieu ouvrier », LVit 10 (1955) 167-174.
586   DEFOSSA, M.-L. et J., « La lecture de la Bible en famille », LVit 10 (1955) 175-184.
587   KIERKEGAARD, S., « Das Gotteswort – ein Spiegel », BiLit 23 (1955-56) 48-55.
588   DREHER, B., « Zur Gestalt einer künftigen Schulbibel », TQ 137 (1957) 443-472; 138 (1958) 78-94, 184-206.

589 STÖGER, A., « Aktuelle Methoden der volkstümlichen Bibelauslegung », BiLit 27 (1959-60) 109-119.

590 DESCAMPS, A., « Bible et pastorale », AS Nº 1 (1962) 7-14.

591 DuBAY, W. H., « Faith and Freedom in Bible Reading », Wor 37 (1963) 227-233.

592 SEMMELROTH, O., ZERWICK, M., *Vatikanum II über das Wort Gottes.* Die Konstitution « Dei Verbum » : Einführung und Kommentar, Text und Übersetzung, « Die Schrift im Leben der Kirche », 51-59.

593 BEAUCHAMP, P., « Le message biblique et notre passé », CHR Nº 14 (1967) 23-36.

594 En collaboration, « The Place of the Bible in Training for the Ministry. I. The Roman Catholic Priest (L. SWAIN), II. The Anglican Priest (J. PRIDMORE) », SB 2 (1970) 2-5, 100-104.

GENRES LITTÉRAIRES. LITERARY GENRES. LITERARISCHE GATTUNGEN. GENERI LETTERARI. GÉNEROS LITERARIOS.

595 VINCENT, P., *La théorie des genres littéraires* (Paris, 1934).

596 CASTELLINO, G., « Raffronto tra le lamentazioni individuali e gli inni babilonesi coi rispettivi generi letterari ebraici », Sal 1 (1939) 36-69.

597 BEA, A., « Der Zahlenspruch im Hebräischen und im Ugaritischen », Bibl 21 (1940) 196-198.

598 PIUS XII, « Litterae Encyclicae « Divino Afflante Spiritu » » (30 Septembris 1943), *Acta Apostolicae Sedis* 35 (1943) 297-326, #36-50 sur les genres littéraires.

599 LEVIE, J., « L'encyclique sur les études bibliques », NRT 68 (1946) 648-670, 766-798.

600 PARAMO, S., « El género literario de los Salmos », EstB 6 (1947) 241-264.

601 GALBIATI, E., « I generi letterari secondo P. Lagrange e la *Divino Afflante Spiritu* », ScuolC 75 (1947) 177-186, 282-292.

602 COMMISSION PONTIFICALE POUR LES ÉTUDES BIBLIQUES (VOSTÉ, J. M., secrétaire), « Ad Emum P. D. E. C. Cardinalem Suhard : de tempore documentorum Pentateuchi et de genere litterario undecim priorum capitum Geneseos » (16 Ianuarii 1948), *Acta Apostolicae Sedis* 40 (1948) 45-48.

603 SCHNEIDER, H., « Die biblischen Oden im christlichen Altertum », Bibl 30 (1949) 28-65.

604 SCHNEIDER, H., « Die biblischen Oden seit des VI. Jahrhundert », Bibl 30 (1949) 239-272.

605 SCHNEIDER, H., « Die biblischen Oden im Mittelalter », Bibl 30 (1949) 479-500.

606 NÖTSCHER, F., « Epiklese in biblischer Beleuchtung », Bibl 30 (1949) 401-404.

607 DE ORBISO, T., « La exégesis bíblica coadyuvada por el estudio de las formas literarias de la antiguedad », EstB 8 (1949) 185-211, 309-325.

608 ROBERT, A., VENARD, L., « Historique (genre) », SDB IV, col. 7-32.

609 EUFRASIO DI CRISTO RE, P., « I generi letterari e l'Enciclica « Divino Afflante Spiritu » », dans *Questioni bibliche alla luce dell'Enciclica « Divino Afflante Spiritu »*, I, 1-30.

610 CASTELLINO, G., « Generi letterari in Genesi I-XI », dans *Questioni bibliche alla luce dell'Enciclica « Divino Afflante Spiritu »*, I, 31-61.

611 SALVONI, F., « Generi letterari nei Libri storici dell'Antico Testamento », dans *Questioni bibliche alla luce dell'Enciclica « Divino Afflante Spiritu »*, I, 62-101.

612 CHARLIER, C., *La lecture chrétienne de la Bible⁴*, « Les genres littéraires », 162-168.

613 GALBIATI, E., « Il problema della coscienza dell'agiografo nell' uso di un particolare genere letterario », ScuolC 82 (1954) 29-41.

614   ROBERT, A., TRICOT, A., « Les genres littéraires », dans *Initiation biblique³*, 280-356.

615   MUÑOZ IGLESIAS, S., « Géneros literarios en los Evangelios », EstB 13 (1954) 289-318.

616   LOBEZ, P., « Les « genres littéraires » dans la Bible », AmiCl 65 (1955) 649-655.

617   LOBEZ, P., « Literary Genres in the Bible », TDig 4 (1956) 67-72.

618   CERFAUX, L., *La voix vivante de l'Évangile* (Paris, Tournai, Casterman, 1956), 156 pp.

619   MACKENZIE, R. A. F., « Susanna the Martyr », SCR 9 (1957) 15-20.

620   ROBERT, A., « Littéraires (genres) », SDB V, col. 405-421.

621   ROBERT, A., FEUILLET, A., *Initiation biblique*, « La critique littéraire », I, 121-151.

622   PRADO, J., « La controversia sobre los géneros literarios bíblicos desde fines del siglo pasado hasta nuestros días », dans *Los Géneros literarios de la Sagrada Escritura* (en collab.), 1-40.

623   TUYA, M., « Inspiración y géneros literarios », dans *Los Géneros literarios de la Sagrada Escritura* (en collab.), 41-71.

624   BONSIRVEN, J., « Genres littéraires dans la littérature juive postbiblique », dans *Los Géneros literarios de la Sagrada Escritura* (en collab.), 95-110.

625   ZOLLI, E., « I generi letterarii nella letteratura talmudica », dans *Los Géneros literarios de la Sagrada Escritura* (en collab.), 111-114.

626   ROBERT, A., « Genres littéraires dans le Pentateuque », dans *Los Géneros literarios de la Sagrada Escritura* (en collab.), 115-124.

627   SCHILDENBERGER, J., « Géneros literarios en los libros del Antiguo Testamento llamados historicos, fuera del Pentateuco », dans *Los Géneros literarios de la Sagrada Escritura* (en collab.), 125-168.

628   GARCIA CORDERO, M., « Géneros literarios en los profetas », dans *Los Géneros literarios de la Sagrada Escritura* (en collab.), 169-190.

629   COLUNGA, A., « Géneros literarios en los Sapienciales », dans *Los Géneros literarios de la Sagrada Escritura* (en collab.), 191-218.

630   MUÑOZ IGLESIAS, S., « Géneros literarios en los Evangelios », dans *Los Géneros literarios de la Sagrada Escritura* (en collab.), 219-244.

631   RIGAUX, B., « L'interprétation apocalyptique de l'histoire », dans *Los Géneros literarios de la Sagrada Escritura* (en collab.), 245-273.

632   DANIÉLOU, J., « Les genres littéraires d'après les Pères de l'Église », dans *Los Géneros literarios de la Sagrada Escritura* (en collab.), 275-283.

633   TURRADO, L., « Magisterio de la Iglesia sobre les géneros literarios », dans *Los Géneros literarios de la Sagrada Escritura* (en collab.), 285-308.

634   AUDET, J.-P., « Esquisse historique du genre littéraire de la « bénédiction » juive et de l' « Eucharistie chrétienne » », RB 65 (1958) 371-399.

635   MURPHY, R. E., « A new Classification of literary Forms in the Psalms », CBQ 21 (1959) 83-87.

636   GONZALEZ, A., « Liturgias proféticas » (Observaciones metodologicas en torno a un género literario), EstB 18 (1959) 253-283.

637   BOURKE, M. M., « The Literary Genus of Matthew 1-2 », CBQ 22 (1960) 160-175.

638   ALONSO SCHÖKEL, L., « Genera litteraria », VD 38 (1960) 3-15.

639   PRAGER, M., « Die Parabole Jesu », BiLit 28 (1960-61) 6-14, 61-69, 111-117, 186-196, 211-219.

640   RUFFINI, E., « Literary Genres and Working Hypotheses in Recent Biblical Studies », AmER 145 (1961) 362-365.

641   SESBOUÉ, D., DU BUIT, M., « Comprenez les paraboles », CE N° 44 (1961) 7-60.

642   HARVEY, J., « Le « Rîb-Pattern », réquisitoire prophétique sur la rupture de l'alliance », Bibl 43 (1962) 172-196.

643   GALBIATI, E., « Il genere letterario mitico : precisazioni », RivB 10 (1962) 189-191.

644   LÉON-DUFOUR, X., *Les évangiles et l'histoire de Jésus,* « Le genre littéraire des quatre évangiles », 212-220.

645   JUNKER, H., « Die Erforschung der literarischen Arten und ihre Bedeutung für die Auslegung der Heiligen Schrift », TrierTZ 73 (1964) 129-144.

646   RAMLOT, M.-L., « Les généalogies bibliques. Un genre littéraire oriental », BVC N° 60 (1964) 53-70.

647   SABOURIN, L., « Un classement littéraire des Psaumes », SE 16 (1964) 23-58.

648   WRIGHT, A. G., « The Literary Genre Midrash », CBQ 28 (1966) 105-138, 417-457.

649   CARRILLO ALDAY, S., « Género literario del Cántico de Moisés (Dt. 32) », EstB 26 (1967) 69-76.

650   DION, H.-M., « Le genre littéraire sumérien de l' « hymne à soi-même » et quelques passages du deutéro-Isaïe », RB 74 (1967) 215-234.

651   BOTTE, B., « Prologues et sommaires de la Bible », SDB VIII (1969), col. 688-692.

652   DOTY, W. G., « The Classification of Epistolary Literature », CBQ 31 (1969) 183-199.

GÉOGRAPHIE. GEOGRAPHY. GEOGRAPHIE. GEOGRAFIA. GEOGRAFÍA.

653   ABEL, F.-M., *Géographie de la Palestine* (Paris, Gabalda, 1933), I. « Géographie physique et historique », 520 pp.; II. « Géographie politique. Les villes », 542 pp.

654   FERNANDEZ, A., « Problemas de Topografia Palestinense. Jerusalém », EstE 13 (1934) 6-72.

655   TELLIER, L., *Atlas historique de l'Ancien Testament,* Chronologie, géographie (Paris, Spes, 1937), 164 pp.

656   DE LANGHE, R., *Les textes de Ras Shamra-Ugarit et leurs rapports avec le milieu biblique de l'A. T.,* « Le milieu géographique des textes de Ras Shamra-Ugarit », II, 9-246.

657   ABEL, F.-M., « Galgala qui est aussi le Dodécalithon », dans *Mémorial J. Chaine* (en collab.), 29-34.

658   BENOIT, P., BOISMARD, M.-É., « Un ancien sanctuaire chrétien à Béthanie », RB 58 (1951) 200-250.

659   FERNANDEZ TRUYOLS, A., *Geografia Biblica* (El pais de Jesus) (Barcelona, Éd. Vilamala, 1951), 21-137 pp.

660   MARMARDJI, A.-S., *Textes géographiques arabes sur la Palestine* (EB) (Paris, Gabalda, 1951), 270 pp.

661   BAGATTI, B., *Gli antichi edifici sacri di Bethlemme* (Jerusalem, Tipogr. di Terra Santa, 1952), 8-279 pp., 60 planches.

662   FERNANDEZ, A., « Geographica. Hefer; Migron; el gran Bamah de Gabaon », dans *Miscellanea Biblica B. Ubach* (en collab.), 137-146.

663   BALDI, D. (édit.), *Enchiridium Locorum Sanctorum²* (Jerusalem, Typogr. PP. Francisc., 1955), 18-791 pp.

664   CAZELLES, H., « Les localisations de l'Exode et la critique littéraire », RB 62 (1955) 321-364.

665   HUNT, I., « The Holy Land Today », *American Benedictine Review* 6 (1955) 292-315.

666   LEMAIRE, P., BALDI, D., *Atlante Storico della Bibbia* (Torino, Marietti, 1955), 8-332 pp., 56-xiii planches.

667   SEIDENSTICKER, P., *Ins Heilige Land* (Werl, D. Coelde, 1955), 230 pp.
668   UBACH, B., *El Sinai²*. Viatge per l'Aràbia Pètria cercant les petjades d'Israel (Montserrat, Abadia, 1955), 412 pp.
669   ALONSO SCHÖKEL, L., *Viaje al pais del A.T.* (Santander, Sal Terrae, 1956), 384 pp.
670   NORTH, R., *Guide to Biblical Iran* (Rome, Pontifical Biblical Institute, 1956), 168 pp.
671   NORTH, R., « Current Israel Geography (bibliography) », Bibl 37 (1956) 81-98.
672   DU BUIT, M., *Géographie de la Terre Sainte* (Paris, Cerf, 1958), 240 pp., 18 cartes.
673   GRELOT, P., « La géographie mythique d'Hénoch et ses sources orientales », RB 65 (1958) 33-69.
674   VATTIONI, F., « La rugiada nell'Antico Testamento », RivB 6 (1958) 147-165.
675   KOPP, C., *Die heiligen Stätten der Evangelien* (Regensburg, Pustet, 1959), 493 pp.
676   DU BUIT, M., « Palestine », SDB VI, col. 1021-1066.
677   VESTRI, L., « Considerazioni sull'itinerario dell'Esodo : la tappa di Obot », BibOr 6 (1964) 86-93.

GUIDES DE LECTURE. READING GUIDES. LESEFÜHRER. GUIDE DI LETTURA. GUÍAS DE LECTURA.

678   CHOMETON, A., *Pages choisies tirées de la Bible* (extraits commentés), (Paris, De Gigord, 1936).
679   CHARLIER, C., « La lecture sapientielle de la Bible », MD N° 12 (1947) 14-52.
680   DANTINNE, G., « La lecture de la Bible », *Evangéliser* 3 (1948-1949) 516-520.
681   SCHMITT, A., *Les plus belles prières de la Bible* (Paris, Lethielleux, 1949), 131 pp.
682   CHIFFLOT, T.-G., « Comment lire la Bible », VS 81 (1949) 232-261.
683   LUBIENSKA DE LENVAL, H., *Éducation biblique, Les plus beaux textes de l'Écriture sainte* (Paris, Éd. de L'Élan, 1949), 386 pp.
684   PASSELECQ, P., *Guide biblique* (Éd. de Maredsous, 1950), 80 pp.
685   POELMAN, R., *Ouvrons la Bible* (Paris, Bruxelles, Éd. Universitaires, 1950), 80 pp.
686   JOLY, E., *Aux sources bibliques.* Guide de lecture de l'Ancien Testament (Paris, Fleurus, 1950), 154 pp.
687   JEANNE D'ARC, Sr, « Un plan pour une première lecture de la Bible », VS 85 (1951) 25-30.
688   GOURBILLON, J. G., « Comment lire la Bible ? » CE N° 1 (1951) 23-24.
689   CHIFFLOT, T.-G., « Diverses manières de lire la Bible », CE N° 1 (1951) 35-36.
690   GOURBILLON, J. G., « Un itinéraire », CE N° 1 (1951) 37-43.
691   *La clé de l'histoire sainte* (albums liturgiques « Fêtes et Saisons »), N° 58 (Paris, Cerf, 1951), 24 pp.
692   TAMISIER, R., « Pour lire la Bible. Un itinéraire », *L'Anneau d'or,* N° 37 (1951) 5-13.
693   GRELOT, P., *Pages bibliques* (Paris, E. Belin, 1954), 386 pp.
694   AVERY, B. R., « Daily Bible Reading with the Church. II. A Daily Schedule of Readings », SCR 6 (1955) 119-128.

HERMÉNEUTIQUE. HERMENEUTICS. HERMENEUTISCHES. ERMENEUTICA. HERMENÉUTICA.

695   HOLZMEISTER, U., « Officium exegetae iuxta prologum S. Lucas (Luc. 1, 1-4) », VD 10 (1930) 6-10.
696   VARGHA, T., « De practica S. Scripturae interpretatione », VD 14 (1934) 97-100.

697   VARGHA, T., « Quibusnam competat S. Scripturam practice interpretari ? » VD 14 (1934) 189-192.

698   VARGHA, T., « De modis inveniendi sensum S. Scripturae ad usum practicum », VD 15 (1935) 208-212; 16 (1936) 373-377; 17 (1937) 58-63, 257-261.

699   CRUVEILHIER, P., « Herméneutique sacrée », SDB III, col. 1482-1524.

700   BONSIRVEN, J., *Exégèse rabbinique, exégèse paulinienne* (Paris, Beauchesne, 1939), 405 pp.

701   BYRNE, E. J., « Catholic Tradition and biblical Criticism », dans *Memorial Lagrange* (en collab.), 229-237.

702   DUBARLE, A.-M., « Pascal et l'interprétation de l'Écriture », RSPT 30 (1941-42) 346-370.

703   DUNCKER, P. G., « De vera et genuina Sacrae Scripturae interpretatione », Ang 20 (1943) 53-62.

704   CALLAN, C. J., « Form-Criticism », Ang 20 (1943) 117-127.

705   BENOIT, P., « Réflexions sur la « Formgeschichtliche Methode » », RB 53 (1946) 481-512, ou dans BENOIT, P., *Exégèse et théologie,* I, 26-61.

706   COPPENS, J., « Quelques règles d'or de l'exégèse », ETL 23 (1947) 188-190.

707   ZERWICK, M., « Quomodo oporteat nos legere Sacram Scripturam », VD 25 (1947) 3-11.

708   SPICQ, C., ROBERT, A., VAGANAY, L., « Interprétation », SDB IV, col. 561-646.

709   FULLER, R. C., « Trends in Biblical Interpretation », SCR 4 (1950) 175-181, 244-249.

710   CERFAUX, L., COPPENS, J., GRIBOMONT, J., *Problèmes et méthode d'exégèse théologique* (Louvain, Publications universitaires, 1950), 91 pp.

711   COPPENS, J., « Pour une meilleure intelligence des Saintes Écritures. Un nouvel essai d'herméneutique biblique », ETL 27 (1951) 501-508.

712   RÖHRIG, F., « Die geistige Auslegung der Hl. Schrift », BiLit 19 (1951-52) 366-368; 20 (1952-53) 12-16, 38-43.

713   BEA, A., « Progress in the Interpretation of Sacred Scripture », TDig 1 (1953) 67-72.

714   ROBERT, A., « L'exégèse des Psaumes selon les méthodes de la « Formgeschichte-schule ». Exposé et critique », dans *Miscellanea Biblica B. Ubach* (en collab.), 211-226.

715   FEUILLET, A., *Le Cantique des cantiques.* Étude de théologie biblique et réflexions sur une méthode d'exégèse (Paris, Cerf, 1953), 258 pp.

716   SENEX, « Practical Scripture Interpretation », SCR 5 (1953) 122-125.

717   BARDY, G., BONSIRVEN, J., VAGANAY, L., VENARD, L., VINCENT, A., « L'histoire de l'exégèse », dans ROBERT, A., TRICOT, A., *Initiation biblique³,* 446-486.

718   VAGANAY, L., « L'exégèse catholique », dans ROBERT, A., TRICOT, A., *Initiation biblique³,* 487-505.

719   CHARLIER, C., « Paul Claudel et la Bible », BVC N° 11 (1955) 32-48.

720   BRAUN, F.-M., « La Bible dans la vie de l'Église à la lumière du Nouveau Testament », BVC N° 12 (1955-1956) 35-40.

721   MARLÉ, R., *Bultmann et l'interprétation du N. T.,* « L'histoire des formes littéraires », 17-26; « L'interprétation existentiale », 74-104.

722   SCHELKLE, K. H., « Von alter und neuer Auslegung », BZ 1 (1957) 161-177.

723   DE MONTCHEUIL, Y., *Le royaume et ses exigences* (Paris, Éd. de l'Épi, 1957), « Exégèse et histoire », 14-19.

724   ROBERT, A., FEUILLET, A., *Initiation biblique.* « L'interprétation catholique des livres saints », I, 169-212.

725   SCHELKLE, K. H., « Heilige Schrift und Wort Gottes », TQ 138 (1958) 257-274.

726   LEVIE, J., « Interprétation scripturaire : en exégèse, en théologie », dans *Sacra Pagina* (en collab.), I, 100-118.

727   SEIBEL, W., « Historische Methode und Exegese », StiZ 166 (1960) 24-36.

728   GNILKA, J., *Die Verstockung Israels.* Isaias 6, 9-10 in der Theologie der Synoptiker (München, Kösel, 1961), « Die redaktionsgeschichtliche Betrachtungsweise », 18-19.

729   KUSS, O., « Exegese als theologische Aufgabe », BZ 5 (1961) 159-185.

730   BRUNNER, A., « Philosophie und Philosophisches zur Exegese », StiZ 169 (1961-1962) 81-92.

731   RUFFINI, E., « The Bible and its Genuine Historical and Objective Truth », AmER 146 (1962) 361-368.

732   DUNCKER, P. G., « Biblical Criticism », CBQ 25 (1963) 22-33.

733   ALONSO SCHÖKEL, L., « Hermeneutics in the Light of Language and Literature », CBQ 25 (1963) 371-386.

734   HERMANN, I., *Begegnung mit der Bibel. Eine Einübung*[2] (Düsseldorf, Patmos, 1964), 144 pp.

735   O'ROURKE, J. J., « De analysi mathematica librorum Biblicorum », VD 42 (1964) 273-284.

736   GRELOT, P., *La Bible, parole de Dieu,* « L'interprétation de l'Écriture : Histoire du problème de l'herméneutique biblique (181-230); Le sens des choses dans la Bible (231-309); L'herméneutique biblique (311-391) », 181-391.

737   GRELOT, P., *Bible et théologie,* « L'interprétation de l'Écriture », 142-194.

738   LÉON-DUFOUR, X., *Études d'évangile,* « Le conditionnement de l'exégète; hypothèses scientifiques d'une exégèse théologique », 20-46.

739   BECKER, J., *Israel deutet seine Psalmen.* Urform und Neuinterpretation in den Psalmen, 98 pp.

740   GRILLMEIER, A., « L'ispirazione e l'interpretazione della sacra Scrittura », dans *Commento alla Costituzione dogmatica sulla divina Rivelazione* (en collab.), 111-151.

741   LOHFINK, N., « Katholische Bibelwissenschaft und historisch-kritische Methode », StiZ 177 (1966) 330-344.

742   DEISSLER, A., *Das Altes Testament und die neuere katholische Exegese*[4] (Freiburg i. B., Herder, 1967), 127 pp.

743   LAZARE, M., MÉLIA, E., JEQUIER, É., PASSELECQ, P., *Quatre approches différentes de la Bible* (Bruges, Maredsous; Beyaert, Éd. de Maredsous; 1967), 128 pp.

744   LÉON-DUFOUR, X., « Qu'attendre d'un exégète ? » Et 327 (1967) 316-330.

745   LOERSCH, S., *Das Deuteronomium und seine Deutungen.* Ein Forschungs- geschichtlicher Überblick, 116 pp.

746   LOHFINK, N., *Bibelauslegung im Wandel,* « Erkenntnisfindung und Erkennt- nisfortschritt in der Theologie », 29-49; « Zur historisch-kritischen Methode », 50-75.

747   MARLÉ, R., *Bultmann et la foi chrétienne* (Paris, Cerf, 1967), 160 pp.

748   MINETTE DE TILLESSE, G., « Martin Noth et la « Redaktionsgeschichte » des Livres historiques », dans *Aux grands carrefours de la révélation et de l'exégèse de l'A. T.* (en collab.), 51-76.

749   PESCH, R., « Exegese als Wissenschaft. Über ihre Aufgabe und ihre Grenze », StiZ 179 (1967) 433-445.

750   SIMONS, E., « Die Bedeutung der Hermeneutik für die katholische Theologie », Catho 21 (1967) 184-212.

751   GRABNER-HAIDER, A., « Paraklese und biblische Hermeneutik », Catho 21 (1967) 213-221.

752   VAN RIET, G., « Exégèse et réflexion philosophique », ETL 43 (1967) 389-405.

753   VÖGTLE, A., « Die hermeneutische Relevanz des geschichtlichen Charakters der Christusoffenbarung », ETL 43 (1967) 470-487.

754   ASVELD, P., « Exégèse critique et exégèse dogmatique », dans *Exégèse et Théologie* (en collab.), 17-31.

755   CAHILL, J., « Death of God Theology as Biblical Hermeneutic », dans *Exégèse et Théologie* (en collab.), 56-71.

756   CORETH, E., « Hermeneutik und Metaphysik », ZKT 90 (1968) 422-450.

757   FENZ, A. K., « Was heisst Schriftauslegung ? » BiLit 41 (1968) 176-187.

758   GRELOT, P., « Que penser de l'interprétation existentiale ? » dans *Exégèse et Théologie* (en collab.), 32-55.

759   PESCH, R., *Neuere Exegese. Verlust oder Gewinn ?* (Freiburg i. B., Herder, 1968), 176 pp.

760   RAHNER, K., « Die Exegese im Theologiestudium. Eine Antwort an N. Lohfink », StiZ 93 (1968) 196-201.

761   SCHELKLE, K. H., « Entmythologisierung und Neues Testament », dans *Evangelienforschung* (en collab.), 59-74.

762   SCHÜRMANN, H., « Über die geschichtliche Wahrheit der Heiligen Schrift », BiLit 41 (1968) 196-207.

763   VAN RIET, G., « Exégèse et réflexion philosophique », dans *Exégèse et Théologie* (en collab.), 1-16.

764   BLANK, J., *Schriftauslegung in Theorie und Praxis,* « Die Interpretation der Bibel als theologisches Problem », 15-29.

765   BOUWMAN, G., « Une spiritualité biblique est-elle possible aujourd'hui ? Quelques remarques herméneutiques sur les épîtres aux Corinthiens », Conci Nº 49 (1969) 21-34.

766   COPPENS, J., « Exégèse et théologie », ETL 45 (1969) 137-142.

767   COPPENS, J., « Ressourcement ou herméneutique biblique », ETL 45 (1969) 146-153.

768   KELLER, A., « Hermeneutik und christlicher Glaube », ThPh 44 (1969) 25-41.

769   LÉON-DUFOUR, X., « Exégètes et Structuralistes », RSR 57 (1969) 5-16.

770   MARCONCINI, B., « Validità del metodo storico-critico », BibOr 11 (1969) 251-266.

771   MARLÉ, R., « Fede e interpretazione. Una parola magica : ermeneutica », CC 2 (1969) 228-238.

772   SALAVERRI, J., « La Hermenéutica teológica de la Biblia. En el XXV aniversario de la Encíclica « Divino afflante Spiritu » », EstE 44 (1969) 5-14.

773   VÖGTLE, A., « The Historical Character of the Revelation in Christ and its Import for Interpreting Scripture », TDig 17 (1969) 115-120.

774   ERNST, J., « Das hermeneutische Problem im Wandel der Auslegungsgeschichte », TGl 60 (1970) 245-273.

775   GRIFFIN, L., « Hermeneutics », IrThQ 37 (1970) 235-242.

776   KUSS, O., « Exegese und Theologie des Neuen Testamentes als Basis und Ärgernis jeder nachneutestamentlichen Theologie », MüTZ 21 (1970) 181-215.

777   KUSS, O., « Über die Klarheit der Schrift », TGl 60 (1970) 273-321.

778   LAPOINTE, R., « Foi et vérifiabilité dans le langage sapiential de rétribution », Bibl 51 (1970) 349-368.

779   LÉON-DUFOUR, X., « L'exégète et l'événement », RSR 58 (1970) 551-560.

780   MALEVEZ, L., « Rudolf Bultmann et la critique du langage théologique », dans *Comprendre Bultmann* (Paris, Seuil, 1970), 59-89.

781   MARLÉ, R., « Le problème de l'herméneutique à « Foi et Constitution » », RSR 58 (1970) 101-112.

782   SALAVERRI, J., « Norma dogmática de interpretación bíblica », EstE 45 (1970) 317-338.

783   VÖGTLE, A., « La valeur herméneutique du caractère historique de la révélation du Christ », dans *Comprendre Bultmann* (Paris, Seuil, 1970), 32-55.

784   BENINCASA, C., « La struttura dell'ermeneutica in Hans Georg Gadamer », ScuolC 98 (1970) 312-326.

785   REYMOND, P., « Les théologiens français et l'herméneutique », FreibZ 17 (1970) 222-226.

HISTOIRE D'ISRAËL. HISTORY OF ISRAEL. GESCHICHTE ISRAELS. STORIA D'ISRAELE. HISTORIA DE ISRAEL.

Vues d'ensemble. General View. Überblicke. Sguardi d'insieme. Visión de conjunto.

786   LATTEY, C., « Historia biblica secundum partes potiores summatim explicatura », VD 11 (1931) 43-52.

787   PAUTREL, R., « La Bible et l'histoire d'Israël », Et 237 (1938) 593-602, 769-778.

788   BOVER, J. M., « La verdad histórica de la Biblia, segun la Encíclica *Divino Afflante Spiritu* », EstE 18 (1944) 429-441.

789   RICCIOTTI, G., *Storia d'Israele* (Torino, Soc. Ed. Intern., 1932), 522 pp.

790   CEUPPENS, F., *Quaestiones selectae ex Historia Primaeva²* (Taurini, Romae, Marietti, 1948), 376 pp.

791   COPPENS, J., *Histoire religieuse de l'Ancien Testament²*. Cours supérieur d'Histoire Sainte (Bruges, Desclée de Brouwer, 1948), 196 pp.

792   DE VAUX, R., « Israël (histoire d') », SDB IV, col. 738-777.

793   MOSCATI, S., *Storia e civilta dei Semiti* (Bari, Laterza, 1949), 14-245 pp.

794   DHEILLY, J., *Histoire du peuple de Dieu* (Paris, Éd. de l'École, 1950), 144 pp.

795   PASSELECQ, P., « Histoire abrégée des Hébreux », CE N° 1 (1951) 45-49.

796   ABEL, F.-M., *Histoire de la Palestine,* depuis la conquête d'Alexandre jusqu'à l'invasion arabe (Paris, Gabalda, 1952), 2 vv., I. De la conquête d'Alexandre jusqu'à la guerre juive, 15-505 pp.; II. De la guerre juive à l'invasion arabe, 10-406 pp.

797   HEINISCH, P., *History of the Old Testament,* 492 pp.

798   LEMAIRE, P., DENNEFELD, L., BONSIRVEN, J., « Histoire du peuple hébreu », dans ROBERT, A., TRICOT, A., *Initiation biblique³,* 688-733.

799   XXX, « Histoire d'Israël », PPB N° 2 (1955) 20 pp.

800   MALO, A.-M., *L'épopée inachevée de nos lieux saints* (Montréal, Éd. franciscaines, 1955), 11-368 pp.

801   McKENZIE, J. L., *The Two-Edged Sword,* 320 pp.

802   McNAMARA, M., « De populi Aramaeorum primordiis », VS 35 (1957) 129-142.

803   ROBERT, A., FEUILLET, A., *Initiation à la Bible,* « Le cadre historique de la Bible », I, 214-275.

804   BARBINI, G., « Israele e gli Aramei di Damasco », RivB 6 (1958) 199-209.

805   GRELOT, P., *Introduction aux livres saints²* (Paris, Belin, 1963), 23-257.

806   MANCINI, I., « La « ecclesia ex circumcisione » », BibOr 7 (1965) 77-87.

807   DUESBERG, H., « De Yahweh, la victoire », BVC N° 78 (1967) 45-54.

808   McKENZIE, J. L., *The World of the Judges* (London, G. Chapman, 1967), 184 pp.

809   LONG, B. O., « Etymological Etiology and the Dt Historian », CBQ 31 (1969) 35-41.

810   CANCIK, H., *Mythische und historische Wahrheit*. Interpretationen zu Texten der hethitischen, biblischen und griechischen Historiographie (Stuttgart, Katholisches Bibelwerk, 1970), 136 pp.

Patriarches. Patriarchs. Patriarchen. Patriarchi. Patriarcas.

811   HENNEQUIN, L., « L'aurore de l'histoire dans les pays bibliques », BLE 36 (1935) 25-40.

812   KLEINHANS, A., « De relationibus inter textus in Ras Samra repertos et historiam patriarcharum », Ant 14 (1939) 3-16.

813   DOUGHERTY, J. J., « The World of the Hebrew Patriarchs », SCR 3 (1948) 98-103.

814   DE VAUX, R., « Les patriarches hébreux et les découvertes modernes », RB 53 (1946) 321-348; 55 (1948) 321-347; 56 (1949) 5-36.

815   VAN DE WALLE, B., « Hyksos », SDB IV, col. 146-168.

816   DE VAUX, R., « Le problème des Habiru. À propos de deux livres récents », RB 63 (1956) 261-267, ou dans *Bible et Orient,* 165-174.

817   DE VAUX, R., « Les patriarches hébreux et l'histoire », dans *Studii Biblici Franciscani Liber annuus,* 13 (1962-1963) 287-297, ou dans *Bible et Orient,* 175-185.

Avant l'exil. Pre-exilic Time. Vorexilische Zeit. Prima dell'esilio. Antes del exilio.

818   XXX, « Les trois premiers rois d'Israël », AmiCl 48 (1931) 33-38, 257-265, 625-640; 49 (1932) 577-587.

819   FLORIT, E., « Ripercussioni immediate della caduta di Ninive sulla Palestina », Bibl 13 (1932) 399-417.

820   FLORIT, E., « Sofonia, Geremia, e la cronaca di Gadd », Bibl 15 (1934) 8-31.

821   SEMKOWSKI, L., « De morte Sennacherib quid e documentis recens inventis statui possit », Bibl 15 (1934) 148-160.

822   ALFRINK, B., « Die Schlacht bei Megiddo und der Tod des Josias », Bibl 15 (1934) 173-183.

823   GELIN, A., PIERRON, J., GOURBILLON, J. G., « Avant le Nouvel Exode », CE Nº 20 (1955) 5-61.

824   REHM, M., « Nehemias 9 », BZ 1 (1957) 59-69.

825   NÖTSCHER, F., « « Neue » babylonische Chroniken und Altes Testament », BZ 1 (1957) 110-114.

826   VOGT, E., « La caduta di Gerusalemme, secondo nuovi documenti », CC 2 (1957) 267-278.

827   STEINMANN, J., *Le prophétisme biblique des origines à Osée,* 260 pp.

828   DU BUIT, M., « Populations de l'ancienne Palestine », SDB VII, col. 111-126.

829   DUNAND, M., « Phénicie », SDB VII, col. 1141-1204.

830   ERLENMEYER, M.-L. et H., DELCOR, M., « Philistins », SDB VII, col. 1233-1288.

831   COUROYER, B., « Le temple de Yaho et l'orientation dans les papyrus araméens d'Éléphantine », RB 68 (1961) 525-540.

832   LUSSIER, E., « Daily Life in Ancient Israel », AmER 144 (1961) 326-331.

833   DRIOTON, E., « Une colonie israélite en Moyenne Égypte à la fin du VIIe siècle av. J.-C. », dans *À la rencontre de Dieu*. Mémorial Albert Gelin (en collab.), 181-191.

834   BUCCELLATI, G., « La « carriera » di David e quella di Idrimi re di Alalac », BibOr 4 (1962) 95-99.

835   PRIGNAUD, J., « Caftorim et Kerétim », RB 71 (1964) 215-229.

836   SALVONI, F., « La storiografia degli antichi Israeliti », ScuolC 63 (1935) 145-171.

837   COPPENS, J., « La chronologie des rois de Juda, Amasias, Azarias, Jotham et Achaz », ETL 14 (1937) 640-641.

838   DE VAUX, R., « Titres et fonctionnaires égyptiens à la cour de David et de Salomon », RB 48 (1939) 394-405, ou dans *Bible et Orient,* 189-201.

839   HASHAGEN, J., « Vorexilische Diaspora », TQ 121 (1940) 211-216.

840   DE VAUX, R., « Notes d'histoire et de topographie transjordaniennes », *Vivre et Penser,* 1 (=RB 50) (1941) 16-47, ou dans *Bible et Orient,* 115-149.

841   DE VAUX, R., « Le schisme religieux de Jéroboam Ier », dans *Biblica et Orientalia* (Mélanges Vosté) (Rome, 1943), 77-91, ou dans *Bible et Orient,* 151-163.

842   CHEMINANT, L., *Le royaume d'Israël* (Paris, Cerf, 1945), 126 pp.

843   LATTEY, C., « How did the Prophecy of Isaia vii, 8-9, affect King Achaz ? » SCR 3 (1948) 50.

844   DELAPORTE, L., « Hittites », SDB IV, col. 32-110.

845   STEINMANN, J., *Le prophète Isaïe.* Sa vie, son oeuvre et son temps, 382 pp.

846   LATTEY, C., « The Tribe of Levi », CBQ 12 (1950) 277-291.

847   ABEL, F.-M., *Histoire de la Palestine depuis la conquête d'Alexandre jusqu'à l'invasion arabe* (EB) (Paris, Gabalda, 1952), 2 vv., 510, 410 pp.

848   STEINMANN, J., *Le prophète Jérémie.* Sa vie, son oeuvre et son temps, 332 pp.

849   ALONSO SCHÖKEL, L., « Heros Gedeon », VD 32 (1954) 3-20, 65-76.

850   PAVONCELLO, N., « Alla ricerca delle dieci tribu del regno d'Israele », RivB 13 (1965) 97-108.

851   McKENZIE, J. L., *The World of the Judges* (London, Chapman, 1967), 184 pp.

852   DE VAUX, R., « Les Hurrites de l'histoire et les Hurrites de la Bible », RB 74 (1967) 481-503.

853   McCARTHY, D. J., *Kings and Prophets* (Milwaukee, Bruce, 1968), 206 pp.

854   HAUER, C. E., « The Shape of Saulide Strategy », CBQ 31 (1969) 153-167.

855   PETITJEAN, A., *Les oracles du proto-Zacharie.* Un programme de restauration pour la communauté juive après l'exil (Paris, Gabalda; Louvain, Éd. Imprimerie Orientaliste, 1969), 502 pp.

856   SKEHAN, P. W., « Joab's Census : How Far North (2 Sm 24,6) ? » CBQ 31 (1969) 42-49.

857   CODY, A., « A New Inscription from Tell al-Rimah and King Jehoash of Israel », CBQ 32 (1970) 325-340.

858   DE VAUX, R., « The Settlement of the Israelites in Southern Palestine and the Origins of the Tribe of Judah », dans *Translating and Understanding the Old Testament.* Essays in honor of H. G. May (ed. H. T. FRANK, W. L. REED) (Nashville, New York, Abingdon Press, 1970), 108-134.

859   HAUER, C., « Jerusalem, the Stronghold and Rephaim », CBQ 32 (1970) 571-578.

860   HERRMANN, S., *Israels Aufenthalt in Ägypten* (Stuttgart, Katholisches Bibelwerk, 1970), 112 pp.

861   JENSEN, J., « What Happened to Moses ? » CBQ 32 (1970) 404-417.

862   MALAMAT, A., « The Danite Migration and the Pan-Israelite Exodus-Conquest : A Biblical Narrative Pattern », Bibl 51 (1970) 1-16.

863   MILLER, J. M., « The Korahites of Southern Judah », CBQ 32 (1970) 58-68.

864   VON WALDOW, H. E., « Social Responsibility and Social Structure in Early Israel », CBQ 32 (1970) 182-204.

Après l'exil. Postexilic Time. Nachexilische Zeit. Dopo l'esilio. Después del exilio.

865 XXX, « Les Juifs à Rome au Ier siècle », AmiCl 49 (1932) 849-860.

866 HENNEQUIN, L., « Éléphantine », SDB II, col. 962-1032.

867 SCHADE, J. I., « Political and Religious Status of the Jewish People in the Days of Our Lord », AmER 95 (1936) 126-140.

868 BRUNNER, G., « Settant'anni dell'esilio babilonese », ScuolC 68 (1940) 481-490.

869 BARTON, J. M. T., « The Northern Tribes after 722 B. C. », SCR 4 (1950) 182.

870 PAVLOVSKY, V., « Ad chronologiam Esdrae 7 (Horn-Wood) », VD 33 (1950) 280-284.

871 BLOCH, R., « Des prophètes à Jésus », CE N° 4 (1951) 46-63.

872 GELIN, A., « Les premiers Sioniens (Introduction au Livre d'Esdras-Néhémie) », LV N° 7 (1953) 95-104.

873 BEILNER, W., « Der Ursprung des Pharisäismus », BZ 3 (1959) 235-251.

874 BUCCELLATI, G., « Gli Israeliti di Palestina al tempo dell'esilio », BibOr 2 (1960) 199-209.

875 STEINMANN, J., *Le livre de la consolation d'Israël et les prophètes du retour de l'exil*, 316 pp.

876 KOFFMAHN, E., « Die staaterechtliche Stellung der essenischen Vereinigungen in der griechisch-römischen Periode », Bibl 44 (1963) 46-61.

877 McNAMARA, M., « Nabonidus and the Book of Daniel », IrThQ 37 (1970) 131-149.

878 MERTENS, A., « L'assedio di Gerusalemme a opera di Tito d. C. », BibOr 12 (1970) 264-272.

INERRANCE. INERRANCY. IRRTÜMSLOSIGKEIT. INERRANZA. INERRANCIA.

879 HOLZMEISTER, U., « De veritate sermonum in Scriptura relatorum », VD 10 (1930) 135-142.

880 PORPORATO, F. X., « Cognizioni fisico-naturali dell'agiografo e inerranza biblica », CC 1 (1940) 343-357, 443-455.

881 PORPORATO, F. X., « La verità nei libri Storici della Bibbia », CC 4 (1943) 137-149; 2 (1944) 91-97.

882 BOVER, J. M., « La verdad histórica de la Biblia segun la Encíclica *Divino Afflante Spiritu* », EstE 18 (1944) 429-441.

883 SCHILDENBERGER, J., « Alttestamentliche Jenseitsvorstellung und Irrtümslosigkeit der inspirierten Schriftsteller », Bibl 25 (1944) 335-345.

884 BOVER, J. M., « La verdad histórica de la Biblia en los documentos del Magisterio eclesiástico », EstB 5 (1946) 403-428.

885 BENOIT, P., « L'inerrance », dans THOMAS D'AQUIN, *Somme théologique*. La prophétie, 2-2, qq. 171-178 (éd. de la Revue des Jeunes) (Paris, Tournai, Desclée et Cie, 1947), 340-352.

886 COURTADE, G., « Inspiration et inerrance », SDB IV, col. 482-559.

887 CASTELLINO, G., « L'inerranza della S. Scrittura », ScuolC 11 (1949) 25-55.

888 CREHAN, J. H., « Who guarantees the Bible ? » SCR 4 (1950) 231-237.

889 CHARLIER, C., *La lecture chrétienne de la Bible*[4] (Éd. de Maredsous, 1951), « L'inerrance », 253-257.

890 WORDEN, T., « Question and Answer : Biblical Inerrancy and Galileo », SCR 9 (1957) 85-96.

891 COPPENS, J., « L'inspiration et l'inerrance bibliques », ETL 33 (1957) 36-57.

892 FORESTELL, J. T., « The Limitation of Inerrancy », CBQ 20 (1958) 9-18.

893   WORDEN, T., « Question and Answer : Inerrancy and O. T. Teaching on Life after Death », SCR 10 (1958) 28-32.

894   RICHARDS, H. J., « Inerrant Errors », SCR 14 (1962) 97-109.

895   ZERAFA, P., « The Limits of Biblical Inerrancy », Ang 39 (1962) 92-119.

896   LOHFINK, N., « Über die Irrtumlosigkeit und die Einheit der Schrift », StiZ 174 (1964) 161-181.

897   LORETZ, O., *Die Wahrheit der Bibel* (Freiburg, Herder, 1964), 140 pp.

898   COPPENS, J., « Comment mieux concevoir et énoncer l'inspiration et l'inerrance des Saintes Écritures ? » NRT 96 (1964) 933-947.

899   GUTWENGER, E., « Die Inerranz der Bibel », ZKT 87 (1965) 196-202.

900   LOHFINK, N., *Das Siegeslied am Schilfmeer.* Christliche Auseinandersetzungen mit dem Alten Testament (Frankfurt a. M., J. Knecht, 1965), 274 pp.

901   LOHFINK, N., « The Inerrancy and the Unity of Scripture », TDig 13 (1965) 185-192.

902   GRELOT, P., *La Bible, parole de Dieu,* « La Vérité de l'Écriture », 96-134.

903   BENOIT, P., « Là vérité dans la sainte Écriture », dans *Exégèse et théologie,* III, 143-156.

904   DE LA POTTERIE, I., « La vérité de la Sainte Écriture et l'histoire du salut, d'après la Constitution dogmatique « Dei Verbum » », NRT 88 (1966) 149-169.

905   CIPRIANI, S., « Verità della Sacra Scrittura », BibOr 8 (1966) 229-236.

906   CAPRILE, G., « The emendamenti allo schema sulla Rivelazione », CC 1 (1966) 215-231.

907   BENOIT, P., « La vérité dans la Bible. Dieu parle le langage des hommes », VS 114 (1966) 387-416.

908   KRUSE, H., « Die Zuverlässigkeit der Heiligen Schrift », ZKT 90 (1968) 22-39.

INSPIRATION. SCHRIFTINSPIRATION. ISPIRAZIONE. INSPIRACIÓN.

909   HOLZMEISTER, U., « Quomodo auctor inspiratus verba a multis simul prolata referre debeat », VD 10 (1930) 314-316.

910   VOSTÉ, J.-M., « Utrum amanuenses, quibus hagiographi usi sunt fuerint inspirati », Ang 7 (1930) 61-64.

911   LUSSEAU, H., « À propos d'un essai sur la nature de l'inspiration scripturaire », Bibl 13 (1932) 28-48.

912   XXX, « Une thèse sur l'inspiration scripturaire », AmiCl 49 (1932) 163-166.

913   FABBI, F., « La « condiscendenza » divina nell'ispirazione biblica secondo S. Giovanni Crisostomo », Bibl 14 (1933) 330-347.

914   XXX, « Nature de l'inspiration des auteurs sacrés », AmiCl 51 (1934) 765-768.

915   ZARB, S., « Num hagiographi sibi conscii fuerint charismatis divinae inspirationis », Ang 11 (1934) 228-244.

916   BOVER, J. M., « Inspiración divina del redactor de la Epístola a los Hebreos », EstE 14 (1935) 433-463.

917   OGARA, F., « Notae quaedam praeviae et de Apostolatu ut criterio inspirationis », Greg 16 (1935) 577-585.

918   ZARB, S., « S. Thomas et l'inspiration biblique », RT 41 (1936) 367-382.

919   SMITH, K., « The Criterion of New Testament Inspiration », CBQ 2 (1940) 229-244.

920   RUWET, J., « De criterio inspirationis N. T. », VD 21 (1940) 89-98.

921   PORPORATO, F. X., « Miti e ispirazione Biblica », CC 1 (1941) 169-178, 276-284, 421-428.

922   BEA, A., « Deus auctor Scripturae », Ang 20 (1943) 16-31.

923   PORPORATO, F. X., « Elemento divino ed elemento umano nei libri storici della
       Bibbia », CC 2 (1943) 265-273.

924   DE AMBROGGI, P., « L'inspirazione nel pensiero di S. Pietro », ScuolC 71 (1943)
       349-363.

925   BEA, A., « Deus auctor Sacrae Scripturae : Herkunft und Bedeutung der formel », Ang
       20 (1943) 16-31.

926   PERRELLA, C. M., « La nozione dell'inspiratione scritturale secundo i primitivi
       documenti cristiani », Ang 20 (1943) 32-52.

927   RABANOS, R. C. M., « La función del entendimiento del hagiógrafo en la inspiración,
       según San Agustín », EstB 5 (1946) 73-93.

928   ESTEVE, E. M., « Acción de la inspiración en el entendimiento », EstB 5 (1946)
       271-280.

929   SYNAVE, P., BENOIT, P., La Prophétie, dans S. THOMAS D'AQUIN, Somme
       théologique, 2-2, qq. 171-178, Éd. Rev. des Jeunes (Paris, Desclée, 1947), 293-376.

930   CRISOSTOMO DE PAMPIONA, P., « Algunas cuestiones relacionadas con la
       naturaleza del influjo inspirativo », EstF 49 (1948) 36-55.

931   COURTADE, G., « Inspiration et inerrance », SDB IV, col. 482-559.

932   DE LUBAC, H., Histoire et Esprit, « Inspiration et intelligence », 295-335.

933   ENCISO, J., « El modo de la inspiración profetica según el testimonio de los pro-
       fetas », EstB 9 (1950) 5-37.

934   BENOIT, P., « La Septante est-elle inspirée ? » dans Vom Wort des Lebens. Festschrift
       für Max Meinertz (Münster i. W., Aschendorff, 1951), 41-49, ou dans BENOIT, P.,
       Exégèse et théologie, I, 3-12.

935   BENOIT, P., « L'inspiration biblique selon Mgr Florit », RB 5 (1951) 609-610, ou dans
       BENOIT, P., Exégèse et théologie, I, 13-14.

936   CHARLIER, C., La lecture chrétienne de la Bible⁴, « Révélation et inspiration »,
       242-245; « La nature de l'inspiration », 245-253; « Le « théandrisme » de l'inspira-
       tion », 257-260.

937   AUVRAY, P., « Comment se pose le problème de l'inspiration de la Septante », RB
       59 (1952) 321-336.

938   PAGANO, S., « Some Aspects of the Debate on Inspiration in the Louvain Contro-
       versy », CBQ 14 (1952) 336-349.

939   RUWET, J., « Le canon alexandrin des Écritures. Saint Athanase », Bibl 33 (1952) 1-29.

940   WEYNS, N. I., « De notione inspirationis biblicae juxta Concilium Vaticanum », Ang
       30 (1953) 315-336.

941   BENOIT, P., « L'inspiration », dans ROBERT, A., TRICOT, A., Initiation bibli-
       que³, 6-44.

942   BENOIT, P., « La doctrine de Newman sur la Sainte Écriture », RB 61 (1954) 603-605,
       ou dans BENOIT, P., Exégèse et théologie, I, 15-18.

943   SMYTH, K., « The Inspiration of the Scriptures », SCR 6 (1954) 67-75.

944   SCHEDL, C., « Inspiration der Bibel, neu durchdacht », BiLit 22 (1954-55) 33-38.

945   RODRÍGUEZ, I., « La inspiración en el mundo griego », Salm 2 (1955) 487-535.

946   ARANA, A. I., « Inspiration and the Fuller Sense of Scripture », TDig 4 (1956) 59-64.

947   AUZOU, G., La parole de Dieu (Paris, L'Orante, 1956), « La réflexion chrétienne sur
       l'inspiration biblique », 87-94.

948   BENOIT, P., « Note complémentaire sur l'inspiration », RB 63 (1956) 416-422.

949   GELIN, A., « Notes bibliques », AmiCl 66 (1956) 539-541.

950   McKENZIE, J. L., *The Two Edged Sword*, « The Sacred Books », 1-21; « God speaks to Man », 22-44.

951   RAHNER, K., « Uber die Schriftinspiration », ZKT 78 (1956) 137-168.

952   COPPENS, J., « L'inspiration et l'inerrance bibliques », ETL 33 (1957) 36-57.

953   ROBERT, A., FEUILLET, A., *Introduction à la Bible*, I, 13-31.

954   TUYA, M., « Inspiracion y géneros literarios », dans *Los Géneros literarios de la Sagrada Escritura* (en collab.), 41-71.

955   JONES, A., « Biblical Inspiration : A Christian Rendez-vous ? » SCR 10 (1958) 97-109.

956   LEVIE, J., *La Bible, parole humaine et message de Dieu*, 348 pp.

957   KRUMHOLTZ, R., « Instrumentality and the *Sensus Plenior* », CBQ 20 (1958) 200-205.

958   MacKENZIE, R. A. F., « Some Problems in the Field of Inspiration », CBQ 20 (1958) 1-8.

959   RAHNER, K., *Über die Schriftinspiration* (Freiburg i. Br., Herder, 1958), 88 pp.

960   SCHROEDER, F. J., « Père Lagrange : Record and Teaching in Inspiration », CBQ 20 (1958) 206-217.

961   URS VON BALTHASAR, H., « Dieu a parlé un langage d'homme », dans *Parole de Dieu et liturgie* (en collab.), 71-104.

962   BENOIT, P., « Les analogies de l'inspiration », dans *Sacra Pagina* (en collab.), I, 86-99, et dans *Exégèse et théologie*, III, 17-30.

963   RINALDI, G., « Ispirazione e critica letteraria », BibOr 1 (1959) 1.

964   FRANGIPANE, D., « Alcuni problemi di ispirazione biblica e le intuizioni di un filosofo », RivB 7 (1959) 1-24.

965   RAHNER, K., « The Inspiration of Scripture », TDig 8 (1960) 8-14.

966   SMYTH, K., « The Inspired Writer as God's Instrument », TDig 8 (1960) 15-20.

967   CONGAR, Y., « Inspiration des Écritures canoniques et apostolicité de l'Église », RSPT 45 (1961) 32-42.

968   ADINOLFI, M., « Intorno all'ispirazione passiva », RivB 10 (1962) 342-353.

969   HARRINGTON, W., « The Inspiration of Scripture », IrThQ 29 (1962) 3-24.

970   McKENZIE, J. L., « The Social Character of Inspiration », CBQ 24 (1962) 115-124.

971   ARNALDICH, L., « La Inspiración verbal de la Escritura en los teólogos y escrituristas españoles del siglo XIX », Salm 10 (1963) 555-570.

972   BENOIT, P., « L'inspiration des Septante d'après les Pères », dans *L'homme devant Dieu*. Mélanges H. DE LUBAC (en collab.), I, 169-187, et dans *Exégèse et théologie*, III, 69-89.

973   BENOIT, P., « Révélation et inspiration selon la Bible, chez saint Thomas et dans les discussions modernes », RB 70 (1963) 321-370, et dans *Exégèse et théologie*, III, 90-142.

974   CONGAR, Y., « Inspiration and Apostolicity of the Church », TDig 11 (1963) 187-191.

975   GRELOT, P., « L'inspiration littéraire », RSR 51 (1963) 337-382.

976   McCARTHY, D. J., « Personality, Society and Inspiration », TS 24 (1963) 553-576.

977   BEA, A., « Il carattere storico del Vangeli Sinottici come opere ispirate », CC 2 (1964) 526-545.

978   COPPENS, J., « Comment mieux concevoir et énoncer l'inspiration et l'inerrance des Saintes Écritures ? » NRT 86 (1964) 933-947.

979   GRELOT, P., « Sur l'inspiration et la canonicité de la Septante », SE 16 (1964) 387-418.

980   LOHFINK, N., « Über die Irrtümslosigkeit und die Einheit der Schrift », StiZ 174 (1964) 161-181.

981 ALONSO SCHÖKEL, L., *The Inspired Word.* Scripture in the Light of Language and Literature (New York, Herder and Herder, 1965), 420 pp.

982 BENOIT, P., « Inspiration et révélation », Conci N° 10 (1965) 13-26.

983 DREYFUS, F., « L'inspiration de la Septante. Quelques difficultés à surmonter », RSPT 49 (1965) 210-220.

984 DUBARLE, A.-M., « Note conjointe sur l'inspiration de la Septante », RSPT 49 (1965) 221-229.

985 GRELOT, P., *La Bible, parole de Dieu,* « L'inspiration scripturaire : I. Histoire du problème; II. Les charismes relatifs à la parole de Dieu; III. Nature de l'inspiration scripturaire », 33-76.

986 MURPHY, J., ASHE, S. K., *Aspects of Biblical Inspiration* (Chicago, Priory Press, 1965), 127 pp.

987 MUSSNER, F., *Die Johanneische Sehweise und die Frage nach dem historischen Jesus,* « Johanneische Sehweise und Inspiration », 66-88.

988 ADINOLFI, M., « Aspetti comunitari dell'ispirazione », RivB 14 (1966) 181-200.

989 BENOIT, P., « La vérité dans la Bible. Dieu parle le langage des hommes », VS 114 (1966) 387-416.

990 BEUMER, J., *Die katholische Inspirationslehre zwischen Vatikanum I und II,* 108 pp.

991 CIPRIANI, S., « Verità della Scrittura », BibOr 8 (1966) 229-236.

992 CONDON, K., « Word and Logos », IrThQ 33 (1966) 114-131.

993 GRILLMEIER, A., « L'ispirazione e l'interpretazione della Sacra Scrittura », dans *Commento alla Costituzione dogmatica sulla divina Rivelazione* (en collab.), 118-151.

994 MURRAY, R., « The Inspiration and Interpretation of Scripture », HeyJ 7 (1966) 428-434.

995 SEMMELROTH, O., ZERWICK, M., *Vatikanum II über das Wort Gottes.* Die Konstitution « Dei Verbum » : Einführung und Kommentar, Text und Übersetzung, « Ihre Inspiration und ihre Wahrheit », 28-34; « Das Alte Testament », 40-42; « Das Neue Testament », 43-50.

996 BENOIT, P., « Inspiration de la Tradition et inspiration de l'Écriture », dans *Mélanges offerts à M.-D. Chenu* (Paris, Vrin, 1967), 111-126.

997 ZEDDA, C., « Alcune brevi considerazioni sull'ispirazione biblica », Div 11 (1967) 25-30.

998 ARTOLA, A., « La Inspiración segun la Constitución « Dei Verbum » », Salm 15 (1968) 291-315.

999 BENOIT, P., « La vérité dans la sainte Écriture », dans *Exégèse et théologie,* III, 143-156.

1000 CONDON, K., « Parola e Logos », BibOr 10 (1968) 3-24.

1001 GRELOT, P., « L'inspiration », dans *Où en sont les études bibliques ?* (en collab.), 26-28.

1002 ADINOLFI, M., « La problematica dell'ispirazione prima e dopo la « Dei Verbum » », RivB 17 (1969) 249-282.

1003 LORETZ, O., « Die Inspiration der Heiligen Schrift », TR 65 (1969) 89-96.

1004 MARTINI, C. M., « Ispirazione e verità nella Sacra Scrittura », CC 4 (1969) 241-251.

1005 SPICQ, C., *Les épîtres pastorales,* « Écriture sainte, inspirée et utile au pasteur », 790-796.

1006 ARNALDICH, L., « La doctrina de la inspiración biblica en los téologos y biblistas españoles del siglo XIX », dans *Mélanges bibliques* en hommage au R. P. Béda Rigaux (en collab.), 557-575.

JUDAÏSME. JUDAISM. JUDENTUM. GIUDAISMO. JUDAÍSMO.

Milieu juif. Jewish Milieu. Jüdisches Milieu. Ambiente giudaico. Medio judío.

1007   ALLEVI, L., « Proselitismo ebraico e predicazione cristiana », ScuolC 62 (1934) 641-655.

1008   HOLZMEISTER, U., « Zur Frage der Blutgerichtsbarkeit des Synedriums », Bibl 19 (1938) 43-59, 151-174.

1009   JEAN, C.-F., « L'étude du milieu biblique », NRT 69 (1947) 245-270.

1010   VAN DER PLOEG, J., « The Social Study of the Old Testament », CBQ 10 (1948) 72-80.

1011   VAN DER PLOEG, J., « Les chefs du peuple d'Israël et leurs titres », RB 57 (1950) 42-61.

1012   OESTERREICHER, J. M., « Piety and Prayer in the Jewish Home », Wor 27 (1952-53) 540-549.

1013   MAERTENS, T., *C'est fête en l'honneur de Jahvé,* 224 pp.

1014   MICHEL, A., LE MOYNE, J., « Pharisiens », SDB VII, col. 1022-1115.

1015   RIGOTTI, A., « I salmi nel culto giudaico », BibOr 3 (1961) 161-174.

1016   VAN GOUDOEVER, J., *Biblical Calendars* (Leiden, Brill, 1961), 13-295 pp.

1017   ARENS, A., « Hat der Psalter seinen « Sitz im Leben » in der Synagogalen Leseordnung des Pentateuch ? » dans *Le psautier* (en collab.), 107-131.

1018   CAZELLES, H., « Sur les origines du calendrier des Jubilés », Bibl 43 (1962) 202-212.

1019   DUESBERG, H., « L'existence juive », BVC Nº 46 (1962) 72-78.

1020   LE DÉAUT, R., « Pentecôte et tradition juive », AS Nº 51 (1963) 22-38.

1021   BEAUCAMP, É., « Où est, dans la liturgie chrétienne, la grande fête d'automne ? » BVC Nº 65 (1965) 45-55.

1022   CAZELLES, H., « La fête des tentes en Israël », BVC Nº 65 (1965) 32-44.

1023   FEDERICI, T., « Les fêtes juives traditionnelles », BVC Nº 64 (1965) 33-39.

1024   HRUBY, K., « La fête de la Pentecôte dans la tradition juive », BVC Nº 63 (1965) 46-64.

1025   LE DÉAUT, R., *Liturgie juive et Nouveau Testament.* Le témoignage des versions arméniennes (Rome, Institut Biblique Pontifical, 1965), 90 pp.

1026   WEIL, G. E., « Hanoukah, fête des lumières de la foi », BVC Nº 66 (1965) 38-47.

1027   PAVONCELLO, N., « I Salmi nella liturgia ebraica », RivB 15 (1967) 497-526.

Théologie juive. Jewish Theology. Jüdische Theologie. Teologia giudaica. Teología judía.

1028   CHARUE, A., *L'incrédulité des Juifs dans le N. T.,* « Le milieu juif », 1-66.

1029   LELOIR, L., « Le sabbat judaïque, préfiguration du dimanche », MD Nº 9 (1947) 38-51.

1030   GELIN, A., « Comment le peuple d'Israël lisait la Bible », dans *Rencontres* Nº 36 (Paris, Cerf, 1951), 17-43.

1031   MUSSNER, F., ZΩH. *Die Anschauung vom « Leben » in vierten Evangelium,* « Der Lebensbegriff des Spätjudentums ausserhalb der Bibel », 13-32.

1032   PAUL-MARIE DE LA CROIX, P., *L'Ancien Testament source de vie spirituelle³,* « Les étapes du développement de la foi dans l'A. T. : judaïsme et foi vivante », 632-634.

1033   BOUYER, L., *La Bible et l'Évangile²,* « La mystique juive et les figures de Moïse et d'Élie », 137-158; « La tradition juive et le christianisme. Documents et tendances de la tradition juive », 245-254.

1034   CHARLIER, C., « Pensée et amour chez le sémite », BVC Nº 4 (1953) 100-108.

1035 GIBLET, J., « Prophétisme et attente d'un messie-prophète dans le judaïsme », dans *L'attente du Messie* (en collab.), 85-130.

1036 GRELOT, P., « L'Ancien Orient connaissait-il l'amour du prochain ? » CE N° 15 (1954) 57-66.

1037 SPICQ, C., *Agapè*, « La charité dans le judaïsme », 130-193.

1038 BOTTE, B., « La vie de Moïse par Philon », dans *Moïse, l'homme de l'Alliance* (en collab.), 55-62.

1039 VERMÈS, G., « La figure de Moïse au tournant des deux testaments », dans *Moïse, l'homme de l'Alliance* (en collab.), 63-92.

1040 BLOCH, R., « Quelques aspects de la figure de Moïse dans la tradition rabbinique », dans *Moïse, l'homme de l'Alliance* (en collab.), 93-167.

1041 AUVRAY, P., « Écriture et Tradition dans la Communauté d'Israël », BVC N° 12 (1955-56) 19-34.

1042 BONSIRVEN, J., *Le règne de Dieu*, « Le Règne de Dieu dans la littérature juive postbiblique », 18-25.

1043 CAZELLES, H., « Loi israélite », SDB V, col. 498-510.

1044 CONGAR, Y., *Le mystère du Temple*, « Temple et présence de Dieu dans la piété et la pensée juives », 103-129.

1045 LIGIER, L., *Péché d'Adam et péché du monde*, « Rosh-hashanah, Kippur et l'Épître aux Romains », II, 212-256.

1046 DE FRAINE, J., « Tracce della « personalità corporativa » nel Giudaismo », BibOr 3 (1961) 175-179.

1047 GRELOT, P., « L'eschatologie de la Sagesse et les apocalypses juives », dans *À la rencontre de Dieu*. Mémorial Albert Gelin (en collab.), 165-178.

1048 LIFSHITZ, B., « La vie de l'au-delà dans les conceptions juives », RB 68 (1961) 401-411.

1049 LYONNET, S., « Péché. III. Dans le judaïsme », SDB VII, col. 480-485.

1050 SCHUBERT, K., « Die Entwicklung der Auferstehungslehre von der nachexilischen bis zur frührabbinischen Zeit », BZ 6 (1962) 177-214.

1051 SCHULZ, A., *Nachfolgen und Nachahmen*, « Die Herkunft der synoptischen Nachfolgevorstellung (im Rabbinat) », 17-32; « Die *Imitatio Dei* bei den Griechen und im Spätjudentum », 206-225.

1052 LE DÉAUT, R., « La présentation targumique du sacrifice d'Isaac et la sotériologie paulinienne », dans *Studiorum Paulinorum Congressus 1961* (en collab.), II, 562-574.

1053 DHANIS, É., « De filio hominis in Vetere Testamento et in judaismo », Greg 45 (1964) 5-59.

1054 GOLDBERG, A. M., « Sitzend zur Rechten der Kraft. Zur Gottesbezeichnung Gebura in der frühen rabbinischen Literatur », BZ 8 (1964) 284-293.

1055 CAVALLETTI, S., « Le fonti del « seder » pasquale », BibOr 7 (1965) 153-160.

1056 GILBERT, A., « La liberté religieuse dans la tradition et l'expérience juives », Conci N° 18 (1966) 21-33.

1057 MUELLER, H., « The Ideal Man as Portrayed by the Talmud and St. Paul », CBQ 28 (1966) 278-291.

1058 SEIDENSTICKER, P., *Zeitgenössische Texte zur Osterbotschaft der Evangelien*, « Zur Auferstehungshoffnung des Judentums », 27-42.

1059 PAVONCELLO, N., « El sacrificio di Isacco nella liturgia ebraica », RivB 16 (1968) 557-574.

1060 GOLDSTAIN, J., « Relecture juive de la Genèse », VS 120 (1969) 629-646.

1061 HRUBY, K., « L'amour du prochain dans la pensée juive », NRT 91 (1969) 495-516.

1062   DUBARLE, A.-M., « L'attente d'une immortalité dans l'Ancien Testament et le judaïsme », Conci N° 60 (1970) 33-42.

Littérature juive. Jewish Literature. Jüdische Literatur. Letteratura giudàica. Literatura judía.

1063   XXX, « Le Livre du Jubilé », AmiCl 50 (1933) 721-726.

1064   DELCOR, M., *Les manuscrits de la Mer Morte.* Essai sur le Midrash d'Habacuc (Paris, Cerf, 1951), 84 pp.

1065   BONSIRVEN, J., *Textes rabbiniques des deux premiers siècles chrétiens pour servir à l'intelligence du N. T.* (Roma, Pontificio Istituto Biblico, 1954), 11-804 pp.

1066   VINCENT, A., « Les papyrus araméens d'Éléphantine », BVC N° 17 (1957) 105-115.

1067   DIEZ MACHO, A., « Un segundo fragmento del Targum palestinense a los Profetas », Bibl 39 (1958) 198-205.

1068   McNAMARA, M., « Targumic Studies », CBQ 28 (1966) 1-19.

1069   LE DÉAUT, R., « Jalons pour une histoire d'un manuscrit du Targum palestinien (Neofiti 1) », Bibl 48 (1967) 509-533.

1070   GOLDSTAIN, J., « La halakhah juive », VS 120 (1969) 385-399.

1071   GOLDSTAIN, J., « Pour goûter la Thora. Étude sur la tradition juive », CHR N° 63 (1969) 389-395.

1072   LARCHER, C., *Études sur le livre de la Sagesse,* « Le livre de la Sagesse et la littérature biblique et juive », 85-178.

1073   LE DÉAUT, R., « À propos d'une définition du midrash », Bibl 50 (1969) 395-413.

1074   MUÑOZ LEON, D., « Soluciones de los Targumin del Pentateuco (1) a los antropomorfismos », EstB 29 (1969) 263-281.

1075   GRELOT, P., « Remarques sur le second Targum du livre d'Esther », RB 77 (1970) 230-239.

Divers. Miscellaneous. Verschiedenes. Diversi. Diversos.

1076   LAGRANGE, M.-J., *Le judaïsme avant Jésus-Christ³* (Paris, Gabalda, 1931), XXVII-624 pp.

1077   VINCENT, A., *Le judaïsme* (Paris, Bloud et Gay, 1932), 234 pp.

1078   VINCENT, A., *La religion des judéo-araméens d'Éléphantine* (Paris, 1937), 726 pp.

1079   DOUGHERTY, J. J., « The supernatural Origin of Israel's Religion », CBQ 1 (1939) 232-238.

1080   BENOIT, P., « Rabbi Aqiba ben Joseph, sage et héros du judaïsme », RB 54 (1947) 54-89, ou dans *Exégèse et théologie,* II, 340-379.

1081   LEFÈVRE, A., « Notes d'exégèse sur les généalogies des Qéhatites », RSR 37 (1950) 287-292.

1082   CHARLIER, C., *La lecture chrétienne de la Bible⁴,* « Du judaïsme au monde hellénistique », 103-109; « Le génie sémitique », 151-162; « Le milieu biblique », 62-110.

1083   ROBERT, A., FEUILLET, A., *Initiation à la Bible,* « Aux origines du judaïsme », « Le judaïsme à l'époque perse », « Le judaïsme à l'époque hellénistique », I, 812-836.

1084   GRELOT, P., *Introduction aux livres saints²* (Paris, Belin, 1963), 153-257.

1085   LÉON-DUFOUR, X., « Juif et Gentil selon Romains 1-11 », dans *Studiorum Paulinorum Congressus 1961* (en collab.), I, 309-315.

1086   GILBERT, A., « Les attitudes juives envers la Bible », Conci N° 30 (1967) 125-129.

LITURGIE ET BIBLE. LITURGY AND BIBLE.
LITURGIE UND HEILIGE SCHRIFT. LITURGIA E BIBBIA. LITURGIA Y BIBLIA.

*Études générales. General Studies. Allgemeine Abhandlungen. Studi generali.
Estudios generales.*

1087 KAHLE, W., « Die Stellung der Bibel im liturgischen Weltbild », BiLit 9 (1934-1935) 3-9.

1088 HERWEGEN, I., « Die Hl. Schrift in der Liturgie der Kirche », BiLit 12 (1937-1938) 396-399.

1089 RUWET, J., « Lecture liturgique et livres saints du N. T. », Bibl 21 (1940) 378-405.

1090 ENCISO, J., « El estudio bíblico de los códices litúrgicos mozárabes », EstB 1 (1942) 291-313.

1091 RIOS, R., « The Bible in the Liturgy », Wor 20 (1945-46) 120-128.

1092 BOUYER, L., « Liturgie et exégèse spirituelle », MD N° 7 (1946) 27-51.

1093 DANIÉLOU, J., « Les quatre-temps de septembre et la fête des Tabernacles », MD N° 46 (1946) 114-136.

1094 HERWEGEN, I., « L'Écriture sainte et la liturgie », MD N° 5 (1946) 7-20.

1095 LECLERCQ, J., « La lecture divine », MD N° 5 (1946) 21-33.

1096 KAMMERER, L., « Bible et liturgie dans l'enseignement religieux des lycées », MD N° 10 (1947) 118-128.

1097 AMIOT, F., « Bible et liturgie », NRT 70 (1948) 461-472.

1098 HENNING, J., « The First Chapter of Genesis in the Liturgy », CBQ 10 (1948) 36-374.

1099 PILKINGTON, R., « The Bible and the Mass », SCR 3 (1948) 72-76.

1100 BOTTE, B., « Le cycle liturgique et l'économie du salut », MD N° 30 (1952) 63-78.

1101 HENNING, J., « The Book of Wisdom in the Liturgy », CBQ 14 (1952) 233-236.

1102 ROSE, A., « Jérusalem dans l'année liturgique », VS 86 (1952) 389-403.

1103 SPICQ, C., *L'épître aux Hébreux,* « La liturgie céleste et la vie chrétienne », I, 311-324.

1104 LUBIENSKA DE LENVAL, H., « Geste et langage sacré », BVC N° 1 (1953) 98-104.

1105 XXX, « Bible, Liturgie, Tradition » (Saint-Léger-Vauban, Cahiers de la Pierre-qui-vire, 1954), 112 pp.

1106 BOUYER, L., « La Bible et la Liturgie », dans ROBERT, A., TRICOT, A., *Initiation biblique³,* 1011-1020.

1107 SULLIVAN, K., « Scripture in Worship », Wor 29 (1954-55) 189-197.

1108 GHESQUIÈRE, T., « Lecture de la Bible et vie liturgique », LVit 10 (1955) 151-194.

1109 HOFINGER, J., « Les lectures bibliques durant la célébration du culte en pays de mission », LVit 10 (1955) 195-214.

1110 DUESBERG, H., « Les sources bibliques de la liturgie baptismale », BVC N° 10 (1955) 36-52.

1111 LOUVEL, F., « Les thèses bibliques de la liturgie des défunts », MD N° 44 (1955) 29-48.

1112 SCHLIER, H., *Die Zeit der Kirche,* « Die Verkündigung im Gottendienst der Kirche », 244-264.

1113 BAUER, J., « Die Episteln im Advent », BiLit 24 (1956-57) 50-57.

1114 CHARLIER, C., « Bible et liturgie au Congrès de Strasbourg », BVC N° 20 (1957) 114-117.

1115 MARX, M. J., « The Bible and the Liturgy », Wor 31 (1957) 142-144.

1116 MILLER, J.-H., « The Nature and Definition of the Liturgy », TS 18 (1957) 325-356.

1117 TEGELS, A., « Bible and Liturgy », Wor 31 (1957) 23-30.

1118   DONCOEUR, P., « Bible et liturgie, conditions d'une tension féconde », Et 294 (1957) 95-105.

1119   LUBIENSKA DE LENVAL, H., *La liturgie du Geste²* (Tournai, Casterman, 1957), 101 pp.

1120   LUBIENSKA DE LENVAL, H., « Liturgische Gebärden im Buche Exodus », BiLit 25 (1957-58) 128-131.

1121   BOUYER, L., « La Parole de Dieu vit dans la liturgie », dans *Parole de Dieu et liturgie* (en collab.), 105-126.

1122   DONCOEUR, P., « Bible and Liturgy : fruitful Tension », Wor 32 (1958) 89-100.

1123   JOUNEL, P., « La Bible dans la Liturgie », dans *Parole de Dieu et liturgie* (en collab.), 17-50.

1124   PEZERIL, D., « L'initiation biblique et liturgique d'une paroisse », dans *Parole de Dieu et liturgie* (en collab.), 279-292.

1125   O'CONNELL, J. P., « The Use of the Confraternity Version in Missal Pericopes », CBQ 20 (1958) 63-82.

1126   BARROSSE, T., « The Senses of Scripture and the Liturgical Pericopes », CBQ 21 (1959) 1-23.

1127   DOUGHERTY, J. J., « The Liturgical Orientation in Scripture Study », Wor 33 (1959) 642-645.

1128   GRISPINO, J. A., « The Liturgical Meaning of Scripture », AmER 141 (1959) 155-164.

1129   GONZALEZ, A., « Liturgias proféticas (Observaciones metodológicas en torno a un género literario) », EstB 18 (1959) 253-283.

1130   MIRIAM, V., « Choral Speaking with the Psalms », Wor 33 (1959) 171-174.

1131   ORLETT, R., « An Influence of the Early Liturgy upon the Emmaus Account », CBQ 21 (1959) 212-219.

1132   STANLEY, D. M., « Liturgical Influence on the Formation of the four Gospels », CBQ 21 (1959) 24-38.

1133   HUSSELL, R., « Liturgical Spirituality is scriptural », Wor 34 (1960) 567-573.

1134   KORNFELD, W., « Bibellesung im Advent », BiLit 28 (1960-61) 69-71.

1135   CHARLIER, C., « Réforme liturgique et renouveau biblique », MD Nº 66 (1961) 10-35.

1136   CLARISSE, N., « Notes pastorales : Liturgie dominicale et vie moderne », AS Nº 1 (1962) 81-95.

1137   COCHRAN, R. T., « The Liturgy's Use of the Annunciation Scene », AmER 146 (1962) 89-93.

1138   SCHNEIDER, H., « Die Psalmen im Gottesdienst des Alten Bundes », TR 58 (1962) 225-234.

1139   BAUER, J., « Bibel und Liturgie », BiLit 36 (1962-63) 378-389.

1140   STANLEY, D. M., « The Fonts of Preaching », Wor 37 (1963) 164-172.

1141   McNALLY, R. E., « The Word of God and the Mystery of Christ », Wor 38 (1964) 392-402.

1142   BEIL, A., « Übersetzungen in Schrift und Liturgie », BiLit 38 (1964-65) 50-57.

1143   LE DÉAUT, R., *Liturgie juive et Nouveau Testament.* Le témoignage des versions araméennes (Rome, Institut Biblique Pontifical, 1965), 91 pp.

1144   McGARRY, C., « The Eucharistic Celebration as the true Manifestation of the Church », IrThQ 32 (1965) 325-337.

1145   ROGUET, A.-M., « Problèmes des traductions liturgiques », Et 322 (1965) 369-379.

1146 ROSE, A., « La parole vivante de Dieu dans la Bible et la liturgie », MD N° 82 (1965) 43-58.

1147 XXX, « A Bible Vigil of Requiem », Wor 40 (1966) 361-384.

1148 LÉCUYER, J., « L'assemblée liturgique : fondements bibliques et patristiques », Conci N° 12 (1966) 9-22.

1149 MARGARET DE JÉSUS, Sr, « Le sens de l'Écriture exprimé par la liturgie », LVit 21 (1966) 93-98.

1150 MEYER, H. B., « Schriftverstandnis und Liturgie », ZKT 88 (1966) 163-184.

1151 MUSSNER, F., « Liturgiekonstitution und Schriftauslegung für die Gemeinde », TrierTZ 75 (1966) 108-118.

1152 SCHWANK, B., « Lecture chrétienne de la Bible (1 P 3, 8-15) », AS N° 59 (1966) 16-32.

1153 SEMMELROTH, O., « La Sacra Scrittura nella vita della Chiesa », dans *Commento alla Costituzione dogmatica sulla divina Rivelazione* (en collab.), 231-241.

1154 MEYER, H. B., « Die Bibel in Liturgie und Verkündigung », BiLit 40 (1967) 287-304.

1155 En collaboration, « Anaphores nouvelles », AS (n.s.) N° 2 (1968) 94 pp.

1156 En collaboration, « La prière eucharistique », AS (n.s.) N° 1 (1968) 104 pp.

1157 LIGIER, L., « De la Cène du Seigneur à l'Eucharistie », AS (n.s.) N° 1 (1968) 19-57.

1158 WILLIAMS, R. B., « Liturgy and the New Testament », Wor 90 (1968) 450-465.

1159 En collaboration, « Lectionnaire dominical », AS (n.s.) N° 3 (1969) 116 pp.

1160 BATTEUX, J., « Le psaume graduel », MD N° 99 (1969) 62-75.

1161 DUPONT, J., « Jesus and Liturgical Prayer », Wor 43 (1969) 198-213.

1162 FEDER, J., « La traduction française du lectionnaire », MD N° 99 (1969) 50-61.

1163 GUILLAUMIN, M.-L., « Problèmes pastoraux du nouveau lectionnaire », MD N° 99 (1969) 77-87.

1164 McNAMARA, M., « Les assemblées liturgiques et le culte religieux des premiers chrétiens », Conci N° 42 (1969) 23-36.

1165 WIÉNER, C., « Présentation du nouveau lectionnaire », MD N° 99 (1969) 28-49.

1166 BECQUET, G., « Ascension : Mission universelle de l'Église par la foi et ses signes », AmiCl 80 (1970) 297-300.

1167 DU BUIT, M., « La Bible et la Messe », CE N° 77 (1970) 5-54.

1168 HAHN, F., *Der urchristliche Gottesdienst* (Stuttgart, Katholisches Bibelwerk, 1970), 104 pp.

1169 HOPE, D., « Old Testament and New Lectionaries. I. The Importance of the Old Testament. II. The Old Testament and the Eucharistic Celebration », SB 2 (1970) 66-71, 104-108.

1170 REESE, J. M., « Biblical Roots of Celebration », AmER 163 (1970) 289-297.

Textes. Texts. Texte. Testi. Textos.

1. Avent. Advent. Adventszeit. Avvento. Adviento.

1171 En collaboration, « Temps de l'Avent », AS N° 2 (1962) 104 pp.

1172 En collaboration, « Le lectionnaire de l'Avent et de Noël », BVC N° 90 (1969) 5-56.

1173 En collaboration, « Le lectionnaire : Les dimanches d'Avent et de Noël. Les quatre premiers dimanches dans l'année », BVC N° 96 (1970) 5-31, 38-54.

1174 En collaboration, « Quatre-Temps de l'Avent », AS N° 6 (1965) 108 pp.

1175 En collaboration, « Présentation exégétique (des Évangiles) : 1er dimanche de l'Avent (633-636), 2e dimanche (637-640), 3e dimanche (640), 4e dimanche (656-660) », AmiCl 79 (1969) 656-660.

1176   En collaboration, « Premier Dimanche de l'Avent », AS N° 3 (1963) 88 pp.
1177   En collaboration, « Premier dimanche de l'Avent », AS (n.s.) N° 5 (1969) 96 pp.
1178   En collaboration, « Deuxième dimanche de l'Avent », AS N° 4 (1961) 100 pp.
1179   En collaboration, « Deuxième dimanche de l'Avent », AS (n.s.) N° 6 (1969) 96 pp.
1180   En collaboration, « Troisième dimanche de l'Avent », AS N° 5 (1966) 118 pp.
1181   En collaboration, « Troisième dimanche de l'Avent », AS (n.s.) N° 7 (1969) 96 pp.
1182   En collaboration, « Quatrième dimanche de l'Avent », AS N° 7 (1967) 88 pp.

2. Noël. Christmas. Weihnachten. Natale. Natividad.

1183   En collaboration, « Temps de Noël », AS N° 9 (1964) 104 pp.
1184   En collaboration, « Vigile de Noël », AS N° 8 (1962) 112 pp.
1185   En collaboration, « Fête de Noël », AS N° 10 (1963) 116 pp.
1186   En collaboration, « Fête de Noël », AS (n.s.) N° 10 (1970) 96 pp.
1187   En collaboration, « Dimanche dans l'octave de Noël », AS N° 11 (1961) 100 pp.
1188   En collaboration, « Octave de Noël. Fête du saint nom de Jésus », AS N° 12 (1964) 96 pp.
1189   En collaboration, « Présentation exégétique (des Évangiles) : Octave de Noël; Dimanche dans l'octave; Épiphanie; 1er dimanche après l'Épiphanie », AmiCl 79 (1969) 2,4,7,11.
1190   En collaboration, « Fête de l'Épiphanie », AS N° 13 (1962) 108 pp.
1191   En collaboration, « Épiphanie et baptême du Seigneur », AS (n.s.) N° 12 (1969) 84 pp.
1192   En collaboration, « Deuxième Dimanche après l'Épiphanie », AS N° 16 (1962) 112 pp.
1193   En collaboration, « Troisième Dimanche après l'Épiphanie », AS N° 17 (1962) 96 pp.
1194   En collaboration, « Temps des dimanches verts », AS N° 15 (1965) 104 pp.

3. Carême. Lent. Fastenzeit. Quaresima. Cuaresma.

1195   En collaboration, « Temps de la Septuagésime et du Carême », AS N° 21 (1964) 108 pp.
1196   BEAUCAMP, É., DE RELLES, J.-P., « Le psautier dans la liturgie de carême », BVC N° 55 (1964) 29-44.
1197   En collaboration, « Ouverture du Carême », AS N° 25 (1966) 94 pp.
1198   En collaboration, « Le lectionnaire du Carême. Analyse et commentaires », BVC N° 85 (1969) 10-34.
1199   En collaboration, « Le lectionnaire de Carême : le Mercredi des Cendres, les dimanches de carême », BVC N° 91 (1970) 29-59.
1200   En collaboration, « Dimanche de la Septuagésime », AS N° 22 (1965) 104 pp.
1201   En collaboration, « Dimanche de la Sexagésime », AS N° 23 (1964) 112 pp.
1202   En collaboration, « Premier dimanche de Carême », AS N° 26 (1962) 112 pp.
1203   En collaboration, « Présentation exégétique (des Évangiles) : 1er dimanche de Carême (partie « Prédication », 78); 2e, 3e, 4e, 5e dimanche après l'Épiphanie », AmiCl 79 (1969) 142, 165-168, 176-180, 197-201.
1204   En collaboration, « Deuxième dimanche de Carême », AS N° 28 (1963) 108 pp.
1205   En collaboration, « Présentation exégétique des Évangiles du dimanche : 1er, 2e, 3e dimanche de Carême (33-40); 4e dimanche (113-116); 5e dimanche (118-119) », AmiCl 80 (1970) 33-119.
1206   En collaboration, « Deuxième semaine de Carême », AS N° 29 (1966) 108 pp.
1207   En collaboration, « Troisième dimanche de Carême », AS N° 30 (1963) 104 pp.
1208   En collaboration, « Quatrième dimanche du carême », AS (n.s.) N° 17 (1970) 84 pp.
1209   En collaboration, « Cinquième dimanche du carême », AS (n.s.) N° 18 (1970) 84 pp.
1210   En collaboration, « Le lectionnaire. Les 5e, 6e et 7e dimanches dans l'année. Les dimanches de Carême », BVC N° 97 (1970) 5-80.

1211   En collaboration, « Premier dimanche de la Passion », AS N° 34 (1963) 120 pp.

1212   En collaboration, « Deuxième dimanche de la Passion », AS N° 37 (1965) 120 pp.

1213   En collaboration, « Le triduum pascal », AS (n.s.) N° 21 (1969) 120 pp.

1214   En collaboration, « Jeudi saint », AS N° 38 (1967) 80 pp.

4. Pâques. Easter. Osterfest. Pasca. Pascua.

1215   En collaboration, « Octave de Pâques », AS N° 43 (1964) 120 pp.

1216   En collaboration, « Temps pascal », AS N° 42 (1966) 107 pp.

1217   En collaboration, « Le lectionnaire de Pâques-Pentecôte. Analyses et commentaires », BVC N° 86 (1969) 11-56.

1218   En collaboration, « Le lectionnaire de Pâques-Pentecôte. Analyses et commentaires », BVC N° 92 (1970) 5-42.

1219   En collaboration, « Présentation exégétique (des Évangiles) : Nuit pascale (258-262), Pâques (262-266), 4ᵉ dimanche après Pâques (285-287), 5ᵉ dimanche (287-291), 6ᵉ dimanche (317-319) », AmiCl 79 (1969) 258-319.

1220   En collaboration, « Présentation exégétique des Évangiles du dimanche : Nuit pascale (178-179); 2ᵉ dimanche de Pâques (193-196); 3ᵉ dimanche (196-200); 4ᵉ dimanche (240-241); 5ᵉ dimanche (242-245); 6ᵉ dimanche (273-275) », AmiCl 80 (1970) 178-275.

1221   En collaboration, « Deuxième dimanche de Pâques », AS (n.s.) N° 23 (1971) 92 pp.

1222   En collaboration, « Troisième dimanche de Pâques », AS (n.s.) N° 24 (1970) 88 pp.

1223   En collaboration, « Quatrième dimanche après Pâques », AS N° 47 (1963) 92 pp.

1224   En collaboration, « Quatrième dimanche de Pâques », AS (n.s.) N° 25 (1969) 96 pp.

1225   En collaboration, « Cinquième dimanche après Pâques », AS N° 48 (1965) 104 pp.

1226   En collaboration, « Fête de l'Ascension », AS (n.s.) N° 28 (1969) 88 pp.

1227   En collaboration, « Dimanche après l'Ascension », AS N° 50 (1966) 96 pp.

5. Pentecôte. Pentecost. Pfingsten. Pentecoste. Pentecostes.

1228   En collaboration, « Fête de la Pentecôte », AS N° 51 (1963) 116 pp.

1229   En collaboration, « Fête de la Pentecôte », AS (n.s.) N° 30 (1970) 72 pp.

1230   En collaboration, « Semaine de la Pentecôte », AS N° 52 (1965) 108 pp.

1231   En collaboration, « Le lectionnaire de la Pentecôte. Analyse et commentaires (du 2ᵉ au 9ᵉ dimanche après Pentecôte) », BVC N° 87 (1969) 7-61.

1232   En collaboration, « Deuxième dimanche après la Pentecôte », AS N° 55 (1962) 112 pp.

1233   En collaboration, « Deuxième dimanche ordinaire », AS (n.s.) N° 33 (1970) 96 pp.

1234   En collaboration, « Troisième dimanche après la Pentecôte », AS N° 57 (1965) 92 pp.

1235   En collaboration, « Quatrième dimanche après la Pentecôte », AS N° 58 (1963) 88 pp.

1236   En collaboration, « Cinquième dimanche après la Pentecôte », AS N° 59 (1966) 112 pp.

1237   En collaboration, « Sixième dimanche après la Pentecôte », AS N° 60 (1963) 108 pp.

1238   En collaboration, « Septième dimanche ordinaire », AS (n.s.) N° 38 (1970) 104 pp.

1239   En collaboration, « Les dimanches pendant l'année : fête de la Trinité et du 9ᵉ au 16ᵉ dimanche pendant l'année », BVC N° 93 (1970) 5-36.

1240   En collaboration, « Le lectionnaire d'après Pentecôte. Analyse et commentaires (du 10ᵉ au 18ᵉ dimanche après Pentecôte) », BVC N° 88 (1969) 7-57.

1241   En collaboration, « Onzième dimanche après la Pentecôte », AS N° 65 (1963) 116 pp.

1242   En collaboration, « Onzième dimanche ordinaire », AS (n.s.) N° 42 (1970) 104 pp.

1243   En collaboration, « Douzième dimanche après la Pentecôte », AS N° 66 (1966) 112 pp.

1244   En collaboration, « Douzième dimanche ordinaire », AS (n.s.) N° 43 (1969) 96 pp.

1245   En collaboration, « Treizième dimanche après la Pentecôte », AS Nº 67 (1965) 120 pp.

1246   En collaboration, « Treizième dimanche ordinaire », AS (n.s.) Nº 44 (1969) 86 pp.

1247   En collaboration, « Quatorzième dimanche après la Pentecôte », AS Nº 68 (1964) 94 pp.

1248   En collaboration, « Quinzième dimanche après la Pentecôte », AS Nº 69 (1964) 104 pp.

1249   En collaboration, « Seizième dimanche après la Pentecôte », AS Nº 70 (1965) 96 pp.

1250   En collaboration, « Seizième dimanche ordinaire », AS (n.s.) Nº 47 (1970) 92 pp.

1251   En collaboration, « Dix-septième dimanche après la Pentecôte », AS Nº 71 (1963) 108 pp.

1252   En collaboration, « Le lectionnaire d'après Pentecôte. Analyses et commentaires du 17ᵉ au 26ᵉ dimanche après Pentecôte », BVC Nº 94 (1970) 7-44, 49-66.

1253   En collaboration, « Dix-huitième dimanche après la Pentecôte », AS Nº 73 (1962) 104 pp.

1254   En collaboration, « Dix-neuvième dimanche après la Pentecôte », AS Nº 74 (1963) 104 pp.

1255   En collaboration, « Le lectionnaire d'après Pentecôte. Analyse et commentaires (du 19ᵉ au dernier dimanche après Pentecôte) », BVC Nº 89 (1969) 7-54.

1256   En collaboration, « Vingtième dimanche après la Pentecôte », AS Nº 75 (1965) 120 pp.

1257   En collaboration, « Vingt et unième dimanche après la Pentecôte », AS Nº 76 (1964) 112 pp.

1258   En collaboration, « Vingt-deuxième dimanche ordinaire », AS (n.s.) Nº 53 (1970) 96 pp.

1259   En collaboration, « Vingt-troisième dimanche après la Pentecôte », AS Nº 78 (1965) 116 pp.

1260   En collaboration, « Le lectionnaire d'après Pentecôte. Analyses et commentaires du 27ᵉ au 34ᵉ dimanche pendant l'année », BVC Nº 95 (1970) 10-42.

1261   En collaboration, « Trente et unième dimanche ordinaire », AS (n.s.) Nº 62 (1970) 100 pp.

1262   En collaboration, « Trente-troisième dimanche ordinaire », AS (n.s.) Nº 64 (1969) 96 pp.

6. Divers. Miscellaneous. Verschiedenes. Diversi. Diversos.

1263   En collaboration, « Fête de la Sainte Famille », AS Nº 14 (1961) 112 pp.

1264   En collaboration, « Fête de la Toussaint », AS Nº 89 (1963) 108 pp.

1265   En collaboration, « Quatre-Temps de septembre », AS Nº 72 (1964) 112 pp.

1266   En collaboration, « Fête de la Sainte Trinité », AS Nº 53 (1964) 96 pp.

1267   En collaboration, « Commun de la dédicace des églises », AS Nº 91 (1964) 112 pp.

1268   En collaboration, « Commun des confesseurs pontifes », AS Nº 93 (1965) 112 pp.

1269   En collaboration, « Fête-Dieu », AS Nº 54 (1966) 120 pp.

1270   En collaboration, « Fête du Christ-Roi », AS Nº 88 (1966) 104 pp.

1271   En collaboration, « Fête de l'Immaculée Conception », AS Nº 80 (1966) 94 pp.

1272   En collaboration, « Commun des vierges et des saintes femmes », AS Nº 95 (1966) 120 pp.

1273   En collaboration, « Fête du Sacré-Coeur », AS Nº 56 (1967) 108 pp.

1274   En collaboration, « Fête des saints Pierre et Paul », AS Nº 84 (1967) 80 pp.

1275   En collaboration, « Les noces chrétiennes », AS Nº 97 (1967) 95 pp.

1276   En collaboration, « Liturgie des défunts », AS Nº 96 (1967) 96 pp.

1277 En collaboration, « Propagation de la foi », AS N° 98 (1967) 104 pp.

1278 NÈVE, T., SIMSON, P., « Tables de la première série », AS N° 100 (1968) 120 pp.

MAGISTÈRE DE L'EGLISE ET ÉCRITURE. MAGISTERIUM OF THE CHURCH AND SCRIPTURE. KIRCHLICHES LEHRAMT UND HEILIGE SCHRIFT. MAGISTERO DELLA CHIESA E SCRITTURA. MAGISTERIO DE LA IGLESIA Y ESCRITURA.

Études générales. General Studies. Allgemeine Abhanlungen. Studi generali. Estudios generales.

1279 PIROT, L., « Commission biblique », SDB II, col. 103-113.

1280 PIROT, L., « Évangiles et commission biblique », SDB II, col. 1218-1297.

1281 BEA, A., « Pius PP. XI quantopere de studiis biblicis meruerit », Bibl 20 (1939) 121-130.

1282 VOSTÉ, J.-M., « De revisione bibliae hebraicae juxta votum concilii tridentini », Ang 18 (1941) 142-151.

1283 VACCARI, A., « Esegesi ed Esegeti al Concilio di Trento », Bibl 27 (1946) 320-337.

1284 BOVER, J. M., « La verdad histórica de la Biblia en los documentos del Magisterio eclesiástico », EstB 5 (1946) 403-428.

1285 VOSTÉ, J.-M., « Cinquante ans d'études bibliques », RUO 17 (1947) 193*-218*.

1286 DUNCKER, P. G., « La Chiesa e le versioni della S. Scrittura in lingua volgare », Ang 24 (1947) 140-167.

1287 GRUENTHANER, M. J., « Pope Pius XII and the Scriptures », AmER 120 (1949) 233-238.

1288 En collaboration, *Questioni bibliche alla luce dell'Enciclica « Divino Afflante Spiritu »*, 2 vv., 204-72 pp.

1289 MARCHAL, L., « Infaillibilité de l'Église et du Souverain Pontife », SDB IV, col. 351-384.

1290 DE AMBROGGI, P., « Direttive recenti sull'insegnamento e la predicazione biblica », ScuolC 78 (1950) 334-344.

1291 BRAUN, F.-M., « Le sens plénier et les encycliques », RT 51 (1951) 294-304.

1292 COLUNGA, A., « El problema del Pentateuco y los ultimos documentos pontificios », EstB 10 (1951) 313-331.

1293 WEBER, J.-J., « À la Bible par l'Église », *L'Anneau d'Or* N° 38 (1951) 81-86.

1294 XXX, « L'Église et la Bible », LV N° 6 (1952) 3-9.

1295 SCHUBERT, K., « Die jüdischen und judenchristlichen Sekten im Lichte des Handschriftenfundes von Én Fescha », ZKT 74 (1952) 1-62.

1296 PARAMO, S., « The Biblical Question », TDig I (1953) 72-81.

1297 RUD, A., « Pius X, und die Bibelbewegung », BiLit 21 (1953-54) 207-208.

1298 AVERY, B. R., « Daily Bible Reading with the Church. I. Introduction. », SCR 6 (1955) 77-83.

1299 GARCIA CORDERO, M., « Pío XII y los estudios de la Sda. Escritura », Salm 3 (1956) 430-464.

1300 COURTADE, G., « Lettres encycliques (concernant la Bible et les études bibliques) », SDB V, col. 375-387.

1301 TURRADO, L., « Magisterio de la Iglesia sobre los géneros literarios », dans *Los Géneros literarios de la Sagrada Escritura* (en collab.), 285-308.

1302 ARNALDICH, L., « El « Enchiridion Biblicum » en castellano », Salm 4 (1957) 437-460.

1303   GAROFALO, S., « Pio XII e gli Studi Biblici », RivB 6 (1958) 193-198.

1304   LEVIE, J., *La Bible, parole humaine et message de Dieu.* « L'autorité religieuse et le mouvement biblique : 1890-1914 », 71-88; « L'encyclique « Divino Afflante Spiritu » (1943) et les dernières directives du Magistère », 157-218.

1305   ALFRINK, B., « Die Vulgarisierung der Bibelwissenschaft und die Dokumente der Kirche », BiLit 26 (1958-59) 195-209.

1306   ALFRINK, B., « La vulgarisation de la science biblique et les documents de l'Église », dans *Sacra Pagina* (en collab.), I, 65-75.

1307   CHARUE, A., « Ce que l'Église attend des exégètes », dans *Sacra Pagina* (en collab.), I, 76-85.

1308   O'DOHERTY, E., « The Decrees of the Biblical Commission », AmER 140 (1959) 188-191.

1309   STEIERT, B., « Pius XII und das Studium der Heiligen Schrift », FreibZ 6 (1959) 264-270.

1310   GRIBOMONT, J., « L'Église et les versions bibliques », MD N° 62 (1960) 41-68.

1311   DUNCKER, P. G., « Il Magisterio della Chiesa e la critica letteraria biblica », Ang 37 (1960) 261-281.

1312   BEILNER, W., « Die « neuen » Methoden der Bibelauslegung », BiLit 28 (1960-61) 274-285.

1313   SPINDELER, A., « Pari pietatis affectu. Das Tridentinum über Heilige Schrift und apostolische Ueberlieferungen », TGl 51 (1961) 161-180.

1314   XXX, *Enchiridion Biblicum.* Documenta Ecclesiastica Sacram Scripturam spectantia[4] (Neapoli, M. D'Auria; Romae, Ed. Comm. a. Arnodo, 1961), 286 pp.

1315   MICHEL, A., « L'enseignement du Magistère et l'époque où fut close la Révélation », Div 5 (1961) 849-864.

1316   BEILNER, W., « Die Bibelenzyklika Papst Pius XII und ihre Auswirkung auf die katholische Bibelwissenschaft », BiLit 37 (1963-64) 82-88.

1317   LOHFINK, N., « Die Evangelien und die Geschichte », StiZ 174 (1964) 365-374.

1318   BEUMER, J., *Die Katholische Inspirationslehre zwischen Vatikanum I und II,* 108 pp.

1319   McNALLY, R. E., « The Council of Trent and the Vernacular Bibles », TS 27 (1966) 204-227.

1320   KUSS, O., *Auslegung und Verkündigung,* « Schrift und Kirche », II, 1-31.

1321   LOHFINK, N., *Bibelauslegung im Wandel,* « Bibel und Bibelwissenschaft nach dem Konzil », 13-28.

1322   SCHNITZLER, F., « Ministerium Verbi. Zur Verkündigungstheologie des Zweiten Vatikanischen Konzils und bei Augustinus », TGl 57 (1967) 440-462.

1323   BROWN, R. E., « Rome and the Freedom of Catholic Biblical Studies », dans *Search the Scriptures.* New Testament Studies in Honor of R. T. Stamm (ed. J. M. MYERS, O. REIMHERR, H. N. BREAM) (Leiden, Brill, 1969), 129-150.

1324   BOURKE, M. M., « L'Église doit-elle punir l'erreur en matière de foi ? Recherche scripturaire », Conci N° 51 (1970) 21-32.

1325   PAUL VI, « Il Papa ai Professori di Sacra Scrittura », RivB 18 (1970) 337-342.

Documents particuliers. Particular Documents. Dokumente. Documenti particolari. Documentos particulares.

a) *Providentissimus Deus* (18 nov. 1893)

1326   LEO XIII, « Encyclica « Providentissimus » de studiis Scripturae Sacrae » (18 nov. 1893), *Acta Apostolicae Sedis* 26 (1893-1894) 269-292.

1327   COTTER, A. C., « The Antecedents of the Encyclical *Providentissimus Deus* », CBQ 5 (1943) 117-124.

1328   MURPHY, R. T., « The Teaching of the Encyclical *Providentissimus Deus* », CBQ 5 (1943) 125-140.

1329   HARTEGEN, S., « The Influence of the Encyclical *Providentissimus Deus* », CBQ 5 (1943) 141-159.

1330   LARRAÑAGA, V., « En el cincuentenario de la Encíclica « Providentissimus Deus » », EstB 3 (1944) 3-24.

1331   ASENSIO, F., « Los principios establecidos en la « Encíclica Providentissimus Deus » acerca de la descripción de los fenómenos naturales autorizan su extension al relato de los hechos historicos, según la doctrina de León XIII y de Benedicto XV », EstB 5 (1946) 245-270.

b) *Divino Afflante Spiritu* (30 sept. 1943)

1332   PIUS XII, « Divino Afflante Spiritu », *Acta Apostolicae Sedis* 35 (1943) 297-325.

1333   PIUS XII, « Divino Afflante Spiritu », EstB 2 (1943) 401-422.

1334   BEA, A., « « Divino Afflante Spiritu ». De recentissimis Litteris Encyclicis Pii PP. XII », Bibl 24 (1943) 313-322.

1335   BOVER, J. M., « La verdad histórica de la Biblia, según la Encíclica *Divino Afflante Spiritu* », EstE 18 (1944) 429-441.

1336   GRUENTHANER, M. J., « *Divino Afflante Spiritu* : The New Encyclical on Biblical Studies », AmER 110 (1944) 330-337; 111 (1944) 43-52, 114-123.

1337   AHERN, B., « Textual Directives of the Encyclical *Divino Afflante Spiritu* », CBQ 7 (1945) 340-347.

1338   GELIN, A., « L'Encyclique « Divino Afflante Spiritu » sur les Études Bibliques », AmiCl 57 (1946-47) 33-39.

1339   GALBIATI, E., « I generi letterari secondo P. Lagrange e la « Divino Afflante Spiritu » », ScuolC 75 (1947) 177-186, 282-292.

1340   ZERWICK, M., « Zwanzig Jahre « Divino Afflante Spiritu » », BiLit 37 (1963-64) 8-12.

1341   MAYER, J. E., « *Divino Afflante Spiritu* und die Seelsorge », BiLit 38 (1964-65) 24-27.

c) *Humani Generis* (12 août 1950)

1342   PIUS XII, « Litterae Encyclicae « Humani Generis » », *Acta Apostolicae Sedis* 42 (1950) 568-578.

1343   ASENSIO, F., « La Enciclica « Humani Generis » y la Escritura », Greg 31 (1950) 540-561.

1344   BEA, A., « L'Enciclica « Humani Generis » e gli studi biblici », CC 4 (1950) 417-430.

1345   DE FRAINE, J., « L'Encyclique *Humani Generis* et les erreurs concernant l'Écriture Sainte », SE 5 (1953) 7-28.

1346   DE FRAINE, J., « *Humani Generis* and Sacred Scripture », TDig 2 (1954) 155-159.

1347   ESTEBAN, A., « Nota bibliografico-informativa sobre la Encíclica « Humani Generis » y Temas de nuestras Semanas de Estudio », EstB 10 (1951) 81-96, 217-239.

1348   LAMBERT, G., « L'encyclique « Humani generis » et l'Écriture Sainte », NRT 73 (1951) 225-243.

1349   LATTEY, C., « The Encyclical « Humani Generis » and the Origins of the Human Race », SCR 4 (1951) 278-279.

d) *Instructio de historica Evangeliorum veritate* (21 avril 1964)

1350   PONTIFICIA COMMISSIO DE RE BIBLICA, « Instructio de historica Evangeliorum veritate » (texte latin et traduction italienne), *Osservatore Romano,* 14 mai 1964.

1351   PONTIFICIA COMMISSIO DE RE BIBLICA, « Instructio de historica Evangeliorum veritate », VD 42 (1964) 113-120.

1352   COMMISSION PONTIFICALE POUR LES ÉTUDES BIBLIQUES, « Instruction sur la vérité historique des Évangiles », *La Documentation catholique* 61 (7 juin 1964) col. 711-718.

1353   « Instruction on the Historical Truth of the Gospels » (PONTIFICIA COMMISSIO DE RE BIBLICA, *Historica Evangeliorum Veritate.* Official English translation issued from the Pontifical Biblical Commission), AmER 151 (1964) 5-11.

1354   PONTIFICIA COMMISSIO DE RE BIBLICA, « Instructio de historica evangeliorum veritate », Ang 41 (1964) 210-217.

1355   BEA, A., « L'historicité des Évangiles synoptiques », *La Documentation catholique* 61 (1964) col. 771-788.

1356   BEA, A., « Le caractère historique des Évangiles synoptiques, oeuvres inspirées », *La Documentation catholique* 61 (1964) col. 826-842.

1357   DELORME, J., « La vérité historique des Évangiles. Instruction de la Commission pontificale pour les Études bibliques », AmiCl 74 (1964) 554-559.

1358   FITZMYER, J. A., « The Biblical Commission's Instruction on the Historical Truth of the Gospels », TS 25 (1964) 386-408.

1359   GALBIATI, E., « L'Istruzione della Commissione Biblica sul valore storico dei Vangeli », ScuolC 92 (1964) 303-310.

1360   KEARNS, C., « The Instruction on the Historical Truth of the Gospels », Ang 41 (1964) 218-234.

1361   O'FLYNN, J. A., « Instruction of the Biblical Commission », IrThQ 31 (1964) 240-246.

1362   PRADO, J., « Trasfondo histórico de la reciente Instrucción de la P. C. B. sobre la verdad histórica de los Evangelios », EstB 23 (1964) 235-258.

1363   RADERMAKERS, J., « Instruction du 21 avril 1964 sur la vérité historique des Évangiles », NRT 86 (1964) 634-643.

1364   WAMBACQ, B. N., « Instruction de historica Evangeliorum veritate », CBQ 26 (1964) 299-312.

1365   BEILNER, W., « Zur Instruktion der Bibelkommission über die historische Wahrheit der Evangelien », BiLit 38 (1964-65) 3-5.

1366   DU BUIT, M., « Sancta Mater Ecclesia », CE Nº 58 (1965) 5-43.

1367   FITZMYER, J. A., *Die Wahrheit der Evangeliẻn,* 56 pp.

1368   RANDELLINI, L., « Riflessioni marginali alla Istruzione della PCB del 21 aprile 1964 », RivB 13 (1965) 255-288.

e) *Concile Vatican II. Vatikanus II. Concilio Vaticano II.*

1369   BUTLER, C., « The Vatican Council on Divine Revelation. An Interview with Abbot Butler », *Clergy Review* 50 (1965) 659-669.

1370   TURRADO, L., « Las citas de la Sda. Escritura en la Const. Dogmatica « Lumen Gentium » del Concilio Vaticano II », Salm 12 (1965) 641-684.

1371   A. M., « Constitution dogmatique sur la Révélation divine, Présentation », AmiCl 76 (1966) 241-242.

1372   BAUM, G., « Die Konstitution *De Divina Revelatione* », Catho 20 (1966) 85-107.

1373 BETTI, U., FLORIT, E., *Commento alla Costituzione dogmatica sulla divina Rivelazione* (en collab.), 282 pp.

1374 CAPRILE, G., « Tre emendamenti allo schema sulla Rivelazione », CC 117 (1966) 214-231.

1375 DE LA POTTERIE, I., « La vérité de la Sainte Écriture et l'histoire du salut, d'après la Constitution dogmatique « Dei Verbum » », NRT 68 (1966) 149-169.

1376 DULLES, A., « The Constitution on Divine Revelation in Ecumenical Perspective », AmER 154 (1966) 217-231.

1377 GRANADOS, A., *La « Palabra de Dios » en el Concilio Vaticano II* (Madrid, 1966), 250 pp.

1378 GRELOT, P., « Constitution sur la Révélation », Et 324 (1966) 99-113, 223-246.

1379 LATOURELLE, R., « La constitution sur la révélation : points d'émergence », *Relations* (Montréal) (1966) 99-101.

1380 LATOURELLE, R., *Théologie de la Révélation*², « Le second concile du Vatican et la constitution « Dei Verbum » », 339-373.

1381 LATOURELLE, R., « La révélation et sa transmission, selon la constitution « Dei Verbum » », Greg 47 (1966) 5-40.

1382 LATOURELLE, R., « Le Christ, signe de la révélation selon la constitution *Dei Verbum* », Greg 47 (1966) 685-709.

1383 MANARANCHE, A., « Constitution dogmatique sur la Révélation divine », dans *Cahiers d'Action religieuse et sociale* (Paris, 1966), Nº 435.

1384 MARTINI, C. M., « Alcuni aspetti della costituzione dommatica « Dei Verbum » », CC 117 (1966) 216-226.

1385 O'FLYNN, J. A., « The Constitution on Divine Revelation », IrThQ 33 (1966) 254-264.

1386 PERARNAU, J., *Constitución dogmática sobre la Revelación divina* (Castellon de la Plana, 1966), 200 pp.

1387 RAHNER, K., VORGRIMLER, H., *Kleines Konzilskompendium*² (Herder, Freiburg, Basel, Wien, 1966), « Die dogmatische Konstitution über die göttliche Offenbarung « Dei Verbum » », 361-366.

1388 SCHEIFLER, J. R., « La « Palabra de Dios » y la vida espiritual. A proposito de la Constitucio « Dei Verbum » », Manr 38 (1966) 203-222.

1389 SEMMELROTH, O., ZERWICK, M., *Vatikanum II über das Wort Gottes*. Die Konstitution « Dei Verbum » : Einführung und Kommentar, Text und Übersetzung (Stuttgart, Katholisches Bibelwerk, 1966), 96 pp.

1390 TAVARD, G. H., *The Dogmatic Constitution on Divine Revelation of Vatican Council II*. Commentary and Translation (London, Darton, Longman and Todd, 1966), 96 pp.

1391 TAVARD, G. H., « Commentary on *De Revelatione* », *Journal of Ecumenical Studies* 3 (1966) 1-35.

1392 VORGRIMLER, H., « Die Konstitution über die göttliche Offenbareng », BiLit 39 (1966) 105-110.

1393 ZERWICK, M., « De S. Scriptura in Constitutione dogmatica « Dei Verbum » », VD 44 (1966) 17-42.

1394 BAUM, G., « Vatican II's Constitution on Revelation : History and Interpretation », TS 28 (1967) 51-75.

1395 HOLSTEIN, H., « La Constitution Dei Verbum sur la divine Révélation », BVC Nº 73 (1967) 43-59.

1396 STAKEMEIER, E., *Die Konzils-Konstitution über die göttliche Offenbarung*² (Paderborn, Bonifacius, 1967), 390 pp.

1397   XXX, « La parole de Dieu. Le concile parle de la Bible », CE N° 69 (1968) 1-76.

1398   DU BUIT, M., « De Divina Revelatione (commentaire de la Constitution « Dei Ver-
        bum » de Vatican II) », CE N° 69 (1968) 5-71.

1399   MUÑOZ IGLESIAS, S., « Las citas biblicas en la declaración « Dignitatis Huma-
        nae » del Vaticano II », EstB 27 (1968) 105-128.

1400   WEBER, J.-J., « L'Écriture Sainte d'après la constitution « De divina revelation-
        ne » », dans Où en sont les études bibliques ? (en collab.), 9-25.

1401   ADINOLFI, M., « La problematica dell'ispirazione prima e dopo la « Dei Ver-
        bum » », RivB 17 (1969) 249-282.

1402   WIDMER, G. P., « Quelques réflexions d'un point de vue réformé sur la Constitution
        « Dei Verbum » », Ir 24 (1969) 149-176.

1403   ASENSIO, F., « Los pasajes bíblicos de la « Gran Misión » y el Vaticano II », EstB
        29 (1970) 213-226.

1404   DUPUY, B.-D., « Lignes de force de la Constitution « Dei Verbum » de Vatican
        II », Ir 43 (1970) 3-6.

f) *Divers documents du Magistère de l'Église. Various Documents of the Magisterium of the
Church. Verschiedene Dokumente des Kirchlichen Lehramtes. Diversi documenti del
Magistero della Chiesa. Otros documentos del Magisterio de la Iglesia.*

1405   BEA, A., « Constitutionis Apostolicae « Deus scientiarum Dominus » momentum pro
        studiis biblicis », Bibl 12 (1931) 385-394.

1406   XXX, « Commission Biblique. Décision du 1er juillet 1933 rejetant une fausse
        interprétation du Ps. XV, 1-11, et de Mt. XVI, 26 et Lc IX, 25 », AmiCl 50 (1933)
        561-562.

1407   XXX, « Deux décrets de la Commission Biblique », AmiCl 51 (1934) 561-562.

1408   PIUS XII, « Litterae Encyclicae de SS. Bibliorum studiis opportune provehendis », VD
        23 (1943) 225-231.

1409   PIE XII, *Encyclique sur les études bibliques,* introduite et commentée par L. CERFAUX
        (Bruxelles, Éd. Universitaires, 1945), 112 pp.

1410   DE AMBROGGI, P., « L'origine del Pentateuco e i primi 11 capi della Gen. in una
        risposta della P. Comm. Biblica », ScuolC 76 (1948) 238-242.

1411   VOSTÉ, J.-M., « Lettre de la commission biblique » (critique littéraire du Pentateuque;
        historicité de Gn 1-11), Ang 25 (1948) 153-164.

1412   VOSTÉ, J.-M., « El reciente documento de la Pontificia Comisión Bíblica », EstB 7
        (1948) 133-145.

1413   HEIDT, W., « The Scriptural Background of the « Mediator Dei » », CBQ 12 (1950)
        52-63.

1414   MILLER, A., « Actes du Saint-Siège. Commission biblique. Sur la méthode d'enseigner
        l'Écriture Sainte », AmiCl 61 (1951) 307-311.

1415   RIVERA, A., « El argumento escriturístico en la Bula *Munificentissimus* », EstB 10
        (1951) 145-163.

1416   BEA, A., « L'enciclica *Pascendi* e gli studi biblici », Bibl 39 (1958) 121-138.

1417   CARPENTIER, R., « Monitum du 20 juin 1961 concernant l'authentique vérité
        historique et objective de la Sainte Écriture », NRT 83 (1961) 853-855.

1418   KENNEDY, G. T., « The Holy Office Monitum on the Teaching of Scripture », AmER
        145 (1961) 145-151.

1419   VIARD, A., « L'avertissement du Saint-Office et la valeur historique des Évan-
        giles », AmiCl 71 (1961) 577-582.

1420 GIOVANNI XXIII, « Discorso alla XVII Settimana biblica », RivB 10 (1962) 337-341.

1421 PAUL VI, « Le travail exégétique : encouragements et conseils de prudence », NRT 86 (1964) 1100-1101.

1422 SPADAFORA, F., « La S. Scrittura nelle Enciclica « Mysterium Fidei » », Div 10 (1966) 349-361.

1423 PAUL VI, « Message divin de l'Ancien Testament », AmiCl 78 (1968) 264-254.

1424 SALAVERRI, J., « Norma dogmática de interpretación bíblica », EstE 45 (1970) 317-338.

MOUVEMENT BIBLIQUE MODERNE. MODERN BIBLICAL MOVEMENT. MODERNE BIBELBEWEWUNG. MOVIMENTO BIBLICO MODERNO. MOVIMIENTO BÍBLICO MODERNO.

1425 LENHART, J. M., « The Printed Bible : A Study in Bibliography », AmER 110 (1944) 286-294.

1426 ZERWICK, M., « Vetus Testamentum denuo repertum », VD 25 (1947) 231-236.

1427 ZERWICK, M., « Ver Biblicum », VD 25 (1947) 314-319.

1428 TONDELLI, L., « Cinquant'anni di studi biblici in Italia », ScuolC 80 (1952) 386-398.

1429 HILLIG, F., « Wo steht die katholische Bibelarbeit ? » StiZ 151 (1952-1953) 203-213.

1430 BULTEAU, A., « Le mouvement biblique au Canada », BVC N° 1 (1953) 111-113.

1431 CHARLIER, C., « Le mouvement biblique à la croisée des chemins », BVC N° 3 (1953) 7-19.

1432 FRANSEN, I., « Commentaires de la Bible pour le grand public », BVC N° 4 (1953) 108-113.

1433 GEORGE, A., « L'orientation actuelle des études évangéliques », BVC N° 1 (1953) 105-110.

1434 MACQUARDT, G., « Le mouvement biblique en Allemagne », BVC N° 2 (1953) 110-113.

1435 MICOUD, A. M., « Les équipes d'Évangile », BVC N° 2 (1953) 100-105.

1436 BEA, A., « Der heutige Stand der Bibelwissenschaft », Stiz 153 (1953-1954) 91-104.

1437 NOBER, P., « Spectator historiae scientiae biblicae », VD 31 (1953) 299-309; 32 (1954) 34-42.

1438 ABELÉ, E., « Une expérience de catéchèse », BVC N° 8 (1954) 99-103.

1439 AGEL, H., « L'Écriture sainte à l'écran : Processus d'une dégradation », BVC N° 5 (1954) 109-114.

1440 BOUYER, L., « Études johanniques », BVC N° 6 (1954) 98-102.

1441 DEFOSSA, M.-L. et J., « Une découverte communautaire de l'Écriture », BVC N° 8 (1954) 95-99.

1442 GELIN, A., « Le renouveau biblique », AmiCl 64 (1954) 81-84.

1443 RÉTIF, A., « Les cours bibliques du cercle saint Jean-Baptiste », BVC N° 5 (1954) 100-104.

1444 NOBER, P., « Katholische Bibelbewegung und protestantische Literaturmacht », BiLit 22 (1954-55) 354-358.

1445 BARTON, J. M. T., « Roman Catholic Biblical Scholarship », SCR 6 (1955) 50-56.

1446 BEA, A., « Biblical Studies today », TDig 3 (1955) 51-55.

1447 CATTA, R.-S., « Un récitant de la Bible », BVC N° 11 (1955) 93-96.

1448 GERHARDSSON, B., « Études bibliques scientifiques et pratiques dans la Suède d'aujourd'hui », BVC N° 12 (1955) 98-105.

1449   JOST, P., « Un carême biblique », BVC N° 9 (1955) 94-97.

1450   MORIZET, F., « Journées bibliques dans l'Ain », BVC N° 12 (1955) 91-97.

1451   NOBER, P., ZERWICK, M., « In servitio S. Scripturae divulgandae », VD 33 (1955) 125-128.

1452   NOËL, P., « Un cercle biblique de foyers », BVC N° 9 (1955) 97-102.

1453   AUZOU, G., *La parole de Dieu,* (Paris, L'Orante, 1956), 159-164.

1454   BOUYER, L., « Où en est le mouvement biblique ? » BVC N° 13 (1956) 7-21.

1455   GOETTMANN, J., « Expériences bibliques avec des enseignantes chrétiennes », BVC N° 13 (1956) 93-98.

1456   HAMMAN, A., « Bible et prédication dominicale », BVC N° 13 (1956) 88-92.

1457   RENAND, D, G., « Expérience : les cercles bibliques d'Hauteville », BVC N° 14 (1956) 98-101.

1458   ROUSSEAU, O., « La Bible et les Pères dans la perspective du « retour aux sources » », BVC N° 14 (1956) 17-30.

1459   WORDEN, T., « Is Scripture to remain the Cinderella of Catholic Theology ? » SCR 8 (1956) 2-12.

1460   CHARLIER, C., « Bible et liturgie au Congrès de Strasbourg », BVC N° 20 (1957) 114-117.

1461   DUESBERG, H., « Horoscope du mouvement biblique », NRT 79 (1957) 3-15.

1462   NOELLER, C., « Peut-on, au XXe siècle, être un « homme de la Bible » ? » dans *Parole de Dieu et liturgie* (en collab.), 215-274.

1463   PEZERIL, D., « L'initiation biblique et liturgique d'une paroisse », dans *Parole de Dieu et liturgie* (en collab.), 279-292.

1464   SPUELBECK, Mgr, « Liturgie et Parole de Dieu dans la vie des paroisses de la Diaspora allemande », dans *Parole de Dieu et liturgie* (en collab.), 319-338.

1465   BEA, A., « La scienza biblica cattolica da Leone XIII a Pio XII », Div 3 (1959) 599-634.

1466   FLOOD, E., ORCHARD, B., « Sharing the same Book », Wor 33 (1959) 530-536.

1467   DALTON, W. J., « The First Australian Catholic Biblical Congress », SCR 12 (1960) 20-32.

1468   ORGEN, Q., « A Bible Study Group – How it works », Wor 34 (1960) 613-617.

1469   CHARLIER, C., « Réforme liturgique et renouveau biblique », MD N° 66 (1961) 10-35.

1470   FITZMYER, J. A., « A recent Roman Scriptural Controversy », TS 22 (1961) 426-444.

1471   MAAS-EWERD, T., « Seelsorgliche Bemühungen um die Schriftlesung in den Familien », BiLit 36 (1962-63) 390-399.

1472   BROWN, R. E., « Come ci accostiamo oggi alla Bibbia », BibOr 5 (1963) 161-169.

1473   HÖSLINGER, N., « Bibelbewegung und Bibelwissenschaft heute », BiLit 37 (1963-64) 377-380.

1474   ARNALDICH, L., « L'essor actuel des études bibliques en Espagne; réalisations et projets », ETL 40 (1964) 5-18.

1475   NORTH, R., « The American Scripture Century », AmER 150 (1964) 314-345.

1476   SPEIDEL, K., « Bibel und Kirche », BiLit 38 (1964-65) 33-39.

1477   KÖNIG, F., « Bibelbewegung und Bibelwissenschaft heute », BiLit 38 (1964-65) 95-100.

1478   NORTH, R., « Scripture Trends in 1964 », AmER 152 (1965) 361-397.

1479   ADLER, N., « Hundert Jahre neutestamentlicher Exegese in Mainz », TrierTZ 74 (1965) 231-237.

1480   CAZEAUX, J., « Je fais lire la Bible », CHR N° 14 (1967) 414-420.

1481   BELLET, M., « Résistances à l'Écriture », CHR N° 14 (1967) 8-23.

1482   ABBOTT, W., « Easy Access to Sacred Scripture for all », CBQ 30 (1968) 60-75.

1483   LYONNET, S., « Le cardinal Bea et le développement des études bibliques », RivB 16 (1968) 371-392.

1484   XXX, « Notre époque se désintéresse-t-elle de l'Écriture Sainte ? » Conci N° 50 (1969) 135-150.

1485   ABBOTT, W., « Formation of the World Catholic Federation for the Biblical Apostolate », SB 1 (1969) 50-65.

1486   ABBOTT, W., « Travail oecuménique en commun sur la Bible », Conci N° 44 (1969) 29-38.

1487   LÉGER, D., « Rencontrer la Bible - Une session d'étudiants », CHR N° 61 (1969) 132-137.

1488   CULLY, I., « Les problèmes de l'enseignement biblique à travers la littérature catéchétique américaine », Conci N° 53 (1970) 125-136.

1489   LANGER, W., « Les problèmes de l'enseignement biblique dans la catéchétique de langue allemande », Conci N° 53 (1970) 113-124.

1490   LAUZIÈRE, M.-E., « Le Père Lagrange : un temps, un mouvement, un esprit », RT 70 (1970) 425-441.

NATURE DE LA BIBLE. NATURE OF THE BIBLE. DAS WESEN DER HEILIGEN SCHRIFT. NATURA DELLA BIBBIA. NATURALEZA DE LA BIBLIA.

1491   ZARB, S., « Sacrorum librorum natura et characteres peculiares ex variis nominibus quibus designantur deducta », Ang 9 (1932) 422-448.

1492   DUBARLE, A.-M., *Comment l'Écriture est-elle la parole de Dieu ?* (Paris, Librairie de l'Arc, 1941), 32 pp.

1493   ZERWICK, M., « Sacra Scriptura : mysterium gratiae », VD 21 (1941) 3-8.

1494   POULET, D., « La Sainte Bible », RUO 18 (1948) 22-42.

1495   CONGAR, Y., « Que pouvons-nous trouver dans les Écritures ? » VS 81 (1949) 227-231.

1496   MALEVEZ, L., « Révélation et témoignage », MSR 6 (1949) 217-232.

1497   DUPLACY, J., « Bible, parole de Dieu », *L'Anneau d'Or* N° 35 (1950) 323-327.

1498   DANIÉLOU, J., « La Bible, livre scellé ? » *L'Anneau d'Or* N° 36 (1950) 392-396.

1499   HAURET, C., « Qu'est-ce que la Bible ? » CE N° 1 (1951) 7-22.

1500   BOISMARD, M.-É., « La Bible, Parole de Dieu et Révélation », LV N° 6 (1952) 13-26.

1501   BARUCQ, A., « La Bible, histoire du salut », LV N° 6 (1952) 27-42.

1502   DUMONTIER, P., *Saint Bernard et la Bible* (Desclée, 1953), « Rencontre avec Dieu », 37-48.

1503   GOURBILLON, J. G., « Tous les livres de la Bible sont des Évangiles », CE N° 2 (1952) 5-30.

1504   XXX, « Bible, Liturgie, Tradition » (Saint-Léger-Vauban, Cahiers de la Pierre-qui-vire, 1954), 112 pp.

1505   DEVIS, M., « Bible et Parole de Dieu », *L'Anneau d'Or* N° 77 (1957) 372-382.

1506   JONES, A., « The Bible : News of God », SCR 10 (1958) 17-20.

1507   DU BUIT, F. J., GOURBILLON, J. G., « Les livres de la Bible : leurs sources et leur apparition », CE N° 36 (1959) 7-77; N° 37 (1960) 5-95.

1508   SCHELKLE, K. H., « Heilige Schrift und Wort Gottes », dans *Exegese und Dogmatik* (en collab.), 9-24.

1509   VAN IERSEL, B., « Le Livre du Peuple de Dieu », Conci N° 10 (1965) 27-38.

1510 CAZELLES, H., « The Unity of the Bible and the People of God », SCR 18 (1966) 1-10.
1511 LOI, V., « Scripturae Sacramentum », RivB 14 (1966) 261-278.
1512 SCHIWY, G., « Der Dichter und die Heilige Schrift. Zum rechten Verständnis der Bibel », GeistL 39 (1966) 301-302.
1513 LOHFINK, N., « The Truth of the Bible and Historicity », TDig 15 (1967) 26-29.

NOMBRES ET BIBLE. NUMBERS AND BIBLE. ZAHLEN IN DER BIBEL. NUMERI E BIBBIA. NÚMEROS Y BIBLIA.

1514 BARROIS, A., « La métrologie dans la Bible », RB 40 (1931) 185-213; 41 (1932) 50-76.
1515 DA FONSECA, L. G., « De numeris in S. Scriptura : estne S. Scriptura « Opus Mathematicum » ? » VD 13 (1933) 91-96.
1516 ZERWICK, M., « Cur numerus septenarius sanctus censeatur », VD 24 (1944) 62-63.
1517 MOST, W. G., « The Scriptural Basis of St. Augustine's Arithmology », CBQ 13 (1951) 284-295.
1518 KENNEDY, G. T., « The Use of Numbers in Sacred Scripture », AmER 138 (1958) 22-35.
1519 PAVONCELLO, N., « Il numero presso gli antichi Ebrei », RivB 11 (1963) 186-195.
1520 MEYSING, J., « Introduction à la numérologie biblique. Le diagramme de Sator-Arepo », RevSR 40 (1966) 321-352.
1521 BARNOUIN, M., « Remarques sur les tableaux numériques du *Livre des Nombres* », RB 76 (1969) 351-364.
1522 BARNOUIN, M., « Recherches numériques sur la généalogie de Gen. V », RB 77 (1970) 347-365.

ORIENT. ORIENTE.

a) *Babylonie, Mésopotamie. Babylon, Mesopotamia. Babylon, Mesopotamien. Babilonia, Mesopotamia.*

1523 PLESSIS, J., « Babylone et la Bible », SDB I, col. 713-852.
1524 VOSTÉ, J. M., « Il codice di Hammurabi », Ang 18 (1941) 178-195.
1525 POHL, A., FOLLET, R., *Codex Hammurabi.* Transcriptio et versio latina[3] (Roma, Pontificium Istitutum Biblicum, 1950), 58 pp.
1526 CAVAIGNAC, E., FOLLET, R., « Mésopotamie », SDB V, col. 1103-1165.
1527 DU BUIT, M., « Quelques contacts bibliques dans les archives royales de Mari », RB 66 (1959) 576-581.
1528 TOURNAY, R., « Nouzi », SDB VI, col. 646-674.
1529 COUTURIER, G., « Sagesse babylonienne et sagesse israélite », SE 14 (1962) 294-309.
1530 MARTIN, M., « The Babylonian Tradition and Targum », dans *Le Psautier* (en collab.), 425-451.
1531 MEYSING, J., « Contribution à l'étude des généalogies bibliques. Technique de la composition des chronologies babyloniennes du déluge », RevSR 39 (1965) 209-229.
1532 SCHMIDTKE, F., « Träume, Orakel und Totengeister als Künder der Zukunft in Israel und Babylonien », BZ 11 (1967) 240-246.

b) *Égypte. Egypt. Ägypten. Egitto. Egipto.*

1533 DE VAUX, R., « Sur quelques rapports entre Adonis et Osiris », RB 42 (1933) 31-56, ou dans *Bible et Orient,* 379-405.
1534 SPELEERS, L., « Égypte », SDB II, col. 756-919.

1535 YOYOTTE, J., « Sur le scarabée historique de Shabako. Note additionnelle », Bibl 39 (1958) 206-210.

1536 VAN DE WALLE, B., « Le « dieu primordial » chez les Égyptiens », dans *Sacra Pagina* (en collab.), I, 219-228.

1537 DRIOTON, E., « Le livre des Proverbes et la Sagesse d'Aménémopé », dans *Sacra Pagina* (en collab.), I, 229-241.

1538 COUROYER, B., « Un égyptianisme biblique « Depuis la fondation de l'Égypte » (Exode IX, 18) », RB 67 (1960) 42-48.

1539 COUROYER, B., « « Mettre sa main sur sa bouche » en Égypte et dans la Bible », RB 67 (1960) 197-209.

1540 YOYOTTE, J., « Néchao ou Méko », SDB VI, col. 363-393.

1541 BARUCQ, A., « Une veine de spiritualité sacerdotale et sapientielle dans l'Égypte ancienne », dans *À la rencontre de Dieu*. Mémorial Albert Gelin (en collab.), 193-202.

1542 DAUMAS, F., « Littérature prophétique et exégétique égyptienne et commentaires esséniens », dans *À la rencontre de Dieu*. Mémorial Albert Gelin (en collab.), 203-221.

1543 KILIAN, R., « Apodiktisches und kasuistisches Recht im Licht ägyptischer Analogien », BZ 7 (1963) 185-202.

1544 MILIK, J. T., « Les papyrus araméens d'Hermoupolis et les cultes syrophéniciens en Égypte perse », Bibl 48 (1967) 546-622.

1545 DELCOR, M., « Le temple d'Onias en Égypte », RB 75 (1968) 188-205.

c) *Ras Shamra, Ugarit.*

1546 SALVONI, F., « Le recenti scoperte di Ras Shamra e l'A. T. », ScuolC 65 (1937) 292-300.

1547 STEIN, B., « Ras Shamra und das Alte Testament », PB 52 (1941) 106-116.

1548 BOSON, G., « Ras Samra e l'Antico Testamento », Ang 20 (1943) 63-76.

1549 LARGEMENT, R., *La naissance de l'aurore*. Poème mythologique de Ras Shamra-Ugarit (Louvain, Nauwelaerts, 1949), 56 pp.

1550 CAZELLES, H., « Ras Schamra und der Pentateuch », TQ 138 (1958) 26-39.

d) *Syrie. Syria. Syrien. Siria.*

1551 XXX, « Dans 1 Rois XVI, 34, Hiel de Bethel sacrifia-t-il son premier-né et son dernier pour rebâtir Jéricho ? » AmiCl 54 (1937) 274.

1552 PIRENNE, J., « La religion de Hiérapolis de Syrie au début de notre ère à la lumière des documents récemment exhumés à Hatra », dans *Sacra Pagina* (en collab.), I, 288-299.

1553 STARCKY, J., « Palmyre », SDB VI, col. 1066-1103.

1554 NASTER, P., « Le dieu Amurru et l'iconographie syro-phénicienne », ETL 39 (1963) 453-457.

1555 REES, W., « Cyrinus, Governor of Syria », SCR 3 (1948) 76-83.

1556 REES, W., « Demetrius I, King of Syria », SCR 4 (1949) 107-115.

e) *Divers. Miscellaneous. Verschiedenes. Diversi. Diversos.*

1557 DE VAUX, R., « Sur le voile des femmes dans l'Orient ancien », RB 44 (1935) 397-412, ou dans *Bible et Orient*, 407-423.

1558 DENNEFELD, L., *Histoire d'Israël et de l'Ancien Orient* (Paris, 1935), 220 pp.

1559 MICHL, J., « Neues Material zum Βααλ τετραμορφος », Bibl 21 (1940) 60-63.

1560   BEUMER, J., « Vergleichende Religionsgeschichte und Altes Testament », StiZ 142 (1948) 124-131.

1561   BUSTOS, F., « Recens poema sumericum de iusto patiente et V. T. », VD 35 (1957) 287-299.

1562   MAYER, R., « Monotheistische Strömungen in der altorientalischen Umwelt Israels », MüTZ 8 (1957) 97-113.

1563   VERNIER, B., « Le Coran et les deux Testaments », LV Nᵒ 16 (1954) 109-130.

1564   FOLLET, R., NOBER, P., « Zur altorientalischen Musik », Bibl 35 (1954) 230-238.

1565   RYCKMANS, G., « L'Arabie antique et la Bible », dans *L'Ancien Testament et l'Orient* (en collab.), 89-109.

1566   GUILLAUME, A., « L'apport de la langue et des traditions arabes à l'interprétation de l'A. T. », dans *L'Ancien Testament et l'Orient* (en collab.), 111-121.

1567   BRAUN, F.-M., « Le Mandéisme et la secte essénienne de Qumrân », dans *L'Ancien Testament et l'Orient* (en collab.), 193-230.

1568   LE FROIS, B. J., « The Semitic Thought-Pattern in Sacred Scriptures », AmER 134 (1956) 374-394.

1569   SCHMITT, J., « Mandéisme », SDB V, col. 758-788.

1570   DE VAUX, R., « Les sacrifices de porcs en Palestine et dans l'Ancien Orient », dans *Von Ugarit nach Qumran* (Festschrift für Otto Eissfeldt (= Beihefte z. Zeitschrif für die Alttestamentliche Wissenschaft) (Berlin, 1958)), 250-265, ou dans *Bible et Orient,* 499-516.

1571   GOOSSENS, G., « La philosophie de l'histoire dans l'Ancien Orient », dans *Sacra Pagina* (en collab.), I, 242-252.

1572   HENNINGER, J., « Le problème du totémisme chez les Sémites », dans *Sacra Pagina* (en collab.), I, 253-258.

1573   LARGEMENT, R., « Le jour de Yahweh dans le contexte oriental », dans *Sacra Pagina* (en collab.), I, 259-266.

1574   DE MENASCE, J., « Les religions de l'Iran et l'A. T. », dans *Sacra Pagina* (en collab.), I, 280-287.

1575   KIRKBRIDE, D., « Le temple nabatéen de Ramm. Son évolution architecturale », RB 67 (1960) 65-92.

1576   DE VAUX, R., « Les chérubins, et l'arche d'Alliance, les sphinx gardiens et les trônes divins dans l'Ancien Orient », dans *Mélanges offerts au Père René Monterde,* I (Mélanges de l'Université Saint-Joseph, Beyrouth, 37 (1960-1961) 91-124), ou dans *Bible et Orient,* 231-259.

1577   DUNAND, M., « Phénicie », SDB VII, col. 1141-1204.

1578   ERLENMEYER, M.-L., DELCOR, M., « Philistins », SDB VII, col. 1233-1288.

1579   STARCKY, J., « Pétra et la Nabatène », SDB VII, col. 886-1017.

1580   BRINKMAN, J.•A., « Recenti sviluppi in tema di storia assira », BibOr 4 (1962) 7-16.

1581   RÉMY, P., « Le vol et le droit de propriété. Étude comparative des codes du Proche-Orient et des codes d'Israël », MSR 19 (1962) 5-29.

1582   RYCKMANS, J., « De quelques divinités sud-arabes », ETL 39 (1963) 458-468.

1583   RÉMY, P., « La condition de la femme dans les codes du Proche-Orient ancien et les codes d'Israël », SE 16 (1964) 108-127, 291-320.

1584   PATTI, G., « Religione iranica e Vecchio Testamento », RivB 13 (1965) 209-222.

1585   KOFFMAHN, E., « Sind die altisraelitischen Monatsbezeichnungen mit den kananäisch-phönikischen identisch ? » BZ 10 (1966) 197-219.

1586 HARVEY, J., *Le plaidoyer prophétique contre Israël après la rupture de l'alliance,* « Parallèles extra-bibliques du rîb », 119-143.

1587 CAPLICE, R., « Participants in the Namburdi Rituals », CBQ 29 (1967) 346-352.

PRÉDICATION ET BIBLE. PREACHING AND BIBLE. VERKÜNDIGUNG UND HEILIGE SCHRIFT. PREDICAZIONE E BIBBIA. PREDICACIÓN Y BIBLIA.

1588 VARGHA, T., « Sacra Scriptura est fons principalis praedicationis », VD 15 (1935) 22-25.

1589 CASS, J., « Saint Paul and the « Ratio » of Preaching », AmER 102 (1940) 519-525.

1590 BARDY, G., « Prédication biblique », MD Nº 8 (1946) 138-139.

1591 Lo GIUDICE, C., « La Bibbia e la Predicazione », CC 4 (1947) 289-302.

1592 XXX, « Prédication biblique et liturgique », MD Nº 16 (1948) 176 pp.

1593 RÉTIF, A., « Qu'est-ce que le kérygme ? » NRT 71 (1949) 910-922.

1594 CORTI, G., « Alla radice della controversia kerigmatica », ScuolC 78 (1950) 283-301.

1595 HAMMAN, A., « Bible et prédication dominicale », BVC Nº 5 (1954) 93-99.

1596 MAERTENS, T., « La pastorale biblique », dans ROBERT, A., TRICOT, A., *Initiation biblique³*, 999-1010.

1597 ROGUET, A.-M., « Les sources bibliques et liturgiques de la prédication », MD Nº 39 (1954) 108-119.

1598 MAERTENS, T., *Schémas de pastorale biblique pour l'Avent et le carême* (Bruges, Abbaye de Saint-André, 1955), 156 pp.

1599 SCHLIER, H., *Die Zeit der Kirche,* « Die Verkündigung im Gottesdienst der Kirche », 244-264.

1600 ARNOLD, F. X., « Wort des Heiles. Gedanken zu einer Theologie der Predigt », TQ 137 (1957) 1-17.

1601 SEMMELROTH, O., « La Sacra Scrittura nella vita della Chiesa », dans *Commento alla Costituzione dogmatica sulla divina Rivelazione* (en collab.), 231-241.

1602 BEILNER, W., « Die « neuen » Methoden der Bibelauslegung », BiLit 28 (1960-61) 274-285.

1603 DEVINE, C., « Preaching the Passion », AmER 144 (1961) 145-153.

1604 MARTINI, C. M., « La primitiva predicazione apostolica e le sue caratteristiche », CC 3 (1962) 246-255.

1605 DESCAMPS, A., « Bible et pastorale », AS Nº 1 (1962) 7-14.

1606 SCHLIER, H., « Die Eigenart der christlichen Mahnung nach dem Apostel Paulus », GeistL 36 (1963) 327-340.

1607 STANLEY, D. M., « The Fonts of Preaching », Wor 37 (1963) 164-172.

1608 McDERMOTT, E., « A Scriptural Retreat Plan », Wor 39 (1965) 493-497.

1609 KAHLEFELD, H., « Péricope et prédication », Conci Nº 10 (1965) 39-50.

1610 SCHNITZLER, F., « Ministerium Verbi. Zur Verkündigungstheologie des zweiten Vatikanischen Konzils und bei Augustinus », TGl 57 (1967) 440-462.

1611 SCHLÖSSER, F., « Was ist biblische Verkündigung ? » TrierTZ 75 (1966) 282-294.

1612 BLANK, J., *Schriftauslegung in Theorie und Praxis,* « Die Heilige Schrift als Predigtanweisung », 30-88.

1613 FISCHER, B., « Peut-on prêcher sur un verset ou une phrase de la Bible ? » MD Nº 99 (1969) 88-93.

1614   ROGUET, A.-M., « Lectures bibliques et mystère du salut », MD N° 99 (1969) 7-27.

1615   SPICQ, C., *Les épîtres pastorales,* « Écriture sainte, inspirée et utile au pasteur »,
       790-796.

QUMRÂN.

Bibliographies. Bibliographien. Bibliografias. Bibliografías.

1616   VERMÈS, G., *Les manuscrits du désert de Juda* (Paris, Desclée, 1953), 203-211.

1617   DECROIX, J., « Les manuscrits de la mer morte. Essai de bibliographie », MSR 10
       (1953) 107-124; 11 (1954) 223-242.

1618   FITZMYER, J. A., « A Bibliographical Aid to the Study of the Qumrân Cave IV. Texts
       158-186 », CBQ 31 (1969) 59-71.

Textes et commentaires. Texts and Commentaries. Texte und Kommentare. Testi e commenti.
Textos y comentarios.

1619   ARBEZ, E. P., « Notes on the new Hebrew MSS », CBQ 12 (1950) 173-189.

1620   BAUCHET, J. M. P., « A Note on the Orthography of the Dead Sea MSS », CBQ 12
       (1950) 68.

1621   BAUCHET, J. M. P., « Transcription and Translation of a Psalm from Sukenik's Dead
       Sea Scroll », CBQ 12 (1950) 331-335.

1622   MILIK, J. T., « Note sui manoscritti di Ain Fesha », Bibl 31 (1950) 73-94, 204-225.

1623   MILIK, J. T., « Duo cantici ex volumine hymnorum nuper invento ad Mare Mor-
       tuum », VD 28 (1950) 362-371.

1624   BAUCHET, J. M. P., « A Note on the Scroll of Thanksgiving Songs », SCR 4 (1951)
       277-278.

1625   DELCOR, M., *Les manuscrits de la Mer Morte.* Essai sur le Midrash d'Habacuc (Paris,
       Cerf, 1951), 84 pp.

1626   MILIK, J. T., « Nota ad Volumen Hymnorum Mss. Maris Mortui », VD 29 (1951)
       231-232.

1627   AUDET, J.-P., « Affinités littéraires et doctrinales du *Manuel de discipline* », RB 59
       (1952) 219-238.

1628   LAMBERT, G., « Traduction de quelques « psaumes » de Qumrân et du « pê-
       scher » d'Habacuc », NRT 74 (1952) 284-297.

1629   MILIK, J. T., « Elenchus textuum ex caverna Maris Mortui », VD 30 (1952) 34-45,
       101-109.

1630   BAUER, J., « Neuen Licht über die jüngest gefundenen hebräischen Handschrif-
       ten », BiLit 20 (1952-53) 139-141.

1631   BARTHÉLEMY, D., MILIK, J. T., *Discoveries in the Judaean Desert – I. Qumran Cave
       I* (Oxford, Clarendon Press, 1955), 166 pp., 37 plates.

1632   DELCOR, M., « La guerre des fils de lumière contre les fils de ténèbres ou le « Manuel
       du parfait combattant » », NRT 77 (1955) 372-399.

1633   DE VAUX, R., « Les manuscrits de la Mer Morte », dans *La Table Ronde,* nov. 1956,
       73-84, ou dans *Bible et Orient,* 319-331.

1634   CARMIGNAC, J., « Quelques textes qumrâniens », CE N° 27 (1957) 75-86.

1635   PENNA, A., « La Volgata e il manoscritto 101sᵃ », Bibl 38 (1957) 381-395.

1636   CARMIGNAC, J., *La règle de la guerre des fils de lumière contre les fils de ténèbres*
       (Paris, Letouzey et Ané, 1958), 290 pp.

1637   CARMIGNAC, J., « Remarques sur le texte des hymnes de Qumran », Bibl 39 (1958)
       139-155.

1638 MILIK, J. T., « Hénoch au pays des aromates (ch. XXVII à XXXII). Fragments araméens de la grotte 4 de Qumran (Pl. I) », RB 65 (1958) 70-77.

1639 MURPHY, R. E., « Yeser in the Qumran Literature », Bibl 39 (1958) 334-344.

1640 NÖTSCHER, F., « Hodajot (psalmenrolle) », BZ 2 (1958) 128-133.

1641 VOGT, E., « Kalenderfragmente aus Qumran », Bibl 39 (1958) 72-77.

1642 BERNICI, G., « Il giardiniere della piantagione eterna (IQH, VIII) », dans Sacra Pagina (en collab.), II, 47-59.

1643 COPPENS, J., « Allusions historiques dans la Genèse apocryphe », dans La secte de Qumrân et les origines du christianisme (en collab.), 109-112.

1644 LAMBERT, G., « Une « Genèse apocryphe » trouvée à Qumrân », dans La secte de Qumrân et les origines du christianisme (en collab.), 85-107.

1645 MILIK, J. T., « Le rouleau de cuivre de Qumrân (3Q 15) », RB 66 (1959) 321-357.

1646 VAN DER PLOEG, J., « La composition littéraire de la « Règle de la Guerre » de Qumrân », dans Sacra Pagina (en collab.), II, 13-19.

1647 FITZMYER, J. A., « Some observations on the Genesis Apocryphon », CBQ 22 (1960) 277-291.

1648 MILIK, J. T., « Remarques sur le rouleau de cuivre de Qumrân », RB 67 (1960) 220-223.

1649 BAILLET, M., « Un recueil liturgique de Qumrân, Grotte 4; Les paroles des luminaires », RB 68 (1961) 195-250.

1650 BENOIT, P., MILIK, J. T., DE VAUX, R., Discoveries in the Judaean Desert II. Les grottes de Murabba'at (Oxford, Clarendon Press, 1961), Texte, 306 pp.; Planches, 109 pp.

1651 DIEZ MACHO, A., « El texto bíblico del comentario de Habacuc de Qumran », dans Lex tua Veritas (en collab.), 59-64.

1652 MURPHY, R. E., « GBR and GEWRH in the Qumran Writings », dans Lex tua Veritas (en collab.), 137-143.

1653 BAILLET, M., MILIK, J. T., DE VAUX, R., Discoveries in the Judaean Desert of Jordan - III, Les « Petites grottes » de Qumran (Oxford, Clarendon Press, 1962), Texte, 322 pp.; planches, 74 pp.

1654 BAILLET, M., « Psaumes, hymnes, cantiques et prières dans les hymnes de Qumrân », dans Le psautier (en collab.), 389-405.

1655 SCHWARTZ, J., « Remarques sur des fragments grecs du désert de Juda », RB 69 (1962) 61-63.

1656 SIEDL, S. H., Qumran. Eine Mönchgemeinde im Alten Bund. Studie über Serk ha-Yahad (Roma, Teresianum, 1963), v-372 pp.

1657 GUILBERT, P., COTHENET, É., LIGNÉE, H., CARMIGNAC, J., Les textes de Qumrân traduits et annotés. Règle de la congrégation, Recueil des bénédictions, Interprétations de prophètes et de psaumes, Document de Damas, Apocryphe de la Genèse, Fragments des grottes 1 et 4 (Paris, Letouzey et Ané, 1963), 402 pp.

1658 COLELLA, P., « Il volume II dei manoscritti del Mar Morto », RivB 11 (1963) 206-209.

1659 SKEHAN, P. W., « A new Translation of Qumrân Texts », CBQ 25 (1963) 119-123.

1660 SKEHAN, P. W., « The Apocryphal Psalm 151 », CBQ 25 (1963) 407-409.

1661 SMYTH, K., « The Dead Sea Scrolls : The Fragments and the Treasure Scroll from Jordan », IrThQ 30 (1963) 326-339.

1662 BAILLET, M., « Débris de textes sur papyrus de la grotte 4 de Qumrân », RB 71 (1964) 353-371.

1663   ROSSANO, P., « Hymni ad Mare Mortuum reperti latine redditi », VD 42 (1964) 285-299.

1664   SKEHAN, P. W., « A Psalm Manuscript from Qumrân (4Q Ps^b) », CBQ 26 (1964) 313-322.

1665   COLELLA, P., « Il III volume dei manoscritti del Mar Morto », RivB 13 (1965) 187-192.

1666   FITZMYER, J. A., « The Aramaic « Elect of God » Text from Qumran Cave IV », CBQ 27 (1965) 348-372.

1667   RINALDI, G., « L' « ultimo periodo » della storia (lQSa) », BibOr 7 (1965) 161-186.

1668   SANDERS, J. A., *Discoveries in the Judaean Desert of Jordan –IV. The Psalms Scroll of Qumran Cave II* (Oxford, Clarendon Press, 1965), 100 pp., 17 planches.

1669   DELCOR, M., « Zum Psalter von Qumran », BZ 10 (1966) 15-29.

1670   FITZMYER, J. A., *The Genesis Apocryphon of Qumran, Cave I.* A Commentary (Rome, Pontifical Biblical Institute, 1966), 16-232 pp.

1671   MILIK, J. T., « Fragment d'une source du psautier (4Q Ps 89) », RB 73 (1966) 94-106.

1672   STARCKY, J., « Psaumes apocryphes de la grotte 4 de Qumrân », RB 73 (1966) 353-371.

1673   STRUGNELL, J., « Notes on 1QS 1, 17-18; 8, 3-4 and 1QM 17, 8-9 », CBQ 29 (1967) 580-582.

1674   VAN DER PLOEG, J., « Fragments d'un manuscrit de Psaumes de Qumrân (11 QPs^b (Planche XVIII) », RB 74 (1967) 408-412.

1675   MURPHY-O'CONNOR, J., « La genèse littéraire de la Règle de la Communauté », RB 76 (1969) 528-549.

1676   MURPHY-O'CONNOR, J., « An Essene Missionary Document ? CD II, 14-VI,1 », RB 77 (1970) 201-229.

Institutions de Qumrân. Institutions of Qumrân. Institutionen in Qumran.
Istituzioni di Qumrân. Instituciones de Qumrân.

1677   DANIÉLOU, J., « La communauté de la Mer Morte », Et 277 (1953) 365-372.

1678   GROSS, H., « Chirbet Qumrân und die Mönchsgemeinde vom Toten Meer », TrierTZ 64 (1955) 141-157.

1679   VOGT, E., « Die Bundesgemeinde vom Toten Meer », StiZ 160 (1956-1957) 28-43.

1680   GROSS, H., « Qumrân und seine « Gemeinde » », TrierTZ 66 (1957) 352-361.

1681   JAUBERT, A., « Aperçus sur le calendrier de Qumrân », dans *La secte de Qumrân et les origines du christianisme* (en collab.), 113-120.

1682   BETZ, O., « Le ministère cultuel dans la secte de Qumrân et dans le christianisme primitif », dans *La secte de Qumrân et les origines du christianisme* (en collab.), 162-202.

1683   SCHMITT, J., « L'organisation de l'Église primitive et Qumrân », dans *La secte de Qumrân et les origines du christianisme* (en collab.), 217-231.

1684   SUTCLIFFE, E. F., « The General Council of the Qumran Community », Bibl 40 (1959) 971-984.

1685   SUTCLIFFE, E. F., « Sacred Meals at Qumran ? » HeyJ 1 (1960) 48-65.

1686   SUTCLIFFE, E. F., *The Monks of Qumran, as depicted in the Dead Sea Scrolls* (London, Burns and Gates, 1960), 16-272 pp.

1687   GNILKA, J., « Das Gemeinschaftsmahl der Essener », BZ 5 (1961) 39-55.

1688   KOFFMAHN, E., « Rechtsstellung und hierarchische Struktur des יחד von Qumran », Bibl 42 (1961) 433-442.

1689 SIEDL, S. H., *Qumran. Eine Mönchsgemeinde im Alten Bund.* Studie über Serek Ha-Yahad (Roma, Teresianum, 1963), 372 pp.

1690 DENIS, A.-M., « Évolution des structures dans la secte de Qumrân », dans *Aux origines de l'Église* (en collab.), 23-49.

Théologie. Theology. Theologie. Teologia. Teología.

1691 DELCOR, M., « L'eschatologie des documents de Khirbet-Qumrân », RevSR 26 (1952) 363-386.

1692 LAMBERT, G., « Le Maître de justice et la Communauté de l'Alliance », NRT 74 (1952) 259-283.

1693 ARNALDICH, L., « Los sectarios del Mar Muerto y su doctrina sobre la Alianza », EstB 11 (1952) 359-398.

1694 LOBEZ, P., « Les manuscrits de la Mer Morte et les Pauvres de Dieu », CE N° 9 (1953) 53-59.

1695 NÖTSCHER, F., « Gesetz der Freiheit im N. T. in der Mönchsgemeinde am Totem Meer », Bibl 34 (1953) 193-194.

1696 CARMIGNAC, J., « Les Kittim dans la « Guerre des fils de lumière contre les fils de ténèbres » », NRT 77 (1955) 737-748.

1697 DELCOR, M., « L'immortalité de l'âme dans le livre de la Sagesse et dans les documents de Qumrân », NRT 77 (1955) 614-630.

1698 NÖTSCHER, F., *Zur theologischen Terminologie der Qumran-texte* (Bonn, P. Hanstein, 1956), 201 pp.

1699 VOGT, E., « « Mysteria » in textibus Qumran », Bibl 37 (1956) 247-257.

1700 BRAUN, F.-M., « Le Mandéisme et la secte essénienne de Qumrân », dans *L'Ancien Testament et l'Orient* (en collab.), 193-230.

1701 DE LORENZI, L., « Alcuni temi di Salvezza nella letteratura di Qumran », RivB 5 (1957) 197-253.

1702 FEUILLET, R., « Les trouvailles de Qumrân », CE N° 27 (1957) 5-74.

1703 SCHUBERT, K., « Die Messiaslehre in den Texten von Chirbet Qumran », BZ 1 (1957) 177-197.

1704 PENNA, A., « L'ascetismo dei Qumranici », RivB 6 (1958) 3-22.

1705 VAN DER WOUDE, A. S., « Le Maître de Justice et les deux Messies de la Communauté de Qumrân », dans *La secte de Qumrân et les origines du christianisme* (en collab.), 121-134.

1706 NÖTSCHER, F., « Voies divines et humaines selon la Bible et Qumrân », dans *La secte de Qumrân et les origines du christianisme* (en collab.), 135-148.

1707 NÖTSCHER, F., « Schicksalsglaube in Qumrân und Umwelt », BZ 3 (1959) 205-234; 4 (1960) 98-121.

1708 COPPENS, J., « La piété des psalmistes à Qumrân », dans *La secte de Qumrân et les origines du christianisme* (en collab.), 149-161.

1709 BARTHÉLEMY, D., « La sainteté selon la communauté de Qumrân et selon l'Évangile », dans *La secte de Qumrân et les origines du christianisme* (en collab.), 203-216.

1710 SCHNACKENBURG, R., « Die « Anbetung in Geist und Wahrheit » (Joh 4,23) im Lichte von Qumrân-Texten », BZ 3 (1959) 88-94.

1711 GNILKA, J., « « Bräutigam », altjüdisches Messiasprädikat ? » TrierTZ 69 (1960) 298-301.

1712   SUTCLIFFE, E. F., « Baptism and Baptismal Rites at Qumran ? » HeyJ 1 (1960) 179-188.

1713   DELCOR, M., « Le Docteur de justice, nouveau Moïse dans les hymnes de Qumrân », dans *Le psautier* (en collab.), 407-423.

1714   CARMIGNAC, J., *Le Docteur de Justice et Jésus-Christ* (Paris, L'Orante, 1957), 165 pp.

1715   NÖTSCHER, F., *Vom Alten zum Neuen Testament* (Bonn, P. Hanstein, 1962), « Schicksal und Freiheit », 1-16; « Schicksalsglaube in Qumran und Umwelt », 17-71; « Himmlische Bücher und Schicksalsglaube in Qumran », 72-79; « « Wahrheit » als theologischer Terminus in den Qumran-Texten », 112-125; « Heiligkeit in den Qumranschriften », 126-174; « Geist und Geister in den Texten von Qumran », 175-187.

1716   SEGALLA, G., « La volontà di Dio in Qumran », RivB 11 (1963) 379-395.

1717   STARCKY, J., « Les quatre étapes du messianisme à Qumrân », RB 70 (1963) 481-505.

1718   WIEDERKEHR, D., *Die Theologie der Berufung in den Paulusbriefen* (Freiburg, Universitätsverlag, 1963), « Die Berufung in der Gemeinde von Qumran », 17-20.

1719   STARCKY, J., « Un texte messianique dans la grotte 4 de Qumrân », dans *Mémorial du cinquantenaire* (en collab.), 51-66.

1720   WCELA, E. A., « The Messiah(s) of Qumrân », CBQ 26 (1964) 340-349.

1721   SCHREINER, J., « Geistbegabung in der Gemeinde von Qumran », BZ 9 (1965) 161-180.

1722   BROWN, R. E., « Starky's Theory of Qumrân Messianic Development », CBQ 28 (1966) 51-57.

1723   DENIS, A.-M., *Les thèmes de connaissance dans le document de Damas* (Louvain, Publications Universitaires, 1967), 246 pp.

1724   KEHL, N., « Erniedrigung und Erhöhung in Qumran und Kolossä », ZKT 91 (1969) 364-394.

1725   ALMIÑANA LLORET, V. J., « Proximidad de los tiempos escatológicos y sus signos según los escritos de Qumrán », EstE 45 (1970) 153-172.

1726   LAMERIGTS, S., « Le sens de Qdwšym dans les textes de Qumrân », ETL 46 (1970) 24-39.

1727   SCHMITT, J., « La pureté sadocite d'après 1 QS III,4-9 », RevSR 44 (1970) 214-224.

Ancien Testament et Qumrân. Old Testament and Qumrân. Altes Testament und Qumran. Antico Testamento e Qumrân. Antiguo Testamento y Qumrân.

1728   GELIN, A., « Notes Bibliques » (Isaïe et Qumrân), AmiCl 59 (1949) 49-54.

1729   MILIK, J. T., « Il rotolo frammentario di Isaia », Bibl 31 (1950) 246-249.

1730   BARTHÉLEMY,   D., « Le grand rouleau d'Isaïe trouvé près de la Mer Morte », RB 57 (1950) 530-549.

1731   BOCCACCIO, P., « I manoscritti del Mar Morto e i nomi di Dio Jahwe, EL », Bibl 32 (1951) 90-96.

1732   VINCENT, A., « Les documents du désert de Juda et la Bible », BVC N° 8 (1954) 105-112.

1733   KISSANE, E. J., « The Qumrân Text of Isaiah, IX, 7-9 (1 QIsᵃ) », dans *Sacra Pagina* (en collab.), I, 403-418.

1734   MEJIA, J., « Contribución de Qumrân a la exégesis de los libros de los Macabeos », dans *Sacra Pagina* (en collab.), II, 20-27.

1735   SCHNEIDER, H., « Der Dekalog in den Phylakterien von Qumrân », BZ 3 (1959) 18-31.

1736 DI LELLA, A. A., « Qumrân and the Geniza Fragments of Sirach », CBQ 24 (1962) 245-267.

1737 GNILKA, J., *Die Verstockung Istaels.* Isaias 6, 9-10 in der Theologie der Synoptiker (München, Kösel, 1961), « Die Qumran-Literatur », 155-185.

1738 VAN DER PLOEG, J., « Le psaume 91 dans une recension de Qumrân », RB 72 (1965) 210-217.

1739 DAHOOD, M., « Ugaritic *Usn,* Job 12, 10 and 110 Ps^a Plea 3-4 », Bibl 47 (1966) 107-108.

1740 LARCHER, C., *Études sur le livre de la Sagesse,* « Sagesse et les écrits de Qumrân », 112-132.

Nouveau Testament et Qumrân. New Testament and Qumrân. Neues Testament und Qumran. Nuovo Testamento e Qumrân. Nuevo Testamento y Qumrân.

1741 DE VAUX, R., « Les manuscrits de la Mer Morte et les origines chrétiennes », VI N° 4, (1951) 60-70.

1742 TAMISIER, R., « A Prototype of Christ ? » SCR 5 (1952) 35-38.

1743 JUNKER, H., « Neues Licht über die biblische Text-und Zeitgeschichte », TrierTZ 63 (1954) 65-75.

1744 ADLER, N., « Die Bedeutung der Qumrân-Texte für die neutestamentliche Wissenschaft », MüTZ 6 (1955) 286-301.

1745 GRAYSTONE, G., « The Dead Sea Scrolls and the New Testament », IrThQ 22 (1955) 214-230, 329-346; 23 (1956) 25-48; 24 (1957) 238-258.

1746 METZINGER, A., « Die Handschriftendunde am Toten Meer und das Neue Testament », Bibl 36 (1955) 457-481.

1747 JONES, A., « Qumran and Christianity », SCR 8 (1956) 82-95.

1748 KERRIGAN, A., « Animadversiones in Novum Testamentum documentis Qumrân illustratum », Ant 31 (1956) 51-82.

1749 MURPHY, R. E., « Insights into the New Testament from the Dead Sea Scrolls », AmER 135 (1956) 9-22.

1750 ROLLA, A., « I manoscritti di Qumran e i Vangeli », RivB 4 (1956) 145-158.

1751 SCHMITT, J., « Les écrits du Nouveau Testament et les textes de Qumrân », RevSR 29 (1956) 394-401; 30 (1956) 55-74, 261-267.

1752 BOCCACCIO, P., « Il contributo del manoscritti di Qumran per la conoscenza della Sacra Scrittura », CC 2 (1957) 400-407.

1753 BRAUN, F.-M., « L'énigme des Odes de Salomon », RT 57 (1957) 597-625.

1754 BROWN, R. E., « The Pre-Christian Semitic Concept of « Mystery » : « Mysteries » in the Qumrân Literature », CBQ 20 (1958) 436-443.

1755 CARMIGNAC, J., *Le Docteur de Justice et Jésus-Christ* (Paris, l'Orante, 1957), 165 pp.

1756 DANIÉLOU, J., *Les manuscrits de la Mer Morte et les origines du christianisme* (Paris, L'Orante, 1957), 125 pp.

1757 DANIÉLOU, J., « Église primitive et communauté de Qumrân », Et 293 (1957) 216-235.

1758 DELORME, J., « Le Maître de Justice et Jésus », AmiCl 67 (1957) 97-102.

1759 MUSSNER, F., « Einige Parallelen aus den Qumrântexten zur Areopagrede (Apg 17, 22-31) », BZ 1 (1957) 125-130.

1760 SPADAFORA, F., « Qumran e il Christianesimo », RivB 5 (1957) 282-287.

1761 ZEDDA, S., « Il carattere gnostico e giudico dell'errore colossese alla luce dei manoscritti del Mar Morto », RivB 5 (1957) 31-56.

1762 RUD, A., « Die Qumran-Schriftrollen und das Christentum », BiLit 25 (1957-58) 271-273.

1763 BOCCACCIO, P., « Il cristianesimo e la comunità di Qumrân », CC 4 (1958) 608-622.

1764 COPPENS, J., « Le don de l'Esprit d'après les textes de Qumrân et le quatrième Évangile », dans *L'Évangile de Jean* (en collab.), 209-223.

1765 JAUBERT, A., « Le pays de Damas », RB 65 (1958) 214-248.

1766 MILIK, J. T., « Hénoch au pays des aromantes (ch. 27-32). Fragments araméens de la grotte 4 de Qumrân (Pl. I) », RB 65 (1958) 70-77.

1767 MURPHY, R. E., « *Sahat* in the Qumran Literature », Bibl 39 (1958) 61-66.

1768 VINCENT, A., « Introduction à l'étude des manuscrits du Désert de Juda », BVC N° 21 (1958) 95-106.

1769 XXX, *La secte de Qumrân et les origines du christianisme* (en collab.), 248 pp.

1770 BARTHÉLEMY, D., « La sainteté selon la communauté de Qumrân et selon l'Évangile », dans *La secte de Qumrân et les origines du christianisme* (en collab.), 203-216.

1771 BARTHÉLEMY, D., « Essenische und christliche Heiligkeit im Lichte der Handschriften von Toten Meer », FreibZ 6 (1959) 249-263.

1772 BETZ, O., « Le ministère cultuel dans la secte de Qumrân et dans le christianisme primitif », dans *La secte de Qumrân et les origines du christianisme* (en collab.), 162-202.

1773 CAUBET ITURBE, F. J., « Jerusalén y el Templo del Señor en los manuscritos de Qumrân y en el *N.T.* », dans *Sacra Pagina* (en collab.), II, 28-46.

1774 CERFAUX, L., « Influence de Qumrân sur le N. T. », dans *La secte de Qumrân et les origines du christianisme* (en collab.), 233-244, et dans *Recueil Lucien Cerfaux,* III, 33-45.

1775 MURPHY, R. E., « *Bsr* in the Qumrân Literature and *Sarks* in the Epistle to the Romans », dans *Sacra Pagina* (en collab.), II, 60-76.

1776 SCHELKLE, K. H., « Qumran und Neuen Testament in ihrer Umwelt », TQ 139 (1959) 385-401.

1777 SCHMITT, J., « L'organisation de l'Église primitive et Qumrân », dans *La secte de Qumrân et les origines du christianisme* (en collab.), 217-231.

1778 SPICQ, C., « Une allusion au docteur de justice dans Matthieu, XXIII, 10 ? » RB 66 (1959) 387-396.

1779 ARNALDICH, L., « Influencias del Qumran en la primitiva commidad judeocristiana de Jerusalen », Salm 7 (1960) 3-66.

1780 BARTHÉLEMY, D., « Esenism and Christianity », SCR 12 (1960) 119-126; 13 (1961) 20-23.

1781 COPPENS, J., « Le « mystère » dans la théologie paulinienne et ses parallèles qumrâniens », dans *Littérature et théologie pauliniennes* (en collab.), 142-165.

1782 MUSSNER, F., « I Q Hodajoth und das Gleichnis vom Senfkorn (Mk 4, 30-32 par.) », BZ 4 (1960) 128-130.

1783 FITZMYER, J. A., « Qumrân and the Interpolated Paragraph in 2 Cor 6, 14-7, 1 », CBQ 23 (1961) 271-280.

1784 SALGUERO, J., « El dualismo Qumránico y San Pablo », dans *Studiorum Paulinorum Congressus 1961* (en collab.), II, 540-562.

1785 COPPENS, J., « Les affinités qumraniennes de l'épître aux Hébreux », NRT 84 (1962) 128-141, 257-282.

1786 DE CAEVEL, J., « La connaissance religieuse dans les hymnes d'action de grâces de Qumrân », ETL 38 (1962) 435-460.

1787 BENOIT, P., « Qumran and the New Testament », TDig 11 (1963) 167-172.

1788 DELCOR, M., « Les tribunaux de l'église de Corinthe et les tribunaux de Qumrân », dans *Studiorum Paulinorum Congressus 1961* (en collab.), II, 535-548.

1789 GNILKA, J., « Die Kirche des Matthäus und die Gemeinde von Qumrân », BZ 7 (1963) 43-63.

1790 MUSSNER, F., « Beiträge aus Qumran zum Verständnis des Epheserbriefes », dans *Neutestamentliche Aufsätze* (en collab.), 185-198.

1791 PERROT, C., « Un fragment christo-palestinien découvert à Khirbet Mird (Ac. 10, 28-29; 32-41) », RB 70 (1963) 506-555.

1792 STACHOWIAK, L. R., « Paraenesis Paulina et Instructio de duobus spiritibus in « regula » Qumranensi », VD 41 (1963) 244-250.

1793 BROWN, R. E., *New Testament Essays,* « The Qumran Scrolls and the Johannine Gospel and Epistles », 102-131.

1794 GREEHY, J., « Community of goods – Qumran and Acts », IrThQ 32 (1965) 230-240.

1795 MURPHY-O'CONNOR, J., « La vérité chez saint Paul et à Qumrân », RB 72 (1965) 29-76.

Divers. Miscellaneous. Verschiedenes. Diversi. Diversos.

1796 BAUCHET, J. M. P., « A newly discovered Hebrew Manuscript », SCR 4 (1949) 21-22.

1797 BAUCHET, J. M. P., « Notes on the newly discovered Hebrew Manuscripts », SCR 4 (1949) 115-120.

1798 BAUCHET, J. M. P., « The newly discovered Scrolls of the Judean Desert », CBQ 11 (1949) 309-315.

1799 BRENNAN, W., « Inhalt und Zustand der palästinensischen Schriftenfunde », BiLit 17 (1949) 55-56.

1800 DE JESUS-MARIA, P., « De novis manuscriptis hebraicis Hierosolomitanis », VD 27 (1949) 44-47.

1801 DE VAUX, R., « La cachette des manuscrits hébreux », RB 56 (1949) 234-237.

1802 DE VAUX, R., « La grotte des manuscrits hébreux », RB 56 (1949) 586-609.

1803 DE VAUX, R., « Les manuscrits hébreux du désert de Juda », VI Nº 6 (1949) 583-595.

1804 O'CALLAGHAN, R. T., « The Scrolls Newly Discovered in Palestine », SCR 4 (1949) 41-47.

1805 TOURNAY, R., « Les anciens manuscrits hébreux récemment découverts », RB 56 (1949) 204-233.

1806 ARBEZ, E. P., « The New Hebrew Manuscripts », AmER 122 (1950) 25-36, 137-145, 196-206.

1807 BEA, A., « De genuinitate manuscriptorum hebraicorum in caverna Ain Fesqa inventorum », Bibl 31 (1950) 242-245.

1808 BEA, A., « I manoscritti ebraici scoperti nel deserto di Giuda », CC 1 (1950) 480-494.

1809 BEA, A., « Autenticità e data dei manoscritti ebraici scoperti nel deserto di Giuda », CC 1 (1950) 612-624.

1810 DE VAUX, R., « À propos des manuscrits de la Mer Morte », RB 57 (1950) 417-429.

1811 MILIK, J. T., « Le giarre dei manoscritti della grotta del Mar Morto e dell'Egitto Tolomaico », Bibl 31 (1950) 504-508.

1812 GUINDON, W. G., « Radio-active Carbon and the Dead Sea Scrolls », CBQ 13 (1951) 268-275.

1813 MILIK, J. T., « Ex discussione de manuscriptis Maris Mortui », VD 29 (1951) 362-365.

1814 ARNALDICH, L., « Los manuscritos del Mar Muerto », EstF 53 (1952) 190-220.

1815   BARTHÉLEMY, D., « Notes en marge de publications récentes sur les manuscrits de Qumran », RB 59 (1952) 187-218.

1816   BEA, A., « Nova ad discussionem de MSS Maris Mortui », VD 30 (1952) 355-359.

1817   BEA, A., « Nuova luce sui manoscritti ebraici recentemente scoperti », CC 4 (1952) 128-142.

1818   GUILLAUME, A., « Les manuscrits hébreux », RB 59 (1952) 182-186.

1819   BEA, A., « Neue Handschiftenfunde in Palästina », StiZ 152 (1952-1953) 248-253.

1820   GRAYSTONE, G., « The Dead Sea Scrolls », SCR 5 (1953) 112-121.

1821   LEMOINE, F.-M., « Les manuscrits du Désert de Juda », LV N° 8 (1953) 110-129.

1822   ROLLA, A., « Manoscritti ebraici nei deserto di Giuda », RivB 1 (1953) 116-135.

1823   VERMÈS, G., Les manuscrits du désert de Juda (Tournai, Desclée et Cie, 1953), 216 pp.

1824   VINCENT, A., « Les manuscrits du désert de Juda », BVC N° 7 (1954) 122-127.

1825   FITZMYER, J. A., « The Qumrân Scrolls, the Ebionites and their Literature », TS 16 (1955) 335-372.

1826   VINCENT, A., Les manuscrits hébreux du désert de Juda (Paris, Fayard, 1955), 281 pp.

1827   MURPHY, R. E., The Dead Sea Scrolls and the Bible (Westminster, Maryland, The Newman Press, 1956), 119 pp.

1828   MURPHY, R. E., « Those Dead Sea Scrolls », AmER 134 (1956) 361-373.

1829   BOCCACCIO, P., « I manoscritti del Mar Morto », CC 3 (1956) 575-587; 2 (1957) 176-187.

1830   FEUILLET, R., « Les trouvailles de Qumrân », CE N° 27 (1957) 5-74.

1831   NÖTSCHER, F., « Die Handschriften aus der Gegend am Toten Meer », TR 53 (1957) 49-58.

1832   MILIK, J. T., Dix ans de découvertes dans le désert de Juda (Paris, Cerf, 1957), 121 pp.

1833   TURRADO, L., « Los manuscritos del Mar Muerto », Salm 4 (1957) 191-203.

1834   VAN PUYVELDE, C., « Manuscrits bibliques : les manuscrits du désert de Juda », SDB V, col. 801-819.

1835   DELCOR, M., « Dix ans de travaux sur les manuscrits de Qumrân », RT 58 (1958) 734-779; 59 (1959) 131-153.

1836   MARTIN, M., The Scribal Character of the Dead Sea Scrolls (Louvain, Institut Orientaliste, 1958), 715 - 70*, 7* pp.

1837   VINCENT, A., « Introduction à l'étude des manuscrits du désert de Juda », BVC N° 21 (1958) 95-106.

1838   BUSA, R., « All non Biblical Dead Sea Scrolls published up to December 1957 have been indexed », dans Sacra Pagina (en collab.), II, 7-12.

1839   XXX, « Bible et Histoire. Les trouvailles de Qumrân », CE N° 27 (1957) 92 pp.

1840   DE VAUX, R., « Les manuscrits de Qumrân et l'archéologie », dans RB 66 (1959) 87-110, ou dans Bible et Orient, 333-358.

1841   DE VAUX, R., « Une hachette essénienne ? » dans Vetus Testamentum (Leiden, Brill) 9 (1959) 399-407, ou dans Bible et Orient, 359-367.

1842   McGRATH, J. J., « The Dead Sea Scrolls in Review », Wor 33 (1959) 358-367.

1843   VAN DER PLOEG, J., « Six années d'études sur les textes du désert de Juda. Aperçu analytique et critique », dans La secte de Qumrân et les origines du christianisme (en collab.), 11-84.

1844   RAMLOT, M.-L., « Qumrân et les manuscrits du Désert. Une littérature intertestamentaire », BVC N° 33 (1960) 68-82; N° 35 (1960) 71-82; N° 36 (1960) 69-81.

1845 AUDET, J.-P., « Qumrân et la notice de Pline », RB 68 (1961) 346-387.

1846 DE VAUX, R., *L'archéologie et les manuscrits de la Mer Morte* (London, Oxford University Press, 1961), 15-107 pp.

1847 DAUMAS, F., « Littérature prophétique et exégétique égyptienne et commentaires esséniens », dans *À la rencontre de Dieu.* Mémorial Albert Gelin (en collab.), 203-221.

1848 BURCHARD, C., « Pline et les Esséniens », RB 69 (1962) 533-569.

1849 LAPERROUSAZ, E.-M., « *Infra hos engadda.* Notes à propos d'un article récent », RB 69 (1962) 369-380.

1850 DE VAUX, R., « Qumrân », dans *Lexicon für Theologie und Kirche* (Freiburg, Herder, 1963), VIII, col. 949-954, ou dans *Bible et Orient,* 369-375.

1851 HAAG, H., *Die Handschriftenfunde in der Wüste Juda* (Stuttgart, Katholisches Bibelwerk, 1965), 74 pp.

1852 DE VAUX, R., « Esséniens ou Zélotes. À propos d'un livre récent », RB 73 (1966) 212-235.

1853 CHARLESWORTH, H., « Les odes de Salomon et les manuscrits de la Mer Morte », RB 77 (1970) 522-549.

RELATIONS ENTRE L'ANCIEN ET LE NOUVEAU TESTAMENT.
RELATIONS BETWEEN THE OLD AND NEW TESTAMENT.
BEZIEHUNGEN ZWISCHEN DEM ALTEN UND DEM NEUEN TESTAMENT.
RELAZIONI TRA IL VECCHIO E IL NUOVO TESTAMENTO.
RELACIONES ENTRE EL ANTIGUO Y EL NUEVO TESTAMENTO.

1854 VENARD, L., « Citations de l'A. T. dans le N. T. », SDB II, col. 23-51.

1855 BONSIRVEN, J., *Exégèse rabbinique et exégèse paulinienne* (Paris, Beauchesne, 1939), 408 pp.

1856 HOFBAUER, J., « Quid Christus Dominus senserit de Vetere Testamento », VD 22 (1942) 136-140.

1857 PIEPER, K., « Die Bibel bei Paulus », TGl 35 (1943) 141-144.

1858 BONSIRVEN, J., *Les enseignements de Jésus-Christ,* « Comment Jésus se sert de l'A. T. », 89-93.

1859 GRIBOMONT, J., « Le lien des deux Testaments selon la théologie de St Thomas. Notes sur le sens spirituel et implicite des Saintes Écritures », ETL 22 (1946) 70-89.

1860 VAN DER PLOEG, J., « L'exégèse de l'A. T. dans l'épître aux Hébreux », RB 54 (1947) 187-228.

1861 CONGAR, Y., « L'Ancien Testament témoin du Christ », VI N° 10 (1949) 335-343.

1862 COPPENS, J., *Les harmonies des deux Testaments²* (Tournai, Paris, Casterman, 1949), 148 pp.

1863 SCHMITT, J., *Jésus ressuscité dans la prédication apostolique,* « Le témoignage des Écritures », 166-174.

1864 XXX, « Les prophètes de la Bible et le Christ », CE N° 4 (1951) 64 pp.

1865 BARSOTTI, D., *La Parole de Dieu dans le mystère chrétien,* « Le Nouveau Testament, accomplissement de la parole prophétique », 149-155.

1866 STARCKY, J., « Les prophéties messianiques dans le Nouveau Testament », CE N° 4 (1951) 30-45.

1867 CERFAUX, L., « L'exégèse de l'Ancien Testament par le Nouveau Testament », dans *Rencontres* N° 36 (Paris, Cerf, 1951), 132-148.

1868   CHARLIER, C., *La lecture chrétienne de la Bible¹*, « Les thèmes convergents de la révélation biblique », 188-199; « Les thèmes bibliques dans leurs transpositions progressives », 200-214; « Les thèmes bibliques et leur transposition chrétienne », 215-235; « Le Christ, centre des Écritures », 236-240.

1869   BONSIRVEN, J., *Les enseignements de Jésus-Christ,* « Comment Jésus se sert de l'Ancien Testament », 89-94.

1870   CERFAUX, L., « L'exégèse de l'Ancien Testament par le Nouveau Testament », dans *Recueil Lucien Cerfaux,* II, 205-218.

1871   VAN DODEWAARD, J. A. E., « La force évocatrice de la citation mise en lumière en prenant pour base l'évangile de S. Matthieu », Bibl 36 (1955) 482-491.

1872   DUESBERG, H., *Jésus, prophète et docteur de la Loi,* « Les citations de l'Ancien Testament dans le Nouveau », 13-20.

1873   DUPONT, J., « The Use of the Old Testament in the Acts », TDig 3 (1955) 61-64.

1874   BAUMSTARK, A., « Die Zitate des Mt.-Ev. aus dem Zwölfprophetenbuch », Bibl 37 (1956) 296-313.

1875   LeFROIS, B. J.,« Our Lady in the Wisdom Passage from Sirach », AmER 135 (1956) 1-8.

1876   McKENZIE, J. L., *The Two-Edged Sword,* « The Old and New », 295-308.

1877   BRUNS, J. E., « Mary in Jeremias, 31 : 22 », AmER 136 (1957) 28-31.

1878   GANCHO, C., « Las citaciones del A. T. en los Sinopticos y en los Rabinos », Salm 4 (1957) 289-359.

1879   GELIN, A., « Messianisme : réalisation du messianisme », SDB V, col. 1206-1212.

1880   GILS, F., *Jésus, prophète, d'après les évangiles synoptiques,* « Jésus interprète des Écritures, un thème spécialement mis en relief par Luc », 150-153.

1881   ZIENER, G., « Die Verwendung der Schrift im Buche der Weisheit », TrierTZ 66 (1957) 138-151.

1882   BRAUN, F.-M., « L'évangile de saint Jean et les grandes traditions d'Israël », RT 59 (1959) 421-450; 60 (1960) 165-184, 325-363.

1883   DE LUBAC, H., *Exégèse médiévale.* Les quatre sens de l'Écriture, « L'unité des deux Testaments », I, 305-363.

1884   DREYFUS, F., « Saint Matthieu et l'Ancien Testament », VS 101 (1959) 121-135.

1885   SCHMID, J., « Die alttestamentlichen Zitate bei Paulus und die Theorie vom *sensus plenior* », BZ 3 (1959) 161-173.

1886   DUPONT, J., « La destinée de Judas prophétisée par David (Actes 1, 16-20) », CBQ 23 (1961) 41-51.

1887   GEORGE, A., « Jésus et les psaumes », dans *À la rencontre de Dieu.* Mémorial Albert Gelin (en collab.), 297-308.

1888   GRELOT, P., « Les figures bibliques », BVC N° 39 (1961) 54-61

1889   HERMANN, I., *Kyrios und Pneuma.* Studien zur Christologie der paulinischen Hauptbriefe, « Die paulinische Konzeption und ihre Analogie im Alten Testament », 123-131.

1890   JOUASSARD, G., « L'Ancien Testament dans la prière des premières communautés chrétiennes », dans *À la rencontre de Dieu.* Mémorial Albert Gelin (en collab.), 355-362.

1891   BESNARD, A.-M., *Le mystère du nom,* 200 pp.

1892   CAMBE, M., « L'influence du Cantique des Cantiques sur le Nouveau Testament », RT 62 (1962) 5-26.

1893   DUPONT, J., « L'interprétation des psaumes dans les Actes des Apôtres », dans *Le psautier* (en collab.), 357-381.

1894   GRELOT, P., *Sens chrétien de l'Ancien Testament*, « La portée figurative des institutions », 209-247; « La portée figurative de l'histoire », 286-326; « L'eschatologie et le sens figuratif de l'Ancien Testament », 363-403.

1895   GRELOT, P., « Les figures bibliques », NRT 84 (1962) 561-578, 673-698.

1896   LARCHER, C., *L'actualité chrétienne de l'Ancien Testament d'après le Nouveau Testament*, 536 pp.

1897   O'ROURKE, J. J., « The Fulfillment Texts in Matthew », CBQ 24 (1962) 394-403.

1898   ROSE, A., « L'influence des psaumes sur les annonces et les récits de la passion et de la résurrection dans les évangiles », dans *Le psautier* (en collab.), 297-356.

1899   VANHOYE, A., « L'utilisation du livre d'Ézéchiel dans l'Apocalypse », Bibl 43 (1962) 436-476.

1900   ALONSO SCHÖKEL, L., « The Old Testament, a Christian Book », Bibl 44 (1963) 210-216.

1901   COPPENS, J., « Les arguments scripturaires et leur portée dans les lettres pauliniennes », dans *Studiorum Paulinorum Congressus 1961* (en collab.), II, 243-253.

1902   DEL PARAMO, S., « Les citas de los salmos en S. Pablo », dans *Studiorum Paulinorum Congressus 1961* (en collab.), II, 229-241.

1903   OESTERREICHER, J. M., *The Israel of God*. On the O. T. Roots of the Church's Faith (Englewood Cliffs, N. J., Prentice-Hall, 1963), 120 pp.

1904   RENARD, H., « La lecture de l'A. T. par saint Paul », dans *Studiorum Paulinorum Congressus 1961* (en collab.), II, 207-215.

1905   DUESBERG, H., « Comment et pourquoi Jésus lisait l'histoire sainte », BVC N° 59 (1964) 45-51.

1906   MURPHY, R. E., « The Relationship between the Testaments », CBQ 26 (1964) 349-359.

1907   O'ROURKE, J. J., « Explicit Old Testament Citations in the Gospels », SMR 7 (1964) 37-60.

1908   VANHOYE, A., « Expiation ancienne et sacrifice du Christ (He 9, 2-12) », AS N° 72 (1964) 18-35.

1909   WINANDY, J., « Le Cantique des Cantiques et le Nouveau Testament », RB 71 (1964) 161-190.

1910   ZERAFA, P., « Christological Interpretation of the Old Testament », Ang 41 (1964) 51-62.

1911   DANIÉLOU, J., « La vision des ossements desséchés (Ézéchiel 37, 1-14) dans les *Testimonia* », RSR 53 (1965) 220-233.

1912   DUESBERG, H., « Gesu lettore della storia sacra », BibOr 7 (1965) 145-152.

1913   GRELOT, P., *La Bible, parole de Dieu*, « La préfiguration du Christ », 265-287.

1914   GRELOT, P., *Bible et théologie*, « Le témoignage du N. T. », 5-13; « La tradition théologique de l'Église », 13-22; « Présence du mystère du Christ dans l'A. T. », 31-41; « L'intelligence chrétienne de l'A. T. », 78-79.

1915   LANGEVIN, P.-É., « Le Seigneur Jésus selon un texte prépaulinien, 1 Th 1, 9-10 », SE 17 (1965) 263-282, 473-512.

1916   LYONNET, S., « Le Nouveau Testament à la lumière de l'Ancien, à propos de Rom 8, 2-4 », NRT 87 (1965) 561-587.

1917   BONNARD, P.-É., *La sagesse en personne annoncée et venue: Jésus-Christ*, 168 pp.

1918   DANIÉLOU, J., *Études d'exégèse judéo-chrétienne* (Les Testimonia) (Paris, Beauchesne, 1966), 188 pp.

1919   DEISS, L., « Va d'abord te réconcilier avec ton frère (Mt 5, 20-24) », AS N° 59 (1966) 33-46.

1920   DE LUBAC, H., *L'Écriture dans la tradition,* « Le double Testament », 115-202.

1921   GALOPIN, P.-M., « Le thème biblique. De la justice ancienne à la sainteté nouvelle », AS N° 59 (1966) 47-62.

1922   GHIDELLI, C., « Le citazioni dell'Antico Testamento nel cap. 2 degli Atti », dans *Il messianismo* (en collab.), 285-305.

1923   LOHFINK, N., « Die historische und die christliche Auslegung des Alten Testamentes », StiZ 178 (1966) 98-112.

1924   PESCH, R., « Eine alttestamentliche Ausführungsformel im Matthäus-Evangelium. Redaktionsgeschichtliche und exegetische Beobachtungen », BZ 10 (1966) 220-245.

1925   SMIT SIBINGA, J., « Une citation du Cantique dans la secunda Petri », RB 73 (1966) 107-118.

1926   DUPONT, J., *Études sur les Actes des apôtres,* « L'utilisation apologétique de l'Ancien Testament dans les discours des Actes », 245-282, ou dans ETL 29 (1953) 289-327, ou dans la coll. « Analecta Lovaniensia Biblica et Orientalia », série II, fasc. 40 (Louvain, Bruges, Paris, 1953).

1927   LANGEVIN, P.-É., *Jésus Seigneur et l'eschatologie.* Exégèse de textes prépauliniens, « Exégèse de 1 *Th* 1, 9-10 », 64-99; « « Jour de Yahvé » et seigneurie de Yahvé dans l'A. T., « Jour du Seigneur » et seigneurie de Jésus, en 1 *Th* 5, 2 », 124-153; « A. T. et seigneurie de Jésus », 301-310.

1928   LOHFINK, N., *Bibelauslegung im Wandel,* « Die historische und die christliche Auslegung des Alten Testamentes », 185-213.

1929   LOHFINK, N., « On Interpreting the O. T. », TDig 15 (1967) 228-229.

1930   McKENZIE, J. L., « Les valeurs de l'A. T. », Conci N° 30 (1967) 11-34.

1931   MUÑOZ IGLESIAS, S., « De la supériorité des valeurs de la nouvelle économie sur celles de l'ancienne », Conci N° 30 (1967) 87-96.

1932   PESCH, R., « Der Gottessohn im matthäischen Evangelienprolog (Mt 1-2). Beobachtungen zu den Zitationsformeln der Reflexionszitate », Bibl 48 (1967) 395-420.

1933   GRELOT, P., « La lecture chrétienne de l'Ancien Testament », dans *Où en sont les études bibliques ?* (en collab.), 29-50.

1934   GUILLAUME, P.-M., « Pourquoi une lecture de l'Ancien Testament », AS (n.s.) N° 3 (1968) 31-48.

1935   LÉON-DUFOUR, X., « Une lecture chrétienne de l'Ancien Testament : Galates 3 : 6 à 4 : 20 », dans *L'Évangile hier et aujourd'hui* (en collab.), Mélanges offerts au Prof. F.-J. Leenhardt (Genève, Labor et Fides, 1968), 109-116.

1936   SCHRÖGER, F., *Der Verfasser des Hebräerbriefes als Schriftausleger* (Regensburg, Pustet, 1968), 360 pp.

1937   ROGUET, A.-M., « Lectures bibliques et mystère du salut », MD N° 99 (1969) 7-27.

1938   STANLEY, D. M., « Lo ! I Make all Things New », Way 9 (1969) 278-291.

1939   McALEAR, R., « The Presence of Christ in the Old Testament », Ang 47 (1970) 77-82.

1940   MURPHY, R. E., « Christian Understanding of the Old Testament », TD 18 (1970) 321-332.

1941   ROUSSEAU, F., *L'Apocalypse et le milieu prophétique du Nouveau Testament.* Structure et préhistoire du texte (Tournai, Desclée et Cie; Montréal, Bellarmin, 1971), « L'apocalypse et le livre d'Ezéchiel », 161-171; « L'Apocalypse et le livre de l'Exode », 173-175.

SENS SCRIPTURAIRES. SCRIPTURAL SENSE. SCHRIFTSINN.
SENSI SCRITTURALI. SENTIDOS BÍBLICOS

Études générales. General Studies. Allgemeine Studien. Studi generali. Estudios generales.

1942   BROWN, S. J., « The Interpretation of the Figurative Language of Holy Scripture. A Study in Hermeneutics », AmER 87 (1932) 18-32.

1943   BERNARD, R., « Un poète habite la Bible » (Claudel et la Bible), RT 43 (1938) 766-787.

1944   COLUNGA, A., « Existe pluralidad de sentidos literales en la Sagrada Escritura ? » EstB 2 (1943) 423-447.

1945   DOUTRELEAU, L., *Origène, Homélies sur la Genèse* (Sources chrétiennes, N° 7) (Paris, Cerf, 1943), Introd.

1946   BENOIT, P., « La prophétie », dans *La Somme théologique de S. Thomas d'Aquin, 2-2, q. 171-178* (Paris, Ed. de la Revue des Jeunes, 1947), 355-362.

1947   DE LUBAC, H., « Sur un vieux distique. La doctrine du quadruple sens », dans *Mélanges offerts au R. P. Cavallera* (Toulouse, Bibliothèque de l'Institut catholique, 1947), 347-366.

1948   FORTIER, P., DE LUBAC, H., *Origène, Homélies sur l'Exode.* (Sources chrétiennes, N° 16) (Paris, Cerf, 1947), Introd. 7-75 (DE LUBAC, H.).

1949   DANIÉLOU, J., « Les divers sens de l'Écriture dans la tradition chrétienne primitive », ETL 24 (1948) 119-126.

1950   GEORGE, A., « Le sacrifice d'Abraham. Essai sur les diverses intentions de ses narrateurs », dans *Étude de critique et d'histoire religieuses.* Mélanges L. Vaganay (en collab.), 99-110.

1951   COPPENS, J., « Les harmonies des deux Testaments. En étudiant les divers sens des Écritures », NRT 70 (1948) 794-810; 71 (1949) 3-38, 337-366, 475-496.

1952   COPPENS, J., *Les Harmonies des deux Testaments. Essai sur les divers sens des Écritures et sur l'unité de la Révélation²* (Paris-Tournai, Casterman, 1949), 148 pp.

1953   COURTADE, G., « Le sens de l'histoire dans l'Écriture et la classification usuelle des sens scripturaires », RSR 36 (1949) 136-141.

1954   DE AMBROGGI, P., « I sensi biblici. Direttive e studi recenti », ScuolC 78 (1950) 444-456.

1955   CHARLIER, C., *La lecture chrétienne de la Bible⁴,* « Les thèmes bibliques et leur transposition chrétienne », 215-236; « Le Christ, centre des Écritures », 236-240; « L'interprétation chrétienne de la Bible », 296-337; « Le sens de la Bible », 305-318; « Les principes d'interprétation », 318-328; « La méthode d'interprétation », 328-335.

1956   COPPENS, J., « Pour une meilleure intelligence des saintes Écritures. Un nouvel essai d'herméneutique biblique », ETL 27 (1951) 500-507.

1957   CASTELLINO, G., « Schola exegetica Anglo-Scandinava », VD 30 (1952) 361-363.

1958   COPPENS, J., « Nouvelles réflexions sur les divers sens des saintes Écritures », NRT 74 (1952) 1-20.

1959   DE AMBROGGI, P., « I sensi biblici. Proposte per chiarire la terminologia », ScuolC 80 (1952) 230-239.

1960   COPPENS, J., « The different Senses of Sacred Scripture », TDig 1 (1953) 15-21.

1961   DUPONT, J., *Études sur les Actes des apôtres,* « L'utilisation apologétique de l'Ancien Testament dans les discours des *Actes* », 245-282, ou dans ETL 29 (1953) 289-327, ou dans la coll. « Analecta Lovaniensia Biblica et Orientalia », série II, fasc. 40 (Louvain, Bruges, Paris, 1953).

1962   MILLER, A., « Su i diversi sensi della S. Scrittura », RivB 1 (1953) 289-314.

1963   FERNANDEZ, A., « Nota referente a los sentidos de la S. Escritura », Bibl 35 (1954) 72-79.

1964   O'FLYNN, J. A., « The Senses of Scripture », IrThQ 21 (1954) 181-184; 22 (1955) 57-66.

1965   RENARD, H., « L'objet de la Bible. Son expression dans les divers sens », MSR 11 (1954) 121-132.

1966   DE LA POTTERIE, I., « Le sens de la Parole de Dieu », LVit 10 (1955) 15-31.

1967   FERNANDEZ TRUYOLS, A., « Apostillas relativas a los sentidos biblicos », Bibl 37 (1956) 184-198.

1968   COLUNGA, A., « Los vaticinios proféticos de la pasión y los sentidos de la S. Escritura », Salm 4 (1957) 634-641.

1969   SCHILDENBERGER, J., « Vollsinn und typischer Sinn im Alten Testament », BiLit 24 (1956-57) 255-259.

1970   GIBLIN, C. H., « *As it is written...* A Basic Problem in Noematics », CBQ 20 (1958) 327-353, 477-498.

1971   STUHLMUELLER, C., « The Influence of oral Tradition upon Exegesis and the Senses of Scripture », CBQ 20 (1958) 299-326.

1972   BARROSSE, T., « The Senses of Scripture and the liturgical Pericopes », CBQ 21 (1959) 1-23.

1973   DE LUBAC, H., « À propos de l'allégorie chrétienne », RSR 47 (1959) 6-43.

1974   BENOIT, P., « La plénitude de sens des Livres Saints », RB 67 (1960) 161-196, et dans *Exégèse et théologie,* III, 31-68.

1975   DUPONT, J., « L'interprétation des psaumes dans les *Actes des Apôtres*, dans *Le Psautier* (en collab.), 357-388, ou dans *Études sur les Actes des apôtres,* 283-307.

1976   CROUZEL, H., « La distinction de la « typologie » et de l' « allégorie » », BLE 65 (1964) 161-174.

1977   DE LUBAC, H., *Exégèse médiévale.* Les quatre sens de l'Écriture, 4 vv., 712, 564, 558 pp.

1978   PRETE, B., « Il « senso biblico » in teologia », RivB 12 (1964) 3-25.

1979   GRELOT, P., *La Bible, parole de Dieu,* « L'herméneutique biblique », 311-391.

1980   GRELOT, P., *Bible et théologie,* « Les sens de l'Écriture : I. Le sens des choses dans la Bible; II. Le sens des textes bibliques », 160-179.

1981   DE LUBAC, H., *L'Écriture dans la tradition,* 304 pp.

1982   MARGARET DE JÉSUS, Sr, « Le sens de l'Écriture exprimé par la liturgie », LVit 21 (1966) 93-98.

1983   COPPENS, J., « Le problème des sens bibliques », Conci Nº 30 (1967) 107-118.

1984   RAMLOT, M.-L., « Les sens de l'Écriture », BVC Nº 73 (1967) 79-85.

Sens allégorique. Allegorical Sense. Allegerischer Schriftsinn. Senso allegorico. Sentido alegórico.

1985   BOUYER, L., *Le mystère pascal,* « La grande Vigile » (application de l'exégèse allégorique), 397-418.

1986   COPPENS, J., *Les harmonies des deux Testaments²* (Tournai, Paris, Casterman, 1949), « Le sens allégorique », 94-96.

1987   BUZY, D., « Le Cantique des Cantiques. Exégèse allégorique ou parabolique ? » dans *Mélanges Jules Lebreton,* I, RSR 39 (1951) 99-114.

Sens conséquent. Consequent Sense. Konsequenzsinn. Senso conseguente. Sentido consecuente.

1988 DEVINE, C., « The Consequent Sense », CBQ 2 (1940) 145-155.

1989 COPPENS, J., *Les harmonies des deux Testaments²* (Tournai, Paris, Casterman, 1949), « Les divers sens conséquents », 72-73.

Sens littéral. Literal Sense. Wörtlicher Schriftsinn. Senso letterale. Sentido literal.

1990 ZARB, S., « Unité ou multiplicité des sens littéraux dans la Bible », RT 37 (1932) 251-300.

1991 HOLZMEISTER, U., « Sensus exclusivus et praecisivus in S. Scriptura », Bibl 20 (1939) 264-274.

1992 PERRELLA, C. M., « Il pensiero di S. Agostino e S. Tommaso circa il numero del senso letterale nella S. Scrittura », Bibl 26 (1945) 277-302.

1993 STEINMANN, J., « Apologie du littéralisme », VI N° 5 (1948) 15-22.

1994 COPPENS, J., *Les harmonies des deux Testaments²* (Tournai, Paris, Casterman, 1949), « Les apports du sens littéral », 17-30; « La primauté des apports du sens littéral », 101-121.

1995 DE LUBAC, H., *Histoire et Esprit,* « Le sens littéral », 82-138.

1996 GRIBOMONT, J., « Sens plénier, sens typique et sens littéral », dans *Analecta Lovaniensia biblica et orientalia,* ser. II, fasc. 16 (1950) 21-32.

1997 CHIFFLOT, T.-G., « Exégèses littérales, exégèses figurées », dans *Rencontres* N° 36 (Paris, Cerf, 1951), 187-198.

1998 DEL PARAMO, S., *El problema del sentido literal pleno en la Sagrada Escritura* (Comillas, Universidad Pontificia, 1954), 57 pp.

1999 GRELOT, P., *La Bible, parole de Dieu.* « Méthodologie du sens littéral », 333-367.

2000 GRELOT, P., *Bible et théologie,* « Méthodologie du sens littéral », 179-187.

2001 CROUZEL, H., « Origène et le sens littéral dans ses « Homélies sur l'Hexateuque » », BLE 70 (1969) 241-263.

Sens plénier. Full Sense. Voller Schriftsinn. Senso pieno. Sentido pleno.

2002 DE AMBROGGI, P., « Il senso « pieno » del Protevangelo (Gen. 3, 15) », ScuolC 3 (1932) 193-205, 277-288.

2003 DE AMBROGGI, P., « Il senso letterale pieno nelle divine Scritture », ScuolC 4 (1932) 296-312.

2004 BUZY, D., « Un problème d'herméneutique sacrée. Sens plural, plénier et mystique », AT 5 (1944) 385-408.

2005 BIERBERG, R., « Does Sacred Scripture have a Sensus Plenior ? » CBQ 10 (1948) 182-195.

2006 COPPENS, J., *Les harmonies des deux Testaments²* (Tournai, Paris, Casterman, 1949), « Les apports du sens plénier », 31-68; « Le point d'appui du sens plénier », 124-125; « Le sens plénier chez les Pères de l'Église », 128-129.

2007 COPPENS, J., « Le problème du sens plénier », dans *Problèmes et méthode d'exégèse théologique* (en collab.) (Louvain, Publications Universitaires, 1950), 11-19.

2008 COURTADE, G., « Les Écritures ont-elles un sens plénier ? » RSR 38 (1950) 481-499.

2009 GRIBOMONT, J., « Sens plénier, sens typique et sens littéral », dans *Analecta Lovaniensia biblica et Orientalia,* ser. II, fasc. 16 (1950) 21-32.

2010 TAMISIER, R., « The Total Sense of Scripture », SCR 4 (1950) 141-144.

2011 BRAUN, F.-M., « Le sens plénier et les encycliques », RT 51 (1951) 294-304.

2012 LEAL, J., « El sentido « plenior » de la Sagrada Escritura », RazFe 144 (1951) 474-482.

2013   FERNANDEZ, A., « Sensus typicus. Sensus plenior », Bibl 33 (1952) 526-528.

2014   BROWN, R. E., *The Sensus Plenior of Sacred Scripture* (Baltimore, St. Mary's University, 1953), 14-161 pp.

2015   BROWN, R. E., « The History and Development of the Theory of a Sensus Plenior », CBQ 15 (1953) 141-162.

2016   SUTCLIFFE, E. F., « The Plenary Sense as a Principle of Interpretation », Bibl 34 (1953) 333-343.

2017   DEL PARAMO, S., *El problema del sentido literal pleno en la sagrada Escritura* (Comillas, Universidad Pontificia, 1954), 57 pp.

2018   ENCISO, J., « Observaciones acerca del sentido pleno », EstB 13 (1954) 325-331.

2019   TURRADO, L., « El sentido « pleno » de la Sagrada Escritura y la Mariología », Salm 1 (1954) 749-759.

2020   TEMINO SAIZ, A., « En torno al problema del *sensus plenior* », EstB 14 (1955) 5-47.

2021   ARANA, A. I., « Inspiration and the Fuller Sense of Scripture », TDig 4 (1956) 59-64.

2022   BENOIT, P., « Le *Sensus plenior* de l'Écriture », RB 63 (1956) 285-287, ou dans BENOIT, P., *Exégèse et théologie,* I, 19-21.

2023   SCHILDENBERGER, J., « Vollsinn und typischer Sinn im Alten Testament », BiLit 24 (1956-57) 255-259.

2024   COPPENS, J., « Le problème du sens plénier », ETL 34 (1958) 5-20.

2025   KRUMHOLTZ, R., « Instrumentality and the *Sensus Plenior* », CBQ 20 (1958) 200-205.

2026   KERRIGAN, A., « The « sensus plenior » of Joel, III, 1-5 in *Act.,* II, 14-36 », dans *Sacra Pagina* (en collab.), II, 295-313.

2027   O'ROURKE, J. J., « Marginal Notes on the Sensus Plenior », CBQ 21 (1959) 64-71.

2028   SCHMID, J., « Die alttestamentlichen Zitate bei Paulus und die Theorie vom *Sensus plenior* », BZ 3 (1959) 161-173.

2029   BENOIT, P., « La plénitude de sens des livres saints », RB 67 (1960) 161-196.

2030   BENOIT, P., « The Fuller Meaning of Scripture », TDig 9 (1961) 3-8.

2031   BROWN, R. E., « The Sensus plenior in the last ten Years », CBQ 25 (1963) 262-285.

2032   SENSEGUNDO, P., *Exposición historico-critica del hoy llamado « sensus plenior » de la Sagrada Escritura* (Avila, Revista Studium, 1963), 152 pp.

2033   VAWTER, B., « The Fuller Sense : Some Considerations », CBQ 26 (1964) 85-96.

2034   GRELOT, P., *La Bible, parole de Dieu,* « Le passage du sens littéral au sens plénier », 316-327; « Méthodologie du sens plénier », 367-391.

2035   GRELOT, P., *Bible et théologie,* « Le sens plénier de l'Écriture », 174-179; « Méthodologie du sens plénier », 187-193.

2036   BROWN, R. E., « The Problems of the *Sensus plenior* », ETL 43 (1967) 460-469.

2037   BROWN, R. E., « The Problems of the Sensus Plenior », dans *Exégèse et Théologie* (en collab.), 72-81.

Sens spirituel. Spiritual Sense. Geistlicher Schriftsinn. Senso spirituale. Sentido espiritual.

2038   BOUYER, L., « Liturgie et exégèse spirituelle », MD N° 7 (1946) 27-51.

2039   GRIBOMONT, J., « Le lien des deux Testaments selon la théologie de St Thomas. Notes sur le sens spirituel et implicite des Saintes Écritures », ETL 22 (1946) 7-89.

2040   CHARLIER, C., « La lecture sapientielle de la Bible », MD N° 12 (1947) 14-52.

2041   DUBARLE, A.-M., « Le sens spirituel de l'Écriture », RSPT 3 (1947) 41-72.

2042   CHARLIER, C., « Typologie et évolution. Problème d'exégèse spirituelle », *Esprit et Vie* 2 (1949) 578-597.

2043 DE LUBAC, H., « Sens spirituel », RSR 36 (1949) 42-76.

2044 DE LUBAC, H., *Histoire et Esprit,* « Le sens spirituel », 139-194.

2045 GELIN, A., « Le sens spirituel de l'Écriture », AmiCl 60 (1950) 641-646.

2046 DUBARLE, A.-M., « La lecture chrétienne de l'Ancien Testament », dans *Rencontres* N° 36 (Paris, Cerf, 1951), 206-234.

2047 McKENZIE, J. L., « A Chapter in the History of Spiritual Exegesis : De Lubac's *Histoire et esprit* », TS 12 (1951) 365-381.

2048 FERNANDEZ, A., « Sentido plenior, literal, típico, espiritual », Bibl 34 (1953) 299-326.

2049 SCHILLING, O., « Der geistige Sinn der Heiligen Schrift », TGl 44 (1954) 241-254.

2050 DE LUBAC, H., *L'Écriture dans la tradition,* « L'intelligence spirituelle », 11-113.

2051 HEISING, A., « Exegese und Theologie der alt-und neutestamentlichen Speise-wunder », ZKT 86 (1964) 80-96.

2052 LORETZ, O., « Herkunft und Sinn der Jona-Erzählung », BZ 5 (1961) 18-29.

2053 VOGELS, H., « Die Tempelreinigung und Golgotha (Joh 2, 19-22) », BZ 6 (1962) 102-107.

Sens typique. Typical Sense. Typologischer Schriftsinn. Senso tipico. Sentido típico.

2054 COPPENS, J., « L'allégorisme au xxᵉ siècle », ETL 23 (1947) 185-188.

2055 DE LUBAC, H., « « Typologie » et « allégorisme » », RSR 35 (1947) 180-226.

2056 COPPENS, J., *Les harmonies des deux Testaments²* (Tournai, Paris, Casterman, 1949) « Le sens typique », 78-94, 123-124.

2057 DANIÉLOU, J., « Rahab, figure de l'Église », Ir 22 (1949) 26-45.

2058 DANIÉLOU, J., *Sacramentum futuri,* 16-265 pp.

2059 GRIBOMONT, J., « Sens plénier, sens typique et sens littéral », dans *Analecta Lovaniensia biblica et orientalia,* ser. II, fasc. 16 (1950) 21-32.

2060 DANIÉLOU, J., « Qu'est-ce que la typologie ? », dans *Rencontres* N° 36 (Paris, Cerf, 1951), 199-205.

2061 WOOLCOMBE, K. J., « Le sens de « type » chez les Pères », VSS 5 (1951) 84-100.

2062 FERNANDEZ, A., « Sensus typicus. Sensus plenior », Bibl 33 (1952) 526-528.

2063 OÑATE, J. A., « ¿ El llamado sentido típico es estrictamente sentido bíblico viejo-testamentario ? » EstB 12 (1953) 159-183; 13 (1954) 185-197.

2064 BOURASSA, F., « Thèmes bibliques du baptême : la typologie dans le Nouveau Testament », SE 10 (1958) 427-431.

2065 GIBLIN, C. H., « *As it is written...* A Basic Problem in Noematics (II) : The Use of Scripture in *Romans* 1-5, Analogous Fulfillment and the Technique called « Typo-logy » », CBQ 20 (1958) 494-498.

2066 SABOURIN, L., « Le bouc émissaire, figure du Christ », SE 11 (1959) 45-79.

2067 LOUF, A., « Caper emissarius ut typus Redemptoris apud Patres », VD 38 (1960) 262-277.

2068 GRELOT, P., « Les figures bibliques », NRT 84 (1962) 561-578, 673-698.

2069 BLIGH, J., « Typology in the Passion Narratives; Daniel, Elijah, Melchizedek », HeyJ 6 (1965) 302-309.

2070 FEUILLET, A., « L'explication « typologique » des événements du désert en 1 Co 10, 1-4 », SMR 8 (1965) 115-135.

2071 FEUILLET, A., *Le Christ, sagesse de Dieu,* « L'explication « typologique » des événements du désert en 1 Co x, 1-4 », 87-111.

2072   GRELOT, P., « Biblical Figures : a Definition and a Criterion », TDig 14 (1966) 8-13.

2073   LANGEMEYER, B., « Konziliare Mariologie und biblische Typologie zum ökumenischen Gespräch über Maria nach dem Konzil », Catho 21 (1967) 295-316.

THÉOLOGIE BIBLIQUE. BIBLICAL THEOLOGY. BIBLISCHE THEOLOGIE. TEOLOGIA BIBLICA. TEOLOGÍA BÍBLICA.

2074   SCHODER, R. V., « The Rebirth of Scriptural Theology », AmER 117 (1947) 81-101.

2075   PRAT, F., *La théologie de saint Paul*[38], « De la théologie biblique », I, 1-5.

2076   SPICQ, C., « L'événement de la théologie biblique », RSPT 40 (1951) 561-574.

2077   BRAUN, F.-M., « La théologie biblique. Qu'entendre par là ? » RT 53 (1953) 221-253.

2078   BRAUN, F.-M., *La mère des fidèles* (Paris, Tournai, Casterman, 1953), Introduction.

2079   HENRY, P., « La Bible et la théologie », dans ROBERT, A., TRICOT, A., *Initiation biblique*[3], 964-998.

2080   LYONNET, S., « De notione et momento theologiae biblicae », VD 34 (1956) 142-153.

2081   MacKENZIE, R. A. F., « Biblical Theology », TDig 4 (1956) 131-136.

2082   WORDEN, T., « Is Scripture to remain the Cinderella of Catholic Theology ? » SCR 8 (1956) 2-12.

2083   HARVEY, J., « Symbolique et théologie biblique », SE 9 (1957) 147-157.

2084   LYONNET, S., « De theologia biblica », dans *De Peccato et Redemptione,* I. *De Notione peccati* (Roma, Pont. Istitutum Biblicum, 1957), 7-25.

2085   SCHLIER, H., « Über Sinn und Aufgabe einer Theologie des Neuen Testaments », BZ 1 (1957) 6-23.

2086   GIBLIN, C. H., « *As it is written...* A Basic Problem in Noematics », CBQ 20 (1958) 327-353, 477-498.

2087   GROSS, H., « Was ist alttestamentliche Theologie ? » TrierTZ 67 (1958) 355-363.

2088   SPICQ, C., « Nouvelles réflexions sur la théologie biblique », RSPT 42 (1958) 209-219.

2089   DESCAMPS, A., « Réflexions sur la méthode en théologie biblique », dans *Sacra Pagina* (en collab.), I, 132-157.

2090   PEINADOR, M., « La integración de la exégesis en la teología. Hacia una auténtica « teología bíblica » », dans *Sacra Pagina* (en collab.), I, 158-179.

2091   SPICQ, C., « The Work of Biblical Theology », TDig 7 (1959) 3-10.

2092   NOVAK, M., « The Philosophy implicit in Biblical Studies », CBQ 22 (1960) 306-314.

2093   CWIEKOWSKI, F. J., « Biblical Theology as Historical Theology », CBQ 24 (1962) 404-411.

2094   LÉON-DUFOUR, X., DUPLACY, J., GEORGE, A., GRELOT, P., GUILLET, J., LACAN, M.-F. (sous la direction de), *Vocabulaire de théologie biblique* (Paris, Cerf, 1962), 1158 colonnes.

2095   VANBERGEN, P., *Index des thèmes du Nouveau Testament* (Bruges, Biblica, 1962), 356 pp.

2096   VAN DER PLOEG, J., « Une « théologie de l'Ancien testament » est-elle possible ? » ETL 38 (1962) 417-434.

2097   FESTORAZZI, F., « Il problema del metodo nella teologia biblica », ScuolC 91 (1963) 253-276.

2098   GALBIATI, E., « Teologia ed esegesi », BibOr 5 (1963) 181-188.

2099   GRELOT, P., « Études sur la théologie du Livre Saint », NRT 85 (1963) 785-806, 897-925.

2100 BLENKINSOPP, J., « Biblical and Dogmatic Theology : The Present Situation », CBQ 26 (1964) 70-85.

2101 BROX, N., « Worttheologie und biblische Theologie », BiLit 38 (1964-65) 12-16.

2102 ROBINSON, J. M., « Scripture and Theological Method », CBQ 27 (1965) 6-27.

2103 MARRANZINI, A., « Riflessi in teologia dell'esegesi moderna », RivB 14 (1966) 433-454.

2104 PETRI, H., *Exegese und Dogmatik* (München, Paderborn, Wien, Schöningh, 1966), « Biblische Theologie », 70-91.

2105 DE VAUX, R., « Peut-on écrire une « théologie de l'A. T. » ? », dans *Mélanges Chenu* (Paris, Vrin, 1967), 439-449, ou dans *Bible et Orient,* 59-71.

2106 MOST, W. G., « A Biblical Theology of Redemption in a Covenant Framework », CBQ 29 (1967) 1-29.

2107 BENOIT, P., « Exégèse et théologie biblique », dans *Exégèse et théologie,* III, 1-13.

2108 KUSS, O., « Exegese und Theologie des Neuen Testamentes als Basis und Ärgernis jeder nachneutestamentlichen Theologie », MüTZ 21 (1970) 181-215.

THÉOLOGIE ET BIBLE. THEOLOGY AND BIBLE.
THEOLOGIE UND HEILIGE SCHRIFT. TEOLOGIA E BIBBIA.
TEOLOGÍA Y BIBLIA.

Théologie dogmatique. Dogmatic Theology. Dogmatische Theologie. Teologia dommatica. Teología dogmática.

2109 JUNKER, H., « Die heutige Aufgabe der alttestamentlichen Wissenschaft in der katholischen Theologie », PB 49 (1938) 54-56.

2110 GALLAN, C. J., « The Bible in the *Summa Theologica* of St. Thomas », CBQ 9 (1947) 33-47.

2111 CAZELLES, H., « La place de la théologie dans l'enseignement de l'Écriture », NRT 69 (1947) 1029-1041.

2112 LEVIE, J., « Les limites de la preuve d'Écriture Sainte en théologie », NRT 71 (1949) 1009-1029.

2113 CHENU, M.-D., *Introduction à l'étude de saint Thomas* (Paris, Vrin, 1950), 199-225.

2114 XXX, *Initiation théologique* (Paris, Cerf, 1952), « Les sources de la théologie », I, 415 pp.

2115 CHENU, M.-D., « Vocabulaire biblique et vocabulaire théologique », NRT 74 (1952) 1029-1041.

2116 DE LUBAC, H., *Catholicisme.* Les aspects sociaux du dogme (Paris, Cerf, 1952), « L'interprétation de l'Écriture », 119-158.

2117 LEVIE, J., « Exégèse critique et interprétation théologique », dans *Mélanges Jules Lebreton,* RSR 39 (1951-52) 237-252.

2118 DE BROGLIE, G., « Note sur la primauté d'argument d'Écriture Sainte en théologie », dans BOUYER, L., *Du protestantisme à l'Église* (Paris, Cerf, 1954), 247-250.

2119 LEVIE, J., *La Bible, parole humaine et message de Dieu,* « Apports et limites de la preuve d'Écriture Sainte en théologie », ´304-332.

2120 MICHL, J., « Dogmatischer Schriftbeweis und Exegese », BZ 2 (1958) 1-14.

2121 ALONSO SCHÖKEL, L., « Argument d'Écriture et théologie biblique dans l'enseignement théologique », NRT 81 (1959) 337-354.

2122 LEVIE, J., « Interprétation scripturaire : en exégèse, en théologie », dans *Sacra Pagina* (en collab.), I, 100-118.

2123   RAHNER, K., « Exegese und Dogmatik », StiZ 168 (1960-1961) 241-262.

2124   ALONSO SCHÖKEL, L., « The *Proof from Scripture* in Theology », TDig 9 (1961)
       33-37.

2125   KUSS, O., « Exegese als theologische Aufgabe », BZ 5 (1961) 161-185, ou dans
       Auslegung und Verkündigung, I, 1-24.

2126   SHEETS, J. R., « The Scriptural Dimension of St. Thomas », AmER 144 (1961)
       154-173.

2127   HAAG, H., « Zum Verhältnis Exegese – Dogmatik », TQ 142 (1962) 1-22.

2128   RAHNER, K., « De exegesi et dogmatica », VD 40 (1962) 47-72.

2129   RAHNER, K., « Exegese und Dogmatik », dans *Exegese und Dogmatik* (en collab.),
       25-52.

2130   SCHILLEBEECKX, E., « Exegese, Dogmatik und Dogmenentwicklung », dans
       Exegese und Dogmatik (en collab.), 91-114.

2131   BLENKINSOPP, J., « Biblical and Dogmatic Theology : The present Situation », CBQ
       26 (1964) 70-85.

2132   SIMEK, W., « Exegese und Dogmatik », BiLit 38 (1964-65) 6-11.

2133   KASPER, W., « Evangelium und Dogma », Catho 19 (1965) 199-209.

2134   PETRI, H., *Exegese und Dogmatik* (München, Paderborn, Wien, Schöningh, 1966),
       « Exegese als theologische Disziplin », 12-67; « Das Verhältnis zwischen Exegese und
       Dogmatik », 192-248; « Die dogmatische Relevanz der biblischen Literal Sinnes »,
       94-160.

2135   ASVELD, P., « Exégèse critique et exégèse dogmatique », ETL 43 (1967) 405-419.

2136   KASPER, W., « Les rapports de l'Évangile au dogme : réflexions historiques sur un
       thème d'actualité », Conci N° 21 (1967) 133-146.

2137   ALFARO, J., « El tema bíblico en la enseñanza de la teología sistemática », Greg 50
       (1969) 507-541.

Théologie morale. Moral Theology. Moraltheologie. Teologia morale. Teología moral.

2138   DECOUT, A., « Y a-t-il conflit entre la morale rationnelle et la morale évangéli-
       que », Et 218 (1934) 273-295, 432-453.

2139   DELHAYE, P., « Le recours à l'Écriture Sainte dans l'enseignement de la théologie
       morale. I. Le Moyen Âge », *Bulletin des Facultés Catholiques de Lyon* 77 (1955) 5-19;
       « II. L'époque moderne », 78 (1956) 5-27.

2140   DELHAYE, P., « L'orientation religieuse des actes moraux d'après la Sainte Écriture
       et la théologie », dans *À la rencontre de Dieu.* Mémorial Albert Gelin (en collab.),
       415-428.

2141   ÉTIENNE, J., « Théologie morale et renouveau biblique », ETL 40 (1964) 232-241.

2142   HÄRING, B., « La théologie morale et la sociologie pastorale dans la perspective de
       l'histoire du salut », SE 16 (1964) 209-224.

2143   LAVERDIÈRE, E. A., « Covenant Morality », Wor 38 (1964) 240-246.

2144   CROTTY, N., « Biblical Perspectives in Moral Theology », TS 26 (1965) 574-595.

2145   SPICQ, C., *Théologie morale du Nouveau Testament,* « Évolution de la morale de
       l'ancienne à la nouvelle Alliance », 17-60.

2146   FESTORAZZI, F., « La Sacra Scrittura, anima del rinnovamento della teologia mo-
       rale », ScuolC 94 (1966) 91-115.

2147   HAMEL, É., « L'usage de l'Écriture Sainte en théologie morale », Greg 47 (1966) 53-85.

2148   RICHTER, W., *Recht und Ethos.* Versuch einer Ortung des weisheitlichen
       Mahnspruches (München, Kösel, 1966), 217 pp.

2149 BOCKLE, F., « Sexualität und sittliche Norm », StiZ 180 (1967) 249-267.

2150 GRELOT, P., « L'idée de nature en théologie morale : le témoignage de l'Écriture », VSS 20 (1967) 208-229.

2151 LAURENTIN, R., « Esprit Saint et théologie morale », NRT 89 (1967) 26-42.

TRADUCTIONS DE LA BIBLE. TRANSLATIONS OF THE BIBLE. BIBELÜBERSETZUNGEN. TRADUZIONI DELLA BIBBIA. TRADUCCIONES DE LA BIBLIA.

Traductions allemandes. German Translations. Deutsche Übersetzungen. Traduzioni tedesche. Traducciones alemanas.

2152 ALLIOLI, J. P., THIEME, K., *Die Heilige Schrift des Neuen Testamentes.* Aus der authentischen Vulgata übersetzt, nach dem Urtext revisiert und erläutert (Freiburg, Herder, 1949), 2 vv., 224, 112 pp.

2153 KARRER, O., *Das Neue Testament übersetzt und erklärt* (München, Ars Sacra, 1950), 820 pp.

2154 KETTER, P., *Das Neue Testament.* Stuttgarter Kepplerbibel (Stuttgart, Kepplerhaus, 1951), 546 pp.

2155 BAUER, J., « Um eine Neuübersetzung des Perikopenbuches », BiLit 23 (1955-1956) 273-277.

2156 GROSS, H., « Gesichtspunkte für die Neubearbeitung der Ecker Schulbibel », TrierTZ 65 (1956) 308-311.

2157 GRILL, S., « Unsere gegenwärtigen deutschen Bibeltexte des Alten Testaments », BiLit 27 (1959-60) 119-124.

2158 SCHLIER, H., « Erwägungen zu einer deutschen Einheitsübersetzung der Heiligen Schrift », BZ 8 (1964) 1-21.

2159 BAUER, J. B., « Um eine neue deutsche Bibel », BiLit 38 (1964-65) 17-23.

2160 KNOCH, O., « Der neue deutsche Einheitstext der Bibel », BiLit 42 (1969) 114-118.

Traductions anglaises. English Translations. Englische Übersetzungen. Traduzioni inglesi. Traducciones inglesas.

2161 *Reims-Douay Version* (1re éd. du N. T. en 1582, à Reims; 1re éd. de l'A. T. en 1609-1610, à Douai).

2162 NEWTON, W. L., « The Forthcoming Revision of the New Testament », AmER 98 (1938) 42-50, 141-149, 244-253, 317-322.

2163 *The Westminster Version of the Sacred Scriptures* (LATTEY, C., KEATING, J., édit.) (London, Longmans, Green and Co., 1935 (NT)), 4 vv.

2164 CHRISTOPHER, J. P., « The Need of a New Revision » (sur la traduction du N. T. catholique), AmER 104 (1941) 385-394.

2165 NEWTON, W. L., « A Revision of the Catholic New Testament in English », AmER 104 (1941) 1-11, 120-128, 220-232.

2166 KLEIST, J. A., « An Important Principle in Rendering the Gospels into Modern English », AmER 110 (1944) 435-443.

2167 KNOX, R. A., *The New Testament of Our Lord and Saviour Jesus-Christ,* Newly translated from the Latin Vulgate (Sheed and Ward, New York, 1944), 573 pp.

2168 FULLER, R. C., « Bishop Challoner and the Douay Bible », SCR 2 (1947) 8-19.

2169 ANDERSON, W., « A Note on the Challoner Bible », SCR 2 (1947) 42-44.

2170 SUTCLIFFE, E. F., « The « Authorized Version » », SCR 2 (1947) 67-71.

2171 BULLOUGH, S., « English Catholic New Testaments since Challoner », SCR 3 (1948) 13-19.

2172 *The Holy Bible.* New Catholic Edition (New York, Catholic Book Publication Co., 1948), 2 vv., 1086, 367 pp.

2173 KNOX, R. A., *The Old Testament.* Newly translated from the Latin Vulgate (London, Burns Oates and Washbourne, 1949), 2 vv., 742, 1606 pp.

2174 ARBEZ, E. P., « The New Catholic Translation of the Old Testament », CBQ 44 (1952) 237-254.

2175 *The Holy Bible* (HARTMAN, L. F., édit.), Translated from the Original Languages by Members of the Catholic Biblical Association of America. Confraternity Version (Paterson, N. J., St. Anthony Guild Press, 1952), 12-664 pp.

2176 AVERY, B. R., « The Revised Standard Version », Wor 32 (1958) 416-419.

2177 O'CONNELL, J. P., « The Use of the Confraternity Version in Missal Pericopes », CBQ 20 (1958) 63-82.

2178 RHODES, E. F., « Text of NT in Jerusalem and New English Bibles », CBQ 32 (1970) 41-57.

Traductions françaises. French Translations. Französische Übersetzungen.
Traduzioni francesi. Traducciones francesas.

2179 TOURNAY, R., « Poésie biblique et traduction française. Un Essai : le Psaume XI », RB 53 (1946) 349-364.

2180 *La Sainte Bible,* texte latin et traduction française d'après les textes originaux avec un commentaire exégétique et théologique, sous la direction de L. PIROT et A. CLAMER (Paris, Letouzey). En cours de parution.

2181 *La Sainte Bible* traduite en français sous la direction de l'École Biblique de Jérusalem, en 43 fascicules (Paris, Cerf, 1948-1954), ou en 1 volume (Paris, Cerf, 1956), 1669 pp.

2182 OSTY, É., *Le Nouveau Testament,* traduction nouvelle (Paris, Éd. Siloë, 1949), 565 pp.

2183 *La Sainte Bible,* version nouvelle d'après les textes originaux par les moines de l'abbaye de Maredsous (Éditions de Maredsous, 1950), 1408 pp.

2184 *Le Nouveau Testament,* traduction de l'Association catholique des Études Bibliques au Canada (Montréal, Fides, 1953), 672 pp.

2185 LABOURDETTE, M. M., « Bibles françaises », RT 53 (1953) 653-656.

2186 *Bible de Lille* (LIÉNART, A., et autres), *La Sainte Bible* (Paris, Letouzey et Éd. Siloë, 1955).

2187 ARBEZ, E. P., « French Language Translations », CBQ 17 (1955) 76-87.

2188 GELIN, A., « Les traductions françaises de la Bible entière », AmiCl 65 (1955) 166-167.

2189 RAMLOT, M.-L., « La Bible en français », RT 59 (1959) 101-130.

2190 CRAMPON, A., *La Sainte Bible,* d'après les textes originaux. Trad. de l'A. T. revisée par J. BONSIRVEN; trad. nouvelle du N. T. faite par A. TRICOT (Tournai, Desclée et Cie, 1960), LVI-1164-364 pp.

Traductions grecques. Greek Translations. Griechische Übersetzungen. Traduzioni greche.
Traducciones griegas.

a) *La Septante. The Septuagint. Septuaginta. I Settanta. La Setenta.*

2191 BARROIS, A., « Une nouvelle théorie de l'origine des Septante », RB 39 (1930) 332-361.

2192 ZIEGLER, J., « Der textkritische Wert der Septuaginta des Buches Job », Bibl 15 (1934) 277-296.

2193 ALLGEIER, A., « Beobachtungen am LXX-Text der Bücher Esdras und Nehemias », Bibl 22 (1941) 227-251.

2194 SCHNEIDER, H., « Die biblischen Oden in Jerusalem und Konstantinopel », Bibl 30 (1949) 433-452.

2195 BENOIT, P., « La Septante est-elle inspirée ? » dans *Vom Wort des Lebens* (Festschrift für M. Meinertz) (Münster, 1951), 41-49, ou dans *Exégèse et Théologie* (Paris, Cerf, 1961), I, 1-12.

2196 AUVRAY, P., « Comment se pose le problème des Septante », RB 59 (1952) 321-336.

2197 COSTE, J., « La première expérience de traduction biblique : la Septante », MD N° 53 (1958) 56-88.

2198 BENOIT, P., « L'inspiration des Septante d'après les Pères », dans *L'homme devant Dieu*. Mélanges H. DE LUBAC (en collab.), I, 169-187, et dans *Exégèse et théologie*, III, 69-89.

2199 SEGALLA, G., « La volontà di Dio nei LXX », RivB 13 (1963) 121-144.

2200 GRELOT, P., « Sur l'inspiration et la canonicité de la Septante », SE 17 (1964) 387-418.

2201 DREYFUS, F., « L'inspiration de la Septante. Quelques difficultés à surmonter », RSPT 49 (1965) 210-220.

2202 DUBARLE, A.-M., « Note conjointe sur l'inspiration de la Septante », RSPT 49 (1965) 221-229.

2203 BARTHÉLEMY, D., « La place de la Septante dans l'Église », dans *Aux grands carrefours de la révélation et de l'exégèse de l'A. T.* (en collab.), 13-28.

2204 LEDOGAR, R. J., « Verbs of Praise in the LXX Translation of the Hebrew Canon », Bibl 48 (1967) 29-56.

2205 DUPLACY, J., « Pour un inventaire général des citations patristiques de la Bible grecque », Greg 51 (1970) 561-565.

b) *Autres traductions grecques. Other Greek Translations. Sonstige griechische Übersetzungen. Altre traduzioni greche. Otras traducciones griegas.*

2206 MERK, A., « Ein griechisches Bruchstück des Diatesserons Tatians », Bibl 17 (1936) 234-241.

2207 PETERS, C., « Ein neues Fragment des griechischen Diatessaron ? » Bibl 21 (1940) 51-55.

2208 MERCATI, G., « Sulla scrittura del tetragramma nelle antiche versioni greche del Vecchio Testamento », Bibl 22 (1941) 339-354.

2209 ZIEGLER, J., « Der griechische Dodekapropheton-Text der Complutenser Polyglotte », Bibl 25 (1944) 297-310.

2210 SCHOEPS, H. J., « Mythologisches bei Symmachus », Bibl 26 (1945) 100-111.

2211 MERCATI, G., « A quale Tempo risale « il Siro » dei commentari greci della Bibbia ? » Bibl 26 (1945) 1-11.

2212 SCHOEPS, H. J., « Symmachusstudien III : Symmachus und der Midrasch », Bibl 26 (1945) 100-111; 29 (1948) 31-51.

2213 BARTHÉLEMY, D., « Redécouverte d'un chaînon manquant de l'histoire de la Septante », RB 60 (1953) 18-29.

2214 GRINDEL, J. M., « Another Characteristic of the *Kaige* Recension », CBQ 31 (1969) 499-513.

Traductions latines. Latin Translations. Lateinische Übersetzungen. Traduzioni latine. Traducciones latinas.

2215 ALLGEIER, A., « Der Brief an Sunnia und Fretela und seine Bedeutung für die Textherstellung der Vulgata », Bibl 11 (1930) 86-107.

2216   STUMMER, F., « Lexiocographische Bemerkungen zur Vulgata », Bibl 15 (1934) 179-202.

2217   STUMMER, F., « Beiträge zur Lexikographie der lateinischen Bibel », Bibl 18 (1937) 23-50.

2218   STUMMER, F., « Beitrage zu dem Problem « Hieronymus und die Tardumin » », Bibl 18 (1957) 174-181.

2219   OPPERMANN, B., « Die neue Benediktinervulgata », BiLit 12 (1937-1938) 345-347.

2220   BOVER, J. M., « La Vulgata en España », EstB 1 (1941) 11-40, 167-185.

2221   DOLD, A., « Neue Teile der ältesten Vulgata-Evangelienhandschrift aus dem 5. Jhdt », Bibl 22 (1941) 105-146.

2222   KAUPEL, H., « Beobachtungen zur Wiedergabe des Infinitivus absolutus in der Vulgata des Buches Leviticus », Bibl 22 (1941) 252-262.

2223   ZERWICK, M., « De revisione Vulgatae », VD 21 (1941) 148-154.

2224   VAILHE, S., « L'autorité de la Vulgate et le concile de Trente », AT 2 (1942) 244-264.

2225   HOLZMEISTER, U., « Versio Vulgata haud raro formam textus primitivi vario modo leviter auget », VD 23 (1943) 129-132.

2226   MARAZUELA, T. A., « El texto de la Vulgata », EstB 2 (1943) 23-74.

2227   MARAZUELA, T. A., « Los elementos extrabíblicos de la Vulgata », EstB 2 (1943) 133-187.

2228   METLEN, M., « The Vulgate Gospels as a Translation », AmER 109 (1943) 101-115, 304-312.

2229   MUÑOZ IGLESIAS, S., « El decreto tridentino sobre la Vulgata y su interpretación por los teólogos del siglo XVI », EstB 5 (1946) 137-169.

2230   VOSTÉ, J.-M., « La Volgata al Concilio di Trento », Bibl 27 (1946) 301-319.

2231   SCHLEGER, G. D., « The Vulgate Bible », SCR 2 (1947) 61-67.

2232   ALLGEIER, A., « Haec vetus et vulgata editio Neue wort- und begriffsgeschichtliche Beiträge zur Bibel auf dem Tridentinum », Bibl 29 (1948) 353-390.

2233   AYUSO MARAZUELA, T., « La liturgía Mozárabe y su importancia para el texto bíblico de la Vetus Latina Hispana », EstB 10 (1951) 269-312.

2234   BEURON (Abbaye de), Vetus Latina. Die Reste der altlateinischen Bibel (Freiburg, Herder, 1951 ss). (En cours de publication. Parus : Genèse; Ephésiens; Philippiens 1, 1-4,7; 1-3 Jn; Jude; Jacques; 1-2 Pierre.)

2235   REHM, M., « Die Bedeutung hebräischer Wörter bei Hieronymus », Bibl 35 (1954) 174-197.

2236   BOTTE, B., « Latines (versions) antérieures à S. Jérôme », SDB V, col. 334-347.

2237   PENNA, A., « La Volgata e il manoscritto 1Qls^a », Bibl 38 (1957) 381-395.

2238   ABBAYE DE SAINT-JÉRÔME (Rome), Biblia Sacra juxta latinam vulgatam versionem (Romae, Typis Polyglottis Vaticanis, 1926 ss), édition en cours, rendue au Cantique des Cantiques (1967).

Traductions en d'autres langues. Translations in other Languages.
Übersetzungen in sonstigen Sprachen. Traduzioni in altre lingue.
Traducciones en otras lenguas.

2239   VACCARI, A., « La storia d'una bibbia araba », Bibl 11 (1930) 350-354.

2240   BAUMSTARK, A., « Die syrische übersetzung des Titus von Bostra und das « Diatessaron » », Bibl 16 (1935) 257-299.

2241   LYONNET, S., « La traduction de la Bible et le témoignage des historiens arméniens », RSR 25 (1935) 170-187.

2242 SCHWEIGL, J., « La bibbia slava del 1751 (1756) », Bibl 18 (1937) 51-73.

2243 TILL, W., « Kleine koptische Bibelfragmente », Bibl 20 (1939) 241-263, 361-386.

2244 MERK, A., « Tatian in italienischem Gewande », Bibl 20 (1939) 294-305.

2245 PETERS, C., « Zur Herkunft der Pesitta von des ersten Samuel-Buches », Bibl 22 (1941) 25-34.

2246 DOLD, A., « Neue Teile der ältesten Vulgata-Evangelienhandschrift aus dem 5. Jhdt », Bibl 22 (1941) 105-146.

2247 BISCHOFF, B., « Zur Rekonstruktion des Sargallensis (Σ) und der Vorlage seiner Marginalien », Bibl 22 (1941) 147-158.

2248 PETERS, C., « Neue Funde und Forschungen zum Diatessaron », Bibl 23 (1942) 68-77.

2249 PETERS, C., « Der Diatessarontext von Mt 2, 9 und die westächsische Evangelienversion », Bibl 23 (1942) 323-332.

2250 MESSINA, G., « Un Diatessaron Persiano del secolo XIII tradotto dal Siriaco », Bibl 23 (1942) 268-305; 24 (1943) 59-106.

2251 SCHWEIGL, J., « De textu recepto slavico Evangelii liturgici », Bibl 24 (1943) 289-303.

2252 ZIEGLER, J., « Beiträge zur koptischen Dodekapropheton-Übersetzung », Bibl 25 (1944) 104-142.

2253 MERCATI, G., « Il problema della colonna II dell'Esaplo », Bibl 28 (1947) 1-30, 173-215.

2254 MESSINA, G., « Lezioni apocrife nel Diatessaron persiano », Bibl 30 (1949) 10-27.

2255 MESSINA, G., « Parallelismi, semitismi, lezioni tendenziose nell'armonia persiana », Bibl 30 (1949) 356-376.

2256 CORDOLIANI, A., « Le texte de la Bible en Irlande du Ve au IXe siècle », RB 57 (1950) 1-39.

2257 SAYDON, P. P., « Versio Melitensis S. Scripturae », VD 33 (1955) 346-347.

2258 DELEKAT, L., « Die Peschitta zu Jesaja zwischen Targum und Septuaginta », Bibl 38 (1957) 185-199, 321-335.

2259 BOTTE, B., LELOIR, L., VAN PUYVELDE, C., « Orientation de la Bible (versions) », SDB VI, col. 807-884.

2260 SCHMID, J., « Moderne Bibelübersetzungen. Eine Übersicht », ZKT 82 (1960) 290-332.

2261 SAYDON, P. P., « Philological and Textual Notes to the Maltese Translation of the Old Testament », CBQ 23 (1961) 249-257.

2262 AVERY, B. R., « The Vulgate Psalter : a New Revision », Wor 36 (1962) 626-636.

2263 MANTHEY, F., « Von polnischen Bibelübersetzungen », TGl 52 (1962) 462-467.

2264 CALLOVINI, C., « La versione biblica moderna al Concilio Tridentino », RivB 12 (1964) 173-185.

2265 DA NEMBRO, M., « Traduzioni ed edizioni della Bibbia in lingua Ge'ez curate dai missionari in Ethiopia », Div 9 (1965) 141-149.

2266 WEIGANDT, P., « Zur Geschichte der koptischen Bibelübersetzungen », Bibl 50 (1969) 80-95.

Traduction oecuménique. Ecumenical Translation. Ökumenische Übersetzung.
Traduzione ecumenica. Traducción ecuménica.

2267 ABBOTT, W., « Alla ricerca di une Bibbia comune », CC 1 (1967) 331-338.

2268 ABBOTT, W., « Hacia una Biblia comun », RazFe 175 (1967) 283-291.

2269 DUPUY, B.-D., « Une étape sur le chemin de l'unité. La traduction oecuménique de l'Épître aux Romains », VS 116 (1967) 416-441.

2270   LYONNET, S., « Traduction oecuménique de l'Épître aux Romains (traduction oecuménique de la Bible. Épître de saint Paul aux Romains) », Bibl 48 (1967) 446-449.

2271   ABBOTT, W., « Principi direttivi per una Bibbia comune », CC 2 (1968) 422-436.

2272   XXX, « Principi direttivi per la cooperazione interconfessionale nella traduzione della Bibbia », RivB 16 (1968) 317-327.

2273   MARON, E., « The Search for a Common Bible », SB 1 (1969) 26-37.

2274   NEUFELD, K. H., « Weg zur Einheit ? Die « Traduction oecuménique de la Bible » », StiZ 183 (1969) 421-424.

2275   MARSH, J., « Ecumenical Bible Interpretation », SB 2 (1970) 71-76.

Divers. Miscellaneous. Verschiedenes. Diversi. Diversos.

2276   DUNCKER, P. G., « La Chiesa e le versioni della S. Scrittura in lingua volgare », Ang 24 (1947) 140-167.

2277   BARTON, J. M. T., « New Bible Translations », SCR 4 (1949) 102-107.

2278   ARBEZ, E. P., « Modern Translations of the Old Testament », CBQ 16 (1954) 201-209, 343-347, 350-357; 17 (1955) 76-87, 456-485.

2279   BOTTE, B., « Missels et traductions bibliques », BVC N° 16 (1956) 104-113.

2280   BOTTE, B., « Les anciennes versions de la Bible », MD N° 53 (1958) 89-109.

2281   GRIBOMONT, J., « L'Église et les versions bibliques », MD N° 62 (1960) 41-68.

2282   SCHMID, J., « Moderne Bibelübersetzungen », ZKT 82 (1960) 290-332.

2283   FÉNELON, F., « La lecture de l'Écriture sainte en langue vivante », BVC N° 67 (1966) 13-34.

2284   McNALLY, R. E., « The Council of Trent and the Vernacular Bibles », TS 27 (1966) 204-227.

2285   LEGRAND, L., « Vatican II et la traduction des Écritures », RB 74 (1967) 413-422.

2286   VERBRAKEN, P., « Les évangiles commentés par les Pères latins, répertoire de traductions françaises », BVC N° 74 (1967) 63-89.

2287   RAUBER, D. F., « *Regii Sanguinis Clamor ad Coelum* : The Condition of Modern Biblical Translation », CBQ 32 (1970) 25-40.

DIVERS. MISCELLANEOUS. VERSCHIEDENES. DIVERSI. DIVERSOS.

2288   PRAT, F., « Chronologie biblique », SDB 1, col. 1244-1304.

2289   JEAN, C.-F., TRICOT, A., « La chronologie biblique », dans ROBERT, A., TRICOT, A., *Initiation biblique³*, 621-654.

2290   TRINQUET, J., « Métrologie biblique », SDB V, col. 1212-1250.

2291   BABELON, J., « Monnaie », SDB V, col. 1346-1375.

2292   FOURNIER, P., « Les plantes de la Bible », AmiCl 68 (1958) 297-300; 74 (1964) 525-526.

2293   SPIJKERMAN, A., STARCKY, J., « Un nouveau lot de monnaies palestiniennes », RB 65 (1958) 568-584.

2294   MILIK, J. T., « Notes d'épigraphie et de topographie palestiniennes », RB 66 (1959) 550-575; 67 (1960) 354-367, 550-591.

2295   WAMBACQ, B. N., « De nummis in S. Scriptura », VD 38 (1960) 156-172.

DEUXIÈME PARTIE. PART TWO. ZWEITER TEIL. SECONDA PARTE. SEGUNDA PARTE.

L'ANCIEN TESTAMENT.
OLD TESTAMENT.
ALTES TESTAMENT.
L'ANTICO TESTAMENTO.
EL ANTIGUO TESTAMENTO.

I. INTRODUCTION À L'ANCIEN TESTAMENT.
INTRODUCTION TO THE OLD TESTAMENT. EINFUHRUNG INS A. T.
INTRODUZIONE ALL'ANTICO TESTAMENTO.
INTRODUCCIÓN AL ANTIGUO TESTAMENTO.

Introductions générales. Introductory Studies of the Old Testament.
Arbeiten zur Einfuhrung ins A. T. Studi introduttori all'Antico Testamento.
Estudios de introducción al Antiguo Testamento.

2296   STEINMUELLER, J. E., *A Companion to Scripture Studies,* II. Special introduction to the Old Testament (New York, J. P. Wagner, 1942), 320 pp.

2297   PAUL-MARIE DE LA CROIX, P., « L'A. T. est un livre d'oraison », dans *L'oraison* (en collab.) (Paris, Cerf, 1947), 213-225.

2298   KRUSE, H., « Die Sendung des Alten Testaments », GeistL 21 (1948) 449-462.

2299   SIMON-PRADO, *Praelectionum Biblicarum Compendium⁵*. II. Vetus Testamentum; *Liber primus* de Sacra Veteris Testamenti Historia; *Liber alter* de Doctrina seu de Libris didacticis Veteris Testamenti (Torino, Marietti, 1950), 655, 303 pp.

2300   HAMMAN, A., « Pourquoi faut-il lire l'Ancien Testament ? » VS 85 (1951) 5-24.

2301   GELIN, A., *Problèmes d'Ancien Testament* (Lyon, Paris, Vitte, 1952), 112 pp.

2302   McKAY, H., « The Approach to the Old Testament », SCR 5 (1952) 91-96.

2303   McKENZIE, J. L., *The Two-Edged Sword,* 320 pp.

2304   ROBERT, A., FEUILLET, A., *Introduction à la Bible*. I. Introduction générale. Ancien Testament, 882 pp.

2305   STUHLMUELLER, C., « The Living Word of God : the Old Testament », Wor 33 (1959) 421-430.

2306   LARCHER, C., *L'actualité chrétienne de l'Ancien Testament d'après le Nouveau Testament* (Paris, Cerf, 1962), 536 pp.

2307   KERRIGAN, A., « Il Vecchio Testamento », dans *Commento alla Costituzione dogmatica sulla divina Rivelazione* (en collab.), 152-182.

2308   LATOURELLE, R., *Théologie de la Révélation²,* « La révélation dans l'A. T. », 17-42.

2309   SEMMELROTH, O., ZERWICK, M., *Vatikanum II über das Wort Gottes.* Die Konstitution « Dei Verbum », « Ihre Inspiration und ihre Wahrheit », 29-34. « Das Alte Testament », 40-42; « Das Neue Testament », 43-50.

2310   DREYFUS, F., « La valeur existentielle de l'A. T. », Conci N° 30 (1967) 35-44.

2311   McKENZIE, J. L., « Les valeurs de l'A. T. », Conci N° 30 (1967) 11-34.

Apocryphes. Apocrypha. Apokryphe Schriften. Apocrifi. Apócrifos.

2312   VITTI, A., « Ultime critiche su Enoc etiopico », Bibl 12 (1931) 316-325.

2313   XXX, « Le Livre du Jubilé », AmiCl 50 (1933) 721-726.

2314   KAUPEL, H., « Die Strafengel im Buche Henoch », TGl 27 (1935) 186-195.

2315   COMA CIVIT, I., « La causa del diluvio en los libros apocrifos judios », EstB 3 (1944) 25-54, 495-522.

2316   ASENSIO, F., « El Espiritu de Dios en los Apocrifos judios precristianos », EstB 6 (1947) 5-33.

2317   BONSIRVEN, J., *La Bible apocryphe.* En marge de l'Ancien Testament. Textes choisis et traduits (Paris, Fayard, 1953), 337 pp.

2318   DIEZ MACHO, A., « Un manuscrito hebreo protomasorético y nueva teoria acerca de los llamados Mss. Ben Naftali », EstB 15 (1956) 187-222.

2319   DANIÉLOU, J., « L'ascension d'Hénoch », Ir 28 (1955) 257-267.

2320   GRELOT, P., « La légende d'Hénoch dans les apocryphes et dans la Bible. Origine et signification », RSR 46 (1958) 5-26, 181-210.

2321   GRELOT, P., La géographie mythique d'Hénoch et ses sources orientales », RB 65 (1958) 33-69.

2322   JAUBERT, A., « Le pays de Damas », RB 65 (1958) 214-248.

2323   SANDERS, I. L., « The Origin and Significance of the Title « The Son of Man » as Used in the Gospels », SCR 10 (1958) 49-56.

2324   CAUBET ITURBE, F. J., « El Calendario de Enoc Jubileos y el Antoguo Calendario hebreo », Salm 6 (1959) 131-142.

2325   DIEZ MACHO, A., « La cantilación protomascrética del pentateuco » (MS. 191 del seminario teologico judio de Nueva York), EstB 18 (1959) 223-251.

2326   DIEZ MACHO, A., « Un manuscrito protobabilonico de los libros poeticos de la Biblia » (Ms. 508 del Seminario teologico judio de Nueva York), EstB 18 (1959) 323-356.

2327   BRAUN, F.-M., « Les testaments des XII patriarches et le problème de leur origine », RB 67 (1960) 516-549.

2328   GRELOT, P., « Le Messie dans les Apocryphes de l'A. T. », dans *La venue du Messie* (en collab.), 19-50.

2329   SKEHAN, P. W., « The Apocryphal Psalm 151 », CBQ 25 (1963) 407-409.

2330   LIVER, J., « The Book of the Acts of Solomon », Bibl 48 (1967) 75-101.

2331   DELCOR, M., « Le Testament de Job, la prière de Nabonide et les traditions targoumiques », dans *Bibel und Qumran.* Festschrift Hans Bardtke (en collab.) (Berlin, Evang. Haupt-Bibelgesellschaft, 1968), 57-74.

Critique textuelle. Textual Criticism. Tektkritik. Critica testuale. Crítica textual.

2332   RAMIREZ, A., « Un texto punctuado y masora de la escuela de Ahron Ben Moseh Ben Aser », Bibl 11 (1930) 108-121; 14 (1933) 303-329.

2333   VACCARI, A., « I palinsesti biblici di Beuron », Bibl 11 (1930) 231-235.

2334   STUMMER, F., DOLD, A., « Zu den Beuroner Palimpsestfragmenten » (bemerkungen zu Bibl 11, 231-235), Bibl 12 (1931) 367-368.

2335   XXX, « Papyrus bibliques récemment découverts », AmiCl 49 (1932) 161-162.

2336   DENNEFELD, L., « Critique textuelle de l'A. T. », SDB II, col. 240-256.

2337   FISCHER, J., « Die hebräischen Bibelzitate des Scholastikers Odo », Bibl 15 (1934) 50-93.

2338 VACCARI, A., « Fragmentum biblicum saeculi II ante Christum », Bibl 17 (1936) 501-504.

2339 COPPENS, J., « L'histoire critique de l'Ancien Testament. 1. Les origines; 2. Les orientations nouvelles; 3. Les perspectives d'avenir », NRT 65 (1938) 513-550, 641-679, 769-808.

2340 SCHNEIDER, H., « Der altlateinische Palimpsest-Psalter in Cod. Vat. lat. 5359 », Bibl 19 (1938) 361-382.

2341 VACCARI, A., « Scrittura fenicia-samaritana nella Bibbia ebraica », Bibl 19 (1938) 188-201.

2342 ZIEGLER, J., « Zur alttestamentlichen Textkritik », TR 38 (1939) 217-224.

2343 CUMMINS, P., « A Test Case in Text Transmission », CBQ 2 (1940) 15-27.

2344 VACCARI, A., « Due codici del Pentateuco Samaritano », Bibl 21 (1940) 241-246.

2345 COPPENS, J., L'histoire critique de l'Ancien Testament² (Tournai, Casterman, 1941), 132 pp.

2346 MARAZUELA, T. A., « La Biblia de Calahorra », EstB 1 (1942) 241-271.

2347 TISSERANT, E., « Notes sur la préparation de l'édition en fac-simile typographique du Codex Vaticanus (B) », Ang 20 (1943) 237-248.

2348 COPPENS, J., « La critique du texte hébreu de l'Ancien Testament. Ses origines modernes. Ses orientations récentes. Ses règles principales », Bibl 25 (1944) 9-49.

2349 MERCATI, G., « Note esaplari », Bibl 25 (1944) 1-8.

2350 ZIEGLER, J., « Der Text der Aldina im Dodekapropheton », Bibl 26 (1945) 37-51.

2351 COPPENS, J., Introduction à l'étude historique de l'Ancien Testament², III. La critique du texte hébreu de l'Ancien Testament (Bruges-Paris, Desclée de Brouwer, 1950), 50 pp.

2352 TISSERANT, E., « Histoire et critique du texte de l'Ancien Testament », dans ROBERT, A., TRICOT, A., Initiation biblique³, 376-385.

2353 MERCATI, G., « Eine Cambridger Syrohexapla-Handschrift », Bibl 36 (1955) 227-228.

2354 DOLD, A., « Versuchte Neu-und Erstergänzungen zu den altlat. Texten im Cod. Clm 6225 der Bayer. Staatsbibliothek », Bibl 37 (1956) 39-58.

2355 GOTTSTEIN, M. H., « Neue Syrohexaplafragmente », Bibl 37 (1956) 162-183.

2356 VAN PUYVELDE, C., « Manuscrits bibliques. I. Manuscrits hébreux », SDB V, col. 793-819.

2357 RABINOWITZ, J. J., « Grecisms and Greek Terms in the Aramaic Papyri », Bibl 39 (1958) 77-82.

2358 YARON, R., « Identities in the Brooklyn Museum Aramic Papyri », Bibl 39 (1958) 344-354.

2359 ZIEGLER, J., « Hat Lukian den griechischen Sirach rezensiert ? » Bibl 40 (1959) 210-229.

2360 BAILLET, M., « Un nouveau fragment du Pentateuque samaritain », RB 67 (1960) 49-57.

2361 COPPENS, J., « La critique textuelle de l'Ancien Testament. Solutions anciennes et données nouvelles », ETL 36 (1960) 466-477.

2362 SCHEDL, C., « Tesubah und Melis : Über die wahre Busse und den Fürsprecher », Bibl 43 (1962) 152-171.

2363 BAILLET, M., « Une feuille du Pentateuque samaritain à l'abbaye de Beuron », RB 70 (1963) 225-242.

2364 SZYSZMAN, S., « La famille des Massorètes Karaïtes Ben Asher et le Codex Alepensis », RB 73 (1966) 531-551.

2365 GOSHEN-GOTTSTEIN, M. H., « Hebrew Biblical Manuscripts. Their History and their Place in the HUBP Edition », Bibl 48 (1967) 243-290.

Formation de l'Ancien Testament. Formation of the Old Testament. Entstehung des A. T.
Formazione dell'Antico Testamento. Formación del Antiguo Testamento.

2366   ROBERT, A., FEUILLET, A., *Initiation à la Bible*, I. « Conclusion : La formation de l'Ancien Testament », 785-836.

2367   PAGANO, S., « Présentation des livres de l'Ancien Testament selon l'ordre chronologique de leur formation », RUO 30 (1960) 207*-221*.

2368   HAIBLE, E., « Der Kanon des Neuen Testamentes als Modellfall einer kirchlichen Wiedervereinigung », TrierTZ 75 (1966) 11-27.

2369   MURPHY, R. E., SUNDBERG, A. C., SANDMEL, S., « A Symposium on the Canon of Scripture », CBQ 28 (1966) 189-207.

2370   SUNDBERG, A. C., « The « Old Testament » : a Christian Canon », CBQ 30 (1968) 143-155.

2371   MURPHY, R. E., « Form Criticism and Wisdom Literature », CBQ 31 (1969) 475-483.

Histoire. History. Geschichte. Storia. Historia.

2372   HÄNSLER, H., « Die biblische Chronologie des 8. Jahrhunderts v. Chr. », Bibl 11 (1930) 63-80.

2373   DE VAUX, R., « La chronologie de Hazaël et de Benhadad III, rois de Damas », RB 43 (1934) 512-518, ou dans *Bible et Orient,* 75-82.

2374   DE VAUX, R., « Les décrets de Cyrus et de Darius sur la reconstruction du Temple », RB 46 (1937) 29-57, ou dans *Bible et Orient,* 83-113.

2375   PORPORATO, F. X., « Finalità e metodi nei Libri Storici della Bibbia », CC 1 (1946) 181-188; 3 (1946) 379-393; 4 (1946) 411-419.

2376   PORPORATO, F. X., « Pedagogia divina del Libri Storici dell'Antico Testamento », CC 1 (1948) 461-475; 2 (1948) 48-62, 271-282.

2377   JUNKER, H., « Die Patriarchengeschichte. Ihre literarische Art und ihr geschichtlicher Charakter », TrierTZ 57 (1948) 38-45.

2378   RAMOS GARCIA, J., « Las genealogías genesíacas y la cronología », EstB 8 (1949) 327-353.

2379   NÖTSCHER, F., « « Neue » babylonische Chroniken und Altes Testament », BZ 1 (1957) 110-114.

2380   GROSS, H., « Motivtransposition als überlieferungsgeschichtliches Prinzip im A. T. », dans *Sacra Pagina* (en collab.), I, 325-334.

2381   BRUNNER, A., « Alttestamentliche Geschichtsschreibung », StiZ 174 (1964) 102-114.

2382   LOHFINK, N., « Die historische und die christliche Auslegung des Alten Testaments », StiZ 178 (1966) 98-112.

2383   RICHTER, W., « Urgeschichte und Hoftheologie », BZ 10 (1966) 96-105.

2384   MEYSING, J., « La chronographie juive à l'époque gréco-romaine », RevSR 41 (1967) 289-304.

2385   VON WALDOW, H. E., « Social Responsibility and Social Structure in Early Israel », CBQ 32 (1970) 182-204.

Institutions. Institutions. Institutionen. Istituzioni. Instituciones.

2386   NÖTSCHER, F., *Biblische Altertumskunde* (Bonn, P. Hanstein, 1940), 392 pp., 40 cartes.

2387   DE VAUX, R., « La religion de l'Ancien Testament », dans ROBERT, A., TRICOT, A., *Initiation biblique³,* 884-908.

2388 DE VAUX, R., *Les institutions de l'A. T.*, 2 vv., 350, 544 pp.

2389 WAMBACQ, B. N., *Instituta Biblica*, 384 pp.

2390 TUCKER, G. M., « Witnesses and « Dates » in Israelites Contracts », CBQ 28 (1966) 42-45.

2391 VON WALDOW, H. E., « Social Responsibility and Social Structure in Early Israel », CBQ 32 (1970) 182-204.

Littéraires (problèmes). Literary Problems. Literarische Fragen. Problemi letterari. Problemas literarios.

Genres littéraires. Literary Genres. Literarische Gattungen. Generi letterari. Géneros literarios.

2392 COPPENS, J., « Les particularités du style prophétique », NRT 59 (1932) 673-693.

2393 ROBERT, A., « Genres littéraires de l'Ancien Testament », dans ROBERT, A. et TRICOT, A., *Initiation biblique*[3], 282-313.

2394 BONSIRVEN, J., « Genres littéraires dans la littérature juive post-biblique », Bibl 35 (1954) 328-345.

2395 CAZELLES, H., « À propos du Pentateuque », Bibl 35 (1954) 279-298.

2396 MacKENZIE, R. A. F., « Susanna the Martyr », SCR 9 (1957) 15-20.

2397 ROBERT, A., « Genres littéraires dans le Pentateuque », dans *Los Generos literarios de la Sagrada Escritura* (en collab.), 115-124.

2398 DUBARLE, A.-M., *Le péché originel dans l'Écriture*, « Le péché originel dans la Genèse », 39-74.

2399 GUILLET, J., « Le langage spontané de la Bénédiction dans l'Ancien Testament », RSR 47 (1969) 163-204.

2400 KISTER, D. A., « Prophetic Forms in Samuel and Kings », SE 22 (1970) 241-260.

Autres problèmes littéraires. Other Literary Problems. Sonstige literarische Fragen. Altri problemi letterari. Otros problemas literarios.

2401 CASTELLINO, G., « Il ritmo ebraico nel pensiero degli antichi », Bibl 15 (1934) 505-516.

2402 ROBERT, A., « Les attaches littéraires bibliques de *Prov.* 1-9 », RB 43 (1934) 42-68, 172-204, 374-384; 44 (1935) 344-365, 502-525.

2403 STRASSENBERGER, G., « Altes Testament und dichterische Freiheit », StiZ 124 (1933) 338-340.

2404 ZORELL, F., « De forma quadam carminum hebraeorum frequenter adhibita parum explorata », Bibl 15 (1934) 297-310.

2405 CLOSEN, G., « Das literarische Problem des Alten Testamentes », StiZ 135 (1939) 28-42.

2406 PIATTI, T., « I carmi alfabetici della Bibbia, chiave della metrica ebraica ? » Bibl 31 (1950) 281-315, 427-458.

2407 BOCCACCIO, P., « I termini contrari come espressioni della totalità in ebraico », Bibl 33 (1952) 173-190.

2408 GOURBILLON, J. G., « Bible et Nature », CE Nº 10 (1953) 7-62.

2409 ALONSO SCHÖKEL, L., « Nota estilistica sobre la particula הִנֵּה », Bibl 37 (1956) 74-80.

2410 BAUER, J. B., « Die literarische Form des Heptaemeron », BZ 1 (1957) 273-277.

2411 SAYDON, P. P., « Literary Criticism of the O. T. Old Problems and New Ways of Solution », dans *Sacra Pagina* (en collab.), I, 316-324.

2412   SCHILDENBERGER, J., « Aussageabsicht der inspirierten Geschichtsschreiber des
        Alten Testamentes bei der Kompilation von Überlieferungen, sich widersprechenden
        Doppelberichten und ätiologischen Erzählungen », dans *Sacra Pagina* (en collab.), I,
        119-131.

2413   ALONSO SCHÖKEL, L., « Traducción de textos poéticos hebreos », EstB 19 (1960)
        311-328.

2414   ALONSO SCHÖKEL, L., « Poésie hébraïque », SDB VII, col. 47-90.

2415   ALONSO SCHÖKEL, L., « Quid scimus hodie de rhythmo poetico hebraico ? » VD
        40 (1962) 109-122.

2416   GROSS, H., « Motivtransposition als Form- und Traditionsprinzip », dans *Exegese und
        Dogmatik* (en collab.), 134-152.

2417   LOHFINK, N., « Der Bundesschluss im Land Moab. Redaktionsgeschichtliches zu Dt
        28, 69-32, 47 », BZ 6 (1962) 32-56.

2418   ALONSO SCHÖKEL, L., *Estudios de Poética hebrea* (Barcelona, J. Flors, 1963), 11-
        549 pp.

2419   BLENKINSOPP, J., « Stylistics of O. T. Poetry », Bibl 44 (1963) 352-358.

2420   PRIJS, L., « Der Ursprung des Reimes im Neuhebräischen », BZ 7 (1963) 33-42.

2421   ANGÉNIEUX, J., « Structure du Cantique des Cantiques en chants encadrés par des
        refrains alternants », ETL 41 (1965) 96-142.

2422   BECKER, J., *Israel deutet seine Psalmen.* Urform und Neuinterpretation in den
        Psalmen, « Eschatologisierende Neuinterpretation auf die Befreiung aus dem Exil und
        Israels Auseinandersetzung mit der Völkerwelt », 41-68; « Neuinterpretation in Ps
        45 », 79-90.

2423   VAN DER WEIDEN, W. A., « « Abstractum pro concreto », phaenomenon stilis-
        ticum », VD 44 (1966) 43-52.

2424   DAHOOD, M., « A New Metrical Pattern in Biblical Poetry », CBQ 29 (1967) 574-582.

Philologie sémitique. Semite Philology. Semitische Philologie. Filologia semitica.
Filología semítica.

Études générales. General Studies. Allgemeine Abhandlungen. Studi generali.
Estudios generales.

2425   MOSCATI, S., « I sigilli nell'Antico Testamento », Bibl 30 (1949) 314-338.

2426   RINALDI, G., « Recenti studi sulle lingue semitiche », RivB 1 (1953) 25-54.

2427   MOSCATI, S., *Il sistema consonantico delle lingue semitiche* (Roma, Pontificum
        Istitutum Biblicum, 1954), 74 pp.

2428   RYCKMANS, J., « Langues et écritures sémitiques », SDB V, col. 257-334.

2429   VAN DEN BRANDEN, A., « La tavoletta magica di Arslan Tash », BibOr 3 (1961)
        41-47.

2430   RAMLOT, M.-L., « Langues et écritures », BVC Nº 46 (1962) 79-87.

2431   RINALDI, G., « La lingua e le lingue », BibOr 4 (1962) 85-94.

2432   DU BOURGUET, P., « Grammaire égyptienne, Enseignement supérieur et pédago-
        gie », dans *Mémorial du cinquantenaire* (en collab.), 67-80.

2433   DAHOOD, M., « Comparative Philology Yesterday and Today », Bibl 50 (1969) 70-79.

Hébreu biblique. Biblical Hebrew. Bibelhebräisch. Ebraico biblico. Hebreo bíblico.

2434   ZORELL, F., « Gibt es im Hebräischen ein « kî recitativum » ? » Bibl 14 (1933)
        465-469.

2435   VACCARI, A., « Le radici פרץ e חרץ nell'ebraico biblico », Bibl 19 (1938)
        308-314.

2436 PETERS, C., « Hebräisches קוֹל als Interjektion », Bibl 20 (1939) 288-293.

2437 BEA, A., « De usu vocis פּוּר (Est. 3, 7; 9, 24 etc.) », Bibl 21 (1940) 198-199.

2438 ZORELL, F., « Die Vokalisation des Wortes עֶרְכְּךָ in Lev. 27 und anderwärts », Bibl 26 (1945) 112-114.

2439 MOSCATI, S., « Sull'etimologia di '*mr* », Bibl 27 (1946) 115-126.

2440 MOSCATI, S., « Sull'etimologia di לוּלָב », Bibl 27 (1946) 269-272.

2441 ZOLLI, I., « Note di lessicografia biblica : I יָעַף », Bibl 27 (1946) 127-128.

2442 JOÜON, P., *Grammaire de l'hébreu biblique*² (Rome, Institut Biblique Pontifical, 1947), 544-80* pp.

2443 MOSCATI, S., « Il biconsonantismo nelle lingue semitiche », Bibl 28 (1947) 113-135.

2444 ZOLLI, E., « Note di lessicografica biblica II Shegal », Bibl 28 (1947) 147-151.

2445 LEMOINE, E., *Théorie de l'emphase hébraïque* (Paris, Geuthner, 1951), 66 pp.

2446 BRINKTRINE, J., « Existierte im alttestamentlichen Schrifttum das Wort מִקְטָר », Bibl 33 (1952) 90-94.

2447 ENCISO, J., « Mizmor, shir y máskil », EstB 12 (1953) 185-194.

2448 RAVENNA, A., « Di una etimologia di *hômer* (ierofante) secondo Kimchi », RivB 1 (1953) 236-240.

2449 AUVRAY, P., *Méthode d'hébreu.* Initiation à l'hébreu biblique (Tournai, Paris, Desclée et Cie, 1955), 272 pp.

2450 VATTIONI, F., « Il significato della radice *quanah* », RivB 3 (1955) 220-228.

2451 ALONSO SCHÖKEL, L., « Nota estilistica sobre la particula הִנֵּה », Bibl 37 (1956) 74-80.

2452 GARBINI, G., « La congiunzione semitica **ps-* », Bibl 38 (1957) 419-427.

2453 NOBER, P., « El significado de la palabra aramea « *asparna* » en Esdras », EstB 16 (1957) 393-401.

2454 GARBINI, G., « Considerazioni sulla parola ebraica *peten* », RivB 6 (1958) 263-265.

2455 MILIK, J. T., « Giobbe 38,28 in siro-palestinese e la dea ugaritica *Pdry bt ar* », RivB 6 (1958) 252-254.

2456 ZIRKER, H., « דרך = potentia ? » BZ 2 (1958) 291-294.

2457 RINALDI, G., « Alcuni termini ebraici relativi alla letteratura », Bibl 40 (1959) 267-289.

2458 ZIENER, G., « Die alten Versionen und die Partikeln lo', lô, lû, lî », BZ 1 (1957) 277-283.

2459 SAYDON, P. P., « The Use of Tenses in Deutero-Isaiah », Bibl 40 (1959) 290-301.

2460 GROSS, H., « Zur Würzel *zkr* », BZ 4 (1960) 227-237.

2461 SCHARBERT, J., « Das Verbum PQD in der Theologie des Alten Testaments », BZ 4 (1960) 209-226.

2462 ROUSSILLON, J., « Les termes hébreux en théologie chrétienne », RT 60 (1960) 80-99.

2463 VAN DEN BRANDEN, A., « 'Umm 'Attarsamm, re di Dumat », BibOr 2 (1960) 41-47.

2464 CALDERONE, P. J., « HDL-II in Poetic Texts », CBQ 23 (1961) 451-460.

2465 DEVESCOVI, U., « Camminare sulle alture (דרך) », RivB 9 (1961) 235-242.

2466 LORETZ, O., « Das hebräische Verbum GMR », BZ 5 (1961) 261-263.

2467   MORAN, W. **L**, « The Hebrew Language in Its Northwest Semitic Background », dans *The Bible and the Ancient Near East*. Essays in Honor of W. Foxwell Albright (en collab.) (ed. G. E. WRIGHT) (New York, Doubleday, 1961), 54-72.

2468   PORUBCAN, S., « La radice *'mn* nell'A. T. », RivB 8 (1960) 324-336; 9 (1961) 173-183, 221-234.

2469   RIN, S., « ʾ. as an Absolute Plural Ending », BZ 5 (1961) 255-258.

2470   SCHARBERT, J., « ŠIM im Alten Testament », dans *Lex tua Veritas* (en collab.), 209-229.

2471   AUVRAY, P., *L'hébreu biblique* (Bruges, Desclée de Brouwer, 1962), 100 pp.

2472   CALDERONE, P. J., « Supplementary Note on HDL-II », CBQ 24 (1962) 412-419.

2473   NÖTSCHER, F., *Vom Alten zum Neuen Testament* (Bonn, P. Hanstein, 1962), « Heisst *kabôd* auch « Seele » ? » 237-241.

2474   THOMAS, D. W., « HDL-II in Hebrew », CBQ 24 (1962) 154.

2475   DAHOOD, M., « Denominative *riḫḫam*, « to conceive, enwomb » », Bibl 44 (1963) 204-205.

2476   DHORME, É., *L'emploi métaphorique des noms de parties du corps en hébreu et en akkadien* (Paris, P. Geuthner, 1963), 183 pp.

2477   FESTORAZZI, F., « I plurali di Gen. 1, 26, ecc. », BibOr 5 (1963) 81-87.

2478   MEJIA, J., « El lamed enfático en nuevos textos del Antiguo Testamento », EstB 22 (1963) 179-190.

2479   RUBINSTEIN, A., « The Anomalous Perfect with *Waw*-Conjunctive in Biblical Hebrew », Bibl 44 (1963) 62-69.

2480   SPEISER, E. A., « Background and Function of the Biblical *nāśí* », CBQ 25 (1963) 111-117.

2481   TROMP, N. J., « De radice *ḥlp* in lingua hebraica », VD 41 (1963) 299-304.

2482   HRUBY, K., « La survivance de la langue hébraïque dans la période post-exilienne », dans *Mémorial du cinquantenaire* (en collab.), 109-122.

2483   McCARTHY, D. J., « Vox *bsr* praeparat vocem « evangelium » », VD 42 (1964) 26-33.

2484   PRIJS, L., « Ein « *Waw* der Bekräftigung » ? » BZ 8 (1964) 105-109.

2485   RICHTER, W., « Die *nagid*-Formel. Ein Beitrag zur Erhellung des *nagid*- Problems », BZ 9 (1964) 71-84.

2486   VACCARI, A., « Una particella avversativa nei salmi », BibOr 6 (1964) 73-77.

2487   VAN DEN BRANDEN, A., « Titoli tolemaici », BibOr 6 (1964) 60-72.

2488   CARMIGNAC, J., « Fais que nous n'entrions pas en tentation » (la portée d'une négation devant un verbe au causatif), RB 72 (1965) 218-226.

2489   KOFFMAHN, E., « Sind die altisraelitischen Monatsbezeichnungen mit den kansanäisch-phönikischen identisch ? » BZ 10 (1966) 197-219.

2490   VAN DER WEIDEN, W. A., « Radix hebraica ערב », VD 44 (1966) 97-104.

2491   ALONSO SCHÖKEL, L., « Poésie hébraïque », SDB VIII, col. 47-90.

2492   FITZGERALD, A., « Hebrew *yd* = « Love » and « Beloved » », CBQ 29 (1967) 368-374.

2493   JAMME, A., « The Safaitic Noun *nq't* and its Synonyms », CBQ 29 (1967) 386-392.

2494   PENAR, T., « « Lamedh Vocativi » exempla Biblico-Hebraica », VD 45 (1967) 32-46.

2495   VOGT, E., « Einige hebräische Wortbedeutungen », Bibl 48 (1967) 57-74.

2496   MAZARS, P., « Sens et usage de l'hithpael dans la Bible hébraïque », Div 12 (1968) 351-364.

2497   ANDERSEN, F. I., « A Short Note on Construct *k* in Hebrew », Bibl 50 (1969) 68-69.

2498   DAHOOD, M., « Accusative 'esah, « Wood », in Isaiah 30,1b », Bibl 50 (1969) 57-58.

2499   GONZALEZ LAMADRID, A., « Pax et bonum. « Shalom » y « tob » en relacion con « berit » », EstB 28 (1969) 61-78.

2500   VOLKWEIN, B., « Masoretisches edut, edwot, edot – « Zeugnis » oder « Bundesbestimmungen » ? » BZ 13 (1969) 18-40.

2501   WATSON, W., « Shared Consonants in Northwest Semitic », Bibl 50 (1969) 525-533.

2502   DAHOOD, M., « The Independent Personal Pronoun in the Oblique Case in Hebrew », CBQ 32 (1970) 86-90.

2503   LOSS, N. M., « Il discorso indiretto nell'ebraico biblico », RivB 18 (1970) 195-202.

2504   MILLER, C. H., « The Infinitive Construct in the Lawbooks of the OT », CBQ 32 (1970) 222-226.

2505   SCHUTTERMAYR, G., « RHM - Eine lexikalische Studie », Bibl 51 (1970) 499-532.

2506   SHEEHAN, J. F. X., « Conversive Waw and Accentual Shift », Bibl 51 (1970) 545-548.

Ugaritique. Ugaritic. Ugarit. Ugarittico. Ugarítica.

2507   DIRINGER, D., « Il nuovo alfabeto e l'idioma semitico di Râs Shamrah », Bibl 15 (1934) 466-483.

2508   DE VAUX, R., « Les textes de Ras Shamrâ et l'A. T. », RB 46 (1937) 526-555, ou dans *Bible et Orient*, 425-456.

2509   XXX, « Les découvertes de Ras Shamra et l'A. T. », AmiCl 55 (1938) 292-296.

2510   BEA, A., « Ras Shamra und das Alte Testament », Bibl 19 (1938) 435-453.

2511   BEA, A., « Die Maritexte und das Alte Testament », Bibl 21 (1940) 188-196.

2512   DE LANGHE, R., *Les textes de Ras Shamra-Ugarit et leurs rapports avec le milieu biblique de l'A. T.,* 2 vv., 394, 548 pp.

2513   FRONZAROLI, P., « Ugarit – Ras Shamra », RivB 1 (1953) 316-330.

2514   DE LANGHE, R., « La Bible et la littérature ugaritique », dans *L'A. T. et l'Orient* (en collab.), 65-87.

2515   DAHOOD, M., « Some Aphel Causatives in Ugaritic », Bibl 38 (1957) 62-73.

2516   CAZELLES, H., « Ras Schamra und der Pentateuch », TQ 138 (1958) 26-39.

2517   LORETZ, O., « Neues Verständnis einiger Schriftstellen mit Hilfe des Ugaritischen », BZ 2 (1958) 287-291.

2518   MORAN, W. L., « Hebrew and Ugaritic Equivalents of Acadian *pitū purīdā* », Bibl 39 (1958) 67-71.

2519   DAHOOD, M., « The Value of Ugaritic for Textual Criticism », Bibl 40 (1959) 160-170.

2520   DAHOOD, M., « The Linguistic Position of Ugaritic in the Light of recent Discoveries », dans *Sacra Pagina* (en collab.), I, 267-279.

2521   DAHOOD, M., « Ugaritic Studies and the Bible », Greg 43 (1962) 55-79.

2522   HAAG, H., *Homer, Ugarit und das Alte Testament* (Köln, Benziger, 1962), 64 pp.

2523   LORETZ, O., « Ugaritisches samatu und hebräisches sm(y)tt », BZ 6 (1962) 269-279.

2524   DAHOOD, M., « Hebrew-Ugaritic Lexicography », Bibl 44 (1963) 289-303; 45 (1964) 393-412; 46 (1965) 311-332; 47 (1966) 403-419; 48 (1967) 421-438; 49 (1968) 355-369.

2525   MARZAL, A., « Consideraciones sobre la raíz ugarítica « tlt » », Bibl 44 (1963) 343-351.

2526   RIN, S., « Ugaritic-Old Testament Affinities », BZ 7 (1963) 22-33; 11 (1967) 174-192.

2527   SUAREZ, P., « Praepositio 'al = coram in Litteratura Ugaritica et Hebraica-Biblica », VD 42 (1964) 71-80.

2528   DAHOOD, M., *Ugaritic-Hebrew Philology. Marginal Notes on Recent Publications* (Roma, Pont. Biblical Institute, 1965), 8-89 pp.

2529   LOFFREDA, S., « Raffronto fra un testo ugaritico e Giobbe », BibOr 8 (1966) 103-116.

2530   DE LANGHE, R., « Ras Shamra-Ugarit depuis 1945 », dans *Aux grands carrefours de la révélation et de l'exégèse de l'A. T.* (en collab.), 181-191.

2531   LORETZ, O., « Gotter und Frauen (Gen 6,1-4). Ein Paradigma zu : Altes Testament – Ugarit », BiLeb 8 (1967) 120-127.

2532   MARTINEZ, E. R., *Hebrew-Ugaritic Index to the Writings of M. J. Dahood* (Roma, Pont. Biblical Institute, 1967), 120 pp.

2533   DAHOOD, M., « Ugaritic and the Old Testament », ETL 44 (1968) 35-54.

2534   DAHOOD, M., « Hebrew-Ugaritic Lexicography VII », Bibl 50 (1969) 337-356.

2535   DIETRICH, M., LORETZ, O., « Das Ugaritische in den Wörterbüchern von L. Köhler und W. Baumgartner », BZ 13 (1969) 187-207.

2536   CATHCART, K. J., « Proverbs 30,4 and Ugaritic HPN », CBQ 32 (1970) 418-420.

2537   DAHOOD, M., « Hebrew-Ugaritic Lexicography VIII », Bibl 51 (1970) 391-404.

Autres langues sémitiques. Other Semitic Languages. Sonstige semitische Sprachen.
Altre lingue semitiche. Otras lenguas semíticas.

2538   MESSINA, G., « L'antico Arameo », Bibl 15 (1934) 69-103.

2539   KÖBERT, R., *Textus et Paradigmata Syriaca* (Roma, Pontificium Institutum Biblicum, 1952), 106 pp.

2540   MILIK, J. T., « Une inscription et une lettre en araméen », RB 60 (1953) 526-539.

2541   PALACIOS, L., *Grammatica Syriaca²* (Roma, Desclée et Cie, 1954), 16-272 pp.

2542   FITZMYER, J. A., « The Syntax of *kl, kl'* in the Aramaic Texts from Egypt and in Biblical Aramaic », Bibl 38 (1957) 170-184.

2543   KÖBERT, R., *Vocabularium syriacum* (Roma, Pontificium Institutum Biblicum, 1956), 8-216 pp.

2544   MURPHY, R. E., « *Šaḥat* in the Qumran Literature », Bibl 39 (1958) 61-66.

2545   SKEHAN, P. W., « Two Infinitives and their Orthography in IQSᵃ », CBQ 21 (1959) 220.

2546   PETERSEN, T., « The Biblical Scolar's Concern with Coptic Studies », CBQ 23 (1961) 241-249.

2547   JESTIN, R., « Le sens emphatique de la particule sumérienne *u-* », dans *Mémorial du cinquantenaire* (en collab.), 33-36.

2548   FITZMYER, J. A., *The Aramaic Inscriptions of Sefire* (Rome, Pont. Biblical Institute, 1967), 13-207 pp.

Théologie de l'Ancien Testament. Theology of the Old Testament. Theologie des A. T.
Teologia dell'Antico Testamento. Teología del Antiguo Testamento.

Études générales. General Studies. Allgemeine Abhandlungen. Studi generali.
Estudios generales.

2549   GELIN, A., *Les idées maîtresses de l'Ancien Testament²*, « Avoir le sens de l'Ancien Testament », 5-10.

2550   HESSLER, B., « De theologiae biblicae Veteris Testamenti problemate », Ant 25 (1950) 407-424.

2551   HEINISCH, P., *Theology of the Old Testament,* 386 pp.

2552   McDONNELL, K., « The Key Concepts of the Old Testament », Wor 30 (1955-56) 45-47.

2553   MURPHY, R. E., « A New Theology of the Old Testament », CBQ 23 (1961) 217-223.

2554   FESTORAZZI, F., « Rassegna di teologia biblica dell'A. T. », RivB 10 (1962) 297-316.

2555 VAN DER PLOEG, J., « Une « théologie de l'Ancien Testament » est-elle possible ? » ETL 38 (1962) 417-434.

2556 ALONSO SCHÖKEL, L., « Biblische Theologie des Alten Testaments », StiZ 172 (1962-1963) 34-51.

2557 LARCHER, C., « La Parole de Dieu en tant que révélation dans l'A. T. », dans *La parole de Dieu en Jésus-Christ²* (en collab.), 35-67.

2558 DE VAUX, R., « Peut-on écrire une théologie de l'A. T. ? » dans *Mélanges offerts à M.-D. Chenu* (Paris, Vrin, 1967), 439-449.

2559 FANNON, P., « A Theology of the Old Testament – Is it possible ? » SCR 19 (1967) 46-53.

2560 TRAPIELLO, J. G., « Mito y culto en el Antiguo Testamento », Ang 44 (1967) 449-477.

2561 JACOB, E., « La théologie de l'Ancien Testament. État présent et perspectives d'avenir », ETL 44 (1968) 420-432.

2562 SCHREINER, J., *Alttestamentlich-jüdische Apokalyptik.* Eine Einführung (München, Kösel, 1969), 206 pp.

2563 MURPHY, R. E., « Christian Understanding of the Old Testament », TDig 18 (1970) 321-332.

Morale (théologie). Moral Theology. Moraltheologie. Teologia morale. Teología moral.

2564 RÉMY, P., *Contribution à l'étude des rapports entre l'Alliance et les valeurs morales païennes* (Lyon, Facultés catholiques, s.d.), 289 pp.

2565 GALLUCCI, D., « Lineamenti della morale nell'Antico Testamento », ScuolC 3 (1932) 443-453.

2566 HEINISCH, P., *Theology of the Old Testament,* « Critique of O. T. morality », 197-205.

2567 KRUSE, H., « De inferloritate morali Veteris Testamenti », VD 28 (1950) 77-88.

2568 GELIN, A., *Problèmes d'Ancien Testament* (Lyon, Paris, Vitte, 1952), 112 pp.

2569 GELIN, A., « Le mariage d'après l'Ancien Testament », LV Nº 4 (1952) 7-20.

2570 DE FRAINE, J., *Adam et son lignage,* « L'influence de l'individu pour le bien », 58-64; « L'influence de l'individu pour le mal », 64-74; « L'influence des « pères » pour le bien », 84-88; « L'influence des « pères » pour le mal », 88-92.

2571 GELIN, A., « La morale d'Israël », AmiCl 68 (1958) 65-69.

2572 JOHNSTON, L., « Old Testament Morality », CBQ 20 (1958) 19-25.

2573 DELHAYE, P., « Le décalogue et sa place dans l'enseignement de la morale chrétienne », AmiCl 73 (1963) 49-52, 97-101, 199-204, 241-248, 289-291.

Thèmes divers. Miscellaneous Themes. Verschiedene Themen. Temi diversi. Temas diversos.

2574 SCHOTZ, D., « De sacrificio propitiatorio in Vetere Testamento », Ant 5 (1930) 3-24.

2575 METZINGER, A., « Die Substitutionstheorie und das alttestamentliche Opfer », Bibl 21 (1940) 159-187, 247-272, 353-377.

2576 MUSSNER, F., ZΩH. *Die Anschauung vom « Leben » im vierten Evangelium,* « Begriff und Anschauung vom « Leben » in A. T. », 1-13.

2577 GELIN, A.,« Moïse dans l'A. T. », dans *Moïse, l'homme de l'Alliance* (en collab.), 29-52.

2578 PINCKAERS, S., « L'espérance de l'A. T. est-elle la même que la nôtre ? » NRT 77 (1955) 785-799.

2579 DELORME, J., « Le Fils de l'homme », CE Nº 16 (1954) 5-72.

2580 PELLETIER, A., « L'attentat au droit du pauvre dans le Pentateuque des LXX », RevSR 42 (1954) 523-527.

2581 SPICQ, C., *Prolégomènes à une étude de théologie néotestamentaire* (Louvain, Nauwelaerts, 1955), 12-227 pp.

2582 GROSS, H., *Die Idee des ewigen und allgemeinen Weltfriedens im Alten Orient und in A. T.,* « Der Weltfriede nach dem A. T. », 60-171.

2583 SPICQ, C., *Agapè dans le Nouveau Testament* (Paris, Gabalda, 1958), 3 vv., 336, 412, 368 pp.

2584 ALONSO, J., « Descripción de los tiempos mesiánicos en la literatura profética como una vuelta al Paraíso », EstE 24 (1950) 459-477.

2585 VAN IMSCHOOT, P., *Théologie de l'Ancien Testament,* « Le naziréat », II, 159-161.

2586 DUBARLE, A.-M., « La conception de l'homme dans l'A. T. », dans *Sacra Pagina* (en collab.), I, 522-536.

2587 GARCIA DE LA FUENTE, O., « Sobre la idea de contrición en el Antiguo Testamento », dans *Sacra Pagina* (en collab.), I, 559-579.

2588 GELIN, A., « *Moïse dans l'A. T.* », dans *Moïse, l'homme de l'Alliance* (en collab.), 29-52.

2589 HAMP, V., « Monotheismus im A. T. », dans *Sacra Pagina* (en collab.), I, 516-521.

2590 JUNKER, H., « Die offenbarungsgeschichtliche Bedeutung der alttestamentlichen Botschaft vom Reiche Gottes », TrierTZ 62 (1953) 65-79.

2591 MAYER, R., « Monotheismus in Israel und in der Religion Zarathustras », BZ 1 (1957) 23-58.

2592 McKENZIE, J. L., « The Hebrew Attitude towards Mythological Polytheism », CBQ 14 (1952) 323-335.

2593 RÉTIF, A., LAMARCHE, P., « Universalisme et perspectives missionnaires dans l'Ancien Testament », CE N° 33 (1959) 5-98.

2594 COPPENS, J., « Le roi idéal d'Is., IX, 5-6 et XI, 1-5 est-il une figure messianique ? » dans *À la rencontre de Dieu.* Mémorial Albert Gelin (en collab.), 85-108.

2595 BAUMGARTNER, C., *La grâce du Christ* (Tournai, Desclée et Cie, 1963), « L'Ancien Testament », 15-19.

2596 GUELLUY, R., *La création* (Tournai, Desclée et Cie, 1963), « L'Ancien Testament », 12-30.

2597 SCHARBERT, J., *Heilsmittler im Alten Testament und im Alten Orient,* « Mittler in den Geschichtsüberlieferungen des Pentateuchs », 70-100.

2598 VELLA, J., *La giustizia forense di Dio* (Brescia, Paideia, 1964), 142 pp.

2599 GRELOT, P., *Bible et théologie,* « L'A. T. et l'économie du salut », 23-41; « L'histoire du peuple de Dieu », 56-66; « L'eschatologie de l'A. T. », 67-73.

2600 IRWIN, W. H., « Le sanctuaire central israélite avant l'établissement de la monarchie », RB 72 (1965) 161-184.

2601 ASENSIO, F., « Trayectoria histórico-teologica de la « bendición » bíblica de Yahweh en labios del hombre », Greg 48 (1967) 253-283.

2602 McCARTHY, D. J., *Der Gottesbund im Alten Testament.* Ein Bericht über die Forschung der letzten Jahre, 96 pp.

2603 CASCIARO, J. M., « El concepto de « Ecklesia » en el A.T. », EstB 25 (1966) 317-348; 26 (1967) 5-38.

2604 FESTORAZZI, F., « Nous voilà en sûreté ! (Jr 7, 10). La foi des deux Testaments comme expérience salvifique », Conci N° 30 (1967) 45-56.

2605 L'HOUR, J., *Die Ethik des Bundestradition im Alten Testament,* « Kult und Ethos », 24-32.

2606 TROMP, N. J., « De conceptionibus primitivis orci et mortis in V. T. occurrentibus, consideratis in luce litteraturae speciatim ugariticae », VD 57 (1967) 209-217.

2607 DIP, G., « Problema del Mesias paciente », EstE 43 (1968) 155-179.

Valeurs spirituelles de l'Ancien Testament. Spiritual Values in the Old Testament.
Geistliche Werte des A.T. Valori spirituali dell'Antico Testamento.
Valores espirituales del'Antiguo Testamento.

2608   DUESBERG, H., *Les valeurs chrétiennes de l'Ancien Testament,* 173 pp.

2609   XXX, *L'Ancien Testament et les chrétiens* (en collab.), dans *Rencontres* N° 36 (Paris, Cerf, 1951), 240 pp.

2610   CHARLIER, C., *La lecture chrétienne de la Bible⁴,* « La Bible et la vie », 288-294.

2611   HAMMAN, A., « Pourquoi faut-il lire l'Ancien Testament ? » VS 85 (1951) 5-24.

2612   MACKE, C., « Pour comprendre l'Évangile, lisez les livres de l'Ancien Testament », CE N° 2 (1952) 31-40.

2613   KNOX, R. A., *Richesses de l'Ancien Testament.* Retraite sacerdotale, trad. TENNESSON, A. (Paris, Desclée de Brouwer, 1953), 187 pp.

2614   DUMONTIER, P., *Saint Bernard et la Bible* (Paris, Desclée, 1953), « Spiritualité biblique », 167-182.

2615   BARSOTTI, D., *La parole de Dieu dans le mystère chrétien,* « L'exégèse de l'Ancien Testament et la spiritualité chrétienne », 275-291.

2616   BOULANGER, J., « Pourquoi enseigner l'Ancien Testament ? Une enquête sur les buts visés par les auteurs de manuels », LVit 10 (1955) 105-129.

Divers. Miscellaneous. Verschiedenes. Diversi. Diversos.

2617   AYUSO MARAZUELA, T., « Los elementos extrabíblicos del Octateuco », EstB 4 (1945) 35-60.

2618   ARBEZ, E. P., « Some Parallels from Arabic Literature to Problems of the O. T. », CBQ 8 (1946) 58-71.

2619   DUBARLE, A.-M., « La lecture chrétienne de l'Ancien Testament », dans *Rencontres* N° 36 (Paris, Cerf, 1951), 206-234.

2620   HASPECKER, J., « Das Alte Testament – Quelle des geistlichen Lebens », GeistL 26 (1953) 229-231.

2621   SESBOUÉ, D., « Les traditions religieuses des livres de la Loi », CE N° 11 (1953) 5-62.

2622   BARSOTTI, D., *La parole de Dieu dans le mystère chrétien,* « L'exégèse de l'Ancien Testament et la spiritualité chrétienne », 275-291.

2623   CERFAUX, L., « Simples réflexions à propos de l'exégèse apostolique », dans *Recueil Lucien Cerfaux,* II, 189-204.

2624   BOTTE, B., « Les saints de l'Ancien Testament », MD N° 52 (1957) 109-120.

2625   McGOVERN, J. J., « The Waters of Death », CBQ 21 (1959) 350-358.

2626   VAWTER, B., « A Note on « the Waters beneath the Earth » », CBQ 22 (1960) 71-73.

2627   HARRINGTON, W., « The Law, the Prophets and the Gospel », IrThQ 31 (1964) 283-302.

II. PENTATEUQUE. PENTATEUCH. PENTATEUCO.

I. Introduction. Introduction. Einleitung. Introduzione. Introducción.

État de la critique. Present State of Criticism. Stand der kritischen Forschung.
Situazione della critica. Estado de la crítica.

2628   BEA, A., « Der heutige Stand der Pentateuchfrage », Bibl 16 (1935) 175-200.

2629   PRIERO, G., « Principi filosofici e critica del Pentateuco », ScuolC 66 (1938) 125-140.

2630   DE VAUX, R., « Réflexions sur l'état actuel de la critique du Pentateuque », dans
       Congress Volume, Copenhagen (Supplements to Vetus Testamentum, vol. I) (Leiden,
       Brill, 1953), 182-198, ou dans *Bible et Orient,* 41-57.

2631   CAZELLES, H., « À propos du Pentateuque », Bibl 35 (1954) 279-298.

2632   SPADAFORA, F., « Sul Pentateuco », RivB 2 (1954) 10-42, 119-154.

2633   VALK, N., « Pentateuchal Criticism in « La Bible de Jérusalem » », SCR 7 (1956)
       14-18.

2634   BOUHOT, J.-P., CAZELLES, H., « Pentateuque », SDB VII, col. 687-858.

2635   ALONSO SCHÖKEL, L., « Atteggiamenti dei cattolici di fronte alla critica del
       Pentateuco », RivB 12 (1964) 49-58.

2636   CAZELLES, H., « Positions actuelles dans l'exégèse du Pentateuque », ETL 44 (1968)
       55-78.

Traditions du Pentateuque. Traditions of the Pentateuch. Traditionen des Pentateuch.
Tradizioni del Pentatèuco. Tradiciones del Pentateuco.

2637   SESBOUÉ, D., « Les traditions religieuses des livres de la Loi », la tradition Yahviste
       (J), 9-19; la tradition Élohiste (E), 20-32; la tradition deutéronomique (D), 33-44; la
       tradition sacerdotale, 45-58, CE N° 11 (1953) 9-58.

2638   SESBOUÉ, D., « Les traditions bibliques du Pentateuque », CE N° 11 (1953) 63-65.

2639   STEINMANN, J., *Les plus anciennes traditions du Pentateuque* (Paris, Gabalda, 1954),
       214 pp.

2640   ROTH, J., « Thèmes majeurs de la tradition sacerdotale dans le Pentateuque », NRT
       80 (1958) 696-721.

2641   WINTER, M. M., « Reflections on the Sources of the Pentateuch », SCR 12 (1960)
       78-88.

2642   SCHILDENBERGER, J., « Psalm 78 (77) und die Pentateuchquellen », dans *Lex tua
       Veritas* (en collab.), 231-256.

2643   ALBRIGHT, W. F., « Jehtro, Hobab and Reuel in Early Hebrew Tradition (with some
       Comments on the Origin of JE) », CBQ 25 (1963) 1-11.

2644   COPPENS, J., « Une nouvelle date pour le document yahviste ? » ETL 42 (1966)
       567-572.

2645   SCHARBERT, J., *Fleisch, Geist und Seele im Pentateuch.* Ein Beitrag zur Anthropologie
       der Pentateuchquellen (Stuttgart, Katholisches Bibelwerk, 1966), « Die jahwistische
       Schicht », 17-27; « Die elohistische Schicht », 29-31; « Die priesterliche Tradi-
       tion », 47-78.

2646   WALKENHORST, K. H., « Sinai in liturgica traditione deuteronomistica et sacerdo-
       tali », VD 44 (1966) 89-96.

2647   BESTERS, A., « L'expression « Fils d'Israël » en Ex., I-XIV. Un nouveau critère pour
       la distinction des sources », RB 74 (1967) 321-355.

2648   BREKELMANS, C., « Éléments deutéronomiques dans le Pentateuque », dans *Aux
       grands carrefours de la révélation et de l'exégèse de l'A. T.* (en collab.), 77-91.

2649   DACQUINO, P., « Le promesse di Dio ai patriarchi secondo le traditioni della Gene-
       si », RivB 15 (1967) 449-470.

Divers. Miscellaneous. Verschiedenes. Diversi. Diversos.

2650   CALÈS, J., « Pentateuque », RSR 20 (1930) 68-80.

2651   CALÈS, J., « Pentateuque et prophètes », RSR 29 (1939) 117-122.

2652 GRAF, G., « Ein arabischer Pentateuchkommentar des 12. Jahrhunderts », Bibl 23 (1942) 113-138.

2653 KIPPER, B., « De origine mosaica *Libri Foederis* », VD 29 (1951) 77-87, 159-171.

2654 SUTCLIFFE, E. F., « Introduction to the Pentateuch », dans *A Catholic Commentary on Holy Scripture* (ORCHARD, B., édit.) (London, T. Nelson and Sons, 1953), 164-176.

2655 CAZELLES, H., « À propos du Pentateuque », Bibl 35 (1954) 279-298.

2656 BOSCHI, B., « Tradizioni del Pentateuco su Edom », RivB 15 (1967) 369-383.

2657 SCHARBERT, J., « Offenbarung, Tradition und Schrift im Pentateuch », MüTZ 18 (1967) 93-118.

2658 CAZELLES, H., « Histoire et théologie dans le Pentateuque », dans *Où en sont les études bibliques ?* (en collab.), 51-66.

2659 PERROT, C., « *Petuhot* et *Setumot*. Étude sur les alinéas du Pentateuque », RB 76 (1969) 50-91.

2. Genèse. Genesis. Genesi. Génesis.

Commentaires. Commentaries. Kommentare. Commenti. Comentarios.

2660 CHAINE, J., *Le livre de la Genèse,* 528 pp.

2661 CLAMER, A., *La Genèse,* dans *La Sainte Bible* (Pirot-Clamer), I, 1re partie (1953), 534 pp.

2662 XXX, « La Genèse », PPB N° 3 (1955) 32 pp.

2663 COLUNGA, A., GARCIA CORDERO, M., *Biblia Commentada,* I, Pentateuco (Madrid, Biblioteca de Autores Cristianos, 1960), 32-377.

2664 DE VAUX, R., *La Genèse²* (BJ) (Paris, Cerf, 1962), 224 pp.

2665 STEINMANN, J., *Code Sacerdotal I.* Genèse–Exode. Texte français, Introduction et commentaires (Bruges, Desclée de Brouwer, 1962), 156 pp.

Histoire primitive. Primitive History. Urgeschichte. Storia primitiva. Historia primitiva.

2666 ATTOUT, B., *Les premières pages de la Bible* (Bruxelles, La Cité Chrétienne, 1934), 138 pp.

2667 BEA, A., « Praehistoria et exegesis libri Geneseos », VD 17 (1937) 344-347, 360-366; 18 (1938) 14-20.

2668 YAHUDA, A. S., *Les récits bibliques de Joseph et de l'Exode confirmés à la lumière des monuments égyptiens* (Lisbonne, 1940), 63 pp.

2669 O'CALLAHAN, R. T., « Historical Parallels to the Patriarchal Social Customs », CBQ 6 (1944) 391-405.

2670 MARITAIN, R., *Histoire d'Abraham ou les premiers âges de la conscience morale* (Paris, Desclée, 1947), 79 pp.

2671 CEUPPENS, F., *Quaestiones selectas ex historia primaeva²* (Torino, Marietti, 1948), 376 pp.

2672 DOUGHERTY, J. J., « The World of the Hebrew Patriarchs », SCR 3 (1948) 98-102.

2673 VOSTÉ, J.-M., « Lettre de la commission biblique » (Critique littéraire du Pentateuque; historicité de Gn 1-11), Ang 25 (1948) 153-164.

2674 ARBEZ, E. P., « Genesis I-XII and Prehistory », AmER 123 (1950) 81-92, 202-213, 284-294.

2675 GELIN, A., « Notes bibliques », AmiCl 62 (1952) 33-35.

2676 MacKENZIE, R. A. F., « Before Abraham was... », CBQ 15 (1953) 131-140.

2677   FRANSEN, I., « Les onze premiers chapitres de la Genèse (expliqués au grand public », BVC N° 7 (1954) 572-588.

2678   LÉCUYER, J., *Abraham notre père* (coll. L'esprit liturgique) (Paris, Cerf, 1955), 164 pp.

2679   BRAVO, C., « Símbolo e Historia en Gén. 2-3 », EXav 6 (1956) 266-312.

2680   DUBARLE, A.-M., « History and Myth in Genesis », TDig 6 (1958) 95-99.

2681   O'NEILL, J., « The Bible and Evolution », SCR 11 (1959) 6-21, 42-50.

2682   CAZELLES, H., « Patriarches », SDB VII, col. 81-156.

2683   DE VAUX, R., « Les patriarches hébreux et l'histoire », dans *Studii Biblici Franciscani Liber annuus* 13 (1962-1963) 287-297, ou dans *Bible et Orient,* 175-185.

2684   DE VAUX, R., « The Hebrew Patriarchs and History », TDig 12 (1964) 227-240.

2685   DE VAUX, R., « Les patriarches hébreux et l'histoire », RB 72 (1965) 5-28.

2686   FENZ, A. K., « Zum Problem der Geschichte in Pentateuch-Einzelergebnisse zur Gn », BiLit 40 (1967) 241-258.

Textes. Texts. Texte. Testi. Textos.

1-11   GOETTSBERGER, J., « Prinzipielles zur biblischen Urgeschichte »,   (2687
              TR 29 (1930) 225-231.

              McKENZIE, J. L., *The Two-Edged Sword.* « Cosmic Origins », 72-89;   (2688
              « Human Origins », 90-108.

              BEA, A., « Il problema del Pentateuco e della storia primordiale », CC   (2689
              2 (1948) 116-127.

              DE AMBROGGI, P., « L'origine del Pentateuco e i primi 11 capi della   (2690
              Gen, in una risposta della P. Comm. Biblica », ScuolC 76 (1948)
              238-242.

              ARBEZ, E. P., « Genesis I-XII and Prehistory », AmER 123 (1950)   (2691
              81-92, 202-213, 284-294.

              KÖPPEL, R., « Ultimae investigationes de aetate generis humani »,   (2692
              Bibl 15 (1934) 419-436.

              VOSTÉ, J.-M., « El reciente documento de la Pontificia Comision Bibli-   (2693
              ca », EstB 7 (1948) 133-145.

              VOSTÉ, J.-M., « Lettre de la commission biblique » (critique littéraire   (2694
              du Pentateuque; historicité de Gn 1-11), Ang 25 (1948) 153-164.

              CASTELLINO, G., « Generi letterari in Genesi I-XI », dans *Questioni*   (2695
              bibliche alla luce dell'Enciclica « Divino Afflante Spiritu » (en collab.),
              I, 31-61.

              DE AMBROGGI, P., « La storia primordiale biblica : studi recen-   (2696
              ti », ScuolC 79 (1951) 245-256.

              GELIN, A., *Problèmes d'Ancien Testament* (Lyon, Paris, Vitte, 1952),   (2697
              112 pp.

              ARNALDICH, L., *El origen del mundo y del hombre según la Bíblia*   (2698
              (Madrid, Rialp, 1957), 518 pp.

              BAUER, J. B., *Die biblische Urgeschichte.* Vorgeschichte des Heils,   (2699
              Genesis 1-11. Ein Handbuchlein für die alttestamentliche Katechese
              (Paderborn, F. Schoningh, 1964), 90 pp.

              HAAG, H., *Biblische Schöpfungslehre und kirchliche Erbsündenlehre,*   (2700
              « Der Einbruch der Sünde in die Menschheit nach Gn 1-11 », 41-59.

              MARCOZZI, V., SELVAGGI, F., *Problemi delle origini* (Roma, Univ.   (2701
              Gregoriana, 1966), 339 pp.

              RICHTER, W., « Urgeschichte und Hoftheologie », BZ 10 (1966)   (2702
              96-105.

BALAGUÉ, M., *Prehistoria de la Salvación*. Estudio exegético-doctrinal (2703
de los once primeros capítulos del Génesis, relacionados con las ciencias
y el folklore oriental (Madrid, Studium, 1967), 437 pp.

1-7   BAUER, J., « Die biblische Urgeschichte », BiLit 19 (1951-52) 166-171, (2704
209-216, 263-266, 324-326, 355-359; 20 (1952-53) 2-7, 34-36, 77-78.

1-4   CASPER, J., « Die erste Frohbotschaft Gottes. Gedanken zum 1 Mo (2705
1-4 », BiLit 12 (1936-1938) 187-189.

1,1-4,24   LUSSIER, E., « *'Adam* in Gen I, 1-4, 24 », CBQ 18 (1956) 137-139. (2706

1-3   CEUPPENS, F., *Genèse I-III* (Bibliotheca Mechliniensis VI) (Bruxelles, (2707
Desclée de Brouwer, 1945), 199 pp.

CEUPPENS, F., « Le polygénisme et la Bible », Ang 24 (1947) 20-32. (2708

HAURET, C., *Origines, Gen 1-3* (Luçon, Rezeau, 1950), 257 pp. (2709

SCHWEGLER, T., « Die biblischen Berichte über die Erschaffung des (2710
Menschen und die Entwicklungslehre », BiLit 19 (1951-52) 295-299.

ASSELIN, D. T., « The Notion of Dominion in Gen 1-3 », CBQ 16 (2711
(1954) 277-294.

XXX, « Notes bibliques » (les origines), AmiCl 65 (1955) 553-559. (2712

GELIN, A., « La Bible et les origines humaines », AmiCl 66 (1956) (2713
531-535.

RICHARDS, H. J., « The Creation and Fall », SCR 8 (1956) 109-115. (2714

LAVOCAT, R., CAZELLES, H., « Polygénisme », SDB VII, col. (2715
90-110.

STANLEY, D. M., « Paul's Interest in the Early Chapters of Gene- (2716
sis », dans *Studiorum Paulinorum Congressus 1961* (en collab.), I, 241-
252.

DIEZ MACHO, A., « El origen del hombre segun la biblia » (En torno (2717
a las Conversaciones de Poblet), EstB 21 (1962) 213-272.

HASSFELD, P., « Abstammungslehre des Menschen und (2718
Schöpfungsbericht des Alten Testamentes », TGl 57 (1967) 133-144.

MORGAN, A., « Aggiornamento and the Catechetics of Genesis (2719
1-3 », AmER 156 (1967) 361-368.

HAAG, H., « Der « Urstand » nach dem Zeugnis der Bibel », TQ 148 (2720
(1968) 385-404.

LARNICOL, C., « Les origines. Synthèse théologique », AmiCl 78 (2721
(1968) 176-182, 193-200.

XXX, « L'origine biblique de Ève », AmiCl 53 (1936) 171. (2722

CRUVEILHIER, P., PIROT, L., « Genèse (décision de la Commission (2723
biblique sur le caractère historique des trois premiers chapitres de
la) », SDB III, col. 590-613.

SCHMIDT, W., « Die Schöpfungsgeschichte der biblischen und der (2724
ethnologischen Urzeit », StiZ 134 (1938) 295-305.

RENIÉ, J., *Les origines de l'humanité d'après la Bible. Mythe ou (2725
histoire ?* (Paris, Vitte, 1950), 159 pp.

BRAVO, C., « La especie moral del primer pecado (segun Gen. (2726
I-III) », EXav 4 (1954) 293-333.

POHL, A., « Der Schöpfungshymnus der Bibel », StiZ 163 (1958-1959) (2727
252-266.

SCHEFFCZYK, L., « Die Idee der Einheit von Schöpfung und   (2728
Erlösung in ihrer theologischen Sedeutung », TQ 140 (1960) 19-37.

JEANNE D'ARC, Sr, « La création. Les sciences modernes au service   (2729
de la foi », VS 104 (1961) 294-321.

DANIÉLOU, J., *L'entrée dans l'histoire du salut* (Paris, Cerf, 1967),   (2730
159 pp.

HAAG, H., « Der « Urstand » nach dem Zeugnis der Bibel », TQ 148   (2731
(1968) 385-404.

LORETZ, O., *Schöpfung und Mythos* (Stuttgart, Katholisches   (2732
Bibelwerk, 1968), 152 pp.

BONNARD, P.-É., « L'origine de l'humanité selon la Bible », AmiCl   (2733
79 (1969) 713-719.

WESTERMANN, C., « Primeval Man », TDig 31 (1969) 30-36.   (2734

ADINOLFI, M., « « Ab initio autem... fuit sic. » Osservazioni sulla   (2735
problematica della coppia in *Gen.* 1-3 », RivB 18 (1970) 357-378.

OHLER, A., « Die biblische Deutung des Mythos. Zur Auslegung von   (2736
Gen 1-3 », TR 66 (1970) 177-184.

1-2   DUNCKER, P. G., « De finalitate matrimonii secundum *Gen* 1   (2737
et 2 », Ang 18 (1941) 165-177.

ADAM, K., « Der erste Mensch im Licht der Bibel und der   (2738
Naturwissenschaft », TQ 123 (1942) 1-20.

BEA, A., « Il problema antropologico in Gen. 1-2. Il trasformis-   (2739
mo », dans *Questioni bibliche alla luce dell'Enciclica « Divino Afflante
Spiritu »* (en collab.), II, 1-72.

JEANNE D'ARC, Sr, « La création », VS 104 (1961) 294-321.   (2740

GUELLUY, R., *La création* (Tournai, Desclée et Cie, 1963), Gen 1-2,   (2741
12-19.

HILL, E., « The Truth of Genesis 1-2 », SCR 18 (1966) 65-76.   (2742

LOHFINK, N., *Bibelauslegung im Wandel,* « Die ersten Kapitel der   (2743
Bibel nach der Intervention der Naturwissenschaft », 76-106.

DUMAINE, H., « L'Heptaméron biblique », RB 46 (1937) 161-181.   (2744

BOICELOT, *L'origine de l'univers* (Liège, Pensée catholique, 1938),   (2745
20 pp.

HENNING, J., « The First Chapter of Genesis in the Liturgy », CBQ   (2746
10 (1948) 36-374.

1,1-2,4   THEOPHILUS AB ORBISO, « Narratio biblica creationis (Gen.   (2747
1,1-2,3) », VD 11 (1931) 141-155.

POULET, D., « La cosmogonie biblique (Genèse 1,1-2,3) », RUO 2   (2748
(1932) 145-172, 415-433; 3 (1933) 300-320.

SALVONI, F., « Il problema cosmologico in Gen. 1,1-2,4 con speciale   (2749
riferimento alle scienze », dans *Questioni bibliche alla luce dell'Enciclica
« Divino Afflante Spiritu »* (en collab.), I, 141-168.

MAERTENS, T., *Les sept jours (Gen. 1-2, 4)* (Bruges, Paroisse et   (2750
liturgie, 1951), 74 pp.

VAN DER VOORT, A., « Genèse 1, 1 à 2, 4a et Psaume CIV », RB   (2751
58 (1951) 321-346.

SCHNEIDER, O., « Vom Werden der Welt », BiLit 26 (1958-59) (2752
247-255.

HAURET, C., « Origines de l'univers et de l'homme d'après la Bi- (2753
ble », SDB VI, col. 908-926.

RODRIGUES, J., « De relatione inter « Worthericht » et « Tatbe- (2754
richt » in Gen 1,1-2,4a », VD 45 (1967) 257-281.

1,1-7   BRAVO, C., « Un comentario de Jacobo de Edesa al Gen 1, 1-7 (2755
atribuido a S. Efren », Bibl 31 (1950) 390-401.

1,1-2   ARBEZ, E. P., WEISENGOFF, J. P., « Exegetical Notes on Genesis (2756
1,1-2 », CBQ 10 (1948) 140-150.

HAMP, V., « Die zwei ersten Verse der Bibel », dans *Lex tua Veritas* (2757
(en collab.), 113-126.

1,1   BAUER, J. B., « Sir. 15,14 et Gen 1,1 », VD 41 (1963) 243-244. (2758

VACCARI, A., « In principio creavit Deus caelum et terram (Gen. (2759
1,1) », VD 24 (1944) 161-168.

PASSELECQ, P., *La Genèse I* (Maredsous, 1955), 64 pp. (2760

1,2   McCLELLAN, W. H., « The Meaning of Ruaḥ'Elohim in Genesis (2761
1,2 », Bibl 15 (1934) 517-527.

ORBE, A., « Spiritus Dei ferebatur super aquas. Exégesis gnostica de (2762
Gen 1,2b », Greg 44 (1963) 691-730.

1,3   ORBE, A., « A proposito de Gen 1,3 (Fiat lux) en la exégesis de Tacia- (2763
no », Greg 42 (1961) 401-443.

GARBINI, G., « La creazione della luce », BibOr 11 (1969) 267-272. (2764

1,11-25 CAZELLES, H., « MYN = espèce, race ou ressemblance ? » dans (2765
Mémorial du cinquantenaire (en collab.), 105-108.

1,26-28 DUBARLE, A.-M., *Amour et fécondité dans la Bible,* « La fécondité et (2766
l'image de Dieu (Gn 1,26-28) », 16-25.

1,26-27 DUNCKER, P. G., « L'immagine di Die nell'uomo (Gen 1,26-27) », (2767
Bibl 40 (1959) 384-392.

ARNALDICH, L., « La creación de Eva. *Gen.,* I, 26-27; II, 18-25 », (2768
dans *Sacra Pagina* (en collab.), I, 346-357.

FESTORAZZI, F., « L'uomo immagine di Dio nel contesto totale della (2769
Bibbia », BibOr 6 (1964) 105-117.

ROSLON, V. L., « Creatio protoparentum (Gen 1,26s; 2,7) unicus (2770
hymnus ? » VD 45 (1967) 139-149, 281-290.

1,26   GROSS, H., « Die Gottebenbildlichkeit des Menschen », dans *Lex tua* (2771
Veritas (en collab.), 89-100.

FESTORAZZI, F., « I plurali di Gen. 1,26; 3,22; 11,7 e l'intima natura (2772
del peccato dei progenitori », BibOr 5 (1963) 81-86.

1,27   DE GÉRARDON, B., « L'homme à l'image de Dieu », NRT 80 (1958) (2773
683-695.

WORDEN, T., « The Creation of Woman », SCR 10 (1958) 60-61. (2774

2-11   BRUEGGEMANN, W., « David and his Theologian », CBQ 30 (1968) (2775
156-181.

2-3   BRODMANN, B., « Quid doceat S. Scriptura utriusque Testamenti de (2776
indole historica narrationis de paradiso et lapsu, Gen. 2-3 », Ant 12
(1937) 125-164, 213-236, 327-356.

COPPENS, J., « Ecce Adam quasi unus ex nobis factus est (Gen.   (2777
3, 22) », ETL 20 (1943) 56-60.

COPPENS, J., *La connaissance du bien et du mal et le péché du Paradis*   (2778
(Paris, Desclée, 1947), 145 pp.

COPPENS, J., « Le sens de Genèse II-III », ETL 23 (1947) 179-182.   (2779

DE FRAINE, J., « Paradisus apud Sumeros ? » VD 25 (1947) 161-171.   (2780

LAURENT, Y., « Le caractère historique de Gen. II-III dans l'exégèse   (2781
française au tournant du XIXe s. », ETL 23 (1947) 36-69.

RINALDI, G., « Il mito sumerico di « Enki e Ninchursag in Dil-   (2782
mun » e Gen. 2-3 secondo recenti studi », ScuolC 76 (1948) 36-50.

RINALDI, G., « Osservazioni letterarie su Gen. 2-3 », dans *Questioni*   (2783
bibliche alla luce dell'Enciclica « Divino Afflante Spiritu » (en collab.),
I, 169-183.

VACCARI, A., « Il soprannaturale in Gen. 2-3 », dans *Questioni*   (2784
bibliche alla luce dell'Enciclica « Divino Afflante Spiritu » (en collab.),
I, 184-201.

DANIÉLOU, J., *Sacramentum Futuri,* « Baptême et Paradis », 13-20;   (2785
« Le paradis des vertus », 45-54.

CASTELLINO, G., « La storicità dei capi 2-3 del Genesi », Sal 13   (2786
(1951) 334-360.

COPPENS, J., « L'unité littéraire de Genèse II-III », ETL 27 (1951)   (2787
91-99.

MAERTENS, T., *La mort a régné depuis Adam* (Gen. 2-3) (Bruges,   (2788
Abbaye de S. André, 1951), 102 pp.

BOURASSA, F., « La grâce de l'Immaculée Conception », SE 6 (1954)   (2789
162-171.

LAMBERT, G., « Le drame du jardin d'Éden », NRT 76 (1954)   (2790
917-948, 1044-1072.

BRAVO, C., « Símbolo e Historia en Gén. 2-3 », EXav 6 (1956)   (2791
266-312.

LEMARIÉ, J., *La manifestation du Seigneur,* « Le retour au para-   (2792
dis », 203-211.

DELHAYE, P., « Le péché actuel. Sa notion dans la Bible. I. Le péché   (2793
dans l'Ancien Testament; Théologie du péché dans le récit de la création », AmiCl 68 (1958) 717-718.

DUBARLE, A.-M., « Le péché originel dans la Genèse », RB 64 (1957)   (2794
5-34, ou dans *Le péché originel dans l'Écriture* (Paris, Cerf, 1958), 39-74.

HARTMAN, L. F., « Sin in Paradise », CBQ 20 (1958) 26-40.   (2795

McKENZIE, J. L., « The Literary Characteristics of Genesis 2-3 »,   (2796
TDig 6 (1958) 19-24.

LIGIER, L., *Péché d'Adam et péché du monde,* I. L'Ancien Testament,   (2797
322 pp.

WINANDY, J., « Simples réflexions sur le récit de la chute originelle   (2798
(Genèse 2 et 3) », BVC No 35 (1960) 26-34.

ALONSO SCHÖKEL, L., « Motivos sapienciales y de alianza en Gn   (2799
2-3 », Bibl 43 (1962) 295-316.

HARL, M., « Adam et les deux arbres du paradis (Gen II-III) ou   (2800
l'homme *milieu entre deux termes* chez Philon d'Alexandrie », RSR 50
(1962) 321-388.

	ALONSO SCHÖKEL, L., « Sapiential and Covenant Themes in Genesis 2-3 », TDig 13 (1965) 3-10.	(2801
	LOHFINK, N., « Genesis 2-3 as « Historical Etiology » », TDig 13 (1965) 11-17.	(2802
	McKENZIE, J. L., « The Literary Characteristics of Gen. 2 s », TS 15 (1954) 541-572.	(2803
	LACAN, M.-F., « Les deux routes et le texte de Genèse 2 », CE N° 31 (1958) 32-34.	(2804
	DE MERV, I., « La création de la femme », BVC N° 28 (1959) 9-13.	(2805
	SOGGIN, J. A., « Osservazioni filologico-linguistiche al secondo capitolo della Genesi », Bibl 44 (1963) 521-530.	(2806
2,2	CURLEY, F. X., « On the Seventh Day God rested from all his Work », AmER 130 (1954) 306-316.	(2807
2,4b-3,24	HAAG, H., « Die Komposition der Sündenfall-Erzählung », TQ 146 (1966) 1-7.	(2808
	CEUPPENS, F., *Quaestiones Selectae ex Historia Primaeva²* (Taurini, Romae, Marietti, 1948), « II. Felicitas, tentatio et lapsus protoparentum (Gen. 2,4b-3, 24) », 85-242.	(2809
2,4-25	DUBARLE, A.-M., *Amour et fécondité dans la Bible,* « La création de l'homme et de la femme (Gn 2,4-25) », 26-33.	(2810
	GOOSSENS, W., « L'immortalité corporelle dans les récits de Gen. 2,4b-3 », ETL 12 (1935) 722-742.	(2811
	LEFÈVRE, A., « Gen. 2,4b-3, 24 est-il composite ? » RSR 36 (1949) 465-480.	(2812
2,4-17	VACCARI, A., « In Gen. 2,4-17 c'e un secondo racconto della creazione del mondo ? » BibOr 5 (1963) 9-10.	(2813
2,4	BRINKTRINE, J., « Gn 2,4a, Überschrift oder Unterschrift ? » BZ 9 (1965) 277.	(2814
2,5-6	McCLELLAN, W. H., « The Newly Proposed Translation of *Gn* 2,5-6 », CBQ 1 (1939) 106-114.	(2815
2,7	GONZALEZ RUIZ, J. M., « Contenido dogmático de la narración de Gén. 2,7 sobre la formación del hombre », EstB 9 (1950) 399-439.	(2816
	ROSLON, V. L., « Creatio protoparentum (Gen. 1,26s; 2,7) unicus hymnus ? » VD 45 (1967) 139-149.	(2817
2,18-25	ARNALDICH, L., « La creación de Eva. *Gén.,* I, 26-27; II, 18-25 », dans *Sacra Pagina* (en collab.), I, 346-357.	(2818
	CLOSEN, G., « De incarnatione imaginis Dei. Notae quaedam criticae et theologicae de origine corporis humani (Gen. 2,7.18-25) », VD 20 (1940) 105-115; 22 (1942) 228-232.	(2819
2,19-20	RAMMER, J., « Ethnologische Parallelen zur Bibel », BiLit 24 (1956-57) 205-206.	(2820
2,20-23	O'ROURKE, J. J., « Early Modern Theologians and Eve's Formation from Adam », SE 13 (1961) 427-435.	(2821
2,20	ORBE, A., « El sueño de Adán entre los gnósticos del siglo II », EstE 41 (1966) 351-394.	(2822
2,21-23	TERMES, P., « La formación de Eva en los Padres Latinos hasta San Agustín inclusive », EstE 34 (1960) 421-459.	(2823

2,22   RENIÉ, J., « Un prétendu parallèle sumérien de la création d'Ève (S.   (2824
            N. Kramer, Enki et Ninhursag) », MSR 10 (1953) 9-12.

2,23a   BRUEGGEMANN, W., « Of the Same Flesh and Bone (Gn 2,   (2825
            23a) », CBQ 32 (1970) 532-542.

2,25   WAMBACQ, B. N., « Or tous deux étaient nus, l'homme et sa femme,   (2826
            mais ils n'en avaient pas honte (Gn 2,25) », dans *Mélanges bibliques* en
            hommage au R. P. Béda Rigaux (en collab.), 547-556.

3   RIGAUX, B., *L'antéchrist,* « Le serpent dans le Protévangile », 19-40.   (2827

            MIKLIK, J., « Der Fall des Menschen », Bibl 20 (1939) 387-396.   (2828

            COPPENS, J., *La connaissance du bien et du mal et le péché du paradis*   (2829
            (Paris, Desclée, 1947), 145 pp.

            HOFBAUER, J., « Die Paradiesesschlange (Gn 3) », ZKT 69 (1947)   (2830
            228-231.

            COPPENS, J., « Miscellanées bibliques XVIII-XXIII : Le péché du   (2831
            Paradis selon M. Guitton », ETL 24 (1948) 395-401; « L'interprétation
            sexuelle du péché du Paradis dans la littérature patristique », ETL 24
            (1948) 402-408.

            ASENSIO, F., « El primer pecado en el relato del Genesis », EstB 9   (2832
            (1950) 159-191.

            LABOURDETTE, M. M., *Le péché originel et les origines de l'homme*   (2833
            (Paris, Alsatia, 1953), 212 pp.

            DUBARLE, A.-M., « Le péché originel dans la Genèse », RB 64 (1957)   (2834
            5-34.

            LYONNET, S., « Quid de natura peccati doceat narratio Gen. 3 », VD   (2835
            35 (1957) 34-42.

            BARTHÉLEMY, D., « Les causes de la méconnaissance de Dieu. Le   (2836
            Jardin d'Éden », VS 105 (1961) 597-615.

            HAAG, H., « Die Themata der Sündenfall-Geschichte », dans *Lex tua*   (2837
            Veritas (en collab.), 101-111.

            LOHFINK, N., *Das Siegeslied am Schilfmeer.* Christliche Auseinander-   (2838
            setzungen mit dem Alten Testament (Frankfurt, J. Knecht, 1965),
            274 pp.

            DUBARLE, A.-M., « Le péché originel, recherches récentes et   (2839
            orientations nouvelles », RSPT 53 (1969) 81-113.

            MALINA, B., « Some Observations on the Origin of Sin in Judaism and   (2840
            St. Paul », CBQ 31 (1969) 18-34.

3,1-15   GRUENTHANER, M. J., « The Serpent of Genesis 3 : 1-15 », AmER   (2841
            113 (1945) 149-152.

3,1-24   DOUGHERTY, J. J., « The Fall and its Consequences : An Exegetical   (2842
            Study of Gen. 3,1-24 », CBQ 3 (1941) 220-234.

            POTTLER, F., « Der « Mythus » der Ursünde », BiLit 20 (1952-53)   (2843
            227-232.

3,1-14   BERTRAN, M., « Proceso psicológico de la tentación al pecado a la luz   (2844
            de Gén, 3,1-14 », Manr 32 (1960) 67-72.

3,1-6   DUBARLE, A.-M., « La tentation dans le jardin d'Éden : Gen 3,   (2845
            1-6 », LV N° 53 (1961) 13-20.

3,5   DUESBERG, H., « Le démon de la connaissance », BVC N° 48 (1962)   (2846
            57-69.

3,8   VACCARI, A., « Vox Domini Dei (Gen. 3,8) », VD 21 (1941) 141-143.   (2847
3,13-15   BONNEFOY, J.-F., *Le mystère de Marie selon le Protévangile et*   (2848
            l'Apocalypse (Paris, Vrin, 1949), 192 pp.
3,14-15   RIGAUX, B., « The Woman and her Seed in Genesis : 3 : 14-15 », TDig   (2849
            6 (1958) 25-32.
            O'ROURKE, J. J., « An Aside to the Mariological Interpretation of   (2850
            Genesis 3 : 14 », AmER 135 (1956) 227-230.
            RIGAUX, B., « La femme et son lignage dans Gen. 3,14s », RB 61   (2851
            (1954) 321-348.
3,15   DE AMBROGGI, P., « Il senso « pieno » del Protevangelo (Gen.   (2852
            3,15) », ScuolC 3 (1932) 193-205, 277-288.
            TRINIDAD, J., « Quomodo praenuntietur Maria in Gen. 3,15 », VD   (2853
            19 (1939) 353-357.
            PALMARINI, N., « Notulae in Gen 3, 15 », VD 20 (1940) 139-144.   (2854
            PEIRCE, F. X., « Mary Alone is « the Woman » of Genesis 3,15 »,   (2855
            CBQ 2 (1940) 245-252.
            PEIRCE, F. X., « Recent Bible Study. The Woman of Genesis   (2856
            3,15 », AmER 103 (1940) 95-101.
            RIVERA, A., « Inimicitias ponam... – Signum magnum apparuit...   (2857
            (Gen. 3,15; Apc. 12,1) », VD 21 (1941) 113-122, 183-189.
            DE ORBISO, T., « La mujer del protoevangelio », EstB 1 (1941)   (2858
            187-207; 2 (1942) 273-289.
            NACAR, E., « El protoevangelio », EstB 1 (1942) 477-516.   (2859
            LENNERZ, H., « Consensus patrum in interpretatione mariologica   (2860
            (Gen 3,15) », Greg 27 (1946) 300-318.
            LATTEY, C., « The Protevangelium (Gen. III,15) », SCR 3 (1948)   (2861
            21-22.
            BONNEFOY, J.-F., *Le mystère de Marie selon le Protévangile et*   (2862
            l'Apocalypse (Paris, Vrin, 1949), 192 pp.
            GALLUS, T., « Sensus allegorico-dogmaticus, sensus litteralis   (2863
            Protoevangelii », VD 27 (1949) 33-43.
            MADOZ, J., « Hacia los orígenes de la interpretación mariológica del   (2864
            Protoevangelio », EstE 23 (1949) 291-306.
            SIBUM, L., « Le Protévangile », AT 10 (1949) 33-49, 133-150.   (2865
            UNGER, J., « S. Irenaeus Magister noster in interpretando   (2866
            Protoevangelio », VD 27 (1949) 28-32.
            BLAZQUEZ, J., « El Tostado y la interpretación mariológica del   (2867
            Protoevangelio (Gn. 3,15) », RET 10 (1950) 517-545.
            COPPENS, J., « Le Protévangile. Un nouvel essai d'exégèse », ETL 26   (2868
            (1950) 5-36.
            GALLUS, T., « Scholion ad Protoevangelium Gen. 3,15 », VD 28   (2869
            (1950) 51-54.
            PALMARINI, N., « Mulier protoevangelii (Gen 3,15) secundum   (2870
            contextam orationem », VD 28 (1950) 147-152.
            SIMON, L.-M., « Le Protévangile et l'Immaculée Conception », RUO   (2871
            20 (1950) 57*-75*.
            PEIRCE, F. X., « The Protoevangelium », CBQ 13 (1951) 239-252.   (2872
            DE GUGLIELMO, A., « Mary in the Protoevangelium », CBQ 14   (2873
            (1952) 104-115.

BRAUN, F.-M., *La Mère des fidèles* (Paris, Tournai, Casterman, 1953), « Le protévangile à travers l'histoire de Jésus », 82-87. (2874

BERTETTO, D., « Le prove del domma dell'immacolata concezione negli atti preparatori alla definizione e nel magistero pontificio », Sal 16 (1954) 586-621. (2875

BRINKTRINE, J., « Das Protoevangelium (Gen 3,15) und die unbefleckte Empfängnis Mariens », TGl 44 (1954) 413-422. (2876

DE FUENTERRABIA, F., « El Protoevangelio (Gen 3,15) a la luz de la bula « Ineffabilis » y de la « Munificentissimus » », EstF 55 (1954) 15-52. (2877

GALLUS, T., « Principia exegetica S. Augustini ad Gen 3,15 applicata », VD 32 (1954) 129-141. (2878

RIGAUX, B., « La femme et son lignage dans Gen. 3,14-15 », RB 61 (1954) 321-348. (2879

GRILL, S., « Die Schlangentreterin Gen 3,15 », BiLit 23 (1955-56) 292-294. (2880

CERFAUX, L., « La vision de la femme et du dragon de l'Apocalypse en relation avec le protévangile », ETL 31 (1955) 21-33. (2881

GALLUS, T., « Ad Epiphanii interpretationem mariologicam in Gen. 3,15 », VD 34 (1956) 272-279. (2882

BRUNEC, M., « De sensu protoevangelii Gen 3,15 », VD 36 (1958) 193-220. (2883

CERFAUX, L., « La vision de la femme et du dragon de l'Apocalypse en relation avec le Protévangile », ETL 31 (1956) 21-33, ou dans *Recueil Lucien Cerfaux*, III, 237-251. (2884

BRINKTRINE, J., « Das Weib in Gn 3,15 », TGl 47 (1957) 125-127. (2885

BRUNEC, M., « De sensu protoevangelii (Gen. 3,15) », VD 36 (1958) 193-220, 321-337. (2886

ADINOLFI, M., « De protoevangelio (Gn. 3,15) penes Lyranum », Ant 35 (1960) 328-338. (2887

DA SPINETOLI, O., « La data e l'interpretazione del Protovangelo (Gen. 3,15) », dans *Il Messianismo* (en collab.), 35-36. (2888

3,16   OUELLETTE, L., « Woman's Doom in Gen. 3,16 », CBQ 12 (1950) 389-399. (2889

DUNCKER, P. G., « In dolore paries filios, Gen 3,16 », Ang 34 (1957) 18-32. (2890

COPPENS, J., « La soumission de la femme à l'homme d'après Gen. 3,16b », ETL 14 (1937) 632-640. (2891

3,22   COPPENS, J., « Ecce Adam quasi unus ex nobis factus est (Gen. 3,22) », ETL 20 (1943) 56-60. (2892

COPPENS, J., « Miscellanées bibliques XVIII-XXIII : À propos d'une nouvelle version de Gen. 3,22 », ETL 24 (1948) 413-429. (2893

3,24   MARX, M. J., « The Tree of Life », Wor 27 (1952-53) 185-186. (2894

3,25   COPPENS, J., « La nudité des protoplastes », ETL 46 (1970) 380-383. (2895

4,1-16   TESTA, E., « La « disputa » (Caino e Abele) », BibOr 8 (1966) 157-166. (2896

4,1   HAURET, C., « Notes d'exégèse. Genèse 4,1 : Possedi hominem per Deum », RevSR 32 (1958) 358-367. (2897

4,7-6,1   DIEZ MACHO, A., « Un Ms. de Onquelos de transición del sistema   (2898
           palestinense al prototiberiense (Onquelos Gen 4,7-6, 1) », EstE 34 (1960)
           461-466.
4,3-10   GUILLAUME, P.-M., « Caïn et Abel (Gn 4,3-10) », AS (n.s.) N° 44   (2899
           (1969) 26-31.
4,7-8   SCHULZ, A., « Zu Gen. 4,7-8 », TGl 22 (1930) 502-505.   (2900
4,7   THEIS, J., « Die Sunde an die Tur, Gn 4,7 », PB 41 (1930) 110-114. (2901
           CLOSEN, G., « Der « Dämon Sünde » (Gen 4,7) », Bibl 16 (1935)   (2902
           431-442.
           MANGAN, E. A., « A Discussion of Genesis 4,7 », CBQ 6 (1944)   (2903
           91-93.
           SALVONI, F., « Il monito del Signore a Caino (Gen. 4,7) », ScuolC 72 (2904
           (1944) 23-39.
           VELLA, J., « Il demonio a riposo, Nota al Gen. 4,7 (Gen. 3, 16; Cant. (2905
           7,11) », RivB 12 (1964) 187-193.
           RAMAROSON, L., « À propos de Gn 4,7 », Bibl 49 (1968) 233-237.   (2906
4,17-24   GABRIEL, J., « Die Kainitengenealogie (Gn. 4,17-24) », Bibl 40 (1959) (2907
           409-427.
           HAURET, C., « Réflexions pessimistes et optimistes sur Gen., IV, 17- (2908
           24 », dans Sacra Pagina (en collab.), I, 358-365.
5-11   RAMOS GARCIA, J., « Las genealogías genesíacas y la cronolo-   (2909
           gía », EstB 8 (1949) 327-353.
           MAKLOET, S., « Zur Zahlensymmetrie in der Adamiten und   (2910
           Semitenliste », BiLit 24 (1956-57) 234-236.
           ARANA, A. I., « The Age of Man and Biblical Genealogies », TDig (2911
           8 (1960) 149-153.
5   KOOCK, W., « Gn 5 und Jo 16,16 », TGl 31 (1939) 435-440.   (2912
           BARNOUIN, M., « Recherches numériques sur la généalogie de Gen. (2913
           V », RB 77 (1970) 347-365.
5,29   MAILLOT, A., « Noé, repos ou consolation ? Remarques sur Genèse (2914
           5,29 », BVC N° 76 (1967) 44-49.
6,1-9,17   CEUPPENS, F., Le déluge biblique, Gen. 6,1-9,17 (Liège, La Pensée (2915
           Catholique, 1945), 44 pp.
6,1-4   LORETZ, O., « Gotter und Frauen (Gen 6,1-4). Ein Paradigma zu :   (2916
           Altes Testament – Ugarit », BiLeb 8 (1967) 120-127.
           SCHARBERT, J., « Traditions-und Redaktionsgeschichte von Gn 6,   (2917
           1-4 », BZ 11 (1967) 66-78.
           JUNKER, H., « Zur Erklärung von Gen. 6,1-4 », Bibl 16 (1935)   (2918
           205-212.
           JOÜON, P., « Les Unions entre les « Fils de Dieu » et les « Filles des (2919
           Hommes » (Gen. 6,1-4) », RSR 29 (1939) 108-114.
           ENCISO, J., « Los « hijos de Dios » en Gn. 6,1-4 », EstB 3 (1944) (2920
           189-227.
           BAUER, J. B., « Videntes filii Dei filias hominum (Gen 6,1-4) », VD (2921
           31 (1953) 95-100.
           DEXINGER, F., Sturz der Göttersöhne oder Engel vor der Sintflut ? (2922
           140 pp.
           CUNCHILLOS YLARRI, J. L., « Los b^ene ha 'elohim en Gen 6,   (2923
           1-4 », EstB 28 (1969) 5-32.

6,2   COLERAN, J. E., « The Sons of God in Genesis 6,2 », TS 2 (1941)   (2924
             488-509.

6,4   ENCISO, J., « Los gigantes de la narración del diluvio », EstB 1 (1942)   (2925
             543-557, 647-667.

6,5-9,17   VAN DEN EYNDE, P., « Réflexion sur le déluge », BVC N° 25   (2926
             (1959) 49-58.

             FISHER, E., « Gilgamesh and Genesis : The Flood Story in Con-   (2927
             text », CBQ 32 (1970) 392-403.

6,5-12   POULET, D., « The Moral Causes of the Flood », CBQ 4 (1942)   (2928
             293-303.

6,5-8,22   VOGT, E., « Note sur le calendrier du déluge », Bibl 43 (1962) 212-216.   (2929

6,5   MURPHY, R. E., « Yeser in the Qumran Literature », Bibl 39 (1958)   (2930
             334-344.

6,16-21   ZARRELLA, P., « Gesu cammina sulle acque. Significato Teologico di   (2931
             Giov. 6,16-21 », ScuolC 95 (1967) 146-160.

7   McCLELLAN, W. H., « Recent Bible Study. The alleged Mesopo-   (2932
             tamian Evidence of the Biblical Deluge », AmER 83 (1930) 306-317.

             WORDEN, T., « Question and Answer. The Story of the Flood », SCR   (2933
             13 (1961) 57-64.

8,2-11   HERAS, H., « The Crow of Noe », CBQ 10 (1948) 131-139.   (2934

9,9-17   VARGHA, T., « De foedere Dei cum Noe (Gen. 9,9-17) », Ant 10   (2935
             (1935) 165-172.

9,11   LAMBERT, G., « Il n'y aura plus jamais de déluge (Genèse IX,   (2936
             11) », NRT 77 (1955) 581-601, 693-724.

10-11   BURROWS, E., The Gospel of the Infancy and other Biblical Essays,   (2937
             « A Note on Ziqqurrats with Biblical Illustrations », 124-131.

10   JUNKER, H., « Die Zerstreuung der Völker nach der biblischen   (2938
             Urgeschichte », TrierTZ 70 (1961) 182-185.

             KOCH, A., « Der Turm von Babel », StiZ 139 (1946-1947) 70-73.   (2939

             LIPINSKI, E., « Nimrod et Assur », RB 73 (1966) 77-93.   (2940

             POULET, D., Tous les hommes sont-ils fils de Noé ? (Ottawa, Univ.   (2941
             cath., 1941), 408 pp.

             SAVASTA, C., « Alcune considerazioni sulla lista dei discendenti di   (2942
             Noè (Gen. 10 : tavola dei populi) », RivB 17 (1969) 89-102, 337-364.

10,29   CHRISTIDES, V., « L'énigme d'Ophir », RB 77 (1970) 240-247.   (2943

11,4-9   HERAS, H., « El episodio de la Torre de Babel en las tradiciones de la   (2944
             India », EstB 7 (1948) 293-325.

11,1-9   PRADO, J., « La Ciudad y la torre de Babel », EstB 9 (1950) 273-294.   (2945

             BAUER, J., « Stufenturm und Babelstolz », BiLit 21 (1953-54) 176-177.   (2946

             JUNKER, H., « Die Zerstreuung der Völker nach der biblischen   (2947
             Urgeschichte », TrierTZ 70 (1961) 182-185.

             LIPINSKI, E., « La tour de Babel (Gn 11,1-9) », AS (n.s.) N° 30   (2948
             (1970) 6-10.

11,27-25,18 FRANSEN, I., « Abraham, père des croyants (Gen. 11,27-25,18) »,   (2949
             BVC N° 10 (1955) 73-86.

11,10-26   MAKLOET, S., « Zur Zahlensymmetrie in der Adamiten und   (2950
             Semitenliste », BiLit 24 (1956-57) 234-236.

12-13	KILIAN, R., *Die vorpriesterlichen Abrahamsüberlieferungen* (Bonn, P. Hanstein, 1966), 1-35.	(2951
12	RASCO, E., « Migratio Abrahae circa [a.] 1650 », VD 35 (1957) 143-154.	(2952
12,1-25,11	SCHILDENBERGER, J., « Abraham, der Vater unseres Glaubens », GeistL 35 (1962) 335-346.	(2953
12,1-3	SCHREINER, J., « Segen für die Völker in der Verheissung an die Väter », BZ 6 (1962) 1-31.	(2954
12,3	FERNANDEZ, A., « In te benedicentur universae cognationes terrae (Gen. 12,3) », VD 11 (1931) 137-140.	(2955
12,8	LANGEVIN, P.-É., « Ceux qui invoquent le nom du Seigneur (1 Co 1,2) », SE 19 (1967) 380-384.	(2956
12,10-20	MALY, E. H., « Gen. 12,10-20; 20,1-18; 26,7-11 and the Pentateuchal Question », CBQ 18 (1956) 255-262.	(2957
13,50	JUNKER, H., « Die Patriarchengeschichte. Ihre literarische Art und ihr geschichtlicher Charakter », TrierTZ 57 (1948) 38-45.	(2958
14	VINCENT, L.-H., « Abraham à Jérusalem », RB 58 (1951) 360-371.	(2959
	GELIN, A., « Notes bibliques », AmiCl 62 (1952) 33-35.	(2960
14,17-24	GALDOS, R., « Melquisedec en la patrística », EstE 19 (1945) 221-246.	(2961
	RUSCHE, H., « Die Gestalt des Melchisedek », MüTZ 6 (1955) 230-252.	(2962
	SHEEHAN, J. F. X., « Melchisedech in Christian Consciousness », SE 18 (1966) 128-138.	(2963
14,17	MILIK, J. T., « « Saint-Thomas de Phordesa » et Gen 14,17 (dans les targums) », Bibl 42 (1961) 77-84.	(2964
14,18-20	HANLON, T., « The Most High God of Genesis 14 : 18-20 », SCR 11 (1959) 110-117.	(2965
14,18	VACCARI, A., « Melchisedec, rex Salem, proferens panem et vinum (Gen. 14,18) », VD 18 (1938) 208-214, 235-243.	(2966
	LE DÉAUT, R., « Le titre de *Summus Sacerdos* donné à Melchisédech est-il d'origine juive ? » RSR 50 (1962) 222-229.	(2967
14,19	VATTIONI, F., « Un testo hittita e Gen. 14,19 », RivB 3 (1955) 165-173.	(2968
15-16	KILIAN, R., *Die vorpriesterlichen Abrahamsüberlieferungen* (Bonn, P. Hanstein, 1966), 36-95.	(2969
15	DEVESCOVI, U., « De divino foedere cum patriarchis », Ant 27 (1952) 11-38, 223-252.	(2970
	CAZELLES, H., « Connexions et structure de Gen. 15 », RB 69 (1962) 321-349.	(2971
	KILIAN, R., « Der heilsgeschichtliche Aspekt in der elohistischen Geschichtstradition », TGl 56 (1966) 369-384.	(2972
	LOHFINK, N., *Die Landverheissung als Eid,* 136 pp.	(2973
15,6	FERNANDEZ, A., « Credidit Abraham Deo et reputatum est illi ad justitiam (Gen. 15,6) », VD 11 (1931) 326-330.	(2974
15,9-20	HENNINGER, J., « Was bedeutet die rituelle Teilung eines Tieres in zwei Halften (Gen 15, 9ff) », Bibl 34 (1953) 344-353.	(2975
15,17	DE FRAINE, J., « Clibanus fumans et lampas ignis », VD 26 (1948) 354-355.	(2976

16,1-14   MOUBARAC, Y., « Ismaël chassé au désert (Gen. 16,1-14) », BVC   (2977
           N° 9 (1955) 22-30.

16,11   DAHOOD, M., « The Name *yisma' 'el* in Genesis 16,11 », Bibl 49   (2978
           (1968) 87-88.

17,5-17   LOHFINK, N., « Textkritisches zu Gn 17,5.13.16.17 », Bibl 48 (1967)   (2979
           439-442.

18-19   BAUER, J., « Untergang und Auferstehung von Sodoma und   (2980
           Gomorrha », BiLit 23 (1955-56) 260-263.

18,1-15   D'ALÈS, A., « La théophanie de Mambré devant la tradition des   (2981
           Pères », RSR 20 (1930) 150-160.

18,1-10   GUILLAUME, P.-M., « L'hospitalité d'Abraham (Gn 18,1-10a) », AS   (2982
           (n.s.) N° 47 (1970) 64-69.

18,10   LORETZ, O., « K't hyh – « wie jetzt ums jahr » (Gen 18,10) », Bibl   (2983
           43 (1962) 75-78.

18,20   KILIAN, R., *Die vorpriesterlichen Abrahamsüberlieferungen* (Bonn, P.   (2984
           Hanstein, 1966), 96-201.

18,25   McKENZIE, J. L., « The Judge of all the Earth », Way 2 (1962)   (2985
           209-218.

19,17   BAUER, J. B., « Uxor Loth repetiitne Sodomam ? » VD 38 (1960)   (2986
           28-33.

20,16   ZOLLI, E., « El velo de los ojos », EstB 7 (1948) 327-333.   (2987

21-22   KILIAN, R., *Die vorpriesterlichen Abrahamsüberlieferungen,* 228-278.   (2988

21,22-24   McCARTHY, D. J., « Three Covenants in Genesis », CBQ 26 (1964)   (2989
           179-189.

22   McKENZIE, J. L., « The Sacrifice of Isaac (Gen. 22) », SCR 9 (1957)   (2990
           79-83.

           KILIAN, R., *Isaaks Opferung.* Zur Überlieferungsgeschichte von Gen   (2991
           22 (Stuttgart, Katholisches Bibelwerk, 1970), 128 pp.

22,1-29   ZERAFA, P., « The Land of Moriah », Ang 44 (1967) 84-94.   (2992

22,1-9   PAVONCELLO, N., « Il sacrificio di Isacco nella liturgia ebraica »,   (2993
           RivB 16 (1968) 557-574.

22,8   LE DÉAUT, R., « Le targum de *Gen. 22,8* et *1 Pt 1,20* », RSR 49 (1961)   (2994
           103-106.

25-36   HEUSCHEN, J. M., « Jacob of de genadevolle uitverkiezing », ETL 45   (2995
           (1969) 335-358.

25,19-37,1 GROSS, W., « Jakob, der Mann des Segens. Zu Traditionsgeschichte   (2996
           und Theologie der priesterchriftlichen Jakobesüberlieferungen », Bibl 49
           (1968) 321-344.

26,1-11   KILIAN, R., *Die vorpriesterlichen Abrahamsüberlieferungen,* 202-209.   (2997

           McCARTHY, D. J., « Three Covenants in Genesis », CBQ 26 (1964)   (2998
           179-189.

27   JUNKER, H., « Jakob erschleicht den Erstgeburtssegen (Gen 27) », PB   (2999
           53 (1942) 149-152.

           LUKE, K., « Isaac's Blessing : Genesis 27 », SCR 20 (1968) 33-41.   (3000

27,6-40   WARMOES, P., « Jacob ravit la bénédiction d'Isaac (Gn 27,6-40) », AS   (3001
           N° 29 (1966) 16-35.

28,10-22   DELORME, J., « À propos du songe de Jacob », dans *À la rencontre*   (3002
           de Dieu. Mémorial Albert Gelin (en collab.), 47-54.

28,10-17   FRITSCH, I., « ... videbitis Angelos ascendentes et descendentes », VD   (3003
            37 (1959) 3-11.

31-33   UBACH, B., « Sobre l'itinerari de Jacob de Paddan-Aram a Siquem   (3004
            passant per Mahanaim », EstE 34 (1960) 467-472.

31,7   CAZELLES, H., « Laban change dix fois le salaire de Jacob », dans   (3005
            Aux grands carrefours de la révélation et de l'exégèse de l'A. T. (en
            collab.), 29-34.

31,15   MICHL, J., « Der Weibessame (Gen 31,15) in spätjüdischer und   (3006
            frühchristlicher Auffassung », Bibl 33 (1952) 371-401, 476-505.

31,47   VACCARI, A., « Ebraico « Adnerotes » Gen. 31,47 ? » Bibl 12 (1931)   (3007
            243-246.

31,49-54   McCARTHY, D. J., « Three Covenants in Genesis », CBQ 26 (1964)   (3008
            179-189.

32   ROUQUETTE, R., « Tu as été fort contre Dieu, méditation sur Genèse   (3009
            XXXII », Et 274 (1952) 222-228.

32,23-33   SABOURIN, L., « La lutte de Jacob avec Élohim (Gen. 32,23-33) »,   (3010
            SE 10 (1958) 76-89.

            SCHILDENBERGER, J., « Jakobs nächtlicher Kampf mit dem Elohim   (3011
            am Jakob (Gn 32, 23-33) », dans *Miscellanea Biblica B. Ubach* (en
            collab.), 69-96.

            TÉZÉ, J. M., « La lutte de Jacob avec l'Ange », CHR Nº 33 (1962)   (3012
            69-77.

            McKENZIE, J. L., « Jacob at Peniel : Gn 32,24-32 », CBQ 25 (1963)   (3013
            71-76.

            DOMMERSHAUSEN, W., « Israel : Gott kämpft. Ein neuer   (3014
            Deutungsversuch zu Gen 32,23-33 », TrierTZ 78 (1969) 321-334.

34   DE PURY, A., « *Genèse* XXXIV et l'histoire », RB 76 (1969) 5-49.   (3015

36,24   GRILL, S., « Ischodadh von Merw und die *hajjemim* Gn 36,24 », BZ   (3016
            11 (1967) 116-117.

37,50   VERGOTE, J., *Joseph en Égypte. Genèse* chap. 37-50 à la lumière des   (3017
            études égyptologiques récentes (Louvain, Publications universitaires,
            Instituut voor Orientalisme, 1959), 222 pp.

38   LUKE, à B., « Judah and Tamar (Gen. 38) », SCR 17 (1965) 52-61.   (3018

38,8-10   DE VINE, C., « The Sin of Onan, Gen. 38,8-10 », CBQ 4 (1942)   (3019
            323-340.

41,53-57   JANSSEN, J., « Bemerkungen zur Hungersnot im Alten Ägypten »,   (3020
            Bibl 20 (1939) 69-72.

49   VOSTÉ, J.-M., « La bénédiction de Jacob d'après Gen. 49 », Bibl 29   (3021
            (1948) 1-30.

            BURROWS, E., *The Oracles of Jacob and Balaam* (London, Burns O.,   (3022
            1939), 155 pp.

49,5   DAHOOD, M., « MKRTYHM in Genesis 49,5 », CBQ 23 (1961) 54-56.   (3023

49,6   DAHOOD, M., « A New Translation of Gen 49,6 », Bibl 36 (1954) 229.   (3024

49,8-12   SMYTH, K., « The Prophecy concerning Juda : Gen. 49,8-12 », CBQ   (3025
            7 (1945) 290-305.

49,10   CRIADO, R., « Hasta que venga Silo (Gen. 49,10) », EstB 24 (1965)   (3026
            289-320.

            MORAN, W. L., « Gen. 49,10 and its Use in Ez. 21,32 », Bibl 39 (1958)   (3027
            405-425.

	SABOTTKA, L., « Noch Einmal Gen 49,10 », Bibl 51 (1970) 225-229.	(3028
49,11	JOÜON, P., « Genèse 49,11 », Bibl 21 (1940) 58.	(3029
49,26	GRILL, S., « Bis kommt die Sehnsucht der ewigen Bügel », BiLit 23 (1955-56) 324-326.	(3030

Divers. Miscellaneous. Verschiedenes. Diversi. Diversos.

KALT, E., « Das erste Buch Moses », BiLit 9 (1934-1935) 210-214, 236-241, (3031
257-262.

LAGRANGE, M.-J., « L'authenticité mosaïque de la Genèse et la théorie des (3032
documents », RB 47 (1938) 162-183.

LLAMAS, J., « Biblia del siglo XIV, traducida del hebreo » (edición par el P. José (3033
Llamas), EstB 2 (1943) 321-399; 3 (1944) 88-158, 261-304, 399-458, 593-626; 4
(1945) 87-106, 213-230, 329-349.

SUTCLIFFE, E. F., « Genesis », dans *A Catholic Commentary on Holy Scripture* (3034
(ORCHARD, B., édit.) (London, T. Nelson and Sons, 1953), 177-205.

SULLIVAN, K., « The Book of Genesis », Wor 30 (1955-56) 127-136. (3035

MACKENZIE, R. A. F., « The Divine Soliloquies in Gen. », CBQ 17 (1955) (3036
277-286.

GUILLET, J., « Genèse (thèmes spirituels du livre de la) », DS VI, col. 195-204. (3037

QUACQUARELLI, A., « La Genesi nella lettura dei Padri anteniceni », RivB 15 (3038
(1967) 471-496.

GOLDSTAIN, J., « Relecture juive de la Genèse », VS 120 (1969) 629-646. (3039

MUÑOZ LEON, D., « Soluciones de los Targumin del Pentateuco (1) a los (3040
antropomorfismos », EstB 29 (1969) 263-282.

3. Exode. Exodus. Esodo. Éxodo.

Commentaires. Commentaries. Kommentare. Commenti. Comentarios.

COUROYER, B., *L'Exode*[2] (BJ) (Paris, Cerf, 1958), 184 pp. (3041

COLUNGA, A., GARCIA CORDERO, M., *Biblia Comentada, I, Pentateuco,* (3042
378-618.

STEINMANN, J., *Code Sacerdotal I,* Genèse – Exode. Texte français, Introduction (3043
et commentaires (Bruges, Desclée de Brouwer, 1962), 156 pp.

Textes. Texts. Texte. Testi. Textos.

1-15	HERRMANN, S., *Israels Aufenthalt in Ägypten* (Stuttgart, Katholisches Bibelwerk, 1970), 112 pp.	(3044
1-14	BESTERS, A., « L'expression « Fils d'Israël » en Ex., I-XIV. Un nouveau critère pour la distinction des sources », RB 74 (1967) 321-355.	(3045
3,1-4-17	O'ROURKE, J. J., « Moses and the Prophetic Vocation », SCR 15 (1963) 44-64.	(3046
3,2-3	FREEDMAN, D. N., « The Burning Bush », Bibl 50 (1969) 245-246.	(3047
3,9-15	BESNARD, A.-M., *Le mystère du nom,* « La tradition élohiste (Ex 3,9-15) », 34-43.	(3048
3,14	BRINKTRINE, J., « Der Gottesname im Alten Testament », TGl 42 (1952) 173-179.	(3049

ALLARD, M., « Note sur la formule « 'ehyeh aser 'ehyeh » (Ex. (3050
3,14) », RSR 45 (1957) 79-86.

DUBARLE, A.-M., « La révélation de Dieu à Moïse », VS 119 (1968) (3051
11-23.

LOHFINK, N., « Die priesterschriftliche Abwertung der Tradition von (3052
der Offenbarung des Jahwenamens an Mose », Bibl 49 (1968) 1-8.

SCHMID, H. H., « Ich bin, der ich bin », TGl 60 (1970) 403-412. (3053

4,24-26   COPPENS, J., « La prétendue agression nocturne de Jahvé contre (3054
Moïse, Séphorah et leur fils (Ex 4,24-26) », ETL 18 (1941) 68-73.

6,2-9   BESNARD, A.-M., *Le mystère du nom*, « La tradition sacerdotale », (3055
53-59.

6,5-9,17   VAN DEN EYNDE, P., « Réflexions sur le déluge », BVC N° 25 (3056
(1959) 49-58.

7-12   CAMPS, G., « Midras sobre la historia de les plagues (Ex 7-12) », dans (3057
Miscellanea Biblica B. Ubach (en collab.) (Montserrat, 1953), 97-114.

7,8-11,10   BARUCQ, A., « Plaies d'Égypte », SDB VII, col. 6-18. (3058

7,8-10,27   McCARTHY, D. J., « Moses' Dealings with Pharaoh : Ex 7, 8- (3059
10,27 », CBQ 27 (1965) 336-347.

7,9   COPPENS, J., « Un parallèle ougaritien curieux. Ras Shamra, SS 1, 66 (3060
et Exod. 7,9 », ETL 23 (1947) 177-178.

7,14-11,10   EISING, H., « Die Ägyptischen Plagen », dans *Lex tua Veritas* (en (3061
collab.), 75-87.

7,19   COPPENS, J., « Un parallèle ougaritien curieux. Ras Shamra et Exo- (3062
de », ETL 23 (1947) 177-179.

8   VACCARI, A., « Frammenti biblici latini dall'Egitto in parte palin- (3063
sesti », Bibl 22 (1941) 1-12.

9,18   COUROYER, B., « Un égyptianisme biblique « depuis la fondation de (3064
l'Égypte » (Exode IX, 18) », RB 67 (1960) 42-48.

10,11   SPEIER, S., « Pseudojonathan Exodus 10,11 », Bibl 48 (1967) 115. (3065

11,1   COPPENS, J., « Exode, XI, 1ᵉ », ETL 23 (1947) 178-179. (3066

12-13   HOFBAUER, J., « Die Pascha-, Massot- und Erstgeburtsgesetze des (3067
Auszugsberichtes Ex 12 u. 13 », ZKT 60 (1936) 188-210.

12,9-34   BARUCQ, A., « Plaies d'Égypte », SDB VII, col. 6-18. (3068

12,42   LE DÉAUT, R., *La nuit pascale*. Essai sur la signification de la Pâque (3069
juive à partir du Targum d'Exode XII, 42, 423 pp.

13,3-16   CALOZ, M., « Exode XIII, 3-16 et son rapport au Deutéronome », RB (3070
75 (1968) 5-62.

13,17-14,31   BOTTERWECK, G., « Israels Errettung im Wunder am Meer. Glaube (3071
und Geschichte in den Auszugstraditionen von Ex 13,17-14,31 », BiLeb
8 (1967) 8-32.

14,15-15,21   FÉDERLÉ, P., « Le passage et le chant de la Mer (Ex 14,15-15, (3072
21) », AS (n.s.) N° 21 (1969) 36-41.

15   GAROFALO, S., « L'epinicio di Mosè », Bibl 18 (1937) 1-22. (3073

LOHFINK, N., *Das Siegeslied am Schilfmeer*. Christliche Ausein- (3074
andersetzungen mit dem Alten Testament (Frankfurt, J. Enecht, 1965),
274 pp.

DANIÉLOU, J., « Le cantique de Moïse et la vigile pascale », BVC (3075
N° 1 (1953) 21-30.

TOURNAY, R., « Recherches sur la chronologie des Psaumes 2. Le (3076
chant de victoire d'Ex. XV », RB 65 (1958) 335-357.

15,1-18	AUGUSTIN D'HIPPONE, « Sur le Cantique de l'Exode (15,1-18) », BVC N° 25 (1959) 9-14.	(3077
	LOHFINK, N., « De Moysis epinicio (Ex 15,1-18) », VD 41 (1963) 277-289.	(3078
	COATS, G. W., « The Song of the Sea », CBQ 31 (1969) 1-17.	(3079
16	DE GUGLIELMO, A., « What was the Manna ? » CBQ 2 (1940) 112-129.	(3080
	JEANNE D'ARC, Sr, « La manne », VS 98 (1958) 587-602.	(3081
	COPPENS, J., « Les traditions relatives à la manne dans Exode XVI », EstE 34 (1960) 473-489.	(3082
	HEISING, A., « Exegese und Theologie der alt- und neutestamentlichen Speisewunder », ZKT 86 (1964) 80-96.	(3083
	HEISING, A., *Die Botschaft der Brotvermehrung.* Zur Geschichte und Bedeutung eines Christusbekenntnisses im Neuen Testament, 84 pp.	(3084
18,12	CODY, A., « Exodus 18,12 : Jethro accepts a Covenant with the Israelites », Bibl 49 (1968) 153-166.	(3085
18,15	GARCIA DE LA FUENTE, O., « La figura de Moisés en Ex 18,15 y 33,7 », EstB 29 (1970) 353-370.	(3086
19,1-40,38	FRANSEN, I., « L'alliance du Sinaï », BVC N° 26 (1959) 19-28.	(3087
19,1-6	RINALDI, G., « Un regno di sacerdoti », BibOr 7 (1965) 97-104.	(3088
19,2-6a	JACOB, E., « Le peuple de Dieu (Ex 19,2-6a) », AS (n.s.) N° 42 (1970) 6-11.	(3089
19,3-6	LOSS, N. M., « Il significato di *Ex* 19,3b-6 tema e preambolo della portata religiosa dei fatti del Sinai », Sal 29 (1967) 669-694.	(3090
19,6	BAUER, J. B., « Könige und Priester, ein heiliges Volk (Ex 10,6) », BZ 2 (1958) 283-286.	(3091
20,1-21	BOTTERWECK, G., « Contribution à l'histoire des formes et traditions dans le décalogue », Conci N° 5 (1965) 59-78.	(3092
20,1-17	VACCARI, A., « De praeceptorum decalogi distinctione et ordine », VD 17 (1937) 317-320, 329-334.	(3093
	VACCARI, A., « Praeceptorum decalogi numeratio », VD 20 (1940) 179-180.	(3094
	HARTMAN, L., « The Enumeration of the Ten Commandments », CBQ 7 (1945) 105-108.	(3095
	L'HOUR, J., *La morale de l'Alliance,* « Le contenu des stipulations particulières », 75-81.	(3096
20,2-17	PATRICK, A. T., « La formation littéraire et l'origine historique du décalogue », ETL 40 (1964) 242-251.	(3097
20,2	VRIEZEN, T., « Exode xx, 2, introduction au décalogue : formule de loi ou d'ailleurs », dans *Aux grands carrefours de la révélation et de l'exégèse de l'A. T.* (en collab.), 35-50.	(3098
20,3-6	RENAUD, B., *Je suis un Dieu jaloux.* Étude d'un thème biblique (Paris, Cerf, 1963), 31-36.	(3099
20,4	OUELLETTE, J., « Le deuxième commandement et le rôle de l'image dans la symbolique religieuse de l'A. T. Essai d'interprétation », RB 74 (1967) 504-516.	(3100

20,12   GAMBERONI, J., « Das Elterngebot im Alten Testament », BZ 8   (3101
             (1964) 161-190.

20,17   MORAN, W. L., « The Conclusion of the Decalogue (Ex 20,17-Dt.   (3102
             5,21) », CBQ 29 (1967) 543-554.

20,22-23,19   CAZELLES, H., *Études sur le code de l'Alliance* (Paris, Letouzey et A-   (3103
             né, 1946), 198 pp.

             VESCO, J.-L., « Les lois sociales du livre de l'Alliance », RT 68 (1968)   (3104
             241-266.

21-22   RÉMY, P., « Le vol et le droit de propriété. Étude comparative des   (3105
             codes du Proche-Orient et des codes d'Israël », MSR 19 (1962) 5-29.

21,1-22,23   PERROT, C., « La lecture synagogale d'Ex., XXI, 1-XXII, 23 et son   (3106
             influence sur la littérature néotestamentaire », dans *À la rencontre de*
             Dieu. Mémorial Albert Gelin (en collab.), 223-239.

24,1-11   PROCOPE DE GAZA, « Les invités du Seigneur », BVC N° 26   (3107
             (1959) 9-11.

24,15-18   OLIVA, M., « Interpretación teologica del culto en la pericopa del Sinai   (3108
             de la Historia Sacerdotal », Bibl 49 (1968) 345-354.

26   DE VAUX, R., « Arche d'Alliance et tente de réunion », dans *À la*   (3109
             rencontre de Dieu. Mémorial Albert Gelin, 55-70, ou dans *Bible et Orient,*
             261-276.

32   JUNKER, H., « Traditionsgeschichtliche Untersuchung über die   (3110
             Erzählung von der anbetung des goldenen Kalbes (Ex 32) », TrierTZ 60
             (1951) 232-242.

             LOEWENSTAMM, S., « The Making and Destruction of the Golden   (3111
             Calf », Bibl 48 (1967) 481-490.

32,8   PELLETIER, A., « Une création de l'apologétique chrétienne », RSR   (3112
             54 (1966) 411-416.

32,32   BRINKTRINE, J., « Eine biblische Parallele zum « Buche des Le-   (3113
             bens » », TGl 53 (1963) 130-131.

33,7   GARCIA DE LA FUENTE, O., « La figura de Moisés en Ex 18,15 y   (3114
             33,7 », EstB 29 (1970) 353-370.

33,12-34,28   BESNARD, A.-M., *Le mystère du nom,* « La traduction yahviste (Ex   (3115
             33,12 à 34,28) », 43-53.

33,12-34,10   BEUMER, J., « Die Gottesschau des Moses », GeistL 21 (1948)   (3116
             221-230.

34,6-7   SCHARBERT, J., « Formgeschichte und Exegese von Ex 34,6s », Bibl   (3117
             38 (1957) 130-150.

34,10-26   GUILLEN TORRALBA, J., « Decálogo ritual, Ex. 34,10-26 », EstB   (3118
             20 (1961) 407-421.

34,11-16   LANGLAMET, F., « « Israël et l'habitant du pays ». Vocabulaire et   (3119
             formules d'Ex., XXXIV, 11-16 », RB 76 (1969) 11-16, 321-350, 481-507.

34,14   RENAUD, B., *Je suis un Dieu jaloux.* Étude d'un thème biblique, 27-31.   (3120

34,21   CAZELLES, H., « Ex 34,21 traite-t-il du sabbat ? » CBQ 23 (1961)   (3121
             223-226.

36,8-38   DE VAUX, R., « Arche d'Alliance et tente de réunion », dans *À la*   (3122
             rencontre de Dieu. Mémorial Albert Gelin, 55-70, ou dans *Bible et Orient,*
             261-276.

Divers. Miscellaneous. Verschiedenes. Diversi. Diversos.

HOFBAUER, J., « Die literarische Komposition von Exodus, Kap, 19-24 und   (3123
32-34 », ZKT 56 (1932) 475-529.

BOURDON, C., « La route de l'Exode, de la terre *de Gessé* à Mara », RB 41 (1932)   (3124
370-392, 538-549.

MALLON, A., « Exode », SDB II, col. 1333-1342.   (3125

FERNANDEZ, A., « La Arqueología y el Exodo », EstE 14 (1935) 113-116.   (3126

STEIN, B., « Der Engel des Auszugs », Bibl 19 (1938) 286-307.   (3127

CAZELLES, H., *Études sur le code de l'alliance* (Paris, Letouzey et Ané, 1946),   (3128
198 pp.

FORTIER, P., DE LUBAC, H., *Origène. Homélies sur l'Exode* (Paris, Cerf, 1947),   (3129
276 pp.

BOUYER, L., *La Bible et l'Évangile²*, « L'intervention divine dans l'histoire »,   (3130
39-56.

POMER, E., « Exodus », dans *A Catholic Commentary on Holy Scripture*   (3131
(ORCHARD, B., édit.) (London, T. Nelson and Sons, 1953), 206-228.

CAZELLES, H., « Les localisations de l'Exode et la critique littéraire », RB 62   (3132
(1955) 321-364.

MOUSSEAU, O., « Les mystères de l'Exode d'après les Pères », BVC N° 9 (1955)   (3133
31-42.

SULLIVAN, K., « The Book of Exodus », Wor 30 (1955-56) 272-281.   (3134

CLAMER, A., *L'Exode* (Paris, Letouzey, 1956), 304 pp.   (3135

COUROYER, B., « Quelques égyptianismes dans l'Exode », RB 63 (1956) 209-219.   (3136

LUBIENSKA DE LENVAL, H., « Les gestes liturgiques de l'Exode », BVC   (3137
N° 13 (1956) 22-29.

NORTH, R., « Date and Unicity of the Exodus », AmER 134 (1956) 161-182.   (3138

LUBIENSKA DE LENVAL, H., « Liturgische Gebärden im Buche Exodus »,   (3139
BiLit 25 (1957-58) 128-131.

FRANSEN, I., « L'alliance du Sinaï (Exode 19,1-40,38) », BVC N° 26 (1959)   (3140
19-28.

HARVEY, J., « La typologie de l'Exode dans les Psaumes », SE 15 (1963) 383-405.   (3141

HUFFMON, H. B., « The Exodus, Sinai and the Credo », CBQ 27 (1965) 101-113.   (3142

MOLLAT, D., « Apocalisse ed Esodo », dans *San Giovanni.* Atti della XVII   (3143
Settimana Biblica (en collab.) (Brescia, Paideia, 1964), 345-361.

BARSOTTI, D., *Meditazioni sull'Esodo* (Brescia, Queriniana, 1967), 276 pp.   (3144

BARUCQ, A., « Plaies d'Égypte », SDB VIII, col. 6-18.   (3145

PENNA, A., « L'esodo nella storia della salvezza », RivB 15 (1967) 337-356.   (3146

BOSCHI, B., « La tradizione dell'esodo nei primi profeti », RivB 16 (1968)   (3147
129-142.

4. *Lévitique. Leviticus. Levitikus. Levitico. Levítico.*

Commentaires. Commentaries. Kommentare. Commenti. Comentarios.

CLAMER, A., *Le Lévitique,* dans *La Sainte Bible* (Pirot-Clamer), II (1940),   (3148
208 pp.

SAYDON, P. P., « Leviticus », dans *A Catholic Commentary on Holy Scripture*   (3149
(ORCHARD, B., édit.) (London, T. Nelson and Sons, 1953), 229-244.

CLAMER, A., *L'Exode,* dans *La Sainte Bible* (Pirot-Clamer), I, 2ᵉ partie (1956),   (3150
306 pp.

CAZELLES, H., *Le Lévitique²* (BJ) (Paris, Cerf, 1958), 132 pp. (3151

COLUNGA, A., GARCIA CORDERO, M., *Biblia Comentada, I, Pentateuco,* (3152
619-760.

Textes. Texts. Texte. Testi. Textos.

1,1-10,20 FRANSEN, I., « La loi du sacrilège (Lévitique 1,1-10,20) », BVC (3153
N° 30 (1959) 21-30.

2,3.10 LOSS, N. M., « A proposito di Lv 5,15 (e 2,3.10). « Santo » e (3154
« Santissimo » : abozzo di uno studio lessicale sul nome « qodes » »,
Sal 30 (1968) 388-394.

4-5 LOSS, N. M., « La terminologia e il tema del peccato in Lv 4-5 », Sal (3155
30 (1968) 437-461.

5,15 LOSS, N. M., « A proposito di Lv 5,15 (e 2,3.10). « Santo » e (3156
« Santissimo » : abozzo di uno studio lessicale sul nome « qodes » »,
Sal 30 (1968) 388-394.

6,13 LOSS, N. M., « « Oblazione quotidiana » oppure « oblazione sta- (3157
bile » ? » RivB 16 (1968) 409-430.

7,12-17 CHARBEL, A., « La portata religiosa degli *sᵉlamîm* », RivB 18 (1970) (3158
185-194.

9,23-10,2 VAN DER PLOEG, J. M. P., « Lév. IX,23-X,2 dans un texte de (3159
Qumran », dans *Bibel und Qumran.* Festchrift Hans Bardtke (en collab.)
(Berlin, Evang. Haupt-Bibelgesellschaft, 1968), 153-155.

11,13-19 MORAN, W. L., « The Literary Connection between Lv 11,13-19 and (3160
Dt 14,12-18 », CBQ 28 (1966) 271-277.

16 SABOURIN, L., « Le bouc émissaire, figure du Christ ? » SE 11 (1959) (3161
45-79.

LYONNET, S., SABOURIN, L., *Sin, Redemption, and Sacrifice.* A (3162
Biblical and Patristic Study, « The Scapegoat as « Type » of Christ in
the History of a Doctrine », 269-289.

17,11-16 SABOURIN, L., « *Nefesh,* sang et expiation (Lv 17,11-16) », SE 18 (3163
(1966) 25-45.

18,30 SOLTERO, C., « Nota critica a Lv 18,30 », Bibl 49 (1968) 370-372. (3164

19,1-18 L'HOUR, J., « Tu aimeras ton prochain comme toi-même (Lv (3165
19,1-2.17-18) », AS (n.s.) N° 38 (1970) 6-18.

19,19 LOSS, N. M., « A proposito di Lev. 19,19b e di Deut. 22,10 », RivB (3166
6 (1958) 361-364.

25 NORTH, R., « Biblical Echoes in the Holy Year » (on Lev. 25), AmER (3167
123 (1950) 416-436.

CORTESE, E., « L'anno giubilare : profezia della restaurazione ? (3168
(Studio su *Lev.* 25) », RivB 18 (1970) 395-410.

27 ZORELL, F., « Die Vokalisation des Wortes עֶרְכְּהָ in Lev. 27 und (3169
anderwärts », Bibl 26 (1945) 112-114.

Divers. Miscellaneous. Verschiedenes. Diversi. Diversos.

KAUPEL, A., « Beobachtungen zur Wiedergabe des Infinitivus absolutus in der (3170
Vulgate des Buches Leviticus », Bibl 22 (1941) 252-262.

SULLIVAN, K., « The Book of Leviticus », Wor 31 (1957) 465-475.   (3171

DONOHUE, J. J., « Sin and Sacrifice. Reflections on Leviticus », AmER 141   (3172
(1959) 6-11.

5. Nombres. Numbers. Numeri. Números.

Commentaires. Commentaries. Kommentare. Commenti. Comentarios.

CLAMER, A., *Les Nombres,* dans *La Sainte Bible* (Pirot-Clamer), II (1940),   (3173
212-482.

SAYDON, P. P., « Numbers », dans *A Catholic Commentary on Holy Scripture*   (3174
(ORCHARD, B., édit.) (London, T. Nelson and Sons, 1953), 245-260.

CAZELLES, H., *Les Nombres²* (BJ) (Paris, Cerf, 1958), 160 pp.   (3175

COLUNGA, A., GARCIA CORDERO, M., *Biblia Comentada, I, Pentateuco*   (3176
(Madrid, Biblioteca de Autores Cristianos, 1960), 761-907 pp.

Textes. Texts. Texte. Testi. Testos.

11	HEISING, A., « Exegese und Theologie der alt- und neutestamentlichen Speisewunder », ZKT 86 (1964) 80-96.	(3177
	HEISING, A., *Die Botschaft der Brotvermehrung.* Zur Geschichte und Bedeutung eines Christusbekenntnisses im Neuen Testament, 84 pp.	(3178
11,4	BEIRNE, D., « A Note on Numbers 11,4 », Bibl 44 (1963) 201-203.	(3179
11,6-7	LE DÉAUT, R., « Une aggadah targumique et les « murmures » de Jean 6 », Bibl 51 (1970) 80-83.	(3180
12,6-8	BEUMER, J., « Die Gottesschau des Moses », GeistL 21 (1948) 221-230.	(3181
14,26-38	McEVENUE, S., « A Source-Critical Problem in Nm 14,26-38 », Bibl 50 (1969) 453-465.	(3182
14,30	NORTH, R., « Caleb », BibOr 8 (1966) 167-172.	(3183
20	SUTCLIFFE, E. F., « A Note on Numbers 20 », Bibl 18 (1937) 439-442.	(3184
22-24	VOSTÉ, J.-M., « Les oracles de Balaam d'après Nom. 22-24 », Bibl 29 (1948) 169-194.	(3185
	LARGEMENT, R., « Les oracles de Bile'am et la mantique suméro-akkadienne », dans *Mémorial du cinquantenaire* (en collab.), 37-50.	(3186
23-24	CIPRIANI, S., « Il senso messianico degli oracoli di Balaam (Num. 23-24) », dans *Il Messianismo* (en collab.), 57-83.	(3187
23	GUYOT, G. H., « The Prophecy of Balaam », CBQ 2 (1940) 330-340; 3 (1941) 235-242.	(3188
25,11-13	RENAUD, B., *Je suis un Dieu jaloux.* Étude d'un thème biblique, 91-93.	(3189
32,12	SCHOEPS, H. J., « כָּלֵב הַקְּנִזִּי Die griechischen Übersetzer zu Num. 32,12 », Bibl 26 (1945) 307-309.	(3190

Divers. Miscellaneous. Verschiedenes. Diversi. Diversos.

FRANSEN, I., « Du désert à la terre promise. Les plus anciens récits du livre des   (3191
Nombres », BVC N° 5 (1954) 68-84.

XXX, « Nombres, Deutéronome », PPB N° 5 (1956) 31 pp.   (3192

SULLIVAN, E., « The Book of Numbers », Wor 31 (1957) 592-600.   (3193

RINALDI, G., « Il « popolo di Dio » nel libro dei *Numeri* », BibOr 9 (1967)   (3194
165-182.

BARNOUIN, M., « Remarques sur les tableaux numériques du *Livre des Nom-*   (3195
bres », RB 76 (1969) 351-364.

6. Deutéronome. Deuteronomy. Deuteronomium. Deuteronomio.

Commentaires. Commentaries. Kommentare. Commenti. Comentarios.

CLAMER, A., *Le Deutéronome,* dans *La Sainte Bible* (Pirot-Clamer), II (1940),   (3196
484-742.

CAZELLES, H., *Le Deutéronome*² (BJ) (Paris, Cerf, 1958), 144 pp.   (3197

COLUNGA, A., GARCIA CORDERO, M., *Biblia Comentada, I, Pentateuco,*   (3198
908-1057.

BUIS, P., *Le Deutéronome* (Paris, Beauchesne, 1969), 484 pp.   (3199

Théologie. Theology. Theologie. Teologia. Teología.

MacKENZIE, R. A. F., « The Messianism of Deuteronomy », CBQ 19 (1957)   (3200
299-305.

BREKELMANS, C., « Le *Herem* chez les Prophètes du royaume du nord et dans   (3201
le Deutéronome », dans *Sacra Pagina* (en collab.), I, 377-383.

XXX, « Écoute Israel (Le Dt dans l'histoire; le Code deutéronomique et les autres   (3202
ensembles législatifs de l'A. T. : le Deutéronome et l'amour) », CE N° 39 (1960)
5-94.

O'CONNELL, M. J., « The Concept of Commandment in the Old Testa-   (3203
ment », TS 21 (1960) 351-403.

LOHFINK, N., « Die Bundesurkunde des Königs Josias. Eine Frage an die   (3204
Deuteronomiumsforschung », Bibl 44 (1963) 261-288, 461-498.

MORAN, W. L., « The Ancient Near Eastern Background of the Love of God in   (3205
Deuteronomy », CBQ 25 (1963) 77-87.

RENAUD, B., *Je suis un Dieu jaloux.* Étude d'un thème biblique, « Le   (3206
Deutéronome », 47-71.

ROBERGE, M., « Théologie de l'Alliance sinaïtique dans le Deutéronome », RUO   (3207
34 (1964) 100*-119*, 164*-199*.

SCHARBERT, J., *Heilsmittler im Alten Testament und im Alten Orient,* 348 pp.   (3208

SCHARBERT, J., *Fleisch, Geist und Seele im Pentateuch.* Ein Beitrag zur   (3209
Anthropologie der Pentateuchquellen (Stuttgart, Katholisches Bibelwerk, 1966),
88 pp.

BLENKINSOPP, J., « Are there Traces of the Gibeonite Covenant in Deu-   (3210
teronomy ? » CBQ 28 (1966) 207-219.

ALMIÑANA LLORET, V. V., « El pecado en el Deuteronomio », EstB 29 (1970)   (3211
267-285.

BRAULIK, G., « Die Ausdrücke für « Gesetz » im Buch Deuteronomium », Bibl   (3212
51 (1970) 39-66.

GAMMIE, J. G., « The Theology of Retribution in the Book of Deuterono-   (3213
my », CBQ 32 (1970) 1-12.

GUILLÉN TORRALBA, J., « Motivación deuteronómica del precepto del Sa-   (3214
bat », EstB 29 (1970) 73-100.

Textes. Texts. Texte. Testi. Textos.

1-11	FRANSEN, I., « Échec ou succès ? (Deutéronome 1,1-11,32) », BVC (3215 N° 45 (1962) 26-35.
1-4	CAZELLES, H., « Passages in the Singular within Discourses in the (3216 Plural of Dt 1-4 », CBQ 29 (1967) 207-219.
2,14-16	MORAN, W. L., « The End of the Unholy War and the Anti-Exo- (3217 dus », Bibl 44 (1963) 333-342.
3,9	POHL, A., « Mons Hermon quem Sidonii Sarion vocant (Dt. 3,9) », VD (3218 21 (1941) 190.
4,1-8	WIÉNER, C., « Valeur inestimable de la Loi du Seigneur (Dt 4,1-2. (3219 6-8) », AS (n.s.) N° 53 (1970) 34-38.
4,9	BECKER, J., *Gottesfurcht im Alten Testament* (Röm, Papstliches (3220 Bibelinstitut, 1965), 303 pp.
5-11	LOHFINK, N., *Das Hauptgebot.* Eine Untersuchung literarischer (3221 Einleitungsfragen zu Dtn 5-11 (Roma, Pont. Institutum Biblicum, 1963), 24-317 pp.
	LOHFINK, N., « Mandatum magnum in Dtn 5-11 », VD 41 (1963) (3222 73-77.
5	LOHFINK, N., « Zur Dekalogfassung von Dt 5 », BZ 9 (1965) 17-32. (3223
	LOHFINK, N., *Bibelauslegung im Wandel,* « Die zehn Gebote ohne (3224 den Berg Sinai », 129-158.
5,1-22	BOTTERWECK, G., « Contribution à l'histoire des formes et traditions (3225 dans le décalogue », Conci N° 5 (1965) 59-78.
	L'HOUR, J., *La morale de l'Alliance,* « Le contenu des stipulations (3226 particulières », 75-81.
5,6-18	PATRICK, A. T., « La formation littéraire et l'origine historique du (3227 décalogue », ETL 40 (1964) 242-251.
5,7-21	VACCARI, A., « De praeceptorum decalogi distinctione et ordine », (3228 VD 17 (1937) 317-320, 329-334.
	VACCARI, A., « Praeceptorum decalogi numeratio », VD 20 (1940) (3229 179-180.
	HARTMAN, L., « The Enumeration of the ten Commandments », (3230 CBQ 7 (1945) 105-108.
5,16	GAMBERONI, J., « Das Elterngebot im Alten Testament », BZ 8 (3231 (1964) 161-190.
5,21	MORAN, W. L., « The Conclusion of the Decalogue (Ex 20, 17- Dt (3232 5,21) », CBQ 29 (1967) 543-554.
6,2-6	DU BUIT, M., « Aimer Dieu seul (Dt 6,2-6) », AS (n.s.) N° 62 (3233 (1970) 40-45.
6,4-9	DONOVAN, V. J., « The Mark on the Door », Wor 31 (1957) 345-348. (3234
6,5	LOHFINK, N., « Das Hauptgebot im Alten Testament », GeistL 36 (3235 (1963) 271-281.
6,15	BRUNNER, A., « Der eifersüchtige Gott », StiZ 148 (1950-51) (3236 401-410.
6,25	PAX, E., « Réflexions au sujet de Deutéronome 6,25 », Conci N° 30 (3237 (1967) 65-76.
11,13-21	DONOVAN, V. J., « The Mark on the Door », Wor 31 (1957) 345-348. (3238

14,12-18   MORAN, W. L., « The Literary Connection between Lv 11,13-19 and   (3239
           Dt 14,12-18 », CBQ 28 (1966) 271-277.

15,2   CAVALLETTI, S., « Il significato di *mashsheh yad* in Deut 15,2 », Ant   (3240
           31 (1956) 301-304.

18,15-19   VOSTÉ, J.-M., « Le prophète promis par Moïse d'après Mar Iso'dad de   (3241
           Merw (c. 850) (Deut. 18,15-19) », Bibl 30 (1949) 1-9.

19,15   GRAHAM, J. F., « A Redactional Study of Lk 7,21 in the Light of Dt   (3242
           19,15 », CBQ 29 (1967) 353-367.

21,22-23   HOLZMEISTER, U., « De Christi crucifixione quid e Deut. 21,22s. et   (3243
           Gal. 3,13 consequatur », Bibl 27 (1946) 18-29.

22,10   LOSS, N. M., « A proposito di Lev. 18,19b e di Deut. 22,10 », RivB   (3244
           6 (1958) 361-364.

25,1-3   ALLGEIER, A., « Dt. 25,1-3 im Manchester-Papyrus (PGR 458) »,   (3245
           Bibl 19 (1938) 1-18.

26,5-9   HUFFMON, H. B., « The Exodus, Sinai and the Credo », CBQ 27   (3246
           (1965) 101-113.

           SCHREINER, J., « Le développement du « credo » israélite », Conci   (3247
           Nº 20 (1966) 31-39.

26,5   McNAMARA, M., « De populi Aramaeorum primordiis », VS 35   (3248
           (1957) 129-142.

26,14   CAZELLES, H., « Sur un rituel du Deutéronome 26,14 », RB 55 (1948)   (3249
           54-71.

26,17-19   LOHFINK, N., « Dt 26,17-19 und die « Bundesformel » », ZKT 91   (3250
           (1969) 517-553.

26,17-18   MERCATI, G., « Una singolare versione di Deut. 26,17-18 e l'originale   (3251
           di essa », Bibl 24 (1943) 201-204.

27,1-34,12 FRANSEN, I., « Les promesses et les repentirs du Dieu d'Israël   (3252
           (Deutéronome 27,1-34,12) », BVC Nº 47 (1962) 29-37.

27   L'HOUR, J., « L'alliance de Sichem », RB 69 (1962) 5-36, 161-184,   (3253
           350-368.

28,1-14   TROADEC, H., « Faut-il désirer la richesse ? (Deutéronome 28,   (3254
           1-14) », BVC Nº 37 (1961) 46-52.

28,66   DANIÉLOU, J., *Études d'exégèse judéo-chrétienne* (Les Testimonia),   (3255
           « La vie suspendue au bois (Deut., 28,66) », 53-73.

28,69-32,47 LOHFINK, N., « Der Bundesschluss im Land Moab. Redaktions-   (3256
           geschichtliches zu Dt 28,69-32,47 », BZ 6 (1962) 32-56.

31,1-32,47 CARILLO ALDAY, S., « Contexto redaccional del Cantico de Moises   (3257
           (Dt 31,1-32,47) », EstB 26 (1967) 383-393.

32   MORAN, W. L., « Some Remarks on the Song of Moses (Dt 32) », Bibl   (3258
           43 (1962) 317-327.

           CARILLO ALDAY, S., « Género literario del Cántico de Moisés (Dt.   (3259
           32) », EstB 26 (1967) 69-76.

           CARILLO ALDAY, S., « El Cántico de Moises (Dt 32) », EstB 26   (3260
           (1967) 143-185, 227-248, 327-351.

           AUZOU, G., *La danse devant l'arche.* Étude du Livre de Samuel (Paris,   (3261
           Éd. de l'Orante, 1968), 421 pp.

32,1-43   SKEHAN, P. W., « The Structure of the Song of Moses in Dt 32,   (3262
             1-43 », CBQ 13 (1951) 153-163.

32,1-25   HARVEY, J., *Le plaidoyer prophétique contre Israël après la rupture de*   (3263
             l'alliance, 31-36.

33   TOURNAY, R., « Le psaume et les bénédictions de Moïse   (3264
             (Deutéronome, XXXIII) », RB 65 (1958) 181-213.

Divers. Miscellaneous. Verschiedenes. Diversi. Diversos.

HOFBAUER, J., « Zu den Textfamilien der Septuaginta im Deuteronomium »,   (3265
ZKT 62 (1938) 385-389.

CAZELLES, H., « Jérémie et le Deutéronome », RSR 38 (1951-1952) 5-36.   (3266

MacKENZIE, R. A. F., « Deuteronomy », dans *A Catholic Commentary on Holy*   (3267
Scripture (ORCHARD, B., édit.) (London, T. Nelson and Sons, 1953), 261-272.

JUNKER, H., « Die Entstehungszeit des Ps 78 und des Deuteronomiums », Bibl   (3268
34 (1953) 487-500.

L'HOUR, J., « Une législation criminelle dans le Deutéronome », Bibl 44 (1963)   (3269
1-28.

L'HOUR, J., « Les interdits TO'EBA dans le Deutéronome », RB 71 (1964)   (3270
481-503.

WEINFELD, M., « Traces of Assyrian Treaty Formulae in Deuteronomy », Bibl   (3271
46 (1965) 417-427.

L'HOUR, J., *La morale de l'Alliance,* « La parénèse deutéronomique », 59-65;   (3272
« Étude de quelques unités parénétiques (Dt 6, 10-25; 8,7-20; 9,1-7) », 90-98.

PLÖGER, J. G., *Literarkritische, formgeschichtliche und stilkritische Unter-*   (3273
suchungen zum Deuteronomium (Bonn, P. Hanstein, 1967), 27-225 pp.

LOERSCH, S., *Das Deuteronomium und seine Deutungen.* Ein forschungs-   (3274
geschichtlicher Überblick, 116 pp.

AIROLDI, N., « Le « sezioni-noi » nel Deuteronomio », RivB 16 (1968) 143-158.   (3275

CALOZ, M., « Exode XIII, 3-16 et son rapport au Deutéronome », RB 75 (1968)   (3276
5-62.

FRETHEIM, T. E., « The Ark in Deuteronomy », CBQ 30 (1968) 1-14.   (3277

ZENGER, E., « Die deuteronomitische Interpretation der Rehabilitierung   (3278
Jojachins », BZ 12 (1968) 16-30.

LONG, B. O., « Etymological Etiology and the Dt Historian », CBQ 31 (1969)   (3279
35-41.

III. LIVRES HISTORIQUES. HISTORICAL BOOKS. GESCHICHTSBÜCHER. LIBRI STORICI. LIBROS HISTÓRICOS.

1. Josué. Joshua. Josue. Giosue. Josué.

Commentaires. Commentaries. Kommentare. Commenti. Comentarios.

GELIN, A., *Josué,* dans *La Sainte Bible* (Pirot-Clamer), III (1949), 5-134.   (3280

BALDI, D., *Giosuè* (La Sacra Bìbbia) (Torino, Roma, Marietti, 1952), 178 pp.   (3281

ABEL, F.-M., DU BUIT, M., *Le livre de Josué²* (BJ) (Paris, Cerf, 1958), 112 pp.   (3282

FOURMOND, P., STEINMANN, J., *Josué.* Texte français, introduction et   (3283
commentaire (Bruges, Desclée de Brouwer, 1960), 148 pp.

ARNALDICH, L., *Biblia Comentada, II, Libros historicos del Antíguo Testamento,*   (3284
3-84.

Textes. Texts. Texte. Testi. Textos.

3,1-5,1   FERNANDEZ, A., « Critica historico-literaria de Jos. 3,1-5,1 », Bibl   (3285
              11 (1930) 93-98.

              WIESMANN, H., « Israels Einzug in Kanaan (Jos. 3,1-5,1) », Bibl 11   (3286
              (1930) 216-230; 12 (1931) 90-92.

              FERNANDEZ, A., « Critica historico-literaria de Jos. 3,1-5,1 », Bibl   (3287
              12 (1931) 93-98.

3-4   VOGT, E., « Die Erzahlung vom Jordanübergan. Josue 3-4 », Bibl 46   (3288
              (1965) 125-148.

              SAYDON, P. P., « The Crossing of the Jordan (Jos 3s) », CBQ 12   (3289
              (1950) 194-207.

              LANGLAMET, F., *Gilgal et les récits de la traversée du Jourdain* (Paris,   (3290
              Gabalda, 1969), 160 pp.

5,2-15   GEORGE, A., « Les récits de Gilgal en *Josué* 5,2-15 », dans *Mémorial*   (3291
              Chaine (en collab.), 169-186.

5,9-12   LE DÉAUT, R., « Première Pâque en Terre promise (Jos 5,9a.10-   (3292
              12) », AS (n.s.) N° 17 (1970) 52-57.

6,17-26   ABEL, F.-M., « L'anathème de Jéricho et la maison de Rahab », RB   (3293
              57 (1950) 321-329.

7,2   GRINTZ, J. M., « « 'Ai which is beside Beth-Aven ». A re-examination   (3294
              of the Identity of Ai », Bibl 42 (1961) 201-216.

9,22-49   VAN DER MEERSCH, J., « Problema de expugnatione Sichem ab   (3295
              Abimelech (Jos 9,22-49) », VD 31 (1953) 335-343.

10   BEILNER, W., « Das Sonnenwunder im Buche Josue », BiLit 20   (3296
              (1952-53) 103-108.

              LAMBERT, G., « Josué à la bataille de Gabaon », NRT 76 (1954)   (3297
              374-391.

10,9-15   BALOGH, A., « El milagro del sol, Jos. X,9-15 », EXav 1 (1951) 31-70.   (3298

10,12-15   CEUPPENS, F., *Le miracle de Josué* (Liège, La Pensée catholique,   (3299
              1944), 27 pp.

              GRUENTHANER, M. J., « Two Sun Miracles of the Old Testa-   (3300
              ment », CBQ 10 (1948) 271-290.

              DE FRAINE, J., « De miraculo solari Josue (Jos. 10,12-15) », VD 28   (3301
              (1950) 227-236.

              FULLER, R. C., « Sun Stand Thou Still », SCR 4 (1951) 305-314.   (3302

13,4   ABEL, F.-M., « La prétendue caverne des Sidoniens et la localisation   (3303
              de la ville de Ara (Jos. 13,4) », RB 58 (1951) 47-53.

16-17   FERNANDEZ, A., « Los límites de Efraín y Manasés », Bibl 14 (1933)   (3304
              22-40.

16,1-2;18,12-13 FERNANDEZ, A., « El limite septentrional de Benjamin, *a)* Jos.   (3305
              18,12-13; *b)* Jos. 16,1-2 », Bibl 13 (1932) 49-60.

19,5	NORTH, R., « Three Judaean Hills (Jos. 19,5s) », Bibl 37 (1956) 209-216.	(3306
22	DE FRAINE, J., « De altari Rubenitarum (Jos. 22) », VD 25 (1947) 301-313.	(3307
24	L'HOUR, J., « L'alliance de Sichem », RB 69 (1962) 5-36, 161-184, 350-368.	(3308
24,1-25	GELIN, A., « Le testament de Josué », BVC Nº 3 (1953) 63-71.	(3309
	GIBLIN, C. H., « Structural Patterns in Jos 24, 1-25 », CBQ 26 (1964) 50-69.	(3310
24,19	RENAUD, B., *Je suis un Dieu jaloux*. Étude d'un thème biblique, 36-38.	(3311

Divers. Miscellaneous. Verschiedenes. Diversi. Diversos.

	GRAF, G., « Zum Alter des samaritanischen « Buches Josue » », Bibl 23 (1942) 62-67.	(3312
	AUVRAY, P., « Josué (le livre de) », SDB IV, col. 1131-1141.	(3313
	ABEL, F.-M., « Les stratagèmes dans le livre de Josué », RB 56 (1949) 321-339.	(3314
	PAUL-MARIE DE LA CROIX, P., *L'Ancien Testament source de vie spiri-tuelle³*, « Les étapes du développement de la foi dans l'A. T. : Josué et les Ju-ges », 605-608.	(3315
	POWER, E., « Josue », dans *A Catholic Commentary on Holy Scripture* (ORCHARD, B., édit.), (London, T. Nelson and Sons, 1953), 279-290.	(3316
	SULLIVAN, K., « The Book of Joshua », Wor 30 (1955-56) 319-330.	(3317
	XXX, « Josué, Juges, Ruth », PPB Nº 6 (1956) 6-19.	(3318
	GIFFIN, P., « The Epic of Joshua », SCR 14 (1962) 75-80.	(3319
	McKENZIE, J. L., *The World of the Judges* (London, Chapman, 1967), 184 pp.	(3320

2. Juges. Judges. Richter. Giudici. Jueces.

Commentaires. Commentaries. Kommentare. Commenti. Comentarios.

	TAMISIER, R., *Le livre des Juges,* dans *La Sainte Bible* (Pirot-Clamer), III (1949), 135-300.	(3321
	VINCENT, A., *Le livre des Juges. Le livre de Ruth²* (BJ) (Paris, Cerf, 1958), 168 pp.	(3322
	ARNALDICH, L., *Biblia Comentada, II, Libros históricos del Antíguo Testamento,* 1096 pp.	(3323
	PENNA, A., *Giudici e Rut* (La Sacra Bibbia) (Torino, Roma, Marietti, 1963), *Giudici,* 1-251.	(3324
	AUZOU, G., *La force de l'Esprit.* Étude du Livre des Juges (Paris, L'Orante, 1966), 344 pp.	(3325

Textes. Texts. Texte. Testi. Textos.

1,7	STORCH, W., « Zur Perikope von der Syrophönizierin », BZ 14 (1970) 256-257.	(3326
2,1-3,6	PENNA, A., « L'introduzione al libro dei Giudici (1,1-3,6) », EstE 34 (1960) 521-529.	(3327
2,1-5	HARVEY, J., *Le plaidoyer prophétique contre Israël après la rupture de l'alliance,* 67-71.	(3328

3,8-10   HÄNSLER, H., « Der historische Hintergrund von Richter 3,8-10 »,   (3329
                Bibl 11 (1930) 391-418; 12 (1931) 3-36, 271-296, 395-410.
4,5   VILAR HUESO, V., « La batalla del Quisón y su problema cronológico   (3330
                (Ju 4,5) », EstE 34 (1960) 531-536.
5   FERNANDEZ, A., « La oda triunfal de Débora », EstE 15 (1936) 5-46.   (3331
                PIATTI, T., « Una nuova interpretazione metrica, testuale, esegetica, (3332
                del Cantico di Debora (Giudici 5,2-31) », Bibl 27 (1946) 65-106,
                161-209, 434.
                BLENKINSOPP, J., « Ballad Style and Psalm Style in the Song of   (3333
                Deborah : a Discussion », Bibl 42 (1961) 61-76.
                SCHREINER, J., « Textformen und Urtext des Deboraliedes in der   (3334
                Septuaginta », Bibl 42 (1961) 173-200.
                SCHREINER, J., « Zum B-Text des griechischen Canticum Debo-   (3335
                rae », Bibl 42 (1961) 333-358.
5,4-5   COPPENS, J., « Miscellanées bibliques : XLVI. La théophanie de Jud.,   (3336
                V,4-5 », ETL 43 (1967) 528-531.
                LIPINSKI, E., « Juges 5,4-5 et Psaume 68,8-11 », Bibl 48 (1967)   (3337
                185-206.
5,8   HILLERS, D. R., « A Note on Judges 5,8a », CBQ 27 (1965) 124-126.   (3338
5,14   TOURNAY, R., « Quelques relectures bibliques antisamaritaines », RB   (3339
                71 (1964) 504-536.
5,25   POWER, E., « He saked for Water. Milk she gave (Jud. 5,25) », Bibl   (3340
                9 (1928) 47.
6-9   PENNA, A., « Gedeone e Abimelec (Giud. c. 6,9) », BibOr 2 (1960)   (3341
                86-89, 136-141.
6,11-8,35   DIGGES, M. L., « Gideon's trumpet call », Wor 35 (1961) 644-652.   (3342
9,8-15   MALY, E. H., « The Jotham Fable anti-monarchical ? » CBQ 22 (1960)   (3343
                299-305.
                ADINOLFI, M., « Originalità dell'apologo di Jotham (Giud. 9,   (3344
                8-15) », RivB 7 (1959) 322-342.
14,16   BLENKINSOPP, J., « Some Notes on the Saga of Samson and the   (3345
                Heroic Milieu », SCR 11 (1959) 81-88.
17,18   FERNANDEZ, A., « El Santuario de Dan. Estudio crítico-exegético   (3346
                sobre Jud. 17,18 », Bibl 15 (1934) 237-264.
18   MALAMAT, A., « The Danite Migration and the Pan-Israelite   (3347
                Exodus-Conquest : A Biblical Narrative Pattern », Bibl 51 (1970) 1-16.
19,21   BESTERS, A., « Le sanctuaire central dans Jud. XIX-XXI », ETL 41   (3348
                (1965) 20-41.
                FERNANDEZ, A., « El atentado de Gabas (Crítica histórico-literaria   (3349
                de Jud. 19-21) », Bibl 12 (1931) 297-315.

Divers. Miscellaneous. Verschiedenes. Diversi. Diversos.

                CAZELLES, H., « Juges (le livre des) », SDB IV, col. 1394-1414.   (3350
                POWER, E., « Judges », dans *A Catholic Commentary on Holy Scripture* (3351
                (ORCHARD, B., édit.) (London, T. Nelson and Sons, 1953), 291-302.
                XXX, « Josué, Juges, Ruth », PPB N° 6 (1956) 6-19.   (3352
                FRANSEN, I., « La Geste des Juges », BVC N° 23 (1958) 53-69.   (3353
                ALONSO SCHÖKEL, L., « Erzählkunst im Buche der Richter », Bibl 42 (1961) (3354
                143-172.
                McKENZIE, J. L., *The World of the Judges* (London, G. Chapman, 1967), 184 pp. (3355

3. Ruth. Rut.

Commentaires. Commentaries. Kommentare. Commenti. Comentarios.

TAMISIER, R., *Le livre de Ruth,* dans *La Sainte Bible* (Pirot-Clamer), III (1949),   (3356
301-326.

VINCENT, A., *Le livre des Juges. Le livre de Ruth²* (BJ) (Paris, Cerf, 1958),   (3357
168 pp.

ARNALDICH, L., *Biblia Comentada, II, Libros historicos del Antíguo Testamento,*   (3358
172-185.

PENNA, A., *Giudici e Rut* (La Sacra Bibbia) (Torino, Roma, Marietti, 1963),   (3359
« Ruth », 253-287.

Divers. Miscellaneous. Verschiedenes. Diversi. Diversos.

LEONARD, W., « Ruth », dans *A Catholic Commentary on Holy Scripture*   (3360
(ORCHARD, B., édit.) (London, T. Nelson and Sons, 1953), 303-305.

SULLIVAN, K., « The Book of Ruth », Wor 30 (1955-56) 366-371.   (3361

XXX, « Josué, Juges, Ruth », PPB Nº 6 (1956) 6-19.   (3362

GLANZMAN, G. S., « The Origin and Date of the Book of Ruth », CBQ 21 (1959)   (3363
201-207.

FRANSEN, I., « Le livre de la fidélité (Ruth) », BVC Nº 34 (1960) 20-28.   (3364

LORETZ, O., « The Theme of the Ruth Story », CBQ 22 (1960) 391-399.   (3365

STEINMANN, J., *Le livre de la consolation d'Israël et les prophètes au retour de*   (3366
l'exil, « Ruth et Jonas », 283-290.

GORGULHO, L.-B., « Ruth et la « Fille de Sion » mère du Messie », RT 63 (1963)   (3367
501-514.

MING, R., « Le rôle du coeur féminin dans le Livre de Ruth », BVC Nº 77 (1967)   (3368
71-76.

VESCO, J.-L., « La date du livre de Ruth », RB 74 (1967) 235-247.   (3369

4. Samuel.

Commentaires. Commentaries. Kommentare. Commenti. Comentarios.

VANNUTELLI, P., *Libri synoptici V. T.* seu Librorum Regum et Cronicorum loci   (3370
paralleli hebr., graece et lat. critice editi (Roma, Pont. Inst. Bibl.), I (1931), 338
pp.; II (1934), 701 pp.

MÉDEBIELLE, A., *Les livres de Samuel,* dans *La Sainte Bible* (Pirot-Clamer), III   (3371
(1949), 329-561.

BRESSAN, G., *Samuele* (La Sacra Bibbia) (Torino, Roma, Marietti, 1954), 740 pp.   (3372

ARNALDICH, L., *Biblia Comentada, II, Libros históricos del Antiguo Testamen-*   (3373
to, 183-363.

DE VAUX, R., *Les livres de Samuel²* (BJ) (Paris, Cerf, 1961), 256 pp.   (3374

Textes. Texts. Texte. Testi. Textos.

Premier livre. Book One. Erstes Buch. Primo libro. Primer libro.

1-3   GARBINI, G., « Osservazioni linguistiche a I Sam., cap. 1-3 », BibOr   (3375
                      5 (1963) 47-52.

1,1-20   LOHFINK, N., « Das Weihnachtsgeheimnis in Vorbild und Erfüllung.   (3376
                      Betrachtungen über Ps 29; I Sam 1,1-20; Geh Offb 21,10-23 », GeistL
                      30 (1957) 461-466.

VAN DEN EYNDE, P., « Le mystère d'Anne, la stérile (1 Sam. 1, (3377
1-20) », BVC N° 34 (1960) 29-37.

1,15   LORETZ, O., « Weitere ugaritisch-hebräische Parallelen », BZ 3 (1959) (3378
290-294.

2,1-10   BRESSAN, G., « Il Cantico di Anna », Bibl 32 (1951) 503-541; 33 (3379
(1952) 67-89.

2,27-36   HARVEY, J., *Le plaidoyer prophétique contre Israël après la rupture de* (3380
l'alliance, 72-74.

3,1-21   XXX, « L'appel de Dieu à Samuel », BVC N° 91 (1970) 7-20. (3381

3,3-19   MONLOUBOU, L., « La vocation de Samuel (1 S 3,3b-10.19) », AS (3382
(n.s.) N° 33 (1970) 40-45.

3,30   STELLINI, A., *Samuel propheta (1 S 3,30) et judex (1 S 7,16) in Israel* (3383
(Romae, Antonianum, 1956).

7-12   LANGLAMET, F., « Les récits de l'institution de la royauté (I Sam., (3384
VII-XII) », RB 77 (1970) 161-200.

14,1-46   BLENKINSOPP, J., « Jonathan's Sacrilege. 1 Sm 14,1-46 : A Study in (3385
Literary History », CBQ 26 (1964) 423-449.

15,1-3   GELIN, A., « Comment un livre inspiré approuve-t-il l'ordre donné par (3386
Dieu à Saül de mettre à mort les Amalécites, hommes, femmes et enfants
(I Sam XV, 1-3) ? » AmiCl 57 (1946-47) 849-854.

15,32   DE FRAINE, J., « Le roi Agag devant la mort (1 Sam 15, 32b) », EstE (3387
34 (1960) 537-545.

16   FRANSEN, I., « La geste de David (I Samuel 16,1-2 Samuel (3388
24,25) », BVC N° 21 (1958) 59-72.

    BAILY, M., « The Shepherds and the Sign of a Child in a Man- (3389
ger », IrThQ 31 (1964) 1-23.

16,1-13   KESSLER, M., « Narrative Technique in 1 Sm 16,1-13 », CBQ 32 (3390
(1970) 543-554.

    TARDIF, H., « L'onction royale de David (1 S 16,1b.6-7.10-13a) », AS (3391
(n.s.) N° 17 (1970) 7-10.

17   DE VAUX, R., « Les combats singuliers dans l'A. T. », dans *Studia* (3392
Biblica et Orientalia (Romae, Pont. Inst. Bibl., 1959), I : Vetus
Testamentum 361-374 (Bibl 40 (1959) 495-508), ou dans *Bible et Orient,*
217-230.

    RINALDI, G., « Golia e David », BibOr 8 (1966) 11-30. (3393

    HORRNER, H. A., « A Hittite Analogue to the David and Goliath (3394
Contest of Champions ? » CBQ 30 (1968) 220-225.

26,2-23   JOLY, G., « David et son ennemi (1 S 26,2.7-9.12-13.22-23 », AS (n.s.) (3395
N° 38 (1970) 25-32.

Deuxième livre. Book Two. Zweites Buch. Secondo libro. Segundo libro.

5,6-8   BRESSAN, G., « L'espugnazione di Sion in 2 Sam 5,6-8, 1 Cron 11,4-6 (3396
a il Problema del « Sinnôr » », Bibl 25 (1944) 346-381.

5,17   HAUER, C., « Jerusalem, the Stronghold and Rephaim », CBQ 32 (3397
(1970) 571-578.

6-7   SCHREINER, J., *Sion-Jerusalem Jahves Königssitz.* Theologie der (3398
Heiligen Stadt im Alten Testament (München, Kösel, 1963), « Die
Überlieferung nach Jerusalem (2 Sm 6) », 38-46; « Davids
Tempelbauplan (2 Sm 7) », 75-101.

7   VAN DEN BUSSCHE, H., « Le texte de la prophétie de Nathan sur   (3399
             la dynastie davidique (II Sam., VII - I Chron., XVII) », ETL 24 (1948)
             354-394.

             CONGAR, Y., *Le mystère du Temple,* La présence de Dieu au temps   (3400
             de David et de Salomon, « La prophétie de Nathan et la construction
             du Temple », 35-72.

             TSEVAT, M., « The House of David in Nathan's Prophecy », Bibl 46   (3401
             (1965) 353-356.

             CALDERONE, P. J., « Oraculum dynasticum et foedus regale, 2 S   (3402
             7 », VD 45 (1967) 91-96.

             COPPENS, J., « L'union du trône et du temps d'après l'oracle de   (3403
             Nathan », ETL 44 (1968) 489-491.

7,1-18   RANDELLINI, L., « Il significato del vaticinio di Natan », BibOr 3   (3404
             (1961) 130-135.

7,9-11   LORETZ, O., « The perfectum copulativum in 2 Sm 7,9-11 », CBQ 23   (3405
             (1961) 294-296.

8,17   CODY, A., « Le titre égyptien et le nom propre du scribe de Da-   (3406
             vid », RB 72 (1965) 381-393.

9,20   BRUEGGEMANN, W., « David and his Theologian », CBQ 30 (1968)   (3407
             156-181.

12,7-13   TARDIF, H., « Repentir et pardon de David (2 S 12,7-10.13) », AS   (3408
             (n.s.) N° 42 (1970) 68-72.

12,7-12   HARVEY, J., *Le plaidoyer prophétique contre Israël après la rupture de*   (3409
             l'alliance, 74-75.

20,25   CODY, A., « Le titre égyptien et le nom propre du scribe de Da-   (3410
             vid », RB 72 (1965) 381-393.

21,1-14   MERLI, D., « L'immolazione dei Saulidi », BibOr 9 (1967) 245-252.   (3411

22,35   COUROYER, B., « L'arc d'airain », RB 72 (1965) 508-514.   (3412

24   FALLER, A., « Bibel und Volkszählung », BiLit 24 (1956-57) 121-124.   (3413

24,6   SKEHAN, P. W., « Joab's Census : How Far North (2 Sm 24,6) ? »   (3414
             CBQ 31 (1969) 42-49.

Divers. Miscellaneous. Verschiedenes. Diversi. Diversos.

             PETERS, C., « Zur Herkunft der Pešiṭta von I Sam. », Bibl 22 (1941) 25-34.   (3415

             GEORGE, A., « Fautes contre Yahweh dans les livres de Samuel », RB 53 (1946)   (3416
             161-184.

             KEELEY, C., « An Approach to the Books of Samuel », CBQ 10 (1948) 254-270.   (3417

             PAUL-MARIE DE LA CROIX, P., *L'Ancien Testament source de vie spiri-*   (3418
             tuelle³, « L'aube du prophétisme : Samuel » (et la foi), 608-609.

             McKAY, H., « 1 and 2 Kings (1 and 2 Samuel) », dans *A Catholic Commentary*   (3419
             on Holy Scripture (ORCHARD, B., édit.) (London, T. Nelson and Sons, 1953),
             306-326.

             SULLIVAN, K., « The Books of Samuel », Wor 29 (1954-55) 326-334.   (3420

             XXX, « Samuel, Rois », PPB N° 7 (1956) 52 pp.   (3421

             RAVENNA, A., « Osservazioni sul testo di Samuele », RivB 4 (1956) 143-144.   (3422

             XXX, « Le Seigneur est mon berger (En lisant les livres de Samuel et des   (3423
             Rois) », CE N° 28 (1957) 21-26.

             RINALDI, G., « L'ascesa di Gerusalemme », BibOr 1 (1959) 129-132.   (3424

MONLOUBOU, L., « Un précurseur des prophètes : Samuel-le-Voyant », BVC (3425
N° 71 (1966) 58-73.

KISTER, D. A., « Prophetic Forms in Samuel and Kings », SE 22 (1970) 241-260. (3426

OLAVARRI, E., « El calendario cultico de Karatepe y el Zebah Hayyamym en I (3427
Sam », EstB 29 (1970) 311-326.

5. Rois. Kings. Könige. Re. Reyes.

Commentaires. Commentaries. Kommentare. Commenti. Comentarios.

MÉDEBIELLE, A., *Les livres des Rois,* dans *La Sainte Bible* (Pirot-Clamer), III (3428
(1949), 563-800.

GAROFALO, S., *Il libro dei Re* (Torino, Marietti, 1951), 10-292 pp.   (3429

DE VAUX, R., *Les livres des Rois²* (BJ) (Paris, Cerf, 1958), 150 pp.   (3430

ARNALDICH, L., *Biblia comentada, II, Libros históricos del Antíguo Testamento,* (3431
364-548.

Textes. Texts. Texte. Testi. Textos.

Premier livre. Book One. Erstes Buch. Primo libro. Primer libro.

1-2	BRUEGGEMANN, W., « David and his Theologian », CBQ 30 (1968) 156-181.	(3432
3	HILLIG, F., « Die Nacht von Silo », StiZ 169 (1961-62) 161-169.	(3433
4,3	CODY, A., « Le titre égyptien et le nom propre du scribe de David », RB 72 (1965) 381-393.	(3434
8,31-53	GAMPER, A., « Die heilsgeschichtliche Bedeutung des Salomonischen Tempelweihegebets », ZKT 85 (1963) 55-61.	(3435
12-13	DUBARLE, A.-M., « Le jugement des auteurs bibliques sur le schisme de Jéroboam », EstE 34 (1960) 577-594.	(3436
	DUBARLE, A.-M., « Biblical Authors on Jeroboam's Schism », TDig 12 (1964) 153-158.	(3437
12	DE VAUX, R., « Le schisme religieux de Jéroboam Iᵉʳ », dans *Biblica et Orientalia.* Mélanges Vosté (Rome, 1943), 77-91, ou dans *Bible et Orient,* 151-163.	(3438
	TOURNAY, R., « Quelques relectures bibliques antisamaritaines », RB 71 (1964) 504-536.	(3439
	MUSZYNSKI, H., « Sacrificium fundationis in Jos 6,26 et 1 Reg 16,34 ? » VD 46 (1968) 259-274.	(3440
17	MICHAUX, W., « Les cycles d'Elie et d'Élisée (1 Reg 17-2 Reg 13,22) », BVC N° 2 (1953) 76-99.	(3441
17,17-24	KILIAN, R., « Die Totenerweckungen Elias und Elisas – eine Motivwanderung ? » BZ 10 (1966) 44-56.	(3442
21,17-24	HARVEY, J., *Le plaidoyer prophétique contre Israël après la rupture de l'alliance,* 76-77.	(3443
18	MADER, A. E., « Elias und Christentum auf dem Karmel », TR 29 (1930) 49-55.	(3444
	DE VAUX, R., « Les prophètes de Baal sur le mont Carmel », dans *Bulletin du Musée de Beyrouth* 5 (1941) 7-20, ou dans *Bible et Orient,* 485-497.	(3445
	KOPP, C., « Elia, il Carmelo e i Carmelitani », BibOr 3 (1961) 53-57.	(3446

18,20-40   KOPP, C., « Il sacrificio di Elia sul Carmelo », BibOr 2 (1960) 11-13.   (3447
18,24   LANGEVIN, P.-É., « Ceux qui invoquent le nom du Seigneur (1 *Co*   (3448
              1,2) », SE 17 (1967) 386-391.
18,29-38   JUNKER, H., « Der Graben um den Altar des Elias. Eine   (3449
              Untersuchung über die kultische Überlieferung von I Rg 18,29-38 »,
              EstE 34 (1960) 547-556.
              JUNKER, H., « Der Graben um den Altar des Elias », TrierTZ 69   (3450
              (1960) 65-74.
19,10-14   FRANK, R. M., « A Note on 3 Kings 19,10-14 », CBQ 25 (1963)   (3451
              410-414.
19,16-21   ORRIEUX, L.-M., « La vocation d'Élisée (1 R 19,16b.19-21) », AS   (3452
              (n.s.) N° 44 (1969) 54-59.
19,19-21   ALCAINA CANOSA, C., « Vocación de Eliseo (1 Re 19,19-21) »,   (3453
              EstB 29 (1970) 137-162.
22,10   FERNANDEZ, A., « Achab et Josaphat « in area juxta ostium portae   (3454
              Samariae » (3 Reg. 22,10) », VD 11 (1931) 362-365.

Deuxième livre. Book Two. Zweites Buch. Secondo libro. Segundo libro.

2   ASENSIO, F., « Teología e historia del pacto en torno a una   (3455
              interrogación bíblica », Greg 47 (1966) 665-684.
2,1-15   HAAG, E., « Die Himmelfahrt des Elias nach 2 Kg 2,1-15 », TrierTZ   (3456
              78 (1969) 18-32.
              DEL OLMO LETE, G., « La vocación de Eliseo », EstB 26 (1967)   (3457
              287-293.
4,8-16a   KELLER, C.-A., « Élisée et la Shunamite (2 R 4,8-11.14-16a) », AS   (3458
              (n.s.) N° 44 (1969) 6-14.
4,18-37   KILIAN, R., « Die Totenerweckungen Elias und Elisas : eine   (3459
              Motivwanderung ? » BZ 10 (1966) 44-56.
11   ASENSIO, F., « Restauración de la dinastía davídica en la persona de   (3460
              Joas », EstB 2 (1943) 475-506.
18,17   BRUNET, G., « Le terrain aux foulons », RB 71 (1964) 230-239.   (3461
20,1-11   GRUENTHANER, M. J., « Two Sun Miracles of the Old Testa-   (3462
              ment », CBQ 10 (1948) 271-290.
22-23   LOHFINK, N., « Die Bundesurkunde des Konigs Josias. Eine Frage an   (3463
              die Deuteronomiumsforschung », Bibl 44 (1963) 261-288, 461-498.
23,13   SCHNEIDER, N., « Melchom, das Scheusal der Ammoniter », Bibl 18   (3464
              (1937) 337-343.
29,1   NELLS, J. T., « Note sur la date de sujétion de Joiaquim par   (3465
              Nabuchodonosor (2 Reg. 29,1) », RB 61 (1954) 387-391.

Divers. Miscellaneous. Verschiedenes. Diversi. Diversos.

              VANNUTELLI, P., *Libri synoptici V. T.* seu Librorum Regum et Cronicorum loci   (3466
              paralleli hebr., graece et lat. critice editi (Roma, Pont. Inst. Bibl.); I (1931), 338
              pp.; II (1934), 701 pp.
              STORR, R., « Die Bücher der Könige », BiLit 9 (1934-1935) 400-402.   (3467
              AYUSO MARAZUELA, T., « Los elementos extrabiblicos de los Libros de los   (3468
              Reyes », EstB 4 (1945) 259-296.

SMITH, K., « III and IV Kings (1 and 2 Kings) », dans *A Catholic Commentary*   (3469
on Holy Scripture (ORCHARD, B., édit.) (London, T. Nelson and Sons, 1953),
327-350.

SULLIVAN, K., « The Books of Kings », Wor 29 (1954-55) 384-396.   (3470

XXX, « Samuel, Rois », PPB N° 7 (1956) 52 pp.   (3471

XXX, « Le Seigneur est mon berger », CE N° 28 (1957) 21-26.   (3472

RINALDI, G., « L'ascesa di Gerusalemme », BibOr 1 (1959) 129-132.   (3473

RICHTER, W., *Traditionsgeschichtliche Untersuchungen zum Richterbuch* (Bonn,   (3474
P. Hanstein, 1963), 20-411 pp.

RICHTER, W., *Die Bearbeitungen des « Retterbuches » in der deuteronomischen*   (3475
Epochem (Bonn, P. Hanstein, 1964), 18-148 pp.

KISTER, D. A., « Prophetic Forms in Samuel and Kings », SE 22 (1970) 241-260.   (3476

6. Chroniques. Chronicles. Chronik. Cronache. Crónicas.

Commentaires. Commentaries. Kommentare. Commenti. Comentarios.

MARCHAL, L., *Les Paralipomènes,* dans *La Sainte Bible* (Pirot-Clamer), IV   (3477
(1949), 4-252.

ARNALDICH, L., *Biblia Comentada, II, Libros históricos del Antíguo Testamento,*   (3478
549-647.

CAZELLES, H., *Les livres des Chroniques*² (BJ) (Paris, Cerf, 1961), 248 pp.   (3479

RANDELLINI, L., *Il Libro delle Cronache* (La Sacra Bibbia) (Torino, Roma,   (3480
Marietti, 1966), 508 pp.

Textes. Texts. Texte. Testi. Textos.

Premier livre. Book One. Erstes Buch. Primo libro. Primer libro.

6,7-13   LEFÈVRE, A., « Note d'exégèse sur les généalogies des Qéhatites »,   (3481
           RSR 37 (1950) 287-292.

10-29   BOTTERWECK, G., « Zur Eigenart des chronistischen David-   (3482
           geschichte », TQ 136 (1956) 402-435.

11,4-6   BRESSAN, G., « L'espugnazione di Sion in 2 Sam 5,6-8, 1 Cron 11,4-6   (3483
           e il problema del « Sinnor » », Bibl 25 (1944) 346-381.

12,18   JOÜON, P., « Notes philologiques sur le texte hébreu (1 Chron. 12,18; (3484
           2 Chron. 17,17; 22,7; 23,9; 34,6; 34,33) », Bibl 13 (1932) 87-90.

17   CONGAR, Y., *Le mystère du Temple,* « La présence de Dieu au temps   (3485
           de David et de Salomon. La prophétie de Nathan et la construction du
           Temple », 35-72.

           VAN DEN BUSSCHE, H., « Le texte de la prophétie de Nathan sur   (3486
           la dynastie davidique (II Sam., VII - I Chron., XVII) », ETL 24 (1948)
           354-394.

18,16   CODY, A., « Le titre égyptien et le nom propre du scribe de Da-   (3487
           vid », RB 72 (1965) 381-393.

21   FALLER, A., « Bibel und Volkszählung », BiLit 24 (1956-57) 121-124.   (3488

Deuxième livre. Book Two. Zweites Buch. Secondo libro. Segundo libro.

11   DUBARLE, A.-M., « Le jugement des auteurs bibliques sur le schisme   (3489
           de Jéroboam », EstE 34 (1960) 577-594.

22,10-23,21   ASENSIO, F., « Restauración de la dinastía davídica en la persona de   (3490
               Joas », EstB 2 (1943) 475-506.
25,20-22   COUROYER, B., « Le litige entre Josias et Mechao », RB 55 (1948)   (3491
               388-396.
35,21   ALFRINK, B., « Die Schlacht bei Megiddo und der Tod des Jo-   (3492
               sias », Bibl 15 (1934) 173-183.
36,14-23   SESBOUÉ, D., « Ruine temporaire de Jérusalem (2 Ch 36,14-16.19-   (3493
               23) », AS (n.s.) N° 17 (1970) 28-33.

Divers. Miscellaneous. Verschiedenes. Diversi. Diversos.

       NOORDTZIJ, A., « Les intentions du Chroniste », RB 49 (1940) 161-168.   (3494
       AYUSO MARAZUELA, T., « Los elementos extrabíblicos de los Paralipómenos,   (3495
       Esdrás, Tobías, Judith, y Ester », EstB 5 (1946) 5-40.
       VAN DEN BUSSCHE, H., « Le texte de la prophétie de Nathan sur la dynastie   (3496
       davidique », ETL 24 (1948) 354-394.
       SUTCLIFFE, E. F., « I and II Paralipomenon (Chronicles) », dans *A Catholic*   (3497
       Commentary on Holy Scripture (ORCHARD, B., édit.) (London, T. Nelson and
       Sons, 1953), 351-374.
       BRUNET, A.-M., « Le Chroniste et ses sources », RB 61 (1954) 349-386.   (3498
       XXX, « Les Chroniques », PPB N° 8 (1955) 24 pp.   (3499
       SULLIVAN, K., « Paralipomena », Wor 31 (1957) 529-539.   (3500
       BRUNET, A.-M., « La théologie du Chroniste. Théocratie et messianisme », dans (3501
       Sacra Pagina (en collab.), I, 384-397.
       BRUNET, A.-M., « Paralipomènes (livres des) ou des Chroniques », SDB VI, col. (3502
       1220-1261.
       FREEDMAN, D. N., « The Chronicler's Purpose », CBQ 23 (1961) 436-442.   (3503
       RANDELLINI, I., « Il libro delle Cronache nel decennio 1950-1960 », RivB 10   (3504
       (1962) 136-155.
       MORIARTY, F. L., « The Chronicler's Account of Hezekiah's Reform », CBQ   (3505
       27 (1965) 399-406.
       CANCIK, H., « Das jüdische Fest. Ein Versuch zu Form und Religion des   (3506
       chronistischen Geschichtswerkes », TQ 150 (1970) 335-348.

7. Esdras et Néhémie. Esra and Nehemiah. Esdras und Nehemias. Esdra e Neemia.
Esdras y Nehemías.

Commentaires. Commentaries. Kommentare. Commenti. Comentarios.

       MÉDEBIELLE, A., *Esdras-Néhémie,* dans *La Sainte Bible* (Pirot-Clamer), IV   (3507
       (1949), 253-384.
       PELAIA, B., *Esdra e Noemia* (La Sacra Bibbia) (Torino, Roma, Marietti, 1957), (3508
       232 pp.
       GELIN, A., *Le livre de Esdras et Néhémie²* (BJ) (Paris, Cerf, 1960), 122 pp. (3509
       ARNALDICH, L., *Biblia comentada, II, Libros históricos del Antíguo Testamento,* (3510
       648-767 (Esdras); 648-716 (Néhémie).

Textes. Texts. Texte. Testi. Textos.

Esdras. Esra. Esdras. Esdra. Esdras.

       JOÜON, P., « Notes philologiques sur le texte hébreu d'Esdras et de   (3511
       Néhémie (Esdr, 2,62; 10,9; Néh. 2,3; 2,8; 3,1 (12,39); 4,16; 5,15; 5,18; 6,3;
       7,4; 8,10; 13,15) », Bibl 12 (1931) 85-89.

2,16   KAUPEL, H., « Der Sinn von הַמִּלְאָכָה עֹשֹׂה in Neh 2,16 », Bibl   (3512
            21 (1940) 4-44.

5,1-6,18   DE VAUX, R., « Les décrets de Cyrus et de Darius sur la reconstruction (3513
            du Temple », RB 46 (1937) 29-57, ou dans *Bible et Orient*, 83-113.

5,3   JOÜON, P., « Le mot אֲשַׁרְנָא dans Esdras 5,3 (9) », Bibl 22 (1941)   (3514
            38-40.

7,23   NOBER, P., « אַדְרַזְדָּא (Esdras 7,23) », BZ 2 (1958) 134-138.   (3515

9,9   FERNANDEZ, A., « La voz צְרוֹר en Esd. 9,9 », Bibl 16 (1935) 82-84,   (3516
            213-214.

            FERNANDEZ, A., « Esdr, 9,9 y un texto de Josefo », Bibl 18 (1937)   (3517
            207-208.

Néhémie. Nehemiah. Nehemias. Neemia. Nehemías.

3,15   MÜLLER, K., « Joh 9,7 und das jüdische Verständnis des Siloh-   (3518
            Spruches », BZ 13 (1969) 251-256.

9   REHM, M., « Nehemias 9 », BZ 1 (1957) 59-69.   (3519

10   ARANA, A. I., « Sobre la colocación original de Neh. 10 », EstB 10   (3520
            (1951) 379-402.

Divers. Miscellaneous. Verschiedenes. Diversi. Diversos.

            DE VAUX, R., « Les décrets de Cyrus et de Darius sur la reconstruction du Tem- (3521
            ple », RB 46 (1937) 29-57.

            ALLGEIER, A., « Beobachtungen am LXX-Text der Bücher Esdras und Nehe- (3522
            mia », Bibl 22 (1941) 227-251.

            COSTE, J., « Portrait de Néhémie », BVC Nº 3 (1953) 44-56.   (3523

            DYSON, R. A., « Esdras-Nehemias », dans *A Catholic Commentary on Holy* (3524
            Scripture (ORCHARD, B., édit.) (London, T. Nelson and Sons, 1953), 375-392.

            XXX, « Esdras et Néhémie », PPB Nº 9 (1956) 20 pp.   (3525

            PAVLOVSKY, V., « Die Chronologie der Tätigkeit Esdras. Versuch einer neuen (3526
            Lösung », Bibl 38 (1957) 275-305, 428-456.

            LEFÈVRE, A., « Néhémie et Esdras », SDB VI, col. 393-424.   (3527

            STEINMANN, J., *Le livre de la consolation d'Israël et les prophètes du retour de* (3528
            l'exil, « La première mission de Néhémie et l'oeuvre d'Esdras », 275-281.

            FRANSEN, I., « L'édification de la cité (Néhémie) », BVC Nº 51 (1963) 26-34. (3529

8. Tobie. Tobit. Tobias. Tobia. Tobías.

Commentaires. Commentaries. Kommentare. Commenti. Comentarios.

            CLAMER, A., *Tobie*, dans *La Sainte Bible* (Pirot-Clamer), IV (1949), 385-480. (3530

            PAUTREL, R., *Tobie²* (BJ) (Paris, Cerf, 1957), 64 pp.   (3531

            ARNALDICH, L., *Biblia comentada, II, Libros históricos del Antíguo Testamento*, (3532
            768-813.

Textes. Texts. Texte. Testi. Textos.

1,2   MILIK, J. T., « La patrie de Tobie », RB 73 (1966) 522-530.   (3533

3,16-17   PAUTREL, R., LEFEBVRE, M., « Trois textes de Tobie sur Raphaël   (3534
            (5,22; 3,16s; 12,12-15) », RSR 39 (1951) 115-124.

13,1-17   GOETTMANN, J., « Le chant de joie du prophète Tobie (Tobie   (3535
            13,1-17) », BVC Nº 78 (1967) 19-27.

Divers. Miscellaneous. Verschiedenes. Diversi. Diversos.

CASPER, J., « Was lehrt uns Tobias, der Almosengeber ? » BiLit 10 (1934-35) (3536
517-519.

GALDOS, R., « Tobitici libri usus liturgicus », VD 10 (1939) 28-32. (3537

AYUSO MARAZUELA, T., « Los elementos extrabíblicos de los Paralipómenos, (3538
Esdrás, Tobías, Judith y Ester », EstB 5 (1946) 5-40.

DEVINE, C., « The Book of Tobias », dans *A Catholic Commentary on Holy* (3539
Scripture (ORCHARD, B., édit.) (London, T. Nelson and Sons, 1953), 393-402 pp.

XXX, « Tobie », PPB N° 10 (1955) 16 pp. (3540

SULLIVAN, K., « The Book of Tobias », Wor 30 (1955-56) 561-569. (3541

GOETTMANN, J., « Le livre des conseils ou le miroir du Juste engagé dans le (3542
monde (le livre de Tobie) », BVC N° 21 (1958) 35-42.

GOETTMANN, J., « Le livre des Sept Merveilles de Dieu », BVC N° 22 (1958) (3543
35-42.

GOETTMANN, J., « Le livre de raison du mariage chrétien. Le livre de To- (3544
bie », BVC N° 28 (1959) 20-33.

DU BUIT, M., « Lisez Tobie », CE N° 55 (1964) 5-75. (3545

GALBIATI, E., « Il messianismo nel Libro di Tobia », dans *Il messianismo* (en (3546
collab.), 193-203.

9. Judith. Giuditta. Judit.

Commentaires. Commentaries. Kommentare. Commenti. Comentarios.

SOUBIGOU, L., *Judith,* dans *La Sainte Bible* (Pirot-Clamer), IV (1949), 481-575. (3547

STEINMANN, J., *Lecture de Judith* (Paris, Gabalda, 1953), 136 pp. (3548

BARUCQ, A., *Judith, Esther²* (BJ) (Paris, Cerf, 1959), 140 pp. (3549

ARNALDICH, L., *Biblia Comentada, II, Libros históricos del Antíguo Testamento,* (3550
814-868.

Textes. Texts. Texte. Testi. Textos.

8,1   BRUNS, J. E., « The Genealogy of Judith », CBQ 18 (1956) 19-22. (3551

5,6   CAZELLES, H., « Le personnage d'Achior dans le livre de Judith », (3552
            RSR 39 (1951) 125-137.

8,33   SKEHAN, P. W., « The Hand of Judith », CBQ 25 (1963) 94-110. (3553

16,11   VACCARI, A., « Note critiche ed esegetiche (Ps. 87, 4-6; 110, 6; Cant. (3554
            4,8; 5,12; Iudit 16,11; 2 Mac. 15,42) », Bibl 28 (1947) 394-406.

Divers. Miscellaneous. Verschiedenes. Diversi. Diversos.

BRUNNER, G., « Il carattere storico del libro di Giuditta », ScuolC 66 (1938) (3555
268-280.

LEFÈVRE, A., « Judith (le livre de) », SDB IV, col. 1315-1321. (3556

LEAHY, M., « Judith », dans *A Catholic Commentary on Holy Scripture* (3557
(ORCHARD, B., édit.) (London, T. Nelson and Sons, 1953), 403-407.

XXX, « Judith, Esther », PPB N° 11 (1955) 28 pp. (3558

SULLIVAN, K., « The Book of Judith », Wor 31 (1957) 384-394. (3559

BRUNS, J. E., « The Genealogy of Judith », CBQ 18 (1956) 19-22. (3560

AVISAR, S., « Sulla storicità di Giuditta », BibOr 1 (1959) 22-24. (3561

DUBARLE, A.-M., « La mention de Judith dans la littérature ancienne, juive et (3562
chrétienne », RB 66 (1959) 514-549.

DUPREZ, A., « Le livre de Judith », CE N° 47 (1962) 5-67.   (3563

HAAG, H., « Die besondere literarische Art des Buches Judith und seine   (3564
theologische Bedeutung », TrierTZ 71 (1962) 288-301.

SKEHAN, P. W., « Why Leave out Judith ? » CBQ 24 (1962) 147-154.   (3565

MUSSNER, F., « Das Buch Judith und die neutestamentliche Antichristidee », (3566
TrierTZ 72 (1963) 242-244.

BOGAERT, M., « La version latine du livre de Judith dans la première Bible (3567
d'Alcala », RB 78 (1968) 7-32, 181-212.

DUBARLE, A. M., « L'authenticité des textes hébreux de Judith », Bibl 50 (1969)   (3568
187-211.

10. Esther. Ester.

Commentaires. Commentaries. Kommentare. Commenti. Comentarios.

SOURIGOU, L., *Esther,* dans *La Sainte Bible* (Pirot-Clamer), IV (1949), 577-695.   (3569

BARUCQ, A., *Judith, Esther²* (BJ) (Paris, Cerf, 1959), 140 pp.   (3570

ARNALDICH, L., *Biblia Comentada, II, Libros históricos del Antíguo Testamento,*   (3571
869-914.

Textes. Texts. Texte. Testi. Textos.

3,7   BEA, A., « De usu vocis (Est. 3,7; 9,24 etc.) », Bibl 21 (1940) 198-199.   (3572

Divers. Miscellaneous. Verschiedenes. Diversi. Diversos.

AYUSO MARAZUELA, T., « Los elementos extrabíblicos de los Paralipómenos,   (3573
Esdrás, Tobías, Judith, y Ester », EstB 5 (1946) 5-40.

RYAN, C., « Esther », dans *A Catholic Commentary on Holy Scripture*   (3574
(ORCHARD, B., édit.) (London, T. Nelson and Sons, 1953), 408-411.

XXX, « Judith, Esther », PPB N° 11 (1955) 28 pp.   (3575

SULLIVAN, K., « The Book of Esther », Wor 30 (1955-56) 447-454.   (3576

CAZELLES, H., « Note sur la composition du rouleau d'Esther », dans *Lex tua*   (3577
Veritas (en collab.), 17-29.

MAYER, R., « Iranischer Beitrag zu Problemen des Daniel und Esther-Bu-   (3578
ches », dans *Lex tua Veritas* (en collab.), 127-135.

BROWNLEE, W. H., « Le livre grec d'Esther et la royauté divine », RB 73 (1966)   (3579
161-185.

FRANSEN, I., « Le livre d'Esther », BVC N° 73 (1967) 27-31.   (3580

DOMMERSHAUSEN, W., *Die Estherrolle.* Stil und Ziel einer alttestamentlichen   (3581
Schrift (Stuttgart, Katholisches Bibelwerk, 1968), 176 pp.

GRELOT, P., « Remarques sur le second Targum du livre d'Esther », RB 77 (1970)   (3582
230-239.

11. Maccabées. Maccabees. Makkabäer. Maccabei. Macabeos.

Commentaires. Commentaries. Kommentare. Commenti. Comentarios.

ABEL, F.-M., *Le livre des Maccabées* (BJ) (Paris, Gabalda, 1949), 491 pp.   (3583

GRANDCLAUDON, M., *Les livres des Maccabées* (Pirot-Clamer) (Paris,   (3584
Letouzey, 1951), VIII, 2ᵉ partie, 240 pp.

PENNA, A., *Libri dei Maccabei* (Torino, Marietti, 1953), 11-267 pp.   (3585

ABEL, F.-M., STARCKY, J., *Les livres des Maccabées³* (BJ) (Paris, Cerf, 1961),   (3586
332 pp.

ARNALDICH, L., *Biblia Comentada, II, Libros históricos del Antíguo Testamento,*   (3587
1096 pp.

Textes. Texts. Texte. Testi. Textos.

5,2-4   ADINOLFI, M., « Le apparizioni di 2 Mac. 5,2-4 e 10,29-30 », RivB   (3588
             11 (1963) 166-185.

6,43-46   ADINOLFI, M., « Elogia l'autore di I Mac. 6,43-46 il gesto di Elea-   (3589
             zaro ? » Ant 39 (1964) 171-187.

7,36   BÜCKERS, H., « Das « Ewige Leben » in 2 Makk 7,36 », Bibl 21   (3590
             (1940) 406-412.

10,29-30   ADINOLFI, M., « Le apparizioni di 2 Mac. 5,2-4 e 10,29-30 », RivB   (3591
             11 (1963) 166-185.

12,43-46   AHERN, B., « Jewish and Christian Requiem », Wor 34 (1960)   (3592
             606-610.

12,43   O'BRIEN, E., « The Scriptural Proof for the Existence of Purgatory   (3593
             from 2 Mac. 12,43 ss », SE 2 (1949) 80-108.

Divers. Miscellaneous. Verschiedenes. Diversi. Diversos.

DE BRUYNE, D., « Le texte grec du deuxième livre des Maccabées », RB 39   (3594
(1930) 503-519.

SCHABES, L., « Die zwei Bücher der Makkabäer », BiLit 9 (1934-1935) 9-12.   (3595

ZERWICK, M., « Respondetur interroganti : Quomodo in concordiam redigantur,   (3596
quae de morte Antiochi IV Epiphanis in libris Machabaeorum triplici diverso modo
narrantur », VD 19 (1939) 308-314.

ABEL, F.-M., « Éclaircissements de quelques passages des Maccabées », RB 55   (3597
(1948) 184-194.

AYUSO MARAZUELA, T., « Los elementos extrabíblicos de los Macabéos y   (3598
apéndices del A. T. », EstB 7 (1948) 147-166.

GRYGLEWICZ, F., « Paradoxes of the First Book of Maccabees », SCR 4 (1950)   (3599
197-205.

BELLET, P., « El gènere literari del II llibre dels Macabeus », dans *Miscellanea*   (3600
Biblica B. Ubach (en collab.), 303-322.

CORBISHLEY, T., « I and II Maccabees », dans *A Catholic Commentary on Holy*   (3601
Scripture (ORCHARD, B., édit.) (London, T. Nelson and Sons, 1953), 706-723.

SULLIVAN, K., « The Books of Machabees », Wor 29 (1954-55) 517-529.   (3602

SCHAUMBERGER, J., « Die neue Seleukidenliste BM 35603 und die   (3603
makkabäische Chronologie », Bibl 36 (1955) 423-435.

XXX, « Les Maccabées », PPB N° 12 (1956) 28 pp.   (3604

LEFÈVRE, A., « Maccabées (livres I et II des) », SDB V, col. 597-612.   (3605

MEJIA, J., « Contribución de Qumrâm a la exégesis de los libros de los Maca-   (3606
béos », dans *Sacra Pagina* (en collab.), II, 20-27.

RENAUD, B., « La loi et les lois dans les livres des Maccabées », RB 68 (1961)   (3607
39-67.

ADINOLFI, M., « Eloquenza e patetismo nel II libro dei Maccabei », RivB 10   (3608
(1962) 18-31.

RAVENNA, A., « I maccabei nella letteratura talmudica », RivB 10 (1962)   (3609
384-391.

ARENHOEVEL, D., « Die Eschatologie der Makkabäerbücher », TrierTZ 72   (3610
(1963) 257-269.

MARIANI, B., « L'alleanza e l'amicizia dei Maccabei con i Romani sotto l'aspetto   (3611
teocratico », Div. 9 (1965) 75-104.

PENNA, A., « Διαθήκη e συνθήκη nei libri dei Maccabei », Bibl 46 (1965)   (3612
149-180.

CANCIK, H., *Mythische und historische Wahrheit*. Interpretationen zu Texten der   (3613
hethitischen, biblischen und griechischen Historiographie (Stuttgart, Katholisches
Bibelwerk, 1970), 136 pp.

IV. LIVRES POÉTIQUES ET SAPIENTIAUX. POETIC AND SAPIENTIAL BOOKS. DIE LEHRBÜCHER. LIBRI POETICI E SAPIENZIALI. LIBROS POETICOS Y SAPIENCIALES.

1. INTRODUCTION : *La sagesse biblique et extrabiblique.*
INTRODUCTION : *Biblical and Extrabiblical Wisdom.*
EINLEITUNG : *Biblische und ausserbiblische Weisheit.*
INTRODUZIONE : *La sagezza biblica e extrabiblica.*
INTRODUCCIÓN : *La sabiduría bíblica y extrabíblica.*

BOTTE, B., « La sagesse dans les livres sapientiaux », RSPT 19 (1930) 83-94.   (3614

LAMBERT, G., « De fontibus aegyptiacis librorum sapientialium », VD 11 (1931)   (3615
121-128.

CEUPPENS, F., « De conceptu « Sapientiae divinae » in libris didacticis   (3616
A. T. », Ang 12 (1935) 333-345.

DRUBBEL, A., *Les livres sapientiaux d'Israël dans leurs sources préexiliques*   (3617
(Rome, 1936), 48 pp.

DUESBERG, H., *Les scribes inspirés.* Introduction aux livres sapientiaux de la   (3618
Bible. Le Livre des Proverbes (Paris, Desclée de Brouwer, 1938), « La sagesse de
l'Égypte et des fils de l'orient », 21-126; « Salomon ou le parangon des scribes », 129-188; « Le miroir des gens du roi », 191-573.

PRADO, J., *Praelectionum biblicarum compendium.* V. T., II/2, *De doctrina,* seu   (3619
De Libris didacticis V. T.[5] (Madrid, El Perpetuo Socorro, 1951), 306 pp.

DUBARLE, A.-M., *Les Sages d'Israël,* 278 pp.   (3620

AYUSO MARAZUELA, T., « Los elementos extrabíblicos de los sapiencales »,   (3621
EstB 6 (1947) 187-223.

TOURNAY, R., « L'antique poésie guerrière d'Israël », VI N° 8 (1947) 6-22.   (3622

COUROYER, B., « Idéal sapiential en Égypte et en Israël », RB 57 (1950) 174-179.   (3623

DYSON, R. A., « The Poetical and Wisdom Literature », dans *A Catholic*   (3624
Commentary on Holy Scripture (ORCHARD, B., édit.) (London, T. Nelson and
Sons, 1953), 402-416.

McKENZIE, J. L., *The Two-Edged Sword,* « The Wisdom of the Hebrew »,   (3625
211-226.

BEAUCAMP, É., *Sous la main de Dieu.* La sagesse et le destin des élus, II, 290 pp.   (3626

COLUNGA, A., « Géneros literarios en los Sapienciales », dans *Los Géneros*   (3627
literarios de la Sagrada Escritura (en collab.), 191-218.

LACAN, M.-F., « La Sagesse vous parle », CE N° 31 (1958) 5-76.   (3628

DUBARLE, A.-M., « Le péché originel dans les livres sapientiaux », RT 56 (1956)   (3629
597-619, ou dans *Le péché originel dans l'Écriture,* 75-103.

OSTY, É., « Le Dieu qui juge et qui récompense. 2. La réflexion des Sages », CE   (3630
N° 35 (1959) 35-92.

CANTORE, E., « La Sapienza biblica, ideale religioso del credente », RivB 8   (3631
(1960) 1-9, 129-143, 193-205.

COUROYER, B., « Aménémopé, I,9; III,13 : Égypte ou Israël ? » RB 68 (1961)   (3632
394-400.

COUTURIER, G., « Sagesse babylonienne et sagesse israélite », SE 14 (1962)   (3633
293-309.

LARCHER, C., *L'actualité chrétienne de l'A. T. d'après le N. T.,* « L'enseignement   (3634
de l'A. T. au sujet des valeurs créées : les précisions apportées par les Sages »,
458-478.

BEAUCHAMP, P., « Sagesse biblique et intelligence », CHR N° 10 (1963)   (3635
178-194.

COUROYER, B., « L'origine égyptienne de la Sagesse d'Aménémopé », RB 70   (3636
(1963) 208-224.

HARRINGTON, W., « The Wisdom of Israel », IrThQ 30 (1963) 311-325.   (3637

RODRIGUEZ OCHOA, J. M., « Estudio de la dimensión temporal en Prov. Job   (3638
y Qoh (El eterno volver a consenzar en Qohelet) », EstB 22 (1963) 33-67.

RICHTER, W., *Recht und Ethos.* Versuch einer Ortung des weisheitlichen   (3639
Mahnspruches (München, Kösel, 1966), 220 pp.

BOSCHI, B. C., « Saggezza di Edom. Mito o realtà », RivB 15 (1967) 357-368.   (3640

HILL, R. C., « The Dimensions of Salvation History in the Wisdom Books », SCR   (3641
19 (1967) 97-106.

HOLSTEIN, H., « L'optimisme des livres sapientiaux », BVC N° 78 (1967) 34-44.   (3642

MURPHY, R. E., « Assumptions and Problems in Old Testament Wisdom   (3643
Research », CBQ 29 (1967) 407-418.

RAMLOT, M.-L., « Les scribes inspirés ou l'univers du dialogue », BVC N° 74   (3644
(1967) 90-96.

WRIGHT, A. G., « Numerical Patterns in the Book of Wisdom », CBQ 29 (1967)   (3645
524-538.

DUBARLE, A.-M., « Où en est l'étude de la littérature sapientielle ? » ETL 44   (3646
(1968) 407-419.

BARUCQ, A., « Israele e umanesimo », BibOr 11 (1969) 97-108.   (3647

2. Job. Hiob. Giobbe. Job.

Commentaires. Commentaries. Kommentare. Commenti. Comentarios.

KISSANE, E. J., *The book of Job* (Dublin, Sheed and Ward, 1949), 64-298 pp.   (3648
ROBIN, E., *Job,* dans *La Sainte Bible* (Pirot-Clamer), IV (1949), 797-868.   (3649
STEINMANN, J., *Le livre de Job* (Paris, Cerf, 1955), 389 pp.   (3650
WEBER, J. J., *Le livre de Job, L'Ecclésiaste* (Paris, Desclée, 1947), 330 pp.   (3651
LARCHER, C., *Le livre de Job²* (BJ) (Paris, Cerf, 1957), 174 pp.   (3652
GARCIA CORDERO, M., PEREZ RODRIGUEZ, G., *Biblia comentada, IV,*   (3653
Libros Sapienciales, 16-167.
LUBSCZYK, H., *Das Buch Job* (Düsseldorf, Patmos, 1969), 262 pp.   (3654

Textes. Texts. Texte. Testi. Textos.

VAN DEN OUDENRIJN, M. A., « Scholia in locos Quosdam libri   (3655
Job », Ang 13 (1936) 228-240.

3   FREEDMAN, D. N., « The Structure of Job 3 », Bibl 49 (1968)   (3656
503-508.

4,15   DAHOOD, M., « SᵉRT, « Storm », in Job 4,15 », Bibl 48 (1967)   (3657
544-545.

6,7	ZORELL, F., « Ex disputatione Iobi cum amicis suis : Iob Eliphaso respondet », VD 11 (1931) 33-37.	(3658
6,16	SKEHAN, P. W., « Second Thoughts on Job 6,16 and 6,25 », CBQ 31 (1969) 210-212.	(3659
12,7-9	DE GUGLIELMO, A., « Job 12,7-9 and the Knowability of God », CBQ 6 (1944) 476-482.	(3660
12,10	DAHOOD, M., « Ugaritic ušn, Job 12,10 and 11QPsᵃ Plea 3-4 », Bibl 47 (1966) 107-108.	(3661
16,4	LORETZ, O., « HBR in Jb 16,4 », CBQ 23 (1961) 293-294.	(3662
16,20	VELLA, J., « Il redentore di Giobbe (Glob. 16,20) », RivB 13 (1965) 161-168.	(3663
19,19	PENAR, T., « Job 19,19 in the Light of Ben Sira 6,11 », Bibl 48 (1967) 293-295.	(3664
19,24	BAKER, A., « The Strange Case of Job's Chisel », CBQ 31 (1969) 370-379.	(3665
19,25-27	PRADO, J., « La perspectiva escatológica de Job 19,25-27 », EstB 25 (1966) 5-40.	(3666
19,26	TOURNAY, R., « Relectures bibliques concernant la vie future et l'angélologie », RB 69 (1962) 481-505.	(3667
20,24	COUROYER, B., « L'arc d'airain », RB 72 (1965) 508-514.	(3668
21,33	ALFRINK, B., « Die Bedeutung des Wortes רֶגֶב in Job 21,33 und 38,38 », Bibl 13 (1932) 77-86.	(3669
22,22	DAHOOD, M., « The Metaphor in Job 22,22 », Bibl 47 (1966) 108-109.	(3670
24,28	TOURNAY, R., « L'ordre primitif des chapitres 24-28 du livre de Job », RB 64 (1957) 321-334.	(3671
26,14	BAUER, J. B., « « Initium viarum suarum ». Primitias potentiae Dei ? (Iob 40,19; cf. 26,14; et Prov. 8,22) », VD 35 (1957) 222-227.	(3672
29,18	DAHOOD, M., « Nest and Phoenix in Job 29,18 », Bibl 48 (1967) 542-544.	(3673
32-33	SKEHAN, P. W., « « I Will Speak Up ! » (Job 32); The Pit (Job 33) », CBQ 31 (1969) 380-382.	(3674
32,7	DENNEFELD, L., « Les discours d'Élihou (Job 32,7) », RB 48 (1939) 163-180.	(3675
36,22-37,24	DUBARLE, A.-M., Les sages d'Israël, « L'hymne à la Sagesse » (chez Job), 81-84.	(3676
38,1-11	AUVRAY, P., « La toute-puissance de Dieu (Jb 38,1.8-11) », AS (n.s.) Nᵒ 43 (1969) 30-34.	(3677
38,28	MILIK, J. T., « Giobbe 38,28 in siro-palestinese e la dea ugaritica Pdry bt ar », RivB 6 (1958) 252-254.	(3678
38,38	ALFRINK, B., « Die Bedeutung des Wortes רֶגֶב in Job 21,33 und 38,38 », Bibl 13 (1932) 77-86.	(3679
40,12	DAHOOD, M., « HDK in Job 40,12 », Bibl 49 (1968) 509-510.	(3680
40,15-24	FOURNIER, P., « Autour du Béhemoth de Job, XL, 15-24 », AmiCl 65 (1955) 660-663.	(3681
40,19	BAUER, J. B., « « Initium viarum suarum ». Primitiae potentiae Dei ? » VD 35 (1957) 222-227.	(3682

Divers. Miscellaneous. Verschiedenes. Diversi. Diversos.

CASPER, J., « Job, ein Held im Leid », BiLit 10 (1934-1935) 497-498.   (3683

ZIEGLER, J., « Der textkritische Wert der Septuaginta des Buches Job », Bibl 15   (3684
(1934) 277-296.

XXX, « Job a-t-il existé ? Son livre n'est-il qu'un conte pieux pour montrer un beau   (3685
modèle de patience ? » AmiCl 53 (1936) 131-133.

DUBARLE, A.-M., « Le livre de Job », VS 72 (1945) 64-87, 178-196.   (3686

AYUSO MARAZUELA, T., « Los elementos extrabíblicos de Job y del Sal-   (3687
terio », EstB 5 (1946) 429-458.

CLAUDEL, P., *Le livre de Job* (Paris, Plon, 1946), 44 pp.   (3688

PARENTE, P. P., « The Book of Job : Reflections on the Mystic Value of Suffer-   (3689
ing », CBQ 8 (1946) 213-219.

STEINMANN, J., *Le livre de Job* (Paris, Cerf, 1955), 389 pp.   (3690

LEFÈVRE, A., « Job (le livre de) », SDB IV, col. 1073-1098.   (3691

SUTCLIFFE, E. F., « Notes on Job, Textual and Exegetical », Bibl 30 (1949) 66-90;   (3692
31 (1950) 365-378.

GONZALO MAESO, D., « Sentido nacional en el libro de Job », EstB 9 (1950)   (3693
67-81.

PAUL-MARIE DE LA CROIX, P., *L'Ancien Testament source de vie spiri-*   (3694
tuelle[3], « Le chemin d'approche de la Sagesse : Job, ou la souffrance du juste »,
692-695; « La nuit obscure de Job » (sa grande purification), 857-872.

SALMON, P., « De quelques leçons du texte de Job dans la nouvelle édition de la   (3695
Vulgate », dans *Miscellanea Biblica B. Ubach* (en collab.), 177-184.

XXX, « Job », PPB N° 13 (1957) 40 pp.   (3696

BOUYER, L., *La Bible et l'Évangile*[2], « La religion des Sages, Job et le Serviteur   (3697
de Yahvé », 121-136.

GARCIA CORDERO, M., « Corporal Resurrection in Job », TDig 2 (1954) 90-94.   (3698

SULLIVAN, K., « The Book of Job », Wor 29 (1954-55) 449-461.   (3699

DANIÉLOU, J., « Les quatre visages de Job », Et 286 (1955) 145-156.   (3700

MURPHY, R. E., « Job in the New Confraternity Version », AmER 133 (1955)   (3701
16-29.

BEAUCAMP, É., *Sous la main de Dieu,* « Job », II, 77-126.   (3702

MARIE-PAUL DU CHRIST, « Job et le mystère de la mort », VS 95 (1956)   (3703
392-406.

TOURNAY, R., « Le procès de Job ou l'innocent devant Dieu », VS 95 (1956)   (3704
339-354.

BUSTOS, F., « Recens poema sumericum de iusto patiente et V. T. », VD 35 (1957)   (3705
287-299.

DAHOOD, M., « Some Northwest-Semitic Words in Job », Bibl 38 (1957) 306-320.   (3706

LACAN, M.-F., « La Sagesse vous parle : Job et Tobie ou le mystère de l'épreu-   (3707
ve », CE N° 31 (1958) 44-58.

RAVENNA, A., « Il caso Giobbe e la tradizione talmudica », RivB 7 (1959) 61-63.   (3708

MACKENZIE, R. A. F., « The Purpose of the Yahweh Speeches in the Book of   (3709
Job », Bibl 40 (1959) 435-445.

GARCIA DE LA FUENTE, O., « La prosperidad del malvado en el libro del Job   (3710
y en los poemas babilónicos del « Justo Paciente » », EstE 34 (1960) 603-619.

BARTHÉLEMY, D., « Dieu méconnu par l'homme. Job », VS 105 (1961) 446-463.   (3711

SKEHAN, P. W., « Strophic Patterns in the Book of Job », CBQ 23 (1961) 125-142.   (3712

VACCARI, A., « Il genere letterario del libro di Giona in recenti publicazio- (3713
ni », Div 6 (1962) 231-256.

PAVONCELLO, N., « In quale epoca visse Giobbe ? » RivB 12 (1964) 285-291. (3714

BONNARD, P.-É., « Job ou l'homme enfin extasié », LV N° 66 (1964) 15-32. (3715

BONNARD, P.-É., *La sagesse en personne annoncée et venue : Jésus-Christ,* (3716
« Sagesse dans le livre de Job », 45-51.

LOFFREDA, S., « Raffronto fra un testo ugaritico e Giobbe », BibOr 8 (1966) (3717
103-116.

CONGAR, Y., « Pour un bon usage de la maladie », VS 117 (1967) 519-530. (3718

MURTAGH, J., « The Book of Job and the Book of the Dead », IrThQ 35 (1968) (3719
166-172.

LIPINSKI, E., *Essais sur la révélation et la Bible,* « Le juste souffrant », 133-145. (3720

3. Psaumes. Psalms. Psalmen. Salmi. Salmos.

Commentaires. Commentaries. Kommentare. Commenti. Comentarios.

CALÈS, J., *Le Livre des Psaumes* traduit et commenté, 2 vv., I. Introduction; Ps. (3721
1-72 (Vulgate, Ps. 1-71); II. Ps. 73-150 (Vulgate, Ps. 72-150) (Paris, Beauchesne,
1936), 699, 687 pp.

JOÜON, P., « Sur le commentaire des Psaumes du R. P. J. Calès, Questions (3722
disputées (Ps. 1 et 88) », RSR 27 (1937) 440-456.

PANNIER, E., RENARD, H., *Les Psaumes,* dans *La Sainte Bible* (Pirot-Clamer), (3723
V (1950), 778 pp.

PODECHARD, E., *Le Psautier,* 3 vv. (Lyon, Facultés catholiques, 1949-1954), 306, (3724
330, 175 pp.

KISSANE, E. J., *The Book of Psalms,* 2 vv., (Dublin, 1953), 320, 338 pp. (3725

CASTELLINO, G., *Libro dei Salmi* (La Sacra Bìbbia) (Torino, Roma, 1955), (3726
914 pp.

TOURNAY, R., SCHWAB, R., GÉLINEAU, J., CHIFFLOT, T.-G., *Les Psau-* (3727
mes² (BJ) (Paris, Cerf, 1955), 520 pp.

GARCIA CORDERO, M., PEREZ RODRIGUEZ, G., *Biblia comentada, IV,* (3728
Libros Sapienciales, 168-675.

DEISSLER, A., *Die Psalmen* (Düsseldorf, Patmos, 1963, 1964, 1965), Ps 1-41, (3729
172 pp; Ps 42-89, 188 pp; Ps 90-150, 228 pp.

BEAUCAMP, É., DE RELLES, J.-P., *Israël regarde son Dieu* (Tournai, (3730
Casterman, 1964), 337 pp.

BEAUCAMP, É., DE RELLES, J.-P., *Israël attend son Dieu.* Des Psaumes aux (3731
voeux du Pater, 352 pp.

DAHOOD, M., *Psalms* (Garden City, Doubleday, 1966, 1968, 1970), Ps 1-50, 334 (3732
pp.; Ps 51-100, 402 pp.; Ps 101-150, 494 pp.

Exégèse des Psaumes (histoire de l'). Exegesis of the Psalms (History of the).
Exegese der Psalmen (Geschichte der). Esegesi dei Salmi (istoria della).
Exégesis de los Salmos (historia de la).

GALDOS, R., « De Bellarminiani in Psalmos Commentarii scientifico valore », (3733
Greg 11 (1930) 299-316.

PETERS, C., « Arabische Psalmenzitate bei Abü Nu'aim », Bibl 20 (1939) 1-9. (3734

VACCARI, A., « Il testo dei Salmi nel Commento di Teodoro Mopsuesteno »,
Bibl 23 (1942) 1-17.

VOSTÉ, J.-M., « Théodore de Mopsueste sur les Psaumes », Ang 19 (1942)   (3735
179-198.

KLEINHANS, A., « Nicolaus Trivet O. P. psalmorum interpres », Ang 20 (1943)   (3736
219-236.

VACCARI, A., « Il genuino commento ai Salmi di Remigio d'Auxerre », Bibl 26   (3737
(1945) 52-99.

MERCATI, G., « Il Niceforo della Catena di Daniele Barbaro e il suo commento   (3738
del Salterio », Bibl 26 (1945) 153-181.

AUGUSTIN, Saint, *Les plus belles homélies de saint Augustin sur les Psaumes,*   (3739
choisies et commentées par le chanoine G. HUMEAU (Paris, Beauchesne, 1947),
590 pp.

DELAMARE, J., « Les Psaumes des montées à Jérusalem, commentés par S.   (3740
Augustin », VS 81 (1949) 478-493.

DELAMARE, J., « Lorsque S. Augustin expliquait les Psaumes », VS 82 (1950)   (3741
115-136.

ONGARO, G., « Salterio Veronese e revisione Agostiniana », Bibl 35 (1954)   (3742
443-474.

SALMON, P., « Le problème des Psaumes. Le texte et l'interprétation des Psaumes   (3743
au temps de S. Jérôme et S. Augustin », AmiCl 64 (1954) 161-173.

SALMON, P., « Il testo e l'interpretazione dei Salmi al tempo di S. Girolamo e di   (3744
S. Agostino », RivB 2 (1954) 97-118, 193-219.

HAURET, C., « L'interprétation des Psaumes selon l'école « Myth and Ri-   (3745
tual » », RevSR 33 (1959) 321-342; 34 (1960) 1-34.

COPPENS, J., « Les études récentes sur le psautier », dans *Le psautier* (en collab.),   (3746
1-71.

LIPINSKI, E., « Les psaumes de la royauté de Yahvé dans l'exégèse moder-   (3747
ne », dans *Le psautier* (en collab.), 133-272.

HAURET, C., « Les psaumes : études récentes. État de la question », dans *Où en*   (3748
sont les études bibliques ? (en collab.), 67-84.

Judaïsme et Psaumes. Judaism and Psalms. Judentum und Psalmen. Giudaismo e Salmi.
Judaísmo y Salmos.

AYUSO MARAZUELA, T., « Los elementos extrabíblicos de Job y del Sal-   (3749
terio », EstB 5 (1946) 429-458.

COPPENS, J., « Les Psaumes des Hasidim », dans *Mélanges bibliques rédigés en*   (3750
l'honneur de André Robert (en collab.), 214-224.

NÖTSCHER, F., « Hodajot (Psalmenrolle) », BZ 2 (1958) 128-133.   (3751

COPPENS, J., « La piété des psalmistes à Qumrân », dans *La secte de Qumrân et*   (3752
les origines du christianisme (en collab.), 149-161.

ARENS, A., « Hat der Psalterseinen « Sitz im Leben » in der Synagogalen   (3753
Leseordnung des Pentateuch ? » dans *Le psautier* (en collab.), 107-131.

RICCIOTTI, A., « I salmi nel culto giudaico », BibOr 3 (1961) 161-174.   (3754

SCHNEIDER, H., « Die Psalmen im Gottesdienst des Alten Bundes », TR 58   (3755
(1962) 225-234.

SKEHAN, P. W., « A Psalm Manuscript from Qumrân (4Q Ps^b) », CBQ 26 (1964)   (3756
313-322.

BECKER, J., *Israel deutet seine Psalmen.* Urform und Neuinterpretation in den (3757
Psalmen, 98 pp.

DELCOR, M., « Zum Psalter von Qumran », BZ 10 (1966) 15-29. (3758

STARCKY, J., « Psaumes apocryphes de la grotte 4 de Qumrân », RB 73 (1966) (3759
353-371.

ZERWICK, M., « Israel interpretatur Psalmos suos », VD 44 (1966) 259-264. (3760

PAVONCELLO, N., « I Salmi nella liturgia ebraica », RivB 15 (1967) 497-526. (3761

Littéraires (problèmes). Literary Problems. Literarische Fragen. Letterari problemi.
Literarios problemas.

Genres littéraires. Literary Genres. Literarische Gattungen. Generi letterari. Géneros literarios.

CASTELLINO, G., « Raffronto tra le lamentazioni individuali e gli inni babilonesi (3762
coi rispettivi generi letterari ebraici », Sal 1 (1939) 36-69.

SZORENYI, A., « Quibus criteriis dignosci possit, qui Psalmi ad usum liturgicum (3763
compositi sint », Bibl 23 (1942) 333-368.

MILLER, A., « Fluchpsalmen und israelitisches Recht », Ang 20 (1943) 92-101. (3764

McKENZIE, J. L., « The Imprecations of the Psalter », AmER 111 (1944) 81-96. (3765

PARAMO, S., « El género literario de los Salmos », EstB 6 (1947) 241-264. (3766

CASTELLINO, G., « Lamentazioni individuali accadiche ed ebraiche », Sal 10 (3767
(1948) 145-162.

GRILL, S., « Die Regenbitten in den Psalmen », BiLit 24 (1956-57) 265-269. (3768

SCHILLING, O., « Noch einmal die Fluchpsalmen », TGl 47 (1957) 177-185. (3769

DESCAMPS, A., « Pour un classement littéraire des Psaumes », dans *Mélanges* (3770
bibliques rédigés en l'honneur de André Robert (en collab.), 187-196.

DRIJVERS, P., *Les Psaumes.* Genres littéraires et thèmes doctrinaux, 228 pp. (3771

MURPHY, R. E., « A New Classification of Literary Forms in the Psalms », CBQ (3772
21 (1959) 83-87.

SCHNEIDER, H., « Biblische Oden im syrohexaplarischen Psalter », Bibl 40 (3773
(1959) 199-209.

DESCAMPS, A., « Les genres littéraires du psautier. Un état de la question », dans (3774
Le psautier (en collab.), 73-88.

LUYTEN, J., « Het zelfbeklag en de Psalmen », ETL 39 (1963) 501-538. (3775

SABOURIN, L., « Un classement littéraire des Psaumes », SE 16 (1964) 23-58. (3776

BEAUCHAMP, P., « Plainte et louange dans les Psaumes », CHR N° 13 (1966) (3777
65-82.

HAURET, C., « Les ennemis-sorciers dans les supplications individuelles », dans (3778
Aux grands carrefours de la révélation et de l'exégèse de l'A. T. (en collab.), 109-137.

LIPINSKI, E., « Macarismes et psaumes de congratulation », RB 75 (1968) (3779
321-367.

Autres problèmes littéraires. Other Literary Problems. Sonstige literarische Fragen. Altri problemi letterari.
Otros problemas literarios.

CALÈS, J., « Les Psaumes du règne de Yaweh », RSR 25 (1935) 462-489. (3780

GALDOS, R., « La estrófica de los Salmos y su utilidad en la crítica textual y en (3781
la exégesis », EstB 5 (1946) 215-230.

HAY, T. H., « The Poetry of the Psalms », Wor 21 (1946-47) 65-67. (3782

KLEIST, J. A., « Toward a More Rhythmical Rendering of the Psalms », CBQ (3783
11 (1949) 66-75.

PIATTI, T., « I carmi alfabetici della Bibbia, chiave della metrica ebraica ? » Bibl   (3784
31 (1950) 281-315, 427-458.

WIDDOWSON, B. C. C., « Scheme of Reading the Psalter », CBQ 12 (1950)   (3785
327-330.

ROBERT, A., « L'exégèse des Psaumes selon les méthodes de la Form-   (3786
geschichteschule », dans *Miscellanea Biblica B. Ubach* (en collab.), 211-226.

DAHOOD, M., « Philological Notes on the Psalms », TS 14 (1953) 185-188.   (3787

DAHOOD, M., « The Root GMR in the Psalms », TS 14 (1953) 595-597.   (3788

VIANA, E., « Indicaciones musicales en los títulos de los Salmos », dans   (3789
Miscellanea Biblica B. Ubach (en collab.), 185-200.

DE FRAINE, J., *Adam et son lignage,* « Le « moi » des Psaumes », 178-192.   (3790

GUILLET, J., *Thèmes bibliques,* « Grâce, justice et vérité. 2. L'évolution du   (3791
vocabulaire : le vocabulaire des Psaumes », 80-85.

BARTINA, S., « *Alabar,* no *Confesar,* un acierto en la nueva versión de los Sal-   (3792
mos », EstE 30 (1956) 37-66.

TOURNAY, R., « Sur quelques rubriques des Psaumes », dans *Mélanges bibliques*   (3793
rédigés en l'honneur de André Robert (en collab.), 197-204.

ENCISO, J., « Los Salmos-prólogos », EstE 34 (1960) 621-631.   (3794

SCHILDENBERGER, J., « Bemerkungen zum Strophenbau der Psalmen », EstE   (3795
34 (1960) 673-687.

DE FRAINE, J., « « Entmythologisierung » dans les Psaumes », dans *Le psautier*   (3796
(en collab.), 89-106.

ENCISO VIANA, J., « Cómo se formó la primera parte del libro de los Sal-   (3797
mos », Bibl 44 (1963) 129-158.

BEAUCAMP, É., « Structures strophiques des Psaumes », RSR 56 (1968) 199-224.   (3798

Liturgie et Psaumes. Liturgy and Psalms. Liturgie und Psalmen. Liturgia e Salmi.
Liturgia y Salmos.

BOUYER, L., *Le mystère pascal,* « Les Psaumes dans la liturgie », 33-49.   (3799

DANIÉLOU, J., « Les Psaumes dans la liturgie de l'Ascension », MD N° 21   (3800
(1950) 40-56.

DUESBERG, H., « Note sur l'utilisation du psautier en Carême », MD N° 31   (3801
(1952) 120-131.

SALMON, P., « De l'interprétation des Psaumes dans la liturgie aux origines de   (3802
l'office divin », MD N° 33 (1953) 21-55.

XXX, « Table analytique pour l'usage liturgique des Psaumes et du Magnifi-   (3803
cat », MD N° 33 (1953) 133.

BOUYER, L., *La Bible et l'Évangile²,* « Les Psaumes, prière du peuple de   (3804
Dieu », 227-244.

ROGUET, A.-M., « Notes sur les Psaumes des Vêpres de la Sainte Vierge », MD   (3805
N° 38 (1954) 56-58.

XXX, « Les Psaumes, prière du peuple chrétien » (albums « Fêtes et saisons »)   (3806
(Paris, Cerf, 1955), 24 pp.

DUESBERG, H., « Le psaume pascal des laudes », BVC N° 13 (1956) 80-87.   (3807

GÉLINEAU, J., « L'Église répond à Dieu par la parole de Dieu : I. L'Eucharistie,   (3808
parole du Christ rendue par l'Église au Père; II. La liturgie prie dans la langue de
Dieu; III. Les Psaumes : parole de Dieu et prière de l'Église », dans *Parole de Dieu*
et liturgie (en collab.), 155-180.

PAVONCELLO, N., « I Salmi nella liturgia ebraica », RivB 15 (1967) 497-525.   (3809
DEISS, L., « Le psaume graduel », AS (n.s.) N° 3 (1968) 49-72.   (3810

Nouveau Testament et Psaumes. New Testament and Psalms. N.T. und Psalmen.
Nuovo Testamento e Salmi. Nuevo Testamento y Salmos.

VENARD, L., « L'utilisation des Psaumes dans l'Épître aux Hébreux », dans   (3811
Mélanges E. Podechard (en collab.), 253-264.
GARRONE, G. M., « De l'Évangile au Psautier », VS 79 (1948) 469-478.   (3812
FISCHER, B., « Christ in the Psalms », TDig 1 (1953) 53-59.   (3813
VANDENBROUCKE, F., *Les Psaumes et le Christ* (Abbaye du Mont-César,   (3814
Louvain, 1955), 108 pp.
MILLER, A., « I salmi nella visione christiana », RivB 5 (1957) 1-16.   (3815
MILLER, A., « Die Psalmen in christlicher Schau », BiLit 24 (1956-57) 134-140. (3816
MILLER, A., « The Psalms from a Christian Viewpoint », Wor 31 (1957) 334-345.   (3817
DEL PARAMO, S., « Les citas de los salmos en S. Pablo », dans *Studiorum*   (3818
Paulinorum Congressus 1961 (en collab.), II, 229-241.
GEORGE, A., « Jésus et les psaumes », dans *À la rencontre de Dieu.* Mémorial (3819
Albert Gelin (en collab.), 297-308.
DUPONT, J., « L'interprétation des psaumes dans les Actes des Apôtres », dans (3820
Le psautier (en collab.), 357-388, ou dans *Études sur les Actes des Apôtres,* 283-307.
ROSE, A., « L'influence des Psaumes sur les annonces et les récits de la passion (3821
et de la résurrection dans les Évangiles », dans *Le psautier* (en collab.), 297-356.
NIELEN, J., « Die christliche Deutung und Bedeutung der Psalmen », BiLeb 8   (3822
(1967) 3-7.
ROGUET, A.-M., *Le miel du rocher,* « La christologisation des Psaumes »,   (3823
107-118.

Pastorale et Psaumes. Pastoral Work and Psalms. Die Psalmen in der Seelsorge.
Pastorale e Salmi. Pastoral y Salmos.

APOSTOLUS, « Plaidoyer pour les Psaumes », VS 74 (1946) 333-375.   (3824
RAUCH, C., « La catéchèse biblique des lectures et des Psaumes », MD N° 16   (3825
(1949) 60-66.
BOUYER, L., « Les Psaumes et la catéchèse chrétienne », MD N° 33 (1953) 8-20. (3826
BIDOT, J., « Témoignage sur l'usage des Psaumes en paroisse », MD N° 33   (3827
(1953) 214-218.
ROGUET, A.-M., « Notes pour la catéchèse des Psaumes (Ps. 23, 46, 147, 117, 8, (3828
21, 150) », MD N° 45 (1956) 93-98.

Théologie des Psaumes. Theology of the Psalms. Theologie der Psalmen.
Teologia dei Salmi. Teología de los Salmos.

Dieu. God. Gott. Dio. Dios.
ESSER, S., « « God, the Saviour », in the Psalms », AmER 97 (1937) 58-68.   (3829
PRADO, J., « Dios y el Universo en los Salmos », EstB 2 (1943) 213-241.   (3830
TEOFILO DE ORBISO, P., « El « Reino de Dios » en los salmos », EstF 49 (1948) (3831
13-35, 199-209.
VANDENBROUCKE, F., « Le Dieu des Psaumes », VS 74 (1946) 625-640.   (3832
DAHOOD, M., « The Divine Name ELÎ in the Psalms », TS 14 (1953) 452-457.   (3833
GONZALEZ RUIZ, J. M., « Las Teofanías en los Salmos », EstB 13 (1954)   (3834
267-288.

GÖSSMANN, W. E., « Der Wandel des Gottesbildes in den Übersetzungen des 23.   (3835
Psalmes », MüTZ 5 (1954) 275-288.

SHEEHY, J. F., « The Face of God », Wor 29 (1954-55) 45-46.   (3836

GROSS, H., « Lässt sich in den Psalmen ein « Thronbesteigungsfest Gottes »   (3837
nachweisen ? » TrierTZ 65 (1956) 24-40.

BARUCQ, A., « La lode divina nei Salmi », BibOr 1 (1959) 66-77.   (3838

BAUER, J. B., « Ad Deum qui laetificat iuventutem meam (Ps 43,4; 46,5; 89,43; (3839
Thren 2,17; Prv 10,28; 13,9) », VD 40 (1962) 184-189.

LIPINSKI, E., « Yahweh malak », Bibl 44 (1963) 405-460.   (3840

Eschatologie. Eschatology. Eschatologie. Escatologia. Escatología.

GRUENTHANER, M. J., « The Future Life in the Psalms », CBQ 2 (1940) 57-63.   (3841

TOURNAY, R., « L'eschatologie individuelle dans les Psaumes », RB 56 (1949) (3842
481-506.

FEUILLET, A., « Les psaumes eschatologiques du règne de Yahweh », NRT 73   (3843
(1951) 244-260, 352-363.

STRANGE, M., « The Worldliness of the Psalms », Wor 36 (1962) 566-573.   (3844

Messianisme. Messianism. Messianismus. Messianismo. Mesianismo.

MILLER, A., « Gibt es direkt messianische Psalmen ? » dans *Miscellanea Biblica* (3845
B. Ubach (en collab.), 201-210.

SEGULA, F., « Messias Rex in psalmis », VD 32 (1954) 21-33, 77-93, 142-154. (3846

GOURBILLON, J. G., « Le Messie fils de David : le psautier et les promesses (3847
messianiques », CE N° 24 (1956) 33-39.

ROGUET, A.-M., *Le miel du rocher,* « Les psaumes messianiques », 57-106.   (3848

Prière. Prayer. Gebet. Preghiera. Oración.

KNELLER, C. A., « Das Psalmenbuch als Gebetsschule », GeistL 7 (1932)   (3849
335-347.

LICHTENSTERN, H., « Die Kampf- und Fluchpsalmen und die christlichen   (3850
Beter », BiLit 10 (1935-1936) 56-59.

BOUYER, L., « Prier avec les Psaumes », VS 70 (1944) 81-94.   (3851

BOUYER, L., « Les Psaumes, prière du peuple de Dieu », VS 80 (1949) 579-597. (3852

MERTON, T., « The Psalms and Contemplation », Wor 24 (1949-50) 341-347,   (3853
385-391, 433-440.

ALCUIN, « De l'usage des Psaumes dans les diverses circonstances de la vie », MD (3854
N° 21 (1950) 57-59.

FISCHER, B., « How to pray the Psalms », Wor 25 (1950-51) 10-20.   (3855

BOUYER, L., *La Bible et l'Évangile²,* « Les Psaumes, prière du peuple de   (3856
Dieu », 227-244.

MERTON, T., « Praying the Psalms », Wor 29 (1954-55) 481-483.   (3857

BOUYER, L., « Les Psaumes dans la prière chrétienne traditionnelle », BVC   (3858
N° 10 (1955) 22-35.

KEARNS, C., « Approach to the Psalter as a Book of Prayer », Ang 35 (1958)   (3859
202-211.

LACAN, M.-F., « La Sagesse vous parle. Le psautier, livre de prières des sa- (3860
ges », CE N° 31 (1958) 67-73.

FLEISCHMANN, H., « Wie soll ich Psalmen beten ? » BiLit 26 (1958-59) 169-172, (3861
216-217, 261-263; 27 (1959-60) 23-25, 72-73, 248-250, 264-267, 328-330; 28
(1960-61) 220-224.

SCHNEIDER, H., « Psalmenfrömmigkeit einst und heute », GeistL 33 (1960) (3862
359-369.

CHARPENTIER, E., « Comment prier les Psaumes de malédiction ? » BVC (3863
N° 41 (1961) 52-57.

BARMANN, L. F., « Newman on the Psalms as Christian Prayer », Wor 38 (1964) (3864
207-214.

LACAN, M.-F., « Les Psaumes, prière de l'Église », VS 112 (1965) 519-530. (3865

ADINOLFI, M., « Pieta liturgica di David », BibOr 8 (1966) 31-36. (3866

DEXINGER, F., « Die Psalmen, eine Schule christlichen Gebets ? » BiLit 40 (3867
(1967) 177-183.

LUBIENSKA DE LENVAL, H., « Les psalmistes, maîtres de l'attention à (3868
Dieu », BVC N° 75 (1967) 72-86.

MARTIN-ACHARD, R., « La prière des malades dans le psautier d'Israël », LV (3869
N° 86 (1968) 25-44.

LIPINSKI, E., La liturgie pénitentielle dans la Bible (Paris, Cerf, 1969), « Psaumes (3870
de supplication nationale », 43-81.

Spiritualité. Spirituality. Spiritualität. Spiritualità. Espiritualidad.

GALDOS, R., « De momento ascetico Psalmorum », VD 14 (1934) 71-80. (3871

STORR, R., « Das Frömmigkeitsideal der Psalmen », GeistL 3 (1938) 275-301. (3872

TELL, I., « Gli oggetti e i motivi della fiducia in Dio nella pietà del Salterio », (3873
ScuolC 69 (1942) 48-55; 70 (1942) 109-129, 281-302, 348,365, 415-427.

SORG, R., « The Spirituality of the Psalms », Wor 22 (1947-48) 529-541. (3874

BAUER, J. B., « Der Psalm ein Spiegel », BiLit 22 (1954-55) 264-266. (3875

GASNIER, M., Les Psaumes. École de spiritualité (Mulhouse, Salvator, 1957), (3876
224 pp.

GUARDINI, R., « La signification des Psaumes dans la vie chrétienne », VS 98 (3877
(1958) 641-650.

ROUILLARD, P., « Le chrétien devant les Psaumes », VS 105 (1961) 421-423. (3878

COPPENS, J., « Les saints dans le psautier », ETL 39 (1963) 485-500. (3879

McBRIDE, A., « Psalms are Songs of Faith », Wor 38 (1964) 427-429. (3880

ROGUET, A.-M., Le miel du rocher, 236 pp. (3881

Autres thèmes. Other Themes. Sonstige Themen. Altri temi. Otros temas.

BARUCQ, A., « Péché et innocence dans les psaumes bibliques et les textes (3882
religieux de l'Égypte du Nouvel-Empire », dans Études de critique et d'histoire
religieuses (Mélanges L. Vaganay) (Lyon, Facultés catholiques, 1948), 111-137.

STROBEL, A., « La conversion des gentils dans les Psaumes », RUO 20 (1950) (3883
5*-46*.

NORTH, R., « Humilis corde in luce Psalmorum », VD 28 (1950) 153-161. (3884

CASTELLINO, G., « « Inimici » in Psalmis », VD 30 (1952) 359-360. (3885

GÉLINEAU, J., « Marie dans la prière chrétienne des Psaumes », MD N° 38 (3886
(1954) 30-55.

COLUNGA, A., « Jérusalén, la ciudad del gran Rey (Exposición mesiánica de (3887
algunos salmos) », EstB 14 (1955) 255-279.

DUBARLE, A.-M., « Le péché originel dans les livres sapientiaux », RT 56 (1956) (3888
597-619, ou dans Le péché originel dans l'Écriture, 75-104.

GRECH, P., « The Experience of Sin in the Psalms », SCR 12 (1960) 106-111. (3889

VAN DEN BERGHE, P., « Ani et Anaw dans les Psaumes », dans Le Psautier (3890
(en collab.), 273-295.

HARVEY, J., « La typologie de l'Exode dans les Psaumes », SE 15 (1963) 383-405. (3891

KEEL, O., *Feinde und Gottesleugner.* Studien zum Image der Widersacher in den (3892
Individualpsalmen (Stuttgart, Katholisches Bibelwerk, 1969), 256 pp.

XXX, « Pour ou contre les Psaumes d'imprécation », VS 122 (1970) 291-336.   (3893

Traductions. Translations. Übersetzungen. Traduzioni. Traducciones.

L'ancien psautier latin. The Old Latin Psalter. Der alte lateinische Psalter.
L'antico salterio latino. El antiguo salterio latino.

DE BRUYNE, D., « Le problème du Psautier Romain », RBen 42 (1930) 101-126.   (3894

ALLGEIER, A., « Die erste Psalmenübersetzung des heiligen Hieronymus und das (3895
Psalterium Romanum », Bibl 12 (1931) 447-482.

LAGRANGE, M.-J., « De quelques opinions sur l'ancien psautier », RB 41 (1932) (3896
161-186.

McCLELLAN, W. H., « Obscurities in the Latin Psalter », CBQ 1 (1939) 69-72.   (3897

DE SAINTE-MARIE, F., *Sancti Hieronymi psalterium juxta Hebraeos.* Édition   (3898
critique (Collectanea biblica latina, VII, XI) (Rome, Abbaye Saint-Jérôme, 1954),
264 pp.

AB ALPE, A., « La versione dei Salmi di S. Girolamo », RivB 3 (1955) 311-331;   (3899
4 (1956) 17-33.

PENNA, A., « I Titoli del Salterio siriaco e S. Gerolamo », Bibl 40 (1959) 177-187. (3900

Le nouveau psautier latin. The New Latin Psalter. Der neue lateinische Psalter.
Il nuovo salterio latino. El nuevo salterio latino.

REMBOLD, A., « Bemühungen um eine bessere Psalmenübersetzung », StiZ 125   (3901
(1933) 125-127.

COPPENS, J., « Pour une nouvelle version du Psautier. Sur la base du psautier   (3902
gallican et à l'usage de la récitation privée », ETL 15 (1938) 5-35.

COPPENS, J., « La réforme du Psautier », ETL 21 (1944-1945) 265-267.   (3903

ARBEZ, E. P., « The New Psalter », AmER 113 (1945) 16-26.   (3904

BEA, A., « La nuova traduzione latina del Salterio », Bibl 26 (1945) 203-237.   (3905

SALVONI, F., « Dall'antica Latina al nuovo Salterio officiale della Chiesa »,   (3906
ScuolC 73 (1945) 85-101.

WINZEN, D., « Some Observations on the revised Psalter », Wor 20 (1945-46)   (3907
540-551.

XXX, « Le nouveau psautier » (débat), MD N° 5 (1946) 60-106.   (3908

BEA, A., « The new Psalter : Its Origin and Spirit », CBQ 8 (1946) 4-35.   (3909

GELIN, A., « Le nouveau psautier », AmiCl 57 (1946-47) 97-101.   (3910

BEA, A., *Le nouveau psautier latin : éclaircissements sur l'origine et l'esprit de la* (3911
traduction (Paris, Desclée, 1947), 209 pp.

ELY, S., *Le psautier romain,* traduction et commentaire du *Liber Psalmorum* édité (3912
par l'Institut Biblique Pontifical à Rome, le 15 août 1945 (St-Maurice (Suisse), Éd.
de l'Oeuvre St-Augustin, 1948), 465 pp.

JUNKER, H., « Das neue lateinische Psalterium », TrierTZ 57 (1948) 149-159.   (3913

BIERD, T. E., « Some Queries on the New Psalter », CBQ 11 (1949) 76-81,   (3914
179-187, 296-307; 12 (1950) 34-47, 213-220, 301-310.

ZERWICK, M., « Novum Psalterium Latinum », VD 27 (1949) 361-367.   (3915

RAMOS GARCIA, J., « Observaciones al novum psalterium », EstB 16 (1957)   (3916
37-81.

REES, W., « The new Latin Psalter », SCR 4 (1950) 205-212. (3917

GRILL, S., « Die Psalmen nach dem syrischen Text », BiLit 24 (1956-57) 237-241, (3918
269-272.

AVERY, B. R., « The Vulgate Psalter : a new Revision », Wor 36 (1962) 626-636. (3919

Divers. Miscellaneous. Verschiedenes. Diversi. Diversos.

VOGEL, A., « Studien zum Pešitta-Psalter », Bibl 32 (1951) 32-56, 198-231, (3920
336-363, 481-502.

VACCARI, A., *Scritti di erudizione e di filologia,* « Il testo Antiocheno dei Salmi (3921
al sec. IV », I, 143-164; « I salteri di s. Girolamo e di s. Agostino », I, 207-255.

CHIFFLOT, T.-G., « Comment traduire les Psaumes : dans quel esprit ? » MD (3922
N° 33 (1953) 85-92.

SCHWAB, R., « Comment traduire les Psaumes : dans quelle langue ? » MD (3923
N° 33 (1953) 72-84.

DEFOSSA, M.-L. et J., « Le chant des Psaumes en français », LVit 11 (1956) (3924
469-474.

XXX, « Les Psaumes », PPB N° 14 (1958) 170 pp. (3925

BEAUCAMP, É., « Qu'est-ce que traduire les Psaumes ? » LTP 24 (1968) 39-52. (3926

Divers. Miscellaneous. Verschiedenes. Diversi. Diversos.

CALÈS, J., « Les Psaumes », RSR 20 (1930) 80-83. (3927

CALÈS, J., « La doctrine des Psaumes », NRT 62 (1935) 561-590. (3928

STENTA, N., « Die Welt der Psalmen », BiLit 10 (1935-1936) 52-56. (3929

WEISWEILER, H., « Die handschriftlichen Vorlagen zum Erstdruck von (3930
Ps.-Beda, In Psalmorum librum Exegesis », Bibl 18 (1937) 197-204.

CALÈS, J., « Les Psaumes », RSR 29 (1939) 122-128. (3931

DUBARLE, A.-M., *Les sages d'Israël,* « Les Psaumes », 135-140. (3932

JENNY, H., « Qu'est-ce qu'un psaume ? » VS 76 (1947) 841-847. (3933

McCARTHY, D. J., « The Psalms and the Layman », Wor 22 (1947-48) 542-547. (3934

SKEHAN, P. W., « Borrowings from the Psalms in the Book of Wisdom », CBQ (3935
10 (1948) 384-397.

CRAIG, M., « With Sackbut and Cymbal », Wor 24 (1949-50) 491-496. (3936

GUARDINI, R., *Deutscher Psalter* (nach Psalterium Pianum) (München, Kösel, (3937
1949), 255 pp.

BÜCKERS, H., « Zur Verwertung der Sinaitraditionen in den Psalmen », Bibl 32 (3938
(1951) 401-422.

BAUER, J., « Theologie der Psalmen », BiLit 20 (1952-53) 99-103, 135-139, (3939
183-189, 208-210, 225-227, 257-260, 289-292, 321-327, 353-359; 21 (1953-54) 3-6,
34-35, 91-94, 99-105, 130-133, 163-166, 195-198, 242-245, 276-278; 22 (1954-55)
42-45; 23 (1955-56) 175-178.

CHAINE, J., ROBERT, A., « Le livre des Psaumes », dans ROBERT, A., (3940
TRICOT, A., *Initiation biblique³,* 185-189.

ENCISO, J., « Los titulos de los Salmos y la historia de la formación del Sal- (3941
terio », EstB 13 (1954) 135-166.

VACCARI, A., « Schiarimenti a scelti passi dei Salmi », RivB 2 (1954) 155-163. (3942

ROBERT, A., FEUILLET, A., *Initiation à la Bible,* « Les Psaumes », I, 586-621. (3943

TOURNAY, R., « Recherches sur la chronologie des Psaumes », RB 65 (1958) (3944
321-357; 66 (1959) 161-190.

DIEZ MACHO, A., ALLONY, N., « Dos manuscritos « palestinenses » más de (3945
la Geniza del Cairo », EstB 17 (1958) 83-100.

BONNARD, P.-É., *Le psautier selon Jérémie,* 284 pp.   (3946

COPPENS, J., « Le psautier et ses problèmes. Les xx^{es} journées bibliques de   (3947
Louvain (29-31 août 1960) », ETL 36 (1960) 906-915.

XXX, *Le psautier* (en collab.), 456 pp.   (3948

HAURET, C., « Un problème insoluble ? – La chronologie des Psaumes », RevSR   (3949
35 (1961) 225-256.

BERNIMONI, E., « De l'inégale valeur des Psaumes », NRT 84 (1962) 843-852.   (3950

ENCISO VIANA, J., « ¿ Cómo se formó la primera parte del Libro de los Sal-   (3951
mos ? » Bibl 44 (1963) 129-158.

SANDERS, J. A., « Pre-Masoretic Psalter Texts », CBQ 27 (1965) 114-123.   (3952

FERNANDEZ RODRIGUEZ, P., « ¿ Los Salmos, en el Breviario, son una oración   (3953
cristiana actual ? » Salm 17 (1970) 291-313.

Textes. Texts. Texte. Testi. Textos.

1-5	KUNZ, L., « Zur Liedgestalt der ersten fünf Psalmen », BZ 7 (1963) 261-270.	(3954
1-2	LUSSIER, E., « The New Latin Psalter : an Exegetical Commentary (Ps. 1 and 2) », CBQ 9 (1947) 226-234.	(3955
1	ARBEZ, E. P., « A Study of Psalm 1 », CBQ 7 (1945) 398-404.	(3956
	BOTTERWECK, G., « Ein Lied vom glückseligen Menschen (Ps 1) », TQ 138 (1958) 129-151.	(3957
	BASILE DE CÉSARÉE, « Homélie sur le Psaume premier », BVC N° 79 (1968) 11-13.	(3958
	BEAUCAMP, É., « Le Psaume premier », BVC N° 93 (1970) 42-49.	(3959
1,2.4.	BEAUCAMP, É., « Le sens de *Kî-im* en Psaume I, vv. 2 et 4 », RSR 57 (1969) 435-437.	(3960
1,5	DE LAVALETTE, H., « L'interprétation du psaume 1, 5 chez les Pères « miséricordieux » latins », RSR 48 (1960) 544-563.	(3961
2	JUNKER, H., « Psalm 2 ein « Königslied » oder messianischer Psalm ? » TGl 24 (1932) 750-759.	(3962
	KÖNIG, E., « Wie verläuft der Gedankengang des 2. Psalmes ? » TGl 25 (1933) 265-272.	(3963
	SAYDON, P. P., « The Divine Sonship of Christ in Psalm 2 », SCR 3 (1948) 32-35.	(3964
	ROBERT, A., « Considérations sur le Messianisme du Psaume II », dans *Mélanges Jules Lebreton,* I, RSR 39 (1951) 88-98.	(3965
	ASENSIO, F., « ¿ Salmos mesiánicos o salmos nacionales ? » Greg 33 (1952) 219-260, 566-611.	(3966
	RIMAUD, D., « La première prière liturgique dans le livre des Actes (Act. 4,23-31; cf. Ps. 2 et 145) », MD N° 51 (1957) 99-115.	(3967
	BONNARD, P.-É., « Trois lectures du Psaume 2 », BVC N° 53 (1963) 37-44.	(3968
	TOURNAY, R., « Le Roi-Messie (Ps 2) », AS N° 88 (1966) 46-63.	(3969
2,3	FULLER, R. C., « The Meaning of Psalm 2, verse 3 », SCR 4 (1950) 249-251.	(3970
2,7b	GÖRG, M., « Die « Wiedergeburt » des Königs (Ps 2,7b) », TGl 60 (1970) 413-426.	(3971

2,9	KLEBER, A., « Ps 2,9 in the Light of an Ancient Ceremony (Ps 2, 9) », CBQ 5 (1943) 63-67.	(3972
2,11-12	COPPENS, J., « Une mention du Messie retrouvée dans le Psautier. Le psaume II, vv. 11-12 », ETL 12 (1935) 324-325.	(3973
	CLOSEN, G., « Gedanken zur Textkritik von Ps. 2,11^b-12^a », Bibl 21 (1940) 288-309.	(3974
	KÖBERT, R., « Zur ursprünglichen Textform von Ps. 2,11-12^a », Bibl 21 (1940) 426-428.	(3975
3-4	LUSSIER, E., « The New Latin Psalter : an Exegetical Commentary (Ps. 3 and 4) », CBQ 9 (1947) 324-328.	(3976
3,7	SPEIER, S., « Sieben Stellen des Psalmentargums in Handschriften und Druckausgaben : 3,7; 44,17; 45,6; 49,11; 68,15,20; 126,1 », Bibl 48 (1967) · 491-508.	(3977
4	DÜRR, L., « Zur Datierung von Ps. 4 », Bibl 16 (1935) 330-338.	(3978
4,5	AB ALPE, A., « Irascimini et nolite peccare... (Ps 4,5) », VD 22 (1942) 273-276.	(3979
4,7-8	McCLELLAN, W. H., « Obscurities in the Latin Psalter (Ps. 4, 7-8) », CBQ 1 (1939) 150-153.	(3980
4,7	MEYSING, J., « Note d'exégèse : une nouvelle conjoncture à propos du psaume 4, verset 7b », RevSR 40 (1966) 154-157.	(3981
5-6	LUSSIER, E., « The New Latin Psalter : an Exegetical Commentary (Ps. 5 and 6) », CBQ 9 (1947) 465-470.	(3982
5	KRINETZKI, L., « Psalm 5. Eine Untersuchung seiner dichterischen Struktur und seines theologischen Gehaltes », TQ 142 (1962) 23-46.	(3983
5,5	McCLELLAN, W. H., « Obscurities in the Latin Psalter (Ps. 5,5) », CBQ 1 (1939) 150-153.	(3984
6	AIROLDI, N., « Note critiche al salmo 6 », RivB 16 (1968) 285-290.	(3985
7-8	LUSSIER, E., « The New Latin Psalter; An Exegetical Commentary : Pss. 7-8 », CBQ 10 (1948) 81-86.	(3986
7,7b-8	McCLELLAN, W. H., « Obscurities in the Latin Psalter (Ps. 7, 7b-8) », CBQ 1 (1939) 150-153.	(3987
8	BAUER, J. B., « Engelgleich », BiLit 23 (1955-56) 22-26.	(3988
	CAZELLES, H., « Note sur le Psaume 8 », dans *Parole de Dieu et sacerdoce* (Paris, Tournai, Desclée et Cie, 1962), 79-91.	(3989
	DUPLACY, J., « La lecture juive du psaume huit », BVC N° 16 (1956) 87-95.	(3990
8,2	SFAIR, P., « De genuina lectione Ps 8,2 », Bibl 23 (1942) 318-322.	(3991
8,3	SOGGIN, J. A., « Salmo 8,3, Osservazioni filologico-esegetiche », Bibl 47 (1966) 420-424.	(3992
9-10	BEAUCAMP, É., DE RELLES, J.-P., « Israël fait appel au roi Yahvé. Psaume 9-10 », BVC N° 74 (1967) 29-38.	(3993
	ENCISO, J., « El Salmo 9-10 », EstB 19 (1960) 201-214.	(3994
	JUNKER, H., « Unité, composition et genre littéraire des Ps. IX et X », RB 60 (1953) 161-169.	(3995
	LUSSIER, E., « The New Latin Psalter; An Exegetical Commentary Pss. 9-10 », CBQ 10 (1948) 196-202.	(3996
9	SKEHAN, P. W., « A Broken Acrostic and Psalm 9 », CBQ 27 (1965) 1-5.	(3997

9,7	McCLELLAN, W. H., « Obscurities in the Latin Psalter (Ps. 9, 7c) », CBQ 1 (1939) 150-153.	(3998
	AB ALPE, A., « Inimici defecerunt frameae in finem (Ps 9,7) », VD 23 (1943) 19-21.	(3999
11,7	McCLELLAN, W. H., « Obscurities in the Latin Psalter (Ps. 11, 7b) », CBQ 1 (1939) 150-153.	(4000
11-13.52	LUSSIER, E., « The New Latin Psalter. An Exegetical Commentary : Pss. 11,12,13,52 », CBQ 10 (1948) 291-295.	(4001
12,9	ZOLLI, E., « *Kerum* in Ps 12 : 9 : A Hapax Legomenon », CBQ 12 (1950) 7-9.	(4002
13,3d	McCLELLAN, W. H., « Obscurities in the Latin Psalter (Ps. 13, 3d) », CBQ 1 (1939) 150-153.	(4003
14-15	LUSSIER, E., « The New Latin Psalter; An Exegetical Commentary : Pss. 14-15 », CBQ 10 (1948) 408-412.	(4004
14	SAN PEDRO, E., « Problemata philologica psalmi XIV », VD 45 (1967) 65-78.	(4005
15	SOGGIN, J. A., « Il Salmo 15 (Vulgata 14). Osservazioni filologiche ed esegetiche », BibOr 12 (1970) 83-90.	(4006
15,3-4a	McCLELLAN, W. H., « Obscurities in the Latin Psalter (Ps. 15, 3-4a) », CBQ 1 (1939) 151-153.	(4007
15,10-11	XXX, « Commission Biblique. Décision du 1er juillet 1933 rejetant une fausse interprétation du Ps. XV, 10-11, et de Mt. XVI 26 et Lc IX 25 », AmiCl 50 (1933) 561-562.	(4008
15,14b	McCLELLAN, W. H., « Obscurities in the Latin Psalter (Ps. 15, 14b) », CBQ 1 (1939) 243-248.	(4009
16-17	LUSSIER, E., « The New Latin Psalter; An exegetical Commentary : Pss. 16-17 », CBQ 11 (1949) 82-88.	(4010
16	VACCARI, A., « Psalmi 15 (Vulg.) interpretatio catholica », VD 13 (1933) 321-332.	(4011
	VACCARI, A., « Antica e nueva interpretazione del salmo 16 (Volg. 15) », Bibl 14 (1933) 408-434.	(4012
	ASENSIO, F., « ¿ Salmos Mesiánicos o salmos nacionales ? » Greg 33 (1952) 219-260, 566-611.	(4013
	JACQUET, L., « Yahweh, mon bonheur, c'est Toi ! » BVC N° 43 (1962) 27-41.	(4014
16,9b-10a	McCLELLAN, W. H., « Obscurities in the Latin Psalter (Ps. 16, 9b-10a) », CBQ 1 (1939) 243-248.	(4015
16,10	VOSTÉ, J.-M., « De falsa duorum textuum biblicorum interpretatione », Ang 10 (1933) 524-537.	(4016
16,11	McCLELLAN, W. H., « Obscurities in the Latin Psalter (Ps. 16, 11) », CBQ 1 (1939) 243-248.	(4017
16,13b-14a	McCLELLAN, W. H., « Obscurities in the Latin Psalter (Ps. 16, 13b-14a) », CBQ 1 (1939) 243-248.	(4018
17,4	SCHEDL, C., « « Die Pfade de Rechtsbrechers », « orbot-paris » (Ps 17,4) », BZ 6 (1962) 100-102.	(4019
17,13-14	GUALANDI, D., « Salmo 17 (16), 13-14 », Bibl 37 (1956) 199-208.	(4020
17,14	PAUTREL, R., « Sur le texte de Ps. 17 (16), 14 », RSR 46 (1958) 78-84.	(4021

17,15	ASENSIO, F., « El « despertar del justo » en salmo 17,15 », Greg 36 (1955) 669-675.	(4022
17,46	McCLELLAN, W. H., « Obscurities in the Latin Psalter (Ps. 17,46) », CBQ 1 (1939) 243-248.	(4023
18-20	LUSSIER, E., « The New Latin Psalter; An Exegetical Commentary : Pss. 18,19,20 », CBQ 11 (1949) 207-212.	(4024
18	STENTA, N., « Psalm 18 : Christus, der Sonnenheld », BiLit 9 (1934-1935) 12-15.	(4025
18,35	COUROYER, B., « L'arc d'airain », RB 72 (1965) 508-514.	(4026
19	STENTA, N., « Psalm 19 : Vater, ich rufe dich », BiLit 9 (1934-1935) 32-34.	(4027
	ASENSIO, F., « En torno al « sol-héroe » del Salmo 19 », Greg 35 (1954) 649-655.	(4028
	AUGUSTIN D'HIPPONE, « La gloire de Dieu et la loi parfaite (Psaume 19) », BVC N° 33 (1960) 11-20.	(4029
	BEAUCAMP, É., DE RELLES, J.-P., « La gloire de Dieu et la loi (Psaume 19) », BVC N° 50 (1963) 33-45.	(4030
21	BEAUCAMP, É., « Tu le combles de joie devant Ta Face (Psaume 21) », BVC N° 22 (1958) 78-88.	(4031
22	BEAUCAMP, É., « Yahvé fait justice à son serviteur », VS 118 (1968) 403-419.	(4032
	KILIAN, R., « Ps 22 und das priesterliche Heilsorakel », BZ 12 (1968) 172-185.	(4033
	AIROLDI, N., « Deus meus, Deus meus, quare me derelinquis ? (Ps 22 (21)) », VD 47 (1969) 96-103.	(4034
	GESE, H., « Psalm 22 and the New Testament », TDig 18 (1970) 237-243.	(4035
22,28-32	KRAHMALKOV, C., « Psalm 22,28-32 », Bibl 50 (1969) 389-392.	(4036
	LIPINSKI, É., « L'hymne à Yahwé Roi au Psaume 22,28-32 », Bibl 50 (1969) 153-168.	(4037
27	ROSE, A., « Le Seigneur est ma lumière et mon salut (Ps. 27) », BVC N° 23 (1958) 70-82.	(4038
29	STENTA, N., « Ein Osterdankgebet », BiLit 10 (1935-1936) 323-324.	(4039
	CLAUDEL, P., « Commentaire sur le Psaume 28 », VI N° 46 (1936) 9-39.	(4040
	LOHFINK, N., « Das Weihnachtsgeheimnis in Vorbild und Erfüllung. Betrachtungen über Ps 29; 1,1-20; Geh Offb 21,10-23 », GeistL 30 (1957) 461-466.	(4041
	GUALANDI, D., « Salmo 29 (28) », Bibl 39 (1958) 478-485.	(4042
	CAZELLES, H., « Une relecture du psaume XXIX », dans À la rencontre de Dieu. Mémorial Albert Gelin (en collab.), 119-128.	(4043
	PAX, E., « Studien zur Theologie von Psalm 29 », BZ 6 (1962) 93-100.	(4044
	MAGGIONI, B., « Salmo 29 « Afferte Domino » », BibOr 7 (1965) 245-251.	(4045
	MARGULIS, B., « The Canaanite Origin of Psalm 29 Reconsidered », Bibl 51 (1970) 332-348.	(4046
29,6	CAMBE, M., « L'interprétation symbolique du Psaume XXIX (XXVIII) par les Septante. Note sur le verset 6 », RT 64 (1964) 223-229.	(4047

30-31   LUSSIER, E., « The New Latin Psalter. An Exegetical Commentary   (4048
             Pss. 30-31 », CBQ 12 (1950) 321-326.

30   KRINETZKI, L., « Psalm 30 (29) in stilistisch-exegetischer   (4049
             Betrachtung », ZKT 83 (1961) 345-360.

30,13a   McCLELLAN, W. H., « Obscurities in the Latin Psalter (Ps. 30,   (4050
             13a) », CBQ 1 (1939) 353-357.

30,19   ALLGEIER, A., « In superbia et in abusione (Ps. 30,19) », Bibl 15   (4051
             (1934) 185-212.

31   STENTA, N., « Selig, dem die Schuld vergeben », BiLit 10 (1935-1936)   (4052
             409-411.

31,21   RAVENNA, A., « Rekasîm (aspera : Is. 40,4) e meruksê 'ish (Ps.   (4053
             31,21) », RivB 1 (1953) 69-70.

31,46   McCLELLAN, W. H., « Obscurities in the Latin Psalter (Ps. 31,   (4054
             46) », CBQ 1 (1939) 353-357.

32-33   LUSSIER, E., « The New Latin Psalter. An Exegetical Commentary   (4055
             Pss. 32-33 », CBQ 12 (1950) 450-457.

32   STENTA, N., « Frohlocket, ihr Gerechten », BiLit 10 (1935-1936)   (4056
             490-492.

33   BONNARD, P.-É., « Yahweh, le créateur et unique sauveur (Psaume   (4057
             33) », BVC N° 54 (1963) 33-42.

33,11   VACCARI, A., « Cogitationes Cordis ejus in generatione et   (4058
             generationem (Ps 32 (33) 11) », VD 24 (1944) 193-201.

34   WIESMANN, H., « Ps. 34 (Vulg. 33) », Bibl 16 (1935) 416-421.   (4059

34,1   SKEHAN, P. W., « A Note on Ps. 34,1 », CBQ 14 (1952) 226.   (4060

34,20   McCLELLAN, W. H., « Obscurities in the Latin Psalter (Ps. 34,   (4061
             20) », CBQ 1 (1939) 353-357.

35,3   McCLELLAN, W. H., « Obscurities in the Latin Psalter (Ps. 35,   (4062
             3) », CBQ 1 (1939) 353-357.

36   ASENSIO, F., « Salmo 36; Su avance hacia la plenitud Luz-Vida »,   (4063
             EstE 34 (1960) 633-643.

             JACQUET, L., « Abîme de malice et abîme de bonté (Psaume 36) »,   (4064
             BVC N° 82 (1968) 36-47.

38   RIGGI, C., « L' « Auxesis » del salmo xxxviii nel « De Officiis » di   (4065
             S. Ambrogio », Sal 26 (1967) 623-668.

39,6b   McCLELLAN, W. H., « Obscurities in the Latin Psalter (Ps. 39,   (4066
             6b) », CBQ 1 (1939) 353-357.

39,7b   McCLELLAN, W. H., « Obscurities in the Latin Psalter (Ps. 39,   (4067
             7b) », CBQ 2 (1940) 64-69.

39,13b   McCLELLAN, W. H., « Obscurities in the Latin Psalter (Ps. 39,   (4068
             13b) », CBQ 2 (1940) 64-69.

             ASENSIO, F., « Sugerencias del Salmista « peregrino y extran-   (4069
             jero » », Greg 34 (1953) 421-426.

40   BONNARD, P.-É., « Tendu, j'ai attendu le Seigneur », BVC N° 45   (4070
             (1962) 16-25.

             VOGT, E., « Gratiarum actio Psalmi 40 », VD 43 (1965) 181-190.   (4071

40b   AIROLDI, N., « Il salmo 40 B », RivB 16 (1968) 247-258.   (4072

40,4b   McCLELLAN, W. H., « Obscurities in the Latin Psalter (Ps. 40,   (4073
             4b) », CBQ 2 (1940) 64-69.

40,7-8a   McCLELLAN, W. H., « Obscurities in the Latin Psalter (Ps. 40,   (4074
             7-8a) », CBQ 2 (1940) 64-69.

40,9b   McCLELLAN, W. H., « Obscurities in the Latin Psalter (Ps. 40,   (4075
             9b) », CBQ 2 (1940) 64-69.

41,2   AIROLDI, N., « Beatus qui cogitat de egeno et paupere (Ps 41,2) »,   (4076
             RivB 16 (1968) 449-464.

41,7c   McCLELLAN, W. H., « Obscurities in the Latin Psalter (Ps. 41,   (4077
             7c) », CBQ 2 (1940) 64-69.

41,10   PORPORATO, F. X., « Qui edebat panes meos, magnificavit super me   (4078
             supplantationem (Ps. 40 (41) 10) », VD 12 (1932) 70-75.

42-43   ROWLEY, H. H., « The Structure of Ps XLII-XLIII », Bibl 21 (1940)   (4079
             45-50.

             BECHTEL, F., « Stropha secunda Ps 42-43 (Vulg 41-42) », Bibl 6   (4080
             (1955) 400-405.

             ROSE, A., « La soif du Dieu Vivant (Ps. 42 et 43) », BVC N° 25   (4081
             (1959) 29-38.

             DEISS, L., « Quand pourrai-je entrer et voir la face de Dieu ? (Ps.   (4082
             42-43) », AS N° 34 (1963) 7-25.

             BEHLER, G.-M., « Was bist du betrübt, meine Seele ? » BiLit 38   (4083
             (1964-65) 379-398.

             ROSE, A., « La soif du Dieu vivant (Ps 42 et 43) », BVC N° 25 (1959)   (4084
             29-38.

43,4   KÖBERT, R., « Philologische Bemerkungen zu Ps 43 (42), 4 und 51   (4085
             (50), 20 », Bibl 28 (1947) 287-289.

43,13b   McCLELLAN, W. H., « Obscurities in the Latin Psalter (Ps. 43,   (4086
             13b) », CBQ 2 (1940) 173-178.

43,19b   McCLELLAN, W. H., « Obscurities in the Latin Psalter (Ps. 43,   (4087
             19b) », CBQ 2 (1940) 173-178.

44   KÖBERT, R., « Ibn at-Taiyib's Erklärung von Ps 44 », Bibl 43 (1962)   (4088
             338-348.

             VOGT, E., « Psalmus 44 et Tragoedia Ezechiae regis », VD 45 (1967)   (4089
             193-200.

44,5d   McCLELLAN, W. H., « Obscurities in the Latin Psalter (Ps. 44,   (4090
             5d) », CBQ 2 (1940) 173-178.

44,14a   McCLELLAN, W. H., « Obscurities in the Latin Psalter (Ps. 44,   (4091
             14a) », CBQ 2 (1940) 173-178.

44,17   SPEIER, S., « Sieben Stellen des Psalmentargums in Handschriften und   (4092
             Druckausgaben : 3,7; 44,17; 45,6; 49,11; 68,15.20; 126,1 », Bibl 48 (1967)
             491-508.

45   OGARA, F., « Christo-Regi, Ecclesiae Sponso dedicatus Psalmus 44   (4093
             (hebr. 45) », VD 14 (1934) 33-39, 81-85, 115-125.

             FEUILLET, A., Le Cantique des cantiques, « La méthode des   (4094
             parallélismes : le psaume 45 », 204-220.

             BEAUCAMP, É., « L'oint de Yahweh et la princesse étrangère (Psaume   (4095
             45) », BVC N° 28 (1959) 34-45.

SCHILDENBERGER, J., « Zur Textkritik von Ps 45 (44) », BZ 3   (4096
(1959) 31-43.

THÉODORE DE MOPSUESTE, « Le Christ et l'Église (Psaume   (4097
45) », BVC N° 30 (1959) 9-13.

BECKER, J., *Israel deutet seine Psalmen*. Urform und Neuinter-   (4098
pretation in den Psalmen, « Neuinterpretation in Ps 45 », 79-90.

BEAUCAMP, É., « Agencement strophique du Psaume 45 », LTP 23   (4099
(1967) 169-174.

45,5   BEAUCAMP, É., « Des justices plein ta main, de redoutables exploits   (4100
plein ta droite (Ps 45, 5c) », Bibl 47 (1966) 110-112.

45,6   SPEIER, S., « Sieben Stellen des Psalmentargums in Handschriften und   (4101
Druckausgaben : 3,7; 44,17; 45,6; 49,11; 68,15,20; 126,1 », Bibl 48 (1967)
491-508.

46   HASPECKER, J., « Ascendit Deus in jubilatione. Psalm 46 (47) und   (4102
Himmelfahrt Christi », GeistL 28 (1955) 87-95.

KRINETZKI, L., « Der anthologische Stil des 46. Psalms und seine   (4103
Bedeutung für die Datierungsfrage », MüTZ 12 (1961) 52-71.

WEISS, K., « Wege der neuen Dichtungswissenschaft in ihrer   (4104
Anwendung auf die Psalmenforschung (Methodologische Bermerk-
ungen, dargelegt am Beispiel von Psalm XLVI) », Bibl 42 (1961) 255-
302.

46,5   KRUSE, H., « Fluminis impetus laetificat Civitatem Dei (Ps 45 (46),   (4105
5) », VD 27 (1949) 23-27.

JUNKER, H., « Der Strom, dessen Arme die Stadt Gottes erfreuen (Ps   (4106
46,5) », Bibl 43 (1962) 197-201.

46,10b   McCLELLAN, W. H., « Obscurities in the Latin Psalter (Ps. 46,   (4107
10b) », CBQ 2 (1940) 173-178.

47   LIPINSKI, E., « L'intronisation royale de Dieu », AS N° 9 (1964)   (4108
7-22.

47,10a   BEAUCAMP, É., « Psaume 47, verset 10a », Bibl 38 (1957) 457-460.   (4109

48   DEISSLER, A., « Der anthologische Charakter des Ps. XLVIII   (4110
(XLVII) », dans *Sacra Pagina* (en collab.), I, 495-503.

KRINETZKI, L., « Zur Poetik und Exegese von Ps 48 », BZ 4 (1960)   (4111
70-97.

PALMER, M., « The Cardinal Points in Psalm 48 », Bibl 46 (1965)   (4112
357-358.

48,8a   McCLELLAN, W. H., « Obscurities in the Latin Psalter (Ps. 48,   (4113
8a) », CBQ 2 (1940) 173-178.

48,9b-11a McCLELLAN, W. H., « Obscurities in the Latin Psalter (Ps. 48,   (4114
9b-11a) », CBQ 2 (1940) 173-178.

48,14b   McCLELLAN, W. H., « Obscurities in the Latin Psalter (Ps. 48,   (4115
14b) », CBQ 2 (1940) 173-178.

49   ROSE, A., « Le sort du riche et du pauvre (Psaume 49) », BVC N° 37   (4116
(1961) 53-61.

49,11   SPEIER, S., « Sieben Stellen des Psalmentargums in Handschriften und   (4117
Druckausgaben : 3,7; 44,17; 45,6; 49,11; 68,15.20; 126,1 », Bibl 48 (1967)
491-508.

49,14-15	PAUTREL, R., « La mort est leur pasteur », RSR 54 (1966) 530-536.	(4118
49,23b	McCLELLAN, W. H., « Obscurities in the Latin Psalter (Ps. 49, 23b) », CBQ 2 (1940) 173-178.	(4119
50	BEAUCAMP, É., « La théophanie du psaume 50 (49) », NRT 81 (1939) 897-915.	(4120
	MAILLOT, A., « Une liturgie de l'Alliance : Le Psaume 50 », BVC N° 80 (1968) 14-20.	(4121
50,4-23	HARVEY, J., *Le plaidoyer prophétique contre Israël après la rupture de l'alliance,* 49-53.	(4122
51	ARCONADA, R., « Psalmus 50 (51) (Miserere) retentus, emendatus, glossatus », VD 11 (1931) 197-206.	(4123
	GUILLET, J., « Le psaume Miserere », MD N° 33 (1953) 56-71.	(4124
	MAGNE, J., « Répétitions de mots et exégèse dans quelques psaumes et le Pater », Bibl 39 (1958) 177-197.	(4125
	ROSE, A., « Seigneur, crée en moi un coeur pur (Ps 51) », AS N° 21 (1963) 35-49.	(4126
	BONNARD, P.-É., « Le vocabulaire du Miserere », dans *À la rencontre de Dieu.* Mémorial Albert Gelin (en collab.), 145-156.	(4127
	GROSS, H., « Theologische Eigenart der Psalmen und ihre Bedeutung für die Offenbarung des Alten Testaments, dargestellt an Ps 51 », BiLeb 8 (1967) 248-255.	(4128
	BEAUCAMP, É., « Le Psaume 51 », BVC N° 91 (1970) 60-71.	(4129
51,6	ZOLLI, I., « Il Salmo 51,6 », Bibl 22 (1941) 198-200.	(4130
	BEAUCAMP, É., « Justice divine et pardon (Ps., LI, 6) », dans *À la rencontre de Dieu.* Mémorial Albert Gelin (en collab.), 129-144.	(4131
51,7	FEUILLET, A., « Le verset 7 du Miserere et le péché originel », RSR 32 (1944) 5-26.	(4132
51,19	DANIÉLOU, J., *Études d'exégèse judéo-chrétienne* (Les Testimonia) (Paris, Beauchesne, 1966), « Le coeur brisé (Ps. 50,19) », 163-169.	(4133
51,20	KÖBERT, R., « Philologische Bemerkungen zu Ps 43 (42), 4 und 51 (50), 20 », Bibl 28 (1947) 287-289.	(4134
52,3	SCHEDL, C., « « Hesed'el » in Psalm 52 (51), 3 », BZ 5 (1961) 259-260.	(4135
52,7	SCHARF, A., « Quaedam Commentationes in Ps 52,7 », VD 38 (1960) 213-222.	(4136
54,20c	McCLELLAN, W. H., « Obscurities in the Latin Psalter (Ps. 54, 20c) », CBQ 2 (1940) 253-258.	(4137
54,22a-b	McCLELLAN, W. H., « Obscurities in the Latin Psalter (Ps. 54, 22a-b) », CBQ 2 (1940) 253-258.	(4138
55,7c-8c	McCLELLAN, W. H., « Obscurities in the Latin Psalter (Ps. 55, 7c-8c) », CBQ 2 (1940) 253-258.	(4139
55,9-10a	McCLELLAN, W. H., « Obscurities in the Latin Psalter (Ps. 55, 9-10a) », CBQ 2 (1940) 253-258.	(4140
55,23-24	BRATES, L., « Algunas correcciones conjeturales en los Salmos », EstE 34 (1960) 457-672.	(4141
56,5b	McCLELLAN, W. H., « Obscurities in the Latin Psalter (Ps. 56, 5b) », CBQ 2 (1940) 253-258.	(4142

57,10	McCLELLAN, W. H., « Obscurities in the Latin Psalter (Ps. 57, 10) », CBQ 2 (1940) 341-345.	(4143
57,12a	McCLELLAN, W. H., « Obscurities in the Latin Psalter (Ps. 57, 12a) », CBQ 2 (1940) 341-345.	(4144
58,9	AB ALPE, A., « Sicut cera, quae fluit, auferentur (Ps. 57 (58) 9) », VD 23 (1943) 42-44.	(4145
59,10a-b	McCLELLAN, W. H., « Obscurities in the Latin Psalter (Ps. 59, 10a-b) », CBQ 2 (1940) 341-345.	(4146
61-63	ASENSIO, F., « Teología bíblica de un tríptico : Salmos 61,62 y 63 », EstB 21 (1962) 111-125.	(4147
61,4c-d	McCLELLAN, W. H., « Obscurities in the Latin Psalter (Ps 61, 4c-d) », CBQ 2 (1940) 341-345.	(4148
61,5a-b	McCLELLAN, W. H., « Obscurities in the Latin Psalter (Ps. 61, 5a-b) », CBQ 2 (1940) 341-345.	(4149
61,10c	McCLELLAN, W. H., « Obscurities in the Latin Psalter (Ps. 61, 10c) », CBQ 3 (1941) 55-60.	(4150
62	LOUVEL, F., « La soif de Dieu », VS 112 (1965) 533-544.	(4151
62,11b	McCLELLAN, W. H., « Obscurities in the Latin Psalter (Ps. 62, 11b) », CBQ 3 (1941) 55-60.	(4152
63,4b	McCLELLAN, W. H., « Obscurities in the Latin Psalter (Ps. 63, 4b) », CBQ 3 (1941) 55-60.	(4153
63,7b-c	McCLELLAN, W. H., « Obscurities in the Latin Psalter (Ps. 63, 7b-c) », CBQ 3 (1941) 55-60.	(4154
63,8-9a	McCLELLAN, W. H., « Obscurities in the Latin Psalter (Ps. 63, 8-9a) », CBQ 3 (1941) 55-60.	(4155
64,4b	McCLELLAN, W. H., « Obscurities in the Latin Psalter (Ps. 64, 4b) », CBQ 3 (1941) 55-60.	(4156
64,14a	McCLELLAN, W. H., « Obscurities in the Latin Psalter (Ps. 64, 14a) », CBQ 3 (1941) 55-60.	(4157
65	CALMET, A., « Action de grâces pour la pluie que le Seigneur a donnée et pour la fertilité qu'il a rendue à la terre après une longue sécheresse (Ps. 65) », BVC N° 64 (1965) 24-32.	(4158
	RINALDI, G., « Giole e il salmo 65 », BibOr 10 (1968) 113-122.	(4159
65,1-12	LOHFINK, N., « Herausgeführt in die Freiheit (Ps 65,1-12) », GeistL 38 (1965) 61-84.	(4160
65,3b	McCLELLAN, W. H., « Obscurities in the Latin Psalter (Ps. 65, 3b) », CBQ 3 (1941) 55-60.	(4161
66,7	FERRIÈRE, C., « La terre a donné son produit (Ps 66, 7) », BVC N° 34 (1960) 63-67.	(4162
67	WELS, J. H., « Psalm Sixty-Seven », AmER 103 (1940) 277-278.	(4163
	GRILL, S., « Gott führt sein Volk zum Siege », BiLit 21 (1953-54) 279-280.	(4164
	BEAUCAMP, É., DE RELLES, J.-P., « C'est la gloire de mon Père que vous portiez beaucoup de fruit (Psaume 67) », BVC N° 65 (1965) 24-31.	(4165
67,5b	McCLELLAN, W. H., « Obscurities in the Latin Psalter (Ps. 67, 5b) », CBQ 3 (1941) 167-173.	(4166

67,7	McCLELLAN, W. H., « Obscurities in the Latin Psalter (Ps. 67, 7) », CBQ 3 (1941) 167-173.	(4167
67,10a	McCLELLAN, W. H., « Obscurities in the Latin Psalter (Ps. 67, 10a) », CBQ 3 (1941) 167-173.	(4168
67,12-17a	McCLELLAN, W. H., « Obscurities in the Latin Psalter (Ps. 67, 12-17a) », CBQ 3 (1941) 167-173.	(4169
67,19	McCLELLAN, W. H., « Obscurities in the Latin Psalter (Ps. 67, 19) », CBQ 3 (1941) 259-265.	(4170
67,21	McCLELLAN, W. H., « Obscurities in the Latin Psalter (Ps. 67, 21) », CBQ 3 (1941) 259-265.	(4171
67,23-24b	McCLELLAN, W. H., « Obscurities in the Latin Psalter (Ps. 67, 23-24b) », CBQ 3 (1941) 259-265.	(4172
67,27b	McCLELLAN, W. H., « Obscurities in the Latin Psalter (Ps. 67, 27b) », CBQ 3 (1941) 259-265.	(4173
67,28a	McCLELLAN, W. H., « Obscurities in the Latin Psalter (Ps. 67, 28a) », CBQ 3 (1941) 259-265.	(4174
67,31	McCLELLAN, W. H., « Obscurities in the Latin Psalter (Ps. 67, 31) », CBQ 3 (1941) 259-265.	(4175
68	TOURNAY, R., « Le Psaume LXVIII », RB 51 (*Vivre et Penser,* II) (1942) 227-245.	(4176
	PAUTREL, R., « Si dormiatis inter medios cleros (Ps. 68,14) », RSR 33 (1946) 359-367.	(4177
	ENCISO, J., « El salmo 67 (68) », EstB 11 (1952) 127-155.	(4178
	GUALANDI, D., « Salmo 68 », RivB 6 (1958) 210-217.	(4179
	TOURNAY, R., « Le psaume LXVIII et le livre des Juges », RB 66 (1959) 358-368.	(4180
	BEAUCAMP, É., DE RELLES, J.-P., « Soudain, du ciel un bruit de bourrasque (Psaume 68) », BVC N° 63 (1965) 26-45.	(4181
68,8-11	LIPINSKI, E., « Juges 5,4-5 et Psaume 68,8-11 », Bibl 48 (1967) 185-206.	(4182
68,9	VOGT, E., « Die Himmel troffen (Ps. 68,9) ? » Bibl 46 (1965) 207-209.	(4183
68,10-11	VOGT, E., « Regen in Fulle (Psalm 68,10-11) », Bibl 46 (1965) 359-361.	(4184
68,15-20	SPEIER, S., « Sieben Stellen des Psalmentargums in Handschriften und Druckausgaben : 3,7; 44,17; 45,6; 49,11; 68,15.20; 126,1 », Bibl 48 (1967) 491-508.	(4185
68,18	VOGT, E., « Die Wahen Gottes zehntausendfach, Tausende *sin'an* (Ps. 68,18) ? » Bibl 46 (1965) 460-463.	(4186
69	PORPORATO, F. X., « Oderunt me gratis (Ps. 68 (69)) », VD 10 (1930) 36-43.	(4187
69,22	PORPORATO, F. X., « In situ meo potaverunt me aceto (Ps. 68 (69), 22) », VD 11 (1931) 165-171.	(4188
69,23	VOGT, E., « Ihr Tisch werde zur Falle (Ps. 69,23) », Bibl 43 (1962) 79-82.	(4189
69,26	DUPONT, J., « La destinée de Judas prophétisée par David (*Actes* 1,16-20) », CBQ 33 (1961) 41-51, ou dans *Études sur les Actes des apôtres,* 309-320.	(4190
70,3	HOLZMEISTER, U., « Confundantur... inimici mei (Ps. 69 (70), 3) », VD 21 (1941) 338-344.	(4191

70,15c   McCLELLAN, W. H., « Obscurities in the Latin Psalter (Ps. 70,   (4192
              15c) », CBQ 3 (1941) 356-361.

71   AB ALPE, A., « Regnum Messiae in Ps. 71 », VD 13 (1933) 271-276,   (4193
              302-310.

71,6a   McCLELLAN, W. H., « Obscurities in the Latin Psalter (Ps. 71,   (4194
              6a) », CBQ 3 (1941) 356-361.

71,7b   McCLELLAN, W. H., « Obscurities in the Latin Psalter (Ps. 71,   (4195
              7b) », CBQ 3 (1941) 356-361.

71,16a   McCLELLAN, W. H., « Obscurities in the Latin Psalter (Ps. 71,   (4196
              16a) », CBQ 3 (1941) 356-361.

72   ASENSIO, F., « ¿ Salmos Mesiánicos o salmos nacionales ? » Greg 33   (4197
              (1952) 219-260, 566-611.

              FEUILLET, A., Le Cantique des cantiques, « La méthode des   (4198
              parallélismes : le psaume 72 », 221-239.

              SKEHAN, P. W., « Strophic Structure in Psalm 72 (71) », Bibl 40   (4199
              (1959) 302-308.

              DUESBERG, H., « La justice selon le coeur de Dieu », BVC N° 41   (4200
              (1961) 44-51.

              VEUGELERS, P., « Le Psaume LXXII, poème messianique ? » ETL   (4201
              41 (1965) 317-343.

              PAUTREL, R., « Le style de cour et le psaume LXXII », dans À la   (4202
              rencontre de Dieu. Mémorial Albert Gelin (en collab.), 157-163.

72,10   PLANAS, F., « Las islas del mar », EstE 34 (1960) 569-576.   (4203

72,16   TOURNAY, R., « Le psaume LXXII,16 et le réveil de Melquart », dans   (4204
              Mémorial du cinquantenaire (en collab.), 97-104.

73   VACCARI, A., « Ps. 73, Ut quid Deus, repulisti in finem ? » VD 15   (4205
              (1935) 340-345.

              GUILLET, J., « L'entrée du juste dans la gloire (Ps. 73) », BVC N°   (4206
              9 (1955) 58-70.

73,5a   McCLELLAN, W. H., « Obscurities in the Latin Psalter (Ps. 73,   (4207
              5a) », CBQ 3 (1941) 356-361.

73,14b   McCLELLAN, W. H., « Obscurities in the Latin Psalter (Ps. 73,   (4208
              14b) », CBQ 3 (1941) 356-361.

74   GONZALEZ, A., « El Salmo 74 y el juicio escatologico », EstB 21   (4209
              (1962) 5-22.

              BEAUCAMP, É., DE RELLES, J.-P., « Si s'écroulait le temple, donjon   (4210
              de justice (Psaume 74) », BVC N° 66 (1965) 26-37.

74,3a   McCLELLAN, W. H., « Obscurities in the Latin Psalter (Ps. 74,   (4211
              3a) », CBQ 4 (1942) 58-62.

74,7   McCLELLAN, W. H., « Obscurities in the Latin Psalter (Ps. 74,   (4212
              7) », CBQ 4 (1942) 58-62.

74,9c   McCLELLAN, W. H., « Obscurities in the Latin Psalter (Ps. 74,   (4213
              9c) », CBQ 4 (1942) 58-62.

75,7   BRATES, L., « Algunas correcciones conjeturales en los Salmos », EstE   (4214
              34 (1960) 657-672.

76   MONTAGNINI, F., « Illuminans tu mirabiliter a montibus aeter-   (4215
              nis », VD 40 (1962) 258-263.

76,11	McCLELLAN, W. H., « Obscurities in the Latin Psalter (Ps. 76, 11) », CBQ 4 (1942) 58-62.	(4216
77	BEAUCAMP, É., DE RELLES, J.-P., « Ce qu'a accompli Yahweh, gage de ce qu'il accomplira (Psaume 77) », BVC N° 52 (1963) 36-42.	(4217
77,11	GRILL, S., « Textkritische Notizen : Ps. 104,26; Ps. 77,11 », BZ 3 (1959) 102.	(4218
77,69a	McCLELLAN, W. H., « Obscurities in the Latin Psalter (Ps. 77, 69a) », CBQ 4 (1942) 58-62.	(4219
78	JUNKER, H., « Die Entstehungszeit des Ps. 78 und des Deuteronomiums », Bibl 34 (1953) 487-500.	(4220
	SCHILDENBERGER, J., « Psalm 78 (77) und die Pentateuchquellen », dans Lex tua Veritas (en collab.), 231-256.	(4221
	HOFBAUER, J., « Psalm 77,78, ein « politisch Lied » », ZKT 89 (1967) 41-50.	(4222
79,5	RENAUD, B., Je suis un Dieu jaloux. Étude d'un thème biblique (Paris, Cerf, 1963), 93-95.	(4223
79,14c	McCLELLAN, W. H., « Obscurities in the Latin Psalter (Ps. 79, 14c) », CBQ 4 (1942) 58-62.	(4224
81	JACQUET, L., « Admonition pour la fête des Tabernacles (Psaume 81) », BVC N° 57 (1964) 28-40.	(4225
82	PODECHARD, E., « Psaume LXXXII », dans Mémorial J. Chaine (en collab.), 291-296.	(4226
	BEAUCAMP, É., DE RELLES, J.-P., « Yahweh exercera lui-même la justice (Ps. 82) », BVC N° 46 (1962) 16-32.	(4227
	RINALDI, G., « Synagoga deorum », BibOr 7 (1965) 9-12.	(4228
	JÜNGLING, H.-W., Der Tod der Götter. Eine Untersuchung zu Psalm 82 (Stuttgart, Katholisches Bibelwerk, 1969), 116 pp.	(4229
82,5	ANDERSEN, F. I., « A Short Note on Psalm 82,5 », Bibl 50 (1969) 393-394.	(4230
82,7	COPPENS, J., « Le psaume LXXXII, verset 7 (et un parallèle ougaritien) », ETL 23 (1947) 175-177.	(4231
83,6-8	McCLELLAN, W. H., « Obscurities in the Latin Psalter (Ps. 83, 6-8) », CBQ 4 (1942) 152-158.	(4232
84	KUNZ, L., « Die Gestalt des 84, Psalms », TGl 45 (1955) 22-34.	(4233
	LIPINSKI, E., « La visite au Seigneur dans sa maison (Ps. 84) », AS N° 54 (1966) 16-26.	(4234
	GELIN, A., « La prière du pèlerin au temple (Ps. 84) », BVC N° 11 (1955) 88-92.	(4235
	BEHLER, G.-M., « Les aimables demeures du Seigneur, Psaume 84 », VS 98 (1958) 484-508.	(4236
85	BEAUCAMP, É., « L'heure d'une réconciliation totale et universelle (Ps. 85) », BVC N° 24 (1958) 68-79.	(4237
	LORETZ, O., « Weitere ugaritisch-hebraische Parallelen », BZ 3 (1959) 290-294.	(4238
	NOBER, P., « Notulae lexicales a) Ps. 85,14 b) Y^eba'on (Dn 4, 33) », VD 38 (1960) 34-37.	(4239
	LIPINSKI, E., « Le salut est proche », AS N° 5 (1966) 24-31.	(4240

86	GIAVINI, G., « La struttura letteraria del Salmo 86 (85) », RivB 14 (1966) 455-458.	(4241
	SERRA, A. M., « Appunti critici sul salmo 86 (85) », RivB 16 (1968) 229-246.	(4242
86,4-7	McCLELLAN, W. H., « Obscurities in the Latin Psalter (Ps. 86, 4-7) », CBQ 4 (1942) 152-158.	(4243
86,16	JOÜON, P., « Ben 'Amåtekå = Filius-ancillae tuus », Bibl 23 (1942) 190-191.	(4244
87	CASTELLINO, G., « Psalmus 87 (86 Vg) », VD 12 (1932) 232-236.	(4245
	CLOSEN, G., « Prophetia quaedan de Regno Dei (Ps. 87) », VD 14 (1934) 231-240.	(4246
	JUNKER, H., « Einige Rätsel im Urtext der Psalmen », Bibl 30 (1949) 197-212.	(4247
	BEAUCAMP, É., « Le problème du Psaume 87 », Studii Biblici Franciscani Liber Annuus 13 (1962-63) 53-75.	(4248
87,4-6	VACCARI, A., « Note critiche ed esegetiche (Ps. 87,4-6; 110,6; Cant. 4,8; 5,12; Iudit 16,11; 2 Mac. 15,42) », Bibl 28 (1947) 394-406.	(4249
87,5	ADINOLFI, M., « Due strane postille di Nicola di Lyre. Prov. 30, 19d e Sal. 87,5a », RivB 6 (1958) 255-262.	(4250
	SCHMUTTERMAYR, G., « Um Psalm 87 (86) 5 », BZ 7 (1963) 104-110.	(4251
87,6a	McCLELLAN, W. H., « Obscurities in the Latin Psalter (Ps. 87, 6a) », CBQ 4 (1942) 252-257.	(4252
87,11b	McCLELLAN, W. H., « Obscurities in the Latin Psalter (Ps. 87, 11b) », CBQ 4 (1942) 252-257.	(4253
88,11	LOHY, A., « Pour les morts, ferais-tu des prodiges ? » BVC N° 19 (1957) 103-106.	(4254
88,34b	McCLELLAN, W. H., « Obscurities in the Latin Psalter (Ps. 88, 34b) », CBQ 4 (1942) 252-257.	(4255
88,36b	McCLELLAN, W. H., « Obscurities in the Latin Psalter (Ps. 88, 36b) », CBQ 4 (1942) 252-257.	(4256
88,45a	McCLELLAN, W. H., « Obscurities in the Latin Psalter (Ps. 88, 45a) », CBQ 4 (1942) 252-257.	(4257
89	HOFBAUER, J., « Ps. LXXXVIII (LXXXIX). Sein Aufbau, seine Herkunft und seine Stellung in der Theologie des A. T. », dans Sacra Pagina (en collab.), I, 504-510.	(4258
	DEQUEKER, L., « Les quedôšîm du Ps. LXXXIX à la lumière des croyances sémitiques », ETL 39 (1963) 469-484.	(4259
89,9c	McCLELLAN, W. H., « Obscurities in the Latin Psalter (Ps. 89, 9c) », CBQ 4 (1942) 252-257.	(4260
89,10d	McCLELLAN, W. H., « Obscurities in the Latin Psalter (Ps. 89, 10d) », CBQ 4 (1942) 252-257.	(4261
89,12	McCLELLAN, W. H., « Obscurities in the Latin Psalter (Ps. 89, 12) », CBQ 4 (1942) 252-257.	(4262
89,13	MOWAN, O., « Quatuor Montes Sacri in Ps. 89,13 ? » VD 41 (1963) 11-20.	(4263
90	SKEHAN, P. W., « Some Short Psalms (Vulg. 89,129,130,132) », AmER 124 (1951) 104-109.	(4264

DE RELLES, J.-P., BEAUCAMP, É., « Psaume 90. Impatiemment le (4265
Serviteur de Dieu attend un retour en grâce », VS 99 (1958) 481-486.

90,3b   McCLELLAN, W. H., « Obscurities in the Latin Psalter (Ps. 90, (4266
3b) », CBQ 4 (1942) 349-354.

91   MAGNE, J., « Répétitions de mots et exégèse dans quelques psaumes (4267
et le Pater », Bibl 39 (1958) 177-197.

ROSE, A., « Qui demeure à l'abri du Très-Haut (Ps. 91) », AS N° 26 (4268
(1962) 7-20.

VAN DER PLOEG, J., « Le psaume 91 dans une recension de Qum- (4269
rân », RB 72 (1965) 210-217.

BEAUCAMP, É., « Le repos dans la maison de Dieu – Psaume (4270
91 », BVC N° 76 (1967) 55-64.

91,6   DE FRAINE, J., « Le démon du midi (Ps. 91,6) (90,6) », Bibl 40 (1959) (4271
372-383.

91,11a   McCLELLAN, W. H., « Obscurities in the Latin Psalter (Ps. 91, (4272
11a) », CBQ 4 (1942) 349-354.

91,12b   McCLELLAN, W. H., « Obscurities in the Latin Psalter (Ps. 91, (4273
12b) », CBQ 4 (1942) 349-354.

91,15b   McCLELLAN, W. H., « Obscurities in the Latin Psalter (Ps. 91, (4274
15b) », CBQ 4 (1942) 349-354.

93-96   COPPENS, J., « La date des Psaumes de l'intronisation et de la royauté (4275
de Yahvé », ETL 43 (1967) 192-197.

93   COPPENS, J., « Les Psaumes de l'intronisation de Yahvé », ETL 42 (4276
(1966) 225-231.

93,5   SHENKEL, J. D., « An Interpretation of Psalm 93,5 », Bibl 46 (1965) (4277
401-416.

93,15b   McCLELLAN, W. H., « Obscurities in the Latin Psalter (Ps. 93, (4278
15b) », CBQ 4 (1942) 349-354.

93,20b   McCLELLAN, W. H., « Obscurities in the Latin Psalter (Ps. 93, (4279
20b) », CBQ 4 (1942) 349-354.

94   RIOS, R., « A Call to Worship (Psalm 94) », SCR 1 (1946) 74-77. (4280

MAILLOT, A., « La justice contre la justice ? (Psaume 94) », BVC (4281
N° 79 (1968) 54-57.

95   DUESBERG, H., « Le psaume invitatoire (Ps. 95) », BVC N° 12 (4282
(1955-56) 83-90.

RACETTE, J., « La spiritualité du psaume 95 (94) », SE 10 (1958) (4283
385-392.

96-99   LIPINSKI, E., « L'intronisation royale de Dieu », AS N° 9 (1964) (4284
7-22.

ASENSIO, F., « El Yahveh de Malak de los Salmos del Reiño en la (4285
historia de la « Salvación » », EstB 25 (1966) 299-315.

96,10   BRINKTRINE, J., « Dominus regnavit a ligno », BZ 10 (1966) (4286
105-107.

97   BORNERT, R., « Hymne pour la manifestation du Seigneur (Ps. (4287
97) », AS N° 17 (1962) 7-20.

COPPENS, J., « Les psaumes de l'intronisation de Yahvé », ETL 42 (4288
(1966) 225-231.

98	BEAUCAMP, É., « L'univers acclame le justicier d'Israël (Psaume 98) », BVC N° 70 (1966) 36-40.	(4289
98,4b	McCLELLAN, W. H., « Obscurities in the Latin Psalter (Ps. 98, 4b) », CBQ 4 (1942) 349-354.	(4290
99	ROSE, A., « Celui qui est assis sur les Chérubins. Lecture chrétienne du Psaume 99 », BVC N° 20 (1957) 101-108.	(4291
	COPPENS, J., « Les psaumes de l'intronisation de Yahvé », ETL 42 (1966) 225-231.	(4292
99,3b	McCLELLAN, W. H., « Obscurities in the Latin Psalter (Ps. 99, 3b) », CBQ 4 (1942) 349-354.	(4293
100,7c	McCLELLAN, W. H., « Obscurities in the Latin Psalter (Ps. 100, 7c) », CBQ 4 (1942) 349-354.	(4294
100,8a	McCLELLAN, W. H., « Obscurities in the Latin Psalter (Ps. 100, 8a) », CBQ 4 (1942) 349-354.	(4295
101	BEAUCAMP, É., « L'espoir d'une ère de justice et de paix », BVC N° 73 (1967) 32-42.	(4296
101,2	BAUER, J. B., « Incedam in via immaculata (Ps. 100 (101), 2) », VD 30 (1952) 219-224.	(4297
101,11b	McCLELLAN, W. H., « Obscurities in the Latin Psalter (Ps. 101, 11b) », CBQ 5 (1943) 80-84.	(4298
102,7	VACCARI, A., « Nota al Salmo 102 (101), 7 », Bibl 21 (1940) 310-311.	(4299
103	BEAUCAMP, É., « Guérison et pardon (Psaume 103) », BVC N° 29 (1959) 13-25.	(4300
103,17b	McCLELLAN, W. H., « Obscurities in the Latin Psalter (Ps. 103, 17b) », CBQ 5 (1943) 80-84.	(4301
103,25a	McCLELLAN, W. H., « Obscurities in the Latin Psalter (Ps. 103, 25a) », CBQ 5 (1943) 80-84.	(4302
103,26b	McCLELLAN, W. H., « Obscurities in the Latin Psalter (Ps. 103, 26b) », CBQ 5 (1943) 80-84.	(4303
104	KRUSE, H., « Archetypus Psalmi 104 (103) », VD 29 (1951) 31-43.	(4304
	RAMLOT, M.-L., « Hymne à la gloire du Créateur (Psaume 104) », BVC N° 31 (1960) 39-47.	(4305
	BEAUCAMP, É., DE RELLES, J.-P., « Avec sagesse Yahvé construit l'univers (Psaume 104) », BVC N° 68 (1966) 60-75.	(4306
	LEONARDI, G., « Note su alcuni versetti del Salmo 104 », Bibl 49 (1968) 238-242.	(4307
104,26	GRILL, S., « Textkritische Notizen : Ps. 104,26; Ps. 77,11 », BZ 3 (1959) 102.	(4308
104,27-31	PORPORATO, F. X., « Laudes in Deum omnium animantium conservatorem et moderatorem (Ps. 103 (104) 27-31) », VD 12 (1932) 111-116.	(4309
104,28b	McCLELLAN, W. H., « Obscurities in the Latin Psalter (Ps. 104, 28b) », CBQ 5 (1943) 80-84.	(4310
105	MARGULIS, B., « The Plagues Tradition in Ps 105 », Bibl 50 (1969) 491-496.	(4311
105,7c	McCLELLAN, W. H., « Obscurities in the Latin Psalter (Ps. 105, 7c) », CBQ 5 (1943) 80-84.	(4312

107	HOLZMEISTER, U., « Clamaverunt ad Dominum cum tribularentur et de necessitatibus eorum liberavit eos (Ps. 106 (107) 6,13,19,28) », VD 24 (1944) 3-6.	(4313
	MICHAUX, W., « Le chemin des sources du salut », BVC N° 83 (1968) 46-55.	(4314
107,10a	McCLELLAN, W. H., « Obscurities in the Latin Psalter (Ps. 107, 10a) », CBQ 5 (1943) 80-84.	(4315
108	ROGUET, A.-M., « Un psaume du Sacré-Coeur. Ps. 108 », VS 100 (1959) 633-642.	(4316
108,6b	McCLELLAN, W. H., « Obscurities in the Latin Psalter (Ps. 108, 6b) », CBQ 5 (1943) 80-84.	(4317
108,23b	McCLELLAN, W. H., « Obscurities in the Latin Psalter (Ps. 108, 23b) », CBQ 5 (1943) 81-84.	(4318
109	GRUENTHANER, M. J., « The last Verse of Psalm 109 », AmER 115 (1946) 463-467.	(4319
	VACCARI, A., « Il Salmo 108 (109) », RivB 1 (1953) 55-60.	(4320
109,3	McCLELLAN, W. H., « Obscurities in the Latin Psalter (Ps. 109, 3) », CBQ 5 (1943) 207-213.	(4321
109,7	McCLELLAN, W. H., « Obscurities in the Latin Psalter (Ps. 109, 7) », CBQ 5 (1943) 207-213.	(4322
	PLASSMANN, T., « A Note to Psalm 109, verse 7 », AmER 116 (1947) 452-455.	(4323
109,8	DUPONT, J., « La destinée de Judas prophétisée par David (*Actes* 1, 16-20) », CBQ 33 (1961) 41-51, ou dans *Études sur les Actes des apôtres,* 309-320.	(4324
110	HERKENNE, H., « Ps. 110 (109). « Dixit Dominus Domino meo » in neuer textkritischer Beleuchtung », Bibl 11 (1930) 450-457.	(4325
	COPPENS, J., « Les parallèles du Psautier avec les textes de Ras Shamra-Ougarit », *Le Muséon* 59 (1946) 113-142.	(4326
	NACAR, E., « Rey y sacerdote », EstB 5 (1946) 281-302.	(4327
	DELORME, J., « Le fils de l'homme : le témoignage du psaume 110 », CE N° 16 (1954) 29-32.	(4328
	KISSANE, E. J., « The Interpretation of Psalm 110 », IrThQ 21 (1954) 103-114.	(4329
	PODECHARD, E., « Psaume 110 », dans *Études de critique et d'histoire religieuses.* Mélanges L. Vaganay (en collab.), 7-24.	(4330
	TOURNAY, R., « Le psaume CX », RB 67 (1960) 5-41.	(4331
	BEAUCAMP, É., DE RELLES, J.-P., « Au Roi de Sion (Psaume 110) », BVC N° 42 (1961) 32-49.	(4332
	KRINETZKI, L., « Ps. 110 (109). Eine Untersuchung seines dichterischen Stils », TGl 51 (1961) 110-121.	(4333
	BURROWS, E., *The Gospel of the Infancy and other biblical Essays,* « Psalm 110 (109) interpreted », 81-92.	(4334
110,1-2	DANIÉLOU, J., *Études d'exégèse judéo-chrétienne* (Les Testimonia) (Paris, Beauchesne, 1966), « La session à la droite du Père (Ps. 109, 1-2) », 42-49.	(4335
110,2b	McCLELLAN, W. H., « Obscurities in the Latin Psalter (Ps. 110, 2b) », CBQ 5 (1943) 207-213.	(4336

110,3   COPPENS, J., « Le psaume CIX (CX), v. 3 », ETL 7 (1930) 292-293.   (4337

110,6   COPPENS, J., « Trois parallèles ougaritiens du psautier. A. Le psaume   (4338
CX (CIX), verset 3. B. Le psaume CX (CIX), verset 6b », ETL 23 (1947)
173-175.

110,7   COPPENS, J., « De torrente in via bibet (Psalm CX, 7) », ETL 20   (4339
(1943) 54-56.

112   JACQUET, L., « Le bonheur du juste (Ps. 112) », BVC N° 38 (1961)   (4340
35-42.

113,14a   McCLELLAN, W. H., « Obscurities in the Latin Psalter (Ps. 113,   (4341
14a) », CBQ 5 (1943) 207-213.

114-115   LUBSCZYK, H., « Einheit und heilsgeschichtliche Bedeutung von Ps.   (4342
114-115 (113) », BZ 11 (1967) 161-173.

115   FRANSEN, I., « Fragment inédit d'un sermon perdu de saint Augustin   (4343
sur le psaume CXV », dans *À la rencontre de Dieu.* Mémorial Albert
Gelin (en collab.), 375-395.

     LUKE, K., « The Setting of Psalm 115 », IrThQ 34 (1967) 347-357.   (4344

116   DEISS, L., « Je marcherai en présence de Jahveh (Ps. 116) », BVC   (4345
N° 39 (1961) 37-53.

116,13   DELFORGE, T., « Le calice du salut », BVC N° 44 (1962) 49-53.   (4346

116,16   JOÜON, P., « *Ben 'Amåtekå = Filius-ancillae tuus* », Bibl 23 (1942)   (4347
190-191.

117   DUESBERG, H., « Le psaume d'invite aux nations (Ps. 117) », BVC   (4348
N° 14 (1956) 91-97.

117,27b   McCLELLAN, W. H., « Obscurities in the Latin Psalter (Ps. 117,   (4349
27b) », CBQ 5 (1943) 207-213.

118   JACQUET, L., « Chant liturgique d'action de grâces (Psaume   (4350
118) », BVC N° 36 (1960) 31-40.

     VANBERGEN, P., « Voici le jour que fit le Seigneur ! (Ps. 118) », AS   (4351
N° 43 (1964) 30-48.

     DANIÉLOU, J., *Études d'exégèse judéo-chrétienne* (Les Testimonia)   (4352
(Paris, Beauchesne, 1966), « Les origines de l'Épiphanie et le *Ps.*
117 », 15-27.

     BEAUCAMP, É., « Plaidoyer pour le psaume 118 », VS 116 (1967)   (4353
64-77.

118,80a   McCLELLAN, W. H., « Obscurities in the Latin Psalter (Ps. 118,   (4354
70a) », CBQ 5 (1943) 345-349.

118,83a   McCLELLAN, W. H., « Obscurities in the Latin Psalter (Ps. 118,   (4355
83a) », CBQ 5 (1943) 345-349.

118,138   McCLELLAN, W. H., « Obscurities in the Latin Psalter (Ps. 118,   (4356
138) », CBQ 5 (1943) 345-349.

119   ROBERT, A., « Le sens du mot Loi dans le Ps. 119 », RB 46 (1937)   (4357
182-206.

     ROBERT, A., « Le Psaume 119 et les sapientiaux », RB 48 (1939) 5-20.   (4358

     DEISSLER, A., *Psalm 119 (118) und seine Theologie.* Ein Beitrag zur   (4359
Erforschung der anthologischen Stillgattung im Alten Testament
(München, K. Zink, 1955), 19-347 pp.

     LACAN, M.-F., « Le mystère de la prière dans le Psaume 119 », LV   (4360
N° 23 (1955) 125-142.

PAUL-MARIE DE LA CROIX, « Ein Pilger des Glaubens – Der   (4361
Sänger des 119. Psalms », BiLit 23 (1955-56) 264-269.

DUESBERG, H., « Le miroir du fidèle. Le psaume CXIX (CXVIII) et   (4362
ses usages liturgiques », BVC N° 15 (1956) 87-97.

LACAN, M.-F., « La Sagesse vous parle : Le mystère de la prière : le   (4363
psaume 119 », CE N° 31 (1958) 70-73.

O'CONNELL, M. J., « The Concept of Commandment in the Old   (4364
Testament », TS 21 (1960) 351-403.

BEAUCAMP, É., DE RELLES, J.-P., *Israël attend son Dieu,*   (4365
« L'attente d'un peuple qui se donne à son Dieu (Ps. 119) », 331-342.

119,91   BRATES, L., « Algunas correcciones conjeturales en los Salmos », EstE   (4366
34 (1960) 657-672.

119,112   VACCARI, A., « Propter retributionem (Ps. 118,112) », VD 14 (1934)   (4367
211-215.

120-128   MAERTENS, T., *Jérusalem, cité de Dieu²* (Ps. 120-128) (Abbaye de   (4368
Saint-André, Bruges, 1954), 149 pp.

120   AUGUSTIN, Saint, « Monter vers le Seigneur. Discours sur le Psaume   (4369
120 », BVC N° 36 (1960) 13-15.

121,3   McCLELLAN, W. H., « Obscurities in the Latin Psalter (Ps. 121,   (4370
3) », CBQ 5 (1943) 345-349.

122   ROSE, A., « Chant de pèlerinage à Jérusalem (Ps. 122) », AS N° 73   (4371
(1962) 7-17.

126   GONZALEZ NUÑEZ, A., « Cual torrentes del Neguev (Salmo   (4372
126) », EstB 24 (1965) 349-360.

126,1   SPEIER, S., « Sieben Stellen des Psalmentargums in Handschriften und   (4373
Druckausgaben : 3,7; 44,17; 45,6; 49,11; 68,15.20; 126,1 », Bibl 48 (1967)
491-508.

126,2   McCLELLAN, W. H., « Obscurities in the Latin Psalter (Ps. 126,   (4374
2) », CBQ 5 (1943) 345-349.

126,4   KROON, J., « Sicut torrens in austro (Ps. 125,4) », VD 10 (1930) 337.   (4375

126,4b   McCLELLAN, W. H., « Obscurities in the Latin Psalter (Ps. 126,   (4376
4b) », CBQ 5 (1943) 466-471.

126,5b   McCLELLAN, W. H., « Obscurities in the Latin Psalter (Ps. 126,   (4377
5b) », CBQ 5 (1943) 466-471.

127   HUYCK, M. C., « Psalm-city : a Study of psalm 127 », Wor 40 (1966)   (4378
510-519.

127,1-2   CLOSEN, G., « Gottvertrauen und Selbstbescheidung in der Lehre der   (4379
Schrift des Alten Bundes (Ps. 131 (130); 127 (126), 1-2) », GeistL 15
(1940) 187-197.

127,2   KROON, J., « Surgite postquam sederitis », VD 11 (1931) 38.   (4380

127,4   KROON, J., « Ita filii excussorum », VD 11 (1931) 42.   (4381

128,3   McCLELLAN, W. H., « Obscurities in the Latin Psalter (Ps. 128,   (4382
3) », CBQ 5 (1943) 466-471.

128,6a   McCLELLAN, W. H., « Obscurities in the Latin Psalter (Ps. 128,   (4383
6a) », CBQ 5 (1943) 466-471.

129   SKEHAN, P. W., « Some Short Psalms (Vulg. 89,129,130,132) »,   (4384
AmER 124 (1951) 104-109.

130 ARCONADA, R., « Psalmus 129 (130) « De profundis » retentus, (4385
emendatus, glossatus », VD 12 (1932) 213-219.

SKEHAN, P. W., « Some Short Psalms (Vulg. 89,129,130,132) », (4386
AmER 124 (1951) 104-109.

SNOY, G., « Avec Lui l'abondance de la rédemption », BVC N° 56 (4387
(1964) 57-61.

130,2 McCLELLAN, W. H., « Obscurities in the Latin Psalter (Ps. 130, (4388
2) », CBQ 5 (1943) 466-471.

131 CLOSEN, G., « Gottvertrauen und Selbstbescheidung in der Lehre der (4389
Schrift des Alten Bundes (Ps. 131 (130); 127 (126), 1-2) », GeistL 15
(1940) 187-197.

PASQUAL, B., « Dos notas al Salterio », EstE 34 (1960) 645-655. (4390

MAILLOT, A., « Israël, compte sur le Seigneur ! Psaume 131 », BVC (4391
N° 77 (1967) 26-31.

132 HILLERS, D. R., « Ritual Procession of the Ark and Ps 132 », CBQ (4392
30 (1968) 48-55.

133 PASQUAL, B., « Dos notas al Salterio », EstE 34 (1960) 645-655. (4393

136 ALONSO SCHÖKEL, L., « Psalmus 136 (135) », VD 45 (1967) (4394
129-138.

138,6 McCLELLAN, W. H., « Obscurities in the Latin Psalter (Ps. 138, (4395
6) », CBQ 5 (1943) 466-471.

138,11 McCLELLAN, W. H., « Obscurities in the Latin Psalter (Ps. 138, (4396
11) », CBQ 5 (1943) 466-471.

138,16c-d McCLELLAN, W. H., « Obscurities in the Latin Psalter (Ps. 138, (4397
16c-d) », CBQ 6 (1944) 99-103.

138,18b McCLELLAN, W. H., « Obscurities in the Latin Psalter (Ps. 138, (4398
18b) », CBQ 6 (1944) 99-103.

138,20 McCLELLAN, W. H., « Obscurities in the Latin Psalter (Ps. 138, (4399
20) », CBQ 6 (1944) 99-103.

139 BEAUCAMP, É., DE RELLES, J.-P., « L'élu sous le regard de son (4400
Dieu (Psaume 139) », BVC N° 58 (1964) 29-41.

BEHLER, G.-M., « Seigneur, tu me sondes et tu me connais... (Psaume (4401
139) », VS 100 (1959) 29-56.

HOLMAN, J., « Analysis of the Text of Ps 139 », BZ 14 (1970) (4402
37-71,198-227.

139,10 McCLELLAN, W. H., « Obscurities in the Latin Psalter (Ps. 139, (4403
10) », CBQ 6 (1944) 99-103.

139,16 KROON, J., « Dies formabuntur et nemo in eis », VD 11 (1931) 243. (4404

139,17 KROON, J., « Mihi nimis honorificati sunt amici tui (Ps. 138,17) », VD (4405
11 (1939) 277.

139,20 KROON, J., « Accipient in vanitate civitates tuas (Ps. 138,20) », VD (4406
11 (1931) 264.

JUNKER, H., « Einige Rätsel im Urtext der Psalmen », Bibl 30 (1949) (4407
197-212.

140,5c-7a McCLELLAN, W. H., « Obscurities in the Latin Psalter (Ps. 140, (4408
5c-7a) », CBQ 6 (1944) 353-356.

140,10b McCLELLAN, W. H., « Obscurities in the Latin Psalter (Ps. 140, (4409
10b) », CBQ 6 (1944) 353-356.

141	GUALANDI, D., « Salmo 141 », RivB 6 (1958) 219-223.	(4410
141,5-7	JUNKER, H., « Einige Rätsel im Urtext der Psalmen », Bibl 30 (1949) 197-212.	(4411
142	BESNARD, A.-M., « Le psaume 142 », VS 98 (1958) 509-520.	(4412
143	ARCONADA, R., « Psalmus 142 (143) retentus, emendatus, glossatus », VD 13 (1933) 240-246.	(4413
143,13b	McCLELLAN, W. H., « Obscurities in the Latin Psalter (Ps. 143, 13b) », CBQ 6 (1944) 353-356.	(4414
146	JACQUET, L., « Hymne au Dieu secourable (Ps. 146) », BVC N° 40 (1961) 40-46.	(4415
147	ROGUET, A.-M., *Le miel du rocher,* « Les harmoniques de la parole de Dieu dans le psaume 147 », 155-162.	(4416
148	BEAUCAMP, É., « Le choral de la création en marche (Ps. 148) », BVC N° 72 (1966) 31-34.	(4417
148,14	MacKENZIE, R. A. F., « Ps 148,14 bc : Conclusion or Title ? » Bibl 51 (1970) 221-224.	(4418
149	PETERS, C., « Psalm 149 in Zitaten islamischer Autoren », Bibl 21 (1940) 138-151.	(4419
149,5b	McCLELLAN, W. H., « Obscurities in the Latin Psalter (Ps. 149, 5b) », CBQ 6 (1944) 353-356.	(4420

4. Proverbes. Proverbs. Sprüche. Proverbi. Proverbios.

Commentaires. Commentaries. Kommentare. Commenti. Comentarios.

RENARD, H., *Le livre des Proverbes,* dans *La Sainte Bible* (Pirot-Clamer), VI (1946), 25-188. (4421

WEBER, J. J., *Le livre des Proverbes. Le livre de la Sagesse. Le Cantique des Cantiques.* Texte et commentaire (Paris, Desclée et Cie, 1948), 412 pp. (4422

DUESBERG, H., AUVRAY, P., *Le livre des Proverbes²* (BJ) (Paris, Cerf, 1957), 136 pp. (4423

BEAUCAMP, É., *Sous la main de Dieu,* « Le livre des Proverbes », II, 17-75. (4424

LACAN, M.-F., « La sagesse vous parle : Le Livre des Proverbes et les chants du Cantique », CE N° 31 (1958) 25-43. (4425

GARCIA CORDERO, M., PEREZ RODRIGUEZ, G., *Biblia comentada, IV, Libros Sapienciales,* 676-851. (4426

Théologie. Theology. Theologie. Teologia. Teología.

GALLUCCI, D., « L'immortalità dell'anima nel libro dei Proverbi », ScuolC 1 (1931) 3-37. (4427

GALLUCCI, D., « La retribuzione nel libro dei Proverbi », ScuolC 1 (1931) 203-218. (4428

GALLUCCI, D., « Principii ed elementi essenziali della morale nel libro dei Proverbi », ScuolC 2 (1931) 364-370. (4429

GALLUCCI, D., « « Sapienza » e « Follia » nel libro dei Proverbi », ScuolC 4 (1932) 36-47. (4430

GALLUCCI, D., « Il timor di Dio nel libro dei Proverbi », ScuolC 4 (1932) 157-166. (4431

BONNARD, P.-É., *La sagesse en personne annoncée et venue : Jésus-Christ.* « Sagesse dans le Livre des Proverbes », 17-43. (4432

Textes. Texts. Texte. Testi. Textos.

1-9	ALONSO, J., « Un esbozo de teología de la Gracia en la acción de la Sabiduría, según Prov. 1-9 », EstE 24 (1950) 71-89.	(4433
	BUCHANAN, G. W., « Midrashim pré-tannaïtes, à propos de Prov. 1-9 », RB 72 (1965) 227-239.	(4434
	TOURNAY, R., « Proverbes 1-9 : première synthèse théologique de la Tradition des Sages », Conci N° 20 (1966) 49-56.	(4435
1,4	VARGHA, T., « Ut detur parvulis astutia (Prv. 1,4) », VD 20 (1940) 124-128.	(4436
3,8	ZOLLI, I., « Dalla letteratura sapienziale biblica », Bibl 25 (1944) 62-69.	(4437
5,15-19	SKEHAN, P. W., « Proverbs 5,15-19 and 6,20-24 », CBQ 8 (1946) 290-297.	(4438
	DE NICOLA, A., « La moglie della tua giovinezza (Prov. 5,15-19) », BibOr 12 (1970) 153-183.	(4439
8	STECHER, R., « Die persönliche Weisheit in den Proverbien Kap. 8 », ZKT 75 (1953) 410-453.	(4440
	CAZELLES, H., « L'enfantement de la Sagesse en *Prov.*, VIII », dans *Sacra Pagina* (en collab.), I, 511-515.	(4441
8,22-35	ALONSO DIAZ, J., « Marie et la Sagesse divine (Ps. 8,22-35) », AS N° 80 (1966) 19-28.	(4442
8,22-31	GELIN, A., « Le chant de l'infante », BVC N° 7 (1954) 89-95.	(4443
	DAHOOD, M., « Proverbs 8,22-31. Translation and Commentary », CBQ 30 (1968) 512-521.	(4444
8,22	BAUER, J. B., « « Initium viarum suarum ». Primitiae potentiae Dei (Iob 40,19; cf. 26,14; et Prov. 8,22) », VD 35 (1957) 222-227.	(4445
9,1	SKEHAN, P. W., « The Seven Columns of Wisdom's House in Prov. 9,1 », CBQ 9 (1947) 190-198.	(4446
10,1-22,16	MATHIEU, J.-P., « Les deux collections salomoniennes (Proverbes 10,1-22,16; 25,1-29,27) », LTP 19 (1963) 171-178.	(4447
12,37	ZOLLI, I., « Prov. 12,37 », Bibl 23 (1942) 165-169.	(4448
15,15	ZOLLI, I., « Dalla letteratura sapienziale biblica », Bibl 25 (1944) 62-69.	(4449
	STUMMER, F., « Secura mens quasi iuge convivium (Prov. 15,15b). Ein Beitrag zur Exegese des Vulgata », MüTZ 4 (1953) 37-45.	(4450
17,10	COUROYER, B., « Une coutume égyptienne ? (Prov. 17,10) », RB 57 (1950) 331-336.	(4451
22,17-24,22	BRUNET, A., « Prov. 22,17-24,22 et la possibilité d'une source égyptienne », SE 1 (1948) 19-40.	(4452
23,1-2	POQUE, S., « L'exégèse augustinienne de Proverbes 23,1-2 », RBén 78 (1968) 117-127.	(4453
25,1-29,27	MATHIEU, J.-P., « Les deux collections salomoniennes (Proverbes 10,1-22,16; 25,1-29,27) », LTP 19 (1963) 171-178.	(4454
25,21-22	VATTIONI, F., « Rom 12,20 e Prov 25,21-22 », dans *Studiorum Paulinorum Congressus 1961* (en collab.), I, 341-345.	(4455
25,22a	RAMAROSON, L., « « Charbons ardents » : « sur la tête » ou « pour le feu » ? » Bibl 51 (1970) 230-234.	(4456

25,23	VATTIONI, F., « Ancora il vento del nord di Proverbi 25,23 », Bibl 46 (1965) 213-216.	(4457
27,13	DAHOOD, M., « To pawn one's cloak (graffito Marisa et Prov. 27,13; Amos 2,7s) », Bibl 42 (1961) 359-366.	(4458
30,4	CATHCART, K. J., « Proverbs 30,4 and Ugaritic HPN », CBQ 32 (1970) 418-420.	(4459
30,15-16	BUZY, D., « Les machals numériques de la sangsue et de l 'almah (Prov. 30,15-16,18-20) », RB 42 (1933) 5-13.	(4460
	VATTIONI, F., « Proverbes, 30,15-16 », RB 72 (1965) 515-519.	(4461
30,15	SCHNEIDER, H., « Die « Töchter » des Blutegels in Spr 30,15 », dans Lex tua Veritas (en collab.), 257-264.	(4462
30,18-20	SUTCLIFFE, E. F., « The Meaning of Proverbs 30 : 18-20 », IrThQ 27 (1960) 125-131.	(4463
30,19	ADINOLFI, M., « Due strane postille di Nicola di Lyre. Prov. 30,19d e Sal. 87,5a », RivB 6 (1958) 255-262.	(4464
	KEYES, L. L., « About a Serpent », Wor 34 (1959) 27-32.	(4465
31,10-31	CANTO RUBIO, J., « La femme parfaite (Pr 31,10-13.19-20.30-31) », AS (n.s.) N° 64 (1969) 6-9.	(4466
31,10	PRIJS, L., « Ein « Waw der Bekräftigung » ? » BZ 8 (1964) 105-109.	(4467

Divers. Miscellaneous. Verschiedenes. Diversi. Diversos.

DUESBERG, H., *Les Scribes inspirés.* Introduction aux Livres Sapientiaux de la (4468
Bible, T. I. Le livre des Proverbes (Paris, Desclée, 1938), 592 pp.

DOLD, A., « Die altlateinischen Proverbientexte im Codex 25.2.36 von St. Paul (4469
in Kärnten », Bibl 19 (1938) 241-259.

SKEHAN, P. W., « A Single Editor for the Whole Book of Proverbs », CBQ 10 (4470
(1948) 115-130.

DYSON, R. A., « Proverbs », dans *A Catholic Commentary on Holy Scripture* (4471
(ORCHARD, B., édit.) (London, T. Nelson and Sons, 1953), 474-488.

BAUMSTARK, A., « Armenischer und afrikanisch-lateinischer Proverbien- (4472
text », Bibl 35 (1954) 346-356.

COZZO, S., « De opere S. Hieronymi in librum Proverbium », Ant 29 (1954) (4473
241-254.

XXX, « Les Proverbes », PPB N° 15 (1955) 16 pp.   (4474

DRIOTON, É., « Le livre des Proverbes et la Sagesse d'Aménémopé », dans *Sacra* (4475
Pagina (en collab.), I, 229-241.

GRELOT, P., « Les proverbes araméens d'Ahiqar », RB 68 (1961) 178-194.   (4476

DAHOOD, M., *Proverbs and Northwest Semitic Philology* (Rome, Pont. Biblical (4477
Institute, 1963), 72 pp.

5. Ecclésiaste (Qohélet). Eclesiastés (Qohélet).

Commentaires. Commentaries. Kommentare. Commenti. Comentarios.

WEBER, J. J., *Le livre de Job. L'Ecclésiaste* (Paris, Desclée, 1947), 330 pp.   (4478

BEA, A., *Liber Ecclesiastae.* Nova e textu primigenio interpretatio latina cum notis (4479
criticis et exegeticis (Roma, Pontificium Institutum Biblicum, 1950), 30 pp.

BUZY, D., *L'Ecclésiaste,* dans *La Sainte Bible* (Pirot-Clamer), VI (1946), 189-280. (4480

PAUTREL, R., *L'Ecclésiaste³* (BJ) (Paris, Cerf, 1958), 46 pp.   .   (4481

GARCIA CORDERO, M., PEREZ RODRIGUEZ, G., *Biblia comentada, IV,*   (4482
Libros sapienciales, 852-931.

BARUCQ, A., *Ecclésiaste, Qohéleth.* Traduction et commentaire (Paris,   (4483
Beauchesne, 1968), 214 pp.

Textes. Texts. Texte. Testi. Textos.

2,1-6	KRUSE, H., « Da partem septem necnon et octo (Eccl. 2,1-6) », VD	(4484
	27 (1949) 164-169.	
3,1-8	MAILLOT, A., « Le Qohélet : La contradiction », BVC N° 96 (1970)	(4485
	55-58.	
4,10	DAHOOD, M., « Scriptio defectiva in Qoheleth 4,10a », Bibl 49 (1968)	(4486
	243.	
10,20	DAHOOD, M., « Canaanite Words in Qohelet 10,20 », Bibl 46 (1965)	(4487
	210-212.	
12,1-7	BUZY, D., « Le portrait de la vieillesse (Eccl. 12,1-7) », RB 41 (1932)	(4488
	329-340.	
12,11	PAUTREL, R., « Data sunt a pastore uno (Eccle 12,11) », RSR 41	(4489
	(1953) 406-410.	

Divers. Miscellaneous. Verschiedenes. Diversi. Diversos.

ALLEVI, L., « Il messaggio spirituale dell'Ecclesiaste », ScuolC 4 (1932) 143-156.   (4490

MILLER, A., « Aufbau und Grundproblem des Predigers », Bibl 15/2 (1934)   (4491
104-122.

BUZY, D., « Les auteurs de l'Ecclésiaste », AT 11 (1950) 317-336.   (4492

FALLER, A., « Zur neuen Übersetzung des Ecclesiastes », BiLit 17 (1950)   (4493
304-311.

DAHOOD, M., « The Language of Qoheleth », CBQ 14 (1952) 227-232.   (4494

HESSLER, B., « Der verhüllte Gott. Der heilstheologische Sinn des Buches   (4495
Ecclesiastes Kohelet », ZKT 43 (1953) 347-359.

LEAHY, M., « Ecclesiaster », dans *A Catholic Commentary on Holy Scripture*   (4496
(ORCHARD, B., édit.) (London, T. Nelson and Sons, 1953), 489-495.

DUESBERG, H., art. « L'Ecclésiaste », DS IV, col. 40-52.   (4497

BEAUCAMP, É., *Sous la main de Dieu,* « L'Ecclésiaste », II, 127-148.   (4498

LACAN, M.-F., « L'Ecclésiaste ou le coeur insatisfait », CE N° 31 (1958) 59-66.   (4499

XXX, « L'Ecclésiaste ou Qohelet », PPB N° 16 (1958) 58 pp.   (4500

MALY, E., « Qoheleth and Advent », Wor 35 (1960) 26-29.   (4501

DAHOOD, M., « Qoheleth and Northwest Semitic Philology », Bibl 43 (1962)   (4502
349-365.

BRUNS, J. E., « Some Relections on Qoheleth and John », CBQ 25 (1963) 414-416.   (4503

LORETZ, O., « Zur Darbietungsform der « Ish-Erzählung » Buch im Qohe-   (4504
let », CBQ 25 (1963) 46-59.

DAHOOD, M., « The Phenician Background of Qoheleth », Bibl 47 (1966)   (4505
264-282.

FRANSEN, I., « Vanité des vanités, dit l'Ecclésiaste », BVC N° 75 (1967) 19-29.   (4506

CASTELLINO, G., « Qohelet and His Wisdom », CBQ 30 (1968) 15-28.   (4507

WRIGHT, A. G., « The Riddle of the Sphinx : the Structure of the Book of   (4508
Qoheleth », CBQ 30 (1968) 313-334.

GORSSEN, L., « La cohérence de la conception de Dieu dans l'Ecclésiaste », ETL   (4509
46 (1970) 282-324.

6. Cantique des Cantiques. Cantical of Canticals. Hoheslied. Cantico dei Cantici. Cantar de los Cantares.

Commentaires. Commentaries. Kommentare. Commenti. Comentarios.

LÉPICIER, A. S., *In Canticum Canticorum Commentarius* (Rome, 1936). (4510

OGARA, F., « Novi in « Canticum » commentarii recensio et brevis de sensu (4511 litterali et typico disceptatio », Greg 17 (1936) 132-142.

BUZY, D., *Le Cantique des cantiques,* dans *La Sainte Bible* (Pirot-Clamer), VI (4512 (1946), 281-364.

POUGET, G., GUITTON, J., *Le Cantique des Cantiques²* (Paris, Gabalda, 1948), (4513 190 pp.

WEBER, J. J., *Le livre des Proverbes. Le livre de la Sagesse. Le Cantique des* (4514 *Cantiques.* Texte et commentaire (Paris, Desclée et Cie, 1948), 412 pp.

BEA, A., *Cantica Canticorum.* Nova interpretatio latina cum textu masoretico et (4515 notis exegeticis (Roma, Pontificium Institutum Biblicum, 1953), 68 pp.

FEUILLET, A., *Le Cantique des cantiques* (Paris, Cerf, 1953), 260 pp. (4516

ROBERT, A., *Le Cantique des cantiques²* (BJ) (Paris, Cerf, 1958), 64 pp. (4517

GARCIA CORDERO, M., PEREZ RODRIGUEZ, G., *Biblia comentada, IV,* (4518 *Libros Sapienciales,* 932-967.

ROBERT, A., TOURNAY, R., FEUILLET, A., *Le Cantique des Cantiques.* (4519 Traduction et commentaire (Paris, Gabalda, 1963), 468 pp.

Littéraires (problèmes). Literary Problems. Literarische Fragen. Letterari problemi. Literarios problemas.

ROBERT, A., « Le genre littéraire du Cantique des Cantiques », RB 52 (1943-44) (4520 (= Vivre et Penser, III) 192-213.

DE AMBROGGI, P., « Il Cantico dei Cantici : struttura e genere letterario », (4521 ScuolC 76 (1948) 113-130.

ROBERT, A., « Les appendices du Cantique des Cantiques », RB 55 (1948) (4522 161-183.

MURPHY, R. E., « The Structure of the Canticle of Canticles », CBQ 11 (1949) (4523 381-391.

CANTWELL, L., « The Allegory of the Canticle of Canticles », SCR 16 (1964) (4524 76-93.

ANGÉNIEUX, J., « Le Cantique des Cantiques en huit chants à refrains alter- (4525 nants », ETL 44 (1968) 87-140.

Nouveau Testament et Cantique. New Testament and Cantical. Neues Testament und Hoheslied. Nuovo Testamento e Cantico. El Nuevo Testamento y el Cantar.

HILD, J., « Le Cantique des Cantiques des mystères chrétiens », VS 80 (1949) (4526 511-535.

DANIÉLOU, J., « Eucharistie et Cantique des Cantiques », Ir 23 (1950) 257-277. (4527

FEUILLET, A., « Le Cantique des Cantiques et le mystère pascal », VS 104 (1961) (4528 394-408.

FEUILLET, A., « Le Cantique des cantiques et l'Apocalypse. Étude de deux (4529 réminiscences du Cantique dans l'Apocalypse johannique », RSR 49 (1961) 321-353.

CAMBE, M., « L'influence du Cantique des Cantiques sur le Nouveau Testa- (4530 ment », RT 62 (1962) 5-26.

RENAUD, B., « Pour une lecture chrétienne du Cantique des Cantiques », VS 110 (4531 (1964) 582-592.

WINANDY, J., « Le Cantique des Cantiques et le Nouveau Testament », RB 71 (4532 (1964) 161-190.

SMIT SIBINGA, J., « Une citation du Cantique dans la secunda Petri », RB 73 (4533 (1966) 107-118.

Sens du livre. Meaning of the Book. Intention des Buches. Senso del libro. Sentido del libro.

EURINGER, S., « Schöpferische Exegese im äthiopischen Hohenliede », Bibl 17 (4534 (1936) 327-344, 479-500.

EURINGER, S., « Ein äthiopischer Scholienkommentar zum Hohenlied (4535 herausgegeben und übersetz) », Bibl 18 (1937) 257-276, 369-382.

EURINGER, S., « Schöpferische Exegese im äthiopischen Hohenliede. Nachträ- (4536 ge », Bibl 20 (1939) 27-37.

NICOTRA, G., « Interpretazione di Cipriano al c. IV della Cantica », ScuolC 68 (4537 (1940) 380-387.

BUZY, D., « L'allégorie matrimoniale de Jahvé et d'Israël et le Cantique des (4538 Cantiques », RB 52 (1943-44) (= *Vivre et Penser, III)* 77-90.

DANIÉLOU, J., « The Canticle. A song of Sacraments », Wor 25 (1950-51) (4539 97-103, 161-165.

BUZY, D., « Le Cantique des Cantiques. Exégèse allégorique ou parabolique ? » (4540 dans *Mélanges Jules Lebreton,* I, RSR 39 (1951) 99-114.

FEUILLET, A., *Le Cantique des Cantiques.* Étude de théologie biblique et réflexion (4541 sur une méthode d'exégèse, 259 pp.

BEUMER, J., « Die marianische Deutung des Hohen Liedes in der Frühscho- (4542 lastik », ZKT 76 (1954) 411-439.

DUBARLE, A.-M., « Le Cantique des Cantiques », RSPT 38 (1954) 92-102. (4543

AUDET, J.-P., « Le sens du Cantique des cantiques », RB 64 (1955) 197-221. (4544

AUDET, J.-P., « The Meaning of the Canticle of Canticles », TDig 5 (1957) 88-92. (4545

FEUILLET, A., « La formule d'appartenance mutuelle (II, 16) et les (4546 interprétations divergentes du Cantique des Cantiques », RB 68 (1961) 5-38.

COTHENET, E., « L'interprétation du Cantique des Cantiques d'après le (4547 Commentaire de A. Robert et de R. Tournay », AmiCl 73 (1963) 529-540, 545-552.

GRELOT, P., « Le sens du Cantique des Cantiques », RB 71 (1964) 42-56. (4548

RAMLOT, M.-L., « Le Cantique des Cantiques, « une flamme de Yahvé » », RT (4549 64 (1964) 239-259.

GONZALEZ, A., « El lenguaje de la naturaleza en el Cantar de los Cantares », (4550 EstB 25 (1966) 241-282.

LORETZ, O., « Die theologische Bedeutung des Hohenliedes », BZ 10 (1966) (4551 29-43.

DUBARLE, A.-M., « Le Cantique des Cantiques dans l'exégèse récente », dans (4552 *Aux grands carrefours de la révélation et de l'exégèse de l'A. T.* (en collab.), 139-152.

Théologie. Theology. Theologie. Teologia. Teología.

DUMESTE, M.-L., « Le Cantique des Cantiques », VSS 43 (1935) 58-63. (4553

BUZY, D., « Un chef-d'oeuvre de poésie pure : le Cantique des Cantiques », dans (4554 *Mémorial Lagrange* (en collab.), 147-162.

BUZY, D., « La composition littéraire du Cantique des Cantiques », RB 49 (1940)   (4555
169-194.

PARENTE, P. P., « The Canticle of Canticles in Mystical Theology », CBQ 6   (4556
(1944) 142-158.

CURLEY, F. X., « The Lady of the Canticle », AmER 133 (1955) 289-299.   (4557

FEUILLET, A., « Le Cantique des Cantiques et le mystère pascal », VS 104 (1961)   (4558
394-408.

FEUILLET, A., « Einige scheinbare Widersprüche des Hohenliedes », BZ 8 (1964)   (4559
216-239.

LORETZ, O., « Zum Problem des Eros im Hohenlied », BZ 8 (1964) 191-216.   (4560

DUBARLE, A.-M., *Amour et fécondité dans la Bible,* « L'amour dans le Cantique   (4561
des Cantiques », 49-63.

KRINETSKI, L., « Die erotische Psychologie des Hohen Liedes », TQ 150 (1970)   (4562
404-416.

Textes. Texts. Texte. Testi. Textos.

1,3   HAURET, C., « Note d'exégèse : Cantique des Cantiques, 1,3, Intro-   (4563
            duxit me rex in cellaria sua », RevSR 38 (1964) 60-70.

2,1-3   ORIGÈNE, « Les ombres et le face à face (Cantique 2,1-3) », BVC   (4564
            N° 81 (1968) 13-18.

2,13   VACCARI, A., « Cantici Canticorum latine a s. Hieronymo recensiti   (4565
            emendatio », Bibl 44 (1963) 74-75.

2,16   FEUILLET, A., « La formule d'appartenance mutuelle (II, 16) et les   (4566
            interprétations divergentes du Cantique des Cantiques », RB 68 (1961)
            5-38.

3,6   VACCARI, A., « Cant. 3,6 nella revisione esaplare di S. Girolamo »,   (4567
            RivB 5 (1957) 299-304.

4,1-5   ANGÉNIEUX, J., « Les trois portraits du Cantique des Cantiques.   (4568
            Étude de critique littéraire », ETL 42 (1966) 582-596.

4,4   ERBES, J., « Aedificata cum propugnaculis (Cant 4,4) », VD 23 (1943)   (4569
            45-46.

4,8-5,12   VACCARI, A., « Note critiche ed esegetiche (Ps. 87,4-6; 110,6; Cant.   (4570
            4,8; 5,12; Iudit 16,11; 2 Mac. 15,42) », Bibl 28 (1947) 394-406.

5,1-15   ROBERT, A., « La description de l'Époux et de l'Épouse dans Cant.   (4571
            V,1-15 et VII,2-6 », dans *Mélanges E. Podechard* (en collab.), 211-223.

5,10-15   ANGÉNIEUX, J., « Les trois portraits du Cantique des Cantiques.   (4572
            Étude de critique littéraire », ETL 42 (1966) 582-596.

7,2-7   ANGÉNIEUX, J., « Les trois portraits du Cantique des Cantiques.   (4573
            Étude de critique littéraire », ETL 42 (1966) 582-596.

7,2-6   ROBERT, A., « La description de l'Époux et de l'Épouse dans Cant.,   (4574
            V,1-15 et VII,2-6 », dans *Mélanges E. Podechard* (en collab.), 211-223.

Divers. Miscellaneous. Verschiedenes. Diversi. Diversos.

HABERSAAT, K., « Glossare und Paraphrasen zum Hohenlied », Bibl 17 (1936)   (4575
348-358.

ZOLLI, I., « In margine al Cantico dei Cantici », Bibl 21 (1940) 273-282.   (4576

BUZY, D., « Le Cantique des Cantiques », AT 8 (1947) 1-17.   (4577

FEUILLET, A., « Le Cantique des Cantiques et la tradition biblique », NRT 74   (4578
(1952) 706-733.

CHOURAQUI, A., LUCIEN-MARIE DE S. JOSEPH, *Le Cantique des Cantiques* (4579)
(Paris, Desclée de Brouwer, 1953), 116 pp.

SAYDON, P. P., « The Canticle of Canticles », dans *A Catholic Commentary on* (4580)
Holy Scripture (ORCHARD, B., édit.) (London, T. Nelson and Sons, 1953),
496-503.

LA BONNARDIÈRE, A.-M., « Le Cantique des Cantiques dans l'oeuvre de saint (4581)
Augustin », REA 1 (1955) 225-238.

MURPHY, R. E., « The Canticle of Canticles in the Confraternity Version », (4582)
AmER 133 (1955) 87-98.

XXX, « Le Cantique des Cantiques », PPB N° 17 (1956) 12 pp. (4583)

HAMP, V., « Zur Textkritik am Hohenlied », BZ 1 (1957) 197-214. (4584)

LACAN, M.-F., « Le livre des Proverbes et les chants du Cantique », CE N° 31 (4585)
(1958) 25-43.

VACCARI, A., « Cantici Canticorum latine a s. Hieronymo recensiti emen- (4586)
datio », Bibl 44 (1963) 74-75.

7. Sagesse. Book of Wisdom. Weisheit. Sapienza. Sabiduría.

Commentaires. Commentaries. Kommentare. Commenti. Comentarios.

WEBER, J. J., *Le livre de la Sagesse,* dans *La Sainte Bible* (Pirot-Clamer), VI (4587)
(1946), 365-528.

WEBER, J. J., *Le Livre des Proverbes. Le livre de la Sagesse. Le Cantique des* (4588)
Cantiques. Texte et commentaire (Paris, Desclée et Cie, 1948), 412 pp.

OSTY, É., *Le livre de la Sagesse²* (BJ) (Paris, Cerf, 1957), 116 pp. (4589)

GARCIA CORDERO, M., PEREZ RODRIGUEZ, G., *Biblia comentada, IV,* (4590)
Libros sapienciales, 968-1071.

LARCHER, C., *Études sur le livre de la Sagesse,* 444 pp. (4591)

Littéraires (problèmes). Literary Problems. Literarische Fragen. Letterari problemi.
Literarios problemas.

Auteur du livre. Author of the Book. Verfasser des Buches. Autore del libro. Autor del libro.

LATTEY, C., « The Book of Wisdom », dans *A Catholic Commentary on Holy* (4592)
Scripture (ORCHARD, B., édit.) (London, T. Nelson and Sons, 1953), 504-511.

FRANSEN, I., « Le livre de la Sagesse », BVC N° 38 (1961) 25-34. (4593)

ROMANIUK, C., « More about the Author of the Book of Wisdom (Una riposta (4594)
al Prof. Scarpat », RivB 15 (1967) 543-545.

ROMANIUK, C., « Le traducteur grec du livre de Jesus Ben Sira n'est-il pas (4595)
l'auteur du livre de la Sagesse ? » RivB 15 (1967) 163-170.

SCARPAT, G., « Ancora sull'autore del libre della Sapienza », RivB 15 (1967) (4596)
171-190.

ROMANIUK, C., « More about the Author of the Book of Wisdom », RivB 15 (4597)
(1967) 543-545.

Autres problèmes. Other Problems. Sonstige Fragen. Altri problemi. Otros problemas.

ALLEVI, L., « L'ellenismo nel libro della Sapienza », ScuolC 71 (1943) 337-348. (4598)

DE AUSEJO, S., « El género literario del Eclesiastes... », EstB 7 (1948) 369-406. (4599)

SKEHAN, P. W., « Borrowings from the Psalms in the Book of Wisdom », CBQ (4600)
10 (1948) 384-397.

SIEGLER, J., « Zur griechischen Vorlage der Vetus Latina in der Sapientia (4601)
Salomonis », dans *Lux tua Veritas* (en collab.), 275-291.

REESE, J. M., « Plan and Structure in the Book of Wisdom », CBQ 27 (1965) (4602) 391-399.

WRIGHT, A. G., « The Structure of the Book of Wisdom », Bibl 48 (1967) (4603) 165-184.

ROMANIUK, C., « Liber Sapientiae qua lingua ubi scriptus sit », VD 46 (1968) (4604) 175-180.

DES PLACES, É., « Le *Livre de la Sagesse* et les influences grecques », Bibl 50 (4605) (1969) 536-542.

REESE, J. M., *Hellenistic Influence on the Book of Wisdom and its Consequences* (4606) (Rome, Biblical Institute Press, 1970), 197 pp.

Théologie. Theology. Theologie. Teologia. Teología.

WEISENGOFF, J. P., *Death and Immortality in the Book of Wisdom* (Washington, (4607) Cath. U. of A., 1940), 36 pp.

DELCOR, M., « L'immortalité de l'âme dans le Livre de la Sagesse et dans les (4608) documents de Qumrân », NRT 77 (1955) 614-630.

EISING, H., « Der Weisheitslehrer und die Götterbilder », Bibl 40 (1959) 393-408. (4609)

FINAN, T., « Hellenistic Humanism in the Book of Wisdom », IrThQ 27 (1960) (4610) 30-48.

LARCHER, C., « L'origine divine du pouvoir d'après le livre de la Sagesse », LV (4611) N° 49 (1960) 84-98.

GRELOT, P., « L'eschatologie de la Sagesse et les apocalypses juives », dans *À la* (4612) *rencontre de Dieu.* Mémorial Albert Gelin, 165-178.

DI LELLA, A. A., « Conservative and Progressive Theology : Sirach and Wis- (4613) dom », CBQ 28 (1966) 139-154.

LACAN, M.-F., GOURBILLON, J. G., « La Sagesse vous parle : la sagesse du (4614) Siracide », CE N° 61 (1966) 22-32.

FESTORAZZI, F., « La Sapienza e la storia della salvezza », RivB 15 (1967) (4615) 151-162.

Textes. Texts. Texte. Testi. Textos.

1,5 TAYLOR, R. J., « The Eschatological Meaning of Life and Death in (4616) the Book of Wisdom I-V », ETL 42 (1966) 72-137.

2 WEISENGOFF, J. P., « The Impious in Wisdom 2 », CBQ 11 (1949) (4617) 40-65.

2,12-20 ADINOLFI, M., « Il messianismo di Sap. 2,12-20 », dans *Il messia-* (4618) *nismo* (en collab.), 205-217.

2,24 LYONNET, S., « Le sens de ΠΕΙΡΑΖΕΙΝ en Sap 2,24 et la doctrine (4619) du péché originel », Bibl 39 (1958) 27-36.

6,9-11,3 BONNARD, P.-É., *La sagesse en personne annoncée et venue : Jésus* (4620) *Christ,* « Sagesse en Sapience », 89-112.

9 GILBERT, M., « La structure de la prière de Salomon (Sagesse 9) », (4621) Bibl 51 (1970) 301-331.

10-19 SIEBENECK, R. T., « The Midrash of Wisdom 10-19 », CBQ 22 (1960) (4622) 176-182.

10 COCAGNAC, A.-M., « Trois méditations sur la douceur évangéli- (4623) que : les frelons de Canaan », LV N° 38 (1958) 99-104.

10,10 BURROWS, E., « Wisdom 10,10 », Bibl 20 (1939) 405-407. (4624)

10,21   GRELOT, P., « Sagesse 10,21 et le Targum de l'Exode », Bibl 42 (1961)   (4625
               49-60.

11,19   WRIGHT, A. G., « The Structure of Wisdom 11,19 », CBQ 27 (1965)   (4626
               28-34.

11,23-12,2   KELLER, C.-A., « L'amour du Créateur (Sg 11,23-12,2) », AS (n.s.)   (4627
               N° 62 (1970) 70-74.

12,3-7   JADRIJEVIC, A., « Notae ad textum Sap. 12,3-7 », VD 22 (1942)   (4628
               17-121.

12,13-19   KELLER, C.-A., « Justice et patience (Sg 12,13.16-19) », AS (n.s.)   (4629
               N° 47 (1970) 6-10.

12,22   VANHOYE, A., « Mesure ou démesure dans Sag. XII,22 ? » RSR 50   (4630
               (1-62) 530-537.

13-15   RICKEN, F., « Gab es eine hellenistische Vorlage für Weish 13-   (4631
               15», Bibl 49 (1968) 54-86.

13,1-9   LARCHER, C., « De la nature à son auteur d'après le livre de la Sagesse   (4632
               13,1-9 », LV N° 14 (1954) 197-206.

               BESNARD, A.-M., « La nature, miroir de Dieu », VS 122 (1970)   (4633
               699-715.

13,9   SMITH, J., « De interpretatione Sap. 13,9 », VD 27 (1949) 287-290.   (4634

13,14   CASTELLINO, G., « Il paganesimo di Romani 1, Sapienza 13,14 a la   (4635
               storia delle religioni », dans *Studiorum Paulinorum Congressus 1961* (en
               collab.), II, 255-263.

15,3   MURPHY, R. E., « To Know your Night is the Root of Immortality   (4636
               (Wis 15,3) », CBQ 25 (1963) 88-93.

19   BEAUCHAMP, P., « Le salut corporel des justes et la conclusion du   (4637
               livre de la Sagesse », Bibl 45 (1964) 491-526.

Divers. Miscellaneous. Verschiedenes. Diversi. Diversos.

CASPER, J., « In der Schule der Weisheit », BiLit 13 (1938-1939) 421-424.   (4638

SKEHAN, P. W., « Isaias and the Teaching of the Book of Wisdom », CBQ 2   (4639
(1940) 289-299.

STAPLETON, M. P., « Ancient Wisdom and Modern Times », CBQ 4 (1942)   (4640
311-322; 5 (1943) 47-62.

HENNING, J., « The Book of Wisdom in the Liturgy », CBQ 14 (1952) 233-236.   (4641

XXX, « Le Livre de la Sagesse », PPB N° 18 (1955) 24 pp.   (4642

TILL, W. C., « Die koptischen Versionen der Sapientia Salomonis », Bibl 36 (1955)   (4643
51-70.

ZIENER, G., « Die Verwendung der Schrift im Buche der Weisheit », TrierTZ 66   (4644
(1957) 138-151.

BEAUCAMP, É., *Sous la main de Dieu,* « Le livre de la Sapience », II, 225-268.   (4645

ZIENER, G., « Weisheitsbuch und Johannesevangelium », Bibl 38 (1957) 396-416;   (4646
39 (1958) 37-60.

DAHOOD, M., « Qoheleth and Recent Discoveries », Bibl 39 (1958) 302-318.   (4647

VATTIONI, F., « Nuovi fogli ebraici dell'Ecclesiastico », RivB 8 (1960) 169-179.   (4648

DUESBERG, H., « La riflessione dei sapienti », BibOr 3 (1961) 126-129.   (4649

SKEHAN, P. W., « Wisdom's house », CBQ 29 (1967) 468-486.   (4650

8. Siracide. Sirach. Siracide. Ben Sirac.

Commentaires. Commentaries. Kommentare. Commenti. Comentarios.

SPICQ, C., *L'Ecclésiastique,* dans *La Sainte Bible* (Pirot-Clamer), VI (1946), (4651
529-542.

DUESBERG, H., AUVRAY, P., *Le livre de l'Ecclésiastique²* (BJ) (Paris, Cerf, (4652
1958), 260 pp.

GARCIA CORDERO, M., PEREZ RODRIGUEZ, G., *Biblia comentada, IV,* (4653
Libros Sapienciales, 1072-1305.

DUESBERG, H., FRANSEN, I., *Ecclesiastico* (La Sacra Bìbbia) (Torino, Roma, (4654
Marietti, 1966), 354 pp.

Théologie. Theology. Theologie. Teologia. Teología.

LE FROIS, B. J., « Our Lady in the Wisdom Passage from Sirach », AmER 135 (4655
(1956) 1-8.

FANG CHE-YONG, M., « Ben Sira de novissimis hominis », VD 41 (1963) 21-38. (4656

PAUTREL, R., « Ben Sira et le stoïcisme », RSR 51 (1963) 535-549. (4657

VOGT, E., « Usus nominis divini in Sirach », VD 42 (1964) 153-172. (4658

DI LELLA, A. A., « Conservative and Progressive Theology : Sirach und Wis- (4659
dom », CBQ 28 (1966) 139-154.

LACAN, M.-F., GOURBILLON, J. G., « La Sagesse du Siracide », CE N° 61 (4660
(1966) 9-21.

HASPECKER, J., *Gottesfurcht bei Jesus Sirach.* Ihre religiöse Struktur und ihre (4661
literarische und doktrinäre Bedeutung, 356 pp.

Textes. Texts. Texte. Testi. Textos.

3,9	BAUER, J., « Des Vaters Segen... der Fluch der Mutter... », BiLit 23 (1955-56) 295-296.	(4662
3,17-29	LACAN, M.-F., « L'humilité et ses fruits (Si 3,17-18.20.28-29) », AS (n.s.) N° 53 (1970) 66-71.	(4663
4,11	ZIEGLER, J., « Zwei Beiträge zu Sirach », BZ 8 (1964) 271-284.	(4664
	BAUER, J. B., « Drei Cruces », BZ 9 (1965) 84-91.	(4665
6,11	PENAR, T., « Job 10,19 in the Light of Ben Sira 6,11 », Bibl 48 (1967) 293-295.	(4666
7,36	FANG CHE-YONG, M., « Sir 7,36 (Vulg 7,40) iuxta hebraicam veritatem », VD 40 (1962) 18-26.	(4667
11,2	ZIEGLER, J., « Zwei Beiträge zu Sirach », BZ 8 (1964) 277-284.	(4668
12,1	SKEHAN, P. W., « Didache 1,6 and Sirach 12,1 », Bibl 44 (1963) 533-536.	(4669
12,3	PAUTREL, R., « Et tenebrescent videntes per foramina (Sir. 12,3) », RSR 36 (1949) 305-309.	(4670
13,22	ZIEGLER, J., « Zwei Beiträge zu Sirach », BZ 8 (1964) 277-284.	(4671
15,14	BAUER, J. B., « Sir. 15,14 et Gen. 1,1 », VD 41 (1963) 243-244.	(4672

16,24-17,14	DUESBERG, H., « La dignité de l'homme (Siracide 16,24-17,14) », BVC N° 82 (1968) 15-21.	(4673
25,24	GALLUS, T., « A muliere initium peccati et per illam omnes morimur (Sir. 25,24 (33)) », VD 23 (1943) 272-277.	(4674
31,15	BAUER, J. B., « Drei Cruces », BZ 9 (1965) 84-91.	(4675
37,10-11	VACCARI, A., « Ecclesiastico, 37,10-11 : critica ed esegesi », EstE 34 (1960) 705-713.	(4676
38,1-15	DUESBERG, H., « Le médecin, un sage ? (Eccli, 38,1-15) », BVC N° 38 (1961) 43-48.	(4677
38,33	SKEHAN, P. W., « They shall not be found in Parables (Sir 38, 33) », CBQ 23 (1961) 40.	(4678
40,11,17	SKEHAN, P. W., « Sirach 40,11,17 », CBQ 30 (1968) 570-572.	(4679
42,1-50,20	FRANSEN, I., « Les oeuvres de Dieu (Siracide 42,1-50,20) », BVC N° 82 (1968) 26-35.	(4680
43,27-33	DUESBERG, H., « Il est le Tout (Sir. 43,27-33) », BVC N° 54 (1963) 29-32.	(4681
44,50	MAERTENS, T., « L'éloge des Pères (Sir. 44,50) », LV N° 26 (1955) 1-6.	(4682
	SIEBENECK, R. T., « May their Bones return to Life ! – Sirach's Praise of the Fathers », CBQ 21 (1959) 411-428.	(4683
51	VARGHA, T., « De Psalmo hebraico Ecclesiastici c. 51 », Ant 10 (1935) 3-10.	(4684

Divers. Miscellaneous. Verschiedenes. Diversi. Diversos.

SELMER, C., « Traces of the « Sayings of the Seven Sages » in the Liber Ecclesiasticus », CBQ 5 (1943) 264-274.   (4685

KEARNS, C., « Ecclesiasticus », dans *A Catholic Commentary on Holy Scripture* (ORCHARD, B., édit.) (London, T. Nelson and Sons, 1953), 512-526.   (4686

BEAUCAMP, É., *Sous la main de Dieu,* « L'Ecclésiastique », II, 149-185.   (4687

DUESBERG, H., « Ecclésiastique (livre de 1') », DS IV, col. 52-62.   (4688

XXX, « L'Ecclésiastique », PPB N° 19 (1956) 28 pp.   (4689

ZIEGLER, J., « Hat Lucian den griechischen Sirach rezensiert ? » Bibl 40 (1959) 210-229.   (4690

ZIEGLER, J., « Die hexaplarische Bearbeitung des griechischen Sirach », BZ 4 (1960) 174-185.   (4691

HARTMAN, L. F., « Sirach in Hebrew and in Greek », CBQ 23 (1961) 443-451.   (4692

DI LELLA, A. A., « Qumrân and the Geniza Fragments of Sirach », CBQ 24 (1962) 245-267.   (4693

DI LELLA, A. A., « Authenticity of the Geniza Fragments of Sirach », Bibl 44 (1963) 171-200.   (4694

DI LELLA, A. A., « The Recently Identified Leaves of Sirach in Hebrew », Bibl 45 (1964) 153-168.   (4695

SISTI, A., « Riflessi dell'epoca premaccabaica nell'Ecclesiastico », RivB 12 (1964) 215-256.   (4696

BONNARD, P.-É., *La sagesse en personne annoncée et venue : Jésus Christ,* « Sagesse dans le livre de l'Ecclésiastique », 53-79.   (4697

V. LIVRES PROPHÉTIQUES. PROPHETIC BOOKS.
DIE PROPHETISCHEN BÜCHER. LIBRI PROFETICI.
LIBROS PROFÉTICOS.

a. Introduction aux Prophètes. Introduction to the Prophets. Einführung in die Propheten. Introduzione ai Profeti. Introducción a los Profetas.

Prophétisme en Israël (nature du). Prophetism in Israel (Nature of). Prophetismus in Israel (Wesen des). Profetismo in Israele (natura del). Profetismo en Israel (naturaleza del).

GALIUCCI, D., « I Profeti, i Saggi e la filosofia greca », ScuolC 16 (1930) 81-92. (4698

DÜRR, L., « Neue Stellungnahme zu den alttestamentlichen Propheten », TR 30 (4699 (1931) 289-295.

RICCIOTTI, G., « Il profetismo ebraico », ScuolC 2 (1931) 3-17. (4700

SKRINJAR, A., « De falsis prophetis apud Jeremiam et Ezechielem », VD 11 (4701 (1931) 99-105.

SCHABES, L., « Die Propheten des Alten Testamentes », BiLit 9 (1934-1935) (4702 29-32.

BARROIS, A., « Les prophètes d'Israël », VI 41 (1936) 29-32. (4703

VIANA, E., « El concepto de Profeta en el A. Testamento », RET 1 (1940) (4704 139-210.

DE VAUX, R., « Les prophètes de Baal sur le mont Carmel », *Bulletin du Musée* (4705 *de Beyrouth* 5 (1941) 7-20, ou dans *Bible et Orient,* 485-497.

OGARA, F., « De typica apud Chrysostomum prophetia », Greg 24 (1943) 62-77. (4706

ARENDZEN, J. P., « The Marks of the True Prophet », SCR 2 (1947) 21-22. (4707

AYUSO MARAZUELA, T., « Los elementos extrabíblicos de los prophetas », (4708 EstB 6 (1947) 347-502.

PRAT, F., *La théologie de saint Paul[38],* « La prophétie et le don des langues », I, (4709 152-157.

COPPENS, J., *Introduction à l'étude historique de l'Ancien Testament,* IV. Les (4710 douze Petits Prophètes, bréviaire du prophétisme (Bruges, Paris, Desclée de Brouwer, 1950), 59 pp.

BACHT, H., « Wahres und Falsches Prophetentum », Bibl 32 (1951) 237-262. (4711

NORTH, R., « Prophetismus ut philosophia historiae », VD 29 (1951) 321-333. (4712

STARCKY, J., « La vie et l'action des premiers prophètes », CE N° 3 (1951) (4713 11-26.

FOLLET, R., « De prophetismo semitico non hebraico », VD 31 (1953) 28-31. (4714

XXX, « Le prophétisme », PPB N° 20 (1959) 28 pp. (4715

DUESBERG, H., « L'essence du prophétisme », BVC N° 11 (1955) 100-112. (4716

ORBE, A., « La excelencia de los profetas, segun Origenes », EstB 14 (1955) (4717 191-221.

XXX, « Le Prophétisme », PPB N° 20 (1956). (4718

SPADAFORA, F., « Teologia Biblica – Profetismo », RivB 4 (1956) 34-71. (4719

ROBERT, A., FEUILLET, A., *Initiation à la Bible,* I, 384-582 (étude générale sur (4720 le prophétisme, étude particulière de chaque prophète).

RAMLOT, M.-L., « Les prometteurs de paix (Ezéchiel 13,1-16) », BVC N° 24 (4721 (1958) 48-57.

ROLLA, A., « Profetismo biblico e semitico », RivB 6 (1958) 323-336. (4722

BEAUDET, R., « Le sacerdoce et les prophètes », LTP 15 (1959) 127-138.   (4723

CAVALLETTI, S., « Sogno e Profezia nell'Antico Testamento », RivB 7 (1959)   (4724
356-363.

MORIARTY, F. L., « Ursprung des Prophetentums », BiLit 27 (1959-60) 17-22.   (4725

BARUCQ, A., « Oracle et divination », SDB VI, col. 752-788.   (4726

GARCIA CORDERO, M., *Biblia comentada, III, Libros Proféticos,* 3-56.   (4727

VAWTER, B., *The Conscience of Israel.* Pre-exilic Prophets and Prophecy (New   (4728
York, Sheed & Ward, 1961), 310 pp.

RINALDI, G., « Profetismo : gruppo di studio », RivB 11 (1963) 396-399.   (4729

AUVRAY, P., « Le prophète comme guetteur (Ez. 33,1-20) », RB 71 (1964)   (4730
191-205.

FLORIVAL, E., « Figure et mystère du prophète dans l'Ancien Testament », BVC   (4731
N° 57 (1964) 41-54.

GROSS, H., « Gab es in Israel ein Prophetisches Amt ? » TrierTZ 73 (1964)   (4732
336-349.

GROSS, H., « Gab es in Israel ein prophetisches Amt ? » ETL 41 (1965) 5-19.   (4733

SCHARBERT, J., *Die Propheten Israels bis 700 v. Chr.* (Köln, Bachem, 1965),   (4734
364 pp.

GARDET, L., « La notion de prophétie en théologie musulmane », RT 66 (1966)   (4735
353-409.

NÖTSCHER, F., « Prophetie im Umkreis des alten Israel », BZ 10 (1966) 161-197. (4736

GROSS, H., « Le prétendu « ministère prophétique » en Isräel », dans *Aux grands* (4737
carrefours de la révélation et de l'exégèse de l'A. T. (en collab.), 93-105.

MALY, E. H., *Prophets of Salvation* (New York, Herder, 1967), 191 pp.   (4738

JACOB, E., « Le prophétisme à la lumière des recherches récentes », dans *Où en* (4739
sont les études bibliques ? (en collab.), 85-106.

McCARTHY, D. J., *Kings and Prophets* (Milwaukee, Bruce, 1968), 206 pp.   (4740

MONLOUBOU, L., *Prophète, qui es-tu ? Le prophétisme avant les prophètes* (Paris, (4741
Cerf, 1968), 256 pp.

RINALDI, G., « I profeti nella storia », BibOr 11 (1969) 175-188.   (4742

MONLOUBOU, L., « La vocation de Samuel (1 S 3,3b-10.19) », AS (n.s.) N° 33   (4743
(1970) 40-45.

PENNA, A., « Mosé profeta e piú che profeta », BibOr 12 (1970) 145-152.   (4744

RAMLOT, L., « Prophétisme : I. Prophétisme et politique en Orient, col. 811-908; (4745
II. La prophétie biblique, col. 909-992 (à suivre) », SDB VIII (1970), col. 810-992.

RAURELL, F., « El juicio profético sobre los acontecimientos », EstF 71 (1970) (4746
137-156.

Critique littéraire. Literary Criticism. Literarkritik. Critica letteraria.
Crítica literaria.

COPPENS, J., « Les particularités du style prophétique », NRT 59 (1932) 673-693. (4747

CALÈS, J., « Pentateuque et Prophètes », RSR 29 (1939) 117-122.   (4748

DUBARLE, A.-M., « Prophétie et critique littéraire », VI 16 (1948) N° 2 (28-35). (4749

FEUILLET, A., « Les prophètes écrivains et la préparation de l'Évangile », CE   (4750
N° 3 (1951) 27-54.

BARTHÉLEMY, D., « Redécouverte d'un chaînon manquant de l'histoire de la   (4751
Septante », RB 60 (1953) 18-29.

Théologie des Prophètes. Theology of the Prophets. Theologie der Propheten.
Teologia dei Profeti. Teología de los Profetas.

Culte. Cult. Kult. Culto.

COLEMAN, J., « The Prophets and Sacrifice », TS 5 (1944) 411-438. (4752

DUESBERG, H., « Hiérarchie et prophétisme », NRT 74 (1952) 372-389. (4753

GRELOT, P., PIERRON, J., « La nuit et les fêtes de Pâques », CE Nº 21 (1956) (4754
5-91.

VAN IMSCHOOT, P., *Théologie de l'Ancien Testament.* « La polémique des (4755
prophètes contre les sacrifices », II, 149-155.

Israël. Israel. Israele. Israel.

DE VAUX, R., « Le « reste d'Israël » d'après les prophètes », RB 42 (1933) (4756
526-539, ou dans *Bible et Orient,* 25-39.

GARCIA CORDERO, M., « La reprobación de Israel en los Profetas », EstB 10 (4757
(1951) 165-188.

GONZALEZ RUIZ, J. M., « La restauración de Israel en los Profetas », EstB 11 (4758
(1952) 157-187.

FEUILLET, A., « L'universalisme et l'élection d'Israël dans la religion des (4759
prophètes », BVC Nº 15 (1956) 7-25.

DE VAUX, R., « Jérusalem et les prophètes », RB 73 (1966) 481-509. (4760

Messianisme. Messianism. Messianismus. Messianismo. Mesianismo.

ALONSO, J., « Descripción de los tiempos mesiánicos en la literatura profética (4761
como una vuelta al Paraíso », EstE 24 (1950) 459-477.

GELIN, A., *Les idées maîtresses de l'Ancien Testament²,* « L'attente du Messie : (4762
l'annonce du Messie-prophète », 45-47.

XXX, « Les prophètes de la Bible et le Christ. Thèmes bibliques », CE Nº 3 (4763
(1951) 55-57; Nº 4 (1951) 64 pp.

SAYDON, P. P., « Old Testament Prophecy and Messianic Prophecies », SCR 4 (4764
(1951) 335-340.

STARCKY, J., « Les prophéties messianiques dans le Nouveau Testament », CE (4765
Nº 4 (1951) 30-45.

GIBLET, J., « Prophétisme et attente d'un messie-prophète dans le judaïsme », (4766
dans *L'attente du Messie* (en collab.), 85-130.

DE GUGLIELMO, A., « The Fertility of the Land in the Messianic Prophe- (4767
cies », CBQ 19 (1957) 306-311.

Thèmes divers. Various Themes. Sonstige Themen. Temi diversi. Temas diversos.

COLUNGA, A., « La justificación en los Profetas », EstB 4 (1945) 129-161. (4768

SCHMITT, A., *Les plus belles prières de la Bible* (Paris, Lethielleux, 1949), (4769
« Prières des prophètes », 31-61.

HEINISCH, P., *Theology of the Old Testament* (Collegeville, The Liturgical Press, (4770
1950), « The prophets », 33-36.

LEMOINE, F.-M., « Le Nom de Jésus dans l'A. T. », VS 86 (1952) 29-32 (4771

BOUYER, L., *La Bible et l'Évangile²,* « Parole, Alliance, Promesse », 11-38. (4772

BARSOTTI, D., *La parole de Dieu dans le mystère chrétien,* « La parole (4773
prophétique », 120-128.

VAN IMSCHOOT, P., *Théologie de l'Ancien Testament,* « La révélation : les (4774
prophètes », I, 157-183.

DESCAMPS, A., « La grande prophétie de malheur », BVC Nº 8 (1954-55)   (4775
31-39.

DHEILLY, J., *Le peuple de l'Ancienne Alliance²*, « L'Alliance expliquée par les   (4776
prophètes », 258-320.

XXX, « L'époux et l'épouse », CE Nº 18 (1955) 5-78.   (4777

GELIN, A., PIERCE, J., GOURBILLON, J. G., « Avant le nouvel Exode », CE   (4778
Nº 20 (1955) 5-61.

BARUCQ, A., « Prophétisme et eschatologie individuelle », VS 95 (1956) 407-420.   (4779

BEAUCAMP, É., *Sous la main de Dieu.* Le prophétisme et l'élection d'Israël, I,   (4780
288 pp.

CONGAR, Y., *Le mystère du temple,* « La présence de Dieu pour les pro-   (4781
phètes », 73-101.

TRESMONTANT, C., « Jésus et la morale des prophètes », BVC Nº 21 (1958)   (4782
26-34.

VAWTER, B., « De iustitia sociali apud Prophetas praeexilicos », VD 36 (1958)   (4783
93-97.

BREKELMANS, C., « Le *Herem* chez les prophètes du royaume du nord et dans   (4784
le Deutéronome », dans *Sacra Pagina* (en collab.), I, 377-383.

DE FRAINE, J., *Adam et son lignage,* « Les prophètes (et la personnalité   (4785
corporative) », 148-158.

MARIE DE LA TRINITÉ, Sr, GOURBILLON, J. G., « Le Dieu qui juge et qui   (4786
récompense : 1. Le Témoignage des prophètes », CE Nº 35 (1959) 5-34.

DREYFUS, F., « Providence et prophéties. Une parole créatrice », VS 106 (1962)   (4787
314-318.

GRELOT, P., *Le couple humain dans l'Écriture,* « La doctrine prophétique »,   (4788
50-59.

HARVEY, J., « Le « Rîb-Pattern », réquisitoire prophétique sur la rupture de   (4789
l'alliance », Bibl 43 (1962) 172-196.

PORUBCAN, S., « The Pauline Message and the Prophets », dans *Studiorum*   (4790
Paulinorum Congressus 1961 (en collab.), I, 253-258.

HARRINGTON, W., « The Law, the Prophets and the Gospel », IrThQ 31 (1964)   (4791
283-302.

MacRAY, G. W., « Prepare the Way of the Lord », Way 4 (1964) 247-257.   (4792

MORIARTY, F. L., « Prophet and Covenant », Greg 46 (1965) 817-833.   (4793

HAULOTTE, E., *Symbolique du vêtement selon la Bible,* « Le vêtement dans   (4794
l'histoire de l'alliance selon les prophètes », 191-199.

SCHUBERT, K., « Gesetz und Prophetismus », BiLit 39 (1966) 96-104.   (4795

HARVEY, J., *Le plaidoyer prophétique contre Israël après la rupture de l'alliance,*   (4796
168 pp.

LANGEVIN, P.-É., « Ceux qui invoquent le nom du Seigneur : les prophètes et   (4797
l' « invocation du nom du Seigneur » », SE 19 (1967) 386-403.

BOSCHI, B., « La tradizione dell'Esodo nei primi profeti », RivB 16 (1968)   (4798
129-142.

McCARTHY, D. J., « La présence de Dieu et la parole prophétique », Conci   (4799
Nº 50 (1969) 23-34.

RAURELL, F., « Historia de los orígenes y escatología en los profetas », EstF 70   (4800
(1969) 165-198.

Divers. Miscellaneous. Verschiedenes. Diversi. Diversos.

VILANOVA GERSTER, T., « Quid prophetae Veteris Foederis quoad socialia (4801
egerint », EstF 47 (1935) 251-260.

CRIADO, R., « El modo de las comunicaciones divinas a los Profetas », EstE 19 (4802
(1945) 463-515.

CHAINE, J., *Introduction à la lecture des prophètes⁷*, 274 pp. (ch. 2 : Amos; ch. (4803
3,6 : Isaïe; ch. 4,5 : Jérémie; ch. 8 : Daniel).

LILLY, J. L., « The Sacred Duty of Hating and Imprecating », AmER 115 (1946) (4804
271-277.

CRIADO, R., « ¿ Tienen alguna eficacia real las acciones simbólicas de los pro- (4805
fetas ? » EstB 7 (1948) 167-217.

ENCISO, J., « El modo de la inspiración profética según el testimonio de los (4806
profetas », EstB 9 (1950) 5-37.

GOURBILLON, J. G., « Les Prophètes et nous », CE Nº 3 (1951) 5-10. (4807

GELIN, A., « Les livres prophétiques », dans ROBERT, A., TRICOT, A., (4808
Initiation biblique³, 148-180.

BAUMSTARK, A., « Die Zitate des Mt.-Ev. aus dem Zwölfprophetenbuch », Bibl (4809
37 (1956) 296-313.

GARCIA CORDERO, M., « Géneros literarios en los profetas », dans *Los Géneros* (4810
literarios de la Sagrada Escritura (en collab.), 169-190.

ROBERT, A., FEUILLET, A., *Initiation à la Bible*, I, 384-582 (étude générale sur (4811
le prophétisme, étude particulière de chaque prophète).

JOHNSTON, L., « The Prophets and Politics », SCR 14 (1962) 43-47. (4812

SCHEDL, C., « Das Werden der prophetischen Bücher », BiLit 38 (1964-65) (4813
107-117.

CLIFFORD, R. J., « The Use of *hôy* in the Prophets », CBQ 28 (1966) 458-464. (4814

SCHARBERT, J., « Die prophetische Literatur. Der Stand der Forschung », ETL (4815
44 (1968) 346-406.

BERTRAND, D., « Prophétisme », CHR Nº 64 (1969) 519-532. (4816

CHENU, M.-D., « Aujourd'hui un peuple prophétique », AS (n.s.) Nº 6 (1969) (4817
82-88.

HENNEKEN, B., *Verkündigung und Prophetie im 1. Thessalonicherbrief* (4818
(Stuttgart, Katholisches Bibelwerk, 1969), « Prophetie in der Gemeinde », 103-111.

JUKNIALIS, J. J., « The Priest as Prophet », AmER 163 (1970) 11-18. (4819

O'GRADY, J. F., « A Question of Prophets », AmER 163 (1970) 392-398. (4820

**b. Livres des Prophètes. Books of the Prophets. Prophetischen Bücher. Libri dei Profeti.
Libros de los Profetas.**

1. Abdias. Obadiah. Abdias. Abdia. Abdías.

Commentaires. Commentaries. Kommentare. Commenti. Comentarios.

DEISSLER, A., DELCOR, M., *Abdias,* dans *La Sainte Bible* (Pirot-Clamer), VIII, (4821
1ʳᵉ partie, 239-264.

RINALDI, G., *I Profeti minori* (La Sacra Bìbbia) (Torino, Roma, Marietti, 1953), (4822
Abdia, II, 171-185.

TRINQUET, J., *Habaquq. Abdias. Joël²* (BJ) (Paris, Cerf, 1959), 94 pp. (4823

GARCIA CORDERO, M., *Biblia comentada, III, Libros Proféticos,* 1179-1185. (4824

Divers. Miscellaneous. Verschiedenes. Diversi. Diversos.

ABEL, F.-M., « L'expédition des Grecs à Pétra en 312 avant Jésus-Christ », RB   (4825
46 (1937) 373-391.

XXX, « Les petits prophètes : Abdias », PPB N° 25 (1956) 52-53.   (4826

OLAVARRI, E., « Cronología y estructura literaria del oráculo escatológico de   (4827
Abdías », EstB 22 (1963) 303-313.

BONNARD, P.-É., « Abdias », SDB VIII (1969), col. 693-701.   (4828

2. Aggée. Haggai. Aggäus. Aggeo. Ageo.

Commentaires. Commentaries. Kommentare. Commenti. Comentarios.

DEISSLER, A., DELCOR, M., *Aggée,* dans *La Sainte Bible* (Pirot-Clamer), VIII,   (4829
1re partie, 473-500.

GELIN, A., *Aggée. Zacharie. Malachie³* (BJ) (Paris, Cerf, 1960), 76 pp.   (4830

GARCIA CORDERO, M., *Biblia comentada, III, Libros Proféticos,* 1265-1272.   (4831

Divers. Miscellaneous. Verschiedenes. Diversi. Diversos.

CHARY, T., *Les prophètes et le culte à partir de l'exil* (Paris, Desclée et Cie, 1955),   (4832
118-159.

XXX, « Les petits prophètes : Aggée », PPB N° 25 (1956) 39-41.   (4833

SIEBENECK, R. T., « The Messianism of Aggeus and Proto-Zacharias », CBQ   (4834
19 (1957) 312-328.

STEINMANN, J., *Le livre de la consolation d'Israël et les prophètes du retour de*   (4835
l'exil, 215-222.

BEUKEN, W. A. M., *Haggai-Sacharja 1-8* (Assen, Van Gocrum & Comp., 1967),   (4836
352 pp.

DEISSLER, A., « Aggée », SDB VIII (1969), col. 701-706.   (4837

3. Amos. Amós.

Introduction. Einleitung. Introduzione. Introducción.

BEAUCAMP, É., *Sous la main de Dieu.* « Amos », I, 27-47.   (4838

XXX, « Le Seigneur est mon berger (En lisant les prophètes du VIIIe siècle : Amos   (4839
et Osée, Isaïe et Michée) », CE N° 28 (1957) 27-37.

TRAPIELLO, J. G., « Situation historica del profeta Amos », EstB 26 (1967)   (4840
249-274.

SANSONI, C., « Amos, uomo del suo tempo », BibOr 10 (1968) 253-266.   (4841

MONLOUBOU, L., « Amos », SDB VIII (1969), col. 706-724.   (4842

Commentaires. Commentaries. Kommentare. Commenti. Comentarios.

DEISSLER, A., DELCOR, M., *Amos,* dans *La Sainte Bible* (Pirot-Clamer), VIII,   (4843
1re partie, 175-238.

RINALDI, G., *I Profeti minori* (La Sacra Bìbbia) (Torino, Roma, Marietti, 1953),   (4844
Amos, I, 121-218.

OSTY, E., *Amos, Osée²* (BJ) (Paris, Cerf, 1960), 126 pp.   (4845

GARCIA CORDERO, M., *Biblia comentada, III, Libros Proféticos,* 1142-1178.   (4846

Théologie. Theology. Theologie. Teologia. Teología.

DUMESTE, M.-L., « La spiritualité des prophètes d'Israël : Amos », VS 74 (1946)   (4847
836-852; 75 (1946) 424-437.

BOUYER, L., *La Bible et l'Evangile²*, « Justice et miséricorde (Amos et O-   (4848
sée) », 57-72.

FLORIVAL, E., « Le jour du Jugement », BVC N° 8 (1954-55) 61-75.   (4849

LEAHY, M., « The Popular Idea of God in Amos », IrThQ 22 (1955) 68-73.   (4850

FEUILLET, A., « L'universalisme et l'Alliance dans la religion d'Amos », BVC   (4851
N° 17 (1957) 17-29.

ALGER, B., « The Theology and social Ethic of Amos », SCR 17 (1965) 109-116.   (4852

Textes. Texts. Texte. Testi. Textos.

1-2	BEAUCAMP, É., « Amos I-II. Le pèsha' d'Israël et celui des Na-tions », SE 21 (1969) 435-441.	(4853
1,2	CONDAMIN, A., « Amos, 1,2 et 3,8, authenticité et structure poétique », RSR 20 (1930) 298-311.	(4854
2,7-8	DAHOOD, M., « To pawn one's cloak (graffito Marias et Prov. 27,13; Amos 2,7s) », Bibl 42 (1961) 359-366.	(4855
	JUNKER, H., « Leo rugiit, quis non timebit ! Deus locutus est, quis non prophetabit ! (Amos, 3,3-8) », TrierTZ 59 (1950) 4-13.	(4856
3,15	GLANZMAN, G. S., « Two notes : Am 3,15 and Os 11,8-9 », CBQ 23 (1961) 227-233.	(4857
5,25-26	JUNKER, H., « Amos und die « opferlose Mosezeit » », TGl 27 (1935) 686-695.	(4858
7,4	HILLERS, D. R., « Amos 7,4 and Ancient Parallels », CBQ 26 (1964) 221-225.	(4859
7,7-9	JUNKER, H., « Text und Bedeutung der Vision Amos 7,7-9 », Bibl 17 (1936) 359-364.	(4860
7,14-15	VAN HOONACKER, A., « Le sens de la protestation d'Amos 7, 14-15 », ETL 18 (1941) 64-67.	(4861
7,14	BARTINA, S., « Viendo los higos de los sicomoros (Am 7,14) », EstB 25 (1966) 349-354.	(4862
9,7	McNAMARA, M., « De populi Aramaeorum primordiis », VS 35 (1957) 129-142.	(4863

Divers. Miscellaneous. Verschiedenes. Diversi. Diversos.

CHEMINANT, L., *Le Royaume d'Israël*, « L'homme; prédication », 88-99.   (4864

VÖLK, J., « Der zeitgenössische Hintergrund zu Amos und Hosea », BiLit 19   (4865
(1951-52) 45-49.

XXX, « Les petits prophètes : Amos », PPB N° 25 (1956) 4-11.   (4866

JUNKER, H., « Amos, der Mann, den Gott mit unwiderstehlicher Gewalt zum   (4867
Propheten Machte », TrierTZ 65 (1956) 321-328.

BENSON, A., « ... From the Mouth of the Lion », CBQ 19 (1957) 199-212.   (4868

BOTTERWECK, G., « Zur Authentizität des Buches Amos », BZ 2 (1958)   (4869
176-189.

STEINMANN, J., *Le prophétisme biblique des origines à Osée*, « Le cadre historique   (4870
et les débuts du ministère d'Amos », 139-148; « Les grands oracles d'Amos »,
149-158; « Les grands jugements de Jahvé d'après Amos », 159-180.

FRANSEN, I., « La moisson du Seigneur : le livre d'Amos », BVC N° 32 (1960)   (4871
27-36.

PRAGER, M., « Amos, der Hirte aus Teqon », BiLit 36 (1962-63) 84-96, 164-172,   (4872
243-255, 295-308.

4. Baruch. Baruc.

Commentaires. Commentaries. Kommentare. Commenti. Comentarios.

DENNEFELD, L., *Le livre de Baruch,* dans *La Sainte Bible* (Pirot-Clamer), VII   (4873
(1946), 435-466.

PENNA, A., *Baruch* (La Sacra Bìbbia) (Torino, Roma, Marietti, 1953), 60 pp.   (4874

GELIN, A., *Jérémie. Les Lamentations. Le livre de Baruch²* (BJ) (Paris, Cerf, 1959),   (4875
312 pp.

GARCIA CORDERO, M., *Biblia comentada, III, Libros Proféticos,* 753-778.   (4876

STEINMANN, J., Abbé HANON, *Michée, Sophonie, Joël, Nahoum, Habaqqouq*   (4877
(Bruges, Desclée de Brouwer, 1962), 120 pp.

Divers. Miscellaneous. Verschiedenes. Diversi. Diversos.

LACAN, M.-F., « Baruch, à la manière des prophètes », CE N° 31 (1958) 74-76.   (4878

WAMBACQ, B. N., « Les prières de Baruch (1,15-2,19) et de Daniel (9,5-   (4879
19) », Bibl 40 (1959) 463-475.

WAMBACQ, B. N., « L'unité littéraire de *Bar.,* I-III », dans *Sacra Pagina* (en   (4880
collab.), I, 455-460.

BONNARD, P.-É., *La sagesse en personne annoncée et venue : Jésus Christ,*   (4881
« Sagesse dans le livre de Baruch », 81-88.

WAMBACQ, B. N., « L'unité du livre de Baruch », Bibl 47 (1966) 574-576.   (4882

BONNARD, P.-É., « Voici la demeure de Dieu avec les hommes ! » AS (n.s.)   (4883
N° 6 (1969) 56-61.

LE MOYNE, J., « Baruch », SDB VIII (1969), col. 724-736.   (4884

5. Daniel. Daniele. Daniel.

Commentaires. Commentaries. Kommentare. Commenti. Comentarios.

DENNEFELD, L., *Daniel,* dans *La Sainte Bible* (Pirot-Clamer), VII (1946),   (4885
631-714.

LATTEY, C., *The Book of Daniel* (Dublin, Browne and Nolan, 1948), 143 pp.   (4886

STEINMANN, J., *Daniel* (Paris, Cerf, 1951), 181 pp.   (4887

RINALDI, G., *Daniele³* (La Sacra Bìbbia) (Torino, Roma, Marietti, 1952), 158 pp.   (4888

DE MENASCE, J., *Daniel²* (BJ) (Paris, Cerf, 1958), 108 pp.   (4889

GARCIA CORDERO, M., *Biblia comentada, III, Libros Proféticos,* 983-1072.   (4890

STEINMANN, J., *Daniel.* Texte français, introduction et commentaires (Bruges,   (4891
Desclée de Brouwer, 1962), 160 pp.

Théologie. Theology. Theologie. Teologia. Teología.

LAGRANGE, M.-J., « La prophétie des 70 semaines de Daniel », RB 39 (1930)   (4892
179-198.

FEUILLET, A., « Le fils de l'homme de Daniel et la tradition biblique », RB 62   (4893
(1953) 170-202, 321-346.

RINALDI, G., « Le settanta settimane di Daniele », RivB 2 (1954) 292-298.   (4894

LAURENTIN, R., *Structure et théologie de Luc I-II,* « Daniel 9 et la prophétie des   (4895
70 semaines », 45-56.

KRUSE, H., « Compositio Libri Danielis et idea Filii Hominis », VD 37 (1959)   (4896
147-161, 193-211.

Textes. Texts. Texte. Testi. Textos.

1-6   TOWNER, W. S., « The Poetic Passages of Daniel 1-6 », CBQ 31 (1969)   (4897
            317-326.

4-6   ROCCO, B., « Un codice biblico del secolo ix-x », RivB 10 (1968)   (4898
            291-304.

4,28-6,19   ROCCO, B., « Un codice biblico del secolo IX-X », RivB 16 (1968)   (4899
            291-304.

4,33   NOBER, P., « Notulae lexicales *a)* Ps 85,14b *b)* Y^{e}ba'on (Dn 4,   (4900
            33) », VD 38 (1960) 34-37.

5,30   SAYDON, P. P., « The Interpretation of Daniel 5,30-31 », SCR 4   (4901
            (1951) 362-363.

7   DEQUEKER, L., « Daniel VII et les Saints du Très-Haut », ETL 36   (4902
            (1960) 353-392.

            COPPENS, J., « Miscellanées bibliques », ETL 39 (1963) 87-114.   (4903

            COPPENS, J., « Les origines du symbole du Fils d'homme en Dan.   (4904
            VII », ETL 44 (1968) 497-502.

            COPPENS, J., « Un nouvel essai d'interpréter Dan., VII », ETL 45   (4905
            (1969) 122-125.

            COPPENS, J., « Daniel VII, un rituel d'intronisation ? » ETL 46 (1970)   (4906
            112-116.

7,3   COPPENS, J., « Le fils d'homme daniélique, vizir céleste ? » ETL 40   (4907
            (1964) 72-80.

7,5   FRANK, R. M., « The description of the « Bear » in Dn. 7, 5 », CBQ   (4908
            21 (1959) 505-507.

7,13-14   SCHEIFLER, J. R., « El hijo del hombre en Daniel », EstE 34 (1960)   (4909
            789-804.

7,13   COPPENS, J., « Le fils d'homme daniélique et les relectures de Dan.,   (4910
            VII, 13, dans les apocryphes et les écrits du Nouveau Testament », ETL
            37 (1961) 5-51.

8,14   SCHEDL, C., « Mystische Arithmetik oder geschichtliche Zahlen ?   (4911
            Daniel 8,14; 12,11-13 », BZ 8 (1964) 101-105.

9   LAMBERT, G., « Une exégèse arithmétique du chapitre IX de Da-   (4912
            niel », NRT 74 (1952) 409-417.

            GRELOT, P., « Soixante-dix semaines d'années », Bibl 50 (1969)   (4913
            169-186.

9,5-19   WAMBACQ, B. N., « Les prières de Baruch (1,15-2,19) et de Daniel   (4914
            (9,5-19) », Bibl 40 (1959) 463-475.

9,24-27   LO GIUDICE, C., « Le settanta settimane di Daniele e le date   (4915
            messianiche », CC 3 (1952) 166-176.

12,1-13   FENZ, A. K., « Wie lange noch ? Exegetische Bemerkungen zu Dn   (4916
            12,1-13 », BiLit 40 (1967) 408-426.

            GRELOT, P., « La promesse de la résurrection et de la vie éternelle (Dn   (4917
            12,1-3) », AS (n.s.) N° 64 (1969) 36-40.

12,1-2   ALFRINK, B., « L'idée de résurrection d'après Dan., 12,1-2 », Bibl 40   (4918
            (1959) 355-371.

12,2   SPADAFORA, F., « Daniele 12,2,13 e la risoluzione », RivB 1 (1953)   (4919
            193-215.

12,11-13   SCHEDL, C., « Mystiche Arithmetik oder geschichtliche Zahlen ?   (4920
            Daniel 8,14; 12,11-13 », BZ 8 (1964) 101-105.

12,11-12   HUNT, B., « A Short Note on Daniel 12,11-12 », SCR 9 (1957) 84.   (4921

13   WURMERAND, M., « A Falsha Variant of the Story of Suzanna »,   (4922
            Bibl 44 (1963) 29-45.

14   MEHLMANN, J., « Danielis caput 14 (= Bel et draco) apud   (4923
            Tertullianum », VD 44 (1966) 265-271.

14,23-42   FENZ, A. K., « Zu Daniel 14,23-42 », BiLit 43, N° 2 (1970) 38-43.   (4924

14,42   VACCARI, A., « L'ultimo versetto di Daniele », RivB 2 (1954)   (4925
            248-250.

Divers. Miscellaneous. Verschiedenes. Diversi. Diversos.

VITTI, A., « Il libro di Daniele nella recente critica », ScuolC 1 (1931) 441-456.   (4926

SCHABES, L., « Der Prophet Daniel », BiLit 9 (1934-1935) 59-61.   (4927

LINDER, J., « Das Aramäische im Buche Daniel », ZKT 59 (1935) 503-545.   (4928

RINALDI, G., « Danielis prophetiae apud S. Augustinum », VD 21 (1941) 99-107.   (4929

BRUNET, A., « La date de Daniel », SE 7 (1955) 239-255.   (4930

XXX, « Daniel », PPB N° 24 (1955) 28 pp.   (4931

BEAUCAMP, É., *Sous la main de Dieu,* « Daniel », II, 187-224.   (4932

BRUNET, A., « The Book of Daniel », TDig 5 (1957) 58-63.   (4933

SULLIVAN, K., « The Book of Daniel », Wor 31 (1957) 77-86.   (4934

XXX, « Vetera et Nova : 1) La caduta di Samaria; 2) Daniele 3-8; 6,25 e i testi di   (4935
Mari », RivB 6 (1958) 368-371.

MAYER, R., « Iranischer Beitrag zu Problemen des Daniel- und Esther-   (4936
Buches », dans *Lex tua Veritas* (en collab.), 127-135.

GRELOT, P., « Les versions grecques de Daniel », Bibl 47 (1966) 381-402.   (4937

DEXINGER, F., *Das Buch Daniel und seine Probleme* (Stuttgart, Katholisches   (4938
Bibelwerk, 1969), 88 pp.

DUBARLE, A.-M., « Daniel », SDB VIII (1970), col. 736-758.   (4939

McNAMARA, M., « Nabonidus and the Book of Daniel », IrThQ 37 (1970)   (4940
131-149.

6. Ézéchiel. Ezekiel. Hezechiel. Ezechiele. Ezequiel.

Commentaires. Commentaries. Kommentare. Commenti. Comentarios.

DENNEFELD, L., *Ézéchiel,* dans *La Sainte Bible* (Pirot-Clamer), VII (1946),   (4941
467-630.

AUVRAY, P., *Ézéchiel* (Paris, Cerf, 1947), 200 pp.   (4942

SPADAFORA, F., *Ezechiele* (La Sacra Bìbbia) (Torino, Roma, Marietti, 1951),   (4943
358 pp.

AUVRAY, P., *Ézéchiel²* (BJ) (Paris, Cerf, 1957), 196 pp.   (4944

GARCIA CORDERO, M., *Biblia comentada, III, Libros Proféticos*, 779-982.   (4945

Théologie. Theology. Theologie. Teologia. Teología.

SKRINJAR, A., « De falsis prophetis apud Jeremiam et Ezechielem », VD 11   (4946
(1931) 99-105.

CASPER, J., « Die Herrlichkeit Gottes. Gedanken zum Ezechielbuche », BiLit 12   (4947
(1937-1938) 68-69.

GRUENTHANER, M. J., « The Messianic Concepts of Ezechiel », TS 2 (1941)   (4948
1-18.

DELORME, J., « Conversion et pardon selon le prophète Ezéchiel », dans   (4949
Mémorial J. Chaine (en collab.), 115-144.

BOUYER, L., *La Bible et l'Évangile²*, « Le problème cultuel (Ézéchiel et la religion   (4950
du Temple, l'Arche et la Schekinah) », 95-120.

FEUILLET, A., *Le Cantique des cantiques*, « L'allégorie du mariage dans la   (4951
théologie prophétique : Ézéchiel », 167-179.

RENAUD, B., *Je suis un Dieu jaloux. Étude d'un thème biblique*, « La littérature   (4952
exilienne : Ézéchiel », 73-90.

Textes. Texts. Texte. Testi. Textos.

1   VOGT, E., « Der Nehar Kebar : Ez 1 », Bibl 39 (1958) 211-216.   (4953

1,3   AUVRAY, P., « Ézéchiel I-III. Essai d'analyse littéraire », RB 67   (4954
               (1960) 481-502.

               AUVRAY, P., « Ezechiel 1,3 : a Literary Analysis », TDig 12 (1964)   (4955
               159-164.

2,1-3,9   AUVRAY, P., « La vocation d'Ézéchiel (Ez 2,1-3,9) », BVC Nº 43   (4956
               (1962) 18-26.

13,1-16   RAMLOT, M.-L., « Les prometteurs de paix (Ézéchiel 13,1-16) », BVC   (4957
               Nº 24 (1958) 48-57.

16   TOURNAY, R., « Quelques relectures bibliques antisamaritaines », RB   (4958
               71 (1964) 504-536.

16,30   FITZMYER, J. A., « A Note on Ez 16,30 », CBQ 23 (1961) 460-462.   (4959

17,22-24   BUIS, P., « Tous les oiseaux nicheront à l'ombre de sa ramure (Ez   (4960
               17,22-24) », AS (n.s.) Nº 42 (1970) 40-44.

18   JUNKER, H., « Ein Kerastück der Predigt Ezechiels. Studie über Ez   (4961
               18 », BZ 7 (1963) 173-185.

18,1-32   HARVEY, J., « Collectivisme et individualisme. Ez. 18,1-32 et Jér.   (4962
               31,29 », SE 10 (1958) 167-202.

18,5-9   CARREIRA, J. N., « Reizes da linguagem profetica de Ezequiel », EstB   (4963
               26 (1967) 275-286.

20,4-26   LUST, J., « Ez., XX, 4-26, une parodie de l'histoire religieuse d'Is-   (4964
               raël », ETL 43 (1967) 488-527.

21,32   MORAN, W. L., « Gen. 49,10 and its Use in Ez. 21,32 », Bibl 39 (1958)   (4965
               405-425.

23,20   LORETZ, O., « Eine sumerische Parallele zu Ez 23,20 », BZ 14 (1970)   (4966
               126.

26,28   DE ORBISO, T., « El oráculo contra Tiro en Isaías XXIII y Ezequiel   (4967
             XXVI-XXVIII », EstB 1 (1942) 597-625.

33,1-20   DEL OLMO LETE, G., « Estructura literaria de Ez. 33,1-20 », EstB   (4968
             22 (1962) 5-31.

             AUVRAY, P., « Le prophète comme guetteur (Ez. 33,1-20) », RB 71   (4969
             (1964) 191-205.

33,32   DAHOOD, M., « An Allusion to Kosher in Ezekiel 33,32 », Bibl 44   (4970
             (1963) 531-532.

34   JEANNE D'ARC, Sr, « Le bon Pasteur », VS 106 (1962) 699-706.   (4971

37,1-14   DANIÉLOU, J., « La vision des ossements desséchés (Ézéchiel 37,1-14)   (4972
             dans les *Testimonia* », RSR 53 (1965) 220-233.

             DANIÉLOU, J., *Études d'exégèse judéo-chrétienne (les Testimonia)*   (4973
             (Paris, Beauchesne, 1966), « Les ossements desséchés (Ez., 37,1-
             14) », 111-121.

             AUVRAY, P., « Je mettrai mon esprit en vous, et vous vivrez (Ez   (4974
             37,1-14) », AS (n.s.) N° 30 (1970) 11-16.

40-48   MONLOUBOU, L., « Pour un monde renouvelé, une liturgie nouvel-   (4975
             le », BVC N° 92 (1970) 43-61.

44,1-3   POHL, A., « Das verschlossene Tor. Ez. 44,1-3 », Bibl 13 (1932) 90-92.   (4976

47   DANIÉLOU, J., « Le symbolisme de l'eau vive (Exégèse de Ézéchiel   (4977
             47) », RevSR 32 (1958) 335-346.

47,1-11   DANIÉLOU, J., *Études d'exégèse judéo-chrétienne (Les Testimonia)*   (4978
             (Paris, Beauchesne, 1966), « La source du temps (Ez., 47,1-11) »,
             122-138.

Divers. Miscellaneous. Verschiedenes. Diversi. Diversos.

COLUNGA, A., « La vocación del profeta Ezequiel », EstB 1 (1941) 121-166.   (4979

GRUENTHANER, M. J., « Recent Theories about Ezechiel », CBQ 7 (1945)   (4980
438-446.

AUVRAY, P., « Le problème historique du livre d'Ézéchiel », RB 55 (1948)   (4981
503-518.

DE FRAINE, J., « Gilgames apud Ezechielem ? » VD 26 (1948) 49-52.   (4982

SPADAFORA, F., « Ezechiele. Qualche nota », EstB 11 (1952) 325-336.   (4983

STEINMANN, J., *Le prophète Ézéchiel et les débuts de l'exil,* 328 pp.   (4984

ZIEGLER, J., « Zur Textgestaltung der Ezechiel-Septuaginta », Bibl 34 (1953)   (4985
435-455.

SULLIVAN, K., « The Book of Ezechiel », Wor 29 (1954-55) 569-580.   (4986

GELIN, A., « Ézéchiel », dans *Catholicisme* 4 (1954) 1021-1028.   (4987

KATZ, P., « Zur Textgestaltung der Ezekiel-Septuaginta », Bibl 35 (1954) 29-39.   (4988

XXX, « Ézéchiel », PPB N° 23 (1955) 20 pp.   (4989

HARVEY, J., « Ézéchiel », DS IV, col. 2204-2220.   (4990

BEAUCAMP, É., *Sous la main de Dieu,* « Ézéchiel », I, 183-222.   (4991

XXX, « Le Seigneur est mon berger (En lisant les prophètes des VII-VIᵉ siècles :   (4992
Jérémie et Ézéchiel) », CE N° 28 (1957) 38-58.

AUVRAY, P., « Remarques sur la langue d'Ézéchiel », dans *Sacra Pagina* (en   (4993
collab.), I, 461-470.

VOGT, E., « Textumdeutungen im Buch Ezechiel », dans *Sacra Pagina* (en collab.),   (4994
I, 471-494.

DRIESSEN, W. C. H., « Un commentaire araméen d'Ézéchiel », RB 68 (1961)   (4995
251-261.

TOURNAY, R., « À propos des babylonismes d'Ézéchiel », RB 68 (1961) 388-393.   (4996

VANHOYE, A., « L'utilisation du livre d'Ézéchiel dans l'Apocalypse », Bibl 43   (4997
(1962) 436-476.

FRANSEN, I., « Ézéchiel, témoin de justice et de miséricorde », BVC N° 79   (4998
(1968) 41-51.

LUST, J., « « Mon Seigneur Jahweh » dans le texte hébreu d'Ézéchiel », ETL 44   (4999
(1968) 482-488.

AUVRAY, P., « Ezéchiel », SDB VIII (1970), col. 759-791.   (5000

7. Habaquq. Habakkuk. Habakuk. Habaquq. Habacuc.

Commentaires. Commentaries. Kommentare. Commenti. Comentarios.

DEISSLER, A., DELCOR, M., *Habacuc,* dans *La Sainte Bible* (Pirot-Clamer),   (5001
VIII, 1re partie (1961) 405-434.

TRINQUET, J., *Habaquq. Abdias. Joël²* (BJ) (Paris, Cerf, 1959), 94 pp.   (5002

GARCIA CORDERO, M., *Biblia comentada, III, Libros Proféticos,* 1241-1253.   (5003

Textes. Texts. Texte. Testi. Textos.

1,3   LYNCH, C. H., « World War II and Habacuc », AmER 103 (1940)   (5004
           480-484.

2,1-5   STENZEL, M., « Habakuk 2,1-4,5a », Bibl 33 (1952) 506-510.   (5005

2,4   CAMBIER, J., *L'Évangile de Dieu selon l'épître aux Romains,* « La   (5006
           citation d'Habacuc », I, 42-47, 56-57.

2,5   JUNG, P., « Hab 2,5 : κατοινωμενος oder κατοιομενος ? » Bibl 32   (5007
           (1951) 564-566.

           ZIEGLER, J., « Konjektur oder überlieferte Lesart ? Zu Hab. 2,5   (5008
           κατοινωμενος / κατοιομενος », Bibl 33 (1952) 366-370.

3   DELCOR, M., « La geste de Yahvé au temps de l'Exode et l'espérance   (5009
           du Psalmiste en Habacuc III », dans *Miscellanea Biblica B. Ubach* (en
           collab.), 287-302.

           BÈGUERIE, P., « Le psaume d'Habaquq », dans *Études sur les*   (5010
           prophètes d'Israël, 53-84.

3,1-19   BÈGUERIE, P., LECLERCQ, J., STEINMANN, J., *Études sur les*   (5011
           prophètes d'Israël, « Le psaume d'Habacuc », 53-84.

3,2   ZIEGLER, J., « Ochus und Esel in der Krippe. Biblischpatristische   (5012
           Erwägungen zu Is 1,3 und Hab 3,2 (LXX) », MüTZ 3 (1952) 385-402.

Divers. Miscellaneous. Verschiedenes. Diversi. Diversos.

BÉVENOT, M., « Le Cantique d'Habaquq », RB 42 (1933) 499-525.   (5013

DELCOR, M., *Les manuscrits de la Mer Morte.* Essai sur le Midrash d'Habacuc   (5014
(Paris, Cerf, 1951), 84 pp.

XXX, « Les petits prophètes : Habacuc », PPB N° 25 (1956) 34-38.   (5015

COTHENET, É., « Habacuc », SDB VIII (1970), col. 791-811.   (5016

8. Isaïe. Isaiah. Isaias. Isaia. Isaías.

Commentaires. Commentaries. Kommentare. Commenti. Comentarios.

BRILLET, G., *Isaïe* (Paris, Cerf, 1944), 151 pp.   (5017

DENNEFELD, L., *Isaïe*, dans *La Sainte Bible* (Pirot-Clamer), VII (1946), 13-234.   (5018

STEINMANN, J., *Le prophète Isaïe*, 381 pp.   (5019

AUVRAY, P., STEINMANN, J., *Isaïe²* (BJ) (Paris, Cerf, 1957), 268 pp.   (5020

PENNA, A., *Isaia* (La Sacra Bìbbia) (Torino, Roma, Marietti, 1958), 632 pp.   (5021

STEINMANN, J., *Isaïe I, ch. 1-39*. Texte français, introduction et commentaires   (5022
(Bruges, Desclée de Brouwer, 1960), 160 pp.

GARCIA CORDERO, M., *Biblia comentada, III, Libros Proféticos*, 57-391.   (5023

Théologie. Theology. Theologie. Teologia. Teología.

Foi. Faith. Glaube. Fede. Fe.

VIRGULIN, S., « La « fede » nel Profeta Isaia », Bibl 31 (1950) 346-364, 483-503.   (5024

LORETZ, O., « Der Glaube des Propheten Isaias an das Gottersreich », ZKT 82   (5025
(1960) 40-73, 159-181.

PRAGER, M., « Jesajah, der Prophet des Glaubens », BiLit 37 (1963-64) 143-150.   (5026

Messianisme. Messianism. Messianismus. Messianismo. Mesianismo.

CASPER, J., « Isaias zeichnet das Christusbild », BiLit 12 (1937-38) 100-103.   (5027

BARTHOLD, E., « Der Messias im Buche Isaias », TGl 38 (1948) 228-243.   (5028

BARTHOLD, E., « Das messianische Reich im Buche Isaias », TGl 42 (1952)   (5029
426-444.

FEUILLET, A., « La communauté messianique dans la prédication d'Isaïe », BVC   (5030
Nº 20 (1957) 38-52.

JUNKER, H., « Ursprung und Grundzüge des Messiasbildes bei Isajas », TrierTZ   (5031
66 (1957) 193-207.

RENARD, H., « Le messianisme dans la première partie du Livre d'Isaïe », dans   (5032
Sacra Pagina (en collab.), I, 388-407.

PONTHOT, J., « Isaïe, prophète de l'espérance messianique », AS Nº 2 (1962)   (5033
25-43.

COPPENS, J., « Les espérances messianiques du Proto-Isaïe et leurs prétendues   (5034
relectures », ETL 44 (1968) 491-497.

Autres thèmes. Other Themes. Sonstige Themen. Altri temi. Otros temas.

BUDA, J., « Nomina divina in libro Isaiae », Bibl 18 (1937) 182-196.   (5035

BUDA, J., « Semah Jahweh. Investigationes ad christologiam Isaianam spec-   (5036
tantes », Bibl 20 (1939) 10-26.

CHAINE, J., « Isaïe, prophète de la transcendance divine », VS 65 (1941) 510-523.   (5037

DUMESTE, M.-L., « Le message du prophète Isaïe », VS 76 (1947) 748-767.   (5038

HALAS, R., « Universalism of Isaias », CBQ 12 (1950) 162-170.   (5039

PAUL-MARIE DE LA CROIX, P., *L'Ancien Testament source de vie spiri-*   (5040
tuelle³, « Le mystère de Jésus », 464-468.

GUILLET, J., *Thèmes bibliques*, « Grâce, justice et vérité : 2. L'évolution du   (5041
vocabulaire : Isaïe », 57-73.

CHARY, T., *Les prophètes et le culte à partir de l'exil* (Paris, Desclée et Cie, 1955),   (5042
93-112 (le Trito-Isaïe).

DREYFUS, F., « La doctrine du reste d'Israël chez le prophète Isaïe », RSPT 39   (5043
(1955) 361-386.

GUILLET, J., « La Gloire du Sinaï », CHR Nº 11 (1956) 293-309.   (5044

FEUILLET, A., « La conversion et le salut des nations chez le prophète   (5045
Isaïe », BVC Nº 22 (1958) 3-22.

KOCH, R., « La théologie de l'Esprit de Yahvé dans le livre d'Isaïe », dans *Sacra* (5046
Pagina (en collab.), I, 419-434.

STUHLMUELLER, C., « The Theology of Creation in Second Isaias », CBQ 21 (5047
(1959) 429-467.

BLANCHETTE, O. A., « The Wisdom of God in Isaia », AmER 145 (1961) (5048
413-423.

LEGAULT, A., « Le baptême de Jésus et la doctrine du Serviteur souffrant », SE (5049
13 (1961) 147-166.

RENAUD, B., *Je suis un Dieu jaloux.* Étude d'un *thème biblique,* « L'école isaïen- (5050
ne », 97-106.

RENCKENS, H., *Isaïe, le prophète de la proximité de Dieu* (Bruges, Desclée de (5051
Brouwer, 1967), 256 pp.

STEGEMANN, U., « Der Restgedanke bei Isaias », BZ 13 (1969) 161-186.   (5052

JUNKER, H., « Der Sinn der sogenannten Ebed-Jahwe-Stücke », TrierTZ 79 (5053
(1970) 1-12.

Textes. Texts. Texte. Testi. Textos.

1-40	BEAUCAMP, É., *Sous la main de Dieu,* « Isaïe », I, 77-115.	(5054
1-12	MATTIOLI, A., « La dottrina di Isaia nella prima sezione del suo libro (1-12) », RivB 12 (1964) 349-411.	(5055
	WANSBROUGH, J. H., « The Concept of Sin and Holiness in the Book of Emmanuel (Is. 1-12) », SCR 18 (1966) 112-119.	(5056
1,1-21	MATTIOLI, A., « Due schemi letterari negli oracoli d'introduzione al libro d'Isaia (Is. 1,1-31) », RivB 14 (1966) 345-364.	(5057
1,2-3,10-20	HARVEY, J., *Le plaidoyer prophétique contre Israël après la rupture de l'alliance,* 36-42.	(5058
1,3	ZIEGLER, J., « Ochs und Esel an der Krippe. Biblischpatristische Erwägungen zu Is 1,3 und Hab 3,2 (LXX) », MüTZ 3 (1952) 385-402.	(5059
2	VACCARI, A., « I carmi del « Servo di Jahve ». Ultime risonanze e discussioni », Bibl 15 (1934) 216-244.	(5060
2,1-5	DELCOR, M., « Sion, centre universel », AS (n.s.) N° 5 (1969) 6-11.	(5061
2,4	FULLER, R. C., « Swords and Ploughshares (Isaiah II,4) », SCR 4 (1950) 150-151.	(5062
3	VAN DEN BRANDEN, A., « I gioielli delle donne di Gerusalemme (Is. 3) », BibOr 5 (1963) 87-94.	(5063
3,3	AB ALPE, A., « Quid sit « prudens eloquii mystici » (Is 3,3) », VD 23 (1943) 133-137.	(5064
4,2-6	PRAGER, M., « Durch Gericht zum Heil – durch Tod zum Le- ben », BiLit 38 (1964-65) 250-253.	(5065
4,2	CEUPPENS, F., « De germine Iahve apud Isaiam IV, 2 », Ang 13 (1936) 249-251.	(5066
4,3-5	LIPINSKI, E., « De la réforme d'Esdras au règne eschatologique de Dieu (Is 4,3-5a) », Bibl 51 (1970) 533-537.	(5067
5,1-7	JUNKER, H., « Die literarische Art von Is. 5,1-7 », Bibl 40 (1949) 259-266.	(5068
	DE ORBISO, T., « El cántico a la viña del amado (Is 5,1-7) », EstE 34 (1960) 715-731.	(5069

PEZZELLA, S., « La parabola della vigna », BibOr 5 (1963) 5-8. (5070

5,2 GIGLIOLI, A., « Nuova versione di « SQL » in Is. 5,2; 62,10 », RivB (5071
15 (1967) 385-392.

DAHOOD, M., « Ugaristic *tat* and Isaias 5,18 », CBQ 22 (1960) 73-75. (5072

6 MICHL, J., « Duo Seraphim clamabant alter ad alterum », TGl 29 (5073
(1937) 440-446.

SHERWOOD, P., « The Vision of Isaias », Wor 20 (1945-46) 448-456. (5074

STEINMANN, J., *Le prophète Isaïe. Sa vie, son oeuvre et son temps,* (5075
« La vision inaugurale et la vocation prophétique », 32-50.

BÈGUERIE, P., LECLERCQ, J., STEINMANN, J., *Études sur les* (5076
prophètes d'Israël (Paris, Cerf, 1954), « La vocation d'Isaïe », 11-51.

MONTAGNINI, F., « La vocazione di Isaia », BibOr 6 (1964) 163-172. (5077

RENAUD, B., « La vocation d'Isaïe. Expérience de la foi », VS 119 (5078
(1968) 129-145.

6,9-10 ALONSO DIAZ, J., « La ceguera espiritual del pueblo en Is 6,9-10 en (5079
relación con la acción de Dios », EstE 34 (1960) 733-739.

GNILKA, J., *Die Verstockung Israels.* Isaias 6,9-10 in der Theologie der (5080
Synoptiker, 232 pp.

6,10 LATTEY, C., « Did God « harden » the Heart of Israel (Isaias VI, (5081
10) ? » SCR 3 (1948) 48-50.

7 McIVER, E., « The Sign of Emmanuel », Wor 36 (1961) 20-26. (5082

COPPENS, J., « La prophétie d'Emmanuel », dans *L'Attente du Messie* (5083
(en collab.), 39-50.

7,1-17 KILIAN, R., *Die Verheissung Immanuels. Jes 7,14* (Stuttgart, (5084
Katholisches Bibelwerk, 1968), 132 pp.

7,3 BRUNET, G., « Le terrain aux foulons », RB 71 (1964) 230-239. (5085

LINDER, J., « Zu Isaias 7,8f. und 7,16 », ZKT 64 (1940) 101-104. (5086

7,8-9 LATTEY, C., « How did the Prophecy of Isaias VII,8-9, affect King (5087
Achaz ? » SCR 3 (1948) 50.

7,13-16 DE VRIES, I., « Sensus messianicus vaticinii Is. 7,13-16 ex contextu (5088
confirmatur », VD 7 (1927) 342-349, 369-373.

7,14-17 COPPENS, J., « La prophétie de la 'Almah. Is. 7,14-17 », ETL 28 (5089
(1952) 648-678.

7,14-16 SOLE, F., « L'Emmanuele nelle profezia messianica di Isaia c. VII, (5090
14-16 », ScuolC 2 (1931) 186-206, 263-280.

MEJIA, J., « Isaías 7,14-16 : Contribución a la exégesis de un texto (5091
dificil », EstB 24 (1965) 107-121.

CEUPPENS, F., « De signo Emmanuelis », Ang 23 (1946) 53-59. (5092

COPPENS, J., « La prophétie d'Emmanuel (*Is.,* VII, 14-16) », dans (5093
L'attente du Messie (en collab.), 39-50.

REHM, M., *Der königliche Messias im Licht der Immanuel-* (5094
Weissagungen des Buches Jesaja (Kevelaer, Butzon & Bercker,
1968), « Das Zeichen : Jes 7,14-16 », 30-121.

7,14 VACCARI, A., « De nominibus Emmanuelis », VD 11 (1931) 7-15. (5095

LATTEY, C., « The Emmanuel Prophecy : Isaias 7,14 », CBQ 8 (1946) (5096
369-376.

BRUNEC, M., « De sensu « Signi » in Is 7,14 », VD 33 (1955) 321-330. (5097

CRIADO, R., « El valor de· « *laken* » (Vg « propter ») en Is 7,   (5098
14 », EstE 34 (1960) 741-751.

GALOT, J., « La virginité de Marie et la naissance de Jésus », NRT   (5099
82 (1960) 449-469.

PORUBCAN, S., « The word *'ot* in Isaia 7,14 », CBQ 22 (1960)   (5100
144-159.

SUTCLIFFE, E. F., « The Emmanuel Prophecy of Isaias », EstE 34   (5101
(1960) 753-765.

COPPENS, J., « L'interprétation d'Is. VII,14 à la lumière des études les   (5102
plus récentes », dans *Lex tua Veritas* (en collab.), 31-45.

McNAMARA, M., « The Emmanuel Prophecy and its Context », SCR   (5103
14 (1962) 118-125; 15 (1963) 19-23, 80-87.

REHM, M., « Das Wort *'almah* in Is 7,14 », BZ 8 (1964) 89-101.   (5104

KRUSE, H., « *Alma Redemptoris Mater* – Eine Auslegung der   (5105
Immanuel-Weissagung Is 7,14 », TrierTZ 74 (1965) 15-36.

MONTAGNINI, F., « L'interpretazione di Is. 7,14 di J. L. Isen-   (5106
biehl », dans *Il messianismo* (en collab.), 95-104.

VELLA, G., « Isaia 7,14 e il parto verginale del Messia », dans *Il*   (5107
Messianismo (en collab.), 85-93.

GERMANO, J. M., « Privilegium nominis messianici a D. Joseph   (5108
imponendi », VD 47 (1969) 151-162.

7,15   LATTEY, C., « The Child of Isaias VII,15 », SCR 2 (1947) 80-82.   (5109

KISSANE, E. J., « Butter and Honey shall he eat (Is. 7,15) », dans   (5110
L'Ancien Testament et l'Orient (en collab.), 169-173.

7,15b   DUNCKER, P. G., « Ut sciat reprobare malum et eligere bonum (*Is.,*   (5111
VII,15b) », dans *Sacra Pagina* (en collab.), I, 408-412.

7,16   LINDER, J., « Zu Isaias 7,8f. und 7,16 », ZKT 64 (1940) 101-104.   (5112

8,1-10   JUNKER, H., « Die messianische Verkündigung im Buche Isajas (Is   (5113
8,1-10) », PB 49 (1938) 279-285.

8,6   MÜLLER, K., « Joh 9,7 und das jüdische Verständnis des Siloh-   (5114
Spruches », BZ 13 (1969) 251-256.

8,11-15   ALONSO SCHÖKEL, L., « Tres imágenes de Isaías », EstB 15 (1956)   (5115
63-84.

8,12-14   LOHFINK, N., « Isaias 8,12-14 », BZ 7 (1963) 98-104.   (5116

8,23-9,6   ALONSO SCHÖKEL, L., « Dos poemas a la paz (Estudio estilístico de   (5117
Is. 8,23-9,6 y 11,1-16) », EstB 18 (1959) 149-169.

9,1-6   REHM, M., *Der königliche Messias im Licht der Immanuel-*   (5118
Weissagungen des Buches Jesaja (Kevelaer, Butzon & Bercker,
1968), « Das Kind : Jes 9,1-6 », 130-184.

STEINMETZ, F.-J., « Propheten – Weihnacht. Meditation über Isaias   (5119
9,1-6 », GeistL 41 (1968) 469-472.

PONTHOT, J., « Un enfant nous est né... », AS (n.s.) N° 10 (1970)   (5120
6-12.

9,5-6   COPPENS, J., « Le roi idéal d'Is., IX,5-6 et II,1-5 est-il une figure   (5121
messianique ? » dans *À la rencontre de Dieu*. Mémorial Albert Gelin (en
collab.), 85-108.

9,5   VACCARI, A., « De nominibus Emmanuelis (Is. 7,14,9,5) », VD 11   (5122
           (1931) 7-15.

           IZAGA, L., « El Príncipe de la Pas », RazFe 33 (1933) 178-202.   (5123

9,6   BARTON, J. M. T., « The Meaning of Isaias IX,6 », SCR 1 (1946) 31.   (5124

           RENAUD, B., *Je suis un Dieu jaloux.* Étude d'un thème biblique,   (5125
           118-126.

9,7-20   ALONSO SCHÖKEL, L., « Tres imágenes de Isaías », EstB 15 (1956)   (5126
           63-84.

9,7-9   KISSANE, E. J., « The Qumrân Text of Isaiah, IX,7-9 (I QIsᵃ) », dans   (5127
           Sacra Pagina (en collab.), I, 403-418.

10,5-27   ALONSO SCHÖKEL, L., « Tres imágenes de Isaías », EstB 15 (1956)   (5128
           63-84.

10,28-32   ALONSO SCHÖKEL, L., « Is. 10,28-32 : Análisis estilístico », Bibl 40 (5129
           (1959) 230-236.

10,28   FERNANDEZ, A., « El paso difícil del ejercito asirio (Is. 10,28) », EstE (5130
           10 (1931) 339-348.

11,1-10   KOCH, R., « Der Gottesgeist und der Messias », Bibl 27 (1946)   (5131
           241-268, 376-403.

           MONTAGNINI, F., « Le roi-messie attendu », AS (n.s.) N° 6 (1969)   (5132
           6-12.

11,1-9   REHM, M., *Der königliche Messias im Licht der Immanuel-*   (5133
           Weissagungen des Buches Jesaja (Kevelaer, Butzon & Bercker,
           1968), 434 pp. « Der Friedensfürst : Jes 11,1-9 », 185-234.

11,1-6   ALONSO SCHÖKEL, L., « Dos poemas a la paz (Estudio estilístico de   (5134
           Is. 8,23-9,6 y 11,1-16) », EstB 18 (1959) 149-169.

11,1-5   COPPENS, J., « Le roi idéal d'Is., IX,5-6 et XI,1-5 est-il une figure (5135
           messianique ? » dans *À la rencontre de Dieu.* Mémorial Albert Gelin (en
           collab.), 85-108.

11,2   GARCIA DEL MORAL, A., « Sentido trinitario de la expresión   (5136
           « espíritu de Yahvé » de Is. XI, 2 en I Pdr. IV,14 », EstB 20 (1961)
           169-190.

           GARCIA DEL MORAL, A., « Reposo y morada del Espíritu ? » EstB   (5137
           20 (1961) 191-206.

           VACCARI, A., « Spiritus septiformis ex Isaia 11,2 », VD 11 (1931)   (5138
           129-133.

11,3   ERBES, J., « Et replebit eum spiritus timoris Domini. Is. 11,3 », VD (5139
           23 (1943) 278-279.

11,10   GRILL, S., « Und sein Grab wird herrlich sein », BiLit 23 (1955-56)   (5140
           331-333.

12,3   MURILLO, L., « Haurietis aquam in gaudio de fontibus Salvatoris (Is   (5141
           12,3) », VD 4 (1924) 169-175.

14   ALFRINK, B., « Die Versammlungen im aüssersten Norden (Is.   (5142
           14) », Bibl 14 (1933) 41-67.

14,11   CARMIGNAC, J., « Six passages d'Isaïe éclairés par Qumran (Is 14,11; (5143
           21,10; 22,5; 25,4; 26,3; 50,6) », dans *Bibel und Qumran.* Festschrift Hans
           Bardtke (en collab.) (Berlin, Evang. Haupt-Bibelgesellschaft, 1968),
           37-46.

16,1	AB ALPE, A., « Emitte agnum, Domine, dominatorem terrae (Is 16,1) », VD 21 (1941) 321-326.	(5144
	GRILL, S., « Emitte Agnum, Domine, Dominatorem terrae. Is 16, 1 », BiLit 23 (1955-56) 85-88.	(5145
18,4	MONTAGNINI, F., « Come caldo sereno al brillar della luce ? » RivB 11 (1963) 92-95.	(5146
19,7	SACCHI, P., « Nota a Is. 19,7 », RivB 13 (1965) 169-170.	(5147
21,1-5	COSTE, J., « Le texte grec d'Isaïe XXI,1-5 », RB 61 (1954) 36-66.	(5148
21,10	CARMIGNAC, J., « Six passages d'Isaïe éclairés par Qumran (Is 14,11; 21,10; 22,5; 25,4; 26,3; 50,6) », dans Bibel und Qumran. Festschrift Hans Bardtke (en collab.) (Berlin, Evang. Haupt-Bibelgesellschaft, 1968), 37-46.	(5149
23	LINDER, J., « Die Weissagung über Tyrus (Isaias 23) », ZKT 65 (1941) 217-221.	(5150
	DE ORBISO, T., « El oráculo contra Tiro en Isaías XXIII y Ezequiel XXVI-XXVIII », EstB 1 (1942) 597-625.	(5151
23,2	DAHOOD, M., « Textual Notes on Isaias », CBQ 22 (1960) 400-409.	(5152
24-27	STEINMANN, J., Le prophète Isaïe. Sa vie, son oeuvre et son temps, « L'Apocalypse d'Isaïe », 348-365.	(5153
	FOHRER, C., « Der Aufbau der Apokalypse des Jesajabuchs (Is 24-27) », CBQ 25 (1963) 34-45.	(5154
25,1-5	COSTE, S.-M., « Le texte grec d'Isaïe 25,1-5 », RB 61 (1954) 36-66.	(5155
25,4	CARMIGNAC, J., « Six passages d'Isaïe éclairés par Qumran (Is 14,11; 21,10; 22,5; 25,4; 26,3; 50,6) », dans Bibel und Qumran. Festschrift Hans Bardtke (en collab.) (Berlin, Evang. Haupt-Bibelgesellschaft, 1968), 37-46.	(5156
25,6-8	VIRGULIN, S., « Il lauto convito sul Sion (Is. 25,6-8) », BibOr 11 (1969) 57-64.	(5157
26,3	CARMIGNAC, J., « Six passages d'Isaïe éclairés par Qumran (Is 14,11; 21,10; 22,5; 25,4; 26,3; 50,6) », dans Bibel und Qumran. Festschrift Hans Bardtke (en collab.) (Berlin, Evang. Haupt-Bibelgesellschaft, 1968), 37-46.	(5158
26,19	FEUILLET, A., Le Cantique des cantiques, « La méthode des parallélismes : Isaïe, 26,19 », 198-204.	(5159
27,2-5	ALONSO SCHÖKEL, L., « La canción de la viña, Is 27,2-5 », EstE 34 (1960) 767-774.	(5160
28,16	VIRGULIN, S., « Il significato della pietra di fondazione in Is. 28,16 », RivB 7 (1959) 208-220.	(5161
29,1	SPADAFORA, F., « Gli Aramei e la Genesi – Ari'el e lilith (Is. 29, 1s; 7; 34,14) », RivB 1 (1953) 64-68.	(5162
30,1b	DAHOOD, M., « Accusative 'esah, « Wood », in Isaiah 30,1b », Bibl 50 (1969) 57-58.	(5163
30,15	DAHOOD, M., « Some Ambiguous Texts in Isaias », CBQ 20 (1958) 41-49.	(5164
30,27-33	SABOTTKA, L., « Is 30,27-33 : Ein Übersetzungsvorschlag », BZ 12 (1968) 241-245.	(5165
	SCHEDL, C., « Gedanken zu einem « Übersetzungsvorschlag » », BZ 13 (1969) 242-243.	(5166

32,17   VATTIONI, F., « I precedenti letterari di Is. 32,17 », RivB 6 (1958)   (5167
            23-33.

33,2   DAHOOD, M., « Some Ambiguous Texts in Isaias », CBQ 20 (1958)   (5168
            41-49.

33,4   ZIEGLER, J., « Das Heuschreckengleichnis Is. 33,4 », Bibl 14 (1933)   (5169
            460-464.

34,14   SPADAFORA, F., « Gli Aramei e la Genesi – Ari'el e lilith (Is. 29, Is.   (5170
            7;34,14) », RivB 1 (1953) 64-68.

35,1-10   MONTAGNINI, F., « La joie du salut qui vient (Is 35,1-6a.10) », AS   (5171
            (n.s.) N° 7 (1969) 6-11.

36,2   BRUNET, G., « Le terrain aux foulons », RB 71 (1964) 230-239.   (5172

37,25   CALDERONE, P. J., « The Rivers of « Masor » », Bibl 42 (1961)   (5173
            423-432.

37,32   RENAUD, B., Je suis un Dieu jaloux. Étude d'un thème biblique,   (5174
            118-126.

38,16   TOURNAY, R., « Relectures bibliques concernant la vie future et   (5175
            l'angélologie », RB 69 (1962) 481-505.

40-66   PEIRCE, F. X., « Ecclesiastical Library Table. The Problem of the   (5176
            Servant in Isaias 40-66 », AmER 92 (1935) 83-95.

            FEUILLET, A., Le Cantique des cantiques, « L'allégorie du mariage   (5177
            dans la théologie prophétique : Isaïe, 40-66 », 179-192.

            PORUBCAN, S., Il Patto nuovo in Is. 40-66 (Roma, Pont. Istituto   (5178
            Biblico, 1958), 336 pp.

            SCHARBERT, J., Heilsmittler im alten Testament und im alten Orient   (5179
            (Freiburg, Basel, Wien, Herder, 1964), 348 pp.

40-55   VAN DER PLOEG, J., Les chants du Serviteur de Jahvé dans la seconde   (5180
            partie du livre d'Isaïe (ch. 40-55) (Paris, Lecoffre, 1936), 223 pp.

            BURROWS, E., The Gospel of the Infancy and other biblical Essays,   (5181
            « The Servant of Yahweh in Isaiah : an Interpretation », 59-80.

            KAHMANN, J., « Die Heilszukunft in ihrer Beziehung zur   (5182
            Heilsgeschichte nach Is. 40-55 », Bibl 32 (1951) 65-89, 141-172.

            TOURNAY, R., « Les chants du serviteur dans la seconde partie d'I-   (5183
            saïe », RB 59 (1952) 355-384, 481-512.

            DE LEEUW, V., « Le Serviteur de Jahvé. Figure royale prophé-   (5184
            tique », dans L'attente du Messie (en collab.), 51-56.

            FRANSEN, I., « La communauté missionnaire (Is. 40-55) », BVC   (5185
            N° 12 (1955-56) 60-75.

            CAZELLES, H., « Les poèmes du Serviteur. Leur place, leur structure, (5186
            leur théologie », RSR 43 (1955) 5-55.

            BEAUCAMP, É., Sous la main de Dieu, « Second Isaïe », I, 223-269.   (5187

            MARIANI, B., « S. Paolo ed il Servo di Jahve », RivB 4 (1956) 330-356; (5188
            5 (1957) 17-24.

            XXX, « Le Seigneur est mon berger (En lisant les prophètes de la période (5189
            persane) », CE N° 28 (1957) 59-68.

            SCHARBERT, J., « Stellvertretendes Sühneleiden in den Ebed-   (5190
            Jahve-Liedern und in altorientalischen Ritualtexten », BZ 2 (1958) 190-
            213.

COPPENS, J., « Les origines littéraires des poèmes du serviteur de (5191) Yahvé », Bibl 40 (1959) 248-258.

GUILLET, J., « La polémique contre les idoles et le Serviteur de Yah- (5192) vé », Bibl 40 (1959) 428-434.

HAAG, H., « Ebed Jahwe-Forschung 1948-1958 », BZ 3 (1959) (5193) 174-204.

MASSI, P., « Legame tra i racconti della cena e i carmi del servo di (5194) Jahweh », RivB 7 (1959) 97-125, 193-207.

SPADAFORA, F., « Gli esuli del 597 e la seconda parte di Isaia », Div (5195) 3 (1959) 438-450.

STEINMANN, J., *Le livre de la consolation d'Israël et les prophètes du* (5196) *retour de l'exil,* 316 pp.

BRUNOT, A., « Le Poème du Serviteur et ses problèmes (Isaïe XL- (5197) LV) », RT 61 (1961) 5-24.

SABOURIN, L., *Rédemption sacrificielle,* « Le sacrifice du « Servi- (5198) teur » », 192-255.

BLENKINSOPP, J., « The Unknown Prophet of the Exile », SCR 14 (5199) (1962) 81-96, 109-117.

MORIARTY, F. L., « The Suffering Servant », Way 2 (1962) 121-134. (5200)

BEAUDET, R., « La typologie de l'Exode dans le Second-Isaïe », LTP (5201) 19 (1963) 11-21.

RAMLOT, M.-L., « Yahweh, le Dieu de toute la terre (Isaïe 40- (5202) 55) », BVC Nº 49 (1963) 33-43.

SCHOORS, A., « Les choses antérieures et les choses nouvelles dans les (5203) oracles deutéro-isaïens », ETL 40 (1964) 19-47.

ALONSO, J., « The Problem of the Servant Songs », SCR 18 (1966) (5204) 18-26.

BLENKINSOPP, J., « La tradition de l'Exode dans le Second-Isaïe, (5205) 40-55 », Conci Nº 20 (1966) 41-48.

VELGE, N., « Le livre de la consolation ou le mystère du Messie (5206) souffrant (Isaïe 40-55) », BVC Nº 68 (1966) 76-89.

DION, H.-M., « Le genre littéraire sumérien de l' « hymne à soi- (5207) même » et quelques passages du deutéro-Isaïe », RB 74 (1967) 215-234.

SCHOORS, A., « L'eschatologie dans les prophéties du Deutéro- (5208) Isaïe », dans *Aux grands carrefours de la révélation et de l'exégèse de l'Ancien Testament* (en collab.), 107-128.

STUHLMUELLER, C., « « First and last » and « Yahweh-Crea- (5209) tor » in Deutero-Isaiah », CBQ 29 (1967) 495-511.

McKENZIE, J. L., *Second Isaiah* (Garden City, Doubleday, 1968), (5210) 232 pp.

GAMPER, A., « Der Verkündigungsauftrag Israels nach Deute- (5211) ro-Jesaja », ZKT 91 (1969) 411-429.

STUHLMUELLER, C., « Quid Deutero-Isaias in capitibus 40-55 de (5212) redemptione creatrice doceat », VD 47 (1969) 170-176.

DION, P.-E., « L'universalisme religieux dans les différentes couches (5213) rédactionnelles d'Isaïe 40-55 », Bibl 51 (1970) 161-182.

STUHLMUELLER, C., *Creative Redemption in Deutero-Isaiah* (Is (5214) 40-55) (Rome, Biblical Institute Press, 1970), 300 pp.

40,1-11   HASPECKER, J., « Der Prophet des Advents », GeistL 34 (1961)   (5215
               401-406.

               COUTURIER, G., « Le héraut du Dieu qui vient (Is 40,1-5.9-11) », AS   (5216
               (n.s.) N° 6 (1969) 28-33.

40,1-2   VAN DIJK, H. J., « Consolamini, consolamini popule meus ? ... Is 40,   (5217
               1-2 », VD 45 (1967) 342-346.

40,3   GAROFALO, S., « Preparare la strada al Signore », RivB 6 (1958)   (5218
               131-134.

40,4   RAVENNA, A., « Rekasîm (asperas : Is. 40,4) e merukśê 'ish (Ps. 31,   (5219
               21) », RivB 1 (1953) 69-70.

40,5   DAHOOD, M., « Some Ambiguous Texts in Isaias », CBQ 20 (1958)   (5220
               41-49.

40,12   COUROYER, B., « Isaïe 40,12 », RB 73 (1966) 186-196.   (5221

42,1-9   DION, P.-E., « Les chants du Serviteur de Yahweh et quelques passages   (5222
               apparentés d'Is 40-55. Un essai sur leurs limites précises et sur leurs
               origines respectives », Bibl 51 (1970) 17-38.

42,1-7   BEHLER, G.-M., « Le premier chant du Serviteur », VS 120 (1969)   (5223
               253-281.

               FESTORAZZI, F., « Voici mon serviteur (Is 42,1-4.6-7) », AS (n.s.)   (5224
               N° 12 (1969) 34-39.

42,1-4   VOGT, E., « Die Ebed-Jahwe-Lieder und ihre Ergänzungen », EstE 34   (5225
               (1960) 775-788.

42,1   KOCH, R., « Der Gottesgeist und der Messias », Bibl 27 (1946)   (5226
               241-268, 376-403.

42,13   FREEDMAN, D. N., « Isaiah 42,13 », CBQ 30 (1968) 225-226.   (5227

43,14   RAVENNA, A., « Isaia 43,14 », RivB 12 (1964) 293-296.   (5228

43,16-25   FESTORAZZI, F., « La création nouvelle (Is 43,16-22.24b-25) », AS   (5229
               (n.s.) N° 38 (1970) 19-24.

45,1-8   AUVRAY, P., « Cyrus, instrument du Dieu unique (Isaïe 45,1-8) »,   (5230
               BVC N° 50 (1963) 17-23.

45,1   DAHOOD, M., « Some Ambiguous Texts in Isaias », CBQ 20 (1958)   (5231
               41-49.

45,8   RUFFENACH, F., « Rorate, caeli, desuper (Is. 45,8) », VD 12 (1932)   (5232
               353-356.

47,7   FREEDMAN, D. N., « « Mistress Forever ». A Note on Isaiah 47,   (5233
               7 », Bibl 51 (1970) 538.

49,1-6   GIBLIN, C. H., « A Note on the Composition of Isaias 49,1-6   (5234
               (9a) », CBQ 21 (1959) 207-212.

               VOGT, E., « Die Ebed-Jahwe-Lieder und ihre Ergänzungen », EstE 34   (5235
               (1960) 775-788.

               BEHLER, G.-M., « Le deuxième Chant du Serviteur », VS 121 (1969)   (5236
               113-144.

               DION, P.-E., « Les chants du Serviteur de Yahweh et quelques passages   (5237
               apparentés d'Is 40-55. Un essai sur leurs limites précises et sur leurs
               origines respectives », Bibl 51 (1970) 17-38.

45,1   DAHOOD, M., « Some Ambiguous Texts in Isaias », CBQ 20 (1958)   (5238
               41-49.

49,3-6	COUTURIER, G., « La vocation d'un homme de Dieu (Is 49,3.5-6) », AS (n.s.) Nº 33 (1970) 6-14.	(5239
49,5	TOURNAY, R., « Quelques relectures bibliques antisamaritaines », RB 71 (1964) 504-536.	(5240
49,12	KISSANE, E. J., « The Land of Sinim (Is. 49,12) », IrThQ 21 (1954) 63-64.	(5241
49,26	DAHOOD, M., « Textual notes on Isaias », CBQ 22 (1960) 400-409.	(5242
50,4-9	VOGT, E., « Die Ebed-Jahwe-Lieder und ihre Ergänzungen », EstE 34 (1960) 775-788.	(5243
	DION, P.-E., « Les chants du Serviteur de Yahweh et quelques passages apparentés d'Is 40-55. Un essai sur leurs limites précises et sur leurs origines respectives », Bibl 51 (1970) 17-38.	(5244
50,4	PALMARINI, N., « Notula critica in tertium Carmen Jahweh (Is 50,4) », VD 31 (1953) 209-211.	(5245
50,6	CARMIGNAC, J., « Six passages d'Isaïe éclairés par Qumràn (Is 14,11; 21,10; 22,5; 25,4; 26,3; 50,6) », dans *Bibel und Qumran*. Festschrift Hans Bardtke (en collab.) (Berlin, Evang. Haupt-Bibelgesellschaft, 1968), 37-46.	(5246
52,2	DAHOOD, M., « Some Ambiguous Texts in Isaias », CBQ 20 (1958) 41-49.	(5247
52,7-10	FESTORAZZI, F., « Le Dieu qui vient », AS (n.s.) Nº 10 (1970) 19-24.	(5248
52,13-53,12	CHARLIER, C., « Der verherrlichte Gottesknecht », BiLit 23 (1955-56) 194-207.	(5249
	DALTON, W. J., « The Fourth Song of the Servant of Yahweh : Is. 52,13-53,12 », SCR 10 (1958) 1-9.	(5250
	KRINETZKI, L., « Der Einfluss von Is 52,13-53,12 par auf Phil 2, 6-11 », TQ 139 (1959) 157-193, 291-336.	(5251
	VOGT, E., « Die Ebed-Jahwe-Lieder und ihre Ergänzungen », EstE 34 (1960) 775-788.	(5252
	CAZELLES, H., « La destinée du Serviteur (Is 52,13-53,12) », AS (n.s.) Nº 21 (1969) 6-14.	(5253
	DION, P.-E., « Les chants du Serviteur de Yahweh et quelques passages apparentés d'Is 40-55. Un essai sur leurs limites précises et sur leurs origines respectives », Bibl 51 (1970) 17-38.	(5254
53	THOMAS, D. W., « A Consideration of Isaiah LIII in the Light of recent textual and philological Study », ETL 44 (1968) 79-86.	(5255
53,2	VATTIONI, F., « Is 53,2a e i miti orientali », RivB 5 (1957) 288-298.	(5256
53,7	PORPORATO, F. X., « Oblatus est quia ipse voluit (Is. 53,7) », VD 10 (1930) 20-28.	(5257
	POLD, A., « Was ein Vers der Vetus Latina uns nicht alles lehren kann ! » MüTZ 5 (1954) 273-275.	(5258
53,8-9	AHLSTRÖM, G. W., « Notes to Isaiah 53 : 8f », BZ 13 (1969) 95-98.	(5259
53,9	GONZALEZ RUIZ, J. M., « Una profecia de Isaias sobre la sepultura de Cristo », EstB 6 (1947) 225-232.	(5260
53,10-12	COPPENS, J., « Miscellanées bibliques (la finale du quatrième chant du Serviteur) », ETL 39 (1963) 114-119.	(5261

53,12   COPPENS, J., « Phil. II, 7 et Is. LIII,12. Le problème de la « Ké-   (5262
               nose » », ETL 41 (1965) 147-150.

               DIP, G., « Plegaria y sufrimiento del Siervo de Yavé », EstE 41 (1966)   (5263
               303-350.

55,3   DUPONT, J., « ΤΑ ΟΣΙΑ ΔΑΥΙΔ ΤΑ ΠΙΣΤΑ (Ac. 13, 34-Is. 55,   (5264
               3) », RB 68 (1961) 91-114.

55,6-11   TROADEC, H.-G., « La parole vivante et efficace (Is. 55,6-11) », BVC   (5265
               N° 11 (1955) 57-67.

57,6   IRWIN, W. H., « The Smooth Stones of the Wady ? Isaiah 57,6 », CBQ   (5266
               29 (1967) 31-40.

58,1-14   RAMLOT, M.-L., « Le jeûne qui plaît à Dieu (Isaïe 58,1-14) », BVC   (5267
               N° 40 (1961) 16-32.

               LEFÈVRE, A., « Jour de jeûne, jour de grâce (Is 58,1-14) », AS N°   (5268
               25 (1966) 19-32.

58,7   HENRY, A.-M., « Rompre ton pain avec celui qui a faim (Is. 58,   (5269
               7) », VS 96 (1957) 227-265.

58,9   HAURET, C., « Note d'exégèse : Isaïe 58,9 », RevSR 35 (1961)   (5270
               369-377.

               HAURET, C., « Lo stendere il dito », BibOr 4 (1962) 164-168.   (5271

59,20   GROSS, H., « Mais il viendra en rédempteur pour Sion (Is 59,20) »,   (5272
               Conci N° 30 (1967) 77-86.

60,1-6   GRELOT, P., « La procession des peuples vers la nouvelle Jérusa-   (5273
               lem », AS (n.s.) N° 12 (1969) 6-10.

61,1-11   FESTORAZZI, F., « L'Évangile des pauvres (Is 61,1-2a.10-11) », AS   (5274
               (n.s.) N° 7 (1969) 28-33.

61,1-3   KOCH, R., « Der Gottesgeist und der Messias », Bibl 27 (1946)   (5275
               241-268, 376-403.

62,1-5   DUPREZ, A., « Les noces de Jérusalem avec son Dieu (Is 62,1-5) »,   (5276
               AS (n.s.) N° 33 (1970) 70-75.

62,5   ADINOLFI, M., « San Giuseppe e Isaia 62,5a », RivB 7 (1959) 57-60.   (5277

62,10   GIGLIOLI, A., « Nuova versione di « SQL » in Is. 5,2; 62,10 », RivB   (5278
               15 (1967) 385-392.

62,11-12   DUPREZ, A., « Dieu visite son peuple », AS (n.s.) N° 10 (1970) 13-18.   (5279

63,1-6   GRELOT, P., « L'exégèse messianique d'Is. 63,1-6 », RB 70 (1963)   (5280
               371-380.

63,16-17   DUPREZ, A., « Ah ! Si tu déchirais les cieux et si tu descendais (Is   (5281
               63,16b-17; 64,1.3b-8) », AS (n.s.) N° 5 (1969) 30-36.

65,3-4   DAHOOD, M., « Textual Notes on Isaias », CBQ 22 (1960) 400-409.   (5282

66,1   GÖSSMANN, F., « Scabellum pedum tuorum », Div 11 (1967) 31-54.   (5283

66,18-22   RINALDI, G., « Gli « scampati » di Is., LXVI,18-22 », dans *À la*   (5284
               rencontre de Dieu. Mémorial Albert Gelin (en collab.), 109-118.

Divers. Miscellaneous. Verschiedenes. Diversi. Diversos.

       SCHABES, L., « Der Prophet Isaias », BiLit 9 (1934-1935) 82-86.   (5285

       DUMESTE, M.-L., « Le prophète Isaïe, le sang, la foi, le génie », RB 64 (1935)   (5286
       526-547.

       THÉRY, G., « Commentaire sur Isaïe de Thomas de Saint-Victor », VSS 47 (1936)   (5287
       146-162.

       CASPER, J., « Der grosse Prophet », BiLit 14 (1939-40) 15-18.   (5288

FEUILLET, A., « Isaïe », SDB IV, col. 647-688.   (5289

STEINMANN, J., *Le prophète Isaïe.* Sa vie, son oeuvre et son temps, 382 pp.   (5290

FEUILLET, A., « Un sommet religieux de l'Ancien Testament. L'oracle d'Isaïe sur   (5291
l'Égypte », dans *Mélanges Jules Lebreton,* I, RSR 39 (1951) 65-87.

LATTEY, C., « The Book of Isaiah the Prophet », SCR 5 (1952) 2-7.   (5292

GOTTSTEIN, M. H., « Bemerkungen zu Eissfeldt's Variae Lectiones der   (5293
Jesaja-Rolle », Bibl 34 (1953) 212-221.

BÈGUERIE, P., « La vocation d'Isaïe », dans *Études sur les prophètes d'Israël,*   (5294
11-51.

GOTTSTEIN, M. H., « Die Jesaja-Rolle im Lichte von Peschitta und Tar-   (5295
gum », Bibl 35 (1954) 51-71.

GOTTSTEIN, M. H., « Die Jesaja-Rolle und das Problem der hebräischen   (5296
Bibelhandschriften », Bibl 35 (1954) 429-442.

SULLIVAN, K., « The Book of Isaiah », Wor 30 (1955-56) 32-42.   (5297

XXX, « Isaïe », PPB N° 21 (1955) 44 pp.   (5298

GOZZO, S., « Isaia profeta e i suoi figli « signi e presagi in Israele » », Ant 31   (5299
(1956) 215-246, 355-382.

XXX, « En lisant les prophètes du VIII° s. : Amos et Osée, Isaïe et Michée », CE   (5300
N° 28 (1957) 27-37.

PENNA, A., « Testi d'Isaia in San Paolo », RivB 5 (1957) 25-30, 163-179.   (5301

KORNFELD, W., « Leben, Wirken und Bedeutung des Propheten Isaias », BiLit   (5302
27 (1959-60) 56-60.

VIRGULIN, S., « Il Libano nel libro di Isaia », RivB 7 (1959) 343-355.   (5303

GOZZO, S., « De s. Hieronymi commentario in Isaiae librum », Ant 35 (1960)   (5304
49-80, 169-214.

SKEHAN, P. W., « Some textual Problems in Isaia (5,30; 8,16-20; 8,21-22; 8,23-9,1;   (5305
14,19; 43,17; 45,11; 49,21; 57,13) », CBQ 22 (1960) 47-55.

PENNA, A., « Le parti narrative in Isaia e Geremia », RivB 13 (1965) 321-346.   (5306

BECKER, J., *Isaias - der Prophet und sein Buch* (Stuttgart, Katholisches Bibelwerk,   (5307
1968), 84 pp.

9. Jérémie. Jeremiah. Jeremias. Geremia. Jeremías.

Commentaires. Commentaries. Kommentare. Commenti. Comentarios.

CONDAMIN, A., *Le livre de Jérémie* (EB) (Paris, Gabalda, 1936), 380 pp.   (5308

DENNEFELD, L., *Jérémie,* dans *La Sainte Bible* (Pirot-Clamer), VII (1946),   (5309
235-406.

GELIN, A., *Jérémie* (Paris, Cerf, 1952), 200 pp.   (5310

PENNA, A., *Geremia* (La Sacra Bìbbia) (Torino, Roma, Marietti, 1952), 442 pp.   (5311

STEINMANN, J., *Le prophète Jérémie,* 332 pp.   (5312

VITTONATTO, G., *Il libro di Geremia* (Torino, Marietti, 1955), 10-585 pp.   (5313

GELIN, A., *Jérémie. Les Lamentations. Le livre de Baruch²* (BJ) (Paris, Cerf, 1959), (5314
312 pp.

STEINMANN, J., *Jérémie.* Texte français. Introduction et commentaires (Bruges,   (5315
Desclée de Brouwer, 1960), 190 pp.

GARCIA CORDERO, M., *Biblia comentada, III, Libros Proféticos,* 392-713.   (5316

Théologie. Theology. Theologie. Teologia. Teología.

SKRINJAR, A., « De falsis prophetis apud Jeremiam et Ezechielem », VD 11   (5317
(1931) 99-105.

DUMESTE, M.-L., « Le message du prophète Jérémie », VS 55 (1938) 38-59.   (5318

DUMESTE, M.-L., « Jérémie et la religion de l'esprit », VS 55 (1938) 156-182.   (5319

DUMESTE, M.-L., « La religion personnelle de Jérémie », VS 56 (1938) 40-59.   (5320

SMITH, E. J., « The Decalogue in the Preaching of Jeremias », CBQ 4 (1942)   (5321
197-209.

FEUILLET, A., « Les prophètes écrivains et la préparation de l'Évangile : Jérémie,   (5322
le prophète de la vie intérieure », CE N° 3 (1951) 40-47.

BOUYER, L., *La Bible et l'Évangile²*, « Le Dieu de sainteté et la religion du coeur   (5323
(Isaïe et Jérémie) », 73-94.

FEUILLET, A., *Le Cantique des cantiques.* « L'allégorie du mariage dans la   (5324
théologie prophétique : Jérémie », 157-167.

FOURNEL, A., RÉMY, P., « Le sens du péché dans Jérémie », BVC N° 5 (1954)   (5325
34-46.

GUILLET, J., *Thèmes bibliques,* « Grâce, justice et vérité: 2. L'évolution du   (5326
vocabulaire : Jérémie », 74-79.

STROBEL, A., « Jeremias, Priester ohne Gottesdienst ? » BZ 1 (1957) 214-224.   (5327

VITTONATTO, G., « Il pensiero messianico di Geremia nello sviluppo storico del   (5328
Messianismo », RivB 6 (1958) 338-352.

WAMBACQ, B. N., « Teologia del libro di Geremia », RivB 7 (1959) 126-131.   (5329

DEVESCOVI, U., « Annotazioni sulla dottrina di Geremia circa la nuova allean-   (5330
za », RivB 8 (1960) 108-128.

DE CERTEAU, M., « Lectures chrétiennes de Jérémie », BVC N° 42 (1961)   (5331
50-64.

HARVEY, J., « The Prayer of Jeremias », Way 3 (1963) 165-173.   (5332

PENNA, A., « Il messianismo nel libro di Geremia », dans *Il messianismo* (en   (5333
collab.), 135-178.

DOMMERSHAUSEN, W., « Der « Spross » als Messiasvorstellung bei Jeremia   (5334
und Sacharja », TQ 148 (1968) 321-341.

Textes. Texts. Texte. Testi. Textos.

1   STEINMANN, J., *Le prophète Jérémie.* Sa vie, son oeuvre et son temps,   (5335
                    « La vocation de Jérémie », 31-36.

1,1-3   VOGT, E., « Verba Jeremiae filii Helciae (Jer 1,1-3) », VD 2 (1964)   (5336
                    169-172.

1,4-19   DEVESCOVI, U., « La vocazione di Geremia alla missione profe-   (5337
                    tica », BibOr 3 (1961) 6-21.

1,4-10   LANGKAMMER, H., « Der übernatürliche Charakter des Beruf-   (5338
                    ungserlebnisses des Propheten Jeremias », FreibZ 12 (1965) 426-438.

1,5-16   VOGT, E., « Vocatio Jeremiae », VD 42 (1964) 241-251.   (5339

1,5   SUTCLIFFE, E. F., « Was Jeremias Sanctified in the Womb », AmER   (5340
                    83 (1930) 303-304.

2,4-13,29   HARVEY, J., *Le plaidoyer prophétique contre Israël après la rupture de*   (5341
                    l'alliance, 45-48.

3,1-5   VARGHA, T., « Jeremiae carmen de muliere repudiata », Ant 15   (5342
                    (1940) 3-12.

3,23   VINK, J., « En vérité, c'est Yahvé notre Dieu, qui est le salut pour Israël   (5343
                    (Jr 3,23) », Conci N° 30 (1967) 57-64.

4,27   SOGGIN, J. A., « La « negazione » in Geremia 4,27 e 5,10a; cfr 5,   (5344
                    18b », Bibl 46 (1965) 56-59.

	BEHLER, G.-M., « Vocation menacée et renouvelée (Jr 15,10-11.15-21) », VS 120 (1969) 539-567.	(5345
	BEHLER, G.-M., « Jeremiah's Vocation Crisis », TDig 18 (1970) 114-121.	(5346
5,10	SOGGIN, J. A., « La « negazione » in Geremia 4,27 e 5,10a; cfr 5, 18b », Bibl 46 (1965) 56-59.	(5347
5,13	SCHUTTERMAYR, G., « Beobachtungen zu Jer 5,13 », BZ 9 (1965) 215-232.	(5348
5,18	SOGGIN, J. A., « La « negazione » in Geremia 4,27 e 5,10a; cfr 5, 18b », Bibl 46 (1965) 56-59.	(5349
9,20	PAUL, S. M., « Cuneiform Light on Jer 9,20 », Bibl 49 (1968) 373-376.	(5350
10,25	LANGEVIN, P.-É., « Ceux qui invoquent le nom du Seigneur (1 Co 1,2) », SE 19 (1967) 395-399.	(5351
11,1-4	ROBERT, A., « Jérémie et la réforme deutéronomique d'après Jérémie 11,1-4 », RSR 31 (1943) 5-16.	(5352
11,19	LATTEY, C., « Let us put Wood on his Bread (Jer. 11,19) », SCR 4 (1949) 25-26.	(5353
12,1-5	BEHLER, G.-M., Les confessions de Jérémie, « Plainte au sujet du bonheur des impies », 11-26.	(5354
13,18	DAHOOD, M., « Two Textual Notes on Jeremia », CBQ 23 (1961) 462-464.	(5355
15,10-21	BEHLER, G.-M., Les confessions de Jérémie, « Renouvellement de la vocation de Jérémie », 27-45.	(5356
16,1-4	LEGRAND, L., La virginité dans la Bible, « « À cause de la détresse présente » : Jérémie », 21-25.	(5357
17,12-18	BEHLER, G.-M., Les confessions de Jérémie, « Prière de vengeance », 47-60.	(5358
17,13	DAHOOD, M., « The Metaphor in Jeremiah 17,13 », Bibl 48 (1967) 109-110.	(5359
17,14	HAURET, C., « Note d'exégèse. Jérémie 17,14 : Sana me, Domine, et sanabor », RevSR 36 (1962) 174-184.	(5360
20,3-10	SPADAFORA, F., « Sulla Risurrezione di Gesu. Jo. 20,3-10 », RivB 1 (1953) 99-115.	(5361
20,7-13	BEHLER, G.-M., Les confessions de Jérémie, « Luttes dans l'âme du prophète », 61-76.	(5362
20,7-9	MUÑOZ IGLESIAS, S., « La force irrésistible de l'Esprit (Jr 20,7-9) », AS (n.s.) N° 53 (1970) 6-10.	(5363
20,7	DE LUBAC, H., « Tu m'as trompé, Seigneur ! Le commentaire d'Origène sur Jérémie xx,7 », dans Mémorial J. Chaine (en collab.), 255-280.	(5364
20,8	MARROW, S., « Hamas (violentia) in Jer 20,8 », VD 43 (1965) 241-255.	(5365
20,10-13	MUÑOZ IGLESIAS, S., « Jérémie, figure des chrétiens (Jr 20,10-13) », AS (n.s.) N° 43 (1969) 6-11.	(5366
22,18	DAHOOD, M., « Two Textual Notes on Jeremia », CBQ 23 (1961) 462-464.	(5367

23,1-6   MUÑOZ IGLESIAS, S., « Les mauvais pasteurs et le bon pasteur (Jr   (5368
            23,1-6) », AS (n.s.) N° 47 (1970) 34-38.

23,5   SWETNAM, J., « Some Observations on the Background of צדיק in   (5369
            Jeremias 23,5a », Bibl 46 (1965) 29-40.

23,9-29   BEHLER, G.-M., Les confessions de Jérémie, « Le livret contre les faux   (5370
            prophètes », 77-105.

25,26   VOGT, E., « La caduta di Gerusalemme, secondo nuovi documen-   (5371
            ti », CC 2 (1957) 267-278.

27,6   LEMKE, W. E., « Nebuchadrezzar, my Servant », CBQ 28 (1966)   (5372
            45-50.

31,20   SCHILDENBERGER, J., « Drum schlägt ihm mein Herz-Ich muss   (5373
            mich seiner erbarmen (Jer 31,20). Vom Inneleben Gottes im Licht des
            Alten Testamentes », GeistL 36 (1963) 163-178.

31,29   HARVEY, J., « Collectivisme et individualisme. Ez. 18,1-32 et Jér.   (5374
            31,29 », SE 10 (1958) 167-202.

31,31-34   COPPENS, J., « La Nouvelle Alliance en Jér. 31,31-34 », CBQ 25   (5375
            (1963) 12-21.

            GARCIA DE LA FUENTE, O., « El cumplimiento de la ley en la nueva   (5376
            alianza según los profetas », EstB 28 (1969) 293-312.

            FÜGLISTER, N., « La nouvelle Alliance (Jr 31,31-34) », AS (n.s.)   (5377
            N° 18 (1970) 28-35.

31,22   NACAR, E., « Sobre la interpretation de « femina circumdabit vi-   (5378
            rum » », EstB 1 (1942) 405-436.

            BRUNS, J. E., « Mary in Jeremias, 31,22 », AmER 136 (1957) 28-31.   (5379

31,32   SCHEDL, C., « « Femina circumdabit virum » oder « via sa-   (5380
            lutis » ? » ZKT 83 (1961) 431-442.

33,14-16   AMSLER, S., « Le Seigneur est notre justice », AS (n.s.) N° 5 (1969)   (5381
            56-61.

36   DONOHUE, J. J., « Jeremiah and Rejection of the Word », Wor 34   (5382
            (1960) 79-88.

            KESSLER, M., « Form-critical Suggestions on Jer 36 », CBQ 28 (1966)   (5383
            389-401.

43,10   LEMKE, W. E., « Nebuchadrezzar, my Servant », CBQ 28 (1966)   (5384
            45-50.

49,20   KSELMAN, J. S., « A Note on Jer 49,20 and Ze 2,6-7 », CBQ 32 (1970)   (5385
            579-581.

Divers. Miscellaneous. Verschiedenes. Diversi. Diversos.

        FLORIT, E., « Sofonia, Geremia e la cronaca di Gadd », Bibl 15 (1934) 8-31.   (5386
        VACCARI, A., « Le Lettere di Lachis », Bibl 20 (1939) 180-191.   (5387
        SOUBIGOU, L., « L'action de Jérémie pour maintenir l'union entre Israël et   (5388
        Dieu », AT 3 (1942) 397-407.
        CUMMINS, P., « Jeremias Orator », CBQ 11 (1949) 191-201.   (5389
        GELIN, A., « Jérémie (le livre de) », SDB IV, col. 857-889.   (5390
        ROBERT, A., « Jérémie (lettre de) », SDB IV, col. 849-857.   (5391
        CAZELLES, H., « Jérémie et le Deutéronome », RSR 38 (1951) 5-36.   (5392
        DANIÉLOU, J., « Christos Kyrios. Une citation des *Lamentations* de Jérémie dans   (5393
        les *Testimonia* », dans *Mélanges Jules Lebreton,* I, RSR 39 (1951) 338-352.

CAZELLES, H., « Jérémie et le Deutéronome », RSR 38 (1951-1952) 5-36.   (5394

PAUL-MARIE DE LA CROIX, P., *L'Ancien Testament source de vie spiri-*   (5395
tuelle³, « La purification du Prophète Jérémie », 851-857.

STEINMANN, J., *Le prophète Jérémie.* Sa vie, son oeuvre et son temps, 332 pp.   (5396

VACCARI, A., « Due documenti contemporanei di Geremia recentemente sco-   (5397
perti », RivB 1 (1953) 136-143.

BÈGUERIE, P., LECLERCQ, J., STEINMANN, J., *Études sur les prophètes*   (5398
d'Israël, « Les « confessions » de Jérémie », 111-145.

RAVENNA, A., « Note Geremiane », RivB 2 (1954) 48-50.   (5399

SULLIVAN, K., « Jeremias the Prophet », Wor 29 (1954-55) 253-258.   (5400

BEAUCAMP, É., *Sous la main de Dieu,* « Jérémie », I, 139-182.   (5401

COPPENS, J., « Lamentations (livre des) », SDB V, col. 237-252.   (5402

SAYDON, P. P., « Il libro di Geremia », RivB 5 (1957) 141-162.   (5403

VOGT, E., « I tempi di Geremia secondo nuovi documenti », CC 2 (1957) 28-36.   (5404

XXX, « Jérémie, Les Lamentations, Baruch », PPB N° 22 (1958) 64 pp.   (5405

FRANK, R. M., « The Jeremias of Pethion Ibn Ayyûb Al-Sahhâr », CBQ 21 (1959)   (5406
136-170.

BONNARD, P.-É., *Le psautier selon Jérémie,* 281 pp.   (5407

DAHOOD, M., « La Regina del Cielo in Geremia », RivB 8 (1960) 166-168.   (5408

DE CERTEAU, M., « Lectures chrétiennes de Jérémie », BVC N° 43 (1962)   (5409
42-59.

PENNA, A., « Le parti narrative in Isaia e Geremia », RivB 13 (1965) 321-346.   (5410

CAZELLES, H., « Sophonie, Jérémie, et les Scythes en Palestine », RB 74 (1967)   (5411
24-44.

GARCIA MORENO, A., « Vocación de Jeremias », EstB 27 (1968) 49-68.   (5412

OVERHOLT, T. W., « King Nebuchadnezzar in the Jeremiah Tradition », CBQ   (5413
30 (1968) 39-48.

MUÑOZ IGLESIAS, S., « Jérémie, figure des chrétiens (Jr 20,10-13) », AS (n.s.)   (5414
N° 43 (1969) 6-11.

HORWITZ, W. J., « Audience Reaction to Jeremiah », CBQ 32 (1970) 555-564.   (5415

10. Joël. Gioele. Joel.

Commentaires. Commentaries. Kommentare. Commenti. Comentarios.

DEISSLER, A., DELCOR, M., *Joël,* dans *La Sainte Bible* (Pirot-Clamer), VIII,   (5416
1ʳᵉ partie (1961) 133-174.

RINALDI, G., *I profeti minori* (La Sacra Bìbbia) (Torino, Roma, Marietti, 1953),   (5417
Gioele, II, 125-168.

TRINQUET, J., *Habaquq. Abdias. Joël²* (BJ) (Paris, Cerf, 1959), 94 pp.   (5418

GARCIA CORDERO, M., *Biblia comentada, III, Libros Proféticos,* 1123-1141.   (5419

STEINMANN, J., Abbé HANON, *Michée, Sophonie, Joël, Nahoum, Habacqouq.*   (5420
Texte français. Introduction et commentaires (Bruges, Desclée de Brouwer, 1962),
120 pp.

Textes. Texts. Texte. Testi. Textos.

2,13   LAFON, G., « Déchirez votre coeur », VS 108 (1963) 173-187.   (5421

3,1-5   GELIN, A., « L'annonce de la Pentecôte (Joël 3,1-5) », BVC N° 27   (5422
         (1959) 15-19.

         KERRIGAN, A., « The « sensus plenior » of *Joel,* III, 1-5 in *Act.,*   (5423
         II,14-36 », dans *Sacra Pagina* (en collab.), II, 295-313.

BUIS, P., « Le don de l'Esprit Saint et la prophétie de Joël (Jl 3,1-5; Ac   (5424
2,14-40) », AS Nº 52 (1965) 16-28.

LANGEVIN, P.-É., « Sur l'origine du « Jour de Yahvé » », SE 18   (5425
(1966) 359-370.

BUIS, P., « La Pentecôte à la lumière de la prophétie de Joël (Jl 3,1-   (5426
5) », AS (n.s.) Nº 30 (1970) 17-22.

3,5   BESNARD, A.-M., *Le mystère du nom,* 200 pp.   (5427

4,11   TOURNAY, R., « Relectures bibliques concernant la vie future et   (5428
              l'angélologie », RB 69 (1962) 481-505.

Divers. Miscellaneous. Verschiedenes. Diversi. Diversos.

PAUTREL, R., « Joël (le livre de) », SDB IV, col. 1098-1104.   (5429

BÈGUERIE, P., LECLERCQ, J., STEINMANN, J., *Études sur les prophètes*   (5430
d'Israël, « Remarques sur le livre de Joël », 147-173.

STEINMANN, J., « Remarques sur le livre de Joël », dans BÈGUERIE, P. et   (5431
autres, *Études sur les Prophètes d'Israël,* 147-173.

XXX, « Les petits prophètes : Joël », PPB Nº 25 (1956) 54-57.   (5432

BOURKE, J., « Le jour de Yahvé dans Joël », RB 66 (1959) 5-31, 190-212.   (5433

RINALDI, G., « Giole e il salmo 65 », BibOr 10 (1968) 113-122.   (5434

11. *Jonas. Jonah. Jona. Giona. Jonás.*

Commentaires. Commentaries. Kommentare. Commenti. Comentarios.

DEISSLER, A., DELCOR, M., *Jonas,* dans *La Sainte Bible* (Pirot-Clamer), VIII,   (5435
1ʳᵉ partie (1961), 265-292.

RINALDI, G., *I Profeti minori* (La Sacra Bíbbia) (Torino, Roma, Marietti, 1953),   (5436
Giona, II, 189-213.

FEUILLET, A., *Le livre de Jonas²* (BJ) (Paris, Cerf, 1957), 36 pp.   (5437

GARCIA CORDERO, M., *Biblia comentada, III, Libros Proféticos,* 1186-1200.   (5438

Textes. Texts. Texte. Testi. Textos.

3,7-8   SCHAUMBERGER, J. B., « Das Bussedikt des Königs von Ninive bei   (5439
              Jonas 3,7-8 in keilschriftlicher Beleuchtung », Bibl 15 (1934) 123-134.

4,2   MOLLERFELD, J., « Du bist ein gnädiger und barmherziger Gott   (5440
              (Jonas 4,2) », GeistL 33 (1960) 324-333.

4,5   LOHFINK, N., « Jona ging zur Stadt hinaus (Jon 4,5) », BZ 5 (1961)   (5441
              185-203.

Divers. Miscellaneous. Verschiedenes. Diversi. Diversos.

FEUILLET, A., « Les sources du livre de Jonas », RB 54 (1947) 161-186.   (5442

FEUILLET, A., « Le sens du livre de Jonas », RB 54 (1947) 340-361.   (5443

FEUILLET, A., « Jonas (le livre de) », SDB IV, col. 1104-1131.   (5444

TRÉPANIER, B., « The Story of Jonas », CBQ 13 (1951) 8-16.   (5445

STENZEL, M., « Zum Vulgatatext des Canticum Jonas », Bibl 33 (1952) 356-365.   (5446

VÖGTLE, A., « Der Spruch vom Jonaszeichen », dans *Synoptische Studien* (en   (5447
collab.), 230-277.

PENNA, A., « Andrea di S. Vittore : Il suo Commento a Giona », Bibl 36 (1955)   (5448
305-331.

XXX, « Les petits prophètes », PPB N° 25 (1956) 58-61.   (5449

ALONSO DIAZ, J., « Difficultades que plantea la interpretación de la narración   (5450
de Jonás como púramente didáctica, y soluciones que se suelen dar », EstB 18 (1959)
357-374.

ALONSO DIAZ, J., « Paralelos entre la narración del libro de Jonas y la parole   (5451
del hijo prodigo », Bibl 40 (1959) 632-640.

STEINMANN, J., Le livre de la consolation d'Israël et les prophètes du retour de   (5452
l'exil, « Ruth et Jonas », 283-290.

ANTIN, P., « Saint Cyprien et Jonas », RB 68 (1961) 412-414.   (5453

FRANSEN, I., « Le livre de Jonas », BVC N° 40 (1961) 33-39.   (5454

LORETZ, O., « Herkunft und Sinn der Jona-Erzählung », BZ 5 (1961) 18-29.   (5455

DIGGES, M. L., « Jona the Reluctant Prophet », Wor 36 (1962) 321-326.   (5456

FRANTZEN, P., « Das « Zeichen des Jonas » », TGl 57 (1967) 61-66.   (5457

GRÄVE, K., « Das Zeichen des Jona », GeistL 43 (1970) 87-90.   (5458

12. Lamentations. Klagelieder. Lamentazioni. Lamentaciones.

Commentaires. Commentaries. Kommentare. Commenti. Comentarios.

DENNEFELD, L., Les lamentations, dans La Sainte Bible (Pirot-Clamer), VII   (5459
(1946), 407-434.

GELIN, A., Jérémie. Les Lamentations. Le livre de Baruch[2] (BJ) (Paris, Cerf, 1959),   (5460
312 pp.

Divers. Miscellaneous. Verschiedenes. Diversi. Diversos.

WIESMANN, H., « Der Verfasser der Klagelieder ein Augenzeuge der behendelten   (5461
Ereignissen », Bibl 17 (1936) 71-84.

DANIÉLOU, J., Études d'exégèse judéo-chrétienne (Les Testimonia) (Paris,   (5462
Beauchesne, 1966), « Nous vivrons à son ombre (Lam., 4, 20) », 76-95.

McDANIEL, T. F., « Philological Studies in Lamentations », Bibl 49 (1968) 27-53,   (5463
199-220.

13. Malachie. Malachi. Malachias. Malachia. Malaquías.

Commentaires. Commentaries. Kommentare. Commenti. Comentarios.

DEISSLER, A., DELCOR, M., Malachie dans La Sainte Bible (Pirot-Clamer),   (5464
VIII, 1re partie (1961), 623-662.

GELIN, A., Aggée. Zacharie. Malachie[3] (BJ) (Paris, Cerf, 1960), 76 pp.   (5465

GARCIA CORDERO, M., Biblia comentada, III, Libros Proféticos, 1317-1332.   (5466

Textes. Texts. Texte. Testi. Textos.

1,1-5   HERRANZ, A., « Dilexi Jacob, Esau autem odio habui », EstB 1 (1942)   (5467
              559-583.

1,11   REHM, M., « Das Opfer der Völker nach Mal 1,11 », dans Lex tua   (5468
              Veritas (en collab.), 193-208.

              SWETNAM, J., « Malachi 1,11 : An Interpretation », CBQ 31 (1969)   (5469
              200-209.

1,14-2,10   RENAUD, B., « Reproches aux prêtres (Ml 1,14b-2,2b.8-10) », AS   (5470
              (n.s.) N° 62 (1970) 6-12.

2,1-9   GELIN, A., « Message aux prêtres (Malachie 2,1-9) », BVC N° 30   (5471
             (1959) 14-20.

2,14-16   ADINOLFI, M., « Il ripudio secondo Mal. 2,14-16 », BibOr 12 (1970)   (5472
             247-256.

3,1   SKRINJAR, A., « Angelus Testamenti (Mal. 3,1) », VD 14 (1934)   (5473
             40-48.

3,3   ROBINSON, A., « God, the Refiner of Silver », CBQ 11 (1949)   (5474
             188-190.

3,20   VATTIONI, F., « Malachia 3,20 e l'origine della giustizia in Orien- (5475
             te », RivB 6 (1958) 353-360.

3,24   DERRETT, J. D. M., « Herod's Oath and the Baptist's Head (With an   (5476
             Appendix on Mk IX, 12-13, Mal III,24, Micah VII,6) », BZ 9 (1965)
             49-59, 233-246.

4,1-2a   RENAUD, B., « Le Jour du Seigneur (Ml 4,1-2a) », AS (n.s.) N° 64   (5477
             (1969) 64-70.

Divers. Miscellaneous. Verschiedenes. Diversi. Diversos.

DE VAUX SAINT-CYR, B., « La prophétie de Malachie », LV N° 11 (1953)   (5478
172-181.

PAUTREL, R., « Malachie (le livre de) », SDB V, col. 739-746.   (5479

CHARY, T., *Les prophètes et le culte à partir de l'Exil* (Paris, Desclée et Cie, 1955),   (5480
160-189.

XXX, « Les petits prophètes :•Malachie », PPB N° 25 (1956) 49-51.   (5481

STEINMANN, J., *Le livre de la consolation d'Israël et les prophètes du retour de*   (5482
l'exil, 253-263.

14. Michée. Micah. Micha. Michea. Miqueas.

Commentaires. Commentaries. Kommentare. Commenti. Comentarios.

DEISSLER, A., DELCOR, M., *Michée,* dans *La Sainte Bible* (Pirot-Clamer), VIII,   (5483
1re partie (1961), 293-360.

GEORGE, A., *Michée, Sophonie, Nahum²* (BJ) (Paris, Cerf, 1958), 100 pp.   (5484

GARCIA CORDERO, M., *Biblia comentada, III, Libros Proféticos,* 1201-1229.   (5485

STEINMANN, J., Abbé HANON, *Michée, Sophonie, Joël, Nahoum, Habaqqouq.*   (5486
Texte français. Introduction et commentaires (Bruges, Desclée de Brouwer, 1962),
120 pp.

Textes. Texts. Texte. Testi. Textos.

1,4   KÖBERT, R., « Môrad (Mi. 1,4), Ṭränke », Bibl 39 (1958) 82-83.   (5487

2,1   WILLIS, J. T., « On the Text of Micah, 2,1a et b », Bibl 48 (1967)   (5488
             534-541.

2,6-8   WILLIS, J. T., « Micah 2 : 6-8 and the « People of God » in Mi-   (5489
             cah », BZ 14 (1970) 72-87.

4,5   RENAUD, B., *Structure et attaches littéraires de Michée IV-V.* (Paris,   (5490
             Gabalda, 1964), 128 pp.

4,14-5,4   PRAGER, M., « Du Bethlehem Ephrata... », BiLit 38 (1964-65)   (5491
             118-122.

5,4-5   CATHCART, K. J., « Notes on Micah 5,4-5 », Bibl 49 (1968) 511-514. (5492

6,1-8   DEISSLER, A., « Micha 6,1-8 : Der Rechtsstreit Jahwes mit Israel um   (5493
             das rechte Bundesverhältnis », TrierTZ 68 (1959) 229-234.
             HARVEY, J., *Le plaidoyer prophétique contre Israël après la rupture de*   (5494
             l'alliance, 42-45.
6,9-16   TOURNAY, R., « Quelques relectures bibliques antisamaritaines », RB   (5495
             71 (1964) 504-536.

Divers. Miscellaneous. Verschiedenes. Diversi. Diversos.

             STEINMANN, J., *Le prophète Isaïe.* Sa vie, son oeuvre et son temps, « Les débuts   (5496
             de la prédication de Michée », 130-143; « Les dernières activités de Michée, d'Isaïe
             et d'Ézéchias (701-688) », 265-279.
             GEORGE, A., « Le livre de Michée », SDB 5 (1952), col. 1252-1263.   (5497
             XXX, « Les petits prophètes : Michée », PPB N° 25 (1956) 20-26.   (5498
             SULLIVAN, K., « The Book of Micheas », Wor 31 (1956) 36-44.   (5499

15. Nahum.

Commentaires. Commentaries. Kommentare. Commenti. Comentarios.

             DEISSLER, A., DELCOR, M., *Nahum,* dans *La Sainte Bible* (Pirot-Clamer), VIII,   (5500
             1re partie (1961), 361-404.
             GEORGE, A., *Michée. Sophonie. Nahum*² (BJ) (Paris, Cerf, 1958), 100 pp.   (5501
             GARCIA CORDERO, M., *Biblia comentada, III, Libros Proféticos,* 1230-1240.   (5502
             STEINMANN, J., Abbé HANON, *Michée, Sophonie, Joël, Nahoum, Habaqqouq.*   (5503
             (Bruges, Desclée de Brouwer, 1962), 120 pp.

Divers. Miscellaneous. Verschiedenes. Diversi. Diversos.

             LECLERCQ, J., « Nahum », dans BÈGUERIE, P., et autres, *Études sur les*   (5504
             prophètes d'Israël, 85-110.
             XXX, « Les petits prophètes : Nahum », PPB N° 25 (1956) 31-33.   (5505
             GEORGE, A., « Nahum (Le livre de) », SDB VI, col. 291-301.   (5506
             RENAUD, B., *Je suis un Dieu jaloux.* Étude d'un thème biblique, 112-118.   (5507

16. Osée. Hosea. Osea. Oseas.

Commentaires. Commentaries. Kommentare. Commenti. Comentarios.

             RINALDI, G., *I Profeti minori* (La Sacra Bìbbia) (Torino, Roma, Marietti, 1953),   (5508
             Osea, II, 14-121.
             DEISSLER, A., DELCOR, M., *Osée,* dans *La Sainte Bible* (Pirot-Clamer), VIII,   (5509
             1re partie (1961), 25-132.
             GARCIA CORDERO, M., *Biblia comentada, III, Libros Proféticos,* 1073-1122.   (5510
             OSTY, É., *Amos. Osée*² (BJ) (Paris, Cerf, 1960), 126 pp.   (5511

Textes. Texts. Texte. Testi. Textos.

1-12   RENCKENS, H., *Isaïe.* Le prophète de la proximité de Dieu (Bruges,   (5512
             Desclée de Brouwer, 1967), 252 pp.
2,4-17   KRSZYNA, H., « Literarische Struktur von Os 2,4-17 », BZ 13 (1969)   (5513
             41-59.
4,1-10   JUNKER, H., « Textkritische, formkritische und traditions-   (5514
             geschichtliche Untersuchung zu Os 4,1-10 », BZ 4 (1960) 165-173.

4,4-6   LOHFINK, N., « Zu Text und Form von Os 4,4-6 », Bibl 42 (1961)   (5515
           303-332.
4,14   BEAUCAMP, É., « Osée 4,14, 1 : Problème de la division du tex-   (5516
           te », Div 4 (1960) 548-560.
6,1-3   KÖNIG, F., « Die Auferstehungshoffnung bei Osee 6,1-3 », ZKT 70 (5517
           (1948) 94-100.
8,4   CAZELLES, H., « The Problem of the Kings in Osee 8,4 », CBQ 11   (5518
           (1949) 14-25.
9,15   LOHFINK, N., « Hate and Love in Osee 9,15 », CBQ 25 (1963) 417. (5519
11   BEHLER, G.-M., « Divini amoris suprema revelatio in antiquo foedere (5520
           data (Osee, c. 11) », Ang 20 (1943) 102-116.
11,1-11   VAN DEN BUSSCHE, H., « La Ballade de L'Amour méconnu (Osée   (5521
           11, 1-11) », BVC N° 41 (1961) 18-34.
11,1   BARTINA, S., « Y desde Egipto lo he proclamado hijo mio (Mt 2,15; (5522
           Os 11,1) », EstB 29 (1970) 157-160.
11,8-9   GLANZMAN, G. S., « Two notes : Am 3,15 and Os 11,8-9 », CBQ 23   (5523
           (1961) 227-233.
12,2   DELLER, K., « *smn bll* (Hosea 12,2) additional Evidence », Bibl 46 (5524
           (1965) 349-352.
13,1   TOURNAY, R., « Quelques relectures bibliques antisamaritaines », RB (5525
           71 (1964) 504-536.
14,9   BARTINA, S., « « Cada uno a lo suyo » . Una frase hecha en Oseas (5526
           14,9 », EstB 27 (1968) 247-249.

Divers. Miscellaneous. Verschiedenes. Diversi. Diversos.

DUMESTE, M.-L., « Le message du prophète Osée : le drame du suprême a-   (5527
mour », VS 75 (1946) 710-726.
WAMBACQ, B. M., « Osee, propheta misericordiae », VD 28 (1950) 141-147. (5528
VÖLK, J., « Der zeitgenössische Hintergrund zu Amos und Hosea », BiLit 19 (5529
(1951-52) 45-49.
BOUYER, L., *La Bible et l'Évangile²,* « Justice et miséricorde (Amos et O- (5530
sée) », 57-72.
FEUILLET, A., *Le Cantique des cantiques,* « L'allégorie du mariage dans la (5531
théologie prophétique : Osée », 146-157.
GUILLET, J., *Thèmes bibliques,* « Grâce, justice et vérité : 2. L'évolution du (5532
vocabulaire, Osée », 53-56.
McKENZIE, J. L., « Divine Passion in Osee », CBQ 17 (1955) 167-179.   (5533
XXX, « Les petits prophètes : Osée », PPB N° 25 (1956) 12-19.   (5534
FEUILLET, A., « L'universalisme dans la religion d'Osée », BVC N° 18 (1957) (5535
27-35.
BEAUCAMP, É., *Sous la main de Dieu,* « Osée », I, 49-75.   (5536
DEVESCOVI, U., « La nuova alleanza in Osea », BibOr 1 (1959) 172-178.   (5537
STEINMANN, J., *Le prophétisme biblique des origines à Osée,* « La vocation du (5538
prophète Osée », 187-194; « Les attaques d'Osée contre le culte et l'immoralité de
Samarie », 195-206; « Message et pensée du prophète Osée », 237-240.
GELIN, A., « Osée (Livre d') », SDB VI, col. 926-940.   (5539
SCHWARZ, V., « Das Gottesbild des Propheten Oseas », BiLit 35 (1961-62) (5540
274-279.

17. Sophonie. Zephaniah. Sophonias. Sofonia. Sofonías.

Commentaires. Commentaries. Kommentare. Commenti. Comentarios.

DEISSLER, A., DELCOR, M., *Sophonie,* dans *La Sainte Bible* (Pirot-Clamer),   (5541
VIII, 1er partie (1961), 435-472.

GEORGE, A., *Michée, Sophonie, Nahum²* (BJ) (Paris, Cerf, 1958), 100 pp.   (5542

GARCIA CORDERO, M., *Biblia comentada, III, Libros Proféticos,* 1254-1264.   (5543

STEINMANN, J., Abbé HANON, *Michée, Sophonie, Joël, Nahoum, Habaqqouq.*   (5544
Texte français. Introduction et commentaires (Bruges, Desclée de Brouwer, 1962),
120 pp.

Textes. Texts. Texte. Testi. Textos.

2,11   CALÈS, J., « L'authenticité de Sophonie 2,11 et son contexte primi-   (5545
            tif », RSR 10 (1920) 355-357.

3,3   LORETZ, O., « Weitere ugaritisch-hebräische Parallelen », BZ 3 (1959)   (5546
            290-294.

3,8   RENAUD, B., *Je suis un Dieu jaloux.* Étude d'un thème biblique,   (5547
            106-112.

3,14-18a   MUÑOZ IGLESIAS, S., « La joie de la fille de Sion », AS (n.s.) Nº   (5548
            7 (1969) 54-58.

Divers. Miscellaneous. Verschiedenes. Diversi. Diversos.

FLORIT, E., « Sofonia, Geremia e la cronaca di Gadd », Bibl 15 (1934) 8-31.   (5549

GELIN, A., *Les pauvres de Yahvé* (Paris, Cerf, 1954), 33-38.   (5550

GUILLET, J., *Thèmes bibliques,* « Le souffle de Yahweh », 208-256.   (5551

MAERTENS, T., « Le Souffle et l'Esprit de Dieu », CE Nº 14 (1954) 9-20, 38-54.   (5552

XXX, « Les petits prophètes : Sophonie », PPB Nº 25 (1956) 27-30.   (5553

VAN IMSCHOOT, P., *Théologie de l'Ancien Testament,* « Le Souffle (nesa-   (5554
mâh) », II, 26-28.

SULLIVAN, K., « The Book of Sophonias », Wor 31 (1957) 130-139.   (5555

CAZELLES, H., « Sophonie, Jérémie et les Scythes en Palestine », RB 74 (1967)   (5556
24-44.

18. Zacharie. Zechariah. Sacharia. Zaccaria. Zacarías.

Commentaires. Commentaries. Kommentare. Commenti. Comentarios.

DEISSLER, A., DELCOR, M., *Zacharie,* dans *La Sainte Bible* (Pirot-Clamer),   (5557
VIII, 1er partie (1961), 501-622.

GELIN, A., *Aggée, Zacharie, Malachie³* (BJ) (Paris, Cerf, 1960), 76 pp.   (5558

GARCIA CORDERO, M., *Biblia comentada, III, Libros Proféticos,* 1273-1316.   (5559

Textes. Texts. Texte. Testi. Textos.

1-8   BEUKEN, W. A. M., *Haggai-Sacharja 1-8* (Assen, Van Gocrum &   (5560
            Comp., 1967), 352 pp.

            PETITJEAN, A., *Les oracles du proto-Zacharie.* Un programme de   (5561
            restauration pour la communauté juive après l'exil (Paris, Gabalda;
            Louvain, Ed. Imprimerie Orientaliste, 1969), 502 pp.

2,14-15	GRELOT, P., « Un tosephta targoumique sur Zacharie 2,14-15 », RB 73 (1966) 197-211.	(5562
3,8-10	PETITJEAN, A., « La mission de Zorobabel et la reconstruction du temple », ETL 42 (1966) 40-71.	(5563
3,8	RINALDI, G., « Il « germoglio » messianico in Zaccaria 3,8; 6,12 », dans *Il messianismo* (en collab.), 179-191.	(5564
4,2	NORTH, R., « Zechariah's Seven-Spout Lampstand (Tabula extra seriem) », Bibl 51 (1970) 183-206.	(5565
6,12	RINALDI, G., « Il « germoglio » messianico in Zaccaria 3,8; 6,12 », dans *Il messianismo* (en collab.), 179-191.	(5566
9-14	LAMARCHE, P., *Zacharie IX-XIV.* Structure littéraire et messianisme (EB) (Paris, Gabalda, 1961), 168 pp.	(5567
	GAIDE, G., *Jérusalem, voici ton Roi.* Commentaire de Zacharie 9-14 (Paris, Cerf, 1968), 204 pp.	(5568
9,1	DAHOOD, M., « Zacharia 9,1, *'en 'adam* », CBQ 25 (1963) 123-124.	(5569
11,4-14	REHM, M., « Die Hirtenallegorie Zach 11,4-14 », BZ 4 (1960) 186-208.	(5570
12,10-11	LAMARCHE, P., « La mort du Messie (Za 12,10-11) », AS (n.s.) N° 43 (1969) 60-65.	(5571
12,10	HUESMAN, J., « They shall Mourn for Him », Wor 35 (1961) 224-227.	(5572
	SKRINJAR, A., « Aspicient ad me, quem confixerunt », VD 11 (1931) 233-242.	(5573
12,11	VATTIONI, F., « Nota a Zac. 12,11 », RivB 3 (1955) 69-75.	(5574
14,6-7	ZOLLI, I., « Note esegetiche (Zach. 14,6-7) », Bibl 20 (1939) 284-287.	(5575

Divers. Miscellaneous. Verschiedenes. Diversi. Diversos.

GELIN, A., « L'allégorie des pasteurs dans Zacharie », dans *Études de critique et d'histoire religieuses.* Mélanges L. Vaganay (en collab.), 67-78. (5576

DELCOR, M., « Un problème de critique textuelle et d'exégèse, *Zach.* XII, 10 », RB 58 (1951) 189-199. (5577

DELCOR, M., « Les sources du Deutéro-Zacharie et ses procédés d'emprunt », RB 59 (1952) 385-411. (5578

XXX, « Les petits prophètes : Zacharie », PPB N° 25 (1956) 42-48. (5579

SIEBENECK, R. T., « The Messianism of Aggeus and Proto-Zacharias », CBQ 19 (1957) 312-328. (5580

SULLIVAN, K., « The Book of Zacharias », Wor 31 (1957) 204-213. (5581

STEINMANN, J., *Le livre de la consolation d'Israël et les prophètes du retour de l'exil,* « Les visions de Zacharie », 223-233; « Les oracles de Zacharie », 235-243. (5582

VAWTER, B., « Ezechiel and John », CBQ 26 (1964) 450-458. (5583

DOMMERSHAUSEN, W., « Der « Spross » als Messiasvorstellung bei Jeremia und Sacharja », TQ 148 (1968) 321-341. (5584

TROISIÈME PARTIE. PART THREE. DRITTER TEIL. TERZA PARTE. TERCERA PARTE.

LE NOUVEAU TESTAMENT.
NEW TESTAMENT.
DAS NEUE TESTAMENT.
IL NUOVO TESTAMENTO.
EL NUEVO TESTAMENTO.

I. INTRODUCTION. EINLEITUNG. INTRODUZIONE. INTRODUCCIÓN.

Apocryphes. Apocrypha. Apokryphen. Apocrifi. Apócrifos.

Nag-Hamadi.

BACHT, H., « Neue Papyrusfunde in Ägypten », StiZ 146 (1949-50) 390-393. (5585

DANIÉLOU, J., « Les découvertes de manuscrits en Égypte et en Palestine », Et (5586 265 (1950) 168-183.

MÉNARD, J.-E., « La littérature gnostique copte de Chénoboskion », SMR 1 (5587 (1958) 31-54.

BAUER, J. B., « De agraphis genuinis evangelii secundum Thomam coptici », VD (5588 37 (1959) 129-146.

DANIÉLOU, J., « Un recueil inédit des paroles de Jésus », (L'Évangile de (5589 Thomas), Et 302 (1959) 38-49.

FITZMYER, J. A., « The Oxyrhynchus *Logoi* of Jesus and the Coptic Gospel (5590 According to Thomas », TS 20 (1959) 505-560.

DE ROSA, G., « Un quinto Vangelo ? Il « Vangelo secondo Tommaso » », CC (5591 2 (1960) 496-512.

MUÑOZ IGLESIAS, S., « El Evangelio de Tomas y algunos aspectos de la cuestión (5592 sinóptica », EstE 34 (1960) 883-894.

MacRAE, G. W., « The Gospel of Thomas – Logia Iêsou ? » CBQ 22 (1960) 56-71. (5593

O'FLYNN, J. A., « The Gospel According to Thomas », IrThQ 27 (1960) 65-69. (5594

SCHIERSE, F. J., « Nag-Hamadi und das Neue Testament », StiZ 168 (1960-1961) (5595 47-62.

BAUER, J. B., « De « labore » Salvatoris (Evang. Thom. log 28.98.107) », VD (5596 40 (1962) 123-130.

BAUER, J. B., « Zum koptischen Thomasevangelium », BZ 6 (1962) 283-288. (5597

LAFRANCE, J. M., « Le sens de γνωσις dans l'*Évangile de Vérité* », SMR 5 (5598 (1962) 57-82.

MÉNARD, J.-E., « Les élucubrations de l'*Evangelium Veritatis* sur le (5599 « Nom » », SMR 5 (1962) 185-214.

NORTH, R., « Chenoboskion and Q », CBQ 24 (1962) 154-170. (5600

QUECKE, H., « L'Évangile de Thomas. État des recherches », dans *La venue du* (5601 *Messie* (en collab.), 217-241.

BAUER, J. B., « De Evangelio secundum Philippum coptico », VD 41 (1963)   (5602
290-298.

MÉNARD, J.-E., « Le « Sitz im Leben » de l'Évangile de Vérité », SMR 6 (1963)   (5603
57-66.

MÉNARD, J.-E., « L'Évangile selon Philippe », SMR 6 (1963) 67-73.   (5604

MÉNARD, J.-E., « La sentence 53 de l'Évangile selon Philippe », SMR 6 (1963)   (5605
149-152.

RIES, J., « Neutestamentliche eschatologische Grundzüge in dem manichäischen   (5606
koptischen Hymnenbuch von Médînêt », TrierTZ 72 (1963) 117-121.

SCHÜRMANN, H., « Das Thomasevangelium und das lukanische Sondergut »,   (5607
BZ 7 (1963) 236-260.

MÉNARD, J.-E., « La πλανη dans l'Évangile de Vérité », SMR 7 (1964) 3-36.   (5608

MÉNARD, J.-E., « L'Évangile selon Philippe », SMR 7 (1964) 193-282.   (5609

MÉNARD, J.-E., « L'Évangile de Vérité et le Dieu caché et invisible des littératures   (5610
antiques », SMR 8 (1965) 193-212.

BAUER, J. B., « Das Philippusevangelium », BiLit 39 (1966) 136-139.   (5611

MÉNARD, J.-E., « L'Évangile selon Thomas et le Nouveau Testament », SMR   (5612
9 (1966) 147-153.

HAARDT, R., « Zwanzig Jahre Erforschung der koptischgnostischen Schriften   (5613
von Nag Hammadi », ThPh 42 (1967) 390-401.

MÉNARD, J.-E., « La « Connaissance » dans l'Évangile de Vérité », RevSR 41   (5614
(1967) 1-28.

MÉNARD, J.-E., « L'Évangile selon Philippe et la Gnose », RevSR 41 (1967)   (5615
305-317.

MÉNARD, J., « La structure et la langue originale de l'Évangile de vérité », RevSR   (5616
44 (1970) 128-137.

Qumrân.

LAMBERT, G., « Une « Genèse apocryphe » trouvée à Qumrân », dans *La secte*   (5617
de Qumrân et les origines du christianisme (en collab.), 85-107.

COPPENS, J., « Allusions historiques dans la Genèse apocryphe », dans *La secte*   (5618
de Qumrân et les origines du christianisme (en collab.), 109-112.

FITZMYER, J. A., « Some Observations on the Genesis Apocryphon », CBQ 22   (5619
(1960) 277-291.

CHARLESWORTH, H., « Les odes de Salomon et les manuscrits de la Mer Mor-   (5620
te », RB 77 (1970) 522-549.

Autres apocryphes. Other Apocrypha. Sonstige Apokryphen. Altri apocrifi. Otros apócrifos.

VALLISOLETO, X., « Christologia in Apocalypsi Baruch Syriaca », VS 11 (1931)   (5621
212-221.

BRINKMANN, B., « Die Lehre von der Parusie beim hl. Paulus in ihren   (5622
Verhältnis zu den Anschauungen des Buches Henoch », Bibl 13 (1932) 315-334,
418-434.

RUSH, A. C., « The Assumption in the Apocrypha », AmER 116 (1947) 5-31.   (5623

AMIOT, F., *Évangiles apocryphes* (Paris, Fayard, 1952), 336 pp.   (5624

PERETTO, L., « Testi sacri nel Protovangelo di Giacomo », RivB 3 (1955)   (5625
174-178, 225-256.

BRAUN, F.-M., « L'Énigme des Odes de Salomon », RT 57 (1957) 597-625.   (5626

SALLES, A., « La diatribe anti-paulinienne dans « le Roman pseudo-clémen- (5627
tin » et l'origine des « kérygmes » de Pierre », RB 64 (1957) 516-551.

PERLER, O., « Das Protoevangelium des Jakobus nach dem Papyrus Bodmer (5628
V », FreibZ 6 (1959) 23-35.

BAUER, J. B., « Sermo peccati, Hieronymus und das Nazaräerevangelium », BZ (5629
4 (1960) 122-128.

TESTUZ, M., « La correspondance apocryphe de saint Paul et des Corin- (5630
thiens », dans *Littérature et théologie pauliniennes* (en collab.), 217-223.

COPPENS, J., « Le fils d'homme daniélique et les relectures de Dan., VII,13 dans (5631
les apocryphes et les écrits du Nouveau Testament », ETL 37 (1961) 5-51.

DE ALDAMA, J. A., « *Poluplousios* dans le protévangile de Jacques et l'*Adversus* (5632
haereses d'Irénée », RSR 50 (1962) 86-98.

DELCOR, M., « Un roman d'amour d'origine thérapeute : le livre de Joseph et (5633
Asénath », BLE 63 (1962) 3-27.

QUECKE, H., « Lk 1,34 in den alten Übersetzungen und im Protevangelium des (5634
Jakobus », Bibl 44 (1963) 499-520.

PERLER, O., « L'Évangile de Pierre et Méliton de Sardes », RB 71 (1964) 584-590. (5635

BAUER, J. B., « Die Entstehung apokrypher Evangelien », BiLit 38 (1964-65) (5636
268-271.

SCHWARTZ, J., « Survivances littéraires païennes dans le Pasteur d'Hermas », (5637
RB 72 (1965) 240-247.

BOISMARD, M.-É., « Évangile des Ébionites et problème synoptique », RB 73 (5638
(1966) 321-352.

LÉGASSE, S., *L'appel du riche,* « La donnée parallèle (du jeune homme riche) de (5639
l'*Évangile selon les Hébreux* », 215-226.

JACQUES, X., « Les *Actes d'André et de Paul.* Traduction du copte », RSR 58 (5640
(1970) 289-296.

Divers. Miscellaneous. Verschiedenes. Diversi. Diversos.

AMANN, E., « Apocryphes du N. T. », SDB I, col. 460-533.   (5641

RIGAUX, B., *L'antéchrist,* « Les nations, l'Antéchrist et Béliar dans les (5642
apocalypses apocryphes », 174-202.

BRAUN, F.-M., « À propos d'un cinquième évangile », VI N° 34 (1935) 220-224. (5643

CERFAUX, L., « Un nouvel Évangile apocryphe », ETL 12 (1935) 579-581.   (5644

POPE, H., « What are the « Apocrypha » », AmER 114 (1946) 176-186.   (5645

RUSH, A. C., « Mary's Holiness in the New Testament Apocrypha », AmER 133 (5646
(1955) 99-108.

CERFAUX, L., *La voix vivante de l'Évangile au début de l'Église* (Tournai-Paris, (5647
Casterman, 1956), 119-134.

BLINZLER, J., *Die Brüder und Schwestern Jesu,* « Das Wort « Bruder » im (5648
biblischen und hellenistischen Sprachgebrauch », 39-48.

BAUER, J. B., *Das Leben Jesu im Zeitalter der neutestamentlichen Apokryphen* (5649
(Darmstadt, Wissenschaftliche Buchgesellschaft, 1967), xv-568 pp.

BAUER, J. B., *Die neutestamentlichen Apokryphen* (Düsseldorf, Patmos, 1968), (5650
112 pp.

CHARLESWORTH, J. H., « The Odes of Salomon – Not Gnostic », CBQ 31 (5651
(1969) 357-369.

FARINA, R., « Le gnosticismo dopo Nag-Hammadi », Sal 32 (1970) 425-454. (5652

Bibliographie. Bibliography. Bibliographie. Bibliografia. Bibliografía.

Voir *Biblica,* section « Elenchus Bibliographicus Biblicus » de chaque numéro.   (5653

Voir ETL, section « Elenchus bibliographicus ».   (5654

Voir *New Testament Abstracts,* a Record of Current Periodical Literature, issued   (5655
by the Jesuits of Weston College, Weston 93, Mass., U.S.A. (Vol. I, 1956).

Voir RB, section « Bulletin » et « Recensions » de chaque numéro.   (5656

THEISSEN, A., « Catholic Bibliography of the Acts, Catholic Epistles and the   (5657
Apocalypse », SCR 2 (1947) 53-58.

NELSON LYONS, W., PARVIS, M. M., *New Testament Literature.* An annotated   (5658
Bibliography (Chicago, Univ. of Chicago Press, 1948), Vol. I, 394 pp.

LATTEY, C., « Bibliography of Christ and the Gospels », SCR 5 (1953) 153-160.   (5659

COOLIDGE HURD, J., *A Bibliography of New Testament Bibliographies* (New   (5660
York, Seabury Press, 1966), 76 pp.

METZGER, B. M., *Index to Periodical Literature on Christ and the Gospels* (Leiden, (5661
Brill, 1966), 23-602 pp.

GHIDELLI, C., « Rassegna bibliografica sulla Chiesa primitiva e sugli Atti degli   (5662
apostoli », ScuolC 95 (1967) suppl. biblio. 245*-291*.

GIUROVICH, G., « Bibliografia sullo Gnosticismo », ScuolC 98 (1970) 39*-54*.   (5663

Canon. Kanon. Canone. Canon.

LAGRANGE, M.-J., *Introduction à l'étude du Nouveau Testament,* 1re partie :   (5664
histoire ancienne du canon du Nouveau Testament (Paris, Gabalda, 1933), 190 pp.

BRILLANT, M., « La formation du Canon du Nouveau Testament », VI N° 39   (5665
(1934) 202-212.

LAGRANGE, M.-J., « L'histoire ancienne du canon du Nouveau Testament », RB   (5666
44 (1935) 212-219.

SCHAEFER, C., *Précis d'introduction au Nouveau Testament* (Mulhouse, Salvator;   (5667
Paris, Casterman, 1939), « Le canon du Nouveau Testament », 13-31;
« Documents sur l'histoire du Canon », 235-240.

DEWAILLY, L.-M., « Canon du Nouveau Testament et histoire des dogmes », RB   (5668
50 (1941) (= Vivre et Penser, I) 78-93.

McARTHUR, H. K., « The Eusebian Sections and Canons », CBQ 27 (1965)   (5669
250-256.

HAIBLE, E., « Der Kanon des Neuen Testamentes als Modellfall einer kirchlichen   (5670
Weidervereinigung », TrierTZ 75 (1966) 11-27.

VÖGTLE, A., *Das Neue Testament und die neuere katholische Exegese.* 1.   (5671
Grundlegende Fragen zur Entstehung und Eigenart des Neues Testamentes
(Freiburg i. B., Herder, 1966), 119 pp.

Chronologie. Chronology. Chronologie. Cronologia. Cronología.

XXX, « Chronologie néo-testamentaire », AmiCl 47 (1930) 593-605.   (5672

XXX, « La date de la mort de Notre-Seigneur Jésus-Christ », AmiCl 50 (1933)   (5673
177-187.

DE AMBROGGI, P., « Nel centenario della Redenzione. Informazioni sulla   (5674
cronología dei Vangeli », ScuolC 6 (1933) 3-14.

LLAMAS SIMON, J., « La expresión evangélica « de dos años para abajo » y la   (5675
cronologia de Jesús », EstB 1 (1941) 41-52.

FRANGIPANE, D., « Una nuova ipotesi sul giorno in cui Gesu celebro la Pas-   (5676
qua », RivB 4 (1956) 233-252.

TRILLING, W., *Fragen zur Geschichtlichkeit Jesu*, « Fragen der Chronologie »,   (5677
63-71.

Critique textuelle. Textual Criticism. Textkritik. Critica testuale. Crítica textual.

VITTI, A. M., « S. Paolo nei recenti problemi di comprensione storica », ScuolC   (5678
16 (1930) 420-437.

HOLZMEISTER, U., « De quibusdam generibus hebraismorum in textu N. T.   (5679
occurrentium », VD 12 (1932) 295-302.

LAGRANGE, M.-J., « Projet de critique textuelle de Nouveau Testament », RB   (5680
42 (1933) 481-498.

LAGRANGE, M.-J., *Introduction à l'étude du Nouveau Testament*, 1re partie :   (5681
histoire ancienne du canon du N. T.; 4e partie : critique historique (Paris, Gabalda,
1933), I, 188 pp.

BRAUN, F.-M., « Initiation à la critique textuelle du Nouveau Testament », VI   (5682
N° 30 (1934) 374-379.

MERK, A., « Codex Evangeliorum et Actuum ex collectione Chester Beatty », Bibl   (5683
15/2 (1934) 375-406.

VAGANAY, L., *Initiation à la critique textuelle néotestamentaire* (Paris, Bloud et   (5684
Gay, 1934), 138 pp.

VOGELS, H. J., « Critique textuelle du N. T. », SDB II, col. 256-274.   (5685

AYUSO MARAZUELA, T., « ¿ Texto cesariense o precesariense' su realidad y su   (5686
transcendencia en la crítica textual del nuevo testamento ? », Bibl 16 (1935)
369-415.

LAGRANGE, M.-J., *Critique textuelle du Nouveau Testament, II, La critique*   (5687
rationnelle (Paris, Gabalda, 1935), 688 pp.

VOGELS, J., « Zur Textgeschichte des Neuen Testaments », TR 34 (1935)   (5688
303-315.

VOGELS, J., « Zur neutestamentlichen Textkritik », TR 35 (1936) 177-185.   (5689

MERK, A., « Recentiora quaedam de Codice Sinaitico », Bibl 19 (1938) 202-203.   (5690

SCHAEFER, C., *Précis d'introduction au nouveau Testament* (Mulhouse, Salvator;   (5691
Paris, Casterman, 1939), « Le texte du Nouveau Testament », 32-54.

TROMP, S., « De revisione textus N. T. Romae facta praeside S. Roberto   (5692
Bellarmino », Bibl 22 (1941) 303-306.

MORRIS, P., « The Symbols of the Four Evangelists », SCR 1 (1946) 14-15.   (5693

MASSAUX, E., « État actuel de la critique textuelle du Nouveau Testament »,   (5694
NRT 75 (1953) 703-726.

LAGRANGE, M.-J., « La critique textuelle du Nouveau Testament », dans   (5695
ROBERT, A., TRICOT, A., *Initiation biblique*³, 386-401.

METZGER, B. M., *Annotated Bibliography of the Textual Criticism of the New*   (5696
Testament, 1914-1939 (Copenhagen, E. Munksgaard, 1955), 18-1934 pp.

BOTTE, B., « Manuscrits grecs du N. T. », SDB V, col. 819-835.   (5697

DUPLACY, J., « Où en est la critique textuelle du Nouveau Testament ? » RSR   (5698
45 (1957) 419-441.

BARTINA, S., « Another New Testament Papyrus (P 67) », CBQ 20 (1958)   (5699
290-291.

COLLINS, J. J., « Papyrus Bodmer 11 », CBQ 20 (1958) 281-289.   (5700

DUPLACY, J., *Où en est la critique textuelle du Nouveau Testament ?* (Paris,   (5701
Gabalda, 1959), 106 pp.

MASSAUX, E., « Le papyrus Bodmer II (P 66) et la critique néotestamen-   (5702
taire », dans *Sacra Pagina* (en collab.), I, 194-207.

ZEDDA, S., « Su alcuni punti della critica testuale del N. T. », RivB 7 (1959) 70-77.   (5703

ALAND, K., « Eine Bemerkung zur gegenwärtigen Arbeit der neutestamentlichen   (5704
Textkritik », BZ 4 (1960) 315-318.

MOLITOR, J., « Die Bedeutung der altgeorgischen Bibel für die neutestamentliche   (5705
Textkritik », BZ 4 (1960) 39-53.

SCHAFER, K. T., « Der Ertrag der textkritischen Arbeit am Neuen Testament seit   (5706
der Jahrhundertwende », BZ 4 (1960) 1-18.

METZGER, B. M., *Chapters in the History of the New Testament Textual Criticism*   (5707
(Bibliography) (Grand Rapids, W. B. Eerdmans, 1963), 11-164 pp.

MARTINI, C. M., « Problema recensionalitatis codicis B in luce papyri Bodmer   (5708
XIV (P 75) », VD 44 (1966) 192-196.

MARTINI, C. M., *Il problema della recensionalità del Codice B alla luce del papiro*   (5709
Bodmer XIV (Roma, Pontificio Istituto Biblico, 1966), 24-192 pp.

MARTINI, C. M., « I papiri Bodmer e i nuovi orientamenti della critica testuale   (5710
del N. T. », dans *Il messianismo* (en collab.), 357-367.

MARTINI, C. M., « Orientationes actuales criticae textus Novi Testamenti in luce   (5711
inventionum recentiorum », VD 57 (1967) 218-227.

ZIMMERMANN, H., *Neutestamentliche Methodenlehre* (Stuttgart, Katholisches   (5712
Bibelwerk, 1967), 281 pp.

BAUER, J. B., « Zur Datierung des Papyrus Bodmer II (P 66) », BZ 12 (1968)   (5713
121-122.

DUPLACY, J., « Les lectionnaires et l'édition du Nouveau Testament grec », dans   (5714
Mélanges bibliques en hommage au R. P. Béda Rigaux (en collab.), 509-545.

Genres littéraires. Literary Genres. Literarische Gattungen. Generi letterari.
Géneros literarios.

Paraboles. Paraboles. Gleichnisse. Parabole. Parábolas.

BUZY, D., « Y a-t-il fusion de paraboles évangéliques ? » RB 41 (1932) 31-49.   (5715

HOLZMEISTER, U., « Vom angeblischen Verstockungsweck der Parabeln », Bibl   (5716
15 (1934) 321-364.

BONSIRVEN, J., *Exégèse rabbinique et exégèse paulinienne*, « Exégèse rabbi-   (5717
nique : Exégèse parabolique », 207-251.

CALLAN, C. J., *The Parables of the Christ* (New York, Wagner, 1940), 6-494 pp.   (5718

ANTOLIN, T., « El problema de las conclusiones aparentes en las parábolas   (5719
evangélicas », EstB 2 (1943) 3-22.

BOVER, J. M., « Las parábolas del Evangelio », EstB 3 (1944) 229-257.   (5720

HERMANIUK, M., *La Parabole évangélique.* Enquête exégétique et critique   (5721
(Bruges, Paris, Desclée de Brouwer, 1947), *IIe partie,* La parabole dans le N. T.;
ch. I, 193-301; « La nature de la Parabole dans le N. T. », 193-301; ch. II, « Le
but des paraboles », 302-352.

KAFKA, G., « Bild und Wort in den Evangelien », MüTZ 2 (1951) 263-287.   (5722

VACCARI, A., « La vita reale nelle parabole evangeliche », CC 1 (1951) 495-506.   (5723

MUSSNER, F., « Gleichnisauslegung und Heilsgeschichte », TrierTZ 64 (1955)   (5724
257-266.

CERFAUX, L., « Les paraboles du Royaume dans l'Évangile de Thomas », *Le* (5725
Muséon 70 (1957) 307-327, ou dans *Recueil Lucien Cerfaux* (Gembloux, Duculot,
1962), III, 61-80.

FYOT, J. L., « Sur la parabole de l'intendant infidèle », CHR N° 6 (1959) (5726
500-504.

DE GOEDT, M., « L'explication de la parabole de l'ivraie (Mt. XIII, 36-43) », RB (5727
66 (1959) 34-54.

MIGUENS, M., « La predicazione di Gesu in parabole », BibOr 1 (1959) 35-40. (5728

GEORGE, A., « Parabole », SDB VI, col. 1149-1177. (5729

PRAGER, M., « Die Parabeln Jesu », BiLit 28 (1960-61) 6-14, 61-69, 111-117, (5730
186-196, 211-219.

RANDELLINI, L., « Aspetti formali delle parabole », BibOr 2 (1960) 1-5. (5731

SWAELES, R., « L'orientation ecclésiastique de la parabole du festin nuptial en (5732
Mt., XXII, 1-14 », ETL 36 (1960) 655-684.

ADINOLFI, M., « L'interpretazione delle parabole », RivB 9 (1961) 97-111, (5733
243-258.

GNILKA, J., *Die Verstockung Israels,* « Zum Parabelverständnis Jesu », 192-198. (5734

SCHNEIDER, O., « Gleichnispaare », BiLit 35 (1961-62) 21-24. (5735

SESBOUÉ, D., DU BUIT, M., « Comprenez les Paraboles », CE N° 44 (1961) (5736
7-60.

SPICQ, C., « La parabole de la veuve obstinée et du juge inerte, aux décisions (5737
impromptues (Lc 18,1-8) », RB 68 (1961) 68-90.

XXX, « Comprenez les paraboles : les paraboles du Nouveau Testament », CE (5738
N° 45 (1962) 5-67.

ADINOLFI, M., « Le parabole del Quarto Vangelo », dans *San Giovanni.* Atti (5739
della XVII Settimana Biblica (en collab.), 289-311.

BARTINA, S., « Reconstrucción del Evangelio por las parábolas », EstE 40 (1965) (5740
319-336.

BROWN, R. E., *New Testament Essays,* « Parable and Allegory Reconsider- (5741
ed », 254-264.

CANTINAT, J., « La brebis et la drachme perdues (Lc 15,1-10) », AS N° 57 (5742
(1965) 24-38.

GEORGE, A., « Nova et vetera. La méthode des paraboles », AS N° 15 (1965) (5743
32-44.

LÉON-DUFOUR, X., *Études d'évangile,* « La parabole du semeur », 255-301; (5744
« La parabole des vignerons homicides », 303-344.

CAVE, C. H., « Les paraboles et l'Écriture », BVC N° 72 (1966) 35-49. (5745

DILLON, R. I., « Towards a Tradition-History of the Parables of the True Israel (5746
(Mt 21,33-22,14) », Bibl 47 (1966) 1-42.

GOLENVAUX, C., « L'intelligence des paraboles : La foi », BVC N° 72 (1966) (5747
50-54.

AMBROZIC, A. M., « Mark's Concept of the Parable », CBQ 29 (1967) 220-227. (5748

DU BUIT, M., « Les paraboles du jugement », CE N° 68 (1967) 5-59. (5749

DU BUIT, M., « Le discours des paraboles », CE N° 67 (1967) 5-57. (5750

DUPONT, J., « La parabole de la semence qui pousse toute seule (Marc 4, (5751
26-29) », RSR 55 (1967) 367-392.

DUPONT, J., « Le chapitre des paraboles », NRT 99 (1967) 800-820. (5752

RASCO, E., « Les paraboles de Luc, XV. Une invitation à la joie de Dieu dans le (5753 Christ », dans *De Jésus aux Évangiles* (en collab.), 165-183.

SIMON, U., « The Poor Man's Ewe-Lamb. An Example of a Juridical Para- (5754 ble », Bibl 48 (1967) 207-242.

DU BUIT, M., « Les paraboles de l'Attente (Mt 24,43-44; 24,45-48; 25,14- (5755 30) », CE Nº 72 (1968) 5-57.

MINETTE DE TILLESSE, G., *Le secret messianique dans l'évangile de Marc,* (5756 « Les paraboles », 165-221.

SCHMID, J., « Das textgeschichtliche Problem der Parabel von den zwei Söh- (5757 nen », dans *Evangelienforschung* (en collab.), 199-220.

TRILLING, W., « Zur Überlieferungsgeschichte des Gleichnisses vom Hoch- (5758 zeitsmahl », dans *Evangelienforschung* (en collab.), 221-240.

BLANK, J., *Schriftauslegung in Theorie und Praxis,* « Marginalien zur Gleich- (5759 nisauslegung », 89-103.

DUPONT, J., « La parabole des talents (Mt 25,14-30) », AS (n.s.) Nº 64 (1969) (5760 18-28.

DE GOEDT, M., « Jésus parle aux foules en paraboles (Mt 13,24-43) », AS (n.s.) (5761 Nº 47 (1970) 18-27.

DUPONT, J., « La parabole du maître qui rentre dans la nuit (Mc 13,34-36) », dans (5762 *Mélanges bibliques* en hommage au R. P. Béda Rigaux (en collab.), 89-116.

Divers. Miscellaneous. Verschiedenes. Diversi. Diversos.

DEL PARAMO, S., « Las fórmulas protocolarias en las cartas del Nuevo Testa- (5763 mento », EstB 10 (1951) 333-355.

TRICOT, A., « Genres littéraires du Nouveau Testament », dans ROBERT, A. (5764 et TRICOT, A., *Initiation biblique³,* 314-355.

GEORGE, A., « La forme des béatitudes jusqu'à Jésus », dans *Mélanges bibliques* (5765 *rédigés en l'honneur de André Robert* (en collab.), 404-410.

MUSURILLO, H., « History and Symbol : A Study of Form in Early Christian (5766 Literature », TS 18 (1957) 357-386.

BARTINA, S., « Los Macarismos del Nuevo Testamento. Estudio de la for- (5767 ma », EstE 34 (1960) 57-88.

DU BUIT, M., « Les formes littéraires de l'Évangile », CE Nº 58 (1965) 44-49. (5768

PAUL, A., *L'évangile de l'enfance selon saint Matthieu* (Paris, Cerf, 1968), « La (5769 généalogie (Mt. 1,1-17) », 9-44.

DE DINECHIN, O., « ΚΑΘΩΣ : La similitude dans l'évangile selon saint (5770 Jean », RSR 58 (1970) 195-236.

LINTON, O., « Le *parallelismus membrorum* dans le Nouveau Testament », dans (5771 *Mélanges bibliques* en hommage au R. P. Béda Rigaux (en collab.), 489-507.

Herméneutique. Hermeneutic. Hermeneutische Fragen. Ermeneutica. Hermenéutica.

SPICQ, C., *L'épître aux Hébreux,* « L'herméneutique de l'Épître aux Hé- (5772 breux », I, 341-350.

BENOIT, P., « La pensée de R. Bultmann », RB 58 (1951) 252-257; 59 (1952) (5773 93-100; 61 (1954) 432-438, ou dans *Exégèse et théologie,* I, 62-93.

LYONNET, S., « L'étude du milieu littéraire et l'exégèse du Nouveau Testa- (5774 ment », Bibl 35 (1954) 480-502; 36 (1955) 202-212; 37 (1956) 1-38.

MARLÉ, R., *Bultmann et l'interprétation du Nouveau Testament,* 208 pp. (5775

LEAL, J., « Forma, historicidad y exégesis de las sentencias evangélicas », EstE   (5776
31 (1957) 267-325.

GIBLIN, C. H., « « As It is Written... » A Basic Problem in Noematics and its   (5777
Relevance to Biblical Theology », CBQ 20 (1958) 327-353, 477-498.

STANLEY, D. M., « Balaam's Ass, or a Problem in New Testament Hermeneu-   (5778
tics », CBQ 20 (1958) 50-56.

SCHELKLE, K. H., « Hermeneutische Zeugnisse im Neuen Testament », BZ 6   (5779
(1962) 161-177.

PRÜMM, K., « Zur neutestamentlichen Gnosis-Problematik », ZKT 87 (1965)   (5780
399-442; 88 (1966) 1-50.

BEILNER, W., « Vom Verstehen des Neuen Testamentes heute », BiLit 40 (1967)   (5781
27-41.

VÖGTLE, A., « Révélation et histoire dans le Nouveau Testament, contribution   (5782
à l'herméneutique biblique », Conci Nº 21 (1967) 39-48.

Milieu culturel et religieux. Cultural and Religious Milieu.
Kulturelles und religiöses Milieu. Ambiente culturale e religioso.
Medio cultural y religioso.

Judaïsme. Judaism. Judentum. Giudaismo. Judaísmo.

a) Qumrân.

BENOIT, P., « Qumrân et le Nouveau Testament », dans *New Testament Studies*   (5783
(Cambridge), 7 (1960-1961) 276-296, et dans *Exégèse et théologie,* III, 361-386.

b) Divers. Miscellaneous. Verschiedenes. Diversi. Diversos.

XXX, « La religion des judéo-araméens d'Éléphantine », AmiCl 54 (1937) 753-763.   (5784

FREY, J.-B., « Images (chez les Juifs) », SDB IV, col. 199-232.   (5785

LECONTE, R., « Judéo-chrétiens », SDB IV, col. 1298-1315.   (5786

DE LANGHE, R., « Judaïsme ou hellénisme en rapport avec le N. T. », dans   (5787
L'attente du Messie (en collab.), 154-184.

CROATTO, J. S., « De messianismo qumranico », VD 35 (1957) 279-286, 344-360.   (5788

DANIÉLOU, J., *Les manuscrits de la Mer Morte et les origines du christianisme*   (5789
(Paris, L'Orante, 1957), 125 pp.

MEINERTZ, M., « « Dieses Geschlecht » im Neuen Testament », BZ 1 (1957)   (5790
283-289.

DONATH, D., « La Bible dans le judaïsme contemporain », CHR Nº 6 (1959)   (5791
565-574.

PETERSON, E., *Frühkirche, Judentum und Gnosis* (Freiburg, Herder, 1959),   (5792
372 pp.

DANIEL-ROPS, « Pasteurs, laboureurs et pêcheurs au temps du Christ », Et 308   (5793
(1961) 305-317.

GRELOT, P., « Études néotestamentaires et sources haggadiques », Bibl 42 (1961)   (5794
455-459.

MICHEL, A., LE MOYNE, J., « Pharisiens », SDB VII, col. 1022-1115.   (5795

DANIÉLOU, J., « Une vision nouvelle des origines chrétiennes, le   (5796
judéo-christianisme », Et 327 (1967) 595-608.

GRELOT, P., *Introduction aux livres saints*[2] (Paris, Berlin, 1963), « Du judaïsme   (5797
à l'Église », 261-344.

MORALDI, L., « Nuova luce sui giudeocristiani in un libro recente », RivB 11   (5798
(1963) 196-205.

LE DÉAUT, R., *Liturgie juive et Nouveau Testament.* Le témoignage des versions   (5799
araméennes (Rome, Institut Biblique Pontifical, 1965), 91 pp.

TESTA, E., « Le grotte dei Misteri giudio-cristiani », dans *Il messianismo* (en   (5800
collab.), 331-355.

FORD, J. M., « Yom Kippur and the Matthean Form of the Pater Noster », Wor   (5801
41 (1967) 609-619.

HRUBY, K., « La Torah identifiée à la sagesse et l'activité du « sage » dans la   (5802
tradition rabbinique », BVC N° 76 (1967) 65-78.

NICKELS, P., *Targum and New Testament.* A Bibliography together with a New   (5803
Testament Index (Roma, Pont. Biblical Institute, 1967), XL-88 pp.

BAUMBACH, G., « Die Zeloten. Ihre geschichtliche und religionspolitische   (5804
Bedeutung », BiLit 41 (1968) 2-25.

HRUBY, K., « L'approche du christianisme dans le judaïsme », BVC N° 80   (5805
(1968) 51-81.

LE DÉAUT, R., « Les études targumiques », ETL 44 (1968) 5-34.   (5806

THOMA, C., « Auswirkungen des jüdischen Krieges gegen Rom (66-70/73 n. Chr.)   (5807
auf das rabbinische Judentum », BZ 12 (1968) 30-54, 186-210.

c) **Judaïsme au temps du Christ. Judaism at the Time of Christ. Judentum zur Zeit Christi.**
Giudaismo al tempo del Cristo. Judaísmo en el tiempo de Cristo.

AB ALPE, A., « Christologia in Psalmis Salomonis », VD 11 (1931) 56-59, 84-88,   (5808
110-120.

FREY, J.-B., « Le judaïsme à Rome aux premiers temps de l'Église », Bibl 12   (5809
(1931) 129-156.

VANNUTELLI, P., « De Evangelio talmudicis et midrasticis libris illustrato »,   (5810
ScuolC 2 (1931) 103-110, 282-291.

FREY, J.-B., « La vie de l'au-delà dans les conceptions juives au temps de   (5811
Jésus-Christ », Bibl 13 (1932) 129-168.

FREY, J.-B., « Le conflit entre le messianisme de Jésus et le messianisme des Juifs   (5812
de son temps », Bibl 14 (1933) 133-149, 269-293.

BONSIRVEN, J., « Théologie du judaïsme palestinien au temps de Jésus-Christ :   (5813
le traité des actes humains », Bibl 15 (1934) 32-49.

BONSIRVEN, J., « Le péché et son expiation selon la théologie du judaïsme   (5814
palestinien au temps de Jésus-Christ », Bibl 15 (1934) 213-236.

BICKERMAN, E., « Les Hérodiens », RB 47 (1938) 185-197.   (5815

BONSIRVEN, J., *Exégèse rabbinique et exégèse paulinienne* (Paris, Beauchesne,   (5816
1939), Partie I, « Exégèse rabbinique : quelques paradigmes de l'exégèse rabbinique
ancienne », 9-259.

HARTNETT, R. C., « A Modern Defense of the Pharisees », AmER 101 (1939)   (5817
97-108.

STOLL, R., « Publicans in the Gospels », AmER 105 (1941) 241-252.   (5818

DUBARLE, A.-M., *Les Sages d'Israël,* « La vie et les lectures d'un Juif   (5819
pieux », 147-150.

BICKERMAN, E., « Viri magnae congregationis », RB 55 (1948) 397-402.   (5820

BONSIRVEN, J., « Judaïsme palestinien au temps de Jésus-Christ », SDB IV,   (5821
col. 1143-1285.

PRAT, F., *La théologie de saint Paul*[38], « L'école juive de Jérusalem; usage de   (5822
l'Ancien Testament », I, 20-28.

COUROYER, B., « Idéal sapiential en Égypte et en Israël », RB 57 (1950) 174-179.   (5823

DESCAMPS, A., *Les justes et la justice dans les évangiles et le christianisme primitif* (5824)
hormis la doctrine proprement paulinienne, « Le double schéma, biblique et judaïque, de la justification », 16-23.

DUPLACY, J., « L'Évangile en danger (évangile et judaïsme) », *L'Anneau d'Or* (5825)
N° 41 (1951) 325-330.

GIET, S., « L'assemblée apostolique et le décret de Jérusalem. Qui était Si- (5826)
méon ? » dans *Mélanges Jules Lebreton,* I, RSR 39 (1951) 203-220.

SPICQ, C., *L'épître aux Hébreux,* « Le philonisme de l'épître aux Hébreux », I, (5827)
39-91.

BICKERMAN, E., « La chaîne de la tradition pharisienne », RB 59 (1952) 44-54. (5828)

AUGRAIN, C., « L'Église naît : dans le désert de Judas au moment où va naître (5829)
l'Église », CE N° 12 (1953) 60-62.

BOUYER, L., *La Bible et l'Evangile²,* « La tradition juive et le christianisme. (5830)
Documents et tendances de la tradition juive », 245-254.

McKENZIE, J. L., « The Jewish World in New Testament Times », dans *A* (5831)
Catholic Commentary on Holy Scripture (ORCHARD, B. et autres, édit.) (London,
Edinburgh, T. Nelson and Sons, 1953), 728-741.

BENOIT, P., « La catéchèse chrétienne et le peuple de la Bible d'après P. Dé- (5832)
mann », RB 61 (1954) 136-142, ou dans *Exégèse et théologie,* II, 328-336.

DE LANGHE, R., « Judaïsme ou hellénisme en rapport avec le Nouveau (5833)
Testament », dans *L'attente du Messie* (en collab.), 154-184.

TRICOT, A., « Le monde juif palestinien au temps du Christ », dans ROBERT, (5834)
A., TRICOT, A., *Initiation biblique³,* 734-792.

CANFORA, G., « I Pubblicani », RivB 3 (1955) 145-164. (5835)

SCHWANK, B., « Qualis erat forma synagogarum Novi Testamenti », VD 33 (5836)
(1955) 267-279.

STEINMANN, J., *St Jean-Baptiste et la spiritualité du désert* (Paris, Seuil, 1955), (5837)
« Le monde juif au début de l'ère chrétienne », 11-17; « Les communautés
esséniennes », 19-38; « Le travail intellectuel et la prière des Esséniens », 39-50;
« Jean fut-il essénien ? » 58-61; « Jean et les Esséniens dans l'Église primitive », 110-120.

McKENZIE, J. L., *The Power and the Wisdom,* « The World of the New Testa- (5838)
ment », 1-26.

MURPHY, R. E., « Insights into the New Testament from the Dead Sea (5839)
Scrolls », AmER 135 (1956) 9-22.

SCHMITT, J., « Les Écrits du Nouveau Testament et les textes de Qumrân », (5840)
RevSR 29 (1956) 394-401; 30 (1956) 55-74, 261-267.

CAVAIGNAC, E., « Damas de 125 à 29 av. J. C. », dans *Mélanges bibliques rédigés* (5841)
en l'honneur de André Robert (en collab.), 348-353.

CROATTO, J. S., « De messianismo qumranico », VD 35 (1957) 279-286, 344-360. (5842)

DANIÉLOU, J., « Trinité et angélologie dans la théologie judéo-chrétienne », RSR (5843)
45 (1957) 5-41.

MEINERTZ, M., « « Dieses Geschlecht » im Neuen Testament », BZ 1 (1957) (5844)
283-289.

MUSSNER, F., « Einige Parallelen aus den Qumrântexten zur Areopagrede (Apg (5845)
17,22-31) », BZ 1 (1957) 125-130.

SCHMITT, J., « Sacerdoce judaïque et hiérarchie ecclésiale dans les premières (5846)
communautés palestiniennes », dans *Études sur le sacrement de l'Ordre* (en collab.),
77-96.

AUDET, J.-P., « Esquisses historiques du genre littéraire de la « Bénédiction »   (5847
juive et de l' « Eucharistie » chrétienne », RB 65 (1958) 371-399.

JAUBERT, A., « Le pays de Damas », RB 65 (1958) 214-248.   (5848

BEILNER, W., « Der Ursprung des Pharisäismus », BZ 3 (1959) 235-251.   (5849

CERFAUX, L., « Influence de Qumrân sur le Nouveau Testament », dans *La secte*   (5850
de Qumrân et les origines du christianisme (en collab.), 233-244.

ARNALDICH, L., « Influencias del Qumran en la primitiva comunidad   (5851
judeo-cristiana de Jerusalèn », Salm 7 (1960) 3-66.

GRELOT, P., « Études néotestamentaires et sources haggadiques », Bibl 42 (1961)   (5852
455-459.

LE DÉAUT, R., « Traditions targumiques dans le corpus paulinien ? (Hebr 11,4   (5853
et 12,24; Gal 4,29s; 2 C 3,16) », Bibl 42 (1961) 28-48.

GIBLET, J., « Eupolème et l'historiographie du judaïsme hellénistique », ETL 39   (5854
(1963) 539-554.

LIGIER, L., « L'hymne christologique de Philippiens 2,6-11, la liturgie   (5855
eucharistique et la bénédiction synagogale *nishmat kol hat* », dans *Studiorum
Paulinorum Congressus 1961* (en collab.), II, 65-74.

BARTINA, S., « Aportaciones recientes de los targumin a la interpretación   (5856
neotestamentaria », EstE 39 (1964) 361-376.

FESTORAZZI, F., « I Giudei e il Quarto Evangelo », dans *San Giovanni.* Atti della (5857
XVII Settimana Biblica (en collab.), 225-260.

LE DÉAUT, R., « Actes 7,48 et Matthieu 17,4 à la lumière du Targum Pales-   (5858
tinien », RSR 52 (1964) 85-90.

LE DÉAUT, R., « Pâque juive et pâque chrétienne », BVC N° 62 (1965) 14-26.   (5859

McNAMARA, M., « Novum Testamentum et Targum Palaestinense ad   (5860
Pentateuchum », VD 43 (1965) 288-300.

MUSSNER, F., ZΩH. *Die Anschauung vom « Leben » im vierten Evangelium,*   (5861
« *Abhebung* des johanneischen Lebensbegriffe gegen den Lebensbegriff des Judentums, der Synoptiker und der Gnosis », 182-186.

McNAMARA, M., *The New Testament and the Palestinian Targum to the*   (5862
Pentateuch, « A Brief Sketch of Targumic Studies », 5-37; « The Targum in
General and PT in Particular », 38-66; « A Consideration of some PT Texts
apparently closely related to the NT », 69-149; « An Examination of some General
and Particular Themes in the Palestinian Targum and in the New Testament »,
153-261.

MEYSING, J., « La chronographie juive à l'époque gréco-romaine », RevSR 41   (5863
(1967) 289-304.

NICKELS, P., *Targum and New Testament.* A Bibliography (Rome, Pont. Biblical   (5864
Institute, 1967), XI-88 pp.

BAUMACH, G., « Jesus und die Pharisäer », BiLit 41 (1968) 112-131.   (5865

CAZELLES, H., *Naissance de l'Église, secte juive rejetée ?* (Paris, Cerf, 1968), (5866
132 pp.

BAUMBACH, G., « The Significance of the Zealots », TDig 17 (1969) 241-246.   (5867

MALINA, B., « Some Observations on the Origin of Sin in Judaism and St.   (5868
Paul », CBQ 31 (1969) 18-34.

SCHUBERT, K., « « Auferstehung Jesu » im Lichte der Religionsgeschichte des   (5869
Judentums », BiLit 42 (1969) 25-37.

LE DÉAUT, R., « Une aggadah targumique et les « murmures » de Jean 6 », Bibl (5870
51 (1970) 80-83.

REICKE, Bo, « Jahresfeier und Zeitenwende im Judentum und Christentum der (5871
Antike », TQ 150 (1970) 321-334.

SACCHI, P., « Appunti per una storia della crisi della Legge nel Giudaismo del (5872
tempo di Gesù », BibOr 12 (1970) 199-211.

SCHUBERT, K., *Die jüdischen Religionsparteien in neutestamentlicher Zeit* (5873
(Stuttgart, Katholisches Bibelwerk, 1970), 76 pp.

Hellénisme. Hellenism. Hellenismus. Ellenismo. Helenismo.

PRÜMM, K., « An Quellen griechischen Glaubens. Die « Mutterreligion » des (5874
ägäischen Kreises in neuester Sicht », Bibl 11 (1930) 266-290.

ALLEVI, L., « L'ellenismo di S. Paolo », ScuolC 1 (1931) 275-286, 268-278; 2 (5875
(1932) 81-102.

FESTUGIÈRE, A.-J., *L'idéal religieux des Grecs et l'Évangile* (EB) (Paris, Gabalda, (5876
1932), 342 pp.

LAGRANGE, M.-J., « Les légendes pythagoriennes et l'Évangile », RB 45 (1936) (5877
481-511; 46 (1937) 5-28.

PRÜMM, K., « Hellas im Evangelium », StiZ 132 (1937) 329-334. (5878

BARDY, G., « Hellénisme », SDB III, col. 1442-1482. (5879

BOUYER, L., *le Mystère pascal,* Appendice A, « Mystère chrétien et mystères (5880
païens », 447-452.

LYONNET, S., « Hellénisme et christianisme », Bibl 26 (1945) 115-132. (5881

MURPHY, R. T., « Orphism and the New Testament », CBQ 8 (1946) 36-51. (5882

BENOIT, P., « Un adversaire du christianisme au IIIe siècle : Porphyre », RB 54 (5883
(1947) 543-572, ou dans *Exégèse et théologie,* II, 415-447.

CAMBIER, J., « Eschatologie ou hellénisme dans l'épître aux Hébreux », Sal 11 (5884
(1949) 62-96.

DES PLACES, E., « Religions grecques et christianisme », Bibl 32 (1951) 423-431. (5885

DUPONT, J., *L'union avec le Christ suivant saint Paul,* « « Avec Dieu » dans (5886
l'hellénisme et dans la Bible », 17-37.

MUSSNER, F., ZΩH. *Die Anschauung vom « Leben » im vierten Evangelium,* (5887
« Die griechische Metamorphose des jüdischen Lebensbegriffs bei Philo vom
Alexandria », 32-35.

DE LANGHE, R., « Judaïsme ou hellénisme en rapport avec le Nouveau (5888
Testament », dans *L'attente du Messie* (en collab.), 154-184.

BRAUN, F.-M., « Hermétisme et johannisme », RT 55 (1955) 22-42, 259-300. (5889

ROSSANO, P., « S. Paolo e l'ellenismo », RivB 3 (1955) 332-347. (5890

IDIART, P., « Prêtre païen et prêtre chrétien », dans *Études sur le sacrement de* (5891
l'Ordre (en collab.), 325-365.

ROUSSEAU, H., « Études sur la religion grecque : 1. évolution générale de la (5892
religion grecque, 2. mythologie, 3. les mystères : *a)* d'Éleusis, *b)* des Cabires, *c)*
Dionysios et l'orphisme », RT 57 (1957) 745-768.

DES PLACES, E., « L'ambiente filosofico e religioso del Nuovo Testamento », CC (5893
2 (1958) 269-283.

FESTUGIÈRE, A.-J., « La religion des Romains d'après un ouvrage récent », RB (5894
65 (1958) 78-100.

JAGU, A., « Saint Paul et le stoïcisme », RevSR 32 (1958) 225-250. (5895

CERFAUX, L., « Le conflit entre Dieu et le souverain divinisé dans l'Apocalypse   (5896
de Jean », dans *Studies in the History of Religions* (Suppléments à *Numen),* 4 (1959)
459-470, et dans *Recueil Lucien Cerfaux,* III, 226-236.

KAUFMANN, U. M., « Dieu à la question. – Étude des contrastes entre l'attitude   (5897
religieuse des Grecs et des Hébreux », BVC N° 74 (1967) 52-62.

SCHILLING, O., *Geist und Materie in biblischer Sicht,* « Hellenistische Einflüsse   (5898
auf den Sprachgebrauch der Bibel », 56-61.

KUSS, O., *Auslegung und Verkündigung,* « Der Heide und der Christ. Bemer-   (5899
kungen zu der religiösen Lage des Gegenwartsmenschen und zur christlichen Verkündigung », II, 74-138.

DANIÉLOU, J., « Humanisme et spiritualité. 1. Le christianisme et le monde   (5900
gréco-romain », DS 7 (1969), col. 947-959.

LARCHER, C., *Études sur le livre de la Sagesse,* « L'influence de l'hellénis-   (5901
me », 179-236.

SCHNEIDER, G., « Urchristliche Gottesverkündigung in hellenistischer Um-   (5902
welt », BZ 13 (1969) 59-75.

Communauté apostolique. Apostolic Community. Apostolische Gemeinde. Comunità apostolica.
Comunidad apostólica.

PETERSON, E., *Le mystère des Juifs et des Gentils dans l'Église,* « L'esprit de   (5903
l'Église Apostolique, d'après l'Apocalypse », 75-102.

CAVALLA, V., « Episcopi e presbiteri nella Chiesa primitiva », ScuolC 64 (1936)   (5904
235-256.

ALLEVI, L., « L'impero romano della coscienza dei primi cristiani », ScuolC 66   (5905
(1938) 666-681.

MOTTE, J., « L'Action catholique dans le Nouveau Testament », NRT 65 (1938)   (5906
1211-1226.

ALLEVI, L., « Catechesi primitiva », ScuolC 70 (1942) 3-20.   (5907

FENTON, J. C., « New Testament Designations of the Catholic Church and its   (5908
Members », CBQ 9 (1947) 127-146, 275-306.

GAILLARD, J., « Les saintes assemblées », VS 76 (1947) 614-639.   (5909

BENOIT, P., « Remarques sur les « Sommaires » des *Actes* II, IV et V », dans   (5910
Aux sources de la tradition chrétienne, Mélanges offerts à M. M. Goguel (Neuchâtel,
Paris, Delachaux et Niestlé, 1950), 1-10, ou dans *Exégèse et théologie,* II, 181-192.

BONSIRVEN, J., *Théologie du Nouveau Testament,* « Les croyances des premiers   (5911
chrétiens : l'usage des Écritures », 199-201; « La communauté primitive », 202-214.

GUILLET, J., « La naissance de l'Évangile dans l'Église », LV N° 6 (1952) 43-66.   (5912

BÉVENOT, M., RUSSELL, R., « Christianity in Apostolic Times », dans *A*   (5913
Catholic Commentary on Holy Scripture (ORCHARD, B. et autres, édit.) (London,
Edinburgh, T. Nelson and Sons, 1953), 782-824.

CERFAUX, L., *La communauté apostolique*[2] (Paris, Cerf, 1953), 103 pp.   (5914

CERFAUX, L., « La première communauté chrétienne à Jérusalem », dans *Recueil*   (5915
Lucien Cerfaux, II, 125-156.

CERFAUX, L., « L'unité du Corps apostolique dans le Nouveau Testament », dans   (5916
Recueil Lucien Cerfaux, II, 227-238.

CERFAUX, L., « Saint Pierre et sa succession », dans *Recueil Lucien Cerfaux,*   (5917
II, 239-252.

CERFAUX, L., « Les « Saints » de Jérusalem », dans *Recueil Lucien Cerfaux,*   (5918
II, 389-414.

GUILLET, J., « Jésus-Christ vie de l'Église naissante », CHR N° 1 (1954) 8-22. (5919)

TRICOT, A., « L'âge apostolique », dans ROBERT, A., TRICOT, A., *Initiation* (5920) *biblique³*, 811-839.

SCHMITT, J., « Sacerdoce judaïque et hiérarchie ecclésiale dans les premières (5921) communautés palestiniennes », RevSR 27 (1955) 250-261.

STANLEY, D. M., « Kingdom to Church : The Structural Developpement of (5922) Apostolic Christianity in the New Testament », TS 16 (1955) 1-29.

CERFAUX, L., *La voix vivante de l'Évangile au début de l'Église* (Casterman, (5923) Paris-Tournai, 1956), 158 pp.

SCHMITT, J., « Sacerdoce judaïque et hiérarchie ecclésiale dans les premières (5924) communautés palestiniennes », dans *Études sur le sacrement de l'Ordre* (en collab.), 77-96.

CERFAUX, L., « La prière dans le christianisme primitif », dans *La prière* (en (5925) collab.), coll. Problèmes de la religieuse d'aujourd'hui (Paris, Cerf, 1959), 39-49, et dans *Recueil Lucien Cerfaux,* III, 253-262.

BETZ, O., « Le ministère cultuel dans la secte de Qumrân et dans le christianisme (5926) primitif », dans *La secte de Qumrân et les origines du christianisme* (en collab.), 162-202.

CERFAUX, L., « La prière dans le christianisme primitif », dans *La prière* (en (5927) collab.), coll. Problèmes de la religieuse d'aujourd'hui (Paris, Cerf, 1959), 39-49.

SCHIERSE, F. J., « Wesenszüge und Geist der kirchlichen Autorität nach dem (5928) Neuen Testament », GeistL 32 (1959) 49-56.

SCHMITT, J., « L'organisation de l'Église primitive et Qumrân », dans *La secte* (5929) *de Qumrân et les origines du christianisme* (en collab.), 217-231.

COLSON, J., « Évangélisation et collégialité apostolique », NRT 82 (1960) (5930) 349-372.

DANIÉLOU, J., « Le ministère des femmes dans l'Église ancienne », MD N° 61 (5931) (1960) 70-96.

D'ARENZANO, B., « L'apostolato dei laici nelle prime comunità cristiane », (5932) ScuolC 89 (1961) 101-124, 267-289.

McDONALD, J., « The Primitive Community and Truth », HeyJ 2 (1961) 30-41. (5933)

GUILLET, J., *Jésus-Christ hier et aujourd'hui,* « Jésus-Christ, vie de l'Église (5934) naissante », 217-230.

GRELOT, P., « La vocation ministérielle au service du peuple de Dieu », AS (5935) N° 58 (1964) 35-50.

STANLEY, D. M., « The New Testament for the Concept of Collegiality », TS (5936) 25 (1964) 197-216.

GIBLET, J., « Les Douze. Histoire et théologie », dans *Aux origines de l'Église* (5937) (en collab.), 51-64.

McKENZIE, J. L., *The Power and the Wisdom,* « Crisis in the Church », 194-212. (5938)

MEYER, B. F., « The Initial Self-understanding of the Church », CBQ 27 (1965) (5939) 35-42.

SUDBRACK, J., « Die Schar der Gläubigen war ein Herz und eine Seele (Apg (5940) 4,32) », GeistL 38 (1965) 161-168.

D'ERCOLE, G., « Les collèges presbytéraux à l'époque des origines chrétien- (5941) nes », Conci N° 17 (1966) 23-34.

DU BUIT, M., « Les fonctions dans l'Église ancienne », CE N° 64 (1966) 5-73. (5942)

AUDET, J.-P., *Mariage et célibat dans le service pastoral de l'Église,* « La maison   (5943
et le mariage dans le service pastoral de l'Église primitive », 17-114.

BLENKINSOPP, J., « Presbyter to Priest : Ministry in the Early Church », Wor   (5944
41 (1967) 428-438.

BLIGH, J., *Historical Information for New Testament Students* (London, Burns and   (5945
Oates, 1967), 8-120 pp.

FOX, R. J., « Origins of Pacifism in Early Christianity », AmER 157 (1967) 1-11.   (5946

LANGEVIN, P.-É., *Jésus Seigneur et l'eschatologie.* Exégèse de textes   (5947
prépauliniens. « Le contexte liturgique d'*Ap* 22,20 », 227-233.

SALAVERRI, J., « Sucesión apostólica y singularidad de la misión de « los   (5948
Doce » », RET 27 (1967) 245-269.

SCHMITT, J., « Prédication apostolique », SDB VIII, col. 246-273.   (5949

CAMELOT, T., « L'Église des Apôtres », VS 118 (1968) 519-543.   (5950

McNAMARA, M., « Les assemblées liturgiques et le culte religieux des premiers   (5951
chrétiens », Conci N° 42 (1968) 23-36.

DUPONT, J., « L'union entre les premiers chrétiens dans les Actes des Apô-   (5952
tres », NRT 91 (1969) 897-914.

McNAMARA, M., « Les assemblées liturgiques et le culte religieux des premiers   (5953
chrétiens », Conci N° 42 (1969) 23-36.

SCHELKLE, K. H., « Services et serviteurs dans les Églises au temps du Nouveau   (5954
Testament », Conci N° 43 (1969) 11-22.

SPICQ, C., « La place ou le rôle des jeunes dans certaines communautés   (5955
néotestamentaires », RB 76 (1969) 508-527.

COPPENS, J., « La Koinônia dans l'Église primitive », ETL 46 (1970) 116-121.   (5956

HAHN, F., *Der urchristliche Gottesdienst* (Stuttgart, Katholisches Bibelwerk,   (5957
1970), 104 pp.

O'ROURKE, J. J., « The Military in the NT », CBQ 32 (1970) 227-236.   (5958

RINALDI, G., « Comunità cristiane nell'età apostolica », BibOr 12 (1970) 3-10.   (5959

SCHNACKENBURG, R., « Apostles Before and During Paul's Time », dans   (5960
Apostolic History and the Gospel. Biblical and Historical Essays presented to F. F.
Bruce (ed. W. W. GASQUE, R. P. MARTIN) (Grand Rapids, Eerdmans, 1970),
287-303.

FITZMYER, J. A., « The Languages of Palestine in the First Century A.D. », CBQ   (5961
32 (1970) 501-531.

Divers. Miscellaneous. Verschiedenes. Diversi. Diversos.

BONSIRVEN, J., *Théologie du Nouveau Testament,* « Le milieu culturel et son   (5962
influence », 13-20.

LYONNET, S., « L'étude du milieu littéraire et l'exégèse du Nouveau Testa-   (5963
ment », Bibl 35 (1954) 480-502; 36 (1955) 202-212; 37 (1956) 1-38.

DELCOR, M., « Le culte des souverains dans la civilisation gréco-romaine et dans   (5964
le monde oriental », BLE 60 (1959) 62-66.

STANLEY, D. M., *The Apostolic Church in the New Testament* (Westminster,   (5965
Newman Press, 1965), 14-172 pp.

Mythe. Myth. Mythos. Mito.

SIMMEL, O., « Mythos und Neues Testament », StiZ 150 (1951-1952) 33-46.   (5966

SCHADE, H., « Das Christusbild der frühen Kirche und der Mythos », StiZ 155   (5967
(1954-1955) 409-418.

O'FLYNN, J. A., « New Testament and Mythology », IrThQ 23 (1956) 49-59,   (5968
101-110; 24 (1957) 1-12, 109-121.

Philologie. Philology. Philologie. Filologia. Filología.

HOLZMEISTER, U., « De « plurali categoriae » in Novo Testamento et a Patribus   (5969
adhibito », Bibl 14 (1933) 68-95.

BUZY, D., « Les particules réduplicatives dans les verbes du Nouveau Testa-   (5970
ment », RSR 27 (1937) 217-228.

LA CAVA, F., « L' ἱνα causale nel N. T. », ScuolC 65 (1937) 301-304.   (5971

JOÜON, P., « Explication de la nuance méliorative des verbes tels que *alloquor,*   (5972
παραμυθεομαι », RSR 28 (1938) 311-314.

VERGOTE, J., « Grec biblique », SDB III, col. 1320-1369.   (5973

JOÜON, P., « Les verbes *boulomai* et *thélô* dans le Nouveau Testament », RSR   (5974
30 (1940) 227-238.

JOÜON, P., « Divers sens du παρρησια dans le Nouveau Testament », RSR 30   (5975
(1940) 239-242.

FURFEY, P. H., « « Plousios » and Cognates in the New Testament », CBQ 5   (5976
(1943) 243-263.

ZERWICK, M., « Quid cognitio graecitatis biblicae ad S. Scripturam   (5977
interpretandam conferat », VD 25 (1943) 55-62, 89-95, 122-127, 147-158, 213-219.

LÉVESQUE, E., « Le mot *Judée* dans le Nouveau Testament a-t-il parfois le sens   (5978
élargi de *Palestine ?* » RB 52 (1943-1944) (= Vivre et Penser, III), 104-111.

HEIDT, W., « Translating the New Testament Imperatives », CBQ 13 (1951)   (5979
253-256.

SCHÜRMANN, H., « Die Sprache des Christus, Sprachliche Beobachtungen an   (5980
den synoptischen Herrenworten », BZ 2 (1958) 54-84.

ZERWICK, M., *Graecitas biblica⁴* (Romae, Pont. Institutum Biblicum, 1960),   (5981
172 pp.

ZERWICK, M., *Analysis philologica Novi Testamenti graeci²* (Romae, Pont.   (5982
Institutum Biblicum, 1960), 610 pp.

HIGGINS, M. J., « New Testament Result Clauses with Infinitive », CBQ 23   (5983
(1961) 233-241.

ZORELL, F., *Lexicon Graecus Novi Testamenti³* (Paris, Lethielleux, 1961), 1502   (5984
colonnes.

RICHTER, G., *Deutsches Wörterbuch zum Neuen Testament, nach dem*   (5985
griechischen Urtext (Regensburg, Pustet, 1962), 1088 pp.

GOICOECHEA, M., *De conceptu « upomonê » apud S. Paulum* (Romae, Scuola   (5986
Tipografica Pax et Bonum, 1965), 15-110 pp.

NUÑEZ, H. M., « 'Anî, πτωχος (Méthodos para el entronque del vocabulario   (5987
griego-hebreo) », EstB 25 (1966) 193-205.

GRAYSTONE, K., « The Significance of the Word *Hand* in the New Testa-   (5988
ment », dans *Mélanges bibliques* en hommage au R. P. Béda Rigaux (en collab.),
479-487.

LEE, G. M., « New Testament Gleanings », Bibl 51 (1970) 235-240.   (5989

MOULE, C. F. D., « Death « to Sin », « to Law » and « to the World » : a Note   (5990
on certain Datives », dans *Mélanges bibliques* en hommage au R. P. Béda Rigaux
(en collab.), 367-375.

Rapports avec l'Ancien Testament. Connection with the Old Testament.
Beziehungen zum Alten Testament. Rapporti con l'Antico Testamento.
Relaciones con el Antiguo Testamento.

KAUPEL, H., « Von alttestamentlichen Zitaten im Alten und Neuen Testa-   (5991
ment », TGl 25 (1933) 287-292.

MUÑOZ IGLESIAS, S., « Los profetas del Nuevo Testamento comparados con los   (5992
del Antíguo », EstB 6 (1947) 307-337.

CERFAUX, L., « Un chapitre du Livre des « Testimonia » », dans ETL 14 (1937)   (5993
69-74, ou dans *Recueil Lucien Cerfaux,* II, 219-226.

CERFAUX, L., « Regale sacerdotium », RSPT 28 (1939) 5-39, ou dans *Recueil*   (5994
Lucien Cerfaux, II, 283-315.

CERFAUX, L., « Vestiges d'un florilège dans I Cor 1,18-3,23 ? » RHE 27 (1931)   (5995
521-534, ou dans *Recueil Lucien Cerfaux,* II, 319-332.

JOUASSARD, G., « L'Ancien Testament dans la prière des premières   (5996
communautés chrétiennes », dans *À la rencontre de Dieu.* Mémorial Albert Gelin
(en collab.), 355-362.

GRELOT, P., « Spiritualité lévitique et spiritualité cléricale », CHR N° 9 (1962)   (5997
291-305.

LARCHER, C., *L'actualité chrétienne de l'Ancien Testament d'après le Nouveau*   (5998
Testament, « L'Église primitive et l'A. T. », 287-513.

AUDET, J.-P., « L'hypothèse des testimonia », RB 70 (1963) 381-405.   (5999

OESTERREICHER, J. M., *The Israel of God.* On the O. T. Roots of the Church's   (6000
Faith (Englewood Cliffs, N. J., Prentice-Hall, 1963), 120 pp.

DANIÉLOU, J., *Études d'exégèse judéo-chrétienne* (Les Testimonia) (Paris,   (6001
Beauchesne, 1966), 188 pp.

DE LUBAC, H., *L'Écriture dans la tradition,* « La nouveauté chrétienne »,   (6002
203-295.

FESTORAZZI, F., « Nous voilà en sûreté (Jr 7,10). La foi des deux Testaments   (6003
comme expérience salvifique », Conci N° 30 (1967) 45-56.

Textes et traductions. Texts and Translations. Texte und Übersetzungen. Testi e traduzioni.
Textos y traducciones.

VACCARI, A., « Propaggini des Diatessaron in Occidente », Bibl 12 (1931)   (6004
326-354.

KENYON, G., « Hesychius and the Text of the New Testament », dans *Mémorial*   (6005
Lagrange (en collab.), 245-250.

LYONNET, S., « De Novo Testamento graece et latine iterum edito », VD 22   (6006
(1942) 277-280.

VOSTÉ, J.-M., « De revisione textus graeci Novi Testamenti ad votum Concilii   (6007
Tridentini facta », Bibl 24 (1943) 304-307.

MÉNARD, P., « Témoins inédits de la vieille version des évangiles. Les canons à   (6008
initia des évangéliaires de Sainte-Croix de Potiers et de la Trinité de Vendô-
me », RBen 56 (1945-1946) 58-92.

OSTY, É., *Les évangiles synoptiques.* Trad. nouvelle avec introduction et notes   (6009
(Paris, Siloë, 1947), 65-315 pp.

LAGRANGE, M.-J., LAVERGNE, C., *L'Évangile de Jésus-Christ, avec la synopse*   (6010
évangélique² (EB) (Paris, Gabalda, 1948), XV-716 pp.

LAVERGNE, C., *Synopse des quatre évangiles en français²*, d'après la synopse   (6011
grecque du R. P. M.-J. Lagrange, (EB) (Paris, Gabalda, 1948), 275 pp.

AMIOT, F., *Évangile.* Vie et message du Christ. Traduction et notes (Paris, Fayard,   (6012
1949), 494 pp.

KETTER, P., *Das Neue Testament.* Stuttgarter Kepplerbibel neu bearbeitet   (6013
(Stuttgart, Kepplerhaus, 1951), 546 pp.

GRILL, S., « Das Neue Testament nach dem syrischen Text », BiLit 19 (1951-52)   (6014
16-20, 145, 327-331, 359-336; 20 (1952-53) 8-12, 36-38.

FUSTER, E. N., CUETO, A. C., *Los cuatros Evangelios.* Version directa del texto   (6015
original griego (Madrid, La Editorial Cattolica, 1954), 406 pp.

KLEIST, J. A., LILLY, J. L., *The New Testament rendered from the original Greek*   (6016
with explanatory Notes (Milwaukee, Bruce, 1956), 12-690 pp.

PASSELECQ, P., *Évangile – Actes des Apôtres de saint Luc.* Version nouvelle   (6017
d'après les textes originaux par les moines de Maredsous (Namur, Soleil Levant,
1958), 207 pp.

OSTY, É., « Pour une traduction plus fidèle du Nouveau Testament », dans   (6018
Mémorial du cinquantenaire (en collab.), 81-96.

OSTY, É., TRINQUET, J., *Le Nouveau Testament.* Traduction complètement   (6019
remaniée (Paris, Siloë, 1964), 53-689 pp.

BENOIT, P., BOISMARD, M.-É., *Synopse des quatre évangiles en français avec*   (6020
parallèles des apocryphes et des Pères, Tome I. Textes (Paris, Cerf, 1965), 400 pp.

BOMPOIS, L. M., *Synopse.* Parallèle des quatre évangiles, d'après la traduction de   (6021
É. Osty et J. Trinquet (Paris, Mame, 1965), 832 pp.

McNAMARA, M., « The Aramic Translations : a newly recognised Aid for New   (6022
Testament Study », SCR 18 (1966) 47-56.

DUPLACY, J., « Une grande entreprise internationale et interconfessionnelle :   (6023
Novi Testamenti graeci Editio major critica », RTL 1 (1970) 89-91.

Théologie. Theology. Theologie. Teologia. Teología.

Christologie. Christology. Christologie. Cristologia. Cristología.

BONSIRVEN, J., *Théologie du Nouveau Testament,* « Christologie », 182-186.   (6024

SCHMITT, J., « Le Christ Jésus dans la foi et la vie de la naissante Église   (6025
apostolique », LV N° 9 (1953) 23-42.

MUSSNER, F., « Cullmanns Christologie des Neuen Testamentes », TrierTZ 67   (6026
(1958) 182-188.

WEIJENBORG, R., « Christologia Novi Testamenti secundum O. Cullmann »,   (6027
Ant 33 (1958) 141-153.

STANLEY, D. M., « Cullmann's New Testament Christology : An Apprai-   (6028
sal », TS 20 (1959) 409-421.

DE KRUIJF, T., *Der Sohn des Iebendigen Gottes* (Roma, Pont. Institutum   (6029
Biblicum, 1962), xvii-187 pp.

MALEVEZ, L., « Functional Christology in the New Testament », TDig 10 (1962)   (6030
77-83.

BROWN, R. E., « Does the New Testament Call Jesus God ? » TS 26 (1965)   (6031
545-573.

LAMARCHE, P., *Christ vivant.* Essai sur la christologie du N. T., 284 pp.   (6032

VANHOYE, A., « Structure et théologie des récits de la Passion dans les évangiles   (6033
synoptiques », NRT 89 (1967) 135-163.

THÜSING, W., « Erhöhungsvorstellung und Parusieerwartung in der ältesten   (6034
nachösterlichen Christologie », BZ 11 (1967) 95-108, 205-222; 12 (1968) 54-80,
223-240.

SCHLIER, H., « Die Anfänge des christologischen Credo », dans *Zur*   (6035
Frühgeschichte der Cristologie (en collab.) (Herder, Freiburg i.B., 1970), 13-58.

Eschatologie. Eschatology. Eschatologie. Escatologia. Escatología.

BRAUN, F.-M., « Où en est l'eschatologie du Nouveau Testament ? » RB 49 (1940)   (6036
33-54.

TRÉMEL, Y.-B., « L'homme entre la mort et la résurrection d'après le Nouveau   (6037
Testament », LV N° 24 (1955) 33-58.

FORESTELL, J. T., « Christian Revelation and the Resurrection of the   (6038
Wicked », CBQ 19 (1957) 165-189.

KOCH, R., « L'aspect eschatologique de l'Esprit du Seigneur d'après saint   (6039
Paul », dans *Studiorum Paulinorum Congressus 1961* (en collab.), I, 131-141.

DHEILLY, J., « Les fins dernières dans l'Ancien et le Nouveau Testament », dans   (6040
Viens Seigneur, Cahiers de la Roseraie, IV (en collab.), (Bruxelles, Lumen Vitae;
Bruges, Abbaye de Saint-André, 1955), 7-34.

SEGARRA, F., « Algunas observaciones sobre los principales textos escatológicos   (6041
de Nuestro Señor », EstE 10 (1931) 475-499; 11 (1932) 83-94; 12 (1933) 345-367;
13 (1934) 225-261, 399-417; 15 (1936) 47-66.

SPINETOLI, O., « Escatologia in S. Matteo », BibOr 8 (1966) 185-212.   (6042

LANGEVIN, P.-É., *Jésus Seigneur et l'eschatologie. Exégèse de textes prépauliniens,*   (6043
392 pp.

SCHNACKENBURG, R., « Der eschatologische Abschnitt Lk 17,20-37 », dans   (6044
Mélanges bibliques en hommage au R. P. Béda Rigaux (en collab.), 213-234.

Espérance. Hope. Hoffnung. Speranza. Esperanza.

SPICQ, C., *La révélation de l'espérance dans le nouveau Testament* (Avignon,   (6045
Aubanel; Paris, Libr. dominicaine, 1932), 268 pp.

GROSSOUW, W., « L'Espérance dans le Nouveau Testament », RB 61 (1954)   (6046
508-534.

SCHLIER, H., « Uber die Hoffnung. Eine neutestamentliche Besinnung », GeistL   (6047
33 (1960) 16-24.

Foi. Faith. Glaube. Fede. Fe.

BONSIRVEN, J., *Théologie du Nouveau Testament,* « La foi : oeuvre de   (6048
Dieu », 149-152; « Le mouvement de la foi dans l'homme », 152-159.

TRÉMEL, Y.-B., « Remarques sur l'expression de la foi trinitaire dans l'Église   (6049
apostolique », LV N° 29 (1956) 41-66.

DUPLACY, J., « D'où vient l'importance centrale de la foi dans le N. T. ? » dans   (6050
Sacra Pagina (en collab.), II, 430-439.

LAMMERS, K., *Hören, Sehen und Glauben im Neuen Testament,* 114 pp.   (6051

LANGEVIN, P.-É., *Jésus Seigneur et l'eschatologie. Exégèse de textes prépauliniens,*   (6052
« Origines chrétiennes et seigneurie de Jésus », 18-23; « Foi primitive et seigneurie
de Jésus », 311-315.

Morale. Moral. Sittlichkeit. Morale. Moral.

PINARD DE LA BOULLAYE, « L'imitation de J.-C. dans le N. T. », RAM 15   (6053
(1934) 333-358.

BONSIRVEN, J., *Théologie du Nouveau Testament,* « La vie du chrétien », (6054
419-423.

SCHNACKENBURG, R., *Die sittliche Botschaft des Neuen Testamentes* (6055
(München, Hüber, 1954), 12-284 pp.

GRAIL, A., « De la morale du Nouveau Testament », LV N° 21 (1955) 3-12. (6056

TRESMONTANT, C., « Jésus et la morale des prophètes », BVC N° 21 (1958) (6057
26-34.

McKENZIE, J. L., *The Power and the Wisdom.* « The Christian Moral Revolu- (6058
tion », 213-232.

THYSMAN, R., « L'éthique de l'imitation du Christ dans le Nouveau Testament. (6059
Situation, notations et variations du thème », ETL 42 (1966) 138-175.

KRAUS, J., « Vorbildethik und Seinsethik im Neuen Testament », FreibZ 13-14 (6060
(1966-1967) 341-369.

DE SOBRADILIO, A., « La moral cristiana », Salm 14 (1967) 553-579. (6061

Péché. Sin. Sünde. Peccato. Pecado.

DUBARLE, A.-M., « Le péché originel dans les suggestions de l'Évangile », RSPT (6062
39 (1955) 603-614.

LYONNET, S., « De natura peccati quid doceat N. T. ? » VD 35 (1957) 204-221, (6063
271-278, 332-343.

ROCHE, E., « Pénitence et conversion dans l'Évangile et la vie chrétienne », NRT (6064
79 (1957) 113-134.

Sacrements. Sacraments. Sakramente. Sacramenti. Sacramentos.

RUSSELL, R., « On the Holy Eucharist in the New Testament », SCR 4 (1949) (6065
79-90.

GEORGE, A., « Les textes du N. T. sur le baptême. Présentation littéraire », LV (6066
N° 26 (1956) 9-20.

STANLEY, D. M., « The New Testament Doctrine of Baptism : An Essay in (6067
Biblical Theology », TS 18 (1957) 169-215.

BOISMARD, M.-É., *Quatre hymnes baptismales dans la première épître de Pierre* (6068
(Paris, Cerf, 1961), 181 pp.

COPPENS, J., « L'Eucharistie dans le Nouveau Testament », ETL 41 (1965) (6069
143-147.

Salut. Salvation. Heil. Salvezza. Salud.

DUPLACY, J., « Le salut par la foi et le baptême d'après le N. T. », LV N° 27 (6070
(1956) 3-52.

Divers. Miscellaneous. Verschiedenes. Diversi. Diversos.

**a) Études générales. General Studies. Allgemeine Abhandlungen. Studi generali.
Estudios generales.**

BONSIRVEN, J., *Théologie du Nouveau Testament,* 472 pp. (6071

MEINERTZ, M., « Sinn und Bedeutung der neutestamentlichen Theologie », (6072
MüTZ 5 (1954) 159-170.

LYONNET, S., « L'originalité du message chrétien. À propos du *Theologisches* (6073
Wörterbuch », Bibl 37 (1956) 477-487.

SCHLIER, H., « Über Sinn und Aufgabe einer Theologie des Neuen Testa- (6074
ments », BZ 1 (1957) 6-23.

VÖGTLE, A., « Rudolf Bultmanns Existenztheologie in Katholischer Sicht », BZ (6075
1 (1957) 136-151.

MEINERTZ, M., « Zur neutestamentlichen Theologie », TR 54 (1958) 1-10.   (6076

DE MARI, V., « Significato e compito di una Teologia del Nuovo Testa-   (6077
mento », RivB 8 (1960) 268-269.

SCHNACKENBURG, R., *La théologie du Nouveau Testament.* État de la question   (6078
(Bruges, Desclée de Brouwer, 1961), 126 pp.

SCHLIER, H., « Über Sinn und Aufgabe einer Theologie des Neuen Testa-   (6079
ments », dans *Exegese und Dogmatik* (en collab.), 69-90.

SCHNACKENBURG, R., « Zur dogmatischen Auswertung des N. T. », dans   (6080
Exegese und Dogmatik (en collab.), 115-133.

LEMONNYER, L., CERFAUX, L., *Théologie du Nouveau Testament,* 228 pp.   (6081

GROUSSOUW, W., *Spiritualité du Nouveau Testament* (Paris, Cerf, 1964), 227 pp. (6082

MacRAE, G. W., « New Testament Theology. Some Problems and Princi-   (6083
ples », SCR 16 (1964) 97-106.

KUSS, O., *Auslegung und Verkündigung,* « Was ist Christentum ? Die Grund-   (6084
gedanken des Neuen Testamentse », II, 153-195.

SCHELKLE, K. H., « Was bedeutet « Theologie des Neuen Testaments » ? » dans (6085
Evangelienforschung (en collab.), 299-312.

SCHMITT, J., « La prédication apostolique, les formes, le contenu », dans *Où en* (6086
sont les études bibliques ? (en collab.), 107-134.140

SCHELKLE, K. H., *Theologie des Neuen Testaments* (Düsseldorf, Patmos, 1968, (6087
1970), I. Schöpfung; III. Ethos; 174-350 pp.

ELLIOTT, J. H., « A Catholic Gospel : Reflections on « Early Catholicism » in (6088
the New Testament », CBQ 31 (1969) 213-223.

THÜSING, W., « Die Botschaft des Neuen Testaments – Hemmnis oder Triebkraft (6089
der gesellschaftlichen Entwicklung ? » GeistL 43 (1970) 136-148.

b) Thèmes divers. Various Themes. Sonstige Themen. Temi diversi. Temas diversos.

KUSS, O., « Der Begriff des Gehorsams im Neuen Testament », TGl 27 (1935)   (6090
695-702.

LEBRETON, J., « La doctrine du renoncement dans le Nouveau Testament »,   (6091
NRT 65 (1938) 385-412.

LEBRETON, J., « Études sur la contemplation dans le Nouveau Testament », RSR (6092
30 (1940) 81-108.

PARSONS, W., « The Political Theory of the New Testament », CBQ 4 (1942)   (6093
218-229.

RAHNER, K., « « Gott » als erste Trinitarische Person im Neuen Testa-   (6094
ment », ZKT 66 (1942) 71-88.

KUSS, O., « Zum Vorsehungsglauben im Neuen Testament », TGl 35 (1943) 7-14. (6095

LEBRETON, J., « La doctrine spirituelle du Nouveau Testament », dans *Mélanges* (6096
E. Podechard (en collab.), 175-190.

HILION, G., « La Sainte Vierge dans le Nouveau Testament », dans *Maria* (en (6097
collab.), publié sous la direction d'Hubert du MANOIR, s.j. (Paris, Beauchesne,
1949), I,41-68.

CAMELOT, T., « Ascèse et mortification dans le N. T. », dans *L'ascèse chrétienne* (6098
et l'homme contemporain (en collab.), (Paris, Cerf, 1951), 13-29.

DEL PARAMO, S., « La paz de Cristo en el Nuevo Testamento », EstE 27 (1953) (6099
5-20.

PELLETIER, A., « Le vocabulaire du commandement dans le Pentateuque des   (6100
LXX et dans le Nouveau Testament », RSR 41 (1953) 519-524.

DESCAMPS, A., « Le messianisme royal dans le N. T. », dans *L'attente du Messie* (6101 (en collab.), 57-84.

GUILLET, J., *Thèmes bibliques*, « Grâce, justice et vérité : 2. L'évolution du (6102 vocabulaire : Le Nouveau Testament », 86-93.

KERKHOFF, R., *Das unablassige Gebet.* Beiträge zur Lehre von immerwährenden (6103 Beten im Neuen Testament (München, K. Zink, 1954), 64 pp.

LEBRETON, J., « Le dogme chrétien et la vie chrétienne dans le Nouveau (6104 Testament », dans ROBERT, A., TRICOT, A., *Initiation Biblique³*, 909-945.

SALET, G., « La loi dans nos coeurs », NRT 79 (1957) 449-462, 561-578. (6105

XXX, « Vocabulaire de l'action de grâce du N. T. », CE Nº 30 (1958) 71-76. (6106

SCHLIER, H., *Mächte und Gewalten im Neuen Testament* (Freiburg, Herder, (6107 1958), 64 pp.

SPICQ, C., « Les composantes de la notion d'*agapè* dans le N. T. », dans *Sacra* (6108 *Pagina* (en collab.), II, 440-455.

GRAEF, H., « Die neutestamentlichen Grundlagen der christlichen Mystik », (6109 GeistL 34 (1961) 436-442.

REHRL, S., *Das Problem der Demut in der profangriechischen Literatur im* (6110 *Vergleich zu Septuaginta und neuen Testament* (Münster, Aschendorff, 1961), 228 pp.

STELZENBERGER, J., *Syneidesis im Neuen Testament* (Paderborn, Schöningh, (6111 1961), 100 pp.

LARCHER, C., *L'actualité chrétienne de l'Ancien Testament d'après le Nouveau* (6112 *Testament*, « La promesse dans le N. T. », 400-445.

MONDEN, L., *Le miracle, signe de salut* (Bruges, Desclée de Brouwer, 1960), (6113 « Jésus thaumaturge », 99-118.

SCHLIER, H., « Der Mensch im Licht der Urchristlichen Verkündigung », GeistL (6114 35 (1962) 6-14.

BAUMGARTNER, C., *La grâce du Christ* (Tournai, Desclée et Cie, 1963), « Le (6115 Nouveau Testament », 19-39.

HOLSTEIN, H., « La parrêsia dans le Nouveau Testament », BVC Nº 53 (1963) (6116 45-54.

WENNEMER, K., « Die Geduld im neutestamentlicher Sicht », GeistL 36 (1963) (6117 36-41.

CROSSAN, D. M., « Anti-Semitism and the Gospel », TS 26 (1965) 189-214. (6118

KÄSEMANN, E., BROWN, R. E., « New Testament Ecclesiology », TDig 13 (6119 (1965) 228-233.

LATOURELLE, R., *Théologie de la Révélation²*, « La révélation dans le N. (6120 T. », 43-84.

ROMANIUK, C., *Le sacerdoce dans le N. T.* (Lyon, Mappus, 1966), 238 pp. (6121

Divers. Miscellaneous. Verschiedenes. Diversi. Diversos.

BRAUN, F.-M., *Où en est le problème de Jésus* (Bruxelles, Cité chrétienne; Paris, (6122 Lecoffre, 1932), 213-265.

HOLZMEISTER, U., « Wann war Pilatus Prokurator von Judaea ? » Bibl 13 (6123 (1932) 228-232.

SCHAEFER, C., *Précis d'introduction au Nouveau Testament* (Mulhouse, Salvator; (6124 Paris, Casterman, 1939), 255 pp.

CREHAN, J.-H., « Profane Evidence for the New Testament », SCR 3 (1948) (6125 35-43.

XXX, « Le Nouveau Testament », PPB N° 26 (1955) 60 pp.   (6126

MEINERTZ, M., *Einleitung in das Neue Testament* (Paderborn, F. Schönigh,   (6127
1950), 354 pp.

SIMON-PRADO, *Praelectionum Biblicarum Compendium, III : Novum*   (6128
Testamentum³ (Madriti, Marietti, Torino, 1952), 752 pp.

AUGRAIN, C., « L'Église naît », CE N° 12 (1953) 5-57.   (6129

GAECHTER, P., *Petrus und seine Zeit,* 462 pp.   (6130

ROBERT, A., FEUILLET, A. (édit.), *Introduction à la Bible* (en collab.), II.   (6131
Nouveau Testament² (Tournai, Desclée et Cie, 1959), 940 pp.

LEVIE, J., « Le message de Jésus dans la pensée des apôtres », NRT 83 (1961)   (6132
25-49.

VÖGTLE, A., « Fortschritt und Problematik der Neutestamentlichen Wissen-   (6133
schaft », dans *Exegese und Dogmatik* (en collab.), 53-68.

WIKENHAUSER, A., *Einleitung in das Neue Testament⁵* (Freiburg, Herder,   (6134
1963), 15-466 pp.

BOMPOIS, C., *Concordance des quatre évangiles* (Paris, Mame, 1965), 224 pp.   (6135

McKENZIE, J. L., *The Power and the Wisdom,* « The World of the N. T. », 1-26.   (6136

RANDELLINI, R., « Il Nuovo Testamento », dans *Commento alla Costituzione*   (6137
dogmatica sulla divina Rivelatione, 183-230.

SEMMELROTH, O., ZERWICK, M., *Vatikanum II über das Wort Gottes.* Die   (6138
Konstitution « Dei Verbum » : Einführung und Kommentar, Text und
Übersetzung, « Das Neue Testament », 43-50.

CHARPENTIER, E., *Ce Testament toujours nouveau,* 216 pp.   (6139

GAECHTER, P., « Die Engelerscheinungen in den Auferstebungsberichten.   (6140
Untersuchung einer «Legende » », ZKT 89 (1967) 191-202.

TRILLING, W., *Vielfalt und Einheit im Neuen Testament* (Köln, Benziger, 1968),   (6141
160 pp.

GHIBERTI, G., « Rassegna di introduzione al Nuovo Testamento », RivB 17   (6142
(1969) 283-312.

II. LES ÉVANGILES. THE GOSPELS. DIE EVANGELIEN. VANGELI.
LOS EVANGELIOS.

A. Introduction aux Évangiles. Introduction to the Gospels.
Einführung in die Evangelien. Introduzione ai Vangeli.
Introducción a los Evangelios.

Critique textuelle et littéraire. Textual and Literary Criticism. Text- und Literarkritik.
Critica testuale e letteraria. Crítica textual y literaria.

GAECHTER, P., « Zur Textabteilung von Evangelienhandschriften », Bibl 15   (6143
(1934) 301-320.

BOVER, J. M., « La palabra de Jesucristo dende el punto de vista literario », EstE   (6144
16 (1942) 375-397.

PIEPER, K., « Der Charakter unserer Evangelien », PB 54 (1943) 59-65.   (6145

PUZO, F., « El ritmo oral en la exégesis evangélica », EstB 6 (1947) 133-186.   (6146

PALMARINI, N., « Il genere storico e i Vangeli », dans *Questioni bibliche alla luce*   (6147
del Enciclica « Divino Afflante Spiritu » (en collab.), I, 102-130.

MUÑOZ IGLESIAS, S., « Géneros literarios en los Evangelios », EstB 13 (1954) (6148 289-318.

REUSS, J., « Die Evangelienkatenen in Cod. Archivio di S. Pietro gr. B 59 », Bibl (6149 35 (1954) 475-479.

MUÑOZ IGLESIAS, S., « Géneros literarios en los Evangelios », dans *Los Géneros* (6150 *literarios de la Sagrada Escritura* (en collab.), 219-244.

LELOIR, L., « L'original syriaque commentaire de saint Éphrem sur le Diatesse- (6151 ron », Bibl 40 (1959) 959-970.

LÉON-DUFOUR, X., *Les évangiles et l'histoire de Jésus,* « Le genre littéraire des (6152 quatre évangiles », 212-220.

BAGAMBA, G., « Considerazioni in margine alla poetica dei Vangeli », RivB 13 (6153 (1965) 289-302.

MIZZI, J., « A Comparative Study of some Portions of God. Palatinus and Cod. (6154 Boniensis », RBen 75 (1965) 7-39.

PESCH, R., *Neuere Exegese. Verlust oder Gewinn ?* (Freiburg i. B., Herder, 1968), (6155 « Zum Weg der modernen Evangelienforschung », 112-142.

DESCAMPS, A., « Progrès et continuité dans la critique des Évangiles et des Ac- (6156 tes », RTL 1 (1970) 5-44.

Formation des Évangiles. Formation of the Gospels. Entstehung der Evangelien.
Formazione dei Vangeli. Formación de los Evangelios.

BOVER, J. M., « Un fragmento atribuído a San Policarpo sobre los principios de (6157 los Evangelios », EstE 14 (1935) 5-19.

REILLY, W. S., « Witness of the Early Church to the Authorship of the Gos- (6158 pels », CBQ 1 (1939) 115-124.

DEWAILLY, L.-M., *Jésus-Christ, Parole de Dieu,* « La bonne nouvelle qu'annonça (6159 Jésus », 42-46; « Les quatre évangiles et l'Évangile du Christ », 46-53.

FULLER, R. C., « Sources of the Evangelist's Information », SCR 1 (1946) 87. (6160

SAYDON, P. P., « The Order of the Gospels », SCR 4 (1950) 190-197. (6161

GUILLET, J., « La naissance de l'Évangile dans l'Église », LV Nº 6 (1952) 43-66. (6162

HUBY, J., LÉON-DUFOUR, X., *L'Évangile et les Évangiles²,* « La priorité de (6163 l'évangile oral; naissance de la tradition évangélique; le cadre de la tradition évangélique; formation littéraire de l'Évangile », 1-98.

CERFAUX, L., *La voix vivante de l'Évangile au début de l'Église* (Tournai, (6164 Casterman, 1956), 156 pp.

DOEVE, J. W., « Le rôle de la tradition orale dans la composition des Évangiles (6165 synoptiques », dans *La formation des Évangiles* (en collab.), 70-84.

HEUSCHEN, J., « La formation des évangiles », *La formation des Évangiles* (en (6166 collab.), 11-23.

STANLEY, D. M., « Liturgical Influences on the Formation of the four Gos- (6167 pels », CBQ 21 (1959) 24-38.

STANLEY, D. M., « The Conception of Our Gospels as Salvation-History », TS (6168 20 (1959) 561-589.

FANNON, P., « The Formation of the Gospels », SCR 12 (1960) 112-118. (6169

JONES, A., « The Gospel and the Gospels », SCR 12 (1960) 65-74. (6170

KURZINGER, J., « Das Papiaszeugnis und die Erstgestalt des Matthäus- (6171 evangeliums », BZ 4 (1960) 19-38.

FITZMYER, J. A., « Memory and Manuscript. The Origins and Transmission of (6172 the Gospel Tradition », TS 23 (1962) 442-457.

KERRIGAN, A., « De traditionis evangelicae originibus ac transmissione », Ant   (6173
38 (1963) 434-442.

LÉON-DUFOUR, X., *Les évangiles et l'histoire de Jésus,* 528 pp.   (6174

MONTAGUE, G. T., « La formazione degli Evangeli », BibOr 9 (1967) 183-196.   (6175

SCHÜRMANN, H., *Traditionsgeschichtliche Untersuchungen zu den synoptischen*   (6176
Evangelien (Düsseldorf, Patmos, 1968), « Die Christusoffenbarung », 13-38; « Die
vorösterlichen Anfänge der Logientradition », 39-68; « Der « Bericht von Anfang » », 69-82; « Zur Tradition der Herrenworte », 83-110; « Auf der Suche
nach der Redequelle », 111-158; « Zu lukanischen Sondertraditionen », 159-250;
« Zur lukanischen Redaktion », 251-340.

Formgeschichte. Redaktiongeschichte.

FLORIT, E., « La « Stòria delle Forme » nei Vangeli in rapporto alla Dottrina   (6177
Cattolica », Bibl 14 (1933) 212-248.

PEIRCE, F. X., « Ecclesiastical Library Table. Form Criticism of the Synop-   (6178
tics », AmER 93 (1935) 85-97.

BRAUN, F.-M., art. « Formgeschichte (École de la) », SDB II, col. 312-317.   (6179

McGINLEY, L., « Historia formarum quoad miracula sanationis in Synop-   (6180
ticis », VD 19 (1939) 234-240, 279-283.

COLLINS, J. J., « Form-Criticism and the Synoptic Gospels », TS 2 (1941)   (6181
388-400.

DONLON, S. E., « Form-Critics, the Gospels and St. Paul », CBQ 6 (1944)   (6182
159-179, 306-325.

McGINLEY, L., *Form-criticism of the Synoptic Healing Narratives.* A Study in the (6183
Theories of Martin Dibelius and Rudolf Bultmann (Woodstock, Woodstock Press,
1944), 165 pp.

BENOIT, P., « Réflexions sur la *formgeschichtliche Methode* », RB 53 (1946)   (6184
481-512.

SCHNACKENBURG, R., « Von der Formgeschichte zur Entmythologisierung   (6185
des Neuen Testamentes. Zur Theologie Rudolf Bultmanns », MüTZ 2 (1951)
345-360.

GUTWENGER, E., « The Gospels and Non-Catholic Higher Criticism », dans   (6186
A Catholic Commentary on Holy Scripture (ORCHARD, B., et autres, édit.)
(London, Edinburgh, T. Nelson and Sons, 1953), 732-759.

HUBY, J., LÉON-DUFOUR, X., *L'Évangile et les Évangiles²,* « Note brève sur   (6187
l'école de la *Formgeschichte* », 89-93.

STANLEY, D. M., « Didache as a Constitutive Element of the Gospel-form »,   (6188
CBQ 17 (1955) 336-345.

CAMBIER, J., « Historicité des évangiles synoptiques et *Formgeschichte* », dans (6189
La formation des Évangiles (en collab.), 195-212.

CERFAUX, L., « En marge de la question synoptique. Les unités littéraires   (6190
antérieures aux trois premiers évangiles », dans *La formation des Évangiles* (Bruges,
Desclée de Brouwer, 1957), 24-33, ou dans *Recueil Lucien Cerfaux,* III, 99-110.

SCHÜRMANN, H., *Jesu Abschiedsrede* (Lk 22,21-38), III, 164 pp.   (6191

STANLEY, D. M., « Balsam's Ass, or a Problem in New Testament Hermeneu-   (6192
tics », CBQ 20 (1958) 50-56.

O'KEEFE, V. T., « Towards understanding the Gospels », CBQ 21 (1959) 171-189.   (6193

SCHÜRMANN, H., « Zur Traditions- und Redaktionsgeschichte von Mt   (6194
10,25 », BZ 3 (1959) 82-88.

BROWN, R. E., « Incidents that are Units in the Synoptic Gospels but dispersed (6195 in St. John », CBQ 23 (1961) 142-160.

LEAL, J., « El clima de la fe en la Redaktionsgeschichte del IV Evangelio », EstB (6196 22 (1963) 141-177.

SCHNACKENBURG, R., « Zur formgeschichtlichen Methode in der (6197 Evangelien-forschung », ZKT 85 (1963) 16-32.

SCHNEIDER, G., « Die Evangelium im Urteil der meueren Forschung und unsere (6198 biblische Katechese », TrierTZ 72 (1963) 349-362.

BENOIT, P., « Les évangiles et l'histoire de Jésus selon X. Léon-Dufour », RB 71 (6199 (1964) 594-598, et dans *Exégèse et théologie,* III, 159-164.

BROWN, R. E., « After Bultmann, what ? An Introduction to the Post- (6200 Bultmannians », CBQ 26 (1964) 1-30.

CAHILL, J., « Rudolf Bultmann and Post-Bultmann Tendencies », CBQ 26 (1964) (6201 153-178.

LEVIE, J., « Jesus' Message in the Thought of the Apostles », TDig 12 (1964) (6202 27-32.

SCHNACKENBURG, R., « The Method of Form Criticism in Gospel Re- (6203 search », TDig 12 (1964) 147-152.

STIRNIMANN, H., « Katholischer Konsensus mit Bultmann ? » FreibZ 11 (1964) (6204 399-405.

LÉON-DUFOUR, X., *Études d'évangile,* 398 pp. (6205

NEIRYNCK, F., « La tradition des paroles de Jésus et Marc 9,33-50 », Conci (6206 N° 20 (1966) 57-66.

XXX, *De Jésus aux Évangiles.* Tradition et rédaction dans les Évangiles synoptiques (6207 (en collab.), 274 pp.

DUPONT, J., « The Origin of the Narrative of Jesus' Temptations », TDig 15 (6208 (1967) 230-235.

VANHOYE, A., « Structure et théologie des récits de la Passion dans les évangiles (6209 synoptiques », NRT 89 (1967) 135-163.

BOUWMAN, G., *Das dritte Evangelium* (Düsseldorf, Patmos, 1968), 184 pp. (6210

SCHNACKENBURG, R., « Zur formgeschichtlichen Methode in der Evan- (6211 gelienforschung », dans *Evangelienforschung* (en collab.), 33-58.

TRILLING, W., *Vielfalt und Einheit im Neuen Testament* « Die Verschie- (6212 denartigkeit der Evangelien in ihrer theologischen Bedeutung », 9-31.

MARCONCINI, B., « Validità del metodo storico-critico », BibOr 11 (1969) (6213 251-266.

RIGATO, M. L., « Tradizione e redazione in Mc. 1,29 », RivB 17 (1969) 139-174. (6214

STEINMETZ, F.-J., « Die Evangelisten als Schriftsteller », GeistL 42 (1969) 63-70. (6215

Historicité. Historicity. Geschichtlichkeit. Storicità. Historicidad.

CERFAUX, L., « La probité des souvenirs évangéliques », ETL 4 (1927) 13-28, (6216 ou dans *Recueil Lucien Cerfaux,* I, 369-388.

LEBRETON, J., « Le problème de la vie de Jésus », Et 212 (1932) 55-63. (6217

VINCENT, L.-H., « La topographie des évangiles. À propos d'un livre ré- (6218 cent », RB 52 (1943-1944) (= Vivre et Penser, 3) 45-76.

McGINLEY, L., *Form-Criticism of the Synoptic Healing Narratives.* A Study in the (6219 Theories of Martin Dibelius and Rudolf Bultmann (Woodstock, Woodstock Press, 1944), 165 pp.

GEISELMANN, J. R., « Der Glaube an Jesus Christus. Mythos oder Ge-   (6220
schichte ? » TQ 129 (1949) 257-277, 418-439.

FEUILLET, A., « Les prophètes écrivains et la préparation de l'Évangile », CE   (6221
N° 3 (1951) 27-54.

GOURBILLON, J. G., « Tous les livres de la Bible sont des Évangiles », CE   (6222
N° 2 (1952) 5-30.

MACKE, C., « Pour comprendre l'Évangile, lisez les livres de l'Ancien Testa-   (6223
ment », CE N° 2 (1952) 31-40.

HOFFMANN, F., « Theologie der Entmythologisierung Ausweg oder Irrweg ? »   (6224
TGl 43 (1953) 321-347.

MUSSNER, F., « Bultmanns Programm einer Entmythologisierung des Neuen   (6225
Testaments », TrierTZ 62 (1953) 1-18.

BLINZLER, J., « Eine Bemerkung zum Geschichtsrahmen des Johannes-   (6226
evangeliums », Bibl 36 (1955) 20-35.

CERFAUX, L., La voix vivante de l'Évangile au début de l'Église (Tournai, Paris,   (6227
Casterman, 1956), 101-118.

CAMBIER, J., « Historicité des évangiles synoptiques et Formgeschichte » dans   (6228
La formation des Évangiles (en collab.), 195-212.

LEAL, J., « Forma, historicidad y exégesis de la sentencias evangélicas », EstE 31   (6229
(1957) 267-325.

MUSSNER, F., « Der historische Jesus und der Christus des Glaubens », BZ 1   (6230
(1957) 224-252.

TUCCI, R., « La fede della communità primitiva e il Cristo della stòria », CC 4   (6231
(1957) 122-136.

RIGAUX, B., « L'historicité de Jésus devant l'exégèse récente », RB 65 (1958)   (6232
481-522.

SEIBEL, W., « Der Jesus des Glaubens », StiZ 164 (1958-1959) 25-40.   (6233

MARLÉ, R., « Le Christ de la foi et le Jésus de l'histoire », Et 302 (1959) 65-76.   (6234

MURPHY, F. X., « History and the Resurrection : A Contemporary Apprai-   (6235
sal », AmER 140 (1959) 152-158.

RANDELLINI, L., « Possiamo ricostruire une biografia di Gesù ? » BibOr 1   (6236
(1959) 82-88.

GEISELMANN, J. R., Jesus der Christus, I. Die Frage nach des historischen Jesus,   (6237
240 pp.

McCOOL, F., « The Preacher and the Historical Witness of the Gospels », TS 21   (6238
(1960) 517-543.

MARLÉ, R., « The Problem of the Historical Jesus », HeyJ 1 (1960) 229-232.   (6239

CARPENTIER, R., « Monitum du 20 juin 1961 concernant l'authentique vérité   (6240
historique et objective de la Sainte Écriture », NRT 83 (1961) 853-855.

FANNON, P., « Can we know Jesus », SCR 13 (1961) 44-50.   (6241

McDONALD, J., « The Primitive Community and Truth », HeyJ 2 (1961) 30-41.   (6242

VIARD, A., « L'avertissement du Saint-Office et la valeur historique des Évan-   (6243
giles », AmiCl 71 (1961) 477-582.

BROWN, R. E., « The Problem of Historicity in John », CBQ 24 (1962) 1-14.   (6244

McCOOL, F., « Il predicatore e la testimonianza storica del Vangeli », RivB 10   (6245
(1962) 354-383.

NEIRA, E., « El mito, Bultmann y el Cristo histórico », EXav 12 (1962) 42-70.   (6246

TRILLING, W., « Jesusüberlieferung und apostolische Vollmacht », TrierTZ 71   (6247
(1962) 352-368.

LOHFINK, G., « Der historische Ansatz der Himmelfahrt Christi », Catho 17   (6248
(1963) 44-84.

MARTINI, C. M., « Adumbratur quomodo complenda videatur argumentatio pro   (6249
historicitate Evangeliorum synopticorum », VS 41 (1963) 3-10

SCHNEIDER, G., « Die Evangelium im Urteil der neueren Forschung und unsere   (6250
biblische Katechese », TrierTZ 72 (1963) 349-362.

PONTIFICIA COMMISSIO DE RE BIBLICA, « Instructio de historica   (6251
Evangeliorum veritate », VD 42 (1964) 113-120.

PONTIFICIA COMMISSIO DE RE BIBLICA, «Instructio de historica   (6252
Evangeliorum veritate », Ang 41 (1964) 210-217.

« Instruction on the Historical Truth of the Gospels » (De Historica Evange-   (6253
liorum Veritate. Official English translation.) AmER 151 (1964) 5-11.

BEA, A., « La storicità dei Vangeli sinottici », CC 2 (1964) 417-436.   (6254

BEA, A., « Il carattere storico dei Vangeli Sinottici come opere inspirate », CC 2   (6255
(1964) 526-545.

BEILNER, W., « Zur Instruktion der Bibelkommission über die historische   (6256
Wahrheit der Evangelien », BiLit 38 (1964-65) 3-5.

BENOIT, P., « Les évangiles et l'histoire de Jésus selon X. Léon-Dufour », RB 71   (6257
(1964) 594-598, et dans Exégèse et théologie, III, 159-164.

CABELLO, R., « Evangelia et historia Iesu », VD 42 (1964) 177-192.   (6258

DELORME, J., « Les Évangiles et l'histoire de Jésus », AmiC1 74 (1964) 129-137.   (6259

DELORME, J., « La vérité historique des Évangiles. Instruction de la Commission   (6260
pontificale pour les Études bibliques », AmiC1 74 (1964) 554-559.

FITZMYER, J. A., « The Biblical Commission's Instruction on the Historical   (6261
Truth of the Gospels », TS 25 (1964) 386-408.

GALBIATI, E., « L'Istruzione della Commissione Biblica sul valore storico dei   (6262
Vangeli », Scuolc 92 (1964) 303-310.

KEARNS, C., « The Instruction of the Historical Truth of the Gospels », Ang 41   (6263
(1964) 218-234.

GALBIATI, E., « L'istruzione sul valore storico degli Evangeli », BibOr 6 (1964)   (6264
233-246.

LOHFINK, N., « Die Evangelien und die Geschichte », StiZ 174 (1964) 365-374.   (6265

O'FLYNN, J. A., « Instruction of the Biblical Commission », IrThQ 31 (1964)   (6266
240-246.

PRADO, J., « Trasfondo histórico de la reciente Instrucción de la P. C. B. sobre   (6267
la verdad histórica de los Evangelios », EstB 23 (1964) 235-258.

RADERMAKERS, J., « Instruction du 21 avril 1964 sur la vérité historique des   (6268
Évangiles », NRT 86 (1964) 634-643.

SCHUBERT, K., « Das Problem des historischen Jesus », BiLit 38 (1964-65)   (6269
369-378.

WAMBACQ, B. N., « Instruction de historica Evangeliorum veritate », CBQ 26   (6270
(1964) 299-312.

BRINKMANN, B., « Die Glaubwürdigkeit der Evangelien als hermeneutisches   (6271
Problem », ZKT 87 (1965) 61-98.

DU BUIT, M., « Sancta Mater Ecclesia », CE N° 58 (1965) 5-43.   (6272

MUSSNER, F., *Die johanneische Sehweise und die Frage nach dem historischen Jesu*   (6273
(Freiburg, Herder, 1965), 94 pp.

PONTHOT, J., « Les traditions évangéliques sur la résurrection du Christ.   (6274
Perspectives théologiques et problèmes d'historicité », LVit 20 (1965) 649-673; 21
(1966) 99-118.

RINALDI, G., « Risalendo alle piu lontane origini della tradizione (Luca   (6275
1,3) », BibOr 7 (1965) 252-258.

RANDELLINI, L., « Riflessioni marginali alla istruzione delle PCB del 21 aprile   (6276
1964 », RivB 13 (1965) 255-288.

BOURKE, J., « Le Jésus historique et le Christ kérygmatique », Conci N° 11   (6277
(1966) 27-43.

CAPRILE, G., « Tre emendamenti allo schema sulla Rivelazione », CC 1-2 (1966)   (6278
215-231.

GUTWENGER, E., « Zur Geschichtlichkeit der Auferstehung Jesu », ZKT 88   (6279
(1966) 257-282.

LÉON-DUFOUR, X., « Der Exeget im Dialog mit dem Ereignis Jesu Chris-   (6280
tus », BZ 10 (1966) 1-15.

QUACQUARELLI, A., « I riflessi storici negli schemi letterari dei Vangeli », RivB   (6281
14 (1966) 279-294.

SCHIWY, G., « Die Osterberichte zwischen Rationalismus und Irrationalis-   (6282
mus », StiZ 177 (1966) 288-296.

SPINETOLI, O., « La storicità degli Evangeli oggi », BibOr 8 (1966) 97-102.   (6283

VANHENGEL, M., PETERS, J., « Ce Jésus-ci, Jésus connu par l'Évangile et par   (6284
la foi », Conci N° 20 (1966) 141-150.

BEILNER, W., « Die Geschichtlichkeit der Evangelien », BiLit 40 (1967) 159-176.   (6285

LORETZ, O., « Die Wahrheitsfrage in der Exegese », TR 63 (1967) 1-8.   (6286

MALEVEZ, L., « Jésus de l'histoire, fondement de la foi », NRT 99 (1967)   (6287
785-799.

MEYSING, J., « La chronographie juive à l'époque gréco-romaine », RevSR 41   (6288
(1967) 289-304.

O'COLLINS, G. G., « Is the Resurrection an « Historical » Event ? » HeyJ 8   (6289
(1967) 381-387.

CERFAUX, L., *Jésus aux origines de la tradition* (Bruges, Desclée de Brouwer,   (6290
1968), 304 pp.

ZERWICK, M., « « Per homines more hominum » in Evangeliis », VD 46 (1968)   (6291
65-79.

BAUER, J. B., « Evangelium und Geschichtlichkeit », dans *Evangelienforschung*   (6292
(en collab.), 9-32.

WEBER, J.-J., « Les Évangiles méritent-ils notre confiance ? » dans *Où en sont les*   (6293
études bibliques ? (en collab.), 185-212.

DESCAMPS, A., « L'approche des synoptiques comme documents histori-   (6294
ques », ETL 46 (1970) 5-16.

VÖGTLE, A., « La valeur herméneutique du caractère historique de la révélation   (6295
du Christ », dans *Comprendre Bultmann* (Paris, Seuil, 1970), 32-55.

Liturgie. Liturgy. Liturgie. Liturgia.

DE BRUYNE, D., « Notes liturgiques inédites du codex palatinus des Évan-   (6296
giles », RB 45 (1933) 255.

PARSCH, P., « Das Evangelium in der Liturgie », BiLit 9 (1934-35) 185-188.   (6297

HESBERT, R.-J. « Les séries d'évangiles des dimanches après la Pentecôte », MD   (6298
N° 46 (1956) 35-59.

Synoptiques (évangiles). Synoptic (Gospels). Synoptiker. Sinottici (vangeli).
Sinópticos (evangelios).

Synopses. Synopsis. Synopsen. Sinossi. Sinopsis.

DE SOLAGES, B., *Synopse grecque des Évangiles.* Méthode nouvelle pour résoudre   (6299
le problème synoptique (Leyden, Brill; Toulouse, Institut Catholique, 1959),
1132 pp.

DUTHOIT, R., « Une nouvelle synopse des Évangiles », NRT 82 (1960) 247-268.   (6300

DEISS, L., *Synopse de Matthieu, Marc et Luc avec les parallèles de Jean.* I.   (6301
Introduction, notes et vocabulaire. II. Texte (Bruges, Desclée de Brouwer,
1963-1964), 192-240 pp.

BENOIT, P., BOISMARD, M.-É., *Synopse des quatre Évangiles avec parallèles des*   (6302
apocryphes et des Pères, I, Textes (Paris, Cerf, 1965), 376 pp.

Question synoptique. Synoptic Question. Synoptische Fragen. Questione sinottica.
Cuestión sinóptica.

a) Aspects généraux. General Aspects. Allgemeine Aspekte. Aspetti generali. Aspectos generales.

PAUTREL, R., « Des abréviations suivies par quelques sentences de Jésus dans la   (6303
rédaction synoptique », RSR 24 (1934) 344-365.

RIDEAU, É., « En marge de la question synoptique », Bibl 15 (1934) 484-504.   (6304

ORCHARD, B., « Thessalonians and the Synoptic Gospels », Bibl 19 (1938) 19-42.   (6305

CALLAN, C. J., « The Synoptic Problem », CBQ 1 (1939) 55-63.   (6306

PEIRCE, F. X., « Ecclesiastical Library Table. Again the Synoptic Problem »,   (6307
AmER 100 (1939) 74-82.

CERFAUX, L., « Encore la question des Synoptiques », ETL 15 (1938) 330-337,   (6308
ou dans *Recueil Lucien Cerfaux,* 415-424.

COLLINS, J. J., « Form-Criticism and the Synoptic Gospel », TS 2 (1941) 388-400.   (6309

BOVER, J. M., « ¿ Bernabé, clave de la solución del problema sinóptico ? » EstB   (6310
3 (1944) 55-77.

VAGANAY, L., « La question synoptique », ETL 28 (1952) 238-256.   (6311

BUTLER, C., « The Synoptic Problem », dans *A Catholic Commentary on Holy*   (6312
Scripture (ORCHARD, B., et autres, édit.) (London, Edinburgh, T. Nelson and
Sons, 1953), 760-764.

BOTTE, B., « Le problème synoptique », BVC N° 7 (1954) 116-121.   (6313

CERFAUX, L., « L'histoire de la tradition synoptique d'après Rudolf Bult-   (6314
mann », RHE 28 (1932) 582-594, ou dans *Recueil Lucien Cerfaux,* I, 353-368.

CERFAUX, L., « Le problème synoptique », NRT 76 (1954) 494-505, ou dans   (6315
Recueil Lucien Cerfaux, III, 83-97.

CERFAUX, L., « Le problème synoptique. À propos d'un livre récent », NRT 76   (6316
(1954) 494-505.

HUBY, J., LÉON-DUFOUR, X., *L'Évangile et les Évangiles²* (Paris, Beauchesne,   (6317
1954), 304 pp.

TRICOT, A., « La question synoptique », dans ROBERT, A., TRICOT, A.,   (6318
Initiation biblique³, 356-375.

VAGANAY, L., *Le problème synoptique*, Une hypothèse de travail (Paris, Desclée,   (6319
1954), xxiii-474 pp.

LEVIE, J., « La complexité du problème synoptique », ETL 31 (1955) 619-636.   (6320

VAGANAY, L., « Autour de la question synoptique », ETL 31 (1955) 343-356.   (6321

CERFAUX, L., *La voix vivante de l'Évangile au début de l'Église* (Tournai, Paris,   (6322
Casterman, 1956), 50-54.

CERFAUX, L., « En marge de la question synoptique. Les unités littéraires   (6323
antérieures aux trois premiers évangiles », dans *La formation des Évangiles* (en
collab.), 24-33, et dans *Recueil Lucien Cerfaux,* III, 99-110.

DE SOLAGES, B., « Note sur l'utilisation de l'analyse combinatoire pour la   (6324
solution du problème synoptique », dans *La formation des Évangiles* (en collab.),
213-214.

DOEVE, J. W., « Le rôle de la tradition orale dans la composition des Évangiles   (6325
synoptiques », dans *La formation des Évangiles* (en collab.), 70-84.

RIGAUX, B., « Conclusions. Mise au point pratique des débats sur le problème   (6326
synoptique », dans *La formation des Évangiles* (en collab.), 215-222.

MAIO, E., « The Synoptic Problem and the Vaganay Hypothesis », IrThQ 26   (6327
(1959) 167-181.

RANDELLINI, L., « Recenti tentativi per risolvere la questione sinottica », RivB   (6328
7 (1959) 159-172, 242-257.

BALDUCELLI, R., « Professor Riesenfeld on the Synoptic Problem », CBQ 22   (6329
(1960) 416-421.

DE SOLAGES, B., « Mathématiques et Évangiles. Réponse au R. P. Benoit », BLE   (6330
61 (1960) 287-311.

MUÑOZ IGLESIAS, S., « El Evangelio de Tomas y algunos aspectos de la cuestion   (6331
sinoptica », EstE 34 (1960) 883-894.

ZEHRER, F., « Die synoptische Frage heute », BiLit 35 (1961-62) 82-95.   (6332

NORTH, R., « Chenoboskion and Q », CBQ 24 (1962) 154-170.   (6333

TRILLING, W., « Jesusüberlieferung und apostolische Vollmacht », TrierTZ 71   (6334
(1962) 352-368.

LÉON-DUFOUR, X., *Études d'évangile*, 398 pp.   (6335

BOISMARD, M.-É., « Évangile des Ébionites et problème synoptique », RB 73   (6336
(1966) 321-352.

McNAMARA, M., *The N. T. and the Palestinian Targum to the Pentateuch*, « The   (6337
Synoptic Problem and the Palestinian Targum », 142-145.

XXX, *De Jésus aux Évangiles.* Tradition et rédaction dans les Évangiles synoptiques   (6338
(en collab.), 274 pp.

LANGEVIN, P.-É., *Jésus Seigneur et l'eschatologie. Exégèse de textes prépau-*   (6339
liniens, « Le recours aux Évangiles (dans la *Didachè)* », 250-257.

LÉON-DUFOUR, X., *Les évangiles et l'histoire de Jésus*, « Des évangiles aux   (6340
traditions présynoptiques : 1. l'analyse littéraire », 225-241.

LÉON-DUFOUR, X., « Interprétation des Évangiles et problème synoptique »,   (6341
ETL 43 (1967) 5-16, ou dans *De Jésus aux Évangiles* (en collab.), 5-16.

McLOUGHLIN, S., « Le problème synoptique. Vers la théorie des deux sources.   (6342
Les accords mineurs », ETL 43 (1967) 17-40, ou dans *De Jésus aux Évangiles* (en
collab.), 17-40.

NEIRYNCK, F., « La rédaction matthéenne et la structure du premier Évan-   (6343
gile », dans *De Jésus aux Évangiles*, 41-73.

CLAUDEL, P., « La formation des synoptiques : le fonds traditionnel et l'apport   (6344
des rédacteurs », dans *Où en sont les études bibliques ?* (en collab.), 135-166.

NEIRYNCK, F., « Une nouvelle théorie synoptique (À propos de Mc., I,2-6 et   (6345
par.) », ETL 44 (1968) 141-153.

SCHMID, J., « Markus und der aramäische Matthäus », dans *Evangelienforschung*   (6346
(en collab.), 75-118.

b) Cas particuliers. Particular Cases. Einzelfülle. Casi particolari. Casos particulares.

CERFAUX, L., « À propos des sources du troisième Évangile : proto-Luc ou   (6347
proto-Matthieu ? » ETL 12 (1935) 5-27.

BENOIT, P., « Le récit de la Cène dans Lc XXII, 15-20 », RB 48 (1939) 357-393.   (6348

LILLY, J. L., « Alleged Discrepancies in the Gòspel Accounts of the Resur-   (6349
rection », CBQ 2 (1940) 98-111.

McGINLEY, L., « Form-Criticism of the Synoptic Healing Narratives », TS 2   (6350
(1941) 451-480; 3 (1942) 47-68, 203-230.

AMIOT, F., *Évangile, vie et message du Christ*, trad. et notes (Paris, Fayard, 1949),   (6351
« Remarque sur les Évangiles synoptiques; exemples de synopse », 319-332.

BENOIT, P., « L'Ascension », RB 56 (1949) 161-203.   (6352

CERFAUX, L., « La mission de Galilée dans la tradition synoptique », ETL 27   (6353
(1951) 369-389; 28 (1952) 629-647, ou dans *Recueil Lucien Cerfaux*, I, 425-470.

VAGANAY, L., « L'absence du sermon sur la montagne chez Marc », RB 58   (6354
(1951) 5-46.

GOURBILLON, J. G., « L'Évangile selon saint Marc : plan comparatif des trois   (6355
premiers Évangiles », CE N° 6 (1952) 37-63.

CERFAUX, L., « La section des pains (Mc 6,31- 8,26; Mt 14,13-16,12) », dans   (6356
Synoptische Studien (en collab.), 64-77.

SCHMID, J., « Markus und der aramäische Matthäus », dans *Synoptische Studien*   (6357
(en collab.), 148-183.

COTHENET, E., « La IIe Épître aux Thessaloniciens et l'Apocalypse synop-   (6358
tique », RSR 42 (1954) 5-39.

LEVIE, J., « L'évangile araméen de S. Matthieu est-il la source de l'évangile de S.   (6359
Marc ? » NRT 76 (1954) 689-715, 812-843.

WILLAERT, B., « La connexion littéraire entre la première prédiction de la   (6360
passion et la confession de Pierre chez les Synoptiques », ETL 32 (1956) 24-45.

DESCAMPS, A., « Du discours de Marc, IX, 33-50 aux paroles de Jésus », dans   (6361
La formation des Évangiles (en collab.), 152-177.

LÉON-DUFOUR, X., « L'épisode de l'enfant épileptique », dans *La formation des*   (6362
Évangiles (en collab.), 85-115.

LEVIE, J., « Critique littéraire évangélique et évangile araméen de l'apôtre   (6363
Matthieu », dans *La formation des Évangiles* (en collab.), 34-69.

VAN BOHEMEN, N., « L'institution et la mission des Douze. Contribution à   (6364
l'étude des relations entre l'évangile de Matthieu et celui de Marc », dans *La*
formation des Évangiles (en collab.), 116-151.

VAN UNNIK, W. C., « L'usage de $\sigma\omega\zeta\epsilon\iota\nu$ (« sauver ») et de ses dérivés dans   (6365
les évangiles synoptiques », dans *La formation des Évangiles* (en collab.), 178-194.

SCHÜRMANN, H., « Die Sprache des Christus, Sprachliche Beobachtungen an   (6366
den synoptischen Herrenworten », BZ 2 (1958) 54-84.

DE SOLAGES, B., *Synopse grecque des évangiles* (Leiden, Brill; Toulouse, Institut   (6367
Catholique, 1959), 1128 pp.

SCHÜRMANN, H., « Das Thomasevangelium und das lukanische Sandergut »,   (6368
BZ 7 (1963) 236-260.

BLINZLER, J., *Johannes und die Synoptiker,* Ein Forschungbericht, 9-71.   (6369

HOFFMANN, P., « Die Versuchungsgeschichte in der Logienquelle », BZ 13   (6370
(1969) 207-223.

RIGATO, M. L., « Tradizione e redazione in Mc. 1,29 », RivB 17 (1969) 139-174.   (6371

DE SOLAGES, B., « Le témoignage de Papias », BLE 71 (1970) 3-14.   (6372

c) Divers. Miscellaneous. Verschiedenes. Diversi. Diversos.

ZERWICK, M., « Synoptica », VD 22 (1942) 25-31.   (6373

CURRAN, J. T., « St. Irenaeus and the Dates of the Synoptics », CBQ 5 (1943)   (6374
33-46, 160-178, 301-310, 445-457.

LÉON-DUFOUR, X., « Bulletin critique d'exégèse du Nouveau Testament :   (6375
Autour de la question synoptique », RSR 42 (1954) 557-572.

WEIJERS, M.-R., « Où en est le problème synoptique ? À propos de publications   (6376
récentes », RT 56 (1956) 111-138.

LÉON-DUFOUR, X., « Pour approfondir les évangiles synoptiques : un nouvel   (6377
instrument de travail » (nouvelle concordance), NRT 79 (1957) 296-302.

WIEDERKEHR, D., *Die Theologie der Berufung in den Paulusbriefen,* « Die   (6378
Berufung in den synoptischen Evangelien und in der Apostelgeschichte », 21-31.

MOLLAT, D., « Évangile. 2. Dans le N. T. », DS IV, col. 1747-1762.   (6379

VÖGTLE, A., « Die historische und theologische Tragweite der heutigen   (6380
Evangelienforschung », ZKT 86 (1964) 385-417.

URS VON BALTHASAR, H., « L'Évangile comme norme et critique de toute   (6381
spiritualité dans l'Église », Conci N° 9 (1965) 11-24.

LATOURELLE, R., *Théologie de la Révélation²,* « La tradition synoptique »,   (6382
44-51.

ORTIZ VALDIVIESO, P., « Υπομονη en el nuevo Testamento », EXav 17 (1967)   (6383
51-161.

NEIRYNCK, F., « Hawkin's Additional Notes to his « Horae synopticae » », ETL   (6384
46 (1970) 78-111.

Theologie. Theology. Theologie. Teologia. Teología.

Amour. Love. Liebe. Amore. Amor.

SPICQ, C., « Die Liebe als Gestaltungsprinzip der Moral in den synoptischen   (6385
Evangelien », FreibZ 1 (1954) 394-410.

SPICQ, C., *Agapè.* Prolégomène à une étude de Théologie néotestamentaire (Studia   (6386
Hellenistica) (Louvain, Nauwelaerts, 1955), 120 pp.

GEORGE, A., « Le père et le Fils dans les Évangiles synoptiques », LV N° 29   (6387
(1956) 27-40.

SPICQ, C., *Agapè dans le Nouveau Testament.* Analyse des textes (EB) (Paris,   (6388
Gabalda, 1958-59), 336, 412, 368 pp.

ERNST, J., « Die Einheit von Gottes- und Nächstenliebe in der Verkündigung Je-   (6389
su », TGl 60 (1970) 3-14.

Christologie. Christology. Christologie. Cristologia. Cristología.

KUSS, O., « Zum « heldischen Jesusbild » des Neuen Testamentes », TGl 27   (6390
(1935) 20-30.

LOUVEL, F., « À la rencontre du Christ dans l'Évangile », *L'Anneau D'Or*   (6391
Nᵒˢ 27-28 (1949) 239-248.

VOSTÉ, J.-M., « The Title « Son of Man » in the Synoptic Gospels », AmER 120 (6392
(1949) 310-326; 121 (1949) 18-33.

FULLER, R. C., « Christ's Use of the Phrase « ego eimi » », SCR 4 (1950) (6393
182-183.

WULF, F., « Jesus Christus im Lichte der Evangelien und der christlichen (6394
Frömmingkeit », GeistL 23 (1950) 231-236.

BENOIT, P., « La divinité de Jésus », LV N° 9 (1953) 43-74, ou dans *Exégèse et* (6395
théologie, I, 117-142.

DELORME, J., « Le fils de l'homme chez St Matthieu, St Marc et St Luc », CE (6396
N° 16 (1954) 22-47.

SCHMID, J., « Die Darstellung der Passion Jesu in den Evangelien », GeistL 27 (6397
(1954) 6-15.

FEUILLET, A., « Jésus et la Sagesse divine d'après les Évangiles synopti- (6398
ques », RB 62 (1955) 161-196.

GEORGE, A., « Le père et le Fils dans les Évangiles synoptiques », LV N° 29 (6399
(1956) 27-40.

COCAGNAC, A.-M., « Jésus le prophète, d'après les évangiles synoptiques », VS (6400
97 (1957) 419-425.

GEORGE, A., « Les miracles de Jésus dans les évangiles synoptiques », LV (6401
N° 33 (1957) 7-24.

GILS, F., *Jésus prophète, d'après les évangiles synoptiques*, 196 pp. (6402

SANDERS, I. L., « The Origin and Significance of the Title « The Son of (6403
man » as used in the Gospels », SCR 10 (1958) 49-56.

GILS, F., « Le secret messianique dans les évangiles. Examen de la théorie de E. (6404
Sjoberg », dans *Sacra Pagina* (en collab.), II, 101-120.

LEVIE, J., « Le message de Jésus dans la pensée des apôtres », NRT 83 (1961) (6405
25-49.

CEROKE, C. P., « The Divinity of Christ in the Gospels », CBQ 24 (1962) 125-139. (6406

CAMBE, M., « Le fils de l'homme dans les évangiles synoptiques », LV N° 62 (6407
(1963) 32-64.

CHOPIN, C., *Le Verbe incarné et rédempteur* (Tournai, Desclée et Cie, 1963), (6408
« Révélation du mystère du Christ dans les Synoptiques et les Actes », 14-20.

SEGALLA, G., « La volontà del Figlio e del Padre nella tradizione sinottica », (6409
RivB 12 (1964) 257-284.

BONNARD, P.-É., *La sagesse en personne annoncée et venue : Jésus-Christ*, « Jésus (6410
Sagesse, selon les Synoptiques », 124-133.

LACAN, M.-F., DU BUIT, M., « La sagesse de Jésus dans les Évangiles et saint (6411
Paul », CE N° 61 (1966) 43-65.

LAMARCHE, P., *Christ vivant,* Essai sur la christologie du Nouveau Testament, (6412
« Évangiles synoptiques », 48-54.

SEGALLA, G., « Gesu rivelatore della volontà del Padre nella tradizione sinot- (6413
tica », RivB 14 (1966) 467-508.

VAN CANGH, J. M., « Le Fils de l'homme dans la tradition synoptique », RTL (6414
1 (1970) 411-419.

VANHOYE, A., « Le diverse prospettive dei quattro racconti evangelici della (6415
passione », CC 1 (1970) 463-475.

Croix. Cross. Kreuz. Croce. Cruz.

GOFFINET, A., « La prédication de l'Évangile et de la croix dans l'épître aux (6416
Galates », ETL 41 (1965) 395-450.

GOURBILLON, J. G., « Le livre de la Croix », CE N° 57 (1965) 5-28.   (6417

Église. Church. Kirche. Chiesa. Iglesia.

VITTI, A., « Notae et disceptationes. Ecclesiologia dei Vangeli », Greg 15 (1934) (6418
409-438.

KLAUS, A., « Die Idee des Corpus Christi mysticum bei den Synoptikern », TGl   (6419
28 (1936) 407-417.

KUSS, O., « Bemerkungen zu dem Fragenkreis : Jesus und die Kirche im Neuen   (6420
Testament », TQ 135 (1955) 28-55, 150-183.

FEUILLET, A., « Les grandes étapes de la fondation de l'Église d'après les   (6421
Évangiles Synoptiques », SE 11 (1959) 5-21.

Eschatologie. Eschatology. Eschatologie. Eschatologia. Escatología.

SEGARRA, F., « Algunas observaciones sobre los principales textos escatológicos   (6422
de Nuestro Señor », EstE 10 (1931) 475-499; 11 (1932) 83-94; 12 (1933) 345-367;
13 (1934) 225-261, 399-417; 15 (1936) 47-66.

SEGARRA, F., « Textos escatológicos de nuestro Señor que anuncian en general   (6423
su próxima venida », Greg 21 (1940) 95-103.

VACCARI, A., « Il discorso escatologico nei Vangeli », ScuolC 68 (1940) 5-22.   (6424

GNILKA, J., « Parusieverzögerung und Naherwartung in den synoptischen   (6425
Evangelien und in der Apostelgeschichte », Catho 13 (1959) 277-290.

Foi. Faith. Glaube. Fede. Fe.

BENOIT, P., « La foi », LV N° 22 (1951) 45-64, ou dans *Exégèse et théologie*, I, (6426
143-159.

MEINERTZ, M., « Schisma und Hairesis im Neuen Testament », BZ 1 (1957)   (6427
114-118.

O'CONNOR, E. D., *Faith in the synoptic Gospels*. A Problem in the Correlation of (6428
Scripture and Theology (Notre-Dame, Univ. of Notre-Dame Press, 1961), 20-
164 pp.

VAN SEGBROECK, F., « Le scandale de l'incroyance, la signification de Mt.   (6429
XIII », ETL 41 (1965) 344-372.

Imitation. Nachfolge. Imitazione. Imitación.

SCHULZ, A., *Nachfolgen und Nachahmen*. Studien über das Verhältnis der   (6430
neutestamentlichen Jüngerschaft zur urchristlichen Vorbildethik, 349 pp.

ZIMMERMANN, H., « Christus nachfolgen. Eine Studie zu den Nachfolge-   (6431
Worten der synoptischen Evangelien », TGl 53 (1963) 241-255.

AERTS, T., « Suivre Jésus. Évolution d'un thème biblique dans les Évangiles   (6432
synoptiques », ETL 42 (1966) 476-512.

Israël. Israel. Israele. Israel.

BAUM, G., *The Jews and the Gospel* (London, Bloomsbury, 1961), « The Gospels   (6433
and the Acts », 21-167.

GNILKA, J., *Die Verstockung Israels*. Isaias 6,9-10 in der Theologie der Synoptiker, (6434
232 pp.

O'COLLINS, G. G., « Anti-Semitism in the Gospel », TS 26 (1965) 663-666.   (6435

Mariage. Marriage. Ehe. Matrimonio.

ADNÈS, P., *Le mariage* (Tournai, Desclée et Cie, 1963), « Le mariage dans les   (6436
évangiles », 20-31.

AUDET, J.-P., *Mariage et célibat dans le service pastoral de l'Église*, « L'action et   (6437
la pensée de Jésus », 35-58.

Morale. Moral. Sittlichkeit. Morale. Moral.

LAGRANGE, M.-J., *La morale de l'Évangile* (Paris, Grasset, 1931), 250 pp.   (6438

LEMONNYER, A., « La morale ou les morales de l'Évangile », VI N° 14 (1932)   (6439
202-207.

DECOUT, A., « Y a-t-il conflit entre la morale rationnelle et la morale évangé-   (6440
lique ? » Et 218 (1934) 273-295, 432-453.

DANIÉLOU, J., « Les conseils évangéliques et la jeunesse actuelle », VS 78 (1948)   (6441
660-674.

AUDET, J.-P., « La morale de l'Évangile », VSS 4 (1951) 153-170.   (6442

BONSIRVEN, J., *Théologie du Nouveau Testament*, « Vues générales sur la morale   (6443
évangélique », 145-148.

TRÉMEL, Y.-B., « Béatitudes et morale évangélique », LV N° 21 (1955) 83-102.   (6444

BONSIRVEN, J., *Le règne de Dieu*, « Actualité perpétuelle de la morale   (6445
évangélique », 144-151.

DELHAYE, P., « L'obligation morale dans les Évangiles », AmiCl 71 (1961)   (6446
321-329, 369-373.

HÄRING, B., « The Normative Value of the Sermon on the Mount », CBQ 29   (6447
(1967) 375-385.

Péché. Sin. Sünde. Peccato. Pecado.

DUBARLE, A.-M., « Le péché originel dans les suggestions de l'Évangile », RSPT   (6448
39 (1955) 603-614, ou dans *Le péché originel dans l'Écriture*, 105-121.

DELHAYE, P., « Le péché actuel. Sa notion dans la Bible. II. Le péché dans le   (6449
Nouveau Testament : A) Le péché dans les Évangiles synoptiques », AmiCl 68
(1958) 745-747.

Résurrection. Auferstehung. Resurrezione. Resurrección.

FEUILLET, A., « Les trois prophéties de la passion et de la résurrection des   (6450
évangiles synoptiques », RT 67 (1967) 533-561.

SEIDENSTICKER, P., *Die Auferstehung Jesu in der Botschaft der Evangelisten*,   (6451
« Eigenart und Offenbarungsgehalt vorsynoptischer Osterberichte », 31-58; « Die
Osterverkundigung der synoptischen Evangelien », 59-106; « Das Testament des
Apostels Johannes für die Kirche », 107-144.

Royaume. Kingdom. Reich Gottes. Regno. Reino.

RIGAUX, B., *L'antéchrist*, « Les ennemis du règne de Dieu dans les Synop-   (6452
tiques », 205-249.

QUINN, E., « The Kingdom of God and the Church in the Synoptic Gos-   (6453
pels », SCR 4 (1950) 237-244.

LACAN, M.-F., « Conversion et Royaume dans les Évangiles synoptiques », LV   (6454
N° 47 (1960) 25-47.

GEORGE, A., « La Seigneurie de Jésus dans le Règne de Dieu d'après les évangiles   (6455
synoptiques », LV N° 57 (1962) 22-42.

GEORGE, A., « Le règne de Dieu », VS 110 (1964) 43-54.   (6456

McKENZIE, J. L., *The Power and the wisdom*, « The Reign of God », 48-70.   (6457

Salut. Salvation. Heil. Salvezza. Salud.

COLON, J.-B., « La conception du salut d'après les évangiles synoptiques », RevSR   (6458
10 (1930) 1-39, 189-217, 370-415; 11 (1931) 27-70, 193-223, 382-412.

STANLEY, D. M., « The Conception of Salvation in the Synoptic Gospels », CBQ   (6459
18 (1956) 354-363.

VAN UNNIK, W. C., « L'usage de σωζειν (« sauver ») et de ses dérivés dans   (6460
les évangiles synoptiques », dans *La formation des Évangiles* (en collab.), 178-194.

STANLEY, D. M., « The Conception of our Gospels as Salvation-History », TS   (6461
20 (1959) 561-589.

MALEVEZ, L., « Le message de Jésus et l'histoire du salut », NRT 89 (1967)   (6462
113-134.

Thèmes divers. Miscellaneous Themes. Sonstige Themen. Temi diversi. Temas diversos.

KLEIST, J. A., « « Ergon » in the Gospels », CBQ 6 (1944) 61-68.   (6463

KLEIST, J. A., « Emotion in the Gospels », AmER 111 (1944) 330-341.   (6464

LILLY, J. L., « The Idea of Redemption in the Gospels », CBQ 9 (1947) 255-261.   (6465

SCHMID, J., « Der Vergeltungsgedanke im Evangelium », GeistL 20 (1947) 26-36.   (6466

DESCAMPS, A., *Les justes et la justice dans les évangiles et le christianisme primitif*   (6467
(Louvain, Publications Universitaires, 1950), XIX-335 pp.

KETTER, P., *Die Frauen in den Evangelien* (Stuttgart, Kepplerhaus, 1950), 16-   (6468
392 pp.

CERFAUX, L., « La mission de Galilée dans la tradition synoptique », ETL 27   (6469
(1951) 369-389; 28 (1952) 629-647, ou dans *Recueil Lucien Cerfaux*, I, 425-470.

MUSSNER, F., ΖΩΗ. *Die Anschauung vom « Leben » im vierten Evangelium,*   (6470
« *Abhebung* des johanneischen Lebensbegriffs gegen den Lebensbegriff des Judentums, der Synoptiker und der Gnosis », 182-186.

KUSS, O., « Zur Frage einer vorpaulinischen Todestaufe », MüTZ 4 (1953) 1-17.   (6471

CHARLIER, C., « La discrétion des Évangiles sur la Vierge », BVC Nº 7 (1954)   (6472
42-58.

HUMBERT, A., « Essai d'une théologie du scandale dans les Synoptiques », Bibl   (6473
35 (1954) 1-28.

DESCAMPS, A., « Moïse dans les Évangiles et dans la tradition apostolique »,   (6474
dans *Moïse, L'homme de l'Alliance* (en collab.), 171-187.

HUMBERT, A., « The Notion of *Scandal* in the Synoptics », TDig 3 (1955)   (6475
108-113.

MAERTENS, T., « L'Esprit qui donne la Vie », « Le témoignage des traditions   (6476
synoptiques », 37-46; « Les traditions relatives à l'enfance du Christ », 46-50;
« Le témoignage de saint Jean », 51-64 », CE Nº 17 (1955).

RIDOUARD, A., GOURBILLON, J. G., « Rendons grâce au Seigneur : l'action   (6477
de grâces chrétienne dans l'Évangile », CE Nº 30 (1958) 59-71.

SCHNACKENBURG, R., « Die Vollkommenheit des Christen nach den   (6478
Evangelien », GeistL 32 (1959) 420-433.

SCHLIER, H., « L'État selon le Nouveau Testament », LV Nº 49 (1960) 99-122.   (6479

CONGAR, Y., « Les deux formes du pain de vie dans l'Évangile et dans la Tradi-   (6480
tion », dans *Parole de Dieu et Sacerdoce* (en collab.), (Paris, Tournai, Desclée et Cie,
1962), 21-58.

HOLSTEIN, H., « La parrêsia dans le Nouveau Testament », BVC Nº 53 (1963)   (6481
45-54.

HÄRING, B., « Gewaltlosigkeit – die Revolution des Evangeliums », StiZ 183 (6482) (1969) 107-116.

En collaboration, *Jesus in den Evangelien* (Stuttgart, Katholisches Bibelwerk, (6483) 1970), 176 pp.

Versions. Versions. Übersetzungen. Versioni. Versiones.

LAGRANGE, M.-J., « Les papyrus Chester Beatty pour les évangiles », RB 43 (6484) (1934) 5-41.

LYONNET, S., « La version arménienne des évangiles et son modèle grec », RB (6485) 43 (1934) 69-87.

LAGRANGE, M.-J., « Deux nouveaux textes relatifs à l'Évangile : I. Un fragment (6486) grec du Diatessaron de Tatien; II. Le papyrus Egerton », RB 44 (1935) 321-343.

CERFAUX, L., « Remarques sur le texte des Évangiles à Alexandrie au IIe (6487) siècle », ETL 15 (1938) 674-682.

LYONNET, S., « La première version arménienne des évangiles », RB 47 (1938) (6488) 355-382.

LAKE, G. and S., « The Byzantine Text of the Gospels », dans *Mémorial Lagrange* (6489) (en collab.), 251-258.

METLEN, M., « The Vulgate Gospels as a Translation », CBQ 9 (1947) 106-111, (6490) 220-225.

VÖÖBUS, A., « La première traduction arménienne des Évangiles », RSR 37 (6491) (1950) 581-586.

MARIÈS, L., « Le diatessaron à l'origine de la version arménienne », RSR 38 (6492) (1952) 247-256.

Divers. Miscellaneous. Verschiedenes. Diversi. Diversos.

XXX, « La représentation de l'Évangile dans l'art, après le Concile de Trente, (6493) suivant M. Emile Mâle », AmiCl 48 (1931) 820-828.

VANNUTELLI, P., « De Evangelio Talmudicis et Midrasticis Libris illus- (6494) trato », ScuolC 2 (1931) 103-110, 282-291.

JOÜON, P., « Mots grecs de l'araméen d'Onkelos ou de l'hébreu de la Mishna qui (6495) se trouvent aussi dans les Évangiles », RSR 22 (1932) 463-469.

VOSTÉ, J.-M., « Sanctus Albertus Magnus evangeliorum interpres », Ang 9 (1932) (6496) 239-298.

JOÜON, P., « La clé traditionnelle des Évangiles », RSR 27 (1937) 213-215. (6497)

SCHAEFER, C., *Précis d'introduction au Nouveau Testament* (Mulhouse, Salvator; (6498) Paris, Casterman, 1939), « Introduction spéciale (à chacun des évangiles) », 55-103.

KLEIST, J. A., « « *Axios* » in the Gospels », CBQ 6 (1944) 342-346. (6499)

NOONAN, J. T., « Hegel and Strauss : The Dialectic and the Gospel », CBQ 12 (6500) (1950) 136-152.

GEORGE, A., « L'orientation actuelle des études évangéliques », BVC N° 1 (6501) (1953) 105-110.

HUBY, J., LÉON-DUFOUR, X., *L'Évangile et les Évangiles²*, « Note sur l'histoire (6502) du mot *Évangile* », 93-98.

HUBY, J., « Les Évangiles », dans ROBERT, A. et TRICOT, A., *Initiation bibli-* (6503) *que³*, 204-233.

VAN DODEWAARD, J. A. E., « Jésus s'est-il servi Lui-même du mot « Évan- (6504) gile ? » » Bibl 35 (1954) 160-173.

HOSSFELD, P., « Der Koran und die vier Evangelien », TGl 47 (1957) 353-365. (6505)

TEODORICO, P., « Un saggio di introduzione ai Vangeli », RivB 7 (1959)   (6506
173-178.

O'KEEFE, V. T., « Towards understanding the Gospels », CBQ 21 (1959) 171-189.   (6507

McCOOL, F., « The Preacher and the Historical Witness of the Gospels », TS 21   (6508
(1960) 517-543.

MORALDI, L., LYONNET, S. (édit.), *Introduzione alla Bibbia. IV. I Vange-*   (6509
li (Torino, Marietti, 1960), 574 pp.

O'KEEFE, V. T., « Towards understanding the Gospels », TDig 9 (1961) 9-14.   (6510

McCARTHY, D. J., « Vox bsr praeparat vocem « evangelium » », VD 42   (6511
(1964) 26-33.

BLINZLER, J., *Johannes und die Synoptiker.* Ein Forschungsbericht, 94 pp.   (6512

RUNDGREN, F., « The Synoptic Gospels as Language », Bibl 45 (1965) 465-469.   (6513

CLÉMENCE, J., « Actualité de l'Évangile pour l'Église de notre temps », NRT   (6514
88 (1966) 337-358.

CHARPENTIER, E., *Ce testament toujours nouveau*, « L'histoire d'un a-   (6515
mour », 134-184.

PESCH, R., « Zum Weg der modernen Evangelienforschung », BiLeb 8 (1967)   (6516
42-62.

HERRANZ MARCO, M., « El Jordán y el mar de Galilea en el marco geográfico   (6517
de los Evangelios », EstB 29 (1970) 327-352.

B. Matthieu. Matthew. Mathäus. Matteo. Mateo.

Introductions. Einleitungen. Introduzioni. Introducciones.

XXX, « Matthieu », PPB N° 27 (1955) 92 pp.   (6518

AMIOT, F., *Evangile, vie et message du Christ*, trad. et notes (Paris, Fayard, 1949),   (6519
« Le premier Évangile : introduction », 29-38.

BENOIT, P., *L'Évangile selon saint Matthieu* (BJ) (Paris, Cerf, 1950), 7-37.   (6520

HUBY, J., LÉON-DUFOUR, X., *L'Évangile et les Évangiles²*, « Le témoignage de   (6521
la Tradition; les traits caractéristiques du premier évangile », 99-133.

LACONO, V., « Caratteristiche dell'Evangelo di S. Matteo », RivB 3 (1955) 32-48.   (6522

CERFAUX, L., *La voix vivante de l'Évangile au début de l'Église* (Tournai, Paris,   (6523
Casterman, 1956), 37-54.

DE VAUX, J., « Les témoins du fils de Dieu. Jésus, fils de David, fils d'Abraham.   (6524
L'Évangile selon saint Matthieu », CE N° 22 (1956) 29-58.

PARSCH, P., *Apprenons à lire la Bible* (Paris, Desclée, 1956), « Histoire littéraire   (6525
des quatre évangiles : l'évangile selon saint Matthieu », 96-98, « Le plan de
l'évangile de saint Matthieu », 173-176.

VAGANAY, L., « Matthieu (évangile selon saint) », SDB V, col. 940-956.   (6526

SLOYAN, G. S., « The Gospel according to St. Matthew », Wor 32 (1958) 342-351.   (6527

LÉON-DUFOUR, X., *Les évangiles et l'histoire de Jésus*, « L'évangile selon saint   (6528
Matthieu : le Christ et son Église; l'Église de Matthieu », 144-165.

MASSAUX, E., *Influence de l'évangile de saint Matthieu sur la littérature chrétienne*   (6529
avant saint Irénée (Louvain, Gembloux; Publications Univ. de Louvain, Duculot,
1950), 736 pp.

MASSAUX, E., « Le texte du sermon sur la montagne utilisé par Saint Jus-   (6530
tin », ETL 28 (1952) 411-448.

SCHMID, J., « Markus und der aramäische Matthäus », dans *Synoptische Studien* (6531 (en collab.), 148-183.

LEVIE, J., « L'évangile araméen de S. Matthieu est-il la source de l'évangile de S. (6532 Marc ? » NRT 76 (1954) 689-715, 812-843.

BAUMSTARK, A., « Die Zitate des Mt.-Ev. aus dem Zwölfprophetenbuch », Bibl (6533 37 (1956) 296-313.

LEVIE, J., « Critique littéraire évangélique et évangile araméen de l'apôtre (6534 Matthieu », dans *La formation des Évangiles* (en collab.), 34-69.

ZIENER, G., « Weisheitsbuch und Johannesevangelium », Bibl 38 (1957) 396-418; (6535 39 (1958) 37-60.

DREYFUS, F., « Saint Matthieu et l'Ancien Testament », VS 101 (1959) 121-135. (6536

GAECHTER, P., « Zur Abfassungszeit des Markusevangelium », ZKT 54 (1960) (6537 425-435.

KURZINGER, J., « Das Papiaszeugnis und die Erstgestalt des Matthäusevan- (6538 geliums », BZ 4 (1960) 19-38.

LOHR, C., « Oral Techniques in the Gospel of Matthew », CBQ 23 (1961) 403-435. (6539

LOHR, C., « Oral techniques in Matthew's Gospel », TDig 12 (1964) 92-98. (6540

DEISS, L., *Synopse de Matthieu, Marc et Luc avec les parallèles de Jean* (6541 (Paris-Bruges, Desclée de Brouwer, 1964), « Introduction à l'évangile de Mat- thieu », I, 23-33.

BAUM, G., *The Jews and the Gospel,* « The Gospel of St Matthew », 38-73. (6542

RIGAUX, B., *Témoignage de l'évangile de Matthieu* (Bruges, Desclée de Brouwer, (6543 1967), 312 pp.

SCHMID, J., « Markus und der aramäische Matthäus », dans *Evangelienforschung* (6544 (en collab.), 75-118.

VARGAS-MACHUCA, A., « El Paralítico perdonado, en la redacción de Mateo (6545 (Mt. 9,1-8) », EstE 44 (1969) 15-43.

DIDIER, M., « Journées bibliques de Louvain 1970 : l'Évangile selon Mat- (6546 thieu », ETL 46 (1970) 433-440.

RAURELL, F., « L'Évangile selon Matthieu. Rédaction et Théologie », EstF 71 (6547 (1970) 345-374.

Commentaires. Commentaries. Kommentare. Commenti. Comentarios.

BUZY, D., Évangile selon saint Matthieu, dans *La Sainte Bible* (Pirot-Clamer), IX (6548 (1935), 388 pp.

DURAND, A., *Évangile selon Saint Matthieu*[23] (VS) (Paris, Beauchesne, 1938), (6549 562 pp.

LAGRANGE, M.-J., *Évangile selon S. Matthieu*[5] (EB) (Paris, Gabalda, 1941), (6550 562 pp.

SCHMID, J., *Das Evangelium nach Matthäus*[4] (Regensburg, Pustet, 1959), 404 pp. (6551

BENOIT, P., *L'Évangile selon saint Matthieu*[3] (BJ) (Paris, Cerf, 1961), 184 pp. (6552

DEL PARAMO, S., « Evangelio de San Mateo », dans *La Sagrada Escritura* (en (6553 collab.), I, 3-361.

TRILLING, W., *Das Evangelium nach Matthäus* (Düsseldorf, Patmos, 1962), 2 (6554 vol., 294-362 pp.

DE TUYA, M., *Biblia Comentada, V, Evangelios*, 1332 pp. (6555

GOMÁ CIVIT, I., *El Evangelio según San Mateo* (1-13) (Madrid, Ed. Marova, (6556 1966), 778 pp.

Critique littéraire. Literary Criticism. Literarkritik. Critica letteraria. Crítica literaria.

REILLY, W. S., « The Origin of St. Matthew's Gospel », CBQ 2 (1940) 320-329.   (6557

CATHERINET, F.-M., « Y a-t-il un ordre chronologique dans l'évangile de saint   (6558
Matthieu ? » dans *Mélanges E. Podechard* (en collab.), 27-36.

HERMANIUK, M., *La parabole évangélique.* Enquête exégétique et critique,   (6559
IIᵉ partie. La parabole dans le N. T.; le but des paraboles d'après saint Matthieu
(Bruges, Paris, Desclée de Brouwer, 1947), 337-343.

GAECHTER, P., *Die literarische Kunst Matthäus-Evangelium,* 82 pp.   (6560

PESCH, R., « Eine alttestamentliche Ausführungsformel im Matthäus-   (6561
Evangelium. Redaktionsgeschichtliche und exegetische Beobachtungen », BZ 10
(1966) 220-245.

NEIRYNCK, P., « La rédaction matthéenne et la structure du premier Évan-   (6562
gile », ETL 43 (1967) 41-73, ou dans *De Jésus aux Évangiles* (en collab.), 41-73.

PESCH, R., « Eine alttestamentliche Ausführungsformel im Matthäus-Evange-   (6563
lium », BZ 10 (1966) 220-245; 11 (1967) 79-95.

VARGAS-MACHUCA, A., « (και) ιδου en el estilo narrativo de Mateo », Bibl   (6564
50 (1969) 233-244.

Théologie. Theology. Theologie. Teologia. Teología.

Christologie. Christology. Christologie. Cristologia. Cristología.

DE VAUX, J., « Les témoins du fils de Dieu. Jésus-Christ, fils de David, fils   (6565
d'Abraham », CE N° 22 (1956) 29-58.

LÉON-DUFOUR, X., « Mt et Mc dans le récit de la Passion », Bibl 40 (1959)   (6566
684-696.

GERHARDSSON, B., « Jésus livré et abandonné d'après la Passion selon *saint*   (6567
Matthieu », RB 76 (1969) 206-227.

Église. Church. Kirche. Chiesa. Iglesia.

JACONO, V., « Il Regno di Dio in S. Matteo », ScuolC 69 (1941) 380-402, 449-462.   (6568

MATULICK, S., « The Kingdom of the Heavens in the Gospel of St. Mat-   (6569
thew », CBQ 3 (1941) 43-49.

CIPRIANI, S., « La dottrina della Chiesa in S. Matteo », RivB 3 (1955) 1-32.   (6570

GNILKA, J., « Die Kirche des Matthäus und die Gemeinde von Qumrân », BZ   (6571
7 (1963) 43-63.

BAUM, G., *Les Juifs et l'Évangile,* « Le Royaume des derniers jours », 76-83.   (6572

BONNARD, P., « Matthieu, éducateur du peuple chrétien », dans *Mélanges*   (6573
bibliques en hommage au R. P. Béda Rigaux (en collab.), 1-7.

TRILLING, W., « Amt und Amtsverständnis bei Matthäus », dans *Mélanges*   (6574
bibliques en hommage au R. P. Béda Rigaux (en collab.), 29-44.

Foi. Faith. Glaube. Fede. Fe.

CHARUE, A., *L'incrédulité des Juifs dans le N. T.,* « Les évangiles de saint   (6575
Matthieu et de saint Luc », 152-195.

LAMMERS, K., *Hören, Sehen und Glauben im Neuen Testament,* « Das   (6576
Matthäusevangelium », 28-36.

Messianisme. Messianism. Messianismus. Messianismo. Mesianismo.

RINALDI, G., « Il messianismo tra le Genti in San Matteo », RivB 2 (1954)   (6577
318-324.

TROADEC, H.-G., « La Bible et la Vierge : la Vierge, mère du Messie; le (6578
témoignage de l'Évangile selon saint Matthieu », CE N° 13 (1954) 14-21.

DANIELI, G., « Significato di « profezia messianica » presso san Matteo », dans (6579
Il messianismo (en collab.), 219-231.

Thèmes divers. Miscellaneous Themes. Sonstige Themen. Temi diversi. Temas diversos.

SICKENBERGER, J., *Die Unzuchtsklaudel im Matthäusevangelium,* TQ 123 (6580
(1942) 189-206.

DESCAMPS, A., « Le christianisme comme justice dans le premier évangile », (6581
ETL 22 (1946) 5-33.

BAUER, J. B., « Salvator nihil medium amat », VD 34 (1956) 352-355. (6582

TRILLING, W., « Die Täufertradition bei Matthäus », BZ 3 (1959) 271-289. (6583

SCHWARZ, V., « Das Menschenbild nach Matthäus », BiLit 28 (1960-61) (6584
117-123, 196-201, 297-300.

O'ROURKE, J. J., « The Fulfillment Texts in Matthew », CBQ 24 (1962) 394-403. (6585

TRILLING, W., *Das wahre Israel.* Studien zur Theologie des Matthaus- (6586
Evangeliums (München, Kösel, 1964), 246 pp.

FANDON, P., « Matthew revisited », SCR 17 (1965) 97-103. (6587

KING, P. A., « Matthew and Epiphany », Wor 36 (1962) 89-95. (6588

PESCH, W., *Matthäus der Seelsorger,* 80 pp. (6589

CONNOLLY, D., « Ad miracula sanationum apud Matthaeum », VD 45 (1967) (6590
306-325.

WALKER, W. O., « The Kingdom of the Son of Man and the Kingdom of the (6591
Father in Matthew », CBQ 30 (1968) 573-579.

LÉGASSE, S., *Jésus et l'enfant.* « Enfants », « petits » et « simples » dans la (6592
tradition synoptique (Paris, Gabalda, 1969), « La figure de l'enfant chez Matthieu », 215-268.

SAND, A., « Die Polemik gegen « Gesetzlosigkeit » im Evangelium nach (6593
Matthäus und bei Paulus », BZ 14 (1970) 112-125.

SCHWEITZER, E., « Observance of the Law and Charismatic Activity in Mat- (6594
thew », TDig 18 (1970) 244-248.

Textes. Texts. Texte. Testi. Textos.

1-2   SOUBIGOU, L., « La structure de l'Évangile de l'enfance selon saint (6595
        Matthieu », AT 1 (1948) 82-94.

        MUÑOZ IGLESIAS, S., « Los Evangelios de la infancia, y las infancias (6596
        de los héroes » (¿ Por qué se plantea el problema ?), EstB 16 (1957) 5-36.

        RACETTE, J., « L'Évangile de l'enfance selon saint Matthieu », SE 9 (6597
        (1957) 77-82.

        MUÑOZ IGLESIAS, S., « El género literario del Evangelio de la (6598
        Infancia en San Mateo », EstB 17 (1958) 243-273.

        MUÑOZ IGLESIAS, S., « El evangelio de la infancia en S. Mateo », (6599
        dans *Sacra Pagina* (en collab.), II, 121-149.

        BOURKE, M. M., « The Literary Genus of Matthew 1-2 », CBQ 22 (6600
        (1960) 160-175.

        MUÑOZ IGLESIAS, S., « Literary Genre of the Infancy Gospel », (6601
        TDig 9 (1961) 160-175.

        HÖFER, A., « Die Christusbotschaft der Kindheitsevangelien », BiLit (6602
        37 (1963-64) 113-122.

TRILLING, W., *Fragen zur Geschichtlichkeit Jesu*, « Die Problematik (6603
der « Kindheitsgeschichten » », 71-82.

DANIELI, G., « Traditiones Evangelii Infantiae sec. Mt earumque (6604
origo », VD 45 (1967) 337-341.

PERROT, C., « Les récits d'enfance dans la Haggada », RSR 40 (1967) (6605
481-518.

PESCH, R., « Der Gottessohn im matthäischen Evangelienprolog (Mt (6606
1-2). Beobachtungen zu den Zitationsformeln der Reflexionszitate »,
Bibl 48 (1967) 395-420.

DANIELI, G., « Matteo 1-2 e l'intenzione di narrare fatti accadu- (6607
ti », RivB 16 (1968) 187-200.

GAMBA, G. G., « Annotazioni in margine alla struttura letteraria ed (6608
al significato dottrinale di Matteo 1-2 », BibOr 11 (1969) 5-24, 65-76,
109-124.

NELLESSEN, E., « Zu den Kindheitsgeschichten bei Matthäus und (6609
Lukas », TrierTZ 78 (1969) 305-309.

1   KRAMER, M., « Die Menschwerdung Jesu Christi nach Matthäus (6610
Verfahren », Bibl 45 (1964) 1-50.

1,1-2,23   TROADEC, H.-G., « La Bible et la Vierge : la Vierge, mère du Messie; (6611
le témoignage de l'Évangile selon saint Matthieu », CE N° 13 (1954)
14-21.

PAUL, A., *L'évangile de l'enfance selon saint Matthieu* (Paris, Cerf, (6612
1968), 192 pp.

1,1-17   DUPONT, J., « La genealogia di Gesu secondo Matteo », BibOr 4 (6613
(1962) 1-7.

PASCUAL CALVO, E., « La genealogía de Jesús según S. Mateo », (6614
EstB 23 (1964) 109-149.

DANIÉLOU, J., *Les évangiles de l'enfance*, « La généalogie », 11-20. (6615

LÉON-DUFOUR, X., *Études d'évangile*, « Livre de la genèse de (6616
Jésus-Christ », 51-63.

LÉON-DUFOUR, X., « Libro della Genesi di Gesu Cristo », RivB 13 (6617
(1965) 223-238.

1,1   BARTINA, S., « Jesús, et Cristo, ben David ben Abrahan. Mt. 1,1 » (6618
(Los apellidos de la Biblia y su traducción al castellano), EstB 18 (1959)
375-393.

1,2-16   VÖGTLE, A., « Die Genealogie Mt 1,2-16 und die mattäische (6619
Kindheitsgeschichte », BZ 8 (1964) 45-58, 239-262; 9 (1965) 32-49.

1,11   VÖGTLE, A., « Josias zeugte den Jechonias und seine Brüder » (Mt (6620
1,11) », dans *Lex tua Veritas* (en collab.), 307-313.

1,16   DA FONSECA, L. G., « Jacob autem genuit Joseph », VD 1 (1921) (6621
66-72.

1,18-25   FRANGIPANE, D., « Explicatio philologica Mt. 1,18-25 », VD 25 (6622
(1947) 104-111.

BULBECK, R., « The Doubt of St. Joseph », CBQ 10 (1948) 296-309. (6623

LÉON-DUFOUR, X., « L'Annonce à Joseph », dans *Mélanges* (6624
Bibliques en l'honneur de André Robert (en collab.), 390-397.

LÉON-DUFOUR, X., « Le juste Joseph », NRT 81 (1959) 225-231. (6625

BOUTON, A., « C'est toi qui lui donneras le nom de Jésus », AS N° (6626
8 (1962) 37-50.

KRAMER, M., « Zwei probleme aus Mt. 1,18-25 », Sal 26 (1964) (6627
303-333.

LÉON-DUFOUR, X., *Études d'évangile,* « L'annonce à Joseph », (6628
65-81.

DANIÉLOU, J., *Les évangiles de l'enfance,* « Jésus et Joseph », 43-58; (6629
« La naissance de Jésus », 59-78.

HOLZMEISTER, U., « De nuptiis S. Joseph », VD 25 (1947) 145-149. (6630

SCHERER, A., « Der gute und getreue Knecht. Zum Evangelienbild (6631
des hl. Joseph », GeistL 24 (1951) 26-37.

SPICQ, C., « Joseph, son mari, étant juste... (Mt. 1-19) », RB 71 (1964) (6632
206-214.

PELLETIER, A., « L'annonce à Joseph », RSR 54 (1966) 67-68. (6633

TRILLING, W., *Christusverkündigung in den synoptischen Evangelien,* (6634
« Jesus, der Messias und Davidssohn (Mt 1,18-25) », 13-39.

1,20 CAVALLETTI, S., « I sogni di San Giuseppe », BibOr 2 (1960) 149-151. (6635

1,21-25 GERMANO, J. M., « Privilegium nominis messianici a D. Joseph (6636
imponendi », VD 47 (1969) 151-162.

1,21 ESSER, S., ARBEZ, E. P., « Thoughts on the Benedictus », AmER 92 (6637
(1935) 599-602.

1,25 THIBAUT, R., « Et non cognoscebat eam », NRT 59 (1932) 255-256. (6638

STOLL, R., « Her Firstborn Son », AmER 108 (1943) 1-13. (6639

PEINADOR, M., « Et non cognoscebat eam, donec peperit filium suum (6640
primogenitum », EstB 8 (1949) 355-363.

VÖGTLE, A., « Mt 1,25 und die *Virginitas B. M. Virginis post par-* (6641
tum », TQ 147 (1967) 28-40.

2 BRUNS, J. E., « The Magi Episode in Matthew 2 », CBQ 23 (1961) (6642
51-54.

NELLESSEN, E., *Das Kind und seine Mutter.* Struktur und Ver- (6643
kündigung des 2. Kapitels im Matthäusevangelium (Stuttgart, Katholisches Bibelwerk, 1969), 160 pp.

2,1-12 CHARLES, P., « Plan d'instruction religieuse : *Obtulerunt.* Ils ont (6644
offert », NRT 61 (1934) 511-514.

HOLZMEISTER, U., « La stella dei Magi », CC 1 (1942) 9-22. (6645

DANIÉLOU, J., *Les évangiles de l'enfance,* « L'adoration des ma- (6646
ges », 79-106.

GAECHTER, P., « Die Magierperikope (Mt 2,1-12) », ZKT 90 (1968) (6647
257-295.

MUÑOZ IGLESIAS, S., « Les Mages et l'étoile », AS (n.s.) N° 12 (6648
(1969) 19-31.

2,1-11 RYCKMANS, G., « De l'or (?), de l'encens et de la myrrhe », RB 58 (6649
(1951) 372-376.

2,2-24 BRUNEC, M., « De Legatione Joannis Baptistae (Mt. 2,2-24) », VD 35 (6650
(1957) 193-203, 262-270, 321-331.

2,2 MESSINA, G., « Ecce Magi ab Oriente venerunt (Mt. 2,2) », VD 14 (6651
(1934) 7-19.

2,3   FULLER, R. C., « The Meaning of Matt. II,3 », SCR 3 (1948) 20-21.   (6652

2,5   SEMKOWSKI, L., « Et tu, Bethlehem, terra Juda... », VD 7 (1927)   (6653
             54-63.

2,9   PETERS, C., « Der Diatessarontext von Mt 2,9 und die westächsische   (6654
             Evangelienversion », Bibl 23 (1942) 323-332.

2,1-12   HODOUS, E. J., « The Gospel of the Epiphany », CBQ 6 (1944) 69-84.   (6655

             RICHARDS, H. J., « The Three Kings », SCR 8 (1956) 23-28.   (6656

             DENIS, A.-M., « L'adoration des Mages vue par S. Matthieu », NRT   (6657
             82 (1960) 32-39.

             MUÑOZ IGLESIAS, S., « Venez, adorons-le ! (Mt 2,1-12) », AS   (6658
             Nº 13 (1962) 31-44.

2,11   BARTINA, S., « Casa o caserío ? Los Magos de Belén (Mt. 2,11;10,   (6659
             12-14) », EstB 25 (1966) 355-357.

2,15   BARTINA, S., « Y desde Egipto lo he proclamado hijo mio (Mt 2,15;   (6660
             Os 11,1) », EstB 29 (1970) 157-160.

2,17-18   RUFFENACH, F., « Rachel plorans filios suos (Mt 2,17-18) », VD 4   (6661
             (1924) 5-8.

2,22-23   VANDERVORST, J., « Note sur Matthieu (II,22,23) », dans   (6662
             Miscellanea Biblica B. Ubach (en collab.), 329-332.

2,23   HOLZMEISTER, U., « Quoniam Nazaraeus vocabitur (Mt. 2,23) »,   (6663
             VD 17 (1937) 21-26.

             LYONNET, S., « Quoniam Nazareus vocabitur (Mt 2,23) », Bibl 25   (6664
             (1944) 196-206.

3,1-12   TRILLING, W., « Jean le Baptiste », AS (n.s.) Nº 6 (1969) 19-27.   (6665

3,1-6   SABBE, M., « Le baptême de Jésus », dans De Jésus aux Évangiles (en (6666
             collab.), 184-211.

3,1-4   GAMBA, G. G., « Struttura letteraria e significato funzionale di Mt. (6667
             3,1-4 », Sal 31 (1969) 234-264.

3,7-12   SALAS, A., « El mensaje del Bautista – Redacción y teologia en Mt   (6668
             3,7-12 », EstB 29 (1970) 55-72.

3,11   HAMMAN, A., « Le baptême par le feu », MSR 8 (1951) 285-292.   (6669

             TURRADO, L., « El Bautismo con Spiritu sancto et igni », EstE 34   (6670
             (1960) 807-817.

             ALONSO DIAZ, J., « El bautismo de fuego anunciado por Bautista y   (6671
             su relación con la profecía de Malaquías », EstB 23 (1964) 319-328.

3,13-17   VOSTÉ, J.-M., « De batismo Jesu », Ang 11 (1934) 187-213, 325-340.   (6672

             SCHLIER, H., « Die Verkündigung der Taufe Jesu nach des Evan-   (6673
             gelien », GeistL 28 (1955) 414-419.

             GILS, F., Jésus prophète, d'après les évangiles synoptiques, « Vision (6674
             inaugurale de Jésus au baptême », 49-73.

             FEUILLET, A., « Le symbolisme de la colombe dans les récits   (6675
             évangéliques du baptême », RSR 46 (1958) 524-544.

             POULIN, P., CARTON, G., « Le baptême du Christ », BVC Nº 25   (6676
             (1959) 39-48.

             LEGAULT, A., « Le baptême de Jésus et la doctrine du Serviteur   (6677
             souffrant », SE 13 (1961) 147-166.

FEUILLET, A., « Le baptême de Jésus », RB 71 (1964) 321-352.   (6678

FEUILLET, A., « The baptism of Jesus », TDig 14 (1966) 207-212.   (6679

BECQUET, G., « Baptême de Jésus (Mt 3,13-17) », AmiCl 79 (1969)   (6680
11-14.

JACQUEMIN, E., « Le baptême du Christ », AS (n.s.) Nº 12 (1969)   (6681
48-66.

FEUILLET, A., « La personnalité de Jésus entrevue à partir de sa   (6682
soumission au rite de repentance au précurseur », RB 77 (1970) 30-49.

LENTZEN-DEIS, F., *Die Taufe Jesu nach den Synoptikern.*   (6683
Literarkritische und gattungsgeschichtliche Untersuchungen (Frankfurt
a. M., J. Knecht, 1970), 324 pp.

3,15   DESCAMPS, A., *Les justes et la justice dans les évangiles et le*   (6684
christianisme primitif hormis la doctrine proprement paulinienne,
« L'accomplissement de la justice au baptême de Jésus (Mt. III,
15) », 111-119.

4,1-11   KADIE, A., « Momentum Messianicum tentationum Christi », VD 18   (6685
(1938) 93-96, 126-128, 151-160.

BOULOGNE, C.-D., « La tentation de Jésus au désert. La « politi-   (6686
que », ici-bas, du Fils de Dieu fait homme », VS 92 (1955) 346-380.

LYONNET, S., « La méditation des deux Étendards et son fondement   (6687
scripturaire », CHR Nº 12 (1956) 435-456.

DUQUOC, G., « La tentation du Christ », LV Nº 63 (1961) 21-41.   (6688

LIGIER, L., *Péché d'Adam et péché du monde,* « Confrontation au   (6689
désert », II, 11-24.

DUPONT, J., « Les tentations de Jésus dans le désert (Mt 4,1-11) », AS   (6690
Nº 26 (1962) 37-53.

DUPONT, J., « L'origine du récit des tentations de Jésus au dé-   (6691
sert », RB 73 (1966) 30-76.

DUPONT, J., « The Origin of the Narrative of Jesus « Tempta-   (6692
tions », TDig 15 (1967) 230-235.

DUPONT, J., *Les tentations de Jésus au désert,* « Le récit de Mat-   (6693
thieu », 9-42.

4,6   HOLZMEISTER, U., « Diabolus exegeta Ps 90 (91) 11 ss (Mt 4,6; Lc   (6694
4.10) », VD 22 (1942) 36-40.

4,12-22   BUZY, D., « Le premier séjour de Jésus à Capharnaüm », dans   (6695
Mélanges bibliques rédigés en l'honneur de André Robert (en collab.),
411-419.

4,18-22   VAN BOHEMEN, N., « L'institution et la mission des Douze.   (6696
Contribution à l'étude des relations entre l'évangile de Matthieu et celui
de Marc », dans *La Formation des Évangiles* (en collab.), 116-151.

AGNEW, F., « Vocatio primorum discipulorum in traditione synop-   (6697
tica », VD 46 (1968) 129-147.

4,18   BARTINA, S., « La red esparavel del Evangelio (Mt. 4,18; Mc   (6698
1,16) », EstB 19 (1960) 215-227.

4,23-10,42   CERFAUX, L., « La mission de Galilée dans la tradition synopti-   (6699
que », ETL 27 (1951) 369-389; 28 (1952) 629-647, ou dans *Recueil
Lucien Cerfaux,* I, 425-470.

4,25-27   GOETTMANN, A., « L'attitude fondamentale du disciple d'après les   (6700
           synoptiques : l'enfance spirituelle », BVC N° 77 (1967) 32-45.

5-7   LEBRETON, J., *Lumen Christi*, « Le sermon sur la montagne »,   (6701
           141-156.

           LEBRETON, J., *La vie et l'enseignement de J.-C.* [16], « Le discours sur   (6702
           la montagne », I, 166-252.

           GALLO, S., « Structura sermonis montani », VD 27 (1949) 257-269.   (6703

           FRANSEN, I., « Cahier de Bible : l'Évangile selon Matthieu : la charte   (6704
           du Royaume des Cieux », BVC N° 6 (1954) 68-83.

           SCHIERSE, F. J., « Die Stadt auf dem Berge. Gedanken zur   (6705
           Bergpredigt », GeistL 28 (1955) 321-325.

           STAUDINGER, J., *Die Bergpredigt* (Wien, Herder, 1957), 360 pp.   (6706

           DUPONT, J., *Les béatitudes*[2], « Analyse du discours », I, 130-175;   (6707
           « Le plan du discours », I, 175-184.

           FORD, J. M., « Reflections on W. D. Davies, *The Setting of the Sermon   (6708
           on the Mount* », Bibl 48 (1967) 623-628.

           HÄRING, N., « The Normative Value of the Sermon on the   (6709
           Mount », CBQ 29 (1967) 375-385.

           CORBIN, M., « Nature et signification de la Loi évangélique », RSR   (6710
           57 (1969) 5-48.

           AGOURIDÈS, S., « La tradition des Béatitudes chez Matthieu et   (6711
           Luc », dans *Mélanges bibliques* en hommage au R. P. Béda Rigaux (en
           collab.), 9-27.

           GREENWOOD, D., « Moral Obligation in the Sermon on the   (6712
           Mount », TS 31 (1970) 301-309.

5   STOLL, R., « The Sermon on the Mount », AmER 104 (1941) 193-209,   (6713
           301-318, 395-411.

           FÉRET, H.-M., « Introduction aux Béatitudes évangéliques », VS 70   (6714
           (1944) 223-234, 334-347.

           LEBRETON, J., *Lumen Christi*, « Le sermon sur la montagne »,   (6715
           141-157.

           DESCAMPS, A., *Les justes et la justice dans les évangiles et le   (6716
           christianisme primitif hormis la doctrine proprement paulinienne*, « Les
           exhortations à la justice dans le sermon sur la montagne », 164-206.

           DUMONT, C., « Les Béatitudes et l'esprit d'unité », VS 88 (1953) 5-19.   (6717

           SCHUBERT, K., « Bergpredigt und Texts von En Fesha », TQ 135   (6718
           (1955) 320-337.

           TRÉMEL, Y.-B., « Béatitudes et morale évangélique », LV N° 21   (6719
           (1955) 83-102.

           KURZINGER, J., « Zur Komposition der Bergpredikt nach Mat-   (6720
           thäus », Bibl 40 (1959) 569-589.

           GUILLET, J., *L'homme, espoir et souci de Dieu* (Montreuil, éd.   (6721
           Parabole, 1967), « Le sermon sur la montagne », 60-67.

5,1-12   JACQUEMIN, E., « Les béatitudes (Mt 5,1-12) », AS N° 89 (1963)   (6722
           34-53.

5,3-12   DE FRAINE, J., *Prier avec la Bible*. Les antécédents bibliques de   (6723
           grandes prières chrétiennes (Bruges, Ch. Beyaert, 1961), « Les
           béatitudes », 173-243.

TRILLING, W., *Christusverkündigung in den synoptischen Evangelien,* (6724
« Heilsverheissung und Lebenslehre des Jüngers (Mt 5,3-12) », 64-85.

5,3-10   JEANNE D'ARC, Sr, « Les béatitudes, apprivoisement à la béatitu- (6725
de », VS 107 (1962) 356-367.

5,3   GARDEIL, A., « Le don de crainte et la béatitude de la pauvreté », VS (6726
33 (1932) 225-241.

XXX, « Quelle est l'explication la plus probable des mots suivants : (6727
Bienheureux les pauvres par esprit, parce que le Royaume des cieux est
à eux ? » AmiCl 54 (1937) 312.

JEANNE D'ARC, Sr, « Heureux les pauvres », VS 96 (1957) 115-126. (6728

DUPONT, J., « Les pauvres en esprit », dans *À la rencontre de* (6729
Dieu. Mémorial Albert Gelin (en collab.), 265-272.

DUPONT, J., « Les πτωχοὶ τῷ πνευματι de Matthieu 5,3 et les (6730
רוח עני de Qumrân », dans *Neutestamentliche Aufsätze* (en collab.),
53-64.

SPINETOLI, O., « I « poveri del Signore » », BibOr 6 (1964) 3-16. (6731

STRAMARE, T., « Beati i poveri », RivB 13 (1965) 179-186. (6732

5,4   GARDEIL, A., « Le don de piété et la béatitude de la douceur », VS (6733
35 (1933) 19-39.

5,6   GARDEIL, A., « Le don de force et la faim de la justice », VS 34 (1933) (6734
204-226.

BOVER, J. M., « Beati qui esuriunt et sitiunt justitiam (Mt., 5,6) », EstE (6735
16 (1942) 9-26.

5,7   GARDEIL, A., « La béatitude des miséricordieux », VS 38 (1934) (6736
20-32.

5,8   KOCH, R., « Beati mundo corde (Mt, 5,8) », VD 20 (1940) 9-18. (6737

GEORGE, A., « Heureux les Coeurs purs ! Ils verront Dieu ! » BVC (6738
Nº 13 (1956) 74-79.

PRETE, B., « Il senso dell'espressione οι χαθαροι τη χαρδια (Mt. 5, (6739
8) », RivB 18 (1970) 252-268.

5,9   GARDEIL, A., « La béatitude des pacifiques », VS 40 (1934) 126-132. (6740

5,13-16   SCHNACKENBURG, R., « Ihr seid das Salz der Erde, das Licht der (6741
Welt », dans *Evangelienforschung* (en collab.), 119-146.

5,13   WOOCK, W., « Zu Mt 5, 13 », TGl 27 (1935) 479-480. (6742

BAUER, J. B., « Quod si sal infatuatum fuerit », VD 29 (1951) 228-230. (6743

5,17-48   GEORGE, A., « Soyez parfaits comme votre Père céleste (Matthieu, 5, (6744
17-48) », BVC Nº 19 (1957) 85-90.

5,17-19   STIASSNY, J., « Jésus accomplit la promesse : Essai d'interprétation de (6745
Matthieu 5,17-19 », BVC Nº 59 (1964) 30-37.

5,17   LATTEY, C., « I Came not to destroy, but to fulfil », SCR 5 (1952) (6746
50-51.

5,18   SUTCLIFFE, E. F., « One Jot or Tittle, Mt. 5,18 », Bibl 9 (1928) (6747
458-460.

5,19   XXX, « Le « solverit unum de mandatis » de Mt V, 19 », AmiCl 55 (6748
(1938) 191-192.

SCHÜRMANN, H., « « Wer daher eines dieser geringsten Gebote (6749
auflöst... » Wo fand Matthäus das Logion Mt 5,19 ? » BZ 4 (1960)
238-250.

5,20-24   LIESE, H., « De iustitia evangelica », VD 12 (1932) 161-167.   (6750

               DEISS, L., « Va d'abord te réconcilier avec ton frère (Mt 5,20-24) »,   (6751
               AS N° 59 (1966) 33-46.

5,20-22   TRILLING, W., *Christusverkündigung in den synoptischen Evangelien.*   (6752
               « Die neue und wahre « Gerechtigkeit » (Mt 5,20-22) », 86-107.

5,21   McNAMARA, M., *The N. T. and the Palestinian Targum to the*   (6753
               Pentateuch, « You have heard that it was said... Mt 5,21 and Tg Gn
               9,6 », 126-131.

5,25-26   LUSSIER, E., « The Biblical Theology on Purgatory », AmER 142   (6754
               (1960) 225-233.

5,31-32   BERROUARD, M.-F., « L'indissolubilité du mariage dans le Nouveau   (6755
               Testament », LV N° 4 (1952) 21-40.

               BAUER, J. B., « De coniugali foedere quid edixerit Matthaeus ? (Mt   (6756
               5,31s; 19,3-9) », VD 44 (1966) 74-78.

               SAND, A., « Die Unzuchtsklausel in Mt 5,31.32 und 19,3-9 », MüTZ   (6757
               20 (1969) 118-129.

               HARRINGTON, W., « Jesus' Attitude towards Divorce », IrThQ 37   (6758
               (1970) 199-209.

5,32   ALLGEIER, A., « Die *crux interpretum* im neutestamentlichen   (6759
               Ehescheidungverbot. Eine philologische Untersuchung zu Mt 5,32 und
               19,9 », Ang 20 (1943) 128-142.

               SCHWEGLER, T., « De clausulis divortii (Mt 5,32 et 19,9) », VD 26   (6760
               (1948) 214-217.

               TAFI, A., « *Excepta fornicationis causa* (Mt 5,32); *Nisi ob fornicationem* (6761
               (Mt 19,9) », VD 26 (1948) 18-26.

               BRUNEC, M., « Tertio de clausulis divortii Mt 5,32 et 19,9 », VD 27   (6762
               (1949) 3-16.

               VAWTER, B., « The Divorce Clauses in Mt. 5,32 and 19,9 », CBQ 16   (6763
               (1954) 155-167.

               VACCARI, A., « Al clausola del divorzio in Matteo 5,32; 19,9 », RivB (6764
               3 (1955) 97-119.

               LEEMING, B., DYSON, R. A., « Except it be for Fornication ? » SCR   (6765
               8 (1956) 75-81.

               BAUER, J., « Ehescheidung wegen Ehebruch ? » BiLit 24 (1956-57)   (6766
               118-121.

               O'ROURKE, J. J., « A note on an Exception : Mt 5 : 32 (19 : 9) and   (6767
               1 Cor 7 : 12 compared », HeyJ 5 (1964) 299-302.

               BAUER, J. B., « Die mattäische Ehescheidungsklausel (Mt 5,32 und   (6768
               19,9) », BiLit 38 (1964-65) 101-106.

               MAHONEY, A., « A new Look at the Divorce Clauses in Mt 5,32 and   (6769
               19,9 », CBQ 30 (1968) 29-38.

               MOINGT, J., « Le divorce (pour motif d'impudicité) (Mt 5,32;   (6770
               19,9) », RSR 56 (1968) 337-384.

               BAUER, J. B., « Die matthäische Ehescheidungsklausel », dans   (6771
               Evangelienforschung (en collab.), 147-158.

5,34   OLIVIERI, O., « Nolite jurare omnino (Mt. 5,34) », Bibl 4 (1923)   (6772
               385-390.

5,38-48   RAUSCH, J., « The Principle on Nonresistance and Love of Enemy in   (6773
            Mt 5,38-48 », CBQ 28 (1966) 31-41.

            DEISS, L., « La loi nouvelle (Mt 5,38-48; cf. Lc 6,27-38) », AS (n.s.)   (6774
            N° 38 (1970) 60-78.

5,39   SUTCLIFFE, E. F., « Not to Resist Evil (Matt. 5,39) », SCR 5 (1952)   (6775
            33-35.

5,43   JOÜON, P., « Matthieu, 5,43 », RSR 20 (1930) 545-546.   (6776

5,45   SCHRUERS, P., « La paternité divine dans Mt., V, 45 et VI, 26-   (6777
            32 », ETL 36 (1960) 593-624.

5,47   PORPORATO, F. X., « Nonne et ethnici hoc faciunt ? » VD 11 (1931)   (6778
            15-22.

5,48   DUPONT, J., « Soyez parfaits (Mt., V,48) – Soyez miséricordieux (Lc.,   (6779
            VI, 36) », dans Sacra Pagina (en collab.), II, 150-162.

            DUPONT, J., « L'appel à imiter Dieu en Matthieu 5,48 et Luc   (6780
            6,36 », RivB 14 (1966) 137-158.

            LÉGASSE, S., L'appel du riche. « La perfection selon Matthieu »,   (6781
            113-146; « Perfection et détachement chez Matthieu », 147-183.

            McNAMARA, M., The N. T. and the Palestinian Targum to the   (6782
            Pentateuch, « Be you Merciful as your Father is Merciful, Lk 6,36 (Mt
            5,48) and TJI Lv 22,28 », 133-138.

6,1-6,16-18 GOMA CIVIT, I., « Sous le regard de Dieu (Mt 6,1-6.16-18) », AS   (6783
            N° 25 (1966) 33-45.

            GEORGE, A., « La justice à faire dans le secret (Mat. 6, 1-6.16-   (6784
            18) », Bibl 40 (1959) 590-598.

6,7-15   SCHÜRMANN, H., Das Gebet des Herrn (Freiburg, Herder, 1957),   (6785
            143 pp.

            ARON, R., « Les origines juives du Pater », MD N° 85 (1966) 36-40.   (6786

            DUPONT, J., BONNARD, P.-É., « Le Notre Père, notes exégéti-   (6787
            ques », MD N° 85 (1966) 7-35.

            ROGUET, A.-M., « Le nouveau texte français du Notre Père », VS 114   (6788
            (1966) 5-24.

6,9-15   BURKE, T. J. M., « The Our Father », AmER 130 (1954) 176-182,   (6789
            250-258.

            KUSS, O., Auslegung und Verkündigung. « Das Vaterunser », II,   (6790
            275-333.

            GUYOT, B.-G., « À propos de quelques commentaires sur le Pater   (6791
            Noster », RSPT 53 (1969) 245-255.

6,9-13   KLEIN, F., « Priez ainsi » (Le Notre Père), RAM 12 (1931) 3-15.   (6792

            LEBRETON, J., La vie et l'enseignement de J.-C.[16], « Le Pater », II,   (6793
            64-85.

            JACQUEMIN, E., « La portée de la troisième demande du Pater »,   (6794
            ETL 25 (1949) 61-76.

            MEINERTZ, M., « Das Vaterunser », TR 45 (1949) 1-6.   (6795

            BONSIRVEN, J., Le règne de Dieu, « Commentaire du Pater »,   (6796
            154-169.

            SCHÜRMANN, H., Das Gebet des Herrn (Freiburg i. B., Herder,   (6797
            1957), 146 pp.

MAGNE, J., « Répétitions de mots et exégèse dans quelques psaumes   (6798
et le Pater », Bibl 39 (1958) 177-197.

DE FRAINE, J., « Oraison dominicale », SDB VI, col. 788-800.   (6799

BROWN, R. E., « The Pater Noster as an Eschatological Prayer », TS   (6800
22 (1961) 175-208.

DE FRAINE, J., *Prier avec la Bible*. Les antécédents bibliques de   (6801
grandes prières chrétiennes (Bruges, Ch. Beyaert, 1961), « Le « Notre
Père » », 9-93.

BLENKINSOPP, J., « À propos of the Lord's Prayer », HeyJ 3 (1962)   (6802
51-60.

BROWN, R. E., *New Testament Essays*, « The Pater Noster as an   (6803
Eschatological Prayer », 217-253.

JACQUEMIN, E., « La prière du Seigneur (*Mt* 6,9-13; cf. *Lc*   (6804
11,2-4) », AS N° 48 (1965) 47-64.

DELORME, J., « Pour une catéchèse biblique du « Notre Père » »,   (6805
AmiCl 76 (1966) 225-236.

BEAUCAMP, É., DE RELLES, J.-P., *Israël attend son Dieu*. Des   (6806
Psaumes aux voeux du Pater, 352 pp.

FORD, J. M., « *Yom Kippur* and the Matthean Form of the Pater   (6807
Noster », Wor 41 (1967) 609-619.

KRUSE, H., « « Pater Noster » et passio Christi », VD 46 (1968) 3-29. (6808

DU BUIT, M., « Notre Père », CE N° 75 (1969) 5-46.   (6809

6,9   DROUZY, M., « Le « Pater », prière du Christ », VS 93 (1955)   (6810
           115-134.

6,10   ROCHE, J., « Que ta volonté soit faite », VS 93 (1955) 249-268.   (6811

           STEINMETZ, F.-J., « « Dein Reich komme ! » Zur zweiten Bitte des   (6812
           Vaterunsers », GeistL 41 (1968) 414-428.

6,11   COPPENS, J., « La quatrième demande du Pater », ETL 7 (1930)   (6813
           297-298.

           VAN DEN BUSSCHE, H., « Donnez-nous aujourd'hui notre pain   (6814
           quotidien », BVC N° 32 (1960) 42-46.

6,12   LA BONNARDIÈRE, A.-M., « Les commentaires simultanés de *Mat.*   (6815
           6,12 et de *I Jo*, 1,8 dans l'oeuvre de saint Augustin », REA 2 (1959)
           129-147.

           MEGIVERN, J., « Forgive our Debts », SCR 18 (1966) 33-46.   (6816

6,13   BAUER, J. B., « Libera nos a malo », VD 34 (1956) 12-15.   (6817

           GEORGE, A., « Ne nous soumets pas à la tentation. Note sur la   (6818
           traduction nouvelle du Notre Père », BVC N° 71 (1966) 74-79.

6,16-18   GEORGE, A., « La justice à faire dans le secret (Mat. 6,1-6.   (6819
           16-18) », Bibl 40 (1959) 590-598.

           O'HARA, J., « The Christian Fasting (Mt. 6,16-18) », SCR 19 (1967) (6820
           3-18, 82-95.

6,19-7,11 GIAVINI, G., « Abbiamo forse in Mt. 6,19-7,11 il primo commento al (6821
           « Pater Noster » », RivB 13 (1965) 171-178.

6,22-23   BENOIT, P., « L'oeil, lampe du corps », RB 60 (1953) 603-606.   (6822

6,24-34   WULF, F., « Sorge in dieser Welt – Sorglosigkeit in Gott.   (6823
           Meditationsgedanken zu Mt 6,24-34 », StiZ 180 (1967) 307-310.

           A. S. MARCO, E., « Quaerite ergo primum regnum Dei et iustitiam ejus (6824
           (Mt. 6,24-33) », VD 10 (1930) 281-288.

JACQUEMIN, E., « Les options du chrétien (Mt 6,24-33) », AS N° (6825
68 (1964) 31-44.

6,26-32   SCHRUERS, P., « La paternité divine dans Mt., V,45 et VI,26-32 », (6826
ETL 36 (1960) 593-624.

6,28   HA-REUBENI, M. et Mme E., « Le lis des champs », RB 54 (1947) (6827
362-364.

6,33   NÖTSCHER, F., « Das Reich (Gottes) und seine Gerechtigkeit (Mt (6828
6,33 vgl. Lc 12,31) », Bibl 31 (1950) 237-241.

6,34   ZORELL, F., « Sufficit diei malitia sua », Bibl 1 (1920) 95-96. (6829

7,1-2   STEINMETZ, F.-J., WULF, F., « « Richtet nicht ! » Auslegung und (6830
Meditation von Röm 2,1, Mt 7,1f. und Röm 8,1 », GeistL 42 (1969)
71-74.

7,2   McNAMARA, M., *The N. T. and the Palestinian Targum to the* (6831
Pentateuch, « With what Measure you Mete it Shall be Measured to
you... Mt 7,2; Mk 4,24; Lk 6,38 and PT Gn 38,26 », 138-142.

COUROYER, B., « De la mesure dont vous mesurez il vous sera mesu- (6832
ré », RB 77 (1970) 366-370.

7,3   COCAGNAC, A.-M., « La paille et la poutre », VS 96 (1957) 32-39. (6833

7,6   CASTELLINI, G., « Struttura letteraria di Mt. 7,6 », RivB 2 (1954) (6834
310-317.

7,10   HJERL-HANSEN, B., « Le rapprochement poisson-serpent dans la (6835
prédication de Jésus », RB 55 (1948) 195-198.

7,14   LATTEY, C., « Questions and Answers : What is the Meaning of Mt. (6836
7,14 ? » SCR 6 (1953) 22.

7,21   ORR, P., « The Will of my Father », SCR 4 (1950) 146-148. (6837

8,1-11,1   FRANSEN, I., « La charte de l'apôtre, Mt 8,1-11,1 », BVC N° 37 (6838
(1961) 34-45.

8,1-13   BOISMARD, M.-É., « Le lépreux et le serviteur du centurion (Mt (6839
8,1-13) », AS N° 17 (1962) 29-44.

8,2-4   MOINGT, J., « La guérison du lépreux », CHR N° 2 (1954) 70-76. (6840

8,5-13   SUDBRACK, J., « Der Glaube des Hauptmanns. Die drei (6841
evangelischen Berichte von der Heilung des Hauptmanns-Knechtes »,
GeistL 39 (1966) 379-384.

8,9   HOLZMEISTER, U., « Et ego homo sum sub potestate constitutus (Mt. (6842
8,9) (Lc. 7,8) », VD 17 (1936) 27-30.

8,11-12   DUPONT, J., « Beaucoup viendront du levant et du couchant (Matthieu (6843
8,11-12, Luc 13,28-29) », SE 19 (1967) 153-167.

8,14-15   LAMARCHE, P., « La guérison de la belle-mère de Pierre et le genre (6844
littéraire des évangiles », NRT 87 (1965) 515-526.

LÉON-DUFOUR, X., *Études d'évangile,* « La guérison de la belle-mère (6845
de Simon-Pierre », 123-148.

LÉON-DUFOUR, X., « La guérison de la belle-mère de Simon- (6846
Pierre », EstB 24 (1965) 193-216.

PESCH, R., *Neuere Exegese. Verlust oder Gewinn ?* (Freiburg i. B., (6847
Herder, 1968), « Die Heilung der Schwiegermutter des Simon-Pe-
trus », 143-175.

8,18-27   LÉON-DUFOUR, X., « La tempête apaisée », NRT 87 (1965) 897-922.   (6848
            LÉON-DUFOUR, X., *Études d'évangile,* « La tempête apaisée »,   (6849
            149-182.

8,23-27   DUPLACY, J., « Et il y eut un grand calme... La tempête apaisée   (6850
            (Matthieu 8,23-27) », BVC N° 74 (1967) 15-28.

            VARRO, R., « La tempête apaisée (Mt 8,23-27) », AmiCl 78 (1968)   (6851
            17-19.

8,28-34   KLEIST, J. A., « The Gadarene Demoniacs », CBQ 9 (1947) 101-105.   (6852

            CRAGHAN, J., « The Gerasene Demoniac », CBQ 30 (1968) 522-536.   (6853

            LAMARCHE, P., « Le possédé de Gérasa (Mt 8,28-34; Mc 5,1-20; Lc   (6854
            8,26-39) », NRT 90 (1968) 581-597.

            BLIGH, J., « The Gerasene Demoniac and the Resurrection of   (6855
            Christ », CBQ 31 (1969) 383-390.

8,31   FULLER, R. C., « The Gadarene Swine », SCR 3 (1948) 53-54.   (6856

9,1-8   DUPONT, J., « Le paralytique pardonné (Mt 9,1-8) », NRT 82 (1960)   (6857
            940-958.

            DUPONT, J., « Le paralytique pardonné (Mt 9,1-8) », AS N° 73   (6858
            (1962) 34-46.

            VARGAS-MACHUCA, A., « El Paralítico perdonado, en la redacción   (6859
            de Mateo (Mt. 9,1-8) », EstE 44 (1969) 15-43.

9,2   ROUSTANG, F., « Le Christ, ami des pécheurs », CHR N° 21 (1959)   (6860
            12-15.

9,8   LEAL, J., « Qui dedit potestatem talem hominibus (Mt 9,8) », VD 44   (6861
            (1966) 53-59.

9,9-13   VAN IERSEL, B., « La vocation de Lévi (Mc., II, 13-17). Tradition et   (6862
            rédactions », dans *De Jésus aux Évangiles,* 212-232.

9,9   ADINOLFI, M., « Preistoria di una vocazione », BibOr 1 (1959)   (6863
            133-134.

9,11-12   DURRWELL, F.-X., « Elias cum venit primo... (Mc. 9,11s) », VD 19   (6864
            (1939) 269-278.

9,13   ROUSTANG, F., « Le Christ, ami des pécheurs », CHR N° 21 (1939)   (6865
            9-12.

9,14-17   CREMER, F. G., « Christian von Stable als Exeget – Beobachtungen   (6866
            zur Auslegung von Mt 9,14-17 », RBen 77 (1967) 328-341.

9,14-15   FEUILLET, A., « La controverse sur le jeûne (Mc 2,18-20; Mt 9,14-15;   (6867
            Lc 5,33-35) », NRT 90 (1968) 113-136, 252-277.

9,15   CREMER, F. G., *Die Fastenansage Jesu.* Mk 2,20 und Parallelen in der   (6868
            Sischt der patristischen und scholastischen Exegese (Bonn, P. Hanstein,
            1965), 30-185 pp.

            CREMER, F. G., « Die Sönne des Brautgemachs (Mk 2,19 parr) in der   (6869
            griechischen und lateinischen Schrifterklärung », BZ 11 (1967) 246-253.

9,18-26   GALBIATI, E., « Gesù guarisce l'emorroissa e resuscita la figlia di   (6870
            Giairo », BibOr 6 (1964) 225-230.

            POTIN, J., « Guérison d'une hémorroïsse et résurrection de la fille de   (6871
            Jaïre (Mt 9,18-26) », AS N° 78 (1965) 25-36.

9,20-22   A. S. MARCO, E., « Mulier hemorroises sanatur », VD 11 (1931)   (6872
            321-325.

DE FRAINE, J., « Fimbria vestimenti », VS 25 (1947) 218-230.   (6873

9,32-34   ROULIN, P., « Le péché contre l'Esprit-Saint », BVC N° 29 (1959)   (6874
           38-45.

9,35-38   TERNANT, P., « La mission, fruit de la compassion du Maître et de (6875
           la prière des disciples », AS N° 98 (1967) 25-41.

9,36-10,8 TERNANT, P., « L'envoi des Douze aux brebis perdues (Mt 9,36-10,   (6876
           8) », AS (n.s.) N° 42 (1970) 18-32.

9,37   LEGRAND, L., « The Harvest is plentiful (Mt 9 : 37) », SCR 17 (1965) (6877
           1-9.

10   VAN BOHEMEN, N., « L'institution et la mission des Douze.   (6878
           Contribution à l'étude des relations entre l'évangile de Matthieu et celui
           de Marc », dans La Formation des Évangiles (en collab.), 116-151.

10,5-6   SCHÜRMANN, H., « Mt 10,5b-6 und die Vorgeschichte des   (6879
           synoptischen Aussendungsberichtes », dans Neutestamentliche Aufsätze
           (en collab.), 270-282.

10,10   POWER, E., « Baculus Apostolorum (Mt 10,10; Mc 6,8; Lc 9,3) », VD (6880
           4 (1924) 111-117.

10,12-14   BARTINA, S., « Casa o caserio ? Los Magos de Belén (Mt.   (6881
           2,11;10,12-14) », EstB 25 (1966) 355-357.

10,16   EJARQUE, R., « Prudentes sicut serpentes », VD 3 (1923) 102-108.   (6882

10,17-18   PORPORATO, F. X., « Non enim vos estis qui loquimini », VD 15   (6883
           (1935) 302-311.

10,20   GIBLET, J., « Les promesses de l'Esprit et la mission des apôtres dans (6884
           les évangiles », Ir 30 (1957) 5-43.

10,22   JOÜON, P., « Mat. 10,22 : Upoménôn, endurer et non persévérer »,   (6885
           RSR 28 (1938) 310-311.

10,23   SEGARRA, F., « Algunas observaciones sobre los principales textos (6886
           escatologicos de Nuestro Señor : Mat. X,23 », EstE 13 (1934) 225-261,
           399-417.

           SCHÜRMANN, H., « Zur Traditions- und Redaktionsgeschichte von   (6887
           Mt 10,23 », BZ 3 (1959) 82-88.

           FEUILLET, A., « Les origines et la signification de Mt 10,23b.   (6888
           Contribution à l'étude du problème eschatologique », CBQ 23 (1961)
           182-198.

           GIBLIN, C. H., « Theological Perspective and Matthew 10 : 23b », TS (6889
           29 (1968) 637-661.

10,26-33   TRILLING, W., « Confession sans crainte (Mt 10,26-33) », AS (n.s.) (6890
           N° 43 (1969) 19-24.

10,34-36   XXX, « Éclaircissement sur le passage de Mt X, 34-36 », AmiCl 53   (6891
           (1936) 118-119.

           HILAIRE DE POITIERS, « Paix et glaive », BVC N° 40 (1961)   (6892
           13-15.

10,37-42   TRILLING, W., « Disponibilité pour suivre le Christ (Mt 10,37-   (6893
           42) », AS (n.s.) N° 44 (1969) 15-20.

10,39   XXX, « Interprétation de Mt X,39 et de Lc VIII, 35 », AmiCl 57   (6894
           (1946-47) 94-96.

10,45	MÉDEBIELLE, A., « La vie donnée en rançon (Mc. 10,45; Mt. 20,28) », Bibl 4 (1923) 3-40.	(6895
11,1-12	RICHARDS, H. J., « The Three Kings », SCR 8 (1956) 23-32.	(6896
11,2-11	DUPONT, J., « Le Christ et son précurseur », AS (n.s.) Nº 7 (1969) 16-27.	(6897
11,2-13,53	FRANSEN, I., « Le discours en paraboles (Matthieu XI,2-XIII, 53) », BVC Nº 18 (1957) 72-84.	(6898
11,2-24	BRUNEC, M., « De legatione Ioannis Baptistae (Mt. 11,2-24) », VD 35 (1957) 193-203, 262-270, 321-331.	(6899
11,2-10	DUPONT, J., « Es-tu celui qui vient ? Commentaire de Mt 11, 2-10 », AS Nº 4 (1961) 35-50.	(6900
	BECQUET, G., « Comment se manifeste « celui qui vient » (Mt 11,2-10) », AmiCl 78 (1968) 662-664.	(6901
11,2-6	KOCH, L., « Den Armen wird das Evangelium Vorkündet », StiZ 123 (1932) 27-33.	(6902
	DUPONT, J., « L'ambassade de Jean-Baptiste (Matthieu 11,2-6; Luc 7,18-23) », NRT 83 (1961) 805-821, 943-959.	(6903
11,12	BAUER, J., « Fragen an die Bibel », BiLit 19 (1951-52) 105-108.	(6904
	LIGIER, L., *Péché d'Adam et péché du monde,* « Le royaume des cieux souffre violence », II, 74-116.	(6905
11,14-15	FAHY, T., « St. John and Elias », IrThQ 23 (1956) 285-286.	(6906
11,14	SKRINJAR, A., « Elias quidem venturus est... (Mt. 17,11.12, cf. 11,14; Mc 9,11.12) », VD 14 (1934) 361-367.	(6907
11,16-19	MUSSNER, F., « Der nicht erkannte Kairos (Mt. 11,16-19; Lc 7, 31-35) », Bibl 10 (1959) 599-612.	(6908
11,16-17	TESTA, E., « Un ostrakon sull'elogio funebre », RivB 16 (1968) 539-546.	(6909
11,20-24	ADINOLFI, M., « La condanna a tre citta orgogliose », BibOr 2 (1960) 58-62.	(6910
11,25-30	CERFAUX, L., « Les sources scripturaires de Mt., 11,25-30 », ETL 30 (1954) 740-746; 31 (1955) 331-342.	(6911
	CHARLIER, C., « L'action de grâces de Jésus (Luc 10,17-24 et Matthieu 11,25-30) », BVC Nº 17 (1957) 87-99.	(6912
	LÉGASSE, S., « La révélation aux νηπιοι », RB 67 (1960) 321-348.	(6913
	CERFAUX, L., « Les sources scripturaires de Mt., xi,25-30 », ETL 30 (1934) 740-746; 31 (1955) 331-342, ou dans *Recueil Lucien Cerfaux,* III, 139-159.	(6914
	GILS, F., *Jésus prophète, d'après les évangiles synoptiques,* « L'hymne extatique de Jésus (Mt 11,25-30 et par.) », 78-82.	(6915
	AUGUSTIN D'HIPPONE, « Les sages, les habiles, les petits », BVC Nº 38 (1961) 13-15.	(6916
	LÉGASSE, S., *Jésus et l'enfant.* « Enfants », « petits » et « simples » dans la tradition synoptique (Paris, Gabalda, 1969). « Les « simples » de l' « hymne de jubilation » », 121-185.	(6917
11,25-27	CERFAUX, L., « L'Évangile de Jean et le « logion johannique » des Synoptiques », dans *L'Évangile de Jean* (en collab.), 147-159, ou dans *Recueil Lucien Cerfaux,* III, 162-174.	(6918

11,27   HOUSSIAU, A., « L'exégèse de Matthieu 11,27b selon Saint Iré-   (6919
née », ETL 29 (1953) 328-354.

LUCKART, R., « Matthew 11,27 in the « Contra Haereses of St.   (6920
Irenaeus » », RUO 23 (1953) 65*-79*.

11,28-32   SCHMID, J., « Zwei unbekannte Gleichnisse Jesu », GeistL 33 (1960)   (6921
428-433.

11,28-30   GRYGLEWICZ, F., « The Gospel of the Overworked Workers », CBQ   (6922
10 (1957) 190-198.

AUGUSTIN D'HIPPONE, « De l'humilité (Matth. 11,28-30) », BVC   (6923
N° 77 (1967) 17-19.

11,30   LAMBERT, G., « Mon joug est aisé et mon fardeau léger », NRT 77   (6924
(1955) 963-969.

RINALDI, G., « Onus meum leve », BibOr 9 (1967) 13-24.   (6925

12,1-8   BENOIT, P., « Les épis arrachés (Mt. 12, 1-8 et par.) », dans *Studii*   (6926
Biblici Franciscani Liber Annuus 13 (1962-1963) (Jérusalem), 76-92, et
dans *Exégèse et théologie,* III, 228-242.

HERRANZ MARCO, M., « Las espigas arrancadas en sábado (Mt   (6927
12,1-8 par.) », EstB 28 (1969) 313-348.

12,18-21   GRINDEL, J., « Matthew 12,18-21 », CBQ 29 (1967) 110-115.   (6928

GIAVINI, G., « Donec eiciat ad victoriam judicium », RivB 16 (1968)   (6929
201-206.

12,22-24   ROULIN, P., « Le péché contre l'Esprit-Saint », BVC N° 29 (1959)   (6930
38-45.

12,22-23   SAMAIN, P., « L'accusation de magie contre le Christ dans les   (6931
Évangiles », ETL 15 (1938) 464-472.

12,28   HOLZMEISTER, U., « Fortis armatus (Lc. 11,20-26 et textus paral-   (6932
leli) », VD 6 (1926) 71-75.

12,31-32   STOLL, R. F., « The Unforgiven Sin », AmER 107 (1942) 241-254.   (6933

12,33-44   LÉON-DUFOUR, X., *Études d'évangile,* « La parabole des vignerons   (6934
homicides », 303-344.

12,36   VITEAU, J., « La « parole oiseuse » (Matthieu, 12,36) », VSS 28 (1931)   (6935
16-28.

DEWAILLY, L.-M., « La parole sans oeuvre (Mt 12,36) », dans   (6936
Mélanges offerts à M.-D. Chenu (en collab.), 203-219.

12,38-40   VÖGTLE, A., « Der Spruch von Jonaszeichen », dans *Synoptische*   (6937
Studien (en collab.), 230-277.

12,39-40   VALK, W. M., « Jonas and the « whale » » », SCR 6 (1953) 46-49.   (6938

12,46   JONES, A., « Relections on a Recent Dispute », SCR 8 (1956) 13-22.   (6939

12,48   RODRIGUEZ, O., « Qui sunt fratres mei (Mt 12,48) », VD 5 (1925)   (6940
132-137.

13   BOVER, J. M., « Problemas inherentes a la interpretación de la parabola   (6941
del Sembrador », EstE 26 (1952) 169-185.

DU BUIT, M., « Le discours des paraboles », CE N° 67 (1967) 5-57.   (6942

DUPONT, J., « Le chapitre des paraboles », NRT 99 (1967) 800-820.   (6943

13,1-9   PARSCH, P., *Apprenons à lire la Bible* (Paris, Desclée, 1956), « Une   (6944
parabole : le semeur », 162-166.

13,3-23   LÉON-DUFOUR, X., *Études d'évangile,* « La parabole du semeur »,   (6945
255-301.

13,3-9   GEORGE, A., « Le sens de la parabole des semailles (*Mc.,* IV, 3-9 et   (6946
parallèles) », dans *Sacra Pagina* (en collab.), II, 163-169.

13,10-15   SIEGMAN, E. F., « Teaching in Parables (Mk 4,10-12; Lk 8,9-10; Mt   (6947
13,10-15) », CBQ 23 (1961) 161-181.

13,11-13   GNILKA, J., *Die Verstockung Israels,* Isaias 6,9-10 in der Theologie der   (6948
Synoptiker, « Das Wort von der Verstockung im Verstandnis des
Matthäus », 90-115.

13,11   CERFAUX, L., « La connaissance des secrets du Royaume d'après Mt.,   (6949
XIII, 11 et parallèles », *New Testament Studies* 2 (1955-1956) 238-249,
ou dans *Recueil Lucien Cerfaux,* III, 123-138.

13,18   SKRINJAR, A., « Apocalypsis de martyrio », VD 20 (1940) 210-218,   (6950
234-241, 378-386.

13,24-43   DE GOEDT, M.-M., « Jésus parle aux foules en paraboles (Mt 13,24-   (6951
43) », AS (n.s.) N° 47 (1970) 18-27.

13,24-30   FONCK, L., « Parabola zizianorum agri », VD 6 (1926) 327-334.   (6952

13,31-33   KUSS, O., « Zum Sinngehalt des Doppelgleichnisses vom Senfkorn und   (6953
Sauerteig », Bibl 40 (1959) 641-653, ou dans *Auslegung und
Verkündigung,* I, 85-97.

           DUPONT, J., « Les paraboles du sénevé et du levain », NRT 99 (1967)   (6954
897-913.

13,31-32   MUSSNER, F., « IQHodajoth und das Gleichnis vom Senfkorm (Mk   (6955
4,30-32 Par.) », BZ 4 (1960) 128-130.

           DUPONT, J., « Les paraboles du sénevé et du levain », NRT 99 (1967)   (6956
897-913.

13,33   LIESE, H., « Fermentum », VD 13 (1933) 341-346.   (6957

           MAYR, I., « Vom Sauerteig », BiLit 25 (1957-58) 255-257.   (6958

13,35   VAN SEGBROECK, F., « Le scandale de l'incroyance. La signification   (6959
de Mt. XIII, 35 », ETL 41 (1965) 344-372.

13,36-43   DE GOEDT, M., « L'explication de la parabole de l'ivraie (Mt. XIII,   (6960
36-43) », RB 66 (1959) 34-54.

13,44-47   NICOLAS, J.-H., « Dans sa joie, il va et vend tout », VS 72 (1945) 3-15.   (6961

13,44-46   ROSSANO, P., « La parabola del tesoro e il diritto orientale », RivB   (6962
8 (1960) 365-366.

13,44   FACCIO, H., « De thesauro abscondito (Mt. 13,44) », VD 28 (1950)   (6963
237-242.

13,52   DUPONT, J., « Nova et vetera (Matthieu 13 : 52) », dans *L'Évangile*   (6964
hier et aujourd'hui (en collab.), Mélanges offerts au Prof. F.-J. Leenhardt
(Genève, Labor et Fides, 1968), 55-64.

           BECKER, J., « Erwägungen zu Fragen der neutestamentlichen Exege-   (6965
se », BZ 13 (1969) 99-102.

13,53-58   TEMPLE, P. J., « The Rejection at Nazareth », CBQ 17 (1955) 229-242.   (6966

           VAN SEGBROECK, F., « Jésus rejeté par sa patrie (Mt 13,   (6967
54-58) », Bibl 49 (1968) 167-198.

13,55   BRAUN, F.-M., « Le fils du charpentier », VS 52 (1937) 113-126.   (6968

13,57   GILS, F., *Jésus prophète, d'après les évangiles synoptiques,* « *Mt.,* 13,57   (6969
et par. », 9-20.

14,1-16,20   LÉON-DUFOUR, X., « Vers l'annonce de l'Église, Matthieu 14,   (6970
1-16,20 », dans *L'homme devant Dieu*. Mélanges H. DE LUBAC (en
collab.), I, 37-49.

LÉON-DUFOUR, X., *Études d'évangile*, « Vers l'annonce de l'Égli-   (6971
se », 229-254.

14,13-16,12   CERFAUX, L., « La section des pains (Mc 6,31 - 8,26; Mt 14,13-16,   (6972
12) », dans *Synoptische Studien. Mélanges A. Wikenhauser* (en collab.),
64-77, ou dans *Recueil Lucien Cerfaux*, I, 471-486.

14,13-21   KNACKSTEDT, J., « De duplici miraculo multiplicationis panum »,   (6973
VD 41 (1963) 39-51, 140-153.

BEISING, A., *Die Botschaft der Brotvermehrung*. Zur Geschichte und   (6974
Bedeutung eines Christusbekenntnisses im Neuen Testament (Stuttgart,
Katholisches Bibelwerk, 1966), 84 pp.

14,22-33   DENIS, A.-M., « La marche de Jésus sur les eaux. Contribution à   (6975
l'histoire de la péricope dans la tradition évangélique », dans *De Jésus
aux Évangiles* (en collab.), 233-247.

15,5   MOLITOR, J., « Mt 15,5 in einer altgeorgischen Fassung », BZ 1 (1957)   (6976
130-132.

15,21-28   FULLER, R. C., « The Healing of Jairus' Daughter », SCR 3 (1948)   (6977
53.

15,32-39   LIESE, H., « Altera multiplicatio panum », VD 11 (1931) 193-196.   (6978

KNACKSTEDT, J., « De duplici miraculo multiplicationis panum »,   (6979
VD 41 (1963) 39-51, 140-153.

16   LIGIER, L., *Péché d'Adam et péché du monde*, « Le fils de l'homme et   (6980
son Église : *Mth.* 16 et 19,20 », II, 36-62.

16,13-23   VÖGTLE, A., « Messiasbekenntnis und Petrusverheissung. Zur   (6981
Komposition Mt 16,13-23 Par. », BZ 1 (1957) 252-272; 2 (1958) 85-103.

LA BONNARDIÈRE, A.-M., « La péricope Mathieu 16,13-23 dans   (6982
l'oeuvre de saint Augustin », Ir 34 (1961) 451-499.

REFOULÉ, F., « Primauté de Pierre dans les évangiles », RevSR 38   (6983
(1964) 1-41.

16,13-20   LEBRETON, J., *La vie et l'enseignement de J.-C.*[16], « La confession de   (6984
saint Pierre », I, 421-436.

SWALLOW, F. R., « The Keys of God's Household », SCR 11 (1959)   (6985
118-123.

WEBER, J.-J., « Permanence des promesses faites à Pierre (Mt 16,   (6986
13-20 », AS N° 84 (1967) 27-46.

16,13-19   FEUILLET, A., « Les grandes étapes de la fondation de l'Église d'après   (6987
les évangiles synoptiques ». « La promesse faite à Pierre », SE 11 (1959)
10-14.

16,13-18   GALLUS, T., « De primatu infallibilitatis ex Mt 16,13-18 », VS 33   (6988
(1955) 209-214.

16,15   SUDBRACK, J., « Und ihr, für wen haltet ihr mich ? (Mt 16,15) »,   (6989
GeistL 38 (1965) 246-259.

16,16-19   HADZEGA, J., « Mt. 16,16-19 in der neueren Literatur der Ortho-   (6990
doxen », TGl 26 (1934) 458-464.

MARCHAL, L., « Infaillibilité de l'Église et du souverain pontife »,   (6991
SDB IV, col. 351-384.

LUDWIG, J., *Die Primatworte Mt 16,16.19 in der altkirchlichen Exegese* (6992
von Joseph Ludwig (Münster, Aschendorff, 1952), 8-112 pp.

SUTCLIFFE, E. F., « St Peter's Double Confession in Mt 16 : 16- (6993
19 », HeyJ 3 (1962) 31-41.

SUTCLIFFE, E. F., « St Peter's Double Confession. An Additional (6994
Note », HeyJ 3 (1962) 275-276.

FORD, J. M., « You are « Abraham » and upon this rock », TDig 15 (6995
(1967) 134-137.

LAMBERT, G., « Lier-délier, l'expression de la totalité par l'opposition (6996
de deux contraires », RB 52 (1943-1944) (Vivre et Penser, III), 91-103.

SAUNDERS, D. J., « The Confession of Peter », TS 10 (1949) 522-540. (6997

GALLUS, T., « Primatus infallibilitatis in metaphora « petrae » », VD (6998
30 (1952) 193-204.

MITCHELL, G., « Professor Cullmann on the Primacy », IrThQ 21 (6999
(1954) 201-212.

FORD, J. M., « Thou Art « Abraham » and upon this rock... », HeyJ (7000
6 (1965) 289-301.

TOBIN, W., « La primauté de Pierre selon les Évangiles », LVit 22 (7001
(1967) 629-673.

16,16   STANLEY, D. M., « Études matthéennes : la confession de Pierre à (7002
Césarée », SE 6 (1954) 51-62.

16,17-19   MÉDEBIELLE, A., « Église : la primauté de Pierre », SDB II, col. (7003
545-585.

BETZ, J., « Die Gründung der Kirche durch den historischen (7004
Jesus », TQ 138 (1958) 152-183.

MILWARD, P., « The Rock of the New Testament », AmER 148 (7005
(1963) 73-97.

CERFAUX, L., « Saint Pierre et sa succession », RSR 41 (1953) (7006
188-202 ou dans *Recueil Lucien Cerfaux*, II, 239-252.

WEBER, J.-J., « Tu es Petrus » (notes exégétiques), AmiCl 72 (1962) (7007
113-121.

16,17   ALTER, B., « Question and Answer : Simon Barjona », SCR 12 (1960) (7008
89-96.

DUPONT, J., « La révélation du Fils de Dieu en faveur de Pierre (Mt (7009
16,17) et de Paul (Ga 1,16) », RSR 52 (1964) 411-420.

16,18-20   JAVIERRE, A. M., « La sucesion primacial y apostolica en el evangelio (7010
de Mateo », Sal 20 (1958) 27-71.

16,18-19   DIDIER, J.-C., « D'une interprétation récente de l'expression (7011
« lier-délier » », MSR 9 (1952) 55-62.

LUDWIG, J., *Die Primatworte Mt 16.18.19 in der altkirchlichen Exegese* (7012
(Münster Westf., Aschendorff, 1952), 112 pp.

BENOIT, P., « L'exégèse patristique de Mat. 16,18-19 », RB 61 (1954) (7013
310-311.

MILWARD, P., « The Prophetic Perspective and the Primacy of Pe- (7014
ter », AmER 144 (1961) 122-129.

OBRIST, F., *Echtheitsfragen und Deutung der Primatsstelle Mt 16,18f* (7015
in der deutschen protestantischen Theologie der letzten dreissig Jahre
(Münster, Aschendorff, 1961), 16-203 pp.

CAVERO, I., « Tu es Petrus » (Notas biblicas para el enriquecimiento (7016
de un texto dogmatico), EstB 22 (1963) 351-362.

VORGRIMLER, H., « Matthieu 16,18s et le sacrement de péniten- (7017
ce », dans *L'homme devant Dieu*. Mélanges H. DE LUBAC (en collab.),
I, 51-61.

SPINETOLI, O., « La portata ecclesiologica di Mt. 16,18-19 », Ant 42 (7018
(1967) 357-375.

SCHMID, J., « Petrus der « Fels » und die Petrusgestalt der Ur- (7019
gemeinde », dans *Evangelienforschung* (en collab.), 159-176.

16,18   XXX, « Petros et petra dans Mt XVI,18 », AmiCl 51 (1934) 768.   (7020

COTTER, A. C., « Tu es Petrus », CBQ 4 (1942) 304-310.   (7021

LESSEL, J., « Petrus Christi vicarius », VD 24 (1944) 15-24, 55-61.   (7022

DE VOOGHT, P., « L'argument patristique dans l'interprétation de (7023
Matth. XVI,18 de Jean Huss », RSR 45 (1957) 558-566.

VATTIONI, F., « Porta o portieri dell'Inferno in Mt. 16,18b », RivB (7024
8 (1960) 251-255.

16,19   LAMBERT, G., « Lier-délier, l'expression de la totalité par l'opposition (7025
de deux contraires », RB 52 (1943-1944) (Vivre et penser, III), 91-103.

VORGRIMLER, H., « « Binden und Lösen » in der Exegese nach dem (7026
Tridentinum bis zu Beginn des 20. Jahrhunderts », ZKT 85 (1963)
460-477.

16,21-27   MAGGIONI, B., « La passion nécessaire du Christ et de son disciple (7027
(Mt 16,21-27) », AS (n.s.) Nº 53 (1970) 15-26.

16,21   FEUILLET, A., « Les trois prophéties de la passion et de la résurrection (7028
des évangiles synoptiques », RT 67 (1967) 533-561; 68 (1968) 41-74.

16,25   BAUER, J. B., « Wer sein Leben retten will... Mk 8,35 Parr. », dans (7029
Neutestamentliche Aufsätze (en collab.), 7-10.

16,26   XXX, « Commission Biblique. Décision du 1er juillet 1933 rejetant une (7030
fausse interprétation du Ps. XV,10-11, et de Mt. XVI, 26 et Lc IX,
25 », AmiCl 50 (1933) 561-562.

BEA, A., « Lucrari mundum – perdere animam. Disquisitio exegetica (7031
in Mt. 16,26 », Bibl 14 (1933) 435-447.

VOSTÉ, J.-M., « De falsa duorum textuum biblicorum interpreta- (7032
tione », Ang 10 (1933) 524-537.

16,28   SEGARRA, F., « Algunas observaciones sobre los principales textos (7033
escatologicos de nuestro Senor », EstE 12 (1933) 345-367.

MUÑOZ IGLESIAS, S., « Hic est sanguis meus Novi Testamenti », VD (7034
22 (1942) 74-81.

COTTER, A. C., « Non gustabunt mortem », CBQ 6 (1944) 444-455.   (7035

17,1-9   HÖLLER, J., *Die Verklärung Jesu* (Freiburg, Herder, 1937), 16-235 pp.   (7036

GILS, F., *Jésus prophète d'après les évangiles synoptiques,* « Nouvelle (7037
vision inaugurale à la transfiguration », 73-78.

FEUILLET, A., « Les perspectives propres à chaque évangéliste dans (7038
les récits de la transfiguration », Bibl 39 (1958) 281-301.

SABBE, M., « La rédaction du récit de la transfiguration », dans *La* (7039
venue du Messie (en collab.), 65-100.

LÉON-DUFOUR, X., « La transfiguration de Jésus (Mt 17,1-9) », AS   (7040
N° 28 (1963) 27-44.

MIQUEL, P., « The Mystery of the Transfiguration », TDig 11 (1963)   (7041
159-164.

LÉON-DUFOUR, X., Études d'évangile, « La transfiguration de   (7042
Jésus », 83-122.

17,3   DABECK, F., « Siehe es erschienen Moses und Elias (Mt 17,3) », Bibl   (7043
23 (1942) 175-189.

17,4   LE DÉAUT, R., « Actes 7,48 et Matthieu 17,4 à la lumière du Targum   (7044
Palestinien », RSR 52 (1964) 85-90.

17,11-12   SKRINJAR, A., « Elias quidam venturus est... (Mt. 17,11.12, cf. 11,14;   (7045
Mc 9,11.12) », VD 14 (1934) 361-367.

17,13-23   WILLAERT, B., « La connexion littéraire entre la première prédiction   (7046
de la passion et la confession de Pierre chez les Synoptiques », ETL 32
(1956) 24-45.

17,14-21   LÉON-DUFOUR, X., « L'épisode de l'enfant épileptique », dans La   (7047
formation des Évangiles (en collab.), 85-115.

LÉON-DUFOUR, X., Études d'évangiles, « L'épisode de l'enfant   (7048
épileptique », 183-227.

17,20   DUPLACY, J., « La foi qui déplace les montagnes (Mt., XVII, 20; XXI,   (7049
21) », dans À la rencontre de Dieu. Mémorial Albert Gelin (en collab.),
273-287.

17,22-18,35   THOMPSON, W. G., « Sermo ecclesiasticus (Mt 17,22-18,35)   (7050
reconsideratus », VD 47 (1969) 225-231.

THOMPSON, W. G., Matthew's Advice to a Divided Community. Mt   (7051
17,22-18,35 (Rome, Biblical Institute Press, 1970), 16-397 pp.

17,22-23   FEUILLET, A., « Les trois prophéties de la passion et de la résurrection   (7052
des évangiles synoptiques », RT 67 (1967) 533-561; 68 (1968) 41-74.

17,24   BLACK, M., « ΕΦΦΑΘΑ (Mk 7.34), [ΤΑ] ΠΑΣΧΑ (Mt 26.18 w),   (7053
[ΤΑ] ΣΑΒΒΑΤΑ (passim) [ΤΑ] ΔΙΔΡΑΧΜΑ (Mt 17.24 bis) », dans
Mélanges bibliques en hommage au R. P. Béda Rigaux (en collab.),
57-62.

18   VAGANAY, L., « Le schématisme du discours communautaire à la   (7054
lumière de la critique des sources », RB 60 (1953) 203-244.

MARTINEZ, E. R., « The Interpretation of 'Oi Mathêtai in Matthew   (7055
18 », CBQ 23 (1961) 281-292.

PESCH, W., « Die sogenannte Gemeindeordnung Mt 18 », BZ 7 (1963)   (7056
220-235.

PESCH, W., Matthäus der Seelsorger, 80 pp.   (7057

PESCH, W., « Die sogenannte Gemeindeordnung Mt 18 », dans Evan-   (7058
gelienforschung (en collab.), 177-198.

18,1-11   KAFKA, G., « Bild und Wort in den Evangelien », MüTZ 2 (1951)   (7059
263-287.

18,1-10   COLLINS, J. J., « The Gospel for the Feast of the Guardian An-   (7060
gels », CBQ 6 (1944) 423-434.

18,12-14   BUZY, D., « La brebis perdue », RB 39 (1930) 56-61.   (7061

	DUPONT, J., « La parabole de la brebis perdue (Mt 18,12-14; Lc 15, 4-7) », Greg 49 (1968) 265-287.	(7062
18,15	BOVER, J. M., « Si peccaverit in te frater tuus... Mt. 18,15 », EstB 12 (1953) 195-198.	(7063
18,18-20	JAVIERRE, A. M., « La sucesión primacial y apostolica en el evangelio de Mateo », Sal 20 (1958) 27-71.	(7064
18,18	VORGRIMLER, H., « « Binden und Lösen » in der Exegese nach dem Tridentinum bis zu Beginn des 20. Jahrhunderts », ZKT 85 (1963) 460-477.	(7065
18,19-20	LATTEY, C., « Asking in the Name of Jesus », SCR 4 (1951) 363-365.	(7066
18,20	McGOVERN, J. J., « There I am in the Midst of Them », Wor 34 (1960) 450-453.	(7067
18,23-35	DEISS, L., « La parabole du débiteur impitoyable (Mt 18,23-25) », AS Nº 76 (1964) 29-41.	(7068
19,1-25,46	FRANSEN, I., « Cahier de Bible : L'avènement du Fils de l'Homme (Matthieu 19,1-25,46) », BVC Nº 48 (1962) 27-38.	(7069
19-20	LIGIER, L., *Péché d'Adam et péché du monde,* « Le fils de l'homme et son Église : *Mth.* 16 et 19-20 », II, 36-62.	(7070
19,3-12	DUPONT, J., *Mariage et divorce dans l'Évangile,* 240 pp.	(7071
	RICHARDS, H. J., « Christ on Divorce », SCR 11 (1959) 22-32.	(7072
	ZIMMERMANN, H., « Zur Komposition von Mt 19,3-12 », Catho 16 (1962) 293-299.	(7073
19,3-9	BAUER, J. B., « De coniugali foedere quid edixerit Matthaeus ? (Mt 5,31s; 19,3-9) », VD 44 (1966) 74-78.	(7074
	SAND, A., « Die Unzuchtsklausel in Mt 5,31.32 und 19,3-9 », MüTZ 20 (1969) 118-129.	(7075
	HARRINGTON, W., « Jesus' Attitude towards Divorce », IrThQ 37 (1970) 199-209.	(7076
19,3-6	DUPONT, J., « Ce que Dieu a uni (Mt 19,3-6) », AS Nº 97 (1967) 31-41.	(7077
19,5	XXX, « Le texte de Mt XIX, 5 », AmiCl 53 (1936) 135.	(7078
19,9	ALLGEIER, A., « Die *crux interpretum* im neutestamentlichen Ehescheidungsverbot. Eine philologische Untersuchung zu Mt 5,32 und 19,9 », Ang 20 (1943) 128-142.	(7079
	SCHWEGLER, T., « De clausulis divortii (Mt 5,32 et 19,9) », VD 26 (1948) 214-217.	(7080
	BRUNEC, M., « Tertio de clausulis divortii Mt 5,32 et 19,9 », VD 27 (1949) 3-16.	(7081
	VAWTER, B., « The Divorce Clauses in Mt. 5,32 and 19,9 », CBQ 16 (1954) 155-167.	(7082
	VACCARI, A., « Al clausola del divortio in Matteo 5,32; 19, 9 », RivB 3 (1955) 97-119.	(7083
	LEEMING, B., DYSON, R. A., « Except it be for Fornication ? » SCR 8 (1956) 75-82.	(7084
	BAUER, J., « Ehescheidung wegen Ehebruch ? » BiLit 24 (1956-57) 118-121.	(7085

FAHY, T., « St. Matthew, 19 : 9 – Divorce or Separation ? » IrThQ   (7086
24 (1957) 173-174.

ZERWICK, M., « De matrimonio et divortio in Evangelio », VD 38   (7087
(1960) 193-212.

FLEMING, T. V., « Christ and Divorce », TS 24 (1963) 106-120.   (7088

BAUER, J. B., « Die mathäische Ehescheidungsklausel (Mt 5,32 und   (7089
19,9) », BiLit 38 (1964-65) 101-106.

MAHONEY, A., « A new Look at the Divorce Clauses in Mt 5,32 and   (7090
19,9 », CBQ 30 (1968) 29-38.

MOINGT, J., « Le divorce (pour motif d'impudicité) (Mt 5,32;   (7091
19,9) », RSR 56 (1968) 337-384.

BAUER, J. B., « Die matthäische Ehescheidungsklausel », dans   (7092
Evangelienforschung (en collab.), 147-158.

19,10-12   QUESNELL, Q., « Made themselves Eunuchs of the Kingdom of   (7093
Heaven (Mt 19 : 12) », TDig 17 (1969) 222-226.

19,11-12   BLINZLER, J., « Justinus Apol. I 15,4 und Matthäus 19,11-12 », dans   (7094
Mélanges bibliques en hommage au R. P. Béda Rigaux (en collab.),
45-55.

19,12   QUESNELL, Q., « Made themselves Eunuchs for the Kingdom of   (7095
Heaven (Mt 19,12) », CBQ 30 (1968) 335-358.

19,16-22   LÉGASSE, S., *L'appel du riche*, « Le « jeune homme » riche », 184-214.   (7096

19,16ss   GRIMME, H., « Drei Evangelienberichte in neuer Auffassung. I. Mt   (7097
22,11ff.; II. Jo 2,3; III. Mt 19,16ff », TGl 34 (1942) 83-90.

19,17   BRUNNER, A., « Einer nur ist der Gute (Mt 19,17) », GeistL 38 (1965)   (7098
411-416.

19,21   JEANNE D'ARC, Sr, « Heureux les pauvres », VS 96 (1957) 115-126.   (7099

SACCHI, A., « Se vuoi essere perfetto », RivB 17 (1969) 313-326.   (7100

19,24   LATTEY, C., « Camelus per foramen acus », VD 31 (1953) 291-292.   (7101

19,27-28   SANTOS OLIVERA, B., « Sebeditis et vos super sedes duodecim (Mt   (7102
19,27-28) », VD 5 (1923) 161-165.

19,28   DUPONT, J., « Le logion des douze trônes (Mt 19,28; Lc 22, 28-   (7103
30) », Bibl 45 (1964) 355-392.

20,1-16   DUPONT, J., « La parabole des ouvriers de la vigne (Matthieu, XX,   (7104
1-16) », NRT 79 (1957) 785-797.

DUPLACY, J., « Le maître généreux et les ouvriers égoïstes », BVC   (7105
N° 44 (1962) 16-30.

BLINZLER, J., « Gottes schenkende Güte : Mt 20,1-16 », BiLit 37   (7106
(1963-64) 229-239.

DUPONT, J., « Les ouvriers de la vigne (Mt 20,1-16) », AS N° 22   (7107
(1965) 28-51.

VARRO, R., « Le bon maître de la vigne (Mt 20,1-16) », AmiCl 78   (7108
(1968) 20-22.

20,8-16   BAUER, J. B., « Gnadenlohn oder Tagelohn (Mt 20,8-16) ? » Bibl 42   (7109
(1961) 224-228.

20,16   SUTCLIFFE, E. F., « Many are Called but Few are Chosen », IrThQ   (7110
28 (1961) 126-131.

20,17-19 FEUILLET, A., « Les trois prophéties de la passion et de la résurrection (7111
des évangiles synoptiques », RT 67 (1967) 533-561; 68 (1968) 41-74.

20,22-23 LE DÉAUT, R., « Goûter le calice de la mort (Neofiti, f. 424s) », Bibl (7112
43 (1962) 82-86.

20,28 FEUILLET, A., « Le logion sur la rançon », RSPT 51 (1967) 365-402. (7113

20,29-30 KETTER, P., « Zur Localisierung der Blindenheihung bei Jericho », (7114
Bibl 15 (1934) 411-418.

21,1-23,12 DU BUIT, M., « La dernière semaine », CE Nº 76 (1969) 4-59. (7115

21,1-17 STANLEY, D. M., « Études matthéennes : l'entrée messianique à (7116
Jérusalem », SE 6 (1954) 93-106.

 TRILLING, W., « Der Einzug in Jerusalem Mt 21,1-17 », dans (7117
Neutestamentliche Aufsätze (en collab.), 303-310.

 DUPONT, J., « L'entrée messianique de Jésus à Jérusalem (Mt 21, (7118
1-17) », AS Nº 37 (1965) 46-62.

 ZARRELLA, P., « L'entrata di Gesú in Gerusalemme nella redazione (7119
di Matteo (21,1-17) », ScuolC 98 (1970) 89-112.

21,1-9 LIESE, H., « Dominica Palmarum », VS 12 (1932) 65-69. (7120

21,12-17 BRAUN, F.-M., « L'expulsion des vendeurs du Temple », RB 38 (1929) (7121
178-200.

21,18-22 CHARLES, P., « Plan d'instruction religieuse : non enim erat tempus (7122
ficorum (Marc 11,13) », NRT 61 (1934) 514-516.

21,21 DUPLACY, J., « La foi qui déplace les montagnes (*Mt.,* XVII, 20; XXI, (7123
21) », dans *À la rencontre de Dieu.* Mémorial Albert Gelin (en collab.),
273-287.

21,28-32 SCHMID, J., « Das textgeschichtliche Problem der Parabel von den (7124
zwei Söhnen », dans *Evangelienforschung* (en collab.), 199-220.

21,31 PRETE, B., « Il senso del « logion » di Gesù in Mt. 21,31 », BibOr (7125
12 (1970) 49-58.

21,33-22,14 DILLON, R. I., « Towards a Tradition-History of the Parables of the (7126
True Israel (Mt 21,33-22,14) », Bibl 47 (1966) 1-42.

21,33-46 SWAELES, R., « La parabole des vignerons homicides (Mt 21, 33- (7127
46) », AS Nº 29 (1966) 36-51.

 TRILLING, W., *Christusverkündigung in den synoptischen Evangelien.* (7128
« Gericht über das falsche Israel (Mt 21,33-46) », 165-190.

21,33-44 LÉON-DUFOUR, X., « La parabole des vignerons homicides », SE 17 (7129
(1965) 365-396.

 LÉON-DUFOUR, X., « The Murderous Vineyard-Workers », TDig 15 (7130
(1967) 30-36.

21,33-43 LEBRETON, J., *La vie et l'enseignement de J.-C.*[16], « Les vigne- (7131
rons », II, 178-183.

21,32 KLEIST, J. A., « Greek or Semitic Idiom : A Note on Mt. 21,32 », CBQ (7132
8 (1946) 192-196.

22,1-14 VACCARI, A., « La parabole du festin des noces (*Mt.,* 22,1-14). Notes (7133
d'exégèse », dans *Mélanges Jules Lebreton,* RSR 39 (1951) 138-145.

 SCHLIER, H., « Der Ruf Gottes. Eine biblische Besinnung zum (7134
Gleichnis vom königlichen Hochzeitsmahl », GeistL 28 (1955) 241-247.

 CASTELLINO, G., « L'abito di mozze nella parabola del convito e una (7135
lettera di Mari (Matteo 22,1-14) », EstE 34 (1960) 819-824.

SWAELES, R., « L'orientation ecclésiastique de la parabole du festin   (7136
nuptial en Mt., XXII, 1-14 », ETL 36 (1960) 655-684.

TRILLING, W., « Zur Überlieferungsgeschichte des Gleichnisses von   (7137
Hochzeitsmahl Mt 22,1-14 », BZ 4 (1960) 251-265.

SWAELES, R., « La parabole du festin nuptial (Mt 22,1-14) », AS   (7138
N° 74 (1963) 33-49.

GALBIATI, E., « Gli invitati al convito », BibOr 7 (1965) 129-135.   (7139

HAULOTTE, E., *Symbolique du vêtement selon la Bible,* « La robe   (7140
nuptiale : A. Cohérence des divers épisodes de la parabole en Mt 22,1-14;
B. Nature de la robe nuptiale », 278-319.

TRILLING, W., « Zur Überlieferungsgeschichte des Gleichnisses vom   (7141
Hochzeitsmahl », dans *Evangelienforschung* (en collab.), 221-240.

22,11-13   GRIMME, H., « Drei Evangelienberichte in neuer Auffassung. I. Mt   (7142
22,11ff; II. Jo 2,3; III. Mt 19,16ff », TGl 34 (1942) 83-90.

BAUER, J. B., « De veste nuptiali (Matth. 22,11-13) », VD 43 (1965)   (7143
15-18.

22,14   MUSURILLO, H., « Many are Called, but Few are Chosen », TS 7   (7144
(1946) 583-589.

BRUNEC, M., « Multi vocati – pauci electi (Mt 22,14) », VD 26 (1948)   (7145
88-97, 129-143, 277-290.

SUTCLIFFE, E. F., « Many are Called but Few are Chosen », IrThQ   (7146
28 (1961) 126-131.

22,15-21   LIESE, H., « Numisma census », VD 12 (1932) 289-294.   (7147

22,21   BEA, A., « Date a Cesare quel che è di Cesare e a Dio quel che è di   (7148
Dio », CC 3-4 (1958) 572-583.

22,23-33   CARTON, G., « Comme des Anges dans le ciel », BVC N° 28 (1959)   (7149
46-52.

BARTINA, S., « Jesus y los saduceos. El Dios de Abraham de Isaac y   (7150
de Jacob es « El que hace existir » », EstB 21 (1962) 151-160.

22,34-46   VAN IERSEL, B., « Les lignes fondamentales de notre vie chrétienne   (7151
(Mt 22,34-46) », AS N° 71 (1963) 27-44.

22,34-40   STERN, J. B., « Jesus' Citation of Dt 6,5 and Lv 19,18 in the Light of   (7152
Jewish Tradition », CBQ 28 (1966) 312-316.

22,35-46   FONCK, L., « Quaestio de mandato magno », VD 5 (1925) 261-271.   (7153

22,41-46   FITZMYER, J. A., « La tradition du Fils de David en regard de Mt   (7154
22,41-46 et des écrits parallèles », Conci N° 20 (1966) 67-78.

23,1-12   GOMA CIVIT, I., « Fraternité et service pastoral (Mt 23,1-12) », AS   (7155
(n.s.) N° 62 (1970) 21-32.

23,8-12   REILLY, W. S., « Titles in Mt. 23,8-12 », CBQ 1 (1939) 249-250.   (7156

23,9   FULLER, R. C., « Call None Your Father on Earth », SCR 5 (1952)   (7157
103-104.

COLUNGA, A., « A nadie llaméis padre sobre la tierra porque uno solo   (7158
es vuestro Padre, el que está en los cielos (Mt. 23,9) », dans *Miscellanea
Biblica B. Ubach,* (en collab.), 333-348.

23,10   SAGGIN, L., « Magister vester unus est Christus (Mt 23,10) », VD 30   (7159
(1952) 205-213.

SPICQ, C., « Une allusion au docteur de justice dans Matthieu, XXIII, (7160
10 ? » RB 66 (1959) 387-396.

23,29   FULLER, R. C., « Prophecy in Israel », SCR 6 (1954) 108-111.   (7161

23,35   McNAMARA, M., *The N. T. and the Palestinian Targum to the* (7162
Pentateuch, « Zechariah the Son of Barachiah : Mt 23,35 and Tg Lam
2,20 », 160-163.

24-25   FEUILLET, A., « La synthèse eschatologique de saint Matthieu (7163
(24-25) », RB 56 (1949) 340-364; 57 (1950) 62-91, 180-211.

BRUNEC, M., « Sermo eschatologicus », VD 30 (1952) 214-218, (7164
265-277, 321-331; 31 (1953) 13-20, 83-94, 156-163, 211-220, 282-290,
344-351.

24   SEGARRA, F., « Algumas observationes sobre los principales textos (7165
escatológicos de Nuestro Señor. (S. Matt., cap. 24) », Greg 18 (1937)
534-578; 19 (1938) 58-87, 349-375, 543-572.

BLENKINSOPP, J., « The Hidden Messiah and His Entry into (7166
Jerusalem », SCR 13 (1961) 51-56, 81-87.

24,1-36   PERROT, C., « Essai sur le discours eschatologique (Mc XIII, 1-37; Mt (7167
XXIV, 1-36; Lc XXI, 5-36) », RSR 47 (1959) 481-514.

LATTANZI, H., « Eschatologici sermonis Domini logica interpretatio (7168
(Mt. 24,1-36; Mc. 13,1-37; Lc. 21,5-35) », Div 11 (1967) 71-92.

24,1-25   PARSCH, P., *Apprenons à lire la Bible,* « Un discours de Jésus », (7169
166-172.

24,1-2   MEINERTZ, M., « Die Tragweite der Weissagung Jesu von der (7170
Zerstörung des Tempels », TGl 35 (1943) 135-141.

24,4-36   OÑATE, J. A., « El « Reiño de Dios », tema central del discurso (7171
escatologico ? » EstB 4 (1945) 15-34, 163-196, 421-446; 5 (1946)
101-110.

24,10-35   LIESE, H., « Sermo de Parusia », VD 12 (1932) 321-326.   (7172

24,15   RIGAUX, B., « Βδέλυγμα της ερῆμώσεως (Mc 13,14; Mt. 24, (7173
15) », Bibl 40 (1959) 675-683.

24,21   CONNELL, F. J., « An Exegetical Problem (on Mt. 24 : 21) », AmER (7174
113 (1945) 222-223.

24,28   MARCHI, J., « Ubicumque fuerit corpus, ibi congregabuntur et aquilae (7175
(Mt. 24,28; Lc. 17, 37) », VD 18 (1938) 329-333.

24,29   JOÜON, P., « Les forces des cieux seront ébranlées (Mt. 24-29; Mc (7176
13,25; Lc 21,26) », RSR 29 (1939) 114-115.

LATTEY, C., « Questions and Answers : In Our Lord's Eschatological (7177
Discourse (Mt., Mk., Lk.) are we to suppose that He speaks of two Facts
– the Fall of Jerusalem and the End of the World; or only one Fact –
the End of the World ? » SCR 6 (1953) 23.

24,32   HOLZMEISTER, U., « Ab arbore fici discite parabolam (Mt 24, (7178
32) », VD 20 (1940) 299-306.

24,36   WINANDY, J., « Le logion de l'ignorance (Mc. XIII, 32; Mt. XXIV, (7179
36) », RB 75 (1968) 63-79.

24,37-44   GEOLTRAIN, P., « Dans l'ignorance du jour, veillez », AS (n.s.) (7180
N° 5 (1969) 17-29.

24,43-48	XXX, « Les paraboles de l'attente et de la miséricorde », CE N° 72 (1968) 1-64.	(7181
	DU BUIT, M., « Les paraboles de l'Attente (Mt 24,43-44; 24,45-48; 25,14-30) », CE N° 72 (1968) 5-57.	(7182
25,1-13	MEINERTZ, M., « Die Tragweite des Gleichnisses von den zehn Jungfrauen », dans *Synoptische Studien* (en collab.), 94-106.	(7183
	DE FUENTERRABIA, F., « La imagen parabolica del matrimonio y la parabola de los diez virgenes », EstF 57 (1956) 321-362.	(7184
	BLINZLER, J., « Bereitschaft für des Kommen des Herrn », BiLit 37 (1963-64) 89-100.	(7185
	DEISS, L., « La parabole des dix vierges (Mt 25,1-13) », AS N° 95 (1966) 33-57.	(7186
25,1	ZORELL, F., « De lampadibus decem virginum », VD 10 (1930) 176-183.	(7187
	FEUILLET, A., « La parabole des vierges », VS 75 (1946) 667-677.	(7188
	ZERWICK, M., « Parabola de decem Virginibus », VD 25 (1947) 56-57.	(7189
25,14-30	JOÜON, P., « La parabole des mines (Lc 19,13-27) et la parabole des talents (Mt 25,14-30) », RSR 29 (1939) 489-494.	(7190
	SPICQ, C., « Le chrétien doit porter du fruit », VS 84 (1951) 605-615.	(7191
	GANNE, P., « La parabole des talents », BVC N° 45 (1962) 44-53.	(7192
	DIDIER, M., « La parabole des talents (Mt 25,14-30) », AS N° 93 (1965) 32-44.	(7193
	DIDIER, M., « La parabole des talents et des mines », dans *De Jésus aux Évangiles,* 248-271.	(7194
	XXX, « Les paraboles de l'attente et de la miséricorde », CE N° 72 (1968) 1-64.	(7195
	DU BUIT, M., « Les paraboles de l'Attente (Mt 24,43-44; 24,45-48; 25,14-30) », CE N° 72 (1968) 5-57.	(7196
	DUPONT, J., « La parabole des talents (Mt 25,14-30) », AS (n.s.) N° 64 (1969) 18-28.	(7197
25,31-46	WINANDY, J., « La scène du jugement dernier (Mt., 25,31-46) », SE 18 (1966) 169-186.	(7198
25,32	ODENKIRCHEN, P. C., « Praecedam vos in Galilaeam », VD 46 (1968) 193-223.	(7199
26,1-13	FONCK, L., « Cena Bethanica », VD 8 (1928) 65-75, 98-106.	(7200
26,15	FOLLET, R., « Constituerunt ei triginta argenteos (Mt 26,15) », VD 29 (1951) 98-100.	(7201
26,18	BLACK, M., « ΕΦΦΑΘΑ (Mk 7.34), [ΤΑ] ΠΑΣΧΑ (Mt 26.18 w), [ΤΑ] ΣΑΒΒΑΤΑ (passim) [ΤΑ] ΔΙΔΡΑΧΜΑ (Mt 17.24 bis) », dans *Mélanges bibliques* en hommage au R. P. Béda Rigaux (en collab.), 57-62.	(7202
26,24	BAUER, J., « Judas' Schicksal und Selbstmord », BiLit 20 (1952-53) 210-213.	(7203
	LEAHY, D., « The Meaning of Matt. XXVI,24 », SCR 2 (1947) 82-84.	(7204
26,26-29	GRAIL, A., « Sacrement de la Croix », LV N° 7 (1952) 11-27.	(7205
	BENOIT, P., « Les récits de l'institution et leur portée », LV N° 31 (1957) 49-76.	(7206

	DU ROY, J.-B., « Le dernier repas de Jésus », BVC N° 26 (1959) 44-52.	(7207
26,28	KUGELMANN, R., « This is my Blood of the New Covenant », Wor 35 (1961) 421-424.	(7208
	DAVID, J.-E., « Το αιμα μου της διαθηχης (Mt 26,28 : un faux problème », Bibl 48 (1967) 291-292.	(7209
26,36-46	ARMBRUSTER, C. J., « The Messianic Significance of the Agony in the Garden », SCR 16 (1964) 111-119.	(7210
	TRÉMEL, Y.-B., « L'agonie du Christ », LV N° 68 (1964) 79-104.	(7211
26,42	ROCHE, J., « Que ta volonté soit faite », VS 93 (1955) 249-268.	(7212
26,57-68	BENOIT, P., « Jésus devant le Sanhédrin », Ang 20 (1943) 143-165.	(7213
	SCHUBERT, K., « Die Juden und die Römer », BiLit 36 (1962-63) 235-242.	(7214
26,57	DA FONSECA, L. G., « Ad Caipham principem sacerdotum (Mt. 26,57) », VD 8 (1928) 205-210, 249-250.	(7215
26,63-65	LAMARCHE, P., « Le « blasphème » de Jésus devant le sanhédrin », RSR 50 (1962) 74-85.	(7216
	LAMARCHE, P., Christ vivant. Essai sur la christologie du Nouveau Testament, « La déclaration de Jésus devant le sanhédrin », 147-163.	(7217
26,64	SEGARRA, F., « Algunas observaciones sobre los principales textos escatologicos de Nuestro Señor : San Mateo, XXVI, 64 », EstE 14 (1935) 464-504; 15 (1936) 47-66.	(7218
	FEUILLET, A., « Le triomphe du Fils de l'homme d'après la déclaration du Christ aux Sanhédrites (Mc., xiv, 62; Mt., xxvi, 64; Lc., xxii, 69) », dans La venue du Messie (en collab.), 149-171.	(7219
26,67-68	BENOIT, P., « Les outrages à Jésus prophète (Mc 14,65 et par.) », dans Neotestamentica et Patristica. Mélanges offerts au Prof. O. Cullmann (Leiden, Brill, 1962), 92-110, et dans Exégèse et théologie, III, 251-269.	(7220
26,74	LATTEY, C., « A Note on Cockcrow », SCR 6 (1953) 53-55.	(7221
27,3-10	BENOIT, P., « La mort de Judas », dans Synoptische Studien, Alfred Wikenhauser zum siebzigsten Geburtstag dargebracht, 1-19, ou dans Exégèse et théologie, I, 340-359.	(7222
27,11-14	BLINZLER, J., « Der Entscheid des Pilatus – Exekutionsbefeh oder Todesurteil ? » MüTZ 5 (1954) 171-184.	(7223
27,16	TWOMEY, J. J., « Barabbas was a Robber », SCR 8 (1956) 115-119.	(7224
27,25	BAUM, G., Les Juifs et l'Évangile, « Matthieu 27,25 », 83-91.	(7225
	FITZMYER, J. A., « Anti-Semitism and the Cry of « All the People » : (Mt. 27 : 25) », TS 26 (1965) 667-671.	(7226
27,45-50	DELAMARE, J., « Les sept paroles du Christ en croix », VS 88 (1953) 254-271.	(7227
27,45	MONDRONE, D., « Tenebre e luci della Parasceve », CC 2 (1943) 65-72.	(7228
	HOLZMEISTER, U., « Die Finsternis beim Tode Jesu », Bibl 22 (1941) 404-411.	(7229
	BARTINA, S., « Ignotum episèmon gabex », VD 36 (1958) 16-37.	(7230
27,46	KENNEALLY, W. J., « Eli, Eli, Lamma Sabacthani ? » CBQ 8 (1946) 124-134.	(7231

WORDEN, T., « My God, my God, why hast Thou Forsaken me ? »   (7232
SCR 6 (1953) 9-16.

REHM, M., « Eli, Eli, Iamma sabacthani », BZ 2 (1958) 275-278.   (7233

GNILKA, J., « Mein Gott, mein Gott, warum hast du mich ver-   (7234
lassen ? (Mk 15,34 Par.) », BZ 3 (1959) 294-297.

LACAN, M.-F., « Mon Dieu, mon Dieu, pourquoi ? Mt 27,46 », LV   (7235
N° 66 (1964) 33-54.

27,51-53   BLINZLER, J., « Zur Erklärung von Mt 27,51b-53 », TGl 35 (1943)   (7236
91-93.

27,52-53   ZELLER, D., « Corpora sanctorum (Mt 27,52-53) », ZKT 71 (1949)   (7237
385-465.

FULLER, R. C., « The Bodies of the Saints, Matt 27,52-53 », SCR 3   (7238
(1948) 86-88.

VITTONATTO, G., « La Risurrezione dei morti in Mt. 27,52-53 »,   (7239
RivB 3 (1955) 193-219.

27,54   MICHAELS, J. R., « The Centurion's Confession and the Spear   (7240
Thrust », CBQ 29 (1967) 102-109.

27,59   JOÜON, P., « Matthieu 27,59 : σινδων χαθαρα un drap d'un blanc   (7241
pur », RSR 24 (1934) 93-95.

27,63   SAMAIN, P., « L'accusation de magie contre le Christ dans les   (7242
Évangiles », ETL 15 (1938) 456-464.

27,65   SMYTH, K., « The Guard on the Tomb », HeyJ 2 (1961) 157-159.   (7243

28,1-11   XXX, « Explication grammaticale des versets 1-11 de Mt XXVIII   (7244
relatifs aux « deux femmes » Marie Madeleine et l'autre Marie », AmiCl
51 (1934) 775-776.

28,1-10   LEAL, J., « San Mateo y la aparición de Cristo a Magdalena », EstB   (7245
7 (1948) 5-28.

MARTINI, C. M., « Les signes de la résurrection (Mt 28,1-10) », AS   (7246
(n.s.) N° 21 (1969) 48-57.

28,1-8   IULIUS, S., « De vita gloriosa Domini », VD 12 (1932) 203-212.   (7247

TRILLING, W., *Christusverkündigung in den synoptischen Evangelien,*   (7248
« Die Auferstehung Jesu, Anfang der neuen Weltzeit (Mt 28,1-8) »,
212-243.

BODE, E. L., « A Liturgical *Sitz im Leben* for the Gospel Tradition of   (7249
the Women's Easter Visit to the Tomb of Jesus ? » CBQ 32 (1970)
237-242.

28,1-7   TRILLING, W., *Vielfalt und Einheit im Neuen Testament,* « Das leere   (7250
Grab bei Matthäus (Mt 28,1-7) », 112-124.

28,1   MAIWORM, J., « Vespere autem sabbati », TGl 28 (1936) 210-216.   (7251

28,9-10   LEAL, J., « Ex Mt 28,9.10 Maria Magdalena certo vidit Jesum   (7252
redivivum », VD 26 (1948) 207-213.

28,16-20   BENOIT, P., *Passion et résurrection du Seigneur,* « Mission univer-   (7253
selle », 355-387.

TRILLING, W., « De toutes les nations faites des disciples (Mt   (7254
28,16-20) », AS (n.s.) N° 28 (1969) 24-37.

28,17   DEL PARAMO, S., « Un problema de exegesis neotestamentaria   (7255
(Quidam autem dubitaverunt Mt. 28,17) », EstB 14 (1955) 281-296.

| 28,18-20 | EAGER, B., « The Lord is with You », SCR 12 (1960) 48-64. | (7256 |

28,18-20   EAGER, B., « The Lord is with You », SCR 12 (1960) 48-64.   (7256

TRILLING, W., « Les traits essentiels de l'Église du Christ (Mt   (7257
28,18-20) », AS N° 53 (1964) 20-33.

TRILLING, W., *Vielfalt und Einheit im Neuen Testament,* « Das   (7258
Kirchenverständnis nach Matthäus (Mt 28,18-20) », 125-139.

28,18   ASENSIO, F., « Trasfondo profético-evangélico del πασα εξουσια de   (7259
la « gran mision » », RivB 27 (1968) 27-48.

28,19   ONGARO, G., « L'authenticità e integrità del comma trinitario in Mt.   (7260
28,19 », Bibl 19 (1938) 267-279.

GAMBA, G. G., « In margine all'autenticità di Mt. 28,19 », Sal 26   (7261
(1964) 463-474.

28,20   QUESNELL, Q., « I am with you always », Way 3 (1963) 105-114.   (7262

Divers. Miscellaneous. Verschiedenes. Diversi. Diversos.

VOSTÉ, J.-M., « Utrum Evangelium Matthaei graecum, qua graecum sit   (7263
interpretatum », Ang 7 (1930) 57-60.

VANNUTELLI, P., « Matteo e Marco in Papia », ScuolC 63 (1935) 202-209.   (7264.

BUZY, D., « Saint Paul et saint Matthieu », RSR 28 (1938) 473-478.   (7265

GRAF, G., « Der Matthäuskommentar des Moses bar Kepha in arabischer   (7266
Übersetzung », Bibl 21 (1940) 283-287.

REUSS, J., « Der Exeget Ammonius und dei Fragmente seines Matthäus- und   (7267
Johannes-Kommentars », Bibl 22 (1941) 13-20.

COLEMAN-NORTON, P. R., « An amusing Agraphon », CBQ 12 (1950)   (7268
439-449.

BOVER, J. M., « Variantes semíticas del texto antioqueño en San Mateo », dans   (7269
Miscellanea biblica B. Ubach (en collab.), 323-328.

VAN DODEWAARD, J. A. E., « La force évocatrice de la citation mise en lumière   (7270
en prenant pour base l'évangile de S. Matthieu », Bibl 36 (1955) 482-491.

MAY, E., « Translation of Monetary Terms in St. Matthew's Gospel », CBQ 18   (7271
(1956) 140-143.

SHOONER, H.-V., « La lectura in Matthaeum de saint Thomas », Ang 33 (1956)   (7272
121-142.

C. Marc. Mark. Markus. Marco. Marcos.

Introductions. Einleitungen. Introduzioni. Introducciones.

SYNAVE, P., « L'Évangile selon S. Marc », VI 9 (1930) 30-33.   (7273

VANNUTELLI, P., « L'originalità dell' Evangelo di Marco », ScuolC 63 (1935)   (7274
361-372.

AMIOT, F., *Évangile, vie et message du Christ,* trad. et notes (Paris, Fayard, 1949),   (7275
« Le second Évangile, introduction », 141-150.

GOURBILLON, J. G., « L'Évangile selon Saint Marc », CE N° 6 (1952) 5-22.   (7276

HUBY, J., *L'Évangile selon saint Marc²* (BJ) (Paris, Cerf, 1953), 7-19.   (7277

MICHAUX, W., « L'Évangile selon Marc », BVC N° 1 (1953) 78-97.   (7278

HUBY, J., LÉON-DUFOUR, X., *L'Évangile et les Évangiles²,* « L'auteur du   (7279
second évangile; les traits caractéristiques du second évangile », 134-166.

CERFAUX, L., *La voix vivante de l'Évangile au début de l'Église* (Tournai-Paris,   (7280
Casterman, 1956), 55-66.

BAUM, G., *The Jews and the Gospel,* « The Gospel of St Mark », 21-37.   (7281

DE VAUX, J., « Les témoins du Fils de Dieu. Jésus de Nazareth, le charpentier   (7282
fils de Dieu. L'Évangile selon saint Marc », CE N° 22 (1966) 11-28.

PARSCH, P., *Apprenons à lire la Bible,* « Histoire littéraire des quatre évan-   (7283
giles : l'évangile selon saint Marc », 98-101.

COLON, J.-B., « Marc (évangile selon saint) », SDB V, col. 835-862.   (7284

SLOYAN, G. S., « The Gospel According to St. Mark », Wor 32 (1958) 547-557.   (7285

LÉON-DUFOUR, X., *Les évangiles et l'histoire de Jésus,* « L'évangile selon saint   (7286
Marc : le narrateur, le catéchiste, l'évangéliste, histoire de Jésus et historicité »,
166-187.

RIGAUX, B., *Témoignages de l'évangile de Marc* (Bruges, Desclée de Brouwer,   (7287
1965), 194 pp.

SCHMID, J., « Markus und der aramäische Matthäus », dans *Evangelienforschung*   (7288
(en collab.), 75-118.

QUESNELL, Q., *The Mind of Mark. Interpretation and Method through the*   (7289
Exegesis of Mark 6,52 (Rome, Pont. Biblical Institute, 1969), 328 pp.

MICHAUX, J. W., « L'Évangile selon saint Marc », BVC N° 93 (1970) 37-41.   (7290

Commentaires. Commentaries. Kommentare. Commenti. Comentarios.

PIROT, L., *Évangile selon saint Marc,* dans *La Sainte Bible* (Pirot-Clamer), IX   (7291
(1935), 389-604.

DILLERSBERGER, J., *Markus.* Das Evangelium des heiligen Markus, in   (7292
theologisch und heilsgeschichtlich vertiefter Schau (Salzburg, Muller, 1937), 5 vv.,
210, 206, 192, 236, 212 pp.

LAGRANGE, M.-J., *Évangile selon S. Marc*[8] (Paris, Gabalda, 1947), 458 pp.   (7293

SCHMID, J., *Das Evangelium nach Markus*[4] (Regensburg, Pustet, 1958), 322 pp.   (7294

ALONSO, J., *Evangelio de San Marcos,* dans *La Sagrada Escritura,* I, 365-508.   (7295

HUBY, J., BENOIT, P., *L'Évangile selon saint Marc* (BJ) (Paris, Cerf, 1961),   (7296
96 pp.

DE TUYA, M., *Biblia Comentada, V, Evangelios,* 1332 pp.   (7297

SCHNACKENBURG, R., *Das Evangelium nach Markus.* I. Teil (Düsseldorf,   (7298
Patmos, 1966), 228 pp.

GOMA CIVIT, I., *El Evangelio segun San Mateo* (1-13) (Madrid, Marova, 1966),   (7299
32-774 pp.

Critique littéraire. Literary Criticism. Literarkritik. Critica letteraria. Crítica literaria.

VANNUTELLI, P., « Matteo e Marco in Papia », ScuolC 63 (1935) 202-209.   (7300

ZERWICK, M., *Untersuchungen zum Markus-Stil* (Romae, Pont. Institutum   (7301
Biblicum, 1937), 148 pp.

HERMANIUK, M., *La parabole évangélique.* Enquête exégétique (Bruges, Paris,   (7302
Desclée de Brouwer, 1947), et critique *IIᵉ partie,* La parabole dans le N. T., « Le
but des paraboles d'après saint Marc », 302-336.

VAN DODEWAARD, J. A. E., « Die sprachliche Übereinstimmung zwischen   (7303
Markus-Paulus und Markus-Petrus », Bibl 30 (1949) 91-108, 218-238.

SCHÜRMANN, H., « Die Semitismen im Einsetzungsbericht bei Markus und bei   (7304
Lukas », ZKT 73 (1951) 72-77.

VAGANAY, L., « L'absence du sermon sur la montagne chez Marc », RB 58   (7305
(1951) 5-46.

SCHMID, J., « Markus und der aramäische Matthäus », dans *Synoptische Studien* (7306)
(en collab.), 148-183.

LEVIE, J., « L'évangile araméen de S. Matthieu est-il la source de l'évangile de S. (7307)
Marc », NRT 76 (1954) 689-715, 812-843.

VAN DER VOORT, A. J., « The Origin of St. Mark's Gospel. A New Theo- (7308)
ry », SCR 6 (1954) 100-107.

LEAL, J., « El plan literario del III Evangelio y la Geografia », EstE 29 (1955) (7309)
197-215.

STACPOOLE, A. J., « A Note on the Dating of St-Mark's Gospel », SCR 16 (1964) (7310)
106-110.

DE LA POTTERIE, I., « De compositione evangelii Marci », VD 44 (1966) (7311)
135-141.

AMBROZIC, A. M., « Mark's Conception of the Parable », CBQ 29 (1967) (7312)
220-227.

Théologie. Theology. Theologie. Teologia. Teología.

CHARUE, A., *L'incrédulité des Juifs dans le Nouveau Testament,* « L'évangile (7313)
selon saint Marc », 69-151.

REILLY, W. S., « The Training of the Twelve according to St Marc », CBQ 2 (7314)
(1940) 9-14.

GOURBILLON, J. G., « L'Évangile selon saint Marc, ou la bonne nouvelle (7315)
annoncée par saint Pierre aux Romains », CE Nº 6 (1952) 23-36.

CERFAUX, L., « « L'aveuglement d'esprit » dans l'évangile de saint Marc », dans (7316)
Recueil Lucien Cerfaux, II, 3-16.

DE VAUX, J., « Les témoins du Fils de Dieu : Jésus de Nazareth, le charpentier (7317)
fils de Dieu : l'évangile selon saint Marc », CE Nº 22 (1956) 11-28.

DHANIS, É., « L'ensevelissement de Jésus et la visite au tombeau dans saint (7318)
Marc », Greg 39 (1958) 367-410.

LÉON-DUFOUR, X., « Mt et Mc dans le récit de la Passion », Bibl 40 (1959) (7319)
684-696.

BURGERS, W., « De instelling van de twaalf in het evangelie van Marcus », ETL (7320)
36 (1960) 625-654.

ALONSO DIAZ, J., « Historicidad del Evangelio de Marcos en la presentación de (7321)
la muerte de Jesus como muerte redentora », EstB 21 (1962) 23-36.

SCHULZ, A., *Nachfolgen und Nachahmen,* « Jünger Jesu im Markus-Evange- (7322)
lium », 49-54.

LAMMERS, K., *Hören, Sehen und Glauben im Neuen Testament,* « Das (7323)
Markusevangelium », 20-27.

DELORME, J., « Aspects doctrinaux du second évangile », ETL 43 (1967) 74-99, (7324)
ou dans *De Jésus aux Évangiles,* 74-99.

MINETTE DE TILLESSE, G., *Le secret messianique dans l'évangile de Marc,* (7325)
576 pp.

KERTELGE, K., « Die Funktion der « Zwölf » im Markusevangelium », TrierTZ (7326)
78 (1969) 193-206.

MERLI, D., « Lo scopo dei miracoli nell'Evangelo di Marco », BibOr 12 (1970) (7327)
184-198.

MYRE, A., « Un ouvrage récent sur le secret messianique dans l'Évangile de (7328)
Marc », SE 22 (1970) 241-248.

Textes. Texts. Texte. Testi. Textos.

1-6,30	DENIS, A.-M., « Les richesses du Fils de Dieu selon saint Marc, I-VI, 30 », VS 100 (1959) 229-239. (7329)
1	MOLITOR, J., « Zur Harmonistik des altgeorgischen Evangelientextes. (Analyse von Markus 1) », BZ 1 (1957) 289-296. (7330)
	XXX, « Thèmes généraux du premier chapitre (de Marc) », BVC N° 91 (1970) 21-25. (7331)
1,1-13	WILLEMSE, J., « La première et dernière parole de Dieu : Jésus (Mc 1,1-13 et Jn 1,1-18) », Conci N° 10 (1965) 69-85. (7332)
1,1-8	TERNANT, P., « Le ministère de Jean, commencement de l'Évangile », AS (n.s.) N° 6 (1969) 41-55. (7333)
1,1	LAMARCHE, P., « Commencement de l'évangile de Jésus, Christ, Fils de Dieu (Mc 1,1) », NRT 92 (1970) 1024-1036. (7334)
1,2-6	SABBE, M., « Le baptême de Jésus », dans *De Jésus aux Évangiles*, 184-211. (7335)
	NEIRYNCK, F., « Une nouvelle théorie synoptique (À propos de Mc., I,2-6 et par.) », ETL 44 (1968) 141-153. (7336)
1,3-4	ORTEGA, A., « Nueva visión de Marcos, I,3-4 », Salm 9 (1962) 599-607. (7337)
1,6b-11	JACQUEMIN, E., « Le baptême du Christ », AS (n.s.) N° 12 (1969) 48-66. (7338)
1,9-11	VOSTÉ, J.-M., « De baptismo Jesu », Ang 11 (1934) 187-213, 325-340. (7339)
	SCHLIER, H., « Die Verkündigung der Taufe Jesu nach des Evangelien », GeistL 28 (1955) 414-419. (7340)
	GILS, F., *Jésus prophète, d'après les évangiles synoptiques*, « Vision inaugurale de Jésus au baptême », 49-73. (7341)
	FEUILLET, A., « Le symbolisme de la colombe dans les récits évangéliques du baptême », RSR 46 (1958) 524-544. (7342)
	FEUILLET, A., « Baptême de Jésus d'après l'évangile selon saint Marc (1,9-11) », CBQ 21 (1959) 468-490. (7343)
	ROULIN, P., CARTON, G., « Le baptême du Christ », BVC N° 25 (1959) 39-48. (7344)
	LEGAULT, A., « Le baptême de Jésus et la doctrine du Serviteur souffrant », SE 13 (1961) 147-166. (7345)
	FEUILLET, A., « Le baptême de Jésus », RB 71 (1964) 321-352. (7346)
	BOULOGNE, C.-D., « La tentation de Jésus au désert. La « politique », ici-bas, du Fils de Dieu fait homme », VS 92 (1955) 346-380. (7347)
	FEUILLET, A., « L'épisode de la tentation d'après l'évangile selon saint Marc (1,12-13) », EstB 19 (1960) 49-73. (7348)
	DUQUOC, C., « La tentation du Christ », LV N° 53 (1961) 21-41. (7349)
	LIGIER, L., *Péché d'Adam et péché du monde*, « Confrontation au désert », II, 11-24. (7350)
	FEUILLET, A., « The Temptation of Jesus in Mark », TDig 12 (1964) 79-82. (7351)
	DUPONT, J., « L'origine du récit des tentations de Jésus au désert », RB 73 (1966) 30-76. (7352)
	DUPONT, J., « The Origin of the Narrative of Jesus' Temptations », TDig 15 (1967) 230-235. (7353)

FEUILLET, A., « La personnalité de Jésus entrevue à partir de sa (7354
soumission au rite de repentance du précurseur », RB 77 (1970) 30-49.

LENTZEN-DEIS, F., *Die Taufe Jesu nach den Synoptikern.* Lite- (7355
rarkritische und gattungsgeschichtliche Untersuchungen (Frankfurt a.
M., Knecht, 1970), 324 pp.

1,12-13   DUPONT, J., *Les tentations de Jésus au désert,* 152 pp. (7356

1,14-39   BUZY, D., « Le premier séjour de Jésus à Capharnaüm », dans (7357
Mélanges bibliques rédigés en l'honneur de André Robert (en collab.),
411-419.

1,14-15   MUSSNER, F., « Die Bedeutung von Mt 1,14f für die Reichs- (7358
gottesverkündigung Jesu », TrierTZ 66 (1957) 257-275.

TRILLING, W., *Christusverkündigung in den synoptischen Evangelien,* (7359
« Die Botschaft vom Reiche Gottes (Mk 1,14-15) », 40-63.

1,16-20   VAN BOHEMEN, N., « L'institution et la mission des Douze. (7360
Contribution à l'étude des relations entre l'évangile de Matthieu et celui
de Marc », dans *La Formation des Évangiles* (en collab.), 116-151.

AGNEW, F., « Vocatio primorum discipulorum in traditione synop- (7361
tica », VD 46 (1968) 129-147.

PESCH, R., « Berufung und Sendung, Nachfolge und Mission. Eine (7362
Studie zu Mk 1,16-20 », ZKT 91 (1969) 1-31.

1,16   BARTINA, S., « La red esparavel del Evangelio (Mt 4,18; Mc (7363
1,16) », EstB 19 (1960) 215-227.

1,21-28   PESCH, R., « Eine neue Lehre aus Macht », dans *Evangelienforschung* (7364
(en collab.), 241-276.

1,24   MUSSNER, F., « Ein Wortspiel in Mk 1,24 », BZ 4 (1960) 285-286. (7365

1,29-31   LAMARCHE, P., « La guérison de la belle-mère de Pierre et le genre (7366
littéraire des évangiles », NRT 87 (1965) 515-526.

LÉON-DUFOUR, X., « La guérison de la belle-mère de Simon- (7367
Pierre », EstB 24 (1965) 193-216.

LÉON-DUFOUR, X., *Études d'évangile,* « La guérison de la belle-mère (7368
de Simon-Pierre », 123-148.

PESCH, R., *Neuere Exegese. Verlust oder Gewinn ?* (Freiburg i. B., (7369
Herder, 1968), « Die Heilung der Schwiegermutter des Simon-Pe-
trus », 143-175.

1,29   RIGATO, M. L., « Tradizione e redazione in Mc. 1,29 », RivB 17 (7370
(1969) 139-174.

1,40-45   MOINGT, J., « La guérison du lépreux », CHR N° 2 (1954) 70-76. (7371

PAUL, A., « La guérison d'un lépreux », NRT 92 (1970) 592-604. (7372

1,41   VAGANAY, L., « Marc I, 41, Essai de critique textuelle », dans (7373
Mélanges E. Podechard (en collab.), 237-252.

2,1-3,6   HAULOTTE, E., *Symbolique du vêtement selon la Bible,* « Le thème du (7374
renouvellement des habits pour les noces (Mc 2,1-3,6) », 320-324.

2,1-12   GAMBA, G. G., « Considerazioni in margine alla poetica di Mc 2, (7375
1-12 », Sal 28 (1966) 324-349.

GAIDE, G., « Le paralytique pardonné et guéri (Mc 2,1-12) », AS (n.s.) (7376
N° 38 (1970) 79-88.

2,3-5   RASCO, E., « « Cuatro » y « la fe » : ¿ quiénes y de quién ? (Mc   (7377
           2,3b.5a) », Bibl 50 (1969) 59-67.

2,10-28   FEUILLET, A., « L'*exousia* du Fils de l'homme d'après Marc 2,10-28   (7378
           et par. », RSR 42 (1954) 161-193.

2,10   DUPLACY, J., « Marc 2,10. Note de syntaxe », dans *Mélanges bibliques* (7379
           rédigés en l'honneur de André Robert (en collab.), 420-427.

           CEROKE, C. P., « Is Mark 2,10 a Saying of Jesus ? » CBQ 22 (1960)   (7380
           369-390.

2,13-27   VAN IERSEL, B., « La vocation de Lévi (Mc., II, 13-17). Tradition et   (7381
           rédactions », dans *De Jésus aux Évangiles* (en collab.), 212-232.

2,13-17   LAMARCHE, P., « L'appel à la conversion et à la foi. La vocation de   (7382
           Lévi (Mc., 2,13-17) », LVit 25 (1970) 125-136.

2,15-17   PESCH, R., « Das Zöllergastmahl (Mk 2,15-17) » dans *Mélanges*   (7383
           bibliques en hommage au R. P. Béda Rigaux (en collab.), 63-87.

2,18-22   CREMER, F. G., « Das Fastenstreitgespräch (Mk 2,18-22 parr) bei   (7384
           Beda Venerabilis und Hrabanus Maurus », RBen 77 (1967) 157-174.

           O'HARA, J., « Christian Fasting. Mk. 2,18-22 », SCR 19 (1967) 82-95.   (7385

           FEUILLET, A., « La controverse sur le jeûne (Mc 2,18-20; Mt 9, 14-15; (7386
           Lc 5,33-35) », NRT 90 (1968) 113-136, 252-277.

2,19   CREMER, F. G., « Die Söhne des Brautgemachs (Mk 2,19 parr) in der   (7387
           griechischen und lateinischen Schrifterklärung », BZ 11 (1967) 246-253.

2,20   CREMER, F. G., *Die Fastenansage Jesu.* Mk 2,20 und Parallelen in der (7388
           Sicht der patristischen und scholastischen Exegese (Bonn, P. Hanstein,
           1965), 30-185 pp.

2,23-3,6   TROADEC, H., « Le Fils de l'homme est maître même du sabbat (Marc   (7389
           2,23-3,6) », BVC N° 21 (1958) 73-83.

2,23-28   BENOIT, P., « Les épis arrachés (Mt. 12, 1-8 et par.) », dans *Studii* (7390
           Biblici Franciscani Liber Annuus 13 (1962-1963) (Jérusalem), 76-92, et
           dans *Exégèse et théologie,* III, 228-242.

2,27   THIBAUT, R., « L'enthymème de Mc 2,27 et suiv. », NRT 59 (1932)   (7391
           257.

           GILS, F., « Le sabbat a été fait pour l'homme et non l'homme pour le   (7392
           sabbat (Mc 2,27) », RB 69 (1962) 506-523.

3,6   JOÜON, P., « Les hérodiens de l'Évangile (Mc. 3,6;12,13; Mat.   (7393
           22,14) », RSR 28 (1928) 585-588.

3,7-6,30   CERFAUX, L., « La mission de Galilée dans la tradition synop-   (7394
           tique », dans *Recueil Lucien Cerfaux,* I, 425-470.

3,7-20   VAN BOHEMEN, N., « L'institution et la mission des Douze.   (7395
           Contribution à l'étude des relations entre l'évangile de Matthieu et celui
           de Marc », dans *La Formation des Évangiles* (en collab.), 116-151.

3,7-12   EGGER, W., « Die Verborgenheit Jesu in Mk 3,7-12 », Bibl 50 (1969) (7396
           466-490.

3,17   GRILL, S., « Die Donnersöhne Mk 3,17 nach dem syrischen Text »,   (7397
           BiLit 23 (1955-56) 137-138.

3,19-21   LEBRETON, J., *La vie et l'enseignement de J.-C.* [16], « Les parents de (7398
           Jésus et les pharisiens », I, 283-296.

3,20-22   ROULIN, P., « Le péché contre l'Esprit-Saint », BVC N° 29 (1959)   (7399
           38-45.

3,20-21	STEINMUELLER, J. E., « Exegetical Notes », CBQ 4 (1942) 355-359.	(7400
	SPADAFORA, F., « Mc. 3,20-21 », RivB 4 (1956) 98-113, 193-217.	(7401
3,20	WIMMER, A., « Apostolos quosdam exisse (Mc 3,20s) », VD 31 (1953) 131-143.	(7402
3,21	DE AMBROGGI, P., « La pretesa « follia di Gesù » in Marco 3,21 », ScuolC 3 (1932) 138-141.	(7403
3,31-35	TROADEC, H.-G., « Marie, la mère de cet « homme puissant en oeuvres », le témoignage de l'évangile selon S. Marc », CE N° 13 (1954) 11-13.	(7404
4	PARSCH, P., *Apprenez à lire la Bible,* « Une parabole : le semeur », 162-166.	(7405
	DU BUIT, M., « Le discours des paraboles », CE N° 67 (1967) 5-57.	(7406
	DUPONT, J., « Le chapitre des paraboles », NRT 99 (1967) 800-820.	(7407
4,1-34	QUESNELL, Q., *The Mind of Mark. Interpretation and Method through the Exegesis of Mark 6,52* (Rome, Pont. Biblical Institute, 1969),71-87, 209-220.	(7408
4,3-20	LÉON-DUFOUR, X., *Études d'évangile,* « La parabole du semeur », 255-301.	(7409
4,3-9	GEORGE, A., « Le sens de la parabole des semailles (*Mc.,* IV, 3-9 et parallèles) », dans *Sacra Pagina* (en collab.), II, 163-169.	(7410
4,3-8	DUPONT, J., « Le semeur (Lc 8,4-15) », AS N° 23 (1964) 37-54.	(7411
4,10-25	BOVER, J. M., « Problemas inherentes a la interpretación de la parabola del Sembrador », EstE 26 (1952) 169-185.	(7412
4,10-12	WALLACE, R. S., « La parabole et le prédicateur », BVC N° 18 (1957) 36-50.	(7413
	SIEGMAN, E. F., « Teaching in Parables (Mk 4,10-12; Lk 8,9-10; Mt 13,10-15) », CBQ 23 (1961) 161-181.	(7414
4,11-12	GNILKA, J., *Die Verstockung Israels,* Isaias 6,9-10 in der Theologie der Synoptiker, « Der Sitz von Mk 4,11f im Leben Jesu », 198-205.	(7415
4,11	CERFAUX, L., « La connaissance des secrets du Royaume d'après *Mt.,* XIII, 11 et parallèles », *New Testament Studies* 2 (1955-1956) 238-249, ou dans *Recueil Lucien Cerfaux,* III, 123-138.	(7416
4,24	McNAMARA, M., *The N. T. and the Palestinian Targum to the Pentateuch,* « With what Measure you Mete it Shall be Measured to you... Mt 7,2; Mk 4,24; Lk 6,38 and PT Gn 38,26 », 138-142.	(7417
	COUROYER, B., « De la mesure dont vous mesurez il vous sera mesuré », RB 77 (1970) 366-370.	(7418
4,26-34	DUPONT, J., « Deux paraboles du Royaume (Mc 4,26-34) », AS (n.s.) N° 42 (1970) 50-59.	(7419
4,26-29	SAHLIN, H., « Zum Verständnis von drei Stellen des Markus-Evangeliums », Bibl 33 (1952) 53-66.	(7420
	DUPONT, J., « La parabole de la semence qui pousse toute seule (Marc 4,26-29) », RSR 55 (1967) 367-392.	(7421
4,30-32	KUSS, O., « Zum Sinngehalt des Doppelgleichnisses vom Senfkorn und Sauertag », Bibl 40 (1959) 641-653.	(7422
	MUSSNER, F., « IQHodajoth und das Gleichnis vom Senfkorn (Mk 4,30-32 Par.) », BZ 4 (1960) 128-130.	(7423

| | DUPONT, J., « Les paraboles du sénevé et du levain », NRT 89 (1967) 897-913. | (7424 |

4,35-41   LÉON-DUFOUR, X., « La tempête apaisée », NRT 87 (1965) 897-922.   (7425

          LÉON-DUFOUR, X., *Études d'évangile,* « La tempête apaisée »,   (7426
          149-182.

          LAMARCHE, P., « La tempête apaisée (Mc 4,35-41) », AS (n.s.) N°   (7427
          43 (1969) 43-53.

4,40   BAUER, J. B., « Procellam cur sedarit Salvator », VD 35 (1957) 89-96.   (7428

5,1-20   CRAGHAN, J., « The Gerasene Demoniac », CBQ 30 (1968) 522-536.   (7429

          LAMARCHE, P., « Le possédé de Gérasa (Mt 8,28-34; Mc 5,1-20; Lc   (7430
          8,26-39) », NRT 90 (1968) 581-597.

          BLIGH, J., « The Gerasene Demoniac and the Resurrection of   (7431
          Christ », CBQ 31 (1969) 383-390.

5,3   SALVONI, F., « Il significato della prima Beatitudine », ScuolC 3   (7432
          (1932) 426-442; 4 (1932) 18-35.

5,21-43   POTIN, J., « Guérison d'une hémorroïsse et résurrection de la fille de   (7433
          Jaïre (Mc 5,21-43) », AS (n.s.) N° 44 (1969) 38-47.

5,22   PESCH, R., « Jaïrus (Mk 5,22 / Lk 8,41) », BZ 14 (1970) 252-256.   (7434

6,1-6   TEMPLE, P. J., « The Rejection at Nazareth », CBQ 17 (1955) 229-242.   (7435

6,3   JONES, A., « Relections on a Recent Dispute », SCR 8 (1956) 13-22.   (7436

6,6-13   VAN BOHEMEN, N., « L'institution et la mission des Douze.   (7437
          Contribution à l'étude des relations entre l'évangile de Matthieu et celui
          de Marc », dans *La Formation des Évangiles* (en collab.), 116-151.

6,7-13   LEBRETON, J., *La vie et l'enseignement de J.-C.[16],* « La mission des   (7438
          apôtres », I, 350-356.

6,17-29   DE LA POTTERIE, I., « Mors Johannis Baptistae (Mc 6,17-29) », VD   (7439
          44 (1966) 142-151.

          DERRETT, J. D. M., « Herod's Oath and the Baptist's Head », BZ 9   (7440
          (1965) 49-59, 233-246.

6,30-8,27 DENIS, A.-M., « Une théologie de la vie chrétienne chez saint Marc   (7441
          (VI, 30-VIII, 27) », VS 100 (1959) 416-427.

6,30-34   DELORME, J., « Jésus, les apôtres et la foule (Mc 6,30-34) », AS (n.s.)   (7442
          N° 47 (1970) 44-58.

6,30   O'HARA, J., « Question and Answer : Two Bethsaidas or One ? » SCR   (7443
          15 (1963) 24-32.

6,31-8,26 CERFAUX, L., « La section des pains (Mc 6,31-8,26; Mt 14,13-16,   (7444
          12) », dans *Synoptische Studien* (en collab.), 64-77, ou dans *Recueil
          Lucien Cerfaux,* I, 471-486.

6,31   HOLZMEISTER, U., « Venite seorsum in desertum locum et   (7445
          requiescite pusillum (Mc 6,31) », VD 22 (1942) 161-165.

6,32-44   KNACKSTEDT, J., « De duplici miraculo multiplicationis panum »,   (7446
          VD 41 (1963) 39-51, 140-153.

6,34-44   HEISING, A., *Die Botschaft der Brotvermehrung.* Zur Geschichte und   (7447
          Bedeutung eines Christusbekenntnisses im Neuen Testament, « Die
          Heilsbotschaft der Manna – und Wachtelspeisung », 21-30.

6,45-52   DENIS, A.-M., « La marche de Jésus sur les eaux. Contribution à   (7448
          l'histoire de la péricope dans la tradition évangélique », dans *De Jésus
          aux Évangiles* (en collab.), 233-247.

SNOY, T., « La rédaction marcienne de la marche sur les eaux (Mc.,   (7449
VI, 45-52) », ETL 44 (1968) 205-241, 433-481.

6,45   VAGANAY, L., « Marc VI, 45. Essai de critique textuelle », RB 49   (7450
          (1940) 5-32.

6,52   QUESNELL, Q., *The Mind of Mark. Interpretation and Method through*   (7451
          the Exegesis of Mark 6,52 (Rome, Pont. Biblical Institute, 1969), 328 pp.

7,1-23   QUESNELL, Q., *The Mind of Mark. Interpretation and Method through*   (7452
          the Exegesis of Mark 6,52 (Rome, Pont. Biblical Institute, 1969), 87-102,
          221-229.

          PESCH, R., « Pur et impur : précepte humain et commandement divin   (7453
          (Mc 7,1-8.14-15.21-23) », AS (n.s.) N° 53 (1970) 50-59.

7,9-13   BLIGH, J., « Qorban ! » HeyJ 5 (1964) 192-193.   (7454

7,18-19   SAHLIN, H., « Zum Verständnis von drei Stellen des Markus-   (7455
          Evangeliums », Bibl 33 (1952) 53-66.

7,19   BONSIRVEN, J., « Sur une incise difficultueuse de Marc (VII,   (7456
          19) », dans *Mélanges E. Podechard* (en collab.), 11-15.

7,24-30   McNAMARA, E. A., « The Syro-Phoenician Woman », AmER 127   (7457
          (1952) 360-369.

          FLAMMER, B., « Die Syrophoenizerin », TQ 148 (1968) 463-478.   (7458

          FLAMMER, B., « The Syro-Phoenician Woman (Mk 7 : 24-30) », TDig   (7459
          18 (1970) 19-23.

7,28   STORCH, W., « Zur Perikope von der Syrophönizierin », BZ 14 (1970)   (7460
          256-257.

7,31-37   LELOIR, L., « Ephphatha (Mc 7,31-37) », AS N° 65 (1963) 31-41.   (7461

7,32-35   WULF, F., « Einssein und Uneinssein : mit Gott – und mit den   (7462
          Mitmenschen », GeistL 42 (1969) 311-314.

7,34   BLACK, M., « ΕΦΦΑΘΑ (Mk 7.34), [ΤΑ] ΠΑΣΧΑ (Mt 26.18 w),   (7463
          [ΤΑ] ΣΑΒΒΑΤΑ (passim) [ΤΑ] ΔΙΔΡΑΧΜΑ (Mt 17.24 bis) », dans
          Mélanges bibliques en hommage au R. P. Béda Rigaux (en collab.),
          57-62.

8,1-19   COMBLIN, J., « La seconde multiplication des pains (Mc 8,1-9) », AS   (7464
          N° 60 (1963) 28-39.

8,1-10   KNACKSTEDT, J., « De duplici miraculo multiplicationis panum »,   (7465
          VD 41 (1963) 39-51, 140-153.

8,1-8   LIESE, H., « Altera multiplicatio panum (Mc 8,1-8 cf. Mt. 15,   (7466
          32-39) », VD 11 (1931) 193-196.

8,6   McGLYNN, F. M., « An Error of Omission in our Douay Bible ? »   (7467
          AmER 92 (1935) 395-398.

8,11-12   VÖGTLE, A., « Der Spruch vom Jonaszeichen », dans *Synoptische*   (7468
          Studien (en collab.), 230-277.

8,14-21   QUESNELL, Q., *The Mind of Mark. Interpretation and Method through*   (7469
          the Exegesis of Mark 6,52 (Rome, Pont. Biblical Institute, 1969),
          103-124, 230-256.

8,15   ZIENER, G., « Das Bildwort vom Sauerteig Mk 8,15 », TrierTZ 67   (7470
          (1958) 247-248.

8,22-26   BEAUVERY, R., « La guérison d'un aveugle à Bethsaïde (Mc 8,   (7471
          22-26) », NRT 90 (1968) 1083-1091.

8,27-9,13	HORSTMANN, M., *Studien zur markinischen Christologie*. Mk (7472) 8,27-9,13 als Zugang zum Christusbild des zweiten Evangeliums (Münster, Aschendorff, 1969), 152 pp.
	LAFONTAINE, R., MOURLON BEERNAERT, P., « Essai sur la (7473) structure de Marc, 8,27-9,13 », RSR 57 (1969) 543-562.
8,27-33	WILLAERT, B., « La connexion littéraire entre la première prédication (7474) de la passion et la confession de Pierre chez les Synoptiques », ETL 32 (1956) 24-45.
	MARTINI, C. M., « La confessione messianica di Pietro a Cesarea e (7475) l'inizio del nuovo popolo di Dio secondo il Vangelo di S. Marco (8, 27-33) », CC 2 (1967) 544-551.
8,27-30	LEBRETON, J., *La vie et l'enseignement de J.-C.*[16], « La confession de (7476) saint Pierre », I, 421-436.
8,31-32	FEUILLET, A., « Les trois grandes prophéties de la Passion et de la (7477) Résurrection des évangiles synoptiques », RT 67 (1967) 533-560; 68 (1968) 41-74.
8,34-38	KAHLEFELD, H., « Jünger der Herrn. Eine Besinnung zur Perikope (7478) Markus 8,34-38 », GeistL 30 (1957) 1-6.
8,35	BAUER, J. B., « Wer sein Leben retten will... Mk 8,35 Parr. », dans (7479) *Neutestamentliche Aufsätze* (en collab.), 7-18.
	SUDBRACK, J., « Wer sein Leben um meinetwillen verliert... (Mk (7480) 8,35). Biblische überlegungen zur Grundlegung christlicher Existenz », GeistL 40 (1967) 161-170.
8,39	COTTER, A. C., « Non gustabunt mortem », CBQ 6 (1944) 444-455. (7481)
9,1-8	GILS, F., *Jésus prophète, d'après les évangiles synoptiques*, « Nouvelle (7482) vision inaugurale à la transfiguration », 73-78.
9,2-10	HÖLLER, J., *Die Verklärung Jesu* (Freiburg, Herder, 1937), 16-235 pp. (7483)
	FEUILLET, A., « Les perspectives propres à chaque évangéliste dans (7484) les récits de la transfiguration », Bibl 39 (1958) 281-301.
	DENIS, A.-M., « Une théologie de la rédemption. La transfiguration (7485) chez saint Marc », VS 101 (1959) 136-149.
	SABBE, M., « La rédaction du récit de la transfiguration », dans *La* (7486) *venue du Messie* (en collab.), 65-100.
	MIQUEL, P., « The Mystery of the Transfiguration », TDig 11 (1963) (7487) 159-164.
	LÉON-DUFOUR, X., *Études d'évangile*, « La transfiguration de (7488) Jésus »,. 83-122.
	RIVERA, L. F., « Jesu in redactione evangelii Marci », VD 46 (1968) (7489) 99-104.
9,11-12	SKRINJAR, A., « Elias quidem venturus est... (Mt. 17,11-12, cf. 11,14; (7490) Mc 9,11,12) », VD 14 (1934) 361-367.
9,12-13	DERRETT, J. D. M., « Herod's Oath and the Baptist's Head (With an (7491) Appendix on Mk IX,12-13, Mal III,24, Micah VII,6) », BZ 9 (1965) 49-59, 233-246.
9,14-29	LÉON-DUFOUR, X., « L'épisode de l'enfant épileptique », dans *La* (7492) *formation des Évangiles* (en collab.), 85-115.

	LÉON-DUFOUR, X., *Études d'évangile*, « L'épisode de l'enfant épileptique », 183-227.	(7493
9,17	WULF, F., « « Der Geist der Stummheit » (Mk 9,17) und die Sprachlosigkeit unserer Zeit », GeistL 43 (1970) 153-154.	(7494
9,31	FEUILLET, A., « Les trois grandes prophéties de la Passion et de la Résurrection des évangiles synoptiques », RT 67 (1967) 533-560; 68 (1968) 41-74.	(7495
9,33-50	SCHNACKENBURG, R., « Mk 9,33-50 », dans *Synoptische Studien* (en collab.), 184-206.	(7496
	VAGANAY, L., « Le schématisme du discours communautaire à la lumière de la critique des sources », RB 60 (1953) 203-244.	(7497
	DESCAMPS, A., « Du discours de Marc, IX, 33-50 aux paroles de Jésus », dans *La formation des Évangiles* (en collab.), 152-177.	(7498
	NEIRYNCK, F., « La tradition des paroles de Jésus et Marc 9, 33-50 », Conci N° 20 (1966) 57-66.	(7499
9,33-37	KAFKA, G., « Bild und Wort in den Evangelien », MüTZ 2 (1951) 263-287.	(7500
	LÉGASSE, S., *Jésus et l'enfant.* « Enfants », « petits » et « simples » dans la tradition synoptique (Paris, Gabalda, 1969), « Le début sur « le plus grand » : Marc, IX,33-37 et par. », 17-36.	(7501
9,37-39	CALMET, A., « Pour nous... Contre nous ? (Marc 9,37-39) », BVC N° 79 (1968) 52-53.	(7502
9,42-59	KAFKA, G., « Bild und Wort in den Evangelien », MüTZ 2 (1951) 263-287.	(7503
9,49	VAGANAY, L., « Car chacun doit être salé au feu (Marc, IX,49) », dans *Mémorial J. Chaine* (en collab.), 367-372.	(7504
	ZIMMERMANN, H., « « Mit Feuer gesalzen warden ». Eine Studie zu Mk 9,49 », TQ 139 (1959) 28-39.	(7505
9,50	BAUER, J. B., « Quod si sal infatuatum fuerit », VD 29 (1951) 228-230.	(7506
10,2-12	DUPONT, J., *Mariage et divorce dans l'Évangile,* 240 pp.	(7507
	HARRINGTON, W., « Jesus' Attitude towards Divorce », IrThQ 37 (1970) 199-209.	(7508
10,17-31	LEBRETON, J., *La vie et l'enseignement de J.-C.*[16], « Le jeune homme riche », II, 105-108.	(7509
	LÉGASSE, S., *L'appel du riche,* « Attente eschatologique et biens de ce monde. Étude de la composition, Mc 10,17-31 », 64-96.	(7510
10,17-27	FLORIVAL, É., « Vends tes biens et suis-moi. Méditation sur le jeune homme riche (Mc 10,17-27) », BVC N° 37 (1961) 16-33.	(7511
10,17-22	LÉGASSE, S., *L'appel du riche,* « L'épisode primitif d'après Mc 10,17-22 », 19-63.	(7512
	TROADEC, H., « La vocation de l'homme riche », VS 120 (1969) 138-148.	(7513
10,25	LATTEY, C., « Camelus per foramen acus (Mt 19-24) », VD 31 (1953) 291-292.	(7514
	WOSTRY, F., « Eine bemerkenswerte Bibelverdeutschung », BiLit 38 (1964-65) 522-527.	(7515
10,32-14,17	LAMBRECHT, J., *Die Redaktion der Markus-Apokalypse,* « Der Kontext : Mk 10,32-14,17 », 13-63.	(7516

10,32-34	FEUILLET, A., « Les trois grandes prophéties de la Passion et de la Résurrection des évangiles synoptiques », RT 67 (1967) 533-560; 68 (1968) 41-74. (7517
10,35-45	GEORGE, A., « Le Service du Royaume (Marc 10,35-45) », BVC N° 25 (1965) 15-19. (7518
10,35-40	FEUILLET, A., « La coupe et le baptême de la Passion (Mc, X, 35-40; cf. Mt, XX, 20-23; Lc, XII, 50) », RB 74 (1967) 356-391. (7519
10,38-39	KUSS, O., « Zur Frage einer vorpaulinischen Todestaufe », MüTZ 4 (1953) 1-17, ou dans *Auslegung und Verkündigung,* I, 162-186. (7520
10,38	PASQUIER, C., « Vous ne savez pas ce que vous demandez », CHR N° 11 (1964) 174-178. (7521
10,45	FEUILLET, A., « Le logion sur la rançon », RSPT 51 (1967) 365-402. (7522
	TRILLING, W., *Christusverkündigung in den synoptischen Evangelien,* « Die Zeichen der Messiaszeit (Mk 10,46-52) », 146-164. (7523
10,46	KETTER, P., « Zur Localisierung der Blindenheilung bei Jericho », Bibl 15 (1934) 411-418. (7524
11,1-12,40	DU BUIT, M., « La dernière semaine », CE N° 76 (1969) 4-59. (7525
11,1-10	LIESE, H., « Dominica Palmarum », VD 12 (1932) 65-69. (7526
11,12-14,20	CORTES, E., « El secamiento de la higera, aegun Mc., 11,12-14, 20 », EstF 69 (1968) 41-68. (7527
11,12-21	CORTES, E., « El secamiento de la higuera a la luz de los profetas del A.T. y de sus targumim (Mc XI,12-14; 20-21) », EstF 70 (1969) 5-22. (7528
11,13	CHARLES, P., « Plan d'instruction religieuse : *non enim erat tempus ficorum* (Marc 11,13) », NRT 61 (1934) 514-516. (7529
	XXX, « L'incident du figuier stérile en Mc XI,13 », AmiCl 54 (1937) 250-251. (7530
11,55	KLEIST, J. A., « The Two Palse Witnesses (Mark 14 : 55ff.) », CBQ 9 (1947) 321-323. (7531
12,1-12	LÉON-DUFOUR, X., « La parabole des vignerons homicides », SE 17 (1965) 365-396. (7532
12,1-11	LÉON-DUFOUR, X., *Études d'évangile,* « La parabole des vignerons homicides », 303-344. (7533
	LÉON-DUFOUR, X., « The Murderous Vineyard-workers », TDig 15 (1967) 30-36. (7534
12,1-9	LEBRETON, J., *La vie et l'enseignement de J.-C.[16],* « Les vignerons », II, 178-183. (7535
12,13-17	LIESE, H., « Numisma census », VD 12 (1932) 289-294. (7536
12,18-27	CARTON, G., « Comme des anges dans le ciel », BVC N° 28 (1959) 46-52. (7537
	BARTINA, S., « Jesús y los saduceos. El Dios de Abrahám, de Isaác y de Jacob es El que hace existir », EstB 21 (1962) 151-160. (7538
12,26-27	DREYFUS, F., « L'argument scripturaire de Jésus en faveur de la résurrection des morts (Marc, XII, 26-27) », RB 66 (1959) 213-224. (7539
12,28-34	STERN, J. B., « Jesus' Citation of Dt 6,5 and Lv 19,18 in the Light of Jewish Tradition », CBQ 28 (1966) 312-316. (7540
	MIGLLNS, M., « Amour, alpha et omega de l'existence (Mc 12,28-34) », AS (n.s.) N° 62 (1970) 53-62. (7541

13   FEUILLET, A., « Le discours de Jésus sur la ruine du temple », RB   (7542
            55 (1948) 481-502; 56 (1949) 61-92.

            JONES, A., « Did Christ foretell the End of the World in Mark   (7543
            XIII ? » SCR 4 (1950) 264-273.

            BRUNEC, M., « Sermo eschatologicus », VD 30 (1952) 214-218,   (7544
            265-277, 321-331; 31 (1953) 13-20, 83-94, 156-163, 211-220, 282-290,
            344-351.

            PARSCH, P., *Apprenons à lire la Bible,* « Un discours de Jésus », (7545
            166-172.

            MUSSNER, F., *Was lehrt Jesus über das Ende der Welt ?* Eine   (7546
            Auslegung von Markus 13 (Freiburg, Herder, 1958), 80 pp.

            PERROT, C., « Essai sur le discours eschatologique (Mc XIII, 1-37; Mt   (7547
            XXIV, 1-36; Lc XXI, 5-36) », RSR 47 (1959) 481-514.

            LAMBRECHT, J., « Redactio Sermonis Eschatologici », VD 43 (1965)   (7548
            278-287.

            LAMBRECHT, J., « Die Logia-Quellen von Markus 13 », Bibl 47   (7549
            (1966) 321-360.

            LAMBRECHT, J., *Die Redaktion der Markus-Apokalypse,* « Der   (7550
            Kontext : Mk 10,32-14,17 », 13-63; « Mk 13 : die Analyse », 65-260;
            « Mk 13 : die Struktur », 261-297.

            LAMBRECHT, J., « La structure de Marc, XIII », dans *De Jésus aux* (7551
            Évangiles, 141-164.

            LATTANZI, H., « Eschatologici sermonis Domini logica interpretatio   (7552
            (Mt. 24,1-36; Mc. 13,1-37; Lc. 21,5-35) », Div 1ì (1967) 71-92.

            MINETTE DE TILLESSE, G., *Le secret messianique dans l'évangile de*   (7553
            Marc, « Marc XIII, discours eschatologique », 420-438.

            PESCH, R., *Naherwartungen.* Tradition und Redaktion in Mk 13   (7554
            (Düsseldorf, Patmos, 1968), 278 pp.

            NEIRYNCK, F., « Le discours anti-apocalyptique de Mc., XIII », ETL (7555
            45 (1969) 154-164.

            LÉGASSE, S., « Le discours eschatologique de Mc 13 d'après trois   (7556
            ouvrages récents », BLE 71 (1970) 241-261.

13,1-2   MEINERTZ, M., « Die Tragweite der Weissagung Jesu von der   (7557
            Zerstörung des Tempels », TGl 35 (1943) 135-141.

13,5-27   OÑATE, J. A., « El « Reiño de Dios », tema central del discurso   (7558
            escatologico ? » EstB 4 (1945) 15-34, 163-196, 421-446; 5 (1946)
            101-110.

13,11   GIBLET, J., « Les promesses de l'Esprit et la mission des apôtres dans   (7559
            les évangiles », Ir 30 (1957) 5-43.

13,14   RIGAUX, B., « Βδελυγμα της ερημωτεως (Mc 13,14; Mt. 24-   (7560
            15 », Bibl 40 (1959) 675-683.

13,19   THIBAUT, R., « La grande tribulation (Matt. 24,21; Mc 13,19) », NRT   (7561
            55 (1928) 373-376.

13,24-32   HARTMAN, L., « La parousie du Fils de l'homme (Mc 13,24-32) »,   (7562
            AS (n.s.) N° 64 (1969) 47-57.

13,24	LATTEY, C., « Questions and Answers : In Our Lord's eschatological discourse (Mt., Mk., Lk.) are we to suppose that He speaks of two facts – the fall of Jerusalem and the end of the world; or only one fact – the end of the world ? » SCR 6 (1953) 23.	(7563
13,28-29	DUPONT, J., « La parabole du figuier qui bourgeonne (Mc, XIII, 28-29 et paral.) », RB 75 (1968) 526-548.	(7564
	JOÜON, P., « Marc 14,31 », RSR 29 (1939) 240-241.	(7565
13,32	PEZZELLA, S., « Marco 13,32 e la scienza di Cristo », RivB 7 (1959) 147-152.	(7566
	WINANDY, J., « Le logion de l'ignorance (Mc. XIII, 32; Mt XXIV, 36) », RB 75 (1968) 63-79.	(7567
13,33-37	LÖVESTAM, E., « Le portier qui veille la nuit », AS (n.s.) N° 5 (1969) 44-55.	(7568
13,34-36	DUPONT, J., « La parabole du maître qui rentre dans la nuit (Mc 13,34-36) », dans Mélanges bibliques en hommage au R. P. Béda Rigaux (en collab.), 89-116.	(7569
13,34	DIDIER, M., « La parabole des talents et des mines », dans De Jésus aux Évangiles (en collab.), 248-271.	(7570
13,37	JOÜON, P., « La parabole du potier qui doit veiller, Mc 13,33-37, et la parabole des serviteurs qui doivent veiller, Lc 12,35-40 », RSR 30 (1940) 365-368.	(7571
14,3-9	FONCK, L., « Cena Bethanica », VD 8 (1928) 65-75, 98-106.	(7572
14,17-26	DOCKX, S., « Le récit du repas pascal. Marc 14,17-26 », Bibl 46 (1965) 445-453.	(7573
14,22-25	GRAIL, A., « Sacrement de la croix », LV N° 7 (1952) 11-27.	(7574
	BENOIT, P., « Les récits de l'institution et leur portée », LV N° 31 (1957) 49-76.	(7575
	DUPONT, J., « Ceci est mon corps, Ceci est mon sang », NRT 80 (1958) 1025-1041.	(7576
	DU ROY, J.-B., « Le dernier repas de Jésus », BVC N° 26 (1959) 44-52.	(7577
14,28	ODENKIRCHEN, P. C., « Praecedam vos in Galilaeam », VD 46 (1968) 193-223.	(7578
14,31	JOÜON, P., « Marc 14,31 », RSR 29 (1939) 240-241.	(7579
14,32-42	ARMBRUSTER, C. J., « The Messianic Significance of the Agony in the Garden », SCR 16 (1964) 111-119.	(7580
	TRÉMEL, Y.-B., « L'agonie du Christ », LV N° 68 (1964) 79-104.	(7581
14,38	WULF, F., « Der Geist ist willig, das Fleisch schwach (Mk 14,38) », GeistL 37 (1964) 241-243.	(7582
14,51	NOLLE, L., « The Young Man in Mark XIV, 51 », SCR 2 (1947) 113-114.	(7583
14,53-65	BENOIT, P., « Jésus devant le sanhédrin », Ang 20 (1943) 143-165.	(7584
	SCHUBERT, K., « Die Juden und die Römer », BiLit 36 (1962-63) 235-242.	(7585
14,61-64	LAMARCHE, P., Christ vivant. Essai sur la christologie du Nouveau Testament, « La déclaration de Jésus devant le sanhédrin », 147-163.	(7586

14,62	FEUILLET, A., « Le triomphe du Fils de l'homme d'après la déclaration du Christ aux Sanhédrites (Mc., xiv, 62; Mt., xxvi, 64; Lc., xxii, 69) », dans *La venue du Messie* (en collab.), 149-171.	(7587
14,65	BENOIT, P., « Les outrages à Jésus prophète (Mc 14,65 et par.) », dans *Neotestamentica et Patristica*. Mélanges offerts au Prof. O. Cullmann (Leiden, Brill, 1962), 92-110, et dans *Exégèse et théologie*, III, 251-269.	(7588
14,72	LATTEY, C., « A Note on Cockcrow », SCR 6 (1953) 53-55.	(7589
15,2-5	BLINZLER, J., « Der Entscheid des Pilatus – Exekutionsbefehl oder Todesurteil ? » MüTZ 5 (1954) 171-184.	(7590
15,25	GOMEZ-PALLETE, M., « Cruz y Crucifixión (Notas para una exégesis de Mc. 15,25) », EstE 20 (1946) 535-544; 21 (1947) 86-109.	(7591
	MAHONEY, A., « A New Look at the Third Hour of Mk 15,25 », CBQ 28 (1966) 292-299.	(7592
15,33-41	BLIGH, J., « Christ's Death Cry », HeyJ 1 (1960) 142-146.	(7593
	TRILLING, W., *Christusverkündigung in den synoptischen Evangelien*, « Der Tod Jesu, Ende der alten Weltzeit (Mk 15,33-41) », 191-211.	(7594
15,33	HOLZMEISTER, U., « Die Finsternis beim Tode Jesu », Bibl 22 (1941) 404-411.	(7595
	BARTINA, S., « Ignotum *episèmon* gabex », VD 36 (1958) 16-37.	(7596
15,34-39	DELAMARE, J., « Les sept paroles du Christ en croix », VS 88 (1953) 254-271.	(7597
15,34	SAHLIN, H., « Zum Verständnis von drei Stellen des Markus-Evangeliums », Bibl 33 (1952) 53-66.	(7598
	WORDEN, T., « My God, my God, why hast Thou forsaken me ? » SCR 6 (1953) 9-16.	(7599
	REHM, M., « Eli, Eli, lamma sabacthani », BZ 2 (1958) 275-278.	(7600
	GNILKA, J., « Mein Gott, mein Gott, warum hast du mich verlassen ? (Mk 15,34 Par.) », BZ 3 (1959) 294-297.	(7601
15,40	DHANIS, É., « L'ensevelissement de Jésus et la visite au tombeau dans l'évangile de saint Marc », Greg 39 (1958) 367-410.	(7602
16,1-8	IULIUS, S., « De vita gloriosa Domini », VD 12 (1932) 203-212.	(7603
	DELORME, J., « Les femmes au tombeau (Mc 16,1-8) », AS (n.s.) N° 21 (1969) 58-67.	(7604
	GHIBERTI, G., « Discussione sul sepolcro vuoto », RivB 17 (1969) 393-420.	(7605
	BODE, E. L., « A Liturgical *Sitz im Leben* for the Gospel Tradition of the Women's Easter Visit to the Tomb of Jesus ? » CBQ 32 (1970) 237-242.	(7606
	BODE, E. L., *The First Easter Morning : The Gospel Accounts of the Women's Visit to the Tomb of Jesus* (Rome, Biblical Institute Press, 1970), 11-247 pp.	(7607
16,2	MONTAGNINI, F., « ... Valde mane una sabbatorum veniunt ad monumentum... (Mc. 16,2) », ScuolC 85 (1957) 111-120.	(7608
16,7	GILS, F., « Pierre et la foi au Christ ressuscité », ETL 38 (1962) 5-43.	(7609
	ODENKIRCHEN, P. C., « Praecedam vos in Galilaeam », VD 46 (1968) 193-223.	(7610
16,8	LUZARRAGA, J., « Retraducción semítica de φοβέομαι en Mc 16, 8 », Bibl 50 (1969) 497-510.	(7611

16,9-20	BOVER, J. M., « El final de San Marcos », EstB 3 (1944) 561-562.	(7612
	BRUNS, J. E., « A Note to Mark 16 : 9-20 », CBQ 9 (1947) 358-359.	(7613
	WAGENAARS, F., « Structura litteraria et momentum theologicum pericopae Mc 16,9-20 », VD 45 (1967) 19-22.	(7614
16,14-20	LIESE, H., « In Ascensione Domini », VD 12 (1932) 129-134.	(7615
16,15-20	TERNANT, P., « La prédication universelle de l'Évangile du Seigneur (Mc 16,15-20) », AS (n.s.) N° 28 (1969) 38-48.	(7616

Divers. Miscellaneous. Verschiedenes. Diversi. Diversos.

GAECHTER, P., « Die Dolmetscher der Apostel », ZKT 60 (1936) 161-187. (7617

REILLY, W. S., « St. Mark the Disciple of St. Peter and St. Paul », CBQ 1 (1939) 223-231. (7618

LIGHTENSTERN, H. H., « Markus und sein Evangelium », BiLit 17 (1950) 267-271. (7619

VAN BOHEMEN, N., « L'institution et la mission des Douze. Contribution à l'étude des relations entre l'évangile de Matthieu et celui de Marc », dans *La formation des Évangiles* (en collab.), 116-151. (7620

XXX, « Saint Marc », PPB N° 28 (1958) 60 pp. (7621

BRUNS, J. E., « John Mark : A Riddle within the Johannine Enigma », SCR 15 (1963) 88-96. (7622

RAVAROTTO, E., « La « casa » de Vangelo di Marco è la casa di Simone-Pietro ? » Ant 42 (1967) 399-419. (7623

WISSE, F., McREYNOLDS, P. R., « Family E and the Profile Method », Bibl 51 (1970) 67-75. (7624

D. Luc. Luke. Lukas. Luca. Lucas.

Introductions. Einleitungen. Introduzioni. Introducciones.

AMIOT, F., *Évangile, vie et message du Christ,* trad. et notes (Paris, Fayard, 1949), « Le troisième évangile : introduction », 211-220. (7625

OSTY, É., *L'Évangile selon saint Luc³* (BJ) (Paris, Cerf, 1961), 7-26. (7626

HUBY, J., LÉON-DUFOUR, X., *L'Évangile et les Évangiles²,* « L'auteur du troisième évangile; les traits caractéristiques du troisième évangile », 167-213. (7627

XXX, « Saint Luc », PPB N° 29 (1955) 3-64. (7628

CERFAUX, L., *La voix vivante de l'Évangile au début de l'Église* (Tournai, Paris, Casterman, 1956), 67-84. (7629

PARSCH, P., *Apprenons à lire la Bible,* « Histoire littéraire des quatre évangiles : l'évangile selon Saint Luc », 101-103. (7630

CERFAUX, L., CAMBIER, J., « Luc (évangile selon saint) », SDB V, col. 545-594. (7631

DEVILLE, C., « L'évangéliste du sauveur (saint Luc) », CE N° 26 (1957) 5-73. (7632

SLOYAN, G. S., « The Gospel according to St. Luke », Wor 33 (1959) 633-641. (7633

BAUM, G., *The Jews and the Gospel,* « The Gospel of St Luke », 74-97. (7634

GEORGE, A., *L'annonce du salut de Dieu.* Lecture de l'Évangile de Luc (Paris, Équipes Enseignantes, 1963), 192 pp. (7635

LÉON-DUFOUR, X., *Les évangiles et l'histoire de Jésus,* « L'évangile selon saint Luc : l'homme de la tradition, le théologien de l'histoire, l'évangéliste de l'Esprit-Saint », 188-211. (7636

DEISS, L., *Synopse de Matthieu, Marc et Luc avec les parallèles de Jean* (Paris, (7637
Bruges, Desclée de Brouwer, 1964), « Introduction à l'évangile de Luc », 44-53.

BOUWMAN, G., *Das dritte Evangelium* (Düsseldorf, Patmos, 1968), 184 pp. (7638

SCHÜRMANN, H., *Traditionsgeschichtliche Untersuchungen zu den synoptischen* (7639
Evangelien (Düsseldorf, Patmos, 1968), « Zu lukanischen Sondertraditionen »,
159-250; « Zur lukanischen Redaktion », 250-340.

DU BUIT, M., « L'évangéliste du Sauveur, saint Luc », CE Nº 79 (1970) 5-56; (7640
Nº 80 (1970) 5-45.

KÜMMEL, W. G., « Luc en accusation dans la théologie contemporaine », ETL (7641
46 (1970) 265-281.

VAN UNNIK, W. C., « Éléments artistiques dans l'Évangile de Luc », ETL 46 (7642
(1970) 401-412.

Commentaires. Commentaries. Kommentare. Commenti. Comentarios.

MARCHAL, L., *Évangile selon saint Luc,* dans *La Sainte Bible* (Pirot-Clamer), X (7643
(1935), 292 pp.

LAGRANGE, M.-J., *Évangile selon S. Luc*⁵ (EB) (Paris, Gabalda, 1941), 634 pp. (7644

VALENTIN, A., HUBY, J., *Évangile selon S. Luc* (VS) (Paris, Beauchesne, 1941), (7645
460 pp.

BOTTE, B., *Évangile selon saint Luc.* Texte établi et annoté (Paris, De Gigord, (7646
1949), 157 pp.

DILLERSBERGER, J., *The Gospel of Saint Luke* (Cork, The Mercier Press, 1958), (7647
12-558 pp.

SCHMID, J., *Das Evangelium nach Lukas*⁴ (Regensburg, Pustet, 1960), 370 pp. (7648

LEAL, J., *Evangelio de San Lucas,* dans *La Sagrada Escritura,* I, 511-777. (7649

OSTY, É., *L'Évangile selon saint Luc*³ (BJ) (Paris, Cerf, 1961), 175 pp. (7650

DE TUYA, M., *Biblia Comentada, V, Evangelios,* 1332 pp. (7651

SCHÜRMANN, H., *Das Lukasevangelium.* I. Kommentar zu Kap. 1,1-9,50 (7652
(Freiburg i. B., Herder, 1969), 594 pp.

Critique littéraire. Literary Criticism. Literarkritik. Critica letteraria.
Crítica literaria.

CERFAUX, L., « À propos des sources du troisième évangile : Proto-Luc ou (7653
Proto-Matthieu ? » ETL 12 (1935) 5-27, ou dans *Recueil Lucien Cerfaux,* I,
389-414.

BENOIT, P., « Le récit de la Cène dans Lc XXII, 15-20; étude de critique textuelle (7654
et littéraire », RB 48 (1939) 347-393.

ROLANDO, G. M., « Ricostruzione teologico-critica del testo latino del Vangelo (7655
di S. Luca usato da S. Ambrogio », Bibl 26 (1945) 238-276; 27 (1946) 3-17.

NOLLE, L., « The « Orderly Account » of St. Luke », SCR 1 (1946) 53-55. (7656

HERMANIUK, M., *La parabole évangélique.* Enquête exégétique et critique, (7657
IIᵉ partie : La parabole dans le N. T.; « Le but des paraboles d'après saint
Luc », 344-352.

SUTCLIFFE, E. F., « A Note on the Date of St. Luke's Gospel », SCR 3 (1948) (7658
45-46.

SCHMITT, J., « Le récit de la résurrection dans l'évangile de Luc. Étude critique (7659
littéraire », RevSR 25 (1951) 119-137, 219-242.

SCHÜRMANN, H., « Die Semitismen im Einsetzungsbericht bei Markus und bei (7660
Lukas », ZKT 73 (1951) 72-77.

BOISMARD, M.-É., « Rapprochements littéraires entre l'évangile de Luc et   (7661
l'Apocalypse », dans *Synoptische Studien* (en collab.), 53-63.

SCHÜRMANN, H., « Die Dubletten im Lukasevangelium », ZKT 75 (1953)   (7662
338-345.

SCHÜRMANN, H., « Die Dublettenvermeidungen im Lukasevangelium », ZKT   (7663
76 (1954) 83-93.

STAUDINGER, J., « Testis « primarius » Evangelii sec. Lucas », VD 33 (1955)   (7664
65-77, 129-142.

LAURENTIN, R., « Traces d'allusions étymologiques en Luc 1-2 », Bibl 37 (1956)   (7665
435-456; 38 (1957) 1-23.

LAURENTIN, R., *Structure et théologie de Luc I-II* (EB), « Genre littéraire de Luc   (7666
I-II », 93-119.

SCHÜRMANN, H., « Das Thomasevangelium und das lukanische Sondergut »,   (7667
BZ 7 (1963) 236-260.

GEORGE, A., « Tradition et rédaction chez Luc. La construction du troisième   (7668
Évangile », ETL 43 (1967) 100-129, ou dans *De Jésus aux Évangiles* (en collab.),
100-129.

Théologie. Theology. Theologie. Teologia. Teología.

Christologie. Christology. Christologie. Cristologia. Cristología.

GEORGE, A., « La royauté de Jésus selon l'évangile de Luc », SE 14 (1962) 57-69.   (7669

SWAELES, R., « Jésus, nouvel Élie, d'après saint Luc », AS N° 69 (1964) 41-66.   (7670

GEORGE, A., « Jésus Fils de Dieu dans l'Évangile selon saint Luc », RB 72 (1965)   (7671
185-209.

GEORGE, A., « Son of God in Luke », TDig 15 (1967) 128-133.   (7672

DE LA POTTERIE, I., « Le titre κυριος appliqué à Jésus dans l'évangile de   (7673
Luc », dans *Mélanges bibliques* en hommage au R. P. Béda Rigaux (en collab.),
117-146.

BOUWMAN, G., « Die Erhöhung Jesu in der lukanischen Theologie », BZ 14   (7674
(1970) 257-263.

Autres thèmes. Other Themes. Sonstige Themen. Altri temi. Otros temas.

CHARUE, A., *L'incrédulité des Juifs dans le N. T.* « Les évangiles de saint   (7675
Matthieu et de saint Luc », 152-195.

NOLLE, L., « Old Testament Laws of Inheritance and St. Luke's Genealogy of   (7676
Christ », SCR 2 (1947) 38-42.

BURKE, T. J. M., « The Our Father », AmER 130 (1954) 176-182, 250-258.   (7677

TROADEC, H.-G., « La Bible et la Vierge : « Bienheureuse celle qui a cru »; le   (7678
témoignage de l'Évangile selon saint Luc », CE N° 13 (1954) 22-47.

COMBLIN, J., « La paix dans la théologie de saint Luc », ETL 32 (1956) 439-460.   (7679

HENRY, A.-M., « Rompre ton pain avec celui qui a faim (Luc et l'aumône) », VS   (7680
96 (1957) 227-265.

KOCH, R., « Die Wertung des Besitzes im Lukasevangelium », Bibl 38 (1957)   (7681
151-169.

GAMBA, G. G., « Praeoccupatio universalistica in Evangelio S. Lucae », VD 40   (7682
(1962) 131-135.

CAMBE, M., « La ΧΑΡΙΣ chez saint Luc », RB 70 (1963) 193-207.   (7683

SIMSON, P., « The Drama of the City of God », SCR 15 (1963) 65-79.   (7684

BROWN, R. E., « Le « Beatitudini » secondo Luca », BibOr 7 (1965) 3-8.   (7685

MICHIELS, R., « La conception lucanienne de la conversion », ETL 41 (1965) (7686
42-78.

OTT, W., *Gebet und Heil.* Die Bedeutung der Gebetsparänese in der lukanischen (7687
Theologie, 162 pp.

LAMMERS, K., *Hören, Sehen und Glauben im Neuen Testament,* « Das (7688
Evangelium und die Apostelgeschichte des Lukas », 37-48.

PRETE, B., « Prospettive messianiche nell'espressione *sêmeron* del Vangelo di (7689
Luca », dans *Il messianismo* (en collab.), 269-284.

YARNOLD, E., « The Trinitarian Implications of Luke and Acts », HeyJ 7 (1966) (7690
18-32.

STÖGER, A., « Armut und Ehelosigkeit – Besitz und Ehe der Jünger nach dem (7691
Lukesevangelium », GeistL 40 (1967) 43-59.

DE VRIES, P. P., « Wesen und Leben der christlichen Gemeinde nach der (7692
lukanischen Theologie », GeistL 41 (1968) 165-176.

GEORGE, A., « Israël dans l'oeuvre de Luc », RB 75 (1968) 481-525. (7693

NAVONE, J. J., « Lucan Joy », SCR 20 (1968) 49-62. (7694

BROWN, S., *Apostasy and Perseverance in the Theology of Luke* (Rome, Pont. (7695
Biblical Institute, 1969), 168 pp.

HANSON, R. H., « Mary, according to Luke », Wor 43 (1969) 425-429. (7696

BORREMANS, J., « L'Esprit Saint dans la catéchèse évangélique de Luc », LVit (7697
25 (1970) 103-122.

KODELL, J., « The « People » in Luke's Account of the Passion », TDig 18 (1970) (7698
164-169.

MINEAR, P. S., « Some Glimpses of Luke's Sacramental Theology », Wor 44 (7699
(1970) 322-331.

Textes. Texts. Texte. Testi. Textos.

1-3   RICHARD, L., « L'évangile de l'enfance et le décret impérial de (7700
recensement », dans *Mémorial J. Chaine* (en collab.), 297-308.

1-2   BURROWS, E., *The Gospel of the Infancy and other Biblical Essays,* (7701
« The Gospel of the Infancy : the Form of Luke, chapters 1 and 2 »,
1-58.

             MAERTENS, T., *Le Messie est là* (Luc I-II) (Bruges, Abbaye de (7702
Saint-André, 1954), 172 pp.

             LAURENTIN, R., « Traces d'allusions étymologiques en Luc 1-2 », (7703
Bibl 37 (1956) 435-465; 38 (1957) 1-23.

             LAURENTIN, R., *Structure et théologie de Luc I-II* (EB), 232 pp. (7704

             COPPENS, J., « L'évangile lucanien de l'enfance. À propos de l'ouvrage (7705
de René Laurentin », ETL 33 (1957) 729-735.

             MUÑOZ IGLESIAS, S., « El evangelio de la Infancia en San Lucas y (7706
las infancias de los héroes bíblicos », EstB 16 (1957) 329-382.

             MUÑOZ IGLESIAS, S., « Los Evangelios de la infancia, y las infancias (7707
de los héroes (Por qué se plantea el problema ?) », EstB 16 (1957) 5-36.

             DE ROOVER, E., « De Evangelii Infantiae Chronologia », VD 36 (7708
(1958) 65-82.

             AUDET, J.-P., « Autour de la théologie de Luc I-II », SE 11 (1959) (7709
409-419.

             NEIRYNCK, F., *L'évangile de Noël selon saint Luc* (Bruxelles, La (7710
Pensée Catholique, 1960), 63 pp.

MUÑOZ IGLESIAS, S., « Literary Genre of the Infancy Gospel », (7711
TDig 9 (1961) 15-25.

STÖGER, A., « Die Spiritualität des lukanischen Kindheitsge- (7712
schichte », GeistL 36 (1963) 404-417.

HÖFER, A., « Die Christusbotschaft der Kindheitsevangelien », BiLit (7713
37 (1963-64) 113-122.

RIEDL, J., « Gottes Herrlichkeit – Des Menschen Glück », BiLit 39 (7714
(1966) 341-350.

TRILLING, W., *Fragen zur Geschichtlichkeit Jesu,* « Die Problematik (7715
der « Kindheitsgeschichten » », 71-82.

PERROT, C., « Les récits d'enfance dans la Haggada », RSR 40 (1967) (7716
481-518.

NELLESSEN, E., « Zu den Kindheitsgeschichten bei Matthäus und (7717
Lukas », TrierTZ 78 (1969) 305-309.

1   BENOIT, P., « L'enfance de Jean-Baptiste selon Luc 1 », dans *New* (7718
Testament Studies (Cambridge) 3 (1956-57) 169-194, et dans *Exégèse et*
théologie, III, 165-196.

1,1-4   HOLZMEISTER, U., « Officium exegetae iuxta prologus S. Lucae (Luc (7719
1,1-4) », VD 10 (1930) 6-10.

NAVONE, J. J., « The Way of the Lord », SCR 20 (1968) 24-30. (7720

1,3   NOLLE, L., « The « Orderly Account » of St. Luke », SCR 1 (1946) (7721
53-55.

RINALDI, G., « Risalendo alle piu lontane origini della tradizione (7722
(Luca 1,3) », BibOr 7 (1965) 252-258.

LÉGASSE, S., *L'appel du riche,* « L'interprétation de Luc (Lc 18, (7723
18-30) », 97-110.

1,18-25   LÉON-DUFOUR, X., « L'annonce à Joseph », dans *Mélanges bibliques* (7724
rédigés en l'honneur de André Robert (en collab.), 390-397.

1,26-38 VOSTÉ, J.-M., « De conceptione virginali Jesu Christi », Ang 10 (1933) (7725
195-243, 335-358.

JOÜON, P., « Note d'écriture sainte : l'Annonciation », NRT 66 (1939) (7726
793-798.

LEBRETON, J., *La vie et l'enseignement de J.-C.*[16], « L'annonce à (7727
Marie », I, 35-38.

LYONNET, S., « Il racconto dell'Annunciazione », ScuolC 82 (1954) (7728
411-446.

ALLARD, M., « L'Annonce à Marie et les annonces des naissances (7729
miraculeuses de l'Ancien Testament », NRT 78 (1956) 730-733.

AUDET, J.-P., « L'Annonce à Marie », RB 63 (1956) 346-374. (7730

DEL PARAMO, S., « La Anunciación de la Virgen (Reparos exegéticos (7731
y doctrinales a una reciente interpretacion) », EstB 16 (1957) 161-185.

GOTHARD, D., « The Annunciation », SCR 10 (1958) 116-121. (7732

DEISS, L., *Marie, fille de Sion,* « La vierge de l'Annonciation », 71-114. (7733

JONES, A., « Background of the Annunciation », SCR 11 (1959) 65-80. (7734

COCHRAN, R. T., « The Liturgy's Use of the Annunciation (7735
Scene », AmER 146 (1962) 89-93.

BENOIT, P., « L'Annonciation », AS Nº 6 (1965) 40-57. (7736

DANIÉLOU, J., *Les évangiles de l'enfance,* « L'annonce à Marie », (7737 21-42.

BENOIT, P., « L'Annonciation », AS N° 6 (1965) 40-57, et dans (7738 *Exégèse et théologie,* III, 197-215.

GAECHTER, P., « Der Verkündigungsbericht Lk 1,26-38 », ZKT 91 (7739 (1969) 322-363, 567-586.

1,26-28 SUDBRACK, J., « Heiliger Geist wird über dich kommen (Lk 1, (7740 26-28) », GeistL 40 (1967) 467-470.

1,27 VOGT, E., « De nominis Mariae etymologia », VD 26 (1948) 163-168. (7741

LATTEY, C., « Ad virginem desponsatam viro », VD 30 (1952) 30-33. (7742

SCHMAUS, M., « Hat Maria ein Jungfräulichkeitsgelübde abge- (7743 legt », BiLit 23 (1955-56) 170-172.

1,28-37 VOSS, G., *Die Christologie der lukanischen Schriften in Grundzügen,* (7744 « Die Ankündigung der Geburt Jesu (Lk 1,28-37) », 62-81.

1,28 LYONNET, S., « Χαιρε κεχαριτωμενη », Bibl 20 (1939) 131-141. (7745

HOLZMEISTER, U., « Dominus tecum », VD 23 (1943) 232-237, (7746 257-262.

BERTETTO, D., « Le prove del domma dell'immacolata concezione (7747 negli atti preparatori alla definizione e nel magistero pontificio », Sal 16 (1954) 586-621.

DE VILLAPADIERNA, C., « El saludo del Angel y de Isabel (Luc (7748 1,28.42) a la luz de la « Ineffabilis » y de la « Mun. Deus » », EstF 55 (1954) 53-72.

FANTINI, J., « ΚΕΧΑΡΙΤΩΜΕΝΗ (Lc. 1,28). Interpretación (7749 filológica », Salm 1 (1954) 760-763.

BOURASSA, F., « ΚΕΧΑΡΙΤΩΜΕΝΗ (Lc. 1,28) », SE 9 (1957) (7750 313-316.

COLE, E. R., « What did St. Luke Mean by *Kecharitomene?* » AmER (7751 139 (1958) 228-239.

KÖBERT, R., « Lc 1,28.42 in den syrischen Evangelien », Bibl 42 (7752 (1961) 229-230.

CAMBE, M., « La ΧΑΡΙΣ chez saint Luc », RB 70 (1963) 193-207. (7753

1,31 QUECKE, H., « Lukas 1,31 in den alten Übersetzungen », Bibl 46 (7754 (1965) 333-348.

BRINKMANN, B., « Die Jungfrauengeburt und das Lukasevan- (7755 gelium », Bibl 34 (1953) 327-332.

1,34 HOLZMEISTER, U., « Quomodo fiet istud, quoniam virum non (7756 cognosco (Lc. 1,34) », VD 19 (1939) 70-75.

COLLINS, J. J., « Our Lady's Vow of Virginity (Lk 1,34) », CBQ 5 (7757 (1943) 371-380.

PHILIPPE, M.-D., « La prière de Marie au jour de l'Annoncia- (7758 tion », VS 70 (1944) 191-201.

BRODMANN, B., « Mariens Jungfräulichkeit nach Lk 1,34 in der (7759 Auseinandersetzung von heute », Ant 30 (1955) 27-44.

MOLIN, G., « Die Frage Marias an den Verkündigungsengel », BiLit (7760 24 (1956-57) 76-81.

CEROKE, C. P., « Luke 1,34 and Mary's Virginity », CBQ 19 (1957) (7761 329-342.

GALOT, J., « Vierge entre les vierges », NRT 79 (1957) 463-477.   (7762

VILLANUEVA, M., « Nueva controversia en torno al voto de   (7763
virginidad de Nuestra Señora », EstB 16 (1957) 307-328.

ZERWICK, M., « ... quoniam virum non cognosco (Lc 1,34).   (7764
(Conspectus criticus de opinionibus recentioribus) », VD 37 (1959)
212-224, 276-288.

GALOT, J., « La virginité de Marie et la naissance de Jésus », NRT   (7765
82 (1960) 449-469.

GEWIESS, J., « Die Marienfrage, Lk 1,34 », BZ 5 (1961) 221-254.   (7766

QUECKE, H., « Lk 1,34 in den alten Übersetzungen und im   (7767
Protevangelium des Jakobus », Bibl 44 (1963) 499-520.

QUECKE, H., « Lk im DIATESSARON », Bibl 45 (1964) 85-88.   (7768

QUECKE, H., « Zur Auslegungsgeschichte von Luk 1,34 », Bibl 47   (7769
(1966) 113-114.

MUÑOZ IGLESIAS, S., « A propósito de Lucas 1,34 », EstB 28 (1969)   (7770
143-150.

PRETE, B., « A proposito di Luca 1,34 », RivB 18 (1970) 379-394.   (7771

1,35   RIEDL, J., « Strukturen christologischer Glaubensentfaltung im Neuen   (7772
Testament », ZKT 87 (1965) 443-452.

LEGRAND, L., « L'arrière-plan néo-testamentaire de Luc 1,35 », RB   (7773
70 (1963) 161-192.

MUÑOZ IGLESIAS, S., « Lucas 1,35b », EstB 27 (1968) 275-299.   (7774

1,39-56   OGARA, F., « De doctrina Mariana in Visitationis mysterio contents   (7775
(Lc. 1,39-56) », VD 17 (1937) 199-204, 225-233, 289-295.

1,39-47   LIESE, H., « In festo Visitationis B. Mariae V. die 2 Iulii », VD 13   (7776
(1933) 193-198.

LEFEBVRE, G., « Notre-Dame de Bénédiction », VS 75 (1946) 96-114.   (7777

DEISS, L., *Marie, fille de Sion,* « La vierge de la Visitation », 117-126.   (7778

1,39-45   VARRO, R., « La Visitation », AmiCl 80 (1970) 625-628.   (7779

1,39   PLASSMANN, T., « « Cum festinatione » in Luke 1 : 39 », AmER   (7780
137 (1957) 230-234.

1,43   STANLEY, D. M., « The Mother of My Lord », Wor 34 (1960)   (7781
330-332.

1,46-55   BOVER, J. M., « El « Magnificat », su estructura y su significación   (7782
mariológica », EstE 19 (1945) 31-43.

VANN, G., « The Theology of the Magnificat », Wor 22 (1947-48)   (7783
97-100.

HOLZMEISTER, U., « Magnificat », VD 26 (1948) 357-360.   (7784

GUILLET, J., « Le Magnificat », MD N° 38 (1954) 59-69.   (7785

MARTINDALE, C. C., « The Magnificat », Wor 30 (1955-56) 140-142.   (7786

DEISS, L., *Marie, fille de Sion,* « Le Magnificat », 129-160.   (7787

DE FRAINE, J., *Prier avec la Bible.* Les antécédents bibliques de   (7788
grandes prières chrétiennes (Bruges, Ch. Beyaert, 1961), « Le Magnificat », 97-169.

SULLIVAN, K., « The Lowly Maid », Wor 36 (1962) 374-379.   (7789

SCHNACKENBURG, R., « Das Magnificat, seine Spiritualität und   (7790
Theologie », GeistL 38 (1965) 342-357.

RAMAROSON, L., « Ad structuram cantici « Magnificat » », VD 46 (7791
(1968) 30-46.

1,46   SUTCLIFFE, E. F., « The Magnificat and the Canticle of Anna », SCR (7792
1 (1946) 56-58.

GUÉRARD DES LAURIERS, M.-L., « Magnificat anima Domi- (7793
num », VS 83 (1950) 122-126.

1,48-49   MUSSNER, F., « Lk 1,48f; 11,27f und die Anfänge der Marien- (7794
verehrung in der Urkirche », Catho 21 (1967) 287-294.

1,68-79   HOLZMEISTER, U., « Canticum « Benedictus » », VD 26 (1948) (7795
361-363.

MARTINDALE, C. C., « The Benedictus Canticle », Wor 30 (1955-56) (7796
42-44.

GNILKA, J., « Der Hymnus des Zacharias », BZ 6 (1962) 215-238. (7797

2,1-20   GEORGE, A., « La naissance du Christ Seigneur », AS Nº 10 (1963) (7798
44-57.

BAILY, M., « The Shepherds and the Sign of a Child in a Man- (7799
ger », IrThQ 31 (1964) 1-23.

BECQUET, G., « Naissance de Jésus et annonce aux bergers (Lc 2, (7800
1-20) », AmiCl 78 (1968) 762-766.

GEORGE, A., « Il vous est né aujourd'hui un Sauveur », AS (n.s.) (7801
Nº 10 (1970) 50-67.

2,1-7   DANIÉLOU, J., Les évangiles de l'enfance, « Jésus et Joseph », 43-58; (7802
« La naissance de Jésus », 59-78.

2,1-5   SERAPHIN, E. W., « The Edict of Caesar Augustus », CBQ 7 (1945) (7803
91-96.

2,1-3   MIGUENS, M., « In una mangiatoia, perche non c'era posto », BibOr (7804
2 (1960) 193-198.

2,2   LEE, G. M., « New Testament Gleanings », Bibl 51 (1970) 235-240. (7805

2,4   HOLZMEISTER, U., « Cur S. Joseph iter Bethlehemeticum susceperit (7806
et Maria eum comitata sit (Lc 2,4) », VD 22 (1942) 263-270.

2,5-20   LIESE, H., « In Nativitate Domini », VD 12 (1932) 357-363. (7807

WEBERT, J., « Marie à Bethléem », VS 71 (1944) 530-541. (7808

2,7   FREY, J.-B., « La signification du terme prôtotokos d'après une (7809
inscription juive », Bibl 11 (1930) 373-390.

McNAMARA, E. A., « Because There Was no Room for Them in the (7810
Inn », AmER 105 (1941) 433-443.

STOLL, R., « Her Firstborn Son », AmER 108 (1943) 1-13. (7811

BENOIT, P., « Non erat eis locus in diversorio (Lc 2,7) », dans (7812
Mélanges bibliques en hommage au R. P. Béda Rigaux (en collab.),
173-186.

2,8-20   DANIÉLOU, J., Les évangiles de l'enfance, « L'adoration des ma- (7813
ges », 79-106.

LEGRAND, L., « L'Évangile aux bergers. Essai sur le genre littéraire (7814
de Luc, II, 8-20 », RB 75 (1968) 161-187.

2,11   WULF, F., « Gott im Menschen Jesus. Auslegung und Meditation von (7815
Jo 1,14; Phil 2,7; Lk 2,11 », GeistL 42 (1969) 472-473.

2,14	HERKLOTZ, F., « Zu Lk 2,14 », ZKT 58 (1934) 113-114. (7816
	HOLZMEISTER, U., « Pax hominibus bonae voluntatis (Lc 2,14) », (7817 VD 18 (1938) 353-361.
	BOVER, J. M., « Pax hominibus bonae voluntatis », EstB 7 (1948) (7818 441-449.
	FITZMYER, J. A., « Peace upon Earth among Men of His Good Will (7819 (Lk 2 : 14) », TS 19 (1958) 225-228.
	KÖBERT, R., « *Sabrâ tabâ* im syrischen Tatian Lc 2,14 », Bibl 42 (7820 (1961) 90-91.
2,15-20	LIESE, H., « Pastores ad Praesepe (Animadversiones homileticae in Ev. (7821 2ae Missae : Lc. 2,15-20) », VD 13 (1933) 353-358.
2,16	WULF, F., « Sie fanden Maria und Joseph und das Kind, das in der (7822 Krippe lag (Lk 2,16) », GeistL 31 (1958) 401-403.
2,19	MEYER, B. F., « But Mary kept all these things... (Lk 2,19,51) », CBQ (7823 26 (1964) 31-49.
2,21-32	LAGRANGE, M.-J., « La présentation de Jésus au temple », VS 26 (7824 (1931) 129-135.
	LIESE, H., « In circumcisione Domini », VD 12 (1932) 6-10. (7825
2,21-38	DANIÉLOU, J., *Les évangiles de l'enfance,* « La présentation au (7826 Temple », 107-124.
	GALBIATI, E., « La presentazione al tempio », BibOr 6 (1964) 28-37. (7827
2,21	DEVILLE, R., « Jésus, unique sauveur du monde (Lc 2,21) », AS (7828 Nº 12 (1964) 28-43.
2,22-24	STOLL, R. F., « The Presentation and Purification », AmER 110 (7829 (1944) 103-111.
2,26-38	GIBLET, J., « L'aube du salut : l'Annonciation », BVC Nº 7 (1954) (7830 96-108.
2,28	PATAV, S. A., « Et cum inducerent puerum parentes eius... et ipse (7831 accepit eum in ulnas suas », VD 15 (1935) 34.
2,29-32	HOLZMEISTER, U., « Tria Cantica N. T. (Lc 1,46-58, 68-79; 2, (7832 29-32) », VD 26 (1948) 356-364.
	MARTINDALE, C. C., « Simeon's Canticle », Wor 30 (1955-56) (7833 199-201.
	HOLZMEISTER, U., « Canticum « Nunc dimittis » », VD 26 (1948) (7834 363-364.
2,29	RENARD, A., « Les serviteurs du roi », BVC Nº 46 (1962) 33-45. (7835
2,33-40	NEIRYNCK, F., « Le Messie sera un signe de contradiction », AS (7836 Nº 11 (1961) 29-42.
2,34-35	DE KONINCK, C., « The Compassion of the Virgin-Mother and the (7837 Prophecy of Simeon », LTP 6 (1950) 314-327.
	WINANDY, J., « La prophétie de Siméon (Lc 2,34-35) », RB 72 (1965) (7838 321-351.
	GALLUS, T., « De sensu verborum Lc. 2,34 eorumque momento (7839 mariologico », Bibl 29 (1948) 220-239.
	FEUILLET, A., « L'épreuve prédite à Marie par le vieillard Siméon (7840 (Luc., II, 35) », dans *À la rencontre de Dieu.* Mémorial Albert Gelin (en collab.), 243-263.

	BENOIT, P., « Et toi-même, un glaive te transpercera l'âme ! (Luc 2,35) », CBQ 25 (1963) 251-261.	(7841
	BENOIT, P., « Et toi-même, un glaive te transpercera l'âme (Luc 2, 35) », CBQ 25 (1963) 251-261, et dans *Exégèse et théologie*, III, 216-227.	(7842
2,36	SUTCLIFFE, E. F., « The Magnificat and the Canticle of Anna », SCR 1 (1946) 56-58.	(7843
2,41	DUPONT, J., « Jésus à douze ans (Lc 2,41-52) », AS N° 14 (1961) 25-43.	(7844
	DANIÉLOU, J., *Les évangiles de l'enfance*, « Jésus et les docteurs », 125-140.	(7845
2,48-50	LAURENTIN, R., *Jésus au Temple*. Mystère de Pâques et foi de Marie en Luc 2,48-50 (Paris, Gabalda, 1966), 273 pp.	(7846
	PESCH, R., « Kind, warum hast du so an uns getan ? » BZ 12 (1968) 245-248.	(7847
2,49	TEMPLE, P. J., « « House » or « Business » in Lk. 2 : 49 ? » CBQ 1 (1939) 342-352.	(7848
2,50	BOVER, J. M., « Una nueva interpretación de Lc. 2,50 », EstB 10 (1951) 205-215.	(7849
	SPADAFORA, F., « Et ipsi non intellexerunt (Lc. 2,50) », Div 11 (1967) 55-70.	(7850
2,51	MEYER, B. F., « But Mary kept all these Things... (Lk 2,19.51) », CBQ 26 (1964) 31-49.	(7851
2,52	TEMPLE, P. J., « Christ's Holy Mouth According to Lk. 2,52 », CBQ 3 (1941) 243-250.	(7852
3,1-9,50	FRANSEN, I., « Ce que Jésus a fait et enseigné (Luc 3,1-9,50) », BVC N° 22 (1958) 58-72.	(7853
3,1-6	GEORGE, A., « La venue du Seigneur », AS N° 7 (1967) 32-45.	(7854
	SABBE, M., « Le baptême de Jésus », dans *De Jésus aux Évangiles*, 184-211.	(7855
	DUPREZ, A., VARRO, R., BECQUET, G., « Jean-Baptiste annonce la venue du Seigneur (Luc 3,1-6) », AmiCl 78 (1968) 709-711.	(7856
	GEORGE, A., « La venue du Seigneur », AS (n.s.) N° 6 (1969) 70-81.	(7857
3,10-18	TRILLING, W., « Le message de Jean-Baptiste », AS (n.s.) N° 7 (1969) 65-75.	(7858
	BEAUVERY, R., « Le Seigneur vient, convertissons-nous ! » AmiCl 80 (1970) 621-624.	(7859
3,15-22	JACQUEMIN, E., « Le baptême du Christ », AS (n.s.) N° 12 (1969) 48-66.	(7860
3,16	HAMMAN, A., « Le baptême par le feu (*Mt.* 3,11; *Lc.* 3,16) », MSR 8 (1951) 285-292.	(7861
3,21-22	VOSTÉ, J.-M., « De baptismo Jesu », Ang 11 (1934) 187-213, 325-340.	(7862
	SCHLIER, H., « Die Verkündigung der Taufe Jesu nach des Evangelien », GeistL 28 (1955) 414-419.	(7863
	GILS, F., *Jésus prophète, d'après les évangiles synoptiques*, « Vision inaugurale de Jésus au baptême », 49-73.	(7864

FEUILLET, A., « Le symbolisme de la colombe dans les récits (7865
évangéliques du baptême », RSR 46 (1958) 524-544.

ROULIN, P., CARTON, G., « Le baptême du Christ », BVC N° 25 (7866
(1959) 39-48.

LEGAULT, A., « Le baptême de Jésus et la doctrine du Serviteur (7867
souffrant », SE 13 (1961) 147-166.

FEUILLET, A., « Le baptême de Jésus », RB 71 (1964) 321-352.   (7868

FEUILLET, A., « La personnalité de Jésus entrevue à partir de sa (7869
soumission au rite de repentance du précurseur », RB 77 (1970) 30-49.

LENTZEN-DEIS, F., *Die Taufe Jesu nach den Synoptikern.* Lite- (7870
rarkritische und gattungsgeschichtliche Untersuchungen (Frankfurt a.
M., Knecht, 1970), 324 pp.

3,23-38   HOLZMEISTER, U., « Genealogia S. Lucae (3,23-38) », VD 23 (1943) (7871
9-18.

DANIÉLOU, J., *Les évangiles de l'enfance,* « La généalogie », 11-20. (7872

4,1-13   BOULOGNE, C.-D., « La tentation de Jésus au désert. La « Politi- (7873
que », ici-bas, du Fils de Dieu fait homme », VS 92 (1955) 346-380.

LYONNET, S., « La méditation des deux Étendards et son fondement (7874
scripturaire », CHR N° 12 (1956) 435-456.

FEUILLET, A., « Le récit lucanien de la tentation (Lc 4,1-13) », Bibl (7875
40 (1959) 613-631.

LIGIER, L., *Péché d'Adam et péché du monde,* « Confrontation au (7876
désert », II, 11-24.

DUPONT, J., « Les tentations de Jésus dans le récit de Luc (Luc 4, (7877
1-13) », SE 14 (1962) 1-29.

RIESENFELD, H., « Le caractère messianique de la tentation au dé- (7878
sert », dans *La venue du Messie* (en collab.), 51-63.

KELLY, H. A., « The Devil in the Desert », CBQ 26 (1964) 190-220. (7879

VOSS, G., *Die Christologie der lukanischen Schriften in Grundzügen,* (7880
« Die Versuchung Jesu (Lk 4,1-13) », 94-97.

DUPONT, J., « L'origine du récit des tentations de Jésus au dé- (7881
sert », RB 73 (1966) 30-76.

DUPONT, J., « The Temptations of Jesus in Luke », TDig 14 (1966) (7882
213-217.

DUPONT, J., « The Origin of the Narrative of Jesus' Temptations », (7883
TDig 15 (1967) 230-235.

NAVONE, J. J., « The Temptation Account in St. Luke (4,1-13) », SCR (7884
20 (1968) 65-72.

DUPONT, J., *Les tentations de Jésus au désert,* « Le récit de Luc », (7885
43-72.

4,14-30   PREVALLET, E. M., « The Rejection at Nazareth », SCR 20 (1968) (7886
5-9.

4,14-15   BUZY, D., « Le premier séjour de Jésus à Capharnaüm », dans (7887
Mélanges bibliques rédigés en l'honneur de André Robert (en collab.),
411-419.

4,16-30   TEMPLE, P. J., « The Rejection at Nazareth », CBQ 17 (1955) 229-242. (7888

GEORGE, A., « La prédication inaugurale de Jésus dans la synagogue (7889
de Nazareth (Luc 4,16-30) », BVC N° 39 (1964) 17-29.

BAJARD, J., « La structure de la péricope de Nazareth en Lc., IV,16- (7890
30 », ETL 45 (1969) 165-171.

SCHÜRMANN, H., « Zur Traditionsgeschichte der Nazareth-Perikope (7891
Lk 4,16-30 », dans *Mélanges bibliques* en hommage au R. P. Béda
Rigaux (en collab.), 187-205.

4,16-22 PEREZ RODRIGUEZ, G., « Jésus à la synagogue de Nazareth (Lc (7892
4,16-22) », AS N° 38 (1967) 26-39.

4,18 DE LA POTTERIE, I., « L'onction du Christ », NRT 80 (1958) (7893
225-252.

4,30 HOLZMEISTER, U., « Mons saltus juxta urbem Nazareth et (7894
miraculum (Lc. 4,30) », VD 17 (1937) 50-57.

4,38-39 LAMARCHE, P., « La guérison de la belle-mère de Pierre et le genre (7895
littéraire des évangiles », NRT 87 (1965) 515-526.

LÉON-DUFOUR, X., « La guérison de la belle-mère de Simon- (7896
Pierre », EstB 24 (1965) 193-216.

LÉON-DUFOUR, X., *Études d'évangile,* « La guérison de la belle-mère (7897
de Simon-Pierre », 123-148.

PESCH, R., *Neuere Exegese. Verlust oder Gewinn ?* (Freiburg i. B., (7898
Herder, 1968), « Die Heilung der Schwiegermutter des Simon-Pe-
trus », 143-175.

5,1-11 SCHÜRMANN, H., « La promesse à Simon-Pierre (Lc 5,1-11) », AS (7899
N° 58 (1964) 27-34.

AGNEW, F., « Vocatio primorum discipulorum in traditione synop- (7900
tica », VD 46 (1968) 129-147.

FEUILLET, A., « La controverse sur le jeûne (Mc 2,18-20; Mt 9, 14-15; (7901
Lc 33-35) », NRT 90 (1968) 113-136, 252-277.

5,8 WULF, F., « ... denn ich bin ein sündiger Mensch (Lk 5,8) », GeistL (7902
36 (1963) 1-4.

5,10 PESCH, R., « La rédaction lucanienne du logion des pêcheurs d'homme (7903
(Lc V,10c) », ETL 46 (1970) 413-432.

5,27-32 VAN IERSEL, B., « La vocation de Lévi (Mc., II, 13-17), Tradition et (7904
rédactions », dans *De Jésus aux Évangiles,* 212-232.

5,33-39 CREMER, F. G., « Lukanisches Sondergut zum Fastenstreitgespräch. (7905
Lk 5,33-39 im Urteil der patristischen und scholastischen Exegese »,
TrierTZ 76 (1967) 129-154.

5,34 CREMER, F. G., « Die Sönne des Brautgemachs (Mk 2,19 parr) in der (7906
griechischen und lateinischen Schrifterklärung », BZ 11 (1967) 246-253.

5,35 CREMER, F. G., *Die Fastenaussage Jesu* - Mk 2,20 und paralparall (7907
Parallelen in der Sicht per patristischen und scholastischen Exegese
(Bonn, P. Hanstein, 1965), 30-185 pp.

5,39 DUPONT, J., « Vin vieux, vin nouveau (Luc 5,39) », CBQ 25 (1963) (7908
286-304.

6,1-5 BENOIT, P., « Les épis arrachés (Mt. 12,1-8 et par.) », dans *Studii* (7909
Biblici Franciscani Liber Annuus 13 (1962-1963) (Jérusalem), 76-92, et
dans *Exégèse et théologie,* III, 228-242.

6,1 AUDET, J.-P., « Jésus et le « Calendrier sacerdotal ancien ». Autour (7910
d'une variante de Luc 6,1 », SE 10 (1958) 361-383.

CAUBET ITURBE, F. J., « El Calendario de Enoc-Jubileos y el antiguo   (7911
Calendario hebréo », Salm 6 (1959) 131-142.

VOGT, E., « Sabbatum « *deuteroproton* » in Lc 6,1 et antiquum   (7912
calendarium sacerdotale », Bibl 40 (1959) 102-105.

6,12-10,17   CERFAUX, L., « La mission de Galilée dans la tradition synop-   (7913
tique », ETL 27 (1951) 369-389; 28 (1952) 629-647, ou dans *Recueil
Lucien Cerfaux*, I, 425-470.

6,17-49   DUPONT, J., *Les béatitudes²*, I, 189-203.   (79₁4

6,19   MAY, E., « ... For Power Went Forth from Him... », CBQ 14 (1952)   (7915
93-103.

6,20-49   SCHÜRMANN, H., « Die Warnung des Lukas vor der Falschlehre in   (7916
der « Predigt am Berge ». Lk 6,20-49 », BZ 10 (1966) 57-81.

CORBIN, M., « Nature et signification de la Loi évangélique », RSR   (7917
57 (1969) 5-48.

AGOURIDÈS, S., « La tradition des Béatitudes chez Matthieu et   (7918
Luc », dans *Mélanges bibliques* en hommage au R. P. Béda Rigaux (en
collab.), 9-27.

GREENWOOD, D., « Moral Obligation in the Sermon on the   (7919
Mount », TS 31 (1970) 301-309.

6,20-23   DUPONT, J., *Les béatitudes²*, « Les béatitudes de Luc », I, 265-298.   (7920

6,20-22   BROWN, R. E., *New Testament Essays*, « The Beatitudes According to   (7921
Luke », 265-271.

6,20   SALVONI, F., « Il significato della prima Beatitudine », ScuolC 3   (7922
(1932) 426-442; 4 (1932) 18-35.

XXX, « Quelle est l'explication la plus probable des mots suivants :   (7923
Bienheureux les pauvres par esprit, parce que le Royaume des cieux est
à eux ? » AmiCl 54 (1937) 312.

DUPONT, J., « Les pauvres en esprit », dans *À la rencontre de Dieu.*   (7924
Mémorial Albert Gelin (en collab.), 265-272.

STRAMARE, T., « Beati i poveri », RivB 13 (1965) 179-186.   (7925

DUPONT, J., *Les béatitudes²*, « Les malédictions », I, 299-342.   (7926

6,25   STEINMETZ, F.-J., « « Weinen mit den Weinenden ». Auslegung und   (7927
Meditation von Lk 6,25; 1 Kor 7,30; Röm 12,15 », GeistL 42 (1969)
391-394).

6,27-38   DEISS, L., « La loi nouvelle (Mt 5,38-48; cf. Lc 6,27-38) », AS (n.s.)   (7928
N° 38 (1970) 60-78.

6,33   ROUSTANG, F., « Le Christ, ami des pécheurs », CHR N° 21 (1959)   (7929
6-9.

6,36   DUPONT, J., « Soyez parfaits (*Mt.,* V, 48) – Soyez miséricordieux (*Lc.,*   (7930
VI, 36) », dans *Sacra Pagina* (en collab.), II, 150-162.

DUPONT, J., « L'appel à imiter Dieu en Matthieu 5,48 et Luc 6,   (7931
36 », RivB 14 (1966) 137-158.

McNAMARA, M., *The N. T. and the Palestinian Targum to the*   (7932
Pentateuch, « Be you Marciful as your Father is Merciful; Lk 6,36 (Mt
5,48) and TJl Lv 22,28 », 133-138.

6,39-40   DUPONT, J., *Les béatitudes²*, « Les deux aveugles », I, 53-58.   (7933

6,41   COCAGNAC, A.-M., « La paille et la poutre », VS 96 (1957) 32-39.   (7934

6,45   DUPONT, J., *Les béatitudes²*, « Le trésor du coeur », I, 43-50.   (7935

7	FULLER, R. C., « The Anointing of Christ in Luke VII », SCR 4 (1949) 90-92.	(7936
7,1-10	SUDBRACK, J., « Der Glaube des Hauptmanns. Die drei evange-lischen Berichte von der Heilung des Hauptmanns-Knechtes », GeistL 39 (1966) 379-384.	(7937
7,11-16	TERNANT, P., « La résurrection du fils de la veuve de Naïm (Lc 7,11-16) », AS N° 69 (1964) 29-40.	(7938
7,14	FONCK, L., « Adolescens, tibi dico : Surge ! » VD 2 (1922) 258-264.	(7939
7,18-23	DUPONT, J., « L'ambassade de Jean-Baptiste (Matthieu 11, 2-6; Luc 7,18-23) », NRT 83 (1961) 805-821, 943-959.	(7940
	DUPONT, J., « Art thou he who is to Come ? » TDig 12 (1964) 42-47.	(7941
7,21	CRAGHAN, J., « A Redactional Study of Lk 7,21 in the Light of Dt 19,15 », CBQ 29 (1967) 353-367.	(7942
7,31-35	MUSSNER, F., « Der nicht erkannte Kairos (Mt. 11,16-19; Lc 7, 31-35) », Bibl 40 (1959) 599-612.	(7943
7,36-8,3	CHARPENTIER, E., « Le Prophète ami des pécheurs (Lc 7,36-8, 3) », AS (n.s.) N° 42 (1970) 80-94.	(7944
7,36-50	SUYS, A., « Simon, habeo tibi aliquid dicere », VD 12 (1932) 199-203.	(7945
	XXX, « Comment expliquer le passage de Luc VII, 36-50 ? » AmiCl 53 (1936) 183-184.	(7946
	JOÜON, P., « La pécheresse de Galilée et la parabole des deux débiteurs (Lc 7,36-50) », RSR 29 (1939) 615-619.	(7947
	LEBRETON, J., La vie et l'enseignement de J.-C.16, « La pécheresse (Luc 7,36-50) », I, 272-283.	(7948
	GALLO, S., « Peccatrix in civitate (Lc 7,36-50) », VD 27 (1949) 84-91.	(7949
	MORETTA, R., « Chi fu la peccatrice che unse d'unguento Gesù ? » ScuolC 81 (1953) 350-370.	(7950
	DONOHUE, J. J., « The Penitent Woman and the Pharisee : Luke 7 : 36-50 », AmER 142 (1960) 414-421.	(7951
	WINANDY, J., « Simon et la pécheresse (Luc 7,36-50) », BVC N° 47 (1962) 38-46.	(7952
	DELOBEL, J., « L'onction par la pécheresse. La composition littéraire de Lc VII, 36-50 », ETL 42 (1966) 415-475.	(7953
	DELOBEL, J., « Structure of Luke's Forgiveness-Anointing », TDig 16 (1968) 126-128.	(7954
	BOUWMAN, G., « La pécheresse hospitalière », ETL 45 (1969) 172-179.	(7955
	DELOBEL, J., « Encore la pécheresse. Quelques réflexions criti-ques », ETL 45 (1969) 180-183.	(7956
7,36	FULLER, R. C., « The Anointing of Christ in Luke VII », SCR 4 (1949) 90-92.	(7957
7,39-50	URRUTIA, J. L., « La parabola de los dos deudores, Lc 7,39-50 », EstE 38 (1963) 459-482.	(7958
8,4-18	DUPONT, J., « Le chapitre des paraboles », NRT 99 (1967) 800-820.	(7959
8,4-15	HOLZMEISTER, U., « Exiit qui seminat seminare semen suum », VD 22 (1942) 8-13.	(7960
	PARSCH, P., Apprenons à lire la Bible, « Une parabole : le se-meur », 162-166.	(7961

DUPONT, J., « Le semeur (Lc 8,4-15) », AS N° 23 (1964) 37-54.   (7962

BECQUET, G., « La parabole du semeur (Lc 8,4-15) », AmiCl 78   (7963
(1968) 22-24.

8,5-15   LÉON-DUFOUR, X., *Études d'évangile,* « La parabole du semeur »,   (7964
255-301.

8,5-8   GEORGE, A., « Le sens de la parabole des semailles (*Mc.,* IV, 3-9 et   (7965
parallèles) », dans *Sacra Pagina* (en collab.), II, 163-169.

8,9-18   BOVER, J.-M., « Problemas inherentes a la interpretación de la   (7966
parabola del Sembrador », EstB 26 (1952) 169-185.

8,9-10   SIEGMAN, E. F., « Teaching in Parables (Mk 4,10-12; Lk 8,9-10; Mt   (7967
13,10-15) », CBQ 23 (1961) 161-181.

8,10   CERFAUX, L., « La connaissance des secrets du Royaume d'après *Mt.,*   (7968
XIII, 11 et parallèles », *New Testament Studies* 2 (1955-1956) 238-249,
ou dans *Recueil Lucien Cerfaux,* III, 123-138.

GNILKA, J., *Die Verstockung Israels.* Isaias 6,9-10 in der Theologie der   (7969
Synoptiker, « Das Wort von der Verstockung in Lk 8,10 und die
lukanische Parabelauffassung », 119-129.

8,11-15   OTT, W., *Gebet und Heil.* Die Bedeutung der Gebetsparänese in der   (7970
lukanischen Theologie (München, Kösel, 1965), « Die Bedeutung des
Betens für das Heil in der Apg », 131-136.

8,12-16   MOINGT, J., « La guérison du lépreux », CHR N° 2 (1954) 70-76.   (7971

8,15   CERFAUX, L., « Fructifiez en supportant l'épreuve », RB 64 (1957)   (7972
481-491, ou dans *Recueil Lucien Cerfaux,* III, 111-122.

8,22-25   LÉON-DUFOUR, X., « La tempête apaisée », NRT 87 (1965) 897-922.   (7973

LÉON-DUFOUR, X., *Études d'évangile,* « La tempête apaisée »,   (7974
149-182.

8,22   LEAL, J., « La oración y la crísis de fe », Manr 39 (1967) 213-220.   (7975

8,26-39   AHERN, B., « The Lord's Freedman », Way 2 (1962) 166-176.   (7976

CRAGHAN, J., « The Gerasene Demoniac », CBQ 30 (1968) 522-536.   (7977

LAMARCHE, P., « Le possédé de Gérasa (Mt 8,28-34; Mc 5,1-20; Lc   (7978
8,26-39) », NRT 90 (1968) 581-597.

BLIGH, J., « The Gerasene Demoniac and the Resurrection of   (7979
Christ », CBQ 31 (1969) 383-390.

8,35   XXX, « Interprétation de Mt X,39 et de Lc VIII,35 », AmiCl 57   (7980
(1946-47) 94-96.

8,41   PESCH, R., « Jaïrus (Mk 5,22 / Lk 8,41) », BZ 14 (1970) 252-256.   (7981

9   ROCA-PUIG, R., « Un pergamino copto en Barcelona P. Barc. Inv.   (7982
Num. 8; Lc 9,29-32. 36-39. 42-45. 48-50 », EstE 34 (1960) 837-850.

9,11-17   HEISING, A., *Die Botschaft der Brotvermehrung.* Zur Geschichte und   (7983
Bedeutung eines Christusbekenntnisses im Neuen Testament, 84 pp.

9,12-21   LEBRETON, J., *La vie et l'enseignement de J.-C.*[16], « La confession de   (7984
saint Pierre », I, 421-436.

9,18-24   DENAUX, A., « La confession de Pierre et la première annonce de la   (7985
Passion (Lc 9,18-24) », AS (n.s.) N° 43 (1969) 72-82.

9,18-22   WILLAERT, B., « La connexion littéraire entre la première prédiction   (7986
           de la passion et la confession de Pierre chez les Synoptiques », ETL 32
           (1956) 24-45.

9,22   FEUILLET, A., « Les trois grandes prophéties de la Passion et de la   (7987
           Résurrection des évangiles synoptiques », RT 67 (1967) 533-560; 68
           (1968) 41-74.

9,24   BAUER, J. B., « Wer sein Leben retten will... Mk 8,35 Parr. », dans   (7988
           Neutestamentliche Aufsätze (en collab.), 7-10.

9,27   COTTER, A. C., « Non gustabunt mortem », CBQ 6 (1944) 444-455.   (7989
9,28-36   HÖLLER, J., *Die Verklärung Jesu* (Freiburg, Herder, 1937), 16-235 pp.   (7990
           GILS, F., *Jésus prophète, d'après les évangiles synoptiques,* « Nouvelle   (7991
           vision inaugurale à la transfiguration », 73-78.

           FEUILLET, A., « Les perspectives propres à chaque évangéliste dans   (7992
           les récits de la transfiguration », Bibl 39 (1958) 281-301.

           GEORGE, A., « La transfiguration (Luc 9,28-36) », BVC N° 33   (7993
           (1960) 21-25.

           FEUILLET, A., « Les trois grandes prophéties de la Passion et de la   (7994
           Résurrection des évangiles synoptiques », RT 67 (1967) 533-560; 68
           (1968) 41-74.

           SABBE, M., « La rédaction du récit de la transfiguration » dans *La*   (7995
           venue du Messie (en collab.), 75-100.

           MIQUEL, P., « The Mystery of the Transfiguration », TDig 11 (1963)   (7996
           159-164.

           VOSS, G., *Die Christologie der lukanischen Schriften in Grundzügen,*   (7997
           160-167.

           LÉON-DUFOUR, X., *Études d'évangile,* « La transfiguration de Jé-   (7998
           sus », 83-122.

9,37-43   LÉON-DUFOUR, X., « L'épisode de l'enfant épileptique », dans *La*   (7999
           formation des Évangiles (en collab.), 85-115.

           LÉON-DUFOUR, X., *Études d'évangile,* « L'épisode de l'enfant   (8000
           épileptique », 183-227.

9,43-45   GAMBA, G. G., « Senso e significato funzionale di Luca, 9,43b-   (8001
           45 », dans *Il messianismo* (en collab.), 233-267.

9,46-50   VAGANAY, L., « Le schématisme du discours communautaire à la   (8002
           lumière de la critique des sources », RB 60 (1953) 203-244.

9,46-48   KAFKA, G., « Bild und Wort in den Evangelien », MüTZ 2 (1951)   (8003
           263-287.

9,51-18,14 GIRARD, L., *L'Évangile des voyages de Jésus* (Paris, Gabalda, 1951),   (8004
           134 pp.

           BENOIT, P., « La section IX,51-XVIII,14 de saint Luc », RB 60 (1953)   (8005
           446-448.

           BLINZLER, J., « Die literarische Eigenart des sogenannten   (8006
           Reiseberichts im Lukasevangelium », dans *Synoptische Studien* (en
           collab.), 29-32.

           FRANSEN, I., « La montée vers Jérusalem », BVC N° 11 (1955)   (8007
           69-87.

9,51-62   CALMET, A., « Il n'est pas digne de moi ! Luc 9,51-62 », BVC N° 77   (8008
           (1967) 20-25.

JAVET, J.-S., « Suivre Jésus dans sa marche vers Jérusalem (Lc 9,51-   (8009
62) », AS (n.s.) N° 44 (1969) 66-71.

9,51   ZERWICK, M., « Vivere ex Verbo Dei 1 : in via (Lc 9,51) », VD 25   (8010
              (1947) 122-125.

              STARCKY, J., « Obfirmavit faciem suam ut iret Jerusalem. Sens et   (8011
              portée de Luc, 9,51 », dans *Mélanges Jules Lebreton,* I, RSR 39 (1951)
              197-202.

9,52-56   ZERWICK, M., « Non receperunt eum (Lc. 9,52-56) », VD 25 (1947)   (8012
              296-300.

9,57-62   ZERWICK, M., « Pro Regno Dei (Lc 9,57-62) », VD 25 (1947)   (8013
              347-351.

9,62   CERFAUX, L., « Variantes de Luc 9,62 », ETL 12 (1935) 326-328, ou   (8014
              dans *Recueil Lucien Cerfaux,* II , 498-500.

              VACCARI, A., « Mittens manum suam ad aratrum et respiciens retro   (8015
              (Lc. 9,62) », VD 18 (1938) 308-312.

10,1-16   ZERWICK, M., « ... alios septuaginta duos (Lc 10,1-16) », VD 26   (8016
              (1948) 55-57.

10,17-24   CHARLIER, C., « L'action de grâces de Jésus (Luc 10,17-24 et   (8017
              Matthieu 11,25-30) », BVC N° 17 (1957) 87-99.

10,17-22   LÉGASSE, S., *L'appel du riche,* « Le « jeune homme » riche », 184-214. (8018

10,17-20   ZERWICK, M., « *Vidi satanam sicut fulgur de caelo cadentem* (Lc   (8019
              10,17-20) », VD 26 (1948) 110-114.

10,10-22   IRÉNÉE DE LYON, « En quel sens nul ne connaît le Père, sinon le Fils, (8020
              et par combien de manières adaptées aux temps le Fils révèle le Pè-
              re », BVC N° 11 (1955) 53-56.

10,21-22   ZERWICK, M., « Exsultatio Domini (Lc 10,21.22) », VD 26 (1948)   (8021
              229-233.

              CERFAUX, L., « L'Évangile de Jean et le « logion johannique » des   (8022
              Synoptiques », dans *L'Évangile de Jean* (en collab.), 147-159, et dans
              Recueil Lucien Cerfaux, III, 162-174.

              LÉGASSE, S., « La révélation aux NHIIIOI », RB 67 (1960) 321-348.   (8023

              GOETTMANN, A., « L'attitude fondamentale du disciple d'après les   (8024
              synoptiques : l'enfance spirituelle », BVC N° 77 (1967) 32-45.

              LÉGASSE, S., *Jésus et l'enfant.* « Enfants », « Petits » et « sim- (8025
              ples » dans la tradition synoptique (Paris, Gabalda, 1969), « Les « sim-
              ples » de l' « hymne de jubilation » », 121-185.

10,23-37   DREYFUS, F., « Qui est mon prochain (Lc 10,23-37) », AS N° 66   (8026
              (1966) 32-49.

10,25-37   VAN LIEMPD, C. A., « Parabola boni Samaritani (Luc. 10,25-37) »,   (8027
              VD 11 (1931) 262-264.

              GIAVINI, G., « Il « prossimo » nella parabola de buon samari-   (8028
              tano », RivB 12 (1964) 419-421.

              CASTELLINO, G., « Il Sacerdote e il Levita nella parabola del buon   (8029
              samaritano », Div 9 (1965) 134-140.

              DIEGO, J. R., « Quien es mi projimo ? » EstE 41 (1966) 93-109.   (8030

              ZERWICK, M., « Diliges Deum tuum ex toto corde tuo (Lc 10,   (8031
              25-29) », VD 26 (1948) 365-369.

STERN, J. B., « Jesus' Citation of Dt 6,5 and Lv 19,18 in the Light of (8032
Jewish Tradition », CBQ 28 (1966) 312-316.

10,29-37 VAN DEN EYNDE, P., « Le bon Samaritain (Luc 10,29-37) », BVC (8033
N° 70 (1966) 22-35.

10,30-37 CERFAUX, L., « Trois réhabilitations dans l'Évangile », dans *Recueil* (8034
Lucien Cerfaux (Gembloux, Duculot, 1954), II, 51-62.

DANIÉLOU, J., « Le bon Samaritain », dans *Mélanges bibliques rédigés* (8035
en l'honneur de André Robert (en collab.), 457-465.

ZERWICK, M., « *Homo quidam descendebat ab Jerusalem in Jericho* (8036
(Lc 10,30-37) », VD 27 (1949) 55-59.

10,38-42 VITTI, A. M., « Maria optimam partem elegit (Luc. 10,38-42) », VD (8037
10 (1930) 225-230.

NICOLAS, J.-H., « La meilleure part », VS 75 (1946) 226-238. (8038

O'RAHILLY, A., « The Two Sisters », SCR 4 (1949) 68-76. (8039

ZERWICK, M., « *Optima pars (Lc* 10,38-42) », VD 27 (1949) 294-298. (8040

DE LA BONNARDIÈRE, A.-M., « Marthe et Marie, figures de l'Église (8041
d'après S. Augustin », VS 86 (1952) 404-427.

PUZO, F., « Marta y María (Nota exegética a Lc. 10,38-42 y I Cor (8042
7,29-35) », EstE 34 (1960) 851-857.

LALAND, E., « Marthe et Marie – Quel message l'Église primitive (8043
lisait-elle dans ce récit ? Luc 10,38-42 », BVC N° 76 (1967) 29-43.

MATANIC, A., « La pericopa di Lc. 10,38-42, spiegata da Ugo di (8044
St.-Cher, primo esegeta degli Ordini Mendicanti », Div 13 (1969)
715-724.

GEORGE, A., « L'accueil du Seigneur (Lc 10,38-42) », AS (n.s.) N° (8045
47 (1970) 75-85.

10,38 NOLLE, L., « Bethany », SCR 4 (1951) 262-264. (8046

10,39-42 XXX, « Sens du passage de Lc X,39-42 », AmiCl 53 (1936) 171-172. (8047

10,42 SUDBRACK, J., « Nur eines ist notwendig (Lk 10,42) », GeistL 37 (8048
(1964) 161-164.

BAKER, A., « One Thing Necessary », CBQ 27 (1965) 127-137. (8049

11,1-13 OTT, W., *Gebet und Heil.* Die Bedeutung der Gebetsparänese in der (8050
lukanischen Theologie, « Die Gebetsunterweisungen in Lk 11,1-13 »,
92-123.

11,1 VAN RIET, S., « Seigneur, apprends-nous à prier ! » BVC N° 22 (8051
(1958) 73-77.

11,1-4 ZERWICK, M., « Oratio Dominica Lc 11,1-4 », VD 28 (1950) 176-180. (8052

SCHÜRMANN, H., *Das Gebet des Herrn* (Freiburg, Herder, 1957), (8053
143 pp.

ARON, R., « Les origines juives du Pater », MD N° 85 (1966) 36-40. (8054

DUPONT, J., BONNARD, P.-É., « Le Notre Père, notes exégéti- (8055
ques », MD N° 85 (1966) 7-35.

ROGUET, A.-M., « Le nouveau texte français du Notre Père », VS 114 (8056
(1966) 5-24.

11,2-4   KLEIN, F., « Priez ainsi (le Notre Père) », RAM 12 (1931) 3-15.   (8057

           BONSIRVEN, J., *Le règne de Dieu*, « Commentaire du Pater »,   (8058
           154-169.

           SCHÜRMANN, H., *Das Gebet des Herrn* (Freiburg i. B., Herder, 1957),   (8059
           146 pp.

           DE FRAINE, J., « Oraison dominicale », SDB VI, col. 788-800.   (8060

           BROWN, R. E., « The Pater noster as an Eschatological Prayer », TS   (8061
           22 (1961) 175-208.

           DE FRAINE, J., *Prier avec la Bible*. Les antécédents bibliques de   (8062
           grandes prières chrétiennes (Bruges, Ch. Beyaert, 1961), « Le « Notre
           Père » », 9-93.

           BLENKINSOPP, J., « À propos of the Lord's Prayer », HeyJ 3 (1962)   (8063
           51-60.

           BROWN, R. E., *New Testament Essays*, « The Pater Noster as an   (8064
           Eschatological Prayer », 217-253.

           JACQUEMIN, E., « La prière du Seigneur (Mt 6,9-13; cf. Lc 11, 2-   (8065
           4) », AS N° 48 (1965) 47-64.

           DELORME, J., « Pour une catéchèse biblique du « Notre Père » »,   (8066
           AmiCl 76 (1966) 225-236.

           BEAUCAMP, É., DE RELLES, J.-P., *Israël attend son Dieu*. Des   (8067
           psaumes aux voeux du Pater, 352 pp.

           FORD, J. M., « Yom Kippur and the Matthean Form of the Pater   (8068
           Noster », Wor 41 (1967) 609-619.

           KUSS, O., *Auslegung und Verkündigung*, « Das Vaterunser », II,   (8069
           275-333.

           KRUSE, H., « « Pater Noster » et passio Christi », VD 46 (1968) 3-29.   (8070

           DU BUIT, M., « Notre Père », CE N° 75 (1969) 5-46.   (8071

11,2   STEINMETZ, F.-J., « « Dein Reich Kommel ! » Zur zweiten Bitte des   (8072
           Vaterunsers », GeistL 41 (1968) 414-418.

11,3   COPPENS, J., « La quatrième demande du Pater », ETL 7 (1930)   (8073
           297-298.

           VAN DEN BUSSCHE, H., « Donnez-nous aujourd'hui notre pain   (8074
           quotidien », BVC N° 32 (1960) 42-46.

11,4   GEORGE, A., « Ne nous soumets pas à la tentation. Note sur la   (8075
           traduction nouvelle du Notre Père », BVC N° 71 (1966) 74-79.

11,5-13   ZERWICK, M., « Perseveranter orare (Lc 11,5-13) », VD 28 (1950)   (8076
           243-247.

11,11   HJERL-HANSEN, B., « Le rapprochement poisson-serpent dans la   (8077
           prédication de Jésus », RB 55 (1948) 195-198.

11,14-28   ZERWICK, M., « In Beelzebub principe daemoniorum (Luc 11, 14-   (8078
           28) », VD 29 (1951) 44-48.

           BEAUVERY, R., « Jésus et Béelzéboul (Lc 11,11-28) », AS N° 30   (8079
           (1964) 26-36.

11,14-16   ROULIN, P., « Le péché contre l'Esprit-Saint », BVC N° 29 (1959)   (8080
           38-45.

11,16-30   VÖGTLE, A., « Der Spruch von Jonaszeichen », dans *Synoptische*   (8081
           Studien (en collab.), 230-277.

11,20-26	HOLZMEISTER, U., « Fortis armatus (Lc. 11,20-26 et textus Paralleli) », VD 6 (1926) 71-75.	(8082
11,20	GEORGE, A., « Note sur quelques traits lucaniens de l'expression « par le doigt de Dieu » (Luc XI,20) », SE 18 (1966) 461-466.	(8083
11,27-28	DEWAILLY, L.-M., *Jésus-Christ, Parole de Dieu,* « Écouter la parole de Dieu et la garder », 118-138.	(8084
	MUSSNER, F., « Lk 1,48f; 11,27f und die Anfänge der Marienverehrung in der Urkirche », Catho 21 (1967) 287-294.	(8085
11,27	McNAMARA, M., *The N. T. and the Palestinian Targum to the Pentateuch,* « Blessed is the Womb that Bore you...; Lk 11, 27 and PT Gn 49,25 », 131-133.	(8086
11,34-35	BENOIT, P., « L'oeil, lampe du corps », RB 60 (1953) 603-606.	(8087
12	XXX, « Les paraboles de l'attente et de la miséricorde », CE N° 72 (1968) 1-64.	(8088
12,11-12	GIBLET, J., « Les promesses de l'Esprit et la mission des apôtres dans les évangiles », Ir 30 (1957) 5-43.	(8089
12,13-21	JOÜON, P., « La parabole du riche insensé (Lc 12,13-21) », RSR 29 (1939) 486-489.	(8090
12,15-20	GRAIL, A., « Sacrement de la Croix », LV N° 7 (1951) 11-27.	(8091
12,22-31	GUYOT, B.-G., « À propos de quelques commentaires sur le Pater Noster », RSPT 53 (1969) 245-255.	(8092
12,27	HA-REUBENI, M. et Mme E., « Le lis des champs », RB 54 (1947) 362-364.	(8093
12,29	MOLITOR, J., « Zur Übersetzung von *meteôrizesthe,* Lk 12,29 », BZ 10 (1966) 107-108.	(8094
12,31	NÖTSCHER, F., « Das Reich (Gottes) und seine Gerechtigkeit (Mt 6,33 vgl. Lc 12,31) », Bibl 31 (1950) 237-241.	(8095
12,35-40	JOÜON, P., « La parabole du potier qui doit veiller, Mc 13,33-37, et la parabole des serviteurs qui doivent veiller, Lc 12,35-40 », RSR 30 (1940) 365-368.	(8096
12,35-36	MEINERTZ, M., « Die Tragweite des Gleichnisses von zehn Jungfrauen », dans *Synoptische Studien* (en collab.), 94-106.	(8097
12,49	GRAYSTONE, G., « I have Come to Cast Fire on the Earth », SCR 4 (1950) 135-141.	(8098
	SEPER, F. H., « Καὶ τί θέλω εἰ ἤδη ἀνηφθη (Lc 12,49b) », VD 36 (1958) 147-153.	(8099
12,50	KUSS, O., « Zur Frage einer vorpaulinischen Todestaufe », MüTZ 4 (1953) 1-17, ou dans *Auslegung und Verkündigung,* I, 162-186.	(8100
12,54-56	GEORGE, A., « Interpréter le temps (Luc 12,54-56) », BVC N° 64 (1965) 13-17.	(8101
13-17	HAURET, C., *Les adieux du Seigneur* (Jean XIII-XVII) (Paris, Gabalda, 1951), 368 pp.	(8102
13,6-17	TERNANT, P., « L'homme ne peut empêcher Dieu d'être bon (Lc 13,6-17) », AS N° 72 (1964) 36-52.	(8103
13,6-9	FACCIO, H. M., « De ficu sterili (Lc 13,6-9) », VD 29 (1951) 233-238.	(8104
	BLINZLER, J., « Die letzte Gnadenfrist : Lk 13,6-9 », BiLit 37 (1963-64) 155-169.	(8105

13,18-21	KUSS, O., « Zum Sinngehalt des Doppelgleichnisses vom Senfkorn und Sauerteig », Bibl 40 (1959) 641-653, ou dans *Auslegung und Verkündigung*, I, 85-97.	(8106
	DUPONT, J., « Les paraboles du sénevé et du levain », NRT 89 (1967) 897-913.	(8107
13,18-19	MUSSNER, F., « IQHodajoth und das Gleichnis vom Senfkorn (Mk 4,30-43 Par.) », BZ 4 (1960) 128-130.	(8108
	DUPONT, J., « Les paraboles du sénevé et du levain », NRT 99 (1967) 897-913.	(8109
13,20-21	MAYR, I., « Vom Sauerteig », BiLit 25 (1957-58) 255-257.	(8110
13,22-30	MUSSNER, F., « Das « Gleichnis » vom gestrengen Mahlberrn (Lk 13,22-30) », TrierTZ 65 (1956) 129-143.	(8111
13,25	MEINERTZ, M., « Die Tragweite des Gleichnisses von den zehn Jungfrauen », dans *Synoptische Studien* (en collab.), 94-106.	(8112
13,28-29	DUPONT, J., « Beaucoup viendront du levant et du couchant (Matthieu 8,11-12, Luc, 13,28-29) », SE 19 (1967) 153-167.	(8113
13,32-33	FERRARO, G., « Oggi e domani e il terzo giorno », RivB 16 (1968) 397-408.	(8114
14	DE MEEUS, X., « Lc XIV et le genre symposiaque », ETL 37 (1961) 847-870.	(8115
14,1-12	LIESE, H., « Dominus ad cenam invitatus die Sabbati (Luc 14, 1-12) », VD 11 (1931) 257-261.	(8116
14,1-11	SIMSON, P., « Le code de bienséance de l'assemblée chrétienne (Lc 14,1-11) », AS N° 70 (1965) 31-41.	(8117
14,7-14	STÖGER, A., « Sentences sur les repas (Lc 14,1.7-14) », AS (n.s.) N° 53 (1970) 78-88.	(8118
14,15-24	GALBIATI, E., « Gli invitati al convito », BibOr 7 (1965) 129-135.	(8119
14,16-24	LIESE, H., « Cena magna », VD 13 (1933) 161-166.	(8120
	SWAELES, R., « La parabole des invités qui se dérobent (Lc 14, 16-24) », AS N° 55 (1962) 32-50.	(8121
14,23	SUTCLIFFE, E. F., « Compel Them to Come in (Luc 14,23) », SCR 5 (1952) 20-22.	(8122
14,28-32	BLINZLER, J., « Selbstprüfung als Voraussetzung der Nachfolge : Lk 14,28-32 », BiLit 37 (1963-64) 288-299.	(8123
14,34	BAUER, J. B., « Quod si sal infatuatum fuerit », VD 29 (1951) 228-230.	(8124
15	CERFAUX, L., « Trois réhabilitations dans l'Évangile », dans *Recueil Lucien Cerfaux*, II, 51-62.	(8125
	CANTINAT, J., « Les paraboles de la miséricorde (Luc 15,1-32) », NRT 77 (1955) 246-264.	(8126
	GIBLIN, C. H., « Structural and Theological Considerations on Luke 15 », CBQ 24 (1962) 15-31.	(8127
	GOETTMANN, J., « Le sacrement du pardon », BVC N° 47 (1962) 47-57.	(8128
	RASCO, E., « Les paraboles de Luc, XV. Une invitation à la joie de Dieu dans le Christ », dans *De Jésus aux Évangiles* (en collab.), 165-183.	(8129
	DUPONT, J., « Le Fils prodigue (Lc 15,1-3.11-32) », AS (n.s.) N° 17 (1970) 64-72.	(8130

15,1-10   GALBIATI, E., « Due parabole », BibOr 6 (1964) 129-134.   (8131

CANTINAT, J., « La brebis et la drachme perdues (Lc 15,1-10) », AS   (8132
N° 57 (1965) 24-38.

TRILLING, W., *Christusverkündigung in den synoptischen Evangelien,*   (8133
« Gottes Erbarmen (Lk 15,1-10) », 108-122.

15,3-7   FACCIO, H., « De ove perdita (Lc 15,3-7) », VD 26 (1948) 221-228.   (8134

15,4-7   DUPONT, J., « La parabole de la brebis perdue (Mt 18,12-14; Lc 15, (8135
4-7) », Greg 49 (1968) 265-287.

15,6-20   GRYGLEWICZ, F., « Breaking of the Contract of Work as Mentioned (8136
in the Gospels », SCR 6 (1955) 109-112.

15,7   XXX, « Interprétation de Lc XV,7 », AmiCl 53 (1936) 134-135.   (8137

15,11-32 BUZY, D., « La brebis perdue », RB 39 (1930) 47-56.   (8138

LEBRETON, J., *La vie et l'enseignement de J.-C.*[16], « Le fils prodi- (8139
gue », II, 89-96.

PIROT, J., « Les enseignements doctrinaux de la parabole de l'Enfant (8140
Prodigue », AT 8 (1947) 262-273, 299-308.

GIBLET, J., « La parabole de l'accueil messianique », BVC N° 47 (8141
(1962) 17-28.

ROBILLIARD, J.-A., « La parabole du fils aîné. Jésus et l'amour (8142
miséricordieux », VS 106 (1962) 531-544.

BLINZLER, J., « Gottes grosse Freude über die Umkehrn des Sün- (8143
ders », BiLit 37 (1963-64) 21-28.

DUPONT, J., « L'enfant prodigue (Lc 15,11-32) », AS N° 29 (1966) (8144
52-68.

GOLENVAUX, C., « La parabole de l'enfant prodigue », BVC N° 94 (8145
(1970) 88-93.

15,25-32 WULF, F., « Einssein und Uneinssein : mit Gott - und mit den (8146
Mitmenschen », GeistL 42 (1969) 311-314.

16   FYOT, J. L., « Sur la parabole de l'intendant infidèle », CHR N° 6 (8147
(1959) 500-504.

16,1-15   ZERWICK, M., « De villico iniquo (Lc. 16,1-15) », VD 25 (1947) (8148
54-56, 172-176.

16,1-13   FITZMYER, J. A., « The Story of the Dishonest Manager : (Lk 16 : (8149
1-13) », TS 25 (1964) 23-42.

CAMPS, G., UBACH, B., « Un sentido biblico de *adikos, adikia* y la (8150
interpretación de Lc. 16,1-13 », EstB 25 (1966) 75-82.

16,1-9   LIESE, H., « Villicus iniquitatis », VD 12 (1932) 193-198.   (8151

PICKAR, C. H., « The Unjust Steward », CBQ 1 (1939) 250-253.   (8152

FRIEDEL, L., « The Parable of the Unjust Steward », CBQ 3 (1941) (8153
337-348.

STOLL, R., « The Unjust Steward – A Problem of Interpretation », (8154
AmER 105 (1941) 16-27.

LANZA DEL VASTO, « L'économe infidèle », VS 73 (1945) 110-121. (8155

LEBRETON, J., *La vie et l'enseignement de J.-C.*[16], « L'économe (8156
infidèle », II, 98-100.

GAECHTER, P., « The Parable of the Dishonest Steward », CBQ 12 (8157
(1950) 121-131.

BIGO, P., « La richesse comme intendance, dans l'Évangile, à propos (8158
de Luc 16,1-9 », NRT 87 (1965) 267-271.

16,1-8   BLINZLER, J., « Kluge Ausnützung der Gegenwart zur Sicherung der (8159
Zukunft : Lk 16,1-8 », BiLit 37 (1963-64) 357-368.

16,8-9   KRAMER, M., « Ad parabolam de villico iniquo : Lc 16,8.9 », VD 38 (8160
(1960) 278-291.

16,9-13   LARROCHE, É., « La parabole de l'économe infidèle », BLE 54 (1953) (8161
65-74.

16,9   PAUTREL, R., « Aeterna tabernacula (Lc. 16-9) », RSR 30 (1940) (8162
307-327.

16,16   LIGIER, L., *Péché d'Adam et péché du monde,* « Le royaume des cieux (8163
souffre violence », II, 74-116.

MENOUD, P. H., « Le sens du verbe BIAZETAI dans Lc 16,16 », (8164
dans *Mélanges bibliques* en hommage au R. P. Béda Rigaux (en collab.),
207-212.

16,18   DUPONT, J., *Mariage et divorce dans l'Évangile,* 240 pp. (8165

HARRINGTON, W., « Jesus' Attitude towards Divorce », IrThQ 37 (8166
(1970) 199-209.

16,19-31   RENIÉ, J., « Le mauvais riche », AT 3-4 (1945) 268-275. (8167

LEBRETON, J., *La vie et l'enseignement de J.-C.*[16]*,* « Le mauvais ri- (8168
che », II, 100-105.

CANTINAT, J., « Le mauvais riche et Lazare (Luc 16,19-31) », BVC (8169
N° 48 (1962) 19-26.

17,1-2   KAFKA, G., « Bild und Wort in den Evangelien », MüTZ 2 (1951) (8170
263-287.

17,7-10   SCHMID, J., « Zwei unbekannte Gleichnisse Jesu », GeistL 33 (1960) (8171
428-433.

MAAS-EWERD, T., « Unbekanntes Evangelium », BiLit 28 (1960-61) (8172
291-296.

SUDBRACK, J., « « Armselige Knechte sind wir; unsere Schuldigkeit (8173
war es, was wir taten » Meditation über Lk 17,7-10 », GeistL 41 (1968)
308-312.

17,10   HOLSTEIN, H., « Serviteurs inutiles (Luc 17,10) », BVC N° 48 (1962) (8174
39-45.

17,11-19   CHARPENTIER, E., « L'étranger appelé au salut (Lc 17,11-19) », AS (8175
N° 67 (1965) 36-57.

LIESE, H., « Decem leprosi mundatur », VD 12 (1932) 225-231. (8176

17,20-37   BRUNEC, M., « Sermo eschatologicus », VD 30 (1952) 214-218, (8177
265-277, 321-331; 31 (1953) 13-20, 83-94, 156-163, 211-220, 282-290,
344-351.

SCHNACKENBURG, R., « Der eschatologische Abschnitt Lk (8178
17,20-37 », dans *Mélanges bibliques* en hommage au R. P. Béda Rigaux
(en collab.), 213-234.

17,20-21   MUSSNER, F., « « Wann kommt das Reich Gottes ? » Die Antwort (8179
Jesu nach Lk 17,20b-21 », BZ 6 (1962) 107-111.

STROBEL, A., « Zu Lk 17,20f », BZ 7 (1963) 111-113. (8180

17,21   SNEED, R., « The Kingdom of God is within You (Lk 17,21) », CBQ (8181
24 (1962) 363-382.

17,37	MARCHI, J., « Ubicumque fuerit corpus, ibi congregabuntur et aquilae (8182 (Mt. 24,28; Lc. 17,37) », VD 18 (1938) 329-333.
18,1-8	BUZY, D., « Le juge inique », RB 39 (1930) 378-391. (8183
	SPICQ, C., « La parabole de la veuve obstinée et du juge inerte, aux (8184 décisions impromptues (Lc 18,1-8) », RB 68 (1961) 68-90.
18,6-8	OTT, W., *Gebet und Heil.* Die Bedeutung der Gebetsparänese in der (8185 lukanischen Theologie, « Die Anwendung der Parabel vom gottlosen Richter und der Witwe, Lk 18,1,6-8 », 32-72.
18,8	PUZO, F., « ¿ Un texto escatologico ? (Lc. 18,8b) », EstE 19 (1945) (8186 273-334.
18,9-14	CERFAUX, L., « Trois réhabilitations dans l'Évangile », dans *Recueil* (8187 *Lucien Cerfaux,* II, 51-62.
	DREHER, B., « Der Pharisaer. Biblisch-homiletische Besinnung zum (8188 Evangelium des 10. Sonntags nach Pfingsten (Lk 18,9-14) », BiLeb 8 (1967) 128-132.
18,18-30	TRILLING, W., *Christusverkündigung in den synoptischen Evangelien.* (8189 « Besitzverzicht und Nachfolge (Lk 18,18-30) », 123-145.
18,18-23	LÉGASSE, S., *L'appel du riche,* « Le « jeune homme » riche », 184-214. (8190
18,25	LATTEY, C., « Camelus per foramen acus (Mt 19,24) », VD 31 (1953) (8191 291-292.
18,29	LEGRAND, L., « Christian Celibacy and the Cross », SCR 14 (1962) (8192 1-11.
18,31-43	VARRO, R., « Annonce de la passion et guérison de l'aveugle de Jéri- (8193 cho », AmiCl 78 (1968) 25-27.
18,31-33	FEUILLET, A., « Les trois grandes prophéties de la Passion et de la (8194 Résurrection des évangiles synoptiques », RT 67 (1967) 533-560; 68 (1968) 41-74.
18,35	KETTER, P., « Zur Localieserung der Blindenheilung bei Jericho », (8195 Bibl 15 (1934) 411-418.
19-24	KODELL, J., « Luke's Use of *Laos,* « People », especially in the (8196 Jerusalem Narrative (Lk 19,28-24,53) », CBQ 31 (1969) 327-343.
19	XXX, « Les paraboles de l'attente et de la miséricorde », CE N° 72 (8197 (1968) 1-64.
19,1-10	COCAGNAC, A.-M., « Zachée, l'Église et la maison des pécheurs (Lc (8198 19,1-10) », AS N° 91 (1964) 39-51.
	ROUILLARD, P., « Zachée, descends vite », VS 112 (1965) 300-306. (8199
	COCAGNAC, A.-M., « Zachée, l'Église et la maison des pécheurs (Lc (8200 19,1-10) », AS (n.s.) N° 62 (1970) 81-91.
19,11-27	SPICQ, C., « Le chrétien doit porter du fruit », VS 84 (1951) 605-615. (8201
	ZERWICK, M., « Die Parabel vom Thronanwärter (Lc 19,11-27) », (8202 Bibl 40 (1959) 654-674.
	GANNE, P., « La parabole des talents », BVC N° 45 (1962) 44-53. (8203
	DIDIER, M., « La parabole des talents et des mines », dans *De Jésus* (8204 *aux Evangiles* (en collab.), 248-271.
19,13-27	JOÜON, P., « La parabole des mines (Lc. 19,13-27), et la parabole des (8205 talents (Mt. 25,14-30) », RSR 29 (1939) 489-494.
19,26	BAUER, J., « Die Arbeit als Heilsdimension », BiLit 24 (1956-57) (8206 198-201.

19,28-20,47	DU BUIT, M., « La dernière semaine », CE N° 76 (1969) 4-59.	(8207
19,29-38	LIESE, H., « Dominica Palmarum », VD 12 (1932) 65-69.	(8208
19,41-44	A. S. MARCO, E., « Videns civitatem, flevit super illam (Lc. 19, 41-44) », VD 10 (1930) 245-249.	(8209
19,41	GALBIATI, E., « Il pianto di Gesu per Gerusalemme », BibOr 7 (1965) 196-204.	(8210
20,9-18	LEBRETON, J., *La vie et l'enseignement de J.-C.*[16], « Les vignerons », II, 178-183.	(8211
	LÉON-DUFOUR, X., « La parabole des vignerons homicides », SE 17 (1965) 365-396.	(8212
	LÉON-DUFOUR, X., *Études d'Évangile,* « La parabole des vignerons homicides », 303-344.	(8213
	LÉON-DUFOUR, X., « The Murderous Vineyard-Workers », TDig 15 (1967) 30-36.	(8214
20,20-26	LIESE, H., « Numisma census », VD 12 (1932) 289-294.	(8215
20,27-40	CARTON, G., « Comme des anges dans le ciel », BVC N° 28 (1959) 46-52.	(8216
	BARTINA, S., « Jesus y los saduceos. El Dios de Abraham, de Isaac y de Jacob es « El que hace existir » », EstB 21 (1962) 151-160.	(8217
21-22	OTT, W., *Gebet und Heil.* Die Bedeutung der Gebetsparänese in der lukanischen Theologie, « Die Gebetsmahnungen in Kapitel 21 und 22 », 73-90.	(8218
21	LAMBRECHT, J., « Redactio sermonis eschatologici », VD 43 (1965) 278-287.	(8219
	LATTANZI, H., « Eschatologici sermonis Domini logica interpretatio (Mt. 24,1-36; Mc. 13,1-37; Lc. 21,5-35) », Div 11 (1967) 71-92.	(8220
21,5-36	FEUILLET, A., « Le discours de Jésus sur la ruine du temple », RB 55 (1948) 481-502; 56 (1949) 61-92.	(8221
	PARSCH, P., *Apprenons à lire la Bible,* « Un discours de Jésus », 166-172.	(8222
	PERROT, C., « Essai sur le discours eschatologique (Mc XIII, 1-37; Mt XXIV, 1-36; Lc XXI, 5-36) », RSR 47 (1959) 481-514.	(8223
21,5-19	DUPONT, J., « Les épreuves des chrétiens avant la fin du monde (Lc 21,5-19) », AS (n.s.) N° 64 (1969) 77-86.	(8224
21,8-28	OÑATE, J. A., « El « Reino de Dios », Tema central del Discurso escatologico ? » EstB 4 (1945) 15-34, 163-196, 421-446; 5 (1946) 101-110.	(8225
21,12-19	GIBLET, J., « Les promesses de l'Esprit et la mission des apôtres dans les évangiles », Ir 30 (1957) 5-43.	(8226
21,25-36	GEORGE, A., « La venue du Fils de l'homme (Lc 21,25.28.34-36) », AS (n.s.) N° 5 (1969) 71-79.	(8227
	VARRO, R., BECQUET, G., BEAUVERY, R., « Le Christ est notre avenir », AmiCl 80 (1970) 605-608.	(8228
21,25-33	GARGANO, C., « Secundus Christi Adventus », VD 19 (1939) 338-346.	(8229
	GEORGE, A., « La venue du Fils de l'homme », AS N° 3 (1963) 29-38.	(8230

VARRO, R., « Le Christ est notre avenir (Lc 21,25-33) », AmiCl 78   (8231
(1968) 659-662.

21,25   LATTEY, C., « Questions and Answers : In Our Lord's eschatological   (8232
discourse (Mt. Mk. Lk.) are we to suppose that He speaks of two facts
– the fall of Jerusalem and the end of the world; or only one fact – the
end of the world ? » SCR 6 (1953) 23.

21,28   HOLZMEISTER, U., « Respicite et levate capita vestra, quoniam   (8233
appropinquat redemptio vestra (Lc. 21,28) », VD 18 (1938) 334-337.

22,1-23,56   FRANSEN, I., « Le baptême de sang (Luc 22,1-23,56) », BVC N° 25   (8234
(1959) 20-28.

22   OSTY, É., « Les points de contact entre le récit de la Passion dans saint   (8235
Luc et dans saint Jean », dans *Mélanges Jules Lebreton,* I, RSR 39 (1951)
146-154.

22,8   SCHÜRMANN, H., « Der Dienst des Petrus und Johannes (Lk   (8236
22,8) », TrierTZ 60 (1951) 99-101.

22,14-20   BETZ, J., « Die Eucharistie als sakramentale Gegenwart des   (8237
Heilsereignisses « Jesus » nach dem Ältesten Abendmahlsbericht »,
GeistL 33 (1960) 166-175.

22,15-20   BENOIT, P., « Le récit de la Cène dans Lc, xxii, 15-20 », RB 48 (1939)   (8238
357-393, ou dans *Exégèse et théologie,* I, 163-209.

BENOIT, P., « Les récits de l'institution et leur portée », LV N° 31   (8239
(1957) 49-76.

DU ROY, J.-B., « Le dernier repas de Jésus », BVC N° 26 (1959)   (8240
44-52.

22,15-18   SCHÜRMANN, H., *Der Paschamahlbericht. Lk 22, (7-14) 15-18.* I. Teil   (8241
(Münster, Aschendorff, 1953), 29-123 pp.

22,19-20   PORPORATO, F. X., « De lucana pericopa 22,19b-20 », VD 13 (1933)   (8242
114-122.

SCHÜRMANN, H., « Lk 22,19b-20 », Bibl 32 (1951) 364-392.   (8243

SCHAFER, K. T., « Zur Textgeschichte von Lk 22,19b.20 », Bibl 33   (8244
(1952) 237-239.

SCHÜRMANN, H., *Der Einsetzungsbericht Lk 22,19-20.* II. Teil   (8245
(Münster, Aschendorff, 1955), 12-153 pp.

22,19   PORPORATO, F. X., « Hoc facite in meam commemorationem (Lc.   (8246
22,19; 1 Cor. 11,24.25) », VD 13 (1933) 264-270.

BONSIRVEN, J., « « Hoc est corpus meum » : recherche sur l'original   (8247
araméen », Bibl 29 (1948) 205-219.

22,20   SCHÜRMANN, H., « Lk 22,42a, das älteste Zeugnis für Lk 22,   (8248
20 ? » MüTZ 3 (1952) 185-188.

22,21-38   SCHÜRMANN, H., *Jesu Abschiedsrede. Lk 22,21-38.* III. Teil   (8249
(Münster, Aschendorff, 1957), 11-160 pp.

22,27   FEUILLET, A., « Le logion sur la rançon », RSPT 51 (1967) 365-402.   (8250

22,28-30   DUPONT, J., « Le logion des douze trônes (Mt 19,28; Lc 22,28-   (8251
30) », Bibl 45 (1964) 355-392.

22,31-32   REFOULÉ, F., « Primauté de Pierre dans les évangiles », RevSR 38   (8252
(1964) 1-41.

22,32   SUTCLIFFE, E. F., « Et tu aliquando conversus (St Luke 22,32) »,   (8253
               CBQ 15 (1953) 305-310.

22,39-23,25   VOSS, G., *Die Christologie des lukanischen Schriften in Grundzügen,*   (8254
               111-118.

22,39-46   TRÉMEL, Y.-B., « L'agonie du Christ », LV Nº 68 (1964) 79-104.   (8255

22,40-45   ARMBRUSTER, C. J., « The Messianic Significance of the Agony in   (8256
               the Garden », SCR 16 (1964) 111-119.

22,42   SCHÜRMANN, H., « Lk 22,42a, das älteste Zeugnis für Lk 22,   (8257
               20 ? » MüTZ 3 (1952) 185-188.

22,44   HOLZMEISTER, U., « Exempla sudoris sanguinei (Lc. 22,44) », VD   (8258
               18 (1938) 73-81.

22,50-51   JOÜON, P., « Luc, 22,50-51 », RSR 24 (1934) 473-474.   (8259

22,54-71   BENOIT, P., « Jésus devant le Sanhédrin », Ang 20 (1943) 143-165.   (8260
               SCHUBERT, K., « Die Juden und die Römer », BiLit 36 (1962-63)   (8261
               235-242.

22,60   LATTEY, C., « A Note on Cockcrow », SCR 6 (1953) 53-55.   (8262

22,63-65   BENOIT, P., « Les outrages à Jésus prophète (Mc 14,65 et par.) », dans (8263
               Neotestamentica et Patristica. Mélanges offerts au Prof. O. Cullmann
               (Leiden, Brill, 1962), 92-110, et dans *Exégèse et théologie,* III, 251-269.

22,67-71   LAMARCHE, P., *Christ vivant.* Essai sur la christologie du Nouveau   (8264
               Testament, « La déclaration de Jésus devant le sanhédrin », 147-163.

22,68   DUPLACY, J., « Une variante méconnue du texte reçu : $\eta \, \alpha\pi o\lambda v\sigma\eta\tau\epsilon$ (8265
               (Lc 22,68) », dans *Neutestamentliche Aufsätze* (en collab.), 42-52.

22,69   FEUILLET, A., « Le triomphe du Fils de l'homme d'après la   (8266
               déclaration du Christ aux Sanhédrites (Mc., xiv, 62; Mt., xxvi, 64; Lc.,
               xxii, 69) », dans *La venue du Messie* (en collab.), 149-171.

23   SCHMITT, J., « Le récit de la résurrection dans l'évangile de Luc. Étude (8267
               de critique littéraire », RevSR 25 (1951) 119-137, 219-242.

23,2-5   BLINZLER, J., « Der Entscheid des Pilatus – Exekutionsbefehl oder   (8268
               Todesurteil ? » MüTZ 5 (1954) 171-184.

23,11   JOÜON, P., « Lc 23,11 », RSR 26 (1936) 80-85.   (8269

23,33-43   TRILLING, W., « La promesse de Jésus au bon larron (Lc 23,   (8270
               33-43) », AS Nº 96 (1967) 31-39.

23,42   WULF, F., « Jesus, gedenke meiner, wenn du in dein Königtum kommst   (8271
               (Lk 23,42) », GeistL 37 (1964) 1-3.

23,43   WEISENGOFF, J. P., « Paradise and St. Luke 23 : 43 », AmER 103   (8272
               (1940) 163-168.

               LELOIR, L., « Hodie mecum eris in Paradiso (Lc 23,43) », VD 28   (8273
               (1950) 372-380.

               BOULOGNE, C.-D., « La gratitude et la justice depuis Jésus-   (8274
               Christ », VS 96 (1957) 142-156.

               MacRAE, G. W., « With me in Paradise », Wor 35 (1961) 235-240.   (8275

               GRELOT, P., « Aujourd'hui tu seras avec moi dans le paradis (Luc   (8276
               xxiii, 43) », RB 74 (1967) 194-214.

23,44-49   DELAMARE, J., « Les sept paroles du Christ en croix », VS 88 (1953) (8277
               254-271.

23,44   BARTINA, S., « Ignotum *episèmon* gabex », VD 36 (1958) 16-37.   (8278

24   ARCE, P. A., « Emmaús y algunos textos desconocidos », EstB 13   (8279
            (1954) 53-90.

            XXX, « Les disciples d'Emmaüs », VS 100 (1959) 360-369.   (8280

            BERNADICOU, P. J., « Christian Community According to   (8281
            Luke », Wor 44 (1970) 205-219.

24,1-12   IULIUS, S., « De vita gloriose Domini », VD 12 (1932) 203-212.   (8282

            GAIDE, G., « Il n'est pas ici, il est ressuscité (Luc 24,1-12) », AS (n.s.) (8283
            N° 21 (1969) 68-76.

            BODE, E. L., « A Liturgical *Sitz im Leben* for the Gospel Tradition of   (8284
            the Women's Easter Visit to the Tomb of Jesus ? » CBQ 32 (1970)
            237-242.

            BODE, E. L., *The First Easter Morning : The Gospel Accounts of the*   (8285
            Women's Visit to the Tomb of Jesus (Rome, Biblical Institute Press,
            1970), 11-247 pp.

24,7   ROUSTANG, F., « Le Christ, ami des pécheurs », CHR N° 21 (1959)   (8286
            18-21.

24,13-48   GAIDE, G., « Les apparitions du Christ ressuscité d'après saint Luc (Lc   (8287
            24,13-48) », AS (n.s.) N° 24 (1970) 38-56.

24,13-35   DUPONT, J., « Les Pèlerins d'Emmaüs (Luc. xxiv, 13-35) », dans   (8288
            Miscellanea Biblica B. Ubach (en collab.), 349-374.

            DE CERTEAU, M., « Les pèlerins d'Emmaüs (méditations) », CHR   (8289
            N° 13 (1957) 56-63.

            ORLETT, R., « An Influence of the Early Liturgy upon the Emmaus (8290
            Account », CBQ 21 (1959) 212-219.

            FICHTNER, J. A., « Christ Humiliated and Exalted », Wor 36 (1962) (8291
            308-313.

            GRASSI, J. A., « Emmaus Revisited (Luke 24,13-35 and Acts 8,26- (8292
            40) », CBQ 26 (1964) 463-467.

            BENOIT, P., *Passion et résurrection du Seigneur,* « Apparitions à (8293
            Emmaüs et à Jérusalem », 297-325.

            DUPONT, J., « Le repas d'Emmaüs », LV N° 31 (1957) 77-92.   (8294

            PERRELLA, C., VACCARI, A., « De vi criticae et archaeologiae circa (8295
            Lc. 24,13-28 », VD 17 (1937) 187-191.

            DE GUGLIELMO, A., « Emmaus », CBQ 3 (1941) 293-301.   (8296

            MURPHY, R. T., « The Gospel for Easter Monday », CBQ 6 (1944)   (8297
            131-141.

24,13-32   SPADAFORA, F., « Emmaus : critica testuale e archeologia », RivB (8298
            1 (1953) 255-268.

            DESREUMAUX, J., « Les disciples d'Emmaüs », BVC N° 56 (1964)   (8299
            45-56.

24,29   STEINMETZ, F.-J., WULF, F., « Ausharren und bleiben ! Auslegung (8300
            und Meditation von Lk 24,29; Jo 15,4 und Phil 1,25 », GeistL 24 (1969)
            225-229.

24,34   GILS, F., « Pierre et la foi au Christ ressuscité », ETL 38 (1962) 5-43.   (8301
             RIEDL, J., « Wirklich der Herr ist auferweckt worden und dem Simon   (8302
             erschienen (Lk 24,34) – Entstehung und Inhalt des neutestamentlichen
             Osterglaubens », BiLit 40 (1967) 81-110.

24,35   WULF, F., « Sie erkannten ihn beim Brechen des Brotes (Lk 24,   (8303
             35) », GeistL 37 (1964) 81-83.

24,44-53   GEORGE, A., « L'intelligence des Écritures », BVC N° 18 (1957)   (8304
             65-71.
             RIDOUARD, A., COUNE, M., « Méditation entre Pâques et Pentecôte   (8305
             (Lc 24,44-53) », AS (n.s.) N° 28 (1969) 49-64.

24,44-49   BENOIT, P., Passion et résurrection du Seigneur, « Mission univer-   (8306
             selle », 355-387.

24,45   DUESBERG, H., « Il leur ouvrit l'esprit à l'intelligence de l'Écriture (Lc   (8307
             24,45) », Conci N° 30 (1967) 97-104.

24,50-53   SCHLIER, H., « Jesu Himmelfahrt nach den lukanischen Schrif-   (8308
             ten », GeistL 34 (1961) 91-99.

24,52   WULF, F., « Und sie kehrten mit grosser Freude nach Jerusalem zurück   (8309
             (Lk 24,52) », GeistL 27 (1954) 81-83.

Divers. Miscellaneous. Verschiedenes. Diversi. Diversos.

REILLY, W. S., « St. Luke », CBQ 1 (1939) 314-324.   (8310

LATTEY, C., « Questions and Answers : What Kind of Beds were described by   (8311
St. Luke as klinarion, kliné, klinidion ? » SCR 6 (1953) 22-23.

XXX, « Saint Luc », PPB N° 29 (1955) 64 pp.   (8312

GRILL, S., « Ist Lukas mit Silas (Silvanus, Luzius) identisch ? » BiLit 23 (1955-56)   (8313
173-174.

DEVILLE, C., « L'évangéliste du Sauveur (saint Luc) : personnalité de saint   (8314
Luc », CE N° 26 (1957) 5-24.

FITZMYER, J. A., « Papyrus Bodmer XIV : some Features of our Oldest Text of   (8315
Luke », CBQ 24 (1962) 170-179.

RASCO, E., « Hans Conzelmann y la « Historia Salutis ». A proposito de « Die   (8316
Mitte der Zeit » y « Die Apostelgeschichte » », Greg 46 (1965) 286-319.

E. Jean. John. Johannes. Giovanni. Juan.

Introductions. Einleitungen. Introduzioni. Introducciones.

BRAUN, F.-M., « Le problème du quatrième évangile », VI N° 6 (1930) 494-497.   (8317

ALLO, E.-B., L'Évangile spirituel de saint Jean (Paris, Cerf, 1944), 226 pp.   (8318

BEAUFAYS, I., Saint Jean (Bruxelles, Éd. Universitaires, 1944), 168 pp.   (8319

GROSSOUW, W., Pour mieux comprendre saint Jean (Paris, Desclée de Brouwer,   (8320
1946), 128 pp.

ALLO, E.-B., « Jean (évangile de saint) », SDB IV, col. 815-843.   (8321

AMIOT, F., Évangile, vie et message du Christ, trad. et notes (Paris, Fayard, 1949),   (8322
« Le quatrième évangile : introduction », 335-346.

BEECHMAN, P., L'Évangile selon saint Jean, d'après les meilleurs auteurs   (8323
catholiques (Bruges, Beyaert, 1951), 24-244 pp.

BONSIRVEN, J., « Pour une intelligence plus profonde de saint Jean », dans   (8324
Mélanges Jules Lebreton, I, RSR 39 (1951) 176-196.

BOISMARD, M.-É., « L'Évangile à quatre dimensions : introduction à la lecture   (8325
de saint Jean », LV N° 1 (1952) 94-114.

MOLLAT, D., BRAUN, F.-M., *L'évangile et les épîtres de saint Jean* (BJ) (Paris,   (8326
Cerf, 1953), 9-65.

HUBY, J., LÉON-DUFOUR, X., *L'Évangile et les Évangiles²*, « Le témoignage de   (8327
la Tradition : les caractères du quatrième évangile. Note sur le prétendu martyre
de l'Apôtre saint Jean », 214-296.

BONSIRVEN, J., *Le témoin du Verbe*. Le disciple bien-aimé (Toulouse, Apostolat   (8328
de la Prière, 1956), 239 pp.

CERFAUX, L., *La voix vivante de l'Évangile au début de l'Église* (Tournai, Paris,   (8329
Casterman, 1956), 85-100.

PARSCH, P., *Apprenons à lire la Bible*. « Histoire littéraire des quatre évan-   (8330
giles : l'évangile selon saint Jean », 103-105.

BRAUN, F.-M., *Jean le théologien et son évangile dans l'Église ancienne* (Paris,   (8331
Gabalda, 1959), 430 pp.

BRAUN, F.-M., « L'Évangile de saint Jean et les grandes traditions d'Israël », RT   (8332
59 (1959) 421-450; 60 (1960) 165-184, 325-363.

BENOIT, P., « Paulinisme et johannisme », dans *New Testament Studies*   (8333
(Cambridge) 9 (1962-1963) 193-207, et dans *Exégèse et théologie*, III, 300-317.

RIGAUX, B., « Les destinataires du IVᵉ Évangile à la lumière de Jn 17 », RTL   (8334
1 (1970) 289-319.

SCHNACKENBURG, R., « Zur Herkunft des Johannesevangeliums », BZ 14   (8335
(1970) 1-23.

Bibliographie. Bibliography. Bibliographie. Bibliografia. Bibliografía.

SCHNACKENBURG, R., « Neuere englische Literatur zum Johannesevan-   (8336
gelium », BZ 2 (1958) 144-154.

MOLLAT, D., « Rassegna di lavori cattolici su S. Giovanni dal 1950 al 1961 »,   (8337
RivB 10 (1962) 64-91, ou dans *Atti della XVII Settimana Biblica* (en collab.), 15-47.

MALATESTA, E., *St. John's Gospel 1920-1965*. A Cumulative and Classified   (8338
Bibliography of Books and Periodical Literature on the Fourth Gospel (Rome,
Pont. Biblical Institute, 1967) xxIII-205 pp.

ZARRELLA, P., « Bolletino bibliografico su S. Giovanni », ScuolC 97 (1969)   (8339
87*-105*; 98 (1970) 85*-103*.

Commentaires. Commentaries. Kommentare. Commenti. Comentarios.

BRAUN, F.-M., *Évangile selon saint Jean*, dans *La Sainte Bible* (Pirot-Clamer), X   (8340
(1935), 293-484.

LAGRANGE, M.-J., *Évangile selon saint Jean⁷* (EB) (Paris, Gabalda, 1948),   (8341
560 pp.

BEECKMAN, P., *L'Évangile selon saint Jean*, d'après les meilleurs auteurs   (8342
catholiques (Bruges, Ch. Beyaert, 1951), 444 pp.

BOUYER, L., *Le quatrième évangile²*. Introduction à l'évangile de Jean, traduction   (8343
et commentaire, 240 pp.

MOLLAT, D., BRAUN, F.-M., *L'Évangile et les épîtres de saint Jean²* (BJ) (Paris,   (8344
Cerf, 1960), 248 pp.

WIKEHAUSER, A., *Das Evangelium nach Johannes³* (Regensburg, Pustet, 1961),   (8345
360 pp.

LEAL, J., *Evangelio de San Juan*, dans *La Sagrada Escritura*, I, 781-1122.   (8346

DE TUYA, M., *Biblia Comentada, V, Evangelios,* 1332 pp.   (8347

SCHNACKENBURG, R., *Das Johannesevangelium,* I. Teil² (Freiburg, Basel,   (8348
Wien, Herder, 1967), « Kommentar zu Kap. 1-4 », 197-524.

VAN DEN BUSSCHE, H., *Jean. Commentaire de l'évangile spirituel* (Bruges,   (8349
Desclée de Brouwer, 1967), 580 pp.

BROWN, R. E., *The Gospel according to John* (Garden City, Doubleday, 1966,   (8350
1970), 1212 pp.

Critique littéraire. Literary Criticism. Literarkritik. Critica letteraria. Crítica literaria.

Symbolisme. Symbolism. Symbolismus. Simbolismo.

CHARLIER, J.-P., « La notion de signe (σημειον) dans le IVᵉ évangile », RSPT   (8351
43 (1959) 434-448.

MOLLAT, D., « Le *semeion* johannique », dans *Sacra Pagina* (en collab.), II,   (8352
209-218.

LEAL, J., « El simbolismo historico del IV Evangelio », EstB 19 (1960) 229-348.   (8353

FORMESYN, R., « Le *sèmeion* johannique et le *sèmeion* hellénistique », ETL 38   (8354
(1962) 856-894.

LEAL, J., « History and Symbol in John's Gospel », TDig 11 (1963) 91-96.   (8355

BROWN, R. E., *New Testament Essays,* « The Johannine Sacramentary », 51-776.   (8356

COSTA, M., « Nota sul simbolismo sacramentale nel IV Vangelo », RivB 13 (1965)   (8357
239-254.

Autres problèmes littéraires. Other Literary Problems. Sonstige literarische Probleme.
Altri problemi letterari. Otros problemas literarios.

BUZY, D., « Un procédé littéraire de saint Jean », BLE 39 (1938) 61-75.   (8358

JOÜON, P., « Le verbe *anangellô* dans saint Jean », RSR 28 (1938) 234-235.   (8359

BRINKMANN, B., « Zur Frage der ursprünglichen Ordnung im Johannes-   (8360
evangelium », Greg 20 (1939) 55-82.

BRINKMANN, B., « Qualis fuerit ordo originarius in IV° Evangelio », Greg 20   (8361
(1939) 563-569.

ZERWICK, M., « Mutatio ordinis, solutio difficultatum ? Ad ordinem capitum in   (8362
evangelio S. Joannis », VD 19 (1939) 219-224.

PEIRCE, F. X., « Ecclesiastical Library Table. Chapter Rearrangements in St.   (8363
John's Gospel », AmER 102 (1940) 76-82.

BRINKMANN, B., « Nota ad quaestionem de ordine originario in quarto   (8364
evangelio », Greg 22 (1941) 503-505.

GOURBILLON, J. G., « La parabole du serpent d'airain et la lacune du ch. III   (8365
de l'évangile selon S. Jean », RB 51 (1942) (*Vivre et Penser,* 2) 213-226.

POWER, A., « The Original Order of St. John's Gospel », CBQ 10 (1948) 399-405.   (8366

BONSIRVEN, J., « Les aramaïsmes de S. Jean l'Évangéliste ? » Bibl 30 (1949)   (8367
405-432.

TONDELLI, L., « Nuovi indirizzi apologetici dal IV Vangelo », dans *Questioni*   (8368
bibliche alla luce dell'Enciclica « Divino Afflante Spiritu » (en collab.), I, 131-140.

URICCHIO, N., « La teoria della trasposizioni nel Vangelo di S. Giovanni », Bibl   (8369
31 (1950) 129-163.

RUCKSTUHL, E., *Die literarische Einheit des Johannesevangeliums.* Der   (8370
gegenwärtige Stand der einschlägigen Forschungen (Freiburg, Paulusverlag, 1951),
290 pp.

SPICQ, C., *L'épître aux Hébreux,* « L'Épître aux Hébreux et saint Jean », I,   (8371
109-138.

FULLER, R. C., « The Authorship of the Fourth Gospel », SCR 5 (1952) 8-11.   (8372

QUIÉVREUX, F., « La maternité spirituelle de la Mère de Jésus dans l'évangile   (8373
de saint Jean. Le mot *uios,* « Fils » ; Le mot *mêtêr,* « Mère » », VSS 5 (1952)
101-134.

CERFAUX, L., « Le thème littéraire parabolique dans l'Évangile de saint   (8374
Jean », dans *Recueil Lucien Cerfaux,* II, 17-26.

VALENTIN, A., « The Johannine Authorship of Apocalypse, Gospel and Epis-   (8375
tles », SCR N° 6 (1954) 148-150.

BRAUN, F.-M., « L'énigme des Odes de Salomon », RT 57 (1957) 597-625.   (8376

SCHMITT, J., « Mandéisme », SDB V, col. 758-788.   (8377

ZIENER, G., « Weisheitsbuch und Johannesevangelium », Bibl 38 (1957) 396-416.   (8378

BRAUN, F.-M., « L'arrière-fond du quatrième évangile », dans *L'Évangile de Jean*   (8379
(en collab.), 179-196.

CERFAUX, L., « L'Évangile de Jean et le « logion johannique » des Synopti-   (8380
ques », dans *L'Évangile de Jean* (en collab.), 147-159, ou dans *Recueil Lucien
Cerfaux,* III, 162-174.

QUISPEL, G., « L'Évangile de Jean et la gnose », dans *L'Évangile de Jean* (en   (8381
collab.), 197-208.

SCHÜRMANN, H., « Joh 6,51c – ein Schlüssel zur grossen johanneischen   (8382
Brotrede », BZ 2 (1958) 244-262.

FRANQUESA, P., « Influencias ambientales en el Evangelio de S. Juan », dans   (8383
Sacra Pagina (en collab.), II, 255-268.

JOHNSTON, L., « The Making of the Fourth Gospel », SCR 12 (1960) 1-12.   (8384

SMITH, M. F., « The Ascending Christ's Farewell Discourse », Wor 34 (1960)   (8385
320-325.

BROWN, R. E., « Incidents that are Units in the Synoptic Gospels but dispersed   (8386
in St. John », CBQ 23 (1961) 142-160.

BOISMARD, M.-É., « Saint Luc et la rédaction du quatrième évangile », RB 69   (8387
(1962) 185-211.

DE LA POTTERIE, I., « L'emploi dynamique de EIS dans S. Jean et ses incidences   (8388
théologiques », Bibl 43 (1962) 366-387.

FEUILLET, A., *Études johanniques,* « L'heure de Jésus et le signe de Cana.   (8389
Contribution à l'étude de la structure du quatrième Évangile », ETL 36 (1960) 5-22,
ou dans *Analecta Lovaniensia Biblica et orientalia.* Série III, fasc. 16, 1960, 11-33.

BROWN, R. E., « Some Reflections on Qoheleth and John », CBQ 25 (1963)   (8390
414-416.

LACONI, M., « La critica litteraria aplicata al IV Vangelo », Ang 40 (1963)   (8391
277-312.

VIARD, A., « Les discours de Jésus dans l'Évangile selon saint Jean », AmiCl 73   (8392
(1963) 468-469.

ADINOLFI, M., « Le parabole del Quarto Vangelo », dans *San Giovanni.* Atti   (8393
della XVII Settimana Biblica (en collab.), 289-311.

BLIGH, J., « C. H. Dodd on John and the Synoptics », HeyJ 5 (1964) 276-296.   (8394

BROWN, S., « From Burney to Black. The Fourth Gospel and the Aramaic   (8395
Question », CBQ 26 (1964) 323-339.

LACONI, M., « La critica letteraria applicata al Quarto Vangelo », dans *San*   (8396
Giovanni. Atti della XVII Settimana Biblica (en collab.), 77-109.

ROSSANO, P., « La biblioteca gnostica di Nag Hammadi e il vangelo di San   (8397
Giovanni », dans *San Giovanni.* Atti della XVII Settimana Biblica (en collab.),
313-329.

VAWTER, B., « Ezekiel and John », CBQ 26 (1964) 450-458.   (8398

BLINZLER, J., *Johannes und die Synoptiker.* Ein Forschungsbericht, 72-92.   (8399

BROWN, R. E., *New Testament Essays,* « The Relation between the Fourth Gospel   (8400
and the Synoptic Gospels », 143-213.

FREED, H. D., « Samaritan Influence in the Gospel of John », CBQ 30 (1968)   (8401
580-587.

SIEGMAN, E. F., « St. John's Use of the Synoptic Material », CBQ 30 (1968)   (8402
182-198.

Critique textuelle. Textual Criticism. Textkritik. Critica testuale. Crítica textual.

XXX, « Un fragment de l'Évangile de S. Jean de la 1re moitié du IIe siècle »,   (8403
AmiCl 53 (1936) 574-575.

MERK, A., « De fragmento IV^i Evangelii vetustissimo », Bibl 17 (1936) 99-101.   (8404

CARIGLIANO, T., « Restitutio critica textus latini evangelii secundum Ioannem   (8405
ex scriptis S. Ambrosii », Bibl 27 (1946) 30-64, 210-240.

STEGMULLER, O., « Zu den Bibelorakeln im Codex Bezae », Bibl 34 (1953)   (8406
13-22.

CASTELLINO, G., « Un nuovo manoscritto giovanneo », RivB 5 (1957) 82-84.   (8407

O'FLYNN, J. A., « A New Papyrus Ms of the Fourth Gospel », IrThQ 24 (1957)   (8408
259-261.

SCHELKLE, K. H., « Eine neugefundene, nunmehr älteste Handschrift des   (8409
Johannesevangeliums (papyrus Bodmer II) », TQ 137 (1957) 160-167.

SMOTHERS, E. R., « Papyrus Bodmer II. An Early Codex of St. John », TS 18   (8410
(1957) 434-441.

BOISMARD, M.-É., « Importance de la critique textuelle pour établir l'origine   (8411
araméenne du quatrième évangile », dans *L'Évangile de Jean* (en collab.), 41-57.

BOTTE, B., « Le texte du quatrième Évangile et le papyrus Bodmer II », BVC   (8412
N° 24 (1958) 96-107.

COLLINS, J. J., « Papyrus Bodmer II », CBQ 20 (1958) 281-289.   (8413

DANESI, G., « Il piu antico codice del Vangelo di Giovanni. Il papiro Bodmer II (8414
recentemente scoperto », RivB 6 (1958) 295-322.

MONTEVECCHI, O., « Il IV Vangelo e le scoperte papirologiche più recenti »,   (8415
ScuolC 86 (1958) 264-275.

ZIMMERMANN, H., « Papyrus Bodmer II und seine Bedeutung für die   (8416
Textgeschichte des Johannes-Evangeliums », BZ 2 (1958) 214-243.

DE AUSEJO, S., « El papiro Bodmer II y la exégesis del IV Evangelio », EstE 34   (8417
(1960) 907-928.

LEAL, J., « El autografo del IV Evangelio y la arqueologia », EstE 34 (1960)   (8418
895-905.

VIRGULIN, S., « Caratteristiche del quarto vangelo », BibOr 2 (1960) 152-156.   (8419

HEITLINGER, A., « Der « Codex Cusanus 18 » die Vorlagehandschrift der   (8420
« Corderius-Katene » zum Johannesevangelium », Bibl 42 (1961) 443-454.

GOURBILLON, J. G., « L'Évangile selon saint Jean : l'oeuvre d'un témoin oculaire   (8421
(7-15); l'Évangile spirituel (16-31); Scrutez les Écritures (32-39); une édition
posthume ? (40-54); le plan du quatrième Évangile (55-91); l'Évangile du bien-aimé
(92-95) », CE N° 48 (1962) 5-95.

LÉON-DUFOUR, X., *Les évangiles et l'histoire de Jésus,* « L'évangile selon saint   (8422
Jean : un évangile; un témoignage; histoire de Jésus et historicité du récit », 101-143.

SCHNACKENBURG, R., *Das Johannesevangelium,* I. Teil² (Freiburg, Basel,   (8423
Wien, Herder, 1967), « Einleitung », 2-196.

MICHAEL, P., « Lectio brevior im Johannesevangelium und ihre Beziehung zum   (8424
Urtext », BZ 12 (1968) 111-119.

Historicité. Historicity. Historizität. Storicità. Historicidad.

LAGRANGE, M.-J., « Le réalisme historique de l'Évangile selon saint Jean », RB   (8425
46 (1937) 321-341.

FULLER, R. C., « The Fourth Gospel, an Objective Record ? » SCR 5 (1952)   (8426
27-32.

BLINZLER, J., « Eine Bemerkung zum Geschichtsrahmen des Johannes-   (8427
evangeliums », Bibl 36 (1955) 20-35.

LÉON-DUFOUR, X., « Timeliness of the Fourth Gospel », TDig 3 (1955)   (8428
179-185.

LEAL, J., « El simbolismo historico del IV Evangelio », EstB 19 (1960) 229-348.   (8429

RAMLOT, M.-L., « L'Évangile selon Saint Jean et la critique historique », BVC   (8430
N° 38 (1961) 80-87.

BROWN, R. E., « The Problem of Historicity in John », CBQ 24 (1962) 1-14.   (8431

LEAL, J., « History and Symbol in John's Gospel », TDig 11 (1963) 91-96.   (8432

BLIGH, J., « C. H. Dodd on John and the Synoptics », HeyJ 5 (1964) 276-296.   (8433

BROWN, R. E., *New Testament Essays,* « The Problem of Historicity in   (8434
John », 143-167.

MUSSNER, F., *Die Johanneische Sehweise und die Frage nach dem historischen*   (8435
Jesus, 96 pp.

Théologie. Theology. Theologie. Teologia. Teología.

Introduction. Einleitung. Introduzione. Introducción.

BRAUN, F.-M., « La théologie biblique. Qu'entendre par là ? D'une théologie   (8436
inspirée (la théologie de saint Jean) », RT 53 (1953) 237-244.

SKRINJAR, A., « Differentiae theologicae 1 Jo et Jo », VD 41 (1963) 175-185.   (8437

BENOIT, P., « The Theologies of Paul and John », TDig 13 (1965) 135-144.   (8438

HOULDEN, J. L., « Paulinism and Johannism Rapprochement », SCR 17 (1965)   (8439
41-52.

FEUILLET, A., « Les grandes lignes de la doctrine du quatrième évangile », dans   (8440
Où en sont les études bibliques ? (en collab.), 167-184.

Amour. Love. Liebe. Amore. Amor.

HUBY, J., *Mystiques paulinienne et johannique,* « La mystique johannique : Dieu   (8441
est Amour », 145-155.

SUSTAR, A., « De caritate apud Sanctum Joannem », VD 28 (1950) 110-119,   (8442
129-140, 193-203, 257-270, 321-340.

HUM, J. M., « La manifestation de l'amour selon Saint Jean », VS 88 (1953)   (8443
227-253.

CHARLIER, C., « L'Évangile de l'amour dans la mort », BVC N° 14 (1956) 7-16.   (8444

BARROSSE, T., « The Relationship of Love to Faith in St. John », TS 18 (1957)   (8445
538-559.

SPICQ, C., « Notes d'exégèse johannique. La charité est amour manifeste », RB   (8446
65 (1958) 358-370.

WURZINGER, A., « Die Liebe bei Johannes », BiLit 35 (1961-62) 3-6.   (8447

NAUMANN, P. S., « The Presence of Love in John's Gospel », Wor 39 (1965)   (8448
369-371.

CIPRIANI, S., « Dio è amore. La dottrina della carità in S. Giovanni », ScuolC   (8449
94 (1966) 214-231.

RUIZ ANDREU, E., « San Juan en nuestros días. Agape y caridad », Manr 42   (8450
(1970) 125-130.

SCHLIER, H., « Die Bruderliebe nach dem Evangelium und den Briefen des   (8451
Johannes », dans *Mélanges bibliques* en hommage au R. P. Béda Rigaux (en collab.),
235-245.

Baptême. Baptism. Taufe. Battesimo. Bautismo.

HUBY, J., *Mystiques paulinienne et johannique,* « La nouvelle naissance (bap-   (8452
tême) », 155-170.

BRAUN, F.-M., « Le baptême d'après le quatrième Évangile », RT 48 (1948)   (8453
347-393.

PONCELET, M., *Le mystère du sang et de l'eau dans l'évangile de saint Jean* (Paris,   (8454
Cerf, 1961), 182 pp.

BROWN, R. E., *New Testament Essays,* « The Eucharist and Baptism in   (8455
John », 77-95.

Christologie. Christology. Christologie. Cristologia. Cristología.

TONDELLI, L., *Gesù, secondo San Giovanni* (Turino, Società Ed. Internazionale,   (8456
1943), 346 pp.

TONDELLI, L., « Gesù e il suo evangelista nel IV Vangelo », ScuolC 71 (1943)   (8457
22-28.

DUPONT, J., *Essais sur la Christologie de saint Jean.* Le Christ, Parole, Lumière   (8458
et Vie. La gloire du Christ, 319 pp.

VERGOTE, A., « L'exaltation du Christ en croix selon le quatrième évangile »,   (8459
ETL 28 (1952) 5-23.

MOLLAT, D., « La divinité du Christ d'après saint Jean », LV N° 9 (1953)   (8460
101-134.

MUSSNER, F., « Der « Charakter » Jesu nach dem Johannesevangelium »,   (8461
TrierTZ 62 (1953) 321-332.

CERFAUX, L., « Le Christ et ses miracles dans l'Évangile de saint Jean », dans   (8462
L'attente du Messie (en collab.), 131-138.

DELORME, J., « Le fils de l'homme : saint Jean, le théologien du Fils de l'hom-   (8463
me », CE N° 16 (1954) 48-55.

MOLLAT, D., « Nous avons vu sa Gloire », CHR N° 11 (1956) 310-327.   (8464

CLARK, F., « Tension and Tide in St. John's Gospel », IrThQ 24 (1957) 154-165.   (8465

GROSSOUW, W., « La glorification du Christ dans le quatrième évangile », dans   (8466
L'Évangile de Jean (en collab.), 131-145.

THÜSING, W., *Die Erhöhung und Verkerrlichung Jesu in Johannesevangelium*   (8467
(Münster, Aschendorff, 1959), 304 pp.

MOLLAT, D., « Ils regarderont celui qu'ils auront transpercé », LV N° 47 (1960)   (8468
95-114.

CHOPIN, C., *Le Verbe incarné et rédempteur* (Tournai, Desclée et Cie, 1963),   (8469
« Révélation du mystère du Christ dans les écrits johanniques », 29-35.

LEMONNYER, L., CERFAUX, L., *Théologie du Nouveau Testament,* « Le Christ   (8470
dans saint Jean », 185-197.

BLANK, J., *Krisis,* 372 pp.   (8471

RIAUD, J., « La gloire et la royauté de Jésus dans la Passion selon saint   (8472
Jean », BVC N° 56 (1964) 28-44.

MUSSNER, F., *Die johanneische Sehweise und die Frage nach dem historischen*   (8473
Jesus (Freiburg i. B., Herder, 1965), 96 pp.

FEUILLET, A., « Les *Ego Eimi* christologiques du quatrième Évangile », RSR 54   (8474
(1966) 5-22, 213-240.

BRAUN, F.-M., « La seigneurie du Christ dans le monde, selon saint Jean », RT   (8475
67 (1967) 357-386.

DION, H.-M., « Quelques traits originaux de la conception johannique du Fils de   (8476
l'Homme », SE 19 (1967) 49-65.

TRAETS, C., *Voir Jésus et le Père en lui, selon l'évangile de saint Jean* (Roma,   (8477
Università Gregoriana, 1967), 256 pp.

En collaboration, *Jesus in den Evangelien* (Stuttgart, Katholisches Bibelwerk,   (8478
1970), 176 pp.

Église. Church. Kirche. Chiesa. Iglesia.

FEUILLET, A., « Le temps de l'Église selon saint Jean », MD N° 65 (1961)   (8479
60-79, ou dans *Études johanniques,* 152-174.

BLIGH, J., « The Church and Israel according to St. John and St. Paul », dans   (8480
Studiorum Paulinorum Congressus 1961 (en collab.), I, 151-156.

FEUILLET, A., « The Era of the Church in Saint John », TDig 11 (1963) 3-11.   (8481

VAN DEN BUSSCHE, H., « L'Église dans le quatrième Évangile », dans *Aux*   (8482
origines de l'Église (en collab.), 65-85.

MARROW, S., « Jo 21 : Indagatio in ecclesiologiam Joanneam », VD 45 (1967)   (8483
47-51.

PASTOR PINEIRO, F. A., *La eclesiología juanea según E. Schweizer* (Roma,   (8484
Università Gregoriana, 1968), 244 pp.

Eschatologie. Eschatology. Eschatologie. Escatologia. Escatología.

RIGAUX, B., *L'antéchrist,* « L'opposition (au règne messianique) dans les Épîtres   (8485
et l'Évangile de saint Jean », 383-398.

HUBY, J., *Mystiques paulinienne et johannique,* « La Jérusalem céleste », 217-232.   (8486

VAN DEN BUSSCHE, H., « L'attente de la grande Révélation dans le quatrième   (8487
évangile », NRT 75 (1953) 1009-1019.

BRAUN, F.-M., « L'Évangile de saint Jean et les grandes traditions d'Israël », RT   (8488
60 (1960) 325-363.

BOISMARD, M.-É., « L'évolution du thème eschatologique dans les traditions   (8489
johanniques », RB 68 (1961) 507-524.

BLANK, J., *Krisis,* 372 pp.   (8490

CIPRIANI, S., « Il giudizio in San Giovanni », dans *San Giovanni.* Atti della XVII   (8491
Settimana Biblica (en collab.), 161-185.

PANCARO, S., « A Statistical Approach to the Concept of Time and Eschatology   (8492
in the Fourth Gospel », Bibl 50 (1969) 511-524.

Esprit. Spirit. Geist. Spirito. Espíritu.

BRAUN, F.-M., « L'eau et l'Esprit », RT 49 (1949) 5-30.   (8493

MAERTENS, T., « L'esprit qui donne la Vie : Le témoignage de saint Jean », CE   (8494
Nº 17 (1955) 51-64.

WENNEMER, K., « Geist und Leben bei Johannes », GeistL 30 (1957) 185-198.   (8495

COPPENS, J., « Le don de l'Esprit d'après les textes de Qumrân et le quatrième   (8496
Évangile », dans L'Évangile de Jean (en collab.), 209-223.

MUSSNER, F., « Die johanneischen Parakletsprüche und die apostolische   (8497
Tradition », BZ 5 (1961) 56-70.

SCHLIER, H., « Zum Begriff des Geistes nach den Johannesevangelium », dans   (8498
Neutestamentliche Studien für Rudolf Bultmann (Berlin, Töpelmann, 1957),
233-239.

WURZINGER, A., « Der Heilige Geist bei Johannes », BiLit 36 (1962-63)   (8499
288-294.

DE LA POTTERIE, I., « Le Paraclet », AS Nº 47 (1963) 37-55.   (8500

BROWN, R. E., « The Paraclete in the fourth Gospel », TDig 16 (1968) 244-250.   (8501

Eucharistie. Eucharist. Eucharistie. Eucaristia. Eucaristía.

PONCELET, M., Le mystère du sang et de l'eau dans l'évangile de saint Jean (Paris,   (8502
Cerf, 1961), 184 pp.

AMBROSANIO, A., « La dottrina eucaristica in S. Giovanni secondo le recenti   (8503
discussioni tra protestanti », RivB 11 (1963) 145-165.

WORDEN, T., « The Holy Eucharist in St. John », SCR 15 (1963) 97-102; 16   (8504
(1964) 5-16.

AMBROSANIO, A., « La dottrina eucaristica in San Giovanni secondo le recenti   (8505
discussioni tra i protestanti », dans San Giovanni. Atti della XVII Settimana Biblica
(en collab.), 187-205.

BROWN, R. E., New Testament Essays, « The Eucharist and Baptism in   (8506
John », 77-95.

BRAUN, F.-M., « L'Eucharistie selon saint Jean », RT 70 (1970) 5-29.   (8507

Foi. Faith. Glaube. Fede. Fe.

HUBY, J., « De la connaissance de foi dans saint Jean », RSR 21 (1931) 385-421.   (8508

LESSEL, J., « De natura et momento fidei quid eruatur ex Evangelio S.   (8509
Joannis », VD 20 (1940) 19-28, 85-93, 241-255.

LO GIUDICE, C., « La fede degli Apostoli nel IV Vangelo », Bibl 28 (1947) 59-82,   (8510
264-280.

BRAUN, F.-M., « L'accueil de la foi selon saint Jean », VS 92 (1955) 344-363.   (8511

MOLLAT, D., « La foi dans le quatrième Évangile », LV Nº 22 (1955) 91-107.   (8512

DECOURTRAY, A., « La conception johannique de la foi », NRT 81 (1959)   (8513
561-576.

STANLEY, D. M., « The Passion According to John », Wor 33 (1959) 210-230.   (8514

BOISMARD, M.-É., « La royauté du Christ dans le quatrième évangile », LV   (8515
Nº 57 (1962) 43-63.

GRELOT, P., « Le problème de la foi dans le Quatrième Évangile », BVC Nº 52   (8516
(1963) 60-71.

LEAL, J., « El clima de la fe en la Redaktionsgeschichte del IV Evangelio », EstB (8517
22 (1963) 141-177.

TRÉMEL, Y.-B., « Le fils de l'homme selon saint Jean », LV Nº 62 (1963) 65-92. (8518

BROWN, J. F., « Faith as Commitment in the Gospel of St. John », Wor 38 (1964) (8519
260-267.

VANHOYE, A., « Notre foi, oeuvre divine, d'après le quatrième évangile », NRT (8520
86 (1964) 337-354.

GAFFNEY, J., « Believing and Knowing in the Fourth Gospel », TS 26 (1965) (8521
215-241.

ROBINSON, B. P., « Christ as a Northern Prophet in St John », SCR 17 (1965) (8522
104-108.

BONNARD, P.-É., La sagesse en personne annoncée et venue : Jésus-Christ, (8523
« Jésus-Sagesse, en saint Jean », 141-157.

LAMMERS, K., Hören, Sehen und Glauben im Neuen Testament, « Das (8524
Johannesevangelium und die Johannesbriefe », 49-62.

WURZINGER, A., « Glauben nach Johannes », BiLit 39 (1966) 203-208. (8525

BARON, M., « La progression des confessions de foi dans les dialogues de saint (8526
Jean », BVC Nº 82 (1968) 32-44.

JAUBERT, A., « « Croire » dans l'évangile de Jean », VS 118 (1968) 137-148. (8527

BRAUN, F.-M., « La foi selon saint Jean », RT 69 (1969) 357-377. (8528

Incarnation. Menschwerdung. Incarnazione. Encarnación.

BERNARD, R., « Jean, le théologien du Verbe incarné », RT 51 (1951) 508-552. (8529

MOLLAT, D., « Richesse et pauvreté du Christ. Saint Jean et la pauvreté du Verbe (8530
fait chair », CE Nº 9 (1953) 7-22.

DE AUSEJO, S., « El concepto de « Carne » aplicado a Cristo en el IV Evan- (8531
gelio », EstB 17 (1958) 411-427.

DE AUSEJO, S., « El concepto de « Carne » aplicado a Cristo en el IV evan- (8532
gelio », dans Sacra Pagina (en collab.), II, 219-234.

BROWN, R. E., New Testament Essays, « The Theology of the Incarnation in (8533
John », 96-101.

SCHNEIDER, H., « The Word Was Made Flesh », CBQ 31 (1969) 344-356. (8534

HARDOUIN DUPARC, L., « L'incarnation selon saint Jean », VS 123 (1970) (8535
470-480.

Israël. Israel. Israele. Israel.

CHARUE, A., L'incrédulité des Juifs dans le N. T., 222-265. (8536

BAUM, G., The Jews and the Gospel. « The Gospel of St. John », 98-131. (8537

FESTORAZZI, F., « I Giudei e il Quarto Evangelo », dans San Giovanni. Atti della (8538
XVII Settimana Biblica (en collab.), 225-260.

Lumière. Light. Licht. Luce. Luz.

BOTT, J. C., « De notione lucis in scriptis S. Johannis », VD 19 (1939) 80-90, (8539
117-122.

SOUBIGOU, L., « Le Verbe incarné, lumière et vérité d'après l'évangéliste saint (8540
Jean », AT 3 (1943) 416-432.

GUTIERREZ, P., « Conceptus « Lucis » apud Iohannem Evangelistam in (8541
relatione ad conceptum « Veritatis » », VD 29 (1951) 3-19.

BOUYER, L., La Bible et l'Évangile², « Saint Jean : la Lumière et la Vie dans la (8542
Parole », 193-208.

Marie. Mary. Maria. María.

BRAUN, F.-M., « La mère de Jésus dans l'oeuvre de saint Jean », RT 50 (1950) (8543
429-479; 51 (1951) 5-68.

UNGER, D. J., « Did St. John See the Virgin Mary in Glory ? » CBQ 11 (1949) (8544
249-262, 393-405; 12 (1950) 75-83, 155-161, 292-300, 405-415.

QUIÉVREUX, F., « La maternité spirituelle de la Mère de Jésus dans l'évangile (8545
de saint Jean », VSS 6 (1952) 101-134.

BRAUN, F.-M., *La mère des fidèles.* Essai de théologie johannique, 207 pp. (8546

BOISMARD, M.-É., « Mariologie (théologie johannique) », RB 61 (1954) 293-296. (8547

TROADEC, H.-G., « La Bible et la Vierge : La maternité spirituelle de la Vierge; (8548
le témoignage de saint Jean », CE N° 13 (1954) 48-62.

GALLUS, T., *Die Mutter Jesu in Johannes Evangelium* (Klagenfurt, Carinthia, (8549
1963), 93 pp.

DAUER, A., « Das Wort des Gekreuzigten an seine Mutter und den « Jünger, den (8550
er liebte ». – Eine traditionsgeschichtliche und theologische Untersuchung zu Joh
19,25-27 », BZ 11 (1967) 222-239.

LEAL, J., « El culto a María en el IV Evangelio », Manr 39 (1967) 309-318. (8551

LEAL, J., « La espiritualidad mariana en el Evangelio de san Juan », Manr 42 (8552
(1970) 51-66.

Parole. Word. Wort. Parola. Palabra.

MAYDIEU, J.-L., « La procession du logos d'après le commentaire d'Origène sur (8553
l'Évangile de saint Jean », BLE 35 (1934) 3-16, 49-70.

GIBLET, J., « La théologie du Logos selon l'évangile de Jean », dans *La parole* (8554
de Dieu en Jésus-Christ² (en collab.), 85-119.

DE PINTO, B., « Word and Wisdom in St John », SCR 19 (1967) 19-27, 107-122. (8555

Miracle. Wunder. Miracolo. Milagro.

BROWN, R. E., *New Testament Essays,* « The Gospel Miracles », 168-191. (8556

CERFAUX, L., « Les miracles, signes messianiques de Jésus et oeuvres de Dieu, (8557
selon l'Évangile de saint Jean », dans *Recueil Lucien Cerfaux,* II, 41-50.

Péché. Sin. Sünde. Peccato. Pecado.

DELHAYE, P., « Le péché actuel. Sa notion dans la Bible. II. Le péché dans le (8558
Nouveau Testament. C) La Théologie johannique du péché », AmiCl 69 (1959)
17-20.

BRAUN, F.-M., « Le péché du monde selon saint Jean », RT 65 (1965) 181-201. (8559

Résurrection. Resurrection. Auferstehung. Resurrezione. Resurrección.

RUSSELL, R., « The Beloved Disciple and the Resurrection », SCR 8 (1956) (8560
57-62.

ZIENER, G., « Johannesevangelium und urchristliche Passafeier », BZ 2 (1958) (8561
263-274.

STANLEY, D. M., « St. John and the Pascal Mystery », Wor 33 (1959) 293-301. (8562

Sacrements. Sacraments. Sakramente. Sacramenti. Sacramentos.

VAWTER, B., « The Johannine Sacramentary », TS 17 (1956) 151-166. (8563

SCHNACKENBURG, R., « Die Sakramente im Johannesevangelium », dans (8564
Sacra Pagina (en collab.), II, 235-254.

BROWN, R. E., « The Johannine Sacramentary Reconsidered », TS 23 (1962) (8565
183-206.

KLOS, H., *Die Sakramente im Johannesevangelium*. Vorkommen und Bedeutung (8566
von Taufe, Eucharistie und Busse im vierten Evangelium (Stuttgart, Katholisches
Bibelwerk, 1970), 112 pp.

Salut. Salvation. Heil. Salvezza. Salud.

BOISMARD, M.-É., « Jésus, sauveur, d'après saint Jean », LV N° 15 (1954) (8567
103-122.

DA SPINETOLI, O., « Il ritorno di Gesù al Padre nella soteriologia gio- (8568
vannea », dans *San Giovanni*. Atti della XVII Settimana Biblica (en collab.), 145-
159.

Vérité. Truth. Wahrheit. Verità. Verdad.

SOUBIGOU, L., « Le Verbe incarné, lumière et vérité d'après l'évangéliste saint (8569
Jean », AT 3 (1943) 416-432.

BLANK, J., « Der johanneische Wahrheits-Begriff », BZ 7 (1963) 163-173.   (8570

DE LA POTTERIE, I., « La verità in San Giovanni », RivB 11 (1963) 3-24.   (8571

Vie. Life. Leben. Vita. Vida.

WEISENGOFF, J. P., « The Acquisition, Maintenance and Recovery of Life (8572
According to St. John », AmER 104 (1941) 506-513.

GLANNDOUR, M., « Images de la vie divine selon S. Jean », VS 85 (1951) 53-64. (8573

MUSSNER, F., *Die Anschauung vom « Leben » im vierten Evangelium,* « Begriff (8574
und Anschauung vom « Leben » bei Johannes », 48-188.

VANHOYE, A., « Témoignage et vie selon le quatrième évangile », CHR N° 6 (8575
(1955) 150-171.

FEUILLET, A., « La participation actuelle à la vie divine d'après le quatrième (8576
évangile. Les origines et le sens de cette conception », dans *Texte und
Untersuchungen zur Geschichte der altchristlichen Literatur,* Band 73 (Berlin,
Akademie, 1959) 295-308, ou dans *Études johanniques,* 175-189.

Thèmes divers. Various Themes. Sonstige Themen. Temi diversi. Temas diversos.

SPICQ, C., *La révélation de l'espérance dans le Nouveau Testament* (Avignon, (8577
Aubanel; Paris, Libr. Dominicaine; 1932), « L'apôtre saint Jean, chantre de
l'espérance; l'évangile de saint Jean », 208-221.

BONSIRVEN, J., « Individualisme chrétien chez saint Jean », NRT 62 (1935) (8578
449-476.

LÉON-DUFOUR, X., « Le signe du temple selon saint Jean », dans *Mélanges Jules* (8579
Lebreton, I, RSR 39 (1951) 155-175.

BRAUN, F.-M., « Le monde bon et mauvais de l'évangile johannique », VS 89 (8580
(1953) 15-29, 580-598.

MEINERTZ, M., « Die « Nacht » im Johannesevangelium », TQ 133 (1953) (8581
400-407.

DESCAMPS, A., « Moïse dans les Évangiles et dans la tradition apostolique », (8582
dans *Moïse, l'homme de l'Alliance* (en collab.), 171-187.

GIBLET, J., « La Sainte Trinité selon l'Évangile de saint Jean », LV N° 29 (1956) (8583
95-126.

D'ARAGON, J.-L., « La notion johannique de l'unité », SE 11 (1959) 111-119. (8584

DE LA POTTERIE, I., « *Oida* et *gignôskô,* les deux modes de la connaissance dans (8585
le quatrième Evangile », Bibl 40 (1959) 709-725.

DE LA POTTERIE, I., « La notion de témoignage dans saint Jean », dans *Sacra*   (8586
Pagina (en collab.), II, 193-208.

SCHULZ, A., *Nachfolgen und Nachahmen,* « Das göttliche Vorbild und seine   (8587
Nachahmung in den johanneischen Schriften », 243-247.

BAUMGARTNER, C., *La grâce du Christ* (Tournai, Desclée et Cie, 1963), « La   (8588
théologie johannique de la grâce », 32-38.

SCHNACKENBURG, R., « Die Messiasfrage in Johannesevangelium » dans   (8589
Neutestamentliche Aufsätze (en collab.), 240-264.

BALLARINI, T., « Liberazione in San Paolo e in San Giovanni », dans *San*   (8590
Giovanni. Atti della XVII Settimana Biblica (en collab.), 207-224.

LAZURE, N., *Les valeurs morales de la théologie johannique* (EB) (Paris, Gabalda,   (8591
1965), 388 pp.

THÜSING, W., « Die johanneische Theologie als Verkündigung der Grösse   (8592
Gottes », TrierTZ 74 (1965) 321-331.

LATOURELLE, R., *Théologie de la Révélation²,* « Saint Jean », 75-84.   (8593

O'ROURKE, J. J., « John's Fulfilment Texts », SE 19 (1967) 434-443.   (8594

NAVONE, J. J., « « Glory » in Pauline and Johannine Thought », Wor 42 (1968)   (8595
48-52.

ZERWICK, M., « « Visio » joannea », VD 46 (1968) 80-87.   (8596

McPOLIN, J., « Mission in the Fourth Gospel », IrThQ 36 (1969) 113-122.   (8597

CASABO SUQUE, J. M., *La Teología moral en San Juan* (Madrid, Fax, 1970),   (8598
528 pp.

DE DINECHIN, O., « ΚΑΘΩΣ : La similitude dans l'évangile selon saint   (8599
Jean », RSR 58 (1970) 195-236.

MacRAE, G. W., « The Fourth Gospel and *Religionsgeschichte* », CBQ 32 (1970)   (8600
13-24.

MURTAGH, J., « Animus and Anima in St. Peter and St. John », IrThQ 37 (1970)   (8601
65-70.

Divers. Miscellaneous. Verschiedenes. Diversi. Diversos.

BURGHARDT, W. J., « Did Saint Ignatius of Antioch know the Fourth Gos-   (8602
pel ? » TS 1 (1940) 1-26, 130-156.

REUSS, J., « Der Exeget Ammonius und die Fragmente seines Matthäus-und   (8603
Johannes-Kommentars », Bibl 22 (1941) 13-20.

ALLO, E.-B., « Saint Jean l'Évangéliste », VS 70 (1944) 299-306.   (8604

REUSS, J., « Cyrill von Alexandrien und sein Kommentar zum Johannes-   (8605
Evangelium », Bibl 25 (1944) 207-209.

BOISMARD, M.-É., « Clément de Rome et l'évangile de Jean », RB 55 (1948)   (8606
376-387.

MARTINDALE, C. C., « Witnesses of Christ. St. John the Apostle. The Disciple   (8607
whom Jesus loved », SCR 4 (1949) 37-41.

BARSOTTI, D., *La Parole de Dieu dans le mystère chrétien,* « Le quatrième   (8608
évangile et la liturgie », 250-258.

BOUYER, L., « Études johanniques », BVC N° 6 (1954) 98-101.   (8609

LÉON-DUFOUR, X., « Actualité du quatrième évangile », NRT 76 (1954)   (8610
449-468.

BRAUN, F.-M., « L'arrière-fond judaïque du quatrième évangile et la   (8611
Communauté de l'Alliance », RB 62 (1955) 5-44.

BRAUN, F.-M., « Hermétisme et johannisme », RT 55 (1955) 22-42, 259-300.   (8612

CASTELLINI, G., « Due note giovannee », RivB 3 (1955) 229-234.   (8613

BRAUN, F.-M., « L'évangile de saint Jean et l'ancienne catéchèse romaine, le (8614
témoignage des catacombes », RT 56 (1956) 643-648.

BRAUN, F.-M., « Où en est l'étude du quatrième Évangile ? » ETL 32 (1956) (8615
535-546.

MOLLAT, D., « L'interprétation du quatrième évangile par C. H. Dodd », RSR (8616
44 (1956) 422-442.

BOISMARD, M.-É., « Le papyrus Bodmer II », RB 64 (1957) 363-398.   (8617

XXX, « Saint Jean », PPB N° 30 (1958) 62 pp.   (8618

BRAUN, F.-M., « Le quatrième évangile dans l'Église du second siècle », dans (8619
Sacra Pagina (en collab.), II, 269-289.

REUSS, J., « Der Presbyter Ammonius von Alexandrien und sein Kommentar zum (8620
Johannes-Evangelium », Bibl 44 (1963) 159-170.

TESTA, E., « I Giodeo-cristiani e San Giovanni », dans San Giovanni. Atti della (8621
XVII Settimana Biblica (en collab.), 261-288.

BOISMARD, M.-É., « The Fourth Gospel and the Baptist », TDig 13 (1965) 39-46. (8622

NEWMAN, J.-H., « Pureté et amour – La sainteté de Jean et de Pierre », VS 113 (8623
(1965) 314-323.

MUSSNER, F., « Liturgical Aspects of John's Gospel », TDig 14 (1966) 18-23. (8624

Textes. Texts. Texte. Testi. Textos.

1-12   VAN DEN BUSSCHE, H., « La structure de Jean I-XII », dans (8625
          L'Évangile de Jean (en collab.), 61-109.

1,1-18   HOLZMEISTER, U., « Prologi Iohannei (1,1-18) idea principalis et (8626
          divisio », VD 11 (1931) 65-71.

          GAECHTER, P., « Strophen im Johannesevangelium », ZKT 60 (1936) (8627
          99-120, 302-423.

          SPICQ, C., « Le Siracide et la structure littéraire du prologue de saint (8628
          Jean », dans Mémorial Lagrange (en collab.), 183-195.

          LILLY, J. L., « The Eternal Word made Flesh », AmER 118 (1948) (8629
          409-421.

          BERNARD, R., « Jean, le théologien du Verbe incarné », RT 51 (1951) (8630
          508-552.

          DUPONT, J., Essais sur la christologie de saint Jean, « La Parole (8631
          créatrice », 35-49.

          BOISMARD, M.-É., Le prologue de saint Jean, « Commentaire (8632
          exégétique », 13-98; « La structure du prologue », 99-108.

          BARSOTTI, D., La Parole de Dieu dans le mystère chrétien, « Jésus : (8633
          Prologue de saint Jean », 129-134.

          MEHLMANN, J., « De mente S. Hieronymi circa divisionem versuum (8634
          Jo 1,3s », VD 33 (1955) 86-94.

          CERFAUX, L., La voix vivante de l'Évangile au début de l'Église (8635
          (Tournai, Paris, Casterman, 1956), « La théologie du prologue », 95-98.

          DE AUSEJO, S., « ¿ Es un himmo a Cristo el prologo de San Juan ? (8636
          (los himnos cristologicos de la Iglesia primitiva y el prologo del IV
          Evangelio) », EstB 15 (1956) 223-277, 381-427.

          SCHLIER, H., Die Zeit der Kirche, « Im Anfang was das Wort. Zum (8637
          Prolog des Johannesevangeliums », 274-287.

LACAN, M.-F., « Le prologue de Saint Jean », LV N° 33 (1957)   (8638
91-110.

SCHNACKENBURG, R., « Logos-Hymnus und johanneischer Pro-   (8639
log », BZ 1 (1957) 69-109.

TOURNAY, R., BARUCQ, A., ROBERT, A., MONDÉSERT, C.,   (8640
STARCKY, J., « Logos », SDB V, col. 425-496.

AUCOIN, M. A., « Augustine and John Chrysostom : Commentators   (8641
on St. John's Prologue », SE 15 (1963) 123-131.

RYAN, W. F. J., « John's Hymn to the Word », Wor 37 (1963) 285-292.   (8642

BRAUN, F.-M., « La lumière du monde », RT 64 (1964) 341-363.   (8643

DE SURGY, P., « Le prologue de saint Jean, Jn 1,1-18 », AS N° 9   (8644
(1964) 31-52.

LAMARCHE, P., « Le prologue de Jean », RSR 52 (1964) 497-537.   (8645

SCHELKLE, K. H., « Das Wort ist Fleisch geworden. Weihnachts-   (8646
predigt zum Prolog des Johannesevangeliums », GeistL 37 (1964) 401-
404.

LANGKAMMER, H., « Die Herkunft des Logostitels im Johannes-   (8647
prolog », BZ 9 (1965) 91-94.

WILLEMSE, J., « La première et dernière parole de Dieu : Jésus (Mc   (8648
1,1-13 et Jn 1,1-18) », Conci N° 10 (1965) 69-85.

LAMARCHE, P., Christ vivant. Essai sur la christologie du Nouveau   (8649
Testament, « La christologie johannique : étude du prologue », 87-140.

BARTINA, S., « La vida como historia, en el prologo al cuarto   (8650
evangelio », Bibl 49 (1968) 91-96.

VARRO, R., « Dans le sillage du Verbe fait chair (Jn 1,1-18) », AmiCl   (8651
78 (1968) 766-770.

FEUILLET, A., « Prologue du quatrième Évangile », SDB VIII (1969),   (8652
col. 623-688.

GUERDRAY, G., « Le prologue du IVᵉ Évangile. Étude de Théologie   (8653
johannique (A. Feuillet) », AmiCl 79 (1969) 173-176.

DE SURGY, P., « Le prologue de saint Jean », AS (n.s.) N° 10 (1970)   (8654
68-79.

RICHTER, G., « Ist εν ein strukturbildendes Element im   (8655
Logos-Hymnus Joh 1,1ff. ? » Bibl 51 (1970) 539-544.

1,1-12   MORAN, J. W., « St. John's Doctrine of the Logos », AmER 113   (8656
(1945) 358-365.

GALOPIN, P.-M., « Le Verbe, témoin du Père (Jean 1,1-12) », BVC   (8657
N° 53 (1963) 16-34.

1,1-5   VAN DEN BUSSCHE, H., « De tout être la Parole était la vie (Jean   (8658
1,1-5) », BVC N° 69 (1966) 57-65.

1,1   MÉDEBIELLE, A., « In principio erat Verbum », VD 2 (1932) 3-10.   (8659

FACCIO, H., « De Verbo Dei (Joan. 1,1) », VD 26 (1948) 27-32.   (8660

1,3-4   DE LA POTTERIE, I., « De interpunctione et interpretatione versuum   (8661
Jo 1,3-4 », VD 33 (1955) 193-208.

VAWTER, B., « What came to be in Him was Life (Jn 1,3b-4a) », CBQ   (8662
25 (1963) 401-406.

LANGKAMMER, H., « Die Zugehörigkeit des Satzteiles *ho gegonen* (8663
in Joh 1,3.4 bei Hieronymus », BZ 8 (1964) 295-298.

KYSAR, R., « Rudolph Bultmann's Interpretation of the Concept of (8664
Creation in John 1,3-4 », CBQ 32 (1970) 77-85.

1,3   BRATES, L., « Un commentario gnostico a Io. 1,3 », EstE 27 (1953) (8665
65-83.

HAACKER, K., « Eine formgeschichtliche Beobachtung zu Joh 1,3 (8666
fin », BZ 12 (1968) 119-121.

1,4   TWOMEY, R. L., « Substantial Life in John 1 : 4 », AmER 134 (1956) (8667
324-327.

LACAN, M.-F., « L'oeuvre du Verbe incarné : le don de la vie (Jo, (8668
1,4) », RSR 45 (1957) 61-78.

1,6-28   BOGAERT, P.-M., « Quelqu'un est là, que vous ne connaissez pas (Jn (8669
1,6-8.19-28) », AS (n.s.) Nº 7 (1969) 40-53.

1,6-8   KEHL, N., « Der Mensch in der Geschichte Gottes. Zum (8670
Johannesprolog 6-8 », GeistL 40 (1967) 404-409.

1,8   SUTCLIFFE, E. F., « He was not the Light », AmER 83 (1930) (8671
124-132.

1,9-2,11 BOISMARD, M.-É., « La première semaine du ministère de Jésus selon (8672
saint Jean », VS 94 (1956) 593-603.

1,9-13   VAN DEN BUSSCHE, H., « Il était dans le monde (Jean 1,9-13) », (8673
BVC Nº 81 (1968) 19-25.

1,9   CERNUDA, A. V., « Enganan la oscuridad y el mundo; la luz era y (8674
manifiesta lo verdadero », EstB 27 (1968) 153-175.

AUER, J., « Wie ist Jo 1,9 zu verstehen ? » TGl 28 (1936) 397-407. (8675

XXX, « Le texte de Jean I, 9 », AmiCl 54 (1937) 420-421. (8676

CERNUDA, A. V., « Engañan la oscuridad y el mundo; la luz era y (8677
manifiesta lo verdadero », EstB 27 (1968) 153-175, 215-232.

1,11   DE CASTELLVI, P. M., « Εἰς τὰ ἴδια ... Jo 1,11 », EstF 43 (1931) (8678
190-191.

FLORIVAL, É., « Les siens ne l'ont pas reçu (Jn 1,11) ». NRT 89 (8679
(1967) 43-66.

1,13-14 BRAUN, F.-M., *La mère des fidèles*, « La Mère de Jésus (Jo. 1,13- (8680
14) », 27-46.

1,13   LE FROIS, B. J., « The Spiritual Motherhood of Mary in John 1 : (8681
13 », CBQ 13 (1951) 422-431.

CASTELLINI, G., « De Jo 1,13 in quibusdam citationibus patris- (8682
ticis », VD 32 (1954) 155-157.

SCHMID, J., « Joh 1,13 », BZ 1 (1957) 118-125. (8683

VIARD, A., « Singulier ou pluriel, dans Jean 1,13 », AmiCl 68 (1958) (8684
516-520.

HOUSSIAU, A., « Le milieu théologique de la leçon (*Jo.*, 1,13) », dans (8685
Sacra Pagina (en collab.), II, 170-188.

1,14   ARENDZEN, J P., « The Meaning of « Grace » in John 1, 14 », SCR (8686
4 (1949) 22.

SCHLIER, H., *Die Zeit der Kirche,* « Im Anfang war das Wort. Zum (8687
Prolog der Johannesevangeliums », 274-287.

GRANGETTE, J., « Nous avons vu sa gloire », VS 110 (1964) 32-42.   (8688

RIEDL, J., « Strukturen christologischer Glaubensentfaltung im Neuen   (8689
Testament », ZKT 87 (1965) 443-452.

WULF, F., « Gott im Menschen Jesus. Auslegung und Meditation von   (8690
Jo 1,14; Phil 2,7; Lk 2,11 », GeistL 42 (1969) 472-473.

1,15-18   ORBE, A., « El primer testimonio del Bautista sobre el Salvador, según   (8691
Heracleón y Orígenes », EstE 30 (1956) 5-36.

1,15   FOSTER, R. J., « The Vision Mentionned by Christ in Jo. 1,15 », SCR   (8692
3 (1948) 50-51.

1,16   JOÜON, P., « Jean, 1,16 », RSR 22 (1932) 206.   (8693

FRANGIPANE, D., « Et gratiam pro gratia (Jo 1,16) », VD 26 (1948)   (8694
3-17.

1,18   BOISMARD, M.-É., « Dans le sein du Père (Jo. 1,18) », RB 59 (1952)   (8695
23-39.

BOUYER, L., Le quatrième évangile², « Le Prologue », 37-68.   (8696

GENNARO, P., « Il Dio « invisibile » e il Figlio « unigenito » (Io.   (8697
1,18) », RivB 4 (1956) 159-178.

AMIOT, F., « Deum nemo vidit unquam : Jo., 1,18 », dans Mélanges   (8698
bibliques rédigés en l'honneur de André Robert (en collab.), 470-477.

1,19-5,47   TALBERT, C. H., « Artistry and Theology : An Analysis of the   (8699
Architecture of Jn 1,19-5,47 », CBQ 32 (1970) 341-366.

1,19-2,11   BOISMARD, M.-É., « La première semaine du ministère de Jésus, selon   (8700
saint Jean », VS 8 (1956) 593-603.

BOISMARD, M.-É., Du baptême à Cana, 168 pp.   (8701

BARROSSE, T., « The Seven Days of the New Creation in St. John's   (8702
Gospel », CBQ 21 (1959) 507-516.

1,19-36   BOISMARD, M.-É., « Les traditions johanniques concernant le   (8703
Baptiste », RB 70 (1963) 5-42.

1,19-28   BOGAERT, M., « Quelqu'un est là, que vous ne connaissez pas », AS   (8704
Nº 5 (1966) 41-54.

BEAUVERY, R., « Le Baptiste devant les enquêteurs (Jean 1,19-   (8705
28) », AmiCl 78 (1968) 707-709.

1,19-27   CALMET, A., « Vraie et fausse sagesse (Jacques 1,19-27; 3,13-18) »,   (8706
BVC Nº 58 (1964) 19-28.

1,21   RICHTER, G., « Bist du Elias ? (Joh 1,21) », BZ 6 (1962) 79-92,   (8707
238-256; 7 (1963) 63-80.

1,26   HOLZMEISTER, U., « Medius vestrum stetit quem vos nescitis (Joh.   (8708
1,26) », VD 20 (1940) 329-332.

BROWN, R. E., « Three Quotations from John the Baptist in the Gospel   (8709
of John », CBQ 22 (1960) 292-298.

1,29-36   FEDERKIEWICZ, P., « Ecce Agnus Dei », VD 12 (1932) 41-47, 83-88,   (8710
117-120, 156-160, 168-171.

LEAL, J., « Exegesis catholica de Agno Dei in ultimis viginti et quinque   (8711
annis », VD 28 (1950) 98-109.

DE LA POTTERIE, I., « Ecco l'Agnello di Dio », BibOr 1 (1959)   (8712
161-169.

1,29-34   VOSTÉ, J.-M., « De baptismo Jesu », Ang 11 (1934) 187-213, 325-340.   (8713

SCHLIER, H., « Die Verkündigung der Taufe Jesu nach des Evan-   (8714
gelien », GeistL 28 (1955) 414-419.

GIBLET, J., « Pour rendre témoignage à la lumière », BVC N° 16   (8715
(1956) 80-86.

FEUILLET, A., « Le baptême de Jésus », RB 71 (1964) 321-352.   (8716

FEUILLET, A., « The Baptism of Jesus », TDig 14 (1966) 207-212.   (8717

JACQUEMIN, P.-E., « Le témoignage de Jean le Baptiste (Jn 1,29-   (8718
34) », AS (n.s.) N° 33 (1970) 22-30.

1,29-30   BROWN, R. E., « Three Quotations from John the Baptist in the Gospel   (8719
of John », CBQ 22 (1960) 292-298.

1,29   PORPORATO, F. X., « Ecce Agnus Dei (Joh. 1,29) », VD 10 (1930)   (8720
329-337.

XXX, « Sens du texte : « Qui tollit peccatum mundi » dans Jean   (8721
I,29 », AmiCl 55 (1938) 27-28.

JOÜON, P., « L'Agneau de Dieu (Jean 1,29) », NRT 67 (1940) 318-321.   (8722

1,35-51   BILL, J., « Die Erfahrung des Angangs », GeistL 43 (1970) 230-234.   (8723

1,35-42   XXX, « La rencontre de Jésus et des premiers disciples », BVC N° 91   (8724
(1970) 7-20.

JACQUEMIN, P.-E., « Les premiers disciples du Messie (Jn 1,35-   (8725
42) », AS (n.s.) N° 33 (1970) 53-61.

1,38   WULF, F., « Meister, wo wohnst du ? (Joh 1,38) », GeistL 31 (1958)   (8726
241-244.

1,43   JOÜON, P., « *Telein,* au sens d'être sur le point de... (Jean 1,43) », RSR   (8727
29 (1939) 620-621.

1,45-51   ENCISO VIANA, J., « La vocación de Natanael y el Salmo 24 », EstB   (8728
19 (1960) 229-236.

1,46-51   McKENZIE, J. L., « The Commentary of Theodore of Mopsuestia on   (8729
John 1,46-51 », TS 14 (1953) 73-84.

1,51   HOLZMEISTER, U., « Nathanael fuitne idem ac S. Bartholo-   (8730
maeus ? » Bibl 21 (1940) 28-39.

FRITSCH, I., « ... videbitis Angelos ascendentes et descendentes », VD   (8731
37 (1959) 3-11.

GIBLET, J., « Tu verras le ciel ouvert (Jean 1,51) », BVC N° 36   (8732
(1960) 26-30.

2,1-11   GAECHTER, P., « Maria in Kana (Jo 2,1-11) », ZKT 55 (1931)   (8733
351-402.

LORTZING, J., « Die inneren Beziehungen zwischen Jo 2,1-11 und   (8734
Offb 12 », TGl 29 (1937) 498-529.

JACONO, V., « Probaturne B. V. Mariae universalis gratiarum   (8735
mediatio (Joh. 2,1-11) », VD 18 (1938) 202-207.

MOOCK, W., « Zu Jo 2,1-11 », TGl 30 (1938) 313-316.   (8736

GALLUS, T., « Quid mihi et tibi, mulier ? » VD 22 (1942) 41-50.   (8737

CADOUX, C., « Les noces de Cana », VS 81 (1949) 155-162.   (8738

CANTINAT, J., « Marie fut-elle aimée de Jésus ? », AT 3 (1951)   (8739
198-209.

SCHNACKENBURG, R., *Das erste Wunder Jesu* (Joh. 2,1-11)   (8740
(Freiburg, Herder, 1951), 67 pp.

BRUNET, A.-M., « Les noces de Cana », dans *Études et Recherches.*   (8741
Cahiers de Théologie et de philosophie (Ottawa), N° 8 (1952) 9-22.

BRAUN, F.-M., *La mère des fidèles,* « Le mystère de Cana », 50-74.   (8742

PARSCH, P., « Bibelstunde über die Hochzeit zu Kana (Joh. 2,1-   (8743
11) », BiLit 20 (1952-53) 97-99.

QUIÉVREUX, F., « La maternité spirituelle de la Mère de Jésus dans   (8744
l'évangile de saint Jean : I. Les noces de Cana », VSS 5 (1952) 104-116.

GRILL, S., « Jesus auf der Hochzeit zu Kana », BiLit 20 (1952-53)   (8745
333-336.

CHARLIER, C., « Les Noces de Cana », BVC N° 4 (1953-54) 81-86.   (8746

SPADAFORA, F., « Maria alle nozze di Cana », RivB 2 (1954)   (8747
220-247.

TROADEC, H.-G., « La Mère de Jésus à Cana », CE N° 13 (1954)   (8748
55-59.

MICHL, J., « Die Hochzeit zu Kana. Kritik einer Auslegung », TGl   (8749
45 (1955) 334-349.

PARSCH, P., *Apprenons à lire la Bible,* « Exemples méthodiques   (8750
(d'étude biblique) : un récit. Les noces de Cana (Jn 2,1-11) », 159-162.

LEMARIÉ, J., *La manifestation du Seigneur,* « Les noces de Cana :   (8751
Le vrai sens de l'épisode », 381-388; « Les signes des Noces de Cana », 389-412; « L'Eucharistie, mystère d'union », 413-426.

ANZALONE, V., « Gesu e Maria alle Nozze di Cana », RivB 6 (1958)   (8752
135-146.

STANLEY, D. M., « Cana as Epiphany », Wor 32 (1958) 83-89.   (8753

CHARLIER, J.-P., *Le signe de Cana.* Essai de théologie johannique   (8754
(Bruxelles, La Pensée catholique, 1959), 96 pp.

DEISS, L., *Marie, fille de Sion,* « Le signe de Cana », 211-226.   (8755

HAIBLE, E., « Das Gottesbild der Hochzeit von Kana – Zur biblischen   (8756
Grundlegung der Eingottlehre », MüTZ 10 (1959) 189-199.

FEUILLET, A., « L'heure de Jésus et le signe de Cana. Contribution à   (8757
l'étude de la structure du quatrième évangile », ETL 36 (1960) 5-22.

DILLON, R. J., « Wisdom Tradition and Sacramental Retrospect in the   (8758
Cana Account (Jn 2,1-11) », CBQ 24 (1962) 268-296.

GALOT, J., « Le mystère de Cana », AS N° 16 (1962) 88-100.   (8759

JACQUEMIN, E., « Le signe inaugural de Jésus (Jn 2,1-11) », AS   (8760
N° 16 (1962) 32-53.

MICHAUD, J.-P., « Le signe de Cana dans son contexte johan-   (8761
nique », LTP 18 (1962) 239-285; 19 (1963) 257-283.

DERRETT, J. D. M., « Water into Wine », BZ 7 (1963) 80-97.   (8762

BODSON, J., « Cana de Galilée. L'Église et l'Eucharistie », LVit 19   (8763
(1964) 645-652.

FEUILLET, A., « La signification fondamentale du premier miracle de   (8764
Cana (Jo II,1-11) et le symbolisme johannique », RT 65 (1965) 517-535.

RAMOS-REGIDOR, J., « Signo y poder », Sal 27 (1965) 499-562; 28   (8765
(1966) 3-64.

CORTES, J. B., « The Wedding Feast at Cana », TDig 14 (1966) 14-17.   (8766

EYQUEM, M.-B., « La foi de Marie et les noces de Cana », VS 117   (8767
(1967) 169-181.

WORDEN, T., « The Marriage Feast at Cana (John 2,1-11) », SCR 20   (8768
(1968) 94-103.

JACQUEMIN, E., « Le signe inaugural de Jésus », AS (n.s.) N° 35   (8769
(1970) 76-88.

2,3-5   KILMARTIN, E. J., « The Mother of Jesus was there (The Significance   (8770
of Mary in Jn 2,3-5 and Jn 19,25-27) », SE 15 (1963) 213-226.

2,3-4   GRIMME, H., « Drei Evangelienberichte in neuer Auffassung. I. Mt   (8771
22,11ff.; II. Jo 2,3; III. Mt 19,16ff », TGl 34 (1942) 83-90.

ZEHRER, F., « Joh 2,3f im Lichte der traditions- und redaktions-   (8772
geschichtlichen Forschung », BiLit 43 (1970) 14-27.

ROBILLIARD, J.-A., « Le vin manque », VS 90 (1954) 28-45.   (8773

2,4   XXX, « Sens des paroles : « Quid mihi et tibi est, mulier ? » Jo   (8774
II,4 », AmiCl 48 (1931) 858.

BRINKMANN, B., « Quid mihi et tibi, mulier ? Nondum venit hora   (8775
mea (Joh. 2,4) », VD 14 (1934) 135-141.

EUFRASIO DI CRISTO RE, P., « Che significa « Quid mihi et   (8776
tibi » ? » ScuolC 75 (1947) 137-142.

LEAL, J., « La hora de Jesus, la hora de su Madre », EstE 26 (1952)   (8777
147-168.

MICHL, J., « Bemerkungen zu Jo 2,4 », Bibl 36 (1955) 492-509.   (8778

CEROKE, C. P., « Jesus and Mary at Cana : Separation or Associa-   (8779
tion ? » TS 17 (1956) 1-38.

CEROKE, C. P., « The Problem of Ambiguity in John 2,4 », CBQ 21   (8780
(1959) 316-340.

BRESOLIN, A., « L'esegesi di Giov. 2,4 nei Padri latini », REA 8   (8781
(1962) 243-273.

BRAUN, F.-M., « Le don de Dieu et l'initiation chrétienne (Jn   (8782
2,4) », NRT 86 (1964) 1025-1048.

HANIMANN, J., « L'heure de Jésus et les noces de Cana. Le sens de   (8783
la réponse de Jésus : « Mon heure n'est pas encore venue » », RT 64
(1964) 569-583.

2,5   BRUNNER, A., « Was er euch sagen wird, das tut (Joh 2,5) », GeistL   (8784
34 (1961) 81-84.

2,12-25   DE JULLIOT, H., « Le zèle pour ta maison (Jean 2,12-25; 3,22-   (8785
36) », BVC N° 30 (1959) 31-33.

2,13-22   BRAUN, F.-M., « L'expulsion des vendeurs du temple », RB 38 (1929)   (8786
178-200.

VAN DEN BUSSCHE, H., « Le signe du temple (Jean, 2,13-22) », BVC   (8787
N° 20 (1957) 92-100.

2,13-15   LÉON-DUFOUR, X., « Le signe du temple selon Jean (2,13ss) », RSR   (8788
39 (1951) 155-175.

2,16   JOÜON, P., « I, Jo. 2,16 : la présomption des richesses », RSR 28 (1938)   (8789
479-481.

2,19-22   VOGELS, H., « Die Tempelreinigung und Golgotha (Joh 2,19-22) »,   (8790
BZ 6 (1962) 102-107.

2,19   DUBARLE, A.-M., « Le signe du temple (Jn. 2,19) », RB 48 (1939)   (8791
21-44.

2,20   POWER, E., « John 2,20 and the Date of the Crucifixion », Bibl 9 (8792
       (1928) 257-288.

       ORIGÈNE D'ALEXANDRIE, « Il parlait du Temple de son (8793
       corps », BVC N° 20 (1957) 59-64.

2,23-3,21 DE LA POTTERIE, I., « Ad dialogum Jesu cum Nicodemo (2,23-3, (8794
       21) », VD 47 (1969) 141-150.

3-4   DE JULLIOT, H., « L'eau et l'Esprit (Jean 3 et 4) », BVC N° 27 (8795
       (1959) 35-42.

       DE LA POTTERIE, I., « Structura primae partis Evangelii Johannis (8796
       (capita III et IV) », VD 47 (1969) 130-140.

3   GOURBILLON, J. G., « La parabole du serpent d'airain et la « la- (8797
       cune » du ch. III de l'évangile selon S. Jean », RB 51 (1942) (= Vivre
       et Penser, 2) 213-226.

       BLANK, J., *Krisis,* « Das johanneische Kerygma », 53-108. (8798

3,1-21   LEBRETON, J., *La vie et l'enseignement de J.-C.[16],* « Nicodème », I, (8799
       89-96.

       ROUSTANG, F., « L'entretien avec Nicodème », NRT 78 (1956) (8800
       337-358.

       STANLEY, D. M., « Israel's Wisdom Meets the Wisdom of God », (8801
       Wor 32 (1958) 280-287.

       COUREL, F., « Jésus et Nicodème », CHR N° 8 (1961) 207-212. (8802

       BLIGH, J., « Four Studies in St John, II. Nicodemus », HeyJ 8 (1967) (8803
       40-51.

3,1-15   BRAUN, F.-M., « La Vie d'en haut : Jean 3,1-15 », RSPT 40 (1956) (8804
       3-24.

       LACONO, V., « Agnosce, o Christiane, dignitatem tuam ! » VD 16 (8805
       (1936) 339-348.

3,1-10   DE LA POTTERIE, I., « Jesus et Nicodemus : De necessitate (8806
       generationis ex Spiritu (Jo 3,1-10) », VD 47 (1969) 193-214.

3,3-5   LE FROIS, B. J., « The Spiritual Motherhood of Mary in John 3, (8807
       3-5 », CBQ 14 (1952) 116-123.

3,5   DE LA POTTERIE, I., « « Naître de l'eau et naître de l'Esprit ». Le (8808
       texte baptismal de Jn 3,5 », SE 14 (1962) 417-443.

       COSTA, M., « Simbolismo battesimale in Giov. 7,37-39; 19,31-37; (8809
       3,5 », RivB 13 (1965) 347-385.

3,11-21   VAN DEN BUSSCHE, H., « L'élévation du Fils de l'homme (Jean 3, (8810
       11-21) », BVC N° 35 (1960) 16-25.

       DE LA POTTERIE, I., « Jesus et Nicodemus : De revelatione Jesu et (8811
       vera fide in eum (Jo 3,11-21) », VD 47 (1969) 257-283.

3,14-21   MANNUCCI, V., « Amour de Dieu et foi de l'homme (Jn 3,14- (8812
       21) », AS (n.s.) N° 17 (1970) 40-50.

3,19   ANGEL, A., « Christus perversas audientium dispositiones corri- (8813
       git », VD 6 (1926) 118-123.

3,21   ZERWICK, M., « Veritatem facere (Joh 3,21; 1 Joh. 1,6) », VD 18 (8814
       (1938) 338-342, 373-377.

3,22-36   DE JULLIOT, H., « Le zèle pour ta maison (Jean 2,12-25; 3,22- (8815
       36) », BVC N° 30 (1959) 31-33.

	VAN DEN BUSSCHE, H., « Les paroles de Dieu (Jean 3,22-36) », BVC (8816 N° 55 (1964) 23-28.
3,22-30	BOISMARD, M.-É., « Les traditions johanniques concernant le (8817 Baptiste », RB 70 (1963) 5-42.
3,29	BOISMARD, M.-É., « L'ami de l'époux (*Jo.*, III, 29) », dans *À la* (8818 *rencontre de Dieu.* Mémorial Albert Gelin (en collab.), 289-295.
3,34b	GOLUB, J., « ... non enim ad mensuram dat Spiritum (Jo 3,34b) », VD (8819 43 (1965) 62-70.
4,1-42	HOLZMEISTER, U., « Colloquium Domini cum muliere Samari- (8820 tana », VD 13 (1933) 17-20, 51-55.
	MOLLAT, D., « Le puits de Jacob », BVC N° 6 (1954) 83-91. (8821
	ROUSTANG, F., « Les moments de l'acte de foi et ses conditions de (8822 possibilité. Essai d'interprétation du dialogue avec la Samaritaine », RSR 46 (1958) 344-378.
	STANLEY, D. M., « Samaritan Interlude », Wor 34 (1960) 137-144. (8823
	BLIGH, J., « Jesus in Samaria », HeyJ 3 (1962) 329-346. (8824
	MAERTENS, T., « Histoire et fonction de trois grandes péricopes : (8825 l'aveugle-né, la Samaritaine, Lazare », Conci N° 22 (1967) 57-60.
4,5-30	PIERRON, J., « La source de l'eau vive », CE N° 19 (1955) 7-80. (8826
4,7-13	CHARLIER, C., « L'amour en Esprit », BVC N° 10 (1955) 57-72. (8827
4,10-14	BRAUN, F.-M., « Avoir soif et boire (Jn 4,10-14; 7,37-39) », dans (8828 *Mélanges bibliques* en hommage au R. P. Béda Rigaux (en collab.), 247-258.
4,10	PIERRE, « Donum Dei », VS 70 (1944) 49-62. (8829
4,12	JAUBERT, A., « La symbolique du puits de Jacob, Jean 4,12 », dans (8830 *L'homme devant Dieu.* Mélanges H. de Lubac (en collab.), I, 63-73.
4,13-14	RETTENBACH, N., « La source d'eau vive (Jn 4,13-14) », VS 85 (8831 (1951) 65-77.
4,23	SCHNACKENBURG, R., « Die « Anbetung in Geist und Wahr- (8832 heit » (Jo 4,23) im Lichte von Qumrân-Texten », BZ 3 (1959) 88-94.
4,46-54	LIESE, H., « Filius reguli sanatur », VD 11 (1931) 289-294. (8833
	FEUILLET, A., « La signification théologique du second miracle de (8834 Cana (Jn 4,46-54) », RSR 48 (1960) 62-75, ou dans *Études johanniques,* 34-46.
	BOISMARD, M.-É., « Saint Luc et la rédaction du quatrième évan- (8835 gile », RB 69 (1962) 185-211.
	SCHNACKENBURG, R., « Zur Traditionsgeschichte von Joh 4,46- (8836 54 », BZ 8 (1964) 58-88.
	BOISMARD, M.-É., « Guérison du fils d'un fonctionnaire royal (Jn (8837 4,46b-53) », AS N° 75 (1965) 26-37.
	SUDBRACK, J., « Der Glaube des Hauptmanns. Die drei (8838 evangelischen Berichte von der Heilung des Hauptmanns-Knechtes », GeistL 39 (1966) 379-384.
4,48	HOLZMEISTER, U., « Nisi signa et prodigia videritis, non creditis (8839 (Joh. 4,48) », VD 18 (1938) 294-298.
5	BLIGH, J., « Jesus in Jerusalem », HeyJ 4 (1963) 115-134, 176. (8840
5,1-18	VAN DEN BUSSCHE, H., « Guérison d'un paralytique à Jérusalem le (8841 jour du sabbat (Jean 5,1-18) », BVC N° 61 (1965) 18-28.

5,1 BOVER, J. M., « La fiesta de los Judíos en Io. 5,1 », EstE 26 (1952) 79-82. (8842

5,3-4 BOVER, J. M., « Autenticidad de Jn. 5.3b-4 », EstB 11 (1952) 69-72. (8843

5,17-47 STUHLMUELLER, C., « The Mission of the Son », Wor 33 (1958) 27-36. (8844

5,19-47 GAECHTER, P., « Strophen im Johannesevangelium », ZKT 60 (1936) 99-120, 402-423. (8845

5,19-30 GAECHTER, P., « Zur Form von Joh 5,19-30 », dans *Neutestamentliche Aufsätze* (en collab.), 65-68. (8846

BLANK, J., *Krisis,* « Die christologisch-eschatologische Vergegenwärtigungstheologie des Johannes », 109-182. (8847

VANHOYE, A., « La composition de Jn 5,19-30 », dans *Mélanges bibliques* en hommage au R. P. Béda Rigaux (en collab.), 259-274. (8848

5,31-47 GIBLET, J., « Le témoignage du Père », BVC N° 12 (1955-1956) 49-59. (8849

5,36 VANHOYE, A., « Opera Jesu donum Patris », VD 36 (1958) 83-92. (8850

VANHOYE, A., « L'oeuvre du Christ, don du Père (Jn 5,36 et 17,4) », RSR 48 (1960) 377-419. (8851

5,39 BOISMARD, M.-É., « À propos de Jean 5,39. Essai de critique textuelle », RB 55 (1948) 5-34. (8852

6 GAECHTER, P., « Die Form der eucharistischen Rede Jesu », ZKT 59 (1935) 419-441. (8853

MORAN, J. W., « The Eucharist in St. John VI », AmER 102 (1940) 135-147. (8854

TEMPLE, P. J., « The Eucharist in St. John 6 », CBQ 9 (1947) 442-452. (8855

SCHNACKENBURG, R., « « Geistliche Kommunion » und Neues Testament », GeistL 25 (1952) 407-411. (8856

LEAL, J., « De realitate eucharistica panis vitae (Jo 6) », VD 31 (1953) 144-155. (8857

MOLLAT, D., « Le chapitre VIe de saint Jean », LV N° 31 (1957) 107-119. (8858

RACETTE, J., « L'unité du discours sur le pain de vie (Jean VI) », SE 9 (1957) 82-85. (8859

LÉON-DUFOUR, X., « Le mystère du Pain de vie (Jean VI) », RSR 46 (1958) 481-523. (8860

STANLEY, D. M., « The Bread of Life », Wor 32 (1958) 477-488. (8861

DE JULLIOT, H., « Le pain de vie (Jean 6,1-71) », BVC N° 26 (1959) 38-45. (8862

FEUILLET, A., « Les thèmes bibliques majeurs du discours sur le pain de vie (Jo 6) », NRT 82 (1960) 803-822, 918-939, 1040-1062, ou dans *Études johanniques,* 47-129. (8863

KILMARTIN, E. J., « Liturgical Influence on John 6 », CBQ 22 (1960) 183-191. (8864

KILMARTIN, E. J., « The Formation of the Bread of Life Discourse (Jn. 6) », SCR 12 (1960) 75-77. (8865

GALBIATI, E., « Il pane della vita », BibOr 5 (1963) 101-110. (8866

BLIGH, J., « Jesus in Galilee », HeyJ 5 (1964) 3-26. (8867

QUIÉVREUX, F., « Le récit de la multiplication des pains dans le   (8868
quatrième évangile », RevSR 41 (1967) 97-108.

GIBLET, J., « L'Eucharistie dans l'évangile de Jean (une lecture de Jn   (8869
6) », Conci N° 40 (1968) 55-62.

BERROUARD, M.-F., « La multiplication des pains et le discours du   (8870
pain de vie (Jean 6) », LV N° 94 (1969) 63-75.

MEES, M., « Sinn und Bedeutung westlicher Textvarianten in Joh   (8871
6 », BZ 13 (1969) 244-251.

SNOY, T., « Le chapitre 6 de l'Évangile de Jean », BVC N° 94 (1970)   (8872
5-6.

6,1-15   LEBRETON, J., *La vie et l'enseignement de J.-C.*[16], « La multiplication   (8873
des pains », I, 361-374.

KNACKSTEDT, J., « De duplici miraculo multiplicationis panum »,   (8874
VD 41 (1963) 39-51, 140-153.

HEISING, A., *Die Botschaft der Brotvermehrung.* Zur Geschichte und   (8875
Bedeutung eines Christusbekenntnisses im Neuen Testament, 84 pp.

6,15-21   DENIS, A.-M., « La marche de Jésus sur les eaux. Contribution à   (8876
l'histoire de la péricope dans la tradition évangélique », dans *De Jésus
aux Évangiles,* 233-247.

6,16-21   ZARRELLA, P., « Gesu cammina sulle acque », BibOr 10 (1968)   (8877
181-188.

6,25-59   BOVER, J. M., « De sermonis unitate », VD 2 (1922) 48-51.   (8878

6,32-66   LEBRETON, J., *La vie et l'enseignement de J.-C.*[16], « Le pain de   (8879
vie », I, 374-393.

6,47   ANCEL, A., « Christus ad propositum certamen trahens voluntates (2   (8880
Joh 6,47) », VD 6 (1926) 6-15.

6,51-58   RUCKSTUHL, E., *Die literarische Einheit des Johannesevangeliums.*   (8881
Der gegenwartige Stand der einschlägigen Forschungen (Freiburg,
Paulusverlag, 1951), « Auseinandersetzung mit Joachim Jeremias über
die Echtheit von Jh 6,51b-58 », 220-271.

BEHLER, G.-M., « Das Brot des Lebens », BiLit 27 (1959-60) 312-320.   (8882

BEHLER, G.-M., « Le pain de vie (Jn 6,51-58) », BVC N° 32 (1960)   (8883
15-26.

O'ROURKE, J. J., « Two Notes on St. John's Gospel », CBQ 25 (1963)   (8884
124-128.

McPOLIN, J., « Bultmanni theoria litteraria et Jo 6,51c-58c », VD 44   (8885
(1966) 243-258.

6,51   SCHÜRMANN, H., « Joh 6,51c – ein Schlüssel zur gossen johan-   (8886
neischen Brotrede », BZ 2 (1958) 244-262.

SCHNACKENBURG, R., « Zur Rede vom Brot aus dem Himmel : eine   (8887
Beobachtung zu Joh 6,52 », BZ 12 (1968) 248-252.

6,53-58   SCHÜRMANN, H., « Die Eucharistie als Repräsentation und   (8888
Applikation des Heilsgeschehens nach Joh 6, 53-58 », TrierTZ 68 (1959)
30-45, 108-118.

6,55-58   VANNESTE, A., « Le pain de vie descendu du ciel (Jn 6,55-58) », AS   (8889
N° 54 (1966) 41-53.

6,63   BOCCALI, G., « Un « mashal » evangelico e la sua applicazione »,   (8890
BibOr 10 (1968) 53-58.

6,64	LEAL, J., « Spiritus et caro in Jo 6,64 », VD 30 (1952) 257-264.	(8891
	GARRONE, G., « Mes paroles sont esprit et vie (Jo. 6,64) », dans *Parole de Dieu et liturgie* (en collab.), 363-380.	(8892
7,1-10,21	STANLEY, D. M., « The Feast of Tents : Jesus' Self-Revelation », Wor 34 (1959) 20-27.	(8893
7,2-52	BERNARD, R., « La révélation de l'Homme-Dieu », VS 89 (1953) 124-141.	(8894
7,14-53	O'ROURKE, J. J., « Jn 7,14-53 : Another Combined Narrative ? » SMR 9 (1966) 143-146.	(8895
7,14-36	VAN DEN BUSSCHE, H., « Leurs écritures et son enseignement (Jean 7,14-36) », BVC N° 72 (1966) 21-30.	(8896
7,35	XXX, « Why Did Christ Write in the Temple and What Did He Write ? » AmER 88 (1933) 154-158.	(8897
7,37-44	PIERRON, J., « La source de l'eau vive », CE N° 19 (1955) 7-80.	(8898
7,37-39	ZERWICK, M., « Flumina de ventre ejus fluent aquae vivae », VD 21 (1941) 327-337.	(8899
	DUBARLE, A.-M., « Des fleuves d'eau vive », RB 52 (1943-44) (Vivre et Penser, 3) 238-241.	(8900
	STEIN, C., « Ströme lebendigen Wasser, Joh 7,37-39 », BiLit 24 (1956-57) 201-202.	(8901
	DE AUSEJO, S., « « Ríos de agua viva correrán de su seno » : el pasage Jn 7,37-39 y el Corazón de Cristo como fuente de agua viva », EstF 59 (1958) 161-185.	(8902
	BLENKINSOPP, J., « The Quenching of Thirst : Reflections on the Utterance in the Temple (Jn. 7 : 37-39) », SCR 12 (1960) 39-47.	(8903
	COSTA, M., « Simbolismo battesimale in Giov. 7,37-39; 19,31-37; 3,5 », RivB 13 (1965) 347-385.	(8904
	VAN DEN BUSSCHE, H., « Jésus, l'unique source d'eau vive (Jean 7,37-39) », BVC N° 65 (1965) 17-23.	(8905
	BRAUN, F.-M., « Avoir soif et boire (Jn 4,10-14; 7,37-39) », dans *Mélanges bibliques* en hommage au R. P. Béda Rigaux (en collab.), 247-258.	(8906
	GRELOT, P., « La promesse de l'eau vive (Jn 7,37-39) », AS (n.s.) N° 30 (1970) 23-28.	(8907
7,37-38	RAHNER, H., « Flumina de ventre Christi (Jn 7,37-38) », Bibl 22 (1941) 269-302, 367-403.	(8908
	BRAUN, F.-M., « L'eau et l'Esprit », RT 49 (1949) 5-30.	(8909
	LATTEY, C., « A Note on John VII, 37-8 », SCR 6 (1954) 151-153.	(8910
	CORTES QUIRANT, J., « Torrentes de agua viva (Una nueva interpretacion de Jn. 7,37-38 ?) », EstB 16 (1957) 279-306.	(8911
	CORTES, J. B., « Yet Another Look at Jn 7,37-38 », CBQ 29 (1967) 75-86.	(8912
	LEANZA, S., « Testimonianza della tradizione indiretta su alcuni passi del Nuovo Testamento », RivB 15 (1967) 407-418.	(8913
7,38	MÉNARD, J.-E., « L'interprétation patristique de Jean, VII,38 », RUO 25 (1955) 5*-25*.	(8914
	BOISMARD, M.-É., « De son ventre couleront des fleuves d'eau (Jo., VII,38) », RB 65 (1958) 523-546.	(8915

AUDET, J.-P., « De son ventre couleront des fleuves d'eau », RB 66 (8916
(1959) 369-386.

GRELOT, P., « À propos de Jean VII,38 », RB 67 (1960) 224-225. (8917

FEUILLET, A., « Les fleuves d'eau vive de Jo., 7,38 », dans *Parole de* (8918
Dieu et sacerdoce (en collab.) (Paris, Tournai, Desclée et Cie, 1962),
107-120.

GRELOT, P., « Jean 7,38 : eau du rocher ou source du temple ? » RB (8919
70 (1963) 43-51.

BAUER, J. B., « Drei Cruces », BZ 9 (1965) 84-91. (8920

BALAGUÉ, M., « Flumina de ventre credentis (Jn. 7,38) », EstB 26 (8921
(1967) 187-201.

7,45-52	BLANK, J., *Krisis,* « Das Richten der Pharisäer », 49-52.	(8922
7,52	MEHLMANN, J., « Propheta a Moyse promissus in Io 7,52 citatus », VD 44 (1966) 79-88.	(8923
7,53-8,20	BERNARD, R., « La révélation de l'Homme-Dieu », VS 89 (1953) 266-278.	(8924
7,53-8,11	LEBRETON, J., *La vie et l'enseignement de J.-C.*[16], « La femme adultère », II, 20-23.	(8925
8,1-11	XXX, « Why Did Christ Write in the Temple and What Did He Write ? » AmER 88 (1933) 154-158.	(8926
	MUÑOZ LEON, D., « Jésus pardonne à la femme adultère », AS (n.s.) N° 18 (1970) 55-65.	(8927
8,6-9	KÖBERT, R., « Ein Satz aus Haritis 29. Makame zur Beleuchtung von Joh. 8,6-9 », Bibl 29 (1948) 409-410.	(8928
8,6-8	POWER, E., « Writing on the Ground », Bibl 2 (1921) 54-57.	(8929
8,12-58	KERN, W., « Der symmetrische Gesamtaufbau von Jo 8,12-58 », ZKT 78 (1956) 451-454.	(8930
8,12-50	TROADEC, H., « Le témoignage de la Lumière (Jean 8,12-50) », BVC N° 49 (1963) 16-26.	(8931
8,12-20	LEBRETON, J., *La vie et l'enseignement de J.-C.*[16], « Jésus lumière du monde », II, 23-35.	(8932
	BLANK, J., *Krisis,* « Jesu Selbstzeugnis vor der Welt », 183-230.	(8933
8,17	CHARLIER, J.-P., « L'exégèse johannique d'un précepte légal : Jean VIII,17 », RB 67 (1960) 503-515.	(8934
8,19-55	CLARK, F., « Tension and Tide in St. John's Gospel », IrThQ 24 (1957) 154-165.	(8935
8,25	HUGHES, G., « Jo 8,25 : Principium qui et loquor vobis », RET 1 (1940) 243-246.	(8936
8,29	LEFEBVRE, G., « La croix, mystère d'obéissance », VS 96 (1957) 339-348.	(8937
8,30-59	BLANK, J., *Krisis,* « Die Krisis zwischen Jesus und den Juden », 231-251.	(8938
8,32	SCHILSON, A., « Die Wahrheit wird euch frei machen ! (Jo. 8, 32) », TGl 59 (1969) 29-56.	(8939
8,42	DEWAILLY, L.-M., « Qu'est-ce qu'une mission ? » VS 78 (1948) 132-153.	(8940

8,45-49	MOLLAT, D., « Avant qu'Abraham fût, je suis (Jn 8,45-49) », AS N° 34 (1963) 54-63.	(8941
8,46-59	LIESE, H., « Controversia Christum inter et Iudaeos », VD 14 (1934) 65-70.	(8942
8,48	MEHLMANN, J., « John 8,48 in Some Patristic Quotations », Bibl 44 (1963) 206-209.	(8943
8,58	CAVALLETTI, S., « La visione messianica di Abramo (Giov. 8, 58) », BibOr 3 (1961) 179-181.	(8944
	CUNLIFFE, C. R. A., « The divine Name of Yahweh, », SCR 6 (1954) 112-115.	(8945
	FULLER, R. C., « Christ's Use of the Phrase « *ego eimi* » », SCR 4 (1950) 182-183.	(8946
9-12	FEUILLET, A., « Essai sur la composition des chapitres IX-XII », dans *Mélanges bibliques rédigés en l'honneur de A. Robert* (en collab.), 478-493, ou dans *Études johanniques,* 130-151.	(8947
9	DE CERTEAU, M., « Comme un voleur », CHR N° 12 (1965) 25-41.	(8948
	BLIGH, J., « Four Studies in St John, I : The Man Born Blind », HeyJ 7 (1966) 129-144.	(8949
	MAERTENS, T., « Histoire et fonction de trois grandes péricopes : l'aveugle-né, la Samaritaine, Lazare », Conci N° 22 (1967) 57-60.	(8950
9,1-41	MOLLAT, D., « La guérison de l'aveugle-né », BVC N° 23 (1958) 22-31.	(8951
	SMYTH-FLORENTIN, F., « Guérison d'un aveugle-né », AS (n.s.) N° 17 (1970) 17-26.	(8952
9,1-38	LEBRETON, J., *La vie et l'enseignement de J.-C.*[16], « L'aveugle-né », II, 35-41.	(8953
9,7	MÜLLER, K., « Joh 9,7 und das jüdische Verständnis des Siloh-Spruches », BZ 13 (1969) 251-256.	(8954
9,39-41	BLANK, J., *Krisis,* « Die Heilung des Blindgeborenen als Zeichen für Offenbarung und Krisis », 252-263.	(8955
9,41	ROUSTANG, F., « Le Christ, ami des pécheurs », CHR N° 21 (1959) 15-18.	(8956
10	FORSTNER, D., « Der gute Hirt », BiLit 21 (1953-54) 343-347.	(8957
	METZ, J. B., « Ich bin der rechte Hirte », GeistL 29 (1956) 81-86.	(8958
	JEANNE D'ARC, Sr, « Le bon Pasteur », VS 106 (1962) 699-706.	(8959
	BRUNS, J. E., « The Discourse on the Good Shepherd and the Rite of Ordination », AmER 149 (1963) 386-391.	(8960
	ROSE, A., « Jésus-Christ pasteur de l'Église », VS 110 (1964) 501-515.	(8961
	YEOMANS, W., « The good Shepherd », Way 5 (1965) 54-61.	(8962
	LINDARS, B., « Δικαιοσύνη in Jn 16,8 and 10 », dans *Mélanges bibliques* en hommage au R. P. Béda Rigaux (en collab.), 275-285.	(8963
10,1-21	OGARA, F., « Dominus Christus bonus Pastor, ejusque convivium », VD 14 (1934) 129-134, 184-188.	(8964
	SOUBIGOU, L., « Le pasteur, la porte et les brebis », AT 2-3 (1946) 244-253.	(8965
	LEBRETON, J., *La vie et l'enseignement de J.-C.*[16], « Le bon pasteur », II, 41-47.	(8966

QUASTEN, J., « The Parable of the Good Shepherd. Jn. 10,1-21 », (8967
CBQ 10 (1948) 1-12, 151-169.

LEAL, J., « Exegesis catholica de Agno Dei in ultimis viginti et quinque (8968
annis », VD 28 (1950) 98-109.

CAVATASSI, N., « De munere « pastoris » in N. T. », VD 29 (1951) (8969
215-227, 275-285.

10,1-18   BOVER, J. M., « El simil del Buen Pastor (Jn. 10,1-18) », EstB 14 (8970
(1955) 297-314.

O'ROURKE, J. J., « Jo 10,1-18 : Series Parabolarum ? » VD 42 (1964) (8971
22-25.

KIEFER, O., *Die Hirtenrede*. Analyse und Deutung von Joh 10,1-18, (8972
92 pp.

GEORGE, A., « Je suis la porte des brebis (Jean 10,1-10) », BVC (8973
N° 51 (1963) 13-17.

SIMONIS, A. J., *Die Hirtenrede im Johannes-Evangelium*. Versuch (8974
einer Analyse von Johannes 10,1-18 nach Entstehung, Hintergrund und
Inhalt (Roma, Pont. Biblicum Institutum, 1967), XIX-350 pp.

LEAL, J., « La Eucaristía y la Parábola del Buen Pastor. (Io. 10, (8975
1-18) », EstE 27 (1953) 317-324.

KIEFER, O., « Le seul troupeau et le seul pasteur : Jésus et les siens (8976
(Jn 10,1-18) », AS (n.s.) N° 25 (1969) 46-61.

10,7-16   FACCIO, G., « Christus ovium ostium et pastor (Jo. 10,7-16) », VD 28 (8977
(1950) 168-175.

10,11-30   MOLLAT, D., « Le bon pasteur (Jean 10,11-18.26-30) », BVC N° 52 (8978
(1963) 25-35.

BAUER, J. B., « « Oves meae » quaenam sunt ? » VD 32 (1954) (8979
321-324.

D'ARAGON, J.-L., « La notion johannique de l'unité », SE 11 (1959) (8980
111-119.

10,12-13   GRYGLEWICZ, F., « Breaking of the Contract of Work as Mentioned (8981
in the Gospels », SCR 6 (1955) 109-112.

10,22-39   GIBLET, J., « Il y eut la dédicace (Jean 10,22-39) », BVC N° 66 (8982
(1965) 17-25.

10,27-30   STEMBERGER, K., « Les brebis du bon pasteur (Jn 10,27-30) », AS (8983
(n.s.) N° 25 (1969) 62-70.

10,30   D'ARAGON, J.-L., « La notion johannique de l'unité », SE 11 (1959) (8984
111-119.

11   LEAL, J., « De amore Jesu erga amicum Lazarum (Jo 11) », VD 21 (8985
(1941) 59-64.

LEBRETON, J., *La vie et l'enseignement de J.-C.*[16], « La résurrection (8986
de Lazare », II, 133-161.

BOVER, J. M., « La resurrección de Lazaro », EstE 28 (1954) 57-72. (8987

RINALDI, G., « Marta », BibOr 5 (1963) 123-126. (8988

MAERTENS, T., « Histoire et fonction de trois grandes péricopes : (8989
l'aveugle-né, la Samaritaine, Lazare », Conci N° 22 (1967) 57-60.

11,1-44   LOTZ, J. B., « Martha und Maria », GeistL 32 (1959) 161-165. (8990

MERLI, D., « La scopo della risurrezione di Lazzaro in Giov. 11,1- (8991
44 », BibOr 12 (1970) 59-82.

	MORLET, M., « Le dernier signe de la glorification de Jésus », AS (n.s.) N° 18 (1970) 11-25.	(8992
11,19-24	LIESE, H., « De S. Johanne Evangelista », VD 11 (1931) 357-361.	(8993
11,21-23	D'ARAGON, J.-L., « La notion johannique de l'unité », SE 11 (1959) 111-119.	(8994
11,25	ROMANIUK, K., « Je suis la Résurrection et la Vie (Jn 11,25) », Conci N° 60 (1970) 63-70.	(8995
11,36	HOH, J., « Omnis qui vivit et credit in me non morietur in aeternum (Jn 11,36) », VD 2 (1922) 333-336.	(8996
11,52	D'ARAGON, J.-L., « La notion johannique de l'unité », SE 11 (1959) 111-119.	(8997
12,3	KÖBERT, R., « Nardos pistike – Kostnarde », Bibl 29 (1948) 279-281.	(8998
	BRUNS, J. E., « A Note on John 12,3 », CBQ 28 (1966) 219-222.	(8999
12,12-18	LIESE, H., « Dominica Palmarum », VD 12 (1932) 65-69.	(9000
12,20-39	VAN DEN BUSSCHE, H., « Si le grain de blé ne tombe en terre », BVC N° 5 (1954) 53-67.	(9001
12,20-36	BLANK, J., *Krisis,* « Jesu Erhöhung und Verherrlichung als das Gericht über den Kosmos und seinen Herrscher », 264-296.	(9002
	SPAEMANN, H., « « Wenn des Weizenkorn nicht in die Erde Fallt... Meditation zu Jo 12,20-36 », BiLeb 8 (1967) 133-139.	(9003
12,20-33	MANNUCCI, V., « Les païens entrent en scène à l'heure de la glorification de Jésus (Jn 12,20-33) », AS (n.s.) N° 18 (1970) 36-45.	(9004
12,24	RASCO, E., « Christus, granum frumenti (Jo. 12,24) », VD 37 (1959) 12-25, 65-77.	(9005
12,31-36	DE LA POTTERIE, I., « L'exaltation du Fils de l'homme (Jn. 12,31-36) », Greg 49 (1968) 460-478.	(9006
12,32-34	McNAMARA, M., *The N. T. and the Palestinian Targum to the Pentateuch,* « « To be Lifted up » – « To Die »; Jn 12,32. 34 and the PT », 145-149.	(9007
12,37-50	BLANK, J., *Krisis,* « Krisis Israels und Krisis der Welt », 297-315.	(9008
12,44-50	BRINKMANN, B., « De priore quodam sermone valedictorii Domini (Joh. 12,44-50; 15; 16) », VD 19 (1939) 300-307.	(9009
12,45-50	BOISMARD, M.-É., « Le caractère adventice de *Jo.,* XII, 45-50 », dans *Sacra Pagina* (en collab.), II, 189-192.	(9010
13-17	HUBY, J., *Le discours de Jésus après la Cène, suivi d'une étude sur la connaissance de foi dans saint Jean* (VS) (Paris, Beauchesne, 1932), 192 pp.	(9011
	LEBRETON, J., *Lumen Christi,* « Le discours après la Cène », 269-305.	(9012
	VAN DEN BUSSCHE, H., *Le discours d'adieu de Jésus.* Commentaire des chapitres 13 à 17 de l'évangile selon saint Jean (Tournai, Casterman, 1959), 160 pp.	(9013
	BEHLER, G.-M., *Les paroles d'adieux du Seigneur* (Paris, Cerf, 1960), 284 pp.	(9014
	ZIMMERMANN, H., « Struktur und Aussageabsicht der johanneischen Abschiedsreden (Jo. 13-17) », BiLeb 8 (1967) 279-290.	(9015
13-14	LEBRETON, J., *La vie et l'enseignement de J.-C.*[16], « Le discours après la Cène », II, 274-288.	(9016

13   BRAUN, F.-M., « Hermétisme et johannisme », RT 55 (1955) 22-42,   (9017
            259-300.
            BEHLER, G.-M., *Les paroles d'adieux du Seigneur,* « Le préambule aux   (9018
            discours d'adieux », 17-70.
            RICHTER, G., « The Washing of the Feet in the Gospel of John »,   (9019
            TDig 14 (1966) 200-206.

13,1-35   HEYRAUD, L., « Judas et la nouvelle alliance », BVC N° 44 (1962)   (9020
            39-48.

13,1-20   GRELOT, P., « L'interprétation pénitentielle du lavement des   (9021
            pieds », dans *L'homme devant Dieu.* Mélanges H. de Lubac (en collab.),
            I, 75-91.
            DESPORTES, Dom, « Le lavement des pieds. De l'Évangile à la litur-   (9022
            gie », AmiCl 75 (1965) 187-191.
            RICHTER, G., « Die Fusswaschung Joh 13,1-20 », MüTZ 16 (1965)   (9023
            13-26.
            RICHTER, G., *Die Fusswaschung im Johannesevangelium* (Regensburg,   (9024
            Pustet, 1967), 336 pp.

13,1-17   MUSSNER, F., « Fusswaschung (Joh 13,1-17). Versuch einer Deu-   (9025
            tung », GeistL 31 (1958) 25-30.
            BOISMARD, M.-É., « Le lavement des pieds (Jn 13,1-17) », RB 71   (9026
            (1964) 5-24.

13,1-15   LAZURE, N., « Le lavement des pieds (Jn 13,1-15) », AS N° 38   (9027
            (1967) 40-51.

13,1-3   GROSSOUW, W. K., « A Note on John XIII,1-3 », dans *Placita*   (9028
            Pleiadia. Postellen aangeboden aan Prof. Dr. G. Sevenster (Leiden, Brill,
            1966), 124-131.

13,1-10   SPICQ, C., « Le lavement des pieds, sacrement de l'autorité chré-   (9029
            tienne », VS 72 (1945) 121-130.

13,4-15   MICHL, J., « Der Sinn der Fusswaschung », Bibl 40 (1959) 697-708.   (9030

13,4-10   BRAUN, F.-M., « Le lavement des pieds et la réponse de Jésus à saint   (9031
            Pierre », RB 44 (1935) 22-33.

13,10   HARING, N. M., « Historical Notes on the Interpretation of John   (9032
            13 : 10 », CBQ 13 (1951) 355-380.

13,12-20   WEISER, A., « Joh 13,12-20. Zufürung eines späteren Herausge-   (9033
            bers ? » BZ 12 (1968) 252-257.

13,17   HAURET, C., *Les adieux du Seigneur* (Jean XIII-XVII) (Paris,   (9034
            Gabalda, 1951), 368 pp.

13,31-14,31 CHARLIER, C., « La présence dans l'absence », BVC N° 2 (1953)   (9035
            61-75.

13,33-38   CERFAUX, L., « La charité fraternelle et le retour du Christ », ETL   (9036
            24 (1948) 321-332, ou dans *Recueil Lucien Cerfaux,* II, 27-40.

14-17   GAECHTER, P., « Der formale Aufbau der Abschiedsrede Jesu »,   (9037
            ZKT 58 (1934) 155-207.
            PEINADOR, M., « Idea central del discurso de Jesus despues de la   (9038
            Cena (Joh, XIV-XVII) », EstB 12 (1953) 5-28.

14-16   STOLL, R. F., « Our Lord's Farewell Discourses », AmER 106 (1942)   (9039
            98-111, 191-204, 263-276.
            BEHLER, G.-M., *Les paroles d'adieux du Seigneur,* « Paroles de   (9040
            consolation », 71-127.

14,6	LEAL, J., « Ego sum via, veritas, et vita », VD 33 (1955) 336-341. (9041
	METZ, J. B., « Ich bin der rechte Hirte », GeistL 29 (1956) 81-86. (9042
	DE LA POTTERIE, I., « Je suis la Voie, la Vérité et la Vie (Jn (9043 14,6) », NRT 88 (1966) 907-942.
	DE LA POTTERIE, I., « I am the Way, the Truth, and the Life », TDig (9044 16 (1968) 59-64.
14,13-14	LATTEY, C., « Asking in the Name of Jesus », SCR 4 (1951) 363-365. (9045
14,15-21	TRAETS, C., « La présence de Jésus, du Père et de l'Esprit dans l'Égli- (9046 se », AS (n.s.) N° 27 (1970) 38-49.
14,16-17	GIBLET, J., « Les promesses de l'Esprit et la mission des apôtres dans (9047 les évangiles », Ir 30 (1957) 5-43.
	RIERGER, J., « Spiritus Sanctus suum praeparat adventum (Jo (9048 14,16-17) », VD 43 (1965) 19-27.
14,20	DE VILLAPADIERNA, C., « Contenido teologico-espiritual de Jn. (9049 14,20 », EstF 54 (1953) 181-208.
14,23-30	KUGELMANN, R., « The Gospel for Pentecost », CBQ 6 (1944) (9050 259-275.
	GEORGE, A., « Les venues de Dieu aux croyants (Jn 14,23-30) », AS (9051 N° 51 (1963) 63-71.
	GEORGE, A., « Je m'en vais et je reviens vers vous », AS (n.s.) N° (9052 27 (1970) 63-68.
14,26	JOURNET, C., « La mission visible de l'Esprit-Saint », RT 65 (1965) (9053 357-397.
14,28	SEGOVIA, A., « El texto « Pater major me est » (Joh., 14,28) explicado (9054 por un polemista antimacedoniano », RET 6 (1947) 603-609.
14,31	LEFEBVRE, G., « La croix, mystère d'obéissance », VS 96 (1957) (9055 339-348.
15-17	LEBRETON, J., Lumen Christi, « Le discours après la Cène. Le Christ (9056 et les chrétiens », 269-295.
15,1-16,4	BEHLER, G.-M., Les paroles d'adieux du Seigneur, « La vie des (9057 disciples dans le monde », 129-175.
15	DEWAILLY, L.-M., « Lui en nous, nous en Lui », VS 60 (1939) 21-43. (9058
	GOODIER, A., The passion and Death of Our Lord Jesus Christ (New (9059 York, Kennedy & Sons, 1944), « The Discourse at the Supper », 79-98.
	LEBRETON, J., La vie et l'enseignement de J.-C.[16], « La vraie vigne (9060 (Jean 15) », II, 289-304.
	LEAL, J., « La alegoria de la vid y la necesidad de la gracia », EstE (9061 26 (1952) 5-38.
15,1-8	VAN DEN BUSSCHE, H., « La vigne et ses fruits (Jean 15,1-8) », BVC (9062 N° 26 (1959) 12-18.
	SEGALLA, G., « La struttura chiastica di Giov. 15,1-8 », BibOr 12 (9063 (1970) 129-131.
15,2	SPICQ, C., « Le chrétien doit porter du fruit », VS 84 (1951) 605-615. (9064
15,4	STEINMETZ, F.-J., WULF, F., « Ausharren und bleiben ! Auslegung (9065 und Meditation von Lk 24,29; Jo 15,4 und Phil 1,25 », GeistL 24 (1969) 225-229.
15,8-11	BERROUARD, M.-F., « Le paraclet, défenseur du Christ devant la (9066 conscience du croyant (Jo. 15,8-11) », RSPT 33 (1949) 361-389.

15,9-17	GHIBERTI, G., « Demeurez en mon amour », AS (n.s.) Nº 27 (1970) 50-62.	(9067
15,25	MALLY, E., « They hated me without Cause », Way 2 (1962) 52-61.	(9068
15,26-16,4	GEORGE, A., « Les témoins de Jésus devant le monde (Jn 15,26-16,4) », AS Nº 50 (1966) 30-40.	(9069
16,4-33	BEHLER, G.-M., Les paroles d'adieux du Seigneur, « Épilogue aux discours d'adieu », 177-215.	(9070
16,4-11	BLANK, J., Krisis, « Die Vergegenswärtigung des Gerichts durch den Geist-Parakleten », 316-340.	(9071
16,5-14	LIESE, H., « Spiritus Sancti testimonium », VD 14 (1934) 101-107.	(9072
	HOPKINS, G.-M., « Sermon pour le quatrième dimanche après Pâques », BVC Nº 9 (1955) 49-57.	(9073
	GIBLET, J., « Les promesses de l'Esprit et la mission des apôtres dans les évangiles », Ir 30 (1957) 5-43.	(9074
	GEORGE, A., « La tâche de Paraclet (Jn 16,5-14) », AS Nº 47 (1963) 28-36.	(9075
16,7-15	LUTKEMEYER, L. J., « The Role of the Paraclete : Jn 16,7-15 », CBQ 8 (1946) 220-229.	(9076
	BEHLER, G.-M., « La double fonction de l'Esprit », VS 102 (1960) 614-625.	(9077
16,8	DESCAMPS, A., Les justes et la justice dans les évangiles et le christianisme primitif hormis la doctrine proprement paulinienne, « La justice triomphante du Christ : Jo., XVI, 8 », 89-93.	(9078
	LINDARS, B., « Δικαιοσύνη in Jn 16,8 and 10 », dans Mélanges bibliques en hommage au R. P. Béda Rigaux (en collab.), 275-285.	(9079
16,12-13	MICHEL, A., « L'enseignement du Magistère et l'époque où fut close la Révélation », Div 5 (1961) 849-864.	(9080
16,16-33	VAN DEN BUSSCHE, H., « La suprême Révélation du Père », BVC Nº 23 (1958) 45-52.	(9081
16,16	KOOCK, W., « Gn 5 und Jo 16,16 », TGl 31 (1939) 435-440.	(9082
16,21	FEUILLET, A., « L'heure de la femme (Jn 16,21) et l'heure de la Mère de Jésus (Jn 19,25-27) », Bibl 47 (1966) 169-184, 361-380, 557-573.	(9083
16,23-30	GEORGE, A., « La nouveauté de Pâques (Jn 16,23-30) », AS Nº 48 (1965) 39-46.	(9084
16,23-24	CYRILLE D'ALEXANDRIE, « L'heure de la parfaite connaissance », BVC Nº 23 (1958) 41-44.	(9085
16,26	HOLZMEISTER, U., « Paraclitus autem Spiritus Sanctus », VD 12 (1932) 135-139.	(9086
17	GOODIER, A., The Passion and Death of Our Lord Jesus Christ (New York, Kennedy & Sons, 1944), « The Sacerdotal Prayer », 118-136; « The Heart of Jesus at the Supper », 136-146.	(9087
	LEBRETON, J., La vie et l'enseignement de J.-C.[16], « La prière du Fils de Dieu », II, 304-310.	(9088
	GEORGE, A., « L'heure « de Jean 17 », RB 61 (1954) 392-397.	(9089
	BEHLER, G.-M., Les paroles d'adieux du Seigneur, « Prière de Jésus pour l'unité », 217-266.	(9090
	POELMAN, R., « La prière sacerdotale, Jean, 17 », LVit 19 (1964) 655-678.	(9091

BATTAGLIA, O., « Preghiera sacerdotale ed innologia ermetica », (9092
RivB 17 (1969) 209-232.

RIGAUX, B., « Les destinataires du IVᵉ Évangile à la lumière de Jn (9093
17 », RTL 1 (1970) 289-319.

RIGAUX, B., « Die Jünger Jesu in Johannes 17 », TQ 150 (1970) (9094
202-213.

17,1-26 GIBLET, J., « Sanctifie-les dans la vérité », BVC Nº 19 (1957) 58-73. (9095

17,4 VANHOYE, A., « Opera Jesu donum Patris », VD 36 (1958) 83-92. (9096

VANHOYE, A., « L'oeuvre du Christ, don du Père (Jn 5,36 et (9097
17,4) », RSR 48 (1960) 377-419.

17,5 OGARA, F., « Et nunc clarifica me tu, Pater (Joh. 17,5) », VD 18 (9098
(1938) 129-136.

DUPONT, J., *Essais sur la christologie de saint Jean,* « La gloire du (9099
Christ : avant Pâques, avant la fondation du monde », 264-269.

LAURENTIN, A., « Jean XVII,5 et la prédestination du Christ à la (9100
gloire chez S. Augustin et ses prédécesseurs », dans *L'Évangile de Jean*
(en collab.), 225-248.

LAURENTIN, A., « *We'attah – Kai nun.* Formule caractéristique des (9101
textes juridiques et liturgiques (à propos de Jean 17,5) », Bibl 45 (1964)
168-197, 413-432.

17,11 D'ARAGON, J.-L., « La notion johannique de l'unité », SE 11 (1959) (9102
111-119.

17,20-23 RANDALL, J. F., « The Theme of Unity in John 17 : 20-23 », ETL (9103
41 (1965) 373-394.

17,24-26 SMYTH-FLORENTIN, F., « Jésus veut associer ses disciples à son (9104
amour (Jn 17,24-26) », AS Nº 96 (1967) 40-48.

17,24 DUPONT, J., *Essais sur la christologie de saint Jean,* « La gloire du (9105
Christ : avant Pâques, avant la fondation du monde », 264-269.

18-19 BRAUN, F.-M., « La passion de Notre-Seigneur Jésus-Christ d'après (9106
saint Jean », NRT 60 (1933) 289-302, 385-400, 481-491.

OSTY, É., « Les points de contact entre le récit de la Passion dans saint (9107
Luc et dans saint Jean », dans *Mélanges Jules Lebreton,* I, RSR 39 (1951)
146-154.

JANSSENS DE VAREBEKE, A., « La structure des scènes du récit de (9108
la passion en Joh., XVIII-XIX », ETL 38 (1962) 504-522.

DE LA POTTERIE, I., « La Passion selon saint Jean (Jn 18,1-19, (9109
42) », AS (n.s.) Nº 21 (1969) 21-34.

18,28-19,16 BLANK, J., « Die Verhandlung vor Pilatus Joh 18,28-19,16 im Lichte (9110
johanneischer Theologie », BZ 3 (1959) 60-81.

SCHLIER, H., *Die Zeit der Kirche,* « Jesus und Pilatus. – Nach dem (9111
johannesevangelium », 56-73.

18,2 SCHELKLE, K. H., « Συναγεσθαι, Joh 18,2 », BZ 5 (1961) 86-91. (9112

18,4-8 BARTINA, S., « Yo soy Yahweh ». Nota exegética a Io. 18,4-8, EstE (9113
32 (1958) 403-426.

18,12-24 MAHONEY, A., « A New Look at an Old Problem (John 18,12-14, (9114
19-24) », CBQ 27 (1965) 137-144.

BENOIT, P., « Jésus devant le Sanhédrin », Ang 20 (1943) 143-165. (9115

18,24	LAMARCHE, P., *Christ vivant.* Essai sur la christologie du Nouveau Testament, « La déclaration de Jésus devant le sanhédrin », 147-163.	(9116
18,27	LATTEY, C., « A Note on Cockcrow », SCR 6 (1953) 53-55.	(9117
18,28-38	MOLLAT, D., « Jésus devant Pilate (Jean 18,28-38) », BVC N° 39 (1961) 23-31.	(9118
18,28-32	SCHLIER, H., *Die Zeit der Kirche,* « Jesus und Pilatus. Nach dem Johannesevangelium », 56-74.	(9119
18,35-37	BOISMARD, M.-É., « La royauté universelle du Christ (Jn 18,35-37) », AS N° 88 (1966) 33-45.	(9120
18,37	VITTI, A. M., « Ergo rex es tu ? (Joh. 18,37) », VD 10 (1930) 297.	(9121
19	DE LA POTTERIE, I., « Jesus King and Judge in John 19 », TDig 11 (1963) 21-26.	(9122
19,4	BONSIRVEN, J., « Hora talmudica », Bibl 33 (1952) 511-515.	(9123
19,13	SPADAFORA, F., « Io. 19,13 », RivB 1 (1953) 144-149.	(9124
	DE LA POTTERIE, I., « Jesus King and Judge according to John 19 : 13 », SCR 13 (1961) 97-110.	(9125
	O'ROURKE, J. J., « Two Notes on St. John's Gospel », CBQ 25 (1963) 124-128.	(9126
19,14	BARTINA, S., « Ignotum *episèmon* gabex », VD 36 (1958) 16-37.	(9127
19,17-37	WINANDY, J., « Le témoignage du sang et de l'eau (Jean 19,17-37) », BVC N° 31 (1960) 19-27.	(9128
19,25-27	UNGER, D. J., « A Note on John 19 : 25-27 », CBQ 9 (1947) 111-112.	(9129
	BOISMARD, M.-É., « Note sur Jean 19,25-27 », RB 61 (1954) 295-296.	(9130
	DEISS, L., *Marie, fille de Sion,* « Marie au Calvaire », 229-242.	(9131
	KERRIGAN, A., « Jn. 19,25-27 in the Light of Johannine Theology and the Old Testament », Ant 35 (1960) 369-416.	(9132
	KILMARTIN, E. J., « The Mother of Jesus was there (The Significance of Mary in Jn 2,3-5 and Jn 19,25-27) », SE 15 (1963) 213-226.	(9133
	FEUILLET, A., « Les adieux du Christ à sa mère (Jn 19,25-27) et la maternité spirituelle de Marie », NRT 86 (1964) 469-489.	(9134
	FEUILLET, A., « L'heure de la femme (Jn 16,21) et l'heure de la Mère de Jésus (Jn 19,25-27) », Bibl 47 (1966) 169-184, 361-380, 557-573.	(9135
	DAUER, A., « Das Wort des Gekreuzigten an seine Mutter und den « Jünger, den er liebte » – Eine traditionsgeschichtliche und theologische Untersuchung zu Joh 19,25-27 », BZ 11 (1967) 222-239.	(9136
	FEUILLET, A., « Christ's Farewell to his Mother », TDig 15 (1967) 37-40.	(9137
	DAUER, A., « Das Wort des Gekreuzigten an seine Mutter und den « Jünger, den er liebte » », BZ 11 (1967) 222-239; 12 (1968) 80-93.	(9138
19,25	BRAUN, F.-M., *La Mère des fidèles,* « Marie au Calvaire (Jo. 19, 25) », 76-96.	(9139
	BLINZLER, J., *Die Brüder und Schwestern Jesu,* « Jo 19,25 : Die Schwester seiner Mutter, Maria die des Klopas », 111-118.	(9140
19,26-28	BRAUN, F.-M., *La Mère des fidèles,* « La Mère du Disciple (Jo. 19,26-28) », 99-129.	(9141

LEAL, J., « Beata Virgo omnium spiritualis Mater ex Jn 19,26-27 »,   (9142
VD 27 (1949) 65-73.

LEAL, J., « Sentido literal mariologico de Jo. 10,26-27 », EstB 11 (1952)   (9143
303-319.

QUIÉVREUX, F., « La maternité spirituelle de la Mère de Jésus dans   (9144
l'évangile de saint Jean », VSS 5 (1952) 101-134.

LANDKAMMER, H., « Christ's « Last Will and Testament » (Jn   (9145
19,26.27) in the Interpretation of the Church and the Scholastics », Ant
43 (1968) 99-109.

19,26   GALLUS, T., « Mulier, ecce filius tuus (Jo 19,26) », VD 21 (1941)   (9146
289-297.

BRAUN, F.-M., « La mère de Jésus dans l'oeuvre de saint Jean », RT   (9147
50 (1950) 429-479; 51 (1951) 5-68.

19,27   PHILIPPE, M.-D., « Voici ta mère... », L'Anneau d'Or Nᵒˢ 57-58   (9148
(1954) 250-258.

19,28   MORETTO, G., « Giov. 19,28. La sete di Cristo incroce », RivB 15   (9149
(1967) 249-274.

19,31-37   COSTA, M., « Simbolismo battesimale in Giov. 7,37-39; 19,31-37;   (9150
3,5 », RivB 13 (1965) 347-385.

RAURELL, F., « Le côté ouvert par la lance (Jn 19,31-37) », AS   (9151
Nᵒ 56 (1967) 32-46.

RAURELL, F., « El costado abierto por la lanza (Jn 19,31-37) », EstF   (9152
68 (1967) 89-99.

19,33-37   PONCELET, M., Le mystère du sang et de l'eau dans l'évangile de saint   (9153
Jean (Paris, Cerf, 1961), 184 pp.

19,33-34   SAVA, A. F., « The Wound in the Side of Christ », CBQ 19 (1957)   (9154
343-346.

19,34-35   MODDER, H., « Die Seitenwunde Christi », FreibZ 4 (1957) 19-33.   (9155
19,34   RAHNER, H., « De Dominici pectoris fonte potavit », ZKT 55 (1931)   (9156
103-108.

VACCARI, A., « Exivit sanguis et aqua (Joh. 19,34) », VD 17 (1937)   (9157
193-198.

BRAUN, F.-M., « L'eau et l'Esprit », RT 49 (1949) 5-30.   (9158

SAVA, A. F., « The Blood and Water from the Side of Christ », AmER   (9159
138 (1958) 341-345.

RICHTER, G., « Blut und Wasser aus der durchbohrten Seite Jesu (Joh   (9160
19,34b) », MüTZ 21 (1970) 1-21.

19,35   LEFÈVRE, A., « Die Seitenwunde Jesu », GeistL 33 (1960) 86-96.   (9161
19,40   VACCARI, A., « Ἔδησαν αὐτὸ ὀθονίοις (Joh. 19,40) : Lessico-   (9162
grafia ed esegesi », dans Miscellanea Biblica B. Ubach (en collab.),
375-386.

PRETE, B., « E lo legarono con bende », BibOr 10 (1968) 189-196.   (9163
20,1-18   BENOIT, P., « Marie-Madeleine et les disciples au tombeau, selon Jn   (9164
20,1-18 », dans Judentum, Urchristentum, Kirche. Festschrift für
Joachim Jeremias. (Berlin, 1960), 141-152, et dans Exégèse et théologie,
III, 270-282.

PEREIRA, F., « Maria Magdalena apud sepulcrum (Jo 20,1-18) », VD   (9165
47 (1969) 4-21.

20,1-9   MOLLAT, D., « La découverte du tombeau vide (Jn 20,1-9) », AS (n.s.)   (9166
N° 21 (1969) 90-100.

20,1-2   IULIUS, S., « De vita gloriosa Domini », VD 12 (1932) 203-212.   (9167

20,2-10   WILLAM, F. M., « Johannes am Grabe des Auferstandenen », ZKT   (9168
71 (1949) 204-213.

20,6-7   BALAGUÉ, M., « La prueba de la Resurrección (Jn 20,6-7) », EstB 25   (9169
(1966) 169-192.

20,7   DUPARC, L. H., « Le premier signe de la Résurrection chez saint   (9170
Jean : Jean 20,7 », BVC N° 86 (1969) 70-77.

20,11-18   FEUILLET, A., « La recherche du Christ dans la Nouvelle Alliance   (9171
d'après la christophanie de Jo 20,11-18 », dans L'homme devant Dieu.
Mélanges H. de Lubac (en collab.), I, 93-112.

          BODE, E. L., The First Easter Morning : The Gospel Accounts of the   (9172
Women's Visit to the Tomb of Jesus (Rome, Biblical Institute Press,
1970), 11-247 pp.

20,11-17   BOVER, J. M., « La aparición del Senor resucitado a las piadosas   (9173
mujeres », EstB 4 (1945) 5-13.

20,17   MAIWORM, J., « Noli me tangere », TGl 30 (1938) 540-546.   (9174

          CATHERINET, F.-M., « Note sur un verset de l'évangile de saint Jean   (9175
(xx,17) », dans Mémorial J. Chaine (en collab.), 51-60.

          CREHAN, J. H., « The DIALEKTOS of Origen and John 20:17 », TS   (9176
11 (1950) 368-373.

20,19-31   LIESE, H., « Dominus apparet apostolis bis », VD 12 (1932) 97-102.   (9177

20,19-23   MOLLAT, D., « L'apparition du ressuscité et le don de l'Esprit (Jn   (9178
20,19-23) », AS (n.s.) N° 30 (1970) 42-56.

20,24-31   SEYNAEVE, J., « De l'expérience à la foi (Jn 20,24-31) », AS (n.s.)   (9179
N° 23 (1971) 56-71.

20,29   PRETE, B., « Beati coloro che non vedono e credono », BibOr 9 (1967)   (9180
97-114.

20,30-31   SEGARRA, F., « La doble conclusión del Evangelio de San Juan :   (9181
xx, 30-31 y xxi, 24-25 », EstE 9 (1930) 32-47.

21   VAGANAY, L., « La finale du quatrième évangile », RB 45 (1936)   (9182
512-528.

          BOISMARD, M.-É., « Le chapitre xxi de saint Jean », RB 54 (1947)   (9183
473-501.

          MARROW, S., « Jo 21 : Indagatio in ecclesiologiam Joanneam », VD   (9184
45 (1967) 47-51.

          MOLLAT, D., « L'apparition de Jésus au bord du lac », L'Anneau d'Or   (9185
N° 137 (1967) 343-354.

21,1-19   SCHWANK, B., « Le Christ et Pierre à la fin des temps (Jn 21,1-   (9186
19) », AS (n.s.) N° 24 (1970) 57-64.

21,1-14   BENOIT, P., Passion et résurrection du Seigneur, « Apparition à la mer   (9187
de Tibériade », 327-353.

21,11   KRUSE, H., « Magni pisces centum quinquaginta tres », VD 38 (1960)   (9188
129-148.

21,15-19   SHEEHAN, J. F. X., « Feed my Lambs », SCR 16 (1964) 21-27.   (9189

21,15-17   GAECHTER, P., « Das dreifache « Weide meine Lämmer » », ZKT   (9190
69 (1947) 328-344.

MARCHAL, L., « Infaillibilité de l'Église et du souverain pontife »,   (9191
SDB IV, col. 351-384.

BAUER, J. B., « « Oves meae » quaenam sunt ? » VD 32 (1954)   (9192
321-324.

GAECHTER, P., *Petrus und seine Zeit,* « Das dreifache « Weide meine   (9193
Lämmer » (Jn 21,15-17) », 11-30.

21,19-24   LIESE, H., « De S. Iohanne evangelista », VD 11 (1931) 357-361.   (9194

20,21-23   BENOIT, P., *Passion et résurrection du Seigneur,* « Mission univer-   (9195
selle », 355-387.

21,24-25   SEGARRA, F., « La double conclusión del Evangelio de San Juan :   (9196
xx, 30-31 y xxi,24-25 », EstE 9 (1930) 32-47.

III. LES ACTES DES APÔTRES. ACTS OF THE APOSTLES.
DIE APOSTELGESCHICHTE. GLI ATTI DEGLI APOSTOLI.
HECHOS DE LOS APÓSTOLES.

Introductions. Einleitungen. Introduzioni. Introducciones.

PIROT, L., « Actes des Apôtres », SDB I, col. 42-86.   (9197

RANFT, J., « Paulus und die Zwölfe », TGl 26 (1934) 213-221.   (9198

BENOIT, P., « Sénèque et S. Paul », RB 53 (1946) 7-35, ou dans *Exégèse et*   (9199
théologie, II, 383-414.

POELMAN, R., *Plongées dans les Actes* (Bruges, Beyaert, 1948), 77 pp.   (9200

XXX, « Actes », PPB N° 31.   (9201

DUPONT, J., *Les Problèmes du livre des Actes d'après les travaux récents* (Louvain,   (9202
Nauwelaerts, 1950), 126 pp. ou dans *Études sur les Actes des Apôtres,* 11-124.

CERFAUX, L., *Les Actes des Apôtres* (BJ) (Paris, Cerf, 1953), 7-33.   (9203

MATTILL, A. J. et MATTILL, M. B., *A Classified Bibliography of Literature on*   (9204
the Acts of the Apostles (Leiden, Brill, 1966), 516 pp.

DUPONT, J., *Études sur les Actes des apôtres* (Paris, Cerf, 1967), 576 pp.   (9205

Commentaires. Commentaries. Kommentare. Commenti. Comentarios.

BOUDOU, A., *Les Actes des Apôtres* (VS) (Paris, Beauchesne, 1933), 592 pp.   (9206

RENIÉ, J., *Actes des Apôtres,* dans *La Sainte Bible* (Pirot-Clamer), XI, 1re partie   (9207
(1949), 370 pp.

AMIOT, F., *Gestes et textes des Apôtres.* Actes, épîtres, Apocalypse. Traduction et   (9208
notes (Paris, Fayard, 1950), 598 pp.

DUPONT, J., « Un important commentaire du livre des Actes » (commentaire de   (9209
E. Haenchen), RB 64 (1957) 102-107, ou dans *Études sur les Actes des Apôtres* (Paris,
Cerf, 1967), 125-131.

CERFAUX, L., DUPONT, J., *Les Actes des apôtres²* (BJ) (Paris, Cerf, 1958),   (9210
224 pp.

WIKENHAUSER, A., *Die Apostelgeschichte⁴* (Regensburg, Pustet, 1961), 302 pp.   (9211

LEAL, J., « Hechos de los Apostoles », dans *La Sagrada Escritura,* II, 3-170.   (9212

Critique littéraire. Literary Criticism. Literarkritik. Critica letteraria. Crítica literaria.

BIHEL, S., « Notae de tempore compositionis libri Actuum Apostolorum », Ant   (9213
5 (1930) 293-300.

LARRAÑAGA, V., « De authentia lucana Actuum quid Chrysostomus do-   (9214
ceat », VD 11 (1931) 265-276.

CERFAUX, L., « La composition de la première partie du Livre des Actes », ETL (9215
13 (1936) 667-691, ou dans *Recueil Lucien Cerfaux,* II, 63-92.

ORCHARD, B., « The Problem of Acts and Galatians », CBQ 7 (1945) 377-397. (9216

PRAT, F., *La théologie de saint Paul*[38], « Les discours des Actes », I, 9-13. (9217

CERFAUX, L., « Citations scripturaires et tradition textuelle dans le livre des (9218
Actes », dans *Aux sources de la Tradition chrétienne,* Mélanges offerts à M. M.
Goguel (Neuchâtel, Paris; Delachaux et Niestlé, 1950), 43-51, ou dans *Recueil
Lucien Cerfaux,* II, 93-104.

DUPONT, J., « L'utilisation apologétique de l'Ancien Testament dans les discours (9219
des Actes », ETL 29 (1953) 289-327, ou dans la coll. « Analecta Lovaniensia Biblica
et Orientalia », série II, fasc. 40 (Louvain, Bruges, Paris, 1953), ou dans *Études sur
les Actes des Apôtres,* 245-282.

BOISMARD, M.-É., « Les Actes des Apôtres (leur utilisation de l'Ancien (9220
Testament) », RB 61 (1954) 457-458.

BLÄSER, P., « « Lebendigmachender Geist ». Ein Beitrag zur Frage nach den (9221
Quellen der paulinischen Theologie », dans *Sacra Pagina* (en collab.), II, 404-413.

BAUM, G., *The Jesus and the Gospel* (London, Bloomsbury, 1961), « The Gospels (9222
and the Acts », 132-167.

DUPONT, J., « L'interprétation des psaumes dans les Actes des apôtres », dans (9223
Le Psautier. Ses origines. Ses problèmes littéraires. Son influence (en collab.),
357-388, ou dans *Études sur les Actes des apôtres,* 283-307.

COLLINS, J. J., « Chiasmus, the « ABA » Pattern and the Text of Paul », dans (9224
Studiorum Paulinorum Congressus 1961 (en collab.), II, 575-583.

GARCIA DEL MORAL, A., « Un posible aspecto de la tésis y unidad del libro (9225
de los Hechos », EstB 23 (1964) 41-92.

SCHMITT, J., « Prédication apostolique », SDB VIII, col. 246-273. (9226

DESCAMPS, A., « Progrès et continuité dans la critique des Évangiles et des Ac- (9227
tes », RTL 1 (1970) 5-44.

EARLE ELLIS, E., « Midrashic Features in the Speeches of Acts », dans *Mélanges* (9228
bibliques en hommage au R. P. Béda Rigaux (en collab.), 303-312.

EVANS, C. F., « « Speeches » in Acts », dans *Mélanges bibliques* en hommage (9229
au R. P. Béda Rigaux (en collab.), 287-302.

Critique textuelle. Textual Criticism. Textkritik. Critica testuale. Crítica textual.

LAGRANGE, M.-J., « Le papyrus Beatty des Actes des Apôtres », RB 43 (1934) (9230
161-171.

SMOTHERS, E. R., « Les papyrus beatty. Deux leçons dans les Actes », RSR 24 (9231
(1934) 467-472.

DUPONT, J., « « Parole de Dieu » et « Parole du Seigneur » », RB 62 (1955) (9232
47-49, ou dans *Études sur les Actes des Apôtres,* 523-525.

KERSCHENSTEINER, J., « Neues zum altsyrischen Paulustext (ex rationibus (9233
technicis extra ordinem hîc) », dans *Studiorum Paulinorum Congressus 1961* (en
collab.), I, 531-538.

PERROT, C., « Un fragment christo-palestinien découvert à Khirbet Mird (Ac. (9234
10,28-29; 32-41) », RB 70 (1963) 506-555.

PETERSEN, T., « An Early Coptic Manuscript of Acts : An Unrevised Version (9235
of the Ancient so-called Western Text », CBQ 26 (1964) 225-241.

Histoire. History. Geschichte. Storia. Historia.

Vie de l'Église. Life of the Church. Leben der Urgemeinde. Vita della Chiesa.
Vida de la Iglesia.

SCHADE, J. I., « The First Contacts of the Apostles with the Roman Peo- (9236
ple », AmER 93 (1935) 577-586.

CERFAUX, L., « La première communauté chrétienne de Jérusalem (Act. (9237
2,41-5,42) », ETL 16 (1939) 5-31, ou dans *Recueil Lucien Cerfaux,* II, 125-156.

QUASTEN, J., « The Conflict of Early Christianity with the Jewish Temple (9238
Worship », TS 2 (1941) 481-487.

FURFEY, P. H., « Social Action in the Early Church, 30-180 A.D. », TS 2 (1941) (9239
171-197; 3 (1942) 89-108.

BONSIRVEN, J., *Théologie du Nouveau Testament,* « L'extension de l'Église : la (9240
question de la loi juive », 209-214.

AUGRAIN, C., « L'Église naît », CE Nº 12 (1953) 5-57. (9241

CERFAUX, L., *La communauté apostolique²* (Paris, Cerf, 1953), 103 pp. (9242

MICHAUX, W., « De la Communauté de Jérusalem aux Églises paulinien- (9243
nes », BVC Nº 3 (1953) 72-82.

GUILLET, J., « Jésus-Christ, vie de l'Église naissante », CHR Nº 1 (1954) 8-22. (9244

BALLARINI, T., « La collegialita della Chiesa in Atti e Galati », BibOr 6 (1964) (9245
255-262.

GREEHY, J., « Community of Goods – Qumran and Acts », IrThQ 32 (1965) (9246
230-240.

JENNY, H., « L'établissement de l'Église dans le livre des Actes », AS Nº 52 (9247
(1965) 29-45.

CHARPENTIER, E., *Ce testament toujours nouveau,* « Née de l'Esprit », 18-43. (9248

DUPONT, J., *Études sur les Actes des apôtres,* « La communauté des biens aux (9249
premiers jours de l'Église », 503-519.

JOVINO, P., « L'Église communauté des saints, dans les Actes des apôtres et dans (9250
les épîtres aux Thessaloniciens », RivB 16 (1968) 495-526.

DUPONT, J., « L'union entre les premiers chrétiens dans les Actes des Apô- (9251
tres », NRT 91 (1969) 897-914.

BERNADICOU, P. J., « Christian Community According to Luke », Wor 44 (9252
(1970) 205-219.

RINALDI, G., « Comunità cristiane nell'età apostolica », BibOr 12 (1970) 3-10. (9253

Pierre et Paul. Peter and Paul. Petrus und Paulus. Pietro e Paolo. Pedro y Pablo.

VITTI, A. M., « L'eloquenza di S. Paolo colta al vivo da S. Luca negli Atti », Bibl (9254
22 (1941) 159-197.

ROBINSON, A., « Saints Peter and Paul in the New Testament », SCR 4 (1949) (9255
120-127.

LOBEZ, P., « Paul et sa vie; tableau chronologique de la vie et des écrits de saint (9256
Paul », CE Nº 7 (1952) 5-59.

GIET, S., « Les trois premiers voyages de S. Paul à Jérusalem », RSR 41 (1953) (9257
321-347.

CREHAN, J.-H., « Peter at the Council of Jerusalem », SCR 6 (1954) 175-180. (9258

HARDO, J. A., « The Miracle Narratives in the Acts of the Apostles », CBQ 16 (9259
(1954) 303-318.

DUPONT, J., « Chronologie paulinienne » (dans les Actes), RB 62 (1955) 55-59. (9260

FÉRET, H.-M., *Pierre et Paul à Antioche et à Jérusalem* (Paris, Cerf, 1955),   (9261
130 pp.

REES, W., « St. Paul's First Visit to Philippi », SCR 6 (1955) 99-105.   (9262

CREHAN, J. H., « Peter according to the D-text of Acts », TS 18 (1957) 596-603.   (9263

DUPONT, J., « Pierre et Paul dans les Actes », RB 64 (1957) 35-47, ou dans *Études*   (9264
sur les Actes des Apôtres, 173-184.

DUPONT, J., « Pierre et Paul à Antioche et à Jérusalem », RSR 45 (1957) 42-60,   (9265
225-239, ou dans *Études sur les Actes des Apôtres,* 185-215.

GIET, S., « Nouvelles remarques sur les voyages de Saint Paul à Jérusalem »,   (9266
RevSR 31 (1957) 329-342.

FÜRST, H., « Paulus und die « Saulen » der jerusalemer Urgemeinde (Gal 2,   (9267
6-9) », dans *Studiorum Paulinorum Congressus 1961* (en collab.), II, 3-10.

CHRISTIANI, L., « Pierre et Paul dans la toponomastique », AmiCl 77 (1967)   (9268
530-531.

PERETTO, L., « Pietro e Paolo e l'anno 49 nella complessa situazione pales-   (9269
tinese », RivB 15 (1967) 295-308.

Théologie. Theology. Theologie. Teologia. Teología.

Baptême. Baptism. Taufe. Battesimo. Bautismo.

DE JONGHE, M., « Le baptême au nom de Jésus d'après les Actes des Apô-   (9270
tres », ETL 10 (1933) 647-653.

SCHADE, J. I., « The Sacrament of Baptism in the Early Church », AmER 96   (9271
(1937) 458-470.

Christologie. Christology. Christologie. Cristologia. Cristología.

DUPONT, J., « Jésus, Messie et Seigneur dans la foi des premiers chrétiens », VS   (9272
83 (1950) 385-416, ou dans *Études sur les Actes des Apôtres,* 367-390.

MÉNARD, J. E., « *Pais Theou* as Messianic Title in the Book of Acts », CBQ 19   (9273
(1957) 83-92.

NOVEL, P. C., « Le Christ notre rançon. Le témoignage de Pierre », CE N° 25   (9274
(1957) 45-50.

PELLEGRINO, M., « L'imitation du Christ dans les Actes », VS 98 (1959) 38-54.   (9275

PEIFER, C., « The Risen Christ and the Christian », Wor 34 (1960) 326-330.   (9276

VOSS, G., « Zum Herrn und Messias gemacht hat Gott diesen Jesus (Apg 2,36).   (9277
Zur Christologie der lukanischen Schriften », BiLeb 8 (1967) 236-247.

Conversion. Conversion. Bekehrung. Conversione. Conversión.

DUPONT, J., *Études sur les Actes des apôtres,* « Repentir et conversion d'après les   (9278
Actes des apôtres », SE 12 (1960) 137-173, ou dans *Études sur les Actes des Apôtres,*
421-457.

DUPONT, J., « La conversion dans les Actes des apôtres », LV N° 47 (1960)   (9279
47-70, ou dans *Études sur les Actes des Apôtres,* 459-476.

Église. Church. Kirche. Chiesa. Iglesia.

FENTON, J. C., « The Church and God's Promises », AmER 123 (1950) 295-308.   (9280

SCHMITT, J., « L'Église de Jérusalem ou la « restauration » d'Israël d'après   (9281
Actes, ch. 1 à 5 », RevSR 27 (1953) 209-218.

RYAN, W. F. J., « The Church as the Servant of God in Acts », SCR 15 (1963)   (9282
110-114.

MEYER, B. F., « The Initial Self-understanding of the Church », CBQ 27 (1965)   (9283
35-42.

Foi. Faith. Glaube. Fede. Fe.

CHARUE, A., *L'incrédulité des Juifs dans le Nouveau Testament,* 266-278.   (9284

BRINKMANN, B., « Credere et Fides in Actibus Apostolorum quonam sensu   (9285
adhibeantur », VD 10 (1930) 121-127, 131-135.

BENOIT, P., « Les origines du symbole des apôtres dans le Nouveau Testa-   (9286
ment », LV N° 2 (1952) 39-60, ou dans *Exégèse et théologie,* II, 193-211.

LAMMERS, K., *Hören, Sehen und Glauben im Neuen Testament,* « Das   (9287
evangelium und die Apostelgeschichte des Lukas », 37-48.

BROWN, S., *Apostasy and Perseverance in the Theology of Luke* (Rome, Pont.   (9288
Biblical Institute, 1969), 168 pp.

Prédication primitive. Primitive Preaching. Verkündigung in der Urkirche.
Predicazione primitiva. Predicación primitiva.

ALLEVI, L., « Catechesi primitiva », ScuolC 70 (1942) 3-20.   (9289

SCHMITT, J., *Jésus ressuscité dans la prédication apostolique,* « Les sommaires   (9290
catéchétiques des Actes », 3-36.

MARTINI, C. M., « La primitiva predicazione apostolica e le sue caratteris-   (9291
tiche », CC 3 (1962) 246-255.

SCHMITT, J., « La prédication apostolique, les formes, le contenu », dans *Où en*   (9292
sont les études bibliques ? (en collab.), 107-134.

Rapports avec l'A. T. Connections with the Old Testament. Beziehungen zum A. T.
Rapporti con l'A. T. Relaciones con el A. T.

DUPONT, J., « L'utilisation apologétique de l'Ancien Testament dans les discours   (9293
des Actes », ETL 29 (1953) 289-327.

CERFAUX, L., « Saint Paul et le « Serviteur de Dieu » d'Isaïe », dans *Miscellanea*   (9294
Biblica et Orientalia A. Miller = Studia Anselmiana, fasc. 27-28 (1951) 351-365,
ou dans *Recueil Lucien Cerfaux,* II, 439-454.

DUPONT, J., « The Use of the Old Testament in the Acts », TDig 3 (1955) 61-64.   (9295

Salut. Salvation. Heil. Salvezza. Salud.

DE AMBROGGI, P., « Il concetto di Salute nei discorsi e nelle Lettere di S.   (9296
Pietro », ScuolC 6 (1933) 289-303, 431-446.

HAMAIDE, J., GUILBERT, P., « L'annonce du salut dans les Actes des Apôtres.   (9297
Expression et conditionnement », LVit 12 (1957) 418-429.

DUPONT, J., « Le salut des Gentils et la signification théologique du livre des   (9298
Actes », *New Testament Studies* 6 (1959-1960) 132-155, ou dans *Études sur les Actes*
des Apôtres, 393-419.

Thèmes divers. Various Themes. Sonstige Themen. Temi diversi. Temas diversos.

RENIÉ, J., « L'enseignement doctrinal des Actes des Apôtres », NRT 62 (1935)   (9299
268-277.

ARBEZ, E. P., « Notes on the Teaching of the Acts of the Apostles », AmER 94   (9300
(1936) 519-523, 624-628; 95 (1936) 79-91, 182-186.

CERFAUX, L., « Témoins du Christ d'après le Livre des Actes », Ang 20 (1943)   (9301
166-183, ou dans *Recueil Lucien Cerfaux,* II, 157-174.

KETTER, P., *Die Frauen der Urkirche, nach der Apostelgeschichte, den Briefen der*   (9302
Apostel und der Apokalypse (Stuttgart, Kepplerhaus, 1949), 16-348 pp.

DUPONT, J., *Les problèmes du Livre des Actes d'après les travaux récents* (Louvain,   (9303
Publications universitaires, 1950), 128 pp., ou dans *Études sur les Actes des Apôtres,*
11-124.

HARDO, J. A., « The Miracle Narratives in the Acts of the Apostles », CBQ 16 (9304)
(1954) 303-318.

DUPONT, J., « « Parole de Dieu » et « Parole du Seigneur » », RB 62 (1955) (9305)
47-49.

RIDOUARD, A., GOURBILLON, J. G., « Rendons grâce au Seigneur : jusqu'aux (9306)
extrémités du monde », CE Nº 30 (1958) 51-53.

STANLEY, D. M., « Carmenque Christo quasi Deo dicere... », CBQ 20 (1958) (9307)
173-191.

GNILKA, J., « Parusieverzögerung und Naherwartung in den synoptischen (9308)
Evangelien und in der Apostelgeschichte », Catho 13 (1959) 277-290.

MÉNARD, J.-E., « Le titre παῖς θεοῦ dans les Actes des Apôtres », dans Sacra (9309)
Pagina (en collab.), II, 314-321.

BAUM, G., The Jews and the Gospel. « The Acts of the Apostles », 132-167. (9310)

MUSSNER, F., « Die Idee der Apokatastasis in der Apostelgeschichte », dans Lex (9311)
tua Veritas (en collab.), 293-306.

FANNON, P., « Some Trends in British Pauline Theology », dans Studiorum (9312)
Paulinorum Congressus 1961 (en collab.), I, 517-529.

SALOUERO, J., « El dualismo Qumranico y San Pablo », dans Studiorum (9313)
Paulinorum Congressus 1961 (en collab.), II, 540-562.

CHOPIN, C., Le Verbe incarné et rédempteur (Tournai, Desclée et Cie, 1963), (9314)
« Révélation du mystère du Christ dans les Synoptiques et les Actes », 14-20.

OTT, W., Gebet und Heil. Die Bedeutung der Gebetsparänese in der Lukanischen (9315)
Theologie, « Das Gebet in der Apostelgeschichte », 124-136.

YARNOLD, E., « The Trinitarian Implications of Luke and Acts », HeyJ 7 (1966) (9316)
18-32.

AUDET, J.-P., Mariage et célibat dans le service pastoral de l'Église, « La maison (9317)
et le mariage dans le service itinérant de la pensée; La maison et le mariage dans
le service de l'assemblée », 79-103.

BORGEN, P., « From Paul to Luke. Observations toward Clarification of the (9318)
Theology of Luke-Acts », CBQ 31 (1969) 168-182.

LATOURELLE, R., Théologie de la Révélation³, « Les Actes des apôtres », 51-60. (9319)

TRÉMEL, B., « La fraction du pain dans les Actes des Apôtres », LV Nº 94 (9320)
(1969) 76-90.

Textes. Texts. Texte. Testi. Textos.

1-5   SCHMITT, J., « L'Église de Jérusalem ou la « restauration » d'Israël (9321)
d'après Actes, ch. 1 à 5 », RevSR 27 (1953) 209-218.

1,1-22   OGARA, F., « Notae et disceptationes. De ascensionis Christi (9322)
spectatoribus (Act. Ap. 1,1-22) », Greg 14 (1933) 37-61.

1,1-11   MARTINI, C. M., « L'Ascension de Jésus (Ac 1,1-11) », AS (n.s.) (9323)
Nº 28 (1969) 6-11.

1,1-3   LARRAÑAGA, V., « El proemio-transición de Act. 1,1-3 en los (9324)
métodos literarios de la historiografía griega », Bibl 15 (1934) 311-374.

1,2   DUPONT, J., « ΑΝΕΛΗΜΦΘΗ », New Testament Studies 8 (1961- (9325)
62) 154-157, ou dans Études sur les Actes des apôtres, 477-480.

1,3-13   LARRAÑAGA, V., « De ascensione Domini », VD 17 (1937) 129-139. (9326)

1,4-11   DE CERTEAU, M., « L'ascension », CHR Nº 6 (1959) 211-220. (9327)

1,4-8   RAMOS GARCIA, J., « La restauración de Israel », EstB 8 (1949)   (9328
          75-133.

1,4   PUJOL, L., « De salutatione apostolica « Gratia vobis et pax » », VD   (9329
          12 (1932) 38-40, 76-82.

1,9-12   SCHLIER, H., « Jesu Himmelfahrt nach den lukanischen Schrif-   (9330
          ten », GeistL 34 (1961) 91-99.

1,15-26   RENIÉ, J., « L'élection de Mathias, Authenticité du récit », RB 55   (9331
          (1948) 43-53.

          GAECHTER, P., Petrus und seine Zeit, « Die Wahl des Matthias (Apg   (9332
          1,15-26) », 31-66.

1,16-20   BENOIT, P., « La mort de Judas », dans Synoptische Studien (en   (9333
          collab.), 1-19, ou dans Exégèse et théologie, I, 340-359.

          DUPONT, J., « La destinée de Judas prophétisée par David (Actes   (9334
          1,16-20) », CBQ 23 (1961) 41-51, ou dans Études sur les Actes des apôtres,
          309-320.

1,23-26   HOLZMEISTER, U., « S. Matthias Apostolus (Act 1,23-26) », VD 24   (9335
          (1944) 7-14.

2   STOLL, R., « The First Christian Pentecost », AmER 108 (1943)   (9336
          337-347.

          RAMOS GARCIA, J., « Significación del fenómeno del Pentecostés   (9337
          Apostólico », EstE 3 (1944) 469-493.

          GHIDELLI, C., « Le citazioni dell'Antico Testamento nel cap. 2 degli   (9338
          Atti », dans Il messianismo (en collab.), 285-305.

          COLLINS, J. D., « Discovering the Meaning of Pentecost », SCR 20   (9339
          (1968) 73-79.

2,1-13   HEUTHORST, G., « The Apologetic Aspect of Acts 2 : 1-13 », SCR   (9340
          9 (1957) 33-43.

2,1-11   DUPONT, J., « La première Pentecôte chrétienne », AS N° 51 (1963)   (9341
          39-62, ou dans Études sur les Actes des apôtres, 481-502.

          DUPONT, J., « La nouvelle Pentecôte (Ac 2,1-11) », AS (n.s.) N° 30   (9342
          (1970) 30-34.

2,7-11   HOLZMEISTER, U., « Colloquium testium Pentecostes (Act. 2,   (9343
          7-11) », VD 21 (1941) 123-128.

2,9-11   BRINKMAN, J. A., « The Literary Background of the « Catalogue of   (9344
          the Nations » (Acts 2,9-11) », CBQ 25 (1963) 418-423.

2,13-19   RASCO, E., « La gloire de la résurrection et ses fruits (Ac 2,14,22-28;   (9345
          3,13-15.17-19; 5,27b.32.40b-41) », AS (n.s.) N° 24 (1970) 6-14.

2,14-41   DUPONT, J., « Les discours missionnaires des Actes des Apôtres,   (9346
          d'après un ouvrage récent », RB 69 (1962) 38-60.

          BUIS, P., « Le don de l'Esprit saint et la prophétie de Joël (Jl 3,1-5; Ac   (9347
          2,14-40) », AS N° 52 (1965) 16-28.

          RASCO, E., « La foi au Christ Seigneur. Fondement de notre vie (Ac   (9348
          2,14a.36-41) », AS (n.s.) N° 25 (1969) 9-12.

2,14-36   MAERTENS, T., « L'Esprit qui donne la Vie. La première prédication   (9349
          de l'Esprit », CE N° 17 (1955) 9-12.

          KERRIGAN, A., « The « sensus plenior » of Joel, III, 1-5 in Act. 2,   (9350
          14-36 », dans Sacra Pagina (en collab.), II, 295-313.

VOSS, G., *Die Christologie der lukanischen Schriften in Grundzügen,* (9351
« Die Pfingstrede des Petrus (Apg 2,14-36) », 136-144.

2,14-28 RASCO, E., « La gloire de la résurrection et ses fruits (Ac 2,14.22-28; (9352
3,13-15.17-19; 5,27b.32.40b-41) », AS (n.s.) N° 24 (1970) 6-14.

2,14 HOLZMEISTER, U., « Quaestiones Pentecostales (Act. 2,14) », VD 20 (9353
(1940) 129-138.

2,17-21 BESNARD, A.-M., *Le mystère du nom,* « L'accomplissement de la (9354
prophétie de Joël à la Pentecôte », 151-193.

2,17 MUSSNER, F., « In den letzten Tagen (Apg 2,17a) », BZ 5 (1961) (9355
263-265.

2,36 VITTI, A. M., « Et Dominum eum et Christus fecit Deus (Act. (9356
2,36) », VD 20 (1940) 193-200.

DUPONT, J., « Jésus, Messie et Seigneur dans la foi des premiers (9357
chrétiens », VS 83 (1950) 385-416, ou dans *Études sur les Actes des
apôtres,* 367-390.

VOSS, G., « Zum Herrn und Messias gemacht hat Gott diesen Jesus (9358
(Apg 2,36). Zur Christologie der lukanischen Schriften », BiLeb 8 (1967)
236-247.

2,41-5,42 CERFAUX, L., « La première communauté chrétienne de Jérusalem (9359
(Act. 2,41-5,42) », ETL 16 (1939) 5-31, ou dans *Recueil Lucien Cerfaux,*
II, 125-156.

2,42-47 BENOIT, P., « Remarques sur les « Sommaires » des Actes II, IV et (9360
V », dans *Aux sources de la tradition chrétienne,* Mélanges offerts à M.
M. Goguel (Neuchâtel, Paris, Delachaux et Niestlé, 1950), 1-10, ou dans
Exégèse et théologie, II, 181-192.

ZIMMERMANN, H., « Die Sammelberichte der Apostelgeschich- (9361
te », BZ 5 (1961) 71-82.

COPPENS, J., « La Koinônia dans l'Église primitive », ETL 46 (1970) (9362
116-121.

RASCO, E., « Beauté et exigences de la communion ecclésiale (Ac (9363
2,42-47; 4,23-35; 5,12-16) », AS (n.s.) N° 23 (1971) 6-23.

2,42-45 DUPONT, J., *Études sur les Actes des apôtres,* « La communauté des (9364
biens aux premiers jours de l'Église », 503-519.

2,42 XXX, « Au sujet des Actes II, 42 », AmiCl 56 (1939) 4-6. (9365

2,46 DOWD, W. A., « Breaking Bread. Acts 2 : 46 », CBQ 1 (1939) 358-362. (9366

3,11 DUPLACY, J., « À propos d'une variante occidentale des *Actes des* (9367
Apôtres (III,11) », REA 3-4 (1956) 231-242.

3,14 DESCAMPS, A., *Les justes et la justice dans les évangiles et le* (9368
christianisme primitif hormis la doctrine proprement paulinienne, « « Le
Juste », épithète messianique : Act., III,14 », 69-79.

3,19-21 LOHFINK, G., « Christologie und Geschichtsbild in Apg 3,19-21 », (9369
BZ 13 (1969) 223-241.

3,19 HOLZMEISTER, U., « Num et quomodo docente S. Petro (Act. 3,19s., (9370
2 Pet. 3,12) Parusiam accelerare possimus », VD 18 (1938) 299-307.

3,23 MARTINI, C. M., « L'esclusione dalla communità del popolo di Dio (9371
e il nuovo Israele secondo Atti 3,23 », Bibl 50 (1969) 1-14.

4,8-12	COUNE, M., « Sauvés au nom de Jésus (Ac 4,8-12) », AS Nº 12 (1964) 14-27.	(9372
	FRANSEN, I., « Par le nom de Jésus-Christ le Nazaréen (Actes 4, 8-12) », BVC Nº 59 (1964) 38-44.	(9373
	COUNE, M., « Sauvés au nom de Jésus (Ac 4,8-12) », AS (n.s.) Nº 25 (1969) 12-18.	(9374
4,23-35	RASCO, E., « Beauté et exigences de la communion ecclésiale (Ac 2,42-47; 4,23-35; 5,12-16) », AS (n.s.) Nº 23 (1971) 6-23.	(9375
4,23-31	DUPONT, J., « La prière des apôtres persécutés », RB 62 (1955) 45-47, ou dans *Études sur les Actes des Apôtres,* 521-522.	(9376
	RIMAUD, D., « La première prière liturgique dans le livre des Actes (Act. 4,23-31; cf. Ps. 2 et 145) », MD Nº 51 (1957) 99-115.	(9377
4,24-30	HAMMAN, A., « La nouvelle Pentecôte (Actes 4,24-30) », BVC Nº 14 (1956) 82-90.	(9378
	MÉNARD, J.-E., « Un titre messianique propre au livre des Actes : le παῖς θεοῦ », SMR 1 (1958) 213-224.	(9379
4,27	DE LA POTTERIE, I., « L'onction du Christ », NRT 80 (1958) 225-252.	(9380
4,32-35	BENOIT, P., « Remarques sur les « Sommaires » des Actes II, IV et V », dans *Aux sources de la tradition chrétienne,* Mélanges offerts à M. M. Goguel (Neuchâtel, Paris, Delachaux et Niestlé, 1950), 1-10 ou dans *Exégèse et théologie,* II, 181-192.	(9381
	ZIMMERMANN, H., « Die Sammelberichte der Apostelgeschich-te », BZ 5 (1961) 71-82.	(9382
	DUPONT, J., *Études sur les Actes des apôtres,* « La communauté des biens aux premiers jours de l'Église », 503-519.	(9383
4,32	SUDBRACK, J., « Die Schar der Gläubigenwar ein Herz und eine Seele (Apg 4,32) », GeistL 38 (1965) 161-168.	(9384
	COPPENS, J., « La Koinônia dans l'Église primitive », ETL 46 (1970) 116-121.	(9385
5,3	D'ALÈS, A., « Actes, 5,3 », RSR 24 (1934) 199-200.	(9386
5,12-16	ZIMMERMANN, H., « Die Sammelberichte der Apostelgeschich-te », BZ 5 (1961) 71-82.	(9387
	RASCO, E., « Beauté et exigences de la communion ecclésiale (Ac 2,42-47; 4,23-35; 5,12-16) », AS (n.s.) Nº 23 (1971) 6-23.	(9388
5,27-41	RASCO, E., « La gloire de la résurrection et ses fruits (Ac 2,14.22-28; 3,13-15.17-19; 5,27b.32.40b-41) », AS (n.s.) Nº 24 (1970) 6-14.	(9389
	BENOIT, P., « Remarques sur les « Sommaires » des Actes II, IV et V », dans *Aux sources de la tradition chrétienne,* Mélanges offerts à M. M. Goguel (Neuchâtel, Paris, Delachaux et Niestlé, 1950), 1-10, ou dans Exégèse et théologie,II, 181-192.	(9390
6,1-8,3	BIHLER, J., *Die Stephanusgeschichte* (München, M. Huber, 1963), 260 pp.	(9391
	POELMAN, R., « Saint Étienne, protomartyr », VS 109 (1963) 561-574.	(9392
	KOPP, C., « Steinigung und Grab des Stephanus », TGl 55 (1965) 260-270.	(9393

6,1-15   HÖFER, A., « Stephanus voll Kraft und Gnade », BiLit 35 (1961-62)   (9394
          221-223.

6,1-7   COLSON, J., « Les diacres à la lumière de l'histoire », VS 116 (1967)   (9395
          442-467.

6,1-6   RAMOS GARCIA, J., « La Ordenación de los Diaconos en N. T. y   (9396
          comparación de la Jerarquía eclesiástica con la angélica », EstB 4 (1945)
          361-391.

          GAECHTER, P., « Die Sieben », ZKT 74 (1952) 129-166.   (9397

          GAECHTER, P., Petrus and seine Zeit, « Die Sieben (Apg 6,1-6) »,   (9398
          105-154.

6,8-15   BIHLER, J., « Der Stephanusbericht (Apg 6,8-15 und 7,54-8,2) », BZ   (9399
          3 (1959) 252-270.

7   SOFFRITTI, O., « Stefano, testimone del Signore », RivB 10 (1962)   (9400
          182-188.

          RINALDI, G., « Stefano », BibOr 6 (1964) 153-162.   (9401

          SCHARLEMANN, M. H., Stephen : A Singular Saint (Rome, Pont.   (9402
          Biblical Institute, 1968), 214 pp.

7,35   DE LORENZI, L., « Gesù λυτρωτής : Atti 7,35 », RivB 7 (1959)   (9403
          294-321; 8 (1960) 10-41.

7,41   PELLETIER, A., « Une création de l'apologétique chrétienne :   (9404
          μοσχοποιεῖν », RSR 54 (1966) 411-416.

7,48   LE DÉAUT, R., « Actes 7,48 et Matthieu 17,4 à la lumière du Targum   (9405
          Palestinien », RSR 52 (1964) 85-90.

7,54-8,2 BIHLER, J., « Der Stephanusbericht (Apg 6,8-15 und 7,54-8,2) », BZ   (9406
          3 (1959) 252-270.

7,55-56   PESCH, R., Die Vision des Stephanus. Apg 7,55-56 im Rahmen der   (9407
          Apostelgeschichte, 74 pp.

7,58   CHARLIER, C., « Le manifeste d'Étienne », BVC N° 3 (1953) 83-93.   (9408

8,5-17   GHIDELLI, C., « La mission universelle de l'Église (Ac 8,5-8.14-17;   (9409
          10,25-26.34-35.44-48; 15,1-2.22-29) », AS (n.s.) N° 27 (1970) 6-16.

8,9-13   CERFAUX, L., « Simon le Magicien à Samarie », RSR 27 (1937)   (9410
          615-617, ou dans Recueil Lucien Cerfaux, I, 259-262.

8,26-40   WANROY, M., « Eunuchus Aethiops a diacono Philippo conversus   (9411
          (Act. 8,26-40) », VD 20 (1940) 287-293.

          GRASSI, J. A., « Emmaus Revisited (Luke 24,13-35 and Acts 8,26-   (9412
          40) », CBQ 26 (1964) 463-467.

8,32-35   MÉNARD, J.-E., « Un titre messianique propre au livre des Actes : le   (9413
          παῖς θεοῦ », SMR 1 (1958) 213-224.

9   CARROZZINI, A., « L'apparizione damascena a S. Paolo vista dalla   (9414
          critica recente », CC 1 (1944) 145-153.

          LOHFINK, G., « Eine alttestamentliche Darstellungsform für   (9415
          Gotteserscheinungen in den Damaskusberichten (Apg 9; 22; 26) », BZ
          9 (1965) 246-257.

9,1-19   BONSIRVEN, J., Théologie du Nouveau Testament. « La révélation de   (9416
          Damas », 243-247.

          LOHFINK, G., Paulus vor Damaskus. Arbeitsweisen der neueren   (9417
          Bibelwissenschaft dargestellt an den Texten Apt 9,1-19; 22,3-21; 26,9-18,
          « Die Texte und ihre Problematik », 11-26; « Zwei ältere Wege der
          Auslegung », 27-40; « Die Arbeitsweise der heutigen Exegese », 41-89.

9,2-20   BONSIRVEN, J., *L'Évangile de Paul*, « La conversion de S. Paul »,   (9418
            42-48.

9,3-19   WIKENHAUSER, A., « Die Wirkung der Christophanie vor   (9419
            Damaskus auf Paulus und seine Begleiter nach den Berichten der
            Apostelgeschichte », Bibl 33 (1952) 313-323.

            STANLEY, D. M., « Paul's Conversion in Acts : Why the Three   (9420
            Accounts ? » CBQ 15 (1953) 315-338.

9,15   LOHFINK, G., « Meinen Namen zu tragen... (Apg 9,15) », BZ 10   (9421
            (1966) 108-115.

9,18   LACONO, V., « Il Battesimo di S. Paolo », RivB 3 (1955) 348-362.   (9422

10-11   BARTHES, R., « L'analyse structurale du récit. À propos d'Actes X-   (9423
            XI », RSR 58 (1970) 17-38.

10,1-11,18 HAULOTTE, E., « Fondation d'une communauté de type universel :   (9424
            Actes 10,1-11,18 », RSR 58 (1970) 63-100.

            MARIN, L., « Essai d'analyse structurale d'Actes 10,1-11,18 », RSR   (9425
            58 (1970) 39-62.

10,9-48   CATRICE, P., « Réflexions missionnaires sur la vision de saint Pierre   (9426
            à Joppé. Du judéochristianisme à l'Église de tous les peuples (Actes
            10,9-48) », BVC N° 79 (1968) 20-40.

10,13   SINT, J., « Schlachten und Opfern », ZKT 78 (1956) 194-205.   (9427

10,25-48   GHIDELLI, C., « La mission universelle de l'Église (Ac 8,5-8,14-17;   (9428
            10,25-26.34-35.44-48; 15,1-2.22-29) », AS (n.s.) N° 27 (1970) 6-16.

10,34-43   RASCO, E., « Pierre proclame le salut (Ac 10,34a.37-43) », AS (n.s.)   (9429
            N° 21 (1969) 78-83.

10,34-38   DUPONT, J., « Dieu l'a oint d'Esprit Saint », AS (n.s.) N° 12 (1969)   (9430
            40-47.

10,36   RINALDI, G., « Logos in Atti 10,36 », BibOr 12 (1970) 223-225.   (9431

10,38   DE LA POTTERIE, I., « L'onction du Christ », NRT 80 (1958)   (9432
            225-252.

10,40   DUPONT, J., « Ressuscité « le troisième jour » », Bibl 40 (1959)   (9433
            742-761, ou dans *Études sur les Actes des apôtres*, 321-336.

11,7   SINT, J., « Schlachten und Opfern », ZKT 78 (1956) 194-205.   (9434

11,19-30   BENOIT, P., « La deuxième visite de saint Paul à Jérusalem », Bibl 40   (9435
            (1959) 778-792, et dans *Exégèse et théologie*, III, 285-299.

11,27-30   TORNOS, A., « Κατ' ἐκεῖνον δὲ τὸν καιρὸν en Act. 12,1 y   (9436
            simultaneidad de Act 12 con Act 11,27-30 », EstE 33 (1959) 411-428.

11,28-30   TORNOS, A., « La fecha del hambre de Jerusalén aludida por Act.   (9437
            11,28-30 », EstB 33 (1959) 303-316.

11,28   DUPONT, J., « La famine sous Claude », RB 62 (1955) 52-55, ou dans   (9438
            Études sur les Actes des apôtres, 163-165.

11,30   BENOIT, P., « La deuxième visite de saint Paul à Jérusalem », Bibl 40   (9439
            (1959) 778-792.

12,1-11   DUPONT, J., « Pierre délivré de prison (Ac 12,1-11) », AS N° 84   (9440
            (1967) 14-26.

12,1	TORNOS, A., « Κατ' ἐκεῖνον δὲ τὸν καιρὸν en Act. 12,1 y simultaneidad de Act 12 con Act 11,27-30 », EstE 33 (1959) 411-428.	(9441
12,2	VITTI, A., « Presunta morte di S. Giovanni il Zebedeita in Atti 12,2 », ScuolC 2 (1931) 176-185.	(9442
12,20-19,20	FRANSEN, I., « Paul, Apôtre des païens (Actes 12,20-19,20) », BVC N° 9 (1955) 71-84.	(9443
12,24-25	GIET, S., « Le second voyage de saint Paul à Jérusalem », RevSR 25 (1951) 265-269.	(9444
12,25	DUPONT, J., « Revinrent de Jérusalem (Actes 12,25) », RB 62 (1955) 49-52.	(9445
	BENOIT, P., « La deuxième visite de saint Paul à Jérusalem », Bibl 40 (1959) 778-792.	(9446
	DUPONT, J., Études sur les Actes des apôtres, « La mission de Paul « à Jérusalem » », 217-241.	(9447
13,14.43-52	DUPONT, J., « Je t'ai établi lumière des nations (Ac 13,14.43-52) », AS (n.s.) N° 25 (1969) 19-24.	(9448
13,34	DUPONT, J., « ΤΑ ΟΣΙΑ ΔΑΥΙΔ ΤΑ ΠΙΣΤΑ », RB 68 (1961) 91-114, ou dans Études sur les Actes des apôtres, 337-359.	(9449
14,1-20	BEUTLER, J., « Die paulinische Heidenmission am Vorabend des Apostelkonzils. Zur Redaktionsgeschichte von Apg 14,1-20 », ThPh 43 (1968) 360-383.	(9450
14,28-15,36	FÉRET, H.-M., Pierre et Paul à Antioche et à Jérusalem. Le « conflit » des deux apôtres (Paris, Cerf, 1955), 130 pp.	(9451
15	CERFAUX, L., « Le chap. xv du livre des Actes à la lumière de la littérature ancienne », dans Studi e testi, 121 (Miscellanea Giovanni Mercati) (Città del Vaticano, Biblioteca Apostolica Vaticana, 1946), 107-126, ou dans Recueil Lucien Cerfaux, II, 105-124.	(9452
	PRAT, F., La théologie de saint Paul³⁸, « L'assemblée de Jérusalem », I, 51-58; « Le désert de Jérusalem », I, 493-497.	(9453
	BONSIRVEN, J., Théologie du Nouveau Testament, « L'extension de l'Église : la question de la loi juive », 209-214.	(9454
	GIET, S., « L'assemblée apostolique et le décret de Jérusalem. Qui était Siméon ? » dans Mélanges Jules Lebreton, I, RSR 39 (1951) 203-220.	(9455
	CREHAN, J. H., « Peter at the Council of Jerusalem », SCR 6 (1954) 175-180.	(9456
	DUPONT, J., « Pierre et Paul à Antioche et à Jérusalem », RSR 45 (1957) 42-60, 225-239, ou dans Études sur les Actes des apôtres, 185-215.	(9457
	MIGUENS, M., « Pietro nei concilio apostolico », RivB 10 (1962) 240-251.	(9458
	MANCERO, V., « Gál. ii,1-10 y Act, xv (Estado actual de la cuestión) », EstB 22 (1963) 315-350.	(9459
15,1-35	FÉRET, H.-M., Pierre et Paul à Antioche et à Jérusalem (Paris, Cerf, 1955), 130 pp.	(9460
15,1-29	GHIDELLI, C., « La mission universelle de l'Église (Ac 8,5-8.14-17; 10,25-26.34-35.44-48; 15,1-2.22-29) », AS (n.s.) N° 27 (1970) 6-16.	(9461
15,1-20	FAHY, T., « The Council of Jerusalem », IrThQ 30 (1963) 232-261.	(9462

15,6-29	DUPONT, J., « Pierre et Paul à Antioche et à Jérusalem », RSR 45 (1957) 42-60, 225-239.	(9463
15,14	DUPONT, J., « ΛΑΟΣ ΕΞ ΕΘΝΩΝ », *New Testament Studies* 3 (1956-57) 47-50, ou dans *Études sur les Actes des apôtres*, 361-365.	(9464
15,41	TISSOT, Y., « Les prescriptions des presbytres (Actes XV,41d) », RB 77 (1970) 321-346.	(9465
16,6	LEE, G. M., « New Testament Gleanings », Bibl 51 (1970) 235-240.	(9466
16,11-40	REES, W., « St. Paul's First Visit to Philippi », SCR 6 (1955) 99-105.	(9467
17,21	PARENTE, P. P., « St. Paul's Address before the Areopagus », CBQ 11 (1949) 144-150.	(9468
17,22-34	DUPONT, J., « Le discours devant l'aréopage et la révélation naturelle », RHE 51 (1955) 189-192, ou dans *Études sur les Actes des apôtres*, 157-160.	(9469
17,22-31	MUSSNER, F., « Einige Parallelen aus den Qumrântexten zur Areopagrede (Apg 17,22-31) », BZ 1 (1957) 125-130.	(9470
	MUSSNER, F., « Anknüpfund und Kerygma in der Areopagrede (Apg 17,22b-31) », TrierTZ 67 (1958) 344-354.	(9471
17,22	DES PLACES, É., « Quasi superstitiosiores (Ac 17,22) », dans *Studiorum Paulinorum Congressus 1961* (en collab.), II, 183-191.	(9472
17,23	DES PLACES, É., « Au dieu inconnu (Act 17,23) », Bibl 40 (1959) 793-799.	(9473
17,24	DES PLACES, É., « Des temples faits de main d'hommes (Act 17, 24) », Bibl 42 (1961) 217-223.	(9474
17,25	DES PLACES, É., « Actes 17,25 », Bibl 46 (1965) 219-222.	(9475
17,27	DES PLACES, É., « Actes 17,27 », Bibl 48 (1967) 1-6.	(9476
17,28	ZERWICK, M., « Sicut et quidam vestrorum poetarum dixerunt : Ipsius enim et genus sumus (Act. 17,28) », VD 20 (1940) 307-321.	(9477
	DES PLACES, É., « Ipsius enim et genus sumus (Act 17,28) », Bibl 43 (1962) 388-395.	(9478
	FOLLIET, G., « Les citations des Actes 17,28 et Tite 1,12 chez Augustin », REA 11 (1965) 293-295.	(9479
17,34	GRIFFITHS, J. G., « Was Damaris an Egyptian ? (Acts 17,34) », BZ 8 (1964) 293-295.	(9480
18	DUPONT, J., « Voyages de saint Paul à Jérusalem », dans « Chronologie paulinienne », RB 62 (1955) 55-59, ou dans *Études sur les Actes des apôtres*, 167-171.	(9481
18,1	PUJOL, L., « Egressus ab Athenis, venit Corinthum (Act. 18,1) », VD 12 (1932) 273-280, 305-308.	(9482
18,3	SILVA, R., « Eran, pues, de oficio, fabricantes de tiendas (σκηνοποιοὶ) (Act. 18,3) », EstB 24 (1965) 123-134.	(9483
19,13-16	LEE, G. M., « New Testament Gleanings », Bibl 51 (1970) 235-240.	(9484
20,18-36	DUPONT, J., *Le discours de Milet*. Testament pastoral de saint Paul (Ac 20,18-36), 412 pp.	(9485
20,18-35	EXUM, C., TALBERT, C., « The Structure of Paul's Speech to the Ephesian Elders (Acts 20,18-35) », CBQ 29 (1967) 233-236.	(9486
20,19	ROSMAN, H., « In omni humilitate (Act 20,19) », VD 21 (1941) 272-280, 311-319.	(9487

20,28	CLAEREBOETS, C., « In quo vos Spiritus Sanctus posuit episcopos regere ecclesiam Dei (Apg. 20,28) », Bibl 24 (1943) 370-387.	(9488
	DE VINE, C., « The « Blood of God » in Acts 20 : 28 », CBQ 9 (1947) 381-408.	(9489
20,35	HOLZMEISTER, U., « Beatum est dare, non accipere ? Act 20, 35 », VD 27 (1949) 98-101.	(9490
	D'ARAGON, J.-L., « Il faut soutenir les faibles (Actes 20,35) », SE 7 (1955) 5-24, 173-204.	(9491
	D'ARAGON, J.-L., « Saggio di storia dell'esegesi sul testo « In tutti i modi vi mostrai che, faticando cosà, bisogna sostenere i deboli » », ScuolC 83 (1955) 225-240.	(9492
21,17-26	RINALDI, G., « Giacomo, Paolo e i Giudei (Atti 21,17-26) », RivB 14 (1966) 407-423.	(9493
22	CARROZZINI, A., « L'apparizione damascena a S. Paolo vista dalla critica recente », CC 1 (1944) 145-153.	(9494
	LOHFINK, G., « Eine alttestamentliche Darstellungsform für Gotteserscheinungen in den Damaskusberichten (Apg 9; 22; 26) », BZ 9 (1965) 246-257.	(9495
22,3-21	LOHFINK, G., *Paulus vor Damaskus.* Arbeitsweisen der neueren Bibelwissenschaft dargestellt an den Texten Apg 9,1-19; 22,3-21; 26,9-18, « Die Texte und ihre Problematik », 11-26; « Zwei ältere Wege der Auslegung », 27-40; « Die Arbeitsweise der heutigen Exegese », 41-89.	(9496
22,3	VITTI, A., « Notas in Act. 22,3; 26,4-5 », VD 11 (1931) 331-334.	(9497
22,4-22	BONSIRVEN, J., *L'Évangile de Paul,* « La conversion de S. Paul », 42-48.	(9498
	BONSIRVEN, J., *Théologie du Nouveau Testament,* « La révélation de Damas », 243-247.	(9499
22,4-16	WIKENHAUSER, A., « Die Wirkung der Christophanie vor Damaskus auf Paulus und seine Begleiter nach den Berichten der Apostelgeschichte », Bibl 33 (1952) 313-323.	(9500
22,5-21	STANLEY, D. M., « Paul's Conversion in Acts : Why the Three Accounts ? » CBQ 15 (1953) 315-338.	(9501
22,16	JACONO, V., « Il Battesimo di S. Paolo », RivB 3 (1955) 348-362.	(9502
24-25	DAUVILLIER, J., « À propos de la venue de saint Paul à Rome. Notes sur son procès et son voyage maritime », BLE 61 (1960) 3-26.	(9503
25,16	DUPONT, J., « Aequitas Romana », RSR 49 (1961) 354-385, ou dans *Études sur les Actes des apôtres,* 527-552.	(9504
26	LOHFINK, G., « Eine alttestamentliche Darstellungsform für Gotteserscheinungen in den Damaskusberichten (Apg 9; 22; 26) », BZ 9 (1965) 246-257.	(9505
26,4-5	VITTI, A., « Notae in Act. 22,3; 26,4-5 », VD 11 (1931) 331-334.	(9506
26,9-18	LOHFINK, G., *Paulus vor Damaskus.* Arbeitsweisen der neueren Bibelwissenschaft dargestellt an den Texten Apg 9,1-19; 22,3-21; 26,9-18, « Die Texte und ihre Problematik », 11-26; « Zwei ältere Wege der Auslegung », 27-40; « Die Arbeitsweise der heutigen Exegese », 41-89.	(9507
26,10-18	STANLEY, D. M., « Paul's Conversion in Acts : Why the Three Accounts ? » CBQ 15 (1953) 315-338.	(9508

26,12-18   BONSIRVEN, J., *Théologie du Nouveau Testament,* « La révélation de   (9509
            Damas », 243-247.

            WIKENHAUSER, A., « Die Wirkung der Christophanie vor   (9510
            Damaskus auf Paulus und seine Begleiter nach den Berichten der
            Apostelgeschichte », Bibl 33 (1952) 313-323.

26,12-16   BONSIRVEN, J., *L'Évangile de Paul,* 42-48.   (9511

27,12   SAYDON, P. P., « Note on the « lips choros » in Acts 27,12 », SCR   (9512
            4 (1950) 212-213.

28,12-14   ADINOLFI, M., « S. Paolo a Pozzuoli », RivB 8 (1960) 206-224.   (9513

28,26   GNILKA, J., *Die Verstockung Israels.* Isaias 6,9-10 in der Theologie der   (9514
            Synoptiker, « Das Wort von der Verstockung in Apg 28,26f in seiner
            Bedeutung für die lukanische Darstellung », 130-154.

Divers. Miscellaneous. Verschiedenes. Diversi. Diversos.

            CERFAUX, L., « Le supernomen dans le livre des Actes », ETL 15 (1938) 74-80,   (9515
            ou dans *Recueil Lucien Cerfaux,* II, 175-182.

            DUPONT, J., « L'utilisation apologétique de l'Ancien Testament dans les discours   (9516
            des Actes », ETL 29 (1953) 289-327, ou dans la coll. « Analecta Lovaniensia Biblica
            et Orientalia », série II, fasc. 40 (Louvain, Bruges, Paris, 1953), ou dans *Études sur
            les Actes des apôtres,* 245-282.

            DUPONT, J., « Notes sur les Actes des Apôtres », RB 62 (1955) 5-44.   (9517

            XXX, « Les Actes des Apôtres », PPB Nº 31 (1955) 40 pp.   (9518

            HACKETT, J., « Echoes of Euripides in Acts of the Apostles », IrThQ 23 (1956)   (9519
            218-227.

            HACKETT, J., « Echoes of the *Bacchae* in the Acts of the Apostles ? » IrThQ 23   (9520
            (1956) 350-366.

            DUPONT, J., « Les discours missionnaires des Actes des apôtres d'après un   (9521
            ouvrage récent », RB 69 (1962) 37-60, ou dans *Études sur les Actes des apôtres,*
            133-155.

            GHIDELLI, C., « Rassegna bibliografica sulla Chiesa primitiva e sugli Atti degli   (9522
            apostoli », ScuolC 95 (1967) supp. biblio. 245*-291*.

            GIET, S., « Exégèse », RevSR 41 (1967) 341-348.   (9523

IV. LES ÉPÎTRES DU NOUVEAU TESTAMENT.
EPISTLES OF THE NEW TESTAMENT.
DIE BRIEFE DES NEUEN TESTAMENTES.
LE EPISTOLE DEL NUOVO TESTAMENTO.
LAS EPÍSTOLAS DEL NUEVO TESTAMENTO.

*1. Introduction à Saint Paul. Introduction to Saint Paul. Einführung zu den Paulusbriefen.
Introduzione a San Paolo. Introducción a San Pablo.*

Bibliographie. Bibliography. Bibliographie. Bibliografia. Bibliografía.

9524   BARTON, J. M. T., « Bibliography of St. Paul's Life and Writings », SCR 1 (1946)
        61-65.

9525   DENIS, A.-M., « Saint Paul dans la littérature récente », ETL 26 (1950) 383-408.

9526   LYONNET, S., « Bulletin d'exégèse paulinienne », Bibl 32 (1951) 104-113, 281-297,
        432-439, 569-586; 33 (1952) 240-257.

9527 METZGER, B. M., *Index to periodical Literature on the Apostel Paul* (Leiden, Brill, 1960), 15-184 pp.

9528 RIGAUX, B., *Saint Paul et ses lettres.* État de la question (Paris, Bruges, 1962), 232 pp.

Apôtre. Apostle. Apostel. Apostolo. Apostol.

9529 OGARA, F., « Ministri Christi sunt ? Ut minus sapiens dico : plus ego (2 Cor. 11,19 – 12,9) », VD 18 (1938) 33-42.

9530 GIBLET, J., « Saint Paul, serviteur de Dieu et apôtre de Jésus-Christ », VS 89 (1953) 244-265.

9531 CERFAUX, L., « L'antinomie paulinienne de la vie apostolique », dans *Recueil Lucien Cerfaux,* II, 455-468.

9532 DENIS, A.-M., « Paul, apôtre du Christ », *L'Anneau d'Or* N°s 63-64 (1955) 243-255.

9533 SCHLIER, H., *Die Zeit der Kirche,* « Vom Wesen der apostolischen Ermahnung. Nach Röm. 12,1-2 », 74-89.

9534 GAECHTER, P., *Petrus und seine Zeit,* « Paulus als Apostel », 381-389.

9535 DENIS, A.-M., « La fonction apostolique et la liturgie nouvelle en esprit », RSPT 42 (1958) 401-436.

9536 CAMBIER, J., « Paul, apôtre du Christ et prédicateur de l'évangile », NRT 81 (1959) 1009-1028.

9537 GRASSI, J. A., « St. Paul the Apostle, Liturgist », Wor 34 (1960) 610-613.

9538 DEWAILLY, L.-M., « Une communauté naissante : Thessalonique. II. Saint Paul Apôtre », VS 105 (1961) 254-269.

9539 DUPLACY, J., « Paul apôtre du Fils de Dieu auprès des nations », AS N° 8 (1962) 20-36.

9540 DUPONT, J., *Le discours de Milet.* Testament pastoral de saint Paul (Ac 20, 18-36), 412 pp.

9541 DEWAILLY, L.-M., *La jeune Église de Thessalonique,* « Paul « apôtre » », 21-33; « L'âme de l'apôtre », 54-61.

9542 FÉDERLÉ, P., « Le ministère apostolique de Paul (Col 1,24-28) », AS (n.s.) N° 47 (1970) 70-74.

9543 KERTELGE, K., « Das Apostelamt des Paulus, sein Ursprung und seine Bedeutung », BZ 14 (1970) 161-181.

Critique littéraire. Literary Criticism. Literarkritik. Critica letteraria. Crítica literaria.

9544 ALLO, E.-B., « Le défaut d'éloquence et le style oral de saint Paul », RSPT 23 (1934) 29-39.

9545 HEYLEN, V., « Les métaphores et les métonymies dans les épîtres pauliniennes », ETL 12 (1935) 253-290.

9546 BOVER, J. M., « Uso del adjetivo singular $\pi\tilde{\alpha}\varsigma$ en San Pablo », Bibl 19 (1938) 411-434.

9547 BUZY, D., « Saint Paul et saint Matthieu », RSR 28 (1938) 473-478.

9548 VITTI, A. M., « L'eloquenza di S. Paolo colta al vivo da S. Luca negli Atti », Bibl 22 (1941) 159-197.

9549 ZEDDA, S., « Similitudines Evangelii et similitudines S. Pauli », VD 24 (1944) 88-95, 112-119, 142-150.

9550 ESCHLIMANN, G. A., « La rédaction des épîtres pauliniennes », RB 53 (1946) 185-196.

9551 MELIS, J., « Les antithèses littéraires dans les épîtres de saint Paul », NRT 70 (1948) 360-388.

9552   BRUNOT, A., *Le génie littéraire de saint Paul,* 252 pp.
9553   ZEDDA, S., « L'uso di γάρ in alcuni testi de San Paolo », dans *Studiorum Paulinorum Congressus 1961* (en collab.), II, 445-451.
9554   PIZZAGALLI, F., « Dante e S. Paolo », ScuolC 93 (1965) 107-121.
9555   ROMANIUK, K., « De usu particulae καθώς in epistulis paulinis », VD 43 (1965) 71-82.
9556   BAHR, G. J., « Paul and Letter Writing in the First Century », CBQ 28 (1966) 465-477.

Critique textuelle. Textual Criticism. Textkritik. Critica testuale. Crítica textual.

9557   LAGRANGE, M.-J., « Saint Paul ou Marcion », RB 41 (1932) 5-30.
9558   LANDGRAF, A., « Familienbildung bei Paulinenkommentaren des 12. Jahrhunderts », Bibl 13 (1932) 61-72, 169-193.
9559   LAGRANGE, M.-J., « Les papyrus Chester Beatty pour les épîtres de saint Paul et l'Apocalypse », RB 43 (1934) 481-493.
9560   BENOIT, P., « Le codex paulinien Chester Beatty », RB 46 (1937) 58-82.
9561   ZUNTZ, G., « Réflexions sur l'histoire du texte paulinien », RB 59 (1952) 5-22.
9562   VOGELS, H. J., *Das Corpus paulinum des Ambrosiaster* (Bonn, P. Hanstein, 1957), 178 pp.
9563   CHARLIER, C., « Cassiodore, Pélage et les origines de la Vulgate paulinienne », dans *Studiorum Paulinorum Congressus 1961* (en collab.), II, 461-470.
9564   SCHAFER, K. T., « Der Paulustext des Pelagius », dans *Studiorum Paulinorum Congressus 1961* (en collab.), II, 453-460.
9565   FREDE, H. J., *Altlateinische Paulus-Handschriften* (Freiburg, Herder, 1964), 296 pp.

Histoire de l'exégèse. History of Exegesis. Geschichte der Exegese. Storia dell'esegesi. Historia de la exégesis.

9566   LANDGRAF, A., « Der Paulinenkommentar des Hervaeus von BourgDieu », Bibl 21 (1940) 113-132.
9567   VOSTÉ, J.-M., « S. Thomas Aquinas epistularum S. Pauli interpres », Ang 19 (1942) 255-276.
9568   LANDGRAF, A., « Ein neuer Fund zur Kommentierung des Paulinenkommentares des Petrus Lombardus », Bibl 25 (1944) 50-61.
9569   VANDENBERGHE, B. H., « Chrysostome et Paul », VS 87 (1952) 161-174.
9570   RIGAUX, B., « L'interprétation du paulinisme dans l'exégèse récente », dans *Littérature et théologie pauliniennes* (en collab.), 17-46.
9571   GRIBOMONT, J., « Le paulinisme de saint Basile », dans *Studiorum Paulinorum Congressus 1961* (en collab.), II, 481-490.
9572   MELCHIORRE DE S. MARIA, « S. Paolo nella prospettiva di S. Giovanni Crisostomo », dans *Studiorum Paulinorum Congressus 1961* (en collab.), II, 491-502.
9573   NOVOTNY, G., « Eusebius of Emesa as Interpreter of Saint Paul », dans *Studiorum Paulinorum Congressus 1961* (en collab.), II, 471-479.
9574   PELLEGRINO, M., « San Paolo nelle confessioni di Sant'Agostino », dans *Studiorum Paulinorum Congressus 1961* (en collab.), II, 503-512.

Milieu culturel. Cultural Milieu. Kulturelles Milieu. Ambiente culturale. Medio cultural.

Ancien Testament. Old Testament. Altes Testament. Antico Testamento. Antiguo Testamento.
9575   CERFAUX, L., « Saint Paul et le Serviteur de Dieu d'Isaïe », dans *Recueil Lucien Cerfaux,* II, 439-454.

9576   CERFAUX, L., « « Kyrios » dans les citations pauliniennes de l'Ancien Testament », ou dans *Recueil Lucien Cerfaux,* I, 173-190.

9577   BOTTE,   B., « La Sagesse et les origines de la christologie », RSPT 21 (1932) 54-67.

9578   BONSIRVEN, J., « Saint Paul et l'Ancien Testament », NRT 65 (1938) 129-147.

9579   BONSIRVEN, J., *Exégèse rabbinique, exégèse paulinienne* (Paris, Beauchesne, 1939), 405 pp.

9580   ORCHARD, B., « St. Paul and the Book of Daniel », Bibl 20 (1939) 172-179.

9581   COLLINS, J. J., « Rabbinic Exegesis and Pauline Exegesis », CBQ 3 (1941) 15-26, 263-280.

9582   COSTELLO, C., « The Old Testament in S. Paul's Epistles », CBQ 4 (1942) 141-145.

9583   PIEPER, K., « Die Bibel bei Paulus », TGl 35 (1943) 141-144.

9584   PRAT, F., *La théologie de saint Paul[38],* « Paul et l'Ancien Testament : statistique des citations de l'Ancien Testament dans S. Paul; manière de citer la Bible », I, 486-492.

9585   GRYGLEWICZ, F., « Traces of the First Book of Maccabees in the Epistles of St. Paul », SCR 5 (1953) 149-152.

9586   BLASER, P., « St. Paul's Use of the Old Testament », TDig 2 (1954) 49-53.

9587   PENNA, A., « Testi d'Isaia in San Paolo », RivB 5 (1957) 25-30, 163-179.

9588   SCHMID, J., « Die alttestamentlichen Zitate bei Paulus und die Theorie vom *sensus plenior* », BZ 3 (1959) 161-173.

9589   COPPENS, J., « Les arguments scripturaires et leur portée dans les lettres pauliniennes », dans *Studiorum Paulinorum Congressus 1961* (en collab.), II, 243-253.

9590   DEL PARAMO, S., « Las citas de los saludos en S. Pablo », dans *Studiorum Paulinorum Congressus 1961* (en collab.), II, 229-241.

9591   FEUILLET, A., « L'énigme de I Cor. 2,9. Contribution à l'étude des sources de la christologie paulinienne », RB 70 (1963) 52-74.

9592   PORUBCAN, S., « The Pauline Message and the Prophets », dans *Studiorum Paulinorum Congressus 1961* (en collab.), I, 253-258.

9593   RENARD, H., « La lecture de l'Ancien Testament par saint Paul », dans *Studiorum Paulinorum Congressus 1961* (en collab.), II, 207-215.

9594   STANLEY, D. M., « Paul's Interest in the Early Chapters of Genesis », dans *Studiorum Paulinorum Congressus 1961* (en collab.), I, 241-252.

9595   BERGER, K., « Abraham in den paulinischen Hauptbriefen », MüTZ 17 (1966) 47-89.

Judaïsme. Judaism. Judentum. Giudaismo. Judaísmo.

9596   KROL, E., « De sacrificiis Iudaicis quid senserit S. Paulus », VD 14 (1934) 296-305.

9597   CERFAUX, L., « Le privilège d'Israël selon saint Paul », ETL 17 (1940) 5-26, ou dans *Recueil Lucien Cerfaux,* II, 339-364.

9598   PRAT, F., *La théologie de saint Paul[38],* « L'école juive de Jérusalem », I, 20-21; « Usage de l'A. T. », I, 21-28; « Saul le pharisien », I, 28-30; « Paul et l'A. T. », I, 486-492; « Influences étrangères : le judaïsme », II, 42-44; « Deux points d'eschatologie judaïque : la durée des temps messianiques », II, 564-565; « La résurrection des morts », II, 565-566.

9599   RICCIOTTI, G., *Paolo Apostolo* (Roma, Azienda Libraria Italiana, 1946), 606 pp.

9600   LYONNET, S., « Saint Paul et l'exégèse juive de son temps. À propos de Rom. 10, 6-8 », dans *Mélanges bibliques rédigés en l'honneur de André Robert* (en collab.), 494-506.

9601   LYONNET, S., « La bénédiction de *Eph.,* I,3-14 et son arrière-plan judaïque », dans *À la rencontre de Dieu.* Mémorial Albert Gelin (en collab.), 341-352.

9602   STACHOWIAK, L. R., « Paraenesis Paulina et Instructio de duobus spiritibus in « Regula » Qumranensi », VD 41 (1963) 244-250.

9603   BROX, N., *Paulus und seine Verkündigung,* « Mitte und Entfaltung der Theologie des Paulus », 43-76.

Hellénisme. Hellenism. Hellenismus. Ellenismo. Helenismo.

9604   ALLEVI, L., « L'ellenismo di S. Paolo », ScuolC 1 (1931) 275-286, 268-278; 2 (1932) 81-102.

9605   ROSSANO, P., « S. Paolo e l'ellenismo », RivB 3 (1955) 332-347.

9606   JAGU, A., « Saint Paul et le stoïcisme », RevSR 32 (1958) 225-250.

9607   ROSSANO, P., « Il messaggio escatologico di S. Paolo di fronte all'escatologia giudaica ed ellenistica », RivB 9 (1961) 330-343.

Mystique, prière. Mystique, Prayer. Mystik, Gebet. Mistica, preghiera. Mistica, oración.

9608   LAVAUD, M.-B., « Moïse et saint Paul ont-ils eu la vision de Dieu dès ici-bas ? » RT 35 (1930) 75-83.

9609   LEBRETON, J., « La mystique de saint Paul », RSR 21 (1931) 591-596.

9610   VITTI, A., « Il « misticismo » di S. Paolo nella recente indagine critica », ScuolC 1 (1931) 91-100.

9611   BLEIENSTEIN, H., « Vom Paulusgebet », GeistL 9 (1934) 266-267.

9612   CASPER, J., « Paulus, Apostel und Mystiker », BiLit 13 (1938-39) 145-147.

9613   DRIESSEN, E., « Notae de doctrina mystica S. Pauli », VD 22 (1942) 240-245.

9614   BRUMER, J., « Die Aszese des heiligen Paulus in ihrer Eigenständigkeit », GeistL 18 (1943) 31-44.

9615   HUBY, J., *Mystiques paulinienne et johannique* (Paris, Desclée, 1946), 305 pp.

9616   JOURNET, A., « Saint Paul, homme d'oraison », dans *L'oraison* (en collab.) (Paris, Cerf, 1947), 60-69.

9617   BONSIRVEN, J., *L'Évangile de Paul,* « Paul, écrivain mystique », 17-23.

9618   CERFAUX, L., « La mystique paulinienne », VSS 5 (1952) 413-425.

9619   CERFAUX, L., « L'apôtre en présence de Dieu. Essai sur la vie d'oraison de saint Paul », dans *Recueil Lucien Cerfaux,* II, 469-481.

9620   TURBESSI, G., « Saggio bibliografica sulla mistica paolina, inquadrato nella restante produzione letteraria relativa all'Apostolo », RivB 8 (1960) 225-250; 9 (1961) 19-41, 123-143.

9621   CERFAUX, L., *Le chrétien dans la théologie paulinienne,* « La mystique paulinienne », 324-342.

9622   DE VALLADOLID, J., « El misticismo cristocéntrico de san Pablo », EstF 65 (1964) 5-24.

Physique de Paul. Physique of Paul. Physik des Paulus. Fisico di Pàolo.
Aspecto físico de Pablo.

9623   VITTI, A., « L'aspetto fisico di S. Paolo », CC 2 (1940) 416-423.

9624   MANGAN, E. A., « Was St. Paul an Invalid ? » CBQ 5 (1943) 68-72.

Psychologie de Paul. Psychology of Paul. Psychologie des Paulus. Psicologia di Pàolo.
Psicología de Pablo.

9625   VITTI, A., « Il cuore di S. Paolo », CC 1 (1936) 441-452; 2 (1936) 29-38.

9626   HANNAN, W., « The Real Heart of S. Paul », CBQ 6 (1944) 334-341.

9627   SMITH, C. A., « The Practical Psychology of Paul in the Epistle to the Romans », CBQ 10 (1948) 413-428.

9628   BRUNOT, A., *Le génie littéraire de saint Paul,* 252 pp.

9629   ANDRIESSEN, P., « L'impuissance de Paul en face de l'ange de Satan », NRT 81 (1959) 462-468.

9630   KUSS, O., « Enthusiasmus und Realismus bei Paulus », dans *Festschrift Theoderich Kampmann* (Paderborn, 1959), 23-37, ou dans *Auslegung und Verkündigung,* I, 260-270.

9631   PAILLARD, J., « Le regard du converti S. Paul », VS 109 (1963) 575-597.

Théologie. Theology. Theologie. Teologia. Teología.

Études générales. General Studies. Allgemeine Abhandlungen. Studi generali. Estudios generales.

9632   HUBY, J., « Saint Paul dans l'art chrétien », Et 205 (1930) 42-56.

9633   BOVER, J. M., *Three Studies from S. Paul* (London, Burns Oates, 1931), 114 pp.

9634   AMIOT, F., *L'enseignement de saint Paul²* (EB) (Paris, Gabalda, 1938), 337-364 pp.

9635   BOVER, J. M., « El pensamiento generador de la Teología de San Pablo », Greg 19 (1938) 210-262.

9636   BOVER, J. M., « El pensamiento generador de la Teología de S. Pablo sugerido por Tom 3,21-26 », Bibl 20 (1939) 142-171.

9637   VITTI, A., « La teologia di S. Paolo e l'opera del P. Prat », ScuolC 67 (1939) 413-422.

9638   ALLO, E.-B., « L'évolution de l' « Évangile de Paul » », dans *Mémorial Lagrange* (en collab.), 259-267.

9639   ALLO, E.-B., « L'évolution de l'Évangile de Paul », RB 50 (1941) (*Vivre et Penser,* 1), 48-78, 165-193.

9640   ALLO, E.-B., *Paul, apôtre de Jésus-Christ,* « Vue générale sur la doctrine de saint Paul », 178-186.

9641   BOVER, J. M., *Teología de San Pablo* (Madrid, Biblioteca de Autores Cristianos, 1946), 16-952 pp.

9642   TONDELLI, L., « Su la formazione del pensiero di S. Paolo », ScuolC 75 (1947) 43-51.

9643   BONSIRVEN, J., *L'évangile de Paul,* 366 pp.

9644   CERFAUX, L., *La théologie de l'Église suivant saint Paul²,* 334 pp.

9645   PRAT, F., *La théologie de saint Paul³⁸,* 2 vv., 608-612 pp.

9646   BONSIRVEN, J., *Théologie du Nouveau Testament,* « Saint Paul », 215-392.

9647   CERFAUX, L., « De saint Paul à l'Évangile de Vérité », *New Testament Studies* 5 (1958-59) 103-112, ou dans *Recueil Lucien Cerfaux,* III, 48-59.

9648   AMIOT, F., *Les idées maîtresses de saint Paul,* 272 pp.

9649   LEVIE, J., « Les valeurs humaines dans la théologie de saint Paul », Bibl 40 (1959) 800-814.

9650   GEORGE, A., *L'évangile de Paul* (Paris, Équipes Enseignantes, 1960), 141 pp.

9651   CAMBIER, J., « Paul (vie et doctrine de saint) », SDB VII, col. 279-387.

9652   GROSSOUW, W., « Die Entwicklung der paulinischen Theologie in ihren Hauptlinien », dans *Studiorum Paulinorum Congressus 1961* (en collab.), I, 79-93.

9653   BENOIT, P., « Paulinisme et johannisme », dans *New Testament Studies* (Cambridge) 9 (1962-1963) 193-207, et dans *Exégèse et théologie,* III, 300-317.

9654   KUSS, O., « Die Rolle des Apostels Paulus in der theologischen Entwicklung der Urkirche », MüTZ 14 (1963) 1-59, 109-187.

9655   VIARD, A., « Saint Paul et sa doctrine », AmiCl 73 (1963) 465-468.

9656   BENOIT, P., « The Theologies of Paul and John », TDig 13 (1965) 135-144.

9657   HOULDEN, J. L., « Paulinism and Johannism Rapprochement », SCR 17 (1965) 41-52.

9658   AMIOT, F., « L'humanité de saint Paul », BVC N° 76 (1967) 50-54.

9659   BARBAGLIO, G., « Saggio critico su alcune teologie paoline », ScuolC 95 (1967) supplemento bibliografico 95*-137*, 203*-244*.

9660   CHARPENTIER, E., *Ce testament toujours nouveau,* « Un oui premier qui se reconquiert chaque jour », 44-116.

9661   PAILLARD, J., *Règlement de comptes avec saint Paul* (Paris, Cerf, 1969), 408 pp.

Actions de grâces. Thanksgiving. Danksagung. Ringraziamento. Acción de gracias.

9662   DE LAPRADE, P., « L'action de grâces chez saint Paul », CHR N° 16 (1957) 499-511.

9663   RIDOUARD, A., GOURBILLON, J. G., « Rendons grâce au Seigneur; saint Paul et l'Action de grâces », CE N° 30 (1958) 13-45.

Amour, charité. Love, Charity. Liebe, Nächstenliebe. Amore, carità. Amor, caridad.

9664   BOVER, J. M., « La caridad, esencia de la perfección según San Pablo », Manr 14 (1942) 63-69.

9665   DESROCHES, H.-C., « Le « portrait » de la charité », VS 74 (1946) 518-536.

9666   BONSIRVEN, J., *L'Évangile de Paul,* « Vertus théologales », 292-300; « Morale familiale et sociale », 300-301.

9667   PRAT, F., *La théologie de saint Paul*[38], « Les trois vertus théologales », II, 401-404; « Prééminence de la charité », II, 404-408.

9668   WARNACH, V., *Agape.* Die Liebe als Grundmotiv der neutestamentlichen Theologie (Düsseldorf, Patmos, 1951), 756 pp.

9669   DUPLACY, J., « Grandir dans la charité », *L'Anneau d'Or* N° 43 (1952) 5-11.

9670   BRUNOT, A., *Le génie littéraire de saint Paul,* « La possession du plus grand amour : l'amour du Christ », 102-111; « L'amour du Père et de l'Esprit », 111-116; « L'amour des hommes », 116-129.

9671   BAUER, J. B., « Die Ehe bei Musonius und Paulus », BiLit 23 (1955-56) 8-13.

9672   GUILLEN TORRALBA, J., « La caridad en San Pablo », EstB 23 (1964) 295-318.

9673   NAVONE, J. J., « Love in the Message of Paul », Wor 40 (1966) 437-444.

9674   GEORGE, A., « La communion fraternelle des croyants dans les épîtres de saint Paul », LV N° 83 (1967) 3-20.

Apostolat. Apostolate. Apostelamt. Apostolato. Apostolado.

9675   CASS, J., « Saint Paul and the « Ratio » of Preaching », AmER 102 (1940) 519-525.

9676   DE BIVORT DE LA SAUDÉE, J., « Apostolate as conceived by St. Paul », AmER 91 (1934) 487-496.

9677   CERFAUX, L., « Pour l'histoire du titre « apostolos » dans le N. T. », RSR 48 (1960) 76-92, et dans *Recueil Lucien Cerfaux,* III, 185-200.

9678   MOREAU, B., « La notion d'évangélisation chez saint Paul », LTP 24 (1968) 258-293.

Baptême. Baptism. Taufe. Battesimo. Bautismo.

9679   BOVER, J. M., « El simbolismo bautismal en las Epistolas de San Pablo », EstB 4 (1945) 393-419.

9680   BONSIRVEN, J., *L'Évangile de Paul,* « Incorporation à Jésus-Christ, le baptême », 187-191.

9681   PETERS, E. H., « S. Paul and the Eucharist », CBQ 10 (1948) 247-253.

9682   GRAIL, A., « La place du baptême dans la doctrine de saint Paul », VS 82 (1950) 563-583.

9683 SCHNACKENBURG, R., *Das Heilsgeschehen bei der Taufe nach dem Apostel Paulus,* 226 pp.

9684 SCHNACKENBURG, R., « Todes- und Lebensgemeinschaft mit Christus. Neue Studien zu Röm 6,1-11 », MüTZ 6 (1955) 32-53.

9685 CERESA-GASTALDO, A., « Il significato del battesimo in S. Paolo alla luce della più recente critica tedesca », ScuolC 84 (1956) 230-234.

9686 GIBLET, J., « Le baptême, sacrement de l'incorporation à l'Église selon saint Paul », LV N° 27 (1956) 53-80.

9687 MOLLAT, D., « Symboles baptismaux chez saint Paul », LV N° 26 (1956) 61-84.

9688 TRÉMEL, Y.-B., « Le baptême, incorporation du chrétien au Christ », LV N° 27 (1956) 81-102.

9689 BOISMARD, M.-É., « L'Eucharistie selon saint Paul », LV N° 31 (1957) 92-106.

9690 BARNOUIN, M., « Le caractère baptismal et les enseignements de saint Paul », dans *Studiorum Paulinorum Congressus 1961* (en collab.), II, 299-309.

9691 LANGEVIN, P.-É., « Le baptême dans la mort-résurrection. Exégèse de Rm 6,1-5 », SE 17 (1965) 29-65.

9692 DACQUINO, P., « La nostra morte e la nostra risurrezione con Cristo, secondo San Paolo », RivB 14 (1966) 225-260.

Christologie. Christology. Christologie. Cristologia. Cristología.

9693 McNABB, V., « Essai sur la christologie de saint Paul », RB 42 (1933) 321-327.

9694 WIKENHAUSER, A., « Zur paulinischen Lehre vom Leibe Christi », TR 33 (1934) 265-273.

9695 BISSEN, J.-M., « De primatu Christi absoluto apud Coloss. I,13-20. Espositio dogmatica », Ant 11 (1936) 3-26.

9696 LAGRANGE, M.-J., « Les origines du dogme paulinien de la divinité du Christ », RB 45 (1936) 5-33.

9697 BÉLANGER, M., « Le Christ-Chef dans les épîtres de saint Paul », RUO 8 (1938) 5*-15*, 221*-242*.

9698 BOURÉ, J., « Saint Paul et le Christ dans la deuxième aux Corinthiens », NRT 65 (1938) 148-160.

9699 COTTER, A. C., « The Divinity of Jesus Christ in S. Paul », CBQ 7 (1945) 259-289.

9700 WEIJERS, M.-R., « In Christo Jesu », RT 47 (1947) 499-516.

9701 BONSIRVEN, J., *L'Évangile de Paul,* 366 pp.

9702 LATTEY, C., « Quotations of Christ's Sayings in St. Paul's Epistles », SCR 4 (1949) 22-24.

9703 MORAN, J. W., « St. Paul's Christology », AmER 120 (1949) 463-468.

9704 PRAT, F., *La théologie de saint Paul*[38], « La personne du Christ », I,436-444; « La théologie paulinienne en germe : le Christ est au centre, non pas précisément le Christ mourant, mais le Christ sauveur; aperçu synthétique », II, 14-24.

9705 CERFAUX, L., « La résurrection du Christ dans la vie et la doctrine de Saint Paul », LV N° 3 (1952) 61-82.

9706 DUPONT, J., ΣΥΝ ΧΡΙΣΤΩΙ·*L'union avec le Christ suivant saint Paul,* 224 pp.

9707 BOISMARD, M.-É., « La divinité du Christ d'après saint Paul », LV N° 9 (1953) 75-100.

9708 BOUYER, L., *La Bible et l'Évangile*[2], « Saint Paul et la vie dans le Christ », 177-192.

9709 MOLLAT, D., « Richesse et pauvreté du Christ. Paul héraut de la pauvreté et de la richesse du Seigneur », CE N° 9 (1953) 7-10.

9710   GONZALEZ RUIZ, J. M., « Teandrismo de la Cristología de San Pablo », EstB 12 (1953) 257-272.

9711   CERFAUX, L., *Le Christ dans la théologie de saint Paul²*, 435 pp.

9712   COPPENS, J., « La christologie de saint Paul », dans *L'attente du Messie* (en collab.), 139-153.

9713   FLANAGAN, N., « Messianic Fulfillment in St. Paul », CBQ 19 (1957) 474-484.

9714   NOVEL, P. C., « Le Christ notre rançon. Le témoignage de l'apôtre Paul », CE N° 25 (1957) 50-58.

9715   WULF, F., « Denn Leben ist für mich Christus und Sterben ist Gewinn (Ph 1,21) », GeistL 30 (1957) 241-245.

9716   KURZINGER, J., « Συμμόρφους τῆς εἰκόνος τοῦ υἱοῦ αὐτοῦ (Röm 8,29) », BZ 2 (1958) 294-299.

9717   STANLEY, D. M., « Carmenque Christo quasi Deo dicere... », CBQ 20 (1958) 173-191.

9718   DACQUINO, P., « La formula paolina « In Cristo Gesù » », ScuolC 87 (1959) 278-291.

9719   SCHMIDT, S., « Cristo e l'umanità secondo S. Paolo », RivB 7 (1959) 132-146.

9720   HERMANN, I., *Kyrios und Pneuma*. Studien zur Christologie der paulinischen Hauptbriefe, 156 pp.

9721   STANLEY, D. M., « Pauline Allusions to the Sayings of Jesus », CBQ 23 (1961) 26-39.

9722   CHOPIN, C., *Le Verbe incarné et rédempteur* (Tournai, Desclée et Cie, 1963), « Révélation du mystère du Christ dans les épîtres pauliniennes », 21-28.

9723   GERRITZEN, F., « Le sens et l'origine de l'ἐν Χριστῷ paulinien », dans *Studiorum Paulinorum Congressus 1961* (en collab.), II, 323-331.

9724   LÉON-DUFOUR, X., *Les évangiles et l'histoire de Jésus,* « Paul et la vie de Jésus », 66-71.

9725   RIGAUX, B., « Réflexions sur l'historicité de Jésus dans le message paulinien », dans *Studiorum Paulinorum Congressus 1961* (en collab.), II, 265-274.

9726   SCHNEIDER, B., « Kyrios and Pneuma. An Appreciation of a Recent Monograph », Bibl 44 (1963) 358-369.

9727   SMYTH, K., « Heavenly Man and Son of Man in St. Paul », dans *Studiorum Paulinorum Congressus 1961* (en collab.), I, 219-230.

9728   SCHEFFCZYK, L., « Die « Christogenese » Teilhard de Chardins und der kosmische Christus bei Paulus », TQ 143 (1963) 136-174.

9729   VÖGTLE, A., « Der « Menschensohn » und die paulinische Christologie », dans *Studiorum Paulinorum Congressus 1961* (en collab.), I, 199-218.

9730   DUPONT, J., « La révélation du Fils de Dieu en faveur de Pierre (Mt 16,17) et de Paul (Gal 1,16) », RSR 52 (1964) 411-420.

9731   FEUILLET, A., « L'hymne christologique de l'épître aux Philippiens (2,6-11) », RB 72 (1965) 352-380, 481-507.

9732   KRINETZKI, L., « Le serviteur de Dieu (Ph 2,5-11) », AS N° 37 (1965) 37-45.

9733   BONNARD, P.-É., *La sagesse en personne annoncée et venue : Jésus-Christ,* « Jésus Sagesse, selon saint Paul », 133-140.

9734   LACAN, M.-F., DU BUIT, M., « La sagesse de Jésus dans les Évangiles et saint Paul », CE N° 61 (1966) 43-65.

9735   LAMARCHE, P., « La primauté du Christ (Col 1,12-20) », AS N° 88 (1966) 18-32.

9736   LAMARCHE, P., *Christ vivant*. Essai sur la christologie du Nouveau Testament, « Suite du mouvement chez Paul et les évangélistes », 45-54.

9737   KEHL, N., *Der Christushymnus. Kol 1,12-20,* 180 pp.

9738 MÉNARD, J.-E., « Note d'exégèse : le Christ Sagesse de Dieu d'après les épîtres pauliniennes », RevSR 41 (1967) 227-236.

9739 NEIRYNCK, F., « « Le Christ en nous » – « Nous dans le Christ » chez saint Paul », Conci N° 50 (1969) 121-134.

9740 STEINMETZ, F.-J., *Protologische Heils-Zuversicht.* Die Strukturen des soteriologischen und christologischen Denkens im Kolosser- und Epheserbrief (Frankfurt a. M., J. Knecht, 1969), 158 pp.

Connaissance. Knowledge. Erkenntnis. Conoscenza. Conocimiento.

9741 DUPONT, J., *Gnosis.* La connaissance religieuse dans les épîtres de saint Paul, 604 pp.

9742 LÉON-DUFOUR, X., « La connaissance religieuse dans les épîtres de saint Paul », RSR 37 (1950) 469-480.

9743 FEUILLET, A., « La connaissance naturelle de Dieu par les hommes, d'après Romains 1,18-23 », LV N° 14 (1954) 63-80.

9744 SULLIVAN, K., « *Epignosis* in the Epistles of St. Paul », dans *Studiorum Paulinorum Congressus 1961* (en collab.), II, 405-416.

Croissance. Growth. Wachstum. Crescità. Crecimiento.

9745 HUBY, J., « La sanctification chrétienne d'après saint Paul », Et 250 (1946) 191-201.

9746 MONTAGUE, G. T., *Growth in Christ,* 288 pp.

9747 MONTAGUE, G. T., « The Growth of Faith, Hope and Charity according to St. Paul », AmER 147 (1962) 308-318.

9748 SCHNACKENBURG, R., « Christian Adulthood according to the Apostle Paul », CBQ 25 (1963) 354-370.

Croix. Cross. Kreuz. Croce. Cruz.

9749 BENOIT, P., « La loi et la croix d'après saint Paul », RB 47 (1938) 481-509, ou dans *Exégèse et théologie,* II, 9-40.

9750 HIELMANN, W., « Die Leidensmystik des hl. Paulus in ihrem Zusammenhang mit dem Gedenken des myst. Leiben Christi », TGl 31 (1939) 597-605.

9751 DUPLACY, J., « L'Évangile de la croix », *L'Anneau d'Or* N° 42 (1951) 402-407.

9752 GEORGE, A., « La souffrance du chrétien au regard de S. Paul », BVC N° 5 (1954) 26-33.

9753 COSTE, J., « Notion grecque et notion biblique de la « souffrance éducatrice » », RSR 43 (1955) 481-524.

9754 SCHNACKENBURG, R., « Vom Ärgernis des Kreuzes », GeistL 30 (1957) 90-95.

9755 ORTKEMPER, F.-J., *Das Kreuz in der Verkündigung des Apostels Paulus.* Dargestell in den Texten der paulinischen Hauptbriefe, 112 pp.

Église. Church. Kirche. Chiesa. Iglesia.

9756 MARLING, J. M., « The Precious Blood and the Mystical Body », AmER 89 (1933) 1-13.

9757 A VALLISOLETO, X., « Christi « Pleroma » juxta Pauli conceptionem », VD 14 (1934) 49-55.

9758 CERIANI, C., « Dottrina e vita del Corpo místico in S. Paolo », ScuolC 64 (1936) 601-616.

9759 BOVER, J. M., « El Cuerpo Mistico de Cristo en San Pablo », EstB 2 (1943) 249-277, 449-473.

9760 SOUBIGOU, L., « L'Église dans la théologie de saint Paul, d'après L. Cerfaux », AT 1-2 (1945) 187-194.

9761   HAMMAN, A., « Apostolat et communauté », VS 83 (1950) 511-529.

9762   CERFAUX, L., « L'antinomie paulinienne de la vie apostolique », dans *Mélanges Jules Lebreton,* I, RSR 39 (1951) 221-236.

9763   CERFAUX, L., « La tradition selon saint Paul », VSS 25 (1953) 176-189, ou dans *Recueil Lucien Cerfaux,* II, 253-264.

9764   BERTRANGS, A., « La vocation des Gentils chez saint Paul », ETL 30 (1954) 391-415.

9765   CERFAUX, L., « L'Église et le Règne de Dieu d'après saint Paul », dans *Recueil Lucien Cerfaux,* II, 365-388.

9766   GUILLET, J., « Jésus-Christ, vie de l'Église naissante », CHR N° 1 (1954) 8-22.

9767   BENOIT, P., « Corps, tête et plérôme dans les épîtres de la captivité », RB 63 (1956) 5-44, ou dans *Exégèse et théologie,* II, 107-153.

9768   SCHLIER, H., *Die Zeit der Kirche,* « Die Einheit der Kirche in Denken des Apostels Paulus », 287-299.

9769   DACQUINO, P., « La Chiesa Corpo di Cristo secondo S. Paolo », ScuolC 85 (1957) 241-256.

9770   ALONSO, J., « Genesis y desarrollo de algunos puntos eclesiologicos en el Corpus Paulino », EstB 17 (1958) 349-391.

9771   DACQUINO, P., « Cristo capo dell'universo e della Chiesa secondo S. Paolo », ScuolC 86 (1958) 186-197.

9772   GONZALEZ RUIZ, J. M., « Sentido comunitario-eclesial de algunos sustantivos abstractos en San Pablo », EstB 17 (1958) 289-322.

9773   REUSS, J., « Die Kirche als « Leib Christi » und die Herkunft dieser Vorstellung bei den Apostel Paulus », BZ 2 (1958) 103-127.

9774   GONZALEZ RUIZ, J. M., « Sentido comunitario-eclesial de algunos sustantivos abstractos en San Pablo », dans *Sacra Pagina* (en collab.), II, 322-341.

9775   WENNEMER, K., « Die charismatische Begabung der Kirche nach dem heiligen Paulus », Schol 34 (1959) 503-525.

9776   DACQUINO, P., « Ecclesia corpus Christi secundum apostolum Paulum », VD 38 (1960) 292-300.

9777   GONZALEZ RUIZ, J. M., « « Extra Ecclesiam nulla salus » a la luz de la teologia paulina », EstB 19 (1960) 25-48.

9778   HAVET, J., « La doctrine paulinienne du « Corpus du Christ ». Essai de mise au point », dans *Littérature et théologie pauliniennes* (en collab.), 185-216.

9779   DACQUINO, P., « La Chiesa « Corpo di Cristo » secondo S. Paolo », RivB 9 (1961) 112-122.

9780   DOEPFNER, J., « Petrus und Paulus. Der heilige Paulus und der römische Primat », TGl 51 (1961) 180-194.

9781   DACQUINO, P., « De Christo capite et de Ecclesia eius corpore secundum S. Paulum », VD 40 (1962) 81-88.

9782   ADINOLFI, M., « Le mefatore greco-romane della testa e del corpo e il Corpo Mistico di Cristo », dans *Studiorum Paulinorum Congressus 1961* (en collab.), II, 333-342.

9783   BLIGH, J., « The Church and Israel according to St. John and St. Paul », dans *Studiorum Paulinorum Congressus 1961* (en collab.), I, 151-156.

9784   DUBARLE, A.-M., « L'origine dans l'Ancien Testament de la notion paulinienne de l'Église corps du Christ », dans *Studiorum Paulinorum Congressus 1961* (en collab.), I, 231-240.

9785 MOONEY, C. F., « Paul's Vision of the Church in « Ephesians » », SCR 15 (1963) 33-43.

9786 CERFAUX, L., *La théologie de l'église suivant saint Paul³*, 432 pp.

9787 KÜNG, H., « La structure charismatique de l'Église », Conci N° 4 (1965) 43-59.

9788 GRELOT, P., « La structure ministérielle de l'Église d'après saint Paul. À propos de « L'Église » de H. Küng », *Istina* (Paris) 15 (1970) 389-424.

9789 TESTA, E., « Il clero pellegrino nella chiesa primitive », RivB 18 (1970) 241-251.

Eschatologie. Eschatology. Eschatologie. Escatologia. Escatología.

9790 BRINKMANN, B., « Die Lehre von der Parusie beim hl. Paulus in ihrem Verhältnis zu den Anschauungen des Buches Henoch », Bibl 13 (1932) 315-334, 418-434.

9791 CAVALLA, V., « Il tempo della Parusia nel pensiero di S. Paolo », ScuolC 65 (1937) 463-480.

9792 TONDELLI, L., « Qui residui sumus in adventum Domini. L'escatologia della I. ai Tessalonesi », ScuolC 65 (1937) 602-608.

9793 LATTEY, C., « The Glorified Body in St. Paul's Epistles », SCR 1 (1946) 55-56.

9794 BENOIT, P., « Nous gémissons, attendant la délivrance de notre corps (Rom., VIII, 23) », dans *Mélanges Jules Lebreton,* I, RSR 39 (1951-52), 267-280, ou dans *Exégèse et théologie,* II, 41-52.

9795 DHEILLY, J., « Les fins dernières dans l'Ancien et le Nouveau Testament », dans *Viens Seigneur,* Cahiers de la Roseraie, IV (Bruxelles, Lumen Vitae; Bruges, Abbaye de Saint-André, 1955), 26-33.

9796 FEUILLET, A., « La demeure céleste et la destinée des chrétiens. Exégèse de 2 Cor. 5,1-10 et contribution à l'étude des fondements de l'eschatologie paulinienne », RSR 44 (1956) 161-192, 360-402.

9797 FEUILLET, A., « Le mystère pascal et la résurrection des chrétiens d'après les épîtres pauliniennes », NRT 79 (1957) 337-354.

9798 GAROFALO, S., « Sulla « escatologia intermedia » in S. Paolo », Greg 39 (1958) 335-352.

9799 SCHNEIDER, G., « Die Idee der Neuschöpfung beim Apostel Paulus und ihr religiongeschichtlicher Hintergrund », TrierTZ 68 (1959) 257-270.

9800 DEWAILLY, L.-M., « Le temps et la fin du temps selon saint Paul », MD N° 65 (1961) 133-143.

9801 ROSSANO, P., « Il messaggio escatologico di S. Paolo di fronte all'escatologia giudaica ed ellenistica », RivB 9 (1961) 330-343.

9802 TEODORICO, P., « L'escatologia nelle lettere della prigionia », RivB 9 (1961) 305-329.

9803 KOCH, R., « L'aspect eschatologique de l'Esprit du Seigneur d'après saint Paul », dans *Studiorum Paulinorum Congressus 1961* (en collab.), I, 131-141.

9804 VAWTER, B., « And He shall Come Again with Glory », dans *Studiorum Paulinorum Congressus 1961* (en collab.), I, 143-150.

9805 SINT, J., « Parusie-Erwartung und Parusie-Verzögerung im paulinischen Brief-corpus », ZKT 86 (1964) 47-79.

9806 SINT, J., « Awaiting and Deferment of the Parusia in Paul », TDig 13 (1965) 214-221.

9807 CERFAUX, L., *L'itinéraire spirituel de saint Paul,* « Le message eschatologique aux nations », 47-64.

9808 HOFFMANN, P., *Die Toten in Christus.* Eine religionsgeschichtliche und exegetische Untersuchung zur paulinischen Eschatologie (Münster, Aschendorff, 1966), 366 pp.

9809   MÜLLER, K., « 1 Kor 1,18-25. Die eschatologisch-kritische Funktion der Ver-
        kündigung des Kreuzes », BZ 10 (1966) 246-272.

Espérance. Hope. Hoffnung. Speranza. Esperanza.

9810   SPICQ, C., *La révélation de l'espérance dans le nouveau Testament* (Avignon, Aubanel;
        Paris, Libr. dominicaine, 1932), « Saint Paul, théologien et prédicateur de l'espéran-
        ce », 1-98; « L'espérance dans la vie de saint Paul », 60-98.

9811   DE ORBISO, T., « Los motivos de la esperanza cristiana, según San Pablo », EstB 4
        (1945) 61-85, 197-210.

9812   NORMANDIN, R., « Saint Paul et l'espérance », RUO 17 (1947) 50-68.

Esprit. Spirit. Geist. Spirito. Espíritu.

9813   PUZO, F., « Significado de la palabra « pneuma » en San Pablo », EstB 1 (1942)
        437-460.

9814   DESROCHES, H.-C., « L'Esprit-Saint : principe communautaire selon saint Paul », VS
        75 (1946) 476-492.

9815   MOUROUX, J., « L'expérience de l'esprit chez saint Paul », MSR 5 (1948) 1-38.

9816   SCHMID, J., « Geist und Leben bei Paulus », GeistL 24 (1951) 419-429.

9817   PENNA, A., « Lo Spirito Santo nella vita di S. Paolo », RivB 2 (1954) 54-67.

9818   PELAIA, B., « Lo Spirito Santo e la vita cristiana in San Paolo », RivB 3 (1955) 363-370.

9819   SCHELKLE, K. H., « « Ihr seid Geistliche ». Eine Predigt », GeistL 35 (1962) 241-244.

9820   CAMILLERI, N., « Teologia pneumatica della prudenza cristiana », dans *Studiorum
        Paulinorum Congressus 1961* (en collab.), I, 175-185.

9821   DACQUINO, P., « Lo Spirito Santo ed il cristiano secondo S. Paolo », dans *Studiorum
        Paulinorum Congressus 1961* (en collab.), I, 119-130.

9822   KOCH, R., « L'aspect eschatologique de l'Esprit du Seigneur », dans *Studiorum
        Paulinorum Congressus 1961* (en collab.), I, 131-142.

9823   AHERN, B., « The Spirit and the Law », Way 6 (1966) 219-229.

Eucharistie. Eucharist. Eucharistie. Eucaristia. Eucaristía.

9824   DE ORBISO, T., « La Eucaristia en San Pablo », EstB 5 (1946) 171-213.

9825   BONSIRVEN, J., *L'Évangile de Paul,* « L'Eucharistie », 269-275.

9826   PRAT, F., *La théologie de saint Paul³⁸,* « L'agape et l'Eucharistie : le voile des femmes;
        les quatre abus des agapes; profanation de l'Eucharistie », I, 140-149; « L'Eucha-
        ristie : les formules de Paul », II, 317-322; « Allusions au sacrifice », II, 322-323; «
        L'Eucharistie, sceau de la perfection », II, 424-426.

9827   BOISMARD, M.-É., « L'Eucharistie selon saint Paul », LV N° 31 (1957) 93-106.

9828   SLOYAN, G. S., « « Primitive » and « Pauline » concepts of the Eucharist », CBQ
        23 (1961) 1-12.

Fils de Dieu. Son of God. Sohn Gottes. Figlio di Dio. Hijo de Dios.

9829   DACQUINO, P., « Dio Padre e i Cristiani figli secondo S. Paolo », ScuolC 88 (1960)
        366-374.

9830   THÜSING, W., *Per Christum in Deum,* « Zum paulinischen Sohn-Gottes-Begriff »,
        144-150.

Fils de l'homme. Son of Man. Menschensohn. Figlio dell'uomo. Hijo del hombre.

9831   SMYTH, K., « Heavenly Man and Son of Man in St. Paul », dans *Studiorum
        Paulinorum Congressus 1961* (en collab.), I, 219-230.

9832   VÖGTLE, A., « Der « Menschensohn » und die paulinische Christologie », dans
        Studiorum Paulinorum Congressus 1961 (en collab.), I, 199-218.

Foi. Faith. Glaube. Fede. Fe.

9833 CHARUE, A., *L'incrédulité des Juifs dans le Nouveau Testament* (dans les épîtres pauliniennes), 279-331.

9834 FERNANDEZ, A., « Fides et Opera apud S. Paulum et S. Jacobum », VD 12 (1932) 177-180.

9835 BENOIT, P., « Les origines du symbole des apôtres dans le Nouveau Testament », LV N° 2 (1952) 39-60, ou dans *Exégèse et théologie,* II, 193-211.

9836 BOISMARD, M.-É., « La foi selon saint Paul », LV N° 22 (1953) 65-90.

9837 KUSS, O., « Der Glaube nach den paulinischen Hauptbriefen », ZKT 46 (1956) 1-26.

9838 BESNARD, A.-M., « Je sais en qui j'ai mis ma foi », VS 98 (1958) 5-22.

9839 BUTLER, C., « The Object of Faith according to St. Paul's Epistles », dans *Studiorum Paulinorum Congressus 1961* (en collab.), I, 15-30.

9840 KUSS, O., *Auslegung und Verkündigung,* « Der Glaube nach den paulinischen Hauptbriefen », I, 187-212.

9841 LEMONNYER, L., CERFAUX, L., *Théologie du Nouveau Testament,* « L'incorporation au Christ : la foi », 109-117.

9842 WURZINGER, A., « Kerygma und Glaube », BiLit 37 (1963-64) 151-154.

9843 LAMMERS, K., *Hören, Sehen und Glauben im Neuen Testament,* « Die Paulusbriefe », 63-71.

9844 MARTIN, F., « Pauline Trinitarian Formulas and Christian Unity », CBQ 30 (1968) 199-219

9845 LYONNET, S., « Foi et charité chez saint Paul », CHR N° 61 (1969) 107-120.

Grâce. Grace. Gnade. Grazia. Gracia.

9846 CERFAUX, L., « La théologie de la grâce selon S. Paul », VS 83 (1950) 5-19.

9847 BAUMGARTNER, C., *La grâce du Christ* (Tournai, Desclée et Cie, 1963), « La théologie paulinienne de la grâce », 22-32.

9848 FONDEVILLA, J. M., « La gracia capital de Adán y el capítulo quinto de la carta a los Romanos », dans *Studiorum Paulinorum Congressus 1961* (en collab.), I, 289-300.

9849 ARIAS, L., « La gracia en San Pablo y en San Agustín », Salm 11 (1964) 97-145.

Homme. Man. Mensch. Uomo. Hombre.

9850 SPICQ, C., *Dieu et l'homme selon le Nouveau Testament,* « Anthropologie paulinienne », 147-177.

9851 MUELLER, H., « The Ideal Man as Portrayed by the Talmud and St. Paul », CBQ 28 (1966) 278-291.

9852 QUINLAN, J., « The Christian Man in Saint Paul », IrThQ 34 (1967) 301-308.

9853 SCHILLING, O., *Geist und Materie in biblischer Sicht,* « Fleisch und Geist bei Paulus », 54-56.

9854 DERVILLE, A., « Homme intérieur. 1. Saint Paul », DS 7 (1969), col. 650-653.

9855 REY, B., « L'homme « dans le Christ » », DS 7 (1969), col. 622-637.

Justice. Gerechtigkeit. Giustizia. Justicia.

9856 A S. MARCO, E., « Il concetto di giustizia dell'Enoc Etiopico e S. Paolo », Bibl 18 (1937) 277-303, 383-417.

9857 BOVER, J. M., « La justificación en San Pablo », EstB 4 (1945) 297-325.

9858 BONSIRVEN, J., *L'Évangile de Paul,* « La foi », 177-185.

9859 MORAN, J. W., « Justification by Faith and Works », AmER 119 (1948) 407-413.

9860 BONSIRVEN, J., *Théologie du Nouveau Testament,* 310-328.

9861 WENNEMER, K., « Gerechtigkeit Gottes », GeistL 29 (1956) 356-366.

9862 SCHMIDT, S., « S. Pauli « justitia Dei » notione justitiae, quae in V. T. et apud S. Paulum habetur, dilucida », VD 37 (1959) 96-105.

9863 LYONNET, S., « Gratuité de la justification et gratuité du salut », dans *Studiorum Paulinorum Congressus 1961* (en collab.), I, 95-110.

9864 LYONNET, S., « De notione iustitiae Dei apud S. Paulum », VD 42 (1964) 121-152.

9865 CROWLEY, P., « Justification by Faith in St. Paul », SCR 18 (1966) 97-111.

9866 STUHLMACHER, P., *Gerechtigkeit Gottes bei Paulus²* (Göttingen, 1966), 276 pp.

9867 KERTELGE, K., « Rechtfertigung bei Paulus als Heilswirklichkeit und Heilsverwirklichung », BiLeb 8 (1967) 83-93.

9868 KERTELGE, K., « *Rechtfertigung* » *bei Paulus.* Studien zur Struktur und zum Bedeutungsgehalt des paulinischen Rechtfertigungsbegriffs (Münster, Aschendorff, 1967), 336 pp.

9869 GIAVINI, G., « Justificatio et judicium apud S. Paulum », VD 46 (1968) 169-174.

Liberté. Liberty. Freiheit. Libertà. Libertad.

9870 BISER, E., « Die Idee des Friedens nach die paulinischen Gefangenschaftsbriefen », GeistL 27 (1954) 165-170.

9871 LYONNET, S., « Liberté du chrétien et loi de l'Esprit selon saint Paul », CHR N° 4 (1954) 6-27.

9872 CERFAUX, L., « Condition chrétienne et liberté selon saint Paul », dans *Structures et liberté* (en collab.) (Paris, Desclée de Brouwer, 1956), 244-252, ou dans *Recueil Lucien Cerfaux,* III, 287-296.

9873 RAMAZZOTTI, B., « La liberta cristiana », RivB 6 (1958) 50-82.

9874 GUEMES VILLANUEVA, A., « La libertad en el mundo contemporaneo de San Pablo », EstB 20 (1961) 129-168.

9875 GUEMES VILLANUEVA, A., « La ἐλευθερία en las Epistolas paulinas. Examen de Textos », EstB 21 (1962) 37-63; 22 (1963) 219-242.

9876 CAMBIER, J., « La liberté chrétienne selon saint Paul », LV N° 61 (1963) 5-40.

9877 HÄRING, B., « Paulinische Freiheitslehre, Gesetzesethik und Situationsethik », dans *Studiorum Paulinorum Congressus 1961* (en collab.), I, 165-173.

9878 LYONNET, S., « Saint Paul : Liberty and Law », TDig 11 (1963) 12-20.

9879 BALLARINI, T., « Liberazione in San Paolo e in San Giovanni », dans *San Giovanni.* Atti della XVII Settimana Biblica (en collab.), 207-224.

9880 SCHLIER, H., « Zur Freiheit gerufen. Das paulinische Freiheitsverständnis », GeistL 43 (1970) 421-436.

Loi. Law. Gesetz. Legge. Ley.

9881 DEMANN, P., « Moïse et la loi dans la pensée de saint Paul », dans *Moïse, l'homme de l'Alliance* (en collab.), 189-242.

9882 SALET, G., « La Loi dans nos coeurs », NRT 79 (1957) 449-462, 561-578.

9883 BAUM, G., *The Jews and the Gospel,* « The Epistles of Saint Paul », 171-265.

9884 LARCHER, C., *L'actualité chrétienne de l'Ancien Testament d'après le Nouveau Testament,* « La pensée de saint Paul sur la Loi », 255-284.

9885 BECK, I., « Altes und neues Gesetz. Eine Untersuchung über die Kompromisslosigkeit des paulinischen Denkens », MüTZ 15 (1964) 127-142.

9886 KUSS, O., « Nomos bei Paulus », MüTZ 17 (1966) »

9887 GLASER, J. W., « Commands-Counsels : A Pauline Teaching ? » TS 31 (1970) 275-287.

9888 SAND, A., « Die Polemik gegen « Gesetzlosigkeit « im Evangelium nach Matthäus und bei Paulus », BZ 14 (1970) 112-125.

Mariage. Marriage. Ehe. Matrimonio.

9889 LÉONARD, E. A., « S. Paul on the Status of Women », CBQ 12 (1950) 311-320.

9890 DULAU, P., « The Pauline Privilege », CBQ 13 (1951) 146-152.

9891 ADNÈS, P., *Le mariage* (Tournai, Desclée et Cie, 1963), « Le mariage dans les épîtres de saint Paul », 31-41.

9892 LÉON-DUFOUR, X., « Mariage et virginité selon saint Paul », CHR N° 11 (1964) 179-194.

9893 AUDET, J.-P., *Mariage et célibat dans le service pastoral de l'Église,* « La maison et le mariage dans le service itinérant de la pensée », 59-78; « La maison et le mariage dans le service de l'assemblée », 79-103.

Marie. Mary. Maria. María.

9894 LEAL, J., « El cuerpo asumpto de María iluminado por San Pablo », RazFe 144 (1951) 73-92.

9895 LEGAULT, A., « Saint Paul a-t-il parlé de la maternité virginale de Marie ? » SE 16 (1964) 481-493.

9896 DE VALLADOLID, J., « Elementos mariológicos en el epistolario de san Pablo », EstF 66 (1965) 23-37.

Messianisme. Messianism. Messianismus. Messianismo. Mesianismo.

9897 DENIS, A.-M., « L'apôtre Paul, prophète messianique des Gentils », ETL 33 (1957) 245-318.

9898 GAROFALO, S., « Il Messianismo di San Paolo », dans *Studiorum Paulinorum Congressus 1961* (en collab.), I, 31-43.

9899 KOSTER, W., « Die Messiasidee des Apostels Paulus », dans *Studiorum Paulinorum Congressus 1961* (en collab.), I, 111-118.

Morale. Moral. Sittlichkeit. Morale. Moral.

9900 SPICQ, C., « La conscience dans le Nouveau Testament », RB 47 (1938) 50-80.

9901 SOUBIGOU, L., « Humilité et fierté chrétienne d'après saint Paul », AT 2 (1941) 193-205.

9902 SPICQ, C., « La théologie morale des épîtres », VS 71 (1944) 157-164.

9903 BOISMARD, M.-É., « Notre glorification dans le Christ », VS 74 (1946) 502-517.

9904 BONSIRVEN, J., « La vie chrétienne selon saint Paul », RAM 22 (1946) 201-228.

9905 BLÄSER, P., « Der Mensch und die Sittlichkeit nach dem Römerbrief des Apostels Paulus », TGl 39 (1949) 232-249.

9906 LEVIE, J., « La méditation fondamentale des Exercices de saint Ignace à la lumière de saint Paul », NRT 75 (1953) 815-827.

9907 LYONNET, S., « Die « Moral » des heiligen Paulus », BiLit 23 (1955-56) 89-96, 117-124.

9908 DIDIER, G., *Désintéressement du chrétien.* La rétribution dans la morale de saint Paul, 256 pp.

9909 NIEDER, L., *Die Motive der religiös-sittlichen Paränese in den paulinischen Gemeindebriefen,* 152 pp.

9910 CONGAR, Y., « In the World and not of the World », SCR 9 (1957) 53-59.

9911 HUMBERT, A., « La morale de saint Paul : morale du plan du salut », MSR 15 (1958) 5-44.

9912   ZEDDA, S., « « Vivere in Christo » secondo s. Paolo », RivB 6 (1958) 83-93.

9913   BERNARD, C.-A., « Épreuve et espérance », RAM 34 (1958) 121-146.

9914   CAGNI, L., « La morale di S. Paolo », RivB 7 (1959) 153-158.

9915   STELZENBERGER, J., *Syneidesis in Neuen Testament* (Paderborn, F. Schöningh, 1961), 98 pp.

9916   DELHAYE, P., « L'exigence chrétienne chez saint Paul », AmiCl 72 (1962) 401-409, 433-441.

9917   TEMMEL, J., « Das Ethos des neuen Menschen bei Paulus », BiLit 36 (1962-63) 222-229.

9918   DELHAYE, P., « L'apport paulinien à deux traités de morale fondamentale », dans *Studiorum Paulinorum Congressus 1961* (en collab.), I, 187-197.

9919   ROSSANO, P., « L'idéale del belle (καλός) nell'etica di San Paolo », dans *Studiorum Paulinorum Congressus 1961* (en collab.), II, 373-382.

9920   DELHAYE, P., *La conscience morale du chrétien* (Tournai, Desclée et Cie, 1964), « L'enseignement de saint Paul », 19-32.

9921   BLANK, J., *Schriftauslegung in Theorie und Praxis,* « Indikativ und Imperativ in der paulinischen Ethik », 144-157.

9922   FEUILLET, A., « Les fondements de la morale chrétienne d'après l'épître aux Romains », RT 70 (1970) 357-386.

Mystère. Mystery. Mysterium. Mistero. Misterio.

9923   DEDEN, D., « Le « mystère » paulinien », ETL 13 (1936) 405-442.

9924   PRÜMM, K., « « Mysterion » von Paulus bis Origenes », ZKT 61 (1937) 391-425.

9925   MORAN, J. W., « St. Paul and the Mystery Religions », AmER 122 (1950) 419-429.

9926   PRÜMM, K., « Zur Phänomenologie des paulinischen Mysterion und dessen seelischer Aufnahme. Eine Übersicht », Bibl 37 (1956) 135-161.

9927   VOGT, E., « « Mysteria » in textibus Qumran », Bibl 37 (1956) 247-257.

9928   BROWN, R. E., « The pre-Christian Semitic conception of « mystery » », CBQ 20 (1958) 417-443.

9929   COPPENS, J., « Le « mystère » dans la théologie paulinienne et ses parallèles qumrâniens », dans *Littérature et théologie pauliniennes* (en collab.), 142-165.

9930   JUGLAR, J., « Le mystère caché en Dieu », VS 110 (1964) 656-672.

Païens. Pagans. Heiden. Pagani. Paganos.

9931   BENOIT, P., « Le message de Paul aux Gentils selon W. L. Knox », RB 50 (1941) (*Vivre et Penser,* 1) 140-147, ou dans *Exégèse et théologie,* II, 97-106.

9932   CERFAUX, L., « Le monde païen vu par saint Paul », dans *Studia Hellenistica,* fasc. 5 (1948) 155-163, ou dans *Recueil Lucien Cerfaux,* II, 415-424.

9933   PRÜMM, K., « Zum Vorgang der Heidenbekehrung nach paulinischer Sicht », ZKT 84 (1962) 427-470.

9934   LÉON-DUFOUR, X., « Juif et Gentil selon Romains 1-11 », dans *Studiorum Paulinorum Congressus 1961* (en collab.), I, 309-316.

Parole. Word. Wort. Parola. Palabra.

9935   DEWAILLY, L.-M., *Jésus-Christ, Parole de Dieu* (Paris, Cerf, 1945), 144 pp.

9936   SCHLIER, H., « La notion paulinienne de la Parole de Dieu », dans *Littérature et théologie pauliniennes* (en collab.), 127-141.

9937 DUPONT, J., « La Parole de Dieu suivant saint Paul », dans *La parole de Dieu en Jésus-Christ²* (en collab.), 68-84.

9938 MURPHY-O'CONNOR, J., *La prédication selon saint Paul,* « La puissance de la parole : saint Paul », 106-117.

9939 HENNEKEN, B., *Verkündigung und Prophetie im 1. Thessalonicherbrief* (Stuttgart, Katholisches Bibelwerk, 1969), « Paulus als Prophet », 73-103.

Pastorale. Pastoral. Seelsorge. Pastorale. Pastoral.

9940 DUPONT, J., *Le discours de Milet.* Testament pastoral de saint Paul (Ac 20, 18-36), 412 pp.

9941 SISTI, A., « San Paolo e la catechesi primitiva », BibOr 5 (1963) 133-139.

9942 STEINMUELLER, J. E., « Paul and Pastoral Theology », dans *Studiorum Paulinorum Congressus 1961* (en collab.), II, 275-287.

9943 MURPHY-O'CONNOR, J., *La prédication selon saint Paul,* 184 pp.

Péché. Sin. Sünde. Peccato. Pecado.

9944 DE LOS RIOS, E., « Ad catalogos peccatorum apud S. Paulum animadversiones », VD 12 (1932) 364-370.

9945 LIGIER, L., « Heure des ténèbres et règne du péché. Le péché dans le Nouveau Testament », LV N° 5 (1952) 41-64.

9946 BAUER, J., « Theologie des Neuen Testamentes », BiLit 23 (1955-56) 133-136.

9947 DUBARLE, A.-M., « Le péché originel dans saint Paul », RSPT 40 (1956) 213-254, ou dans *Le péché originel dans l'Écriture,* 121-172.

9948 DELHAYE, P., « Le péché actuel. Sa notion dans la Bible. II. Le péché dans le Nouveau Testament : B) La théologie paulinienne du péché », AmiCl 68 (1958) 747-748.

9949 VANNESTE, A., « Saint Paul et la doctrine augustinienne du péché originel », dans *Studiorum Paulinorum Congressus 1961* (en collab.), II, 513-522.

9950 CAMBIER, J., *L'Évangile de Dieu selon l'épître aux Romains,* I, « Péchés des hommes et grâce de Dieu », 195-278; « Péché et grâce », 279-338.

9951 MALINA, B., « Some Observations on the Origin of Sin in Judaism and St. Paul », CBQ 31 (1969) 18-34.

Rédemption. Redemption. Erlösung. Redenzione. Redención.

9952 DRIESSEN, E., « Promissio Redemptoris apud S. Paulum (Rom. 3, 24-26; Heb. 10, 5-7; I Cor. 2,6-8) », VD 21 (1941) 233-238, 264-271, 298-305.

9953 BOVER, J. M., « El dogma de la redención en las epístolas de San Pablo », EstB 1 (1942) 357-403, 417-541.

9954 BONSIRVEN, J., *L'Évangile de Paul,* « Rédemption, salut et grâce », 144-148; « Rédemption objective », 148-174.

9955 BANDAS, R. G., « The Redeeming Work of Christ according to St. Paul », Div 2 (1958) 560-575.

9956 LYONNET, S., « Conception paulinienne de la Rédemption », LV N° 36 (1958) 35-66.

9957 SWALLOW, F. R., « « Redemption » in St. Paul », SCR 10 (1958) 21-27.

9958 LYONNET, S., « St. Paul and a Mystical Redemption », TDig 8 (1960) 83-88.

9959 ROMANIUK, K., « Christi Erlöserliebe bei Paulus in der modernen protestantischen Exegese », dans *Studiorum Paulinorum·Congressus 1961* (en collab.), II, 601-613.

9960 SCHÄFER, F. G., « Der « Heilstod » Jesu im paulinischen Verständnis von Taufe und Eucharistie », BZ 14 (1970) 227-239.

Résurrection. Resurrection. Auferstehung. Resurrezione. Resurrección.

9961   ALLO, E.-B., « Saint Paul et la « double résurrection » corporelle », RB 41 (1932) 188-209.

9962   ROMEO, A., « « Omnes quidem resurgemus », seu « Omnes quidem nequaquam dormiemus » (I Cor. 15,51) », VD 14 (1934) 142-148, 250-255, 267-275, 313-320, 328-336, 375-378.

9963   BONSIRVEN, J., *L'Évangile de Paul,* « La résurrection rédemptrice », 160-162; « La résurrection des morts », 315-326.

9964   CERFAUX, L., *Le Christ dans la théologie de saint Paul²,* « La tradition sur la mort et la résurrection du Christ », 21-28; « La résurrection du Christ : la foi à la résurrection », 57-62; « La résurrection du Christ : théologie de la résurrection », 65-72; « Mort et résurrection », 85-94.

9965   FEUILLET, A., « Le mystère pascal et la résurrection des chrétiens d'après les épîtres pauliniennes », NRT 79 (1957) 337-354.

9966   LYONNET, S., « La valeur sotériologique de la résurrection du Christ selon saint Paul », Greg 39 (1958) 295-318.

9967   GAROFALO, S., « Auferstehungsgedanken in den Paulusbriefen », BiLit 28 (1960-61) 183-186.

9968   WURZINGER, A., « Über die Auferstehung nach Paulus », BiLit 35 (1961-62) 188-193.

9969   KREMER, J., *Das älteste Zeugnis von der Auferstehung Christi.* « Eine bibeltheologische Studie zur Aussage und Bedeutung von 1 Kor 15,1-11 », 156 pp.

9970   RAURELL, F., « Cristo resucitado por la « doxa » del Padre según S. Pablo », EstF 67 (1966) 135-147.

9971   ZEDDA, S., « Mistero pasquale in S. Paolo », BibOr 8 (1966) 213-220.

9972   STRAMARE, T., « Il traguardo della Risurrezione nella dottrina di S. Paolo », Div 12 (1968) 653-674.

9973   KREMER, J., « La résurrection de Jésus, principe et modèle de notre résurrection, d'après saint Paul », Conci N° 60 (1970) 71-80.

Révélation. Revelation. Offenbarung. Rivelazione. Revelación.

9974   CERFAUX, L., « La pensée paulinienne sur le rôle de l'intelligence dans la révélation », Div 3 (1959) 386-396, ou dans *Recueil Lucien Cerfaux,* III, 351-360.

9975   LATOURELLE, R., *Théologie de la Révélation²,* « Saint Paul », 60-69.

Sacerdoce. Priesthood. Priestertum. Sacerdozio. Sacerdocio.

9976   SPICQ, C., « L'origine évangélique des vertus épiscopales selon saint Paul », RB 53 (1946) 36-46.

9977   SPICQ, C., « Spiritualité sacerdotale dans le N. T. », VS 77 (1947) 446-460.

9978   SPICQ, C., « Les vertus théologales du prêtre », VS 76 (1947) 856-876.

9979   SPICQ, C., *Spiritualité sacerdotale d'après saint Paul,* 202 pp.

9980   KENNEDY, G. T., *St. Paul's Conception of the Priesthood of Melchisedech.* An historico-exegetical Investigation (Washington, Catholic Univ. of America Press, 1951), 153 pp.

9981   VITTI, A., « La dottrina di s. Paolo sul sacerdozio », RivB 4 (1956) 1-16.

9982   SPICQ, C., « Priestly Virtues in the New Testament – II : St. Paul's Teaching », SCR 10 (1958) 84-93.

Salut. Salvation. Heil. Salvezza. Salud.

9983   DRIESSEN, E., « De auxilio Dei et salute hominis apud S. Paulum », VD 20 (1940) 53-60, 201-209, 225-233.

9984   CERFAUX, L., « Saint Paul nous parle du salut », LV N° 15 (1954) 83-102.

9985   DUQUOC, C., « Le dessein salvifique et la révélation de la Trinité en saint Paul », LV N° 29 (1956) 67-95.

9986   LANNE, D. E., « Paul et l'histoire du salut », Ir 29 (1956) 277-287.

9987   BAUM, G., *The Jews and the Gospel,* « The Epistles of Saint Paul », 171-265.

9988   CERFAUX, L., « La sotériologie paulinienne », Div 5 (1961) 88-114, ou dans *Recueil Lucien Cerfaux,* III, 323-350.

9989   LACAN, M.-F., « Nous sommes sauvés par l'espérance (Rom. VIII, 24) », dans *À la rencontre de Dieu.* Mémoire Albert Gelin (en collab.), 331-340.

9990   PRÜMM, K., « Das Dynamische als Grund-Aspekt der Heilsordnung in der Sicht des Apostels Paulus », Greg 42 (1961) 643-700.

9991   ROMANIUK, K., *L'amour du Père et du Fils dans la sotériologie de saint Paul,* 336 pp.

9992   ROMANIUK, K., « De themate Ebed Yahve in soteriologia Sancti Pauli », CBQ 23 (1961) 14-25.

9993   WURZINGER, A., « Das Heil bei Paulus », BiLit 35 (1961-62) 126-130.

9994   LE DÉAUT, R., « La présentation targumique du sacrifice d'Isaac et la sotériologie paulinienne », dans *Studiorum Paulinorum Congressus 1961* (en collab.), II, 562-574.

9995   LEMONNYER, L., CERFAUX, L., *Théologie du Nouveau Testament,* « La nouvelle économie du salut », 91-161.

9996   McIVER, E., « The Cosmic Dimensions of Salvation in the Thought of St. Paul », Wor 40 (1966) 156-164.

Serviteur. Servant. Knecht Gottes. Servitore. Servidor.

9997   STANLEY, D. M., « The Theme of the Servant of Yahweh in Primitive Christian Soteriology and its Transposition by St. Paul », CBQ 16 (1954) 385-425.

9998   DELLAGIACOMA, V., « Induere Christum », RivB 4 (1956) 114-142.

9999   MARIANI, B., « S. Paolo ed il Servo di Jahve », RivB 4 (1956) 330-356; 5 (1957) 17-24.

10000   KERRIGAN, A., « Echos of Themes from the Servant Songs in Pauline Theology », dans *Studiorum Paulinorum Congressus 1961* (en collab.), II, 217-228.

Spiritualité. Spirituality. Spiritualität. Spiritualità. Espiritualidad.

10001   LYONNET, S., *Initiation à la doctrine spirituelle de S. Paul* (Toulouse, Prière et Vie, 1963), 64 pp.

10002   CERFAUX, L., *L'itinéraire spirituel de saint Paul* (Paris, Cerf, 1966), 212 pp.

10003   BERNARD, C.-A., « Expérience spirituelle et vie apostolique en saint Paul », Greg 49 (1968) 38-57.

Trinité. Trinity. Dreifaltigkeit. Trinità. Trinidad.

10004   GRAIL, A., « Saint Paul parle de la Trinité », VS 59 (1939) 241-255.

10005   SPICQ, C., *Vie morale et Trinité sainte selon saint Paul* (Paris, Cerf, 1957), 96 pp.

10006   DUQUOC, C., « The Trinity in St. Paul », TDig 6 (1958) 185-188.

Unité. Unity. Einheit. Unità. Unidad.

10007   REFOULÉ, F., « Saint Paul et l'unité de l'Église », Ir 28 (1955) 5-18.

10008   AMIOT, F., « Le thème de l'unité dans saint Paul », dans *Studiorum Paulinorum Congressus 1961* (en collab.), I, 157-163.

Vie chrétienne. Christian Life. Christliches Leben. Vita cristiana. Vida cristiana.

10009 CERFAUX, L., « Le message chrétien d'après saint Paul », *Euntes Docete* 12 (1959) 255-266, et dans *Recueil Lucien Cerfaux,* III, 313-322.

10010 BOISMARD, M.-É., « Conversion et vie nouvelle chez saint Paul », LV N° 47 (1960) 71-94.

10011 GALOPIN, P.-M., DU BUIT, M., GOURBILLON, J.-G., « La nouvelle créature (selon saint Paul », CE N° 41 (1961) 9-71.

10012 CERFAUX, L., *Le chrétien dans la théologie paulinienne,* 544 pp.

10013 TEMMEL, J., « Das Ethos des neuen Menschen bei Paulus », BiLit 36 (1962-63) 222-229.

10014 PRECEDÔ LAFUENTE, J., « El cristiano en la metáfora castrense de San Pablo », dans *Studiorum Paulinorum Congressus 1961* (en collab.), II, 343-358.

10015 COUNE, M., « La vie chrétienne d'après saint Paul », AS N° 15 (1965) 18-31.

Vocation. Berufung. Vocazione. Vocación.

10016 DENIS, A.-M., « L'élection et la vocation de Paul, faveurs célestes. Étude thématique de Gal. 1,15 », RT 57 (1957) 405-428.

10017 WIEDERKEHR, D., *Die Theologie der Berufung in den Paulusbriefen,* 292 pp.

Thèmes divers. Various Themes. Sonstige Themen. Temi diversi. Temas diversos.

10018 DE FINANCE, J., « La *sophia* chez saint Paul », RSR 25 (1935) 385-417.

10019 COLON, J.-B., « À propos de la « mystique » de saint Paul », RevSR 15 (1935) 157-183, 325-353.

10020 NÉLIS, J., « L'antithèse littéraire $\zeta\omega\acute{\eta}$—$\theta\acute{\alpha}\nu\alpha\theta o\varsigma$ dans les épîtres pauliniennes », ETL 20 (1943) 18-53.

10021 FRAEYMAN, M., « La spiritualisation de l'idée du temple dans les épîtres pauliniennes », ETL 23 (1947) 378-412, ou dans *Miscellanea dogmatica J. Bittremieux* (Duculot, Gembloux, 1948), 40-84.

10022 KITTER, P., *Die Frauen der Urkirche, nach der Apostelgeschichte, den Briefen der Apostel und der Apokalypse* (Stuttgart, Kepplerhaus, 1949), 16-348 pp.

10023 McGRATH, B., « The Doctrine of Christian Solidarity in the Epistles of Saint Paul », RUO 19 (1949) 167*-196*.

10024 BERROUARD, M.-F., « Coeur d'enfant, jugement d'homme », VS 85 (1951) 230-255.

10025 DECOURTRAY, A., « Renoncement et amour de soi selon saint Paul », NRT 74 (1952) 21-29.

10026 DUPONT, J., « La réconciliation dans la théologie de saint Paul », EstB 11 (1952) 255-302.

10027 STANLEY, D. M., « Theologia promissionis apud S. Paulum », VD 30 (1952) 129-142.

10028 DUPONT, J., *La réconciliation dans la théologie de saint Paul* (Bruges, Desclée, 1953), 55 pp.

10029 KUSS, O., « Paulus über die staatliche Gewalt », TGl 45 (1955) 321-334.

10030 MORAN, J. W., « St. Paul's Doctrine on Angels », AmER 132 (1955) 378-384.

10031 WALTER, E., « Die Kraft wird in der Schwachheit vollendet. Zur paulinischen Theologie der Schwachheit », GeistL 28 (1955) 248-255.

10032 KUSS, O., « Zur Geschichtstheologie der paulinischen Hauptbriefe », ZKT 46 (1956) 241-260.

10033 BENOIT, P., « Le corps dans la théologie de S. Paul selon J. A. T. Robinson », RB 64 (1957) 581-585, ou dans *Exégèse et théologie,* II, 165-171.

10034 CERFAUX, L., « La volonté dans la doctrine paulinienne », dans *Qu'est-ce que vouloir* ? (en collab.) (Paris, Cerf, 1958), 13-23, ou dans *Recueil Lucien Cerfaux*, III, 297-307.

10035 DE LA PEZA, E., « Corazón en la Epístolas de San Pablo », EstE 32 (1958) 317-343.

10036 GEORGE, A., « La volonté de Dieu selon saint Paul », CHR N° 17 (1958) 3-17.

10037 LYONNET, S., « Un aspect de la « prière apostolique » d'après saint Paul », CHR N° 19 (1958) 222-229.

10038 SCHLIER, H., « Mächte und Gewalten nach dem Neuen Testament », GeistL 31 (1958) 173-183.

10039 ZEDDA, S., « Le metafore sportive di S. Paolo », RivB 6 (1958) 248-251.

10040 FEUILLET, A., « Mort du Christ et mort du chrétien d'après les épîtres pauliniennes », RB 66 (1959) 481-513.

10041 DUFORT, J.-M., « La récapitulation paulinienne dans l'exégèse des Pères », SE 12 (1960) 21-38.

10042 VAN UNNIK, W. C., « La conception paulinienne de la nouvelle alliance », dans *Littérature et théologie paulinienne* (en collab.), 109-126.

10043 GATZWEILER, K., « La conception paulinienne du miracle », ETL 37 (1961) 813-846.

10044 RENARD, A., « Le Christ et les chrétiens face à la violence des hommes d'après S. Paul », BVC N° 41 (1961) 35-43.

10045 PRÜMM, K., « Reflexiones theologicae et historicae ad usum paulinum termini « eikon » », VD 40 (1962) 232-257.

10046 BLINZLER, J., « Lexikalisches zu dem Terminus τὰ στοιχεῖα τοῦ κόσμου bei Paulus », dans *Studiorum Paulinorum Congressus 1961* (en collab.), II, 429-443.

10047 A S. MARCO, E., « L'ira di Dio si manifesta in ogni genere di empietà e di ingiustizia (Rom. 1, 18) », dans *Studiorum Paulinorum Congressus 1961*, I, 259-270.

10048 PRADO, J., « El sentimiento de la naturaleza en San Pablo », dans *Studiorum Paulinorum Congressus 1961* (en collab.), II, 359-372.

10049 SCHLIER, H., « *Doxa* bei Paulus als heilsgeschichtlicher Begriff », dans *Studiorum Paulinorum Congressus 1961* (en collab.), I, 45-56.

10050 SCHLIER, H., « Die Eigenart der christlichen Mahnung nach dem Apostel Paulus », GeistL 36 (1963) 327-340.

10051 STACHOWIAK, L. R., « Die Antithese Licht-Finsternis. Ein Thema der paulinischen Paränese », TQ 143 (1963) 385-421.

10052 FRAEYMAN, M., « La spiritualisation de l'idée du temple dans les épîtres pauliniennes », AS N° 91 (1964) 52-72.

10053 ANDRIESSEN, P., « La nouvelle Ève, corps du nouvel Adam », dans *Aux origines de l'Église* (en collab.), 87-109.

10054 DION, H.-M., « La prédestination chez saint Paul », RSR 53 (1965) 5-43.

10055 MURPHY-O'CONNOR, J., « La vérité chez saint Paul et à Qumrân », RB 72 (1965) 29-76.

10056 REY, B., *Créés dans le Christ Jésus.* La création nouvelle selon saint Paul, « Le Christ nouvel Adam », 45-92.

10057 DION, H.-M., « Predestination in St. Paul », TDig 15 (1967) 144-149.

10058 AMIOT, F., « La joie dans saint Paul », BVC N° 78 (1967) 57-61.

10059 NAVONE, J. J., « « Glory » in Pauline and Johannine Thought », Wor 42 (1968) 48-52.

10060 ÉMERY, P.-Y., « La prière dans saint Paul », LVit 24 (1969) 429-439.

10061 SANCHEZ BOSCH, J., « « Gloriari » in epistolis Paulinis », VD 47 (1969) 41-46.

10062   CHANTRAINE, G., « Le *mustèrion* paulinien selon les annotations d'Érasme », RSR 58 (1970) 351-382.

Tradition. Überlieferung. Tradizione. Tradición.

10063   SALVONI, F., « La preistoria del messaggio paolino », ScuolC 64 (1936) 217-234.

10064   ALLEVI, L., « Catechesi primitiva », ScuolC 70 (1942) 3-20.

10065   CERFAUX, L., « La tradition selon saint Paul », VSS 6 (1953) 176-188.

10066   GAECHTER, P., *Petrus und seine Zeit,* « Paulus und die Tradition », 367-381.

10067   STANLEY, D. M., « Become Imitators of me : The Pauline Conception of Apostolic Tradition », Bibl 40 (1959) 859-877.

10068   UBIETA, J. A., « El kerygma apostólico y los Evangelios », EstB 18 (1959) 21-61.

10069   WULF, F., « Seid meine Nachahmer, Brüder ! (Phil 3,17) », GeistL 34 (1961) 241-247.

10070   SCHULZ, A., *Nachfolgen und Nachahmen,* « Der Apostel Paulus als Vorbild seiner Gemeinden », 308-314.

10071   CONGAR, Y., « Saint Paul et l'autorité de l'Église romaine, d'après la tradition », dans *Studiorum Paulinorum Congressus 1961* (en collab.), I, 491-516.

10072   VAN IERSEL, B., « Saint Paul et la prédication de l'Église primitive », dans *Studiorum Paulinorum Congressus 1961* (en collab.), I, 433-441.

10073   FANNON, P., « Paul and Tradition in the Primitive Church », SCR 16 (1964) 47-56.

10074   MUSSNER, F., « « Schichten » in der paulinischen Theologie dargetan an 1 Kor 15 », BZ 9 (1965) 59-70.

10075   BROX, N., *Paulus und seine Vergündigung,* « Die Stellung des Apostels Paulus innerhalb der Urkirche », 13-44.

10076   CAMBIER, J., « Paul et la Tradition », Conci N° 20 (1966) 89-99.

10077   LANGEVIN, P.-É., *Jésus Seigneur et l'eschatologie.* Exégèse de textes prépauliniens, 392 pp.

10078   MALY, K., *Mündige Gemeinde* (Pastorale Führung des Apostels Paulus im 1 Kor.) (Stuttgart, Katholisches Bibelwerk, 1967), 272 pp.

10079   BLÄSER, P., « Das Verhältnis von Schrift und Tradition bei Paulus », Catho 23 (1969) 187-204.

Vie de Paul. Life of Paul. Leben des Paulus. Vita di Paolo. Vida de Pablo.

Études générales. General Studies. Allgemeine Abhandlungen. Studi generali. Estudios generales.

10080   ALLO, E.-B., *Paul, apôtre de Jésus-Christ,* « Paul le Docteur des Nations », 52-77; « Paul est-il fondateur du catholicisme ? » 78-108; « Paul et le monde incrédule », 137-162; « Résumé et chronologie de la vie de saint Paul », 163-177.

10081   BEAUFAYS, I., *Saint Paul* (Bruxelles, Éd. Universitaires, 1944), 168 pp.

10082   GUYOT, G. H., « The Chronology of S. Paul », CBQ 6 (1944) 28-36.

10083   PENNA, A., *San Paolo* (Alba, Società Apostolato Stampa, 1945), 778 pp.

10084   RICCIOTTI, G., *Paolo Apostolo.* Biografia con introduzione critica e illustrazioni (Roma, Tipografia Poliglotta, Vaticana, 1946), 606 pp.

10085   O'HERLIHY, D. J., « Witnesses to Christ : 1. St. Paul », SCR 3 (1948) 103-106.

10086   JACONO, V., *Le Epistole di S. Paolo ai Romani, ai Corinti e ai Galati* (La Sacra Bibbia) (Torino, Roma, Marietti, 1952), « Biografia di S. Paolo Apostolo », 2-74.

10087   LOBEZ, P., « Paul et sa vie; tableau chronologique de la vie et des écrits de saint Paul », CE N° 7 (1952) 5-59.

10088   DUPONT, J., « Chronologie paulinienne », RS 62 (1955) 55-59.

10089 PARSCH, P., *Apprenons à lire la Bible,* « La vie de saint Paul », 106-158.

10090 CAMBIER, J., « Paul, apôtre du Christ et prédicateur de l'Évangile », NRT 81 (1959) 1009-1028.

10091 HÖSLINGER, N., « Ausgeführte Bibelstunden über das Leben des Apostels Paulus », BiLit 25 (1957-58) 58-67, 104-108, 166-171, 212-215, 257-260; 26 (1958-59) 10-14, 65-70, 105-106, 155-158, 256-260; 27 (1959-60) 5-10.

10092 NICOLUSSI, J., *Paulus von Tarsus²*. Werkzeug der Auserwählung (Innsbruck, F. Rauch, 1959), 365 pp.

10093 BEA, A., « Paolo « afferrato » da Cristo », CC 2 (1960) 337-352.

10094 CAMBIER, J., « Paul (vie et doctrine de saint) », SDB VII, col. 279-387.

10095 HEYRAUD, L., « Paul, fils de lumière », BVC Nº 50 (1963) 46-55.

10096 SEIDENSTICKER, P., *Paulus, der verfolgte Apostel Jesu Christi,* 130 pp.

10097 CERFAUX, L., *L'itinéraire spirituel de saint Paul* (Paris, Cerf, 1966), 212 pp.

Conversion, vocation. Bekehrung, Berufung. Conversione, vocazione. Conversión, vocación.

10098 VOSTÉ, J.-M., « Santi Pauli conversio », Ang 8 (1931) 469-514.

10099 ALLO, E.-B., *Paul, apôtre de Jésus-Christ,* « Paul le converti », 28-51.

10100 LILLY, J. L., « The Conversion of St. Paul », CBQ 6 (1944) 180-224.

10101 BONSIRVEN, J., *L'évangile de Paul,* « La conversion de S. Paul », 42-48.

10102 DUPONT, J., *Gnosis.* La connaissance religieuse dans les épîtres de saint Paul, « La conversion de saint Paul », 34-39.

10103 PRAT, F., *La théologie de saint Paul*[38], « Le chemin de Damas », I, 30-34.

10104 BONSIRVEN, J., *Théologie du Nouveau Testament,* « La révélation de Damas », 243-247.

10105 DARBY, J. H., « The Conversion of a Pharisee », SCR 6 (1953) 3-8.

10106 STANLEY, D. M., « Paul's Conversion in Acts : Why the Three Accounts ? » CBQ 15 (1953) 315-338.

10107 FRANSEN, I., « Paul, apôtre des païens (Actes 12,20-19,20) », BVC Nº 9 (1955) 71-84.

10108 JACONO, V., « Il battesimo di S. Paolo », RivB 3 (1955) 348-362.

10109 DENIS, A.-M., « L'investiture de la fonction apostolique par « Apocalypse ». Étude thématique de Gal. 1,16 », RB 74 (1957) 335-362, 492-515.

10110 DENIS, A.-M., « L'élection et la vocation de Paul, faveurs célestes. Étude thématique de Gal. 1,15 », RT 57 (1957) 405-428.

10111 DENIS, A.-M., « L'apôtre Paul, prophète messianique des Gentils », ETL Nº 2 (1957) 245-318.

10112 PROKULSKY, W., « The Conversion of St. Paul », CBQ 19 (1957) 453-473.

10113 GAECHTER, P., *Petrus und seine Zeit,* « Die Sendung des Paulus », 401-416.

10114 AMIOT, F., *Les idées maîtresses de saint Paul,* « La vocation inattendue d'un nouvel apôtre », 11-26.

10115 CERFAUX, L., *Le chrétien dans la théologie paulinienne,* « La vocation de saint Paul », 69-97.

10116 LOHFINK, G., *Paulus vor Damaskus.* Arbeitsweisen der neueren Bibelwissenschaft dargestellt an den Texten Apg 9,1-19; 22,3-21; 26,9-18, 101 pp.

10117 LOHFINK, G., « Meinen Namen zu tragen... (Apg 9,15) », BZ 10 (1966) 108-115.

10118 DUPONT, J., « The Conversion of Paul, and its Influence on his Understanding of Salvation by Faith », dans *Apostolic History and the Gospel.* Biblical and Historical Essays presented to F. F. Bruce (ed. W. W. GASQUE, R. P. MARTIN) (Grand Rapids, Eerdmans, 1970), 176-194.

10119   LANGEVIN, P.-É., « Saint Paul, prophète des Gentils », LTP 26 (1970) 3-16.

Captivité. Captivity. Gefangenschaft. Cattività. Cautividad.

10120   GROSSOUW, W., « Fuitne Paulus Ephesi vinctus Christi Iesu ? » VD 11 (1931) 294-297, 343-348.

10121   BRINKMANN, B., « Num Sanctus Paulus Ephesi fuerit captivus », VD 19 (1939) 321-332.

10122   SPICQ, C., « Saint Paul, prisonnier », VS 71 (1944) 20-24.

10123   PENNA, A., « Le due prigionie romane di S. Paolo », RivB 9 (1961) 193-208.

10124   DABROWSKI, E., « Le prétendu procès romain de S. Paul d'après les recherches récentes », dans *Studiorum Paulinorum Congressus 1961* (en collab.), II, 197-205.

Voyages. Reisen. Viaggi. Viajes.

10125   BRANNIGAN, F., « Nautisches über die Romfahrt des heiligen Paulus », TGl 25 (1933) 170-186.

10126   GIET, S., « Le second voyage de saint Paul à Jérusalem », RevSR 25 (1951) 265-269.

10127   GIET, S., « Les trois premiers voyages de saint Paul à Jérusalem », RSR 41 (1953) 321-348.

10128   DUPONT, J., « Chronologie paulinienne », RB 62 (1955) 55-59, ou dans *Études sur les Actes des apôtres,* « Les trois premiers voyages de saint Paul à Jérusalem », 167-171.

10129   REES, W., « St. Paul's First Visit to Philippi », SCR 6 (1955) 99-105.

10130   GIET, S., « Nouvelles remarques sur les voyages de Saint Paul à Jérusalem », RevSR 31 (1957) 329-342.

10131   ADINOLFI, M., « San Paolo a Pozzuoli », RivB 8 (1960) 206-224.

10132   DAUVILLIER, J., « À propos de la venue de saint Paul à Rome. Notes sur son procès et son voyage maritime », BLE 61 (1960) 3-26.

10133   VITTI, A., « San Paolo alla volta di Roma », BibOr 3 (1961) 48-52.

10134   CRETEN, J., « Voyage de S. Paul à Rome », dans *Studiorum Paulinorum Congressus 1961* (en collab.), II, 193-196.

10135   DUPONT, J., « La mission de Paul « à Jérusalem » », *Novum Testamentum* I (1956) 275-303, ou dans *Études sur les Actes des apôtres,* 217-241.

Divers. Miscellaneous. Verschiedenes. Diversi. Diversos.

10136   SPICQ, C., « Saint Paul et la loi des dépôts », RB 40 (1931) 481-502.

10137   ALLO, E.-B., « La portée de la collecte pour Jérusalem dans les plans de saint Paul », RB 45 (1936) 529-537.

10138   XXX, « Paul a-t-il ordonné des évêques ? » AmiCl 54 (1937) 246-247.

10139   REILLY, W. S., « Characteristics of S. Paul », CBQ 3 (1941) 214-219.

10140   KAPPELER, A., « S. Barnabas in vita S. Pauli », VD 22 (1942) 129-135.

10141   SPICQ, C., « Quand saint Paul fut devenu vieux », VS 70 (1944) 505-512.

10142   BENOIT, P., « Sénèque et saint Paul », RB 53 (1946) 7-35.

10143   BOVER, J. M., *Las Epístolas de San Pablo.* Version del texto original acompanada de comentario (Barcelone, Ed. Balmes, 1950), 26-628 pp.

10144   BENOIT, P., « Sénèque et saint Paul », RB 53 (1946) 7-35.

10145   McGRATH, B., « « Syn » Words in Saint Paul », CBQ 14 (1952) 219-226.

10146   RONDET, H., « Les amitiés de saint Paul », NRT 77 (1955) 1050-1066.

10147   HAMMAN, A., « Bible et prédication dominicale : saint Paul », BVC N° 22 (1958) 94-98.

10148   AMBROSANIO, A., « La « Colletta Paolina » in una recente Interpretazione », dans *Studiorum Paulinorum Congressus 1961* (en collab.), II, 591-600.

10149 CATRICE, P., « Le sens de la responsabilité missionnaire de toutes les Églises. À propos de la collecte chez Paul », BVC N° 83 (1968) 33-45.

10150 SPICQ, C., « L'imitation de Jésus-Christ durant les derniers jours de l'apôtre Paul », dans *Mélanges bibliques* en hommage au R. P. Béda Rigaux (en collab.), 313-322.

2. Romains. Romans. Der Römerbrief. Romani. Romanos.

Introductions. Einleitungen. Introduzioni. Introducciones.

10151 PRAT, F., *La théologie de saint Paul*[38], « Idée générale de l'épître aux Romains », I, 223-229.

10152 LYONNET, S., *Les épîtres de saint Paul aux Galates, aux Romains* (BJ) (Paris, Cerf, 1953), introd. 43-66.

10153 LYONNET, S., « L'attualità della lettera di San Paolo ai Romani e il problema ecumenico », CC 3 (1958) 365-377.

10154 CANTINAT, J., *Les épîtres de saint Paul expliquées* (Paris, Gabalda, 1960), « Épître aux Romains », 117-154.

10155 DESCAMPS, A., « L'actualité de l'épître aux Romains », dans *Littérature et théologie pauliniennes* (en collab.), 11-16.

10156 GONZALEZ, J. M., « La epístola a los Romanos, diecinueve veces centenaria », EstE 34 (1960) 159-176.

10157 DE AUSEJO, S., « A proposito de una version francesa ecumenica de la Carta a los Romanos », EstB 26 (1967) 295-298.

Commentaires. Commentaries. Kommentare. Commenti. Comentarios.

10158 LAGRANGE, M.-J., *Épître aux Romains*[4] (EB) (Paris, Gabalda, 1931), 395 pp.

10159 VIARD, A., *Épître aux Romains,* dans *La Sainte Bible* (Pirot-Clamer), XI, 2ᵉ partie (1948), 160 pp.

10160 JACONO, V., *Le Epistole di S. Paolo ai Romani, ai Corinti e ai Galati* (Torino, Marietti, 1952), 11-581 pp.

10161 HUBY, J., LYONNET, S., *Épître aux Romains* (Paris, Beauchesne, 1957), 644 pp.

10162 KUSS, O., *Der Römerbrief* (Regensburg, Pustet, 1957), « I. Rm. 1,1-6,11, 7-320 pp.; II. Rm 6,11-8,19 », 7-321-624 pp.

10163 LYONNET, S., *Les épîtres de saint Paul aux Galates, aux Romains*[2] (BJ) (Paris, Cerf, 1959), 142 pp.

10164 VICENTINI, J. I., « Carta a los Romanos », dans *La Sagrada Escritura,* II, 173-327.

10165 VANNI, U., *Lettere ai Galati e ai Romani.* Versione, Introduzione, Note (Roma, Ed. Paoline, 1967), 226 pp.

10166 MAILLOT, A., « L'épître aux Romains. Épître de l'espérance », BVC N° 84 (1968) 1-96.

10167 BAULÈS, R., *L'Évangile, puissance de Dieu.* Commentaire de l'épître aux Romains (Paris, Cerf, 1968), 336 pp.

Critique littéraire. Literary Criticism. Literarkritik. Critica letteraria. Crítica literaria.

10168 PRÜMM, K., « Zur Struktur des Römerbriefes », ZKT 72 (1950) 333-349.

10169 LYONNET, S., « Note sur le plan de l'épître aux Romains », dans *Mélanges Jules Lebreton,* I, RSR 39 (1951) 301-316.

10170 DUPONT, J., « Le problème de la structure littéraire de l'épître aux Romains », RB 62 (1955) 365-397.

10171 SUITBERTUS, A. S. J., « De structura idearum in Epist. ad Rom », VD 34 (1956) 68-87.

10172 SPADAFORA, F., « La lettera ai Romani nel suo svolgimento logico », Div 2 (1958) 460-471.

10173 LÉON-DUFOUR, X., « Situation littéraire de Rom V », RSR 51 (1963) 83-95.

Théologie. Theology. Theologie. Teologia. Teología.

Études générales. General Studies. Allgemeine Abhandlungen. Studi generali. Estudios generales.

10174 LYONNET, S., *Quaestiones in epistulam ad Romanos.* Series altera (Roma, Pontificio Istituto Biblico, 1956), 128 pp.

10175 GAROFALO, S., « La lettera ai Romani : la potenza dell'Vangelo », Div 2 (1958) 441-459.

10176 SCHELKLE, K. H., *The Epistle to the Romans.* Theological Meditations (New York, Herder and Herder, 1964), 272 pp.

10177 CERFAUX, L., *L'itinéraire spirituel de saint Paul* (Paris, Cerf, 1966), « L'essai théologique de l'épître aux Romains », 105-127.

10178 CAMBIER, J., *L'Évangile de Dieu selon l'épître aux Romains.* Exégèse et théologie biblique, Tome I, L'Évangile de la justice et de la grâce, 448 pp.

Justification. Rechtfertigung. Giustificazione. Justificación.

10179 LARRAÑAGA, V., « La teoría sobre la justicia imputada de Lutero en su comentario a la Carta a los Romanos (1515-1516) », EstB 4 (1945) 117-128, 447-460.

10180 LYONNET, S., « Justification, jugement, rédemption, principalement dans l'épître aux Romains », dans *Littérature et théologie pauliniennes* (en collab.), 166-184.

10181 FEUILLET, A., « Loi ancienne et morale chrétienne d'après l'Épître aux Romains », NRT 92 (1970) 785-805.

Loi. Law. Gesetz. Legge. Ley.

10182 LYONNET, S., « Liberté du chrétien et loi de l'Esprit selon saint Paul », CHR N° 4 (1954) 6-27.

10183 FRANSEN, I., « La loi de l'Esprit de vie », BVC N° 27 (1959) 20-34.

Péché. Sin. Sünde. Peccato. Pecado.

10184 BARROSSE, T., « Death and Sin in St. Paul's Epistle to the Romans », CBQ 15 (1953) 438-458.

10185 BARROSSE, T., « Death and Sin in the Epistle to the Romans », TDig 4 (1956) 24-28.

10186 GONZALEZ RUIZ, J. M., « El pecado original según San Pablo », EstB 17 (1958) 147-188.

10187 LIGIER, L., *Péché d'Adam et péché du monde,* « Rosh-hashanah, Kippur et l'épître aux Romains », II, 212-256.

10188 GRELOT, P., « Péché originel et rédemption dans l'épître aux Romains », NRT 90 (1968) 337-362, 449-478, 598-621.

Salut. Salvation. Heil. Salvezza. Salud.

10189 FEUILLET, A., « Le plan salvifique de Dieu d'après l'épître aux Romains », RB 57 (1950) 336-387, 489-529.

10190 VICENTINI, J. I., « De necessitate operum in priori parte epistolae ad Rom. », VD 36 (1958) 270-283.

10191 CERFAUX, L., « La sotériologie paulinienne », Div 5 (1961) 68-114.

10192 VIARD, A., « Le salut des croyants d'après l'épître aux Romains », AmiCl 72 (1962) 257-259, 346-352, 461-464, 476-478, 497-500, 561-566.

10193 VIARD, A., « Le problème du salut dans l'épître aux Romains », RSPT 47 (1963) 2-34, 373-397.

10194 CAMBIER, J., « Justice de Dieu, salut de tous les hommes et foi », RB 71 (1964) 537-583.

10195 LYONNET, S., *La storia della salvezza nella Lettera ai Romani* (Napoli, D'Aurea, 1967), 8-270 pp.

Thèmes divers. Various Themes. Sonstige Themen. Temi diversi. Temas diversos.

10196 LATTEY, C., « Relativity in Romans », CBQ 5 (1943) 179-182.

10197 CERFAUX, L., *Une lecture de l'épître aux Romains*, « Sur la justice de Dieu (1,1-8, 39) », 22-86; « Le sort d'Israël (9,1-11,36) », 87-108; « Les exhortations (12,1-15, 13) », 109-124; « Finale de l'épître (15,14-16,27) », 125-136.

10198 SCHELKLE, K. H., « Erwählung und Freiheit im Römerbrief nach der Auslegung der Väter », TQ 11 (1951) 17-31, 189-207.

10199 BOISMARD, M.-É., « Constitué fils de Dieu (Rom. 1,4) », RB 60 (1935) 5-17.

10200 SCHELKLE, K. H., « Kirche und Synagoge in der frühen Auslegung des Römerbriefes », TQ 134 (1954) 290-318.

10201 DIDIER, G., *Désintéressement du chrétien*, « La défense de la foi : I. Aux Galates : exigences de la liberté (108-119); II. L'épître aux Romains (120-146) », 119-146.

10202 GARCIA, T., « De fide in epistola ad Romanos », Div 2 (1958) 576-596.

10203 PENNA, A., « L'elezione nella Lettera ai Romani e nei testi di Qumran », Div 2 (1958) 597-614.

10204 MURPHY, R. E., « *Bsr* in the Qumrân Literature and *Sarks* in the Epistle to the Romans », dans *Sacra Pagina* (en collab.), II, 60-76.

10205 FONDEVILLA, J. M., « La gracia capital de Adan y la carta a los Romanos », EstE 37 (1962) 147-158.

Textes. Texts. Texte. Testi. Textos.

1-11   PRÜMM, K., « Röm 1-11 und 2 Kor 3 », Bibl 31 (1950) 164-203   (10206

SCHELKLE, K. H., *Paulus, Lehrer der Väter,* Die altkirchtliche (10207 Auslegung von Römer 1-11 (Düsseldorf, Patmos, 1956), 462 pp.

DESCAMPS, A., « La structure de Rom 1-11 », dans *Studiorum* (10208 *Paulinorum Congressus 1961*(en collab.), I, 3-14.

LÉON-DUFOUR, X., « Juif et Gentil selon Romains 1-11 », dans (10209 *Studiorum Paulinorum Congressus 1961* (en collab.), I, 309-316.

1-8   FEUILLET, A., « Les attaches bibliques des antithèses pauliniennes (10210 dans la première partie de l'Épître aux Romains (1-8) », dans *Mélanges bibliques* en hommage au R. P. Béda Rigaux (en collab.), 323-349.

1-5   GIBLIN, C. H., « As it is Written... A Basic Problem in Noematics (10211 (II) : The Use of Scripture in *Romans* 1-5 », CBQ 20 (1958) 477-498.

1   CASTELLINO, G., « Il paganesimo di Romani 1, Sapienza 13-14 e la (10212 storia della religioni », dans *Studiorum Paulinorum Congressus 1961* (en collab.), II, 255-263.

LILLY, J. L., « Exposition of the Missal Epistles from Romans », CBQ (10213 3 (1941) 159-166.

1,1-7   CAMBIER, J., *L'Évangile de Dieu selon l'épître aux Romains,* « La (10214
             présentation de l'Évangile de Dieu. Rom. 1,1-7 », I, 177-184.

1,1-6   DUPLACY, J., « Paul apôtre du Fils de Dieu auprès des nations », AS (10215
             N° 8 (1962) 20-36.

             HERMANN, I., *Kyrios und Pneuma.* Studien zur Christologie der (10216
             paulinischen Hauptbriefe, 59-61.

1,1   WIEDERKEHR, D., *Die Theologie der Berufung in den Paulusbriefen,* (10217
             99-106.

1,3-4   RIEDL, J., « Strukturen christologischer Glaubensentfaltung im Neuen (10218
             Testament », ZKT 87 (1965) 443-452.

             RUGIERI, G., *Il Figlio di Dio davidico.* Studio sulla storia delle (10219
             tradizioni contenute in Rom. 1,3-4 (Roma, Università Gregoriana,
             1968), 148 pp.

1,4   TRINIDAD, J., « Praedestinatus Filius Dei... ex resurrectione mortu- (10220
             orum (Rom. 1,4) », VD 20 (1940) 145-150.

             BOISMARD, M.-É., « Constitué fils de Dieu », RB 60 (1953) 5-17.   (10221
             FAHY, T., « Romans 1 : 4 », IrThQ 23 (1956) 412.   (10222
             SCHNEIDER, B., « Κατὰ Πνεῦμα Ἁγιωσύνης (Romans 1,4) », (10223
             Bibl 48 (1967) 359-388.

1,6   WIEDERKEHR, D., *Die Theologie der Berufung in den Paulusbriefen,* (10224
             146-148.

1,7   WIEDERKEHR, D., *Die Theologie der Berufung in den Paulus-* (10225
             briefen, 107-114.

1,8-17   CERFAUX, L., *Une lecture de l'épître aux Romains* (Tournai-Paris, (10226
             Casterman, 1947), « Action de grâce et nouvelles », 17-21.

1,9   LYONNET, S., « Deus cui servio in spiritu meo (Rom 1,9) », VD 41 (10227
             (1963) 52-59.

1,16-17   CAMBIER, J., *L'Évangile de Dieu selon l'épître aux Romains,* (10228
             « L'Évangile, révélation de la justice de Dieu. Rom. 1,16s », I, 11-59.

             CAMBIER, J., « Justice de Dieu, salut de tous les hommes et foi », RB (10229
             71 (1964) 537-583.

1,16   BARTH, M., BARRETT, C. K., BUTLER, C., DUPONT, J., (10230
             GNILKA, J., JEREMIAS, J., LYONNET, S., MENOUD, P. H.,
             RIGAUX, B., *Foi et salut selon S. Paul* (Épître aux Romains 1,16).
             Colloque oecuménique à l'Abbaye de S. Paul hors les Murs, 16-21 avril
             1968 (Rome, Biblical Institute Press, 1970), 287 pp.

1,17   LYONNET, S., « *De justitia Dei* in epistola ad Romanos 1,17 et 3,21- (10231
             22 », VD 25 (1947) 23-34.

1,18-4,25   CERFAUX, L., *Une lecture de l'épître aux Romains,* « L'annonce de la (10232
             justice », 21-50.

1,18-32   SCHLIER, H., *Die Zeit der Kirche,* « Von den Heiden. Röm. 1, (10233
             18-32 », 29-37.

             COFFEY, D. M., « Natural Knowledge of God : Reflections on Romans (10234
             1 : 18-32 », TS 31 (1970) 674-691.

1,18-24   LIGIER, L., *Péché d'Adam et péché du monde,* « Le péché du paganis- (10235
             me : *Rom.* », II, 169-186.

1,18-23   FEUILLET, A., « La connaissance naturelle de Dieu par les hommes, (10236
           d'après Romains 1,18-23 », LV N° 14 (1954) 63-80.

           LYONNET, S., *Quaestiones in Epistulam ad Romanos,* Prima Series[2] (10237
           (Roma, Pontificio Istituto Biblico, 1962), 57-88.

1,18-20   BESNARD, A.-M., « La nature, miroir de Dieu ? » VS 122 (1970) (10238
           699-718.

1,18   A S. MARCO, E., « L'ira di Dio si manifesta in ogni genere di empietà (10239
           e di ingiustizia (Rom. 1,18) », dans *Studiorum Paulinorum Congressus
           1961* (en collab.), I, 259-269.

1,20   ADAM, K., « Die natürliche Gotterkenntnis », TQ 126 (1946) 1-18. (10240

           PERETTO, L., « Il pensiero di S. Ireneo su Rom. 1,20 », RivB 8 (1960) (10241
           304-323.

           O'ROURKE, J. J., « Romans 1,20 and Natural Revelation », CBQ 23 (10242
           (1961) 301-306.

1,22-32   LYONNET, S., « Notes sur l'exégèse de l'épître aux Romains », Bibl (10243
           38 (1957) 35-61.

2   RIEDL, J., « Salus paganorum secundum Rom 2 », VD 42 (1964) (10244
           61-70.

2,1-29   SCHLIER, H., *Die Zeit der Kirche,* « Von den Juden. Röm. 2, (10245
           1-29 », 38-47.

2,1   STEINMETZ, F.-J., WULF, F., « « Richtet nicht ! » Auslegung und (10246
           Meditation von Röm 2,1, Mt 7,1f. und Röm 8,1 », GeistL 42 (1969)
           71-74.

2,14-16.26-27 RIEDL, J., *Das Heil der Heiden nach R 2, 14-16.26.27* (Mölding bei (10247
           Wein, St. Gabriel-Verlag, 1965), 31-236 pp.

2,14-16   KUSS, O., « Die Heiden und die Werke des Gesetzes », MüTZ 5 (1954) (10248
           77-98, ou dans *Auslegung und Verkündigung,* I, 213-245.

           RIEDL, J., « Die Auslegung von Rom 2,14-16 in Vergangenheit und (10249
           Gegenwart », dans *Studiorum Paulinorum Congressus 1961* (en collab.),
           I, 261-271.

2,16   ALLO, E.-B., « L'évolution de l'Évangile de Paul », dans *Mémorial* (10250
           Lagrange (en collab.), 259-267.

           DRIESSEN, E., « Secundum Evangelium meum (Rom 2,16; 16,25; 2 (10251
           Tim 2,8) », VD 24 (1944) 25-32.

2,17-24   OLIVIERI, O., « Sintassi, senso e rapporto col contesto di Rom. 2, (10252
           17-24 », Bibl 11 (1930) 188-215.

2,29   SCHNEIDER, B., « The Meaning of St. Paul's Antithesis « The Letter (10253
           and the Spirit » », CBQ 15 (1953) 163-207.

           MORREALE DE CASTRO, M., « La antítesis paulina entre la letra y (10254
           el espíritu en la traducción y commentario de Juan Valdés (Rom. 2,29
           y 7,6) », EstB 13 (1954) 167-183.

           LYONNET, S., « La circoncision du coeur, celle qui relève de l'Esprit (10255
           et non de la lettre (Rom. 2 : 29) », dans *L'Évangile hier et aujourd'hui*
           (en collab.), Mélanges offerts au Prof. F.-J. Leenhardt (Genève, Labor
           et Fides, 1968), 87-98.

3,1-8   OLIVIERI, O., « Quid ergo amplius Judaeo est ? etc. (Rom. 3, (10256
           1-8) », Bibl 10 (1939) 31-52.

3,5   LYONNET, S., « *De Justitia Dei* in Epistola ad Romanos 10,3 et   (10257
           3,5 », VD 25 (1947) 118-121.
           LYONNET, S., « La notion de justice de Dieu en *Rom.*, III,5 et   (10258
           l'exégèse paulinienne du « Miserere » », dans *Sacra Pagina* (en collab.),
           II, 342-356.

3,21-4,25 CERFAUX, L., *Le Christ dans la théologie de saint Paul²*, « Justice et   (10259
           grâce », 238-239.
           CAMBIER, J., *L'Évangile de Dieu selon l'épître aux Romains*, « La   (10260
           manifestation de la justice de Dieu par le Christ en régime de foi. Rom.
           3,21-4,25 », I, 61-175.

3,21-26   BOVER, J. M., « El pensamiento generador de la teología de S.   (10261
           Pablo », Bibl 20 (1939) 142-172.

3,21-22   LYONNET, S., « De *Justitia Dei* in epistola ad Romanos 1,17 et 3,21-   (10262
           22 », VD 25 (1947) 23-34.

3,24-26   DRIESSEN, E., « Promissio Redemptoris apud S. Paulum (Rom. 3,   (10263
           24-26; Heb. 10,5-7; I Cor. 2,6-8) », VD 21 (1941) 233-238, 264-271,
           298-305.
           ZELLER, D., « Sühne und Langmut. Zur Traditionsgeschichte von   (10264
           Röm 3,24-26 », ThPh 43 (1968) 51-75.

3,24-25   WENNEMER, K., « Ἀπολύτρωσις Römer 3,24-25a », dans   (10265
           Studiorum Paulinorum Congressus 1961 (en collab.), I, 283-288.

3,25-26   LYONNET, S., « De *Justitia Dei* in epistola ad Romanos 3,25-26 », VD   (10266
           25 (1947) 129-144, 193-203, 257-263.
           FAHY, T., « Exegesis of Romans 3 : 25f. », IrThQ 23 (1956) 69-73.   (10267

3,25   BOVER, J.M., « Quem proposuit Deus propositionem (Rom. 3,   (10268
           25) », VD 18 (1938) 137-142.
           LYONNET, S., « Propter remissionem praecedentium delictorum   (10269
           (Rom 3,25) », VD 28 (1950) 282-287.
           LYONNET, S., « Notes sur l'exégèse de l'Épître aux Romains », Bibl   (10270
           38 (1957) 35-61.
           PLUTA, A., *Gottes Bundestreue* (Stuttgart, Katholisches Bibelwerk,   (10271
           1969), 128 pp.

3,28-4,8   LYONNET, S., *Quaestiones in Epistulam ad Romanos.* Prima Series²   (10272
           (Roma, Pontificio Istituto Biblico, 1962), 89-145.

3,30-4,3-5 LYONNET, S., « De Rom. 3,30 et 4,3-5 in Concilio Tridentino et apud   (10273
           S. Robertum Bellarminum », VD 29 (1951) 88-97.

4   FAHY, T., « Faith and the Law : Epistle to the Romans, ch. 4 », IrThQ   (10274
           28 (1961) 207-214.
           MUSSNER, F., « Der Glaube Mariens im Lichte des Römer-   (10275
           briefes », Catho 18 (1964) 258-268.

4,11-12   PORPORATO, F. X., « De Paulina pericopa Rom. 4,11-12 », VD 17   (10276
           (1937) 173-179.

4,12   CERFAUX, L., « Abraham, « père, en circoncision, des Gentils »   (10277
           (*Rom.*, IV,12) », dans *Mélanges E. Podechard* (en collab.), 57-62.

4,17   WIEDERKEHR, D., *Die Theologie der Berufung in den Paulusbriefen*,   (10278
           148-152.

4,25   STANLEY, D. M., « Ad historiam Exegeseos Rom 4,25 », VD 29   (10279
           (1951) 257-274.

LYONNET, S., « La valeur sotériologique de la résurrection du Christ (10280
selon saint Paul », Greg 39 (1958) 296-309.

GONZALEZ RUIZ, J. M., « Muerto por nuestros pecados y resucitado (10281
por nuestra justificación », Bibl 40 (1959) 837-858.

5-8   CERFAUX, L., *Une lecture de l'épître aux Romains,* « Description de (10282
l'état chrétien de justice », 50-85.

ROSSANO, P., « Il concetto di « Hamartia » in Rom. 5-8 », RivB 4 (10283
(1956) 289-313.

5-6   CERFAUX, L., *Le Christ dans la théologie de saint Paul²,* « Grâce et (10284
vie », 239-241.

5   FONDEVILLA, J. M., « La gracia capital de Adán y el capitulo quinto (10285
de la carta a los Romanos », dans *Studiorum Paulinorum Congressus
1961* (en collab.), I, 289-300.

LÉON-DUFOUR, X., « Situation littéraire de Rom V », RSR 51 (1963) (10286
83-95.

DE OCANA, F.,« Cristo, segundo Adán, según san Pablo, y los niños (10287
que mueren sin bautismo », EstF 65 (1964) 339-350.

STANLEY, D. M., « The Last Adam », Way 6 (1966) 104-112.   (10288

5,1-11   WURZINGER, A., « In der Hoffnung der Herrlichkeit », BiLit 37 (10289
(1963-64) 75-78.

5,1-5   LILLY, J. L., « Exposition of the Missal Epistles from Romans », CBQ (10290
3 (1941) 251-258.

5,2   BOVER, J. M., « Gloriamur in spe (Rom. 5,2) », Bibl 22 (1941) 41-45. (10291

5,5   RUFFENACH, F., « Caritas Dei diffusa est in cordibus nostris per (10292
Spiritum Sanctum, qui datus est nobis (Rom. 5,5) », VD 12 (1932)
303-304.

5,6-11   LAFONT, G., « La fierté des sauvés (Rm 5,6-11) », AS (n.s.) Nº 42 (10293
(1970) 12-17.

5,8-10   ROMANIUK, K., *L'amour du Père et du Fils dans la sotériologie de* (10294
saint Paul, 207-216.

5,12-24   VANNI, U., « L'analisi letteraria del contesto di Rom. V,12-24 », RivB (10295
11 (1963) 115-144.

5,12-21   PRAT, F., *La théologie de saint Paul³⁸,* « Le péché d'Adam et ses (10296
suites : le texte de Paul (Rom. 5,12-21) », I, 514-516.

DUBARLE, A.-M., « Le péché originel dans saint Paul », RSPT 40 (10297
(1956) 213-254, ou dans *Le péché originel dans l'Écriture,* « Le texte de
Rom. 5,12-21 », 121-148.

MARIANI, B., « La persona di Adamo e il peccato originale secondo (10298
S. Paolo : Rom. 5,12-21 », Div 2 (1958) 486-519.

RAPONI, R., « Rom. 5,12-21 e il peccato originale », Div 2 (1958) (10299
520-559.

LIGIER, L., *Péché d'Adam et péché du monde,* « Au commencement (10300
du péché : Rom. V,12ss », II, 257-322,

NEENAN, W. B., « Doctrine of Original Sin in Scripture », IrThQ 28 (10301
(1961) 54-64.

FEUILLET, A., *Le Christ, sagesse de Dieu,* « Le nouvel Adam et (10302
l'antithèse mort-vie (Rm V,12-21) », 333-339.

HAAG, H., *Biblische Schöpfungslehre und kirchliche Erbsündenlehre,* (10303
« Röm 5,12-21 », 60-66.

McIVER, E., « The Cosmic Dimensions of Salvation in the Thought of (10304
St. Paul », Wor 40 (1966) 156-164.

REY, B., *Créés dans le Christ Jésus.* La création nouvelle selon saint (10305
Paul, « La grâce du nouvel Adam, gage de vie éternelle (Rm 5,12-
21) », 64-74.

CAMBIER, J., *L'Évangile de Dieu selon l'épître aux Romains,* « Péché (10306
des hommes et grâce de Dieu », I, 195-278; « Péché et grâce », I,
279-338.

MALINA, B., « Some Observations on the Origin of Sin in Judaism and (10307
St. Paul », CBQ 31 (1969) 18-34.

FEUILLET, A., « Le règne de la mort et le règne de la vie (*Rom.,*   (10308
V,12-21) », RB 77 (1970) 481-521.

5,12-19   CEUPPENS, F., « Le polygénisme et la Bible », Ang 24 (1947) 20-32. (10309

LYONNET, S., « Péché (section sur Rm 5,12-19) », SDB VII, col. (10310
524-561.

5,12-14   BIFFI, G., LATTANZIO, G., « Una recente esegesi di Rom. 5,12- (10311
14 », ScuolC 84 (1956) 451-458.

LYONNET, S., « Le péché originel et l'exégèse de *Rom.,* 5,12-14 », (10312
RSR 44 (1956) 63-84.

LYONNET, S., « Original Sin and Romans 5 : 12-14 », TDig 5 (1957) (10313
54-58.

VANNI, U., « Rom. 5,12-14 alla luce del contesto », RivB 11 (1963) (10314
337-366.

CONDON, K., « The Biblical Doctrine of Original Sin », IrThQ 34 (10315
(1967) 20-36.

LYONNET, S., « Das Problem der Erbsünde im Neuen Testa- (10316
ment », StiZ 180 (1967) 33-39.

5,12   LYONNET, S., « Le sens de ἐφ' ᾧ en Rom. 5,12 et l'exégèse des Pè- (10317
res grecs », Bibl 36 (1955) 436-456.

LYONNET, S., « The Meaning of « *eph ho* » in Rom. 5 : 12 », TDig (10318
5 (1957) 63.

GONZALEZ RUIZ, J. M., « El pecado original segun San Pablo », (10319
EstB 17 (1958) 147-188.

LYONNET, S., « Le sens de πειράζειν en Sg 2,24 et la doctrine du (10320
péché originel », Bibl 39 (1958) 27-36.

LIGIER, L., « In quo omnes peccaverunt », NRT 82 (1960) 337-348. (10321

SPADAFORA, F., « Rom. 5,12 : esegesi e riflessi dogmatici », Div 4 (10322
(1960) 289-298.

LYONNET, S., « À propos de Romains 5,12 dans l'oeuvre de saint (10323
Augustin », Bibl 45 (1964) 541-542.

LYONNET, S., « Augustin et Rm 5,12 avant la controverse péla- (10324
gienne », NRT 99 (1967) 842-849.

LAFONT, G., « Il n'y a pas de commune mesure ! (Rm 5,12.15) », AS (10325
(n.s.) N° 43 (1969) 13-18.

5,14   CAMPEAU, L., « Regnavit mors ab Adam usque ad Moysen », SE 5 (10326
(1953) 57-66.

5,15-21   LAFONT, D. G., « Sur l'interprétation de Romains v,15-21 », RSR 45 (10327
            (1957) 481-513.

5,15   BOVER, J. M., « In Rom. 5,15 : exegesis logica », Bibl 4 (1923) 94-96. (10328

5,19   ROMANIUK, K., *L'amour du Père et du Fils dans la sotériologie de* (10329
            saint Paul, 97-113.

6   SCHLIER, H., *Die Zeit der Kirche,* « Die Taufe. Nach dem 6. Kapitel (10330
            des Römerbriefes », 47-56.

            FRANKEMÖLLE, H., *Das Taufverständnis des Paulus* (Stuttgart, (10331
            Katholisches Bibelwerk, 1970), 136 pp.

6,1-11   SCHNACKENBURG, R., *Das Heilsgeschehen bei der Taufe nach dem* (10332
            Apostel Paulus, « Der *locus classicus* Röm 6,1-11 », 26-56.

            SCHNACKENBURG, R., « Todes- und Lebensgemeinschaft mit (10333
            Christus. Neue Studien zu Röm 6,1-11 », MüTZ 6 (1955) 32-53.

            NIEDER, L., *Die Motive der religiön-sittlichen Paränese in den* (10334
            paulinischen Gemeindebriefen, 23-27.

            RAHNER, K., *Zur Theologie des Todes* (Freiburg, Herder, 1958), (10335
            « Tod als Erscheinung des Mitsterbens mit Christus », 52-72.

6,1-5   LANGEVIN, P.-É., « Le baptême dans la mort-résurrection. Exégèse (10336
            de Rm 6,1-5 », SE 17 (1965) 29-65.

6,3-11   OGARA, F., « Complantati... similitudini mortis eius, simul et (10337
            resurrectionis erimus », VD 15 (1935) 194-201.

            LILLY, J. L., « Exposition of the Missal Epistle from Romans », CBQ (10338
            3 (1941) 353-363.

            CAMELOT, T., « Ressuscités avec le Christ », VS 84 (1951) 354-358. (10339

            CAMBIER, J., « La liberté des baptisés (Rm 6,3-11) », AS N° 60 (10340
            (1963) 15-27.

            REY, B., *Créés dans le Christ Jésus.* La création nouvelle selon saint (10341
            Paul, « La mort du vieil homme (Rm 6,3-11) », 93-108.

            CAMBIER, J., « La liberté des baptisés (Rm 6,3-11) », AS (n.s.) N° (10342
            21 (1969) 42-47.

            SISTI, A., « Simbolismo e realtà nel battesimo », BibOr 11 (1969) 77-86. (10343

6,3-6   ORTKEMPER, F.-J., *Das Kreuz in der Verkündigung des Apostels* (10344
            Paulus. Dargestellt an den Texten der paulinischen Hauptbriefe, « Das
            Kreuz. Grundlage des Heilsgeschehens in der Taufe. Röm 6,3-6 »,
            68-83.

6,3-4   SCHÄFER, F. G., « Der « Heilstod » Jesu im paulinischen Verständnis (10345
            von Taufe und Eucharistie », BZ 14 (1970) 227-239.

6,3   SCHNACKENBURG, R., *Das Heilsgeschehen bei der Taufe nach* (10346
            dem Apostel Paulus, « Die umstrittene Wendung βαπτίζειν εἰς
            Χριστόν (Röm 6,3; Gal 3,27) », 18-23.

6,4-11   REY, B., « L'homme nouveau d'après S. Paul (Exégèse de Rm 6,4-11; (10347
            Col 3,5-15; Ep 2,11-22; Ep 4,22-24) », RSPT 48 (1964) 603-629; 49
            (1965) 161-195.

6,4-6   ROSSANO, P., « Consepolti... concrocefissi (Rom. 6,4.6) », RivB 48 (10348
            (1954) 51-55.

6,5   GAECHTER, P., « Zur Exegese von Röm 6,5 », ZKT 54 (1930) 88-92. (10349

KUSS, O., « Zu Röm 6,5a », TGl 41 (1951) 430-437, ou dans *Auslegung* (10350
und Verkündigung, I, 151-161.

THÜSING, W., *Per Christum in Deum,* « Die «Vereinigung mit der (10351
Gestalt der Auferstehung Christi » », 131-144.

6,7 KEARNS, C., « The Interpretation of Romans 6,7 », dans *Studiorum* (10352
Paulinorum Congressus 1961 (en collab.), I, 301-307.

LYONNET, S., « Qui enim mortuus est, iustificatus est a peccato (Rom (10353
6,7) », VD 42 (1964) 17-21.

6,11 THÜSING, W., *Per Christum in Deum,* « Die Hinordnung des (10354
In-Christus-Seins auf Gott : Röm 6,11 als zentrale Aussage », 67-93.

6,12-7,6 THÜSING, W., *Per Christum in Deum,* « Fruchtbringen für Gott », (10355
93-101.

6,17-18 KURZINGER, J., « Τύπος διδαχῆς und der Sinn von Röm (10356
6,17f. », Bibl 39 (1958) 156-176.

6,17 BORSE, U., « Abbild der Lehre (Röm 6,17) », BZ 12 (1968) 95-103. (10357

6,19-23 OGARA, F., « Complantati... similitudini mortis eius, simul et (10358
resurrectionis erimus », VD 15 (1935) 194-203.

LILLY, J. L., « Exposition of the Missal Epistles from Romans », CBQ (10359
4 (1942) 51-57.

SISTI, A., « Servizio del peccato e di Dio », BibOr 6 (1964) 119-128. (10360

7 RÉTIF, A., « À propos de l'interprétation du ch. 7 des Romains par (10361
saint Augustin », RSR 33 (1946) 368-371.

LYONNET, S., « L'histoire du salut selon le ch. 7 de l'épître aux (10362
Romains », Bibl 43 (1962) 117-151.

KURZINGER, J., « Der Schlüssel zum Verständnis von Röm 7 », BZ (10363
7 (1963) 270-274.

LYONNET, S., « History of Salvation in Romans 7 », TDig 13 (1965) (10364
35-38.

7,6 MORREALE DE CASTRO, M., « La antitesis paulina entre la letra y (10365
el espiritu en la traducción y comentario de Juan Valdes (Rom. 2,23 y
7,6) », EstB 13 (1954) 167-183.

7,7-8,4 BENOIT, P., « La loi et la croix d'après saint Paul », RB 47 (1948) (10366
481-509, ou dans *Exégèse et théologie,* II, 9-40.

7,7-25 DE LOS RIOS, E., « Peccatum et lex. Animadversiones in Rom. 7, (10367
7-25 », VD 11 (1931) 23-28.

7,7-13 LYONNET, S., « Quaestiones ad Rom 7,7-13 », VD 40 (1962) 163-183. (10368

7,9a ORBE, A., « S. Metodio y la exegesis de Rom. 7,9a : « Ego autem (10369
vivebam sine lege aliquando » », Greg 50 (1969) 93-137.

7,25 KEUCK, W., « Dienst des Geistes und des Fleisches », TQ 141 (1961) (10370
257-280.

7,22-24 LILLY, J. L., « Exposition of the Missal Epistles from Romans », CBQ (10371
4 (1942) 146-151.

8 SCHNACKENBURG, R., « Leben auf Hoffnung hin. Christliche (10372
Existenz nach Röm 8 », BiLit 39 (1966) 316-319.

8,1 STEINMETZ, F.-J., WULF, F., « « Richtet nicht ! » Auslegung und (10373
Meditation von Röm 2,1, Mt 7,1f. und Röm 8,1 », GeistL 42 (1969)
71-74.

8,2-4 LYONNET, S., « Le Nouveau Testament à la lumière de l'Ancien, à (10374
propos de Rom 8,2-4 », NRT 87 (1965) 561-587.

8,3-4 FAHY, T., « Romans 8 : 3-4 », IrThQ 25 (1958) 387.   (10375

8,3	GIAVINI, G., « « Damnavit peccatum in carne » : *Rom.* 8,3 nel suo (10376 contesto », RivB 17 (1969) 233-248.
8,9-11	HERMANN, I., *Kyrios und Pneuma.* Studien zur Christologie der (10377 paulinischen Hauptbriefe, 65-66.
	GATZWEILER, K., « Le chrétien, un homme renouvelé par l'Es- (10378 prit », AS (n.s.) N° 18 (1970) 6-10.
8,9	SCHELKLE, K. H., « « Ihr seid Geistliche ». Eine Predigt », GeistL (10379 35 (1962) 241-244.
8,12-17	OGARA, F., « Ipse Spiritus testimonium reddit spiritui nostro, quod (10380 sumus filii Dei, (Rom. 8,12-17) », VD 16 (1936) 200-208.
	SISTI, A., « La vita nello spirito », BibOr 10 (1968) 197-206. (10381
8,14	CAMILLERI, N., « Teologia pneumatica della prudenza cristiana. (10382 « Quicumque enim Spiritu Dei aguntur, hi sunt filii Dei » (Rom. 8,14) », dans *Studiorum Paulinorum Congressus 1961* (en collab.), I, 175-186.
8,15-23	SCHOENBERG, M. W., « *Huiothesia :* The Word and the Institu- (10383 tion », SCR 15 (1963) 115-123.
8,15	ROMANIUK, K., « Spiritus clamans (Gal 4,6; Rom 8,15) », VD 40 (10384 (1962) 190-198.
	BECKER, J., « Quid locutio πάλιν εἰς φόϐον in Rom 8,15 proprie (10385 valeat », VD 45 (1967) 162-167.
8,16-25	FAHY, T., « St. Paul : Romans 8 : 16-25 », IrThQ 23 (1956) 178-181. (10386
8,16	ROOSEN, A., « Testimonium Spiritus (Rom 8,16) », VD 28 (1950) (10387 214-226.
8,18-23	OGARA, F., « Exspectatio creaturae revelationem filiorum Dei (10388 exspectet (Rom. 8,18-23) », VD 18 (1938) 193-201.
	LILLY, J. L., « Exposition of the Missal Epistles from Romans », CBQ (10389 4 (1942) 341-348.
	DUBARLE, A.-M., « Lois de l'univers et vie chrétienne (Rm 8,18- (10390 23) », AS N° 58 (1964) 14-26.
	SISTI, A., « La speranza della gloria », BibOr 10 (1968) 123-134. (10391
8,18-22	HALL, J., « Christian Redemption : Human Fulfillment », Wor 39 (10392 (1965) 551-558.
8,19-23	LYONNET, S., « Redemptio « cosmica » secundum Rom 8,19- (10393 23 », VD 44 (1966) 225-242.
8,19-22	VIARD, A., « Exspectatio creaturae (Rom., VIII, 19-22) », RB 59 (1952) (10394 337-354.
	DUBARLE, A.-M., « Le gémissement des créatures dans l'ordre divin (10395 du cosmos », RSPT 38 (1954) 445-465.
	VÖGTLE, A., « Röm 8,19-22 : eine schöpfungstheologische oder (10396 anthropologisch-soteriologische Aussage ? » dans *Mélanges bibliques* en hommage au R. P. Béda Rigaux (en collab.), 351-366.
8,20-21	HILL, E., « The Construction of Three Passages from St.Paul, Romans (10397 8,20-21, 2 Corinthians 1,20, 2 Corin. 3,10 », CBQ 23 (1961) 296-301.

8,23   BENOIT, P., « Nous gémissons, attendant la délivrance de notre corps (10398
            (Rom., VIII, 23) », dans *Mélanges Jules Lebreton*, I (= RSR 39
            (1951-52)) , 267-280, ou dans *Exégèse et théologie*, II, 41-52.

            SWETNAM, J., « On Romans 8,23 and the « Expectation of Son- (10399
            ship » », Bibl 48 (1967) 102-108.

8,24   LACAN, M.-F., « Nous sommes sauvés par l'espérance (*Rom.,* VIII, (10400
            24) », dans *À la rencontre de Dieu*. Mémorial Albert Gelin (en collab.),
            331-339.

8,26-27   CAMBIER, J., « La prière de l'Esprit, fondement de l'espérance (Rm (10401
            8,26-27) », AS (n.s.) N° 47 (1970) 11-17.

8,28-30   PRAT, F., *La théologie de saint Paul*[38], « Prédestination et réprobation (10402
            (Rom. 8,28-30) », I, 519-532.

            WIEDERKEHR, D., *Die Theologie der Berufung in den Paulusbriefen,* (10403
            153-168.

8,29   FAHY, T., « Romans 8 : 29 », IrThQ 23 (1956) 410-412.   (10404

            KURZINGER, J., « Συμμόρφους τῆς εἰκόνος τοῦ υἱοῦ αὐτοῦ (10405
            (Röm 8,29) », BZ 2 (1958) 294-299.

            THÜSING, W., *Per Christum in Deum,* « Die « Mitgestaltung mit dem (10406
            Bilde des Sohnes Gottes » », 121-125.

            REY, B., *Créés dans le Christ Jésus.* La création nouvelle selon saint (10407
            Paul, 164-180.

            WULF, F., « Der Erstgeborene unter vielen Brüdern (Röm 8,29) », (10408
            GeistL 43 (1970) 466-469.

8,31-33   ROMANIUK, K., *L'amour du Père et du Fils dans la sotériologie de* (10409
            saint Paul, 216-229.

8,32   WULF, F., « Er hat seinen eigenen Sohn nicht geschont (Röm 8,32). (10410
            Seitgemässe Gedanken zum Weihnachtsgeheimnis », GeistL 34 (1961)
            407-409.

8,34-37   ROMANIUK, K., *L'amour du Père et du Fils dans la sotériologie de* (10411
            saint Paul, « Qui nous séparera de l'amour du Christ ? (Rm 8,34-37; cf.
            4,24) », 4-16.

8,34   WORDEN, T., « Christ Jesus who Died or rather who has been raised (10412
            up », SCR 10 (1958) 33-43; 11 (1959) 51-58.

8,35-39   LILLY, J. L., « Exposition of the Missal Epistles from Romans, (10413
            VIII », CBQ 5 (1943) 73-79.

9-11   PETERSON, E., *Le mystère des Juifs et des Gentils dans l'Église* (Paris, (10414
            Desclée, sans date), 1-72.

            BLEIENSTEIN, H., « Israel in der Heilsgeschichte (Röm 9-11) », (10415
            GeistL 6 (1931) 165-170.

            BERRY, E. S., « The Conversion of the Jews », AmER 89 (1933) (10416
            414-417.

            RAITH, P., « The Conversion of the Jews. Restoration of Israel and (10417
            Juda », AmER 89 (1933) 234-245.

            PRZYWARA, E., « Die Kirche aus Juden und Heiden (Röm. 9- (10418
            11) », StiZ 126 (1934) 414-415.

            CERFAUX, L., *Une lecture de l'épître aux Romains,* « Le sort (10419
            d'Israël », 87-107.

BENOIT, P., « La question juive selon Rom. IX-XI d'après K. L. (10420
Schmidt », RB 55 (1948) 310-312, ou dans *Exégèse et théologie,* II,
337-339.

BOVER, J. M., « La reprobación de Israel en Rom 9-11 », EstE 25 (10421
(1951) 63-82.

DE GOEDT, M., « La destinée d'Israël dans le mystère du salut d'après (10422
l'épître aux Romains, IX-XI », VSS 11 (1958) 443-461.

BAUM, G., *The Jews and the Gospel* (London, Bloomsbury, 1961), (10423
« Romans 9-11 », 208-218;« Theological Annotations to Romans
9-11 », 219-265.

LYONNET, S., *Quaestiones in Epistulam ad Romanos.* Series altera[2]. (10424
De praedestinatione Israel et theologia historiae. Rom 9-11 (Roma,
Pontificio Istituto Biblico, 1962), 164 pp.

FRANSEN, I., « Le Dieu de toute consolation (Romains 9,1- (10425
11,36) », BVC Nº 49 (1963) 27-32.

JOURNET, C., « L'économie de la loi mosaïque », RT 63 (1963) 5-36, (10426
193-224, 515-547.

OESTERREICHER, J. M., « Israel's Misstep and her Fall, Rom (10427
9-11 », dans *Studiorum Paulinorum Congressus 1961* (en collab.), I,
317-327.

PRADO, J., « La Iglesia del futuro, según San Pablo », EstB 22 (1963) (10428
255-302.

9   LYONNET, S., « De doctrina praedestinationis et reprobationis in (10429
           Rom. 9 », VD 34 (1956) 193-201, 257-271.

9,1-18   FAHY, T., « A Note on Romans 9 : 1-18 », IrThQ 32 (1965) 261-262. (10430
           ROETZEL, C. J., « Διαθηκαι in Romans 9,4 », Bibl 51 (1970) 377-390. (10431

9,6-9,13   PETERSON, E., *Le mystère des Juifs et des Gentils dans l'Église* (Paris, (10432
           Desclée, sans date), 7-20.

9,12   WIEDERKEHR, D., *Die Theologie der Berufung in den Paulusbriefen,* (10433
           168-174.

9,14-9,24 PETERSON, E., *Le mystère des Juifs et des Gentils dans l'Église* (Paris, (10434
           Desclée, sans date), 21-31.

9,19-23   GONZALEZ RUIZ, J. M., « Justicia y Misericordia divina en la (10435
           elección y reprobación de los hombres », EstB 8 (1949) 365-377.

9,24-25   WIEDERKEHR, D., *Die Theologie der Berufung in den Paulusbrie-* (10436
           fen, 174-183.

10,3-13   CAMBIER, J., *L'Évangile de Dieu selon l'épître aux Romains,* « La (10437
           justice de Dieu. Rom. 10,3-13 », I, 184-193.

10,3   LYONNET, S., « De Justitia Dei in Epistola ad Romanos 10,3 et (10438
           3,5 », VD 25 (1947) 118-121.

10,6-8   LYONNET, S., « Saint Paul et l'exégèse juive de son temps. À propos (10439
           de Rom. 10,6-8 », dans *Mélanges bibliques rédigés en l'honneur de André
           Robert* (en collab.), 494-506.

           McNAMARA, K., *The N. T. and the Palestinian Targum to the* (10440
           Pentateuch, « Moses in PT Dt 30,12-14 and Rm 10,6-8 », 70-81.

           FEUILLET, A., *Le Christ, sagesse de Dieu,* « L'application de Dt. XXX, (10441
           11-14 à la personne du Christ (Rm x,6-8) », 321-327.

GOLDBERG, A. M., « Torah aus der Unterwelt ? » BZ 14 (1970) (10442
127-131.

11   LANGEVIN, P.-É., « Saint Paul, prophète des Gentils », LTP 26 (10443
(1970) 3-16.

11,1-24   PETERSON, E., *Le mystère des Juifs et des Gentils dans l'Église* (Paris, (10444
Desclée, sans date), 51-62.

11,26   CAUBET ITURBE, F. J., « Et sic omnis Israel salvus fieret, Rom. 11,26 (10445
(Su interpretación por los escritores cristianos de los siglos III-XII) »,
EstB 21 (1962) 127-150.

CAUBET ITURBE, F. J., « ... et sic omnis Israel salvus fieret (Rom (10446
11,26) », dans *Studiorum Paulinorum Congressus 1961* (en collab.), I,
329-340.

11,29   SPICQ, C., « Ἀμεταμέλητος dans Rom. xi,29 », RB 67 (1960) (10447
210-219.

WIEDERKEHR, D., *Die Theologie der Berufung in den Paulusbriefen,* (10448
183-187.

11,33-36   OGARA, F., « Ex ipso et per ipsum et in ipso sunt omnia », VD 15 (10449
(1935) 164-171.

BONNARD, P.-É., « Les trésors de la miséricorde (Rom 11,33- (10450
36) », AS Nº 53 (1964) 13-19.

11,33   MELHMANN, J., « Ἀνεξιχνίαστος = investigabilis », Bibl 40 (10451
(1959) 902-914.

DION, H.-M., « La notion paulinienne de « richesse de Dieu » et ses (10452
sources », SE 18 (1966) 139-148.

12,1-15,13 CERFAUX, L., *Une lecture de l'épître aux Romains,* « Les exhorta- (10453
tions », 109-123.

12,1-13,10 DABECK, F., « Der Text Rom 12,1-13,10 als Symbol des Pneu- (10454
ma », dans *Studiorum Paulinorum Congressus 1961* (en collab.), II,
585-590.

12,1-5   LILLY, J. L., « Missal Epistles from Romans, xii », CBQ 5 (1943) (10455
338-344.

12,1-2   SCHLIER, H., *Die Zeit der Kirche,* « Vom Wesen der apostolischen (10456
Ermahnung. Nach Röm. 12,1-2 », 74-89.

LYONNET, S., « Le culte spirituel (Rm 12,1-2) », AS (n.s.) Nº 53 (10457
(1970) 11-14.

12,1   SEIDENSTICKER, P., *Lebendiges Opfer* (Röm, *12,1*), 348 pp.   (10458

12,3-8   HENNEN, B., « Ordines sacri. Ein Deutungsversuch zu I Cor 12,1-31 (10459
und Röm 12,3-8 », TZ 119 (1938) 427-469.

12,6-16   OGARA, F., « Habentes... donationes... differentes (Rom. 12,6-16) », (10460
VD 16 (1936) 5-13.

LILLY, J. L., « Missal Epistles from Romans, XII », CBQ 5 (1943) (10461
458-465.

VIARD, A., « Charismes et charité (Rom 12,6-16) », AS Nº 16 (1962) (10462
15-31.

SISTI, A., « Carismi e carità (Rom. 12,6-16) », BibOr 12 (1970) 27-33. (10463

12,10   SPICQ, C., « Φιλόστοργος », RB 62 (1955) 497-510.   (10464

12,15   STEINMETZ, F.-J., « « Weinen mit den Weinenden ». Auslegung und (10465
Meditation von Lk 6,25; 1 Kor 7,30; Röm 12,15 », GeistL 42 (1969)
391-394.

12,16-21   OGARA, F., « Noli vinci a malo, sed vince in bono malum (Rom. (10466 12,16-21) », VD 19 (1939) 11-17.

SMOTHERS, E.R., « Give Place to the Wrath », CBQ 6 (1944) (10467 205-215.

LILLY, J. L., « Missal Epistles from Romans », CBQ 6 (1944) 94-98. (10468

SPICQ, C., « La charité, volonté et réalisation de bien à l'égard du (10469 prochain (Rm 12,16-21) », AS N° 17 (1962) 21-28.

12,20   SKRINJAR, A., « Carbones ignis congeres super caput ejus (Rom. (10470 12,20) (cf. Prov. 25,22) », VD 18 (1938) 143-150.

VATTIONI, F., « Rom 12,20 e Prov 25,21-22 », dans *Studiorum* (10471 *Paulinorum Congressus 1961* (en collab.), I, 351-345.

RAMAROSON, L., « « Charbons ardents » : « sur la tête » ou « pour (10472 le feu » ? » Bibl 51 (1970) 230-234.

13   GAUGUSCH, L., « Die Staatslehre des Apostels Paulus nach Röm (10473 13 », TGl 26 (1934) 529-550.

13,1-8   DUESBERG, H., « La soumission aux autorités (Romains 13,1-8) », (10474 BVC N° 73 (1967) 15-26.

13,1-7   BLIGH, J., « Demonic Power », HeyJ 1 (1960) 314-323.   (10475

KOSNETTER, J., « Röm 13,1-7 : zeitbedingte Vorsichtsmassregel oder (10476 grundsätzliche Einstellung ? » dans *Studiorum Paulinorum Congressus 1961* (en collab.), I, 347-355.

DENIEL, R., « Omnis potestas a Deo (Rm 13,1-7). L'origine du pouvoir (10477 civil et sa relation à l'Église », RSR 56 (1968) 43-86.

13,8-10   OGARA, F., « Nemini quidquam debeatis nisi ut invicem diligatis », (10478 VD 15 (1935) 41-47.

LILLY, J. L., « Missal Epistles from Romans », CBQ 6 (1944) 347-352. (10479

VIARD, A., « La charité accomplit la Loi », VS 74 (1946) 27-34.   (10480

13,11-14   OGARA, F., « Hora est iam nos de somno surgere », VD 14 (1934) (10481 353-360.

LAFONT, D. G., « En état d'urgence », AS N° 3 (1963) 21-28.   (10482

SISTI, A., « La Salvezza è vicina », BibOr 6 (1965) 271-278.   (10483

LAFONT, G., « Le temps du salut », AS (n.s.) N° 5 (1969) 12-16.   (10484

13,11-13   SCHELKLE, K. H., « Biblische und patristische Eschatologie nach (10485 *Röm.,* XIII, 11-13 », dans *Sacra Pagina* (en collab.), II, 357-372.

13,14   HAULOTTE, E., *Symbolique du vêtement selon la Bible,* « La formule (10486 paulinienne « revêtir le Christ » », 210-233.

14,1-15,13   DUPONT, J., « Appel aux faibles et aux forts dans la communauté (10487 romaine (Rom 14,1-15,13) », dans *Studiorum Paulinorum Congressus 1961* (en collab.), I, 347-366.

14,4-12   THÜSING, W., *Per Christum in Deum,* « Leben für den Kyrios », (10488 30-39.

14,5   BECKER, J., « Quid πληροφορεισθαι in Rom 14,5 significet », VD (10489 45 (1967) 11-18.

14,7-12   LILLY, J. L., « Missal Epistles from Romans, », CBQ 6 (1944) 482-488. (10490

14,23   ARAUD, R., « *Quidquid non est ex fide peccatum est* : quelques (10491 interprétations patristiques », dans *L'homme devant Dieu.* Mélanges H. de Lubac (en collab.), I, 127-145.

15,4-9   DUPONT, J., « Accueillants à tous », AS (n.s.) N° 6 (1969) 13-18.   (10492

15,1-13   DUPONT, J., « Imiter la charité du Christ », AS N° 4 (1961) 13-34.   (10493

15,1-6   GEORGE, A., « Les Écritures, source d'espérance (*Romains*, 15,   (10494
            1-6) », BVC N° 22 (1958) 53-57.

15,3-12   THÜSING, W., *Per Christum in Deum*, « Das herrscherliche Wirken   (10495
            Christi als Verherrlichung Gottes », 39-45.

15,4-13   ROSMAN, H., « Tolle, lege », VD 20 (1940) 116-118.   (10496

15,16   DENIS, A.-M., « La fonction apostolique et la liturgie nouvelle en es-   (10497
            prit : l'Apôtre « liturge » de Jésus-Christ pour les Gentils (Rom.
            15,16) », RSPT 42 (1958) 403-408.

            WIÉNER, C., « Ἱερουργεῖν (Rom 15,16) », dans *Studiorum Pau-*   (10498
            linorum Congressus 1961 (en collab.), II, 399-404.

15,25   O'ROURKE, J. J., « The Participle in Rom 15,25 », CBQ 29 (1967)   (10499
            116-118.

            CERFAUX, L., « Les « Saints » de Jérusalem », ETL 2 (1925) 510-529,   (10500
            ou dans *Recueil Lucien Cerfaux*, II, 389-414.

16,3-4   DEVIS, M., « Aquila et Priscille », *L'Anneau d'Or* N° 65 (1955)   (10501
            393-397.

16,7   DA CASTEL S. PIETRO, T., « Συναιχμάλωτος : Compagno di   (10502
            prigionia o conquistato assieme ? » dans *Studiorum Paulinorum*
            Congressus 1961 (en collab.), II, 417-428.

16,25-27   DUPONT, J., « Pour l'histoire de la doxologie finale de l'épître aux   (10503
            Romains », RBen 58 (1948) 3-22.

            FAHY, T., « Epistle to the Romans 16 : 25-27 », IrThQ 28 (1961)   (10504
            238-241.

Divers. Miscellaneous. Verschiedenes. Diversi. Diversos.

XXX, « Les Juifs à Rome au 1er siècle », AmiCl 49 (1932) 849-860.   (10505

KOSTERS, L., « War Petrus in Rom ? » StiZ 133 (1938) 50-53.   (10506

COLACCI, M., « Il « Semen Abrahae » nel V. e nel N. Testamento », Bibl 21   (10507
(1940) 1-27.

MORAN, J. W., « The Two Pillars of Rome », AmER 130 (1954) 1-8.   (10508

SIMON, M., « La glose de l'épître aux Romains de Gilbert de la Porrée », RHE   (10509
52 (1957) 51-80.

XXX, « Galates, Romains », PPB N° 35 (1958) 38 pp.   (10510

LYONNET, S., « La lettera ai Romani nell'attuale controversia con i protes-   (10511
tanti », CC 4 (1958) 141-152.

FAHY, T., « St. Paul's Romans were Jewish Converts », IrThQ 26 (1959) 182-191.   (10512

SCHELKLE, K. H., « Römische Kirche im Römerbrief », ZKT 81 (1959) 393-404.   (10513

LORTZ, J., « Luthers Römerbriefvorlesung », TrierTZ 71 (1962) 129-153,   (10514
216-247.

DUPUY, B.-D., « Une étape sur le chemin de l'unité. La traduction oecuménique   (10515
de l'épître aux Romains », VS 116 (1967) 416-441.

LYONNET, S., *Quaestiones in Epistulam ad Romanos*. Prima Series² (Roma,   (10516
Pontificio Istituto Biblico, 1962), 9-56 pp.

O'CONNOR, D., « St. Thomas's Commentary on Romans », IrThQ 34 (1967)   (10517
329-343.

3. I Corinthiens. I Corinthians. Der Erste Korintherbrief. I Corinti. I Corintios.

Introductions. Einleitungen. Introduzioni. Introducciones.

BRAUN, F.-M., « La première épître aux Corinthiens », VSS 43 (1935) 184-189. (10518

CERFAUX, L., L'Église des Corinthiens, coll. « Témoins de Dieu », N° 7 (Paris, (10519 Cerf, 1946), 116 pp.

PRAT, F., La théologie de saint Paul[38], « L'Église de Corinthe, désordres et (10520 scandales », 101-123; « Cas de conscience : le mariage et le célibat », 124-135; « Les victimes immolées aux idoles », 135-140; « Les charismes », 150-157; « La résurrection des morts », 157-167; « Analyse des épîtres : première aux Corinthiens », 568-577.

CLEARY, P., « The Epistles to the Corinthians », CBQ 12 (1950) 10-33. (10521

OSTY, É., Les épîtres de saint Paul aux Corinthiens[3] (Paris, Cerf, 1959), 9-22. (10522

CANTINAT, J., Les épîtres de saint Paul expliquées (Paris, Gabalda, 1960), (10523 « Première épître aux Corinthiens », 55-84.

FEUILLET, A., « Corinthiens (Les épîtres aux) », SDB VII, col. 170-195. (10524

MALY, K., Mündige Gemeinde (Pastorale Führung des Apostels Paulus im 1. (10525 Kor.) (Stuttgart, Katholisches Bibelwerk, 1967), 272 pp.

Commentaires. Commentaries. Kommentare. Commenti. Comentarios.

ALLO, E.-B., Première épître aux Corinthiens (EB) (Paris, Gabalda, 1934), (10526 CXII-516 pp.

HUBY, J., Première épître aux Corinthiens (VS) (Paris, Beauchesne, 1946), 423 pp. (10527

SPICQ, C., Première épître aux Corinthiens, dans La Sainte Bible (Pirot-Clamer), (10528 XI, 2ᵉ partie (1948) 163-298.

JACONO, V., Le Epistole di S. Paolo ai Romani, ai Corinti e ai Galati (La Sacra (10529 Bibbia) (Torino, Roma, Marietti, 1952), « La prima Epistola ai Corinti », 255-409.

OSTY, É., Les épîtres de saint Paul aux Corinthiens[3] (BJ) (Paris, Cerf, 1959), (10530 124 pp.

LEAL, J., « Primera carta a los Corintios », dans La Sagrada Escritura, II, 331-480. (10531

Théologie. Theology. Theologie. Teologia. Teología.

ALLO, E.-B., « Sagesse et Pneuma dans I Cor. », RB 43 (1934) 321-346. (10532

PRÜMM, K., « Der pastorale Einheit des ersten Korintherbriefes », ZKT 64 (10533 (1940) 202-214.

DUPONT, J., Gnosis. La connaissance religieuse dans les épîtres de saint Paul, (10534 « Dans un miroir, en énigme (1 Co 13,12) », 106-148; « Le charisme de gnose », 151-263; « Gnose et liberté », 266-377.

PRAT, F., La théologie de saint Paul[38], « Cas de conscience », I, 124-167. (10535

DIDIER, G., Désintéressement du chrétien, « Avis aux Corinthiens : menaces et (10536 promesses (41-60); Confidences aux Corinthiens : I. Le salaire du désintéressement (63-79); II. « Que m'en revient-il ? » (80-88); III. Apologie du ministère (89-107) », 41-107.

SCHLIER, H., Die Zeit der Kirche, « Über das Hauptanliegen des 1. Briefes an die (10537 Korinther », 147-159.

AHERN, B. M., « The Christian's Union with the Body of Christ in Cor, Gal, and (10538 Rom », CBQ 23 (1961) 199-209.

GEORGE, A., « Sagesse du monde et sagesse de Dieu (d'après la Première épître (10539 aux Corinthiens) », BVC N° 38 (1961) 16-24.

BOURKE, M. M., « The Eucharist and Wisdom in First Corinthians », dans (10540 *Studiorum Paulinorum Congressus 1961* (en collab.), I, 367-381.

MASSINGBERG FORD, J., « The First Epistle to the Corinthians or the First (10541 Epistle to the Hebrews ? » CBQ 28 (1966) 402-416.

ORTKEMPER, F.-J., *Das Kreuz in der Verkündigung des Apostels Paulus.* (10542 Dargestellt an den Texten der paulinischen Hauptbriefe, « Weisheit der Welt. Torheit des Kreuzes », 43-67.

Textes. Texts. Texte. Testi. Textos.

1-6   FRANSEN, I., « Le champ du Seigneur (1 Cor. 1,1-6,20) », BVC (10543 N° 44 (1962) 31-38.

1,1-3,4   BAUMANN, R., *Mitte und Norm des Christlichen.* Eine Auslegung von (10544 1 Korinther 1,1-3,4 (Münster, Aschendorff, 1968), 322 pp.

1,1-9   BEAUCAMP, É., « Grâce et fidélité », BVC N° 15 (1956) 58-65.   (10545

                SAMAIN, É., « L'Église, communion de foi au Christ (1 Co 1,1- (10546 3) », AS (n.s.) N° 33 (1970) 15-21.

1,1-2   WIEDERKEHR, D., *Die Theologie der Berufung in den Paulusbriefen,* (10547 99-114.

1,2   GAECHTER, P., *Peter und seine Zeit,* « Die Amtsträger von Korinth (10548 (Zu 1 Kor 1,2) », 311-337.

                LANGEVIN, P.-É., « Ceux qui invoquent le nom du Seigneur » (1 *Co* (10549 1,2), SE 19 (1967) 393-407; 21 (1969) 71-122.

1,3-9   FEUILLET, R., « Action de grâces pour les dons de Dieu », AS (n.s.) (10550 N° 5 (1969) 37-43.

1,4-8   OGARA, F., « In omnibus divites facti estis in illo, in omni verbo et in (10551 omni scientia (1 Cor. 1,4-8) », VD 16 (1936) 225-232.

                LILLY, J. L., « Missal Epistles from I Corinthians », CBQ 13 (1951) (10552 79-85.

                FEUILLET, R., « Une communauté comblée des richesses divines (1 Co (10553 1,4-8) », AS N° 73 (1962) 18-33.

1,9   WIEDERKEHR, D., *Die Theologie der Berufung in den Paulusbriefen,* (10554 114-117.

1,10   OGARA, F., « Ut id ipsum dicatis omnes et non sint in vobis schismata (10555 (1 Cor. 1,10 ss) », VD 16 (1936) 257-266, 289-294, 321-329.

1,13   SCHNACKENBURG, R., *Das Heilsgeschehen bei der Taufe nach dem* (10556 *Apostel Paulus,* « Die Übereignungsformel εἰς τὸ ὄνομα (1 Kor 1,13) », 15-18.

1,17-2,5   DUPLACY, J., « L'Évangile de la croix », *L'Anneau d'Or* N° 42 (10557 (1951) 402-407.

1,17-25   LILLY, J. L., « Missal Epistles from I Corinthians », CBQ 13 (1951) (10558 199-207.

                BODE, E. L., « La follia della Croce (1 Cor. 1,17b.25) », BibOr 12 (10559 (1970) 257-263.

1,18-3,23   CERFAUX, L., « Vestiges d'un florilège dans I Cor. i,18-iii, 23 ? » dans (10560 *Recueil Lucien Cerfaux,* II, 319-332.

1,18-25   MÜLLER, K., « 1 Kor 1,18-25. Die eschatologisch-kritische Funktion   (10561
           der Verkündigung des Kreuzes », BZ 10 (1966) 246-272.

           PENNA, A., « La δύναμις θεοῦ : reflessioni in margine a 1 Cor.   (10562
           1,18-25 », RivB 15 (1967) 281-294.

1,21   LIGIER, L., *Péché d'Adam et péché du monde,* « Le péché du   (10563
           monde : 1 *Cor.,* 1,21 », II, 163-169.

1,23   ROMANIUK, K., « Nos autem praedicamus Christum et hunc   (10564
           crucifixum (1 Cor 1,23) », VD 47 (1969) 232-236.

1,24-26   WIEDERKEHR, D., *Die Theologie der Berufung in den Paulusbriefen,*   (10565
           117-124.

2-3   MALY, K., *Mündige Gemeinde.* Untersuchungen zur pastoralen   (10566
           Führung des Apostels Paulus im 1. Korintherbrief (Stuttgart,
           Katholisches Bibelwerk, 1967), 29-79.

2   MARTIN, D. W., « Spirit in 1 Cor. 2 », CBQ 5 (1943) 381-395.   (10567

2,2-16   ROSE, A., « L'épouse dans l'assemblée liturgique (1 Cor. 2,2-16) »,   (10568
           BVC Nº 34 (1960) 13-19.

2,4-5   ROSSANO, P., « La Parola e lo Spirito. Riflessioni su 1 Tess 1,5 e 1 Cor   (10569
           2,4-5 », dans *Mélanges bibliques* en hommage au R. P. Béda Rigaux (en
           collab.), 437-444.

2,6-8   DRIESSEN, E., « Promissio Redemptoris apud S. Paulum (Rom,   (10570
           3,24-26; Heb. 10,5-7; I Cor. 2,6-8) », VD 21 (1941) 233-238, 264-271,
           280-305.

           BORMANN, P., « Bemerkungen zu zwei lesenswerten Aufsätzen »,   (10571
           TGl 50 (1960) 112-114.

           FEUILLET, A., « Les « chefs de ce siècle » et la Sagesse divine d'après   (10572
           1 Cor 2,6-8 », dans *Studiorum Paulinorum Congressus 1961* (en collab.),
           I, 383-393.

           FEUILLET, A., *Le Christ, sagesse de Dieu,* « Les « chefs de ce siè-   (10573
           cle » et la sagesse divine d'après 1 Co. II,6-8 », 25-36.

2,9   FEUILLET, A., « L'énigme de 1 Cor. 2,9 », RB 70 (1963) 52-74.   (10574

           FEUILLET, A., « The enigma of 1 Cor 2 : 9 », TDig 14 (1966) 143-148.   (10575

           FEUILLET, A., *Le Christ, sagesse de Dieu,* « L'énigme de 1 Co II,   (10576
           9 », 37-57.

3,1-2   THÜSING, W., « « Milch » und « feste Speise » (1 Kor 3,1f. und Hebr   (10577
           5,11-6,3) », TrierTZ 76 (1967) 233-246, 261-280.

3,8-15   PESCH, W., « Der Sonderlohn für die Verkündiger des Evangeliums   (10578
           (1 Kor 3,8.14f Parr.) », dans *Neutestamentliche Aufsätze* (en collab.),
           199-206.

3,9   PETERSON, E., « Ἔργον in der Bedeutung « Bau » bei Paulus »,   (10579
           Bibl 22 (1941) 439-441.

3,10-15   CIPRIANI, S., « Insegna I Cor. 3,10-15 la dottrina del Purga-   (10580
           torio ? » RivB 7 (1959) 25-43.

3,12-15   MICHL, J., « Gerichtsfeuer und Purgatorium zu 1 Kor 3,12-15 », dans   (10581
           Studiorum Paulinorum Congressus 1961 (en collab.), I, 395-401.

3,16-23   TRIMAILLE, M., « La communauté, sanctuaire de Dieu, et son unité   (10582
           dans le Christ (1 Co 3,16-23) », AS (n.s.) Nº 38 (1970) 34-41.

3,16-17   DENIS, A.-M., « La fonction apostolique et la liturgie nouvelle en (10583
            esprit : l'Apôtre, constructeur du temple spirituel (1 Cor. 3,16-17) »,
            RSPT 42 (1958) 408-426.

3,23   THÜSING, W., *Per Christum in Deum*, « Ihr seid Christi-Christus ist (10584
            Gottes (1 Kor 3,23) », 1020.

4,1-5   LILLY, J. L., « Missal Epistles from I Corinthians », CBQ 13 (1951) (10585
            308-313, 432-438.

            COUNE, M., « L'apôtre sera jugé », AS N° 7 (1967) 16-31.   (10586

4,15   SAILLARD, M., « C'est moi qui, par l'Évangile, vous ai enfantés dans (10587
            le Christ (1 Co 4,15) », RSR 56 (1968) 5-42.

5,1   SPICQ, C., *Théologie morale du Nouveau Testament*, « I Cor. V,1 et la (10588
            chasteté en dehors du Nouveau Testament », 816-828.

5,2   McHUGH, J., « Num solus panis triticeus sit materia valida SS. (10589
            Eucharistiae ? (1 Cor 5,2) », dans *Studiorum Paulinorum Congressus
            1961* (en collab.), II, 289-298.

5,6   SCHON, A., « Eine weitere metrische Stelle bei St. Paulus », Bibl 30 (10590
            (1949) 510-513.

5,7-8   OGARA, F., « Dominica Resurrectionis », VD 13 (1933) 97-103.   (10591

            LILLY, J. L., « Missal Epistles from I Corinthians », CBQ 14 (1952) (10592
            5-91.

5,7   GRELOT, P., PIERRON, J., « La nuit et les fêtes de Pâques », CE (10593
            N° 21 (1956) 5-91.

6,5-11   NIEDER, L., *Die Motive der religiös-sittlichen Paränese in den* (10594
            paulinischen Gemeindebriefen, 19-23.

6,11   SCHNACKENBURG, R., *Das Heilsgeschehen bei der Taufe nach dem* (10595
            Apostel Paulus, « Die Taufe als Bad der Reinigung (1 Kor 6,11; Eph
            5,26) », 1-8.

6,13-20   McGARRY, W. J., « St. Paul's Magnificent Appeal for Purity. I Cor. (10596
            6 : 13-20 », AmER 92 (1935) 47-56.

            XXX, « La révélation du Christ à Paul », BVC N° 91 (1970) 7-20.   (10597

            COUNE, M., « La dignité chrétienne du corps (1 Co 6,13c-20) », AS (10598
            (n.s.) N° 33 (1970) 46-52.

6,17   HERMANN, I., *Kyrios und Pneuma*. Studien zur Christologie der (10599
            paulinischen Hauptbriefe, 63-65.

7   SCHOONENBERG, P., « Le sens de la virginité », CHR N° 5 (1958) (10600
            32-44.

            NEUHÄUSLER, E., « Ruf Gottes und Stand des Christen. (10601
            Bemerkungen zu 1 Kor 7 », BZ 3 (1959) 43-60.

            DE VILLAPADIERNA, C., « ¿ Ley del levirato en I Corintios 7 ? » (10602
            EstF 67 (1966) 77-87.

            LÉON-DUFOUR, X., « Mariage et continence selon saint Paul », dans (10603
            À la rencontre de Dieu. Mémorial Albert Gelin (en collab.), 319-329.

7,1-11   RICHARDS, H. J., « Christ on Divorce », SCR 11 (1959) 22-32.   (10604

7,10-11   VOGT, E., « Zu 1 Kor 7,10-11 », TGl 31 (1939) 68-76.   (10605

            ZERWICK, M., « De matrimonio et divortio in Evangelio », VD 38 (10606
            (1960) 193-212.

HARRINGTON, W., « Jesus' Attitude towards Divorce », IrThQ 37 (10607 (1970) 199-209.

7,12-15   BAUER, J., « Das sogenannte Privilegium Paulinum », BiLit 20 (10608 (1952-53) 82-83.

7,12   O'ROURKE, J. J., « A Note on an Exception : Mt 5 : 32 (19 : 9) and (10609 1 Cor 7 : 12 Compared », HeyJ 5 (1964) 299-302.

7,14   BLINZLER, J., « Zur Auslegung von 1 Kor 7,14 », dans *Neutes-* (10610 *tamentliche Aufsätze* (en collab.), 23-41.

7,15-24   WIEDERKEHR, D., *Die Theologie der Berufung in den Paulusbriefen,* (10611 125-146.

7,22   CERFAUX, L., « Service du Christ et liberté », BVC N° 8 (1954-55) (10612 7-15.

7,25-35   LÉON-DUFOUR, X., « L'appel au célibat consacré (1 Co 7,25- (10613 35) », AS N° 95 (1966) 17-32.

7,26   LEGRAND, L., *La virginité dans la Bible,* « « À cause de la détresse (10614 présente » : saint Paul », 25-31.

7,29-35   PUZO, F., « Maria y Maria (Nota exegetica a Lc. 10,38-42 y I Cor (10615 7,29-35) », EstE 34 (1960) 851-857.

7,29-31   CONGAR, Y., « Vie dans le monde et vie « dans le Seigneur » », VS (10616 96 (1957) 401-408.

CONGAR, Y., « In the World and not of the World », SCR 9 (1957) (10617 53-64.

7,30   STEINMETZ, F.-J., « « Weinen mit den Weinenden ». Auslegung und (10618 Meditation von Lk 6,25; 1 Kor 7,30; Röm 12,15 », GeistL 42 (1969) 391-394.

7,31   CERNUDA, A. V., « Engañan la escuridad y el mundo; la luz era y (10619 manifiesta lo verdadero », EstB 27 (1968) 153-175, 215-232.

7,36-38   KUGELMANN, R., « 1 Cor. 7,36-38 », CBQ 10 (1948) 63-71, 458-459. (10620

RICHARD, L.-A., « Sur I Cor. VII, 36-38. Cas de conscience d'un père (10621 chrétien ou « mariage ascétique » ? Un essai d'interprétation », dans *Mémorial J. Chaine* (en collab.), 309-320.

O'ROURKE, J. J., « Hypotheses regarding I Corinthians 7,36-38 », (10622 CBQ 20 (1958) 292-298.

7,37   LEAL, J., « Super virgine sua (1 Cor. 7,37) », VD 35 (1957) 97-102. (10623

8-10   COUNE, M., « Le problème des idolothytes et l'éducation de la (10624 *syneidêsis* », RSR 51 (1963) 497-534.

MALY, K., *Mündige Gemeinde.* Untersuchungen zur pastoralen (10625 Führung des Apostels Paulus im 1. Korintherbrief (Stuttgart, Katholisches Bibelwerk, 1967), 100-161.

8,4-6   FEUILLET, A., *Le Christ, sagesse de Dieu,* « La profession de foi (10626 monothéiste de 1 Co, VIII,4-6 », 59-85.

8,6   SAGNARD, M. M., « À propos de I Cor. 8,6 », ETL 26 (1950) 54-58. (10627

THÜSING, W., *Per Christum in Deum,* « Allwirksamkeit Gottes durch (10628 Christus und Hinordnung auf Gott durch Christus », 225-232.

8,8-11   McGARRY, W. J., « St. Paul and the Weaker Brother », AmER 94 (10629 (1936) 609-617.

8,10   WAMBACQ, B. N., « Quid S. Paulus de usu carnium docuerit (1 Cor. (10630
            8,10; Rom. 14) », VD 19 (1939) 18-21, 60-69.

9   DAUTZENBERG, G., « Der Verzicht auf das apostolische Unter- (10631
            haltsrecht. Eine exegetische Untersuchung zu 1 Kor 9 », Bibl 50 (1969)
            212-232.

9,4-10,5   SISTI, A., « Guardare fissi alla meta », BibOr 5 (1963) 14-21.   (10632

9,5   BAUER, J. B., « Uxores circumducere (1 Kor 9,5) », BZ 3 (1959) (10633
            94-102.

9,6-13   ROSMAN, H., « Tolle, lege », VD 20 (1940) 120-121.   (10634

9,14-27   DIDIER, G., « Le salaire du désintéressement (1 Cor. 9,14-27) », RSR (10635
            43 (1955) 228-252.

9,24-10,5   OGARA, F., « Bibebant... de spirituali consequente eos petra, petra (10636
            autem erat Christus (1 Cor. 9,24-10,5) », VD 16 (1936) 33-40.

            MARTELET, G., « But et sens d'une double comparaison (1 Co (10637
            9,24-10,5) », AS Nº 22 (1965) 19-27.

10-11   MINEAR, P. S., « Paul's Teaching on the Eucharist in First Corinthi- (10638
            ans », Wor 44 (1970) 83-92.

10,1-11   PIERRON, J., « La source de l'eau vive », CE Nº 19 (1955) 7-80.   (10639

            ROSE, A., « L'Église au désert », BVC Nº 13 (1956) 49-59.   (10640

            MARTELET, G., « Sacrements, Figures et Exhortation en I Cor. (10641
            10,1-11 », RSR 44 (1956) 323-359, 515-559.

10,1-4   FEUILLET, A., « L'explication « typologique » des événements du (10642
            désert en 1 Co 10,1-4 », SMR 8 (1965) 115-135.

            FEUILLET, A., Le Christ, sagesse de Dieu, « L'explication (10643
            « typologique » des événements du désert en 1 Co X,1-4 », 87-111.

10,1-2   SCHNACKENBURG, R., Das Heilsgeschehen bei der Taufe nach dem (10644
            Apostel Paulus, « Ein alt. Vorbild der Taufe (1 Kor 10,1f) », 86-89.

            BONDUELLE, J., « Les trois temps de notre exode : Tous, en Moïse, (10645
            furent baptisés dans la nuée et dans la mer (1 Cor. 10,2) », VS 84 (1951)
            276-302.

10,1   JEAN CHRYSOSTOME, « Commentaire sur I Cor. 10,1 », VS 84 (10646
            (1951) 302-303.

10,4   SCHMITT, J., « Petra autem erat Christus », MD Nº 29 (1952) 18-31. (10647

10,6-13   OGARA, F., « Haec... in figura contingebant illis », VD 15 (1935) (10648
            227-232.

10,13   FOSTER, R. J., « The Meaning of I Cor X,13 », SCR 2 (1947) 45.   (10649

10,14-21   BOISMARD, M.-É., « L'Eucharistie selon saint Paul », LV Nº 31 (10650
            (1957) 93-106.

11   XXX, « Le « Hoc facite in meam commemorationem » de S. (10651
            Paul », AmiCl 52 (1935) 357-358.

11,1-16   HAULOTTE, E., Symbolique du vêtement selon la Bible, « Le (10652
            « voile » des femmes dans l'assemblée liturgique (1 Co 11,1-16) »,
            237-271.

11,3   THÜSING, W., Per Christum in Deum, « Christi Haupt ist Gott (1 Kor (10653
            11,3) », 20-29.

11,9   GALLUS, T., « Non est creatus vir propter mulierem, sed mulier (10654
            propter virum (1 Cor 11,9) », VD 22 (1942) 141-151.

11,10   MEZZACASA, I., « Propter angelos », VD 11 (1931) 39-42.   (10655
        RÖSCH, C., « Um der Engel willen (1 Kor. 11,10) », TGl 24 (1932) (10656
        363-365.

11,11-12   BOUCHER, M., « Some Unexplored Parallels to 1 Cor 11,11-12 and (10657
        Gal 3,28 : The NT on the Role of Women », CBQ 31 (1969) 50-58.

11,11   WENNEMER, K., « Jedoch ist weder die Frau ohne den Mann, noch (10658
        der Mann ohne die Frau im Herrn (1 Kor 11,11) », GeistL 26 (1953)
        288-297.

11,17-34   DEQUEKER, L., ZUIDEMA, W., « L'Eucharistie selon saint Paul (1 (10659
        Co 11,17-34) », Conci N° 40 (1968) 45-53.

11,23-32   BOISMARD, M.-É., « L'Eucharistie selon saint Paul », LV N° 31 (10660
        (1957) 93-106.

11,23-29   KILMARTIN, E. J., « The Eucharistic Cup in the Primitive Litur- (10661
        gy », CBQ 24 (1962) 32-43.
        SPICQ, C., « L'authentique participation au repas du Seigneur (1 Co (10662
        11,23-29) », AS N° 54 (1966) 27-40.

11,23-25   GRAIL, A., « Sacrement de la Croix », LV N° 7 (1952) 11-27.   (10663
        BENOIT, P., « Les récits de l'institution et leur portée », LV N° 31 (10664
        (1957) 49-76.
        BETZ, J., « Die Eucharistie als sakramentale Gegenwart des (10665
        Heilsereignisses « Jesus » nach dem ältesten Abendmahlsbericht »,
        GeistL 33 (1960) 166-175.

11,24-25   PORPORATO, F., « Hoc facite in meam commemorationem (Lc. (10666
        22,19; 1 Cor. 11,24.25) », VD 13 (1933) 264-270.

11,25   KUGELMANN, R., « This is my Blood of the new Covenant », Wor (10667
        35 (1961) 421-424.

11,26   SCHÄFER, F. G., « Der « Heilstod » Jesu im paulinischen Verständnis (10668
        von Taufe und Eucharistie », BZ 14 (1970) 227-239.

12-14   MALY, K., *Mündige Gemeinde*. Untersuchungen zur pastoralen (10669
        Führung des Apostels Paulus im 1. Korintherbrief (Stuttgart,
        Katholisches Bibelwerk, 1967), 186-228.

12   ALVAREZ DE LINERA, A., « El glosolalo y su intérprete », EstB 9 (10670
        (1950) 193-208.
        BOVER, J. M., « Los carismas espirituales en San Pablo », EstB 9 (10671
        (1950) 295-328.
        HERMANN, I., *Kyrios und Pneuma*. Studien zur Christologie der (10672
        paulinischen Hauptbriefe, « Die Auferbauung der Gemeinde nach 1 Kor
        12 », 69-85.

12,1-31   HENNEN, B., « Ordines sacri. Ein Deutungsversuch zu I Cor 12,1-31 (10673
        und Röm 12,3-8 », TQ 119 (1938) 427-469.

12,1-11   SISTI, A., « Unità nella varietà », BibOr 7 (1965) 187-195.   (10674

12,1-3   MALY, K., « 1 Kor 12,1-3, eine Regel zur Unterscheidung der Geis- (10675
        ter ? » BZ 10 (1966) 82-95.

12,3-13   SCHÜRMANN, H., « Unité dans l'Esprit et diversité spirituelle (1 Co (10676
        12,3b-7.12-13) », AS (n.s.) N° 30 (1970) 35-41.

12,3   DE BROGLIE, G., « Le texte fondamental de saint Paul contre la foi (10677
        naturelle (I *Cor.* 12,3) », dans *Mélanges Jules Lebreton,* I, RSR 39 (1951)
        253-266.

BROX, N., « ΑΝΑΘΕΜΑ ΙΗΣΟΥΣ (1 Kor 12,3) », BZ 12 (1968) (10678 103-111.

12,12   HAVET, J., « « Christ collectif » ou « Christ individuel » en I Cor., (10679 12,12 », ETL 23 (1947) 499-520, ou dans *Miscellanea dogmatica J. Bittremieux* (en collab.), 50-84.

CERFAUX, L., *Le Christ dans la théologie de saint Paul²*, « Le Christ (10680 (le corps du Christ) dans I Cor. 12,12 », 253-255.

12,13   SCHNACKENBURG, R., *Das Heilsgeschehen bei der Taufe nach dem* (10681 *Apostel Paulus,* « Eingliederung in den Leib Christi (1 Kor 12,13) », 23-26.

12,27   ZAPELENA, T., « Vos estis corpus Christi I Cor. 12,27 », VD 37 (10682 (1959) 78-95, 162-170.

13   DESROCHES, H.-C., « Le « portrait » de la charité », VS 74 (1946) (10683 518-536.

BRENNAN, J., « The Exegesis of I Cor. 13 », IrThQ 21 (1954) 270-278. (10684

SPICQ, C., « L'Agapè de I Cor. 13. Un exemple de contribution de la (10685 sémantique à l'exégèse néo-testamentaire », ETL 31 (1955) 357-370.

SCHLIER, H., *Die Zeit der Kirche,* « Über die Liebe. 1 Kor 13 », (10686 186-193.

SISTI, A., « L'inno della carità », BibOr 10 (1968) 39-51.   (10687

13,4-7   McGOVERN, J. J., « The Gamut of Charity », Wor 35 (1961) 155-159. (10688

13,12   BEUMER, J., « Tunc... cognoscam, sicut et cognitus sum (I Cor 13, (10689 12) », VD 22 (1942) 166-173.

DUPONT, J., *Gnosis.* La connaissance religieuse dans les épîtres de saint (10690 Paul, « Dans un miroir, en énigme », 106-148.

GILL, D. H., « Through a Glass darkly : a Note on 1 Corinthians 13, (10691 12 », CBQ 25 (1963) 427-429.

13,13   LACAN, M.-F., « Les trois qui demeurent. I Cor 13,13 », RSR 46 (10692 (1958) 321-343.

DREYFUS, F., « Maintenant la foi, l'espérance et la charité demeurent (10693 toutes les trois (1 Cor 13,13) », dans *Studiorum Paulinorum Congressus 1961* (en collab.), I, 403-412.

NEIRYNCK, F., « De grote drie bij een Nieuve Vertalling van I Cor., (10694 XIII, 13 », ETL 39 (1963) 595-615.

13,23-25   SCHLIER, H., *Die Zeit der Kirche,* « Die Verkündigung im (10695 Gottesdienst der Kirche : Das Mahl des Herrn, Die Liturgie, Die Predigt », 244-264.

14,1-19   CANTINAT, J., « Charismes et bien commun de L'Église », BVC (10696 Nº 63 (1956) 16-25.

15   LYONNET, S., « Redemption through Death and Resurrection », Wor (10697 35 (1961) 281-287.

TRÉMEL, Y.-B., « À l'image du dernier Adam. Lecture de I Cor. (10698 15 », VS 108 (1963) 395-406.

MUSSNER, F., « « Schichten » in der paulinischen Theologie dargetan (10699 an 1 Kor 15 », BZ 9 (1965) 59-70.

REY, B., *Créés dans le Christ Jésus.* La création nouvelle selon saint (10700 Paul, « Dans le sillage du Christ ressuscité; A. Tous revivront dans le Christ (1 Co 15,20-28); B. « Le dernier Adam est un Esprit qui donne la vie » », 46-64.

KREMER, J., « La résurrection de Jésus, principe et modèle de notre (10701 résurrection, d'après saint Paul », Conci N° 60 (1970) 71-80.

15,1-11   KREMER, J., *Das älteste Zeugnis von der Auferstehung Christi.* Eine (10702 bibeltheologische Studie zur Aussage und Bedeutung von 1 Kor 15,1-11, 156 pp.

KERTELGE, K., « Das Apostelamt des Paulus, sein Ursprung und (10703 seine Bedeutung », BZ 14 (1970) 161-181.

15,1-10   CAMBIER, J., « L'affirmation de la résurrection du Christ (1 Co (10704 15,1-10) », AS N° 65 (1963) 12-30.

15,3-8   SEIDENSTICKER, P., *Die Auferstehung Jesu in der Botschaft der* (10705 *Evangelisten,* « Die Antiochenische Glaubensformel 1 Kor 15,3-7f. », 24-30.

SEIDENSTICKER, P., « Das Antiochenische Glaubensbekenntnis 1 (10706 Kor 15,3-7 im Lichte seiner Traditionsgeschichte », TGl 57 (1967) 286-323.

SEIDENSTICKER, P., « The Resurrection seen from Antioch », TDig (10707 17 (1969) 104-109.

15,3-5   SCHMITT, J., *Jésus ressuscité dans la prédication apostolique,* « La (10708 tradition apostolique dans I Cor., XV, 3b-5 », 37-61

HOFER, N., « Verkündigung – Glaube – Taufe », BiLit 37 (1963-64) (10709 225-228.

LEHMANN, K., *Auferweckt am dritten Tag nach der Schrift* (Freiburg (10710 i. B., Herder, 1968), 376 pp.

15,3-4   DUPONT, J., « Ressuscité le troisième jour », Bibl 40 (1959) 742-761. (10711

15,3   VAN CANGH, J. M., « Mort pour nos péchés selon les Écritures (1 Co (10712 15,3b) », RTL 1 (1970) 191-199.

15,4   DUPONT, J., « Ressuscité « le troisième jour » », Bibl 40 (1959) (10713 742-761, ou dans *Études sur les Actes des Apôtres,* 321-336.

PRETE, B., « Al terzo giorno (1 Cor 15,4) », dans *Studiorum* (10714 *Paulinorum Congressus 1961* (en collab.), I, 403-431.

15,5-7   GILS, F., « Pierre et la foi au Christ ressuscité », ETL 38 (1962) 5-43. (10715

15,6   BISHOP, E. E., « The Risen Christ and the Five Hundred Breth- (10716 ren », CBQ 18 (1956) 341-344.

15,12-22   GHIDELLI, C., « Notre résurrection dans le Christ (1 Co 15,12- (10717 22) », AS N° 96 (1967) 18-30.

15,20-28   CERFAUX, L., *Le Christ dans la théologie de saint Paul²,* « Le scénario (10718 de la Parousie », 42-47.

15,20-26   ALLO, E.-B., « Saint Paul et la « double résurrection » corporel- (10719 le », RB 41 (1932) 188-209.

15,20   STEINMETZ, F.-J., WULF, F., « Mit Christus auferstanden. (10720 Auslegung und Meditation von 1 Kor 15, 20; Eph 2,6 und 2 Tim 2, 18 », GeistL 42 (1969) 146-150.

15,24-28   PRADO, J., « La Iglesia del futuro, según San Pablo », EstB 22 (1963) (10721 255-302.

THÜSING, W., *Per Christum in Deum,* « Die Übergabe der Herrschaft (10722 an den Vater (1 Kor 15,24-28) », 238-254.

15,24   LEAL, J., « Deinde finis (I Cor. 15,24a) », VD 37 (1959) 225-231.   (10723

15,29   SCHNACKENBURG, R., *Das Heilsgeschehen bei der Taufe nach dem* (10724
              Apostel Paulus, « Die (stellvertretende) Taufe « für die Toten » in
              Korinth (1 Kor 15,29) », 90-98.
              FOSCHINI, B. M., « Those who are Baptized for the Dead », CBQ 12 (10725
              (1950) 260-276, 379-388; 13 (1951) 46-78, 172-198, 276-283.
              STAAB, K., « 1 Kor 15,29 im Lichte der Exegese der griechischen (10726
              Kirche », dans *Studiorum Paulinorum Congressus 1961* (en collab.), I,
              443-450.

15,45-49   TRIMAILLE, M., « Notre résurrection à l'image de Jésus, nouvel (10727
              Adam (1 Co 15,45-49) », AS (n.s.) N° 38 (1970) 51-58.

15,45   HERMANN, I., *Kyrios und Pneuma.* Studien zur Christologie der (10728
              paulinischen Hauptbriefe, 61-63.
              FEUILLET, A., *Le Christ, sagesse de Dieu,* « Le nouvel Adam, « esprit (10729
              vivifiant » », 327-333.
              SCHNEIDER, B., « The Corporate Meaning and Background of 1 Cor (10730
              15,45b », CBQ 29 (1967) 450-467.

15,51-57   CERFAUX, L., *Le Christ dans la théologie de saint Paul,* « Le scénario (10731
              de la Parousie », 42-47.

15,51   OPPENHEIM, P., « 1 Kor. 15,51. Eine kritische Untersuchung zur (10732
              Text und Auffassung bei den Vätern », TQ 112 (1931) 92-135.
              VACCARI, A., « Il testo 1 Cor. 15,51 », Bibl 13 (1932) 73-76.   (10733
              ROMEO, A., « « Omnes quidem resurgemus » seu « Omnes quidem (10734
              nequaquam dormiemus » (1 Cor. 15,51) », VD 14 (1934) 142-148,
              250-255, 267-275, 313-320, 328-336, 375-378.
              BRANDHUBER, P., « Die sekundären Lesarten bei 1 Kor. 15,51. Ihre (10735
              Verbreitung und Entstehung », Bibl 18 (1937) 303-333, 418-438.

15,54   DIRKSEN, A., « Desth is Swallowed in Victory (1 Cor. 15 : 54) », (10736
              AmER 96 (1937) 347-356.

15,57   McGARRY, W. J., « Victory through Our Lord (1 Cor. 15 : 57) », (10737
              AmER 96 (1937) 337-347.

16,1   CERFAUX, L., « Les « Saints » de Jérusalem », dans *Recueil Lucien* (10738
              Cerfaux, II, 389-414.

16,15   HERTLING, L., « 1 Kor, 16,15 und 1 Clem. 42 », Bibl 20 (1939) (10739
              276-283.

16,22   O'ROURKE, J. J., « Question and Answer : Maranatha », SCR 13 (10740
              (1961) 24-32.
              LANGEVIN, P.-É., *Jésus Seigneur et l'eschatologie. Exégèse de textes* (10741
              prépauliniens, 168-208.
              DUNPHY, W., « Maranatha : Development in Early Christianity », (10742
              IrThQ 37 (1970) 294-309.

16,23   DUESBERG, H., « La proximité de Dieu dans la liturgie de l'A- (10743
              vent », BVC N° 8 (1954-55) 16-30.

Divers. Miscellaneous. Verschiedenes. Diversi. Diversos.

    XXX, « L'Église de Corinthe au milieu du 1ᵉʳ siècle », AmiCl 52 (1935) 529-532. (10744
    FESTUGIÈRE, A.-J., « Saint Paul à Athènes et la première Épître aux Corin- (10745
    thiens », VI N° 34 (1935) 357-369.
    HOLZMEISTER, U., « Quid in epistola praecanonica S. Pauli ad Corinthios (10746
    contentum fuerit », VD 17 (1937) 313-316.

OLIVIERI, O., « Della differenza di tono tra I-IX e X-XIII della Lettera ai Co- (10747
rinti », Bibl 19 (1938) 383-410.

REES, W., « Corinth in St. Paul's Time », SCR 2 (1947) 71-76, 105-111. (10748

HASPECKER, J., « Vestigia Evangelii Oralis in S. Pauli ad Corinthios Epis- (10749
tulis », VD 27 (1949) 129-142, 206-213.

LILLY, J. L., « Missal Epistles from I Corinthians », CBQ 14 (1952) 57-61. (10750

XXX, « Lettres aux Corinthiens », PPB N° 32 (1958) 42 pp. (10751

RUSCHE, H., « Die Leugner der Auferstehung von den Toten in der korinthischen (10752
Gemeinde », MüTZ 10 (1959) 149-151.

TESTUZ, M., « La correspondance apocryphe de saint Paul et des Corin- (10753
thiens », dans Littérature et théologie pauliniennes (en collab.), 217-223.

DELCOR, M., « Les tribunaux de l'église de Corinthe et les tribunaux de Qum- (10754
rân », dans Studiorum Paulinorum Congressus 1961 (en collab.), II, 535-548.

MASSINGBERG FORD, J., « The First Epistle to the Corinthians or the First (10755
Epistle to the Hebrews ? » CBQ 28 (1966) 402-416.

4. II Corinthiens. II Corinthians. Der Zweite Korintherbrief. II Corinti. II Corintios.

Introductions. Einleitungen. Introduzioni. Introducciones.

DEWAILLY, L.-M., « La seconde épître aux Corinthiens », VI N° 51 (1937) (10756
513-517.

OSTY, É., Les épîtres de saint Paul aux Corinthiens³ (BJ) (Paris, Cerf, 1959), 75-88. (10757

CANTINAT, J., Les épîtres de saint Paul expliquées (Paris, Gabalda, 1960), (10758
« IIᵉ épître aux Corinthiens », 85-99.

FEUILLET, A., « Corinthiens (les épîtres aux) », SDB VII, col. 170-195. (10759

HERMANN, I., Kyrios und Pneuma. Studien zur Christologie der paulinischen (10760
Hauptbriefe, « Die Argumentationszusammenhang in 2 Kor », 20-25.

BOUWMAN, G., « Une spiritualité biblique est-elle possible aujourd'hui ? (10761
Quelques remarques herméneutiques sur les épîtres aux Corinthiens », Conci N°
49 (1969) 21-34.

Commentaires. Commentaries. Kommentare. Commenti. Comentarios.

ALLO, E.-B., Seconde épître aux Corinthiens (EB) (Paris, Gabalda, 1937), (10762
LXXV-388 pp.

SPICQ, C., Deuxième épître aux Corinthiens, dans La Sainte Bible (Pirot-Clamer), (10763
XI, 2ᵉ partie (1948), 299-400.

JACONO, V., Le Epistole di S. Paolo ai Romani, ai Corinti e ai Galati (Sacra Bibbia) (10764
(Torino, Roma, Marietti, 1952), « La seconda Epistola ai Corinti », 411-509.

OSTY, É., Les épîtres de saint Paul aux Corinthiens³ (BJ) (Paris, Cerf, 1959), (10765
124 pp.

GUTIERREZ, P., « Segunda carta a los Corintios », dans La Sagrada Escritura, (10766
II, 483-588.

WALTER, E., Der zweite Brief an die Korinther (Düsseldorf, Patmos, 1964), (10767
101 pp.

Théologie. Theology. Theologie. Teologia. Teología.

CERFAUX, L., « L'antinomie paulinienne de la vie apostolique », dans Mélanges (10768
Jules Lebreton, I, RSR 39 (1951) 221-236.

DIDIER, G., *Désintéressement du chrétien,* « Avis aux Corinthiens : menaces et (10769
promesses », 41-60; « Confidences aux Corinthiens : I. Le salaire du
désintéressement; II. « Que m'en revient-il ? »; III. Apologie du ministère »,
41-107.

PRÜMM, K., « Phänomenologie der Offenbarung laut 2 Kor », Bibl 43 (1962) (10770
396-416.

Textes. Texts. Texte. Testi. Textos.

1,8   STEINMETZ, F.-J., « ... so dass wir keines Ausweg mehr sahen (2 Kor (10771
                1,8). Apostolische Mühsal bei Paulus – und heute », GeistL 41 (1968)
                321-326.

1,17   BOVER, J. M., « El « sí » y el « no » : Un caso interesante de critica (10772
                textual », EstB 5 (1946) 95-99.

1,18-22   TRIMAILLE, M., COUNE, M., « Les Apôtres, envoyés authentiques (10773
                du Dieu fidèle (2 Co 1,18-22) », AS (n.s.) N° 38 (1970) 42-50.

1,18-19   PETERSON, E., « I Cor. 1,18f und die Thematik des jüdischen (10774
                Busstages », Bibl 32 (1951) 97-103.

1,20   HILL, E., « The Construction of three Passages from St. Paul, Romans (10775
                8,20-21, 2 Corinthians 1,20, 2 Corinthians 3,10 », CBQ 23 (1961)
                296-301.

2,14-17   DENIS, A.-M., « La fonction apostolique et la liturgie nouvelle en es- (10776
                prit », RSPT 42 (1958) 426-436.

3   PRÜMM, K., « Röm 1-11 und 2 Kor 3 », Bibl 31 (1950) 164-203.   (10777

3,1-4,6   PRÜMM, K., « Der Abschnitt über die Doxa des Apostolats 2 Kor (10778
                3,1-4,6 in der Deutung des hl. Johannes Chrysostomus », Bibl 30 (1949)
                161-196, 377-400.

3   HERMANN, I., *Kyrios und Pneuma.* Studien zur Christologie der (10779
                paulinischen Hauptbriefe, « 2 Kor 3 als Schwerpunkt der Ausein-
                andersetzung mit den Gegnern », 26-37.

3,4-9   LIESE, H., « De Spiritu et littera », VD 11 (1931) 225-229.   (10780

                OGARA, F., « Fiduciam... talem habemus per Christum ad Deum (2 (10781
                Cor. 3,4-9) », VD 18 (1938) 227-234.

                DE SURGY, P., « Ministres de l'alliance nouvelle (2 Co 3,4-9) », AS (10782
                N° 66 (1966) 19-31.

3,6   SCHNEIDER, B., « The Meaning of St. Paul's Antithesis « the Letter (10783
                and the Spirit » », CBQ 15 (1953) 163-207.

3,7-4,6   McNAMARA, M., *The N. T. and the Palestinian Targum to the* (10784
                Pentateuch, « The Midrash on the Veil of Moses; 2 Cor 3,7-4,6 and PT
                ex 33-34; TJI Nm 7,89 », 168-188.

3,10   HILL, E., « The Construction of three Passages from St. Paul, Romans (10785
                8,20-21, 2 Corinthians 1,20, 2 Corinthians 3,10 », CBQ 23 (1961)
                296-301.

3,16-18   HERMANN, I., *Kyrios und Pneuma.* Studien zur Christologie der (10786
                paulinischen Hauptbriefe, « Die Aussage « Der Kyrios ist das Pneu-
                ma ». Der Unmittelbare Kontext (3,16-18) », 38-56.

3,16   LE DÉAUT, R., « Traditions targumiques dans le corpus paulinien ? (10787
                (Hebr 11,4 et 12,24; Gal 4,29s; 2 C 3,16) », Bibl 42 (1961) 28-48.

3,17-18   FEUILLET, A., *Le Christ, sagesse de Dieu*, « Le Seigneur qui est l'Esprit (10788
           et le Christ, miroir et image de Dieu (2 Co. III,17-18; cf. IV,4-6) »,
           113-161.

3,17   LATTEY, C., « Dominus autem Spiritus est (2 Cor. 3,17) », VD 20 (10789
           (1940) 187-189.

           PRAT, F., *La théologie de saint Paul*[38], « Dominus autem spiritus (10790
           est », II, 522-530.

           PRÜMM, K., « Israels Kehr zum Geist (2 Kor 3,17a) », ZKT 72 (1950) (10791
           385-442.

           PRÜMM, K., « Die katholische Auslegung von 2 Kor 3,17a in den (10792
           letzten vier Jahrzehnten nach ihren Hauptrichtungen », Bibl 31 (1950)
           316-345, 459-482; 32 (1951) 1-24.

           LYONNET, S., « S. Cyrille d'Alexandrie et 2 Cor. 3,17 », Bibl 32 (1951) (10793
           25-31.

           GRECH, P., « Il Corinthians 3,17 and the Pauline Doctrine of (10794
           Conversion to the Holy Spirit », CBQ 17 (1955) 420-437.

           GALLETTO, P., « Dominus autem Spiritus est (II Cor. 3,17) », RivB (10795
           5 (1957) 254-281.

           SCHILDENBERGER, J., « Der Herr aber ist der Geist, 2 Kor 3,17a (10796
           im Zusammenhang des Textes und der Theologie des Hl. Paulus », dans
           Studiorum Paulinorum Congressus 1961 (en collab.), I, 451-460.

           HERMANN, I., *Kyrios und Pneuma*. Studien zur Christologie der (10797
           paulinischen Hauptbriefe (München, Kösel, 1961), « Die in der Aus-
           legungsgeschichte von 2 Kor 3,17 vorgetragenen Verständnis-
           möglichkeiten », 17-19.

3,18   DUPONT, J., « Le chrétien, miroir de la gloire divine, d'après II Cor. (10798
           3,18 », RB 56 (1949) 392-411.

4,4   REY, B., *Créés dans le Christ Jésus*. La création nouvelle selon saint (10799
           Paul, « La transfiguration à l'image du Christ, image de Dieu (2 Co 3,18
           et 4,4); A. La gloire du ministère de la Loi et celle du ministère de
           l'Esprit; B. Le Christ en gloire, image de Dieu », 181-202.

4,6   MARTINI, C. M., « Alcuni termi letterari di 2 Cor 4,6 e i racconti della (10800
           conversione di San Paolo negli Atti », dans *Studiorum Paulinorum
           Congressus 1961* (en collab.), I, 461-474.

4,7-11   CONGAR, Y., « Vie dans le monde et vie « dans le Seigneur » », VS (10801
           96 (1957) 401-408.

           CONGAR, Y., « In the World and not of the World », SCR 9 (1957) (10802
           53-64.

4,7-9   SPICQ, C., « L'image sportive de 2 Corinthiens, 4,7-9 », ETL 14 (1937) (10803
           209-229.

4,21   SPICQ, C., « Une réminiscence de Job XXXVII,13 dans I Cor. (10804
           4,21 ? » RB 60 (1953) 509-512.

5,1-10   FEUILLET, A., « La demeure céleste et la destinée des chrétiens. (10805
           Exégèse de 2 Cor. 5,1-10 et contribution à l'étude des fondements de
           l'eschatologie paulinienne », RSR 44 (1956) 161-192, 360-402.

5,6-10   ZEDDA, S., « Plaire au Seigneur (2 Co 5,6-10) », AS (n.s.) Nº 42 (10806
           (1970) 45-49.

5,6-8   FEUILLET, A., « Mort du Christ et mort du chrétien d'après les épîtres (10807
           pauliniennes », RB 66 (1959) 481-513.

5,11-21   THÜSING, W., *Per Christum in Deum,* « Die Verknüpfung von (10808
           In-Christus-Sein und Theozentrik in 2 Kor 5,11-21 », 101-108.

5,12   FAHY, T., « St. Paul's « Boasting » and « Weakness » », IrThQ 31 (10809
           (1964) 214-227.

5,14-17   CIPRIANI, S., « L'amour du Christ et la vie en lui », AS (n.s.) N° 43 (10810
           (1969) 35-41.

           CIPRIANI, S., « L'amore di Cristo e la nostra vita in lui (2 Cor. 5,14- (10811
           17) », RivB 18 (1970) 269-277.

X 5,14   ROMANIUK, K., *L'amour du Père et du Fils dans la sotériologie de* (10812
           saint Paul, « L'amour du Christ nous presse (2 Co 5,14) », 16-25.

5,15   BESNARD, A.-M., « Tu m'as séduit, Yahwé », VS 105 (1961) 584-596. (10813

Y 5,16   CAMBIER, J., « Connaissance charnelle et spirituelle du Christ dans (10814
           2 *Co* 5,16 », dans *Littérature et théologie pauliniennes* (en collab.), 72-92.

5,17-21   CIPRIANI, S., « Réconciliés avec Dieu par le Christ (2 Co 5,17- (10815
           21) », AS (n.s.) N° 17 (1970) 58-63.

5,17   BOYER, C., « ΚΑΙΝΗ ΚΤΙΣΙΣ (2 Cor 5,17; Gal 6,15) », dans (10816
           Studiorum Paulinorum Congressus 1961 (en collab.), I, 487-490.

X   REY, B., *Créés dans le Christ Jésus.* La création nouvelle selon saint (10817
           Paul, « Si quelqu'un est dans le Christ, c'est une créature nouvelle (2 Co
           5,17) », 35-43.

5,21   SABOURIN, L., « Note sur 2 Cor. 5,21 : le Christ fait « péché » », (10818
           SE 11 (1959) 419-424.

           ROMANIUK, K., *L'amour du Père et du Fils dans la sotériologie de* (10819
           saint Paul, 216-229.

           SABOURIN, L., *Rédemption sacrificielle,* « Le Christ fait « péché » (2 (10820
           Co 5,21) et « malédiction » (Ga 3,13) : le sens de ces formules dans
           l'histoire de l'exégèse », 15-160.

           SABOURIN, L., « Redemptio nostra et sacrificium Christi », VD 41 (10821
           (1963) 154-174.

           LYONNET, S., SABOURIN, L., *Sin, Redemption, and Sacrifice.* A (10822
           Biblical and Patristic Study, « Christ made « Sin » (2 Cor 5 : 21) :
           Sacrifice and Redemption in the History of a Formula », 187-296.

6,1-10   OGARA, F., « Dominica I Quadragesimae », VD 13 (1933) 65-74.   (10823
           BRILLET, G., « Voici les jours de salut (2 Co 6,1-10) », AS N° 26 (10824
           (1962) 21-36.

6,4-10   CONGAR, Y., « Vie dans le monde et vie « dans le Seigneur » », VS (10825
           96 (1957) 401-408.

           CONGAR, Y., « In the World and not of the World », SCR 9 (1957) (10826
           53-64.

6,14-7,1   FITZMYER, J. A., « Qumrân and the Interpolated Paragraph in 2 Cor (10827
           6,14-7,1 », CBQ 23 (1961) 271-280.

           GNILKA, J., « 2 Kor 6,14-7,1 im Lichte der Qumranschriften und der (10828
           Zwölf-Patriarchen-Testamente », dans *Neutestamentliche Aufsätze* (en
           collab.), 86-99.

8,4	CERFAUX, L., « Les « Saints » de Jérusalem », dans *Recueil Lucien* (10829 *Cerfaux*, II, 389-414.
8,7-15	DUPONT, J., « Pour vous le Christ s'est fait pauvre (2 Co 8,7.9.13- (10830 15) », AS (n.s.) N° 44 (1969) 32-37.
8,9	FEUILLET, A., « L'Homme-Dieu considéré dans sa condition terres- (10831 tre », RB 51 (1942) (= *Vivre et Penser*, 2) 70-73.
	PRÜMM, K., « Zur Früh- und Spätform der religionsgeschichtlichen (10832 Christusdeutung von H. Windisch », Bibl 42 (1961) 391-422; 43 (1962) 22-56.
	FEUILLET, A., *Le Christ, sagesse de Dieu*, « Le Christ préexistant et (10833 son dépouillement volontaire », 339-349; « Richesse et pauvreté du Christ », 349-360.
10,5	KERN, W., « Wir nehmen alles Denken gefangen für den Gehorsam (10834 gegen Christus », GeistL 36 (1963) 241-245.
10,12	HENNING, J., « The Measure of Man : A Study of 2 Cor. 10,12 », CBQ (10835 8 (1946) 332-343.
11,1-3	PRADO, J., « La Iglesia del futuro, según San Pablo », EstB 22 (1963) (10836 255-302
11,13	BARRETT, C. K., « Ψευδαπόστολοι (2 Cor 11,13) », dans *Mélanges* (10837 *bibliques* en hommage au R. P. Béda Rigaux (en collab.), 377-396.
11,16-21	FAHY, T., « St. Paul's « Boasting » and « Weakness » », IrThQ 31 (10838 (1964) 214-227.
11,19-12,9	OGARA, F., « Ministri Christi sunt ? ut minus sapiens dico : plus ego (10839 (2 Cor. 11,19-12,9) », VD 18 (1938) 33-42.
	COMBLIN, J., « L'apôtre se glorifie de ses faiblesses (2 Co 11,19- (10840 12,9) », AS N° 23 (1964) 17-36.
12,6-7	CAMBIER, J., « Le critère paulinien de l'apostolat en 2 Cor 12,6s », (10841 Bibl 43 (1962) 481-518.
	CAMBIER, J., « Une lecture de 2 Cor 12,6-7a. Essai d'interprétation (10842 nouvelle », dans *Studiorum Paulinorum Congressus 1961* (en collab.), I, 475-485.
12,7	ANDRIESSEN, P., « L'impuissance de Paul en face de l'ange de Sa- (10843 tan », NRT 81 (1959) 462-468.
12,10	CONGAR, Y., « Vie dans le monde et vie « dans le Seigneur » », VS (10844 96 (1957) 401-408.

Divers. Miscellaneous. Verschiedenes. Diversi. Diversos.

XXX, « La IIᵉ Epître aux Corinthiens », AmiCl 54 (1937) 497-505.   (10845
PRAT, F., *La théologie de saint Paul*[38], « La seconde aux Corinthiens : les (10846 malentendus », I, 168-177; « La grande collecte », I, 177-181; « Les adversaires de Paul », I, 181-190; « Analyse des épîtres : deuxième aux Corinthiens », I, 577-581.
XXX, « Lettres aux Corinthiens », PPB N° 32 (1958) 42 pp.   (10847

5. Galates. Galatians. Der Galaterbrief. Galati. Gálatas.

Introductions. Einleitungen. Introduzioni. Introducciones.

LYONNET, S., *Les épîtres de saint Paul aux Galates, aux Romains*[2] (BJ) (Paris, (10848 Cerf, 1959), 9-18.

CANTINAT, J., *Les épîtres de saint Paul expliquées* (Paris, Gabalda, 1960), (10849 « Épître aux Galates », 101-116.

VIARD, A., « Galates (épîtres aux) », SDB VII, col. 211-226. (10850

VANNI, U., *Lettere ai Galati e ai Romani.* Versione, Introduzione, Note (Roma, (10851 Ed. Paoline, 1967), 226 pp.

Commentaires. Commentaries. Kommentare. Commenti. Comentarios.

AMIOT, F., *Épître aux Galates, épîtres aux Thessaloniciens* (VS) (Paris, (10852 Beauchesne, 1946), 392 pp.

BUZY, D., *Épître aux Galates,* dans *La Sainte Bible* (Pirot-Clamer), XI, 2ᵉ partie (10853 (1948), 401-480.

JACONO, V., *Le Epistole di S. Paolo ai Romani, ai Corinti e ai Galati* (La Sacra (10854 Bibbia) (Torino, Roma, Marietti, 1952), « La lettera ai Galati », 513-581.

LYONNET, S., *Les épîtres de saint Paul aux Galates, aux Romains²* (BJ) (Paris, (10855 Cerf, 1959), 142 pp.

LEAL, J., *Carta a los Galatas,* dans *La Sagrada Escritura,* II, 591-660. (10856

ZERWICK, M., *Der Brief der Galater* (Düsseldorf, Patmos, 1964), 122 pp. (10857

VIARD, A., *Épître aux Galates* (Paris, Gabalda, 1964), 128 pp. (10858

BLIGH, J., *Galatians.* A Discussion of St Paul's Epistle (London, St Paul (10859 Publications, 1969), 14-544 pp.

Théologie. Theology. Theologie. Teologia. Teología.

GUIDICE, C., « De unione fidelium cum Christo in epistola ad Galatas », VD 20 (10860 (1940) 44-52, 81-84.

PRAT, F., *La théologie de saint Paul³⁸,* « Justification par la foi sans les oeuvres (10861 de la Loi », I, 97-214; « Le rôle de la Loi », I, 214-222.

PRÜMM, K., « Gal und 2 Kor. Ein lehrgehaltlicher Vergleich », Bibl 31 (1950) (10862 27-72.

GRAIL, A., « Le baptême dans l'épître aux Galates (3,26-4,7) », RB 58 (1951) (10863 503-520.

GRAIL, A., « Baptism in the Epistle to the Galatians », TDig 1 (1953) 154-157. (10864

LYONNET, S., « Liberté du chrétien et loi de l'Esprit selon saint Paul », CHR (10865 Nº 4 (1954) 6-27.

CERFAUX, L., « Service du Christ et liberté », BVC Nº 8 (1954-55) 7-15. (10866

DIDIER, G., *Désintéressement du chrétien,* « Aux Galates : exigences de la li- (10867 berté », 108-119.

FRANSEN, I., « La liberté en esprit (Épître aux Galates) », BVC Nº 14 (1956) (10868 67-81.

BALLARINI, T., « La collegialità della Chiesa in Atti e Galati », BibOr 6 (1964) (10869 255-262.

GOFFINET, A., « La prédication de l'Évangile et de la croix dans l'épître aux (10870 Galates », ETL 41 (1965) 395-450.

CERFAUX, L., *L'itinéraire spirituel de saint Paul,* « Le gardien de la liberté (10871 chrétienne », 93-104.

ORTKEMPER, F.-J., *Das Kreuz in der Verkündigung des Apostels Paulus.* (10872 Dargestellt an den Texten der paulinischen Hauptbriefe, « Christi Kreuz – das Ende des Gesetzes », 9-42.

Textes. Texts. Texte. Testi. Textos.

1,1-17   DUPLACY, J., « L'Évangile en danger », *L'Anneau d'Or* N° 41 (1951)   (10873
         325-330.

1,4   ROMANIUK, K., *L'amour du Père et du Fils dans la sotériologie de*   (10874
         saint Paul, 54-58.

1,6   WIEDERKEHR, D., *Die Theologie der Berufung in den Paulusbriefen,*   (10875
         75-81.

1,11-2,14   FÉRET, H.-M., *Pierre et Paul à Antioche et à Jérusalem.* Le « con-   (10876
         flit » des deux apôtres (Paris, Cerf, 1955), 130 pp.

1,11-16   LANGEVIN, P.-É., « Saint Paul, prophète des Gentils », LTP 26   (10877
         (1970) 3-16.

1,12-22   FAHY, T., « The Council of Jerusalem », IrThQ 30 (1963) 232-261.   (10878

1,15   DENIS, A.-M., « L'élection et la vocation de Paul, faveurs célestes.   (10879
         Étude thématique de Gal. 1,15 », RT 57 (1957) 405-428.

         WIEDERKEHR, D., *Die Theologie der Berufung in den Paulusbriefen,*   (10880
         82-90.

1,16   DENIS, A.-M., « L'investiture de la fonction apostolique par   (10881
         « Apocalypse ». Étude thématique de Gal. 1,16 », RB 74 (1957) 335-
         362, 492-515.

         DUPONT, J., « La révélation du Fils de Dieu en faveur de Pierre (Mt   (10882
         16,17) et de Paul (Ga 1,16) », RSR 52 (1964) 411-420.

1,18-2,1   DUPONT, J., « Les trois premiers voyages de saint Paul à Jérusa-   (10883
         lem », dans « Chronologie paulinienne », RB 62 (1955) 55-59, ou dans
         Études sur les Actes des Apôtres, 167-171.

2,1-10   FÉRET, H.-M., *Pierre et Paul à Antioche et à Jérusalem* (Paris, Cerf,   (10884
         1955), 130 pp.

         DUPONT, J., « Pierre et Paul à Antioche et à Jérusalem », RSR 45   (10885
         (1957) 42-60, 225-239.

         MANCERO, V., « Gal. II,1-10, y 6 Act, XV (Estado actual de la cues-   (10886
         tion) », EstB 22 (1963) 315-350.

2,1   DIEU, L., « Quatorze ans ou... quatre ans. À propos de Gal. 2,1 », ETL   (10887
         14 (1937) 308-317.

2,1-6   ORCHARD, B., « The Problem of Acts and Galatians », CBQ 7 (1945)   (10888
         377-397.

2,6-9   FÜRST, H., « Paulus und die « Saulen » der jerusalemer Urgemeinde   (10889
         (Gal 2,6-9) », dans *Studiorum Paulinorum Congressus 1961* (en collab.),
         II, 3-10.

2,6   BRUNEC, M., « Ἀπὸ δε τῶν δοκούντων », VD 25 (1947) 280-288.   (10890

2,11-14   GAECHTER, P., « Petrus in Antiochia (Gal 2,11-14) », ZKT 72 (1950)   (10891
         177-212.

         DUPONT, J., « Pierre et Paul à Antioche et à Jérusalem », RSR 45   (10892
         (1957) 42-60, 225-239, ou dans *Études sur les Actes des Apôtres,* 185-215.

         GAECHTER, P., *Peter und seine Zeit,* « Petrus in Antioch (Gal   (10893
         2,11-14) », 213-257.

         GONZALEZ RUIZ, J. M., « Petro en Antioquia, Jefe de toda la Iglesia,   (10894
         según Gál. 2,11-14 », EstB 21 (1962) 75-81, ou dans *Studiorum
         Paulinorum Congressus 1961* (en collab.), II, 11-16.

2,16-21   COTHENET, E., « La vie dans la foi au Christ (Ga 2,16.19-21) », AS (10895
             (n.s.) N° 42 (1970) 73-79.

2,19-20   THÜSING, W., *Per Christum in Deum,* « Das Leben Christi « in (10896
             mir » und mein Leben für Gott », 109-114.

2,19   LEAL, J., « Christo confixus sum cruci (Gal. 2,19) », VD 19 (1939) (10897
             76-80, 98-105.

             SCHNACKENBURG, R., *Das Heilsgeschehen bei der Taufe nach dem* (10898
             Apostel Paulus, « Gal. 2,19 (5,24; 6,14) », 57-62.

2,20   ROMANIUK, K., *L'amour du Père et du Fils dans la sotériologie de* (10899
             saint Paul, 28-36.

3,6-4,20   LÉON-DUFOUR, X., « Une lecture chrétienne de l'Ancien Testa- (10900
             ment : Galates 3 : 6 à 4 : 20 », dans *L'Évangile hier et aujourd'hui* (en
             collab.), Mélanges offerts au Prof. F.-J. Leenhardt (Genève, Labor et
             Fides, 1968), 109-116.

3,6-14   JUNG, P., « Das paulinische Vokabular in Gal 3,6-14 », ZKT 74 (1952) (10901
             439-449.

3,13   HOLZMEISTER, U., « De Christi crucifixione quid e Deut. 21,22s. et (10902
             Gal. 3,13 consequatur », Bibl 27 (1946) 18-29.

             SABOURIN, L., *Rédemption sacrificielle,* « Le Christ fait « péché » (10903
             (2 Co 5,21) et « malédiction » (Ga 3,13) : le sens de ces formules dans
             l'histoire de l'exégèse », 15-160.

3,16-22   LIESE, H., « Promissiones Abrahae factae complentur per fidem, non (10904
             per legem », VD 13 (1933) 257-263.

             LACAN, M.-F., « L'éducation de la foi (Ga 3,16-22) », AS N° 67 (10905
             (1965) 19-35.

             SISTI, A., « Le promesse messianiche », BibOr 11 (1969) 125-134.   (10906

3,16   A VALLISOLETO, X., « Et semini tuo, qui est Christus », VD 12 (10907
             (1932) 327-332.

             DI FONZO, L., « De semine Abrahae, promissionum herede, juxta S. (10908
             Paulum in Gal. 3 », VD 21 (1941) 49-58.

3,20   DANIELI, G., « Mediator autem unius non est (Gal 3,20) », VD 33 (10909
             (1951) 9-17.

             LACAN, M.-F., « Le Dieu unique et son médiateur, Gal. 3,20 », dans (10910
             L'homme devant Dieu. Mélanges H. de Lubac (en collab.), I, 113-125.

3,23-4,9   CERFAUX, L., « Le Fils né de la femme », BVC N° 4 (1953-54) (10911
             59-65.

3,23-26   JOURNET, C., « L'économie de la loi mosaïque », RT 63 (1963) 5-36, (10912
             193-224, 515-547.

3,26-29   A VALLISOLETO, X., « In Christo Iesu », VD 12 (1932) 16-24; 13 (10913
             (1933) 311-319.

             MOCSY, E., « De unione mystica cum Christo », VD 25 (1947) (10914
             270-279, 328-339.

             BOUTTIER, M., « L'évangile paulinien (Ga 3,26-29) », AS (n.s.) N° (10915
             43 (1969) 66-71.

3,27   SCHNACKENBURG, R., *Das Heilsgeschehen bei der Taufe nach dem* (10916
             Apostel Paulus, « Die umstrittene Wendung βαπτίζειν εἰς Χριστόν
             (Röm 6,3; Gal 3,27) », 18-23.

3,28   LOCHET, L., « Autorité et amour dans la vie conjugale », *L'Anneau* (10917
d'Or N° 68 (1956) 108-121.

BOUCHER, M., « Some Unexplored Parallels to 1 Cor 11,11-12 and (10918
Gal 3,28 : The NT on the Role of Women », CBQ 31 (1969) 50-58.

4,1-7   GEORGE, A., « De l'esclavage à la liberté », AS N° 11 (1961) 19-28. (10919

SISTI, A., « L'adozione divina », BibOr 6 (1964) 267-272.   (10920

4,2   HUBY, J., « Στοιχεῖα dans Bardesane et saint Paul », Bibl 15 (1934) (10921
365-368.

4,3-5   WULF, F., « Einssein und Uneinssein : mit Gott - und mit den (10922
Mitmenschen », GeistL 42 (1969) 311-314.

4,4-6   TROADEC, H.-G., « La Bible et la Vierge. La femme, cause de notre (10923
adoption divine; le témoignage de saint Paul », CE N° 13 (1954) 8-10.

4,4-5   BOVER, J. M., « Un texto de San Pablo (Gal. 4,4-5) interpretado por (10924
San Ireneo », EstE 17 (1943) 145-181.

4,4   DE ROOVER, E., « La maternité virginale de Marie dans (10925
l'interprétation de Gal 4,4 », dans *Studiorum Paulinorum Congressus
1961* (en collab.), II, 17-37.

4,5   SCHOENBERG, M. W., « *Huiothesia :* The Word and the Institu- (10926
tion », SCR 15 (1963) 115-123.

4,6   BENOIT, P., « Nous gémissons, attendant la délivrance de notre corps (10927
(Rom., 8,23) », dans *Mélanges Jules Lebreton,* I, RSR 39 (1951) 267-280.

ZEDDA, S., *L'adozione a Figli di Dio e lo Spirito Santo.* Storia (10928
dell'interpretazione e teologia mistica di Gal. 4,6 (Roma, Pontificio
Istituto Biblico, 1952), 23-190 pp.

ROMANIUK, K., « Spiritus clamans (Gal 4,6; Rom 8,15) », VD 40 (10929
(1962) 190-198.

DUPREZ, A., « Note sur le rôle de l'Esprit-Saint dans la filiation du (10930
chrétien. À propos de Gal. 4,6 », RSR 52 (1964) 421-431.

4,21-31   SISTI, A., « Le duo alleanze », BibOr 11 (1969) 25-32.   (10931

OGARA, F., « Quae sunt per allegoriam dicta », VD 15 (1935) 67-76. (10932

4,25   MUSSNER, F., « Hagar, Sinai, Jerusalem », TQ 135 (1955) 56-60.   (10933

MONTAGNINI, F., « « Il monte Sinai si trova in Arabia... » Nota sul (10934
tema « Legge e schiavitù » », BibOr 11 (1969) 33-38.

4,29-30   LE DÉAUT, R., « Traditions targumiques dans le corpus paulinien ? (10935
(Hebr 11,4 et 12,24; Gal 4,29s; 2 C 3,16) », Bibl 42 (1961) 28-48

5,1-18   LACAN, M.-F., « Le choix fondamental : être asservi ou servir (Ga (10936
5,1.13-18) », AS (n.s.) N° 44 (1969) 60-64.

5,1   GNILKA, J., « Zur Liebe befreit », BiLeb 8 (1967) 145-148.   (10937

5,6   MULKA, A. L., « Fides quae per caritatem operatur (Gal 5,6) », CBQ (10938
28 (1966) 174-188.

5,8   WIEDERKEHR, D., *Die Theologie der Berufung in den Paulusbriefen,* (10939
90-93.

5,9   SCHON, A., « Eine weitere metrische Stelle bei St. Paulus », Bibl 30 (10940
(1949) 510-513.

5,13   SINT, J., « Dienet einander durch die Liebe (Gal 5,13) », BiLit 37 (10941
(1963-64) 213-216.

5,16-25   NIEDER, L., *Die Motive der religiös-sittlichen Paränese in den* (10942 *paulinischen Gemeindebriefen,* 14-19.

5,16-24   OGARA, F., « Spiritu ambulate (Gal. 5,16-24) », VD 18 (1938) (10943 257-261, 289-293.

             LACAN, M.-F., « Le chemin de la liberté (Ga 5,16-24) », AS N° 68 (10944 (1964) 17-30.

             SISTI, A., « Carne, spirito e libertà », BibOr 6 (1964) 219-224.   (10945

5,25-6,10   WARNACH, V., « Communauté dans l'Esprit (Ga 5,25-6,10) », AS (10946 N° 69 (1964) 15-28

             SISTI, A., « La pratica della carità fraterna », BibOr 11 (1969) 189-196. (10947

6,5   BOYER, C., « ΚΑΙΝΗ ΚΤΙΣΙΣ (Cor 5,17; Gal 6,15) », dans (10948 *Studiorum Paulinorum Congressus 1961* (en collab.), I, 487-490.

             REY, B., *Créés dans le Christ Jésus. La création nouvelle selon saint* (10949 Paul, « Ce qui compte, c'est d'être une créature nouvelle », 21-35.

6,16   RAURELL, F., « Israel y la Iglesia : un problema de continuidad y (10950 discontinuidad », EstF 66 (1965) 289-304.

             O'CONNOR, D. J., « Is the Church the New Israel », IrThQ 33 (1966) (10951 161-164.

6,17   BORSE, U., « Die Wundmale und der Todesbescheid », BZ 14 (1970) (10952 88-111.

Divers. Miscellaneous. Verschiedenes. Diversi. Diversos.

BOVER, J. M., « Textus Codicis Claromontani D) in Epistula ad Galatas », Bibl (10953 12 (1931) 199-218.

BOVER, J. M., « Reedición de frases en la Epístola a los Gálatas », EstE 14 (1935) (10954 310-317.

ORCHARD, B., « The Problem of Acts and Galatians », CBQ 7 (1945) 377-397. (10955

XXX, « Galates, Romains », PPB N° 35 (1958) 38 pp.   (10956

6. *Éphésiens. Ephesians. Der Epheserbrief. Efesini. Efesios.*

Introductions. Einleitungen. Introduzioni. Introducciones.

CASPER, J., « Paulus grüsst seine erste Gemeinde in Europa », BiLit 14 (1939-40) (10957 46-51.

XXX, « Épîtres de la captivité : aux Éphésiens », PPB N° 34 (1955) 5-13.   (10958

DACQUINO, P., « Interpretatio Epistolae ad Eph. in luce finis intenti », VD 36 (10959 (1958) 338-349.

RIDOUARD, A., GOURBILLON, J. G., « Rendons grâce au Seigneur : Pour la (10960 louange de sa gloire. La lettre aux Éphésiens », CE N° 30 (1958) 34-40.

BENOIT, P., *Les épîtres de saint Paul aux Philippiens, à Philémon, aux Colossiens,* (10961 *aux Éphésiens³* (BJ) (Paris, Cerf, 1959), 77-84.

CANTINAT, J., *Les épîtres de saint Paul expliquées,* « Épître aux Éphésiens », (10962 167-179.

BALLARINI, T., VIRGULIN, S., LYONNET, S., *Introduzione alla Bibbia,* V/2, (10963 Epistole della prigionia – Pastorali – Ebrei – Cattoliche – Apocalisse (Torino, Marietti, 1964), xix-508 pp.

BENOIT, P., « Éphésiens (épître aux) », SDB VII, col. 195-211.   (10964

GNILKA, J., « Paränetische Traditionen im Epheserbrief », dans *Mélanges* (10965
bibliques en hommage au R. P. Béda Rigaux (en collab.), 397-410.

STEINMETZ, F.-J., *Protologische Heils-Zuversicht*. Die Strukturen des soterio- (10966
logischen und christologischen Denkens im Kolosser- und Epheserbrief (Frankfurt
a. M., J. Knecht, 1969), 158 pp.

Commentaires. Commentaries. Kommentare. Commenti. Comentarios.

HUBY, J., *Épîtres de la captivité* (VS) (Paris, Beauchesne, 1935), 375 pp.   (10967

MÉDEBIELLE, A., *Épître aux Éphésiens*, dans *La Sainte Bible* (Pirot-Clamer), XII (10968
(1938), 7-74.

STAAB, K., FREUNDORFER, J., *Die Thessalonicherbriefe, die Gefangenschafts-* (10969
briefe und die Pastoralbriefe (Regensburg, Pustet, 1950), 264 pp.

SCHLIER, H., *Der Brief an die Epheser*. Ein Kommentar (Düsseldorf, Patmos, (10970
1957), 315 pp.

BENOIT, P., *Les épîtres de saint Paul aux Philippiens, à Philémon, aux Colossiens,* (10971
aux Éphésiens³ (BJ) (Paris, Cerf, 1959), 112 pp.

LEAL, J., « Carta a los Efesios », dans *La Sagrada Escritura,* II, 663-731.   (10972

ZERWICK, M., *Der Brief an die Epheser* (Düsseldorf, Patmos, 1962), 200 pp.   (10973

CAMBIER, J., *Vie chrétienne en Église*. L'Épître aux Éphésiens lue aux chrétiens (10974
d'aujourd'hui (Tournai, Desclée et Cie, 1966), 206 pp.

Théologie. Theology. Theologie. Teologia. Teología.

BENOIT, P., « L'horizon paulinien de l'épître aux Éphésiens », RB 46 (1937) (10975
342-361, 506-525, ou dans *Exégèse et théologie,* II, 53-96.

SCHLIER, H., WARNACH, V., *Die Kirche im Epheserbrief* (Münster, Aschen- (10976
dorff, 1949), 115 pp.

SCHLIER, H., « Die Kirche als das Geheimnis Christi », TQ 134 (1954) 385-396. (10977

DIDIER, G., *Désintéressement du chrétien,* « Présence de l'éternel : épîtres aux (10978
Éphésiens et aux Colossiens », 172-191.

MUSSNER, F., *Christus das All und die Kirche*. Studien zur Theologie des (10979
Epheserbriefes (Trier, Paulinus Verlag, 1955), 15-175 pp.

SCHLIER, H., *Die Zeit der Kirche,* « Die Kirche nach dem Brief an die Ephe- (10980
ser », 159-186; « Die Kirche als das Geheimnis Christi nach dem Epheserbrief », 299-307.

CERFAUX, L., « L'influence des « mystères » sur les épîtres de S. Paul aux (10981
Colossiens et aux Éphésiens », dans *Sacra Pagina,* II, 373-379, ou dans *Recueil
Lucien Cerfaux,* III, 279-285.

CERFAUX, L., « En faveur de l'authenticité des épîtres de la captivité. (10982
Homogénéité doctrinale entre Éphésiens et les grandes épîtres », dans *Littérature
et théologie pauliniennes* (en collab.), 59-71, ou dans *Recueil Lucien Cerfaux,* III,
266-278.

SCHNACKENBURG, R., « Gestalt und Wesen der Kirche nach dem Epheser- (10983
brief », Catho 15 (1961) 104-120.

CERFAUX, L., *Le chrétien dans la théologie paulinienne,* « Dernière étape dans (10984
la théologie du chrétien : l'authenticité des épîtres de la captivité; le dernier
manifeste théologique de saint Paul », 471-494.

BENOIT, P., « L'unité de l'Église selon l'épître aux Éphésiens », dans *Studiorum* (10985
Paulinorum Congressus 1961 (en collab.), I, 57-77, ou dans *Exégèse et théologie,*
III, 335-357.

MOONEY, C. F., « Paul's Vision of the Church in « Ephesians » », SCR 15 (1963) (10986
33-43.

MUSSNER, F., « Die Geschichtstheologie des Epheserbriefes », dans *Studiorum* (10987
Paulinorum Congressus 1961 (en collab.), II, 59-63.

FEUILLET, A., *Le Christ, sagesse de Dieu,* « L'Église plérôme du Christ et les (10988
« dimensions » insondables du Christ, sagesse de Dieu, d'après l'épître aux Éphésiens », 275-319.

BOUTTIER, M., « L'horizon catholique de l'épître aux Éphésiens », dans (10989
L'Évangile hier et aujourd'hui (en collab.), Mélanges offerts au Prof. F.-J. Leenhardt
(Genève, Labor et Fides, 1968), 25-38.

STEINMETZ, F.-J., « Parusie-Erwartung im Epheserbrief ? Ein Vergleich », Bibl (10990
50 (1969) 328-336.

Textes. Texts. Texte. Testi. Textos.

1,1-14	KESSLER, P. D., « Unsere Berufung zum göttlichen Leben Betrach- (10991 tung über den Prolog des Epheserbriefes », BiLit 40 (1967) 119-122.
1,1	GAROFALO, S., « Rettifica su Eph. 1,1 », Bibl 16 (1935) 342-343. (10992
1,3-23	LAMARCHE, P., *Christ vivant.* Essai sur la Christologie du Nouveau (10993 Testament, « Étude d'Éphésiens 1,3-23 », 73-82.
1,3-14	ZERWICK, M., « Benedictus Deus et Pater D. N. I. Ch., qui benedixit (10994 nos... », VD 22 (1942) 3-7.
	DRIESSEN, E., « Aeternum Dei propositum de salute hominis et de (10995 redintegratione omnium rerum per Christum », VD 24 (1944) 120-124, 151-157, 184-191.
	TRINIDAD, J., « The Mystery Hidden in God (A Study of Eph. (10996 1,3-14) », Bibl 31 (1950) 1-26.
	POTTER, R., « The Expectation of the Creature », SCR 4 (1951) (10997 256-262.
	LATTANZI, H., « Cristo nella gerarchia degli esseri secondo le Lettere (10998 della cattività e quella ai Romani », Div 2 (1958) 472-485.
	LYONNET, S., « La bénédiction de Eph., I,3-14 et son arrière-plan (10999 judaïque », dans *À la rencontre de Dieu.* Mémorial Albert Gelin, 341-352.
	ROMANIUK, K., *L'amour du Père et du Fils dans la sotériologie de* (11000 *saint Paul,* 153-183.
	MUSSNER, F., « Le peuple de Dieu selon Ephésiens 1,3-14 », Conci (11001 N° 10 (1965) 87-96.
1,7	CONCHAS, D. A., « Redemptio acquisitionis (Eph. 1,14) », VD 30 (11002 (1952) 14-29, 81-91, 154-169.
1,10	AB ALPE, A., « Instaurare omnia in Christo (Ephes 1,10) », VD 23 (11003 (1943) 97-103.
	CAZELLES, H., « Instaurare omnia in Christo (Eph. 1,10) », Bibl 40 (11004 (1959) 343-354.
	DUFORT, J.-M., « La récapitulation paulinienne dans l'exégèse des (11005 Pères », SE 12 (1960) 21-38.
1,14	AHERN, B., « The Indwelling Spirit, Pledge of our Inheritance », CBQ (11006 9 (1947) 179-189.
	CONCHAS, D. A., « Redemptio acquisitionis (Eph. 1,14) », VD 30 (11007 (1952) 14-29, 154-169.

KRUSE, G., « Il significato di περιποιησις in Eph. 1,14 », RivB 16 (11008 (1968) 465-494.

1,15-17 MONTAGUE, G. T., *Growth in Christ,* « From Faith and Charity to (11009 Knowledge : Eph. 1 : 15-17 », 86-95.

1,17-23 PIERRON, J., « Le triomphe du Christ (Ep 1,17-23) », AS (n.s.) N° (11010 28 (1969) 14-22.

1,18 WIEDERKEHR, D., *Die Theologie der Berufung in den Paulusbriefen,* (11011 199-210.

1,23 BARCENA, F. A., « ... Y le constituyó cabeza suprema de la Iglesia (11012 (Ephes., 1,23) », RazFe 33 (1933) 27-44.

FEUILLET, A., « L'Église, plérôme du Christ, d'après Éphés. 1, (11013 23 », NRT 78 (1956) 449-472, 593-610.

VIRGULIN, S., « L'origine del concetto di πλήρωμα in Ef 1,23 », dans (11014 *Studiorum Paulinorum Congressus 1961* (en collab.), II, 39-43.

2,3 XXX, « Portée du mot de S. Paul « eramus natura filii irae » », AmiCl (11015 52 (1935) 724-726.

2,4-10 BIGARÉ, C., « C'est par grâce que nous sommes sauvés ! » AS (n.s.) (11016 N° 17 (1970) 34-39.

2,4-6 SCHNACKENBURG, R., *Das Heilsgeschehen bei der Taufe nach dem* (11017 *Apostel Paulus,* « Eph 2,4-6 », 69-74.

2,6 STEINMETZ, F.-J., WULF, F., « Mit Christus auferstanden. Aus- (11018 legung und Meditation von 1 Kor 15,20; Eph 2,6 und 2 Tim 2,18 », GeistL 42 (1969) 146-150.

2,11-22 REY, B., « L'homme nouveau d'après S. Paul » (Exégèse de Rm 6,4-11; (11019 Col 3,5-15; Ep 2,11-22; Ep 4,22-24), RSPT 48 (1964) 603-629; 49 (1965) 161-195.

2,13-18 BIGARÉ, C., « Le Christ, notre paix (Ep 2,13-18) », AS (n.s.) N° 47 (11020 (1970) 39-43.

2,14-18 GONZALEZ LAMADRID, A., « Ipse est pax nostra (Estudio (11021 exegético-teológico de Ef 2,14-18) », EstB 28 (1969) 209-262; 29 (1970) 101-136, 227-266.

2,14 WULF, F., « Er selbst ist unser Friede (Eph 2,14) », GeistL 30 (1957) (11022 85-89.

2,15 REY, B., *Créés dans le Christ Jésus.* La création nouvelle selon saint (11023 Paul, « Le Christ, homme nouveau (Ep 2,15) », 131-143.

2,20-22 JACOB, J., « Christian Unity and the Jewish People », Wor 33 (1959) (11024 574-580.

2,20 LYONNET, S., « De Christo summo angulari lapide secundum Eph. (11025 2,20 », VD 27 (1949) 74-83.

SCHAFER, K. T., « Zur Deutung von ἀκρογωνιαῖος Eph 2,20 », (11026 dans *Neutestamentliche Aufsätze* (en collab.), 218-224.

3,2-6 PIERRON, J., « L'épiphanie du mystère (Ep 3,2-3a.5-6) », AS (n.s.) (11027 N° 12 (1969) 11-18.

3,8-21 UBIETA, J. A., « La maturité chrétienne vécue dans le mystère du (11028 Christ (Eph 3,8-21) », AS N° 56 (1967) 13-31.

3,8   MELHMANN, J., « Ἀνεξιχνίαστος = investigabilis », Bibl 40 (11029
            (1959) 902-914.

3,13-21   LIESE, H., « De interiore homine », VD 12 (1932) 257-263.   (11030
            OGARA, F., « Scire... supereminentem scientiae caritatem Christi », (11031
            VD 15 (1935) 260-270.
            DACQUINO, P., « Preghiera di San Paolo per la perseveranza dei suoi (11032
            cristiani », BibOr 5 (1963) 41-46.
            SISTI, A., « Il progresso nella vita interiore », BibOr 9 (1967) 197-208. (11033

3,14-19   CERFAUX, L., « À genoux en présence de Dieu », BVC N° 10 (1955) (11034
            87-90, ou dans Recueil Lucien Cerfaux, III, 309-312.

3,16-19   MONTAGUE, G. T., Growth in Christ, « Deeper Indwelling and (11035
            Rooting in Love Leads to Knowledge and « God's Fullness » : Eph.
            3 : 16-19 », 96-112.

3,19   ROMANIUK, K., L'amour du Père et du Fils dans la sotériologie de (11036
            saint Paul, « L'amour du Christ qui surpasse toute connaissance (Ep
            3,19) », 25-27.

4,1-24   DUPLACY, J., « Grandir dans la Charité », L'Anneau d'Or N° 43 (11037
            (1952) 5-11.
            LIESE, H., « In vinculo pacis », VD 13 (1933) 289-294.   (11038
            OGARA, F., « Solliciti servare unitatem spiritus in vinculo pacis », VD (11039
            15 (1935) 292-301.
            WIEDERKEHR, D., Die Theologie der Berufung in den Paulusbriefen, (11040
            210-223.
            BENOIT, P., « Exhortation à l'unité (Ep 4,1-24) », AS N° 71 (1963) (11041
            14-26.
            PRADO, J., « La Iglesia del futuro según San Pablo », EstB 22 (1963) (11042
            255-302.

4,10-16   MONTAGUE, G. T., Growth in Christ, « Growing together to the (11043
            Fullness of Christ : Eph. 4 : 10-16 », 144-162.

4,11   HADIDIAN, D. Y., « Tous de euaggelistas in Eph 4,11 », CBQ 28 (11044
            (1966) 317-321.

4,12   BOVER, J. M., « In aedificationem corporis Christi », EstB 3 (1944) (11045
            313-342.

4,16   TROMP, S., « Caput influit sensum et motum », Greg 39 (1958) (11046
            353-366.

4,21   DE LA POTTERIE, I., « Jésus et la vérité d'après 4,21 », dans (11047
            Studiorum Paulinorum Congressus 1961 (en collab.), II, 45-57.

4,22-24   REY, B., « L'homme nouveau d'après S. Paul », RSPT 48 (1964) (11048
            603-624; 49 (1956) 161-195.

4,23-28   OGARA, F., « Solliciti servare unitatem spiritus in vinculo pacis », VS (11049
            15 (1935) 292-301.
            COUNE, M., « Revêtir l'homme nouveau (Ep 4,23-28) », AS N° 74 (11050
            (1963) 16-32.

4,24   HAULOTTE, E., Symbolique du vêtement selon la Bible, « La formule (11051
            paulinienne « revêtir le Christ » », 210-233.

5,1-9   LIESE, H., « Filii lucis, non iam tenebrarum », VD 12 (1932) 33-38. (11052
            OGARA, F., « Imitatores Dei... lux in Domino (Eph. 5,1-9) », VD 17 (11053
            (1936) 33-38, 70-73.

GIBLET, J., « Les fruits de la lumière (Ep 5,1-9) », AS N° 30 (1964) (11054
18-25.

SISTI, A., « Motivi di etica cristiana », BibOr 7 (1965) 21-26.   (11055

5,2   ROMANIUK, K., *L'amour du Père et du Fils dans la sotériologie de* (11056
saint Paul, 36-45.

5,8-14   DACQUINO, P., « Filii lucis in Eph. 5,8-14 », VD 36 (1958) 221-224. (11057

SCHULTE, R., « Se conduire en enfant de lumière », AS (n.s.) N° 17 (11058
(1970) 11-16.

5,14-19   ORLETT, R., « Awake, Sleeper », Wor 35 (1961) 102-105.   (11059

5,14   SCHMITT, J., *Jésus ressuscité dans la prédication apostolique,* « Un (11060
fragment de la prière baptismale, Eph., V,14b », 86-93.

5,15-21   SCHLIER, H., *Die Zeit der Kirche,* « Die Verkündigung im (11061
Gottesdienst der Kirche. Das Mahl des Herrn, die Liturgie, die Predigt », 244-264.

BIGARÉ, C., « Le chrétien se conduit comme un sage, il cherche sa (11062
plénitude dans l'Esprit (Eph 5,15-21) », AS N° 75 (1965) 14-25.

5,22-33   TROADEC, H., « Ce mystère est grand (Eph 5,22-33) », BVC N° 28 (11063
(1959) 14-19.

5,22-31   DACQUINO, P., « Note su Ef. 5,22-31 », ScuolC 86 (1958) 321-331. (11064

5,22-23   CAMBIER, J., « Le grand mystère concernant le Christ et son Église. (11065
Éphésiens 5,22-23 », Bibl 47 (1966) 43-90, 223-242.

PIERRON, J., « Comme le Christ a aimé l'Église (Ep 5,22-23) », AS (11066
N° 97 (1967) 16-30.

5,25   ROMANIUK, K., *L'amour du Père et du Fils dans la sotériologie de* (11067
saint Paul, 45-53.

5,26   SCHNACKENBURG, R., *Das Heilsgeschehen bei der Taufe nach dem* (11068
Apostel Paulus, « Die Taufe als Bad der Reinigung (1 Kor 6,11; Eph
5,26) », 1-8.

5,28   LOCHET, L., « Autorité et amour dans la vie conjugale », *L'Anneau* (11069
d'Or N° 68 (1956) 108-121.

6,10-17   PIERRON, J., « Être armés pour le combat chrétien (Ep 6,10-17) », AS (11070
N° 76 (1964) 14-28.

6,12   LA BONNARDIÈRE, A.-M., « Le combat chrétien. Exégèse (11071
augustinienne d'Ephes. 6,12 », REA 11 (1965) 235-238.

Divers. Miscellaneous. Verschiedenes. Diversi. Diversos.

ANTOINE, P., « Éphèse », SDB II, col. 1076-1104.   (11072

JOÜON, P., « Notes philologiques sur quelques versets de l'épître aux Éphé- (11073
siens », RSR 26 (1936) 454-464.

CURRAN, J. T., « Tradition and the Roman Origin of the Captivity Letters », TS (11074
6 (1945) 163-205.

COTTER, A. C., « The Epistles of the Captivity », CBQ 11 (1949) 370-380. (11075

XXX, « Les épîtres de la captivité », PPB N° 34 (1955) 28 pp.   (11076

DACQUINO, P., « I destinatari della lettera agli Efesini », RivB 6 (1958) 102-110. (11077

MUSSNER, F., « Beiträge aus Qumran zum Verständnis des Epheserbriefes », (11078
dans *Neutestamentliche Studien für Rudolf Bultmann* (Berlin, Töpelmann, 1957)
(en collab.), 185-198.

CERFAUX, L., « En faveur de l'authenticité des épîtres de la captivité », dans (11079
Littérature et théologie pauliniennes (en collab.), 60-71, ou dans *Recueil Lucien
Cerfaux,* III, 266-278.

BENOIT, P., « Rapports littéraires entre les épîtres aux Colossiens et aux Éphé- (11080
siens », dans *Neutestamentliche Aufsätze* (en collab.), 11-22, ou dans *Exégèse et
théologie,* III, 318-334.

7. Philippiens. Philippians. Der Philipperbrief. Filippesi. Filipenses.

Introductions. Einleitungen. Introduzioni. Introducciones.

COTTER, A. C., « The Epistles of the Captivity », CBQ 11 (1949) 370-380.   (11081

XXX, « Épîtres de la captivité : aux Philippiens », PPB N° 34 (1955) 14-19.   (11082

BENOIT, P., *Les épîtres de saint Paul aux Philippiens, à Philémon, aux Colossiens,* (11083
aux Éphésiens[3] (BJ) (Paris, Cerf, 1959), 7-13, 17-20.

CANTINAT, J., *Les épîtres de saint Paul expliquées* (Paris, Gabalda, 1960), (11084
« Épître aux Philippiens », 45-53.

BALLARINI, T., VIRGULIN, S., LYONNET, S., *Introduzione alla Bibbia,* V/2, (11085
Epistole della prigionia – Pastorali – Ebrei – Cattoliche – Apocalisse (Torino,
Marietti, 1964), XIX-508 pp.

MURPHY-O'CONNOR, J., « Philippiens (épître aux) », SDB VII, col. 1211-1233. (11086

FRANSEN, I., « Lettre de Paul aux Philippiens », BVC N° 78 (1967) 28-33.   (11087

Commentaires. Commentaries. Kommentare. Commenti. Comentarios.

HUBY, J., *Épîtres de la captivité* (VS) (Paris, Beauchesne, 1935), 375 pp.   (11088

MÉDEBIELLE, A., *Épître aux Philippiens,* dans *La Sainte Bible* (Pirot-Clamer), (11089
XII (1938), 75-100.

STAAB, K., FREUNDORFER, J., *Die Thessalonicherbriefe, die Gefangen-* (11090
schaftsbriefe und die Pastoralbriefe (Regensburg, Pustet, 1950), 264 pp.

BENOIT, P., *Les épîtres de saint Paul aux Philippiens, à Philémon, aux Colossiens,* (11091
aux Éphésiens[3] (BJ) (Paris, Cerf, 1959), 112 pp.

GAIDE, G., « La lettre aux Philippiens », CE N° 46 (1962) 5-78.   (11092

SEGOVIA, A., « Carta a los Filipenses », dans *La Sagrada Escritura,* II, 735-798. (11093

Théologie. Theology. Theologie. Teologia. Teología.

PETERSON, E., *Apostel und Zeuge Christi* (Freiburg, Herder, 1952), 45 pp.   (11094

DIDIER, G., *Désintéressement du chrétien,* « La hantise du Christ : épître aux (11095
Philippiens », 147-171.

CERFAUX, L., « En faveur de l'authenticité des épîtres de la captivité », dans (11096
Littérature et théologie pauliniennes (en collab.), 60-71, ou dans *Recueil Lucien
Cerfaux,* III, 266-278.

CERFAUX, L., *Le chrétien dans la théologie paulinienne,* « Dernière étape dans (11097
la théologie du chrétien : l'authenticité des épîtres de la captivité; le dernier
manifeste théologique de saint Paul », 471-494.

DACQUINO, P., « Il messaggio dottrinale della lettera ai Filippesi », BibOr 9 (11098
(1967) 241-244.

Textes. Texts. Texte. Testi. Textos.

1,3-11   PODSKALSKY, G., « Ich sehne mich nach euch allen in der herzlichen (11099
                 Liebe Christi Jesu (Phil 1,8). Vom Verhältnis des Priesters zu seinen
                 Gläubigen nach Phil 1,3-11 », GeistL 41 (1968) 66-70.

1,4-11 GAIDE, G., « L'amour de Dieu en nous (Ph 1,4-6.8-11) », AS (n.s.) (11100
N° 6 (1969) 62-69.

1,6-11 OGARA, F., « Socios gaudii mei omnes vos esse », VD 15 (1935) (11101
324-330.

1,8 HOLZMEISTER, U., « Viscera Christi (Phil. 1,8) », VD 16 (1936) (11102
161-165.

1,20-24 GAPPERT, G., « « Aufbrechen » und « Bleiben ». Eine osterliche (11103
Besinnung zu Phil 1,20-24 », BiLeb 8 (1967) 63-67.

1,21-24 FEUILLET, A., « Mort du Christ et mort du chrétien d'après les épîtres (11104
pauliniennes », RB 66 (1959) 481-513.

1,21 WULF, F., « Denn Leben ist für mich Christus und Sterben ist Gewinn (11105
(Ph 1,21) », GeistL 30 (1957) 241-245.

GIGLIOLI, A., « Mihi enim vivere Christus est », RivB 16 (1968) (11106
305-316.

1,25 STEINMETZ, F.-J., WULF, F., « Ausharren und bleiben ! Auslegung (11107
und Meditation von Lk 24,29; Jo 15,4 und Phil 1,25 », GeistL 24 (1969)
225-229.

2,5 HOLZMEISTER, U., « Hoc sentite in vobis, quod et in Christo Jesu (11108
(Phil 2,5) », VD 22 (1942) 225-228.

2,6-11 LARRAÑAGA, V., « El nombre sobre todo nombre dado a Jesús desde (11109
su Resurrección gloriosa », EstB 6 (1947) 287-305.

OGARA, F., « Hoc sentite in vobis, quod et in Christo Iesu », VD 15 (11110
(1935) 99-109.

STEPHENSON, A. A., « Christ's Self-abasement », CBQ 1 (1939) (11111
296-313.

FEUILLET, A., « L'Homme-Dieu considéré dans sa condition terres- (11112
tre », RB 51 (1942) (= Vivre et Penser, 2) 58-79.

PRAT, F., La théologie de saint Paul³⁸, « Le grand texte christologique; (11113
le dépouillement du Christ », I, 371-386.

SCHMITT, J., Jésus ressuscité dans la prédication apostolique, « Un (11114
hymne christologique (Phil., II,6-11) », 93-99.

DUPONT, J., « Jésus-Christ dans son abaissement et son exaltation, (11115
d'après Phil., 2,6-11 », RSR 37 (1950) 500-514.

BOUYER, L., « Arpagmos », dans Mélanges Jules Lebreton, I, RSR 39 (11116
(1951) 281-288.

MEINERTZ, M., « Zum Verständnis des Christushymnus Phil. 2, (11117
5-11 », TrierTZ 61 (1952) 186-192.

ROLLA, A., « Il passo Cristologico di Filipp. 2,5-11 », ScuolC 80 (11118
(1952) 127-134.

CERFAUX, L., « L'hymne au Christ-Serviteur de Dieu (Phil., II,6-11; (11119
Is LII,13 - LIII,12) », Miscellanea historica A. De Meyer (Louvain,
1946), I, 117-130, ou dans Recueil Lucien Cerfaux, II, 425-538.

CERFAUX, L., Le Christ dans la théologie de saint Paul², « L'hymne (11120
au Christ-Serviteur de Dieu », 283.

HENRY, P., « Kénose », SDB V, col. 8-38. (11121

LATTANZI, H., « Cristo nella gerarchia degli esseri secondo le Lettere (11122
della cattività e quelle ai Romani », Div 2 (1958) 472-485.

DACQUINO, P., « Il testo cristologico di Fil. 2,6-11 », RivB 7 (1959)   (11123
221-229.

KRINETZKI, L., « Der Einfluss von Is 52,13 - 53,12 Par auf Phil 2,6-   (11124
11 », TQ 139 (1959) 157-193, 291-336.

LIGIER, L., *Péché d'Adam et péché du monde,* « Le choix messianique   (11125
du nouvel Adam : *Philippiens* II,6-11 », II, 346-361.

FICHTNER, J. A., « Christ Humiliated and Exalted », Wor 36 (1962)   (11126
308-313.

LAMARCHE, P., « L'hymne de l'épître aux Philippiens et la kénose du   (11127
Christ », dans *L'homme devant Dieu.* Mélanges H. de Lubac (en collab.),
I, 147-158.

LIGIER, L., « L'hymne christologique de Philippiens 2,6-11, la liturgie   (11128
eucharistique et la bénédiction synagogale *nishmat kol hat* », dans
Studiorum Paulinorum Congressus 1961 (en collab.), II, 65-74.

FEUILLET, A., « L'hymne christologique de l'épître aux Philippiens (2,   (11129
6-11) », RB 72 (1965) 352-380, 481-507.

KRINETZKI, L., « Le serviteur de Dieu (Ph 2,5-11) », AS N° 37   (11130
(1965) 37-45.

COPPENS, J., « Les affinités littéraires de l'hymne christologique Phil.   (11131
II, 6-11 », ETL 42 (1966) 238-241.

DHAINAUT, M., « Les abaissements volontaires du Christ :   (11132
Philippiens 2,6-11 », BVC N° 71 (1966) 44-57.

FEUILLET, A., *Le Christ, sagesse de Dieu,* « Le Christ préexistant et   (11133
son dépouillement volontaire », 339-349.

LAMARCHE, P., *Christ vivant.* Essai sur la christologie du Nouveau   (11134
Testament, « Étude de Philippiens 2,6-11 », 25-43.

REY, B., *Créés dans le Christ Jésus.* La création nouvelle selon saint   (11135
Paul, « Remarques sur l'hymne de l'épître aux Philippiens 2,6-11 »,
77-86.

COPPENS, J., « Une nouvelle structuration de l'hymne christologique   (11136
de l'épître aux Philippiens », ETL 43 (1967) 197-202.

FEUILLET, A., « L'épître aux Philippiens : hymne christologique »,   (11137
AmiCl 80 (1970) 733-741.

GAMBER, K., « Der Christus-Hymnus im Philipperbrief in   (11138
liturgiegeschichtlicher Sicht », Bibl 51 (1970) 369-376.

2,6   KRUSE, H., « Harpagmos (Ad Phil 2,6) », VD 27 (1949) 355-360.   (11139

KRUSE, H., « Iterum « Harpagmos » (Phil 2,6) », VD 29 (1951)   (11140
206-214.

LACONI, M., « Non rapinam arbitratus est... », RivB 5 (1957) 126-140.   (11141

LOOF, A., « Une ancienne exégèse de Phil 2,6 dans le Kᵉ TABA   (11142
Dᵉ MASQATA (Livre des Degrés) », dans *Studiorum Paulinorum Congressus 1961* (en collab.), II, 523-533.

2,7   COPPENS, J., « Phil. II,7 et Is. LIII,12. Le problème de la « kéno-   (11143
se » », ETL 41 (1965) 147-150.

SCHOONENBERG, P., « Il s'anéantit Lui-même (Ph 2,7) », Conci (11144
N° 11 (1966) 45-60.

WULF, F., « Gott im Menschen Jesus. Auslegung und Meditation von (11145
Jo 1,14; Phil 2,7; Lk 2,11 », GeistL 42 (1969) 472-473.

2,8   LEFEBVRE, G., « La croix, mystère d'obéissance », VS 96 (1957) (11146
339-348.

2,11   THÜSING, W., *Per Christum in Deum,* « Die Inthronisation Christi als (11147
des Kyrios zur Verherrlichung Gottes », 46-60

2,12-13   BRUNEC, M., « Cum timore et tremore vestram salutem operamini (11148
(Phil 2,12-13) », VD 40 (1962) 270-275.

2,17   HOLZMEISTER, U., « « Gaudete in Domino semper » et « beati qui (11149
lugent » », VD 22 (1942) 257-262.

DENIS, A.-M., « Versé en libation (Phil. II,17). Versé en son (11150
sang ? » RSR 45 (1957) 567-570.

DENIS, A.-M., « La fonction apostolique et la liturgie nouvelle en es- (11151
prit », RSPT 42 (1958) 617-650.

3   GNILKA, J., « Die antipaulinische Mission in Philippi », BZ 9 (1965) (11152
258-276.

3,1   ZERWICK, M., « Gaudium et pax custodia cordium (Phil 3,1; (11153
4,7) », VD 31 (1953) 101-104.

3,5-14   DUPLACY, J., « Jésus, mon Seigneur », *L'Anneau d'Or* N° 44 (1952) (11154
81-86.

3,7-16   FORESTELL, J. T., « Christian Perfection and Gnosis in Philippians (11155
3,7-16 », CBQ 15 (1953) 163-207.

3,8-14   GAIDE, G., « C'est dans le Christ que nous nous glorifions », AS (n.s.) (11156
N° 18 (1970) 48-54.

3,10-16   MONTAGUE, G. T., *Growth in Christ,* « Transformation in Christ and (11157
the Race for the Prize : Phil. 3 : 10-16 », 122-135.

3,10-11   AHERN, B.,   « In Phil 3,10-11 », VD 37 (1959) 26-31.   (11158
3,10   XXX, « Connaître le Christ », VS 57 (1938) 258-260.   (11159

AHERN, B.,   « The Fellowship of His Sufferings (Phil. 3,10) », CBQ (11160
22 (1960) 1-32.

FITZMYER, J. A., « To Know Him and the Power of His Resurrection (11161
(Ph 3,10) », dans *Mélanges bibliques* en hommage au R. P. Béda Rigaux
(en collab.), 411-425.

3,14   WIEDERKEHR, D., *Die Theologie der Berufung in den Paulusbriefen,* (11162
188-193.

3,17-4,3 OGARA, F., « Nostra conversatio in caelis est (Phil. 3,17-4,3) », VD (11163
18 (1948) 321-328.

TRÉMEL, Y.-B., « La voie de la perfection chrétienne (Ph 3,17- (11164
4,3) », AS N° 78 (1965) 17-24.

3,17   WULF, F., « Seid meine Nachahmer, Brüder ! (Phil 3,17) », GeistL 34 (11165
(1961) 241-247.

3,20-21   FLANAGAN, N., « A Note on Philippians 3,20-21 », CBQ 18 (1956) (11166
8-9.

3,20   LEVIE, J., « Le chrétien citoyen du ciel (Phil 3,20) », dans *Studiorum* (11167
Paulinorum Congressus 1961 (en collab.), II, 75-80.

ROLLA, A., « La cittadinanza greco-romana e la cittadinanza celeste (11168
di Philippensi 3,20 », dans *Studiorum Paulinorum Congressus 1961* (en
collab.), II, 75-80.

4   OGARA, F., « Dominus prope est (Phil. 4) », VD 17 (1937) 353-359. (11169

4,1   SPICQ, C., « Ἐπιποθεῖν désirer ou chérir ? » RB 64 (1957) 184-195. (11170

4,4-9   DACQUINO, P., « La gioia cristiana (Fil. 4, 4-9) », BibOr 3 (1961) (11171
             182-183.

4,4-7   GAIDE, G., « La joie et la paix dans le Seigneur », AS N° 5 (1966) (11172
             32-40.

             GAIDE, G., « Joie et paix dans le Seigneur », AS (n.s.) N° 7 (1969) (11173
             59-64.

             SUDBRACK, J., « Mut zur Freude ! Paulus an die Gemeinde von (11174
             Philippi (4,4-7) », GeistL 43 (1970) 81-86.

4,4   CAMELOT, T., « Réjouissez-vous dans le Seigneur toujours », VS 89 (11175
             (1953) 474-481.

4,7   ZERWICK, M., « Gaudium et pax custodia cordium (Phil. 3,1; (11176
             4,7) », VD 31 (1953) 101-104.

4,10   BAUMERT, N., « Ist Philipper 4,10 richtig übersetzt ? » BZ 13 (1969) (11177
             256-262.

4,11   PRIERO, G., « Didici... sufficiens esse (Phil 4,11) », RivB 10 (1962) (11178
             59-63.

4,19   DION, H.-M., « La notion paulinienne de « richesse de Dieu » et ses (11179
             sources », SE 18 (1966) 139-148.

Divers. Miscellaneous. Verschiedenes. Diversi. Diversos.

JOÜON, P., « Notes philologiques sur quelques versets de l'épître aux Philippiens (11180
(1,21; 2,5.12.13.20; 3,1.5.10.11.15.17.19; 4,18-19) », RSR 28 (1948) 88-93, 299-310.

XXX, « Les épîtres de la captivité », PPB N° 34 (1955) 28 pp.   (11181

DACQUINO, P., « Data e provenienza della lettera ai Filippesi », RivB 6 (1958) (11182
224-234.

8. Colossiens. Colossians. Der Kolosserbrief. Colossesi. Colosenses.

Introductions. Einleitungen. Introduzioni. Introducciones.

COTTER, A. C., « The Epistles of the Captivity », CBQ 11 (1949) 370-380.   (11183

BENOIT, P., *Les épîtres de saint Paul aux Philippiens, à Philémon, aux Colossiens,* (11184
aux Ephésiens³ (BJ) (Paris, Cerf, 1959), 7-13, 47-52.

CANTINAT, J., *Les épîtres de saint Paul expliquées* (Paris, Gabalda, 1960), (11185
« Épître aux Colossiens », 155-165.

DACQUINO, P., « Epistola ad Colossenses in luce finis ab Apostolo intenti », VD (11186
38 (1960) 16-27.

BALLARINI, T., VIRGULIN, S., LYONNET, S., *Introduzione alla Bibbia,* V/2, (11187
Epistole della prigionia – Pastorali – Ebrei – Cattoliche – Apocalisse (Torino,
Marietti, 1964), xix-508 pp.

BENOIT, P., « Colossiens (épître aux) », SDB VII, col. 157-170.   (11188

FRANSEN, I., « Épître aux Colossiens : l'homme nouveau », BVC N° 82 (1968) (11189
22-31.

STEINMETZ, F.-J., *Protologische Heils-Zuversicht.* Die Strukturen des sote- (11190
riologischen und christologischen Denkens im Kolosser- und Epheserbrief (Frankfurt a. M., J. Knecht, 1969), 158 pp.

Commentaires. Commentaries. Kommentare. Commenti. Comentarios.

HUBY, J., *Épîtres de la captivité* (VS) (Paris, Beauchesne, 1935), 375 pp. (11191

MÉDEBIELLE, A., *Épître aux Colossiens,* dans *La Sainte Bible* (Pirot-Clamer), (11192
XII (1951),101-126.

STAAB, K., FREUNDORFER, J., *Die Thessalonicherbriefe, die Gefangenschafts-* (11193
briefe und die Pastoralbriefe (Regensburg, Pustet, 1950), 264 pp.

XXX, « Épîtres de la captivité : aux Colossiens », PPB N° 34 (1955) 19-25. (11194

BENOIT, P., *Les épîtres de saint Paul aux Philippiens, à Philémon, aux Colossiens,* (11195
aux Éphésiens³ (BJ) (Paris, Cerf, 1959), 112 pp.

GUTIERREZ, P., *Carta a los Colosenses,* dans *La Sagrada Escritura,* II, 801-871. (11196

Théologie. Theology. Theologie. Teologia. Teología.

SCHNACKENBURG, R., *Das Heilsgeschehen bei der Taufe nach dem Apostel* (11197
Paulus, « Kol 2,11-13.20; 3,1-4 », 62-69.

DIDIER, G., *Désintéressement du chrétien,* « Présence de l'éternel : épître aux (11198
Éphésiens et aux Colossiens », 172-191.

CERFAUX, L., « L'influence des « mystères » sur les épîtres de S. Paul aux (11199
Colossiens et aux Éphésiens », dans *Sacra Pagina,* II, 373-379, ou dans *Recueil
Lucien Cerfaux,* III, 279-285.

CERFAUX, L., « En faveur de l'authenticité des épîtres de la captivité. (11200
Homogénéité doctrinale entre Ephésiens et les grandes épîtres », dans *Littérature
et théologie pauliniennes* (en collab.), 59-71, ou dans *Recueil Lucien Cerfaux,* III,
266-278.

CERFAUX, L., *Le chrétien dans la théologie paulinienne,* « Dernière étape dans (11201
la théologie du chrétien : l'authenticité des épîtres de la captivité; le dernier
manifeste théologique de saint Paul », 471-494.

KEHL, N., « Erniedrigung und Erhöhung in Qumran und Kolossa », ZKT 91 (11202
(1969) 364-394.

Textes. Texts. Texte. Testi. Textos.

1,9-12 MONTAGUE, G. T., *Growth in Christ,* « The Christian bears Fruit and (11203
grows : Col. 1 : 9-12 », 69-80.

1,12-20 LAMARCHE, P., « La primauté du Christ (Col 1,12-20) », AS N° 88 (11204
(1966) 18-32.

KEHL, N., *Der Christushymnus. Kol 1,12-20,* 180 pp. (11205

1,13-29 KESSLER, P. D., « Er hat uns errettet (Kol 1,13-29) », BiLit 41 (1968) (11206
33-36.

1,13-20 BISSEN, J.-M., « De primatu Christi absoluto apud Coloss. 1,13-20. (11207
Expositio dogmatica », Ant 11 (1936) 3-26.

DURRWELL, F.-X., « Le Christ, premier et dernier (Colossiens 1,13- (11208
20) », BVC N° 54 (1963) 16-28.

1,13 OGARA, F., « Qui nos transtulit in regnum Filii dilectionis suae (Col. (11209
1,13) », VD 17 (1937) 296-302.

1,15-20 LATTANZI, H., « Cristo nella gerarchia degli esseri secondo le Lettere (11210
della cattività e quella ai Romani », Div 2 (1958) 472-485.

FEUILLET, A., *Le Christ, sagesse de Dieu,* « L'hymne christologique (11211
de l'épître aux Colossiens », 173-273.

LAMARCHE, P., *Christ vivant.* Essai sur la christologie du Nouveau (11212
Testament, « Étude de Colossiens 1,15-20 », 55-72.

REY, B., *Créés dans le Christ Jésus.* La création nouvelle selon saint (11213
Paul, « Le Christ-image dans la première et la nouvelle création (Col
1,15-20) », 202-230.

RIEDLINGER, H., « La royauté cosmique du Christ », Conci Nº 11 (11214
(1966) 95-113.

GIAVINI, G., « La struttura letteraria dell'inno cristologico di Col. (11215
1 », RivB 15 (1967) 317-320.

1,15   SALAS, A., « « Primogenitus omnis creaturae » (Col. 1,15b). Estudio (11216
histórico-redaccional », EstB 28 (1969) 33-60.

1,19-20   DRIESSEN, E., « De auxilio Dei et salute hominis apud S. Paulum (Col. (11217
1,19-20; Ephes. 1,9-10) », VD 21 (1941) 129-140.

1,19   DRIESSEN, E., « Aeternum Dei propositum de salute hominis et de (11218
redintegratione omnium rerum per Christum », VD 24 (1944) 120-124,
151-157, 184-191.

FEUILLET, A., « Plérome », SDB VII, col. 18-40.   (11219

LANGKAMMER, H., « Die Einwohnung der « absoluten Seinsfül- (11220
le » in Christus. Bemerkungen zu Kol 1,19 », BZ 12 (1968) 258-263.

1,20   MICHL, J., « Die « Versöhnung » », TQ 128 (1948) 442-462.   (11221

WAMBACQ, B. N., « Per eum reconciliare... quae in coelis sunt », RB (11222
55 (1948) 35-42.

LYONNET, S., « L'hymne christologique de l'épître aux Colossiens et (11223
la fête juive du Nouvel An (S. Paul, Col. 1,20 et Philon, De spc. leg.
192.) », RSR 48 (1960) 93-100.

1,24-28   FÉDERLÉ, P., « Le ministère apostolique de Paul (Col 1,24-28) », AS (11224
(n.s.) Nº 47 (1970) 70-74.

1,24   WAMBACQ, B. N., « *Adimpleo ea quae desunt passionum Christi in* (11225
carne mea... (Col 1,24) », VD 27 (1949) 17-22.

KREMER, J., *Was an den Leiden Christi noch mangelt.* Eine (11226
interpretationsgeschichtliche und exegetische Untersuchung zu Kol.
1,24b (Bonn, P. Hanstein, 1956), 22-207 pp.

LE GRELLE, G., « La plénitude de la parole dans la pauvreté de la (11227
chair d'après Col. 1,24 », NRT 81 (1959) 232-250.

FEUILLET, A., « Plérome », SDB VIII, col. 18-40.   (11228

BLENKINSOPP, J., « We rejoice in our Suffering », Way 7 (1967) (11229
36-44.

LAVERGNE, C., « La joie de saint Paul d'après Colossiens 1,24 », RT (11230
68 (1968) 419-434.

1,28   LEAL, J., « Ut exhibeamus omnem hominem perfectum in Christo (Col. (11231
1,28) », VD 18 (1938) 178-186.

2,8.20   HUBY, J., « *Stoikeia* dans Bardesane et saint Paul », Bibl 15 (1934) (11232
365-368.

2,9   FEUILLET, A., « Plérome », SBD VIII, col. 18-40.   (11233

ANWANDER, A., « Zu Kol 2,9 », BZ 9 (1965) 278-280.   (11234

2,11-13.20   SCHNACKENBURG, R., *Das Heilsgeschehen bei der Taufe nach dem* (11235
Apostel Paulus, « Kol 2,11-13.20; 3,1-4 », 62-69.

2,13-15   LOHSE, E., « Ein hymnisches Bekenntnis in Kol 2,13c-15 », dans (11236
Mélanges bibliques en hommage au R. P. Béda Rigaux (en collab.),
427-435.

2,14 A VALLISOLETO, X., « Delens... chirographum (Col. 2,14) », VD 12 (11237 (1932) 181-185.

   BLANCHETTE, O. A., « Does the Cheirographon of Col 2,14 represent (11238 Christ himself ? » CBQ 23 (1961) 306-312.

2,15 A VALLISOLETO, X., « Et spolian principatus et potestates... (Col. (11239 2,15) », VD 13 (1933) 187-192.

2,18 LYONNET, S., « L'épître aux Col (2.18) et les mystères d'Apollon (11240 Clarien », Bibl 43 (1962) 417-435.

2,19 TROMP, S., « Caput influit sensum et motum », Greg 39 (1958) (11241 353-366.

3,1-4 SCHNACKENBURG, R., *Das Heilsgeschehen bei der Taufe nach dem* (11242 *Apostel Paulus,* « Kol 2,11-13.20; 3,1-4 », 62-69.

   CAMELOT, T., « Ressuscités avec le Christ », VS 84 (1951) 354-363. (11243

   GAIDE, G., « Le Christ, votre vie (Col 3,1-4) », AS (n.s.) N° 21 (11244 (1969) 84-89.

3,1 WULF, F., « Suchet, was droben ist, wo Christus ist, sitzend zur (11245 Rechten Gottes ! (Kol 3,1) », GeistL 41 (1968) 161-164.

3,5-15 REY, B., « L'homme nouveau d'après S. Paul » (Exégèse de Rm 6,4-11; (11246 Col 3,5-15; Ep 2,11-22; Ep 4,22-24), RSPT 48 (1964) 603-629; 49 (1965) 161-195.

   REY, B., *Créés dans le Christ Jésus.* La création nouvelle selon saint (11247 Paul, « Du vieil homme à l'homme nouveau (Col 3,5-15) », 108-131.

   REY, B., « L'existence pascale du baptisé. Lecture de Colossiens (11248 3,5-15 », VS 113 (1967) 696-718.

3,5-11 JOÜON, P., « Note sur Col., 3,5-11 », RSR 26 (1936) 185-189. (11249

3,10 HAULOTTE, E., *Symbolique du vêtement selon la Bible,* « La formule (11250 paulinienne « revêtir le Christ » », 210-233.

3,12-17 OGARA, F., « Caritatem habete, quod est vinculum perfectionis (Col. (11251 3,12-17) », VD 17 (1937) 335-343.

   MAERTENS, T., « Aimez-vous dans le Seigneur (Col 3,12-17) », AS (11252 N° 14 (1961) 13-24.

3,15 WIEDERKEHR, D., *Die Theologie der Berufung in den Paulusbriefen,* (11253 194-199.

Divers. Miscellaneous. Verschiedenes. Diversi. Diversos.

XXX, « Les épîtres de la captivité », PPB N° 34 (1955) 28 pp. (11254

ZEDDA, S., « Il carattere gnostico e giudico dell'errore colossese alla luce dei (11255 manoscritti del Mar Morto », RivB 5 (1957) 31-56.

CERFAUX, L., « En faveur de l'authenticité des épîtres de la captivité », dans (11256 *Littérature et théologie pauliniennes* (en collab.), 60-71, ou dans *Recueil Lucien Cerfaux,* III, 266-278.

BENOIT, P., « Rapports littéraires entre les épîtres aux Colossiens et aux Éphé- (11257 siens », dans *Neutestamentliche Aufsätze* (en collab.), 11-22, ou dans *Exégèse et théologie,* III, 318-334.

DA CASTEL S. PIETRO, T., « Συναιχμάλωτος : compagno di prigionia o (11258 conquistato assieme ? » dans *Studiorum Paulinorum Congressus 1961* (en collab.), II, 417-428.

**9. I Thessaloniciens. I Thessalonians. Der Erste Thessalonicherbrief. I Tessalonicesi.
I Tesalonicenses.**

Introductions. Einleitungen. Introduzioni. Introducciones.

PRAT, F., *La théologie de saint Paul*[38], « La première aux Thessaloniciens », I,   (11259
84-92.

SPADAFORA, F., « I e II lettera ai Tessalonicesi », RivB 1 (1953) 5-23.   (11260

DEWAILLY, L.-M., RIGAUX, B., *Les épîtres de saint Paul aux Thessaloniciens* (11261
(BJ) (Paris, Cerf, 1954), 7-31.

FRANSEN, I., « Le Jour du Seigneur : Les deux épîtres aux Thessaloniciens »,   (11262
BVC N° 8 (1954-55) 76-88.

FRANSEN, I., « Der Tag des Herrn », BiLit 25 (1957-58) 7-13, 67-74.   (11263

CANTINAT, J., *Les épîtres de saint Paul expliquées* (Paris, Gabalda, 1960),   (11264
« Première épître aux Thessaloniciens », 27-33.

DEWAILLY, L.-M., « Une communauté naissante, Thessalonique, I. Naissance en (11265
vie chrétienne; II. Saint Paul apôtre », VS 104 (1961) 359-376; 105 (1961) 254-269.

LIFSHITZ, B., SCHIBY, J., « Une synagogue samaritaine à Thessalonique », RB (11266
75 (1968) 368-378.

Commentaires. Commentaries. Kommentare. Commenti. Comentarios.

BUZY, D., *Première épître aux Thessaloniciens,* dans *La Sainte Bible* (Pirot- (11267
Clamer), XII (1951), 129-170.

AMIOT, F., *Épîtres aux Galates, épîtres aux Thessaloniciens* (VS) (Paris, (11268
Beauchesne, 1946), 391 pp.

STAAB, K., FREUNDORFER, J., *Die Thessalonicherbriefe, die Gefangenschafts-* (11269
briefe und die Pastoralbriefe (Regensburg, Pustet, 1950), 264 pp.

RIGAUX, B., *Les épîtres aux Thessaloniciens* (EB) (Paris, Gabalda, 1956), (11270
XXXII-752 pp.

DEWAILLY, L.-M., RIGAUX, B., *Les épîtres de saint Paul aux Thessaloni-* (11271
ciens[2] (BJ) (Paris, Cerf, 1960), 68 pp.

LEAL, J., « Cartas a los Tesalonicenses », dans *La Sagrada Escritura,* II, 875-954. (11272

SCHÜRMANN, H., *Der erste Brief an die Thessalonicher* (Düsseldorf, Patmos, (11273
1962), 108 pp.

ROSSANO, P., *Lettere ai Tessalonicesi* (Sacra Bibbia) (Torino, Marietti, 1965), (11274
11-159 pp.

DEWAILLY, L.-M., *La jeune Église de Thessalonique,* 160 pp.   (11275

Théologie. Theology. Theologie. Teologia. Teología.

TONDELLI, L., « « Qui residui sumus in adventum Domini ». L'escatologia della (11276
I. ai Tessalonicesi », ScuolC 65 (1937) 602-608.

DUPONT, J., *L'union avec le Christ suivant saint Paul,* « Les épîtres aux (11277
Thessaloniciens », 39-47.

BRESSAN, G., « Dottrina ascetico-mistica della prima ai Tessalonicesi », RivB 1 (11278
(1953) 251-254.

DIDIER, G., *Désintéressement du chrétien,* « Dans l'attente du Seigneur », 22-40. (11279

SCHULZ, A., *Nachfolgen und Nachahmen,* « Die besondere Bedeutung von (11280
μιμητής im ersten Thessalonicherbrief », 314-316.

GIBLIN, C. H., *The Threat to Faith,* 326 pp. (11281

JOVINO, P., « L'Église communauté des saints, dans les Actes des apôtres et dans (11282
les épîtres aux Thessaloniciens », RivB 16 (1968) 495-526.

Textes. Texts. Texte. Testi. Textos.

1,5   ROSSANO, P., « La Parola e lo Spirito. Riflessioni su 1 Tess 1,5 e I Cor (11283
           2,4-5 », dans *Mélanges bibliques* en hommage au R. P. Béda Rigaux (en
           collab.), 437-444.

1,9-10   LANGEVIN, P.-É., « Le Seigneur Jésus selon un texte prépaulinien, 1 (11284
           Th 1,9-10 », SE 17 (1965) 263-282, 473-512.

           LANGEVIN, P.-É., *Jésus Seigneur et l'eschatologie. Exégèse de textes* (11285
           prépauliniens, « Jésus, qui nous délivre de la colère qui vient (1 Th
           1,10) », 43-106.

2   ROSSANO, P., « Preliminari all'esegesi di 1 Tess., cap. 2 », BibOr 7 (11286
           (1965) 117-122.

2,1-6   DENIS, A.-M., « L'apôtre Paul, prophète messianique des Gentils », (11287
           ETL 2 (1957) 245-318.

2,7-13   VANDERHAEGEN, J., « Quand l'amour de Dieu vous atteignait (1 Th (11288
           2,7b-9.13) », AS (n.s.) N° 62 (1970) 13-20.

2,12   WIEDERKEHR, D., *Die Theologie der Berufung in den Paulusbriefen,* (11289
           36-46.

3,6   SPICQ, C., « Ἐπιποθεῖν. Désirer ou chérir ? » RB 64 (1957) 184-195. (11290

3,10-13   MONTAGUE, G. T., *Growth in Christ,* « Christ makes Christians grow (11291
           through Charity unto Perfect Sanctity : I Th. 3 : 10-13 », 3-13.

3,12-4,2   VANDERHAEGEN, J., « Le désir de l'Apôtre », AS (n.s.) N° 5 (11292
           (1969) 62-70.

3,13   CERFAUX, L., « Les « Saints » de Jérusalem », ETL 2 (1925) 510-529, (11293
           ou dans *Recueil Lucien Cerfaux,* II, 389-414.

4,1-8   NIEDER, L., *Die Motive der religiös-sittlichen Paränese in den* (11294
           paulinischen Gemeindebriefen, 4-10.

4,1-7   OGARA, F., « Haec est... voluntas Dei, sanctificatio vestra (1 Thes. (11295
           4,1-7) », VD 18 (1938) 65-72.

           BRILLET, G., « Dieu veut nous sanctifier dans le Christ (1 Th 4, (11296
           1-7) », AS N° 28 (1963) 16-26.

4,6   BEAUVERY, R., « Πλεονεκτεῖν in 1 Thess 4,6a », VD 33 (1955) (11297
           78-85.

           GRILL, S., « In das Gewerbe seines Nächsten eingreifen. 1 Thess (11298
           4,6 », BZ 11 (1967) 118.

4,7   WIEDERKEHR, D., *Die Theologie der Berufung in den Paulusbriefen,* (11299
           46-52.

4,9   SPICQ, C., « La charité fraternelle selon I Th., 4,9 », dans *Mélanges* (11300
           bibliques rédigés en l'honneur de André Robert (en collab.), 507-511.

4,13-18   ALLO, E.-B., « S. Paul et la « double résurrection » corporelle », RB (11301
           41 (1932) 188-209.

           CERFAUX, L., *Le Christ dans la théologie de saint Paul²,* « Le scénario (11302
           de la Parousie », 33-38.

DELORME, J., « Sur un texte de S. Paul (I Thess., IV,13-17). (11303
L'avènement du Seigneur et la présence des fidèles », AmiCl 65 (1955)
247-251.

WIMMER, A., « Trostworte des Apostels Paulus an Hinterbliebene in (11304
Thessalonich (1 Th 4,13-17) », Bibl 36 (1955) 273-286.

ROSSANO, P., « A che punto siamo con I Thess. 4,13-17 ? » RivB 4 (11305
(1956) 72-80.

5,1-10   NIEDER, L., *Die Motive der religiös-sittlichen Paränese in den* (11306
paulinischen Gemeindebriefen, 10-14.

5,1-6   VANDERHAEGEN, J., « Espérer le jour du Seigneur (1 Th 5,1- (11307
6) », AS (n.s.) N° 64 (1969) 10-17.

5,11   SEMMELROTH, O., « Erbauet einer den anderen (I Thess 5,11) », (11308
GeistL 30 (1957) 262-271.

5,16-24   LANGEVIN, P.-É., « Conseils et prière », AS (n.s.) N° 7 (1969) 34-39. (11309

5,23-24   MONTAGUE, G. T., *Growth in Christ,* « God progressively sanctifies (11310
Christians : I Th 5 : 23-24 », 13-20.

5,24   WIEDERKEHR, D., *Die Theologie der Berufung in den Paulusbriefen,* (11311
52-59.

Divers. Miscellaneous. Verschiedenes. Diversi. Diversos.

XXX, « Les épîtres aux Thessaloniciens », PPB N° 33 (1958) 20 pp.   (11312

ROSSANO, P., « Note archeologiche sulla antica Tessalonica », RivB 6 (1958) (11313
242-247.

RIGAUX, B., « Vocabulaire chrétien antérieur à la première épître aux (11314
Thessaloniciens », dans *Sacra Pagina* (en collab.), II, 380-389.

10. II Thessaloniciens. II Thessalonians. Der Zweite Thessalonicherbrief. II Tessalonicesi.
II Tesalonicenses.

Introductions. Einleitungen. Introduzioni. Introducciones.

PRAT, F., *La théologie de saint Paul*[38], « La seconde aux Thessaloniciens », I, (11315
93-100.

COTHENET, É., « La IIe épître aux Thessaloniciens et l'Apocalypse synopti- (11316
que », RSR 42 (1954) 5-39.

FRANSEN, I., « Der Tag des Herrn », BiLit 25 (1957-58) 7-13, 67-74.   (11317

CANTINAT, J., *Les épîtres de saint Paul expliquées* (Paris, Gabalda, 1960), (11318
« IIe épître aux Thessaloniciens », 35-43.

DEWAILLY, L.-M., *La jeune Église de Thessalonique,* 160 pp.   (11319

Commentaires. Commentaries. Kommentare. Commenti. Comentarios.

BUZY, D., *Deuxième épître aux Thessaloniciens,* dans *La Sainte Bible* (Pirot- (11320
Clamer), XII (1938), 171-190.

AMIOT, F., *Épîtres aux Galates, épîtres aux Thessaloniciens* (VS) (Paris, (11321
Beauchesne, 1946), 391 pp.

STAAB, K., FREUNDORFER, J., *Die Thessalonicherbriefe, die Gefangenschafts-* (11322
briefe und die Pastoralbriefe (Regensburg, Pustet, 1950), 264 pp.

RIGAUX, B., *Les épîtres aux Thessaloniciens* (EB) (Paris, Gabalda, 1956), (11323
XXXII-752 pp.

DEWAILLY, L.-M., RIGAUX, B., *Les épîtres de saint Paul aux Thessaloni-* (11324
ciens² (BJ) (Paris, Cerf, 1960), 68 pp.

LEAL, J., « Cartas a los Tesalonicenses », dans *La Sagrada Escritura,* II, 875-954. (11325

Textes. Texts. Texte. Testi. Textos.

1,1-12	SCHULZ, A., « Gemeinde auf dem Weg. Auslegung des 2. Thessalonicherbriefe (1,1-12) », BiLeb 8 (1967) 33-41.	(11326
1,7-12	CERFAUX, L., *Le Christ dans la théologie de saint Paul²,* « Le scénario de la Parousie », 38-42.	(11327
1,11-2,12	SCHULZ, A., « Ausschauen in Nüchternheit. Auslegung des 2. Thessalonicherbriefes (1,11-2,12) », BiLeb 8 (1967) 110-119.	(11328
1,11-2,2	ARTOLA, A.-M., « Le Christ se manifeste dans la communauté chrétienne (2 Th 1,11-2,2) », AS (n.s.) N° 62 (1970) 75-80.	(11329
1,11	WIEDERKEHR, D., *Die Theologie der Berufung in den Paulusbriefen,* 59-65.	(11330
2	GIBLIN, C. H., « Contra periculum imminens fidei (2 Thes 2) », VD 45 (1967) 23-31.	(11331
	GIBLIN, C. H., *The Threat to Faith (2 Th 2),* « The Thessalonian Faithful and Paul's Catechesis », 111-152.	(11332
2,1-12	BRUNEC, M., « De « Homine peccati » in 2 Thess. 2,1-12 », VD 35 (1957) 3-33.	(11333
	RIGAUX, B., « L'Antichrist », AS N° 6 (1965) 28-39	(11334
	ERNST, J., *Die eschatologischen Gegenspieler in den Schriften des Neuen Testaments* (Regensburg, Pustet, 1967), 24-79.	(11335
2,3-12	MORAN, J. W., « Is Antichrist a Man ? » AmER 92 (1935) 578-585.	(11336
	CERFAUX, L., *Le Christ dans la théologie de saint Paul²,* Le scénario de la Parousie », 38-42.	(11337
	MIGUENS, M., « L'apocalisse « secondo Paolo » », BibOr 2 (1960) 142-148.	(11338
2,3-9	SIRARD, L., « La parousie de l'Antéchrist, 2 Thess 2,3-9 », dans *Studiorum Paulinorum Congressus 1961* (en collab.), II, 89-100.	(11339
2,6-7	GONZALEZ RUIZ, J. M., « La incredulidad de Israel y los impedimentos del Anticristo, segun 2 Tes. 2,6-7 », EstB 10 (1951) 189-203.	(11340
	COPPENS, J., « Les deux obstacles au retour glorieux du Sauveur », ETL 46 (1970) 383-389.	(11341
3,7-12	ARTOLA, A.-M., « L'apôtre-ouvrier se donne en modèle (2 Th 3,7-12) », AS (n.s.) N° 64 (1969) 71-76.	(11342
2,7	FURFEY, P. H., « The Mystery of Lawlessness », CBQ 8 (1946) 179-191.	(11343
2,8	McNAMARA, M., *The N. T. and the Palestinian Targum to the Pentateuch,* « The Revelation on the Messiah in the Targums and the Epiphaneia of Christ in St. Paul; 2 Thes 2,8; Tit 2,13; 1 Tm 6,14 etc. », 246-252.	(11344
2,13-15	NIEDER, L., *Die Motive der religiös-sittlichen Paränese in den paulinischen Gemeindebriefen,* 27-31.	(11345
2,13-14	WIEDERKEHR, D., *Die Theologie der Berufung in den Paulusbriefen,* 65-74.	(11346

2,16-17   MONTAGUE, G. T., *Growth in Christ,* « The Father and the Son (11347 console and strengthen Hearts : II Th. 2 : 16-17 », 29-36.

3,1   DEWAILLY, L.-M., « Course et gloire de la Parole (II Thess. (11348 3,1) », RB 71 (1964) 25-41.

3,4-18   SCHULZ, A., « Die Pflicht des Christen, zu arbeiten. Auslegung des 2. (11349 Thessalonicherbriefes (3,4 - 3,18) », BiLeb 8 (1967) 256-263.

II. *I et II Timothée. I and II Timothy. Erster und Zweiter Timotheusbrief. I e II Timoteo. I y II Timoteo.*

Introductions. Einleitungen. Introduzioni. Introducciones.

VITTI, A. M., « Ultimi giudizi sulle Pastorali », Bibl 13 (1932) 202-208.   (11350

DORNIER, P., *Les épîtres de saint Paul à Timothée et à Tite* (BJ) (Paris, Cerf, (11351 1951), 7-21.

DIDIER, G., *Désintéressement du chrétien,* « Le testament de Paul : épîtres (11352 pastorales », 192-218.

CANTINAT, J., *Les épîtres de saint Paul expliquées* (Paris, Gabalda, 1960), (11353 « Épîtres pastorales », 185-202.

SPICQ, C., « Pastorales (épîtres) », SDB VII, col. 1-73.   (11354

BROX, N., « Zu den persönlichen Notizen der Pastoralbriefe », BZ 13 (1969) (11355 76-94.

Commentaires. Commentaries. Kommentare. Commenti. Comentarios.

BARDY, G., *Épîtres à Timothée,* dans *La Sainte Bible* (Pirot-Clamer), XII (1938), (11356 205-248.

SPICQ, C., *Les épîtres pastorales* (EB) (Paris, Gabalda, 1947), 417 pp.   (11357

BOUDOU, A., *Les épîtres pastorales* (VS) (Paris, Beauchesne, 1950), 318 pp.   (11358

STAAB, K., FREUNDORFER, J., *Die Thessalonicherbriefe, die Gefangenschafts-* (11359 *briefe und die Pastoralbriefe* (Regensburg, Pustet, 1950), 264 pp.

DE AMBROGGI, P., *Le epistole pastorali di S. Paolo a Timoteo e a Tito* (La Sacra (11360 Bibbia) (Torino, Roma, Marietti, 1953), « La Ia Timoteo », 96-178; « La IIa Timoteo », 180-225.

DORNIER, P., *Les épîtres de saint Paul à Timothée et à Tite*[2] (BJ) (Paris, Cerf, (11361 1958), 68 pp.

COLLANTES, J., *Cartas pastorales,* dans *La Sagrada Escritura,* II, 957-1099.   (11362

REUSS, J., *Der erste Brief an Timotheus* (Düsseldorf, Patmos, 1964), 104 pp.   (11363

SCHIERSE, F. J., *Die Pastoralbriefe* (Düsseldorf, Patmos, 1968), 184 pp.   (11364

SPICQ, C., *Les épîtres pastorales* (Paris, Gabalda, 1969), « Première Épître à (11365 Timothée », 313-584; « Épître à Tite », 591-695; « Deuxième Épître à Timo- thée », 697-824.

Théologie. Theology. Theologie. Teologia. Teología.

TILLMANN, F., « Über « Frömmigkeit » in den Pastoralbriefen des Apostels (11366 Paulus », PB 53 (1942) 129-136, 161-165.

SPICQ, C., « La théologie morale des épîtres (pastorales) », VS 71 (1944) 157-164. (11367

GALTIER, P., « La réconciliation des pécheurs dans la première épître à Timo- (11368 thée », dans *Mélanges Jules Lebreton,* I, RSR 39 (1951) 317-322.

CIPRIANI, S., « La dottrina del « depositum » nelle lettere pastorali », dans (11369 *Studiorum Paulinorum Congressus 1961* (en collab.), II, 127-142.

LAMMERS, K., *Hören, Sehen und Glauben im Neuen Testament,* « Die (11370 Pastoralbriefe », 72-73.

LIPPERT, P., *Leben als Zeugnis* (Stuttgart, Katholisches Bibelwerk, 1968), 216 pp. (11371

Textes. Texts. Texte. Testi. Textos.

I Timothée. I Timothy. I. Timotheusbrief. I Timoteo.

2,1-7	GAIDE, G., « La prière missionnaire (1 Tm 2,1-7) », AS N° 98 (1967) (11372 15-24.
2,6	ROMANIUK, K., *L'amour du Père et du Fils dans la sotériologie de* (11373 *saint Paul,* 58-63.
2,14-15	BAUER, J., « Die Arbeit als Heilsdimension », BiLit 24 (1956-57) (11374 198-201.
3,1	HOLZMEISTER, U., « Si quis episcopatum desiderat, bonum opus (11375 desiderat », Bibl 12 (1931) 41-69.
3,2	LYONNET, S., « Unius uxoris vir (1 Tim 3,2.12; Tit 1,6) », VD 45 (11376 (1967) 3-10.
	TRUMMER, P., « Einehe nach den Pastoralbriefen. Zum Verständnis (11377 der Termini μιᾶς γυναικὸς ἀνήρ und ενος ανδρος γυνή », Bibl 51 (1970) 471-484.
3,12	TRUMMER, P., « Einehe nach den Pastoralbriefen. Zum Verständnis (11378 der Termini μιᾶς γυναικὸς ἀνήρ und ενος ανδρος γυνή », Bibl 51 (1970) 471-484.
3,15	JAUBERT, A., « L'image de la colonne (1 Tim 3,15) », dans *Studiorum* (11379 *Paulinorum Congressus 1961* (en collab.), II, 101-108.
3,16	SCHMITT, J., *Jésus ressuscité dans la prédication apostolique,* « Une (11380 confession de foi liturgique, I Tim., III,16b », 99-105.
	DESCAMPS, A., *Les justes et la justice dans les évangiles et le* (11381 *christianisme primitif hormis la doctrine proprement paulinienne,* « La justice triomphante du Christ : I Tim., III,16 », 84-89.
	CERFAUX, L., *Le Christ dans la théologie de saint Paul²,* « L'hymne (11382 de I Tim. 3,16 », 281-283.
	LACHENSCHMID, R., *Geheimnis unseres Christseins,* « Das (11383 Christuslied aus I Tim 3,16 », GeistL 39 (1966) 225-229.
	STENGER, W., « Der Christushymnus in 1 Tim 3,16. Aufbau, (11384 Christologie, Sitz im Leben », TrierTZ 78 (1969) 33-48.
4,7-8	SPICQ, C., « Gymnastique et morale », RB 54 (1947) 229-242. (11385
5,3-16	ERNST, J., « Die Witwenregel des ersten Timotheusbriefes, ein Brief (11386 auf die biblischen Ursprünge des weiblichen Ordenswesens ? » TGl 59 (1969) 434-445.
5,3	DUNCKER, P. G., « ...quae vere viduae sunt (1 Tim. 5,3) », Ang 35 (11387 (1958) 121-138.

5,9   TRUMMER, P., « Einehe nach den Pastoralbriefen. Zum Verständnis   (11388
           der Termini μιᾶς γυναικὸς ἀνήρ und ενος ανδρος γυνή », Bibl 51
           (1970) 471-484.

5,22   ADLER, N., « Die Handauflegung im NT bereits ein Bussritus ? Zur   (11389
           Auslegung von 1 Tim 5,22 », dans *Neutestamentliche Aufsätze* (en
           collab.), 1-6.

5,23   SPICQ, C., « I Timothée 5 : 23 », dans *L'Évangile hier et aujourd'hui*   (11390
           (en collab.), Mélanges offerts au Prof. F.-J. Leenhardt (Genève, Labor
           et Fides, 1968), 143-150.

6,12   WIEDERKEHR, D., *Die Theologie der Berufung in den Paulusbriefen,*   (11391
           223-233.

6,14   McNAMARA, M., *N. T. and the Palestinian Targum to the Pentateuch,*   (11392
           « The Revelation of the Messiah in the Targum and the Epiphaneia of
           Christ in St. Paul; 2 Thes 2,8; Tit 2,13; 1 Tm 6,14 etc. », 246-252.

II Timothée. II Timothy. II. Timotheusbrief. II Timoteo.

1,6   BAUZA, M., « Ut resuscites gratiam Dei » (2 Tim 1,6), dans *El*   (11393
           sacerdocio de Cristo (en collab.), 55-66.

1,9   WIEDERKEHR, D., *Die Theologie der Berufung in den Paulusbriefen,*   (11394
           233-240.

1,10   BOVER, J. M., « Illuminavit vitam (2 Tim. 1,10) », Bibl 28 (1947)   (11395
           136-146.

1,11   AB ALPE, A., « Paulus, « Praedicator et Apostolus et Magister »   (11396
           (2 Tim 1,11) », VD 23 (1943) 199-206, 238-244.

1,12   BESNARD, A.-M., « Je sais en qui j'ai mis ma foi », VS 98 (1958) 5-22.   (11397
           SOHIER, A., « Je sais à qui j'ai donné ma foi », BVC N° 37 (1961)   (11398
           75-78.

2,2   JAVIERRE, A. M., « Πιστοὶ ἄνθρωποι (2 Tim 2,2). Episcopado y   (11399
           sucesiòn apostolica en el Nuevo Testamento », dans *Studiorum
           Paulinorum Congressus 1961* (en collab.), II, 109-118.

2,11   HOLZMEISTER, U., « Assumptionis Deiparae mysterium verbis S.   (11400
           Pauli 2 Tim. 2,11s explicatur », VD 18 (1938) 225-226.

2,18   STEINMETZ, F.-J., WULF, F., « Mit Christus auferstanden.   (11401
           Auslegung und Meditation von 1 Kor 15,20; Eph 2,6 und 2 Tim 2,
           18 », GeistL 42 (1969) 146-150.

2,20-21   PENNA, A., « In magna autem domo... (2 Tim 2,20s) », dans (11402
           Studiorum Paulinorum Congressus 1961 (en collab.), II, 119-125.

3,15-17   ROSMAN, H., « Tolle, lege », VD 20 (1940) 118-120.   (11403
3,8-9   McNAMARA, M., *The N. T. and the Palestinian Targum to the* (11404
           Pentateuch, « Jannes and Jambres : 2 Tm 3,8f and TJ1 Ex 7,11;
           1,15 », 82-96.

4,7   TWOMEY, J. J., « I have Fought the Good Fight », SCR 10 (1958)   (11405
           110-115.

           BARTON, J. M. T., « Bonum certamen certavi... fidem servavi (2 Tim.   (11406
           4,7) », Bibl 40 (1959) 878-884.

4,8   SOHIER, A., « Je sais à qui j'ai donné ma foi », BVC N° 37 (1961)   (11407
           75-78.

Divers. Miscellaneous. Verschiedenes. Diversi. Diversos.

PIEPER, K., « Paulus und sein junger Vikar », TGl 27 (1935) 617-619 (11408

DE AMBROGGI, P., « Questioni sull'origine delle epistole pastorali a Timo- (11409
teo », ScuolC 79 (1951) 409-434.

VON CAMPENHAUSEN, H. F., *Polykarp von Smyrna und die Pastoralbriefe* (11410
(Heidelberg, Winter, 1951), 51 pp.

XXX, « Les épîtres pastorales », PPB N° 36 (1955) 16 pp. (11411

SCHLIER, H., *Die Zeit der Kirche,* « Die Ordnung der Kirche nach den (11412
Pastoralbriefen », 129-147.

GANCHO, C., « Trazos pastorales en San Pablo », Salm 8 (1961) 665-702. (11413

12. Tite. Titus. Der Titusbrief. Tito.

Introductions. Einleitungen. Introduzioni. Introducciones.

DORNIER, P., *Les épîtres de saint Paul à Timothée et à Tite* (BJ) (Paris, Cerf, (11414
1951), 7-21.

FRANSEN, I., « Gloire de la bonté du sauveur : épître à Tite », BVC N° 24 (11415
(1958) 58-67.

SPICQ, C., « Pastorales (épîtres) », SDB VII, col. 1-73. (11416

BROX, N., « Zu den persönlichen Notizen der Pastoralbriefe », BZ 13 (1969) (11417
76-94.

Commentaires. Commentaries. Kommentare. Commenti. Comentarios.

BARDY, G., *Épître à Tite,* dans *La Sainte Bible* (Pirot-Clamer), XII (1938), (11418
249-258.

SPICQ, C., *Les épîtres pastorales* (EB) (Paris, Gabalda, 1947), 417 pp. (11419

BOUDOU, A., *Les épîtres pastorales* (VS) (Paris, Beauchesne, 1950), 318 pp. (11420

STAAB, K., FREUNDORFER, J., *Die Thessalonicherbriefe, die Gefangenschafts-* (11421
briefe und die Pastoralbriefe (Regensburg, Pustet, 1950), 264 pp.

DE AMBROGGI, P., *Le epistole pastorali di S. Paolo a Timoteo e a Tito* (La Sacra (11422
Bibbia) (Torino, Roma, Marietti, 1953), « La Lettera a Tito », 226-258.

DORNIER, P., *Les épîtres de saint Paul à Timothée et à Tite²* (BJ) (Paris, Cerf, (11423
1958), 63 pp.

COLLANTES, J., « Cartas pastorales », dans *La Sagrada Escritura,* II, 957-1099. (11424

SCHIERSE, F. J., *Die Pastoralbriefe* (Düsseldorf, Patmos, 1968), 184 pp. (11425

SPICQ, C., *Les épîtres pastorales* (Paris, Gabalda, 1969), « Première Épître à (11426
Timothée », 313-584; « Épître à Tite », 591-695; « Deuxième Épître à Timothée », 697-824.

Textes. Texts. Texte. Testi. Textos.

1,6 LATTEY, C., « Unius uxoris vir (Tit. 1,6) », VD 28 (1950) 288-290. (11427

LYONNET, S., « Unius uxoris vir (1 Tim 3,2.12; Tit 1,6) », VD 45 (11428
(1967) 3-10.

TRUMMER, P., « Einehe nach den Pastoralbriefen. Zum Verständnis (11429
der Termini μιᾶς γυναικὸς ἀνήρ und ενος ανδρος γυνή », Bibl 51
(1970) 471-484.

1,12 FOLLIET, G., « Les citations de Actes 17,28 et Tite 1,12 chez Augus- (11430
tin », REA 11 (1965) 293-295.

2,11-15	HOLZMEISTER, U., « Apparuit gratia Dei Salvatoris nostri (Tit 2,11-15) », VD 11 (1931) 353-356.	(11431
	OGARA, F., « Apparuit gratia Dei Salvatoris nostri », VD 15 (1935) 363-372.	(11432
	ROMANIUK, K., *L'amour du Père et du Fils dans la sotériologie de saint Paul,* 64-71.	(11433
	SISTI, A., « La pedagogia di Dio », BibOr 9 (1967) 253-262.	(11434
	DEISS, L., « La grâce de Dieu s'est manifestée », AS (n.s.) N° 10 (1970) 26-31.	(11435
2,11	VARGHA, T., « Apparuit gratia Dei (Tit. 2,11ss) », VD 14 (1934) 3-6.	(11436
	WULF, F., « Erschienen ist die Gnade Gottes (Tit 2,11) », GeistL 40 (1967) 401-403.	(11437
2,13	McNAMARA, M., *The N. T. and the Palestinian Targum to the Pentateuch,* « The Revelation of the Messiah in the Targum and the Epiphaneia of Christ in St. Paul; 2 Thes 2,8; Tit 2,13; 1 Tm 6,14 etc. », 246-252.	(11438
3,4-7	DEISS, L., « La bonté et la « philanthropie » de Dieu notre Sauveur », AS (n.s.) N° 10 (1970) 32-37.	(11439
3,5	SCHNACKENBURG, R., *Das Heilsgeschehen bei der Taufe nach dem Apostel Paulus,* « Die Taufe als Bad der Wiedergeburt (Tit 3,5) », 8-14.	(11440

13. Philémon. Philemon. Der Philemonbrief. Filemone. Filemón.

Introductions. Einleitungen. Introduzioni. Introducciones.

PRAT, F., *La théologie de saint Paul[38],* « Le billet à Philémon », I, 329-333.   (11441

BENOIT, P., *Les épîtres de saint Paul aux Philippiens, à Philémon, aux Colossiens,* (11442
aux Éphésiens (BJ) (Paris, Cerf, 1949), 7-13, 39-40.

FRANSEN, I., « L'appel d'un coeur fidèle (lettre à Philémon) », BVC N° 39 (11443
(1961) 32-36.

BENOIT, P., « Philémon (épître à) », SDB VII, col. 1204-1211.   (11444

Commentaires. Commentaries. Kommentare. Commenti. Comentarios.

HUBY, J., *Épîtres de la captivité* (VS) (Paris, Beauchesne, 1935), 375 pp.   (11445

BARDY, G., *Épître à Philémon,* dans *La Sainte Bible* (Pirot-Clamer), XII (1938), (11446
259-268.

BENOIT, P., *Les épîtres de saint Paul aux Philippiens, à Philémon, aux Colossiens,* (11447
aux Éphésiens[3] (BJ) (Paris, Cerf, 1959), 112 pp.

BARTINA, S., *Epistola a Filemon,* dans *La Sagrada Escritura,* II, 1103-1130.   (11448

Textes. Texts. Texte. Testi. Textos.

| 19 | BARTINA, S., « Me debes más (Flm 19). La deuda de Filemón a Pablo », dans *Studiorum Paulinorum Congressus 1961* (en collab.), II, 143-152. | (11449 |
| 23 | DA CASTEL S. PIETRO, T., « Συναιχμάλωτος : Compagno di prigionia e conquistato assieme ? » dans *Studiorum Paulinorum Congressus 1961* (en collab.), II, 417-428. | (11450 |

14. Hébreux. Hebrews. Der Hebräerbrief. Ebrei. Hebreos.

Introductions. Einleitungen. Introduzioni. Introducciones.

VITTI, A. M., « L'ambiante vero della Lettera agli Ebrei », Bibl 15 (1934) 245-276. (11451

PIROT, L., « Hébreux (l'épître aux) », SDB III, col. 1409-1440. (11452

SPICQ, C., *L'épître aux Hébreux* (Paris, Cerf, 1950), introd. 7-33. (11453

SPICQ, C., *L'épître aux Hébreux*, « Bibliographie : commentaires, travaux (11454
particuliers, ouvrages généraux », I, 379-410.

XXX, « L'épître aux Hébreux », PPB N° 37 (1955) 3-15. (11455

VITTI, A., « La lettera agli ebrei », RivB 3 (1955) 289-310. (11456

KUSS, O., « Zur Deutung des Hebräerbriefe », TR 53 (1957) 247-254. (11457

SPICQ, C., « Hébreux (épître aux) », SDB VII, col. 226-279. (11458

WORDEN, T., « Before Reading the Epistle to the Hebrews », SCR 14 (1962) (11459
48-64.

HILLMANN, J., *Der Brief an die Hebräer* (Düsseldorf, Patmos, 1965), 105 pp. (11460

CHARPENTIER, E., *Ce testament toujours nouveau,* « Baptisés pour consacrer le (11461
monde », 117-133.

ZEDDA, S., *Lettera agli Ebrei.* Versione, Introduzione, Note (Roma, Ed. Paoline, (11462
1967), 216 pp.

VANHOYE, A., « Hébreux (Épître aux) », DS 7 (1968), col. 111-126. (11463

FRANSEN, I., « L'épître aux Hébreux », BVC N° 95 (1970) 4-9. (11464

NELLESSEN, E., « Lateinische Summarien zum Hebräerbrief », BZ 14 (1970) (11465
240-251.

Commentaires. Commentaries. Kommentare. Commenti. Comentarios.

MÉDEBIELLE, A., *Épître aux Hébreux,* dans *La Sainte Bible* (Pirot-Clamer), XII (11466
(1938), 269-372.

BONSIRVEN, J., *L'épître aux Hébreux⁵* (VS) (Paris, Beauchesne, 1943), 551 pp. (11467

SPICQ, C., *L'épître aux Hébreux* (EB), 2 vv., 445-457 pp. (11468

DA CASTEL S. PIETRO, T., *L'Epistola agli Ebrei* (Torino, Marietti, 1952), 6- (11469
236 pp.

RUFZ, O., MICHL, J., *Der Brief an die Hebräer und die Katholischen Briefe* (11470
(Regensburg, Pustet, 1953), 319 pp.

SPICQ, C., *L'épître aux Hébreux²* (BJ) (Paris, Cerf, 1957), 96 pp. (11471

CANTINAT, J., *Les épîtres de saint Paul expliquées* (Paris, Gabalda, 1960), (11472
« Épître aux Hébreux », 203-221.

NICOLAU, M., *Carta a los Hebreos,* dans *La Sagrada Escritura,* III, 1 -191. (11473

SCHIERSE, F. J., *Der Brief an die Hebräer* (Düsseldorf, Patmos, 1968), 158 pp. (11474

Critique littéraire. Literary Criticism. Literarkritik. Critica letteraria. Crítica literaria.

Ancien Testament. Old Testament. Altes Testament. Antico Testamento. Antíguo Testamento.

VITTI, A., « Il vecchio Testamento nella Epistola agli Ebrei », CC 2 (1935) (11475
464-478; 3 (1935) 127-138.

VENARD, L., « L'utilisation des Psaumes dans l'épître aux Hébreux », dans (11476
Mélanges E. Podechard (en collab.), 253-264.

VAN DER PLOEG, J., « L'exégèse de l'A. T. dans l'épître aux Hébreux », RB (11477
54 (1947) 187-228.

SPICQ, C., *L'épître aux Hébreux,* « L'utilisation de l'A. T. dans l'épître aux (11478 Hébreux », I, 330-350.

SABOURIN, L., « Auctor Epistulae ad Hebraeos ut interpres Scripturae », VD (11479 46 (1968) 275-285.

Structure. Aufbau. Struttura. Estructura.

VAGANAY, L., « Le plan de l'épître aux Hébreux », dans *Mémorial Lagrange* (11480 (en collab.), 269-277.

SPICQ, C., *L'épître aux Hébreux,* « Le plan de l'épître », 27-38.   (11481

VANHOYE, A., « De structura litteraria epistolae ad Hebraeos », VD 40 (1962) (11482 73-80.

VANHOYE, A., *La structure littéraire de l'épître aux Hébreux,* 388 pp.   (11483

VANHOYE, A., « Structure littéraire et thèmes théologiques de l'épître aux (11484 Hébreux », dans *Studiorum Paulinorum Congressus 1961* (en collab.), II, 175-181.

VANHOYE, A., *Traduction structurée de l'épître aux Hébreux* (Rome, Institut (11485 Biblique Pontifical, 1963), 40 pp.

BLIGH, J., « The Structure of Hebrews », HeyJ 5 (1964) 170-177.   (11486

VANHOYE, A., *A Structured Translation of the Epistle to the Hebrews,* translated (11487 from the Greek and the French by J. Swetnam (Rome, Pontifical Biblical Institute, 1964), 39 pp.

VANHOYE, A., *Épître aux Hébreux.* Texte grec structuré (Fano, Typis Paulinis, (11488 1966), 40 pp.

Problèmes divers. Various Problems. Sonstige Fragen. Problemi diversi. Problemas diversos.

BOVER, J. M., « Inspiración divina del redactor de la Epístola a los Hebreos », (11489 EstE 14 (1935) 433-463.

VITTI, A. M., « Le bellezze stilistiche della Lettera agli Ebrei », Bibl 17 (1936) (11490 137-166.

SCHUSTER, I., « I destinatari dell'Epistola agli Ebrei », ScuolC 66 (1938) 641-665. (11491

DUBARLE, A.-M., « Rédacteur et destinataires de l'épître aux Hébreux », RB 48 (11492 (1939) 506-529.

PRAT, F., *La théologie de saint Paul[38],* « La question d'auteur; cadre historique (11493 et idée centrale », I, 421-435.

SPICQ, C., « Le philonisme de l'épître aux Hébreux », RB 56 (1949) 542-572.   (11494

SPICQ, C., « Alexandrinismes dans l'épître aux Hébreux », RB 58 (1951) 481-502. (11495

SPICQ, C., *L'épître aux Hébreux* (questions de critique littéraire), I, 4-168.   (11496

KUSS, O., « Der Verfasser des Hebräerbriefes als Seelsorger », TrierTZ 67 (1968) (11497 1-12, 65-80.

SCHRÖGER, F., *Der Verfasser des Hebräerbriefes als Schriftausleger* (Regensburg, (11498 Pustet, 1968), 360 pp.

Critique Textuelle. Textual Criticism. Textkritik. Critica Testuale. Crítica Textual.

SPICQ, C., *L'épître aux Hébreux,* « Critique textuelle », I, 412-432.   (11499

MIZZI, G., « Interessanti frammenti dell'epistula ad Hebraeos in un codice (11500 liturgico maltese », RivB 3 (1955) 76-78.

Théologie. Theology. Theologie. Teologia. Teología.

Christologie. Christology. Christologie. Cristologia. Cristología.

SANTOS OLIVERA, B., « « Vindex » seu « Redemptor » apud Hebraeos », VD (11501
11 (1931) 89-93.

KUSS, O., « Der theologisches Grundgedanke des Hebräerbriefes. Zur Deutung des (11502
Todes Jesu im NT », MüTZ 7 (1956) 233-271, ou dans *Auslegung und
Verkündigung,* I, 281-328.

NOVEL, P. C., « Le Christ notre rançon : le témoignage de la lettre aux Hé- (11503
breux », CE N° 25 (1957) 58-68.

BOURGIN, C., « Le Christ-Prêtre et la purification des péchés selon l'épître aux (11504
Hébreux », LV N° 36 (1958) 67-90.

ZIMMERMANN, H., *Die Hohepriester-Christologie des Hebräerbriefes* (Pader- (11505
born, Schöningh, 1964), 36 pp.

LAMARCHE, P., *Christ vivant.* Essai sur la christologie du Nouveau Testament, (11506
« Épître aux Hébreux », 85-86.

Culte. Cult. Kult. Culto.

FRITZ, P., « De sacrificio Christi in cruce quid S. Paulus in Epistula ad Hebraeos (11507
docuerit », VD 11 (1931) 71-80.

TRINIDAD, J., « De sacrificio Christi in epistola ad Hebraeos », VD 19 (1939) (11508
180-186, 207-212.

TRINIDAD, J., « Relatio inter sacrificium Cenae et sacrificium crucis in epistola (11509
ad Hebraeos », VD 19 (1939) 225-233.

VANHOYE, A., « De aspectu oblationis Christi secundum Hebraeos », VD 37 (11510
(1959) 32-38.

CODY, A., *Heavenly Sanctuary and Liturgy in the Epistle to the Hebrews.* The (11511
Achievement of Salvation in the Epistle's Perspective (St. Meinrad, Grail
Publications, 1960), 13-227 pp.

SEIDENSTICKER, P., *Lebendiges Opfer* (Röm *12,1),* « Die Lehre des (11512
Hebräerbriefes (sur l'offrande du Christ) », 280-320.

QUINOT, B., « L'influence de l'épître aux Hébreux dans la notion augustinienne (11513
du vrai sacrifice », REA 8 (1962) 129-168.

LACH, S., « Les ordonnances du culte israélite dans la lettre aux Hébreux », dans (11514
Sacra Pagina (en collab.), II, 390-403.

THÜSING, W., « Lasst uns hinzutreten... (Hebr 10,22). Zur Frage nach den Sinn (11515
der Kulttheologie im Hebräerbrief », BZ 9 (1965) 1-17.

SABOURIN, L., « Sacrificium ut liturgia in Epistula ad Hebraeos », VD 46 (1968) (11516
235-258.

SCHILDENBERGER, J., « Relatio inter sacrificium crucis et sacrificium missae (11517
illustrata ex ultima coena Domini et epistula ad Hebraeos », dans *El sacerdocio de
Cristo* (en collab.), 49-54.

Eschatologie. Eschatology. Eschatologie. Escatologia. Escatología.

CAMBIER, J., « Eschatologie ou hellénisme dans l'épître aux Hébreux », Sal 11 (11518
(1949) 62-96.

FEUILLET, A., « L'attente de la parousie et du jugement dans l'épître aux Hé- (11519
breux », BVC N° 42 (1961) 23-31.

BRADY, C., « The World to Come in the Epistle to the Hebrews », Wor 39 (1965) (11520
329-339.

Sacerdoce. Priesthood. Priestertum. Sacerdozio. Sacerdocio.

BARDY, G., « Les origines du sacerdoce chrétien », VSS 47 (1936) 12-32, 86-106. (11521

BERNARD, R., « Le Christ selon l'épître aux Hébreux », VS 50 (1937) 139-145. (11522

BONSIRVEN, J., « Le sacerdoce et le sacrifice de Jésus-Christ d'après l'épître aux (11523
Hébreux », NRT 66 (1939) 641-660, 769-786.

FRANSEN, I., « Jésus pontife parfait du parfait sanctuaire (Hébreux) », BVC (11524
N° 20 (1957) 79-91.

GELIN, A., « Le sacerdoce du Christ d'après l'épître aux Hébreux », dans *Études* (11525
sur le sacrement de l'Ordre (en collab.), 43-76.

FRANSEN, I., « Jesus, wahrer Hoherpriester des wahren Bundeszeltes », BiLit 25 (11526
(1957-58) 172-182, 218-225, 261-269.

BOURGIN, C., « Le Christ-Prêtre et la purification des péchés selon l'épître aux (11527
Hébreux », LV N° 36 (1958) 67-90.

GALOPIN, P.-M., « Le sacerdoce du Christ dans l'épître aux Hébreux », BVC (11528
N° 30 (1959) 34-44.

RODRIGUEZ MOLERO, F. X., « El sacerdocio celeste de Cristo », EstB 22 (11529
(1963) 69-77.

BERTETTO, D., « La natura del sacerdozio secondo Hebr. 5,1-4 e le sue (11530
realizzazioni nel nuovo testamento », Sal 26 (1964) 395-400.

GAIDE, G., « Jésus, le prêtre unique (Hébreux 4,14-10,25) », CE N° 53 (1964) (11531
5-73.

SCHRÖGER, F., « Der Gottesdienst der Hebräergemeinde », MüTZ 19 (1968) (11532
161-181.

ZIMMERMANN, H., *Die Hohepriester-Christologie des Hebräerbriefes* (Pader- (11533
born, Schöningh, 1964), 36 pp.

VANHOYE, A., « Le parfait grand prêtre (He 7,23-27) », AS N° 93 (1965) 15-31. (11534

VANHOYE, A., « De sacerdotio Christi in Hebr. », VD 47 (1969) 22-30.   (11535

Thèmes divers. Various Themes. Sonstige Themen. Temi diversi. Temas diversos.

PERRELLA, C. M., « De justificatione sec. epistulam ad Hebraeos », Bibl 14 (11536
(1933) 1-21, 150-169.

BOVER, J. M., « Notae et disceptationes. La esperanza en la Epistola a los He- (11537
breos », Greg 19 (1938) 110-120.

DA CASTEL S. PIETRO, T., « Alcuni aspetti dell'ecclesiologia della lettera agli (11538
Ebrei », Bibl 24 (1943) 125-161, 323-369.

DA CASTEL S. PIETRO, T., *La chiesa nella lettera agli ebrei* (Roma, Marietti, (11539
1945), 287 pp.

SPICQ, C., « La théologie des deux alliances dans l'épître aux Hébreux », RSPT (11540
33 (1949) 15-30.

SPICQ, C., « La perfection chrétienne d'après l'épître aux Hébreux », dans (11541
Mémorial J. Chaine (en collab.), 337-352.

SPICQ, C., « Contemplation, théologie et vie morale d'après l'épître aux Hé- (11542
breux », dans *Mélanges Jules Lebreton,* I, RSR 39 (1951) 289-300.

SPICQ, C., *L'épître aux Hébreux,* « La théologie de l'épître aux Hébreux », (11543
266-329.

SPICQ, C., « La théologie de l'épître aux Hébreux », VS 86 (1952) 139-153, (11544
266-278.

SPICQ, C., « Contemplation, Theology, and the Moral Life according to the Epistle (11545
to the Hebrews », TDig 1 (1953) 161-164.

SCHIERSE, F. J., *Verheissung und Heilsvollendung zur theologischen Grundfrage* (11546 *des Hebräerbriefes* (München, K. Zink, 1955), 16-219 pp.

YARNOLD, E., « Be ye Perfect », Way 5 (1965) 282-290.   (11547

LAMMERS, K., *Hören, Sehen und Glauben im Neuen Testament,* « Der (11548 Hebräerbrief », 74-76.

LATOURELLE, R., *Théologie de la Révélation*[2], « L'épître aux Hébreux », 70-74. (11549

SCHAEFER, J. R., « The Relationship between Priestly and Servant Messianism (11550 in the Epistle to the Hebrews », CBQ 30 (1968) 359-385.

Textes. Texts. Texte. Testi. Textos.

1-2	VANHOYE, A., « Thema sacerdotii praeparatur in Heb. 1,1-2,18 », (11551 VD 47 (1969) 284-297.
	VANHOYE, A., *Situation du Christ.* Hébreux 1-2 (Paris, Cerf, 1969), (11552 404 pp.
1,1-6	BOURGIN, C., « Qui est Jésus-Christ ? » AS (n.s.) N° 10 (1970) (11553 38-47.
1,1-12	BOURGIN, C., « Qui est Jésus-Christ ? » AS N° 10 (1963) 25-44. (11554
1,1-4	DE ALFARA, W., « El Cristocentrismo en Heb. 1,1-4 », EstF 60 (11555 (1959) 161-188.
	SCHNACKENBURG, R., « Zum Offenbarungsgedanken in der Bi- (11556 bel », BZ 7 (1963) 2-13.
	STRAMARE, T., « La pienezza della Rivelazione », BibOr 9 (1967) (11557 145-164.
1,2-4	VANHOYE, A., « Christologia a qua initium sumit epistola ad (11558 Hebraeos (Hebr 1,2b.3.4) », VD 43 (1965) 3-14, 49-61, 113-123.
1,2	VITTI, A., « Quem constituit heredem universorum, per quem fecit et (11559 saecula (Hb 1,2) », VD 21 (1941) 40-48, 82-87.
	LANGKAMMER, H., « Den er zum Erben von allem eingesetzt hat (11560 (Hebr 1,2) », BZ 10 (1966) 273-280.
1,3	VANHOYE, A., « De sessione caelesti in epistola ad Hebraeos », VD (11561 44 (1966) 131-134.
1,6	VITTI, A. M., « Et cum iterum introducit Primogenitum in orbem (11562 terrae (Heb. 1,6) », VD 14 (1934) 306-312, 368-374.
	VANHOYE, A., « L'οἰκουμένη dans l'épître aux Hébreux », Bibl 45 (11563 (1964) 248-253.
1,9	DE LA POTTERIE, I., « L'onction du Christ », NRT 80 (1958) (11564 225-252.
2,1	TEODORICO, P., « Metafore nautiche in Ebr. 2,1 et 6,19 », RivB 6 (11565 (1958) 34-49.
2,5	VANHOYE, A., « L'οἰκουμένη dans l'épître aux Hébreux », Bibl 45 (11566 (1964) 248-253.
2,11	DHOTEL, J.-C., « La « sanctification » du Christ d'après *Hébreux* II, (11567 11 », RSR 47 (1959) 514-543; 48 (1960) 420-452.
2,14	VITTI, A. M., « Ut per mortem destrueret... diabolum », VD 15 (1935) (11568 312-318.
2,17-18	VANHOYE, A., « Le Christ, grand-prêtre selon Héb. 2,17-18 », NRT (11569 91 (1969) 449-474.

3,2   VANHOYE, A., « Jesus « fidelis ei qui fecit eum » (Hebr 3,2) », VD (11570
             45 (1967) 291-305.

3,7-4,11   FRANKOWSKI, J., « Requies, bonum promissum populi Dei in V.T. (11571
             et in Judaismo (Hebr 3,7-4,11) », VD 43 (1965) 124-149, 225-240.

             VANHOYE, A., « Longue marche ou accès tout proche ? Le contexte (11572
             biblique de Hébreux 3,7-4,11 », Bibl 49 (1968) 9-26.

4,12   ROSMAN, H., « Tolle, lege », VD 20 (1940) 122-123.   (11573

             BAUER, J. B., « Salvator nihil medium amat », VD 34 (1956) 352-355. (11574

4,14-10,25   GAIDE, G., « Jésus, le prêtre unique (Hébreux 4,14-10,25) », CE (11575
             N° 53 (1964) 5-73.

4,14-16   BOURGIN, C., « La Passion du Christ et la nôtre (He 4,14-16; 5,7- (11576
             9) », AS (n.s.) N° 21 (1969) 15-20.

5,1-4   BERTETTO, D., « La natura del sacerdozio secondo Hebr. 5,1-4 e le (11577
             sue realizzazioni nel Nuovo Testamento », Sal 26 (1964) 395-440.

             BERTETTO, D., « La natura del sacerdozio secondo Hebr. 5,1-4 e le (11578
             sue realizzazioni nel Nuovo Testamento », dans *El sacerdocio de Cristo*
             (en collab.), 67-118.

5,1-2   SKRINJAR, A., « Origo Christi temporalis et aeterna (Mich, 5,2, Hebr. (11579
             5,1-2) », VD 13 (1933) 8-16.

5,2   YARNOLD, E. J., « Μετριοπαθεῖν apud Heb 5,2 », VD 38 (1960) (11580
             149-155.

5,5-10   CERFAUX, L., « Le sacre du grand prêtre, d'après Hébreux 5,5- (11581
             10 », BVC N° 21 (1958) 54-58.

             CERFAUX, L., « Die Weihe des Hohenpriesters », BiLit 26 (1958-59) (11582
             17-21.

5,7-9   BOURGIN, C., « La Passion du Christ et la nôtre (He 4,14-16; 5,7- (11583
             9) », AS (n.s.) N° 21 (1969) 15-20.

5,7   VITTI, A. M., « Exauditus est pro sua reverentia », VD 14 (1934) 86-92, (11584
             108-114.

             RASCO, E., « La oración sacerdotal de Cristo en la tierra segun He (11585
             5,7 », Greg 43 (1962) 723-755.

             ANDRIESSEN, P., LENGLET, A., « Quelques passages difficiles de (11586
             l'Épître aux Hébreux (5,7.11; 10,20; 12,2) », Bibl 51 (1970) 207-220.

5,8   VITTI, A., « Didicit... obedientiam », VD 12 (1932) 264-272.   (11587

             COSTE, J., « Notion grecque et notion biblique de la « Souffrance (11588
             éducatrice » », RSR 43 (1955) 481-524.

5,10   PORPORATO, F.X., « Corpus autem aptasti mihi (Hbr. 5,10) », VD (11589
             10 (1930) 80-83.

5,11-6,8   COLLINS, B., « Tentatur nova interpretatio Hebr. 5,11-6,8 », VD 26 (11590
             (1948) 144-151, 193-206.

5,11-6,3   THÜSING, W., « « Mich » und « feste Speise » (1 Kor 3,1f. und Hebr (11591
             5,11-6,3) », TrierTZ 76 (1967) 233-246, 261-280.

6,6   VITTI, A. M., « Rursum crucifigentes sibimetipsis Filium Dei et (11592
             ostentui habentes (Heb. 6,6) », VD 22 (1942) 174-182.

6,11   BOUYER, L., *Le mystère pascal,* « Le prêtre éternel selon l'ordre de (11593
             Melchisédech », 316-330.

6,17   ZERWICK, M., « Consilium Dei », VD 25 (1947) 177-181.   (11594

6,19   TEODORICO, P., « Metafore nautiche in Ebr. 2,1 et 6,19 », RivB 6   (11595
            (1958) 34-49.

7   PIAZZI, G., « La figura di Melchisedec nell'epistola agli Ebrei »,   (11596
            ScuolC 63 (1935) 417-432.

            SOUBIGOU, L., « Le chapitre VII de l'épître aux Hébreux », AT 1   (11597
            (1946) 69-82.

7,1   FITZMYER, J. A., « Now this Melchizedek... (Heb 7,1) », CBQ 25   (11598
            (1963) 305-321.

7,23-28   VANHOYE, A., « Le parfait grand prêtre (He 7,23-28) », AS (n.s.)   (11599
            N° 62 (1970) 46-52.

7,23-27   VANHOYE, A., « Le parfait grand prêtre (Hé 7,23-27) », AS N° 93   (11600
            (1965) 15-31.

8,1-9,28   VANHOYE, A., « Notes et mélanges. La structure centrale de l'épître   (11601
            aux Hébreux (Heb. 8,1-9,28) », RSR 47 (1959) 44-60.

8,1-3   VANHOYE, A., « De « aspectu » oblationis Christu secundum   (11602
            Epistolam ad Hebraeos », VD 37 (1959) 32-38.

8,1   VANHOYE, A., « De sessione caelesti in epistola ad Hebraeos », VD   (11603
            44 (1966) 131-134.

9,2-12   VANHOYE, A., « Expiation ancienne et sacrifice du Christ (He 9,2-   (11604
            12) », AS N° 72 (1964) 18-35.

9,2   SWETNAM, J., « Hebrews 9,2 and the Uses of Consistency », CBQ 32   (11605
            (1970) 205-221.

9,9-10   SWETNAM, J., « On the Imagery and Significance of Hebrews 9,9-   (11606
            10 », CBQ 28 (1966) 155-173.

9,11-15   BOURGIN, C., « Le sang du Christ et le culte spirituel (He 9,11-   (11607
            15) », AS N° 34 (1963) 26-53.

9,11   BOVER, J. M., « Las variantes μελλόντων y γενομένων en Hebr.   (11608
            9,11 », Bibl 32 (1951) 232-236.

            VANHOYE, A., « Par la tente plus grande et plus parfaite... (He 9,   (11609
            11) », Bibl 46 (1965) 1-28.

            SWETNAM, J., « « The Greater and More Perfect Tent ». A   (11610
            contribution to the Discussion of Hebrews 9,11 », Bibl 47 (1966) 91-106.

9,15-23   VANHOYE, A., « De instauratione novae dispositionis (Heb 9,15-   (11611
            23) », VD 44 (1966) 113-130.

9,15-20   DE VILLAPADIERNA, C., « La alianza en la Epístola a los Hebreos.   (11612
            Ensayo de nuevo interpretación a Hebreos 9,15-20 », EstB 21 (1962)
            273-296.

            DE VILLAPADIERNA, C., « ¿ Alianza o testamento ? Ensayo de   (11613
            nueva interpretación a Hebreos 9,15-20 », dans *Studiorum Paulinorum
            Congressus 1961* (en collab.), II, 153-160.

9,15-18   SWETNAM, J., « A Suggested Interpretation of Hebrews 9,15-18 »,   (11614
            CBQ 27 (1965) 373-390.

9,22-23   VANHOYE, A., « Mundatio per sanguinem (Heb 9,22-23) », VD 44   (11615
            (1966) 177-191.

9,26   SWETNAM, J., « Sacrifice and Revelation in the Epistle to the He-   (11616
            brews : Observations and Surmises on Hebrews 9,26 », CBQ 30 (1968)
            227-234.

10,1-39   LACAN, M.-F., « La source de l'assurance chrétienne », BVC N° 8 (11617 (1954-55) 89-94.

10,5-7   DRIESSEN, E., « Promissio Redemptoris apud S. Paulum (Rom, (11618 3,24-26; Heb. 10,5-7; I Cor. 2,6-8) », VD 21 (1941) 233-238, 264-271, 280-305.

           MURRAY, R., « The Will of my Father », Way 4 (1964) 176-186.   (11619

10,11-18   VANHOYE, A., « Efficacité de l'offrande du Christ (He 10,11-14. (11620 18) », AS (n.s.) N° 64 (1969) 41-46.

10,12   VANHOYE, A., « De sessione caelesti in epistola ad Hebraeos », VD (11621 44 (1966) 131-134.

10,14   RUPRECHT, P., « Una oblatione consummavit. Die Bedeutung von (11622 Hebr. 10,14 für die Messopferlehre », TQ 121 (1940) 1-13.

10,20   ANDRIESSEN, P., LENGLET, A., « Quelques passages difficiles de (11623 l'Épître aux Hébreux (5,7.11; 10,20; 12,2) », Bibl 51 (1970) 207-220.

10,22   THÜSING, W., « Lasst uns hinzutreten... (Hebr 10,22). Zur Frage nach (11624 dem Sinn der Kulttheologie im Hebräerbrief », BZ 9 (1965) 1-17.

11   SPICQ, C., L'épître aux Hébreux, « Le philonisme de l'épître aux (11625 Hébreux : le chapitre XI », I, 76-85.

11,1   SPICQ, C., « L'exégèse de Hébr. XI,1 par S. Thomas d'Aquin », RSPT (11626 31 (1947) 229-236.

11,3   SMITH, J., « De interpretatione Heb 11,3 », VD 27 (1949) 94-97.   (11627

11,4   LE DÉAUT, R., « Traditions targumiques dans le corpus paulinien ? (11628 (Hebr 11,4 et 12,24; Gal 4,29s; 2 C 3,16) », Bibl 42 (1961) 28-48.

11,6   PORPORATO, F. X., « Sine fide impossibile est placere Deo (Heb. (11629 11,6) », VD 19 (1939) 213-218.

11,9   BARTON, J. M. T., « Omissions in Douay Bible », AmER 92 (1935) (11630 613-615.

11,13-16   BARTINA, S., « Jesus y los saduceos. El Dios de Abraham, de Isaac (11631 y de Jacob es « El que hace existir » », EstB 21 (1962) 151-160.

12,1   VACCARI, A., « Per meglio comprendere Ebrei 12,1 », RivB 6 (1958) (11632 235-241.

           VACCARI, A., « Hebr. 12,1 : lectio emendatior », Bibl 39 (1958) (11633 471-477.

12,2   VITTI, A., « Proposito sibi gaudio (Hebr. 12,2) », VD 13 (1933) (11634 154-159.

           VANHOYE, A., « De sessione caelesti in epistola ad Hebraeos », VD (11635 44 (1966) 131-134.

           ANDRIESSEN, P., LENGLET, A., « Quelques passages difficiles de (11636 l'Épître aux Hébreux (5,7.11; 10,20; 12,2) », Bibl 51 (1970) 207-220.

12,18-24   VANHOYE, A., « La situation spirituelle des chrétiens (He 12, (11637 18-19.22-24a) », AS (n.s.) N° 53 (1970) 72-77.

12,23   TEODORICO, P., « Un'antica esegesi di Ebrei, 12,23 : Chiesa di (11638 primogeniti », RivB 6 (1958) 166-173.

           LÉCUYER, J., « Ecclesia primitivorum (Hebr 12,23) », dans Studiorum (11639 Paulinorum Congressus 1961 (en collab.), II, 161-168.

12,24   LE DÉAUT, R., « Traditions targumiques dans le corpus paulinien ? (11640 (Hebr 11,4 et 12,24; Gal 4,29s; 2 C 3,16) », Bibl 42 (1961) 28-48.

13,5   KATZ, P., « Ου μη σε ανω, ουδ' ου μη σε εγκαταλιπω (Hebr. 13, (11641 5). The Biblical Source of the Quotation », Bibl 33 (1952) 523-525.

13,14   REISSNER, H., « Wir haben hier keine bleibende Stadt, sondern die (11642 zukünftige suchen wir (Hebr 13,14). Erwägungen über das Wallfahren », GeistL 35 (1962) 96-103.

Divers. Miscellaneous. Verschiedenes. Diversi. Diversos.

VITTI, A. M., « Ultimi studi sulla lettera agli Ebrei », Bibl 22 (1941) 412-432. (11643

XXX, « L'épître aux Hébreux », PPB N° 37 (1955), 16 pp.   (11644

LA BONNARDIÈRE, A.-M., « L'épître aux Hébreux dans l'oeuvre de saint (11645 Augustin », REA 3 (1957) 137-162.

KUSS, O., « Der Verfasser des Hebräerbriefes als Seelsorger », TrierTZ 67 (1958) (11646 1-12, 65-80, ou dans *Auslegung und Verkündigung,* I, 329-358.

COPPENS, J., « Les affinités qumraniennes de l'épître aux Hébreux », NRT 84 (11647 (1962) 128-141, 257-282.

LUIS SUAREZ, P., « Cesaréa y la epístola « ad Hebraeos » », dans *Studiorum* (11648 *Paulinorum Congressus 1961* (en collab.), II, 169-174.

15. Jacques. James. Der Jakobusbrief. Giacomo. Santiago.

Introductions. Einleitungen. Introduzioni. Introducciones.

ALLEVI, L., « Il tramonto della Legge nella lettera di S. Giacomo », ScuolC 67 (11649 (1939) 529-542.

BONSIRVEN, J., « Jacques (épître de S.) », SDB IV, col. 783-795.   (11650

LECONTE, R., *Les épîtres catholiques de saint Jacques, saint Jude et saint Pierre* (11651 (BJ) (Paris, Cerf, 1953), 9-26.

BUSTLER, M., « Der Jakobusbrief », BiLit 26 (1958-59) 146-150.   (11652

FRANSEN, I., « Le premier examen de conscience chrétien : l'épître de Jac- (11653 ques », BVC N° 29 (1959) 26-37.

LACAN, M.-F., DU BUIT, M., « L'épître de saint Jacques », CE N° 61 (1966) (11654 33-42.

DU BUIT, M., « L'épître de saint Jacques », CE N° 65 (1967) 5-57.   (11655

BECKER, J., « Erwägungen zu Fragen der neutestamentlichen Exegese », BZ 13 (11656 (1969) 99-102.

FRANSEN, I., « L'épître de saint Jacques », BVC N° 94 (1970) 45-48.   (11657

Commentaires. Commentaries. Kommentare. Commenti. Comentarios.

CHARUE, A., *Épître de S. Jacques,* dans *La Sainte Bible* (Pirot-Clamer), XII (11658 (1938), 381-434.

CHAINE, J., *L'épître de saint Jacques²* (EB) (Paris, Gabalda, 1939), 152 pp.   (11659

DE AMBROGGI, P., *Le Epistole cattoliche di Giacomo, Pietro, Giovanni e Giu-* (11660 *da²* (La Sacra Bibbia) (Torino, Roma, Marietti, 1949), « L'epistola di Giacomo », 11-85.

RUFZ, O., MICHL, J., *Der Brief an die Hebräer und die Katholischen Briefe* (11661 (Regensburg, Pustet, 1953), 319 pp.

LECONTE, R., *Les épîtres catholiques de saint Jacques, saint Jude et saint* (11662 *Pierre²* (BJ) (Paris, Cerf, 1961), 152 pp.

DIAZ, J. A., *Carta de Santiago,* dans *La Sagrada Escritura,* III, 195-217.   (11663

MUSSNER, F., *Der Jakobusbrief* (Freiburg, Herder, 1964), 28-238 pp.   (11664

RUSCHE, H., *Der Brief des Apostels Jakobus* (Düsseldorf, Patmos, 1966), 126 pp. (11665

Théologie. Theology. Theologie. Teologia. Teología.

SPICQ, C., *La révélation de l'espérance dans le Nouveau Testament* (Avignon, (11666
Aubanel; Paris, Libr. Dominicaine; 1932), « L'espérance dans l'épître de saint
Jacques », 158-164.

CASPER, J., « Der Christ in der Welt. Gedanken zum Jakobusbriefe », BiLit 13 (11667
(1938-39) 309-312.

HAMMAN, A., « Prière et culte dans la lettre de saint Jacques », ETL 34 (1958) (11668
35-47.

BERGAUER, P., *Der Jakobusbrief bei Augustinus und die damit verbundenen* (11669
Probleme der Rechtfertigunglehre (Wien, Herder, 1962), 108 pp.

MUSSNER, F., « « Direkte » und « indirekte » Christologie im Jakobus- (11670
brief », Catho 24 (1970) 111-117.

Textes. Texts. Texte. Testi. Textos.

1,1   AB ORBISO, T., « Jacobus, Dei et... Christi servus », VD 15 (1935) (11671
               139-143, 172-179.

1,2-18   AB ORBISO, T., « De tentationibus in Epistola Jacobi (Jac. 1,2- (11672
               18) », VD 16 (1936) 209-216.

1,13-15   AB ORBISO, T., « De origine et effectibus tentationum (Jac. 1,13- (11673
               15) », VD 16 (1936) 305-311.

1,17-27   GANTOY, R., « Accueil et mise en pratique de la Parole (Jc (11674
               1,17-18.21b-22.27) », AS (n.s.) N° 53 (1970) 39-49.

1,17-21   GANTOY, R., « Une catéchèse apostolique pour notre temps (Jc (11675
               1,17-21) », AS N° 47 (1963) 15-27.

               SISTI, A., « Doni e doveri », BibOr 6 (1964) 17-27.   (11676

1,18   OGARA, F., « Voluntarie genuit nos verbo veritatis ut simus initium (11677
               aliquod creaturae eius », VD 15 (1935) 130-138.

1,22-27   SISTI, A., « La parola e le opere », BibOr 6 (1964) 78-85.   (11678

               SPICQ, C., « La vraie vie chrétienne (Jc 1,22-27) », AS N° 48 (1965) (11679
               21-38.

2,1-13   AB ORBISO, T., « Contra acceptationem personarum (Jac. 2,1- (11680
               13) », VD 19 (1939) 22-32.

2,11   BRINKTRINE, J., « Zu Jak 2,11 », Bibl 35 (1954) 40-42.   (11681

2,14-26   FERNANDEZ, A., « Fides et opera apud S. Paulum et S. Iaco- (11682
               bum », VD 12 (1932) 177-180.

               AB ORBISO, T., « Fides sine operibus mortua (Jac. 2,14-26) », VD 20 (11683
               (1940) 65-77.

2,19   BEUMER, J., « Et daemones credunt (Jac. 2,19). Ein Beitrag zur (11684
               positiven Bewertung der *fides informis* », Greg 22 (1949) 231-251.

3   AB ORBISO, T., « De non ambiendis cathedris (Jac. 3) », VD 21 (1941) (11685
               169-182.

3,13-18   CALMET, A., « Vraie et fausse sagesse (Jacques 1,19-27; 3,13-18) », (11686
               BVC N° 58 (1964) 19-28.

4,1-12   AB ORBISO, T., « Increpatio cupiditatis (Jac 4,1-12) », VD 22 (1942) (11687
               204-212, 246-250.

4,11-12   COCAGNAC, A.-M., « Simples méditations sur quelques textes de la (11688 Bible » (thème : « Ne jugez pas »), VS 96 (1957) 5-31.

4,13-17   AB ORBISO, T., « Contra praesumptuosam de futuro dispositionem (11689 (Jac. 4,13-17) », VD 23 (1943) 104-114.

5,1-6   AB ORBISO, T., « Vae divitibus malis (Jac. 5,1-6) », VD 26 (1948) (11690 71-87.

5,7-11   AB ORBISO, T., « Instans ad patientiam exhortatio (Jac 5,7-11) », VD (11691 28 (1950) 3-17.

     SPICQ, C., « Exhortation à la patience », AS (n.s.) N° 7 (1969) 12-15. (11692

5,12   AB ORBISO, T., « Christiana sinceritas (Jac 5,12) », VD 29 (1951) (11693 65-76.

5,13-18   AB ORBISO, T., « De oratione, extrema unctione et confessione (Jac (11694 5,13-18) », VD 31 (1953) 70-82, 164-171.

5,14-15   CONDON, K., « The Sacrament of Healing (Jas. 5 : 14-15) », SCR 11 (11695 (1959) 331-341.

5,14   PICKAR, C., « Is Anyone Sick Among You ? » CBQ 7 (1945) 165-174. (11696

5,19-20   AB ORBISO, T., « Zelus pro errantium conversione (Jac 5,19s) », VD (11697 32 (1954) 193-208.

Divers. Miscellaneous. Verschiedenes. Diversi. Diversos.

PIEPER, K., « Die Entstehung des Jakobusbriefes », TGl 26 (1934) 472-473.   (11698

HARTMANN, G., « Der Aufbau des Jakobusbriefes », ZKT 66 (1942) 63-70.   (11699

PARSCH, P., Apprenons à lire la Bible, « Le plan de l'épître de saint Jacques », (11700 176-179.

XXX, « Les épîtres catholiques », PPB N° 38 (1958) 40 pp.   (11701

GAECHTER, P., Peter und seine Zeit, « Jakobus von Jerusalem », 258-310.   (11702

16. I et II Pierre. I and II Peter. Der Erste und Zweite Petrusbrief. I e II Pietro. I y II Pedro.

Introductions. Einleitungen. Introduzioni. Introducciones.

LECONTE, R., Les épîtres catholiques de saint Jacques, saint Jude et saint Pierre (11703 (BJ) (Paris, Cerf, 1953), introd. 59-69.

DURKEN, D., « First Peter », Wor 29 (1954-55) 382-384.   (11704

FRANSEN, I., « Une homélie chrétienne : la première épître de Pierre », BVC (11705 N° 31 (1960) 28-38.

FRANSEN, I., « Le feu de la gloire (2 Pierre) », BVC N° 33 (1960) 26-33.   (11706

BOISMARD, M.-É., « Pierre (première épître de) », SDB VII, col. 1415-1455.   (11707

SCHMITT, J., « Pierre (seconde épître de) », SDB VII, col. 1455-1461.   (11708

GOURBILLON, J. G., DU BUIT, M., « La première épître de saint Pierre », CE (11709 N° 50 (1963) 5-96.

Commentaires. Commentaries. Kommentare. Commenti. Comentarios.

VAGANAY, L., L'Évangile de Pierre (EB) (Paris, Gabalda, 1930), 357 pp.   (11710

CHARUE, A., Épîtres de S. Pierre, dans La Sainte Bible (Pirot-Clamer), XII (1938), (11711 435-502.

CHAINE, J., Les épîtres catholiques² (EB) (Paris, Gabalda, 1939), 351 pp.   (11712

DE AMBROGGI, P., Le epistole cattoliche di Giacomo, Pietro, Giovanni e (11713 Guida² (La Sacra Bibbia) (Torino, Roma, Marietti, 1949), « La prima Epistola di Pietro », 87-157; « La seconda Epistola di Pietro », 159-201.

RUPZ, O., MICHL, J., *Der Brief an die Hebräer, und die Katholischen Briefe* (11714
(Regensburg, Pustet, 1953), 319 pp.

LECONTE, R., *Les épîtres catholiques de saint Jacques, saint Jude et saint Pier-* (11715
re² (BJ) (Paris, Cerf, 1961), 152 pp.

FRANCO, R., *Cartas de San Pedro*, dans *La Sagrada Escritura*, 221-334.   (11716

SCHELKLE, K. H., *Die Petrusbriefe. Der Judasbrief* (Freiburg, Herder, 1961), (11717
26-250 pp.

SCHWANK, B., *Der erste Brief des Apostels Petrus* (Düsseldorf, Patmos, 1963), (11718
148 pp.

SPICQ, C., *Les épîtres de saint Pierre* (Paris, Gabalda, 1966), 272 pp.   (11719

Théologie. Theology. Theologie. Teologia. Teología.

VITTI, A., « Eschatologia in Petri epistula prima », VD 11 (1931) 298-301.   (11720

SPICQ, C., *La révélation de l'espérance dans le Nouveau Testament* (Avignon, (11721
Aubanel; Paris, Libr. Dominicaine; 1932), « Saint Pierre, apôtre de l'espérance », 99-157.

DE AMBROGGI, P., « Il concetto di salute nei discorsi e nelle Lettere di S. (11722
Pietro », ScuolC 6 (1933) 289-303, 431-446.

CHAINE, J., « Cosmogonie antique et conflagration finale d'après la *Secunda* (11723
Petri », RB 46 (1937) 207-216.

DE AMBROGGI, P., « L'ispirazione nel pensiero di S. Pietro », ScuolC 71 (1943) (11724
349-363.

THILS, G., *L'enseignement de saint Pierre* (Paris, Lecoffre, 1943), 165 pp.   (11725

DE AMBROGGI, P., « Il sacerdozio dei fideli secondo la Prima di Pietro », ScuolC (11726
75 (1947) 52-57.

HOLZMEISTER, U., « Vocabularium secundae Epistolae S. Petri erroresque (11727
quidam de eo divulgati », Bibl 30 (1949) 339-355.

BOISMARD, M.-É., « La typologie baptismale dans la première épître de saint (11728
Pierre », VS 94 (1956) 339-352.

BOISMARD, M.-É., « Une liturgie baptismale dans la Prima Petri », RB 63 (1956) (11729
182-208.

NOVEL, P. C., « Le Christ notre rançon. Le témoignage de Pierre », CE N° 25 (11730
(1957) 45-50.

JONSEN, A. R., « The Moral Theology of the First Epistle of St. Peter », SE 16 (11731
(1964) 93-105.

CIPRIANI, S., « L'unitarietà del disegno della storia della salvezza nella I lettera (11732
di Pietro », RivB 14 (1966) 385-406.

SCHEMBRI, G., « Il messaggio pastorale di S. Pietro nella sua prima epis- (11733
tola », Ant 42 (1967) 376-398.

Textes. Texts. Texte. Testi. Textos.

I Pierre. I Peter. Erster Petrusbrief. I Pietro. I Pedro.

1,3-9   COTHENET, É., « Béni soit Dieu », AS (n.s.) N° 23 (1971) 26-33.   (11734

1,3-5   BOISMARD, M.-É., *Quatre hymnes baptismales dans la première épître* (11735
           de Pierre, « Hymne I (1 Petr 1,3-5) », 15-56.

1,9   DAUTZENBERG, G., « Σωτηρία ψυχῶν (1 Petr 1,9) », BZ 8 (1964) (11736
           262-276.

1,13-2,10   BOISMARD, M.-É., « La typologie baptismale dans la première épître (11737 de saint Pierre », VS 94 (1956) 339-352.

1,17-21   GATZWEILER, K., « Prix et exigences de la condition chrétienne (1 (11738 P 1,17-21) », AS (n.s.) N° 24 (1970) 16-20.

1,20   LE DÉAUT, R., « Le targum de Gen. 22,8 et 1 Pt 1,20 », RSR 49 (1961) (11739 103-106.

2,1-10   VANHOYE, A., « La maison spirituelle (1 P 2,1-10) », AS N° 43 (11740 (1964) 16-29.

2,4-10   CONGAR, Y., *Le mystère du Temple,* « Saint Pierre : le Christ; les (11741 fidèles; le plan de Dieu; place de l'Eucharistie et du sacerdoce hiérarchique », 207-222.

    COTHENET, É., « Le sacerdoce des fidèles d'après la Prima Petri », (11742 AmiCl 79 (1969) 169-173.

2,4-5   PELLAND, L., « Le sacerdoce des fidèles », SE 2 (1949) 5-26.   (11743

2,9   CERFAUX, L., « Regale Sacerdotium », RSPT 28 (1939) 5-39, ou dans (11744 *Recueil Lucien Cerfaux,* II, 283-315.

2,11-25   OGARA, F., « In hoc enim vocati estis : quia et Christus passus est pro (11745 nobis... (1 Pet. 2,21-25) (1 Pet. 2,11-19) », VD 16 (1936) 97-106.

2,11   ADINOLFI, M., « Stato civile dei cristiani « forestieri e pellegrini » (11746 (I Pet 2,11) », Ant 42 (1967) 420-434.

2,20-25   MIGUENS, M., « La « passion » du Christ total (1 P 2,20b-25) », AS (11747 (n.s.) N° 25 (1969) 26-31.

2,21-25   SISTI, A., « Sulle orme di Gesù sofferente », BibOr 10 (1968) 59-68. (11748

2,22-25   BOISMARD, M.-É., *Quatre hymnes baptismales dans la première épître* (11749 *de Pierre,* « Hymne III (1 Petr 2,22-25) », 111-132.

2,23   XXX, « Comment traduire la 1re épître de S. Pierre, II,23 ? » AmiCl (11750 49 (1932) 48.

3,8-15   OGARA, F., « Quis est qui vobis noceat, si boni simulatores fueri- (11751 tis ? (1 Pet. 3,8-15) », VD 17 (1937) 161-165.

    SCHWANK, B., « Lecture chrétienne de la Bible (1 P 3,8-15) », AS (11752 N° 59 (1966) 16-32.

    SISTI, A., « Testimonianza di virtu cristiane », BibOr 8 (1966) 117-126. (11753

3,15-18   DALTON, W. J., « Le Christ, espérance des chrétiens dans un monde (11754 hostile », AS (n.s.) N° 27 (1970) 18-23.

3,17-4,6   STEUER, A., « 1 Petr 3,17-4,6 », TGl 30 (1938) 675-678.   (11755

3,18-4,6   DALTON, W. J., « Proclamatio Christi spiritibus facta : inquisitio in (11756 textum ex Prima Epistola S. Petri 3,18-4,6 », VD 42 (1964) 225-240.

    DALTON, W. J., *Christ's Proclamation to the Spirits.* A Study of 1 Peter (11757 3 : 18-4 : 6 (Rome, Pontifical Biblical Institute, 1965), 24-300 pp.

3,18-22   BOISMARD, M.-É., *Quatre hymnes baptismales dans la première épître* (11758 *de Pierre,* « Hymne II (1 Petr 3,18-22) », 57-109.

3,18-19   VORGRIMLER, H., « Questions relatives à la descente du Christ aux (11759 enfers », Conci N° 11 (1966) 129-139.

3,19   BARTON, J. M. T., « The Spirits in Prison (1 Peter 3,19) », SCR 4 (11760 (1950) 181-182.

    DALTON, W. J., « Interpretation and Tradition. An Example from 1 (11761 Peter », Greg 49 (1968) 11-37.

3,20   BISHOP, E. E., « *Oligoi* in 1 Pet. 3 : 20 », CBQ 13 (1951) 44-45.   (11762
4,6   BOUMAN, C. A., « He Descended into Hell », Wor 33 (1959) 194-203.   (11763
            VORGRIMLER, H., « Questions relatives à la descente du Christ aux (11764
            enfers », Conci N° 11 (1966) 129-139.

4,7-11   OGARA, F., « Caritas operit multitudinem peccatorum (1 Pet. 4, 7b- (11765
            11) », VD 16 (1936) 129-135.

            SPICQ, C., « Prière, charité, justice... et fin des temps (1 P 4,7-11) », (11766
            AS N° 50 (1966) 15-29.

4,14   GARCIA DEL MORAL, A., « Crítica textual de I Ptr. 4,14 », EstB (11767
            20 (1961) 45-77.

            GARCIA DEL MORAL, A., « Sentido trinitario de la expressión (11768
            « espîritu de Yavé » de Is. XI,2 en 1 Pdr. IV,14 », EstB 20 (1961)
            169-190.

            GARCIA DEL MORAL, A., « ¿ Reposo o morada del Espiritu ? » (11769
            EstB 20 (1961) 191-206.

5,1-5   ELLIOTT, J. H., « Ministry and Church Order in the NT : A (11770
            Traditio-Historical Analysis (1 Pt 5,1-5 and plls.) », CBQ 32 (1970)
            367-391.

5,5-9   BOISMARD, M.-É., *Quatre hymnes baptismales dans la première épître* (11771
            de Pierre, « Hymne IV (1 Petr 5,5-9) », 133-163.

5,6-11   OGARA, F., « Adversarius... diabolus, tamquam leo rugiens (1 Pet. (11772
            5,6-11) », VD 16 (1936) 166-173.

            GOLEBIEWSKI, E., « Dieu nous console dans l'épreuve (1 P 5,6- (11773
            11) », AS N° 57 (1965) 17-23.

II Pierre. II Peter. Zweiter Petrusbrief. II Pietro. II Pedro.

1,16-19   LIESE, H., « In festo Transfigurationis D. N. I. C., 2 Petri 1,16- (11774
            19 », VD 13 (1933) 225-231.

1,19   SMIT SIBINGA, J., « Une citation du Cantique dans la *secunda* (11775
            Petri », RB 73 (1966) 107-118.

1,20   CURRAN, J. T., « The Teaching of II Petr 1 : 20 », TS 4 (1943) (11776
            347-368.

2,4   DEXINGER, F., *Sturz der Göttersöhne oder Engel vor der Sintflut ?* (11777
            « Der zweite Petrusbrief », 93-95.

2,18   HEMMERDINGER-ILIADOU, D., « II Pierre 2,18, d'après l'Éphrem (11778
            grec », RB 64 (1957) 399-401.

3,7-13   TESTA, E., « La distruzione del mondo per il fuoco nella 2 Ep. di Pietro (11779
            3,7.10.13 », RivB 10 (1962) 252-281.

3,8-14   SPICQ, C., « Fin du monde et vie chrétienne », AS (n.s.) N° 6 (1969) (11780
            34-40.

3,15   CONTI, M., « La Sophia di 2 Petr. 3,15 », RivB 17 (1969) 121-138.   (11781

Divers. Miscellaneous. Verschiedenes. Diversi. Diversos.

            HOLZMEISTER, U., « Vocabularium II^{ae} Epistolae S. Petri erroresque quidam (11782
            de eo divulgati », Bibl 30 (1949) 339-355.

            ROBINSON, A., « Saints Peter and Paul in the New Testament », SCR 4 (1949) (11783
            120-127.

            FOSTER, R. J., « St. Peter at Rome », SCR 4 (1950) 148-150.   (11784

CALÈS, J., « La légende du transfert des corps de saint Pierre et de saint Paul *ad* (11785
Catacumbas », BLE 52 (1951) 193-222.

SPICQ, C., *L'épître aux Hébreux,* « L'épître aux Hébreux et la première épître de (11786
saint Pierre », I, 139-144.

BRAUN, F.-M., « L'apôtre Pierre devant l'exégèse et l'histoire », RT 53 (1953) (11787
389-403.

CREHAN, J. H., « St. Peter's Journey to Emmaus », CBQ 15 (1953) 418-426.   (11788

DEJAIFVE, G., « M. Cullmann et la question de Pierre », NRT 75 (1953) 365-379. (11789

XXX, « Saint Pierre » (albums « Fêtes et saisons ») (Paris, Cerf, 1954), 24 pp. (11790

CREHAN, J. H., « Peter at the Council of Jerusalem », SCR 6 (1954) 175-180. (11791

CREHAN, J. H., « Scripture, Tradition and the Papacy », SCR 7 (1955) 6-13. (11792

GIET, S., « Le témoignage de Clément de Rome sur la venue à Rome de S. (11793
Pierre », RevSR 29 (1955) 123-136.

LYONNET, S., « De ministerio romano S. Petri ante adventum S. Pauli », VD 33 (11794
(1955) 143-154.

DUPONT, J., « Pierre et Paul à Antioche et à Jérusalem », RSR 45 (1957) 42-60, (11795
225-239.

DUPONT, J., « Pierre et Paul dans les Actes », RB 64 (1957) 35-47.   (11796

XXX, « Les épîtres catholiques », PPB N° 38 (1958) 40 pp.   (11797

McNAMARA, M., « The Unity of Second Peter : A Reconsideration », SCR 12 (11798
(1960) 13-19.

MASSAUX, E., « Le texte de la *Iª Petri* du papyrus Bodmer VIII (P72) », ETL (11799
39 (1963) 616-671.

QUINN, J. D., « Notes on the Text of the P72 1 Pt 2,3; 5,14; and 5,9 », CBQ 27 (11800
(1965) 241-249.

THIELE, W., *Die lateinischen Texte des I. Petrusbriefes* (Freiburg, Herder, 1965), (11801
248 pp.

17. *I, II, III Jean. I, II, III John. Der Erste, Zweite und Dritte Johannesbrief.*
   I, II, III Giovanni. I, II, III Juan.

Introductions. Einleitungen. Introduzioni. Introducciones.

ALLO, E.-B., « Jean (épîtres de saint) », SDB IV, col. 797-843.   (11802

BOISMARD, M.-É., « Je ferai avec vous une alliance éternelle (Introduction à la (11803
première épître de saint Jean) », LV N° 8 (1953) 94-109.

MOLLAT, D., BRAUN, F.-M., *L'évangile et les épîtres de saint Jean* (BJ) (Paris, (11804
Cerf, 1953), 201-209.

XXX, « Épîtres de Jean », PPB N° 39 (1955) 3-16.   (11805

SKRINJAR, A., « De divisione epistolae primae Joannis », VD 47 (1969) 31-40. (11806

SKRINJAR, A., « De unitate epistolae 1 J », VD 47 (1969) 83-95.   (11807

Commentaires. Commentaries. Kommentare. Commenti. Comentarios.

BONSIRVEN, J., *Jean (épîtres de saint)* (VS) (Paris, Beauchesne, 1936), 310 pp. (11808

CHARUE, A., *Les épîtres de S. Jean,* dans *La Sainte Bible* (Pirot-Clamer), XII (11809
(1938), 503-580.

CHAINE, J., *Les épîtres catholiques*[2] (EB) (Paris, Gabalda, 1939), 351 pp.   (11810

DE AMBROGGI, P., *Le epistole cattoliche di Giacomo, Pietro, Giovanni e Giuda* (11811
(Torino, Marietti, 1949), 288 pp.

MOLLAT, D., BRAUN, F.-M., *L'évangile et les épîtres de saint Jean²* (BJ) (Paris, (11812
Cerf, 1960), 248 pp.

MOLERO, F. R., *Epístolas de San Juan,* dans *La Sagrada Escritura,* III, 337-546. (11813

Théologie. Theology. Theologie. Teologia. Teología.

RIGAUX, B., *L'antéchrist,* « L'opposition (au règne messianique) dans les épîtres (11814
et l'évangile de saint Jean », 383-398.

SPICQ, C., *La révélation de l'espérance dans le Nouveau Testament* (Avignon, (11815
Aubanel; Paris, Libr. Dominicaine; 1932), « L'apôtre saint Jean, chantre de
l'espérance : la première épître de saint Jean », 222-228.

BONSIRVEN, J., « La théologie des épîtres johanniques », NRT 62 (1935) (11816
920-944.

DE AMBROGGI, P., « La teologia nelle epistole di S. Giovanni », ScuolC 74 (11817
(1946) 35-42.

MOUROUX, J., « L'expérience chrétienne dans la première épître de saint (11818
Jean », VS 78 (1948) 381-412.

BOISMARD, M.-É., « La connaissance dans l'alliance nouvelle d'après la première (11819
lettre de saint Jean », RB 56 (1949) 365-391.

DE AMBROGGI, P., *Le epistole cattoliche di Giacomo, Pietro, Giovanni e* (11820
Giuda² (La Sacra Bibbia) (Torino, Roma, Marietti, 1949), « Le tre epistole di
Giovanni », 203-289 pp.

MUSSNER, F., *Die Anschauung vom « Leben » im vierten Evangelium unter* (11821
Berücksichtigung der Johannesbriefe, 15-190 pp.

SUITBERTUS, A. S. JOANNE A CRUCE, « Die Vollkommenheitslehre des (11822
ersten Johannesbriefes », Bibl 39 (1958) 319-333, 449-470.

WENNEMER, K., « Der Christ und die Sünde nach der Lehre des ersten (11823
Johannesbriefes », GeistL 33 (1960) 370-376.

SKRINJAR, A., « Errores in epistola I Jo impugnati », VD 41 (1963) 60-72.   (11824

SKRINJAR, A., « Differentiae theologicae I Jo et Jo », VD 41 (1963) 175-185. (11825

SKRINJAR, A., « Theologia primae epistolae Ioannis », VD 42 (1964) 3-16, 49-60; (11826
43 (1965) 150-180.

LAZURE, N., *Les valeurs morales de la théologie johannique* (EB) (Paris, Gabalda, (11827
1965), 388 pp.

LAMMERS, K., *Hören, Sehen und Glauben im Neuen Testament,* « Das (11828
Johannesevangelium und die Johannesbriefe », 49-62.

SCHNACKENBURG, R., « Zum Begriff der « Wahrheit » in den beiden kleinen (11829
Johannesbriefen », BZ 11 (1967) 253-258.

SKRINJAR, A., « Prima Epistola Johannis in theologia aetatis suae », VD 46 (11830
(1968) 148-168.

SKRINJAR, A., « Theologia Epistolae 1 J comparatur cum philonismo et (11831
hermetismo », VD 46 (1968) 224-234.

COPPENS, J., « *Agapè* et *Agapân* dans les lettres johanniques », ETL 45 (1969) (11832
125-127.

SCHLIER, H., « Die Bruderliebe nach dem Evangelium und den Briefen des (11833
Johannes », dans *Mélanges bibliques* en hommage au R. P. Béda Rigaux (en collab.),
235-245.

Textes. Texts. Texte. Testi. Textos.

I Jean. I John. I Johannesbrief. I Giovanni. I Juan.

1,8	LA BONNARDIÈRE, A.-M., « Les commentaires simultanés de *Mat.* (11834 6,12 et de *I Jo.* 1,8 dans l'oeuvre de saint Augustin », REA 1 (1955) 129-147.
1,9	DESCAMPS, A., *Les justes et la justice dans les évangiles et le* (11835 *christianisme primitif hormis la doctrine proprement paulinienne,* « La justice de Dieu et du Christ, gage de pardon : I Jo., I,9 », 138-142.
2,1-5	LAZURE, N., « Les voies de la connaissance de Dieu (1 Jn 2,1- (11836 5a) », AS (n.s.) N° 24 (1970) 21-28.
2,1-2	DESCAMPS, A., *Les justes et la justice dans les évangiles et le* (11837 *christianisme primitif hormis la doctrine proprement paulinienne,* « La justice de Dieu et du Christ, gage de pardon : I Jo., II,1s », 142-145.
2,8.17	CERNUDA, A. V., « Enganan la oscuridad y el mundo; la luz era y (11838 manifiesta lo verdadero », EstB 27 (1968) 153-175.
2,10	LEFEBVRE, G., « Le précepte du Seigneur », VS 96 (1957) 40-55. (11839
2,14	DE GIACINTO, S., « ... a voi, giovani, che siete forti », BibOr 2 (1960) (11840 81-85.
2,16	JOÜON, P., « I Jo. 2,16 : la présomption des richesses », RSR 28 (1938) (11841 479-481.
	LAZURE, N., « La convoitise de la chair en I Jean, ii 16 », RB 76 (11842 (1969) 161-205.
3,1-2	SMYTH-FLORENTIN, F., « Voyez quel grand amour le Père nous a (11843 donné (1 Jn 3,1-2) », AS (n.s.) N° 25 (1969) 32-38.
3,4	DE LA POTTERIE, I., « Le péché, c'est l'iniquité (1 Joh. 3,4) », NRT (11844 78 (1956) 785-797.
3,6.9	GALTIER, P., « Le chrétien impeccable (I Jean, 3,6.9) », MSR 4 (1947) (11845 137-154.
	DE LA POTTERIE, I., « L'impeccabilité du chrétien d'après I Joh., (11846 3,6-9 », dans *L'Évangile de Jean* (en collab.), 161-177.
3,12	BAUER J. B., « Il misfatto di Caino nel giudizio di S. Giovanni », RivB (11847 2 (1954) 325-328.
3,13-18	OGARA, F., « Scimus quoniam translati sumus de morte ad vitam ! (11848 (1 Joh. 3,13-18) », VD 18 (1938) 161-167.
	DUPONT, J., « Comment aimer ses frères (1 Jn 3,13-18) », AS N° 55 (11849 (1962) 24-31.
3,19-21	SPICQ, C., « La justification du charitable (1 Joh 3,19-21) », Bibl 40 (11850 (1959) 915-927.
3,20	SKRINJAR, A., « Major est Deus corde nostro (1 Joh. 3,20) », VD 20 (11851 (1940) 340-350.
3,23	MUSSNER, F., « Eine neutestamentliche Kurzformel für das (11852 Christentum », TrierTZ 79 (1970) 49-52.
4,7-10	BOURGIN, C., « L'Église fraternité dans l'amour divin », AS (n.s.) (11853 N° 27 (1970) 24-29.
4,7-8	PERRIN, J.-M., « Voir vos frères, c'est voir Dieu », VS 72 (1945) (11854 372-389.

4,7   BOUTRY, A., « Quiconque aime, est né de Dieu (1 Jean 4,7) », BVC (11855
N° 82 (1968) 66-70.

4,16   BEHLER, G.-M., « Nous avons cru en l'amour (1 Jn 4,16) », VS 119 (11856
(1968) 296-318.

5,1-6   DE LA POTTERIE, I., « Le croyant qui a vaincu le monde (1 Jn 5, (11857
1-6) », AS (n.s.) N° 23 (1971) 34-43.

5,4-10   OGARA, F., « Quis est, qui vincit mundum, nisi qui credit quoniam (11858
Jesus est Filius Dei ? (Joh. 5,4-10) », VD 18 (1938) 97-103.

5,6-8   BRAUN, F.-M., « L'eau et l'Esprit », RT 49 (1949) 5-30.   (11859
CALMET, A., « Le témoignage de l'eau, du sang, de l'Esprit », BVC (11860
N° 53 (1963) 35-36.

5,7-8   GREIFF, A., « Die drei Zeugen in 1 Joh 5,7f », TQ 114 (1933) 465-480. (11861
DEL ALAMO, M., « El « Comma Joaneo » », EstB 2 (1943) 75-105. (11862
AYUSO MARAZUELA, T., « Nuevo estudio sobre el « Comma Johan- (11863
neum » », Bibl 28 (1947) 83-112, 216-235; 29 (1948) 52-76.

5,12   DUPONT, J., *Essais sur la christologie de saint Jean,* « Qui a le Fils a (11864
la vie », 218-221.

Divers. Miscellaneous. Verschiedenes. Diversi. Diversos.

THIELE, W., *Wortschatzuntersuchungen zu den lateinischen Texten der Johan-* (11865
nesbriefe (Freiburg, Herder, 1958), 48 pp.

SCHNACKENBURG, R., « Der Streit zwischen den Verfasser von 3 Joh und (11866
Diotrephes und seine verfassungsgeschichtliche Bedeutung », MüTZ 4 (1953)
18-26.

XXX, « Les épîtres de saint Jean », PPB N° 39 (1955) 16 pp.   (11867

18. Jude. Der Judasbrief. Giuda. Judas.

Introductions. Einleitungen. Introduzioni. Introducciones.

LECONTE, R., « Jude (épître de saint) », SDB IV, col. 1285-1298.   (11868
LECONTE, R., *Les épîtres catholiques de saint Jacques, saint Jude et saint Pierre* (11869
(BJ) (Paris, Cerf, 1953), 45-50.

Commentaires. Commentaries. Kommentare. Commenti. Comentarios.

CHAINE, J., *Les épîtres catholiques²* (EB) (Paris, Gabalda, 1939), 351 pp.   (11870
DE AMBROGGI, P., *Le epistole cattoliche di Giacomo, Pietro, Giovanni e* (11871
Giuda² (La Sacra Bibbia) (Torino, Roma, Marietti, 1949), « L'epistola di Giu-
da », 291-315.

RUFZ, O., MICHL, J., *Der Brief an die Hebräer, und die Katholischen Briefe* (11872
(Regensburg, Pustet, 1953), 319 pp.

LECONTE, R., *Les épîtres catholiques de saint Jacques, saint Jude et saint* (11873
Pierre² (BJ) (Paris, Cerf, 1961), 152 pp.

SCHELKLE, K. H., *Die Petrusbriefe. Der Judasbrief* (Freiburg, Herder, 1961), (11874
26-250 pp.

DIAZ, J. A., *Carta de San Judas,* dans *la Sagrada Escritura,* III, 549-558.   (11875

Théologie. Theology. Theologie. Teologia. Teología.

DUBARLE, A.-M., « Le péché des anges dans l'épître de Jude », dans *Mémorial* (11876
J. Chaine (en collab.), 145-148.

DEXINGER, F., *Sturz der Göttersöhne oder Engel vor der Sintflut ?* « Der (11877 Judasbrief und das Henochbuch », 88-93.

V. Apocalypse de S. Jean. Apocalypse of St. John. Die Geheime Offenbarung. Apocalisse Di S. Giovanni. Apocalipsis de S. Juan.

Introductions. Einleitungen. Introduzioni. Introducciones.

SCHAEFER, C., *Précis d'introduction au Nouveau Testament* (Mulhouse, Salvator; (11878 Paris, Casterman, 1939), « Le livre prophétique du Nouveau Testament : l'Apocalypse », 219-228.

BOISMARD, M.-É., *L'Apocalypse* (BJ) (Paris, Cerf, 1950), introd. 7-26.   (11879

LE FROIS, B. J.,« Eschatological Interpretation of the Apocalypse », CBQ 13 (11880 (1951) 17-20.

BOISMARD, M.-É., « « Tu enfanteras dans la souffrance » . Introduction à la (11881 lecture de l'Apocalypse », LV N° 4 (1952) 111-128.

HUBY, J., « L'Apocalypse », dans ROBERT, A., TRICOT, A., *Initiation bibli-* (11882 *que³*, 270-279.

XXX, « L'Apocalypse », PPB N° 40 (1955) 3-19.   (11883

FRANSEN, I., « Jésus, le témoin fidèle », BVC N° 16 (1956) 66-79.   (11884

RIDOUARD, A., GOURBILLON, J. G., « Rendons grâce au Seigneur : en union (11885 avec la liturgie du ciel (L'Apocalypse) », CE N° 30 (1958) 53-58.

FEUILLET, A., *L'Apocalypse.* État de la question (Paris, Bruges, Desclée de (11886 Brouwer, 1963), 126 pp.

En collaboration, *L'Apocalypse et ses harmonies bibliques* (Lombreuil, Ed. des (11887 Nouvelles Images, 1964), sans pagination.

Commentaires. Commentaries. Kommentare. Commenti. Comentarios.

ALLO, E.-B., *L'Apocalypse de saint Jean³* (Paris, Gabalda, 1933), 402 pp.   (11888

FORTUNE, P., « Apocalypse de saint Jean. Bref commentaire », RUO 8 (1938) (11889 183*-204*, 243*-260*; 9 (1939) 30*-53*, 94*-117*.

GELIN, A., *Apocalypse,* dans *La Sainte Bible* (Pirot-Clamer), XII (1938), 581-668. (11890

FÉRET, H.-M., *L'Apocalypse de saint Jean* (Paris, Corréa, 1946), 426 pp.   (11891

WIKENHAUSER, A., *Offenbarung des Johannes* (Regensburg, Pustet, 1949), (11892 145 pp.

AMIOT, F., *Gestes et textes des Apôtres.* Actes, épîtres, Apocalypse. Traduction et (11893 notes (Paris, Fayard, 1950), 598 pp.

BONSIRVEN, J., *L'Apocalypse de Saint Jean* (VS) (Paris, Beauchesne, 1951), (11894 345 pp.

CERFAUX, L., CAMBIER, J., *L'Apocalypse de saint Jean lue aux chrétiens* (Paris, (11895 Cerf, 1955), 238 pp.

BOISMARD, M.-É., *L'Apocalypse³* (BJ) (Paris, Cerf, 1959), 94 pp.   (11896

SCHMID, J., « Der Apokalypse-Text des Oikumenios », Bibl 40 (1959) 935-942. (11897

BARTINA, S., *Apocalipsis de San Juan,* dans *La Sagrada Escritura,* III, 561-842. (11898

MORANT, P., *Das Kommen des Herrn.* Eine Erklärung der Offenbarung des (11899 Johannes (Zürich, München; Thomas, F. Schöningh, 1969), 402 pp.

Critique littéraire. Literary Criticism. Literarkritik. Critica letteraria. Crítica literaria.

Ancien Testament. Old Testament. Altes Testament. Antico Testamento. Antíguo Testamento.

GAECHTER, P., « Semitic Literary Forms in the Apocalypse and Their Im- (11900 port », TS 8 (1947) 547-573.

CAMBIER, J., « Les images de l'Ancien Testament dans l'Apocalypse de saint (11901 Jean », NRT 77 (1955) 113-122.

VANHOYE, A., « L'utilisation du livre d'Ézéchiel dans l'Apocalypse », Bibl 43 (11902 (1962) 436-476.

HOPFGARTNER, L., « La S. Scrittura e il soggiorno di Maria a Efeso (11903 nell'interpretazione esegetica di alcuni brani dell'Apocalisse », RivB 11 (1963) 367-378.

MOLLAT, D., « Apocalisse ed Esodo », dans *San Giovanni.* Atti della XVII (11904 Settimana Biblica (en collab.), 345-361.

LANCELLOTTI, A., « L'Antico Testamento nell'Apocalisse », RivB 14 (1966) (11905 369-384.

McNAMARA, M., *The N. T. and the Palestinian Targum to the Pentateuch,* « A (11906 Study of certain Themes in the Palestinian Targum and in the Apocalypse », 189-237.

Divers. Miscellaneous. Verschiedenes. Diversi. Diversos.

GAECHTER, P., « The Role of Memory in the Making of the Apocalypse », TS (11907 9 (1947) 413-452.

BOISMARD, M.-É., « L'apocalypse ou les apocalypses de saint Jean », RB 56 (11908 (1949) 507-541.

BOISMARD, M.-É., « Rapprochements littéraires entre l'évangile de Luc et (11909 l'Apocalypse », dans *Synoptische Studien* (en collab.), 53-63.

PARSCH, P., *Apprenons à lire la Bible,* « Le plan de l'Apocalypse », 179-182.   (11910

LOENERTZ, R., « Plan et division de l'Apocalypse », Ang 18 (1941) 336-356. (11911

GIET, S., « La « Guerre des Juifs » de Flavius Josèphe et quelques énigmes de (11912 l'Apocalypse », RevSR 26 (1952) 1-29.

GIET, S., « Les épisodes de la guerre juive et l'Apocalypse », RevSR 26 (1952) (11913 325-362.

BOUYER, L., *La Bible et l'Évangile²,* « Le Règne de Dieu : les Apocalypses et (11914 l'Évangile », 159-176.

BOISMARD, M.-É., « Rapprochements littéraires entre l'évangile de Luc et (11915 l'Apocalypse », dans *Synoptische Studien* (en collab.), 53-63.

O'ROURKE, J. J., « The Hymns of the Apocalypse », CBQ 30 (1968) 399-409. (11916

BECKER, J., « Erwägungen zu Fragen der neutestamentlichen Exegese », BZ 13 (11917 (1969) 99-102.

ROUSSEAU, F., *L'Apocalypse et le milieu prophétique du Nouveau Testament.* (11918 Structure et préhistoire du texte (Tournai, Desclée et Cie; Montréal, Bellarmin, 1971), 248 pp.

Critique textuelle. Textual Criticism. Textkritik. Critica testuale. Crítica textual.

LAGRANGE, M.-J., « Les papyrus Chester Beatty pour les épîtres de Saint Paul (11919 et l'Apocalypse », RB 43 (1934) 481-493.

SCHMID, J., « Untersuchungen zur Geschichte des griechischen Apoka- (11920 lypsetextes. Der K-Text », Bibl 17 (1936) 11-44, 167-201, 273-293, 429-460.

SCHMID, J., « Unbeachtete Apokalypse-Handschriften », TQ 117 (1936) 149-187. (11921

BOVER, J. M., « ¿ El códice 1841 (= 127) es el mijor representante del Apoca- (11922
lipsis ? » EstE 18 (1944) 165-185.

SCHMID, J., *Studien zur Geschichte des griechischen Apokalypse-Textes* (München, (11923
K. Zink, 1955-56), 260-376 pp.

Théologie. Theology. Theologie. Teologia. Teología.

Christologie. Christology. Christologie. Cristologia. Cristología.

SKRINJAR, A., « Apocalypsis de Regno Christi », VD 14 (1934) 289-295.   (11924

FÉRET, H.-M., *L'Apocalypse de saint Jean* (Paris, Correa, 1946), « Le mystère du (11925
Christ dans l'Apocalypse », 96-131.

DUPONT, J., *Essais sur la christologie de saint Jean,* « Jésus-Christ, vie des (11926
croyants : l'Apocalypse », 149-163.

SCHMITT, E., « Die christologische Interpretation als des Grundlegende der (11927
Apokalypse », TQ 140 (1960) 257-290.

COMBLIN, J., *Le Christ dans l'Apocalypse* (Paris, Desclée et Cie, 1965), 12-268 pp. (11928

AUGRAIN, C., « Le Christ vainqueur dans l'Apocalypse », AS N° 42 (1966) (11929
33-47.

Ecclésiologie. Ecclesiology. Ekklesiologie. Ecclesiologia. Eclesiología.

PETERSON, E., *Le mystère des Juifs et des Gentils dans l'Église* (Paris, Desclée, (11930
sans date), « L'Esprit de l'Église apostolique, d'après l'Apocalypse », 75-102.

FÉRET, H.-M., *L'Apocalypse de saint Jean* (Paris, Corréa, 1946), « L'Église dans (11931
l'histoire et la Jérusalem céleste », 212-261.

SCHUSTER, I., « La Chiesa e le sette chiese apocalittiche », ScuolC 81 (1953) (11932
217-223.

FEUILLET, A., « Le temps de l'Église d'après le quatrième évangile de (11933
l'Apocalypse », MD N° 65 (1961) 60-79.

Eschatologie. Eschatology. Eschatologie. Escatologia. Escatología.

RIGAUX, B., *L'Antéchrist,* « L'opposition (au règne messianique) dans (11934
l'Apocalypse », 319-382.

SPICQ, C., *La révélation de l'espérance dans le Nouveau Testament* (Avignon, (11935
Aubanel; Paris, Libr. Dominicaine; 1932), « L'apôtre saint Jean, chantre de
l'espérance : l'Apocalypse de saint Jean », 229-261.

CARROUGES, M., « Apocalypse et anticipations », LV N° 11 (1953) 117-126. (11936

COLUNGA, A., « El cielo nuevo y la tierra nueva », Salm 3 (1956) 485-492.   (11937

CONGAR, Y., *Le mystère du Temple,* « L'Apocalypse. Le temple eschatolo- (11938
gique», 239-275.

TESTA, E., « La « Gerusalemme celeste » : dall'Antico Oriente alla Bibbia e alla (11939
liturgia », BibOr 1 (1959) 47-50.

BARTINA, S., « La escatología del Apocalipsis », EstB 21 (1962) 297-310.   (11940

McNAMARA, M., *The N. T. and the Palestinian Targum to the Pentateuch,* « The (11941
Divine Name and the « Second Death » in the Apocalypse and in the Targums », 97-120.

FIORENZA, E., « The Eschatology and Composition of the Apocalypse », CBQ (11942
30 (1968) 537-569.

THÜSING, W., « Die theologische Mitte der Weltgerichtsvisionen in der (11943
Johannesapokalypse », TrierTZ 77 (1968) 1-16.

Histoire. History. Geschichte. Storia. Historia.

FÉRET, H.-M., *L'Apocalypse de saint Jean* (Paris, Corréa, 1946), « Le sens chrétien (11944 de l'histoire d'après l'Apocalypse », 132-174; « L'action de Satan dans l'histoire », 175-211; « Le déroulement de l'histoire et la fin des temps », 262-324.

XXX, « L'Apocalypse et l'histoire », LV N° 11 (1953) 155-171. (11945

SCHLIER,, H., *Die zeit der Kirche,* « Zum Verständnis der Geschichte. Nach der (11946 Offenbarung Johannis », 265-274.

GIET, S., « Retour sur l' « Apocalypse » », RevSR 38 (1964) 225-264. (11947

Marie. Mary. Maria. Maria. María.

BONNEFOY, J.-F., *Le mystère de Marie selon le Protévangile et l'Apocalypse* (Paris, (11948 Vrin, 1949), 192 pp.

BRAUN, F.-M., « La mère de Jésus dans l'oeuvre de saint Jean », RT 50 (1950) (11949 429-479; 51 (1951) 5-68.

Thèmes divers. Various Themes. Sonstige Themen. Temi diversi. Temas diversos.

BRINKMANN, B., « De visione liturgica in Apocalypsi S. Iohannis », VD 11 (11950 (1931) 335-342.

MICHL, J., *Die Engelvorstellungen in der Apokalypse des hl. Johannes, I. Die Engel* (11951 *um Gott* (München, Max Huber, 1937), 29-255 pp.

ALLO, E.-B., « La leçon de l'Apocalypse », VS 61 (1939) 199-204. (11952

HAMMENSTEDE, A., « The Apocalypse and the Mystery of the Eucharist », (11953 Wor 20 (1945-46) 104-110.

KITTER, P., *Die Frauen der Urkirche, nach der Apostelgeschichte, den Briefen der* (11954 *Apostel und der Apokalypse* (Stuttgart, Kepplerhaus, 1949), 16-348 pp.

CROUZEL, H., « Le dogme de la rédemption dans l'Apocalypse », BLE 2 (1957) (11955 65-92.

FEUILLET, A., « Les vingt-quatre vieillards de l'Apocalypse », RB 65 (1958) 5-32, (11956 ou dans *Études johanniques,* 193-277.

CERFAUX, L., « Le conflit entre Dieu et le souverain dans l'Apocalypse de (11957 Jean », dans *Studies in the History of Religions* (Supplements to *Numen*), 4 (1959) 459-470, et dans *Recueil Lucien Cerfaux,* III, 226-236.

KLASSEN, W., « Vengeance in the Apocalypse of John », CBQ 28 (1966) 300-311. (11958

LAMMERS, K., *Hören, Sehen und Glauben im Neuen Testament,* « Die (11959 Apokalypse », 80-83.

VÖGTLE, A., « Die Teilnahme am Hohepriestertum Christi nach der Apokalyp- (11960 se », dans *El sacerdocio de Cristo* (en collab.), 119-130.

Textes. Texts. Texte. Testi. Textos.

1-11   HOPKINS, M., « The historical Perspective of Apocalypse 1-11 », CBQ (11961 27 (1965) 42-47.

1-3   SKRINJAR, A., « Antiquitas christiana de angelis septem ecclesiarum (11962 (Apc 1-3) », VD 22 (1942) 18-24, 51-56.

1,4-3,22   PAX, E., « Jüdische und christliche Funde im Bereiche der « Sieben (11963 Kirchen » der Apokalypse », BiLeb 8 (1967) 264-278.

1,4   JOÜON, P., « Apocalypse, 1,4 », RSR 21 (1931) 486-487. (11964

           SKRINJAR, A., « Les sept Esprits (Apoc. 1,4; 3,1; 4,5; 5,6) », Bibl 16 (11965 (1935) 1-24, 113-140.

1,6   PELLAND, L., « Le sacerdoce des fidèles », SE 2 (1949) 5-26. (11966

McNAMARA, M., *The N. T. and the Palestinian Targum to the* (11967 *Pentateuch,* « Christians made a Kingdom and Priests to God; Ap 1,6; 5,10 and the Targums to Ex 19,6 », 227-230.

1,9-20   RAMLOT, M.-L., « Apparition du ressuscité au déporté de Patmos (11968 (Apoc. 1,9-20) », BVC N° 36 (1960) 16-25.

DUDA, B., « J'ai été mort et me voici vivant (Ap 1,9-11a.12-13.17- (11969 19) », AS (n.s.) N° 23 (1971) 44-54.

1,10   FENASSE, J.-M., « Le Jour du Seigneur (Apoc. 1,10) », BVC N° 61 (11970 (1965) 29-43.

1,12.16.20   McNAMARA, M., *The N. T. and the Palestinian Targum to the* (11971 *Pentateuch,* « Ap 1,12.16.20 and TJI Ex 39,37; 40,4 », 192-199.

1,13   JOÜON, P., « Apocalypse, 1,13 », RSR 24 (1934) 365-366.   (11972

1,15-26   GAECHTER, P., « Die Wahl des Matthias (Apg 1,15-26) », ZKT 71 (11973 (1949) 318-346.

1,16   BARTINA, S., « En su mano derecha siete asteres (Apoc. 1,16) », EstE (11974 26 (1952) 71-78.

BARTINA, S., « Una espada salía de la boca de su vestido (Apc. 1,16; (11975 2,16; 19,15.21) », EstB 20 (1961) 207-217.

1,18   SKRINJAR, A., « Fui mortuus, et ecce sum vivens in saecula (11976 saeculorum (Apo. 1,18) (Apo. 2,8) », VD 17 (1937) 97-106.

2-3   BIELMEIER, P. A., « Der ἄγγελος der sieben Gemeinden in Apo. 2. (11977 u. 3 », TGl 25 (1933) 207-208.

SKRINJAR, A., « Praemia in Apoc. 2 et 3 victoriae proposita », VD (11978 13 (1933) 182-186, 232-239, 277-280, 295-301, 333-340.

GEORGE, A., « Un appel à la fidélité. Les lettres aux sept églises d'A- (11979 sie », BVC N° 15 (1956) 80-86.

HUBERT, F. M., « L'architecture des lettres aux sept églises (Apoc., (11980 ch. II-III) », RB 67 (1960) 349-353.

2,8   SKRINJAR, A., « Fui mortuus, et ecce sum vivens in saecula (11981 saeculorum (Apo. 1,18) (Apo. 2,8) », VD 17 (1937) 97-106.

2,12-17   NORTH, R., « Thronus Satanae pergamenus (Apo 2,12.13.17) », VD (11982 28 (1950) 65-76.

2,16   BARTINA, S., « Una espada salía de la boca de su vestido (Apc. 1,16; (11983 2,16; 19,15.21) », EstB 20 (1961) 207-217.

3,5   BRINKTRINE, J., « Eine biblische Parallele zum « Buche des Le- (11984 bens » », TGl 53 (1963) 130-131.

3,15   BAUER, J. B., « Salvator nihil medium amat », VD 34 (1956) 352-355. (11985

3,20   FEUILLET, A., « Le Cantique des Cantiques et l'Apocalypse. Étude de (11986 deux réminiscences du Cantique dans l'Apocalypse johannique », RSR 49 (1961) 321-353.

4,1-22,5   MONTAGNINI, F., « Apocalisse 4,1-22,5 », RivB 5 (1957) 180-196. (11987

4   RUD, A., « Gottesbild und Gottesverehrung », BiLit 23 (1955-56) (11988 326-332.

4,1-10   FEUILLET, A., « Les vingt-quatre vieillards de l'Apocalypse », RB 65 (11989 (1958) 5-32.

4,1   RINALDI, G., « La porta aperta nel cielo (Ap 4,1) », dans *San* (11990 *Giovanni.* Atti della XVII Settimana Biblica (en collab.), 331-334, ou CBQ 25 (1963) 336-347.

5   VAN UNNIK, W. C., « « Worthy is the Lamb. » The Background of (11991
            Apoc. 5 », dans *Mélanges bibliques* en hommage au R. P. Béda Rigaux
            (en collab.), 445-461.

5,5-14   RUD, A., « Gottesbild und Gottesverehrung », BiLit 23 (1955-56) (11992
            326-332.

            FEUILLET, A., « Les vingt-quatre vieillards de l'Apocalypse », RB 65 (11993
            (1958) 5-32.

5,10   PELLAND, L., « Le sacerdoce des fidèles », SE 2 (1949) 5-26.   (11994
            McNAMARA, M., *The N. T. and the Palestinian Targum to the* (11995
            Pentateuch, « Christians made a Kingdom and Priests to God; Ap 1,6;
            5,10 and the Targums to Ex 19,6 », 227-230.

5,11-14   AUGRAIN, C., « La grande doxologie (Ap 5,11-14) », AS (n.s.) N° (11996
            24 (1970) 29-35.

6,1-8   CONSIDINE, J. S., « The Rider on the White Horse », CBQ 6 (1944) (11997
            406-422.

6,2   PIEPER, K., « Die Charakter des ersten apokalyptischen Reiters (Apk (11998
            6,2) », TGl 37 (1947) 54-57.

6,9-11   VAN DEN EYNDE, P., « Le Dieu du désordre. Commentaire (11999
            synthétique d'Apocalypse 6,9-11 », BVC N° 74 (1967) 39-51.

7,1-12   VITTI, A. M., « Servi Dei nostri (Apoc. 7,1-12) », VD 10 (1930) (12000
            321-329.

7,2-12   MURPHY, R. E., « The Epistle for All Saints (Ap. 7 : 2-12) », AmER (12001
            121 (1949) 203-209.

            COMBLIN, J., « Le rassemblement de l'Israël de Dieu (Ap 7,2- (12002
            12) », AS N° 89 (1963) 15-33.

7,9-17   AUGRAIN, C., « La vision de la foule innombrable (Ap 7,9.14b- (12003
            17) », AS (n.s.) N° 25 (1969) 39-44.

7,11-15   FEUILLET, A., « Les vingt-quatre vieillards de l'Apocalypse », RB 65 (12004
            (1958) 5-32.

7,14   SKRINJAR, A., « Hi sunt qui venerunt de tribulatione magna (Apc (12005
            7,14) », VD 23 (1943) 115-121, 138-146.

9,1-14   RINALDI, G., « Il raduno nel cielo », BibOr 4 (1962) 161-163.   (12006
9,8   MICHL, J., « Zu Apk 9,8 », Bibl 23 (1942) 192-193.   (12007
9,10-26   WIKENHAUSER, A., « Doppelträume », Bibl 29 (1948) 100-111.   (12008
10   FEUILLET, A., « Le chapitre X de l'Apocalypse. Son apport dans la (12009
            solution du problème eschatologique », dans *Sacra Pagina* (en collab.),
            II, 414-429, ou dans *Études johanniques,* 228-245.

11-13   ERNST, J., *Die eschatologischen Gegenspieler in den Schriften des Neuen* (12010
            Testaments (Regensburg, Pustet, 1967), 80-148.

11   FEUILLET, A., « Essai d'interprétation du chapitre XI de l'Apocalyp- (12011
            se », *New Testament Studies* 4 (1957-58) 183-200, ou dans *Études johan-*
            niques, 246-271.

11,3-13   CONSIDINE, J. S., « The Two Witnesses Apoc. 11 : 3-13 », CBQ 8 (12012
            (1946) 377-392.

11,3-7   DIEKAMP, F., « Nikomedes, ein unbekannter Erklärer der (12013
            Apokalypse », Bibl 14 (1933) 448-451.

11,16   FEUILLET, A., « Les vingt-quatre vieillards de l'Apocalypse », RB 65 (12014
            (1958) 5-32.

11,19-12,18   COLUNGA, A., « La mujer del Apocalipsis (Apoc. 11,19-12,18) », (12015
Salm 1 (1954) 675-687.

12   LORTZING, J., « Die inneren Beziehungen zwischen Jo 2,1-11 und (12016
Offb 12 », TGl 29 (1937) 498-529.

BUSCH, K., « Die himmlische Frau und der Drache in Apk 12 », PB (12017
52 (1941) 17-21.

SICKENBERGER, J., « Die-Messiasmutter im 12. Kapitel der (12018
Apokalypse », TQ 126 (1946) 357-427.

BONNEFOY, J.-F., *Le mystère de Marie selon le Protévangile et* (12019
l'Apocalypse (Paris, Vrin, 1949), 192 pp.

UNGER, D. J., « Cardinal Newman and Apocalypse XII », TS 11 (12020
(1950) 356-367.

Le FROIS, B. J., « The Woman clothed with the Sun », AmER 126 (12021
(1952) 161-180.

BRAUN, F.-M., *La Mère des fidèles,* « La Femme de l'Apocalypse (12022
(Apoc. XII) », 133-192.

XXX, « Marie dans la Bible », AmiCl 65 (1955) 617-624.   (12023

BRAUN, F.-M., « La femme vêtue de soleil », RT 55 (1955) 639-669. (12024

CERFAUX, L., « La vision de la femme et du dragon de l'Apocalypse (12025
en relation avec le protévangile », ETL 31 (1955) 21-33.

ROMEO, A., « La donna ravvolta dal sole (Apoc. 12) », RivB 4 (1956) (12026
218-232, 314-329.

DUBARLE, A.-M., « La femme couronnée d'étoiles (Ap. 12) », dans (12027
Mélanges bibliques rédigés en l'honneur de André Robert (en collab.),
512-518.

MICHL, J., « Die Deutung der apokalyptischen Frau in der Gegen- (12028
wart », BZ 3 (1959) 301-310.

FEUILLET, A., « Le messie et sa mère, d'après le chapitre XII de (12029
l'Apocalypse », RB 66 (1959) 55-86, ou dans *Études johanniques,*
272-310.

GAHAN, S., « « The Woman clothed with the Sun » according to St. (12030
Lawrence of Brindisi », AmER 147 (1962) 395-402.

BRUNS, J. E., « The contrasted Women of Apocalypse 12 and 17 », (12031
CBQ 26 (1964) 459-463.

McNAMARA, M., *The N. T. and the Palestinian Targum to the* (12032
Pentateuch, « Apocalypse 12 and Jewish Sources », 222-226.

MONTAGNINI, F., « Le « signe » d'Apocalypse 12 à la lumière de (12033
la christologie du Nouveau Testament », NRT 89 (1967) 401-416.

ERNST, J., « Die « himmlische Frau » im 12. Kapitel der Apoka- (12034
lypse », TGl 58 (1968) 39-59.

12,1-18   DEISS, L., *Marie, fille de Sion,* « La femme vêtue de soleil », 163-208. (12035

JAMES, P. P., « Mary and the Great Sign », AmER 142 (1960) (12036
321-329.

RIVERA, A., « Inimicitias ponam... – Signum magnum apparuit... (12037
(Gen. 3,15; Apoc. 12,1) », VD 21 (1941) 113-122, 183-189.

FEUILLET, A., « Le Cantique des Cantiques et l'Apocalypse. Étude de (12038
deux réminiscences du Cantique dans l'Apocalypse johannique », RSR
49 (1961) 321-353.

	BRAUN, F.-M., « La femme et le Dragon », BVC N° 7 (1954) 63-72. (12039
12,17-18	McNAMARA, M., *The N. T. and the Palestinian Targum to the* (12040 *Pentateuch,* « The Protevangelium in the PT and Ap 12,17f. », 217-222.
13	CERFAUX, L., « La vision de la femme et du dragon de l'Apocalypse (12041 en relation avec le Protévangile », ETL 31 (1956) 21-33, ou dans *Recueil Lucien Cerfaux,* III, 237-251.
	SCHLIER, H., *Die Zeit der Kirche,* « Vom Antichrist. Zum 13. Kapitel (12042 der Offenbarung Johannis », 16-29.
	DEVINE, R., « The Virgin Followers of the Lamb », SCR 16 (1964) (12043 1-5.
13,17	NORTH, R., « Thronus Satanae pergamenus (Apoc 2,12.13.17) », VD (12044 28 (1950) 65-76.
14	BARTINA, S., « Un nuevo semitismo en Apocalipsis 14 : tierra o ciu- (12045 dad », EstB 27 (1968) 347-349.
14,3	FEUILLET, A., « Les vingt-quatre vieillards de l'Apocalypse », RB 65 (12046 (1958) 5-32.
14,6	CERFAUX, L., « L'Évangile éternel (Apoc., XIV,6) », ETL 39 (1963) (12047 672-681.
14,13	GRILLMEIER, A., « Ihre Werke folgen ihnen nach (Offb 14,13) », (12048 GeistL 37 (1964) 321-324.
16,15	DE CERTEAU, M., « Comme un voleur », CHR N° 12 (1965) 25-41. (12049
17	BRUNS, J. E., « The contrasted Women of Apocalypse 12 and 17 », (12050 CBQ 26 (1964) 459-463.
17,12	DIEKAMP, F., « Nikomedes, ein unbekannter Erklärer der (12051 Apokalypse », Bibl 14 (1933) 448-451.
19,1-7	SCHREINER, J., « Sonntag nach Christi Himmelfahrt. Homilie zu Apg (12052 19,1-7 », BiLeb 8 (1967) 68-70.
19,4	FEUILLET, A., « Les vingt-quatre vieillards de l'Apocalypse », RB 65 (12053 (1958) 5-32.
19,11-16	McNAMARA, M., *The N. T. and the Palestinian Targum to the* (12054 *Pentateuch,* « The Messiah in Ap 19,11-16 and PT Gn 49,11f », 230-233.
19,15-21	BARTINA, S., « Una espada salía de la boca de su vestido (Apc. 1,16; (12055 2,16; 19,15.21) », EstB 20 (1961) 207-217.
19,16	SKEHAN, P. W., « King of Kings, Lord of Lords (Apoc. 19 : (12056 16) », CBQ 10 (1948) 398.
20-22	GAECHTER, P., « The Original Sequence of Apocalypse 20-22 », TS (12057 10 (1949) 485-521.
20,1-6	COLUNGA, A., « El Milenio (Apoc. XX, 1-6) », Salm 3 (1956) 220-226. (12058
20,5	HOFBAUER, J., « ... et regnabunt cum Christo mille annis (Apoc (12059 20,5) », VD 45 (1967) 331-336.
20,6	PELLAND, L., « Le sacerdoce des fidèles », SE 2 (1949) 5-26. (12060
20,8-9	McNAMARA, M., *The N. T. and the Palestinian Targum to the* (12061 *Pentateuch,* « The Defeat of the Forces of Gog; Ap 20,8f and TJI Nm 11,26 », 233-237.
20,9	COMBLIN, J., « La ville bien-aimée. Apocalypse, 20,9 », VS 112 (1965) (12062 631-648.
21,1-22,5	COMBLIN, J., « La liturgie de la nouvelle Jérusalem », ETL 29 (1953) (12063 5-40.

THÜSING, W., « Die Vision des « Neuen Jerusalem » (Apk 21,1-22,5) (12064
als Verheissung und Gottesverkündigung », TrierTZ 77 (1968) 17-34.

21   WULF, H., « Das himmlische Jerusalem », GeistL 34 (1961) 321-325. (12065

21,2-5   COUNE, M., « La Jérusalem céleste (Ap 21,2-5) », AS Nº 91 (1964) (12066
23-28

21,5-8   WULF, F., « « Siehe, ich mache alles neu ! » Meditation zu Apk 21, (12067
5-8 », GeistL 41 (1968) 391-393.

21,5   STANLEY, D. M., « Lo ! I Make all Things New », Way 9 (1969) (12068
278-291.

21,10-23   BRUTSCH, C., « La nouvelle Jérusalem (Ap 21,10-14.22-23) », AS (12069
(n.s.) Nº 27 (1970) 30-36.

22,13   SKRINJAR, A., « Ego sum α et ω (Apo. 22,13) », VD 17 (1937) 10-20. (12070
FENASSE, J.-M., « Terme et début, voilà ce que Je suis », BVC Nº (12071
54 (1963) 43-50.

22,14   MARX, M. J., « The City of God », Wor 27 (1952-53) 136-137.   (12072

22,20   LANGEVIN, P.-É., *Jésus Seigneur et l'eschatologie. Exégèse de textes* (12073
prépauliniens, « Oh ! oui, viens, Seigneur Jésus ! (Ap 22,20) », 209-235.
DUNPHY, W., « Maranatha : Development in Early Christianity », (12074
IrThQ 37 (1970) 294-309.

Divers. Miscellaneous. Verschiedenes. Diversi. Diversos.

VOSTÉ, J.-M., « Sanctus Albertus in Apocalypsim », Ang 9 (1932) 328-335.   (12075
STAEHELIN, J., « Die Apokalypse », BiLit 12 (1937-38) 311-315.   (12076
SKRINJAR, A., « Dignitates et officia Ecclesiae Apocalypticae », VD 23 (1943) (12077
22-29, 47-54, 77-88.
BOISMARD, M.-É., « Notes sur l'Apocalypse », RB 59 (1952) 161-181.   (12078
SPADAFORA, F., « L'Apocalisse », RivB 2 (1954) 299-309.   (12079
XXX, « L'Apocalypse », PPB Nº 40 (1955) 20 pp.   (12080
FEUILLET, A., « Les vingt-quatre vieillards de l'Apocalypse », RB 65 (1958) 5-32. (12081
FEUILLET, A., « Les diverses méthodes d'interprétation de l'Apocalypse et les (12082
commentaires récents », AmiCl 71 (1961) 257-270.
FANNON, P., « The Apocalypse », SCR 14 (1962) 33-42.   (12083
MONTAGNINI, F., « Problemi dell'Apocalisse in alcuni studi degli ultimi (12084
anni », RivB 11 (1963) 400-424.
GIET, S., « À propos d'un ouvrage récent sur l'Apocalypse », RevSR 38 (1964) (12085
71-92.
MONTAGNINI, F., « Problemi dell'Apocalisse in alcuni ultimi anni », dans *San* (12086
Giovanni. Atti della XVII Settimana Biblica (en collab.), 49-75.

QUATRIÈME PARTIE. PART FOUR. VIERTER TEIL. QUARTA PARTE. CUARTA PARTE.

JÉSUS-CHRIST.
JESUS CHRIST.
JESUS CHRISTUS.
GESÙ CRISTO.
JESUCRISTO.

Adam (Nouvel). Adam (New). Adam (Neuer). Adamo (Nuovo). Adán (Nuevo).

12087 XAVERIUS, P., « Christus – Adam », VD 15 (1935) 114-120.

12088 BONSIRVEN, J., *L'Évangile de Paul,* « La figure du Christ : le premier homme », 103-106.

12089 PRAT, F., *La théologie de saint Paul*[38], « Le nouvel Adam : parallèle des deux Adam; rôle et qualité du second Adam », II, 203-213.

12090 DANIÉLOU, J., *Sacramentum Futuri,* « Adam et le Christ dans l'Écriture Sainte », 3-12; « Adam et le Christ chez saint Irénée », 21-36.

12091 BONSIRVEN, J., *Théologie du Nouveau Testament,* 275-277.

12092 CERFAUX, L., *Le Christ dans la théologie de saint Paul*[2], « L'antithèse « typologique » Adam-Christ », 176-188.

12093 LAFONT, D. G., « Sur l'interprétation de Romains v,15-21 », RSR 45 (1957) 481-513.

12094 STANLEY, D. M., « Carmenque Christo quasi Deo dicere... », CBQ 20 (1958) 186-188.

12095 LIGIER, L., *Péché d'Adam et péché du monde,* « Le nouvel Adam et son option. Son Église et son hymne », II, 323-376; « Les deux Adam », II, 377-382.

12096 SABOURIN, L., *Les noms et les titres de Jésus,* « Le dernier Adam », 211-219.

12097 DE OCANA, F., « Cristo, segundo Adán, según san Pablo, y los niños que mueren sin bautismo », EstF 65 (1964) 339-350.

Agneau de Dieu. Lamb of God. Lamm Gottes. Agnello di Dio. Cordero de Dios.

12098 JOÜON, P., « L'agneau de Dieu », NRT 67 (1940) 318-321.

12099 BOUYER, L., *Le mystère pascal,* « L'agneau qui ôte les péchés du monde. L'agneau qui porte les péchés du monde », 281-309; « L'agneau immolé avant la création du monde », 348-352.

12100 BOISMARD, M.-É., « Le Christ-agneau rédempteur des hommes », LV N° 36 (1958) 91-104.

12101 STANLEY, D. M., « Carmenque Christo quasi Deo dicere... », CBQ 20 (1958) 182-183.

12102 HILGERS, J., « Le Christ, agneau pascal », VS 102 (1960) 379-388.

12103 VIRGULIN, S., « Recent Discussion of the Title « Lamb of God » », SCR 13 (1961) 74-80.

12104 HOWELL, C., « The Lamb of God », Wor 37 (1963) 419-424.

12105 SABOURIN, L., *Les noms et les titres de Jésus,* « L'agneau », 162-166.

12106 ROSE, A., « Jésus-Christ, agneau de Dieu », BVC N° 62 (1965) 27-32.

Agonie. Agony. Todesangst. Agonia. Agonía.

12107   PETITOT, H., « L'agonie de Jésus », VS 22 (1930) 238-256; 23 (1930) 24-40.

12108   HOLZMEISTER, U., « Exempla sudoris sanguinei », VD 23 (1943) 71-76.

12109   GOODIER, A., *The Passion and Death of Our Lord Jesus Christ* (New York, Kennedy and Sons, 1944), « The Agony », 147-167.

12110   LEBRETON, J., *La vie et l'enseignement de J.-C.*[16], II, 311-346.

12111   CANTINAT, J., « L'agonie de Jésus », VS 88 (1953) 272-281.

12112   KENNY, A., « The Transfiguration and the Agony in the Garden », CBQ 19 (1957) 444-452.

12113   ARMBRUSTER, C. J., « The Messianic Significance of the Agony in the Garden », SCR 16 (1964) 111-119.

12114   TRÉMEL, Y.-B., « L'agonie du Christ », LV N° 68 (1964) 79-104.

12115   BENOIT, P., *Passion et résurrection du Seigneur,* 9,32.

12116   GAMBA, G. G., « Agonia di Gesù », RivB 16 (1968) 159-166.

Amour. Love. Liebe. Amore. Amor.

12117   CHARLIER, C., « Pensée et amour chez le sémite », BVC N° 4 (1953) 100-108.

12118   BARSOTTI, D., *Vie mystique et mystère liturgique,* « Jésus notre ami », 331-340.

12119   GUTZWILLER, R., « Le caractère biblique de la litanie au Sacré-Coeur », dans STIERLI, J., *Le Coeur du Sauveur* (Mulhouse, Salvator, 1956), 209-234.

12120   LEFEBVRE, G., « Le mystère de la divine charité », VS 94 (1956) 563-586.

12121   RONDET, H., « L'expérience personnelle du Seigneur », CHR N° 12 (1956) 507-518.

12122   ROUSTANG, F., « L'amour universel dans le Christ et l'Esprit », CHR N° 5 (1958) 222-238.

12123   SPICQ, C., « Notes d'exégèse johannique. La charité est amour manifeste », RB 65 (1958) 358-370.

12124   LEFÈVRE, A., « Die Seitenwunde Jesu », GeistL 33 (1960) 86-98.

12125   AHERN, B., « The Charity of Christ », Way 4 (1964) 100-109.

12126   JEAN-NESMY, C., « Les amitiés du Christ », VS 110 (1964) 673-686.

12127   PERRIN, J.-M., « L'amour du Père dans l'âme du Christ », VS 110 (1964) 648-655.

12128   RAMLOT, M.-L., « L'amour du prochain, gage de notre amour du Christ », dans *L'amour du prochain* (en collab.) (Paris, Cerf, 1964), 33-62.

12129   JACQUEMIN, E., « La charité de Dieu qui est dans le Christ Jésus », AS N° 56 (1967) 47-65.

Apparitions. Erscheinungen. Apparizioni. Apariciones.

12130   LIESE, H., « Dominus apparet apostolis bis (Jean 20,19-31) », VD 12 (1932) 97-102.

12131   LATTEY, C., « The Apparitions of Christ Risen », CBQ 2 (1940) 195-214.

12132   HOLZMEISTER, U., « Num Christus post resurrectionem benedictae Matri apparuerit », VD 22 (1942) 97-102.

12133   LILLY, J. L., « The Appearances of the Risen Christ », CBQ 4 (1942) 22-36.

12134   ALLO, E.-B., « Le lieu des apparitions du Christ ressuscité : Judée ou Galilée ? » dans *Mélanges E. Podechard* (en collab.), 1-9.

12135   MANGAN, E. A., « The Women at the Tomb », CBQ 7 (1945) 191-200.

12136   LEBRETON, J., *La vie et l'enseignement de J.-C.*[16], II, 438-464.

12137   LEAL, J., « Ex Mt 28,9.10 Maria Magdalena certo vidit Jesum redivivum », VD 26 (1948) 207-213.

12138 SPICQ, C., « Noli me tangere », RSPT 32 (1948) 226-227.

12139 CATHERINET, F.-M., « Note sur un verset de l'Évangile de saint Jean (XX, 17) », dans *Mémorial J. Chaine* (en collab.), 51-60.

12140 BISHOP, E. E., « The Risen Christ and the Five Hundred Brethren », CBQ 18 (1956) 341-344.

12141 ORLETT, R., « An Influence of the Early Liturgy upon the Emmaus Account », CBQ 21 (1959) 212-219.

12142 BENOIT, P., « Marie-Madeleine et les disciples au tombeau, selon Jn 20,1-18 », dans *Judentum, Urchristentum, Kirche,* Festschrift für Joachim Jeremias (Berlin, 1960), 141-152, et dans *Exégèse et théologie,* III, 270-282.

12143 VILLUENDAS, L., « La geografía de las apariciones de Cristo resucitado en la Vida de Jesucristo por el P. A. Fernández », EstE 34 (1960) 929-934.

12144 CONGAR, Y., « La prière de Jésus », VS 110 (1964) 157-174.

12145 DUPUY, B.-D., « L'expérience pascale des apôtres », VS 110 (1964) 253-262.

12146 BEHLER, G.-M., « Das göttliche Versteckspiel », GeistL 38 (1965) 102-116.

12147 BENOIT, P., *Passion et résurrection du Seigneur,* 297-323.

12148 KREMER, J., *Das älteste Zeugnis von der Auferstehung Christi.* Eine bibeltheologische Studie zur Aussage und Bedeutung von 1 Kor 15,1-11, « Die angeführten Zeugen der Erscheinungen (1 Kor 15,5b-8) », 65-79.

12149 MOLLAT, D., « L'apparition de Jésus au bord du lac », *L'Anneau d'Or* N° 137 (1967) 343-354.

12150 DELORME, J., « Les femmes au tombeau (Mc 16,1-8) », AS (n.s.) N° 21 (1969) 58-67.

12151 GAIDE, G., « Il n'est pas ici, il est ressuscité (Luc 24,1-12) », AS (n.s.) N° 21 (1969) 68-76.

12152 GHIBERTI, G., « Bibliografia sull'esegesi dei racconti pasquali e sul problema della risurrezione di Gesù (1957-1968) », ScuolC 97 (1969) 68*-84*.

12153 KREMER, J., *Die Osterbotschaft der vier Evangelien.* Versuch einer Auslegung der berichte über das leere Grab und die Erscheinungen des Auferstandenen (Stuttgart, Katholisches Bibelwerk, 1969), 144 pp.

12154 MARTINI, C. M., « Les signes de la résurrection (Mt 28,1-10) », AS (n.s.) N° 21 (1969) 48-57.

12155 GAIDE, G., « Les apparitions du Christ ressuscité d'après saint Luc (Lc 24,13-48) », AS (n.s.) N° 24 (1970) 38-56.

12156 KEHL, M., « Eucharistie und Auferstehung. Zur Deutung der Ostererscheinungen beim Mahl », GeistL 43 (1970) 90-125.

12157 MOLLAT, D., « L'apparition du ressuscité et le don de l'Esprit (Jn 20,19-23) » AS (n.s.) N° 30 (1970) 42-56.

12158 PELLETIER, A., « Les apparitions du Ressuscité en termes de la Septante », Bibl 51 (1970) 76-79.

12159 SEYNAEVE, J., « De l'expérience à la foi (Jn 20,24-31) », AS (n.s.) N° 23 (1971) 56-71.

Ascension. Himmelfahrt. Ascensione. Ascensión.

12160 LECLERCQ, J., « L'ascension, triomphe du Christ », VS 72 (1945) 289-300.

12161 FLICOTEAUX, E., « La glorieuse ascension », VS 76 (1947) 664-675.

12162 LEBRETON, J., *La vie et l'enseignement de J.-C.[16],* « L'ascension », II, 464-470.

12163 LEBRETON, J., *Lumen Christi,* « L'ascension », 339-345.

12164   DANIÉLOU, J., *Le mystère de l'Avent,* « Le mystère de l'ascension et l'expansion missionnaire », 160-178.

12165   BENOIT, P., « L'ascension », RB 56 (1949) 161-203, ou dans *Exégèse et théologie,* I, 363-411.

12166   DANIÉLOU, J., « Les Psaumes dans la liturgie de l'ascension », MD N° 21 (1950) 40-56.

12167   BONSIRVEN, J., *Théologie du Nouveau Testament,* « La résurrection et l'ascension de Jésus-Christ », 120-127.

12168   DANIÉLOU, J., *Bible et Liturgie²,* « L'ascension », 409-428.

12169   HASPECKER, J., « Ascendit Deus in jubilatione. Psalm 46 (47) und Himmelfahrt Christi », GeistL 28 (1955) 87-95.

12170   WARNUNG, T., « Empor steigt Gott mit Jubelklang », BiLit 23 (1955-56) 230-231.

12171   VAN GOUDOEVER, J., *Biblical Calendars,* « The Feast of Ascension », 195-205; « The Feast of Transfiguration », 206-209.

12172   KERN, W., « Das Fortgehen Jesu und das Kommen des Geistes *Oder* Christi Himmelfahrt », GeistL 41 (1968) 85-90.

12173   SCHELKLE, K. H., « Christi Himmelfahrt », GeistL 41 (1968) 81-85.

12174   BECQUET, G., « Baptême de Jésus (Mt 3,13-17) », AmiCl 79 (1969) 11-14.

12175   JACQUEMIN, E., « Le baptême du Christ », AS (n.s.) N° 12 (1969) 48-66.

12176   MARTINI, C. M., « L'Ascension de Jésus (Ac 1,1-11) », AS (n.s.) N° 28 (1969) 6-11.

12177   FEUILLET, A., « La personnalité de Jésus entrevue à partir de sa soumission au rite de repentance du précurseur », RB 77 (1970) 30-49.

12178   LENTZEN-DEIS, F., *Die Taufe Jesu nach den Synoptikern.* Literarkritische und gattungsgeschichtliche Untersuchungen (Frankfurt a. M., J. Knecht, 1970), 324 pp.

Baptême. Baptism. Taufe. Battesimo. Bautismo.

12179   VOSTÉ, J.-M., « De baptismo Jesu », Ang 11 (1934) 187-213, 325-340.

12180   LEBRETON, J., *Lumen Christi,* « Les mystères de la vie de Jésus : le baptême », 133-135.

12181   LEBRETON, J., *La vie et l'enseignement de J.-C.¹⁶,* « Le baptême de Jésus », I, 74-77.

12182   DESCAMPS, A., *Les justes et la justice dans les évangiles et le christianisme primitif hormis la doctrine proprement paulinienne,* « L'accomplissement de la justice au baptême de Jésus (Mt., III,15) », 111-119.

12183   LATTEY, C., « De baptismo activo Christi », VD 29 (1951) 28-30.

12184   BARSOTTI, D., *Vie mystique et mystère liturgique,* « Le baptême de Jésus », 119-126.

12185   SCHLIER, H., « Die Verkündigung der Taufe Jesu nach den Evangelien », GeistL 28 (1955) 414-419.

12186   BOISMARD, M.-É., *Du baptême à Cana,* 41-70.

12187   COCAGNAC, A.-M., « Les saintes théophanies de Notre-Seigneur Jésus-Christ », VS 94 (1956) 5-16.

12188   LÉCUYER, J., « La fête du baptême du Christ », VS 94 (1956) 31-44.

12189   GILS, F., *Jésus prophète, d'après les évangiles synoptiques,* « Vision inaugurale de Jésus au baptême », 49-73.

12190   LEMARIÉ, J., *La manifestation du Seigneur,* « Le baptême dans le Jourdain », 287-380.

12191   BOURASSA, F., « Thèmes bibliques du baptême : le baptême du Christ », SE 10 (1958) 434-436.

12192 FEUILLET, A., « Baptême de Jésus d'après l'évangile selon saint Marc (1, 9-11) », CBQ 21 (1959) 468-490.

12193 LEMARIÉ, J., « Le baptême du Seigneur dans le Jourdain, d'après les textes scripturaires en usage dans les Églises d'Orient et d'Occident », MD N° 59 (1959) 85-102.

12194 ROULIN, P., CARTON, G., « Le baptême du Christ », BVC N° 25 (1959) 39-48.

12195 LEGAULT, A., « Le baptême de Jésus et la doctrine du Serviteur souffrant », SE 13 (1961) 147-166.

12196 FEUILLET, A., « Le baptême de Jésus », RB 71 (1964) 321-352.

12197 FEUILLET, A., « The Baptism of Jesus », TDig 14 (1966) 207-212.

Cana. Kana. Cana. Caná.

12198 CADOUX, C., « Les noces de Cana », VS 81 (1949) 155-162.

12199 QUIÉVREUX, F., « La maternité spirituelle de la mère de Jésus dans l'évangile de saint Jean : I. Les noces de Cana », VSS 5 (1952) 104-116.

12200 CHARLIER, C., « Les noces de Cana », BVC N° 4 (1953-54) 81-86.

12201 ROBILLIARD, J.-A., « Le vin manqua », VS 90 (1954) 28-45.

12202 BOISMARD, M.-É., Du baptême à Cana, 133-159.

12203 CEROKE, C. P., « Jesus and Mary at Cana : Separation or Association ? » TS 17 (1956) 1-38.

12204 PARSCH, P., Apprenons à lire la Bible, « Exemples méthodiques d'étude biblique : un récit, les noces de Cana (Jn 2,1-11) », 159-162.

12205 VAWTER, B., « The Johannine Sacramentary : the Woman at Cana », TS 17 (1956) 160-166.

12206 LEMARIÉ, J., La manifestation du Seigneur, « Les noces de Cana », 381-426.

12207 CHARLIER, J.-P., Le signe de Cana. Essai théologique johannique (Bruxelles, Paris, La Pensée catholique, Office Général du Livre, (1959), 96 pp.

12208 GALOT, J., « Le mystère de Cana », AS N° 16 (1962) 88-100.

12209 JACQUEMIN, E., « Le signe inaugural de Jésus (Jn 2,1-11) », AS N° 16 (1962) 32-53.

Cène. Supper. Abendmahl (Letztes). Cena.

Date. Zeitpunkt. Data. Fecha.

12210 BENOIT, P., « La date de la Cène », RB 58 (1951) 590-594, ou dans Exégèse et théologie, I, 255-261.

12211 BARTHÉLEMY, D., « Notes en marge de publications récentes sur les manuscrits de Qumrân », RB 59 (1952) 187-218.

12212 VOGT, E., « Antiquum calendarium sacerdotale », Bibl 36 (1955) 403-408.

12213 FRANGIPANE, D., « Una nuova ipotesi sul giorno in cui Gesu celebro la Pasqua », RivB 4 (1956) 233-252.

12214 VOGT, E., « Une lumière nouvelle sur la semaine de la Passion », CHR N° 11 (1956) 413-421.

12215 DELORME, J., « Jésus a-t-il pris la dernière cène le mardi soir ? » AmiCl 67 (1957) 218-223, 229-234.

12216 FÉRET, H.-M., « La date de la Cène », MD N° 52 (1957) 141-146.

12217 JAUBERT, A., La date de la Cène. Calendrier biblique et liturgie chrétienne (Paris, Gabalda, 1957), 159 pp.

12218 JAUBERT, A., « The Date of the Last Supper », TDig 5 (1957) 67-72.

12219 JOHNSTON, L., « The Date of the Last Supper », SCR 9 (1957) 108-114.

12220 GAECHTER, P., « Eine neue Chronologie der Leidenswoche ? » ZKT 80 (1958) 555-561.

12221 MacRAE, G. W., « A New Date for the Last Supper », AmER 138 (1958) 294-302.

12222 O'FLYNN, J. A., « The Date of the Last Supper », IrThQ 25 (1958) 58-63.

12223 SKEHAN, P. W., « The Date of the Last Supper », CBQ 20 (1958) 192-199.

12224 MacDONALD, R. F., « The Last Supper : Thursday or Tuesday », AmER 140 (1959) 79-92, 168-181.

12225 BROWN, R. E., « L'ultima Cena avvenne di martedi ? » BibOr 2 (1960) 48-53.

12226 GIGLIOLI, A., « Il giorno dell'ultima Cena e l'anno della morte di Gesù », RivB 10 (1962) 156-181.

12227 LEAL, J., « Feria quinta : dies ultimae Cenae », VD 41 (1963) 229-237.

12228 JAUBERT, A., « Une discussion patristique sur la chronologie de la Passion », RSR 54 (1966) 407-410.

12229 DU BUIT, M., « Essai sur la chronologie de la Pâque chrétienne », CE N° 78 (1970) 53-60.

Divers. Miscellaneous. Verschiedenes. Diversi. Diversos.

12230 DE LA TAILLE, M., « À propos d'un livre sur la Cène », Greg 11 (1930) 194-263.

12231 HUBY, J., *Le discours de Jésus après la Cène, suivi d'une étude sur la connaissance de foi dans saint Jean* (VS) (Paris, Beauchesne, 1932), 192 pp.

12232 WIKENHAUSER, A., « Zur paulinischen Lehre vom Leibe Christi », TR 33 (1934) 265-273.

12233 BENOIT, P., « Le récit de la Cène dans Lc, XXII,15-20 », RB 48 (1939) 357-393, ou dans *Exégèse et théologie,* I, 163-209.

12234 TRINIDAD, J., « Relatio inter sacrificium Cenae et sacrificium crucis in epistola ad Hebraeos », VD 19 (1939) 225-233.

12235 LO GIUDICE, C., « Num Judas cenae eucharisticae interfuerit », VD 22 (1942) 65-73.

12236 GOODIER, A., *The Passion and Death of Our Lord Jesus Christ* (New York, Kennedy and Sons, 1944), « The Supper », 22-51; « The Discourse at the Supper », 79-98; « The Sacerdotal Prayer, the Heart of Jesus at the Supper », 118-146.

12237 BOUYER, L., *Le mystère pascal,* « Le banquet messianique et le ministère de la réconciliation », 71-117.

12238 LARRAÑAGA, V., « Ensayo de reconstrucción de la última cena », EstB 5 (1946) 381-402.

12239 LEBRETON, J., *La vie et l'enseignement de J.-C.*[16], II, 229-311.

12240 NOLLE, L., « Did Our Lord Eat the Pasch of the Old Testament before His Passion ? » SCR 3 (1948) 43-45.

12241 BENOIT, P., « Note sur deux études de F.-J. Leenhardt », RB 56 (1949) 155-158; 63 (1956) 578-583, ou dans *Exégèse et théologie,* I, 244-254.

12242 BOUYER, L., « La première Eucharistie dans la dernière Cène », MD N° 18 (1949) 34-47.

12243 DANIÉLOU, J., « Les repas de la Bible et leur signification », MD N° 18 (1949) 1-33.

12244 BENOIT, P., « Note sur une étude de J. Jeremias », RB 58 (1951) 132-134, ou dans *Exégèse et théologie,* I, 240-243.

12245 GEORGE, A., « Les sacrifices de l'Exode dans la pensée de Jésus à la Cène », LV N° 7 (1952) 29-38.

12246 BOUYER, L., *La Bible et l'Évangile*[2], « La première Eucharistie dans la dernière Cène », 255-268.

12247 SCHÜRMANN, H., *Der Passamahlbericht.* Lk 22, (7-14) 15-18. I. Teil (Münster, Aschendorff, 1953), 29-123 pp.

12248 DELCUVE, G., « Un essai pour faire revivre un épisode évangélique : la dernière Cène », LVit 9 (1954) 305-318.

12249 SCHMIDT, H., « Esprit et histoire du jeudi saint », MD Nº 37 (1954) 66-88.

12250 BOUYER, L., *Le quatrième évangile²,* « La dernière Cène », 189-192.

12251 DELORME, J., « À propos de la dernière Cène », AmiCl 65 (1955) 657-660.

12252 GUILLET, J., « Le sacerdoce de la Nouvelle Alliance », CHR Nº 5 (1955) 10-28.

12253 SCHÜRMANN, H., *Der Einsetzungsbericht Lk 22,19-20.* II. Teil (Münster, Aschendorff, 1955), 12-153 pp.

12254 SCHÜRMANN, H., « Die Gestalt der urchristlichen Eucharistiefeier », MüTZ 6 (1955) 107-131.

12255 VAN CASTER, M., « La catéchèse de l'Eucharistie à partir de la Cène », LVit 10 (1955) 583-600.

12256 BENOIT, P., « The Holy Eucharist – I. Was the Last Supper a Paschal Meal ? » SCR 8 (1956) 99-102.

12257 BOUYER, L., « Le jeudi de la Cène », MD Nº 45 (1956) 50-59.

12258 SCHLIER, H., *Die Zeit der Kirche,* « Die Verkündigung im Gottesdienst der Kirche », 244-264.

12259 BENOIT, P., « Les récits de l'institution et leur portée », LV Nº 31 (1957) 49-76.

12260 DELORME, J., « La Cène et la Pâque dans le Nouveau Testament », LV Nº 31 (1957) 9-48.

12261 LEAL, J., « La nueva fecha de la Cena y el orden de los hechos de la Pasión de Nuestro Señor », EstE 31 (1957) 173-188.

12262 SCHÜRMANN, H., *Jesu Abschiedsrede. Lk 22,21-38.* III. Teil (Münster, Aschendorff, 1957), 11-160 pp.

12263 CORTES QUIRANT, J., « La nueva fecha de la Ultima Cena », EstB 17 (1958) 47-81.

12264 DU ROY, J.-B., « Le dernier repas de Jésus », BVC Nº 26 (1959) 44-52.

12265 MASSI, P., « Legame tra i racconti della cena e i carmi del servo di Jahweh », RivB 7 (1959) 97-125, 193-207.

12266 HILGERS, J., « Le Christ, agneau pascal », VS 102 (1960) 379-388.

12267 GUILLET, J., *Jésus-Christ hier et aujourd'hui,* « Le sacerdoce de la Nouvelle Alliance », 171-188.

12268 MENDOZA RUIZ, F., « El jueves, día de la Ultima Cena », EstB 23 (1964) 151-171, 259-294; 24 (1965) 85-106.

12269 VOSS, G., *Die Christologie der lukanischen Schriften in Grundzügen,* « Das letzte Abendmahl (Lk 22,7-38) », 99-111.

12270 DACQUINO, P., « Gesù all'ultima cena », BibOr 8 (1966) 173-184.

12271 LIGIER, L., « De la cène de Jésus à l'anaphore de l'Église », MD Nº 87 (1966) 7-51.

12272 TRILLING, W., *Fragen zur Geschichtlichkeit Jesu,* « Die Abendmahlsfrage », 124-130.

12273 HÉRIS, C.-V., « Le repas du Seigneur », AmiCl 77 (1967) 289-291.

12274 KILMARTIN, E. J., « La dernière Cène et les premiers sacrifices eucharistiques de l'Église », Conci Nº 40 (1968) 33-43.

12275 QUINN, J. J., « The Lord's Supper and Forgiveness of Sin », Wor 90 (1968) 281-291.

12276 SCHÜRMANN, H., « Les paroles de Jésus lors de la dernière Cène envisagées à « la lumière de ses gestes » », Conci Nº 40 (1968) 115-122.

Chef. Leader. Haupt. Capo. Jefe.

12277 BÉLANGER, M., « Le Christ-Chef dans les épîtres de saint Paul », RUO 8 (1938) 5*-15*, 221*-242*.

12278 BOUËSSÉ, H., « De la prise en charge de l'humanité par Jésus-Christ », NRT 69 (1947) 337-359.

12279 HOLSTEIN, H., « Le Christ, tête de tous les hommes », AT 1 (1950) 18-31.

12280 SPICQ, C., L'épître aux Hébreux, « Le Christ, chef et guide », I, 300-301.

12281 DACQUINO, P., « Cristo capo dell'universo e della Chiesa secondo S. Paolo », ScuolC 86 (1958) 186-197.

12282 DACQUINO, P., « De Christo capite et de Ecclesia eius corpore secundum S. Paulum », VD 40 (1962) 81-88.

Christologie. Christology. Christologie. Cristologia. Cristología.

12283 AB ALPE, A., « Christologia in Psalmis Salomonis », VD 11 (1931) 56-59, 84-88, 110-120.

12284 A VALLISOLETO, X., « Christologia in Apocalypsi Baruch Syriaca », VD 11 (1931) 212-221.

12285 XXX, « Le véritable visage du Christ... », VD 11 (1931) 217-222.

12286 BOTTE, B., « La Sagesse et les origines de la christologie », RSPT 21 (1932) 54-67.

12287 McNABB, V., « Essai sur la christologie de saint Paul », RB 42 (1933) 321-327.

12288 GUARDINI, R., Das Bild von Jesus dem Christus im Neuen Testament (Würzburg, Werkbund, 1936), 126 pp.

12289 THIBAUT, R., « Jésus-Christ n'a pu être inventé », NRT 67 (1940) 280-295.

12290 BONNEFOY, J.-F., « La place du Christ dans le plan divin de la création », MSR 4 (1947) 257-284; 5 (1948) 38-62.

12291 LEBRETON, J., « Jésus-Christ », SDB IV, col. 966-1073.

12292 PRAT, F., La théologie de saint Paul[38], « La personne du Christ », I, 436-444.

12293 WULF, F., « Jesus Christus im Lichte der Evangelien und der christlichen Frömmigkeit », GeistL 23 (1950) 231-236.

12294 BERROUARD, M.-F., « Des affirmations de l'Écriture aux formules de Chalcédoine », LV N° 1 (1952) 57-76.

12295 LÉCUYER, J., « La pérennité des mystères du Christ », VS 87 (1952) 451-464.

12296 MUSSNER, F., « Der « Charakter » Jesu nach dem Johannesevangelium », TrierTZ 62 (1953) 321-332.

12297 SCHMITT, J., « Le Christ Jésus dans la foi et la vie de la naissante Église apostolique », LV N° 9 (1953) 23-42.

12298 AGAESSE, P., « Connaître le Christ », CHR N° 1 (1954) 75-86.

12299 COPPENS, J., « La christologie de saint Paul », dans L'attente du Messie (en collab.), 139-153.

12300 MUSSNER, F., Christus das All und die Kirche. Studien zur Theologie des Epheserbriefes (Trier, Paulinus, Verlag, 1955), 15-175 pp.

12301 AUZOU, G., La parole de Dieu (Paris, L'Orante, 1956), « Le Christ Jésus », 228-232.

12302 KUSS, O., « Die Formel « durch Christus » in den paulinischen Hauptbriefen », TrierTZ 65 (1956) 193-201.

12303 PRÜMM, K., « Zur Früh- und Spätform der religionsgeschichtlichen Christusdeutung von H. Windisch », Bibl 42 (1961) 391-422; 43 (1962) 22-56.

12304 MALEVEZ, L., « Functional Christology in the New Testament », TDig 10 (1962) 77-83.

12305 BOURGIN, C., « Qui est Jésus-Christ » (commentaire de He 1,1-12), AS N° 10 (1963) 25-44.

12306 TERNANT, P., « La résurrection du fils de la veuve de Naïm (Lc 7,11-16) », AS N° 69 (1964) 29-40.

12307 COMBLIN, J., *Le Christ dans l'Apocalypse* (Paris, Desclée et Cie, 1965), 12-268 pp.

12308 VANHOYE, A., « Christologia a qua initium sumit epistola ad Hebraeos, Hebr 1,2b.3.4) », VD 43 (1965) 3-14, 49-61, 113-123.

12309 FEUILLET, A., « Les *Ego Eimi* christologiques du quatrième Évangile », RSR 54 (1966) 5-22, 213-340.

12310 FEUILLET, A., « Plérôme », SDB VIII, col. 18-40.

12311 BUTTERWORTH, R., « Christ, the perfect Work », Way 8 (1968) 181-188.

12312 GNILKA, J., « Zur neutestamentlichen Christologie », TR 64 (1968) col. 293-300.

12313 COPPENS, J., « La personne de Jésus-Christ. À propos d'un essai d'explication nouvelle », ETL 45 (1969) 127-137.

12314 HORSTMANN, M., *Studien zur markinischen Christologie.* Mk 8,27-9,13 als Zugang zum Christusbild des zweiten Evangeliums (Münster, Aschendorff, 1969), 152 pp.

12315 LOHFINK, G., « Christologie und Geschichtsbild in Apg 3,19-21 », BZ 13 (1969) 223-241.

12316 VANHOYE, A., *Situation du Christ.* Hébreux 1-2 (Paris, Cerf, 1969), 404 pp.

12317 ZEDDA, S., « Un libro importante sulla Cristologia del Nuovo Testamento » (Jésus Seigneur et l'eschatologie), RivB 17 (1969) 383-392.

12318 En collaboration, *Jesus in den Evangelien* (Stuttgart, Katholisches Bibelwerk, 1970), 176 pp.

12319 JONES, D. L., « The Title *Christos* in Luke-Acts », CBQ 32 (1970) 69-76.

12320 McARTHUR, H. K., « From the Historical Jesus to Christology ? » TDig 18 (1970) 29-35.

12321 MUSSNER, F., « « Direkte » und « indirekte » Christologie im Jakobusbrief », Catho 24 (1970) 111-117.

12322 MUSSNER, F., « Christologische Homologese und evangelische Vita Jesu », dans *Zur Frügeschichte der Cristologie* (en collab.) (Herder, Freiburg i. B., 1970), 59-73.

12323 SCHLIER, H., « Die Anfänge des christologischen Credo », dans *Zur Frühgeschichte der Cristologie* (en collab.) (Herder, Freiburg i.B., 1970), 13-58.

Coeur. Heart. Herz. Cuore. Corazón.

12324 BOVER, J. M., *Three Studies from S. Paul,* « The Heart of Jesus in the Epistles of S. Paul », 1-46.

12325 JACQUES, J., « Culte et théologie du Sacré-Coeur », AT 8 (1947) 274-298.

12326 VIARD, A., « Le Coeur de Jésus et la nouvelle Alliance », VS 86 (1952) 563-576.

12327 RAHNER, H., « Les fondements scripturaires de la dévotion au Sacré-Coeur », dans STIERLI, J., *Le Coeur du Sauveur* (Salvator, Mulhouse, 1956), 29-52.

12328 DIDIER, G., « Le coeur humain de Dieu », CHR N° 15 (1957) 332-347.

12329 FEUILLET, A., « Le Nouveau Testament et le Coeur du Christ », AmiCl 74 (1964) 321-333.

12330 LÉGASSE, S., *Jésus et l'enfant.* « Enfants », « petits », et « simples » dans la tradition synoptique (Paris, Gabalda, 1969), « Vers une attitude historique de Jésus », 319-336.

Colère. Anger. Zorn. Collera. Cólera.

12331 CARRÉ, A.-M., « Larmes et colères de Jésus », VS 75 (1946) 197-206.

Conscience. Bewusstsein. Coscienza. Conciencia.

12332 MUSSNER, F., « Wege zum Selbstbewusstsein Jesu », BZ 12 (1968) 161-172.

Controverse. Controversy. Streitgespräch. Controversia.

12333 LIESE, H., « Controversia Christum inter et Iudaeos (Ioh. 8,46-59) », VD 14 (1934) 65-70.

12334 AGAESSE, P., « Connaître le Christ », CHR N° 1 (1954) 75-86.

12335 DUESBERG, H., *Jésus, prophète et docteur de la Loi,* « Les controverses », 121-139.

Créateur. Creator. Schöpfer. Creator. Creador.

12336 SPICQ, C., *L'épître aux Hébreux,* « Le Christ et la création », I, 290-291.

12337 KEHL, N., *Der Christushymnus Kol 1,12-20,* « Der Schöpfungsmittler », 99-108.

12338 LANGKAMMER, H., « Christus mediator creationis », VD 45 (1967) 201-208.

Crucifiement. Crucifixion. Kreuzigung. Crucifissione. Crucifixión.

12339 HOLZMEISTER, U., « Crux Domini ejusque crucifixio ex Archaeologia Romana illustrantur », VD 14 (1934) 149-155, 216-220, 241-249, 257-263.

12340 COLLINS, J. J., « The Archaeology of the Crucifixion », CBQ 1 (1939) 154-159.

12341 HOLZMEISTER, U., « Quando lignum inclinatum erit et surrexerit... (Epist. Barnabae 12,1) », VD 21 (1941) 69-73.

12342 HOLZMEISTER, U., « Crucifixio Christi et martyrium S. Bartholomaei », VD 22 (1942) 82-85.

12343 GOODIER, A., *The Passion and Death of Our Lord Jesus Christ* (New York, Kennedy and Sons, 1944), « The Crucifixion », 320-368.

12344 PHILIPPE, M.-D., « La charité du Christ en croix », VS 74 (1946) 383-390.

12345 FULLER, R. C., « The Drink offered to Christ at Calvary », SCR 2 (1947) 114-116.

12346 COLLINS, J. J., « The Crucifixion of Our Lord and some Medical Data », CBQ 12 (1950) 171-172.

12347 CANTINAT, J., « Le crucifiement de Jésus », VS 84 (1951) 142-153.

12348 VERGOTE, A., « L'exaltation du Christ en croix selon le 4ᵉ évangile », ETL 28 (1952) 5-23.

Descente aux enfers. Descent into Hell. Abstieg in die Hölle. Discesa agli inferi. Descenso a los infiernos.

12349 CHAINE, J., « Descente du Christ aux enfers », SDB II, col. 395-431.

12350 BOUYER, L., *Le mystère pascal,* « La descente aux enfers », 353-368.

12351 BENOIT, P., « La descente aux enfers selon W. Bieder », RB 58 (1951) 99-102, ou dans BENOIT, P., *Exégèse et théologie,* I, 412-416.

12352 SIMMEL, O., « Abgestiegen zu der Hölle », StiZ 156 (1954-55) 1-6.

12353 BOUMAN, C. A., « He descended into Hell », Wor 33 (1959) 194-203.

12354 SCHNEIDER, O., « Die Niederfahrt Christi », BiLit 35 (1961-62) 139-142.

12355 DALTON, W. J., « Proclamatio Christi spiritibus facta : inquisitio in textum ex Prima Epistola S. Petri 3,18-4,6 », VD 42 (1964) 225-240.

12356 DALTON, W. J., *Christ's Proclamation to the Spirits.* A Study of 1 Peter 3 : 18-4 : 6 (Rome, Pontifical Biblical Institute, 1965), 24-300 pp.

12357 VORGRIMLER, H., « Questions relatives à la descente du Christ aux enfers », Conci N° 11 (1966) 129-139.

12358 DE LAVALETTE, H., « The Descent into Hell », Way 7 (1967) 106-116.

12359 PERROT, C., « La descente du Christ aux enfers dans le Nouveau Testament », 5-30.

12360 DUQUOC, C., « La descente du Christ aux enfers. Problématique théologique », LV N° 87 (1968) 45-62.

Disciples. Jünger. Discepoli. Discípulos.

12361 ROCHE, J., « Essai sur la psychologie des apôtres », NRT 59 (1932) 385-402.

12362 LEBRETON, J., « Histoire de Jésus et des apôtres », RSR 26 (1936) 110-119.

12363 DE RAUCOURT, G., « La vocation des apôtres », RSR 29 (1939) 610-615.

12364 SPADAFORA, F., « Qua occasione Apostoli profecti sint in universum mundum », VD 21 (1941) 281-286, 306-310.

12365 JONES, A., « The Apostles' Belief in Christ's Divinity », SCR 1 (1946) 31-33.

12366 RUSSELL, R., « Laymen as Co-operators with the Apostles », SCR 1 (1946) 4-13, 45-53.

12367 LEBRETON, J., *La vie et l'enseignement de J.-C.*[16], « La vocation des apôtres », I, 116-118; « Le choix des douze apôtres », I, 151-165.

12368 LEIJS, R., « Prédication des Apôtres », NRT 69 (1947) 605-618.

12369 SPICQ, C., « Spiritualité sacerdotale dans le N. T. », VS 77 (1947) 446-460.

12370 BONSIRVEN, J., *Les enseignements de Jésus-Christ*, « La société des disciples de Jésus », 258-262; « Les douze et l'Église », 262-269; « Pierre et l'Église », 269-274; « Pédagogie de Jésus : action générale sur les foules; formation des disciples », 476-486.

12371 BONSIRVEN, J., *Théologie du Nouveau Testament*, « La société des disciples de Jésus », 84-89.

12372 GEORGE, A., « La pauvreté des apôtres », CE N° 9 (1953) 23-34.

12373 CERFAUX, L., « Témoins du Christ d'après le livre des Actes », dans *Recueil Lucien Cerfaux*, II, 157-174.

12374 CERFAUX, L., « L'unité du corps apostolique dans le Nouveau Testament », dans *Recueil Lucien Cerfaux*, II, 227-238.

12375 BOUYER, L., *Le quatrième évangile*[2], « Le témoignage des premiers disciples », 75-81.

12376 DEVIS, M., « Paul, apôtre du Christ », *L'Anneau d'Or* N°s 63-64 (1955) 243-255.

12377 HAMAIDE, J., GUILBERT, P., « L'annonce du salut dans les Actes des Apôtres. Expression et conditionnement », LVit 12 (1957) 418-429.

12378 LÉGASSE, S., « Scribes et disciples de Jésus », RB 68 (1961) 321-345, 481-506.

12379 SCHÜRMANN, H., « Der Jüngerkreis Jesu als Zeichen für Israel (und als Urbild des kirchlichen Rätestandes) », GeistL 36 (1963) 21-35.

12380 GIBLET, J., « Les Douze. Histoire et Théologie », dans *Aux origines de l'Église* (en collab.), 51-64.

Divinité. Divinity. Gottheit. Divinità. Divinidad.

12381 LAGRANGE, M.-J., « Les origines du dogme paulinien de la divinité du Christ », RB 45 (1936) 5-33.

12382 MASURE, E., « La preuve de la divinité de Jésus dans les Évangiles synoptiques », AT 1 (1944) 1-37.

12383 COTTER, A. C., « The Divinity of Jesus Christ in S. Paul », CBQ 7 (1945) 259-289.

12384 BONSIRVEN, J., *Les enseignements de Jésus-Christ*, « Divinité de Jésus-Christ », 394-413.

12385 JONES, A., « The Apostles' Belief in Christ's Divinity », SCR 1 (1946) 31-33.

12386 LEBRETON, J., *Lumen Christi*, « L'Homme-Dieu », 78-84.

12387 BONSIRVEN, J., *L'Évangile de Paul,* « Divinité de Jésus-Christ », 55-69.

12388 LILLY, J. L., « Jesus Christ's Revelation of His Messianic Dignity and of His Divinity », AmER 119 (1948) 130-141.

12389 SAUNDERS, D. J., « The Devil and the Divinity of Christ », TS 9 (1948) 536-553.

12390 PRAT, F., *La théologie de saint Paul³⁸,* « Jésus-Christ Dieu », II, 148-156.

12391 BONSIRVEN, J., *Les enseignements de Jésus-Christ,* « Divinité de Jésus-Christ », 394-413.

12392 BONSIRVEN, J., *Théologie du Nouveau Testament,* « Divinité de Jésus-Christ, Fils de Dieu incarné », 248-257.

12393 BENOIT, P., « La divinité de Jésus », LV Nº 9 (1953) 43-74, ou dans BENOIT, P., *Exégèse et théologie,* I, 117-142.

12394 BERNARD, R., « La révélation de l'Homme-Dieu », VS 89 (1953) 124-141, 266-278.

12395 BOISMARD, M.-É., « La divinité du Christ d'après saint Paul », LV Nº 9 (1953) 75-100.

12396 MOLLAT, D., « La divinité du Christ d'après saint Jean », LV Nº 9 (1953) 101-134.

12397 CERFAUX, L., *Le Christ dans la théologie de saint Paul²,* « La divinité du Christ », 383-392.

12398 BOULOGNE, C.-D., « La tentation de Jésus au désert. La « politique » ici-bas du Fils de Dieu fait Homme », VS 92 (1955) 364-381.

12399 BRINKTRINE, J., « Die Selbstaussage Jesu ʾΕγώ εἰμί », TGl 47 (1957) 34-36.

12400 LAURENTIN, R., *Structure et théologie de Luc I-II,* « Quand Marie eut-elle connaissance de la divinité de son Fils ? » 165-174.

12401 STANLEY, D. M., « Carmenque Christo quasi Deo Dicere... », CBQ 20 (1958) 173-191.

12402 CEROKE, C. P., « The Divinity of Christ in the Gospels », CBQ 24 (1962) 125-139.

12403 SABOURIN, L., *Les noms et les titres de Jésus,* « Dieu », 287-294.

12404 BROWN, R. E., « Does the New Testament Call Jesus God ? » TS 26 (1965) 545-573.

12405 WINTER, J.-J., « Christus : « Theos » im NT », BiLit 42 (1969) 171-190.

Docteur. Doctor. Lehrer. Dottore. Doctor.

12406 THIBAUT, R., « La signification des gestes du Christ », NRT 67 (1940) 14-31.

12407 DEWAILLY, L.-M., *Jésus-Christ, Parole de Dieu,* « Jésus-Christ, maître de vérité divine », 33-38.

12408 PLASSMANN, T. A., « Christlike Example of the Priest Teacher », CBQ 11 (1949) 133-138.

12409 BONSIRVEN, J., *Les enseignements de Jésus-Christ,* « Le docteur, le prophète », 379-382.

12410 FENTON, J. C., « Christ the Teacher and the Stability of Catholic Dogma », AmER 125 (1951) 208-219.

12411 LEMAÎTRE, C., « Pourquoi le Christ ? » NRT 74 (1952) 688-705.

12412 SAGGIN, L., « Magister vester unus est Christus (Mt 23,10) », VD 30 (1952) 205-213.

12413 DUESBERG, H., *Jésus, prophète et docteur de la Loi,* 198 pp.

12414 CARMIGNAC, J., *Le Docteur de Justice et Jésus-Christ* (Paris, L'Orante, 1957), 165 pp.

12415 DELORME, J., « Le Maître de Justice et Jésus », AmiCl 67 (1957) 97-102.

12416 FEUILLET, R., et J. D., « Les trouvailles de Qumrân », « Jésus et le Docteur de Justice », CE Nº 27 (1957) 39-48.

12417 SALAVERRI, J., « Cristo, Maestro », EstE 32 (1958) 5-19.

12418 TRESMONTANT, C., « Jésus et la morale des prophètes », BVC Nº 21 (1958) 26-34.

12419 SCHULZ, A., *Nachfolgen und Nachahmen,* « Lehrer und Schüler in den Evange-
       lien », 33-62.

Enfance. Infancy. Kindheit. Infanzia. Infancia.

12420 LEBRETON, J., *Lumen Christi,* « La vie cachée », 128-132.

12421 LEBRETON, J., *La vie et l'enseignement de J.-C.[16],* « L'enfance et la vie cachée », I,
       1-68.

12422 STRÄTER, P., « De probabili origine historiae infantiae Christi », VD 25 (1947)
       321-327.

12423 RICHARD, L., « L'Évangile de l'enfance et le décret impérial de recensement », dans
       Mémorial J. Chaine (en collab.), 297-308.

12424 WULF, F., « Ein Kind ist uns geboren. Vom Geheimnis der göttlichen Kindheit »,
       GeistL 25 (1952) 401-406.

12425 DE ROOVER, E., « De Evangelii Infantiae Chronologia », VD 36 (1958) 65-82.

12426 TRILLING, W., *Fragen zur Geschichtlichkeit Jesu,* « Die Problematik der
       « Kindheitsgeschichten » », 71-82.

12427 DANIÉLOU, J., *Les Évangiles de l'enfance,* 144 pp.

12428 PAUL, A., *L'évangile de l'enfance selon saint Matthieu* (Paris, Cerf, 1968), 192 pp.

Épiphanie. Epiphany. Epiphanie. Epifania. Epifanía.

12429 LECLERCQ, J., « L'Épiphanie, fête du sacre », VS 74 (1946) 6-17.

12430 PAX, E., *Epiphaneia.* Ein religionsgeschichtlicher Beitrag zur biblischen Theologie
       (Münchener theologische Studien) (München, K. Zink, 1955), 280 pp.

12431 ROMANOS LE MELODE, « Le mystère de l'Épiphanie », VS 92 (1955) 41-63.

12432 LEMARIÉ, J., *La manifestation du Seigneur,* « L'adoration des mages », 239-286;
       « Le baptême dans le Jourdain », 287-380; « Les noces de Cana », 381-426.

12433 DANIÉLOU, J., « Les origines de l'Épiphanie et les Testimonia », RSR 52 (1964)
       538-553.

Figures du Christ. Figure of Christ. Typos Christi. Figura del Cristo. Rostro de Cristo.

12434 CHATILLON, J., « Moïse, figure du Christ et modèle de la vie parfaite », dans *Moïse,
       l'homme de l'Alliance* (en collab.), 305-314.

12435 SCHOONENBERG, P., « Le Christ dans l'Ancien Testament », LVit 11 (1956)
       409-418.

12436 GILS, F., *Jésus prophète, d'après les évangiles synoptiques,* « Rapprochement entre Jésus
       et Moïse », 29-42.

12437 SABOURIN, L., « Le bouc émissaire, figure du Christ », SE 11 (1959) 45-79.

12438 BONNARD, P.-É., *Le psautier selon Jérémie,* « Le Christ et le psautier selon Jéré-
       mie », 245-259.

12439 GRELOT, P., *Sens chrétien de l'Ancien Testament,* « L'A. T. et le mystère du
       Christ », 125-165.

12440 LARCHER, C., *L'actualité chrétienne de l'Ancien Testament d'après le Nouveau
       Testament,* « Jésus et l'A. T. », 45-284.

12441 CHOPIN, C., *Le Verbe incarné et rédempteur* (Tournai, Desclée et Cie, 1963), « La
       révélation du mystère du Christ », 9-35.

12442 GRELOT, P., *La Bible, parole de Dieu,* « La préfiguration du Christ », 265-287.

12443 GRELOT, P., *Bible et théologie,* « Présence du mystère du Christ dans l'A. T. », 31-41.

12444   DUESBERG, H., « Il leur ouvrit l'esprit à l'intelligence de l'Écriture (Lc 24,45) », Conci
        N° 30 (1967) 97-104.

12445   ROGUET, A.-M., *Le miel du rocher,* « La christologisation des psaumes », 107-118.

Fils de David. Son of David. Sohn Davids. Figlio di Davide. Hijo de David.

12446   LIGIER, L., *Péché d'Adam et péché du monde,* « Le fils de David », II, 62-67.

12447   GIBLET, J., « Jésus, fils de David », LV N° 57 (1962) 3-21.

12448   VAN IERSEL, B., « Les lignes fondamentales de notre vie chrétienne (Mt 22,34-
        46) », AS N° 71 (1963) 27-44.

12449   VANDERHAEGEN, J., « Le Fils de David », AS N° 37 (1965) 63-88.

12450   FITZMYER, J. A., « La tradition du Fils de David en regard de Mt 22,41-46 et des
        écrits parallèles », Conci N° 20 (1966) 67-78.

12451   TRILLING, W., *Christusverkündigung in den synoptischen Evangelien,* « Jesus, der
        Messias und Davidssohn (Mt 1,18-25) », 13-39.

Fils de Dieu. Son of God. Sohn Gottes. Figlio di Dio. Hijo de Dios.

12452   LEVIE, J., « Per Jesum Christum, Filium tuum », NRT 60 (1933) 866-883.

12453   LALLEMENT, D., « La personnalité filiale de Jésus », VS 47 (1936) 241-248.

12454   LOMBARDI, R., « Il Protagonista della Storia : Figlio di Dio », CC 2 (1943) 82-91.

12455   LEBRETON, J., *La vie et l'enseignement de J.-C.*[16], « Unité du Fils et du Père; le Fils
        de Dieu », II, 111-118; « La révélation du Fils de Dieu », II, 491-499; « La piscine de
        Bezatha », II, 403-411.

12456   LEBRETON, J., *Lumen Christi,* « Le Fils et le Père », 202-210.

12457   BONSIRVEN, J., *L'évangile de Paul,* « Le Père révèle le Fils, en qui se révèle la Tri-
        nité », 49-83.

12458   SAYDON, P. P., « The Divine Sonship of Christ in Psalm 2 », SCR 3 (1948) 32-35.

12459   GLORIEUX, P., « Le Christ, adorateur du Père », RevSR 23 (1949) 245-269.

12460   LEBRETON, J., « Le Fils de Dieu », SDB IV, col. 1025-1034.

12461   SCHMITT, J., *Jésus ressuscité dans la prédication apostolique,* « Jésus ressuscité,
        « Christ », « Seigneur » et « Fils de Dieu » », 175-215.

12462   BONSIRVEN, J., *Théologie du Nouveau Testament,* « Le Fils unique de Dieu », 41-54;
        « Jésus-Christ, Fils de Dieu », 401-407.

12463   DUPONT, J., *Essais sur la christologie de saint Jean,* « La gloire du Fils de Dieu »,
        278-291.

12464   SPICQ, C., *L'épître aux Hébreux,* « Jésus, le Fils de Dieu », I, 287-301.

12465   XXX, « Jésus, le Fils de Dieu », LV N° 9 (1953) 3-8.

12466   BOISMARD, M.-É., « Constitué fils de Dieu (Rom. 1,4) », RB 60 (1953) 5-17.

12467   CERFAUX, L., *Le Christ dans la théologie de saint Paul*[2], « Fils de Dieu : les
        interventions du Fils de Dieu », 329-336; « Le Père et le Fils », 336-337; « Les origines
        de la formule », 337-344.

12468   GENNARO, P., « Il Dio « invisibile » e il Figlio « unigenito » (Io. 1,18) », RivB 4
        (1956) 159-178.

12469   LAURENTIN, R., *Structure et théologie de Luc I-II,* « Le Christ-Seigneur et Fils de
        Dieu en Luc I-II », 120-147.

12470   GIBLET, J., « Jésus et le « Père » dans le IVe Évangile », dans *L'Évangile de Jean*
        (en collab.), 111-130.

12471   STUHLMUELLER, C., « The Mission of the Son », Wor 33 (1958) 27-36.

12472   ROUSTANG, F., « Le Père est plus grand que moi », CHR N° 7 (1960) 516-526.

12473 BRAJCIC, R., « Solum Patris Filii », EXav 11 (1961) 221-287.

12474 DE KRUIJF, T., *Der Sohn des lebendigen Gottes* (Roma, Pont. Institutum Biblicum, 1962), XVII-187 pp.

12475 GUILLET, J., *Jésus-Christ hier et aujourd'hui*, « L'action de grâces du Fils », 141-156.

12476 LEMONNYER, L., CERFAUX, L., *Théologie du Nouveau Testament*, 179-184.

12477 SABOURIN, L., *Les noms et les titres de Jésus*, « Le Fils de Dieu, le bien-aimé », 233-244.

12478 FERRIÈRE, C., « Jésus, Fils de Yahweh ? », BVC Nº 59 (1964) 52-58.

12479 O'CONNELL, M., « God sent His Son », Way 4 (1964) 258-265.

12480 GEISELMANN, J. R., *Jesus der Christus, I. Die Frage nach dem historischen Jesus*. « Jesus der Gottessohn », 225-230.

12481 GEORGE, A., « Jésus Fils de Dieu dans l'Évangile selon saint Luc », RB 72 (1965) 185-209.

12482 McKENZIE, J. L., *The Power and the Wisdom*, « The Knowledge of God », 128-146.

12483 PINTO DE OLIVEIRA, C.-J., « Le verbe διδόναι comme expression des rapports du Père et du Fils dans le IVᵉ évangile », RSPT 49 (1965) 81-104.

12484 THÜSING, W., *Per Christum in Deum*, « Christus als Sohn Gottes und unsere « Einsetzung zu Söhnen » », 116-121.

12485 VOSS, G., *Die Christologie der lukanischen Schriften in Grundzügen*, Υἱὸς ἀγαπη-τός », 85-94.

12486 LAMARCHE, P., *Christ vivant*. Essai sur la christologie du Nouveau Testament, « La filiation divine de Jésus », 165-168.

12487 GEORGE, A., « Son of God in Luke », TDig 15 (1967) 128-133.

12488 LANGEVIN, P.-É., *Jésus Seigneur et l'eschatologie. Exégèse de textes prépauliniens*, « Τὸν υἱὸν αὐτοῦ », 73-80; « Jésus, fils de Dieu », 100-102.

12489 PESCH, R., « Der Gottessohn im matthäischen Evangelienprolog (Mt 1-2). Beobachtungen zu den Zitationsformeln der Reflexionszitate », Bibl 48 (1967) 395-420.

12490 STANLEY, D. M., « The Quest of the Son of Man », Way 8 (1968) 3-17.

12491 CLARKE, T., « The Son of the Living God », Way 8 (1968) 97-105.

12492 MINETTE DE TILLESSE, G., *Le secret messianique dans l'évangile de Marc*, « Titres messianiques : Fils de Dieu », 342-363.

12493 RUGIERI, G., *Il Figlio di Dio davidico*. Studio sulla storia della tradizioni contenute in Rom. 1,3-4 (Roma, Università Gregoriana, 1968), 148 pp.

Fils de l'homme. Son of Man. Menschensohn. Figlio dell'uomo. Hijo del hombre.

12494 LEBRETON, J., *Lumen Christi*, « Le Fils de l'homme », 63-65.

12495 LEBRETON, J., « Le Fils de l'homme », SDB IV, col. 1019-1025.

12496 VOSTÉ, J.-M., « The Title « Son of Man » in the Synoptic Gospels », AmER 120 (1949) 310-326; 121 (1949) 18-33.

12497 BONSIRVEN, J., *Les enseignements de Jésus-Christ*, « Le Fils de l'homme : l'expression dans la littérature biblique et juive; usage de Jésus », 63-74.

12498 BONSIRVEN, J., *Théologie du Nouveau Testament*, « Le Fils de l'Homme », 35-40.

12499 VERGOTE, A., « L'exaltation du Christ en croix selon le quatrième évangile », ETL 28 (1952) 5-23.

12500 FEUILLET, A., « Le fils de l'homme de Daniel et la tradition biblique », RB 62 (1953) 170-202, 321-346.

12501   VAN DEN BUSSCHE, H., « L'attente de la grande Révélation dans le quatrième Évangile », NRT 75 (1953) 1009-1019.

12502   FEUILLET, A., « L'*exousia* du Fils de l'homme d'après Marc 2,10-28 et par. », RSR 42 (1954) 161-193.

12503   JOHNSTON, L., « The Son of Man », SCR 6 (1954) 181-183.

12504   LIGIER, L., *Péché d'Adam et péché du monde,* « Le Fils de l'homme », II, 24-36.

12505   SABOURIN, L., *Rédemption sacrificielle,* « Le « fils de l'homme » incarné et rédempteur », 256-301.

12506   BRAUN, F.-M., « Messie, Logos et Fils de l'Homme », dans *La venue du Messie* (en collab.), 133-147.

12507   GEISELMANN, J. R., *Jesus der Christus, I. Die Frage nach dem historischen Jesus,* « Jesus der Menschensohn », 221-224.

12508   LARCHER, C., *L'actualité chrétienne de l'Ancien Testament d'après le Nouveau Testament,* « Jésus et l'appellation de Fils de l'homme », 176-192.

12509   LEMONNYER, L., CERFAUX, L., *Théologie du Nouveau Testament,* 78-84.

12510   SABOURIN, L., *Les noms et les titres de Jésus,* « Le fils de l'homme », 193-204.

12511   McKENZIE, J. L., *The Power and the Wisdom,* « The Servant of the Lord and the Son of Man », 90-107.

12512   MARLOW, R., « The Son of Man in Recent Journal Literature », CBQ 28 (1966) 20-30.

12513   DION, H.-M., « Quelques traits originaux de la conception johannique du Fils de l'Homme », SE 19 (1967) 49-65.

12514   LAMBRECHT, J., *Die Redaktion der Markus-Apokalypse,* « Mk 13,28-31 : Die nahe Wiederkunft », 193-227.

12515   SEIDENSTICKER, P., *Zeitgenössische Texte zur Osterbotschaft der Evangelien,* « Osterberichte des apokalyptischen Stils : 1. Der erhönte Menschensohn; 2. Die Gestalt des Menschensohnes Christus », 43-50.

12516   MINETTE DE TILLESSE, G., *Le secret messianique dans l'évangile de Marc,* « Titres messianiques : fils de l'homme », 364-388.

12517   CORTES, J. B., GATTI, F. M., « The Son of Man or the Son of Adam », TDig 17 (1969) 121-128.

Foi. Faith. Glaube. Fede. Fe.

12518   MALEVEZ, L., « Le Christ et la foi », NRT 88 (1966) 1011-1043.

12519   MALEVEZ, L., « Jésus de l'histoire, fondement de la foi », NRT 99 (1967) 785-799.

12520   URS VON BALTHASAR, H., « La foi du Christ », dans *La foi du Christ* (Paris, Aubier, 1968), 13-79.

Frères de Jésus. Brothers of Jesus. Brüder Jesu. Fratelli di Gesù. Hermanos de Jesús.

12521   XXX, « Les frères et soeurs de Notre-Seigneur », AmiCl 55 (1938) 81-84.

12522   COLLINS, J. J., « The Brethren of the Lord and two recently Discovered Papyri », TS 5 (1944) 484-494.

12523   VOSTÉ, J.-M., « De « fratribus Domini » quid senserit S. Thomas Aquinas », VD 24 (1944) 97-99.

12524   BLINZLER, J., « Zum Problem der Brüder des Herrn », TrierTZ 67 (1958) 129-145, 224-246.

12525   BLINZLER, J., *Die Brüder und Schwester Jesu,* 160 pp.

12526   GAECHTER, P., « Die « Brüder » Jesu », ZKT 89 (1967) 450-459.

Fuite en Égypte. Flight into Egypt. Flucht nach Ägypten. Fuga in Egitto. Huída a Egipto.

12527 SUYS, A., « Ioseph in Aegypto », VD 12 (1932) 371-373.

12528 ARENDZEN, J. P., « When did the Flight into Egypt take Place ? » SCR 2 (1947) 44-45.

Généalogie. Genealogy. Abstammung. Genealogia. Genealogía.

12529 LAMALLE, E., « Une ancienne dévotion populaire : l'aïeule du Christ », NRT 58 (1931) 507-523.

12530 NOLLE, L., « Old Testament Laws of Inheritance and St. Luke's Genealogy of Christ », SCR 2 (1947) 38-42.

12531 JEANNE D'ARC, Sr, « La prostituée aïeule du Christ », VS 87 (1952) 471-477.

12532 PASCUAL CALVO, E., « La Genealogia de Jesùs segùn S. Mateo », EstB 23 (1964) 109-149.

12533 VÖGTLE, A., « Die Genealogie Mt 1,2-16 und die matthäische Kindheitsgeschichte », BZ 8 (1964) 45-58, 239-262; 9 (1965) 32-49.

12534 LÉON-DUFOUR, X., *Études d'évangile,* « Livre de la genèse de Jésus-Christ », 51-63.

Gloire. Glory. Herrlichkeit. Gloria. Gloria.

12535 JULIUS, S., « De vita gloriosa Domini », VD 12 (1932) 103-110, 148-155, 172-176, 203-212.

12536 OGARA, F., « Et nunc clarifica me tu, Pater (Joh. 17,5) », VD 18 (1938) 129-136.

12537 VONIER, A., « The Glorification of Christ and the Eucharist », Wor 21 (1946-47) 405-413.

12538 LEBRETON, J., *Lumen Christi,* « La résurrection et la vie glorieuse du Seigneur », 331-338.

12539 FEUILLET, A., « Le triomphe eschatologique de Jésus d'après quelques textes isolés des évangiles », NRT 71 (1949) 701-722, 806-828.

12540 BONSIRVEN, J., *Théologie du Nouveau Testament,* « Jésus ressuscité, exalté à la droite de Dieu », 183-187.

12541 DUPONT, J., *Essais sur la christologie de saint Jean,* « La gloire du Christ », 235-294.

12542 KACUR, P., « De Textu Io 1,14 c. », VD 29 (1951) 20-27.

12543 MICHALON, P., « Église, corps mystique du Christ glorieux », NRT 74 (1952) 673-687.

12544 BARSOTTI, D., *Vie mystique et mystère liturgique,* « La résurrection : dans la gloire du Christ », 197-202; « À la droite de Dieu », 216-223; « La transfiguration du Christ », 435-440; « Le mystère de la gloire », 441-448; « L'exaltation de la Croix », 449-454.

12545 BLEIENSTEIN, H., « Der erhönte Christus », GeistL 27 (1954) 84-90.

12546 BOUYER, L., *Le quatrième évangile²,* « L'entretien avec les Grecs (Jean 12,20-36) », 148-188; « La gloire du Christ et les siens », 192-201.

12547 CAMELOT, T., « La triple épiphanie de la gloire de Dieu », VS 92 (1955) 5-16.

12548 COCAGNAC, A.-M., « Les saintes théophanies de Notre-Seigneur Jésus-Christ », VS 94 (1956) 5-16.

12549 MOLLAT, D., « Nous avons vu sa gloire », CHR N° 11 (1956) 310-327.

12550 GROSSOUW, W., « La glorification du Christ dans le quatrième évangile », dans *L'Évangile de Jean* (en collab.), 131-145.

12551 LAURENTIN, A., « Jean XVII, 5 et la prédestination du Christ à la gloire chez S. Augustin et ses prédécesseurs », dans *L'Évangile de Jean* (en collab.), 225-248.

12552 AMIOT, F., *Les idées maîtresses de saint Paul*, « Le Christ glorifié », 88-100.

12553 THÜSING, W., *Die Erhöhung und Verherrlichung Jesu im Johannesevangelium* (Münster, Aschendorff, 1959), 304 pp.

12554 GUILLET, J., *Jésus-Christ hier et aujourd'hui*, « La gloire du Fils unique », 35-51.

12555 VOSS, G., *Die Christologie der lukanischen Schriften in Grundzügen*, « Die Erhöhung Jesu », 131-153.

12556 McNAMARA, M., « The Ascension and the Exaltation of Christ in the Fourth Gospel », SCR 19 (1967) 65-73.

12557 SULLIVAN, J. J., « The Paschal Mystery and the Glory of Christ as Redeemer », AmER 157 (1967) 386-403.

12558 THÜSING, W., « Erhöhungsvorstellung und Parusieerwartung in der ältesten nachösterlichen Christologie », BZ 11 (1967) 95-108, 205-222.

12559 BOUWMAN, G., « Die Erhöhung Jesu in der lukanischen Theologie », BZ 14 (1970) 257-263.

Heure du Christ. Hour of Christ. Die Stunde Jesu. Ora del Cristo. Hora de Cristo.

12560 BRINKMANN, B., « Quid mihi et tibi, mulier ? Nondum venit hora mea (Joh. 2,4) », VD 14 (1934) 135-141.

12561 LEAL, J., « La hora de Jesus, la hora de su Madre », EstE 26 (1952) 147-168.

12562 BOISMARD, M.-É., *Du baptême à Cana*, « Mon heure n'est pas encore venue (Jean, 2,5) », 149-159.

12563 FEUILLET, A., « L'Heure de Jésus et le signe de Cana. Contribution à l'étude de la structure du quatrième évangile », ETL 36 (1960) 5-22.

12564 FEUILLET, A., *Études johanniques*, « L'heure de Jésus et le signe de Cana. Contribution à l'étude de la structure du quatrième évangile », 11-33.

12565 HANIMANN, J., « L'heure de Jésus et les noces de Cana. Le sens de la réponse de Jésus : « Mon heure n'est pas encore venue » », RT 64 (1964) 569-583.

12566 LAMBRECHT, J., *Die Redaktion der Markus-Apocalypse*, « Die ungewisse Stunde (Mk 13,32-37) », 228-255.

Historicité. Historicity. Historizität. Storicità. Historicidad.

12567 GEISELMANN, J. R., « Der Glaube an Jesus-Christus, Mythos oder Geschichte ? » TQ 129 (1949) 257-277, 418-439.

12568 SCHNACKENBURG, R., « Von der Formgeschichte zur Entmythologisierung des Neuen Testamentes. Zur Theologie Rudolf Bultmanns », MüTZ 2 (1951) 345-360.

12569 MUSSNER, F., « Der historische Jesus und der Christus des Glaubens », BZ 1 (1957) 224-252.

12570 SEIBEL, W., « Der Jesus des Glaubens », StiZ 164 (1958-59) 25-40.

12571 MARLÉ, R., « Le Christ de la foi et le Jésus de l'histoire », Et 302 (1959) 65-76.

12572 RANDELLINI, L., « Possiamo ricostruire une biografia di Gesù ? » BibOr 1 (1959) 82-88.

12573 MUSSNER, F., « Der « historische » Jesus », TrierTZ 69 (1960) 321-337.

12574 MUSSNER, F., « Der historische Jesus und der Christus des Glaubens », dans *Exegese und Dogmatik* (en collab.), 153-188.

12575 NEIRA, E., « El Mito, Bultmann y el Cristo histórico », EXav 12 (1962) 42-70.

12576 SCHICK, E., « Die Bemühungen in der neueren protestantischen Theologie um den Zugang zu dem Jesus der Geschichte, insbesondere zum Faktum seiner Auferstehung », BZ 6 (1962) 256-268.

12577 LÉON-DUFOUR, X., « Les évangiles et l'histoire de Jésus », Et 316 (1963) 145-159.

12578 LÉON-DUFOUR, X., *Les évangiles et l'histoire de Jésus*, 528 pp.

12579 RIGAUX, B., « Réflexions sur l'historicité de Jésus dans le message paulinien », dans *Studiorum Paulinorum Congressus 1961* (en collab.), II, 265-274.

12580 GEISELMANN, J. R., *Jesus der Christus, I. Die Frage nach dem historischen Jesus*, 240 pp.

12581 SCHUBERT, K., « Das Problem des historischen Jesus », BiLit 38 (1964-65) 369-378.

12582 GRELOT, P., *La Bible, parole de Dieu*, « Le Christ au centre de l'histoire », 238-251.

12583 MUSSNER, F., *Die Johanneische Sehweise und die Frage nach dem historischen Jesus*, 96 pp.

12584 BOURKE, J., « Le Jésus historique et le Christ kérygmatique », Conci N° 11 (1966) 27-43.

12585 LÉON-DUFOUR, X., « Der Exeget im Dialog mit dem Ereignis Jesus Christus », BZ 10 (1966) 1-15.

12586 TRILLING, W., *Fragen zur Geschichtlichkeit Jesu*, 184 pp.

12587 VANHENGEL, M., PETERS, J., « Ce Jésus-ci, Jésus connu par l'Évangile et par la foi », Conci N° 20 (1966) 141-150.

12588 BAUER, J. B., « Evangelium und Geschichtlichkeit », dans *Evangelienforschung* (en collab.), 9-32.

12589 SCHELKLE, K. H., « Die Geschichte Jesu », dans *Evangelienforschung* (en collab.), 277-298.

12590 SCHMITT, J., « Le kérygme et l'histoire de Jésus », dans *Où en sont les études bibliques ?* (en collab.), 213-233.

12591 TRILLING, W., *Vielfalt und Einheit im Neuen Testament*, « Legitimität und Ort der Frage nach dem « geschichtlichen Jesus » », 61-82.

12592 VÖGTLE, A., « Relevanz des geschichtlichen Charakters der Christusoffenbarung », dans *Exégèse et Théologie* (en collab.), 191-208.

12593 ZEDDA, S., « Il problema del Gesù storico nella luce del Vaticano II », CC 2 (1968) 334-357.

12594 BERTEN, I., « Christologie et recherche historique sur Jésus », RSPT 53 (1969) 233-244.

12595 BROWN, R. E., « How much did Jesus know ? - A Survey of the Biblical Evidence », TDig 17 (1969) 44-50.

12596 DE LA POTTERIE, I., « Come impostare oggi il problema del Gesù storico ? » CC 2 (1969) 447-463.

12597 MALEVEZ, L., « Jésus de l'histoire et interprétation du kérygme », NRT 91 (1969) 785-908.

12598 MARLÉ, R., « Le Jésus historique et le mystère de Noël », Et 331 (1969) 728-738.

12599 VÖGTLE, A., « The Historical Character of the Revelation in Christ and its Import for Interpreting Scripture », TDig 17 (1969) 115-120.

12600 DESCAMPS, A., « L'approche des synoptiques comme documents historiques », ETL 46 (1970) 5-16.

12601 McARTHUR, H. K., « From the Historical Jesus to Christology ? » TDig 18 (1970) 29-35.

Image de Dieu. Image of God. Bild Gottes. Immagine di Dio. Imagen de Dios.

12602 SABOURIN, L., *Les noms et les titres de Jésus*, « L'image du Dieu invisible; l'effigie de sa substance, le resplendissement de sa gloire », 273-286.

12603 FEUILLET, A., *Le Christ, sagesse de Dieu*, « Le Seigneur qui est l'Esprit et le Christ, miroir et image de Dieu (2 Cor. III,17-18; cf. IV,4-6) », 113-161.

12604 REY, B., *Créés dans le Christ Jésus*. La création nouvelle selon saint Paul, « La configuration au fils, image de Dieu », 157-230; « Le Christ en gloire, image de Dieu », 189-202; « Le Christ-image dans la première et la nouvelle création (Col 1,15-20) : A. « Il est l'image du Dieu invisible, premier-né de toute créature » (1,15-17); B. « Il est principe, premier-né d'entre les morts » (1,18-20) », 202-226.

12605 KEHL, N., *Der Christushymnus Kol 1,12-20*, « Christus als Bild Gottes », 52-81.

12606 LUZ, U., « L'image de Dieu dans le Christ et dans l'homme selon le Nouveau Testament », Conci N° 50 (1969) 73-82.

Incarnation. Menschwerdung. Incarnazione. Encarnación.

12607 PORPORATO, F., « Corpus autem aptasti mihi (Hbr. 5,10) », VD 10 (1930) 80-83.

12608 VARGHA, T., « Apparuit gratia Dei (Tit. 2, llss.) », VD 14 (1934) 3-6.

12609 VITTI, A. M., « Et cum iterum introducit Primogenitum in orbem terrae », VD 15 (1935) 15-21.

12610 ADAM, K., « Le mystère de l'incarnation du Christ et de son corps mystique : du scandale à la foi victorieuse », Et 237 (1938) 26-48.

12611 CYRILLE D'ALEXANDRIE, « Le mystère de l'Homme-Dieu », VS 58 (1939) 296-302.

12612 THIBAUT, R., *Le sens de l'Homme-Dieu*[2] (Paris, Desclée; Bruxelles, Éd. Universelle, 1946), « L'Homme-Dieu dans le sein de la Vierge », 106-122.

12613 LILLY, J. L., « The Eternal Word made Flesh », AmER 118 (1948) 409-421.

12614 PRAT, F., *La théologie de saint Paul*[38], « Jésus-Christ homme : la nature humaine du Christ; la figure historique de Jésus », II, 179-190.

12615 BONSIRVEN, J., *Les enseignements de Jésus-Christ*, « L'homme Jésus », 377-379; « Mission du Fils (incarnation) », 413-417.

12616 BERNARD, D., « Jean, le théologien du Verbe incarné », RT 51 (1951) 508-552.

12617 BOUYER, L., « Arpagmos », dans *Mélanges Jules Lebreton*, I, RSR 39 (1951) 281-288.

12618 MUSSNER, F., ΖΩΗ. *Die Anschauung vom « Leben » im vierten Evangelium*, « Die Inkarnation des Logos als das Erscheinen des « Lebens » im Todeskosmos », 82-85.

12619 WULF, F., « Begegnung mit Jesus, dem Gottmenschen », GeistL 26 (1953) 161-166.

12620 BARSOTTI, D., *Vie mystique et mystère liturgique*, « L'Incarnation : l'Avent; présence du Christ; le mystère de la beauté; l'acte de l'Incarnation; temps et éternité; la bonne nouvelle; le mystère de la liberté, mystère nuptial; le baptême de Jésus », 65-126.

12621 CERFAUX, L., *Le Christ dans la théologie de saint Paul*[2], « L'incarnation du Christ », 127-152.

12622 SCHMID, J., « Joh 1,13 », BZ 1 (1957) 118-125.

12623 DE JULLIOT, H., « Jésus parmi les siens », BVC N° 23 (1958) 13-21.

12624 WULF, F., « Er hat seinen eigenen Sohn nicht geschont (Röm 8,32). Zeitgemässe Gedanken zum Weihnachtsgeheimnis », GeistL 34 (1961) 407-409.

12625 BASELGA, E., « Verbum caro factum est », Manr 36 (1964) 23-29.

12626 SCHELKLE, K. H., « Das Wort ist Fleisch geworden. Weihnachtspredigt zum Prolog des Johannesevangeliums », GeistL 37 (1964) 401-404.

12627 REY, B., *Créés dans le Christ Jésus*. La création nouvelle selon saint Paul, « Le Christ, homme nouveau (Ep 2,15) », 131-143.

12628 SCHADE, H., « Die Menschwerdung des Wortes. Zur Symbolik des Lorscher Evangeliars », StiZ 180 (1967) 361-364.

12629 DE AUSEJO, S., « El concepto de « Carne » aplicado a Cristo en el IV Evangelio », EstB 17 (1958) 411-427.

12630 BENOIT, P., « Préexistence et Incarnation », RB 77 (1970) 5-29.

Jeudi saint. Holy Thursday. Gründonnerstag. Giovedì santo. Jueves santo.

12631 SCHMIDT, H., « Esprit et histoire du jeudi saint », MD N° 37 (1954) 66-88.

12632 JOUNEL, P., « Le jeudi saint », MD N° 41 (1955) 34-44.

Jeûne. Fast. Fasten. Digiuno. Ayuno.

12633 DEHAU, T., « Enseignements du jeûne de Jésus », VS 74 (1946) 379-382.

Juge. Judge. Richter. Giudice. Juez.

12634 DE LA POTTERIE, I., « Jesus King and Judge according to John 19 : 13 », SCR 13 (1961) 97-110.

12635 DE LA POTTERIE, I., « Jesus King and Judge in John 19 », TDig 11 (1963) 21-26.

12636 SABOURIN, L., *Les noms et les titres de Jésus,* « Le juge », 221-232.

Juste. Just. Gerechter. Giusto. Justo.

12637 DESCAMPS, A., *Les justes et la justice dans les évangiles et le christianisme primitif hormis la doctrine proprement paulinienne,* « Le Christ, juste au sens d'innocent », 57-93; « Le Christ, comme juste souffrant », 66-69. `

Lumière. Light. Licht. Luce. Luz.

12638 BOUYER, L., *Le mystère pascal,* « Eucharistia lucernaris », 375-396.

12639 LEBRETON, J., *La vie et l'enseignement de J.-C.[16],* « Jésus lumière du monde (Jean, 8,12-20) », II, 23-35.

12640 DUPONT, J., *Essais sur la christologie de saint Jean,* « Jésus-Christ, lumière du monde », 61-108.

12641 VIARD, A., « Jésus, lumière du monde », VS 88 (1953) 115-133.

12642 BOUYER, L., *Le quatrième évangile[2],* « La lumière », 50-62.

12643 FENASSE, J.-M., « La lumière de vie », BVC N° 50 (1963) 24-32.

12644 SABOURIN, L., *Les noms et les titres de Jésus,* « La lumière du monde », 82-92.

12645 O'DONNELL, J., « The Purification », Wor 38 (1964) 72-79.

12646 SMYTH-FLORENTIN, F., « Guérison d'un aveugle-né », AS (n.s.) N° 17 (1970) 17-26.

Médiateur. Mediator. Mittler. Mediatore. Mediador.

12647 BONSIRVEN, J., *L'évangile de Paul,* « Jésus-Christ, médiateur de prédestination », 93-102; « Le Christ, médiateur, reçoit la grâce », 144-176; « En Lui Dieu communique sa grâce », 175-212; « Par l'Église (corps du Christ) Dieu répand sa grâce », 213-306; « Le Christ médiateur : dans la consommation », 307-344.

12648 BONSIRVEN, J., *Théologie du Nouveau Testament,* « Médiation universelle du Christ », 263-394.

12649 LANGKAMMER, H., « Christus mediator creationis », VD 45 (1967) 201-208.

12650 PERRIN, J.-M., « Le Christ et la vie renouvelée en lui », VS 117 (1967) 129-138.

Messie. Messiah. Messias. Messia. Mesías.

12651 SKRINJAR, A., « Veniet desideratus cunctis gentibus », VD 15 (1935) 355-362.

12652 BONSIRVEN, J., *Les enseignements de Jésus-Christ,* « Jésus Messie », 382-394.

12653 DUESBERG, H., « L'histoire du Christ », *L'Anneau d'Or* N°ˢ 27-28 (1949) 159-177.

12654 SCHMITT, J., *Jésus ressuscité dans la prédication apostolique*, « Jésus ressuscité, « Christ » , « Seigneur » et « Fils de Dieu » », 175-215.

12655 BONSIRVEN, J., *Les enseignements de Jésus-Christ*, « Jésus-Messie », 382-394.

12656 DUPONT, J., « Jésus, Messie et Seigneur dans la foi des premiers chrétiens », VS 83 (1950) 385-416.

12657 GELIN, A., *Les idées maîtresses de l'Ancien Testament*, « Le messianisme de Jésus », 47-48.

12658 XXX, « Les prophètes de la Bible et le Christ », CE N° 4 (1951) 64 pp.

12659 BONSIRVEN, J., *Théologie du Nouveau Testament*, « Messianisme : Jésus se présente comme le Messie, quel Messie ? » 64-69; « La mort de Jésus, preuve de sa messianité », 187-189.

12660 AUGRAIN, C., « L'Église naît : la proclamation de Jésus, Messie, Seigneur », CE N° 12 (1953) 19-26.

12661 PALMARINI, N., « Emmanuelis prophetia et bellum syro-ephraimiticum (Is. 7,10-25) », VD 31 (1953) 321-334.

12662 CERFAUX, L., « Les miracles, signes messianiques de Jésus et oeuvres de Dieu, selon l'évangile de saint Jean », dans *L'attente du Messie* (en collab.) (Desclée de Brouwer, 1954), 131-138, ou dans *Recueil Lucien Cerfaux*, II, 41-50.

12663 GIBLET, J., « Jésus, Messie et Sauveur d'après les évangiles synoptiques », LV N° 15 (1954) 45-82.

12664 STANLEY, D. M., « Études matthéennes : la confession de Pierre de Césarée », SE 6 (1954) 51-62.

12665 ZANETTI, T., « Le dimanche des rameaux », MD N° 37 (1954) 59-65.

12666 MAURICE-DENIS, N., « Le dimanche des rameaux », MD N° 41 (1955) 16-33.

12667 DE VAUX, J., « Les témoins du Fils de Dieu : Jésus-Christ, fils de David, fils d'Abraham », CE N° 22 (1956) 29-58.

12668 GOURBILLON, J. G., « Le messie fils de David », CE N° 24 (1956) 5-80.

12669 FLANAGAN, N., « Messianic Fulfilment in St. Paul », CBQ 19 (1957) 474-484.

12670 GELIN, A., « Messianisme : réalisation du messianisme », SDB V, col. 1206-1212.

12671 SCHUBERT, K., « Die Messiaslehre in den Texten von Chirbet Qumran », BZ 1 (1957) 177-197.

12672 VÖGTLE, A., « Messiasbekenntnis und Petrusverheissung. Zur Komposition Mt 16,13-23 Par. », BZ 1 (1957) 252-272; 2 (1958) 85-103.

12673 CORNIL, M., « L'évangélisation des pauvres », AS N° 4 (1961) 91-100.

12674 FEUILLET, A., « À propos des titres de Jésus : Christ, fils de l'homme, fils de Dieu », dans *À la rencontre de Dieu*. Mémorial Albert Gelin (en collab.), 309-318.

12675 PEIFER, C., « Jesus the Anointed of Israel », Wor 36 (1961) 26-35.

12676 LARCHER, C., *L'actualité chrétienne de l'Ancien Testament d'après le Nouveau Testament*, « L'attente messianique d'après la Bible et dans le *judaïsme contemporain* », 66-82; « Comment Jésus prend position à l'égard de cette attente, et retient d'autres traits », 82-198.

12677 LEMONNYER, L., CERFAUX, L., *Théologie du Nouveau Testament*, 71-78.

12678 GEISELMANN, J. R., *Jesus der Christus, I. Die Frage nach dem historischen Jesus*, « Jesus der Messias », 230-232.

12679 GUILLET, J., « Jésus-Christ, l'homme véritable », CHR N° 11 (1964) 378-392.

12680 SCHNACKENBURG, R., « Die Messiasfrage im Johannesevangelium », dans *Neutestamentliche Studien*, 240-264.

12681 McKENZIE, J. L., *The Power and the Wisdom*, « King Messiah », 71-89.

12682 MICHEL, A., « Le Christ et la conscience de son messianisme », AmiCl 75 (1965) 396-398.

12683 VOSS, G., *Die Christologie der lukanischen Schriften in Grundzügen*, « Jesus, der messianische König », 61-97.

12684 MINETTE DE TILLESSE, G., *Le secret messianique dans l'évangile de Marc*, « Titres messianiques : Christ », 329-341.

12685 TRILLING, W., *Christusverkündigung in den synoptischen Evangelien*, « Jesus, der Messias und Davidssohn (Mt 1,18-25) », 13-39.

12686 JONES, D. L., « The Title *Christos* in Luke-Acts », CBQ 32 (1970) 69-76.

12687 O'NEILL, J. C., « Why Jesus never called himself Messiah ? » TDig 18 (1970) 24-28.

Milieu du Christ. Milieu of Christ. Umwelt Christi. Ambiente del Cristo. Medio de Cristo.

12688 CALÈS, J., « Le judaïsme avant Jésus-Christ », NRT 59 (1932) 538-546.

12689 BONSIRVEN, J., « Les espérances messianiques en Palestine au temps de Jésus-Christ », NRT 61 (1934) 113-139, 250-276.

12690 RICCIOTTI, G., *Vie de Jésus-Christ* (Paris, Payot, 1947), 9-83.

12691 GÖRLICH, E. J., « Die Umwelt Jesu Christi », BiLit 17 (1949) 59-61; 18 (1950) 123-125, 180-183, 254-258, 286-290.

12692 LÉGASSE, S., « Jésus : Juif ou non ? » NRT 86 (1964) 673-705.

12693 BLIGH, J., « Christ in His Time », Way 5 (1965) 245-250.

Miracles. Wunder. Miracoli. Milagros.

12694 RIVIÈRE, J., « M. Guignebert et les miracle de l'Évangile », BLE 34 (1933) 146-172.

12695 McGINLEY, L., « Historia formarum quoad miracula sanationis in synopticis », VD 19 (1939) 234-240, 279-283.

12696 HOLZMEISTER, U., « Relationes de miraculis Christi extra Evangelia canonica exsistentes », VD 21 (1941) 257-263.

12697 McGINLEY, L., « The Synoptic Healing Narrative and Rabbinic Analogies », TS 4 (1943) 53-99.

12698 McGINLEY, L., « Hellenic Analogies and the Typical Healing Narrative », TS 4 (1943) 385-419.

12699 LEBRETON, J., *La vie et l'enseignement de J.-C.*[16], « La tempête apaisée », I, 329-332; « La possédée délivrée », I, 332-335; « L'hémorroïsse et la fille de Jaïre », I, 335-338.

12700 CERFAUX, L., « Les miracles, signes messianiques de Jésus et oeuvres de Dieu, selon l'évangile de saint Jean », dans *Recueil Lucien Cerfaux*, II, 41-50.

12701 CERFAUX, L., « Le Christ et ses miracles dans l'évangile de saint Jean », dans *L'attente du Messie* (en collab.), 131-138.

12702 BOUYER, L., *Le quatrième évangile*[2], « La résurrection de Lazare », 164-180.

12703 GEORGE, A., « Les miracles de Jésus dans les évangiles synoptiques », LV N° 33 (1957) 7-24.

12704 MONDEN, L., *Le miracle, signe de salut* (Bruges, Desclée de Brouwer, 1960), « Jésus thaumaturge », 99-118.

12705 GUILLET, J., *Jésus-Christ hier et aujourd'hui*, « L'Évangile et le pain », 157-169.

12706 SMITH, R. D., *Comparative Miracles* (St. Louis, Missouri, Herder, 1965), « Christ », 164-177.

12707 TRILLING, W., *Fragen zur Geschichtlichkeit Jesu*, « Die Frage der Wunder », 96-105.

12708 CROSSAN, J., « Les miracles de Jésus : la puissance au service exclusif de l'amour de Dieu pour les hommes », Conci N° 50 (1969) 59-72.

Miséricorde. Mercy. Barmherzigkeit. Misericordia.

12709   ROUSTANG, F., « Le Christ, ami des pécheurs », CHR N° 21 (1959) 6-21.

12710   LAFON, G., « Il accueille les pécheurs », VS 110 (1964) 178-190.

Mission. Sendung. Missione. Misión.

12711   ROSA, E., « La persona, la vita e il messaggio di Cristo », CC 3 (1933) 141-155.

12712   LILLY, J. L., « Jesus Christ's Revelation of His Messianic Dignity and of His Divinity », AmER 119 (1948) 130-141.

12713   LEBRETON, J., « La mission du Christ Notre Seigneur », CHR N° 8 (1961) 376-385.

12714   O'CONNELL, M., « God sent His Son », Way 4 (1964) 258-265.

12715   DUPONT, J., « Dieu l'a oint d'Esprit Saint », AS (n.s.) N° 12 (1969) 40-47.

Modèle. Model. Vorbild. Modello. Modelo.

12716   PINARD DE LA BOULLAYE, « L'imitation de Jésus-Christ dans le Nouveau Testament », RAM 15 (1934) 333-358.

12717   LEBRETON, J., *Tu Solus Sanctus,* « Jésus-Christ, modèle et maître de vie mystique », 11-46.

12718   AB ALPE, A., « De imitatione Christi in Novo Testamento », VD 22 (1942) 57-64, 86-90.

12719   ROUSTANG, F., « Jésus-Christ, notre pédagogue », CHR N° 7 (1960) 90-103.

12720   GUILLET, J., « Jésus-Christ, l'homme véritable », CHR N° 11 (1964) 378-392.

12721   PANZARELLA, A. C., « Christ our Wisdom », Wor 40 (1966) 297-305.

Mort. Death. Tod. Morte. Muerte.

12722   XXX, « La date de la mort de Notre-Seigneur Jésus-Christ », AmiCl 50 (1933) 177-187.

12723   BOVER, J. M., « ¿ En qué año murió Jesucristo ? » RazFe 33 (1933) 5-26.

12724   LEVIE, J., « La date de la mort du Christ », NRT 60 (1933) 141-147.

12725   POWER, E., « De anno mortis Christi », VD 13 (1933) 129-137, 173-181, 199-208.

12726   POULET, D., « Notre-Seigneur Jésus-Christ est-il mort à 40 ans ? » RUO 4 (1934) 163-174.

12727   SIBUM, L., « Quelques mots sur la chronologie de la passion : Jésus est-il mort un jeudi ? » RevSR 15 (1935) 567-572.

12728   WISE, J. E., « The Seven Last Words », AmER 104 (1941) 319-328.

12729   BERNARD, A.-M., « Le Christ fort dans la vie et dans la mort », VS 68 (1943) 311-319.

12730   CERNY, E. A., « Recent Studies on the Date of the Crucifixion », CBQ 7 (1945) 223-230.

12731   O'HERLIHY, D. J., « The Year of the Crucifixion », CBQ 8 (1946) 298-305.

12732   THIBAUT, R., *Le sens de l'Homme-Dieu* (Paris, Desclée; Bruxelles, Éd. Universelle, 1946), « Le divin Corps exhibé sur la croix, caché dans le sépulcre », 123-140.

12733   LEBRETON, J., *Lumen Christi,* « La passion et la mort de Jésus », 307-329.

12734   LEBRETON, J., *La vie et l'enseignement de J.-C.¹⁶*, II, 422-431.

12735   BONSIRVEN, J., *L'évangile de Paul,* « Mort rédemptrice : sacrifice », 162-167.

12736   SONS, E., « Die Todesursache bei der Kreuzigung », StiZ 146 (1949-50) 60-64.

12737   SEIDENSTICKER, P., *Lebendiges Opfer (Röm, 12,1),* « Der Kreuzestod Jesu als kultische Heilswirklichkeit », 145-203.

12738   BONSIRVEN, J., *Théologie du Nouveau Testament,* 187-189, 302-305.

12739   MUSSNER, F., *ΖΩΗ. Die Anschauung vom « Leben » im vierten Evangelium,* « Leben für die Welt aus Jesu Todeshingabe », 101-111.

12740   DELAMARE, J., « Les sept paroles du Christ en croix », VS 88 (1953) 254-271.

12741   CERFAUX, L., *Le Christ dans la théologie de saint Paul²*, « La « tradition » sur la mort et la résurrection du Christ », 21-28; « Mort et résurrection : formules théologiques, portée théologique », 85-94; « La mort du Christ : le développement de la théologie de la croix, la « charité » de Dieu et du Christ, l'efficience de la mort du Christ, le discours de la croix, importance de la théologie de la rédemption », 95-126.

12742   KUSS, O., « Der theologische Grundgedanke des Hebräerbriefes. Zur Deutung des Todes Jesu im N. T. », MüTZ 7 (1956) 233-271, ou dans *Auslegung und Verkündigung*, I, 281-328.

12743   BARTINA, S., « Ignorum *episèmon gabex* », VD 36 (1958) 16-37.

12744   DHANIS, É., « L'ensevelissement de Jésus et la visite au tombeau dans saint Marc », Greg 39 (1958) 367-410.

12745   RAHNER, K., *Zur Theologie des Todes* (Freiburg, Herder, 1958), « Der Tod Christi », 53-61; « Tod als Erscheinung des Mitsterbens mit Christus », 52-72.

12746   WORDEN, T., « Christ Jesus who died or rather who has been raised up », SCR 10 (1958) 33-43; 11 (1959) 51-58.

12747   GONZALEZ RUIZ, J. M., « Muerto por nuestros pecados y resucitado por nuestra justificación », Bibl 40 (1959) 837-858.

12748   RASCO, E., « Christus, granum frumenti (Jo. 12,24) », VD 37 (1959) 12-25.

12749   CERFAUX, L., « La sotériologie paulinienne : l'oeuvre de Dieu dans la mort et la résurrection du Christ », Div 5 (1961) 89-94, ou dans *Recueil Lucien Cerfaux*, III, 323-330.

12750   SABOURIN, L., *Rédemption sacrificielle*, « La mort sacrificielle du Christ », 302-363.

12751   ALONSO DIAZ, J., « Historicidad del Evangelio de Marcos en la presentación de la muerte de Jesús como muerte redentora », EstB 21 (1962) 23-36.

12752   HERTLING, L. V., « Die Schuld des jüdischen Volks am Tod Christi », StiZ 171 (1962-63) 16-25.

12753   DA SPINETOLI, O., « Il ritorno di Gesù al Patre nella soteriologia giovannea », dans *San Giovanni*. Atti della XVII Settimana Biblica (en collab.), 145-159.

12754   MALLIA, P., « Baptized into Death and Life », Wor 39 (1965) 425-430.

12755   VOSS, G., *Die Christologie der Lukanischen Schriften in Grundzügen*, « Der Tod Jesu als Offenbarung von Schuld und Erlösung », 126-130.

12756   BENOIT, P., *Passion et résurrection du Seigneur*, 207-233.

12757   KREMER, J., *Das älteste Zeugnis von der Auferstehung Christi*. Eine bibeltheologische Studie zur Aussage und Bedeutung von 1 Kor 15,1-11, 156 pp.

12758   TRILLING, W., *Christusverkündigung in den synoptischen Evangelien*, « Der Tod Jesu, Ende der alten Weltzeit (Mk 15,33-41) », 191-211.

12759   HAAG, H., « Das christliche Pascha », TQ 150 (1970) 289-298.

Naissance. Birth. Geburt. Nascita. Nacimiento.

12760   FONCK, L., « De antro nativitatis Bethlehemitico », VD 12 (1932) 11-15, 48-53.

12761   LIESE, H., « Pastores ad praesepe », VD 13 (1933) 353-358.

12762   CHAMPOUX, T. J., « The Roman Census and the Birth of Christ », AmER 91 (1934) 545-564.

12763   VITEAU, J., « La date de naissance de J.-C. », VI 27 (1934) 430-433.

12764   ARBEZ, E., « The Census and the Birth of Christ », AmER 92 (1935) 398-402, 529-530.

12765 CORBISHLEY, T., « The Roman Census and the Birth of Christ », AmER 92 (1935) 615-617.

12766 STEINMUELLER, J. E., « The Roman Census and the Birth of Christ », AmER 92 (1935) 189-192, 528-529.

12767 RÖSCH, C., « Textus biblici Missae tertiae Nativitatis Domini exegetice et liturgice explicati », VD 18 (1938) 362-367.

12768 COLLINS, J. J., « Can the Star of the Magi give us the Date of Christ's Birth ? » AmER 101 (1939) 551-555.

12769 McCLELLAN, W. H., « Homiletic Notes on the Magi », CBQ 1 (1939) 72-74.

12770 HOLZMEISTER, U., « Toto orbe in pace composito », VD 23 (1943) 263-271.

12771 CORBISHLEY, T., « The Date of Our Lord's Birth », SCR 1 (1946) 77-81.

12772 BARTON, J. M. T., « The Birthplace of Our Lord », SCR 2 (1947) 79-80.

12773 LEBRETON, J., La vie et l'enseignement de J.-C.[16], « La nativité », I, 46-57.

12774 LIPPERT, P., « In der Nachfolge des Kindes von Bethlehem », GeistL 20 (1947) 214-250.

12775 CORBISHLEY, T., « The Star of Bethlehem », SCR 3 (1948) 51-53.

12776 FULLER, R. C., « The Meaning of Matt. ii, 3 », SCR 3 (1948) 20-21.

12777 FULLER, R. C., « When and where did the Magi visit the Holy Family ? » SCR 4 (1950) 183-185.

12778 ZIEGLER, J., « Ochs und Esel an der Krippe. Biblischpatristische Erwägungen zu Is 1,3 und Hab 3,2 (LXX) », MüTZ 3 (1952) 385-402.

12779 SPADAFORA, F., « La nascità del Redentore », RivB 1 (1953) 344-359.

12780 AUBERT, J.-M., « L'adoration des Mages dans l'art du haut moyen âge », BVC N° 4 (1954-54) 34-39.

12781 WALDMANN, G., « Zu Bethlehem in Judäa », StiZ 157 (1955-56) 161-164.

12782 DONOVAN, V. J., « Hanukkah and Christmas », Wor 31 (1956) 44-47.

12783 JEAUNEAU, É., « Nous avons connu les mystères de la lumière », VS 95 (1956) 451-459.

12784 MICHL, J., « Die Geburtsgrotte zu Bethlehem », MüTZ 7 (1956) 115-119.

12785 LEMARIÉ, J., La manifestation du Seigneur, « Noël : la liturgie de Noël, contemplation et louange de l'Homme-Dieu », 75-134; « Le mystère de notre divinisation et de notre salut dans la liturgie de Noël », 135-232.

12786 LOHFINK, N., « Das Weihnachtsgeheimnis in Vorbild und Erfüllung. Betrachtungen über Ps 29; 1 Sam 1,1-20; Offb 21,10-23 », GeistL 30 (1957) 461-466.

12787 WULF, F., « Sie fanden Maria und Joseph und das Kind, das in der Krippe lag (Lk 2,16) », GeistL 31 (1958) 401-403.

12788 HÖFER, A., « Weihnachtliches Christentum », BiLit 36 (1962-63) 78-83.

12789 LOHFINK, G., « Weihnachten und die Armut », GeistL 35 (1962) 401-405.

12790 WALSH, J., « A Virgin shall conceive », Way 2 (1962) 282-288.

12791 GEORGE, A., « La naissance du Christ Seigneur (Lc 2,1-20) », AS N° 10 (1963) 44-57.

12792 GUILLET, J., Jésus-Christ hier et aujourd'hui, « Noël et l'attente de la justice », 19-33.

12793 BLIGH, J., « The Virgin Birth », HeyJ 6 (1965) 190-197.

12794 GIBLIN, C. H., « Reflections on the Sign of the Manger », CBQ 29 (1967) 87-101.

Nom. Name. Nome. Nombre.

12795 CERFAUX, L., « Adonai et Kyrios », RSPT 15 (1931) 417-452.

12796 VACCARI, A., « Nomen Domini », VD 13 (1933) 3-7, 33-36.

12797   OGARA, F., « Et vocabitur nomen ejus Emmanuel (Is. 7,14), Deus Fortis (Is. 9,6).
        Vocatum est nomen ejus Jesus (Luc. 2,21) », VD 17 (1937) 3-9.

12798   HEPPEGER, G., « De SS. Nomine Jesu », VD 21 (1941) 345-346.

12799   BONSIRVEN, J., *L'évangile de Paul,* « Désignations du Christ », 51-54.

12800   DANIÉLOU, J., *Sacramentum Futuri,* « Le mystère du Nom de Jésus », 203-216.

12801   BONSIRVEN, J., *Théologie du Nouveau Testament,* « Titres de Jésus, exprimant sa
        divinité », 191-196.

12802   BONDUELLE, J., « Un Nom au-dessus de tout nom », VS 86 (1952) 70-94.

12803   LEMOINE, F.-M., « Le nom de Jésus dans l'A. T. », VS 86 (1952) 19-37.

12804   SPICQ, C., « Le nom de Jésus dans le N. T. », VS 86 (1952) 5-18.

12805   CERFAUX, L., « Le titre Kyrios et la dignité royale de Jésus », RSPT 11 (1922) 40-71,
        ou dans *Recueil Lucien Cerfaux,* I, 3-62.

12806   CERFAUX, L., « Le « supernomen » dans le livre des Actes », ETL 13 (1936) 74-80,
        ou dans *Recueil Lucien Cerfaux,* II, 175-182.

12807   CERFAUX, L., *Le Christ dans la théologie de saint Paul[2],* « Noms et titulature du
        Christ : Christ », 361-373.

12808   COUNE, M., « Sauvés au nom de Jésus (*Ac* 4, 8-12) », AS N° 12 (1964) 14-27.

12809   DUPONT, J., « Nom de Jésus », SDB VI, col. 514-541.

12810   SPICQ, C., « The Name of Jesus in the New Testament », TDig 1 (1953) 33-39.

Obéissance. Obedience. Gehorsam. Ubbidienza. Obediencia.

12811   GUILLET, J., « L'obéissance de Jésus-Christ », CHR N° 7 (1955) 298-313.

12812   GROTZ, J., « Der Gehorsam Jesu Christ », GeistL 29 (1956) 2-11.

12813   LEFEBVRE, G., « La croix, mystère d'obéissance », VS 96 (1957) 339-348.

12814   GUILLET, J., *Jésus-Christ hier et aujourd'hui,* « L'obéissance de Jésus-Christ »,
        109-125.

12815   RAURELL, F., « La obediencia de Cristo modelo de obediencia del hombre, según san
        Pablo », EstF 64 (1963) 249-270.

12816   MURRAY, R., « The Will of my Father », Way 4 (1964) 176-186.

Onction du Christ. Unction of Christ. Salbung Christi. Unzione del Cristo.
Unción de Cristo.

12817   DE LA POTTERIE, I., « L'onction du Christ », NRT 80 (1958) 225-252.

Pain. Bread. Brot. Pane. Pan.

12818   SABOURIN, L., *Les noms et les titres de Jésus,* « Le pain de vie », 110-119.

12819   FERRIÈRE, C., « Je suis le pain », BVC N° 26 (1959) 71-77.

Paix. Peace. Friede. Pace. Paz.

12820   GHYSSENS, G., « C'est Lui qui est notre paix », BVC N° 24 (1958) 28-36.

Paraboles. Parables. Gleichnisse. Parabole. Parábolas.

But. Purpose. Zweck. Fine. Fin.

12821   LEBRETON, J., *La vie et l'enseignement de J.-C.[16],* « Le but des paraboles », I, 297-313.

12822   BONSIRVEN, J., *Les enseignements de Jésus-Christ,* « Le but des paraboles », 474-476.

12823   BERNARD, R., « La raison d'être des paraboles », VS 89 (1953) 347-352.

Théologie. Theology. Theologie. Teologia. Teología.

12824   SKRINJAR, A., « Le but des paraboles sur le règne et l'économie des lumières divines
        d'après l'Écriture Sainte », Bibl 11 (1930) 231-291, 426-449; 12 (1931) 27-40.

12825 BUZY, D., « Les sentences finales des paraboles évangéliques », RB 40 (1931) 321-344.

12826 BAUDIMENT, L., « La leçon des paraboles », RB 53 (1946) 47-55.

12827 DANTEN, J., « La révélation du Christ sur Dieu dans les paraboles », NRT 77 (1955) 450-477.

Diverses paraboles. Various Parables. Verschiedene Gleichnisse. Diverse parabole. Diferentes parábolas.

12828 VAN LIEMPD, C. A., « Parabola boni Samaritani (Luc 10,25-37) », VD 11 (1931) 262-264.

12829 DE RAUCOURT, G., « Les ouvriers de la onzième heure », RSR 25 (1935) 492-495.

12830 JOÜON, P., « La parabole des mines (Lc, 19,13-27) et la parabole des talents (Mt. 25,14-30). La parabole du riche insensé (Lc 12,13-21) », RSR 29 (1939) 486-494.

12831 HOLZMEISTER, U., « Ab arbore fici discite parabolam (Mt 24,32) », VD 20 (1940) 299-306.

12832 NICOLAS, J.-H., « Dans sa joie, il va et vend tout », VS 72 (1945) 3-15.

12833 LEBRETON, J., *La vie et l'enseignement de J.-C.*[16], « Les paraboles (sur le Royaume des cieux) », I, 314-328; « Les paraboles de miséricorde », II, 86-98.

12834 QUASTEN, J., « The Parable of the good Shepherd : Jn. 10,1-21 », CBQ 10 (1948) 1-12, 151-169.

12835 GAECHTER, P., « The Parabole of the dishonest Steward », CBQ 12 (1950) 121-131.

12836 VACCARI, A., « La parabole du festin des noces (*Mt.*, 22,1-14) », dans *Mélanges Jules Lebreton,* I, RSR 39 (1951) 138-145.

12837 LARROCHE, É., « La parabole de l'économe infidèle », BLE 54 (1953) 65-74.

12838 CERFAUX, L., « Trois réhabilitations dans l'Évangile (l'enfant prodigue, Luc 15,11-32; le publicain, Luc 18,9-14; le Samaritain, Luc 10,30-37) », *Bulletin des Facultés catholiques de Lyon* 72, 1 (1950) 5-13, ou dans *Recueil Lucien Cerfaux,* II, 51-62.

12839 CANTINAT, J., « Les paraboles de la miséricorde (Luc, xv, 1-32) », NRT 77 (1955) 246-264.

12840 DANIÉLOU, J., « Le bon Samaritain », dans *Mélanges bibliques rédigés en l'honneur de André Robert* (en collab.), 457-465.

12841 DUPONT, J., « La parabole des ouvriers de la vigne (Matthieu, xx,1-16) », NRT 79 (1957) 785-797.

12842 FRANSEN, I., « Le discours en paraboles (Matthieu xi,2-xiii,53) », BVC N° 18 (1957) 72-84.

12843 GRYGLEWICZ, F., « The Gospel of the overworked Workers », CBQ 19 (1957) 190-198.

12844 MOLLAT, D., « La guérison de l'aveugle-né », BVC N° 23 (1958) 22-31.

12845 PRAGER, M., « Die Parabeln Jesu », BiLit 28 (1960-61) 6-14, 61-69, 111-117, 186-196, 211-219.

12846 DUPONT, J., « Les paraboles du sénevé et du levain », NRT 99 (1967) 897-913.

Divers. Miscellaneous. Verschiedenes. Diversi. Diversos.

12847 LAGRANGE, M.-J., *La morale de l'Évangile* (Paris, Grasset, 1931), « Le genre littéraire de la parabole », 19-26.

12848 BUZY, D., *Les paraboles évangéliques* (VS) (Paris, Beauchesne, 1932), 701 pp.

12849 OGARA, F., « Quae sunt per allegoriam dicta (Gal. 4,22-31) », VD 15 (1935) 67-76.

12850 HERMANIUK, M., *La parabole évangélique.* Enquête exégétique et critique (Bruges, Paris, Desclée de Brouwer, 1947), 493 pp.

12851 BARRY, C., « The Literary and Artistic Beauty of Christ's Parables », CBQ 10 (1948) 376-383.

12852 LEBRETON, J., « Les paraboles », SDB IV, col. 1011-1016.

12853 GOURBILLON, J. G., « Bible et nature : la naissance de la parabole », CE N° 10 (1953) 34-40.

12854 CERFAUX, L., « Le thème littéraire parabolique dans l'évangile de saint Jean », dans *Conjectanea Neotestamentica,* XI (Mélanges A. Fridrichsen) (Lund, 1947), ou dans *Recueil Lucien Cerfaux,* II, 17-26.

12855 QUINSAT, P., « La manière dont Jésus parlait », MD N° 39 (1954) 59-82.

12856 WALLACE, R. S., « La parabole et le prédicateur », BVC N° 18 (1957) 36-50.

12857 XXX, « Les paraboles du Christ » (album liturgique « Fêtes et Saisons ») (Paris, Cerf, 1957), 28 pp.

Parole de Dieu. Word of God. Wort Gottes. Parola di Dio. Palabra de Dios.

12858 DEWAILLY, L.-M., *Jésus-Christ, Parole de Dieu,* « Dieu nous a parlé par son Fils », 24-38; « Jésus-Christ, unique Parole de Dieu », 74-77.

12859 MORAN, J. W., « St.John's Doctrine of the Logos », AmER 113 (1945) 358-365.

12860 BOISMARD, M.-É., *Le Prologue de saint Jean,* « Parole de Dieu et révélation (Jean, 1, 1a) », 109-123; « La Parole subsistante (Jean 1, 1b) », 124-130.

12861 BOUYER, L., *Le quatrième évangile*[2], « Le Verbe », 39-48.

12862 DUPONT, J., *Essais sur la christologie de saint Jean* (Bruges, Abbaye de Saint-André, 1951), « Jésus-Christ, Parole de Dieu », 11-60.

12863 LIÉGÉ, P.-A., « Pour une catéchèse vraiment chrétienne », VSS 10 (1957) 271-290.

12864 STARCKY, J., « Le terme « Parole » désignant Jésus », SDB V (1957), col. 486-495.

12865 TOURNAY, R., BARUCQ, A., ROBERT, A., MONDÉSERT, C., STARCKY, J., « Logos », SDB V, col. 425-496.

12866 BRAUN, F.-M., « Messie, Logos et Fils de l'Homme », *La venue du Messie* (en collab.), 133-147.

12867 DENIS, A.-M., « Ascèse et vie chrétienne. Éléments concernant la vie religieuse dans le Nouveau Testament », RSPT 47 (1963) 606-618.

12868 SABOURIN, L., *Les noms et les titres de Jésus,* « Le Logos », 254-261.

12869 BRAUN, F.-M., « La lumière du monde », RT 64 (1965) 341-363.

12870 CHARLIER, L., « Le Christ, parole de Dieu. Réflexions théologiques », dans *La parole de Dieu en Jésus-Christ*[2] (en collab.), 121-145.

12871 DE SURGY, P., « Le prologue de saint Jean, Jn 1,1-18 », AS N° 9 (1964) 31-52.

12872 DEWAILLY, L.-M., « La parole de Dieu », AS N° 9 (1964) 53-69.

12873 GIBLET, J., « La théologie du Logos selon l'évangile de Jean », dans *La parole de Dieu en Jésus-Christ*[2] (en collab.), 84-119.

12874 STENZEL, A., « La parole suprême de Dieu : le Christ Jésus », AS N° 12 (1964) 7-27.

12875 COUNE, M., « La vie chrétienne d'après saint Paul », AS N° 15 (1965) 18-31.

12876 LANGKAMMER, H., « Die Herkunft des Logostitels im Johannesprolog », BZ 9 (1965) 91-94.

12877 SCHEFFCZYK, L., *Von der Heilsmacht des Wortes* (München, Max Hüber, 1966), « Das Wort Gottes als Gesetz Israels », 150-157; « Christus als das vollkommene Wort Gottes an die Menschheit », 157-169.

12878 STRAMARE, T., « La pienezza della Rivelazione », BibOr 9 (1967) 145-164.

Passion. Leiden. Passione. Pasión.

Ancien Testament. Old Testament. Altes Testament. Antico Testamento. Antiguo Testamento.

12879 PORPORATO, F., « Oderunt me gratis (ps. 68 (69)) », VD 10 (1930) 36-43.

12880 SKRINJAR, A., « Aspicient ad me, quem confixerunt (Zach. 12,10) », VD 11 (1931) 233-242.

12881 VACCARI, A., « Psalmus Christi patientis (Ps. 21(22)) », VD 20 (1940) 72-80, 97-104.

12882 BOUYER, L., *Le mystère pascal,* « Le serviteur de Yahvé », 262-315.

12883 LATTEY, C., « Let us put Wood on his Bread (Jer. 11,19) », SCR 4 (1949) 25-26.

12884 FULLER, R. C., « Swords and Ploughshares (Isaiah 11,4) », SCR 4 (1950) 150-151.

12885 PAUL-MARIE DE LA CROIX, P., *L'Ancien Testament source de vie spirituelle³,* « Le miroir de la Passion », 456-467.

12886 McKENZIE, J. L., « Divine Passion in Osee », CBQ 17 (1955) 167-179.

12887 DANIÉLOU, J., « Le psaume 21 dans la catéchèse patristique », MD N° 49 (1957) 17-34.

12888 ROSE, A., « L'influence des psaumes sur les annonces et les récits de la passion et de la résurrection dans les évangiles », dans *Le psautier* (en collab.), 297-356.

12889 BLIGH, J., « Typology in the Passion Narratives : Daniel, Elijah, Melchizedek », HeyJ 6 (1965) 302-309.

12890 DRIJVERS, P., « Misère et gloire de l'homme et du fils de l'homme (Ps 22) », AS N° 37 (1965) 21-36.

12891 McKENZIE, J. L., « The Son of Man must Suffer », Way 7 (1967) 6-17.

Évangiles synoptiques. Synoptic Gospels. Synoptische Evangelien. Vangeli sinottici. Evangelios sinópticos.

12892 HOLZMEISTER, U., « Christus Dominus spinis coronatur », VD 17 (1937) 65-69.

12893 HOLZMEISTER, U., « Christus Dominus flagellis caeditur », VD 18 (1938) 104-108.

12894 GALDOS, R., « Horologium passionis dominicae », VD 21 (1941) 65-68.

12895 BENOIT, P., « Jésus devant le Sanhédrin », Ang 20 (1943) 143-165.

12896 HOLZMEISTER, U., « Christus passionem suam discipulis suis saepius praedixit », VD 23 (1943) 33-41.

12897 MOLLE, L., « The Young Man in Mark xiv, 51 », SCR 2 (1947) 113-114.

12898 BISHOP, E. E., « With Jesus on the Road from Galilee to Calvary », CBQ 11 (1949) 428-444.

12899 BONSIRVEN, J., *Les enseignements de Jésus-Christ,* « Passion et résurrection annoncées par Jésus », 224-234; « Le sacrifice rédempteur », 234-254.

12900 BONSIRVEN, J., *Théologie du Nouveau Testament,* « Passion et Résurrection annoncée par Jésus », 110-113.

12901 GAECHTER, P., « Zum Begräbnis Jesu », ZKT 75 (1953) 220-225.

12902 LATTEY, C., « A Note on Cockcrow », SCR 6 (1953) 53-55.

12903 GUILLET, J., « Marie gardait toutes ces paroles dans son coeur », CHR N° 3 (1954) 50-59.

12904 SCHMID, J., « Die Darstellung der Passion Jesu in den Evangelien », GeistL 27 (1954) 6-15.

12905 GILS, F., *Jésus prophète, d'après les évangiles synoptiques,* « L'annonce de la passion et de la résurrection », 134-141.

12906 JAUBERT, A., *La date de la Cène.* Calendrier biblique et liturgie chrétienne (Paris, Gabalda, 1957), « Solution du conflit de Jean-Synoptiques », 105-115; « Les événements de la passion dans la chronologie des trois jours », 116-133.

12907 LÉON-DUFOUR, X., « Mt et Mc dans le récit de la passion », Bibl 40 (1959) 684-696.

12908 REHM, M., « Eli, Eli, lamma sabacthani », BZ 2 (1958) 275-278.

12909 VOSS, G., *Die Christologie der lukanischen Schriften in Grundzügen,* « Das Passionsgeschehen », 111-126.

12910 TRILLING, W., *Fragen zur Geschichtlichkeit Jesu,* « Der « Prozess Jesu » », 130-141.

12911   WANSBROUGH, J. H., « Suffered under Pontius Pilate », SCR 18 (1966) 84-93.

12912   FEUILLET, A., « Les trois prophéties de la passion et de la résurrection des évangiles synoptiques », RT 67 (1967) 533-561.

12913   SOLTERO, C., « Pilatus, Jesus et Barabbas », VD 45 (1967) 326-330.

12914   TRILLING, W., « La promesse de Jésus au bon larron (Lc 23,33-43) », AS N° 96 (1967) 31-39.

12915   VANHOYE, A., « Structure et théologie des récits de la Passion dans les évangiles synoptiques », NRT 89 (1967) 135-163.

12916   FEUILLET, A., « Les trois grandes prophéties de la Passion et de la Résurrection des évangiles synoptiques », RT 67 (1967) 553-560; 68 (1968) 41-74.

12917   RIEDL, J., « Die evangelische Leidensgeschichte und ihre theologische Aussage », BiLit 41 (1968) 70-111.

12918   TRILLING, W., Vielfalt und Einheit im Neuen Testament, « Die Passion Jesu in der Darstellung der synoptischen Evangelien », 83-111; « Das leere Grab bei Matthäus (Mt 28,1-7) », 112-124.

12919   VANHOYE, A., « Structure and Theology of the Synoptic Passion Narratives », TDig 16 (1968) 4-7.

12920   DENAUX, A., « La confession de Pierre et la première annonce de la Passion (Lc 9,18-24) », AS (n.s.) N° 43 (1969) 72-82.

12921   GERHARDSSON, B., « Jésus livré et abandonné d'après la Passion selon saint Matthieu », RB 76 (1969) 206-227.

12922   KREMER, J., Die Osterbotschaft der vier Evangelien. Versuch einer Auslegung der Berichte über das leere Grab und die Erscheinungen des Auferstandenen (Stuttgart, Katholisches Bibelwerk, 1969), 144 pp.

12923   COUNE, M., « Baptême, transfiguration et passion », NRT 92 (1970) 165-179.

12924   VANHOYE, A., « Le diverse prospettive dei quattro racconti evangelici della passione », CC 1 (1970) 463-475.

Paul. Paulus. Paolo. Pablo.

12925   GOURBILLON, J. G., « Le chemin de croix avec saint Paul », VS 80 (1949) 227-235.

12926   STANLEY, D. M., « Ad historiam exegeseos Rom 4,25 », VD 29 (1951) 257-274.

12927   PUJOL, L., « Extra portam passus est (Heb. 13,12) », VD 13 (1933) 123-126, 147-153.

12928   KREMER, J., Das älteste Zeugnis von der Auferstehung Christi. Eine bibeltheologische Studie zur Aussage und Bedeutung von 1 Kor 15,1-11, 156 pp.

Jean. John, Johannes. Giovanni. Juan.

12929   BRAUN, F.-M., « La passion de Notre-Seigneur Jésus-Christ d'après saint Jean », NRT 60 (1933) 289-300, 385-400, 481-491.

12930   OSTY, É., « Les points de contact entre le récit de la passion dans saint Luc et dans saint Jean », dans Mélanges Jules Lebreton, I, RSR 39 (1951) 146-154.

12931   VERGOTE, A., « L'exaltation du Christ en croix selon le quatrième évangile », ETL 28 (1952) 5-23.

12932   BOUYER, L., Le quatrième évangile², « La passion », 218-228.

12933   BLANK, J., « Die Verhandlung vor Pilatus Joh 18,28-19,16 im Lichte johanneischer Theologie », BZ 3 (1959) 60-81.

12934   STANLEY, D. M., « The Passion according to John », Wor 33 (1959) 210-230.

12935   RIAUD, J., « La gloire et la royauté de Jésus dans la passion selon saint Jean », BVC N° 56 (1964) 28-44.

12936   RAURELL, F., « Le côté ouvert par la lance (Jn 19,31-37) », AS N° 56 (1967) 32-46.

12937 DE LA POTTERIE, I., « La Passion selon saint Jean (Jn 18,1-19,42) », AS (n.s.) N° 21 (1969) 21-34.

12938 MOLLAT, D., « La découverte du tombeau vide (Jn 20,1-9) », AS (n.s.) N° 21 (1969) 90-100.

Divers. Miscellaneous. Verschiedenes. Diversi. Diversos.

12939 XXX, « Chemin de Croix tiré de l'Écriture Sainte », VS 38 (1934) 250-263.

12940 HOLZMEISTER, U., « Venite, ascendamus ad montem Domini, Calvariam », VD 15 (1935) 110-113.

12941 BERNARD, R., « La passion du Christ et l'espérance des chrétiens », VS 55 (1938) 27-37.

12942 CASPER, J., « Der Triumph des Kreuzes », BiLit 13 (1938-39) 224-228.

12943 ABEL, F.-M., « Amour et trahison (Tradendus... se tradidit) », VS 59 (1939) 26-32.

12944 BARBET, P., « Recherches anatomiques sur les cinq plaies du Christ », VSS 59 (1939) 1-11.

12945 TRINIDAD, J., « Relatio inter sacrificium Cenae et sacrificium Crucis in epistola ad Hebraeos », VD 19 (1939) 225-233.

12946 BARBET, P., « La passion corporelle de Jésus », VS 62 (1940) 113-133.

12947 GARRIGOU-LAGRANGE, R., « Pourquoi Jésus a-t-il tant souffert ? » VS 62 (1940) 134-144, 225-236.

12948 REILLY, W. S., « The Mystery of the Cross », CBQ 3 (1941) 50-54.

12949 BERNARD, A.-M., « Le Christ fort dans la vie et dans la mort », VS 68 (1943) 311-319.

12950 GOODIER, A., *The Passion and Death of Our Lord Jesus Christ* (New York, Kennedy and Sons, 1944), 187-304.

12951 BONSIRVEN, J., *Les enseignements de Jésus-Christ*, « La résurrection de Jésus-Christ; passion et résurrection annoncées par Jésus; le sacrifice rédempteur », 215-255.

12952 XXX, « Chemin de croix pour la récitation publique et privée », VS 76 (1947) 445-458.

12953 LEBRETON, J., *Lumen Christi*, « La passion et la mort de Jésus », 307-329.

12954 NICOLAS, J.-H., « Achetés à haut prix », VS 76 (1947) 388-408.

12955 DANIÉLOU, J., *Le mystère de l'Avent*, « Le mystère missionnaire de la croix », 143-159.

12956 LEBRETON, J., *Tu Solus Sanctus*, « Jésus-Christ, modèle et maître de vie mystique » (dans sa Passion), 34-43.

12957 CANTINAT, J., « Le portement de croix de Jésus », VS 80 (1949) 236-243.

12958 GIUDICI, E., « Considerazioni medico-biologiche sulla Passione di Cristo », ScuolC 78 (1950) 144-151.

12959 SCHLIER, H., *Die Zeit der Kirche*, « Jesus und Pilatus. Nach dem Johannesevangelium », 56-73.

12960 BONSIRVEN, J., *Théologie du Nouveau Testament*, « Mors et vita », 110-119.

12961 BONDUELLE, J., « Autour du chemin de croix », VS 86 (1952) 287-295.

12962 OPPLER, F., « Kollectivschuld des jüdischen Volkes am Kreuzigungstode Jesu », StiZ 153 (1953-54) 384-386.

12963 BARSOTTI, D., *Vie mystique et mystère liturgique*, « Le mystère de la Rédemption », 158-164; « L'assomption de la mort », 171-176; « Le mystère du sang », 177-180; « L'acte de la mort », 181-190.

12964 CAPELLE, B., « Le vendredi saint », MD N° 37 (1954) 93-117.

12965 SAVA, A. F., « The Wounds of Christ », CBQ 16 (1954) 438-443.

12966 WANKENNE, A., « Peintres de la passion », LVit 9 (1954) 527-541.

12967 TWOMEY, J. J., « Barabbas was a Robber », SCR 8 (1956) 115-119.

12968 LEAL, J., « La nueva fecha de la Cena y el orden de los hechos de la Pasión de Nuestro Señor », EstE 31 (1957) 173-188.

12969 LEFEBVRE, G., « La croix, mystère d'obéissance », VS 96 (1957) 339-348.

12970 BOURASSA, F., « Thèmes bibliques du baptême : la passion et la résurrection », SE 10 (1958) 444-445.

12971 GAECHTER, P., « Eine neue Chronologie der Leidenswoch ? » ZKT 80 (1958) 555-561.

12972 BOUTRY, A., « La souffrance du Seigneur », BVC N° 25 (1959) 59-68.

12973 LÉON-DUFOUR, X., « Passion (récits de la) », SDB VI, col. 1419-1492.

12974 STUHLMUELLER, C., « The Holy Eucharist : Symbol of the Passion », Wor 34 (1960) 195-205.

12975 TEODORICO, P., « Golgota e Santo Sepolcro », RivB 8 (1960) 351-363.

12976 BENOIT, P., « Le procès de Jésus selon Paul Winter », RB 68 (1961) 593-599, et dans Exégèse et théologie, III, 242-250.

12977 DEVINE, C., « Preaching the Passion », AmER 144 (1961) 145-153.

12978 PEGON, J., « La victoire du Christ », CHR N° 33 (1962) 6-22.

12979 XXX, « The Way of the Cros », Way 3 (1963) 138-143.

12980 BESNARD, A.-M., « Le chemin de Jésus vers sa passion », VS 110 (1964) 129-148.

12981 BENOIT, P., Passion et résurrection du Seigneur, 392 pp.

12982 BRETON, S., « La passion du Christ et la réflexion philosophique », SE 18 (1966) 47-63.

12983 GUILLET, J., « Rejeté des hommes et de Dieu », CHR N° 13 (1966) 83-100.

12984 BRÄNDLE, M., « Did Jesus' Tomb have to be empty ? » TDig 16 (1968) 18-21.

12985 BRÄNDLE, M., « Narratives of the Synoptic about the Tomb », TDig 16 (1968) 22-29.

12986 BOURGIN, C., « La Passion du Christ et la nôtre (He 4,14-16; 5,7-9) », AS (n.s.) N° 21 (1969) 15-20.

12987 MIGUENS, M., « La « passion » du Christ total (1 P 2,20b-25) », AS (n.s.) N° 25 (1969) 26-31.

12988 VANEL, A., « Prétoire », SDB VIII (1969), col. 513-554.

Pasteur. Pastor. Hirte. Pastore. Pastor.

12989 OGARA, F., « Dominus Christus Bonus Pastor, eiusque convivium », VD 14 (1934) 129-134, 184-188.

12990 LEBRETON, J., La vie et l'enseignement de J.-C.[16], « Le bon pasteur », II, 41-47.

12991 FACCIO, G., « Christus ovium ostium et pastor (Jo. 10,7-16) », VD 28 (1950) 168-175.

12992 BAUER, J. B., « Oves meae, quaenam sunt ? » VD 32 (1954) 321-324.

12993 BOUYER, L., Le quatrième évangile[2], « Les similitudes de la porte et du berger », 155-163.

12994 XXX, « Le Seigneur est mon berger », CE N° 28 (1957) 69-77.

12995 ROSE, A., « Jésus-Christ pasteur de l'Église », VS 110 (1964) 501-515.

12996 ROI, J., « Simples réflexions sur la passion de Notre-Seigneur », BVC N° 82 (1968) 58-65.

Pauvreté. Poverty. Armut. Povertà. Pobreza.

12997 MOLLAT, D., « Richesse et pauvreté du Christ », CE N° 9 (1953) 7-22.

12998 GUILLET, J., « Pauvreté de Jésus-Christ », CHR N° 6 (1959) 438-450.

12999 CORNIL, M., « L'évangélisation des pauvres », AS N° 4 (1961) 91-100.

13000 GUILLET, J., Jésus-Christ hier et aujourd'hui, « Pauvreté de Jésus-Christ », 95-107.

13001 DUPONT, J., « L'Église et la pauvreté », dans L'Église de Vatican II. Études autour de la constitution conciliaire sur l'Église (en collab.) (Paris, Cerf, 1966), 339-372.

Pharisiens. Pharisees. Pharisäer. Farisei. Fariseos.

13002 REILLY, W. S., « Our Lord and the Pharisees », CBQ 1 (1939) 64-68.

13003 VAN DER PLOEG, J., « Jésus et les Pharisiens », dans *Mémorial Lagrange* (en collab.), 270-293.

13004 LEBRETON, J., *La vie et l'enseignement de J.-C.*[16], « Conflits avec les pharisiens », I, 132-151; « Jésus et les pharisiens », II, 192-199.

13005 DARBY, J. H., « The Conversion of a Pharisee », SCR 6 (1953) 3-8.

Prédicateur. Preacher. Prediger. Predicatore. Predicador.

13006 LEBRETON, J., « La prédication de l'évangile par le Christ Notre-Seigneur », RSR 21 (1931) 6-37.

13007 THIBAUT, R., « Le complément naturel des paroles du Christ », NRT 62 (1935) 1009-1023.

13008 SALVONI, F., « Come Gesù insegnava la dottrina », ScuolC 65 (1937) 83-88.

13009 THIBAUT, R., « Les précieuses reliques des paroles du Christ », NRT 64 (1937) 113-138.

13010 THIBAUT, R., « Les trois degrés d'originalité des paroles du Christ », NRT 64 (1937) 929-943.

13011 BERNAREGGI, A., « Cristo come maestro », ScuolC 66 (1938) 515-537.

13012 CASS, J., « The Preaching of Christ », AmER 103 (1940) 113-130.

13013 BOVER, J. M., « La palabra de Jesucristo desde el punto de vista literario », EstE 16 (1942) 375-397.

13014 DEWAILLY, L.-M., *Jésus-Christ, Parole de Dieu*, « Les paroles humaines de Jésus », 39-42.

13015 LEBRETON, J., *La vie et l'enseignement de J.-C.*[16], « La prédication dans les synagogues », I, 118-121.

13016 LATTEY, C., « Quotations of Christ's Sayings in St. Paul's Epistles », SCR 4 (1949) 22-24.

13017 PLASSMANN, T., « Christlike Example of the Priestteacher », CBQ 11 (1949) 133-138.

13018 BONSIRVEN, J., *Les enseignements de Jésus-Christ*, « Pédagogie de Jésus : action générale sur les foules; formation des disciples », 476-486.

13019 BONSIRVEN, J., *Théologie du Nouveau Testament*, « Le langage de Jésus », 32-34.

13020 CERFAUX, L., « La mission de Galilée dans la tradition synoptique », ETL 27 (1951) 369-389; 28 (1952) 629-647, ou dans *Recueil Lucien Cerfaux*, I, 425-470.

13021 QUINSAT, P., « La manière dont Jésus parlait », MD N° 39 (1954) 59-84.

13022 DUESBERG, H., *Jésus, prophète et docteur de la Loi*, « La prédication de Jésus : Jésus prédicateur », 83-86; « Sa méthode », 86-88; « Le respect de la loi », 88-90; « Le sermon sur la montagne », 90-114.

13023 ROUSTANG, F., « Jésus-Christ, notre pédagogue », CHR N° 7 (1960) 90-103.

13024 VACCARI, A., « Gesù alla svolta della sua predicazione in Galilea », Div 7 (1963) 223-235.

13025 VIARD, A., « Les discours de Jésus dans l'évangile selon saint Jean », AmiCl 73 (1963) 468-469.

Premier-né. Firstborn. Erstgeborener. Primogenito. Primogénito.

13026 BRINKMANN, B., « The First-born of all Creation », Way 2 (1962) 261-271.

13027 KEHL, N., *Der Christushymnus Kol 1,12-20*, « Der Erstgeborene », 82-98.

Présence du Christ. Presence of Christ. Gegenwart Christi. Presenza del Cristo. Presencia de Cristo.

13028 COOLS, J., « La présence mystique du Christ dans le baptême », dans *Mémorial Lagrange* (en collab.), 295-305.

13029 FENTON, J. C., « Our Lord's Presence in the Catholic Church », AmER 115 (1946) 50-61.

13030 ROSE, A., « La présence du Christ dans l'assemblée liturgique », VS 85 (1951) 78-85.

13031 XXX, « Thy Kingdom Come », Wor 26 (1951-52) 393-405.

13032 MARTELET, G., « Présence actuelle du Christ », CHR N° 5 (1955) 39-62.

13033 SOLIGNAC, A., « Le Saint-Esprit et la présence du Christ auprès de ses fidèles », NRT 77 (1955) 478-490.

13034 GUILLET, J., « Présence de Jésus dans les Écritures », CHR N° 14 (1967) 66-79.

Présentation au temple. Presentation in the Temple. Darstellung im Tempel. Presentazione al tempio. Presentación en el templo.

13035 PORPORATO, F. X., « Obtulerunt pro eo par turturum aut duos pullos columbarum », VD 15 (1935) 35-40.

13036 LEBRETON, J., *La vie et l'enseignement de J.-C.*[16]. « La présentation au temple », I, 50-53.

13037 LEMARIÉ, J., *La manifestation du Seigneur*, « La présentation salvifique », 473-492.

Prêtre. Priest. Priester. Prete. Sacerdote.

Épître aux Hébreux. Epistle to the Hebrews. Hebräerbrief. Epistola agli Ebrei. Epístola a los Hebreos.

13038 FRITZ, P., « De sacrificio Christi in cruce quid S. Paulus in Epistula ad Hebraeos docuerit », VD 11 (1931) 71-80.

13039 SKRINJAR, A., « Origo Christi temporalis et aeterna (Mich, 5,2. Hebr. 5,1.2) », VD 13 (1933) 8-16.

13040 BERNARD, R., « Le Christ selon l'épître aux Hébreux », VS 50 (1937) 139-145.

13041 BONSIRVEN, J., « Le sacerdoce et le sacrifice de Jésus-Christ d'après l'épître aux Hébreux », NRT 66 (1939) 641-660, 769-786.

13042 SPICQ, C., « L'origine johannique de la conception du Christ-prêtre dans l'épître aux Hébreux », dans *Aux Sources de la tradition chrétienne, mélanges offerts à Maurice Goguel* (Neuchâtel, Paris; Delachaux et Niestlé, 1950), 258-269.

13043 SPICQ, C., *L'épître aux Hébreux*, « Le Christ prêtre », I, 291-296; « Le prêtre céleste », I, 297-300.

13044 FRANSEN, I., « Jésus pontife parfait du parfait sanctuaire (Hébreux) », BVC N° 20 (1957) 79-91.

13045 GELIN, A., « Le sacerdoce du Christ d'après l'épître aux Hébreux », dans *Études sur le sacrement de l'Ordre* (en collab.), 43-76.

13046 NOVEL, P. C., « Le Christ notre rançon : le témoignage de la lettre aux Hébreux », CE N° 25 (1957) 58-67.

13047 FRANSEN, I., « Jesus, wahrer Hoherpriester des wahren Bundeszeltes », BiLit 25 (1957-58) 172-182, 218-225, 261-269.

13048 BOURGIN, C., « Le Christ-Prêtre et la purification des péchés selon l'épître aux Hébreux », LV N° 36 (1958) 67-90.

13049 CERFAUX, L., « Le sacre du grand-prêtre, d'après Hébreux 5,5-10 », BVC N° 21 (1958) 54-58.

13050   VANHOYE, A., « De « aspectu » oblationis Christu secundum Epistolam ad He-
        braeos », VD 37 (1959) 32-38.
13051   RODRIGUEZ MOLERO, F. X., « El sacerdocio celeste de Cristo », EstB 22 (1963)
        69-77.
13052   GAIDE, G., « Jésus, le prêtre unique (Hébreux 4,14-10,25) », CE Nº 53 (1964) 5-73.
13053   ZIMMERMANN, H., *Die Hohepriester-Christologie des Hebräerbriefes* (Paderborn,
        Schöningh, 1964), 36 pp.
13054   VANHOYE, A., « Le Christ, grand-prêtre selon Héb. 2,17-18 », NRT 91 (1969)
        449-474.
13055   VANHOYE, A., « De sacerdotio Christi in Hebr. », VD 47 (1969) 22-30.
13056   VANHOYE, A., « Le parfait grand-prêtre (He 7,23-28) », AS (n.s.) Nº 62 (1970)
        46-52.

Divers. Miscellaneous. Verschiedenes. Diversi. Diversos.

13057   GARRIGOU-LAGRANGE, R., « Jésus prêtre et victime sur la croix », VS 37 (1933)
        113-126.
13058   GARRIGOU-LAGRANGE, R., « Le sacerdoce du Christ », VS 37 (1933) 5-17.
13059   PATAVINUS, A., « Jesus sacerdos in cruce et in altari mediator Dei et hominum »,
        VD 15 (1935) 97-98.
13060   LEPIN, M., « Jésus, souverain prêtre », VS 60 (1939) 141-166.
13061   RÖSCH, C., « Textus biblici Missae D. N. I. Ch. Summi et aeterni Sacerdotis exegetice
        et liturgice explicati », VD 20 (1940) 161-165.
13062   BOUYER, L., *Le mystère pascal,* « Le prêtre éternel selon l'ordre de Melchisé-
        dech », 322-336.
13063   ARENDZEN, J. P., « The Priesthood of Christ », SCR 1 (1946) 13-14.
13064   GALLO, S., « Sermo Christi sacrificalis », VD 26 (1948) 33-43.
13065   PLIAULT, B., « La royauté éternelle du Christ : prédestination de l'Église dans le
        Christ-Prêtre », AT 10 (1949) 215-225.
13066   PRAT, F., *La théologie de saint Paul[38],* « Le sacerdoce du Christ », I, 435-452.
13067   CERFAUX, L., « Regale Sacerdotium », RSPT 28 (1939) 5-39, ou dans *Recueil Lucien
        Cerfaux,* II, 283-315.
13068   SCHMIDT, H., « Esprit et histoire du Jeudi saint », MD Nº 37 (1954) 66-88.
13069   BOUYER, L., *Le quatrième évangile[2],* « La prière sacerdotale », 213-217.
13070   CAFFAREL, H., « Introduction à la connaissance du prêtre », *L'Anneau d'Or* Nᵒˢ
        63-64 (1935) 190-216.
13071   GUILLET, J., « Le sacerdoce de la nouvelle Alliance », CHR Nº 5 (1955) 10-28.
13072   LÉCUYER, J., « Jésus, fils de Josédec, et le sacerdoce du Christ », RSR 43 (1955)
        82-104.
13073   SABOURIN, L., *Les noms et les titres de Jésus,* « Le grand-prêtre; le « paraclet »; le
        médiateur », 174-182.
13074   DEL PÁRAMO, S., « Jesucristo víctima por nuestros pecados según los Evange-
        lios », dans *El sacerdocio de Cristo* (en collab.), 19-40.
13075   SOLANO, J., « Ejercicio actual del sacerdocio de Cristo en el Sacrificio Eucarísti-
        co », dans *El sacerdocio de Cristo* (en collab.), 41-48.
13076   VÖGTLE, A., « Die Teilnahme am Hohepriestertum Christi nach der Apokalyp-
        se », dans *El sacerdocio de Cristo* (en collab.), 119-130.

Prière. Prayer. Gebet. Preghiera. Oración.

13077   GARRIGOU-LAGRANGE, R., « La prière du Sauveur », VS 36 (1933) 133-143.
13078   LEMONNYER, A., « La contemplation de Jésus au désert », VS 27 (1931) 5-19.

13079 MERSCH, E., « La vie historique de Jésus et sa vie mystique », NRT 60 (1933) 5-20.

13080 HÉRIS, C.-V., « La prière du Christ », VS 71 (1944) 3-10.

13081 LEBRETON, J., *Tu Solus Sanctus,* « Jésus-Christ, modèle et maître de vie mystique », 11-46.

13082 GLORIEUX, P., « Le Christ, adorateur du Père », RevSR 23 (1949) 245-269.

13083 DROUZY, M., « Le « Pater », prière du Christ », VS 93 (1955) 115-134.

13084 DUESBERG, H., *Jésus, prophète et docteur de la Loi,* « La prière de Jésus », 140-183.

13085 HAMMAN, A., « La prière de Jésus », BVC Nº 10 (1955) 7-21.

13086 CHARLIER, C., « L'action de grâces de Jésus (Luc 10,17-24 et Matthieu 11,25-30) », BVC Nº 17 (1957) 87-99.

13087 GUILLET, J., « L'action de grâces du Fils », CHR Nº 16 (1957) 438-453.

13088 GUILLET, J., « Le Christ prie en moi », CHR Nº 5 (1958) 150-165.

13089 GUILLET, J., *Jésus-Christ hier et aujourd'hui,* « La prière évangélique », 127-138; « L'action de grâces du Fils », 141-156; « Le Christ prie en moi », 231-246.

13090 LECLERCQ, J., « Contemplant sur la montagne », VS 116 (1967) 377-387.

13091 POELMAN, R., « La prière de Jésus », LVit 18 (1963) 625-656.

13092 EVANS, C., « Le Christ en prière dans l'évangile selon saint Jean », LVit 24 (1969) 411-428.

13093 QUINN, J., « Prayer of Jesus to His Father », Way 9 (1969) 90-97.

13094 RADERMAKERS, J., « La prière de Jésus dans les évangiles synoptiques », LVit 24 (1969) 393-410.

Procès du Christ. Trial of Christ. Prozess Jesu. Processo del Cristo. Proceso de Cristo.

13095 TALIJAL, U., « Il processo di Gesù. A proposito di un progetto di revisione del procèsso di Gesù », ScuolC 16 (1930) 23-38.

13096 PUJOL, L., « In loco qui dicitur Lithostrotos », VD 15 (1935) 180-186, 204-207, 233-237.

13097 HOLZMEISTER, U., « Zur Frage der Blutgerichtsbarkeit des Synedriums », Bibl 19 (1938) 43-59, 151-174.

13098 BENOIT, P., « Le procès de Jésus », VI Nº 2 (1940) 200-213; Nº 3 (1940) 371-378; Nº 4 (1940) 54-64, ou dans BENOIT, P., *Exégèse et théologie,* I, 265-289.

13099 GIACINTO DEL SS. CROCIFISSO, P., « Il procèsso di Gesù nei quattro Vangeli », ScuolC 68 (1940) 225-235, 341-357.

13100 GAGLIO, A. A., « Il procèsso di Gesù », Sal 3 (1941) 259-277; 4 (1942) 53-67.

13101 VITTI, A., « Gli attori del procèsso di Gesù », CC 1 (1942) 393-398.

13102 BENOIT, P., « Jésus devant le sanhédrin », Ang 20 (1943) 143-165, ou dans *Exégèse et théologie,* I, 290-311.

13103 GAECHTER, P., « The Hatred of the House of Annas », TS 8 (1947) 3-34.

13104 LEBRETON, J., *La vie et l'enseignement de J.-C.*[16], « Le procès juif; le procès romain, Jésus devant Hérode, Jésus devant Pilate », II, 356-411.

13105 SUTCLIFFE, E. F., « An Apocryphal Form of Pilate's Verdict », CBQ 9 (1947) 436-441.

13106 BLINZLER, J., « Geschichtlichkeit und Legalität des jüdischen Prozesses gegen Jesus », StiZ 147 (1950-51) 345-357.

13107 BENOIT, P., « Prétoire, lithostrôtos et gabbatha », RB 59 (1952) 231-330, ou dans *Exégèse et théologie,* I, 316-339.

13108 CANTINAT, J., « Jésus devant Pilate », VS 86 (1952) 227-247.

13109 VINCENT, L.-M., « Le lithostrotos évangélique », RB 59 (1952) 513-530.

13110 BENOIT, P., « Le procès de Jésus selon J. Blinzler et P. Démann », RB 60 (1953) 452-454, ou dans BENOIT, P., *Exégèse et théologie*, I, 312-315.

13111 CANTINAT, J., « Jésus devant le Sanhédrin », NRT 75 (1953) 300-308.

13112 SCHLIER, H., *Die Zeit der Kirche*, « Jesus und Pilatus. Nach dem Johannesevangelium », 56-74.

13113 BLINZLER, J., *Der Prozess Jesu*. Das jüdische und das römische Gerichtsverfahren gegen Jesus Christus auf Grund der ältesten Zeugnisse dargestellt und beurteilt[3] (Regensburg, Pustet, 1960), 375 pp.

13114 BLINZLER, J., « Probleme um den Prozess Jesu », BiLit 35 (1961-62) 204-221.

13115 MOLLAT, D., « Jésus devant Pilate (Jean 18,28-38) », BVC Nº 39 (1961) 23-31.

13116 DE LA POTTERIE, I., « Deux livres récents sur le procès de Jésus (Blinzler, Winter) », Bibl 43 (1962) 87-93.

13117 BENOIT, P., *Passion et résurrection du Seigneur*, 392 pp.

13118 TRILLING, W., *Fragen zur Geschichtlichkeit Jesu*, « Der « Process Jesu » », 130-141.

Prophète. Prophet. Profeta.

13119 DANIÉLOU, J., *Le mystère de l'Avent*, « Le Christ prophète », 179-207.

13120 DANIÉLOU, J., « Le Christ prophète », VS 78 (1948) 154-170.

13121 BONSIRVEN, J., *Les enseignements de Jésus-Christ*, « Le docteur, le prophète », 379-382.

13122 XXX, « Jésus, héritier et chef des prophètes », CE Nº 4 (1951) 5-27.

13123 DUESBERG, H., *Jésus, prophète et docteur de la Loi*, 198 pp.

13124 COCAGNAC, A.-M., « Jésus le prophète, d'après les évangiles synoptiques », VS 97 (1957) 419-425.

13125 GILS, F., *Jésus prophète, d'après les évangiles synoptiques*, 196 pp.

13126 NEENAN, W. B., « Jesus the Prophet », LTP 17 (1961) 275-296.

13127 ROBINSON, B. P., « Christ as a Northern Prophet in St. John », SCR 17 (1965) 104-108.

13128 VOSS, G., *Die Christologie der lukanischen Schriften in Grundzügen*, « Jesus, der eschatologische Prophet », 155-170.

Rédempteur. Redeemer. Erlöser. Redentore. Redentor.

13129 GARRIGOU-LAGRANGE, R., « L'amour rédempteur du Christ », VS 36 (1933) 5-15.

13130 SANTOS OLIVERA, B., « « Vindex » seu « Redemptor » apud Hebraeos », VD 11 (1931) 89-94.

13131 SANTOS OLIVERA, B., « Redemptor noster, Christus », VD 11 (1931) 134-136.

13132 CICOGNANI, A. G., « Christ the Redeemer », AmER 90 (1934) 337-352.

13133 BONSIRVEN, J., *L'évangile de Paul*, « La résurrection rédemptrice», 160-162.

13134 PRAT, F., *La théologie de saint Paul*[38], « Le Christ et le péché », I, 261-264; « La mission rédemptrice », I, 191-213; « La mort rédemptrice », II, 214-256.

13135 CONCHAS, D. A., « Redemptio acquisitionis (Eph. 1,14) », VD 30 (1952) 14-29, 81-91, 154-169.

13136 XXX, « Le Christ notre rédempteur », CE Nº 23 (1956) 5-66.

13137 NOVEL, P. C., « Le Christ notre rançon », CE Nº 25 (1956) 7-76.

13138 BANDAS, R. G., « The redeeming Work of Christ according to St. Paul », Div 2 (1958) 560-575.

13139 BOISMARD, M.-É., « Le Christ-agneau, rédempteur des hommes », LV Nº 36 (1958) 91-104.

13140 AMIOT, F., *Les idées maîtresses de saint Paul*, « Le Christ auteur du salut. La rédemption », 76-100.

13141 DE LORENZI, L., « Gesù λυτρωτής : Atti 7,35 », RivB 7 (1959) 294-321; 8 (1960) 10-41.

13142 DUPONT, J., *Le discours de Milet*. Testament pastoral de saint Paul (Ac 20,18-36), « Le sang du Fils de Dieu », 182-197.

13143 SALET, G., « Le Christ rédempteur », CHR N° 10 (1963) 438-449.

Reniement de Pierre. Denial of Peter. Verleugnung des Petrus. Rinnegamento di Pietro. Negaciones de Pedro.

13144 HOLZMEISTER, U., « Petrus Dominum ter negat », VD 16 (1936) 107-112.

13145 GUYOT, G. H., « Peter denies his Lord », CBQ 4 (1942) 111-118.

13146 PICKAR, C. H., « The Prayer of Christ for St. Peter », CBQ 4 (1942) 133-140.

Résurrection. Resurrection. Auferstehung. Resurrezione. Resurrección.

13147 DA FONSECA, L. G., « Surrexit, non hic est », VD 11 (1931) 81-83.

13148 MURILLO, L., « La resurrección del Señor », EstE 12 (1933) 64-74, 368-382.

13149 BERNARD, R., « La résurrection du Christ et l'espérance des chrétiens », VS 55 (1938) 137-155.

13150 NOLLE, L., « The Holy Women of Easter Morning », SCR 3 (1938) 112-114.

13151 SOLOVIEV, « Le Christ est ressuscité », VS 55 (1938) 80-85.

13152 CASPER, J., « Auferstehung und Weltverklärung », BiLit 13 (1938-39) 263-267.

13153 McCLELLAN, W. H., « Saint John's Evidence of the Resurrection », CBQ 1 (1939) 253-255.

13154 RÖSCH, C., « Textus biblici missae sollemnitatis resurrectionis exegetice et liturgice explicati », VD 19 (1939) 106-110.

13155 BRAUN, F.-M., « La résurrection de Jésus devant la critique moderne », VSS 63 (1940) 26-52.

13156 LILLY, J. L., « Alleged Discrepancies in the Gospel Accounts of the Resurrection », CBQ 2 (1940) 98-111.

13157 TRINIDAD, J., « Praedestinatus Filius Dei, ex resurrectione mortuorum (Rom. 1, 4) », VD 20 (1940) 145-150.

13158 VITTI, A. M., « Parole del Risorto », CC 2 (1941) 13-24.

13159 HAMMENSTEDE, A., « The Risen Savior : our Kyrios », Wor 18 (1943-44) 248-253.

13160 RING, G. C., « Christ's Resurrection and the Dying and Rising Gods », CBQ 6 (1944) 216-229.

13161 PHILIPPE, T., « La résurrection, miracle et mystère », VS 72 (1945) 227-239.

13162 BONSIRVEN, J., *Les enseignements de Jésus-Christ*, « La résurrection de Jésus-Christ; passion et résurrection annoncées par Jésus; le sacrifice rédempteur », 215-255.

13163 LEBRETON, J., *Lumen Christi*, « La résurrection et la vie glorieuse du Seigneur », 331-338.

13164 LEBRETON, J., *La vie et l'enseignement de J.-C.*[16], « Jésus dans le Temple : la résurrection », II, 186-188; « La résurrection dans la catéchèse apostolique », II, 432-437.

13165 BONSIRVEN, J., *L'évangile de Paul*, « La résurrection rédemptrice », 160-162.

13166 HAMMAN, A., « Le Seigneur est ressuscité », VS 80 (1949) 339-349.

13167 SCHMITT, J., *Jésus ressuscité dans la prédication apostolique*, 40-248 pp.

13168 BONSIRVEN, J., *Les enseignements de Jésus-Christ*, « La résurrection de Jésus-Christ », 215-224; « Passion et résurrection annoncées par Jésus », 224-234.

13169 CATHERINET, F.-M., « Note sur un verset de l'évangile de saint Jean (xx, 17) », dans *Mémorial J. Chaine* (en collab.), 51-60.

13170 DURRWELL, F.-X., *La résurrection de Jésus, mystère de salut.* Étude biblique (Paris, Mappus, 1950), 397 pp.

13171 BONSIRVEN, J., *Théologie du Nouveau Testament,* « Passion et résurrection annoncées par Jésus », 110-113; « La résurrection et ascension de Jésus-Christ », 120-127; « Jésus ressuscité, exalté à la droite de Dieu », 183-187.

13172 DUPONT, J., *Essais sur la christologie de saint Jean,* « La gloire du Christ : la résurrection », 256-262.

13173 SCHMITT, J., « Le récit de la résurrection dans l'évangile de Luc. Étude de critique littéraire », RevSR 25 (1951) 119-137, 219-242.

13174 STANLEY, D. M., « Ad historiam Exegeseos Rom. 4,25 », VD 29 (1951) 257-274.

13175 CERFAUX, L., « La résurrection du Christ dans la vie et la doctrine de saint Paul », LV N° 3 (1952) 61-82.

13176 GEISELMANN, J. R., « Das Ostermysterium im Lichte der urapostolischen Verkündigung », GeistL 25 (1952) 85-98.

13177 MUSSNER, F., * ZΩH. Die Anschauung vom « Leben » im vierten Evangelium,* « Die ἀνάστασις ζωῆς als *Vollendung* des Rettungswerks des Menschensohnes », 140-144.

13178 SCHMITT, J., « La résurrection de Jésus dans la prédication apostolique et la tradition évangélique », LV N° 3 (1952) 35-60.

13179 AUGRAIN, C., « Les témoins de la résurrection », CE N° 12 (1953) 9-12.

13180 DE HAES, P., *La résurrection de Jésus, dans l'apologétique des cinquante dernières années* (Rome, Univ. Grégorienne, 1953), xvi-320 pp.

13181 SPADAFORA, F., « Sulla Risurrezione di Gesu. Jo. 20,3-10 », RivB 1 (1953) 99-115.

13182 BARSOTTI, D., *Vie mystique et mystère liturgique,* « La résurrection : le Christ est ressuscité; dans la gloire du Christ; l'accomplissement du mystère divin; l'Église de la résurrection; à la droite de Dieu; la mission du Fils; le mystère de l'unité », 191-240.

13183 CERFAUX, L., *Le Christ dans la théologie de saint Paul²,* « La « tradition » sur la mort et la résurrection du Christ », 21-28; « La résurrection du Christ : la foi à la Résurrection », 57-61; « Notion de la résurrection », 62-65; « Théologie de la résurrection », 65-72; « Mort et résurrection : formules théologiques, portée théologique », 85-94.

13184 NÖTSCHER, F., « Zur Auferstehung nach drei Tagen », Bibl 35 (1954) 313-319.

13185 BOTTE, B., « La question pascale; Pâque du vendredi ou Pâque du dimanche », MD N° 41 (1955) 84-95.

13186 BOUYER, L., *Le quatrième évangile²,* « La résurrection », 229-232.

13187 BISHOP, E. E., « The Risen Christ and the Five Hundred Brethren (I Cor 15,6) », CBQ 18 (1956) 341-344.

13188 COCAGNAC, A.-M., « Les saintes théophanies de Notre-Seigneur Jésus-Christ », VS 94 (1956) 5-16.

13189 JEAUNEAU, É., « La fête de la nouvelle création », VS 94 (1956) 353-361.

13190 MARLÉ, R., *Bultmann et l'interprétation du Nouveau Testament,* « La résurrection de Jésus selon Bultmann; réflexions critiques », 160-172.

13191 RUSSELL, R., « The Beloved Disciple and the Resurrection », SCR 8 (1956) 57-62.

13192 FEUILLET, A., « Le mystère pascal et la résurrection des chrétiens d'après les épîtres pauliniennes », NRT 79 (1957) 337-354.

13193 BAUER, J. B., « Drei Tage », Bibl 39 (1958) 354-358.

13194 LYONNET, S., « La valeur sotériologique de la résurrection du Christ selon saint Paul », Greg 39 (1958) 295-318.

13195 WORDEN, T., « Christ Jesus who died or rather who has been raised up (Rom. 8 : 34) », SCR 10 (1958) 33-43.

13196 DESCAMPS, A., « La structure des écrits évangéliques de la résurrection », Bibl 40 (1959) 726-741.

13197 DUPONT, J., « Ressuscité « le troisième jour » », Bibl 40 (1959) 742-761, ou dans Études sur les Actes des apôtres, 321-336.

13198 GONZALEZ RUIZ, J. M., « Muerto por nuestros pecados y resucitado por nuestra justificación », Bibl 40 (1959) 837-858.

13199 MERTON, T., « Easter : the New Life », Wor 33 (1959) 276-284.

13200 RASCO, E., « Christus, granum frumenti (Jo. 12,24) », VD 37 (1959) 12-25.

13201 RUSCHE, H., « Die Leugner der Auferstehung von den Toten in der korinthischen Gemeinde », MüTZ 10 (1959) 149-151.

13202 SEIGMAN, E. F., « And by Rising He Restored Life », Wor 34 (1960) 386-395.

13203 CERFAUX, L., « La sotériologie paulinienne : l'oeuvre de Dieu dans la mort et la résurrection du Christ », Div 5 (1961) 89-94, ou dans Recueil Lucien Cerfaux, III, 323-330.

13204 DE LAVALETTE, H., « The Risen Christ », Way 1 (1961) 115-125.

13205 LYONNET, S., « Redemption through Death and Resurrection », Wor 35 (1961) 281-287.

13206 WURZINGER, A., « Über die Auferstehung nach Paulus », BiLit 35 (1961-62) 188-193.

13207 NÖTSCHER, F., Vom Alten zum Neuen Testament (Bonn, P. Hanstein, 1962), « Zur Auferstehung nach drei Tagen », 231-236.

13208 ROSE, A., « L'influence des psaumes sur les annonces et les récits de la passion et de la résurrection dans les évangiles », dans Le psautier (en collab.), 297-356.

13209 SCHMITT, J., « La résurrection du Christ : des formules kérygmatiques aux récits évangéliques », dans Parole de Dieu et sacerdoce (en collab.) (Paris, Tournai, Desclée et Cie, 1962), 93-105.

13210 SINT, J., « Die Auferstehung Jesu in der Verkündigung der Urgemeinde », ZKT 84 (1962) 129-151.

13211 GALBIATI, E., « È risorto, non è qui », BibOr 5 (1963) 67-72.

13212 CAMBIER, J., « L'affirmation de la résurrection du Christ (1 Co 15,1-10) », AS Nº 65 (1963) 12-30.

13213 LÉON-DUFOUR, X., Les évangiles et l'histoire de Jésus, « La résurrection de Jésus, réponse de Dieu », 438-450.

13214 SABOURIN, L., Les noms et les titres de Jésus, « La résurrection », 183-190.

13215 DUPUY, B.-D., « L'expérience pascale des apôtres », VS 110 (1964) 253-262.

13216 VIARD, A., « L'Eucharistie et le mystère de la mort et de la résurrection du Christ », AmiCl 74 (1964) 177-181.

13217 DE VILLAPADIERNA, C., « Valor soteriológico de la resurrección de Cristo », EstF 65 (1964) 321-338.

13218 HITZ, P., « Jésus ressuscité, l'humanité et l'Église », LVit 20 (1964) 409-454.

13219 MALLIA, P., « Baptized into Death and Life », Wor 39 (1965) 425-430.

13220 PONTHOT, J., « Les traditions évangéliques sur la résurrection du Christ. Perspectives théologiques et problèmes d'historicité », LVit 20 (1965) 649-673; 21 (1966) 99-118.

13221 BENOIT, P., *Passion et résurrection du Seigneur,* 392 pp.

13222 GUTWENGER, E., « Zur Geschichtlichkeit der Auferstehung Jesu », ZKT 88 (1966)
       257-282.

13223 PONTHOT, J., HITZ, P., WATTE, P., LOMBAERTS, H., JEZIERSKI, C., *La
       résurrection du Christ.* Événement, mystère, catéchèse (Bruxelles, 1966), 128 pp.

13224 RAURELL, F., « Cristo resucitado por la « doxa » del Padre según S. Pablo », EstF
       67 (1966) 135-147.

13225 TRILLING, W., *Fragen zur Geschichtlichkeit Jesu,* « Die Auferstehung Jesu », 141-160.

13226 FEUILLET, A., « Les trois prophéties de la passion et de la résurrection des évangiles
       synoptiques », RT 67 (1967) 533-561.

13227 O'COLLINS, G. G., « Is the Resurrection an « historical » event ? » HeyJ 8 (1967)
       381-387.

13228 RIEDL, J., « Wirklich der Herr ist auferweckt worden und dem Simon erschienen (Lk
       24, 34). Entstehung und Inhalt des neutestamentlichen Osterglaubens », BiLit 40 (1967)
       81-110.

13229 SEIDENSTICKER, P., *Die Auferstehung Jesu in der Botschaft der Evangelisten,* 160 pp.

13230 BRÄNDLE, M., « Early Christian Understanding of the Resurrection », TDig 16
       (1968) 14-17.

13231 BRÄNDLE, M., « Did Jesus' Tomb have to be Empty ? » TDig 16 (1968) 18-21.

13232 BRÄNDLE, M., « Narratives of the Synoptic about the Tomb», TDig 16 (1968) 22-29.

13233· FEUILLET, A., « Les trois grandes prophéties de la Passion et de la Résurrection des
       évangiles synoptiques », RT 67 (1967) 533-560; 68 (1968) 41-74.

13234 GUTWENGER, E., « The Narration of Jesus' Resurrection », TDig 16 (1968) 8-13.

13235 LEHMANN, K., *Auferweckt am dritten Tag nach der Schrift* (Freiburg i. B., Herder,
       1968), 376 pp.

13236 MOLITOR, J., *Grundbegriffe der Jesuüberlieferung im Lichte ihrer orientalischen
       Sprachgeschichte* (Düsseldorf, Patmos, 1968), « Auferstehung Jesu und sein
       Gesehenwerden », 43-94.

13237 RUCKSTUHL, E., PFAMMATTER, J., *Die Auferstehung Jesu Christi.* Heilsge-
       schichtliche Tatsache und Brennpunkt des Glaubens (München, Rex, 1968), 208 pp.

13238 SCHLIER, H., *Über die Auferstehung Jesu Christi* (Einsiedeln, Johannes Verlag, 1968),
       71 pp.

13239 STRAMARE, T., « Il traguardo della Risurrezione nella dottrina di S. Paolo », Div 12
       (1968) 653-674.

13240 BLIGH, J., « The Gerasene Demoniac and the Resurrection of Christ », CBQ 31 (1969)
       383-390.

13241 GUTWENGER, E., « Auferstehung und Auferstehungsleib Jesu », ZKT 91 (1969)
       32-58.

13242 KREMER, J., « Ist Jesus wirklich von den Toten auferstanden ? Berechtigung und
       Grenzen neuerer Interpretationen der biblischen Osterbotschaft », StiZ 183 (1969)
       310-320.

13243 KREMER, J., *Die Osterbotschaft der vier Evangelien.* Versuch einer Auslegung der
       Berichte über das leere Grab und die Erscheinungen des Auferstandenen (Stuttgart,
       Katholisches Bibelwerk, 1969), 144 pp.

13244 LÉON-DUFOUR, X., « Exégèse du Nouveau Testament. II. Autour de la Résurrection
       du Christ », RSR 57 (1969) 583-622.

13245   LOHFINK, G., « The Resurrection of Jesus and Historical Criticism », TDig 17 (1969) 110-114.

13246   MORLET, M., « La résurrection du Christ. Où en est la recherche exégétique actuelle ? » AmiCl 79 (1969) 601-606.

13247   SCHNACKENBURG, R., « Zur Aussageweise « Jesus ist (von den Toten) auferstanden » », BZ 13 (1969) 1-17.

13248   SCHUBERT, K., « « Auferstehung Jesu » im Lichte der Religionsgeschichte des Judentums », BiLit 42 (1969) 25-37.

13249   TRILLING, W., *Christusverkündigung in den synoptischen Evangelien,* « Die Auferstehung Jesu, Anfang der neuen Weltzeit (Mt 28,1-8) », 212-243.

13250   En collaboration, *Glaubensbegründung heute* (Graz, Styria, 1970), « Die Auferstehung Jesu : Gegenstand oder Grund unseres Glaubens ? » 117-129.

13251   FITZMYER, J. A., « To Know Him and the Power of His Resurrection (Ph 3, 10) », dans *Mélanges bibliques* en hommage au R. P. Béda Rigaux (en collab.), 411-425.

13252   GUILLAUME, P.-M., « Les Évangiles de la Résurrection », CE Nº 78 (1970) 5-51.

13253   JACQUES, X., « A proposito di due libri sulla Risurrezione », CC 2 (1970) 244-251.

13254   PELLETIER, A., « Les apparitions du Ressuscité en termes de la Septante », Bibl 51 (1970) 76-79.

13255   ROMANIUK, K., « Je suis la Résurrection et la Vie (Jn 11,25) », Conci Nº 60 (1970) 63-70.

13256   VAN IERSEL, B., « La résurrection de Jésus : information ou interprétation ? » Conci Nº 60 (1970) 51-62.

Révélation du Père. Revelation of the Father. Offenbarung des Vaters.
Rivelazione del Padre. Revelación del Padre.

13257   GOODIER, A., « Jesus as the Revelation of God », AmER 90 (1934) 1-13.

13258   HÉRIS, C.-V., Le Christ révélation de Dieu », VS 73 (1945) 3-19.

13259   LEBRETON, J., *Lumen Christi,* « La révélation de Dieu en Jésus-Christ », 229-234; « La manifestation du Christ », 279-294.

13260   SPICQ, C., *L'épître aux Hébreux,* « Le fils révélateur », I, 301-302.

13261   DANTEN, J., « La révélation du Christ sur Dieu dans les paraboles », NRT 77 (1955) 450-477.

13262   DUQUOC, C., « Le Christ épiphanie de Dieu », VS 110 (1964) 19-31.

13263   GRANGETTE, J., « Nous avons vu sa gloire », VS 110 (1964) 32-42.

13264   LELONG, M.-H., « Le Christ révèle le Père », VS 110 (1964) 5-18.

13265   TRÉMEL, Y.-B., « La révélation du Dieu vivant », AS Nº 53 (1964) 33-48.

13266   SEGALLA, G., « Gesù rivelatore della volonta del Padre nella tradizione sinottica », RivB 14 (1966) 467-508.

Rocher. Rock. Fels. Roccia. Roca.

13267   OGARA, F., « Bibebant... de spiritali consequente eos petra, petra autem erat Christus (1 Cor. 9,24-10,5) », VD 16 (1936) 33-40.

13268   LYONNET, S., « De Christo summo angulari lapide secundum Eph 2, 20 », VD 27 (1949) 74-83.

13269   SCHMITT, J., « Petra autem erat Christus », MD Nº 29 (1952) 18-31.

13270   SABOURIN, L., *Les noms et les titres de Jésus,* « La pierre, le rocher », 120-132.

Roi. King. König. Re. Rey.

13271   VITTI, A., « Ergo rex es tu ? (Joh. 18,37) », VD 10 (1930) 297.

13272   SPICQ, C., *La révélation de l'espérance dans le Nouveau Testament* (Avignon, Aubanel; Paris, Libr. Dominicaine; 1932), « Le règne et le royaume de Dieu. Objet d'espérance », 170-184.

13273   OGARA, F., « Christus Rex in throno sedens : angeli, ministri (Hebr. 1,7) », VD 13 (1933) 41-50, 79-83.

13274   OGARA, F., « Christus Rex « Sacerdos secundum ordinem Melchisedec » », VD 13 (1933) 138-146, 167-172, 209-214.

13275   OGARA, F., « Christo-Regi, Ecclesiae Sponso dedicatus Psalmus 44 (Hebr. 45) », VD 14 (1934) 33-39, 81-85, 115-125.

13276   SKRINJAR, A., « Apocalypsis de Regno Christi », VD 14 (1934) 289-295.

13277   BONSIRVEN, J., *Les enseignements de Jésus-Christ,* « Universalisme du Royaume », 310-316.

13278   FÉRET, H.-M., *L'Apocalypse de saint Jean,* « Du « Royaume de Dieu » des Évangiles à la « Royauté du Christ » de l'Apocalypse », 58-96.

13279   PLIAULT, B., « La royauté éternelle du Christ : sa prédestination éternelle », AT 9 (1948) 242-251.

13280   PLIAULT, B., « Prédestination de l'Église dans le Christ-Prêtre », AT 10 (1949) 215-225.

13281   BONSIRVEN, J., *Théologie du Nouveau Testament,* « Comment Jésus parle du Règne de Dieu : la conception évangélique », 57-63.

13282   CERFAUX, L., « L'itinéraire du règne de Dieu au royaume des cieux », BVC Nº 3 (1953) 20-32.

13283   CERFAUX, L., *Le Christ dans la théologie de saint Paul²,* « Le règne du Christ », 73-84.

13284   SEGULA, F., « Messias Rex in Psalmis », VD 32 (1954) 21-33, 77-83, 142-154.

13285   DE MONTCHEUIL, Y., *Le royaume et ses exigences,* 126 pp.

13286   MUSSNER, F., « Die Bedeutung von Mk 1, 14f für die Reichsgottesverkündigung Jesu », TrierTZ 66 (1957) 257-275.

13287   THOMAS, J., « Le royaume du Christ », CHR Nº 7 (1960) 563-574.

13288   DE LA POTTERIE, I., « Jesus King and Judge according to John 19 : 13 », SCR 13 (1961) 97-110.

13289   GEORGE, A., « La royauté de Jésus selon l'évangile de Luc », SE 14 (1962) 57-69.

13290   DE LA POTTERIE, I., « Jesus King and Judge in John 19 », TDig 11 (1963) 21-26.

13291   MARIN, F., « Aportaciones biblicas a la contemplación del Reino », Manr 35 (1963) 333-342.

13292   SABOURIN, L., *Les noms et les titres de Jésus,* « Le Roi davidique », 43-51.

13293   McKENZIE, J. L., *The Power and the Wisdom,* « King Messiah », 71-89.

13294   AUGRAIN, C., « Le Christ vainqueur dans l'Apocalypse », AS Nº 42 (1966) 33-47.

13295   BOISMARD, M.-É., « La royauté universelle du Christ (Jn 18, 35-37) », AS Nº 88 (1966) 33-45.

13296   RIEDLINGER, H., « La royauté cosmique du Christ », Conci Nº 11 (1966) 95-113.

Sacrifice. Opfer. Sacrifizio. Sacrificio.

13297   GARRIGOU-LAGRANGE, R., « L'oblation toujours vivante au Coeur du Christ », VS 57 (1938) 247-257.

13298   BONSIRVEN, J., « Le sacerdoce et le sacrifice de Jésus-Christ d'après l'épître aux Hébreux », NRT 66 (1939) 641-660, 769-786.

13299   PRAT, F., *La théologie de saint Paul*[38], « Le sacrifice du Christ », I, 452-456; « Sacrifice de la croix », I, 214-224.

13300   DUPONT, J., *Essais sur la christologie de saint Jean,* « La vie et la mort : le sacrifice du Christ », 190-192.

13301   SPICQ, C., *L'épître aux Hébreux,* « Le Christ victime », I, 302-303; « L'oeuvre du Christ : les fruits du sacrifice », I, 304-309; « Le meilleur sacrifice de la meilleure alliance », I, 309-310.

13302   BOUTRY, A., « La souffrance du Seigneur », BVC N° 25 (1959) 59-68.

Sagesse. Wisdom. Weisheit. Saggezza. Sabiduría.

13303   GARDEIL, A., « Le sens du Christ », VS 53 (1937) 225-240.

13304   CERFAUX, L., *Le Christ dans la théologie de saint Paul*[2], « Le Christ, notre Sagesse », 189-208.

13305   SABOURIN, L., *Les noms et les titres de Jésus,* « La puissance et la sagesse de Dieu », 262-272.

13306   BONNARD, P.-É., *La sagesse en personne annoncée et venue : Jésus-Christ,* 168 pp.

13307   LACAN, M.-F., DU BUIT, M., « La sagesse de Jésus dans les Évangiles et saint Paul », CE N° 61 (1966) 43-65.

13308   COTHENET, É., « Le Christ sagesse de Dieu », AmiCl 77 (1967) 463-472.

13309   MÉNARD, J.-E., « Note d'exégèse : le Christ Sagesse de Dieu d'après les épîtres pauliniennes », RevSR 41 (1967) 227-236.

13310   GIAVINI, G., « Cristo sapienza di Dio «, RivB 15 (1967) 309-315.

13311   THÜSING, W., « Erhöhungsvorstellung und Parusieerwartung in der ältesten nachösterlichen Christologie », BZ 11 (1967) 95-108, 205-222; 12 (1968) 54-80, 223-240.

Saint. Heiliger. Santo.

13312   EDWARDS, P., « The Holy One of God », Way 3 (1963) 12-21.

13313   FENASSE, J.-M., « Le Christ « Saint de Dieu » », MSR 22 (1965) 26-32.

Sauveur. Savior. Heiland. Salvatore. Salvador.

13314   GARDEIL, A., « Le sens du Christ », VS 93 (1937) 5-22.

13315   BONSIRVEN, J., *Les enseignements de Jésus-Christ,* « Le Sauveur », 107-130.

13316   LILLY, J. L., « The Idea of Redemption in the Gospels », CBQ 9 (1947) 255-261.

13317   BONSIRVEN, J., *Théologie du Nouveau Testament,* « Le Sauveur et médecin des pécheurs », 74-80; « Sotériologie », 407-411.

13318   MUSSNER, F., ZΩH. *Die Anschauung vom « Leben » im vierten Evangelium,* « Das Lebenswerk des Sohnes », 74-144.

13319   BOISMARD, M.-É., « Jésus, Sauveur, d'après saint Jean », LV N° 15 (1954) 103-122.

13320   CAPELLE, B., « Le vendredi saint », MD N° 37 (1954) 93-117.

13321   CERFAUX, L., *Le Christ dans la théologie de saint Paul*[2], « Le Christ, notre Justice », 159-188.

13322   GIBLET, J., « Jésus, Messie et Sauveur d'après les évangiles synoptiques », LV N° 15 (1954) 45-82.

13323   SCHMIDT, J., « Les sources et les thèmes de la naissante foi apostolique au Christ sauveur », LV N° 15 (1954) 21-44.

13324   DEVILLE, C., « L'évangéliste du Sauveur », CE N° 26 (1957) 5-73.

13325   VAN UNNIK, W. C., « L'usage de *sôdzein,* « sauver », et de ses dérivés dans les évangiles synoptiques », dans *La formation des évangiles* (en collab.), 178-194.

13326 LYONNET, S., « La valeur sotériologique de la résurrection du Christ selon saint Paul », Greg 39 (1958) 295-318.

13327 VANHOYE, A., « Opera Jesu donum Patris », VD 36 (1958) 83-92.

13328 ROMANIUK, K., « De themate Ebed Yahve in soteriologia sancti Pauli », CBQ 23 (1961) 14-25.

13329 CERFAUX, L., *Le chrétien dans la théologie paulinienne,* « L'intervention du Christ », 29-68.

13330 LEVIE, J., « Le plan d'amour divin dans le Christ selon saint Paul », dans *L'homme devant Dieu.* Mélanges H. de Lubac (en collab.), I, 159-167.

13331 DEVILLE, R., « Jésus, unique sauveur du monde (*Lc* 2,21) », AS N° 12 (1964) 28-43.

13332 VOSS, G., *Die Christologie der lukanischen Schriften in Grundzügen,* « $\Sigma\acute{\omega}\zeta\epsilon\iota\nu$ und $\epsilon\grave{\upsilon}\epsilon\rho\gamma\epsilon\tau\epsilon\hat{\iota}\nu$ als herrscherliche Jesusprädikate », 45-60.

Science du Christ. Knowledge of Christ. Wissen Christi. Scienza del Cristo. Ciencia de Cristo.

13333 GUTWENGER, E., « Das menschliche Wissen des irdischen Christus », ZKT 76 (1954) 170-186.

13334 DUESBERG, H., *Jésus, prophète et docteur de la Loi,* « La science de Jésus », 21-35.

13335 RONDET, H., « L'expérience personnelle du Seigneur », CHR N° 12 (1956) 507-518.

13336 PEZZELLA, S., « Marco 13, 32 e la sciènza di Cristo », RivB 7 (1959) 147-152.

13337 GALOT, J., « Science et conscience de Jésus », NRT 82 (1960) 113-131.

13338 BESNARD, A.-M., « Le chemin de Jésus vers sa passion », VS 110 (1964) 129-148.

13339 GEFFRE, C., « Histoire et mystère dans la connaissance du Christ », VS 110 (1964) 625-647.

13340 MICHEL, A., « Le Christ et la conscience de son messianisme », AmiCl 75 (1965) 396-398.

13341 RIEDLINGER, H., « Die Geschichtlichkeit und Vollendung des Wissens Jesu », TQ 146 (1966) 40-61.

13342 BROWN, R. E., « How much did Jesus know ? A Survey of the Biblical Evidence », CBQ 29 (1967) 315-345.

Seigneur. Lord. Herr. Signore. Señor.

13343 CERFAUX, L., « Le nom divin Kyrios dans la bible grecque », RSPT 20 (1931) 27-51.

13344 OGARA, F., « Constituit eum Dominum domus suae », VD 17 (1937) 107-113.

13345 HAMMENSTEDE, A., « The Risen Savior : our Kyrios », Wor 18 (1943-44) 248-253,

13346 PRAT, F., *La théologie de saint Paul*[38], « La primauté du Christ : titres et fonctions du Christ; chef des anges; en lui réside la plénitude ou plérome », I, 342-358; « Jésus-Christ Seigneur », II, 37-48.

13347 SCHMITT, J., *Jésus ressuscité dans la prédication apostolique,* « Jésus ressuscité, « Christ », « Seigneur » et « Fils de Dieu » », 175-215.

13348 AUGRAIN, C., « L'Église naît de la proclamation de Jésus, Messie, Seigneur », CE N° 12 (1953) 19-26.

13349 CERFAUX, L., *Le Christ dans la théologie de saint Paul*[2], « Le Seigneur : avant saint Paul », 346-350; « Le legs de la communauté primitive à saint Paul », 350-351; « Le nom divin », 351-360; « Jésus et le Seigneur Jésus », 374-376; « Le Seigneur Jésus-Christ et Notre-Seigneur Jésus-Christ », 379-382.

13350 CERFAUX, L., « Le titre Kyrios et la dignité royale de Jésus », RSPT 11 (1922) 40-71, ou dans *Recueil Lucien Cerfaux,* I, 3-62.

13351 DUPLACY, J., « La gloire de Dieu et du Seigneur Jésus dans le Nouveau Testament », BVC N° 9 (1955) 5-21.

13352 CAMBIER, J., « La seigneurie du Christ sur son Église et sur le monde d'après le Nouveau Testament », Ir 30 (1957) 379-404.

13353 CERFAUX, L., « Kyrios », SDB V, col. 200-228.

13354 DEVILLE, C., « L'évangéliste du Sauveur (saint Luc) : le Christ Seigneur », CE N° 26 (1957) 63-73.

13355 FLOOD, E., « Come, Lord », Wor 35 (1961) 74-83.

13356 HERMANN, I., *Kyrios und Pneuma.* Studien zur Christologie der paulinischen Hauptbriefe, 156 pp.

13357 BESNARD, A.-M., *Le mystère du nom,* « L'accomplissement de la prophétie de Joël à la Pentecôte », 151-158; « L'invocation du nom du Seigneur Jésus et la prière au Père », 159-174.

13358 GEORGE, A., « La seigneurie de Jésus dans le règne de Dieu d'après les évangiles synoptiques », LV N° 57 (1962) 22-42.

13359 SCHLIER, H., « La seigneurie du Christ », LV N° 57 (1962) 64-80.

13360 DUQUOC, C., « La seigneurie du Christ », VS 108 (1963) 407-419.

13361 JACQUEMIN, E., « La seigneurie du Christ », AS N° 71 (1963) 45-67.

13362 LEMONNYER, L.,CERFAUX, L., *Théologie du Nouveau Testament,* 169-178.

13363 SABOURIN, L., *Les noms et les titres de Jésus,* « Le Seigneur », 245-253.

13364 HOFER, N., « Das Bekenntnis « Herr ist Jesus » und das « Taufen auf den Namen des Herren Jesus » », TQ 145 (1965) 1-12.

13365 LANGEVIN, P.-É., « Le Seigneur Jésus selon un texte prépaulinien, 1 Th 1,9-10 », SE 17 (1965) 263-282, 473-512.

13366 VOSS, G., *Die Christologie der lukanischen Schriften in Grundzügen,* « Σώζειν und εὐεργετεῖν als herrscherliche Jesusprädikate », 45-60.

13367 DE LUBAC, H., *L'Écriture dans la tradition,* « L'acte du Christ », 133-147; « Le fait du Christ », 203-220.

13368 BRAUN, F.-M., « La seigneurie du Christ dans le monde, selon saint Jean », RT 67 (1967) 357-386.

13369 JOHNSTON, L., « Christ the Lord », Way 7 (1967) 90-98.

13370 LANGEVIN, P.-É., *Jésus Seigneur et l'eschatologie. Exégèse de textes prépauliniens,* 392 pp.

13371 NEUHÄUSLER, E., « Die Herrlichkeit des Herrn », BiLeb 8 (1967) 233-235.

13372 VOSS, G., « Zum Herrn und Messias gemacht hat Gott diesen Jesus (Apg 2, 36). Zur Christologie der lukanischen Schriften », BiLeb 8 (1967) 236-247.

13373 DE LA POTTERIE, I., « Le titre κυριος appliqué à Jésus dans l'évangile de Luc », dans *Mélanges bibliques* en hommage au R. P. Béda Rigaux (en collab.), 117-146.

Sépulture. Tomb. Grablegung. Sepoltura. Sepultura.

13374 PUJOL, L., « Extra portam passus est (Hebr. 13, 12) », VD 13 (1933) 123-126, 137-153.

13375 RESTREPO JARAMILLO, J. M., « El Sepulcro vacio », Greg 14 (1933) 273-280.

13376 BRAUN, F.-M., « La sépulture de Jésus », RB 45 (1936) 34-52, 184-200, 346-363.

13377 BRAUN, F.-M., « Le linceul de Turin et l'évangile de saint Jean », NRT 66 (1939) 900-935, 1025-1046.

13378 MEHLMANN, J., « De sepulcro Domini quaestiones archaeologicae », VD 21 (1941) 74-81.

13379 McNASPY, C. J., « The Shroud of Turin », CBQ 7 (1945) 144-164.

13380 WUENSCHEL, E., « The Shroud of Turin and the Burial of Christ », CBQ 7 (1945) 405-437.

13381 WUENSCHEL, E., « The Shroud of Turin and the Burial of Christ », CBQ 8 (1946) 135-178.

13382 MAILHET, J., « L'ensevelissement de Jésus d'après la teneur des textes évangéliques », AT 1 (1948) 21-43.

13383 BLINZLER, J., « Zur Auslegung der Evangelienberichte über Jesu Begräbnis », MüTZ 3 (1952) 403-414.

13384 BULST, W., « Untersuchungen zun Begräbnis Christi », MüTZ 3 (1952) 244-255.

13385 BULST, W., « Novae in sepulturam Jesu inquisitiones », VD 31 (1953) 257-273, 352-359.

13386 DHANIS, É., « L'ensevelissement de Jésus et la visite au tombeau dans l'évangile de saint Marc », Greg 39 (1958) 367-410.

13387 MERCURIO, R., « A Baptismal Motif in the Gospel Narratives of the Burial », CBQ 21 (1959) 39-54.

13388 BENOIT, P., *Passion et résurrection du Seigneur,* 263-295.

Serviteur. Servant. Knecht. Servitore. Servidor.

13389 THIBAUT, R., *Le sens de l'Homme-Dieu²,* « La « forma servi » », 19-36.

13390 CERFAUX, L., « L'hymne au Christ-Serviteur de Dieu (Phil., II, 6-11 = Is., LII,13 - LIII,12) », dans *Miscellanea historica Alberti de Mayer* (Université de Louvain, 1946), I, 117-130, ou dans *Recueil Lucien Cerfaux,* II, 425-438.

13391 CERFAUX, L., « Saint Paul et le « Serviteur de Dieu » d'Isaïe », dans *Miscellanea Biblica et Orientalia A. Miller = Studia Anselmiana,* fasc. 27-28, ou dans *Recueil Lucien Cerfaux,* II, 439-454.

13392 GILS, F., *Jésus prophète, d'après les évangiles synoptiques,* « La déclaration céleste et le programme du Serviteur d'Isaïe », 54-64.

13393 MÉNARD, J.-E., « *Pais Theou* as Messianic Title in the Book of Acts », CBQ 19 (1957) 83-92.

13394 GIBLET, J., « Jésus, Serviteur de Dieu », LV N° 36 (1958) 5-34.

13395 STANLEY, D. M., « Carmenque Christo quasi Deo dicere... », CBQ 20 (1958) 180-182.

13396 LARCHER, C., *L'actualité chrétienne de l'Ancien Testament d'après le Nouveau Testament,* « Jésus et la mission du Serviteur », 119-176.

13397 SABOURIN, L., *Les noms et les titres de Jésus,* « Le serviteur », 151-161.

13398 DUQUOC, C., « Le Christ serviteur », VS 110 (1964) 149-156.

13399 McKENZIE, J. L., *The Power and the Wisdom,* « The Servant of the Lord and the Son of Man », 90-107.

13400 MITCHELL, T. A., « Christ as the Ebed Yahweh », IrThQ 37 (1970) 245-250.

Tentations. Temptations. Versuchungen. Tentazioni. Tentaciones.

13401 DONCOEUR, P., « La tentation de Jésus au désert », Et 239 (1939) 5-17.

13402 LEBRETON, J., *Lumen Christi,* « La tentation », 135-140.

13403 LEBRETON, J., *La vie et l'enseignement de J.-C.¹⁶,* « La tentation », I, 77-80.

13404 CHARLIER, C., « Les tentations de Jésus au désert », BVC N° 5 (1954) 85-92.

13405 ROBILLIARD, J.-A., « Les trois combats du Fils de Dieu », VS 90 (1954) 351-366.

13406 BOULOGNE, C.-D., « La tentation de Jésus au désert. La « politique », ici-bas, du Fils de Dieu fait homme », VS 92 (1955) 346-380.

13407 LYONNET, S., « La méditation des Deux Étendards et son fondement scripturaire », CHR N° 12 (1956) 435-456.

13408 FEUILLET, A., « Le récit lucanien de la tentation (Lc 4, 1-13) », Bibl 40 (1959) 613-631.

13409 DUQUOC, C., « La tentation du Christ », LV N° 53 (1961) 21-41.

13410 LIGIER, L., *Péché d'Adam et péché du monde*, « Confrontation au désert », II, 11-24.

13411 DUPONT, J., « Les tentations de Jésus dans le désert (Mt 4,1-11) », AS N° 26 (1962) 37-53.

13412 DUPONT, J., « Les tentations de Jésus dans le récit de Luc (Luc 4,1-13) », SE 14 (1962) 1-29.

13413 STEINER, M., *La tentation de Jésus dans l'interprétation patristique de saint Justin à Origène* (Paris, Gabalda, 1962), 232 pp.

13414 GUILLET, J., *Jésus-Christ hier et aujourd'hui*, « Les combats de Jésus-Christ », 81-94.

13415 FEUILLET, A., « The Temptation of Jesus in Mark », TDig 12 (1964) 79-82.

13416 FEUILLET, A., « L'épisode de la tentation d'après l'Évangile selon saint Marc (1,12-13) », EstB 19 (1960) 48-73.

13417 VOSS, G., *Die Christologie der lukanischen Schriften in Grundzügen*, « Die Versuchung Jesu (Lk 4,1-13) », 94-97.

13418 DUPONT, J., « The Temptations of Jesus in Luke », TDig 14 (1966) 213-217.

13419 DUPONT, J., *Les tentations de Jésus au désert*, 152 pp.

13420 NAVONE, J. J., « The Temptation Account in St. Luke (4,1-13) », SCR 20 (1968) 65-72.

13421 DUPONT, J., *Die Versuchungen Jesu in der Wüste* (Stuttgart, Katholisches Bibelwerk, 1969), 132 pp.

Trahison de Judas. Betrayal of Judas. Verrat des Judas. Tradimento di Giuda. Traición de Judas.

13422 ABEL, F.-M., « Amour et trahison (Tradendus... se tradidit) », VS 59 (1939) 26-32.

13423 HOLZMEISTER, U., « Num Judas Christum pretio vulgari servorum vendiderit », VD 23 (1943) 65-70.

Transfiguration. Verklärung. Trasfigurazione. Transfiguración.

13424 HÖLLER, J., *Die Verklärung Jesu*, 236 pp.

13425 BOVER, J. M., « Transfiguratio Regnum Dei veniens in virtute ? » VD 19 (1939) 33-38.

13426 LEBRETON, J., *La vie et l'enseignement de J.-C.[16]*, « La transfiguration », I, 436-446.

13427 ZIELINSKI, B., « De doxa Christi transfigurati », VD 26 (1948) 291-303.

13428 ZIELINSKI, B., « De transfigurationis sensu », VD 26 (1948) 335-343.

13429 DUPONT, J., *Essais sur la christologie de saint Jean*, « La transfiguration », 273-278.

13430 DURRWELL, F.-X., « La transfiguration de Jésus », VS 85 (1951) 115-127.

13431 BARSOTTI, D., *Vie mystique et mystère liturgique*, « La transfiguration du Christ », 435-440.

13432 COCAGNAC, A.-M., « Les saintes théophanies de Notre-Seigneur Jésus-Christ », VS 94 (1956) 5-16.

13433 GILS, F., *Jésus prophète, d'après les évangiles synoptiques*, « Nouvelle vision inaugurale à la transfiguration », 73-78.

13434 KENNY, A., « The Transfiguration and the Agony in the Garden », CBQ 19 (1957) 444-452.

13435 DENIS, A.-M., « Une théologie de la Rédemption. La transfiguration chez saint Marc », VS 101 (1959) 136-149.

13436 GEORGE, A., « La transfiguration (Luc 9,28-36) », BVC N° 33 (1960) 21-25.

13437 SABBE, M., « La rédaction du récit de la transfiguration », dans *La venue du Messie* (en collab.), 65-100.

13438 LÉON-DUFOUR, X., « La transfiguration de Jésus (Mt 17,1-9) », AS N° 28 (1963) 27-44.

13439 LÉON-DUFOUR, X., *Études d'évangile,* « La transfiguration de Jésus », 83-122.

13440 VAN GOUDOEVER, J., *Biblical Calendars,* « The Feast of Ascension », 195-205; « The Feast of Transfiguration », 205-209.

13441 RIVERA, L. F., « Interpretatio Transfigurationis Jesu in redactione evangelii Marci », VD 46 (1968) 99-104.

13442 COUNE, M., « Baptême, transfiguration et passion », NRT 92 (1970) 165-179.

13443 DU BUIT, M., « La Transfiguration », CE N° 79 (1970) 52-56.

Transfixion. Durchbohrung. Trafiggimento. Transfixión.

13444 TROMP, S., « De nativitate Ecclesiae ex Corde Jesu in cruce », Greg 13 (1932) 499-527.

13445 VACCARI, A., « Exivit sanguis et aqua (Jo. 19,34) », VD 17 (1937) 193-198.

13446 VACCARI, A., « Homilia S. Johannis Chrys. ad illud : « Exivit aqua et sanguis » », VD 20 (1940) 178.

13447 DUBARLE, A.-M., « Des fleuves d'eau vive (Jo. 7,37-39) », RB 52 (1943-44) (= *Vivre et Penser,* 3) 238-241.

13448 BRAUN, F.-M., « L'eau et l'Esprit », RT 49 (1949) 5-30.

13449 LEFÈVRE, A., « La blessure du côté », dans *Le Coeur,* coll. « Les Études carmélitaines » (Paris, Desclée, 1950), 109-122.

13450 RAHNER, H., « Les fondements scripturaires de la dévotion au Sacré-Coeur », dans STIERLI, J., *Le Coeur du Sauveur* (Salvator, Mulhouse, 1956), 49-52.

13451 SAVA, A. F., « The Wound in the Side of Christ », CBQ 19 (1957) 343-346.

Vérité. Truth. Wahrheit. Verità. Verdad.

13452 DE LA POTTERIE, I., « Jésus et la vérité d'après 4,21 », dans *Studiorum Paulinorum Congressus 1961* (en collab.), II, 43-57.

13453 SABOURIN, L., *Les noms et les titres de Jésus,* « Je suis le Chemin, la Vérité, la Vie », 65-70.

Vie (notre). Life (our). Leben (unser). Vita (nostra). Vida (nuestra).

13454 SALET, G., « Le Christ, notre vie », NRT 62 (1935) 785-809.

13455 GARDEIL, A., « Le sens du Christ », VS 53 (1937) 5-22, 225-240.

13456 DUPONT, J., *Essais sur la christologie de saint Jean,* « Le Christ, source de la vie : le Christ reçoit la vie, donne la vie, est la vie », 195-225.

13457 BOUYER, L., *La Bible et l'Évangile²,* « Saint Paul et la vie dans le Christ », 177-192.

13458 DHEILLY, J., *Le Christ, source de vie²* (Paris, Éd. de l'École, 1954), 176 pp.

13459 MARTINDALE, C. C., « Growth in Christ », Way 1 (1961) 204-213.

Vie du Christ. Life of Christ. Leben Christi. Vita del Cristo. Vida de Cristo.

13460 BRAUN, F.-M., « La vie de Jésus d'après M. Maurice Goguel », VI 16 (1932) 196-215.

13461 LEBRETON, J., « Le problème de la vie de Jésus », Et 212 (1932) 55-63.

13462 BOVER, J. M., « En qué año murió Jesucristo ? » RazFe 33 (1933) 5-26.

13463 MARC DE CASTELLVI, « Pla topogràfic del preministeri públic de Jesús », EstF 44 (1932) 5-17.

13464 XXX, « Question sur la vie cachée du Christ », AmiCl 52 (1935) 153-155.

13465 LEBRETON, J., « Histoire de Jésus et des Apôtres », RSR 26 (1936) 110-119.

13466 LEBRETON, J., *Lumen Christi,* « Les mystères de la vie de Jésus », 117-140; « La vie publique du Seigneur », 197-214.

13467 LEBRETON, J., *La vie et l'enseignement de J.-C.[16],* « Chronologie de la vie du Christ », I, 15-28; « Jésus à Capharnaüm », I, 121-132.

13468 FERNANDEZ TRUYOLS, A., *Vida de Nuestro Señor Jesucristo* (Madrid, Biblioteca de Autores Cristianos, 1948), 624 pp.

13469 NOONAN, J. T., « Renan's Life of Christ : A Re-examination », CBQ 11 (1949) 26-39.

13470 DUESBERG, H., « L'histoire du Christ », *L'Anneau d'Or* N°s 27-28 (1949) 159-177.

13471 SCHIERSE, F. J., « Jesus und das Christentum in jüdischer Sicht », StiZ 152 (1952-53) 383-387.

13472 CERFAUX, L., *Le Christ dans la théologie de saint Paul[2],* « La vie mortelle du Christ », 135-152.

13473 SCHADE, H., « Das Christusbild der frühen Kirche und der Mythos », StiZ 155 (1954-55) 409-418.

13474 XXX, « La vie du Christ hier et aujourd'hui » (Albums « Fêtes et saisons ») (Paris, Cerf, 1956), 28 pp.

13475 PARSCH, P., *Apprenons à lire la Bible,* « Structure de la vie de Jésus », 75-86; « Plan de travail pour l'étude de la vie de Jésus », 87-93.

13476 CLARK, F., « Tension and Tide in St. John's Gospel », IrThQ 24 (1957) 154-165.

13477 LAMBERT, G., « Un livre récent de culture religieuse : le « Jésus » de Jean Guitton », LVit 13 (1958) 91-113.

13478 SEIBEL, W., « Das Christusbild der liberalen Leben-Jesu-Forschung », StiZ 163 (1958-59) 266-278.

13479 CERFAUX, L., « La vie de Jésus devant l'histoire », *Euntes Docete* 12 (1959) 131-140, ou dans *Recueil Lucien Cerfaux,* III, 175-182.

13480 HAUBST, R., « Über das Seelenleben des Kindes Jesus », GeistL 33 (1960) 405-415.

13481 MARTINI, C. M., « Il silenzio dei testimoni non cristiani su Gesù », CC 2 (1962) 341-349.

13482 LÉON-DUFOUR, X., *Les évangiles et l'histoire de Jésus,* 528 pp.

13483 SABOURIN, L., *Les noms et les titres de Jésus,* « Je suis le Chemin, la Vérité, la Vie », 65-70.

13484 POELMAN, R., « Du Christ à l'Église », VS 111 (1964) 436-452.

13485 BRUCKBERGER, R. L., *L'histoire de Jésus-Christ* (Paris, Grasset, 1965), 626 pp.

13486 TRILLING, W., *Fragen zur Geschichtlichkeit Jesu,* « Warum gibt es kein « Leben Jesu » ? » 26-42; « Fragen der Chronologie », 63-71; « Jesus und das Gesetz », 82-96.

13487 GUILLET, J., « Croissance de Jésus-Christ », CHR N° 14 (1967) 383-392.

13488 THOMA, C., « Leben-Jesu-Forschung im Sog des Journalismus », BiLit 41 (1968) 26-32.

13489 MUSSNER, F., « Christologische Homologese und evangelische Vita Jesu », dans *Zur Frügeschichte der Cristologie* (en collab.) (Herder, Freiburg i. B., 1970), 59-73.

Vigne. Vine. Weinstock. Vigna. Viña.

13490 GEORGE, A., « Gesù, la vite vera », BibOr 3 (1961) 121-125.

13491 SABOURIN, L., *Les noms et les titres de Jésus,* « La vigne », 104-109.

Divers. Miscellaneous. Verschiedenes. Diversi. Diversos.

13492 BLEIENSTEIN, H., « Der mystische Christus der Heiligen Schrift », GeistL 9 (1934) 193-209.

13493 TONDELLI, L., *Gesù, secondo San Giovanni* (Turino, Società Ed. Internazionale, 1943), 346 pp.

13494 MASURE, E., « La psychologie de Jésus et la métaphysique de l'Incarnation », AT 9 (1948) 5-20, 129-147, 311-312.

13495 LEBRETON, J., « Jésus-Christ », SDB IV, col. 966-1073.

13496 BONSIRVEN, J., *Les enseignements de Jésus-Christ*, « Psychologie profonde de Jésus-Christ », 422-428.

13497 BOISMARD, M.-É., « Le retour du Christ », LV Nº 11 (1953) 53-76.

13498 FISCHER, B., « Christ in the Psalms », TDig I (1953) 53-59.

13499 DUESBERG, H., *Jésus, prophète et docteur de la Loi*, « L'interprétation inspirée des Écritures par Jésus : l'achèvement des Écritures en Jésus », 36-37; « Divers textes », 37-82.

13500 VANDENBROUCKE, F., *Les Psaumes et le Christ* (Abbaye du Mont-César, Louvain, 1955), 108 pp.

13501 BENOIT, P., « Le problème de Jésus et la pensée de Jean Guitton », RB 63 (1956) 433-442, ou dans *Exégèse et théologie*, I, 97-111.

13502 GEORGE, A.,*Connaître Jésus-Christ* (Paris, Équipes Enseignantes, 1956), 128 pp.

13503 MUSSNER, F., « Le Christ, l'univers et l'Église selon F. Mussner », RB 63 (1956) 464-465, ou dans *Exégèse et théologie*, II, 163-164.

13504 BRINKTRINE, J., « Die Selbstaussage Jesu ʼΕγώ εἰμι », TGl 47 (1957) 34-36.

13505 DE GRANDMAISON, L., *La personne de Jésus et ses témoins* (Paris, Beauchesne, 1957), 263 pp.

13506 DE JULLIOT, H., « Jésus parmi les siens », BVC Nº 23 (1958) 13-21.

13507 SCHÜRMANN, H., « Die Sprache des Christus. Sprachliche Beobachtungen an den synoptischen Herrenworten », BZ 2 (1958) 54-84.

13508 SCHNACKENBURG, R., « Jesusforschung und Christusglaube », Catho 13 (1959) 1-17.

13509 ROOD, L. A., « Le Christ comme δύναμις θεοῦ », dans *Littérature et théologie pauliniennes* (en collab.), 93-108.

13510 ZIMMERMANN, H., « Das absolute ʼΕγώ εἰμι als die neutestamentliche Offenbarungsformel », BZ 4 (1960) 54-69, 266-276.

13511 DELBÔVE, R., « Le problème de Jésus. Les recherches d'aujourd'hui », BVC Nº 45 (1962) 69-84.

13512 GRELOT, P., « L'interprétation pénitentielle du lavement des pieds », dans *L'homme devant Dieu*. Mélanges H. de Lubac (en collab.), I, 75-91.

13513 GUILLET, J., *Jésus-Christ hier et aujourd'hui*, « L'Esprit en Jésus-Christ », 65-79.

13514 GUILLET, J., « Jésus-Christ pénitent », CHR Nº 10 (1963) 294-306.

13515 SABOURIN, L., *Les noms et les titres de Jésus*, « L'époux », 93-97; « La puissance et la sagesse de Dieu », 262-272.

13516 JUGLAR, J., « Le mystère caché en Dieu », VS 110 (1964) 656-672.

13517 SWAELES, R., « Jésus, nouvel Elie, d'après saint Luc », AS Nº 69 (1964) 41-66.

13518 WALSH, J., « The Patience of Christ », Way 5 (1965) 291-297.

13519 LACHENSCHMID, R., « Geheimnis unseres Christseins. Das Christuslied aus 1 Tim 3,16 », GeistL 39 (1966) 225-229.

13520 LAMARCHE, P., *Christ vivant,* « Le point de départ (de la christologie) », 21-23.

13521 METZGER, B. M., *Index to Periodical Literature on Christ and the Gospels* (Leiden, Brill, 1966), 23-602 pp.

13522 WRIGHT, J.H., « Christ, thè Amen of God », Way 6 (1966) 15-25.

13523 GUTWENGER, E., « Die Machterweise Jesu in formgeschichtlicher Sicht », ZKT 89 (1967) 176-190.

13524 ASHTON, J., « Jesus' Attitude to Religion », Way 9 (1969) 184-193.

13525 GALOT, J., « Il celibato sacerdotale alla luce del celibato di Cristo », CC 3 (1969) 364-372.

13526 BESSIÈRE, G., « Jésus, homme libre », VS 122 (1970) 534-540.

13527 BRO, B., « Jésus, notre précurseur sur la voie de la victoire », VS 122 (1970) 592-595.

13528 GUILLET, J., « La chasteté de Jésus-Christ », CHR N° 66 (1970) 163-176.

13529 VERDELLET, E., « Qui est Jésus-Christ ? » AS (n.s.) N° 33 (1970) 31-37.

CINQUIÈME PARTIE. PART FIVE. FÜNFTER TEIL. QUINTA PARTE.

THÈMES BIBLIQUES.
BIBLICAL THEMES.
BIBLISCHE THEMEN.
TEMI BIBLICI.
TEMAS BÍBLICOS.

Abandon. Abandonment. Ergebung. Abbandono. Abandono.

13530 PAUL-MARIE DE LA CROIX, P., *L'Ancien Testament source de vie spirituelle*³, « Un acte de confiance et d'abandon », 152-164; « Un épanouissement dans la confiance et l'abandon », 644-645.

13531 CAFFAREL, H., « Si Dieu nous donnait des maîtres de sa main », *L'Anneau d'Or* N° 59 (1954) 365-374.

Abel. Abele. Abel.

13532 DANIÉLOU, J., *Les saints païens de l'Ancien Testament,* Abel (Paris, Seuil, 1956), 39-54.

13533 McNAMARA, M., *The N. T. and the Palestinian Targum to the Pentateuch,* « Cain and Abel in the NT and PT », 156-160.

Abnégation. Abnegation. Abtötung. Abnegazione. Abnegación.

13534 DE GUIBERT, J., « Abnégation. I. Fondements scripturaires de l'abnégation chrétienne », DS I, col. 67-73.

13535 GAULTIER, A., « Analyse de l'abnégation chrétienne », RAM 33 (1957) 3-33.

13536 HAUSHERR, I., « Abnégation, renoncement, mortification », CHR N° 6 (1959) 182-195.

13537 BRUNNER, A., « Selbstverleugnung als Weg zur Selbstverwirklichung », GeistL 40 (1967) 12-22.

Abraham. Abramo.

13538 DHORME, É., « Abraham dans le cadre de l'histoire », RB 37 (1928) 367-385, 481-511; 40 (1931) 364-374, 503-518.

13539 PIROT, L., « Abraham », SDB I, col. 8-28.

13540 FERNANDEZ, A., « Benedicentur in semine tuo omnes gentes terrae (Gen. 22, 18) », VD 11 (1931) 161-164.

13541 FERNANDEZ, A., « Credidit Abraham Deo et reputatum est illi ad iustitiam (Gen. 14,6) », VD 11 (1931) 326-330.

13542 SCHNEIDER, N., « War Abraham Sumerer ? » Bibl 15 (1934) 135-147.

13543 CASPER, J., « Die tiefe Bedeutung Abraham », BiLit 13 (1938-1939) 190-191.

13544   COLACCI, M., « Il « Semen Abraham » nel V. e nel N. Testamento », Bibl 21 (1940)
        1-27.

13545   CERFAUX, L., « Abraham, « père, en circoncision, des Gentils » (*Rom.*, IV, 12) » dans
        Mélanges B. Podechard (en collab.), 57-62, ou dans *Recueil Lucien Cerfaux,* II, 333-338.

13546   DANIÉLOU, J., « Abraham et Joseph », *L'Anneau d'Or* Nᵒˢ 9-10 (1946) 85-88.

13547   SCHILLEBEECKX, H.-M., « Considérations autour du sacrifice d'Abraham », VS 75
        (1946) 45-59.

13548   MARITAIN, R., *Histoire d'Abraham ou les premiers âges de la conscience morale* (Paris,
        Desclée, 1947), 79 pp.

13549   GEORGE, A., « Le sacrifice d'Abraham. Essai sur les diverses intentions de ses
        narrateurs », dans *Études de critique et d'histoire religieuses* (Bibliothèque de la Faculté
        de Théologie Catholique de Lyon, 2) (Lyon, 1948), 99-110.

13550   DANIÉLOU, J., *Le mystère de l'Avent* (Paris, Seuil, 1948), « Abraham et l'alliance
        hébraïque », 29-59.

13551   DE FRAINE, J., « De chronologia Abrahae secundum documenta nuperrime effos-
        sa », VD 26 (1948) 104-109.

13552   GIL ULECIA, A., « Historicidad de Abraham », EstB 6 (1948) 456.

13553   BRILLET, G., « Abraham », *L'Anneau d'Or* Nᵒ 23 (1948) 305-308.

13554   CANTINAT, J., « Abraham à la lumière de l'Évangile », AT 11 (1950) 162-167.

13555   FEUILLET, A., « Abraham, notre père dans la foi », VS 83 (1950) 20-29.

13556   DANIÉLOU, J., *Sacramentum Futuri,* « La typologie du sacrifice d'Isaac », 97-111.

13557   OESTERREICHER, J. M., « Abraham Our Father », Wor 25 (1950-51) 559-573.

13558   *Abraham, père des croyants* (en collab.) dans *Cahiers sioniens* (Paris, Cerf, 1951), 140 pp.

13559   CHAINE, J., *Le livre de la Genèse,* « Abraham. Les récits », 175-294.

13560   VINCENT, L.-H., « Abraham à Jérusalem », RB 58 (1951) 360-371.

13561   PARSCH, P., « Die laufende Schriftlesung », BiLit 19 (1951-52) 135-141.

13562   PAUL-MARIE DE LA CROIX, P., *L'Ancien Testament source de vie spirituelle³,* « Les
        témoins privilégiés de la foi en Israël : Abraham », 578-584.

13563   VENARD, J., « Les siècles Bibliques : Our au siècle d'Abraham », CE Nᵒ 8 (1952)
        9-18.

13564   BOUYER, L., *La Bible et l'Évangile²,* « Parole, alliance, promesse », 11-38.

13565   MacKENZIE, R. A. F., « Before Abraham Was... », CBQ 15 (1953) 131-140.

13566   SCHNEIDER, N., « Die religiöse Umwelt Abrahams in Mesopotamien », dans
        Miscellanea Biblica B. Ubach (en collab.), 49-68.

13567   XXX, « Abraham, l'ancêtre de Jésus » (albums « Fêtes et saisons ») (Paris, Cerf, 1954),
        24 pp.

13568   BARSOTTI, D., *La parole de Dieu dans le mystère chrétien,* « Abraham, Moïse,
        Élie », 292-297.

13569   CERFAUX, L., *Le Christ dans la théologie de saint Paul²,* « La justice d'Abraham et
        le Christ », 160-169.

13570   GUILLET, J., *Thèmes bibliques,* 103-106, 190-193.

13571   JEANNE D'ARC, Sr, « Le sacrifice d'Abraham : de la paternité charnelle à la paternité
        spirituelle », VS 90 (1954) 227-239.

13572   JEANNE D'ARC, Sr, « Le sacrifice d'Abraham et le mystère pascal », VS 90 (1954)
        339-350.

13573   DHEILLY, J., *Le peuple de l'Ancienne Alliance* (Paris, Éd. de l'École, 1955),
        « L'Alliance de Dieu avec Abraham », 108-117.

13574 FRANSEN, I., « Abraham, père des croyants (Gen. 11,27-25,18) », BVC N° 10 (1955) 73-86.

13575 LÉCUYER, J., *Abraham, notre Père* (Paris, Cerf, 1955), 161 pp.

13576 O'CONNOR, E. D., « The Faith of Abraham and the Faith of the Virgin Mary », AmER 132 (1955) 232-238.

13577 CURLEY, F. X., « Sara, Mother of All Believers », AmER 135 (1956) 361-369.

13578 RASCO, E., « Migratio Abrahae circa annum 1650 », VD 35 (1957) 142-153.

13579 POELMAN, R., « Le thème du pèlerinage dans l'Ancien Testament. La route d'Abraham », LVit 13 (1958) 209-213.

13580 AMIOT, F., *Les idées maîtresses de saint Paul,* « Abraham et la justification par la foi », 62-67.

13581 BARTINA, S., « Jesus, el Cristo, ben David ben Abrahan Mt. 1,1 », (Los apellidos de la Biblia y su traducción al castellano), EstB 18 (1959) 375-393.

13582 DEISS, L., *Marie, fille de Sion,* « Marie, fille d'Abraham », 17-37.

13583 RAVINI, G., « Il tema dell'abbandono », BibOr 1 (1959) 135-138.

13584 DU BUIT, F. J., RAMLOT, M.-L., « Abraham, Père et modèle des croyants », CE N° 38 (1960) 5-90.

13585 CHARPENTIER, E., « Abraham, type du chrétien », BVC N° 46 (1962) 70-71.

13586 SCHILDENBERGER, J., « Abraham, der Vater unseres Glaubens », GeistL 35 (1962) 335-346.

13587 LE DÉAUT, R., *La nuit pascale,* « Abraham et le sacrifice d'Isaac », 133-208; « Place d'Abraham dans la tradition de l'A. T. », 100-110; « Abraham – Isaac en relation avec l'eschatologie », 258-261.

13588 BERGER, K., « Abraham in den paulinischen Hauptbriefen », MüTZ 17 (1966) 47-89.

13589 FORD, J. M., « You are « Abraham » and upon this Rock », TDig 15 (1967) 134-137.

13590 GUILLAUME, P.-M., « L'hospitalité d'Abraham (Gn 18, 1-10a) », AS (n.s.) N° 47 (1970) 64-69.

Accomplissement. Accomplishment. Erfüllung. Compimento. Cumplimiento.

13591 BOVER, J. M., *Three Studies from S. Paul,* « The Fulfilment of Christ », 86-112.

13592 DESCAMPS, A., *Les justes et la justice dans les évangiles et le christianisme primitif hormis la doctrine proprement paulinienne,* « L'accomplissement de la justice au baptême de Jésus (Mt. iii, 15) », 111-119; « L'accomplissement de la Loi et des prophètes (Mt. v, 17) », 119-134.

13593 SCHIERSE, F. J., *Verheissung und Heilsvollendung zur theologischen Grundfrage des Hebräerbriefes* (München, K. Zink, 1955), 16-219 pp.

13594 GROSS, H., « Zum Problem Verheissung und Erfüllung », BZ 3 (1959) 3-17.

13595 GRELOT, P., *Sens chrétien de l'Ancien Testament,* « Promesses et accomplissement », 388-403.

13596 McCARTHY, D. J., « The Fulfilment of the Promise », Way 2 (1962) 254-260.

13597 O'ROURKE, J. J., « John's Fulfilment Texts », SE 19 (1967) 434-443.

Action de grâces. Thanksgiving. Danksagung. Ringraziamento. Acción de Gracias.

13598 MOCSY, E., « De gratiarum actione in epistolis paulinis », VD 21 (1941) 193-201, 225-232.

13599 CERFAUX, L., *Une lecture de l'épître aux Romains* (Tournai-Paris, Casterman, 1947), « Action de grâces et nouvelles », 17-21.

13600 CHARITY, M., « Thanking for Harvests », Wor 23 (1948-49) 538-541.

13601 PAUL-MARIE DE LA CROIX, P., *L'Ancien Testament source de vie spirituelle³*, « Action de grâces. Louange », 209-217.

13602 NIEDER, L., *Die Motive der religiös-sittlichen Paränese in den paulinischen Gemeindebriefen*, « Der Gottesgedanke in der Motivation », 104-116.

13603 DE LAPRADE, P., « L'action de grâces chez saint Paul », CHR N° 16 (1957) 499-511.

13604 GUILLET, J., « L'action de grâces du Fils », CHR N° 16 (1957) 438-453.

13605 XXX, « Vocabulaire de l'action de grâce du N. T. », CE N° 30 (1958) 72-79.

13606 DRIJVERS, P., *Les Psaumes. Genres littéraires et thèmes doctrinaux*, « Les Psaumes d'action de grâces », 83-100.

13607 RIDOUARD, A., GOURBILLON, J. G., « Rendons grâces au Seigneur, 1. Saint Paul et l'Action de grâces (13-44); 2. Les autres écrits apostoliques (46-58); 3. L'action de grâces chrétienne dans l'Évangile (59-71) », CE N° 30 (1958) 1-71.

13608 SCHEDL, C., « Bund und Erwählung », ZKT 80 (1958) 493-515.

13609 GUILLET, J., *Jésus-Christ hier et aujourd'hui*, « L'action de grâces du Fils », 141-156.

13610 OECHSLIN, R.-L., « Vivre dans l'action de grâces », VS 112 (1965) 409-423.

13611 RIDOUARD, A., « Supplication et action de grâces », AS N° 67 (1965) 58-75.

13612 SPICQ, C., *Théologie morale du Nouveau Testament*, « Grâce-Gloire. Rendre grâces et rendre gloire », 110-164.

13613 VOGT, E., « Gratiarum actio Psalmi 40 », VD 43 (1965) 181-190.

13614 BEAUCAMP, É., DE RELLES, J.-P., *Israël attend son Dieu*, « Le nom de Yahvé et l'action de grâces d'Israël », 63-95.

Adam. Adamo. Adán.

13615 FERNANDEZ, A., « In te benedicentur universae cognationes terrae (Gen. 1,1-2, 3) », VD 11 (1931) 137-140.

13616 BURROWS, E., *The Gospel of the Infancy and other Biblical Essays*, « Speculations on the Doctrine of the two Adams », 111-117.

13617 ASENSIO, F., « De persona Adae et de peccato originali originante secundum Genesim », Greg 29 (1948) 464-526.

13618 BONSIRVEN, J., *L'Évangile de Paul*, « La figure du Christ : le premier homme », 103-106; « Le péché d'Adam », 107-124.

13619 BONSIRVEN, J., *Théologie du Nouveau Testament*, 277-284.

13620 PETERSON, E., « La libération d'Adam de l' ἀνάγκη », RB 55 (1948) 199-214.

13621 PRAT, F., *La théologie de saint Paul³⁸*, « Adam et le péché », I, 252-261.

13622 DANIÉLOU, J., *Sacramentum Futuri*, « Adam et le Christ dans l'Écriture Sainte », 3-12; « Adam et le Christ chez saint Irénée », 21-36; « Le sommeil d'Adam et la naissance de l'Eglise », 37-44.

13623 VÖGTLE, A., « Die Adam-Christus-Typologie und « Der Menschensohn » », TrierTZ 60 (1951) 309-328.

13624 PARSCH, P., « Die laufende Schriftlesung », BiLit 19 (1951-52) 135-141.

13625 PAUL-MARIE DE LA CROIX, P., *L'Ancien Testament source de vie spirituelle³*, « La Révélation au premier homme », 19-25.

13626 LUSSIER, E., « Adam in Gen 1,1-4,24 », CBQ 18 (1956) 137-139.

13627 VAN IMSCHOOT, P., *Théologie de l'Ancien Testament*, « Le péché du premier homme », II, 287-295.

13628 LAFONT, D. G., « Sur l'interprétation de Romains 5,15-21 », RSR 45 (1957) 481-513.

13629 BOURASSA, F., « Thèmes bibliques du baptême. Sens typique de la création de l'homme », SE 10 (1958) 407-411.

13630 MARIANI, B., « La persona di Adamo e il peccato originale secondo S. Paolo : Rom. 5,12-21 », Div 2 (1958) 486-519.

13631 DE FRAINE, J., *Adam et son lignage*, « Adam (et la personnalité corporative dans l'A. T.) », 113-134.

13632 LIGIER, L., *Péché d'Adam et péché du monde*, I, 322 pp.

13633 FONDEVILLA, J. M., « La gracia capital de Adán y la carta a los Romanos », EstE 37 (1962) 147-158.

13634 FONDEVILLA, J. M., « La gracia capital de Adán y el capítulo quinto de la carta a los Romanos », dans *Studiorum Paulinorum Congressus 1961* (en collab.), I, 289-300.

13635 SABOURIN, L., *Les noms et les titres de Jésus*, « Le dernier Adam », 211-219.

13636 ANDRIESSEN, P., « La nouvelle Ève, corps du nouvel Adam », dans *Aux origines de l'Église* (en collab.), 87-109.

13637 HAAG, H., *Biblische Schöpfungslehre und kirchliche Erbsündenlehre*, « Die Parallele Adam-Christus bei Paulus », 60-71.

13638 CAMBIER, J., *L'Évangile de Dieu selon l'épître aux Romains*, « Péché d'Adam et péchés des hommes », I, 204-250; « L'action des deux Adam (Rom.) 5,15-17 », I, 255-263.

13639 CHAZELLE, A., « Mortalité et immortalité corporelle du premier homme créé par Dieu ? » NRT 89 (1967) 1043-1068.

13640 REWAK, W. J., « Adam, Immortality and Human Death », SE 19 (1967) 67-79.

Adoption. Adozione. Adopción.

13641 LEBRETON, J., *Lumen Christi* (VS), « L'adoption divine », 73-78.

13642 BOISMARD, M.-É., *Le Prologue de saint Jean*, « Les enfants de Dieu » (Jean, 1,12-13), 162-164.

13643 BOUYER, L., *La Bible et l'Évangile²*, « L'adoption du Père et le don de l'Esprit », 209-226.

13644 LOCHET, L., « La vie filiale », VS 96 (1957) 451-478.

13645 ZEDDA, S., « L'adozione a figli di Dio », RivB 12 (1964) 413-418.

Adultère. Adultery. Ehebruch. Adulterio. Adúlterio.

13646 KORNFELD, W., « L'adultère dans l'Orient antique », RB 57 (1950) 92-109.

13647 VAN IMSCHOOT, P., *Théologie de l'Ancien Testament*, « L'adultère », II, 261-269.

Agapè. Agape. Liebe. Agape. Ágape.

13648 BOUYER, L., *Le mystère pascal*, « L'Agapè », 247-254.

13649 SPICQ, C., « Le verbe ἀγαπάω et ses dérivés dans le grec classique », RB 60 (1953) 372-397.

13650 SPICQ, C., « La morale de l'*Agapè* », LV Nº 21 (1955) 103-122.

13651 SPICQ, C., *Agapè. Prolégomènes à une étude de théologie néotestamentaire* (Studia Hellenistica). (Louvain, Nauwelaerts, 1955), 120 pp.

13652 SPICQ, C., « L'*Agapè* de I Cor. 13. Un exemple de contribution de la sémantique à l'exégèse néotestamentaire », ETL 31 (1955) 357-370.

Agneau. Lamb. Lamm. Agnello. Cordero.

13653 PORPORATO, F., « Ecce Agnus Dei (Joh. 1,29) », VD 10 (1930) 329-337.

13654 BOUYER, L., *Le mystère pascal,* « L'Agneau qui ôte les péchés du monde. L'Agneau qui porte les péchés du monde », 281-309; « L'Agneau immolé avant la création du monde », 348-352.

13655 JOÜON, P., « L'Agneau de Dieu », NRT 67 (1940) 318-321.

13656 LEAL, J., « Exegesis catholica de Agno Dei in ultimis viginti et quinque annis », VD 28 (1950) 98-109.

13657 GEORGE, A., « De l'agneau pascal à l'Agneau de Dieu », BVC N° 9 (1955) 85-90.

13658 GRELOT, P., PIERRON, J., « La nuit et les fêtes de Pâques », CE N° 21 (1956) 5-91.

13659 XXX, « Le Seigneur est mon Berger », CE N° 28 (1957) 5-77.

13660 LEMARIÉ, J., *La manifestation du Seigneur,* « Le baptême dans le Jourdain : l'agneau qui ôte les péchés du monde », 305-310.

13661 BOISMARD, M.-É., « Le Christ-Agneau rédempteur des hommes », LV N° 36 (1958) 91-104.

13662 DE LA POTTERIE, I., « Ecco l'Agnello di Dio », BibOr 1 (1959) 161-169.

13663 VIRGULIN, S., « Recent Discussion of the Title « Lamb of God » », SCR 13 (1961) 74-80.

13664 FÜGLISTER, N., *Die Heilsbedeutung des Pascha,* « Das Pascha-Lamm », 48-76.

13665 HOWELL, C., « The Lamb of God », Wor 37 (1963) 419-424.

13666 SABOURIN, L., *Les noms et les titres de Jésus,* « L'agneau », 162-166.

13667 SIMON, U., « The Poor Man's Ewe-Lamb. An Example of a Juridical Parable », Bibl 48 (1967) 207-242.

13668 AUGRAIN, C., « La vision de la foule innombrable (Ap 7,9.14b-17) », AS (n.s.) N° 25 (1969) 39-44.

Alliance. Bund. Alleanza. Alianza.

13669 RÉMY, P., *Contribution à l'étude des rapports entre l'Alliance et les valeurs morales païennes* (Lyon, Facultés catholiques, s.d.), 289 pp.

13670 VAN IMSCHOOT, P., « L'esprit de Jahvé et l'alliance nouvelle dans l'Ancien Testament », ETL 13 (1936) 201-220.

13671 CERFAUX, L., « Le privilège d'Israël selon saint Paul », ETL 17 (1940) 5-26, ou dans *Recueil Lucien Cerfaux,* II, 339-364.

13672 BOUYER, L., *Le mystère pascal,* « Les vigiles de la Nouvelle Alliance », 25-32; « Les sacrements de la Nouvelle Alliance », 78-93.

13673 CAZELLES, H., *Études sur le code de l'Alliance* (Paris, Letouzey et Ané, 1946), 198 pp.

13674 NOSTEN, R., « Abraham », VS 76 (1947) 280-291.

13675 DANIÉLOU, J., *Le mystère de l'Avent,* « Abraham et l'alliance hébraïque », 29-59; « Melchisédech et l'alliance cosmique », 60-78.

13676 SPICQ, C., « La théologie des deux alliances dans l'épître aux Hébreux », RSPT 33 (1949) 15-30.

13677 BOISMARD, M.-É., « La connaissance de Dieu dans l'alliance nouvelle d'après la première lettre de saint Jean », RB 56 (1949) 365-391.

13678 PRAT, F., *La théologie de saint Paul[38],* « Les deux alliances : le contraste des deux alliances; les obligations de la nouvelle alliance; consommation », I, 457-470.

13679 GELIN, A., *Les idées maîtresses de l'Ancien Testament[2],* « L'attente des biens « messianiques » et ses expressions majeures : la promesse, l'alliance, le royaume, le salut-rédemption », 27-36.

13680 ARNALDICH, L., « Los sectarios del Mar Muerto y su doctina sobre la « Alianza » », EstB 11 (1952) 359-398.

13681   CHAVASSE, A., « Du peuple de Dieu à l'Église du Christ », MD N° 32 (1952) 40-52.

13682   DEVESCOVI, U., « De divino foedere cum Patriarchis », Ant 27 (1952) 11-38, 223-252.

13683   LAMBERT, G., « Le Maître de justice et la Communauté de l'Alliance », NRT 74 (1952) 259-283.

13684   MACKE, C., « Pour comprendre l'Évangile lisez les livres de l'Ancien Testament. Alliance-Testament », CE N° 2 (1952) 35-36.

13685   PAUL-MARIE DE LA CROIX, P., *L'Ancien Testament source de vie spirituelle*[3], « Le Dieu de l'Alliance « Notre Dieu » ; le Dieu de nos Pères, le Dieu d'Israël », 240-262; « Le mystère de l'alliance », 476-488.

13686   VAN IMSCHOOT, P., « L'alliance dans l'Ancien Testament », NRT 74 (1952) 785-805.

13687   VIARD, A., « Le Coeur de Jésus et la nouvelle alliance », VS 86 (1952) 563-576.

13688   BOISMARD, M.-É., *Le Prologue de saint Jean,* « La nouvelle Alliance (Jean, 1,14-18) », 165-175.

13689   BOISMARD, M.-É., « Je ferai avec vous une alliance éternelle (Introduction à la première épître de saint Jean) », LV N° 8 (1953) 94-108.

13690   BOUYER, L., *La Bible et l'Evangile*[2], « Parole, alliance, promesse », 11-38.

13691   GUILLET, J., *Thèmes bibliques,* « Alliance », 42-49.

13692   VAN IMSCHOOT, P., *Théologie de l'Ancien Testament,* « L'alliance », I, 237-259; « Le peuple élu », I, 259-270.

13693   VAN IMSCHOOT, P., « Covenant in the Old Testament », TDig 2 (1924) 86-90.

13694   XXX, *Moïse, l'homme de l'Alliance* (en collab.), 408 pp.

13695   DHEILLY, J., *Le peuple de l'Ancienne Alliance*[2] (Paris, Éd. de l'École, 1955), « L'Alliance expliquée par les prophètes », 258-320; « L'Alliance vécue dans la patience », 366-436.

13696   GARCIA DE LA FUENTE, O., « Los contratos, en el Antiguo Testamento, comparados con los de Egipto, Asiria y Babilonia », EstB 14 (1955) 223-254.

13697   GUILLET, J., « Le sacerdoce de la Nouvelle Alliance », CHR N° 5 (1955) 10-28.

13698   BARUCQ, A., Prophétisme et eschatologie individuelle », VS 95 (1956) 407-420.

13699   FRANSEN, I., « Le message de l'alliance (Malachie 2,17-3,24) », BVC N° 16 (1956) 53-65.

13700   TROADEC, H.-G., « Aux confins des deux alliances », BVC N° 16 (1956) 19-32.

13701   VAN IMSCHOOT, P., *Théologie de l'Ancien Testament,* « L'alliance », II, 218-219.

13702   ZYENER, G., *Die theologische Begriffssprache im Buche der Weisheit* (Bonn, P. Hanstein, 1956), « Die Bundesvorstellung », 75-97.

13703   AUZOU, G., *La tradition biblique* (Paris, L'Orante, 1957), « L'Alliance divine », 73-94; « La nouvelle alliance », 363-398.

13704   FEUILLET, A., « L'universalisme et l'alliance dans la religion d'Amos », BVC N° 17 (1957) 17-29.

13705   DRIJVERS, P., *Les Psaumes. Genres littéraires et thèmes doctrinaux,* « L'ancienne et la nouvelle alliance », 175-183.

13706   FITZMYER, J. A., « The Aramaic Suzerainty Treaty from Sefire in the Museum of Beirut », CBQ 20 (1958) 446-476.

13707   HARVEY, J., « Collectivisme et individualisme (Ez. 18,1-32 et Jér. 31,29) », SE 10 (1958) 167-202.

13708   LESORT, P.-A., « L'alliance, c'est aujourd'hui », dans *Parole de Dieu et liturgie* (en collab.), 339-362.

13709   NEHER-BERNHEIM, R., « L'élection d'Israël », LV N° 37 (1958) 30-40.

13710   PORUBCAN, S., *Il Patto nuovo in Is. 40-66* (Roma, Pont. Istituto Biblico, 1958), 336 pp.

13711   ROTH, J., « Thèmes majeurs de la Tradition sacerdotale dans le Pentateuque : l'Alliance », NRT 80 (1958) 710-720

13712   SCHEDL, C., « Bund und Erwählung », ZKT 80 (1958) 493-514.

13713   DEVESCOVI, U., « La nuova alleanza in Osea », BibOr 1 (1959) 172-178.

13714   DEISSLER, A., « Micha 6,1-8 : Der Rechtsstreit Jahwes mit Israel um das rechte Bundesverhältnis », TrierTZ 68 (1959) 229-234.

13715   FRANSEN, I., « L'Alliance du Sinaï (Exode 19,1-40,38) », BVC N° 26 (1959) 19-28.

13716   KRUSE, H., « Novi foederis hora natalis », VD 37 (1959) 257-275, 321-335.

13717   COOKE, B., « Synoptic Presentation of the Eucharist as Covenant Sacrifice », TS 21 (1960) 1-44.

13718   DEVESCOVI, U., « Annotazioni sulla dottrina di Geremia circa la nuova alleanza », RivB 8 (1960) 108-128.

13719   VAN UNNIK, W. C., « La conception paulinienne de la nouvelle alliance », dans *Littérature et théologie paulinienne* (en collab.), 109-126.

13720   AUER, J., « Das Alte Testament in der Sicht des Bundesgedankens », dans *Lex tua Veritas* (en collab.), 1-15.

13721   ELORDUY, E., « La teología de la Alianza y la Escritura », EstE 36 (1961) 335-376.

13722   KUGELMANN, R., « This is my Blood of the New Covenant », Wor 35 (1961) 421-424.

13723   MORAN, W. L., « Moses und der Bundesschluss am Sinai », StiZ 170 (1961-1962) 120-133.

13724   ALONSO SCHÖKEL, L., « Motivos sapienciales y de alianza en Gn 2-3 », Bibl 43 (1962) 295-316.

13725   DEVESCOVI, U., « L'Alleanza con Levi », BibOr 4 (1962) 205.

13726   HARVEY, J., « Le « Rîb-Pattern », réquisitoire prophétique sur la rupture de l'alliance », Bibl 43 (1962) 172-196.

13727   L'HOUR, J., « L'Alliance de Sichem », RB 69 (1962) 5, 36, 161-184, 350-368.

13728   LOHFINK, N., « Der Bundesschluss im Land Moab. Redaktionsgeschichtliches zu Dt 28,69-32,47 », BZ 6 (1962) 32-56.

13729   DE VILLAPADIERNA, C., « La alianza en la Epístola a los Hebreos : Ensayo de nueva interpretación a Hebreos 9, 15-20 », EstB 21 (1962) 273-296.

13730   BARTHÉLEMY, D., *Dieu et son image,* « Un peuple condamné à la liberté », 89-108.

13731   COLLINS, R. F., « The Berith-Notion of the Cairo Damascus Covenant and its comparison with the New Testament », ETL 39 (1963) 555-594.

13732   COPPENS, J., « La Nouvelle Alliance en Jér 31,31-34 », CBQ 25 (1963) 12-21.

13733   DE VILLAPADIERNA, C., « ¿ Alianza o testamento ? Ensayo de nuevo interpretación a Hebreos 9, 15-20 », dans *Studiorum Paulinorum Congressus 1961* (en collab.), II, 153-160.

13734   DIDIER, R., « L'intériorisation de l'Alliance dans l'Esprit », AS N° 51 (1963) 88-109.

13735   FÜGLISTER, N., *Die Heilsbedeutung des Pascha,* « Pascha und Bund », 233-249.

13736   GALOPIN, P.-M., « La vocation surnaturelle des hommes », AS N° 74 (1963) 50-66.

13737   GUILLET, J., *Jésus-Christ hier et aujourd'hui,* « Le sacerdoce de la Nouvelle Alliance », 171-188.

13738   LE DÉAUT, R., *La nuit pascale,* « Exode – Pâque – Alliance », 76-87; « Moïse – Alliance mosaïque et alliance nouvelle », 122-124; « Renouvellement de l'alliance », 124-127.

13739 LOHFINK, N., « Die Bundesurkunde des Königs Josias. Eine Frage an die Deute-ronomiumsforschung », Bibl 44 (1963) 261-288, 461-498.

13740 RYAN, M. R., « Baptism and the New Covenant », Wor 37 (1963) 598-604.

13741 CHAMBLOT, P.-T., « L'Église pérégrinante. La nouvelle et éternelle alliance », VS 111 (1964) 561-586.

13742 HILLERS, D. R., Treaty-Curses and the Old Testament Prophets (Rome, Pont. Biblical Institute, 1964), XIX-101 pp.

13743 LAVERDIÈRE, E. A., « Covenant Morality », Wor 38 (1964) 240-246.

13744 ROBERGE, M., « Théologie de l'Alliance sinaïtique dans le Deutéronome », RUO 34 (1964) 100*-119*, 164*-199*.

13745 SCHARBERT, J., Heilsmittler im alten Testament und im Alten Orient (Freiburg, Basel, Wien, Herder, 1964), 348 pp.

13746 SCHID, R., Das Bundesopfer in Israel. Wesen, Ursprung und Bedeutung der alttestamentlichen Schelamim (München, Kösel, 1964), 140 pp.

13747 ALONSO SCHÖKEL, L., « Sapiential and Covenant Themes in Genesis 2-3 », TDig 13 (1965) 3-10.

13748 COPPENS, J., « L'Église, nouvelle alliance de Dieu avec son peuple », dans Aux origines de l'Église (en collab.), 13-21.

13749 COPPENS, J., « L'Eucharistie. Sacrement et sacrifice de la nouvelle alliance. Fondement de l'Église », dans Aux origines de l'Église (en collab.), 125-158.

13750 GONZALEZ NUÑEZ, A., « El Rito de la Alianza », EstB 24 (1965) 217-238.

13751 McCARTHY, D. J., « Covenant in the Old Testament : The Present State of In-quiry », CBQ 27 (1965) 217-240.

13752 MORIARTY, F. L., « Prophet and Covenant », Greg 46 (1965) 817-833.

13753 NÖTSCHER, F., « Bundesformular und « Amtsschimmel ». Ein kritischer Über-blick », BZ 9 (1965) 181-214.

13754 PENNA, A., « Διαθήκη e συνθήκη nei libri dei Maccabei », Bibl 46 (1965) 149-180.

13755 WAMBACQ, B. N., Instituta Biblica, « De tabernaculo Foederis », I, 30-64.

13756 WEINFELD, M., « Traces of Assyrian Treaty Formulae in Deuteronomy », Bibl 46 (1965) 417-427.

13757 BLENKINSOPP, J., « Are there Traces of the Gibeonite Covenant in Deuterono-my ? » CBQ 28 (1966) 207-219.

13758 HARVEY, J., « Le peuple de Dieu, sacrement du dessein de Dieu », LTP 22 (1966) 89-108.

13759 L'HOUR, J., La morale de l'Alliance, 128 pp.

13760 McCARTHY, D. J., Der Gottesbund im Alten Testament. Ein Bericht über die Forschung der letzten Jahre (Stuttgart, Katholisches Bibelwerk, 1966), 96 pp.

13761 MUÑOZ IGLESIAS, S., « La condenacion profética de la politica de pactos y su vigencia para el pueblo del N. T. », EstB 25 (1966) 41-73.

13762 SWETNAM, J., « Diathèkè in the Septuagint Account of Sinai : A Suggestion », Bibl 47 (1966) 438-444.

13763 VANHOYE, A., « De instauratione novae dispositionis (Heb 9,15-23) », VD 44 (1966) 113-130.

13764 HARVEY, J., Le plaidoyer prophétique contre Israël après la rupture de l'alliance, 188 pp.

13765 LOHFINK, N., « Relievi sulla tradizione dell'alleanza con i Patriarchi », RivB 15 (1967) 393-406.

13766 LOSS, N. M., « Il significato di Ex 19,3b-6 come tema e preambolo della portata religiosa dei fatti del Sinai », Sal 26 (1967) 669-694.

13767   MOST, W. G., « A Biblical Theology of Redemption in a Covenant Framework », CBQ 29 (1967) 1-29.

13768   RÉMY, P., « Peine de mort et vengeance dans la Bible », SE 19 (1967) 323-350.

13769   VRIEZEN, T., « Exode xx, 2, introduction au Décalogue : formule de la loi ou d'alliance », dans *Aux grands carrefours de la révélation et de l'exégèse de l'A. T.* (en collab.), 35-50.

13770   DUESBERG, H., « Comment, selon l'Écriture, Dieu mène le monde. Les Alliances ou l'économie des interventions divines », BVC N° 80 (1968) 21-28.

13771   GUILLEN TORRALBA, J., « El Dios de la Alianza y el Dios cósmico », EstB 27 (1968) 315-331.

13772   GARCIA CORDERO, M., « La noción de « Alianza » en el Antiguo Testamento », Salm 16 (1969) 233-274.

13773   GARCIA DE LA FUENTE, O., « El cumplimiento de la Ley en la nueva alianza según los profetas », EstB 28 (1969) 293-312.

13774   GONZALEZ LAMADRID, A., « Pax et bonum. « Shalom » y « tob » en relacion con « berit » », EstB 28 (1969) 61-78.

13775   LOHFINK, N., « Dt 26,17-19 und die « Bundesformel » », ZKT 91 (1969) 517-553.

13776   PLUTA, A., *Gottes Bundestreue* (Stuttgart, Katholisches Bibelwerk, 1969), 128 pp.

13777   SISTI, A., « Le duo alleanze », BibOr 11 (1969) 25-32.

13778   VOLKWEIN, B., « Masoretisches edut, edwot, edot - « Zeugnis » oder « Bundesbestimmungen » ? » BZ 13 (1969) 18-40.

13779   BAENA, G., « La terminología de la Alianza », EstB 29 (1970) 5-54.

13780   BEAUCHAMP, P., « Propositions sur l'alliance de l'Ancien Testament comme structure centrale », RSR 58 (1970) 161-194.

13781   FÜGLISTER, N., « La nouvelle Alliance (Jr 31,31-34) », AS (n.s.) N° 18 (1970) 28-35.

13782   KRINETZKI, L., *L'alliance de Dieu avec les hommes* (Paris, Cerf, 1970), 144 pp.

13783   KUTSCH, E., « « Bund » und Fest », TQ 150 (1970) 299-320.

13784   ROETZEL, C. J., « Διαθηκαι in Romans 9,4 », Bibl 51 (1970) 377-390.

Âme. Soul. Seele. Anima. Alma.

13785   PRAT, F., *La théologie de saint Paul*[38], « Langue psychologique de saint Paul : notion du mot *âme* », II, 489-490.

13786   SUTCLIFFE, E. F., « The Human Soul in Gen. 2, 7 ? » SCR 5 (1952) 47-48.

13787   DELCOR, M., « L'immortalité de l'âme dans le Livre de la Sagesse et dans les documents de Qumrân », NRT 77 (1955) 614-630.

13788   VAN IMSCHOOT, P., *Théologie de l'Ancien Testament,* « L'âme (nephes) », II, 16-26.

13789   CAMPOS, J., « « Anima » y « ánima » en el N. T. : su desarrollo semàntico », Salm 4 (1957) 585-601.

13790   SCHARBERT, J., *Fleisch, Geist und Seele im Pentateuch.* Ein Beitrag zur Anthropologie der Pentateuchquellen (Stuttgart, Katholisches Bibelwerk, 1966), 88 pp.

13791   SCHILLING, O., *Geist und Materie in biblischer Sicht,* « Nefes ist nicht « unsterbliche Seele » », 35-42.

Amour. Love. Liebe. Amore. Amor.

Amour de Dieu pour les hommes. Love of God for Men. Liebe Gottes den Menschen gegenüber. Amore di Dio per gli uomini. Amor de Dios por los hombres.

13792   AB ALPE, A., « Dei amor erga homines in Vetere Testamento », VD 22 (1942) 233-239.

13793   CLOSEN, G., « Das Herz des Erlösers in den heiligen Schriften des Alten Bundes », GeistL 18 (1943) 17-30.

13794   DE HEPPEGER, G., « Nota ad articulum « De amore Dei erga homines » », VD 23 (1943) 30.

13795   NICOLAS, J.-H., « L'incarnation de l'amour », VS 71 (1944) 515-529.

13796   HUBY, J., *Mystiques paulinienne et johannique,* « La mystique johannique : Dieu est amour », 145-154.

13797   BONSIRVEN, J., *Les enseignements de Jésus-Christ,* « Dieu-Amour, Dieu-Père », 131-135.

13798   HUM, J. M., « La manifestation de l'amour selon saint Jean », VS 88 (1953) 227-253.

13799   BARSOTTI, D., *Vie mystique et mystère liturgique,* « L'Esprit : la révélation de l'amour », 300-309; « La charité, c'est Dieu », 327-330.

13800   GUILLET, J., *Thèmes bibliques,* « Amour en Dieu » (la vigne), 204-207.

13801   VAN IMSCHOOT, P., *Théologie de l'Ancien Testament,* « L'amour de Dieu », I, 80-85.

13802   XXX, « Le Seigneur est mon Berger », CE Nº 28 (1957) 5-77.

13803   LEFÈVRE, A., « Les révélations de l'amour de Dieu dans l'Ancien Testament », CHR Nº 15 (1957) 313-331.

13804   DEVILLE, C., « L'évangéliste du Sauveur (saint Luc) : Luc, évangéliste de l'amour miséricordieux », CE Nº 26 (1957) 39-46.

13805   ROSETTI, G., « L'amour de Dieu pour nous », VS 98 (1958) 34-63.

13806   ROMANIUK, K., *L'amour du Père et du Fils dans la sotériologie de saint Paul,* 336 pp.

13807   SCHEDL, C., « « Hesed 'èl » in Psalm 52 (51) 3 », BZ 5 (1961) 259-260.

13808   BLATTER, T., *Macht und Herrschaft Gottes.* Eine bibeltheologische Studie, « Die Liebe », 127-134.

13809   XXX, « Scripture Reading : The Revelation of Divine Love », Way 4 (1964) 143-146.

13810   McKENZIE, J. L., « An Everlasting Love », Way 4 (1964) 87-99.

13811   McCARTHY, D. J., « Notes on the Love of God in Deuteronomy and the Father-Son Relationship between Yahweh and Israel », CBQ 27 (1965) 144-147.

13812   CIPRIANI, S., « Dio è amore. La dottrina della carità in S. Giovanni », ScuolC 94 (1966) 214-231.

13813   GUILLAUME, M., « La tendresse de Dieu : une tendresse maternelle; sous le péché d'Israël; au retour de l'exil; l'exil; le Nouveau Testament », CE Nº 62 (1966) 7-59.

13814   JACQUEMIN, E., « La charité de Dieu qui est dans le Christ Jésus », AS Nº 56 (1967) 47-65.

13815   BEHLER, G.-M., « Nous avons cru en l'amour (1 Jn 4,16) », VS 119 (1968) 296-318.

Amour des hommes pour Dieu. Love of Men for God. Liebe der Menschen Gott gegenüber.
Amore degli uomini per Dio. Amor de los hombres por Dios.

13816   LAGRANGE, M.-J., *La morale de l'Évangile,* « La morale de l'Évangile a pour loi suprême l'amour de Dieu », 203-220.

13817   LAGRANGE, M.-J., « L'amour de Dieu, loi suprême de la morale de l'Évangile », VSS 26 (1931) 1-16.

13818   PATAVINUS, A., « Diliges Dominum Deum tuum... », VD 15 (1935) 161-163.

13819   LOUVEL, F., « Dans la familiarité de Dieu », VS 55 (1938) 225-236.

13820   DESROCHES, H.-C., « Pour l'amour de Dieu. Témoignage de saint Paul », VS 76 (1947) 903-909.

13821   LEBRETON, J., *Tu solus Sanctus,* « L'union de l'âme avec Dieu », 119-134.

13822   DUPONT, J., *Gnosis.* La connaissance religieuse dans les épîtres de saint Paul, « Gnosis et agapè », 379-417; « Connaître l'amour du Christ », 419-528.

13823   PLÉ, A., « Tu aimeras », VSS 4 (1951) 123-132.

13824   PLÉ, A., « La loi royale », VSS 4 (1951) 226-240.

13825   WARNACH, V., *Agape.* Die Liebe als Grundmotiv der neutestamentlichen Theologie (Düsseldorf, Patmos, 1951), 756 pp.

13826   PAUL-MARIE DE LA CROIX, P., *L'Ancien Testament source de vie spirituelle*[3], « L'union d'amour », 515-531.

13827   BOUYER, L., *La Bible et l'Évangile*[2], « Le Dieu de sainteté et la religion du coeur (Isaïe et Jérémie) », 73-94.

13828   XXX, « Tu aimeras », CE N° 15 (1954) 5-55.

13829   LEFÈVRE, A., « Service et amour de Dieu », CHR N° 2 (1954) 6-20.

13830   SPICQ, C., « Die Liebe als Gestaltungsprinzip der Moral in den synoptischen Evangelien », FreibZ 1 (1954) 394-410.

13831   BRUNOT, A., *Le génie littéraire de saint Paul*, « La possession du plus grand amour », 101-129.

13832   SALET, G., « Amour de Dieu, charité fraternelle », NRT 77 (1955) 3-26.

13833   BARROSSE, T., « The Relationship of Love to Faith in St. John », TS 18 (1957) 538-559.

13834   AUDET, J.-P., « Love and Marriage in the Old Testament », SCR 10 (1958) 65-83.

13835   SPICQ, C., « Notes d'exégèse johannique. La charité est amour manifeste », RB 65 (1958) 358-370.

13836   XXX, « Écoute Israël (Le Deut. dans l'histoire; le Code deutéronomique et les autres ensembles législatifs de l'A. T.; le Deutéronome et l'amour », CE N° 39 (1960) 5-94.

13837   DUPONT, J., « Imiter la charité du Christ », AS N° 4 (1961) 13-34.

13838   BARTHÉLEMY, D., « Le Dieu jaloux et l'époux trompé », VS 106 (1962) 545-563.

13839   DEWAILLY, L.-M., *La jeune Église de Thessalonique*, « La foi, l'amour, l'espérance », 87-109.

13840   MORAN, W. L., « The Ancient Near Eastern Background of the Love of God in Deuteronomy », CBQ 25 (1963) 77-87.

13841   RENAUD, B., *Je suis un Dieu jaloux.* Étude d'un thème biblique, 160 pp.

13842   SPANNEUT, M., « L'amour, de l'hellénisme au christianisme », MSR 20 (1963) 5-19.

13843   COPPENS, J., « La doctrine biblique sur l'amour de Dieu et du prochain », ETL 40 (1964) 252-299.

13844   LAZURE, N., *Les valeurs morales de la théologie johannique* (EB) (Paris, Gabalda, 1965), « L'*agapè* », 207-252.

13845   LOHFINK, N., « Il « comandamento primo » nell'Antico Testamento », BibOr 7 (1965) 49-60.

13846   SPICQ, C., *Théologie morale du Nouveau Testament*, « Aimer Dieu et le prochain, c'est toute la Loi et les Prophètes », 481-566; « Le visage sans ride de l'amour dans l'Église chrétienne », 781-815.

13847   HASPECKER, J., *Gottesfurcht bei Jesus Sirach.* Ihre religiöse Struktur and ihre literarische und doktrinäre Bedeutung, « Gottesfurcht und Gottesliebe », 281-312.

13848   GAIDE, G., « L'amour de Dieu en nous (Ph 1,4-6.8-11) », AS (n.s.) N° 6 (1969) 62-69.

13849   DU BUIT, M., « Aimer Dieu seul (Dt 6,2-6) », AS (n.s.) N° 62 (1970) 40-45.

13850   MANNUCCI, V., « Amour de Dieu et foi de l'homme (Jn 3,14-21) », AS (n.s.) N° 17 (1970) 40-50.

Amour du prochain. Love of Neighbor. Nächstenliebe. Amore del prossimo. Amor al prójimo.

13851   OGARA, F., « Nemini quidquam debeatis, nisi ut invicem diligatis », VD 15 (1935) 41-47.

13852   BONSIRVEN, J., *Les enseignements de Jésus-Christ,* « Fils de Dieu : envers les frères », 172-208.

13853 BONSIRVEN, J., *Théologie du Nouveau Testament*, « Amour filial », 130-131; « Les devoirs des enfants de Dieu envers leurs frères », 137-148.

13854 PAUL-MARIE DE LA CROIX, P., *L'Ancien Testament source de vie spirituelle*³, « La loi d'amour et de fidélité », 167-170; « Le grand commandement », 171-182; « Le précepte royal de l'amour du prochain », 218-224; « Les deux aspects de l'amour du prochain », 224-239.

13855 XXX, « Tu aimeras », CE N° 15 (1954) 5-55.

13856 XXX, « L'Ancien Orient et l'amour du prochain », CE N° 15 (1954) 57-66.

13857 GRELOT, P., « L'Ancien Orient connaissait-il l'amour du prochain ? » CE N° 15 (1954) 57-66.

13858 SCHLIER, H., *Die Zeit der Kirche*, « Über die Liebe. 1 Kor. 13 », 186-193.

13859 VAN IMSCHOOT, P., *Théologie de l'Ancien Testament*, « L'amour du prochain », II, 220-223.

13860 BESNARD, A.-M., « Qui est mon prochain ? » LV N° 44 (1959) 37-57.

13861 SINT, J., « Dienet einander durch die Liebe (Gal 5, 13) », BiLit 37 (1963-64) 213-216.

13862 GRAIL, A., « L'amour du prochain, essai de théologie biblique », dans *L'amour du prochain* (en collab.) (Paris, Cerf, 1964), 11-31.

13863 PLÉ, A., « Textes de l'Écriture sur la charité fraternelle », dans *L'amour du prochain* (en collab.) (Paris, Cerf, 1964), 63-113.

13864 RAMLOT, M.-L., « L'amour du prochain, gage de notre amour du Christ », dans *L'amour du prochain* (en collab.) (Paris, Cerf, 1964), 33-62.

13865 FÉRET, H.-M., « L'amour fraternel vécu en Église et le signe de la venue de Dieu », Conci N° 29 (1967) 19-36.

13866 En collaboration, « Pour trouver sa vie », AS (n.s.) N° 44 (1969) 21-24.

13867 ERNST, J., « Die Einheit von Gottes- und Nächstenliebe in der Verkündigung Jesu », TGl 60 (1970) 3-14.

13868 L'HOUR, J., « « Tu aimeras ton prochain comme ⁺oi-même » (Lv 19,1-2.17-18) », AS (n.s.) N° 38 (1970) 6-18.

Amour du Christ. Love of Christ. Liebe Christi. Amore del Cristo. Amor a Cristo.

13869 AHERN, B., « The Charity of Christ », Way 4 (1964) 100-109.

13870 JEAN-NESMY, C., « Les amitiés du Christ », VS 110 (1964) 673-686.

13871 LEVIE, J., « Le plan d'amour divin dans le Christ selon saint Paul », dans *L'homme devant Dieu*. Mélanges H. DE LUBAC (en collab.), I, 159-167.

13872 CIPRIANI, S., « L'amour du Christ et la vie en lui », AS (n.s.) N° 43 (1969) 35-41.

Ancien Testament et amour. Old Testament and Love. Liebe im Alten Testament. Antico Testamento e amore. Antiguo Testamento y amor.

13873 DUBARLE, A.-M., « L'amour humain dans le Cantique des Cantiques », RB 61 (1954) 67-86.

13874 G. G., L. S., « L'Époux et l'Épouse », CE N° 18 (1955) 5-77.

13875 AUDET, J.-P., « Love and Marriage in the Old Testament », SCR 10 (1958) 65-83.

13876 FLORIVAL, É., « De tout ton coeur », BVC N° 40 (1961) 47-64.

13877 LOHFINK, N., « Hate and Love in Osee 9,15 », CBQ 25 (1963) 417.

13878 LOHFINK, N., « Mandatum magnum in Dtn 5-11 », VD 41 (1963) 73-77.

13879 LORETZ, O., « Zum Problem des Eros im Hohenlied », BZ 8 (1964) 191-216.

13880 SCHILDENBERGER, J., « « Drum schlägt ihm mein Herz – Ich muss mich seiner erbarmen » (Jer 31,20). Vom Inneleben Gottes im Licht des Alten Testamentes », GeistL 36 (1963) 163-178.

Nouveau Testament et amour. New Testament and Love. Liebe im Neuen Testament.
Nuovo Testamento e amore. Nuevo Testamento y amor.

13881 BONSIRVEN, J., *Théologie du N. T.,* « Les devoirs des enfants de Dieu envers leurs frères », 137-147.

13882 KOTHES, H., « Die Ehe im Neuen Testament », TGl 41 (1951) 266-270.

13883 BAUER, J. B., « Die Ehe bei Musonius und Paulus », BiLit 23 (1955-56) 8-13.

13884 SPICQ, C., *Agapè.* Prolégomènes à une étude de théologie néotestamentaire (Louvain, Nauwelaerts, 1955), 12-227 pp.

13885 NIEDER, L., *Die Motive der religiös-sittlichen Paränese in den paulinischen Gemeindebriefen,* 46-65.

13886 SCHLIER, H., *Die Zeit der Kirche,* « Über die Liebe. – 1 Kor. 13 », 186-193.

13887 SCHNEIDER, O., « Wer ist mein Nächster ? » BiLit 25 (1957-58) 252-254.

13888 MAIWORM, J., « Leibespflege im Evangelium », TGl 47 (1957) 289-295.

13889 BARROSSE, T., « Christianity : Mystery of Love », CBQ 20 (1958) 137-172.

13890 CERESA-GASTALDO, A., « « Agape » nel Nuovo Testamento », ScuolC 86 (1958) 449-452.

13891 GONZALEZ RUIZ, J. M., « Sentido comunitario-eclesial de algunos sustantivos abstractos en San Pablo », EstB 17 (1958) 289-322.

13892 ROUSTANG, F., « L'amour universel dans le Christ et l'Esprit », CHR N° 5 (1958) 222-238.

13893 SPICQ, C., « Notes d'exégèse johannique. – La charité est amour manifeste », RB 65 (1958) 358-370.

13894 SPICQ, C., *Agapè dans le Nouveau Testament.* Analyse des textes (EB) (Paris, Gabalda, 1958-59), 336, 412, 368 pp.

13895 RAMLOT, M.-L., « Le nouveau commandement de la nouvelle alliance ou alliance et commandement », LV N° 44 (1959) 9-36.

13896 SPICQ, C., « Les composantes de la notion d'*agapè* dans le N.T. », dans *Sacra Pagina* (en collab.), II, 440-455.

13897 MAERTENS, T., « Aimez-vous dans le Seigneur (Col 3,12-17) », AS N° 14 (1961) 13-24.

13898 WÜRZINGER, A., « Die Liebe bei Johannes », BiLit 35 (1961-62) 3-6.

13899 FLORIVAL, É., « Seigneur, apprends-nous à aimer ! » BVC N° 46 (1962) 54-69.

13900 LYONNET, S., « Théologie de l'Agapè », Bibl 44 (1963) 93-96.

13901 GUILLEN TORRALBA, J., « La caridad en San Pablo », EstB 23 (1964) 295-318.

13902 CASTELLINO, G., « Il Sacerdote e il Levita nella parabola del buon samaritano », Div 9 (1965) 134-140.

13903 MUSSNER, F., ΖΩΗ. *Die Anschauung vom « Leben » im vierten Evangelium,* « ΖΩΗ₇ als Wesensgesetz der johanneischen Lebensmystik. Ihr *ethischer* Grundzug », 158-164.

13904 NAUMANN, P. S., « The Presence of Love in John's Gospel », Wor 39 (1965) 369-371.

13905 PANZARELLA, A. C., « Teaching the New Commandment », Wor 39 (1965) 20-28.

13906 DELHAYE, P., « Dossier néo-testamentaire de la charité. « Reine des vertus » », SMR 9 (1966) 155-175.

13907 NAVONE, J. J., « Love in the Message of Paul », Wor 40 (1966) 437-444.

13908 PESCH, W., *Matthäus der Seelsorger,* « Von den Kindern und den Kleinen », 17-33; « Von der Bruderliebe », 35-48; « Matthäus der Seelsorger », 67-76.

13909 RAUSCH, J., « The Principle of Nonresistance and Love of Enemy in Mt 5, 38-48 », CBQ 28 (1966) 31-41.

13910 SISTI, A., « La legge dell'amore », BibOr 8 (1966) 60-69.

13911 BURKE, P., « God and my Neighbor », Wor 41 (1967) 161-173.

13912 DELHAYE, P., « La « correctio fraterna » », SMR 10 (1967) 117-140.

13913 KUSS, O., *Auslegung und Verkündigung,* « Die Liebe im Neuen Testament », II, 196-234.

13914 STÖGER, A., « Armut und Ehelosigkeit – Besitz und Ehe der Jünger nach dem Lukesevangelium », GeistL 40 (1967) 43-59.

13915 BOUET-DUFEIL, E., « L'amitié dans l'Évangile », VS 118 (1968) 642-660.

13916 COPPENS, J., « *Agapè* et *Agapân* dans les lettres johanniques », ETL 45 (1969) 125-127.

13917 LYONNET, S., « Foi et charité chez saint Paul », CHR N° 61 (1969) 107-120.

13918 SISTI, A., « La pratica della carita fraterna », BibOr 11 (1969) 189-196.

13919 SPICQ, C., *Les épîtres pastorales,* « La philanthropie hellénistique, vertu divine et royale », 657-676.

13920 BOURGIN, C., « L'Église, fraternité dans l'amour divin », AS (n.s.) N° 27 (1970) 24-29.

13921 CASABO SUQUE, J. M., *La teología moral en San Juan* (Madrid, Fax, 1970), « El término clave : la caridad », 377-404.

13922 DHANIS, É., « Le message évangélique de l'amour et l'unité de la communauté humaine », NRT 92 (1970) 180-193.

13923 GHIBERTI, G., « Demeurez en mon amour », AS (n.s.) N° 27 (1970) 50-62.

13924 RUIZ ANDREU, E., « San Juan en nuestros días. Agape y caridad », Manr 42 (1970) 125-130.

13925 SCHLIER, H., « Die Bruderliebe nach dem Evangelium und den Briefen des Johannes », dans *Mélanges bibliques* en hommage au R. P. Béda Rigaux (en collab.), 235-245.

Divers. Miscellaneous. Verschiedenes. Diversi. Diversos.

13926 GESLIN, C., *L'amour selon la nature et dans le monde de la grâce* (Séez, Orne, 1938), 128 pp.

13927 LILLY, J. L., « The Sacred Duty of Hating and Imprecating », AmER 115 (1946) 271-277.

13928 CHARLIER, C., « Pensée et Amour chez le Sémite », BVC N° 4 (1953) 100-108.

13929 FEUILLET, A., *Le Cantique des Cantiques,* « La doctrine d'amour du Cantique et son influence. Sa merveilleuse profondeur. Ses imperfections », 117-139.

13930 XXX, « L'époux et l'épouse », CE N° 18 (1955) 5-78.

13931 LAMBERT, G., « Le Cantique des Cantiques, poème de l'Amour », *L'Anneau d'Or* N° 72 (1956) 495-505.

13932 LOCHET, L., « Autorité et amour dans la vie conjugale » (vue biblique), *L'Anneau d'Or* N° 68 (1956) 108-121.

13933 BONSIRVEN, J., *Le règne de Dieu,* « Le primat de l'amour », 100-109; « Devoirs élémentaires envers le prochain », 110-116; « Charité héroïque », 116-123; « Coeurs purs. Primat de l'intérieur », 123-143.

13934 BARROSSE, T., « Christianity : Mystery of Love. An Essay in biblical Theology », CBQ 20 (1958) 137-172.

13935 GRELOT, P., *Le couple humain dans l'Écriture,* 112 pp.

13936 GRELOT, P., « Amour et fidélité. Le témoignage de l'Écriture », LV N° 60 (1962) 3-20.

13937 DUBARLE, A.-M., *Amour et fécondité dans la Bible,* 103 pp.

13938 GNILKA, J., « Zur Liebe befreit », BiLeb 8 (1967) 145-148.

13939 HUGHES, I., « The Demands of Love », Way 7 (1967) 289-299.

13940 MEHLMANN, J., « Minus quam inter duos caritas haberi non potest », VD 45 (1967) 97-103.

13941 WHELAN, J., « Faith and Hope and Love », Way 8 (1968) 251-259.

13942 GIBLET, J., « Le lexique chrétien de l'amour », RTL 1 (1970) 333-337.

13943 MIGUENS, M., « Amour, alpha et omega de l'existence (Mc 12,28-34) », AS (n.s.) N° 62 (1970) 53-62.

Anciens. Ancients. Älteste. Anziani. Antepasados.

13944 McKENZIE, J. L., « The Elders in the Old Testament », Bibl 40 (1959) 522-540.

13945 VAN DER PLOEG, J., « Les anciens dans l'A. T. », dans Lex tua Veritas (en collab.), 175-191.

Anges. Angels. Engel. Angeli. Ángeles.

13946 TOUZARD, J., « Ange de Yahweh », SDB I, col. 242-255.

13947 LEMONNYER, A., « Angélologie chrétienne », SDB I, col. 255-262.

13948 MEZZACASA, I., « Propter angelos (I Cor. 11,10) », VD 11 (1931) 39-42.

13949 SUYS, A., « De « Angelis » apud veteres Aegyptios », VD 13 (1933) 347-351, 371-378.

13950 VENTURA, J., « Our Guardian Angels », AmER 94 (1936) 27-32.

13951 MICHL, J., Die Engelvorstellungen in der Apokalypse des hl. Johannes, I. Die Engel um Gott (München, Max Hüber, 1937), 29-255 pp.

13952 STEIN, B., « Der Engel des Auszugs », Bibl 19 (1938) 286-307.

13953 HOLZMEISTER, U., « Michael archangelus et Archangeli alii », VD 23 (1943) 176-186.

13954 BENOIT D'AZY, P., « Les anges devant le mystère de l'Incarnation », BLE 49 (1948) 85-106, 129-147.

13955 DANIÉLOU, J., Le mystère de l'Avent, « La mission des Anges », 94-116.

13956 PRAT, F., La théologie de saint Paul[38], « Anges et démons », II, 493-503.

13957 HEINISCH, P., Theology of the Old Testament, « The Angels », 128-135.

13958 PAUTREL, R., « Trois textes de Tobie sur Raphaël (Tob., 5,22; 3,16s; 12,12-15) », dans Mélanges Jules Lebreton, I, RSR 39 (1951) 115-124.

13959 GRILL, S., « Uber Wesen und Wirken der Engel », BiLit 21 (1953-54) 10-13, 41-42, 137-143.

13960 GUILLET, J., Thèmes bibliques, « Les anges déchus », 135.

13961 VAN IMSCHOOT, P., Théologie de l'Ancien Testament, « Les anges », I, 115-130.

13962 MORAN, J. W., « St. Paul's Doctrine on Angels », AmER 132 (1955) 378-384.

13963 DANIÉLOU, J., « Trinité et angélologie dans la théologie judéo-chrétienne », RSR 45 (1957) 5-41.

13964 GILS, F., Jésus prophète, d'après les évangiles synoptiques, « Les visions des êtres célestes », 83-87.

13965 SCHLIER, H., Mächte und Gewalten im Neuen Testament (Freiburg, Herder, 1958), 64 pp.

13966 CAPELLE, B., « Fondements scripturaires de l'angélologie liturgique », dans Sacra Pagina (en collab.), II, 456-463.

13967 FRITSCH, I., « ... videbitis Angelos ascendentes et descendentes », VD 37 (1959) 3-11.

13968 BLATTER, T., Macht und Herrschaft Gottes. Eine bibeltheologische Studie, « Die Kraft- und Machtbegriffe der Bibel : die überirdischen Mächte », 44-51.

13969 TOURNAY, R., « Relectures bibliques concernant la vie future et l'angélologie », RB 69 (1962) 481-505.

13970 DEXINGER, F., *Sturz der Göttersöhne oder Engel vor der Sintflut ?* 140 pp. ·

13971 GAECHTER, P., « Die Engelerscheinungen in den Auferstehungsberichten. – Untersuchung einer « Legende » », ZKT 89 (1965) 191-202.

13972 NORTH, R., « Separated Spiritual Substances in the Old Testament », CBQ 29 (1965) 419-449.

Angoisse. Agony. Angst. Angoscia. Agonía.

13973 COCAGNAC, A.-M., « Job sans beauté ni éclat », VS 95 (1956) 355-371.

13974 BOUTRY, A., « De l'angoisse à la paix », BVC Nº 29 (1959) 59-69.

Animaux. Animals. Tiere. Animali. Animales.

13975 CRAIG, M., « Animals in the Psalter », Wor 24 (1929-50) 56-62.

13976 GROSS, H., *Die Idee des ewigen und allgemeinen Weltfriedens im Alten Orient und im A. T.,* « Tierfrieden », 83-93.

13977 ROTOLO, F., « Gli animali nella Bibbia », RivB 16 (1968) 259-284.

Antéchrist. Antichrist. Anticristo.

13978 SCHLIER, H., *Die Zeit der Kirche,* « Vom Antichrist. – Zum 13. Kapitel der Offenbarung Johannis », 16-29.

13979 SIRARD, L., « La parousie de l'Antéchrist, 2 Thess 2,3-9 », dans *Studiorum Paulinorum Congressus 1961* (en collab.), II, 89-100.

13980 RIGAUX, B., « L'Antichrist », AS Nº 6 (1965) 28-39.

13981 SCHUECH, B. G., « Der Antichrist im Neuen Testament », BiLit 39 (1966) 320-324.

Apocalyptique. Apocalyptic. Apokalyptik. Apocalìttico. Apocalíptica.

13982 XXX, « L'Apocalypse et l'histoire », LV Nº 11 (1953) 155-171.

13983 BOUYER, L., *La Bible et l'Evangile²,* « Le Règne de Dieu; les Apocalypses et l'Évangile », 159-176.

13984 COTHENET, É., « La IIᵉ épître aux Thessaloniciens et l'Apocalypse synoptique », RSR 42 (1954) 5-40.

13985 GUILLET, J., *Thèmes bibliques,* « Apocalypses », 137, 244.

13986 CAMBIER, J., « Les images de l'Ancien Testament dans l'Apocalypse de saint Jean », NRT 77 (1955) 113-122.

13987 VAWTER, B., « Apocalyptic : its Relation to Prophety », CBQ 22 (1960) 33-46.

13988 VAWTER, B., « And He shall Come Again with Glory. Paul and Christian Apocalyptic », dans *Studiorum Paulinorum* (en collab.), I, 143-150.

13989 CERFAUX, L., « L'Église dans l'Apocalypse », dans *Aux origines de l'Église* (en collab.), 111-124.

Apostolat. Apostolate. Apostelamt. Apostolato. Apostolado.

13990 PIROT, L., « Adam et la Bible », SDB I, 86-101.

13991 MÉDEBIELLE, A., « Apostolat », SDB I, col. 533-588.

13992 BEAUFAYS, I., « Les qualités de l'apôtre de l'union d'après le Nouveau Testament », Ir 8 (1931) 401-407.

13993 ALLEVI, L., « L'apostolato cristiano nella storia primitiva », ScuolC 3 (1932) 177-192.

13994 POPE, H., « The Teaching of the Bible for the Ministry », AmER 88 (1933) 16-27.

13995 DE BIVORT DE LA SAUDÉE, J., « Apostolate as Conceived by St. Paul », AmER 91 (1934) 487-496.

13996   OGARA, F., « Notae quaedam praeviae et de Apostolatu ut criterio inspirationis »,
        Greg 16 (1935) 577-585.

13997   KETTER, P., « Urchristliches Frauenapostolat : I, Europas erste Christin, II. Priska,
        III. Tabitha, IV. Phöbe », PB 47 (1936) 241-252, 305-309, 338-345; 48 (1937) 1-9.

13998   BELLOUARD, M. A., « Les insuccès de l'apôtre », VS 65 (1941) 166-173.

13999   CERFAUX, L., « Témoins du Christ d'après le livre des Actes », Ang 20 (1943)
        166-183.

14000   DEWAILLY, L.-M., Jésus-Christ, Parole de Dieu, « Des intermédiaires humains (de la
        Parole de Dieu) », 57-63; « Les mille formes de la parole de Dieu dans l'Église », 64-69;
        « L'homme qui porte la parole de Dieu », 69-74.

14001   LEBRETON, J., Lumen Christi, « Le dévouement apostolique », 197-202.

14002   LO GIUDICE, C., « La fede degli Apostoli nel IV Vangelo », Bibl 28 (1947) 59-82,
        264-280.

14003   BONSIRVEN, J., L'évangile de Paul, « L'apostolat », 255-261.

14004   DEWAILLY, L.-M., « Mission de l'Église et apostolicité », RSPT 32 (1948) 3-37.

14005   DEWAILLY, L.-M., « Qu'est-ce qu'une mission ? » VS 78 (1948) 132-153.

14006   DUBARLE, A.-M., « Prophétisme et apostolat des laïcs dans le Nouveau Testa-
        ment », VS 78 (1948) 413-427.

14007   GAILLARD, J., « La physionomie spirituelle des apôtres », VS 79 (1948) 124-150.

14008   LEBRETON, J., Tu solus Sanctus, « L'union mystique dans la vie apostolique : l'appel
        du Christ; l'action apostolique; l'union au Christ », 169-206.

14009   PLÉ, A., « La sainteté de l'apôtre », VS 78 (1948) 198-226.

14010   PLÉ, A., « Les mystères de l'apôtre », VS 79 (1948) 407-434.

14011   LOCHET, L., « L'apôtre dans le mystère de l'Église », VS 81 (1949) 115-154.

14012   SCHMITT, J., Jésus ressuscité dans la prédication apostolique, « Les « douze », témoins
        du ressuscité », 131-165.

14013   SPICQ, C., Spiritualité sacerdotale d'après saint Paul, « L'apostolat », 26-37; « Le
        ministère de la parole », 87-109; « La vertu de force dans le ministère pastoral »,
        129-145.

14014   HAMMAN, A., « Apostolat et communauté. Essai de théologie biblique », VS 83 (1950)
        511-529.

14015   CONGAR, Y., « Le Saint-Esprit et le corps apostolique réalisateurs de l'oeuvre du
        Christ », RSPT 36 (1952) 24-48, 613-625.

14016   AB ORBISO, T., « Zelus pro errantium conversione (Jac 5,19s) », VD 32 (1954)
        193-208.

14017   CERFAUX, L., « L'Antinomie paulinienne de la vie apostolique », dans Mélanges Jules
        Lebreton, I, RSR 39 (1951) 221-236, ou dans Recueil Lucien Cerfaux, II, 455-468.

14018   CARRÉ, A.-M., « Le prêtre, apôtre de Jésus-Christ », L'Anneau d'Or Nos 63-64 (1955)
        256-264.

14019   DENIS, A.-M., « Paul, apôtre du Christ », L'Anneau d'Or Nos 63-64 (1955) 243-255.

14020   DUPONT, J., Le nom d'Apôtres a-t-il été donné aux Douze par Jésus (Bruges, Éd. de
        l'Abbaye de Saint-André, 1956), 47 pp.

14021   GELIN, A., « L'idée missionnaire dans la Bible », AmiCl 66 (1956) 411-418.

14022   KREDEL, E. M., « Der Apostelbegriff in der neueren Exegese », ZKT 78 (1956)
        169-193, 257-305.

14023   DENIS, A.-M., « L'investiture de la fonction apostolique par « Apocalypse ». Étude
        thématique de Gal. 1,16 », RB 74 (1957) 335-362, 492-515.

14024 STIRNIMANN, H., « Apostel-Amt und apostolische Uberlieferung. Theologische Bemerkungen zur Diskussion mit Oscar Cullmann », FreibZ 4 (1957) 129-147.

14025 VAN BOHEMEN, N., « L'institution et la mission des Douze. Contribution à l'étude des relations entre l'évangile de Matthieu et celui de Marc », dans *La formation des Évangiles* (en collab.), 116-151.

14026 DENIS, A.-M., « La fonction apostolique et la liturgie nouvelle en esprit », RSPT 42 (1958) 401-436, 617-656.

14027 FERNANDEZ JIMENEZ, M., « Naturaleza del conocimiento de los apóstolos acerca del depósito de la Revelación », RET 18 (1958) 5-33.

14028 DUPONT, J., « *Études sur les Actes des apôtres,* « Le salut des Gentils et la signification théologique du livre des Actes », 393-419, ou dans *New Testament Studies* 6 (1959-1960) 132-155.

14029 FEUILLET, A., « Les grandes étapes de la fondation de l'Église d'après les évangiles synoptiques. Le choix des douze », SE 11 (1959) 6-10.

14030 BURGERS, W., « De Instelling van de Twaalf in het Evangelie van Marcus », ETL 36 (1960) 625-654.

14031 CERFAUX, L., « Pour l'histoire du titre « apostolos » dans le Nouveau Testament », RSR 48 (1960) 76-92, ou dans *Recueil Lucien Cerfaux,* III, 185-200.

14032 COLSON, J., « Évangélisation et collégialité apostolique », NRT 82 (1960) 349-372.

14033 MUSSNER, F., « Der « historische » Jesus », TrierTZ 69 (1960) 321-337.

14034 BONAVENTURA D'ARENZANO, « L'apostolato dei laici nelle prime comunità cristiane », ScuolC 89 (1961) 101-124, 267-289.

14035 CERFAUX, L., « Le message des Apôtres à toutes les nations », dans *Scrinium Lovaniense.* Mélanges historiques E. Van Cauwenbergh (en collab.), (Gembloux, Duculot, 1961), 99-107, ou dans *Recueil Lucien Cerfaux,* III, 7-15.

14036 DEWAILLY, L.-M., « Une communauté naissante : Thessalonique. II. – Saint Paul Apôtre », VS 105 (1961) 254-269.

14037 SPICQ, C., *Dieu et l'homme selon le Nouveau Testament* (Paris, Cerf, 1961), « Le Christ et ses Apôtres », 123-147.

14038 BRILLET, G., « Voici les jours de salut », (2 Co 6,1-10), AS N° 26 (1962) 21-36.

14039 CAMBIER, J., « Le critère paulinien de l'apostolat en 2 Cor 12,6s », Bibl 43 (1962) 481-518.

14040 CERFAUX, L., *Le chrétien dans la théologie paulinienne* (Paris, Cerf, 1962), « La mission apostolique », 99-117.

14041 DUPONT, J., *Le discours de Milet.* Testament pastoral de saint Paul (Ac 20,18-36), 412 pp.

14042 NORRIS, F. B., « The Apostolate : Scriptural Basis », Wor 36 (1962) 95-100.

14043 RENARD, A., « Les serviteurs du roi », BVC N° 46 (1962) 33-45.

14044 LOUVEL, F., « Les douze apôtres, témoins privilégiés du Christ », VS 109 (1963) 551-560.

14045 MULDE, N., « La mission des apôtres », CHR N° 10 (1963) 450-460.

14046 DEWAILLY, L.-M., « Course et gloire de la Parole (II Thes. 3,1) », RB 71 (1964) 25-41.

14047 HOLSTEIN, H., « Prédication apostolique et magistère », dans *La parole de Dieu en Jésus-Christ*[2] (en collab.), 163-175.

14048 GIBLET, J., « Les Douze. Histoire et théologie », dans *Aux origines de l'Église* (en collab.), 51-64.

14049 GRELOT, P., « La vocation ministérielle au service du peuple de Dieu », dans *Aux origines de l'Église* (en collab.), 159-173.

14050 GUILLET, J., « Genèse de la foi chez les Apôtres », CHR N° 12 (1965) 177-194.

14051 STANLEY, D. M., « The New Testament Basis for Collegiality », TDig 13 (1965) 222-227.

14052 D'ERCOLE, G., « Les collèges presbytéraux à l'époque des origines chrétiennes », Conci N° 17 (1966) 23-34.

14053 GRELOT, P., « Ministres du Christ d'après le Nouveau Testament », CHR N° 13 (1966) 242-253.

14054 MURPHY-O'CONNOR, J., La prédication selon saint Paul, « Adaptation à l'apostolat », 56-62.

14055 SCHÜRMANN, H., « Le groupe des disciples de Jésus, signe pour Israël et prototype de la vie selon les conseils », CHR N° 13 (1966) 184-209.

14056 SALAVERRI, J., « Sucesión apostólica y singularidad de la misión de « los Doce » », RET 27 (1967) 245-269.

14057 COUNE, M., « L'apôtre sera jugé », AS N° 7 (1967) 16-31.

14058 VAN IERSEL, B., « La vocation de Lévi (Mc., II,13-17). Tradition et rédaction », dans De Jésus aux Évangiles (en collab.), 212-232.

14059 ASENSIO, F., « Formación apostólica de los « Doce » y misión históricosimbólica de ensayo », Greg 49 (1968) 58-74.

14060 BERNARD, C.-A., « Expérience spirituelle et vie apostolique en saint Paul », Greg 49 (1968) 38-57.

14061 MOREAU, B., « La notion d'évangélisation chez saint Paul », LTP 24 (1968) 258-293.

14062 RIGAUX, B., « Les douze Apôtres », Conci N° 34 (1968) 11-18.

14063 KERTELGE, K., « Die Funktion der « Zwölf » in im Markusevangelium », TrierTZ 78 (1969) 193-206.

14064 PESCH, R., « Berufung und Sendung, Nachfolge und Mission. Eine Studie zu Mk 1,16-20 », ZKT 91 (1969) 1-31.

14065 SPICQ, C., Les épîtres pastorales, « Une théologie de l'apostolat », 595-599.

14066 BOUYER, L., L'Église de Dieu. Corps du Christ et temple de l'Esprit (Paris, Cerf, 1970), « Le Christ, unique chef de l'Église, et l'apostolat », 373-399.

14067 JACQUEMIN, P.-E., « Les premiers disciples du Messie (Jn 1,35-42) », AS (n.s.) N° 33 (1970) 53-61.

14068 KERTELGE, K., « Das Apostelamt des Paulus, seine Ursprung und seine Bedeutung », BZ 14 (1970) 161-181.

14069 SCHNACKENBURG, R., « Apostles Before and During Paul's Time », dans Apostolic History and the Gospel. Biblical and Historical Essays presented to F. F. Bruce (ed. W. W. GASQUE, R. P. MARTIN) (Grand Rapids, Eerdmans, 1970), 287-303.

14070 TERNANT, P., « L'envoi des Douze aux brebis perdues (Mt 9,36-10,8) », AS (n.s.) N° 42 (1970) 18-32.

14071 TRIMAILLE, M., COUNE, M., « Les Apôtres, envoyés authentiques du Dieu fidèle (2 Co 1,18-22) », AS (n.s.) N° 38 (1970) 42-50.

Appel de Dieu. Call of God. Ruf Gottes. Chiamata di Dio. Llamado de Dios.

14072 DANIÉLOU, J., Le mystère de l'Avent, « La vocation d'Abraham », 31-41.

14073 HOFFMANN, K., « Man and his Call », SCR 4 (1950) 162-169.

14074 GIBLET, J., « Condition et vocation du chrétien selon le Nouveau Testament. L'homme sauvé », LV N° 21 (1955) 35-64.

14075 SCHLIER, H., « Der Ruf Gottes. Eine biblische Besinnung zum Gleichnis vom königlichen Hochzeitsmahl », GeistL 28 (1955) 241-247.

14076 BOISMARD, M.-É., *Du baptême à Cana,* « Appel de Pierre, de Nathanaël », 81-132.

14077 JEANNE D'ARC, Sr, « Le mystère de la vocation. Essai de théologie biblique », VS 94 (1956) 167-186.

14078 GIRARDON, É., « Devant les appels de Dieu », CHR N° 14 (1957) 220-230.

14079 WIEDERKEHR, D., *Die Theologie der Berufung in den Paulusbriefen* (Freiburg, Universitätsverlag, 1963), 292 pp.

14080 GEORGE, A., « La volonté de Dieu selon saint Paul », CHR N° 17 (1958) 3-17.

14081 NEUHÄUSLER, E., « Berufung. Ein biblischer Grundbegriff », BiLeb 8 (1967) 148-152.

Arbre. Tree. Baum. Albero. Árbol.

14082 DE LUBAC, H., « L'arbre cosmique », dans *Mélanges E. Podechard* (en collab.), 191-198.

14083 BOUYER, L., *Le mystère pascal,* « L'arbre de vie », 331-347.

14084 DUPONT, J., *Essais sur la christologie de saint Jean,* « L'arbre de vie », 152-154.

14085 GOETTMANN, J., « L'arbre, l'homme et la croix », BVC N° 35 (1960) 46-59.

Arche d'Alliance. Arch of the Alliance. Bundeslade. Arca dell'Alleanza. Arca de la Alianza.

14086 FLASSMANN, T., « Foederis Arca », AmER 126 (1952) 1-6.

14087 WORDEN, T., « The Ark of the Covenant », SCR 5 (1952) 82-90.

14088 BOUYER, L., *La Bible et l'Évangile²,* « Le problème cultuel (Ézéchiel et la religion du Temple, l'Arche et la Schekinah) », 95-120.

14089 VAN IMSCHOOT, P., *Théologie de l'Ancien Testament,* « L'arche », II, 122-127.

14090 CHARY, T., « Une demeure pour Dieu sur la terre (I.Rois 8,5-30) », BVC N° 20 (1957) 65-78.

14091 DE VAUX, R., « Les chérubins et l'arche d'Alliance, les sphinx gardiens et les trônes divins dans l'Ancien Orient », dans *Bible et Orient,* 231-259, ou dans *Mélanges offerts au Père René Monterde,* I (en collab.), *Mélanges de l'Université Saint-Joseph,* Beyrouth, 37 (1960-1961) 91-124.

14092 DE VAUX, R., « Arche d'Alliance et tente de réunion », dans *Bible et Orient,* 261-276, ou dans *À la rencontre de Dieu,* Mémorial Albert Gelin (en collab.), 55-70.

14093 FLANAGAN, N., « Mary, Ark of the Covenant », Wor 35 (1961) 370-375.

14094 COUROYER, B., « Corne et arc », RB 73 (1966) 510-521.

14095 FRETHEIM, T. E., « The Ark in Deuteronomy », CBQ 30 (1968) 1-14.

14096 HILLERS, D. R., « Ritual Procession of the Ark and Ps 132 », CBQ 30 (1968) 48-55.

Ascension. Himmelfahrt. Ascensione. Ascensión.

14097 HOLZMEISTER, U., « Der Tag der Himmelfahrt des Herrn », ZKT 55 (1931) 44-82.

14098 LARRAÑAGA, V., « La tarde de la Ascension sobre el Olivete », RazFe 33 (1933) 77-87.

14099 OGARA, F., « Notae et disceptationes. De ascensionis Christi spectatoribus (Act. Ap. 1,1-22) », Greg 14 (1933) 37-61.

14100 LARRAÑAGA, V., « Historia de la critica en torno al misterio de la Ascensión », EstE 15 (1936) 145-167.

14101 DANIÉLOU, J., « The Psalms in the Liturgy of Ascension », Wor 24 (1949-50) 241-251.

14102 WARNUNG, T., « Empor steigt Gott mit Jubelklang », BiLit 23 (1955-56) 230-231.

14103   DE CERTEAU, M., « L'Ascension », CHR N° 6 (1959) 211-220.

14104   SCHILLEBEECKX, E., « Ascension and Pentecost », Wor 35 (1961) 336-363.

14105   SCHLIER, H., « Jesu Himmelfahrt nach den lukanischen Schriften », GeistL 34 (1961) 91-99.

14106   DUPONT, J., « Ἀνελήμφθη (Actes 1, 2) », dans *New Testament Studies* 8 (1961-1962) 154-157, ou dans *Études sur les Actes des Apôtres,* 477-480.

14107   LOHFINK, G., « Der historische Ansatz der Himmelfahrt Christi », Catho 17 (1963) 44-84.

14108   McNAMARA, M., « The Ascension and the Exaltation of Christ in the Fourth Gospel », SCR 19 (1967) 65-73.

14109   SEIDENSTICKER, P., *Zeitgenössische Texte zur Osterbotschaft der Evangelien,* « Himmelfahrtsberichte », 65-68.

14110   LENTZEN-DEIS, F., « Das Motiv der « Himmelsöffnung » in verschiedenen Gattungen der Umweltliteratur des Neuen Testaments », Bibl 50 (1969) 301-327.

14111   RIDOUARD, A., COUNE, M., « Méditation entre Pâques et Pentecôte (Lc 24,44-53) », AS (n.s.) N° 28 (1969) 49-64.

14112   En collaboration, « Le lectionnaire de Pâques-Pentecôte. Analyse et commentaires », BVC N° 92 (1970) 5-42.

14113   BECQUET, G., « Ascension : Mission universelle de l'Église par la foi et ses signes », AmiCl 80 (1970) 297-300.

Ascèse. Asceticism. Askese. Ascetica. Ascética.

14114   VILLER, M., OLPHÉ-GAILLARD, M., « Ascèse chrétienne : A. Les origines scripturaires », DS I, col. 960-964.

14115   CAMELOT, T., « Ascèse et mortification dans le N. T. », dans *L'ascèse chrétienne et l'homme contemporain* (en collab.) (Paris, Cerf, 1951), 13-29.

Assemblée. Assembly. Versammlung. Assemblea. Asamblea.

14116   GANTOY, R., « L'assemblée dans l'économie du salut », AS N° 1 (1962) 55-80.

14117   MAERTENS, T., « L'assemblée festive du dimanche », AS N° 1 (1962) 28-42.

14118   AUFDERBECK, H., « Les assemblées de culte liturgique dans la Diaspora », Conci N° 12 (1966) 69-72.

14119   LÉCUYER, J., « L'assemblée liturgique : fondements bibliques et patristiques », Conci N° 12 (1966) 9-22

Attente. Waiting. Erwartung. Attesa. Espera.

14120   OGARA, F., « Exspectatio creaturae revelationem filiorum Dei exspectat (Rom 8,18-23) », VD 18 (1938) 193-201.

14121   CARYL, J., « Linéaments d'une spiritualité eschatologique », VS 77 (1947) 528-546.

14122   CONGAR, Y., « Attendons-nous encore Jésus-Christ », VS 81 (1949) 451-456.

14123   DESCAMPS, A., *Les justes et la justice dans les évangiles et le christianisme primitif hormis la doctrine proprement paulinienne,* « L'attente messianique des justes de l'A. T. », 31-53.

14124   XXX, « Jésus héritier et chef des prophètes : l'attente d'Israël », CE N° 4 (1951) 7-10.

14125   BENOIT, P., « Nous gémissons, attendant la délivrance de notre corps (*Rom.,* 8,23) », dans *Mélanges Jules Lebreton* (en collab.), I, RSR 39 (1951) 267-280.

14126 PAUL-MARIE DE LA CROIX, P., *L'Ancien Testament source de vie spirituelle³*, « Désir et attente d'un Messie », 391-396.

14127 MARX, M. J., « Awaiting Christ », Wor 27 (1952-53) 18-23.

14128 GELIN, A., « L'attente de Dieu dans l'Ancien Testament », LV Nº 9 (1953) 9-22.

14129 VAN DEN BUSSCHE, H., « L'attente de la grande Révélation dans le quatrième évangile », NRT 75 (1953) 1009-1019.

14130 GELIN, A., « Expérience et attente du salut dans l'Ancien Testament », LV Nº 15 (1954) 9-20.

14131 HULSBOSCH, A., « L'attente du salut d'après l'Ancien Testament », Ir 27 (1954) 4-20.

14132 GELIN, A., « Messianisme : l'attente messianique », SDB V, col. 1170-1206.

14133 MALY, E., « Qoheleth and Advent », Wor 35 (1960) 26-29.

14134 BLIGH, J., « Expectancy and Fulfilment », Way 1 (1961) 270-281.

14135 GUILLET, J., « Devoir d'état et attente du royaume de Dieu », CHR Nº 8 (1961) 6-23.

14136 STANLEY, D. M., « Come, Lord Jesus », Way 1 (1961) 258-269.

14137 DELANNOY, P., « Aspects de l'attente dans le Nouveau Testament », AS Nº 2 (1962) 44-65.

14138 SPICQ, C., *Théologie morale du Nouveau Testament,* « Perspectives d'avenir : attente, espérance et crainte », 292-380.

14139 THÜSING, W., « Erhöhungsvorstellung und Parusieerwartung in der ältesten nachösterlichen Christologie », BZ 11 (1967) 95-108, 205-222.

Au-delà. The Beyond. Jenseits. Al di là. Más allá.

14140 FREY, J.-B., « La vie de l'au-delà dans les conceptions juives au temps de Jésus-Christ », Bibl 13 (1932) 129-168.

14141 SCHILDENBERGER, J., « Alttestamentliche Jenseitsvorstellung und Irrtumslosigkeit der inspirierten Schriftsteller », Bibl 25 (1944) 335-345.

14142 SUTCLIFFE, E. F., « The Future Life in the Old Testament », SCR 2 (1947) 93-99; 3 (1948) 7-13.

14143 GARCIA CORDERO, M., « La vida de ultratumba según la mentalidad popular de los antiguos hebreos », Salm 1 (1954) 343-364.

14144 VAN IMSCHOOT, P., *Théologie de l'Ancien Testament,* « La vie d'outre-tombe », II, 51-64.

14145 WORDEN, T., « Question and Answer : Inerrancy and O. T. Teaching on Life after Death », SCR 10 (1958) 28-32.

14146 NÖTSCHER, F., « Schicksalsglaube in Qumran und Umwelt », BZ 3 (1959) 205-234; 4 (1960) 98-121.

14147 LIFSHITZ, B., « La vie de l'au-delà dans les conceptions juives », RB 68 (1961) 401-411.

14148 STRANGE, M., « The Worldliness of the Psalms », Wor 36 (1962) 566-573.

14149 DACQUINO, P., « La joie humaine et l'au-delà dans les livres bibliques », Conci Nº 39 (1968) 19-30.

14150 LARCHER, C., *Études sur le livre de la Sagesse,* « L'immortalité de l'âme et les rétributions transcendantes », 237-327.

14151 MUSSNER, F., « L'enseignement de Jésus sur la vie future d'après les Synoptiques », Conci Nº 60 (1970) 43-50.

Autel. Altar. Altare. Altar.

14152 BEHEN, J. M., « The Christian Altar », Wor 26 (1951-52) 422-428.

14153 GELIN, A., « L'autel dans l'Ancien Testament », MD Nº 29 (1952) 9-17.

14154 LECLERCQ, J., « Le mystère de l'autel », MD N° 29 (1952) 60-70.

14155 SCHMITT, J., « Petra autem erat Christus », MD N° 29 (1952) 18-31.

14156 MARX, M. J., « Our House of Bread », Wor 28 (1953-54) 26-27, 30.

14157 VAN IMSCHOOT, P., *Théologie de l'Ancien Testament,* « L'autel », II, 127-130.

14158 DE VAUX, R., *Les institutions de l'A. T.,* « L'autel », II, 279-290.

14159 LITTLE, P., « The Meaning of the Altar in the Sacred Scripture and some early Christian Writings », EXav 10 (1960) 105-220.

Autorité. Authority. Autorität. Autorità. Autoridad.

14160 ROSE, A., « L'autel du Seigneur (Psaumes 42 et 43) », BVC N° 26 (1959) 29-37.

14161 SCHIERSE, F. J., « Wesenszüge und Geist der kirchlichen Autorität nach dem Neuen Testament », GeistL 32 (1959) 49-56.

14162 McKENZIE, J. L., « Authority and Power in the New Testament », CBQ 26 (1964) 413-422.

14163 STANLEY, D. M., « Authority in the Church : a New Testament Reality », CBQ 29 (1967) 555-573.

14164 BEN GÈS, J. R., « L'autoritat segons el Jesús dels Evangelis », EstF 70 (1969) 329-347.

14165 O'CONNOR, E. D., « The New Theology of Charisms in the Church », AmER 161 (1969) 145-159.

14166 ROBLES, L., « Jerarquia y carismas en la Iglesia naciente », RET 29 (1969) 419-444.

14167 FREYNE, S., « The Exercise of Christian Authority According to the New Testament », IrThQ 37 (1970) 93-117.

Avent. Advent. Advento. Adviento.

14168 FLICOTEAUX, E., « Physionomie de l'Avent », VS 37 (1933) 249-255.

14169 OGARA, F., « Hora est iam nos de somno surgere », VD 14 (1934) 353-360.

14170 OGARA, F., « Dominus prope est (Phil. 4,4-7) », VD 17 (1937) 353-359.

14171 FLICOTEAUX, E., « La joie de l'Avent », VS 75 (1946) 620-627.

14172 FLICOTEAUX, E., « Notre avent », VS 77 (1947) 508-519.

14173 BARSOTTI, D., *Vie mystique et mystère liturgique,* « L'Incarnation : l'Avent », 65-71.

Aveuglement d'esprit. Blindness of Spirit. Verblendung des Geistes. Accecamento di spirito. Ceguera de espíritu.

14174 CERFAUX, L., « L'*aveuglement d'esprit* dans l'Évangile de saint Marc », dans *Recueil Lucien Cerfaux,* II, 3-16.

Balaam.

14175 BURROWS, E., *The Oracles of Jacob and Balaam* (London, Burns O., 1939), 155 pp.

14176 GUYOT, G. H., « The Prophecy of Balaam », CBQ 2 (1940) 330-340; 3 (1941) 235-242.

14177 VOSTÉ, J.-M., « Les oracles de Balaam d'après Nom. 22-24 », Bibl 29 (1948) 169-194.

Baptême. Baptism. Taufe. Battesimo. Bautismo.

Baptême d'eau, d'esprit, de feu. Baptism of Water, Spirit and Fire. Wasser-, Geistes-, Feuertaufe. Battesimo d'acqua, di spìrito, di fuoco. Bautismo de agua, de espíritu, de fuego.

14178 VAN IMSCHOOT, P., « Baptême d'eau et baptême d'Esprit Saint », ETL 13 (1936) 653-666.

14179 BRAUN, F.-M., « L'eau et l'Esprit », RT 49 (1949) 5-30.

14180 HAMMAN, A., « Le baptême par le feu », MSR 8 (1951) 285-292.

14181 GUILLET, J., « Baptême et Esprit », LV N° 26 (1956) 85-104.

14182 TURRADO, L., « El Bautismo « in Spiritu sancto et igni » », EstE 34 (1960) 807-817.

14183 ALONSO DIAZ, J., « El bautismo de fuego anunciado por Bautista y su relación con la profecía de Malaquías », EstB 23 (1964) 219-228.

Baptême des enfants. Baptism of Infants. Kindertaufe. Battesimo dei bambini. Bautismo de los niños.

14184 BENOIT, P., « Le baptême chrétien selon F. J. Leenhardt et selon M. Barth », RB 55 (1948) 130-131; 60 (1953) 620-623, ou dans BENOIT, P., *Exégèse et théologie,* II, 212-223.

14185 BENOIT, P., « Le baptême des enfants et la doctrine du baptême selon O. Cullman », RB 56 (1949) 320-321, ou dans BENOIT, P., *Exégèse et théologie,* II, 212-223.

14186 PACIOS LOPEZ, A., « La Muerte de los niños muertos sin bautismo », RET 14 (1954) 41-57.

14187 DIDIER, J.-C., « Le baptême des enfants », AmiCl 76 (1966) 154-159, 193-200, 326-333, 497-506.

Foi et baptême. Faith and Baptism. Glaube und Taufe. Fede e battesimo. Fe y bautismo.

14188 DONDAINE, H.-F., « Le baptême est-il encore le sacrement de la foi », MD N° 6 (1946) 76-88.

14189 CAMELOT, T., « Le baptême, sacrement de la foi », VS 76 (1947) 820-834.

14190 SCHMITT, J., *Jésus ressuscité dans la prédication apostolique,* « Les professions de foi baptismales », 62-84.

14191 DUPLACY, J., « Le salut par la foi et le baptême d'après le Nouveau Testament », LV N° 27 (1956) 3-52.

14192 HOFER, N., « Das Bekenntnis « Herr ist Jesus » und das « Taufen auf den Namen des Herren Jesus » », TQ 145 (1965) 1-12.

Incorporation à l'Église. Incorporation into the Church. Eingliederung in die Kirche. Incorporazione alla Chiesa. Incorporación a la Iglesia.

14193 CHAVASSE, A., « Du peuple de Dieu à l'Église du Christ », MD N° 32 (1952) 40-52.

14194 RICHARD, L., « Une thèse fondamentale de l'oecuménisme : le baptême, incorporation visible à l'Église », NRT 74 (1952) 485-492.

14195 SCHMITT, J., « Baptême et communauté d'après la primitive pensée apostolique », MD N° 32 (1952) 53-73.

14196 RYAN, M. R., « Baptism and the New Covenant », Wor 37 (1963) 598-604.

Judaïsme. Judaism. Judentum. Giudaismo. Judaísmo.

14197 GOOSSENS, W., « Le mouvement baptiste en Palestine et Syrie (150 av. J.-C.-306 ap. J.-C.) », ETL 14 (1937) 467-476.

14198 CERFAUX, L., « Le baptême des Esséniens », RSR 19 (1926) 248-265, ou dans *Recueil Lucien Cerfaux,* I, 321-336.

14199 SUTCLIFFE, E. F., « Baptism and Baptismal Rites at Qumran ? » HeyJ 1 (1960) 179-188.

Nouveau Testament. New Testament. Neues Testament. Nuovo Testamento. Nuevo Testamento.

a) *Tradition prépaulinienne. Prepauline Tradition. Vorpaulinische Tradition. Tradizione prepaolina. Tradición prepaulina.*

14200 KUSS, O., « Zur vorpaulinischen Tauflehre im NT », TGl 41 (1951) 289-309, ou dans *Auslegung und Verkündigung,* I, 98-120.

14201 KUSS, O., « Zur Frage einer vorpaulinischen Todestaufe », MüTZ 4 (1953) 1-17, ou dans *Auslegung und Verkündigung,* I, 162-186.

b) *Paul. Paulus. Paolo. Pablo.*

14202   BOUYER, L., « Le baptême et le mystère de Pâques », MD N° 2 (1945) 29-51.

14203   BOVER, J. M., « El simbolismo bautismal en las Epistolas de San Pablo », EstB 4 (1945) 393-419.

14204   HUBY, J., *Mystiques paulinienne et johannique,* « La mystique paulinienne : initiation chrétienne », 13-36.

14205   PRAT, F., *La théologie de saint Paul³⁸,* « Le baptême, mort mystique », I, 264-268; « Le baptême : multiple symbolisme du baptême, mort et résurrection mystiques, la foi et le baptême », I, 306-317; II, 551-559.

14206   GRAIL, A., « La place du baptême dans la doctrine de saint Paul », VS 82 (1950) 563-583.

14207   SCHNACKENBURG, R., *Das Heilsgeschehen bei der Taufe nach dem Apostel Paulus,* 16-226 pp.

14208   GRAIL, A., « Le baptême dans l'épître aux Galates (3,26-4,7) », RB 58 (1951) 503-520.

14209   KUSS, O., « Zu Röm 6,5a », TGl 41 (1951) 430-437, ou dans *Auslegung und Verkündigung,* I, 151-161.

14210   KUSS, O., « Zur paulinischen und nachpaulinischen Tauflehre », TGl 42 (1952) 401-425.

14211   GRAIL, A., « Baptism in the Epistle to the Galatians », TDig 1 (1953) 154-157.

14212   ROSSANO, P., « Consepolti... Concrocefissi (Rom. 6,4.6) », RivB 2 (1954) 51-55.

14213   SCHNACKENBURG, R., « Todes- und Lebensgemeinschaft mit Christus – Neue Studien zu Röm 6,1-11 », MüTZ 6 (1955) 32-53.

14214   CERESA-GASTALDO, A., « Il significato del battesimo in S. Paolo alla luce della più recente critica tedesca », ScuolC 84 (1956) 230-234.

14215   GIBLET, J., « Le baptême, sacrement de l'incorporation à l'Église selon saint Paul », LV N° 27 (1956) 53-80.

14216   MOLLAT, D., « Symbolismes baptismaux chez saint Paul », LV N° 26 (1956) 61-84.

14217   TRÉMEL, Y.-B., « Le baptême, incorporation du chrétien au Christ », LV N° 27 (1956) 81-102.

14218   FEUILLET, A., « Le mystère pascal et la résurrection des chrétiens d'après les épîtres pauliniennes », NRT 79 (1957) 337-354.

14219   AMIOT, F., *Les idées maîtresses de saint Paul,* « L'accès à la justification : la foi et le baptême », 111-123.

14220   CERFAUX, L., *Le chrétien dans la théologie paulinienne,* « La participation à la mort et à la vie du Christ ressuscité », 302-320.

14221   BARNOUIN, M., « Le caractère baptismal et les enseignements de saint Paul », dans *Studiorum Paulinorum Congressus 1961* (en collab.), II, 299-309.

14222   CAMBIER, J., « La liberté des baptisés (Rom 6,3-11) », AS N° 60 (1963) 15-27.

14223   LANGEVIN, P.-É., « Le baptême dans la mort-résurrection. Exégèse de Rm 6, 1-5 », SE 17 (1965) 29-65.

14224   SCHLIER, H., *Die Zeit der Kirche,* « Die Taufe. – Nach dem 6. Kapitel des Römerbriefes », 47-56; « Zur kirchlichen Lehre von der Taufe », 107-129.

14225   DACQUINO, P., « La nostra morte e la nostra risurrezione con Cristo, secondo San Paulo », RivB 14 (1966) 225-260.

14226   MURPHY-O'CONNOR, J., *La prédication selon saint Paul,* « Les effets du baptême », 21-25; « Baptême et foi », 23-25.

14227   CAMBIER, J., « La liberté des baptisés (Rm 6,3-11) », AS (n.s.) N° 21 (1969) 42-47.

14228   SISTI, A., « Simbolismo e realtà nel battesimo », BibOr 11 (1969) 77-86.

14229 FRANKEMÖLLE, H., *Das Taufverständnis des Paulus* (Stuttgart, Katholisches Bibelwerk, 1970), 136 pp.

14230 SCHÄFER, F. G., « Der « Heilstod » Jesu im paulinischen Verständnis von Taufe und Eucharistie », BZ 14 (1970) 227-239.

c) *Première épître de Pierre. First Epistle of Peter. Erster Petrusbrief. Prima epistola di Pietro. Primera epístola de Pedro.*

14231 BOISMARD, M.-É., « La typologie baptismale dans la première épître de saint Pierre », VS 94 (1956) 339-352.

14232 BOISMARD, M.-É., *Quatre hymnes baptismales dans la première épître de Pierre,* 184 pp.

d) *Évangile de Jean. Gospel of John. Johannesevangelium. Vangelo di Giovanni. Evangelio de Juan.*

14233 HUBY, J., *Mystiques paulinienne et johannique,* « La nouvelle naissance », 155-170.

14234 LEBRETON, J., *La vie et l'enseignement de J.-C.*[16], « Nicodème », I, 89-96.

14235 BRAUN, F.-M., « Le baptême d'après le quatrième évangile », RT 48 (1948) 347-393.

14236 BOUYER, L., *Le quatrième évangile*[2], « La Vie : le baptême », 88-118.

14237 BRAUN, F.-M., « L'évangile de saint Jean et l'ancienne catéchèse romaine, le témoignage des catacombes », RT 56 (1956) 643-648.

14238 SAVA, A. F., « The Blood and Water from the Side of Christ », AmER 138 (1958) 341-345.

14239 DE LA POTTERIE, I., « « Naître de l'eau et naître de l'Esprit ». Le texte baptismal de Jn 3,5 », SE 14 (1962) 417-443.

14240 BRAUN, F.-M., « Le don de Dieu et l'initiation chrétienne (Jn 2-4) », NRT 86 (1964) 1025-1048.

14241 BOISMARD, M.-É., « The Fourth Gospel and the Baptist », TDig 13 (1965) 39-46.

14242 COSTA, M., « Simbolismo battesimale in Giov. 7,37-39; 19,31-37; 3,5 », RivB 13 (1965) 347-385.

14243 BROWN, R. E., *New Testament Essays,* « The Eucharist and Baptism in John », 77-95.

14244 BOGAERT, P.-M., « Quelqu'un est là, que vous ne connaissez pas (Jn 1,6-8.19-28) », AS (n.s.) N° 7 (1969) 40-53.

14245 KLOS, H., *Die Sakramente im Johannesevangelium.* Vorkommen und Bedeutung von Taufe, Eucharistie und Busse im vierten Evangelium (Stuttgart, Katholisches Bibelwerk, 1970), 112 pp.

e) *Divers. Miscellaneous. Verschiedenes. Diversi. Diversos.*

14246 DE JONGHE, M., « Le baptême au nom de Jésus d'après les Actes des Apôtres », ETL 10 (1933) 647-653.

14247 SCHADE, J. I., « The Sacrament of Baptism in the Early Church », AmER 96 (1937) 458-470.

14248 GEORGE, A., « Les textes du Nouveau Testament sur le baptême. Présentation littéraire », LV N° 26 (1956) 9-20.

14249 STANLEY, D. M., « Baptism in the New Testament », SCR 8 (1956) 44-56.

14250 STANLEY, D. M., « The New Testament Doctrine of Baptism. An Essay in Biblical Theology », TS 18 (1957) 169-215.

14251 FEUILLET, A., « Baptême de Jésus d'après l'évangile selon saint Marc (1,9-11) », CBQ 21 (1959) 468-490.

14252 THRILLING, W., « Die Täufertradition bei Matthäus », BS 3 (1959) 271-289.

14253 MERCURIO, R., « Baptismal Motif in the Gospel Narratives of the Burial », CBQ 21 (1959) 39-54.

14254 SCHLIER, H., *Die Zeit der Kirche,* « Zur kirchlichen Lehre von der Taufe », 107-129.

14255 ALONSO DIAZ, J., « Hasta qué punto los elementos del rito bautismal cristiano y su profundización teológica en el N. T. dependen de Jesús », EstB 24 (1965) 321-347.

14256 NICOLAS, J.-H., « Baptisés en Jésus-Christ », VS 112 (1965) 378-384.

14257 STUHLMUELLER, C., « Baptism : New Life through the Blood of Jesus », Wor 39 (1965) 207-217.

14258 FRANSEN, I., « Le baptême de sang (Luc 22,1-23,56) », BVC Nº 25 (1959) 20-28.

14259 MERCURIO, R., « A baptismal Motif in the Gospel Narratives of the Burial », CBQ 21 (1959) 39-54.

14260 COUNE, M., « Baptême, transfiguration et passion », NRT 92 (1970) 165-179.

14261 LENTZEN-DEIS, F., *Die Taufe Jesu nach den Synoptikern.* Literarkritische und gattungsgeschichtliche Untersuchungen (Frankfurt a. M., J. Knecht, 1970), 324 pp.

Péché et baptême. Sin and Baptism. Sünde und Taufe. Peccato e battesimo. Pecado y bautismo.

14262 BROWN, R. E., « We profess one Baptism for the Forgiveness of Sins », Wor 40 (1966) 260-271.

14263 STENDAHL, K., « One Baptism for the Forgiveness of Sins », Wor 40 (1966) 272-275.

Types, symboles et rites du baptême. Types, Symbols and Rites of Baptism. Tauftypen, -symbole und -riten. Tipi, simboli e riti del battesimo. Tipos, símbolos y ritos del bautismo.

14264 BOUYER, L., *Le mystère pascal,* « La bénédiction des fonts », 420-428; « Le mystère de l'eau », 428-435; « Le bain de la régénération et le sceau du Saint-Esprit », 435-439.

14265 DANIÉLOU, J., CASEL, O., « Le symbolisme des rites baptismaux », MD Nº 6 (1946) 147-153.

14266 DANIÉLOU, J., « Traversée de la Mer Rouge et baptême aux premiers siècles », RSR 33 (1946) 402-430.

14267 HENRY, A.-M., « Les mystères et les types du baptême », VS 77 (1947) 467-481.

14268 BEIRNAERT, L., « Symbolisme mythique de l'eau dans le baptême », MD Nº 22 (1950) 94-120.

14269 DANIÉLOU, J., *Sacramentum Futuri,* « Baptême et Paradis », 13-20; « Déluge, baptême, jugement dans l'Écriture sainte », 55-68; « Déluge, baptême, jugement chez les Pères de l'Église », 69-85; « La traversée du Jourdain, figure du baptême », 233-245.

14270 DANIÉLOU, J., « Le Psaume XXII et l'initiation chrétienne », MD Nº 23 (1950) 54-69.

14271 GEORGE, A., « Les récits de Gilgal en Josué v,2-15 », dans *Mémorial J. Chaine* (en collab.), 169-186.

14272 DANIÉLOU, J., *Bible et Liturgie²,* « Le rite baptismal », 50-75; « La sphragis », 76-96; « Les figures du baptême : la création et le déluge », 97-118; « La traversée de la Mer Rouge », 119-135; « Élie et le Jourdain », 136-155; « Les figures néotestamentaires », 281-302.

14273 BOUYER, L., « Le symbolisme des rites baptismaux », MD Nº 32 (1952) 5-17.

14274 DUESBERG, H., « Les sources bibliques de la liturgie baptismale », BVC Nº 10 (1955) 36-52.

14275 BOISMARD, M.-É., « La typologie baptismale dans la première épître de saint Pierre », VS 94 (1956) 339-352.

14276 BOISMARD, M.-É., « Une liturgie baptismale dans la Prima Petri », RB 63 (1956) 182-208.

14277 CAPELLE, B., « L'inspiration biblique de la bénédiction des fonts baptismaux », BVC Nº 13 (1956) 30-40.

14278 MOLLAT, D., « Symboles baptismaux chez saint Paul », LV N° 26 (1956) 61-84.

14279 DANIÉLOU, J., « Circoncision et baptême : baptême et circoncision d'après l'Écriture; baptême et circoncision chez les Pères de l'Église; la théologie du baptême comme nouvelle circoncision », dans *Theologie in Geschichte und Gegenwart. Michael Schmaus zum sechzigsten Geburtstag* (en collab.) (München, Karl Zink Verlag, 1957), 755-776.

14280 LÉCUYER, J., « La prière consécratoire des eaux », MD N° 49 (1957) 71-95.

14281 BOURASSA, F., « Thèmes bibliques du baptême », SE 10 (1958) 391-450.

14282 FEUILLET, A., « Le symbolisme de la colombe dans les récits évangéliques du baptême », RSR 46 (1958) 524-544.

14283 HALTON, T., « Baptism as Illumination », IrThQ 32 (1965) 28-41.

14284 SWAELES, R., « Typologie du baptême chrétien », AS N° 42 (1966) 48-71.

14285 LIGIER, L., « Le symbolisme biblique du baptême, selon les Pères et la Liturgie », Conci N° 22 (1967) 21-32.

Divers. Miscellaneous. Verschiedenes. Diversi. Diversos.

14286 COPPENS, J., « Baptême », SDB I, 852-924.

14287 COOLS, J., « La présence mystique du Christ dans le Baptême », dans *Mémorial Lagrange* (en collab.), 295-305.

14288 PHILIPPON, M.-M., « Notre régénération dans le Christ », VS 65 (1941) 208-218.

14289 BEAUDUIN, L., « Baptême et Eucharistie », MD N° 6 (1946) 56-75.

14290 DONCOEUR, P., « La catéchèse du baptême », MD N° 16 (1949) 48-59.

14291 BONSIRVEN, J., *Les enseignements de Jésus-Christ,* « Le baptême », 281-285.

14292 JORDANA, Sr, « Teaching Baptism through Scripture », Wor 25 (1950-51) 128-132.

14293 BARSOTTI, D., *Vie mystique et mystère liturgique,* « Le baptême de Jésus », 119-126.

14294 DE BONTRIDDER, L., « La Bible et les sacrements de l'initiation chrétienne », LVit 9 (1954) 52-95.

14295 BOISMARD, M.-É., « Baptême et renouveau », LV N° 27 (1956) 103-118.

14296 LEMARIÉ, J., *La manifestation du Seigneur,* « Le baptême dans le Jourdain : le baptême, manifestation de l'Homme-Dieu et sacre messianique », 287-304; « L'Agneau qui ôte les péchés du monde », 305-310; « Le baptême dans le Jourdain et la descente aux Enfers », 311-320; « Témoignage des Pères sur le baptême mystère de salut, dans les liturgies d'Occident et d'Orient », 333-360; « Le baptême, mystère nuptial », 361-380.

14297 GUILLET, J., « Baptême et Sainte Trinité », CHR N° 6 (1959) 296-308.

14298 PEIFER, C., « The Anointing of the Christian », Wor 36 (1962) 234-242.

14299 ROSE, A., « L'autel du Seigneur (Ps 42 et 43) », BVC N° 26 (1959) 29-37.

14300 TEMMEL, J., « Von unserer Taufe », BiLit 37 (1963-64) 217-224.

14301 GUILLET, J., *Jésus-Christ hier et aujourd'hui,* « Baptême et Sainte Trinité », 53-64.

14302 FORESTIER, M.-D., « Baptême et vie religieuse », VS 115 (1966) 143-153.

14303 McKENZIE, J. L., *The Power and the Wisdom,* « The New Life in Christ », 147-167.

Béatitudes. Beatitudes. Seligkeiten. Beatitudini. Bienaventuranzas.

14304 PIROT, L., « Béatitudes évangéliques », SDB I, col. 927-939.

14305 BUZY, D., « Béatitudes », DS I, col. 1298-1308.

14306 GARDEIL, A., « La béatitude des larmes », VS 39 (1934) 129-136.

14307 GARDEIL, A., « Le don d'intelligence et la béatitude des coeurs purs », VS 39 (1934) 235-258.

14308 PATAVINUS, A., « Beati pauperes spiritu », VD 15 (1935) 289-291.

14309 FEUILLET, A., « La béatitude de la pauvreté », VS 73 (1945) 511-527.

14310   LEBRETON, J., *Lumen Christi,* « Le sermon sur la montagne », 141-157.
14311   DUESBERG, H., *Jésus, prophète et docteur de la loi,* « Le sermon sur la montagne », 90-114.
14312   GEORGE, A., « La « forme » des Béatitudes jusqu'à Jésus », dans *Mélanges bibliques rédigés en l'honneur de André Robert* (en collab.), 404-410.
14313   JEANNE D'ARC, Sr, « Heureux les pauvres », VS 96 (1957) 115-126.
14314   DE FRAINE, J., *Prier avec la Bible.* Les antécédents bibliques de grandes prières chrétiennes (Bruges, Ch. Beyaert, 1961), « Les béatitudes », 173-243.
14315   JACQUEMIN, E., « Les béatitudes (Mt 5,1-12) », AS N° 89 (1963) 34-53.
14316   BROWN, R. E., « Le « Beatitudini » secondo Luca », BibOr 7 (1965) 3-8.
14317   STRAMARE, T., « Le beatitudini e la critica letteraria », RivB 13 (1965) 31-40.
14318   VATTIONI, F., *Beatitudini, Povertà, Riccezza* (Milano, Ed. Àncora, 1966), 456 pp.
14319   AGOURIDÈS, S., « La tradition des Béatitudes chez Matthieu et Luc », dans *Mélanges bibliques* en hommage au R. P. Béda Rigaux (en collab.), 9-27.

Bénédiction. Benediction. Segnung. Benedizione. Bendición.

14320   ASENSIO, F., « Las Bendiciones divinas en el Antiguo testamento », EstE 19 (1945) 401-422.
14321   AUDET, J.-P., « Esquisse historique du genre littéraire de la « bénédiction » juive et l' « Eucharistie chrétienne » », RB 65 (1958) 371-399.
14322   SCHARBERT, J., *Solidarität in Segen und Fluch im Alten Testament und in seiner Umwelt,* I. Väterfluch und Vätersegen (Bonn, P. Hanstein, 1958), 13-293 pp.
14323   SCHARBERT, J., « Fluchen und Segnen im AT », Bibl 39 (1958) 1-26.
14324   JUNKER, H., « Segen als heilsgeschichtliches Motivwort im AT », dans *Sacra Pagina* (en collab.), I, 548-558.
14325   BICKERMAN, E. J., « Bénédiction et prière », RB 69 (1962) 524-532.
14326   LEFÈVRE, A., « Malédiction et bénédiction », SDB V, col. 746-751.
14327   L'HOUR, J., *La morale de l'Alliance,* « Obéissance et bénédictions : le problème », 84-87.
14328   L'HOUR, J., *Die Ethik des Bundestradition im Alten Testament,* « Segensund Fluchformeln », 98-122.

Bonheur. Happiness. Gluck. Felicità. Felicidad.

14329   BUZY, D., « La notion du bonheur dans l'Ecclésiaste », RB 43 (1934) 494-511.
14330   DUBARLE, A.-M., *Les Sages d'Israël,* « Hasard et destinée, le bonheur », 238-242.
14331   LEBRETON, J., *La vie et l'enseignement de J.-C.[16],* « Le bonheur éternel », I, 176-180.
14332   PAUL-MARIE DE LA CROIX, P., *L'Ancien Testament source de vie spirituelle[3],* « La sagesse : la recherche du bonheur », 677-690.
14333   BAUER, J. B., « Num beatitudinis accidentalis varii gradus Scripturarum testimonio probari queant ? » VD 31 (1953) 275-281.
14334   GEORGE, A., « Le bonheur promis par Jésus d'après le Nouveau Testament », LV N° 52 (1961) 36-58.
14335   GRELOT, P., « La révélation du bonheur dans l'Ancien Testament », LV N° 52 (1961) 5-35.
14336   BEAUCHAMP, P., « Entendre Qohéleth », CHR N° 63 (1969) 339-351.

Bonté. Goodness. Gute. Bontà. Bondad.

14337   GARCIA HUGHES, D., « La bondad de Dios a traves del concepto « Luz » en el A. Testamento », EstB 2 (1943) 291-309.

14338 SPICQ, C., « Bénignité, mansuétude, clémence, douceur », RB 54 (1947) 321-339.

14339 SPICQ, C., *Spiritualité sacerdotale d'après saint Paul,* « La mansuétude du prêtre », 164-173; « La bénignité du prêtre », 174-186.

14340 ASENSIO, F., « La bondad de Dios en su papel de escudo a través de las páginas del Antiguo Testamento », EstB 9 (1950) 441-466.

14341 DENIS, A.-M., « L'élection et la vocation de Paul, faveurs célestes. Étude thématique de Gal. 1,15 », RT 57 (1957) 405-428.

14342 MOLLERFELD, J., « Du bist ein gnädiger und barmherziger Gott (Jonas 4,2) », GeistL 33 (1960) 324-333.

14343 SPICQ, C., *Dieu et l'homme selon le Nouveau Testament,* « Dieu est bon et généreux », 13-45.

14344 TERNANT, P., « L'homme ne peut empêcher Dieu d'être bon (Lc 13,16-17) », AS N° 72 (1964) 36-52.

14345 BRUNNER, A., « Einer nur ist der Gute (Mt 19,17) », GeistL 38 (1965) 411-416.

14346 DIDIER, R., « La libéralité divine dans le dessein de salut », AS N° 22 (1965) 82-95.

14347 RINALDI, G., « Maria e la tenerezza divina », BibOr 8 (1966) 221-228.

Bouc. Goat. Bock. Capro. Cordero.

14348 SABOURIN, L., « Le bouc émissaire, figure du Christ ? » SE 11 (1959) 45-79.

14349 LOUF, A., « Caper emissarius ut typus Redemptoris apud Patres », VD 38 (1960) 262-277.

Caille. Quail. Wachtel. Quaglia. Codornices.

14350 HEISING, A., *Die Botschaft der Brotvermehrung.* Zur Geschichte und Bedeutung eines Christusbekenntnisses im Neuen Testament, « Die Heilsbotschaft der Manna – und Wachtelspeisung », 21-30.

14351 JACQUES, X., « Les cailles étaient-elles empoisonnées ? » SE 20 (1968) 247-268.

Caïn. Cain. Kain. Cayno. Caín.

14352 McNAMARA, M., *The N. T. and the Palestinian Targum to the Pentateuch,* « Cain and Abel in the NT and PT », 156-160.

14353 GUILLAUME, P.-M., « Caïn et Abel (Gn 4,3-10) », AS (n.s.) N° 44 (1969) 26-31.

Cana. Kana. Cana. Caná.

14354 GAECHTER, P., « Maria in Kana (Jo 2,1-11) », ZKT 55 (1931) 351-402.

14355 SCHNACKENBURG, R., *Das erste Wunder Jesu* (Joh. 2,1-11) (Freiburg, Herder, 1951), 67 pp.

14356 GRILL, S., « Jesus auf der Hochzeit zu Kana », BiLit 20 (1952-53) 333-336.

14357 BRUNET, A.-M., « Les noces de Cana », dans *Études et Recherches. Cahiers de Théologie et de philosophie* (Ottawa) N° 8 (1952) 9-22.

14358 BRAUN, F.-M., *La mère des fidèles,* « Le mystère de Cana », 50-74.

14359 PARSCH, P., « Bibelstunde über die Hochzeit zu Kana (Joh. 2,1-11) », BiLit 20 (1952-53) 97-99.

14360 MICHL, J., « Die Hochzeit zu Kana. Kritik einer Auslegung », TGl 45 (1955) 334-349.

14361 STANLEY, D. M., « Cana as Epiphany », Wor 32 (1958) 83-89.

14362 CHARLIER, J.-P., *Le signe de Cana.* Essai de théologie johannique (Bruxelles, La pensée catholique, 1959), 93 pp.

14363 FEUILLET, A., *Études johanniques,* « L'heure de Jésus et le signe de Cana. Contribution à l'étude de la structure du quatrième évangile », 11-33 (cf. *Analecta Lovaniensia Biblica et orientalia.* Série III, fasc. 16, 1960).

14364 MICHAUD, J.-P., « Le signe de Cana dans son contexte johannique », LTP 18 (1962) 239-285; 19 (1963) 257-283.

14365 DILLON, R. J., « Wisdom Tradition and Sacramental Retrospect in the Cana Account (Jn 2,1-11) », CBQ 24 (1962) 268-296.

14366 DERRETT, J. D. M., « Water into Wine », BZ 7 (1963) 80-97.

14367 BODSON, J., « Cana de Galilée. L'Église et l'Eucharistie », LVit 19 (1964) 645-652.

14368 FEUILLET, A., « La signification fondamentale du premier miracle de Cana (Jo II, 1-11) et le symbolisme johannique », RT 65 (1965) 517-735.

14369 RAMOS-REGIDOR, J., « Signo y poder », Sal 27 (1965) 499-562; 28 (1966) 3-64.

14370 CORTES, J. B., « The Wedding Feast at Cana », TDig 14 (1966) 14-17.

14371 WORDEN, T., « The Marriage Feast at Cana (John 2, 1-11) », SCR 20 (1968) 94-103.

14372 JACQUEMIN, P.-E., « Le signe inaugural de Jésus (Jn 2,1-12) », AS (n.s.) N° 33 (1970) 76-88.

Canaan. Kanaan. Canaan. Canaán.

14373 JADRIJEVIC, A., « Notae ad textum Sap 12,3-7 », VD 22 (1942) 117-121.

14374 PAVLOVSKY, G., « De religione Cananaeorum tempore occupationis Israeliticae », VD 27 (1949) 143-163, 193-205.

14375 VENARD, J., « Les siècles bibliques : Canaan, au temps des Juges, puis des Rois (13ᵉ au 7ᵉ s.) », CE N° 8 (1952) 29-40.

14376 GROSS, H., *Die Idee des ewigen und allgemeinen Weltfriedens im Alten Orient und im AT,* « Land, da Milch und Honig fliesst », 71-78.

14377 DE VAUX, R., « Le pays de Canaan », dans *Essays in Memory of E. A. Speiser* (en collab.), (ed. W. W. HALLO) (New Haven, Conn., American Oriental Society, 1968), 23-30.

Carême. Lent. Fastenzeit. Quaresima. Cuaresma.

14378 STENTA, N., « Die Psalmen in der Fastenzeit », BiLit 10 (1935-36) 220-224.

14379 DANIÉLOU, J., « Le symbolisme des quarante jours », MD N° 31 (1952) 19-33.

14380 GELIN, A., « Préludes bibliques au carême chrétien », MD N° 31 (1952) 34-43.

14381 ROUSSEAU, O., « Le carême et la montée vers Jérusalem », MD N° 31 (1952) 60-75.

14382 BARSOTTI, D., *Vie mystique et mystère liturgique,* « Le Carême », 143-148.

14383 MARIE CHRISTILLA, Sr, « Veillées bibliques : le Carême, la Pâque eucharistique », LVit 13 (1958) 37-62.

14384 FERRIÈRE, C., « Tu diras à tes enfants. Le Carême », BVC N° 25 (1959) 69-75.

14385 XXX, « Le lectionnaire de Carême : le Mercredi des Cendres, les dimanches de carême », BVC N° 91 (1970) 29-59.

14386 En collaboration, « Le lectionnaire. Les 5ᵉ, 6ᵉ et 7ᵉ dimanches dans l'année. Les dimanches de Carême », BVC N° 97 (1970) 5-80.

Célibat. Celibacy. Ehelosigkeit. Celibato.

14387 LEGRAND, L., « The Prophetical Meaning of Celibacy », SCR 12 (1960) 97-105; 13 (1961) 12-19.

14388 LEGRAND, L., « Christian Celibacy and the Cross », SCR 14 (1962) 1-11.

14389   DENIS, A.-M., « Ascèse et vie chrétienne. Éléments concernant la vie religieuse dans le Nouveau Testament », RSPT 47 (1963) 606-618.

14390   LEGRAND, L., *La virginité dans la Bible,* « La virginité et la croix : un enseignement sur le célibat », 47-54.

14391   LÉON-DUFOUR, X., « Mariage et continence selon saint Paul », dans *À la rencontre de Dieu.* Mémorial Albert Gelin (en collab.), 319-329.

14392   LÉON-DUFOUR, X., « L'appel au célibat consacré (1 Co 7,25-35) », AS Nº 95 (1966) 17-32.

14393   AUDET, J.-P., *Mariage et célibat dans le service pastoral de l'Église,* 164 pp.

14394   WULF, F., « Der christologische Aspekt des priesterlichen Zölibats », GeistL 41 (1968) 106-122.

Chair. Flesh. Fleisch. Carne.

14395   FERNANDEZ, A., « Duplex Israel : carnalis et spiritualis », VD 11 (1931) 230-232.

14396   PRAT, F., *La théologie de saint Paul*[38], « La loi au service de la chair », I, 268-279; « La chair vaincue par l'Esprit », I, 279-284; « Esclavage de la chair et de l'esprit », II, 81-90; « Langue théologique de saint Paul : notion du mot *chair* », II, 487-489.

14397   LEAL, J., « Spiritus et caro in Jo. 2,64 », VD 30 (1952) 257-264.

14398   VAN IMSCHOOT, P., *Théologie de l'Ancien Testament,* « La chair », II, 9-16.

14399   DE AUSEJO, S., « El concepto de « Carne » aplicado a Cristo en el IV Evangelio », EstB 17 (1958) 411-427.

14400   DE AUSEJO, S., « El concepto de « carne » aplicado a Cristo en el IV evangelio », dans *Sacra Pagina* (en collab.), II, 219-234.

14401   MURPHY, R. E., « *Bsr* in the Qumrân Literature and *Sarks* in the Epistle to the Romans », dans *Sacra Pagina* (en collab.), II, 60-76.

14402   CAMBIER, J., « Connaissance charnelle et spirituelle du Christ dans 2 Co 5,16 », dans *Littérature et théologie pauliniennes* (en collab.), 72-92.

14403   SCHARBERT, J., *Fleisch, Geist und Seele im Pentateuch.* Ein Beitrag zur Anthropologie der Pentateuchquellen (Stuttgart, Katholisches Bibelwerk, 1966), 88 pp.

14404   SCHILLING, O., *Geist und Materie in biblischer Sicht,* « *Rûah* ist kein Begriff eines dichotomischen Systems », 44-49; « Fleisch und Geist bei Paulus », 54-56.

14405   LAZURE, N., « La convoitise de la chair en 1 Jean, II,16 », RB 76 (1969) 161-205.

Charismes. Charisms. Charismen. Carismi. Carismas.

14406   LEMONNYER, A., « Charismes », SDB I, col. 1233-1244.

14407   SUAREZ, L., « Los carismas como preparacion y complemento de la jerarquia », EstB 5 (1946) 303-334.

14408   BONSIRVEN, J., *L'évangile de Paul,* « Les charismes », 252-254.

14409   PRAT, F., *La théologie de saint Paul*[38], « Les charismes », I, 150-157.

14410   DUPONT, J., *Gnosis.* La connaissance religieuse dans les épîtres de saint Paul, « Connaissance charismatique », 140-146; « Le charisme de gnose », 151-263.

14411   BOVER, J. M., « Los carismas espirituales en San Pablo », EstB 9 (1950) 295-328.

14412   WENNEMER, K., « Die charismatische Begabung der Kirche nach dem heiligen Paulus », Schol 34 (1959) 503-525.

14413   CASTELOT, J. J., « The Spirit of Prophecy : an Abiding Charism », CBQ 23 (1961) 210-217.

14414   VIARD, A., « Charismes et charité (Rom 12,6-16) », AS Nº 16 (1962) 15-31.

14415   WURZINGER, A., « Geist und Charism », BiLit 37 (1963-64) 3-7.

14416 KÜNG, H., « La structure charismatique de l'Église », Conci N° 4 (1965) 43-59.

14417 MALY, K., *Mündige Gemeinde.* Untersuchungen zur pastoralen Führung des Apostels Paulus im 1. Korintherbrief (Stuttgart, Katholisches Bibelwerk, 1967), 186-228.

14418 O'CONNOR, E. D., « The New Theology of Charisms in the Church », AmER 161 (1969) 145-159.

14419 ROBLES, L., « Jerarquia y carismas en la Iglesia naciente », RET 29 (1969) 419-444.

14420 GLASER, J. W., « Commands-Counsels : A Pauline Teaching ? » TS 31 (1970) 275-287.

14421 KERTELGE, K., « Das Apostelamt des Paulus, seine Ursprung und seine Bedeutung », BZ 14 (1970) 161-181.

14422 SCHÜRMANN, H., « Unité dans l'Esprit et diversité spirituelle (1 Co 12,3b-7.12-13) », AS (n.s.) N° 30 (1970) 35-41.

14423 SCHWEITZER, E., « Observance of the Law and Charismatic Activity in Matthew », TDig 18 (1970) 244-248.

14424 SISTI, A., « Carismi e carità (Rom. 12,6-16) », BibOr 12 (1970) 27-33.

Charité. Charity. Liebe. Carità. Caridad.

14425 PRAT, F., « Charité : I. Dans la Bible », DS I, col. 508-523.

14426 MacDONALD, J. R., « The Unknown Virtue », AmER 82 (1930) 592-596.

14427 RUFFENACH, F., « Caritas Dei diffusa est in cordibus nostris per Spiritum Sanctum, qui datus est nobis (Rom. 5,5) », VD 12 (1932) 303-304.

14428 GARRIGOU-LAGRANGE, R., « La charité parfaite et les béatitudes », VS 46 (1936) 5-20.

14429 OGARA, F., « Caritas operit multitudinem peccatorum », VD 16 (1936) 129-135.

14430 OGARA, F., « Caritatem habete, quod est vinculum perfectionis (Col. 3, 12-17) », VD 17 (1937) 335-343.

14431 BOVER, J. M., « La caridad, esencia de la perfección según San Pablo », Manr 14 (1942) 63-69.

14432 DESROCHES, H.-C., « Le « portrait » de la charité (I Cor. 13) », VS 74 (1946) 518-536.

14433 HUBY, J., *Mystiques paulinienne et johannique,* « Aspects de la charité chrétienne selon saint Paul », 58-87.

14434 VIARD, A., « La charité accomplit la Loi », VS 74 (1946) 27-34.

14435 LEBRETON, J., *Lumen Christi,* « Le Discours après la Cène : la charité fraternelle », 295-305.

14436 BONSIRVEN, J., *L'évangile de Paul,* « Vertus théologales », 292-309.

14437 CERFAUX, L., « La charité fraternelle et le retour du Christ », ETL 24 (1948) 321-332, ou dans *Recueil Lucien Cerfaux,* II, 27-42.

14438 SPICQ, C., *Spiritualité sacerdotale d'après saint Paul,* « Les vertus théologales du prêtre », 110-128.

14439 GRAIL, A., « Eucharistie, sacrement de la charité, dans le Nouveau Testament », VS 85 (1951) 369-387.

14440 DUPLACY, J., « Grandir dans la Charité », *L'Anneau d'Or* N° 43 (1952) 5-11.

14441 BARROSSE, T., « The Unity of the Two Charities in Greek Patristic Exegesis », TS 15 (1954) 355-388.

14442 HOLSTEIN, H., « Marie, modèle de charité », LVit 9 (1954) 627-633.

14443 MUSSNER, F., « Der Begriff des « Nächsten » in der Verkündigung Jesu », TrierTZ 64 (1955) 91-99.

14444   LEFEBVRE, G., « Le mystère de la divine charité », VS 94 (1956) 563-586.

14445   DANIÉLOU, J., « Le bon Samaritain », dans *Mélanges bibliques rédigés en l'honneur de André Robert* (en collab.), 457-465.

14446   HENRY, A.-M., « Rompre ton pain avec celui qui a faim », VS 96 (1957) 227-265.

14447   SPICQ, C., « La charité fraternelle selon I Th., 4,9 », dans *Mélanges bibliques rédigés en l'honneur de André Robert* (en collab.), 507-511.

14448   BARROSSE, T., « Christianity : Mystery of Love. An Essay in biblical Theology », CBQ 20 (1958) 137-172.

14449   SPICQ, C., « Notes d'exégèse johannique. La charité est amour manifeste », RB 65 (1958) 358-370.

14450   SPICQ, C., « Priestly Virtues in the New Testament – II : St Paul's Teaching : Charity », SCR 10 (1958) 89-90.

14451   DUPONT, J., « Comment aimer ses frères (1 Jn 3,13-18) », AS Nº 55 (1962) 24-31.

14452   MONTAGUE, G. T., « The Growth of Faith, Hope and Charity according to St. Paul », AmER 147 (1962) 308-318.

14453   SPICQ, C., « La charité, volonté et réalisation du bien à l'égard du prochain (Rom 12, 16-21) », AS Nº 17 (1962) 21-26.

14454   VIARD, A., « Charismes et charité (Rm 12,6-16) », AS Nº 16 (1962) 15-31.

14455   LOHFINK, N., « Das Hauptgebot im Alten Testament », GeistL 36 (1963) 271-281.

14456   LOHFINK, N., « Mandatum magnum in Dtn 5-11 », VD 41 (1963) 73-77.

14457   GIBLET, J., « Les fruits de la lumière (Ep 5,1-9) », AS Nº 30 (1964) 18-25.

14458   LEGRAND, L., *La virginité dans la Bible,* « Virginité et charité », 95-105.

14459   SPICQ, C., *Théologie morale du Nouveau Testament,* « I Cor. v,1 et la chasteté en dehors du Nouveau Testament », 816-828.

14460   DREYFUS, F., « Qui est mon prochain » (Lc 10,23-37) », AS Nº 66 (1966) 32-49.

14461   PELFRENE, J.-M., « Tu aimeras ton prochain comme toi-même », AS Nº 66 (1966) 50-67.

14462   JACQUEMIN, E., « La charité de Dieu qui est dans le Christ Jésus », AS Nº 56 (1967) 47-65.

14463   SISTI, A., « La carità dei figli di Dio », BibOr 9 (1967) 77-88.

14464   SISTI, A., « L'inno della carità », BibOr 10 (1968) 39-51.

Chasteté. Castity. Keuschheit. Castità. Castidad.

14465   FULLER, R. C., « The Sixth Commandment in the Old and New Testaments », SCR 1 (1946) 34-35.

14466   ROUQUETTE, R., « Né de la Vierge Marie. Méditation sur la chasteté chrétienne », CHR Nº 3 (1954) 76-86.

14467   JEANNE D'ARC, Sr, « La chasteté et la virginité consacrée de l'Ancien au Nouveau Testament », dans *La chasteté²* (Paris, Cerf, 1956), 11-35.

14468   NIEDER, L., *Die Motive der religiös-sittlichen Paränese in den paulinischen Gemeindebriefen,* 56-65.

14469   LOCHET, L., « La vie filiale », VS 96 (1957) 451-478.

14470   RANWEZ, É., « Trois conseils évangéliques ? » Conci Nº 9 (1965) 63-71.

14471   GUILLET, J., « La chasteté de Jésus-Christ », CHR Nº 66 (1970) 163-176.

Chérubins. Cherubins. Cherubin. Cherubini. Querubines.

14472   DE VAUX, R., « Les chérubins et l'arche d'Alliance, les sphinx gardiens et les trônes divins dans l'Ancien Orient », dans *Bible et Orient,* 231-259, ou dans *Mélanges offerts au Père René Monterde,* I (Mélanges de l'Université Saint-Joseph, Beyrouth), 37 (1960-61) 91-124.

Ciel. Heaven. Himmel. Cielo.

14473 XXX, « Dans quel sens faut-il entendre le mot « ciel » dans l'Écriture et la Liturgie ? » AmiCl 57 (1946-47) 327-328.

14474 CODY, A., *Heavenly Sanctuary and Liturgy in the Epistle to the Hebrews* (St. Meinrad, Indiana, Grail Publications, 1960), 228 pp.

14475 TROISFONTAINES, R., « Le ciel », NRT 82 (1960) 225-246.

14476 FENASSE, J.-M., « Le ciel, dans la tradition biblique », VS 107 (1962) 604-623.

14477 LOHFINK, G., « Aufgefahren in den Himmel », GeistL 35 (1962) 84-85.

14478 LYONNET, S., « La circoncision du coeur, celle qui relève de l'Esprit et non de la lettre (Rom. 2 : 29) », dans *L'Évangile hier et aujourd'hui* (en collab.), Mélanges offerts au Prof. F.-J. Leenhardt (Genève, Labor et Fides, 1968), 87-98.

14479 AYEL, V., « Peut-on parler du ciel aux hommes d'aujourd'hui ? » AS (n.s.) N° 28 (1969) 68-81.

14480 LENTZEN-DEIS, F., « Das Motiv der « Himmelsöffnung » in verschiedenen Gattungen der Umweltliteratur des Neuen Testaments », Bibl 50 (1969) 301-327.

Circoncision. Circumcision. Beschneidung. Circoncisione. Circuncisión.

14481 JUDICA CORDIGLIA, G., « Il rito della Circoncisione », ScuolC 72 (1944) 219-222.

14482 STOLL, R. F., « The Circumcision », AmER 110 (1944) 31-42.

14483 CERFAUX, L., « Abraham, « père en circoncision » des Gentils », dans *Mélanges E. Podechard* (en collab.), 57-62, ou dans *Recueil Lucien Cerfaux*, II, 333-338.

14484 GEORGE, A., « Les récits de Gilgal en Josué v,2-15 », dans *Mémorial J. Chaine* (en collab.), 169-186.

14485 VAN IMSCHOOT, P., *Théologie de l'Ancien Testament*, « La circoncision », II, 161-166.

14486 DANIÉLOU, J., « Circoncision et baptême : baptême et circoncision d'après l'Écriture, baptême et circoncision chez les Pères de l'Église, la théologie du baptême comme nouvelle circoncision », dans *Theologie in Geschichte und Gegenwart. Michael Schmaus zum sechzigsten Geburtstag* (en collab.) (München, Karl Zink Verlag, 1957), 755-776.

14487 BOURASSA, F., « Thèmes bibliques du baptême : la circoncision et la promesse », SE 10 (1958) 418-420.

14488 LE DÉAUT, R., *La nuit pascale*, « Pâque et circoncision », 209-212.

14489 GALBIATI, E., « La circoncisione », BibOr 8 (1966) 37-45.

Coeur. Heart. Herz. Cuore. Corazón.

14490 FLASCHE, H., « El concepto de « cor » en la Vulgata », EstB 10 (1951) 5-49.

14491 BAUER, J., « Das Herz des Erlösers in der Heiligen Schrift », BiLit 19 (1951-52) 291-294.

14492 LEFÈVRE, A., « Cor et cordis affectus. 1. Usage biblique », DS II, col. 2278-2281.

14493 DE GÉRARDON, B., « Le coeur, la bouche, les mains. Essai sur un schème biblique », BVC N° 4 (1953-54) 7-24.

14494 DUBARLE, A.-M., « Le don d'un coeur nouveau (Ézéchiel 36,16-38) », BVC N° 14 (1956) 57-66.

14495 DIDIER, G., « Le coeur humain de Dieu », CHR N° 15 (1957) 332-347.

14496 DE LA PEZA, E., « El Corazón en la Epístolas de San Pablo », EstE 32 (1958) 317-343.

14497 BAUER, J. B., « De « cordis » notione biblica et iudaica », VD 40 (1962) 27-32.

14498 DELHAYE, P., *La conscience morale du chrétien* (Tournai, Desclée et Cie, 1964), « Le coeur », 33-40.

Colère de Dieu. Anger of God. Zorn Gottes. Collera di Dio. Cólera de Dios.

14499 BOUYER, L., *Le Mystère pascal,* « La colère de Dieu et le reste d'Israël », 264-280.

14500 MARY ALOYSIA, Sr., « The God of Wrath ? » CBQ 8 (1946) 407-415.

14501 PRAT, F., *La théologie de saint Paul*[38], « La colère de Dieu », II, 257-261.

14502 VAN IMSCHOOT, P., *Théologie de l'Ancien Testament,* « La colère de Dieu », I, 87-90; « L'apaisement de la colère de Dieu », II, 318-321.

14503 NOVEL, P. C., « Le Christ notre Rançon », CE N° 25 (1957) 7-78.

14504 RENAUD, B., *Je suis un Dieu jaloux.* Étude d'un thème biblique, 160 pp.

14505 A. S. MARCO, E., « L'ira di Dio si manifesta in ogni genere di impietà e di ingiustizia (Rom. 1,18) », dans *Studiorum Paulinorum Congressus 1961* (en collab.), I, 259-269.

14506 BRUNNER, A., « Der Zorn Gottes », StiZ 173 (1963-64) 372-380.

14507 ASHTON, J., « The Wrath of the Lamb », Way 7 (1967) 270-279.

14508 LANGEVIN, P.-É., *Jésus Seigneur et l'eschatologie. Exégèse de textes prépauliniens,* « L'A. T. et la « colère qui vient »; le N. T. et la « colère qui vient » », 91-96; « Jour de jugement (le jour de Yahvé) », 135-142.

Collégialité. Collegiality. Kollegialität. Collegialità. Colegialidad.

14509 STANLEY, D. M., « The New Testament for the Concept of Collegiality », TS 25 (1964) 197-216.

14510 STANLEY, D. M., « The New Testament Basis for Collegiality », TDig 13 (1965) 222-227.

14511 D'ERCOLE, G., « Les collèges presbytéraux à l'époque des origines chrétiennes », Conci N° 17 (1966) 23-34.

Colombe. Dove. Taube. Colomba. Paloma.

14512 FEUILLET, A., « Le symbolisme de la colombe dans les récits évangéliques du baptême », RSR 46 (1958) 524-544.

14513 SIEBENECK, R. T., « The Dove as Epiphany », Wor 35 (1961) 97-102.

14514 HARGROVE, K., « Why a Dove ? » Wor 38 (1964) 62-67.

Communauté. Community. Gemeinschaft. Comunità. Comunidad.

14515 GELIN, A., *Les idées maîtresses de l'Ancien Testament,* « Le salut personnel : la promotion de la personne : rôle de la communauté », 49-54.

14516 DE FRAINE, J., « Individu et société dans la religion de l'Ancien Testament », Bibl 33 (1952) 324-355, 445-475.

14517 L'HOUR, J., *Die Ethik des Bundestradition im Alten Testament,* « Theozentrische und mitmenschliche Ethik », 123-141.

14518 MURPHY-O'CONNOR, J., « Péché et communauté dans le Nouveau Testament », RB 74 (1967) 161-193.

Confiance. Confidence. Vertrauen. Fiducia. Confianza.

14519 A. S. MARCO, E., « Quaerite ergo primum regnum Dei et justitiam ejus (Mt 6,24-33) », VD 10 (1930) 281-288.

14520 OGARA, F., « Fiduciam... talem habemus per Christum ad Deum (2 Cor 3,4-9) », VD 18 (1938) 227-234.

14521 CLOSEN, G., « Gottvertrauen und Selbstbescheidung in der Lehre der Schrift des Alten Bundes (Ps 131 (130); 127 (126) 1-2) », GeistL 15 (1940) 187-197.

14522 TELL, I., « Gli oggetti e i motivi della fiducia in Dio nella pietà del Salterio », ScuolC 69 (1942) 48-55; 70 (1942) 109-129, 281-302, 348-365, 415-427.

14523 BONSIRVEN, J., *Les enseignements de Jésus-Christ,* « La prière des enfants de Dieu; confiance filiale libératrice », 135-176.

14524 FEUILLET, A., « Souffrance et confiance en Dieu. Commentaire du psaume 22 », NRT 70 (1948) 137-149.

14525 BONSIRVEN, J., *Les enseignements de Jésus-Christ,* « Confiance filiale libératrice : Esprit de pauvreté », 167-176.

14526 PAUL-MARIE DE LA CROIX, P., *L'Ancien Testament source de vie spirituelle[3],* « Un acte de confiance et d'abandon », 152-164.

14527 FRONTIER, Y., « L'assurance du disciple de l'Évangile. L'homme et la Providence », VS 106 (1962) 183-193.

14528 HOLSTEIN, H., « Prévoyance ou imprévoyance ? » BVC N° 46 (1962) 46-53.

14529 HOLSTEIN, H., « La *parrésia* dans le Nouveau Testament », BVC N° 53 (1963) 45-54.

14530 CHALEIX, A., « Dans la main de Dieu. Bible et Islam », CE N° 60 (1965) 5-88.

14531 HASPECKER, J., *Gottesfurcht bei Jesus Sirach.* Ihre religiöse Struktur und ihre literarische und doktrinäre Bedeutung, « Gottesfurcht als Gottvertrauen », 232-280; « Gottesfurcht als Demut », 314-327.

14532 YEOMANS, W., « The Source of Confidence », Way 6 (1966) 121-129.

Confirmation. Firmung. Confirmazione. Confirmación.

14533 BOUYER, L., « La signification de la confirmation », VSS 8 (1954) 162-179.

14534 DE BONTRIDDER, L., « La Bible et les sacrements de l'initiation chrétienne », LVit 9 (1954) 52-95.

14535 COPPENS, J., art. « Confirmation », SDB II, col. 120-153.

Connaissance de Dieu. Knowledge of God. Gotteserkenntnis. Conoscienza di Dio. Conocimiento de Dios.

14536 DE GUGLIELMO, A., « Job 12,7-9 and the Knowability of God », CBQ 6 (1944) 476-482.

14537 FOREST, A., « Connaissance et révélation », RT 47 (1947) 482-495.

14538 VIAU, É., « « Connaître Dieu », une expression johannique », VS 77 (1947) 324-333.

14539 BOISMARD, M.-É., « La connaissance de Dieu dans l'Alliance nouvelle, d'après la première lettre de saint Jean », RE 56 (1949) 365-391.

14540 DUPONT, J., *Gnosis.* La connaissance religieuse dans les épîtres de saint Paul, 604 pp.

14541 BOTTERWECK, G., « *Gott erkennen* » *im Sprachgebrauch des Alten Testamentes* (Bonn, P. Hanstein, 1951), 104 pp.

14542 FEUILLET, A., « La connaissance naturelle de Dieu par les hommes, d'après Romains 1,18-23 », LV N° 14 (1954) 63-80.

14543 LARCHER, C., « La connaissance naturelle de Dieu d'après le livre de la Sagesse », LV N° 14 (1954) 53-62.

14544 LARCHER, C., « De la nature à son auteur d'après le livre de la Sagesse 13,1-9 », LVit 14 (1954) 197-206.

14545 CERFAUX, L., « La pensée paulinienne sur le rôle de l'intelligence dans la révélation », Div 3 (1959) 386-396, ou dans *Recueil Lucien Cerfaux,* III, 351-360.

14546 DE LA POTTERIE, I., « *Oida* et *gignôskô,* les deux modes de la connaissance dans le quatrième Évangile », Bibl 40 (1959) 709-725.

14547 CAMBIER, J., « Connaissance charnelle et spirituelle du Christ dans 2 *Co* 5,16 », dans *Littérature et théologie pauliniennes* (en collab.), 72-92.

14548 LIGIER, L., *Péché d'Adam et péché du monde,* « La femme, la communauté nouvelle et la vraie connaissance », II, 323-376.

14549 DE CAEVEL, J., « La connaissance religieuse dans les hymnes d'action de grâces de Qumrân », ETL 38 (1962) 435-460.

14550 LAFRANCE, J. M., « Le sens de γνῶσις dans l'Évangile de Vérité », SMR 5 (1962) 57-82.

14551 SULLIVAN, K., « *Epignosis* in the Epistles of St. Paul », dans *Studiorum Paulinorum Congressus 1961* (en collab.), II, 405-416.

14552 MUSSNER, F., *Die Johanneische Wehweise und die Frage nach dem historischen Jesus,* « Analyse des « historischen Vernunft » des vierten Evangelisten an Hand seiner gnoseologischen Terminologie », 18-51.

14553 MUSSNER, F., ZΩH. *Die Anschauung vom « Leben » im vierten Evangelium,* « « Leben » als Gottes- und Christuserkenntnis », 171-176.

14554 GAFFNEY, J., « Believing and Knowing in the Fourth Gospel », TS 26 (1965) 215-241.

14555 DENIS, A.-M., *Les thèmes de connaissance dans le document de Damas* (Louvain, Publications Universitaires, 1967), 246 pp.

14556 LANGEVIN, P.-É., « Ceux qui invoquent le nom du Seigneur (1 Co 1,2) », SE 19 (1967) 395-399.

14557 MÉNARD, J.-E., « La « Connaissance » dans l'Evangile de Vérité », RevSR 41 (1967) 1-28.

14558 TRAETS, C., *Voir Jésus et le Père en lui, selon l'évangile de saint Jean* (Roma, Università Gregoriana, 1967), 256 pp.

14559 GABORIAU, F., « Enquête sur la signification biblique de *connaître.* Étude d'une racine », Ang 45 (1968) 3-43.

14560 GABORIAU, F., « La connaissance de Dieu dans l'Ancien Testament », Ang 45 (1968) 145-183.

14561 LAZURE, N., « Les voies de la connaissance de Dieu (1 Jn 2,1-5a) », AS (n.s.) N° 24 (1970) 21-28.

Conscience. Bewusstsein. Coscienza. Conocimiento.

14562 SPICQ, C., « La conscience dans le Nouveau Testament », RB 47 (1938) 50-80.

14563 MARITAIN, R., *Histoire d'Abraham ou les premiers âges de la conscience morale* (Paris, Desclée et Cie, 1947), 79 pp.

14564 DUPONT, J., *Gnosis.* La connaissance religieuse dans les épîtres de saint Paul, « La conscience des faibles », 266-282.

14565 DUPONT, J., « *Syneidesis.* Aux origines de la notion chrétienne de conscience morale », dans *Studia Hellenistica* (Cerfaux, L., Peremans, W., édit.) (Louvain, 1949), V, 109-153.

14566 DELHAYE, P., « Les bases bibliques du traité de la conscience », SMR 4 (1961) 229-251.

14567 STELZENBERGER, J., *Syneidesis im neuen Testament* (Paderborn, Schöningh, 1961), 100 pp.

14568 COUNE, M., « Le problème des idolothytes et l'éducation de la *syneidêsis* », RSR 51 (1963) 497-534.

14569 DELHAYE, P., *La conscience morale du chrétien* (Tournai, Desclée et Cie, 1964), « L'enseignement de saint Paul », 19-32; « Thèmes bibliques analogues à celui de la conscience : coeur, sagesse, prudence », 33-50.

14570 SPICQ, C., *Théologie morale du Nouveau Testament,* « Instructions pastorales, formation de la conscience et rectitude de la conduite », 567-622.

Conseils. Advices. Räte. Consigli. Consejos.

14571 SEBASTIAN, F., « Mandamientos y consejos evangélicos », RET 25 (1965) 25-77.

14572 MENNESSIER, A.-I., « Conseils évangéliques », DS II, col. 1594-1597.

Contemplation. Betrachtung. Contemplazione. Contemplación.

14573 LEBRETON, J., « Contemplation dans la Bible : 1. dans l'AT; 2. Dans le NT », DS II, 1645-1716.

Continence. Enthaltsamkeit. Continenza. Continencia.

14574 LEGRAND, L., *La virginité dans la Bible,* « Continence et culte dans l'Ancien Testament », 66-72.

14575 LÉON-DUFOUR, X., « Mariage et continence selon saint Paul », dans *À la rencontre de Dieu. Mémorial Albert Gelin* (en collab.), 319-330.

Contrition. Reue. Contrizione. Contrición.

14576 GARCIA DE LA FUENTE, O., « Sobre la idea de contrición en el Antíguo Testamento », dans *Sacra Pagina* (en collab.), I, 559-579.

14577 HOLSTEIN, H., « Conversion et ferme-propos », CHR N° 21 (1959) 68-83.

Conversion. Bekehrung. Conversione. Conversión.

14578 BENOIT, P., « Le message de Paul aux Gentils selon W. L. Knox », RB 50 (1941) *(Vivre et Penser,* 1) 140-147, ou dans BENOIT, P., *Exégèse et théologie,* II, 97-106.

14579 LEBRETON, J., *La vie et l'enseignement de J.-C.[16],* « Le fils prodigue », II, 89-96.

14580 WINZEN, D., « *Metanoia,* Penance : Virtue and Sacrament », Wor 25 (1950-51) 145-151.

14581 DELORME, J., « Conversion et pardon selon le prophète Ézéchiel », dans *Mémorial J. Chaine* (en collab.), 115-144.

14582 PRÜMM, K., « Israels Kehr zum Geist (2 Kor 3,17a) », ZKT 72 (1950) 385-442.

14583 PINARD DE LA BOULLAYE, « Conversion. 3. Dans l'Écriture », DS 11, col. 2232-2235.

14584 GUILLET, J., « Le psaume *Miserere* », MD N° 33 (1953) 56-71.

14585 GRECH, P., « II Corinthians 3,17 and the Pauline Doctrine of Conversion to the Holy Spirit », CBQ 17 (1955) 420-437.

14586 ROCHE, E., « Pénitence et conversion dans l'Évangile et la vie chrétienne », NRT 79 (1957) 113-134.

14587 XXX, « Convertis-nous, Seigneur », CE N° 29 (1958) 7-85.

14588 XXX, « Le vocabulaire grec de la conversion et de la pénitence », CE N° 29 (1958) 86.

14589 FEUILLET, A., « La conversion et le salut des nations chez le prophète Isaïe », BVC N° 22 (1958) 3-22.

14590 GOETTMANN, J., « Le livre des conseils ou le miroir du Juste engagé dans le monde (le livre de Tobie) : la délivrance dans la conversion », BVC N° 21 (1958) 38-42.

14591 HOLSTEIN, H., « Conversion et ferme-propos », CHR N° 21 (1959) 68-83.

14592 BOISMARD, M.-É., « Conversion et vie nouvelle chez saint Paul », LV N° 47 (1960) 71-94.

14593 DUPONT, J., « Repentir et conversion d'après les Actes des apôtres », SE 12 (1960) 137-173, ou dans *Études sur les Actes des apôtres,* 421-457.

14594 DUPONT, J., « La conversion dans les Actes des apôtres », LV N° 47 (1960) 47-70, ou dans *Études sur les Actes des apôtres,* 459-476.

14595 LACAN, M.-F., « Conversion et grâce dans l'Ancien Testament », LV N° 27 (1960) 5-24.

14596 LACAN, M.-F., « Conversion et royaume dans les Évangiles synoptiques », LV N° 47 (1960) 25-47.

14597 MOLLAT, D., « Ils regarderont celui qu'ils auront transpercé », LV N° 47 (1960) 95-114.

14598 TRUMMER, H., « Die Umkehr in der Predigt Jesu », BiLit 36 (1962-63) 138-143.

14599 BARTHÉLEMY, D., « Comment ramener un peuple à son Dieu ? Conserver ou re-créer », VS 106 (1962) 679-698.

14600 BLINZLER, J., « Gottes grosse Freude über die Umkehr des Sünders », BiLit 37 (1963-64) 21-28.

14601 COUNE, M., « Revêtir l'homme nouveau (Ep 4,23-28) », AS N° 74 (1963) 16-32.

14602 TERNANT, P., « Repentez-vous et convertissez-vous », AS N° 21 (1963) 50-79.

14603 AUER, J., « « Bekehrung » zum « Kind-sein vor Gott » », GeistL 37 (1964) 4-16.

14604 MICHIELS, R., « La conception lucanienne de la conversion », ETL 41 (1965) 42-78.

14605 GIBLET, J., « Le sens de la conversion dans l'Ancien Testament », MD 90 (1967) 79-92.

14606 LANGEVIN, P.-É., *Jésus Seigneur et l'eschatologie. Exégèse de textes prépauliniens,* « 'Επεστρέψατε », 59-62.

14607 OECHSLIN, R.-L., « Le pardon du Seigneur dans le sacrement de pénitence », VS 117 (1967) 139-155.

14608 MOLITOR, J., *Grundbegriffe der Jesuüberlieferung im Lichte ihrer orientalischen Sprachgeschichte* (Düsseldorf, Patmos, 1968), « Wiederholte Umkehr als Postulat Jesu », 35-42.

14609 GALLERAND, M., « Pour la conversion de l'Église », AS (n.s.) N° 42 (1970) 33-37.

14610 LAMARCHE, P., « L'appel à la conversion et à la foi. La vocation de Lévi (Mc., 2,13-17) », LVit 25 (1970) 125-136.

Corne. Horn. Corno. Cuerno.

14611 COUROYER, B., « Corne et arc », RB 73 (1966) 510-521.

Corps. Body. Leib. Corpo. Cuerpo.

14612 LAVAUD, M.-B., « Le corps dans la gloire », VS 55 (1938) 113-136.

14613 BENOIT, P., « Le corps du Christ selon E. Percy, L. Tondelli et T. Soiron », RB 54 (1947) 150-152; 55 (1948) 618-619; 61 (1954) 287-288; ou dans BENOIT, P., *Exégèse et Théologie,* II, 154-162.

14614 PRAT, F., *La Théologie de saint Paul*[38], « Langue psychologique de saint Paul : Notion du mot *corps* », II, 486-487.

14615 BENOIT, P., « Nous gémissons, attendant la délivrance de notre corps (Rom., 8,23) », dans *Mélanges Jules Lebreton* (en collab.), RSR 39 (1951) 267-280.

14616 BONSIRVEN, J., *Théologie du Nouveau Testament,* « L'Église, corps du Christ », 329-345.

14617 TRESMONTANT, C., *Essai sur la pensée hébraïque,* « L'absence du dualisme âme-corps », 88-107; « La dimension nouvelle : le pneuma », 107-116.

14618 BENOIT, P., « Corps, tête et plérôme dans les épîtres de la captivité », RB 63 (1956) 5-44, ou dans BENOIT, P., *Exégèse et théologie,* II, 107-153.

14619 BENOIT, P., « Le corps dans la théologie de S. Paul selon J. A. T. Robinson », RB 64 (1957) 581-585, ou dans BENOIT, P., *Exégèse et théologie.* II, 165-171.

14620 CONGAR, Y., *Le mystère du Temple,* « Le chrétien et l'Église, temple spirituel », 181-275.

14621 REUSS, J., « Die Kirche als « Leib Christi » und die Herkunft dieser Vorstellung bei dem Apostel Paulus », BZ 2 (1958) 103-127.

14622 DACQUINO, P., « Ecclesia corpus Christi secundum apostolum Paulum », VD 38 (1960) 292-300.

14623 HAVET, J., « La doctrine paulinienne du « Corps du Christ ». Essai de mise au point », dans *Littérature et théologie paulinienne* (en collab.), 185-216.

14624 KENNEDY, G. T., « Medecine and the Bible », AmER 142 (1960) 87-95.

14625 BEUMER, J., « Die Kirche, Leib Christi oder Volk Gottes ? » TGl 53 (1963) 255-268.

14626 DACQUINO, P., « De membris Ecclesiae, quae est Corpus Christi », VD 41 (1963) 117-139.

14627 DHORME, É., *L'emploi métaphorique des noms de parties du corps en hébreu et en akkadien* (Paris, Geuthner, 1963), 183 pp.

14628 DUBARLE, A.-M., « L'origine dans l'A. T. de la notion paulinienne de l'Église corps du Christ », dans *Studiorum Paulinorum Congressus 1961* (en collab.), I, 231-240.

14629 CHAZELLE, A., « Mortalité et immortalité corporelle du premier homme créé par Dieu ? » NRT 89 (1967) 1043-1068.

14630 ERNST, J., « Das Wachstum des Leibes Christi zur eschatologisches Erfüllung im Pleroma », TGl 57 (1967) 164-187.

14631 COUNE, M., « La dignité chrétienne du corps (1 Co 6,13c-20) », AS (n.s.) N° 33 (1970) 46-52.

Corps mystique. Mystical Body. Mystischer Leib. Corpo mistico. Cuerpo místico.

14632 MARLING, J. M., « The Precious Blood and the Mystical Body », AmER 89 (1933) 1-13.

14633 ROUSSEAU, O., « Une étude sur le corps mystique du Christ », Ir 10 (1933) 5-21.

14634 MERSCH, E., « Corps mystique et spiritualité. I. Le corps mystique », DS II, col. 2378-2382.

14635 CERIANI, C., « Dottrina e vita del Corpo mistico in S. Paolo », ScuolC 64 (1936) 601-616.

14636 KLAUS, A., « Die Idee des Corpus Christi mysticum bei den Synoptikern », TGl 28 (1936) 407-417.

14637 MURA, E., « La teologia del Corpo mistico », ScuolC 65 (1937) 248-260.

14638 WAMBACQ, B. N., « De relatione inter corpus Christi mysticum et hierarchiam secundum S. Paulum », VD 22 (1942) 193-203.

14639 BOVER, J. M., « El Cuerpo Místico de Cristo en San Pablo », EstB 2 (1943) 249-277, 449-473.

14640 SAGUES, J. F., « La doctrina del Cuerpo Mistico en San Isidoro de Sevilla », EstE 17 (1943) 227-257, 329-360, 517-546.

14641 MERSCH, E., *La théologie du corps mystique* (Paris, Desclée et Cie, 1946), 2 vv., 387, 402 pp.

14642 LEBRETON, J., *Lumen Christi,* « La vie du Christ dans les chrétiens ses membres », 357-374; « Vie personnelle et vie sociale du chrétien dans l'Église, corps du Christ », 375-383.

14643 BONSIRVEN, J., *L'évangile de Paul,* « Le corps mystique du Christ; Comment concevoir le corps mystique ? » 219-234.

14644 CERFAUX, L., *La théologie de l'Église suivant saint Paul²,* « Le corps du Christ », 201-202.

14645 HAVET, J., « « Christ collectif » ou « Christ individuel » en I Cor. 12,12 », ETL 23 (1947) 499-520, ou dans *Miscellanea dogmatica J. Bittremieux* (en collab.), 50-84.

14646 LATTEY, C., « The Mystical Body of Christ », SCR 3 (1948) 68-72.

14647 LATTEY, C., « Members of Christ », SCR 3 (1948) 107-112.

14648 BOVER, J. M., « Cristo, cabeza del Cuerpo Místico. Organización y misticismo en el Cuerpo Místico de Christo », EstE 23 (1949) 435-456.

14649 PRAT, F., *La théologie de saint Paul*[38], « Le Christ mystique », I, 359-369.

14650 BONSIRVEN, J., *Théologie du Nouveau Testament*, 332-341.

14651 RAMBALDI, G., « Ministri di Gesù Cristo e membra del suo Corpo Mistico », CC 3 (1951) 59-69.

14652 MICHALON, P., « Église, corps mystique du Christ glorieux », NRT 74 (1952) 673-687.

14653 PLASSMANN, T., « This is a Deep Mystery », AmER 127 (1952) 217-224.

14654 DE FRAINE, J., *Adam et son lignage,* « Le Corps mystique (et la personnalité corporative) », 202-217.

14655 DACQUINO, P., « La Chiesa « Corpo di Cristo » secondo S. Paolo », RivB 9 (1961) 112-122.

14656 CERFAUX, L., *La théologie de l'Église suivant saint Paul*[3], « Le corps du Christ », 223-240.

14657 CULLITON, J. T., « Lucien Cerfaux's Contribution concerning « The Body of Christ » », CBQ 29 (1967) 41-59.

14658 ADINOLFI, M., « Le mefatore greco-romane della testa e del corpo e il Corpo Mistico di Cristo », dans *Studiorum Paulinorum Congressus 1961* (en collab.), II, 333-342.

14659 COSTA DE BEAUREGARD, O., « De l'enfantement du corps spirituel », BVC Nº 89 (1969) 55-64.

14660 BOUYER, L., *L'Église de Dieu.* Corps du Christ et temple de l'Esprit (Paris, Cerf, 1970), « L'Église, corps du Christ », 333-371.

Cosmos. Kosmos. Cosmo. Cosmos.

14661 VAN IMSCHOOT, P., *Théologie de l'Ancien Testament,* « Dieu et le monde », I, 91-141.

14662 STEINMANN, J., *Ainsi parlait Qohèlèt* (Paris, Cerf, 1955), « La monotonie du cosmos », 43-50.

14663 LYONNET, S., « La rédemption de l'univers », LV Nº 48 (1960) 43-62.

Courage. Mut. Coraggio. Valor.

14664 GOICOECHEA, M., *De conceptu « upomonê » apud S. Paulum* (Romae, Scuola Tipografica Pax et Bonum, 1965), 15-110 pp.

14665 DUPONT, J., *Le discours de Milet,* Testament pastoral de saint Paul (Ac 20,18-36), « Le courage de parler », 57-85; « Jusqu'au bout », 87-111.

Crainte de Dieu. Fear of God. Gottesfurcht. Timore di Dio. Temor de Dios.

14666 GALLUCCI, D., « Il timore di Dio nel libro dei Proverbi », ScuolC 4 (1932) 157-166.

14667 ROBERT, A., « Le Yahvisme de *Prov.* X,1-XXII,16; XXV-XXIX », dans *Mémorial Lagrange* (en collab.), 163-182.

14668 PAUL-MARIE DE LA CROIX, P., *L'Ancien Testament source de vie spirituelle*[3], « Le chemin d'approche de la Sagesse : la crainte de Dieu », 719-729.

14669 VAN IMSCHOOT, P., *Théologie de l'Ancien Testament,* « La crainte de Dieu », II, 98-101.

14670 LORETZ, O., « Il meglio della sapienza e il timore di Iahve », BibOr 2 (1960) 210-211.

14671 BECKER, J., *Gottesfurcht im Alten Testament* (Roma, Ist. Biblico Pont., 1965), 303 pp.

14672 BECKER, J., « De timore Dei in Vetere Testamento », VD 43 (1965) 191-197.

14673 SPICQ, C., *Théologie morale du Nouveau Testament,* « Perspectives d'avenir : attente, espérance et crainte », 292-380.

14674 HASPECKER, J., *Gottesfurcht bei Jesus Sirach.* Ihre religiöse Struktur und ihre literarische und doktrinäre Bedeutung, 356 pp.

14675 DEROUSSEAUX, L., *La crainte de Dieu dans l'Ancien Testament* (Paris, Cerf, 1970), 396 pp.

Création. Creation. Schöpfung. Creazione. Creación.

14676 AB ORBISO, T., « Narratio biblica Creationis (Gen. 1,1-2,3) », VD 11 (1931) 141-155.

14677 KÖPPEL, R., « Ultimae investigationes de aetate generis humani », Bibl 15 (1934) 419-436.

14678 DUMAINE, H., « L'heptaméron biblique », RB 46 (1937) 161-181.

14679 CLOSEN, G. E., « De incarnatione imaginis Dei. Notae quaedam criticae et theologicae de origine corporis humani (Gen. 2,7.18-25) », VD 20 (1940) 105-115; 22 (1942) 228-232.

14680 VACCARI, A., « In principio creavit Deus caelum et terram (Gen. 1,1) », VD 24 (1944) 161-168.

14681 CEUPPENS, F., *Genèse I-III* (Bruxelles, Desclée, 1945), 199 pp.

14682 DUBARLE, A.-M., *Les Sages d'Israël,* « Les récits de la Création, ou le destin des fils d'Adam (Gen. 1-3,24) », 7-24; « Dieu et la création, la Sagesse personnifiée », 201-208.

14683 GRUENTHANER, M. J., « The Scriptural Doctrine on First Creation », CBQ 9 (1947) 48-58, 206-219, 307-320.

14684 HEINISCH, P., *Theology of the Old Testament,* « The Creation of the World », 141-151.

14685 RENIÉ, J., *Les origines de l'humanité d'après la Bible. Mythe ou Histoire ?* (Lyon, Vitte, 1950), 160 pp.

14686 BONSIRVEN, J., *L'évangile de Paul,* « La création », 86-88.

14687 BONSIRVEN, J., *Théologie du Nouveau Testament,* 264-266.

14688 CHAINE, J., *Le livre de la Genèse,* « La création du monde et la chute originelle », 21-73.

14689 DANIÉLOU, J., *Bible et liturgie²,* « Les figures du baptême : la création et le déluge », 97-118.

14690 GRUENTHANER, M. J., « Évolution and Scriptures », CBQ 13 (1951) 21-27.

14691 SPICQ, C., *L'épître aux Hébreux,* « Le Christ et la création », I, 290-291.

14692 DUBARLE, D., « Les conceptions cosmologiques modernes et le dogme de la création », VI 24 (1952) 5-38.

14693 HAURET, C., *Origines de l'univers et de l'homme d'après la Bible (Gen. I-III)³* (Paris, Gabalda, 1952), 257 pp.

14694 PAUL-MARIE DE LA CROIX, P., *L'Ancien Testament source de vie spirituelle³,* « La Sagesse médiatrice : médiatrice de création », 753-757.

14695 BOCCASSINO, R., « Un mito dei Maidu sulle origini », RivB 1 (1953) 338-343.

14696 BOISMARD, M.-É., *Le Prologue de saint Jean,* 185 pp.

14697 GOURBILLON, J. G., « Bible et nature : le Dieu créateur », CE N° 10 (1953) 41-62.

14698 JOHNSTON, L., « Genesis Chapter I and the Creation Myth », SCR 5 (1953) 142-145.

14699 LAMBERT, G., « La création dans la Bible », NRT 75 (1953) 252-281.

14700 TRESMONTANT, C., *Essai sur la pensée hébraïque,* « La création et le créé », 13-86; « La création », 13-25; « Création et fabrication. L'idée de matière », 45-56.

14701 BARSOTTI, D., *La parole de Dieu dans le mystère chrétien,* « La création », 51-68.

14702 LAMBERT, G., « Creation in the Bible », TDig 2 (1954) 159-163.

14703 VAN IMSCHOOT, P., *Théologie de l'Ancien Testament,* « Dieu auteur du monde », 94-104; « Les cosmogonies de l'ancien Orient et l'Ancien Testament », 100-104.

14704 AUZOU, G., *La parole de Dieu* (Paris, l'Orante, 1956), « La création », 233-237.

14705 RICHARDS, H. J., « The Creation and Fall », SCR 8 (1956) 109-115.

14706 LACAN, M.-F., « Le prologue de saint Jean », LV N° 33 (1957) 91-110.

14707 BEAUCAMP, É., « La création sert de prélude au mystère du salut », VS 98 (1958) 355-374.

14708 BOURASSA, F., « Thèmes bibliques du baptême : I. L'Ancien Testament : la création; création de l'homme », SE 10 (1958) 397-416.

14709 DOSTAL, C., « Das Schöpfungswerk im Lichte Christi », BiLit 27 (1959-60) 239-248.

14710 BARROSSE, T., « The Seven Days of the New Creation in St. John's Gospel », CBQ 21 (1959) 507-516.

14711 BEAUCAMP, É., *La Bible et le sens religieux de l'univers,* « La création, premier chapitre de l'histoire », 83-104; « La création, prélude au mystère du salut », 117-132.

14712 STUHLMUELLER, C., « The Theology of Creation in Second Isaias », CBQ 21 (1959) 429-467.

14713 DUBARLE, A.-M., « Foi en la création et sentiment de créature dans l'Ancien Testament », LV N° 48 (1960) 21-42.

14714 RAMLOT, M.-L., « Hymne à la gloire du créateur (Psaume 104) », BVC N° 31 (1960) 39-47.

14715 SCHEFFCZYK, L., « Die Idee der Einheit von Schöpfung und Erlösung in ihrer theologischen Bedeutung », TQ 140 (1960) 19-37.

14716 DU BUIT, M., GALOPIN, P.-M., GOURBILLON, J. G., « Née de nouveau », CE N° 43 (1961) 7-68.

14717 GALOPIN, P.-M., DU BUIT, M., GOURBILLON, J. G., « La nouvelle créature (selon saint Paul) », CE N° 41 (1961) 9-71.

14718 JEANNE D'ARC, Sr, « La création. Les sciences modernes au service de la foi », VS 104 (1961) 294-321.

14719 LEGRAND, L., « La création, triomphe cosmique de Yahvé », NRT 83 (1961) 449-470.

14720 BLATTER, T., *Macht und Herrschaft Gottes.* Eine bibeltheologische Studie, « Die Schöpfung », 81-85.

14721 DEVINE, C., « Creation and Restoration », AmEr 146 (1962) 121-131.

14722 FESTORAZZI, F., « La creazione nella storia della salvezza », ScuolC 90 (1962) 3-27.

14723 LARCHER, C., *L'actualité chrétienne de l'Ancien Testament d'après le Nouveau Testament,* « L'enseignement de l'A. T. au suject des valeurs créées », 445-488.

14724 WURZ, H., « Das Sechstagewerk mit Applikation für die Katechese », BiLit 37 (1963-64) 13-20.

14725 ANDERSEN, N. J., « The Creator of Heaven and Earth », Wor 37 (1963) 398-405.

14726 BOYER, C., « ΚΑΙΝΗ ΚΤΙΣΙΣ (2 Cor 5,17; Gal 6,15) », dans *Studiorum Paulinorum Congressus 1961* (en collab.), I, 487-490.

14727 CONGAR, Y., « Le thème de *Dieu-Créateur* et les explications de l'Hexaméron dans la tradition chrétienne », dans *L'homme devant Dieu.* Mélanges H. DE LUBAC (en collab.), I, 189-222.

14728 GUELLUY, R., *La création* (Tournai, Desclée et Cie, 1963), « L'Écriture sainte », 11-34.

14729   LE DÉAUT, R., *La nuit pascale,* « Exode – Création », 88-93; « Conception sotériologique de la création », 94-100; « Eschatologie – Création – Exode », 115-121; « Pâque – création et eschatologie », 213-257.

14730   VACCARI, A., « In Gen. 2,4-17 c'è un secondo racconto della creazione del mondo ? » BibOr 5 (1963) 9-10.

14731   BRAUN, F.-M., « La lumière du monde », RT 64 (1964) 341-363.

14732   HAMMAN, A., « La foi chrétienne au Dieu de la création », NRT 86 (1964) 1049-1057.

14733   JUNKER, H., « In principio creavit Deus coelum et terram. Eine Untersuchung um Thema Mythos und Theologie », Bibl 45 (1964) 477-490.

14734   REY, B., « L'homme nouveau d'après S. Paul », RSPT 48 (1964) 603-624; 49 (1965) 161-195.

14735   ASHTON, J., « Creator of All Things », Way 6 (1966) 89-103.

14736   HAAG, H., *Biblische Schöpfungslehre und kirchliche Erbsündenlehre,* 76 pp.

14737   HEYRAUD, L., « La création, victoire sur le chaos », BVC N° 69 (1966) 66-71.

14738   SCHEFFCZYK, L., *Von der Heilsmacht des Wortes* (München, Max Hüber, 1966), « Die Schöpfung als heilshaftes Wortgeschehen », 108-126.

14739   CHAZELLE, A., « Mortalité et immortalité corporelle du premier homme créé par Dieu ? » NRT 89 (1967) 1043-1068.

14740   KEHL, N., *Der Christushymnus Kol 1,12-20,* « Der Schöpfungsmittler », 99-108.

14741   LANGKAMMER, H., « Christus mediator creationis », VD 45 (1967) 201-208.

14742   LOHFINK, N., *Bibelauslegung im Wandel,* « Die ersten Kapitel der Bibel nach der Intervention der Naturwissenschaft », 76-106.

14743   McCARTHY, D. J., « « Creation » Motifs in Ancient Hebrew Poetry », CBQ 29 (1967) 393-406.

14744   En collaboration, « Le croyant devant le monde », CE N° 71 (1968) 5-38.

14745   DUESBERG, H., « La création ou la prise en charge du monde », BVC N° 82 (1968) 48-57.

14746   LORETZ, O., *Schöpfung und Mythos* (Stuttgart, Katholisches Bibelwerk, 1968), 152 pp.

14747   STRAMARE, T., « Creazione e redenzione », BibOr 10 (1968) 101-112.

14748   BONNARD, P.-É., « L'origine de l'humanité selon la Bible », AmiCl 79 (1969) 713-719.

14749   GARBINI, G., « La creazione della luce », BibOr 11 (1969) 267-272.

14750   FLICK, M., ALSZEGHY, Z., *Fondamenti di una antropologia teologica,* « L'uomo sotto il segno di Adamo », 15-57.

14751   KYSAR, R., « Rudolph Bultmann's Interpretation of the Concept of Creation in John 1,3-4 », CBQ 32 (1970) 77-85.

14752   MERLI, D., « La creazione e la dignità della donna », BibOr 12 (1970) 97-103.

Création nouvelle. New Creation. Neue Schöpfung. Creazione nuova. Creación nueva.

14753   BONSIRVEN, J., *L'évangile de Paul,* « Création nouvelle », 329-333.

14754   BOISMARD, M.-É., *Le prologue de saint Jean,* « Le rôle créateur de la Parole (Jean 1,3) », 131-134; « La création nouvelle (Jean, 1,1-5) », 135-142.

14755   BARSOTTI, D., *La parole de Dieu dans le mystère chrétien,* « La nouvelle création », 174-186.

14756   REY, B., *Créés dans le Christ Jésus.* La création nouvelle selon saint Paul, 264 pp.

14757   BARBOTIN, E., *Humanité de Dieu.* Approche anthropologique du mystère chrétien, « La main de Dieu », 182-215.

Croissance. Growth. Wachstum. Crescità. Crecimiento.

14758   BEAUCAMP, É., « Le dynamisme vital d'un peuple que Dieu appelle », VS 99 (1958) 466-480.

14759 MARTINDALE, C. C., « Growth in Christ », Way 1 (1961) 204-213.

14760 MONTAGUE, G. T., *Growth in Christ,* 288 pp.

14761 ERNST, J., « Das Wachstum des Leibes Christi zur eschatologischen Erfüllung im Pleroma », TGl 57 (1967) 164-187.

Croix. Cross. Kreuz. Croce. Cruz.

14762 CASPER, J., « Der Triumph des Kreuzes », BiLit 13 (1938-39) 224-228.

14763 BENOIT, P., « La loi et la croix d'après saint Paul », RB 47 (1938) 481-509, ou dans BENOIT, P., *Exégèse et théologie,* II, 9-40.

14764 REILLY, W. S., « The Mystery of the Cross », CBQ 3 (1941) 50-54.

14765 BOUYER, L., *Le mystère pascal,* « Le ministère de la réconciliation et la croix de Jésus », 255-262; « Le serviteur de Yahvé », 262-315.

14766 DANIÉLOU, J., *Le mystère de l'Avent,* « Le mystère missionnaire de la Croix », 143-159.

14767 DUPLACY, J., « L'évangile de la croix », *L'Anneau d'Or* N° 42 (1951) 402-407.

14768 MARX, M. J., « The Tree of Life », Wor 27 (1952-53) 185-186.

14769 VERGOTE, A., « L'exaltation du Christ en croix selon le quatrième évangile », ETL 28 (1952) 5-23.

14770 ROBILLIARD, J.-A., « Le sens nuptial de la croix et des sacrements », *L'Anneau d'Or* N°s 51-52 (1953) 240-246.

14771 AUGRAIN, C., « L'Église naît : la folie de la croix », CE N° 12 (1953) 33-38.

14772 BARSOTTI, D., *Vie mystique et mystère liturgique,* « L'exaltation de la Croix », 449-454.

14773 CERFAUX, L., *Le Christ dans la théologie de saint Paul²,* « Le développement de la théologie de la croix », 95-99.

14774 LEFEBVRE, G., « La croix, mystère d'obéissance », VS 96 (1957) 339-348.

14775 SCHNACKENBURG, R., « Vom Ärgernis des Kreuzes », GeistL 30 (1957) 90-95.

14776 SUAVET, T., « La croix dans nos vies », VS 98 (1958) 115-125.

14777 RIDOUARD, A., GOURBILLON, J. G., « Rendons grâce au Seigneur : la gloire et la croix », (la lettre aux Galates), CE N° 30 (1958) 23-24.

14778 BONNARD, P.-É., « La croix : dans l'Écriture et la vie des chrétiens », AmiCl 78 (1968) 106-110.

14779 BEHLER, G.-M., « Das Ärgernis des Kreuzes », GeistL 32 (1959) 5-12.

14780 LEGRAND, L., « Christian Celibacy and the Cross », SCR 14 (1962) 1-11.

14781 GOFFINET, A., « La prédication de l'Évangile et de la croix dans l'épître aux Galates », ETL 41 (1965) 395-450.

14782 GOURBILLON, J. G., « Le livre de la croix », CE N° 57 (1965) 5-28.

14783 MÜLLER, K., « 1 Kor 1,18-25. Die eschatologisch-kritische Funktion der Verkündignung des Kreuzes », BZ 10 (1966) 246-272.

14784 KUSS, O., *Auslegung und Verkündigung,* « Der Kreuzweg. Kurze Betrachtungen zu den vierzehn Stationen. Mit einer Einführung », II, 235-274.

14785 ORTKEMPER, F.-J., *Das Kreuz in der Verkündigung des Apostels Paulus.* Dargestellt an den Texten der paulinischen Hauptbriefe, 112 pp.

14786 BODE, E. L., « La follia della Croce (1 Cor. 1,17b-25) », BibOr 12 (1970) 257-263.

Culte. Cult. Gottesdienst. Culto.

14787 VINCENT, A., *Le judaïsme,* « Le culte privé et public », 202-215.

14788 DE VAUX, R., « Notes sur le temple de Salomon », dans *Kedem. Studies in Jewish Archaeology* (Jérusalem, II, 1945) 48-58, ou dans *Bible et Orient,* 203-216.

14789 LEBRETON, J., *La vie et l'enseignement de J.-C.*[16], « La religion intérieure », I, 218-232.

14790 BONSIRVEN, J., *L'évangile de Paul*, « Culte et assemblée liturgiques », 264-268.

14791 DANIÉLOU, J., *Le mystère de l'Avent*, « La religion des entours de l'Ancien Testament », 62-65.

14792 ZERWICK, M., « De cultu sacri voluminis », VD 28 (1948) 115-120.

14793 HEINISCH, P., *Theology of the Old Testament*, « Officials and Spiritual Life in Israel », 36-42; « Divine Worship », 206-228.

14794 BEHEN, J. M., « The Christian Altar », Wor 26 (1951-52) 422-428.

14795 SPICQ, C., *L'épître aux Hébreux*, « Le peuple de Dieu, communauté cultuelle », I, 280-283.

14796 JOHNSTON, L., « Recent Views on Deuteronomy and the Unity of Sanctuary », SCR 4 (1951) 356-362.

14797 NORTH, R., « Leveticus expositus et exponendus », VD 30 (1952) 278-288.

14798 BOUYER, L., *La Bible et l'Évangile*[2], « Le problème cultuel (Ézéchiel et la religion du Temple, l'Arche et la Schekinah) », 95-120.

14799 DE FRAINE, J., *L'aspect religieux de la royauté israélite*, « Le rôle du roi dans le culte : 1. La Mésopotamie », 285-309; 2. « L'Ancien Testament », 309-341.

14800 CHARY, T., *Les prophètes et le culte à partir de l'exil* (Paris, Desclée, 1955), 314 pp.

14801 VAN IMSCHOOT, P., *Théologie de l'Ancien Testament*, « Le culte des morts », II, 75-82; « Devoirs envers Dieu : B. le culte », II, 108-215.

14802 CONGAR, Y., *Le mystère du Temple*, 346 pp.

14803 DENIS, A.-M., « La fonction apostolique et la liturgie nouvelle en esprit », RSPT 42 (1958) 401-436, 617-656.

14804 HAMMAN, A., « Prière et culte dans la lettre de saint Jacques », ETL 34 (1958) 35-47.

14805 DE LANGHE, R., « L'autel d'or du temple de Jérusalem », Bibl 40 (1959) 476-494.

14806 STANLEY, D. M., « Liturgical Influences on the Formation of the Four Gospels », CBQ 21 (1959) 24-38.

14807 SEIDENSTICKER, P., *Lebendiges Opfer* (Rom 12,1), 348 pp.

14808 KORNFELD, W., « Das alttestamentliche Opfer als Mittel der Gemeinschaft mit Gott », BiLit 28 (1960-61) 58-60.

14809 COTHENET, É., « Parfums », SDB VI, col. 1291-1331.

14810 DE VAUX, R., *Les institutions de l' A. T.*, « Institutions religieuses », II, 89-429.

14811 JUNKER, H., « Der Graben um den Altar des Elias », TrierTZ 69 (1960) 65-74.

14812 KILMARTIN, E. J., « Liturgical Influence on John 6 », CBQ 22 (1960) 183-191.

14813 LITTLE, P., « The Meaning of the Altar in the Sacred Scripture and some Early Christian Writings », EXav 10 (1960) 105-220.

14814 DE VAUX, R., « Arche d'alliance et tente de réunion », dans *À la rencontre de Dieu*, Mémorial A. Gelin (en collab.), 55-70, ou dans *Bible et Orient*, 261-276.

14815 DE VAUX, R., « « Lévites » minéennes et lévites israélites », dans *Lex tua Veritas* (Festschrift M. Junker) (en collab.), 265-273, ou dans *Bible et Orient*, 277-285.

14816 CAZELLES, H., « Sur les origines du calendrier des Jubilés », Bibl 43 (1962) 202-212.

14817 GRELOT, P., *Sens chrétien de l'A. T.*, « Les réglementations cultuelles », 183-189.

14818 KILMARTIN, E. J., « The Eucharistic Cup in the Primitive Liturgy », CBQ 24 (1962) 32-43.

14819 BOURGIN, C., « Le sang du Christ et le culte spirituel (He 9,11-15) », AS N° 34 (1963) 26-53.

14820 DURST, B., « Inwiefern ist die Eucharistiefeier ein wahres Opfer Christi und der Gläubigen ? » TGl 53 (1963) 176-207, 268-287.

14821 MacKENZIE, R. A. F., « The Ciry and Israelite Religion », CBQ 25 (1963) 60-70.

14822 SIRARD, L., « Sacrifices et rites sanglants dans l'Ancien Testament », SE 15 (1963) 173-197.

14823 DE VAUX, R., *Les sacrifices de l'A. T.,* 112 pp.

14824 LEGRAND, L., *La virginité dans la Bible,* « Continence et culte dans l'Ancien Testament », 66-72; « La virginité et le culte du Nouveau Testament », 72-80.

14825 BECKER, J., *Gottesfurcht im Alten Testament* (Röm, Päpstliche Biblische Institut, 1965), 303 pp.

14826 HAURET, C., « Évolution du sacerdoce dans l'Ancien Testament », AS N° 93 (1965) 45-66.

14827 IRWIN, W. H., « Le sanctuaire central israélite avant l'établissement de la monarchie », RB 72 (1965) 161-184.

14828 THÜSING, W., « Lasst uns hinzutreten... (Hebr 10,22). Zur Frage nach dem Sinn der Kulttheologie im Hebräerbrief », BZ 9 (1965) 1-17.

14829 WAMBACQ, B. N., *Institute Biblica,* 384 pp.

14830 L'HOUR, J., *La morale de l'Alliance,* « Culte et éthique », 20-28.

14831 LIGIER, L., « De la cène de Jésus à l'anaphore de l'Église », MD N° 87 (1966) 7-51.

14832 SWETNAM, J., « On the Imagery and Significance of Hebrews 9,9-10 », CBQ 28 (1966) 155-173.

14833 GRABNER-HAIDER, A., « Der weltliche Gottesdienst des Christen », GeistL 40 (1967) 170-176.

14834 MILIK, J. T., « Les papyrus araméens d'Hermoupolis et les cultes syrophéniciens en Égypte perse », Bibl 48 (1967) 546-622.

14835 KAUFMANN, U. M., « Dieu à la question. Étude des contrastes entre l'attitude religieuse des Grecs et des Hébreux », BVC 74 (1967) 52-62.

14836 LANGEVIN, P.-É., « Ceux qui invoquent le nom du Seigneur (1 *Co* 1,2) », SE 19 (1967) 393-407.

14837 TRAPIELLO, J. G., « Mito y culto en el Antíguo Testamento », Ang 44 (1967) 449-477.

14838 BECK, I., « Das gemeinsame Priestertum des Gottesvolkes als kultische und ausserkultische Wirklichkeit », MüTZ 19 (1968) 17-34.

14839 SABOURIN, L., « Il sacrificio di Gesù », BibOr 10 (1968) 25-38.

14840 SCHRÖGER, F., « Der Gottesdienst des Hebräergemeinde », MüTZ 19 (1968) 161-181.

14841 ASHTON, J., « Jesus' Attitude to Religion », Way 9 (1969) 184-193.

14842 BECK, I., « Sacral Existence : The Common Priesthood of the People of God as a Cultic and Extracultic Reality », TDig 17 (1969) 22-29.

14843 CODY, A., *A History of Old Testament Priesthood* (Rome, Pont. Biblical Institute, 1969), 216 pp.

14844 HARAN, M., « The Divine Presence in the Israelite Cult and the Cultic Institutions », Bibl 50 (1969) 251-267.

14845 McNAMARA, M., « Les assemblées liturgiques et le culte religieux des premiers chrétiens », Conci N° 42 (1969) 23-36.

14846 HAHN, F., *Der urchristliche Gottesdienst* (Stuttgart, Katholisches Bibelwerk, 1970), 104 pp.

14847 REESE, J. M., « Biblical Roots of Celebration », AmER 163 (1970) 289-297.

Damnation. Verdamnis. Dannazione. Condenación.

14848 GUILLET, J., *Thèmes bibliques,* « Thèmes de damnation », 130-159.

14849 FÜGLISTER, N., *Die Heilsbedeutung des Pascha,* « Das Unheil », 156-159.

Dan. Danno. Dan.

14850 SANDERSON, G. V., « In Defence of Dan », SCR 3 (1948) 114-116.

14851 HAURET, C., « Aux origines du sacerdoce danite; à propos de Jud., 18, 30-31 », dans *Mélanges bibliques rédigés en l'honneur de André Robert* (en collab.), 105-113.

Danel.

14852 DANIÉLOU, J., « Danel, juste païen de la Bible », BVC N° 12 (1955-56) 76-82.

14853 DANIÉLOU, J., *Les saints païens de l'Ancien Testament,* « Danel », 73-86.

David. Davide. David.

14854 PIROT, L., « David », SDB II, 287-330.

14855 DE VAUX, R., « Titres et fonctionnaires égyptiens à la cour de David et de Salomon », RB 48 (1939) 394-405.

14856 HIEMER, A., « De *politica* Davidis », VD 25 (1947) 340-346.

14857 VAN DEN BUSSCHE, H., « Le texte de la prophétie de Nathan sur la dynastie davidique (II Sam., VII-I Chron., XVII », ETL 24 (1948) 354-394.

14858 HUMPHRIES, S., « David », VS 93 (1955) 390-405.

14859 GOURBILLON, J. G., « Le Messie fils de David », CE N° 24 (1956) 5-80.

14860 CAZELLES, H., « La titulature du roi David », dans *Mélanges bibliques rédigés en l'honneur de André Robert* (en collab.), 131-136.

14861 CONGAR, Y., « David et Salomon, types du Christ en ses deux avènements », VS 91 (1954) 323-340.

14862 GROSS, H., *Die Idee des ewigen und allgemeinen Weltfriedens im Alten Orient und im AT,* « Frieden als Aufgabe und Leistung der irdischen Herrscher (David und Salomo) », 120-127.

14863 FRANSEN, I., « La geste de David (I Samuel 16, 1-2; Samuel 24,25) », BVC N° 21 (1958) 59-72.

14864 STEINMANN, J., *Le prophétisme biblique des origines à Osée,* « Le prophétisme sous le règne de David », 55-68.

14865 BARTHÉLEMY, D., « Deux bergers découvreurs de Dieu », VS 106 (1962) 445-465.

14866 BUCCELLATI, G., « La « carriera » di David e quella di Idrimi re di Alalac », BibOr 4 (1962) 95-99.

14867 SCHREINER, J., *Sion-Jerusalem Jahwes Königesitz.* Theologie der Heiligen Stadt im Alten Testament (München, Kösel, 1963), 312 pp.

14868 BARTHÉLEMY, D., *Dieu et son image,* 143-157.

14869 BRUEGGEMANN, W., « David and his Theologian », CBQ 30 (1968) 156-181.

14870 BRUEGGEMANN, W., « The Trusted Creature », CBQ 31 (1969) 484-498.

14871 JOLY, G., « David et son ennemi (1 S 26,2.7-9.12-13.22-23 », AS (n.s.) N° 38 (1970) 25-32.

14872 TARDIF, H., « L'onction royale de David (1 S 16,1b.6-7.10-13a) », AS (n.s.) N° 17 (1970) 7-10.

Décalogue. Decalogue. Dekalog. Decalogo. Decálogo.

14873 EBERHARTER, A., « Décalogue », SDB II, col. 341-351.

14874 XXX, « Combien y avait-il de préceptes inscrits sur chacune des deux tables du Décalogue ? » AmiCl 53 (1936) 173-174.

14875 VACCARI, A., « De praeceptorum Decalogi distinctione et ordine », VD 17 (1937) 317-320, 329-334.

14876 VACCARI, A., « Praeceptorum Decalogi numeratio », VD 20 (1940) 179-180.

14877 LUMBRERAS, P., « Theologia moralis ad decalogum », Ang 20 (1943) 265-299.

14878 HARTMAN, L., « The Enumeration of the Ten Commandments », CBQ 7 (1945) 105-108.

14879 SCHNEIDER, H., « Der Dekalog in den Phylakterien von Qumrân », BZ 3 (1959) 18-31.

14880 VAN DEN EYNDE, D., « Notice littéraire sur les « Institutiones in Decalogum » de Hugues de Saint-Victor », Ant 34 (1959) 449-458.

14881 DELHAYE, P., « Le décalogue et sa place dans l'enseignement de la morale chrétienne », AmiCl 73 (1963) 49-52, 97-101, 199-204, 241-248, 289-291.

14882 KILIAN, R., « Apodiktisches und kasuistisches Recht im Licht ägyptischer Analogien », BZ 7 (1963) 185-202.

14883 CAMBERONI, J., « Das Elterngebot im Alten Testament », BZ 8 (1964) 161-190.

14884 PATRICK, A. T., « La formation littéraire et l'origine historique du décalogue », ETL 40 (1964) 242-251.

14885 BOTTERWECK, G., « Contribution à l'histoire des formes et traditions dans le décalogue », Conci N° 5 (1965) 59-78.

14886 LOHFINK, N., « Zur Dekalogfassung von Dt 5 », BZ 9 (1965) 17-32.

14887 TREMBLAY, P., « Towards a Biblical Catechesis of the Decalogue », TDig 13 (1965) 112-115.

14888 HAAG, H., « Il Decalogo nella trasmissione orale », BibOr 9 (1967) 3-12.

14889 LOHFINK, N., Bibelauslegung im Wandel, « Die Zehn Gebote ohne den Berg Sinai », 129-158.

14890 ZENGER, E., « Eine Wende in der Dekalogforschung », TR 64 (1968) col. 190-198.

14891 HAMEL, É., Les dix paroles (Bruxelles, Paris, Montréal; Desclée de Brouwer, Éd. Bellarmin, 1969), « Originalité et traits généraux du Décalogue », 11-40; « Les dix commandements », 41-98; « Le Décalogue dans le Nouveau Testament », 99-157.

Déluge. Flood. Sintflut. Diluvio.

14892 CALDIROLA, P., « Il diluvio alla luce della scienza », ScuolC 16 (1930) 9-22.

14893 DHORME, É., « Le déluge babylonien », RB 39 (1930) 481-502.

14894 McCLELLAN, W. H., « Recent Bible Study. The Alleged Mesopotamian Evidence of the Biblical Deluge », AmER 83 (1930) 306-317.

14895 HERAS, H., « El gran pez del diluvio indio », EstB 1 (1941) 209-220.

14896 POULET, D., « L'antéhistoire s'oppose-t-elle à un déluge humainement universel », RUO 11 (1941) 71-99.

14897 CEUPPENS, F., Le déluge biblique. Gen. 6,1 - 9,17 (Liège, La pensée Catholique, 1945), 44 pp.

14898 MORRIS, P., « The Rainbow after the Flood », SCR 1 (1946) 33-34.

14899 HERAS, H., « The Crow of Noe », CBQ 10 (1948) 131-139.

14900 DANIÉLOU, J., Sacramentum Futuri, « Noé et le déluge : déluge, baptême, jugement dans l'Écriture sainte », 55-68; « Déluge, baptême, jugement chez les Pères de l'Église », 69-85; « Les Alexandrins et l'allégorie de l'Arche », 86-96.

14901 CHAINE, J., Le livre de la Genèse, 107-141.

14902 DANIÉLOU, J., Bible et liturgie², « Les figures du baptême : la création et le déluge », 97-118.

14903 HAMMERSCHMIDT, E., « Ausserbiblische Parallelen des Sintflutberichtes », BiLit 21 (1953-54) 13-16, 42-47, 82-85, 105-107, 143-144, 171-173, 204-206, 248-249, 274-276.

14904 LAMBERT, G., « Il n'y aura plus jamais de déluge (Gen. ix,11) », NRT 77 (1955) 581-601, 693-724.

14905 LARGEMENT, R., « Le thème de l'arche dans les traditions sumérosémitiques », dans *Mélanges bibliques rédigés en l'honneur de André Robert* (en collab.), 60-65.

14906 BOURASSA, F., « Thèmes bibliques du baptême : le déluge », SE 10 (1958) 416-418.

14907 VAN DEN EYNDE, P., « Réflexion sur le déluge », BVC Nº 25 (1959) 49-58.

14908 WORDEN, T., « Question and Answer : The Story of the Flood », SCR 13 (1961) 57-64.

14909 VOGT, E., « Note sur le calendrier du déluge », Bibl 43 (1962) 212-216.

14910 MEYSING, J., « Contribution à l'étude des généalogies bibliques. Technique de la composition des chronologies babyloniennes du déluge », RevSR 39 (1965) 209-229.

14911 PETTINATO, G., « La tradizione del diluvio universale nella letteratura cuneiforme », BibOr 11 (1969) 159-174.

14912 FISHER, E., « *Gilgamesh* and Genesis : The Flood Story in Context », CBQ 32 (1970) 392-403.

Démons. Demons. Dämonen. Demoni. Demonios.

14913 GRUENTHANER, M. J., « The Demonology of the Old Testament », CBQ 6 (1944) 6-27.

14914 PRAT, F., *La théologie de saint Paul*[38], « Anges et démons », II, 493-503.

14915 ZEMAN, F., « Indoles daemonum in scriptis prophetarum et aestimatio cultus daemonibus praestiti in luce daemonologiae Orientis Antiqui », VD 27 (1949) 270-277, 321-335; 28 (1950) 18-28, 89-97.

14916 HEINISCH, P., *Theology of the Old Testament,* « The Demons », 135-141.

14917 ZERWICK, M., « Vivere ex Verbo Dei : In Beelzebub principe daemoniorum (Luc ii, 14-28) », VD 29 (1951) 44-48.

14918 PRANTNER, R. B., « Dämonen in Bocksgestalt ? » BiLit 21 (1953-54) 173-176.

14919 VAN IMSCHOOT, P., *Théologie de l'Ancien Testament,* « Les démons, Satan », I, 130-141.

14920 BARSOTTI, D., *Vie mystique et mystère liturgique,* « La victoire sur le démon », 152-157; « Le pouvoir de Satan », 165-170.

14921 LYONNET, S., « Démon. I. Dans l'Écriture », DS III, col. 142-152.

14922 SCHLIER, H., *Mächte und Gewalten im Neuen Testament* (Freiburg i. B., Herder, 1958), 64 pp.

14923 DHORME, É., « La démonologie biblique », dans *Hommage à Wilhelm Vischer* (en collab.) (Montpellier, Causse Graille Castenau, 1960), 46-54.

14924 RODEWYK, A., « De daemoniacis », VD 38 (1960) 301-306.

14925 VILLETTE, P., « Esquisse pour une étude de la démonologie du Nouveau Testament », MSR 21 (1964) 100-114.

14926 HERRANZ MARCO, M., « Demonologia del A.T. : los sedim », EstB 27 (1968) 301-313.

14927 MINETTE DE TILLESSE, G., *Le secret messianique dans l'évangile de Marc,* « Les exorcismes », 75-111.

Désert. Desert. Wüste. Deserto.

14928 BOURDON, C., « La route de l'exode de la terre de Jessé à Mara », RB 41 (1932) 370-392, 538-549.

14929 GELIN, A., « Préludes bibliques au carême chrétien », MD Nº 31 (1952) 34-43.

14930 GUILLET, J., *Thèmes bibliques,* « Thèmes de l'Exode. La marche à travers le désert », 9-25.

14931 FRANSEN, I., « Du désert à la terre promise. Les plus anciens récits du livre des Nombres », BVC N° 5 (1954) 68-84.

14932 ROBILLIARD, J.-A., « Les trois combats du Fils de Dieu : l'épreuve au désert », VS 90 (1954) 354-359.

14933 STEINMANN, J., *St Jean Baptiste et la spiritualité du désert,* « Jean et la spiritualité du désert : le prophétisme du désert dans le christianisme; l'appel du désert; l'ascétisme du désert; la discipline du désert; les rites du désert », 140-188.

14934 ROSE, A., « L'Église au Désert », BVC N° 13 (1956) 49-59.

14935 McKENZIE, J. L., « Into the Desert », Way 1 (1961) 27-39.

14936 FEUILLET, A., « L'explication « typologique » des événements du désert en 1 Co 10,1-4 », SMR 8 (1965) 115-135.

14937 FEUILLET, A., *Le Christ, sagesse de Dieu,* « L'explication « typologique » des événements du désert en 1 Co x,1-4 », 87-111.

Désintéressement. Disinterestedness. Selbstlosigkeit. Disinteresse. Desinterés.

14938 DUPONT, J., *Le discours de Milet.* Testament pastoral de saint Paul (Ac 20,18-36), « Désintéressement », 285-304.

Destinée. Destiny. Bestimmung. Destino.

14939 NÖTSCHER, F., « Schicksal und Freiheit », Bibl 40 (1959) 446-462.

14940 NÖTSCHER, F., *Vom Alten zum Neuen Testament* (Bonn, P. Hanstein, 1962), « Schiksal und Freiheit », 1-16; « Schicksalsglaube in Qumran und Unwelt », 17-71.

Détachement. Detachment. Loslösung. Distacco. Despego.

14941 OECHSLIN, R.-L., « Dépouillement. I. Dans l'Écriture », DS III, 456-458.

14942 LÉGASSE, S., *L'appel du riche,* « Perfection et détachement chez Matthieu », 147-183.

Deuil. Sorrow. Trauer. Lutto. Duelo.

14943 HAULOTTE, E., *Symbolique du vêtement selon la Bible,* « Signification de la pénitence et du deuil », 114-148.

Devoir d'état. Duty of State. Staatsbürgerpflichten. Dovere di stato. Deber de estado.

14944 GUILLET, J., « Devoir d'état et attente du royaume de Dieu », CHR N° 8 (1961) 6-23.

Diaconat. Diaconate. Diakonat. Diaconato. Diaconado.

14945 RAMOS GARCIA, J., « La Ordenación de los Diáconos en N. T. y comparación de la Jerarquía eclesiastica con la angélica », EstB 4 (1945) 361-391.

14946 COLSON, J., « Les diacres à la lumière de l'histoire », VS 116 (1967) 442-467.

Dieu. God. Gott. Dio. Dios.

Ancien Testament et Orient. Old Testament and the Middle East. Altes Testament und Orient. Antico Testamento e Oriente. Antiguo Testamento y Oriente.

14947 JUNKER, H., « Gott und Mensch im Alten Testament », PB 49 (1938) 85-94.

14948 CHAINE, J., « Isaïe, prophète de la transcendance divine », VS 65 (1941) 510-523.

14949 PRADO, J., « Dios y el Universo en los Salmos », EstB 2 (1943) 213-241.

14950 VAN IMSCHOOT, P., « La sainteté de Dieu dans l'Ancien Testament », VS 75 (1946) 30-44.

14951   DANIÉLOU, J., *Le mystère de l'Avent,* « Le Dieu des Pères (unique, éternel, créateur, tout-puissant, sage, providence, saint, véridique, juste, fidèle, bon, miséricordieux) », 67-95.

14952   GELIN, A., *Les idées maîtresses de l'Ancien Testament²,* « La révélation de Dieu dans l'Ancien Testament : le Dieu spirituel », 18-21; « Le Dieu transcendant », 21-25.

14953   HEINISCH, P., *Theology of the Old Testament,* « The Nature of God », 24-56; « The Attributes of God », 57-104.

14954   BOISMARD, M.-É., « Le Dieu des Exodes », LV N° 3 (1952) 107-128.

14955   BOUYER, L., *La Bible et l'Évangile²,* « Le Dieu de sainteté et la religion du coeur (Isaïe et Jérémie) », 73-94.

14956   McKENZIE, J. L., « God and Nature in the Old Testament », CBQ 14 (1952) 18-39.

14957   PAUL-MARIE DE LA CROIX, P., *L'Ancien Testament source de vie spirituelle³,* « Dieu vivant », 55-72; « Tout-puissant », 98-108; « Saint », 109-136.

14958   ASSELIN, D. T., « The Notion of Dominion in Gen. 1-3 », CBQ 16 (1954) 277-294.

14959   DAHOOD, M., « Ugaritic *drkt* and Biblical *derek* », TS 15 (1954) 627-631.

14960   GÖSSMANN, W. E., « Der Wandel des Gottesbildes in den Übersetzungen des 23. Psalmes », MüTZ 5 (1954) 276-288.

14961   VAN IMSCHOOT, P., *Théologie de l'Ancien Testament,* « Dieu considéré en lui-même », I, 6-90; « Dieu et le monde », I, 91-141; « La révélation », I, 142-236; « Dieu et son peuple », I, 237-270.

14962   GUILLET, J., *Thèmes bibliques,* « Sainteté de Dieu », 61-62, 108, 118, 128.

14963   LEAHY, M., « The Popular Idea of God in Amos », IrThQ 22 (1955) 68-73.

14964   DUESBERG, H., « Le Dieu de la Bible est notre Dieu », BVC N° 16 (1956) 33-43.

14965   GROSS, H., *Die Idee des ewigen und allgemeinen Weltfriedens im Alten Orient und im AT,* « Jahwe als Friedensbringer », 111-120.

14966   McKENZIE, J. L., *The Two-Edged Sword,* « The Gods of the Semites », 45-59; « The God of the Hebrews », 286-294.

14967   ZIENER, G., *Die theologische Begriffssprache im Buche der Weisheit* (Bonn, P. Hanstein, 1956). « Der Gottesbegriff », 22-75.

14968   MAYER, R., « Monotheistische Strömungen in der altorientalischen Umwelt Israels », MüTZ 8 (1957) 97-113.

14969   DRIJVERS, P., *Les Psaumes.* Genres littéraires et thèmes doctrinaux, « Les psaumes royaux », 161-174.

14970   NEMESHEGYI, P., « Le Dieu d'Origène et le Dieu de l'Ancien Testament », NRT 80 (1958) 495-509.

14971   VAWTER, B., « Our God is the God of History », Wor 32 (1958) 225-233, 287-300.

14972   BEAUCAMP, É., *La Bible et le sens religieux de l'univers,* « Du Dieu de l'histoire au Dieu de l'univers », 51-104.

14973   VAN DE WALLE, B., « Le « dieu primordial » chez les Égyptiens », dans *Sacra Pagina* (en collab.), I, 219-228.

14974   BLANCHETTE, O. A., « The Wisdom of God in Isaia », AmER 145 (1961) 413-423.

14975   SCHWARZ, V., « Das Gottesbild des Propheten Oseas », BiLit 35 (1961-62) 274-279.

14976   BRUNNER, A., « Der Gott der Geschichte », StiZ 171 (1962-63) 241-253.

14977   DEVESCOVI, U., « I silenzi di Jahve », RivB 10 (1962) 225-239.

14978   FENASSE, J.-M., « Toi, qui es-Tu ? Je suis », BVC N° 49 (1963) 44-50.

14979   GUILLET, J., « Le titre biblique *Dieu Vivant* », dans *L'homme devant Dieu.* Mélanges H. De Lubac (en collab.), I, 11-24.

14980   WIÉNER, C., « Dieu et les idoles », AS N° 68 (1964) 45-59.

14981 VAWTER, B., « The God of Israel », Way 6 (1966) 5-14.

14982 BERTRAND, D., « Dieu donne sa parole à son peuple », CHR N° 14 (1967) 37-52.

14983 ROGUET, A.-M., *Le miel du rocher,* « Dieu dans les psaumes », 25-32.

14984 ALONSO DIAZ, J., « Proceso antropomorfizante y desantropomorfizante en la formación del concepto bíblico de Dios », EstB 27 (1968) 333-346.

14985 GRELOT, P., « Présence de Dieu et communion avec Dieu dans l'Ancien Testament », Conci N° 40 (1968) 11-22.

14986 GUILLEN TORRALBA, J., « El Dios de la Alianza y el Dios cósmico », EstB 27 (1968) 315-331.

14987 TOWNER, W. S., « « Blessed be YHWH » and « Blessed art Thou, YHWH » : the Modulation of a biblical Formula », CBQ 30 (1968) 386-399.

14988 DACQUINO, P., « La formula « Giustizia di Dio » nei libri dell'Antico Testamento », RivB 17 (1969) 103-120, 365-382.

14989 DE VAUX, R., « Présence et absence de Dieu dans l'histoire d'après l'Ancien Testament », Conci N° 50 (1969) 13-22.

14990 HARAN, M., « The Divine Presence in the Israelite Cult and the Cultic Institutions », Bibl 50 (1969) 251-267.

14991 McCARTHY, D. J., « La présence de Dieu et la parole prophétique », Conci N° 50 (1969) 23-34.

14992 NORTH, R., « Saecularismus in revelatione biblica », VD 47 (1969) 215-224.

14993 GORSSEN, L., « La cohérence de la conception de Dieu dans l'Ecclésiaste », ETL 46 (1970) 282-324.

14994 LAPOINTE, R., « The Divine Monologue as a Channel of Revelation », CBQ 32 (1970) 161-181.

14995 SCHMID, H. H., « Ich bin, der ich bin », TGl 60 (1970) 403-412.

Nouveau Testament. New Testament. Neues Testament. Nuovo Testamento. Nuevo Testamento.

14996 DUQUOC, C., « The Trinity in St. Paul », TDig 6 (1958) 185-188.

14997 SALDARINI, G., BIFFI, G., « Le tre persone divine nel Nuovo Testamento », ScuolC 87 (1959) 241-277.

14998 SPICQ, C., *Dieu et l'homme selon le Nouveau Testament,* 240 pp.

14999 DUQUOC, C., « Le Christ, épiphanie de Dieu », VS 110 (1964) 19-31.

15000 THÜSING, W., « Die johanneische Theologie als Verkündigung der Grösse Gottes », TrierTZ 74 (1965) 321-331.

15001 DION, H.-M., « La notion paulinienne de « richesse de Dieu » et ses sources », SE 18 (1966) 139-148.

15002 GEORGE, A., « Note sur quelques traits lucaniens de l'expression « par le doigt de Dieu » (Luc XI, 20) », SE 18 (1966) 461-466.

15003 SCHNEIDER, G., « Urchristliche Gottesverkündigung in hellenistischer Umwelt », BZ 13 (1969) 59-75.

Attributs de Dieu. Attributes of God. Eigenschaften Gottes. Attributi di Dio. Attributos de Dios.

a) *Amour. Love. Liebe. Amore. Amor.*

15004 BRUNNER, A., « Der eifersüchtige Gott », StiZ 148 (1950-51) 401-410.

15005 SPICQ, C., *Agapè,* « La charité dans l'A. T. », 71-119.

15006 DUPLACY, J., « La lecture juive du psaume huit », BVC N° 16 (1956) 87-95.

15007 BARTHÉLEMY, D., « Le Dieu jaloux et l'époux trompé », VS 106 (1962) 545-563.

15008 BARTHÉLEMY, D., *Dieu et son image,* « Le Dieu jaloux et l'époux trompé », 159-181.

15009 RENAUD, B., *Je suis un Dieu jaloux.* Étude d'un thème biblique, 160 pp.

15010 McKENZIE, J. L., « An Everlasting Love », Way 4 (1964) 87-99.

15011 GUILLAUME, M., « La tendresse de Dieu », CE N° 62 (1966) 5-59.

b) *Colère. Anger. Zorn. Collera. Cólera.*

15012 BRUNNER, A., « Der Zorn Gottes », StiZ 173 (1963-64) 372-380.

15013 GAMPER, A., *Gott als Richter in Mesopotamien und im Alten Testament.* Zum Verständnis einer Gebetsbitte (Innsbruck, Wagner, 1966), 256 pp.

15014 McCARTHY, D. J., « A Great and Terrible God », Way 7 (1967) 259-269.

c) *Créateur. Creator. Schöpfer. Creatore. Creador.*

15015 LEBRETON, J., *Lumen Christi,* « Dieu notre créateur et notre Père », 5-27.

15016 CONGAR, Y., « Le thème de *Dieu-Créateur* et les explications de l'Hexaméron dans la tradition chrétienne », dans *L'homme devant Dieu.* Mélanges H. De Lubac (en collab.), I, 189-222.

15017 ANDERSEN, N. J., « The Creator of Heaven and Earth », Wor 37 (1963) 398-405.

15018 HAMMAN, A., « La foi chrétienne au Dieu de la création », NRT 86 (1964) 1049-1057.

15019 ASHTON, J., « Creator of all Things », Way 6 (1966) 89-103.

d) *Fidélité. Fidelity. Treue. Fedeltà. Fidelidad.*

15020 SPICQ, C., « La fidélité dans la Bible », VS 98 (1958) 311-327.

15021 NEUHÄUSLER, E., *Anspruch und Antwort Gottes* (Düsseldorf, Patmos, 1962), 263 pp.

15022 BLIGH, J., « Scripture Reading : The Fidelity of God », Way 4 (1964) 61-65.

15023 PLUTA, A., *Gottes Bundestreue* (Stuttgart, Katholisches Bibelwerk, 1969), 128 pp.

e) *Paternité. Paternity. Vaterschaft. Paternità. Paternidad.*

15024 JANOT, J. E., « L'Évangile par les sommets », Et 224 (1935) 577-597.

15025 LEBRETON, J., *Lumen Christi,* « Dieu notre créateur et notre Père », 5-27.

15026 MORALDI, L., « La paternité di Dio nell'Antico Testamento », RivB 7 (1959) 44-56.

15027 XXX, « The Fatherhood of God », Way 2 (1962) 301-303.

15028 LELONG, M.-H., « Le Christ révèle le Père », VS 110 (1964) 5-18.

f) *Providence et puissance divine. Providence and Divine Power. Göttliche Vorsehung und Macht. Providenza e potenza divina. Providencia y poder divinos.*

15029 HOLSTEIN, H., « Gouvernement spirituel, 1. Le gouvernement divin dans l'Écriture », DS VI, col. 644-648.

15030 LECLERCQ, J., « Le doigt de Dieu », VS 78 (1948) 492-507.

15031 BIARD, P., *La puissance de Dieu* (Paris, Bloud & Gay, 1960), 208 pp.

15032 LECLERCQ, J., « The Finger of God », Wor 36 (1962) 426-437.

15033 DU BUIT, M., « La puissance du Seigneur », CE N° 49 (1963) 7-57; N° 51 (1963) 5-60; N° 56 (1964) 13-66.

15034 DU BUIT, M., « Le Christ, puissance de Dieu », CE N° 59 (1965) 5-59.

15035 AUVRAY, P., « La toute-puissance de Dieu (Jb 38,1.8-11) », AS (n.s.) N° 43 (1969) 30-34.

Divers. Miscellaneous. Verschiedenes. Diversi. Diversos.

15036 CHAINE, J., « La révélation de Dieu en Israël », dans *Israël et la Foi chrétienne* (Fribourg, Librairie de l'Université, 1942), 41-81.

15037 PLÉ, A., « Les mystères de Dieu », VS 72 (1945) 209-226.

15038 LARCHER, C., « La révélation de Dieu », VS 83 (1950) 363-384.

15039 BAUER, J., « Fragen an die Bibel », BiLit 19 (1951-52) 73-75.

15040 SCHNACKENBURG, R., *Gottes Herrschaft und Reich.* Eine biblisch-theologische Studie (Freiburg, Herder, 1959), 255 pp.

15041 FAUX, J. M., « La sainteté de Dieu », CHR N° 7 (1960) 444-457.

15042 MONTAGUE, G. T., *Growth in Christ,* « The Gift of Progress : Paul's Prayers », 3-120.

15043 BARTHÉLEMY, D., « Les idoles et l'image. Comment Dieu se révèle », VS 106 (1962) 286-304.

15044 BARTHÉLEMY, D., « Comment ramener un peuple à son Dieu ? Conserver ou re-créer », VS 106 (1962) 679-698.

15045 JEANNE•D'ARC, Sr, « Réflexions sur la manifestation de Dieu », VS 106 (1962) 82-86.

15046 NEUHÄUSLER, E., *Anspruch und Antwort Gottes* (Düsseldorf, Patmos, 1962), 263 pp.

15047 GENUYT, F. M., *Le mystère de Dieu* (Tournai, Desclée et Cie, 1963), 152 pp.

15048 SISTI, A., « Il mistero di Dio », BibOr 5 (1963) 95-100.

15049 VAWTER, B., « The Ways of God », Way 4 (1964) 167-175.

15050 DUESBERG, H., « Le Dieu portefaix », BVC 75 (1967) 30-42.

15051 GUILLET, J., *L'homme, espoir et souci de Dieu* (Montreuil, Éd. Parabole, 1967), 88 pp.

15052 FESTORAZZI, F., « Rivelazione biblica di Dio », ScuolC 96 (1968) 142-175.

15053 LYONNET, S., « Dio nella Bibbia », CC 3 (1968) 371-380.

15054 McKENZIE, J. L., « No idle God », Way 8 (1968) 171-180.

15055 QUINN, J., « The Living God », Way 8 (1968) 87-96.

15056 DUESBERG, H., « Oublier Dieu ! » BVC N° 85 (1969) 45-49.

15057 McKENZIE, J. L., « The Newness of God », Way 9 (1969) 267-277.

15058 BARBOTIN, E., *Humanité de Dieu.* Approche anthropologique du mystère chrétien, « Espace humain et mystère chrétien : dans l'Ancien Testament (33-47), dans le Nouveau Testament (47-94) », 33-94; « Le visage de Dieu », 216-275; « La visite de Dieu », 279-299.

Dimanche. Sunday. Sonntag. Domenica. Domingo.

15059 FROGER, J., « Histoire du dimanche », VS 76 (1947) 502-522.

15060 GAILLARD, J., « Le dimanche, jour sacré », VS 76 (1947) 523-573.

15061 GAILLARD, J., « Le dimanche et le culte de la Sainte Trinité », VS 76 (1947) 640-652.

15062 HENRY, A.-M., « Les dimanches tu garderas », VS 76 (1947) 653-658.

15063 LELOIR, L., « Le sabbat judaïque, préfiguration du dimanche », MD N° 9 (1947) 38-51.

15064 CONGAR, Y., « La théologie du dimanche », dans *Le Jour du Seigneur* (en collab.), 131-180.

15065 FÉRET, H.-M., « Les sources bibliques », dans *Le Jour du Seigneur* (en collab.), 38-105.

15066 BAUER, J., « Vom Sabbat zum Sonntag », BiLit 23 (1955-56) 106-110.

15067 MAERTENS, T., *C'est fête en l'honneur de Yahvé,* « Le sabbat et le dimanche », 128-164.

15068 MAERTENS, T., « L'assemblée festive du dimanche », AS N° 1 (1962) 28-42.

15069 TRÉMEL, Y.-B., « Du sabbat au jour du Seigneur », LV N° 58 (1962) 29-49.

15070 FLORISTAN, C., « El domingo, Día del señor », Salm 11 (1964) 429-450.

15071 FENASSE, J.-M., « Le Jour du Seigneur (Apoc. 1,10) », BVC N° 61 (1965) 29-43.

15072 DELHAYE, P., LECAT, J., « Dimanche et sabbat », MSR 23 (1966) 3-14, 73-93.

15073 VAN GOUDOEVER, J., *Biblical Calendars,* « Easter and Sunday », 164-175; « The Sunday after Passover », 225-227.

15074 ROUILLARD, P., « Signification du dimanche (selon les Pères) », AS N° 1 (1962) 43-54.

Discernement des esprits. Discernment of Spirits. Unterscheidung der Geister. Discernimento degli spiriti. Discernimiento de espiritus.

15075 BOULARAND, É., « Désintéressement. 1. La donnée de l'A. T., 2. La solution de l'Évangile, 3. La doctrine des Apôtres », DS III, col. 551-560.

15076 GUILLET, J., « Discernement des esprits : I. Dans l'Écriture », DS III, col. 1222-1247.

Disciple. Jünger. Discepolo. Discípulo.

15077 FEUILLET, A., « Les thèmes bibliques majeurs du discours sur le pain de vie (Jn 6) », NRT 82 (1960) 1040-1053.

15078 MARTINEZ, E. R., « The Interpretation of *'Oi Mathêtai* in Matthew 18 », CBQ 23 (1961) 281-292.

15079 SCHULZ, A., *Nachfolgen und Nachahmen,* « Lehrer und Schüler in den Evangelien », 33-62; « Die theologische Welterbildung der Begriffe μαθητής und ἀκολουθεῖν », 137-179.

15080 SCHÜRMANN, H., « Le groupe des disciples de Jésus, signe pour Israël et prototype de la vie selon les conseils », CHR Nº 13 (1966) 184-209.

15081 GOETTMANN, A., « L'attitude fondamentale du disciple d'après les synoptiques : l'enfance spirituelle », BVC Nº 77 (1967) 32-45.

15082 SCHÜRMANN, H., « Jesus Disciples : Prototype of Religious Life », TDig 15 (1967) 138-143.

15083 MINETTE DE TILLESSE, G., *Le secret messianique dans l'évangile de Marc,* « Les disciples », 227-278.

15084 RIGAUX, B., « Die Jünger Jesu in Johannes 17 », TQ 150 (1970) 202-213.

Divorce. Ehescheidung. Divorzio. Divorcio.

15085 ALLGEIER, A., « Alttestamentliche Beiträge zum neutestamentlichen Ehescheidungsverbot », TQ 126 (1946) 290-299.

15086 SCHWEGLER, T., « De clausulis divortii (Mt 5,32 et 19,9) », VD 26 (1948) 214-217.

15087 TAFI, A., « Excepta fornicationis causa (Mt 5,32); Nisi ob fornicationem (Mt 19,9) », VD 26 (1948) 18-26.

15088 BRUNEC, M., « Tertio de clausulis divortii Mt 5,32 et 19,9 », VD 27 (1949) 3-16.

15089 WAMBACQ, B. N., « De libello repudii », VD 33 (1955) 331-335.

15090 VACCARI, A., « Il divorzio nella Bibbia », CC 2 (1956) 9-20.

15091 VAN IMSCHOOT, P., *Théologie de l'Ancien Testament,* « Remariage avec une divorcée », II, 272-275.

15092 FAHY, T., « St. Matthew, 19 : 9 – Divorce or Separation ? » IrThQ 24 (1957) 173-174.

15093 VACCARI, A., « Divorce in the Gospels », TDig 5 (1957) 31-34.

15094 DUPONT, J., *Mariage et divorce dans l'Évangile,* 240 pp.

15095 RICHARDS, H. J., « Christ on Divorce », SCR 11 (1959) 22-32.

15096 ZERWICK, M., « De matrimonio et divortio in Evangelio », VD 38 (1960) 193-212.

15097 FLEMING, T. V., « Christ and Divorce », TS 24 (1963) 106-120.

15098 MAHONEY, A., « A new Look at the Divorce Clauses in Mt 5,32 and 19,9 », CBQ 30 (1968) 29-38.

15099 MOINGT, J., « Le divorce (pour motif d'impudicité) (Mt 5,32; 19,9) », RSR 56 (1968) 337-384.

15100 BAUER, J. B., « Die matthäische Ehescheidungsklausel », dans *Evangelienforschung* (en collab.), 147-158.

15101 SAND, A., « Die Unzuchtsklausel in Mt 5,31.32 und 19,3-9 », MüTZ 20 (1969) 118-129.

15102 ADINOLFI, M., « Il ripudio secondo Mal. 2,14-16 », BibOr 12 (1970) 247-256.

15103 HARRINGTON, W., « Jesus' Attitude towards Divorce », IrThQ 37 (1970) 199-209.

15104 HOFFMAN, P., « Paroles de Jésus à propos du divorce : avec l'interprétation qui en a été donnée dans la tradition néotestamentaire », Conci N° 55 (1970) 49-62.

Douceur. Sweetness. Milde. Mitezza. Dulzura.

15105 SPICQ, C., « Bénignité, mansuétude, clémence, douceur », RB 54 (1947) 321-339.

15106 MENNESSIER, A.-I., « Douceur. 1. Sémantique biblique », DS III, col. 1674-1676.

15107 COCAGNAC, A.-M., « Trois méditations sur la douceur évangélique », LV N° 38 (1958) 98-112.

15108 DUPONT, J., Les béatitudes², « Les doux », I, 251-257.

Dragon. Drache. Dragone. Dragón.

15109 CASPER, J., « Christliche Symbole in der Heiligen Schrift : Der Drache und die Schlange », BiLit 12 (1937-38) 28-32.

15110 RÖSCH, K., « Die himmlische Frau und der Drache in Apk 12 », PB 52 (1941) 17-21.

Eau. Water. Wasser. Acqua. Agua.

15111 VAN IMSCHOOT, P., « Baptême d'eau et baptême d'Esprit-Saint », ETL 13 (1936) 653-666.

15112 PETY DE THOZÉE, C., « L'eau et la vie chrétienne », NRT 66 (1939) 579-587.

15113 BOUYER, L., Le Mystère pascal, « Le mystère de l'eau », 428-435.

15114 BRAUN, F.-M., « L'eau et l'Esprit », RT 49 (1949) 5-30.

15115 BEIRNAERT, L., « Symbolisme mythique de l'eau dans le baptême », MD N° 21 (1950) 94-120.

15116 BAUER, J. B., « Num noverit S. Scriptura circuitum aquarum », VD 29 (1951) 351-354.

15117 DUPONT, J., Essais sur la christologie de saint Jean, « L'eau de la vie », 154-157; « L'eau vive », 203-205.

15118 RETTENBACH, N., « La source d'eau vive, Jean 4,13-14 », VS 85 (1951) 65-77.

15119 MARX, M. J., « Living Water », Wor 27 (1952-53) 242-243.

15120 GOURBILLON, J. G., « Bible et nature : Les eaux fécondantes », CE N° 10 (1953) 28-31.

15121 GUILLET, J., Thèmes bibliques, « Eau vive », 242-248.

15122 BOUYER, L., Le quatrième évangile², « Le cérémonial de l'eau », 139-142.

15123 PIERRON, J., « La source de l'eau vive », CE N° 19 (1955) 7-80.

15124 CAPELLE, B., « L'inspiration biblique de la bénédiction des fonts baptismaux », BVC N° 13 (1956) 30-40.

15125 DURRWELL, F.-X., « Vidi aquam », VS 96 (1957) 366-377.

15126 LÉCUYER, J., « La prière consécratoire des eaux », MD N° 49 (1957) 71-95.

15127 LEMARIÉ, J., La manifestation du Seigneur, « La bénédiction des eaux de l'Église arménienne », 525-532.

15128 BOURASSA, F., « Thèmes bibliques du baptême : l'eau », SE 10 (1958) 394-397.

15129 BRAUN, F.-M., La mère des fidèles, « Symbolisme de l'eau changée en vin (à Cana) », 66-74.

15130 DANIÉLOU, J., « Le symbolisme de l'eau vive » (Exégèse de Ézéchiel 47), RevSR 32 (1958) 335-346.

15131 GAILLARD, J., « Eau », DS IV, col. 8-29.

15132 McGOVERN, J. J., « The Waters of Death », CBQ 21 (1959) 350-358.

15133 FEUILLET, A., « Les fleuves d'eau vive de Jo., 7,38 », dans *Parole de Dieu et sacerdoce* (en collab.) (Paris, Tournai, Desclée et Cie, 1962), 107-120.

15134 GOETTMANN, J., « L'eau source de la vie », BVC N° 31 (1960) 48-70.

15135 PONCELET, M., *Le mystère du sang et de l'eau dans l'évangile de saint Jean* (Paris, Cerf, 1961), 182 pp.

15136 VAWTER, B., « A Note on « the Waters beneath the Earth » », CBQ 22 (1960) 71-73.

Église. Church. Kirche. Chiesa. Iglesia.

Nouveau Testament. New Testament. Neues Testament. Nuovo Testamento. Nuevo Testamento.

a) *Paul. Paulus. Paolo. Pablo.*

15137 DA CASTEL S. PIETRO, T., *La chiesa nella lettera agli Ebrei* (Roma, Marietti, 1945), 287 pp.

15138 DA CASTEL S. PIETRO, T., « Alcuni aspetti dell'ecclesiologia della Lettera agli Ebrei », Bibl 24 (1943) 125-161, 323-369.

15139 SOUBIGOU, L., « L'Église dans la théologie de saint Paul d'après M. L. Cerfaux », AT 6 (1945) 187-194.

15140 BONSIRVEN, J., *L'évangile de Paul*, « Par l'Église Dieu répand sa grâce », 213-306.

15141 PRAT, F., *La théologie de saint Paul*[38], « La conception paulinienne de l'Église; la vie de l'Église; le gouvernement de l'Église », II, 331-374.

15142 SCHLIER, H., WARNACH, V., *Die Kirche im Epheserbrief* (Münster, Aschendorff, 1949), 115 pp.

15143 MURA, E., « La teologia del Corpo mistico », ScuolC 65 (1937) 248-260.

15144 PUZO, F., « Significado de la palabra « pneuma » en San Pablo », EstB 1 (1942) 437-460.

15145 DE LUBAC, H., « L'Église dans saint Paul », VS 68 (1943) 47-483.

15146 BONSIRVEN, J., *L'évangile de Paul,* « L'Église, corps du Christ », 214-247; « Sa vie », 250-274.

15147 BONSIRVEN, J., *Théologie du Nouveau Testament,* 329-358.

15148 CONCHAS, D. A., « Redemptio acquisitionis (Eph. 1,14) », VD 30 (1952) 14-29, 81-91, 154-169.

15149 CERFAUX, L., *Le Christ dans la théologie de saint Paul*[2], « Le Christ et l'Église : la notion d'Église », 259-266; « La vie de l'Église », 266-271; « La constitution de l'Église », 271-273; « Synthèse », 273-278.

15150 FEUILLET, A., « L'Église, plérôme du Christ, d'après Éphés. 1,23 », NRT 78 (1956) 449-472, 593-610.

15151 SCHLIER, H., *Die Zeit der Kirche,* « Die Ordnung der Kirche nach den Pastoralbriefen », 129-147; « Über das Hauptanliegen des 1. Briefes an die Korinther », 147-159; « Die Kirche nach dem Brief an die Epheser », 159-186; « Die Einheit der Kirche im Denken des Apostels Paulus », 287-299; « Die Kirche als das Geheimnis Christ. – Nach dem Epheserbrief », 299-307.

15152 DACQUINO, P., « La Chiesa corpo di Cristo secondo S. Paolo », ScuolC 85 (1957) 241-256.

15153 ALONSO, J., « Genesis y desarrollo de algunos puntos eclesiologicos en el Corpus Paulino », EstB 17 (1958) 349-391.

15154 REUSS, J., « Die Kirche als « Leib Christi » und die Herkunft dieser Vorstellung bei dem Apostel Paulus », BZ 2 (1958) 103-127.

15155 TROMP, S., « « Caput influit sensum et motum ». Col. 2,19 et Eph. 4,16 in luce traditionis », Greg 39 (1958) 353-366.

15156 AMIOT, F., Les idées maîtresses de saint Paul, « L'Église, corps du Christ », 179-192.

15157 GONZALEZ RUIZ, J. M., « Sentido comunitario-eclesial de algunos sustantivos abstractos en San Pablo », dans Sacra Pagina (en collab.), II, 322-341

15158 RIGAUX, B., « Vocabulaire chrétien antérieur à la première épître aux Thessaloniciens », dans Sacra Pagina (en collab.), II, 380-389.

15159 WENNEMER, K., « Die charismatische Begabung der Kirche nach dem heiligen Paulus », Schol 34 (1959) 503-525.

15160 DACQUINO, P., « Ecclesia corpus Christi secundum apostolum Paulum », VD 38 (1960) 292-300.

15161 FEUILLET, A., Le Christ, sagesse de Dieu, « L'Église plérome du Christ et les « dimensions » insondables du Christ, sagesse de Dieu, d'après l'épître aux Ephésiens », 275-319.

15162 GONZALEZ RUIZ, J. M., « « Extra Ecclesiam nulla salus » a la luz de la teologia paulina », EstB 19 (1960) 25-48.

15163 DACQUINO, P., « La Chiesa « Corpo di Cristo » secondo S. Paolo », RivB 9 (1961) 112-122.

15164 FEUILLET, A., « Plérome », SDB VII, col. 18-40.

15165 HERMANN, I., Kyrios und Pneuma. Studien zur Christologie der paulinischen Hauptbriefe, « Die Einheit der Kirche », 86-98.

15166 SCHNACKENBURG, R., « Gestalt und Wesen der Kirche nach dem Epheserbrief », Catho 15 (1961) 104-120.

15167 CERFAUX, L., Le chrétien dans la théologie paulinienne, « La transposition spirituelle des privilèges du judaïsme », 240-265.

15168 DACQUINO, P., « De Christo capite et de Ecclesia eius corpore secundum S. Paulum », VD 40 (1962) 81-88.

15169 BENOIT, P., « L'unité de l'Église selon l'Épître aux Éphésiens », dans Studiorum Paulinorum Congressus 1961 (en collab.), I, 57-77, ou dans Exégèse et théologie, III, 335-357.

15170 BLIGH, J., « The Church and Israel according to St. John and St. Paul », dans Studiorum Paulinorum Congressus 1961 (en collab.), I, 151-156.

15171 CONGAR, Y., « Saint Paul et l'autorité de l'Église romaine, d'après la tradition », dans Studiorum Paulinorum Congressus 1961 (en collab.), I, 491-516.

15172 DACQUINO, P., « De membris Ecclesiae, quae est Corpus Christi », VD 41. (1963) 117-139.

15173 DEWAILLY, L.-M., La jeune Église de Thessalonique, « L'Église, milieu de la vie nouvelle », 64-71.

15174 DUBARLE, A.-M., « L'origine dans l'A. T. de la notion paulinienne de l'Église corps du Christ », dans Studiorum Paulinorum Congressus 1961 (en collab.), I, 231-240.

15175 FÜRST, H., « Paulus und die « Säulen » der jerusalemer Urgemeinde (Gal 2, 6-9) », dans Studiorum Paulinorum Congressus 1961 (en collab.), II, 3-10.

15176 MOONEY, C. F., « Paul's Vision of the Church in « Ephesians » », SCR 15 (1963) 33-43.

15177 PRADO, J., « La Iglesia del futuro, segun San Pablo », EstB 22 (1963) 255-302.

15178   VAN IERSEL, B., « Saint Paul et la prédication de l'Église primitive », dans *Studiorum Paulinorum Congressus 1961* (en collab.), I, 433-441.

15179   WARNACH, V., « Communauté dans l'Esprit (Ga 5,25-6,10) », AS N° 69 (1964) 15-28.

15180   CERFAUX, L., *La théologie de l'église suivant saint Paul³*, 432 pp.

15181   CERFAUX, L., *L'itinéraire spirituel de saint Paul*, « L'Église une et universelle », 129-160.

15182   ANDRIESSEN, P., « La nouvelle Ève, corps du nouvel Adam », dans *Aux origines de l'Église* (en collab.), 87-109.

15183   GEORGE, A., « La communion fraternelle des croyants dans les épîtres de saint Paul », LV 16 (1967) 3-20.

15184   PIERRON, J., « Comme le Christ a aimé l'Église (Ep 5,22-23) », AS N° 97 (1967) 16-30.

15185   BOUYER, L., *L'Église de Dieu.* Corps du Christ et temple de l'Esprit (Paris, Cerf, 1970), 708 pp.

15186   GRELOT, P., « La structure ministérielle de l'Église d'après saint Paul. À propos de « L'Église » de H. Küng », *Istina* (Paris) 15 (1970) 389-424.

15187   SAMAIN, É., « L'Église, communion de foi au Christ (1 Co 1,1-3) », AS (n.s.) N° 33 (1970) 15-21.

b) *Évangiles synoptiques. Synoptic Gospels. Synoptische Evangelien. Vangeli sinottici. Evangelios sinópticos.*

15188   VITTI, A., « Notae et disceptationes. Ecclesiologia dei Vangeli », Greg 15 (1934) 409-438.

15189   FOX, T. A., « The Church and the Gospel », AmER 105 (1941) 253-261.

15190   BONSIRVEN, J., *Les enseignements de Jésus-Christ*, « Les douze et l'Église », 262-269; « Pierre et l'Église », 269-278; « Société surnaturelle : Biens surnaturels », 285-303; « Paroles créatrices de l'Église », 316-319.

15191   QUINN, E., « The Kingdom of God and the Church in the Synoptic Gospel », SCR 4 (1950) 237-244.

15192   LUDWIG, J., *Die Primatworte Mt 16.18.19 in der altkirchlichen Exegese* (Münster Westf., Aschendorff, 1952), 112 pp.

15193   DALTON, W. J., « Question and Answer : The Roman Catholic Church claims to be the Christian Church founded by Jesus. On what Parts of the New Testament do they base this Claim ? » SCR 6 (1954) 184-185.

15194   BENOIT, P., « La primauté de S. Pierre selon le N. T. », *Istina 2* (1955) 305-334, ou dans BENOIT, P., *Exégèse et théologie*, II, 250-284.

15195   CIPRIANI, S., « La dottrina della chiesa in S. Matteo », RivB 3 (1955) 1-32.

15196   DE VOOGHT, P., « L'Argument patristique dans l'interprétation de Matth. XVI,18 de Jean Huss », RSR 45 (1957) 558-566.

15197   BETZ, J., « Die Gründung der Kirche durch den historischen Jesus », TQ 138 (1958) 152-183.

15198   FEUILLET, A., « Les grandes étapes de la fondation de l'Église d'après les Évangiles Synoptiques », SE 11 (1959) 5-21.

15199   LIGIER, L., *Péché d'Adam et péché du monde*, « Le fils de l'homme et son Église : *Mth.* 16 et 19-20 », II, 36-62; « Le nouvel Adam et son option. Son Église et son hymne », II, 323-376.

15200   GNILKA, J., « Die Kirche des Matthäus und die Gemeinde von Qumran », BZ 7 (1963) 43-63.

15201 LÉON-DUFOUR, X., « Vers l'annonce de l'Église, Matthieu 14,1-16.20 », dans *L'homme devant Dieu.* Mélanges H. DE LUBAC (en collab.), I, 37-49.

15202 LÉON-DUFOUR, X., *Les évangiles et l'histoire de Jésus,* « Le peuple de Dieu », 414-438.

15203 PESCH, W., « Die sogenannte Gemeindeordnung Mt 18 », BZ 7 (1963) 220-235.

15204 TRILLING, W., « Les traits essentiels de l'Église du Christ (Mt 28,18-20) », AS N° 53 (1964) 20-33.

15205 PESCH, W., *Matthäus der Seelsorger,* 80 pp.

15206 KUSS, O., « Hat Jesus die Kirche eigentlich gewollt ? » MüTZ 18 (1967) 42-48.

15207 DE VRIES, P. P., « Wesen und Leben der christlichen Gemeinde nach der lukanischen Theologie », GeistL 41 (1968) 165-176.

15208 PESCH, W., « Die sogenannte Gemeindeordnung Mt 18 », dans *Evangelienforschung* (en collab.), 177-198.

15209 TRILLING, W., *Vielfalt und Einheit im Neuen Testament,* « Das Kirchenverständnis nach Matthäus (Mt 28,18-20) », 125-139.

15210 TRILLING, W., « De toutes les nations faites des disciples (Mt 28,16-20) », AS (n.s.) N° 28 (1969) 24-37.

15211 TRILLING, W., « Amt und Amtsverständnis bei Matthäus », dans *Mélanges bibliques en hommage au R. P. Béda Rigaux* (en collab.), 29-44.

c) *Actes. Acts. Apostelgeschichte. Atti. Hechos.*

15212 SCHMITT, J., « L'organisation de l'Église primitive et Qumrân », dans *La secte de Qumrân et les origines du christianisme* (en collab.), 217-231.

15213 DUPONT, J., « ΛΑΟΣ ΕΘΝΩΝ (Ac 15,14) », *New Testament Studies* 3 (1956-57) 47-50, ou dans *Études sur les Actes des apôtres,* 361-365.

15214 DUPONT, J., *Le discours de Milet.* Testament pastoral de saint Paul (Ac 20,18-36), « L'Église de Dieu », 167-181; « Bâtir l'édifice », 250-260.

15215 DE BOVIS, A., « La fondation de l'Église », NRT 85 (1963) 3-18, 113-138.

15216 RYAN, W. F. J., « The Church as the Servant of God in Acts », SCR 15 (1963) 110-114.

15217 JENNY, H., « L'établissement de l'Église dans le livre des Actes », AS N° 52 (1965) 29-45.

15218 JOVINO, P., « L'Église communauté des saints, dans les Actes des apôtres et dans les épîtres aux Thessaloniciens », RivB 16 (1968) 495-526.

d) *Jean. John. Johannes. Giovanni. Juan.*

15219 PETERSON, E., *Le mystère des Juifs et des Gentils dans l'Église,* 1-72; « L'Esprit de l'Église apostolique, d'après l'Apocalypse », 75-102.

15220 FÉRET, H.-M., *L'Apocalypse de saint Jean* (Paris, Corrêa, 1946), « L'Église dans l'histoire et la Jérusalem céleste », 212-261.

15221 FEUILLET, A., « Le temps de l'Église selon saint Jean », MD N° 65 (1961), ou dans *Études johanniques,* 152-174.

15222 BLIGH, J., « The Church and Israel according to St. John and St. Paul », dans *Studiorum Paulinorum Congressus 1961* (en collab.), I, 151-156.

15223 COMBLIN, J., « Le rassemblement de l'Israël de Dieu (Ap 7,2-12) », AS N° 89 (1963) 15-33.

15224 FEUILLET, A., « The Era of the Church in Saint John », TDig 11 (1963) 3-11.

15225 TESTA, E., « I Giodeo-cristiani e San Giovanni », dans *San Giovanni.* Atti della XVII Settimana Biblica (en collab.), 261-288.

15226   CERFAUX, L., « L'Église dans l'Apocalypse », dans *Aux origines de l'Église* (en collab.), 111-124.

15227   VAN DEN BUSSCHE, H., « L'Église dans le quatrième Évangile », dans *Aux origines de l'Église* (en collab.), 65-85.

15228   MARROW, S., « Jo 21 : Indagatio in ecclesiologiam Joanneam », VD 45 (1967) 47-51.

15229   PASTOR PINEIRO, F. A., *La eclesiología juanea según E. Schweizer* (Roma, Università Gregoriana, 1968), 244 pp.

15230   McPOLIN, J., « Mission in the Fourth Gospel », IrThQ 36 (1969) 113-122.

Christ et l'Église. Christ and the Church. Christus und die Kirche. Cristo e la Chiesa. Cristo y la Iglesia.

15231   PLIAULT, B., « La royauté éternelle du Christ : Prédestination de l'Église dans le Christ-Prêtre », AT 10 (1949) 215-225.

15232   SCHLIER, H., « Die Kirche als das Geheimnis Christi », TQ 134 (1954) 385-396.

15233   KUSS, O., « Jesus und die Kirche im NT », TQ 135 (1955) 28-55, 150-183, ou dans *Auslegung und Verkündigung,* I, 25-77.

15234   DACQUINO, P., « La chiesa segno vivo di Cristo », ScuolC 87 (1959) 108-126.

15235   GRELOT, P., *Le couple humain dans l'Écriture,* « Le mystère nuptial du Christ et de l'Église », 85-98.

15236   HAIBLE, E., « Die Kirche als Wirklichkeit Christi in N. T. », TrierTZ 72 (1963) 65-83.

15237   GRELOT, P., *La Bible, parole de Dieu,* « Le Christ et le temps de l'Église », 287-296; « Sens des réalités ecclésiales », 296-308.

15238   HITZ, P., « Jésus ressuscité, l'humanité et l'Église », LVit 20 (1965) 409-454.

15239   LÉCUYER, J., « L'Église continue l'oeuvre sacerdotale du Christ », VS 112 (1965) 424-437.

Figures de l'Église. Figures of the Church. Bilder der Kirche. Figure della Chiesa. Figuras de la Iglesia.

15240   DANIÉLOU, J., « Rahab, figure de l'Église », Ir 22 (1949) 26-45.

15241   GAILLARD, J., « Trois figures de l'Église », VS 80 (1949) 536-553.

15242   DANIÉLOU, J., *Sacramentum Futuri,* « Le sommeil d'Adam et la naissance de l'Église », 37-44; « Rahab, figure de l'Église », 217-232.

15243   OSTER, H., « Le mariage humain est le signe du mariage entre le Christ et l'Église », *L'Anneau d'Or* N°s 51-52 (1953) 234-237.

15244   BRAUN, F.-M., « La femme et le dragon », BVC N° 7 (1954) 63-72.

15245   LOCHET, L., « Marie, modèle de l'âme chrétienne et figure de l'Église », *L'Anneau d'Or* N°s 57-58 (1954) 259-267.

15246   LEMARIÉ, J., *La manifestation du Seigneur,* « Les Mages, figure de l'Église », 257-272.

15247   KANNENGIESSER, C., « Marie, figure de l'Église, pour un entretien avec la Mère de Dieu », CHR N° 5 (1958) 45-59.

15248   FENTON, J. C., « The New Testament Designation of the True Church as God's Temple », AmER 140 (1959) 103-117.

Israël et l'Église. Israel and the Church. Israel und die Kirche. Israele e la Chiesa. Israel y la Iglesia.

15249   SCHELKLE, K. H., « Kirche und Synagoge in der frühen Auslegung des Römerbriefes », TQ 134 (1954) 290-318.

15250   ROSE, A., « L'Église au désert », BVC N° 13 (1956) 49-59.

15251   WURZINGER, A., « Israel die Kirche », BiLit 35 (1961-62) 322-330.

15252   RAURELL, F., « Israel y la Iglesia : un problema de continuidad y discontinuidad », EstF 66 (1965) 289-304.

15253   BENOIT, P., « L'Église et Israël », dans *La Chiesa e le religioni non cristiane* (Napoli, Ed. Domenicane Italiane, 1966), 131-166, et dans *Exégèse et théologie,* III, 422-441.

15254 LYONNET, S., « Israele, Chiesa, Cristo », dans *Il messianismo* (en collab.), 369-386.

15255 O'CONNOR, D. J., « Is the Church the New Israel », IrThQ 33 (1966) 161-164.

Mission de l'Église. Mission and the Church. Auftrag der Kirche. Missione della Chiesa. Misión de la Iglesia.

15256 DEWAILLY, L.-M., « Mission de l'Église et apostolicité », RSPT 32 (1948) 3-37.

15257 LE GUILLOU, M.-J., « L'Église et sa mission », *L'Anneau d'Or* Nᵒˢ 57-58 (1954) 301-306.

15258 SALAVERI DE LA TORRE, J., « El derecho en el misterio de la Iglesia », RET 14 (1954) 207-273.

15259 SCHMITT, J., « Sacerdoce judaïque et hiérarchie ecclésiale dans les premières communautés palestiniennes », RevSR 27 (1955) 250-261.

15260 CONGAR, Y., *La Pentecôte.* Chartres 1956 (Paris, Cerf, 1956), ch. 2 : « À la Pentecôte, l'Église reçoit sa loi et son âme »; ch. 3 : « À la Pentecôte, l'Église prend son départ missionnaire », 159 pp.

15261 LÉCUYER, J., « Mystère de la Pentecôte et apostolicité de la mission de l'Église », dans *Études sur le sacrement de l'Ordre* (en collab.), 167-214.

Monde et Église. World and the Church. Welt und Kirche. Mondo e Chiesa. Mundo e Iglesia.

15262 MUSSNER, F., « Le Christ, l'univers et l'Église selon F. Mussner », RB 63 (1956) 464-465, ou dans *Exégèse et théologie,* II, 163-164.

15263 BESNARD, A.-M., « Salomon, l'Église et le monde », VS 113 (1965) 551-572.

15264 SCHNACKENBURG, R., « Die Kirche in der Welt. Aspekte aus dem Neuen Testament », BZ 11 (1967) 1-21.

Mot « Église ». Word « Church ». Wort « Kirche ». Termine « Chiesa ». Palabra « Iglesia ».

15265 FENTON, J. C., « The Meaning of the Name « Church » », AmER 131 (1954) 268-276.

15266 MURPHY, J. L., « « Ekklesia » and the Septuagint », AmER 139 (1958) 381-390.

15267 TENA, P., *La Palabra « Ekklesia ».* Estudio historico-teologico (Barcelona, Éd. Casulleras, 1958), 314 pp.

15268 TENA, P., « Église. I. *Église* dans l'Écriture », DS IV, col. 370-382.

15269 MURPHY, J. L., « The Use of « Ekklesia » in the New Testament », AmER 140 (1959) 250-259, 325-332.

15270 FEUILLET, A., « Le temps de l'Église d'après le quatrième Évangile et l'Apocalypse », MD Nᵒ 65 (1961) 60-79.

15271 CASCIARO, J. M., « El concepto de « Ekklesia » en el A. T. », EstB 25 (1966) 317-348; 26 (1967) 5-38.

Peuple de Dieu. People of God. Volk Gottes. Popolo di Dio. Pueblo de Dios.

15272 CHAVASSE, A., « Du peuple de Dieu à l'Église du Christ », MD Nᵒ 32 (1952) 40-52.

15273 CONGAR, Y., « L'Église comme peuple de Dieu », Conci Nᵒ 1 (1965) 15-32.

15274 SCHNACKENBURG, R., « L'Église , Peuple de Dieu », Conci Nᵒ 1 (1965) 91-100.

15275 TEGELS, A., « The Church : House of God's People », Wor 35 (1961) 494-501.

15276 DE VAUX, J., « La sainteté du peuple de Dieu et de l'Église », AS Nᵒ 89 (1963) 54-71.

15277 BEUMER, J., « Die Kirche, Leib Christi oder Volk Gottes ? » TGl 53 (1963) 255-268.

15278 COLSON, J., « L'Église rassemblement de Dieu en Jésus-Christ », VS 111 (1964) 453-463, 596-611.

15279 SOUBEYRAN, P., « Un peuple prophétique », VS 111 (1964) 587-595.

15280 COPPENS, J., « L'Église, nouvelle alliance de Dieu avec son peuple », dans *Aux origines de l'Église* (en collab.), 13-21.

15281 BROX, N., « Gemeinschaft der Glaubenden », BiLit 39 (1966) 85-95.

15282 RINALDI, G., « Il « popolo di Dio » », BibOr 9 (1967) 165-182.

15283   O'ROURKE, J. J., « The Church as People of God in the New Testament », Div 13 (1969) 665-670.

Royaume de Dieu. Kingdom of God. Reich Gottes. Regno di Dio. Reino de Dios.

15284   BONSIRVEN, J., *Les enseignements de Jésus-Christ,* « Le royaume du Fils de l'homme : l'Église », 258-319.

15285   BONSIRVEN, J., *Théologie du N. T.,* « Le royaume du Fils, l'Église », 81-107; « L'Église », 417-419.

15286   BONSIRVEN, J., *Le règne de Dieu,* « Le royaume de Dieu : l'Église », 187-200.

Sacrements et Église. Sacraments and Church. Sakrament und Kirche. Sacramento e Chiesa. Sacramentos e Iglesia.

15287   GIBLET, J., « Le baptême, sacrement de l'incorporation à l'Église selon saint Paul », LV N° 27 (1956) 53-80.

15288   RICHARD, L., « Une thèse fondamentale de l'oecuménisme : le baptême, incorporation visible à l'Église », NRT 74 (1952) 485-492.

15289   ROGUET, A.-M., « La théologie du caractère et l'incorporation à l'Église », MD N° 32 (1952) 74-89.

15290   BLAESER, P., « Eucharistie und Einheit der Kirche in der Verkündigung des Neuen Testaments », TGl 50 (1960) 419-432.

15291   COPPENS, J., « L'Eucharistie. Sacrement et sacrifice de la nouvelle alliance. Fondement de l'Église », dans *Aux origines de l'Église* (en collab.), 125-158.

15292   NICOLAS, J.-H., « Baptisés en Jésus-Christ », VS 112 (1965) 378-384.

15293   ALFARO, J., « Cristo, sacramento de Dios Padre : la Iglesia, sacramento de Cristo glorificado », Greg 48 (1967) 5-27.

Salut. Salvation. Heil. Salvessa. Salud.

15294   RAMSAUER, M., « L'Église présentée dans la perspective du salut », LVit 10 (1955) 567-582.

15295   OECHSLIN, R.-L., « La communauté ecclésiale, communauté de salut », VS 112 (1965) 9-21.

15296   FRAIKIN, D., « Peut-on représenter l'Église en termes de salut ? » LTP 21 (1965) 263-274.

15297   SANSEGUNDO, P., « La eclesiología a la luz de la historia de la salvación », Ang 43 (1966) 321-332.

15298   ARRIETA, J., « La visión salvífico-histórica de la Iglesia en la constitución « Lumen Gentium » del Vaticano II », EstE 42 (1967) 331-354.

Universalisme. Universalism. Universalismus. Universalismo.

15299   MICHALON, P., « L'étendue de l'Église », Ir 20 (1947) 140-163.

15300   DEWAILLY, L.-M., « Qu'est-ce qu'une mission ? » VS 78 (1948) 132-153.

15301   DANIÉLOU, J., *Le mystère de l'Avent,* « Le mystère de l'Ascension et l'expansion missionnaire », 160-178; « Marie et l'Église », 126-139.

15302   MORAN, J. W., « The All-Embracing Church », AmER 128 (1953) 33-39.

15303   LOCHET, L., « De l'Orient et de l'Occident », NRT 81 (1959) 25-40, 132-156.

15304   RÉTIF, A., « Universalisme et esprit missionnaire », AS N° 13 (1962) 45-62.

15305   GRELOT, P., « L'Église, signe de la présence divine pour les peuples (Is 60,1-6) », AS N° 13 (1962) 19-30.

Divers. Miscellaneous. Verschiedenes. Diversi. Diversos.

15306   MÉDEBIELLE, A., « Église », SDB II, col. 487-691.

15307   CLOSEN, G., « Das Leben der Kirche als Deutung der Heiligen Schrift », GeistL 16 (1941) 167-182.

15308   ROELKER, E., « The Church », AmER 107 (1942) 255-270.

15309   LATTEY, C., « The Church of the Bible », SCR 1 (1946) 25-31.

15310   GONZALEZ RUIZ, J. M., « La unidad de la Iglesia en el Nuevo Testamento », EstB 9 (1950) 225-234.

15311   PERRIN, J.-M., « Spiritualité de l'Église », VS 82 (1950) 170-185.

15312   BONSIRVEN, J., Théologie du N. T., « Par l'Église Dieu répand sa grâce », 329-375.

15313   PLASSMANN, T., « This is a Deep Mystery », AmER 127 (1952) 217-224.

15314   AUGRAIN, C., « L'Église naît », CE N° 12 (1953) 5-57.

15315   BOUYER, L., « Parole divine et Église », BVC N° 1 (1953) 7-20.

15316   BRAUN, F.-M., La Mère des fidèles (Paris, Tournai, Casterman, 1953), « Marie et l'Église », 154-169.

15317   DEJAIFVE, G., « M. Cullmann et la question de Pierre », NRT 75 (1953) 365-379.

15318   FENTON, J. C., « The Invocation of the Holy Name and the Basic Concept of the Catholic Church », AmER 129 (1953) 343-349.

15319   BARSOTTI, D., La parole de Dieu dans le mystère chrétien, « L'Église », 187-258.

15320   HASSEVELDT, R., Le mystère de l'Église³ (Paris, Éd. de l'École, 1955), 352 pp.

15321   BLANCHARD, P., « Mystères de l'Église et perspectives bibliques », BVC N° 16 (1956) 96-100.

15322   AUZOU, G., La tradition biblique (Paris, L'Orante, 1957), « La nouvelle alliance; l'Église », 373-390.

15323   DE BOVIS, A., « Avoir le sens de l'Église », CHR N° 5 (1958) 150-162.

15324   CONGAR, Y., Le mystère du temple, « Le chrétien et l'Église, temple spirituel », 181-275.

15325   GALOT, J., « La communauté humaine à la lumière de la révélation », LVit 13 (1958) 427-436.

15326   CERFAUX, L., « La prière dans le christianisme primitif », dans La prière (en collab.) (Paris, Cerf, 1959), 39-49.

15327   POELMAN, R., « L'histoire Sainte continue », LVit 14 (1959) 251-266.

15328   VÖGTLE, A., « Ekklesiologische Auftragsworte des Auferstandenen », dans Sacra Pagina (en collab.), II, 280-294.

15329   SCHLIER, H., « Die Einheit der Kirche nach dem Neuen Testament », Catho 14 (1960) 161-177.

15330   LECLERCQ, J., « The Catholic Church : a Mystery of Fellowship », Wor 35 (1961) 470-485.

15331   LUYKX, B., « The Bishop and his Church », Wor 35 (1961) 485-494.

15332   CAMBIER, J., « Unité et mission de l'Église selon l'Écriture », Sal 24 (1962) 337-362.

15333   RUIDOR, I., « El exegeta y el teólogo en el estadio apologético de la eclesiología », EstE 37 (1962) 159-169.

15334   SCHELKLE, K. H., « Kirche als Elite und Elite in der Kirche nach dem Neuen Testament », TQ 142 (1962) 257-282.

15335   PRÜMM, K., « Die gnosiologische Struktur der bei der urchristlichantiken Erstbegegnung sich abspielenden geistigen Vorgänge », dans Studiorum Paulinorum Congressus 1961 (en collab.), II, 311-321.

15336   STANLEY, D. M., « Reflections on the Church in the New Testament », CBQ 25 (1963) 387-400.

15337 CAMELOT,   T., « L'Église pérégrinante, la nouvelle et éternelle alliance », VS 111 (1964) 561-586.

15338 LYONNET, S., « Il mistero della Chiesa », BibOr 6 (1964) 181-190.

15339 PERRIN, J.-M., « D'abord pour votre sainte Église », VS 111 (1965) 502-512.

15340 SHEETS, J. R., « The Mystery of the Church and the Liturgy », Wor 38 (1964) 612-620.

15341 SIMON, J. M., « La révélation et l'Église », RUO 34 (1964) 38*-61*.

15342 XXX, *Aux origines de l'Église* (en collab.), 206 pp.

15343 KÄSEMANN, E., BROWN, R. E., « New Testament ecclesiology », TDig 13 (1965) 228-233.

15344 LACAN, M.-F., « L'Église et sa mère », VS 113 (1965) 303-313.

15345 LOCHET, L., « La naissance de l'Église sur la croix », VS 112 (1965) 254-267.

15346 MARLÉ, R., « L'Église dans l'exégèse et la théologie de Bultmann », dans *Aux origines de l'Église* (en collab.), 189-199.

15347 McKENZIE, J. L., *The Power and the Wisdom,* « The Church », 168-193; « The Church and the State », 233-251.

15348 MEYER, B. F., « The Initial Self-understanding of the Church », CBQ 27 (1965) 35-42.

15349 PAGEAU, L., « Les laïcs et la fonction prophétique de l'Église », LTP 21 (1965) 275-284.

15350 VAN UNNIK, W. C., « Les idées des gnostiques concernant l'Église », dans *Aux origines de l'Église* (en collab.), 175-187.

15351 ARRIETA, J., « El problema de la expresión del Misterio de la Iglesia en las imágenes de la Escritura. (A propósito del Cap. I de la Const. Dogmática « de Ecclesia » del Vat. II) », EstE 41 (1966) 25-70.

15352 SCHEIFLER, J. R., « La Palabra de Dios en la Iglesia », Manr 38 (1966) 319-330.

15353 CASCIARO, J. M., « El concepto de « Ekklesia » en el Antiguo Testamento », EstB 26 (1967) 5-38.

15354 FEUILLET, A., « Plérôme », SDB VIII, col. 18-40.

15355 KENNY, J. P., « The Positiveness of the Infallibility of the Church », AmER 156 (1967) 242-256.

15356 MICHEL, A., « Église et Écriture », AmiCl 77 (1967) 182-186.

15357 WETTER, F., « Das Sprechen Gottes in der Verkündigung der Kirche », TrierTZ 76 (1967) 341-356.

15358 BOURKE, M. M., « Reflections on Church Order in the N. T. », CBQ 30 (1968) 493-511.

15359 BOUCHEX, R., « L'Église et le Christ », AS (n.s.) Nº 7 (1969) 76-89.

15360 CONGAR, Y., « *L'Église* de Hans Küng », RSPT 53 (1969) 693-706.

15361 MURPHY-O'CONNOR, J., « Manifestation de la présence de Dieu par le Christ dans l'Église et dans le monde », Conci Nº 50 (1969) 93-104.

15362 LEEMING, B., « I Believe in One Church », Way 9 (1969) 127-138.

15363 SLADE, R., « The Spirit of Unity », Way 9 (1969) 139-147.

15364 COPPENS, J., « L'Église dans l'optique de Hans Küng », ETL 46 (1970) 121-130.

15365 ELLIOTT, J. H., « Ministry and Church Order in the NT : A Traditio-Historical Analysis (1 Pt 5,1-5 and plls.) », CBQ 32 (1970) 367-391.

15366 LEROY, M.-V., « *L'Église* de Hans Küng », RT 70 (1970) 292-310.

15367 O'ROURKE, J. J., « The Military in the NT », CBQ 32 (1970) 227-236.

15368 SEGALIA, G., « Presentazione e discussione su E. Schweizer : *Gemeinde und Gemeindeordnung im Neuen Testament* », RivB 18 (1970) 153-162.

Élection. Election. Erwählung. Elezione. Elección.

15369 BEUMER, J., « De praerogativis populi electi in nova salutis oeconomia », VD 22 (1942) 122-127.

15370 FÉRET, H.-M., « Peuple de Dieu, mystère de charité », VS 73 (1945) 242-262.

15371 CERFAUX, L., *Une lecture de l'épître aux Romains,* « La méthode du choix : privilèges d'Israël, initiative divine, le mystère », 87-94.

15372 ASENSIO, F., *Yahweh y su Pueblo.* Contenido teológico en la historia bíblica de la elección (Rom, Univ. Gregoriana, 1953), 260 pp.

15373 CERFAUX, L., « Le privilège d'Israël selon saint Paul », ETL 17 (1940) 5-26, ou dans *Recueil Lucien Cerfaux,* II, 339-364.

15374 DE FRAINE, J., *L'aspect religieux de la royauté israélite,* « L'origine idéologique. L'élection divine : 1. La Mésopotamie », 169-186; « 2. L'Ancien Testament », 186-213.

15375 DUPLACY, J., « Israël, épouse infidèle », *L'Anneau d'Or* N°s 57-58 (1954) 288-298.

15376 XXX, « L'époux et l'épouse », CE N° 18 (1955) 5-78.

15377 VAN IMSCHOOT, P., *Théologie de l'Ancien Testament,* « Le peuple élu », I, 259-270.

15378 FEUILLET, A., « L'universalisme et l'élection d'Israël dans la religion des prophètes », BVC N° 15 (1956) 7-25.

15379 JEANNE D'ARC, Sr, « Le mystère de la vocation. Essai de théologie biblique », VS 94 (1956) 167-186.

15380 PLANTIE, J., « Antisémitisme et mystère d'Israël », BVC N° 14 (1956) 106-110.

15381 GONZALEZ RUIZ, J. M., « Sentido comunitario-eclesial de algunos sustantivos abstractos en San Pablo », EstB 17 (1958) 289-322.

15382 NEHER-BERNHEIM, R., « L'élection d'Israël », LV N° 37 (1958) 30-40.

15383 PENNA, A., « L'elezione nella Lettera ai Romani e nei testi di Qumran », Div 2 (1958) 597-614.

15384 AUGRAIN, C., « Les élus de Dieu », CE N° 40 (1960) 5-87.

15385 BEAUCAMP, É., « Elezione », BibOr 3 (1961) 207-211.

15386 JONES, A., « God's Choice : Its Nature and Consequences », SCR 13 (1961) 35-43.

15387 SUTCLIFFE, E. F., « Many are Called but Few are Chosen », IrThQ 28 (1961) 126-131.

15388 TURNER, C., « Chosen in Him before the Foundation of the World », SCR 13 (1961) 111-116.

15389 BARTHÉLEMY, D., « Un Dieu qui choisit », VS 106 (1962) 20-39.

15390 SCHELKLE, K. H., « Kirche als Elite und Elite in der Kirche nach dem Neuen Testament », TQ 142 (1962) 257-282.

15391 QUINN, J., « The Wedding-Feast of Israel », Way 3 (1963) 95-104.

15392 BAUM, G., *Les Juifs et l'Évangile,* « Israël, peuple élu », 211-224.

15393 L'HOUR, J., *La morale de l'Alliance,* « Yahvé appelle, Israël répond », 13-51.

Élie. Elias. Elia. Elías.

15394 SCHABES, L., « Der Prophet Elias », BiLit 9 (1934-35) 433-434.

15395 JOÜON, P., « Le costume d'Élie et celui de Jean-Baptiste », Bibl 16 (1935) 74-81.

15396 HÖLLER, J., *Die Verklärung Jesu,* « Moses und Elias », 62-86.

15397 CASPER, J., « Elias, der Herold des grossen Königs », BiLit 13 (1938-39) 388-390.

15398 CHEMINANT, L., *Le royaume d'Israël,* « Élie, sa vie et son message », 31-63.

15399 GRAIL, A., « Jean le Baptiste et Élie », VS 80 (1949) 598-606.

15400 AUGUSTINOVIC, A., « De Eliae propheta patria (Historia et recognitio) », Ant 25 (1950) 475-492.

15401 DANIÉLOU, J., *Bible et liturgie²*, « Les figures du baptême : Élie et le Jourdain »,
       136-155.

15402 MARX, M. J., « The « Elias » of Len », Wor 26 (1951-52) 198-200.

15403 JEANNE D'ARC, Sr, « Élie dans l'histoire du salut », VS 87 (1952) 136-147.

15404 JEANNE D'ARC, Sr, « Élie et nous », VS 87 (1952) 289-295.

15405 PAUL-MARIE DE LA CROIX, P., *L'Ancien Testament source de vie spirituelle³*, « Les
       témoins privilégiés de la foi en Israël : Élie », 591-596.

15406 BOUYER, L., *La Bible et l'Évangile²*, « La mystique juive et les figures de Moïse et d'É-
       lie », 137-158.

15407 MICHAUX, W., « Les cycles d'Élie et d'Élisée (I Reg. 17-II Reg. 13,22) », BVC Nº
       2 (1953) 76-99.

15408 GUILLET, J., « La gloire du Sinaï », CHR Nº 11 (1956) 293-309.

15409 PRAGER, M., « Elias und Elisäus », BiLit 26 (1958-59) 70-78, 106-110, 158-168,
       209-215.

15410 STEINMANN, J., *Le prophétisme biblique des origines à Osée,* « La geste d'Élie le
       Tishbite », 85-103; « Élie au Horeb », 105-117.

15411 RICHTER, G., « Bist du Elias ? (Joh 1,21) », BZ 6 (1962) 79-92, 238-256; 7 (1963)
       63-80.

15412 SWAELES, R., « Jésus, nouvel Élie, d'après saint Luc », AS Nº 69 (1964) 41-66.

15413 KILIAN, R., « Die Totenerweckungen Elias und Elisas, eine Motivwanderung ? » BZ
       10 (1966) 44-56.

Élisée. Elisha. Elisäus. Eliseo.

15414 CHEMINANT, L., *Le royaume d'Israël,* « Élisée, sa vie et son message », 64-81.

15415 FULLER, R. C., « The Boys and the Bears (4 Kings 2,23) », SCR 4 (1949) 26-28.

15416 MICHAUX, W., « Les cycles d'Élie et d'Élisée (I Reg. 17-II Reg. 13,22) », BVC Nº
       2 (1953) 76-99.

15417 PRAGER, M., « Elias und Elisäus », BiLit 26 (1958-59) 70-78, 106-110, 158-168,
       209-215.

15418 STEINMANN, J., *Le prophétisme biblique des origines à Osée,* « La geste d'Élisée dans
       son cadre historique », 119-130; « La thaumaturgie d'Élisée et les congrégations
       prophétiques », 131-137.

15419 ALCAINA CANOSA, C., « Panorama crítico del ciclo de Eliseo », EstB 23 (1964)
       217-234.

15420 DEL OLMO LETE, G., « La vocación de Eliseo », EstB 26 (1967) 287-293.

15421 KELLER, C.-A., « Élisée et la Shunamite (2 R 4,8-11.14-16a) », AS (n.s.) Nº 44
       (1969) 6-14.

15422 ORRIEUX, L.-M., « La vocation d'Élisée (1 R 19,16b.19-21) », AS (n.s.) Nº 44 (1969)
       54-59.

Emmanuel. Emanuele. Emmanuel.

15423 VACCARI, A., « De nominibus Emmanuelis », VD 11 (1931) 7-15.

15424 DUMESTE, M.-L., « La prophétie d'Emmanuel », VS 41 (1934) 129-145.

15425 OGARA, F., « Et vocabitur nomen ejus Emmanuel (Is. 7,14), Deus Fortis (Is. 9,6),
       Vocatum est nomen ejus JESUS (Luc. 2,21) », VD 17 (1937) 3-9.

15426 LATTEY, C., « The Emmanuel Prophecy : Isaias 7,14 » CBQ 8 (1946) 369-376.

15427 LATTEY, C., « The Child of Isaias vii,15 », SCR 2 (1947) 80-82.

15428 PALMARINI, N., « Emmanuelis prophetia et bellum syro-ephraïmiticum (Is 7,10-25) », VD 31 (1953) 321-334.

15429 BRUNEC, M., « De sensu « signi » in Is. 7,14 », VD 33 (1955) 237-266.

15430 TOURNAY, R., « L'Emmanuel et sa Vierge-Mère », RT 55 (1955) 249-258.

15431 MORIARTY, F. L., « The Emmanuel Prophecies », CBQ 19 (1957) 226-233.

15432 MILLER, J. A., « Emmanuel », BibOr 8 (1966) 51-59.

15433 KILIAN, R., Die Verheissung Immanuels. Jes 7,14 (Stuttgart, Katholisches Bibelwerk, 1968), 132 pp.

Enfance. Infancy. Kindheit. Infanzia. Infancia.

15434 CHEVIGNARD, B.-M., « Le chemin d'enfance spirituelle », L'Anneau d'Or Nos 39-40 (1951) 189-198.

15435 BERROUARD, M.-F., « Coeur d'enfant, jugement d'homme », VS 85 (1951) 230-255.

15436 DE VAUX, R., Les institutions de l'A. T., « Les enfants », I, 71-87.

15437 AUER, J., « « Bekehrung » zum « Kind-sein vor Gott » », GeistL 37 (1964) 4-16.

15438 PESCH, W., Matthäus der Seelsorger, « Von den Kindern und den Kleinen », 17-33; « Von der Bruderliebe », 35-48; « Matthäus der Seelsorger », 67-76.

15439 PERROT, C., « Les récits d'enfance dans la Haggada », RSR 55 (1967) 481-518.

15440 LÉGASSE, S., Jésus et l'enfant. « Enfants », « petits » et « simples » dans la tradition synoptique (Paris, Gabalda, 1969), 376 pp.

15441 MINC, R., KUMPS, M., « L'enfant dans la Bible », BVC N° 90 (1969) 63-70.

15442 LÉGASSE, S., « L'enfant dans l'Évangile », VS 122 (1970) 407-422.

Enfer. Hell. Hölle. Inferno. Infierno.

15443 ANTOINE, P., « Enfer (dans l'Écriture) », SDB II, col. 1063-1076.

15444 XXX, « Dans quel enfer fut enseveli le mauvais riche de l'Évangile ? » AmiCl 55 (1938) 249-250.

15445 McGARRIGLE, F. J., « The Fire of Hell », AmER 137 (1957) 235-238.

15446 DALTON, W. J., « Proclamatio Christi spiritibus facta : inquisitio in textum ex Prima Epistola S. Petri 3,18-4,6 », VD 42 (1964) 225-240.

15447 PERROT, C., « La descente du Christ aux enfers dans le Nouveau Testament », LV N° 87 (1962) 5-30.

15448 DUQUOC, C., « La descente du Christ aux enfers, problématique théologique », LV N° 87 (1968) 45-62.

Épiphanie. Epiphany. Erscheinung des Herrn. Epifania. Epifanía.

15449 PAX, E., Epiphaneia. Ein religiongeschichtlicher Beitrag zur biblischen Theologie (Münchener theologische Studien) (München, K. Zink, 1955), 24-280 pp.

15450 RICHARDS, H. J., « The Three Kings », SCR 8 (1956) 23-28.

Épiscopat. Episcopacy. Bischofsamt. Episcopato. Episcopado.

15451 BENOIT, P., « Les origines de l'épiscopat dans le N. T. », dans Le Moniteur Diocésain (Jérusalem), avril 1945, 5-8; mai 1945, 5-9, ou dans BENOIT, P., Exégèse et théologie, II, 232-246.

15452 PUZO, F., « Los obispos presbíteros en el N. T. », EstB 5 (1946) 41-70.

15453 LÉCUYER, J., « Épiscopat. 1. Nouveau Testament », DS IV, col. 880-884.

Époux. Bridegroom. Bräutigam. Sposo. Esposo.

15454 ROBERT, A., « La description de l'Époux et de l'Épouse dans Cant., v,1-15 et vii, 2-6 », dans Mélanges E. Podechard (en collab.), 211-223.

15455 FEUILLET, A., « Le Cantique des Cantiques et la tradition biblique », NRT 74 (1952) 706-733.

15456 FEUILLET, A., *Le Cantique des cantiques*, « L'époux », 39-49.

15457 BARSOTTI, D., *Vie mystique et mystère liturgique*, « L'ami de l'époux », 341-347; « L'épouse infidèle », 362-370.

15458 DUPLACY, J., « Israël, épouse infidèle », *L'Anneau d'Or* N°s 57-58 (1954) 288-298.

15459 PAUL-MARIE DE LA CROIX, P., *L'Ancien Testament source de vie spirituelle³*, « Époux : le mystère de l'Alliance, l'Époux et l'Épouse, l'union », 475-548; « La Sagesse est un esprit qui aime les hommes en épouse », 774-779.

15460 XXX, « L'Époux et l'Épouse », CE N° 18 (1955) 5-77.

15461 McGARRIGLE, F. J., « Spouse of the Spirit of Christ », AmER 133 (1955) 230-238.

15462 CLAUDEL, P., « Dieu époux de son peuple, l'Église épouse du Christ », AS N° 16 (1962) 54-77.

15463 SABOURIN, L., *Les noms et les titres de Jésus*, « L'époux », 93-97.

15464 ANDRIESSEN, P., « La nouvelle Ève, corps du nouvel Adam », dans *Aux origines de l'Église* (en collab.), 87-109.

Épreuve. Proof. Prüfung. Prova. Prueba.

15465 CERFAUX, L., « Fructifiez en supportant l'épreuve », RB 64 (1957) 481-491, ou dans *Recueil Lucien Cerfaux*, III, 111-122.

15466 GOLEBIEWSKI, E., « Dieu nous console dans l'épreuve (1 P 5,6-11) », AS N° 57 (1965) 17-23.

Eschatologie. Eschatology. Eschatologie. Escatologia. Escatología.

Judaïsme. Judaism. Judentum. Giudaismo. Judaísmo.

15467 TONDELLI, L., « La teoria escatologica e gli ultimi studi sul mondo giudaico », ScuolC 1 (1931) 190-202.

15468 PRAT, F., *La théologie de saint Paul³⁸*, « Deux points d'eschatologie judaïque; la durée des temps messianiques, la résurrection des morts », II, 564-566.

15469 DUPONT, J., *Essais sur la christologie de saint Jean*, « Judaïsme. La vie éternelle : littérature apocalyptique », 119-123.

15470 GRELOT, P., « L'eschatologie de la Sagesse et les apocalypses juives », dans *À la rencontre de Dieu*. Mémorial Albert Gelin (en collab.), 165-178.

15471 LE DÉAUT, R., *La nuit pascale*, « Eschatologie – Création – Exode », 115-121; « Pâque – création et eschatologie », 213-257.

15472 ALMIÑANA LLORET, V. J., « Proximidad de los tiempos escatológicos y sus signos según los escritos de Qumrán », EstE 45 (1970) 153-172.

Ancien Testament. Old Testament. Altes Testament. Antico Testamento. Antiguo Testamento.

15473 ARCONADA, R., « La Escatología Mesiánica en los Salmos ante dos objeciones recientes », Bibl 17 (1936) 202-229, 294-326, 461-478.

15474 TOURNAY, R., « L'eschatologie individuelle dans les Psaumes », RB 56 (1949) 481-506.

15475 DANIÉLOU, J., *Sacramentum Futuri*, « La chute de Jéricho et la fin du monde », 246-256.

15476 DANIÉLOU, J., « Le psaume XXII et l'initiation chrétienne », MD N° 23 (1950) 54-69.

15477 FEUILLET, A., « Les psaumes eschatologiques du Règne de Yahweh », NRT 73 (1951) 244-260, 352-363.

15478 BARUCQ, A., « Prophétisme et eschatologie individuelle », VS 95 (1956) 407-420.

15479 GROSS, H., *Die Idee des weigen und allgemeinen Weltfriedens im Alten Orient und im AT,* « Erlangung des Friedens in der Eschatologie », 153-165.

15480 VAN IMSCHOOT, P., *Théologie de l'Ancien Testament,* « Après la mort (de chaque individu) », II, 45-74.

15481 DANIÉLOU, J., « Le symbolisme eschatologique de la fête des tabernacles », Ir 31 (1958) 19-40.

15482 SCHWARZ, V., « Nehmt das Reich in Besitz... », BiLit 35 (1961-62) 65-70.

15483 GRELOT, P., « L'eschatologie de la Sagesse et des apocalypses juives », dans *À la rencontre de Dieu.* Mémorial Albert Gelin (en collab.), 165-178.

15484 GRELOT, P., *Sens chrétien de l'A. T.,* « La promesse du salut eschatologique », 328-363; « L'eschatologie et le sens figuratif de l'A. T. », 363-403.

15485 GALBIATI, E., SALDARINI, G., « L'escatologia individuale nell'Antico Testamento », RivB 10 (1962) 113-135.

15486 ARENHOEVEL, D., « Die Eschatologie der Makkabäerbücher », TrierTZ 72 (1963) 257-269.

15487 FANG CHE-YONG, M., « Ben Sira de novissimis hominis », VD 41 (1963) 21-38.

15488 GROSS, H., « Eschatology in the Old Testament », TDig 12 (1964) 196-200.

15489 MAYER, R., « Sünde und Gericht in der Bildersprache der vorexilischen Prophetie », BZ 8 (1964) 22-44.

15490 BECKER, J., *Israel deutet seine Psalmen.* Urform und Neuinterpretation in den Psalmen, « Eschatologisierende Neuinterpretation auf die Befreiung aus dem Exil und Israels Auseinandersetzung mit der Völkerwelt », 41-68.

15491 DACQUINO, P., « Il messaggio escatologico dei Profeti ebrei e i primi capi della Genesi », dans *Il Messianismo* (en collab.), 21-34.

15492 GRELOT, P., *Bible et théologie,* « L'eschatologie de l'A. T. », 67-73.

15493 PRADO, J., « La perspectiva escatologica de Job 19,25-27 », EstB 25 (1966) 5-40.

15494 TAYLOR, R. J., « The Eschatological Meaning of Life and Death in the Book of Wisdom I-V », ETL 42 (1966) 72-137.

15495 GROSS, H., « Mais il viendra en rédempteur pour Sion (Is 59,20) », Conci N° 30 (1967) 77-86.

15496 LOHFINK, N., *Bibelauslegung im Wandel,* « Eschatologie im Alten Testament », 158-184.

15497 SCHOORS, A., « L'eschatologie dans les prophéties du Deutéro-Isaïe », dans *Aux grands carrefours de la révélation et de l'exégèse de l'A. T.* (en collab.), 107-128.

15498 RAURELL, F., « Historia de los orígenes y escatología en los profetas », EstF 70 (1969) 165-198.

Nouveau Testament. New Testament. Neues Testament. Nuovo Testamento. Nuevo Testamento.

a) *Paul. Paulus. Paolo. Pablo.*

15499 CAVALLA, V., « Il tempo della Parusia nel pensiero di S. Paolo », ScuolC 65 (1937) 463-480.

15500 BONSIRVEN, J., *L'évangile de Paul,* « Le Christ médiateur : dans la consommation », 307-343; « Fins dernières individuelles », 310-315; « Fins dernières universelles : la résurrection des morts, le jugement, création nouvelle, la date de la parousie, devant la parousie : langage, conceptions, espérances », 315-344.

15501 BONSIRVEN, J., *Théologie du Nouveau Testament,* 376-394.

15502   CAMBIER, J., « Eschatologie ou hellénisme dans l'épître aux Hébreux », Sal 11 (1949) 62-96.

15503   DUPONT, J., *Gnosis.* La connaissance religieuse dans les épîtres de saint Paul, « L'espérance eschatologique », 106-113.

15504   PRAT, F., *La théologie de saint Paul*[38], « Les fins dernières », II, 427-466.

15505   DUPONT, J., *L'union avec le Christ suivant saint Paul,* 224 pp.

15506   DELORME, J., « Sur un texte de S. Paul (I Thess., IV,13-17) : L'avènement du Seigneur et la présence des fidèles », AmiCl 65 (1955) 247-251.

15507   PELAIA, B., « Lo Spirito Santo e la vita cristiana in San Paolo », RivB 3 (1955) 363-370.

15508   WIMMER, A., « Trostworte des Apostels Paulus an Hinterbliebene in Thessalonich (1 Th 4,13-17) », Bibl 36 (1955) 273-286.

15509   FEUILLET, A., « La demeure céleste et la destinée des chrétiens : Exégèse de 2 Cor. 5,1-10 et contribution à l'étude des fondements de l'eschatologie paulinienne », RSR 44 (1956) 161-192, 360-402.

15510   ROSSANO, P., « A che punto siamo con I Thess. 4,13-17 ? » RivB 4 (1956) 72-80.

15511   SPICQ, C., *Vie morale et Trinité sainte selon saint Paul,* « Tout entier tendu en avant », 81-89.

15512   GAROFALO, S., « Sulla « escatologia intermedia » in S. Paolo », Greg 39 (1958) 335-352.

15513   AMIOT, F., *Les idées maîtresses de saint Paul,* « L'achèvement du salut », 203-258.

15514   SCHELKLE, K. H., « Biblische und patristische Eschatologie nach *Rom.,* XIII,11-13 », dans *Sacra Pagina* (en collab.), II, 357-372.

15515   DEWAILLY, L.-M., « Le temps et la fin du temps selon saint Paul », MD N° 65 (1961) 133-143.

15516   FEUILLET, A., « L'attente de la parousie et du jugement dans l'épître aux Hébreux », BVC N° 42 (1961) 23-31.

15517   STANLEY, D. M., « Come, Lord Jesus », Way 1 (1961) 258-269.

15518   CERFAUX, L., *Le chrétien dans la théologie paulinienne,* « L'espérance chrétienne », 143-215.

15519   KOCH, R., « L'aspect eschatologique de l'Esprit du Seigneur », dans *Studiorum Paulinorum Congressus 1961* (en collab.), I, 131-142.

15520   VAWTER, B., « And He shall Come Again with Glory », dans *Studiorum Paulinorum Congressus 1961* (en collab.), I, 143-150.

15521   VANHOYE, A., *La structure littéraire de l'épître aux Hébreux,* « Les trois thèmes : eschatologie, ecclésiologie, sacrifice », 238-247; « Âge présent ᴄ. âge à venir : rapports de ressemblance, différence et supériorité », 247-252.

15522   BRADY, C., « The World to come in the Epistle to the Hebrews », Wor 39 (1965) 329-339.

15523   SINT, J., « Awaiting and Deferment of the Parusia in Paul », TDig 13 (1965) 214-221.

15524   HOFFMANN, P., *Die Toten in Christus.* Eine religionsgeschichtliche und exegetische Untersuchung zur paulinischen Eschatologie (Münster, Aschendorff, 1966), 366 pp.

15525   GIBLIN, C. H., *The Threat to Faith* (2 Th 2), « The Eschatological Principle », 259-282; « The Eschatological Principle and Paul's Soteriology », 282-284; « The eschatological Principle and Paul's Apocalyptic », 284-289.

15526   SWETNAM, J., « On Romans 8,23 and the « Expectation of Sonship » », Bibl 48 (1967) 102-108.

15527   GRABNER-HAIDER, A., *Paraklese und Eschatologie bei Paulus.* Mensch und Welt im Anspruch der Zukunft Gottes (Münster, Aschendorff, 1968), 162 pp.

15528 DELLING, G., *Zeit und Endzeit*. Zwei Vorlesungen zur Theologie des Neuen Testaments (Neukirchen, Neukirchener Verlag, 1970), 116 pp.

b) *Évangiles synoptiques. Synoptic Gospels. Synoptische Evangelien. Vangeli sinottici. Evangelios sinópticos.*

15529 SEGARRA, F., « Algunas observaciones sobre los principales textos escatologicos de Nuestro Señor », EstE 10 (1931) 475-499; 11 (1932) 83-94; 12 (1933) 345-367; 13 (1934) 225-261, 399-417; 14 (1935) 464-504; 15 (1936) 47-66.

15530 SEGARRA, F., « Algunas observaciones sobre los principales textos escatológicos de Nuestro Señor. (S. Matt., cap. 24) », Greg 18 (1937) 534-578; 19 (1938) 58-87, 349-375, 543-572.

15531 COTTER, A. C., « The Eschatological Discourse », CBQ 1 (1939) 125-132, 204-213.

15532 SEGARRA, F., « Textos escatológicos de Nuestro Señor que anuncian en general su proxima venida », Greg 21 (1940) 95-103.

15533 VACCARI, A., « Il discorso escatologico nei Vangeli », ScuolC 68 (1940) 5-22.

15534 PUZO, F., « Un texto escatológico ? (Lc. 18,8b) », EstE 19 (1945) 273-334.

15535 BONSIRVEN, J., *Les enseignements de Jésus-Christ*, « Conceptions eschatologiques de Jésus; eschatologie individuelle, eschatologie universelle », 320-332; « Messianisme eschatologique, eschatologie conséquente », 351-361.

15536 JONES, A., « The Eschatology of the Synoptic Gospels », SCR 4 (1950) 222-231.

15537 MUSSNER, F., *Was lehrt Jesus über das Ende der Welt ?* Eine Auslegung von Markus 13 (Freiburg, Herder, 1958), 80 pp.

15538 BROWN, R. E., « The Pater noster as an Eschatological Prayer », TS 22 (1961) 175-208.

15539 FEUILLET, A., « Les origines et la signification de Mt 10-23b. Contribution à l'étude du problème eschatologique », CBQ 23 (1961) 182-198.

15540 LAMBRECHT, J., « Redactio sermonis eschatologici », VD 43 (1965) 278-287.

15541 TRILLING, W., *Fragen zur Geschichtlichkeit Jesu*, « Was hat Jesus vom Ende der Welt gelehrt ? » 106-124.

15542 VOSS, G., *Die Christologie der lukanischen Schriften in Grundzügen*, « Die irdische Wirksamkeit Jesu als der vorläufige Beginn der endgültigen Gottesherrschaft », 28-35; « Jesus, der eschatologische Prophet », 155-170.

15543 WINANDY, J., « La scène du jugement dernier (Mt., 25,31-46) », SE 18 (1966) 169-186.

15544 LAMBRECHT, J., *Die Redaktion der Markus-Apokalypse*, 322 pp.

15545 LATTANZI, H., « Eschatologici sermonis Domini logica interpretatio », Div 11 (1967) 71-94.

15546 MINETTE DE TILLESSE, G., *Le secret messianique dans l'évangile de Marc*, « Le secret et l'histoire », 445-516.

15547 PESCH, R., *Naherwartungen*. Tradition und Redaktion in Mk 13 (Düsseldorf, Patmos, 1968), 278 pp.

15548 DUPONT, J., « Les épreuves des chrétiens avant la fin du monde (Lc 21,5-19) », AS (n.s.) N° 64 (1969) 77-86.

15549 GEOLTRAIN, P., « Dans l'ignorance du jour, veillez », AS (n.s.) N° 5 (1969) 17-29.

15550 GEORGE, A., « La venue du Fils de l'homme (Lc 21,25.28.34-36) », AS (n.s.) N° 5 (1969) 71-79.

c) *Jean. John. Johannes. Giovanni. Juan.*

15551 SPICQ, C., *La révélation de l'espérance dans le Nouveau Testament* (Avignon, Aubanel; Paris, Libr. Dominicaine, 1932), « L'apôtre saint Jean, chantre de l'espérance : l'Apocalypse de saint Jean », 229-261.

15552   FÉRET, H.-M., *L'Apocalypse de saint Jean* (Paris, Corrêa, 1946), « Le déroulement de
        l'histoire et la fin des temps », 262-324.

15553   LE FROIS, B. J., « Eschatological Interpretation of the Apocalypse », CBQ 13 (1951)
        17-20.

15554   VAN DEN BUSSCHE, H., « L'attente de la grande Révélation dans le quatrième
        évangile », NRT 75 (1953) 1009-1019.

15555   LÉON-DUFOUR, X., « Le mystère du pain de vie (Jean VI) », RSR 46 (1958) 481-523.

15556   FEUILLET, A., « Le chapitre X de l'Apocalypse. Son apport dans la solution du
        problème eschatologique », dans *Sacra Pagina* (en collab.), II, 414-429.

15557   BRAUN, F.-M., « L'Évangile de saint Jean et les grandes traditions d'Israël », RT 60
        (1960) 325-363.

15558   BOISMARD, M.-É., « L'évolution du thème eschatologique dans les traditions
        johanniques », RB 68 (1961) 507-524.

15559   BARTINA, S., « La escatología del Apocalipsis », EstB 21 (1962) 297-310.

15560   BLANK, J., *Krisis,* 372 pp.

15561   COUNE, M., « La Jérusalem céleste (Ap 21,2-5) », AS N° 91 (1964) 23-38.

15562   FIORENZA, E., « The Eschatology and Composition of the Apocalypse », CBQ 30
        (1968) 537-569.

15563   PANCARO, S., « A Statistical Approach to the Concept of Time and Eschatology in
        the Fourth Gospel », Bibl 50 (1969) 511-524.

d) *Divers. Miscellaneous. Verschiedenes. Diversi. Diversos.*

15564   VITTI, A., « L'interpretazione apocalittico-escatologica del Nuovo Testamento »,
        ScuolC 2 (1931) 434-451.

15565   BRAUN, F.-M., « Où en est l'eschatologie du Nouveau Testament ? » RB 49 (1940)
        33-54.

15566   BONSIRVEN, J., *Les enseignements de Jésus-Christ,* « Perspectives d'avenir », 320-360.

15567   BONSIRVEN, J., *Théologie du N. T.,* « La consommation du royaume de Dieu »,
        160-173; « Le Christ médiateur dans la consommation », 376-392; « Fins dernières
        universelles », 380-394; « L'espérance chrétienne », 424-430.

15568   DIDIER, G., *Désintéressement du chrétien,* 256 pp.

15569   COLUNGA, A., « El cielo nuevo y la tierra nueva », Salm 3 (1956) 485-492.

15570   GUILLET, J., « Devoir d'état et attente du royaume de Dieu », CHR N° 8 (1961)
        6-23.

15571   MUSSNER, F., « Die Mitte des Evangeliums in neutestamentlicher Sicht », Catho 15
        (1961) 271-292.

15572   MUSSNER, F., « In den letzten Tagen (Apg 2,17a) », BZ 5 (1961) 263-265.

15573   VÖLKL, R., *Christ und Welt nach dem Neuen Testament* (Würzburg, Echter, 1961),
        516 pp.

15574   DELANNOY, P., « Aspects de l'attente dans le Nouveau Testament », AS N° 2
        (1962) 44-65.

15575   TESTA, E., « La distruzione del mondo per il fuoco nella 2 Ep. di Pietro 3, 7.10.
        13 », RivB 10 (1962) 252-281.

15576   COMBLIN, J., « La fête des tabernacles », AS N° 72 (1964) 53-67.

15577   SPICQ, C., *Théologie morale du Nouveau Testament,* « Perspectives d'avenir : attente,
        espérance et crainte », 292-380.

15578   MURRAY, R., « New Testament Eschatology and the Constitution *De Ecclesia* of
        Vatican II », HeyJ 7 (1966) 33-42.

15579 ERNST, J., *Die eschatologischen Gegenspieler in den Schriften des Neuen Testaments* (Regensburg, Pustet, 1967), 340 pp.

15580 FÜSSINGER, A., « Eschatologie und Verkündigung », TGl 57 (1967) 187-197.

15581 LANGEVIN, P.-É., *Jésus Seigneur et l'eschatologie. Exégèse de textes prépauliniens,* 392 pp.

15582 SCHLIER, H., « Das Ende der Zeit », GeistL 40 (1967) 203-217.

15583 THÜSING, W., « Erhöhungsvorstellung und Parusieerwartung in der ältesten nachösterlichen Christologie », RZ 11 (1967) 95-108, 205-222.

15584 MOLITOR, J., *Grundbegriffe der Jesuüberlieferung im Lichte ihrer orientalischen Sprachgeschichte* (Düsseldorf, Patmos, 1968), « Vollendung der Weltzeit, nicht Ende der Welt », 95-108.

15585 BESNARD, A.-M., « La vigilance aujourd'hui dans l'attente du Seigneur », AS (n.s.) N° 5 (1969) 80-92.

15586 SCHLIER, H., « The End of Time », TDig 17 (1969) 203-208.

15587 SPICQ, C., « Fin du monde et vie chrétienne », AS (n.s.) N° 6 (1969) 34-40.

Jugement. Judgment. Gericht. Giudizio. Juício.

15588 XXX, « Que faut-il entendre par « Inde venturus est judicare vivos et mortuos » », AmiCl 48 (1931) 385-392.

15589 RAITH, P., « To Judge the Living and the Dead », AmER 98 (1938) 111-124.

15590 LAVAUD, M.-B., « Le jugement dernier », VS 57 (1938) 114-139.

15591 DESCAMPS, A., *Les justes et la justice dans les évangiles et le christianisme primitif,* « La justice et les justes lors du jugement dernier. Les thèmes eschatologiques et apocalyptiques », 247-299.

15592 DELORME, J., « Le fils de l'homme : juge glorieux », CE N° 16 (1954) 14-21.

15593 DAVIS, C., « The End of the World : the Last Judgment », Wor 34 (1969) 255-258.

15594 LIGIER, L., *Péché d'Adam et péché du monde,* « Sous le jugement de Dieu : Tension eschatologique », II, 201-206.

15595 GONZALEZ, A., « El Salmo 74 y el juício escatológico », EstB 21 (1962) 5-22.

15596 GEORGE, A., « Le jugement de Dieu. Essai d'interprétation d'un thème eschatologique », Conci N° 41 (1968) 13-24.

Parousie. Parousia. Parusie. Parusia. Parusía.

15597 DEWAILLY, L.-M., *Jésus-Christ, Parole de Dieu,* « Le triomphe dernier », 131-138.

15598 LEBRETON, J., *La vie et l'enseignement de Jésus-Christ[16],* « La consommation du siècle et la parousie », II, 199-228.

15599 MARX, M. J., « Awaiting Christ », Wor 27 (1952-53) 18-23.

15600 SCHIERSE, F. J., « Der Herr ist nahe », StiZ 153 (1953-54) 161-170.

15601 DIDIER, G., *Désintéressement du chrétien,* « Dans l'attente du Seigneur », 22-40.

15602 FEUILLET, A., « Parousie », SDB VI, col. 1331-1419.

15603 FEUILLET, A., « L'attente de la parousie dans le Nouveau Testament », AmiCl 70 (1960) 456-458.

15604 HÖSLINGER, N., « Die Parusieerwartung in der Frömmigkeit », BiLit 35 (1961-62) 57-61.

15605 MAAS-EWERD, T., « In Erwartung seines Kommens », BiLit 35 (1961-62) 70-77.

15606 SCHWARZ, V., « Nehmt das Reich in Besitz... », BiLit 35 (1961-62) 65-70.

15607 WURZINGER, A., « Vom Kommen des Herrn », BiLit 35 (1961-62) 61-65.

15608 RIGAUX, B., « La seconde venue de Jésus », dans *La venue du Messie* (en collab.), 173-216.

15609 GEORGE, A., « La venue du Fils de l'homme », AS N° 3 (1963) 29-38.

15610 WURZINGER, A., « Es komme Dein Königreich », BiLit 38 (1964-65) 89-94.

15611 SISTI, A., « La vita cristiana e la parusia », BibOr 7 (1965) 123-128.

15612 ZEHRER, F., « Ueber Eschatologie und Parusie », BiLit 39 (1966) 284-293.

15613 NOLAN, B. M., « Some Observations on the Parousia and New Testament Eschatology », IrThQ 36 (1969) 283-314.

15614 STEINMETZ, F.-J., « Parusie-Erwartung im Epheserbrief ? Ein Vergleich », Bibl 50 (1969) 328-336.

15615 DUNPHY, W., « Maranatha : Development in Early Christianity », IrThQ 37 (1970) 294-309.

Sacrements et eschatologie. Sacraments and Eschatology. Sakramente und Eschatologie. Sacramenti e escatologia. Sacramentos y escatología.

15616 FÉRET, H.-M., « Messe et eschatologie », MD N° 24 (1950) 46-62.

15617 SLOYAN, G.S., « Holy Eucharist as an Eschatological Meal », Wor 36 (1962) 444-451.

15618 RATZINGER, J., « L'Eucharistie est-elle un sacrifice ? » Conci N° 24 (1967) 67-75.

Divers. Miscellaneous. Verschiedenes. Diversi. Diversos.

15619 RIGAUX, B., *L'antéchrist et l'opposition au royaume messianique dans l'Ancien et le Nouveau Testament,* 428 pp.

15620 VITTI, A., « La recente interpretazione del « Regno di Dio » nel sistema escatologico », ScuolC 4 (1932) 3-17.

15621 McEVOY, J., « The Thesis of Realized Eschatology », CBQ 5 (1943) 396-407.

15622 DANIÉLOU, J., *Sacramentum Futuri,* « Déluge, baptême, jugement dans l'Écriture sainte », 55-68; « Déluge, baptême, jugement chez les Pères de l'Église », 69-85.

15623 AUGRAIN, C., « L'Église naît : Israël des derniers jours », CE N° 12 (1953) 39-43.

15624 DIDIER, G., « Eschatologie et engagement chrétien », NRT 75 (1953) 3-14.

15625 DHEILLY, J., « Les fins dernières dans l'Ancien et le Nouveau Testament », dans *Viens Seigneur,* Cahiers de la Roseraie, IV (Bruxelles, Lumen Vitae; Bruges, Abbaye de Saint-André, 1955), 7-34.

15626 McKENZIE, J. L., *The Two-Edged Sword,* « Life and Death », 246-264.

15627 DANIÉLOU, J., « Eschatologie sadocite et eschatologie chrétienne », dans *Les manuscrits de la Mer Morte.* Colloque de Strasbourg (en collab.) (Paris, Presses Univ. de France, 1957), 111-125.

15628 RIGAUX, B., « L'interprétation apocalyptique de l'histoire », dans *Los Generos literarios de la Sagrada Escritura* (en collab.), 245-273.

15629 GALOT, J., « Eschatologie », DS IV, col. 1020-1059.

15630 COTHENET, É., « Paradis », SDB VI, col. 1177-1220.

15631 VAWTER, B., « Apocalyptic : its Relation to Prophecy », CBQ 22 (1960) 33-46.

15632 DAVIS, C., « The End of the World : New Heavens and a New Earth », Wor 34 (1960) 305-308.

15633 NÉDONCELLE, M., « Bultmann ou l'individualisme eschatologique », ETL 37 (1961) 579-596.

15634 XXX, *La venue du Messie* (en collab.), 264 pp.

15635 KNOCH, O., « Die eschatologische Frage, ihre Entwicklung und ihr gegenwärtiger Stand. Versuch einer knappen Übersicht », BZ 6 (1962) 112-120.

15636 WOLFZORN, E. E., « Realized Eschatology. An Exposition of Charles H. Dodd's Thesis », ETL 38 (1962) 44-70.

15637   MAINBERGER, G., « Entmythologisierung, Technik und Eschatologie », FreibZ 11 (1964) 396-398.

15638   STROTMANN, T., « Parole de Dieu et eschatologie », dans *La parole de Dieu en Jésus-Christ²* (en collab.), 247-253.

15639   McKENZIE, J. L., *The Power and the Wisdom,* « The Reign of God », 48-70.

15640   RIABHAIGH, S. M., « Eschatology », IrThQ 32 (1965) 162-168.

15641   SCHUBERT, K., « Endzeiterwartung und Weltbewältigung in biblischer Sicht », BiLit 40 (1967) 397-407.

15642   LOSADA ESPINOSA, J., « Escatología y Mito », EstB 28 (1969) 79-96.

Esclavage. Slavery. Sklaverei. Schiavitù. Esclavitud.

15643   GEORGE, A., « De l'esclavage à la liberté (Ga 4,1-7) », AS N° 11 (1961) 19-28.

15644   MUELLER, H., « Morality of Slavery in Holy Scripture », AmER 151 (1964) 307-316.

Espérance. Hope. Hoffnung. Speranza. Esperanza.

Ancien Testament. Old Testament. Altes Testament. Antico Testamento. Antiguo Testamento.

15645   DELCOR, M., « Le geste de Yahvé au temps de l'Exode et l'espérance du Psalmiste en Habacuc III », dans *Miscellanea Biblica B. Ubach* (en collab.), 287-302.

15646   GUILLET, J., *Thèmes bibliques,* « Thèmes de l'espérance », 160-207.

15647   VAN DER PLOEG, J., « L'espérance dans l'Ancien Testament », RB 61 (1954) 481-507.

15648   DUPLACY, J., « L'espérance de la gloire de Dieu dans l'Ancien Testament », BVC N° 8 (1954-55) 40-54.

15649   PINCKAERS, S., « L'espérance de l'Ancien Testament est-elle la même que la nôtre ? » NRT 77 (1955) 785-799.

15650   GROSS, H., *Die Idee des ewigen und allgemeinen Weltfriedens im Alten Orient und im AT,* « Erlangung des Friedens in der Eschatologie », 153-156.

15651   VAN IMSCHOOT, P., *Théologie de l'Ancien Testament,* « Espérance », II, 103-105.

15652   GOETTMANN, J., « Le livre des conseils ou le miroir du Juste engagé dans le monde (le livre de Tobie) : l'espérance dans les mystérieuses tentations », BVC N° 21 (1958) 35-42.

15653   ROSE, A., « La soif du Dieu Vivant (Ps. 42 et 43) », BVC N° 25 (1959) 29-38.

15654   MALY, E., « Qoheleth and Advent », Wor 35 (1960) 26-29.

15655   GROSS, H., « Die Entwicklung der altestamentlichen Heilshoffnung », TrierTZ 70 (1961) 15-28.

15656   PONTHOT, J., « Isaïe, prophète de l'espérance messianique », AS N° 2 (1962) 25-43.

15657   COPPENS, J., « L'espérance messianique. Ses origines et son développement. I- Les apports de l'exégèse catholique d'expression française à l'étude du messianisme vétéro-testamentaire. II- L'évolution de l'espérance messianique; essai de synthèse », RevSR 37 (1963) 113-149, 225-249.

15658   HAULOTTE, E., « Les paradoxes de l'espérance dans l'Ancien et le Nouveau Testament », CHR N° 61 (1969) 76-92.

Nouveau Testament. New Testament. Neues Testament. Nuovo Testamento. Nuevo Testamento.

15659   SPICQ, C., « Le divin message de l'espérance; la révélation de l'espérance dans les évangiles synoptiques », VS 25 (1930) 226-238.

15660   SPICQ, C., *La révélation de l'espérance dans le Nouveau Testament* (Avignon, Aubanel; Paris, Libr. dominicaine; 1932), 268 pp.

15661   BOVER, J. M., « La esperanza en la Epístola a los Hebreos », Greg 19 (1938) 110-120.

15662 DE ORBISO, T., « Los motivos de la esperanza cristiana, según San Pablo », EstB 4 (1945) 61-85, 197-210.

15663 NORMANDIN, R., « Saint Paul et l'espérance », RUO 17 (1947) 50-68.

15664 BONSIRVEN, J., *L'évangile de Paul,* « Vertus théologales », 292-309.

15665 DUPONT, J., *Gnosis.* La connaissance religieuse dans les épîtres de saint Paul, « L'espérance eschatologique », 106-113.

15666 PRAT, F., *La théologie de saint Paul³⁸,* « Certitude de notre espérance : le Christ triomphe pour nous du péché », I, 250-264; « Le Christ nous fait triompher de la mort », I, 264-268; « Victoire de l'Esprit sur la chair », I, 268-284; « Motifs certains de notre espérance », I, 284-299.

15667 BONSIRVEN, J., *Théologie du Nouveau Testament,* « L'espérance chrétienne », 424-430.

15668 GALOT, J., « La vierge, symbole de l'espérance », LVit 9 (1954) 435-442.

15669 OLIVIER, B., « Le sens de l'espérance chrétienne », LVit 9 (1954) 443-456.

15670 STAUFFER, E., « Bist du, der da kommen soll ? » BiLit 23 (1955-56) 72-75.

15671 GEORGE, A., « Les Écritures, source d'espérance (Romains 15,1-16) », BVC N° 22 (1958) 53-57.

15672 AMIOT, F., *Les idées maîtresses de saint Paul,* « L'espérance chrétienne », 203-207.

15673 GELIN, A., « L'espérance dans l'Ancien Testament », LV N° 41 (1959) 3-16.

15674 LACAN, M.-F., « Notre espérance : Jésus-Christ », LV N° 41 (1959) 17-39.

15675 SCHLIER, H., « Über die Hoffnung. Eine neutestamentliche Besinnung », GeistL 33 (1960) 16-24.

15676 LACAN, M.-F., « Nous sommes sauvés par l'espérance (*Rom.,* VIII,24) », dans *À la rencontre de Dieu.* Mémorial Albert Gelin (en collab.), 331-339.

15677 WRIGHT, J. H., « Christian Hope », Way 1 (1961) 247-257.

15678 CERFAUX, L., *Le chrétien dans la théologie paulinienne,* « L'espérance chrétienne », 143-213.

15679 DEWAILLY, L.-M., *La jeune Église de Thessalonique,* « La foi, l'amour, l'espérance », 87-109.

15680 GAFFNEY, J., « The Christ of Hope », Wor 39 (1965) 275-280.

15681 LAZURE, N., *Les valeurs morales de la théologie johannique* (EB) (Paris, Gabalda, 1965), « L'espérance », 253-288.

15682 SPICQ, C., *Théologie morale du Nouveau Testament,* « Perspective d'avenir : attente, espérance et crainte », 292-380.

15683 SCHNACKENBURG, R., « « Leben auf Hoffnung hin ». Christliche Existenz nach Röm 8 », BiLit 39 (1966) 316-319.

15684 GROSSOUW, W., « L'espérance dans le Nouveau Testament », RB 61 (1954) 508-534.

15685 SCHELKLE, K. H., « Die Hoffnung als Grundkraft des christlichen Lebens », GeistL 41 (1968) 193-204.

15686 SPICQ, C., *Spiritualité sacerdotale d'après saint Paul,* « Les vertus théologiques du prêtre », 110-128.

Divers. Miscellaneous. Verschiedenes. Diversi. Diversos.

15687 GEORGE, A., « Les Écritures, source d'espérance (*Romains,* 15,1-6) », BVC N° 22 (1958) 53-57.

15688 HAIBLE, E., « Gott worft den Menschen ins Ziel », TrierTZ 68 (1959) 271-284.

15689 GUILLET, J., *L'homme, espoir et souci de Dieu* (Montreuil, Éd. Parabole, 1967), « L'homme, espérance de Dieu », 39-49.

15690 BLIGH, J., « Salvation by Hope », Way 8 (1968) 260-269.

15691 WHELAN, J., « Faith and Hope and Love », Way 8 (1968) 251-259.

15692 BESNARD, A.-M., « La vigilance aujourd'hui dans l'attente du Seigneur », AS (n.s.) N° 5 (1969) 80-92.

15693 VIRY-DACHEUX, P., « Le temps de l'espérance », AS (n.s.) N° 64 (1969) 29-33.

15694 DUQUOC, C., « L'espérance de Jésus », Conci N° 59 (1970) 21-28.

Esprit. Spirit. Geist. Spirito. Espíritu.

Ancien Testament. Old Testament. Altes Testament. Antico Testamento. Antiguo Testamento.

a) *Esprit de Yahvé. Spirit of Yahweh. Geist Jahwes. Spirito di Jahve. Espíritu de Yahvé.*

15695 McCLELLAN, W. H., « The Meaning of *ruah Elohim* in Gen. 1,2 », Bibl 15 (1934) 517-527.

15696 VAN IMSCHOOT, P., « L'action de l'Esprit de Iahvé dans l'A. T. », RSPT 23 (1934) 553-587.

15697 VAN IMSCHOOT, P., « L'esprit de Jahvé, source de vie dans l'A. T. », RB 44 (1935) 481-501.

15698 VAN IMSCHOOT, P., « L'esprit de Jahvé et l'alliance nouvelle dans l'Ancien Testament », ETL 13 (1936) 201-220.

15699 VAN IMSCHOOT, P., « L''esprit de Jahvé, principe de vie morale dans l'A. T. », ETL 16 (1939) 457-467.

15700 HEINISCH, P., *Theology of the Old Testament,* « The « Spirit » of Yahweh », 116-123.

15701 GUILLET, J., *Thèmes bibliques,* « Le souffle de vie, souffle de Yahweh », 217-227; « L'esprit de Yahweh », 228-240.

15702 VAN IMSCHOOT, P., *Théologie de l'Ancien Testament,* « L'esprit de Yahweh, principe de vie morale », I, 187-194; « L'esprit de Yahweh, principe de phénomènes psychiques », I, 184-187.

15703 VAN IMSCHOOT, P., « L'Esprit de Yahweh, source de la piété dans l'Ancien Testament », BVC N° 6 (1954) 17-30.

15704 CREHAN, J. H., « Ten Years' Work on Baptism and Confirmation : 1945-55 », TS N° 17 (1956) 494-515.

15705 JOHNSTON, L., « The Spirit of God », SCR 8 (1956) 65-74.

15706 HAULOTTE, E., « L'Esprit de Yahwé dans l'A. T. », dans *L'homme devant Dieu.* Mélanges H. De Lubac (en collab.), I, 25-36.

15707 ORBE, A., « Spiritus Dei ferebatur super aquas. Exegesis gnostica de Gen 1,2b », Greg 44 (1963) 691-730.

15708 MORIARTY, F. L., « The Spirit of the Lord », Way 6 (1966) 175-183.

b) *Divers. Miscellaneous. Verschiedenes. Diversi. Diversos.*

15709 VACCARI, A., « Spiritus septiformis ex Isaia 11,2 », VD 11 (1931) 129-133.

15710 PORPORATO, F., « Emitte Spiritum tuum et creabuntur et renovabis faciem terrae », VD 12 (1932) 135-140, 140-147.

15711 VAN IMSCHOOT, P., « Sagesse et esprit dans l'Ancien Testament », RB 47 (1948) 23-49.

15712 ENCISO, J., « Manifestaciones naturales y sobrenaturales del Espíritu de Dios en el Antíguo Testamento », EstB 5 (1946) 351-380.

15713 PAUL-MARIE DE LA CROIX, P., *L'Ancien Testament source de vie spirituelle[3],* « Dieu Esprit », 73-84.

15714 HASPECKER, J., « Das alte Testament – Quelle des geistlichen Lebens », GeistL 26 (1953) 229-231.

15715 TRESMONTANT, C., *Essai sur la pensée hébraïque,* « Schéma de l'anthropologie biblique : la dimension nouvelle : le pneuma », 107-116.

15716 VAN IMSCHOOT, P., « L'Esprit selon l'Ancien Testament », BVC N° 2 (1953) 7-24.

15717 GUILLET, J., *Thèmes bibliques,* « L'esprit de Yahweh; l'effusion de l'esprit; l'Esprit-Saint; le Verbe et l'Esprit », 228-256.

15718 MAERTENS, T., « Le souffle et l'Esprit de Dieu », CE N° 14 (1954) 21-37.

15719 VAN IMSCHOOT, P., *Théologie de l'Ancien Testament,* « L'esprit (ruah) », I, 183-200; II, 28-35.

15720 KOCH, R., « La théologie de l'Esprit de Yahvé dans le livre d'Isaïe », dans *Sacra Pagina* (en collab.), I, 419-434.

15721 GARCIA DEL MORAL, A., « Sentido trinitario de la expresión 'espíritu de Yahve de Is. xi,2 en I Pdr. iv,14 », EstB 20 (1961) 169-190.

15722 SCHARBERT, J., *Fleisch, Geist und Seele im Pentateuch.* Ein Beitrag zur Anthropologie der Pentateuchquellen (Stuttgart, Katholisches Bibelwerk, 1966), 88 pp.

15723 HAULOTTE, E., « Profils de l'Esprit », CHR N° 64 (1969) 539-555.

15724 LARCHER, C., *Études sur le livre de la Sagesse,* « La Sagesse et l'Esprit », 329-414.

Nouveau Testament. New Testament. Neues Testament. Nuovo Testamento. Nuevo Testamento.

a) *Paul. Paulus. Paolo. Pablo.*

15725 RUFFENACH, F., « Caritas Dei diffusa est in cordibus nostris per Spiritum Sanctum, qui datus est nobis (Rom. 5,5) », VD 12 (1932) 303-304.

15726 ALLO, E.-B., « Sagesse ét Pneuma dans I Cor. », RB 43 (1934) 321-346.

15727 METZGER, K., « Gemeindeaufbau im Geiste des heiligen Paulus », TGl 31 (1939) 139-149.

15728 LATTEY, C., « Dominus autem Spiritus est (2 Cor. 3,17) », VD 20 (1940) 187-189.

15729 MARTIN, D. W., « « Spirit » in the Second Chapter of Second Corinthians », CBQ 5 (1943) 381-395.

15730 DESROCHES, H.-C., « L'Esprit-Saint : principe communautaire selon saint Paul », VS 75 (1946) 476-492.

15731 BONSIRVEN, J., *L'évangile de Paul,* « L'ère de l'Esprit », 279-283.

15732 MOUROUX, J., « L'expérience de l'esprit chez saint Paul », MSR 5 (1948) 1-38.

15733 DUPONT, J., *Gnosis.* La connaissance religieuse dans les épîtres de saint Paul, « Sur les charismes de l'Esprit », 151-417.

15734 PRAT, F., *La théologie de saint Paul³⁸,* « Langue psychologique de saint Paul : notion du mot *esprit* », II, 490-492.

15735 ROOSEN, A., « Testimonium Spiritus (Rom 8,16) », VD 28 (1950) 214-226.

15736 SCHNACKENBURG, R., *Das Heilsgeschehen bei der Taufe nach dem Apostel Paulus,* « Πνεῦμα – Texte und Taufe », 77-86.

15737 SCHMID, J., « Geist und Leben bei Paulus », GeistL 24 (1951) 419-429.

15738 ZEDDA, S., *L'adozione a Figli di Dio e lo Spirito Santo.* Storia dell'interpretazione e teologia mistica di Gal. 4,6 (Romae, Pontificio Instituto Biblico, 1952), 23-190 pp.

15739 SCHNEIDER, B., « The Meaning of St.Paul's Antithesis « The Letter and the Spirit » », CBQ 15 (1953) 163-207.

15740 PENNA, A., « Lo Spirito Santo nella vita di S. Paolo », RivB 2 (1954) 56-67.

15741 BOISMARD, M.-É., « La loi et l'esprit », LV N° 21 (1955) 65-82.

15742 GRECH, P., « II Corinthians 3,17 and the Pauline Doctrine of Conversion to the Holy Spirit », CBQ 17 (1955) 420-437.

15743 GALLETTO, P., « Dominus autem Spiritus est (II Cor. 3,17) », RivB 5 (1957) 254-281.

15744 SPICQ, C., *Vie morale et Trinité sainte selon saint Paul,* « Par le Saint-Esprit », 49-71.

15745 AMIOT, F., *Les idées maîtresses de saint Paul,* « La grâce. Le Saint-Esprit », 133-148.

15746 CAMBIER, J., « Connaissance charnelle et spirituelle du Christ dans 2 *Co* 5,16 », dans *Littérature et théologie pauliniennes* (en collab.), 72-92.

15747 HERMANN, I., *Kyrios und Pneuma.* Studien zur Christologie der paulinischen Hauptbriefe, 156 pp.

15748 CERFAUX, L., *Le chrétien dans la théologie paulinienne,* « Le don de l'Esprit-Saint », 219-286.

15749 ROMANIUK, C., « Spiritus clamans (Gal 4,6; Rom 8,15) », VD 40 (1962) 190-198.

15750 DABECK, F., « Der Text Rom 12,1-13, 10 als Symbol des Pneuma », dans *Studiorum Paulinorum Congressus 1961* (en collab.), II, 585-590.

15751 DACQUINO, P., « La Spirito Santo ed il cristiano secondo S. Paolo », dans *Studiorum Paulinorum Congressus 1961* (en collab.), I, 119-130.

15752 CAMILLERI, N., « Teologia pneumatica della prudenza cristiana », dans *Studiorum Paulinorum Congressus 1961* (en collab.), I, 175-185.

15753 DACQUINO, P., « Lo Spirito Santo ed il cristiano secondo S. Paolo », dans *Studiorum Paulinorum Congressus 1961* (en collab.), I, 119-129.

15754 KOCH, R., « L'Aspect eschatologique de l'Esprit du Seigneur », dans *Studiorum Paulinorum Congressus 1961* (en collab.), I, 131-142.

15755 SCHILDENBERGER, J., « « Der Herr aber ist der Geist », 2 Kor 3,17a im Zusammenhang des Textes und der Theologie des Hl. Paulus », dans *Studiorum Paulinorum Congressus 1961* (en collab.), I, 451-460.

15756 DUPREZ, A., « Note sur le rôle de l'Esprit-Saint dans la filiation du chrétien. À propos de Gal. 4,6 », RSR 52 (1964) 421-431.

15757 BIGARÉ, C., « Le chrétien se conduit comme un sage, il cherche sa plénitude dans l'Esprit (Ep 5,15-21) », AS N° 75 (1965) 14-25.

15758 THÜSING, W., *Per Christum in Deum,* « Pneuma und Theozentrik », 151-163.

15759 AHERN, B., « The Spirit and the Law », Way 6 (1966) 219-229.

15760 PENNA, A., « La $\delta\acute{\nu}\nu\alpha\mu\iota\varsigma\ \theta\epsilon o\hat{\nu}$: reflessioni in margine a 1 Cor. 1, 18-25 », RivB 15 (1967) 281-294.

15761 SCHNEIDER, B., « $K\alpha\tau\grave{\alpha}\ \pi\nu\epsilon\hat{\nu}\mu\alpha\ \grave{\alpha}\gamma\iota\omega\sigma\acute{\nu}\nu\eta\varsigma$ (Romans 1,4) », Bibl 48 (1967) 359-388.

15762 CAMBIER, J., « La prière de l'Esprit, fondement de l'espérance (Rm 8,26-27) », AS (n.s.) N° 47 (1970) 11-17.

15763 GATZWEILER, K., « Le chrétien, un homme renouvelé par l'Esprit », AS (n.s.) N° 18 (1970) 6-10.

15764 SCHÜRMANN, H., « Unité dans l'Esprit et diversité spirituelle (1 Co 12,3b-7.12-13) », AS (n.s.) N° 30 (1970) 35-41.

b) *Jean. John. Johannes. Giovanni. Juan.*

15765 VONIER, A., « La promesse du Paraclet », Ir 14 (1937) 217-227.

15766 LUTKEMEYER, L. J., « The Role of the Paraclete : Jn 16, 7-15 », CBQ 8 (1946) 220-229.

15767 BERROUARD, M.-F., « Le Paraclet, défenseur du Christ devant la conscience du croyant (Jo. 15, 8-11) », RSPT 33 (1949) 361-389.

15768 LEAL, J., « Spiritus et caro in Jo 6, 64 », VD 30 (1952) 257-264.

15769 BOUYER, L., *Le quatrième évangile²,* « Le paraclet », 208-213.

15770 STEIN, C., « Ströme lebendigen Wasser. Joh 7, 37-39 », BiLit 24 (1956-57) 201-202.

15771 WENNEMER, K., « Geist und Leben bei Johannes », GeistL 30 (1957) 185-198.

15772 COPPENS, J., « Le don de l'Esprit d'après les textes de Qumrân et le quatrième Evangi-le », dans *L'Évangile de Jean* (en collab.), 209-223.

15773 SCHNACKENBURG, R., « Die « Anbetung in Geist und Wahrheit » (Joh 4,23) im Lichte von Qumrân-Texten », BZ 3 (1959) 88-94.

15774 MUSSNER, F., « Die johanneischen Parakletsprüche und die apostolische Tradi-tion », BZ 5 (1961) 56-70.

15775 DE LA POTTERIE, I., « « Naître de l'eau et naître de l'Esprit ». Le texte baptismal de Jn 3,5 », SE 14 (1962) 417-443.

15776 WURZINGER, A., « Der Heilige Geist bei Johannes », BiLit 36 (1962-63) 288-294.

15777 DE LA POTTERIE, I., « Le Paraclet », AS N° 47 (1963) 37-55.

15778 GEORGE, A., « La tâche du Paraclet (Jn 16,5-14) », AS N° 47 (1963) 28-36.

15779 DION, H.-M., « L'origine du titre de « Paraclet » : à propos d'un livre récent », SE 17 (1965) 143-149.

15780 LAZURE, N., *Les valeurs morales de la théologie johannique* (EB) (Paris, Gabalda, 1965), « La vérité et l'Esprit », 65-118.

15781 MUSSNER, F., *Die Johanneische Sehweise und die Frage nach dem historischen Jesus,* « Die johanneische Sehweise und der Paraklet », 56-63.

15782 CORTES, J. B., « Yet Another Look at Jn 7,37-38 », CBQ 29 (1967) 75-86.

15783 BROWN, R. E., « The Paraclete in the fourth Gospel », TDig 16 (1968) 244-250.

15784 DE LA POTTERIE, I., « Jesus et Nicodemus : De necessitate generationis ex Spiritu (Jo 3,1-10) », VD 47 (1969) 193-214.

15785 MOLLAT, D., « L'apparition du ressuscité et le don de l'Esprit (Jn 20,19-23) », AS (n.s.) N° 30 (1970) 42-56.

c) *Divers. Miscellaneous. Verschiedenes. Diversi. Diversos.*

15786 GOODIER, A., *The Passion and Death of Our Lord Jesus Christ* (New York, Kennedy and Sons, 1944), « The Promise of the Holy Ghost », 99-109.

15787 PRÜMM, K., « Die neutestamentliche Geistlehre nach der Darstellung von F. Büch-sel », ZKT 70 (1948) 199-211.

15788 BONSIRVEN, J., *Théologie du Nouveau Testament,* « Les croyances des premiers chrétiens, l'Esprit-Saint », 196-199.

15789 BRAUN, F.-M., *La Mère des fidèles,* « Marie et l'Esprit », 118-123.

15790 SCHNACKENBURG, R., « « Geistliche Kommunion » und Neues Testament », GeistL 25 (1952) 407-411.

15791 LÉCUYER, J., « Pentecôte et loi nouvelle », VS 88 (1953) 471-490.

15792 MAERTENS, T., « Le Souffle et l'Esprit de Dieu », CE N° 14 (1954) 7-49.

15793 GOETTMANN, J., « La Pentecôte, prémices de la nouvelle création », BVC N° 27 (1959) 59-69.

15794 SCHILLEBEECKX, E., « Ascension and Pentecost », Wor 35 (1961) 336-363.

15795 LEGRAND, L., « Fécondité virginale selon l'Esprit dans le Nouveau Testament », NRT 84 (1962) 785-805.

15796 DIDIER, R., « L'intériorisation de l'Alliance dans l'Esprit », AS N° 51 (1963) 88-109.

15797 DUPONT, J., « La première Pentecôte chrétienne », AS N° 51 (1963) 39-62, ou dans *Études sur les Actes des apôtres,* 481-502.

15798 GUILLET, J., *Jésus-Christ hier et aujourd'hui,* « Le don de l'Esprit », 209-215.

15799 LEGRAND, L., « L'arrière-plan néo-testamentaire de Luc 1,35 », RB 70 (1963) 161-192.

15800 SCHNEIDER, B., « Kyrios and Pneuma. An Appreciation of a Recent Monograph », Bibl 44 (1963) 358-369.

15801 LASH, N., « The Pentecostal Spirit », Way 6 (1966) 184-193.

15802 SUDBRACK, J., « Heiliger Geist wird über dich Kommen (Lk 1,26-28) », GeistL 40 (1967) 467-470.

15803 WULF, F., « « Er hat seinen Geist über uns ausgegossen ». Meditationsgedanken zum Pfingstgeheimnis », Stiz 180 (1967) 139-141.

15804 NAVONE, J. J., « The Holy Spirit », SCR 20 (1968) 80-95.

Action, dons de l'Esprit. Action, Gifts of the Spirit. Handeln, Gabe des Geistes. Azione, doni dello Spirito. Acción, dones del Espíritu.

15805 VACCARI, A., « Spiritus septiformis ex Isaia 11,2 », VD 11 (1931) 129-133.

15806 LIESE, H., « Spiritus Sancti testimonium », VD 14 (1934) 101-107.

15807 MERK, A., « Confirmation », SDB II, col. 120-155.

15808 HUBY, J., *Mystiques paulinienne et johannique,* « L'activité intérieure de l'Esprit », 102-106.

15809 LEDRUS, M., « Fruits du Saint-Esprit », VS 76 (1947) 714-733.

15810 BONSIRVEN, J., *L'évangile de Paul,* « Vie chrétienne individuelle : l'ère de l'Esprit », 279-284.

15811 HOLZMEISTER, U., « Veniat Spiritus Sanctus Tuus et emundet nos », VD 26 (1948) 169-171.

15812 DE ALDAMA, J. A., « Los dones del Espíritu Santo. Problems y controversias en la actual Teología de los dones », RET 9 (1949) 3-30.

15813 DANIÉLOU, J., « Esprit-Saint et histoire du salut », VS 83 (1950) 127-140.

15814 POELMAN, R., « L'action de l'Esprit-Saint dans l'histoire du salut », LVit 8 (1953) 33-50.

15815 BARSOTTI, D., *Vie mystique et mystère liturgique,* « L'Esprit : la mission de l'Esprit », 241-247; « Le don de l'Esprit », 248-252; « L'ère de l'Esprit », 253-258; « De la Pentecôte à l'Avent », 259-263; « La loi de l'Esprit », 264-268.

15816 MAERTENS, T., « Le souffle et l'Esprit de Dieu », CE Nos 13-14 (1954) 7-49.

15817 MAERTENS, T., « L'Esprit qui donne la Vie », CE N° 17 (1955) 7-68.

15818 RÉGAMEY, P.-R., « Esquisse d'un portrait spirituel du chrétien », VS 95 (1956) 227-258.

15819 BEHLER, G.-M., « La double fonction de l'Esprit », VS 102 (1960) 614-625.

15820 KENNY, J. P., « La confirmation en la Sagrada Escritura », EXav 12 (1962) 71-79.

15821 BARTHÉLEMY, D., *Dieu et son image,* « Le souffle du Dieu vivant », 229-248.

15822 WURZINGER, A., « Geist und Charisma », BiLit 37 (1963-64) 3-7.

15823 JOURNET, C., « La mission visible de l'Esprit-Saint », RT 65 (1965) 357-397.

15824 DE LUBAC, H., *L'Écriture dans la tradition,* « Le sens donné par l'Esprit », 189-202.

15825 BRYCE, M. C., « Confirmation : Being and becoming Christian », Wor 41 (1967) 284-298.

Christ et Esprit. Christ and Spirit. Christus und Geist. Cristo e Spirito. Cristo y Espíritu.

15826 SOLIGNAC, A., « Le Saint-Esprit et la présence du Christ auprès de ses fidèles », NRT 77 (1955) 478-490.

15827 ROUSTANG, F., « L'amour universel dans le Christ et l'Esprit », CHR N° 5 (1958) 222-238.

15828 KNACKSTEDT, J., « Manifestatio SS. Trinitatis in Baptismo Domini ? » VD 38 (1960) 76-91.

15829 TEMMEL, J., « Das herrscherliche Wirken des erhöhten Herrn durch seinen Geist », BiLit 35 (1961-62) 258-264.

15830 GUILLET, J., *Jésus-Christ hier et aujourd'hui,* « L'Esprit en Jésus-Christ », 65-79; « Jésus-Christ, vie de l'Église naissante », 217-230.

15831 POELMAN, R., « Du Christ à l'Église », VS 111 (1964) 436-452.

15832 BEASLEY-MURRAY, G. R., « Jesus and the Spirit », dans *Mélanges bibliques* en hommage au R. P. Béda Rigaux (en collab.), 463-478.

15833 BORREMANS, J., « L'Esprit Saint dans la catéchèse évangélique de Luc », LVit 25 (1970) 103-122.

Église et Esprit. Church and Spirit. Kirche und Geist. Chiesa e Spirito. Iglesia y Espíritu.

15834 VAUTIER, É., « Le Saint-Esprit et l'unité de l'Église », VS 74 (1946) 18-26.

15835 CONGAR, Y., « Le Saint-Esprit et le corps apostolique réalisateurs de l'oeuvre du Christ », RSPT 36 (1956) 24-48; 613-625.

15836 KUSS, O., « Kirchliches Amt und freie geistliche Vollmacht », TGl 45 (1955) 207-214, ou dans *Auslegung und Verkündigung,* I, 271-280.

15837 McNAMARA, K., « The Holy Spirit in the Church », IrThQ 32 (1965) 281-294.

15838 MUEHLEN, H., « Die Kirche als die geschichtliche Erscheinung des übergeschichtlichen Geistes Christi. Zur Ekklesiologie des Vaticanum II », TGl 55 (1965) 270-289.

15839 CORBON, J., « Le souvenir, ou l'Esprit-Saint, mémoire de l'Église », AS N° 50 (1966) 41-58.

15840 BESRET, B., « L'Esprit dans l'Église d'aujourd'hui », AS (n.s.) N° 30 (1969) 58-68.

Inhabitation de l'Esprit. Inhabitation of the Spirit. Einwohnung des Geistes. Dimora dello Spírito. Inhabitación del Espíritu.

15841 RUFFENACH, F., « Nescitis quia templum Dei estis, et Spiritus Dei habitat in vobis ? » VD 13 (1933) 37-40.

15842 MARTINEZ, J. C., « ¿ Es la inhabitación del Espíritu Santo raíz de la Resurrección de los justos, según la Escritura y los Patres ? » EstE 14 (1935) 505-539.

15843 LYONNET, S., « Présence en l'homme du Christ et de son Esprit », Conci N° 50 (1969) 83-92.

Révélation de l'Esprit. Revelation of the Spirit. Offenbarung des Geistes. Rivelazione dello Spirito. Revelación del Espíritu.

15844 BONSIRVEN, J., *L'évangile de Paul,* « Esprit-Saint : Révélation trinitaire », 74-78.

15845 BONSIRVEN, J., *Théologie du Nouveau Testament,* 259-262.

15846 GUILLET, J., « La révélation progressive du Saint-Esprit dans l'Écriture », LVit 8 (1953) 18-32.

15847 BOISMARD, M.-É., « La révélation de l'Esprit-Saint », RT 55 (1955) 5-21.

15848 BLATTER, T., *Macht und Herrschaft Gottes.* Eine bibeltheologische Studie, « Die Offenbarung der göttlichen Macht und Kraft : der Geist », 75-78.

15849 GRANADO, C., « Revelación progresiva del Espíritu de Dios en el Antiguo Testamento », Manr 41 (1969) 217-236.

15850 GUILLET, J., « Note sur la révélation progressive de l'Esprit dans la Bible », CHR N° 64 (1969) 533-538.

Sacrements et Esprit. Sacraments and Spirit. Sakramente und Geist. Sacramenti e Spirito. Sacramentos y Espíritu.

15851 VAN IMSCHOOT, P., « Baptême d'eau et baptême d'Esprit Saint », ETL 13 (1936) 653-666.

15852 BRAUN, F.-M., « L'eau et l'Esprit », RT 49 (1949) 5-30.

15853 GUILLET, J., « Baptême et Esprit », LV N° 26 (1956) 85-104.

15854 BUCKLEY, M. J., « Holy Eucharist and Holy Spirit », Wor 37 (1963) 332-341.

Divers. Miscellaneous. Verschiedenes. Diversi. Diversos.

15855 LÉCUYER, J., « Docilité au Saint-Esprit. Dans l'Écriture », DS II, col. 1472-1482.

15856 WINZEN, D., « Anointed with the Spirit », Wor 20 (1945-46) 337-343, 389-397.

15857 ASENSIO, F., « El Espíritu de Dios en los Apócrifos judíos precristianos », EstB 6 (1947) 5-33.

15858 BOUYER, L., *La Bible et l'Evangile²,* « L'adoption du Père et le don de l'Esprit », 209-226.

15859 DANDER, F., « L'Esprit Saint », LVit 8 (1953) 7-17.

15860 DE BACIOCCHI, J., « Comment reconnaître la personnalité du Saint-Esprit ? » NRT 77 (1955) 1025-1049.

15861 GOITIA, J., « La notíon dinámica del πνεῦμα en los libros sagrados », EstB 15 (1956) 147-185, 342-380; 16 (1957) 115-159.

15862 SCHEDL, C., « Zeugen der Auferstehung », BiLit 24 (1956-57) 6-13.

15863 GUILLET, J., « Esprit Saint. I. Dans l'Écriture », DS IV, col. 1246-1257.

15864 LOCHET, L., « La prière évangélique. Prier dans l'Esprit », VS 103 (1960) 47-65.

15865 GARCIA DEL MORAL, A., « Reposo o morada del Espiritu ? » EstB 20 (1961) 191-206.

15866 GUILLET, J., « La vie spirituelle, lien d'esprit à esprit », CHR N° 8 (1961) 213-231.

15867 WOHLSTEIN, H., « Zu den altisraelitischen Vorstellungen von Toten- und Ahnengeistern », BZ 5 (1961) 30-38.

15868 HITZ, P., « Toute la catéchèse dans la lumière de l'Esprit Saint », LVit 17 (1962) 699-718.

15869 NÖTSCHER, F., *Vom Alten zum neuen Testament* (Bonn, P. Hanstein, 1962), « Geist und Geister in den Texten von Qumran », 175-187.

15870 SCHELKLE, K. H., « « Ihr seid Geistliche ». Eine Prodigt », GeistL 35 (1962) 241-244.

15871 McKENZIE, J. L., *The Power and the Wisdom,* « The Knowledge of God », 128-146.

15872 SCHREINER, J., « Geistbegabung in der Gemeinde von Qumran », BZ 9 (1965) 161-180.

15873 COSTE, R., « Évangile et politique : la technique et l'Esprit », BLE 68 (1967) 203-216.

15874 LAURENTIN, R., « Esprit Saint et théologie morale », NRT 89 (1967) 26-42.

15875 NICOLAS, J.-H., « Le don de l'Esprit », RT 66 (1966) 529-574; 67 (1967) 181-225.

15876 SCHILLING, O., *Geist und Materie in biblischer Sicht,* 76 pp.

15877 BOURASSA, F., « Le don de Dieu », Greg 50 (1969) 201-235.

15878 DELHAYE, P., « L'Esprit Saint et la vie morale », AmiCl 79 (1969) 333-340.

15879 SLADE, R., « The Spirit of Unity », Way 9 (1969) 139-147.

État. State. Staat. Stato. Estado.

15880 PIEPER, K., « Jesus und der Staat », TGl 25 (1933) 661-669.

15881 LARN, N., « The Church of the Apostles and the Secular Authority », AmER 112 (1945) 110-118.

15882 KUSS, O., « Paulus über die Staatliche Gewalt », TGl 45 (1955) 321-343, ou dans *Auslegung und Verkündigung,* I, 246-259.

15883 SCHLIER, H., *Die Zeit der Kirche,* « Die Beurteilung des Staates im NT », 1-16.

15884 DE VAUX, R., *Les institutions de l'A. T.,* « La conception de l'État », I, 141-153.

15885 SCHLIER, H., « Der Staat im Neuen Testament », Catho 13 (1959) 241-259.

15886 SCHLIER, H., « L'État selon le Nouveau Testament », LV N° 49 (1960) 99-122.

15887 DENIEL, R., « Omnis potestas a Deo (Rm 13,1-7). L'origine du pouvoir civil et sa relation à l'Église », RSR 56 (1968) 43-86.

Éternité. Eternity. Ewigkeit. Eternità. Eternidad.

15888 TRESMONTANT, C., *Essai sur la pensée hébraïque,* « Le temps et l'éternité », 38-45.

15889 VAN IMSCHOOT, P., *Théologie de l'Ancien Testament,* « L'éternité et l'immutabilité de Dieu », I, 57-60.

Étienne. Steven. Stephanus. Stefano. Esteban.

15890 MEHLMANN, J., « De S. Stephano Protomartyre », VD 21 (1941) 22-29, 33-39.

15891 SOFFRITTI, O., « Stefano, testimone del Signore », RivB 10 (1962) 182-188.

15892 POELMAN, R., « Saint Étienne, protomartyr », VS 109 (1963) 561-574.

15893 KOPP, C., « Steinigung und Grab des Stephanus », TGl 55 (1965) 260-270.

Eucharistie. Eucharist. Eucharistie. Eucaristia. Eucaristía.

Ancien Testament. Old Testament. Altes Testament. Antico Testamento. Antiguo Testamento.

15894 COPPENS, J., « Les soi-disant analogies juives de l'Eucharistie », ETL 8 (1931) 238-248.

15895 DANIÉLOU, J., « Le Psaume XXII et l'initiation chrétienne », MD N° 23 (1950) 54-69.

15896 DANIÉLOU, J., « Eucharistie et Cantique des cantiques », Ir 23 (1950) 257-277.

15897 GRILL, S., « Die Vorbilder der Eucharistie im Alten Bunde », BiLit 22 (1954-55) 69-72, 101-103, 132-137, 201-204, 231-240, 267-271.

15898 SCHILDENBERGER, J., « Eucharistie und kirchlicher Friede, vorbereitet und vorgebildet im Alten Testament », BiLit 24 (1956-57) 260-264.

15899 ROSE, A., « L'autel du Seigneur (Psaumes 42 et 43) », BVC N° 26 (1959) 29-37.

15900 HAAG, H., *Vom alten zum neuen Pascha.* Geschichte und Theologie des Osterfestes (Stuttgart, Katholisches Bibelwerk, 1971), 114 pp.

Nouveau Testament. New Testament. Neues Testament. Nuovo Testamento. Nuevo Testamento.

a) *Paul. Paulus. Paolo. Pablo.*

15901 XXX, « Le « Hoc facite in meam commemorationem » de S. Paul », AmiCl 52 (1935) 357-358.

15902 PORPORATO, F., « Hoc facite in meam commemorationem (Lc 22,19) (I Cor. 11,24-25) », VD 13 (1933) 264-270.

15903 DE ORBISO, T., « La Eucaristia en San Pablo », EstB 5 (1946) 171-213.

15904 BONSIRVEN, J., *L'évangile de Paul,* « L'Eucharistie, les sacrements », 269-274.

15905 PETERS, E. H., « S. Paul and the Eucharist », CBQ 10 (1948) 247-253.

15906 PRAT, F., *La théologie de saint Paul[38],* « L'agape et l'Eucharistie », (cas de conscience de I Cor.), I, 140-150; « L'Eucharistie : les formules de Paul; allusions au sacrifice », I, 317-327.

15907 SPICQ, C., *L'épître aux Hébreux,* « Le sacrifice eucharistique », I, 316-318.

15908 SCHÜRMANN, H., *Der Paschamahlbericht. Lk 22,(7-14)15-18,* I. Teil (Münster, Aschendorff, 1953), 29-123 pp.

15909 SCHÜRMANN, H., *Der Einsetzungsbericht. Lk 22,19-20,* II. Teil (Münster, Aschendorff, 1955), 12-153 pp.

15910 BOISMARD, M.-É., « L'Eucharistie selon saint Paul : institution de la Cène par le Christ, la signification théologique, valeur du témoignage de Paul », LV N° 31 (1957) 93-106.

15911 SCHÜRMANN, H., *Jesu Abschiedsrede. Lk 22,21-38*, III. Teil (Münster, Aschendorff, 1957), 11-160 pp.

15912 AMIOT, F., *Les idées maîtresses de saint Paul*, « L'union au corps du Christ par l'Eucharistie », 169-177.

15913 BETZ, J., « Die Eucharistie als sakramentale Gegenwart des Heilsereignises « Jesus » nach dem ältesten Abendmahlsbericht », GeistL 33 (1960) 166-175.

15914 SLOYAN, G. S., « « Primitive » and « Pauline » concepts of the Eucharist », CBQ 23 (1961) 1-12.

15915 BOURKE, M. M., « The Eucharist and Wisdom in First Corinthians », dans *Studiorum Paulinorum Congressus 1961* (en collab.), I, 367-381.

15916 BLIGH, J., « Scripture Enquiry : « Do this in commemoration of me » », Way 5 (1965) 154-159.

15917 SPICQ, C., « L'authentique participation au repas du Seigneur (1 Co 11,23-29) », AS N° 51 (1966) 27-40.

15918 DEQUEKER, L., ZUIDEMA, W., « L'Eucharistie selon saint Paul (1 Co 11,17-34) », Conci N° 40 (1968) 45-53.

15919 MINEAR, P. S., « Paul's Teaching on the Eucharist in First Corinthians », Wor 44 (1970) 83-92.

15920 SCHÄFER, F. G., « Der « Heilstod » Jesu im paulinischen Verständnis von Taufe und Eucharistie », BZ 14 (1970) 227-239.

b) *Évangiles synoptiques. Synoptic Gospels. Synoptische Evangelien. Vangeli sinottici. Evangelios sinópticos.*

15921 LEBRETON, J., *La vie et l'enseignement de J.-C.*[16], « La Cène », II, 244-274.

15922 BONSIRVEN, J., *Les enseignements de Jésus-Christ*, « L'Eucharistie », 275-281.

15923 BOUYER, L., « Le Jeudi de la Cène », MD N° 45 (1956) 50-59.

15924 JAUBERT, A., *La date de la Cène.* Calendrier biblique et liturgie chrétienne (Paris, Gabalda, 1957), 159 pp.

15925 DUPONT, J., « Ceci est mon corps, Ceci est mon sang », NRT 80 (1958) 1025-1041.

15926 COOKE, B., « Synoptic Presentation of the Eucharist as Covenant Sacrifice », TS 21 (1960) 1-44.

15927 LIPINSKI, E., *Essais sur la révélation et la Bible*, « Les disciples d'Emmaüs », 93-99; « La multiplication des pains », 101-112.

15928 MINEAR, P. S., « Some Glimpses of Luke's Sacramental Theology », Wor 44 (1970) 322-331.

c) *Jean. John. Johannes. Giovanni. Juan.*

15929 MORAN, J. W., « The Eucharist in St. John VI », AmER 102 (1940) 135-147.

15930 HAMMENSTEDE, A., « The Apocalypse and the Mystery of the Eucharist », Wor 20 (1945-46) 104-110.

15931 TEMPLE, P. J., « The Eucharist in St. John 6 », CBQ 9 (1947) 442-452.

15932 LILLY, J. L., « The Eucharistic Discourse of Jn. 6 », CBQ 12 (1950) 48-51.

15933 LEAL, J., « De realitate eucharistica panis vitae (Jo 6) », VD 31 (1953) 144-155.

15934 BOUYER, L., *Le quatrième évangile*[2], « La vie : l'Eucharistie », 119-132.

15935 BRAUN, F.-M., « L'évangile de saint Jean et l'ancienne catéchèse romaine, le témoignage des catacombes », RT 56 (1956) 643-648.

15936 MOLLAT, D., « Le chapitre VIe de saint Jean », LV N° 31 (1957) 107-119.

15937 SCHÜRMANN, H., « Joh 6, 51c – ein Schlüssel zur grossen johanneischen Brotrede », BZ 2 (1958) 244-262.

15938 STANLEY, D. M., « The Bread of Life », Wor 32 (1958) 477-488.

15939 DE JULLIOT, H., « Le pain de vie (Jean 6,1-71) », BVC N° 26 (1959) 38-43.

15940 SCHÜRMANN, H., « Die Eucharistie als Repräsentation und Applikation des Heilsgeschehens nach Joh 6,53-58 », TrierTZ 68 (1959) 30-45, 108-118.

15941 AMBROSANIO, A., « La dottrina eucaristica in S. Giovanni secondo le recenti discussioni tra protestanti », RivB 11 (1963) 145-165.

15942 WORDEN, T., « The Holy Eucharist in St. John », SCR 15 (1963) 97-102; 16 (1964) 5-16.

15943 AMBROSANIO, A., « La dottrina eucaristica in San Giovanni secondo le recenti discussioni tra i protestanti », dans San Giovanni. Atti della XVII Settimana Biblica (en collab.) (Brescia, Paideia, 1964), 187-205.

15944 WORDEN, T., « The Holy Eucharist in St-John », SCR 16 (1964) 5-16.

15945 BROWN, R. E., New Testament Essays, « The Eucharist and Baptism in John », 77-95.

15946 VANNESTE, A., « Le pain de vie descendu du ciel (Jn 6,55-58) », AS N° 54 (1966) 41-53.

15947 GIBLET, J., « L'Eucharistie dans l'évangile de Jean (une lecture de Jn 6) », Conci N° 40 (1968) 55-62.

15948 BERROUARD, M.-F., « La multiplication des pains et le discours du pain de vie (Jean 6) », LV N° 94 (1969) 63-75.

15949 BRAUN, F.-M., « L'Eucharistie selon saint Jean », RT 70 (1970) 5-29.

15950 KLOS, H., Die Sakramente im Johannesevangelium. Vorkommen und Bedeutung von Taufe, Eucharistie und Busse im vierten Evangelium (Stuttgart, Katholisches Bibelwerk, 1970), 112 pp.

d) *Divers. Miscellaneous. Verschiedenes. Diversi. Diversos.*

15951 COPPENS, J., « Les origines de l'Eucharistie d'après les livres du Nouveau Testament », ETL 11 (1934) 30-60.

15952 GUMMERSBACH, J., « Um die Auslegung des Abendmahls. Zwingli ? Calvin ? Luther ? Rom ? » StiZ 134 (1938) 125-127.

15953 GRAIL, A., « Le sacrifice eucharistique d'après les textes de l'institution », VS 65 (1941) 193-208.

15954 LEBRETON, J., Lumen Christi, « La sainte Eucharistie », 255-267.

15955 RUSSELL, R., « On the Holy Eucharist in the New Testament », SCR 4 (1949) 79-90.

15956 BONSIRVEN, J., Théologie du Nouveau Testament, « L'Eucharistie », 99-104.

15957 BOUYER, L., « La première Eucharistie dans la dernière Cène », MD N° 18 (1949) 34-47, ou dans La Bible et l'Évangile, 255-268.

15958 GÜNTHER, J., « Becherwort Jesu », TGl 45 (1955) 47-49.

15959 SCHÜRMANN, H., « Die Gestalt der urchristlichen Eucharistiefeier », MüTZ 6 (1955) 107-131.

15960 BENOIT, P., « Les récits de l'institution de l'Eucharistie et leur portée », Scripture 8 (1956) 97-108; 9 (1957) 1-14, ou dans Exégèse et théologie, I, 210-239.

15961 BENOIT, P., « The Holy Eucharist », SCR 8 (1956) 97-108; 9 (1957) 1-15.

15962 BENOIT, P., « Les récits de l'institution et leur portée », LV N° 31 (1957) 49-76.

15963 DELORME, J., « La Cène et la Pâque dans le Nouveau Testament », LV N° 31 (1957) 9-48.

15964 LARRAÑAGA, V., « Les fuentes bíblicas de la Eucaristía en el N. T. », EstE 32 (1958) 71-92.

15965 MacRAE, G. W., « A New Date for the Last Supper », AmER 138 (1958) 294-302.

15966 FERRIÈRE, C., « Je suis le pain », BVC N° 26 (1959) 71-77.

15967 BLAESER, P., « Eucharistie und Einheit der Kirche in der Verkündigung des Neuen Testaments », TGl 50 (1960) 419-432.

15968 KILMARTIN, E. J., « The Eucharistic Cup in the Primitive Liturgy », CBQ 24 (1962) 32-43.

15969 COPPENS, J., « L'Eucharistie dans le Nouveau Testament », ETL 41 (1965) 143-147.

15970 KILMARTIN, E. J., *The Eucharist in the Primitive Church* (Englewood Cliffs, Prentice-Hall, 1965), 10-181 pp.

15971 HEISING, A., *Die Botschaft der Brotvermehrung.* Zur Geschichte und Bedeutung eines Christusbekenntnisses im Neuen Testament (Stuttgart, Katholisches Bibelwerk, 1966), 84 pp.

15972 STANLEY, D. M., « Doctrine eucharistique du Nouveau Testament : aspects significatifs du point de vue oecuménique », Conci N° 24 (1967) 45-51.

15973 COPPENS, J., « L'Eucharistie néotestamentaire », dans *Exégèse et Théologie* (en collab.), 262-281.

15974 LIGIER, L., « De la Cène du Seigneur à l'Eucharistie », AS (n.s.) N° 1 (1968) 19-57.

15975 SCHÜRMANN, H., « Les paroles de Jésus lors de la dernière Cène envisagées à « la lumière de ses gestes » », Conci N° 40 (1968) 115-122.

15976 TRÉMEL, Y.-B., « La fraction du pain dans les Actes des Apôtres », LV N° 94 (1969) 76-90.

Église. Church. Kirche. Chiesa. Iglesia.

15977 BEAUDUIN, L., « Baptême et Eucharistie », MD N° 6 (1946) 56-75.

15978 CONGAR, Y., « L'Eucharistie et l'Église de la nouvelle alliance », VS 82 (1950) 347-373.

15979 ROGUET, A.-M., « L'unité du Corps mystique, « res sacramenti » de l'Eucharistie », MD N° 24 (1950) 20-45.

15980 GRAIL, A., « Eucharistie, sacrement de la charité, dans le Nouveau Testament », VS 85 (1951) 369-387.

15981 DE BONTRIDDER, L., « La Bible et les sacrements de l'initiation chrétienne », LVit 9 (1954) 52-95.

15982 SCHLIER, H., *Die Zeit der Kirche,* « Die Verkündigung im Gottesdienst der Kirche : Das Mahl des Herrn (246), Die Liturgie (252), Die Predigt (258) », 244-264.

15983 BEA, A., « L'Eucaristia e l'unione dei cristiani », CC 3 (1965) 401-413.

15984 COPPENS, J., « L'Eucharistie. Sacrement et sacrifice de la nouvelle alliance. Fondement de l'Église », dans *Aux origines de l'Église* (en collab.), 125-158.

15985 McGARRY, C., « The Eucharistic Celebration as the True Manifestation of the Church », IrThQ 32 (1965) 325-337.

15986 FRAIGNEAU-JULIEN, B., « Éléments de la structure fondamentale de l'Eucharistie. III. Communion », RevSR 40 (1966) 27-47.

Figures de l'Eucharistie. Figures of the Eucharist. Typen der Eucharistie. Figure dell'Eucaristia. Figuras de la Eucaristía.

15987 DANIÉLOU, J., *Bible et Liturgie²,* « Les rites eucharistiques », 174-193; « Les figures de l'Eucharistie », 194-219; « L'agneau pascal », 22-239; « Le Psaume 22 », 240-258; « Les figures néotestamentaires », 281-302.

15988 GUILLET, J., *Thèmes bibliques,* « La vigne : Eucharistie », 22, 24, 206-207.

15989　O'CONNOR, D., « The « Many Grains of Wheat » in Eucharistic Symbolism », IrThQ 25 (1958) 189-192.

Pâque. Easter. Ostern. Pasqua. Pascua.

15990　GOODIER, A., *The Passion and Death of Our Lord Jesus Christ* (New York, Kennedy and Sons, 1944), « The Holy Eucharist », 52-61.

15991　BOUYER, L., *Le Mystère pascal,* « L'Eucharistie », 118-148.

15992　MARIE CHRISTILLA, Sr, « Veillées bibliques : le Carême, la Pâque eucharistique », LVit 13 (1958) 37-62.

15993　STUHLMUELLER, C., « The Holy Eucharist : Symbol of the Passion », Wor 34 (1960) 195-205.

15994　VIARD, A., « L'Eucharistie et le mystère de la mort et de la résurrection du Christ », AmiCl 74 (1964) 177-181.

15995　GUTWENGER, E., « Pasch-Mysterium und Eucharistie », ZKT 89 (1967) 339-346.

15996　HAAG, H., « Das christliche Pascha », TQ 150 (1970) 289-295.

15997　HAAG, H., *Vom alten zum neuen Pascha.* Geschichte und Theologie des Osterfestes (Stuttgart, Katholisches Bibelwerk, 1971), 144 pp.

Présence du Christ. Presence of Christ. Gegenwart Christi. Presenza del Cristo. Presencia de Cristo.

15998　ALONSO, J., « Ecce Ego vobiscum sum ». Presencia metafísica y presencia eucarística », RET 14 (1954) 583-588.

15999　BOUËSSÉ, H., « La présence du Christ dans l'Eucharistie », RT 56 (1956) 620-643.

16000　COLLINS, M. D., « Eucharistic Proclamation of God's Presence », Wor 41 (1967) 531-541.

16001　HITZ, P., « La présence eucharistique du Seigneur », LVit 22 (1967) 101-136.

Repas. Meal. Mahl. Pasto. Comida.

16002　DE MONTCHEUIL, Y., « Signification eschatologique du repas eucharistique », RSR 33 (1946) 10-43.

16003　DANIÉLOU, J., « Les repas de la Bible et leur signification », MD N° 18 (1949) 7-33.

16004　GALOPIN, P.-M., « Le repas dans la Bible », BVC N° 26 (1959) 53-59.

16005　SLOYAN, G. S., « Holy Eucharist as an Eschatological Meal », Wor 36 (1962) 444-451.

Sacrifice. Opfer. Sacrificio.

16006　ALFRINK, B., « Biblical Background to the Eucharist as a Sacrificial Meal », IrThQ 26 (1959) 290-302.

16007　DURST, B., « Inwiefern ist die Eucharistiefeier ein wahres Opfer Christi und der Gläubigen ? » TGl 53 (1963) 176-207, 268-287.

16008　SISTI, A., « Il sacrificio della nuova alleanza », BibOr 9 (1967) 25-38.

16009　SCHILDENBERGER, J., « Relatio inter sacrificium crucis et sacrificium missae illustrata ex ultima coena Domini et epistula ad Hebraeos », dans *El sacerdocio de Cristo* (en collab.), 49-54.

16010　SOLANO, J., « Ejercicio actual del sacerdocio de Cristo en el Sacrificio Eucarístico », dans *El sacerdocio de Cristo* (en collab.), 41-48.

Divers. Miscellaneous. Verschiedenes. Diversi. Diversos.

16011　COPPENS, J., « Eucharistie », SDB II, col. 1146-1215.

16012　CARPINO, F., « Evoluzione di sistemi sulle origini della Eucaristia », ScuolC 63 (1935) 296-312.

16013   RUFFINI, E., « The Relation of the Eucharist to the Blessed Virgin », AmER 104 (1941) 412-420.

16014   DEWAILLY, L.-M., *Jésus-Christ, Parole de Dieu,* « Le sacrement de la Parole de Dieu : l'Eucharistie », 106-117.

16015   GÄSSNER, J., « Redemptive Acts of History Re-enacted in Eucharistic Mystery », Wor 20 (1945-46) 301-313.

16016   THIBAUT, R., *Le sens de l'Homme-Dieu²,* « La présence réelle et invisible », 141-154.

16017   VONIER, A., « The Glorification of Christ and the Eucharist », Wor 21 (1946-47) 405-413.

16018   LEBRETON, J., *Lumen Christi,* « La Sainte Eucharistie », 255-268.

16019   McCONNELL, J. F., « The Eucharist and the Mystery Religions », CBQ 10 (1948) 29-41.

16020   CHIRAT, H., « L'Eucharistie et l'agape : de leur union à leur disjonction », MD Nº 18 (1949) 48-60.

16021   POELMAN, R., « Le pain de route », MD Nº 18 (1949) 92-102.

16022   DUHR, J., « Communion (fréquente) », DS II, col. 1234-1236.

16023   XXX, « L'Eucharistie » (albums Fêtes et Saisons) (Paris, Cerf, 1953), 24 pp.

16024   LUBIENSKA DE LENVAL, H., « Bible et Eucharistie : Leçons de vie à des enfants », BVC Nº 6 (1954) 92-95.

16025   DE BACIOCCHI, J., « Le Mystère eucharistique dans les perspectives de la Bible », NRT 77 (1955) 561-580.

16026   VAN CASTER, M., « La catéchèse de l'Eucharistie à partir de la Cène », LVit 10 (1955) 583-600.

16027   BENOIT, P., « The Holy Eucharist », SCR 8 (1956) 97-108; 9 (1957) 1-14.

16028   XXX, « Ceci est mon corps », LV Nº 33 (1957) 3-8.

16029   LEMARIÉ, J., *La manifestation du Seigneur,* « Les noces de Cana : l'Eucharistie, mystère d'union », 413-426.

16030   AUDET, J.-P., « Esquisse historique du genre littéraire de la « Bénédiction » juive et de l' « Eucharistie » chrétienne », RB 65 (1958) 371-399.

16031   BOULARAND, É., « La Vierge et l'Eucharistie », RAM 34 (1958) 3-26.

16032   BOURASSA, F., « Thèmes bibliques du baptême : baptême et Eucharistie », SE 10 (1958) 446-450.

16033   CERFAUX, L., « La multiplication des pains dans la liturgie de la Didachè (*Did.,* 9,4) », dans *Studia Biblica et Orientalia* (en collab.) (Rome, Pont. Instit. Biblico, 1959), II, 375-390, ou dans *Recueil Lucien Cerfaux,* III, 209-223.

16034   GÉLINEAU, J., « L'Église répond à Dieu par la parole de Dieu : I. l'Eucharistie, parole du Christ rendue par l'Eglise au Père; II. la Liturgie prie dans la langue de Dieu; III. les Psaumes : parole de Dieu et prière de l'Église », dans *Parole de Dieu et liturgie* (en collab.), 155-180.

16035   DALMAIS, I.-H., « L'économie du salut dans les liturgies eucharistiques d'Orient », BVC Nº 26 (1959) 60-70.

16036   DU ROY, J.-B., « Le dernier repas de Jésus », BVC Nº 26 (1959) 44-52.

16037   VAN DEN EYNDE, P., « Jusqu'à ce qu'Il vienne », BVC Nº 30 (1959) 55-59.

16038   VOLLERT, C., « The Eucharist : Quests for Insights from Scripture », TS 21 (1960) 404-443.

16039   BUCKLEY, M. J., « Holy Eucharist and Holy Spirit », Wor 37 (1963) 332-341.

16040   GUILLET, J., *Jésus-Christ hier et aujourd'hui,* « L'Évangile et la Messe », 189-200.

16041 DE BACIOCCHI, J., *L'Eucharistie* (Tournai, Desclée et Cie, 1964), « Les données bibliques », 5-24.

16042 GRASSI, J. A., « The Eucharist : Food for the Journey », SCR 16 (1964) 45-47.

16043 McKENZIE, J. L., *The Power and the Wisdom,* « The New Life in Christ », 147-167.

16044 PLASTARAS, J. C., « Marriage and the Eucharist », Wor 39 (1965) 451-457.

16045 En collaboration, « La prière eucharistique », AS (n.s.) N° 1 (1968) 103 pp.

16046 BOTTE, B., « Mysterium fidei », BVC N° 80 (1968) 29-34.

16047 KILMARTIN, E. J., « La dernière Cène et les premiers sacrifices eucharistiques de l'Église », Conci N° 40 (1968) 33-43.

16048 TIHON, P., « Théologie de la prière eucharistique », AS (n.s.) N° 1 (1968) 85-103.

16049 XXX, « Eucharist and Ministry : A Lutheran-Roman Catholic Statement », Wor 44 (1970) 598-622.

Eunuques. Eunuch. Eunuco.

16050 KLEIST, J. A., « Eunuchs in the New Testament », CBQ 7 (1945) 447-449.

16051 DUPONT, J., *Mariage et divorce dans l'Évangile,* 161-220.

Ève. Eva.

16052 XXX, « L'origine biblique de Ève », AmiCl 53 (1936) 171.

16053 DANIÉLOU, J., *Sacramentum Futuri,* « Le sommeil d'Adam et la naissance de l'Église », 37-44.

16054 DUBARLE, A.-M., « Les fondements bibliques du titre marial de la Nouvelle Ève », dans *Mélanges Jules Lebreton,* I, RSR 39 (1951) 49-64.

16055 RENIÉ, J., « Un prétendu parallèle sumérien de la création d'Ève (S. N. Kramer, Enki et Ninhursag) », MSR 10 (1953) 9-13.

16056 STEINMANN, J., *Le prophète Ézéchiel et les débuts de l'exil,* 328 pp.

16057 HENRY, A.-M., « Ève et son destin », *L'Anneau d'Or* N°ˢ 57-58 (1954) 189-201.

16058 JOUASSARD, G., « Le parallèle Ève-Marie aux origines de la patristique », BVC N° 7 (1954) 19-31.

16059 ARNALDICH, L., « La creación de Eva. *Gen.,* I, 26-27; II, 18-25 », dans *Sacra Pagina* (en collab.), I, 346-357.

16060 TERMES, P., « La formación de Eva en los Padres Latinos hasta San Agustín inclusive », EstE 34 (1960) 421-459.

16061 ANDRIESSEN, P., « La nouvelle Ève, corps du nouvel Adam », dans *Aux origines de l'Église* (en collab.), 87-109.

Évolution. Evolution. Evoluzione. Evolución.

16062 HAAG, H., HAAS, A., HURZELER, J., *Evolution und Bibel* (Luzern et München, Rex-Verlag, 1962), 132 pp.

Exil. Exile. Exil. Exilio.

16063 VENARD, J., « Les siècles bibliques : Babylone, le pays de l'exil », CE N° 8 (1952) 51-57.

16064 STEINMANN, J., *Le prophète Ézéchiel et les débuts de l'exil,* 328 pp.

16065 NELIS, J. T., « Note sur la date de la sujétion de Joiaquim par Nabuchodonosor », RB 61 (1954) 387-391.

16066 GELIN, A., PIERRON, J., GOURBILLON, J. G., « Avant le Nouvel Exode », CE N° 20 (1955) 5-61.

16067 SESBOUÉ, D., « Ruine temporaire de Jérusalem (2 Ch 36,14-16.19-23) », AS (n.s.) N° 17 (1970) 28-33.

Exode. Exodus. Esodo. Éxodo.

16068 BOURDON, C., « La route de l'exode, de la terre de Jessé à Mara », RB 41 (1932) 370-392, 538-549.

16069 McCLELLAN, W. H., « Jericho and the date of the Exodus », AmER 88 (1933) 80-93.

16070 DANIÉLOU, J., « Traversée de la Mer Rouge et baptême aux premiers siècles », RSR 33 (1946) 402-430.

16071 COPPENS, J., « Un parallèle ougaritien curieux. Ras Shamra et Exode », ETL 23 (1947) 177-179.

16072 DANIÉLOU, J., « Le Psaume XXII et l'initiation chrétienne », MD N° 23 (1950) 54-69.

16073 DANIÉLOU, J., *Sacramentum Futuri,* « La typologie de l'Exode dans l'Ancien et le Nouveau Testament », 131-143; « La typologie de l'Exode dans la catéchèse apostolique », 144-151; « La sortie d'Égypte et l'initiation chrétienne », 152-177; « Moïse chez Philon », 178-190; « L'Exode mystique de Clément d'Alexandrie à Grégoire de Nysse », 191-202.

16074 BONDUELLE, J., « Les trois temps de notre exode », VS 84 (1951) 274-301.

16075 GUILLET, J., « L'exode du Christ », VS 84 (1951) 241-249.

16076 HILD, J., « L'exode dans la spiritualité chrétienne », VS 84 (1951) 250-273.

16077 STEINMANN, J., « L'exode dans l'A. T. », VS 84 (1951) 229-240.

16078 BOISMARD, M.-É., « Le Dieu des Exodes », LV N° 3 (1952) 107-128.

16079 SPICQ, C., *L'épître aux Hébreux,* I, 269-280.

16080 DANIÉLOU, J., « Le Cantique de Moïse et la Vigile Pascale », BVC N° 1 (1953) 21-30.

16081 DELCOR, M., « Le geste de Yahvé au temps de l'Exode et l'espérance du Psalmiste en Habacuc III », dans *Miscellanea Biblica B. Ubach* (en collab.), 287-302.

16082 FEUILLET, A., *Le Cantique des cantiques,* « L'attente d'un nouvel Exode », 71-76.

16083 FRANSEN, I., « Du désert à la terre promise : Les plus anciens récits du livre des Nombres », BVC N° 5 (1954) 68-84.

16084 GUILLET, J., *Thèmes bibliques,* « Tous enfermés dans le péché : exode », 105-108, 208-209, 249-250.

16085 CAZELLES, H., « Les localisations de l'Exode et la critique littéraire », RB 62 (1955) 321-364.

16086 ROUSSEAU, O., « Les mystères de l'Exode d'après les Pères », BVC N° 9 (1955) 31-42.

16087 LUBIENSKA DE LENVAL, H., « Les gestes liturgiques de l'Exode », BVC N° 13 (1956) 22-29.

16088 CONGAR, Y., *Le mystère du Temple,* « La présence de Dieu au temps de l'Exode et de Moïse », 21-34.

16089 LE DÉAUT, R., LÉCUYER, J., « Exode », DS IV, col. 1957-1995.

16090 BOURASSA, F., « Thèmes bibliques du baptême : Pâque : le passage de la Mer Rouge », SE 10 (1958) 420-426.

16091 POELMAN, R., « Le thème du pèlerinage dans l'Ancien Testament : l'exode du peuple-pèlerin », LVit 13 (1958) 213-218.

16092 BRAUN, F.-M., « L'Évangile de saint Jean et les grandes traditions d'Israël », RT 60 (1960) 165-184.

16093   BEAUDET, R., « La typologie de l'Exode dans le Second-Isaïe », LTP 19 (1963) 11-21.

16094   HARVEY, J., « La typologie de l'Exode dans les Psaumes », SE 15 (1963) 383-405.

16095   LE DÉAUT, R., *La nuit pascale*, « Exode – Pâque – Alliance », 76-87; « Exode – Création », 88-93; « Eschatologie – Création – Exode », 115-121; « L'attente du nouvel exode », 304-338.

16096   BLENKINSOPP, J., « La tradition de l'Exode dans le Second-Isaïe, 40-55 », Conci N° 20 (1966) 41-48.

16097   BARUCQ, A., « Plaies d'Égypte », SDB VIII, col. 6-18.

16098   PENNA, A., « L'esodo nella storia della salvezza », RivB 15 (1967) 337-356.

16099   MALAMAT, A., « The Danite Migration and the Pan-Israelite Exodus-Conquest : A Biblical Narrative Pattern », Bibl 51 (1970) 1-16.

Expiation. Sühne. Espiazione. Expiación.

16100   SOLE, F., « Concetto di sacrificio, di peccato e di espizzione presso il popolo ebraico », ScuolC 3 (1932) 25-41.

16101   BONSIRVEN, J., « Le péché et son expiation selon la théologie du judaïsme palestinien au temps de Jésus-Christ », Bibl 15 (1934) 213-236.

16102   MÉDEBIELLE, A., « Expiation », SDB III, col. 1-262.

16103   RIVIÈRE, J., « Expiation et rédemption dans l'Ancien Testament », BLE 47 (1946) 3-22.

16104   PAUL-MARIE DE LA CROIX, P., *L'Ancien Testament source de vie spirituelle*[1], « Expiation et pénitence », 197-200.

16105   VAN IMSCHOOT, P., *Théologie de l'Ancien Testament*, « Les sacrifices expiatoires », II, 141-142; « Le jour de l'expiation », II, 189-192; « Expiation et pardon du péché », II, 314-338.

16106   NOVEL, P. C., « Le Christ notre rançon », CE N° 25 (1957) 7-78.

16107   MORALDI, L., « Expiation », DS IV, col. 2026-2045.

16108   SCHARBERT, J., « Stellvertretendes Sühneleiden in den Ebed-Jahwe-Liedern und in altorientalischen Ritualtexten », BZ 2 (1958) 190-213.

16109   SABOURIN, L., « Le bouc émissaire, figure du Christ ? » SE 11 (1959) 45-79.

16110   LYONNET, S., « De notione expiationis », VD 37 (1959) 336-352; 38 (1960) 65-85, 241-261.

16111   LYONNET, S., « Expiation et intercession. À propos d'une traduction de saint Jérôme », Bibl 40 (1959) 885-901.

16112   LIGIER, L., *Péché d'Adam et péché du monde*, « Le grand jour des expiations », II, 225-241.

16113   MORALDI, L., « Espiazione nell'Antico e nel Nuovo Testamento », RivB 9 (1961) 289-304; 10 (1962) 3-17.

16114   SABOURIN, L., *Les noms et les titres de Jésus*, « L'expiation », 167-173.

16115   DE VAUX, R., *Les sacrifices de l'A. T.*, « Sacrifices expiatoires », 82-100.

16116   WAMBACQ, B. N., *Instituta Biblica*, « De die expiationis », 251-266.

16117   SABOURIN, L., « Nefesh, sang et expiation (Lv 17,1.14) », SE 18 (1966) 25-45.

16118   LYONNET, S., SABOURIN, L., *Sin, Redemption, and Sacrifice*. A Biblical and Patristic Study, « The Terminology of « Expiation » in the Septuagint », 137-146; « The Terminology of « Expiation » in the New Testament », 147-166.

Extase. Ecstasy. Ekstase. Estasi. Éxtasis.

16119   DE GOEDT, M., « Extase. Mystique chrétienne. I. L'Extase dans l'Écriture sainte », DS IV, col. 2072-2087.

Extrême-Onction. Extreme-Unction. Krankensalbung. Estrema Unzione. Extremaunción.

16120 MELLET. M.. « Medicina ecclesiae. le sacrement des malades », VS 77 (1947) 334-344.
16121 FOSTER, R. J., « Extreme Unction in the New Testament », SCR 2 (1947) 25-27.
16122 AB ORBISO, T., « De oratione, extrema-unctione et confessione (Jac 5,13-18) », VD 31 (1953) 70-82, 164-171.

Faibles. Weak. Schwache. Deboli. Débiles.

16123 WALTER, E., « Die Kraft wird in der Schwachheit vollendet. Zur paulinischen Theologie der Schwachheit », GeistL 28 (1955) 248-255.
16124 VAN IMSCHOOT, P., *Théologie de l'Ancien Testament,* « Exploitation des faibles, oppression des faibles », II, 248-250.
16125 DUPONT, J., *Le discours de Milet.* Testament pastoral de saint Paul (Ac 20,18-36), « Soutenir les faibles », 305-340.
16126 DUPONT, J., « Appel aux faibles et aux forts dans la communauté romaine (Rom 14,1-15, 13) », dans *Studiorum Paulinorum Congressus 1961* (en collab.), I, 347-366.

Famille. Family. Familie. Famiglia. Familia.

16127 HENRY, A.-M., « Le mystère de l'homme et de la femme », VS 80 (1949) 463-490.
16128 BONSIRVEN, J., *Les enseignements de Jésus-Christ,* « Morale familiale », 199-204.
16129 DE LESTAPIS, S., « Mystère de la famille et dessein de Dieu », *L'Anneau d'Or* Nos 33-34 (1950) 155-166.
16130 CARRÉ, A.-M., DEVAUX, É., « La famille est à l'image de la Trinité », *L'Anneau d'Or* Nos 51-52 (1953) 213-217.
16131 GELIN, A., « Le rôle de la famille dans la sanctification de l'humanité d'après la Bible », AmiCl 63 (1953) 545-551.
16132 DEVIS, M., « Aquila et Priscille », *L'Anneau d'Or* N° 65 (1955) 393-397.
16133 DE VAUX, R., *Les institutions de l'A. T.,* « La famille », I, 37-43.
16134 VANDERHAEGEN, J., « La famille dans le dessein de Dieu », AS N° 14 (1961) 44-69.
16135 DUBARLE, A.-M., *Amour et fécondité dans la Bible* (Toulouse, Privat, 1967), 103 pp.

Fécondité. Fecundity. Fruchtbarkeit. Fecondità. Fecundidad.

16136 BEAUCAMP, É., « Le secret d'une vie féconde (Psaume 128) », BVC N° 35 (1960) 35-45.
16137 DUBARLE, A.-M., *Amour et fécondité dans la Bible,* 104 pp.
16138 LEGRAND, L., *La virginité dans la Bible,* « Fécondité virginale », 107-135.

Femme. Woman. Frau. Donna. Mujer.

Ancien Testament. Old Testament. Altes Testament. Antico Testamento. Antiguo Testamento.
16139 OSTI, P., « La condizione della donna nell'antico Israele », ScuolC 1 (1931) 379-388, 430-440; 2 (1931) 18-27.
16140 DE VAUX, R., « Sur le voile des femmes dans l'Orient ancien », RB 44 (1935) 397-412, ou dans *Bible et Orient,* 407-423.
16141 COPPENS, J., « La soumission de la femme à l'homme d'après Gen. 3,16b », ETL 14 (1937) 632-640.
16142 GALLUS, T., « A muliere initium peccati et per illam omnes morimur (Sir. 25,24 (33) », VD 23 (1943) 272-277.
16143 CEUPPENS, F., *Genèse I-III* (Bruges, Desclée de Brouwer, 1946), « La formation de la femme, *Gen.* II, 18-25 », 134-140.

16144   DANIÉLOU, J., « La typologie de la femme dans l'A. T. », VS 80 (1949) 491-510.

16145   GAILLARD, J., « Trois figures de l'Église », VS 80 (1949) 536-553.

16146   DE LA CROIX-ROUSSE, A., « La femme au temps des Juges », BVC N° 1 (1953) 40-50.

16147   RIGAUX, B., « La femme et son lignage dans Gen. 3,14-15 », RB 61 (1954) 321-348.

16148   CURLEY, F. X., « The Lady of the Canticle », AmER 133 (1955) 189-299.

16149   BRINKTRINE, J., « Das Weib in Gn 3,15 », TGl 47 (1957) 125-127.

16150   DE VAUX, R., Les institutions de l'A. T., « La situation de la femme. Les veuves », I, 67-69.

16151   WORDEN, T., « The Creation of Woman », SCR 10 (1958) 60-61.

16152   GALOPIN, P.-M., « L'aide semblable à lui », BVC N° 34 (1960) 38-48.

16153   RÉMY, R., « La condition de la femme dans les codes du Proche-Orient ancien et les codes d'Israël », SE 16 (1964) 107-127, 291-320.

16154   BARSOTTI, D., Le donne dell'Alleanza (Torino, Gribaudi, 1967), 196 pp.

16155   CANTO RUBIO, J., « La femme parfaite (Pr 31,10-13.19-20.30-31) », AS (n.s.) N° 64 (1969) 6-9.

Nouveau Testament. New Testament. Neues Testament. Nuovo Testamento. Nuevo Testamento.

a) *Apocalypse. Geheime Offenbarung. Apocalisse. Apocalipsis.*

16156   RIVERA, A., « Inimicitias ponam... – Signum magnum apparuit », VD 21 (1941) 113-122, 183-189.

16157   RÖSCH, K., « Die himmlische Frau und der Drache in Apk 12 », PB 52 (1941) 17-21.

16158   GALLUS, T., « Scholion ad « Mulierem Apocalypseos » », VD 30 (1952) 332-340.

16159   BRAUN, F.-M., « La femme et le dragon », BVC N° 7 (1954) 63-72.

16160   BRAUN, F.-M., « La femme vêtue de soleil », RT 55 (1955) 639-669.

16161   CERFAUX, L., « La vision de la femme et du dragon de l'Apocalypse en relation avec le Protévangile », ETL 31 (1956) 21-33, ou dans *Recueil Lucien Cerfaux,* III, 237-251.

16162   DUBARLE, A.-M., « La femme couronnée d'étoiles (Ap. 12) », dans *Mélanges bibliques rédigés en l'honneur de André Robert* (en collab.), 512-518.

16163   MICHL, J., « Die Deutung der apokalyptischen Frau in der Gegenwart », BZ 3 (1959) 301-310.

b) *Divers. Miscellaneous. Verschiedenes. Diversi. Diversos.*

16164   NICOLAS, M.-J., « La Vierge Marie et l'idée divine de la femme », VS 65 (1941) 108-123.

16165   KETTER, P., « Urkirchliche Schulung der Frauen und Mütter », TrierTZ 57 (1948) 266-278.

16166   KETTER, P., Die Frauen der Urkirche, nach der Apostelgeschichte, den Briefen der Apostel und der Apokalypse (Stuttgart, Keplerhaus, 1949), 16-348 pp.

16167   KETTER, P., Die Frauen in den Evangelien (Stuttgart, Keplerhaus, 1950), 16-392 pp.

16168   LÉONARD, E. A., « St. Paul on the Status of Women », CBQ 12 (1950) 311-320.

16169   LÉONARD, E. A., « Mary's Contribution to the History of Women », AmER 127 (1952) 270-285.

16170   DANIÉLOU, J., « Le ministère des femmes dans l'Église ancienne », MD N° 61 (1960) 70-96.

16171   ROSE, A., « L'épouse dans l'assemblée liturgique (1 Cor. 2,2-16) », BVC N° 34 (1960) 13-19.

16172   LAURENTIN, R., « Marie et l'anthropologie chrétienne de la femme », NRT 89 (1967) 485-515.

16173 BOUCHER, M., « Some Unexplored Parallels to 1 Cor 11,11-12 and Gal 3,28 : The NT on the Role of Women », CBQ 31 (1969) 50-58.

16174 SPICQ, C., *Les épîtres pastorales,* « La femme chrétienne et ses vertus », 385-425.

Divers. Miscellaneous. Verschiedenes. Diversi. Diversos.

16175 D'OUINCE, R., « Femme. I. Dans l'Écriture sainte », DS V, col. 132-139.

16176 TAMISIER, R., « La femme », AS N° 95 (1966) 58-80.

16177 SCHUERMANS, M.-P., « Vocation de la femme dans la Bible », VS 120 (1969) 149-165.

16178 MERLI, D., « La creazione e la dignità della donna », BibOr 12 (1970) 97-103.

Fêtes. Feast. Fest. Festa. Fiestas.

16179 NORTH, R., « Biblical Echoes in the Holy Year (on Lev. 25) », AmER 123 (1950) 416-436.

16180 DE VAUX, R., *Les institutions de l'A. T.,* « Les fêtes anciennes d'Israël, II, 383-413; « Les fêtes postérieures (Expiations, Hanoukka, Pourim) », II, 415-429.

16181 MAERTENS, T., *C'est fête en l'honneur de Yahvé,* 224 pp.

16182 COMBLIN, J., « La fête des Tabernacles », AS N° 72 (1964) 53-67.

16183 HILD, J., « Fêtes. 1. Fêtes antiques, 2. Fêtes juives, 3. Fête chrétienne », DS V, col. 221-239.

16184 WAMBACQ, B. N., *Instituta Biblica,* « De temporibus sacris », 185-280.

16185 DRIOTON, É., LARGEMENT, R., MICHEL, A., CAZELLES, H., « Nouvel An (fête du) », SDB VI, col. 555-645.

16186 VAN GOUDOEVER, J., *Biblical Calendars,* 13-296 pp.

16187 JAUBERT, A., « Le mercredi de Nouvel An chez les Yezidis », Bibl 49 (1968) 244-249.

16188 REICKE, Bo, « Jahresfeier und Zeitenwende im Judentum und Christentum der Antike », TQ 150 (1970) 321-334.

Feu. Fire. Feuer. Fuoco. Fuego.

16189 LATTEY, C., « Some Old Testament Phenomena : Pillars of Cloud and Fire », SCR 4 (1949) 56-57.

16190 VAGANAY, L., « Car chacun doit être salé au feu (Marc, ix,49) », dans *Mémorial J. Chaine* (en collab.), 367-372.

16191 PAUL-MARIE DE LA CROIX, P., *L'Ancien Testament source de vie spirituelle*[3], « L'éducation de la foi : le feu », 571-578; « Des purifications à l'union divine : le creuset », 800-812.

16192 TRESMONTANT, C., *Essai sur la pensée hébraïque,* « Le sensible. Le symbolisme des éléments », 56-70.

16193 GUILLET, J., *Thèmes bibliques,* « Feu de l'enfer », 143-144, 203.

16194 McGARRIGLE, F. J., « The Fire of Hell », AmER 137 (1957) 235-238.

16195 GOETTMANN, J., « Le feu du ciel sur la terre », BVC N° 33 (1960) 48-61.

16196 GAILLARD, J., « Feu. 1. Signe de la présence et de l'action divines, 2. Symbole de la transcendance divine, 3. Charité, participation au feu divin », DS V, col. 247-267.

16197 MILLER, P. D., « Fire in the Mythology of Canaan and Israel », CBQ 27 (1956) 256-261.

Fidélité. Fidelity. Treue. Fedeltà. Fidelidad.

16198 BOVER, J. M., « Fidelis sermo », Bibl 19 (1938) 74-79.

16199   WORDEN, T., « My God, my God, why hast Thou Forsaken me ? » SCR 6 (1953) 9-16.

16200   GUILLET, J., *Thèmes bibliques,* « Fidélité », 33, 39-40, 44-45, 52-58, 62-63, 79-80, 84-87, 93.

16201   VAN IMSCHOOT, P., *Théologie de l'Ancien Testament,* « La vérité et la fidélité de Dieu », I, 70-71.

16202   DHEILLY, J., *Le peuple de l'Ancienne Alliance* (Paris, Éd. de l'École, 1955), « La continuité du plan de Dieu : Jacob et la descente en Égypte », 123-140.

16203   GELIN, A., « Fidélité de Dieu, fidélité à Dieu d'après l'Ancien Testament », BVC N° 15 (1956) 38-48.

16204   BESNARD, A.-M., « Je sais en qui j'ai mis ma foi », VS 98 (1958) 5-22.

16205   SPICQ, C., « Priestly Virtues in the New Testament. Faithfulness », SCR 10 (1958) 87-88.

16206   SPICQ, C., « La fidélité dans la Bible », VS 98 (1958) 311-327.

16207   GRELOT, P., « Amour et fidélité. Le témoignage de l'Écriture », LV N° 60 (1962) 3-20.

16208   BLIGH, J., « The Fidelity of God », Way 4 (1964) 61-65.

16209   BERTRAND, D., « Dieu donne sa parole à son peuple », CHR N° 14 (1967) 37-52.

16210   SWETNAM, J., « On Romans 8,23 and the « Expectation of Sonship » », Bibl 48 (1967) 102-108.

Fils de David. Son of David. Sohn Davids. Figlio di Davide. Hijo de David.

16211   MACKE, C., « Fils de David », CE N° 2 (1952) 34-35.

16212   DE VAUX, J., « Jésus-Christ, fils de David, fils d'Abraham », CE N° 22 (1956) 29-58.

16213   GOURBILLON, J. G., « Le Messie fils de David », CE N° 24 (1956) 5-80.

16214   LIGIER, L., *Péché d'Adam et péché du monde,* « Le fils de David », II, 62-67.

16215   GIBLET, J., « Jésus, fils de David », LV N° 57 (1962) 3-21.

16216   VAN IERSEL, B., « Fils de David et Fils de Dieu », dans *La venue du Messie* (en collab.), 113-132.

16217   VANDERHAEGEN, J., « Le fils de David », AS N° 37 (1965) 63-88.

16218   FITZMYER, J. A., « La tradition du Fils de David en regard de Mt 22,41-46 et des écrits parallèles », Conci N° 20 (1966) 67-78.

Fils de Dieu. Son of God. Sohn Gottes. Figlio di Dio. Hijo de Dios.

16219   BONSIRVEN, J., *Les enseignements de Jésus-Christ,* « Dieu-Amour, Dieu-Père; la prière des enfants de Dieu; confiance filiale libératrice », 131-176.

16220   McKENZIE, J. L., *Divine Sonship in the Old Testament* (Weston, Weston College, 1946), 16 pp.

16221   BONSIRVEN, J., *L'évangile de Paul,* « Le Père révèle le Fils, en qui se révèle la Trinité », 49-83.

16222   BONSIRVEN, J., *Théologie du N. T.,* « Le fils unique de Dieu », 41-47.

16223   ZEDDA, S., *L'adozione a Figli di Dio e lo Spiroto Santo.* Storia dell'interpretazione e teologia mistica di Gal. 4,6 (Roma, Pontificio Istituto Biblico, 1952), 23-190 pp.

16224   GIBLET, J., « Jésus et le « Père » dans le IVᵉ Évangile », dans *L'Évangile de Jean* (en collab.), 111-130.

16225   MÉNARD, J.-E., « Un titre messianique propre au livre des Actes : le $\pi\alpha\tilde{\iota}\varsigma$ $\theta\epsilon o\tilde{\upsilon}$ », SMR 1 (1958) 213-224.

16226   STUHLMUELLER, C., « The Mission of the Son », Wor 33 (1958) 27-36.

16227 DACQUINO, P., « Dio Padre e i Cristiani figli secondo S. Paolo », ScuolC 88 (1960) 366-374.

16228 GUILLET, J., « À propos des titres de Jésus : Christ, Fils de l'homme, Fils de Dieu », dans À la rencontre de Dieu. Mémorial Albert Gelin (en collab.), 309-318.

16229 TERNANT, P., « La filiation divine », AS N° 11 (1961) 43-62.

16230 CERFAUX, L., Le chrétien dans la théologie paulinienne, « Participation à la qualité de Fils de Dieu », 296-302.

16231 VAN IERSEL, B., « Fils de David et Fils de Dieu », dans La venue du Messie (en collab.), 113-132.

16232 LEGRAND, L., « L'arrière-plan néo-testamentaire de Luc 1,35 », RB 70 (1963) 161-192.

16233 SABOURIN, L., Les noms et les titres de Jésus, « Le Fils de Dieu, le bien-aimé », 233-244.

16234 SCHOENBERG, M. W., « Huiothesia : The Word and the Institution », SCR 15 (1963) 115-123.

16235 ZEDDA, S., « L'adozione a figli di Dio », RivB 12 (1964) 413-418.

16236 GEORGE, A., « Jésus Fils de Dieu dans l'Évangile selon saint Luc », RB 72 (1965) 185-209.

16237 THÜSING, W., Per Christum in Deum, « Christus als Sohn und unsere « Einsetzung zu Söhnen » », 116-121.

16238 McCARTHY, D. J., « Israel, my First-Born Son », Way 5 (1965) 183-191.

16239 VOSS, G., Die Christologie der lukanischen Schriften in Grundzügen, « Υἱὸς ἀγαπητός », 85-94.

16240 DEXINGER, F., Sturz der Göttersöhne oder Engel vor der Sintflut ? 140 pp.

16241 LAMARCHE, P., Christ vivant. Essai sur la christologie du Nouveau Testament, « La filiation divine de Jésus », 165-168.

16242 GEORGE, A., « Son of God in Luke », TDig 15 (1967) 128-133.

16243 CLARKE, T., « The Son of the Living God », Way 8 (1968) 97-105.

16244 FLICK, M., ALSZEGHY, Z., Fondamenti di una antropologia teologica, « L'uomo sotto il segno di Cristo : La somiglianza con Dio restituta », 281-301.

16245 SANTANER, M.-A., « Vivre en fils du même Père », AS (n.s.) N° 62 (1970) 33-38.

Fils de l'homme. Son of Man. Menschensohn. Figlio dell'uomo. Hijo del hombre.

Ancien Testament. Old Testament. Altes Testament. Antico Testamento. Antiguo Testamento.

16246 JOÜON, P., « Les unions entre les « Fils de Dieu » et les « Filles des Hommes » (Gen. 6,1-4) », RSR 29 (1939) 108-114.

16247 COLERAN, J. E., « The Sons of God in Genesis 6,2 », TS 2 (1941) 488-509.

16248 McKENZIE, J. L., « The Divine Sonship of the Angels », CBQ 5 (1943) 293-300.

16249 McKENZIE, J. L., « The Divine Sonship of Men in the Old Testament », CBQ 7 (1945) 326-339.

16250 McKENZIE, J. L., Divine Sonship in the Old Testament (Weston, Mass., Weston College, 1946), 50 pp.

16251 PAUL-MARIE DE LA CROIX, P., L'Ancien Testament source de vie spirituelle³, « La personne du Sauveur : le Fils de l'Homme », 409-412.

16252 BAUER, J. B., « Videntes filii Dei filias hominum (Gen 6,1-4) », VD 31 (1953) 95-100.

16253 FEUILLET, A., « Le Fils de l'homme de Daniel et la tradition biblique », RB 60 (1953) 170-202, 321-346.

16254 VAN DEN BUSSCHE, H., « L'attente de la grande Révélation dans le quatrième
        Évangile », NRT 75 (1953) 1009-1019.

16255 DELORME, J., « Le fils de l'homme : ce vermisseau », CE Nº 16 (1954) 8-13.

16256 DE FRAINE, J., *Adam et son lignage*, « Le « fils de l'homme » (et la personnalité
        corporative) », 172-178.

16257 KRUSE, H., « Compositio Libri Danielis et idea Filii Hominis », VD 37 (1959) 147-161,
        193-211.

16258 SCHEIFLER, J. R., « El hijo del hombre en Daniel », EstE 34 (1960) 789-804.

16259 COPPENS, J., « Le fils d'homme daniélique et les relectures de Dan., VII,13, dans les
        apocryphes et les écrits du Nouveau Testament », ETL 37 (1961) 5-51.

16260 COPPENS, J., « Le chapitre XII de Daniel », ETL 39 (1963) 87-94.

16261 COPPENS, J., « Le fils d'homme daniélique, vizir céleste ? » ETL 40 (1964) 72-80.

16262 DHANIS, É., « De filio hominis in Vetere Testamento et in judaismo », Greg 45 (1964)
        5-59.

16263 McKENZIE, J. L., *The Power and the Wisdom*, « The Servant of the Lord and the Son
        of Man », 90-107.

Nouveau Testament. New Testament. Neues Testament. Nuovo Testamento. Nuevo Testamento.

16264 OGARA, F., « De Messia « Filio Dei » in Vetere Testamento », VD 15 (1935) 48-55,
        77-86.

16265 OGARA, F., « Qui nos transtulit in regnum Filii dilectionis suae (Col. 1,13) », VD 17
        (1937) 296-302.

16266 McKENZIE, J. L., « Divine Sonship and Individual Religion », CBQ 7 (1945) 32-47.

16267 SAYDON, P. P., « The Divine Sonship of Christ in Psalm 2 », SCR 3 (1948) 32-35.

16268 VOSTÉ, J.-M., « The Title « Son of Man » in the Synoptic Gospels », AmER 120 (1949)
        310-326; 121 (1949) 18-33.

16269 BONSIRVEN, J., *Les enseignements de Jésus-Christ*, « Le Fils de l'homme : l'expression
        dans la littérature biblique et juive; usage de Jésus », 63-74.

16270 BONSIRVEN, J., *Théologie du N. T.*, « Le fils de l'homme », 35-41.

16271 VÖGTLE, A., « Die Adam-Christus-Typologie und « Der Menchensohn » », TrierTZ
        60 (1951) 309-328.

16272 PAUL-MARIE DE LA CROIX, P., *L'Ancien Testament source de vie spirituelle³*, « La
        personne du Sauveur : le Fils de Dieu », 412-419.

16273 BARSOTTI, D., *Vie mystique et mystère liturgique*, « L'Esprit : fils de Dieu », 290-293.

16274 CASTELLINI, G., « De Jo 1,12 in quibusdam citationibus patristicis », VD 32 (1954)
        155-157.

16275 FEUILLET, A., « L'*exousia* du Fils de l'Homme (d'après Marc 2,10-28 et par.) », RSR
        42 (1954) 161-193.

16276 BOISMARD, M.-É., *Du baptême à Cana*, « Théologie du Fils de l'Homme », 108-112.

16277 GEORGE, A., « Le Père et le Fils dans les Évangiles synoptiques », LV Nº 29 (1956)
        27-40.

16278 LAURENTIN, R., *Structure et théologie de Luc I-II*, « Le Christ-Seigneur et Fils de
        Dieu en Luc I-II », 120-147.

16279 SANDERS, I. L., « The Origin and Significance of the Title « The Son of Man » as
        Used in the Gospels », SCR 10 (1958) 49-56.

16280 LIGIER, L., *Péché d'Adam et péché du monde*, « Le fils de l'homme et son Église : *Mth.*
        16 et 19-20 », II, 36-62.

16281 GUILLET, J., « À propos des titres de Jésus : Christ, Fils de l'homme, Fils de
        Dieu », dans *À la rencontre de Dieu*. Mémorial Albert Gelin (en collab.), 309-318.

16282 SABOURIN, L., *Rédemption sacrificielle,* « Le « fils de l'homme » incarné et rédempteur », 256-301.

16283 BRAUN, F.-M., « Messie, Logos et Fils de l'Homme », dans *La venue du Messie* (en collab.), 133-147.

16284 FEUILLET, A., « Le triomphe du Fils de l'homme d'après la déclaration du Christ aux Sanhédrites (Mc., xiv,62; Mt., xxvi,64; Lc., xxii,69) », dans *La venue du Messie* (en collab.), 149-171.

16285 FRANSEN, I., « L'avènement du Fils de l'Homme (Matthieu 19,1-25,46) », BVC N° 48 (1962) 27-38.

16286 LARCHER, C., *L'Actualité chrétienne de l'Ancien Testament d'après le Nouveau Testament,* « Jésus et l'appellation de Fils de l'homme », 176-192.

16287 CAMBE, M., « Le fils de l'homme dans les évangiles synoptiques », LV N° 62 (1963) 32-64.

16288 SABOURIN, L., *Les noms et les titres de Jésus,* « Le fils de l'homme », 193-204.

16289 SMYTH, K., « Heavenly Man and Son of Man in St. Paul », dans *Studiorum Paulinorum Congressus 1961* (en collab.), I, 219-230.

16290 TRÉMEL, Y.-B., « Le fils de l'homme selon saint Jean », LV N° 62 (1963) 65-92.

16291 VÖGTLE, A., « Der « Menschensohn » und die paulinische Christologie », dans *Studiorum Paulinorum Congressus 1961* (en collab.), I, 199-218.

16292 DION, H.-M., « Quelques traits originaux de la conception johannique du Fils de l'Homme », SE 19 (1967) 49-65.

16293 LAMBRECHT, J., *Die Redaktion der Markus-Apokalypse,* « Mk 13, 24-27 : Die Ankunft des Menschensohns », 173-193.

16294 SEIDENSTICKER, P., *Zeitgenössische Texte zur Osterbotschaft der Evangelien,* « Osterberichte des apokalyptischen Stils : 1. Der erhöhte Menschensohn; 2. Die Gestalt des Menschensohnes Christus », 43-50.

16295 CORTES, J. B., GATTI, F. M., « The Son of Man or the Son of Adam », TDig 17 (1969) 121-128.

16296 GEORGE, A., « La venue du Fils de l'homme (Lc 21,25.28.34-36) », AS (n.s.) N° 5 (1969) 71-79.

16297 VAN CANGH, J. M., « Le Fils de l'homme dans la tradition synoptique », RTL 1 (1970) 411-419.

Divers. Miscellaneous. Verschiedenes. Diversi. Diversos.

16298 DELORME, J., « Le Fils de l'homme », CE N° 16 (1954) 5-72.

16299 LIGIER, L., *Péché d'Adam et péché du monde,* « Le Fils de l'homme », II, 24-36.

16300 GEORGE, A., « La venue du Fils de l'homme », AS N° 3 (1963) 29-38.

16301 ORRIEUX, L.-M., « Le problème du fils de l'homme dans la littérature apocalyptique », LV N° 62 (1963) 9-31.

16302 MARLOW, R., « The Son of Man in Recent Journal Literature », CBQ 28 (1966) 20-30.

16303 CORTES, J. B., CATTI, F. M., « The Son of Man or the Son of Adam », Bibl 49 (1968) 457-502.

16304 DE LA POTTERIE, I., « L'exaltation du Fils de l'homme (Jn 12,31-36) », Greg 49 (1968) 460-478.

16305 STANLEY, D. M., « The Quest of the Son of Man », Way 8 (1968) 3-17.

Foi. Faith. Glaube. Fede. Fe.

Judaïsme. Judaism. Judentum. Giudaismo. Judaísmo.

16306 LEBRETON, J., *Lumen Christi,* « La foi en Dieu dans le judaïsme », 5-9.

16307   TRESMONTANT, C., *Essai sur la pensée hébraïque*, « L'intelligence spirituelle qui est la foi », 130-137.

16308   DUPLACY, J., « La foi dans le Judaïsme », LV N° 22 (1955) 19-44.

Ancien Testament. Old Testament. Altes Testament. Antico Testamento. Antiguo Testamento.

16309   FERNANDEZ, A., « Credidit Abraham Deo et reputatum est illi ad justitiam (Gen. 15,6) », VD 11 (1931) 326-330.

16310   FEUILLET, A., « Abraham, notre père dans la foi », VS 83 (1950) 20-29.

16311   HEINISCH, P., *Theology of the Old Testament*, « Belief in God's Existence », 43-48.

16312   VIRGULIN, S., « La « fede » nel Profeta Isaia » Bibl 31 (1950) 346-364.

16313   LARCHER, C., « La profession de foi dans l'Ancien Testament », LV N° 2 (1952) 15-38.

16314   PAUL-MARIE DE LA CROIX, P., *L'Ancien Testament source de vie spirituelle*[3], « La foi : l'éducation de la foi », 559-578; « Les témoins privilégiés de la foi en Israël », 578-597; « Les études du développement de la foi dans l'Ancien Testament », 597-635; « La vie de foi dans les Psaumes », 635-646; « Un pèlerin de la foi : l'auteur du Psaume 118 », 646-658.

16315   MICHALON, P., « La foi, rencontre de Dieu et engagement envers Dieu, selon l'Ancien Testament », NRT 75 (1953) 587-600.

16316   BAUER, J., « Der Glaube im Alten Testament », BiLit 23 (1955-56) 226-230.

16317   GELIN, A., « La foi, dans l'Ancien Testament », LV N° 22 (1955) 7-18.

16318   O'CONNOR, E. D., « The Faith of Abraham and the Faith of the Virgin Mary », AmER 132 (1955) 232-238.

16319   CURLEY, F. X., « Sara, Mother of All Believers », AmER 135 (1956) 361-369.

16320   DANIÉLOU, J., *Les saints païens de l'Ancien Testament*, Introduction, 15-38.

16321   VAN IMSCHOOT, P., *Théologie de l'Ancien Testament*, « Foi en Dieu », II, 101-103.

16322   DU BUIT, F. J., RAMLOT, M.-L., « Abraham, Père et modèle des croyants », CE N° 38 (1960) 5-90.

16323   GRELOT, P., *Sens chrétien de l'A. T.*, « Le mystère du Christ, objet de la foi », 142-151; « L'histoire d'Israël dans ses rapports avec la foi », 251-259; « L'histoire et sa signification pour la foi », 267-275.

16324   PRAGER, M., « Jesajah, der Prophet des Glaubens », BiLit 37 (1963-64) 143-150.

16325   MacKENZIE, R. A. F., *Faith and History in the Old Testament* (New York, MacMillan, 1963), 124 pp.

16326   MORIARTY, F. L., « Faith in Israel », Way 4 (1964) 3-12.

16327   DELHAYE, P., « Nature de la foi dans l'Ancien Testament », AmiCl 76 (1966) 121-127, 618-622, 633-636, 655-670.

16328   SCHREINER, J., « Le développement du « Credo » israélite », Conci N° 20 (1966) 31-39.

16329   FESTORAZZI, F., « Nous voilà en sûreté ! (Jr 7,10). La foi des deux Testaments comme expérience salvifique », Conci N° 30 (1967) 45-56.

16330   McCARTHY, D. J., « The Religion of the Old Testament », Way 9 (1969) 175-183.

Nouveau Testament. New Testament. Neues Testament. Nuovo Testamento. Nuevo Testamento.

a) *Paul. Paulus. Paolo. Pablo.*

16331   FERNANDEZ, A., « Fides et Opera apud S. Paulum et S. Iacobum », VD 12 (1932) 177-180.

16332 PORPORATO, F., « Sine fide impossibile est placere Deo (Heb. 11,6) », VD 19 (1939) 213-218.

16333 SPICQ, C., « L'exégèse de Hebr. XI,1 par S. Thomas d'Aquin », RSPT 31 (1947) 229-236.

16334 BONSIRVEN, J., L'évangile de Paul, « La foi », 177-185; « Justice de la foi : sa nature », 198-212; « Vertus théologales », 292-309.

16335 MORAN, J. W., « Justification by Faith and Works », AmER 119 (1948) 407-413.

16336 PRAT, F., La théologie de saint Paul[38], « Justification par la foi sans les oeuvres de la Loi », I, 197-214; « La foi principe de justification : la foi justifiante », I, 279-291; « La justification par la foi », I, 291-301; « La sanctification », I, 301-305; « La foi dans saint Paul », I, 536-545.

16337 SPICQ, C., Spiritualité sacerdotale d'après saint Paul, « Les vertus théologales du prêtre », 110-128.

16338 BONSIRVEN, J., Théologie du Nouveau Testament, 310-328.

16339 DE BROGLIE, G., « Le texte fondamental de saint Paul contre la foi naturelle (I Cor. 12,3) », dans Mélanges Jules Lebreton, I, RSR 39 (1951) 253-266.

16340 LYONNET, S., « De Rom. 3,30 et 4,3-5 in Concilio Tridentino et apud S. Robertum Bellarminum », VD 29 (1951) 88-97.

16341 BOISMARD, M.-É., « La foi selon saint Paul », LV N° 22 (1955) 65-90.

16342 KUSS, O., « Der Glaube nach den paulinischen Hauptbriefen », ZKT 46 (1956) 1-26.

16343 GARCIA, T., « De fide in Epistola ad Romanos », Div 2 (1958) 576-596.

16344 GONZALEZ RUIZ, J. M., « Sentido communitario-eclesial de algunos sustantivos abstractos en San Pablo », EstB 17 (1958) 289-322.

16345 VICENTINI, J. I., « De necessitate operum in priori parte Epistolae ad Rom. », VD 36 (1958) 270-283.

16346 AMIOT, F., Les idées maîtresses de saint Paul, « Abraham et la justification par la foi », 62-67; « L'accès à la justification : la foi et le baptême », 111-123.

16347 FAHY, T., « Faith and the Law : Epistle to the Romans, ch. 4 », IrThQ 28 (1961) 207-214.

16348 CERFAUX, L., Le chrétien dans la théologie paulinienne, « Le message de Dieu et la foi », 119-138.

16349 MONTAGUE, G. T., « The Growth of Faith, Hope and Charity According to St. Paul », AmER 147 (1962) 308-318.

16350 VIARD, A., « Le salut des croyants d'après l'épître aux Romains », AmiCl 72 (1962) 257-259, 346-352, 461-464, 476-478, 497-500, 561-566.

16351 BUTLER, C., « The Object of Faith according to St. Paul's Epistles », dans Studiorum Paulinorum Congressus 1961 (en collab.), I, 15-30.

16352 DEWAILLY, L.-M., La jeune Église de Thessalonique, « La foi, l'amour, l'espérance », 87-109.

16353 KUSS, O., Auslegung und Verkündigung, « Der Glaube nach den paulinischen Hauptbriefen », I, 187-212.

16354 MUSSNER, F., « Der Glaube Mariae im Lichte des Römerbriefes », Catho 18 (1964) 258-268.

16355 LACAN, M.-F., « L'éducation de la foi (Ga 3,16-22) », AS N° 67 (1965) 19-35.

16356 BROX, N., Paulus und seine Verkündigung, « Der Glaube des Christen nach Paulus », 77-110.

16357 MULKA, A. L., « Fides quae per caritatem operatur (Gal 5,6) », CBQ 28 (1966) 174-188.

16358   MURPHY-O'CONNOR, J., *La prédication selon saint Paul*, « Accueil et refus »,
        132-157.

16359   CAMBIER, J., *L'Évangile de Dieu selon l'épître aux Romains*, I, « La manifestation de
        la justice de Dieu par le Christ en régime de foi. Rom. 3,12-4,25 », 61-175; « Le régime
        de foi », 146-175; « Foi et justice », 339-429; « La foi chez saint Paul », 339-389.

16360   GIBLIN, C. H., *The Threat to Faith* (2 Th 2), 326 pp.

16361   LYONNET, S., « Foi et charité chez saint Paul », CHR N° 61 (1969) 107-120.

16362   BARTH, M., BARRETT, C. K., BUTLER, C., DUPONT, J., GNILKA, J.,
        JEREMIAS, J., LYONNET, S., MENOUD, P. H., RIGAUX, B., *Foi et salut selon S.
        Paul* (Épître aux Romains 1,16). Colloque oecuménique à l'Abbaye de S. Paul hors les
        Murs, 16-21 avril 1968 (Rome, Biblical Institute Press, 1970), 287 pp.

16363   SCHLIER, H., « Die Anfänge des christologischen Credo », dans *Zur Frühgeschichte
        der Christologie* (en collab.) (Herder, Freiburg i. B., 1970), 13-58.

b) *Évangiles synoptiques. Synoptic Gospels. Synoptische Evangelien. Vangeli Sinottici. Evangelios Sinópticos.*

16364   BONSIRVEN, J., *Les enseignements de Jésus-Christ*, « La foi chrétienne : apologétique
        et pédagogie de Jésus-Christ », 440-486.

16365   BENOIT, P., « La foi dans les évangiles synoptiques », LV N° 22 (1955) 45-64.

16366   DUPLACY, J., « La foi qui déplace les montagnes (*Mt.*, XVII,20; XXI,21) », dans *À la
        rencontre de Dieu*. Mémoire Albert Gelin (en collab.), 273-287.

16367   O'CONNOR, E. D., *Faith in the Synoptic Gospels*. A problem in the Correlation of
        Scripture and Theology (Notre-Dame, Univ. of Notre-Dame Press, 1961), 20-164 pp.

16368   BRINKMANN, B., « Die Glaubwürdigkeit der Evangelien als hermeneutisches
        Problem », ZKT 87 (1965) 61-98.

16369   VAN SEGBROECK, F., « Le scandale de l'incroyance. La signification de Mt. XIII,
        35 », ETL 41 (1965) 344-372.

16370   GOLENVAUX, C., « L'intelligence des paraboles : La foi », BVC N° 72 (1966) 50-54.

16371   RIEDL, J., « Wirklich der Herr ist auferweckt worden und dem Simon erschienen (Lk
        24,34). Entstehung und Inhalt des neutestamentlichen Osterglaubens », BiLit 40 (1967)
        81-110.

16372   BROWN, S., *Apostasy and Perseverance in the Theology of Luke* (Rome, Pont. Biblical
        Institute, 1969), 35-48.

16373   LAMARCHE, P., « La tempête apaisée (Mc 4,35-41) », AS (n.s.) N° 43 (1969) 43-53.

16374   LAMARCHE, P., « L'appel à la conversion et à la foi. La vocation de Lévi (Mc.,
        2,13-17) », LVit 25 (1970) 125-136.

c) *Jean. John. Johannes. Giovanni. Juan.*

16375   HUBY, J., « De la connaissance de foi dans saint Jean », RSR 21 (1931) 385-421.

16376   HUBY, J., *Le discours de Jésus après la Cène, suivi d'une étude sur la connaissance de
        foi dans saint Jean* (VS) (Paris, Beauchesne, 1932), 192 pp.

16377   OGARA, F., « Quis est, qui vincit mundum, nisi qui credit quoniam Jesus est Filius
        Dei ? (Joh. 5,4-10) », VD 18 (1938) 97-103.

16378   LESSEL, J., « De natura et momento fidei quid eruatur ex Evangelio S. Joannis », VD
        20 (1940) 19-28, 85-93, 241-255.

16379   LO GIUDICE, C., « La fede degli Apostoli nel IV Vangelo », Bibl 28 (1947) 59-82,
        264-280.

16380   MUSSNER, F., ZΩH. *Die Anschauung vom « Leben » im vierten Evangelium*, « Die
        Gebundenheit der « Lebens » -Gabe an den *Christusglauben* », 93-96.

16381   BRAUN, F.-M., « L'accueil de la foi selon saint Jean », VS 92 (1955) 344-363.

16382 MOLLAT, D., « La foi dans le quatrième Évangile », LV N° 22 (1955) 91-107.

16383 BARROSSE, T., « The Relationship of Love to Faith in St. John », TS 18 (1957) 538-559.

16384 ROUSTANG, F., « Les moments de l'acte de foi et ses conditions de possibilité. Essai d'interprétation du dialogue avec la Samaritaine », RSR 46 (1958) 344-378.

16385 DECOURTRAY, A., « La conception johannique de la foi », NRT 81 (1959) 561-576.

16386 GRELOT, P., « Le problème de la foi dans le quatrième évangile », BVC N° 52 (1963) 60-71.

16387 BROWN, J. F., « Faith as Commitment in the Gospel of St. John », Wor 38 (1964) 260-267.

16388 VANHOYE, A., « Notre foi, oeuvre divine, d'après le quatrième évangile », NRT 86 (1964) 337-354.

16389 GAFFNEY, J., « Believing and Knowing in the Fourth Gospel », TS 26 (1965) 215-241.

16390 LAZURE, N., *Les valeurs morales de la théologie johannique* (EB) (Paris, Gabalda, 1965), « La foi », 161-206.

16391 MUSSNER, F., *Die Johanneische Sehweise und die Frage nach dem historischen Jesus,* 96 pp.

16392 WURZINGER, A., « Glauben nach Johannes », BiLit 39 (1966) 203-208.

16393 JAUBERT, A., « « Croire » dans l'évangile de Jean », VS 118 (1968) 137-148.

16394 BRAUN, F.-M., « La foi selon saint Jean », RT 69 (1969) 357-377.

16395 CASABO SUQUE, J. M., *La teología moral en San Juan* (Madrid, Fax, 1970), « La reacción del hombre, La fe », 83-106.

16396 MANNUCCI, V., « Amour de Dieu et foi de l'homme (Jn 3,14-21) », AS (n.s.) N° 17 (1970) 40-50.

16397 DE LA POTTERIE, I., « Le croyant qui a vaincu le monde (1 Jn 5,1-6) », AS (n.s.) N° 23 (1971) 34-43.

d) *Divers. Miscellaneous. Verschiedenes. Diversi. Diversos.*

16398 CHARUE, A., *L'incrédulité des Juifs dans le N. T.,* 370 pp.

16399 BRINKMANN, B., « Credere et Fides in Actibus Apostolorum quonam sensu adhibeantur », VD 10 (1930) 121-127, 131-135.

16400 LAGRANGE, M.-J., *La morale de l'Évangile* (Paris, Grasset, 1931), « La morale et la foi », 43-55.

16401 XXX, « Origine du symbole des apôtres », AmiCl 50 (1933) 65-70.

16402 AB ORBISO, T., « Fides sine operibus mortua (Jac 2,14-26) », VD 20 (1940) 65-77.

16403 DEWAILLY, L.-M., *Jésus-Christ, Parole de Dieu,* « La parole de Dieu et notre foi : la parole de Dieu vient à moi », 78-83; « La foi, rencontre de Jésus-Christ », 83-88; « La foi, nouvelle naissance », 88-94; « La foi et les sacrements de la foi », 95-99.

16404 LEBRETON, J., *La vie et l'enseignement de J.-C.[16],* « La foi et l'incrédulité », II, 471-490.

16405 BONSIRVEN, J., *Les enseignements de Jésus-Christ,* « La nature de la foi », 440-456; « Genèse de la foi; Apologétique de Jésus-Christ », 456-470.

16406 DUPONT, J., « Jésus, Messie et Seigneur dans la foi des premiers chrétiens », VS 83 (1950) 385-416, ou dans *Études sur les Actes des Apôtres,* 367-390.

16407 BONSIRVEN, J., *Théologie du Nouveau Testament,* « La foi : oeuvre de Dieu », 149-152; « Le mouvement de la foi dans l'homme », 152-159.

16408 RÉTIF, A., « La foi missionnaire ou kérygmatique et ses signes », RUO 21 (1951) 151*-172*.

16409 GALOT, J., « La Sainte Vierge, modèle de notre foi », LVit 9 (1954) 227-234.

16410 DIDIER, G., *Désintéressement du chrétien*, « La défense de la foi : I. Aux Galates : exigences de la liberté (108-119); II. L'épître aux Romains (120-146) », 108-146.

16411 DUPLACY, J., « Le salut par la foi et le baptême d'après le Nouveau Testament », LV N° 27 (1956) 3-52.

16412 MARLÉ, R., *Bultmann et l'interprétation du N. T.*, « La foi et la philosophie », 107-139.

16413 McKENZIE, J. L., *The Power and the Wisdom*, « The New Life in Christ », 147-167.

16414 TRÉMEL, Y.-B., « Remarques sur l'expression de la foi trinitaire dans l'Église apostolique », LV N° 29 (1956) 41-66.

16415 MEINERTZ, M., « Schisma und Hairesis im Neuen Testament », BZ 1 (1957) 114-118.

16416 MUSSNER, F., « Der historische Jesus und der Christus des Glaubens », BZ 1 (1957) 224-252.

16417 DUPLACY, J., « D'où vient l'importance centrale de la foi dans le N. T. ? » dans *Sacra Pagina* (en collab.), II, 430-439.

16418 SCHNACKENBURG, R., « Jesusforschung und Christusglaube », Catho 13 (1959) 1-17.

16419 BEHLER, G.-M., « La foi, dans la pensée du Christ », VS 118 (1968) 149-160.

16420 MALEVEZ, L., « Le Christ et la foi », dans *Exégèse et Théologie* (en collab.), 209-246.

16421 MALEVEZ, L., « Jésus de l'histoire et interprétation du kérygme », NRT 91 (1969) 785-908.

16422 RASCO, E., « La foi au Christ Seigneur. Fondement de notre vie (Ac 2,14a.36-41) », AS (n.s.) N° 25 (1969) 9-12.

16423 SCHÜRMANN, H., « New Testament Notes on the Question of « Desacralization » : the Point of Contact for the Sacral within the Context of the NT Revelation », TDig 17 (1969) 62-67.

Divers. Miscellaneous. Verschiedenes. Diversi. Diversos.

16424 MÉDEBIELLE, A., « Dépôt de la foi », SDB II, col. 374-395.

16425 PINARD DE LA BOULLAYE, H., « L'Écriture sainte est-elle la règle unique de la foi ? » NRT 63 (1936) 839-867.

16426 ANTOINE, P., « Foi (dans l'Écriture) », SDB III, col. 276-310.

16427 LAJEUNIE, E.-M., « L'homme devant Dieu », VS 71 (1944) 497-513.

16428 DONDAINE, H.-F., « Le baptême est-il encore le sacrement de la foi », MD N° 6 (1946) 76-88.

16429 AUBERT, R., *Le problème de l'acte de foi.* Données traditionnelles et résultats des controverses récentes (Louvain, Warny, Publications universitaires, 1950), « Quelques notes de théologie scripturaire », 2-13.

16430 BENOIT, P., « La foi », LV N° 22 (1955) 45-64, ou dans BENOIT, P., *Exégèse et théologie,* I, 143-159.

16431 NICOLAS, J.-H., « La foi et les signes », VS 6 (1953) 121-164.

16432 XXX, « Données bibliques sur la foi », LV N° 22 (1955) 3-6.

16433 POELMAN, R., « La foi, croissance intérieure », LVit 11 (1956) 629-640.

16434 SEMMELROTH, O., « Die gottmenschliche Wirklichkeit des Glaubens », TrierTZ 69 (1960) 338-354.

16435 VAWTER, B., « The Biblical Idea of Faith », Wor 34 (1960) 443-450.

16436 VOLK, H., « Petrus steigt aus dem Boot », Catho 14 (1960) 49-54.

16437 ALFARO, J., « Fides in terminologia biblica », Greg 42 (1961) 463-505.

16438 SEIBEL, W., « « Bekenntnis » und « Konfession » », StiZ 169 (1961-62) 228-232.

16439 WURZINGER, A., « Kerygma und Glaube », BiLit 37 (1963-64) 151-154.

16440 CAMBIER, J., « Justice de Dieu, salut de tous les hommes et foi », RB 71 (1964) 537-583.

16441 DELHAYE, P., « La foi », AmiCl 75 (1965) 721-729, 737-740.

16442 GUILLET, J., « Genèse de la foi chez les Apôtres », CHR N° 12 (1965) 177-194.

16443 TERNANT, P., « Les signes et la foi », AS N° 75 (1965) 38-74.

16444 BARS, H., « La purification de la foi », VS 114 (1966) 417-429.

16445 BROX, N., « Gemeinschaft der Glaubenden », BiLit 39 (1966) 85-95.

16446 DE BOVIS, A., « Foi. I. Attitudes de la foi, selon l'Écriture, II. La foi, don de Dieu, III. La foi, vie ecclésiale, IV. La vie de la foi », DS V, col. 530-584.

16447 LAMMERS, K., *Hören, Sehen und Glauben im Neuen Testament,* 114 pp.

16448 MALEVEZ, L., « Le Christ et la foi », NRT 88 (1966) 1011-1043.

16449 ALFARO, J., « La foi, abandon personnel de l'homme à Dieu et acceptation du message chrétien », Conci N° 21 (1967) 49-59.

16450 DE LA POTTERIE, I., « L'onction du chrétien par la foi », Bibl 40 (1967) 12-69.

16451 MALEVEZ, L., « Jésus de l'histoire, fondement de la foi », NRT 99 (1967) 785-799.

16452 MUSSNER, F., « « Bekenntnisstand » und die Heilige Schrift », Catho 21 (1967) 127-137.

16453 PETRI, H., « Eine Neuinterpretation des Glaubens », Catho 21 (1967) 158-161.

16454 STOCKMEIER, P., « Glaube und Paideia. Zur Begegnung von Christentum und Antike », TQ 147 (1967) 432-452.

16455 URS VON BALTHASAR, H., « Der Glaube der Armen », TQ 147 (1967) 177-203.

16456 BEHLER, G.-M., « Le réalisme de la foi », VS 119 (1968) 43-60.

16457 GALBIATI, E., *La fede nei personaggi della Bibbia* (Milano, Jaca Book, 1968), 194 pp.

16458 GONZALEZ QUEVEDO, J., « La fe, principio de vida », Manr 40 (1968) 35-46, 219-234.

16459 KELLY, J., « Faith : Response to the Word of God », AmER 159 (1968) 305-330.

16460 WHELAN, J., « Faith and Hope and Love », Way 8 (1968) 251-259.

16461 BARTH, M., « The Faith of the Messiah », HeyJ 10 (1969) 363-370.

16462 BLANK, J., *Schriftauslegung in Theorie und Praxis,* « Die Glaubensgemeinde im heidnischen Staat », 174-186.

16463 BOUTRY, A., « Solitude d'aujourd'hui et foi chrétienne », BVC N° 85 (1969) 50-61.

16464 FLORKOWSKI, J., « La Foi et la Révélation selon Bultmann », AmiCl 79 (1969) 185-190.

16465 En collaboration, *Glaubensbegründung heute* (Graz, Styria, 1970), 132 pp.

16466 FORSYTH, J. J., BENISKOS, J. M., « Biblical Faith and Erich Fromm's Theory of Personality », RUO 40 (1970) 69-91.

Force. Kraft. Forza. Fuerza.

16467 SPICQ, C., *Spiritualité sacerdotale d'après saint Paul,* « La vertu de force dans le ministère pastoral », 129-145.

16468 LARCHER, C., « L'origine divine du pouvoir d'après le livre de la Sagesse », LV N° 49 (1960) 84-98.

16469 BEAUCAMP, É., « Riflessioni sull'idea di « forza » nella Bibbia », BibOr 4 (1962) 81-83.

16470 DUPONT, J., « Appel aux faibles et aux forts dans la communauté romaine (Rom 14,1-15,13) », dans *Studiorum Paulinorum Congressus 1961* (en collab.), I, 347-366.

16471 CAMBIER, J., « Justice de Dieu, salut de tous les hommes et foi », RB 71 (1964) 537-583.

16472   DU BUIT, M., « La puissance du Seigneur », CE N° 47 (1963) 7-57; N° 51 (1963) 5-60; N° 56 (1964) 13-66.

16473   BERNARD, C.-A., « Force. I. Dans l'Écriture », DS V, col. 685-689.

Gentils. Gentiles. Heiden. Gentili. Gentiles.

16474   PETERSON, E., *Le mystère des Juifs et des Gentils dans l'Église* (Paris, Desclée, sans date), 1-66.

16475   ROBERT, A., « Israël et le salut des nations », VS 59 (1939) 225-240.

16476   BENOIT, P., « Le message de Paul aux Gentils selon W. L. Knox », RB 50 (1941) (*Vivre et Penser*, I) 140-147, ou dans BENOIT, P., *Exégèse et théologie*, II, 97-106.

16477   CERFAUX, L., « Abraham, père, en circoncision, des Gentils (Rom. IV,12) », dans *Mélanges E. Podechard* (en collab.), 57-62.

16478   BONSIRVEN, J., *L'évangile de Paul*, « Israël et les nations; la promesse faite à Abraham; Israël : religion et nation », 125-132.

16479   CERFAUX, L., *La théologie de l'Église suivant saint Paul*², « La convocation des Gentils », 133-142.

16480   CHAVASSE, A., « Du peuple de Dieu à l'Église du Christ », MD N° 32 (1952) 40-52.

16481   BERTRANGS, A., « La vocation des Gentils chez saint Paul », ETL 30 (1954) 391-415.

16482   RINALDI, G., « Il messianesimo tra le Genti in San Matteo », RivB 2 (1954) 318-324.

16483   SCHLIER, H., *Die Zeit der Kirche*, « Von den Heiden. Röm. 1,18-32 », 29-37; « Die Entscheidung für die Heidenmission in der Urchristenheit », 90-107.

16484   DUPONT, J., « Pierre et Paul à Antioche et à Jérusalem », RSR 45 (1957) 42-60, 225-239.

16485   FEUILLET, A., « La conversion et le salut des nations chez le prophète Isaïe », BVC N° 22 (1958) 3-22.

16486   LÉON-DUFOUR, X., « Juif et Gentil selon Romains 1-11 », dans *Studiorum Paulinorum Congressus 1961* (en collab.), I, 309-316.

16487   RIEDL, J., *Das Heil der Heiden nach R 2, 14-16.26.27* (Mödling bei Wien, St. Gabriel Verlag, 1965), 240 pp.

Gloire de Dieu. Glory of God. Herrlichkeit Gottes. Gloria di Dio. Gloria de Dios.

16488   ROVIRA, J., « El fin del hombre, la gloria de Dios », Manr 7 (1931) 107-115.

16489   LAVAUD, M.-B., « Le corps dans la gloire », VS 55 (1938) 113-136.

16490   LAVAUD, M.-B., « Les joies de la gloire », VS 59 (1939) 129-157.

16491   LATTEY, C., « The Glorified Body in St. Paul's Epistles », SCR 1 (1946) 55-56.

16492   PLÉ, A., « La gloire de Dieu », VS 74 (1946) 479-490, 502-517.

16493   VONIER, A., « The Glorification of Christ and the Eucharist », Wor 21 (1946-47) 405-413.

16494   BEIRNAERT, L., « La gloire de Dieu », *L'Anneau d'Or* N° 31 (1950) 5-7.

16495   KACUR, P., « De textu Io 1,14 c. », VD 29 (1951) 20-27.

16496   BARSOTTI, D., *Vie mystique et mystère liturgique*, « La résurrection : dans la gloire du Christ », 197-202; « À la droite de Dieu », 216-223; « La transfiguration du Christ », 435-440; « Le mystère de la gloire », 441-448; « L'exaltation de la Croix », 449-454.

16497   DUPLACY, J., « L'espérance de la gloire de Dieu dans l'Ancien Testament », BVC N° 8 (1954-55) 40-54.

16498   GUILLET, J., *Thèmes bibliques*, « Gloire de Dieu », 62, 118-119, 125-126, 185-186, 196.

16499   VAN IMSCHOOT, P., *Théologie de l'Ancien Testament*, « La gloire », 212-220.

16500   BOUYER, L., *Le quatrième évangile*², « La demeure et la gloire », 62-66.

16501 DUPLACY, J., « La gloire de Dieu et du Seigneur Jésus dans le Nouveau Testament », BVC N° 9 (1955) 7-21.

16502 GUILLET, J., « La gloire du Sinaï », CHR N° 11 (1956) 293-309.

16503 MOLLAT, D., « Nous avons vu sa gloire », CHR N° 11 (1956) 310-327.

16504 BESNARD, A.-M., « Nous avons vu sa gloire », VS 98 (1958) 5-19.

16505 RIDOUARD, A., GOURBILLON, J. G., « Rendons grâce au Seigneur : la gloire et la croix » (la lettre aux Galates), CE N° 30 (1958) 23-24.

16506 THÜSING, W., *Die Erhöhung und Verherrlichung Jesu im Johannesevangelium* (Münster, Aschendorff, 1959), 304 pp.

16507 FERRIÈRE, C., « Tu diras à tes enfants : Glorifie le Seigneur », BVC N° 33 (1960) 62-67.

16508 PAX, E., « Ex Parmenide ad Suptuaginta. De notione vocabuli δόξα », VD 38 (1960) 92-102.

16509 COUNE, M., « Transfigurés de gloire en gloire à l'image du Seigneur », AS N° 28 (1963) 81-97.

16510 DE FRAINE, J., « La « gloire » dans l'Ancien Testament », AS N° 28 (1963) 45-63.

16511 GUILLET, J., *Jésus-Christ hier et aujourd'hui,* « La gloire du Fils unique », 35-51.

16512 SCHLIER, H., « Doxa bei Paulus als heilsgeschichtlicher Begriff », dans *Studiorum Paulinorum Congressus 1961* (en collab.), I, 45-56.

16513 DESEILLE, P., « Gloire de Dieu. I. Dans l'Écriture. A. Ancien Testament, B. Nouveau Testament », DS VI, col. 421-436.

16514 VOSS, G., *Die Christologie der lukanischen Schriften in Grundzügen,* « Die Erhöhung Jesu », 131-153.

16515 ELLEBRACHT, M. P., « Glory, a Dynamic Concept », Wor 39 (1965) 16-20.

16516 HARRIOTT, J., « Your Divine Majesty », Way 5 (1965) 134-144.

16517 SPICQ, C., *Théologie morale du Nouveau Testament,* « Grâce-gloire. Rendre grâces et rendre gloire », 110-164.

16518 HAULOTTE, E., *Symbolique du vêtement selon la Bible,* « La gloire de Dieu couvrant l'univers et les hommes comme un vêtement », 179-190; « La gloire du Christ communiquée au peuple de Dieu », 207-326.

16519 BEAUCAMP, É., DE RELLES, J.-P., *Israël attend son Dieu,* « La gloire du nom dont Israël est le témoin », 96-108; « Le nom que l'univers acclame », 109-120.

16520 GRABNER-HAIDER, A., « Résurrection et glorification : remarques bibliques », Conci N° 41 (1968) 59-72.

16521 NAVONE, J. J., « « Glory » in Pauline and Johannine Thought », Wor 42 (1968) 48-52.

Gloire des élus. Glory of the Chosen. Herrlichkeit der Erwählten. Gloria degli eletti. Gloria de los elegidos.

16522 LAVAUD, M.-B., « Le corps dans la gloire », VS 55 (1938) 113-136.

16523 LAVAUD, M.-B., « Les joies de la gloire », VS 59 (1939) 129-157.

16524 LATTEY, C., « The Glorified Body in St. Paul's Epistles », SCR 1 (1946) 55-56.

16525 BOUYER, L., *Le quatrième évangile²,* « La gloire du Christ et les siens », 192-201.

16526 COUNE, M., « Transfigurés de gloire en gloire à l'image du Seigneur », AS N° 28 (1963) 81-97.

16527 GRABNER-HAIDER, A., « Résurrection et glorification : Remarques bibliques », Conci N° 41 (1969) 59-72.

16528 GRELOT, P., « La procession des peuples vers la nouvelle Jérusalem », AS (n.s.) N° 12 (1969) 6-10.

16529   KEHL, N., « Erniedrigung und Erhöhung in Qumran und Kolossä », ZKT 91 (1969)
        364-394.

16530   COPPENS, J., « La gloire des croyants d'après les lettres pauliniennes », ETL 46 (1970)
        389-392.

16531   SANCHEZ BOSCH, J., « *Gloriarse* » *según san Pablo.* Sentido y teología de
        καυχαομαι (Rome, Biblical Institute Press, 1970), 341 pp.

Glossolalie. Glossolalia. Glossolalie. Glossolalia. Glosolalía.

16532   CERFAUX, L., « Le symbolisme attaché au miracle des langues », ETL 13 (1926)
        256-259, ou dans *Recueil Lucien Cerfaux,* II, 183-188.

16533   LYONNET, S., « De glossolalia Pentecostes ejusque significatione », VD 24 (1944)
        65-75.

16534   TRAVERS, J., « Le mystère des langues dans l'Église », MD N° 11 (1947) 15-38.

Gnose. Gnosis. Gnosi. Gnosis.

16535   CERFAUX, L., « Gnose préchrétienne et biblique », SDB III, col. 659-701.

16536   DUPONT, J., *Gnosis.* La connaissance religieuse dans les épîtres de saint Paul, « Le
        charisme de gnose », 151-263; « Gnose et liberté », 266-377; « Gnosis et agapè »,
        379-417.

16537   MUSSNER, F., ΖΩΗ. *Die Anschauung vom* « *Leben* » *im vierten Evangelium,* « Der
        gnostische Lebensmythus », 36-47; « Abhebung des johanneischen Lebensbegriffes
        gegen den Lebensbegriff des Judentums, der Synoptiker und der Gnosis », 182-186.

16538   BRAUN, F.-M., « L'énigme des Odes de Salomon », RT 57 (1957) 597-625.

16539   CERFAUX, L., « Les paraboles du Royaume dans l'Évangile de Thomas », *Le Muséon*
        70 (1957) 307-327 ou dans *Recueil Lucien Cerfaux,* III, 61-80.

16540   QUISPEL, G., « L'Évangile de Jean et la gnose », dans *L'Évangile de Jean* (en collab.),
        197-208.

16541   CERFAUX, L., « De saint Paul à l'Évangile de Vérité », *New Testament Studies* 5
        (1958-59) 103-122, ou dans *Recueil Lucien Cerfaux,* III, 48-59.

16542   PETERSON, E., *Frühkirche, Judentum und Gnosis* (Freiburg, Herder, 1959), 372 pp.

16543   BAUER, J., « Aufsehenerregende Evangelienfunde », BiLit 27 (1959-60) 267-271.

16544   PRÜMM, K., « Die gnosiologische Struktur der bei der urchristlichantiken
        Erstbegegnung sich abspielenden geistigen Vorgänge », dans *Studiorum Paulinorum
        Congressus 1961* (en collab.), II, 311-321.

16545   QUECKE, H., « Lk 2,34 in den alten Übersetzungen und in Protevangelium des Jako-
        bus », Bibl 44 (1963) 499-520.

16546   ROSSANO, P., « La biblioteca gnostica di Nag Hammadi e il Vangelo di San Giovan-
        ni », dans *San Giovanni.* Atti della XVII Settimana Biblica (en collab.), 313-329.

16547   HILL, E., « Revelation and Gnosis », SCR 17 (1965) 80-90.

16548   MÉNARD, J.-E., « L'Évangile selon Philippe et la gnose », RevSR 41 (1967) 305-317.

16549   SEIDENSTICKER, P., *Zeitgenössische Texte zur Osterbotschaft der Evangelien,*
        « Osteroffenbarung Christi in gnostischen Schriften », 69-75.

16550   VAN UNNIK, W. C., « Les idées des gnostiques concernant l'Église », dans *Aux
        origines de l'Église* (en collab.), 175-187.

16551   KRÜGER, P., « Neueste Forschungen zur koptischen Gnosis », TR 66 (1970) 265-270.

Grâce. Grace. Gnade. Grazia. Gracia.

16552   McCLELLAN, W. H., « Recent Bible Study (on the Mystery of the Distribution of
        Divine Grace and its Relation to Human Liberty) », AmER 86 (1932) 91-102.

16553 BONNETAIN, P., « Grâce », SDB III, col. 701-1320.

16554 BURROWS, E., *The Gospel of the Infancy and other Biblical Essays,* « Sanctifying Grace in the OT », 93-100.

16555 BONSIRVEN, J., *L'évangile de Paul,* « Rédemption, salut et grâce », 144-147; « (Dans le Christ) Dieu communique sa grâce », 175-212; « Par l'Église Dieu répand sa grâce », 213-306.

16556 ARENDZEN, J.·P., « The Meaning of « Grace » in John 1,14 », SCR 4 (1949) 22.

16557 CERFAUX, L., « La théologie de la grâce selon S. Paul », VS 83 (1950) 5-19.

16558 GELIN, A., *Les idées maîtresses de l'Ancien Testament,* « La lignée mystique : la grâce », 72-76.

16559 LACAN, M.-F., « Conversion et grâce dans l'Ancien Testament », LV N° 47 (1950) 5-24.

16560 GUILLET, J., *Thèmes bibliques,* « Grâce, justice et vérité : 1. le vocabulaire de base; 2. l'évolution du vocabulaire », 26-93.

16561 RIDOUARD, A., GOURBILLON, J. G., « Rendons grâces au Seigneur », CE N° 30 (1958) 7-79.

16562 AMIOT, F., *Les idées maîtresses de saint Paul,* « La grâce. Le Saint-Esprit », 133-148.

16563 BAUMGARTNER, C., *La grâce du Christ* (Tournai, Desclée et Cie, 1963), « La doctrine de la grâce dans l'Écriture », 11-39.

16564 CAMBE, M., « La χάρις chez saint Luc », RB 70 (1963) 193-207.

16565 ARIAS, L., « La gracia en San Pablo y en San Agustin », Salm 11 (1964) 97-145.

16566 LOHFINK, N., *Das Siegeslied am Schilfmeer.* Christliche Auseinandersetzungen mit dem Alten Testament (Frankfurt a. M., J. Knecht, 1965), 274 pp.

16567 CAMBIER, J., *L'Évangile de Dieu selon l'épître aux Romains,* « Péchés des hommes et grâce de Dieu », I, 195-278; « Péché et grâce », I, 279-338; « La grâce », I, 311-336.

16568 O'CONNELL, K. G., « Grace in the Old Testament », SCR 20 (1968) 42-48.

16569 BIGARÉ, C., « C'est par grâce que nous sommes sauvés ! » AS (n.s.) N° 17 (1970) 34-39.

16570 FLICK, M., ALSZEGHY, Z., *Fondamenti di una antropologia teologica,* « L'uomo sotto il segno di Cristo : L'accesso al Padre », 245-280.

Guerre. War. Krieg. Guerra.

16571 LAGRANGE, M.-J., « L'Évangile et la guerre, une leçon d'exégèse à M. Bayet », VI N° 9 (1930) 356-367.

16572 TOURNAY, R.·, « L'antique poésie guerrière d'Israël », VI N° 8 (1947) 6-22.

16573 ABEL, F.-M., « Les stratagèmes dans le livre de Josué », RB 56 (1949) 321-339.

16574 KRUSE, H., « Ethos victoriae in Vetere Testamento », VD 30 (1952) 3-13, 65-80, 143-153.

16575 GELIN, A., « Notes bibliques », AmiCl 66 (1956) 539-541.

16576 BRUNET, A.-M., « La guerre dans la Bible », LV N° 38 (1958) 31-47.

16577 BREKELMANS, C., « Le *Herem* chez les Prophètes du royaume du nord et dans le Deutéronome », dans *Sacra Pagina* (en collab.), I, 377-383.

16578 DE VAUX, R., « Les combats singuliers dans l'A. T. », dans *Studia Biblica et Orientalia* (en collab.) (Romae, Pont. Inst. Bibl., 1959), I : Vetus Testamentum, 361-374 (Bibl 40 (1959) 495-508), ou dans *Bible et Orient,* 217-230.

16579 DE VAUX, R., *Les institutions de l'A. T.,* « Institutions militaires », II, 9-86.

16580 MORAN, W. L., « The End of the Unholy War and the Anti-Exodus », Bibl 44 (1963) 333-342.

16581   LANGEVIN, P.-É., « Sur l'origine du « Jour de Yahvé » », SE 18 (1966) 359-370.

16582   DUESBERG, H., « De Yahweh, la victoire ! » BVC N° 78 (1967) 45-54.

16583   GIBLIN, C. H., *The Threat to Faith* (2 Th 2), « Holy War Imagery in Verse 8; Verses 9-10 », 89-108.

16584   MERLI, D., « Le guerre di sterminio nell'antichità orientale e biblica », BibOr 9 (1967) 53-68.

16585   LAMBRECHT, J., *Die Redaktion der Markus-Apokalypse,* « Mk 13,5-8 : Pseudo-christusse und Kriege », 91-114.

16586   LANGEVIN, P.-É., *Jésus Seigneur et l'eschatologie. Exégèse de textes prépauliniens,* « Jours historiques et Jour eschatologique de Yahvé », 159-162; « Guerre sainte et Jours de Yahvé », 162-165.

16587   DION, H.-M., « The « Fear Not » Formula and Holy War », CBQ 32 (1970) 565-570.

16588   O'ROURKE, J. J., « The Military in the NT », CBQ 32 (1970) 227-236.

Hénoch. Enoc. Henoc.

16589   DANIÉLOU, J., « L'ascension d'Hénoch », Ir 28 (1955) 257-267.

16590   DANIÉLOU, J., *Les saints païens de l'Ancien Testament,* « Hénoch », 55-72.

16591   GRELOT, P., « La légende d'Hénoch dans les apocryphes et dans la Bible. Origine et signification », RSR 46 (1958) 5-26, 181-210.

16592   GRELOT, P., « La géographie mythique d'Hénoch et ses sources orientales », RB 65 (1958) 33-69.

16593   MILIK, J. T., « Hénoch au pays des aromates (ch. 27-32). Fragments araméens de la grotte 4 de Qumrân (Pl. I) », RB 65 (1958) 70-77.

16594   SANDERS, I. L., « The Origin and Significance of the Title « The Son of Man » as used in the Gospels », SCR 10 (1958) 49-56.

Héritage. Inheritance. Erbe. Eredità. Herencia.

16595   GUILLET, J., *Thèmes bibliques,* « L'héritage de Yahweh », 196-199.

16596   DE VAUX, R., *Les institutions de l'A. T.,* « Succession et héritage », I, 89-91.

16597   DREYFUS, F., « Thème de l'héritage dans l'A. T.», RSPT 42 (1958) 3-49.

16598   DUPONT, J., *Le discours de Milet.* Testament pastoral de saint Paul (Ac 20,18-36), « Procurer l'héritage », 261-283.

16599   CERFAUX, L., *La théologie de l'Église suivant saint Paul*[3], « Les chrétiens, héritiers de Dieu en Abraham », 71-80.

16600   LIPINSKI, E., « La terre promise, héritage de Dieu », AS N° 52 (1965) 46-61.

16601   LANGKAMMER, H., « Den er zum Erben von allem eingesetzt hat (Hebr 1,2) », BZ 10 (1966) 273-280.

16602   LOHFINK, N., *Die Landverheissung als Eid,* 136 pp.

Histoire. History. Geschichte. Storia. Historia.

16603   PAUTREL, R., « La Bible et l'histoire d'Israël », Et 237 (1938) 593-602.

16604   DE LANGHE, R., *Les textes de Ras Shamra-Ugarit et leurs rapports avec le milieu biblique de l'A. T.,* « Le milieu historique des textes de Ras Shamra-Ugarit », II, 254-519.

16605   FÉRET, H.-M., *L'Apocalypse de saint Jean* (Paris, Corrêa, 1946), « Le déroulement de l'histoire et la fin des temps », 262-324.

16606   OBERSTEINER, J., *Biblische Sinndeutung der Geschichte* (Graz, Pustet, 1946), 184 pp.

16607   WALZ, A., « De compositione historica et de historiographia », Ang 43 (1966) 146-164.

16608 DANIÉLOU, J., « Christianisme et histoire », Et 254 (1947) 166-184.

16609 DANIÉLOU, J., *Le mystère de l'Avent*, « Histoire et drame », 7-28; « La Vierge et le temps », 117-142; « Dieu personnage central de l'histoire », 146-148; « Le passé d'Israël image de son avenir », 148-151; « La fidélité du Dieu immuable », 151-152; « Identité de l'histoire de l'Église et de l'histoire d'Israël », 152-155.

16610 VENARD, L., « Historique (genre) », SDB IV, col. 7-32.

16611 DE LUBAC, H., *Histoire et Esprit*, 246-294.

16612 CHAINE, J., *Le livre de la Genèse*, « La composition de la Genèse et l'historiographie chez les Sémites », 493-502.

16613 BOUYER, L., *La Bible et l'Évangile²*, « L'intervention divine dans l'histoire », 39-56.

16614 TRESMONTANT, C., *Essai sur la pensée hébraïque*, « Israël. La philosophie de l'histoire », 70-83.

16615 KUSS, O., « Zur Geschichtstheologie der paulinischen Hauptbriefe », ZKT 46 (1956) 241-260.

16616 McKENZIE, J. L., *The Two-Edged Sword*, « The Hope of the Future », 189-210.

16617 SCHLIER, H., *Die Zeit der Kirche*, « Zum Verständnis der Geschichte. Nach der Offenbarung Johannis », 265-274.

16618 SCHILDENBERGER, J., « Mythos – Wunder – Mysterium », BiLit 24 (1956-57) 99-118, 140-164, 179-198, 222-233.

16619 RIGAUX, B., « L'interprétation apocalyptique de l'histoire », dans *Los Generos literarios de la Sagrada Escritura* (en collab.), 245-273.

16620 SCHILDENBERGER, J., « Generos literarios en los libros del Antíguo Testamento llamados historicos, fuera del Pentateuco », dans *Los Generos literarios de la Sagrada Escritura* (en collab.), 125-168.

16621 VAWTER, B., « Our God is the God of History », Wor 32 (1958) 225-233, 287-300.

16622 BEAUCAMP, É., *La Bible et le sens religieux de l'univers*, « Le dynamisme vital du peuple que Dieu a appelé », 19-33; « Conscience de l'histoire et formation du monothéisme biblique », 69-83.

16623 GOOSSENS, G., « La philosophie de l'histoire dans l'Ancien Orient », dans *Sacra Pagina* (en collab.), I, 242-252.

16624 GROSS, H., « Zum Problem Verheissung und Erfüllung », BZ 3 (1959) 3-17.

16625 ADINOLFI, M., « Storiografia biblica e storiografia classica », RivB 9 (1961) 43-58.

16626 BRUNNER, A., « Der Gott des Geschichte », StiZ 171 (1962-63) 241-253.

16627 CWIEKOWSKI, F. J., « Biblical Theology as Historical Theology », CBQ 24 (1962) 404-411.

16628 GRELOT, P., *Sens chrétien de l'A. T.*, « Dessein de salut et histoire sainte », 102-114; « L'A. T. considéré comme histoire : I. L'histoire du peuple élu sous le régime de la Loi; II. Le rôle de l'histoire de l'A. T. dans le dessein de salut », 249-326.

16629 HARRINGTON, W., « Biblical View of History », IrThQ 29 (1962) 207-222.

16630 LECLERCQ, J., « The Finger of God », Wor 36 (1962) 426-437.

16631 SWAELES, R., « Hodie... L'avènement du Christ, terme du dessein de Dieu », AS Nº 8 (1962) 51-78.

16632 LATOURELLE, R., « Révélation, histoire et Incarnation », Greg 44 (1963) 225-262.

16633 LÉON-DUFOUR, X., *Les évangiles et l'histoire de Jésus*, « Le sens de l'histoire », 458-466; « Jésus de l'histoire ou Christ de la foi ? » 480-486.

16634 MacKENZIE, R. A. F., *Faith and History in the Old Testament* (New York, MacMillan, 1963), 124 pp.

16635   MUSSNER, F., « Die Geschichtstheologie des Epheserbriefes », dans *Studiorum Paulinorum Congressus 1961* (en collab.), II, 59-63.

16636   BRUNNER, A., « Alttestamentliche Geschichtsschreibung », StiZ 174 (1964) 102-114.

16637   DUESBERG, H., « L'histoire, maîtresse de sagesse ? » BVC Nº 58 (1964) 42-52.

16638   KASPER, W., « Grundlinien einer Theologie der Geschichte », TQ 144 (1964) 129-169.

16639   MUSCHALEK, G., GAMPER, A., « Offenbarung in Geschichte », ZKT 86 (1964) 180-196.

16640   ROMANIUK, K., « L'initiative salvifique de Dieu et sa souveraineté absolue sur le temps », RivB 12 (1964) 337-348.

16641   URS VON BALTHASAR, H., « Parole et histoire », dans *La parole de Dieu en Jésus-Christ²* (en collab.), 233-246.

16642   VÖGTLE, A., « Die historische und theologische Tragweite der heutigen Evangelienforschung », ZKT 86 (1964) 385-417.

16643   BARR, J., « Revelation through History », TDig 13 (1965) 24-28.

16644   BREMNER, J., « Salvation History means Today », Wor 39 (1965) 488-492.

16645   DE VAUX, R., « Method in the Study of Early Hebrew History », dans *The Bible in Modern Scholarship* (Nashville, New York, Abingdon Press, 1965), 15-29.

16646   DE VAUX, R., « Les patriarches hébreux et l'histoire », RB 72 (1965) 5-28.

16647   GRELOT, P., *La Bible, parole de Dieu,* « Le Christ au centre de l'histoire », 238-251.

16648   GRELOT, P., *Bible et théologie,* « L'histoire du peuple de Dieu », 56-66.

16649   LATOURELLE, R., « Revelation, History, and the Incarnation », TDig 13 (1965) 29-34.

16650   LOHFINK, N., *Das Siegeslied am Schilfmeer.* Christliche Auseinandersetzungen mit dem Alten Testament (Frankfurt, a. M., J. Knecht, 1965), 274 pp.

16651   BRANDENBURG, A., « Das Absolute in der Geschichte », Catho 20 (1966) 154-156.

16652   GUTWENGER, E., « Offenbarung und Geschichte », ZKT 88 (1966) 393-410.

16653   L'HOUR, J., *La morale de l'Alliance,* « La volonté de Yahvé est une volonté d'histoire », 41-51; « Dieu et l'homme font l'histoire », 83-103.

16654   O'COLLINS, G. G., « Revelation as History », HeyJ 7 (1966) 394-406.

16655   TRILLING, W., *Fragen zur Geschichtlichkeit Jesu,* 184 pp.

16656   GUILLET, J., *L'homme, espoir et souci de Dieu* (Montreuil, Éd. Parabole, 1967), « L'expérience initiale d'Israël », 15-25; « L'homme souci de Dieu », 27-37.

16657   KASPER, W., « Geschichtlichkeit der Dogmen », StiZ 179 (1967) 401-416.

16658   LANGEVIN, P.-É., *Jésus Seigneur et l'eschatologie. Exégèse de textes prépauliniens,* « Sur l'origine du « Jour de Yahvé » (histoire et eschatologie) », 154-167.

16659   STRAMARE, T., « Riflessioni sull'economia della Rivelazione », RivB 15 (1967) 527-542.

16660   VAWTER, B., « History and the World », CBQ 29 (1967) 512-523.

16661   DUESBERG, H., « La présence divine ou l'harmonie de l'histoire », BVC Nº 93 (1968) 56-63.

16662   GALLOWAY, C. J., « Revelation as Event », SCR 20 (1968) 10-19.

16663   THOMA, C., « Auswirkungen des jüdischen Krieges gegen Rom (66-70/73 n. Chr.) auf das rabbinische Judentum », BZ 12 (1968) 30-54, 186-210.

16664   BONY, P., « La parole de Dieu dans l'Écriture et dans l'événement », MD Nº 99 (1969) 94-123.

16665   DE VAUX, R., « Présence et absence de Dieu dans l'histoire d'après l'Ancien Testament », Conci Nº 50 (1969) 13-22.

16666 LOHFINK, G., « Christologie und Geschichtsbild in Apg 3,19-21 », BZ 13 (1969) 223-241.

16667 CANCIK, H., *Mythische und historische Wahrheit*. Interpretationen zu Texten der hethitischen, biblischen und griechischen Historiographie (Stuttgart, Katholisches Bibelwerk, 1970), 136 pp.

16668 FESTORAZZI, F., « Storia della salvezza », RivB 18 (1970) 343-356.

16669 KEEL, O., « Biblish-historisches Handwörterbuch und Bibel-Lexikon » (von Bo REICKE u. L. ROST, H. HAAG), FreibZ 17 (1970) 206-221.

16670 LÉON-DUFOUR, X., « L'exégète et l'événement », RSR 58 (1970) 551-560.

16671 RAURELL, F., « El juicio profético sobre los acontecimientos », EstF 71 (1970) 137-156.

Homme. Man. Mensch. Uomo. Hombre.

16672 VINCENT, A., *Le judaïsme,* « L'homme et sa destinée », 139-159.

16673 JUNKER, H., « Gott und Mensch im Alten Testament », PB 49 (1938) 85-94.

16674 CLOSEN, G. E., « De incarnatione imaginis Dei. Notae quaedam criticae et theologicae de origine corporis humani (Gen. 2,7.18-25) », VD 20 (1940) 105-115; 22 (1942) 228-232.

16675 HEINISCH, P., *Theology of the Old Testament,* « The Creation and Nature of Man », 156-164.

16676 PAUL-MARIE DE LA CROIX, P., *L'Ancien Testament source de vie spirituelle[3],* « L'âme : une soif et un appel », 139-145; « Une conscience de sa misère », 146-151; « Un acte de confiance et d'abandon », 152-164.

16677 LABOURDETTE, M. M., *Le péché originel et les origines de l'homme* (Paris, Alsatia, 1953), 212 pp.

16678 TRESMONTANT, C., *Essai sur la pensée hébraïque,* « L'absence du dualisme âme-corps », 88-107; « La dimension nouvelle : le *pneuma* », 107-116; « Le coeur de l'homme », 117-124; « La pensée et l'action », 124-130; « Le renouvellement de l'intellect et la philosophie chrétienne », 137-144.

16679 GELIN, A., « L'homme biblique », LVit 10 (1955) 45-56.

16680 STEINMANN, J., *Ainsi parlait Qohèlèt* (Paris, Cerf, 1955), « Les alternances de la vie. L'injustice du monde et la sottise des tracas », 61-72; « Le culte, la politique et la vie courante », 73-80; « Louange de la vie », 92-98.

16681 AUZOU, G., *La parole de Dieu* (Paris, L'Orante, 1956), « L'homme et sa voie », 238-244.

16682 DUBARLE, A.-M., « La condition humaine dans l'Ancien Testament », RB 63 (1956) 321-345, ou dans *Le péché originel dans l'Écriture,* 9-38.

16683 VAN IMSCHOOT, P., *Théologie de l'Ancien Testament,* « Origine et nature de l'homme », II, 1-38; « La vie et la destinée de l'homme », II, 39-82; « Les devoirs de l'homme », II, 83-107; « Les devoirs envers Dieu, B. le culte », II, 108-215; « Les devoirs envers l'homme », II, 216-277; « Le péché », II, 278-338.

16684 CAMPOS, J., « « Anima » y « animus » en el N. T., su desarrollo semantico », Salm 4 (1957) 585-601.

16685 DE GÉRARDON, B., « L'homme à l'image de Dieu », NRT 80 (1958) 683-695.

16686 MOELLER, C., « Peut-on, au XXe siècle, être un « homme de la Bible » ? » dans *Parole de Dieu et liturgie* (en collab.), 215-274.

16687 DUBARLE, A.-M., « La conception de l'homme dans l'A. T. », dans *Sacra Pagina* (en collab.), I, 522-536.

16688 SCHWARZ, V., « Das Menschenbild des Buches Jesus Sirach », BiLit 27 (1959-60) 321-327.

16689 BAILY, M., « Biblical Man and Some Formulae of Christian Teaching », IrThQ 27 (1969) 173-200.

16690 SCHWARZ, V., « Das Menschenbild nach Matthäus », BiLit 28 (1960-61) 117-123, 196-201, 297-300.

16691 GROSS, H., « Die Gottebenbildlichkeit des Menschen », dans *Lex tua Veritas* (en collab.), 89-100.

16692 SPICQ, C., *Dieu et l'homme selon le Nouveau Testament,* 240 pp.

16693 GELIN, A., *L'homme selon la Bible* (Paris, Ligel, 1962), 112 pp.

16694 SCHLIER, H., « Der Mensch im Licht der urchristlichen Verkündigung », GeistL 35 (1962) 6-14.

16695 MUELLER, H., « The Ideal Man as Portrayed by the Talmud and St. Paul », CBQ 28 (1966) 278-291.

16696 REY, B., *Créés dans le Christ Jésus.* La création nouvelle selon saint Paul, « Revêtir l'homme nouveau », 93-156; « « Homme nouveau » et « Homme intérieur » », 147-156.

16697 GUILLET, J., *L'homme, espoir et souci de Dieu* (Montreuil, Éd. Parabole, 1967), 88 pp.

16698 QUINLAN, J., « The Christian Man in Saint Paul », IrThQ 34 (1967) 301-308.

16699 SCHILLING, O., *Geist und Materie in biblischer Sicht,* 76 pp.

16700 GRABNER-HAIDER, A., *Paraklese und Eschatologie bei Paulus.* Mensch und Welt im Anspruch der Zukunft Gottes (Münster, Aschendorff, 1968), 162 pp.

16701 HAAG, H., « Der « Urstand » nach dem Zeugnis der Bibel », TQ 148 (1968) 385-404.

16702 BLANK, J., *Schriftauslegung in Theorie und Praxis,* « Der gespaltene Mensch », 158-173.

16703 LUZ, U., « L'image de Dieu dans le Christ et dans l'homme selon le Nouveau Testament », Conci Nº 50 (1969) 73-82.

16704 REY, B., « L'homme « dans le Christ » », DS VII (1969), col. 622-637.

16705 FLICK, M., ALSZEGHY, Z., *Fondamenti di una antropologia teologica,* 446 pp.

Hospitalité. Hospitality. Gastfreundschaft. Ospitalità. Hospitalidad.

16706 DANIÉLOU, J., « Pour une théologie de l'hospitalité », VS 85 (1951) 339-348.

16707 VAN IMSCHOOT, P., *Théologie de l'Ancien Testament,* « Devoirs d'hospitalité », II, 217-218.

16708 RUSCHE, H., *Gastfreundschaft in der Verkündigung des Neuen Testaments und ihr Verhältnis zur Mission* (Münster, Aschendorff, 1957), 48 pp.

Humilité. Humility. Demut. Umiltà. Humildad.

16709 SOUBIGOU, L., « Humilité et fierté chrétienne d'après saint Paul », AT 2 (1941) 193-205.

16710 PAUL-MARIE DE LA CROIX, P., *L'Ancien Testament source de vie spirituelle*[3], « Le Dieu des humbles », 271-276.

16711 ZULUAGA, E., « La humildad cristiana », EXav 2 (1952) 31-58.

16712 REHRL, S., *Das Problem der Demut in der profangriechischen Literatur im Vergleich zu Septuaginta und Neuen Testament* (Münster, Aschendorff, 1961), 228 pp.

16713 DUPONT, J., *Le discours de Milet.* Testament pastoral de saint Paul (Ac 20,18-36), « L'humilité de l'Apôtre », 43-51.

16714 ADNÈS, P., « Humilité. 2. L'Écriture », DS VII (1969), col. 1142-1152.

16715 HÄRING, B., « Gewaltlosigkeit – die Revolution des Evangeliums », StiZ 183 (1969) 107-116.

16716 LÉGASSE, S., *Jésus et l'enfant.* « Enfants », « petits » et « simples » dans la tradition synoptique (Paris, Gabalda, 1969), 376 pp.

16717 SANCHEZ BOSCH, J., « « Gloriari » in epistolis Paulinis », VD 47 (1969) 41-46.

16718 LACAN, M.-F., « L'humilité et ses fruits (Si 3,17-18.20.28-29) », AS (n.s.) N° 53 (1970) 66-71.

Idolâtrie. Idolatry. Götzendienst. Idolatria. Idolatría.

16719 DUBARLE, A.-M., *Les Sages d'Israël,* « La folie de l'idolâtrie », 219-225; « La vanité du culte de la nature », 225-231.

16720 DUPONT, J., *Gnosis.* La connaissance religieuse dans les épîtres de saint Paul, « Le problème des idolothytes », 283-290.

16721 FAUX, A., « Idolothyte », SDB IV, col. 187-195.

16722 GELIN, A., « Idoles, idolâtrie », SDB IV, col. 169-187.

16723 PRAT, F., *La théologie de saint Paul[38],* « Les victimes immolées aux idoles », I, 135-140.

16724 McKENZIE, J. L., « The Hebrew Attitude towards Mythological Polytheism », CBQ 14 (1952) 323-335.

16725 ROSSANO, P., « De conceptu pleonexia in Novo Testamento », VD 32 (1954) 257-265.

16726 GUILLET, J., « La polémique contre les idoles et le Serviteur de Yahvé », Bibl 40 (1959) 428-434.

16727 BARTHÉLEMY, D., *Dieu et son image,* « Les idoles et l'image », 109-134.

16728 WIÉNER, C., « Dieu et les idoles », AS N° 68 (1964) 45-59.

Image de Dieu. Image of God. Ebenbild Gottes. Immagine di Dio. Imagen de Dios.

16729 CLOSEN, G. E., « De incarnatione imaginis Dei. Notae quaedam criticae et theologicae de origine corporis humani », VD 20 (1940) 105-115; 22 (1942) 228-232.

16730 LUBIENSKA DE LENVAL, H., « L'homme tout entier image de Dieu », BVC N° 4 (1953-54) 95-99.

16731 VAN IMSCHOOT, P., *Théologie de l'Ancien Testament,* « L'homme, image de Dieu », II, 7-11.

16732 DE GÉRARDON, B., « L'homme à l'image de Dieu », NRT 80 (1958) 683-695.

16733 GROSS, H., « Die Gottebenbildlichkeit des Menschen », dans *Lex tua Veritas* (en collab.), 98-100.

16734 SPICQ, C., *Dieu et l'homme selon le Nouveau Testament,* « L'homme image de Dieu », 179-213.

16735 PRÜMM, K., « Reflexiones theologicae et historicae ad usum paulinum termini « eikon » », VD 40 (1962) 232-257.

16736 SCHULZ, A., *Nachfolgen und Nachahmen,* « Gott als sittliches Vorbild im hellenistischen Judentum », 213-221; « Der synoptische Jesus als Vorbild », 252-270; « Der Apostel Paulus als Vorbild seiner Gemeinden », 308-314; « Das göttliche Vorbild und seine Nachahmung in den johanneischen Schriften », 243-247.

16737 SABOURIN, L., *Les noms et les titres de Jésus,* « L'image du Dieu invisible; l'effigie de sa substance, le resplendissement de sa gloire », 273-286.

16738 FESTORAZZI, F., « L'uomo immagine di Dio nel contesto generale della Bibbia », BibOr 6 (1964) 105-118.

16739 FEUILLET, A., *Le Christ, sagesse de Dieu,* « Le Seigneur qui est l'Esprit et le Christ, miroir et image de Dieu (2 Co. III,17-18; cf. IV,4-6) », 113-161.

16740 REY, B., *Créés dans le Christ Jésus.* La création nouvelle selon saint Paul (Paris, Cerf, 1966), « La configuration au fils image de Dieu », 157-230.

16741 KEHL, N., *Der Christushymnus Kol 1, 12-20,* « Christus als Bild Gottes », 52-81.

16742 OUELLETTE, J., « Le deuxième commandement et le rôle de l'image dans la symbolique religieuse de l'A. T. Essai d'interprétation », RB 74 (1967) 504-516.

16743 LAMARCHE, P., « Image et ressemblance. 1. Écriture Sainte », DS VII (1969), col. 1402-1406.

16744 LUZ, U., « L'image de Dieu dans le Christ et dans l'homme selon le Nouveau Testament », Conci N° 50 (1969) 73-82.

16745 MIQUEL, P., « Images (culte des) », DS VII (1969), col. 1503-1519.

16746 FLICK, M., ALSZEGHY, Z., *Fondamenti di una antropologia teologica,* « L'uomo immagine di Dio », 59-146.

Imagination. Phantasie. Immaginazione. Imaginación.

16747 CHIFFLOT, T.-G., « Note conjointe sur la Bible et l'imagination », VS 104 (1961) 484-495.

16748 BEAUPÈRE, R., « La Bible, source de l'imaginaire chrétien », VS 104 (1961) 496-513.

Imitation. Nachahmung. Imitazione. Imitación.

16749 LIPPERT, P., « In der Nachfolge des Kindes von Bethlehem », GeistL 20 (1947) 214-250.

16750 KAHLEFELD, H., « Jünger des Herrn. Eine Besinnung zur Perikope Markus 8,34-38 », GeistL 30 (1957) 1-6.

16751 PELLEGRINO, M., « L'imitation du Christ dans les Actes », VS 98 (1958) 38-54.

16752 SCHILLING, O., « Anmerkungen zum Thema : Amt und Nachfolge im Alten Testament », Catho 13 (1959) 75-77.

16753 AHERN, B., « The Fellowship of His Sufferings (Phil. 3,10) », CBQ 22 (1960) 1-32.

16754 DUPONT, J., « Imiter la charité du Christ », AS N° 4 (1961) 13-34.

16755 SCHULZ, A., *Nachfolgen und Nachahmen.* Studien über das Verhältnis der neutestamentlichen Jüngerschaft zur urchristlichen Vorbildethik (München, Kösel, 1962), 349 pp.

16756 ZIMMERMANN, H., « Christus nachfolgen. Eine Studie zu den Nachfolge-Worten der synoptischen Evangelien », TGl 53 (1963) 241-255.

16757 SPICQ, C., *Théologie morale du Nouveau Testament,* « De l'image de Dieu à la transfiguration eschatologique, par l'imitation de Jésus-Christ et de ses Apôtres », 688-744.

16758 AERTS, T., « Suivre Jésus. Évolution d'un thème biblique dans les Évangiles synoptiques », ETL 42 (1966) 476-512.

16759 THYSMAN, R., « L'éthique de l'imitation du Christ dans le Nouveau Testament. Situation, notations et variations du thème », ETL 42 (1966) 138-175.

16760 HELFMEYER, F. J., *Die Nachfolge Gottes im Alten Testament* (Bonn, P. Hanstein, 1968), 226 pp.

16761 COTHENET, É., « Imitation du Christ. 1. Dans l'Écriture », DS VII (1969), col. 1536-1562.

16762 JAVET, J.-S., « Suivre Jésus dans sa marche vers Jérusalem (Lc 9,51-62) », AS (n.s.) N° 44 (1969) 66-71.

16763 KRAUS, J., « Imitation and Being in the Ethics of the New Testament », TDig 17 (1969) 139-143.

16764 PESCH, R., « Berufung und Sendung, Nachfolge und Mission. Eine Studie zu Mk 1,16-20 », ZKT 91 (1969) 1-31.

16765 SUDBRACK, J., « Letzte Norm des Ordenslebens ist die im Evangelium dargelegte Nachfolge Christi », GeistL 42 (1969) 431-448.

16766 TRILLING, W., *Christusverkündigung in den synoptischen Evangelien,* « Besitzverzicht und Nachfolge (Lk 18,18-30) », 123-145.

16767 TRILLING, W., « Disponibilité pour suivre le Christ (Mt 10,37-42) », AS (n.s.) N° 44 (1969) 15-24.

16768 SPICQ, C., « L'imitation de Jésus-Christ durant les derniers jours de l'apôtre Paul », dans *Mélanges bibliques* en hommage au R. P. Béda Rigaux (en collab.), 313-322.

Immortalité. Immortality. Unsterblichkeit. Immortalità. Immortalidad.

16769 GALLUCCI, D., « L'immortalità dell'anima nel libro dei Proverbi », ScuolC 1 (1931) 3-27.

16770 GOOSSENS, W., « L'immortalité corporelle dans les récits de Gen. 2,4b-3 », ETL 12 (1935) 722-742.

16771 WEISENGOFF, J. P., « Death and Immortality in the Book of Wisdom », CBQ 3 (1941) 104-133.

16772 DUBARLE, A.-M., *Les Sages d'Israël,* « La doctrine de l'immortalité », 190-197.

16773 GOOSSENS, W., « Immortalité corporelle », SDB IV, col. 298-351.

16774 HAMMERSCHMIDT, E., « Die Unsterblichkeit der Seele im Lichte der Hl. Schrift », BiLit 20 (1952-53) 364-370.

16775 XXX, « Notes bibliques (Les origines) », AmiCl 65 (1955) 553-559.

16776 DHEILLY, J., « Les fins dernières dans l'Ancien et le Nouveau Testament », dans *Viens Seigneur,* Cahiers de la Roseraie, IV (Bruxelles, Lumen Vitae; Bruges, Abbaye de Saint-André, 1955), 16-17.

16777 DELCOR, M., « L'immortalité de l'âme dans le livre de la Sagesse et dans les documents de Qumrân », NRT 77 (1955) 614-630.

16778 VAN IMSCHOOT, P., *Théologie de l'Ancien Testament,* « L'immortalité bienheureuse », II, 71-75.

16779 MURPHY, R. E., « To Know your Might is the Root of Immortality (Wis 15,3) », CBQ 25 (1963) 88-93.

16780 REWAK, W. J., « Adam, Immortality and Human Death », SE 19 (1967) 67-79.

16781 LARCHER, C., *Études sur le livre de la Sagesse,* « L'immortalité de l'âme et les rétributions transcendantes », 237-327.

16782 SOLIGNAC, A., « Immortalité. 1. Écriture », DS VII (1969), col. 1602-1614.

16783 DUBARLE, A.-M., « L'attente d'une immortalité dans l'Ancien Testament et le Judaïsme », Conci N° 60 (1970) 33-42.

Incarnation. Menschwerdung. Incarnazione. Encarnación.

16784 ADAM, K., « Le mystère de l'incarnation du Christ et de son corps mystique, du scandale à la foi victorieuse », Et 237 (1938) 26-48.

16785   BURROWS, E., *The Gospel of the Infancy and other biblical Essays,* « The Doctrine of the Shekinah and the Theology of the Incarnation », 101-110.

16786   BERNARD, R., « Jean, le théologien du Verbe incarné », RT 51 (1951) 508-552.

16787   DUPONT, J., *Essais sur la christologie de saint Jean,* « La Parole parmi nous : le Logos s'est fait chair; il a habité parmi nous; Jésus-Christ, Logos incarné », 49-57.

16788   TRESMONTANT, C., *Essai sur la pensée hébraïque,* « L'incarnation », 83-86.

16789   WULF, F., « Begegnung mit Jesus, dem Gottmenschen », GeistL 26 (1953) 161-166.

16790   LEMARIÉ, J., *La Manifestation du Seigneur,* « Dieu et homme », 83-92; « Le mystère de l'Incarnation et de notre union au Christ, d'après les Pères », 135-144; « L'Incarnation, mystère de salut. La délivrance », 179-202; « Portée cosmique du mystère de l'Incarnation », 217-232.

16791   SCHMID, J., « Joh 1,13 », BZ 1 (1957) 118-125.

16792   URS VON BALTHASAR, H., « Dieu a parlé un langage d'homme », dans *Parole de Dieu et liturgie* (en collab.), 71-104.

16793   LATOURELLE, R., « Révélation, histoire et Incarnation », Greg 44 (1963) 225-262.

16794   SCHELKLE, K. H., « Des Wort ist Fleisch geworden. Weihnachtspredigt zum Prolog des Johannesevangeliums », GeistL 37 (1964) 401-404.

16795   BROWN, R. E., *New Testament Essays,* « The Theology of the Incarnation in John », 96-101.

16796   LATOURELLE, R., « Revelation, History, and the Incarnation », TDig 13 (1965) 23-34.

16797   BONNARD, P.-É., *La sagesse en personne annoncée et venue : Jésus-Christ,* 168 pp.

16798   SCHADE, H., « Die Menschenwerdung des Wortes. Zur Symbolik des Lorscher Evangeliars », StiZ 180 (1967) 361-364.

16799   FEUILLET, A., « Prologue du quatrième Évangile », SDB VIII (1969), col. 623-688.

16800   SCHNEIDER, H., « The Word Was Made Flesh », CBQ 31 (1969) 344-356.

16801   BENOIT, P., « Préexistence et Incarnation », RB 77 (1970) 5-29.

16802   HARDOUIN DUPARC, L., « L'incarnation selon saint Jean », VS 123 (1970) 470-480.

16803   JOSSUA, J.-P., « « Vertical » et « horizontal » meurent à Noël », AS (n.s.) N° 10 (1970) 82-91.

Incubation. Incubazione. Incubación.

16804   CAVALLETTI, S., « L'incubazione nell'Antico Testamento », RivB 8 (1960) 42-48.

Individu. Individual. Individuum. Individuo.

16805   DE FRAINE, J., « Individu et société dans la religion de l'Ancien Testament », Bibl 33 (1952) 324-355, 445-475.

16806   HARVEY, J., « Collectivisme et individualisme (Éz. 18,1-32 et Jér. 31, 29) », SE 10 (1958) 167-202.

Initiative de Dieu. Initiative of God. Initiative Gottes. Iniziativa di Dio. Iniciativa de Dios.

16807   VANHOYE, A., « Opera Iesu donum Patris », VD 36 (1958) 83-92.

16808   VANHOYE, A., « L'oeuvre du Christ, don du Père (Jn 5,36 et 17,4) », RSR 48 (1960) 377-419.

16809   VANHOYE, A., « Notre foi, oeuvre divine, d'après le quatrième évangile », NRT 86 (1964) 337-354.

16810 PINTO DE OLIVEIRA, C.-J., « Le verbe διδόναι comme expression des rapports du Père et du Fils dans le IVᵉ évangile », RSPT 49 (1965) 81-104.

Innocence. Unschuld. Innocenza. Inocencia.

16811 DUBARLE, A.-M., *Les sages d'Israël,* « Job, ou les protestations de la conscience », 66-94.

16812 BARUCQ, A., « Péché et innocence dans les psaumes bibliques et les textes religieux de l'Égypte du Nouvel-Empire », dans *Études de critique et d'histoire religieuses.* Mélanges L. Vaganay (en collab.), 111-137.

Intelligence. Vernunft. Intelligenza. Inteligencia.

16813 GARDEIL, A., « Le don d'intelligence et la béatitude des coeurs purs », VS 39 (1934) 235-258.

16814 TRESMONTANT, C., *Essai sur la pensée hébraïque,* « L'intelligence », 117-144.

16815 MAERTENS, T., « Le pain d'intelligence (Eccli. 14,2-15,10) », BVC Nᵒ 6 (1954) 59-67.

16816 CERFAUX, L., « La pensée paulinienne sur le rôle de l'intelligence dans la Révélation », Div 3 (1959) 386-396.

Isaac. Isaak. Isaac.

16817 JUNKER, H., « Die Opferung Isaaks (Gen 22) », PB 52 (1941) 29-35.

16818 DANIÉLOU, J., « La typologie d'Isaac dans le christianisme primitif », Bibl 28 (1947) 363-393.

16819 DANIÉLOU, J., *Le mystère de l'Avent,* « Les mystères d'Isaac », 41-54.

16820 DANIÉLOU, J., *Sacramentum Futuri,* « La typologie du sacrifice d'Isaac », 97-111; « L'allégorie des noces d'Isaac », 112-130.

16821 CHAINE, J., *Le livre de la Genèse,* « Isaac, Jacob et Ésaü. Les récits », 295-373.

16822 McKENZIE, J. L., « The Sacrifice of Isaac (Gen. 22) », SCR 9 (1957) 79-83.

16823 JACOB, J., « Christian Unity and the Jewish People », Wor 33 (1959) 574-580.

16824 LE DÉAUT, R., *La nuit pascale,* « Pâque et sacrifice d'Isaac dans l'A. T. », 110-115; « Abraham et le sacrifice d'Isaac », 133-208; « Abraham – Isaac en relation avec l'eschatologie », 258-261.

16825 McNAMARA, M., *The NT and the Palestinian Targum to the Pentateuch,* « Traditions on Isaac in the PT and the NT », 164-168.

16826 PAVONCELLO, N., « Il sacrificio di Isacco nella liturgia ebraica », RivB 16 (1968) 557-574.

16827 KILIAN, R., *Isaaks Opferung.* Zur Überlieferungsgeschichte von Gen 22 (Stuttgart, Katholisches Bibelwerk, 1970), 128 pp.

Ismaël. Ismaele. Ismael.

16828 DANIÉLOU, J., *Le Mystère de l'Avent,* « La bénédiction d'Ismaël », 55-59.

16829 MOUBARAC, Y., « Ismaël chassé au désert », BVC Nᵒ 9 (1955) 22-30.

Israël. Israele. Israel.

16830 PETERSON, E., *Le mystère des Juifs et des Gentils dans l'Église,* 1-72.

16831 BLEIENSTEIN, H., « Israel in der Heilsgeschichte (Röm 9-11) », GeistL 6 (1931) 165-170.

16832 FERNANDEZ, A., « Duplex Israel : carnalis et spiritualis », VD 11 (1931) 230-232.

16833 BERRY, E. S., « The Conversion of the Jews », AmER 89 (1933) 414-417.

16834 RAITH, P., « The Conversion of the Jews. Restoration of Israel and Juda », AmER 89 (1933) 234-245.

16835 PRZYWARA, E., « Die Kirche aus Juden und Heiden (Röm. 9-11) », StiZ 126 (1934) 414-415.

16836 ROBERT, A., « Israël et le salut des nations », VS 59 (1939) 225-240.

16837 BEA, A., « König Jojachin in Keilschrifturkunden », Bibl 23 (1942) 78-82.

16838 MILLER, A., « Fluchpsalmen und israelitisches Recht », Ang 20 (1943) 92-101.

16839 BONSIRVEN, J., *Les enseignements de Jésus-Christ,* « Israël-nation, Israël religion », 75-88.

16840 McKENZIE, J. L., « The Divine Sonship of Israel and the Covenant », CBQ 8 (1946) 320-330.

16841 CERFAUX, L., *Une lecture de l'épître aux Romains,* « Le sort d'Israël : la méthode du choix », 87-94; « L'erreur d'Israël », 94-98; « Dieu n'a pas rejeté son peuple », 98-107.

16842 BENOIT, P., « La question juive selon Rom. IX-XI d'après K. L. Schmidt », RB 55 (1948) 310-312, ou dans BENOIT, P., *Exégèse et théologie,* II, 337-339.

16843 CERFAUX, L., *La théologie de l'Église suivant saint Paul,* « Israël dans la théologie paulinienne », 10-30; « Les chrétiens sont le peuple de Dieu, en continuité avec Israël », 38-44.

16844 LATTEY, C., « Did God « Harden » the heart of Israel (Isaias 6,10) ? » SCR 3 (1948) 48-50.

16845 BENOIT, P., « Jésus et Israël d'après Jules Isaac », RB 56 (1949) 610-613, ou dans BENOIT, P., *Exégèse et théologie,* II, 321-327.

16846 DE VAUX, R., « Israël (histoire de) », SDB IV, col. 729-777.

16847 BONSIRVEN, J., *Les enseignements de Jésus-Christ,* « Israël-Nation, Israël-Religion », 75-88.

16848 GELIN, A., « Le sens du mot « Israël » en Jérémie XXX-XXXI », dans *Mémorial J. Chaine* (en collab.), 161-168.

16849 PRÜMM, K., « Israels Kehr zum Geist (2 Kor 3,17a) », ZKT 72 (1950) 385-442.

16850 BONSIRVEN, J., *Théologie du Nouveau Testament,* « Jésus-Christ et Israël », 81-84.

16851 BOVER, J. M., « La reprobación de Israel en Rom 9-11 », EstE 25 (1951) 63-82.

16852 GARCIA CORDERO, M., « La reprobación de Israel en los Profetas », EstB 10 (1951) 165-188.

16853 PASSELECQ, P., « Histoire abrégée des Hébreux », CE N° 1 (1951) 45-49.

16854 BULST, W., « Israel als « signum elevatum in nationes » », ZKT 74 (1952) 167-204.

16855 GONZALEZ RUIZ, J. M., « La restauración de Israel en los Profetas », EstB 11 (1952) 157-187.

16856 PAUL-MARIE DE LA CROIX, P., *L'Ancien Testament source de vie spirituelle[3],* « Israël, berceau du Rédempteur », 386-407.

16857 SCHIERSE, F. J., « Jesus und das Christentum in jüdischer Sicht », Stiz 152 (1952-53) 383-387.

16858 SCHMITT, J., « L'Église de Jérusalem ou la « restauration » d'Israël d'après Actes, ch. 1 à 5 », RevSR 27 (1953) 209-218.

16859 STEINMANN, J., *Le prophète Ezéchiel et les débuts de l'exil,* 328 pp.

16860 TRESMONTANT, C., *Essai sur la pensée hébraïque,* « Israël. La philosophie de l'histoire », 70-83.

16861 OPPLER, F., « Kollectivschuld des jüdischen Volkes am Kreuzigungstode Jesu », StiZ 153 (1952-53) 384-386.

16862 BARSOTTI, D., *La parole de Dieu dans le mystère chrétien,* « Israël », 69-128.

16863 BENOIT, P., « La catéchèse chrétienne et le peuple de la Bible d'après P. Démann », RB 61 (1954) 136-142, ou dans BENOIT, P., *Exégèse et théologie,* II, 328-336.

16864 GUILLET, J., *Thèmes bibliques,* « Posséder la terre : héritage d'Israël », 181-196.

16865 SCHEDL, C., « Soziale Umschichtung im alten Israel », BiLit 22 (1954-55) 205-208.

16866 SCHELKLE, K. H., « Kirche und Synagoge in der frühen Auslegung des Römerbriefes », TQ 134 (1954) 290-318.

16867 DHEILLY, J., *Le peuple de l'Ancienne Alliance²* (Paris, Éd. de l'École, 1955), « L'Alliance vécue dans la patience », 366-436.

16868 BEAUCAMP, É., *Sous la main de Dieu,* « Le cas d'Israël et la condition des chrétiens », I, 271-277.

16869 SCHLIER, H., *Die Zeit der Kirche,* « Das Mysterium Israels », 232-244.

16870 BONSIRVEN, J., *Le règne de Dieu,* « Attitude (de Jésus) envers Israël et le judaïsme », 33-42.

16871 DONOVAN, V. J., « Sanctifying the Sabbath », Wor 31 (1957) 139-142.

16872 BAUER, J. B., « Könige und Priester, ein heiliges Volk (Ex 19,6) », BZ 2 (1958) 283-286.

16873 BEAUCAMP, É., « Le dynamisme vital d'un peuple que Dieu appelle », VS 99 (1958) 466-480.

16874 CHOURAQUI, A., « Le Messie d'Israël », LV N° 37 (1958) 49-70.

16875 DE GOEDT, M., « La destinée d'Israël dans le mystère du salut d'après l'épître aux Romains, IX-XI », VSS 11 (1958) 443-461.

16876 GUGENHEIM, E., « Israël et la Torah », LV N° 37 (1958) 41-48.

16877 NEHER-BERNHEIM, R., « L'élection d'Israël », LV N° 37 (1958) 30-40.

16878 SCHEDL, C., « Bund und Erwählung », ZKT 80 (1958) 493-515.

16879 TRÉMEL, Y.-B., « Le mystère d'Israël », LV N° 37 (1958) 71-90.

16880 WERFEL, F., « Israel, der fleischliche Zeuge der Offenbarung », StiZ 165 (1959-1960) 50-55.

16881 AUGRAIN, C., « Les élus de Dieu », CE N° 40 (1959) 5-87.

16882 LIGIER, L., *Péché d'Adam et péché du monde,* « L'infidélité d'Israël », II, 157-163.

16883 BAUM, G., *The Jews and the Gospel* (London, Bloomsbury, 1961), 290 pp.

16884 COLUNGA, A., « Israel juzgado en el Evangelio », Salm 8 (1961) 657-664.

16885 GEIS, R. R., *Vom unbekannten Judentum* (Freiburg, Herder, 1961), 236 pp.

16886 GNILKA, J., *Die Verstockung Israels.* Isaias, 6,9-10 in der Tjeologie der Synoptiker, 232 pp.

16887 WURZINGER, A., « Israel – die Kirche », BiLit 35 (1961-62) 322-330.

16888 BARTHÉLEMY, D., « Un peuple condamné à la liberté », VS 106 (1962) 166-182.

16889 BEN-GAVRIEL, Y. M., « Das nomadische Ideal in der Bibel », StiZ 171 (1962-63) 253-263.

16890 CERFAUX, L., *Le chrétien dans la théologie paulinienne,* « La transposition spirituelle des privilèges du judaïsme », 240-265.

16891 GRELOT, P., « Israël et les nations », AS N° 17 (1962) 45-58.

16892 LYONNET, S., *Quaestiones in Epistulam ad Romanos.* Series altera². De praedestinatione Israel et theologia historiae. Rom 9-11 (Roma, Pontificio Istituto Biblico, 1962), 164 pp.

16893 XXX, « Scripture Reading: A Race apart », Way 3 (1963) 58-61.

16894 BLIGH, J., « The Church and Israel according to St. John and St. Paul », dans *Studiorum Paulinorum Congressus 1961* (en collab.), I, 151-156.

16895 CAUBET ITURBE, F. J., « ... et sic omnis Israel salvus fieret (Rom 11,26) », dans *Studiorum Paulinorum Congressus 1961* (en collab.), I, 329-340.

16896 JOURNET, C., « L'économie de la loi mosaïque », RT 63 (1963) 5-36, 193-224, 515-547.

16897 DE OCANA, F., « Interpretación antioqueña de las profecías a Israel », EstF 64 (1963) 5-84, 161-195, 399-424; 65 (1964) 351-370.

16898 OESTERREICHER, J. M., « Israel's Misstep and her Fall, Rom 9-11 », dans *Studiorum Paulinorum Congressus 1961* (en collab.), I, 317-327.

16899 QUINN, J., « The Wedding-feast of Israel », Way 3 (1963) 95-104.

16900 BEAUCHAMP, P., « L'Église et le peuple juif », Et 321 (1964) 249-268.

16901 BENOIT, P., « Les Juifs et l'Évangile, d'après Gregory Baum », RB 71 (1964) 80-92, et dans *Exégèse et théologie*, III, 387-399.

16902 MINETTE DE TILLESSE, G., « Le mystère du peuple juif », Ir 37 (1964) 7-49.

16903 BEA, A., « El pueblo hebreo y el plan divino de la salvación », RazFe 172 (1965) 417-436.

16904 BEA, A., « Das jüdische Volk und der göttliche Heilsplan », StiZ 176 (1965) 641-659.

16905 BEA, A., « Il popolo Ebraico nel piano divino della salvezza », CC 4 (1956) 209-229.

16906 CROSSAN, D. M., « Anti-Semitism and the Gospel », TS 26 (1965) 189-214.

16907 McCARTHY, D. J., « Israel, my First-born Son », Way 5 (1965) 183-191.

16908 O'COLLINS, G. G., « Anti-Semitism in the Gospel », TS 26 (1965) 663-666.

16909 RAURELL, F., « Antisemitismo o antijudaismo en el Nuevo Testamento ? » EstF 66 (1965) 5-22.

16910 RAURELL, F., « Israel y la Iglesia : un problema de continuidad y discontinuidad », EstF 66 (1965) 289-304.

16911 BENOIT, P., « L'Église et Israël », dans *La Chiesa e le religioni non cristiane* (Napoli, Ed. Domenicane Italiane, 1966), 131-166, et dans *Exégèse et théologie,* III, 422-441.

16912 L'HOUR, J., *La morale de l'Alliance,* « Israël comme objet de la morale d'alliance; Israël comme sujet de la morale d'alliance », 106-120.

16913 LYONNET, S., « Israele, Chiesa, Cristo », dans *Il messianismo* (en collab.), 369-386.

16914 O'CONNOR, D. J., « Is the Church the new Israel », IrThQ 33 (1966) 161-164.

16915 SCHÜRMANN, H., « Le groupe des disciples de Jésus, signe pour Israël et prototype de la vie selon les conseils », CHR N° 13 (1966) 184-209.

16916 BESTERS, A., « « Israël » et « Fils d'Israël » dans les livres historiques (Genèse-II Rois) », RB 74 (1967) 5-23.

16917 LOHFINK, N., *Bibelauslegung im Wandel,* « Methodenprobleme zu einem christlichen « Traktat über die Juden » », 214-237.

16918 RINALDI, G., « Il « popolo di Dio » », BibOr 9 (1967) 165-182.

16919 BARUCQ, A., « Israele e umanesimo », BibOr 11 (1969) 97-108.

16920 CREN, P.-R., « Il n'y a plus ni juif ni grec », LV N° 92 (1969) 113-129.

16921 HRUBY, K., « Israël, Peuple de Dieu. Existe-t-il une théologie d'Israël dans l'Église ? » LV N° 92 (1969) 59-82.

16922 TRILLING, W., *Christusverkündigung in den synoptischen Evangelien,* « Gericht über das falsche Israel (Mt 21,33-46) », 165-190.

Jacob. Jakob. Giacobbe. Jacob.

16923 BURROWS, E., *The Oracles of Jacob and Balaam* (London, Burns Oats, 1939), 155 pp.

16924 VOSTÉ, J.-M., « La bénédiction de Jacob d'après Gen. 49 », Bibl 29 (1948) 1-30.

16925 CHAINE, J., *Le livre de la Genèse,* « Isaac, Jacob et Ésaü. Les récits », 295-373; « Jacob et Joseph. Les récits », 374-446.

16926 DHEILLY, J., *Le peuple de l'Ancienne Alliance²* (Paris, Éd. de l'École, 1955), « La continuité du plan de Dieu : Jacob et la descente en Égypte », 123-140.

16927 SABOURIN, L., « La lutte de Jacob avec Élohim (Gen. 32,23-33) », SE 10 (1958) 77-89.

16928 STIER, F., « Jakob ward Israel », GeistL 35 (1962) 346-349.

16929 WARMOES, P., « Jacob ravit la bénédiction d'Isaac (Gen 27,6-40) », AS N° 29 (1966) 16-35.

16930 DU BUIT, M., « Populations de l'Ancienne Palestine », SDB VIII, col. 111-126.

16931 PERROT, J., « Préhistoire palestinienne », SDB VIII, col. 286-446.

16932 RICHTER, W., « Das Gelübde als theologische Rahmung der Jakobsüberlieferungen », BZ 11 (1967) 21-52.

16933 BENOIT, P., « La valeur spécifique d'Israël dans l'histoire du salut », dans *Exégèse et théologie,* III, 400-421.

16934 GEORGE, A., « Israël dans l'oeuvre de Luc », RB 75 (1968) 481-525.

16935 ZENGER, E., « Die deuteronomitische Interpretation der Rehabilitierung Jojachins », BZ 12 (1968) 16-30.

Jalousie de Dieu. Jealousy of God. Eifersucht Gottes. Gelosia di Dio. Celos de Dios.

16936 BRUNNER, A., « Der eifersüchtige Gott », StiZ 148 (1950-51) 401-410.

16937 MACKE, C., « Jalousie (de Dieu ou pour Dieu) », CE N° 2 (1952) 32-33.

16938 VAN IMSCHOOT, P., *Théologie de l'Ancien Testament,* « La jalousie de Dieu », I, 86-87.

16939 BARTHÉLEMY, D., « Le Dieu jaloux et l'époux trompé », VS 106 (1962) 545-563.

16940 BARTHÉLEMY, D., *Dieu et son image,* « Le Dieu jaloux et l'époux trompé », 159-181.

16941 RENAUD, B., *Je suis un Dieu jaloux.* Étude d'un thème biblique, 160 pp.

Jean-Baptiste. John the Baptist. Johannes der Täufer. Gian-Battista. Juan Bautista.

16942 BRINKMANN, B., « De praedicatione christologica S. Joannis Baptistae », VD 10 (1930) 309-314, 338-342.

16943 SUTCLIFFE, E. F., « He was not the Light », AmER 83 (1930) 124-132.

16944 CASPER, J., « Die Stimme des Rufenden in der Wüste », BiLit 10 (1934-35) 115-117.

16945 JOÜON, P., « Le costume d'Élie et celui de Jean-Baptiste », Bibl 16 (1935) 74-81.

16946 DEHAU, T., « Jean-Baptiste, le premier des prédicateurs », VS 73 (1945) 577-581.

16947 STÈVE, A.-M., « Le désert de saint Jean près d'Hébron », RB 53 (1946) 547-575.

16948 LEBRETON, J., *La vie et l'enseignement de J.-C.¹⁶,* « Jean-Baptiste », I, 69-74; « Le message de saint Jean-Baptiste », I, 260-273; « La mort de saint Jean-Baptiste », I, 356-361.

16949 DANIÉLOU, J., *Le mystère de l'Avent,* « Jean le Précurseur », 79-93.

16950 BARTON, J. M. T., « Witnesses to Christ. St. John the Baptist. The Voice of one crying... », SCR 4 (1949) 6-11.

16951 PAUL-MARIE DE LA CROIX, P., *L'Ancien Testament source de vie spirituelle³,* « Le précurseur », 403-407.

16952 BOISMARD, M.-É., *Le prologue de saint Jean,* « Le témoignage de Jean-Baptiste (Jean, 1,6-8; 1,15) », 155-161.

16953 BRAUN, F.-M., « Jean-Baptiste, précurseur, baptiseur, ami de l'époux », VS 90 (1954) 5-27.

16954 MARTINDALE, C. C., « A Saint for Lent », Wor 29 (1954-55) 140-143.

16955 RÜD, A., « Rufer in der Wüste », BiLit 22 (1954-55) 65-67.

16956   BOUYER, L., *Le quatrième évangile²*, « Le témoignage du Baptiste », 68-75.

16957   STEINMANN, J., *St Jean-Baptiste et la spiritualité du désert* (Paris, Seuil, 1955), « Jean dans l'histoire et la tradition », 11-139; « Jean et la spiritualité du désert », 140-188.

16958   BOISMARD, M.-É., *Du baptême à Cana*, 25-40.

16959   EVDOKIMOV, P., « Jean-Baptiste », BVC Nº 16 (1956) 7-18.

16960   ORBE, A., « El primer testimonio del Bautista sobre el Salvador, según Heracleón y Orígenes », EstE 30 (1956) 5-36.

16961   TROADEC, H.-G., « Aux confins des deux alliances », BVC Nº 16 (1956) 19-32.

16962   BENOIT, P., « L'enfance de Jean-Baptiste selon Luc 1 », dans *New Testament Studies* (Cambridge) 3 (1956-57) 169-194, et dans *Exégèse et théologie*, III, 165-196.

16963   BRUNEC, M., « De Legatione Ioannis Baptistae (Mt. 11,2-24) », VS 35 (1957) 193-203, 262-270, 321-331.

16964   FEUILLET, R., « Les trouvailles de Qumrân. Saint Jean-Baptiste et les hommes du désert », CE Nº 27 (1957) 33-38.

16965   STANLEY, D. M., « John the Witness », Wor 32 (1958) 409-416.

16966   ARCE, P. A., « El toponimo del Precursor », EstE 34 (1960) 825-836.

16967   BROWN, R. E., « Three Quotations from John the Baptist in the Gospel of John », CBQ 22 (1960) 292-298.

16968   SMYTH, K., « St. John the Baptist », Way 1 (1961) 282-293.

16969   BOISMARD, M.-É., « Les traditions johanniques concernant le Baptiste », RB 70 (1963) 5-42.

16970   LEMONNYER, L., CERFAUX, L., *Théologie du Nouveau Testament*, 31-39.

16971   BROWN, R. E., *New Testament Essays*, « John the Baptist in the Gospel of John », 132-140.

16972   DE LA POTTERIE, I., « Mors Johannis Baptistae (Mc 6,17-29) », VD 44 (1966) 142-151.

16973   KEHL, N., « Der Mensch in der Geschichte Gottes. Zum Johannesprolog 6-8 », GeistL 40 (1967) 404-409.

16974   BOGAERT, P.-M., « Quelqu'un est là, que vous ne connaissez pas (Jn 1,6-8.19-28) », AS (n.s.) Nº 7 (1969) 40-53.

16975   BOUCHEX, R., « L'Église et le Christ », AS (n.s.) Nº 7 (1969) 76-89.

16976   DUPONT, J., « Le Christ et son précurseur », AS (n.s.) Nº 7 (1969) 16-27.

16977   GEORGE, A., « La venue du Seigneur », AS (n.s.) Nº 6 (1969) 70-81.

16978   JACQUEMIN, P.-E., « Le témoignage de Jean le Baptiste (Jn 1,29-34) », AS (n.s.) Nº 33 (1970) 22-30.

16979   POELMAN, R., « Jean-Baptiste, plus qu'un prophète », VS 120 (1969) 647-669.

16980   TERNANT, P., « Le ministère de Jean, commencement de l'Évangile », AS (n.s.) Nº 6 (1969) 41-55.

16981   TRILLING, W., « Jean le Baptiste », AS (n.s.) Nº 6 (1969) 19-27.

16982   TRILLING, W., « Le message de Jean-Baptiste », AS (n.s.) Nº 7 (1969) 65-75.

Jéricho. Jericho. Gerico. Jericó.

16983   ABEL, F.-M., « L'anathème de Jéricho et la maison de Rahab », RB 57 (1950) 374-391.

16984   DANIÉLOU, J., *Sacramentum Futuri*, « La chute de Jéricho et la fin du monde », 246-256.

Jérusalem. Jerusalem. Gerusalemme. Jerusalén.

16985 A. S. MARCO, E., « Videns civitatem, flevit super illam (Lc. 19, 41-44) », VD 10 (1930) 245-249.

16986 SKRINJAR, A., « Prophetae de causis delendae Ierusalem », VD 12 (1932) 25-32.

16987 FISCHER, J., « Die Mauern und Tore des biblischen Jerusalem », TQ 113 (1932) 221-288; 114 (1933) 73-85.

16988 FERNANDEZ, A., « Problemas de Topografía Jerusalén », EstE 13 (1934) 6-72.

16989 BURROWS, E., *The Gospel of the Infancy and other biblical Essays,* « The Name of Jerusalem », 118-123.

16990 FÉRET, H.-M., *L'Apocalypse de saint Jean* (Paris, Corrêa, 1946), « L'Église dans l'histoire et la Jérusalem céleste », 212-261.

16991 HUBY, J., *Mystiques paulinienne et johannique,* « La Jérusalem céleste », 217-232.

16992 VINCENT, L.-H., « Jérusalem », SDB IV, col. 897-966.

16993 SCHELKLE, K. H., « Jerusalem und Rom im Neuen Testament », TGl 40 (1950) 97-119.

16994 BOISMARD, M.-É., « Jérusalem contre le Christ », LV Nº 1 (1952) 95-99.

16995 BONDUELLE, J., « Une ville où se resserre l'unité », VS 86 (1952) 340-352.

16996 BOUYER, L., « Jérusalem, la sainte Cité », VS 86 (1952) 367-377.

16997 GELIN, A., « Jérusalem dans le dessein de Dieu », VS 86 (1952) 353-366.

16998 ROSE, A., « Jérusalem dans l'année liturgique », VS 86 (1952) 389-403.

16999 ROUSSEAU, O., « Le Carême et la montée vers Jérusalem », MD Nº 31 (1952) 60-75.

17000 ABEL, F.-M., « Le « Tombeau des Rois » à Jérusalem », dans *Miscellanea Biblica B. Ubach* (en collab.), 439-448.

17001 BOUYER, L., *La Bible et l'Evangile²,* « L'intervention divine dans l'histoire », 39-56.

17002 COMBLIN, J., « La liturgie de la nouvelle Jérusalem », ETL 29 (1953) 5-40.

17003 LATTEY, C., « In Our Lord's eschatological Discourse (Mt., Lk.) are we to suppose that He speaks of two Facts – the Fall of Jerusalem and the End of the World; or only one Fact – the End of the World ? » SCR 6 (1953) 23.

17004 VINCENT, L.-H., « Les bassins roulants du temple de Jérusalem », dans *Miscellanea Biblica B. Ubach* (en collab.), 147-160.

17005 GUILLET, J., *Thèmes bibliques,* « Jérusalem nouvelle », 58-63, 191-192.

17006 MAERTENS, T., *Jérusalem, cité de Dieu²* (Ps. 120-128) (Abbaye de Saint-André, Bruges, 1954), 149 pp.

17007 VINCENT, L.-H., STEVE, A.-M., *Jérusalem de l'Ancien Testament.* Recherches d'archéologie et d'histoire (Paris, Gabalda, 1954, 1956), *1ʳᵉ partie* : archéologie de la ville, 372 pp; *2ᵉ partie* : archéologie du temple, et *3ᵉ partie* : évolution historique de la ville, 812 pp.; 149 planches.

17008 COLUNGA, A., « Jerusalen, la ciudad del gran Rey (Exposición mesianica de algunos salmos) », EstB 14 (1955) 255-279.

17009 GROSS, H., *Die Idee des ewigen und allgemeinen Weltfriedens im Alten Orient und im AT,* « Die Bedeutung des Sion für den Friedensgedanken », 128-137.

17010 ROBERT, A., FEUILLET, A., *Initiation à la Bible,* « Jérusalem, centre cultuel », I, 793-802.

17011 GAECHTER, P., *Petrus und seine Zeit,* « Jerusalem und Antiochia », 155-212.

17012 VINCENT, L.-H., « Site primitif de Jérusalem et son évolution initiale », RB 65 (1958) 161-180.

17013 WENNEMER, K., « Die heilige Stadt Jerusalem », GeistL 31 (1958) 331-340.

17014 CAUBET ITURBE, F. J., « Jerusalén y el Templo del Señor en los manuscritos de Qumrân y en el NT », dans *Sacra Pagina* (en collab.), II, 28-46.

17015 TESTA, E., « La « Gerusalemme celeste » : dall'Antico Oriente alla Bibbia e alla liturgia », BibOr 1 (1959) 47-50.

17016 RAMLOT, M.-L., « La ville de Yahweh », BVC N° 33 (1960) 34-47.

17017 WULF, H., « Das himmlische Jerusalem », GeistL 34 (1961) 321-325.

17018 POELMAN, R., « Jérusalem d'en haut », VS 108 (1963) 637-659.

17019 SCHREINER, J., *Sion-Jerusalem Jahwes Königssitz.* Theologie der heiligen Stadt im Alten Testament, 311 pp.

17020 SIMSON, P., « The Drama of the City of God », SCR 15 (1963) 65-79.

17021 COUNE, M., « La Jérusalem céleste (Ap 21,2-5) », AS N° 91 (1964) 23-38.

17022 BAUM, G., *Les Juifs et l'Évangile,* « Jérusalem », 105-113.

17023 SWAELES, R., « Rassemblement et pèlerinage des dispersés », AS N° 78 (1965) 37-61.

17024 DE VAUX, R., « Jérusalem et les prophètes », RB 73 (1966) 481-509.

17025 LAMBRECHT, J., *Die Redaktion der Markus-Apokalypse,* « Mk 13,14-20 : Jerusalem », 144-168.

17026 VOGT, E., « Neue Forschungen über Jerusalem und den Tempel », StiZ 180 (1967) 411-418.

17027 GRELOT, P., « La procession des peuples vers la nouvelle Jérusalem », AS (n.s.) N° 12 (1969) 6-10.

17028 VANEL, A., « Prétoire », SDB VIII (1969), col. 513-554.

17029 BRUTSCH, C., « La nouvelle Jérusalem (Ap 21, 10-14.22-23) », AS (n.s.) N° 27 (1970) 30-36.

17030 DUPREZ, A., « Les noces de Jérusalem avec son Dieu (Is 62,1-5) », AS (n.s.) N° 33 (1970) 70-75.

17031 HAUER, C., « Jerusalem, the Stronghold and Rephaim », CBQ 32 (1970) 571-578.

Job. Hiob. Giobbe. Job.

17032 LEFÈVRE, A., « Job », SDB IV, col. 1073-1098.

17033 PAUL-MARIE DE LA CROIX, P., *L'Ancien Testament source de vie spirituelle³,* « Le chemin d'approche de la Sagesse : Job, ou la souffrance du juste », 692-695; « La nuit obscure de Job (sa grande purification) », 857-872.

17034 BOUYER, L., *La Bible et l'Évangile²,* « La religion des Sages, Job et le Serviteur de Yahvé », 121-136.

17035 GUILLET, J., *Thèmes bibliques,* « Job », 133-134, 149-150.

17036 COCAGNAC, A.-M., « Job sans beauté ni éclat », VS 95 (1956) 355-371.

17037 MARIE-PAUL DU CHRIST, « Job et le mystère de la mort », VD 95 (1956) 392-406.

17038 TOURNAY, R., « Le procès de Job ou l'innocent devant Dieu », VS 95 (1956) 339-354.

17039 DANIÉLOU, J., *Les saints païens de l'Ancien Testament,* « Job », 109-128.

17040 WHILE, V., « Jung et son livre sur Job », VSS 37 (1956) 199-209.

17041 BARTHÉLEMY, D., *Dieu et son image,* « Dieu méconnu par le vieil homme : Job », 23-39.

17042 LÉVÊQUE, J., *Job et son Dieu.* Essai d'exégèse et de théologie biblique (Paris, Gabalda, 1970), 2 vv., 832 pp.

Joie. Joy. Freude. Gioia. Alegría.

17043 OGARA, F., « Socios gaudii mei omnes vos esse », VD 15 (1935) 324-330.

17044 XXX, « La Joie d'après le Nouveau Testament (textes choisis) », VS 71 (1944) 469-479.

17045 LECLERCQ, J., « Jours d'ivresse », VS 76 (1947) 574-591.

17046 ODDONE, A., « Messaggio di gioia », CC 4 (1948) 35-47.

17047 PAUL-MARIE DE LA CROIX, P., *L'Ancien Testament source de vie spirituelle*[1], « Prémices de l'union (divine) : joie et paix », 875-879.

17048 CAMELOT, « Réjouissez-vous dans le Seigneur toujours », VS 89 (1953) 474-481.

17049 ZERWICK, M., « Gaudium et pax custodia cordium (Phil. 3,1; 4,7) », VD 31 (1953) 101-104.

17050 STEINMANN, J., *Ainsi parlait Qohèlèt* (Paris, Cerf, 1955), « Le crépuscule de la joie », 109-116.

17051 DEVILLE, C., « L'évangéliste du Sauveur (saint Luc) : Luc, évangéliste de la joie du Salut », CE N° 26 (1957) 47-53.

17052 GHYSSENS, G., « Dieu nous parle de la joie », BVC N° 17 (1957) 30-44.

17053 D'OUINCE, R., « Les sources de la joie d'après l'Écriture Sainte », CHR N° 7 (1960) 291-304.

17054 DACQUINO, P., « La gioia cristiana (Fil. 4,4-9) », BibOr 3 (1961) 182-183.

17055 DALTON, W. J., « The Prayer of Joy and Praise », Way 1 (1961) 126-135.

17056 EDWARDS, P., « Christian Joy », Way 1 (1961) 102-114.

17057 BAUER, J. B., « Ad Deum qui laetificat iuventutem meam (Ps 43,4; 46,6; 89,43; Thren 2,17; Prv 10,28; 13,9) », VD 40 (1962) 184-189.

17058 BORNERT, R., « La présence du Seigneur, source de joie », AS N° 5 (1966) 7-23.

17059 GAIDE, G., « La joie et la paix dans le Seigneur », AS N° 5 (1966) 32-40.

17060 RIDOUARD, A., « La joie messianique », AS N° 5 (1966) 55-70.

17061 SISTI, A., « Gioia e pace », BibOr 8 (1966) 263-272.

17062 AMIOT, F., « La joie dans saint Paul », BVC N° 78 (1967) 57-61.

17063 BEAUCAMP, É., DE RELLES, J.-P., *Israël attend son Dieu,* « Le nom de Yahvé, joie d'Israël », 46-62.

17064 RASCO, E., « Les paraboles de Luc, xv. Une invitation à la joie de Dieu dans le Christ », dans *De Jésus aux Évangiles,* 165-183.

17065 DACQUINO, P., « La joie humaine et l'au-delà dans les livres bibliques », Conci N° 39 (1968) 19-30.

17066 LAVERGNE, C., « La joie de saint Paul d'après Colossiens 1,24 », RT 68 (1968) 419-434.

17067 NAVONE, J. J., « Lucan Joy », SCR 20 (1968) 49-62.

17068 GAIDE, G., « Joie et paix dans le Seigneur », AS (n.s.) N° 7 (1969) 59-64.

Joseph. Giuseppe. José.

17069 WOODS, H., « St. Joseph », AmER 88 (1933) 283-291.

17070 HOLZMEISTER, U., « Quaestiones biblicae de S. Joseph », VD 24 (1944) 33-46, 76-87, 100-111, 129-141, 169-183, 202-223, 235-253.

17071 CHAINE, J., *Le livre de la Genèse,* « Jacob et Joseph. Les récits », 374-446.

17072 LATTEY, C., « Ad Virginem desponsatam viro (Lc 1,27) », VD 30 (1952) 30-33.

17073 SCHERER, A., « Der gute und getreue Knecht. Zum Evangelienbild des hl. Joseph », GeistL 24 (1951) 26-37.

17074 LÉON-DUFOUR, X., « Le juste Joseph », NRT 81 (1959) 225-231.

17075 HENZE, C. M., « Das Problem der Ehe Mariens und Josephs », FreibZ 11 (1964) 298-307.

17076 LÉON-DUFOUR, X., *Études d'évangile,* « L'annonce à Joseph », 65-81.

Josué. Josuah. Josue. Giosue. Josué.

17077 CEUPPENS, F., *Le miracle de Josué* (Liège, Pensée catholique, 1944), 27 pp.

17078 DANIÉLOU, J., *Sacramentum Futuri*, « Le cycle de Josué : le mystère du Nom de Jésus », 203-216; « Rahab, figure de l'Église », 217-232; « La traversée du Jourdain, figure
du baptême », 233-245; « La chute de Jéricho et la fin du monde », 246-256.

17079 GEORGE, A., « Les récits de Gilgal en Josué v,2-15 », dans *Mémorial J. Chaine* (en
collab.), 169-186.

17080 GELIN, A., « Le testament de Josué », BVC Nº 3 (1953) 63-71.

17081 LAMBERT, G., « Josué à la bataille de Gabaon », NRT 76 (1954) 374-391.

17082 LÉCUYER, J., « La fête du baptême du Christ », VS 94 (1956) 31-44.

Jour de Yahvé. Day of Yahweh. Tag Jahwes. Giorno di Jahve. Día de Yahvé.

17083 PRAT, F., *La théologie de saint Paul*[38], « Le Jour du Seigneur : la parousie; le jugement
dernier », II, 450-455.

17084 BOUYER, L., *La Bible et l'Évangile*[2], « L'intervention divine dans l'histoire », 39-56.

17085 GELIN, A., « Jours de Yahvé et Jour de Yahvé », LV Nº 11 (1953) 39-52.

17086 GOURBILLON, J. G., « Le « Jour de Dieu » », CE Nº 10 (1953) 22-23.

17087 FLORIVAL, É., « Le jour du Jugement », BVC Nº 8 (1954-55) 61-75.

17088 COUTURIER, F., « Le « jour de Yahvé » dans l'Ancien Testament », RUO 24 (1954)
193-217.

17089 FRANSEN, I., « Le Jour du Seigneur : les deux Épîtres aux Thessaloniciens », BVC
Nº 8 (1954-55) 76-88.

17090 BENSON, A., « ... From the Mouth of the Lion », CBQ 19 (1957) 198-212.

17091 GRILL, S., « Der Schlachttag Jahwes », BZ 2 (1958) 278-283.

17092 BOURKE, J., « Le jour de Yahvé dans Joël », RB 66 (1959) 5-31,190-212.

17093 LARGEMENT, R., « Le Jour de Yahweh dans le contexte oriental », dans *Sacra Pagina*
(en collab.), I, 259-266.

17094 O'DOHERTY, E., « The Day of the Lord », Wor 35 (1961) 639-643.

17095 FLORISTAN, C., « El domingo, Día del Señor », Salm 11 (1964) 429-450.

17096 ELLEBRACHT, M. P., « Sunday : the Day which the Lord makes », Wor 39 (1965)
559-566.

17097 LANGEVIN, P.-É., « Sur l'origine du « Jour de Yahvé » », SE 18 (1966) 359-370.

17098 LANGEVIN, P.-É., *Jésus Seigneur et l'eschatologie. Exégèse de textes prépauliniens*,
« Le jour du Seigneur (1 *Th* 5,2) », 107-167.

17099 RENAUD, B., « Le Jour du Seigneur (Ml 4,1-2a) », AS (n.s.) Nº 64 (1969) 64-70.

17100 VANDERHAEGEN, J., « Espérer le jour du Seigneur (1 Th 5,1-6) », AS (n.s.) Nº 64
(1969) 10-17.

17101 BUIS, P., « La Pentecôte à la lumière de la prophétie de Joël (Jl 3,1-5) », AS (n.s.)
Nº 30 (1970) 17-22.

17102 CARNITI, C., « L'espressione « Il giorno di Jhwh » : origine ed evoluzione semanti-
ca », BibOr 12 (1970) 11-25.

Jubilé. Jubilee. Jubeljahr. Giubileo. Jubileo.

17103 LEMOINE, F.-M., « Le jubilé dans la Bible », VS 81 (1949) 262-288.

17104 NORTH, R., « The Biblical Jubilee and Social Reform », SCR 4 (1 51) 323-335.

17105 VAN IMSCHOOT, P., *Théologie de l'Ancien Testament*, « L'année jubilaire », II,
203-204.

Judas. Giuda. Judas.

17106 GOODIER, A., *The Passion and Death of Our Lord Jesus Christ,* « The last Warning to Judas », 40-51; « The Compact with Judas », 12-17.

17107 LEBRETON, J., *La vie et l'enseignement de J.-C.[16],* « Le traître Judas », II, 164-166.

17108 BAUER, J., « « Judas » Schicksal und Selbstmord », BiLit 20 (1952-53) 210-213.

17109 BENOIT, P., « La mort de Judas », dans *Synoptische Studien,* Alfred Wikenhauser zum siebzigsten Geburtstag dargebracht (en collab.), 1-19, ou dans BENOIT, P., *Exégèse et théologie,* I, 340-359.

17110 JAUBERT, A., *La date de la Cène* (Paris, Gabalda, 1957), « La date des jubilés et la figure de Juda, fils de Jacob », 139-141.

17111 DUPONT, J., « La destinée de Judas prophétisée par David (Actes, 1,16-20) », CBQ 23 (1961) 41-51.

17112 HEYRAUD, L., « Judas et la nouvelle alliance », BVC N° 44 (1962) 39-48.

17113 DUPONT, J., *Études sur les Actes des apôtres,* « La destinée de Judas prophétisée par David (Actes 1,16-20) », CBQ 23 (1961) 41-51, ou dans *Études sur les Actes des apôtres,* 309-320.

17114 BROWN, S., *Apostasy and Perseverance in the Theology of Luke* (Rome, Pont. Biblical Institute, 1969), « The Apostasy of Judas », 82-97.

Jugement. Judgment. Gericht. Giudizio. Juicio.

17115 XXX, « Que faut-il entendre par « Inde venturus est judicare vivos et mortuos » ? » AmiCl 48 (1931) 385-392.

17116 RAITH, P., « To Judge the Living and the Dead », AmER 98 (1938) 111-124.

17117 BONSIRVEN, J., *L'évangile de Paul,* « Le jugement », 326-328.

17118 MOLLAT, D., « Jugement. II. Dans le N. T. », SDB IV, col. 1344-1394.

17119 PAUTREL, R., « Jugement. I. Dans l'A. T. », SDB IV, col. 1321-1344.

17120 PRAT, F., *La théologie de saint Paul[38],* « Le Jour du Seigneur : la parousie; le jugement dernier », II, 450-455.

17121 DANIÉLOU, J., *Sacramentum Futuri,* « Déluge, baptême, jugement dans l'Écriture sainte », 55-68; « Déluge, baptême, jugement chez les Pères de l'Église », 69-85.

17122 DANIÉLOU, J., « Perspectives eschatologiques, autour d'un problème d'exégèse », Et 264 (1950) 359-368.

17123 DESCAMPS, A., *Les justes et la justice dans les évangiles et le christianisme primitif,* « La justice et les justes lors du jugement dernier », 247-299.

17124 HEINISCH, P., *Theology of the Old Testament,* « Judgment », 259-280.

17125 BONSIRVEN, J., *Théologie du Nouveau Testament,* « Eschatologie universelle : la résurrection, le jugement », 161-163.

17126 DUPONT, J., *Essais sur la christologie de saint Jean,* « Vie et jugement : guérison du paralytique, entretien avec Nicodème, la prière sacerdotale », 171-180.

17127 BARSOTTI, D., *Vie mystique et mystère liturgique,* « Le jugement final », 455-461.

17128 DHEILLY, J., « Les fins dernières dans l'Ancien et le Nouveau Testament », dans *Viens Seigneur,* Cahiers de la Roseraie, IV (Bruxelles, Lumen Vitae; Bruges, Abbaye de Saint-André, 1955), 26-33.

17129 FÉRET, H.-M., « La morale sapientielle et le jugement de l'av ` `` `` `ns *Le mystère de la mort et sa célébration* (en collab.), 43-47.

17130 GRILL, S., « Der Schlachttag Jahwes », BZ 2 (1958) 278-283.

17131   AMIOT, F., *Les idées maîtresses de saint Paul,* « La mort et le jugement », 209-217.

17132   MARIE DE LA TRINITÉ, Sr, GOURBILLON, J. G., « Le Dieu qui juge et qui récompense : 1. Le témoignage des prophètes », CE N° 35 (1959) 5-34.

17133   OSTY, É., « Le Dieu qui juge et qui récompense. 2. La réflexion des sages », CE N° 35 (1959) 35-92.

17134   DAVIS, C., « The End of the World : the last Judgment », Wor 34 (1960) 255-258.

17135   LYONNET, S., « Justification, jugement, rédemption, principalement dans l'épître aux Romains », dans *Littérature et théologie pauliniennes* (en collab.), 166-184.

17136   GONZALEZ, A., « El Salmo 74 y el juicio escatológico », EstB 21 (1962) 5-22.

17137   McKENZIE, J. L., « The Judge of all the Earth », Way 2 (1962) 209-218.

17138   FÜGLISTER, N., *Die Heilsbedeutung des Pascha,* « Das Unheil », 149-156.

17139   CIPRIANI, S., « Il giudizio in San Giovanni », dans *San Giovanni.* Atti della XVII Settimana Biblica (en collab.), 161-185.

17140   MAYER, R., « Sünde und Gericht in der Bildersprache der vorexilischen Prophetie », BZ 8 (1964) 22-44.

17141   GAMPER, A., *Gott als Richter in Mesopotamien und im Alten Testament.* Zum Verständnis einer Gebetsbitte (Innsbruck, Wagner, 1966), 256 pp.

17142   SCHEFFCZYK, L., *Von der Heilsmacht des Wortes* (München, Max Hüber, 1966), « Der Einbruch der Sünde und das Wort als Widerspruch », 126-133; « Das Wort Gottes als Gerichtverheissung bei den Propheten », 137-150.

17143   WINANDY, J., « La scène du jugement dernier (Mt., 25,31-46) », SE 18 (1966) 169-186.

17144   BEAUCAMP, É., DE RELLES, J.-P., *Israël attend son Dieu,* « L'attente du jugement », 129-134; « Le jugement du roi Yahvé », 135-164.

17145   BUIS, P., « Notification de jugement et confession nationale », BZ 11 (1967) 193-205.

17146   DU BUIT, M., « Les paraboles du jugement », CE N° 68 (1967) 5-59.

17147   LANGEVIN, P.-É., *Jésus Seigneur et l'eschatologie. Exégèse de textes prépauliniens,* « Jour de jugement (le jour de Yahvé) », 135-142.

17148   SABOURIN, L., *Les noms et les titres de Jésus,* « Le juge », 221-232.

17149   GEORGE, A., « Le jugement de Dieu. Essai d'interprétation d'un thème eschatologique », Conci N° 41 (1968) 13-24.

17150   GIAVINI, G., « Justificatio et judicium apud S. Paulum », VD 46 (1968) 169-174.

17151   THÜSING, W., « Die theologische Mitte der Weltgerichtsvisionen in der Johannesapokalypse », TrierTZ 77 (1968) 1-16.

17152   GEORGE, A., « Le jugement de Dieu. Essai d'interprétation d'un thème eschatologique », Conci N° 41 (1969) 13-24.

Justice. Gerechtigkeit. Giustizia. Justicia.

Ancien Testament. Old Testament. Altes Testament. Antico Testamento. Antiguo Testamento.

17153   DUBARLE, A.-M., *Les sages d'Israël,* « La justice et la miséricorde », 32-36; « Job, ou les protestations de la Conscience », 66-94.

17154   REWET, J., « Misericordia et justitia Dei in Vetere Testamento », VD 25 (1947) 35-42, 89-98.

17155   DESCAMPS, A., « Justice et justification. I. Dans l'Ancien Testament; II. Dans le Nouveau Testament », SDB IV, col. 1460-1510.

17156   HEINISCH, P., *Theology of the Old Testament,* « God's Justness », 90-96.

17157   CAZELLES, H., « À propos de quelques textes difficiles relatifs à la justice de Dieu dans l'A. T. », RB 58 (1951) 164-188.

17158 PAUL-MARIE DE LA CROIX, P., *L'Ancien Testament source de vie spirituelle*[3], « Le Dieu des justes », 276-280.

17159 BOUYER, L., *La Bible et l'Évangile*[2], « Justice et miséricorde (Amos et Osée) », 57-72.

17160 GUILLET, J., *Thèmes bibliques,* « Grâce, justice et vérité : 1. le vocabulaire de base; 2. l'évolution du vocabulaire », 26-93.

17161 MICHEL, A., « Les justes de l'Ancien Testament et les limbes », AmiCl 64 (1964) 689-695.

17162 VAN IMSCHOOT, P., *Théologie de l'Ancien Testament,* « La justice de Dieu », I, 71-80.

17163 TOURNAY, R., « Le procès de Job ou l'innocent devant Dieu », VS 95 (1956) 339-354.

17164 DE VAUX, R., *Les institutions de l'A. T.,* « Droit et justice », I, 221-250.

17165 DUBARLE, A.-M., « Le péché originel et la justice de Dieu », SCR 9 (1957) 97-108, ou dans *Le péché originel dans l'Écriture* (en collab.), 173-186.

17166 VATTIONI, F., « Malachia 3, 20 e l'origine della giustizia in Oriente », RivB 6 (1958) 353-360.

17167 VAWTER, B., « De iustitia sociali apud prophetas praeexilicos », VD 36 (1958) 93-97.

17168 BEAUCAMP, É., « Justice divine et pardon (*Ps.,* LI, 6) », dans *À la rencontre de Dieu.* Mémorial Albert Gelin (en collab.), 129-144.

17169 BEAUCAMP, É., DE RELLES, J.-P., *Israël attend son Dieu,* « La soif humaine de justice », 165-170; « La justice du Dieu de l'Alliance », 171-190; « L'espoir d'une ère de justice et de paix », 191-197; « Le royaume de justice et de paix », 198-245.

17170 DACQUINO, P., « La formula « Giustizia di Dio » nei libri dell'Antico Testamento », RivB 17 (1969) 103-120, 365-382.

Nouveau Testament. New Testament. Neues Testament. Nuovo Testamento. Nuevo Testamento.

17171 A. S. MARCO, E., « Il concetto di giustizia dell'Enoc Etiopico e S. Paolo », Bibl 18 (1937) 277-303, 383-417.

17172 DESCAMPS, A., « Le christianisme comme justice dans le premier Évangile », ETL 22 (1946) 5-33.

17173 PETERSON, E., *Le mystère des Juifs et des Gentils dans l'Église,* 21-31.

17174 CERFAUX, L., *Une lecture de l'épître aux Romains,* « Sur la justice de Dieu : I. L'annonce de la justice : l'activité des hommes a attiré la colère de Dieu », 23-38; « Révélation de la justice de Dieu », 39-49; « II. Description de l'état chrétien de justice : sécurité joyeuse du salut, don de Dieu », 50-52; « Surabondance de la vie dans le Christ », 53-58; « Le régime de l'Esprit-Saint : l'affranchissement du péché », 59-65; « La Loi de l'Esprit », 65-86.

17175 LYONNET, S., « De justitia Dei in Epistola ad Romanos 1,17 et 3,21-22 », VD 25 (1947) 23-34.

17176 LYONNET, S., « De justitia Dei in Epistola ad Romanos 10,3 et 3,5 », VD 25 (1947) 118-121.

17177 LYONNET, S., « De justitia Dei in Epistola ad Romanos 3,25-26 », VD 25 (1947) 129-144, 193-203, 257-263.

17178 BONSIRVEN, J., *L'évangile de Paul,* « Justice de la foi : sa nature », 198-212.

17179 PRAT, F., *La théologie de saint Paul*[38], « Justice dans l'homme; justice de Dieu dans saint Paul », 545-551.

17180 BONSIRVEN, J., *L'évangile de Paul,* « Justice de la foi : sa nature », 198-212.

17181 GONZALEZ RUIZ, J. M., « Justicia y misericordia divina en la elección y reprobación de los hombres », EstB 8 (1949) 365-377.

17182 DUBARLE, A.-M., « Le péché originel et la justice de Dieu », SCR 9 (1957) 97-108, ou dans *Le péché originel dans l'Écriture,* 173-186.

17183 LYONNET, S., « La notion de justice de Dieu en *Rom.*, III,5 et l'exégèse paulinienne du « Miserere » », dans *Sacra Pagina* (en collab.), II, 342-356.

17184 PESCH, W., *Der Lohngedanke in der Lehre Jesu*, verglichen mit der religiösen Lohnlehre des Spätjudentums (München, K. Zink, 1955), 10-156 pp.

17185 SCHMIDT, S., « S. Pauli « justitia Dei » notione iustitiae, quae in V. T. et apud S. Paulum habetur, dilucida », VD 37 (1959) 96-105.

17186 CERFAUX, L., *Le chrétien dans la théologie paulinienne*, « Le don de la justice », 343-426.

17187 GUILLET, J., *Jésus-Christ hier et aujourd'hui*, « Noël et l'attente de la justice », 19-33.

17188 CAMBIER, J., « Justice de Dieu, salut de tous les hommes et foi », RB 71 (1964) 537-583.

17189 LYONNET, S., « De notione « iustitiae Dei » apud S. Paulum », VD 42 (1964) 121-152.

17190 STUHLMACHER, P., *Gerechtigkeit Gottes bei Paulus²* (Göttingen, 1966), 276 pp.

17191 CAMBIER, J., *L'Évangile de Dieu selon l'épître aux Romains*, I. « L'Évangile, révélation de la justice de Dieu. Rom. 1,16s », 11-59; « La justice de Dieu. Rom. 3, 21-26 », 66-146; « La justice de Dieu. Rom. 10,3-13 », 184-193; « Foi et justice », 339-429.

17192 SPICQ, C., *Spiritualité sacerdotale d'après saint Paul*, « Prudence, justice et tempérance », 146-163.

17193 BONSIRVEN, J., *Théologie du N. T.*, 320-328.

17194 LYONNET, S., « De Rom. 3,30 et 4,3-5 in concilio Tridentino apud S. Robertum Bellarminum », VD 29 (1951) 88-97.

17195 STANLEY, D. M., « Theologia Promissionis apud S. Paulum », VD 30 (1952) 129-142.

17196 CERFAUX, L., *Le Christ dans la théologie de saint Paul²*, « Le Christ, notre justice », 159-188.

17197 GUILLET, J., *Thèmes bibliques*, « Justice dans le Nouveau Testament », 86-92.

17198 COCAGNAC, A.-M., « Simple méditation sur quelques textes de la Bible », (thème : « Ne jugez pas »), VS 96 (1957) 5-31.

17199 BUSTOS, F., « Recens poema sumericum de « iusto patiente » et V. T. », VD 35 (1957) 287-299.

17200 TRILLING, W., *Christusverkündigung in den synoptischen Evangelien*, « Die neue und wahre « Gerechtigkeit » (Mt 5,20-22) », 86-107.

17201 LINDARS, B., « Δικαιοσυνη in Jn 16,8 and 10 », dans *Mélanges bibliques* en hommage au R. P. Béda Rigaux (en collab.), 275-285.

Divers. Miscellaneous. Verschiedenes. Diversi. Diversos.

17202 WENNEMER, K., « Gerechtigkeit Gottes », GeistL 29 (1956) 358-366.

17203 BLATTER, T., *Macht und Herrschaft Gottes*. Eine bibeltheologische Studie, « Die Gerechtigkeit », 111-127.

17204 SABOURIN, L., *Les noms et les titres de Jésus*, « Le juste et le saint », 58-61.

17205 DELHAYE, P., « Notes sur l'histoire et le sens actuel de la vertu de justice », MSR 21 (1964) 1-14.

17206 GALOPIN, P.-M., « De la « justice » ancienne à la sainteté nouvelle », AS Nº 59 (1966) 47-62.

17207 BEAUCAMP, É., « La justice et la Bible », VS 116 (1967) 289-310.

Justification. Rechtfertigung. Giustificazione. Justificación.

17208 PERRELLA, C. M., « De justificatione sec. epistulam ad Hebraeos », Bibl 14 (1933) 1-21, 150-169.

17209 ROSMAN, H., « Justificare est verbum causativum », VD 21 (1941) 144-147.

17210 BOVER, J.•M., « La justificación en San Pablo », EstB 4 (1945) 297-325.

17211 COLUNGA, A., « La justificación en los Profetas », EstB 4 (1945) 129-161.

17212 LARRAÑAGA, V., « La teoría sobre la justicia imputada de Lutero en su comentario a la Carta a los Romanos (1515-1516) », EstB 4 (1945) 117-128, 447-460.

17213 MOCSY, E., « Problema imperativi ethici in justificatione paulina », VD 25 (1947) 204-217, 264-269.

17214 DESCAMPS, A., « Justice et justification. I. Dans l'Ancien Testament; II. Dans le Nouveau Testament », SDB IV, col. 1417-1510.

17215 MORAN, J. W., « Justification by Faith and Works », AmER 119 (1948) 407-413.

17216 PRAT, F., La théologie de saint Paul³⁸, « Justification par la foi sans les oeuvres de la Loi », I, 197-214; « La foi principe de justification : la foi justifiante », II, 279-291; « La justification par la foi », II, 291-301; « La sanctification », II, 301-305.

17217 AMIOT, F., Les idées maîtresses de saint Paul, « L'homme nouveau. La justification », 105-109.

17218 BONSIRVEN, J., Théologie du N. T., « Le Christ médiateur : en lui Dieu communique sa grâce », 310-327.

17219 DESCAMPS, A., Les justes et la justice dans les évangiles et le christianisme primitif hormis la doctrine proprement paulinienne, 340 pp.

17220 SPICQ, C., « La justification du charitable (1 Jo 3,19-21) », Bibl 40 (1959) 915-927.

17221 LYONNET, S., « Justification, jugement, rédemption, principalement dans l'épître aux Romains », dans Littérature et théologie pauliniennes (en collab.), 166-184.

17222 GRELOT, P., Sens chrétien de l'A. T., « Le mystère du Christ, principe de justification », 151-159.

17223 LYONNET, S., « Lex naturalis et iustificatio Gentilium », VD 41 (1963) 238-242.

17224 LYONNET, S., « Gratuité de la justification et gratuité du salut », dans Studiorum Paulinorum Congressus 1961 (en collab.), I, 95-110.

17225 VELLA, J., La giustizia forense di Dio (Brescia, Paideia, 1964), 142 pp.

17226 SPICQ, C., Théologie morale du Nouveau Testament, « Justification, péché, sanctification », 165-228.

17227 BONNIN, F., « La justificación en el Antíguo Testamento », RET 26 (1966) 295-321.

17228 CROWLEY, P., « Justification by Faith in St Paul », SCR 18 (1966) 97-111.

17229 KERTELGE, K., « Rechtfertigung bei Paulus als Heilswirklichkeit und Heilsverwirklichung », BiLeb 8 (1967) 83-93.

17230 KERTELGE, K., Rechtfertigung bei Paulus. Studien zur Struktur und zum Bedeutungsgehalt des paulinischen Rechtfertigungsbegriffs (Münster, Aschendorff, 1967), 336 pp.

17231 GIAVINI, G., « Justificatio et judicium apud S. Paulum », VD 46 (1968) 169-174.

17232 BARTH, M., « The Faith of the Messiah », HeyJ 10 (1969) 363-370.

17233 CONDON, K., « Justification in the Bible », IrThQ 37 (1970) 265-279.

17234 COTHENET, É., « La vie dans la foi au Christ (Ga 2,16.19-21) », AS (n.s.) N° 42 (1970) 73-79.

17235 FLICK, M., ALSZEGHY, Z., Fondamenti di una antropologia teologica, « L'uomo sotto il segno di Cristo : Per Cristo », 303-366.

Kénose. Kenose. Entäusserung. Kenosi. Kenosis.

17236 STEPHENSON, A. A., « Christ's Self-abasement », CBQ 1 (1939) 296-313.

17237 PRAT, F., La théologie de saint Paul³⁸, « Le dépouillement du Christ : exinanivit semetipsum; la kénose », 378-386.

17238 DUPONT, J., « Jésus-Christ dans son abaissement et son exaltation (Phil. 2,6-11) », RSR 37 (1950) 500-514.

17239 KRUSE, H., « Iterum « Harpagmos » (Phil. 2,6) », VD 29 (1951) 206-214.

17240 HENRY, P., « Kénose », SDB V, col. 7-161.

Kérygme. Kerygma. Kerigma.

17241 BENOIT, P., « Les origines du symbole des apôtres dans le N. T. », LV Nº 2 (1952) 39-60, ou dans BENOIT, P., *Exégèse et théologie*, II, 193-211.

17242 SPICQ, C., *L'épître aux Hébreux*, « L'Épître aux Hébreux et la catéchèse évangélique », I, 92-138.

17243 SCHLIER, H., *Die Zeit der Kirche*, « Kerygma und Sophia. – Zur neutestamentlichen Grundlegung des Dogmas », 206-232.

17244 MUSSNER, F., « Anknüpfung und Kerygma in der Areopagrede (Apg 17,22b-31) », TrierTZ 67 (1958) 344-354.

17245 CERFAUX, L., « Le message chrétien d'après saint Paul », *Euntes Docete* 12 (1959) 255-266, ou dans *Recueil Lucien Cerfaux*, III, 313-322.

17246 UBIETA, J. A., « El Kerygma apostolico y los Evangelios », EstB 18 (1959) 21-61.

17247 LEVIE, J., « Le message de Jésus dans la pensée des apôtres », NRT 83 (1961) 25-49.

17248 MUSSNER, F., « Die Mitte des Evangeliums in neutestamentlicher Sicht », Catho 15 (1961) 271-292.

17249 NÉDONCELLE, M., « Bultmann ou l'individualisme eschatologique », ETL 37 (1961) 579-596.

17250 MARTINI, C. M., « La primitiva predicazione apostolica e le sue caratteristiche », CC 3 (1962) 246-255.

17251 SCHMITT, J., « La résurrection du Christ : des formules kérygmatiques aux récits évangéliques », dans *Parole de Dieu et sacerdoce* (en collab.) (Paris, Tournai, Desclée et Cie, 1962), 93-105.

17252 HERMANN, I., « Kerygma und Kirche », dans *Neutestamentliche Aufsätze* (en collab.), 110-114.

17253 SISTI, A., « San Paolo e la catechesi primitiva », BibOr 5 (1963) 133-139.

17254 VAN IERSEL, B., « Saint Paul et la prédication de l'Église primitive », dans *Studiorum Paulinorum Congressus 1961* (en collab.), I, 433-441.

17255 LIÉGÉ, P.-A., « Le ministère de la Parole : du kérygme à la catéchèse », dans *La parole de Dieu en Jésus-Christ²* (en collab.), 176-190.

17256 KAHLEFELD, H., « Péricope et prédication », Conci Nº 10 (1965) 39-50.

17257 BOURKE, J., « Le Jésus historique et le Christ kérygmatique », Conci Nº 11 (1966) 27-43.

17258 KREMER, J., *Das älteste Zeugnis von der Auferstehung Christi*. Eine Bibeltheologische Studie zur Aussage und Bedeutung von 1 Kor 15,1-11, 156 pp.

17259 MURPHY-O'CONNOR, J., *La prédication selon saint Paul*, 182 pp.

17260 SCHLÖSSER, F., « Was ist biblische Verkündigung ? » TrierTZ Nº 75 (1966) 282-294.

17261 STANLEY, D. M., « La prédication primitive, schéma traditionnel », Conci Nº 20 (1966) 79-88.

17262 SCHMITT, J., « Le kérygme et l'histoire de Jésus », dans *Où en sont les études bibliques ?* (en collab.), 213-233.

17263 MALEVEZ, L., « Jésus de l'histoire et interprétation du kérygme », NRT 91 (1969) 785-908.

17264 SCHNEIDER, G., « Urchristliche Gottesverkündigung in hellenistischer Umwelt », BZ 13 (1969) 59-75.

Lévites. Levites. Leviten. Leviti. Levitas.

17265 LEFÈVRE, A., « Lévitique (organisation) », SDB V, col. 389-397.

17266 DE VAUX, R., « « Lévites » minéens et lévites israélites », dans *Lex tua Veritas.* Festschrift für H. Junker, 265-273, ou dans *Bible et Orient,* 277-285.

17267 GRELOT, P., « Spiritualité lévitique et spiritualité cléricale », CHR N° 9 (1962) 291-305.

17268 HAURET, C., « Lewy et Kohen », RevSR 44 (1970) 85-100.

17269 LELOIR, L., « Valeurs permanentes du sacerdoce lévitique », NRT 92 (1970) 246-266.

Liberté. Liberty. Freiheit. Libertà. Libertad.

17270 DUPONT, J., *Gnosis.* La connaissance religieuse dans les épîtres de saint Paul, « Gnose et liberté : I. La conscience des faibles; faibles », 266-282; « II. L'*exousia* du gnostique : le problème des idolothytes; *Exousia* religieuse hellénistique ? L'*exousia* du sage; la liberté chrétienne », 282-320.

17271 SCHELKLE, K. H., « Erwählung und Freiheit im Römerbrief nach der Auslegung der Väter », TQ 131 (1951) 17-31, 189-207.

17272 NÖTSCHER, F., « Gesetz der Freiheit im NT und in der Mönchsgemeinde am Toten Meer », Bibl 34 (1953) 193-194.

17273 BARSOTTI, D., *Vie mystique et mystère liturgique,* « L'Incarnation : le mystère de la liberté », 104-111.

17274 CERFAUX, L., « Service du Christ et liberté », BVC N° 8 (1954-55) 7-15.

17275 GUILLET, J., *Thèmes bibliques,* « Libération », 232-234.

17276 LYONNET, S., « Liberté du chrétien et loi de l'Esprit selon saint Paul », CHR N° 4 (1954) 6-27.

17277 DIDIER, G., *Désintéressement du chrétien,* « Aux Galates : exigences de la liberté », 108-119.

17278 CERFAUX, L., « Condition chrétienne et liberté selon saint Paul », dans *Structures et liberté* (en collab.) (Paris, Desclée de Br., 1956), 244-252, ou dans *Recueil Lucien Cerfaux,* III, 287-296.

17279 GROSS, H., *Die Idee des ewigen und allgemeinen Weltfriedens im Alten Orient und im AT,* 186 pp.

17280 SCHLIER, H., *Die Zeit der Kirche,* « Über das vollkommene Gesetz der Freiheit », 193-206.

17281 PATY, C., « Obéissance et liberté », BVC N° 21 (1958) 7-25.

17282 NÖTSCHER, F., « Schicksal und Freiheit », Bibl 40 (1959) 446-462.

17283 PRAGER, M., « Der Christ – ein Freier », BiLit 27 (1959-60) 1-17, 62-72, 157-166.

17284 SPICQ, C., « La liberté selon le N. T. », SE 12 (1960) 229-240.

17285 RAMAZZOTTI, B., « L'autore della liberta cristiana », RivB 8 (1960) 289-303; 9 (1961) 1-18, 209-220.

17286 GEORGE, A., « De l'esclavage à la liberté (Ga 4,1-7) », AS N° 11 (1961) 19-28.

17287 GUEMES VILLANUEVA, A., « La libertad en el mundo contemporaneo de San Pablo », EstB 20 (1961) 129-168.

17288 HERMANN, I., *Kyrios und Pneuma.* Studien zur Christologie der paulinischen Hauptbriefe, « Die Freiheit von Sünde, Gesetz und Tod », 106-113.

17289 SINT, J., « Liberation and Redemption », Way 1 (1961) 145-147.

17290 BARTHÉLEMY, D., « Un peuple condamné à la liberté », VS 106 (1962) 166-182.

17291   GUEMES VILLANUEVA, A., « La ἐλευθερία en las Epistolas paulinas. Examen de Textos », EstB 21 (1962) 37-63; 22 (1963) 219-242.

17292   NÖTSCHER, F., *Vom Alten zum Neuen Testament* (Bonn, P. Hanstein, 1962), « Schiksal und Freiheit », 1-16.

17293   CAMBIER, J., « La liberté chrétienne selon saint Paul », LV N° 61 (1963) 5-40.

17294   HÄRING, B., « Paulinische Freiheitslehre, Gesetzesethik und Situationsethik », dans *Studiorum Paulinorum Congressus 1961* (en collab.), I, 165-173.

17295   LYONNET, S., « Saint Paul : Liberty and Law », TDig 11 (1963) 12-20.

17296   ALONSO, J., « Libertad y ley, una sintesis teologico-biblica », RET 24 (1964) 435-450.

17297   BALLARINI, T., « Liberazione in San Paolo e in San Giovanni », dans *San Giovanni. Atti della XVII Settimana Biblica* (en collab.), 207-224.

17298   CAMBIER, J., « La liberté chrétienne selon saint Paul », dans *Studia Evangelica*, II, coll. Texte und Untersuchungen, Band 87 (Berlin, 1964), 315-353.

17299   LACAN, M.-F., « Le chemin de la liberté (Ga 5,16-24) », AS N° 68 (1964) 17-30.

17300   LEGRAND, L., *La virginité dans la Bible*, « Virginité et liberté », 83-94.

17301   LOHFINK, N., « Herausgeführt in die Freiheit (Ps 65, 1-12) », GeistL 38 (1965) 81-84.

17302   SPICQ, C., *Théologie morale du Nouveau Testament*, « La liberté des enfants de Dieu », 723-787.

17303   BROX, N., *Paulus und seine Verkündigung*, « « Alles ist erlaubt ». Zur Frage nach Freiheit und Gesetz », 111-136.

17304   CERFAUX, L., *L'itinéraire spirituel de saint Paul*, « Le gardien de la liberté chrétienne », 93-104.

17305   BACHT, H., « Dimensionen des Friedens », GeistL 40 (1967) 4-11.

17306   FUCHS, J., « Christliche Freiheit, Freiheit der Kirche, Religionsfreiheit », Catho 21 (1967) 1-11.

17307   GNILKA, J., « Zur Liebe befreit », BiLeb 8 (1967) 145-148.

17308   LACAN, M.-F., « Le choix fondamental : être asservi ou servir (Ga 5,1.13-18) », AS (n.s.) N° 44 (1969) 60-64.

17309   MONTAGNINI, F., « « Il monte Sinai si trova in Arabia... » Nota sul tema « Legge e schiavitù » », BibOr 11 (1969) 33-38.

17310   SCHILSON, A., « Die Wahrheit wird euch frei machen ! (Jo. 8,32) », TGl 59 (1969) 29-56.

17311   SAND, A., « Die Polemik gegen « Gesetzlosigkeit » im Evangelium nach Matthäus und bei Paulus », BZ 14 (1970) 112-125.

17312   SCHLIER, H., « Zur Freiheit gerufen. Das paulinische Freiheitsverständnis », GeistL 43 (1970) 421-436.

Lieux maudits. Cursed Places. Verfluchte Orte. Luoghi maledetti. Lugares malditos.

17313   GUILLET, J., *Thèmes bibliques*, « Les lieux maudits », 140-159.

Lieux sacrés. Sacred Places. Heilige Orte. Luoghi sacri. Lugares sagrados.

17314   VINCENT, L.-H., « La notion biblique du Haut-lieu », RB 55 (1948) 438-445.

17315   VAN IMSCHOOT, P., *Théologie de l'Ancien Testament*, « Les lieux sacrés », II, 110-113.

Liturgie céleste. Celestial Liturgy. Himmlische Liturgie. Liturgia celeste. Liturgia celeste.

17316   DANIÉLOU, J., *Le mystère de l'Avent*, « La liturgie des anges », 95-103.

17317   COMBLIN, J., « La liturgie de la nouvelle Jérusalem », ETL 29 (1953) 5-40.

17318 BARROSSE, T., « The Senses of Scripture and the Liturgical Pericopes », CBQ 21 (1959) 1-23.

17319 ORLETT, R., « A Influence of the Early Liturgy upon the Emmaus Account », CBQ 21 (1959) 212-219.

17320 CODY, A., *Heavenly Sanctuary and Liturgy in the Epistle to the Hebrews* (St. Meinrad, Indiana, Grail Publications, 1960), 228 pp.

Livre de vie. Book of Life. Buch des Lebens. Libro di vita. Libro de vida.

17321 DUPONT, J., *Essais sur la christologie de saint Jean,* « Le Livre de vie », 157-162.

17322 GUILLET, J., *Thèmes bibliques,* « Livre de vie », 167, 174, 175.

Loi. Law. Gesetz. Legge. Ley.

Ancien Testament. Old Testament. Altes Testament. Antico Testamento. Antiguo Testamento.

17323 XXX, « Combien y avait-il de préceptes inscrits sur chacune des deux tables du Décalogue ? » AmiCl 53 (1936) 173-174.

17324 ROBERT, A., « Le sens du mot Loi dans le Ps. 119 », RB 46 (1937) 182-206.

17325 ROBERT, A., « Le yahvisme de *Prov.,* x,1-xxii,16; xxv-xxix », dans *Mémorial Lagrange* (en collab.), 163-182.

17326 CAZELLES, H., *Études sur le code de l'alliance* (Paris, Letouzey et Ané, 1946), 198 pp.

17327 LEAHY, D., « The Law of Moses and Salvation », SCR 3 (1948) 19-20.

17328 PAUL-MARIE DE LA CROIX, P., *L'Ancien Testament source de vie spirituelle*[1], « La foi et la Loi », 601-605.

17329 VAN IMSCHOOT, P., *Théologie de l'Ancien Testament,* II, « Les codes de morale », 83-94; « Le décalogue », 83-90.

17330 VAN DER PLOEG, J., « Studies in Hebrew Law », CBQ 12 (1950) 248-259, 416-427; 13 (1951) 28-43, 164-171, 296-307.

17331 LÉCUYER, J., « Pentecôte et loi nouvelle », VS 88 (1953) 471-490.

17332 GARCIA DE LA FUENTE, O., « Los contratos, en el Antiguo Testamento, comparados con los de Egipto, Asiria y Babilonia », EstB 14 (1955) 223-254.

17333 AUZOU, G., *La Tradition biblique* (Paris, L'Orante, 1957), « La grande torah », 223-232.

17334 FRANSEN, I., « Le Deutéronome. Le Peuple saint », BVC N° 19 (1957) 74-84.

17335 CAZELLES, H., « Loi israélite : sous l'Ancien Testament », SDB V, col. 497-524; « Sous le Nouveau Testament », col. 524-530.

17336 GUGENHEIM, E., « Israël et la Torah », LV N° 37 (1958) 41-48.

17337 ROTH, J., « Thèmes majeurs de la tradition sacerdotale dans le Pentateuque : l'Alliance et la Loi », NRT 80 (1958) 719-720.

17338 TROADEC, H.-G., « Le Fils de l'homme est maître même du sabbat (Marc 2,23-3,6) », BVC N° 21 (1958) 73-83.

17339 O'CONNELL, M. J., « The Concept of Commandment in the Old Testament », TS 21 (1960) 351-403.

17340 MacKENZIE, R. A. F., *Two Forms of Israelite Law* (Roma, Pontifical Biblical Institute, 1961), 47 pp.

17341 RENAUD, B., « La Loi et les lois dans les livres des Maccabées », RB 68 (1961) 39-67.

17342 GRELOT, P., *Sens chrétien de l'A. T.,* « L'A. T. considéré comme Loi : I. Le régime de la Loi; II. Le rôle de la Loi ancienne dans le dessein de salut », 167-247.

17343 DELHAYE, P., « Le Décalogue et sa place dans l'enseignement de la morale chrétienne », AmiCl 73 (1963) 49-52, 97-101, 199-204, 241-248, 289-291.

17344 JOURNET, C., « L'économie de la loi mosaïque », RT 63 (1963) 5-36, 193-224, 515-547.

17345 KILIAN, R., « Apodiktisches und kasuistisches Recht im Licht ägyptischer Analogien », BZ 7 (1963) 185-202.

17346 L'HOUR, J., « Une législation criminelle dans le Deutéronome », Bibl 44 (1963) 1-28.

17347 L'HOUR, J., « Les interdits TO'EBA dans le Deutéronome », RB 71 (1964) 481-503.

17348 MacKENZIE, R. A. F., « The Formal Aspect of Ancient Near Eastern Law », dans *The Seed of Wisdom*. Essays in Honour of T. J. Meek (Toronto, University Press, 1964), 31-44.

17349 CAZELLES, H., « La Torah de Moïse et le Christ Sauveur », Conci N° 10 (1965) 51-67.

17350 LOHFINK, N., « Zur Dekalogfassung von Dt 5 », BZ 9 (1965) 17-32.

17351 L'HOUR, J., *La morale de l'Alliance*, « Stipulation générale et stipulations particulières », 53-82.

17352 RICHTER, W., *Recht und Ethos*. Versuch einer Ortung des weisheitlichen Mahnspruches (München, Kösel, 1966), 220 pp.

17353 SCHEFFCZYK, L., *Von der Heilsmacht des Wortes* (Müchen, Max Hüber, 1966), « Das Wort Gottes als Gesetz Israels », 150-157; « Christus als das vollkommene Wort Gottes an die Menschheit », 157-169.

17354 SCHUBERT, K., « Gesetz und Prophetismus », BiLit 39 (1966) 96-104.

17355 LOHFINK, N., *Bibelauslegung im Wandel*, « Die zehn Gebote ohne den Berg Sinai », 129-158.

17356 PAX, E., « Réflexions au sujet de Deutéronome 6,25 », Conci N° 30 (1967) 65-76.

17357 VRIEZEN, T., « Exode XX,2, introduction au Décalogue : formule de loi ou d'alliance », dans *Aux grands carrefours de la révélation et de l'exégèse de l'A. T.* (en collab.), 35-50.

17358 VESCO, J.-L., « Les lois sociales du livre de l'Alliance », RT 68 (1968) 241-266.

17359 BRAULIK, G., « Die Ausdrücke für « Gesetz » im Buch Deuteronomium », Bibl 51 (1970) 39-66.

17360 KRINETZKI, L., *L'alliance de Dieu avec les hommes* (Paris, Cerf, 1970), 144 pp.

17361 WIÉNER, C., « Valeur inestimable de la Loi du Seigneur (Dt 4,1-2.6-8) », AS (n.s.) N° 53 (1970) 34-38.

Nouveau Testament. New Testament. Neues Testament. Nuovo Testamento. Nuevo Testamento.

a) *Paul. Paulus. Paolo. Pablo.*

17362 BENOIT, P., « La loi et la croix d'après saint Paul », RB 47 (1938) 481-509, ou dans BENOIT, P., *Exégèse et théologie*, II, 9-40.

17363 BONSIRVEN, J., *L'évangile de Paul*, « La Loi », 135-143.

17364 CERFAUX, L., *Le Christ dans la théologie de saint Paul²*, « La mort du Christ et la Loi », 116-119; « La Loi et le Christ : l'Écriture annonce le Christ; le rôle de la Loi », 169-176.

17365 DEMANN, P., « Moïse et la Loi dans la pensée de saint Paul », dans *Moïse, l'homme de l'Alliance* (en collab.), 189-242.

17366 KUSS, O., « Die Heiden und die Werke des Gesetzes », MüTZ 5 (1954) 77-98, ou dans *Auslegung und Verkündigung*, I, 213-245.

17367 AMIOT, F., *Les idées maîtresses de saint Paul*, « Moïse et la Loi », 67-94.

17368 FAHY, T., « Faith and the Law : Epistle to the Romans, ch. 4 », IrThQ 28 (1961) 207-214.

17369 HÄRING, B., « Paulinische Freiheitslehre, Gesetzesethik und Situationsethik », dans *Studiorum Paulinorum Congressus 1961*, I, 165-174.

17370 LYONNET, S., « Lex naturalis et iustificatio Gentilium », VD 41 (1963) 238-242.

17371 RIEDL, J., « Die Auslegung von Rom 2,14-16 in Vergangenheit und Gegenwart », dans *Studiorum Paulinorum Congressus 1961* (en collab.), I, 261-271.

17372 BECK, I., « Altes und neues Gesetz. Eine Untersuchung über die Kompromisslosigkeit des paulinischen Denkens », MüTZ 15 (1964) 127-142.

17373 BROX, N., *Paulus und seine Verkündigung,* « « Alles ist erlaubt ». Zur Frage nach Freiheit und Gesetz », 111-136.

17374 KUSS, O., « *Nomos* bei Paulus », MüTZ 17 (1966) 173-227.

17375 REY, B., *Créés dans le Christ Jésus.* La création nouvelle selon saint Paul, « La gloire du ministère de la Loi et celle du ministère de l'Esprit », 182-189.

17376 LYONNET, S., « Lex naturalis quid praecipiat secundum S. Paulum et antiquam Patrum traditionem », VD 45 (1967) 150-161.

17377 ORTKEMPER, F.-J., *Das Kreuz in der Verkündigung des Apostels Paulus.* Dargestellt an den Texten der paulinischen Hauptbriefe, « Christi Kreuz – das Ende des Gesetzes », 9-42.

17378 MONTAGNINI, F., « « Il monte Sinai si trova in Arabia ... » Nota sul tema « Legge e schiavitù » », BibOr 11 (1969) 33-38.

17379 FEUILLET, A., « Loi ancienne et morale chrétienne d'après l'Épître aux Romains », NRT 92 (1970) 785-805.

17380 SAND, A., « Die Polemik gegen « Gesetzlosigkeit » im Evangelium nach Matthäus und bei Paulus », BZ 14 (1970) 112-125.

b) *Jean. John. Johannes. Giovanni. Juan.*

17381 DUPONT, J., *Essais sur la christologie de saint Jean,* « La Thora : préexistence de la Loi; la Loi dans le prologue de Jean », 37-39; « La Loi comme règle de conduite; la Loi comme révélation eschatologique », 79-81.

17382 LAZURE, N., *Les valeurs morales de la théologie johannique* (EB) (Paris, Gabalda, 1965), « La loi chrétienne », 119-160.

c) *Divers. Miscellaneous. Verschiedenes. Diversi. Diversos.*

17383 ALLEVI, L., « Il tramonto della Legge nella lettera di S. Giacomo », ScuolC 67 (1939) 529-542.

17384 LEBRETON, J., *Lumen Christi,* « La loi nouvelle », 153-158.

17385 DESCAMPS, A., *Les justes et la justice dans les évangiles et le christianisme primitif hormis la doctrine proprement paulinienne,* « L'accomplissement de la justice et la promulgation de la Loi », 111-134.

17386 BONSIRVEN, J., *Théologie du N. T.,* 287-291.

17387 XXX, « Tu aimeras », CE N° 15 (1954) 5-55.

17388 SÖHNGEN, G., « Gesetz und Evangelium », Catho 14 (1960) 81-105.

17389 XXX, « Blessed are the Sinless in the Way », Way 2 (1962) 219-221.

17390 SPICQ, C., *Théologie morale du Nouveau Testament,* « La Loi naturelle dans le Nouveau Testament », 394-406.

17391 LECLERCQ, J., « La loi nouvelle », AS N° 59 (1966) 83-97.

17392 TRILLING, W., *Fragen zur Geschichtlichkeit Jesu,* « Jesus und das Gesetz », 82-96.

17393 ASHTON, J., « Jesus' Attitude to Religion », Way 9 (1969) 184-193.

17394 CORBIN, M., « Nature et signification de la Loi évangélique » RSR 57 (1969) 5-48.

17395 COSTE, R., « Loi naturelle et loi évangélique », NRT 92 (1970) 76-89.

17396 DEISS, L., « La loi nouvelle (Mt 5,38-48; cf. Lc 6,27-38) », AS (n.s.) N° 38 (1970) 60-78.

17397 GREENWOOD, D., « Moral Obligation in the Sermon on the Mount », TS 31 (1970) 301-309.

17398 SACCHI, P., « Appunti per una storia della crisi della Legge nel Giudaismo del tempo di Gesù », BibOr 12 (1970) 199-211.

17399 SCHWEITZER, E., « Observance of the Law and Charismatic Activity in Matthew », TDig 18 (1970) 244-248.

Judaïsme et loi. Judaism and Law. Judentum und Gesetz. Giudaismo e legge. Judaísmo y ley.

17400 PRAT, F., *La théologie de saint Paul*[38], « Les ennemis vaincus : la Loi mosaïque », II, 268-278.

17401 BONSIRVEN, J., *Les enseignements de Jésus-Christ,* « Jésus et la loi juive », 83-88.

17402 BONSIRVEN, J., *Théologie du Nouveau Testament,* « L'extension de l'Église : la question de la loi juive », 209-214.

17403 GUGENHEIM, E., « Israël et la Torah », LV N° 37 (1958) 41-48.

17404 BAUM, G., *The Jews and the Gospel,* 290 pp.

17405 HRUBY, K., « La Torah identifiée à la sagesse et l'activité du « sage » dans la tradition rabbinique », BVC N° 76 (1967) 65-78.

17406 NOJA, S., « Les préceptes des Samaritains dans le manuscrit Sam 10 de la bibliothèque nationale », RB 74 (1967) 255-259.

Esprit et loi. Spirit and Law. Geist und Gesetz. Spirito e legge. Espíritu y ley.

17407 LIESE, H., « De spiritu et littera » (2 Cor. 2,4-9) », VD 11 (1931) 225-229.

17408 SCHNEIDER, B., « The Meaning of St Paul's Antithesis « The Letter and the Spirit » », CBQ 15 (1953) 163-207.

17409 BARSOTTI, D., *Vie mystique et mystère liturgique,* « La Loi et l'Esprit », 264-268.

17410 LYONNET, S., « Liberté du chrétien et loi de l'Esprit selon saint Paul », CHR N° 4 (1954) 6-27.

17411 BOISMARD, M.-É., « La Loi et l'Esprit », LV N° 21 (1955) 65-82.

17412 SALET, G., « La Loi dans nos coeurs », NRT 79 (1957) 449-462, 561-578.

17413 AHERN, B., « The Spirit and the Law », Way 6 (1966) 219-229.

Liberté et loi. Liberty and Law. Freiheit und Gesetz. Libertà e legge. Libertad y ley.

17414 NÖTSCHER, F., « Gesetz der Freiheit im NT und in der Mönchsgemeinde am Toten Meer », Bibl 34 (1953) 193-194.

17415 CERFAUX, L., « Condition chrétienne et liberté selon saint Paul », dans *Structure et liberté* (en collab.) (Paris, Desclée de Brouwer, 1956), 244-252, ou dans *Recueil Lucien Cerfaux,* III, 287-296.

17416 LYONNET, S., « Saint Paul : Liberty and Law », TDig 11 (1963) 12-20.

17417 ALONSO, J., « Libertad y ley, una sintesis teologico-biblica », RET 24 (1964) 435-450.

Péché et loi. Sin and Law. Sünde und Gesetz. Peccato e legge. Pecado y ley.

17418 DE LOS RIOS, E., « Peccatum et lex. Animadversiones in Rom. 7,7-25 », VD 11 (1931) 23-28.

17419 PRAT, F., *La théologie de saint Paul*[38], « La nature impuissante chez les Gentils; la Loi impuissante chez les Juifs », 229-242; « La Loi au service de la chair », 268-279.

Divers. Miscellaneous. Verschiedenes. Diversi. Diversos.

17420 LEBRETON, J., *La vie et l'enseignement de J.-C.*[16], « La loi ancienne et la loi nouvelle », I, 197-218.

17421 PRAT, F., *La théologie de saint Paul³⁸*, « Le rôle de la loi », I, 214-222.

17422 POHL, A., FOLLET, R., *Codex Hammurabi³*. Transcriptio et versio latina (Roma, Pontificium Institutum Biblicum, 1950), 58 pp.

17423 BARSOTTI, D., *La parole de Dieu dans le mystère chrétien*, « Le don de la loi », 111-119.

17424 DIEZ MACHO, A., « Cesará la « Torá » en la Edad Mesiánica ? » EstB 13 (1954) 5-51.

17425 LARCHER, C., *L'actualité chrétienne de l'Ancien Testament d'après le Nouveau Testament*, « Le problème de la Loi », 199-284.

17426 BLIGH, J., LYONNET, S., « De munere positivo Legis in oeconomia salutis », VD 41 (1963) 186-188.

17427 AUBERT, J.-M., *Loi de Dieu, lois des hommes* (Tournai, Desclée et Cie, 1964), « La loi ancienne », 120-131; « La loi nouvelle », 131-150.

17428 HARRINGTON, W., « The Law, the Prophets and the Gospel », IrThQ 31 (1964) 283-302.

17429 GRELOT, P., *Bible et théologie*, « Les lois et les institutions : 1. le régime de la Loi; II. Le double rôle de la Loi », 42-55.

17430 LOHFINK, N., *Das Siegeslied am Schilfmeer*. Christliche Auseinandersetzungen mit dem Alten Testament (Frankfurt a.M., J. Knecht, 1965), 274 pp.

17431 BRUNNER, A., « Gesetz und Gnade », StiZ 178 (1966) 185-198.

17432 DUMAS, A., « Loi naturelle et irruption évangélique », VSS 20 (1967) 230-249.

Lot. Lote.

17433 DANIÉLOU, J., *Les saint païens de l'Ancien Testament*, « Lot », 139-146.

17434 KILIAN, R., « Zur Überlieferungsgeschichte Lots », BZ 14 (1970) 23-37.

Louange. Praise. Lob. Lode. Alabanza.

17435 DRIJVERS, P., *Les Psaumes. Genres littéraires et thèmes doctrinaux*, « Les psaumes de louange ou hymnes », 57-81.

17436 DALTON, W. J., « The Prayer of Joy and Praise », Way 1 (1961) 126-135.

Lumière. Light. Licht. Luce. Luz.

17437 OGARA, F., « Imitatores Dei... lux in Domino (Eph. 5,1-9) », VD 17 (1936) 33-38, 70-73.

17438 BOTT, J. C., « De notione lucis in scriptis S. Johannis », VD 19 (1939) 80-90, 117-122.

17439 SICKENBERGER, J., « Das in die Welt kommende Licht, Jo 1,9 », TGl 33 (1941) 129-134.

17440 GARCIA HUGHES, D., « La bondad de Dios a través del concepto « Luz » en el A. Testamento », EstB 2 (1943) 219-309.

17441 BOUYER, L., *Le mystère pascal*, « Eucharistia lucernaris », 375-396.

17442 WEISENGOFF, J. P., « Light and its Relation to Life in St. John », CBQ 8 (1946) 448-451.

17443 DUPONT, J., *Essais sur la christologie de saint Jean*, « Jésus-Christ, Lumière du monde », 61-108.

17444 GUTIERREZ, P., « Conceptus « Lucis » apud Iohannem Evangelistam in relatione ad conceptum « Veritatis » », VD 29 (1951) 3-19.

17445 MUSSNER, F., ΖΩΗ. *Die Anschauung vom « Leben » im vierten Evangelium*, « « Leben » als « Licht ». Das Verhältnis von ζωή und φῶς bei Johannes », 164-171.

17446   MARX, M. J., « Let There be Light », Wor 27 (1962-63) 95-97.
17447   BOISMARD, M.-É., *Le prologue de saint Jean,* « La parole de Dieu, vie et lumière (Jean, 1,5) », 143-154.
17448   BOUYER, L., *La Bible et l'Évangile²,* « Saint Jean : la lumière et la vie dans la parole », 193-208.
17449   FEUILLET, A., *Le Cantique des cantiques,* « La lumière et les ténèbres », 76-80.
17450   EVDOKIMOV, P., « Le mystère de la lumière dans la Bible », BVC Nº 4 (1953-54) 40-52.
17451   TROADEC, H.-G., « Le Seigneur est ma lumière », BVC Nº 4 (1953-54) 25-33.
17452   EVDOKIMOV, P., « La notion biblique de la lumière dans la tradition orientale », BVC Nº 6 (1954) 31-39.
17453   BOUYER, L., *Le quatrième évangile²,* « La Lumière », 50-62; « Le cérémonial des lumières », 142-244; « La lumière », 145-263.
17454   DELCOR, M., « La guerre des fils de lumière contre les fils de ténèbres ou le « Manuel du parfait combattant » », NRT 77 (1955) 372-399.
17455   FORSTNER, D., « Die Leuchte im Dunkel », BiLit 23 (1955-56) 139-151.
17456   GIBLET, J., « Pour rendre témoignage à la lumière », BVC Nº 16 (1956) 80-86.
17457   JEAUNEAU, É., « Nous avons connu les mystères de la lumière », VS 95 (1956) 451-459.
17458   FEUILLET, R., « Les trouvailles de Qumrân. La lumière et les ténèbres », CE Nº 27 (1957) 62-65.
17459   BEAUCAMP, É., « La cération sert de prélude au mystère du salut : des ténèbres à la lumière », VS 98 (1958) 357-364.
17460   DACQUINO, P., « Filii lucis in Eph. 5,8-14 », VD 36 (1958) 357-364.
17461   ROSE, A., « Le Seigneur est ma Lumière et mon Salut (Ps. 27) », BVC Nº 23 (1958) 70-82.
17462   FENASSE, J.-M., « La lumière de vie », BVC Nº 50 (1963) 24-32.
17463   MERTON, T., « A Homily on Light and on the Virgin Mother », Wor 37 (1963) 572-581.
17464   SABOURIN, L., *Les noms et les titres de Jésus,* « La lumière du monde », 82-92.
17465   STACHOWIAK, L. R., « Die Antithese Licht-Finsternis. Ein Thema der paulinischen Paränese », TQ 143 (1963) 385-421.
17466   HALTON, T., « Baptism as Illumination », IrThQ 32 (1965) 28-41.
17467   GARBINI, G., « La creazione della luce », BibOr 11 (1969) 267-272.
17468   SCHULTE, R., « Se conduire en enfant de lumière », AS (n.s.) Nº 17 (1970) 11-16.

Madeleine. Magdalene. Magdalena. Maddalena. Magdalena.

17469   HOLZMEISTER, U., « S. Maria Magdalena estne una eademque cum peccatrice et cum Maria sorore Lazari ? » VD 16 (1936) 193-199.
17470   MAIWORM, J., « Die Sünderin Magdalene von Bethanien », TGl 35 (1943) 150-152.
17471   GLADIUS, « La peccatrice innominata, Maria di Magdala e Maria di Betania », RivB 1 (1953) 246-250.

Mages. Wise Men. Magier. Magi. Magos.

17472   HOLZMEISTER, U., « La stella dei Magi », CC 1 (1942) 9-22.
17473   LYNCH, K., « Black Magic and the Magi », AmER 106 (1942) 27-35.
17474   DENIS, A.-M., « L'adoration des Mages vue par S. Matthieu », NRT 82 (1960) 32-39.
17475   MUÑOZ IGLESIAS, S., « Venez, adorons-le ! » AS Nº 13 (1962) 31-44.
17476   GAECHTER, P., « Die Magierperikope (Mt 2,1-12) », ZKT 90 (1968) 257-295.

17477 PAUL, A., *L'évangile de l'enfance selon saint Matthieu* (Paris, Cerf, 1968), 95-140.

17478 MUÑOZ IGLESIAS, S., « Les Mages et l'étoile », AS (n.s.) N° 12 (1969) 19-31.

Magie. Magic. Magie. Magia.

17479 LARGEMENT, R., MASSART, A., LEFÈVRE, A., « Magie », SDB V, col. 695-739.

Maladie. Sickness. Krankheit. Malattia. Enfermedad.

17480 GELIN, A., « Médecine dans la Bible », SDB V, col. 957-968.

17481 KENNEDY, G. T., « Medecine and the Bible », AmER 142 (1960) 87-95.

17482 CRESPY, G., « Maladie et guérison dans le Nouveau Testament », LV N° 86 (1968) 45-69.

17483 MARTIN-ACHARD, R., « La prière des malades dans le psautier d'Israël », LV N° 86 (1968) 25-44.

Malédiction. Curse. Verfluchung. Maledizione. Maldición.

17484 LEFÈVRE, A., « Malédiction et bénédiction », SDB V, col. 746-751.

17485 SCHARBERT, J., *Solidarität in Segen und Fluch im Alten Testament und in seiner Umwelt,* I, Väterfluch und Vätersegen (Bonn, P. Hanstein, 1958), 13-293 pp.

17486 SCHARBERT, J., « Fluchen und Segen im AT », Bibl 39 (1958) 1-26.

17487 L'HOUR, J., *La morale de l'Alliance,* « Malédictions et ruptures de l'Alliance », 98-101.

17488 L'HOUR, J., *Die Ethik des Bundestradition im Alten Testament,* « Segens- und Fluchformeln », 98-122.

Manne. Manna. Maná.

17489 DE GUGLIELMO, A., « What was the Manna ? » CBQ 2 (1942) 112-119.

17490 COPPENS, J., « Les traditions relatives à la manne dans Exode, XVI », EstE 34 (1960) 473-489.

17491 JEANNE D'ARC, Sr, « La manne », VS 98 (1958) 587-602.

17492 FEUILLET, A., « Les thèmes bibliques majeurs du discours sur le pain de vie (Jn 6) », NRT 82 (1960) 807-814.

17493 HEISING, A., *Die Botschft der Brotvermehrung.* Zur Geschichte und Bedeutung eines Christusbekenntnisses im Neuen Testament, « Die Heilsbotschaft der Manna- und Wachtelspeisung », 21-30.

Mariage. Marriage. Ehe. Matrimonio.

Ancien Testament. Old Testament. Altes Testament. Antico Testamento. Antiguo Testamento.

17494 DUNCKER, P. G., « De finalitate matrimonii secundum *Gen* 1 et 2 », Ang 18 (1941) 165-177.

17495 GELIN, A., « Le passage de la polygamie à la monogamie. Étude biblique », dans *Mélanges E. Podechard* (en collab.), 135-146.

17496 DANIÉLOU, J., *Sacramentum Futuri,* « L'allégorie des noces d'Isaac », 112-130.

17497 HEINISCH, P., *Theology of the Old Testament,* « Family Duties », 189-197.

17498 GELIN, A., « Le mariage d'après l'Ancien Testament », LV N° 4 (1952) 7-20.

17499 FEUILLET, A., *Le Cantique des cantiques,* « L'allégorie du mariage dans la théologie prophétique : Osée, Jérémie, Ézéchiel, Isaïe, (40-66) », 140-192.

17500 GUILLET, J., *Thèmes bibliques,* « Fiançailles d'Israël », 55-56, 74, 164.

17501 VAN IMSCHOOT, P., *Théologie de l'Ancien Testament,* « Remariage avec une divorcée, lévirat », II, 272-275.

17502 KORNFELD, W., « Mariage : dans l'Ancien Testament », SDB V, col. 905-926.

17503 AUDET, J.-P., « Love and Marriage in the Old Testament », SCR 10 (1958) 65-83.

17504 DE VAUX, R., *Les institutions de l'A. T.,* « Le mariage », I, 43-65.

17505 GRELOT, P., *Le couple humain dans l'Écriture,* « L'idéal du mariage dans le judaïsme post-exilien », 59-71.

17506 ADNÈS, P., *Le mariage* (Tournai, Desclée et Cie, 1963), « Le mariage dans les livres de l'A. T. », 9-20.

17507 DELHAYE, P., « L' « historicité » de la morale dans le domaine matrimonial. I. Le mariage dans le Pentateuque et dans les livres sapientiaux », AmiCl 80 (1970) 65-68.

17508 GRELOT, P., « L'évolution du mariage comme institution dans l'Ancien Testament », Conci N° 55 (1970) 39-48.

Nouveau Testament. New Testament. Neues Testament. Nuovo Testamento. Nuevo Testamento.

17509 ALLGEIER, A., « Alttestamentliche Beiträge zum neutestamentlichen Ehescheidungsverbot », TQ 126 (1946) 290-299.

17510 KRUSE, H., « Matrimonia *Josephina* apud Corinthios », VD 26 (1948) 344-350.

17511 PRAT, F., *La théologie de saint Paul*[38], « Le mariage et le célibat », I, 124-135; « Le mariage », II, 327-330.

17512 LATTEY, C., « Unius uxoris vir (Tit. 1,6) », VD 28 (1950) 288-290.

17513 RICHARD, L.-A., « Sur I Cor. VII, 36-38. Cas de conscience d'un père chrétien ou « mariage ascétique » ? Un essai d'interprétation », dans *Mémorial J. Chaine* (en collab.), 309-320.

17514 DULAU, P., « The Pauline Privilege », CBQ 13 (1951) 146-152.

17515 BERROUARD, M.-F., « L'indissolubilité du mariage dans le Nouveau Testament », LV N° 4 (1952) 21-40.

17516 DE BACIOCCHI, J., « Structure sacramentaire du mariage », NRT 74 (1952) 916-929.

17517 OSTER, H., « Le mariage humain est le signe du mariage entre le Christ et l'Église », *L'Anneau d'Or* N°s 51-52 (1953) 234-237.

17518 ROBILLIARD, J.-A., « Le sens nuptial de la croix et des sacrements », *L'Anneau d'Or* N°s 51-52 (1953) 240-246.

17519 BARSOTTI, D., *Vie mystique et mystère liturgique,* « L'incarnation : mystère nuptial », 112-118.

17520 FUENTERRABIA, F., « La imagen parabólica del matrimonio y la parábola de las diez vírgenes », EstF 57 (1956) 321-362.

17521 CAZELLES, H., « Mariage. II. Dans le Nouveau Testament », SDB V, col. 926-935.

17522 VACCARI, A., « Divorce in the Gospels », TDig 5 (1957) 31-34.

17523 BOUTRY, A., « Pauvreté évangélique et limitation des naissances », BVC N° 28 (1959) 53-62.

17524 DUPONT, J., *Mariage et divorce dans l'Évangile,* 240 pp.

17525 NEUHÄUSLER, E., « Ruf Gottes und Stand des Christen. Bemerkungen zu 1 Kor 7 », BZ 3 (1959) 43-60.

17526 TROADEC, H.-G., « Ce mystère est grand (Éph. 5,22-33) », BVC N° 28 (1959) 14-19.

17527 LÉON-DUFOUR, X., « Mariage et continence selon saint Paul », dans *À la rencontre de Dieu.* Mémorial Albert Gelin (en collab.), 319-320.

17528 LÉON-DUFOUR, X., « Mariage et virginité selon saint Paul », CHR N° 11 (1964) 179-194.

17529 BAUER, J. B., « Die matthäische Ehescheidungsklausel (Mt 5,32 und 19,9) », BiLit 38 (1964-65) 101-106.

17530 DUPONT, J., « Ce que Dieu a uni (Mt 19, 3-6) », AS N° 97 (1967) 31-41.

17531 PIERRON, J., « Comme le Christ a aimé l'Église », AS N° 97 (1967) 16-30.

17532 LEEMING, B., DYSON, R. A., « Except it be for Fornication ? » SCR 8 (1956) 75-81.

Divers. Miscellaneous. Verschiedenes. Diversi. Diversos.

17533 MOGENET, H., « Mariage et virginité », Et 250 (1946) 322-332.

17534 XXX, « L'Époux et l'Épouse », CE N° 18 (1955) 5-77.

17535 JENNY, H., « Le mariage dans le Bible », MD N° 50 (1957) 5-29.

17536 LEMARIÉ, J., *La manifestation du Seigneur,* « Le baptême, mystère nuptial », 361-380.

17537 BOURASSA, F., « Thèmes bibliques du baptême : les noces », SE 10 (1958) 414-416.

17538 DELLAGIACOMA, V., « Il matrimonio presso gli Ebrei », RivB 7 (1959) 230-241.

17539 JOHNSTON, L., « The Mystery of Marriage », SCR 11 (1959) 1-5.

17540 OGGIONI, G., « Saggio per una lettura del tema matrimoniale nella Sacra Scrittura », ScuolC 87 (1959) 5-22, 81-107.

17541 VATTIONI, F., « Vetera et Nova : Niente di nuovo sotto il sole; Il velo del tempio e i Cherubini; Il grande peccato nei contratti matrimoniali egiziani », RivB 7 (1959) 64-69.

17542 GRELOT, P., « Le couple humain d'après la Sainte Écriture », VSS 14 (1961) 135-198.

17543 GRELOT, P., *Le couple humain dans l'Écriture,* 112 pp.

17544 GRIBOMONT, J., SIXDENIER, G. D., « La saveur du vin des noces », AS N° 16 (1962) 78-87.

17545 ADNÈS, P., *Le mariage* (Tournai, Desclée et Cie, 1963), « L'enseignement de l'Écriture », 7-42.

17546 PLASTARAS, J. C., « Marriage and the Eucharist », Wor 39 (1965) 451-457.

17547 GRELOT, P., « The Human Couple in Scripture », TDig 14 (1966) 137-142.

17548 HAULOTTE, E., *Symbolique du vêtement selon la Bible,* « La robe nuptiale : A. Cohérence des divers épisodes de la parabole en Mt 22,1-14; B. Nature de la robe nuptiale », 278-319; « Le thème du renouvellement des habits pour les noces (Mc 2,1-3, 6) », 320-324.

17549 SCHILLEBEECKX, E., *Le mariage.* Réalité terrestre et mystère de salut (Paris, Cerf, 1966), « Le mariage dans la révélation de l' A. T. : la dogmatique du mariage dans l'A. T. », I, 39-96; « La morale conjugale dans l'A. T. », I, 97-114; « Le mariage dans le message du N. T. : I. la dogmatique du mariage dans le N. T. », I, 119-148; « II. La morale conjugale inspirée par la doctrine du N. T. », I, 149-204.

17550 En collaboration, « Les noces chrétiennes », AS N° 97 (1967) 95 pp.

17551 AUDET, J.-P., *Mariage et célibat dans le service pastoral de l'Église,* 164 pp.

17552 FESTORAZZI, F., *Il matrimonio nella Scrittura* (Roma, Ediz. Gioventù, 1967), 77 pp.

17553 GRELOT, P., « Le couple humain dans la Bible », AS N° 97 (1967) 42-58.

17554 BONNARD, P.-É., « Le mystère du couple dans l'Écriture. Dieu et le mariage », AmiCl 79 (1969) 97-103.

17555 DACQUINO, P., « La « redenzione » del matrimonio », BibOr 11 (1969) 145-148.

Marie. Mary. Maria. María.

Ancien Testament. Old Testament. Altes Testament. Antico Testamento. Antiguo Testamento.

a) *Protévangile (Gn 3,15). Protogospel. Protoevangelium. Protovangelo. Protoevangelio.*

17556 TRINIDAD, J., « Quomodo praenuntiatur Maria in Gen. 3,15 », VD 19 (1939) 353-357.

17557 PIERCE, F. X., « Mary alone is « The Woman » of Genesis 3 : 15 », CBQ 2 (1940) 245-252.

17558 LENNERZ, H., « Consensus patrum in interpretatione mariologica (Gen 3, 15) », Greg 27 (1946) 300-318.

17559   BONNEFOY, J.-F., *Le mystère de Marie selon le Protévangile et l'Apocalypse* (Paris, Vrin, 1949), 192 pp.

17560   GALLUS, T., *Interpretatio mariologica Protoevangelii (Gen. 3,15) tempore postpatristico usque ad concilium Tridentinum* (Romae, Orbis Catholicus, 1949), 215 pp.

17561   GALLUS, T., « Ad argumentum pro Assumptione B. Virginis ex Protoevangelio hauriendum (Gen. 3,15) », VD 28 (1950) 271-281.

17562   SIMON, L.-M., « Le Protévangile et l'Immaculée Conception », RUO 20 (1950) 57*-75*.

17563   DE GUGLIELMO, A., « Mary in the Protoevangelium », CBQ 14 (1952) 104-115.

17564   GALLUS, T., « Ad Epiphanii interpretationem mariologicam in Gen 3,15 », VD 34 (1956) 272-279.

17565   O'ROURKE, J. J., « An aside to the Mariological Interpretation of Genesis 3 : 14 », AmER 135 (1956) 227-230.

17566   BRUNEC, M., « De sensu protoevangelii Gen 3,15 », VD 36 (1958) 195-220.

b) *Divers. Miscellaneous. Verschiedenes. Diversi. Diversos.*

17567   DANIÉLOU, J., *Le mystère de l'Avent*, « La Vierge et le temps », 117-142; « Marie et l'Ancien Testament », 118-126; « Marie et l'Église », 126-139.

17568   ROBERT, A., « La Sainte Vierge dans l'Ancien Testament », dans *Maria*, publié sous la direction d'Hubert du MANOIR, S. J. (Paris, Beauchesne, 1949), I, 21-40.

17569   DUBARLE, A.-M., « Les fondements bibliques du titre marial de Nouvelle Ève », dans *Mélanges Jules Lebreton*, I, RSR 39 (1951) 49-64.

17570   GELIN, A., « Marie et l'Ancien Testament », VS 89 (1953) 115-123.

17571   BARDY, G., « Marie et le Cantique chez les Pères », BVC N° 7 (1954) 32-41.

17572   DUPLACY, J., « Israël, épouse infidèle », *L'Anneau d'Or* Nᵒˢ 57-58 (1954) 388-392.

17573   JOUASSARD, G., « Le parallèle Ève-Marie aux origines de la patristique », BVC N° 7 (1954) 19-31.

17574   OESTERREICHER, J. M., « Mary of Israel », Wor 29 (1954-55) 2-16.

17575   O'CONNOR, E. D., « The Faith of Abraham and the Faith of the Virgin Mary », AmER 132 (1955) 232-238.

17576   TOURNAY, R., « L'Emmanuel et sa Vierge-Mère », RT 55 (1955) 249-258.

17577   LE FROIS, B. J., « Our Lady in the Wisdom Passage from Sirach », AmER 135 (1956) 1-8.

17578   BRUNS, J. E., « Mary in Jeremias, 31 : 22 », AmER 136 (1957) 28-31.

17579   DEISS, L., *Marie, fille de Sion*, « Marie, fille d'Abraham », 17-37; « Marie, fille de David », 41-67.

17580   CONNELL, F. J., « Ark of the Covenant », AmER 142 (1960) 73-76.

17581   FLANAGAN, N., « Mary, Ark of the Covenant », Wor 35 (1961) 370-375.

17582   GRASSI, J. A., « Virgin Daughter of Sion », Wor 35 (1961) 364-369.

17583   REHM, M., « Das Wort « *Almah* » in Is 7, 14 », BZ 8 (1964) 90-101.

17584   DEISS, L., « Marie, fille de Sion », AS N° 80 (1966) 29-51.

17585   ASENSIO, F., *Maria nella Bibbia*. Passaggio attraverso l'AT e presenza nel Nuovo (Roma, Univ. Gregoriana, 1967), 242 pp.

17586   NICOLAS, M.-J., *Marie, mère du Sauveur* (Paris, Desclée et Cie, 1967), « Marie dans l'Écriture : l'A. T. », 5-8.

17587   MILLER, C. H., « Mary and the Old Testament in Vatican II », AmER 163 (1970) 374-383.

Nouveau Testament. New Testament. Neues Testament. Nuovo Testamento. Nuevo Testamento.

a) *Évangiles synoptiques. Synoptic Gospels. Synoptische Evangelien. Vangeli sinottici. Evangelios sinópticos.*

17588   OGARA, F., « De doctrina mariana in Visitationis mysterio contenta (Lc. 3,39-56) », VD 17 (1937) 199-204, 225-233, 289-295.

17589   MAIA, M.-D., « « Marie » dans l'Évangile, selon le P. Lagrange », VS 58 (1939) 5-34.

17590   HOLZMEISTER, U., « Quid Evangelia de SS. Corde Mariae contineant », VD 23 (1943) 3-8.

17591   BOVER, J. M., « El « Magnificat » su estructura y su significación mariologica », EstE 19 (1945) 31-43.

17592   MORRIS, P., « The Problem of the Three Maries », SCR 2 (1947) 22-25.

17593   GALLUS, T., « De sensu verborum Lc. 2,35 eorumque momento mariologico », Bibl 29 (1948) 220-239.

17594   LATTEY, C., « Ad Virginem desponsatam viro (Luc 1,27) », VD 30 (1952) 30-33.

17595   GUILLET, J., « Marie gardait toutes ces paroles dans son coeur », CHR N° 3 (1954) 50-59.

17596   GUILLET, J., « Le Magnificat », MD N° 38 (1954) 59-69.

17597   TROADEC, H., « La Bible et la Vierge : la Vierge, mère du Messie; le témoignage de l'Évangile selon saint Matthieu », CE N° 13 (1954) 14-21.

17598   GRABER, O., « Marias Bedenken bei der Botschaft des Engels », BiLit 24 (1956-57) 165-168.

17599   LAURENTIN, R., *Structure et théologie de Luc I-II,* « Quand Marie eut-elle connaissance de la divinité de son fils », 165-174.

17600   COLE, E. R., « What did St. Luc mean by *Kecharitomene ?* » AmER 139 (1958) 228-239.

17601   GEWIESS, J., « Die Marienfrage, Lk 1,34 », BZ 5 (1961) 221-254.

17602   BENOIT, P., « Et toi-même, un glaive te transpercera l'âme (Luc 2,35) », CBQ 25 (1963) 251-261, et dans *Exégèse et théologie,* III, 216-227.

17603   LAURENTIN, R., *Jésus au Temple.* Mystère de Pâques et foi de Marie en Luc 2, 48-50 (Paris, Gabalda, 1966), 278 pp.

17604   VÖGTLE, A., « Mt 1,25 und die *Virginitas B. M. Virginis post partum* », TQ 147 (1967) 28-40.

17605   PAUL, A., *L'évangile de l'enfance selon saint Matthieu* (Paris, Cerf, 1968), 63-76.

17606   HANSON, R. H., « Mary, according to Luke », Wor 43 (1969) 425-429.

b) *Jean. John. Johannes. Giovanni. Juan.*

17607   GAECHTER, P., « Maria in Kana (Jo 2,1-11) », ZKT 55 (1931) 351-402.

17608   BRINKMANN, B., « Quid mihi et tibi, mulier ? Nondum venit hora mea (Joh. 2,4) », VD 14 (1934) 135-141.

17609   BONNEFOY, J.-F., *Le mystère de Marie selon le Protévangile et l'Apocalypse* (Paris, Vrin, 1949), 192 pp.

17610   UNGER, D. J., « Did St. John See the Virgin Mary in Glory ? » CBQ 11 (1949) 249-262, 392-405; 12 (1950) 75-83, 155-161, 292-300, 405-415.

17611   BRAUN, F.-M., « La mère de Jésus dans l'oeuvre de saint Jean », RT 50 (1950) 429-479; 51 (1951) 5-68.

17612   LE FROIS, B. J., « The Woman Clothed with the Sun », AmER 126 (1952) 161-180.

17613   PHILIPPE, M.-D., « Voici ta mère... », *L'Anneau d'Or* N°s 57-58 (1954) 250-258.

17614   SPADAFORA, F., « Maria alle nozze di Cana », RivB 2 (1954) 220-247.

17615   CEROKE, C. P., « Jesus and Mary at Cana : Separation or Association ? » TS 17 (1956) 1-38.

17616   ANZALONE, V., « Gesu e Maria alle Nozze di Cana », RivB 6 (1958) 135-146.

17617   FEUILLET, A., « Le messie et sa mère, d'après le chapitre xii de l'Apocalypse », RB 66 (1959) 55-86, ou dans *Études johanniques,* 272-310.

17618   JAMES, P. P., « Mary and the Great Sign (on Apoc. 12 : 1-2) », AmER 142 ((1960) 321-329.

17619   GALLUS, T., *Die Mutter Jesu in Johannes Evangelium* (Klagenfurt, Carinthia, 1963), 93 pp.

17620   HAPFGARTNER, L., « La S. Scrittura e il soggiorno di Maria a Efeso nell'interpretazione esegetica di alcuni brani dell'Apocalisse », RivB 11 (1963) 367-378.

17621   KILMARTIN, E. J., « The Mother of Jesus was there (The Significance of Mary in Jn 2,3-5 and Jn 19,25-27) », SE 15 (1963) 213-226.

17622   FEUILLET, A., « Les adieux du Christ à sa mère (Jn 19,25-27) et la maternité spirituelle de Marie », NRT 86 (1964) 469-489.

17623   DAUER, A., « Das Wort des Gekreuzigten an seine Mutter und den « Jünger, den er liebte ». Eine traditionsgeschichtliche und theologische Untersuchung zu Joh 19,25-27 », BZ 11 (1967) 222-239.

17624   EYQUEM, M.-B., « La foi de Marie et les noces de Cana », VS 117 (1967) 169-181.

17625   LEAL, J., « El culto a Maria en el IV Evangelio », Manr 39 (1967) 309-318.

17626   BRAUN, F.-M., *La mère des fidèles,* « La femme de l'Apocalypse (Apoc. xii) », 133-192.

17627   HILION, G., « La Sainte Vierge dans le Nouveau Testament », dans *Maria,* publié sous la direction d'Hubert du MANOIR, S. J. (Paris, Beauchesne, 1949), I, 41-68.

17628   WALSH, J., « Behold your Mother », Way 9 (1969) 51-58.

17629   LEAL, J., « La espiritualidad mariana en el Evangelio de san Juan », Manr 42 (1970) 51-66.

c) *Divers. Miscellaneous. Verschiedenes. Diversi. Diversos.*

17630   LEBRETON, J., *Lumen Christi,* « L'aurore du salut. La Vierge Marie », 85-116.

17631   MICHALON, P., « Le témoignage du Nouveau Testament sur la mère de Jésus », LV N° 10 (1953) 109-126.

17632   CHARLIER, C., « La discrétion des Évangiles sur la Vierge », BVC N° 7 (1954) 42-58.

17633   DE VAUX, B., « Grandeur de Marie et idéal évangélique », LV N° 16 (1954) 95-108.

17634   GELIN, A., « La vocation de Marie dans le Nouveau Testament », VS 91 (1954) 115-123.

17635   BECHAUX, H.-D., « En marge de l'évangile avec Marie », VS 95 (1956) 460-468.

17636   BOURASSA, F., « KEXAPITOMENH (Lc. 1,28) », SE 9 (1957) 313-316.

17637   FEUILLET, A., « Les témoignages de saint Paul, saint Marc et saint Matthieu relatifs à la Vierge Marie », BVC N° 30 (1959) 45-54.

17638   DE ROOVER, E., « La maternité virginale de Marie dans l'interprétation de Gal 4,4 », dans *Studiorum Paulinorum Congressus 1961* (en collab.), II, 17-37.

17639   LEGAULT, A., « Saint Paul a-t-il parlé de la maternité virginale de Marie ? » SE 16 (1964) 481-493.

17640   MUSSNER, F., « Der Glaube Mariens im Lichte des Römerbriefes », Catho 18 (1964) 258-268.

17641 DE VALLADOLID, J., « Elementos mariológicos en el epistolario de san Pablo », EstF 66 (1965) 23-37.

17642 ASENSIO, F., *Maria nella Bibbia*. Passaggio attraverso l'AT e presenza nel Nuovo (Roma, Univ. Gregoriana, 1967), 242 pp.

17643 NICOLAS, M.-J., *Marie, mère du Sauveur* (Paris, Desclée et Cie, 1967), « Marie dans l'Écriture : le N. T. », 8-20.

17644 RINALDI, B., *Maria di Nazareth madre della Chiesa* (Milano, Massimo, 1967), 402 pp.

17645 SCHELKLE, K. H., *Die Mutter des Erlösers*. Ihre biblische Gestalt[3] (Düsseldorf, Patmos, 1967), 95 pp.

17646 DU BUIT, M., « La Vierge dans le mystère du Christ », CE N° 73 (1969) 1-59.

Annonciation. Annunciation. Verkündigung. Annunciazione. Anunciación.

17647 WEBERT, J., « L'Annonciation dans la vie de la sainte Vierge », VS 70 (1944) 177-190.

17648 KLEIST, J. A., « The Annunciation », AmER 114 (1946) 161-169.

17649 FRANGIPANE, D., « Utrum B. V. Maria ab angelo salutata jam in domo Joseph ut conjux fuerit », VD 25 (1947) 99-111.

17650 JAMES, F., « God with us. The Feast of the Annunciation », Wor 23 (1948-49) 193-199.

17651 GIBLET, J., « L'aube du Salut : L'Annonciation », BVC N° 7 (1954) 96-108.

17652 AUDET, J.-P., « L'Annonce à Marie », RB 63 (1956) 346-374.

17653 LYONNET, S., « Le récit de l'Annonciation de la Maternité divine de la S. Vierge », AmiCl 66 (1956) 33-46.

17654 GOTHARD, D., « The Annunciation », SCR 10 (1958) 116-121.

17655 BENOIT, P., « L'Annonciation », AS N° 6 (1965) 40-57.

Assomption. Assumption. Aufnahme in den Himmel. Assunzione. Asunción.

17656 JUMIE, M., « L'assomption de la sainte Vierge et l'Écriture sainte », AT 2 (1942) 1-46.

17657 DA FONSECA, L. G., « L'Assunzione di Maria nella Sacra Scrittura », Bibl 28 (1947) 321-362.

17658 RUSH, A. C., « The Assumption in the Apocrypha », AmER 116 (1947) 5-31.

17659 RUSH, A. C., « Scriptural Texts and the Assumption in the *Transitus Mariae* », CBQ 12 (1950) 367-378.

17660 DAVIS, H. F., « The Assumption of the Blessed Virgin », SCR 4 (1951) 287-301.

17661 LEAL, J., « El cuerpo asumpto de María iluminado por San Pablo », RazFe 144 (1951) 73-92.

17662 DE ORBISO, T., « ¿ Contiénese en la Escritura la Asunción de la Virgen ? » EstF 54 (1953) 5-27.

Conception immaculée. Immaculate Conception. Unbefleckte Empfängnis. Concezione immacolata.
Concepción inmaculada.

17663 BONNETAIN, P., « Immaculée conception », SDB IV, col. 233-298.

17664 DESLAURIERS, M., « Immaculée conception », VS 81 (1949) 494-500.

17665 BOURASSA, F., « La grâce de l'Immaculée-Conception », SE 6 (1954) 162-171.

17666 DE ORBISO, T., « ¡ Immaculada ! Consideraciones sobre este termino biblico », EstF 55 (1954) 389-428.

17667 GOZZO, S., « De valore S. Scripturae in quibusdam documentis ecclesiasticis circa Immaculatam Conceptionem B. M. V. », Ant 29 (1954) 349-372.

17668 SPADAFORA, F., « La Sacra Scrittura e l'Immacolata », RivB 2 (1954) 1-9.

Église et Marie. Church and Mary. Kirche und Maria. Chiesa e Maria. Iglesia y María.

17669 GAILLARD, J., « Trois figures de l'Église », VS 80 (1949) 536-552.

17670   CONGAR, Y., « Marie, l'Église et le Christ », VI N° 10 (1951) 6-22; N° 11 (1951) 67-89.

17671   LAURENTIN, R., « Marie et l'Église », VS 86 (1952) 295-305.

17672   LOCHET, L., « Marie, modèle de l'âme chrétienne et figure de l'Église », *L'Anneau d'Or* N°ˢ 57-58 (1954) 259-267.

17673   KANNENGIESSER, C., « Marie, figure de l'Église, pour un entretien avec la Mère de Dieu », CHR N° 5 (1958) 45-59.

17674   BRAUN, F.-M., *La mère des fidèles,* « Marie et l'Église », 154-169.

17675   GALOT, J., « Mère de l'Église », NRT 86 (1964) 1163-1185.

17676   LACAN, M.-F., « L'Église et sa mère », VS 113 (1965) 303-313.

Liturgie et Marie. Liturgy and Mary. Liturgie und Maria. Liturgia e Maria. Liturgia y María.

17677   FLICOTEAUX, E., « Notre-Dame dans l'année liturgique », MD N° 38 (1954) 95-121.

17678   GÉLINEAU, J., « Marie dans la prière chrétienne des Psaumes », MD N° 38 (1954) 30-55.

17679   ROGUET, A.-M., « Notes sur les psaumes des Vêpres de la Sainte Vierge », MD N° 38 (1954) 56-58.

17680   WEBER, J.-J., « Les lectures du Nouveau Testament utilisées aux fêtes mariales », MD N° 38 (1954) 5-29.

Maternité divine et maternité spirituelle. Divine Maternity and Spiritual Maternity. Göttliche Mutterschaft und geistliche Mutterschaft. Maternità divina e maternità spirituale. Maternidad divina y maternidad espiritual.

17681   D'ALÈS, A., « Marie, Mère de Dieu, I. Marie dans l'Écriture Sainte », *Dictionnaire Apologétique de la Foi Chrétienne,* 3, col. 118-155.

17682   CASPER, J., « Die Gottesmutter Maria », BiLit 14 (1939-40) 111-115.

17683   UNGER, D. J., « When did Mary first know of Her divine Maternity », AmER 114 (1946) 360-366.

17684   LEBRETON, J., *Lumen Christi,* « La Vierge-Mère; Jésus et Marie; la sainte Famille », 85-116.

17685   MANTEAU-BONAMY, H.-M., « Le message de l'ange et la maternité divine », VS 76 (1947) 685-693.

17686   LE FROIS, B. J., « The Spiritual Motherhood of Mary in John 1,13 », CBQ 13 (1951) 422-431.

17687   LE FROIS, B. J., « The Spiritual Motherhood of Mary in John 3,3-5 », CBQ 14 (1952) 116-123.

17688   QUIÉVREUX, F., « La maternité spirituelle de la mère de Jésus dans l'évangile de saint Jean », VSS 5 (1952) 101-134.

17689   BISKUPEK, A., « Mother of Christ », AmER 128 (1953) 421-425.

17690   LÉON-DUFOUR, X., « La Vierge-Mère », CHR N° 3 (1954) 16-31.

17691   STROTMANN, T., « La *théotokos,* prémices des justifiés », Ir 27 (1954) 122-141.

17692   BRAUN, F.-M., *La mère des fidèles,* 207 pp.

17693   CLAUDEL, P., « Les maternités miraculeuses », AS N° 6 (1965) 58-73.

Vie de Marie. Life of Mary. Leben Mariae. Vita di Maria. Vida de María.

17694   VITTI, A., « Ubinam B. V. Maria nata sit », VD 10 (1930) 257-264.

17695   WEBERT, J., « L'adolescence de la Vierge », VS 72 (1945) 159-171.

17696   LILLY, J. L., « Jesus and His Mother during the public Life », CBQ 8 (1946) 52-57, 197-200, 315-319.

17697   CARRÉ, A.-M., « De l'Annonciation à la Dormition », VS 76 (1947) 676-684.

17698 NOLLE, L., « Our Lady on Easter Morning », SCR 4 (1949) 90.

17699 COCAGNAC, A.-M., « Le mystère de la purification de Marie », VS 90 (1954) 115-129.

17700 BAGATTI, B., « Le origini della « tomba della Vergine » a Getsemani », RivB 11 (1963) 38-54.

Virginité. Virginity. Jungfräulichkeit. Verginità. Virginidad.

17701 PRÜMM, K., « Geboren aus Maria der Jungfrau. Eine religionsgeschichtliche Studie », StiZ 122 (1932) 176-187.

17702 VOSTÉ, J.-M., « De conceptione virginali Jesu Christi », Ang 10 (1933) 195-243, 335-358.

17703 HÉRIS, C.-V., « Virginité et maternité de Marie », VS 73 (1945) 100-109.

17704 LÉON-DUFOUR, X., « La Vierge-Mère », CHR Nº 3 (1954) 16-31.

17705 MULLANEY, T. U., « Mary, Ever-Virgin », AmER 131 (1954) 159-167, 256-267.

17706 SCHMAUS, M., « Hat Maria ein Jungfräulichkeitsgelübde abgelegt », BiLit 23 (1955-56) 170-172.

17707 JONES, A., « Reflections on a recent Dispute », SCR 8 (1956) 13-23.

17708 CEROKE, C. P., « Luke 1,34 and Mary's Virginity », CBQ 19 (1957) 329-342.

17709 FAHY, T., « The Marriage of Our Lady and St. Joseph », IrThQ 24 (1957) 261-267.

17710 GALOT, J., « Vierge entre les vierges », NRT 79 (1957) 463-477.

17711 VILLANUEVA, M., « Nueva controversia en torno al voto de virginidad de Nuestra Senora », EstB 16 (1957) 307-328.

17712 LAURENTIN, R., *Structure et théologie de Luc I-II,* « Virginité et propos de virginité de Marie en Luc I-II », 175-188.

17713 GALOT, J., « La virginité de Marie et la naissance de Jésus », NRT 82 (1960) 449-469.

17714 MERTON, T., « A homily on Light and on the Virgin Mother », Wcr 37 (1963) 572-581.

17715 HENZE, C. M., « Das Problem der Ehe Mariens und Josephs », FreibZ 11 (1964) 298-307.

17716 LEGAULT, A., « Saint Paul a-t-il parlé de la maternité virginale de Marie ? » SE 16 (1964) 481-493.

17717 GALOT, J., « Nato della vergine Maria », CC 2 (1969) 134-144.

Divers. Miscellaneous. Verschiedenes. Diversi. Diversos.

17718 NICOLAS, M.-J., « La Vierge Marie et l'idée divine de la femme », VS 65 (1941) 108-123.

17719 RUFFINI, E., « The Relation of the Eucharist to the Blessed Virgin », AmER 105 (1941) 412-420.

17720 VITTI, A., « Maria negli splendori della teologia biblica », CC 3 (1942) 193-201.

17721 BERNARD, R., « Notre-Dame du sacerdoce », VS 77 (1947) 286-302.

17722 STRÄTER, P., « Quomodo Maria Jesum infantem tamquam Salvatorem et Victimam agnoverit », VD 28 (1948) 44-48.

17723 VOGT, E., « De nominis Mariae etymologia », VD 26 (1948) 163-168.

17724 CEUPPENS, F., *De Mariologia Biblica* (Roma, Marietti, 1948), 265 pp.

17725 FEUILLET, A., « Marie et la nouvelle création », VS 81 (1949) 467-477.

17726 LAURENTIN, R., « Marie et la messe : essai sur un problème de spiritualité sacerdotale », NRT 71 (1949) 39-55.

17727 RIVERA, A., « Una mariología bíblica », RET 9 (1949) 293-302.

17728 SOUBIGOU, L., « Jésus et Marie », AT 10 (1949) 289-301.

17729 FERLAND, A., « The Marian Character of the Redemption », AmER 123 (1950) 81-92.

17730 DE TRYON-MONTALEMBERT, R., « Notre-Dame et la mission de la femme », VS 84 (1951) 180-191.

17731 HÉBERT, A. G., « La Vierge Marie, fille de Sion », VS 85 (1951) 127-139.

17732 JAMBOIS, L., « La royauté de la Vierge-Mère », VS 87 (1952) 115-129.

17733 LÉONARD, E. A., « Mary's Contribution to the History of Women », AmER 127 (1952) 270-285.

17734 FENTON, J. C., « The Title « Spiritual Vessel » in the Litany of the Blessed Virgin Mary », AmER 129 (1953) 265-270.

17735 BISS, P., « L'utilisation des thèmes bibliques de Marie dans la prédication », MD Nº 38 (1958) 79-94.

17736 BOUYER, L., « Les thèmes bibliques de la théologie mariale », BVC Nº 7 (1954) 7-18.

17737 CAFFAREL, H., « Marie et sa vocation », L'Anneau d'Or Nᵒˢ 57-58 (1954) 231-243.

17738 DAGONET, P., « Images bibliques de la Vierge », CE Nº 13 (1954) 69.

17739 GALOT, J., « La Sainte Vierge, modèle de notre foi », LVit 9 (1954) 227-234.

17740 GALOT, J., « La Vierge, symbole de l'espérance », LVit 9 (1954) 435-442.

17741 HOLSTEIN, H., « Marie, modèle de charité », LVit 9 (1954) 627-633.

17742 NICOLAS, M.-J., « Marie, la première rachetée », RT 54 (1954) 469-482.

17743 RAHNER, K., « Le principe fondamental de la théologie mariale », RSR 42 (1954) 481-523.

17744 RANWEZ, P., « Comment développer chez les jeunes chrétiens la dévotion à Notre-Dame. Étude bibliographique », LVit 8 (1954) 285-300.

17745 SPADAFORA, F., « Maria Santissima », RivB 2 (1954) 164-172.

17746 TROADEC, H.-G., « La Bible et la Vierge », CE Nº 15 (1954) 5-68.

17747 TURRADO, L., « El sentido « pleno » de la Sagrada Escritura y la Mariología », Salm 1 (1954) 749-759.

17748 XXX, « Marie dans la Bible », AmiCl 65 (1955) 617-624.

17749 McGARRIGLE, F. J., « Spouse of the Spirit of Christ », AmER 133 (1955) 230-238.

17750 RUSH, A. C., « Mary's Holiness in the New Testament Apocrypha », AmER 133 (1955) 99-108.

17751 LAURENTIN, R., Structure et théologie de Luc I-II, « Marie, fille de Sion et tabernacle eschatologique », 148-164.

17752 CONGAR, Y., Le mystère du temple, « La Vierge Marie et le temple », 302-309.

17753 BOULARAND, É., « La Vierge et l'Eucharistie », RAM 34 (1958) 3-26.

17754 MARIE CHRISTILLA, Sr, « Veillée biblique. La Vierge Marie en son pèlerinage », LVit 13 (1958) 293-313.

17755 DE KONINCK, C., « Le scandale de la médiation », LTP 14 (1958) 166-185; 15 (1959) 64-86.

17756 SEMMELROTH, O., « « Grosses hat an mir getan der Mächtige. Sein Erbarmen währt von Geschlecht zu Geschlecht ». Um die rechte Perspektive der Marienverehrung », GeistL 35 (1962) 86-95.

17757 SULLIVAN, K., « The lowly Maid », Wor 36 (1962) 374-379.

17758 DE FRAINE, J., « La Vierge Marie », NRT 85 (1963) 469-477.

17759 LAURENTIN, R., « Marie et l'anthropologie chrétienne de la femme », NRT 89 (1967) 485-515.

Martyre. Martyr. Martyrium. Martirio.

17760 SKRINJAR, A., « Dicta Christi de martyrio », VD 18 (1938) 168-177.

17761 SKRINJAR, A., « Dicta s. Pauli de martyrio », VD 19 (1939) 52-59, 91-96.

17762 BARSOTTI, D., *Vie mystique et mystère liturgique,* « Le martyre », 404-412.

17763 GELIN, A., « Les origines bibliques de l'idée de martyre », LV Nº 36 (1958) 123-129.

17764 PELLEGRINO, M., « L'imitation du Christ dans les Actes des Martyrs », VS 98 (1958) 38-54.

Mashal.

17765 BUZY, D., « Les machals numériques de la sangsue et de l'*almah* (Prov. 30,15-16, 18-20) », RB 42 (1933) 5-13.

17766 PIROT, J., « Le mâšâl dans l'A. T. », RSR 37 (1950) 565-580.

Médiation. Mediation. Mittlerschaft. Mediazione. Mediación.

17767 BONSIRVEN, J., *Théologie du N. T.,* « Saint Paul : médiation universelle du Christ », 263-291.

17768 DANIELI, G., « Mediator autem unius non est (Gal 3,20) », VD 33 (1951) 9-17.

17769 PAUL-MARIE DE LA CROIX, P., *L'Ancien Testament source de vie spirituelle³,* « Le médiateur », 420-474.

17770 DU BOURGUET, P., ROBERT, A., SPICQ, C., « Médiation », SDB V, col. 983-1083.

17771 ROBERT, A., « Médiation : dans l'Ancien Testament », SDB V, 997-1020.

17772 SPICQ, C., « Médiation : dans le Nouveau Testament », SDB V, 1020-1083.

17773 DE KONINCK, C., « Le scandale de la médiation », LTP 14 (1958) 166-185; 15 (1959) 64-86.

17774 LYONNET, S., « Expiation et intercession. À propos d'une traduction de saint Jérôme », Bibl 40 (1959) 885-901.

17775 LÉCUYER, J., « Le célébrant. Approfondissement théologique de sa fonction », MD Nº 61 (1960) 5-29.

17776 SCHARBERT, J., « Die Fürbitte in der Theologie des Alten Testaments », TGl 50 (1960) 321-338.

17777 FÜGLISTER, N., *Die Heilsbedeutung des Pascha,* « Die Heilsmittler und Heilsmittel », 188-198.

17778 LACAN, M.-F., « Le Dieu unique et son médiateur. Galates 3,20 », dans *L'homme devant Dieu.* Mélanges H. DE LUBAC (en collab.), I, 113-125.

17779 SCHARBERT, J., *Heilsmittler im alten Testament und im alten Orient* (Freiburg, Basel, Wien, Herder, 1964), 348 pp.

17780 BEHLER, G.-M., « Le devoir d'intercession du chrétien », VS 114 (1966) 254-275.

17781 PERRIN, J.-M., « Le Christ et la vie renouvelée en lui », VS 117 (1967) 129-138.

Melchisédech. Melchisedech. Melchisedecche. Melquisedec.

17782 PIAZZI, G., « La figura di Melchisedec nell'Epistola agli Ebrei », ScuolC 63 (1935) 417-432.

17783 VACCARI, A., « Melchisedec, rex Salem, proferens panem et vinum (Gen. 14,18) », VD 18 (1938) 208-214, 235-243.

17784 COLERAN, J. E., « The Sacrifice of Melchisedech », TS 1 (1940) 27-36.

17785 ASENSIO, F., « El recuerdo de Melquisedec en el Concilio de Trento », EstB 6 (1947) 265-285.

17786 DANIÉLOU, J., *Le mystère de l'Avent,* « Melchisédech et l'alliance cosmique », 60-78.

17787   KENNEDY, G. T., *St. Paul's Conception of the Priesthood of Melchisedech.* An historico-exegetical Investigation (Washington, Catholic Univ. of America Press, 1951), 153 pp.

17788   GELIN, A., « Notes bibliques », AmiCl 62 (1952) 33-35.

17789   RUSCHE, H., « Die Gestalt des Melchisedek », MüTZ 6 (1955) 230-252.

17790   DANIÉLOU, J., *Les saints païens de l'Ancien Testament,* « Melchisédech », 129-138.

17791   LE DÉAUT, R., « Le titre de *Summus sacerdos* donné à Melchisédech est-il d'origine juive ? » RSR 50 (1962) 222-229.

17792   SHEEHAN, J. F. X., « Melchisedech in Christian Consciousness », SE 18 (1966) 128-138.

Messe. Mass. Messe. Messa. Misa.

17793   MASURE, E., « Le sacrifice chrétien », VS 57 (1938) 225-246.

17794   McHUGH, J., « The Essence of the Sacrifice of the Mass and Scripture », CBQ 1 (1939) 15-43.

17795   ALLO, E.-B., « Les origines de la messe », VS 63 (1940) 133-149.

17796   BOURASSA, F., « Verum sacrificium », SE 3 (1950) 146-182; 4 (1951) 91-140.

17797   BOURASSA, F., « Sacrifice sacramentel », SE 5 (1953) 185-208.

17798   JUGLAR, J., « Le prêtre, homme de la messe », *L'Anneau d'Or* Nos 63-64 (1955) 299-310.

17799   MICHAUX, A., « Initiation biblique d'enfants à la messe », BVC N° 21 (1958) 84-88.

17800   ROGUET, A.-M., « Toute la messe proclame la parole de Dieu », dans *Parole de Dieu et liturgie* (en collab.), 127-154.

17801   XXX, « La Bible et la Messe (les sources bibliques des prières de la messe) », CE N° 52 (1963) 7-70.

17802   SCHILDENBERGER, J., « Relatio inter sacrificium crucis et sacrificium missae illustrata ex ultima coena Domini et epistula ad Hebraeos », dans *El sacerdocio de Cristo* (en collab.), 49-54.

17803   DU BUIT, M., « La Bible et la Messe », CE N° 77 (1970) 5-54.

Messianisme. Messianism. Messianismus. Messianismo. Mesianismo.

Ancien Testament. Old Testament. Altes Testament. Antico Testamento. Antiguo Testamento.

a) *Prophètes. Prophets. Propheten. Profeti. Profetas.*

17804   LAGRANGE, M.-J., « La prophétie des soixante-dix semaines de Daniel », RB 39 (1930) 179-198.

17805   KRINJAR, A., « Messias rex pacificus », VD 12 (1932) 248-253.

17806   IZAGA, L., « El Principe de la Paz », RazFe 33 (1933) 178-202.

17807   CEUPPENS, F., « De germine Iahve apud Isaiam IV,2 », Ang 13 (1936) 249-251.

17808   OGARA, F., « Et vocabitur nomen ejus Emmanuel (Is. 7,14); Deus Fortis (Is. 9,6); Vocatum est nomen ejus Jesus (Luc 2,21) », VD 17 (1937) 3-9.

17809   CASPER, J., « Isaias zeichnet das Christusbild », BiLit 12 (1937-38) 100-103.

17810   GRUENTHANER, M. J., « The seventy Weeks », CBQ 1 (1939) 44-54.

17811   GRUENTHANER, M. J., « The Messianic Concepts of Ezechiel », TS 2 (1941) 1-18.

17812   AB ALPE, A., « Rectae viae Domini (Os 14,20) », VD 24 (1944) 47-54.

17813   CEUPPENS, F., « De signo Emmanuelis », Ang 23 (1946) 53-59.

17814   BARTHOLD, E., « Der Messias im Buch Isaias », TGl 38 (1948) 228-243.

17815   FEUILLET, A., « Le messianisme du Livre d'Isaïe », RSR 36 (1949) 182-228.

17816 SAYDON, P. P., « Old Testament Prophecy and Messianic Prophecies », SCR 4 (1951) 335-340.

17817 BARTHOLD, E., « Das messianische Reich im Buche Isaias », TGl 42 (1952) 426-444.

17818 COPPENS, J., « La prophétie de la *'Almah* », ETL 28 (1952) 648-678.

17819 DE VAUX, B., « La prophétie de Malachie », LV N° 11 (1953) 172-183.

17820 FEUILLET, A., « Le fils de l'homme de Daniel et la tradition biblique », RB 62 (1953) 170-202, 321-346.

17821 COPPENS, J., « La prophétie d'Emmanuel (*Is.*, VII, 14-16) », dans *L'attente du Messie* (en collab.), 39-50.

17822 DE GUGLIELMO, A., « The Fertility of the Land in the Messianic Prophecies », CBQ 19 (1957) 306-311.

17823 FEUILLET, A., « La communauté messianique dans la prédication d'Isaïe », BVC N° 20 (1957) 38-52.

17824 JUNKER, H., « Ursprung und Grundzüge des Messiasbildes bei Isajas », TrierTZ 66 (1957) 193-207.

17825 MALY, E. H., « Messianism in Osee », CBQ 19 (1957) 213-225.

17826 SIEBENECK, R. T., « The Messianism of Aggeus and Proto-Zacharias », CBQ 19 (1957) 312-328.

17827 JAVIERRE, A. M., « Caeci vident », Sal 20 (1958) 508-541.

17828 VITTONATTO, G., « Il pensiero messianico di Geremia nello sviluppo storico del Messianismo », RivB 6 (1958) 338-352.

17829 RENARD, H., « Le messianisme dans la première partie du livre d'Isaïe », dans *Sacra Pagina* (en collab.), I, 388-407.

17830 BOURKE, J., « The wonderful Counsellor », CBQ 22 (1960) 123-143.

17831 PORUBCAN, S., « The word *'ot* in Isaia 7,14 », CBQ 22 (1960) 144-159.

17832 COPPENS, J., « Le roi idéal d'Is IX,5-6 et XI,1-5 est-il une figure messianique ? » dans *À la rencontre de Dieu*. Mémorial Albert Gelin (en collab.), 85-108.

17833 PONTHOT, J., « Isaïe, prophète de l'espérance messianique », AS N° 2 (1962) 25-43.

17834 GRELOT, P., « L'exégèse messianique d'Is. 63,1-6 », RB 70 (1963) 371-380.

17835 COPPENS, J., « L'espérance messianique royale à la veille et au lendemain de l'exil », dans *Studia Biblica et Semitica*. Theodoro Christiano Vriezen dedicata (Wageningen, Veenman & Zonen N.V., 1966), 46-61.

17836 MONTAGNINI, F., « L'interpretazione di Is., 7,14 di J. L. Isenbiehl », dans *Il Messianismo* (en collab.), 95-104.

17837 PENNA, A., « Il messianismo nel libro di Geremia », dans *Il Messianismo* (en collab.), 135-178.

17838 RINALDI, G., « Il « germoglio » messianico in Zaccaria 3,8; 6,12 », dans *Il messianismo* (en collab.), 179-191.

17839 VELLA, G., « Isaia 7,14 e il parto verginale del Messia », dans *Il messianismo* (en collab.), 85-93.

17840 GROSS, H., « Mais il viendra en rédempteur pour Sion (Is 59,20) », Conci N° 30 (1967) 77-86.

17841 BECKER, J., *Isaias - der Prophet und sein Buch* (Stuttgart, Katholisches Bibelwerk, 1968), « Zur Frage der Messianität », 69-77.

17842 COPPENS, J., « Les espérances messianiques du Proto-Isaïe et leurs prétendues relectures », ETL 44 (1968) 491-497.

17843 COPPENS, J., *Le messianisme royal* (Paris, Cerf, 1968), 228 pp.

17844 DOMMERSHAUSEN, W., « Der « Spross » als Messiasvorstellung bei Jeremia und Sacharja », TQ 148 (1968) 321-341.

17845 REHM, M., *Der königliche Messias im Licht der Immanuel-Weissagungen des Buches Jesaja* (Kevelaer, Butzon & Bercker, 1968), 434 pp.

17846 LAMARCHE, P., « La mort du Messie (Za 12,10-11) », AS (n.s.) N° 43 (1969) 60-65.

17847 MONTAGNINI, F., « Le roi-messie attendu », AS (n.s.) N° 6 (1969) 6-12.

b) *Psaumes. Psalms. Psalmen. Salmi. Salmos.*

17848 COPPENS, J., « Le psaume CIX (CX), v. 3 », ETL 7 (1930) 292-293.

17849 AB ALPE, A., « Regnum Messiae in Ps. 71 », VD 13 (1933) 271-276, 302-310.

17850 COPPENS, J., « Une mention du Messie retrouvée dans le Psautier. Le psaume II, vv. 11-12 », ETL 12 (1935) 324-325.

17851 ARCONADA, R., « La escatologia mesianica en los Salmos ante dos objeciones recientes », Bibl 17 (1936) 202-229, 294-326, 461-478.

17852 PODECHARD, E., « Psaume 110 », dans *Études de critique et d'histoire religieuse. Mélanges L. Vaganay* (en collab.), 7-24.

17853 ROBERT, A., « Considérations sur le messianisme du Psaume II », dans *Mélanges Jules Lebreton,* I, RSR 39 (1951) 88-98.

17854 MILLER, A., « Gibt es direkt messianische Psalmen ? » dans *Miscellanea Biblica B. Ubach* (en collab.), 201-210.

17855 SEGULA, F., « Messias Rex in Psalmis », VD 32 (1954) 21-33, 77-83, 142-154.

17856 VEUGELERS, P., « Le psaume LXXII, poème messianique ? » ETL 41 (1965) 317-343.

17857 TOURNAY, R., « Le Roi-Messie (Ps 2) », AS N° 88 (1966) 46-63.

17858 ROGUET, A.-M., *Le miel du rocher,* « Les psaumes messianiques », 57-106.

c) *Autres livres de l'Ancien Testament. Other Books of the Old Testament. Sonstige Bücher des A. T. Altri libri dell'Antico Testamento. Otros libros del Antiguo Testamento.*

17859 BOTTE, B., « La Sagesse et les origines de la christologie », RSPT 21 (1932) 54-67.

17860 VAN DEN BUSSCHE, H., « Le texte de la prophétie de Nathan sur la dynastie davidique (II Sam., VII-I Chron., XVII) », ETL 24 (1948) 354-394.

17861 GUYOT, G. H., « Messianism in the Book of Genesis », CBQ 13 (1951) 215-221.

17862 MacKENZIE, R. A. F., « The Messianism of Deuteronomy », CBQ 19 (1957) 299-305.

17863 BRUNET, A.-M., « La théologie du Chroniste. Théocratie et messianisme », dans *Sacra Pagina* (en collab.), I, 384-397.

17864 ADINOLFI, M., « Il messianismo di Sap. 2,12-20 », dans *Il messianismo* (en collab.), 205-217.

17865 CIPRIANI, S., « Il senso messianico degli oracoli di Balaam (Num. 23-24) », dans *Il messianismo* (en collab.), 57-83.

17866 GALBIATI, E., « Il messianismo nel Libro di Tobia », dans *Il messianismo* (en collab.), 193-203.

d) *Divers. Miscellaneous. Verschiedenes. Diversi. Diversos.*

17867 PETERS, N., « Sache und Bild in den messianischen Weissagungen », TQ 112 (1931) 451-489.

17868 MELI, A., « Il Messianismo privilegio d'Israele », ScuolC 62 (1934) 19-37.

17869 GRILL, S., « Das Alte Testament in der Bibellesung : Messianische Weissagungen und Vorbilder », BiLit 9 (1934-35) 135-139.

17870 MELI, A., « I beni temporali nelle profezie messianiche », Bibl 16 (1935) 307-329.

17871 GELIN, A., *Les idées maîtresses de l'Ancien Testament²*, « L'attente des biens « messianiques » et ses expressions majeures : la Promesse, l'Alliance, le Royaume, le Salut-Rédemption », 27-36; « L'attente du Messie : l'attente du Messie-roi; le messianisme sans Messie; l'annonce du Messie céleste; l'annonce du Messie-prophète », 36-47; « Le messianisme de Jésus », 47-48.

17872 HEINISCH, P., *Theology of the Old Testament,* « The Glory of the Messianic Kingdom », 292-302; « The Messiah », 303-331.

17873 PAUL-MARIE DE LA CROIX, P., *L'Ancien Testament source de vie spirituelle³*, « Désir et attente d'un Messie », 391-396; « L'avènement du Messie », 397-402.

17874 GROSS, H., *Weltherrschaft als religiöse Idee in Alten Testament* (Bonn, P. Hanstein, 1953), « Träger der Weltherrschaft : der Messias », 75-113.

17875 McKENZIE, J. L., *The Power and the Wisdom,* « King Messiah », 71-89.

17876 SCHOONENBERG, P., « Le Christ dans l'Ancien Testament », LVit 11 (1956) 409-418.

17877 DE GUGLIELMO, A., « The Fertility of the Land in the Messianic Prophecies », CBQ 19 (1957) 306-311.

17878 MURPHY, R. E., « Notes on Old Testament Messianism and Apologetics », CBQ 19 (1957) 5-15.

17879 LIGIER, L., *Péché d'Adam et péché du monde,* « Conversion messianique du thème d'Adam », I, 298-319.

17880 BINDA, S., « Il banchetto messianico », BibOr 4 (1962) 41-46.

17881 GROSS, H., « Der Messias im Alten Testament », TrierTZ 71 (1962) 154-170.

17882 GORGULHO, L.-B., « Ruth et la « Fille de Sion » mère du Messie », RT 63 (1963) 501-514.

17883 ZERAFA, P., « Priestly Messianism in the Old Testament », Ang 42 (1965) 318-341.

17884 ALONSO DIAZ, J., « Cómo y cuándo entra en la línea del mesianismo clásico el aspecto sacerdotal », EstB 25 (1966) 283-298.

17885 COPPENS, J., « Le prémessianisme vétérotestamentaire », dans *Aux grands carrefours de la révélation et de l'exégèse de l'A. T.* (en collab.), 153-179.

17886 COPPENS, J., « Le messianisme royal », NRT 90 (1968) 30-49, 225-251, 479-512, 622-650, 834-863, 936-975.

17887 DIP, G., « Problema del Mesias paciente », EstE 43 (1968) 155-179.

17888 ALONSO DIAZ, J., « Cómo y cuándo entra dentro de la línea del mesianismo clásico el aspecto sacerdotal », dans *El sacerdocio de Cristo* (en collab.), 5-18.

17889 SISTI, A., « Le promesse messianiche », BibOr 11 (1969) 125-134.

17890 COPPENS, J., « Le dossier messianique dans la nouvelle version anglaise des livres saints de l'Ancien Testament », ETL 46 (1970) 373-380.

Nouveau Testament. New Testament. Neues Testament. Nuovo Testamento. Nuevo Testamento.

a) *Évangiles. Gospels. Evangelien. Vangeli. Evangelios.*

17891 KADIE, A., « Momentum messianicum tentationum Christi », VD 18 (1938) 93-96, 126-128, 151-160.

17892 DESCAMPS, A., *Les justes et la justice dans les évangiles et le christianisme primitif hormis la doctrine proprement paulinienne,* « L'attente messianique des justes de l'A. T. », 31-53; « « Le juste », épithète messianique », 69-84.

17893 DUPONT, J., *Essais sur la christologie de saint Jean,* « Les noms du Roi messianique », 29-31.

17894 ZERWICK, M., « Qui venturus est », VD 29 (1951) 101-106.

17895   CERFAUX, L., « Le Christ et ses miracles dans l'Évangile de saint Jean », dans
        L'attente du Messie (en collab.), 131-138.

17896   DELORME, J., « Le fils de l'homme : le secret messianique », CE N° 16 (1954) 42-47.

17897   RINALDI, G., « Il messianesimo tra le Genti in San Matteo », RivB 2 (1954) 318-324.

17898   STAUFFER, E., « Bist du, der da kommen soll ? » BiLit 23 (1955-56) 72-75.

17899   BOISMARD, M.-É., *Du baptême à Cana,* « Étude de Jean 1,29-34 », 41-70; « Étude
        de Jean 1,40-42 », 81-88.

17900   LAURENTIN, R., *Structure et théologie de Luc I-II,* « Les parents du précurseur et la
        mère du Messie; Jean et Jésus », 34-43; « Daniel 9 et la prophétie des 70 semai-
        nes », 45-55; « Malachie 3 », 56-60.

17901   LEMARIÉ, J., *La manifestation du Seigneur,* « Le baptême dans le Jourdain : le
        baptême, manifestation de l'Homme-Dieu et sacre messianique », 287-304.

17902   VÖGTLE, A., « Messiasbekenntnis und Petrusverheissung. Zur Komposition Mt
        16,13-23 Par. », BZ 1 (1957) 252-272; 2 (1958) 85-103.

17903   BRAUN, F.-M., « L'Évangile de saint Jean et les grandes traditions d'Israël », RT 59
        (1959) 421-439.

17904   GILS, F., « Le secret messianique dans les évangiles. Examen de la théorie de E. Sjo-
        berg », dans *Sacra Pagina* (en collab.), II, 101-120.

17905   FEUILLET, A., « Les thèmes bibliques majeurs du discours sur le pain de vie
        (Jn 6) », NRT 82 (1960) 918-939.

17906   BLENKINSOPP, J., « The hidden Messiah and His Entry into Jerusalem », SCR 13
        (1961) 51-56, 81-87.

17907   DUPONT, J., « Es-tu celui qui vient ? » AS N° 4 (1961) 35-50.

17908   NEIRYNCK, F., « Le Messie sera un signe de contradiction. Lc 2,33-40 », AS N° 11
        (1961) 29-42.

17909   RIESENFELD, H., « Le caractère messianique de la tentation au désert », dans *La
        venue du Messie* (en collab.), 51-63.

17910   DUPONT, J., « L'entrée messianique de Jésus à Jérusalem (Mt 21,1-17) », AS N° 37
        (1965) 46-62.

17911   VOSS, G., *Die Christologie der lukanischen Schriften in Grundzügen,* « Jesus, der
        messianische König », 61-97.

17912   DANIELI, G., « Significato di « profezia messianica » presso san Matteo », dans *Il
        messianismo* (en collab.), 219-231.

17913   PRETE, B., « Prospettive messianiche nell'espressione *sêmeron* del Vangelo di Lu-
        ca », dans *Il messianismo* (en collab.), 269-284.

17914   MINETTE DE TILLESSE, G., *Le secret messianique dans l'évangile de Marc,* 576 pp.

17915   HOFFMANN, P., « Die Versuchungsgeschichte in der Logienquelle », BZ 13 (1969)
        207-223.

17916   TRILLING, W., *Christusverkündigung in den synoptischen Evangelien,* « Die Zeichen
        der Messiaszeit (Mk 10,46-52) », 146-164.

17917   JONES, D. L., « The Title *Christos* in Luke-Acts », CBQ 32 (1970) 69-76.

17918   MYRE, A., « Un ouvrage récent sur le secret messianique dans l'Évangile de
        Marc », SE 22 (1970) 241-248.

17919   O'NEILL, J. C., « Why Jesus never called himself Messiah », TDig 18 (1970) 24-28.

b) *Paul. Paulus. Paolo. Pablo.*

17920   GIBLIN, C. H., « « As it is written... » A basic Problem in Noematic : The Use of
        Scripture in Romans 1-5 : Thought Patterns on Messianic Fulfillment », CBQ 20 (1958)
        489-493.

17921 LIGIER, L., *Péché d'Adam et péché du monde*, « Le choix messianique du nouvel A-dam : *Philippiens* ii,6-11 », II, 346-361.

17922 GAROFALO, S., « Il Messianismo di San Paolo », dans *Studiorum Paulinorum Congressus 1961* (en collab.), I, 31-44.

17923 KOSTER, W., « Die Messiasidee des Apostels Paulus », dans *Studiorum Paulinorum Congressus 1961* (en collab.), I, 111-118.

17924 SCHAEFER, J. R., « The Relationship between Priestly and Servant Messianism in the Epistle to the Hebrews », CBQ 30 (1968) 359-385.

c) Divers. Miscellaneous. Verschiedenes. Diversi. Diversos.

17925 BOUYER, L., *Le mystère pascal*, « Le banquet messianique et le ministère de la réconciliation », 71-117.

17926 LEBRETON, J., *Lumen Christi*, « Le Messie attendu », 58-63.

17927 FEUILLET, A., « Marie et la nouvelle création », VS 81 (1949) 467-477.

17928 BONSIRVEN, J., *Les enseignements de Jésus-Christ*, « La récompense définitive : Royaume de Dieu, règne messianique », 332-335; « Messianisme eschatologique, eschatologie conséquente », 351-361.

17929 DUPONT, J., « Jésus, Messie et Seigneur dans la foi des premiers chrétiens », VS 83 (1950) 386-416, ou dans *Études sur les Actes des Apôtres*, 367-390.

17930 BONSIRVEN, J., *Théologie du Nouveau Testament*, « Règne de Dieu. Messianisme », 55-71; « Messianisme : Jésus se présente comme le Messie; quel Messie ? » 64-69; « La mort de Jésus, preuve de sa messianité », 187-189.

17931 STARCKY, J., « Les prophéties messianiques dans le Nouveau Testament », CE Nº 4 (1951) 30-45.

17932 DESCAMPS, A., « Le messianisme royal dans le N. T. », dans *L'attente du Messie* (en collab.), 57-84.

17933 GOURBILLON, J. G., « Le Messie fils de David », CE Nº 24 (1956) 5-80.

17934 BONSIRVEN, J., *Le règne de Dieu*, « Jésus prêche le règne messianique », 26-42.

17935 McKENZIE, J. L., « Royal Messianism », CBQ 9 (1957) 25-52.

17936 MÉNARD, J.-E., « *Pais Theou* as Messianic Title in the Book of Acts », CBQ 19 (1957) 83-92.

17937 VACCARI, A., « Christo, il Christo, il Messia », RivB 6 (1958) 97-101.

17938 FEUILLET, A., « Le messie et sa mère, d'après le chapitre xii de l'Apocalypse », RB 66 (1959) ou dans *Études johanniques*, 272-310.

17939 CAVALLETTI, S., « Gesù Messia e Mosè », Ant 36 (1961) 94-101.

17940 SWAELES, R., « Celui qui vient pour nous guérir », AS Nº 4 (1961) 50-64.

17941 BRAUN, F.-M., « Messie, Logos et Fils de l'Homme », dans *La venue du Messie* (en collab.), 133-147.

17942 COPPENS, J., « Le messianisme sacerdotal dans les écrits du N. T. », dans *La venue du Messie* (en collab.), 101-112.

17943 LARCHER, C., *L'actualité chrétienne de l'Ancien Testament d'après le Nouveau Testament*, « L'attente messianique d'après la Bible et dans le judaïsme contemporain », 66-82; « Comment Jésus prend position à l'égard de cette attente, et retient d'autres traits », 82-198.

17944 SABOURIN, L., *Les noms et les titres de Jésus*, « Titres messianiques simples », 29-61; « Titres messianiques communautaires », 65-132.

17945   LANGEVIN, P.-É., *Jésus Seigneur et l'eschatologie. Exégèse de textes prépauliniens,* « Ὡσαννὰ τῷ οἴκῳ Δαυίδ (*Did.* 10,6) », 263-265; « Μαραναθά et le messie royal », 290-296.

17946   VOSS, G., « Zum Herrn und Messias gemacht hat Gott diesen Jesus (Apg 2,36). Zur Christologie der lukanischen Schriften », BiLeb 8 (1967) 236-247.

Apocryphes. Apocrypha. Apokryphen. Apocrifi. Apócrifos.

17947   GREITEMANN, W., « De Messia ejusque regno in Testamentis duodecim Patriarcharum », VD 11 (1931) 156-159, 184-191.

17948   PELAIA, B., « Eschatologia messianica IV libri Esdrae », VD 11 (1931) 244-249, 310-318.

17949   GRY, L., « La « Mort du Messie » en IV Esdras, VII,29 III,v.4) », dans *Mémorial Lagrange* (en collab.), 133-139.

17950   URICCHIO, N., « De Lege et Messia in ordine ad justificationem in *Testamentis XII Patriarcharum* », VD 26 (1948) 98-103, 152-162, 304-309.

17951   GRELOT, P., « Le Messie dans les Apocryphes de l'A. T. », dans *La venue du Messie* (en collab.), 19-50.

Judaïsme. Judaism. Judentum. Giudaismo. Judaísmo.

17952   SPICQ, C., « L'Espérance messianique chez les Juifs », VS 31 (1932) 135-152.

17953   FREY, J.-B., « Le conflit entre le messianisme de Jésus et le messianisme des Juifs de son temps », Bibl 14 (1933) 133-149, 269-293.

17954   BONSIRVEN, J., « Les espérances messianiques en Palestine au temps de Jésus-Christ », NRT 61 (1934) 113-139, 250-276.

17955   GANSS, G. E., « The Messianic Ideas of Jesus' Contemporaries », CBQ 6 (1944) 37-52.

17956   LEBRETON, J., « Le messianisme (dans le judaïsme) », SDB IV, col. 1232-1258.

17957   GIBLET, J., « Prophétisme et attente d'un messie-prophète dans le judaïsme », dans *L'attente du Messie* (en collab.), 85-130.

17958   GNILKA, J., « « Bräutigam » – spätjüdisches Messiasprädikat ? » TrierTZ 69 (1960) 298-301.

17959   LE DÉAUT, R., *La nuit pascale,* « La nuit messianique », 263-338.

17960   McNAMARA, M., *NT and the Palestinian Targum to the Pentateuch,* « Some Messianic Themes in the Targums and in the NT », 238-252.

Qumrân.

17961   DELCOR, M., « L'eschatologie des documents de Khirbet-Qumrân », RevSR 26 (1952) 363-386.

17962   BROWN, R. E., « The Messianism of Qumrân », CBQ 19 (1957) 53-82.

17963   CROATTO, J. S., « De Messianismo qumranico », VD 35 (1957) 279-286, 344-360.

17964   DELCOR, M., « Un psaume messianique de Qumran », dans *Mélanges bibliques rédigés en l'honneur de André Robert* (en collab.), 334-340.

17965   SCHUBERT, K., « Die Messiaslehre in den Texten von Chirbet Qumran », BZ 1 (1957) 177-197.

17966   VAN DER WOUDE, A. S., « Le Maître de Justice et les deux Messies de la Communauté de Qumrân », dans *La secte de Qumrân et les origines du christianisme* (en collab.), 121-134.

17967   STARCKY, J., « Les quatre étapes du messianisme à Qumrân », RB 70 (1963) 481-505.

17968   STARCKY, J., « Un texte messianique dans la grotte 4 de Qumrân », dans *Mémorial du cinquantenaire* (en collab.), 51-66.

17969 WCELA, E. A., « The Messiah(s) of Qumrân », CBQ 26 (1964) 340-349.

17970 BROWN, R. E., « Starky's Theory of Qumrân Messianic Development », CBQ 28 (1966) 51-57.

Divers. Miscellaneous. Verschiedenes. Diversi. Diversos.

17971 CALÈS, J., « Le messianisme », RSR 20 (1930) 89-92.

17972 RIGAUX, B., *L'antéchrist et l'opposition au royaume messianique dans l'Ancien et le Nouveau Testament,* 428 pp.

17973 MESSINA, G., « Una presunta profezia di Zoroastro sulla venuta del Messia », Bibl 14 (1933) 170-198.

17974 A S. MARCO, E., « Bonorum Messianicorum conspectus », VD 18 (1938) 313-318, 343-349.

17975 COPPENS, J., « L'argument des prophéties messianiques selon *Les Pensées* de Pascal », ETL 22 (1946) 337-361.

17976 COPPENS, J., « Où en est le problème messianique ? » ETL 27 (1950) 81-91.

17977 COPPENS, J., « Le messianisme israélite selon Alfred Loisy », ETL 27 (1951) 53-69.

17978 COPPENS, J., « Où en est le problème du messianisme », ETL 27 (1951) 81-91.

17979 VACCARI, A., *Scritti di erudizione e di filologia,* « Babilonismo e Messianismo », I, 25-42; « Il messianismo ebraico e la IV egloga di Virgilio », I, 43-71.

17980 COPPENS, J., « Les origines du messianisme. La synthèse historique de M. Sigmund Mowinckel », dans *L'attente du Messie* (en collab.), 31-38.

17981 DIEZ MACHO, A., « ¿ Cesará la « Torá » en la Edad Mesianica ? » EstB 13 (1954) 5-51.

17982 DUESBERG, H., « Le procès du Messie », BVC N° 5 (1954) 7-25.

17983 RIGAUX, B., « L'étude du messianisme. Problème et méthodes », dans *L'attente du Messie* (en collab.), 15-30.

17984 GELIN, A., PIERRON, J., GOURBILLON, J. G., « Avant le nouvel Exode », CE N° 20 (1955) 5-61.

17985 GROSS, H., *Die Idee des ewigen und allgemeinen Weltfriedens im Alten Orient und im AT,* « Der Messias und der Frieden », 137-147.

17986 BENSON, A., « ... From the Mouth of the Lion », CBQ 19 (1957) 199-212.

17987 GELIN, A., « Messianisme », SDB V, col. 1165-1212.

17988 CHOURAQUI, A., « Le Messie d'Israël », LV N° 37 (1958) 49-70.

17989 KENNY, J. P., « Heavenly Banquet », AmER 146 (1962) 47-56.

17990 COPPENS, J., « L'espérance messianique. Ses origines et son développement. I. Les apports de l'exégèse catholique d'expression française à l'étude du messianisme vétérotestamentaire. II. L'évolution de l'espérance messianique; essai de synthèse », RevSR 37 (1963) 113-149, 225-249.

17991 BEA, A., « Lo studio del messianismo nella S. Scrittura », dans *Il messianismo* (en collab.), 13-19.

17992 RIDOUARD, A., « La joie messianique », AS N° 5 (1966) 55-70.

17993 ELBAZ, A., « Le messianisme d'Israël et les intellectuels de France », RUO 37 (1967) 637-651.

17994 COPPENS, J., « L'origine et le développement de l'espérance messianique d'après Charles-Henri Graf », ETL 46 (1970) 369-373.

Millénarisme. Millenarium. Millenarismus. Millenarismo. Milenarismo.

17995 LEAHY, D., « The Millennium », SCR 5 (1952) 43-46.

17996 COLUNGA, A., « El Milenio (Apoc. xx,1-6) », Salm 3 (1956) 220-226.

Ministère. Ministry. Amt. Ministero. Ministro.

17997   POPE, H., « The Teaching of the Bible for the Ministry », AmER 88 (1933) 16-27.

17998   CAVALLA, V., « Episcopi e presbiteri nella Chiesa primitiva », ScuolC 64 (1936) 235-256.

17999   DIEKMANN, G., « What is a Bishop ? » Wor 26 (1951-52) 238-247.

18000   SALAVERI DE LA TORRE, J., « El derecho en el misterio de la Iglesia », RET 14 (1954) 207-273.

18001   KUSS, O., « Kirchliches Amt und freie geistliche Vollmacht », TGl 45 (1955) 207-214, ou dans *Auslegung und Verkündigung,* I, 271-280.

18002   DENIS, A.-M., « Fonction apostolique et la liturgie nouvelle en esprit », RSPT 42 (1958) 401-436, 617-656.

18003   BETZ, O., « Le ministère cultuel dans la secte de Qumrân et dans le christianisme primitif », dans *La secte de Qumrân et les origines du christianisme* (en collab.), 162-202.

18004   SCHILLING, O., « Anmerkungen zum Thema; Amt und Nachfolge im Alten Testament », Catho 13 (1959) 75-77.

18005   DANIÉLOU, J., « Le ministère des femmes dans l'Église ancienne », MD N° 61 (1960) 70-96.

18006   BEA, A., « Il Sacerdote secondo San Paolo : ministro di Cristo », CC 4 (1961) 337-349.

18007   DUPONT, J., *Le discours de Milet.* Testament pastoral de saint Paul (Act 20,18-36), 412 pp.

18008   NÖTSCHER, F., *Vom Altem zum Neuen Testament* (Bonn, P. Hanstein, 1962), « Vorchristliche Typen urchristlicher Ämter ? Episkopos und Mebaqqer », 188-220.

18009   SISTI, A., « I ministri della parola », BibOr 5 (1963) 174-180.

18010   BLÄSER, P., « Amt und Gemeinde im Neuen Testament und in der reformatorischen Theologie », Catho 18 (1964) 167-192.

18011   GRELOT, P., « La vocation ministérielle au service du peuple de Dieu », AS N° 58 (1964) 35-50.

18012   GRELOT, P., « La vocation ministérielle au service du peuple de Dieu », dans *Aux origines de l'Église* (en collab.), 159-173.

18013   PLASTARAS, J. C., « Ritualist or Minister of the Word », Wor 39 (1965) 400-411.

18014   DE SURGY, P., « Ministres de l'alliance nouvelle (2 Co. 3,4-9) », AS N° 66 (1966) 19-31.

18015   DU BUIT, M., « Les fonctions dans l'Église ancienne », CE N° 64 (1966) 5-73.

18016   GRELOT, P., « Ministres du Christ d'après le Nouveau Testament », CHR N° 13 (1966) 242-253.

18017   MURPHY-O'CONNOR, J., *La prédication selon saint Paul,* 184 pp.

18018   BLENKINSOPP, J., « Presbyter to Priest : Ministry in the Early Church », Wor 41 (1967) 428-438.

18019   BOURKE, M. M., « Reflections on Church Order in the N. T. », CBQ 30 (1968) 493-511.

18020   ERNST, J., « Amt und Autorität im Neuen Testament », TGl 58 (1968) 170-182.

18021   SHEETS, J. R., « The Scriptural Notion of Service », Wor 90 (1968) 264-280.

18022   BOUCHEX, R., « Les pasteurs de l'Église », AS (n.s.) N° 25 (1969) 78-91.

18023   CODY, A., *A History of Old Testament Priesthood* (Rome, Pont. Biblical Institute, 1969), 216 pp.

18024   PIERRON, J., « L'épiphanie du mystère (Ep 3,2-3a.5-6) », AS (n.s.) N° 12 (1969) 11-18.

18025   SCHELKLE, K. H., « Services et serviteurs dans les Églises au temps du Nouveau Testament », Conci N° 43 (1969) 11-22.

18026   SCHLIER, H., « Grundelemente des priesterlichen Amtes im Neuen Testament », ThPh 44 (1969) 161-180.

18027   SPICQ, C., *Les épîtres pastorales,* « Épiscope et épiscopat », 439-455.

18028   XXX, « Eucharist and Ministry : A Lutheran-Roman Catholic Statement », Wor 44 (1970) 598-622.

18029   COLSON, J., « Désignation des ministres dans le Nouveau Testament », MD N° 102 (1970) 21-29.

18030   DIANICH, S., « I ministeri della chiesa nel N.T. », RivB 18 (1970) 131-152.

18031   ELLIOTT, J. H., « Ministry and Church Order in the NT : A Traditio-Historical Analysis (1 Pt 5,1-5 and plls.) », CBQ 32 (1970) 367-391.

18032   FREYNE, S., « The Exercise of Christian Authority According to the New Testament », IrThQ 37 (1970) 93-117.

18033   GIAVINI, G., « Relazione dello studio di gruppo sul libro : P. Grelot, *Le ministère de la nouvelle alliance* », RivB 18 (1970) 163-170.

18034   GRELOT, P., « La structure ministérielle de l'Église d'après saint Paul. À propos de « L'Église » de H. Küng », *Istina* (Paris) 15 (1970) 389-424.

18035   KOPP, T., « Der Diakon. Zu einer Frage der Kirche in der Welt von heute », TrierTZ 79 (1970) 168-189.

18036   LOHFINK, N., « Altes Testament und kirchliches Amt », StiZ 185 (1970) 269-276.

18037   MOINGT, J., « Nature du sacerdoce ministériel », RSR 58 (1970) 237-272.

18038   PESCH, W., « Priestertum und Neues Testament », TrierTZ 79 (1970) 65-83.

18039   TESTA, E., « Il clero pellegrino nella chiesa primitiva », RivB 18 (1970) 241-251.

18040   TRILLING, W., « Amt und Amtsverständnis bei Matthäus », dans *Mélanges bibliques en hommage au R. P. Béda Rigaux* (en collab.), 29-44.

Miracle. Wunder. Miracolo. Milagro.

18041   FAULHABER, L., « Das Wunder als Kriterium der Offenbarung. Kritische Anmerkungen über seine Erkennbarkeit », TQ 113 (1932) 1-11.

18042   CEUPPENS, F., *Le miracle de Josué* (Liège, Pensée catholique, 1944), 27 pp.

18043   McGINLEY, L., *Form-criticism of the synoptic healing Narratives.* A Study in the Theories of Martin Dibelius and Rudolf Bultmann (Woodstock, Wooodstock Press, 1944), 165 pp.

18044   XXX, « Les miracles de l'Écriture sont-ils preuve de la foi ou objet de cette foi ? » AmiCl 57 (1946-47) 792-793.

18045   GRUENTHANER, M. J., « Two Sun Miracles of the Old Testament », CBQ 10 (1948) 271-290.

18046   DE FRAINE, J., « De miraculo solari Josue (Jos. 10,12-15) », VD 28 (1950) 227-236.

18047   FULLER, R. C., « Sun Stand Thou Still », SCR 4 (1951) 305-314.

18048   BEILNER, W., « Das Sonnenwunder im Buche Josue », BiLit 20 (1952-53) 103-108.

18049   CERFAUX, L., « Les miracles, signes messianiques de Jésus et oeuvres de Dieu, selon l'Évangile de saint Jean », dans *Recueil Lucien Cerfaux,* II, 41-50.

18050   HARDO, J. A., « The Miracle Narratives in the Acts of the Apostles », CBQ 16 (1954) 303-318.

18051   VAN IMSCHOOT, P., *Théologie de l'Ancien Testament,* « Le miracle », I, 113-114.

18052   TAYMANS, F., « Le miracle, signe de surnaturel », NRT 77 (1955) 225-245.

18053 SCHILDENBERGER, J., « Mythos – Wunder – Mysterium », BiLit 24 (1956-57) 99-118, 140-164, 179-198, 222-233.

18054 XXX, « Le miracle dans l'Église », LV N° 33 (1957) 3-6.

18055 GEORGE, A., « Les miracles de Jésus dans les évangiles synoptiques », LV N° 33 (1957) 7-24.

18056 LEFEVRE, A., « Miracle », SDB V, col. 1299-1308.

18057 JAVIERRE, A. M., « Caeci vident », Sal 20 (1958) 508-541.

18058 BEAUDRY, J.-F., « Miracle and Sign », SMR 3 (1960) 65-94.

18059 DUPONT, J., « Le paralytique pardonné (Mt 9,1-8) », NRT 82 (1960) 940-958.

18060 MONDEN, L., Le miracle, signe de salut (Bruges, Desclée de Brouwer, 1960), « Jésus thaumaturge », 99-118.

18061 ZIENER, G., « Das Brotwunder im Markusevangelium », BZ 4 (1960) 282-285.

18062 GATZWEILER, K., « La conception paulinienne du miracle », ETL 37 (1961) 813-846.

18063 HOLSTEIN, H., « Le miracle, signe de la présence », BVC N° 38 (1961) 49-58.

18064 SCAZZOSO, P., « Magia ellenistica e miracolo cristiano », BibOr 3 (1961) 136-141.

18065 SWAELES, R., « Celui qui vient pour nous guérir », AS N° 4 (1961) 50-64.

18066 LATOURELLE, R., « Miracle et révélation », Greg 43 (1962) 492-509.

18067 COUNE, M., « Sauvés au nom de Jésus (Ac 4,8-12) », AS N° 12 (1964) 14-27.

18068 HEISING, A., « Exegese und theologie der alt und neutestamentlichen Speisewunder », ZKT 86 (1964) 80-96.

18069 LAFLAMME, R., « Le miracle dans l'économie de la parole », LTP 20 (1964) 214-246.

18070 MAGGIONI, B., « Miracoli e rivelazione nell'Antico Testamento », BibOr 6 (1964) 49-59.

18071 BROWN, R. E., New Testament Essays, « The Gospel Miracles », 168-191.

18072 CLAUDEL, P., « Les maternités miraculeuses », AS N° 6 (1965) 58-73.

18073 TERNANT, P., « Les signes et la foi », AS N° 75 (1965) 38-74.

18074 VAN DEN BUSSCHE, H., « Guérison d'un paralytique à Jérusalem le jour du sabbat (Jean 5,1-18) », BVC N° 61 (1965) 18-28.

18075 BLIGH, J., « Four studies in St. John I, the Man born blind », HeyJ 7 (1966) 129-144.

18076 DE GAIFFIER, B., « Miracles bibliques et vies de saints », NRT 88 (1966) 376-386.

18077 TRILLING, W., Fragen zur Geschichtlichkeit Jesu, « Die Frage der Wunder », 96-106.

18078 CONNOLLY, D., « Ad miracula sanationum apud Matthaeum », VD 45 (1967) 306-325.

18079 DUPLACY, J., « Et il y eut un grand calme... La tempête apaisée (Matthieu 8,23-27) », BVC N° 74 (1967) 15-28.

18080 LANGEVIN, P.-É., Jésus Seigneur et l'eschatologie. Exégèse de textes prépauliniens, « Un révélateur des « mirabilia Dei » », 272-278.

18081 MUSSNER, F., Die Wunder Jesu. Eine Hinführung (München, Kösel, 1967), 90 pp.

18082 BRAVO, C., « El milagro en los relatos del Exodo », EstB 26 (1967) 353-381; 27 (1968) 5-26.

18083 BRAVO, C., « El milagro en los relatos del Exodo », EstB 27 (1968) 5-26.

18084 CRESPY, G., « Maladie et guérison dans le Nouveau Testament », L'V N° 86 (1968) 45-69.

18085 COUNE, M., « Sauvés au nom de Jésus (Ac 4,8-12) », AS (n.s.) N° 25 (1969) 12-18.

18086 CROSSAN, J., « Les miracles de Jésus : la puissance au service exclusif de l'amour de Dieu pour les hommes », Conci N° 50 (1969) 59-72.

18087 POTIN, J., « Guérison d'une hémorroïsse et résurrection de la fille de Jaïre (Mc 5,21-43) », AS (n.s.) N° 44 (1969) 38-47.

18088 ZEILINGER, F., « Zum Wunderverständnis der Bibel », BiLit 42 (1969) 27-43.

18089 En collaboration, *Glaubensbegründung heute* (Graz, Styria, 1970), « Die Wunder Jesu und unser Glaube », 101-115.

18090 BLANK, J., *Schriftauslegung in Theorie und Praxis,* « Zur Christologie ausgewählter Wunderberichte », 104-128.

18091 JACQUEMIN, P.-E., « Le signe inaugural de Jésus (Jn 2,1-12) », AS (n.s.) N° 33 (1970) 76-88.

18092 MERLI, D., « Lo scopo dei miracoli nell'Evangelo di Marco », BibOr 12 (1970) 184-198.

18093 SMYTH-FLORENTIN, F., « Guérison d'un aveugle-né », AS (n.s.) N° 17 (1970) 17-26.

18094 STANLEY, D. M., « Salvation and Healing », Way 10 (1970) 298-317.

Miséricorde. Mercy. Barmherzigkeit. Misericordia.

18095 DUBARLE, A.-M., *Les sages d'Israël,* « La justice et la miséricorde », 32-36.

18096 RUWET, J., « Misericordia et justitia Dei in Vetere Testamento », VD 25 (1947) 35-42, 89-98.

18097 BOUYER, L., *La Bible et l'Evangile²,* « Justice et miséricorde (Amos et Osée) », 57-72.

18098 VAN IMSCHOOT, P., *Théologie de l'Ancien Testament,* « La bonté et la miséricorde de Dieu », I, 65-70.

18099 CANTINAT, J., « Les paraboles de la miséricorde (Luc 15,1-32) », NRT 77 (1955) 246-264.

18100 LOHFINK, N., « Gottes Erbarmen in der Erfahrung des Alten Testamentes », GeistL 29 (1956) 408-416.

18101 COCAGNAC, A.-M., « Simple méditation sur quelques textes de la Bible » (thème : « Ne jugez pas »), VS 96 (1957) 5-31.

18102 DEVILLE, C., « L'évangéliste du Sauveur. Luc, évangéliste de l'amour miséricordieux », CE N° 26 (1957) 39-46.

18103 DUPONT, J., « La parabole des ouvriers de la vigne (Matthieu, xx,1-16 », NRT 79 (1957), 785-797.

18104 DUPONT, J., *Les béatitudes²,* « Miséricordieux, coeurs purs, artisans de paix », I, 257-263.

18105 ROUSTANG, F., « Le Christ, ami des pécheurs », CHR N° 5 (1959) 6-21.

18106 MOLLERFELD, J., « Du bist ein gnädiger und barmherziger Gott (Jonas 4, 2) », GeistL 33 (1960) 324-333.

18107 XXX, « Blessed are the Merciful », Way 2 (1962) 62-63.

18108 ROBILLIARD, J.-A., « La parabole du fils aîné, Jésus et l'amour miséricordieux », VS 106 (1962) 531-544.

18109 BONNARD, P.-É., « Les trésors de la miséricorde (Rom 11,33-36) », AS N° 53 (1964) 13-19.

18110 DEROUSSEAUX, L., « La miséricorde de Dieu pour les pécheurs », AS N° 57 (1965) 39-52.

18111 DUPONT, J., « L'enfant prodigue (Lc 15,11-32) », AS N° 29 (1966) 52-68.

18112 TRILLING, W., *Christusverkündigung in den synoptischen Evangelien,* « Gottes Erbarmen (Lk 15,1-10) », 108-122.

18113   CHARPENTIER, E., « Le Prophète ami des pécheurs (Lc 7,36-8,3) », AS (n.s.) N°
         42 (1970) 80-94.
18114   DUPONT, J., « Le Fils prodigue (Lc 15,1-3.11-32) », AS (n.s.) N° 17 (1970) 64-72.

Mission. Sendung. Missione. Misión.

18115   GELIN, A., « L'idée missionnaire dans la Bible », AmiCl 66 (1956) 411-418.
18116   KENNEDY, G. T., « The Nature of a Mission in the New Testament », AmER 133
         (1955) 145-154.
18117   RÉTIF, A., « L'oeuvre missionnaire, jugement de Dieu », RUO 22 (1952) 5*-22*.
18118   CERFAUX, L., Le chrétien dans la théologie paulinienne, « La mission apostoli-
         que », 99-117.
18119   GAIDE, G., « La prière missionnaire (1 Tm 2,1-7) », AS N° 98 (1967) 15-24.
18120   GIBLET, J., « Le sens de la mission dans le Nouveau Testament », AS N° 98 (1967)
         42-53.
18121   TERNANT, P., « La mission, fruit de la comparaison du Maître et de la prière des
         disciples », AS N° 98 (1967) 25-41.
18122   En collaboration, « Heures décisives dans la mission », AS (n.s.) N° 44 (1969) 72-78.
18123   DUPONT, J., « Je t'ai établi lumière des nations (Ac 13,14.43-52) », AS (n.s.) N° 25
         (1969) 19-24.
18124   McPOLIN, J., « Mission in the Fourth Gospel », IrThQ 36 (1969) 113-122.
18125   TERNANT, P., « La prédication universelle de l'Évangile du Seigneur (Mc 16,15-
         20) », AS (n.s.) N° 28 (1969) 38-48.
18126   MOLLAT, D., « L'apparition du ressuscité et le don de l'Esprit (Jn 20,19-23) », AS
         (n.s.) N° 30 (1970) 42-56.

Moïse. Moses. Mosè. Moisés.

18127   LAVAUD, M.-B., « Moïse et saint Paul ont-ils eu la vision de Dieu dès ici-bas ? » RT
         35 (1930) 75-83.
18128   FRINS, K., « Moses ein Vorbild des Seelsorgers », TGl 26 (1934) 191-199.
18129   HÖLLER, J., Die Verklärung Jesu, « Moses und Elias », 62-86.
18130   COPPENS, J., « La prétendue agression nocturne de Jahvé contre Moïse, Séphorah et
         leur fils (Exod. 4,24-26) », ETL 18 (1941) 68-73.
18131   PARENTE, P. P., « Ascetical and Mystical Traits of Moses and Elias », CBQ 5 (1943)
         183-190.
18132   CAZELLES, H., « Spiritualité de Moïse », VS 74 (1946) 405-419.
18133   BRUMER, J., « Die Gottesschau des Moses », GeistL 21 (1948) 221-230.
18134   DANIÉLOU, J., Sacramentum Futuri, « Moïse chez Philon », 178-190.
18135   SUTCLIFFE, E. F., « Moses », SCR 4 (1950) 169-175.
18136   GOURBILLON, J. G., « Les prophètes et nous, Moïse », CE N° 3 (1951) 14-18.
18137   KIPPER, B., « De origine mosaica « Libri Foederis » », VD 29 (1951) 77-87, 159-171.
18138   BOISMARD, M.-É., « Le Christ et Moïse », LV N° 1 (1952) 105-114.
18139   ENCISO, J., « El nombre de Moises », EstB 11 (1952) 221-223.
18140   NORTH, R., « Moses and the Average Priest », AmER 126 (1952) 241-259.
18141   PAUL-MARIE DE LA CROIX, P., L'Ancien Testament source de vie spirituelle³, « Les
         témoins privilégiés de la foi en Israël : Moïse », 584-591.
18142   VENARD, J., « Les siècles bibliques : l'Égypte au temps de Joseph et de Moïse », CE
         N° 8 (1952) 19-28.
18143   BOUYER, L., La Bible et l'Evangile², « Parole, alliance, promesse », 11-38; « La
         mystique juive et les figures de Moïse et d'Élie », 137-158.

18144 DANIÉLOU, J., « Le cantique de Moïse et la vigile pascale », BVC N° 1 (1953) 21-30.

18145 XXX, *Moïse et la Pâque d'aujourd'hui* (albums « Fêtes et Saisons ») (Paris, Cerf, 1954), 24 pp.

18146 BARSOTTI, D., *La Parole de Dieu dans le mystère chrétien,* « Abraham, Moïse, Élie », 292-297.

18147 XXX, *Moïse, l'homme de l'Alliance* (en collab.), « Ancien Testament », 11-52; « Judaïsme », 55-167; « Nouveau Testament », 171-242; « Tradition chrétienne », 245-314; « Liturgie et iconographie », 317-369; « Islam », 373-402.

18148 BLOCH, R., « Quelques aspects de la figure de Moïse dans la tradition rabbinique », dans *Moïse, l'homme de l'Alliance* (en collab.), 93-167.

18149 BOTTE, B., « La vie de Moïse par Philon », dans *Moïse, l'homme de l'Alliance* (en collab.), 55-62.

18150 CAZELLES, H., « Moïse devant l'histoire », dans *Moïse, l'homme de l'Alliance* (en collab.), 11-27.

18151 CHATILLON, J., « Moïse, figure du Christ et modèle de la vie parfaite », dans *Moïse, l'homme de l'Alliance* (en collab.), 305-314.

18152 DANIÉLOU, J., « Moïse, exemple et figure chez Grégoire de Nysse », dans *Moïse, l'homme de l'Alliance* (en collab.), 267-282.

18153 DEMANN, P., « Moïse et la Loi dans la pensée de saint Paul », dans *Moïse, l'homme de l'Alliance* (en collab.), 189-242.

18154 DESCAMPS, A., « Moïse dans les Évangiles et dans la tradition apostolique », dans *Moïse, l'homme de l'Alliance* (en collab.), 171-187.

18155 GELIN, A., « Moïse, dans l'A. T. », dans *Moïse, l'homme de l'Alliance* (en collab.), 29-52.

18156 LUNEAU, A., « Moïse et les Pères latins », dans *Moïse, l'homme de l'Alliance* (en collab.), 283-303.

18157 TONNEAU, R. M., « Moïse dans la tradition chrétienne », dans *Moïse, l'homme de l'Alliance* (en collab.), 245-265.

18158 VERMÈS, G., « La figure de Moïse au tournant des deux testaments », dans *Moïse, l'homme de l'Alliance* (en collab.), 63-92.

18159 GUILLET, J., « La gloire du Sinaï », CHR N° 11 (1956) 293-309.

18160 CAZELLES, H., « Moïse », SDB V, col. 1308-1337.

18161 GILS, F., *Jésus prophète, d'après les évangiles synoptiques,* « Rapprochement entre Jésus et Moïse », 29-42.

18162 ROBERT, A., FEUILLET, A., *Initiation à la Bible,* « Aux origines de la Bible : Moïse », I, 788-792.

18163 TOURNAY, R., « Le Psaume et les Bénédictions de Moïse », RB 65 (1958) 181-213.

18164 AMIOT, F., *Les idées maîtresses de saint Paul,* « Moïse et la Loi », 67-94.

18165 HAURET, C., « Moïse était-il prêtre ? » Bibl 40 (1959) 509-521.

18166 SCHILDENBERGER, J., « Moses als Idealgestalt eines Armen Jahves », dans *À la rencontre de Dieu.* Mémorial Albert Gelin (en collab.), 71-84.

18167 BARTHÉLEMY, D., « Deux bergers découvreurs de Dieu », VS 106 (1962) 445-465.

18168 DELCOR, M., « Le docteur de justice, nouveau Moïse dans les hymnes de Qumrân », dans *Le psautier* (en collab.), 407-423.

18169 BARTHÉLEMY, D., *Dieu et son image,* 76-88, 136-142.

18170 LE DÉAUT, R., *La nuit pascale.* « Le retour de Moïse », 298-303.

18171 O'ROURKE, J. J., « Moses and the Prophetic Vocation », SCR 15 (1963) 44-64.

18172 SCHUBERT, K., « Das Problem des historischen Moses », BiLit 38 (1964-65) 451-460.

18173 McCARTHY, D. J., *Der Gottesbund im Alten Testament*. Ein Bericht über die Forschung der letzten Jahre, 96 pp.

18174 SCHREINER, J., « Moses, der « Mann Gottes » », BiLeb 8 (1967) 94-109.

18175 DU BUIT, M., « Moïse », CE N° 74 (1969) 5-65.

18176 GARCIA DE LA FUENTE, O., « La figura de Moisés en Ex 18,15 y 33,7 », EstB 29 (1970) 353-370.

18177 PENNA, A., « Mosé profeta e più che profeta », BibOr 12 (1970) 145-152.

Monde. World. Welt. Mondo. Mundo.

18178 CERFAUX, L., « La situation du chrétien dans le monde d'après le N. T. », dans *Tolérance et communauté humaine* (Tournai, Desclée et Cie, 1952) (en collab.), 49-56, et dans *Recueil Lucien Cerfaux*, III, 201-207.

18179 CONGAR, Y., « Au monde et pas du monde. Principales valeurs d'une « spiritualité » des laïcs engagés dans le monde », VSS 5 (1952) 5-47.

18180 MUSSNER, F., ΖΩΗ. *Die Anschauung vom « Leben » im vierten Evangelium*, « Exegetische Vorbemerkungen zu den Begriffen κόσμος, θάνατος und ἀποθνήσκειν ; Die Todessituation des « Kosmos » », 57-70.

18181 BRAUN, F.-M., « Le « monde » bon et mauvais de l'évangile johannique », VS 89 (1953) 15-29, 580-598.

18182 GELIN, A., « L'invitation biblique au progrès », VS 93 (1955) 451-460.

18183 CONGAR, Y., « In the World and not of the World », SCR 9 (1957) 53-59.

18184 BOUTRY, A., « Le croyant et les techniques », BVC N° 32 (1960) 58-65.

18185 LOCHET, L., « Dimensions évangéliques du monde moderne », VS 104 (1961) 237-256.

18186 VÖLKL, R., *Christ und Welt nach dem Neuen Testament* (Würzburg, Echter, 1961), 516 pp.

18187 DUBARLE, A.-M., « Lois de l'univers et vie chrétienne (Rm 8,18-23) », AS N° 58 (1964) 14-26.

18188 BERNARD, A.-M., « Salomon, l'Église et le monde », VS 113 (1965) 551-572.

18189 SCHLIER, H., « Der Christ und die Welt », GeistL 38 (1965) 416-428.

18190 LYONNET, S., « Redemptio « cosmica » secundum Rom 8,19-23 », VD 44 (1966) 225-242.

18191 KEHL, N., *Der Christushymnus Kol 1,12-20*, « Die Versöhnung des Universums », 109-136.

18192 KUSS, O., *Auslegung und Verkündigung*, « Die Fremdheit des Christen in der Welt », II, 51-73.

18193 En collaboration, « Le croyant devant le monde », CE N° 71 (1968) 5-38.

18194 GRABNER-HAIDER, A., *Paraklese und Eschatologie bei Paulus*. Mensch und Welt im Anspruch der Zukunft gottes (Münster, Aschendorff, 1968), 162 pp.

18195 AFANASSIEFF, N., « « Le Monde » dans l'Écriture Sainte », Ir 42 (1969) 3-32.

18196 STADELMANN, L. I. J., *The Hebrew Conception of the World*. A Philological and Literary Study (Rome, Biblical Institute Press, 1970), 207 pp.

Monothéisme. Monotheism. Monotheismus. Monoteísmo.

18197 VINCENT, A., *Le judaïsme*, « Le monothéisme », 93-114.

18198 GELIN, A., *Les idées maîtresses de l'Ancien Testament²*, « La révélation de Dieu dans l'Ancien Testament : le Dieu unique », 12-18.

18199 DUESBERG, H., *Les valeurs chrétiennes de l'Ancien Testament²*, « Aspect religieux primordial du monothéisme biblique », 70-72; « De l'unicité de Yahweh », 73-75; « Les

origines du monothéisme hébreu », 75-77; « Ses vicissitudes », 77-80; « Son rationalisme foncier », 80-81; « Les aspects révolutionnaires de ce monothéisme », 88-89; « L'Église chrétienne et le monothéisme de l'Ancien Testament », 91-94.

18200 VAN IMSCHOOT, P., *Théologie de l'Ancien Testament,* « Le Dieu unique », I, 32-42.

18201 MAYER, R., « Monotheismus in Israel und in der Religion Zarathustras », BZ 1 (1957) 23-58.

18202 HAIBLE, E., « Das Gottesbild der Hochzeit von Kana; zur biblischen Grundlegung der Eingottlehre », MüTZ 10 (1959) 189-199.

18203 HAMP, V., « Monotheismus in AT », dans *Sacra Pagina* (en collab.), I, 516-521.

18204 FEUILLET, A., *Le Christ, sagesse de Dieu,* « La profession de foi monothéiste de 1 Co, VIII,4-6 », 59-85.

18205 PERPIÑA y GRAU, R., « Exégesis biblica de Roca-Dios », Salm 17 (1970) 515-528.

Morale. Moral. Sittlichkeit. Morale. Moral.

18206 BLÄSER, P., « Der Mensch und die Sittlichkeit nach den Römerbrief des Apostels Paulus », TGl 39 (1948) 232-249.

18207 SPICQ, C., *Vie morale et Trinité sainte selon saint Paul,* 96 pp.

18208 DELHAYE, P., « L'obligation morale dans les Évangiles », AmiCl 71 (1961) 321-329, 369-373.

18209 MORETTI, A., « Parusia e morale », RivB 10 (1962) 32-58.

18210 L'HOUR, J., *La morale de l'Alliance,* 128 pp.

18211 RICHTER, W., *Recht und Ethos.* Versuch einer Ortung des weisheitlichen Mahnspruches (München, Kösel, 1966), 220 pp.

18212 BLANK, J., *Schriftauslegung in Theorie und Praxis,* « Zur Problem « ethischer-Normen » im Neuen Testament », 129-143; « Indikativ und Imperativ in der paulinischen Ethik », 144-157.

18213 XXX, « Fundamentación de la Etica Biblica », Salm 17 (1970) 163-170.

18214 BARTINA, S., « La Ética de la Biblia. XXIX Semana Bíblica Española », EstE 45 (1970) 113-120.

18215 CASABO SUQUE, J. M., *La Teología moral en San Juan* (Madrid, Fax, 1970), 528 pp.

18216 FEUILLET, A., « Les fondements de la morale chrétienne d'après l'épître aux Romains », RT 70 (1970) 357-386.

18217 FEUILLET, A., « Loi ancienne et morale chrétienne d'après l'Épître aux Romains », NRT 92 (1970) 785-805.

18218 RAURELL, F., « XXIX Semana Bíblica Española : « La Ética Biblica » », EstF 71 (1970) 73-96.

Mort. Death. Tod. Morte. Muerte.

Ancien Testament. Old Testament. Altes Testament. Antico Testamento. Antiguo Testamento.

18219 WEISENGOFF, J. P., « Death and Immortality in the Book of Wisdom », CBQ 3 (1941) 104-133.

18220 GALLUS, T., « A muliere initium peccati et per illam omnes morimur, Sir. 25, 24 (33) », VD 23 (1943) 272-277.

18221 DUBARLE, A.-M., *Les sages d'Israël,* « L'origine du péché et de la mort », 173-177.

18222 COCAGNAC, A.-M., « Job sans beauté ni éclat », VS 95 (1956) 355-371.

18223 FÉRET, H.-M., « La mort dans la tradition biblique : la mort dans l'Ancien Testament », dans *Le mystère de la mort et sa célébration* (en collab.), 18-58.

18224 MARIE-PAUL DU CHRIST, « Job et le mystère de la mort », VS 95 (1956) 392-406.

18225   VAN IMSCHOOT, P., *Théologie de l'Ancien Testament,* « La mort », II, 42-45; « Extension du pur et de l'impur aux morts », II, 209-211.

18226   DE VAUX, R., *Les institutions de l'A. T.,* « La mort et les rites funèbres », I, 93-100.

18227   WOHLSTEIN, H., « Zu den altisraelitischen Vorstellungen von Toten- und Ahnengeistern », BZ 5 (1961) 30-38.

18228   FÜGLISTER, N., *Die Heilsbedeutung des Pascha,* « Das Unheil », 156-159.

18229   LOHFINK, N., *Das Siegeslied am Schilfmeer.* Christliche Auseinandersetzungen mit dem Altem Testament (Frankfurt a.M., J. Knecht, 1965), 274 pp.

18230   REWAK, W. J., « Adam, Immortality and human Death », SE 19 (1967) 67-79.

18231   ROGUET, A.-M., *Le miel du rocher,* « Des psaumes pour les morts », 175-184.

18232   TROMP, N. J., « De conceptionibus primitivis orci et mortis in V. T. occurrentibus, consideratis in luce litteraturae speciatim ugariticae », VD 57 (1967) 209-217.

18233   LARCHER, C., *Études sur le livre de la Sagesse,* « Le thème de la mort et de la vie », 285-300.

Nouveau Testament. New Testament. Neues Testament. Nuovo Testamento. Nuevo Testamento.

18234   SEGARRA, F., « Algunas observationes sobre los principales textos escatológicos de Nuestro Señor. S. Matt., cap. 24 », Greg 18 (1937) 534-578; 19 (1938) 58-87, 349-375, 543-572.

18235   NÉLIS, J., « L'anthithèse littéraire ΖΩΗ - ΘΑΝΑΤΟΣ dans les épîtres pauliniennes », ETL 20 (1943) 18-53.

18236   BONSIRVEN, J., *L'évangile de Paul,* « Mort rédemptrice : sacrifice », 162-167.

18237   PRAT, F., *La théologie de saint Paul[38],* « Mort mystique, principe de vie », I, 266-268; « La mort et la résurrection », II, 434-450.

18238   SCHNACKENBURG, R., *Das Heilsgeschehen bei der Taufe nach dem Apostel Paulus,* « Das sakramentale Mitsterben und Mitauferstehen mit Christus bei der Taufe im besonderen », 132-175.

18239   BENOIT, P., « Nous gémissons, attendant la délivrance de notre corps (Rom., 8,23) », dans *Mélanges Jules Lebreton* (en collab.), I, RSR 39 (1951) 267-280.

18240   BONSIRVEN, J., *Théologie du Nouveau Testament,* 302-305.

18241   DUPONT, J., *Essais sur la christologie de saint Jean,* « La vie et la mort », 180-192.

18242   DUPONT, J., *L'union avec le Christ suivant saint Paul,* « En face de la mort », 115-153; « Après la mort », 153-171.

18243   MAUX, M. J., « The Mountain which is Christ », Wor 27 (1952-53) 305-306.

18244   MUSSNER, F., *ΖΩΗ. Die Anschauung vom « Leben » im vierten Evangelium,* « Exegetische Vorbemerkungen zu den Begriffen κόσμος, θάνατος und ἀποθνήσκειν ; Die Todessituation des « Kosmos » », 57-70; « Leben für die Welt aus Jesus *Todeshingabe* », 101-111.

18245   BARROSSE, T., « Death and Sin in St. Paul's Epistle to the Romans », CBQ 15 (1953) 438-458.

18246   CAMPEAU, L., « Regnavit mors ab Adam usque ad Moysen », SE 5 (1953) 57-66.

18247   KUSS, O., « Zur Frage einer vorpaulinischen Todestaufe », MüTZ 4 (1953) 1-17.

18248   VAN DEN BUSSCHE, H., « Si le grain de blé ne tombe en terre », BVC N° 5 (1954) 53-67.

18249   LYONNET, S., « Le sens de ἐφ' ᾧ en Rom. 5,12 et l'exégèse des Pères grecs », Bibl 36 (1955) 436-456.

18250   BARROSSE, T., « Death and Sin in the Epistle to the Romans », TDig 4 (1956) 24-28.

18251   DUBARLE, A.-M., « Le péché originel dans saint Paul », RSPT 40 (1956) 213-254, ou dans *Le péché originel dans l'Écriture,* « La mort », 149-157.

18252 FÉRET, H.-M., « La mort dans la tradition biblique : la mort dans le Nouveau Testament », dans *Le mystère de la mort et sa célébration* (en collab.), 59-133.

18253 HILD, J., « La mort, mystère chrétien », dans *Le mystère de la mort et sa célébration* (en collab.), 210-249.

18254 KUSS, O., « Der theologisches Grundgedanke des Hebräerbriefes. Zur Deutung des Todes Jesu im N. T. », MüTZ 7 (1956) 233-271, ou dans *Auslegung und Verkündigung,* I, 281-328.

18255 McKENZIE, J. L., *The Power and the Wisdom,* « The Saving Act of Jesus », 108-127.

18256 AMIOT, F., *Les idées maîtresses de saint Paul,* « La mort et le jugement », 209-217.

18257 FEUILLET, A., « Mort du Christ et mort du chrétien d'après les épîtres pauliniennes », RB 66 (1959) 481-513.

18258 RASCO, E., « Christus, granum frumenti (Jo. 12,24) », VD 37 (1959) 12-25.

18259 BOURGIN, C., « La mort, le Christ et le chrétien », LV Nº 68 (1964) 35-58.

18260 GIGLIOLI, A., « Il giorno dell'ultima Cena e l'anno della morte di Gesù », RivB 10 (1962) 156-181.

18261 LANGEVIN, P.-É., « Le baptême dans la mort-résurrection. Exégèse de Rm 6,1-5 », SE 17 (1965) 29-65.

18262 AUBRY, J., « Valeur salvifique de la mort et de la résurrection de Jésus », AS (n.s.) Nº 24 (1970) 66-81.

18263 BORSE, U., « Die Wundmale und der Todesbescheid », BZ 14 (1970) 88-111.

18264 FEUILLET, A., « Le règne de la mort et le règne de la vie (Rom., V,12-21) », RB 77 (1970) 481-521.

18265 TROISFONTAINES, R., « Mort et résurrection », AS (n.s.) Nº 18 (1970) 68-75.

Divers. Miscellaneous. Verschiedenes. Diversi. Diversos.

18266 BARSOTTI, D., *Vie mystique et mystère liturgique,* « La mort », 127-190; « Les morts », 389-395.

18267 LOUVEL, F., « Les thèmes bibliques de la liturgie des défunts », MD Nº 44 (1955) 29-48.

18268 DHEILLY, J., « Les fins dernières dans l'Ancien et le Nouveau Testament », dans *Viens Seigneur,* Cahiers de la Roseraie, IV (Bruxelles, Lumen Vitae; Bruges, Abbaye de Saint-André, 1955), 13-14.

18269 DANIÉLOU, J., « La doctrine de la mort chez les Pères de l'Église », dans *Le Mystère de la mort et sa célébration* (en collab.), 134-156.

18270 RAHNER, K., *Zur Theologie des Todes,* mit einem Exkurs über das Mastyrium (Freiburg, Herder, 1958), 106 pp.

18271 DACQUINO, P., « La concezione biblica della morte », RivB 11 (1963) 25-37.

18272 MARTIN-ACHARD, R., « Notre ennemi, la mort », LV Nº 88 (1964) 29-34.

18273 POELMAN, R., « Mort, où est ta victoire ? » AS Nº 96 (1967) 49-62.

18274 RÉMY, P., « Peine de mort et vengeance dans la Bible », SE 19 (1967) 323-350.

18275 HUNERMANN, F., « Licht und Finsternis, Leben und Tod », BiLit 36 (1962-63) 406-412.

18276 DUESBERG, H., *Antidote à la mort* (Tournai, Casterman, Éd. de Maredsous, 1962), 113 pp.

18277 HAMP, V., « Paradies und Tod », dans *Neutestamentliche Aufsätze* (en collab.), 100-109.

18278 ROGUET, A.-M., « La foi, l'espérance et la charité devant les mystères de la mort », VS 117 (1967) 390-407.

18279 GRELOT, P., « La théologie de la mort dans l'Écriture sainte », VSS 19 (1966) 143-193.

18280   GEORGE, A., « Qui veut sauver sa vie, la perdra; qui perd sa vie, la sauvera », BVC
        N° 83 (1968) 11-24.

Mortification. Abtötung. Mortificazione. Mortificación.

18281   CAMELOT, T., « Ascèse et mortification dans le N. T. », dans *L'ascèse chrétienne et
        l'homme contemporain* (en collab.) (Paris, Cerf, 1951), 13-29.

18282   HAUSHERR, I., « Abnégation, renoncement, mortification », CHR N° 6 (1959)
        182-195.

Musique. Music. Musik. Musica. Música.

18283   GERSON-KIWI, E., « Musique (dans la Bible) », SDB V, col. 1411-1468.

Mystère. Mystery. Mysterium. Mistero.

18284   PRÜMM, K., « Neue Wege einer Ursprungsdeutung antiker Mysterien », ZKT 57
        (1933) 89-102, 254-271.

18285   DEDEN, D., « Le « mystère » paulinien », ETL 13 (1936) 405-442.

18286   URS VON BALTHASAR, H., « Le *mysterion* d'Origène », RSR 27 (1936) 513-562;
        27 (1937) 38-64.

18287   PRÜMM, K., « *Mysterion* von Paulus bis Origenes », ZKT 61 (1937) 391-425.

18288   BOVER, J. M., « El pensamiento generador de la Teologia de San Pablo », Greg 19
        (1938) 210-262.

18289   BONSIRVEN, J., *L'évangile de Paul,* « L'Église, corps du Christ : le « Mystè-
        re » », 237-239.

18290   PRAT, F., *La théologie de saint Paul*[38], « Le mystère de Paul et les mystères
        païens », II, 467-475.

18291   MORAN, J. W., « St. Paul and the Mystery Religions », AmER 122 (1950) 419-429.

18292   BOUYER, L., « Mysterion », VSS 5 (1952) 397-412.

18293   PLÉ, A., « Pour une mystique des mystères », VSS 5 (1952) 377-396.

18294   BARSOTTI, D., *Vie mystique et mystère liturgique,* « Le mystère : un seul mystère; le
        mystère, c'est le Christ; l'initiation au mystère; la mystique chrétienne et l'exégèse;
        théologie et vie chrétienne; ne divisons pas le Christ », 7-64.

18295   VOGT, E., « « Mysteria » in textibus Qumran », Bibl 37 (1956) 247-257.

18296   BROWN, R. E., « The pre-Christian Semitic Conception of « Mystery » », CBQ 20
        (1958) 417-443.

18297   BROWN, R. E., « The Semitic Background of the New Testament *Mysterion* », Bibl
        39 (1958) 426-448; 40 (1959) 70-87.

18298   CERFAUX, L., « L'influence des « mystères » sur les épîtres de S. Paul aux Colossiens
        et aux Éphésiens », dans *Sacra Pagina,* II, 373-379, ou dans *Recueil Lucien Cerfaux,*
        III, 279-285.

18299   COPPENS, J., « Le « mystère » dans la théologie paulinienne et ses parallèles
        qumrâniens », dans *Littérature et théologie pauliniennes* (en collab.), 142-165.

18300   PRÜMM, K., « Mystères », SDB VI, col. 1-225.

18301   CERFAUX, L., *Le chrétien dans la théologie paulinienne,* « La connaissance du mystère
        de Dieu : les origines du mystère des épîtres de la captivité; la révélation du mystè-
        re », 433-469.

18302   JUGLAR, J., « Le mystère caché en Dieu », VS 110 (1964) 656-672.

18303   CERFAUX, L., *La théologie de l'Église suivant saint Paul*[3], « Le mystère du
        Christ », 257-270; « Le mystère de l'Église », 271-304.

18304 O'CALLAGHAN, D., « Christianity and the Mystery Cults », IrThQ 32 (1965) 241-245.

18305 CERFAUX, L., *L'itinéraire spirituel de saint Paul,* « Le mystère de l'Évangile », 170-176.

Mystique. Mystic. Mystik. Mistica. Mística.

18306 DEUERLEIN, E., « Bibel und Mystik », BiLit 13 (1938-39) 89-92.

18307 BARSOTTI, D., *Vie mystique et mystère liturgique,* 482 pp.

18308 TROMP, S., « Caput influit sensum et motum », Greg 39 (1958) 353-366.

18309 DUCROS, X., « Le N. T. et la description des faits mystiques », Bibl 40 (1959) 928-934.

18310 GRAEF, H., « Die neutestamentlichen Grundlagen der christilichen Mystik », GeistL 34 (1961) 436-442.

Mythe. Myth. Mythos. Mito.

18311 PORPORATO, F. X., « Miti e ispirazione Biblica », CC 1 (1941) 169-178, 276-284, 421-428.

18312 PORPORATO, F. X., « Storia biblica e interpretazione mitica », CC 1 (1943) 329-340.

18313 RINALDI, G., « Il mito sumerico di « Enki e Ninchursag in Dilmun » e Gen. 2-3 secondo recenti studi », ScuolC 76 (1948) 36-50.

18314 SCHNACKENBURG, R., « Von der Formgeschichte zur Entmythologisierung des Neuen Testaments. Zur Theologie Rudolf Bultmann », MüTZ 2 (1951) 345-360.

18315 SIMMEL, O., « Mythos und Neues Testament », StiZ 150 (1951-52) 33-46.

18316 POTTLER, F., « Der « Mythus » der Ursünde », BiLit 20 (1952-53) 227-232.

18317 HAMER, J., « Zur Entmythologiesierung Bultmanns. Kritische Bemerkungen », Catho 9 (1953) 138-146.

18318 HOFMANN, F., « Theologie und Entmythologisierung. Ausweg oder Irrweg ? » TGl 43 (1953) 321-347.

18319 MARLÉ, R., « R. Bultmann et la « démythisation » du message néo-testamentai-re », RSR 41 (1953) 612-632.

18320 MUSSNER, F., « Bultmanns Programm einer « Entmytologisierung » des Neuen Testaments », TrierTZ 62 (1953) 1-18.

18321 BERNHART, J., *Bibel und Mythos* (Munchen, Kösel, 1954), 69 pp.

18322 FRIES, H., « Das Anliegen Bultmanns im Lichte der Katholischen Theologie », Catho 10 (1954) 1-14.

18323 MARLÉ, R., « La « Théologie du Nouveau Testament » de Rudolf Bultmann », RSR 42 (1954) 434-468.

18324 SCHADE, H., « Das Christusbild der frühen Kirche und der Mythos », StiZ 155 (1954-55) 409-418.

18325 BRINKMANN, B., « Für und gegen die Entmythologiesierung der neutestamentlichen Botschaft », Schol 30 (1955) 513-534.

18326 HOFMANN, F., « Theology and Myth in the New Testament », TDig 3 (1955) 11-27.

18327 BRAVO, C., « Símbolo e Historia en Gen. 2-3 », EXav 6 (1956) 266-312.

18328 CULLMANN, O., « Rudolf Bultmann's Concept of Myth and the New Testament », TDig 4 (1956) 136-140.

18329 MARLÉ, R., *Bultmann et l'interprétation du N. T.,* « Mythe et N. T. », 41-71; « Histoire et mythologie », 142-150.

18330 O'FLYNN, J. A., « New Testament and Mythology », IrThQ 23 (1956) 49-59, 101-110; 24 (1957) 1-12, 109-121.

18331 SCHILDENBERGER, J., « Mythos – Wunder – Mysterium », BiLit 24 (1956-57) 99-118, 140-164, 179-198, 222-233.

18332 DUBARLE, A.-M., « History and Myth in Genesis », TDig 6 (1958) 95-99.

18333 PEPIN, J., *Mythe et allégorie.* Les origines grecques et les contestations judéo-cyrétiennes (Paris, Aubier, 1958), 522 pp.

18334 FUTRELL, J. C., « Myth and Message », CBQ 21 (1959) 283-315.

18335 McKENZIE, J. L., « Myth and the Old Testament », CBQ 21 (1959) 265-282.

18336 HENNINGER, J., CAZELLES, H., MARLÉ, R., « Mythe », SDB VI, 225-268.

18337 FESTORAZZI, F., « Il « mito » e l'Antico Testamento », RivB 9 (1961) 144-172.

18338 MARLÉ, R., « Gibt es ein katholisches Problem der Entmythologisierung ? » Catho 15 (1961) 313-320.

18339 NÉDONCELLE, M., « Bultmann ou l'individualisme eschatologique », ETL 37 (1961) 579-596.

18340 PRÜMM, K., « Zur früh- und Spätform der religionsgeschichtlichen Christusdeutung von H. Windisch », Bibl 42 (1961) 391-422; 43 (1962) 22-56.

18341 CAHILL, J., « The Scope of Demythologizing », TS 23 (1962) 79-92.

18342 DE FRAINE, J., « « Entmythologisierung » dans les psaumes », dans *Le psautier* (en collab.), 89-106.

18343 FAGONE, V., « Mito e demitizzazione », CC 1 (1962) 140-154.

18344 FAGONE, V., « Demitizzazione ed ermeneutica esistenziale », CC 1 (1962) 325-337.

18345 NEIRA, E., « El mito, Bultmann y el Cristo historico », EXav 12 (1962) 42-70.

18346 STROBEL, A., « Wort Gottes und Mythos im Alten Testament », Catho 17 (1963) 180-196.

18347 HILL, E., « Remythologising : the Key to Scripture », SCR 16 (1964) 65-75.

18348 MAINBERGER, G., « Entmythologisierung, Technik und Eschatologie », FreibZ 11 (1964) 396-398.

18349 RAMLOT, M.-L., « L'au-delà du mythe : Homo symbolicus », BVC Nº 55 (1964) 55-79.

18350 RAMLOT, M.-L., « Une controverse axiale : la démythisation », BVC Nº 55 (1964) 45-64.

18351 ROSSANO, P., « Mito, ermeneutica, smitizzazione », RivB 13 (1965) 109-120.

18352 JUNKER, H., « In principio creavit Deus coelum et terram. Eine Untersuchung zum Thema Mythos und Theologie », Bibl 45 (1964) 477-490.

18353 MILLER, P. D., « Fire in the Mythology of Canaan and Israel », CBQ 27 (1965) 256-261.

18354 DULLES, A., « Symbol, Myth and the Biblical Revelation », TS 27 (1966) 1-26.

18355 HASENHUTTL, G., « But et portée du programme de démythisation de Bultmann », Conci Nº 14 (1966) 53-60.

18356 HIERZENBERGER, G., « Zum Problem der Entmythologisierung.», BiLit 39 (1966) 30-35.

18357 MARLÉ, R., « Démythisation du Nouveau Testament », Et 325 (1966) 163-181.

18358 STROBEL, A., « Myth in the Old Testament », TDig 14 (1966) 218-223.

18359 TRAPIELLO, J. G., « Mito y culto en el Antíguo Testamento », Ang 44 (1967) 449-477.

18360 BARTINA, S., « Mitos astrales en la Biblia », EstE 43 (1968) 327-344.

18361 GUILLEN TORRALBA, J., « Revelación y mito en el Antiguo Testamento », EstB 27 (1968) 195-214.

18362 LORETZ, O., *Schöpfung und Mythos* (Stuttgart, Katholisches Bibelwerk, 1968), 152 pp.

18363 PESCH, R., *Neuere Exegese. Verlust oder Gewinn ?* (Freiburg i. B., Herder, 1968), « « Entmythologisierung » und « theologische Interpretation » », 39-78.

18364 RAMLOT, M.•L., « Histoire et mentalité symbolique », dans *Exégèse et Théologie* (en collab.), 82-190.

18365 SCHELKLE, K. H., « Entmythologisierung und Neues Testament », dans *Evangelienforschung* (en collab.), 59-74.

18366 HERRANZ MARCO, M., « Caracteristicas diferenciales de la expresión mítica », EstB 28 (1969) 97-116.

18367 LOSADA ESPINOSA, J., « Escatología y Mito », EstB 28 (1969) 79-96.

18368 FISHER, E., « *Gilgamesh* and Genesis : The Flood Story in Context », CBQ 32 (1970) 392-403.

18369 OHLER, A., « Die biblische Deutung des Mythos. Zur Auslegung von Gen 1-3 », TR 66 (1970) 177-184.

Nathanaël. Nathanael. Natanaele. Natanael.

18370 HOLZMEISTER, U., « Nathanael fuitne idem ac S. Bartholomaeus ? » Bibl 21 (1940) 28-39.

Nature. Natur. Natura. Naturaleza.

18371 McKENZIE, J. L., « God and Nature in the Old Testament », CBQ 14 (1952) 18-39, 124-145.

18372 GOURBILLON, J. G., « Bible et nature », CE N° 10 (1953) 7-62.

Nicodème. Nicodemus. Nikodemus. Nicodemo.

18373 BOUYER, L., *Le quatrième évangile²*, « Nicodème », 88-95.

18374 ROUSTANG, F., « L'entretien avec Nicodème », NRT 78 (1956) 337-358.

18375 COUREL, F., « Jésus et Nicodème », CHR N° 8 (1961) 207-212.

Noé. Noah. Noe. Noè. Noé.

18376 POULET, D., « Tous les hommes sont-ils fils de Noé ? » RUO 6 (1936) 177-203; 7 (1937) 320-347; 8 (1938) 184-219.

18377 POULET, D., *Tous les hommes sont-ils fils de Noé ?* (Ottawa, Univ. cath., 1941), 408 pp.

18378 DANIÉLOU, J., *Sacramentum Futuri,* « Noé et le déluge : déluge, baptême, jugement dans l'Écriture sainte », 55-68; « Déluge, baptême, jugement chez les Pères de l'Église », 69-85; « Les Alexandrins et l'allégorie de l'Arche », 86-96.

18379 DANIÉLOU, J., *Les saints païens de l'Ancien Testament,* « Noé », 87-108.

18380 RAHNER, H., « *Antenna crucis VII :* die Arche Noe als Schiff des Heils », ZKT 86 (1964) 137-179.

18381 TESTA, E., « Noe, nuovo Adamo secondo i santi Padri », RivB 14 (1966) 509-514.

18382 MAILLOT, A., « Noé, repos ou consolation ? Remarques sur Genèse 5, 29 », BVC N° 76 (1967) 44-49.

Nom. Name. Nome. Nombre.

Nom de Dieu. Name of God. Name Gottes. Nome di Dio. Nombre de Dios.

18383 VACCARI, A., « Jahve e i nomi divini nelle religioni semitiche », Bibl 17 (1936) 1-10.

18384 BUDA, J., « Nomina divina in libro Isaie », Bibl 18 (1937) 182-196.

18385 MERCATI, G., « Sulla scrittura del tetragramma nelle antiche versioni greche del Vecchio Testamento », Bibl 22 (1941) 339-354.

18386 WAMBACQ, B. N., *L'épithète divine Jahvé Sebaôt*. Étude philologique, historique et exégétique (Bruxelles, Desclée de Brouwer, 1947), 16-308 pp.

18387 BRINKTRINE, J., « Der Gottesname *'Aiá* bei Theodoret von Cyrus », Bibl 30 (1949) 520-523.

18388 McKENZIE, J. L., « The Appellative Use of El and Elohim », CBQ 10 (1948) 170-181.

18389 KRUSE, H., « Elohim non Deus », VD 27 (1949) 278-286.

18390 HEINISCH, P., *Theology of the Old Testament*, « The Names of God », 48-55.

18391 BOCCACCIO, P., « I manoscritti del Mar Morto e i nomi di Dio Jahwe, El », Bibl 32 (1951) 90-96.

18392 DUBARLE, A.-M., « La Signification du nom de Yahweh », RSPT 35 (1951) 3-21.

18393 BRINKTRINE, J., « Der Gottesname אהיה im Alten Testament », TGl 42 (1952) 173-179.

18394 CRIADO, R., « La investigación sobre el valor del nombre divino en el Antíguo Testamento », EstE 26 (1952) 313-352.

18395 LAMBERT, G., « Que signifie le nom divin YHWH ? » NRT 74 (1952) 897-915.

18396 PAUL-MARIE DE LA CROIX, P., *L'Ancien Testament source de vie spirituelle³*, « Le nom divin », 50-54; « Dieu vivant », 55-72; « Dieu Esprit », 73-84; « Très-Haut : Roi », 85-98; « Saint », 109-136.

18397 SPICQ, C., « La théologie de l'épître aux Hébreux », VS 86 (1952) 266-269.

18398 CRIADO, R., « Valor hipostático del nombre divino en el Antíguo Testamento », EstB 12 (1953) 273-316, 345-376.

18399 DAHOOD, M., « The Divine Name ELI in the Psalms », TS 14 (1953) 452-457.

18400 VINCENT, A., « Le nom de Yahweh en dehors de la Bible et chez les peuples voisins d'Israël. Sa signification », AmiCl 63 (1953) 625-631.

18401 CUNLIFFE, C. R. A., « The Divine Name of Yahweh », SCR 6 (1954) 112-115.

18402 VAN IMSCHOOT, P., *Théologie de l'Ancien Testament*, « Les noms divins », I, 7-28; « Respect du nom divin », II, 106-108.

18403 O'CONNELL, J., « The Name Yahweh », IrThQ 22 (1955) 355-358.

18404 ZIENER, G., *Die theologische Begriffssprache im Buche der Weisheit* (Bonn, P. Hanstein, 1956), « Gottesnamen und Gottesbezeichnungen », 42-53.

18405 ALLARD, M., « Note sur la formule : Ehyeh aser ehyeh », RSR 45 (1957) 79-86.

18406 MAYER, R., « Der Gottesname Jahwe im Lichte der neuesten Forschung », BZ 2 (1958) 35-53.

18407 HANLON, T., « The Most High God of Genesis 14 : 18-20 », SCR 11 (1959) 110-117.

18408 BLATTER, T., *Macht und Herrschaft Gottes*. Eine bibeltheologische Studie, « Der Machtgedanke in den Gottesnamen und Gottesbezeichnungen der Bibel », 8-21.

18409 LACK, R., « Les origines de *'Elyôn*, le Très-Haut, dans la tradition culturelle d'Israël », CBQ 24 (1962) 44-64.

18410 FENASSE, J.-M., « Toi, qui es-Tu ? Je suis », BVC N° 49 (1963) 44-50.

18411 VERGOTE, J., « Une théorie sur l'origine égyptienne du nom de Yahweh », ETL 39 (1963) 447-452.

18412 CAZELLES, H., « La révélation du nom divin », AS N° 12 (1964) 44-59.

18413 GOLDBERG, A. M., « Sitzend zur Rechten der Kraft. Zur Gottesbezeichnung *Gebura* in der frühen rabbinischen Literatur », BZ 8 (1964) 284-293.

18414 FANG CHE-YONG, M., « Usus nominis divini in Sirach », VD 42 (1964) 153-168.

18415 McNAMARA, M., *The N. T. and the Palestinian Targum to the Pentateuch*, « The Divine Name and the « Second Death » in the Apocalypse and in the Targums », 97-112.

18416 BEAUCAMP, É., DE RELLES, J.-P., *Israël attend son Dieu,* « Que ton nom soit
       sanctifié ! » 23-120.

18417 LANGEVIN, P.-É., « Ceux qui invoquent le nom du Seigneur (1 *Co* 1,2) », SE 19 (1967)
       393-407.

18418 ANBAR, M., « Changement des noms des tribus nomades dans la relation d'un même
       événement », Bibl 49 (1968) 221-232.

Nom de Jésus. Name of Jesus. Name Jesu. Nome di Gesù. Nombre de Jesús.

18419 FENTON, J. C., « The Invocation of the Holy Name and the Basic Concept of the
       Catholic Church », AmER 129 (1953) 343-349.

18420 DUPONT, J., « Nom de Jésus », SDB VI, col. 514-541.

18421 MERTON, T., « The Name of the Lord », Wor 38 (1964) 142-151.

18422 MERTON, T., « Le nom du Seigneur », BVC N° 59 (1964) 59-70.

Divers. Miscellaneous. Verschiedenes. Diversi. Diversos.

18423 VAN IMSCHOOT, P., *Théologie de l'Ancien Testament,* « Le nom », I, 207-212.

18424 CAZELLES, H., « Onomastique », SDB VI, col. 732-744.

18425 FRAENKEL, M., « Zur Deutung von biblischen Flur- und Ortsnamen », BZ 5 (1961)
       83-86.

18426 LECHNER, R. F., « The Name became Man », Wor 35 (1961) 90-97.

18427 BESNARD, A.-M., *Le mystère du nom,* 200 pp.

18428 MÉNARD, J.-E., « Les élucubrations de l'*Evangelium Veritatis* sur le « Nom » », SMR
       5 (1962) 185-214.

Nuée. Cloud. Wolke. Nube.

18429 BEAUCAMP, É., « Orage, nuée, signes de la présence de Dieu dans l'histoire », BVC
       N° 3 (1953) 33-43.

18430 BOURASSA, F., « Thèmes bibliques du baptême : la nuée », SE 10 (1958) 421-423.

18431 MANNING, E., « La nuée dans l'Écriture », BVC N° 54 (1963) 51-64.

18432 PAUL-MARIE DE LA CROIX, P., *L'Ancien Testament source de vie spirituelle*[3], « La
       nuée », 564-568.

Nuit. Night. Nacht. Notte. Noche.

18433 MEINERTZ, M., « Die « Nacht » im Johannesevangelium », TQ 133 (1953) 400-407.

18434 LE DÉAUT, R., « De nocte Paschatis », VD 41 (1963) 189-195.

18435 LE DÉAUT, R., *La nuit pascale,* « Les thèmes des « quatre nuits », dans l'A. T. »,
       76-129.

18436 SABOURIN, L., « Mysterium paschale et nox messianica », VD 44 (1966) 65-73,
       152-168.

18437 LÖVESTAM, E., « Le portier qui veille la nuit », AS (n.s.) N° 5 (1969) 44-55.

Obéissance. Obedience. Gehorsam. Obbedienza. Obediencia.

18438 KUSS, O., « Der Begriff des Gehorsams im Neuen Testament », TGl 27 (1935) 695-702.

18439 RÉGAMEY, P.-R., « L'épreuve de l'obéissance », VS 84 (1951) 366-386.

18440 GUILLET, J., « L'obéissance de Jésus-Christ », CHR N° 7 (1955) 298-313.

18441 GROTZ, J., « Der Gehorsam Jesu Christ », GeistL 29 (1956) 2-11.

18442 LE BLOND, J.-M., « Que ta Volonté soit faite », CHR N° 14 (1957) 150-164.

18443 LEFEBVRE, G., « La croix, mystère d'obéissance », VS 96 (1957) 339-348.

18444 PATY, C., « Obéissance et liberté », BVC N° 21 (1958) 7-25.

18445 ROMANIUK, K., *L'amour du Père et du fils dans la sotériologie de saint Paul,* 4-150.

18446 GUILLET, J., *Jésus-Christ hier et aujourd'hui,* « L'obéissance de Jésus-Christ », 109-125.

18447 RAURELL, F., « La obediencia de Cristo, modelo de obediencia del hombre, segun san Pablo », EstF 64 (1963) 249-270.

18448 FENZ, A. K., *Auf Jahwes Stimme hören.* Eine biblische Begriffsuntersuchung (Wien, Herder, 1964), 134 pp.

18449 McNAMARA, E. A., « Obedience in the Scriptures », AmER 151 (1964) 332-342.

18450 MURRAY, R., « The Will of my Father », Way 4 (1964) 176-186.

18451 SEGALLA, G., « La volontà del Figlio e del Padre nella tradizione sinottica », RivB 12 (1964) 257-284.

18452 RANWEZ, É., « Trois conseils évangéliques ? » Conci N° 9 (1965) 63-71.

18453 WULF, F., « Der biblische Sinn des « Rates » des Gehorsams », GeistL 39 (1966) 248-251.

18454 DUESBERG, H., « La soumission aux autorités (Romains 13,1-8) », BVC N° 73 (1967) 15-26.

18455 JACQUEMONT, P., « Autorité et obéissance selon l'Écriture », VSS N° 86 (1968) 340-350.

18456 FRANK, S., « Griechischer und christlicher Gehorsam », TrierTZ 79 (1970) 129-143.

Offrande. Offering. Opfergabe. Offerta. Ofrenda.

18457 PAUL-MARIE DE LA CROIX, P., *L'Ancien Testament source de vie spirituelle[3],* « Offrandes et sacrifices », 183-196; « Le sacrifice, expression de l'amour », 197-217.

18458 GARRIGOU-LAGRANGE, R., « L'oblation dans le corps mystique », VS 59 (1939) 33-43.

18459 VANHOYE, A., « De aspectu oblationis Christi sec. Heb. », VD 37 (1959) 32-38.

18460 SCHMID, R., *Das Bundesopfer in Israel.* Wesen, Ursprung und Bedeutung der alttestamentlichen Schelamim, 140 pp.

Onction. Unction. Salbung. Unzione. Unción.

18461 BOUYER, L., *Le mystère pascal,* « Le chrême du Paraclet », 199-230.

18462 WINZEN, D., « Anointed with the Spirit », Wor 20 (1945-46) 337-343, 389-397.

18463 VAN DER PLOEG, J., « Old Testament Signs », SCR 8 (1956) 33-44.

18464 ROGUES, J., « La préface consécratoire du chrême », MD N° 49 (1957) 35-49.

18465 DE LA POTTERIE, I., « L'onction du Christ », NRT 80 (1958) 225-252.

18466 CONDON, K., « The Sacrament of Healing (Jas. 5 : 14-15) », SCR 11 (1959) 33-41.

18467 COTHENET, É., « Onction », SDB VI, col. 701-732.

18468 PEIFER, C., « Jesus the Anointed of Israel », Wor 36 (1961) 26-35.

18469 PEIFER, C., « The Anointing of the Christian », Wor 36 (1962) 234-242.

18470 PEIFER, C., « Anointing in the Old Testament », Wor 35 (1961) 577-586.

18471 DE LA POTTERIE, I., « L'onction du chrétien par la foi », Bibl 40 (1961) 12-69.

18472 NORDHUES, P., « Überlegungen zum Sakrament der Firmung », TGl 58 (1968) 281-297.

18473 TARDIF, H., « L'onction royale de David (1 S 16,1b.6-7.10-13a) », AS (n.s.) N° 17 (1970) 7-10.

Oracles. Orakel. Oracoli. Oráculos.

18474 VAN IMSCHOOT, P., *Théologie de l'Ancien Testament,* « Les oracles », I, 148-154.

18475 BARUCQ, A., « Oracle et divination », SDB VI, col. 752-788.

Orage. Storm. Gewitter. Tempesta. Tempestad.

18476 BEAUCAMP, É., « Orage, nuée, signes de la présence de Dieu dans l'histoire », BVC N° 3 (1953) 33-43.

Païens. Pagans. Heiden. Pagani. Paganos.

18477 RIGAUX, B., *L'antéchrist,* « L'hostilité du monde païen dans les prophéties de l'époque persane », 135-150.

18478 STROBEL, A., « La conversion des gentils dans les Psaumes », RUO 20 (1950) 5*-46*.

18479 REFOULÉ, F., « Saint Paul et l'unité de l'Église », Ir 28 (1955) 5-18.

18480 SCHLIER, H., *Die Zeit der Kirche,* « Von den Heiden. Röm. 1,18-32 », 29-37; « Die Entscheidung für Heidenmission in der Urchristenheit », 90-107.

18481 MEINERTZ, M., « Zum Ursprung der Heidenmission », Bibl 40 (1959) 762-777.

18482 RÉTIF, A., LAMARCHE, P., « Universalisme et perspectives missionnaires dans l'Ancien Testament », CE N° 33 (1959) 5-98.

18483 GRELOT, P., « Israël et les nations », AS N° 17 (1962) 45-58.

18484 PRÜMM, K., « Zum Vorgang der Heidenbekehrung nach paulinischer Sicht », ZKT 84 (1962) 427-470.

18485 DEWAILLY, L.-M., *La jeune Église de Thessalonique,* « Parler aux païens », 43-48.

18486 LÉON-DUFOUR, X., « Juif et Gentil selon Romains 1-11 », dans *Studiorum Paulinorum Congressus 1961* (en collab.), I, 309-315.

18487 LYONNET, S., « Lex naturalis et iustificatio Gentilium », VD 41 (1963) 238-242.

18488 RIEDL, J., « Die Auslegung von Rom 2,14-16 in Vergangenheit und Gegenwart », dans *Studiorum Paulinorum Congressus 1961* (en collab.), I, 271-282.

18489 LEVIE, J., « Jesus' message in the Thought of the Apostles », TDig 12 (1964) 27-32.

18490 RIEDL, J., « Salus paganorum secundum Rom 2 », VD 42 (1964) 61-70.

18491 CERFAUX, L., *La théologie de l'Église suivant saint Paul³,* « La convocation des Gentils », 153-161.

18492 ELDERS, L., « Die Taufe der Weltreligionen. Bemerkungen zu einer Theorie Karl Rahners », TGl 55 (1965) 124-131.

18493 RIEDL, J., *Das Heil der Heiden nach R 2,14-16.26.27* (Mölding bei Wien, St. Gabriel-Verlag, 1965), 31-236 pp.

18494 KUSS, O., *Auslegung und Verkündigung,* « Der Heide und der Christ. Bemerkungen zu der religiösen Lage des Gegenwartsmenschen und zur christlichen Verkündigung », II, 74-138.

18495 ROSSANO, P., « Le religioni non cristiane alla luce del Concilio e della Bibbia », RivB 15 (1967) 113-130.

18496 DUPONT, J., « Je t'ai établi lumière des nations (Ac 13,14.43-52) », AS (n.s.) N° 25 (1969) 19-24.

18497 MANNUCCI, V., « Les païens entrent en scène à l'heure de la glorification de Jésus (Jn 12,20-33) », AS (n.s.) N° 18 (1970) 36-45.

Pain. Bread. Brot. Pane. Pan.

18498 VACCARI, A., « Melchisedec, rex Salem, proferens panem et vinum (Gen. 14,18) », VD 18 (1938) 208-214, 235-243.

18499 MELLET, M., « Le pain et la faim », VS 69 (1943) 337-348; 70 (1944) 95-109, 205-210.

18500 POELMAN, R., « Le pain de route », MD N° 18 (1949) 92-102.

18501 DUPONT, J., *Essais sur la christologie de saint Jean,* « Le pain de vie », 184-188, 201-203.

18502 MARY PHILIP, Sr., « Bread », Wor 26 (1951-52) 498-505.

18503 NACKE, C., « Pour comprendre l'Évangile lisez les livres de l'Ancien Testament : Pain », CE N° 2 (1952) 36-37.

18504 LEAL, J., « De realitate eucharistica panis vitae (Jo. 6) », VD 31 (1953) 144-155.

18505 TRESMONTANT, C., *Essai sur la pensée hébraïque,* « Le sensible. Le symbolisme des éléments », 56-70.

18506 MAERTENS, T., « Le pain d'intelligence (Eccli. 14,20-15,10) », BVC N° 6 (1954) 59-67.

18507 BOUYER, L., *Le quatrième évangile²,* « La multiplication des pains; le pain de vie », 119-132.

18508 RACETTE, J., « L'unité du discours sur le pain de vie (Jean VI) », SE 9 (1957) 82-85.

18509 CERFAUX, L., « La multiplication des pains dans la liturgie de la Didachè (*Did.,* 9, 4) », dans *Studia Biblica et Orientalia* (Roma, Pont. Istit. Biblico, 1959), II, 375-390, Bibl 40 (1959) 943-958, ou dans *Recueil Lucien Cerfaux,* III, 209-223.

18510 FERRIÈRE, C., « Je suis le pain », BVC N° 26 (1959) 71-77.

18511 DE JULLIOT, H., « Le pain de vie (Jean 6,1-71) », BVC N° 26 (1959) 38-43.

18512 PELLETIER, A., « Pains de proposition », SDB VI, col. 965-976.

18513 VAN DEN BUSSCHE, H., « Donnez-nous aujourd'hui notre pain quotidien », BVC N° 32 (1960) 42-46.

18514 ZIENER, G., « Das Brotwunder im Markusevangelium », BZ 4 (1960) 282-285.

18515 CONGAR, Y., « Les deux formes du pain de vie dans l'Évangile et dans la Tradition », dans *Parole de Dieu et Sacerdoce* (Paris, Tournai, Desclée et Cie, 1962) (en collab.), 21-58.

18516 FÜGLISTER, N., *Die Heilsbedeutung des Pascha,* « Das ungesäuerte Brot, der Wein und die Bitterkräuter », 106-121.

18517 GALBIATI, E., « Il pane della vita », BibOr 5 (1963) 101-110.

18518 GUILLET, J., *Jésus-Christ hier et aujourd'hui,* « L'Évangile et le pain », 157-169.

18519 KNACKSTEDT, J., « De duplici miraculo multiplicationis panum », VD 41 (1963) 39-51, 140-153.

18520 LIPINSKI, E., « La parole et le pain », AS N° 60 (1963) 40-62.

18521 SABOURIN, L., *Les noms et les titres de Jésus,* « Le pain de vie », 110-119.

18522 HEISING, A., « Exegese und Theologie des alt- und neutestamentlichen Speisewunder », ZKT 86 (1964) 80-96.

18523 ZERAFA, P., « Passover and unleavened Bread », Ang 41 (1964) 235-250.

18524 HEISING, A., *Die Botschaft der Brotvermehrung.* Zur Geschichte und Bedeutung eines Christusbekenntnisses im Neuen Testament, 84 pp.

18525 SESBOUÉ, D., « Pain et vin », AS N° 54 (1966) 54-74.

18526 VANNESTE, A., « Le pain de vie descendu du ciel (Jn 6,55-58) », AS N° 54 (1966) 41-53.

18527 BOURASSA, F., « Thèmes bibliques du baptême : la multiplication des pains », SE 10 (1958) 436-437.

18528 DE JULLIOT, H., « Le pain de vie (Jean 6,1-71) », BVC N° 26 (1959) 44-52.

18529 FERRIÈRE, C., « Je suis le pain », BVC N° 26 (1959) 71-77.

Paix. Peace. Friede. Pace. Paz.

18530 IZAGA, L., « El Principe de la Paz », RazFe 33 (1933) 178-202.

18531 OGARA, F., « Solliciti servare unitatem spiritus in vinculo pacis », VD 15 (1935) 292-301.

18532 MARTIN, T. O., « Peace in the Scriptures », AmER 111 (1944) 257-273.

18533 ZERWICK, M., « Gaudium et pax custodia cordium (Phil 3,1; 4,7) », VD 31 (1953) 101-104.

18534 DEL PARAMO, S., « La paz de Cristo en el Nuevo Testamento », EstE 27 (1953) 5-20.

18535 BISER, E., « Die Idee des Friedens nach des paulinischen Gefangenschaftsbriefen », GeistL 27 (1954) 165-170.

18536 GELIN, A., « La paix, valeur biblique », AmiCl 65 (1955) 777-780.

18537 COMBLIN, J., « La paix dans la théologie de saint Luc », ETL 32 (1956) 439-460.

18538 WULF, F., « Er selbst ist unser Friede (Eph 2,14) », GeistL 30 (1957) 85-89.

18539 BOUTRY, A., « De l'angoisse à la paix », BVC Nº 29 (1959) 56-69.

18540 GOETTMANN, J., « Histoire de la non-violence dans la Bible », BVC Nº 41 (1961) 58-73.

18541 FRONTIER, Y., « L'assurance du disciple de l'Évangile. L'homme et la Providence », VS 106 (1962) 183-193.

18542 DELAHANTY, C. D., « Peace and Covenant », Wor 39 (1965) 106-108.

18543 GAIDE, G., « La joie et la paix dans le Seigneur », AS Nº 5 (1966) 32-40.

18544 BATHILDE, Sr, « Pax tecum », VS 98 (1958) 384-398.

18545 BEAUCAMP, É., « La création sert de prélude au mystère du salut : de l'agitation de l'abîme à la paix de la montagne », VS 98 (1958) 364-374.

18546 BEAUCAMP, É., « L'heure d'une reconciliation totale et universelle (Psaume 85) », BVC Nº 24 (1958) 68-79.

18547 FITZMYER, J. A., « Peace upon Earth among Men of His Good Will (Lk 2: 14) », TS 19 (1958) 225-228.

18548 GHYSSENS, G., « C'est Lui qui est notre paix », BVC Nº 24 (1958) 28-36.

18549 PATY, C., « La paix de l'Emmanuel », BVC Nº 24 (1958) 3-27.

18550 RAMLOT, M.-L., « Les prometteurs de paix (Ez. 13,1-16) », BVC Nº 24 (1958) 48-57.

18551 SISTI, A., « Gioia e pace », BibOr 8 (1966) 263-272.

18552 BEAUCAMP, É., DE RELLES, J.-P., *Israël attend son Dieu,* « L'espoir d'une ère de justice et de paix », 191-197; « Le royaume de justice et de paix », 198-245.

18553 GONZALEZ LAMADRID, A., « Pax et bonum. « Shalom » y « tob » en relacion con « berit » », EstB 28 (1969) 61-78.

18554 BIGARÉ, C., « Le Christ, notre paix (Ep 2,13-18) », AS (n.s.) Nº 47 (1970) 39-43.

18555 SCHMID, H. H., *Salôm. « Frieden » im Alten Orient und im Alten Testament* (Stuttgart, Katholisches Bibelwerk, 1971), 124 pp.

Pâque. Easter. Osterfest. Pasqua. Pascua.

Pâque juive. Jewish Easter. Jüdisches Osterfest. Pasqua giudaica. Pascua judía.

18556 HOFBAUER, J., « Die Pascha – Massot – und Erstgeburtgesetze des Auszugsberichtes Ex 12 u. 13 », ZKT 60 (1936) 188-210.

18557 CASPER, J., « Ostern der neuen Menschheit. Vier Bibelstunden im Aufriss über die Karsamstagsprophetien », BiLit 14 (1939-40) 81-84.

18558 PAUL-MARIE DE LA CROIX, P., *L'Ancien Testament source de vie spirituelle*[3], « La Pâque », 449-456.

18559   COURAGER, B., « L'origine égyptienne du mot « Pâque » », RB 62 (1955) 481-496.

18560   RÜD, A., « Ostermotive aus dem Alten Testament », BiLit 23 (1955-56) 217-218.

18561   VAN IMSCHOOT, P., *Théologie de l'Ancien Testament,* « La pâque », II, 176-183.

18562   DE VAUX, R., *Les institutions de l'A. T.,* « Pâque et azymes », II, 383-394.

18563   FEUILLET, A., « Le Cantique des Cantiques et le mystère pascal », VS 104 (1961) 394-408.

18564   MAERTENS, T., *C'est fête en l'honneur de Yahvé,* « La fête de la première gerbe ou fête de Pâques », 82-112.

18565   LE DÉAUT, R., « De nocte Paschatis », VD 41 (1963) 189-195.

18566   LE DÉAUT, R., *La nuit pascale.* Essai sur la signification de la Pâque juive à partir du Targum d'Exode XII,42, 423 pp.

18567   DE VAUX, R., *Les sacrifices de l'A. T.,* « Le sacrifice pascal », 7-23.

18568   ZERAFA, P., « Passover and unleavened Bread », Ang 41 (1964) 235-250.

18569   SABOURIN, L., « Mysterium paschale et nox messianica », VD 44 (1966) 65-73, 152-168.

18570   BARROSSE, T., « La Pâque et le repas pascal », Conci Nᵒ 40 (1968) 23-32.

18571   BOURASSA, F., « Thèmes bibliques du baptême : Pâque : le passage de la Mer Rouge », SE 10 (1958) 420-426.

18572   HAAG, H., *Vom alten zum neuen Pascha.* Geschichte und Theologie des Osterfestes (Stuttgart, Katholisches Bibelwerk, 1971), 144 pp.

Pâque chrétienne. Christian Easter. Christliches Osterfest. Pasqua cristiana. Pascua cristiana.

18573   SPICQ, C., « Jésus, dieu de la Pâque », VI 10 (1931) 373-377.

18574   BOUYER, L., *Le mystère pascal,* 472 pp.

18575   BOUYER, L., « Le baptême et le mystère de Pâques », MD Nᵒ 2 (1945) 29-51.

18576   DUPLOYÉ, P., « Pâques la sainte », MD Nᵒ 6 (1946) 12-36.

18577   CONGAR, Y., « La théologie du dimanche », dans *Le Jour du Seigneur* (en collab.), 131-180.

18578   FÉRET, H.-M., « Les sources bibliques », dans *Le Jour du Seigneur* (en collab.), 39-105.

18579   SCHÜRMANN, H., « Die Anfänge christlicher Osterfeier », TQ 131 (1951) 414-425.

18580   GEISELMANN, J. R., « Das Ostermysterium im Lichte der urapostolischen Verkündigung », GeistL 25 (1952) 85-98.

18581   FLICOTEAUX, E., *Le triomphe de Pâques. La cinquantaine pascale* (Paris, Cerf, 1953), 142 pp.

18582   ROGUET, A.-M., « La nuit nuptiale de Pâques », *L'Anneau d'Or* Nᵒ 49 (1953) 18-20.

18583   DURRWELL, F.-X., *La résurrection de Jésus, mystère de salut².* Étude biblique (Le-Puy, Paris, X. Mappus, 1955), 431 pp.

18584   FEUILLET, A., « Le mystère Pascal et la résurrection des chrétiens d'après les épîtres pauliniennes », NRT 79 (1957) 337-354.

18585   ZIENER, G., « Johannesevangelium und urchristliche Passafeier », BZ 2 (1958) 263-274.

18586   MERTON, T., « Easter : the New Life », Wor 33 (1959) 276-284.

18587   STANLEY, D. M., « St. John and the Pascal Mystery », Wor 33 (1959) 293-301.

18588   CERFAUX, L., *Le chrétien dans la théologie paulinienne,* « La participation à la mort et à la vie du Christ ressuscité », 302-320.

18589   CAMBIER, J., « La liberté des baptisés (Rm 6,3-11) », AS Nᵒ 60 (1963) 15-27.

18590   SISTI, A., « La Pasqua cristiana », BibOr 5 (1963) 60-66.

18591   BRUNNER, A., « The Christian Passover », Wor 38 (1964) 126-132.

18592 LANGEVIN, P.-É., « Le baptême dans la mort-résurrection. Exégèse de Rm 6,1-5 », SE 17 (1965) 29-65.

18593 VIARD, A., « L'Eucharistie et le mystère de la mort et de la résurrection du Christ », AmiCl 74 (1964) 177-181.

18594 KREMER, J., *Das älteste Zeugnis von der Auferstehung Christi.* Eine bibeltheologische Studie zur Aussage und Bedeutung von 1 Kor 15,1-11, 156 pp.

18595 LAURENTIN, R., *Jésus au Temple.* Mystère de Pâques et foi de Marie en Luc 2,48-50, 278 pp.

18596 RIEDL, J., « Oesterliches Christentum », BiLit 39 (1966) 72-84.

18597 ZEDDA, S., « Mistero pasquale in S. Paolo », BibOr 8 (1966) 213-220.

18598 GAPPERT, G., « « Aufbrechen » und « Bleiben ». Eine osterliche Besinnung zu Phil 2,20-24 », BiLeb 8 (1967) 63-67.

18599 GUTWENGER, E., « Pasch-Mysterium und Eucharistie », ZKT 89 (1967) 339-346.

18600 SEIDENSTICKER, P., *Zeitgenössische Texte zur Osterbotschaft der Evangelien,* 76 pp.

18601 SULLIVAN, J. J., « The Paschal Mystery and the Glory of Christ as Redeemer », AmER 157 (1967) 386-403.

18602 WALDENFELS, H., « Ostern und wir Christen heute », GeistL 40 (1967) 22-43.

18603 MARIE CHRISTILLA, Sr, « Veillées bibliques : le Carême, la Pâque eucharistique », LVit 13 (1958) 37-62.

18604 BENOIT, P., « The Holy Eucharist. The Meaning of the Christian Pasch », SCR 8 (1956) 102-105.

18605 DA SPINETOLI, O., « Il mistero pasquale », BibOr 11 (1969) 49-56.

18606 XXX, « Le lectionnaire de Pâques-Pentecôte. Analyses et commentaires », BVC N° 92 (1970) 5-42.

18607 DU BUIT, M., « Essai sur la chronologie de la Pâque chrétienne », CE N° 78 (1970) 53-60.

18608 HAAG, H., « Das christliche Pascha », TQ 150 (1970) 289-298.

18609 LE DÉAUT, R., « Première Pâque en Terre promise (Jos 5,9a.10-12) », AS (n.s.) N° 17 (1970) 52-57.

Rapports entre les deux Pâques. Connection between the two Easters. Beziehungen zwischen den beiden Osterfesten. Rapporti tra le due Pasque. Relaciones entre las dos Pascuas.

18610 BOUYER, L., *Le mystère pascal,* « Les deux Pâques », 107-117.

18611 XXX, « Moïse et la Pâque d'aujourd'hui » (Albums « Fêtes et saisons ») (Paris, Cerf, 1954), 24 pp.

18612 DELORME, J., « La Cène et la Pâque dans le Nouveau Testament », LV N° 31 (1957) 9-48.

18613 BONNARD, P.-É., « Les Pâques et la Pâque », LV N° 72 (1965) 8-18.

18614 LE DÉAUT, R., « Pâque juive et pâque chrétienne », BVC N° 62 (1965) 14-26.

Liturgie pascale. Pascal Liturgy. Liturgie des Osterfestes. Liturgia pasquale. Liturgia pascual.

18615 RÖSCH, C., « Textus biblici missae sollemnitatis Resurrectionis exegetice et liturgice explicati », VD 19 (1939) 106-110.

18616 CASEL, O., « Pâques, la fête des fêtes », MD N° 9 (1947) 55-59.

18617 DANIÉLOU, J., *Bible et Liturgie²,* « Pâques », 388-408.

18618 DANIÉLOU, J., « Le Cantique de Moïse et la vigile pascale », BVC N° 1 (1953) 21-30.

18619 CAPELLE, B., « L'inspiration biblique de la bénédiction des fonts baptismaux », BVC N° 13 (1956) 30-40.

18620   DUESBERG, H., « Le psaume pascal des laudes », BVC N° 13 (1956) 80-87.

18621   GRELOT, P., PIERRON, J., « La nuit et les fêtes de Pâques », CE N° 21 (1956) 5-91.

18622   JEAUNEAU, É., « La fête de la nouvelle création », VS 94 (1956) 353-361.

Divers. Miscellaneous. Verschiedenes. Diversi. Diversos.

18623   MUÑOZ IGLESIAS, S., « Una opinión de Fr. Luis de León sobre la cronología de la Pascua », EstB 3 (1944) 79-96.

18624   XXX, « Le Dieu des pauvres : le Dieu des pauvres et la Pâque », CE N° 5 (1952) 11-16.

18625   BOTTE, B., « La question pascale; Pâque du vendredi ou Pâque du dimanche », MD N° 41 (1955) 84-95.

18626   COUROYER, B., « L'origine égyptienne du mot « Pâque » », RB 62 (1955) 481-496.

18627   DONOVAN, V. J., « Lessons of Passover », Wor 30 (1955-56) 281-283.

18628   HAAG, H., « Pâque », SDB VI, col. 1120-1149.

18629   WALSH, B., « A Plan for teaching the Riches of the pascal Mystery », Wor 34 (1960) 156-163.

18630   VAN GOUDOEVER, J., *Biblical Calendars* (Leiden, Brill, 1961), 296 pp.

18631   FÜGLISTER, N., *Die Heilsbedeutung des Pascha,* 312 pp.

18632   CAVALLETTI, S., « Le fonti del « seder » pasquale », BibOr 7 (1965) 153-160.

18633   SCHIWY, G., « Die Osterberichte zwischen Rationalismus und Irrationalismus », StiZ 177 (1966) 288-296.

Paradis. Paradise. Paradies. Paradiso. Paraiso.

18634   McCLELLAN, W. H., « Recent Bible Study (on the site of the lost Paradise) », AmER 85 (1931) 414-430.

18635   WEISENGOFF, J. P., « Paradise and St. Luke 23 : 43 », AmER 103 (1940) 163-168.

18636   MARX, M. J., « The City of God », Wor 27 (1952-53) 136-137.

18637   GROSS, H., *Die Idee des ewigen und allgemeinen Weltfriedens im Alten Orient und im AT,* « Paradiesische Fruchtbarkeit », 78-83.

18638   HARTMAN, L. F., « Sin in Paradise », CBQ 20 (1958) 26-40.

18639   COTHENET, É., « Paradis », SDB VI, col. 1177-1220.

18640   MacRAE, G. W., « With me in Paradise », Wor 35 (1961) 235-240.

18641   HAMP, V., « Paradies und Tod », dans *Neutestamentliche Aufsätze* (en collab.), 100-109.

18642   GRELOT, P., « Aujourd'hui tu seras avec moi dans le paradis (Luc XXIII,43) », RB 74 (1967) 194-214.

18643   STIASSNY, J., « L'homme devait-il travailler au paradis ? » BVC N° 77 (1967) 77-79.

Pardon. Forgiveness. Vergebung. Perdono. Perdon.

18644   ADAM, K., « Le pardon dans l'Évangile », VS 25 (1930) 19-40.

18645   MICHL, J., « Die « Versöhnung » », TQ 128 (1948) 442-462.

18646   GONZALEZ RUIZ, J. M., « Justicia y Misericordia divina en la elección y reprobación de los hombres », EstB 8 (1949) 365-377.

18647   DELORME, J., « Conversion et pardon selon le prophète Ézéchiel », dans *Mémorial J. Chaine* (en collab.), 115-144.

18648   PAUL-MARIE DE LA CROIX, P., *L'Ancien Testament source de vie spirituelle*[3], « Retour et pardon », 358-365; « Amour qui pardonne », 506-514.

18649   CERFAUX, L., « Trois réhabilitations dans l'Évangile », dans *Bulletin des Facultés catholiques de Lyon* 72 (1950) 5-13, ou dans *Recueil Lucien Cerfaux,* II, 51-62.

18650   VAN IMSCHOOT, P., *Théologie de l'Ancien Testament,* « Le pardon des offenses »,
        II, 223-227; « Expiation et pardon du péché », II, 314-338.

18651   BOULOGNE, C.-D., « La gratitude et la justice depuis Jésus-Christ », VS 96 (1957)
        142-156.

18652   BEAUCAMP, É., « L'heure d'une réconciliation totale et universelle (Psaume 85) »,
        BVC N° 24 (1958) 68-79.

18653   BEAUCAMP, É., « Justice divine et pardon (Ps., LI,6) », dans *À la rencontre de Dieu.*
        Mémorial Albert Gelin (en collab.), 129-144.

18654   XXX, « Blessed are the Merciful », Way 2 (1962) 62-63.

18655   GOETTMANN, J., « Le sacrement du pardon », BVC N° 47 (1962) 47-57.

18656   OECHSLIN, R.-L., « Le pardon du Seigneur dans le sacrement de pénitence », VS 117
        (1967) 139-155.

Parents. Eltern. Genitori. Parientes.

18657   VAN IMSCHOOT, P., *Théologie de l'Ancien Testament,* « Le respect des parents », II,
        258-260.

18658   KORNFELD, W., « Parenté (en Israël) », SDB VI, col. 1261-1291.

Parfum. Perfume. Wohlgeruch. Profumo. Perfume.

18659   COTHENET, É., « Parfums », SDB VI, col. 1291-1331.

Parole de Dieu. Word of God. Wort Gottes. Parola di Dio. Palabra de Dios.

Ancien Testament. Old Testament. Altes Testament. Antico Testamento. Antiguo Testamento.

18660   MAY, E., « The Logos in the Old Testament », CBQ 8 (1946) 438-447.

18661   HEINISCH, P., *Theology of the Old Testament,* « The Word of God », 123-128.

18662   HAMP, V., « Die Verwechslung von « Wort » und « Pest » im A. T. », MüTZ 2 (1951)
        373-376.

18663   PAUL-MARIE DE LA CROIX, P., *L'Ancien Testament source de vie spirituelle³,* « La
        parole et les signes », 32-39.

18664   BOUYER, L., *La Bible et l'Évangile²,* « Parole, alliance, promesse », 11-38.

18665   TRESMONTANT, C., *Essai sur la pensée hébraïque,* « Sur la parole de Dieu », 56-59.

18666   VAN IMSCHOOT, P., *Théologie de l'Ancien Testament,* « La parole », I, 200-207.

18667   TROADEC, H.-G., « La parole vivante et efficace (Is. 55,6-11) », BVC N° 11 (1955)
        57-67.

18668   ROBERT, A., « La Parole divine dans l'Ancien Testament », SDB V, col. 442-465.

18669   DONOHUE, J. J., « Jeremiah and Rejection of the Word », Wor 34 (1960) 79-88.

18670   McKENZIE, J. L., « The Word of God in the Old Testament », TS 21 (1960) 183-206.

18671   STROBEL, A., « Wort Gottes und Mythos im Alten Testament », Catho 17 (1963)
        180-196.

18672   LARCHER, C., « La parole de Dieu en tant que révélation dans l'A. T. », dans *La parole
        de Dieu en Jésus-Christ²* (en collab.), 35-67.

18673   RODRIGUES, J., « De relatione inter « Wortbericht » et « Tatbericht » in Gen
        1,1-2,4a », VD 45 (1967) 257-281.

Nouveau Testament. New Testament. Neues Testament. Nuovo Testamento. Nuevo Testamento.

a) *Paul. Paulus. Paolo. Pablo.*

18674   DUPONT, J., *Gnosis.* La connaissance religieuse dans les épîtres de saint Paul, « Le
        charisme de la parole », 220-235.

18675   SPICQ, C., *Spiritualité sacerdotale d'après saint Paul,* « Le ministère de la parole »,
        87-109.

18676   DUQUOC, C., « Le dessein salvifique et la révélation de la Trinité en saint Paul », LV
         N° 29 (1956) 67-95.

18677   SCHLIER, H., « La notion paulinienne de la parole de Dieu », dans *Littérature et
         théologie pauliniennes* (en collab.), 127-141.

18678   DEWAILLY, L.-M., *La jeune Église de Thessalonique,* « Parler », 24-43.

18679   DEWAILLY, L.-M., « Course et gloire de la Parole (II Thess. 3,1) », RB 71 (1964)
         25-41.

18680   DUPONT, J., « La parole de Dieu suivant saint Paul », dans *La parole de Dieu en
         Jésus-Christ*[2] (en collab.), 68-84.

18681   MURPHY-O'CONNOR, J., *La prédication selon saint Paul,* « La parole de Dieu »,
         62-67; « La puissance de la Parole », 92-117.

b) *Jean. John. Johannes. Giovanni. Juan.*

18682   DUPONT, J., *Essais sur la christologie de saint Jean,* « Le message de la Parole : la Bible;
         la prédication de Jésus; aux origines de l'Église; saint Jean », 13-22; « La parole de
         vie : expression biblique, chrétienne, johannique; Jésus-Christ, parole de vie », 22-29;
         « Le Logos exterminateur », 31-34.

18683   BOISMARD, M.-É., *Le prologue de saint Jean,* « Parole de Dieu et révélation (Jean,
         I,1a) », 109-123; « La Parole subsistante (I,1b) », 124-131; « Le rôle créateur de la
         Parole (Jean I,3) », 131-135; « La Parole de Dieu, vie et lumière (Jean I,5) », 143-154.

18684   BOUYER, L., *La Bible et l'Evangile*[2], « Saint Jean : la lumière et la vie dans la Paro-
         le », 193-208.

18685   SCHNACKENBURG, R., « Logos-Hymnus und johanneischer Prolog », BZ 1 (1957)
         69-109.

18686   SABOURIN, L., *Les noms et les titres de Jésus,* « Le Logos », 254-261.

18687   LANGKAMMER, H., « Die Herkunft des Logostitels im Johannesprolog », BZ 9
         (1965) 91-94.

18688   VAN DEN BUSSCHE, H., « De tout être la Parole était la vie (Jean 1,1-5) », BVC
         N° 69 (1966) 57-65.

18689   DE PINTO, B., « Word and Wisdom in St. John », SCR 19 (1967) 19-27, 107-122.

18690   FEUILLET, A., « Prologue du quatrième Évangile », SDB VIII (1969), col. 623-688.

c) *Divers. Miscellaneous. Verschiedenes. Diversi. Diversos.*

18691   DEWAILLY, L.-M., *Jésus-Christ, Parole de Dieu,* « Dieu parle-t-il ? » 9-23; « Dieu
         nous a parlé par son Fils », 24-38; « Parole de Dieu et paroles de Jésus », 39-54; « La
         parole de Dieu dans la bouche des hommes », 54-77; « La parole de Dieu et notre
         foi », 78-94; « La parole de Dieu et les sacrements », 95-117; « Écouter la parole de
         Dieu et la garder », 118-138.

18692   DUPONT, J., *Études sur les Actes des apôtres,* « « Parole de Dieu » et « Parole du
         Seigneur » », 523-525, ou dans RB 62 (1955) 47-49.

18693   GEORGE, H. W., « Not from Bread Alone », Wor 30 (1955-56) 191-199.

18694   STARCKY, J., « La Parole divine à l'époque néotestamentaire », SDB V (1957), col.
         465-496.

18695   RICHARDS, H. J., « The Word of God Incarnate », SCR 10 (1958) 44-48.

18696   SCHLIER, H., *Wort Gottes.* Eine neutestamentliche Besinnung (Würzburg, Werkbund,
         1958), 72 pp.

18697   DUPONT, J., *Le discours de Milet.* Testament pastoral de saint Paul (Ac 20,18-36),
         « Puissance de la Parole de Dieu », 235-284.

18698 CANTOY, R., « Une catéchèse apostolique pour notre temps (Jc 1,17-21) », AS N°
47 (1963) 15-27.

18699 LÉON-DUFOUR, X., *Les évangiles et l'histoire de Jésus,* « Sentences évangéliques et
paroles de Jésus », 324-334.

18700 CHARLIER, L., « Le Christ, Parole de Dieu. Réflexions théologiques », dans *La parole
de Dieu en Jésus-Christ*[2] (en collab.), 121-145.

18701 McNALLY, R. E., « The Word of God and the Mystery of Christ », Wor 38 (1964)
392-402.

18702 STENZEL, A., « La parole suprême de Dieu : le Christ Jésus », AS N° 12 (1964) 7-27.

18703 DEWAILLY, L.-M., « La parole sans oeuvre (Mt 12,36) », dans *Mélanges offerts à
M.-D. Chenu* (Paris, Vrin, 1967) (en collab.), 203-219.

18704 SCHLIER, H., « Traits fondamentaux d'une théologie néotestamentaire de la Parole de
Dieu », Conci N° 33 (1968) 15-22.

18705 HENNEKEN, B., *Verkündigung und Prophetie im 1. Thessalonicherbrief* (Stuttgart,
Katholisches Bibelwerk, 1969), « Das Wort des Apostels », 9-42; « Annahme und
Verkündigung des Wortes duch die Gemeinde », 43-72; « Das prophetische Wort in
Thessalonich », 73-111.

18706 GANTOY, R., « Accueil et mise en pratique de la Parole (Jc 1,17-18.21b-22.27) », AS
(n.s.) N° 53 (1970) 39-49.

Divers. Miscellaneous. Verschiedenes. Diversi. Diversos.

18707 CASPER, J., « Neue Wege zum Worte Gottes », BiLit 13 (1938-39) 84-89.

18708 DEWAILLY, L.-M., « La Parole de Dieu et notre foi », VS 72 (1945) 353-369.

18709 BOISMARD, M.-É., « La Bible, parole de Dieu et révélation », LV N° 5 (1952) 13-26.

18710 BOUYER, L., « Parole divine et Église », BVC N° 1 (1953) 7-20.

18711 SCHELKLE, K. H., « Das Wort in der Kirche », TQ 133 (1953) 278-293.

18712 BARSOTTI, D., *La parole de Dieu dans le mystère chrétien,* « La parole », 9-50; « La
parole de Dieu dans l'histoire d'Israël », 89-97; « La présence de la parole », 298-306;
« La parole intérieure », 323-334; « La méditation de la parole », 335-341; « La prière,
parole de Dieu », 342-352.

18713 LE FROIS, B. J., « The Divine Incarnate Word and the Written Word of God », AmER
131 (1954) 240-244.

18714 BEA, A., « The Pastoral Value of the Word of God », Wor 30 (1955-56) 632-648.

18715 BOUYER, L., « La doctrine de la Parole de Dieu, d'après Karl Barth », BVC N° 9
(1955) 102-107.

18716 DE LA POTTERIE, I., « L'efficacité de la parole de Dieu », LVit 10 (1955) 57-62.

18717 DUPONT, J., « « Parole de Dieu » et « Parole du Seigneur » », RB 62 (1955) 47-49.

18718 EVDOKIMOV, P., « Le mystère de la Parole », BVC N° 11 (1955) 7-31.

18719 LIÉGÉ, P.-A., « Le prêtre, ministre de la Parole », *L'Anneau d'Or* N°ˢ 63-64 (1955)
265-270.

18720 AUZOU, G., *La Parole de Dieu,* Approches du mystère des Saintes Écritures, 255 pp.

18721 LEVIE, J., « L'Écriture Sainte, parole de Dieu, parole de l'homme », NRT 78 (1956)
561-592, 706-729.

18722 DEVIS, M., « Bible et parole de Dieu », *L'Anneau d'Or* N° 77 (1957) 372-382.

18723 STANLEY, D. M., « God so loved the World », Wor 32 (1957) 16-23.

18724 TOURNAY, R., BARUCQ, A., ROBERT, A., MONDÉSERT, C., STARCKY, J.,
« Logos », SDB V, col. 425-496.

18725 IMBS, P., « Du langage humain à la parole de Dieu », MD N° 53 (1958) 9-22.

18726   SCHLIER, H., *Wort Gottes* (Würzburg, Werkbund-Verlag 1958), 71 pp.

18727   MARLÉ, R., « Les chrétiens et la Parole de Dieu », Et 301 (1959) 200-207.

18728   HAUBST, R., « Wort Gottes und Theologie », TrierTZ 69 (1960) 257-274.

18729   DREYFUS, F., « Providence et prophéties. Une parole créatrice », VS 106 (1962) 314-318.

18730   GRELOT, P., *Sens chrétien de l'A. T.*, « Le mystère de la parole de Dieu », 126-134.

18731   LATOURELLE, R., « La révélation comme parole, témoignage et rencontre », Greg 43 (1962) 39-54.

18732   SCHELKLE, K. H., « Heilige Schrift und Wort Gottes », dans *Exegese und Dogmatik* (en collab.), 9-24.

18733   VOLK, H., *Zur Theologie des Wortes Gottes* (Münster, Regensburg, 1962), 38 pp.

18734   VOLK, H., « Wort Gottes, Gabe und Aufgabe », Catho 16 (1962) 241-251.

18735   SWAELES, R., « Vivante et efficace est la parole de Dieu », AS N° 65 (1963) 42-67.

18736   DECOURTRAY, A., « Le mystère de la proclamation de la parole », AS N° 23 (1964) 87-99.

18737   DEWAILLY, L.-M., « La parole de Dieu », AS N° 9 (1964) 53-69.

18738   KERKVOORDE, A., « L'efficacité de la parole de Dieu chez Origène », AS N° 23 (1964) 72-86.

18739   LAFLAMME, R., « Le miracle dans l'économie de la parole », LTP 20 (1964) 214-246.

18740   LE GUILLOU, M.-J., « Parole de Dieu et sacrifice », dans *La parole de Dieu en Jésus-Christ²* (en collab.), 200-207.

18741   LÉONARD, E. A., « La parole de Dieu, mystère et événement, vérité et présence », dans *La parole de Dieu en Jésus-Christ²* (en collab.), 313-316.

18742   MARLÉ, R., « La théologie bultmannienne de la parole de Dieu », dans *La parole de Dieu en Jésus-Christ²* (en collab.), 274-286.

18743   STROTMANN, T., « Parole de Dieu et eschatologie », dans *La parole de Dieu en Jésus-Christ²* (en collab.), 247-253.

18744   URS VON BALTHASAR, H., « Parole et histoire », dans *La parole de Dieu en Jésus-Christ²* (en collab.), 233-246.

18745   ALONSO SCHÖKEL, L., *The Inspired Word.* Scripture in the Light of Language and Literature (New York, Herder and Herder, 1965), 420 pp.

18746   CARDON, K., « The Liturgy of the Word », SCR 17 (1965) 33-41, 65-80.

18747   GRELOT, P., *La Bible, parole de Dieu,* « Révélation et parole de Dieu », 4-7; « I. L'Écriture comme parole de Dieu; II. La parole de Dieu dans son expression humaine », 79-96.

18748   PIEPER, K., « Was heisst « Gott spricht » ? » Catho 19 (1965) 171-191.

18749   ROSE, A., « La parole vivante de Dieu dans la Bible et la liturgie », MD N° 82 (1965) 43-58.

18750   DE FRAINE, J., « La parola di Dio », BibOr 8 (1966) 1-10.

18751   DE PINTO, B., « The Mystery of the Word », SCR 18 (1966) 10-18.

18752   SCHEFFCZYK, L., *Von der Heilsmacht des Wortes.* Grundzünge einer Theologie des Wortes (München, M. Hüber, 1966), 307 pp.

18753   SCHEFFCZYK, L., « Ohnmacht und Rettung des Wortes », GeistL 39 (1966) 406-424.

18754   SCHEIFLER, J. R., « La « Palabra de Dios » y la vida espiritual. A proposito de la Constitución « Dei Verbum » », Manr 38 (1966) 203-222.

18755   DE RUDDER, J., « Woord en openbaring », ETL 43 (1967) 130-159.

18756   LARNICOL, C., « La parole de Dieu », AmiCl 77 (1967) 399-404, 431-441.

18757 MALATESTA, E., « The silent Word », Way 7 (1967) 217-223.

18758 O'COLLINS, G. G., « Reality as Language : Ernst Fuch's Theology of Revelation », TS 28 (1967) 76-93.

18759 QUESNELL, Q., « The Table of the Word », Way 7 (1967) 180-189.

18760 STRAMARE, T., « Riflessioni sull'economia della Rivelazione », RivB 15 (1967) 527-542.

18761 VAWTER, B., « God spoke », Way 7 (1967) 171-179.

18762 WETTER, F., « Das Sprechen Gottes in des Verkündigung der Kirche », TrierTZ 76 (1967) 341-356.

18763 LÉCUYER, J., « Heureux qui entend la Parole et la met en pratique », dans *Parole de Dieu et liturgie* (en collab.), 293-318.

18764 XXX, « Le langage et la foi » (en collab.), LV N° 88 (1968) 1-128.

18765 TILLARD, J. M. R., « Proclamation de la parole et événement sacramentel », AS (n.s.) N° 3 (1968) 83-115.

18766 BONY, P., « La parole de Dieu dans l'Écriture et dans l'événement », MD N° 99 (1969) 94-123.

18767 BARBOTIN, E., *Humanité de Dieu.* Approche anthropologique du mystère chrétien, « La parole de Dieu », 135-181.

18768 LAPOINTE, R., « The Divine Monologue as a Channel of Revelation », CBQ 32 (1970) 161-181.

18769 LIPINSKI, E., *Essais sur la révélation et la Bible,* « Écriture sainte, parole de Dieu », 47-58; « Dimensions sociales de la Bible », 59-64; « La parole et le pain », 65-90.

Parousie. Parousia. Parusie. Parusia. Parusía.

Paul. Paulus. Paolo. Pablo.

18770 CAVALLA, V., « Il tempo della Parusia nel pensiero di S. Paolo », ScuolC 65 (1937) 463-480.

18771 PRAT, F., *La théologie de saint Paul³⁸,* « Le Jour du Seigneur : la parousie; le jugement dernier », II, 450-455.

18772 BONSIRVEN, J., *L'évangile de Paul,* « La date de la parousie; Devant la parousie : langage, conceptions, espérances », 334-344.

18773 DUPONT, J., *L'union avec le Christ suivant saint Paul,* « Quelques aspects de la parousie (Thessaloniciens) », 45-47.

18774 CERFAUX, L., *Le Christ dans la théologie de saint Paul²,* « La parousie : description de la parousie », 29-47; « Orientation de la vie chrétienne vers la parousie », 47-51; « Anticipation de la parousie dans la vie chrétienne », 52-56.

18775 ROSSANO, P., « A che punto siamo con I Thess. 4,13-17 ? » RivB 4 (1956) 72-80.

18776 AMIOT, F., *Les idées maîtresses de saint Paul,* « La parousie », 229-244.

18777 CERFAUX, L., *Le chrétien dans la théologie paulinienne,* « La parousie », 143-159.

18778 SIRARD, L., « La parousie de l'Antéchrist, 2 Thess 2,3-9 », dans *Studiorum Paulinorum Congressus 1961* (en collab.), II, 89-100.

18779 VAWTER, B., « And He shall Come Again with Glory. Paul and Christian Apocalyptic », dans *Studiorum Paulinorum Congressus 1961* (en collab.), I, 143-150.

18780 SINT, J., « Parusie-Erwartung und Parusie-Verzögerung im paulinischen Briefcorpus », ZKT 86 (1964) 47-79.

18781 SINT, J., « Awaiting and Deferment of the Parusia in Paul », TDig 13 (1965) 214-221.

18782 GIBLIN, C. H., *The Threat to Faith* (2 Th 2), 326 pp.

Divers. Miscellaneous. Verschiedenes. Diversi. Diversos.

18783   HOLZMEISTER, U., « Num et quo modo docente S. Petro (Act. 3,19, 2 Pet. 3,12) parusiam accelerare possimus », VS 18 (1938) 299-307.

18784   GARGANO, C., « Secundus Christi adventus », VD 19 (1939) 338-346.

18785   SCHAEFFER, C., *Précis d'introduction au Nouveau Testament* (Mulhouse, Salvator; Paris, Casterman, 1939), « Décret de la Commission Biblique sur la parousie dans les épîtres de S. Paul », 251-252.

18786   BONSIRVEN, J., *Les enseignements de Jésus-Christ,* « La date de la parousie : sa proximité », 332-351.

18787   MICHALON, P., « Seigneur, viens ! » VS 75 (1946) 628-644.

18788   PLÉ, A., « Donec veniat », VS 75 (1946) 657-666.

18789   LEBRETON, J., *La vie et l'enseignement de J.-C.[16],* « La consommation du siècle et la parousie », II, 199-228.

18790   CERFAUX, L., « La charité fraternelle et le retour du Christ, selon Jo 13,33-38 », ETL 24 (1948) 321-332.

18791   ARENDZEN, J. P., « The Parousia », SCR 4 (1949) 55-56.

18792   BONSIRVEN, J., *Les enseignements de Jésus-Christ,* « La date de la parousie : sa proximité », 335-351.

18793   LUSSIER, E., « The Universal Conflagration at the Parousia », CBQ 12 (1950) 243-247.

18794   BONSIRVEN, J., *Théologie du Nouveau Testament,* « La parousie, sa date », 163-168; « Autres sentences sur la parousie », 171-176; « Devant la parousie », 388-394.

18795   DUPONT, J., *Essais sur la christologie de saint Jean,* « La gloire du Christ : la parousie », 253-256.

18796   CERFAUX, L., « La charité fraternelle et le retour du Christ (Jo., XIII,33-38) », ETL 24 (1948) 321-332, ou dans *Recueil Lucien Cerfaux,* II, 27-40.

18797   FEUILLET, A., « Le sens du mot parousie dans l'évangile de Matthieu. Comparaison entre Matth. 24 et Jac 5,1-2 », dans *The Background of the New Testament and its Eschatology, in Honour of Charles Harold Dodd* (Cambridge, University Press, 1956), 261-280.

18798   MICHEL, A., « La doctrine de la parousie et son incidence dans le dogme et la théologie », Div 3 (1959) 397-437.

18799   FEUILLET, A., « Parousie », SDB VI, col. 1331-1419.

18800   FEUILLET, A., « L'attente de la parousie dans le Nouveau Testament », AmiCl 70 (1960) 456-458.

18801   FEUILLET, A., « L'attente de la parousie et du jugement dans l'épître aux Hébreux », BVC N° 42 (1961) 23-31.

18802   HÖSLINGER, N., « Die Parusieerwartung in der Frömmigkeit », BiLit 35 (1961-62) 57-61.

18803   STANLEY, D. M., « « Come, Lord Jesus ! » Way 2 (1961) 258-269.

18804   MORETTI, A., « Parusia e morale », RivB 10 (1962) 32-58.

18805   RIGAUX, B., « La seconde venue de Jésus », dans *La venue du Messie* (en collab.), 173-216.

18806   SISTI, A., « La vita cristiana e la parusia », BibOr 7 (1965) 123-128.

18807   ZEHRER, F., « Über Eschatologie und Parusie », BiLit 39 (1966) 284-293.

18808   THÜSING, W., « Erhöhungsvorstellung und Parusieerwartung in der ältesten nachösterlichen Christologie », BZ 11 (1967) 95-108, 205-222; 12 (1968) 54-80, 223-240.

18809   HARTMAN, L., « La parousie du Fils de l'homme (Mc 13,24-32) », AS (n.s.) N° 64 (1969) 47-57.

18810 NOLAN, B. M., « Some Observations on the Parousia and New Testament Eschatology », IrThQ 36 (1969) 283-314.

18811 SPICQ, C., « Fin du monde et vie chrétienne », AS (n.s.) N° 6 (1969) 34-40.

Pasteur. Pastor. Hirt. Pastore. Pastor.

18812 OGARA, F., « Dominus Christus Bonus Pastor, eiusque convivium », VD 14 (1934) 129-134, 184-188.

18813 LEBRETON, J., *La vie et l'enseignement de J.-C.[16]*, « Le bon pasteur », II, 41-47.

18814 GELIN, A., « L'allégorie des pasteurs dans Zacharie », dans *Études de critique et d'histoire religieuses* (Mélanges L. Vaganay), 67-78.

18815 CAVATASSI, N., « De munere « pastoris » in N. T. », VD 29 (1951) 215-227, 275-285.

18816 MACKE, C., « Pour comprendre l'Évangile lisez les livres de l'Ancien Testament : Bergers », CE N° 2 (1952) 37-38.

18817 LEAL, J., « La Eucaristia y la Parabola del Buen Pastor, (Io. 10,1-8) », EstE 27 (1953) 317-324.

18818 FORSTNER, D., « Der gute Hirt », BiLit 21 (1953-54) 343-347.

18819 BAUER, J. B., « « Oves meae » quaenam sunt ? » VD 32 (1954) 321-324.

18820 BOUYER, L., *Le quatrième évangile[2]*, « Les similitudes de la porte et du bon berger », 155-163.

18821 BOVER, J. M., « El simíl del Buen Pastor (Jn. 10,1-18) », EstB 14 (1955) 297-314.

18822 XXX, « Le Seigneur est mon berger », CE N° 38 (1957) 5-77.

18823 REHM, M., « Die Hirtenallegorie Zach 11,4-14 », BZ 4 (1960) 186-208.

18824 STANLEY, D. M., « I am the Good Shepherd », Wor 35 (1961) 287-293.

18825 GEORGE, A., « Je suis la porte des brebis (Jean 10, 1-10) », BVC N° 51 (1963) 13-17.

18826 GOETTMANN, J., « Le chant du beau berger », BVC N° 52 (1963) 43-60.

18827 MOLLAT, D., « Le bon pasteur (Jean 10,11-18.26-30) », BVC N° 52 (1963) 25-35.

18828 SABOURIN, L., *Les noms et les titres de Jésus*, « Le bon pasteur », 71-77.

18829 ROSE, A., « Jésus-Christ pasteur de l'Église », VS 110 (1964) 510-515.

18830 YEOMANS, W., « The Good Shepherd », Way 5 (1965) 54-61.

18831 PESCH, W., *Matthäus der Seelsorger*, « Von den Kindern und den Kleinen », 17-33; « Von der Bruderliebe », 35-48; « Matthäus der Seelsorger », 67-76.

18832 KIEFER, O., *Die Hirtenrede.* Analyse und Deutung von Joh 10,1-18, 92 pp.

18833 BOUCHEX, R., « Les pasteurs de l'Église », AS (n.s.) N° 25 (1969) 78-91.

18834 CASALIS, G., « Le berger, le bon, c'est moi ! » AS (n.s.) N° 25 (1969) 72-77.

18835 KIEFER, O., « Le seul troupeau et le seul pasteur : Jésus et les siens (Jn 10,1-18) », AS (n.s.) N° 25 (1969) 46-61.

18836 STEMBERGER, K., « Les brebis du bon pasteur (Jn 10,27-30) », AS (n.s.) N° 25 (1969) 62-70.

18837 MUÑOZ IGLESIAS, S., « Les mauvais pasteurs et le bon pasteur (Jr 23,1-6) », AS (n.s.) N° 47 (1970) 34-38.

Paternité. Paternity. Vaterschaft. Paternità. Paternidad.

18838 JANOT, E., « L'Évangile par les sommets », Et 224 (1935) 577-597.

18839 RAHNER, K., « « Gott » als erste trinitarische Person im Neuen Testament », ZKT 66 (1942) 71-88.

18840 HERMANIUK, M., *La parabole évangélique.* Enquête exégétique et critique (Paris, Desclée de Brouwer, 1947), 28-493 pp.

18841 LEBRETON, J., *Lumen Christi*, « Dieu notre Père », 17-28.

18842 BONSIRVEN, J., *L'évangile de Paul,* « Le Père révèle le Fils, en qui se révèle la Trinité », 49-83.

18843 PAUL-MARIE DE LA CROIX, P., *L'Ancien Testament source de vie spirituelle³,* « La bonne nouvelle de l'Ancien Testament : Dieu nous aime en père, en sauveur, en époux », 295-298; « Père », 299-372.

18844 JEANNE D'ARC, Sr, « Le sacrifice d'Abraham : de la paternité charnelle à la paternité spirituelle », VS 90 (1954) 227-239.

18845 GIBLET, J., « Jésus et le « Père » dans le IVᵉ Évangile », dans *L'Évangile de Jean* (en collab.), 111-130.

18846 VAN DEN BUSSCHE, H., « La suprême révélation du Père », BVC Nº 23 (1958) 45-52.

18847 DE FRAINE, J., *Adam et son lignage,* « Le père de famille et sa maison », 46-58.

18848 MORALDI, L., « La paternità di Dio nell'Antico Testamento », RivB 7 (1959) 44-56.

18849 SCHRUERS, P., « La paternité divine dans Mt., v,45 et vi,26-32 », ETL 36 (1960) 593-624.

18850 SPICQ, C., *Dieu et l'homme selon le Nouveau Testament,* « La paternité divine. I. Dieu, père des croyants », 47-75; « II. Dieu, père de Jésus-Christ », 77-100.

18851 XXX, « The Fatherhood of God », Way 2 (1962) 301-303.

18852 LÉON-DUFOUR, X., *Les évangiles et l'histoire de Jésus,* « La révélation du Père », 397-414.

18853 LELONG, M.-H., « Le Christ révèle le Père », VS 110 (1964) 5-18.

18854 McKENZIE, J. L., *The Power and the Wisdom,* « The Knowledge of God », 128-146.

18855 GUTIERREZ, P., *La paternité spirituelle selon S. Paul* (Paris, Gabalda, 1968), 259 pp.

18856 SAILLARD, M., « C'est moi qui, par l'Évangile, vous ai enfantés dans le Christ (1 Co 4,15) », RSR 56 (1968) 5-42.

Patience. Geduld. Pazienza. Paciencia.

18857 SPICQ, C., « ʻΥπομονή, patientia », RSPT 19 (1930) 95-106.

18858 CERFAUX, L., « Fructifiez en supportant (l'épreuve) », RB 64 (1957) 481-491, ou dans *Recueil Lucien Cerfaux,* III, 111-122.

18859 WENNEMER, K., « Die Geduld im neutestamentlicher Sicht », GeistL 36 (1963) 36-41.

18860 GOICOECHEA, M., *De conceptu « upomonê » apud S. Paulum* (Romae, Scuola Tipografica Pax et Bonum, 1965), 15-110 pp.

18861 WALSH, J., « The Patience of Christ », Way 5 (1965) 291-297.

18862 ORTIZ VALDIVIESO, P., « ʻΥπομονή en el nuevo Testamento », EXav 17 (1967) 51-161.

Patriarches. Patriarchs. Patriarchen. Patriarchi. Patriarcas.

18863 O'CALLAHAN, R. T., « Historical Parallels to the patriarchal social Customs », CBQ 6 (1944) 391-405.

18864 DE VAUX, R., « Les patriarches hébreux et les découvertes modernes », RB 53 (1946) 321-348; 55 (1948) 321-348; 56 (1949) 5-36.

18865 DE FRAINE, J., « De regibus sumericis et patriarchis biblicis », VD 25 (1947) 43-53.

18866 DOUGHERTY, J. J., « The World of the Hebrew Patriarchs », SCR 3 (1948) 98-102.

18867 JUNKER, H., « Die Patriarchengeschichte. Ihre literarische Art und ihr geschichtlicher Charakter », TrierTZ 57 (1948) 38-45.

18868 CHAINE, J., *Le livre de la Genèse,* « Les patriarches antédiluviens », 74-106; « Les patriarches postdiluviens », 144-172; « La geste patriarcale », 447-457.

18869   DEVESCOVI, U., « De divino foedere cum Patriarchis », Ant 27 (1952) 11-38, 223-252.

18870   JEAN, C.-F., « Six campagnes de fouilles à Mari », NRT 74 (1952) 493-517, 607-633.

18871   SCHNEIDER, N., « Patriarchennamen in zeitgenössischen Keilschrifturkundem », Bibl 33 (1952) 516-522.

18872   FÉRET, H.-M., « Les patriarches et la mort », dans *Le mystère de la mort et sa célébration* (en collab.), 18-24.

18873   CONGAR, Y., *Le mystère du Temple,* « La présence de Dieu au temps des patriarches », 15-19.

18874   BRAUN, F.-M., « L'évangile de saint Jean et les grandes traditions d'Israël », RT 59 (1959) 443-450.

18875   POHL, A., « Babylonische Urkönige und biblische Erzväter », StiZ 166 (1960) 412-422.

18876   CAZELLES, H., « Patriarches », SDB VII, col. 81-156.

18877   BARTHÉLEMY, D., *Dieu et son image,* « Les patriarches », 66-73.

18878   DE VAUX, R., « Les patriarches hébreux et l'histoire », dans *Bible et Orient,* 175-185, ou dans *Studii Biblici Franciscani Liber annuus* 13 (1962-63) 287-297.

18879   PRAGER, M., « Geschichte der Patriarchen », BiLit 37 (1963-64) 29-32.

18880   DE VAUX, R., « The Hebrew Patriarchs and History », TDig 12 (1964) 227-240.

18881   DE VAUX, R., *Die Patriarchenerzählungen und die Geschichte,* 44 pp.

18882   SCHEFFCZYK, L., *Von der Heilsmacht des Wortes* (München, Max Hüber, 1966), « Das Wort Gottes als Heilsverheissung bei den Vätern Israels », 133-137.

18883   DACQUINO, P., « Le promesse di Dio ai Patriarchi secondo le tradizioni della Genesi », RivB 15 (1967) 449-470.

18884   DION, H.-M., « The patriarchal Traditions and the literary Form of the « Oracle of Salvation » », CBQ 29 (1967) 198-206.

18885   LANGEVIN, P.-É., « Ceux qui invoquent le nom du Seigneur : les patriarches et l' « invocation du Seigneur » », SE 19 (1967) 380-386.

18886   LOHFINK, N., *Bibelauslegung im Wandel,* « Die Religion der Patriarchen und die Konsequenzen für eine Theologie der nichtchristlichen Religionen », 107-128.

18887   LOHFINK, N., « Rilievi sulla tradizione dell'alleanza con i Patriarchi », RivB 15 (1967) 393-406.

Pauvreté. Poverty. Armut. Povertà. Pobreza.

Ancien Testament. Old Testament. Altes Testament. Antico Testamento. Antiguo Testamento.

18888   PAUL-MARIE DE LA CROIX, P., *L'Ancien Testament source de vie spirituelle*[3], « Le Dieu des pauvres », 264-270.

18889   XXX, « Le Dieu des Pauvres », CE Nº 5 (1952) 64 pp.

18890   TOURNAY, R., « Le procès de Job ou l'innocent devant Dieu », VS 95 (1956) 339-354.

18891   BONSIRVEN, J., *Le règne de Dieu,* « La pauvreté », 84-94.

18892   EILEEN, M. R., « Advent in the Spirit of the *Anawim* », Wor 35 (1960) 20-25.

18893   SCHILDENBERGER, J., « Moses als Idealgestalt eines Armen Jahves », dans *À la rencontre de Dieu.* Mémorial Albert Gelin (en collab.), 71-84.

18894   VAN DEN BERGHE, P., ''Ani et 'Anaw dans les psaumes », dans *Le Psautier* (en collab.), 273-295.

18895   LIANO, J. M., « Los pobres en el Antíguo Testamento », EstB 25 (1966) 117-167.

Nouveau Testament. New Testament. Neues Testament. Nuovo Testamento. Nuevo Testamento.

18896   KOCH, L., « Den Armen wird das Evangelium verkündet », StiZ 123 (1932) 27-33.

18897   PATAVINUS, A., « Beati pauperes spiritu », VD 15 (1935) 289-291.

18898   XXX, « Quelle est l'explication la plus probable des mots suivants : Bienheureux les pauvres par esprit, parce que le Royaume des cieux est à eux ? » AmiCl 54 (1937) 312.

18899   FEUILLET, A., « La béatitude de la pauvreté », VS 73 (1945) 511-527.

18900   NICOLAS, J.-H., « Dans sa joie, il va et vend tout », VS 72 (1945) 3-15.

18901   BONSIRVEN, J., *Les enseignements de Jésus-Christ,* « Confiance filiale libératrice : Esprit de pauvreté », 167-176.

18902   GEORGE, A., « La pauvreté des Apôtres », CE N° 9 (1953) 23-34.

18903   GOURBILLON, J. G., « La pauvreté des chrétiens », CE N° 9 (1953) 35-46.

18904   MOLLAT, D., « Richesse et pauvreté du Christ », CE N° 9 (1953) 7-22.

18905   STARCKY, J., « Vocabulaire évangélique et apostolique de la pauvreté », CE N° 9 (1953) 47-52.

18906   GELIN, A., PIERRON, J., GOURBILLON, J. G., « Avant le nouvel Exode », CE N° 20 (1955) 5-61.

18907   DANIÉLOU, J., « Bienheureux les pauvres », Et 288 (1956) 321-338.

18908   JEANNE D'ARC, Sr, « Heureux les pauvres », VS 96 (1957) 115-126.

18909   CHEVIGNARD, B.-M., « Bienheureux vous qui êtes pauvres », LV N° 39 (1958) 53-60.

18910   DUPONT, J., *Les béatitudes²,* « Pauvres en esprit », I, 209-217.

18911   TRÉMEL, Y.-B., « Dieu ou Mammon », LV N° 39 (1958) 9-31.

18912   GUILLET, J., « Pauvreté de Jésus-Christ », CHR N° 6 (1959) 438-450.

18913   DUPONT, J., « Les pauvres en esprit », dans *À la rencontre de Dieu.* Mémorial Albert Gelin (en collab.), 265-272.

18914   ZEHRER, F., « Arm und Reich in der Botschaft Jesu », BiLit 36 (1962-63) 148-163.

18915   DENIS, A.-M., « Ascèse et vie chrétienne. Éléments concernant la vie religieuse dans le Nouveau Testament », RSPT 47 (1963) 606-618.

18916   GUILLET, J., *Jésus-Christ hier et aujourd'hui,* « Pauvreté de Jésus-Christ », 95-107.

18917   RANWEZ, É., « Trois conseils évangéliques ? » Conci N° 9 (1965) 63-71.

18918   DUPONT, J., « L'Église et la pauvreté », dans *L'Église de Vatican II.* Études autour de la constitution conciliaire sur l'Église (en collab.) (Paris, Cerf, 1966), 339-372.

18919   DUPONT, J., *Études sur les Actes des apôtres,* « La communauté des biens aux premiers jours de l'Église », 503-519.

18920   SANSON, F., « Pauvre selon l'Évangile », LV N° 85 (1967) 75-91.

18921   STÖGER, A., « Armut und Ehelosigkeit. – Besitz und Ehe der Jünger nach dem Lukasevangelium », GeistL 40 (1967) 43-59.

Divers. Miscellaneous. Verschiedenes. Diversi. Diversos.

18922   LATTEY, C., « The Meaning of « Poor » and « Poor in Spirit » in the Bible », SCR 4 (1949) 24-25.

18923   XXX, « Le Dieu des pauvres, 7-47; Vocabulaire biblique de la pauvreté, 48-51 », CE N° 5 (1952).

18924   GOURBILLON, J. G., « La prière des pauvres », CE N° 5 (1952) 52-54.

18925   LOBEZ, P., « Les manuscrits de la Mer Morte et les pauvres de Dieu », CE N° 9 (1953) 53-59.

18926   GIBLET, J., « La joyeuse espérance des pauvres de Dieu », *L'Anneau d'Or* N° 66 (1955) 481-488.

18927   NORTH, R., « Il latifondo nella Bibbia », CC 4 (1956) 612-619.

18928   DE MONTCHEUIL, Y., *Le royaume et ses exigences,* « Le Royaume et la pauvreté », 74-83.

18929   LOCHET, L., « La vie filiale », VS 96 (1957) 451-478.

18930   XXX, « The Poor of God », Way 1 (1961) 71-72.

18931   DECOURTRAY, A., « Les pauvres et le Royaume », AS N° 4 (1961) 81-90.

18932 GANNE, P., « Aujourd'hui, la béatitude des pauvres », BVC N° 37 (1961) 62-74.

18933 GRELOT, P., « La pauvreté dans l'Écriture Sainte », CHR N° 8 (1961) 306-330.

18934 HOLSTEIN, H., « Prévoyance ou imprévoyance ? » BVC N° 46 (1962) 46-53.

18935 LOHFINK, G., « Weihnachten und die Armut », GeistL 35 (1962) 401-405.

18936 SPINETOLI, O., « I « poveri del Signore » », BibOr 6 (1964) 3-16.

18937 GEORGE, A., « Pauvre », SDB VII, col. 387-406.

18938 VATTIONI, F., *Beatitudini, Povertà, Riccezza* (Milano, Ed. Àncora, 1966), 456 pp.

18939 GONZALEZ RUIZ, J. M., *Pobreza evangélica y promoción humana²* (Barcelona, Nova Terra, 108 pp.

18940 URS VON BALTHASAR, H., « Der Glaube der Armen », TQ 147 (1967) 177-203.

18941 WULF, F., « The Spirit of Poverty », TDig 15 (1967) 47-50.

18942 BOADO, F., « La pobreza religiosa en su contexto biblico », Manr 40 (1968) 105-124.

18943 ADINOLFI, M., « La povertà della Chiesa e di Cristo », BibOr 11 (1969) 241-250.

18944 COLLANTES, J., « El sentido de la pobreza y la implantación del Reiño de Dios », Manr 41 (1969) 331-340.

18945 DUPONT, J., « Pour vous le Christ s'est fait pauvre (2 Co 8,7.9.13-15) », AS (n.s.) N° 44 (1969) 32-37.

18946 TROADEC, H., « La vocation de l'homme riche », VS 120 (1969) 138-148.

Péché. Sin. Sünde. Peccato. Pecado.

Ancien Testament. Old Testament. Altes Testament. Antico Testamento. Antiguo Testamento.

a) *Péché originel. Original Sin. Erbsünde. Peccato originale. Pecado original.*

18947 XXX, « En quoi consiste exactement le péché d'Adam et d'Ève ? » AmiCl 55 (1938) 248-249.

18948 DOUGHERTY, J. J., « The Fall and its Consequences : An Exegetical Study of Gen. 3,1-24 », CBQ 3 (1941) 220-234.

18949 FEUILLET, A., « Le verset 7 du *Miserere* et le péché originel », RSR 32 (1944) 5-26.

18950 DUBARLE, A.-M., *Les sages d'Israël,* « Le récit de la création de l'homme et de la chute (Gen. 2,4b-3,24) », 8-12; « Sens du récit de la chute », 12-16; « La science du bien et du mal », 16-19; « L'origine du péché et de la mort », 173-177.

18951 COPPENS, J., *La connaissance du bien et du mal et le péché du paradis* (Paris, Desclée, 1947), 145 pp.

18952 COPPENS, J., « Le sens de Genèse 2-3 », ETL 23 (1947) 179-182.

18953 ASENSIO, F., « De persona Adae et de peccato originali originante secundum Genesim », Greg 29 (1948) 464-526.

18954 CEUPPENS, F., *Quaestiones Selectae ex Historia Primaeva²* (Taurini, Romae, Marietti, 1948), « Felicitas, tentatio et lapsus protoparentum (Gen. 2,46-3,24) », 85-242.

18955 CEUPPENS, F., « Le péché du Paradis selon M. Guitton », ETL 24 (1948) 395-401.

18956 ASENSIO, F., « ¿ Tradición sobre un pecado sexual en el Paraíso ? » Greg 30 (1949) 490-520; 31 (1950) 35-62, 163-191, 363-390.

18957 ASENSIO, F., « El primer pecado en el relato del Genesis », EstB 9 (1950) 159-191.

18958 CHAINE, J., *Le livre de la Genèse,* « La création du monde et la chute originelle », 21-73.

18959 MAERTENS, T., *La mort a régné depuis Adam (Gen. 2-3)* (Bruges, Abbaye de S. André, 1951), 102 pp.

18960 POTTLER, F., « Der « Mythus » der Ursünde », BiLit 20 (1952-53) 227-232.

18961 LABOURDETTE, M. M., *Le péché originel et les origines de l'homme* (Paris, Alsatia, 1953), 212 pp.

18962   BRAVO, C., « La especie moral del primer pecado (según Gén. I-III) », EXav 4 (1954)
        293-333.

18963   LAMBERT, G., « Le drame du jardin d'Éden », NRT 76 (1954) 917-948, 1044-1072.

18964   DUBARLE, A.-M., « Le péché originel dans les livres sapientiaux », RT 56 (1956)
        597-619, ou dans *Le péché originel dans l'Écriture,* 75-104.

18965   DUBARLE, A.-M., « Le péché originel dans saint Paul », RSPT 40 (1956) 213-254,
        ou dans *Le péché originel dans l'Écriture* (Paris, Cerf, 1958), 121-172.

18966   RICHARDS, H. J., « The Creation and Fall », SCR 8 (1956) 109-115.

18967   DUBARLE, A.-M., « Le péché originel dans la Genèse », RB 64 (1957) 5-34, ou dans
        Le péché originel dans l'Écriture, 39-74.

18968   DUBARLE, A.-M., « Le péché originel et la justice de Dieu », SCR 9 (1957) 97-108,
        ou dans *Le péché originel dans l'Écriture,* 173-186.

18969   LYONNET, S., « Quid de natura peccati doceat narratio Gen. 3 ? » VD 35 (1957) 34-42.

18970   DUBARLE, A.-M., *Le péché originel dans l'Écriture,* 204 pp.

18971   GONZALEZ RUIZ, J. M., « El pecado original según san Pablo », EstB 17 (1958)
        147-188.

18972   HARTMAN, L. F., « Sin in Paradise », CBQ 20 (1958) 26-40.

18973   LYONNET, S., « Le sens de ΠΕΙΡΑΖΕΙΝ en Sap 2,24 et la doctrine du péché origi-
        nel », Bibl 39 (1958) 27-36.

18974   LIGIER, L., *Péché d'Adam et péché du monde,* I. Ancien Testament; II. Nouveau
        Testament, 322-488 pp.

18975   WINANDY, J., « Simples réflexions sur le récit de la chute originelle (Genèse 2 et
        3) », BVC N° 35 (1960) 26-34.

18976   NEENAN, W. B., « Doctrine of Original Sin in Scripture », IrThQ 28 (1961) 54-64.

18977   VAN CASTER, M., « La catéchèse du péché originel », LVit 21 (1966) 705-725.

18978   BIANCHI, U., « Sul peccato originale in prospettiva storico-religiosa », RivB 15 (1967)
        131-150.

18979   CONDON, K., « The biblical Doctrine of original Sin », IrThQ 34 (1967) 20-36.

18980   GRELOT, P., « Réflexions sur le problème du péché originel », NRT 89 (1967) 337-375,
        449-484.

18981   GRELOT, P., « Faut-il croire au péché originel ? » Et 327 (1967) 231-251.

18982   GRELOT, P., *Réflexions sur le problème du péché originel* (Tournai, Casterman, 1967),
        124 pp.

18983   MICHEL, A., « Péché originel et polygénisme », AmiC1 77 (1967) 247-250, 515-519.

18984   MICHEL, A., « Le péché originel. Nouvelles questions », AmiCl 77 (1967) 671-677,
        687-691.

18985   RAHNER, K., « Péché originel et évolution », Conci N° 26 (1967) 57-69.

18986   REESE, J. M., « Current Thinking on original Sin », AmER 157 (1967) 92-100.

18987   RONDET, H., « Le péché originel dans la tradition », BLE 68 (1967) 20-43.

18988   BURKE, P., « Man without Christ : an Approach to Hereditary Sin », TS 29 (1968)
        4-18.

18989   GRELOT, P., « Péché originel et rédemption dans l'épître aux Romains », NRT 90
        (1968) 337-362, 449-478, 598-621.

18990   HAAG, H., « Der « Urstand » nach dem Zeugnis der Bibel », TQ 148 (1968) 385-404.

18991   SCHARBERT, J., *Prolegomena eines Alttestamentlers zur Erbsündenlehre* (Freiburg i.
        B., Herder, 1968), 128 pp.

18992   CROATTO, J. S., « Il peccato originale come sacralizzazione naturistica della sessualità
        e della sapienza », BibOr 11 (1969) 149-158.

18993 DUBARLE, A-M., « Le péché originel, recherches récentes et orientations nouvelles », RSPT 53 (1969) 81-113.

18994 KRUSE, H., « Vorstufen der Erbschuldlehre. Vorpaulinische Schriftgrundlagen der Erbschuld-Lehre », MüTZ 20 (1969) 288-314.

18995 MÉNARD, J.-E., « Péché originel : pensée grecque, polygénisme et monogénisme biblique », EstB 28 (1969) 283-292.

18996 LABOURDETTE, M.•M., « Le péché originel », RT 70 (1970) 277-291.

b) *Divers. Miscellaneous. Verschiedenes. Diversi. Diversos.*

18997 SOLE, F., « Concetto di sacrificio, di peccato e di espiazione presso il popolo ebraico », ScuolC 3 (1932) 25-41.

18998 GALLUS, T., « A muliere initium peccati et per illam omnes morimur (Sir 25, 24 (33) », VD 23 (1943) 272-277.

18999 GEORGE, A., « Fautes contre Yahweh dans les livres de Samuel », RB 53 (1946) 161-184.

19000 SAYDON, P. P., « Sin-offering and Trespass-offering », CBQ 8 (1946) 393-398.

19001 MONTY, V., « La nature du péché d'après le vocabulaire hébreu », SE 1 (1948) 95-109.

19002 MONTY, V., « Péchés graves et légers d'après le vocabulaire hébreu », SE 2 (1949) 129-168.

19003 GELIN, A., *Les idées maîtresses de l'Ancien Testament²,* « Les valeurs morales : le sens du péché », 64-72.

19004 HEINISCH, P., *Theology of the Old Testament,* « Sin; the Sequel to Sin », 229-242.

19005 DUESBERG, H., *Les valeurs chrétiennes de l'Ancien Testament²,* « Du péché : sa nature », 110-111; « Sa valeur positive », 111-115.

19006 GEORGE, A., « Le sens du péché dans l'Ancien Testament », LV N° 5 (1952) 21-40.

19007 PAUL-MARIE DE LA CROIX, P., *L'Ancien Testament source de vie spirituelle³,* « Le pécheur et son égarement », 328-366; « Amour offensé, amour méconnu », 493-506.

19008 FOURNEL, A., RÉMY, P., « Le sens du péché dans Jérémie », BVC N° 5 (1954) 34-46.

19009 GRECH, P., « The Experience of Sin in the Psalms », SCR 12 (1960) 106-111.

19010 BEAUCAMP, É., « Péché. I. Dans l'Ancien Testament : le vocabulaire hébraïque », SDB VII, col. 407-471.

19011 FÜGLISTER, N., *Die Heilsbedeutung des Pascha,* « Pascha und Sünde », 250-269.

19012 MAYER, R., « Sünde und Gericht in der Bildersprache der vorexilischen Prophetie », BZ 8 (1964) 22-44.

19013 HAAG, H., *Biblische Schöpfungslehre und kirchliche Erbsündenlehre,* 76 pp.

19014 SCHEFFCZYK, L., *Von der Heilsmacht des Wortes* (München, M. Hüber, 1966), « Der Einbruch der Sünde und das Wort als Widerspruch », 126-133; « Das Wort Gottes als Gerichtverheissung bei den Propheten », 137-150.

19015 HARVEY, J., *Le plaidoyer prophétique contre Israël après la rupture de l'alliance,* 188 pp.

19016 LOSS, N. M., « La terminologia e il tema del peccato in Lv 4-5 », Sal 30 (1968) 437-461.

19017 ALMIÑANA LLORET, V. V., « El pecado en el Deuteronomio », EstB 29 (1970) 267-285.

19018 GARCIA CORDERO, M., « Noción y problemática del pecado en el Antiguo Testamento », Salm 17 (1970) 3-55.

Nouveau Testament. New Testament. Neues Testament. Nuovo Testamento. Nuevo Testamento.

a) *Évangiles. Gospels. Evangelien. Vangeli. Evangelios.*

19019   BONSIRVEN, J., *Les enseignements de Jésus-Christ,* 95-107.

19020   LEBRETON, J., *La vie et l'enseignement de J.-C.[16],* « La pécheresse (Luc 7,36-50) », 272-283; « La femme adultère (Jean 7,53-8,11) », 20-33; « Le fils prodigue », 89-96.

19021   GALLO, S., « Peccatrix in civitate (Lc 7,36-50) », VD 27 (1949) 84-93.

19022   GUILLET, J., *Thèmes bibliques,* « Quelques noms du péché; tous enfermés dans le péché; horreur du péché », 94-129; « Le péché », 141-158.

19023   DUBARLE, A.-M., « La condition humaine dans l'Ancien Testament », RB 63 (1956) 321-345.

19024   VAN IMSCHOOT, P., *Théologie de l'Ancien Testament,* « Le péché : le vocabulaire; la notion du péché; le péché du premier homme; universalité du péché; la rétribution du bien et du mal; expiation et pardon du péché », II, 278-338.

19025   LYONNET, S., « De natura peccati quid doceat Vetus Testamentum », VD 35 (1957) 75-88.

19026   DELHAYE, P., « Le péché actuel. Sa notion dans la Bible. I. Le péché dans l'Ancien Testament : A) Conception vulgaire telle qu'elle apparaît au temps des Juges et des Rois; B) La conception prophétique du péché; C) Théologie du péché dans le récit de la création », AmiCl 68 (1958) 714-718.

19027   DUBARLE, A.-M., « La condition humaine dans l'Ancien Testament », RB 63 (1956) 321-345, ou dans *Le péché originel dans l'Écriture,* 9-38..

19028   DELHAYE, P., « Le péché actuel. Sa notion dans la Bible. I. Le péché dans l'Ancien Testament. La conception prophétique du péché », AmiCl 68 (1958) 715-717.

19029   LYONNET, S., « Le sens de *peiradzein* en *Sap.* 2,24 et la doctrine du péché originel », Bibl 39 (1958) 27-36.

19030   SCHARBERT, J., « Unsere Sünden und die Sünden unserer Väter », BZ 2 (1958) 14-26.

19031   DONOHUE, J. J., « Sin and Sacrifice : Reflections on Leviticus », AmER 141 (1959) 6-11.

19032   DUBARLE, A.-M., « Le péché originel dans les suggestions de l'Évangile », RSPT 39 (1955) 603-614.

19033   GUILLET, J., « Jésus-Christ pénitent », CHR N° 10 (1963) 294-306.

19034   COCAGNAC, A.-M., « Zachée, l'Église et la maison des pécheurs (Ac 19,1-10) », AS N° 91 (1964) 39-51.

19035   LAFON, G., « Il accueille les pécheurs », VS 110 (1964) 178-190.

19036   ROUILLARD, P., « Zachée, descends vite », VS 112 (1965) 300-306.

19037   DEL PARAMO, S., « Jesucristo víctima por nuestros pecados según los Evangelios », dans *El sacerdocio de Cristo* (en collab.), 19-40.

b) *Paul. Paulus. Paolo. Pablo.*

19038   DE LOS RIOS, E., « Peccatum et lex », VD 11 (1931) 23-28.

19039   DE LOS RIOS, E., « Ad catalogos peccatorum apud S. Paulum animadversiones », VD 12 (1932) 364-370.

19040   RIGAUX, B., *L'Antéchrist,* « L'homme du péché dans saint Paul », 250-317.

19041   BONSIRVEN, J., *L'évangile de Paul,* « Le péché d'Adam », 107-124.

19042   PRAT, F., *La théologie de saint Paul[38],* « La nature impuissante chez les Gentils; la Loi impuissante chez les Juifs », I, 229-242; « Adam et le péché », I, 252-261; « Le Christ et le péché », I, 261-264; « Le règne du péché », II, 66-80.

19043 BONSIRVEN, J., *Théologie du Nouveau Testament,* 277-284.

19044 STANLEY, D. M., « Ad historiam exegeseos Rom 4,25 », VD 29 (1951) 257-274.

19045 BARROSSE, T., « Death and Sin in St. Paul's Epistle to the Romans », CBQ 15 (1953) 438-458.

19046 CAMPEAU, L., « Regnavit mors ab Adam usque ad Moysen », SE 5 (1953) 57-66.

19047 CERFAUX, L., *Le Christ dans la théologie de saint Paul²,* « La mort du Christ et le péché », 105-116.

19048 LYONNET, S., « Le sens de ἐφ' ᾧ en Rom. 5,12 et l'exégèse des Pères grecs », Bibl 36 (1955) 436-456.

19049 BARROSSE, T., « Death and Sin in the Epistle to the Romans », TDig 4 (1956) 24-28.

19050 LYONNET, S., « Le Péché originel et l'exégèse de Rom. 5,12-14 », RSR 44 (1956) 63-84.

19051 ROSSANO, P., « Il concetto di « Hamartia » in Rom. 5-8 », RivB 4 (1956) 289-313.

19052 BRUNEC, M., « De « homine peccati » in 2 Thess. 2,1-12 », VD 35 (1957) 3-33.

19053 LAFONT, D. G., « Sur l'interprétation de Romains 5,12-21 », RSR 45 (1957) 481-513.

19054 LYONNET, S., « Original Sin and Romans 5:12-14 », TDig 5 (1957) 54-58.

19055 MARIANI, B., « La persona di Adamo e il peccato originale secondo S. Paolo : Rom. 5,12-21 », Div 2 (1958) 486-519.

19056 RAPONI, R., « Rom. 5,12-21 e il peccato originale », Div 2 (1958) 520-559.

19057 SABOURIN, L., « Note sur 2 Cor. 5,21 : le Christ fait « péché » », SE 11 (1959) 419-424.

19058 LIGIER, L., « In quo omnes peccaverunt », NRT 82 (1960) 337-348.

19059 SPADAFORA, F., « Rom. 5,12 : esegesi e riflessi dogmatici », Div 4 (1960) 289-298.

19060 ZELLER, D., « Sühne und Langmut. Zir Traditionsgeschichte von Röm 3,24-26 », ThPh 43 (1968) 51-75.

19061 CIPRIANI, S., « Réconciliés avec Dieu par le Christ (2 Co 5,17-21) », AS (n.s.) Nº 17 (1970) 58-63.

19062 FEUILLET, A., « Le règne de la mort et le règne de la vie (*Rom.,* V,12-21) », RB 77 (1970) 481-521.

c) *Jean. John. Johannes. Giovanni. Juan.*

19063 GALTIER, P., « Le chrétien impeccable (I Jean 3,6-9) », MSR 4 (1947) 137-154.

19064 BOISMARD, M.-É., « Jésus sauveur, d'après saint Jean », LV Nº 15 (1954) 103-122.

19065 DE LA POTTERIE, I., « Le péché, c'est l'iniquité (1 Joh. 3,4) », NRT 78 (1956) 785-797.

19066 BOISMARD, M.-É., *Du baptême à Cana,* 49-55.

19067 DE LA POTTERIE, I., « L'impeccabilité du chrétien d'après I Joh., 3,6-9 », dans *L'Évangile de Jean* (en collab.), 161-177.

19068 WENNEMER, K., « Der Christ und die Sünde nach der Lehre des ersten Johannesbriefes », GeistL 33 (1960) 370-376.

19069 BRAUN, F.-M., « Le péché du monde selon saint Jean », RT 65 (1965) 181-201.

19070 LAZURE, N., *Les valeurs morales de la théologie johannique* (EB) (Paris, Gabalda, 1965), « Le péché », 285-326.

d) *Divers. Miscellaneous. Verschiedenes. Diversi. Diversos.*

19071 LEBRETON, J., *Lumen Christi,* « Tous sont pécheurs; l'état de péché; la condition des pécheurs; la haine de Dieu », 29-54.

19072 NICOLAS, J.-H., « Achetés à haut prix », VS 76 (1947) 388-408.

19073 BONSIRVEN, J., *Les enseignements de Jésus-Christ*, « Le péché en lui-même; Satan et le monde; les suites du péché; universalité du péché », 95-106; « La rémission des péchés », 127-130.

19074 DESCAMPS, A., *Les justes et la justice dans les évangiles et le christianisme primitif hormis la doctrine proprement paulinienne*, « Le privilège des pécheurs dans l'accès au Royaume », 94-110; « Justes et pécheurs dans le royaume », 234-249.

19075 DUBARLE, A.-M., « Le péché des anges dans l'épître de Jude », dans *Mémorial J. Chaine* (en collab.), 145-148.

19076 BONSIRVEN, J., *Théologie du N. T.,* « Le règne de Dieu et la libération du péché », 72-79.

19077 LIGIER, L., « Heure des ténèbres et règne du péché : le péché dans le Nouveau Testament », LV Nº 5 (1952) 41-64.

19078 SPICQ, C., *L'épître aux Hébreux,* « Le péché », I, 284-287.

19079 BAUER, J. B., « Theologie des Neuen Testaments », BiLit 22 (1954-55) 169-172, 196-201, 225-230, 292-294; 23 (1955-56) 133-136.

19080 DE MONTCHEUIL, Y., *Le royaume et ses exigences,* « L'idée du péché rapportée au Royaume », 46-53.

19081 LYONNET, S., « De natura peccati quid doceat Novum Testamentum ? » VD 35 (1957) 204-221, 271-278, 332-343.

19082 BOURGIN, C., « Le Christ-Prêtre et la purification des péchés selon l'épître aux Hébreux », LV Nº 36 (1958) 67-90.

19083 XXX, « Convertis-nous, Seigneur », CE Nº 29 (1958) 7-85.

19084 ANTOINE, P., « Sens chrétien du péché », CHR Nº 21 (1959) 45-67.

19085 ROUSTANG, F., « Le Christ, ami des pécheurs », CHR Nº 21 (1959) 6-21.

19086 LYONNET, S., « Péché. IV. Dans le Nouveau Testament », SDB VII, col. 486-567.

19087 SPICQ, C., *Théologie morale du Nouveau Testament,* « Justification, péché, sanctification », 165-228.

19088 LYONNET, S., « Das Problem der Erbsünde im Neuen Testament », StiZ 180 (1967) 33-39.

19089 MURPHY-O'CONNOR, J., « Péché et communauté dans le Nouveau Testament », RB 74 (1967) 161-193.

19090 MURPHY-O'CONNOR, J., « Sin and Community in the New Testament », TDig 16 (1968) 120-125.

19091 ADNÈS, P., « Impeccabilité. 1. Fondement scripturaire », DS VII (1969), col. 1614-1616.

Judaïsme. Judaism. Judentum. Giudaismo. Judaísmo.

19092 BONSIRVEN, J., « Le péché et son expiation selon la théologie du judaïsme palestinien au temps de Jésus-Christ », Bibl 15 (1934) 213-236.

19093 SCHMITT, J., « La révélation de l'homme pécheur dans le piétisme Juif et le Nouveau Testament », LV Nº 21 (1955) 13-34.

19094 DE FUENTERRABIA, F., « Doctrina del N. T. y del judaísmo contemporáneo sobre la remisión de los pecados más allá de la muerte », EstF 58 (1957) 5-42.

19095 MALINA, B., « Some Observations on the Origin of Sin in Judaism and St. Paul », CBQ 31 (1969) 18-34.

Divers. Miscellaneous. Verschiedenes. Diversi. Diversos.

19096 CORVEZ, M., « Qu'est-ce donc que le péché ? » LV Nº 5 (1952) 65-82.

19097 GRILL, S., « Von den Sünden der Heiligen in der Bibel », BiLit 20 (1952-53) 213-217, 261-265, 327-332, 360-364; 21 (1953-54) 6-10, 36-39, 134-136, 167-170, 199-204, 238-242, 338-342; 22 (1954-55) 4-7, 39-42; 23 (1955-56) 3-6.

19098   BARSOTTI, D., *Vie mystique et mystère liturgique*, « Le mystère du péché », 134-142; « L'épouse infidèle », 362-370.

19099   McKENZIE, J. L., *The Two-Edged Sword*, « The Mystery of Iniquity », 227-245.

19100   LYONNET, S., *De peccato et redemptione* (Romae, Pontificio Instituto Biblico, 1957), I, « De notione peccati », 92 pp.

19101   RONDET, H., « Aux origines de la théologie du péché », NRT 79 (1957) 16-32.

19102   WORDEN, T., « The Meaning of « Sin » », SCR 9 (1957) 44-53.

19103   DELHAYE, P., « Le péché actuel. Sa notion dans la Bible », AmiCl 68 (1958) 713-718, 745-748; 69 (1959) 17-20.

19104   DUBARLE, A.-M., *Le péché originel dans l'Écriture*, « La condition humaine dans l'Ancien Testament » (RB 63 (1956) 321-345), 9-38; « Le péché originel dans la Genèse » (RB 64 (1957) 5-34), 39-74; « Le péché originel dans les livres sapientiaux » (RT 56 (1956) 597-619), 75-103; « Le péché originel dans les suggestions de l'Évangile » (RSPT 39 (1955) 603-614), 105-121; « Le péché originel dans saint Paul » (RSPT 40 (1956) 213-254), 121-172; « Le péché originel et la justice de Dieu » (SCR 9 (1957) 97-108), 173-186.

19105   LEFÈVRE, A., « Péché et pénitence dans la Bible », MD N° 55 (1958) 7-22.

19106   RAHNER, K., *Zur Theologie des Todes* (Freiburg, Herder, 1958), « Tod als Folge der Sünde », 31-51.

19107   COUREL, F., « Lectures spirituelles sur le péché et la pénitence », (bibliographie), CHR N° 21 (1959) 142-144.

19108   BAUER, J. B., « Sermo peccati, Hieronymus und das Nazaräerevangelium », BZ 4 (1960) 122-128.

19109   DES PLACES, É., « Péché. II. Dans la Grèce antique », SDB VII, col. 471-480.

19110   LYONNET, S., « Péché. III. Dans le judaïsme », SDB VII, col. 480-485.

19111   MICHAUX, A., « Examen de conscience biblique », BVC N° 35 (1960) 62-64.

19112   JOHNSTON, L., « Sin and Repentance », SCR 13 (1961) 1-11.

19113   GRELOT, P., « Théologie biblique du péché », VSS 15 (1962) 203-241.

19114   MALLY, E., « They hated Me without Cause », Way 2 (1962) 52-61.

19115   VANDERHAEGEN, J., « Le pardon du péché, don messianique », AS N° 73 (1962) 47-69.

19116   VAWTER, B., « Missing the Mark », Way 2 (1962) 19-27.

19117   SCHALL, J. V., « Penance : Redemption of Sins », Wor 38 (1964) 133-141.

19118   DEROUSSEAUX, L., « La miséricorde de Dieu pour les pécheurs », AS N° 57 (1965) 39-52.

19119   BROWN, R. E., « We profess one Baptism for the Forgiveness of Sins », Wor 40 (1966) 260-271.

19120   STENDAHL, K., « One Baptism for the Forgiveness of Sins », Wor 40 (1966) 272-275.

19121   BARTHÉLEMY, D., *Dieu et son image*, « Les causes de la méconnaissance de Dieu », 41-63.

19122   LORETZ, O., *Schöpfung und Mythos* (Stuttgart, Katholisches Bibelwerk, 1968), 152 pp.

19123   BEAUCAMP, É., « Le problème du péché dans la Bible », LTP 25 (1969) 88-114.

19124   SCHREINER, J., « Par le péché l'homme se détourne de Dieu », Conci N° 50 (1969) 35-46.

19125   FLICK, M., ALSZEGHY, Z., *Fondamenti di una antropologia teologica*, « L'uomo alienato per il peccato », 147-217.

19126   LYONNET, S., SABOURIN, L., *Sin, Redemption, and Sacrifice*. A Biblical and Patristic Study, « The Notion of Sin », 3-57; « Christ made « Sin » (2 Cor 5 : 21) », 187-296.

Pèlerinage. Pilgrimage. Wallfahrt. Pellegrinaggio. Peregrinación.

19127 LOUVEL, F., ROGUET, A.-M., *Pèlerinage* (Albums liturgiques « Fêtes et Saisons ») (Paris, Cerf, 1951), 24 pp.

19128 HOFINGER, J., « Le Pèlerinage, symbole de la vie chrétienne », LVit 13 (1958) 277-290.

19129 POELMAN, R., « Le thème du pèlerinage dans l'Ancien Testament », LVit 13 (1958) 209-226.

19130 SWAELES, R., « Rassemblement et pèlerinage des dispersés », AS N° 78 (1965) 37-61.

19131 ORRIEUX, L.-M., « Le pèlerinage dans la Bible », LV N° 79 (1966) 5-34.

Pénitence. Penance. Busse. Penitenza. Penitencia.

19132 BONSIRVEN, J., *Les enseignements de Jésus-Christ,* « La pénitence », 281 pp.

19133 DELORME, J., « Conversion et pardon selon le prophète Ézéchiel », dans *Mémorial J. Chaine* (en collab.), 115-144.

19134 WINZEN, D., « Metanoia, Penance : Virtue and Sacrament », Wor 25 (1950-51) 145-151.

19135 BONSIRVEN, J., *Théologie du Nouveau Testament,* « Le sacrement de Pénitence », 106-109.

19136 LECLERCQ, J., « Carême et pénitence », MD N° 31 (1952) 44-59.

19137 MARTINDALE, C. C., « A Saint for Lent », Wor 29 (1954-55) 140-143.

19138 BONNARD, P., « Le psaume de pénitence d'un disciple de Jérémie (Ps. 51) », BVC N° 17 (1957) 59-67.

19139 ROCHE, E., « Pénitence et conversion dans l'Évangile et la vie chrétienne », NRT 79 (1957) 113-134.

19140 SCHMITT, J., « Contribution à l'étude de la discipline pénitencielle dans l'Église primitive à la lumière des textes de Qumran », dans *Les manuscrits de la Mer Morte. Colloque de Strasbourg* (Paris, Presses Univ. de France, 1957) (en collab.), 93-109.

19141 LEFÈVRE, A., « Péché et pénitence dans la Bible », MD N° 55 (1958) 7-22.

19142 XXX, « Convertis-nous, Seigneur », CE N° 29 (1958) 7-85.

19143 XXX, « Le vocabulaire grec de la conversion et de la pénitence », CE N° 29 (1958) 86.

19144 COUREL, F., « Lectures spirituelles sur le péché et la pénitence » (bibliographie), CHR N° 21 (1959) 142-144.

19145 FERRIÈRE, C., « Tu diras à tes enfants. Le carême », BVC N° 25 (1959) 69-75.

19146 HOLSTEIN, H., « Conversion et ferme-propos », CHR N° 21 (1959) 68-83.

19147 DONOHUE, J. J., « The Penitent Woman and the Pharisee : Luke 7 : 36-50 », AmER 142 (1960) 414-421.

19148 JOHNSTON, L., « Sin and Repentance », SCR 13 (1961) 1-11.

19149 MERCURIO, R., « And then they will fast », Wor 35 (1961) 150-154.

19150 GUILLET, J., « Jésus-Christ pénitent », CHR N° 10 (1963) 294-306.

19151 ROSE, A., « Seigneur, crée en moi un coeur pur (Ps 51) », AS N° 21 (1963) 35-49.

19152 VORGRIMLER, H., « Matthieu 16, 18s et le sacrement de pénitence », dans *L'homme devant Dieu.* Mélanges H. de Lubac (en collab.), I, 51-61.

19153 SCHALL, J. V., « Penance : Redemption of Sins », Wor 38 (1964) 133-141.

19154 GRELOT, P., « Les signes et pratiques de pénitence », AS N° 25 (1966) 46-57.

19155 HAULOTTE, E., *Symbolique du vêtement selon la Bible,* « Signification de la pénitence et du deuil », 114-148.

19156 MEYER, B. F., « The Meaning of Pentecost », Wor 40 (1966) 281-287.

19157 DENIS, A.-M., GIBLET, J., « Pénitence », SDB VII, col. 628-687.

19158 HAIG, F. R., « The Individual, the Community and the Sacrament of Penance », AmER 157 (1967) 303-309.

19159 OECHSLIN, R.-L., « Dimension ecclésiale de la pénitence », VS 117 (1967) 553-565.

19160 QUINN, J. J., « The Lord's Supper and Forgiveness of Sin », Wor 90 (1968) 281-291.

19161 LIPINSKI, E., *La liturgie pénitentielle dans la Bible* (Paris, Cerf, 1969), 120 pp.

19162 KLOS, H., *Die Sakramente im Johannesevangelium*. Vorkommen und Bedeutung von Taufe, Eucharistie und Busse im vierten Evangelium (Stuttgart, Katholisches Bibelwerk, 1970), 112 pp.

Pentecôte. Pentecost. Pfingsten. Pentecoste. Pentecostés.

19163 MOEHLER, J. A., « L'Église de la Pentecôte », VS 55 (1938) 77-79.

19164 RAMOS GARCIA, J., « Significación del fenómeno del Pentecostés Apostólico », EstB 3 (1944) 469-493.

19165 LEBRETON, J., *Lumen Christi,* « La Pentecôte », 347-351.

19166 LATTEY, C., « The « Mighty Wind » at Pentecost », SCR 4 (1949) 57-58.

19167 DANIÉLOU, J., *Bible et Liturgie²,* « La Pentecôte », 429-448.

19168 RÉTIF, A., « Le mystère de la Pentecôte », VS 84 (1951) 451-465.

19169 LÉCUYER, J., « Pentecôte et épiscopat », VS 86 (1952) 451-465.

19170 LÉCUYER, J., « Pentecôte et loi nouvelle », VS 88 (1953) 471-490.

19171 BARSOTTI, D., *Vie mystique et mystère liturgique,* « De la Pentecôte à l'Avent », 259-264.

19172 DONOVAN, V. J., « Pentecost », Wor 30 (1955-56) 372-374.

19173 XXX, *La Pentecôte* (Albums « Fêtes et saisons ») (Paris, Cerf, 1956), 24 pp.

19174 CONGAR, Y., *La Pentecôte,* Chartres 1956 (Paris, Cerf, 1956), 160 pp.

19175 LÉCUYER, J., « Mystère de la Pentecôte et apostolicité de la mission de l'Église », dans *Études sur le sacrement de l'Ordre* (en collab.), 167-214.

19176 BOURASSA, F., « Thèmes bibliques du baptême : la Pentecôte », SE 10 (1958) 445-446.

19177 GOETTMANN, J., « La Pentecôte, prémices de la nouvelle création », BVC N° 27 (1959) 59-69.

19178 MAERTENS, T., *C'est fête en l'honneur de Yahvé,* « La fête de la gerbe de froment ou fête de Pentecôte », 113-127.

19179 SCHILLEBEECKX, E., « Ascension and Pentecost », Wor 35 (1961) 336-363.

19180 DUPONT, J., « La première Pentecôte chrétienne », AS N° 51 (1963) 39-62, ou dans *Études sur les Actes des Apôtres,* 481-502.

19181 GUILLET, J., *Jésus-Christ hier et aujourd'hui,* « Le don de l'Esprit », 209-215.

19182 LE DÉAUT, R., « Pentecôte et tradition juive », AS N° 51 (1963) 22-38.

19183 DOWNES, J. A., « The Feast of Pentecost. Some Meanings of the Festival in the Bible and the Liturgy », RUO 34 (1964) 62-69.

19184 EVDOKIMOV, P., « Les éléments bibliques et patristiques de la Pentecôte dans la tradition orthodoxe », BVC N° 63 (1965) 65-75.

19185 FERRIÈRE, C., « Pentecôte chrétienne : fête du renouvellement des coeurs », BVC N° 63 (1965) 76-78.

19186 HRUBY, K., « La fête de la Pentecôte dans la tradition juive », BVC N° 63 (1965) 46-64.

19187 LASH, N., « The Pentecostal Spirit », Way 6 (1966) 184-193.

19188 DELCOR, M., « Pentecôte (la fête de la) », SDB VII, col. 858-879.

19189 COLLINS, J. D., « Discovering the Meaning of Pentecost », SCR 20 (1968) 73-79.

19190 CANTINAT, J., « La Pentecôte », BVC N° 86 (1969) 57-69.

19191 XXX, « Le lectionnaire de Pâques-Pentecôte. Analyses et commentaires », BVC N° 92 (1970) 5-42.

19192 BUIS, P., « La Pentecôte à la lumière de la prophétie de Joël (Jl 3,1-5) », AS (n.s.) N° 30 (1970) 17-22.

19193 DUPONT, J., « La nouvelle Pentecôte (Ac 2,1-11) », AS (n.s.) N° 30 (1970) 30-34.

Perfection. Vollkommenheit. Perfezione. Perfección.

19194 SCHMID, J., « In welches Sinne ist es dem einzelnen Menschen gegeben, nach Vollkommenheit zu streben ? » GeistL 6 (1931) 146-156.

19195 LEBRETON, J., *Lumen Christi,* « La perfection chrétienne », 159-169.

19196 SPICQ, C., « La perfection chrétienne d'après l'Épître aux Hébreux », dans *Mémorial J. Chaine* (en collab.), 337-352.

19197 FORESTELL, J. T., « Christian Perfection and Gnosis in Philippians 3,7-16 », CBQ 18 (1956) 123-136.

19198 GONZALEZ RUIZ, J. M., « Sentido comunitario-eclesial de algunos sustantivos abstractos en San Pablo », EstB 17 (1958) 289-322.

19199 SUITBERTUS A S. J. A CRUCE, « Die Vollkommenheitslehre des ersten Johannesbriefes », Bibl 39 (1958) 319-333, 449-470.

19200 DEISSLER, A., « Das Vollkommenheitsideal nach dem Alten Testament », GeistL 32 (1959) 328-339.

19201 SCHNACKENBURG, R., « Die Vollkommenheit des Christen nach den Evangelien », GeistL 32 (1959) 420-433.

19202 DELHAYE, P., « L'exigence chrétienne chez saint Paul », AmiCl 72 (1962) 401-409, 433-441.

19203 PRÜMM, K., « Das neutestamentliche Sprach-und Begriffsproblem der Vollkommentheit », Bibl 44 (1963) 76-92.

19204 TRÉMEL, Y.-B., « La voie de la perfection chrétienne (Ph 3,17-4,3) », AS N° 78 (1965) 17-24.

19205 YARNOLD, E., « Be ye perfect », Way 5 (1965) 282-290.

19206 LÉGASSE, S., *L'appel du riche,* « La perfection selon Matthieu », 113-146.

19207 CAPDEVILA, V.-M., « La perfección cristiana », EstF 68 (1967) 157-177.

19208 SACCHI, A., « Se vuoi essere perfetto », RivB 17 (1969) 313-326.

Persécution. Persecution. Verfolgung. Persecuzione. Persecución.

19209 DUPONT, J., « La prière des apôtres persécutés », RB 62 (1955) 45-47, ou dans *Études sur les Actes des apôtres,* 521-522.

19210 DUPONT, J., *Les béatitudes²,* « Les persécutés pour la justice », I, 223-227; « Les persécutés pour le Christ », I, 227-250.

19211 LAMBRECHT, J., *Die Redaktion der Markus-Apokalypse,* « Mk 13,9-13 : Verfolgungen », 114-144.

Personnalité collective. Collective Personality. Kollektive Persönlichkeit.
Personalità collettiva. Personalidad colectiva.

19212 BÜCKERS, H., « Kollektiv und Individualvergeltung im A. T. », TGl 25 (1933) 273-287.

19213 SCHARBERT, J., « Unsere Sünden und die Sünden unserer Väter », BZ 2 (1958) 14-26.

19214 DE FRAINE, J., *Adam et son lignage.* Études sur la notion de « personnalité corporative » dans la Bible, 320 pp.

19215   LE COCK, J., « La personalità corporativa », BibOr 3 (1961) 1-5.

19216   DE FRAINE, J., « Tracce della « personalità corporativa » nel Giudaismo », BibOr
3 (1961) 175-179.

Peuple de Dieu. People of God. Volk Gottes Popolo di Dio. Pueblo de Dios.

19217   SPICQ, C., *L'épître aux Hébreux,* « Le peuple de Dieu, communauté cultuelle », I,
280-283.

19218   DE LA POTTERIE, I., « L'origine et le sens primitif du mot laïc », NRT 80 (1958)
840-853.

19219   BACKES, I., « Gottes Volk im Neuen Bunde », TrierTZ 70 (1961) 80-93.

19220   TEGELS, A., « The Church : House of God's People », Wor 35 (1961) 494-501.

19221   XXX, « A Race apart », Way 3 (1963) 58-61.

19222   BEUMER, J., « Die Kirche, Leib Christi oder Volk Gottes ? » TGl 53 (1963) 255-268.

19223   DE VAUX, J., « La sainteté du peuple de Dieu et de l'Église », AS Nº 89 (1963) 54-71.

19224   LÉON-DUFOUR, X., *Les évangiles et l'histoire de Jésus,* « Le peuple de Dieu »,
414-438.

19225   MUSSNER, F., « « Volk Gottes » im Neuen Testament », TrierTZ 72 (1963) 169-178.

19226   VANHOYE, A., « La maison spirituelle (1 P 2,1-10) », AS Nº 43 (1964) 16-29.

19227   FENZ, A. K., « Volk Gottes im Alten Testament », BiLit 38 (1964-65) 163-170.

19228   CERFAUX, L., *La théologie de l'église suivant saint Paul³,* « Le peuple de l'A.
T. », 15-42; « Le peuple du N. T. », 43-69.

19229   CONGAR, Y., « L'Église comme peuple de Dieu », Conci Nº 1 (1965) 15-32.

19230   COPPENS, J., « L'Église, nouvelle alliance de Dieu avec son peuple », dans *Aux origines
de l'Église* (en collab.), 13-21.

19231   MUSSNER, F., « Le peuple de Dieu selon Éphésiens 1,3-14 », Conci Nº 10 (1965)
87-96.

19232   POELMAN, R., « Peuple de Dieu », LVit 20 (1965) 455-480.

19233   SCHNACKENBURG, R., « L'Église, peuple de Dieu », Conci Nº 1 (1965) 91-100.

19234   HARVEY, J., « Le peuple de Dieu sacrement du dessein de Dieu », LTP 22 (1966)
89-108.

19235   SCHEPERS, M., « De notione populi Dei prout est societas testis in revelatione perfecta
fundata », Ang 43 (1966) 333-339.

19236   RINALDI, G., « Il « popolo di Dio » », BibOr 9 (1967) 165-182.

19237   ROGUET, A.-M., *Le miel du rocher,* « Les psaumes du peuple de Dieu et de Jérusalem », 141-154.

19238   RINALDI, G., « Il « popolo di Dio » nel libro dei *Numeri* »,BibOr 9 (1967) 165-182.

19239   EHRHARDT, A., « A biblical View of the People of God », AmER 159 (1968) 126-138.

19240   KODELL, J., « Luke's Use of *Laos,* « People », especially in the Jerusalem Narrative
(Lk 19,28-24,53) », CBQ 31 (1969) 327-343.

19241   O'ROURKE, J. J., « The Church as People of God in the New Testament », Div 13
(1969) 665-670.

19242   BOUYER, L., *L'Église de Dieu.* Corps du Christ et temple de l'Esprit (Paris, Cerf, 1970),
« Le peuple de Dieu », 213-284.

19243   KODELL, J., « The « People » in Luke's Account of the Passion », TDig 18 (1970)
164-169.

19244   WILLIS, J. T., « Micah 2 : 6-8 and the « People of God » in Micah », BZ 14 (1970)
72-87.

Pharisiens. Pharisees. Pharisäer. Farisei. Fariseos.

19245 MEINERTZ, M., « « Dieses Geschlecht » im Neuen Testament », BZ 1 (1957) 283-289.

19246 MICHEL, A., LE MOYNE, J., « Pharisiens », SDB VII, col. 1022-1115.

19247 BAUMBACH, G., « Jesus and the Pharisees », TDig 17 (1969) 233-240.

19248 SCHUBERT, K., *Die jüdischen Religionsparteien in neutestamentlicher Zeit* (Stuttgart, Katholisches Bibelwerk, 1970), 76 pp.

Pierre. Peter. Petrus. Pietro. Pedro.

19249 KOSTERS, L., « War Petrus in Rom ? » StiZ 133 (1938) 50-53.

19250 GAECHTER, P., « Das dreifache « Weide meine Lämmer » », ZKT 69 (1947) 328-344.

19251 BOVER, J. M., « El nombre de Simon Pedro », EstE 24 (1950) 479-497.

19252 GAECHTER, P., « Petrus in Antiochia (Gal 2,11-14) », ZKT 72 (1950) 177-212.

19253 CAMPICHE, M., « Saint-Pierre et son martyre », RUO 22 (1952) 249-273.

19254 BENOIT, P., « Saint Pierre d'après O. Cullmann », RB 60 (1953) 565-579, ou dans BENOIT, P., *Exégèse et théologie,* II, 285-317.

19255 DANIÉLOU, J., « Un livre protestant sur saint Pierre », Et 276 (1953) 206-219.

19256 FERRUA, A., « À la recherche du tombeau de saint Pierre », Et 272 (1952) 35-47.

19257 GAECHTER, P., « Petrus und seine Nachfolge », ZKT 75 (1953) 331-337.

19258 FRUSCIONE, S., « Significato e visuale storica del Petrus di Oscar Cullmann », CC 3 (1953) 275-289.

19259 MITCHELL, G., « Professor Cullmann on the Primacy », IrThQ 21 (1954) 201-212.

19260 MORAN, J. W., « The Two Pillars of Rome », AmER 130 (1954) 1-8.

19261 BENOIT, P., « La primauté de S. Pierre selon le N. T. », *Istina* 2 (1955) 305-334, ou dans BENOIT, P., *Exégèse et théologie,* II, 250-284.

19262 CORTI, G., « Pietro, fondamento e pastore perenne della Chiesa », ScuolC 84 (1956) 321-335, 427-450; 85 (1957) 25-58.

19263 ALGER, B., « Cephas – Peter », SCR 10 (1958) 57-58.

19264 JAVIERRE, A. M., « La sucesión primacial y apostolica en el evangelio de Mateo », Sal 20 (1958) 27-71.

19265 SWALLOW, F. R., « The Keys of God's Household », SCR 11 (1959) 118-123.

19266 DOEPFNER, J., « Petrus und Paulus. Der heilige Paulus und der römische Primat », TGl 51 (1961) 180-194.

19267 MILWARD, P., « The Prophetic Perspective and the Primacy of Peter », AmER 144 (1961) 122-129.

19268 CAVERO, I., « Tu es Petrus », EstB 22 (1963) 351-362.

19269 MILWARD, P., « The Rock of the New Testament », AmER 148 (1963) 73-97.

19270 REFOULÉ, F., « Primauté de Pierre dans les évangiles », RevSR 38 (1964) 1-41.

19271 NEWMAN, J.-H., « Pureté et amour. La sainteté de Jean et de Pierre », VS 113 (1965) 314-323.

19272 POELMAN, R., « Saint Pierre et la tradition », LVit 20 (1965) 632-648.

19273 CHRISTIANI, L., « Pierre et Paul dans la toponomastique », AmiCl 77 (1967) 530-531.

19274 FORD, J. M., « You are « Abraham » and upon this Rock », TDig 15 (1967) 134-137.

19275 PERETTO, L., « Pietro e Paolo e l'anno 49 nella complexa situazione palestinese », RivB 15 (1967) 295-308.

19276 WEBER, J.-J., « Permanence des promesses faites à Pierre (Mt 16,13-20) », AS N° 84 (1967) 27-46.

19277 SCHMID, J., « Petrus der « Fels » und die Petrusgestalt der Urgemeinde », dans *Evangelienforschung* (en collab.), 159-176.

19278 TESTA, E., « Le comunità orientali dei primi secoli e il primato di Pietro », RivB 16 (1968) 547-556.

19279 JACQUEMIN, P.-E., « Les premiers disciples du Messie (Jn 1,35-42) », AS (n.s.) N° 33 (1970) 53-61.

19280 MURTAGH, J., « Animus and Anima in St. Peter and St. John », IrThQ 37 (1970) 65-70.

19281 SCHWANK, B., « Le Christ et Pierre à la fin des temps (Jn 21,1-19) », AS (n.s.) N° 24 (1970) 57-64.

Piété. Piety. Frömmigkeit. Pietà. Piedad.

19282 STORR, R., « Das Frömmigkeitsideal der Psalmen », GeistL 3 (1938) 275-301.

19283 TILLMANN, F., « Uber « Frömmigkeit » in den Pastoralbriefen des Apostels Paulus », PB 53 (1942) 129-136, 161-165.

19284 SPICQ, C., *Spiritualité sacerdotale d'après saint Paul,* « Le mystère de la piété », 13-25; « Piété sacerdotale », 38-50.

19285 VAN IMSCHOOT, P., « L'Esprit de Yahweh, source de la piété dans l'Ancien Testament », BVC N° 6 (1954) 17-30.

19286 SPICQ, C., *Les épîtres pastorales,* « La « piété » dans les épîtres pastorales », 482-492.

Pilate. Pilatus. Pilato.

19287 SCHLIER, H., *Die Zeit der Kirche,* « Jesus und Pilatus. Nach dem Johannesevangelium », 56-74.

19288 BAJSIC, A., « Pilatus, Jesus und Barabbas », Bibl 48 (1967) 7-28.

Plantes. Plants. Pflanzen. Piante. Plantas.

19289 FOURNIER, P., « Les plantes de la Bible et leurs significations », AmiCl 67 (1957) 407-412, 525-527, 652-656; 69 (1959) 205-206, 270-271, 285-287, 303-304, 492-494, 627-630, 693-695, 711-712, 774-776; 70 (1960) 143-144, 158-159, 364-367, 459-460; 71 (1961) 26-30.

Plérôme. Pleroma.

19290 A VALLISOLETO, X., « Christi « Pleroma » juxta Pauli conceptionem », VD 14 (1934) 49-55.

19291 PRAT, F., *La théologie de saint Paul³⁸,* « La primauté du Christ : en lui réside la plénitude ou plérôme », I, 342-358.

19292 BENOIT, P., « Corps, tête et plérôme dans les épîtres de la captivité », RB 63 (1956) 5-44, ou dans BENOIT, P., *Exégèse et théologie,* II, 107-153.

19293 FEUILLET, A., « L'Église, plérôme du Christ, d'après Éphés. 1,23 », NRT 78 (1956) 449-472, 593-610.

19294 GONZALEZ RUIZ, J. M., « Sentido comunitario-eclesial de algunos sustantivos abstractos en San Pablo », EstB 17 (1958) 289-322.

19295 FEUILLET, A., « Plérôme », SDB VII, col. 18-40.

Poids et mesures. Weights and Measurements. Masse und Gewichte. Pesi e misure. Pesos y medidas.

19296 WAMBACQ, B. N., « De ponderibus in S. Scriptura », VD 29 (1951) 341-350.

19297 WAMBACQ, B. N., « De mensuris in S. Scriptura », VD 32 (1954) 266-274, 325-334.

Polygénisme. Polygenism. Polygenismus. Poligenismo.

19298 MARIANI, B., « Polygenismus et S. S. Scriptura », VD 30 (1952) 360-361.
19299 LAVOCAT, R., CAZELLES, H., « Polygénisme », SDB VIII, col. 90-110.

Porte. Door. Tür. Porta.

19300 MOTTE, R., « Porte », SDB VIII, col. 126-136.

Prédestination. Predestination. Prädestination. Predestinazione. Predestinación.

19301 PRAT, F., *La théologie de saint Paul*[38], « Termes relatifs à la prédestination », I, 509-513; « Prédestination et réprobation (Rom. 8,28-30) », I, 519-532.
19302 LYONNET, S., « De doctrina praedestinationis et reprobationis in Rom. 9 », VD 34 (1956) 193-201, 257-271.
19303 TURNER, C., « Chosen in Him before the Foundation of the World », SCR 13 (1961) 111-116.
19304 DION, H.-M., « La prédestination chez saint Paul », RSR 53 (1965) 5-43.
19305 DION, H.-M., « Predestination in St. Paul », TDig 15 (1967) 144-149.

Prédication. Predication. Predigt. Predicazione. Predicación.

19306 SPICQ, C., *Spiritualité sacerdotale d'après saint Paul,* « Le ministère de la parole », 87-109.
19307 HAMMAN, A., « Bible et prédication dominicale : saint Paul », BVC N° 22 (1958) 94-98.
19308 SPICQ, C., « Priestly Virtues in the New Testament – St. Paul's Teaching : Preaching the Word », SCR 10 (1958) 91-93.
19309 DEWAILLY, L.-M., *La jeune Église de Thessalonique,* « Parler », 24-43.
19310 MARTINI, C. M., « Osservazioni sulla terminologia della predicazione nell'opera giovannea », dans *San Giovanni.* Atti della XVII Settimana Biblica (en collab.), 111-122.
19311 MURPHY-O'CONNOR, J., *La prédication selon saint Paul,* 184 pp.
19312 SCHMITT, J., « Prédication apostolique », SDB VIII, col. 246-273.

Prémices. Firstfruits. Erstlinge. Primizie. Primicias.

19313 DE FRAINE, J., « Prémices », SDB VIII, col. 446-461.

Premiers-nés. Firstborn. Erstgeborene. Primogeniti. Primogénitos.

19314 COLUNGA, A., « La ley de los primogénitos y el Pentateuco », Salm 1 (1954) 450-455.
19315 BRINKMANN, B., « The First-born of all Creation », Way 2 (1962) 261-271.
19316 FEUILLET, A., « Premiers-nés », SDB VIII (1968-1969), col. 461-512.

Présence de Dieu. Presence of God. Gegenwart Gottes. Presenza di Dio. Presencia de Dios.

19317 BURROWS, E., *The Gospel of the Infancy and other biblical Essays,* « The Doctrine of the Shekinah and the Theology of the Incarnation », 101-110.
19318 JAMES, F., « God with Us. The Feast of the Annunciation », Wor 23 (1948-49) 193-199.
19319 GELIN, A., *Les idées maîtresses de l'Ancien Testament*[2], « La révélation de Dieu dans l'Ancien Testament », 25-26.
19320 PAUL-MARIE DE LA CROIX, P., *L'Ancien Testament source de vie spirituelle*[3], « Dieu avec nous », 281-291.

19321 BOUYER, L., *La Bible et l'Evangile²,* « Le problème cultuel » (Ézéchiel et la religion du Temple, l'Arche et la Schekinah), 95-120.

19322 CHARLIER, C., « La présence dans l'absence », BVC N° 2 (1953) 61-75.

19323 CONGAR, Y., « Le Mystère du Temple de Dieu et l'économie de sa présence dans le monde », AT 13 (1953) 1-12.

19324 VAN IMSCHOOT, P., *Théologie de l'Ancien Testament,* « L'omniprésence de Dieu », I, 60-62.

19325 BOUYER, L., « La Schékinah : Dieu avec nous », BVC N° 20 (1957) 7-22.

19326 CHARY, T., « Une demeure pour Dieu sur la terre (I Rois 8,5-30) », BVC N° 20 (1957) 65-78.

19327 DONAGHY, H., « God with us », Wor 31 (1957) 276-284.

19328 GAILLARD, J., « Domus Dei », DS III, col. 1551-1567.

19329 CONGAR, Y., *Le mystère du Temple,* 346 pp.

19330 PATY, C., « La paix de l'Emmanuel », BVC N° 24 (1958) 3-27.

19331 GRELOT, P., « L'Église, signe de la présence divine pour les peuples (Is 60,1-6) », AS N° 13 (1962) 19-30.

19332 LACAN, M.-F., « L'habitation de Dieu parmi nous », AS N° 10 (1963) 58-74.

19333 XXX, « God with us », Way 4 (1964) 307-311.

19334 COLLINS, M. D., « Eucharistic Proclamation of God's Presence », Wor 41 (1967) 531-541.

19335 FÉRET, H.-M., « L'amour fraternel vécu en Église et le signe de la venue de Dieu », Conci N° 29 (1967) 19-36.

Présence du Christ. Presence of Christ. Gegenwart Christi. Presenza del Cristo. Presencia de Cristo.

19336 COOLS, J., « La présence mystique du Christ dans le baptême », dans *Mémorial Lagrange* (en collab.), 295-305.

19337 ROSE, A., « La présence du Christ dans l'assemblée liturgique », VS 85 (1951) 78-85.

19338 SOLIGNAC, A., « Le Saint-Esprit et la présence du Christ auprès de ses fidèles », NRT 77 (1955) 478-490.

19339 DE JULLIOT, H., « Jésus parmi les siens », BVC N° 23 (1958) 13-21.

19340 EAGER, B., « The Lord is with You », SCR 12 (1960) 48-64.

19341 McGOVERN, J. J., « There I am in the Midst of them », Wor 34 (1960) 450-453.

19342 QUESNELL, Q., « I am with you always », Way 3 (1963) 105-114.

19343 LYONNET, S., « Présence en l'homme du Christ et de son Esprit », Conci N° 50 (1969) 83-92.

19344 MURPHY-O'CONNOR, J., « Manifestation de la présence de Dieu par le Christ dans l'Église et dans le monde », Conci N° 50 (1969) 93-104.

19345 NEIRYNCK, F., « « Le Christ en nous » - « Nous dans le Christ » chez saint Paul », Conci N° 50 (1969) 121-134.

Prière. Prayer. Gebet. Preghiera. Oración.

Ancien Testament. Old Testament. Altes Testament. Antico Testamento. Antiguo Testamento.

19346 KNELLER, C. A., « Das Psalmenbuch als Gebetsschule », GeistL 7 (1932) 335-347.

19347 PAUL-MARIE DE LA CROIX, P., « L'A. T. est un livre d'oraison », dans *L'oraison* (en collab.) (Paris, Cerf, 1947), 213-225.

19348 MERTON, T., « The Psalms and Contemplation », Wor 24 (1949-50) 341-347, 385-391, 433-440.

19349 FISCHER, B., « How to pray the Psalms », Wor 25 (1950-51) 10-20.

19350 PAUL-MARIE DE LA CROIX, P., *L'Ancien Testament source de vie spirituelle³*, « Prière », 204-208; « La vie de l'âme établie en Dieu : louange », 913-922.

19351 BOUYER, L., *La Bible et l'Evangile²*, « Les Psaumes, prière du peuple de Dieu », 227-244.

19352 SCHARBERT, J., « Die Vorwürfe der alttestamentlichen Frommen an Gott », BiLit 22 (1954-55) 259-264.

19353 BOUYER, L., « Les Psaumes dans la prière chrétienne traditionnelle », BVC N° 10 (1955) 22-35.

19354 LACAN, M.-F., « Le mystère de la prière dans le Ps. 119 », LV N° 23 (1955) 125-142.

19355 McKENZIE, J. L., *The Two-Edged Sword,* « The Prayer of the Hebrews », 265-285.

19356 VAN IMSCHOOT, P., *Théologie de l'Ancien Testament,* « La prière et les voeux », II, 166-174.

19357 GRILL, S., « Die Regenbitten in den Psalmen », BiLit 24 (1956-57) 265-269.

19358 DRIJVERS, P., *Les Psaumes.* Genres littéraires et thèmes doctrinaux, « Les Psaumes, prière chrétienne », 13-25.

19359 LACAN, M.-F., « La Sagesse vous parle : Le Psautier, livre de prières des sages », CE N° 31 (1958) 67-73.

19360 DE VAUX, R., *Les institutions de l'A. T.,* « La prière liturgique », II, 349-353.

19361 SCHARBERT, J., « Die Fürbitte in der Theologie des Alten Testaments », TGl 50 (1960) 321-338.

19362 FLEISCHMANN, H., « Wie soll ich Psalman beten ? » BiLit 28 (1960-61) 220-224.

19363 DEISS, L., « Quand pourrai-je entrer et voir la face de Dieu ? (Ps 42-43) », AS N° 34 (1963) 7-25.

19364 HARVEY, J., « The Prayer of Jeremias », Way 3 (1963) 156-173.

19365 LACAN, M.-F., « Les psaumes, prière de l'Église », VS 112 (1965) 519-530.

19366 BEAUCHAMP, P., « Plainte et louange dans les psaumes », CHR N° 13 (1966) 65-82.

19367 DEXINGER, F., « Die Psalmen, eine Schule christlichen Gebets ? » BiLit 40 (1967) 177-183.

19368 ROGUET, A.-M., *Le miel du rocher,* « La poésie et la prière des psaumes », 200-207.

19369 TOWNER, W. S., « « Blessed be YHWH » and « Blessed art Thou, YHWH » : the Modulation of a biblical Formula », CBQ 30 (1968) 386-399.

Nouveau Testament. New Testament. Neues Testament. Nuovo Testamento. Nuevo Testamento.

19370 BLEIENSTEIN, H., « Vom Paulusgebet », GeistL 9 (1934) 266-267.

19371 LEBRETON, J., « Études sur la contemplation dans le Nouveau Testament », RSR 29 (1939) 568-593.

19372 PHILIPPON, M.-M., « Le Notre Père, école d'oraison », VS 70 (1944) 408-422.

19373 HUBY, J., *Mystiques paulinienne et johannique,* « Mystique paulinienne : charité et prière », 70-73.

19374 JOURNET, A., « Saint Paul, homme d'oraison », dans *L'oraison* (en collab.) (Paris, Cerf, 1947), 60-69.

19375 LEBRETON, J., *Lumen Christi,* « La vie de prière », 215-228.

19376 LEBRETON, J., *La vie et l'enseignement de J.-C.¹⁶,* « La prière », II, 64-86.

19377 BONSIRVEN, J., *L'évangile de Paul,* « La prière », 289-291.

19378 SPICQ, C., *Spiritualité sacerdotale d'après saint Paul,* « Les exercices spirituels », 72-86.

19379 BONSIRVEN, J., *Les enseignements de Jésus-Christ,* « La prière des enfants de Dieu », 135-166.

19380 ZERWICK, M., « Perseveranter orare (Lc 11, 5-13) », VD 28 (1950) 243-247.

19381 BONSIRVEN, J., *Théologie du Nouveau Testament,* « La prière des enfants de Dieu », 128-136.

19382 SPICQ, C., « Contemplation, théologie et vie morale d'après l'épître aux Hébreux », dans *Mélanges Jules Lebreton* (en collab.), I, RSR 39 (1951), 289-300.

19383 HAMMAN, A., *Prières des premiers chrétiens* (Paris, Fayard, 1952), 477 pp.

19384 AB ORBISO, T., « De oratione, extrema-unctione et confessione (Jac 5,13-18) », VD 31 (1953) 70-82, 164-171.

19385 CERFAUX, L., « L'Apôtre en présence de Dieu. Essai sur la vie d'oraison de saint Paul », dans *Recueil Lucien Cerfaux,* II, 469-481.

19386 KERKHOFF, R., *Das unablassige Gebet.* Beiträge zur Lehre vom Immerwährenden Beten im Neuen Testament (München, K. Zink, 1954), 64 pp.

19387 BOUYER, L., *Le quatrième évangile²,* « La prière sacerdotale », 213-217.

19388 DUESBERG, H., *Jésus, prophète et docteur de la Loi,* « La prière de Jésus », 140-183.

19389 DUPONT, J., « La prière des apôtres persécutés », RB 62 (1955) 45-47, ou dans *Études sur les Actes des apôtres,* 521-522.

19390 HAMMAN, A., « La prière de Jésus », BVC N° 10 (1955) 7-21.

19391 RIMAUD, D., « La première prière liturgique dans le livre des Actes (Act. 4,23-31; cf. Ps. 2 et 145) », MD N° 51 (1957) 99-115.

19392 CERFAUX, L., « La prière dans le christianisme primitif », dans *La prière* (en collab.) (Paris, Cerf, 1958), 39-49, ou dans *Recueil Lucien Cerfaux,* III, 253-262.

19393 HAMMAN, A., « Prière et culte dans la lettre de Saint Jacques », ETL 34 (1958) 35-47.

19394 LYONNET, S., « Un aspect de la « prière apostolique » d'après saint Paul », CHR N° 5 (1958) 222-229.

19395 DUPONT, J., *Le discours de Milet.* Testament pastoral de saint Paul (Ac 20,18-36), « La prière : I. À genoux; II. La prière dans l'évangile de Luc; III. La prière dans l'Église apostolique; Concl. La prière de Milet », 342-375.

19396 DACQUINO, P., « La preghiera del cristiano », BibOr 5 (1963) 201-205.

19397 GUILLET, J., *Jésus-Christ hier et aujourd'hui,* « La prière évangélique », 127-139; « Le Christ prie en moi », 231-246.

19398 MARCHEL, W., *Abba, Père !* La prière du Christ et des chrétiens (Rome, Inst. Biblique Pontifical, 1963), XLIV-290 pp.

19399 POELMAN, R., « La prière de Jésus », LVit 18 (1963) 625-656.

19400 CONGAR, Y., « La prière de Jésus », VS 110 (1964) 157-174.

19401 POELMAN, R., « La prière sacerdotale. Jean 17 », LVit 19 (1964) 653-678.

19402 OTT, W., *Gebet und Heil.* Die Bedeutung der Gebetsparänese in der lukanischen Theologie (München, Kösel, 1965), 162 pp.

19403 LIGIER, L., « De la Cène de Jésus à l'anaphore de l'Église », MD N° 87 (1966) 7-51.

19404 GAIDE, G., « La prière missionnaire (1 Tm 2,1-7) », AS N° 98 (1967) 15-24.

19405 DUPONT, J., « Jésus et la prière liturgique », MD N° 95 (1968) 16-49.

19406 DURRWELL, F.-X., « L'efficacité de la prière de demande. À la recherche d'une loi », LVit 33 (1968) 221-244.

19407 HITZ, P., « Notre prière de demande dans le mystère du Christ. Réflexion théologique », LVit 33 (1968) 259-319.

19408 DUPONT, J., « Jesus and Liturgical Prayer », Wor 43 (1969) 198-213.

19409 ÉMERY, P.-Y., « La prière dans saint Paul », LVit 24 (1969) 429-439.

19410 EVANS, C., « Le Christ en prière dans l'évangile selon saint Jean », LVit 24 (1969) 411-428.

19411 QUINN, J., « Prayer of Jesus to His Father », Way 9 (1969) 90-97.

19412 RADERMAKERS, J., « La prière de Jésus dans les évangiles synoptiques », LVit 24 (1969) 393-410.

Divers. Miscellaneous. Verschiedenes. Diversi. Diversos.

19413 CLOSEN, G., « Die Heilige Schrift und das Beten des Christen », GeistL 18 (1943) 128-140.

19414 HOLZMEISTER, U., « Textus biblici de Apostolatu Orationis (ad diem saecularem 3 dec. 1944) », VD 24 (1944) 225-234.

19415 OESTERREICHER, J. M., « Piety and Prayer in the Jewish Home », Wor 27 (1952-53) 540-549.

19416 SEVERUS, E. V., « Das Wort « Meditari » im Sprachgebrauch des Hl. Schrift », GeistL 26 (1953) 365-375.

19417 CERFAUX, L., « À genoux en présence de Dieu », BVC Nº 10 (1955) 87-90, ou dans *Recueil Lucien Cerfaux,* III, 309-312.

19418 DAUMAS, F., « Prière égyptienne et prière biblique », BVC Nº 10 (1955) 104-113.

19419 LOCHET, L., « L'oraison apostolique », CHR Nº 6 (1955) 212-227.

19420 RÜD, A., « Er Sagte Dank ! » BiLit 23 (1955-56) 310-313.

19421 DE BROUCKER, W., « L'abnégation dans la prière », CHR Nº 9 (1956) 52-60.

19422 GUILLET, J., « Prière évangélique et retraite », CHR Nº 10 (1956) 241-254.

19423 GUICHOU, P., « Prières du peuple de Dieu », VS 97 (1957) 127-146.

19424 GUILLET, J., « Le Christ prie en moi », CHR Nº 5 (1958) 150-165.

19425 LEFÈVRE, A., « La prière continuelle », CHR Nº 5 (1958) 230-247.

19426 RIDOUARD, A., GOURBILLON, J. G., « Rendons grâce au Seigneur », CE Nº 30 (1958) 7-79.

19427 VAN RIET, S., « Seigneur, apprends-nous à prier ! » BVC Nº 22 (1958) 73-77.

19428 HAMMAN, A., « La prière, de l'Ancien au Nouveau Testament », dans *La prière* (Paris, Cerf, 1959) (en collab.), 11-38.

19429 PLÉ, A., « Une prière d'hommes et de femmes mariés », *L'Anneau d'Or* Nº 85 (1959) 5-15.

19430 DE GÉRARDON, B., « Infrastructure de la prière et des sacrements », NRT 82 (1960) 373-386.

19431 HAMMAN, A., « Bible et prédication dominicale : la prière », BVC Nº 36 (1960) 54-68.

19432 LOCHET, L., « La prière évangélique. Prier avec le Christ », VS 102 (1960) 585-594.

19433 LOCHET, L., « La prière évangélique. Prier dans l'Esprit », VS 103 (1960) 47-65.

19434 DALTON, W. J., « The Prayer of Joy and Praise », Way 2 (1961) 126-135.

19435 BICKERMAN, E. J., « Bénédiction et prière », RB 69 (1962) 524-532.

19436 GELIN, A., « The Prayer of the biblical Man », Wor 36 (1962) 151-163.

19437 LEFÈVRE, A., « Attitudes de l'homme en prière d'après la Bible », MD Nº 69 (1962) 15-28.

19438 BEHLER, G.-M., « Das Amen », BiLit 37 (1963-64) 348-356.

19439 NYOM, B., « Prière biblique et prière négro-africaine », MSR 21 (1964) 32-99.

19440 McKENZIE, J. L., *The Power and the Wisdom,* « Approaches to God », 252-268.

19441 OECHSLIN, R.-L., « Vivre dans l'action de grâces », VS 112 (1965) 409-423.

19442 RIDOUARD, A., « Supplication et action de grâces », AS Nº 67 (1965) 58-75.

19443 SCHNOEDER, G., « Bibel und Meditation. Hinweise zum meditativen Umgang mit der Heiligen Schrift », GeistL 38 (1965) 13-38.

19444 TILLARD, J. M. R., « La prière des chrétiens », LV Nº 75 (1965) 39-84.

19445 LECLERCQ, J., « Contemplant sur la montagne », VS 116 (1967) 377-387.

19446 TERNANT, P., « La mission, fruit de la compassion du Maître et de la prière des disciples », AS N° 98 (1967) 25-41.

19447 GONZALEZ, A., *La oración en la Biblia* (Madrid, Ed. Cristiandad, 1968), 450 pp.

19448 NAVONE, J. J., « Prayer », SCR 20 (1968) 115-122.

19449 GONZALEZ, A., « Prière », SDB VIII (1969), col. 555-606.

Processions. Prozessionen. Processioni. Procesiones.

19450 LOUVEL, F., « Les processions dans la Bible », MD N° 43 (1955) 5-28.

Prochain (le). Neighbor. Nächster. Prossimo (il). Prójimo (el).

19451 PLÉ, A., « Un mystère de Dieu, le prochain », VS 73 (1945) 225-241.

19452 MUSSNER, F., « Der Begriff des « Nächsten » in der Verkündigung Jesu », TrierTZ 64 (1955) 91-99.

19453 GIAVINI, G., « Il « prossimo » nella parabola del buon samaritano », RivB 12 (1964) 419-421.

Promesse. Promise. Verheissung. Promessa. Promesa.

19454 FERNANDEZ, A., « Benedicentur in semine tuo omnes gentes terrae (Gen. 22, 18) », VD 11 (1931) 161-164.

19455 COLACCI, M., « Il 'Semen Abrahae nel V. e nel N. Testamento », Bibl 21 (1940) 1-27.

19456 SCHILDENBERGER, J., « Weissagung und Erfüllung », Bibl 24 (1943) 107-124, 205-230.

19457 BONSIRVEN, J., *L'évangile de Paul,* « La promesse : Israël et les nations », 125-134.

19458 FENTON, J. C., « The Church and God's Promises », AmER 123 (1950) 295-308.

19459 GELIN, A., *Les idées maîtresses de l'Ancien Testament²,* « L'attente des biens « messianiques » et ses expressions majeures : la promesse, l'alliance, le royaume, le salut-rédemption », 27-36.

19460 BONSIRVEN, J., *Théologie du Nouveau Testament,* 284-287.

19461 STANLEY, D. M., « Theologia promissionis apud S. Paulum », VD 30 (1952) 129-142.

19462 BOUYER, L., *La Bible et l'Evangile²,* « Parole, alliance, promesse », 11-38.

19463 SCHIERSE, F. J., *Verheissung und Heilsvollendung zur theologischen Grundfrage des Hebräerbriefes* (München, K. Zink, 1955), 16-219 pp.

19464 GROSS, H., « Zum Problem Verheissung und Erfüllung », BZ 3 (1959) 3-17.

19465 BLIGH, J., « Expectancy and Fulfilment », Way 1 (1961) 270-281.

19466 COLUNGA, A., « Bienaventurados los mansos porque ellos poseeran la tierra », Salm 9 (1962) 589-597.

19467 GRELOT, P., *Sens chrétien de l'A. T.,* « L'A. T. considéré comme promesse », 327-403.

19468 LARCHER, C., *L'actualité chrétienne de l'Ancien Testament d'après le Nouveau Testament,* « La promesse », 399-488.

19469 McCARTHY, D. J., « The Fulfilment of the Promise », Way 2 (1962) 254-260.

19470 O'ROURKE, J. J., « The Fulfilment Texts in Matthew », CBQ 24 (1962) 394-403.

19471 SCHREINER, J., « Segen für die Völker in der Verheissung an die Väter », BZ 6 (1962) 1-31.

19472 BERGER, K., « Abraham in den paulinischen Hauptbriefen », MüTZ 17 (1966) 47-89.

19473 SCHEFFCZYK, L., *Von der Heilsmacht des Wortes* (München, M. Hüber, 1966), « Das Wort Gottes als Heilsverheissung bei den Vätern Israels », 133-177; « Das Wort Gottes als Gerichtverheissung bei den Propheten », 137-150.

19474 WRIGHT, J. H., « Christ, The Amen of God », Way 6 (1966) 15-25.

19475   DACQUINO, P., « Le promesse di Dio ai Patriarchi secondo le tradizioni della Genesi », RivB 15 (1967) 449-470.

19476   LOHFINK, N., *Die Landverheissung als Eid,* 136 pp.

19477   DACQUINO, P., « Le promesse di Dio ai Patriarchi secondo le tradizioni della Genesi », RivB 15 (1967) 449-470.

19478   SISTI, A., « Le promesse messianiche », BibOr 11 (1969) 125-134.

Prophétisme. Prophetism. Prophetentum. Profetismo.

19479   PETERS, N., « Sache und Bild in den messianischen Weissagungen », TQ 112 (1931) 451-489.

19480   SCHILDENBERGER, J., « Weissagung und Erfüllung », Bibl 24 (1943) 107-124, 205-230.

19481   DUPONT, J., *Gnosis.* La connaissance religieuse dans les épîtres de saint Paul, « Le charisme de prophétie », 201-212.

19482   DESCAMPS, A., *Les justes et la justice dans les évangiles et le christianisme primitif hormis la doctrine proprement paulinienne,* « L'attente des prophètes et des justes », 40-47; « La persécution des prophètes et des justes », 47-53.

19483   BACHT, H., « Wahres und Falsches Prophetentum », Bibl 32 (1951) 237-262.

19484   RAHNER, K., *Visionem und Prophezeiungen* (Innsbruck, Wien, München, Tyrolia, 1952), 120 pp.

19485   BÈGUERIE, P., LECLERCQ, J., STEINMANN, J., *Études sur les prophètes d'Israël,* 180 pp.

19486   AUZOU, G., *La tradition biblique* (Paris, L'Orante, 1957), « L'ère prophétique », 125-172.

19487   COLUNGA, A., « Los vaticinios proféticos de la pasión y los sentidos de la S. Escritura », Salm 4 (1957) 634-641.

19488   DE GUGLIELMO, A., « The Fertility of the Land in the Messianic Prophecies », CBQ 19 (1957) 306-311.

19489   PENNA, A., « Essenza del Profetismo », RivB 6 (1958) 111-130.

19490   ROLLA, A., « Profetismo biblico e semitico », RivB 6 (1958) 323-336.

19491   TRESMONTANT, C., « Jésus et la morale des prophètes », BVC N° 21 (1958) 26-34.

19492   CAVALLETTI, S., « Sogno e Profezia nell'Antico Testamento », RivB 7 (1959) 356-363.

19493   STEINMANN, J., *Le prophétisme biblique des origines à Osée,* 260 pp.

19494   CASTELOT, J. J., « The Spirit of Prophecy; an abiding Charism », CBQ 23 (1961) 210-217.

19495   GONZALEZ NUÑEZ, A., *Profetas, Sacerdotes y Reyes en el Antiguo Israel.* Problemas de adaptación del Yahvismo en Canaan (Madrid, Instituto Español de Estudios Eclesiasticos, 1962), 15-405 pp.

19496   MEEÛS, M.-B., « L'appel divin chez les prophètes », BVC N° 45 (1962) 36-43.

19497   FLORIVAL, É., « Figure et mystère du prophète dans l'Ancien Testament », BVC N° 57 (1964) 41-54.

19498   HILLERS, D. R., *Treaty-Curses and the Old Testament Prophets* (Rome, Pont. Biblical Institute, 1964), xix-101 pp.

19499   MacRAE, G. W., « Prepare the Way of the Lord », Way 4 (1964) 247-257.

19500   SOUBEYRAN, P., « Un peuple prophétique », VS 111 (1964) 587-595.

19501   MORAN, W. L., « New Evidence from Mari on the History of Prophecy », Bibl 50 (1969) 15-56.

Providence. Vorsehung. Providenza. Providencia.

19502 KUSS, O., « Zum Vorsehungsglauben im Neuen Testament », TGl 35 (1943) 7-14.

19503 DUBARLE, A.-M., *Les Sages d'Israël,* « Le gouvernement divin et l'homme », 177-186.

19504 VAN IMSCHOOT, P., *Théologie de l'Ancien Testament,* « Le gouvernement du monde. La Próvidence divine », I, 107-113.

19505 BLATTER, T., *Macht und Herrschaft Gottes.* Eine bibeltheologische Studie, « Die Erhaltung und Lenkung der Welt », 86-92.

19506 FRONTIER, Y., « L'assurance du disciple de l'Évangile. L'homme et la Providence », VS 106 (1962) 183-193.

19507 GUILLET, J., *L'homme, espoir et souci de Dieu* (Montreuil, Éd. Parabole, 1967), 88 pp.

19508 KUSS, O., *Auslegung und Verkündigung,* « Zum Vorsehungsglauben im Neuen Testament », II, 139-152.

Prudence. Klugheit. Prudenza. Prudencia.

19509 SPICQ, C., « La vertu de prudence dans l'A. T. », RB 42 (1933) 187-210.

19510 DONCOEUR, P., « Prudence de serpent et pureté de colombe », VS 51 (1937) 238-251.

19511 SPICQ, C., *Spiritualité sacerdotale d'après saint Paul,* « Prudence, justice et tempérance », 146-163.

19512 DELHAYE, P., *La conscience morale du chrétien* (Tournai, Desclée et Cie, 1964), « La sagesse et la prudence », 40-50.

Puissance. Power. Macht. Potenza. Poder.

19513 BEAUCAMP, É., « Riflessioni sull'idea di « forza » nella Bibbia », BibOr 4 (1962) 81-83.

19514 BLATTER, T., *Macht und Herrschaft Gottes.* Eine bibeltheologische Studie, 150 pp.

19515 BIARD, P., « La puissance de Dieu », AS N° 23 (1964) 55-71.

19516 McKENZIE, J. L., « Authority and Power in the New Testament », CBQ 26 (1964) 413-422.

19517 DU BUIT, M., « Le Christ, puissance de Dieu », CE N° 59 (1965) 5-59.

19518 HÄRING, B., « Gewaltlosigkeit - die Revolution des Evangeliums », StiZ 183 (1969) 107-116.

Puissances angéliques. Angelic Powers. Engelmächte. Potenze Angeliche.
Potestades angélicas.

19519 SCHLIER, H., « Mächte und Gewalten nach den Neuen Testament », GeistL 31 (1958) 173-183.

19520 SCHLIER, H., *Mächte und Gewalten in Neuen Testament* (Freiburg, Herder, 1958), 64 pp.

19521 BLIGH, J., « Demonic Power », HeyJ 1 (1960) 314-323.

19522 BLIGH, J., « Principalities and Powers », TS 23 (1962) 93-99.

19523 FEUILLET, A., *Le Christ, sagesse de Dieu,* « Les « chefs de ce siècle » et la sagesse divine d'après 1 Co. II,6-8 », 25-36.

19524 REY, B., *Créés dans le Christ Jésus.* La création nouvelle selon saint Paul, « L'hostilité des puissances. Essai d'explication », 87-92.

Pureté. Purity. Reinheit. Puressa. Pureza.

19525 GARDEIL, A., « Le don d'intelligence et la béatitude des coeurs purs », VS 39 (1934) 235-258.

19526 McGARRY, W. J., « St. Paul's magnificent Appeal for Purity. I Cor. 6 : 13-20 », AmER 92 (1935) 47-56.

19527 DE SAINTE-MARIE, F., « Si ton oeil est pur », VS 70 (1944) 144-156.

19528 LEBRETON, J., *Tu Solus Sanctus,* « La purification des sens et de l'esprit », 75-84.

19529 SCHNACKENBURG, R., *Das Heilsgeschehen bei der Taufe nach dem Apostel Paulus,* « Die Taufe als Bad der Reinigung (1 Kor 6,11; Eph 5,26) », 1-8.

19530 PAUL-MARIE DE LA CROIX, P., *L'Ancien Testament source de vie spirituelle³,* « Des purifications à l'union divine », 797-845; « Les grandes purifications », 846-872.

19531 VAN IMSCHOOT, P., *Théologie de l'Ancien Testament,* « Rites de purification », II, 157; « Le pur et l'impur », II, 204-216; « Purification des impuretés », II, 213-214.

19532 BOURGIN, C., « Le Christ-Prêtre et la purification des péchés selon l'épître aux Hébreux », LV Nᵒ 36 (1958) 67-90.

19533 SPICQ, C., « Priestly Virtues in the New Testament – St. Paul's Teaching : Purity », SCR 10 (1958) 90-91.

19534 GRELOT, P., « Notre purification par le sang du Christ », AS Nᵒ 34 (1963) 64-77.

19535 WAMBACQ, B. N., *Instituta Biblica,* « De lustrationibus sacris », 330-349.

19536 VANHOYE, A., « Mundatio per sanguinem (Heb 9,22.23) », VD 44 (1966) 177-191.

19537 PESCH, R., « Pur et impur : précepte humain et commandement divin (Mc 7,1-8.14-15.21-23) », AS (n.s.) Nᵒ 53 (1970) 50-59.

19538 PRETE, B., « Il senso dell'espressione οι καθαροι τη καρδια (Mt. 5,8) », RivB 18 (1970) 252-268.

19539 SCHMITT, J., « La pureté sadocite d'après 1 QS III,4-9 », RevSR 44 (1970) 214-224.

Purgatoire. Purgatory. Fegefeuer. Purgatorio.

19540 O'BRIEN, E., « The Scriptural Proof for the Existence of Purgatory from 2 Mac. 12,43 ss », SE 2 (1949) 80-108.

19541 DE FUENTERRABIA, F., « El purgatorio en la literatura judáica pre-cristiana », EstF 57 (1956) 5-40.

19542 CIPRIANI, S., « Insegna I Cor. 3, 10-15 la dottrina del Purgatorio ? » RivB 7 (1959) 25-43.

19543 LUSSIER, E., « The Biblical Theology on Purgatory », AmER 142 (1960) 225-233.

19544 MICHL, J., « Gerichtsfeuer und Purgatorium zu 1 Kor 3, 12-15 », dans *Studiorum Paulinorum Congressus 1961* (en collab.), I, 395-401.

Rahab. Ráhab.

19545 DANIÉLOU, J., « Rahab, figure de l'Église », Ir 22 (1949) 26-45.

19546 ABEL, F.-M., « L'anathème de Jéricho et la maison de Rahab », RB 57 (1950) 321-329.

19547 DANIÉLOU, J., *Sacramentum Futuri,* « Rahab, figure de l'Église », 217-232.

19548 GUILLET, J., *Thèmes bibliques,* « Rahab », 211-212.

Recherche de Dieu. Looking for God. Suche Gottes. Ricerca di Dio. Búsqueda de Dios.

19549 TURBESSI, G., « Quaerere Deum. Il tema della « ricerca di Dio » nella S. Scrittura », RivB 10 (1962) 282-296.

19550 TURBESSI, G., « Quaerere Deum. Il tema della « ricerca di Dio » nell'ambiente ellenistico e giudaico, contemporaneo al N. T. », dans *Studiorum Paulinorum Congressus 1961* (en collab.), II, 383-398.

19551 BEHLER, G.-M., « Das göttliche Versteckspiel », GeistL 38 (1965) 102-116.

19552 WALSH, J., « Seek first the Kingdom of God », Way 8 (1968) 18-23.

Réconciliation. Reconciliation. Versöhnung. Riconciliazione. Reconciliación.

19553 BOUYER, L., *Le Mystère pascal*, « Le banquet messianique et le ministère de la réconciliation », 71-117.

19554 PRAT, F., *La théologie de saint Paul³⁸*, « La réconciliation opérée », II, 257-266.

19555 GALTIER, P., « La réconciliation des pécheurs dans la première épître à Timothée », dans *Mélanges Jules Lebreton* (en collab.), I, RSR 39 (1951) 317-322.

19556 BENOIT, P., « La réconciliation universelle selon W. Michaelis », RB 59 (1952) 100-103, ou dans BENOIT, P., *Exégèse et théologie*, II, 172-177.

19557 DUPONT, J., « La réconciliation dans la théologie de saint Paul », EstB 11 (1952) 255-302.

19558 DUPONT, J., *La réconciliation dans la théologie de saint Paul* (Bruges, Desclée, 1953), 55 pp.

19559 BEAUCAMP, É., « L'heure d'une réconciliation totale et universelle (Psaume 85) », BVC Nº 24 (1958) 68-79.

19560 SWAELES, R., « La réconciliation », AS Nº 76 (1964) 42-63.

19561 YSEBAERT, J., « L'imposition des mains, rite de réconciliation », MD Nº 90 (1967) 93-102.

19562 CIPRIANI, S., « Réconciliés avec Dieu par le Christ (2 Co 5,17-21) », AS (n.s.) Nº 17 (1970) 58-63.

Reconnaissance. Gratitude. Dankbarkeit. Riconoscenza. Reconocimiento.

19563 JOÜON, P., « Reconnaissance et action de grâces dans le Nouveau Testament », RSR 29 (1939) 112-114.

19564 WENNEMER, K., « Dankbarkeit und Danken in der Heiligen Schrift », GeistL 37 (1964) 408-421.

19565 OECHSLIN, R.-L., « Vivre dans l'action de grâces », VS 112 (1965) 409-423.

Rédemption. Redemption. Erlösung. Redenzione. Redención.

19566 SANTOS OLIVERA, B., « Jahve, populi sui Redemptor », VD 11 (1931) 97-98.

19567 BOSETTI, G., « La Redenzione nel Nuovo Testamento », ScuolC 62 (1934) 129-137.

19568 BURKE, J. J., « Christ and the Individual Soul », AmER 90 (1934) 225-236.

19569 CICOGNANI, A. G., « Christ the Redeemer », AmER 90 (1934) 337-352.

19570 GLASER, J., « Unité du genre humain et rédemption », VS 58 (1939) 238-259.

19571 BOVER, J. M., « El dogma de la redención en las epistolas de San Pablo », EstB 1 (1942) 357-403, 517-541.

19572 GASSNER, J., « Redemptive Acts of History Re-enacted in Eucharistic Mystery », Wor 20 (1945-46) 301-313.

19573 RIVIÈRE, J., « Expiation et rédemption dans l'Ancien Testament », BLE 47 (1946) 3-22.

19574 NICOLAS, J.-H., « Achetés à haut prix », VS 76 (1947) 388-408.

19575 BONSIRVEN, J., *L'évangile de Paul*, « Rédemption, salut et grâce », 144-147; « Rédemption objective », 148-174.

19576 PRAT, F., *La théologie de saint Paul³⁸*, « Desseins de miséricorde; le plan rédempteur; les préparations providentielles », II, 91-130.

19577 FERLAND, A., « The Marian Character of the Redemption », AmER 123 (1950) 81-92.

19578 BONSIRVEN, J., *Théologie du N. T.*, « Saint Paul : la rédemption objective; gestes rédempteurs », 292-308.

19579 CONCHAS, D. A., « Redemptio acquisitionis (Eph. 1,14) », VD 30 (1952) 14-29, 81-91, 154-169.

19580 PAUL-MARIE DE LA CROIX, P., *L'Ancien Testament source de vie spirituelle³*, « Le rédempteur et son sacrifice », 443-448.

19581 BARSOTTI, D., *Vie mystique et mystère liturgique,* « Le mystère de la Rédemption », 158-164.

19582 NICOLAS, M.-J., « Marie, la première rachetée », RT 54 (1954) 469-482.

19583 XXX, « Le Christ notre rédempteur », CE N° 23 (1956) 5-66.

19584 LEMOINE, F.-M., DEVILLE, R., « Le vocabulaire biblique du rachat », CE N° 23 (1956) 60-66.

19585 CROUZEL, H., « Le dogme de la rédemption dans l'Apocalypse », BLE 2 (1957) 65-92.

19586 LYONNET, S., *De peccato et redemptione* I. « De notione Peccati », II. De vocabulario redemptionis (Romae, Pontificum Institutum Biblicum, 1957, 1960), 92-148 pp.

19587 NOVEL, P. C., « Le Christ notre Rançon », CE N° 25 (1957) 7-78.

19588 BANDAS, R. G., « The redeeming Work of Christ according to St. Paul », Div 2 (1958) 560-575.

19589 BOISMARD, M.-É., « Le Christ-agneau rédempteur des hommes », LV N° 36 (1958) 91-104.

19590 BOURGIN, C., « Le Christ-Prêtre et la purification des péchés selon l'épître aux Hébreux », LV N° 36 (1958) 67-90.

19591 COCAGNAC, A.-M., « Quelques aspects du mystère de la rédemption dans la peinture et la sculpture d'Occident », LV N° 36 (1958) 105-122.

19592 GIBLET, J., « Jésus, serviteur de Dieu », LV N° 36 (1958) 5-34.

19593 LYONNET, S., « Conception paulinienne de la rédemption », LV N° 36 (1958) 35-66.

19594 LYONNET, S., « De notione redemptionis », VD 36 (1958) 129-146.

19595 LYONNET, S., « De notione redemptionis seu acquisitionis », VD 36 (1958) 257-269.

19596 SWALLOW, F. R., « « Redemption » in St. Paul », SCR 10 (1958) 21-27.

19597 AMIOT, F., *Les idées maîtresses de saint Paul,* « Le Christ auteur du salut. La rédemption », 76-100.

19598 DE LORENZI, L., « Gesu λυτρωτής; Atti 7,35 », RivB 7 (1959) 294-321; 8 (1960) 10-41.

19599 DENIS, A.-M., « Une théologie de la rédemption. La transfiguration chez saint Marc », VS 101 (1959) 136-149.

19600 LYONNET, S., « De notione expiationis », VD 37 (1959) 336-352; 38 (1960) 65-75, 241-261.

19601 PRAGER, M., « Der Christ, ein Freier », BiLit 27 (1959-60) 10-17, 62-72, 157-166.

19602 LOUF, A., « Caper emissarius ut typus Redemptoris apud Patres », VD 38 (1960) 262-277.

19603 LYONNET, S., « Justification, jugement, rédemption, principalement dans l'épître aux Romains », dans *Littérature et théologie paulinienne* (en collab.), 166-184.

19604 LYONNET, S., « St. Paul and a mystical Redemption », TDig 8 (1960) 83-88.

19605 LYONNET, S., « Redemption through Death and Resurrection », Wor 35 (1961) 281-287.

19606 LYONNET, S., « L'emploi paulinien de ἐξαγοράζειν au sens de « redimere » est-il attesté dans la littérature grecque ? » Bibl 42 (1961) 85-89.

19607 O'MEARA, T. A., « The second Spring », Wor 35 (1961) 270-275.

19608 SINT, J., « Liberation and Redemption », Way 2 (1961) 145-147.

19609 ALONSO DIAZ, J., « Historicidad del Evangelio de Marcos en la presentación de la muerte de Jesús como muerte redentora », EstB 21 (1962) 23-36.

19610 DEVINE, C., « Creation and Restoration », AmER 146 (1962) 121-131.

19611 DUPONT, J., *Le discours de Milet.* Testament pastoral de saint Paul (Ac 20,18-36), « Le sang du Fils de Dieu », 182-197.

19612 BARTHÉLEMY, D., *Dieu et son image,* « Du sang à boire », 207-228.

19613 SABOURIN, L., « Redemptio nostra et sacrificium Christi », VD 41 (1963) 154-174.

19614 SALET, G., « Le Christ Rédempteur », CHR N° 10 (1963) 438-449.

19615 WENNEMER, K., « Ἀπολύτρωσις Römer 3,24-25a », dans *Studiorum Paulinorum Congressus 1961* (en collab.), I, 283-288.

19616 BALLARINI, T., « Liberazione in San Paolo a in San Giovanni », dans *San Giovanni. Atti della XVII Settimana Biblica* (en collab.), 207-224.

19617 HALL, J., « Christian Redemption : human Fulfillment », Wor 39 (1965) 551-558.

19618 VELLA, J., « Il redentore di Giobbe (Giob. 16,20) », RivB 13 (1965) 161-168.

19619 GONZALEZ RUIZ, J. M., « Rédemption et résurrection », Conci N° 11 (1966) 61-78.

19620 LYONNET, S., « Redemptio « cosmica » secundum Rom 8,19-23 », VD 44 (1966) 225-242.

19621 STANLEY, D. M., « The Last Adam », Way 6 (1966) 104-112.

19622 KEHL, N., *Der Christushymnus Kol 1,12-20,* « Die Versöhnung des Universums », 109-136.

19623 MOST, W. G., « A biblical Theology of Redemption in a Covenant Framework », CBQ 29 (1967) 1-29.

19624 GRELOT, P., « Péché originel et rédemption dans l'épître aux Romains », NRT 90 (1968) 337-362, 449-478, 598-621.

19625 SABOURIN, L., « Il sacrificio di Gesù », BibOr 10 (1968) 25-38.

19626 STRAMARE, T., « Creazione e redenzione », BibOr 10 (1968) 101-112.

19627 MIGUENS, M., « La « passion » du Christ total (1 P 2,20b-25) », AS (n.s.) N° 25 (1969) 26-31.

19628 STUHLMUELLER, C., « Quid Deutero-Isaias in capitibus 40-55 de redemptione creatrice doceat », VD 47 (1969) 170-176.

19629 LYONNET, S., SABOURIN, L., *Sin, Redemption, and Sacrifice.* A Biblical and Patristic Study, « The Terminology of Redemption », 61-184.

19630 ROYON LARA, E., « La Redención del Universo Material », EstE 45 (1970) 237-252.

19631 STUHLMUELLER, C., *Creative Redemption in Deutero-Isaiah* (Is 40-55) (Rome, Biblical Institute Press, 1970), 300 pp.

Rejet d'Israël. Rejection of Israel. Verwerfung Israels. Rigetto d'Israele. Rechazo de Israel.

19632 PETERSON, E., *Le mystère des Juifs et des Gentils dans l'Église,* 1-72.

19633 CERFAUX, L., *Une lecture de l'épître aux Romains,* « Dieu n'a pas rejeté son peuple », 98-107.

19634 PRAT, F., *La théologie de saint Paul*[38], « Le scandale de la réprobation des Juifs », 300-322.

19635 VACCARI, A., « La parabole du festin des noces (*Mt.,* 22,1-14). Notes d'exégèse », dans *Mélanges Jules Lebreton* (en collab.), I, RSR 39 (1951) 138-145.

19636 DUPLACY, J., « Israël, épouse infidèle », *L'Anneau d'Or* N°s 57-58 (1954) 288-298.

Rémission des péchés. Remission of Sins. Vergebung der Sünden. Remissione dei peccati. Remisión de los pecados.

19637 LYONNET, S., « Propter remissionem praecedentium delictorum (Rom 3,25) », VD 28 (1950) 282-287.

19638   DE FUENTERRABIA, F., « Doctrina del N. T. y del judaísmo contemporáneo sobre la remisión de los pecados más allá de la muerte », EstF 58 (1957) 5-42.

19639   WORDEN, T., « The Remission of Sins », SCR 9 (1957) 65-78, 115-127.

19640   ROUSTANG, F., « Le Christ, ami des pécheurs », CHR N° 21 (1959) 6-21.

19641   BEAUCAMP, É., « Justice divine et pardon (Ps., LI,6) », dans *À la rencontre de Dieu.* Mémorial Albert Gelin (en collab.), 129-144.

19642   DUPONT, J., « Le paralytique pardonné (Mt 9,1-8) », AS N° 73 (1952) 34-46.

19643   VANDERHAEGEN, J., « Le pardon du péché, don messianique », AS N° 73 (1962) 47-69.

19644   GRELOT, P., « Aujourd'hui tu seras avec moi dans le paradis (Luc XXIII,43) », RB 74 (1967) 194-214.

19645   OECHSLIN, R.-L., « Le pardon du Seigneur dans le sacrement de pénitence », VS 117 (1967) 139-155.

Renoncement. Renouncement. Verzicht. Rinuncia. Renunciamento.

19646   LEBRETON, J., « La doctrine du renoncement dans le Nouveau Testament », NRT 65 (1948) 385-412.

19647   LEBRETON, J., *Lumen Christi,* « Le renoncement », 171-196.

19648   DECOURTRAY, A., « Renoncement et Amour de soi selon saint Paul », NRT 74 (1952) 21-29.

19649   GAULTIER, A., « Analyse de l'abnégation chrétienne », RAM 33 (1957) 3-33.

19650   PERRIN, J.-M., « Épanouissement et renoncement », VS 114 (1966) 276-290.

Repas. Meal. Mahl. Pasto. Comida.

19651   DANIÉLOU, J., « Les repas de la Bible et leur signification », MD N° 18 (1949) 7-33.

19652   SCHÜRMANN, H., « Die Gestalt der urchristlichen Eucharistiefeier », MüTZ 6 (1955) 107-131.

19653   DUPONT, J., « Le repas d'Emmaüs », LV N° 31 (1957) 77-92.

19654   ALFRINK, J., « Biblical Background to the Eucharist as a sacrificial Meal », IrThQ 26 (1959) 290-302.

19655   GALOPIN, P.-M., « Le repas dans la Bible », BVC N° 26 (1959) 53-59.

19656   FEUILLET, A., « Les thèmes bibliques majeurs du discours sur le pain de vie (Jn 6) », NRT 82 (1960) 814-818, 918-939.

19657   SUTCLIFFE, E. F., « Sacred Meals at Qumran ? » HeyJ 1 (1960) 48-65.

19658   GNILKA, J., « Das Gemeinschaftsmahl der Essener », BZ 5 (1961) 39-55.

19659   NÖTSCHER, F., « Sakrale Mahlzeiten vor Qumran », dans *Lex tua Veritas* (en collab.), 145-174.

19660   BINDA, S., « Il banchetto messianico », BibOr 4 (1962) 41-46.

19661   GALOPIN, P.-M., « Le repas », AS N° 55 (1962) 51-68.

19662   KENNY, J. P., « Heavenly Banquet », AmER 146 (1962) 47-56.

19663   NÖTSCHER, F., *Vom Alten zum Neuen Testament* (Bonn, P. Hanstein, 1962), « Sakrale Mahlzeiten vor Qumran », 83-111.

19664   SLOYAN, G. S., « Holy Eucharist as an eschatological Meal », Wor 36 (1962) 444-451.

19665   SWAELES, R., « La parabole des invités qui se dérobent (Lc 14,16-24) », AS N° 55 (1962) 32-50.

19666   FÜGLISTER, N., *Die Heilsbedeutung des Pascha,* « Das Pascha-Mahl », 122-145.

19667   GUILLET, J., *Jésus-Christ hier et aujourd'hui,* « L'Évangile et le pain », 157-169; « L'Évangile et la messe », 189-200.

19668 DROUZY, M., « Jésus mange avec les pécheurs », VS 112 (1965) 276-299.

19669 FRAIGNEAU-JULIEN, B., « Éléments de la structure fondamentale de l'Eucharistie. III. Communion », RevSR 40 (1966) 27-47.

19670 VOGEL, C., « Le repas sacré au poisson chez les chrétiens », RevSR 40 (1966) 1-26.

19671 HÉRIS, C.-V., « Le repas du Seigneur », AmiCl 77 (1967) 289-291.

19672 BARBOTIN, E., *Humanité de Dieu.* Approche anthropologique du mystère chrétien, « Le repas de Dieu », 300-334.

19673 KEHL, M., « Eucharistie und Auferstehung. Zur Deutung der Ostererscheinungen beim Mahl », GeistL 43 (1970) 90-125.

19674 STÖGER, A., « Sentences sur les repas (Lc 14,1.7-14) », AS (n.s.) N° 53 (1970) 78-88.

Repentir. Repent. Reue. Pentimento. Arrepentimiento.

19675 DIRKSEN, A., « The Catholic Concept of Repentance and New Testament Teaching », AmER 92 (1935) 21-33.

19676 VAN IMSCHOOT, P., *Théologie de l'Ancien Testament,* « Le repentir de Dieu », I, 85-86.

19677 DUPONT, J., « Repentir et conversion d'après les Actes des apôtres », SE 12 (1960) 137-173, ou dans *Études sur les Actes des apôtres,* 421-457.

19678 TERNANT, P., « Repentez-vous et convertissez-vous », AS N° 21 (1963) 50-79.

19679 LUBIENSKA, H., « La repentance en pédagogie sacrée », BVC N° 94 (1970) 77-87.

Repos. Rest. Ruhe. Riposo. Descanso.

19680 HOLZMEISTER, U., « Requiem aeternitatis dona eis Domine et lux perpetua luceat eis (4 Ers. 2,34s) », VD 17 (1937) 321-328.

19681 CALLENS, L.-J., « Le sens spirituel du repos », VS 81 (1949) 178-194.

19682 FRANKOWSKI, J., « Requies, bonum promissum populi Dei in VT et in Judaismo (Hebr 3,7-4,11) », VD 43 (1965) 124-149, 225-240.

Respect. Ehrfurcht. Rispetto. Respeto.

19683 VAN IMSCHOOT, P., *Théologie de l'Ancien Testament,* « Le respect de la vie », II, 227-232; « Le respect de la personne humaine », II, 232-236; « Le respect des biens du prochain », II, 236-255; « Le respect de la vérité », II, 255-258; « Le respect des parents », II, 258-260.

19684 ROUSTANG, F., « Le Père est plus grand que moi », CHR N° 7 (1960) 516-526.

Reste d'Israël. Remnant of Israel. Rest Israels. Resto d'Israele. Resto de Israel.

19685 PETERSON, E., *Le mystère des Juifs et des Gentils dans l'Église* (Paris, Desclée, sans date), 51-62.

19686 DE VAUX, R., « Le « reste d'Israël » d'après les prophètes », RB 42 (1933) 526-539.

19687 GAROFALO, S., « Residuum Israelis », VD 21 (1941) 239-243.

19688 BOUYER, L., *Le Mystère pascal,* « La colère de Dieu et le reste d'Israël », 264-280.

19689 CERFAUX, L., *Une lecture de l'épître aux Romains,* « Dieu n'a pas rejeté son peuple : le « reste » est sauvé; la chute n'est pas définitive; l'olivier sacré; synthèse », 98-107.

19690 GUILLET, J., *Thèmes bibliques,* « Reste d'Israël », 167.

19691 DREYFUS, F., « La doctrine du reste d'Israël chez le prophète Isaïe », RSPT 39 (1955) 361-386.

19692 GIBLET, J., « La joyeuse espérance des pauvres de Dieu », *L'Anneau d'Or* N° 66 (1955) 481-488.

19693 AUZOU, G., *La tradition biblique* (Paris, L'Orante, 1957), « Le reste », 201-232.

19694 FEUILLET, A., « La communauté messianique dans la prédication d'Isaïe », BVC N° 20 (1957) 38-52.

19695 DREYFUS, F., « Le thème de l'héritage dans l'Ancien Testament; l'introduction du Reste dans la théologie de l'héritage; l'héritage réservé au Reste et au Messie », RSPT 42 (1958) 36-42.

19696 POELMAN, R., « Le thème du pèlerinage dans l'Ancien Testament. Les pèlerinages du petit « reste » d'Israël », LVit 13 (1958) 222-225.

19697 STEGEMANN, U., « Der Restgedanke bei Isaias », BZ 13 (1969) 161-186.

Résurrection. Resurrection. Auferstehung. Resurrezione. Resurrección.

19698 MURILLO, L., « La resurrección del Señor », EstE 12 (1933) 64-74, 368-382.

19699 RESTREPO JARAMILLO, J. M., « El Sepulcro vacío », Greg 14 (1933) 273-280.

19700 ROMEO, A., « « Omnes quidem resurgemus », seu « Omnes quidem nequaquam dormiemus » (1 Cor. 15,51) », VD 14 (1934) 142-148, 250-255, 267-275, 313-320, 328-336, 375-378.

19701 MARTINEZ, J. C., « ¿ Es la inhabitación del Espíritu Santo raíz de la Resurrección gloriosa de los justos, según la Escritura y los Padres ? » EstE 14 (1935) 505-539.

19702 OGARA, F., « Complantati... similitudini mortis eius, simul et resurrectionis erimus », VD 15 (1935) 194-203.

19703 XXX, « Quelles différences distinguent les résurrections évangéliques de celles qui auront lieu à la fin des temps ? » AmiCl 55 (1938) 309-310.

19704 CASPER, J., « Auferstehung und Weltverklärung », BiLit 13 (1938-39) 263-267.

19705 DUBARLE, A.-M., *Les Sages d'Israël*, « La résurrection », 242-247.

19706 LEBRETON, J., *La vie et l'enseignement de J.-C.*[16], « La veuve de Naïm », I, 257-260; « La résurrection de Lazare », II, 133-161; « La résurrection dans la catéchèse apostolique », II, 432-437.

19707 BONSIRVEN, J., *L'évangile de Paul*, « La résurrection des morts », 315-325.

19708 KÖNIG, F., « Die Auferstehungshoffnung bei Osee 6, 1-3 », ZKT 70 (1948) 94-100.

19709 PRAT, F., *La théologie de saint Paul*[38], « La résurrection des morts », I, 157-167; « La mort et la résurrection », II, 434-450.

19710 SCHMITT, J., *Jésus ressuscité dans la prédication apostolique*, 248 pp.

19711 DURRWELL, F.-X., *La résurrection de Jésus, mystère de salut*. Étude biblique (Paris, Mappus, 1950), 397 pp.

19712 HEINISCH, P., *Theology of the Old Testament*, « Resurrection », 263-268.

19713 SCHNACKENBURG, R., *Das Heilsgeschehen bei der Taufe nach dem Apostel Paulus*, « Das sakramentale Mitsberben und Mitauferstehen mit Christus bei der Taufe im besonderen », 132-175.

19714 BONSIRVEN, J., *Théologie du Nouveau Testament*, 380-385.

19715 DUBARLE, D., « Résurrection et science », LV N° 3 (1952) 93-100.

19716 DUPONT, J., *L'union avec le Christ suivant saint Paul*, « La résurrection des morts (Thessaloniciens) », 39-45.

19717 LARCHER, C., « La doctrine de la résurrection dans l'Ancien Testament », LV N° 3 (1952) 11-34.

19718 MUSSNER, F., ΖΩΗ. *Die Anschauung vom « Leben » im vierten Evangelium*, « Die ἀνάστασις ζωῆς als *Vollendung* des Rettungswerks des Menschensohnes », 140-144.

19719 GUILLET, J., « Les sources scripturaires de la foi en la résurrection de la chair », BVC N° 2 (1953) 40-54.

19720 BOVER, J. M., « La resurrección de Lázaro », EstE 28 (1954) 57-72.

19721 CORDERO, M., « Corporal Resurrection in Job », TDig 2 (1954) 90-94.

19722 GUILLET, J., *Thèmes bibliques,* « La vie : résurrection », 174-180.

19723 BOUYER, L., *Le quatrième évangile²,* « La résurrection de Lazare », 164-180.

19724 DHEILLY, J., « Les fins dernières dans l'Ancien et le Nouveau Testament », dans *Viens Seigneur,* Cahiers de la Roseraie, IV (Bruxelles, Lumen Vitae; Bruges, Abbaye de Saint-André, 1955), 15-16, 26.

19725 DURRWELL, F.-X., *La résurrection de Jésus, mystère de salut²,* 431 pp.

19726 TRÉMEL, Y.-B., « L'homme entre la mort et la résurrection d'après le Nouveau Testament », LV Nº 24 (1955) 33-58.

19727 VITTONATTO, G., « La risurrezione dei morti in Mt. 27,52-53 », RivB 3 (1955) 193-219.

19728 FÉRET, H.-M., « La foi des Maccabées en la Résurrection; Jésus-Christ, la mort et la résurrection; le fait de la résurrection de Jésus », dans *Le mystère de la mort et sa célébration* (en collab.), 52-76.

19729 JEAUNEAU, É., « La fête de la nouvelle création », VS 94 (1956) 353-361.

19730 MARCHEL, W., « De resurrectione et de retributione statim post mortem secundum 2 Mach. comparandum cum 4 Mach. », VD 34 (1956) 327-341.

19731 MARLÉ, R., *Bultmann et l'interprétation du N. T.,* « La résurrection de Jésus selon Bultmann. Réflexions critiques », 160-172.

19732 McKENZIE, J. L., *The Power and the Wisdom,* « The Saving Act of Jesus », 108-127.

19733 RUSSELL, R., « The Beloved Disciple and the Resurrection », SCR 8 (1956) 57-62.

19734 VAN IMSCHOOT, P., *Théologie de l'Ancien Testament,* II, 64-71.

19735 FEUILLET, A., « Le mystère pascal et la résurrection des chrétiens d'après les épîtres pauliniennes », NRT 79 (1957) 337-354.

19736 FORESTELL, J. T., « Christian Revelation and the Resurrection of the Wicked », CBQ 19 (1957) 165-189.

19737 GILS, F., *Jésus prophète, d'après les évangiles synoptiques,* « L'annonce de la passion et de la résurrection », 142-149.

19738 BOURASSA, F., « Thèmes bibliques du baptême : la Passion et la résurrection », SE 10 (1958) 444-445.

19739 LYONNET, S., « La valeur sotériologique de la résurrection du Christ selon saint Paul », Greg 39 (1958) 295-318.

19740 TOMAS, J., *La résurrection* (Paris, Éd. de l'Épi, 1958), 110 pp.

19741 WORDEN, T., « Christ Jesus who died or rather who has been raised up (Rom. 8:34) », SCR 10 (1958) 33-43.

19742 AHERN, B., « In Phil 3,10-11 », VD 37 (1959) 26-31.

19743 ALFRINK, B., « L'idée de résurrection d'après Dan. 12,1.2 », Bibl 40 (1959) 355-371.

19744 AMIOT, F., *Les idées maîtresses de saint Paul,* « La résurrection », 219-227.

19745 DESCAMPS, A., « La structure des récits évangéliques de la résurrection », Bibl 40 (1959) 726-741.

19746 DREYFUS, F., « L'argument scripturaire de Jésus en faveur de la résurrection des morts (Marc, xii,26-27) », RB 66 (1959) 213-224.

19747 DUPONT, J., « Ressuscité « le troisième jour » », Bibl 40 (1959) 742-761, ou dans *Études sur les Actes des apôtres,* 321-336.

19748 MURPHY, F. X., « History and the Resurrection : A contemporary Appraisal », AmER 140 (1959) 152-158.

19749 RASCO, E., « Christus, granum frumenti (Jo. 12,24) », VD 37 (1959) 12-25.

19750 RUSCHE, H., « Die Leugner der Auferstehung von den Toten in der korinthischen Gemeinde », MüTZ 10 (1959) 149-151.

19751 GAROFALO, S., « Auferstehungsgedanken in den Paulusbriefen », BiLit 28 (1960-61) 183-186.

19752 SEIGMAN, E. F., « And by rising he restored Life », Wor 34 (1960) 386-395.

19753 WALSH, B., « A Plan for teaching the Riches of the pascal Mystery », Wor 34 (1960) 156-163.

19754 AHERN, B., « Gathering the Fragments of Resurrection Theology », Wor 35 (1961) 293-298.

19755 DE LAVALETTE, H., « The risen Christ », Way 1 (1961) 115-125.

19756 HERMANN, I., Kyrios und Pneuma. Studien zur Christologie der paulinischen Hauptbriefe, « Die Auferweckung der Toten », 114-122.

19757 WURZINGER, A., « Über die Auferstehung nach Paulus », BiLit 35 (1961-62) 188-193.

19758 BARR, R. R., « The soteriological Value of the Resurrection », AmER 146 (1962) 304-314.

19759 CERFAUX, L., Le chrétien dans la théologie paulinienne, « La résurrection des chrétiens », 161-173.

19760 GUILLET, J., « Die Auferstehung des Fleisches nach des Alten Testaments », BiLit 36 (1962-63) 7-17.

19761 SCHICK, E., « Die Bemühungen in der neueren protestantischen Theologie um den Zugang zu dem Jesus der Geschichte, insbesondere zum Faktum seiner Auferstehung », BZ 6 (1962) 256-268.

19762 SCHMITT, J., « La résurrection du Christ : des formules kérygmatiques aux récits évangéliques », dans Parole de Dieu et sacerdoce (en collab.) (Paris, Tournai, Desclée et Cie, 1962), 93-105.

19763 SCHOENBERG, M. W., « The Meaning of the Resurrection », Wor 36 (1962) 314-320.

19764 SCHUBERT, K., « Die Entwicklung der Auferstehungslehre von der nachexilischen bis zur frührabbinischen Zeit », BZ 6 (1962) 177-214.

19765 SINT, J., « Die Auferstchung Jesu in der Verkündigung Urgemeinde », ZKT 84 (1962) 129-151.

19766 CAMBIER, J., « L'affirmation de la résurrection du Christ (1 Co 15,1-10) », AS N° 65 (1963) 12-30.

19767 PRETE, B., « Al terzo giorno (1 Cor 15,4) », dans Studiorum Paulinorum Congressus 1961 (en collab.), I, 403-431.

19768 SABOURIN, L., Les noms et les titres de Jésus, « La résurrection », 183-190.

19769 LANGEVIN, P.-É., « Le baptême dans la mort-résurrection. Exégèse de Rm 6,1-5 », SE 17 (1965) 29-65.

19770 SCHUBERT, K., « Resurrection in pre-Christian Times », TDig 12 (1964) 203-208.

19771 MUSSNER, F., « « Schichten » in der paulinischen Theologie dargetan an 1 Kor 15 », BZ 9 (1965) 59-70.

19772 POTIN, J., « Guérison d'une hémoroïsse et résurrection de la fille de Jaïre (Mt 9,18-26) », AS N° 78 (1965) 25-36.

19773 BALAGUÉ, M., « La prueba de la Resurrección (Jn 20,6-7) », EstB 25 (1966) 169-192.

19774 DACQUINO, P., « La nostra morte e la nostra risurrezione con Cristo, secondo San Paolo », RivB 14 (1966) 225-260.

19775 GONZALEZ RUIZ, J. M., « Rédemption et résurrection », Conci N° 11 (1966) 61-78.

19776 HAULOTTE, E., *Symbolique du vêtement selon la Bible*, « Le Christ vêtu de gloire », 200-206.

19777 KREMER, J., *Das älteste Zeugnis von der Auferstehung Christi*. Eine bibeltheologische Studie zur Aussage und Bedeutung von 1 Kor 15,1-11, 156 pp.

19778 REY, B., *Créés dans le Christ Jésus*. La création nouvelle selon saint Paul, 46-64.

19779 TRILLING, W., *Fragen zur Geschichtlichkeit Jesu*, « Die Auferstehung Jesu », 141-160.

19780 ZEDDA, S., « Mistero pasquale in S. Paolo », BibOr 8 (1966) 213-220.

19781 GAECHTER, P., « Die Engelerscheinungen in den Auferstehungsberichten. Untersuchung einer « Legende » », ZKT 89 (1967) 191-202.

19782 GHIDELLI, C., « Notre résurrection dans le Christ (1 Co 15,12-22) », AS N° 96 (1967) 18-30.

19783 LANGEVIN, P.-É., *Jésus Seigneur et l'eschatologie*, *Exégèse de textes prépauliniens*, «Ὃν ἤγειρεν ἐκ τῶν νεκρῶν », 85-89.

19784 LAWSON, W., « The Resurrection of the Body », Way 7 (1967) 117-125.

19785 O'CONNELL, M., « The Spirit of the Resurrection », Way 7 (1967) 126-134.

19786 POELMAN, R., « Mort, où est ta victoire ? » AS N° 96 (1967) 49-62.

19787 ROGUET, A.-M., *Le miel du rocher*, « Deux psaumes de la résurrection », 97-106.

19788 SEIDENSTICKER, P., *Zeitgenössische Texte zur Osterbotschaft der Evangelien*, 76 pp.

19789 BROX, N., « ΑΝΑΘΕΜΑ ΙΗΣΟΥΣ (1 Kor 12,3) », BZ 12 (1968) 103-111.

19790 SEIDENSTICKER, P., *Die Auferstehung Jesu in der Botschaft der Evangelisten*, 160 pp.

19791 GRABNER-HAIDER, A., « Résurrection et glorification : remarques bibliques », Conci N° 41 (1968) 59-72.

19792 GRABNER-HAIDER, A., « Auferstehungsleiblichkeit. Biblische Bemerkungen », StiZ 93 (1968) 217-222.

19793 LEHMANN, K., *Auferweckt am dritten Tag nach der Schrift* (Freiburg i. B., Herder, 1968), 376 pp.

19794 RUCKSTUHL, E., PFAMMATTER, J., *Die Auferstehung Jesu Christi*. Heilsgeschichtliche Tatsache und Brennpunkt des Glaubens (München, Rex, 1968), 208 pp.

19795 DA SPINETOLI, O., « Il mistero pasquale », BibOr 11 (1969) 49-56.

19796 GHIBERTI, G., « Bibliografia sull'esegesi dei racconti pasquali e sul problema della risurrezione di Gesù (1957-1968) », ScuolC 97 (1969) 68*-84*.

19797 GRABNER-HAIDER, A., « Résurrection et glorification : Remarques bibliques », Conci N° 41 (1969) 59-72.

19798 GRELOT, P., « La promesse de la résurrection et de la vie éternelle (Dn 12,1-3) », AS (n.s.) N° 64 (1969) 36-40.

19799 GUTWENGER, E., « Auferstehung und Auferstehungsleib Jesu », ZKT 91 (1969) 32-58.

19800 HOLSTEIN, H., « L'Église, témoin de la Résurrection », BVC N° 85 (1969) 35-44.

19801 SCHNACKENBURG, R., « Zur Aussageweise « Jesus ist (von den Toten) auferstanden » », BZ 13 (1969) 1-17.

19802 SCHUBERT, K., « Auferstehung als religionswissenschaftliches und theologisches Problem », BiLit 42 (1969) 19-26.

19803 SEIDENSTICKER, P., « The Resurrection seen from Antioch », TDig 17 (1969) 104-109.

19804 ALEU, J., « Resurrección de Jesús », EstE 45 (1970) 35-51.

19805 AUBRY, J., « Valeur salvifique de la mort et de la résurrection de Jesus », AS (n.s.) N° 24 (1970) 66-81.

19806 DE ROSA, G., « Il cristiano oggi di fronte alla Risurrezione », CC 3 (1970) 365-377.

19807 GNILKA, J., « La résurrection du corps dans la moderne discussion exégétique », Conci N° 60 (1970) 115-128.

19808 KEHL, M., « Eucharistie und Auferstehung. Zur Deutung der Ostererscheinungen beim Mahl », GeistL 43 (1970) 90-125.

19809 KREMER, J., « La résurrection de Jésus, principe et modèle de notre résurrection, d'après saint Paul », Conci N° 60 (1970) 71-80.

19810 MERLI, D., « La scopo della risurrezione di Lazzaro in Giov. 11,1-44 », BibOr 12 (1970) 59-82.

19811 MORLET, M., « Le dernier signe de la glorification de Jésus », AS (n.s.) N° 18 (1970) 11-25.

19812 RASCO, E., « La gloire de la résurrection et ses fruits (Ac 2,14.22-28; 3,13-15.17-19; 5,27b.32.40b-41) », AS (n.s.) N° 24 (1970) 6-14.

19813 SCHNACKENBURG, R., « On the Expression « Jesus is risen (from the Dead) » », TDig 18 (1970) 36-42.

19814 TRIMAILLE, M., « Notre résurrection à l'image de Jésus, nouvel Adam (1 Co 15,45-49) », AS (n.s.) N° 38 (1970) 51-58.

19815 TROISFONTAINES, R., « Mort et résurrection », AS (n.s.) N° 18 (1970) 68-75.

19816 VAN IERSEL, B., « La résurrection de Jésus : information ou interprétation ? » Conci N° 60 (1970) 51-62.

Rétribution. Retribution. Vergeltung. Retribuzione. Retribución.

19817 CALLUCCI, D., « La retribuzione nel libro dei Proverbi », ScuolC 1 (1931) 203-218.

19818 VACCARI, A., « Propter retributionem (Ps. 118, 112) », VD 14 (1934) 211-215.

19819 CHAINE, J., « Révélation progressive de la notion de rétribution dans l'Ancien Testament », *Rencontres* N° 4 (1941) 73-89.

19820 GRUENTHANER, M., « The Old Testament and the Retribution in this Life », CBQ 4 (1942) 101-110.

19821 DUBARLE, A.-M., *Les sages d'Israël,* « La rétribution providentielle », 46-53; « L'homme, appétit d'infini; la vanité et la rétribution », 106-111; « Le hasard et l'absence de sanctions », 111-114; « La rétribution individuelle », 167-173.

19822 MONTAGNINI, F., « De retributione eschatologica in libro Proverbiorum », VD 25 (1947) 150-160.

19823 GELIN, A., *Les idées maîtresses de l'Ancien Testament²,* « Le salut personnel : le problème de la rétribution », 54-64.

19824 HEINISCH, P., *Theology of the Old Testament,* « Retribution in the next Life », 259-263.

19825 GUILLET, J., *Thèmes bibliques,* « Les lieux maudits : rétribution », 149-153; « La vie : rétribution », 173-178.

19826 DHEILLY, J., « Les fins dernières dans l'Ancien et le Nouveau Testament », dans *Viens Seigneur,* Cahiers de la Roseraie, IV (Bruxelles, Lumen Vitae; Bruges, Abbaye de Saint-André, 1955), 14-15, 24-26.

19827 DIDIER, G., *Désintéressement du chrétien,* 256 pp.

19828 STEINMANN, J., *Ainsi parlait Qohèlèt* (Paris, Cerf, 1955), « Un monde sans rétribution. Louange de la vie », 92-98.

19829 MARCHEL, W., « De resurrectione et de retributione statim post mortem secundum 2 Mach. comparandum cum 4 Mach. », VD 34 (1956) 327-341.

19830 VAN IMSCHOOT, P., *Théologie de l'Ancien Testament,* « La rétribution du bien et du mal », II, 303-314.

19831 HARVEY, J., « Collectivisme et individualisme : le problème de la rétribution », SE 10 (1958) 182-186.

19832 WIÉNER, C., « Mérite et rétribution », AS N° 22 (1965) 52-67.

19833 LARCHER, C., *Études sur le livre de la Sagesse,* « L'immortalité de l'âme et les rétributions transcendantes », 237-327.

19834 GAMMIE, J. G., « The Theology of Retribution in the Book of Deuteronomy », CBQ 32 (1970) 1-12.

19835 LAPOINTE, R., « Foi et vérifiabilité dans le langage sapiential de rétribution », Bibl 51 (1970) 349-368.

Rêve. Dream. Traum. Sogno. Sueño.

19836 RICHTER, W., « Traum und Traumdeutung im AT. Ihre Form und Verwendung » BZ 7 (1963) 202-220.

19837 RESCH, A., *Der Traum im Heilsplan Gottes.* Deutung und Bedeutung des Traums im Alten Testament (Freiburg i. B., Herder, 1964), 152 pp.

Révélation. Revelation. Offenbarung. Rivelazione. Revelación.

Économie de la révélation. Economy of Revelation. Offenbarungsökonomie. Economia della rivelazione. Economía de la revelación.

19838 RÉGAMEY, P.-R., « Comment se manifeste le Dieu caché », VS 62 (1940) 5-21.

19839 LARCHER, C., « La révélation de Dieu », VS 83 (1950) 363-384.

19840 GUILLET, J., « La révélation progressive du Saint-Esprit dans l'Écriture », LVit 8 (1953) 18-32.

19841 BARSOTTI, D., *La parole de Dieu dans le mystère chrétien,* « L'histoire de la révélation », 69-88.

19842 BARTHÉLEMY, D., « Les idoles et l'image. Comment Dieu se révèle », VS 106 (1962) 286-304.

19843 LATOURELLE, R., « L'économie des signes de la révélation », SE 19 (1967) 7-31.

19844 STRAMARE, T., « Riflessioni sull'economia della rivelazione », RivB 15 (1967) 527-542.

19845 GUILLET, J., « Note sur la révélation progressive de l'Esprit dans la Bible », CHR N° 64 (1969) 533-538.

19846 BLIGH, J., « Development of Doctrine within Scripture », HeyJ 11 (1970) 408-420.

19847 FESTORAZZI, F., « Storia della salvezza », RivB 18 (1970) 343-356.

19848 REY, B., « Théologie trinitaire et révélation biblique », RSPT 54 (1970) 636-653.

Écriture et révélation. Scripture. Heilige Schrift. Scrittura. Escritura.

a) *Ancien Testament. Old Testament. Altes Testament. Antico Testamento. Antiguo Testamento.*

19849 CLOSEN, G., « Um die Offenbarung des Alten Bundes », StiZ 132 (1937) 259-261.

19850 GELIN, A., *Les idées maîtresses de l'Ancien Testament²,* « La révélation de Dieu dans l'Ancien Testament », 11-26.

19851 DUESBERG, H., *Les valeurs chrétiennes de l'Ancien Testament²,* « L'Ancien Testament contient les éléments d'une révélation progressive et provisoire bien qu'authentique », 46-49.

19852   FEUILLET, A., « Les prophètes écrivains et la préparation de l'Évangile », CE N° 3 (1951) 27-54.

19853   PAUL-MARIE DE LA CROIX, P., *L'Ancien Testament source de vie spirituelle*[3], « La révélation au premier homme », 19-25; « La révélation progressive à l'humanité déchue », 26-31; « La parole et les signes », 32-39; « La révélation de la divine Sagesse », 739-750.

19854   VAN IMSCHOOT, P., *Théologie de l'Ancien Testament,* « La révélation », I, 142-236.

19855   HOLSTEIN, H., « La révélation du Dieu vivant », NRT 81 (1959) 157-168.

19856   LARCHER, C., « La parole de Dieu en tant que révélation dans l'A. T. », dans *La parole de Dieu en Jésus-Christ*[2] (en collab.), 35-67.

19857   LARNICOL, C., « La révélation. Ancien Testament », AmiCl 77 (1967) 447-454, 543-548.

19858   SCHARBERT, J., « Offenbarung, Tradition und Schrift im Pentateuch », MüTZ 18 (1967) 93-118.

19859   GUILLEN TORRALBA, J., « Revelación y mito en el Antiguo Testamento », EstB 27 (1968) 195-214.

19860   JENSEN, J., « What Happened to Moses ? » CBQ 32 (1970) 404-417.

b) *Nouveau Testament. New Testament. Neues Testament. Nuovo Testamento. Nuevo Testamento.*

19861   BRINKTRINE, J., « Der Bergriff der Offenbarung im Neuen Testament », TGl 34 (1942) 76-83.

19862   LEBRETON, J., *Lumen Christi,* « La manifestation du Christ », 279-294.

19863   DUPONT, J., *Gnosis.* La connaissance religieuse dans les épîtres de saint Paul, « La révélation des secrets divins », 187-201.

19864   BOISMARD, M.-É., *Le prologue de saint Jean,* « Parole de Dieu et révélation (Jean 1,1a) », 109-123.

19865   CERFAUX, L., *Le Christ dans la théologie de saint Paul*[2], « La révélation du mystère du Christ : le milieu littéraire », 303-310; « Les phases dans la révélation du mystère », 310-314.

19866   DANTEN, J., « La révélation du Christ sur Dieu dans les paraboles », NRT 77 (1955) 450-477.

19867   FERNANDEZ JIMENEZ, M., « Naturalezza del conocimiento de los apostoles acerca del deposito de la Revelación », RET 18 (1958) 5-33.

19868   RICHARDS, H. J., « The Word of God incarnate », SCR 10 (1958) 44-48.

19869   VAN DEN BUSSCHE, H., « La suprême Révélation du Père », BVC N° 23 (1958) 45-52.

19870   CERFAUX, L., « La pensée paulinienne sur le rôle de l'intelligence dans la révélation », Div 3 (1959) 386-396, ou dans *Recueil Lucien Cerfaux,* III, 351-360.

19871   LÉGASSE, S., « La révélation aux NHΠIOI », RB 67 (1960) 321-348.

19872   ZIMMERMANN, H., « Das absolute $\epsilon\gamma\omega$ $\epsilon\iota\mu\iota$ als die neutestamentliche Offenbarungsformel », BZ 4 (1960) 54-69, 266-276.

19873   O'ROURKE, J. J., « Romans 1,20 and natural Revelation », CBQ 23 (1961) 301-306.

19874   PRÜMM, K., « Phänomenologie der Offenbarung laut 2 Kor », Bibl 43 (1962) 396-416.

19875   CIPRIANI, S., « La dottrina del « depositum » nelle lettere pastorali », dans *Studiorum Paulinorum Congressus 1961* (en collab.), II, 127-142.

19876   SOLL, G., « Das Problem der Dogmenentwicklung im Licht des Neuen Testaments », Sal 25 (1963) 319-341.

19877 DUPONT, J., « Le discours devant l'aréopage et la révélation naturelle », RHE 51 (1955) 189-192, ou dans *Études sur les Actes des apôtres,* 157-160.

19878 LARNICOL, C., « La révélation. Le Nouveau Testament », AmiCl 77 (1967) 560-565, 607-617.

19879 STRAMARE, T., « La pienezza della Rivelazione », BibOr 9 (1967) 145-164.

19880 COFFEY, D. M., « Natural Knowledge of God : Reflections on Romans 1 : 18-32 », TS 31 (1970) 674-691.

c) *Divers. Miscellaneous. Verschiedenes. Diversi. Diversos.*

19881 XXX, « Peut-on, par l'Écriture, prouver que la révélation publique a été close, non à l'Ascension, mais à la mort du dernier Apôtre ? » AmiCl 57 (1946-47) 337-340.

19882 McKENZIE, J. L., *The Two-Edged Sword,* « The Sacred Books », 1-21; « God speaks to Man », 22-44.

19883 VAN DEN BUSSCHE, H., « La suprême révélation du Père », BVC N° 23 (1958) 45-52.

19884 DE LUBAC, H., *Exégèse médiévale.* Les quatre sens de l'Écriture, « Écriture et révélation », I, 56-74.

19885 CONNELL, F. J., « Are all revealed Truths in Sacred Scripture ? » AmER 148 (1963) 303-314.

19886 HILL, E., « Revelation in the Bible », SCR 15 (1963) 1-6, 103-109.

19887 SCHNACKENBURG, R., « Zum Offenbarungsgedanken in der Bibel », BZ 7 (1963) 2-22.

19888 HILL, E., « Revelation in the Bible », SCR 16 (1964) 16-21.

19889 TRÉMEL, Y.-B., « La révélation du Dieu vivant », AS N° 53 (1964) 33-48.

19890 IEPER, J., « Was heisst « Gott spricht » ? » Catho 19 (1965) 171-191.

19891 SCHNACKENBURG, R., « Biblical Views of Revelation », TDig 13 (1965) 129-134.

19892 DULLES, A., « Symbol, Myth and the biblical Revelation », TS 27 (1966) 1-26.

19893 LATOURELLE, R., *Théologie de la révélation²,* 568 pp.

Histoire. History. Geschichte. Storia. Historia.

19894 DE LUBAC, H., *Histoire et Esprit,* 246-294.

19895 LATOURELLE, R., « Révélation, histoire et Incarnation », Greg 44 (1963) 225-262.

19896 MUSCHALEK, G., GAMPER, A., « Offenbarung in Geschichte », ZKT 86 (1964) 180-196.

19897 BARR, J., « Revelation through History », TDig 13 (1965) 24-28.

19898 LATOURELLE, R., « Revelation, History, and the Incarnation », TDig 13 (1965) 29-34.

19899 GUTWENGER, E., « Offenbarung und Geschichte », ZKT 88 (1966) 393-410.

19900 O'COLLINS, G. G., « Revelation as History », HeyJ 7 (1966) 394-406.

19901 VÖGTLE, A., « Révélation et histoire dans le Nouveau Testament, contribution à l'herméneutique biblique », Conci N° 27 (1967) 39-48.

19902 GALLOWAY, C. J., « Revelation as Event », SCR 20 (1968) 10-19.

19903 VÖGTLE, A., « The Historical Character of the Revelation in Christ and its Import for Interpreting Scripture », TDig 17 (1969) 115-120.

19904 LIPINSKI, E., *Essais sur la révélation et la Bible,* « Révélation et histoire », 11-20; « La révélation judéo-chrétienne », 21-43.

Vatican II. Vatikanum II. Vaticano II.

19905 BUTLER, C., « The Vatican Council on Divine Revelation. An Interview with Abbot Butler », *Clergy Review* 50 (1965) 659-669.

19906 XXX, « Constitution dogmatique sur la Révélation divine. Présentation », AmiCl 76 (1966) 241-242.

19907 BAUM, G., « Die Konstitution *De Divina Revelatione* », Catho 20 (1966) 85-107.

19908 BETTI, U., FLORIT, E., *Commento alla Costituzione dogmatica sulla divina Rivelazione* (en collab.), 282 pp.

19909 BETTI, U., « La trasmissione della divina rivelazione », dans *Commento alla Costituzione dogmatica sulla divina Rivelazione,* 91-117.

19910 CAPRILE, G., « Tre emendamenti allo schema sulla Rivelazione », CC 117 (1966) 214-231.

19911 DULLES, A., « The Constitution on Divine Revelation in Ecumenical Perspective », AmER 154 (1966) 217-231.

19912 GRANADOS, A., *La « Palabra de Dios », en el Concilio Vaticano II* (Madrid, Rialp, 1966), 250 pp.

19913 GRELOT, P., « La constitution sur la Révélation », Et 324 (1966) 99-113, 233-246.

19914 LATOURELLE, R., « La révélation et sa transmission, selon la constitution « Dei Verbum » », Greg 47 (1966) 5-40.

19915 LATOURELLE, R., « Le Christ, signe de la révélation selon la constitution *Dei Verbum* », Greg 47 (1966) 685-709.

19916 LATOURELLE, R., « La constitution sur la révélation : points d'émergence », *Relations* (Montréal) (1966) 99-101.

19917 LATOURELLE, R., « La Rivelazione », dans *Commento alla Costituzione dogmatica sulla divina Rivelazione,* 68-90.

19918 MANARANCHE, A., « Constitution dogmatique sur la Révélation divine », dans *Cahiers d'Action religieuse et sociale* (Paris, 1966) N° 435.

19919 MARTINI, C. M., « Alcuni aspetti della Costituzione Dommatica « Dei Verbum » », CC 2 (1966) 217-226.

19920 O'FLYNN, J. A., « The Constitution on Divine Revelation », IrThQ 33 (1966) 254-264.

19921 PERARNAU, J., *Constitución dogmatica sobre la Revelación divina* (Castellon de la Plana, Palacio Episcopal, 1966), 200 pp.

19922 RAHNER, K., VORGRIMLER, H., *Kleines Konzilskompendium²* (Herder, Freiburg, Basel, Wien, 1966), « Die dogmatische Konstitution über die göttliche Offenbarung « Dei Verbum » », 361-366.

19923 SCHEIFLER, J. R., « La « Palabra de Dios » y la vida espiritual. A propósito de la Constitución « Dei Verbum » », Manr 38 (1966) 203-222.

19924 SEMMELROTH, O., ZERWICK, M., *Vatikanum II über das Wort Gottes,* 96 pp.

19925 TAVARD, G. H., « Commentary on *De Revelation* », *Journal of Ecumenical Studies* 3 (1966) 1-35.

19926 VORGRIMLER, H., « Die Konstitution über die göttliche Offenbarung », BiLit 39 (1966) 105-110.

19927 ZERWICK, M., « De S. Scriptura in Constitutione dogmatica « Dei Verbum » », VD 54 (1966) 37-42.

19928 BAUM, G., « Vatican II's Constitution on Revelation : History and Interpretation », TS 28 (1967) 51-75.

19929 HOLSTEIN, H., « La Constitution Dei Verbum sur la divine Révélation », BVC N° 73 (1967) 43-59.

19930 STAKEMEIER, E., *Die Konzils-Konstitution über die göttliche Offenbarung²* (Paderborn, Bonifacius, 1967), 390 pp.

19931 WORDEN, T., « Revelation and Vatican II », SCR 19 (1967) 54-62.

19932 XXX, « La parole de Dieu. Le concile parle de la Bible », CE N° 69 (1968) 1-76.

19933 ADINOLFI, M., « La rivelazione divina nell'insegnamento della Chiesa ieri e oggi », Ant 43 (1968) 3-20.

19934 DU BUIT, M., « De Divina Revelatione (commentaire de la Constitution « Dei Verbum » de Vatican II) », CE N° 69 (1968) 5-71.

19935 VOLTA, G., « La Rivelazione di Dio e la Sacra Tradizione secondo la Costituzione dogmatica « Dei Verbum » », ScuolC 97 (1969) 30-52, 83-115.

19936 WIDMER, G. P., « Quelques réflexions d'un point de vue réformé sur la Constitution « Dei Verbum » », Ir 24 (1969) 149-176.

19937 DUPUY, B.-D., « Lignes de force de la Constitution « Dei Verbum » de Vatican II », Ir 43 (1970) 3-6.

Divers. Miscellaneous. Verschiedenes. Diversi. Diversos.

19938 DALY, G., « The Mysteries of the Deep », AmER 99 (1938) 278-285.

19939 FOREST, A., « Connaissance et révélation », RT 47 (1947) 482-495.

19940 ALGER, B., WORDEN, T., « Questions and Answers : Similarities with Pagan Religions », SCR 10 (1958) 58-60.

19941 BULST, W., *Offenbarung, biblischer und theologischer Begriff* (Düsseldorf, 1960), 130 pp.

19942 MICHEL, A., « L'enseignement du Magistère et l'époque où fut close la Révélation », Div 5 (1961) 849-864.

19943 CAHILL, J., « Rudolf Bultmann's Concept of Revelation », CBQ 24 (1962) 297-306.

19944 CONGAR, Y., *La foi et la théologie* (Tournai, Desclée et Cie, 1962), 3-40.

19945 DANNEMILLER, L., « God speaks in human Ways », Wor 36 (1962) 380-386.

19946 LATOURELLE, R., « Miracle et révélation », Greg 43 (1962) 492-509.

19947 DULLES, A., « The Theology of Revelation », TS 25 (1964) 43-58.

19948 FERNANDEZ, A., « Concepto de Revelación », RET 24 (1964) 3-36.

19949 MORAN, G., « What is Revelation ? » TS 25 (1964) 217-231.

19950 SIMON, J. M., « La révélation et l'Église », RUO 34 (1964) 38*-61*.

19951 GARCIA MARTINEZ, F., « Concepto genuino de la revelación, objeto formal de la fe », RET 25 (1965) 2-23.

19952 HILL, E., « Revelation and Gnosis », SCR 17 (1965) 80-90.

19953 JOHACH, H., « Karl Jasper's Kritik am Offenbarungsglauben », Catho 19 (1965) 282-302.

19954 LATOURELLE, R., « La sainteté signe de la Révélation », Greg 46 (1965) 36-65.

19955 ALEU, J., « Revelación », EstE 41 (1966) 71-92.

19956 DE LUBAC, H., *La révélation divine* (Lyon, Librairie S. Paul, 1966), 72 pp.

19957 SMITH, J. J., « Primal Revelation and the natural Knowledge of God : Brunner and the Catholic Theology », TS 27 (1966) 339-357.

19958 DEJAIFVE, G., « Diversité dogmatique et unité de la Révélation », NRT 89 (1967) 16-26.

19959 DOMINGUEZ DEL VAL, U., « Revelación y Tradición », Salm 14 (1967) 245-280.

19960 McNAMARA, K., « Divine Revelation », IrThQ 34 (1967) 3-19.

19961 RICHARD, L., « Le processus psychologique de la révélation prophétique selon saint Thomas d'Aquin », LTP 23 (1967) 42-75.

19962 ROTTER, H., « Naturrecht und Offenbarung », StiZ 179 (1967) 283-292.

19963 STRAMARE, T., « La trasmissione della rivelazione », RivB 15 (1967) 225-248.

19964 ROSSANO, P., « Y a-t-il une révélation authentique en dehors de la révélation judéo-chrétienne ? » RivB 16 (1968) 225-228.

19965 FLORKOWSKI, J., « La Foi et la Révélation selon Bultmann », AmiCl 79 (1969) 185-190.

19966 HOLSTEIN, H., « Les « Deux Sources » de la Révélation », RSR 57 (1969) 375-434.

19967 LATOURELLE, R., *Théologie de la Révélation*[3], 572 pp.

19968 BESNARD, A.-M., « La nature, miroir de Dieu ? » VS 122 (1970) 699-718.

19969 LAPOINTE, R., « The Divine Monologue as a Channel of Revelation », CBQ 32 (1970) 161-181.

Richesse. Riches. Reichtum. Ricchezza. Riqueza.

19970 LEBRETON, J., *La vie et l'enseignement de J.-C.*[16], « Le mauvais riche; le jeune homme riche », II, 100-108.

19971 AB ORBISO, T., « Vae divitibus malis (Jac 5,1-6) », VD 26 (1948) 71-87.

19972 MOLLAT, D., « Richesse et pauvreté du Christ », CE N° 9 (1953) 7-22.

19973 GUILLET, J., *Thèmes bibliques,* « Posséder la terre », 181-196.

19974 BEAUCAMP, É., « Le don de la terre et sa richesse spirituelle », VS 96 (1957) 127-141.

19975 KOCH, R., « Die Wertung des Besitzes im Lukasevangelium », Bibl 38 (1957) 151-169.

19976 TRÉMEL, Y.-B., « Dieu ou Mammon », LV N° 39 (1958) 9-31.

19977 TROADEC, H.-G., « Faut-il désirer la richesse ? (Deutéronome 28,1-14) », BVC N° 37 (1961) 46-52.

19978 ZEHRER, F., « Arm und Reich in der Botschaft Jesu », BiLit 36 (1962-63) 148-163.

19979 GOURBILLON, J. G., DU BUIT, M., HOUSSIN, F., « À vous les riches ! » CE N° 54 (1964) 5-69.

19980 BIGO, P., « La richesse comme intendance, dans l'Évangile, à propos de Luc 16,1-9 », NRT 87 (1965) 267-271.

19981 LÉGASSE, S., *L'appel du riche,* 296 pp.

19982 VATTIONI, F., *Beatitudini, Povertà, Ricchezza* (Milano, Ed. Àncora, 1966), 456 pp.

Rocher. Rock. Fels. Roccia. Roca.

19983 LYONNET, S., « De Christo summo angulari lapide secundum Eph 2,20 », VD 27 (1949) 74-83.

19984 SCHMITT, J., « Petra autem erat Christus », MD N° 29 (1952) 18-31.

19985 GONZALEZ, A., « El rocío del Cielo », EstB 22 (1963) 109-139.

19986 FORD, J. M., « The Jewel of Discernment. A Study of Stone Symbolism », BZ 11 (1967) 109-116.

Royaume. Kingdom. Reich. Regno. Reino.

Ancien Testament. Old Testament. Altes Testament. Antico Testamento. Antiguo Testamento.

19987 CLOSEN, G., « Prophetia quaedam de Regno Dei (Ps. 87) », VD 24 (1934) 231-240.

19988 CALÈS, J., « Les psaumes du règne de Yahweh », RSR 25 (1935) 462-489.

19989 TEOFILO DE ORBISO, P., « El « Reiño de Dios » en los salmos », EstF 49 (1948) 13-35, 199-209.

19990 GELIN, A., *Les idées maîtresses de l'Ancien Testament,* « L'attente des biens « messianiques » et ses expressions majeures : la promesse, l'alliance, le royaume, le salut-rédemption », 27-36; « L'attente du Messie : l'attente du Messie-Roi », 36-43.

19991 HEINISCH, P., *Theology of the Old Testament,* « The New Kingdom of God », 281-302.

19992 FEUILLET, A., « Les psaumes eschatologiques du Règne de Yahweh », NRT 73 (1951) 244-260, 352-363.

19993 MAYER, R., « Der Erlöserkönig des Alten Testamentes », MüTZ 3 (1952) 221-243, 367-384.

19994 PAUL-MARIE DE LA CROIX, P., *L'Ancien Testament source de vie spirituelle*[3], « Très-Haut : Roi », 85-97.

19995 GROSS, H., *Weltherrschaft als religiöse Idee im Alten Testament* (Bonn, P. Hanstein, 1953), 147 pp.

19996 DE FRAINE, J., *L'aspect religieux de la royauté israélite*, 40-425 pp.

19997 SEGULA, F., « Messias Rex in Psalmis », VD 32 (1954) 21-33, 77-83, 142-154.

19998 GROSS, H., « Lässt sich in den Psalmen ein « Thronbesteigungsfest Gottes » nachweisen ? » TrierTZ 65 (1956) 24-40.

19999 McKENZIE, J. L., *The Two-Edged Sword*, « King and Prophet », 132-149.

20000 BEAUCAMP, É., « L'espérance du règne de Dieu et son développement dans la trame de l'histoire d'Israël », VS 96 (1957) 572-591.

20001 BONSIRVEN, J., « Le Règne de Dieu suivant l'Ancien Testament », dans *Mélanges bibliques rédigés en l'honneur de André Robert* (en collab.), 295-302.

20002 ROSE, A., « Le règne du Dieu-Saint. Lecture juive du Psaume 99 », BVC N° 19 (1957) 91-99; N° 20 (1957) 101-108.

20003 BEAUCAMP, É., « Tu le combles de joie devant Ta Face (Psaume 21) », BVC N° 22 (1958) 78-88.

20004 DE VAUX, R., *Les institutions de l'A. T.*, « La personne du roi », I, 155-176; « La maison du roi », I, 177-193; « Les grands officiers du roi », I, 195-203; « L'administration du royaume », I, 205-213.

20005 LIPINSKI, E., « Les psaumes de la royauté de Yahvé dans l'exégèse moderne », dans *Le psautier* (en collab.), 133-272.

20006 BOURKE, J., « The Ideal King of Judah », SCR 11 (1959) 97-109.

20007 BUCCELLATI, G., « Da Saul a David : le origini della monarchia israelitica », BibOr 1 (1959) 99-128.

20008 DE FRAINE, J., *Adam et son lignage*, « Le roi (et la personnalité corporative) », 134-148.

20009 DE FRAINE, J., « Teocrazia e monarchia in Israele », BibOr 1 (1959) 4-11.

20010 DE FRAINE, J., « Peut-on parler d'un véritable sacerdoce du roi en Israël ? » dans *Sacra Pagina* (en collab.), I, 537-547.

20011 CAZELLES, H., « Mito, rituale e regalità », BibOr 2 (1960) 121-135.

20012 LORETZ, O., « Der Glaube des Propheten Isaias an das Gottesreich », ZKT 82 (1960) 40-73, 159-181.

20013 MALY, E. H., « The Jotham Fable anti-monarchical ? » CBQ 22 (1960) 299-305.

20014 BORNERT, R., « Hymne pour la manifestation du Seigneur (Ps 97) », AS N° 17 (1962) 7-20.

20015 GONZALEZ NUÑEZ, A., *Profetas, Sacerdotes y Reyes en Antiguo Israel*. Problemas de adaptación del Yahvismo en Canaan (Madrid, Instituto Español de Estudios Eclesiásticos, 1962), 15-405 pp.

20016 POULSSEN, N., « Rex et templum in Israel », VD 40 (1962) 264-269.

20017 LIPINSKI, E., « Yahweh mâlak », Bibl 44 (1963) 405-460.

20018 DE VAUX, R., « Le roi d'Israël, vassal de Yahvé », dans *Mélanges Eugène Tisserant* (Studi e Testi, 231) (Romae, Biblioteca Apostolica Vaticana, 1964), I, 119-133, ou dans *Bible et Orient*, 287-301.

20019 LIPINSKI, E., « L'intronisation royale de Dieu », AS N° 9 (1964) 7-22.

20020 McKENZIE, J. L., *The Power and the Wisdom*, « The Reign of God », 48-70.

20021 ASENSIO, F., « El Yahweh de Malak de los « Salmos del Reino » en la historia de la « Salvación » », EstB 25 (1966) 299-315.

20022 BROWNLEE, W. H., « Le livre grec d'Esther et la royauté divine », RB 73 (1966) 161-185.

20023 TOURNAY, R., « Le Roi-Messie (Ps 2) », AS N° 88 (1966) 46-63.

20024 BEAUCAMP, É., DE RELLES, J.-P., *Israël attend son Dieu,* « La volonté du suzerain », 280-302.

20025 COPPENS, J., « La date des Psaumes de l'intronisation et de la royauté de Yahvé », ETL 43 (1967) 192-197.

20026 POULSSEN, N., *König und Tempel im Glaubenszeugnis des alten Testamentes* (Stuttgart, Katholisches Bibelwerk, 1967), 220 pp.

20027 LANGLAMET, F., « Les récits de l'institution de la royauté (I Sam., VII-XII) », RB 77 (1970) 161-200.

Nouveau Testament. New Testament. Neues Testament. Nuovo Testamento. Nuevo Testamento.

20028 SKRINJAR, A., « Le but des paraboles sur le règne et l'économie des lumières divines d'après l'Écriture Sainte », Bibl 11 (1930) 291-321, 426-449; 12 (1931) 27-40.

20029 SPICQ, C., *La révélation de l'espérance dans le Nouveau Testament* (Avignon, Aubanel; Paris, Libr. Dominicaine; 1932), « Le règne et le royaume de Dieu. Objet d'espérance », 170-184.

20030 XXX, « Ewigkeit und Begrenztheit des Königtums Christi », BiLit 9 (1934-35) 25-26.

20031 JANOT, J. E., « L'Évangile par les sommets », Et 224 (1935) 577-597.

20032 BONSIRVEN, J., *Les enseignements de Jésus-Christ,* « Le règne de Dieu », 51-63.

20033 JACONO, V., « Il Regno di Dio in S. Matteo », ScuolC 69 (1941) 380-402, 449-462.

20034 LEBRETON, J., *Lumen Christi,* « L'avènement du règne de Dieu », 55-84.

20035 LEBRETON, J., *La vie et l'enseignement de J.-C.*[16], « Les paraboles du royaume des cieux », I, 297-328.

20036 ZERWICK, M., « Pro Regno Dei (Lc 9,57-62) », VD 25 (1947) 347-351.

20037 BONSIRVEN, J., *Les enseignements de Jésus-Christ,* « Le règne de Dieu : conceptions bibliques et juives; usage de Jésus », 51-62; « Nature et définition du Royaume », 362-371.

20038 DESCAMPS, A., *Les justes et la justice dans les évangiles et le christianisme primitif hormis la doctrine proprement paulinienne,* « Le privilège des pécheurs dans l'accès au Royaume », 94-110; « Les justes dans le Royaume », 207-249.

20039 NÖTSCHER, F., « Das Reich (Gottes) und seine Gerechtigkeit (Mt 6,33 vgl. Lc 12,31) », Bibl 31 (1950) 237-241.

20040 QUINN, E., « The Kingdom of God and the Church in the synoptic Gospels », SCR 4 (1950) 237-244.

20041 BONSIRVEN, J., *Théologie du Nouveau Testament,* « Conceptions bibliques et juives », 55-57; « Les croyances des premiers chrétiens : le règne de Dieu », 189-191.

20042 BONSIRVEN, J., *Théologie du N. T.,* « Règne de Dieu. Messianisme », 55-71.

20043 DUPONT, J., *Essais sur la christologie de saint Jean,* « Vie et Royaume », 165-171.

20044 BOUYER, L., *La Bible et l'Evangile*[2], « Le règne de Dieu : les apocalypses et l'Évangile », 159-176.

20045 CERFAUX, L., « L'itinéraire du règne de Dieu au royaume des cieux », BVC N° 1 (1953) 20-32.

20046 DESCAMPS, A., « Le messianisme royal dans le N. T. », dans *L'attente du Messie* (en collab.), 57-84.

20047 FRANSEN, I., « L'Évangile selon Matthieu : la charte du royaume des cieux », BVC
        N° 6 (1958) 68-83.

20048 CERFAUX, L., « La connaissance des secrets du Royaume d'après *Mt.*, XIII,11 et
        parallèles », *New Testament Studies* 2 (1955-56) 238-249, ou dans *Recueil Lucien
        Cerfaux,* III, 123-138.

20049 CERFAUX, L., « Les paraboles du Royaume dans l' « Évangile de Thomas » », *Le
        Muséon* 70 (1957) 307-327, ou dans *Recueil Lucien Cerfaux,* III, 61-80.

20050 STANLEY, D. M., « Kingdom to Church. The structural Development of apostolic
        Christianity in the N. T. », TS 16 (1955) 1-29.

20051 GILS, F., *Jésus prophète, d'après les évangiles synoptiques,* « L'annonce prophétique du
        royaume des cieux », 89-173.

20052 MUSSNER, F., « Die Bedeutung von Mk 1,14f für die Reichsgottesverkündigung Je-
        su », TrierTZ 66 (1957) 257-275.

20053 CERFAUX, L., « Le conflit entre Dieu et le souverain divinisé dans l'Apocalypse de
        Jean », dans *Studies in The History of Religions* (Supplements to *Numen*), 4 (1959)
        459-470, ou dans *Recueil Lucien Cerfaux,* III, 226-236.

20054 GEORGE, A., « Le service du Royaume (Marc 10,35-45) », BVC N° 25 (1959) 15-19.

20055 LACAN, M.-F., « Conversion et Royaume dans les Évangiles synoptiques », LV
        N° 47 (1960) 25-47.

20056 THOMAS, J., « Le royaume du Christ », CHR N° 7 (1960) 563-574.

20057 DECOURTRAY, A., « Les pauvres et le Royaume », AS N° 4 (1961) 81-90.

20058 BOISMARD, M.-É., « La royauté du Christ dans le quatrième évangile », LV N° 57
        (1962) 43-63.

20059 GEORGE, A., « La royauté de Jésus selon l'évangile de Luc », SE 14 (1962) 57-69.

20060 MUSSNER, F., « « Wann kommt das Reich Gottes ? » Die Antwort Jesu nach Lk
        17,20b,21 », BZ 6 (1962) 107-111.

20061 SNEED, R., « The Kingdom of God is within you (Lk 17,21) », CBQ 24 (1962) 363-382.

20062 GUILLET, J., *Jésus-Christ hier et aujourd'hui,* « Devoir d'état et attente du Royaume
        de Dieu », 247-264.

20063 LEMONNYER, L., CERFAUX, L., *Théologie du Nouveau Testament,* 41-60.

20064 DUPONT, J., « Le royaume des cieux est semblable à... », BibOr 6 (1964) 247-254.

20065 BAUM, G., *Les Juifs et l'Évangile,* « Le royaume des derniers jours », 76-83.

20066 CERFAUX, L., *La théologie de l'Église suivant saint Paul³,* « Du règne de Dieu à
        l'Église », 327-349.

20067 BOISMARD, M.-É., « La royauté universelle du Christ (Jn 18,35-37) », AS N° 88
        (1966) 33-45.

20068 LÉON-DUFOUR, X., *Les évangiles et l'histoire de Jésus,* « Le règne de Dieu est à
        l'oeuvre », 378-397.

20069 WALKER, W. O., « The Kingdom of the Son of Man and the Kingdom of the Father
        in Matthew », CBQ 30 (1968) 573-579.

20070 TRILLING, W., *Christusverkündigung in den synoptischen Evangelien,* « Die Botschaft
        vom Reiche Gottes (Mk 1,14-15) », 40-63.

20071 DUPONT, J., « Deux paraboles du Royaume (Mc 4,26-34) », AS (n.s.) N° 42 (1970)
        50-59.

20072 GALLERAND, M., « Je fais reverdir l'arbre sec », AS (n.s.) N° 42 (1970) 60-65.

Divers. Miscellaneous. Verschiedenes. Diversi. Diversos.

20073 VITTI, A., « La recente interpretazione del « Regno di Dio » nel sistema escatologi-
        co », ScuolC 4 (1932) 3-17.

20074   ROVIRA, J., « El rey temporal y el Rey eternal », Manr 10 (1934) 318-326; 11 (1935) 127-136; 12 (1936) 126-135.

20075   BONSIRVEN, J., *Le règne de Dieu,* 232 pp.

20076   CERFAUX, L., « Le royaume de Dieu », VS 75 (1946) 645-656.

20077   McEVOY, J., « Realized Eschatology and the Kingdom Parables », CBQ 9 (1947) 329-357.

20078   OÑATE, J. A., « El « Reino de Dios » en la Sagrada Escritura », EstB 3 (1944) 343-382, 495-522.

20079   XXX, « Thy Kingdom come », Wor 26 (1951-52) 393-405.

20080   CERFAUX, L., « L'itinéraire du règne de Dieu au royaume des cieux », BCV N° 3 (1953) 20-32.

20081   DE MONTCHEUIL, Y., *Le royaume et ses exigences,* 126 pp.

20082   FORSTNER, D., « Kranz und Krone », BiLit 23 (1955-56) 219-224, 252-256.

20083   SCHNACKENBURG, R., *Gottes Herrschaft und Reich.* Eine biblischtheologische Studie (Freiburg, Herder, 1959), 256 pp.

20084   BLATTER, T., *Macht und Herrschaft Gottes.* Eine Bibel-theologische Studie (Freiburg, Universitätsverlag, 1962), 150 pp.

20085   DE FRAINE, J., « Le royaume de Dieu », AS N° 15 (1965) 45-70.

20086   GEORGE, A., « Le règne de Dieu », VS 110 (1964) 43-54.

20087   NÖTSCHER, F., *Vom Alten zum Neuen Testament* (Bonn, P. Hanstein, 1962), « Das Reich (Gottes) und seine Gerechtigkeit », 226-230.

20088   SCHWARZ, V., « Nehmt das Reich in Besitz... », BiLit 35 (1961-62) 65-70.

20089   WURZINGER, A., « Es komme Dein Königreich », BiLit 38 (1964-65) 89-94.

20090   ZIEGLER, J., « Die Reichgottesidee J. B. Hirschers unter dem Aspekt der Exegese und der Moraltheologie », TGl 52 (1962) 30-41.

Saba (reine de). Saba (queen of). Saba (königin von). Saba (regina di). Sabá (reina de).

20091   DANIÉLOU, J., *Les saints païens de l'Ancien Testament,* « La reine de Saba », 147-158.

Sabbat. Sabbath. Sabbat. Sabato. Sabado.

20092   CAZELLES, H., *Études sur le Code de l'Alliance,* 92-95.

20093   LELOIR, L., « Le sabbat judaïque, préfiguration du dimanche », MD N° 9 (1947) 38-51.

20094   PETTIRSCH, F., « Das Verbot der *opera servilia* in der Hl. Schrift und in der altkirchlichen Exegese », ZKT 69 (1947) 257-327, 417-444.

20095   CANTINAT, J., « L'enseignement de Jésus sur le sabbat », AT 9 (1948) 234-241.

20096   FÉRET, H.-M., « Les sources bibliques » (du dimanche), dans *Le Jour du Seigneur,* 39-105.

20097   GUARDINI, R., « Le Jour sacré dans l'histoire du salut », dans *Le Jour du Seigneur,* 181-198.

20098   DANIÉLOU, J., *Bible et Liturgie²,* « Le mystère du sabbat », 303-328.

20099   BOTTERWECK, G., « Der Sabbat im Alten Testamente », TQ 134 (1954) 134-147, 448-457.

20100   CURLEY, F. X., « On the seventh Day God rested from all His Work », AmER 130 (1954) 306-316.

20101   BAUER, J., « Vom Sabbat zum Sonntag », BiLit 23 (1955-56) 106-110.

20102   VAN IMSCHOOT, P., *Théologie de l'Ancien Testament,* « Le sabbat », 193-201, « L'année sabbatique », II, 201-203.

20103 TROADEC, H.-G., « Le fils de l'homme est maître même du sabbat (Marc 2,23-3,6) », BVC N° 21 (1958) 73-83.

20104 DE VAUX, R., *Les institutions de l'A. T.,* « Le sabbat », II, 371-382.

20105 CAZELLES, H., « Ex 34,21 traite-t-il du sabbat ? » CBQ 23 (1961) 223-226.

20106 MAERTENS, T., *C'est fête en l'honneur de Yahvé,* « Le sabbat et le dimanche », 128-164.

20107 GILS, F., « Le sabbat a été fait pour l'homme et non l'homme pour le sabbat (Mc 2,27) », RB 69 (1962) 506-523.

20108 TRÉMEL, Y.-B., « Du sabbat au jour du Seigneur », LV N° 58 (1962) 29-49.

20109 STIASSNY, J., « Le sabbat dans la piété juive », BVC N° 61 (1965) 44-56.

20110 WAMBACQ, B. N., *Instituta Biblica,* « De serie sabbatica », 188-216.

20111 DELHAYE, P., LECAT, J., « Dimanche et Sabbat », MSR 23 (1966) 3-14, 73-93.

20112 GUILLEN TORRALBA, J., « Nuevas aportaciones al estudio del sabado », EstB 26 (1967) 77-90.

20113 GUILLEN TORRALBA, J., « Motivación deuteronómica del precepto del Sabat », EstB 29 (1970) 73-100.

Sacerdoce. Priesthood. Priestertum. Sacerdozio. Sacerdocio.

Ancien Testament. Old Testament. Altes Testament. Antico Testamento. Antiguo Testamento.

20114 DE VAUX, R., « Le sacerdoce de l'A. T. », VSS 46 (1936) 129-147.

20115 O'MAHONY, J., « The eternal Priesthood », Wor 11 (1937) 194-199.

20116 NORTH, R., « Moses and the Average Priest », AmER 126 (1952) 241-259.

20117 PAUL-MARIE DE LA CROIX, P., *L'Ancien Testament source de vie spirituelle³,* « Le grand commandement : ce qui est demandé au sacerdoce », 178-182.

20118 STROBEL, A., « Jeremias, Priester ohne Gottesdienst ? » BZ 1 (1957) 214-224.

20119 BAUER, J. B., « Könige und Priester, ein heiliges Volk (Ex 19,6) », BZ 2 (1958) 283-286.

20120 CERFAUX, L., « Die Weihe des Hohenpriesters », BiLit 26 (1958-59) 17-21.

20121 BEAUDET, R., « Le sacerdoce et les prophètes », LTP 15 (1959) 127-138.

20122 DE FRAINE, J., « Peut-on parler d'un véritable sacerdoce du roi en Israël ? » dans *Sacra Pagina* (en collab.), I, 537-547.

20123 GELIN, A., « Le sacerdoce de l'Ancienne Alliance », 27-60, dans *La tradition sacerdotale* (en collab.) (Le Puy, Xavier Mappus, 1959), 316 pp.

20124 HAURET, C., « Moïse était-il prêtre ? » Bibl 40 (1959) 509-521.

20125 DE VAUX, R., *Les institutions de l'A. T.,* « La fonction sacerdotale », II, 195-211; « Le lévitisme », II, 213-231; « Le sacerdoce de Jérusalem sous la monarchie », II, 233-252; « Le sacerdoce après l'Exil », II, 253-277.

20126 GONZALEZ NUÑEZ, A., *Profetas, Sacerdotes y Reyes en el Antiguo Israel.* Problemas de adaptación del Yahvismo en Canáan (Madrid, Instituto Espanol de Estudios Eclesiásticos, 1962), 15-405 pp.

20127 GRELOT, P., « Spiritualité lévitique et spiritualité cléricale », CHR N° 9 (1962) 291-305.

20128 HAURET, C., « Évolution du sacerdoce dans l'Ancien Testament », AS N° 93 (1965) 45-66.

20129 JOHNSTON, L., « Priests and People », SCR 17 (1965) 9-14.

20130 ZERAFA, P., « Priestly Messianism in the Old Testament », Ang 42 (1965) 318-341.

20131 ALONSO DIAZ, J., « Cómo y cuándo entra en la línea del mesianismo clásico el aspecto
        sacerdotal », EstB 25 (1966) 283-298.
20132 HAULOTTE, E., *Symbolique du vêtement selon la Bible*, « Le costume sacerdotal »,
        44-54.
20133 COLSON, J., « Prêtres et peuple sacerdotal », VS 117 (1967) 450-477.
20134 ALONSO DIAZ, J., « Cómo y cuándo entra dentro de la línea del mesianismo clásico
        el aspecto sacerdotal », dans *El sacerdocio de Cristo* (en collab.), 5-18.
20135 CODY, A., *A History of Old Testament Priesthood* (Rome, Pont. Biblical Institute, 1969),
        216 pp.
20136 HAURET, C., « Lewy et Kohen », RevSR 44 (1970) 85-100.
20137 LELOIR, L., « Valeurs permanentes du sacerdoce lévitique », NRT 92 (1970) 246-266.
20138 LOHFINK, N., « Altes Testament und kirchliches Amt », StiZ 185 (1970) 269-276.
20139 PENNA, A., « Riflessioni sul sacerdozio nell'A.T. », RivB 18 (1970) 105-130.

Nouveau Testament. New Testament. Neues Testament. Nuovo Testamento. Nuevo Testamento.

20140 BARDY, G., « Les origines du sacerdoce chrétien », VSS 47 (1936) 12-32, 86-106.
20141 CAVALLA, V., « Episcopi e presbiteri nella Chiesa primitiva », ScuolC 64 (1936)
        235-256.
20142 BARDY, G., « Le sacerdoce et les missions à l'âge apostolique », VSS 50 (1937) 86-112.
20143 BERNARD, R., « Les prêtres du Christ », VS 60 (1939) 167-177.
20144 CERFAUX, L., « Regale Sacerdotium », RSPT 28 (1939) 5-39, ou dans *Recueil Lucien
        Cerfaux*, II, 283-315.
20145 RÖSCH, C., « Textus biblici Missae D. N. I. Ch. summi et aeterni sacerdotis exegetice
        et liturgice explicati », VD 20 (1940) 161-165.
20146 BENOIT, P., « Les origines de l'épiscopat dans le N. T. », dans *Le Moniteur Diocésain*
        (Jérusalem), avril 1945, 5-8; mai 1945, 5-9, ou dans BENOIT, P., *Exégèse et théologie*,
        II, 232-246.
20147 BOUYER, L., *Le mystère pascal*, « Le prêtre éternel selon l'ordre de Melchisé-
        dech », 316-330.
20148 PUZO, F., « Los obispos presbíteros en el N. T. », EstB 5 (1946) 41-70.
20149 DE AMBROGGI, P., « Il sacerdozio dei fedeli secondo la Prima di Pietro », ScuolC
        75 (1947) 52-57.
20150 SPICQ, C., « Spiritualité sacerdotale dans le Nouveau Testament », VS 77 (1947)
        446-460.
20151 SPICQ, C., « Les vertus théologales du prêtre », VS 76 (1947) 856-876.
20152 PODECHARD, E., « Psaume 110 », dans *Études de critique et d'histoire religieuse.
        Mélanges L. Vaganay*, 7-24.
20153 PELLAND, L., « Le sacerdoce des fidèles », SE 2 (1949) 5-26.
20154 PRAT, F., *La théologie de saint Paul*[38], « Prêtres et diacres; qualités exigées des candi-
        dats », I, 407-418.
20155 SPICQ, C., *Spiritualité sacerdotale d'après saint Paul*, 202 pp.
20156 SPICQ, C., « L'origine johannique de la conception du Christ-prêtre dans l'épître aux
        Hébreux », dans *Aux sources de la tradition chrétienne. Mélanges offerts à Maurice
        Goguel* (Neuchatel, Paris, Delachaux et Niestlé, 1950), 258-269.
20157 CONGAR, Y., « Structure du sacerdoce chrétien », MD Nº 27 (1951) 51-85.
20158 RAMBALDI, G., « Ministri de Gesu Cristo e membra del suo Corpo Mistico », CC
        3 (1951) 59-69.
20159 SPICQ, C., *L'épître aux Hébreux*, « L'oeuvre du Christ : les fruits du sacrifice », I,
        304-309; « Le meilleur sacrifice de la meilleure alliance », I, 309-310.

20160 BENOIT, P., « L'ordination dans le judaïsme et dans le N. T. selon E. Lohse », RB 61 (1954) 298-299, ou dans BENOIT, P., *Exégèse et théologie*, II, 247-249.

20161 SAURAS, E., « El laicado y el poder cultual sacerdotal. Existe un sacerdocio laical ? » RET 14 (1954) 275-326.

20162 XXX, « L'homme de Dieu », *L'Anneau d'Or* N°s 63-64 (1955) 187-377.

20163 CARRÉ, A.-M., « Le prêtre, apôtre de Jésus-Christ », *L'Anneau d'Or* N°s 63-64 (1955) 256-264.

20164 GUILLET, J., « Le sacerdoce de la Nouvelle Alliance », CHR N° 5 (1955) 10-28.

20165 LIÉGÉ, P.-A., « Le prêtre, ministre de la Parole », *L'Anneau d'Or* N°s 63-64 (1955) 265-270.

20166 JUGLAR, J., « Le prêtre, homme de la messe », *L'Anneau d'Or* N°s 63-64 (1955) 299-310.

20167 LOCHET, L., « Le prêtre, sacrement de Jésus-Christ », *L'Anneau d'Or* N°s 63-64 (1955) 291-298.

20168 ORDOÑEZ, V., « El sacerdocio de los fieles (sentido escriturístico textual) », RET 16 (1956) 359-379.

20169 SCHEDL, C., « Zeugen der Auferstehung », BiLit 24 (1956-57) 6-13.

20170 VITTI, A., « La dottrina di s. Paolo sul sacerdozio », RivB 4 (1956) 1-16.

20171 DANIÉLOU, J., « Le ministère sacerdotal chez les Pères grecs », dans *Études sur le sacrement de l'Ordre* (en collab.), 147-166.

20172 FRANSEN, I., « Jesus, wahrer Hoherpriester des wahren Bundeszeltes », BiLit 25 (1957-58) 172-182, 218-225, 261-269.

20173 GELIN, A., « Le sacerdoce du Christ d'après l'épître aux Hébreux », dans *Études sur le sacrement de l'Ordre* (en collab.), 43-76.

20174 GY, P.-M., « Réflexions sur le vocabulaire antique du sacerdoce chrétien », dans *Études sur le sacrement de l'Ordre* (en collab.), 125-146.

20175 NOVEL, P. C., « Le Christ notre rançon : le témoignage de la lettre aux Hébreux », CE N° 25 (1957) 58-67.

20176 BOURGIN, C., « Le Christ-Prêtre et la purification des péchés selon l'épître aux Hébreux », LV N° 36 (1958) 67-90.

20177 CERFAUX, L., « Le sacre du grand prêtre, d'après Hébreux 5,5-10 », BVC N° 21 (1958) 54-58.

20178 SPICQ, C., « Priestly Virtues in the New Testament », SCR 10 (1958) 10-16, 84-96.

20179 GALOPIN, P.-M., « Le sacerdoce du Christ dans l'épître aux Hébreux », BVC N° 30 (1959) 34-44.

20180 GEORGE, A., « Le sacerdoce de la Nouvelle Alliance dans la pensée de Jésus », dans *La tradition sacerdotale* (en collab.) (Le Puy, Xavier Mappus, 1959), 61-80.

20181 BEA, A., « Il sacerdote secondo San Paolo : ministro di Cristo », CC 4 (1961) 337-349.

20182 RODRIGUEZ MOLERO, F. X., « El sacerdocio celeste de Cristo », EstB 22 (1963) 69-77.

20183 GUILLET, J., *Jésus-Christ hier et aujourd'hui,* « Le sacerdoce de la Nouvelle Alliance », 171-188.

20184 SABOURIN, L., *Les noms et les titres de Jésus,* « Le grand-prêtre; le « paraclet » ; le médiateur », 174-182.

20185 BERTETTO, D., « La natura del sacerdozio secondo Hebr. 5,1-4 e le sue realizzazioni nel nuovo testamento », Sal 26 (1964) 395-440.

20186 GAIDE, G., « Jésus, le prêtre unique (Hébreux 4,14-10,25) », CE N° 53 (1964) 5-73.

20187 ZIMMERMANN, H., *Die Hohepriester-Christologie des Hebräerbriefes* (Paderborn, Schöningh, 1964), 36 pp.

20188 KAVANAGH, A., « The Christian as Servant », Wor 39 (1965) 131-138.

20189 LÉCUYER, J., « L'Église continue l'oeuvre sacerdotale du Christ », VS 112 (1965) 424-437.

20190 VANHOYE, A., « Le parfait grand prêtre (He 7,23-27) », AS N° 93 (1965) 15-31.

20191 McNAMARA, M., *The N. T. and the Palestinian Targum to the Pentateuch,* « Christians made a Kingdom and Priests to God; Ap 1,6; 5,10 and the Targums to Ex 19,6 », 227-230.

20192 ROMANIUK, C., *Le sacerdoce dans le N. T.* (Lyon, Mappus, 1966), 238 pp.

20193 AUDET, J.-P., *Mariage et célibat dans le service pastoral de l'Église,* 164 pp.

20194 BOURKE, M. M., « Reflections on Church Order in the N. T. », CBQ 30 (1968) 493-511.

20195 BAUZA, M., « Ut resuscites gratiam Dei » (2 Tim 1,6), dans *El sacerdocio de Cristo* (en collab.), 55-66.

20196 BERTETTO, D., « La natura del sacerdozio secondo Hebr. 5,1-4 e le sue realizzazioni nel Nuovo Testamento », dans *El sacerdocio de Cristo* (en collab.), 67-118.

20197 COTHENET, É., « Le sacerdoce des fidèles d'après la Prima Petri », AmiCl 79 (1969) 169-173.

20198 GALOT, J., « Il celibato sacerdotale alla luce del celibato di Cristo », CC 3 (1969) 364-372.

20199 SCHELKLE, K. H., « Services et serviteurs dans les Églises au temps du Nouveau Testament », Conci N° 43 (1969) 11-22.

20200 SCHLIER, H., « Grundelemente des priesterlichen Amtes im Neuen Testament », ThPh 44 (1969) 161-180.

20201 SPICQ, C., *Les épîtres pastorales,* « Imposition des mains et ordination de Timothée », 722-730.

20202 VANHOYE, A., « Le Christ, grand-prêtre selon Héb. 2,17-18 », NRT 91 (1969) 449-474.

20203 VANHOYE, A., « Thema sacerdotii praeparatur in Heb. 1,1-2,18 », VD 47 (1969) 284-297.

20204 VANHOYE, A., « Efficacité de l'offrande du Christ (He 10,11-14,18) », AS (n.s.) N° 64 (1969) 41-46.

20205 COPPENS, J., « Le sacerdoce chrétien. Ses origines et son développement », NRT 92 (1970) 225-245, 337-364.

20206 GIAVINI, G., « Relazione dello studio di gruppo sul libro : P. Grelot, *Le ministère de la nouvelle alliance* », RivB 18 (1970) 163-170.

20207 PESCH, W., « Priestertum und Neues Testament », TrierTZ 79 (1970) 65-83.

20208 SCHLIER, H., « New Testament Elements of Priestly Office », TDig 18 (1970) 11-18.

20209 URS VON BALTHASAR, H., « Der Priester im Neuen Testament. Eine Ergänzung », GeistL 43 (1970) 39-45.

20210 ZEDDA, S., « Presentazione e discussione sul libro : G. Romaniuk, *Le sacerdoce dans le Nouveau Testamento* », RivB 18 (1970) 171-184.

Divers. Miscellaneous. Verschiedenes. Diversi. Diversos.

20211 SUAREZ, L., « Los carismas como preparacion y complemento de la jerarquia », EstB 5 (1946) 303-334.

20212 DIEKMANN, G., « What is a Bishop ? » Wor 26 (1951-52) 238-247.

20213 DE VILLAMANAN, A., « El Sacerdote y la Biblia. A propósito de la reciente Instrucción de la Comisión Bíblica », EstF 53 (1952) 245-262.

20214   PLASSMANN, T., « The Priest and the Bible », AmER 127 (1952) 422-430.

20215   HOLSTEIN, H., « La théologie du sacerdoce », NRT 76 (1954) 176-183.

20216   CAFFAREL, H., « Introduction à la connaissance du prêtre (le sacerdoce sous les deux Testaments) », *L'Anneau d'Or* Nᵒˢ 63-64 (1955) 190-216.

20217   HENRY, A.-M., « Poète et sanctificateur », *L'Anneau d'Or* Nᵒˢ 63-64 (1955) 320-330.

20218   BOTTE, B., « L'Ordre d'après les prières d'ordination », dans *Études sur le sacrement de l'Ordre* (en collab.), 13-41.

20219   BOTTE, B., « Caractère collégial du presbytérat et de l'épiscopat », dans *Études sur le sacrement de l'Ordre* (en collab.), 97-124.

20220   IDIART, P., « Prêtre païen et prêtre chrétien », dans *Études sur le sacrement de l'Ordre* (en collab.), 325-365.

20221   SCHMITT, J., « Sacerdoce judaïque et hiérarchie ecclésiale dans les premières communautés palestiniennes », dans *Études sur le sacrement de l'Ordre* (en collab.), 77-96.

20222   HENRY, A.-M., « Qu'est-ce qu'un prêtre ? » VS 78 (1958) 171-197.

20223   LÉCUYER, J., « Le célébrant. Approfondissement théologique de sa fonction », MD Nᵒ 61 (1960) 5-29.

20224   GRELOT, P., « La vocation ministérielle au service du peuple de Dieu », dans *Aux origines de l'Église* (en collab.), 159-173.

20225   PLASTARAS, J. C., « Ritualist or Minister of the Word », Wor 39 (1965) 400-411.

20226   WAMBACQ, B. N., *Instituta Biblica,* « De ministris sacris », 113-184.

20227   GIAVINI, G., « Appunti sul culto e sul sacerdozio del popolo di Dio alla luce della Bibbia », ScuolC 94 (1966) 171-186.

20228   ORRIEUX, L.-M., « Problèmes bibliques du sacerdoce », LV Nᵒ 76-77 (1966) 127-146.

20229   BECK, I., « Das gemeinsame Priestertum des Gottesvolkes als kultische und ausserkultische Wirklichkeit », MüTZ 19 (1968) 17-34.

20230   COLEMAN, J., « The Priest and the Word of God », AmER 158 (1968) 19-28.

20231   BECK, I., « Sacral Existence : The Common Priesthood of the People of God as a Cultic and Extracultic Reality », TDig 17 (1969) 22-29.

20232   BOCKEL, P., « Fonctionnaire du culte ou homme de la Parole », BVC Nᵒ 88 (1969) 58-72.

20233   HRUBY, K., « La notion d'ordination dans la tradition juive », MD Nᵒ 102 (1970) 30-56.

20234   JUKNIALIS, J. J., « The Priest as Prophet », AmER 163 (1970) 11-18.

20235   LEHMANN, K., « The Root of Priestly Office », TDig 18 (1970) 228-236.

20236   MOINGT, J., « Nature du sacerdoce ministériel », RSR 58 (1970) 237-272.

Sacrement. Sakrament. Sacramento.

20237   VAWTER, B., « The Johannine Sacramentary », TS 17 (1956) 151-166.

20238   SCHLETTE, H. R., *Kommunikation und Sakrament* (Freiburg i. B., Herder, 1959), 80 pp.

20239   SCHNACKENBURG, R., « Die Sakramente im Johannesevangelium », dans *Sacra Pagina* (en collab.), II, 235-254.

20240   BROWN, R. E., « The Johannine Sacramentary Reconsidered », TS 23 (1962) 183-206.

20241   TILLARD, J. M. R., « Proclamation de la parole et événement sacramentel », AS (n.s.) Nᵒ 3 (1968) 83-115.

20242   VAN IERSEL, B., « Quelques présupposés bibliques de la notion de sacrement », Conci N° 31 (1968) 11-24.

20243   KLOS, H., *Die Sakramente im Johannesevangelium.* Vorkommen und Bedeutung von Taufe, Eucharistie und Busse im vierten Evangelium (Stuttgart, Katholisches Bibelwerk, 1970), 112 pp.

Sacrifice. Opfer. Sacrificio.

Ancien Testament. Old Testament. Altes Testament. Antico Testamento. Antiguo Testamento.

20244   SCHOTZ, D., « De sacrificio propitiatorio in Vetere Testamento », Ant 5 (1930) 3-24.

20245   SOLE, F., « Concetto di sacrificio, di peccato e di espiazione presso il popolo ebraico », ScuolC 3 (1932) 25-41.

20246   MÉDEBIELLE, A., « Sacrificium expiationis et communionis », VD 5 (1935) 168-179, 203-210, 238-243.

20247   BEA, A., « Kinderopfer für Moloch oder für Jahwe ? » Bibl 18 (1937) 95-107.

20248   COLERAN, J. E., « Origins of Old Testament Sacrifice », CBQ 2 (1940) 130-144.

20249   METZINGER, A., « Die Substitutionstheorie und das atl. Opfer », Bibl 21 (1940) 159-187, 247-272, 353-377.

20250   COLERAN, J. E., « The Prophets and Sacrifice », TS 5 (1944) 411-438.

20251   PAUL-MARIE DE LA CROIX, P., « Le sacrifice dans nos vies à la lumière de l'Ancien Testament », VS 76 (1947) 369-387.

20252   GEORGE, A., « Le sacrifice d'Abraham. Essai sur les diverses intentions de ses narrateurs », dans *Études de critique et d'histoire religieuses,* Mélanges L. Vaganay, 97-110.

20253   DANIÉLOU, J., *Sacramentum Futuri,* « La typologie du sacrifice d'Isaac », 97-111.

20254   BOUËSSÉ, H., *Le Sauveur du monde* (Paris, Office général du livre, 1951), « Le sacrifice après le péché, mais avant la Loi », IV, 95-98.

20255   GEORGE, A., « Les sacrifices de l'Exode dans la pensée de Jésus à la Cène », LV N° 7 (1952) 29-38.

20256   VAN DER PLOEG, J., « Old Testament Signs », SCR 8 (1956) 33-44.

20257   VAN IMSCHOOT, P., *Théologie de l'Ancien Testament,* « Le sacrifice », II, 130-156.

20258   McKENZIE, J. L., « The Sacrifice of Isaac (Gen. 22) », SCR 9 (1957) 79-83.

20259   DE VAUX, R., « Les sacrifices de porcs en Palestine et dans l'Ancien Orient », dans *Von Ugarit nach Qumran.* Festschrift für Otto Eissfeldt (Berlin, Töpelmann, 1958), 250-265, ou dans *Bible et Orient,* 499-516.

20260   CHARBEL, A., « Virtus sanguinis non expiatoria in sacrificio *selamîm* », dans *Sacra Pagina* (en collab.), I, 366-376.

20261   DONOHUE, J. J., « Sin and Sacrifice : Reflections on Leviticus », AmER 141 (1959) 6-11.

20262   DE COCK, J., « Il valore religioso dei sacrifici dell'Antico Testamento », BibOr 2 (1960) 6-10.

20263   DE VAUX, R., *Les institutions de l'A. T.,* « Le rituel des sacrifices », II, 291-302; « L'histoire du sacrifice israélite », II, 303-313; « L'origine du rituel israélite », II, 315-333; « Valeur religieuse du sacrifice », II, 335-347.

20264   MORALDI, L., « Espiazione nell'Antico e nel Nuovo Testamento », RivB 9 (1961) 289-304; 10 (1962) 3-17.

20265   LOSS, N. M., « Olocausto et sacrificio pacifico », Sal 24 (1962) 525-533.

20266   O'ROURKE, J. J., « Israelitic Sacrifice », AmER 149 (1963) 259-274.

20267 SIRARD, L., « Sacrifices et rites sanglants dans l'A. T. », SE 15 (1963) 173-197.

20268 DE VAUX, R., *Les sacrifices de l'A. T.,* 112 pp.

20269 SCHMID, R., *Das Bundesopfer in Israel.* Wesen, Ursprung und Bedeutung der alttestamentlichen Schelamim (München, Kösel, 1964), 140 pp.

20270 WAMBACQ, B. N., *Instituta Biblica,* « De sacrificiis lege mosaica praescriptis », 281-329.

20271 LIPINSKI, E., *La liturgie pénitentielle dans la Bible* (Paris, Cerf, 1969), « Sacrifice, oracle et bénédiction », 83-114.

20272 CHARBEL, A., « La portata religiosa degli *selamîm* », RivB 18 (1970) 185-194.

20273 RAINEY, A. F., « The Order of Sacrifices in Old Testament Ritual Texts », Bibl 51 (1970) 485-498.

Nouveau Testament. New Testament. Neues Testament. Nuovo Testamento. Nuevo Testamento.

20274 KROL, E., « De sacrificiis Iudaicis quid senserit S. Paulus », VD 14 (1934) 296-305.

20275 MASURE, E., « Le sacrifice chrétien », VS 57 (1938) 225-246.

20276 BOUYER, L., *Le mystère pascal,* « Le sacrifice du Chef à la Cène. Le sacrifice des membres à la messe », 119-129.

20277 BONSIRVEN, J., *L'Évangile de Paul,* « Mort rédemptrice : sacrifice », 162-167.

20278 PRAT, F., *La théologie de saint Paul[38],* « Le sacrifice du Christ », I, 452-456.

20279 BONSIRVEN, J., *Les enseignements de Jésus-Christ,* « Le Sacrifice rédempteur », 234-254; « La Loi universelle du sacrifice », 254-257.

20280 BOURASSA, F., « Verum sacrificium », SE 3 (1950) 146-182; 4 (1951) 91-140.

20281 BONSIRVEN, J., *Théologie du Nouveau Testament,* « Le mystère de la destinée du Christ : son sacrifice », 113-118.

20282 ALFRINK, B., « Biblical Background to the Eucharist as a sacrificial Meal », IrThQ 26 (1959) 290-302.

20283 SEIDENSTICKER, P., *Lebendiges Opfer* (Röm, *12,1*), 348 pp.

20284 LIGIER, L., *Péché d'Adam et péché du monde,* « Rosh-hashanah, Kippur et l'épître aux Romains », II, 212-256.

20285 SABOURIN, L., *Rédemption sacrificielle,* 494 pp.

20286 QUINOT, B., « L'influence de l'épître aux Hébreux dans la notion augustinienne du vrai sacrifice », REA 8 (1962) 129-168.

20287 DURST, B., « Inwiefern ist die Eucharistiefeier ein wahres Opfer Christi und der Gläubigen ? » TGl 53 (1963) 176-207, 268-287.

20288 SABOURIN, L., « Redemptio nostra et sacrificium Christi », VD 41 (1963) 154-174.

20289 VANHOYE, A., « Expiation ancienne et sacrifice du Christ (He 9, 2-12) », AS N° 72 (1964) 18-35.

20290 RATZINGER, J., « L'Eucharistie est-elle un sacrifice ? » Conci N° 24 (1967) 67-75.

20291 SISTI, A., « Il sacrificio della nuova alleanza », BibOr 9 (1967) 25-38.

20292 SABOURIN, L., « Sacrificium ut liturgia in Epistula ad Hebraeos », VD 46 (1968) 235-258.

20293 SABOURIN, L., « Il sacrificio di Gesù », BibOr 10 (1968) 25-38.

20294 VANHOYE, A., « Efficacité de l'offrande du Christ (He 10,11-14.18) », AS (n.s.) N° 64 (1969) 41-46.

Divers. Miscellaneous. Verschiedenes. Diversi. Diversos.

20295 WINZEN, D., « Shadows of the Good Things to come », Wor 25 (1950-51) 524-531.

20296 BOURASSA, F., « Sacrifice sacramentel », SE 5 (1953) 185-208.

20297 BARSOTTI, D., *La Parole de Dieu dans le mystère chrétien,* « De la lecture à la prière, au sacrifice », 216-231.

20298 BONSIRVEN, J., *Le règne de Dieu,* « Le sacrifice, réalisation de la personne », 81-84.

20299 FERRIÈRE, C., « Tu diras à tes enfants. Le carême », BVC N° 25 (1959) 69-75.

20300 HAUSHERR, I., « Abnégation, renoncement, mortification », CHR N° 6 (1959) 182-195.

20301 STEINMUELLER, J. E., « Sacrificial Blood in the Bible », Bibl 40 (1959) 556-567.

20302 FÜGLISTER, N., *Die Heilsbedeutung des Pascha,* « Das Pascha-Blut », 77-105.

20303 LE GUILLOU, M.-J., « Parole de Dieu et sacrifice », dans *La parole de Dieu en Jésus-Christ²* (en collab.), 200-207.

20304 QUARELLO, E., « Per una chiarificazione della realtà del sacrificio », Sal 27 (1965) 355-381.

20305 LYONNET, S., SABOURIN, L., *Sin, Redemption, and Sacrifice.* A Biblical and Patristic Study, « The Sacrificial Function of Blood », 167-181; « Christ made « Sin » (2 Cor 5 : 21) : Sacrifice and Redemption in the History of a Formula », 187-296; « A Bibliography of Sacrifice in the Bible and the Ancient Near East », 297-333.

Sagesse. Wisdom. Weisheit. Sapienza. Sabiduría.

Ancien Testament. Old Testament. Altes Testament. Antico Testamento. Antiguo Testamento.

20306 GALLUCCI, D., « Filosofia greca e sapienza ebraica. Saggio di indagine sull'origine delle personificazioni della Sapienza nei Libri Sapienziali », ScuolC 16 (1930) 197-213, 279-293, 336-351.

20307 BOTTE, B., « La Sagesse dans les Livres sapientiaux », RSPT 19 (1930) 83-94.

20308 GALLUCCI, D., « « Sapienza » e « Follia » nel libro dei Proverbi », ScuolC 4 (1932) 36-47.

20309 SCHOLLMEYER, F., « Biblische und babylonische Weisheitsliteratur », TGl 25 (1933) 30-36.

20310 CEUPPENS, F., « De conceptu Sapientiae divinae in libris didactivis A. T. », Ang 12 (1935) 333-345.

20311 DUESBERG, H., *Les scribes inspirés.* Introduction aux livres sapientiaux de la Bible. Le Livre des Proverbes (Paris, Desclée de Brouwer, 1938), « La sagesse de l'Égypte et des fils de l'orient », 21; « Salomon ou le parangon des scribes », 129; « Le miroir des gens du roi », 191-573.

20312 VAN IMSCHOOT, P., « Sagesse et esprit dans l'Ancien Testament », RB 47 (1938) 23-49.

20313 DUBARLE, A.-M., *Les sages d'Israël,* 259 pp.

20314 SKEHAN, P. W., « The seven Columns of Wisdom's House in Prov. 9,1 », CBQ 9 (1947) 190-198.

20315 COUROYER, B., « Idéal sapiential en Égypte et en Israël », RB 57 (1950) 174-179.

20316 HEINISCH, P., *Theology of the Old Testament,* « Wisdom », 109-116.

20317 PAUL-MARIE DE LA CROIX, P., *L'Ancien Testament source de vie spirituelle³,* « La Sagesse », 659-690; « Le chemin d'approche de la sagesse », 691-729; « La divine sagesse », 730-796.

20318 STECHER, R., « Die persönliche Weisheit in den Proverbien Kap. 8 », ZKT 75 (1953) 410-453.

20319 VAN IMSCHOOT, P., *Théologie de l'Ancien Testament,* I, 63-65.

20320 STEINMANN, J., *Ainsi parlait Qohèlèt* (Paris, Cerf, 1955), « L'héritage d'un professeur de philosophie », 21-32; « Le but de Qohèlèt », 33-42; « La monotonie du cosmos », 43-50; « La confession de Salomon », 51-60; « L'ignorance. La mesure. Le désespoir du sage. Les femmes et le roi », 81-91; « La faillite de la sagesse. La route du succès », 99-108; « Qohèlèt devant la postérité », 117-128.

20321 McKENZIE, J. L., *The Two-Edged Sword*, « The Wisdom of the Hebrews », 211-226.

20322 ZIENER, G., *Die theologische Begriffssprache im Buche der Weisheit* (Bonn, P. Hanstein, 1956), « Messianisches und Eschatologisches im Weisheitsbuch », 113-123.

20323 LACAN, M.-F., « La Sagesse vous parle : 1. Des Sages du Roi aux Sages inspirés (11-24); 2. Le Livre des Proverbes et les chants du Cantique (25-43); 3. Job et Tobie ou le mystère de l'épreuve (44-58); 4. L'Ecclésiaste ou le coeur insatisfait (59-66); 5. Le Psautier, livre de prières des sages (67-73); 6. Baruch, à la manière des prophètes (74-76) », CE Nº 31 (1958) 5-80.

20324 STANLEY, D. M., « Israel's Wisdom meets the Wisdom of God », Wor 32 (1958) 280-287.

20325 CAZELLES, H., « L'enfantement de la Sagesse en *Prov., VIII* », dans *Sacra Pagina* (en collab.), I, 511-515.

20326 MURPHY, R. E., *Seven Books of Wisdom* (Milwaukee, Bruce, 1960), 10-163 pp.

20327 BLANCHETTE, O. A., « The Wisdom of God in Isaia », AmER 145 (1961) 413-423.

20328 GRELOT, P., « L'eschatologie de la Sagesse et les apocalypses juives », dans *À la rencontre de Dieu. Mémorial Albert Gelin* (en collab.), 165-178.

20329 ALONSO SCHÖKEL, L., « Motivos sapienciales y de alianza en Gn 2-3 », Bibl 43 (1962) 295-316.

20330 COUTURIER, G., « Sagesse babylonienne et sagesse israélite », SE 14 (1962) 294-309.

20331 COUROYER, B., « L'origine égyptienne de la sagesse d'Aménémopé », RB 70 (1963) 208-224.

20332 ALONSO SCHÖKEL, L., « Sapiential and Covenant Themes in Genesis 2-3 », TDig 13 (1965) 3-10.

20333 MURPHY, R. E., « La littérature sapientielle de l'Ancien Testament », Conci Nº 10 (1965) 111-122.

20334 ALONSO DIAZ, J., « Marie et la Sagesse divine (Pr 8, 22-35) », AS Nº 80 (1966) 19-28.

20335 BEAUCAMP, É., DE RELLES, J.-P., *Israël attend son Dieu*, « La volonté qui est sagesse », 253-279.

20336 BOSCHI, B., « Saggezza di Edom. Mito o realtà », RivB 15 (1967) 357-368.

Nouveau Testament. New Testament. Neues Testament. Nuovo Testamento. Nuevo Testamento.

20337 BOTTE, B., « La Sagesse et les origines de la christologie », RSPT 21 (1932) 54-67.

20338 DE FINANCE, J., « La *sophia* chez saint Paul », RSR 25 (1935) 385-417.

20339 BONSIRVEN, J., *Théologie du Nouveau Testament*, « Paul théologien. Évangéliste du Christ crucifié (Sagesse chrétienne) », 226-232.

20340 BOUYER, L., *La Bible et l'Évangile²*, « La religion des Sages, Job et le Serviteur de Yahvé », 121-136.

20341 BAUER, J. B., « Vita nihil nisi lusus quidam », VD 31 (1953) 21-24.

20342 FEUILLET, A., « Jésus et la Sagesse divine d'après les Évangiles synoptiques », RB 62 (1955) 161-196.

20343 FEUILLET, A., « Les thèmes bibliques majeurs du discours sur le pain de vie (Jn 6) », NRT 82 (1960) 918-939.

20344 GEORGE, A., « Sagesse du monde et sagesse de Dieu, d'après la première épître aux Corinthiens », BVC N° 38 (1961) 16-24.

20345 BOURKE, M. M., « The Eucharist and Wisdom in First Corinthians », dans *Studiorum Paulinorum Congressus 1961* (en collab.), I, 367-381.

20346 FEUILLET, A., « Les « chefs de ce siècle » et la Sagesse divine d'après 1 Cor 2, 6-8 », dans *Studiorum Paulinorum Congressus 1961* (en collab.), I, 383-393.

20347 DELHAYE, P., *La conscience morale du chrétien* (Tournai, Desclée et Cie, 1964), « La sagesse et la prudence », 40-50.

20348 CALMET, A., « Vraie et fausse sagesse (Jacques 1,19-27; 3,13-18) », BVC N° 58 (1964) 19-28.

20349 BONNARD, P.-É., *La sagesse en personne annoncée et venue : Jésus-Christ,* 168 pp.

20350 FEUILLET, A., *Le Christ, sagesse de Dieu,* « Les « chefs de ce siècle » et la sagesse divine d'après 1 Co. ii,6-8 », 25-36.

20351 LACAN, P., GOURBILLON, J. G., DU BUIT, M., « La sagesse vous parle : la sagesse du Siracide; le livre de la Sagesse; l'épître de saint Jacques; la Sagesse de Jésus dans les Évangiles et saint Paul », CE N° 61 (1966) 5-65.

20352 DE PINTO, B., « Word and Wisdom in St. John », SCR 19 (1967) 19-27, 107-122.

20353 MÉNARD, J.-E., « Note d'exégèse : le Christ Sagesse de Dieu d'après les épîtres pauliniennes », RevSR 41 (1967) 227-236.

20354 ORTKEMPER, F.-J., *Das Kraus in der Verkündigung des Apostels Paulus :* Dargestellt an den Texten der paulinischen Hauptbriefe, « Weisheit der Welt – Torheit des Kreuzes », 43-67.

20355 CONTI, M., « La Sophia di 2 Petr. 3,15 », RivB 17 (1969) 121-138.

Divers. Miscellaneous. Verschiedenes. Diversi. Diversos.

20356 DRUBBEL, A., « Le conflit entre la sagesse profane et la sagesse religieuse », Bibl 17 (1936) 45-70, 407-428.

20357 STAPLETON, T., « Ancient Wisdom and modern Times », CBQ 4 (1942) 311-322; 5 (1943) 47-62.

20358 GELIN, A., « Le chant de l'infante », BVC N° 7 (1954) 89-95.

20359 FÉRET, H.-M., « Le courant sapientiel agnostique. La morale sapientielle et le jugement de l'au-delà », dans *Le mystère de la mort et sa célébration* (en collab.), 24-31, 43-47.

20360 LACAN, M.-F., « La Sagesse vous parle », CE N° 31 (1958) 5-76.

20361 CANTORE, E., « La sapienza biblica, ideale religioso del credente », RivB 8 (1960) 1-9, 129-143, 193-205.

20362 CAZELLES, H., « Bible, sagesse, science », RSR 48 (1960) 40-54.

20363 BLATTER, T., *Macht und Herrschaft Gottes.* Eine bibeltheologische Studie, « Die Offenbarung der göttlichen Macht und Kraft : die Weisheit », 79-80.

20364 DUESBERG, H., « Sagesse humaine et sagesse divine », BVC N° 45 (1962) 54-68.

20365 BEAUCHAMP, P., « Sagesse biblique et intelligence », CHR N° 10 (1963) 178-194.

20366 DUESBERG, H., « L'histoire, maîtresse de sagesse ? » BVC N° 58 (1964) 42-52.

20367 GOETTMANN, J., « Sagesse de la Bible », BVC N° 58 (1964) 53-59.

20368 DUESBERG, H., « Le mystère de l'infinie sagesse », AS N° 70 (1965) 42-53.

20369 DUBARLE, A.-M., « La sagesse biblique en dialogue avec le monde », VS 116 (1967) 161-172.

20370 COUROYER, B., « Aménémopé, xxiv,13-18 », RB 75 (1968) 549-561.

Sainteté. Sanctity. Heiligkeit. Santità. Santidad.

20371 SCHUMPP, M., « Das Heilige in der Bibel », TGl 22 (1930) 331-343.

20372 BERNHARDT, Q., « Der Idee der Heiligkeit in der Heiligen Schrift », GeistL 9 (1934) 143-151.

20373 OGARA, F., « Haec est... voluntas Dei, sanctificatio vestra (I Thess. 4,1-7) », VD 18 (1938) 65-72.

20374 BURROWS, E., *The Gospel of the Infancy and other biblical Essays,* « Sanctifying Grace in the OT », 93-100.

20375 HUBY, J., *Mystiques paulinienne et johannique,* « La sanctification chrétienne », 37-98.

20376 HUBY, J., « La sanctification chrétienne d'après saint Paul », Et 250 (1946) 191-201.

20377 BAUER, J., « Fragen an die Bibel », BiLit 19 (1951-52) 106-108.

20378 PAUL-MARIE DE LA CROIX, P., *L'Ancien Testament source de vie spirituelle[3],* « Sainteté et plan divin », 892-904.

20379 CERFAUX, L., *Le Christ dans la théologie de saint Paul[2],* « Sainteté ancienne et sainteté nouvelle; la sainteté et le Christ », 225-236.

20380 DANIÉLOU, J., *Les saints païens de l'Ancien Testament,* 174 pp.

20381 DURRWELL, F.-X., « Sainteté chrétienne, sainteté d'obéissance », VS 95 (1956) 259-270.

20382 BOTTE, B., « Les saints de l'Ancien Testament », MD N° 52 (1957) 109-120.

20383 FRANSEN, I., « Le Deutéronome. Le peuple saint », BVC N° 19 (1957) 74-84.

20384 GELIN, A., « La sainteté de l'homme selon l'Ancien Testament », BVC N° 19 (1957) 35-48.

20385 BARTHÉLEMY, D., « La sainteté selon la communauté de Qumrân et selon l'Évangile », dans *La secte de Qumrân et les origines du christianisme* (en collab.), 203-216.

20386 BERRIGAN, D., « Holy Pagans of the Old Testament », Wor 33 (1959) 96-99.

20387 FAUX, J. M., « La sainteté de Dieu », CHR N° 7 (1960) 444-457.

20388 PATY, C., « Dieu saint, peuple saint », BVC N° 36 (1960) 41-53.

20389 DUPONT, J., *Le discours de Milet.* Testament pastoral de saint Paul (Ac 20,18-36), « Sainteté de la charge pastorale », 135-157.

20390 NÖTSCHER, F., *Vom Alten zum Neuen Testament* (Bonn, P. Hanstein, 1962), 126-174.

20391 COPPENS, J., « Les saints dans le psautier », ETL 39 (1963) 485-500.

20392 DEQUEKER, L., « Les *quedôsîm* du Ps. LXXIX à la lumière des croyances sémitiques », ETL 39 (1963) 469-484.

20393 DE VAUX, J., « La sainteté du peuple de Dieu et de l'Église », AS N° 89 (1963) 54-71.

20394 WORDEN, T., « Be holy as I am holy », Way 3 (1963) 3-11.

20395 CERFAUX, L., *La théologie de l'Église suivant saint Paul[3],* « Les saints et les élus », 101-123.

20396 SPICQ, C., *Théologie morale du Nouveau Testament,* « Justification, péché, sanctification », 165-228.

20397 LATOURELLE, R., « Sanctify, a Sign of Revelation », TDig 15 (1967) 41-46.

20398 COOKE, B., « Holiness and the Bible », Wor 90 (1968) 67-76.

20399 DOMMERSHAUSEN, W., « Heiligkeit ein altestamentliches Sozialprinzip ? » TQ 148 (1968) 153-166.

20400 RINALDI, G., « Santi siate, perché santo sono io », BibOr 10 (1968) 163-180.

Salomon. Salomone. Salomón.

20401 DUESBERG, H., *Les scribes inspirés* (Paris, Desclée de Brouwer, 1938), « Salomon ou le parangon des scribes », 129-188; « Le miroir des gens du roi », 191-573.

20402 DE VAUX, R., « Titres et fonctionnaires égyptiens à la cour de David et de Salomon », RB 48 (1939) 394-405, ou dans *Bible et Orient,* 189-201.

20403 DUBARLE, A.-M., *Les Sages d'Israël,* « Les Proverbes, ou Salomon et la sagesse des fils de l'Orient », 25-65.

20404 CONGAR, Y., « David et Salomon, types du Christ en ses deux avènements », VS 91 (1954) 323-340.

20405 STEINMANN, J., *Ainsi parlait Qohèlèt* (Paris, Cerf, 1955), « La confession de Salomon », 51-60.

20406 GROSS, H., *Die Idee des ewigen und allgemeinen Weltfriedens im Alten Orient und im AT,* « Frieden als Aufgabe und Leistung der irdischen Herscher (David und Salomo) », 120-127.

20407 LACAN, M.-F., « La Sagesse vous parle : Salomon, modèle idéalisé des sages », CE N° 31 (1958) 18-20.

20408 STEINMANN, J., *Le prophétisme biblique des origines à Osée,* « Le prophétisme au temps de Salomon et de ses successeurs immédiats », 69-84.

Salut. Salvation. Heil. Salvezza. Salud.

Ancien Testament. Old Testament. Altes Testament. Antico Testamento. Antiguo Testamento.

20409 ESSER, S., « « God, the Savior », in the Psalms », AmER 97 (1937) 58-68.

20410 COLACCI, M., « Le parabole del Salvatore e una profezia di Isaia », ScuolC 67 (1939) 58-74.

20411 CLOSEN, G., « Das Herz des Erlösers in den heiligen Schriften des Alten Bundes », GeistL 18 (1943) 17-30.

20412 HIEMER, A., « Considerationes de historia salutis Veteris Testamenti », VD 25 (1947) 74-79.

20413 LEAHY, L., « The Law of Moses and Salvation », SCR 3 (1948) 19-20.

20414 DUBARLE, A.-M., « Le drame du salut dans la Genèse », VI N° 6 (1949) 547-559.

20415 GELIN, A., *Les idées maîtresses de l'Ancien Testament²,* « L'attente des biens messianiques et ses expressions majeures : la promesse, l'alliance, le royaume, le salut-rédemption », 27-36; « Le salut personnel », 49-76.

20416 DUESBERG, H., *Les valeurs chrétiennes de l'Ancien Testament²,* « L'espoir inquiet du salut », 117-119.

20417 KAHMANN, J., « Die Heilszukunft in ihrer Beziehung zur Heilsgeschichte nach Is. 40-55 », Bibl 32 (1951) 65-89, 141-172.

20418 MAYER, R., « Der Erlöserkönig des Alten Testamentes », MüTZ 3 (1952) 221-243, 367-384.

20419 PAUL-MARIE DE LA CROIX, P., *L'Ancien Testament source de vie spirituelle³,* « Sauveur », 375-378; « Le Sauveur d'Israël », 379-385; « La personne du Sauveur : le Fils de l'Homme; le Fils de Dieu », 408-419.

20420 DE FRAINE, J., *L'aspect religieux de la royauté israélite,* « Le roi sauveur. 1. La Mésopotamie », 342-370; « 2. L'Ancien Testament », 370-391.

20421 GUILLET, J., *Thèmes bibliques,* « Isaïe : salut », 69-73; « La vie : salut », 165-168.

20422 HULSBOSCH, A., « L'attente du salut d'après l'Ancien Testament », Ir 27 (1954) 4-20.

20423 FEUILLET, A., « La conversion et le salut des nations chez le prophète Isaïe », BVC N° 22 (1958) 3-22.

20424 ROSE, A., « Le Seigneur est ma lumière et mon salut (Psaume 27) », BVC N° 23 (1958) 70-82.

20425 MARIE DE LA TRINITÉ, Sr, GOURBILLON, J. G., « Le Dieu qui juge et qui récompense : 1. Le témoignage des prophètes », CE N° 35 (1959) 5-34.

20426 OSTY, É., « Le Dieu qui juge et qui récompense. 2. Les réflexions des sages », CE N° 35 (1959) 35-92.

20427 SCHARBERT, J., « Die Rettung der Vielen durch die Wenigen im Alten Testament », TrierTZ 68 (1959) 146-161.

20428 PROB, H., « Die Entwicklung der alttestamentlichen Heilshoffnung », TrierTZ 70 (1961) 15-28.

20429 SCHREINER, J., « Führung – Thema der Heilsgeschichte im Alten Testament », BZ 5 (1961) 2-18.

20430 GRELOT, P., *Sens chrétien de l'A. T.*, « L'A. T. dans le dessein de salut : I. Qu'est-ce que le dessein de salut ? II. Les étapes du dessein de salut », 91-124; « La promesse du salut eschatologique », 328-363.

20431 FÜGLISTER, N., *Die Heilsbedeutung des Pascha,* 312 pp.

20432 BEAUCHAMP, P., « Le salut corporel des justes et la conclusion du livre de la Sagesse », Bibl 45 (1964) 491-526.

20433 SCHARBERT, J., *Heilsmittler im Alten Testament und im Alten Orient* (Freiburg i. B., Herder, 1964), 348 pp.

20434 BEA, A., « Das jüdische Volk und der göttliche Heilsplan », StiZ 176 (1965) 641-659.

20435 GRELOT, P., *Bible et théologie,* « L'A. T. et l'économie du salut », 23-41.

20436 STANLEY, D. M., « The last Adam », Way 6 (1966) 104-112.

20437 HILL, R. C., « The Dimensions of Salvation History in the Wisdom Books », SCR 19 (1967) 97-106.

20438 ROGUET, A.-M., *Le miel du rocher,* « Éclaircissement sur l'économie du salut et le mystère pascal », 43-56.

20439 VINK, J., « En vérité, c'est Yahvé notre Dieu, qui est le salut pour Israël (Jr 3,23) », Conci Nº 30 (1967) 57-64.

Nouveau Testament. New Testament. Neues Testament. Nuovo Testamento. Nuevo Testamento.

a) *Évangiles. Gospels. Evangelien. Vangeli. Evangelios.*

20440 MUSSNER, F., ΖΩΗ. *Die Anschauung vom « Leben » im vierten Evangelium,* « Das Lebenswerk des Sohnes », 74-144, « Ζωὴ αἰώνιος als transzendenteschatologisches Heilsgut », 176-182.

20441 STANLEY, D. M., « The Conception of Salvation in the synoptic Gospels », CBQ 18 (1956) 345-363.

20442 DEVILLE, C., « L'Évangéliste du Sauveur (saint Luc) », CE Nº 26 (1957) 27-62.

20443 VAN UNNIK, W. C., « L'usage de σῴζειν, « sauver » et de ses dérivés dans les évangiles synoptiques », dans *La formation des Évangiles* (en collab.), 178-194.

20444 SWAELES, R., « La parabole du festin nuptial (Mt 22,1-14) », AS Nº 74 (1963) 33-49.

20445 DEVILLE, R., « Jésus, unique sauveur du monde (Lc 2,21) », AS Nº 12 (1964) 28-43.

20446 CHARPENTIER, E., « L'étranger appelé au salut (Lc 17,11-19) », AS Nº 67 (1965) 36-57.

20447 OTT, W., *Gebet und Heil.* Die Bedeutung der Gebetsparänese in der lukanischen Theologie (München, Kösel, 1965), 162 pp.

20448 RASCO, E., « Hans Conzelmann y la « Historia Salutis ». A proposito de *Die Mitte der Zeit y Die Apostelgeschichte* », Greg 46 (1965) 286-319.

20449 MOLITOR, J., « Σῴζω und σωτηρία in syrischgeorgischer Evangelien-übersetzung », BZ 11 (1967) 258-265.

b) *Paul. Paulus. Paolo. Pablo.*

20450 DRIESSEN, E., « De auxilio Dei et salute hominis apud S. Paulum », VD 20 (1940) 53-60, 201-209, 225-233.

20451 BONSIRVEN, J., *L'évangile de Paul*, « Rédemption, salut et grâce », 144-147.

20452 PRAT, F., *La théologie de saint Paul*[38], « Le salut par l'Évangile », I, 242-249.

20453 FEUILLET, A., « Le plan salvifique de Dieu d'après l'épître aux Romains », RB 57 (1950) 336-387, 489-529.

20454 SCHNACKENBURG, R., *Das Heilsgeschehen bei der Taufe nach dem Apostel Paulus*, 226 pp.

20455 SPICQ, C., *Spiritualité sacerdotale d'après saint Paul*, « Le mystère de la piété », 13-25.

20456 BENOIT, P., « Nous gémissons, attendant la délivrance de notre corps (Rom., VIII, 23) », dans *Mélanges Jules Lebreton* (en collab.), I (RSR 39 (1951-52)), 267-280, ou dans BENOIT, P., *Exégèse et théologie*, II, 41-52.

20457 CERFAUX, L., « Saint Paul nous parle de Salut », LV Nº 15 (1954) 83-102.

20458 DUQUOC, C., « Le dessein salvifique et la révélation de la Trinité en saint Paul », LV Nº 29 (1956) 67-95.

20459 LANNE, D. E., « Paul et l'histoire du salut », Ir 29 (1956) 277-287.

20460 DE GOEDT, M., « La destinée d'Israël dans le mystère du salut d'après l'épître aux Romains, IX-XI », VSS 11 (1958) 443-461.

20461 LYONNET, S., « La valeur sotériologique de la résurrection du Christ selon saint Paul », Greg 39 (1958) 295-318.

20462 AMIOT, F., *Les idées maîtresses de saint Paul*, « Le salut par le Christ », 41; « La participation au salut. Aspect individuel », 105; « La participation au salut. Aspect collectif », 151; « L'achèvement du salut », 203-258.

20463 GONZALEZ RUIZ, J. M., « « Extra Ecclesiam nulla salus » a la luz de la teologia paulina », EstB 19 (1960) 25-48.

20464 CERFAUX, L., « La sotériologie paulinienne », Div 5 (1961) 88-114, ou dans *Recueil Lucien Cerfaux*, III, 323-350.

20465 LACAN, M.-F., « Nous sommes sauvés par l'espérance (*Rom.*, VIII,24) », dans *À la rencontre de Dieu*. Mémorial Albert Gelin (en collab.), 331-339.

20466 LYONNET, S., « Gratuité de la justification et gratuité du salut », dans *Studiorum Paulinorum Congressus 1961* (en collab.), I, 95-110.

20467 PRÜMM, K., « Das Dynamische als Grund-Aspekt der Heilsordnung in der Sicht des Apostels Paulus », Greg 42 (1961) 643-700.

20468 ROMANIUK, K., *L'amour du Père et du Fils dans la sotériologie de saint Paul*, 336 pp.

20469 WURZINGER, A., « Das Heil bei Paulus », BiLit 35 (1961-62) 126-130.

20470 CERFAUX, L., *Le chrétien dans la théologie paulinienne*, « L'intervention du Christ », 29-68.

20471 VIARD, A., « Le salut des croyants d'après l'épître aux Romains », AmiCl 72 (1962) 257-259, 346-352, 461-464, 476-478, 497-500, 561-566.

20472 DEWAILLY, L.-M., *La jeune Église de Thessalonique*, « ... pour qu'ils soient sauvés », 49-54.

20473 LE DÉAUT, R., « La présentation targumique du sacrifice d'Isaac et la sotériologie paulinienne », *Studiorum Paulinorum Congressus 1961* (en collab.), II, 562-574.

20474 VIARD, A., « Le problème du salut dans l'épître aux Romains », RSPT 47 (1963) 2-34, 373-397.

20475 DA SPINETOLI, O., « Il ritorno di Gesù al Padre nella soteriologia giovannea », dans *San Giovanni*. Atti della XVII Settimana Biblica (en collab.), 145-159.

20476 RIEDL, J., « Salus paganorum secundum Rom 2 », VD 42 (1964) 61-70.

20477 LYONNET, S., « History of Salvation in Romans 7 », TDig 13 (1965) 35-38.

20478   MUSSNER, F., « Le peuple de Dieu selon Éphésiens 1,3-14 », Conci N° 10 (1965) 87-96.

20479   RIEDL, J., *Das Heil der Heiden nach R 2,14-16.26.27* (Mödling bei Wien, St. Gabriel Verlag, 1965), 240 pp.

20480   McIVER, E., « The cosmic Dimensions of Salvation in the Thought of St. Paul », Wor 40 (1966) 156-164.

20481   MURPHY-O'CONNOR, J., *La prédication selon saint Paul,* « La place de la prédication dans le plan du salut », 11-32.

20482   CAMBIER, J., *L'Évangile de Dieu selon l'épître aux Romains,* « La foi, condition de salut », I, 353-362.

20483   KERTELGE, K., « Rechtfertigung bei Paulus als Heilswirklichkeit und Heils-verwirklichung », BiLeb 8 (1967) 83-93.

20484   LYONNET, S., *La storia della salvezza nella Lettera ai Romani* (Napoli, D'Aurea, 1967), 8-270 pp.

20485   BENOIT, P., « La valeur spécifique d'Israël dans l'histoire du salut », dans *Exégèse et théologie,* III, 400-421.

20486   LAFONT, G., « Le temps du salut », AS (n.s.) N° 5 (1969) 12-16.

20487   BARTH, M., BARRETT, C. K., BUTLER, C., DUPONT, J., GNILKA, J., JEREMIAS, J., LYONNET, S., MENOUD, P. H., RIGAUX, B., *Foi et salut selon S. Paul* (Épître aux Romains 1,16). Colloque oecuménique à l'Abbaye de S. Paul hors les Murs, 16-21 avril 1968 (Rome, Biblical Institute Press, 1970), 287 pp.

20488   BIGARÉ, C., « C'est par grâce que nous sommes sauvés ! » AS (n.s.) N° 17 (1970) 34-39.

20489   LAFONT, G., « La fierté des sauvés (Rm 5,6-11) », AS (n.s.) N° 42 (1970) 12-17.

c) *Divers. Miscellaneous. Verschiedenes. Diversi. Diversos.*

20490   DE AMBROGGI, P., « Il concetto di Salute nei discorsi e nelle Lettere di S. Pietro », ScuolC 6 (1933) 289-303, 431-446.

20491   BURKE, J. J., « Christ and the Individual Soul », AmER 90 (1934) 225-236.

20492   BONSIRVEN, J., *Les enseignements de Jésus-Christ,* 107-130.

20493   BAUER, J. B., « Theologie des Neuen Testaments », BiLit 22 (1954-55) 169-172, 196-201, 225-230, 202-294.

20494   VAN CASTER, M., « Le mystère du Salut, contenu du message chrétien », LVit 10 (1955) 521-535.

20495   DUPLACY, J., « Le salut par la foi et le baptême d'après le Nouveau Testament », LV N° 27 (1956) 3-52.

20496   HAMAIDE, J., GUILBERT, P., « L'annonce du Salut dans les Actes des Apôtres. Expression et conditionnement », LVit 12 (1957) 418-429.

20497   LYONNET, S., « De notione salutis in Novo Testamento », VD 36 (1958) 3-15.

20498   ROSE, A., « Le Seigneur est ma lumière et mon salut (Ps. 27) », BVC N° 23 (1958) 70-82.

20499   VANHOYE, A., « Opera Jesu donum Patris », VD 36 (1958) 83-92.

20500   GRILLMEIER, A., « Oikonomia. Der Heilsplan Gottes in Christo », GeistL 32 (1959) 87-92.

20501   DUPONT, J., « Le salut des Gentils et la signification théologique du livre des Actes », *New Testament Studies*[6] (1959-60) 132-155, ou dans *Études sur les Actes des apôtres,* 393-419.

20502 CODY, A., *Heavenly Sanctuary and Liturgy in the Epistle to the Hebrews.* The Achievement of Salvation in the Epistle's Perspective (St. Meinrad, Grail Publications, 1960), 13-227 pp.

20503 AHERN, B., « The Lord's Freedman », Way 2 (1962) 166-176.

20504 LYONNET, S., « L'histoire du salut selon le ch. 7 de l'épître aux Romains », Bibl 43 (1962) 117-151.

20505 SABOURIN, L., *Les noms et les titres de Jésus,* « Titres sotériologiques », 135-190.

20506 VILLAPADIERNA, C., « Valor soteriológico de la resurrección de Cristo », EstF 65 (1964) 321-338.

20507 DAUTZENBERG, G., « Σωτηρία ψυχῶν (1 Petr 1,9) », BZ 8 (1964) 262-276.

20508 CAZELLES, H., « La Torah de Moïse et le Christ sauveur », Conci N° 10 (1965) 51-67.

20509 FRAIKIN, D., « Peut-on représenter l'Église en termes de salut ? » LTP 21 (1965) 263-274.

20510 HITZ, P., « Jésus ressuscité, l'humanité et l'Église », LVit 20 (1965) 409-454.

20511 CIPRIANI, S., « L'unitarietà del disegno della storia della salvezza nella I lettera di Pietro », RivB 14 (1966) 385-406.

20512 MALEVEZ, L., « Le message de Jésus et l'histoire du salut », NRT 89 (1967) 113-134.

20513 AUBRY, J., « Valeur salvifique de la mort et de la résurrection de Jésus », AS (n.s.) N° 24 (1970) 66-81.

20514 STANLEY, D. M., « Salvation and Healing », Way 10 (1970) 298-317.

20515 KRINETZKI, L., *L'alliance de Dieu avec les hommes* (Paris, Cerf, 1970), 144 pp.

20516 LYONNET, S., SABOURIN, L., *Sin, Redemption, and Sacrifice.* A Biblical and Patristic Study, « The Terminology of « Salvation » », 63-78.

20517 McKENZIE, J. L., « The Meaning of Salvation », Way 10 (1970) 279-287.

20518 FREYNE, S., « The Gateway to Salvation », Way 10 (1970) 288-297.

Divers. Miscellaneous. Verschiedenes. Diversi. Diversos.

20519 ROVIRA, J., « El fin del hombre, la salvación del alma », Manr 8 (1932) 110-121.

20520 BOULANGER, A., « Le salut selon l'Orphisme », dans *Mémorial Lagrange* (en collab.), 69-79.

20521 DANIÉLOU, J., « Esprit-Saint et histoire du salut », VS 83 (1950) 127-140.

20522 LEAL, J., « El sentido soteriológico del cordero de Dios en la exégesis católica », EstE 24 (1950) 147-182.

20523 BAUER, J., « Das Herz des Erlösers in der Heiligen Schrift », BiLit 19 (1951-52) 291-294.

20524 BARUCQ, A., « La Bible, histoire du salut », LV N° 6 (1952) 27-42.

20525 BENOIT, P., « La réconciliation universelle selon W. Michaelis », RB 59 (1952) 100-103, ou dans BENOIT, P., *Exégèse et théologie,* II, 172-177.

20526 BOTTE, B., « Le cycle liturgique et l'économie du salut », MD N° 30 (1952) 63-78.

20527 POELMAN, R., « L'action de l'Esprit-Saint dans l'histoire du salut », LVit 8 (1953) 33-50.

20528 DHEILLY, J., « L'histoire du salut à travers la Bible », LVit 10 (1955) 31-44.

20529 MUSSNER, F., « Gleichnisauslegung und Heilsgeschichte », TrierTZ 64 (1955) 257-266.

20530 BAUER, J. B., « Salutem hominibus », VD 35 (1957) 257-261.

20531 DE LORENZI, L., « Alcuni temi di Salvezza nella letteratura di Qumran », RivB 5 (1957) 197-253.

20532 BEAUCAMP, É., « La création sert de prélude au mystère du salut », VS 98 (1958) 355-374.

20533 DANIÉLOU, J., « Sacrements et histoire du salut », dans *Parole de Dieu et liturgie* (en collab.), 51-70.

20534 DURRWELL, F.-X., « Le désir du salut », VS 98 (1958) 451-465.

20535 DALMAIS, I.-H., « L'économie du salut dans les liturgies eucharistiques d'Orient », BVC N° 26 (1959) 60-70.

20536 SCHEFFCZYK, L., « Die Idee der Einheit von Schöpfung und Erlösung in ihrer theologischen Bedeutung », TQ 140 (1960) 19-37.

20537 CORNIL, M., « Le mystère du roi de gloire, notre libérateur », AS N° 11 (1961) 7-18.

20538 DACQUINO, P., « Tempo di salute », ScuolC 89 (1961) 42-49.

20539 BARR, R. R., « The soteriological Value of the Resurrection », AmER 146 (1962) 304-314.

20540 BARTHÉLEMY, D., « Un Dieu qui choisit », VS 106 (1962) 20-39.

20541 KAPELLARI, E., « Einkehr – Umkehr – Sendung ! » BiLit 36 (1962-63) 309-313.

20542 BARROSSE, T., « God's Plan of Salvation : Unfolding and Realisation », SCR 15 (1963) 7-18.

20543 CAMBIER, J., « Justice de Dieu, salut de tous les hommes et foi », RB 71 (1964) 537-583.

20544 GROSS, H., BACKES, I., « Der Universalismus des Heils A) Nach der Urgeschichte, B) Heilsgnade vor Christus », TrierTZ 73 (1964) 145-160.

20545 RAHNER, H., « Antenna crucis VII : die Arche Noe als Schiff des Heils », ZKT 86 (1964) 137-179.

20546 ROMANIUK, K., « L'initiative salvifique de Dieu et sa souveraineté absolue sur le temps », RivB 12 (1964) 337-348.

20547 ALONSO SCHÖKEL, L., *The Inspired Word.* Scripture in the Light of Language and Literature (New York, Herder and Herder, 1965), « The Consequence of Inspiration. The Context of the Spirit : Saving Power », 348-386.

20548 ELDERS, L., « Die Taufe der Weltreligionen. Bemerkungen zu einer Theorie Karl Rahners », TGl 55 (1965) 124-131.

20549 DE LA POTTERIE, I., « La vérité de la Sainte Écriture et l'histoire du salut, d'après la Constitution dogmatique « Dei Verbum » », NRT 88 (1966) 149-169.

20550 LIPINSKI, E., « Le salut est proche », AS N° 5 (1966) 24-31.

20551 SCHEFFCZYK, L., « Ohnmacht und Rettung des Wortes », GeistL 39 (1966) 406-424.

20552 SCHEFFCZYK, L., *Von der Heilsmacht des Wortes,* « Das Wort Gottes als Heilsverheissung bei den Vätern Israels », 135-137.

20553 FESTORAZZI, F., « La Sapienza e la storia della salvezza », RivB 15 (1967) 151-162.

20554 MARGARET DE JESUS, Sr., « The Mystery of Salvation », Way 7 (1967) 280-288.

20555 WHELAN, J., « Salvation through suffering », Way 7 (1967) 28-35.

20556 CIPRIANI, S., « Bibbia e storia della salvezza », BibOr 10 (1968) 149-162.

20557 DEXINGER, F., « Die Darstellung des Themas Heilsgeschichte in der Konstitution über die göttliche Offenbarung », BiLit 41 (1968) 208-232.

20558 MAILLOT, A., « Histoire du salut et catéchèse », BVC N° 83 (1968) 64-80.

20559 ROGUET, A.-M., « Lectures bibliques et mystère du salut », MD N° 99 (1969) 7-27.

20560 FESTORAZZI, F., « Storia della salvezza », RivB 18 (1970) 343-356.

Samaritains. Samaritans. Samariter. Samaritani. Samaritanos.

20561 LEBRETON, J., *La vie et l'enseignement de J.-C.*[16], « La Samaritaine », I, 99-104.

20562 BOUYER, L., *Le quatrième évangile²*, « La Samaritaine », 98-110.

20563 BAILLET, M., « La récitation de la Loi chez les Samaritains d'après Z. Ben-Hayyim », RB 69 (1962) 570-587.

20564 TOURNAY, R., « Quelques relectures bibliques antisamaritaines », RB 71 (1964) 504-536.

Samuel. Samuele. Samuel.

20565 PAUL-MARIE DE LA CROIX, P., *L'Ancien Testament source de vie spirituelle³*, « L'aube du prophétisme : Samuel » (et la foi), 608-609.

20566 STELLINI, A., *Samuel propheta (I S. 3,30) et Judex (I S. 7,16) in Israel* (Romae, Antonianum, 1956).

20567 STEINMANN, J., *Le prophétisme biblique des origines à Osée*, « Samuel ou les ambiguïtés du royaume », 43-53.

Sang. Blood. Blut. Sangue. Sangre.

20568 BARSOTTI, D., *Vie mystique et mystère liturgique*, « Le mystère du sang », 177-180.

20569 GUILLET, J., *Thèmes bibliques*, « Sang », 222.

20570 CHARBEL, A., « Virtus sanguinis non expiatoria in sacrificio sᵉlamîm », dans *Sacra Pagina* (en collab.), I, 366-376.

20571 FRANSEN, I., « Le baptême de Sang (Luc 22,1-23,56) », BVC Nº 25 (1959) 20-28.

20572 STEINMUELLER, J. E., « Sacrificial Blood in the Bible », Bibl 40 (1959) 556-567.

20573 FÜGLISTER, N., *Die Heilsbedeutung des Pascha*, « Das Pascha-Blut », 77-105.

20574 PONCELET, M., *Le mystère du sang et de l'eau dans l'évangile de saint Jean* (Paris, Cerf, 1961), 184 pp.

20575 SABOURIN, L., *Nefesh*, sang et expiation (Lv 17,11.14) », SE 18 (1966) 25-45.

20576 VANHOYE, A., « Mundatio per sanguinem (Heb 9,22.23) », VD 44 (1966) 177-191.

Satan. Satana. Satán.

20577 ROVIRA, J., « La impugnación diabólica », Manr 6 (1930) 130-136.

20578 FÉRET, H.-M., *L'Apocalypse de saint Jean* (Paris, Corrêa, 1946), « L'action de Satan dans l'histoire », 175-211.

20579 GUILLET, J., « Des puissances sataniques à Satan », VS 83 (1950) 296-306.

20580 BARSOTTI, D., *Vie mystique et mystère liturgique*, « Le pouvoir de Satan », 165-170.

20581 BOUCQUENIAUX, C., « Jésus et Satan », VS 90 (1954) 240-250.

20582 GUILLET, J., *Thèmes bibliques*, « Les puissances sataniques », 130-139.

20583 LAMBERT, G., « Le drame du jardin d'Éden », NRT 76 (1954) 917-948, 1044-1072.

20584 VAN IMSCHOOT, P., *Théologie de l'Ancien Testament*, « Les démons, Satan », I, 130-141; « Origine des démons », I, 139-141.

20585 LYONNET, S., « La méditation des Deux Étendards et son fondement scripturaire », CHR Nº 12 (1956) 435-456.

20586 BONSIRVEN, J., *Le règne de Dieu*, « Satan et les possédés », 67-70.

20587 PEGON, J., « La victoire du Christ », CHR Nº 9 (1962) 6-22.

20588 SHEETS, J. R., « Your Adversary », Way 2 (1962) 36-43.

20589 RANDELLINI, L., « Satana nell' A. T. », BibOr 5 (1963) 127-132.

20590 DUFRASNE, D., « Satan », AS Nº 30 (1964) 37-60.

20591 BOISMARD, M.-É., « Satan selon l'Ancien et le Nouveau Testament », LV Nº 78 (1966) 61-76.

Scandale. Scandal. Anstoss. Scandalo. Escándalo.

20592 HUMBERT, A., « Essai d'une théologie du scandale dans les Synoptiques », Bibl 35 (1954) 1-28.

20593 HUMBERT, A., « The Notion of *Scandal* in the Synoptics », TDig 3 (1955) 108-113.

Seigneur. Lord. Herr. Signore. Señor.

20594 CERFAUX, L., « Le titre Kyrios et la dignité royale de Jésus », RSPT 11 (1922) 40-71, ou dans *Recueil Lucien Cerfaux*, I, 3-35.

20595 CERFAUX, L., « Le nom divin « Kyrios » dans la bible grecque », RSPT 20 (1931) 27-51, ou dans *Recueil Lucien Cerfaux*, I, 113-136.

20596 CERFAUX, L., « Adonai et Kyrios », RSPT 20 (1931) 417-452, ou dans *Recueil Lucien Cerfaux*, I, 137-172.

20597 WIKENHAUSER, A., « Kyrios als Gottesname », TR 30 (1931) 97-102.

20598 CERFAUX, L., « « Kyrios » dans les citations pauliniennes de l'Ancien Testament », ETL 20 (1943) 5-17, ou dans *Recueil Lucien Cerfaux*, I, 173-190.

20599 DUPONT, J., « Jésus, Messie et Seigneur dans la foi des premiers chrétiens », VS 83 (1950) 385-416.

20600 CERFAUX, L., *Le Christ dans la théologie de saint Paul²*, « Kyrios Jésus; le titre « Kyrios » et la parousie; le titre « Kyrios » et Jésus dans sa vie mortelle », 350-351.

20601 AUZOU, G., *La parole de Dieu* (Paris, L'Orante, 1956), « Le Seigneur Dieu », 219-223.

20602 CERFAUX, L., « Kyrios », SDB V, col. 200-228.

20603 SCHNACKENBURG, R., *Gottes Herrschaft und Reich.* Eine biblisch-theologische Studie (Freiburg, Herder, 1959), 256 pp.

20604 HERMANN, I., *Kyrios und Pneuma.* Studien zur Christologie der paulinischen Hauptbriefe, 156 pp.

20605 BESNARD, A.-M., *Le mystère du nom,* « L'accomplissement de la prophétie de Joël à la Pentecôte », 151-158; « L'invocation du nom du Seigneur Jésus et la prière au Père », 159-174.

20606 BLATTER, T., *Macht und Herrschaft Gottes.* Eine bibeltheologische Studie, 150 pp.

20607 GEORGE, A., « La Seigneurie de Jésus dans le Règne de Dieu d'après les évangiles synoptiques », LV N° 57 (1962) 22-42.

20608 SCHLIER, H., « La Seigneurie du Christ », LV N° 57 (1962) 64-80.

20609 SABOURIN, L., *Les noms et les titres de Jésus,* « Le Seigneur », 245-253.

20610 SCHNEIDER, B., « Kyrios and Pneuma. An Appreciation of a recent Monograph », Bibl 44 (1963) 358-369.

20611 MERTON, T., « Le nom du Seigneur », BVC N° 59 (1964) 59-70.

20612 ROMANIUK, K., « L'initiative salvifique de Dieu et sa souveraineté absolue sur le temps », RivB 12 (1964) 337-348.

20613 VOSS, G., *Die Christologie der lukanischen Schriften in Grundzügen,* « Das Wirken Jesu als Offenbarung der Gottesherrschaft », 25-45; « Die irdische Wirksamkeit Jesu als der vorläufige Beginn der endgültigen Gottescherrschaft », 28-35.

20614 DHAINAUT, M., « Les abaissements volontaires du Christ : Philippiens 2,6-11 », BVC N° 71 (1966) 44-57.

20615 DUPONT, J., « Jésus, Messie et Seigneur dans la foi des premiers chrétiens », VS 83 (1950) 386-416, ou dans *Études sur les Actes des apôtres,* 367-390.

20616 BRAUN, F.-M., « La seigneurie du Christ dans le monde, selon saint Jean », RT 67 (1967) 357-386.

20617   LANGEVIN, P.-É., « Ceux qui invoquent le nom du Seigneur (1 *Co* 1,2) », SE 19 (1967) 373-407; 20 (1968) 113-126.

20618   LANGEVIN, P.-É., *Jésus Seigneur et l'eschatologie. Exégèse de textes prépauliniens,* 392 pp.

Serpent. Schlange. Serpente. Serpiente.

20619   RIGAUX, B., *L'antéchrist,* « Le serpent dans le Protévangile », 19-40.

20620   CASPER, J., « Christliche Symbole in der Heiligen Schrift : Der Drache und die Schlange », BiLit 12 (1937-38) 28-32.

20621   GOURBILLON, J. G., « La parabole du serpent d'airain et la lacune du ch. III de l'évangile selon S. Jean », RB 51 (1942) (*Vivre et Penser,* II) 213-226.

20622   CEUPPENS, F., *Genèse I-III* (Desclée de Brouwer, 1946), « La peine du serpent : nature du serpent », 148-153; « La femme qui se mesurera avec le serpent », 153-157; « Le lignage du serpent et le lignage de la femme », 157-162; « Nature et résultat de la lutte », 162-165.

20623   FULLER, R. C., « The Serpent in Genesis III », SCR 3 (1948) 85-86.

20624   HJERL-HANSEN, B., « Le rapprochement poisson-serpent dans la prédication de Jésus », RB 55 (1948) 195-198.

20625   BONNEFOY, J.-F., *Le mystère de Marie selon le Protévangile et l'Apocalypse* (Paris, Vrin, 1949), 192 pp.

20626   BRAUN, F.-M., *La Mère des fidèles,* « Le protévangile à travers l'histoire de Jésus », 82-87.

20627   DELORME, J., « Le fils de l'homme : le serpent d'airain (Jn. 3,14ss) », CE N° 16 (1954) 55-56.

20628   GUILLET, J., *Thèmes bibliques,* « Les puissances sataniques : serpent », 130-131, 134, 139-140.

20629   LAMBERT, G., « Le drame du jardin d'Éden », NRT 76 (1954) 917-948, 1044-1072.

20630   VAN IMSCHOOT, P., *Théologie de l'Ancien Testment,* « Le serpent », I, 135-136.

Serviteur. Servant. Knecht. Servitore. Servidor.

20631   VACCARI, A., « I carmini del « Servo di Jahve ». Ultime risonanze e discussioni », Bibl 15 (1934) 216-244.

20632   OGARA, F., « Rationabile obsequium vestrum », VD 15 (1935) 5-14.

20633   PEIRCE, F. X., « Ecclesiastical Library Table. The Problem of the Servant in Isaias 40-66 », AmER 92 (1935) 83-95.

20634   VAN DER PLOEG, J., *Les chants du serviteur de Jahvé dans la seconde partie du livre d'Isaïe (ch. 40-55)* (Paris, Lecoffre, 1936), 223 pp.

20635   BURROWS, E., *The Gospel of the Infancy and other biblical Essays,* « The Servant of Yahweh in Isaiah : an Interpretation », 59-80.

20636   BOUYER, L., *Le mystère pascal,* « Le serviteur de Yahvé », 262-315.

20637   MURPHY, R. T., « Second Isaias : the Servant of the Lord », CBQ 9 (1947) 262-274.

20638   KRUSE, H., « Carmina Servi Jahve », VD 29 (1951) 193-205, 286-295, 334-340; 30 (1952) 341-348; 31 (1953) 209-210.

20639   STARCKY, J., « Les prophéties messianiques dans le Nouveau Testament : la Passion, la Résurrection et les poèmes du Serviteur », CE N° 4 (1951) 38-43.

20640   BOUYER, L., *La Bible et l'Évangile²,* « La religion des Sages, Job et le Serviteur de Yahvé », 121-136.

20641   CHARLIER, C., « Le Serviteur glorifié », BVC N° 1 (1953) 56-77.

20642 CERFAUX, L., « Saint Paul et le « Serviteur de Dieu » d'Isaïe », dans *Recueil Lucien Cerfaux,* II, 439-454.

20643 DE LEEUW, V., « Le Serviteur de Jahvé. Figure royale ou prophétique », dans *L'attente du Messie* (en collab.), 51-56.

20644 GUILLET, J., *Thèmes bibliques,* « Serviteur de Yahweh », 66-67, 99-100, 168, 237-238.

20645 LEFÈVRE, A., « Service et amour de Dieu », CHR N° 2 (1954) 6-20.

20646 STANLEY, D. M., « The Theme of the Servant of Yahweh in primitive Soteriology and its Transposition by S. Paul », CBQ 16 (1954) 385-425.

20647 CAZELLES, H., « Les poèmes du Serviteur. Leur place, leur structure, leur théologie », RSR 43 (1955) 5-56.

20648 CHARLIER, C., « Der verherrlichte Gottesknecht », BiLit 23 (1955-56) 194-207.

20649 BEAUCAMP, É., *Sous la main de Dieu,* « Le serviteur de Yahvé et les prophètes du VIIIe siècle », 117-127.

20650 GILS, F., *Jésus prophète, d'après les évangiles synoptiques,* « La déclaration céleste et le programme du Serviteur d'Isaïe », 54-64.

20651 MARIANI, B., « S. Paolo et il Servo di Yahve », RivB 4 (1956) 330-356; 5 (1957) 17-24.

20652 MÉNARD, J.-E., « *Pais Theou* as Messianic Title in the Book of Acts », CBQ 19 (1957) 83-92.

20653 DALTON, W. J., « The Fourth Song of the Servant of Yahweh : Is. 52:13-53:12 », SCR 10 (1958) 1-9.

20654 GIBLET, J., « Jésus, Serviteur de Dieu », LV N° 36 (1958) 5-34.

20655 SCHARBERT, J., « Stellvertretendes Sühneleiden in den Ebed-Jahve-Liedern und in altorientalischen Ritualtexten », BZ 2 (1958) 190-213.

20656 COPPENS, J., « Le Serviteur de Yahvé. Vers la solution d'une énigme », dans *Sacra Pagina* (en collab.), I, 434-454.

20657 COPPENS, J., « Les origines littéraires des poèmes du serviteur de Yahvé », Bibl 40 (1959) 248-258.

20658 DE FRAINE, J., *Adam et son lignage,* « Le Serviteur de Yahvé », 158-171.

20659 GUILLET, J., « La polémique contre les idoles et le Serviteur de Yahvé », Bibl 40 (1959) 428-434.

20660 HAAG, H., « Ebed Jahwe-Forschung 1948-1958 », BZ 3 (1959) 174-204.

20661 MASSI, P., « Legame tra i racconti della cena e i carmi del servo di Jahweh », RivB 7 (1959) 97-125, 193-207.

20662 MÉNARD, J.-E., « Le titre $\pi\alpha\tilde{\iota}\varsigma$ $\theta\epsilon\text{o}\tilde{\upsilon}$ dans les Actes des Apôtres », dans *Sacra Pagina* (en collab.), II, 314-321.

20663 STEINMANN, J., *Le livre de la consolation d'Israël et les prophètes du retour de l'exil,* 109-116, 127-137, 157-163, 169-175.

20664 VOGT, E., « Die Ebed-Jahwe Lieder und ihre Ergänzungen », EstE 34 (1960) 775-788.

20665 BRUNOT, A., « Le Poème du Serviteur et ses problèmes (Isaïe XL-LV) », RT 61 (1961) 5-24.

20666 LEGAULT, A., « Le baptême de Jésus et la doctrine du Serviteur souffrant », SE 13 (1961) 147-166.

20667 ROMANIUK, K., « De themate Ebed Yahve in Soteriologia Sancti Pauli », CBQ 23 (1961) 14-25.

20668 SABOURIN, L., *Rédemption sacrificielle,* « Le sacrifice du « Serviteur » », 192-255.

20669 CERFAUX, L., *Le chrétien dans la théologie paulinienne,* « Le service du Seigneur », 288-296.

20670 DUPONT, J., *Le discours de Milet.* Testament pastoral de saint Paul (Ac 20,18-36), « Servir le Seigneur dans l'humanité », 31-56; « Parfaire le ministère », 101-110.

20671 LARCHER, C., *L'Actualité chrétienne de l'Ancien Testament d'après le Nouveau Testament,* « Jésus et la mission du Serviteur », 119-176.

20672 MORIARTY, F. L., « The Suffering Servant », Way 2 (1962) 121-134.

20673 COPPENS, J., « Le serviteur de Yahvé et le fils d'homme daniélique sont-ils des figures messianiques ? » ETL 39 (1963) 104-119.

20674 KERRIGAN, A., « Echoes of Themes from the Servant Songs in Pauline Theology », dans *Studiorum Paulinorum Congressus 1961* (en collab.), II, 217-228.

20675 SABOURIN, L., *Les noms et les titres de Jésus,* « Le serviteur », 151-161.

20676 DUQUOC, C., « Le Christ serviteur », VS 110 (1964) 149-156.

20677 McKENZIE, J. L., *The Power and the Wisdom,* « The Servant of the Lord and the Son of Man », 90-107.

20678 ALONSO, J., « The Problem of the Servant Songs », SCR 18 (1966) 18-26.

20679 DIP, G., « Plegaria y sufrimiento del Siervo de Yavé », EstE 41 (1966) 303-350.

20680 MASSI, P., « Theologia del Servo di Jahvé e i suoi riflessi nel Nuovo Testamento », dans *Il messianismo* (en collab.), 105-134.

20681 ROGUET, A.-M., *Le miel du rocher,* « Les psaumes du serviteur », 79-96.

20682 PAUL-MARIE DE LA CROIX, P., *L'ancien Testament source de vie spirituelle³,* « Le serviteur de Yahweh », 433-443; « Vie de l'âme établie en Dieu : service de Dieu », 906-913.

20683 TOURNAY, R., « Les chants du serviteur dans la seconde partie d'Isaïe », RB 59 (1952) 355-384, 481-512.

20684 AHLSTRÖM, G. W., « Notes to Isaiah 53 : 8f », BZ 13 (1969) 95-98.

20685 CAZELLES, H., « La destinée du Serviteur (Is 52,13-53,12) », AS (n.s.) N° 21 (1969) 6-14.

20686 FESTORAZZI, F., « Voici mon serviteur (Is 42,1-4.6-7) », AS (n.s.) N° 12 (1969) 34-39.

20687 COUTURIER, G., « La vocation d'un homme de Dieu (Is 49,3.5-6) », AS (n.s.) N° 33 (1970) 6-14.

20688 DION, P.-E., « Les chants du Serviteur de Yahweh et quelques passages apparentés d'Is 40-55. Un essai sur leurs limites précises et sur leurs origines respectives », Bibl 51 (1970) 17-38.

20689 JUNKER, H., « Der Sinn der sogenannten Ebed-Jahwe-Stücke », TrierTZ 79 (1970) 1-12.

20690 MITCHELL, T. A., « Christ as the Ebed Yahweh », IrThQ 37 (1970) 245-250.

Sexualité. Sexuality. Geschlechtlichkeit. Sessualità. Sexualidad.

20691 VAN IMSCHOOT, P., *Théologie de l'Ancien Testament,* « La morale sexuelle », II, 260-277.

20692 GRELOT, P., *Le couple humain dans l'Écriture,* 112 pp.

20693 BOCKLE, F., « Sexualitat und sittliche Norm », StiZ 180 (1967) 249-267.

20694 BEAUCHAMP, P., « À travers Canaan », CHR N° 66 (1970) 150-162.

Shéol. Sheol. Scheol. Sheol. Seol.

20695 McNASPY, C. J., « Sheol in the Old Testament », CBQ 6 (1944) 326-333.

20696 DUBARLE, A.-M., *Les sages d'Israël,* « La conception biblique du shéol », 140-146.

20697 HEINISCH, P., *Theology of the Old Testament,* « Sheol », 255-259.

20698 GUILLET, J., *Thèmes bibliques,* « Les lieux maudits : enfer », 140-145.

20699 VAN IMSCHOOT, P., *Théologie de l'Ancien Testament,* « Le shéol », II, 48-51.

20700   FÉRET, H.-M., « Le shéol primitif », dans *Le mystère de la mort et sa célébration* (en collab.), 31-33.

Signe. Sign. Zeichen. Segno. Signo.

20701   RÉTIF, A., « La foi missionnaire ou kérygmatique et ses signes », RUO 21 (1951) 151*-172*.

20702   GOZZO, S., « Isaia profeta e i suoi figli « signi e presagi in Israele » », Ant 31 (1956) 215-246, 355-382.

20703   VAN DER PLOEG, J., « Old Testament Signs », SCR 8 (1956) 33-43.

20704   CHARLIER, J.-P., « La notion de signe ($\sigma\eta\mu\epsilon\hat{\iota}ov$) dans le IVe Évangile », RSPT 43 (1959) 434-448.

20705   MOLLAT, D., « Le sèmeion johannique », dans *Sacra Pagina* (en collab.), II, 209-218.

20706   BEAUDRY, J. F., « Miracle and Sign », SMR 3 (1960) 65-94.

20707   LEAL, J., « El simbolismo histórico del IV Evangelio », EstB 19 (1960) 229-348.

20708   BROWN, R. E., « The Johannine Sacramentary reconsidered », TS 23 (1962) 183-206.

20709   FORMESYN, R., « Le sèmeion johannique et le sèmeion hellénistique », ETL 38 (1962) 856-894.

20710   BROWN, R. E., *New Testament Essays,* « The Johannine Sacramentary », 51-776.

20711   COSTA, M., « Nota sul simbolismo sacramentale nel IV Vangelo », RivB 13 (1965) 239-254.

20712   FEUILLET, A., « La signification fondamentale du premier miracle de Cana (Jo II,1-11) et le symbolisme johannique », RT 65 (1965) 517-535.

20713   GÉLINEAU, J., « The Nature and Role of Signs in the Economy of the Covenant », Wor 39 (1965) 530-550.

20714   TERNANT, P., « Les signes et la foi », AS N° 75 (1965) 38-74.

20715   DULLES, A., « Symbol, Myth and the biblical Revelation », TS 27 (1966) 1-26.

20716   ALFARO, J., « Cristo, sacramento de Dios Padre : la Iglesia, sacramento de Cristo glorificado », Greg 48 (1967) 5-27.

20717   LATOURELLE, R., « L'économie des signes de la Révélation », SE 19 (1967) 7-31.

20718   LATOURELLE, R., « Sanctity, a Sign of Revelation », TDig 15 (1967) 41-46.

20719   SHEETS, J. R., « Symbol and Sacrament », Wor 41 (1967) 194-210.

20720   BEAUPÈRE, R., « La Bible, source de l'imaginaire chrétien », VS 104 (1961) 496-505.

Simplicité. Simplicity. Einfachheit. Semplicità. Simplicidad.

20721   SPICQ, C., « La vertu de simplicité dans l'Ancien et le Nouveau Testament », RSPT 22 (1933) 5-26.

20722   LÉGASSE, S., *Jésus et l'enfant.* « Enfants », « petits » et « simples » dans la tradition synoptique (Paris, Gabalda, 1969), 376 pp.

Sinaï. Sinai. Sinaí.

20723   HAMMERSCHMIDT, E., « Der Berg Sinai », BiLit 22 (1954-55) 240-241.

20724   HUFFMON, H. B., « The Exodus, Sinai and the Credo », CBQ 27 (1965) 101-113.

20725   WALKENHORST, K. H., « Sinai in liturgica traditione deuteronomistica et sacerdotali », VD 44 (1966) 89-96.

20726   LOSS, N. M., « Il significato di Ex 19, 3b-b come tema e preambolo della portata religiosa dei fatti del Sinai », Sal 29 (1967) 669-694.

Société. Society. Gesellschaft. Società. Sociedad.

20727   DE FRAINE, J., « Individu et société dans la religion de l'Ancien Testament », Bibl
          33 (1952) 324-355, 445-475.

20728   SCHEDL, C., « Soziale Umschichtung im alten Israel », BiLit 22 (1954-55) 205-208.

Soif. Thirst. Durst. Sete. Sed.

20729   RIOS, R., « Thirst for God », SCR 2 (1947) 34-38.

20730   MACKE, C., « Pour comprendre l'Évangile lisez les livres de l'Ancien Testament : Faim
          et soif », CE Nº 2 (1952) 38.

20731   PAUL-MARIE DE LA CROIX, P., *L'Ancien Testament source de vie spirituelle*[3],
          « L'âme : une soif et un appel », 139-145.

Solitude. Einsamkeit. Solitudine. Soledad.

20732   BEAUCHAMP, P., « Plainte et louange dans les psaumes », CHR Nº 13 (1966) 65-82.

20733   GUILLET, J., « Rejeté des hommes et de Dieu », CHR Nº 13 (1966) 83-100.

20734   BOUTRY, A., « Solitude d'aujourd'hui et foi chrétienne », BVC Nº 85 (1969) 50-61.

Sommeil. Sleep. Schlaf. Sonno. Sueño.

20735   FEUILLET, A., *Le Cantique des cantiques,* « Le sommeil et le réveil », 58-65.

20736   SESBOUÉ, D., « Sommeil et réveil », AS Nº 3 (1963) 39-53.

Souffrance. Suffering. Leiden. Sofferenza. Sufrimiento.

20737   LECLERCQ, J., « Le sens chrétien de la maladie », VS 53 (1937) 136-143.

20738   HIELMANN, W., « Die Leidensmystik des hl. Paulus in ihrem Zusammenhang mit
          dem Gedanken des myst. Leibes Christi », TGl 31 (1939) 597-605.

20739   PARENTE, P. P., « The Book of Job. Reflections on the mystic Value of human
          Suffering », CBQ 8 (1946) 213-219.

20740   DE FRAINE, J., « Ad problema doloris apud Babylonios et in Sacra Scriptura », VD
          25 (1947) 182-190.

20741   FEUILLET, A., « Souffrance et confiance en Dieu. Commentaire du psaume 22 », NRT
          70 (1948) 137-149.

20742   DESCAMPS, A., *Les justes et la justice dans les évangiles et le christianisme primitif
          hormis la doctrine proprement paulinienne,* « La souffrance des chrétiens », 157-163.

20743   HEINISCH, P., *Theology of the Old Testament,* « Suffering », 246-254.

20744   DUESBERG, H., *Les valeurs chrétiennes de l'Ancien Testament*[2], « De la souffran-
          ce », 121-126.

20745   BOISMARD, M.-É., « « Tu enfanteras dans la souffrance », Introduction à la lecture
          de l'Apocalypse », LV Nº 4 (1952) 111-128.

20746   PAUL-MARIE DE LA CROIX, P., *L'Ancien Testament source de vie spirituelle*[3], « Le
          chemin d'approche de la Sagesse : Job, ou la souffrance du juste », 692-695.

20747   GEORGE, A., « La souffrance du chrétien au regard de S. Paul », BVC Nº 5 (1954)
          26-33.

20748   GONSETTE, J., « Le chrétien et la souffrance », NRT 76 (1954) 481-493.

20749   COSTE, J., « Notion grecque et notion biblique de la souffrance éducatrice », RSR 43
          (1955) 481-524.

20750   GELIN, A., « La souffrance dans la Bible », AmiCl 65 (1955) 164-166.

20751   STEINMANN, J., *Le livre de Job,* « Le mystère de la souffrance dans l'Ancien Orient
          et au temps de Job », 25-54.

20752 COCAGNAC, A.-M., « Job sans beauté ni éclat », VS 95 (1956) 355-371.

20753 DUBARLE, A.-M., « La condition humaine dans l'Ancien Testament », RB 63 (1956) 321-345.

20754 LACAN, M.-F., « La Sagesse vous parle : Job et Tobie ou le mystère de l'épreuve », CE N° 31 (1958) 44-58.

20755 SUAVET, T., « La croix dans nos vies », VS 98 (1958) 115-125.

20756 BOUTRY, A., « La souffrance du Seigneur », BVC N° 25 (1959) 59-68.

20757 GEORGE, A., « Le service du Royaume (Marc 10,35-45) », BVC N° 25 (1959) 15-19.

20758 PATY, C., « L'épreuve », BVC N° 29 (1959) 46-55.

20759 ROSE, A., « La soif du Dieu Vivant (Ps. 42 et 43) », BVC N° 25 (1959) 29-38.

20760 DACQUINO, P., « Il valore della sofferenza cristiana », BibOr 8 (1966) 241-244.

20761 SCHIWY, G., « Vom Leiden am Gotteswort », GeistL 39 (1966) 1-3.

20762 BLENKINSOPP, J., « We rejoice in our Suffering », Way 7 (1967) 36-44.

20763 WHELAN, J., « Salvation through Suffering », Way 7 (1967) 28-35.

20764 BONNARD, P.-É., « La croix : dans l'Écriture et la vie des chrétiens », AmiCl 78 (1968) 106-110.

20765 BERTRANGS, A., *La souffrance* (Paris, Apostolat des Éditions, 1970), 96 pp.

Tabernacles. Laubhüttenfest. Tabernacoli. Tabernáculos.

20766 DANIÉLOU, J., *Bible et Liturgie²*, « Les Tabernacles », 449-470.

20767 GUILLET, J., *Thèmes bibliques,* « La marche à travers le désert : la fête des Tabernacles », 10.

20768 PIERRON, J., « La source de l'eau vive », CE N° 19 (1955) 7-80.

20769 DANIÉLOU, J., « Les quatre-temps de septembre et la fête des Tabernacles », MD N° 46 (1956) 114-136.

20770 VAN IMSCHOOT, P., *Théologie de l'Ancien Testament,* « La fête de la récolte ou des huttes (tabernacles) », II, 184-189.

20771 DANIÉLOU, J., « Le symbolisme eschatologique de la fête des Tabernacles », Ir 31 (1958) 19-40.

20772 MacRAE, G. W., « The Meaning and Evolution of the Feast of Tabernacles », CB 22 (1960) 251-276.

Table. Tisch. Tavola. Mesa.

20773 GLANNDOUR, M., « Le signe de la table », VS 83 (1950) 373-394.

Témoignage. Testimony. Zeugnis. Testimonianza. Testimonio.

20774 CERFAUX, L., « Témoins du Christ d'après le Livre des Actes », Ang 20 (1943) 166-183.

20775 TONDELLI, L., « Nuovi indirizzi apologetici del IV Vangelo », dans *Questioni bibliche alla luce dell'Enciclica « Divino Afflante Spiritu »* (en collab.), I, 131-140.

20776 CERFAUX, L., « Témoins du Christ d'après le Livre des Actes », dans *Recueil Lucien Cerfaux,* II, 157-174.

20777 GUILLET, J., *Thèmes bibliques,* « Témoins », 239-240.

20778 GIBLET, J., « Le témoignage du Père (Jean 5,31-47) », BVC N° 12 (1955-56) 49-59.

20779 VANHOYE, A., « Témoignage et vie selon le quatrième évangile », CHR N° 6 (1955) 150-171.

20780 FRANSEN, I., « Jésus, le témoin fidèle » (Apocalypse), BVC N° 16 (1956) 66-79.

20781 DE LA POTTERIE, I., « La notion de témoignage dans saint Jean », dans *Sacra Pagina* (en collab.), II, 193-208.

20782   MUSSNER, F., « Der « historische » Jesus », TrierTZ 69 (1960) 321-337.

20783   LOUVEL, F., « Les douze apôtres, témoins privilégiés du Christ », VS 109 (1963) 551-560.

20784   MULDE, N., « La mission des Apôtres », CHR N° 10 (1963) 450-460.

20785   GRASSO, D., « The Catechist as Witness », Wor 38 (1964) 157-164.

20786   MUSSNER, F., *Die Johanneische Sehweise und die Frage nach dem historischen Jesus,* « Bezeugen », 34-38.

20787   LIPPERT, P., *Leben als Zeugnis* (Stuttgart, Katholisches Bibelwerk, 1968), 216 pp.

20788   BEAUCAMP, É., « Le témoignage au banc des accusés », BVC N° 92 (1970) 68-71.

Temple. Tempel. Tempio. Templo.

20789   RUFFENACH, F., « Nescitis quia templum Dei estis, et Spiritus Dei habitat in vobis », VD 13 (1933) 37-40.

20790   JOÜON, P., « Les mots employés pour désigner le Temple dans l'Ancien Testament et le Nouveau Testament et Josèphe », RSR 25 (1935) 329-343.

20791   DUBARLE, A.-M., « Le signe du temple (Jn. 2,19) », RB 48 (1939) 21-44.

20792   KETTER, P., « Die apokalyptische Tempelmessung », PB 52 (1941) 93-99.

20793   MEINERTZ, M., « Die Tragweite der Weissagung Jesu von der Zerstörung des Tempels », TGl 35 (1943) 135-141.

20794   DE VAUX, R., « Notes sur le temple de Salomon », dans *Kedem. Studies in Jewish Archaelogy* (Jérusalem) II, 1945, 48-58, ou dans *Bible et Orient,* 203-216.

20795   GAI, D., « Le temple de Dieu », VS 73 (1945) 365-380, 502-510.

20796   VINCENT, L.-H., « De la tour de Babel au temple », RB 53 (1946) 403-440.

20797   FRAEYMAN, M., « La spiritualisation de l'idée du Temple dans les épîtres pauliniennes », ETL 23 (1947) 378-412, ou dans *Miscellanea dogmatica J. Bittremieux* (Duculot, Gembloux, 1948), 50-84.

20798   FEUILLET, A., « Le discours de Jésus sur la ruine du temple », RB 55 (1948) 481-502; 56 (1949) 61-92.

20799   LÉON-DUFOUR, X., « Le signe du Temple selon saint Jean », dans *Mélanges Jules Lebreton* (en collab.), I (RSR 39 (1951)), 155-175.

20800   SCHMITT, J., « Petra autem erat Christus », MD N° 29 (1952) 18-31.

20801   BOUYER, L., *La Bible et l'Évangile²,* « Le problème cultuel (Ézéchiel et la religion du Temple, l'Arche et la Schekinah) », 95-120.

20802   CONGAR, Y., « Le mystère du Temple de Dieu et l'économie de sa présence dans le monde », AT 13 (1953) 1-12.

20803   VINCENT, L.-H., « Les bassins roulants du Temple de Jérusalem », dans *Miscellanea Biblica B. Ubach* (en collab.), 147-160.

20804   GUILLET, J., *Thèmes bibliques,* « Temple de Dieu », 188-189, 196.

20805   VINCENT, L.-H., « Le temple hérodien d'après la Misnah », RB 61 (1954) 5-35, 398-418.

20806   VINCENT, A., « Le Temple de Jérusalem », dans ROBERT, A., TRICOT, A., *Initiation biblique³,* 595-609.

20807   VINCENT, L.-H., STÈVE, A.-M., *Jérusalem et l'Ancien Testament.* Recherches d'archéologie et d'histoire (Paris, Gabalda, 1954, 1956), 1ʳᵉ partie : archéologie de la ville, 372 pp.; 2ᵉ partie : archéologie du temple, et 3ᵉ partie : évolution historique de la ville, 812 pp.; 149 planches.

20808   BOUYER, L., *Le quatrième évangile²,* « Le Temple purifié », 84-87.

20809   GAILLARD, J., « Domus Dei », DS III, 1551-1567.

20810 VAN DEN BUSSCHE, H., « Le signe du Temple (Jean 2,13-22) », BVC N° 20 (1957) 92-100.

20811 VINCENT, L.-H., « Le caractère du temple salomonien », dans *Mélanges rédigés en l'honneur de André Robert* (en collab.), 137-148.

20812 CONGAR, Y., *Le mystère du Temple,* 346 pp.

20813 DENIS, A.-M., « La fonction apostolique et la liturgie nouvelle en esprit : l'Apôtre, constructeur du temple spirituel (I Cor. 3,16-17) », RSPT 42 (1958) 408-426.

20814 DE VAUX, R., *Les institutions de l'A. T.,* II : « Les sanctuaires sémitiques », 93-113; « Les premiers sanctuaires d'Israël », 115-145; « Le temple de Jérusalem », 147-173; « La centralisation du culte », 175-193.

20815 LIGNÉE, H., « Le Temple du Seigneur », CE N° 32 (1958) 5-80.

20816 PELLETIER, A., « La tradition synoptique du « voile déchiré ». À la lumière des réalités archéologiques », RSR 46 (1958) 161-180.

20817 STANLEY, D. M., « The christian Mystery and the new Temple », Wor 32 (1958) 233-239.

20818 CAUBET ITURBE, F. J., « Jerusalen y el Templo del señor en los manuscritos de Qumrân y en el NT », dans *Sacra Pagina* (en collab.), II, 28-46.

20819 DE LANGHE, R., « L'autel d'or du temple de Jérusalem », Bibl 40 (1959) 476-494.

20820 FENTON, J. C., « The New Testament Designation of the True Church as God's Temple », AmER 140 (1959) 103-117.

20821 LIGNÉE, H., « Le temple nouveau », CE N° 34 (1959) 5-79.

20822 VATTIONI, F., « Vetera et Nova : Niente di nuovo sotto il sole; Il velo del tempio e i Cherubini; Il grande peccato nei contratti matrimoniali egiziani », RivB 7 (1959) 64-69.

20823 DE VAUX, R., *Les institutions de l'A. T.,* « Le Temple de Jérusalem », II, 147-173.

20824 KIRKBRIDE, D., « Le temple nabatéen de Ramm. Son évolution architecturale », RB 67 (1960) 64-92.

20825 CHARPENTIER, E., « Notes de pastorale : le thème du Temple », BVC N° 42 (1961) 76-78.

20826 DES PLACES, É., « Des temples faits de main d'homme (Act 17,24) », Bibl 42 (1961) 217-223.

20827 LIGNÉE, H., « Vers le sanctuaire du ciel », CE N° 42 (1961) 5-73.

20828 POULSSEN, N., « Rex et templum in Israël », VD 40 (1962) 264-269.

20829 LACAN, M.-F., « L'habitation de Dieu parmi nous », AS N° 10 (1963) 58-74.

20830 CHARY, T., « Maison de prière pour tous les peuples », BVC N° 57 (1964) 15-27.

20831 DE VAUX, R., « Le temple de Jérusalem », dans *Lexikon für Theologie und Kirche* (Freiburg, Herder, 1964), IX, col. 1350-1358, ou dans *Bible et Orient,* 303-315.

20832 FRAEYMAN, M., « La spiritualisation de l'idée du temple dans les épîtres pauliniennes », AS N° 91 (1964) 52-72.

20833 IRWIN, W. H., « Le sanctuaire central israélite avant l'établissement de la monarchie », RB 72 (1965) 161-184.

20834 BESTERS, A., « Le sanctuaire central dans Jud. XIX-XXI », ETL 41 (1965) 20-41.

20835 WAMBACQ, B. N., *Instituta Biblica,* « De templo Salomonis », 65-88; « Templum Zorobabel », 87-88; « De Templo Herodis », 89-104; « De aliis templis Yahve sacratis », 105-108.

20836 DANIÉLOU, J., *Études d'exégèse judéo-chrétienne* (Les Testimonia), « La source du temps (Ex., 47,1-11) », 122-138.

20837 MURPHY-O'CONNOR, J., *La prédication selon saint Paul,* « La prédication, acte cultuel », 158-172.

20838 PETITJEAN, A., « La mission de Zorobabel et la reconstruction du temple », ETL 42 (1966) 40-71.

20839 GIBLIN, C. H., *The Threat to Faith* (2 Th 2), « The Temple-Imagery : Verses 3-4 », 59-88.

20840 LAMBRECHT, J., *Die Redaktion der Markus-Apokalypse,* « Mk 13,1-4 : Voraussage der Tempelverwüstung », 68-91.

20841 MAYER, H., « Das Bauholz des Tempels Salomos », BZ 11 (1967) 53-66.

20842 POULSSEN, N., *König und Tempel im Glaubenszeugnis des alten Testamentes* (Stuttgart, Katholisches Bibelwerk, 1967), 220 pp.

20843 RABE, V. W., « Israelite Opposition to the Temple », CBQ 29 (1967) 228-233.

20844 VOGT, E., « Neue Forschungen über Jerusalem und den Tempel », StiZ 180 (1967) 411-418.

20845 STARCKY, J., « Le temple nabatéen de Khirbet Tannur », RB 75 (1968) 206-235.

20846 SABOURIN, L., « Novum Templum », VD 47 (1969) 65-82.

Temps. Time. Zeit. Tempo. Tiempos.

20847 DANIÉLOU, J., *Le mystère de l'Avent,* « La Vierge et le Temps », 117-142.

20848 DUBARLE, D., « Temps païen et temps chrétien », MD N° 30 (1952) 56-62.

20849 ROUSSEAU, O., « Les Pères de l'Église et la théologie du temps », MD N° 30 (1952) 36-55.

20850 TRESMONTANT, C., *Essai sur la pensée hébraïque,* « Le temps », 25-38; « Le temps et l'éternité », 38-45.

20851 BARSOTTI, D., *Vie mystique et mystère liturgique,* « L'incarnation : temps et éternité », 90-96.

20852 DE VAUX, R., *Les institutions de l'A. T.,* « Divisions du temps », I, 271-296.

20853 DE VAUX, R., *Les institutions de l'A. T.,* « Les temps sacrés », II, 363-370.

20854 DEWAILLY, L.-M., « Le temps et la fin du temps selon saint Paul », MD N° 65 (1961) 133-143.

20855 LARCHER, C., *L'actualité chrétienne de l'Ancien Testament d'après le Nouveau Testament,* « La notion biblique du temps », 382-397.

20856 RODRIGUEZ OCHOA, J. M., « Estudio de la dimension temporal en Prov. Job y Qoh (El eterno volver a comenzar en Qohelet) », EstB 22 (1963) 33-67.

20857 BRADY, C., « The World to come in the Epistle to the Hebrews », Wor 39 (1965) 329-339.

20858 PANCARO, S., « A Statistical Approach to the Concept of Time and Eschatology in the Fourth Gospel », Bibl 50 (1969) 511-524.

20859 ROI, J., « Du temps, de l'instant et de l'éternité », BVC N° 90 (1969) 71-77.

20860 BARBOTIN, E., *Humanité de Dieu.* Approche anthropologique du mystère chrétien, « Temps humain et mystère chrétien », 95-131.

20861 DELLING, G., *Zeit und Endzeit.* Zwei Vorlesungen zur Theologie des Neuen Testaments (Neukirchen, Neukirchener Verlag, 1970), 116 pp.

20862 STEINMETZ, F.-J., « Die, ach ! - so kurze Zeit », GeistL 43 (1970) 401-406.

Ténèbres. Darkness. Finsternis. Tenebre. Tinieblas.

20863 LIGIER, L., « Heure des ténèbres et règne du péché, le péché dans le Nouveau Testament », LV N° 5 (1952) 41-64.

20864 FEUILLET, A., *Le Cantique des cantiques,* « La lumière et les ténèbres », 76-80.

20865 DELCOR, M., « La guerre des fils de lumière contre les fils de ténèbres ou le Manuel du parfait combattant », NRT 77 (1955) 372-399.

20866 STACHOWIAK, L. R., « Die Antithese Licht-Finsternis – Ein Thema der paulinischen Paränese », TQ 143 (1963) 385-421.

Tentation. Temptation. Versuchung. Tentazione. Tentación.

20867 AB ORBISO, T., « De tentationibus en Epistola Jacobi (Jac. 1,2-18) », VD 16 (1936) 209-216.

20868 AB ORBISO, T., « De origine et effectibus tentationum (Jac. 1,13-15) », VD 16 (1936) 305-311.

20869 CHARLIER, C., « Les tentations de Jésus au désert », BVC N° 5 (1954) 85-92.

20870 GUILLET, J., *Thèmes bibliques,* « Les puissances sataniques : le tentateur », 131-140.

20871 CERFAUX, L., « Fructifier en supportant (l'épreuve). À propos de Luc VIII,15 », RB 74 (1957) 481-491.

20872 BERTRAN, M., « Proceso psicologico de la tentación al pecado, a la luz de Gen, 3, 1-14 », Manr 32 (1960) 67-72.

20873 BARTHÉLEMY, D., « Les causes de la méconnaissance de Dieu. Le jardin d'Éden », VS 105 (1961) 597-615.

20874 DEROUSSEAUX, L., « L'épreuve et la tentation », AS N° 26 (1962) 54-68.

20875 DUPONT, J., « Les tentations de Jésus dans le désert (Mt 4,1-11) », AS N° 26 (1962) 37-53.

20876 FRISQUE, J., « La tentation du Christ, de l'Église et du chrétien », AS N° 26 (1962) 91-102.

20877 STRANGE, M., « Temptations », Wor 36 (1962) 227-234.

20878 BROWN, S., *Apostasy and Perseverance in the Theology of Luke* (Rome, Pont. Biblical Institute, 1969), 168 pp.

Tente. Tent. Zelt. Tenda. Tienda.

20879 STANLEY, D. M., « The Feast of Tents : Jesus' Self-revelation », Wor 34 (1959) 20-27.

20880 DE VAUX, R., « Arche d'alliance et Tente de réunion », dans *À la rencontre de Dieu.* Mémorial Albert Gelin (en collab.), 55-70.

20881 MAERTENS, T., *C'est fête en l'honneur de Yahvé,* « La fête des récoltes ou fête des Tentes », 51-81.

Terre. Earth. Erde. Terra. Tierra.

20882 GUILLET, J., *Thèmes bibliques,* « Terre promise », 163-164, 181-199.

20883 BEAUCAMP, É., « Le don de la terre et sa richesse spirituelle », VS 96 (1957) 127-141.

20884 DE GUGLIELMO, A., « The Fertility of the Land in the messianic Prophecies », CBQ 19 (1957) 306-311.

20885 LIPINSKI, E., « La terre promise, héritage de Dieu », AS N° 52 (1965) 46-61.

20886 L'HOUR, J., *La morale de l'Alliance,* « La possession de la Terre promise », 87-90.

20887 L'HOUR, J., *Die Ethik des Bundestradition im Alten Testament,* « Der Besitz des verheissenen Landes », 102-106.

20888 LOHFINK, N., *Die Landverheissung als Eid,* 136 pp.

20889 LIPINSKI, E., *Essais sur la révélation et la Bible,* « La terre promise, héritage de Dieu », 115-132.

Tête. Head. Haupt. Testa. Cabeza.

20890   BENOIT, P., « Corps, tête et plérôme dans les épîtres de la captivité », RB 63 (1956)
5-44, ou dans BENOIT, P., *Exégèse et théologie,* II, 107-153.

20891   TROMP, S., « Caput influit sensum et motum. *Col.* 2,19 et *Eph.* 4,16 in luce traditionis », Greg 39 (1958) 353-366.

Théophanie. Theophany. Gotteserscheinung. Teofania. Teofanía.

20892   D'ALÈS, A., « La théophanie de Mambré devant la tradition des Pères », RSR 20 (1930)
150-160.

20893   GUILLET, J., *Thèmes bibliques,* « Théophanies », 34, 80, 85, 236.

20894   VAN IMSCHOOT, P., *Théologie de l'Ancien Testament,* « Les théophanies », I,
143-147.

20895   COCAGNAC, A.-M., « Les saintes théophanies de Notre-Seigneur Jésus-Christ », VS
93 (1956) 5-16.

20896   BEAUCAMP, É., *La Bible et le sens religieux de l'univers,* « Les théophanies du Dieu
de l'histoire », 106-116.

20897   LENTZEN-DEIS, F., « Das Motiv der « Himmelsöffnung » in verschiedenen
Gattungen der Umweltliteratur des Neuen Testaments », Bibl 50 (1969) 301-327.

Tradition. Überlieferung. Tradizione. Tradición.

Ancien Testament. Old Testament. Altes Testament. Antico Testamento. Antiguo Testamento.

20898   VAN DER PLOEG, J., « Le rôle de la tradition orale dans la transmission du texte de
l'Ancien Testament », RB 54 (1947) 5-41.

20899   SESBOUÉ, D., « Les traditions religieuses des Livres de la Loi », CE Nº 11 (1953)
5-62.

20900   SESBOUÉ, D., « Les traditions bibliques du Pentateuque », CE Nº 11 (1953) 63-65.

20901   AUVRAY, P., « Écriture et tradition dans la communauté d'Israël », BVC Nº 12
(1955-56) 19-34.

20902   AUZOU, G., *La Tradition biblique.* Histoire des écrits sacrés du Peuple de Dieu. (Paris,
L'Orante, 1957), 464 pp.

20903   SCHARBERT, J., « Das Traditionsproblem im Alten Testament », TrierTZ 66 (1957)
321-335.

20904   GELIN, A., « La question des « relectures » bibliques à l'intérieur d'une tradition vivante », dans *Sacra Pagina* (en collab.), I, 303-315.

20905   SCHARBERT, J., *Fleisch, Geist und Seele im Pentateuch.* Ein Beitrag zur Anthropologie
der Pentateuchquellen (Stuttgart, Katholisches Bibelwerk, 1966), 88 pp.

20906   HAAG, H., « Il Decalogo nella trasmissione orale », BibOr 9 (1967) 3-12.

20907   LOERSCH, S., *Das Deuteronomium und seine Deutungen.* Ein forschungs-
geschichlicher Überblick, 116 pp.

20908   SCHARBERT, J., « Offenbarung, Tradition und Schrift im Pentateuch », MüTZ '18
(1967) 93-118.

20909   GOLDSTAIN, J., « Pour goûter la Thora. Étude sur la tradition juive », CHR Nº 63
(1969) 389-395.

Nouveau Testament. New Testament. Neues Testament. Nuovo Testamento. Nuevo Testamento.

20910   CERFAUX, L., « La tradition selon saint Paul », VSS 6 (1953) 176-188, ou dans *Recueil
Lucien Cerfaux,* II, 253-264.

20911   CERFAUX, L., « Les deux points de départ de la tradition chrétienne », dans *Recueil
Lucien Cerfaux,* II, 253-264.

20912 DOEVE, J. W., « Le rôle de la tradition orale dans la composition des Évangiles synoptiques », dans *La formation des Évangiles* (en collab.), 70-84.

20913 STANLEY, D. M., « Become Imitators of me : the Pauline Conception of Apostolic Tradition », Bibl 40 (1959) 859-877.

20914 HORST, U., « Das Verhältnis von Christ und Tradition nach Melchior Cano », TrierTZ 69 (1960) 207-223.

20915 LOHR, C., « Oral Techniques in the Gospel of Matthew », CBQ 23 (1961) 403-435.

20916 McDONALD, J., « The primitive Community and Truth », HeyJ 2 (1961) 30-41.

20917 MUSSNER, F., « Die johanneischen Parakletsprüche und die apostolische Tradition », BZ 5 (1961) 56-70.

20918 FITZMYER, J. A., « Memory and Manuscript : the Origins and Transmission of the Gospel Tradition », TS 23 (1962) 442-457.

20919 LÉON-DUFOUR, X., *Les évangiles et l'histoire de Jésus,* « Les évangiles et la tradition orale », 47-53; « Des évangiles aux traditions présynoptiques », 242-290; « À la source de la tradition », 291-315.

20920 FANNON, P., « Paul and Tradition in the primitive Church », SCR 16 (1964) 47-56.

20921 KOSTER, M. D., « La tradition, parole permanente », dans *La parole de Dieu en Jésus-Christ²* (en collab.), 149-162.

20922 LOHR, C., « Oral Techniques in Matthew's Gospel », TDig 12 (1964) 92-98.

20923 POELMAN, R., « Saint Pierre et la tradition », LVit 20 (1965) 632-648.

20924 CAMBIER, J., « Paul et la tradition », Conci N° 20 (1966) 89-99.

20925 XXX, *De Jésus aux Évangiles.* Tradition et Rédaction dans les Évangiles synoptiques (en collab.), 274 pp.

20926 SCHÜRMANN, H., *Traditionsgeschichtliche Untersuchungen zu den synoptischen Evangelien* (Düsseldorf, Patmos, 1968), « Die Christusoffenbarung », 13-38; « Die vorösterlichen Anfänge der Logientradition », 39-68; « Der « Bericht von Anfang » », 69-82; « Zur Tradition der Herrenworte », 83-110; « Auf der Suche nach der Redequelle », 111-158; « Zu lukanischen Sondertraditionen », 159-250; « Zur lukanischen Redaktion », 251-340.

20927 BLÄSER, P., « Das Verhältnis von Schrift und Tradition bei Paulus », Catho 23 (1969) 188-204.

Divers. Miscellaneous. Verschiedenes. Diversi. Diversos.

20928 BYRNE, E. J., « Catholic Tradition and biblical Criticism », dans *Mémorial Lagrange* (en collab.), 229-237.

20929 COTTER, A. C., « Lost Books of the Bible ? » TS 6 (1945) 206-228.

20930 FILOGRASSI, G., « La tradizione divina apostolica e il magisterio ecclesiastico », CC 3 (1951) 137-138, 384-393, 486-501.

20931 CIPRIANI, S., « Bibbia e Tradizione in un recente libro protestante », ScuolC 83 (1955) 355-389.

20932 MITCHELL, G., « Scripture and Tradition : A recent Book », IrThQ 23 (1956) 12-24.

20933 STIRNIMANN, H., « Apostel-Amt und apostolische Überlieferung. Theologische Bemerkungen zur Diskussion mit Oscar Cullmann », FreibZ 4 (1957) 129-147.

20934 McDONNELL, K., « The Meaning of Tradition », Wor 32 (1958) 149-158.

20935 OWENS, G., « Is all Revelation contained in Sacred Scripture ? » SMR 1 (1958) 55-60.

20936 STUHLMUELLER, C., « The Influence of oral Tradition upon Exegesis and the Senses of Scripture », CBQ 20 (1958) 299-326.

20937 HOLSTEIN, H., « La tradition catholique », Et 301 (1959) 346-354.

20938 LENGSFELD, P., « Der Traditionsgedanke bei Rudolf Bultmann », Catho 13 (1959) 17-49.

20939 LODRIOOR, J., « Écriture et traditions », ETL 35 (1959) 423-427.

20940 SARTORY, T., « Die Hintergründe der katholischprotestantischen Kontroverse über Maria », TGl 49 (1959) 279-298.

20941 BÉVENOT, M., « Tradition, Church and Dogma », HeyJ 1 (1960) 34-47.

20942 CONGAR, Y., « Sainte Écriture et sainte Église », RSPT 44 (1960) 81-87.

20943 CONGAR, Y., *La Tradition et les Traditions.* Essai historique (Paris, Fayard, 1960, 1963), 302-365 pp.

20944 HURLEY, M., *Scriptura Sola.* Wyclif and his Critics (New York, Fordham Univ. Press, 1960), 81 pp.

20945 BEUMER, J., « Die Suffizienz der Hl. Schrift », Catho 15 (1961) 209-225.

20946 TAVARD, G. H., « Tradition and Scripture », Wor 35 (1961) 375-381.

20947 GEISELMANN, J. R., *Dei heilige Schrift und die Tradition.* Zu den neueren Kontroversen über das Verhältnis der heiligen Schrift zu den nichtgeschriebenen Traditionen (Freiburg, Basel, Wein, Herder, 1962), 288 pp.

20948 MONSEGU, B. G., « Iglesia y Tradición », RET 22 (1962) 3-25.

20949 O'BRIEN, I., « Revelation as it Lives in the Church », IrThQ 29 (1962) 145-155.

20950 BERTETTO, D., « Sacra scriptura et traditio », Sal 25 (1963) 278-287.

20951 DANIÉLOU, J., « Écriture et Tradition », RSR 51 (1963) 550-557.

20952 DE VOOGHT, P., « Wiclif et la *scriptura sola* », ETL 39 (1963) 50-86.

20953 DUPONT, J., « Écriture et Tradition », NRT 85 (1963) 337-356, 449-468.

20954 FICHTNER, J. A., « Scripture and Tradition in the Commonitorium », AmER 149 (1963) 145-161.

20955 GRANT, R. M., « Scripture and Tradition in St. Ignatius of Antioch », CBQ 25 (1963) 322-335.

20956 MORAN, G., *Scripture and Tradition.* A Survey of the Question (New York, Herder and Herder, 1963), 127 pp.

20957 OLTRA, E., « Escritura y tradición de la Teología pretridentina », Salm 10 (1963) 65-133.

20958 O'ROURKE, J. J., « Marginal Notes to a Discussion on Scripture and Tradition », AmER 149 (1963) 229-232.

20959 BARAUMA, G., « Consideraciones en torno a la controversia escritura-tradición », RET 24 (1964) 107-126.

20960 BRUNNER, A., « Uberlieferung », StiZ 174 (1964) 213-222.

20961 CONGAR, Y., « Le débat sur la question du rapport entre Écriture et Tradition au point de vue de leur contenu matériel », RSPT 48 (1964) 645-657.

20962 DACQUINO, P., « Bibbia e tradizione », RivB 12 (1964) 131-172.

20963 DUBARLE, A.-M., « Quelques notes sur Écriture et Tradition », RSPT 48 (1964) 274-286.

20964 GEISELMANN, J. R., « Zur neuesten Kontroverse über die Heilige Schrift und die Tradition », TQ 144 (1964) 31-68.

20965 GEISELMANN, J. R., « Schrift und Tradition », TQ 144 (1964) 385-444.

20966 RAHNER, K., « Scripture and Tradition », TDig 12 (1964) 3-7.

20967 TAVARD, G. H., « Scripture and Tradition among Seventeenth-Century Recusants », TS 25 (1964) 343-385.

20968 BLIGH, J., « Oral Tradition », HeyJ 6 (1965) 189-190.

20969 CAHILL, J., « Scripture, Tradition and Unity », CBQ 27 (1965) 315-335.

20970 GRELOT, P., *La Bible, parole de Dieu,* « La Parole de Dieu et ses canaux de transmission : I. Des prophètes au Christ; II. Du Christ aux apôtres », 8-14; « L'Église devant la parole de Dieu : I. Tradition apostolique et tradition ecclésiastique; II. Tradition ecclésiastique et Écriture », 20-32.

20971 HOLSTEIN, H., « Écriture et Tradition », LVit 20 (1965) 591-603.

20972 SCHAFER, K. T., « Nochmals : Schrift und Tradition », TQ 145 (1965) 63-67.

20973 BETTI, U., « La Trasmissione della divina rivelazione », dans *Commento alla Costituzione dogmatica sulla divina Rivelazione* (en collab.), 91-117.

20974 CAPRILE, G., « Tre emendamenti allo schema sulla Rivelazione », CC 1-2 (1966) 215-231.

20975 DE LUBAC, H., *L'Écriture dans la tradition,* 304 pp.

20976 GEISELMANN, J. R., *Lebendige Glaube aus geheiligter Überlieferung.* Der Grundgedanke der Theologie J. A. Möhlers und der Kath. Tübinger Schule[2] (Freiburg i. B., Herder, 1966), 608 pp.

20977 GRELOT, P., « La Tradition, source et milieu de l'Écriture », Conci N° 20 (1966) 13-29.

20978 LATOURELLE, R., « La révélation et sa transmission, selon la constitution « Dei Verbun » », Greg 47 (1966) 5-40.

20979 SCHEIFLER, J. R., « La Palabra de Dios en la Iglesia », Manr 38 (1966) 319-330.

20980 BENOIT, P., « Inspiration de la Tradition et inspiration de l'Écriture », dans *Mélanges offerts à M.-D. Chenu* (en collab.) (Paris, Vrin, 1967), 111-126.

20981 BROX, N., « Die Kontinuität der Auslegung des NT im Traditionprozess », BiLit 40 (1967) 3-16.

20982 DEXINGER, F., « Kontinuität zwischen moderner und traditioneller Schriftauslegung », BiLit 40 (1967) 17-26.

20983 DOMINGUEZ DEL VAL, U., « Revelación y Tradición », Salm 14 (1967) 245-280.

20984 BÉVENOT, M., « Scripture and Tradition in Catholic Theology », dans *Holy Book and Holy Tradition.* International Colloquium held in the Faculty of Theology, University of Manchester (ed. F. F. BRUCE, E. G. RUPP) (Manchester, University Press, 1968), 171-185.

20985 VARGAS-MACHUCA, A., « De Scriptura et Traditione », VD 46 (1968) 47-55.

20986 SKYDSGAARD, K. E., « Écriture et Tradition, un problème résolu ? » Ir 24 (1969) 439-456.

20987 VOLTA, G., « La Rivelazione di Dio e la Sacra Tradizione secondo la Costituzione dogmatica « Dei Verbum » », ScuolC 97 (1969) 30-52, 83-115.

20988 BLIGH, J., « Development of Doctrine within Scripture », HeyJ 11 (1970) 408-420.

Travail. Work. Arbeit. Lavoro. Trabajo.

20989 BRAUN, F.-M., « Le Fils du Charpentier », VS 52 (1937) 113-126.

20990 McGARRIGLE, F. J., « ... And I Work », AmER 124 (1951) 353-361, 439-450; 125 (1951) 45-52, 130-141.

20991 BENOIT, P., « Le travail selon la Bible », LV N° 20 (1955) 73-86.

20992 GRYGLEWICZ, F., « La valeur morale du travail manuel dans la terminologie grecque de la Bible », Bibl 37 (1956) 314-337.

20993 ARTOLA, A.-M., « L'apôtre-ouvrier se donne en modèle (2 Th 3,7-12) », AS (n.s.) N° 64 (1969) 71-76.

Trinité. Trinity. Dreifaltigkeit. Trinità. Trinidad.

20994 SANCHEZ-CESPEDES, P., « Cognovitne·Ioannes Baptista mysterium Trinitatis ? » VD 13 (1933) 75-78.

20995 BOUËSSÉ, H., « Du mode d'habitation de la Sainte Trinité », VS 69 (1943) 225-240.

20996 LEBRETON, J., « La révélation du mystère de la Sainte Trinité », VS 74 (1946) 764-776.

20997 THIBAUT, R., *Le sens de l'Homme-Dieu,* « Le sens trinitaire de l'Homme-Dieu », 155-166.

20998 PRAT, F., *La théologie de saint Paul*[38], « Relations du Christ préexistant », II, 157-178.

20999 BRINKTRINE, J., « Zur Trinitätslehre des Neuen Testaments », TGl 40 (1950) 255-264.

21000 BONSIRVEN, J., *Théologie du Nouveau Testament,* « Esprit-Saint : Révélation trinitaire », 259-262; « Théologie trinitaire », 411-414.

21001 CARRÉ, A.-M., DEVAUX, E., « La famille est à l'image de la Trinité », *L'Anneau d'Or* N°s 51-52 (1953) 213-217.

21002 DELCUVE, G., « Croissance de la foi et étude doctrinale. Essai de présentation du mystère de la sainte Trinité à de jeunes adolescents », LVit 9 (1954) 333-346.

21003 DANIÉLOU, J., « Trinité et angélologie dans la théologie judéo-chrétienne », RSR 45 (1957) 5-41.

21004 SPICQ, C., *Vie morale et Trinité sainte selon saint Paul* (Paris, Cerf, 1957), 96 pp.

21005 DE GÉRARDON, B., « L'homme à l'image de Dieu. Approche nouvelle à la lumière de l'anthropologie du sens commun : image de la Trinité », NRT 80 (1958) 691-695.

21006 DUQUOC, C., « The Trinity in St. Paul », TDig 6 (1958) 185-188.

21007 GUILLET, J., « Baptême et sainte Trinité », CHR N° 6 (1959) 296-308.

21008 SALDARINI, G., BIFFI, G., « Le tre persone divine nel Nuovo Testamento », ScuolC 87 (1959) 241-277.

21009 GUILLET, J., *Jésus-Christ hier et aujourd'hui,* « Baptême et Sainte Trinité », 53-64.

21010 YARNOLD, E., « The Trinitarian Implications of Luke and Acts », HeyJ 7 (1966) 18-32.

Typologie. Typology. Typologie. Tipologia. Tipología.

21011 DANIÉLOU, J., « La typologie de Isaac dans le christianisme primitif », Bibl 28 (1947) 363-393.

21012 HOLZMEISTER, U., « Viri mulieresque Veteris Testamenti in libris Novi Testamenti nominati », VD 25 (1947) 289-295.

21013 DANIÉLOU, J., « La typologie de la semaine au IVe siècle », RSR 35 (1948) 382-410.

21014 DANIÉLOU, J., « La typologie de la femme dans l'A. T. », VS 80 (1949) 491-510.

21015 DANIÉLOU, J., *Sacramentum Futuri.* Études sur les origines de la typologie biblique (Paris, Beauchesne, 1950), 265 pp.

21016 DANIÉLOU, J., *Bible et liturgie*[2], « La sphragis », 76-96; « Les figures du baptême : la création et le déluge », 97-118; « La traversée de la Mer rouge », 119-135; « Élie et le Jourdain », 136-155; « Les figures de l'Eucharistie », 194-219; « L'agneau pascal », 220-239; « Les figures néo-testamentaires (des sacrements) », 281-302.

21017 DUESBERG, H., *Les valeurs chrétiennes de l'Ancien Testament*[2], « Les héros de l'Ancien Testament, tels qu'ils furent », 60-62; « Des types précurseurs du Nouveau Testament », 129-131.

21018 CERFAUX, L., *Le Christ dans la théologie de saint Paul*[2], « L'antithèse « typologique » Adam-Christ », 176-188.

21019 CONGAR, Y., « David et Salomon, types du Christ en ses deux avènements », VS 91 (1954) 323-340.

21020 CAMBIER, J., « Les images de l'Ancien Testament dans l'Apocalypse de Saint Jean », NRT 77 (1955) 113-122.

21021 CHATILLON, J., « Moïse, figure du Christ et modèle de la vie parfaite », dans *Moïse, l'homme de l'Alliance* (en collab.), 305-314.

21022 BOISMARD, M.-É., « La typologie baptismale dans la première épître de saint Pierre », VS 94 (1956)·339-352.

21023 VAN DER PLOEG, J., « Old Testament Signs », SCR 8 (1956) 33-44.

21024 GRELOT, P., « Les figures bibliques », NRT 84 (1962) 561-578, 673-698.

21025 HARVEY, J., « La typologie de l'Exode dans les Psaumes », SE 15 (1963) 383-405.

21026 GRELOT, P., *La Bible, parole de Dieu,* « La préfiguration du Christ », 265-287.

21027 GRELOT, P., *Bible et théologie,* « L'A. T. et l'économie du salut », 23-41; « L'annonce prophétique du N. T. (dans l'A. T.) », 66-77.

21028 GRELOT, P., « Biblical Figures: a Definition and a Criterion », TDig 14 (1966) 8-13.

Union au Christ. Union with Christ. Vereinigung mit Christus. Unione al Cristo. Unión a Cristo.

21029 BOVER, J. M., *Three Studies from S. Paul,* « Mystical Union « in Christ Jesus » according to S. Paul the Apostle », 47-85.

21030 BOUËSSÉ, H., « Le Christ en moi », VS 69 (1943) 474-490; 71 (1944) 11-19.

21031 BOUYER, L., *Le mystère pascal,* « Un avec le Christ. Un dans le Christ », 175-198.

21032 LEBRETON, J., *Lumen Christi,* « La vie d'union à Dieu en Jésus-Christ », 229-254.

21033 DUPONT, J., Σὺν Χριστῷ. *L'union avec le Christ suivant saint Paul.* Première partie : « « Avec le Christ » dans la vie future », 39-113.

21034 BARSOTTI, D., *Vie mystique et mystère liturgique,* « Vous en moi et moi en vous », 310-318.

21035 KUSS, O., « Die Formel « durch Christus » in den paulinischen Hauptbriefen », TrierTZ 65 (1956) 193-201.

21036 AHERN, B., « In Phil 3,10-11 », VD 37 (1959) 26-31.

21037 AMIOT, F., *Les idées maîtresses de saint Paul,* « L'union au Christ », 125-131.

21038 FEUILLET, A., « La participation actuelle à la vie divine d'après le quatrième évangile. Les origines et le sens de cette conception », dans *Texte und Untersuchungen zur Geschichte der altchristlichen Literatur,* Band 73 (Berlin, Akademie, 1959), ou dans *Études johanniques,* 175-189.

21039 KORNFELD, W., « Das alttestamentliche Opfer als Mittel der Gemeinschaft mit Gott », BiLit 28 (1960-61) 58-60.

21040 CERFAUX, L., *Le chrétien dans la théologie paulinienne,* « La communion avec le Christ », 287-342.

21041 FLICK, M., ALSZEGHY, Z., *Fondamenti di una antropologia teologica,* « L'uomo sotto il segno di Cristo », 219-421.

Unité. Unity. Einheit. Unità. Unidad.

21042 REFOULÉ, F., « Saint Paul et l'unité de l'Église », Ir 28 (1955) 5-18.

21043 SCHLIER, H., *Die Zeit der Kirche,* « Die Einheit der Kirche im Denken des Apostels Paulus », 287-299.

21044 CONGAR, Y., « Unité de l'humanité et vocation des peuples », VSS II (1958) 70-87.

21045 GALOT, J., « La communauté humaine à la lumière de la Révélation », LVit 13 (1958) 427-436.

21046 D'ARAGON, J.-L., « La notion johannique de l'unité », SE 11 (1959) 111-119.

21047 BLAESER, P., « Eucharistie und Einheit der Kirche in der Verkündigung des Neuen Testaments », TGl 50 (1960) 419-432.

21048 SCHLIER, H., « Die Einheit der Kirche nach dem Neuen Testament », Catho 14 (1960) 161-177.

21049 LECLERCQ, J., « The catholic Church : a Mystery of Fellowship », Wor 35 (1961) 470-485.

21050 CAMBIER, J., « Unité et mission de l'Église selon l'Écriture », Sal 24 (1962) 337-362.

21051 AMIOT, F., « Le thème de l'unité dans saint Paul », dans *Studiorum Paulinorum Congressus 1961* (en collab.), I, 157-164.

21052 BENOIT, P., « L'unité de l'Église selon l'Épître aux Éphésiens », dans *Studiorum Paulinorum Congressus 1961* (en collab.), I, 57-77, et dans *Exégèse et théologie,* III, 335-357.

21053 BENOIT, P., « Exhortation à l'unité (Eph 4,1-24) », AS Nº 71 (1963) 14-26.

21054 BEA, A., « L'Eucaristia e l'unione dei cristiani », CC 3 (1965) 401-413.

21055 BROWN, R. E., *New Testament Essays,* « Biblical Research today and its ecumenical Possibilities », 3-47.

21056 CERFAUX, L., *La théologie de l'Église suivant saint Paul³,* « L'unité », 195-221.

21057 MUEHLEN, H., « Der eine Geist Christi und die vielen Kirchen nach den Aussagen des Vaticanum II », TGl 55 (1965) 329-366.

21058 RANDALL, J. F., « The Theme of Unity in John 17:20-23 », ETL 41 (1965) 373-394.

21059 SWAELES, R., « Rassemblement et pèlerinage des dispersés », AS Nº 78 (1965) 37-61.

21060 CONGAR, Y., « La prière pour l'unité », VS 116 (1967) 8-22.

21061 GEORGE, A., « La communion fraternelle des croyants dans les épîtres de saint Paul », LV 16 (1967) 3-20.

21062 OTTO, K., « Die Schrift und die Einheit der Christen », MüTZ 18 (1967) 292-307.

21063 DUPONT, J., « L'union entre les premiers chrétiens dans les Actes des Apôtres », NRT 91 (1969) 897-914.

21064 SLADE, R., « The Spirit of Unity », Way 9 (1969) 139-147.

Univers. Universe. Welt. Universo.

21065 SCOTTI, P., « Bibbia e cosmografia », ScuolC 63 (1935) 619-630.

21066 BENOIT, P., « Le Christ, l'univers et l'Église selon F. Mussner », RB 63 (1956) 464-465, ou dans BENOIT, P., *Exégèse et théologie,* II, 163-164.

21067 ZIENER, G., *Die theologische Begriffsprache im Buche der Weisheit* (Bonn, P. Hanstein, 1956), « Gott und die Welt », 123-159.

21068 BEAUCAMP, É., *La Bible et le sens religieux de l'univers,* « L'univers, don du Dieu de l'histoire », 133-162; « L'univers dans le sillage de l'histoire », 163-192; « L'univers et la vie spirituelle des chrétiens », 193-203.

21069 SCHNEIDER, G., « Die Idee der Neuschöpfung beim Apostel Paulus und ihr religiongeschichtlicher Hintergrund », TrierTZ 68 (1959) 257-270.

21070 ZIENER, G., « Die Welt im Blick des Alten Testamentes und der Wissenschaft », TrierTZ 68 (1959) 46-55.

21071 BLINZLER, J., « Lexikalisches zu dem Terminus $\tau\grave{\alpha}\ \sigma\tau o\iota\chi\epsilon\widetilde{\iota}\alpha\ \tauo\widetilde{\upsilon}\ \kappa\acuteo\sigma\mu o\upsilon$ bei Paulus », dans *Studiorum Paulinorum Congressus 1961* (en collab.), II, 429-443.

21072 SINT, J., « Christ und Welt im Neuen Testament », BiLit 37 (1963-64) 101-112.

21073 HARVEY, J., « The Prayer of the Creature », Way 6 (1966) 142-147.

21074 O'CONNELL, R. J., « Creation and Poverty », Way 6 (1966) 130-141.

21075 BRAUN, F.-M., « La seigneurie du Christ dans le monde, selon saint Jean », RT 67 (1967) 357-386.

21076 GRABNER-HAIDER, A., « Der weltliche Gottesdienst des Christen », GeistL 40 (1967) 170-176.

21077 VAWTER, B., « History and the World », CBQ 29 (1967) 512-523.

21078 GUILLEN TORRALBA, J., « El Dios de la Alianza y el Dios cosmico », EstB 27 (1968) 315-331.

Universalisme. Universalism. Universalismus. Universalismo.

21079 CERFAUX, L., « Abraham, « père en circoncision » des Gentils (Rom. 4,12) », dans *Mélanges E. Podechard* (en collab.), ou dans *Recueil Lucien Cerfaux,* II, 439-444.

21080 MICHALON, P., « L'étendue de l'Église », Ir 20 (1947) 140-163.

21081 HALAS, R., « Universalism of Isaias », CBQ 12 (1950) 162-170.

21082 DUESBERG, H., *Les valeurs chrétiennes de l'Ancien Testament²,* « L'alliance primitive : tribale et raciale », 99-100; « Les étrangers et l'alliance », 100-102; « La xénophobie juive et les exigences universalistes de l'alliance », 102-103; « Les vicissitudes de l'alliance », 143-146.

21083 MORAN, J. W., « The all-embracing Church », AmER 128 (1953) 33-39.

21084 BERTRANGS, A., « La vocation des Gentils chez saint Paul », ETL 30 (1954) 391-415.

21085 DUESBERG, H., « Le psaume d'invite aux nations », BVC N° 14 (1956) 91-97.

21086 FEUILLET, A., « L'universalisme et l'élection d'Israël dans la religion des prophètes », BVC N° 15 (1956) 7-25.

21087 McKENZIE, J. L., *The two-edged Sword,* « Israel and the Nations », 169-188.

21088 FEUILLET, A., « L'universalisme dans la religion d'Osée », BVC N° 18 (1957) 27-35.

21089 CONGAR, Y., « Unité de l'humanité et vocation des peuples », VSS 11 (1958) 70-87.

21090 LOCHET, L., « De l'Orient et de l'Occident », NRT 81 (1959) 25-40, 132-156.

21091 MEINERTZ, M., « Zum Ursprung der Heidenmission », Bibl 40 (1959) 762-777.

21092 RÉTIF, A., LAMARCHE, P., « Universalisme et perspectives missionnaires dans l'Ancien Testament », CE N° 33 (1959) 5-98.

21093 CERFAUX, L., « Le message des Apôtres à toutes les nations », dans *Scrinium Lovaniense. Mélanges historiques E. Van Cauwenbergh* (en collab.) (Gembloux, Duculot, 1961), ou dans *Recueil Lucien Cerfaux,* III, 7-15.

21094 GAMBA, G. G., « Praeoccupatio universalistica in evangelio S. Lucas », VD 40 (1962) 131-135.

21095 RÉTIF, A., « Universalisme et esprit missionnaire », AS N° 13 (1962) 45-62.

21096 LOHFINK, G., « Meinen Namen zu tragen... (Apg 9,15) », BZ 10 (1966) 108-115.

21097 BARUCQ, A., « Israele e umanesimo », BibOr 11 (1969) 97-108.

21098 DION, P.-E., « L'universalisme religieux dans les différentes couches rédactionnelles d'Isaïe 40-55 », Bibl 51 (1970) 161-182.

Vanité. Vanity. Nichtigkeit. Vanità. Vanidad.

21099 DUBARLE, A.-M., *Les sages d'Israël,* « L'homme : appétit d'infini; la vanité et la rétribution », 106-111.

21100 PAUL-MARIE DE LA CROIX, P., *L'Ancien Testament source de vie spirituelle³,* « Le chemin d'approche de la Sagesse : Qoheleth, ou l'universelle vanité », 695-702.

Vengeance. Revenge. Rache. Vendetta. Venganza.

21101 SCHMID, J., « Der Vergeltungsgedanke im Evangelium », GeistL 20 (1947) 26-36.

21102 McKENZIE, J. L., « Vengeance is mine », SCR 12 (1960) 33-38.

21103   KLASSEN, W., « Vengeance in the Apocalypse of John », CBQ 28 (1966) 300-311.

21104   RÉMY, P., « Peine de mort et vengeance dans la Bible », SE 19 (1967) 323-350.

Vent. Wind. Vento. Viento.

21105   GOURBILLON, J. G., « Bible et nature : les vents de la Palestine; les vents de Dieu », CE N° 10 (1953) 15-19.

21106   GUILLET, J., *Thèmes bibliques,* « Le vent, souffle de Yahweh », 208-216.

Vérité. Truth. Wahrheit. Verità. Verdad.

21107   GUTIERREZ, P., « Conceptus « Lucis » apud Iohannem Evangelistam in relatione ad conceptum « Veritatis » », VD 29 (1951) 3-19.

21108   GUILLET, J., *Thèmes bibliques,* « Grâce, justice et vérité : 1. le vocabulaire de base; 2. l'évolution du vocabulaire », 26-93.

21109   VAN IMSCHOOT, P., *Théologie de l'Ancien Testament,* « La vérité et la fidélité de Dieu », I, 70-71.

21110   BOUYER, L., *Le quatrième évangile²,* « La grâce et la vérité », 66-67.

21111   VAN IMSCHOOT, P., *Théologie de l'Ancien Testament,* « Respect de la vérité », II, 255-258.

21112   CERFAUX, L., « De saint Paul à « l'Évangile de Vérité » », *New Testament Studies* 5 (1958-59) 103-112, ou dans *Recueil Lucien Cerfaux,* III, 48-59.

21113   NÖTSCHER, F., *Vom Alten zum Neuen Testament* (Bonn, P. Hanstein, 1962), « « Wahrheit » als theologischer Terminus in den Qumran-Texten », 112-125.

21114   BLANK, J., « Der johanneische Wahrheits-Begriff », BZ 7 (1963) 163-173.

21115   DE LA POTTERIE, I., « Jésus et la vérité d'après *Éph* 4,21 », dans *Studiorum Paulinorum Congressus 1961* (en collab.), II, 43-57.

21116   DE LA POTTERIE, I., « La verità in San Giovanni », RivB 11 (1963) 3-24.

21117   DE LA POTTERIE, I., « La verità in San Giovanni », dans *San Giovanni.* Atti della XVII Settimana Biblica (en collab.), 123-144.

21118   ALONSO·SCHÖKEL, L., *The Inspired Word.* Scripture in the Light of Language and Literature (New York, Herder and Herder, 1965), « The Consequences of Inspiration : the Context of the Word : Truth », 309-330.

21119   LAZURE, N., *Les valeurs morales de la théologie johannique* (EB) (Paris, Gabalda, 1965), « La vérité et l'Esprit », 65-118.

21120   MURPHY-O'CONNOR, J., « La vérité chez saint Paul et à Qumrân », RB 72 (1965) 29-76.

21121   DE LA POTTERIE, I., « Je suis la Voie, la Vérité et la Vie (Jn 14,6) », NRT 88 (1966) 907-942.

21122   SCHÜRMANN, H., « Die Warnung des Lukas vor der Falschlehre in der « Predigt am Berge ». Lk 6,20-49 », BZ 10 (1966) 57-81.

21123   URS VON BALTHASAR, H., « Vérité et Vie », Conci N° 21 (1967) 77-83.

21124   GIAVINI, G., « Appunti biblici sul dovere della veracità con il prossimo », ScuolC 95 (1967) 448-456.

21125   SCHNACKENBURG, R., « Zum Begriff der « Wahrheit » in den beiden kleinen Johannesbriefen », BZ 11 (1967) 253-258.

21126   BENOIT, P., « La vérité dans la sainte Écriture », dans *Exégèse et théologie,* III, 143-156.

21127   MARTINI, C. M., « Ispirazione e verità nella Sacra Scrittura », CC 4 (1969) 241-251.

21128 SCHILSON, A., « Die Wahrheit wird euch frei machen ! (Jo. 8,32) », TGl 59 (1969) 29-56.

21129 BOURKE, M. M., « L'Église doit-elle punir l'erreur en matière de foi ? Recherche scripturaire », Conci N° 51 (1970) 21-32.

Vêtement. Clothes. Kleid. Veste. Vestido.

21130 HAULOTTE, E., « Symbolique du vêtement », AS N° 13 (1964) 49-75.

21131 HAULOTTE, E., *Symbolique du vêtement selon la Bible,* 352 pp.

Vie. Life. Leben. Vita. Vida.

21132 VAN IMSCHOOT, P., « L'esprit de Jahvé, source de vie dans l'Ancien Testament », RB 44 (1935) 481-501.

21133 OGARA, F., « Scimus quoniam translati sumus de morte ad vitam (I Joh. 3, 13-18) », VD 18 (1958) 161-167.

21134 WEISENGOFF, J. P., « The Acquisition, Maintenance and Recovery of Life according to St. John », AmER 104 (1941) 506-513.

21135 NÉLIS, J., « L'antithèse littéraire ζωή - θάνατος dans les épîtres pauliniennes », ETL 20 (1943) 18-53.

21136 WEISENGOFF, J. P., « Light and its Relation to Life in St. John », CBQ 8 (1946) 448-451.

21137 DE FRAINE, J., « De conceptu vitae aeternae in epopaea Gilgames », VD 27 (1949) 102-111.

21138 DUPONT, J., *Essais sur la christologie de saint Jean,* « L'Ancien Testament : le bonheur de vivre », 111-119; « Judaïsme : la vie éternelle », 119-130; « Le message chrétien », 130-149; « Le Christ donne la vie : le Christ ressuscité », 208-212.

21139 SCHMID, J., « Geist und Leben bei Paulus », GeistL 24 (1951) 419-429.

21140 LEAL, J., « La alegoria de la Vid y la necesidad de la gracia », EstE 26 (1952) 5-38.

21141 MUSSNER, F., ΖΩΗ. *Die Anschauung vom « Leben » im vierten Evangelium,* 190 pp.

21142 BOISMARD, M.-É., *Le prologue de saint Jean,* « La parole de Dieu, vie et lumière (Jean, 1,5) », 143-154.

21143 BOUYER, L., *La Bible et l'Évangile²,* « Saint Jean : la Lumière et la Vie dans la Parole », 193-208.

21144 BARSOTTI, D., *Vie mystique et mystère liturgique,* « L'Esprit : la vraie vie », 284-289.

21145 DHEILLY, J., *Le Christ, source de vie²* (Paris, Éd. de l'École, 1954), 176 pp.

21146 GUILLET, J., *Thèmes bibliques,* « Thèmes de l'espérance : la vie », 161-180; « Le souffle de vie, souffle de Yahweh », 217-227.

21147 SCHMITT, E., *Leben in den Weisheitsbüchern Job, Sprüche und Jesus Sirach* (Freiburg i. B., Herder, 1954), 208 pp.

21148 LEAL, J., « Ego sum via, veritas, et vita (Jo. 14,14) », VD 33 (1955) 336-341.

21149 MAERTENS, T., « L'Esprit qui donne la vie », CE N° 17 (1955) 7-68.

21150 VANHOYE, A., « Témoignage et vie selon le quatrième évangile », CHR N° 6 (1955) 150-171.

21151 AUZOU, G., *La parole de Dieu* (Paris, L'Orante, 1956), « L'homme et sa voie », 238-244.

21152 BRAUN, F.-M., « La vie d'en haut : Jean 3,1-15 », RSPT 40 (1956) 3-24.

21153 TWOMEY, R. L., « Substantial Life in John 1 : 4 », AmER 134 (1956) 324-327.

21154 VAN IMSCHOOT, P., *Théologie de l'Ancien Testament,* « La vie de l'homme », II, 39-42; « Le respect de la vie », II, 227-232.

21155 WENNEMER, K., « Geist und Leben bei Johannes », GeistL 30 (1957) 185-198.

21156 XXX, « Blessed are the Sinless in the Way », Way 2 (1962) 219-221.

21157 BESNARD, A.-M., *Le mystère du nom,* « « Vivant je suis » ou « Vivant est Yah-vé » », 70-78.

21158 CONGAR, Y., « Les deux formes du pain de vie dans l'Évangile et dans la Tradition », dans *Parole de Dieu et Sacerdoce* (en collab.) (Paris, Tournai, Desclée et Cie, 1962), 21-58.

21159 HUNERMANN, F., « Licht und Finsternis, Leben und Tod », BiLit 36 (1962-63) 406-412.

21160 BRINKTRINE, J., « Eine biblische Parallele zum « Buche des Lebens » », TGl 53 (1963) 130-131.

21161 GUILLET, J., « Le titre biblique *Dieu Vivant* », dans *L'homme devant Dieu.* Mélanges H. de Lubac (en collab.), I, 11-24.

21162 SPICQ, C., *Théologie morale du Nouveau Testament,* « Le nouvel être et la nouvelle vie », 61-109.

21163 DE LA POTTERIE, I., « Je suis la Voie, la Vérité et la Vie (Jn 14,6) », NRT 88 (1966) 907-942.

21164 TAYLOR, R. J., « The eschatological Meaning of Life and Death in the Book of Wisdom I-V », ETL 42 (1966) 72-137.

21165 VAN DEN BUSSCHE, H., « De tout être la Parole était la vie (Jean 1,1-5) », BVC N° 69 (1966) 57-65.

21166 URS VON BALTHASAR, H., « Vérité et Vie », Conci N° 21 (1967) 77-83.

21167 LANGEVIN, P.-É., *Jésus Seigneur et l'eschatologie. Exégèse de textes prépauliniens,* « Θεῷ ζῶντι καὶ ἀληθινῷ », 64-66.

21168 GEORGE, A., « Qui veut sauver sa vie, la perdra; qui perd sa vie, la sauvera », BVC N° 83 (1968) 11-24.

21169 MOLITOR, J., *Grundbegriffe der Jesuüberlieferung im Lichte ihrer orientalischen Sprachgeschichte* (Düsseldorf, Patmos, 1968), « Leben als aramäischer Terminus der Erlösung , 15-34.

21170 FEUILLET, A., « Le règne de la mort et le règne de la vie (*Rom.,* V,12-21) », RB 77 (1970) 481-521.

Vie chrétienne. Christian Life. Christliches Leben. Vita christiana. Vida cristiana.

21171 HUBY, J., « La sanctification chrétienne d'après saint Paul », Et 250 (1946) 191-201.

21172 LEBRETON, J., *Lumen Christi,* « La vie du Christ dans les chrétiens ses membres », 357-374.

21173 PRAT, F., *La théologie de saint Paul³⁸,* « La vie chrétienne : les principes de la morale; préceptes de morale sociale; préceptes de morale individuelle; la perfection chrétienne », II, 375-426.

21174 SPICQ, C., *L'épître aux Hébreux,* « La liturgie céleste et la vie chrétienne : la liturgie céleste », 311-316; « Le sacrifice eucharistique », 316-318; « La vie chrétienne », 318-324.

21175 GIBLET, J., « Condition et vocation du chrétien selon le Nouveau Testament. L'homme sauvé », LV N° 21 (1955) 35-64.

21176 DELLAGIACOMA, V., « Induere Christum », RivB 4 (1956) 114-142.

21177 CONGAR, Y., « Vie dans le monde et vie dans le Seigneur », VS 96 (1957) 401-408.

21178 LOCHET, L., « La vie filiale », VS 96 (1957) 451-478.

21179 ROCHE, E., « Pénitence et conversion dans l'Évangile et la vie chrétienne », NRT 79 (1957) 113-134.

21180 ZEDDA, S., « « Vivere in Christo » secondo s. Paolo », RivB 6 (1958) 83-93.

21181 BOISMARD, M.-É., « Conversion et vie nouvelle chez saint Paul », LV N° 47 (1960) 71-94.

21182 KEUCK, W., « Dienst des Geistes und des Fleisches », TQ 141 (1961) 257-280.

21183 MARTINDALE, C. C., « Growth in Christ », Way 1 (1961) 204-213.

21184 DU BUIT, M., GALOPIN, P.-M., GOURBILLON, J. G., « La nouvelle créature (selon saint Paul) », CE N° 41 (1961) 9-71.

21185 DU BUIT, M., GALOPIN, P.-M., GOURBILLON, J. G., « Nés de nouveau », CE N° 43 (1961) 7-68.

21186 LEMONNYER, L., CERFAUX, L., Théologie du Nouveau Testament, « La vie dans le Royaume », 65-70.

21187 JACQUEMIN, E., « Les options du chrétien (Mt 6,24-33) », AS N° 68 (1964) 31-44.

21188 KAVANAGH, A., « The Christian as Servant », Wor 39 (1965) 131-138.

21189 SPICQ, C., « La vraie vie chrétienne (Jc 1,22-27) », AS N° 48 (1965) 21-38.

21190 PANZARELLA, A. C., « Christ our Wisdom », Wor 40 (1966) 297-305.

21191 SCHNACKENBURG, R., « Leben auf Hoffnung hin. Christliche Existenz nach Röm 8 », BiLit 39 (1966) 316-319.

21192 SISTI, A., « Il cristiano nel mondo », BibOr 8 (1966) 70-79.

21193 SPICQ, C., « Prière, charité, justice... et fin des temps (1 P 4,7-11) », AS N° 50 (1966) 15-29.

21194 QUINLAN, J., « The christian Man in Saint Paul », IrThQ 34 (1967) 301-308.

21195 REY, B., « L'existence pascale du baptisé. Lecture de Colossiens 3,5-15 », VS 113 (1967) 696-718.

21196 SISTI, A., « Il progresso nella vita interiore », BibOr 9 (1967) 197-208.

21197 LIPPERT, P., Leben als Zeugnis (Stuttgart, Katholisches Bibelwerk, 1968), 216 pp.

21198 STANLEY, D. M., « Contemplation of the Gospels, Ignatius Loyola, and the Contemporary Christian », TS 29 (1968) 417-443.

21199 SACCHI, A., « Se vuoi essere perfetto », RivB 17 (1969) 313-326.

21200 SPICQ, C., Les épîtres pastorales, « Vertus chrétiennes et catalogues de devoirs. Leurs origines », 627-634.

21201 BERNADICOU, P. J., « Christian Community According to Luke », Wor 44 (1970) 205-219.

Vie religieuse. Religious Life. Ordensleben. Vita religiosa. Vida religiosa.

21202 JEANNE D'ARC, Sr, « Les préparations bibliques de la vie religieuse », VS 94 (1956) 474-494.

21203 MACKLOET, S., « Ist das Ordensleben in der Bibel begründet ? » BiLit 25 (1957-58) 116-121.

21204 LÉGASSE, S., L'Appel du riche, 296 pp.

21205 DE BOVIS, A., « La vie religieuse est-elle essentiellement évangélique », VS 116 (1967) 697-710.

21206 SCHÜRMANN, H., « Jesus Disciples : Prototype of religious Life », TDig 15 (1967) 138-143.

Vieillesse. Old Age. Alter. Vecchiaia. Vejez.

21207 BUZY, D., « Le portrait de la vieillesse (Ecclé. 12,1-7) », RB 41 (1932) 329-340.

21208 DUESBERG, H., « Le vieillard dans l'Ancien Testament », VS 82 (1950) 237-262.

21209 FEUILLET, A., « Les vingt-quatre vieillards de l'Apocalypse », RB 65 (1958) 5-32.

Vigilance. Wachsamkeit. Vigilanza. Vigilancia.

21210 MAYR, I., « Wach bleiben ! » BiLit 27 (1959-60) 60-62.

21211 DUPONT, J., *Le discours de Milet,* Testament pastoral de saint Paul (Ac 20,18-36), « Vigilance », 199-233.

Vigne. Vine. Weinstock. Vigna. Viña.

21212 LEBRETON, J., *La vie et l'enseignement de J.-C.[16],* « La vraie vigne (Jean 15) », II, 289-304.

21213 TRESMONTANT, C., *Essai sur la pensée hébraïque,* « Le sensible. Le symbolisme des éléments », 56-70.

21214 GUILLET, J., *Thèmes bibliques,* « La vigne», 200-207.

21215 BOUYER, L., *Le quatrième évangile[2],* « La similitude de la vigne », 203-208.

21216 VAN DEN BUSSCHE, H., « La vigne et ses fruits (Jean 15, 1-8) », BVC N° 26 (1959) 12-18.

21217 DE ORBISO, T., « El cantico a la viña del amado (Is 5,1-7) », EstE 34 (1960) 715-731.

21218 GOETTMANN, J., « L'arbre, l'homme et la croix », BVC N° 35 (1960) 46-59.

21219 ALONSO SCHÖKEL, L., « La canción de la viña Is 27,2-5 », EstE 34 (1960) 767-774.

21220 GEORGE, A., « Gesu, la vite vera », BibOr 3 (1961) 121-125.

21221 BURGARD, C., « La vigne du Seigneur », BVC N° 44 (1962) 54-63.

21222 DANIÉLOU, J., « Un testimonium sur la vigne. Dans Barnabé XII,1», RSR 50 (1962) 389-399.

21223 PEZZELLA, S., « La parabola della vigna », BibOr 5 (1963) 5-8.

21224 SABOURIN, L., *Les noms et les titres de Jésus,* « La vigne », 104-109.

21225 DANIÉLOU, J., *Études d'exégèse judéo-chrétienne* (Les Testimonia), « *Un Testimonium* : la vigne dans *Barn.,* XII,1 », 91-107.

21226 SWAELES, R., « La parabole des vignerons homicides (Mt 21,33-46) », AS N° 29 (1966) 36-51.

Vin. Wine. Wein. Vino.

21227 ALBERT LE GRAND, saint, « Supériorité du vin démontrée par l'Écriture et par la raison », MD N° 18 (1949) 136-142.

21228 BRAUN, F.-M., *La mère des fidèles* (Paris, Tournai, Casterman, 1953), « Symbolisme de l'eau changée en vin (à Cana) », 66-74.

21229 BAUER, J. B., « Kein Leben ohne Wein », BiLit 23 (1955-56) 55-59.

21230 BOISMARD, M.-É., *Du baptême à Cana,* « Le vin de Cana », 133-144.

21231 FÜGLISTER, N., *Die Heilsbedeutung des Pascha,* « Das ungesäuerte Brot, der Wein und die Bitterkräuter », 106-121.

21232 SESBOUÉ, D., « Pain et vin », AS N° 54 (1966) 54-74.

Violence. Gewalt. Violenza. Violencia.

21233 GOETTMANN, J., « Histoire de la non-violence dans la Bible », BVC N° 41 (1961) 58-73.

21234 RENARD, A., « Le Christ et les chrétiens face à la violence des hommes d'après S. Paul », BVC N° 41 (1961) 35-43.

21235 MARROW, S., « Hamas (violentia) in Jer 20,8 », VD 43 (1965) 241-255.

21236 RÉGAMEY, P.-R., « L'exigence évangélique dans la violence du monde », VS 114 (1966) 499-526.

21237   DUMAS, A., « Bible et violence », VSS N° 85 (1968) 208-221.

21238   DE SURGY, P., « L'Évangile et la violence », LV N° 91 (1969) 87-110.

Virginité. Virginity. Jungfräulichkeit. Verginità. Virginidad.

21239   PRÜMM, K., « Geboren aus Maria der Jungfrau. Eine religionsgeschichtliche Studie », StiZ 122 (1932) 176-187.

21240   SKRINJAR, A., « Virgines enim sunt », VD 15 (1935) 331.

21241   LEVAUD, H., « La virginité dans le Nouveau Testament », VS 64 (1941) 180-190.

21242   LOEHR, E., « La vierge chrétienne », VS 73 (1945) 166-177.

21243   MOGENET, H., « Mariage et virginité », Et 250 (1946) 322-332.

21244   RICHARD, L.-A., « Sur I Cor. VII,36-38. Cas de conscience d'un père chrétien ou « mariage ascétique » ? Un essai d'interprétation », dans *Mémorial J. Chaine* (en collab.), 309-320.

21245   HÉRIS, C.-V., « L'amour virginal », VS 84 (1951) 45-69.

21246   XXX, « Le plus haut amour », *l'Anneau d'Or* Nᵒˢ 51-52 (1953) 366-376.

21247   MULLANEY, T. U., « Mary, Ever-Virgin », AmER 131 (1954) 159-167, 256-267.

21248   BRODMANN, B., « Mariens Jungfraulichkeit nach Lk 1,34 in der Auseinandersetzung von heute », Ant 30 (1955) 27-44.

21249   JEANNE D'ARC, Sr, « La chasteté et la virginité consacrée, de l'Ancien Testament au Nouveau Testament », dans *La chasteté²*, (en collab.) (Paris, Cerf, 1956), 11-35.

21250   NIEDER, L., *Die Motive der religiös-sittlichen Paränese in dem paulinischen Gemeindebriefen*, 46-65.

21251   LEAL, J., « Super virgine sua (I Cor. 7,37) », VD 35 (1957) 97-102.

21252   SCHOONENBERG, P., « Le sens de la virginité », CHR N° 5 (1958) 32-44.

21253   NEUHÄUSLER, E., « Ruf Gottes und Stand des Christen, Bemerkungen zu 1 Kor 7 », BZ 3 (1959) 43-60.

21254   GRELOT, P., *Le couple humain dans l'Écriture*, « Célibat et virginité », 79-84.

21255   LEGRAND, L., « Fécondité virginale selon l'Esprit dans le Nouveau Testament », NRT 84 (1962) 785-805.

21256   LEGRAND, L., « The sacrificial Value of Virginity », SCR 14 (1962) 65-74.

21257   LEGRAND, L., *La virginité dans la Bible*, 164 pp.

21258   LÉON-DUFOUR, X., « Mariage et virginité selon saint Paul », CHR N° 11 (1964) 179-194.

21259   REHM, M., « Das Wort *'almah* in Is 7,14 », BZ 8 (1964) 90-101.

21260   LÉON-DUFOUR, X., « L'appel au célibat consacré (1 Co 7,25-35) », AS N° 95 (1966) 17-32.

21261   AUDET, J.-P., *Mariage et célibat dans le service pastoral de l'Église*, 164 pp.

Vocation. Berufung. Vocazione. Vocación.

21262   BÈGUERIE, P., LECLERCQ, J., STEINMANN, J., *Études sur les prophètes d'Israël*, « La vocation d'Isaïe », 11-51.

21263   DENIS, A.-M., « L'élection et la vocation de Paul, faveurs célestes. Étude thématique de Gal. 1,15 », RT 57 (1957) 405-428.

21264   JEANNE D'ARC, Sr, « Le mystère de la vocation. Essai de théologie biblique », VS 94 (1956) 167-186.

21265   BEAUCAMP, É., « Le dynamisme vital d'un peuple que Dieu appelle », VS 98 (1958) 466-480.

21266   GELIN, A., « La vocation : étude biblique », AmiCl 69 (1959) 161-164.

21267   BAUER, J., « Gott wählt das Nichts », BiLit 35 (1961-62) 265-274, 347-354.

21268   MEEÛS, M.-B., « L'appel divin chez les prophètes », BVC N° 45 (1962) 36-43.

21269   GALOPIN, P.-M., « La vocation surnaturelle des hommes », AS N° 74 (1963) 50-66.

21270   LANGKAMMER, H., « Der übernatürliche Charakter des Berufungserlebnisses des Propheten Jeremias », FreibZ 12 (1965) 426-438.

21271   NEUHÄUSLER, E., « Berufung. Ein Biblischer Grundbegriff», BiLeb 8 (1967) 148-152.

21272   DEL OLMO LETE, G., « La vocacion de Eliseo », EstB 26 (1967) 287-293.

21273   GARCIA MORENO, A., « Vocacion de Jeremias », EstB 27 (1968) 49-68.

21274   En collaboration, « Heures décisives dans la mission », AS (n.s.) N° 44 (1969) 72-78.

21275   BEHLER, G.-M., « Vocation menacée et renouvelée », VS 120 (1969) 539-567.

21276   DUPUY, M., « Vocation sacerdotale », VS 120 (1969) 166-172.

21277   GREGANTI, G., *La vocazione individuale nel Nuovo Testamento*. L'uomo di fronte a Dio (Roma, Università Lateranense, 1969), 458 pp.

21278   SCHUERMANS, M.-P., « Vocation de la femme dans la Bible », VS 120 (1969) 149-165.

21279   TROADEC, H., « La vocation de l'homme riche », VS 120 (1969) 138-148.

21280   BEHLER, G.-M., « Jeremiah's Vocation Crisis », TDig 18 (1970) 114-121.

21281   GLASER, J. W., « Commands-Counsels : A Pauline Teaching ? » TS 31 (1970) 275-287.

Voie. Way. Weg. Via. Vía.

21282   CHEVALLIER, P., « La voie royale », VSS 2 (1948-49) 338-355.

21283   POELMAN, R., « Le pain de route », MD N° 18 (1949) 92-102.

21284   LEAL, J., « Ego sum via, veritas, et vita (Jo 14,14) », VD 33 (1955) 336-341.

21285   GOLDSTAIN, J.-J., « La voie », VS 122 (1970) 577-591.

Volonté de Dieu. Will of God. Wille Gottes. Volontà di Dio. Voluntad de Dios.

21286   CERFAUX, L., « La volonté dans la doctrine paulinienne », dans *Qu'est-ce que vouloir ?* (en collab.) (Paris, Cerf, 1958), 13-23, ou dans *Recueil Lucien Cerfaux,* III, 297-307.

21287   GEORGE, A., « La volonté de Dieu selon saint Paul », CHR N° 5 (1958) 3-17.

21288   BEAUCAMP, É., DE RELLES, J.-P., *Israël attend son Dieu,* « Que ta volonté soit faite ! » 249-330.

Vue de Dieu. Seeing God. Schau Gottes. Vista di Dio. Visión de Dios.

21289   GELIN, A., « Voir Dieu, dans l'Ancien Testament », BVC N° 23 (1958) 3-12.

21290   DE JULLIOT, H., « Jésus parmi les siens », BVC N° 23 (1958) 13-21.

21291   GELIN, A., « Voir Dieu, dans l'Ancien Testament », BVC N° 25 (1958) 3-12.

21292   MOLLAT, D., « La guérision de l'aveugle-né », BVC N° 23 (1958) 22-31.

21293   TRAETS, C., *Voir Jésus et le Père en lui, selon l'évangile de saint Jean* (Roma, Università Gregoriana, 1967), 256 pp.

21294   BEHLER, G.-M., « Face à face », VS 118 (1968) 377-402.

INDEX

AUTEURS CITÉS
AUTHORS CITED
AUTORENREGISTER
AUTORI CITATI
AUTORES CITADOS

A S. MARCO, E., 6824, 6872, 8209, 9856, 10047, 10239, 14505, 14519, 16985, 17171, 17974

A VALLISOLETO, X., 5621, 9757, 10907, 10913, 11237, 11239, 12284, 19290

AB ALPE, A., 3899, 3979, 3999, 4145, 4193, 5064, 5144, 5808, 11003, 11396, 12283, 12718, 13792, 17812, 17849

AB ORBISO, T., 11671, 11672, 11673, 11680, 11683, 11685, 11687, 11689, 11690, 11691, 11693, 11694, 11697, 14016, 14676, 16122, 16402, 19384, 19971, 20867, 20868

ABBAYE DE SAINT-JÉRÔME (Rome), 2238

ABBOTT, W., 1482, 1485, 1486, 2267, 2268, 2271

ABEL, F.-M., 131, 429, 653, 657, 796, 847, 3282, 3293, 3303, 3314, 3583, 3586, 3597, 4825, 12943, 13422, 16573, 16983, 17000, 19546

ABELÉ, E., 265, 1438

ADAM, K., 535, 2738, 10240, 12610, 16784, 18644

ADINOLFI, M., 93, 968, 988, 1002, 1401, 2735, 2887, 3344, 3588, 3589, 3591, 3608, 3866, 4250, 4464, 4618, 5277, 5472, 5733, 5739, 6863, 6910, 8393, 9513, 9782, 10131, 11746, 14658, 15102, 16625, 17864, 18943, 19933

ADLER, N., 1479, 1744, 11389

ADNÈS, P., 6436, 9891, 16714, 17506, 17545, 19091

AERTS, T., 6432, 16758

AFANASSIEFF, N., 18195

AGAESSE, P., 12298, 12334

AGEL, H., 1439

AGNEW, F., 6697, 7361, 7900

AGOURIDÈS, S., 6711, 7918, 14319

AHARONI, Y., 151

AHERN, B., 560, 1337, 3592, 7976, 9823, 11006, 10538, 11158, 11160, 12125, 13869, 15759, 16753, 17413, 19742, 19754, 20503, 21036

AHLSTRÖM, G. W., 5259, 20684

AIROLDI, N., 3275, 3985, 4034, 4072, 4076

ALAND, K., 5704

ALBERT LE GRAND, saint, 21227

ALBRIGHT, W. F., 2643

ALCAINA CANOSA, C., 3453, 15419

ALCUIN, 3854

ALEU, J., 19804, 19955

ALFARO, J., 2137, 15293, 16437, 16449, 20716

ALFRINK, B., 822, 1305, 1306, 3492, 3669, 3679, 4918, 5142, 16006, 19743, 20282

ALFRINK, J., 19654

ALGER, B., 4852, 19263, 19940

ALLARD, M., 3050, 7729, 18405

ALLEVI, L., 1007, 4490, 4598, 5875, 5905, 5907, 9289, 9604, 10064, 11649, 13993, 17383

ALLGEIER, A., 261, 320, 2193, 2215, 2232, 3245, 3522, 3895, 4051, 6759, 7079, 15085, 17509

ALLIOLI, J. P., 2152

ALLO, E.-B., 8318, 8321, 8604, 9544, 9638, 9639, 9640, 9961, 10080, 10099, 10137, 10250, 10526, 10532, 10719, 10762, 11301, 11802, 11888, 11952, 12134, 15726, 17795

ALLONY, N., 3945

ALMIÑANA LLORET, V. J., 1725, 3211, 15472, 19017

ALONSO, J., 2584, 4433, 4761, 5204, 7295, 9770, 11663, 11875, 15153, 15998, 17296, 17417, 20678

ALONSO DIAZ, J., 4442, 5079, 5450, 5451, 6671, 7321, 12751, 14183, 14255, 14984, 17884, 17888, 19609, 20131, 20134, 20334

ALONSO SCHÖKEL, L., 521, 524, 638, 669, 733, 849, 981, 1900, 2121, 2124, 2409, 2413, 2414, 2415, 2418, 2451, 2491, 2556, 2635, 2799, 2801, 3354, 4394, 5115, 5117, 5126, 5128, 5129, 5134, 5160, 13724, 13747, 18745, 20329, 20332, 20547, 21118, 21219

ALSZEGHY, Z., 14750, 16244, 16570, 16705, 16746, 17235, 19125, 21041

ALTANER, B., 454

ALTER, B., 7008

ALVAREZ DE LINERA, A., 10670

ALVAREZ SEISDEDOS, F., 452

AMANN, E., 5641

BAUMANN, R., 10544

BAUMBACH, G., 5804, 5867, 19247

BAUMERT, N., 11177

BAUMGARTNER, C., 2595, 6115, 8588, 9847, 16563

BAUMSTARK, A., 1874, 2240, 4472, 4809, 6533

BAUZA, M., 11393, 20195

BEA, A., 54, 55, 56, 199, 275, 511, 514, 519, 597, 713, 922, 925, 977, 1281, 1334, 1344, 1355, 1356, 1405, 1416, 1436, 1446, 1465, 1807, 1808, 1809, 1816, 1817, 1819, 2437, 2510, 2511, 2628, 2667, 2689, 2739, 3572, 3905, 3909, 3911, 4479, 4515, 6254, 6255, 7031, 7148, 10093, 15983, 16837, 16903, 16904, 16905, 17991, 18006, 18714, 20181, 20247, 20434, 21054

BEASLEY-MURRAY, G. R., 15832

BEAUCAMP, É., 44, 1021, 1196, 3626, 3702, 3730, 3731, 3798, 3926, 3959, 3960, 3993, 4030, 4031, 4032, 4095, 4099, 4100, 4109, 4120, 4129, 4131, 4165, 4181, 4210, 4217, 4227, 4237, 4248, 4265, 4270, 4289, 4296, 4300, 4306, 4332, 4353, 4365, 4400, 4417, 4424, 4498, 4645, 4687, 4780, 4838, 4853, 4932, 4991, 5054, 5187, 5401, 5516, 5536, 6806, 8067, 10545, 13614, 14707, 14711, 14758, 14972, 15385, 16136, 16469, 16519, 16622, 16868, 16873, 17063, 17144, 17168, 17169, 17207, 17459, 18416, 18429, 18476, 18545, 18546, 18552, 18652, 18653, 19010, 19123, 19513, 19559, 19641, 19974, 20000, 20003, 20024, 20335, 20532, 20649, 20788, 20883, 20896, 21068, 21265, 21288

BEAUCHAMP, P., 593, 3635, 3777, 4637, 13780, 14336, 16900, 19366, 20365, 20432, 20694, 20732

BEAUDET, R., 4723, 5201, 16093, 20121

BEAUDRY, J. F., 18058, 20706

BEAUDUIN, L., 14289, 15977

BEAUFAYS, I., 8319, 10081, 13992

BEAUPÈRE, R., 16748, 20720

BEAUVERY, R., 7471, 7859, 8079, 8228, 8705, 11297

BECHAUX, H.-D., 17635

BECHTEL, F., 4080

BECK, I., 9885, 14838, 14842, 17372, 20229, 20231

BECKER, J., 739, 2422, 3220, 3757, 4098, 5307, 6965, 10385, 10489, 11656, 11917, 14671, 14672, 14825, 15490, 17841

BECQUET, G., 1166, 6680, 6901, 7800, 7856, 7963, 8228, 12174, 14113

BEECKMAN, P., 8323, 8342

BÈGUERIE, P., 5010, 5011, 5076, 5294, 5398,

5430, 19485, 21262

BEHEN, J. M., 14152, 14794

BEHLER, G.-M., 4083, 4236, 4401, 5223, 5236, 5345, 5346, 5354, 5356, 5358, 5362, 5370, 5520, 8882, 8883, 9014, 9018, 9040, 9057, 9070, 9077, 9090, 11856, 12146, 13815, 14779, 15819, 16419, 16456, 17780, 19438, 19551, 21275, 21280, 21294

BEIL, A., 1142

BEILNER, W., 873, 1312, 1316, 1365, 1602, 3296, 5781, 5849, 6256, 6285, 18048

BEIRNAERT, L., 14268, 15115, 16494

BEIRNE, D., 3179

BEISING, A., 6974

BÉLANGER, M., 9697, 12277

BELLET, M., 573, 1481

BELLET, P., 3600

BELLOUARD, M. A., 13998

BELTRITTI, G., 183

BEN-GAVRIEL, Y. M., 16889

BEN GÈS, J. R., 14164

BENINCASA, C., 784

BENISKOS, J. M., 16466

BENNETT, C.-M., 194, 205

BENOIT, P., 658, 705, 885, 903, 907, 929, 934, 935, 941, 942, 948, 962, 972, 973, 982, 989, 996, 999, 1080, 1650, 1787, 1946, 1974, 2022, 2029, 2030, 2107, 2195, 2198, 5773, 5783, 5832, 5883, 5910, 6020, 6184, 6199, 6257, 6302, 6348, 6352, 6395, 6426, 6520, 6552, 6822, 6926, 7013, 7206, 7213, 7220, 7222, 7253, 7296, 7390, 7575, 7584, 7588, 7654, 7718, 7736, 7738, 7812, 7841, 7842, 7909, 8005, 8087, 8238, 8239, 8260, 8263, 8293, 8306, 8333, 8438, 9115, 9164, 9187, 9195, 9199, 9286, 9333, 9360, 9381, 9390, 9435, 9439, 9446, 9560, 9653, 9656, 9749, 9767, 9794, 9835, 9931, 10033, 10142, 10144, 10366, 10398, 10420, 10664, 10927, 10961, 10964, 10971, 10975, 10985, 11041, 11080, 11083, 11091, 11184, 11188, 11195, 11257, 11442, 11444, 11447, 12115, 12142, 12147, 12165, 12210, 12233, 12241, 12244, 12256, 12259, 12351, 12393, 12630, 12756, 12895, 12976, 12981, 13098, 13102, 13107, 13110, 13117, 13221, 13388, 13501, 14125, 14184, 14185, 14578, 14613, 14615, 14618, 14619, 14763, 15169, 15194, 15253, 15451, 15960, 15961, 15962, 16027, 16365, 16430, 16476, 16801, 16842, 16845, 16863, 16901, 16911, 16933, 16962, 17109, 17241, 17362, 17602, 17655, 18239, 18604, 19254, 19261, 19292, 19556, 20146, 20160, 20456, 20485, 20525, 20890, 20980, 20991, 21052, 21053, 21066, 21126

BOCCALI, G., 8890

BOCCASSINO, R., 14695

BOCKEL, P., 20232

BOCKLE, F., 2149, 20693

BODE, E. L., 7249, 7606, 7607, 8284, 8285, 9172, 10559, 14786

BODSON, J., 8763, 14367

BOGAERT, M., 3567, 8704

BOGAERT, P.-M., 8669, 14244, 16974

BOICELOT, 2745

BOISMARD, M.-É., 324, 658, 1500, 5638, 6020, 6068, 6302, 6336, 6839, 7661, 8325, 8387, 8411, 8489, 8515, 8547, 8567, 8606, 8617, 8622, 8632, 8672, 8695, 8700, 8701, 8703, 8817, 8818, 8835, 8837, 8852, 8915, 9010, 9026, 9120, 9130, 9183, 9220, 9689, 9707, 9827, 9836, 9903, 10010, 10199, 10221, 10650, 10660, 11707, 11728, 11729, 11735, 11737, 11749, 11758, 11771, 11803, 11819, 11879, 11881, 11896, 11908, 11909, 11915, 12078, 12100, 12186, 12202, 12395, 12466, 12562, 12860, 13139, 13295, 13319, 13497, 13642, 13661, 13677, 13688, 13689, 14076, 14231, 14232, 14241, 14275, 14276, 14295, 14539, 14592, 14696, 14754, 14954, 15558, 15741, 15847, 15910, 16078, 16276, 16341, 16952, 16958, 16969, 16994, 17411, 17447, 17899, 18138, 18683, 18709, 19064, 19066, 19589, 19864, 20058, 20067, 20591, 20745, 21022, 21142, 21181, 21230

BOLING, R. G., 192

BOMPOIS, C., 6135

BOMPOIS, L. M., 6021

BONAVENTURA D'ARENZANO, 14034

BONDUELLE, J., 10645, 12802, 12961, 16074, 16995

BONNARD, P., 6573, 19138

BONNARD, P.-É., 66, 73, 1917, 2733, 3715, 3716, 3946, 3968, 4057, 4070, 4127, 4432, 4620, 4697, 4828, 4881, 4883, 5407, 6410, 6787, 8055, 8523, 9733, 10450, 12438, 13306, 14748, 14778, 16797, 17554, 18109, 18613, 20349, 20764

BONNEFOY, J.-F., 2848, 2862, 11948, 12019, 12290, 17559, 17609, 20625

BONNETAIN, P., 16553, 17663

BONNIN, F., 17227

BONSIRVEN, J., 396, 397, 399, 413, 624, 700, 717, 798, 1042, 1065, 1855, 1858, 1869, 2317, 2394, 5717, 5813, 5814, 5816, 5821, 5911, 5962, 6024, 6048, 6054, 6071, 6443, 6445, 6796, 7456, 8058, 8247, 8324, 8328, 8367, 8578, 9123, 9240, 9416, 9418, 9454, 9498, 9499, 9509, 9511, 9578, 9579, 9617, 9643, 9646, 9666, 9680, 9701, 9825, 9858,

9860, 9904, 9954, 9963, 10101, 10104, 11467, 11523, 11650, 11808, 11816, 11894, 12088, 12091, 12167, 12370, 12371, 12384, 12387, 12391, 12392, 12409, 12457, 12462, 12497, 12498, 12540, 12615, 12647, 12648, 12652, 12655, 12659, 12689, 12735, 12738, 12799, 12801, 12822, 12899, 12900, 12951, 12960, 13018, 13019, 13041, 13121, 13133, 13162, 13165, 13168, 13171, 13277, 13281, 13298, 13315, 13317, 13496, 13618, 13619, 13797, 13852, 13853, 13881, 13933, 14003, 14291, 14408, 14436, 14523, 14525, 14616, 14643, 14650, 14686, 14687, 14753, 14790, 15140, 15146, 15147, 15190, 15284, 15285, 15286, 15312, 15500, 15501, 15535, 15566, 15567, 15664, 15667, 15731, 15788, 15810, 15844, 15845, 15904, 15922, 15956, 16101, 16128, 16219, 16221, 16222, 16269, 16270, 16334, 16338, 16364, 16405, 16407, 16478, 16555, 16839, 16847, 16850, 16870, 17117, 17125, 17178, 17180, 17193, 17218, 17363, 17386, 17401, 17402, 17767, 17928, 17930, 17934, 17954, 18236, 18240, 18289, 18772, 18786, 18792, 18794, 18842, 18891, 18901, 19019, 19041, 19043, 19073, 19076, 19092, 19132, 19135, 19377, 19379, 19381, 19457, 19460, 19575, 19578, 19707, 19714, 20001, 20032, 20037, 20041, 20042, 20075, 20277, 20279, 20281, 20298, 20339, 20451, 20492, 20586, 21000

BONY, P., 16664, 18766

BORGEN, P., 9318

BORMANN, P., 10571

BORNERT, R., 4287, 17058, 20014

BORREMANS, J., 7697, 15833

BORSE, U., 10357, 10952, 18263

BOSCHI, B., 2656, 3147, 4798, 20336

BOSCHI, B. G., 3640

BOSETTI, G., 19567

BOSON, G., 352, 1548

BOTT, J. C., 8539, 17438

BOTTE, B., 335, 651, 1038, 1100, 2236, 2259, 2279, 2280, 2624, 3614, 5697, 6313, 7646, 8412, 9577, 12286, 13185, 16046, 17859, 18149, 18625, 20218, 20219, 20307, 20337, 20382, 20526

BOTTERWECK, G., 3071, 3092, 3225, 3482, 3957, 4869, 14541, 14885, 20099

BOUCHER, M., 10657, 10918, 16173

BOUCHEX, R., 15359, 16975, 18022, 18833

BOUCQUENIAUX, C., 20581

BOUDOU, A., 9206, 11358, 11420

BOUËSSÉ, H., 12278, 15999, 20254, 20995, 21030

BOUET-DUFEIL, E., 13915

BRINKTRINE, J., 2446, 2814, 2876, 2885, 3049, 3113, 4286, 11681, 11984, 12399, 13504, 16149, 18387, 18393, 19861, 20999, 21160

BRO, B., 13527

BRODMANN, B., 2776, 7759, 21248

BROSHI, M., 200

BROWN, J. F., 8519, 16387

BROWN, R. E., 525, 1323, 1472, 1722, 1754, 1793, 2014, 2015, 2031, 2036, 2037, 5741, 6031, 6119, 6195, 6200, 6244, 6800, 6803, 7685, 7921, 8061, 8064, 8350, 8356, 8386, 8390, 8400, 8431, 8434, 8455, 8501, 8506, 8533, 8556, 8565, 8709, 8719, 9928, 12225, 12404, 12595, 13342, 14243, 14262, 14316, 15343, 15538, 15783, 15945, 16795, 16967, 16971, 17962, 17970, 18071, 18296, 18297, 19119, 20240, 20708, 20710, 21055

BROWN, S., 7695, 8395, 9288, 16372, 17114, 20878

BROWN, S. J., 1942

BROWNLEE, W. H., 3579, 20022

BROX, N., 2101, 9603, 10075, 10678, 11355, 11417, 15281, 16356, 16445, 17303, 17373, 19789, 20981

BRUCKBERGER, R. L., 13485

BRUEGGEMANN, W., 2775, 2825, 3407, 3432, 14869, 14870

BRUMER, J., 9614, 18133

BRUNEC, M., 2883, 2886, 5097, 6650, 6762, 6899, 7081, 7145, 7164, 7544, 8177, 10890, 11148, 11333, 15088, 15429, 16963, 17566, 19052

BRUNET, A., 4452, 4930, 4933

BRUNET, A.-M., 3498, 3501, 3502, 8741, 14357, 16576, 17863

BRUNET, G., 3461, 5085, 5172

BRUNNER, A., 730, 2381, 3236, 7098, 8784, 13537, 14345, 14506, 14976, 15004, 15012, 16626, 16636, 16936, 17431, 18591, 20960

BRUNNER, G., 868, 3555

BRUNOT, A., 5197, 9552, 9628, 9670, 13831, 20665

BRUNS, J. E., 1877, 3551, 3560, 4503, 5379, 6642, 7613, 7622, 8960, 8999, 12031, 12050, 17578

BRUTSCH, C., 12069, 17029

BRYCE, M. C., 15825

BUCCELLATI, G., 834, 874, 14866, 20007

BUCHANAN, G. W., 407, 4434

BÜCKERS, H., 3590, 3938, 19212

BUCKLEY, M. J., 15854, 16039

BUDA, J., 5035, 5036, 18384

BUIS, P., 3199, 4960, 5424, 5426, 9347, 17101, 17145, 19192

BULBECK, R., 6623

BULLOUGH, S., 2171

BULST, W., 13384, 13385, 16854, 19941

BULTEAU, A., 1430

BURCHARD, C., 1848

BURGARD, C., 21221

BURGERS, W., 7320, 14030

BURGHARDT, W. J., 414, 8602

BURKE, J. J., 19568, 20491

BURKE, P., 13911, 18988

BURKE, T. J. M., 6789, 7677

BURROWS, E., 2937, 3022, 4334, 4624, 5181, 7701, 13616, 14175, 16554, 16785, 16923, 16989, 19317, 20374, 20635

BUSA, R., 1838

BUSCH, K., 12017

BUSTLER, M., 11652

BUSTOS, F., 1561, 3705, 17199

BUTLER, C., 1369, 6312, 9839, 10230, 16351, 16362, 19905, 20487

BUTTERWORTH, R., 12311

BUZY, D., 432, 1987, 2004, 4460, 4480, 4488, 4492, 4512, 4538, 4540, 4554, 4555, 4577, 5715, 5970, 6548, 6695, 7061, 7265, 7357, 7887, 8138, 8183, 8358, 9547, 10853, 11267, 11320, 12825, 12848, 14305, 14329, 17765, 21207

BYRNE, E. J., 701, 20928

CABELLO, R., 6258

CADIOU, R., 425

CADOUX, C., 8738, 12198

CAFFAREL, H., 13070, 13531, 17737, 20216

CAGNI, L., 9914

CAHILL, J., 530, 755, 6201, 18341, 19943, 20969

CALDERONE, P. J., 2464, 2472, 3402, 5173

CALDIROLA, P., 14892

CALÈS, J., 2650, 2651, 3721, 3780, 3927, 3928, 3931, 4748, 5545, 11785, 12688, 17971, 19988

CALLAN, C. J., 704, 5718, 6306

CALLENS, L.-J., 19681

CALLOVINI, C., 2264

CALLUCCI, D., 19817

CALMET, A., 4158, 7502, 8008, 8706, 11686, 11860, 20348

CALOZ, M., 3070, 3276

CAMBE, M., 1892, 4047, 4530, 6407, 7683, 7753, 16287, 16564

CORBIN, M., 6710, 7917, 17394

CORBISHLEY, T., 3601, 12765, 12771, 12775

CORBO, V., 99, 100, 124

CORBON, J., 15839

CORDERO, M., 19721

CORDOLIANI, A., 2256

CORETH, E., 756

CORNIL, M., 12673, 12999, 20537

CORTES, E., 7527, 7528

CORTES, J. B., 8766, 8912, 12517, 14370,
    15782, 16295, 16303

CORTES QUIRANT, J., 8911, 12263

CORTESE, E., 3168

CORTI, G., 1594, 19262

CORVEZ, M., 19096

COSTA, M., 8357, 8809, 8904, 9150, 14242,
    20711

COSTA DE BEAUREGARD, O., 14659

COSTE, J., 2197, 3523, 5148, 9753, 11588,
    20749

COSTE, R., 15873, 17395

COSTE, S.-M., 5155

COSTELLO, C., 9582

COTHENET, É., 1657, 4547, 5016, 6358,
    10895, 11316, 11734, 11742, 13308, 13984,
    14809, 15630, 16761, 17234, 18467, 18639,
    18659, 20197

COTTER, A. C., 1327, 7021, 7035, 7481, 7989,
    9699, 11075, 11081, 11183, 12383, 15531,
    20929

COUDREAU, F., 282

COUNE, M., 8305, 9372, 9374, 10015, 10586,
    10598, 10624, 10773, 11050, 12066, 12808,
    12875, 12923, 13442, 14057, 14071, 14111,
    14260, 14568, 14601, 14631, 15561, 16509,
    16526, 17021, 18067, 18085

COURAGER, B., 18559

COUREL, F., 8802, 18375, 19107, 19144

COUROYER, B., 144, 371, 831, 1538, 1539,
    3041, 3064, 3136, 3412, 3491, 3623, 3632,
    3636, 3668, 4026, 4451, 5221, 5823, 6832,
    7418, 14094, 14611, 18626, 20315, 20331,
    20370

COURTADE, G., 886, 931, 1300, 1953, 2008

COUTURIER, F., 17088

COUTURIER, G., 213, 1529, 3633, 5216, 5239,
    20330, 20687

COZZO, S., 4473

CRAGHAN, J., 6853, 7429, 7942, 7977

CRAIG, M., 3936, 13975

CRAMPON, A., 2190

CREHAN, J. H., 888, 6125, 9176, 9258, 9263,

9456, 11788, 11791, 11792, 15704

CREMER, F. G., 6866, 6868, 6869, 7384, 7387,
    7388, 7905, 7906, 7907

CREN, P.-R., 16920

CRESPY, G., 17482, 18084

CRETEN, J., 10134

CRIADO, R., 3026, 4802, 4805, 5098, 18394,
    18398

CRISOSTOMO DE PAMPIONA, P., 930

CROATTO, J. S., 5788, 5842, 17963, 18992

CROCE, Q., 304

CROSSAN, D. M., 6118, 16906

CROSSAN, J., 12708, 18086

CROTTY, N., 2144

CROUZEL, H., 468, 1976, 2001, 11955, 19585

CROWLEY, P., 9865, 17228

CRUVEILHIER, P., 699, 2723

CUETO, A. C., 6015

CULLITON, J. T., 14657

CULLMANN, O., 18328

CULLY, I., 305, 1488

CUMMINS, P., 2343, 5389

CUNCHILLOS YLARRI, J. L., 2923

CUNLIFFE, C. R. A., 8945, 18401

CURLEY, F. X., 2807, 4557, 13577, 16148,
    16319, 20100

CURRAN, J. T., 6374, 11074, 11776

CWIEKOWSKI, F. J., 2093, 16627

CYRILLE D'ALEXANDRIE, 9085, 12611

D'ALÈS, A., 2981, 9386, 17681, 20892

D'ARAGON, J.-L., 8584, 8980, 8984, 8994,
    8997, 9102, 9491, 9492, 21046

D'ARENZANO, B., 5932

D'ERCOLE, G., 5941, 14052, 14511

D'IZARNY, R., 564

D'OUINCE, R., 16175, 17053

DA CASTEL S. PIETRO, T., 10502, 11258,
    11450, 11469, 11538, 11539, 15137, 15138

DA FONSECA, L. G., 1515, 6621, 7215,
    13147, 17657

DA NEMBRO, M., 2265

DA SPINETOLI, O., 2888, 8568, 12753, 18605,
    19795, 20475

DABECK, F., 7043, 10454, 15750

DABROWSKI, E., 10124

DACQUINO, P., 2649, 9692, 9718, 9769, 9771,
    9776, 9779, 9781, 9821, 9829, 10959,
    11032, 11057, 11064, 11077, 11098, 11123,
    11171, 11182, 11186, 12270, 12281, 12282,
    14149, 14225, 14622, 14626, 14655, 14988,
    15152, 15160, 15163, 15168, 15172, 15234,

15491, 15751, 15753, 16227, 17054, 17065,
17170, 17460, 17555, 18271, 18883, 19396,
19475, 19477, 19774, 20538, 20760, 20962

DAGONET, P., 17738

DAHOOD, M., 1739, 2424, 2433, 2475, 2498,
2502, 2515, 2519, 2520, 2521, 2524, 2528,
2533, 2534, 2537, 2978, 3023, 3024, 3657,
3661, 3670, 3673, 3680, 3706, 3732, 3787,
3788, 3833, 4444, 4458, 4477, 4486, 4487,
4494, 4502, 4505, 4647, 4855, 4970, 5072,
5152, 5163, 5164, 5168, 5220, 5231, 5238,
5242, 5247, 5282, 5355, 5359, 5367, 5408,
5569, 14959, 18399

DALMAIS, I.-H., 16035, 20535

DALTON, W. J., 1467, 5250, 11754, 11756,
11757, 11761, 12355, 12356, 15193, 15446,
17055, 17436, 19434, 20653

DALY, G., 19938

DANDER, F., 15859

DANESI, G., 8414

DANIEL-ROPS, 5793

DANIELI, G., 6579, 6604, 6607, 10909, 17768,
17912

DANIÉLOU, J., 264, 410, 435, 437, 439, 447,
465, 557, 566, 632, 1093, 1498, 1677,
1756, 1757, 1911, 1918, 1949, 2057, 2058,
2060, 2319, 2730, 2785, 3075, 3255, 3700,
3800, 4133, 4335, 4352, 4527, 4539, 4972,
4973, 4977, 4978, 5393, 5462, 5586, 5589,
5789, 5796, 5843, 5900, 5931, 6001, 6441,
6615, 6629, 6646, 7737, 7802, 7813, 7826,
7845, 7872, 8035, 12090, 12164, 12166,
12168, 12243, 12427, 12433, 12800, 12840,
12887, 12955, 13119, 13120, 13532, 13546,
13550, 13556, 13622, 13675, 13955, 13963,
14072, 14101, 14265, 14266, 14269, 14270,
14272, 14279, 14379, 14445, 14486, 14689,
14766, 14791, 14852, 14853, 14900, 14902,
14951, 15130, 15240, 15242, 15301, 15401,
15475, 15476, 15481, 15622, 15627, 15813,
15895, 15896, 15987, 16003, 16053, 16070,
16072, 16073, 16080, 16144, 16170, 16320,
16589, 16590, 16608, 16609, 16706, 16818,
16819, 16820, 16828, 16949, 16984, 17039,
17078, 17121, 17122, 17316, 17433, 17496,
17567, 17786, 17790, 18005, 18134, 18144,
18152, 18269, 18378, 18379, 18617, 18618,
18907, 19167, 19255, 19545, 19547, 19651,
20091, 20098, 20171, 20253, 20380, 20521,
20533, 20766, 20769, 20771, 20836, 20847,
20951, 21003, 21011, 21013, 21014, 21015,
21016, 21222, 21225

DANIÉLOU, M., 240

DANNEMILLER, L., 19945

DANTEN, J., 12827, 13261, 19866

DANTINNE, G., 680

DARBY, J. H., 10105, 13005

DAUER, A., 8550, 9136, 9138, 17623

DAUMAS, F., 1542, 1847, 19418

DAUTZENBERG, G., 10631, 11736, 20507

DAUVILLIER, J., 9503, 10132

DAVID, J.-E., 7209

DAVIS, C., 565, 15593, 15632, 17134

DAVIS, H. F., 17660

DE ALDAMA, J. A., 5632, 15812

DE ALFARA, W., 11555

DE AMBROGGI, P., 924, 1290, 1410, 1954,
1959, 2002, 2003, 2690, 2696, 2852, 4521,
5674, 7403, 9296, 11360, 11409, 11422,
11660, 11713, 11722, 11724, 11726, 11811,
11817, 11820, 11871, 20149, 20490

DE AUSEJO, S., 4599, 8417, 8531, 8532, 8636,
8902, 10157, 12629, 14399, 14400

DE BACIOCCHI, J., 15860, 16025, 16041,
17516

DE BIVORT DE LA SAUDÉE, J., 9676,
13995

DE BONTRIDDER, L., 14294, 14534, 15981

DE BOVIS, A., 15215, 15323, 16446, 21205

DE BROGLIE, G., 2118, 10677, 16339

DE BROUCKER, W., 19421

DE BRUYNE, D., 3594, 3894, 6296

DE CAEVEL, J., 1786, 14549

DE CASTELLVI, P. M., 8678

DE CERTEAU, M., 569, 5331, 5409, 8289,
8948, 9327, 12049, 14103

DE COCK, J., 20262

DE CONTENSON, H., 109

DE DINECHIN, O., 5770, 8599

DE FINANCE, J., 10018, 20338

DE FRAINE, J., 1046, 1345, 1346, 2570, 2780,
2976, 3301, 3307, 3387, 3790, 3796, 4271,
4785, 4982, 6723, 6799, 6801, 6873, 7788,
8060, 8062, 13551, 13631, 14314, 14516,
14654, 14799, 15374, 16256, 16510, 16805,
17758, 18046, 18342, 18750, 18847, 18865,
19214, 19216, 19313, 19996, 20008, 20009,
20010, 20085, 20122, 20420, 20658, 20727,
20740, 21137

DE FUENTERRABIA, F., 2877, 7184, 19094,
19541, 19638

DE GAIFFIER, B., 18076

DE GÉRARDON, B., 2773, 14493, 16685,
16732, 19430, 21005

DE GIACINTO, S., 11840

DE GOEDT, M., 5727, 5761, 6960, 10422,
16119, 16875, 20460

DE GOEDT, M.-M., 6951

18736, 18931, 19648, 20057

DECOUT, A., 2138, 6440

DECROIX, J., 1617

DEDEN, D., 9923, 18285

DEFOSSA, M.-L. et J., 586, 1441, 3924

DEHAU, T., 12633, 16946

DEISS, L., 1919, 3810, 4082, 4345, 6301, 6541, 6751, 6774, 7068, 7186, 7637, 7733, 7778, 7787, 7928, 8755, 9131, 11435, 11439, 12035, 13582, 17396, 17579, 17584, 19363

DEISSLER, A., 742, 3729, 4110, 4359, 4821, 4829, 4837, 4843, 5001, 5416, 5435, 5464, 5483, 5493, 5500, 5509, 5541, 5557, 13714, 19200

DEJAIFVE, G., 11789, 15317, 19958

DEL ALAMO, M., 11862

DEL OLMO LETE, G., 3457, 4968, 15420, 21272

DEL PARAMO, S., 1902, 1998, 2017, 3818, 5763, 6099, 6553, 7255, 7731, 9590, 13074, 18534, 19037

DELAHANTY, C. D., 18542

DELAMARE, J., 3740, 3741, 7227, 7597, 8277, 12740

DELANNOY, P., 14137, 15574

DELAPORTE, L., 844

DELBÔVE, R., 13511

DELCOR, M., 830, 1064, 1545, 1578, 1625, 1632, 1669, 1691, 1697, 1713, 1788, 1835, 2331, 3758, 4608, 4821, 4829, 4843, 5001, 5009, 5014, 5061, 5416, 5435, 5464, 5483, 5500, 5509, 5541, 5557, 5577, 5578, 5633, 5964, 10754, 13787, 15645, 16081, 16777, 17454, 17961, 17964, 18168, 19188, 20865

DELCUVE, G., 252, 12248, 21002

DELEKAT, L., 218, 2258

DELFORGE, T., 4346

DELHAYE, P., 487, 2139, 2140, 2573, 2793, 6446, 6449, 8558, 9916, 9918, 9920, 9948, 13906, 13912, 14498, 14566, 14569, 14881, 15072, 15878, 16327, 16441, 17205, 17343, 17507, 18208, 19026, 19028, 19103, 19202, 19512, 20111, 20347

DELLAGIACOMA, V., 9998, 17538, 21176

DELLER, K., 5524

DELLING, G., 15528, 20861

DELOBEL, J., 7953, 7954, 7956

DELORME, J., 1357, 1758, 2579, 3002, 4328, 4949, 6259, 6260, 6396, 6805, 7324, 7442, 7604, 8066, 8463, 11303, 12150, 12215, 12251, 12260, 12415, 14581, 15506, 15592, 15963, 16255, 16298, 17896, 18612, 18647, 19133, 20627

DEMANN, P., 266, 9881, 17365, 18153

DENAUX, A., 7985, 12920

DENIEL, R., 10477, 15887

DENIS, A.-M., 1690, 1723, 6657, 6975, 7329, 7441, 7448, 7485, 8876, 9525, 9532, 9535, 9897, 10016, 10109, 10110, 10111, 10497, 10583, 10776, 10879, 10881, 11150, 11151, 11287, 12867, 13435, 14019, 14023, 14026, 14341, 14389, 14555, 14803, 17474, 18002, 18915, 19157, 19599, 20813, 21263

DENNEFELD, L., 798, 1558, 2336, 3675, 4873, 4885, 4941, 5018, 5309, 5459

DEQUEKER, L., 4259, 4902, 10659, 15918, 20392

DEROUSSEAUX, L., 14675, 18110, 19118, 20874

DERRETT, J. D. M., 5476, 7440, 7491, 8762, 14366

DERVILLE, A., 9854

DES PLACES, É., 4605, 5885, 5893, 9472, 9473, 9474, 9475, 9476, 9478, 19109, 20826

DESCAMPS, A., 288, 590, 1605, 2089, 3770, 3774, 4775, 5824, 6101, 6156, 6294, 6361, 6467, 6474, 6581, 6684, 6716, 7498, 8582, 9078, 9227, 9368, 10155, 10208, 11381, 11835, 11837, 12182, 12600, 12637, 13196, 13592, 14123, 15591, 17123, 17155, 17172, 17214, 17219, 17385, 17892, 17932, 18154, 19074, 19482, 19745, 20038, 20046, 20742

DESEILLE, P., 16513

DESLAURIERS, M., 17664

DESPORTES, Dom, 9022

DESREUMAUX, J., 8299

DESROCHES, H.-C., 9665, 9814, 10683, 13820, 14432, 15730

DEUERLEIN, E., 18306

DEVAUX, É., 16130, 21001

DEVER, W. G., 108, 147

DEVESCOVI, U., 2465, 2970, 5330, 5337, 5537, 13682, 13713, 13718, 13725, 14977, 18869

DEVILLE, C., 7632, 8314, 13324, 13354, 13804, 17051, 18102, 20442

DEVILLE, R., 581, 7828, 13331, 19584, 20445

DEVINE, C., 1603, 1988, 3539, 12977, 14721, 19610

DEVINE, R., 12043

DEVIS, M., 1505, 10501, 12376, 16132, 18722

DEVREESSE, R., 325, 421, 424, 436

DEWAILLY, L.-M., 5668, 6159, 6936, 8084, 8940, 9058, 9538, 9541, 9800, 9935, 10756, 11261, 11265, 11271, 11275, 11319, 11324, 11348, 12407, 12858, 12872, 13014, 13839, 14000, 14004, 14005, 14036, 14046, 15173, 15256, 15300, 15515, 15597, 15679, 16014,

16352, 16403, 18485, 18678, 18679, 18691, 18703, 18708, 18737, 19309, 20472, 20854

DEXINGER, F., 2922, 3867, 4938, 11777, 11877, 13970, 16240, 19367, 20557, 20982

DHAINAUT, M., 11132, 20614

DHANIS, É., 1053, 7318, 7602, 12744, 13386, 13922, 16262

DHEILLY, J., 251, 344, 794, 4776, 6040, 9795, 13458, 13573, 13695, 15625, 16202, 16776, 16867, 16926, 17128, 18268, 19724, 19826, 20528, 21145

DHORME, É., 14, 2476, 13538, 14627, 14893, 14923

DHOTEL, J.-C., 11567

DI FONZO, L., 10908

DI LELLA, A. A., 1736, 4613, 4659, 4693, 4694, 4695

DIANICH, S., 18030

DIDIER, G., 9908, 10201, 10536, 10635, 10769, 10867, 10978, 11095, 11198, 11279, 11352, 12328, 14495, 15568, 15601, 15624, 16410, 17277, 19827

DIDIER, J.-C., 7011, 14187

DIDIER, M., 6546, 7193, 7194, 7570, 8204

DIDIER, R., 13734, 14346, 15796

DIEGO, J. R., 8030

DIEKAMP, F., 12013, 12051

DIEKMANN, G., 17999, 20212

DIETRICH, M., 2535

DIEU, L., 10887

DIEZ MACHO, A., 327, 328, 331, 332, 1067, 1651, 2318, 2325, 2326, 2717, 2898, 3945, 17424, 17981

DIGGES, M. L., 3342, 5456

DILLERSBERGER, J., 7292, 7647

DILLON, R. J., 5746, 7126, 8758, 14365

DINGEON, J.-M., 255

DION, H.-M., 650, 5207, 8476, 10054, 10057, 10452, 11179, 12513, 15001, 15779, 16292, 16587, 18884, 19304, 19305

DION, P.-E., 5213, 5222, 5237, 5244, 5254, 20688, 21098

DIP, G., 2607, 5263, 17887, 20679

DIRINGER, D., 2507

DIRKSEN, A., 10736, 19675

DOCKX, S., 7573

DOEPFNER, J., 9780, 19266

DOEVE, J. W., 6165, 6325, 20912

DOLD, A., 2221, 2246, 2334, 2354, 4469

DOMINGUEZ DEL VAL, U., 19959, 20983

DOMMERSHAUSEN, W., 3014, 3581, 5334, 5584, 17844, 20399

DONAGHY, H., 19327

DONATH, D., 5791

DONCOEUR, P., 1118, 1122, 13401, 14290, 19510

DONDAINE, H.-F., 14188, 16428

DONLON, S. E., 6182

DONOHUE, J. J., 3172, 5382, 7951, 18669, 19031, 19147, 20261

DONOVAN, V. J., 3234, 3238, 12782, 16871, 18627, 19172

DORNIER, P., 11351, 11361, 11414, 11423

DOSSIN, A., 277

DOSTAL, C., 14709

DOTHAN, M., 150, 197

DOTY, W. G., 652

DOUGHERTY, J. J., 813, 1079, 1127, 2672, 2842, 18866, 18948

DOUTRELEAU, L., 336, 1945

DOWD, W. A., 9366

DOWNES, J. A., 19183

DREHER, B., 588, 8188

DREYFUS, F., 983, 1884, 2201, 2310, 4787, 5043, 6536, 7539, 8026, 10693, 14460, 16597, 18729, 19691, 19695, 19746

DRIESSEN, E., 9613, 9952, 9983, 10251, 10263, 10570, 10995, 11217, 11218, 11618, 20450

DRIESSEN, W. C. H., 4995

DRIJVERS, P., 3771, 12890, 13606, 13705, 14969, 17435, 19358

DRIOTON, É., 833, 1537, 4475, 16185

DROUZY, M., 6810, 13083, 19668

DRUBBEL, A., 3617, 20356

DU BAY, W. H., 591

DU BOURGUET, P., 2432, 17770

DU BUIT, F. J., 232, 1507, 13584, 16322

DU BUIT, M., 641, 672, 676, 828, 1167, 1366, 1398, 1527, 3233, 3282, 3545, 5736, 5749, 5750, 5755, 5768, 5942, 6272, 6411, 6809, 6942, 7115, 7182, 7196, 7406, 7525, 7640, 8071, 8207, 9734, 10011, 11654, 11655, 11709, 12229, 13307, 13443, 13849, 14716, 14717, 15033, 15034, 16472, 16930, 17146, 17646, 17803, 18015, 18175, 18607, 19517, 19934, 19979, 20351, 21184, 21185

DU ROY, J.-B., 7207, 7577, 8240, 12264, 16036

DUBARLE, A.-M., 702, 984, 1062, 1492, 2041, 2046, 2202, 2398, 2586, 2619, 2680, 2766, 2794, 2810, 2834, 2839, 2845, 3051, 3436, 3437, 3489, 3562, 3568, 3620, 3629, 3646, 3676, 3686, 3888, 3932, 4543, 4552, 4561, 4749, 4939, 5819, 6062, 6448, 8791, 8900, 9784, 9947, 10297, 10390, 10395, 11492,

11876, 12027, 13447, 13873, 13937, 14006,
14330, 14494, 14628, 14682, 14713, 15174,
16054, 16135, 16137, 16162, 16682, 16687,
16719, 16772, 16783, 16811, 17153, 17165,
17182, 17569, 18095, 18187, 18221, 18251,
18332, 18392, 18950, 18964, 18965, 18967,
18968, 18970, 18993, 19023, 19027, 19032,
19075, 19104, 19503, 19705, 19821, 20313,
20369, 20403, 20414, 20696, 20753, 20791,
20963, 21099

DUBARLE, D., 14692, 19715, 20848

DUCROS, X., 18309

DUDA, B., 11969

DUESBERG, H., 807, 1019, 1110, 1461, 1872,
1905, 1912, 2608, 2846, 3618, 3801, 3807,
4200, 4282, 4348, 4362, 4423, 4468, 4497,
4649, 4652, 4654, 4673, 4677, 4681, 4688,
4716, 4753, 8307, 10474, 10743, 12335,
12413, 12444, 12653, 13022, 13084, 13123,
13334, 13470, 13499, 13770, 14274, 14311,
14745, 14964, 15050, 15056, 16582, 16637,
16661, 17982, 18199, 18276, 18454, 18620,
19005, 19388, 19851, 20311, 20364, 20366,
20368, 20401, 20416, 20744, 21017, 21082,
21085, 21208

DUFORT, J.-M., 10041, 11005

DUFRASNE, D., 20590

DUHR, J., 16022

DULAU, P., 9890, 17514

DULLES, A., 1376, 18354, 19892, 19911,
19947, 20715

DUMAINE, H., 2744, 14678

DUMAS, A., 17432, 21237

DUMESTE, M.-L., 4553, 4847, 5038, 5286,
5318, 5319, 5320, 5527, 15424

DUMONT, C., 46, 461, 6717

DUMONTIER, P., 494, 1502, 2614

DUNAND, M., 180, 829, 1577

DUNCKER, P. G., 703, 732, 1286, 1311, 2276,
2737, 2767, 2890, 5111, 11387, 17494

DUNPHY, W., 10742, 12074, 15615

DUPARC, L. H., 9170

DUPLACY, J., 475, 476, 1497, 2094, 2205,
3990, 5698, 5701, 5714, 5825, 6023, 6050,
6070, 6850, 7049, 7105, 7123, 7379, 8265,
9367, 9539, 9669, 9751, 10215, 10557,
10873, 11037, 11154, 13351, 14191, 14440,
14767, 15006, 15375, 15458, 15648, 16308,
16366, 16411, 16417, 16497, 16501, 17572,
18079, 19636, 20495

DUPLOYÉ, P., 18576

DUPONT, J., 1161, 1873, 1886, 1893, 1926,
1961, 1975, 3820, 4190, 4324, 5264, 5751,
5752, 5760, 5762, 5886, 5952, 6208, 6613,
6690, 6691, 6692, 6693, 6707, 6729, 6730,

6779, 6780, 6787, 6843, 6857, 6858, 6897,
6900, 6903, 6943, 6954, 6956, 6964, 7009,
7062, 7071, 7077, 7103, 7104, 7107, 7118,
7197, 7352, 7353, 7356, 7407, 7411, 7419,
7421, 7424, 7507, 7564, 7569, 7576, 7844,
7877, 7881, 7882, 7883, 7885, 7908, 7914,
7920, 7924, 7926, 7930, 7931, 7933, 7935,
7940, 7941, 7959, 7962, 8055, 8107, 8109,
8113, 8130, 8135, 8144, 8165, 8224, 8251,
8288, 8294, 8458, 8631, 9099, 9105, 9202,
9205, 9209, 9210, 9219, 9223, 9232, 9249,
9251, 9260, 9264, 9265, 9272, 9278, 9279,
9293, 9295, 9298, 9303, 9305, 9325, 9334,
9341, 9342, 9346, 9357, 9364, 9376, 9383,
9430, 9433, 9438, 9440, 9445, 9447, 9448,
9449, 9457, 9463, 9464, 9469, 9481, 9485,
9504, 9516, 9517, 9521, 9540, 9706, 9730,
9741, 9937, 9940, 10026, 10028, 10088,
10102, 10118, 10128, 10135, 10170, 10230,
10487, 10492, 10493, 10503, 10534, 10690,
10711, 10713, 10798, 10830, 10882, 10883,
10885, 10892, 11115, 11277, 11795, 11796,
11849, 11864, 11926, 12463, 12541, 12640,
12656, 12715, 12809, 12841, 12846, 12862,
13001, 13142, 13172, 13197, 13300, 13411,
13412, 13418, 13419, 13421, 13429, 13456,
13822, 13837, 14020, 14028, 14041, 14084,
14106, 14410, 14451, 14540, 14564, 14565,
14593, 14594, 14665, 14938, 15094, 15108,
15117, 15213, 15214, 15469, 15503, 15505,
15548, 15665, 15733, 15797, 15925, 16051,
16125, 16126, 16362, 16406, 16470, 16484,
16536, 16598, 16713, 16720, 16754, 16787,
16976, 17111, 17113, 17126, 17238, 17270,
17321, 17381, 17443, 17524, 17530, 17893,
17907, 17910, 17929, 18007, 18059, 18103,
18104, 18111, 18114, 18123, 18241, 18242,
18420, 18496, 18501, 18674, 18680, 18682,
18692, 18697, 18717, 18773, 18795, 18910,
18913, 18918, 18919, 18945, 19180, 19193,
19209, 19210, 19389, 19395, 19405, 19408,
19481, 19557, 19558, 19611, 19642, 19653,
19677, 19716, 19747, 19863, 19877, 20043,
20064, 20071, 20389, 20487, 20501, 20599,
20615, 20670, 20875, 20953, 21033, 21063,
21138, 21211

DUPREZ, A., 139, 3563, 5276, 5279, 5281,
7856, 10930, 15756, 17030

DUPUY, B.-D., 1404, 2269, 10515, 12145,
13215, 19937

DUPUY, M., 21276

DUQUOC, C., 6688, 7349, 9985, 10006, 12360,
13262, 13360, 13398, 13409, 14996, 14999,
15448, 15694, 18676, 20458, 20676, 21006

DURAND, A., 6549

DURKEN, D., 11704

DÜRR, L., 3978, 4699

DURRWELL, F.-X., 6864, 11208, 13170,

FOSCHINI, B. M., 10725
FOSTER, R. J., 8692, 10649, 11784, 16121
FOURMOND, P., 3283
FOURNEL, A., 5325, 19008
FOURNIER, P., 2292, 3681, 19289
FOX, R. J., 5946
FOX, T. A., 15189
FRAENKEL, M., 18425
FRAEYMAN, M., 10021, 10052, 20797, 20832
FRAIGNEAU-JULIEN, B., 15986, 19669
FRAIKIN, D., 15296, 20509
FRANCO, R., 11716
FRANGIPANE, D., 964, 5676, 6622, 8694, 12213, 17649
FRANK, R. M., 3451, 4908, 5406
FRANK, S., 18456
FRANKEMÖLLE, H., 10331, 14229
FRANKOWSKI, J., 11571, 19682
FRANQUESA, P., 8383
FRANSEN, I., 270, 271, 279, 286, 1432, 2677, 2949, 3087, 3140, 3153, 3191, 3215, 3252, 3353, 3364, 3388, 3529, 3580, 4343, 4506, 4593, 4654, 4680, 4871, 4998, 5185, 5454, 6704, 6838, 6898, 7069, 7853, 8007, 8234, 9373, 9443, 10107, 10183, 10425, 10543, 10868, 11087, 11189, 11262, 11263, 11317, 11415, 11443, 11464, 11524, 11526, 11653, 11657, 11705, 11706, 11884, 12842, 13044, 13047, 13574, 13699, 13715, 14258, 14863, 14931, 16083, 16285, 17089, 17334, 20047, 20172, 20383, 20571, 20780
FRANTZEN, P., 5457
FREDE, H. J., 9565
FREED, H. D., 8401
FREEDMAN, D. N., 3047, 3503, 3656, 5227, 5233
FRETHEIM, T. E., 3277, 14095
FREUNDORFER, J., 10969, 11090, 11193, 11269, 11322, 11359, 11421
FREY, J.-B., 5785, 5809, 5811, 5812, 7809, 14140, 17953
FREYNE, S., 14167, 18032, 20518
FRIEDEL, L., 8153
FRIES, H., 542, 18322
FRINS, K., 18128
FRISQUE, J., 20876
FRITSCH, I., 3003, 8731, 13967
FRITZ, P., 11507, 13038
FROGER, J., 15059
FRONTIER, Y., 14527, 18541, 19506
FRONZAROLI, P., 2513
FRUSCIONE, S., 19258

FUCHS, J., 17306
FUENTERRABIA, F., 17520
FÜGLISTER, N., 5377, 13664, 13735, 13781, 14849, 17138, 17777, 18228, 18516, 18631, 19011, 19666, 20302, 20431, 20573, 21231
FULLER, R. C., 312, 709, 2168, 3302, 3970, 5062, 6160, 6393, 6652, 6856, 6977, 7157, 7161, 7238, 7936, 7957, 8372, 8426, 8946, 12345, 12776, 12777, 12884, 14465, 15415, 18047, 20623
FURFEY, P. H., 5976, 9239, 11343
FÜRST, H., 9267, 10889, 15175
FÜSSINGER, A., 15580
FUSTER, E. N., 6015
FUTRELL, J. C., 18334
FYOT, J. L., 5726, 8147
GABORIAU, F., 14559, 14560
GABRIEL, J., 2907
GAECHTER, P., 6130, 6140, 6143, 6537, 6560, 6647, 7617, 7739, 8157, 8627, 8733, 8845, 8846, 8853, 9037, 9190, 9193, 9332, 9397, 9398, 9534, 10066, 10113, 10349, 10548, 10891, 10893, 11702, 11900, 11907, 11973, 12057, 12220, 12526, 12835, 12901, 12971, 13103, 13971, 14354, 17011, 17476, 17607, 19250, 19252, 19257, 19781
GAFFNEY, J., 8521, 14554, 15680, 16389
GAGLIO, A. A., 13100
GAHAN, S., 12030
GAI, D., 20795
GAIDE, G., 5568, 7376, 8283, 8287, 11092, 11100, 11156, 11172, 11173, 11244, 11372, 11531, 11575, 12151, 12155, 13052, 13848, 17059, 17068, 18119, 18543, 19404, 20186
GAILLARD, J., 5909, 14007, 15060, 15061, 15131, 15241, 16145, 16196, 17669, 19328, 20809
GALBIATI, E., 601, 613, 643, 1339, 1359, 2098, 3546, 6262, 6264, 6870, 7139, 7827, 8119, 8131, 8210, 8866, 13211, 14489, 15485, 16457, 17866, 18517
GALDOS, R., 2961, 3537, 3733, 3781, 3871, 12894
GALIUCCI, D., 4698
GALLAN, C. J., 2110
GALLERAND, M., 14609, 20072
GALLETTO, P., 10795, 15743
GALLO, S., 6703, 7949, 13064, 19021
GALLOWAY, C. J., 16662, 19902
GALLUCCI, D., 2565, 4427, 4428, 4429, 4430, 4431, 14666, 16769, 20306, 20308
GALLUS, T., 2863, 2869, 2878, 2882, 4674, 6988, 6998, 7839, 8549, 8737, 9146, 10654,

16142, 16158, 17560, 17561, 17564, 17593, 17619, 18220, 18998

GALOPIN, P.-M., 1921, 8657, 10011, 11528, 13736, 14716, 14717, 16004, 16152, 17206, 19655, 19661, 20179, 21184, 21185, 21269

GALOT, J., 5099, 7762, 7765, 8759, 12208, 13337, 13525, 15325, 15629, 15668, 16409, 17675, 17710, 17713, 17717, 17739, 17740, 20198, 21045

GALTIER, P., 11368, 11845, 19063, 19555

GAMBA, G. G., 6608, 6667, 7261, 7375, 7682, 8001, 12116, 21094

GAMBER, K., 11138

GAMBERONI, J., 3101, 3231

GAMMIE, J. G., 3213, 19834

GAMPER, A., 3435, 5211, 15013, 16639, 17141, 19896

GANCHO, C., 1878, 11413

GANNE, P., 7192, 8203, 18932

GANSS, G. E., 17955

GANTOY, R., 11674, 11675, 14116, 18706

GAPPERT, G., 11103, 18598

GARBINI, G., 193, 2452, 2454, 2764, 3375, 14749, 17467

GARCIA, T., 10202, 16343

GARCIA CORDERO, M., 628, 1299, 2663, 3042, 3152, 3176, 3198, 3653, 3698, 3728, 4426, 4482, 4518, 4590, 4653, 4727, 4757, 4810, 4824, 4831, 4846, 4876, 4890, 4945, 5003, 5023, 5316, 5419, 5438, 5466, 5485, 5502, 5510, 5543, 5559, 13772, 14143, 16852, 19018

GARCIA DE LA FUENTE, O., 2587, 3086, 3114, 3710, 5376, 13696, 13773, 14576, 17332, 18176

GARCIA DEL MORAL, A., 5136, 5137, 9225, 11767, 11768, 11769, 15721, 15865

GARCIA HUGHES, D., 14337, 17440

GARCIA MARTINEZ, F., 19951

GARCIA MORENO, A., 5412, 21273

GARDEIL, A., 6726, 6733, 6734, 6736, 6740, 13303, 13314, 13455, 14306, 14307, 16813, 19525

GARDET, L., 4735

GARGANO, C., 8229, 18784

GAROFALO, S., 484, 1303, 3073, 3429, 5218, 9798, 9898, 9967, 10175, 10992, 15512, 17922, 19687, 19751

GARRIGOU-LAGRANGE, R., 12947, 13057, 13058, 13077, 13129, 13297, 14428, 18458

GARRONE, G., 8892

GARRONE, G. M., 3812

GASNIER, M., 3876

GASSNER, J., 16015, 19572

GATTI, F. M., 12517, 16295

GATZWEILER, K., 10043, 10378, 11738, 15763, 18062

GAUGUSCH, L., 10473

GAULTIER, A., 13535, 19649

GEFFRE, C., 13339

GEIS, R. R., 16885

GEISELMANN, J. R., 550, 6220, 6237, 12480, 12507, 12567, 12580, 12678, 13176, 18580, 20947, 20964, 20965, 20976

GELIN, A., 43, 398, 823, 872, 949, 1030, 1338, 1442, 1728, 1879, 2045, 2188, 2301, 2549, 2568, 2569, 2571, 2577, 2588, 2675, 2697, 2713, 2960, 3280, 3309, 3386, 3509, 3910, 4235, 4443, 4762, 4778, 4808, 4830, 4875, 4987, 5310, 5314, 5390, 5422, 5460, 5465, 5471, 5539, 5550, 5558, 5576, 11525, 11890, 12657, 12670, 13045, 13679, 14021, 14128, 14130, 14132, 14153, 14380, 14515, 14929, 14952, 15673, 16066, 16131, 16203, 16317, 16558, 16575, 16679, 16693, 16722, 16848, 16997, 17080, 17085, 17480, 17495, 17498, 17570, 17634, 17763, 17788, 17871, 17984, 17987, 18115, 18155, 18182, 18198, 18536, 18814, 18906, 19003, 19319, 19436, 19459, 19823, 19850, 19990, 20123, 20173, 20358, 20384, 20415, 20750, 20904, 21266, 21289, 21291

GÉLINEAU, J., 3727, 3808, 3886, 16034, 17678, 20713

GENNARO, P., 8697, 12468

GENUYT, F. M., 15047

GEOLTRAIN, P., 7180, 15549

GEORGE, A., 1433, 1887, 1950, 2094, 3291, 3416, 3819, 5484, 5497, 5501, 5506, 5542, 5729, 5743, 5765, 6066, 6387, 6399, 6401, 6455, 6456, 6501, 6738, 6744, 6784, 6818, 6819, 6946, 7410, 7518, 7635, 7668, 7669, 7671, 7672, 7693, 7798, 7801, 7854, 7857, 7889, 7965, 7993, 8045, 8075, 8083, 8101, 8227, 8230, 8304, 8973, 9051, 9052, 9069, 9075, 9084, 9089, 9650, 9674, 9752, 10036, 10494, 10539, 10919, 11979, 12245, 12372, 12481, 12487, 12703, 12791, 13289, 13358, 13436, 13490, 13502, 13549, 13657, 14080, 14248, 14271, 14312, 14334, 14484, 15002, 15183, 15550, 15596, 15609, 15643, 15671, 15687, 15778, 16236, 16242, 16277, 16296, 16300, 16934, 16977, 17079, 17149, 17152, 17286, 18055, 18280, 18825, 18902, 18937, 18999, 19006, 20054, 20059, 20086, 20180, 20252, 20255, 20344, 20607, 20747, 20757, 21061, 21168, 21220, 21287

GEORGE, H. W., 18693

GERHARDSSON, B., 1448, 6567, 12921

GERMANO, J. M., 5108, 6636

GERRITZEN, F., 9723

GERSON-KIWI, E., 18283

GESE, H., 4035

GESLIN, C., 13926

GEWIESS, J., 7766, 17601

GHESQUIÈRE, T., 1108

GHIBERTI, G., 6142, 7605, 9067, 12152, 13923, 19796

GHIDELLI, C., 1922, 5662, 9338, 9409, 9428, 9461, 9522, 10717, 19782

GHYSSENS, G., 12820, 17052, 18548

GIACINTO DEL SS. CROCIFISSO, P., 13099

GIAVINI, G., 4241, 6821, 6929, 8028, 9869, 10376, 11215, 13310, 17150, 17231, 18033, 19453, 20206, 20227, 21124

GIBLET, J., 1035, 4766, 5854, 5937, 6884, 7559, 7830, 8089, 8141, 8226, 8554, 8583, 8715, 8732, 8849, 8869, 8982, 9047, 9074, 9095, 9530, 9686, 11054, 12380, 12447, 12470, 12663, 12873, 13322, 13394, 13942, 14048, 14074, 14215, 14457, 14605, 15287, 15947, 16215, 16224, 17456, 17651, 17957, 18120, 18845, 18926, 19157, 19592, 19692, 20654, 20778, 21175

GIBLIN, C. H., 1970, 2065, 2086, 3310, 5234, 5777, 6889, 8127, 10211, 11281, 11331, 11332, 12794, 15525, 16360, 16583, 17920, 18782, 20839

GIET, S., 5826, 9257, 9266, 9444, 9455, 9523, 10126, 10127, 10130, 11793, 11912, 11913, 11947, 12085

GIFFIN, P., 3319

GIGLIOLI, A., 5071, 5278, 11106, 12226, 18260

GIL ULECIA, A., 334, 13552

GILBERT, A., 1056, 1086

GILBERT, M., 4621

GILL, D. H., 10691

GILS, F., 1880, 6402, 6404, 6674, 6915, 6969, 7037, 7341, 7392, 7482, 7609, 7864, 7991, 8301, 10715, 12189, 12436, 12905, 13125, 13392, 13433, 13964, 17904, 18161, 19737, 20051, 20107, 20650

GIOVANNI XXIII, 1420

GIRARD, L., 8004

GIRARDON, É., 14078

GIUDICI, E., 12958

GIUROVICH, G., 5663

GLADIUS, 17471

GLANNDOUR, M., 8573, 20773

GLANZMAN, G. S., 10, 3363, 4857, 5523

GLASER, J., 19570

GLASER, J. W., 9887, 14420, 21281

GLORIEUX, P., 12459, 13082

GNILKA, J., 402, 728, 1687, 1711, 1737, 1789, 5080, 5734, 6425, 6434, 6571, 6948, 7234, 7415, 7601, 7797, 7969, 9308, 9514, 10230, 10828, 10937, 10965, 11152, 12312, 13938, 15200, 16362, 16886, 17307, 17958, 19658, 19807, 20487

GODEFROID, J., 280

GOETTMANN, A., 6700, 8024, 15081

GOETTMANN, J., 1455, 3535, 3542, 3543, 3544, 8128, 14085, 14590, 15134, 15652, 15793, 16195, 18540, 18655, 18826, 19177, 20367, 21218, 21233

GOETTSBERGER, J., 2687

GOFFINET, A., 6416, 10870, 14781

GOICOECHEA, M., 5986, 14664, 18860

GOITIA, J., 15861

GOLDBERG, A. M., 1054, 10442, 18413

GOLDSTAIN, J., 1060, 1070, 1071, 3039, 20909

GOLDSTAIN, J.-J., 21285

GOLEBIEWSKI, E., 11773, 15466

GOLENVAUX, C., 5747, 8145, 16370

GOLUB, J., 8819

GOMA CIVIT, I., 6556, 6783, 7155, 7299

GOMEZ-PALLETE, M., 7591

GONSETTE, J., 20748

GONZALEZ, A., 636, 1129, 4209, 4550, 15595, 17136, 19447, 19449, 19985

GONZALEZ, J. M., 10156

GONZALEZ LAMADRID, A., 2499, 11021, 13774, 18553

GONZALEZ NUÑEZ, A., 4372, 13750. 19495, 20015, 20126

GONZALEZ QUEVEDO, J., 16458

GONZALEZ RUIZ, J. M., 2816, 3834, 4758, 5260, 9710, 9772, 9774, 9777, 10186, 10281, 10319, 10435, 10894, 11340, 12747, 13198, 13891, 15157, 15162, 15310, 15381, 16344, 16855, 17181, 18646, 18939, 18971, 19198, 19294, 19619, 19775, 20463

GONZALO MAESO, D., 3693

GOODIER, A., 9059, 9087, 12109, 12236, 12343, 12950, 13257, 15786, 15990, 17106

GOOSSENS, G., 1571, 16623

GOOSSENS, W., 2811, 14197, 16770, 16773

GÖRG, M., 3971

GORGULHO, L.-B., 3367, 17882

GÖRLICH, E. J., 12691

GORSSEN, L., 4509, 14993

GOSHEN-GOTTSTEIN, M. H., 2365

GÖSSMANN, F., 5283

GÖSSMANN, W. E., 3835, 14960

GOTHARD, D., 7732, 17654

GOTTSTEIN, M. H., 2355, 5293, 5295, 5296

GOURBILLON, J. G., 232, 688, 690, 823,
1503, 1507, 2408, 3847, 4614, 4660, 4778,
4786, 4807, 6222, 6355, 6417, 6477, 7276,
7315, 8365, 8421, 8797, 9306, 9663, 10011,
10960, 11709, 11885, 12668, 12853, 12925,
13607, 14697, 14716, 14717, 14777, 14782,
14859, 15120, 16066, 16213, 16505, 16561,
17086, 17132, 17933, 17984, 18136, 18372,
18903, 18906, 18924, 19426, 19979, 20351,
20425, 20621, 21105, 21184, 21185

GOZZO, S., 5299, 5304, 17667, 20702

GRABER, O., 17598

GRABNER-HAIDER, A., 348, 751, 14833,
15527, 16520, 16527, 16700, 18194, 19791,
19792, 19797, 21076

GRAEF, H., 6109, 18310

GRAF, G., 2652, 3312, 7266

GRAHAM, J. F., 3242

GRAIL, A., 6056, 7205, 7574, 8091, 9682,
10004, 10663, 10863, 10864, 13862, 14206,
14208, 14211, 14439, 15399, 15953, 15980

GRANADO, C., 15849

GRANADOS, A., 1377, 19912

GRANDCLAUDON, M., 3584

GRANGETTE, J., 8688, 13263

GRANT, R. M., 20955

GRASSI, J. A., 8292, 9412, 9537, 16042, 17582

GRASSO, D., 20785

GRÄVE, K., 5458

GRAYSON, A., 374

GRAYSTON, K., 5988

GRAYSTONE, G., 11, 1745, 1820, 8098

GRECH, P., 3889, 10794, 14585, 15742, 19009

GREEHY, J., 1794, 9246

GREENWOOD, D., 6712, 7919, 17397

GREGANTI, G., 21277

GREIFF, A., 11861

GREITEMANN, W., 17947

GRELOT, P., 31, 32, 233, 236, 237, 404, 406,
409, 529, 673, 693, 736, 737, 758, 805,
902, 975, 979, 985, 1001, 1036, 1047,
1075, 1084, 1378, 1888, 1894, 1895, 1913,
1914, 1933, 1979, 1980, 1999, 2000, 2034,
2035, 2068, 2072, 2094, 2099, 2150, 2200,
2320, 2321, 2328, 2599, 3582, 4476, 4548,
4612, 4625, 4754, 4788, 4913, 4917, 4937,
5273, 5280, 5562, 5794, 5797, 5852, 5935,
5997, 8276, 8516, 8907, 8917, 8919, 9021,
9788, 10188, 10593, 12439, 12442, 12443,

12582, 13512, 13595, 13658, 13857, 13935,
13936, 14049, 14053, 14335, 14817, 14985,
15186, 15235, 15237, 15305, 15470, 15483,
15484, 15492, 16207, 16323, 16386, 16528,
16591, 16592, 16628, 16647, 16648, 16891,
17027, 17222, 17267, 17342, 17429, 17505,
17508, 17542, 17543, 17547, 17553, 17834,
17951, 18011, 18012, 18016, 18034, 18279,
18483, 18621, 18642, 18730, 18747, 18933,
18980, 18981, 18982, 18989, 19113, 19154,
19331, 19467, 19534, 19624, 19644, 19798,
19913, 20127, 20224, 20328, 20430, 20435,
20692, 20970, 20977, 21024, 21026, 21027,
21028, 21254

GRIBOMONT, J., 710, 1310, 1859, 1996, 2009,
2039, 2059, 2281, 9571, 17544

GRIFFIN, L., 775

GRIFFITHS, J. G., 9480

GRILL, S., 458, 2157, 2880, 3016, 3030, 3768,
3918, 4164, 4218, 4308, 5140, 5145, 6014,
7397, 8313, 8745, 11298, 13959, 14356,
15897, 17091, 17130, 17869, 19097, 19357

GRILLMEIER, A., 740, 993, 12048, 20500

GRIMME, H., 7097, 7142, 8771

GRINDEL, J., 6928

GRINDEL, J. M., 2214

GRINTZ, J. M., 79, 3294

GRISPINO, J. A., 1128

GROLLENBERG, L. H., 338

GROM, B., 294

GROSS, H., 1678, 1680, 2087, 2156, 2380,
2416, 2460, 2582, 2771, 3837, 4128, 4732,
4733, 4737, 5272, 13594, 13976, 14376,
14862, 14965, 15479, 15488, 15495, 15650,
15655, 16624, 16691, 16733, 17009, 17279,
17840, 17874, 17881, 17985, 18637, 19464,
19995, 19998, 20406, 20544

GROSS, W., 2996

GROSSOUW, W., 6046, 6082, 8320, 8466,
9028, 9652, 10120, 12550, 15684

GROTZ, J., 12812, 18441

GRUENTHAMER, M. J., 1287, 1336, 2841,
3300, 3462, 3841, 4319, 4948, 4980, 14683,
14690, 14913, 17810, 17811, 18045, 19820

GRY, L., 17949

GRYGLEWICZ, F., 3599, 6922, 8136, 8981,
9585, 12843, 20992

GUALANDI, D., 4020, 4042, 4179, 4410

GUARDINI, R., 3877, 3937, 12288, 20097

GUELLUY, R., 2596, 2741, 14728

GUEMES VILLANUEVA, A., 9874, 9875,
17287, 17291

GUÉRARD DES LAURIERS, M.-L., 7793

GUERDRAY, G., 8653

HARTMAN, L., 3095, 3230, 7562, 14878, 18809

HARTMAN, L. F., 2795, 4692, 18638, 18972

HARTMANN, G., 11699

HARTNETT, R. C., 5817

HARVEY, J., 642, 1586, 2083, 3141, 3263, 3328, 3380, 3409, 3443, 3891, 4122, 4789, 4796, 4962, 4990, 5058, 5332, 5341, 5374, 5494, 13707, 13726, 13758, 13764, 16094, 16806, 19015, 19234, 19364, 19831, 21025, 21073

HASENHUTTL, G., 18355

HASHAGEN, J., 839

HASPECKER, J., 2620, 4102, 4661, 5215, 10749, 12169, 13847, 14531, 14674, 15714

HASSEVELDT, R., 15320

HASSFELD, P., 2718

HAUBST, R., 13480, 18728

HAUER, C. E., 854, 859, 3397, 17031

HAULOTTE, E., 4794, 7140, 7374, 9424, 10486, 10652, 11051, 11250, 14943, 15658, 15706, 15723, 16518, 17548, 19155, 19776, 20132, 21130, 21131

HAURET, C., 1499, 2709, 2753, 2897, 2908, 3745, 3748, 3778, 3949, 4563, 5270, 5271, 5360, 8102, 9034, 14693, 14826, 14851, 17268, 18165, 20124, 20128, 20136

HAUSHERR, I., 13536, 18282, 20300

HAVET, J., 9778, 10679, 14623, 14645

HAY, T. H., 3782

HÉBERT, A. G., 17731

HEIDT, W., 1413, 5979

HEINISCH, P., 797, 2551, 2566, 4770, 13957, 14684, 14793, 14916, 14953, 15700, 16311, 16675, 17124, 17156, 17497, 17872, 18390, 18661, 19004, 19712, 19824, 19991, 20316, 20697, 20743

HEISING, A., 2051, 3083, 3084, 3177, 3178, 7447, 7983, 8875, 14350, 15971, 17493, 18068, 18522, 18524

HEITLINGER, A., 8420

HELFMEYER, F. J., 16760

HEMMERDINGER-ILIADOU, D., 11778

HENNEKEN, B., 4818, 9939, 18705

HENNEN, B., 10459, 10673

HENNEQUIN, L., 51, 811, 866

HENNESSY, B., 185

HENNING, J., 1098, 1101, 2746, 4641, 10835

HENNINGER, J., 1572, 2975, 18336

HENRY, A.-M., 262, 5269, 7680, 14267, 14446, 15062, 16057, 16127, 20217, 20222

HENRY, P., 2079, 11121, 17240

HENZE, C. M., 17075, 17715

HEPPEGER, G., 12798

HERAS, H., 2934, 2944, 14895, 14899

HÉRIS, C.-V., 12273, 13080, 13258, 17703, 19671, 21245

HERKENNE, H., 4325

HERKLOTZ, F., 7816

HERMANIUK, M., 5721, 6559, 7302, 7657, 12850, 18840

HERMANN, I., 734, 1889, 9720, 10216, 10377, 10599, 10672, 10728, 10760, 10779, 10786, 10797, 13356, 15165, 15747, 17252, 17288, 19756, 20604

HERRANZ, A., 5467

HERRANZ MARCO, M., 6517, 6927, 14926, 18366

HERRMANN, S., 860, 3044

HERTLING, L., 10739

HERTLING, L. V., 12752

HERWEGEN, I., 1088, 1094

HESBERT, R.-J. 6298

HESSLER, B., 2550, 4495

HEUSCHEN, J., 6166

HEUSCHEN, J. M., 2995

HEUTHORST, G., 9340

HEYLEN, V., 9545

HEYRAUD, L., 9020, 10095, 14737, 17112

HIELMANN, W., 9750, 20738

HIEMER, A., 14856, 20412

HIERZENBERGER, G., 18356

HIGGINS, M. J., 5983

HILAIRE DE POITIERS, 6892

HILD, J., 4526, 16076, 16183, 18253

HILGERS, J., 12102, 12266

HILION, G., 6097, 17627

HILL, E., 2742, 10397, 10775, 10785, 16547, 18347, 19886, 19888, 19952

HILL, R. C., 3641, 20437

HILLERS, D. R., 3338, 4392, 4859, 13742, 14096, 19498

HILLIG, F., 1429, 3433

HILLMANN, J., 11460

HITZ, P., 13218, 13223, 15238, 15868, 16001, 19407, 20510

HJERL-HANSEN, B., 6835, 8077, 20624

HODOUS, E. J., 6655

HOFBAUER, J., 1856, 2830, 3067, 3123, 3265, 4222, 4258, 12059, 18556

HÖFER, A., 6602, 7713, 9394, 12788

HOFER, N., 10709, 13364, 14192

HOFFMANN, K., 14073

HOFFMANN, P., 6370, 9808, 15104, 15524,

KERKHOFF, R., 6103, 19386
KERKVOORDE, A., 18738
KERN, W., 8930, 10834, 12172
KERRIGAN, A., 449, 1748, 2026, 2307, 5423,
    6173, 9132, 9350, 10000, 20674
KERSCHENSTEINER, J., 9233
KERTELGE, K., 7326, 9543, 9867, 9868,
    10703, 14063, 14068, 14421, 17229, 17230,
    20483
KESSLER, M., 3390, 5383
KESSLER, P. D., 10991, 11206
KETTER, P., 2154, 6013, 6468, 7114, 7524,
    8195, 9302, 13997, 16165, 16166, 16167,
    20792
KEUCK, W., 10370, 21182
KEYES, L. L., 4465
KIEFER, O., 8972, 8976, 18832, 18835
KIERKEGAARD, S., 587
KILIAN, R., 1543, 2951, 2969, 2972, 2984,
    2988, 2991, 2997, 3442, 3459, 4033, 5084,
    14882, 15413, 15433, 16827, 17345, 17434
KILMARTIN, E. J., 8770, 8864, 8865, 9133,
    10661, 12274, 14812, 14818, 15968, 15970,
    16047, 17621
KING, P. A., 6588
KIPPER, B., 2653, 18137
KIRKBRIDE, D., 1575, 20824
KISSANE, E. J., 1733, 3648, 3725, 4329, 5110,
    5127, 5241
KISTER, D. A., 2400, 3426, 3476
KITTER, P., 10022, 11954
KLASSEN, W., 11958, 21103
KLAUS, A., 6419, 14636
KLEBER, A., 3972
KLEIN, F., 6792, 8057
KLEINHANS, A., 812, 3736
KLEIST, J. A., 2166, 3783, 6016, 6463, 6464,
    6499, 6852, 7132, 7531, 16050, 17648
KLOS, H., 8566, 14245, 15950, 19162, 20243
KNACKSTEDT, J., 6973, 6979, 7446, 7465,
    8874, 15828, 18519
KNELLER, C. A., 3849, 19346
KNOCH, O., 2160, 15635
KNOX, R. A., 313, 2167, 2173, 2613
KÖBERT, R., 2539, 2543, 3975, 4085, 4088,
    4134, 5487, 7752, 7820, 8928, 8998
KOCH, A., 2939
KOCH, L., 6902, 18896
KOCH, R., 5046, 5131, 5226, 5275, 6039, 6737,
    7681, 9803, 9822, 15519, 15720, 15754,
    19975
KODELL, J., 7698, 8196, 19240, 19243

KOENEN, L., 336
KOFFMAHN, E., 876, 1585, 1688, 2489
KÖNIG, E., 3963
KÖNIG, F., 1477, 5517, 19708
KOOCK, W., 2912, 9082
KOPP, C., 64, 675, 3446, 3447, 9393, 15893
KOPP, T., 18035
KÖPPEL, R., 52, 85, 111, 113, 114, 115, 116,
    117, 170, 190, 2692, 14677
KORNFELD, W., 1134, 5302, 13646, 14808,
    17502, 18658, 21039
KOSNETTER, J., 10476
KOSTER, M. D., 20921
KOSTER, W., 9899, 17923
KOSTERS, L., 10506, 19249
KOTHES, H., 13882
KRAHMALKOV, C., 4036
KRAMER, M., 6610, 6627, 8160
KRAUS, J., 6060, 16763
KREDEL, E. M., 14022
KREMER, J., 9969, 9973, 10701, 10702, 11226,
    12148, 12153, 12757, 12922, 12928, 13242,
    13243, 17258, 18594, 19777, 19809
KRINETZKI, L., 3983, 4049, 4103, 4111, 4333,
    4562, 5251, 9732, 11124, 11130, 13782,
    17360, 20515
KRINJAR, A., 17805
KROL, E., 9596, 20274
KROON, J., 4375, 4380, 4381, 4404, 4405, 4406
KRSZYNA, H., 5513
KRÜGER, P., 16551
KRUMHOLTZ, R., 957, 2025
KRUSE, G., 11008
KRUSE, H., 908, 2298, 2567, 4105, 4304, 4484,
    4896, 5105, 6808, 8070, 9188, 11139,
    11140, 13716, 16257, 16574, 17239, 17510,
    18389, 18994, 20638
KSELMAN, J. S., 5385
KUGELMANN, R., 7208, 9050, 10620, 10667,
    13722
KÜMMEL, W. G., 7641
KUMPS, M., 15441
KÜNG, H., 9787, 14416
KUNZ, L., 3954, 4233
KURZINGER, J., 6171, 6538, 6720, 9716,
    10356, 10363, 10405
KUSS, O., 49, 729, 776, 777, 1320, 2108, 2125,
    5899, 6084, 6090, 6095, 6390, 6420, 6471,
    6790, 6953, 7422, 7520, 8069, 8100, 8106,
    9630, 9654, 9837, 9840, 9886, 10029,
    10032, 10162, 10248, 10350, 11457, 11497,
    11502, 11646, 12302, 12742, 13913, 14200,

14201, 14209, 14210, 14784, 15206, 15233, 15836, 15882, 16342, 16353, 16615, 17366, 17374, 18001, 18192, 18247, 18254, 18438, 18494, 19502, 19508, 21035

KUTSCH, E., 13783

KYSAR, R., 8664, 14751

LE FROIS, B. J., 1568, 1875, 4655, 8681, 8807, 11880, 12021, 15553, 17577, 17612, 17686, 17687, 18713

L'HOUR, J., 2605, 3096, 3165, 3226, 3253, 3269, 3270, 3272, 3308, 13727, 13759, 13868, 14327, 14328, 14517, 14830, 15393, 16653, 16912, 17346, 17347, 17351, 17487, 17488, 18210, 20886, 20887

LA BONNARDIÈRE, A.-M., 467, 4581, 6815, 6982, 11071, 11645, 11834

LA CAVA, F., 5971

LABOURDETTE, M. M., 2185, 2833, 16677, 18961, 18996

LACAN, M.-F., 2094, 2804, 3628, 3707, 3860, 3865, 4360, 4363, 4425, 4499, 4585, 4614, 4660, 4663, 4878, 6411, 6454, 7235, 8638, 8668, 9734, 9989, 10400, 10692, 10905, 10910, 10936, 10944, 11617, 11654, 13307, 14595, 14596, 14706, 15344, 15674, 15676, 16355, 16559, 16718, 17299, 17308, 17676, 17778, 19332, 19354, 19359, 19365, 20055, 20323, 20360, 20407, 20465, 20754, 20829

LACAN, P., 20351

LACH, S., 11514

LACHENSCHMID, R., 11383, 13519

LACK, R., 18409

LACONI, M., 8391, 8396, 11141

LACONO, V., 6522, 8805, 9422

LAFLAMME, R., 18069, 18739

LAFON, G., 5421, 12710, 19035

LAFONT, D. G., 10327, 10482, 12093, 13628, 19053

LAFONT, G., 10293, 10325, 10484, 20486, 20489

LAFONTAINE, R., 7473

LAFRANCE, J. M., 5598, 14550

LAGRANGE, M.-J., 1076, 3032, 3896, 4892, 5664, 5666, 5680, 5681, 5687, 5695, 5877, 6010, 6438, 6484, 6486, 6550, 7293, 7644, 7824, 8341, 8425, 9230, 9557, 9559, 9696, 10158, 11919, 12381, 12847, 13816, 13817, 16400, 16571, 17804

LAJEUNIE, E.-M., 16427

LAKE, G. and S., 6489

LALAND, E., 8043

LALLEMENT, D., 12453

LAMALLE, E., 12529

LAMARCHE, P., 2593, 5567, 5571, 6032, 6412,

6844, 6854, 7216, 7217, 7334, 7366, 7382, 7427, 7430, 7586, 7895, 7978, 8264, 8645, 8649, 9116, 9735, 9736, 10993, 11127, 11134, 11204, 11212, 11506, 12486, 13520, 14610, 16241, 16373, 16374, 16743, 17846, 18482, 21092

LAMBERT, G., 455, 1348, 1628, 1644, 1692, 2790, 2936, 3297, 3615, 4912, 5617, 6924, 6996, 7025, 13477, 13683, 13931, 14699, 14702, 14904, 17081, 18395, 18963, 20583, 20629

LAMBRECHT, J., 7516, 7548, 7549, 7550, 7551, 8219, 12514, 12566, 15540, 15544, 16293, 16585, 17025, 19211, 20840

LAMERIGTS, S., 1726

LAMMERS, K., 6051, 6576, 7323, 7688, 8524, 9287, 9843, 11370, 11548, 11828, 11959, 16447

LANCELLOTTI, A., 11905

LANDGRAF, A., 318, 9558, 9566, 9568

LANGEMEYER, B., 2073

LANGER, W., 306, 1489

LANGEVIN, P.-É., 1915, 1927, 2956, 3448, 4797, 5351, 5425, 5947, 6043, 6052, 6339, 9691, 10077, 10119, 10336, 10443, 10549, 10741, 10877, 11284, 11285, 11309, 12073, 12488, 13365, 13370, 14223, 14508, 14556, 14606, 14836, 15581, 16581, 16586, 16658, 17097, 17098, 17147, 17945, 18080, 18261, 18417, 18592, 18885, 19769, 19783, 20617, 20618, 21167

LANGKAMMER, H., 5338, 8647, 8663, 9145, 11220, 11560, 12338, 12649, 12876, 14741, 16601, 18687, 21270

LANGLAMET, F., 3119, 3290, 3384, 20027

LANNE, D. E., 9986, 20459

LANZA DEL VASTO, 8155

LAPERROUSAZ, E.-M., 1849

LAPOINTE, R., 778, 14994, 18768, 19835, 19969

LAPP, P. W., 201

LARCHER, C., 1072, 1740, 1896, 2306, 2557, 3634, 3652, 4591, 4611, 4632, 5901, 5998, 6112, 9884, 12440, 12508, 12676, 13396, 14150, 14543, 14544, 14723, 15038, 15724, 16286, 16313, 16468, 16781, 17425, 17943, 18233, 18672, 19468, 19717, 19833, 19839, 19856, 20671, 20855

LARGEMENT, R., 162, 1549, 1573, 3186, 14905, 16185, 17093, 17479

LARN, N., 15881

LARNICOL, C., 2721, 18756, 19857, 19878

LARRAÑAGA, V., 507, 1330, 9214, 9324, 9326, 10179, 11109, 12238, 14098, 14100, 15964, 17212

LARROCHE, É., 8161, 12837

LARUE, G. A., 149

LASH, N., 15801, 19187

LATOURELLE, R., 1379, 1380, 1381, 1382,
    2308, 6120, 6382, 8593, 9319, 9975, 11549,
    16632, 16649, 16793, 16796, 18066, 18731,
    19843, 19893, 19895, 19898, 19914, 19915,
    19916, 19917, 19946, 19954, 19967, 20397,
    20717, 20718, 20978

LATTANZI, H., 7168, 7552, 8220, 10998,
    11122, 11210, 15545

LATTANZIO, G., 10311

LATTEY, C., 40, 786, 843, 846, 1349, 2861,
    4592, 4886, 5081, 5087, 5096, 5109, 5292,
    5353, 5659, 6746, 6836, 7066, 7101, 7177,
    7221, 7514, 7563, 7589, 7742, 8191, 8232,
    8262, 8311, 8910, 9045, 9117, 9702, 9793,
    10196, 10789, 11427, 12131, 12183, 12883,
    12902, 13016, 14646, 14647, 15309, 15426,
    15427, 15728, 16189, 16491, 16524, 16844,
    17003, 17072, 17512, 17594, 18922, 19166

LAURENT, Y., 2781

LAURENTIN, A., 9100, 9101, 12551

LAURENTIN, R., 2151, 4895, 7665, 7666,
    7703, 7704, 7846, 12400, 12469, 15874,
    16172, 16278, 17599, 17603, 17671, 17712,
    17726, 17751, 17759, 17900, 18595

LAUZIÈRE, M.-E., 1490

LAVAUD, M.-B., 9608, 14612, 15590, 16489,
    16490, 16522, 16523, 18127

LAVERDIÈRE, E. A., 2143, 13743

LAVERGNE, C., 6010, 6011, 11230, 17066

LAVOCAT, R., 2715, 19299

LAWRENCE, E., 570

LAWSON, W., 19784

LAZARE, M., 743

LAZURE, N., 8591, 9027, 11827, 11836, 11842,
    13844, 14405, 14561, 15681, 15780, 16390,
    17382, 19070, 21119

LE BLOND, J.-M., 18442

LE COCK, J., 19215

LE DÉAUT, R., 405, 1020, 1025, 1052, 1069,
    1073, 1143, 2967, 2994, 3069, 3180, 3292,
    5799, 5806, 5853, 5858, 5859, 5870, 7044,
    7112, 9405, 9994, 10787, 10935, 11628,
    11640, 11739, 13587, 13738, 14488, 14729,
    15471, 16089, 16095, 16824, 17791, 17959,
    18170, 18434, 18435, 18565, 18566, 18609,
    18614, 19182, 20473

LE GRELLE, G., 11227

LE GUILLOU, M.-J., 15257, 18740, 20303

LE MOYNE, J., 1014, 4884, 5795, 19246

LEAHY, D., 7204, 17327, 17995

LEAHY, L., 20413

LEAHY, M., 3557, 4496, 4850, 14963

LEAL, J., 65, 2012, 5776, 6196, 6229, 6861,
    7245, 7252, 7309, 7649, 7975, 8346, 8353,
    8355, 8418, 8429, 8432, 8517, 8551, 8552,
    8711, 8777, 8857, 8891, 8968, 8975, 8985,
    9041, 9061, 9142, 9143, 9212, 9894, 10531,
    10623, 10723, 10856, 10897, 10972, 11231,
    11272, 11325, 12137, 12227, 12261, 12561,
    12968, 13656, 14397, 15768, 15933, 17625,
    17629, 17661, 18504, 18817, 20522, 20707,
    21140, 21148, 21251, 21284

LEANZA, S., 8913

LEBRETON, J., 6091, 6092, 6096, 6104, 6217,
    6701, 6702, 6715, 6793, 6984, 7131, 7398,
    7438, 7476, 7509, 7535, 7727, 7948, 7984,
    8139, 8156, 8168, 8211, 8799, 8873, 8879,
    8925, 8932, 8953, 8966, 8986, 9012, 9016,
    9056, 9060, 9088, 9609, 12110, 12136,
    12162, 12163, 12180, 12181, 12239, 12291,
    12362, 12367, 12386, 12420, 12421, 12455,
    12456, 12460, 12494, 12495, 12538, 12639,
    12699, 12713, 12717, 12733, 12734, 12773,
    12821, 12833, 12852, 12953, 12956, 12990,
    13004, 13006, 13015, 13036, 13081, 13104,
    13163, 13164, 13259, 13402, 13403, 13426,
    13461, 13465, 13466, 13467, 13495, 13641,
    13821, 14001, 14008, 14234, 14310, 14331,
    14435, 14573, 14579, 14642, 14789, 15015,
    15025, 15598, 15921, 15954, 16018, 16306,
    16404, 16948, 17107, 17384, 17420, 17630,
    17684, 17926, 17956, 18789, 18813, 18841,
    19020, 19071, 19165, 19195, 19371, 19375,
    19376, 19528, 19646, 19647, 19706, 19862,
    19970, 20034, 20035, 20561, 20996, 21032,
    21172, 21212

LECAT, J., 15072, 20111

LECHNER, R. F., 18426

LECLERCQ, J., 490, 567, 577, 1095, 5011,
    5076, 5398, 5430, 5504, 12160, 12429,
    13090, 14154, 15030, 15032, 15330, 16630,
    17045, 17391, 19136, 19445, 19485, 20737,
    21049, 21262

LECONTE, R., 15, 5786, 11651, 11662, 11703,
    11715, 11868, 11869, 11873

LÉCUYER, J., 1148, 2678, 11639, 12188,
    12295, 13072, 13575, 14119, 14280, 15126,
    15239, 15261, 15453, 15791, 15855, 16089,
    17082, 17331, 17775, 18763, 19169, 19170,
    19175, 20189, 20223

LEDOGAR, R. J., 2204

LEDRUS, M., 15809

LEE, G. M., 5989, 7805, 9466, 9484

LEEMING, B., 6765, 7084, 15362, 17532

LEFEBVRE, G., 7777, 8937, 9055, 11146,
    11839, 12120, 12813, 12969, 14444, 14774,
    18443

LEFEBVRE, M., 3534

LINDER, J., 4928, 5086, 5112, 5150

LINTON, O., 5771

LIPINSKI, E., 2940, 2948, 3337, 3720, 3747,
    3779, 3840, 3870, 4037, 4108, 4182, 4234,
    4240, 4284, 5067, 15927, 16600, 18520,
    18769, 19161, 19904, 20005, 20017, 20019,
    20271, 20550, 20885, 20889

LIPPERT, P., 11371, 12774, 16749, 20787,
    21197

LITTLE, P., 14159, 14813

LIVER, J., 2330

LLAMAS, J., 3033

LLAMAS SIMON, J., 5675

LO GIUDICE, C., 1591, 4915, 8510, 10860,
    12235, 14002, 16379

LOBEZ, P., 616, 617, 1694, 9256, 10087, 18925

LOCHET, L., 10917, 11069, 13644, 13932,
    14011, 14469, 15245, 15303, 15345, 15864,
    17672, 18185, 18929, 19419, 19432, 19433,
    20167, 21090, 21178

LODRIOOR, J., 20939

LOEHR, E., 21242

LOENERTZ, R., 11911

LOERSCH, S., 745, 3274, 20907

LOEWENSTAMM, S., 3111

LOFFREDA, S., 138, 140, 2529, 3717

LOHFINK, G., 6248, 9369, 9415, 9417, 9421,
    9495, 9496, 9505, 9507, 10116, 10117,
    12315, 12789, 13245, 14107, 14477, 16666,
    18935, 21096

LOHFINK, N., 527, 531, 741, 746, 896, 900,
    901, 980, 1317, 1321, 1513, 1923, 1928,
    1929, 2382, 2417, 2743, 2802, 2838, 2973,
    2979, 3052, 3074, 3078, 3204, 3221, 3222,
    3223, 3224, 3235, 3250, 3256, 3376, 3463,
    4041, 4160, 5116, 5441, 5515, 5519, 6265,
    12786, 13728, 13739, 13765, 13775, 13845,
    13877, 13878, 14455, 14456, 14742, 14886,
    14889, 15496, 16566, 16602, 16650, 16917,
    17301, 17350, 17355, 17430, 18036, 18100,
    18229, 18886, 18887, 19476, 20138, 20888

LOHR, C., 6539, 6540, 20915, 20922

LOHSE, E., 11236

LOHY, A., 4254

LOI, V., 1511

LOMBAERTS, H., 301, 13223

LOMBARDI, R., 12454

LONG, B. O., 809, 3279

LOOF, A., 11142

LORETZ, O., 897, 1003, 2052, 2466, 2517,
    2523, 2531, 2535, 2732, 2916, 2983, 3365,
    3378, 3405, 3662, 4238, 4504, 4551, 4560,
    4966, 5025, 5455, 5546, 6286, 13879,
    14670, 14746, 18362, 19122, 20012

LORTZ, J., 10514

LORTZING, J., 8734, 12016

LOSADA ESPINOSA, J., 15642, 18367

LOSS, N. M., 2503, 3090, 3154, 3155, 3156,
    3157, 3166, 3244, 13766, 19016, 20265,
    20726

LOTZ, J. B., 8990

LOUF, A., 2067, 14349, 19602

LOUVEL, F., 555, 578, 1111, 4151, 6391,
    13819, 14044, 18267, 19127, 19450, 20783

LÖVESTAM, E., 7568, 18437

LUBIENSKA DE LENVAL, H., 247, 248, 258,
    267, 273, 583, 683, 1104, 1119, 1120,
    3137, 3139, 3868, 16024, 16087, 16730,
    19679

LUBSCZYK, H., 3654, 4342

LUCIANI, F., 67, 90, 103, 137, 145, 385

LUCIEN-MARIE DE S. JOSEPH, 4579

LUCKART, R., 6920

LUDWIG, J., 6992, 7012, 15192

LUIS SUAREZ, P., 11648

LUKE à B., 3018

LUKE, K., 3000, 4344

LUMBRERAS, P., 14877

LUNEAU, A., 18156

LUSSEAU, H., 911

LUSSIER, E., 832, 2706, 3955, 3976, 3982,
    3986, 3996, 4001, 4004, 4010, 4024, 4048,
    4055, 6754, 13626, 18793, 19543

LUST, J., 4964, 4999

LUTKEMEYER, L. J., 9076, 15766

LUX, U., 153

LUYKX, B., 15331

LUYTEN, J., 3775

LUZ, U., 12606, 16703, 16744

LUZARRAGA, J., 7611

LYNCH, C. H., 5004

LYNCH, K., 17473

LYONNET, S., 30, 448, 1049, 1483, 1916, 2080,
    2084, 2241, 2270, 2835, 3162, 4619, 5774,
    5881, 5963, 6006, 6063, 6073, 6485, 6488,
    6509, 6664, 6687, 7728, 7745, 7874, 9526,
    9600, 9601, 9845, 9863, 9864, 9871, 9878,
    9907, 9956, 9958, 9966, 10001, 10037,
    10152, 10153, 10161, 10163, 10169, 10174,
    10180, 10182, 10195, 10227, 10230, 10231,
    10237, 10243, 10255, 10257, 10258, 10262,
    10266, 10269, 10270, 10272, 10273, 10280,
    10310, 10312, 10313, 10316, 10317, 10318,
    10320, 10323, 10324, 10353, 10362, 10364,
    10368, 10374, 10393, 10424, 10429, 10438,
    10439, 10457, 10511, 10516, 10697, 10793,
    10822, 10848, 10855, 10865, 10963, 10999,

11025, 11085, 11187, 11223, 11240, 11376,
11428, 11794, 13194, 13205, 13268, 13326,
13407, 13900, 13917, 14478, 14663, 14921,
15053, 15254, 15338, 15843, 16110, 16111,
16118, 16340, 16361, 16362, 16533, 16892,
16913, 17135, 17175, 17176, 17177, 17183,
17189, 17194, 17221, 17223, 17224, 17276,
17295, 17370, 17376, 17410, 17416, 17426,
17653, 17774, 18190, 18249, 18487, 18969,
18973, 19025, 19029, 19048, 19050, 19054,
19081, 19086, 19088, 19100, 19110, 19126,
19302, 19343, 19394, 19586, 19593, 19594,
19595, 19600, 19603, 19604, 19605, 19606,
19620, 19629, 19637, 19739, 19983, 20305,
20461, 20466, 20477, 20484, 20487, 20497,
20504, 20516, 20585

MacDONALD, J. R., 14426

MacDONALD, R. F., 12224

MacKENZIE, R. A. F., 619, 958, 2081, 2396,
2676, 3036, 3200, 3267, 3709, 4418, 13565,
14821, 16325, 16634, 17340, 17348, 17862

MacRAE, G. W., 4792, 5593, 6083, 8275,
8600, 12221, 15965, 18640, 19499, 20772

McALEAR, R., 1939

McARTHUR, H. K., 5669, 12320, 12601

McBRIDE, A., 3880

McCARTHY, D. J., 853, 976, 2483, 2602,
2989, 2998, 3008, 3059, 3934, 4740, 4799,
6511, 13596, 13751, 13760, 13811, 14743,
14991, 15014, 16238, 16330, 16907, 18173,
19469

McCLELLAN, W. H., 129, 174, 2761, 2815,
2932, 3897, 3980, 3984, 3987, 3998, 4000,
4003, 4007, 4009, 4015, 4017, 4018, 4023,
4050, 4054, 4061, 4062, 4066, 4067, 4068,
4073, 4074, 4075, 4077, 4086, 4087, 4090,
4091, 4107, 4113, 4114, 4115, 4119, 4137,
4138, 4139, 4140, 4142, 4143, 4144, 4146,
4148, 4149, 4150, 4152, 4153, 4154, 4155,
4156, 4157, 4161, 4166, 4167, 4168, 4169,
4170, 4171, 4172, 4173, 4174, 4175, 4192,
4194, 4195, 4196, 4207, 4208, 4211, 4212,
4213, 4216, 4219, 4224, 4232, 4243, 4252,
4253, 4255, 4256, 4257, 4260, 4261, 4262,
4266, 4272, 4273, 4274, 4278, 4279, 4290,
4293, 4294, 4295, 4298, 4301, 4302, 4303,
4310, 4312, 4315, 4317, 4318, 4321, 4322,
4336, 4341, 4349, 4354, 4355, 4356, 4370,
4374, 4376, 4377, 4382, 4383, 4388, 4395,
4396, 4397, 4398, 4399, 4403, 4408, 4409,
4414, 4420, 12769, 13153, 14894, 15695,
16069, 16552, 18634

McCONNELL, J. F., 16019

McCOOL, F., 289, 6238, 6245, 6508

McDANIEL, T. F., 5463

McDERMOTT, E., 1608

McDONALD, J., 5933, 6242, 20916

McDONNELL, K., 2552, 20934

McEVENUE, S., 3182

McEVOY, J., 15621, 20077

McGARRIGLE, F. J., 15445, 15461, 16194,
17749, 20990

McGARRY, C., 1144, 15985

McGARRY, W. J., 10596, 10629, 10737, 19526

McGINLEY, L., 6180, 6183, 6219, 6350,
12695, 12697, 12698, 18043

McGLYNN, F. M., 7467

McGOVERN, J. J., 2625, 7067, 10688, 15132,
19341

McGRATH, B., 10023, 10145

McGRATH, J. J., 1842

McHUGH, J., 10589, 17794

McIVER, E., 5082, 9996, 10304, 20480

McKAY, H., 2302, 3419

McKENZIE, J. L., 345, 347, 801, 808, 851,
950, 970, 1876, 1930, 2047, 2303, 2311,
2592, 2688, 2796, 2803, 2985, 2990, 3013,
3320, 3355, 3625, 3765, 5210, 5533, 5831,
5838, 5938, 6058, 6136, 6457, 8729, 12482,
12511, 12681, 12886, 12891, 13293, 13399,
13810, 13944, 14162, 14303, 14935, 14956,
14966, 15010, 15054, 15057, 15347, 15626,
15639, 15871, 16043, 16220, 16248, 16249,
16250, 16263, 16266, 16413, 16616, 16724,
16822, 16840, 17137, 17875, 17935, 18255,
18335, 18371, 18388, 18670, 18854, 19099,
19355, 19440, 19516, 19732, 19882, 19999,
20020, 20258, 20321, 20517, 20677, 21087,
21102

McLOUGHLIN, S., 6342

McNABB, V., 9693, 12287

McNALLY, R. E., 497, 1141, 1319, 2284,
18701

McNAMARA, E. A., 7457, 7810, 18449

McNAMARA, K., 10440, 15837, 19960

McNAMARA, M., 802, 877, 1068, 1164, 3248,
4863, 4940, 5103, 5860, 5862, 5951, 5953,
6022, 6337, 6753, 6782, 6831, 7162, 7417,
7932, 8086, 9007, 10784, 11344, 11392,
11404, 11438, 11798, 11906, 11941, 11967,
11971, 11995, 12032, 12040, 12054, 12061,
12556, 13533, 14108, 14352, 14845, 16825,
17960, 18415, 20191

McNASPY, C. J., 13379, 20695

McPOLIN, J., 548, 8597, 8885, 15230, 18124

McREYNOLDS, P. R., 7624

MAAS-EWERD, T., 291, 1471, 8172, 15605

MACKE, C., 2612, 6223, 13684, 16211, 16937,
18816, 20730

MACKLOET, S., 2910, 2950, 21203

MACQUARDT, G., 1434

MADER, A. E., 155, 191, 3444

MADOZ, J., 2864

MAERTENS, T., 250, 1013, 1596, 1598, 2750, 2788, 4368, 4682, 5552, 6476, 7702, 8494, 8825, 8950, 8989, 9349, 11252, 13897, 14117, 15067, 15068, 15718, 15792, 15816, 15817, 16181, 16815, 17006, 18506, 18564, 18959, 19178, 20106, 20881, 21149

MAGGIONI, B., 4045, 7027, 18070

MAGNE, J., 4125, 4267, 6798

MAHONEY, A., 6769, 7090, 7592, 9114, 15098

MAIA, M.-D., 17589

MAILHET, J., 13382

MAILLOT, A., 295, 2914, 4121, 4281, 4391, 4485, 10166, 18382, 20558

MAINBERGER, G., 15637, 18348

MAIO, E., 6327

MAIWORM, J., 7251, 9174, 13888, 17470

MALAMAT, A., 862, 3347, 16099

MALATESTA, E., 8338, 18757

MALEVEZ, L., 520, 541, 780, 1496, 6030, 6287, 6462, 12304, 12518, 12519, 12597, 16420, 16421, 16448, 16451, 17263, 20512

MALINA, B., 2840, 5868, 9951, 10307, 19095

MALLIA, P., 12754, 13219

MALLON, A., 3125

MALLY, E., 9068, 19114

MALO, A.-M., 800

MALY, E., 4501, 14133, 15654

MALY, E. H., 2957, 3343, 4738, 17825, 20013

MALY, K., 10078, 10525, 10566, 10625, 10669, 10675, 14417

MANARANCHE, A., 1383, 19918

MANCERO, V., 9459, 10886

MANCINI, I., 806

MANGAN, E. A., 2903, 9624, 12135

MANNING, E., 18431

MANNUCCI, V., 8812, 9004, 13850, 16396, 18497

MANTEAU-BONAMY, H.-M., 17685

MANTHEY, F., 2263

MARAZUELA, T. A., 2226, 2227, 2346

MARC DE CASTELLVI, 13463

MARCHAL, L., 1289, 3477, 6991, 7643, 9191

MARCHEL, W., 19398, 19730, 19829

MARCHI, J., 7175, 8182

MARCONCINI, B., 770, 6213

MARCOZZI, V., 2701

MARGARET DE JÉSUS, Sr, 1149, 1982, 20554

MARGARET MARY, Sr., 243

MARGULIS, B., 4046, 4311

MARIANI, B., 3611, 5188, 9999, 10298, 13630, 19055, 19298, 20651

MARIE CHRISTILLA, Sr, 283, 284, 14383, 15992, 17754, 18603

MARIE DE LA TRINITÉ, Sr, 4786, 17132, 20425

MARIE-PAUL DU CHRIST, 3703, 17037, 18224

MARIÈS, L., 6492

MARIN, F., 13291

MARIN, L., 9425

MARITAIN, R., 2670, 13548, 14563

MARLÉ, R., 47, 48, 537, 540, 544, 721, 747, 771, 781, 5775, 6234, 6239, 12571, 12598, 13190, 15346, 16412, 18319, 18323, 18329, 18336, 18338, 18357, 18727, 18742, 19731

MARLING, J. M., 9756, 14632

MARLOW, R., 12512, 16302

MARMARDJI, A.-S., 660

MARON, E., 2273

MARRANZINI, A., 526, 2103

MARROW, S., 5365, 8483, 9184, 15228, 21235

MARSH, J., 2275

MARTELET, G., 10637, 10641, 13032

MARTIN, D. W., 10567, 15729

MARTIN, F., 9844

MARTIN, M., 1530, 1836

MARTIN, T. O., 18532

MARTIN-ACHARD, R., 3869, 17483, 18272

MARTIN SANCHEZ, B., 33

MARTINDALE, C. C., 7786, 7796, 7833, 8607, 13459, 14759, 16954, 19137, 21183

MARTINEZ, E. R., 2532, 7055, 15078

MARTINEZ, J. C., 15842, 19701

MARTINI, C. M., 1004, 1384, 1604, 5708, 5709, 5710, 5711, 6249, 7246, 7475, 9291, 9323, 9371, 10800, 12154, 12176, 13481, 17250, 19310, 19919, 21127

MARX, M. J., 1115, 2894, 12072, 14127, 14156, 14768, 15119, 15402, 15599, 17446, 18636

MARY ALOYSIA, Sr., 14500

MARY PHILIP, Sr., 18502

MARZAL, A., 2525

MASSART, A., 17479

MASSAUX, É., 5694, 5702, 6529, 6530, 11799

MASSI, P., 5194, 12265, 20661, 20680

MASURE, E., 12382, 13494, 17793, 20275

MATAGRIN, M., 245

MATANIC, A., 8044

MATHIEU, J.-P., 4447, 4454

MATTILL, A. J. et 9204

MATTILL, M. B., 9204

MATTIOLI, A., 5055, 5057

MATULICK, S., 6569

MAURICE-DENIS, N., 12666

MAUX, M. J., 18243

MAY, E., 7271, 7915, 18660

MAYDIEU, J.-L., 8553

MAYER, H., 20841

MAYER, J. E., 298, 1341

MAYER, R., 1562, 2591, 3578, 4936, 14968,
    15489, 17140, 18201, 18406, 19012, 19993,
    20418

MAYR, I., 6958, 8110, 21210

MAZARS, P., 2496

MÉDEBIELLE, A., 3371, 3428, 3507, 6895,
    7003, 8659, 10968, 11089, 11192, 11466,
    13991, 15306, 16102, 16424, 20246

MEES, M., 8871

MEEÛS, M.-B., 19496, 21268

MEGIVERN, J., 6816

MEHLMANN, J., 4923, 8634, 8923, 8943,
    13378, 13940, 15890

MEINERTZ, M., 5790, 5844, 6072, 6076, 6127,
    6427, 6795, 7170, 7183, 7557, 8097, 8112,
    8581, 11117, 16415, 18433, 18481, 19245,
    20793, 21091

MEJIA, J., 1734, 2478, 3606, 5091

MELCHIORRE DE S. MARIA, 9572

MELHMANN, J., 10451, 11029

MELI, A., 17868, 17870

MÉLIA, E., 743

MELIS, J., 9551

MELLET, M., 16120, 18499, 5616,

MÉNARD, J.-E., 470, 5587, 5599, 5603, 5604,
    5605, 5608, 5609, 5610, 5612, 5614, 5615,
    5616, 8914, 9273, 9309, 9379, 9413, 9738,
    13309, 13393, 14557, 16225, 16548, 17936,
    18428, 18995, 20353, 20652, 20662

MÉNARD, P., 6008

MENDOZA RUIZ, F., 12268

MENNESSIER, A.-I., 14572, 15106

MENOUD, P. H., 8164, 10230, 16362, 20487

MERCATI, G., 319, 2208, 2211, 2253, 2349,
    2353, 3251, 3738, 18385

MERCURIO, R., 13387, 14253, 14259, 19149

MERK, A., 2206, 2244, 5683, 5690, 8404,
    15807

MERLI, D., 3411, 7327, 8991, 14752, 16178,
    16584, 18092, 19810

MERSCH, E., 13079, 14634, 14641

MERTENS, A., 878

MERTON, T., 3853, 3857, 13199, 17463, 17714,
    18421, 18422, 18586, 19348, 20611

MESSINA, G., 2250, 2254, 2255, 2538, 6651,
    17973

METLEN, M., 2228, 6490

METZ, J. B., 8958, 9042

METZGER, B. M., 5661, 5696, 5707, 9527,
    13521

METZGER, K., 15727

METZINGER, A., 1746, 2575, 20249

MEYER, B. F., 5939, 7823, 7851, 9283, 15348,
    19156

MEYER, H. B., 1150, 1154

MEYSING, J., 1520, 1531, 2384, 3981, 5863,
    6288, 14910

MEZZACASA, I., 10655, 13948

MICHAEL, P., 8424

MICHAELS, J. R., 7240

MICHALON, P., 12543, 14652, 15299, 16315,
    17631, 18787, 21080

MICHAUD, J.-P., 8761, 14364

MICHAUX, A., 260, 17799, 19111

MICHAUX, J. W., 7290

MICHAUX, W., 3441, 4314, 7278, 9243, 15407,
    15416

MICHEL, A., 1014, 1315, 1371, 5795, 9080,
    12682, 13340, 15356, 16185, 17161, 18798,
    18983, 18984, 19246, 19942

MICHIELS, R., 7686, 14604

MICHL, J., 1559, 2120, 3006, 5073, 8749, 8778,
    9030, 10581, 11221, 11470, 11661, 11714,
    11872, 11951, 12007, 12028, 12784, 13951,
    14360, 16163, 18645, 19544

MICOUD, A. M., 1435

MIGUENS, M., 419, 5728, 7541, 7804, 9458,
    11338, 11747, 12987, 13943, 19627

MIKLIK, J., 2828

MILIK, J. T., 146, 159, 359, 361, 403, 1544,
    1622, 1623, 1626, 1629, 1631, 1638, 1645,
    1648, 1650, 1653, 1671, 1729, 1766, 1811,
    1813, 1832, 2294, 2455, 2540, 2964, 3533,
    3678, 14834, 16593

MILLAS, J. M., 135

MILLER, A., 1414, 1962, 3764, 3815, 3816,
    3817, 3845, 4491, 16838, 17854

MILLER, C. H., 2504, 17587

MILLER, J. A., 15432

MILLER, J.-H., 1116

MILLER, J. M., 863

MILLER, P. D., 16197, 18353

MILWARD, P., 7005, 7014, 19267, 19269

MINC, R., 15441

MINEAR, P. S., 7699, 10638, 15919, 15928
MINETTE DE TILLESSE, G., 748, 5756,
    7325, 7553, 12492, 12516, 12684, 14927,
    15083, 15546, 16902, 17914
MING, R., 3368
MIQUEL, P., 7041, 7487, 7996, 16745
MIQUEL ROSELI, F. J., 322
MIRIAM, V., 1130
MITCHELL, G., 6999, 19259, 20932
MITCHELL, T. A., 13400, 20690
MITTELSTEDT, F., 287
MIZZI, G., 11500
MIZZI, J., 6154
MOCSY, E., 10914, 13598, 17213
MODDER, H., 9155
MOEHLER, J. A., 19163
MOELLER, C., 45, 16686
MOGENET, H., 17533, 21243
MOINGT, J., 471, 6770, 6840, 7091, 7371,
    7971, 15099, 18037, 20236
MOLERO, F. R., 11813
MOLIN, G., 7760
MOLITOR, J., 5705, 6976, 7330, 8094, 13236,
    14608, 15584, 20449, 21169
MOLLAT, D., 3143, 6379, 8326, 8337, 8344,
    8352, 8460, 8464, 8468, 8512, 8530, 8616,
    8821, 8858, 8941, 8951, 8978, 9118, 9166,
    9178, 9185, 9687, 9709, 11804, 11812,
    11904, 12149, 12157, 12396, 12549, 12844,
    12938, 12997, 13115, 14216, 14278, 14597,
    15785, 15936, 16382, 16503, 17118, 18126,
    18827, 18904, 19972, 20705, 21292
MOLLE, L., 12897
MOLLERFELD, J., 5440, 14342, 18106
MONDEN, L., 6113, 12704, 18060
MONDÉSERT, C., 426, 470, 8640, 12865,
    18724
MONDRONE, D., 7228
MONLOUBOU, L., 3382, 3425, 4741, 4743,
    4842, 4975
MONSEGU, B. G., 20948
MONTAGNINI, F., 34, 4215, 5077, 5106,
    5132, 5146, 5171, 7608, 10934, 11987,
    12033, 12084, 12086, 17309, 17378, 17836,
    17847, 19822
MONTAGUE, G. T., 6175, 9746, 9747, 11009,
    11035, 11043, 11157, 11203, 11291, 11310,
    11347, 14452, 14760, 15042, 16349
MONTEVECCHI, O., 8415
MONTY, V., 19001, 19002
MOOCK, W., 8736
MOONEY, C. F., 9785, 10986, 15176

MORALDI, L., 30, 5798, 6509, 15026, 16107,
    16113, 18848, 20264
MORAN, G., 19949, 20956
MORAN, J. W., 8656, 8854, 9703, 9859, 9925,
    10030, 10508, 11336, 12859, 13962, 15302,
    15929, 16335, 17215, 18291, 19260, 21083
MORAN, W. L., 389, 2467, 2518, 3027, 3102,
    3160, 3205, 3217, 3232, 3239, 3258, 4965,
    13723, 13840, 16580, 19501
MORANT, P., 11899
MOREAU, B., 9678, 14061
MORETTA, R., 7950
MORETTI, A., 18209, 18804
MORETTO, G., 9149
MORGAN, A., 2719
MORIARTY, F. L., 3505, 4725, 4793, 5200,
    13752, 15431, 15708, 16326, 20672
MORIZET, F., 249, 1450
MORLET, M., 8992, 13246, 19811
MORREALE DE CASTRO, M., 10254, 10365
MORRIS, P., 5693, 14898, 17592
MOSCATI, S., 58, 60, 357, 793, 2425, 2427,
    2439, 2440, 2443
MOST, W. G., 1517, 2106, 13767, 19623
MOTTE, J., 5906
MOTTE, R., 214, 19300
MOUBARAC, Y., 2977, 16829
MOULE, C. F. D., 5990
MOURLON BEERNAERT, P., 7473
MOUROUX, J., 9815, 11818, 15732
MOUSSEAU, O., 3133
MOWAN, O., 4263
MUEHLEN, H., 15838, 21057
MUELLER, H., 1057, 9851, 15644, 16695
MULDE, N., 14045, 20784
MULKA, A. L., 10938, 16357
MULLANEY, T. U., 17705, 21247
MÜLLER, K., 3518, 5114, 8954, 9809, 10561,
    14783
MUÑOZ IGLESIAS, S., 444, 615, 630, 1399,
    1931, 2229, 5363, 5366, 5368, 5414, 5548,
    5592, 5992, 6148, 6150, 6331, 6596, 6598,
    6599, 6601, 6648, 6658, 7034, 7706, 7707,
    7711, 7770, 7774, 13761, 17475, 17478,
    18623, 18837
MUÑOZ LEON, D., 1074, 3040, 8927
MURA, E., 14637, 15143
MURILLO, L., 5141, 13148, 19698
MURPHY, F. X., 6235, 19748
MURPHY, J., 986
MURPHY, J. L., 15266, 15269

MURPHY, R. E., 635, 1639, 1652, 1749, 1767, 1775, 1827, 1828, 1906, 1940, 2369, 2371, 2544, 2553, 2563, 2930, 3643, 3701, 3772, 4523, 4582, 4636, 5839, 10204, 12001, 14401, 16779, 17878, 20326, 20333

MURPHY, R. T., 1328, 5882, 8297, 20637

MURPHY-O'CONNOR, J., 1675, 1676, 1795, 9938, 9943, 10055, 11086, 14054, 14226, 14518, 15361, 16358, 17259, 18017, 18681, 19089, 19090, 19311, 19344, 20481, 20837, 21120

MURRAY, R., 239, 994, 11619, 12816, 15578, 18450

MURTAGH, J., 222, 3719, 8601, 19280

MUSCHALEK, G., 16639, 19896

MUSSNER, F., 538, 987, 1031, 1151, 1759, 1782, 1790, 2576, 3566, 5724, 5845, 5861, 5887, 6026, 6225, 6230, 6273, 6470, 6908, 6955, 7358, 7365, 7423, 7546, 7794, 7943, 8085, 8108, 8111, 8179, 8435, 8461, 8473, 8497, 8574, 8624, 9025, 9311, 9355, 9470, 9471, 10074, 10275, 10699, 10933, 10979, 10987, 11001, 11078, 11664, 11670, 11821, 11852, 12296, 12300, 12321, 12322, 12332, 12569, 12573, 12574, 12583, 12618, 12739, 13177, 13286, 13318, 13489, 13503, 13903, 14033, 14151, 14443, 14552, 14553, 15262, 15537, 15571, 15572, 15774, 15781, 16354, 16380, 16391, 16416, 16452, 16537, 16635, 17244, 17248, 17445, 17640, 18081, 18180, 18244, 18320, 19225, 19231, 19452, 19718, 19771, 20052, 20060, 20440, 20478, 20529, 20782, 20786, 20917, 21141

MUSURILLO, H., 5766, 7144

MUSZYNSKI, H., 3440

MYRE, A., 7328, 17918

NACAR, E., 2859, 4327, 5378

NACKE, C., 18503

NASTER, P., 1554

NAUMANN, P. S., 8448, 13904

NAVONE, J. J., 7694, 7720, 7884, 8595, 9673, 10059, 13420, 13907, 15804, 16521, 17067, 19448

NÉDONCELLE, M., 15633, 17249, 18339

NEENAN, W. B., 10301, 13126, 18976

NEHER-BERNHEIM, R., 13709, 15382, 16877

NEIRA, E., 6246, 12575, 18345

NEIRYNCK, F., 6206, 6343, 6345, 6384, 6562, 7336, 7499, 7555, 7710, 7836, 9739, 10694, 17908, 19345

NÉLIS, J., 10020, 18235, 21135

NELIS, J. T., 16065

NELLESSEN, E., 6609, 6643, 7717, 11465

NELLS, J. T., 3465

NELSON LYONS, W., 5658

NEMESHEGYI, P., 462, 14970

NEUFELD, K. H., 2274

NEUHÄUSLER, E., 10601, 13371, 14081, 15021, 15046, 17525, 21253, 21271

NÈVE, T., 1278

NEWMAN, J.-H., 8623, 19271

NEWTON, W. L., 2162, 2165

NICKELS, P., 5803, 5864

NICOLAS, J.-H., 6961, 8038, 12832, 12954, 13795, 14256, 15292, 15875, 16431, 18900, 19072, 19574

NICOLAS, M.-J., 16164, 17586, 17643, 17718, 17742, 19582

NICOLAU, M., 11473

NICOLUSSI, J., 10092

NICOTRA, G., 4537

NIEDER, L., 9909, 10334, 10594, 10942, 11294, 11306, 11345, 13602, 13885, 14468, 21250

NIELEN, J., 3822

NOBER, P., 1437, 1444, 1451, 1564, 2453, 3515, 4239, 4900

NOËL, P., 1452

NOELLER, C., 1462

NOJA, S., 17406

NOLAN, B. M., 15613, 18810

NOLLE, L., 7583, 7656, 7676, 7721, 8046, 12240, 12530, 13150, 17698

NOONAN, J. T., 6500, 13469

NOORDTZIJ, A., 3494

NORDHUES, P., 18472

NORMANDIN, R., 9812, 15663

NORRIS, F. B., 14042

NORTH, R., 96, 118, 119, 120, 219, 532, 670, 671, 1475, 1478, 3138, 3167, 3183, 3306, 3884, 4712, 5565, 5600, 6333, 11982, 12044, 13972, 14797, 14992, 16179, 17104, 18140, 18927, 20116

NOSTEN, R., 13674

NÖTSCHER, F., 606, 825, 1640, 1695, 1698, 1706, 1707, 1715, 1831, 2379, 2386, 2473, 3751, 4736, 6828, 8095, 13184, 13207, 13753, 14146, 14939, 14940, 15869, 17272, 17282, 17292, 17414, 18008, 19659, 19663, 20039, 20087, 20390, 21113

NOVAK, M., 2092

NOVEL, P. C., 9274, 9714, 11503, 11730, 13046, 13137, 14503, 16106, 19587, 20175

NOVOTNY, G., 9573

NUÑEZ, H. M., 5987

NUTTING, W. D., 256

NYOM, B., 19439

O'BRIEN, E., 3593, 19540

O'BRIEN, I., 20949

O'CALLAGHAN, D., 18304

O'CALLAGHAN, R. T., 1804

O'CALLAHAN, R. T., 2669, 18863

O'COLLINS, G. G., 6289, 6435, 13227, 16654, 16908, 18758, 19900

O'CONNELL, J., 18403

O'CONNELL, J. P., 1125, 2177

O'CONNELL, K. G., 16568

O'CONNELL, M., 12479, 12714, 19785

O'CONNELL, M. J., 3203, 4364, 17339

O'CONNELL, R. J., 21074

O'CONNOR, D., 10517, 15989

O'CONNOR, D. J., 10951, 15255, 16914

O'CONNOR, E. D., 6428, 13576, 14165, 14418, 16318, 16367, 17575

O'DOHERTY, E., 1308, 17094

O'DONNELL, J., 12645

O'FLYNN, J. A., 1361, 1385, 1964, 5594, 5968, 6266, 8408, 12222, 18330, 19920

O'GRADY, J. F., 4820

O'HARA, J., 6820, 7385, 7443

O'HERLIHY, D. J., 10085, 12731

O'KEEFE, V. T., 6193, 6507, 6510

O'MAHONY, J., 20115

O'MEARA, T. A., 19607

O'NEILL, J., 2681

O'NEILL, J. C., 12687, 17919

O'RAHILLY, A., 8039

O'ROURKE, J. J., 235, 547, 735, 1897, 1907, 2027, 2821, 2850, 3046, 5958, 6585, 6767, 8594, 8884, 8895, 8971, 9126, 10242, 10499, 10609, 10622, 10740, 11916, 13597, 15283, 15367, 16588, 17565, 18171, 19241, 19470, 19873, 20266, 20958

OBERSTEINER, J., 16606

OBRIST, F., 7015

ODDONE, A., 17046

ODELAIN, O., 350

ODENKIRCHEN, P. C., 7199, 7578, 7610

OECHSLIN, R.-L., 13610, 14607, 14941, 15295, 18656, 19159, 19441, 19565, 19645

OESTERREICHER, J. M., 1012, 1903, 6000, 10427, 13557, 16898, 17574, 19415

OGARA, F., 917, 4093, 4511, 4706, 7775, 8964, 9098, 9322, 9529, 10337, 10358, 10380, 10388, 10449, 10460, 10466, 10478, 10481, 10551, 10555, 10591, 10636, 10648, 10781, 10823, 10839, 10932, 10943, 11031, 11039, 11049, 11053, 11101, 11110, 11163, 11169, 11209, 11251, 11295, 11432, 11677, 11745, 11751, 11765, 11772, 11848, 11858, 12536, 12797, 12849, 12989, 13267, 13273, 13274, 13275, 13344, 13851, 13996, 14099, 14120, 14169, 14170, 14429, 14430, 14520, 15425, 16264, 16265, 16377, 17043, 17437, 17588, 17808, 18531, 18812, 19702, 20373, 20632, 21133

OGGIONI, G., 17540

OHLER, A., 2736, 18369

OLAVARRI, E., 81, 82, 3427, 4827

OLIVA, M., 3108

OLIVIER, B., 15669

OLIVIERI, O., 6772, 10252, 10256, 10747

OLPHÉ-GAILLARD, M., 14114

OLTRA, E., 20957

OÑATE, J. A., 2063, 7171, 7558, 8225, 20078

ONGARO, G., 3742, 7260

OPPENHEIM, P., 10732

OPPERMANN, B., 2219

OPPLER, F., 12962, 16861

ORBE, A., 2762, 2763, 2822, 4717, 8691, 10369, 15707, 16960

ORCHARD, B., 312, 1466, 6305, 9216, 9580, 10888, 10955

ORDOÑEZ, V., 20168

ORGEN, Q., 1468

ORIGÈNE D'ALEXANDRIE, 4564, 8793

ORLETT, R., 1131, 8290, 11059, 12141, 17319

ORR, P., 6837

ORRIEUX, L.-M., 3452, 15422, 16301, 19131, 20228

ORTEGA, A., 7337

ORTIZ VALDIVIESO, P., 6383, 18862

ORTKEMPER, F.-J., 9755, 10344, 10542, 10872, 14785, 17377, 20354

OSTER, H., 15243, 17517

OSTI, P., 16139

OSTY, É., 2182, 3630, 4589, 4845, 5511, 6009, 6018, 6019, 7626, 7650, 8235, 9107, 10522, 10530, 10757, 10765, 12930, 17133, 20426

OTT, W., 7687, 7970, 8050, 8185, 8218, 9315, 19402, 20447

OTTO, K., 574, 21062

OUELLETTE, J., 141, 3100, 16742

OUELLETTE, L., 2889

OVERHOLT, T. W., 5413

OWENS, G., 20935

PACIOS LOPEZ, A., 14186

PAGANO, S., 938, 2367

PAGEAU, L., 15349

PAILLARD, J., 9631, 9661

ROBIN, E., 3649
ROBINSON, A., 5474, 9255, 11783
ROBINSON, B. P., 8522, 13127
ROBINSON, J. M., 2102
ROBLES, L., 14166, 14419
ROCA-PUIG, R., 7982
ROCCO, B., 217, 379, 386, 4898, 4899
ROCHE, E., 6064, 14586, 19139, 21179
ROCHE, J., 6811, 7212, 12361
RODEWYK, A., 14924
RODRIGUES, J., 2754, 18673
RODRIGUES, I., 945
RODRIGUEZ, O., 6940
RODRIGUEZ MOLERO, F. X., 11529, 13051, 20182
RODRIGUEZ OCHOA, J. M., 3638, 20856
ROELKER, E., 15308
ROETZEL, C. J., 10431, 13784
ROGUES, J., 18464
ROGUET, A.-M., 1145, 1597, 1614, 1937, 3805, 3823, 3828, 3848, 3881, 4316, 4416, 6788, 8056, 12445, 14983, 15289, 15979, 17679, 17800, 17858, 18231, 18278, 18582, 19127, 19237, 19368, 19787, 20438, 20559, 20681
RÖHRIG, F., 712
ROI, J., 12996, 20859
ROLANDO, G. M., 7655
ROLLA, A., 68, 70, 121, 126, 1750, 1822, 4722, 11118, 11168, 19490
ROMANIUK, K., 4594, 4595, 4597, 4604, 6121, 8995, 9555, 9959, 9991, 9992, 10294, 10329, 10384, 10409, 10411, 10564, 10812, 10819, 10874, 10899, 10929, 11000, 11036, 11056, 11067, 11373, 11433, 13255, 13328, 13806, 15749, 16640, 18445, 20192, 20468, 20546, 20612, 20667
ROMANOS LE MELODE, 12431
ROMEO, A., 9962, 10734, 12026, 19700
RONDET, H., 10146, 12121, 13335, 18987, 19101
ROOD, L. A., 13509
ROOSEN, A., 10387, 15735
ROSA, E., 12711
RÖSCH, C., 10656, 12767, 13061, 13154, 18615, 20145
RÖSCH, K., 15110, 16157
ROSE, A., 1102, 1146, 1898, 3821, 4038, 4081, 4084, 4116, 4126, 4268, 4291, 4371, 8961, 10568, 10640, 12106, 12888, 12995, 13030, 13208, 14160, 14299, 14934, 15250, 15653, 15899, 16171, 16998, 17461, 18749, 18829, 19151, 19337, 20002, 20424, 20498, 20759

ROSETTI, G., 13805
ROSLON, V. L., 2770, 2817
ROSMAN, H., 9487, 10496, 10634, 11403, 11573, 17209
ROSSANO, P., 203, 1663, 5890, 6962, 8397, 9605, 9607, 9801, 9919, 10283, 10348, 10569, 11274, 11283, 11286, 11305, 11313, 14212, 15510, 16546, 16725, 18351, 18495, 18775, 19051, 19964
ROST, H., 481
ROTH, J., 2640, 13711, 17337
ROTOLO, F., 13977
ROTTER, H., 19962
ROUILLARD, P., 3878, 8199, 15074, 19036
ROULIN, P., 6874, 6930, 7344, 7399, 7866, 8080, 12194
ROUQUETTE, R., 3009, 14466
ROUSSEAU, F., 1941, 11918
ROUSSEAU, H., 5892
ROUSSEAU, O., 443, 1458, 14381, 14633, 16086, 16999, 20849
ROUSSILLON, J., 2462
ROUSTANG, F., 6860, 6865, 7929, 8286, 8800, 8822, 8956, 12122, 12472, 12709, 12719, 13023, 13892, 15827, 16384, 18105, 18374, 19085, 19640, 19684
ROVIRA, J., 16488, 20074, 20519, 20577
ROWLEY, H. H., 12, 4079
ROYON LARA, E., 19630
RUBINSTEIN, A., 2479
RUCKSTUHL, E., 8370, 8881, 13237, 19794
RÜD, A., 1297, 1762, 11988, 11992, 16955, 18560, 19420
RUFFENACH, F., 5232, 6661, 10292, 14427, 15725, 15841, 20789
RUFFINI, E., 640, 731, 16013, 17719
RUFZ, O., 11470, 11661, 11872
RUGIERI, G., 10219, 12493
RUIDOR, I., 15333
RUIZ ANDREU, E., 8450, 13924
RUNDGREN, F., 6513
RUPRECHT, P., 11622
RUPZ, O., 11714
RUSCHE, H., 2962, 10752, 11665, 13201, 16708, 17789, 19750
RUSH, A. C., 5623, 5646, 17658, 17659, 17750
RUSSELL, R., 312, 5913, 6065, 8560, 12366, 13191, 15955, 19733
RUSSO, F., 329
RUTTEN, M., 162
RUWET, J., 920, 939, 1089, 18096

SCHELKLE, K. H., 722, 725, 761, 1508, 1776, 5779, 5954, 6085, 6087, 8409, 8646, 9112, 9819, 10176, 10198, 10200, 10207, 10379, 10485, 10513, 11717, 11874, 12173, 12589, 12626, 15249, 15334, 15390, 15514, 15685, 15870, 16794, 16866, 16993, 17271, 17645, 18025, 18365, 18711, 18732, 20199

SCHEMBRI, G., 11733

SCHEPERS, M., 19235

SCHERER, A., 6631, 17073

SCHIBY, J., 11266

SCHICK, E., 12576, 19761

SCHID, R., 13746

SCHIERSE, F. J., 5595, 5928, 6705, 11364, 11425, 11474, 11546, 13471, 13593, 14161, 15600, 16857, 19463

SCHILDENBERGER, J., 17, 333, 627, 883, 1969, 2023, 2412, 2642, 2953, 3011, 3795, 4096, 4221, 5373, 10796, 11517, 13586, 13880, 14141, 15755, 15898, 16009, 16618, 16620, 17802, 18053, 18166, 18331, 18893, 19456, 19480

SCHILLEBEECKX, E., 2130, 14104, 15794, 17549, 19179

SCHILLEBEECKX, H.-M., 13547

SCHILLING, O., 59, 62, 2049, 3769, 5898, 9853, 13791, 14404, 15876, 16699, 16752, 18004

SCHILSON, A., 8939, 17310, 21128

SCHIWY, G., 1512, 6282, 18633, 20761

SCHLEGER, G. D., 2231

SCHLETTE, H. R., 20238

SCHLIER, H., 1112, 1599, 1606, 2085, 2158, 6035, 6047, 6074, 6079, 6107, 6114, 6479, 6673, 7134, 7340, 7863, 8308, 8451, 8498, 8637, 8687, 8714, 9111, 9119, 9330, 9533, 9768, 9880, 9936, 10038, 10049, 10050, 10233, 10245, 10330, 10456, 10537, 10686, 10695, 10970, 10976, 10977, 10980, 11061, 11412, 11833, 11946, 12042, 12185, 12258, 12323, 12959, 13112, 13238, 13359, 13858, 13886, 13925, 13965, 13978, 14075, 14105, 14224, 14254, 14922, 15142, 15151, 15232, 15329, 15582, 15586, 15675, 15883, 15885, 15886, 15982, 16363, 16483, 16512, 16617, 16694, 16869, 17243, 17280, 17312, 18026, 18189, 18480, 18677, 18696, 18704, 18726, 19287, 19519, 19520, 20200, 20208, 20608, 21043, 21048

SCHLÖSSER, F., 1611, 17260

SCHMAUS, M., 7743, 17706

SCHMID, H. H., 3053, 14995, 18555

SCHMID, J., 1885, 2028, 2260, 2282, 5757, 6346, 6357, 6397, 6466, 6531, 6544, 6551, 6921, 7019, 7124, 7288, 7294, 7306, 7648,

8171, 8683, 9588, 9816, 11897, 11920, 11921, 11923, 12622, 12904, 15737, 16791, 19194, 19277, 21101, 21139

SCHMID, R., 18460, 20269

SCHMIDT, H., 12249, 12631, 13068

SCHMIDT, J., 13323

SCHMIDT, S., 552, 9719, 9862, 17185

SCHMIDT, W., 2724

SCHMIDTKE, F., 1532

SCHMITT, A., 681, 4769

SCHMITT, E., 11927, 21147

SCHMITT, J., 362, 1569, 1683, 1727, 1751, 1777, 1863, 5840, 5846, 5921, 5924, 5929, 5949, 6025, 6086, 7659, 8267, 8377, 9226, 9281, 9290, 9292, 9321, 10647, 10708, 11060, 11114, 11380, 11708, 12297, 12461, 12590, 12654, 13167, 13173, 13178, 13209, 13269, 13347, 14012, 14155, 14190, 14195, 15212, 15259, 16858, 17251, 17262, 19093, 19140, 19312, 19539, 19710, 19762, 19984, 20221, 20800

SCHMUTTERMAYR, G., 4251

SCHNACKENBURG, R., 516, 528, 534, 1710, 5960, 6044, 6055, 6078, 6080, 6185, 6197, 6203, 6211, 6478, 6741, 7298, 7496, 7790, 8178, 8335, 8336, 8348, 8423, 8564, 8589, 8639, 8740, 8832, 8836, 8856, 8887, 9683, 9684, 9748, 9754, 10332, 10333, 10346, 10372, 10556, 10595, 10644, 10681, 10724, 10898, 10916, 10983, 11017, 11068, 11197, 11235, 11242, 11440, 11556, 11829, 11866, 12568, 12680, 13247, 13508, 14069, 14207, 14213, 14355, 14775, 15040, 15166, 15264, 15274, 15683, 15736, 15773, 15790, 16418, 18238, 18314, 18685, 19201, 19233, 19529, 19713, 19801, 19813, 19887, 19891, 20083, 20239, 20454, 20603, 21125, 21191

SCHNEIDER, B., 9726, 10223, 10253, 10730, 10783, 15739, 15761, 15800, 17408, 20610

SCHNEIDER, G., 5902, 6198, 6250, 9799, 15003, 17264, 21069

SCHNEIDER, H., 603, 604, 605, 1138, 1735, 2194, 2340, 3755, 3773, 3862, 4462, 8534, 14879, 16800

SCHNEIDER, N., 3464, 13542, 13566, 18871

SCHNEIDER, O., 2752, 5735, 12354, 13887

SCHNITZLER, F., 1322, 1610

SCHNOEDER, G., 19443

SCHODER, R. V., 2074

SCHOENBERG, M. W., 10383, 10926, 16234, 19763

SCHOEPS, H. J., 2210, 2212, 3190

SCHOLLMEYER, F., 20309

SCHON, A., 10590, 10940

15802, 16765

SUITBERTUS a S. J. A CRUCE, 10171, 11822, 19199

SULLIVAN, E., 3193

SULLIVAN, J. J., 12557, 18601

SULLIVAN, K., 24, 1107, 3035, 3134, 3171, 3317, 3361, 3420, 3470, 3500, 3541, 3559, 3576, 3602, 3699, 4934, 4986, 5297, 5400, 5499, 5555, 5581, 7789, 9744, 14551, 17757

SUNDBERG, A. C., 2369, 2370

SUSTAR, A., 8442

SUTCLIFFE, E. F., 312, 1684, 1685, 1686, 1712, 2016, 2170, 2654, 3034, 3184, 3497, 3692, 4463, 5101, 5340, 6747, 6775, 6993, 6994, 7110, 7146, 7658, 7792, 7843, 8122, 8253, 8671, 13105, 13786, 14142, 14199, 15387, 16943, 18135, 19657

SUYS, A., 7945, 12527, 13949

SWAELES, R., 5732, 7127, 7136, 7138, 7670, 8121, 13517, 14284, 15412, 16631, 17023, 17940, 18065, 18735, 19130, 19560, 19665, 20444, 21059, 21226

SWALLOW, F. R., 6985, 9957, 19265, 19596

SWETNAM, J., 5369, 5469, 10399, 11605, 11606, 11610, 11614, 11616, 13762, 14832, 15526, 16210

SYNAVE, P., 929, 7273

SZORENYI, A., 3763

SZYSZMAN, S., 2364

TAFI, A., 6761, 15087

TALBERT, C., 9486

TALBERT, C. H., 8699

TALIJAL, U., 13095

TALLOIS, J., 241

TAMISIER, R., 692, 1742, 2010, 3321, 3356, 16176

TARDIF, H., 3391, 3408, 14872, 18473

TAVARD, G. H., 1390, 1391, 19925, 20946, 20967

TAYLOR, R. J., 4616, 15494, 21164

TAYMANS, F., 18052

TEGELS, A., 1117, 15275, 19220

TEIXIDOR, J., 367

TELL, I., 3873, 14522

TELLIER, L., 655

TEMINO SAIZ, A., 2020

TEMMEL, J., 9917, 10013, 14300, 15829

TEMPLE, P. J., 6966, 7435, 7848, 7852, 7888, 8855, 15931

TENA, P., 15267, 15268

TEODORICO, P., 6506, 9802, 11565, 11595,

11638, 12975

TERMES, P., 2823, 16060

TERNANT, P., 456, 6875, 6876, 7333, 7616, 7938, 8103, 12306, 14070, 14344, 14602, 16229, 16443, 16980, 18073, 18121, 18125, 19446, 19678, 20714

TESTA, E., 92, 163, 168, 221, 223, 387, 2896, 5800, 6909, 8621, 9789, 11779, 11939, 15225, 15575, 17015, 18039, 18381, 19278

TESTUZ, M., 5630, 10753

TÉZÉ, J. M., 3012

THEIS, J., 2901

THEISSEN, A., 5657

THÉODORE DE MOPSUESTE, 4097

THÉRY, G., 5287

THIBAUT, R., 6638, 7391, 7561, 12289, 12406, 12612, 12732, 13007, 13009, 13010, 13389, 16016, 20997

THIELE, W., 11801, 11865

THIEME, K., 2152

THILS, G., 11725

THOMA, C., 5807, 13488, 16663

THOMAS, D. W., 2474, 5255

THOMAS, J., 13287, 20056

THOME, A., 296

THOMPSON, W. G., 7050, 7051

THRILLING, W., 14252

THÜSING, W., 6034, 6089, 8467, 8592, 9830, 10351, 10354, 10355, 10406, 10488, 10495, 10577, 10584, 10628, 10653, 10722, 10808, 10896, 11147, 11515, 11591, 11624, 11943, 12064, 12484, 12553, 12558, 13311, 14139, 14828, 15000, 15583, 15758, 16237, 16506, 17151, 18808

THYSMAN, R., 6059, 16759

TIHON, P., 16048

TILL, W., 2243

TILL, W. C., 4643

TILLARD, J. M. R., 18765, 19444, 20241

TILLMANN, F., 11366, 19283

TILMANN, K., 278

TISSERANT, E., 2347, 2352

TISSOT, Y., 9465

TOBIN, W., 7001

TOMAS, J., 19740

TONDELLI, L., 1428, 8368, 8456, 8457, 9642, 9792, 11276, 13493, 15467, 20775

TONNEAU, R. M., 18157

TORNOS, A., 9436, 9437, 9441

TOURNAY, R., 383, 1528, 1805, 2179, 3076, 3264, 3339, 3439, 3622, 3667, 3671, 3704, 3727, 3793, 3842, 3944, 3969, 4176, 4180,

4204, 4331, 4435, 4519, 4958, 4996, 5175,
5183, 5240, 5428, 5495, 5525, 8640, 12865,
13969, 15430, 15474, 16572, 17038, 17163,
17576, 17857, 18163, 18724, 18890, 20023,
20564, 20683

TOUZARD, J., 13946

TOWNER, W. S., 4897, 14987, 19369

TRAETS, C., 8477, 9046, 14558, 21293

TRAPIELLO, J. G., 2560, 4840, 14837, 18359

TRAVERS, J., 16534

TREMBLAY, P., 14887

TRÉMEL, Y.-B., 268, 6037, 6049, 6444, 6719,
7211, 7581, 8255, 8518, 9320, 9688, 10698,
11164, 12114, 13265, 14217, 15069, 15976,
16290, 16414, 16879, 18911, 19204, 19726,
19889, 19976, 20108

TRÉPANIER, B., 5445

TRESMONTANT, C., 4782, 6057, 12418,
14617, 14700, 15715, 15888, 16192, 16307,
16614, 16678, 16788, 16814, 16860, 18505,
18665, 19491, 20850, 21213

TRICOT, A., 23, 614, 2289, 5764, 5834, 5920,
6318

TRILLING, W., 5677, 5758, 6141, 6212, 6247,
6334, 6554, 6574, 6583, 6586, 6603, 6634,
6665, 6724, 6752, 6890, 6893, 7117, 7128,
7137, 7141, 7248, 7250, 7254, 7257, 7258,
7359, 7523, 7594, 7715, 7858, 8133, 8189,
8270, 12272, 12426, 12451, 12586, 12591,
12685, 12707, 12758, 12910, 12914, 12918,
13118, 13225, 13249, 13486, 15204, 15209,
15210, 15211, 15541, 16655, 16766, 16767,
16922, 16981, 16982, 17200, 17392, 17916,
18040, 18077, 18112, 19779, 20070

TRIMAILLE, M., 10582, 10727, 10773, 14071,
19814

TRINIDAD, J., 2853, 10220, 10996, 11508,
11509, 12234, 12945, 13157, 17556

TRINQUET, J., 2290, 4823, 5002, 5418, 6019

TROADEC, H.-G., 3254, 5265, 6578, 6611,
7389, 7404, 7513, 7678, 8548, 8748, 8931,
10923, 11063, 13700, 16961, 17338, 17451,
17526, 17597, 17746, 18667, 18946, 19977,
20103, 21279

TROISFONTAINES, R., 14475, 18265, 19815

TROMP, N. J., 2481, 2606, 18232

TROMP, S., 5692, 11046, 11241, 13444, 15155,
18308, 20891

TRUMMER, H., 14598

TRUMMER, P., 11377, 11378, 11388, 11429

TSAFERIS, V., 83, 142, 195

TSEVAT, M., 3401

TUCCI, R., 6231

TUCKER, G. M., 2390

TURBESSI, G., 9620, 19549, 19550

TURNER, C., 15388, 19303

TURRADO, L., 445, 633, 1301, 1370, 1833,
2019, 6670, 14182, 17747

TUYA, M., 623, 954

TWOMEY, J. J., 7224, 11405, 12967

TWOMEY, R. L., 8667, 21153

UBACH, B., 668, 3004, 8150

UBIETA, J. A., 10068, 11028, 17246

UNGER, D. J., 8544, 9129, 12020, 17610,
17683

UNGER, E., 112

UNGER, J., 2866

URICCHIO, N., 8369, 17950

URRUTIA, J. L., 7958

URS VON BALTHASAR, H., 961, 6381,
12520, 16455, 16641, 16792, 18286, 18744,
18940, 20209, 21123, 21166

VACCARI, A., 229, 423, 430, 453, 478, 479,
491, 504, 512, 1283, 2239, 2333, 2338,
2341, 2344, 2435, 2486, 2759, 2784, 2813,
2847, 2966, 3007, 3063, 3093, 3094, 3228,
3229, 3554, 3713, 3737, 3921, 3942, 4011,
4012, 4058, 4205, 4249, 4299, 4320, 4367,
4565, 4567, 4570, 4586, 4676, 4925, 5060,
5095, 5122, 5138, 5387, 5397, 5723, 6004,
6424, 6764, 7083, 7133, 8015, 8295, 9157,
9162, 10733, 11632, 11633, 12796, 12836,
12881, 13024, 13445, 13446, 14680, 14730,
14875, 14876, 15090, 15093, 15423, 15533,
15709, 15805, 17522, 17783, 17937, 17979,
18383, 18498, 19635, 19818, 20631

VAGANAY, L., 510, 708, 717, 718, 5684, 6311,
6319, 6321, 6354, 6526, 7054, 7305, 7373,
7450, 7497, 7504, 8002, 9182, 11480,
11710, 16190

VAILHE, S., 2224

VALENTIN, A., 7645, 8375

VALK, W. M., 2633, 6938

VAN BOHEMEN, N., 6364, 6696, 6878, 7360,
7395, 7437, 7620, 14025

VAN CANGH, J. M., 6414, 10712, 16297

VAN CASTER, M., 274, 302, 12255, 16026,
18977, 20494

VAN DE WALLE, B., 363, 815, 1536, 14973

VAN DEN BERGHE, P., 3890, 18894

VAN DEN BRANDEN, A., 215, 224, 375, 390,
394, 395, 2429, 2463, 2487, 5063

VAN DEN BUSSCHE, H., 3399, 3486, 3496,
5521, 6814, 8074, 8349, 8482, 8487, 8625,
8658, 8673, 8787, 8810, 8816, 8841, 8896,
8905, 9001, 9013, 9062, 9081, 12501,
14129, 14857, 15227, 15554, 16254, 17860,
18074, 18248, 18513, 18688, 18846, 19869,

VEUGELERS, P., 4201, 17856

VIANA, E., 3789, 4704

VIARD, A., 1419, 6243, 8392, 8684, 9655,
     10159, 10192, 10193, 10394, 10462, 10480,
     10850, 10858, 12326, 12641, 13025, 13216,
     13687, 14414, 14434, 14454, 15994, 16350,
     18593, 20471, 20474

VIAU, É., 14538

VICENTINI, J. I., 10164, 10190, 16345

VILANOVA GERSTER, T., 4801

VILAR HUESO, V., 3330

VILLAIN, M., 553

VILLANUEVA, M., 7763, 17711

VILLAPADIERNA, C., 20506

VILLER, M., 14114

VILLETTE, P., 14925

VILLUENDAS, L., 12143

VINCENT, A., 343, 717, 1066, 1077, 1078,
     1732, 1768, 1824, 1826, 1837, 3322, 3357,
     14787, 16672, 18197, 18400, 20806

VINCENT, L.-H., 57, 132, 133, 160, 209, 2959,
     6218, 13109, 13560, 16992, 17004, 17007,
     17012, 17314, 20796, 20803, 20805, 20807,
     20811

VINCENT, P., 595

VINK, J., 5343, 20439

VIRGULIN, S., 5024, 5157, 5161, 5303, 8419,
     10963, 11014, 11085, 11187, 12103, 13663,
     16312

VIRY-DACHEUX, P., 15693

VITEAU, J., 6935, 12763

VITTI, A., 2312, 4926, 5678, 6418, 8037, 9121,
     9254, 9356, 9442, 9497, 9506, 9548, 9610,
     9623, 9625, 9637, 9981, 11350, 11451,
     10133, 11456, 11475, 11490, 11559, 11562,
     11568, 11584, 11587, 11592, 11634, 11643,
     11720, 12000, 12609, 13101, 13158, 13271,
     15188, 15564, 15620, 17694, 17720, 20073,
     20170

VITTONATTO, G., 5313, 5328, 7239, 17828,
     19727

VOGEL, A., 3920

VOGEL, C., 19670

VOGELS, H., 2053, 8790

VOGELS, H. J., 5685, 9562

VOGELS, J., 5688, 5689

VOGT, E., 360, 826, 1641, 1679, 1699, 2495,
     2929, 3288, 4071, 4089, 4183, 4184, 4186,
     4189, 4658, 4953, 4994, 5225, 5235, 5243,
     5252, 5336, 5339, 5371, 5404, 7741, 7912,
     9927, 10605, 12212, 12214, 13613, 14909,
     17026, 17723, 18295, 20664, 20844

VÖGTLE, A., 753, 773, 783, 5447, 5671, 5782,

6075, 6133, 6295, 6380, 6619, 6620, 6641,
     6937, 6981, 7468, 8081, 9729, 9832, 10396,
     11960, 12533, 12592, 12599, 12672, 13076,
     13623, 15328, 16271, 16291, 16642, 17604,
     17902, 19901, 19903

VOLK, H., 16436, 18733, 18734

VÖLK, J., 4865, 5529

VÖLKL, R., 15573, 18186

VOLKWEIN, B., 2500, 13778

VOLLERT, C., 16038

VOLTA, G., 19935, 20987

VON CAMPENHAUSEN, H. F., 11410

VON WALDOW, H. E., 864, 2385, 2391

VONIER, A., 12537, 15765, 16017, 16493

VÖÖBUS, A., 6491

VORGRIMLER, H., 1387, 1392, 7017, 7026,
     7065, 11759, 11764, 12357, 19152, 19922,
     19926

VOSS, G., 7744, 7880, 7997, 8254, 9277, 9351,
     9358, 12269, 12485, 12555, 12683, 12755,
     12909, 13128, 13332, 13366, 13372, 13417,
     15542, 16239, 16514, 17911, 17946, 20613

VOSTÉ, J.-M., 485, 486, 501, 502, 503, 910,
     1282, 1285, 1411, 1412, 1524, 2230, 2673,
     2693, 2694, 3021, 3185, 3241, 3735, 4016,
     6007, 6392, 6496, 6672, 7032, 7263, 7339,
     7725, 7862, 8713, 9567, 10098, 12075,
     12179, 12496, 12523, 14177, 16268, 16924,
     17702

VRIEZEN, T., 3098, 13769, 17357

WAELKENS, R., 255

WAGENAARS, F., 7614

WALDENFELS, H., 18602

WALDMANN, G., 12781

WALKENHORST, K. H., 2646, 20725

WALKER, W. O., 6591, 20069

WALLACE, R. S., 7413, 12856

WALSH, B., 18629, 19753

WALSH, J., 12790, 13518, 17628, 18861, 19552

WALTER, E., 10031, 10767, 16123

WALZ, A., 16607

WAMBACQ, B. N., 1364, 2295, 2389, 2826,
     4879, 4880, 4882, 4914, 5329, 5528, 6270,
     10630, 11222, 11225, 13755, 14638, 14829,
     15089, 16116, 16184, 18386, 19296, 19297,
     19535, 20110, 20226, 20270, 20835

WANKENNE, A., 12966

WANROY, M., 9411

WANSBROUGH, J. H., 5056, 12911

WARMOES, P., 3001, 16929

WARNACH, V., 522, 9668, 10946, 10976,
     13825, 15142, 15179

WARNUNG, T., 12170, 14102

LISTE DES RUBRIQUES*

---

* Les numéros des références sont indiqués.

TABLE OF THE HEADINGS*

---

* The numbers of the references are indicated.

VERZEICHNIS DER VERWENDETEN RUBRIKEN*

---

* Die Nummern der Hinweisen sind angegeben.

INDICE DELLE RUBRICHE*

---

* Il numero della riferenza è segnalato.

TABLAS DE LAS RUBRICAS*

---

* Las referencias están indicadas.

TABLE DES MATIÈRES

CONTENTS

INHALT

SOMMARIO

CONTENIDO